Antoine de Saint-Exupéry

Gesammelte Schriften in drei Bänden

Band 1

Deutscher Taschenbuch Verlag

Aus dem Französischen von Paul Graf von Thun-Hohenstein (Südkurier), Hans Reisiger (Nachtflug), Henrik Becker (Wind, Sand und Sterne), Fritz Montfort (Flug nach Arras) und Grete und Josef Leitgeb (Der Kleine Prinz).
Vollständige Ausgabe der im Karl Rauch Verlag erschienenen Ausgabe ›Gesammelte Schriften in drei Bänden‹, Band 1, Düsseldorf 1959

Von Antoine de Saint-Exupéry
sind im Deutschen Taschenbuch Verlag erschienen:
Dem Leben einen Sinn geben (86)
In der Wüste · Die Kameraden (dtv zweisprachig 9103)

1. Auflage März 1978
2. Auflage September 1982: 16. bis 18. Tausend
Deutscher Taschenbuch Verlag GmbH & Co. KG, München

Der Abdruck des Romans ›Nachtflug‹ erfolgt mit freundlicher Genehmigung des S. Fischer Verlages
Umschlaggestaltung: Celestino Piatti
Gesamtherstellung: C. H. Beck'sche Buchdruckerei, Nördlingen
Printed in Germany · ISBN 3-423-05959-1

Zu dieser Ausgabe

»Man sieht nur mit den Augen des Herzens in der richtigen Weise. Das Wesentliche ist unsichtbar für die Augen.« Mit dem Herzen das Wesen der Dinge zu begreifen, ist eines der Hauptanliegen von Saint-Exupérys Werk. Exupéry war ein Moralist, der Bücher zum »moralischen Gebrauch« schrieb, ohne daß sie den fatalen Hautgout moraltriefender Ergüsse trugen. Was seinen Büchern ihre inzwischen für Generationen ungebrochene Faszination erhält, ist die Ernsthaftigkeit der Darstellung und die Aufrichtigkeit des Denkens, das frei von Ideologisierung hinter die Dinge sieht.

»Saint-Ex«, wie ihn die Kameraden nannten, war ein leidenschaftlicher Flieger, ein Mann der Maschinen, der Freundschaft und der Tapferkeit. Das Flugzeug ist für ihn jedoch nicht Mittel zum reinen Abenteuer, es ist für ihn Werkzeug wie der Pflug, das zur tätigen Arbeit dient und Menschen zusammenführt. Exupérys Romane sind genaue Analysen der mechanisierten Zivilisation, die der Prüfung in der kosmischen Einsamkeit des Fliegens nicht standhält. Wo die Perspektiven sich auf Tod oder Überleben verschieben, erscheint die Natur in einem anderen Licht, erhält jeder Gegenstand seinen Eigenwert. Die immer wieder geschilderten Situationen der Gefahr und Bewährung scheinen Exupéry notwendig, um sich selbst zu finden und zu erkennen.

Der erste Band der vorliegenden Ausgabe umfaßt alle großen Werke Exupérys, vom ›Südkurier‹ (1928) bis zum ›Kleinen Prinzen‹ (1943), dem die farbigen Illustrationen des Autors vollständig beigegeben sind. Der zweite Band enthält das posthum veröffentlichte Fragment ›Die Stadt in der Wüste‹ (1948), das in Parabeln einer exotischen Traumwelt Exupérys Lebensphilosophie enthält. Im dritten Band werden neben den berühmten ›Carnets‹ vermischte Schriften und eine Briefauswahl vorgelegt, die ein Bild des Menschen Exupéry vermitteln, von dem Friedrich Sieburg sagte: »Seine Güte brauchte nicht erst erfahren zu werden, sie trat überall, wo er sich bewegte, wie ein Klima in diese Zeit.«

SÜDKURIER

Erster Teil

I

Radiomeldung. 6,10 h. Von Toulouse an alle Stationen: Südkurier Frankreich–Amerika von Toulouse ab 5,45 h stop.

Ein Himmel, klar wie Wasser, wusch die Sterne rein und ließ sie hell aufleuchten. Dann war es Nacht. Düne um Düne entfaltete sich die Sahara unter dem Schein des Mondes. Sein Lampenlicht, das keinen Gegenstand bloßstellt, aber alle richtig einordnet, umspielte unsere Stirnen und breitete einen zarten Schleier über alle Dinge. Unter unseren lautlosen Schritten dehnte sich die Pracht des dichtesten Sandes. Und wir zogen unbedeckten Hauptes dahin, befreit vom Druck der Sonnenstrahlen. Die Nacht: welche Heimstatt...

Durften wir aber dem Frieden trauen? Die Passatwinde glitten ohne Unterlaß gegen Süden. Sie strichen über den Dünensand, daß es raschelte wie Seide. Das waren keine europäischen Winde, die sich drehten, die bisweilen aussetzten; nein, sie lasteten auf uns, unaufhörlich wie der Luftstrom eines Schnellzugs. Besonders nachts wehten sie uns oft so hart an, daß wir uns, nach Norden gewandt, gegen sie stemmen mußten und doch das Gefühl hatten, von ihnen fortgetragen zu werden, einem unbekannten Ziele zu. Welche Hast, welche Unruhe!

Die Sonne ging auf und brachte den neuen Tag. Die Mauren rührten sich nur wenig. Die sich bis zum spanischen Fort heranwagten, fuchtelten mit den Armen und schwangen ihre Gewehre wie ein Spielzeug. Das war unwirklich, wie auf dem Theater: die wilden, nicht unterjochten Stämme hatten nichts Geheimnisvolles mehr und wirkten wie Statisten.

Da lebten wir, völlig aufeinander angewiesen, und hatten nichts anderes vor uns als das eigene Spiegelbild im engsten

Rahmen. Deshalb fühlten wir uns auch nicht in die Wüste verbannt: wir hätten heimkehren müssen, um uns dieses Fernsein so recht vorzustellen und die Weite ganz zu erfassen.

Wir gingen nie weiter als fünfhundert Meter. Dort begann das Heidenland. So waren wir Gefangene der Mauren und auch unsere eigenen Gefangenen. Nicht anders saßen unsere nächsten Nachbarn, in Cisneros, in Port-Étienne, siebenhundert und tausend Kilometer von uns entfernt, in der Sahara gefangen wie Erz in einer ungeheuren Masse tauben Gesteins. Auch sie spazierten um ihr Fort herum. Wir kannten sie, wußten ihre Spitznamen, ihre Eigenheiten, doch zwischen uns lagerte dasselbe undurchdringliche Schweigen wie zwischen bewohnten Planeten.

Heute morgen aber begann die Welt sich für uns zu rühren, und endlich reichte uns der Funker ein Telegramm – zwei in den Sand gerammte Masten verbanden uns einmal in der Woche mit dieser Welt:

Kurier Frankreich–Amerika von Toulouse abgeflogen 5,45 h stop. Aus Alicante 11,10 h.

Toulouse sprach, Toulouse, die Kopfstation. Ein ferner Gott.

In den nächsten zehn Minuten erhielten wir die Nachricht auch aus Barcelona, aus Casablanca, aus Agadir, und sie lief weiter nach Dakar. Über eine Strecke von fünfhundert Kilometer hin waren alle Flughäfen lebendig geworden. Um sechs Uhr abends neue Nachrichten, man teilte uns mit:

Kurier wird 21 h Agadir landen, 21,30 h nach Cap Juby weiterfliegen, dort mit Michelin-Bombe niedergehen stop. Cap Juby wird übliche Lichtzeichen vorbereiten stop. Befehl: in Kontakt mit Agadir bleiben.

Gezeichnet: Toulouse

So verfolgten wir in der tiefsten Einsamkeit der Sahara, vom Observatorium von Cap Juby aus, einen fernen Kometen.

Gegen sechs Uhr abends regte sich auch der Süden:

Aus Dakar für Port-Étienne, Cisneros, Juby: mitteilt dringend Nachrichten Kurier.

Aus Juby für Cisneros, Port-Étienne, Dakar: keine Nachrichten seit Abflug Alicante 11,10 h.
Irgendwo braust ein Motor. Von Toulouse bis zum Senegal ist man bemüht, ihn zu hören.

II

Toulouse 5,30 h.
Das Flughafenauto hält hart vor dem Eingang der Halle, das Tor steht weit offen, es ist Nacht und es regnet. Das fünfhundertkerzige Licht der Bogenlampen macht die Dinge kantig und bloß, alles steht klar da wie in einer hellen Auslage. Unter diesem Lichtgewölbe hallt das gesprochene Wort wider, es bleibt haften und lastet in der Stille.
Die Blechteile glänzen, der Motor zeigt keine Ölspuren. Das Flugzeug sieht aus wie neu. Das Ganze gleichsam ein empfindliches Uhrwerk, an das die Mechaniker zart, mit Erfinderhänden, rührten.
Jetzt treten sie beiseite: es geht genau.
»Schnell, meine Herren, schnell...«
Sack um Sack versinkt die Kurierpost im Innern des Apparats. Ein rasches Nachzählen: Buenos Aires... Natal... Dakar... Casa... Dakar... 39 Säcke. Stimmt's?
»Es stimmt.«
Der Pilot zieht sich an. Wolleibchen, Halstuch, Lederanzug, gefütterte Stiefel. Sein Körper, so umschlossen, wird gewichtig. Man ruft ihm zu: »Schnell! Es ist Zeit...« Die Hände vollbepackt mit Uhr, Höhenmesser und Kartentasche, daß die Finger starr werden in den dicken Handschuhen, klettert er schwer und ungelenk auf den Führersitz. Ein Taucher, der nicht in seinem Element ist. Endlich sitzt er, da wird alles leicht und recht.
Ein Mechaniker steigt hinter ihm ein:
»Sechshundertdreißig Kilogramm.«
»Gut. Passagiere?«
»Drei.«
Ohne sie zu sehen, nimmt er ihre Personalien zur Kenntnis.

Der diensthabende Offizier wendet sich zu den Arbeitern:
»Wer hat hier die Haube angeschraubt?«
»Ich.«
»Zwanzig Franken Strafe.«
Der Diensthabende kontrolliert ein letztes Mal: alles in Ordnung; jede Bewegung abgezirkelt, wie beim Ballett. Das Flugzeug steht in der Halle an seinem richtigen Platz und wird ebenso richtig seinen Weg in den Nachthimmel nehmen. Der Flug ist genauso exakt berechnet wie der Stapellauf eines Schiffs. Diese Schraube, die fehlt: ein augenfälliges Versehen. Fünfhundertkerzige Bogenlampen, scharfe Blicke rundum, harte Energie, auf daß dieser Flug von Station zu Station bis Buenos Aires oder Santiago ein ballistischer Effekt sei und nicht ein Werk des Zufalls. Auf daß, trotz Sturm, Nebelschwaden, Wirbelwind, trotz der tausendfältigen Tücken der Ventilfeder, des Kipphebels und des ganzen Materials, dennoch alles, was da läuft: Expreß, Schnellzug, Dampfer und Frachter, erreicht, überholt, ja weit überflügelt werde! Und eine Rekordzeit für die Landung in Buenos Aires oder in Santiago...
»Los!«
Dem Piloten Bernis wird ein Blatt gereicht: *Perpignan meldet klaren Himmel, keinen Wind. Barcelona: Sturm. Alicante...*

Toulouse 5,45 h.
Die mächtigen Räder drücken die Bremsklötze nieder. Der Propeller macht Wind, daß das Gras bis auf zwanzig Meter hinwegweht. Mit einer Handbewegung entfesselt oder beruhigt Bernis diesen Sturm.
Im Auf und Ab wird der Lärm immer dröhnender und ist bald wie etwas Festes, Dichtes, das alles Körperliche umfängt. Wenn der Pilot fühlt, wie ihm daraus eine Fülle, eine Sättigung steigt, denkt er: jetzt ist's recht. Dann schaut er nach vorn, auf die schwarze Haube, die sich gegen den hellwerdenden Himmel stemmt, wie ein Geschütz. Um die Luftschraube erzittert die Landschaft im Morgengrauen.
Noch rollt das Flugzeug, langsam, bei Gegenwind; da zieht

der Pilot den Gashebel. Im Bann des Propellers stößt der Apparat in die Höhe. Die ersten Sprünge wiegen sich in der elastischen Luft, dann scheint der Erdboden sich zu spannen, er leuchtet unter den Rädern auf wie ein Treibriemen, der in Gang kommt. Der Pilot prüft die Luft, die anfangs dünn ist, dann fließend wird, endlich fest genug, er stützt sich an ihr empor und steigt.

Die Bäume, die zunächst die Fahrt begleiteten, geben den Horizont frei, dann verschwinden sie. In zweihundert Meter Höhe kann man sich noch hinabbeugen wie zu einer Landschaft, die ein Kind aufgebaut hat, wo die Bäume geradestehen, bemalte Häuser dazwischen, und auch der Wald hat etwas Künstliches an sich, wie ein grüner Pelz: bewohnte Erde...

Bernis sucht die beste Rückenhaltung, die richtige Ellbogenlage, die er braucht, um sich wohl zu fühlen. Hinter ihm bezeichnen die tiefliegenden Dünste über Toulouse die Stelle, wo die Bahnhofshallen liegen. Immer weniger bremst er seinen Apparat, der steigen will, und gibt etwas von der Kraft frei, die er mit der Hand zügelt. Jede Bewegung seines Handgelenks befreit eine Kraftwelle, die ihn mit emporhebt und in seinem Körper höher und höher flutet.

In fünf Stunden Alicante, heute abend Afrika. Bernis kommt ins Träumen. Er ist zufrieden: »Ich habe alles in Ordnung gebracht.« Gestern hat er Paris mit dem Nachtexpreß verlassen – es war ein sonderbarer Urlaub gewesen, von dem ihm nur die dumpfe Erinnerung an etwas Dunkles, Unruhiges bleibt. Später wird er vielleicht unglücklich sein, für den Augenblick aber läßt er alles hinter sich, als liefen die Dinge ganz ohne ihn weiter. Heute, jetzt meint er, mit dem jungen Tag da draußen zu werden und zu wachsen, meint, mithelfen zu müssen – o Morgenstunde! –, diesen Tag aufzubauen. Er denkt: Ich bin nichts als ein Arbeiter, ich habe den Kurier für Afrika zu besorgen. Fängt doch an jedem Morgen für den Arbeiter, der an dieser Welt zu bauen beginnt, die Welt von neuem an.

»Ich habe alles in Ordnung gebracht...« Der letzte Abend

in der Wohnung. Zeitungsblätter werden um die Bücherhaufen geschichtet, Briefe werden verbrannt, andere Briefe geordnet, die Möbel bekommen ihre Überzüge. Jedes Ding wird ans Licht geholt, aus seiner Umgebung gerissen, irgendwohin gestellt. Und dieser Aufruhr im Herzen, der doch keinen Sinn mehr hat!

Bernis hat sich für den nächsten Tag vorbereitet wie für eine Reise, hat sich gleichsam eingeschifft, um den andern Morgen zu erleben, als wär's Amerika. So vieles war noch nicht zu Ende gebracht und kettete ihn noch an sich selber. Und auf einmal – war er frei. Er erschrickt fast davor, daß er so verfügungsbereit, so sterblich dasteht.

Carcassonne, mit seinem Notlandeplatz, verschwindet tief unter ihm. Wieder eine Welt, die so wohl geordnet ist. – Dreitausend Meter! – Geordnet wie das Kinderspielzeug in der Schachtel. Häuser, Kanäle, Straßen, alles Spielzeug der Menschen. Eingeteilte Welt, Viereck um Viereck, jedes Feld grenzt an seinen Rain, jeder Garten hat seine Mauer. Carcassonne, wo jede Krämerin das Leben ihrer Großmutter wiederlebt. Armseliges Glück, kleingepflastert. Alles Spielereien des Menschenvolks, nett aufgehoben im Glaskasten.

Ja, diese Welt im Glaskasten, viel zu sehr zur Schau gestellt, zu ordentlich ausgebreitet, die Städte abgezirkelt auf der offenen Karte; die Erde entrollt sich langsam und bringt ihm alles so pünktlich dar wie Flut und Ebbe. Es fällt ihm ein, daß er allein ist. Auf dem Zifferblatt des Höhenmessers spielt die Sonne. Eine helle, kalte Sonne. Jetzt ein Hebelgriff, das Seitensteuer wirkt: die ganze Landschaft verrinnt. Das Licht wird plötzlich schimmernd, der Erdboden scheint zu leuchten: alles, was den Zauber, den Duft, die Weichheit der lebendigen Dinge ausmacht, ist weggeweht.

Und doch – unter dem Lederrock ist Fleisch, warm und – vergänglich, Bernis! In den dicken Handschuhen leben Hände, wunderbare Hände – weißt du, Genoveva, Hände, die es verstanden, mit dem Rücken ihrer Finger ganz leicht über deine Wangen zu gleiten...

Da ist Spanien.

III

Jacques Bernis, heute wirst du über Spanien fliegen und dabei wohlgemut sein wie ein Hausbesitzer! Was sich deinen Blicken darbieten wird, eins ums andere, das kennst du schon, und mit Seelenruhe wirst du dich zwischen den Gewittern durchsteuern. Barcelona, Valencia, Gibraltar – an dich herangebracht und wieder fortgetragen. So ist's recht. Du rollst die Karte auf, die vor dir liegt, und was überwunden ist, mag sich rückwärts wieder aufhäufen. Aber ich entsinne mich deiner ersten Schritte und meiner letzten Ratschläge, damals, als es deinen ersten Postflug galt. Am andern Morgen schon solltest du mit deinen Armen forttragen, was ein Volk fühlt und denkt. Mit deinen schwachen Armen. Forttragen inmitten von tausend Gefahren, wie man einen Schatz unter dem Mantel davonträgt. Ein kostbarer Kurier, hatte man dir eingeschärft, ein Kurier, wertvoller als das Leben. Und so heikel. Ein Schatz, den ein falscher Griff in Flammen aufgehen lassen oder in alle Winde verstreuen kann. Ich erinnere mich an diesen Abend vor dem Kampf:

»Und dann?«

»Dann müßtest du trachten, den Strand von Peniscola zu erreichen. Aber Vorsicht vor den Fischerbarken!«

»Und weiter?«

»Bis Valencia wirst du immer Notlandeplätze finden; ich zeichne sie mit Rotstift an. Im schlimmsten Falle mußt du auf ausgetrocknete Rios niedergehen.«

Bernis sah sich wieder im Lehrkurs, beim Schein des grünen Lampenschirms, vor den ausgebreiteten Landkarten. Aber heute wußte ihm der Lehrer von jedem Stück Erdboden ein lebensvolles Geheimnis zu enthüllen. Die fremden Länder gaben jetzt nicht mehr tote Ziffern kund, sondern wiesen ihm wirkliche Felder, und die Blumen blühten – nur freilich, dieser Baum ist zu meiden – und hier war ein schöner Badestrand mit feinem Sand – nur, wenn es dunkelt, hat man sich vor den Fischern zu hüten. Das eine, Jacques Bernis, hast du ja schon verstanden, unsereins wird niemals Granada kennenlernen oder Almeria oder die Alhambra und die Moscheen, aber einen Bach, einen Orangenbaum und all das, was sie an leisen Heimlichkeiten bergen.

»Hör zu: wenn es hier schönes Wetter gibt, so steuerst du immer geradeaus! Wenn das Wetter aber schlecht ist und du tief fliegst, so halte dich mehr links und biege in dieses Tal ein!«

»Ja, ich biege in dieses Tal.«

»Und über diesen Paß hier kommst du ans Meer.«

»Ich komme ans Meer über diesen Paß.«

»Und gib acht auf deinen Motor: da ist eine senkrecht ansteigende Steilküste mit Felsen.«

»Und wenn der Motor mich sitzenläßt?«

»Dann hilf dir, wie du kannst!«

Bernis mußte lächeln: jeder junge Pilot ist ein Romantiker. Ein Felsstück kann herabstürzen und ihn erschlagen; ein Kind, das läuft, kann von einer Hand, die es zufällig berührt, zu Fall gebracht werden.

»Nein, nein, mein Lieber, man hilft sich schon.«

Bernis war stolz auf diese Lehre: in den Kindheitstagen hatte ihm die Äneis kein Geheimnis verraten, das vor dem Tode schützt.

Der Finger, den der Professor auf die Karte von Spanien legte, war ja nicht die Hand eines Rutengängers, offenbarte keinen Schatz und deckte keine Gefahr auf, und von der Hirtin, die da unten auf der Wiese hütet, wußte er nichts.

Heute, in der Erinnerung, ist das Licht der stillen Lampe so mild, als wäre es mit Öl gespeist, demselben Öl, das die Wellen des Meeres besänftigt. Draußen fegte der Wind. Dieses Zimmer war wirklich eine kleine Rettungsinsel in der weiten Welt, wie eine Matrosenherberge.

»Ein Gläschen Portwein?«

»Ja, gern.«

Pilotenzimmer, du ungewisse Heimstatt, die immer wieder neu aufgeschlagen war! Die Gesellschaft gab am Abend bekannt: »Der Pilot X. ist nach dem Senegal bestimmt... nach Amerika...« Da hieß es, noch in der Nacht, sich losmachen, die Kisten zunageln, das Zimmer vom eigenen Ich entblößen, samt den Photos und den Büchern, und es endlich verlassen – so leergeräumt, daß auch kein Gespenst darin bleiben mochte. Manchmal auch galt es in dieser Nacht, zwei Arme weich zu biegen und die Kräfte eines Mädchens zu erschöpfen, nicht die Kleine gefügig zu machen (sie wehren sich doch alle), aber sie zu besitzen und, so gegen drei Uhr morgens, sie sanft in Schlummer zu bringen, als ein ergebenes Ding, nicht ergeben in die Trennung, aber versöhnt mit dem Abschiedsschmerz, und endlich sich sagen zu können: sie nimmt das Leid auf sich, sie weint.

Jacques Bernis, was hast du eigentlich gelernt, hernach, als Weltenbummler? Fliegen? Ach, man kommt langsam vorwärts, wenn man immer weiterbohrt an seinem Loch im harten Kristall! Die Städte werden mit der Zeit einander immer ähnlicher, man muß landen, damit sie Gestalt annehmen. Und du weißt auch schon, daß all diese Reichtümer sich uns nur anbieten, um bald wieder vom Wellenschlag der Stunden weggewaschen und fortgespült zu werden. Als du aber von deinen ersten Reisen heimkehrtest, da kamst du dir als ein rechter Kerl vor und hattest den sonderbaren Wunsch, diesem Kerl einmal das Gespenst aus der Bubenzeit gegenüberzustellen: so hast du mich schon in den Tagen deines ersten Urlaubs nach unserem Schulgebäude geschleppt. Und hier, in der Sahara, wo ich dich auf deinem Flug erwarte, denke ich trauernd zurück an diesen Besuch im Hause unserer Jugend. Ein weißes Haus, von Kiefern umstanden, ein Fenster wird hell, dann wieder eins. Und du sagtest: »Hier ist das Studierzimmer, da haben wir unsere ersten Verse gedichtet.«
Wir waren weit hergekommen. Die schweren Mäntel, die wir trugen, schlossen uns gleichsam von draußen ab, und unsere Weltfahrerherzen hielten mittendrin Wache. Wir waren es gewohnt, in fremde Städte zu kommen, schweigsam, mit Handschuhen an den Händen, wohlgeborgen. Wir schritten durch flutende Menschenmengen, ohne sie zu be-

rühren. Die weiße Flanellhose, das Tennishemd holten wir nur in zahmen Städten hervor, in Casablanca, in Dakar. In Tanger aber gingen wir barhaupt: in dieser verschlafenen kleinen Stadt war kein Aufputz nötig.

Jetzt kehrten wir zurück, gefestigt, im Schutz einer männlich gewordenen Muskulatur. Wir hatten gekämpft, gelitten, hatten grenzenlos weite Länder durchmessen, hatten da und dort eine Frau geliebt, hin und wieder auch mit dem Tod zu würfeln gehabt, alles das eigentlich nur, um die Angst loszuwerden, die unsere Jugend beherrscht hatte, die Angst vor den Strafaufgaben und den Hausarresten, um endlich einmal ruhigen Herzens dabei zu sein, wenn am Samstagabend die Zensuren verlesen wurden.

In der Vorhalle begann es zuerst: ein Getuschel, dann ein Hin- und Herrufen, und nun liefen die Alten eilig herbei. Da waren sie wieder, im Lampenlicht, die bekannten Gesichter mit den vergilbten Wangen, aber ihre Augen leuchteten hell, so freundlich und froh. Und schon hatten wir begriffen, daß wir ihnen eine andere Welt bedeuteten: die ehemaligen Schüler kommen ja immer festen Schrittes als solche, die Genugtuung suchen, zurück.

Sie wunderten sich offenbar auch gar nicht über meinen derben Händedruck, nicht über den geraden Blick, mit dem Jacques Bernis sie ansah; denn sie behandelten uns ohne Umschweife als Männer, ja sie liefen gar, eine Flasche alten Samosweines zu holen, von dem dazumal nie die Rede gewesen war.

Man nahm Platz zum Abendessen. Da saßen sie nun im Lichtkegel der Hängelampe eng beisammen, wie Bauern um den Ofen, und wir nahmen wahr, daß sie auch nur Menschen waren.

Sie waren schwach, denn sie zeigten sich nachsichtig, und unsere Faulheit von einst, die uns angeblich zur Lasterhaftigkeit und ins Elend hatte führen sollen, war jetzt nur mehr eine kindliche Unart, über die sie lächelten; und unseren Stolz, den sie uns einst mit soviel Eifer auszutreiben suchten, diesen Stolz rühmten sie heute, sie nannten ihn edle Ge-

sinnung. Sogar die Philosophielehrer hatten uns Geständnisse zu machen.
Vielleicht hatte Descartes sein System nur auf eine theoretische Forderung aufgebaut. Pascal – ja Pascal war grausam. Er selbst aber, der alte Lehrer, hatte an seinem Lebensabend trotz allen Bemühens für das ewige Problem der menschlichen Freiheit noch keine Lösung gefunden. Mit allen Kräften hatte er uns gegen den Determinismus, gegen Taine, zu wappnen gesucht und sah für junge Leute, die aus der Schule ins Leben traten, keinen erbarmungsloseren Feind als Nietzsche – jetzt aber bekannte er seine sträfliche Schwäche. Sogar Nietzsche beunruhigte ihn sehr. Und wie war es mit der Realität der Materie? ... Er wußte es nicht und quälte sich... Dann aber fragten sie uns aus. Wir waren ja aus diesem Treibhaus in den großen Sturm des Lebens hinausgetreten, nun mußten wir ihnen erzählen, wie die Luft auf dieser Erde beschaffen ist. Ob denn ein Mann, der eine Frau liebt, ihr Sklave werden muß, ein Pyrrhus, oder ihr Henker, wie Nero? Ob Afrika mit den weiten Einsamkeiten und dem blauen Himmel wirklich dem Unterricht des Geographielehrers entspricht (steckt der Vogel Strauß tatsächlich den Kopf in den Sand, um sich zu schützen?). Jacques Bernis nickte nur ein wenig mit dem Kopf, denn er wußte viel Geheimnisvolles, aber die Professoren verstanden, es ihm zu entlocken.
Alle wollten sie wissen, wie die Tat trunken macht, wie das Brausen des Motors sich anhört und daß es uns, um glücklich zu sein, nicht mehr genüge, so wie sie an stillen Abenden die Rosenstöcke zu beschneiden. Jetzt war es an ihm, Lukrez auszulegen oder den Ecclesiasticus, und Ratschläge zu erteilen. Er lehrte sie – sie sollten es noch zu rechter Zeit erfahren –, was man an Lebensmitteln und Wasser in die Wüste mitnehmen müsse, um nicht zugrunde zu gehen, wenn das Flugzeug havariert ist. Rasch gab er ihnen noch die letzten geheimen Winke: wie der Pilot sich vor den Mauren retten kann und die Reflexbewegungen, mit denen er dem Feuer entkommt. Und da saßen die Alten und wieg-

ten die Köpfe, sehr beunruhigt, aber doch schon etwas zuversichtlicher geworden und ganz stolz, weil ja aus ihren Händen diese neuen Kräfte in die Welt gestiegen waren. Ihr Leben lang hatten sie Helden gepriesen, und jetzt rührten sie mit den eigenen Händen an Helden und konnten nun ruhig sterben, weil sie Helden kennengelernt hatten. Sie sprachen von Julius Cäsar, da er noch Knabe war.

Doch wir wollten sie nicht betrüben und sprachen auch von den Enttäuschungen und der Bitternis einer Ruhestellung nach erfolglosem Bemühen. Es tat uns weh, daß der Älteste unter ihnen träumerisch geworden war, und so sagten wir noch, daß die einzige Wahrheit im Leben vielleicht in der friedvollen Welt der Bücher liege. Aber die Lehrer wußten das längst: man macht trübe Erfahrungen, wenn man anderen Geschichtsunterricht erteilt.

»Weshalb seid ihr in die Heimat zurückgekommen?«

Darauf gab Bernis keine Antwort. Aber die alten Professoren kannten das Menschenherz, sie hatten ein Zwinkern in den Augen und dachten an die Liebe...

IV

Von hoch oben gesehen, scheint die Erde kalt und tot. Das Flugzeug sinkt: da bekleidet sich die Erde. Sie umhüllt sich wieder mit Wäldern; Täler und Höhen zeichnen sich ein: da atmet sie. Jetzt überfliegt die Maschine einen Berg, und diese Brust eines schlafenden Riesen schwillt an bis zu ihr empor.

Nun, in nächster Nähe, beschleunigt sich der Fluß der Dinge, ein Wildbach unter einer Brücke. Unsere wohlgeordnete Welt reißt in Stücke; Bäume, Häuser, Dörfer treten hervor aus dem gradlinigen Horizont und sind schon nach rückwärts fortgerissen.

Die Gegend von Alicante steigt auf, kommt schaukelnd näher und ordnet sich ein, die Räder, schon ganz nahe, werden vom Erdboden angezogen wie von einem Walzwerk:

schon wetzen sie sich daran... Bernis entsteigt dem Flugzeug, die Beine sind ihm schwer. Er schließt die Augen, nur eine Sekunde lang, der Kopf schwirrt ihm noch vom Lärm des Motors und von den vielen farbigen Bildern; in seinen Gliedern liegt noch die Erschütterung vom Gang der Maschine. Gleich darauf betritt er die Kanzlei, nimmt gemütlich Platz, mit dem Arm schiebt er das Tintenfaß und einige Bücher weg, dann nimmt er das Flugbuch 612 zur Hand.

Toulouse–Alicante: 5 Stunden 15 Minuten Flugzeit.
Er hält inne, von Müdigkeit umfangen, und träumt ein wenig. Sein Ohr vernimmt unbestimmte Geräusche, die von draußen kommen. Irgendwo wird eine Weiberstimme laut. Der Lenker des Fordwagens öffnet die Tür, entschuldigt sich und lächelt dabei. Bernis betrachtet aufmerksam die Wände, die Tür und den Chauffeur, der so groß da steht. Dann gibt es ein Gespräch, in das er zehn Minuten lang einbezogen wird, ohne es recht zu verstehen, mit Gebärden, die etwas abschließen, und anderen, die Neues einleiten: unwirkliche Vision. Aber der Baum, der draußen vor der Tür steht, ist doch schon seit dreißig Jahren da. Seit dreißig Jahren.

Motor: Nichts zu beanstanden.
Flugzeug: Neigung nach rechts.
Bernis legt die Feder weg, denkt nur: ich bin schläfrig. Und wieder folgt er dem Traum, der auf seinen Schläfen lastet.
Ambrafarbenes Licht auf dieser hellen Landschaft. Da gibt es schon geeggte Felder und Wiesen. Rechts liegt ein Dorf, links weidet eine kleine Herde, darüber blauer Himmel. Da steht ein Haus, denkt Bernis. Es kommt ihm zum Bewußtsein, daß er eben mit jäher Klarheit diese Landschaft, den Himmel, die ganze Erde erkannt hatte: sie waren richtig gebaut, wie ein Haus. Ein Familienhaus, alles stimmte, jeder Gegenstand lotrecht hingestellt. Keine Unsicherheit, keine rissige Stelle in der Einheit dieser Schau: Bernis kam sich vor wie ins Innerste dieser Landschaft versetzt. So geht es vielleicht alten Damen, die wie ein Stückchen Ewigkeit an ihrem

Salonfenster sitzen. Der Rasen ist frisch und grün, bedächtig gießt der Gärtner die Blumen. Die Damen folgen mit den Blicken den ruhigen und beruhigenden Bewegungen seines Rückens. Der Geruch von Bohnerwachs, den das geglättete Parkett ausstrahlt, ist ihnen angenehm. Eine milde Ordnung waltet im Hause: der Tag ist vorübergegangen, hat Sonnenschein gebracht und ein wenig Wind und einen kleinen Platzregen, der kaum ein paar Rosen entblätterte.

»Es ist gut, adieu.« Bernis muß weiterfliegen.

Er steuert in einen Sturm hinein, der auf das Flugzeug loshämmert wie der Maurer, der ein Haus einreißt. Das kennt man, wir kommen schon durch. Bernis hat nur mehr rudimentäre Gedanken, ihn erfüllt das einzige Bestreben: aus diesem Bergkessel herauszukommen, wo der Wind ihn hinabdrückt, wo die Regenschwaden so dicht sind, daß es finster ist, über diesen Felsrand hinwegzusetzen und das Meer zu erreichen.

Ein Stoß – am Ende irgendein Bruch! Und plötzlich hat das Flugzeug Übergewicht nach links. Bernis stemmt sich mit der einen Hand dagegen, dann mit beiden Händen, endlich mit dem ganzen Körper. »Herr Gott!« Jetzt sinkt das Flugzeug nach unten ab. Es ist aus mit Bernis. Nur eine Sekunde noch, dann wird er aus dieser trudelnden Behausung, die er kaum erst zu beherrschen gelernt hat, herausspringen – für immer. In Spiralen werden die Ebene, die Wälder, die Dörfer gleichsam zu ihm emporschwingen. Schatten der Dinge, Spiralschatten! Da liegt die ganze Schäferei, nach allen Himmelsrichtungen verstreut.

»Mir scheint, ich habe Angst gehabt.« Ein Tritt, er löst ein Kabel aus. Das Getriebe war verkeilt. Wieso? Ein Sabotageakt? Nein. Dreimal hat es versagt, ein Tritt hat die Weltordnung wiederhergestellt. Das war ein Abenteuer!

Wirklich ein Abenteuer? Nichts bleibt von dieser Sekunde als ein Geschmack auf der Zunge, wie etwas Bitteres. Ja, aber dieser Abgrund, in den er geschaut hat? Alles war nur Sinnestäuschung: Straßen, Kanäle, Häuser – Menschen – Spielzeug!..

Fertig. Vorbei. Nun ist der Himmel klar. Die Wetterwarte hatte es vorhergesagt: »Himmel zu einem Viertel mit Zirruswolken bedeckt.« Die Wetterwarte? Die Isobaren? Am Ende die Wolkensysteme des Professors Borjsen? Jawohl, ein Himmel wie für Volksfeste, wie für den 14. Juli. Es müßte heißen: »In Malaga ist heute Feiertag!« Jeder Bewohner hat zehntausend Quadratmeter Himmel über sich, klaren Himmel, der bis zu den Zirruswolken reicht. Und das Aquarium da unten war noch nie so groß und leuchtend. Wie daheim im Golf, an einem Regattenabend: blauer Himmel, blaues Meer, die Matrosenkragen sind blau und die Augen des Kapitäns auch. Urlaub in Freuden!

Fertig: dreißigtausend Briefe sind herübergebracht. Die Fluggesellschaft hat gut reden: der Kurier ist wertvoll, viel wertvoller als das Leben. Jawohl, Lebenselixier für dreißigtausend Verliebte... Geduld, ihr Liebenden! Wenn der Abend seine Lichter aufsteckt, sind wir bei euch. – Die schweren Wolken, vom Wirbelsturm wie in einen einzigen Riesenzuber zusammengepeitscht, liegen hinter Bernis. Vor ihm ein Land, von der Sonne in Glanz gehüllt; bekleidet mit dem hellen Gewand der Wiesen und der dunklen Wolle der Wälder, weiterhin schwebt der gekräuselte Schleier des Meeres. Über Gibraltar wird es schon Nacht sein. Dann löst eine Linkskurve, gegen Tanger zu, Bernis völlig von Europa – mag es hinter ihm wie ein riesiger Eisberg zerrinnen...

Noch einige Städte, die aus braunem Lehm wachsen, dann Afrika. Und wieder einige Städte, aus schwarzem Lehm, dann die Sahara. Bernis darf heute abend zusehen, wie die Erde sich sacht entkleidet.

Er ist müde. Vor zwei Monaten war er nach Paris gefahren, um Genoveva zu gewinnen. Gestern ist er wieder bei der Fluggesellschaft gelandet und hat vorher Ordnung gemacht, nach seiner Niederlage. Diese Ebenen, diese Städte, diese Lichter, die entschwinden – er selbst läßt all dies fahren. Er selbst tut all dies von sich. In einer Stunde wird der Leuchtturm von Tanger blinken: bis zu diesem Leuchtturm wird Jacques Bernis seiner Erinnerung leben.

Zweiter Teil

I

Ich muß zurückgreifen, muß die letzten zwei Monate heraufholen – was bleibt sonst wohl von ihnen? Wenn einmal die Ereignisse, die ich schildern will, ganz zur Ruhe gekommen sein werden, wenn die Wellenkreise über den Menschen, die das Wasser verschlungen hat, wieder zum stillen Teichspiegel geworden, wenn die Gemütsbewegungen abgeebbt sind, zuerst die aufrüttelnden, dann die gelinden, bis zu den seligsten, die mir aus diesen Ereignissen erwuchsen: dann wird die Welt wieder als etwas Sicheres um mich stehen. Kann ich mich doch schon heute da und dort, wo das Andenken an Genoveva und Bernis wie eine Qual sein müßte, ruhig ergeben, nur mehr von einem leisen Schmerz bewegt!

Zwei Monate zuvor war er hinaufgefahren nach Paris. Aber nach längerer Abwesenheit findet man seinen richtigen Platz nicht mehr wieder: man fällt einer Stadt zur Last. Er war nicht mehr als ein Jacques Bernis, angetan mit einem Anzug, der nach Kampfer roch. Er bewegte sich steif und ungeschickt, und in seinem Zimmer verrieten die Lebensmittelvorräte, Flaschenbatterien, schön geordnet in einer Ecke, all das Wirtshausmäßige und Provisorische, das ihnen anhaftet: dieses Zimmer war noch nicht von sauberer Wäsche und von eigenen Büchern wohnlich gemacht.

»Hallo – bist du's?« Er registrierte die alten Freundschaften. Man ruft ihm zu, er wird beglückwünscht.

»Dein Gespenst? Nein, bravo!«

»Ja, ich bin's. Wann kann ich dich sehen?«

Heute ist man eben nicht frei. Vielleicht morgen? Da wird Golf gespielt, aber er könnte ja auch dazu kommen. Keine Lust? Also übermorgen, zum Abendessen. Punkt acht Uhr.

Er betritt, schweren Schrittes, eine Tanzbar, behält unter all den Menschen seinen Mantel an, wie ein Forschungsreisender. Da verbringen sie ihre Nächte in diesem Käfig, wie Goldfische im Aquarium, drehen sich im Tanz herum, landen dann und wann beim Büfett, eins zu trinken. Bernis kommt sich in dieser flauen Gesellschaft, in der allein er seine fünf Sinne beisammen hat, plump vor, wie ein Lastträger, der auf breiten Beinen da steht. Alles, was er denkt, ist scharf umgrenzt. Er geht weiter vor, strebt zwischen besetzten Tischen nach einem freien Stuhl. Die Augen der Frauen, die er mit den Blicken streift, schauen zerstreut, wie erloschen. Die jungen Männer machen höflich Platz, damit er vorbeigehen kann. Wie in der Nacht, wenn die Posten ihre Zigaretten fallen lassen, sobald der Wachoffizier in die Nähe kommt.

Diese Welt haben wir allemal wiedergefunden, nicht anders als der bretonische Matrose sein Ansichtskartendorf wiederfindet und seine unentwegt treue Braut, die je und je kaum älter geworden scheint. Immer dasselbe, Illustration aus einem Kinderbuch. Wenn wir alles so ganz an seinem Platz wiedererkannten, alles vom Schicksal so gut geregelt, fühlten wir etwas wie Angst vor der dunklen Zukunft. Bernis erkundigt sich nach einem Freund: »Ja, ja, immer der gleiche. Seine Geschäfte gehen nicht glänzend. Du weißt ja, das Leben«... Alle waren sie Gefangene ihrer selbst, gebunden von jener dunklen Fessel und so gar nicht wie er, der Flüchtling, halb armer Kerl, halb Zauberer.
Kaum ein bißchen verbraucht, vielleicht etwas schmäler geworden schienen die Gesichter seiner Freunde, seit zwei Winter und zwei Sommer vergangen waren. Diese Dame da, in der Ecke der Bar, erkannte er wieder: auch ihre Gesichtslinien hatten das ewige Lächeln, nur unmerklich verzogen. Dieser Barmann, wie einst und je. Der Gedanke, von ihm etwa erkannt zu werden, erschreckte Bernis, wie wenn diese Stimme in ihm selbst einen toten Bernis, einen ohne Flügel wiedererwecken müßte, einen, der gar nicht fort war.

Schon beim Rückflug hatte sich die Landschaft stückweise um ihn aufgebaut, fast wie ein Kerker. Die Sandhügel der Sahara, die spanischen Felsen waren allmählich zurückgewichen, wie Theaterkulissen, die der freien Natur Raum geben. Endlich, gleich nach der Grenze, Perpignan und ringsherum die Ebene. Diese Ebene, auf der noch späte Sonne lag in schrägen, langgestreckten Strahlen, die immer durchscheinender werden wie alter Goldstoff; da und dort lag noch der Sonnenhauch auf den Wiesen, von Minute zu Minute blässer und luftiger, nicht erlöschend, aber hinschmelzend im Dunst. Und dann dieser zitronengrüne Streif, eine satte dunkle Farbe unter dem Blau des Himmels. Ein stiller Hintergrund. Endlich, mit verlaufendem Motor, dieses Hinabtauchen ins Dunkle, wie in ein Meer, in dem alles friedlich geworden ist und wo nun alles so fest und unbeirrbar ruht wie eine Mauer.

Dann ging's im Wagen des Flughafens zur Bahn. Im Zug die Gesichter, gerade gegenüber, verschlossene, hart gewordene Gesichter. Die Hände, in die das Lebenslos seine Runen gegraben hat, liegen flach auf den Knien und sind so schwer. Den Bauern, zwischen denen man sitzt, merkt man an, daß sie vom Feld kommen. Und dieses junge Mädchen, das daheim vor der Haustür auf den Mann wartet, der unter hunderttausend Männern zu ihm finden soll und das schon hunderttausend Hoffnungsträume zerrinnen sah. Die Mutter aber, die ein Kind in Schlaf lullt, war ja schon Gefangene dieses Kindes, konnte ihm nicht mehr entfliehen.

Solcherart mitten ins Herzgeheimnis der Dinge gestellt, kam Bernis auf stillen Wegen in seine Heimat zurück, die Hände in den Taschen, ohne Koffer, der richtige Streckenpilot, zurück in die starrste aller Welten, in der man zwanzig Jahre prozessieren muß, um über eine Mauer hinüberzugreifen und ein Feld zu vergrößern.

Nach zwei Jahren, verbracht in Afrika und erfüllt von lebensvollen Landschaftsbildern, die ewig wechselten wie das Antlitz des Meeres, aber freilich jetzt, da sie in der Erinnerung versanken, auch nichts mehr übrigließen vom alten

Lande, dem einzigen, ewigen, vom Lande, dem er entstammte, setzte er nun den Fuß auf wirklichen Boden und fand, ein Erzengel der Traurigkeit: »Alles ist noch, wie es war...« Er hatte befürchtet, die Dinge verändert zu finden, und nun litt er darunter, daß sie gleichgeblieben waren. Was konnte er von Wiederbegegnungen, von alten Freundschaften anderes erwarten als vage Langeweile. In der Ferne träumt man gern. Das Rührende, das der Abschied gebracht hat, läßt man hinter sich, mit einem Stich im Herzen, aber auch mit dem seltsamen Bewußtsein von einem Schatz, der unter der Erde verborgen bleibt. Diese raschen Trennungen offenbaren manchmal soviel scheue Liebe. Eines Nachts, in der Sahara, unter dem leuchtenden Sternenhimmel, hatte Bernis träumerisch an all das Zärtliche in der Ferne gedacht, das warm in das Dunkel der Nacht und der Zeit gehüllt ruhte wie Samenkorn in der Erde, und plötzlich stand in seiner Seele das Gefühl: er habe sich nur ein wenig zur Seite gewandt, um das Schlafende anzuschauen. Angelehnt an sein Flugzeug, das havariert war, vor sich die Sanddüne, die sich weithin bis zum Horizont wellte, stand er da und hütete sein Liebstes wie ein Hirt... »Und das ist alles, was ich wiederfinde!«

Eines Tages schrieb mir Bernis:
»...Ich erzähle dir nichts über meine Heimkehr: ich werde, wie ich meine, mit den Dingen fertig, wenn Empfindungen in mir wach werden. Aber es ist keine wach geworden. Es ging mir so wie jenem Pilger, der um eine Minute zu spät nach Jerusalem gekommen war. Seine Sehnsucht, sein Glaube waren erloschen, er sah nur Steine. Diese Stadt: eine Mauer. Ich will fort von hier. Erinnerst du dich an unseren ersten Flug? Wir haben ihn zusammen gemacht. Murcia, Granada lagen da wie kleine Schmuckstücke im Glaskasten und blieben in der Vergangenheit versunken – denn wir landeten nicht –, blieben so hingestellt, wie die Jahrhunderte sie gelassen hatten. Der Motor machte sein intensives Geräusch, das alles beherrscht und unter dem die Landschaft lautlos

abrollt wie ein Film. Es war kalt, wir flogen ja so hoch und sahen die Städte wie durch Eis. Erinnerst du dich?
Ich habe noch die Zettel aufbewahrt, die du mir herüberreichtest:
›Du mußt auf dieses sonderbare Geräusch achthaben... nicht über die Meerenge fliegen, wenn es zunehmen sollte.‹
Zwei Stunden später, über Gibraltar: ›Erst bei Tarifa übers Meer, es ist besser.‹ – Vor Tanger: ›Kein zu langes Landungsmanöver, der Boden ist weich.‹
Ganz einfach war's. Aber mit diesen kurzen Sätzen gewinnt man die Welt. Ich empfand sie wie eine Strategie, die in so knappen Weisungen mächtig wirkte. Tanger, diese kleine nichtssagende Stadt, war meine erste Eroberung. Weißt du, das war sozusagen mein erster Zusammenstoß. Ja. Zunächst aus der Vertikalen, aber noch aus großer Ferne. Dann, im Gleitflug, blühte alles vor mir auf: die Wiesen, die Blumen, die Häuser, als brächte ich eine untergegangene Stadt ans Licht herauf, als würde sie erst durch mich lebendig. Und nun plötzlich eine wunderbare Entdeckung: fünfhundert Meter unter mir jener Araber, der sein Feld bestellte, den ich allmählich zu mir heraufzog, bis er so groß war wie ich. Er war wahrhaftig meine Kriegsbeute oder meine Schöpfung oder mein Spielzeug. Ich hatte mir eine Geisel gefangen, Afrika gehörte mir.
Zwei Minuten danach stand ich im Grase, ich fühlte mich so jung, wie auf einen Stern versetzt, in dem das Leben neu beginnt. In einem neuen Klima. Auf diesem Boden, unter diesem Himmel stand ich wie ein junger Baum. Und ich streckte mich nach der Fahrt und war so herrlich hungrig. Ich machte lange, elastische Schritte, um mich vom weiten Flug zu erholen, und mußte darüber lachen, daß ich meinen Schatten nun wieder hatte – das war die Landung.
Und dann: welcher Frühling! Siehst du ihn noch vor dir, nach den grauen Regentagen in Toulouse? Es war eine ganz neue Lust, die alles durchdrang. Jedes weibliche Wesen war von einem Geheimnis umwittert: oft war es nur ein Tonfall, eine Gebärde oder ein Verstummen. Und alle waren sie ver-

lockend. Dann aber, du kennst mich ja, diese Hast, weiter zu steigen, weiter weg zu suchen, was ich vorausempfand und noch nicht verstehen konnte; denn ich war ja der Wünschelrutenmann, der den zitternden Weidenzweig in der Hand hält und über die ganze Erde gehen will, bis er den Schatz gefunden hat.
Aber, sag mir nur, was suche ich denn? Und weshalb stehe ich da am Fenster, in der Stadt, in der alle meine Freunde wohnen, wo meine Wünsche leben und meine Erinnerungen zu Hause sind, und bin doch so unglücklich! Warum kann ich denn hier, zum erstenmal, keine Quelle entdecken, warum weiß ich weit und breit keinen Schatz zu graben? Dunkel ist das Versprechen, das mir gegeben ist, und dunkel der Gott, der sein Versprechen nicht hält.

Ich habe die Quelle wiedergefunden. Weißt du noch? Sie heißt Genoveva…«

Genoveva – als ich diese Worte in Bernis' Brief gelesen hatte, mußte ich die Augen schließen – und da sah ich dich wieder, kleines Mädchen. Fünfzehn Jahre, und wir, wir waren dreizehn Jahre alt. Wie hättest du auch in unserer Erinnerung älter werden sollen? Du warst für uns dasselbe schmächtige Kind geblieben, und nur dies konnten wir uns vorstellen, wenn wir später von dir hörten.
Indes andere die Erwachsene zum Traualtar geleiteten, haben wir, Bernis und ich, im tiefsten Afrika ein kleines Mädchen zur Braut erwählt. Und so bist du, mit deinen fünfzehn Jahren, die jüngste der Mütter geworden. In einem Alter, in dem man die bloßen Beine beim Baumklettern wundscheuert, wolltest du schon eine richtige Wiege haben, dieses königliche Spielzeug. Und während du im Kreise der Deinen, die das Wunder nicht ahnten, das stille Leben einer jungen Frau führtest, lebtest du für uns ein Märchenleben, durch ein Zaubertor in unser Dasein eingetreten, verkleidet als Gattin, als Mutter, als Fee, wie auf Kostümfesten und Kinderbällen.

Denn du warst eine Fee. Ich weiß es noch gut. Du wohntest in einem alten Haus mit dicken Mauern. Ich sehe dich in der tiefen Fensternische stehen, auf die Ellbogen gestützt, um nach dem aufsteigenden Mond zu schauen. Ringsum in der Ebene wurden die abendlichen Geräusche laut, die Grillen ließen ihre Flügel zirpen, die Frösche quakten drauflos, und die Glocken der heimkehrenden Kühe läuteten. Der Mond stieg höher. Manchmal klang aus dem Dorf das Totengeläute und trug über die Felder hin den Heimchen und den Zikaden das Unerklärliche zu, den Tod. Und du beugtest dich weiter vor, im Herzen bewegt, doch nur für die liebenden Brautleute, denn nichts ist bedrohter als grüne Hoffnung. Aber der Mond stieg höher. Da fingen die Nachtkäuze an, einander liebend zuzurufen, und übertönten das Totenglöckchen, und die umherschweifenden Hunde sammelten sich im Kreis und heulten zum Mond hinauf. Jeder Baum, jeder Grashalm, jedes Schilfrohr war voll heimlichen Lebens. Und der Mond stieg noch immer. Du aber nahmst uns bei den Händen und wolltest, daß wir zuhören, denn das seien die Geräusche unserer Erde, die gut sind und Zuversicht geben.

Du warst so wohlbehütet von diesem Hause und, rings um das Haus, von diesem lebendigen Gewand der Erde. Allerlei Bündnisse hattest du geschlossen mit den Linden, den Eichen und mit den weidenden Herden, daß wir dich ihre Königin nannten. Dein Antlitz wurde still und stiller, wenn die abendliche Welt allmählich für die Nacht in Ordnung gebracht wurde. »Der Pächter hat das Vieh heimgeführt.« Das wußtest du, wenn in den fernen Ställen die Lichter sich entzündeten. Ein dumpfer Lärm: »Man macht die Schleuse zu.« Alles war in Ordnung. Endlich der Schnellzug, der um sieben Uhr abends herandonnerte, das Land durchraste und entschwand, um deine Welt von dem zu säubern, was unruhig und beweglich war und ungewiß, wie ein Gesicht hinter dem Fenster eines Schlafwagens. Dann war das Essen in einem Speisezimmer, das zu hoch und schlecht beleuchtet war, und da warst du uns die Königin des Abends, denn wir überwachten dich ohne Unterlaß, wie zwei Spione. Da saßest du still zwischen alten Leuten, umgeben vom Holzgetäfel des Raumes, und wenn du dich vorbeugtest, bot sich nichts als dein Haar dem Goldglanz des Lichtkegels, den die Lampenschirme freiließen, du warst vom Licht gekrönt, warst Königin. Als eine Ewige erschienst du uns, denn du warst mit allen Dingen so voll vertraut, warst ihrer sicher und sicher deiner Gedanken, deiner Zukunft, du warst Königin... Wir aber wollten wissen, ob es möglich sei, dich leiden zu machen, dich so fest in die Arme zu schließen, daß dir der Atem ausginge, denn wir fühlten in dir ein Menschliches schlummern und wollten es zum Leben wecken: eine Zärtlichkeit, ein Leid, und es sollte in deinen Augen aufleuchten. Da schlang Bernis die Arme um dich, deine Wangen wurden rot. Er umschlang dich fester, in deinen Augen glänzten Tränen, und es war doch kein häßlicher Zug um deine Lippen, wie bei alten Frauen, wenn sie weinen. Bernis aber sagte, daß deine Tränen aus dem Herzen kämen, das dir unversehens schwer geworden, daß sie kostbarer seien als Diamanten, und wer sie dir einst von den Lidern wegtränke, der würde unsterblich. Und er sagte auch, daß du in deinem Leib verborgen seist wie die Nixe unter dem Wasserspiegel und daß er vielerlei Zauberkünste wisse, um dich aus der Tiefe heraufzulocken, aber das sicherste Mittel sei, dich weinen zu machen. So also wußten wir dir Liebe abzulisten. Aber wenn wir dich freigaben, lachtest du, und dieses Lachen brachte uns in Verwirrung. Du warst wie ein Vogel, der jählings davongeflogen ist, weil die Hand, die ihn festhielt, sich ein wenig gelockert hatte.

»Genoveva, lies uns Verse vor!«

Man traf dich selten lesend, und wir meinten, du wüßtest schon alles. Nie hatten wir dich über etwas verwundert gesehen.

»Lies uns doch Verse vor!«

Da lasest du denn, und uns war das eine richtige Unterweisung, für die Welt, für das Leben, eine Unterweisung, die uns nicht vom Dichter herkam, sondern aus dem eigenen Wissen. Kummer, von Liebenden gelitten, und Tränen, von

Königinnen geweint, wurden für uns große, stille Dinge. Die Menschen starben dahin an der Liebe, aber in deiner Stimme war eine solche Ruhe...

»Genoveva, sag, kann man wirklich an der Liebe sterben?«

Da hieltest du im Lesen inne und dachtest ernsthaft nach. Ohne Zweifel suchtest du Antwort bei deinen Farnkräutern, bei deinen Grillen und Bienen, und du sagtest: »Ja, weil doch die Bienen an der Liebe sterben.« Das war also notwendig und in Ordnung.

»Genoveva, was ist das, ein Liebhaber?«

Wir wollten dich erröten machen, aber du wurdest nicht rot. Kaum berührt von dieser Frage, schautest du auf den Teichspiegel hinaus, der im Mondschein glitzerte. Da dachten wir, ein Liebhaber müsse für dich so sein wie dieser Lichtstrahl auf dem Wasser.

»Genoveva, hast du einen Liebhaber?«

Diesmal würdest du rot werden! Aber nein, du lächeltest ganz unbefangen und schütteltest den Kopf. In deinem Königreich bringt die eine Jahreszeit die Blumen, eine andere die Früchte, und wieder eine bringt die Liebe: das Leben ist so einfach.

»Genoveva, weißt du, was wir später tun werden?« (Wir wollten dich blenden und nannten dich: schwaches Weib.) »Ja, du schwaches Weib, wir werden Eroberer sein.« Und wir erklärten dir das Leben: der Eroberer kehrt ruhmbeladen heim und macht eine, die ihm lieb war, zu seiner Geliebten.

»Dann werden wir deine Liebhaber sein. Sklavin du, lies uns Verse vor!«

Aber du mochtest nicht mehr und warfst das Buch fort. Auf einmal stand dein Leben so sicher vor dir, wie wenn ein junger Baum spürt, daß er wächst und Früchte trägt. Es war nichts anderes da als das, was notwendig war. Wir, wir waren Eroberer aus Fabelland, du aber standest fest inmitten deiner Farnkräuter, deiner Bienen und Ziegen und im Glanze deiner Sterne, du hörtest deine Frösche quaken und fandest deine Zuversicht in all diesem Leben, das um dich her aus

der nächtlichen Stille wuchs und das aus dir selbst erblühte, aus dem Federn deines Schrittes bis hinauf zur Beuge deines Nackens, und es war eine Zuversicht in ein Geschick, das nicht in Worte zu fassen und dennoch so sicher war.
Aber der Mond stand schon hoch, es war Schlafenszeit, da schlossest du das Fenster, und weil nun das Mondlicht durch die Scheiben glänzte, sagten wir dir, du hättest den Himmel wie einen Glaskasten zugemacht, so daß der Mond und eine Handvoll Sterne darin gefangen wären – denn wir waren ja darauf aus, mittels aller möglichen Sinnbilder und aller erdenklichen Fallen dich hinter den Anschein der Dinge zu führen, hinab in die Tiefe der Meere, wohin die Unruhe unserer Herzen uns rief.

»...Ich habe die Quelle wiedergefunden. Sie ist's, die ich brauchte, um von der Reise auszuruhen. Sie ist da, die anderen... Es gibt Frauen, von denen wir sagten, sie seien nach dem Erlebnis der Liebe ins Ferne gerückt, zu den Sternen hinauf, und sie seien nichts als eine Erfindung des Herzens. Von Genoveva aber, du erinnerst dich, meinten wir, sie sei bewohnt. Ich habe sie wiedergefunden, wie man den Sinn der Dinge wiederfindet, und ich gehe an ihrer Seite in eine Welt ein, deren Innerstes ich endlich entdecken darf...«

Für ihn kam sie von den Dingen her. Sie wurde ihm Mittlerin, nach so vielen Trennungen, für so viele neue Bindungen. Die Kastanienbäume, die da standen, schenkte sie ihm wieder, diese Straße, jenen Brunnen. Und jedem der Dinge war wieder das Geheimnis eingegeben, das wir seine Seele nennen. Da war ein Garten: er war nicht mehr gepflegt, geschnitten und sauber aufgeräumt wie für einen Amerikaner, nein, es war nun mit einem Male etwas Unordentliches in der Allee zu sehen, hin und wieder ein dürres Blatt und da ein verlorenes Schnupftuch, als wären Liebende hier gegangen. Und dieser Garten wurde zur Falle...

II

Nie hatte sie zu Bernis von Herrn Herlin, ihrem Gatten, gesprochen, erst heute abend: »Ein langweiliges Essen, massenhaft Menschen: Jacques, essen Sie doch mit, so werde ich weniger allein sein.«

Herlin gestikuliert viel, etwas zuviel. Weshalb diese betonte Sicherheit, die er im Alltag ja doch nicht beibehält? Seine Frau beobachtet ihn mit einiger Unruhe. Dieser Mann schiebt gleichsam eine Persönlichkeit vor sich her, die er zurechtgemacht hat. Nicht aus Eitelkeit, aber um an sich glauben zu können. »Sehr richtig, Ihre Bemerkung, mein Lieber.« Genoveva wendet sich angewidert ab: diese ausladende Geste, dieser Tonfall und soviel zur Schau getragene Sicherheit!

»Kellner, Zigarren!«

Noch nie hat sie ihn so lebendig gesehen, so erfüllt von seiner Bedeutung. Da sitzt man im Gasthaus, und von diesem Podest aus beherrscht man die Welt. Ein Wort, das man sagt, stößt auf einen Gedanken und hat ihn auch schon umgestoßen.

Ein einziges Wort dem Speisenträger, dem Oberkellner, bringt sie beide in eilige Bewegung.

Genoveva muß lächeln: wozu dieses politische Diner? Wozu, seit sechs Monaten, diese politischen Grillen? Herlin kommt sich als starker Mann vor, wenn große Gedanken durch seinen Kopf hindurchgehen, und er merkt, daß er stattliche Posen einzunehmen versteht. Dann ist er ganz beglückt und tritt ein wenig zurück, um sein eigenes Bild zu betrachten.

Genoveva läßt ihn und die anderen bei diesem Spiel und wendet sich zu Bernis: »Verlorener Sohn, erzählen Sie mir von der Wüste... Wann werden Sie uns ganz wiedergeschenkt sein?«

Bernis schaut sie an und erkennt das fünfzehnjährige Mädchen wieder, das ihm aus dem Antlitz einer fremden Frau zulächelt, wie es in Märchenbüchern zu lesen ist; ein Kind, das sich verbirgt, aber mit einer halben Bewegung alsbald wieder verrät: Genoveva, ich weiß das Zaubermittel, man muß Sie umarmen, so fest, daß es Ihnen weh tut, dann ist das junge Mädchen wieder da und will weinen...

Jetzt aber neigen sich die Herren wieder zu Genoveva, daß ihre steifen Hemdbrüste sich biegen, und benehmen sich verführerisch, als ob man eine Frau erobern könnte, indem man Gedanken formuliert und Bilder vor ihr aufbaut, als wären sie der Siegerpreis eines steten Wettbewerbs. Auch ihr Gatte beginnt liebenswürdig zu werden, gewiß wird er hernach zärtlich sein wollen. Er entdeckt sie, wenn andere sie begehrenswert gefunden haben, wenn die Frau im Glanz des Abendkleides und im Wunsche zu gefallen ein wenig das Weib hat erblühen lassen. Sie aber denkt: er liebt nur, was mittelmäßig ist. Warum liebt man sie nicht ganz? Man liebt nur einen Teil ihrer selbst, das übrige bleibt im Schatten. Man liebt sie, wie man Musik liebt oder den Luxus. Gibt sie sich geistreich oder gefühlvoll, dann wird sie begehrt. Aber woran sie glaubt, was sie empfindet, was wirklich in ihr lebt – darum kümmert sich keiner. Die Liebe zu ihrem Kind, all ihre Kümmernisse, mögen sie noch so ernsthaft sein – von diesem abseitigen Leben will niemand wissen.

Jeder Mann wird in ihrer Nähe zur Puppe: er entrüstet sich, wenn sie sich entrüstet, er wird rührselig, wenn sie es wird, als wolle er, um ihr zu gefallen, immer nur sagen: ›Ich werde der Mann sein, wie Sie ihn wünschen.‹ Und das entspricht der Wahrheit, all dies hat eben für ihn keine Bedeutung. Was für ihn Bedeutung hätte, wäre einzig, ihr beizuwohnen. Sie aber denkt nicht immer an die Liebe, sie hat keine Zeit dazu.

Und sie erinnerte sich lächelnd an die ersten Tage ihres Brautstandes: Herlin hatte plötzlich entdeckt, daß er verliebt war (offenbar hatte er es vordem vergessen). Er will mit ihr reden, er will sie zahm machen und gewinnen: »Aber, ich habe doch keine Zeit...« Und so schritt sie vor ihm auf dem Fußweg, trällerte ein Lied und hieb im Takt auf die jungen Zweige der Bäume. Die Erde war feucht und duftete, und von den Zweigen spritzten die Tropfen auf ihr Gesicht. Sie dachte immer wieder: ›Ich habe doch keine Zeit, gar keine Zeit!‹ Sie geht jetzt doch ins Glashaus, nachzusehen, was die Blumen machen.

»Genoveva, Sie sind ein grausames Kind.«

»Ja, freilich, aber sehen Sie nur, wie schön diese Rosen sind! So eine schöne Blume ist doch etwas Wunderbares.«

»Genoveva, lassen Sie sich umarmen...«

»Ja, ja, warum nicht? Finden Sie meine Rosen schön?«

Und die Männer finden ihre Rosen immer schön.

»Aber nein, mein kleiner Jacques, nein, ich bin wirklich nicht traurig.« Sie neigt sich halb zu Bernis: »Wenn ich daran denke, was ich doch für ein sonderbares kleines Mädchen war! Ich hatte mir einen Gott nach meinem Sinn geschaffen. Wenn mich ein kindlicher Schmerz überkam, so weinte ich den ganzen Tag um das Unwiederbringliche. Aber des Nachts, sobald es finster war, rettete ich mich zu meinem Freund, und mein Gebet war so: ›Sieh, das ist mir geschehen, aber ich bin viel zu schwach, mein zerstörtes Leben wieder in Ordnung zu bringen. Ich will dir alles überlassen, du bist ja so viel stärker als ich. Mach wieder Ordnung!‹ So schlief ich ein.«

Und dann: unter all den zweifelhaften Dingen gibt es doch auch so viele, die fügsam sind. Sie gebot über ihre Bücher, ihre Blumen und über ihre Freunde. Mit ihnen allen unterhielt sie Verträge. Sie kannte das Zeichen, das ein Lächeln hervorzaubert, wußte das Losungswort, das einzig wirksame: »Ah, da sind Sie ja, mein alter Astrolog...« –

Und wenn Bernis eintrat: »Setzen Sie sich, verlorener Sohn...«

So war jeder mit ihr verbunden, durch ein Geheimnis, durch die zarte Gewißheit, von ihr entdeckt und erkannt zu werden. Und die harmloseste Freundschaft wurde dadurch reich und tief wie ein Verbrechen.

»Genoveva«, sagte Bernis, »Sie sind Königin über alle Dinge.«

Sie rührte ein wenig an den Möbeln ihres Zimmers, rückte jenen Armsessel um ein geringes, und schon hatte der Freund das überraschende Gefühl, den Platz in der Welt gefunden zu haben, der für ihn der richtige war. War der Tag vorbei mit all dem Leben, das er gebracht hatte, so gab es allerlei stille Unordnung im Zimmer, verstreute Notenblätter, verwelkte Blumen – alles, was man hienieden liebt und doch durcheinanderbringt. Aber Genoveva verstand es, lautlos den Frieden in ihrem Königreich wiederherzustellen. Und Bernis erkannte in ihr, tief verborgen in ihrem Wesen und wohlbehütet, das kleine Mädchen, das da schlummerte und das ihn einst geliebt hatte...

Aber es kam ein Tag, an dem die Dinge sich jäh empörten.

III

»Laß mich doch schlafen...«

»Das ist unerhört! Steh auf, das Kind erstickt ja!«

Aus dem Schlaf gerissen, lief sie zum Bett. Das Kind schlief. Sein Gesicht war fieberglänzend, der Atem zwar kurz, aber ruhig. Schlaftrunken wie sie war, sah Genoveva das hastige Schnaufen eines Schleppers vor sich.

»Welche Anstrengung!« Und das war schon seit drei Tagen so. Unfähig, einen Gedanken zu fassen, blieb sie stehen, über den kranken Knaben gebeugt.

»Weshalb hast du mir gesagt, daß er erstickt? Hast du mir Angst machen müssen?«

Ihr Herz war noch unruhig von diesem Schrecken. Herlin antwortete: »Ich habe es geglaubt.«

Sie wußte, daß er log. Er war plötzlich in Angst geraten und hatte, unfähig zu leiden, diese Angst mit jemand teilen müssen. Die Stille um ihn herum erschien ihm, da er leiden mußte, unerträglich. Und ihr tat doch nach drei durchwachten Nächten eine Stunde Schlaf dringend not. Sie hatte sich schon kaum mehr aufrecht halten können.

All diese Unaufrichtigkeit verzieh sie ihm ja – was hatten schon Worte zu bedeuten? Aber dieses Kontrollieren ihres Schlafs war doch zu lächerlich!

»Du bist wirklich unvernünftig«, das war alles, was sie sagte, dann noch, um ihn mild zu stimmen: »Du bist ein Kind...«

Im gleichen Atemzug fragte sie die Pflegerin nach der Zeit.
»Zwei Uhr zwanzig.«
»So?« Und Genoveva wiederholte: »Zwei Uhr zwanzig...«, als ob jetzt etwas Dringendes zu tun wäre. Aber nein, es war ja nichts zu tun als zu warten, wie auf einer Bahnfahrt. Sie strich über die Bettdecke, stellte die Arzneien zurecht, machte sich am Fenster zu schaffen. So erzeugte sie eine geheimnisvolle, unsichtbare Ordnung.
»Sie sollten ein wenig schlafen«, meinte die Pflegerin. Dann war alles still. Und wieder überkam sie die Vision einer Reise, wo die Landschaft ungesehen vorbeifließt.
»Dieses Kind, das man so lebendig sah, das man so lieb hat...«, deklamierte Herlin, der sich gern von Genoveva bedauern lassen wollte. Die Rolle des unglücklichen Vaters...
»Beschäftige dich, mein Lieber, tu doch etwas!« riet ihm Genoveva in freundlichem Ton. »Du hast eine geschäftliche Besprechung, geh nur hin!« Sie nahm ihn an den Schultern, er aber blieb dabei, seinen Schmerz zu hätscheln: »Wie könnte ich denn? In einem solchen Augenblick...«
In einem solchen Augenblick, gerade dann mehr denn je! Sie empfand einen seltsamen Drang, Ordnung zu machen. Diese Vase war von ihrer Stelle gerückt worden, hier lag Herlins Mantel auf einem Sessel, dort auf der Konsole war Staub zu sehen – alles das waren ja Stellungen, die der Feind genommen hatte, waren Anzeichen eines Zusammenbruchs. Gegen diesen eben kämpfte sie an. Der Goldglanz der Nippsachen, Zimmermöbel, die richtig stehen, das ist hell, das sind Wirklichkeiten im vollen Tageslicht. Und alles, was gesund und nett und sauber war, schien für Genoveva wie ein Schutz vor dem Tod, der etwas so Dunkles war.
Der Arzt sagte: »Es kann wieder gut werden, das Kind ist kräftig.« Das war ja richtig: wenn es schlief, klammerte es sich mit seinen beiden kleinen, geschlossenen Fäustchen an das Leben an. Das war etwas so Schönes, so Festes.
»Gnädige Frau, Sie sollten ein wenig ausgehen, machen Sie einen Spaziergang«, meinte die Pflegerin. »Hernach gehe ich auch aus. Sonst halten wir beide nicht stand.«

Es war doch seltsam, wie dieses Kind zwei Frauen bis an die Grenzen ihrer Kräfte erschöpfte. Wie es da lag mit den geschlossenen Augen und dem kurzen Atem, nahm es sie mit sich fort, ans Ende der Welt.

Genoveva ging wirklich aus, um Herlin zu entkommen, der ihr Vorträge hielt: »Meine elementarste Aufgabe...«, »Dein Stolz...« Sie begriff nichts von allen diesen Redensarten, weil sie zu schläfrig war, aber einzelnes, wie dieses »Stolz«, ließ sie doch für einen Augenblick aufhorchen. Stolz – weshalb? Was hat das hier zu tun?

Den Arzt überraschte diese junge Frau, die nicht in Tränen ausbrach, die kein überflüssiges Wort sagte, ihm aber in allem zur Hand war wie eine geübte Wärterin. Er bewunderte diese stille Hüterin des Lebens. Für Genoveva aber waren seine Besuche die besten Augenblicke des ganzen Tages. Nicht, daß er sie etwa trösten wollte, nein, er machte keine Worte; aber weil in seiner Welt der Körper ihres Kindes seinen genau umzirkelten Platz hatte. Und weil alles, was ernst war, dunkel und ungesund schien, hier zu bestimmtem Ausdruck kam. Was war das doch für eine Hilfe in diesem Kampf gegen das Reich der Schatten! Sogar die Operation am vorgestrigen Abend... Herlin jammerte nebenan, sie aber war dageblieben. Der Chirurg trat ein, im weißen Mantel, ruhevoll wie eine Gottheit. Er und der Assistent nahmen den kurzen Kampf auf. Trockene Worte, Befehle, wie »Chloroform!« und »Noch etwas mehr!« und »Jod!« wurden einzeln, mit leiser Stimme, gesprochen, ohne jegliche Gefühlsbetonung. Und plötzlich, vor dieser machtvollen Strategie, wußte Genoveva, nicht anders als Bernis in seinem Flugzeug, daß der Sieg gewiß war.

»Wie kannst du das glauben«, sagte Herlin, »bist du denn eine so herzlose Mutter?«

Eines Morgens, als gerade der Arzt da war, glitt sie still aus ihrem Armsessel zu Boden, ohnmächtig. Als sie wieder zu sich gekommen war, sprach der Arzt ihr Mut zu, er redete nicht von Hoffnungschöpfen und äußerte keine Teilnahme. Er sah sie ernsthaft an und sagte: »Sie überanstrengen sich,

das ist nicht vernünftig. Ich verordne Ihnen, daß Sie heute nachmittag ausgehen sollen. Gehen Sie nicht just ins Theater, das würden die Menschen in ihrer Beschränktheit nicht begreifen, aber irgend etwas Ähnliches sollten Sie tun!«
Und bei sich dachte er: ›Ein echteres Wesen, als dieses ist, habe ich in meinem Leben nicht kennengelernt.‹

Draußen auf dem Boulevard war es so angenehm frisch. Sie schritt dahin und fand eine Beruhigung darin, sich an Jugendzeiten zu erinnern. An die Bäume, an die Ebenen, an lauter einfache Dinge. Und dann, eines Tages, viel, viel später, war dieses Kind in ihr Leben gekommen, und das war etwas Unbegreifliches gewesen und zugleich etwas unendlich Einfaches. Eine Tatsache, die stärker war als alles andere. Diesem Kinde hatte sie zu dienen gelobt, inmitten aller Dinge, der toten und lebenden, und es war nicht mit Worten auszudrücken, was sie schon in der ersten Stunde empfunden hatte. Sie kam sich – wie war das nur gewesen? – ja, sie kam sich so klug vor, so sicher ihrer selbst, richtig verbunden mit der übrigen Welt, als ein Teil des Ganzen. Damals hatte sie sich, als es Abend werden wollte, näher ans Fenster bringen lassen. Da standen die Bäume im vollen Leben, der Saft stieg in ihnen empor, sie zogen gleichsam den Frühling aus der Erde ins Tageslicht: nichts anderes hatte sie getan. Neben ihr lag das Kind und atmete leise: war das nicht der Motor der ganzen Welt, und die Welt wurde durch dieses zarte Atmen belebt?
Jetzt aber, seit drei Tagen, welche Verwirrung! Das Geringste, das man tat, ob man etwa das Fenster öffnete, ob man es schloß, alles war von Verantwortung schwer belastet. Man wußte nicht mehr, was tun, man rührte an die Arzneigläser, an das Bettzeug, an das Kind, und man ahnte doch nicht, was in der dunkel gewordenen Welt ein solches Tun für eine Wirkung haben konnte.

Da war ein Antiquitätenladen, Genoveva dachte an die Nippsachen in ihrem Zimmer, an diese kleinen Sonnenfänger.

Alles, was Licht aufnimmt, gefiel ihr, alles, was, hell beleuchtet, wieder Licht ausstrahlt. Sie blieb stehen, um an einem Kristallglas jenes stille Lächeln wahrzunehmen, das Lächeln, das alte, gute Weine an sich haben. In ihrem übermüdeten Hirn mengte sich alles: Licht, Gesundheit, Lebenszuversicht, und sie hatte den Wunsch, dem Kinde, das ihr zu entschwinden drohte, diesen Gegenstand ins Zimmer zu stellen, der ein Leuchten von sich gab, so klar wie Gold.

IV

Herlin begann sein Lied von neuem: »Und du hast das Herz, dich zu unterhalten und bei Antiquaren zu stöbern! Das werde ich dir nie verzeihen! Das ist ja...«, er suchte nach dem richtigen Wort –, »das ist ungeheuerlich, ganz unbegreiflich und einer Mutter unwürdig!« Mechanisch hatte er eine Zigarette hervorgezogen und schwenkte das rote Lederetui in der Hand. Genoveva hörte noch: »Die Selbstachtung...« Da dachte sie: ›Wird er jetzt die Zigarette anzünden?‹
»Ja«, und er fügte noch etwas hinzu, das er sich fürs Ende vorbehalten hatte, »ja, und während die Mutter sich unterhält, spuckt das Kind Blut!«
Genoveva wurde leichenblaß. Sie wollte das Zimmer verlassen, doch er stellte sich in den Weg. »Bleib!« Er keuchte wie ein Tier. Diese Angst, die er allein zu tragen gehabt hatte, die würde sie ihm heimzahlen müssen!
»Du wirst mir weh tun, und dann wird es dir leid sein«, sagte Genoveva ganz ohne Erregung.
Aber diese Bemerkung gab dem Windbeutel, der er war, in seiner Nichtigkeit vor allem Tatsächlichen, den entscheidenden Anstoß zur Exaltation. Er begann zu deklamieren. Ja, sie war immer, allen seinen Bemühungen zum Trotz, gleichgültig geblieben, sie war kokett und flatterhaft. Ja, und er hatte sich lange Zeit von ihr anführen lassen, er, Herlin, der doch so sehr auf sie baute. Ja. Aber all das war doch nichts

gewesen: er allein hatte daran zu leiden, man ist ja immer allein im Leben... Genoveva wandte sich gequält ab, da nahm er sie bei den Schultern und rief: »Aber die Sünden der Frauen rächen sich!« Und weil sie sich ihm neuerdings entziehen wollte, wagte er die Beschimpfung: »Das Kind stirbt – das ist der Fingerzeig Gottes!«
Mit diesem Wort ist sein Zorn mit einemmal dahin, wie nach einem Totschlag der Rausch verflogen ist. Da es herausgesagt ist, begreift er sich selbst nicht mehr. Genoveva, todbleich im Gesicht, macht einen Schritt zur Tür. Er aber weiß, welches Bild von ihm sie davonträgt, und er hat doch nur ein so schönes Bild von sich vor ihr aufbauen wollen. So treibt ihn der Wunsch, jenes Bild zu verwischen, alles wieder gutzumachen, geradezu mit Gewalt in ihr ein anderes, freundlicheres Bild zu erwecken. Mit jählings gebrochener Stimme: »Verzeih – – komm her... ich war ja ein Narr!«
Sie hielt schon den Türgriff in der Hand und stand halb zu ihm gewandt, anzusehen wie ein scheues Tier, das fliehen würde, wenn er sich rührte. Aber er rührte sich nicht.
»Komm her, ich muß mit dir reden... es ist so schwer...«
Sie bleibt unbeweglich stehen – wovor fürchtet sie sich denn? Fast gerät er wieder in Wut über eine so unbegründete Angst. Er möchte ihr sagen, daß er von Sinnen war, grausam, ungerecht, daß sie allein im Recht ist, aber zuvor muß sie zu ihm kommen, muß Vertrauen zeigen, muß nachgeben. Dann wird er sich gern vor ihr demütigen, und sie wird ja verstehen... Aber schon drückt sie die Klinke nieder.
Da streckt er die Hand aus und faßt rasch ihr Handgelenk. Sie schaut ihn an, mit einem Blick voll niederschmetternder Verachtung. Das reizt ihn: jetzt muß er sie unter allen Umständen in seine Gewalt bringen, um ihr seine Kraft zu zeigen und ihr dann zu sagen: »Schau, ich lasse dich frei!«

Anfangs preßte er den gefesselten Arm ein wenig, dann aber heftiger. Sie hob die andere Hand, um ihm einen Schlag ins Gesicht zu versetzen, aber er nahm auch diese Hand gefangen. Jetzt tat er ihr ernstlich weh, er fühlte, daß es ihr weh tat, und mußte daran denken, wie Kinder, die eine herrenlose Katze eingefangen haben, sie nun gewaltsam zähmen wollen und sie fast erwürgen, um sie streicheln zu können – alles aus Zärtlichkeit. Er atmete tief auf: ›Ich habe ihr weh getan, jetzt ist alles verloren.‹ Und einige Augenblicke lang empfand er eine tolle Lust, Genoveva zu erwürgen und mit ihr das Bild seiner selbst auszulöschen, das er da aufgerichtet hatte und das ihn jetzt so abstieß.

Endlich löste er den Griff seiner Hände, und es war in ihm ein seltsam leeres Gefühl der Kraftlosigkeit und der Leere. Genoveva trat zurück, ohne Hast, als wäre er nun wirklich nicht mehr zu fürchten und als hätte sich etwas ereignet, was sie plötzlich aus seiner Reichweite entfernte: er war nicht mehr da. Sie blieb stehen, ordnete gemächlich ihr Haar, dann ging sie in aufrechter Haltung aus dem Zimmer.

Am Abend, als Bernis zu ihr kam, sprach sie davon kein Wort. Derlei bekennt man nicht. Aber sie ließ ihn erzählen, von den Erinnerungen an die gemeinsam verbrachte Jugend und von seinem eigenen Leben dort unten. Und das tat sie, weil sie ihm ein kleines Mädchen anvertraute, das getröstet sein wollte, und kleine Mädchen tröstet man mit Träumereien.

Sie lehnte ihre Stirn an seine Schulter, und Bernis meinte zu fühlen, daß sie da ihre Zuflucht gefunden habe. Gewiß glaubte sie das selbst. Aber es war auch gewiß, daß sie beide nicht ahnten, wie wenig man von sich herschenkt, wenn man zärtlich ist.

V

»Sie kommen zu mir, Genoveva, zu dieser Stunde... und wie blaß Sie sind...«

Genoveva schweigt. Die Pendeluhr ist unerträglich mit ihrem Tick-tack. Der Schein der Lampe mischt sich schon mit dem ersten Morgendämmern zu einem trübseligen Licht, daß man zu fiebern glaubt. Dieses Fenster ist widerwärtig. Geno-

veva nimmt einen Anlauf: »Ich habe Licht gesehen und bin hereingekommen«, mehr weiß sie nicht zu sagen.
»Ja, Genoveva, ich – ich blättere in meinen Büchern, sehen Sie...«
Die gehefteten Bücher, die umherliegen, geben allerlei Farbflecke, gelb, weiß, rot. Wie Blütenblätter, meint Genoveva. Bernis wartet, aber sie rührt sich nicht.
»Ich saß hier im Sessel und habe geträumt, habe hier ein Buch aufgeschlagen und dort eins, dabei meinte ich, alles gelesen zu haben.«
Er spielt ihr die Figur eines alten Mannes vor, um seine Unruhe zu verbergen. Und nun fragt er, so ruhig er kann: »Sie haben mir etwas zu sagen, Genoveva?«
Aber im Innersten denkt er: das ist ein Wunder der Liebe.
Genoveva kämpft gegen den einen Gedanken an: er weiß von nichts... Und schaut ihn erstaunt an. Dann sagt sie laut: »Ich bin gekommen...« und streicht mit der Hand über die Stirne.
Die Fensterscheiben werden heller, das einströmende Licht gibt dem ganzen Zimmer eine Tönung, als wäre es ein Aquarium. ›Die Lampe will verlöschen‹, denkt Genoveva.
Plötzlich in der Angst ihres Herzens: »Jacques, Jacques, nehmen Sie mich mit!«
Bernis ist bleich geworden, er nimmt sie in seine Arme, als wollte er sie wiegen.
Genoveva schließt die Augen: »Sie nehmen mich mit...«
An seine Schulter gelehnt, fühlt sie die Zeit hinfliegen, und es tut nicht weh. Es ist fast eine Freude, auf alles zu verzichten: man läßt sich gehen, die Strömung reißt uns mit sich, es ist, als ob das eigene Leben dahinschwände, vorbei...
Und ganz laut träumt sie: »Und es tut nicht weh.«
Bernis streichelt ihr Gesicht. Sie hat eine Erinnerung: fünf Jahre, fünf Jahre – und es ist erlaubt! Und denkt noch: ›Ich habe ihm so viel gegeben.‹
»Jacques, Jacques, mein Sohn ist tot...
Sehen Sie, ich bin von daheim weggelaufen. Ich sehne mich so sehr nach Ruhe. Ich habe noch nicht begriffen und emp-

finde noch keinen Schmerz. Bin ich am Ende eine herzlose Frau? Die anderen weinen und möchten mich gerne trösten. Sie sind von ihrer eigenen Güte gerührt. Aber, siehst du... ich kann mich noch nicht recht erinnern.

Dir aber kann ich ja alles erzählen. Der Tod kommt inmitten einer großen Unordnung: Injektionen, Wundverbände, Telegramme. Wenn man einige Nächte hindurch nicht geschlafen hat, glaubt man immer zu träumen. Während der ärztlichen Konsultationen lehnt man den Kopf an die Wand, und der Kopf ist leer.

Und dann die Szenen mit meinem Mann – ein Alpdruck! Heute, kurz vorher... hat er mich am Handgelenk gefaßt, daß ich glaubte, er wollte es brechen. Nur wegen einer Injektion. Aber ich wußte wohl... es war noch nicht so weit. Dann sollte ich ihm verzeihen, aber das war doch ganz unwichtig. Ich antwortete: ›Ja..., ja... Aber laß mich zu meinem Sohn!‹ Aber er stellte sich vor die Tür: ›Verzeih mir –, ich muß deine Verzeihung haben!‹ Das war doch wirklich nur eine Laune. ›Schau, laß mich gehen. Ich verzeihe dir.‹ Und er? ›Ja, mit den Lippen, aber nicht mit dem Herzen.‹ So ging es fort, es war zum Verrücktwerden.

Aber es ist wahr: wenn alles zu Ende ist, fühlt man noch keinen wirklichen Schmerz. Fast ist man erstaunt über das Schweigen, die große Stille. Ich dachte – ich dachte: ›Das Kind ruht aus.‹ Sonst nichts. Es schien mir, als landete ich irgendwo im Morgengrauen und wüßte nicht, was ich jetzt zu tun hätte. Ich dachte nur: ›Jetzt ist man angekommen.‹ Ich sah die Injektionsspritze daliegen, die Arzneiflaschen daneben, und sagte mir: ›Das hat ja keinen Sinn mehr, – wir sind angekommen.‹ Dann bin ich ohnmächtig umgefallen.«

Plötzlich wunderte sich Genoveva: »Es war doch ein toller Einfall, herzukommen!«

Sie fühlt, daß dort drüben das Morgenlicht eine gewaltige Unordnung offenbar macht. Ein kaltes, zerwühltes Bett, Tücher liegen da und dort auf den Möbeln, ein Stuhl ist umgeworfen. Sie muß sich beeilen, dieser Verwirrung aller Dinge zu steuern. Hier muß ein Sessel wieder an seinen Platz gerückt werden, dort eine Vase und ein Buch an die richtige Stelle zurück. Sie wird sich bemühen, umsonst bemühen, die Ordnung der Dinge wiederherzustellen, die das Leben umfrieden.

VI

Man war gekommen, um Beileidsbesuche zu machen. Die Menschen reden und bereiten unterdes ihre nächste Pose vor. Zuerst wühlen sie die trüben Erinnerungen in ihr auf, dann sind sie bemüht, sie wieder zu beruhigen, und es entsteht ein Schweigen, das so lastend ist...

Genoveva hielt sich kerzengerade und sprach furchtlos die Worte aus, die von den anderen schonend umgangen wurden, auch das Wort »Tod«. Keiner sollte an ihr die Wirkung seiner Phrasen erkennen. Sie sah jedem voll ins Auge, damit niemand sie beobachten könne, aber sobald sie selbst die Blicke senkte...

Und die anderen... Da waren solche, die noch ruhigen Schrittes ins Vorzimmer kamen, dann aber so eilig das letzte Stück Wegs bis über die Türschwelle gingen, daß sie in der Umarmung fast das Gleichgewicht verloren. Zu denen sprach sie kein Wort, ihr Schmerz war wie erloschen. Und was jene umarmten, war nur ein verkrampftes Kind.

Ihr Mann spricht jetzt davon, das Haus zu verkaufen: »Die traurigen Erinnerungen tun so weh!« Dabei lügt er, denn der Schmerz ist ihm fast etwas Angenehmes, aber er regt sich auf, und er liebt die großen Gesten. Heute abend fährt er nach Brüssel. Sie soll ihm nachkommen, aber: »Wenn Sie wüßten, in welcher Unordnung das ganze Haus ist...«

Ihr ganzes früheres Leben ist zerstört: ihr Zimmer, das sie mit soviel Liebe und Geduld zusammengestellt hat; die Möbel, die nicht von Menschenhand, nicht vom Antiquar gestellt wurden, nein, die die Zeit hergebracht hat. Diese Möbel richteten ja gar nicht ihr Zimmer ein, sondern ihr ganzes Leben. Da hat man nun diesen Sessel vom Kamin weit fortgeschoben und jene Konsole von der Wand weggerückt, und nun stimmt dies alles nicht mehr zur Vergangenheit und zeigt sich zum erstenmal in nackter Einsamkeit.

»Und Sie wollen auch wieder fortfahren?« Sie sagt das mit einer kleinen Geste der Verzweiflung.

Alles um sie herum ist entzweigerissen. Es war also ein Kind, das ihre Welt zusammenhielt, um das diese ganze Welt sich ordnete? Ein Kind, dessen Tod einen solchen Zerfall für Genoveva bedeutete? Sie läßt sich gehen: »Ich leide so...«

Bernis sagt ihr leise: »Ich nehme Sie mit fort, Sie gehen mit mir. Erinnern Sie sich nicht: ich sagte Ihnen, daß ich einmal zurückkehren würde. Ich sagte Ihnen...« Und er nimmt sie in seine Arme. Genoveva biegt den Kopf ein wenig zurück, ihre Augen glänzen vor Tränen, und Bernis hält nur mehr ein kleines Mädchen in den Armen, ein kleines Mädchen, das weint.

Cap Juby, den...

»Bernis, mein lieber Alter, heute geht ein Kurier. Das Flugzeug ist schon von Cisneros abgeflogen. Bald wird es hier sein und mitnehmen können, was ich dir vorzuwerfen habe. Ich habe viel über deine Briefe nachgedacht und über unsere gefangene Prinzessin. Gestern erst, als ich den Strand entlang ging, der so kahl und leer ist, den das Meer ewig bespült und wäscht, habe ich denken müssen, daß es mit uns ähnlich steht wie mit ihm. Ich weiß nicht recht, ob wir wirklich leben. Gewiß hast du manchmal abends, wenn die Sonne in gewaltigem Schauspiel unterging, gesehen, wie das spanische Fort sich in der leuchtenden Flut spiegelte. Aber dieser geheimnisvoll blaue Widerschein ist ja nicht das Fort selbst. Und von dieser Art ist dein Reich: nicht recht wirklich, nicht recht sicher... Aber – Genoveva mußt du leben lassen!

Ja, ich weiß, sie ist jetzt ganz verzweifelt. Immerhin, Tragödien sind nicht allzuhäufig in unserem Leben, das ja so wenig an Freundschaft, an Zärtlichkeit, an Liebe abzugeben hat.

Und was immer du über Herlin sagen magst – ein Mann zählt gar nicht viel. Ich glaube, daß ... daß das Leben anderswo verankert ist.
Unsere Gebräuche, Konventionen und Gesetze, kurz, alle diese Dinge, deren Notwendigkeit du nicht recht fühlst und denen du dich entzogen hast, diese sind es, die dem Leben seinen Rahmen geben. Um bestehen zu können, brauchen wir um uns herum Tatsächliches, das wirklich haltbar ist. Mag es auch irrsinnig und ungerecht sein – das ist schließlich nur eine Rederei. Wenn du Genoveva entführst, nimmst du ihr Genoveva weg.
Und dann: weiß sie denn, was sie zum Leben braucht? Sie ahnt ja gar nicht, daß sie an einen gewissen Wohlstand gewöhnt ist. Geld ist etwas, das den Erwerb von Gütern ermöglicht, das uns ein Leben nach außen hin erlaubt; ihr Leben aber ist innerlich. Wohlstand dagegen ist es, der die Dinge dauern macht. Er ist das unsichtbare, unterirdische Fluidum, das ein Jahrhundert lang die Mauern eines Hauses erhält und die alten Erinnerungen lebendig sein läßt: die Seele. Und du wirst ihr Leben entblößen, wie man eine Wohnung von den tausend Gegenständen entblößt, die man gar nicht mehr sah und die doch die Wohnung zu dem machten, was sie war.
Ich kann mir denken, daß für dich Lieben soviel bedeutet wie Geborenwerden. Du wirst glauben, eine neue Genoveva mit dir zu nehmen. Für dich ist Liebe jener Glanz, den du manchmal in ihren Augen aufleuchten sahst und den du leicht wieder zu erwecken meinst, als gälte es eine Lampe wieder anzuzünden. Und es ist ja wahr, daß in gewissen Augenblicken selbst die einfachsten Worte von solcher Macht getragen scheinen, daß es leicht wird, die Liebe lebendig zu erhalten.
Aber, da kann kein Zweifel sein: Leben ist etwas ganz anderes ...«

VII

Genoveva empfindet es als unangenehm, den Vorhang, der hier hängt, den Sessel, der da steht, zu berühren: auch das leiseste Spüren ist wie ein Bewußtwerden von Grenzen, die ihr gesetzt sind. Bisher schien es ihr nur ein Spielen mit den Dingen, denn dies alles war so gefügig, es war da und verschwand wieder, sobald sie wollte, wie Verwandlungen im Theater. Sie hatte einen sicheren Geschmack und war nie versucht gewesen zu fragen, was eigentlich mit diesem Perserteppich, mit jenem Stoff aus Jouy sei. Bisher hatten sie zum Gesamtbild des Zimmers gehört, ihres lieben Zimmers, jetzt aber fielen sie ihr auf.

›Das tut nichts‹, dachte Genoveva, ›ich bin eben noch fremd in einem Leben, das nicht das meine ist.‹ Sie ließ sich in einem Lehnstuhl nieder und schloß die Augen. Es war nicht anders als im Abteil eines Schnellzuges: jede Sekunde, die verstreicht, wirft Häuser, Wälder, Dörfer hinter sich. Wenn man aber auf dem Lager die Augen aufschlägt, sieht man immer nur einen kupfernen Ring, immer den gleichen. Es geht eine Wandlung vor, und man weiß es nicht. ›In acht Tagen werde ich die Augen auftun und ein neuer Mensch sein: er nimmt mich mit.‹

»Was meinen Sie zu unserer Wohnung?«
Weshalb sie schon aufwecken? Sie sieht sich um und kann nicht in Worte fassen, was sie empfindet: dieser Umgebung fehlt es an Haltbarkeit, sie hat kein festes Gerüst...
»Komm näher zu mir, Jacques, du, du lebst...«
Ach, dieses Halbdunkel auf den Diwans und Tapeten der Junggesellenwohnung! Marokkanische Stoffe an den Wänden. Dies alles läßt sich in fünf Minuten aufhängen und wieder abnehmen.
»Weshalb bedecken Sie die Wände, Jacques, wollen Sie den Fingern nicht erlauben, die Mauern zu berühren...?«
Sie liebt es, mit der flachen Hand den Stein zu berühren,

weil er das Sicherste und Dauerhafteste am ganzen Haus ist, etwas, das einen lange tragen kann, wie ein Schiff...

Er zeigt ihr seine Schätze: »Das sind Erinnerungen...« Sie begreift. Hat sie doch Kolonialoffiziere gekannt, die in Paris ein Gespensterdasein führten. Sie trafen sich auf den Boulevards und wunderten sich, daß sie noch am Leben waren. Irgendwie war, wo sie wohnten, immer noch ihr Haus in Saigon oder in Marrakesch wiederzuerkennen. Sie sprachen von Frauen, von Kameraden, von militärischen Beförderungen; aber all die Stoffe, die da hingen, waren vielleicht dort drüben die lebendige Wand gewesen, hier waren sie wie etwas Totes.

Sie griff nach einem Gegenstand aus dünnem Kupfer.

»Sie mögen meine Kleinigkeiten nicht?«

»Verzeihen Sie, Jacques, dies ist alles ein wenig...« Sie wollte nicht sagen: »gewöhnlich«. Aber die Sicherheit ihres Geschmacks, die daher kam, daß sie immer nur einen wirklichen Cézanne gesehen und geliebt hatte, keine Kopie, und echte Möbelstücke, keine Nachahmungen, diese Sicherheit ließ sie seine Schätze unbewußt ablehnen. Sie war bereit, alles zu opfern, aus ganzem Herzen; ein Leben in einer weißgetünchten Zelle schien ihr durchaus erträglich, aber hier hatte sie das Gefühl, daß ein Teil ihres innersten Wesens sich bloßstellte. Nicht die Empfindlichkeit des Kindes reicher Eltern, nein, aber – es war wirklich sonderbar – ihr gerader Sinn. Bernis erriet ihre Verlegenheit, ohne sie recht zu verstehen.

»Genoveva, ich kann Ihnen nicht soviel Behaglichkeit bieten, ich bin nicht...«

»Aber Jacques, Sie sind verrückt! Was haben Sie nur geglaubt! Das ist mir ganz gleichgültig«, sie schmiegte sich an seine Brust –, »nur wäre mir statt Ihres Teppichs ein einfacher, gut gewachster Boden lieber. Lassen Sie mich nur machen...«

Sie stockte. Es war ihr eingefallen, daß die Einfachheit, nach der sie sich sehnte, ja einen viel größeren Luxus bedeutete und von jedem Gegenstand viel mehr verlangte, als diese

Masken hier zu bieten hatten. Die Halle, in der sie als Kind gespielt hatte, die glänzenden Nußholzböden, die mächtigen Tische, die Jahrhunderte überdauern konnten, ohne zu altern und aus der Mode zu kommen...

Eine seltsame Traurigkeit war über sie gekommen. Es war nicht ein Zurücksehnen nach Reichtum und nach dem, was er zu geben vermag: sicherlich hatte sie weniger als Jacques das Überflüssige kennengelernt, aber es war ihr ganz klar, daß sie nun von Überflüssigem umgeben sein würde. Und danach hatte sie kein Verlangen. Und jene Sicherheit der Dauer – die würde sie nicht mehr haben. Und sie dachte: ›Einst dauerten die Dinge länger als ich; ich war von ihnen aufgenommen und begleitet, ich war sicher, daß sie mich immer umgeben und bewachen würden – jetzt aber, jetzt werde ich länger dauern als die Dinge.‹

Genoveva denkt weiter: ›Wenn ich aufs Land kam...‹ Sie sieht das Haus vor sich, das von mächtigen Linden umstanden ist, und ihr Blick bleibt zunächst an dem haften, was die größte Dauerhaftigkeit symbolisierte: am breiten steinernen Aufgang, der nach unten in den Erdboden überging.

Ja, dort... Sie denkt an den Winter, der aus dem Wald ein dürres Gehölz macht und alle Konturen des Hauses freigibt. Als bekäme man das Knochengerüst der Welt zu sehen.

Genoveva schreitet dahin und pfeift nach den Hunden. Unter ihren Schritten rascheln die Blätter, aber sie weiß, daß nach all der Arbeit des Jätens und Wegräumens, die der Winter verrichtet, ein Frühling kommen muß, der die Lücken wieder füllen wird, der in den Ästen emporsteigt und die Knospen sprengt, um die Wölbung wieder neu zu schaffen, die grüne Wölbung, der die Tiefe des Wassers und sein Wellenschlag eignet.

Dort ist ihr Sohn nicht völlig aus dem Leben geschwunden. Wenn sie in die Vorratskammer geht, um die halbreifen Quitten zu wenden, ist er eben noch dagewesen, nun läuft er irgendwo – aber sag, mein lieber Kleiner, nach all dem Laufen und Tollen, wäre es nicht brav von dir, wenn du

schlafen gingest? Dort kennt sie auch den Wink der Toten und fürchtet ihn nicht. Ein jeder von ihnen fügt seine Stille ins Stillsein des Hauses ein. Siehe, du hebst die Augen vom Buch, du hältst den Atem an und spürst den Anruf – und alles ist wieder wie zuvor.
Sind sie verschwunden? Unter allen, die sich verändern, sind sie doch die einzigen, die dauern, die einzigen, deren letztes Angesicht so wahr gewesen, daß sie es nun und nimmermehr verleugnen können! ›Jetzt werde ich diesem Manne folgen, und ich werde leiden und an ihm zweifeln.‹ Denn dieses ewigmenschliche Auf und Ab von Zärtlichsein und Zurückstoßen schien ihr sinnvoll nur bei denen, deren Lose schon gefallen waren.
Genoveva öffnet die Augen wieder: Bernis träumt vor sich hin.
»Jacques, du mußt mich beschützen! Wenn ich fortgehe, bin ich arm, ganz arm.«
Sie wird länger dauern als jenes Haus in Dakar, und länger als die Menschenmassen von Buenos Aires; überall in der Welt wird es etwas zu sehen und zu erleben geben, aber ohne eigentliche Notwendigkeit, und dies alles wird, wenn Bernis sich nicht stark genug erweist, kaum mehr Wirklichkeit haben als was in Büchern steht...
Er aber neigt sich zu ihr und spricht ihr freundlich zu. An dieses Bild, das er ihr bietet, und an seine Zärtlichkeit, die wie aus seligen Höhen kommt, möchte sie so gerne glauben können. Dieses Bild der Liebe will sie gern liebhaben, sie hat ja nichts anderes zu verteidigen als dies ferne Bild...
Heute, am Abend, wenn die Stunde der Lust gekommen ist, wird sie ihr Gesicht in seine Schulter vergraben, und es wird eine ärmliche Zuflucht sein, wie wenn ein Tier sich verbirgt, um zu sterben.

VIII

»Wohin führen Sie mich denn? Weshalb bringen Sie mich hierher?«
»Dieses Hotel gefällt Ihnen nicht, Genoveva? Sollen wir weiterfahren?«
»Ja, fahren wir weiter...«, antwortete sie kleinlaut. Die Scheinwerfer gaben wenig Licht. Mühsam war die Fahrt in die Nacht hinaus, die wie ein schwarzes Loch gähnte. Hin und wieder warf Bernis einen Seitenblick auf Genoveva: sie war sehr bleich.
»Frieren Sie?«
»Ein wenig, aber das tut nichts. Ich vergaß, den Pelz mitzunehmen.«
War sie nicht ein recht vergeßliches kleines Mädchen? Sie mußte lächeln.
Jetzt begann es zu regnen. ›Verdammt!‹ dachte Jacques, aber er dachte weiter: ›So sind wohl die Tore beschaffen, die zum irdischen Paradies führen.‹
In der Nähe von Sens mußte eine Zündkerze ausgewechselt werden. Bernis hatte nicht daran gedacht, die Taschenlampe mitzunehmen – wieder etwas vergessen! Im Regen mühte er sich mit einem Schlüssel, der nicht greifen wollte. »Wir hätten mit der Bahn fahren sollen«, murmelte er vor sich hin. Er hatte sich für den Wagen entschieden, weil er ihm die Freiheit zu versinnbildlichen schien – eine schöne Freiheit! Zudem hatte er auf dieser Flucht nichts als Kopflosigkeiten gemacht, und was hatte er alles vergessen!
»Gelingt es?« Genoveva war zu ihm getreten. Ihr war plötzlich zumute wie einer Gefangenen: ein Baum, und noch ein zweiter, als Schildwachen, dazwischen diese dumme kleine Hütte des Straßenwärters. Mein Gott, was war das doch für ein Einfall... Würde sie am Ende ewig hier leben müssen?
Die Arbeit war fertig, Bernis griff nach ihrer Hand: »Sie haben Fieber!« – Sie lächelte: »Ja, ich bin müde, ich möchte schlafen...«
»Weshalb sind Sie denn ausgestiegen? Es regnet ja.« Der

Motor arbeitete noch immer schlecht, er zog nur ruckweise an und ließ ein Klappern hören.
»Werden wir hinkommen, mein kleiner Jacques?« Sie wiederholte halb im Schlaf, halb fiebernd: »Werden wir hinkommen?«
»Ja, freilich, mein Liebes, gleich sind wir in Sens.«
Genoveva seufzte. Was sie da versucht hatte, ging über ihre Kräfte. Nur wegen dieses Motors, der erstickte. Jeder einzelne Straßenbaum mußte mühsam herangeholt werden, einer nach dem anderen. Immer wieder von neuem.
›Es wird nicht weitergehen‹, dachte Bernis, ›wir werden wieder stehenbleiben.‹ Mit Schrecken sah er diesem Aufenthalt entgegen: er fürchtete das Schweigen der Landschaft, das allerlei schlummernde Gedanken weckte, und fürchtete das Starkwerden einer Macht, die im Aufsteigen begriffen war.
»Liebe kleine Genoveva, denken Sie nicht an diese Nacht, denken Sie an später... Denken Sie an Spanien. Werden Sie gern in Spanien sein?«
Eine dünne Stimme antwortete, wie aus weiter Ferne: »Ja, Jacques, ich bin glücklich, aber – ich fürchte mich vor den Räubern.« Er sah ihr stilles Lächeln, und ihre Worte taten ihm weh, denn sie sagten ja nichts anderes als: diese Reise nach Spanien, dieses Zaubermärchen... Kein Vertrauen. Ein Heer ohne Vertrauen. Aber ein Heer ohne Vertrauen kann doch nicht siegen. »Genoveva, es ist diese Nacht und dieser Regen, der uns alle Zuversicht nimmt.«
Plötzlich wurde ihm klar, daß diese Nacht einer hoffnungslosen Krankheit glich. Und den Krankheitsgeschmack spürte er geradezu im Munde. Es war wirklich eine Nacht ohne Hoffnung auf Morgenlicht. Bernis kämpfte gegen die Erkenntnis an und wiederholte immer wieder: »Das Morgenlicht wäre ein Labsal, nur regnen, regnen soll es nicht...«
Es war da etwas Krankes, aber in ihnen selbst, doch war ihnen das nicht bewußt. Er meinte, es wäre die Erde, die in Fäulnis übergegangen, oder die Nacht, die krank geworden sei. So sehnte er den Morgen herbei, wie Schwerkranke, wenn sie sagen: »Wenn es hell wird, werde ich leichter at-

men«, oder: »Wenn der Frühling kommt, werde ich wieder jung sein.«

»Genoveva, denken Sie doch an unser Haus dort drüben...« Aber schon hatte er begriffen, daß er dies nicht hätte sagen dürfen: wie sollte Genoveva sich dieses Haus vorstellen können? »Ja, unser Haus«, wiederholte sie, wie um den Klang des Wortes zu erproben. Aber es schien ihr so ohne Wärme, so gehaltlos. Zugleich stürmten allerlei Gedanken auf sie ein, die ihr bisher fremd gewesen waren, die sich zu Worten verdichteten und ihr Angst machten.

Da Bernis keines der Hotels in Sens kannte, hielt er unter einem Straßenkandelaber an und schlug im Reiseführer nach. Die kümmerliche Gasflamme schuf unruhige Schatten und ließ auf einer weißfarbigen Mauer die verwaschene und entfärbte Aufschrift erkennen: »Fahrräder...« Dieses Wort erschien Bernis als das trübseligste und gewöhnlichste, das er je gelesen hatte: Symbol eines dürftigen Lebens. Nun wollte ihm plötzlich so vieles dort drüben, in seinem eigenen Leben, dürftig erscheinen, und er hatte es doch vordem nie empfunden.

»He, Bürger, gib Feuer...« Drei magere Burschen standen da und sahen ihn lachend an. »Diese Amerikaner finden ihren Weg nicht...« Sie musterten Genoveva, aber Bernis brummte sie an: »Schaut, daß ihr weiterkommt!«

»Dein Mädel ist ganz nett. Aber du solltest die unsrige sehen, dort auf Nummer neunundzwanzig!«

Genoveva beugte sich zu ihm, ein wenig erschrocken: »Was sagen diese Leute? Ich bitte Sie, fahren Sie, fahren Sie weiter!«

»Aber Genoveva...« Bernis zwang sich zu schweigen. Er mußte nun endlich ein Hotel auftreiben. Diese angetrunkenen Burschen – das hatte ja nichts zu bedeuten. Dann aber fiel ihm ein, daß sie Fieber hatte und leidend war und daß er ihr diese Begegnung wohl hätte ersparen müssen. Und mit fast krankhafter Beharrlichkeit wiederholte er sich den Vorwurf, daß er sie in Häßliches hineingemengt hätte. Ja...

Das Hotel Globus war geschlossen. Alle diese kleinen Hotels hatten in der Nacht das Aussehen von Krämereien. Er klopfte lange am Tor, bis ein schläfriger Schritt sich näherte. Der Nachtportier öffnete nur einen Spalt: »Alles besetzt.«
»Ich bitte Sie, meine Frau ist leidend!« Aber schon hatte sich das Tor geschlossen, und der Schritt verhallte.
Hatte sich denn heute alles gegen sie verschworen?
»Was hat er gesagt?« fragte Genoveva. »Warum hat er gar nicht geantwortet?«
Bernis wollte schon den Mund auftun, um zu bemerken, daß sie sich ja nicht am Vendômeplatz befänden und daß diese kleinen Hotels, einmal satt und schläfrig geworden, auch richtig zu entschlummern pflegten; so sei es überall – aber er setzte sich, ohne ein Wort zu sagen. Auf seiner Stirn standen Schweißtropfen. Er warf den Wagen nicht an, sondern sah starr auf das nasse Pflaster, während ihm die Regentropfen an den Hals schlugen; er meinte, es mit der Trägheit der ganzen Erdkugel zu tun zu haben. Und wieder dieser dumme Gedanke: wenn erst der Morgen da ist...
Es war in diesem Augenblick wirklich notwendig, daß ein Wort fiel, in dem ein wenig Menschlichkeit mitschwang. Genoveva wollte es versuchen: »Das alles hat ja gar nichts zu bedeuten, mein Liebster. Wir müssen uns zu unserem Glück durcharbeiten.« Bernis warf ihr einen vollen Blick zu: »Ja, Sie sind sehr gut zu mir.« Er war gerührt und hätte sie gern umarmt; aber der Regen, die Unbequemlichkeit, die Ermüdung...! Doch er griff nach ihrer Hand und fühlte, daß das Fieber gestiegen war, jede Sekunde nagte an diesem Leben. Er beruhigte sich durch Vorstellungen. Ich werde ihr einen recht heißen Grog brauen lassen. Dann wird es gleich vorüber sein. Einen beruhigenden Grog. Mit Decken will ich sie umwickeln, und wir werden uns anschauen und über diese beschwerliche Reise lachen. Dabei empfand er sogar etwas wie ein Glücksgefühl. Freilich – der Augenblick selbst wollte wenig zu diesen Vorstellungen passen: zwei andere Hotels blieben verschlossen. Ja, diese Vorstellungen – jedesmal mußte man sie neu erwecken, und jedesmal verloren sie

etwas von ihrer Überzeugungskraft und von ihrer ohnehin geringen Fähigkeit, lebendig zu werden.
Genoveva war verstummt. Bernis fühlte, daß sie nicht klagen, daß sie gar nichts mehr sagen würde. Er mußte weiterfahren, stunden-, ja tagelang – sie würde schweigen, immer nur schweigen. Und wenn er ihr den Arm verrenkte – sie würde nichts sagen... ›Ich bin anderswo, ich träume!‹
»Genoveva, mein liebes Kind, fühlen Sie sich schlecht?«
»Nein, gar nicht, es ist vorbei, mir ist besser.«
Sie hatte jetzt an vielen Zweifeln gelernt, auf vieles verzichtet. Für wen? Für ihn. Verzichtet auf Dinge, die er ihr nicht geben konnte. Das erhoffte Schönere, das war ein Aufschwung, dessen Kraft gebrochen war. Sie wird künftig mehr Ergebenheit zeigen. So wird sie zum Schöneren und immer Schöneren aufsteigen, indem sie auf das Glück verzichtet. Und wenn es ihr dann endlich ganz gut gehen wird... ›Aber! Ich bin doch recht dumm: da träume ich wieder!‹
Hôtel de l'Espérance et d'Angleterre. Sonderpreise für Geschäftsreisende. – »Nehmen Sie meinen Arm, Genoveva... Aber ja, ein Zimmer! Die Dame ist leidend! Rasch einen Grog, einen heißen Grog!« Sonderpreise für Geschäftsreisende. Weshalb klingt das so trübselig? »Setzen Sie sich doch, Sie werden sich bald erholen.« Warum will der Grog nicht kommen? Sonderpreise für Geschäftsreisende.
Das alte Zimmermädchen ereiferte sich: »Hier, gnädige Frau. Die arme Dame – sie zittert ja und ist ganz blaß. Ich werde ihr eine Wärmflasche bringen. Nummer vierzehn, ein schönes, großes Zimmer. Will der Herr den Bogen ausfüllen!«
Bernis nahm den fleckigen Federhalter und hielt inne: es war ihm zum Bewußtsein gekommen, daß sie verschiedene Namen trugen. Also mußte er Genoveva dem Wohlwollen des Personals anheimgeben... ›Und das um meinetwillen! Geschmacklos!‹ Und wieder war es Genoveva, die ihm darüber hinweghalf.
»Schreib ›Liebende‹! Ist das nicht süß?«
Beide dachten sie an Paris, an das Aufsehen, und sahen schon allerlei erregte Gesichter. Etwas recht Schweres begann jetzt

wohl für sie, aber sie hüteten sich, auch nur ein Wort darüber zu sagen, nur um einander nicht im gleichen Gedanken zu begegnen.
Doch wurde es Bernis klar, daß ja bisher nichts geschehen war, gar nichts; der Motor war schlapp geworden, es hatte ein bißchen geregnet, zehn Minuten waren verlorengegangen auf der Suche nach einem Hotel. Alle die ermüdenden Beschwerlichkeiten, die sie nach ihrer Meinung überwinden mußten, kamen ja nur aus ihnen selbst. Genoveva hatte einen Kampf gegen sich selbst auszufechten, aber was sich da von ihr losreißen wollte, war so stark, daß sie selber schon wie zerrissen war.
Er nahm ihre Hände in die seinen, aber wiederum wußte er, daß ihm kein helfendes Wort zu Gebote stand.

Sie war eingeschlafen. Bernis dachte nicht an Liebe, aber er träumte wunderliches Zeug vor sich hin. Lauter Erinnerungen; und dann der brennende Docht in der Lampe; man muß sich beeilen, die Lampe wieder aufzufüllen, aber man muß auch die Flamme vor dem Wind schützen, der so stark weht. Doch vor allem diese Losgelöstheit... Er hätte lieber gesehen, wenn sie nach Gütern gestrebt hätte. Wenn sie nach gewissen Dingen Sehnsucht hätte, von ihnen erfüllt wäre und nach ihnen verlangte, wie ein Kind, das Nahrung braucht. Dann hätte er, trotz seiner Armut, ihr vieles geben können. So aber war er arm und kniete vor diesem Kinde, das keinen Hunger hatte.

IX

»Nein, nichts... Laß mich... Ah, schon auf?«
Bernis war aufgestanden. Sein Schlaf war unruhig gewesen, er hatte die Arme bewegt wie ein Tauzieher oder wie ein Apostel, der uns die Seele aus dem Leib zieht. Nun ging er auf und ab, und jeder seiner Schritte war sinnvoll wie die Schritte eines Tänzers. »Du, mein Liebes...«

Da schritt er nun auf und ab – es war eigentlich lächerlich. Durch die Fenster drang, schmutziggrau, das erste Morgendämmern. Diese Nacht, war sie nicht etwas Tiefblaues gewesen, im Schein der Lampe durchsichtig wie ein Saphir? Diese Nacht hatte hinaufgereicht bis zu den Sternen. Man konnte träumen und sich allerlei vorstellen, als säße man ganz vorn im Bug eines Schiffes.

Genoveva zieht die Knie empor, ihr Körper ist schlaff, sie muß an Brotteig denken, der schlecht aufgegangen ist. Das Herz schlägt zu rasch, es tut weh. Es ist wie im Eisenbahnwagen, wenn das Rütteln der Achsen im Takt die Fahrt begleitet. So schlägt ihr Herz. Da legt man die Stirn an die Scheibe. Draußen fließt die Landschaft: dunkle Wasser, die der Horizont verschluckt und in seinen Frieden hinübernimmt, und der Friede ist sanft wie der Tod.

Sie möchte dem Mann da zurufen: ›Halt du mich fest!‹ Denn die Arme der Liebe halten dich gut, sie halten deine Gegenwart, deine Vergangenheit und deine Zukunft, die Arme der Liebe umfassen dich ganz...

»Nein, laß mich!«

Und Genoveva steht auf.

X

Der Entschluß, so überlegte Bernis, war von außen her an sie herangetreten. Alles war abgemacht worden, ohne daß ein Wort gefallen wäre. So war nun die Rückkehr scheinbar von Anfang an verabredet gewesen. Da Genoveva leidend war, kam eine Fortsetzung der Fahrt nicht in Frage. Man würde ja sehen. Ihre Abwesenheit war ganz kurz, Herlin nicht daheim, so konnte sich alles wieder schlichten. Bernis wunderte sich, daß die ganze Angelegenheit sich jetzt als so einfach erwies. Freilich wußte er, daß es sich in Wirklichkeit nicht so verhielt. Nur daß sie selbst handeln dürften, wie sie wollten.

Übrigens zweifelte er an sich selber. Es war ihm klar, daß

er wieder einmal bildhaften Vorstellungen nachgegeben hatte. Aber aus welcher Tiefe kommen denn diese Bilder herauf? Heute morgen, kaum erwacht, hatte er sich beim Anblick der niedrigen, mißfarbenen Zimmerdecke diesen Gedanken geholt: ›Ihr Haus war ein Schiff, das Generationen trug, von einem Strand zum anderen. Das Reisen hat keinen Sinn, weder hier noch sonst, aber welche Sicherheit gewährt es, wenn man die Fahrkarte in Händen hat, wenn man seine Kabine hat und seinen eigenen Koffer aus gelbem Leder, wenn man so richtig eingeschifft ist...‹

Er wußte noch nicht, ob er leiden müßte, weil er auf der schiefen Ebene glitt und weil die Zukunft an ihn herankam, ohne daß er selbst nach ihr zu greifen hatte. Wenn man sich gehen läßt, leidet man ja nicht. Selbst wer sich der Traurigkeit anheimgibt, leidet nicht mehr. Er aber würde später zu leiden haben, wenn er begänne, die einzelnen Bilder zu vergleichen. So wurde ihm bewußt, daß sie beide diesen zweiten Teil ihrer Rolle deshalb ohne Schwierigkeiten zu spielen verstanden, weil dies in ihrem Wesen irgendwie begründet war. Das alles überdachte er, während er einen Motor steuerte, der auch nicht recht vorwärts wollte. Aber man würde doch ankommen. Es ging eine schiefe Ebene hinab. Immer dieses Bild von der schiefen Ebene...

Als sie sich Fontainebleau näherten, empfand Genoveva Durst. Hier war jede Einzelheit der Landschaft ihnen wohlbekannt und ordnete sich von selbst ein. Es war beruhigend. Ein Rahmen, der etwas Selbstverständliches war und alles immer fester umspannte. In einer kleinen Schenke bot man ihnen Milch. Wozu sich beeilen? Genoveva trank die Milch langsam, schluckweise. Wirklich, wozu sich beeilen? Alles, was sich da begab, kam ja ganz selbstverständlich über sie: immer dieses Bild der Selbstverständlichkeit.

Sie war weich gestimmt und wußte ihm für vieles Dank. Ihre Beziehung zueinander war viel freier als gestern. Sie konnte lächeln und wies auf einen Vogel, der vor der Tür Krumen aufpickte. Ihre Züge schienen ihm einen neuen Ausdruck zu haben, aber wo hatte er diesen Ausdruck schon gesehen? Vielleicht bei Reisenden, die ihr Leben in wenigen Sekunden aus unserem Leben wieder fortträgt. Auf Bahnsteigen ist es so. Dieses Gesicht also konnte wieder lächeln und Leben zeigen, das aus unbekannten Tiefen kam.

Bernis hob wieder den Blick zu ihr. Er sah ihr Profil, sie saß vorgeneigt und schien zu träumen. Er fühlte, daß sie ihm entschwand, kaum daß sie den Kopf wandte.

Gewiß liebte sie ihn noch, aber von einem schwachen kleinen Mädchen darf man nicht zuviel verlangen. Er konnte nun freilich nicht etwa sagen: ›Ich gebe Sie wieder frei‹ oder etwas ähnlich Unsinniges, aber er begann davon zu reden, was er in Zukunft tun würde. Und in das Leben, das er da aufbaute, hatte er sie nicht mit eingefangen. Sie war ihm dankbar und legte die kleine Hand auf seinen Arm: »Sie sind, Sie sind mein alles.« Das war die Wahrheit, aber er erkannte doch auch an diesen Worten, daß sie nicht füreinander geschaffen waren.

Eigenwillig war sie, und doch weich. Aber auch ganz nah daran, hart und grausam und ungerecht zu sein, ohne es zu wissen. Und immer bereit, um jeden Preis irgendein geheimnisvolles Gut zu verteidigen, in aller Ruhe und Weichheit.

Aber sie war auch nicht für Herlin geschaffen. Das war Bernis klar. Ihr Leben, das sie nun wieder aufnehmen wollte, hatte ihr ja nur Schweres gebracht. Wofür war sie nun eigentlich geschaffen? Sie schien nicht dem Leiden unterworfen.

Dann fuhren sie weiter. Bernis wandte den Kopf mehr zur Linken. Er war sich bewußt, daß auch er nicht litt, aber es war wohl etwas Animalisches in ihm verletzt: er fühlte, wie die Tränen aufstiegen, und wußte doch nicht, weshalb ihm das Weinen so nahe war.

In Paris gab es keine Spur von Aufsehen. Alles war unverändert.

XI

Wozu dies alles? Die Stadt umgab ihn wieder mit ihrem sinnlosen Wirbel. Er wußte wohl, daß aus diesem Durcheinander nichts Rechtes werden konnte. Langsam die Straße hinabschreitend, ließ er die fremde Masse der Entgegenkommenden an sich vorübergehen und dachte nur: ›Ganz so, als wäre ich nicht da.‹ Bald würde er wieder zurückreisen müssen: es war gut so. Gewiß würde ihn die Arbeit in so materieller Weise zu binden wissen, daß sein Leben wieder Realität annehmen würde. Auch wußte er, daß der Alltag selbst unserem geringfügigsten Tun die Gewichtigkeit einer Tatsache verleiht und daß hierdurch jedes Erdenleid etwas von seiner Schwere einbüßt. Selbst die üblichen Pilotenwitze würden wieder erfrischend wirken. Das war sonderbar und doch nicht anders zu erwarten. Aber freilich – er hatte gar kein Interesse an sich selber.

Sein Weg führte just an Notre-Dame vorbei, er trat ein und war überrascht von der großen Zahl der Besucher. Er rettete sich zu einem Pfeiler und fragte sich, weshalb er überhaupt hergekommen war. Vielleicht deshalb, weil hier die Minuten doch zu etwas führten. Draußen führten sie ja zu gar nichts. Ja, das war es: draußen führten die Minuten zu gar nichts mehr. Auch empfand er das Bedürfnis, sich selbst zu erkennen, und war bereit, sich dem Glauben hinzugeben wie einem beliebigen anderen disziplinierten Denken. Er sagte sich: ›Wenn ich eine Formel finde, die mein Ich ausdrückt, die mein Sein umspannt, wird sie für mich die Wahrheit bedeuten.‹ Dann aber fügte er lässig hinzu: ›Und doch werde ich nicht daran glauben.‹ Und plötzlich wollte ihm scheinen, daß er hier wieder an einer Ausweichstelle angelangt sei und daß sein ganzes Leben sich in solchen Fluchtversuchen verbraucht habe. Nun erklangen die ersten Worte der Predigt, beunruhigend wie ein Signal zur Abfahrt.

»Das Himmelreich«, begann der Prediger, »das Himmelreich...« Er stützte die Hände auf den breiten Rand der

Kanzel und beugte sich über die Menge. Da saß sie dicht gedrängt, bereit, alles aufzunehmen, und verlangte nach Nahrung. Ihm aber fluteten Bilder zu voll unerhörter Eindringlichkeit. Er mußte an Fische denken, die in der Reuse gefangen waren, und fuhr ohne jeden Übergang fort: »Als der Fischer von Galiläa...«

Er sprach weiter und fand lauter Worte, die ganze Züge von Erinnerungsbildern heraufführten, und diese Bilder waren nicht wieder zu bannen. Er fühlte, wie er Gewalt über die Menge zu üben begann und wie allmählich sein Schwung federnd wurde wie die Spur des Läufers im Sande. »O wüßtet ihr, wüßtet ihr, wieviel an Liebe...« Er unterbrach sich und schöpfte Atem: die Gefühle, die ihn bestürmten, waren zu reich, um ihn den rechten Ausdruck finden zu lassen. Er begriff, daß auch die einfachsten, die abgebrauchtesten Worte ihm jetzt allzu sinnbeschwert erschienen und daß er sie nicht mehr von den anderen Worten scheiden konnte, von denen, die den richtigen Klang hatten. Das Licht der Kerzen gab seinem Antlitz eine wächserne Farbe. Er straffte sich steil empor, die Hände noch immer aufgestützt, die Stirn hoch erhoben. Und als seine Haltung sich weiter entspannte, ging eine Bewegung durch die Menge, wie ein Wellenschlag.

Nun strömten ihm die Worte zu, und er sprach. Sprach mit überraschender Sicherheit. Er fühlte in sich das Hochgefühl eines Athleten, der seine Kraft spürt. Gedanken flogen ihm zu, die sich außerhalb seiner selbst schon formten, während er einen Satz zu Ende sprach, als wären sie eine Bürde, die man ihm reichte. Und im voraus fühlte er in seinem Geist das dunkle Aufsteigen des Bildes, in das er alsbald den geformten Gedanken legen würde, um ihn bildhaft in die versammelte Menge zu tragen.

Bernis hörte jetzt aufmerksam der Predigt zu.

»Ich bin die Quelle allen Lebens. Ich bin die Flut, die in euch eindringt, um euch zu erwecken, und die wieder zurückfließt. Ich bin das Leid, das in euch eingeht, um eure Herzen zu zerreißen, und das wieder zurückströmt. Ich bin die Liebe, die in eure Herzen einzieht, und die in alle Ewigkeit währt. Und ihr wollt mir Marcion und das vierte Evangelium entgegensetzen? Wollt mir von Textverfälschungen sprechen? Ihr möchtet eure armselige Menschenlogik gegen mich aufstellen, gegen mich, der ich über euch throne und euch von dieser Logik freimachen will!

Ihr Gefangenen, versteht mich doch! Ich mache euch frei von eurer Wissenschaft, von eurem Formelkram, von euren Gesetzen, von der Sklaverei des Geistes, vom Determinismus, der härter ist als das blinde Schicksal. Ich bin die verwundbarste Stelle an eurer Rüstung: ich bin das Leben.

Ihr habt den Gang der Gestirne bis ins letzte erforscht, als eine Generation von Helden des Laboratoriums, aber ihr kennt das Gestirn nicht mehr. Es ist nur noch ein Kapitel in euren Büchern, aber es ist für euch nicht mehr ein Licht, denn ihr wißt weniger von ihm als ein kleines Kind. Ihr habt alles entdeckt, bis zu den Gesetzen, die das Lieben der Menschen beherrschen, aber dieses Lieben selbst können alle eure Zeichen nicht einfangen: ihr wißt davon weniger als jedes junge Mädchen! Nun denn, so kommt zu mir! Diesen milden Glanz des Lichts, dieses Licht der Liebe, ich gebe es euch wieder. Ich knechte euch nicht, nein, ich rette euch und mache euch frei von dem Menschen, der als erster den Fall einer Frucht errechnet und euch in diese Sklaverei gebracht hat. Meine Wohnung ist die einzige Pforte, die euch offen ist – was sollte aus euch werden, wenn ihr außerhalb bleiben müßtet?

Was würde aus euch, jenseits meiner Wohnung, außerhalb dieses Schiffes, in dem der Ablauf der Stunden erst seinen vollen Sinn erhält, so wie der Ablauf des Meerwassers auf dem schimmernden Gebälk des Schiffsleibs. Dieser Ablauf des Meerwassers ist geräuschlos, aber er bringt das Schiff zu den fernen Inseln. Das ist der Ablauf des Meerwassers.

Kommt zu mir alle, denen die Tat, die zu nichts führt, bitter geworden ist.

Kommt zu mir, ihr alle, denen der Gedanke, der nur zu Gesetzen führt, bitter geworden ist.«

Der Prediger spannte die Arme aus: »Denn ich bin es, der euch aufnimmt. Ich habe die Sünden der Welt auf mich genommen. Ich habe ihr Leid getragen.

Ich habe eure Schmerzen getragen, die Schmerzen von Tieren, die ihre Jungen verlieren müssen, habe eure unheilbaren Krankheiten auf mich genommen, und ihr habt die Erleichterung gefühlt. Aber dein Leid, du mein Volk der heutigen Zeit, ist ein Elend, das noch tiefer, noch unheilbarer ist, und dennoch werde ich es tragen, wie ich alles andere Leid getragen habe. Ich werde die schwersten Ketten tragen, die Ketten des Geistes.

Ich bin, der die Bürden der Welt auf sich nimmt.«

Der Mann auf der Kanzel erschien Bernis so hoffnungslos, weil er nicht danach schrie, daß ihm ein Zeichen gewährt würde, und weil er kein Zeichen offenbar machte. Nein, weil er immer sich selbst die Antwort gab.

»Ihr werdet die Kinder sein, die bei mir spielen. Kommt zu mir mit all den vergeblichen Bemühungen, die euren Alltag erschöpfen: ich werde ihnen einen Sinn geben, daß sie eure Herzen neu aufbauen, ich werde ihnen wieder Menschlichkeit geben.«

Das Wort dringt in die Menge ein. Aber Bernis hört es nicht mehr, er hört etwas, das in diesem Wort lebt und das wie ein Leitsatz immer wiederkehrt: ... wieder Menschlichkeit geben.

Das beunruhigt ihn.

»Ihr Liebenden von heutzutage, kommt zu mir, ich werde eurer trockenen, verzweifelten und grausamen Liebe Menschlichkeit geben.

Eurer Sucht nach dem Fleischlichen und der traurigen Umkehr davon – kommt zu mir, ich werde ihr Menschlichkeit geben...«

Bernis empfand eine tiefe Benommenheit.

»... denn ich bin, der am Menschen sein Wohlgefallen hat...«

Bernis ist ganz verzweifelt.

»Ich bin der einzige, der den Menschen zu sich selbst zurückführen kann.«

Der Priester verstummte. Erschöpft wandte er sich dem Hochaltar zu und betete zu Gott, zu dem Gott, den er verkündet hatte. Er fühlte sich gedemütigt, als hätte er alles hingegeben, als wäre seine körperliche Ermattung ein Gnadengeschenk. Und ohne es zu wissen, fühlte er sich eins mit Christus. Von neuem begann er, zum Altar gewandt, diesmal mit erschütternder Ruhe:
»Mein Vater, ich habe an sie geglaubt, darum habe ich mein Leben hingegeben...«
Und indem er sich ein letztes Mal über die Menge beugte:
»Denn ich liebe sie...« Ein Zittern ging über seine Gestalt.
Ein Schweigen folgte, das Bernis ungeheuer schien.
»Im Namen des Vaters...«
Und Bernis dachte: ›Welche Verzweiflung! Wo ist das Bekenntnis des Glaubens? Ich habe dieses Bekenntnis nicht vernommen, aber ich habe einen Aufschrei voll Verzweiflung gehört.‹

Er ging hinaus. Gleich würden die Bogenlampen aufstrahlen. Bernis schritt am Ufer der Seine entlang. Die Bäume standen, von keinem Hauch bewegt; ihre Äste verschwammen in der Abenddämmerung. Bernis schritt weiter. In ihm war Ruhe eingekehrt, wie sie das Stillwerden des Tages bringt, daß wir meinen, wir hätten endlich die Lösung eines Problems gefunden.
Aber diese Dämmerung – nichts als ein recht theaterhafter, leinwandener Hintergrund, der schon oft gedient hat, wenn Kaiserreiche untergingen, wenn Schlachten zu Niederlagen wurden, wenn eine armselige Liebe am Erlöschen war, der auch morgen wieder dienen wird, wenn es andere Komödien gibt. Ein leinwandener Hintergrund, der uns beunruhigt, wenn der Abend still ist, wenn das Leben schleppend wird, denn wir wissen nicht, welches Drama sich abspielen will. Oh, gäbe es etwas, das ihm Rettung brächte aus all der menschlichen Unrast...
Da flammten, alle mit einemmal, ringsum die Bogenlampen auf.

XII

Taxis. Autobusse. Ein namenloses Durcheinander – es ist gut, nicht wahr, Bernis, sich darin zu verlieren? Ein Dickwanst, mitten auf dem Gehsteig – holla, mach Platz! Frauen, man sieht sie nur dies eine Mal im Leben: jetzt oder nie! Dort drüben Montmartre, da ist das Licht schon greller. Schon sind Mädchen da, die mitwollen. – Du lieber Gott, fort mit euch! – Dann wieder andere Frauen, sie steigen aus Luxusautos, die schön wie Juwelenschreine sind und den Menschen, auch wenn sie wenig Reiz haben, ein prächtiges Aussehen geben. Fünf Hunderttausender an Perlenschnüren, die ihnen bis zum Bauch hinunterhängen, und was für Ringe an den Händen! Dazu der matte Nachglanz der gepflegten Haut. Dort wieder ein erschrecktes Mädchen: »Laß mich, du! Ich weiß, wer du bist, ein Zuhälter! Mach dich fort! Laß mich vorbei, ich will leben!«

Da war eine Frau, sie saß vor ihm, beim Abendessen. Das Abendkleid ließ am Rücken einen tiefen, dreieckigen Ausschnitt frei. Er sieht nichts anderes als den Nacken, die Schultern und diesen blinden Rücken, auf dem er Schauer der Sinnlichkeit ahnt. Der Körper – dieses ewig neue, unergründliche Ding. Sie hatte sich eine Zigarette angesteckt, hielt das Kinn in die Hand gestützt, den Kopf vorgeneigt, so daß er nur mehr die leere Fläche des Rückens sah. ›Wie eine Mauer‹, dachte er.

Die Tänzerinnen begannen ihr Spiel. Ihr Schritt war elastisch, und die Seele der Tanzbewegungen lieh auch ihnen etwas Beseeltes. Bernis gefiel der Rhythmus, der ihnen Gleichgewicht gab, freilich ein schwankes Gleichgewicht, das sie dennoch stets mit erstaunlicher Sicherheit wiederfanden. Es ging eine stark sinnliche Wirkung von ihnen aus, wenn sie immer von neuem das Bild auflösten, das eben zur Form hatte werden wollen und das sie im Augenblick des Erstarrens, gleichsam an der Schwelle des Todes, noch einmal zu Bewegungen des Lebens auflockerten. Es war der gleiche Ausdruck von Begehren.

Vor seinen Augen noch immer dieser geheimnisvolle Rükken, glatt wie der Spiegel aus Glas. Aber jede kaum wahrnehmbare Bewegung, vielleicht nur ein Gedanke oder eine Empfindung, ließ es wie einen Schatten über den ganzen Rücken gleiten. Und Bernis dachte: ›Mich lockt all dies Dunkle, das sich da bewegt.‹

Die Tänzerinnen verneigten sich, nachdem sie einige rätselhafte Zeichen in den Sand geschrieben und gleich wieder verwischt hatten. Bernis gab der leichtfüßigsten von ihnen einen leisen Wink.

»Du kannst gut tanzen.« Er maß das Gewicht ihrer Körperlichkeit, wie einer das Fleisch einer Frucht prüft, und fand mit Überraschung eine gewisse Erdenschwere. Das war ja Reichtum. Sie setzte sich zu ihm. Ihr Blick war ruhig, und der rasierte Nacken war fast ein kleiner Stiernacken und schien das Unbeweglichste dieses Körpers zu sein. Ihre Züge waren nicht fein zu nennen, aber der ganze Leib atmete Feinheit, es war eine friedliche Atmosphäre um sie. Dann aber bemerkte Bernis, daß ihr Haar stellenweise von Schweiß klebrig war. Unter der Schminke wurde eine Falte sichtbar. Und das Kleid war verknittert. Losgelöst von ihrem Element, dem Tanz, war sie ungelenk und fast entstellt.

»Woran denkst du?« Sie antwortete mit einer linkischen Geste. Alles, was sich ringsum tat, war nächtliches Treiben, begann irgendwie sinnvoll zu werden, das Treiben der Grooms, der Chauffeure, des Geschäftsführers. Sie alle taten ihren Dienst, der letztlich darin bestand, vor ihn, Bernis, diese Champagnerflasche hinzustellen und dieses müdgetanzte Mädchen hinzusetzen. Bernis nahm das Leben zwischen Kulissen wahr, die alles zum Beruf werden ließen. Da gibt es kein Laster, keine Tugend, keine unklare Gemütsbewegung, nur eine Arbeit, die so geschäftsmäßig geleistet wird und so neutral ist wie die Arbeit des Eisenbahnpersonals. Selbst der Tanz von vorhin, der die Gebärden bannte, um aus ihnen eine verständliche Sprache zu machen, konnte nur einem Fremden etwas sagen. Nur der Fremde konnte hier sozusagen einen Satzbau entdecken, den alle anderen längst schon

vergessen hatten. So geht auch dem Musiker, der zum tausendsten Male dasselbe Stück spielt, der Sinn dieses Stückes verloren. Hier produzierten die Mädchen ihre Tanzschritte, zeigten ihre Mimik, alles im grellen Licht der Scheinwerfer, aber Gott weiß, was sie dabei für Bemerkungen machten. Da war die eine einzig mit ihrem Bein beschäftigt, das ihr weh tat, die andere mit einem Stelldichein, einem armseligen Stelldichein nach dem Tanz. Und die dritte überlegte: ›Ich bin hundert Franken schuldig‹, und die vierte dachte immer nur: ›Mir ist nicht wohl.‹
Schon fühlte Bernis, wie all sein Schwung sich verlor. Er sagte sich: ›Du kannst mir nichts von all dem geben, was ich ersehne.‹ Und doch war seine Verlassenheit so quälend, daß er ihrer bedurft hätte.

XIII

Sie hat ein wenig Angst vor dem stillen Mann. In der Nacht, neben dem Schläfer, wenn sie erwacht, hat sie den Eindruck, als liege sie vergessen auf einsamem Strande.
»Nimm mich in deine Arme!«
Ja, sie hat auch Ausbrüche von Zärtlichkeit... aber das fremde Leben in diesem Körper, die unbekannten Träume hinter dem felsenharten Stirnbein! Sie legt sich quer auf seine Brust und spürt den Atem des Mannes auf und ab wogen, und es ist wie das aufregende Erlebnis einer Überfahrt. Wenn sie das Ohr an seinen Leib legt und das harte Klopfen seines Herzens hört, diesen Gang eines Motors oder vielleicht das Pochen eines Meißels, hat sie die Empfindung von etwas, das davonfließt und nicht aufzuhalten ist. Und dann dieses Schweigen, wenn sie ihm ein Wort zugerufen hat, das ihn aus den Träumen weckt. Sie zählt die Sekunden zwischen ihrem Zuruf und seiner Antwort, wie man bei einem Gewitter zählt: eins... zwei... drei... Er ist jenseits von allem. Wenn er wieder die Augen geschlossen hat, greift sie nach seinem Kopf und hebt ihn ein wenig, wie den Kopf

eines Toten, mit beiden Händen, als hielte sie einen Stein: »Mein Liebster, wie traurig ist doch das alles...«
Geheimnisvoll ist so ein Reisegefährte.
Dann liegen sie der Länge nach nebeneinander und schweigen beide. Da spürt man, wie das Leben uns durchrinnt wie ein Fluß in schwindelerregender Schnelligkeit. Der Menschenleib – ein Ruderboot in voller Fahrt.
»Wieviel Uhr ist es?«
Man stellt die Zeit fest. Ist das nicht eine sonderbare Reise? Oh, mein Liebster! Und sie klammert sich an ihn, den Kopf zurückgebogen, mit offenem Haar, wie eine Ertrinkende, die gerettet wird. Eine Frau, die vom Schlaf oder von der Liebe wieder ins Leben zurückkehrt, eine wirre Locke, die an der Stirn klebt, die Züge wie verweht, eine Frau, aus den Wellen des Meeres gezogen.
»Wieviel Uhr ist es?«
Ja, warum denn? Die Stunden fliehen vorbei, wie in voller Fahrt die kleinen Provinzbahnhöfe fliehen – ein Uhr, zwei Uhr –, einer nach dem anderen nach rückwärts geworfen und schon verloren. Irgend etwas gleitet uns durch die Finger, und wir wissen es nicht zu halten. Altwerden, das ist doch gar nichts. »Ich kann mir dich sehr gut vorstellen mit weißen Haaren, und ich bin deine würdige Freundin...«
Altwerden ist wirklich gar nichts.
Aber diese verlorene Sekunde, dieses Schweigen, das sich in die Länge zieht, das ist es, was so müde macht.
»Erzähl mir von deinem Land.«
»Dort drüben...«
Bernis weiß, daß das unmöglich ist. Städte, Meere, Heimatorte – das ist ja immer dasselbe. Nur manchmal eine flüchtige Vision, die man errät, ohne sie zu verstehen, und die man nicht wiedergeben kann.
Er legt die Hand an ihre Weiche, dort, wo der Leib am wenigsten bewehrt ist. Das Weib: bloß wie kein anderes lebendes Fleisch und leuchtend im zartesten Schimmer. Er denkt an das geheimnisvolle Leben, das diesen Leib beseelt, das ihn wärmt wie eine Sonne, wie ein inneres Klima. Bernis

denkt nicht daran, daß sie zart oder schön ist, aber daß sie sich warm anfühlt. Warm wie ein Tier, lebendig. Und dieses Herz, das immerfort schlägt, das eine andere Quelle ist als die seine, eingeschlossen in einen anderen Leib.

Er muß an die Wollust denken, die ihn einige Augenblicke lang in ihren Bann geschlagen hat: an dieses tolle Tier, das seinen Bann ausübt und dann tot ist. Und jetzt...

Jetzt flimmert der Sternenhimmel durch die Fensterscheiben. O Weib, wenn die Stunde der Liebe vorüber ist, bist du zerstört und deiner Krone beraubt, die da ist das Begehren des Mannes nach dir. Zurückgeworfen bist du bis zu den kalten Sternen. Die Landschaft des Herzens wechselt zu schnell... Begierde, Zärtlichkeit, Feuersglut – dann wieder rein und kühl geworden, losgelöst vom eigenen Körper, gleichsam am Bug des Schiffes, das ins Meer zurück will.

XIV

Das Zimmer, zur Abreise in Ordnung gebracht, ist öde wie ein Bahnsteig. Bernis durchlebt vor der Abfahrt des Schnellzuges einsame Stunden in Paris. Er lehnt die Stirn gegen das Fenster und schaut der Menge zu, die draußen hin und her läuft. Er fühlt sich durch dieses Auf- und Abfluten wie fortgerückt von den Menschen. Jeder Mensch hat da eine bestimmte Absicht und ist in Eile. Beziehungen knüpfen sich an, aber sie werden sich außerhalb seiner Person abwickeln und lösen. Da geht eine Frau, kaum zwanzig Schritte hat sie zu machen, und schon ist sie aus dem Bild und aus der Zeit geschwunden. Diese ganze Menge war doch der lebendige Stoff, aus dem das Weinen heraufstieg und das Lachen quoll, und jetzt ist sie nichts anderes mehr als ein Volk von toten Menschen.

Dritter Teil

I

Europa und Afrika rüsteten, fast zur gleichen Minute, für die Nacht. Hier wie dort waren die letzten Stürme dieses unruhigen Tages im Abflauen begriffen. In Granada beruhigte sich alles wieder, in Malaga war der Sturm in Landregen übergegangen. Aber in einzelnen Wetterwinkeln zerrten die Ausläufer des Orkans an den Baumkronen, als wären sie Haare zum Schütteln.

Toulouse, Barcelona, Alicante, die den Kurier schon abgefertigt hatten, räumten das Material ein, ließen die Maschinen einfahren und sperrten die Flugzeughallen ab. In Malaga, wo die nächste Landung erst untertags zu erwarten war, brauchte man keine Beleuchtung vorzubereiten. Überdies dachte Bernis nicht an eine Zwischenlandung. Er würde gegen Tanger weiterfliegen, allerdings in sehr geringer Höhe. Auch würde er wieder einmal die Meerenge, kaum zwanzig Meter hoch, überfliegen müssen, ohne die afrikanische Küste zu sehen, nur nach der Magnetnadel orientiert. Ein ausgiebiger Westwind wühlte das Meer auf, daß die stürzenden Wogen weiß aufschäumten. Was an Schiffen vor Anker lag, arbeitete, den Bug in Windrichtung, mit aller Kraft, wie auf hoher See. Ostwärts verursachte der englische Felsen ein Tief: der Regen schüttete wie aus Kannen. Im Westen waren die Wolken ein ganzes Stockwerk höher gelagert. Am jenseitigen Ufer lag Tanger im Dunst, und der Regen wusch die Stadt. Am Horizont standen mächtige Haufenwolken. Aber gegen Larache war die Luft klar.

Schon über Casablanca war ein freier Himmel. Festverankerte Segelboote markierten die Ufer, sie lagen da wie nach einer Schlacht. Nach dem Sturm, der alles aufgewühlt hatte, waren auf dem Meer nur mehr lange, regelmäßige

Falten zu sehen, die in Fächerform auseinanderliefen. Die Felder waren vom tiefsten Grün, im Schein der untergehenden Sonne fast von der Farbe des Wassers. Da und dort kam von den regennassen Plätzen der Stadt wie ein Glanz herauf. Vor den Baracken des Kraftwerks standen die Mechaniker müßig und warteten. Ihre Kollegen in Agadir waren zum Essen in die Stadt gegangen, da sie noch vier Stunden frei waren. Die von Port-Étienne, von Saint-Louis und Dakar konnten ruhig schlafen.

Um acht Uhr abends gab Radio Malaga bekannt:

Kurier vorübergeflogen, ohne zu landen.

Und nun begann Casablanca probeweise zu beleuchten. Die Lichtreihe des Leuchtturms schnitt in roter Farbe ein schwarzes, dreieckiges Stück Nacht heraus. Stellenweise fehlte eine Lampe, es war wie eine Zahnlücke. Dann brachte ein zweiter Schalter die Landungsscheinwerfer in Tätigkeit. Sie gossen ihr Licht wie einen Milchstrahl ins Weite – es fehlte nur der Varietékünstler.

Ein Reflektor wurde gedreht. Das unsichtbare Strahlenbündel heftete sich auf einen regentriefenden Baum, daß er aufglänzte wie ein Kristallüster; dann auf eine weiße Hütte, die nun plötzlich bedeutungsvoll ins Blickfeld rückte, mit wechselnden Schatten, und gleich darauf schon verschüttet war. Endlich senkte sich die Lichtgarbe wieder und nahm ihren Platz ein, um dem Flugzeug eine weiße Bahn zu schaffen.

»Gut«, sagte der Kommandant, »ausschalten!«

Er ging in seine Kanzlei hinauf, sah den letzten Einlauf durch und ließ dann zerstreut den Blick auf dem Telefonapparat haften. Bald würde Rabat anrufen. Alles war bereit. Die Mechaniker saßen herum, auf Ölfässern und Kisten.

In Agadir kannte man sich nicht recht aus. Nach den dortigen Berechnungen mußte der Kurier Casablanca schon verlassen haben, und nun wurde der Himmel abgesucht. Zehnmal wurde der Abendstern für das Bordlicht des Flugzeugs gehalten, dann kam der Polarstern dran, der gerade im Norden aufgegangen war. Man wartete, um die Scheinwerfer aufflammen zu lassen, nur darauf, bis man den überzähligen

Stern entdeckt hätte, der unter den Konstellationen umherirrte und seinen Platz nicht finden konnte.
Der Postenkommandant war betroffen. Würde er seinerseits den Weiterflug anordnen können? Südwärts war Nebel zu befürchten, wohl bis zum Flußlauf des Nun, vielleicht gar bis nach Juby, und dieses Juby blieb hartnäckig stumm, trotz aller Radioanrufe. Man konnte die »France-Amérique« doch nicht in die Nacht hinausjagen, ins Ungewisse! Und der Posten in der Sahara schien sein Geheimnis für sich behalten zu wollen.
Wir aber saßen in Juby, von aller Welt abgeschnitten, und sandten Notsignale aus, wie ein Schiff:
Mitteilt Nachricht Kurier, mitteilt...
Aus Cisneros quälte man uns mit dunklen Fragen, aber wir gaben keine Antwort mehr. So riefen wir, von tausend zu tausend Kilometer, vergebliche Klagen in die Nacht hinaus.
Um 20 Uhr 50 hatte sich alles geklärt: Casablanca und Agadir konnten einander telefonisch verständigen, und auch unsere Radioverbindung klappte endlich. Casablanca sprach, und alles wurde bis nach Dakar weitergegeben.
Kurier abgeht 22 Uhr nach Agadir.
Von Agadir für Juby: Kurier eintrifft Agadir 0,30 stop. Ist Weiterflug zu euch möglich?
Von Juby für Agadir: Nebel. Tageslicht abwarten.
Von Juby für Cisneros, Port-Étienne, Dakar: Kurier nächtigt Agadir.

Der Pilot gab in Casablanca seine Unterschriften fürs Flugbuch. Das Lampenlicht machte ihn blinzeln. Vordem, auf der Fahrt, war immer nur so wenig in sein Blickfeld gefallen. Bernis war schon froh gewesen, wenn bisweilen der weiße Schaum der Wellen, die sich am Strande brechen, ihn geleitet hatte. Und jetzt, in der Kanzlei, was sah er nicht alles – Aktenregale, weißes Papier, handfeste Möbel. Das war doch eine massive Welt, die zeigte, was sie enthielt. Aber hinter der Türfüllung starrte die andere Welt, nächtlich und öde.

Sein Gesicht war gerötet vom Wind, der ihm zehn Stunden lang die Wangen gepeitscht hatte. Vom Haar rannen ihm Tropfen herab. Er war aus der Nacht gekommen wie ein Kanalräumer aus dem Tunnel mit den schweren Stiefeln, dem Lederrock, die Haare klebten auf seiner Stirn, und er mußte immerfort blinzeln. Er stockte im Schreiben: »Und – Sie haben die Absicht, mich weiterfliegen zu lassen?«
Der Postenchef ordnete die Blätter und brummte: »Sie werden tun, was man Ihnen sagen wird.«
Er wußte schon jetzt, daß er den Weiterflug nicht fordern würde, und der Pilot wußte, daß er seinerseits darauf bestehen würde. Aber jeder von ihnen wollte sich selber beweisen, daß er allein darüber zu befinden hätte.
»Sperren Sie mich in einen Wandschrank, und verlangen Sie von mir, daß ich mit verbundenen Augen einen Gashebel bediene und so das ganze Möbel nach Agadir bringe: ungefähr das verlangen Sie von mir.«
Er war ein viel zu innerlicher Mensch, um auch nur einen Augenblick an einen Unfall zu denken, der ihm persönlich widerfahren könnte: an derlei denkt nur, wer leer im Herzen ist; aber das Bild vom Wandschrank belustigte ihn. Es gab ja Unmögliches, aber er würde es doch fertigbringen.
Der Postenkommandant öffnete die Tür ein wenig, um seine Zigarette in die Nacht hinauszuwerfen.
»Na also, man sieht ja...«
»Was denn?«
»Man sieht Sterne.«
Der Pilot ereiferte sich: »Ich pfeife auf Ihre Sterne – ganze drei sind zu sehen. Sie schicken mich ja nicht auf den Mars, sondern nach Agadir.«
»Der Mond geht in einer Stunde auf.«
»Der Mond – der Mond...«
Dieser Mond reizte ihn noch mehr. Hatte er vorhin auf den Mond gewartet, um seine Nachtfahrt zu machen? War er noch ein Flugschüler?
»Also gut, einverstanden. Sie bleiben hier.«
Der Pilot war befriedigt, breitete die belegten Brote aus, die

er am Abend mitgenommen hatte, und begann friedlich zu kauen. In zwanzig Minuten würde er weiterfliegen. Der Kommandant lächelte und spielte mit dem Telefonhörer: er wußte schon, daß er binnen kurzem den Start zu melden haben würde.

Jetzt, da alles feststand, ergab sich plötzlich eine gewisse Leere. Es geschieht manchmal, daß die Zeit stillstehen will. Der Pilot saß unbeweglich auf seinem Stuhl, ein wenig vorgeneigt, die ölgeschwärzten Hände zwischen den Knien. Sein Auge haftete an einem Punkt, irgendwo, zwischen ihm und der Wand. Der Postenchef saß rittlings da, mit halboffenem Mund schien er auf ein geheimes Zeichen zu warten. Das Schreibfräulein gähnte, stützte das Kinn in die Hand und fühlte ein gewaltiges Schlafbedürfnis. Es war ein Augenblick lautlosen Ablaufens der Sanduhr. Ein Schrei, der aus der Ferne an ihr Ohr drang, gab das Stichwort, das den ganzen Mechanismus wieder zum Gehen brachte. Der Postenchef hob den Finger, der Pilot lächelte, richtete sich auf und tat einen Atemzug, als schöpfe er frische Luft.

»Ah! Adieu!«

So reißt manchmal ein Film ab. Der plötzliche Stillstand packt uns, mit jeder Sekunde wird die Unbeweglichkeit lastender, wie eine Ohnmacht – dann geht das Leben von neuem weiter.

Anfangs hatte Bernis nicht den Eindruck, aufzusteigen, sondern glaubte sich eingeschlossen in eine feuchte kalte Grotte, die unter dem Donner des Motors zitterte wie unter dem Anprall von Meereswogen. Dann schien ihm, daß ihn wenig oder gar nichts umgab. Bei Tag baut sich aus dem runden Rücken eines Hügels, aus der Strandlinie einer Bucht und dem blauen Himmel darüber eine Welt auf, die uns umfaßt; jetzt aber befand er sich außerhalb von allem, wie in einer Welt, die erst in Bildung begriffen war, deren Grundstoffe noch formlos durcheinanderlagen. Die Ebene zog sich weit hin, bald schwanden die letzten Städte, Mazagan, Safi, Mogador, die ihre Lichter wie aus Schaufenstern zu ihm heraufsandten. Dann noch die letzten beleuchteten Meierhöfe,

gleichsam die letzten Bordlichter der Erde. Plötzlich war er wie erblindet.
»Schön! Jetzt kommt's ganz dick.«
Die Augen bald auf den Neigungs-, bald auf den Höhenmesser heftend, ließ er sich hinab, um aus der Wolke herauszukommen. Der schwache Schein einer roten elektrischen Birne blendete ihn. Er drehte sie ab.
»Schön! Jetzt bin ich wieder draußen, aber ich sehe gar nichts.«
Die ersten Höhen des Kleinen Atlas fliegen vorüber, unsichtbar, still, zwischen zwei Wasserflächen, als wären sie schwimmende Eisberge. Er konnte sie über seine Schultern weg erraten.
»Schön! Es geht wieder einmal recht schlecht.«
Er wandte sich um. Ein Mechaniker, der einzige Passagier, saß da, auf den Knien eine Taschenlampe, und las ein Buch. Nur sein geneigter Kopf leuchtete aus der Verkleidung empor und warf seltsame Schatten. Dieser Kopf schien ihm fremdartig, von innen her beleuchtet, als wäre er eine Laterne. Er rief: »Hallo!« Aber seine Stimme wurde übertönt. So trommelte er mit der Faust auf einen Blechbeschlag, aber der Mann las ruhig weiter, und sein Kopf tauchte nach wie vor selbstleuchtend aus dem Dunkel auf. Wenn er ein Blatt umwandte, war sein Gesicht sekundenlang verzerrt. »Hallo!« rief Bernis noch einmal, vergeblich: nur zwei Armlängen von ihm entfernt, war dieser Mann dennoch unerreichbar. Bernis verzichtete endlich und wandte sich wieder nach vorn.
»Ich muß jetzt nah bei Cap Gir sein, aber hängen soll man mich, wenn... es geht heute wirklich sehr schlecht.«
Und nun überlegte er: ›Ich bin wohl zu weit aufs Meer abgekommen.‹ So stellte er mittels der Bussole den Flug wieder richtig. Es war sonderbar, wie er sich immerwährend nach rechts, gegen das Meer, hingedrängt fühlte, als ritte er eine scheue Stute und als übten wirklich von links her die Berge einen Druck aus.
›Es muß regnen.‹ Er streckte die Hand hinaus und spürte das peitschende Naß.

›Ich werde in zwanzig Minuten wieder landeinwärts fliegen, dann wird es eben vor mir sein – weniger Risiko.‹

Aber nein, mit einem Schlag, welche Helligkeit! Der Himmel, von Wolken reingefegt, alle Sterne frisch gewaschen, wie neu. Der Mond – der Mond, die beste aller Lampen! Unten leuchtete der Flugplatz von Agadir in dreimaliger Schaltung auf, wie eine Leuchtreklame.

›Laßt euch heimgeigen mit euren Lichtern – ich habe den Mond!‹

II

In Cap Juby brach der Tag an, aber das Bild, das sich bot, schien mir öde: eine Theaterdekoration ohne Schatten, ohne Hintergrund. Die Düne lag da wie immer, hier das spanische Fort, dort die Wüste. Was da fehlte, war jene leichte Bewegtheit, die, selbst beim ruhigsten Wetter, die Prärie und das Meer so reich macht. Nomaden, die mit ihren langsamen Karawanen einherzogen, konnten am Korn des Wüstensandes den Wechsel erkennen und am Abend in einer neuen Gegend ihr Zelt aufschlagen. Auch ich hätte die Unendlichkeit der Wüste empfunden, wenn ich mich nur ein wenig hätte entfernen können, aber diese unbewegliche Landschaft begrenzte die Vorstellung wie ein Farbendruck.

Dem einen Brunnen entsprach, dreihundert Kilometer weiter, ein anderer Brunnen. Derselbe Brunnen, anscheinend auch derselbe Sand und dieselbe Bodenbeschaffenheit. Aber es war doch hier das Zusammenspiel der Dinge ein anderes. Eine Erneuerung, so wie der ewig gleiche Schaum der Meereswellen von Sekunde zu Sekunde sich erneut. Am zweiten Brunnen hätte ich mein Einsamsein wahrgenommen, am nächsten wäre mir die Wildnis eine wirklich geheimnisvolle Welt gewesen.

Der Tag verlief leer, von keinem Ereignis belebt, nichts als der astronomische Gang der Gestirne und, während einiger Stunden, nichts als der Leib der Erde, in Sonnenlicht gebadet. Hier verloren die Worte allmählich den Nimbus, den ihnen unser Menschentum verliehen hat. Sie enthielten nichts anderes mehr als Sand. Selbst die sinnbeschwertesten Worte wie »Zärtlichkeit«, »Liebe« fielen ohne Gewicht in unsere Seelen.

›Um fünf Uhr von Agadir weggeflogen – du müßtest schon hier gelandet sein.‹

»Er ist um fünf Uhr von Agadir weggeflogen, also müßte er schon hier sein.«

»Ja, mein Lieber, gewiß... aber wir haben Südostwind.«

Der Himmel ist gelb. In wenigen Stunden wird dieser Wind eine Wüste umstürzen, die monatelang vom Nordwind geformt worden ist. Tage voller Unordnung: von rückwärts erfaßt, lassen die Dünen den Sand in langen Fahnen fortwehen, jede Düne rollt sich auf, um sich ein wenig weiter umzuformen.

Man horcht. Nein, es ist das Meer.

...Ein Kurier unterwegs, das ist nichts. Zwischen Agadir und Cap Juby, in dieser unerforschten Wildnis, ist er ein Kamerad im Niemandsland. Aber bald schon wird an unserem Himmel ein unbeweglicher Punkt auftauchen.

Um fünf Uhr von Agadir weggeflogen...

Soll man an ein Unglück denken? Ein Kurier, der steckengeblieben ist, das ist zunächst nichts als eine Wartezeit, die sich in die Länge zieht, ist nur ein Gespräch, das ein wenig erregt wird und dann abflaut. Aber nun dehnt sich die Zeit sehr aus, und die kleinen Bewegungen, die abgerissenen Sätze wollen sie nicht recht ausfüllen...

Jählings aber fällt ein Faustschlag auf den Tisch, und der Ausruf: »Mein Gott, zehn Uhr –!« strafft jeden von uns: ein Kamerad im Bereich der Mauren!

Der Funker spricht mit Las Palmas. Der Dieselmotor schnauft vernehmlich, und der Alkmotor brummt wie eine Turbine. Der Mann hat den Blick auf das Amperemeter gerichtet, das jede Veränderung anzeigt.

Ich stehe daneben und warte. Der Mann streckt die Linke

überkreuz nach mir aus und hantiert mit der Rechten weiter. Er schreit mir zu: »Was?« Ich hatte nichts gesagt. Kaum zwanzig Sekunden, und er schreit wieder, ich rufe: »Ah ja?« Rings um mich leuchtet es hell: durch die halboffenen Fensterläden fällt ein Sonnenstrahl, und die Pleuel des Dieselmotors geben feuchte Blitze von sich, die sich mit dem Sonnenlicht vermengen.

Endlich wendet sich der Funker jäh zu mir und nimmt die Haube ab. Der Motor spuckt, dann wird es still. Ich höre nur mehr die letzten Worte, die der Mann mir zubrüllt, als stünde ich hundert Meter weit: »...ist ihnen ganz egal!«

»Wem?«

»Denen dort.«

»So! Können Sie Agadir haben?«

»Es ist nicht die richtige Zeit.«

»Versuchen Sie es doch.«

Ich kritzle auf einen Notizblock:

Kurier nicht eingetroffen. Ist der Start mißlungen? Stop. Noch einmal Abfahrtszeit geben.

»Sagen Sie ihnen das!«

»Gut, ich rufe an.«

Und das Getümmel ist wieder da.

»Nun?«

»...duld!«

Ich bin zerstreut und träume; er meinte: »Geduld!« – Wer mag wohl den Kurier steuern? Bist du es, Jacques Bernis, der so aus dem Raum, aus der Zeit fällt?

Der Funker bittet um Stille... und setzt seine Haube auf. Er klopft mit dem Bleistift auf den Tisch, sieht nach der Uhr und gähnt. Dann fragt er: »Flugzeug in Not? Und weshalb?«

»Wie soll ich das wissen?«

»Ja, freilich... Jetzt... nein, Agadir hat nicht gehört.«

»Versuchen Sie wieder.«

»Ja.«

Und der Motor brummt von neuem.

Agadir schweigt noch immer. Wir horchen jetzt nur auf diese Stimme. Wenn von dort mit einer anderen Station gesprochen wird, werden wir uns in diese Unterhaltung einschalten.

Ich setze mich wieder. Zufällig greife ich nach einem Hörer, und schon bin ich mitten im Taubenschlag, mitten in all den vielen Vogelstimmen.

Lange, kurze Töne, Triller, zu rasch vibrierend – ich kenne mich in dem Gemengsel nicht aus: wie viele Stimmen gibt es doch in diesem Himmel, den ich so still und leer glaubte!

Drei Stationen sprechen... eine verstummt, eine andere tritt auf den Plan.

»Das? Das ist Bordeaux...«

Eine Koloratur, scharf, eilig, aber weit entfernt, dann eine tiefere, ruhigere Stimme:

»Was ist das?«

»Das ist Dakar.«

Ein trauriges Stimmchen. Es verstummt, ertönt wieder, schweigt und beginnt von neuem.

»...Barcelona ruft London an, aber London antwortet nicht.«

Assisi ist zu hören, irgendwo, ganz weit, und erzählt leise irgendwas.

Welches Stelldichein mitten in der Sahara! Ganz Europa hat sich versammelt, seine Hauptstädte tauschen mit ihren Vogelstimmen Vertraulichkeiten aus.

Jetzt rollt es nahe und vernehmlich. Schon bringt der Trennschärfer die anderen Stimmen zum Schweigen.

»War das Agadir?«

»Agadir.«

Der Funker, den Blick immer noch, Gott weiß warum, auf die Uhr gerichtet, ruft wiederholt an.

»Hören Sie es?«

»Nein, aber Agadir spricht mit Casablanca, da wird man etwas erfahren.«

In aller Stille fangen wir die Geheimnisse der Engel ab. Der

Bleistift zögert, senkt sich rasch aufs Papier, wirft einen Buchstaben hin, dann zwei, dann zehn, ganz schnell. Worte bilden sich, sie brechen auf wie Blüten.

»Avis für Casablanca…«

Herr Gott! Teneriffa überschreit Agadir! Eine gewaltige Stimme füllt dröhnend die Hörer. Aber jetzt ist sie wieder still.

…landet sechs Uhr dreißig. Wieder abgeflogen um…

Und wieder überrumpelt uns Teneriffa, dieser Eindringling. Aber ich weiß genug. Um 6 Uhr 30 ist der Kurier nach Agadir zurückgekehrt – Nebel? Oder ein Motordefekt? – Und ist offenbar erst um sieben Uhr weitergeflogen… Also nicht überfällig.

»Danke.«

III

Jacques Bernis, diesmal will ich vor deiner Ankunft ein wenig entschleiern, wer du bist. Du, den seit gestern die Radios genau verfolgen, der hier die vorschriftsmäßigen zwanzig Minuten verbringen wird, für den ich eine Konservenbüchse aufmachen und eine Flasche Wein entkorken werde, der mit uns weder von der Liebe reden wird noch vom Tode, von keinem der wirklichen Probleme, aber von der Windrichtung, von der Bewölkung des Himmels und von seinem Motor. Der, der über das Witzwort eines Mechanikers lachen, über die Hitze klagen wird und nichts anderes ist als irgendeiner von uns.

Ich werde sagen, welche Reise du eigentlich zu tun im Begriff bist. Wie du hinter alles Scheinbare schaust und weshalb die Schritte, die du neben uns gehst, doch nicht die unseren sind. Aus gleicher Jugend sind wir beide groß geworden. Und plötzlich ist mir, als sähe ich vor mir diese alte Mauer, verfallen und dicht mit Efeu bewachsen. Wir waren muntere Kinder: »Warum hast du Angst? Mach doch die Tür auf…!«

Eine alte Mauer, verfallen und von Efeu überwuchert. Ausgedörrt, wie verbrannt von der Sonne, sie steht in der vollsten Wirklichkeit. Zwischen den Blättern raschelten Eidechsen, wir aber nannten sie Schlangen, weil wir schon damals, wenngleich nur im Abbild, jene Flucht liebten, den Tod. Hier war jeder Stein heiß wie ein angebrütetes Ei. Jedes Krümchen Erde, jedes dünne Ästchen war sonnenbeschienen und hatte kein Geheimnis mehr. Auf dieser Seite der Mauer herrschte in allem Reichtum, in aller Fülle der ländliche Sommer. Wir sahen von hier einen Glockenturm und hörten eine Dreschmaschine arbeiten. Wohin die Blicke gingen, war blauer Himmel: die Bauern mähten das Korn, der Pfarrer schwefelte die Weinstöcke, zu Hause, im Wohnzimmer, spielten die Eltern Bridge. Wir pflegten alle, die schon seit sechzig Jahren diesen Erdenwinkel bewohnten, die von der Geburt bis zum Tode diese glutende Sonne, die Kornfelder, das Haus als ihr eigen betrachteten, wir pflegten diese Generation das »Wachbataillon« zu nennen. Aber wir sahen uns selbst immer auf der kleinsten, gefährdetsten der Inseln, zwischen zwei gewaltigen Ozeanen, zwischen der Vergangenheit und der Zukunft.

»Dreh doch den Schlüssel...!« Es war den Kindern untersagt, die kleine Tür zu öffnen, die grün war, von der verschmierten Farbe eines alten grünen Kahns, es war verboten, ihr mächtiges Schloß zu berühren, das von der Zeit angerostet war wie ein alter Schiffsanker.

Offenbar war man unseretwegen auf der Hut wegen der offenen Zisterne und in Angst, daß ein Kind im Teich ertrinken könnte. Denn hinter jener Tür war eine stille Wasserfläche, die, wie wir vermeinten, seit tausend Jahren reglos lag und an die wir immer dachten, wenn von totem Wasser die Rede war. Winzige runde Blättchen deckten sie mit grünem Gespinst, und wir warfen Steine hinein, die ein Loch in die grüne Fläche rissen.

Es war so kühl unter dem dichten Geäst der alten Bäume, die das Vollgewicht der Sonne trugen. Nie hatte ein Sonnenstrahl den zarten Rasen des Uferdammes vergilbt, nie jenes grüne Wassergespinst berührt. Der Kieselstein, den wir hineingeworfen, begann nun seinen Lauf, wie ein Gestirn – denn für uns war dieses Gewässer von unergründlicher Tiefe.

»Setzen wir uns...« Kein Lärm drang bis zu uns. Wir genossen die Kühle, den Duft, die Feuchtigkeit, die unsere Körper wie mit neuem Leben erfüllten. Fortgetragen waren wir bis an die letzten Grenzen der Erde, und wir wußten ja, daß Reisen vor allem die Erfüllung mit neuem Leben bedeutet.

»Hier sieht man alles von der falschen Seite...«

Die falsche Seite dieser Sommerzeit war ihrer selbst so sicher, so sicher der Landschaft und all der Gesichter ringsum, die uns in Gefangenschaft hielten. Wir haßten diese uns aufgezwungene Welt. Wenn es Zeit zum Abendessen wurde, gingen wir nach Hause, von Geheimnis beschwert, wie die indischen Taucher, die an Perlen rühren durften. Und im Augenblick, da die Sonne versinken will und der tiefe Himmel sich rosenrot färbt, hörten wir Worte, die uns weh tun mußten.

»Die Tage werden länger...«

Da fühlten wir uns wieder eingefangen in den engen Kehrreim, eingeschlossen in das Leben, das nach Jahreszeiten berechnet wird, das Ferien bringt und Hochzeiten und Todesfälle: all das müßige Treiben der Oberfläche.

Fliehen – das war das Richtige. Mit zehn Jahren fanden wir unsere Zuflucht im Gebälk des Dachbodens. Tote Vögel, alte Koffer mit geborstenen Wänden, sonderbare Kleidungsstücke: sozusagen Kulissen des Lebens. Und dann der Schatz, den wir da versteckt wähnten, der Schatz der alten Häuser, ganz wie er im Zaubermärchen vorkommt: Saphire, Opale, Diamanten. Der Schatz, von dem ein stilles Leuchten ausgeht und der jeder Mauer, jedem Balken erst den wahren Sinn gibt. Diese mächtigen Balken, die das Haus gegen Gott weiß was verteidigten. Ja freilich, gegen die Zeit. Denn das war für uns der große Feind. Man wehrte sich gegen ihn durch die Tradition, durch den Kult der Vergangenheit, durch die mächtigen Balken. Aber nur wir allein wußten, daß dieses

Haus wie ein Schiff ins Weite ausgesandt war. Wir allein stiegen hinab bis in den Kiel und in die tiefsten Kojen, nur wir wußten, wo das Wasser eindrang. Wir kannten die Fugen im Dach, wo die Vögel einschlüpften, um zu sterben, und wußten, wo es Risse im Gebälk gab. Unten, in den Zimmern, saßen die Gäste und tanzten schöne Frauen. Welche trügerische Sicherheit! Gewiß wurden da Schnäpse angeboten, schwarz livrierte Diener gingen umher und hatten weiße Handschuhe an. Ja, die Passagiere! Wir aber, hoch oben, wir sahen die blaue Nacht durch den Spalt im Dach hereinfluten. Ein winziger Spalt: nur eben ein einziger Stern blinkte zu uns nieder, ein einziger vom ganzen Firmament, der sich für uns verklärte. Und das war der Stern, der die Menschen krank macht. Da wandten wir uns ab: es war der Stern, der den Tod bringt.

Jäh schraken wir auf: es arbeitete dumpf in den Dingen um uns, die den zersplitterten Balken einer Schatzkammer ähnelten. Bei jedem Krach untersuchten wir das Holz. Alles war ja wie reife Ähren, bereit, das Korn herzugeben, oder wie von alter Rinde umkleidet, unter der ganz gewiß etwas anderes steckte. Und wäre es nur jener Stern, dieser kleine, harte Diamant. Eines Tages werden wir ihn suchen gehen, im Norden oder im Süden, oder vielleicht in uns selbst. Fliehen!

Der Stern, der den Schlaf bringt, verschwand, der Dachschiefer deckte dieses Wahrzeichen aller Helligkeit. So stiegen wir denn hinab in unser Zimmer und nahmen auf die große Reise, die man Halbschlaf nennt, unser Wissen um eine Welt mit, wo der geheimnisvolle Stern ohne Ende ins Wasser fällt, wie im Himmelsraum die Lichtfäden herabzucken, die tausend Jahre brauchen, um bis zu uns zu gelangen; wo das Haus, das im Wind ächzt, bedroht ist wie ein Schiff; wo die Dinge, eins ums andere, sich auftun müssen, bedrängt von der dunklen Gewalt des Schatzes.

»Setz dich her! Ich habe gemeint, du seist in Flugnot. Trink doch! In Flugnot, und ich war drauf und dran, dich zu suchen. Du siehst, das Flugzeug ist schon startbereit. Die Aït-Toussa haben die Izarguinen angegriffen, und ich glaubte, du wärst in dieses Getümmel gefallen. Ich war besorgt. Trink! Was willst du essen?«

»Laß mich weiterfliegen.«

»Du hast noch fünf Minuten Zeit. Schau mir ins Gesicht! Was ist mit Genoveva? Warum lächelst du?«

»Nein, nichts. Vorhin, im Flugzeug, ist mir ein altes Lied eingefallen, und ich habe mich auf einmal so jung gefühlt.«

»Und Genoveva?«

»Ich weiß nicht – laß mich weiterfliegen.«

»Jacques, gib mir Antwort: hast du sie wiedergesehen?«

»Ja...« Er hielt inne. »Auf der Fahrt nach Toulouse habe ich den Umweg gemacht, um sie noch einmal zu sehen...«

Und nun erzählte mir Jacques Bernis sein Abenteuer.

IV

Es war nicht ein kleiner Provinzbahnhof, nein, es war eine heimliche Tür, die scheinbar nur aufs freie Feld führte. An einem gemütlichen Mann vorbei, der die Karten kontrollierte, kam man auf die weiße Landstraße, die nichts Geheimnisvolles hatte. Daneben ein kleiner Bach und Heckenrosen. Der Stationsvorsteher pflegte seine Blumenstöcke, der Bahnarbeiter schob einen leeren Karren umher. Unter diesen Verkleidungen wirkten drei Hüter einer geheimen Welt.

Der Kontrollmann tippte auf die Fahrkarte: »Sie fahren von Paris nach Toulouse. Warum steigen Sie hier aus?«

»Ich will mit dem nächsten Zug weiterfahren.«

Der Mann betrachtete ihn kurz. Vielleicht zögerte er, ihm dies alles auszuliefern, nicht die Landstraße, mit dem Bach und den Heckenrosen, aber jenes Königreich, das seit Merlins Zeiten uns hinter dem Anschein aller Dinge lockt. Offenbar erkannte er an Bernis die drei Tugenden des Orpheus, die zu solcher Reise berechtigen: den Mut, die Jugend, die Liebe. »Bitte«, sagte er.

Die Schnellzüge rasten an diesem Bahnhof vorüber, der nur als Attrappe dastand, wie jene kleinen Zauberbars, mit ihren falschen Kellnern, falschen Musikern und dem falschen Barmann. Schon im Personenzug hatte Bernis das Gefühl gehabt, daß sein Leben sich verlangsamte und einen anderen Sinn bekam. Jetzt, da er im Wägelchen saß, neben dem Bauern, der es lenkte, entfernte er sich noch mehr von uns. Er drang ins Geheimnis ein. Der Mann neben ihm, dessen Gesicht schon mit dreißig Jahren so viele Runzeln trug, daß das Alter ihm nichts mehr anhaben würde, wies auf ein Feld: »Das wächst schnell.«

Oh, dieses Eilende, das uns unsichtbar bleibt, dieser Drang des Getreides auf die Sonne zu!

Und noch um vieles weiter ließ Bernis uns, die Unruhevollen, die Armseligen, zurück, als der Bauer auf eine Mauer zeigte: »Das war der Großvater meines Großvaters, der sie gebaut hat.«

Bernis rührte schon an eine ewige Mauer, hinter der ein ewiger Baum stand, und er erriet, daß er angekommen war.

»Da ist das Grundstück. Soll ich auf Sie warten?«

Märchenreich, das unter dem tiefen Wasser schlummert: hier wird Bernis hundert Jahre sein und doch kaum eine Stunde älter werden.

Am gleichen Abend noch werden ihm das Wägelchen, der Personenzug, endlich der Expreß wieder zur Flucht verhelfen, die uns in die Welt zurückführen muß, seit den Tagen, da Orpheus' Leier erklang und die ersten Märchen erzählt wurden. Er wird wieder ein Reisender sein wie die anderen auch, auf der Fahrt nach Toulouse begriffen, die blasse Wange an die Fensterscheibe gelehnt. Aber er wird in der Tiefe seines Herzens eine Erinnerung hüten, die nicht in Worte zu fassen ist, — wer weiß die Farbe des Mondes, wer die Tönung der Zeit...

Sonderbarer Besuch: keine Stimme erhob sich, keine Überraschung gab sich kund. Nur ein dumpfes Rollen von der Landstraße her. Bernis sprang über die Hecke, wie er einst getan. Auf den Kieswegen wuchs Gras – ja, das war der einzige Unterschied. Das Haus aber schimmerte weiß zwischen den Bäumen, aber wie im Traum gesehen und wie in unerreichbarer Ferne. Sollte es nur eine Spiegelung sein, im Augenblick, da das Ziel so nahe ist? Er stieg die breiten Steinstufen der Freitreppe hinan. Sie war ein Bau, zu realem Bedarf errichtet, aber von leichter, sicherer Linienführung. Hier ist gar nichts vorgetäuscht. Die Halle war dunkel, ein weißer Hut lag auf einem Stuhl – war es der ihre? Eine angenehme Unordnung nach einem Aufbruch, aber jene vernünftige Unordnung, die Anwesenheit verrät und noch Bewegung erkennen läßt. Ein Stuhl, nur ganz wenig verschoben: man war aufgestanden und hatte sich dabei auf den Tisch gestützt – die Gebärde war zu sehen. Ein geöffnetes Buch – wer hatte es wohl beim Fortgehen liegenlassen? Und weshalb? Vielleicht klang noch der letzte Satz in der Seele eines Menschen nach.

Bernis mußte lächeln, er dachte an die tausend kleinen Arbeiten und Mühseligkeiten, die ein Haushalt mit sich bringt. Den ganzen Tag schritt man auf und ab und sorgte stets für die gleichen Bedürfnisse, steuerte immer wieder derselben Unordnung. Da war alles Dramatische gar so unwichtig: man brauchte nur als Reisender, als Fremder herzukommen, um darüber lächeln zu müssen...

Freilich, dachte er, der Abend kam hier immer heran, wie anderwärts ein ganzes Jahr herumgeht, es war ein richtiger Kreislauf. Der nächste Morgen, das hieß, das Leben neu beginnen. Und nun bewegte man sich dem Abend zu. Dann aber hatte man auch für gar nichts mehr zu sorgen: die Fensterläden waren geschlossen, die Bücher in ihre Reihe zurückgestellt und die Kamingitter gesichert. Der Friede, den dies alles brachte, war wie etwas Ewiges, er schmeckte sozusagen danach. Meine Nächte aber, die sind weniger noch als kurze Atempausen...

Bernis setzte sich nieder, jedes Geräusch vermeidend. Er wagte es nicht, sich bemerkbar zu machen; alles schien so still, so in Ordnung zu sein. Ein Fenstervorhang, der sorgsam herabgelassen war, ließ einen Sonnenstrahl herein: ›Ein kleiner Riß‹, dachte Bernis, ›hier altert man, ohne es zu wissen...‹

Was werde ich nur erfahren? Ein Schritt im Nebenzimmer brachte Leben in das Haus. Ein leiser Schritt, wie von einer Nonne, die Blumen auf den Altar stellt.

Welche kleinwinzige Verrichtung mag das sein?

Mein Leben ist geladen wie ein Drama. Hier ist soviel Raum, soviel Luft zwischen allem, was man tut, was man denkt...

Er beugte sich zum Fenster hinaus, um die Landschaft zu sehen. Sie lag in voller Sonne, mit ihren meilenlangen weißen Straßen, auf denen man zur Kirche ging oder zur Jagd oder um einen Brief abzugeben. In der Ferne war eine Dreschmaschine in Gang, aber man mußte sich Mühe geben, um sie zu hören: wenn ein Schauspieler eine zu schwache Stimme hat, liegt es wie ein Druck auf dem ganzen Saal.

Wieder war der Schritt vernehmbar: man macht Ordnung, die kleinen Gegenstände im Glaskasten haben allmählich überhandgenommen. Jedes Jahrhundert, das vergeht, hinterläßt all diesen Kleinkram...

Man unterschied Stimmen, Bernis lauschte:

»Glaubst du, daß sie diese Woche noch überlebt? Der Arzt...«

Die Schritte entfernten sich. Bernis schwieg beklommen. Wer mochte da im Sterben liegen? Er rief sich alle Zeugnisse des Lebens ins Gedächtnis, den weißen Hut, das aufgeschlagene Buch...

Wieder Stimmen. Sie sprachen liebevoll und so ruhig. Man war sich bewußt, daß der Tod im Hause eingekehrt war, und nahm ihn wie einen guten Bekannten auf, ohne sich abzuwenden. Da war nichts Phantastisches zu spüren. ›Wie einfach das alles ist‹, dachte Bernis, ›man lebt, man ordnet die Kleinigkeiten im Glaskasten, man stirbt...‹

»Hast du die Blumen fürs Zimmer gepflückt?«

»Ja.«

Es wurde leise gesprochen, mit gedämpfter Stimme, aber in aller Ruhe. Von tausend kleinen Dingen, nur daß der nahe

Tod alles in Grau färbte. Ein Lachen wurde hörbar, aber es erstarb wieder. Ein Lachen ohne tiefe Wurzel, aber auch nicht von würdevoller Pathetik unterdrückt.
»Geh nicht hinauf«, sagte eine Stimme, »sie schläft.«
Bernis kam sich vor wie im Mittelpunkt des Leidens, wie in heimlicher Vertraulichkeit. Er mußte befürchten, entdeckt zu werden. Ein Fremder, vor dem man alles aussprechen muß, läßt den Schmerz weniger ergebungsvoll erscheinen. Man ruft ihm vielleicht zu: »Sie haben sie ja gekannt, haben sie geliebt...« So wird die Sterbende in ihrer ganzen Lieblichkeit gezeigt – das ist nicht zu ertragen.
Aber er hatte doch Grund zu solcher Vertraulichkeit: »...ich habe sie ja geliebt.«
Er mußte sie wiedersehen, stieg leise die Treppe empor und öffnete die Tür. Im Zimmer war heller Sommer. Die Wände waren licht, das Bett weiß. Durch das offene Fenster flog der Sonnentag herein. Von einem weit entfernten Kirchturm klang der Glockenschlag, ruhig und verhalten, wie ein Herz schlägt, ein Herz ohne Fieber, wie man es haben soll. Sie schlief. Kostbarer Schlummer in der tiefen Sommermitte!
»Sie wird sterben...« Bernis schritt leise weiter auf dem gebohnerten Parkett, das die Sonne widerspiegelte. Er wunderte sich über die Ruhe, die in ihm war. Aber nun seufzte sie auf, da wagte er nicht mehr, näher zu kommen, denn er fühlte eine machtvolle Gegenwart: wo ein Kranker liegt, füllt seine Seele weithin den Raum, und das ganze Zimmer ist wie eine einzige Wunde. Da wagt man es nicht, an ein Möbelstück anzustoßen, wagt es nicht, einen Schritt zu tun. Kein Lärm. Nur die Fliegen summten. Ein Rufen in der Ferne, wie eine bange Frage. Von draußen wehte ein frischer Windhauch leise ins Zimmer. ›Es wird bald Abend‹, dachte Bernis; ›da werden die Fensterläden geschlossen werden, die Lampe wird brennen; bald wird die Nacht auf der Kranken lasten wie ein Stück Weg, das gegangen werden muß. Die abgeblendete Lampe zieht den Blick magisch an, und die Gegenstände ringsum, die immer denselben Schatten werfen und die man zwölf Stunden lang unter dem gleichen Winkel

anschauen muß, prägen sich endlich dem Gehirn genau ein und bekommen ein zentnerschweres Gewicht.‹

»Wer ist da?« fragte sie.

Bernis trat heran. Er wollte ein zärtliches Wort, ein Wort der Teilnahme sagen, sich zu ihr niederbeugen, ihr helfen, sie in die Arme schließen, ihr Halt, ihre Kraft sein.

Er nannte sich: »Jacques«. Sie sah ihn starr an. »Jacques«, wiederholte sie, und es war, als müsse sie ihn mühsam aus der Tiefe ihres Gedächtnisses heraufholen. Sie wollte sich nicht an seine Schulter lehnen, nein, sie suchte in ihrer Erinnerung nach ihm. Sie hielt seinen Rockärmel fest, wie ein Schiffbrüchiger, der sich emporziehen möchte, aber nicht um etwas festzuhalten, was da ist und Hilfe bringt, sondern wie um ein Bild heraufzubeschwören... Und sie schaute nur immerzu...

Allmählich aber schien er ihr fremd zu werden. Sie erkennt diese Züge, diesen Blick nicht. Sie drückt seine Finger in ihrer Hand, wie um ihn erst herbeizurufen. Er kann ihr keine Hilfe bringen, er ist ja nicht der Freund, dessen Bild sie im Herzen trägt. Schon ist sie müde von seiner Gegenwart, sie drängt ihn von sich und wendet den Kopf ab.

Bernis ist weit, unendlich weit von ihr...

Er entfernte sich ganz leise und durchschritt wieder die Halle, als einer, der von einer langen, langen Reise wiederkehrt, von einer seltsamen Reise, an die er sich nicht mehr erinnert. Fühlte er nun Schmerz? War er traurig? Er blieb stehen. Der Abend flog still herein, wie Wasser in einen lecken Schiffsraum sickert, die Gegenstände ringsum schwanden im Dämmerlicht. Die Stirn an eine Fensterscheibe gelehnt, sah er die Schatten der Linden länger werden und sich aneinander schließen, bis der Rasen ganz dunkel war. In der Ferne wurden die Lichter eines Dorfes sichtbar, kaum eine Handvoll Lichter. Sie schienen ganz nah, und er hätte den Hügel gegenüber mit dem Finger berühren können. Im Haus waren keine Stimmen mehr laut, es war wohl alles schon in Ordnung gebracht worden. Bernis rührte sich nicht. Er mußte an ähnliche Abende denken: da stand man auf und fühlte sich

schwer wie ein Taucher. Und die Frau, mit der man war, bekam plötzlich etwas Verschlossenes in ihr junges Gesicht, und jäh war die Angst vor der Zukunft da, die Angst vor dem Tode.
Bernis verließ das Haus. Er mußte sich umwenden und hatte den brennenden Wunsch, gesehen und zurückgerufen zu werden. Das Herz wäre ihm übergegangen vor Leid und Glück. Aber nein, nichts war, was ihn zurückhalten wollte. Nichts hemmte seinen Schritt, als er unter den Bäumen davonging. Nun sprang er über die Hecke. Da war die Straße, und die Straße war hart. Es war aus, es gab für ihn kein Wiederkommen mehr.

V

Bevor Bernis weiterflog, erklärte er mir das ganze Abenteuer:
»Weißt du, ich habe versucht, Genoveva in meine Welt hereinzuziehen. Aber alles, was ich ihr zeigte, wurde so matt, so grau. Die erste Nacht war von einer Undurchdringlichkeit ohnegleichen, der wir nicht gewachsen waren. Ich habe ihr ihr Haus, ihr Leben, ihre Seele zurückgeben müssen. Eines nach dem anderen, wie die Pappeln auf der Straße, und je näher wir gegen Paris kamen, desto mehr verlor sich dieses Undurchdringliche zwischen der Welt und uns. Fast als hätte ich sie unter die Oberfläche des Meeres hinablocken wollen. Und wenn ich späterhin wieder versuchte, mich enger an sie zu schließen, konnte ich ihr wohl näherkommen und sie berühren: es war ja nichts Räumliches, das uns trennte. Aber es lag viel mehr zwischen uns, ich kann es nicht recht ausdrücken – tausend Jahre schieden uns voneinander. Man ist ja so weit entfernt vom Leben des anderen. Sie blieb festgeklammert an ihr weißes Leinen, an ihren Sommer, an all ihr Klares, und ich habe sie nicht mit mir fortnehmen können. – Laß mich aufbrechen!«
Wohin gehst du jetzt, wo wirst du noch den Schatz suchen,

du indischer Taucher, der wohl die Perlen anfaßt, der sie aber nicht heraufzuholen versteht! Diese Wüste, in der ich gehe und stehe, ich, der ich auf diesem Boden festgehalten bin, schwer wie ein Stück Blei – ich wüßte hier nichts zu entdecken. Aber für dich, du Magier, ist diese Wüste nur ein Schleier aus Sand, nur der Schein einer Wüste...

»Jacques, es ist Zeit!«

VI

Jetzt sitzt er wie erstarrt und träumt. Aus solcher Nähe scheint der Boden sich nicht zu verändern. Die Sahara läuft mit ihrem gelben Sand das blaue Meer entlang, wie ein unendlicher Gehsteig. Bernis ist ein guter Lenker, er bringt immer wieder die Küste, die einmal nach rechts abschweift, dann wieder nach links biegt, in die Richtung seines Motors. Bei jeder Kurve des afrikanischen Strandes neigt er das Flugzeug ein wenig. Noch zweitausend Kilometer bis Dakar.

Vor ihm die strahlende Helligkeit dieses wilden, noch nicht unterworfenen Gebiets. Zuweilen tritt der nackte Fels zutage. Der Wind hat den Sand fortgeweht und da und dort zu regelmäßigen Dünen gehäuft. Die Luft ist reglos und umschließt das Flugzeug wie in einem Netz. Kein Schlingern, kein Stampfen und, in dieser Höhe, keine Veränderung der Landschaft. Eingeklemmt in die Windstille, scheint der Apparat fast unbewegt. Port-Étienne, die erste Etappe, steht zwar nicht in der Stationsliste, aber die Zeit muß stimmen, und Bernis sieht nach der Uhr. Noch sechs Stunden unbeweglich und schweigsam – dann schlüpft man aus dem Flugzeug wie der Schmetterling aus der Puppe, und die Welt ist wieder neu.

Bernis betrachtet diese Uhr, die ein solches Wunder schafft. Dann den regungslos weisenden Drehzahlmesser. Wenn diese Nadel von der Ziffer abirrt, wenn ein Motordefekt den Menschen in den Sand befördert, dann werden Zeit und Raum einen neuen Sinn annehmen, einen Sinn, den er noch

gar nicht begreift. Er fliegt seinen Flug in der vierten Dimension.
Dennoch kannte er dieses Schwindelgefühl. Wir alle haben es erlebt. Da jagten sich unzählige Bilder vor unserem Auge – aber wir sind einem einzigen verschworen, das seiner Dauer, seiner Sonne, seiner Einsamkeit das wahre Gewicht abliest. Eine Welt ist auf uns niedergestürzt. Wir sind schwach, wir verfügen über ein armes Gebärdenspiel, das vielleicht, wenn die Nacht sich über uns senkt, eben noch die Gazellen zu verscheuchen imstande ist. Wir verfügen über eine Stimme, die keine dreihundert Meter weit trägt und zu keinem Menschen gelangt. Wir alle sind eines Tages auf diesen unbekannten Planeten gefallen... Aber da war die Zeit viel zu weiträumig geworden für den Rhythmus unseres Lebens. In Casablanca rechneten wir nach Stunden, denn da gab es doch abgemachte Stelldicheins, und nach jedem von ihnen schlug uns ein neues Herz im Leib. Im Flugzeug war in jeder halben Stunde das Klima verändert: da war auch der Körper ein anderer. Hier aber, hier rechneten wir nach Wochen.
Die Kameraden haben uns immer wieder Erlösung gebracht. Und wenn wir schwach wurden, hoben sie uns in ihre Gondel. Das war der eiserne Griff der Freunde, die uns aus dieser Welt in die ihre zogen.
Bernis schwebt im Gleichgewichtsflug über all dem Unbekannten hin und muß daran denken, daß er sich selbst schlecht kennt. Was würden wohl der Durst, die Verlassenheit oder die Grausamkeit der maurischen Stämme in ihm für Gefühle wachrufen? Und etwa die Station von Port-Étienne, die jetzt schon einen ganzen Monat weit hinter ihm liegt? Er meint: ›Ich brauche keinen Mut.‹
Alles bleibt ja im Abstrakten. Wenn ein junger Pilot mit Loopings sein Glück versucht, läßt er in seinem Kopf Hindernisse wirbeln, die, so nahe sie ihm sein mögen, doch nicht so gegenständlich sind, daß ihn das geringste unter ihnen zermalmen müßte, sondern Bäume oder Mauern, die ätherisch sind, wie im Traum geschaut. Mut – Bernis?

Aber doch – es geht um sein Herz, denn ein Zucken ist durch den Motor gegangen, und dieser Unbekannte kann sich aufrecken, kann den Piloten verdrängen.

Endlich das Cap, der Golf! Eine Stunde ist herum, mit ihr der neutrale Boden, der entwaffnete, den die Luftschraube hinter sich gebracht hat. Aber was da vorn sich dehnt, jeder Zoll Landes ist eine geheimnisvolle Festung.
Noch tausend Kilometer: da gilt es, diese ungeheure Tischfläche zu überwinden.

Von Port-Étienne für Cap Juby: Kurier gut gelandet 16,30 h.
Von Port-Étienne für Saint-Louis: Kurier weitergeflogen 16,45 h.
Von Saint-Louis für Dakar: Kurier verläßt Port-Étienne 16,45 h, wird von hier bei Nacht weiterfliegen.

Ostwind. Er kommt aus dem Inneren der Sahara, und der Sand weht in gelbem Wirbel hoch empor. Vom Horizont löst sich in der Morgendämmerung eine bleiche, elastisch gedehnte Sonne, die der warme Dunst aus der Form gebracht hat. Eine blasse Seifenblase. Aber sie steigt allmählich zum Zenit, sich zusammenziehend, bis sie wieder rund ist und nun wie ein glühender Pfeil wirkt, der heiß im Nacken steckt. Ostwind. Man fliegt von Port-Étienne ab in stiller, fast frischer Luft, aber schon in einer Höhe von hundert Metern ist man mitten drin im Lavastrom. Und schon geht es los.
Öltemperatur: 120.
Wassertemperatur: 110.
Man muß auf zweitausend, auf dreitausend Meter kommen, das ist klar, um diesen Sandsturm unter sich zu kriegen. – Klar! Aber, keine fünf Minuten gestiegen: Selbstzündung und heiße Ventile. Da soll man höher steigen – leicht gesagt. Das Flugzeug schwebt, versinkt geradezu in dieser weichen Luft.
Ostwind. Man wird blind. Die Sonne verschwindet in diesen gelben Wirbeln. Zuweilen taucht ihre blasse Scheibe

wieder auf und haucht Glut. Die Erde ist nur in der Vertikalen zu sehen, kaum mehr zu sehen. Steige ich? Sinke ich? Neigt sich's? Was weiß ich! Hundert Meter Höhe – auch recht, gehen wir noch tiefer.
Knapp über dem Boden ein Windhauch aus Norden. Das geht an. Da kann man einen Arm aus der Gondel hinaushängen lassen, wie man bei rascher Bootfahrt die Hand im frischen Wasser spielen läßt.
Öltemperatur: 110.
Wassertemperatur: 95.
Kühl wie ein Flüßchen? Ja, vergleichsweise. Man tanzt ein bißchen auf und ab, jede Bodenfalte gibt einen Hieb. Und es ist dumm, daß man nichts sieht. Aber in der Nähe von Cap Timeris streicht der Ostwind unmittelbar über den Boden hin. Nirgends mehr eine Zuflucht. Riecht es nicht nach verbranntem Kautschuk? Der Magnet? Die Dichtungen? Die Nadel des Tachometers gerät ins Schwanken und gibt auf zehn Touren nach – ›Wenn auch du dich da hineinmischst...‹
Wassertemperatur: 115.
Ausgeschlossen, nur zehn Meter höher zu steigen. Ein Blick auf die Düne, die so nah herankommt wie ein Sprungbrett, dann ein Blick auf die Druckmesser. Hopp, das war eine Welle in der Düne! Da sitzt man und lenkt gar nicht mehr – lange kann das nicht mehr so gehen: in seinen Händen das Flugzeug im Gleichgewicht halten wie ein übervolles Gefäß. Zehn Meter unter den Rädern wirbelt Mauretanien seinen Sand, sein Salz, seine ganze Küste auf – jetzt hinaus mit dem Ballast.
1520 Touren.
Dieser erste Auftrieb des entleerten Flugzeugs wirkt wie ein Fausthieb auf den Piloten. Auf zwanzig Kilometer Entfernung gibt es einen französischen Posten, den einzigen. Man muß ihn erreichen.
Wassertemperatur: 120.
Dünen, Felsen, Salzgruben sind wieder überwunden, aber es geht hart auf hart. Nur weiter! Neue Umrisse tauchen auf,

dehnen sich weithin, verschwinden. Die Räder am Boden – verdammt! Diese schwarzen Felsen dort, eng aneinandergereiht, sie scheinen langsam näherzukommen, aber auf einmal sind sie riesengroß. Man stürzt fast auf sie, als wollte man sie zersplittern.

1430 Touren.

›Ob wir den Kopf anrennen...?‹ Ein Blechteil, das er zufällig berührt, verbrennt ihm die Finger. Der Kühler dampft. Das Flugzeug wird zu schwer, der Kahn ist überladen.

1400 Touren.

Jetzt schnell den letzten Ballast hinaus – die Räder hängen zwanzig Meter über dem Boden! Rasche Schaufelwürfe, goldene Schaufelwürfe: über der Düne wird der Posten sichtbar. Ah! Bernis bremst. Es war hohe Zeit.

Der Ansturm der Landschaft verlangsamt sich und kommt zum Stillstand. Die Welt, die in Staub vergehen wollte, baut sich wieder auf.

Ein kleines französisches Fort in der Sahara. Ein alter Sergeant begrüßte Bernis und lachte freudig beim Anblick des Landsmannes. Zwanzig Senegalesen präsentierten das Gewehr: ein Weißer, das ist zum mindesten ein Sergeant; wenn er jung ist, ist er gar Leutnant.

»Guten Tag, Sergeant.«

»Ja, kommen Sie zu mir, ich bin ja so froh! Ich bin aus Tunis...«

Seine Jugend, seine Erinnerungen, seine Seele – alles legte er vor Bernis hin, auf den ersten Anhieb.

Ein kleiner Tisch, an der Wand aufgespießte Photographien.

»Ja, das sind Bilder von Verwandten. Ich kenne sie noch nicht alle, aber nächstes Jahr will ich nach Tunis gehen. Das da? Das ist die Geliebte meines Kameraden. Ich habe dieses Bild immer auf seinem Tisch gesehen. Er sprach immer von ihr. Nach seinem Tod habe ich die Photos behalten, zum Fortsetzen – ich habe keine Geliebte gehabt.«

»Sergeant, ich habe Durst.«

»Ah, trinken Sie nur! Es macht mir Freude, Ihnen Wein

anbieten zu können. Ich hatte keinen mehr für den Kapitän, als er vor fünf Monaten hier durchkam. Hernach habe ich mir lange Zeit düstere Gedanken gemacht, ja wirklich. Ich habe sogar geschrieben, daß man mich ablösen möge: ich schämte mich gar so sehr.

Was ich hier mache? Ich schreibe Briefe, jede Nacht. Schlaf habe ich nicht, aber Kerzen habe ich. Wenn aber dann, alle sechs Monate, die Post kommt, taugen die Briefe nicht mehr zur Antwort, – dann fange ich eben wieder von neuem an.«

Bernis steigt mit dem alten Sergeanten auf die Terrasse des Forts, um zu rauchen. Weit und leer ist die Wüste im Mondenschein. Was bewacht der Mann eigentlich an diesem Posten? Gewiß die Sterne, ja, und den Mond...

»Sie sind also Sergeant für die Sterne?«

»Bitte, nicht ablehnen, rauchen Sie nur, ich habe noch Tabak. Als der Kapitän kam, hatte ich auch keinen Tabak mehr.«

Alles erfuhr Bernis, was vom Leutnant, vom Kapitän zu erzählen war. Bald wußte er Bescheid über ihre einzigen Fehler: der eine war ein Spieler, der andere war viel zu gut. Er erfuhr auch, daß der letzte Besuch des jungen Leutnants beim alten Sergeanten in der Sandwüste fast wie ein Liebeserlebnis nachwirkte.

»Er hat mir die Sterne erklärt...«

»Ja«, meinte Bernis, »Sie haben sie von ihm ins Wachtprotokoll bekommen.«

Und nun begann er selbst, ihm die Sterne zu erklären. Der Sergeant lernte die einzelnen Entfernungen kennen und mußte dabei an Tunis denken, das so weit weg war. Als sie beim Polarstern waren, verschwor er sich, ihn an seinem Gesicht erkennen zu wollen; er würde nur ein wenig links zu suchen haben. Und nun mußte er wieder an Tunis denken, es war doch gar nicht so weit.

»Und auf diese Sternbilder sausen wir mit schwindelerregender Schnelligkeit zu...«

Da hielt sich der Sergeant alsbald an der Mauer fest: »Sie wissen ja alles.«

»O nein. Ich habe sogar unter einem Sergeanten gedient, der mir sagte: ›Schämen Sie sich denn nicht, als Sohn von guter Familie, unterrichtet und wohlerzogen, daß Sie das Kehrtmachen so schlecht treffen?‹«

»Aber – da brauchen Sie sich nicht zu schämen, das ist ja so schwer.«

Damit wollte er Bernis trösten.

»Sergeant, Sergeant, deine Wachlaterne...« Und er wies nach dem Mond.

»Du, Sergeant, kennst du das, dieses Lied:

Regnet's, junge Schäferin?...«

Und er trällerte die Melodie.

»Ja, freilich kenne ich es, das ist ja ein Lied aus Tunis.«

»Sag, Sergeant, wie geht es weiter, ich möchte es gern wieder wissen.«

»Warten Sie, warten Sie:

Führ die weißen Schafe hin
nach der kleinen Hütte...«

»Sergeant, jetzt erinnere ich mich:

Hörst du, wie die Blätter wehn?
Schwere Tropfen niedergehn,
schon ist das Gewitter da...«

»Das ist so wahr!« sagte der Sergeant.

Sie verstanden sich auf die gleichen Dinge.

»Es wird Tag, Sergeant, gehen wir an die Arbeit.«

»Ja, an die Arbeit.«

»Gib mir den Schlüssel dort, für die Zündkerzen.«

»Ja, da ist er.«

»Und jetzt mußt du hier die Zange ansetzen.«

»Befehlen Sie nur – ich mache alles.«

»Siehst du, Sergeant, es war nur eine Kleinigkeit, jetzt werde ich losfliegen.«

Der Sergeant schaut auf ihn, wie auf einen jungen Gott, der aus dem Nichts erschienen ist und nun leider wieder fortfliegen will, erschienen, um ihn an ein Lied zu erinnern, an Tunis, an ihn selbst zu erinnern: Aus welchem Paradies, jenseits der Sandwüste, kamen sie wohl herab, lautlosen Fluges, diese schönen Boten...?

»Auf Wiedersehen, Sergeant!«

»Auf Wiedersehen.«

Der Sergeant bewegte noch die Lippen, aber er wußte selbst nicht, was er sagen wollte. Und er war sich auch noch kaum bewußt, daß er im Herzen für die nächsten sechs Monate etwas Liebes bewahrte.

VII

Von Saint-Louis im Senegal nach Port-Étienne: Kurier in Saint-Louis nicht angekommen stop. Erbitten dringend Nachricht.

Von Port-Étienne nach Saint-Louis: Wissen nichts seit Abflug gestern 16,45 h stop. Werden unverzüglich Nachsuche einleiten.

Von Saint-Louis im Senegal nach Port-Étienne: Flugzeug 632 verläßt Saint-Louis 7,25 h stop. Schiebt Abflug auf bis zu seiner Ankunft in Port-Étienne.

Von Port-Étienne nach Saint-Louis: Flugzeug 632 gut gelandet 13,40 h stop. Pilot hat nichts gesehen, trotz ausreichender Sicht stop. Pilot glaubt, er hätte Kurier auf normalem Flugweg auffinden müssen stop. Dritter Pilot nötig für staffelweise Nachsuche.

Von Saint-Louis nach Port-Étienne: Einverstanden. Befehle erteilt.

Von Saint-Louis nach Juby: Ohne Nachrichten von Frankreich–Amerika stop.

Juby.

Ein Mechaniker kommt zu mir.

»Ich gebe Ihnen Wasser in den Koffer links vorn, die Lebensmittel in den Koffer rechts, rückwärts ein Reserverad

und den Apothekerkasten. In zehn Minuten. Einverstanden?«
»Ja.«
Aufträge auf dem Notizblock:
»In meiner Abwesenheit das Tagesjournal führen. Am Montag Auszahlung der Mauren. Die leeren Trinkfässer sind auf das Segelschiff zu laden.«
Ich lehne mich ans Fenster. Das Segelschiff, das uns einmal im Monat mit Trinkwasser versorgt, schaukelt leicht auf dem Meer. Ein entzückender Anblick. Es gibt meiner ganzen Wüstenei ein wenig Lebensschwung, frische Wäsche in meinen Alltag. Ich bin Noah, den die Taube in der Arche aufsucht.
Das Flugzeug ist startbereit.

Von Juby nach Port-Étienne: Flugzeug 236 fliegt von Juby ab 14,20 h nach Port-Étienne.

Der Karawanenweg ist durch Skelette kenntlich, den unseren bezeichnen einige Flugzeuge: »Noch eine Stunde zum Flugzeug von Bojador...« Auch das sind Skelette, ausgeplündert von den Mauren. Und Merkzeichen.
Tausend Kilometer über Sand bis nach Port-Étienne: vier Gebäude mitten in der Wüste.
»Wir haben dich schon erwartet. Wir fliegen sofort ab, um noch das Tageslicht auszunutzen. Einer die Küste entlang, der zweite zwanzig Kilometer, der dritte fünfzig Kilometer weiter. Im kleinen Fort machen wir halt, wegen der Dunkelheit. Du wechselst die Maschine?«
»Ja, Ventilverstopfung.«
Umschiffung.
Abflug.

Nichts. Es war nur ein dunkler Felsen. Immer weiter suche ich die Wüste auf das sorgfältigste ab. Jeder schwarze Punkt ist wie ein Fehler, der mich beunruhigt. Aber der Sand wälzt mir nichts anderes zu als einen dunklen Felsen.
Meine Kameraden sehe ich nicht mehr. Jeder ist in seiner

Himmelsgegend tätig, geduldig wie Sperber, die in der Höhe planen. Das Meer sehe ich auch nicht mehr. Über einem weißen Glutherd schwebend, sehe ich nichts Lebendes. Mein Herz schlägt: ein Trümmerhaufen dort in der Ferne...?
Wieder ein dunkler Felsen.
Mein Motor braust wie ein Fluß in der Strömung. Dieser strömende Fluß umwirbelt mich und macht müde.
Bernis, – oft habe ich gesehen, wie deine unerklärbare Zuversicht dich wieder aufgerichtet hat. Ich kann das nicht wiedergeben, mir fällt ein Wort von Nietzsche ein, das dir vertraut war, das Wort vom heißen, kurzen, melancholischen und glückseligen Sommer.
Die Augen schmerzen mich vom vielen Suchen. Und die schwarzen Punkte beginnen zu tanzen. Ich weiß nicht mehr recht, wohin ich fliege.
»Sergeant, Sie haben ihn also gesehen?«
»Er ist im Morgengrauen abgeflogen.«
Wir setzen uns vor dem kleinen Fort nieder. Die Senegalesen lachen, der Sergeant läßt den Kopf hängen. Der Abend ist farbenschön, aber was hilft das! Einer von uns rückt mit der Sprache heraus: »Wenn das Flugzeug zertrümmert ist, ... du weißt ja, ... fast unauffindbar!«
»Freilich.«
Einer steht auf, geht einige Schritte auf und ab: »Es steht schlecht. Eine Zigarette?«
Die Nacht kommt, alles wird schwarz: Tiere, Menschen, Gegenstände.

Die Nacht kommt, in der Finsternis glüht nur mehr der Rand der Zigarette; da bekommt die Welt wieder ihr richtiges Maß. Auf dem Wege nach Port-Étienne werden die Karawanen müde und alt. Saint-Louis im Senegal liegt schon am Ende aller Träume. Diese Wüste war vorhin nur ein Sandhaufen, der kein Geheimnis barg. Die Städte boten sich so nahe dar, und der Sergeant, der auf Geduld, auf Schweigen und Einsamkeit eingestellt war, fand dies alles überflüssig. Aber eine Hyäne schreit, und der Sand lebt, ein Ruf

ertönt und stellt das Geheimnis wieder her, und irgend etwas steht auf, entflieht und kommt wieder...
Die Sterne geben uns die wirklichen Entfernungen kund. Das geruhige Leben, die treue Liebe, die Freundin, die wir im Herzen zu tragen meinen – sie alle werden vom Polarstern wieder in die Reihe gebracht.
Und das Kreuz des Südens bewacht einen Schatz.

Am frühen Morgen, gegen drei Uhr, wurden unsere Decken so dünn, so durchlässig: eine Bosheit, die uns der Mond antut. Ich erwache halb erfroren und steige auf die Terrasse des kleinen Forts, um zu rauchen. Eine Zigarette nach der anderen – so will ich den Tagesanbruch erwarten.
Dieser kleine Posten im Mondenschein, das ist ein Hafen in einer stillen Bucht. Die Sterne spielen ihr volles Spiel, für alle Seefahrer. Die Magnetnadeln unserer drei Flugzeuge zeigen freilich brav nach Norden – und damals?...
Dein letzter Schritt auf Erden, hast du ihn hier getan? Hier hat die erspürbare Welt ein Ende. Dieses kleine Fort ist ein Abfahrtsteg, eine Schwelle zum Eintritt ins Mondlicht, wo nichts mehr seine Wirklichkeit behält.
Wundervoll ist die Nacht. Jacques Bernis, wo bist du? Vielleicht noch hier, vielleicht schon drüben? Wie ist dein Sein schon so schwerelos geworden! Und auch die Sahara rings um mich ist ohne Schwere; nur dann und wann fühlt sie den Sprung einer Antilope; kaum daß sie, wo der Sand sich am vollsten bauscht, das leichte Gewicht eines Kindes ertrüge.

Der Sergeant hat sich zu mir gestellt: »Guten Morgen.«
»Guten Morgen, Sergeant.«
Er horcht. Nichts. Tiefe Stille, gewoben aus deinem Stillsein, Jacques Bernis.
»Eine Zigarette?«
»Ja.«
Der Sergeant kaut an seiner Zigarette.
»Sergeant, morgen muß ich meinen Kameraden finden. Wo, glaubst du, mag er sein?«

Der Sergeant weist, als wäre er seiner Sache sicher, mit der Hand auf den ganzen Horizont...
Ein verlorenes Kind erfüllt die Wüste.

Bernis, einmal hast du mir ein Geständnis gemacht: »Ich habe ein Leben liebgehabt, das ich nicht verstand, ein Leben, das nicht ganz treu war. Ich weiß nicht einmal recht, wonach ich mich sehnte: es war ein unbewußter Heißhunger...«
Und wieder einmal hast du mir gestanden: »Was ich erriet, war hinter den Dingen verborgen. Mir schien, als könnte ich es mit ein wenig Berührung begreifen und richtig erkennen und mit mir davontragen. So gehe ich durchs Leben, bedrückt von der Gegenwart eines Freundes, den ich doch nie aus dem Dunkel hervorholen konnte.«
Mir ist, als ob ein Schiff scheiterte. Als ob ein Kind in Schlaf gewiegt würde. Als ob all dies Gewoge von Segeln und Masten und Hoffnungen ins Meer versänke.

Morgenlicht. Wüstes Schreien der Mauren. Ihre Kamele liegen da, halbtot vor Erschöpfung. Ein Stamm, dreihundert Gewehre stark, sei in aller Stille aus dem Norden hereingebrochen, sei plötzlich ostwärts aufgetaucht und habe eine Karawane niedergemacht.
Ob wir nicht dort suchen sollten, wo dieser Stamm sein mußte?
»Also in Fächerform, einverstanden? Der mittlere fliegt genau nach Osten...«
Samum: kaum sind wir fünfzig Meter hoch, und schon dörrt uns dieser Wind aus wie ein Heißluftapparat.

Mein Kamerad...
Hier also ist der Schatz gewesen: du hast ihn so lange gesucht!
Auf dieser Düne, die Arme gekreuzt, das Gesicht dem dunkelblauen Golf zugewandt, über dir all das Sternenvolk — in dieser Nacht hast du nicht schwer gewogen...
Als du hinabflogst, nach dem Süden, da lösten sich leise alle

Taue, die dich hielten: ein Luftgeist warst du schon, Bernis, ein einziger Freund war dir geblieben, aber kaum noch band dich dieser Sommerfaden...

In dieser Nacht wogst du noch leichter. Ein Schwindel hat dich erfaßt. In dem einen Stern, der lotrecht über dir, du Entflohener, stand, hat der Schatz gefunkelt!

Der Sommerfaden meiner Freundschaft hat dich nicht festhalten können: ich war ein ungetreuer Hirt, in Schlaf gesunken.

Von Saint-Louis im Senegal nach Toulouse: France—Amérique östlich Timeris aufgefunden stop. Kugellöcher im Steuer stop. Feindlicher Stamm in nächster Nähe stop. Pilot tot, Flugzeug zerbrochen, Kurier intakt stop. Ich fliege weiter nach Dakar.

VIII

Von Dakar nach Toulouse: Kurier glücklich Dakar gelandet stop.

NACHTFLUG

Für Didier Daurat

I

Die Höhenzüge, tief unter dem Flugzeug, gruben schon ihre Schattenfurchen ins Gold des Abends. Aber die Ebenen glommen noch in zähem Licht: sie können sich nie entschließen dortzulande, ihr Gold herzugeben, ebenso wie sie nach dem Winter nie von ihrem Schnee lassen wollen.

Und dem Piloten Fabien, der das Postflugzeug von Patagonien vom äußersten Süden her nach Buenos Aires zurückführte, war es zumute, als steuerte er in den nahenden Abend ein wie in die Gewässer eines Hafens: Stille weithin, kaum gefurcht von ein paar leichten, regungslosen Wolken. Glückliche Geborgenheit einer riesigen Reede.

Oder auch, als schlenderte er langsam durch diesen Frieden dahin, fast wie ein Hirte. Die Hirten Patagoniens ziehen gemächlich von Herde zu Herde: er zog von Stadt zu Stadt, er war der Hirt der kleinen Städte. Alle zwei Stunden traf er auf welche, zur Tränke gedrängt ans Ufer der Flüsse oder weidend auf ihrer Ebene.

Manchmal, nach hundert Kilometern Steppe, unbehauster als das Meer, überflog er eine verlorene Farm, die dann ihre Fracht Menschenleben nach rückwärts durch die Wogen der Prärie davonzutragen schien wie eine Arche, die er grüßte mit seinen Flügeln.

›San Julian ist in Sicht; wir landen in zehn Minuten.‹

Der Bordfunker hinter ihm gab die Nachricht an alle Stationen der Linie weiter.

Auf zweitausendfünfhundert Kilometer, von der Magalhãesstraße bis Buenos Aires, reihten sich die Stationen gleichförmig gestaffelt; aber die, der man jetzt zuflog, erschien nun wie ein letzter Grenzort am Rande der Nacht, gleich einem jener letzten unterworfenen afrikanischen Nester am Rande des Unbekannten.

Der Funker schob dem Piloten einen Zettel zu:

›Es sind so viele Gewitter in der Luft, daß ich die Hörer ganz voll habe davon. Werden Sie in San Julian übernachten?‹

Fabien lächelte: der Himmel war still wie ein Aquarium, und alle Stationen vor ihnen meldeten: ›Klare Luft, kein Wind.‹ Er antwortete:

›Fliegen weiter.‹

Aber der Funker dachte an die Gewitter, die sich sicher da irgendwo eingenistet hatten, wie Würmer in einer Frucht; mochte die Nacht noch so schön sein, sie war doch schon angefressen: etwas in ihm sträubte sich dagegen, sich in dieses verwesungsreife Dunkel hineinzubegeben.

Während Fabien auf San Julian niederglitt, fühlte er sich müd. Alles, was das Dasein der Menschen behaglich macht, stieg ihm, wachsend, entgegen: ihre Häuser, ihre kleinen Cafés, die Bäume ihrer Promenade. Er war wie ein Eroberer, der am Abend seines Siegs sich über die Lande des Reiches beugt und zum erstenmal bescheidenes Menschenglück gewahrt. Ein Verlangen war in ihm, die Waffen abzulegen, die Schwere und Steifheit seiner Glieder zu spüren, denn Mühsal schafft zwiefaches Behagen, und hier nur noch ein einfacher Mensch zu sein, der durch sein Fenster hinausschaut auf ein Daseinsbild, das sich nun nie mehr wandelt. Dieses winzige Nest, er hätte es gerne angenommen: hat man einmal gewählt, so gibt man sich zufrieden mit diesem So-und-nicht-anders und kann sein Herz daran wenden. Es gewährt den Segen der Beschränkung, wie die Liebe. Fabien hätte gewünscht, lange Zeit hier zu leben, sein Teil Ewigkeit hier an sich zu nehmen; denn sie erschienen ihm wie etwas Ewiges, da draußen außerhalb seines Ich, diese kleinen Städte, in denen er immer nur eine Stunde verbrachte, und diese Gärten, umhegt von alten Mauern, die er überflog.

Und die Ortschaft stieg dem Flugzeug entgegen und öffnete

sich ihm. Und Fabien dachte an die Freundschaften, an die zärtlichen Mädchen, an die Traulichkeit der weißen Tischtücher, an alles, was sich gemächlich einrichtet auf die Ewigkeit. Und die kleine Stadt glitt schon dicht unter den Flügeln dahin und bot das Innere ihrer geschlossenen Gärten dar, die ihre Mauern nicht mehr beschützten. Aber Fabien wußte, als er gelandet war, daß er nichts gesehen hatte als nur die langsame Bewegung von ein paar Menschen zwischen ihren Steinen. Diese Stadt hielt ihr lebendiges Leben hinter ihrer Unbeweglichkeit verborgen, diese Stadt gab ihr Behagen, ihre Süße nicht preis: um sie zu gewinnen, hätte man auf die Tat verzichten müssen.

Als die zehn Minuten Aufenthalt um waren, mußte Fabien wieder scheiden.

Er schaute auf San Julian zurück: es war nur noch eine Handvoll Lichter, dann Sterne, dann verlor sich das bißchen blitzender Staub, der ihn zum letztenmal versucht hatte.

›Ich sehe die Zeiger nicht mehr: ich mache Licht.‹

Er schaltete die Instrumentenbeleuchtung ein, aber die roten Lampen warfen in diesem Dämmerblau nur ein so schwaches Licht auf die Zeiger, daß es sie nicht färbte. Er führte die Finger vor einer Birne vorbei: sie röteten sich kaum.

›Zu früh.‹

Indessen stieg die Nacht herauf wie dunkler Rauch und füllte schon die Täler. Die Formen der Ebene unterschied man nicht mehr. Aber dafür blitzten jetzt die Dörfer auf, Sternbilder, die einander antworteten. Und auch er ließ mit dem Finger seine Positionslichter blinken zur Antwort. Die ganze Erde war übersponnen von Lichtgrüßen, jedes Haus zündete seinen Stern an vor der unendlichen Nacht, gleichwie man das Feuer eines Leuchtturms gegen das Meer wendet. Alles, was Menschenleben barg, glitzerte. Fabien schwoll das Herz. Ja, wie in einen Hafen war diesmal die Einfahrt in die Nacht, sacht und schön.

Er beugte sich zum Schaltbrett. Das Radium der Zeiger begann zu leuchten. Eine nach der andern prüfte der Pilot die Ziffern und war zufrieden. Man saß ganz solide hier in diesem Himmelsraum. Er tippte mit dem Finger an einen Stahlspanten und fühlte das Leben durch das Metall rieseln: dieser Stahl vibrierte nicht, er lebte. Die fünfhundert Pferdekräfte des Motors erweckten in der Materie einen ganz leisen Strom, der ihre Eishärte in Fleisch und Nerv verwandelte, sammetweich anzufühlen. So war es immer. Weder Schwindel noch Rausch empfand man im Flug, sondern nur das geheimnisvolle Arbeiten einer lebendigen Substanz.

Er hatte sich jetzt seine Welt wiederhergerichtet und rückte sich mit den Ellbogen bequem darin zurecht.

Er griff an die Schalttafel, prüfte die Schalter der Reihe nach, rückte ein wenig herum, lehnte sich tiefer in den Sitz und suchte nach der besten Stellung, um die Schwankungen der fünf Tonnen Metall recht zu spüren, die die leise bewegte Nacht auf ihren Schultern trug. Dann tastete er umher, schob seine Notlampe an ihren Platz, ließ sie los, fand sie wieder, vergewisserte sich, daß sie nicht rutschen konnte, ließ sie wieder los, um an jeden Hebel zu rühren und seine Finger zu üben, daß sie auch ja alles blindlings wiederfänden. Dann, als er seiner Hände ganz sicher war, erlaubte er es sich, eine Lampe anzuzünden, den Zierat der Instrumente aufblitzen zu lassen und überwachte vornübergebeugt auf den Zifferblättern sein Eintauchen in die Nacht.

Dann, als nichts schwankte, nichts vibrierte, nichts zitterte und sein künstlicher Horizont, sein Höhenmesser und der Tourenzähler ganz ruhig blieben, streckte er sich ein wenig, lehnte seinen Nacken gegen das Leder des Sitzes und begann sich der tiefen Beschaulichkeit des Flugs hinzugeben, die einen wohlig mit einer unbestimmten, unerklärlichen Hoffnung erfüllt.

Und so, wach im Herzen der Nacht wie ein Totenwächter, wurde er sich plötzlich bewußt, daß das Menschenwesen da drunten bei Nacht deutlicher hervortrat als bei Tage: diese Lichter, diese stummen Rufe, diese Unruhe. Der einzelne

Stern dort im Dunkeln: die Einsamkeit eines Hauses. Einer erlischt: das ist ein Haus, das sich über seiner Liebe schließt. Oder über seiner Langenweile. Ein Haus, das davon abläßt, der übrigen Welt sein Zeichen zu geben. Sie wissen nicht, wohin ihr Hoffen geht, die Bauern, die da mit aufgestützten Ellbogen am Tisch hocken vor ihrer Lampe: sie wissen nicht, daß ihr Wünschen so weit trägt in der großen Nacht, die sie umfängt. Aber er, Fabien, erspäht es, wenn er tausend Kilometer weit daherkommt, auf und ab gewiegt in der Dünung der Luft, aus zehn Gewittern her wie durch Kriegsgebiet – Mondlichtungen dazwischen – und nun über diese Lichter hin, eins nach dem andern, in Siegesgefühl. Diese Menschen meinen, ihre Lampe leuchte für ihren bescheidenen Tisch, aber vierundachtzig Kilometer weit von ihnen vernimmt man schon den stummen Anruf dieses Lichts, gleich als schwenkten sie es verzweifelt auf verlassener Insel am Rande des Meeres.

II

So kamen die drei Postflugzeuge von Patagonien, von Chile und von Paraguay, von Süden, Westen und Norden her zurückgeflogen auf Buenos Aires zu. Dort erwartete man ihre Fracht, um gegen Mitternacht den Europakurier zu starten.

Drei Piloten hockten nun, jeder hinter seinem Vorbau, schwer wie eine Schaluppe, verloren in der Nacht und bedachten ihren Flug und würden nun bald aus ihrem Gewitter- oder Sternenhimmel langsam herabsteigen zu der riesigen Stadt, gleichwie fremdartige Bauern aus ihren Bergen.

Rivière, verantwortlicher Leiter des gesamten Flugnetzes, ging auf dem Landungsplatz von Buenos Aires hin und her. Schweigend. Denn bis zur Rückkehr der drei Flugzeuge blieb dieser Tag für ihn bedroht. Minute um Minute, mit jedem Funkspruch, der eintraf, hatte Rivière das wachsende Gefühl, dem Schicksal etwas zu entreißen, den Einfluß des Unbekannten zu verringern und seine Mannschaften aus der Nacht herauszuziehen ans Ufer.

Ein Arbeiter trat an ihn heran, um ihm eine Nachricht der Funkstation zu überbringen:
»Der Chilekurier meldet, daß er die Lichter von Buenos Aires in Sicht hat.«
»Gut.«
Nun würde er diesen ersten bald hören. Diesen einen lieferte die Nacht schon aus, wie das zähe Meer einen Schatz an den Strand treibt, den es lange hin und her gespült. Und später würde sie ihm auch die beiden anderen herausgeben.
Dann war ein Strich unter diesen Tag gemacht. Dann konnten die verbrauchten Mannschaften schlafen gehen, ersetzt durch die frischen. Aber er, Rivière, würde noch keine Ruhe haben: der Europakurier harrte der Abfertigung. So würde es immer sein. Immer. Zum erstenmal überraschte sich der alte Kämpfer dabei, daß er sich müde fühlte. Die Rückkehr der Flugzeuge würde nie der Sieg sein, der einen Krieg beendigt und eine Ära glücklichen Friedens eröffnet. Immer würden jedem Schritt, den er tat, tausend gleiche folgen. Ihm war, als trüge er eine bleischwere Last mit erhobenen Armen, wie lange schon; Mühsal ohne Rast und ohne Hoffnung. ›Ich werde alt...‹ Alt, wenn er nicht mehr im Tun selbst seine ganze Befriedigung fand. Er verwunderte sich über sich selber, daß er sich plötzlich mit solchen Fragen abgab, die er sich nie gestellt hatte. Aber sie geisterte um ihn mit schwermütigem Flüstern, die Fülle aller Annehmlichkeiten, die er immer beiseite geschoben hatte: eine verlorene Welt. ›So nah ist das alles?...‹ Er gestand sich ein, daß er alles, was das Leben süß macht, nach und nach immer mehr auf das Alter hin verschoben hatte, auf den Augenblick, da er ›Zeit dazu haben‹ würde. Als ob man wirklich eines Tages Zeit dazu haben könnte. Als ob man ganz am Ende des Lebens den glücklichen Frieden gewinnen könnte, den man sich erträumt. Aber es gibt keinen Frieden. Es gibt vielleicht auch keinen Sieg. Es gibt keine endgültige Rückkehr aller Flugzeuge. Rivière blieb vor Leroux stehen, einem alten Werkmeister, der bei der Arbeit war. Auch Leroux plagte sich seit vierzig Jahren. Und die Arbeit nahm alle seine Kräfte

in Anspruch. Wenn Leroux gegen zehn Uhr abends heimkam, oder gegen Mitternacht, so war das nicht eine zweite Welt, die sich ihm bot; keine Umschaltung. Rivière lächelte dem Mann zu, der sein schweres Gesicht hob und auf eine blaugelaufene Welle deutete: »Das saß zu stramm, aber jetzt hab ich's.« Rivière beugte sich über die Welle, war wieder ganz bei der Sache. »Man muß in den Werkstätten sagen, daß sie die Lager da lockerer montieren.« Er befühlte mit den Fingern die Spuren der Reibung, wandte seine Gedanken dann wieder Leroux zu. Eine närrische Frage kam ihm auf die Lippen angesichts dieser strengen Furchen. Er mußte selbst darüber lächeln:

»Haben Sie sich viel mit Liebe abgegeben, Leroux, in Ihrem Leben?«

»Hach, Liebe, wissen Sie, Herr Direktor...«

»Sie sind wie ich, Sie haben nie Zeit gehabt.«

»Nich' allzuviel...«

Rivière lauschte auf den Ton der Stimme, um zu hören, ob die Antwort bitter klang: sie klang nicht bitter. Dieser Mann empfand angesichts seines vergangenen Lebens die ruhige Befriedigung, wie sie ein Tischler empfindet, der ein Brett schön poliert hat: ›So, das ist getan.‹

›So‹, dachte Rivière. ›Mein Leben ist getan.‹

Er verscheuchte alle trüben Gedanken, die ihm aus seiner Ermüdung kamen, und wandte sich zur Flughalle, denn man hörte schon den Chilekurier dröhnen.

III

Das Geräusch des Motors schwoll immer kompakter an. Man machte Licht. Die roten Landelichter beschienen eine Flughalle, Funkmasten, ein quadratisches Gelände. Freudiger Eifer regte sich.

»Da ist er!«

Das Flugzeug rollte schon in die Lichtkegel der Scheinwerfer. So funkelnd in dem Glanz, daß es wie neu aussah. End-

lich stoppte es vor der Halle. Die Mechaniker und Werkleute drängten sich eilig heran, um die Post auszuladen. Aber der Pilot Pellerin rührte sich nicht von seinem Platz.
»Hallo! Auf was warten Sie denn?«
Der Pilot, geheimnisvoll mit sich beschäftigt, würdigte sie keiner Antwort. Vielleicht hörte er noch das ganze Getöse des Flugs durch sich rauschen. Er schüttelte langsam den Kopf, beugte sich vor, fingerte an irgend etwas herum. Endlich wandte er sich um, den Vorgesetzten und Kameraden zu, und betrachtete sie ernst mit der Miene eines Eigentümers, mit einem Blick, als wollte er sie zählen, messen und wägen, indes er bei sich dachte, daß er sie nun glücklich wiederhätte, und auch diese Flughalle und diesen festen Betongrund und, weiter drüben, diese Stadt mit ihrem Getriebe, ihren Frauen und ihrer Wärme. Er hielt diese Leute da in seinen breiten Händen, wie etwas, das ihm gehörte, das er berühren, hören, anschreien konnte. Er wollte sie zuerst anschreien, daß sie da so ruhig, so sicher ihres Lebens stünden; aber dann wurde er gemütlich:
»... Könnt mir was gegen den Durst spendieren!«
Und er stieg aus.
Er wollte seine Fahrt erzählen:
»Wenn ihr wüßtet!...«
Aber damit schien ihm offenbar genug gesagt. Er ging weg, sein Leder auszuziehen.

Als der Wagen ihn zusammen mit einem grämlichen Inspektor und dem schweigenden Rivière nach Buenos Aires fuhr, wurde er traurig: gute Sache, so mit heiler Haut davonzukommen und mit ein paar kernigen Flüchen den Fuß wieder auf die Erde zu setzen. Mächtig feines Gefühl! Aber nachher, wenn man wieder an alles zurückdenkt, wird einem irgendwas fraglich daran, aber man weiß nicht was.
Der Kampf im Zyklon, das ist wenigstens was Wirkliches, Handfestes. Aber etwas anderes ist es um das Gesicht der Dinge, dieses Gesicht, das sie annehmen, wenn sie sich allein glauben. Er dachte:

›Genau wie bei einem Aufruhr: Gesichter, kaum ein bißchen bleicher als sonst, und doch dermaßen verändert!‹
Er strengte sich innerlich an, um sich zu erinnern.
Er flog friedlich über die Kette der Anden dahin. Die Schneelasten des Winters ruhten auf ihnen mit der ganzen Wucht ihrer Stille. Die Schneelasten des Winters hatten Frieden gebreitet über diese Steinmassen, gleichwie die Jahrhunderte über tote Burgen. Auf zweihundert Kilometer hin kein Mensch, kein Lebenshauch, keine Regung. Nur senkrechte Schroffen, an denen man, in sechstausend Meter Höhe, vorbeistreicht; nur Felsmäntel, in steilen Falten hinab, nur furchtbare Stille.
Im Gebiet des Pik Tupungato war es geschehen... Er dachte nach. Jawohl, dort war es geschehen, das Mirakel, das er plötzlich mit eigenen Augen geschaut.
Denn zuerst hatte er gar nichts gesehen, sondern sich einfach nur geniert gefühlt, ähnlich wie einer, der sich allein glaubte, der nun nicht mehr allein ist, den man anblickt. Er hatte sich, zu spät und ohne recht zu begreifen wie, von etwas Zornigem umgeben gefühlt. Jawohl. Von wo kam dieser Zorn? Woran glaubte er zu spüren, daß er von dem Gestein ausschwitzte, daß er von dem Schnee ausstrahlte? Nichts schien auf ihn zuzukommen, kein Wetterdunkel war im Anzug. Und dennoch: eine zweite Welt, kaum merklich verändert, geisterte hier aus der wirklichen Welt hervor. Pellerin betrachtete, indem das Herz sich ihm unerklärlich zusammenpreßte, diese harmlosen Spitzen, diese Schroffen, diese Schneekämme, die kaum ein bißchen fahler ausschauten, aber dennoch zu leben anfingen — wie eine Volksmenge.
Obwohl er ganz ruhig flog, krampfte er die Hände um das Steuer. Irgend etwas bereitete sich vor, das er nicht begriff. Er straffte seine Muskeln wie ein Tier, das zum Sprung ansetzt, aber wohin er auch schaute, alles war ruhig. Ja, ruhig, aber mit einer rätselhaften Gewalt geladen.
Dann hatte sich alles geschärft, gespitzt. Die Schroffen, die Piks, alles wurde scharf und spitz: man fühlte sie wie Schiffsschnäbel durch den harten Wind stoßen. Und dann schien

es ihm, als ob sie rings um ihn her sich in Bewegung setzten und wendeten und manövrierten, gleich Riesenschiffen, die sich zum Kampf ordnen. Und dann war plötzlich in der Luft ein Staub da, der glitt den Schneeflächen entlang und wehte sacht wie Schleier empor. Er wandte den Kopf nach rückwärts, um einen Ausweg zu suchen für den Fall, daß er zum Rückzug genötigt sein würde, und das Herz zitterte ihm: die ganzen Kordilleren hinter ihm schienen in Gärung.

›Ich bin verloren.‹

Von einem Pik geradeaus vor ihm schoß der Schnee auf: ein Vulkan von Schnee. Dann von einem zweiten etwas rechts. Und so entflammten sich alle die Gipfel einer nach dem andern, wie von einem unsichtbaren Läufer der Reihe nach in Brand gesetzt. Nun stießen die ersten Böen auf, und die Gebirge um den Piloten begannen zu schwanken.

Heftiges Geschehen und angespanntes Handeln hinterlassen wenig Spuren: er fand keine Erinnerung mehr in sich an die gewaltigen Stöße, die ihn hin und her geschleudert hatten. Er wußte nur noch, daß er sich wütend herumgeschlagen hatte in diesen weißgrauen Flammen.

Er dachte nach. ›Der Zyklon, das ist gar nichts. Man schaut, daß man mit heiler Haut davonkommt. Aber vorher! Was einem da vor die Augen kommt!‹

Eine Sekunde war es ihm, als ob er ein bestimmtes Gesicht unter Tausenden wiedererkannte, aber schon hatte er es wieder vergessen.

IV

Rivière betrachtete Pellerin von der Seite. In einer Viertelstunde, dachte er, wenn dieser Mann aussteigen wird, wird er mit einem Gefühl von Ermattung und Schwere in der Menge untertauchen. Er wird vielleicht denken: ›Ich bin sehr müde... ein Sauberuf!‹ Und zu seiner Frau wird er vielleicht irgend etwas sagen wie ›hier ist's besser als über den Anden‹.

Und dennoch war dieser Mann schon zu einem Teil losgelöst von alledem, worauf die Menschen soviel Wert legen, hatte das Fragwürdige daran erkennen gelernt. Eben wieder hatte er ein paar Stunden jenseits aller Behaglichkeit gelebt, ohne zu wissen, ob es ihm vergönnt sein würde, diese Stadt in ihrem Lichterglanz wieder um sich zu sehen, zu seinem eigenen Alltagswesen mit all seinen kleinen Schwächen, lästigen, aber lieben Vertrauten von Kindheit an, wieder zurückzukehren.

›Was geht‹, dachte Rivière, ›so alles in der Menge an einem vorbei. So mancher vielleicht, der einem gar nicht auffällt und der dennoch Kunde trägt vom Ungewöhnlichen. Und ohne es selbst zu wissen. Vorausgesetzt, daß...‹ Rivière fürchtete eine gewisse Sorte von Bewunderern. Sie begriffen nichts von der hohen Natur des Abenteuers, und ihre Lobsprüche verfälschten seinen wahren Sinn, setzten den Menschen herab. Aber dieser Pellerin wußte seine Würde zu wahren, die schlichte Würde seines Wissens darum, was die Welt, in einem gewissen Lichte besehen, wert ist, und wußte alle wohlfeile Bewunderung mit der ganzen Geringschätzigkeit seiner schweren Natur abzuweisen.

Deshalb beglückwünschte ihn Rivière jetzt: »Wie haben Sie's geschafft?« und empfand es wohltuend, daß der andere nur einfach wie von Fachmann zu Fachmann sprach und von seinem Flug redete wie ein Schmied von seinem Amboß.

Pellerin berichtete zuerst, wie ihm der Rückzug abgeschnitten worden war. Er entschuldigte sich fast: »Ich hab keine andere Wahl gehabt.« Dann hatte er nichts mehr sehen können: der Schnee hatte ihn geblendet. Aber eine heftige Strömung hatte ihn gerettet, indem sie ihn in siebentausend Meter Höhe hob. »Ich muß die ganze Zeit über fast in Gipfelhöhe geflogen sein.« Er sprach auch vom Gyroskop, dessen Luftzufuhr man verlegen müsse, der Schnee verstopfe sie: »Da bildet sich Eis, wissen Sie.« Später hatten ihn andere Strömungen wieder abwärts gerissen, und bei dreitausend Meter hatte er sich schließlich mächtig verwundert, daß er nicht längst schon gegen was angerannt sei. Der Grund war der, daß er bereits über der Ebene flog. »Ganz plötzlich hab ich's gemerkt, wie ich auf einmal in klaren Himmel rauskam.« Wozu er dann noch die Bemerkung fügte, es sei ihm in dem Augenblick gewesen, als käme er aus einer Höhle hervor.

»Sturm auch in Mendoza?«

»Nein. Ich bin bei klarem Himmel gelandet, ohne Wind. Aber der Sturm war dicht hinter mir her.«

Er beschrieb, wie sich das angeschaut hatte; »denn«, sagte er, »es war immerhin merkwürdig«. Der oberste Teil verlor sich ganz hoch in der Schneewolke, aber der unterste Teil quoll über die Ebene hin wie eine schwarze Lava. Eine nach der andern wurden die Städte davon verschluckt. »Ich hab nie so was gesehen...« Dann schwieg er, von irgendeiner Erinnerung gepackt.

Rivière wandte sich zu dem Inspektor.

»Das ist ein Zyklon vom Stillen Ozean, man hat uns zu spät Meldung gemacht. Diese Zyklone überschreiten übrigens sonst nie die Anden. Es war nicht vorauszusehen, daß gerade der nach Osten weiterziehen würde.«

Der Inspektor, der nichts davon verstand, nickte beistimmend.

Der Inspektor schien zu zögern, wandte sich zu Pellerin um, und sein Adamsapfel bewegte sich. Aber er schwieg und nahm nach einiger Überlegung, gerade vor sich hinschauend, seine grämliche Würde wieder an.

Er führte sie mit sich herum wie ein Gepäckstück, diese Grämlichkeit. Gestern abend zu Schiff in Argentinien angekommen, von Rivière herbeigerufen in irgendwelchen unbestimmten Angelegenheiten, bewegte er sich nun hier umher mit seinen großen Händen und seiner inspektörlichen Würde, ein Bild der Beklommenheit. Es war ihm von Amts wegen verwehrt, irgendwie Bewunderung zu äußern; er hätte auch nicht die Phantasie und den Schwung dazu gehabt; er belobigte nur die Pünktlichkeit von Amts wegen. Es war ihm verwehrt, etwa ein Glas in Gesellschaft zu trinken, einen Kameraden zu duzen oder einen faulen Witz zu riskieren,

außer wenn ein unwahrscheinlicher Zufall es fügte, daß er auf derselben Station einem anderen Inspektor begegnete.
›Ein hartes Los‹, dachte er, ›Richter zu sein.‹
Um die Wahrheit zu sagen, so richtete er keineswegs, sondern schüttelte immer nur den Kopf. Schüttelte immer nur langsam den Kopf vor allem, was ihm unter die Augen kam, da er von nichts etwas verstand. Das beunruhigte die schlechten Gewissen und trug zur guten Erhaltung des Materials bei. Er war nicht eben beliebt, denn ein Inspektor ist nicht dazu da, geliebt zu werden, sondern Berichte zu verfassen. Er hatte darauf verzichtet, neue Arbeitsmethoden und technische Lösungen vorzuschlagen, seit Rivière einmal geschrieben hatte: ›Der Inspektor Robineau wird gebeten, uns keine Dichtungen, sondern Berichte zu liefern. Der Inspektor Robineau wird den nützlichsten Gebrauch von seinen Kompetenzen machen, wenn er sein Augenmerk darauf richtet, den Eifer des Personals anzuspornen.‹ Und so warf er sich denn von da ab auf alle menschlichen Schwächen wie auf sein tägliches Brot. Auf den Mechaniker, der trank, den Stationsleiter, der seine Nächte um die Ohren schlug, den Piloten, der bei der Landung Sprünge machte.
Rivière sagte von ihm: »Er ist nicht sehr intelligent, trotzdem leistet er gute Dienste.« Die Grundvorschrift, die Rivière sich selber gab, hieß: Menschenkenntnis; aber für Robineau existierte nichts als Kenntnis der Vorschrift.
»Robineau«, hatte Rivière eines Tages zu ihm gesagt, »zur Strafe für jeden verspäteten Start müssen Sie dem Betreffenden die Pünktlichkeitsprämie entziehen.«
»Auch im Falle höherer Gewalt? Auch bei Nebel?«
»Auch bei Nebel.«
Und Robineau empfand eine Art Stolz darauf, einen Chef zu haben, der sich stark genug fühlte, um nicht vor Ungerechtigkeit zurückzuschrecken. Robineau selbst sog daraus verstärktes Hoheitsgefühl.
»Sie haben um sechs Uhr fünfzehn starten lassen«, echote er später zu dem oder jenem Flughafenleiter. »Wir können Ihnen Ihre Prämie nicht zahlen.«

»Aber, Herr Robineau, um fünf Uhr dreißig konnte man nicht zehn Meter weit sehen!«

»Vorschrift.«

»Aber, Herr Robineau, wir können den Nebel doch nicht wegfegen!«

Worauf Robineau sich in hoheitsvolles Geheimnis verschanzte. Er war Mitglied der Direktion. Er allein unter diesen Nullen wußte Bescheid, wie man mit Strafen umgehen mußte, um die Zeitmaße zu verbessern.

»Er denkt gar nichts«, sagte Rivière von ihm, »das erspart es ihm, falsch zu denken.«

Wenn ein Pilot, der eine Prämie dafür bezog, daß er bisher noch nie Bruch gemacht hatte, eine Maschine zertrümmerte, verlor er seine Prämie.

»Aber wenn er über einem Wald Panne gehabt hat?« hatte Robineau sich erkundigt.

»Auch über einem Wald.«

Und Robineau ließ es sich gesagt sein.

»Ich bedaure«, sagte er hernach zu den Piloten, berauscht von Wichtigkeit, »ich bedaure sogar unendlich, aber man mußte die Panne eben anderswo haben.«

»Aber, Herr Robineau, das wählt man sich doch nicht aus!«

»Vorschrift.«

›Vorschrift‹, dachte Rivière, ›ist etwas Ähnliches wie die Riten einer Religion, die absurd scheinen mögen, aber die Menschen zurechtmodeln.‹ Es focht ihn wenig an, ob er gerecht oder ungerecht erschien. Vielleicht hatten diese Worte nicht einmal für ihn selber einen Sinn. Gerecht oder ungerecht – etwa in den Augen der Kleinbürger, die abends um ihren Musikpavillon promenieren, immer im Kreise herum? ›Sinnlos. Sie existieren nicht.‹ Der Mensch war für ihn ein ungeformtes Wachs, das man kneten mußte. Stoff, dem man eine Seele geben, einen Willen schaffen mußte. Er wollte sie nicht knechten durch diese Härte, sondern sie über sich selbst hinauszwingen. Wenn er jede Verspätung so rücksichtslos bestrafte, beging er zwar eine Ungerechtigkeit, aber er richtete dadurch den Willen jeder Station auf den Start – *schuf* diesen Willen überhaupt erst. Indem er es nicht aufkommen ließ, daß die Leute sich etwa über unsichtiges Wetter freuten als über eine willkommene Gelegenheit zum Nichtstun, hielt er sie auf jede Lichtung am Himmel gespannt, hielt sie alle bis zum letzten, unscheinbarsten Arbeiter heimlich in Bann. Keine Bresche im Wolkenverhau blieb ungenutzt: »Aufklaren im Norden – vorwärts!« Auf fünfzehntausend Kilometer hin galt, dank Rivière, nur eins: der Dienst an der Sache.

»Diese Menschen«, sagte Rivière manchmal, »sind glücklich, weil sie ihren Beruf lieben, und sie lieben ihn, weil ich hart bin.«

Sie hatten vielleicht unter ihm zu leiden, aber er schuf ihnen auch starke Freuden. ›Man muß sie antreiben‹, dachte er, ›zu einem starken Leben, das Leiden und Freuden mit sich bringt, aber das allein Wert hat.‹

Als der Wagen in die Stadt einfuhr, ließ Rivière sich zum Büro der Gesellschaft bringen. Robineau, allein geblieben mit Pellerin, schaute ihn an und öffnete die Lippen zum Sprechen.

V

Robineau fühlte sich müde an diesem Abend. Es war ihm gegenüber Pellerin, dem Sieger, zum Bewußtsein gekommen, daß sein eigenes Leben grau war. Es war ihm vor allem zum Bewußtsein gekommen, daß er, Robineau, trotz Inspektorentitel und -würde weniger galt als der erschöpfte Mann, der da in die Ecke des Wagens gedrückt saß, die Augen geschlossen, die Hände schwarz von Öl. Zum erstenmal empfand Robineau Bewunderung. Er fühlte sich gedrängt, das auszusprechen. Er fühlte sich vor allem gedrängt, sich einen Freund zu gewinnen. Er war müde von seiner Reise und von den Blamagen des Tages; er fühlte sich lächerlich. Er hatte sich heute abend bei der Benzinbestandaufnahme in seinen Berechnungen verheddert, und der Verwalter selbst, den er hatte bei Unstimmigkeiten überraschen wollen, hatte schließlich ganz mitleidig die Abrechnung für ihn beendigt. Aber vor allem hatte er des langen und breiten an der Montage einer Ölpumpe Typ B 6 herumgekrittelt in der Meinung, es handle sich um Typ B 4, und die Mechaniker, die Füchse, hatten ihn ruhig zwanzig Minuten lang sich den Mund zerreißen lassen über ›eine Unwissenheit, die durch nichts zu entschuldigen ist‹ – seine eigene!

Es bangte ihm auch vor seinem Hotelzimmer. Von Toulouse bis Buenos Aires – immer wieder stand nach der Arbeit vor ihm das Hotelzimmer. Jedesmal schloß er sich, von schwerwiegenden Dienstgeheimnissen geschwellt, darin ein, zog einen Stoß Papier aus seinem Handkoffer, zirkelte bedächtig ›Bericht‹ auf das erste Blatt, schwang sich dann zu ein paar Zeilen auf – und zerriß das Ganze. Oh, er hätte die Gesellschaft von irgendeiner großen Gefahr erretten mögen. Aber sie geriet in keinerlei Gefahr. Sein einziges Rettungswerk bisher bestand darin, daß er einmal eine verrostete Schraube entdeckt hatte. Er hatte mit düsterer Miene seinen Finger langsam auf dem Rost hin und her geführt, vor den Augen eines Flugplatzleiters, der ihm im übrigen nur erwidert hatte: »Wenden Sie sich bitte an die vorige Station: das Flugzeug kommt gerade von dort.« – Kurz, Robineau hegte einigen Zweifel an der Rolle, die er zu spielen hatte.

Er raffte sich, um Pellerin näherzukommen, zu der Frage auf:

»Wollen Sie mit mir speisen? Ich brauche ein bißchen Unterhaltung, mein Beruf ist manchmal schwer...«

Worauf er, um seine Würde nicht allzusehr preiszugeben, hinzufügte:

»Ich habe so viel Verantwortung!«

Seine Untergebenen hüteten sich im allgemeinen davor, Robineau privatim näherzutreten. Jeder dachte: ›Er hungert nach Stoff für seinen Bericht. Vielleicht hat er noch nicht genug gefunden und will mich fressen.‹

Aber heute abend dachte Robineau an nichts als an seine Miseren; vor allem an den peinlichen Aussatz – sein einziges

wirkliches Geheimnis –, der seinen Körper plagte. Es trieb ihn, davon zu erzählen, sich bemitleiden zu lassen und, da er denn im Stolz keine Tröstung fand, sie in der Erniedrigung zu suchen. Auch hatte er in Frankreich eine Geliebte, der er immer in der Nacht nach seiner Rückkehr von seinen Inspektionsreisen zu erzählen pflegte, um sie ein wenig zu blenden und ihre Liebe zu beleben; ihre Stimmung stand gerade jetzt auf schlecht Wetter für ihn, und er fühlte sich gedrängt, von ihr zu reden.
»Also, Sie speisen mit mir?«
Pellerin sagte gutmütig zu.

VI

Die Schreiber dösten schläfrig in den Büros von Buenos Aires, als Rivière eintrat. Er hatte Hut und Mantel anbehalten. Er war immer und überall wie auf Reisen, vollkommen unauffällig mit seiner kleinen, schmalen Gestalt, mit seinen grauen Haaren und seinen schlichten Kleidern, die sich in jede Umgebung einfügten. Dennoch fuhr sogleich ein Eifer in alle. Die Schreiber gerieten in Bewegung, der Bürovorsteher vertiefte sich emsig in die letzten Eingänge, die Schreibmaschinen klapperten.
Der Telefonist schob seine Stecker in den Kontakt und trug die Telegramme in ein dickes Buch ein.
Rivière setzte sich und las.
Abgesehen von dem Sturm, den der Chilekurier zu bestehen gehabt hatte, war es die Geschichte eines glücklichen Tages, eines Tages, an dem alles wie von selbst läuft, an dem die Meldungen, die die überflogenen Stationen der Reihe nach senden, lauter blanke Siegesnachrichten sind. Auch der Kurier von Patagonien kam rasch vorwärts: man war dem Fahrplan voraus, denn die Winde trieben in großer günstiger Strömung von Süden nach Norden.
»Geben Sie mir die Wetterberichte.«
Jede Station rühmte ihr klares Wetter, ihren wolkenlosen

Himmel, ihren guten Wind. Ein goldener Abend hatte über Amerika geleuchtet. Rivière freute sich der guten Geister. Jetzt kämpfte dieser Kurier irgendwo im Ungewissen der Nacht, aber mit den besten Aussichten.
Rivière schob das Heft zurück.
»Gut.«
Und ging hinaus, um nach der Diensteinteilung zu schauen, nächtlicher Wächter über eine halbe Welt.

Vor einem offenen Fenster blieb er stehen und umfaßte mit innerem Blick die Nacht. Sie schloß sich um Buenos Aires, aber auch um ganz Amerika, wie um ein riesiges Schiff. Nichts Ungewohntes für ihn, so im großen zu denken: Der Himmel von Santiago de Chile, ein fremder Himmel – aber war einmal der Kurier unterwegs dorthin, so lebte man, von einem Ende der Linie bis zur anderen, unter derselben riesigen Wölbung. Dieser andere Kurier jetzt, dessen Stimme man in den Hörern der Funkstation vernahm – die Fischer von Patagonien sahen zur selben Zeit seine Bordlichter leuchten. Diese Unruhe, die auf Rivière lastete, wenn ein Flugzeug unterwegs war – sie lastete zur selben Zeit auf den Hauptstädten und Provinzen im Dröhnen des Motors.
Glücklich über diese sorgenfreie Nacht, gedachte er anderer Nächte, Nächte der Unordnung, Flugzeug in Gefahr, und Hilfe so schwierig: von der Funkstation Buenos Aires konnte man seine Klagerufe verfolgen, vermischt mit dem Knattern der Gewitter. Wie dünne tönende Goldader, die sich verliert in der Wucht tauben Gesteins. Welcher Wehelaut in diesem kleinen Getön eines Flugzeugs, das da wie ein blinder Pfeil hinschwirrte gegen die Widerstände der Nacht!

Robineau fiel ihm ein. Ein Inspektor gehörte ins Büro in einer Nacht, in der man auf Wache blieb.
»Lassen Sie mir Robineau holen.«
Robineau war gerade dabei, sich einen Piloten zum Freunde zu machen. Er hatte im Hotel seinen Koffer vor ihm ausgepackt; die kleinen Alltäglichkeiten kamen zum Vorschein, die

auch einen Inspektor zu einem Menschen wie andere machen: ein paar geschmacklos gemusterte Hemden, ein Necessaire, dann die Photographie einer dürren Frau, die er an die Wand heftete. Stummes, demütiges Bekenntnis seiner kümmerlichen Intimitäten, dieses Auspacken vor Pellerin. Indem er die dürftigen Schätze vor ihm hinbreitete, bot er sein ganzes Elend zur Schau. Seinen seelischen Aussatz. Ließ ihn hineinschauen in die Gefängniszelle seines Daseins.

Aber auch für Robineau gab es, wie für alle Menschen, einen kleinen Lichtblick. Mit behutsamer Wonne hatte er aus dem untersten Grunde seines Koffers ein mit peinlichster Sorgfalt eingewickeltes Säckchen hervorgeholt. Geraume Zeit hatte er es wortlos in den Händen getätschelt. Dann, endlich die Finger lösend:

»Das hab ich aus der Sahara mitgebracht...«

Er war selber errötet darüber, daß er es übers Herz brachte, dieses Geheimnis jemandem anzuvertrauen. Von all seinem Verdruß und seinem ehelichen Mißgeschick und dieser ganzen grauen Wirklichkeit fand er Erlösung und Trost bei ein paar kleinen schwärzlichen Kieseln, die ihm eine Pforte zum Weiten, Unbekannten öffneten.

Noch etwas tiefer errötend:

»Man findet die gleichen in Brasilien...« Er hatte sich dann über das atlantische Problem verbreitet, und Pellerin hatte ihm auf die Schulter geklopft und, ebenfalls ganz verlegen, gefragt:

»Sie lieben die Geologie?«

»Das ist meine Leidenschaft.«

Das einzige, das ihm hold gewesen war im Leben, waren die Steine.

Robineau, als man ihn abrief, wurde traurig, aber er fand sich in seine Würde zurück.

»Ich muß Sie verlassen; Herr Rivière braucht mich zu einigen wichtigen Entscheidungen.«

Als Robineau in das Büro eintrat, hatte Rivière ihn vergessen. Er stand in Gedanken vertieft vor einer Wandkarte, auf der das Flugnetz der Gesellschaft rot eingezeichnet war. Der Inspektor erwartete seine Befehle. Nach langen Minuten fragte ihn Rivière, ohne den Kopf zu wenden:

»Was denken Sie über diese Karte, Robineau?«

Er stellte manchmal, wie aus einem Traum auftauchend, solche Rätselfragen.

»Diese Karte, Herr Direktor...«

Der Inspektor dachte, um die Wahrheit zu sagen, gar nichts über diese Karte; aber er heftete mit strenger Miene seinen Blick darauf und faßte ganz Europa und Amerika inspizierend ins Auge. Aber Rivière war schon wieder in seine schweigenden Betrachtungen versunken. ›Ein grausames Ding, das schöne rote Netz, das da gesponnen ist. Es hat uns viele Menschen gekostet, junge Menschen. Was einmal aufgebaut ist, hat seine Gültigkeit und Macht. Aber wieviel Fragen und Zweifel stecken dahinter.‹

Robineau, neben ihm stehend, den Blick immer starr auf die Karte gerichtet, raffte sich nach und nach wieder innerlich zusammen. Von Rivière hatte er kein Mitgefühl zu erwarten.

Er hatte einmal einen schüchternen Ansatz gemacht, ihm sein lächerliches Leiden zu beichten, das ihm sein ganzes Leben vergällte, und Rivière hatte ihm scherzhaft erwidert: »Wenn Ihnen das den Schlaf raubt, fördert es nur Ihre Aktivität.«

Das war nur halb im Scherz gesagt. Rivière pflegte zu behaupten: ›Wenn ein Musiker in schlaflosen Nächten etwas Schönes komponiert, dann ist auch die Schlaflosigkeit etwas Schönes.‹ Einmal hatte er auf Leroux gedeutet: ›Schauen Sie, wie schön, diese Häßlichkeit, die alle Liebe ausschaltet...‹ Alles, was tüchtig war an Leroux, verdankte er vielleicht diesem Mißgeschick, das sein Leben ganz auf seinen Beruf beschränkt hatte.

»Sie sind sehr befreundet mit Pellerin?«

»Ooh...«

»Ich mache Ihnen keinen Vorwurf daraus.«

Rivière drehte sich um und begann langsam und mit gesenktem Kopf auf und ab zu gehen, Robineau hinterdrein. Ein trauriges Lächeln kam ihm auf die Lippen, das Robineau nicht zu deuten wußte.

»Nur... nur sind Sie der Vorgesetzte.«

»Jawohl«, sagte Robineau.

Jede Nacht, dachte Rivière, schürzte sich da droben im Dunkeln eine dramatische Handlung. Ein Wanken des Willens konnte eine Niederlage zur Folge haben, es galt, jedesmal auf schwere Kämpfe gefaßt zu sein, bis der Tag kam.

»Sie dürfen nicht aus der Rolle fallen.«

Rivière wog seine Worte:

»Sie werden vielleicht diesem Piloten schon in der nächsten Nacht einen gefährlichen Start befehlen: er wird zu gehorchen haben.«

»Jawohl.«

»Sie verfügen unter Umständen über das Leben von Menschen, und von Menschen, die mehr wert sind als Sie...«

Er schien zu zögern.

»Das ist eine ernste Sache.«

Rivière, immer langsam auf und ab gehend, schwieg einige Sekunden.

»Wenn sie Ihnen aus Freundschaft gehorchen, so ist das eine Täuschung, zu der Sie sie verleiten; *Sie* haben kein Anrecht auf irgendein Opfer.«

»Nein... sicher nicht.«

»Und wenn Sie glauben, daß Ihre Freundschaft ihnen gewisse Dienste ersparen wird, so ist das ebenfalls eine Täuschung: sie werden einfach zu gehorchen haben. Setzen Sie sich hier hin.«

Rivière schob Robineau mit sanfter Hand an seinen Schreibtisch.

»Ich werde Sie wieder an Ihren richtigen Platz stellen, Robineau. Wenn Ihnen schlapp zumute ist, so ist es nicht Sache der Leute, Sie zu stützen. Sie sind der Vorgesetzte. Ihre Schwäche ist lächerlich. Schreiben Sie.«

»Ich...«

»Schreiben Sie: ›Der Inspektor Robineau diktiert dem Flug-

zeugführer Pellerin die und die Strafe zu aus dem und dem Grunde...‹ Sie werden irgendeinen Grund finden.«
»Herr Direktor!«
»Tun Sie, als ob Sie verstünden, Robineau. Man soll die lieben, über die man befiehlt; aber man soll es ihnen nicht sagen.«
Robineau schwor sich, nun wieder mit Eifer hinter allen verrosteten Schrauben her zu sein.

Ein Notlandeplatz teilte durch Funkspruch mit: ›Flugzeug in Sicht. Flugzeug meldet: Motor läßt nach, werde landen.‹
Das kostete sicher eine halbe Stunde. Peinigende Ungeduld, wie wenn der Schnellzug auf offener Strecke hält und plötzlich die Minuten leer stehen, deren jede eben noch ihr Teil vorbeisausenden Feldes eintrug. Der große Zeiger der Wanduhr beschrieb jetzt einen toten Sektor: was hätte nicht alles Raum finden können an Geschehen in dieser Lücke. Rivière ging hinaus, um sich über die Zeit wegzutäuschen, aber die Nacht erschien ihm öd und leer wie ein Theater ohne Schauspieler. ›Eine solche Nacht zu verlieren!‹ Er schaute grimmig durchs Fenster, zu dieser sternfunkelnden Klarheit hinauf, diesen himmlischen Landelichtern, diesem Mond, diesem ganzen vergeudeten Gold einer solchen Nacht.

Aber sobald dann das Flugzeug wieder in Fahrt war, war auch für Rivière die Nacht wieder beglückend und schön. Sie trug das Leben in ihren Flanken. Und er wachte darüber:
›Was für Wetter haben Sie vor sich?‹ ließ er die Besatzung fragen.
Zehn Sekunden vergingen: ›Sehr schön.‹
Dann kamen Namen überflogener Städte – gefallene Festungen für Rivière.

VII

Eine Stunde später fühlte sich der Funker des Patagonienkuriers plötzlich sanft emporgehoben wie von einer Schulter. Er blickte um sich: schwere Wolken löschten die Sterne aus. Er beugte sich zur Erde hinunter; er suchte die Lichter der Dörfer: Glühwürmchen im Grase; aber nichts glitzerte aus schwarzer Flur herauf. Mißmut stieg in ihm auf, er ahnte eine mühselige Nacht: Flug, Rückflug, gewonnenes Gelände, das man wieder aufgeben muß. Er begriff die Taktik des Piloten nicht; es schien ihm, daß man über kurz oder lang gegen die geballte Nacht anrennen würde wie gegen eine Mauer. Jetzt gewahrte er geradeaus ein unmerkliches Aufleuchten in der Höhe des Horizonts, wie Schein von einem Schmiedefeuer. Er tippte Fabien auf die Schulter, aber der rührte sich nicht.

Die ersten Ausläufer des fernen Gewitters griffen das Flugzeug an. Sacht emporgehoben, drängten die Metallmassen gegen den Körper des Funkers an, schienen dann zu schwinden, zu schmelzen, so daß er sekundenlang das Gefühl hatte, als schwebte er allein in der Luft, und sich mit beiden Händen an die Stahlspanten klammerte.

Nichts war mehr zu sehen von aller Welt als der rote Lichtschein da vorn, und Schauer überliefen ihn bei der Vorstellung, hier hinabtauchen zu müssen in den Schacht der Finsternis, hilflos, nur im Schutz dieser winzigen Grubenlampe. Er wagte nicht den Piloten zu stören mit Fragen, was er zu tun gedächte, und hielt nur immer, die Hände um den Stahl krampfend, vornübergebeugt, den Blick auf die dunklen Schultern vor ihm gerichtet.

Ein Kopf und zwei unbewegliche Schultern waren das einzige, das sich gegen den schwachen Lichtschein abhob. Nur eine dunkle Masse, ein wenig nach links geneigt. Das Gesicht dem Gewitter zugewandt, sicherlich von jedem Aufleuchten gebadet. Aber er konnte nichts sehen von diesem Gesicht. Alles, was sich darin dem Sturm entgegenspannte: Trotz, Entschlossenheit, Zorn – alles, was sich in stummer Zwiesprache abspielte zwischen diesem bleichen Gesicht und dem zuckenden Leuchten da vorn, blieb ihm unsichtbar.

Dennoch empfand er dunkel die gesammelte Kraft in der Unbeweglichkeit dieses Schattens und liebte sie. Sie trug ihn dem Unwetter zu, aber sie schützte ihn auch. Ja: diese Hände, um das Steuer geschlossen, griffen dem Sturm nun schon in den Nacken, wie einem Tier, und in diesen regungslosen Schultern spürte man die aufgesparte Energie.

Schließlich, dachte er, ist der Pilot verantwortlich, und gab sich, da er nun doch einmal mit hinten aufsaß bei diesem wilden Ritt gegen die Feuersbrunst, ganz dem Gefühl der Wucht und Verläßlichkeit hin, das von dieser Schattengestalt ausging. Linker Hand, schwach wie Widerschein eines Leuchtturms, glomm ein neuer Feuerherd auf.

Der Funker wollte schon die Hand heben, um dem Piloten auf die Schulter zu tippen, ihn aufmerksam zu machen; aber da sah er, wie Fabien langsam den Kopf drehte, das Gesicht ein paar Sekunden lang dem neuen Feind zugekehrt hielt und dann, langsam, wieder seine vorige Stellung einnahm. Die Schultern regungslos, den Nacken gegen das Leder gelehnt.

VIII

Rivière war ins Freie gegangen, um sich etwas Bewegung zu machen und das Unwohlsein zu vertreiben, das ihn wieder beschlich. Er, der immer nur der Aktivität gelebt hatte, einer dramatisch gespannten Aktivität, ohne seiner eigenen Person zu achten, wurde das wunderliche Gefühl nicht los, als wechselte die Szene jetzt in sein Ich hinüber. Die Kleinbürger, die ihr scheinbar so friedliches Dasein um ihren Musikpavillon spazierenführten – war nicht auch ihr Leben manchmal schwer von Ereignissen, von heimlichen Dramen: Krankheit, Liebe, Trauer? Und war nicht vielleicht... Oh, das eigene Übel lehrte einen allerhand: ›Das öffnet gewisse Fenster‹, dachte er.

Dann, gegen elf Uhr abends, machte er sich, wieder freier atmend, auf den Rückweg zum Büro. Er teilte langsam, mit den Schultern, die Menge, die sich vor dem Eingang der Kinos staute. Er hob die Augen zu den Sternen, die über der engen Straße glänzten, fast völlig überleuchtet von den Lichtreklamen, und dachte: ›Heute abend, mit meinen zwei Ku-

rieren unterwegs, bin ich verantwortlich für einen ganzen Himmel. Der Stern da ist ein Zeichen für mich, das mich hier in der Menge sucht und findet: das ist der Grund, weshalb ich mich ein wenig fremd fühle, ein wenig einsam.‹
Ein paar Töne Musik kamen ihm in den Sinn: eine Stelle aus einer Sonate, die er gestern mit Freunden zusammen gehört hatte. Die Freunde hatten sich verständnislos gezeigt: ›Diese Art Kunst langweilt uns und langweilt Sie; Sie geben es nur nicht zu.‹
›Vielleicht...‹, hatte er erwidert.
Er hatte sich einsam gefühlt, wie heute abend. Aber er war sehr bald des Reichtums solcher Einsamkeit innegeworden. Ihm, ihm allein unter all den Mittelmäßigen kam die Botschaft dieser Musik mit der Süße eines Geheimnisses. So auch das Zeichen des Sterns. Man sprach zu ihm, über so viele Schultern hinweg, eine Sprache, die er allein vernahm. Auf dem Bürgersteig stieß man ihn an; er dachte: ›Ich werde mich nicht erbosen. Ich bin wie ein Vater, der ein krankes Kind daheim hat und ruhig durch die Menge geht. Er trägt die tiefe Stille seines Hauses in sich.‹
Er hob den Blick zu den Menschen. Er versuchte diejenigen unter ihnen zu erkennen, die ihre Erfindung oder ihre Liebe still hier spazierenführten, und die Abgeschiedenheit der Leuchtturmwächter kam ihm in den Sinn.

Die Stille der Büros tat ihm wohl. Er durchschritt sie langsam, eines nach dem andern, und sein Schritt hallte einsam wider. Die Schreibmaschinen schliefen unter den Deckeln. Die großen Wandschränke mit den wohlgeordneten Aktenstößen waren geschlossen. Zehn Jahre Erfahrung und Arbeit. Der Gedanke kam ihm, er ginge hier durch die Keller einer Bank, wo die Reichtümer ruhen. Aber in jedem dieser Schränke häufte sich etwas Besseres als Gold: eine lebendige Kraft. Eine lebendige Kraft, jetzt schlummernd, wie das Gold in den Banken.
Irgendwo saß jetzt der einzige Schreiber vom Nachtdienst. Ein Mensch arbeitete irgendwo, auf daß das Leben nicht

unterbrochen wurde, der Wille nicht unterbrochen wurde, und so von Station zu Station, auf daß, von Toulouse bis Buenos Aires, die Kette niemals riß.

Und irgendwo kämpften sich jetzt die beiden Flugzeuge durch das Dunkel. Ein Nachtflug zog sich hin wie eine Krankheit, bei der man Nachtwache halten mußte. Man mußte diesen Menschen beistehen, die da mit Händen und Knien, Brust gegen Brust, mit der Finsternis rangen und nichts mehr wahrnahmen, nichts mehr wahrnahmen als ein wankendes, wechselndes, unsichtbares Etwas, daraus man sich kraft seiner blinden Arme herausziehen mußte wie aus einem Meer. Welche erschütternden Berichte manchmal: ›Ich habe meine Hände beleuchtet, um sie zu sehen...‹ Nichts als zwei lebendige Hände, herausentwickelt aus dem Schwarz in rotem Dunkelkammerlicht. Das einzige, das blieb von der Welt und das man retten mußte.

Rivière öffnete die Tür zum Betriebsbüro. Eine einzige Lampe warf einen schrägen Lichtkegel. Das Klicken einer einzigen Schreibmaschine regte sich einsam in der Stille. Von Zeit zu Zeit läutete das Telefon; jedesmal ein wiederholter, hartnäckiger Ruf, der traurig und bedrohlich durch das öde Zimmer schrillte. Dann erhob sich der Schreiber vom Dienst und schritt aus seinem Lichtkreis zu dem Apparat hinüber. Er nahm den Hörer ab, und die unsichtbare Bedrohung schwand: ein ruhiges Gespräch klang halblaut aus dem Schatten. Dann kam der Mann gleichgültig wieder an seinen Schreibtisch zurück, das Gesicht ausdruckslos von Einsamkeit und Müdigkeit.

Bedrohlich ein Anruf aus der Nacht draußen, wenn zwei Flugzeuge unterwegs sind. Rivière dachte an die Telegramme, die in den Kreis der Familie unterm Schein der Abendlampe eindringen, dann an das Unheil, das ein paar endlose Sekunden lang noch Geheimnis im Gesicht des Vaters bleibt. Kraftlose Welle vorerst noch, so still, so fern vom ersten Schrei, dessen fernes Echo er jedesmal schon in diesem einsamen Aufschrillen zu vernehmen meint. Und jedesmal, wenn der Mann da langsam aus dem Schatten

wieder in seinen Lampenschein hervorkam wie ein Taucher, schienen ihm seine Bewegungen schwer von geheimem Wissen.
»Bleiben Sie. Ich gehe.«
Rivière hob den Hörer ab, vernahm das leise Brausen der Welt. »Hier Rivière.«
Schwaches Getöse, dann eine Stimme:
»Ich gebe Ihnen die Funkstelle.«
Wieder Leitungsgeräusch, dann eine andere Stimme:
»Hier Funkstelle. Wir geben Ihnen die Telegramme.«
Rivière schrieb nach, nickte:
»Gut... Gut...«
Nichts von Bedeutung. Die üblichen Nachrichten. Rio de Janeiro verlangte eine Auskunft, Montevideo gab Wetterberichte, Mendoza brauchte Material. Die vertrauten Haushaltsfragen.
»Und die Kuriere?«
»Das Wetter ist gewittrig. Wir können die Flugzeuge nicht hören.«
»Gut.«
Rivière saß einen Augenblick in Gedanken. Hier war die Nacht so rein, die Sterne leuchteten, aber die Funker spürten schon darin den Hauch ferner Gewitter.
»Ich komme dann wieder.«
Rivière erhob sich. Der Schreiber trat an ihn heran.
»Die Dienstanweisungen zur Unterschrift, Herr Direktor...«
»Gut.«
Rivière überraschte sich bei einem warmen, freundschaftlichen Gefühl für diesen Mann, den auch die Last der Nacht drückte. ›Ein Kampfgefährte‹, dachte er. ›Er wird sicher nie ahnen, wie sehr uns diese Nachtwache verbindet.‹

IX

Als Rivière, einen Stoß Akten im Arm, in sein Privatbüro zurückkam, spürte er plötzlich wieder den heftigen Schmerz in der rechten Seite, der ihn schon seit einigen Wochen quälte.

›Das geht nicht...‹

Er lehnte sich einen Augenblick an die Wand:

›Lächerlich.‹

Dann gelang es ihm, zu seinem Sessel zu kommen. Er kam sich, wie jetzt öfters schon, wie ein gelähmter alter Löwe vor, und eine große Traurigkeit befiel ihn.

›So viel Mühsal, und *das* das Ende! Ich bin jetzt fünfzig Jahre; fünfzig Jahre lang hab ich mein Leben ausgefüllt, hab an mir gearbeitet, habe gekämpft, habe den Gang der Entwicklung beeinflußt, und jetzt *das*... jetzt beschäftigt mich *das*, füllt mich *das* aus, macht mir alles andere nichtig... Das ist doch lächerlich.‹

Er wartete eine Weile, trocknete sich den Schweiß ab und machte sich, als er sich wieder leichter fühlte, an die Arbeit. Er sah langsam die Schriftstücke durch.

›Wir haben in Buenos Aires beim Abmontieren des Motors 301 konstatiert... Der Schuldige wird streng bestraft werden.‹

Er unterzeichnete.

›Da die Station Florianopolis die Anweisungen nicht befolgt hat...‹

Er unterzeichnete.

›Der Flugplatzleiter Richard wird disziplinarisch versetzt, weil er...‹

Er unterzeichnete.

Der Schmerz in der Seite, der sich zwar gelindert hatte, aber immer noch da war – etwas ganz Ungewohntes, das dem Leben ein ganz verändertes Ansehen gab –, lenkte unwillkürlich seine Gedanken wieder auf sein eigenes Ich; bittere Gedanken.

›Bin ich gerecht oder ungerecht? Ich weiß es nicht. Wenn ich strafe, gibt es weniger Pannen. Der eigentlich Schuldige ist nicht der einzelne, sondern ein dunkles Etwas, eine dunkle Macht, die man nicht trifft, wenn man nicht alle trifft. Wenn ich ganz gerecht wäre, wäre jeder Nachtflug jedesmal eine Sache auf Leben und Tod.‹

Eine gewisse Müdigkeit überkam ihn angesichts dieses Weges, der so unbarmherzig vorgezeichnet war. Mitleid ist gut, dachte er. Dabei blätterte er, in Gedanken versunken, ein Schriftstück nach dem andern um.

›...was Roblet anbelangt, so gehört er von heute ab nicht mehr zu unserem Personal.‹

Der alte Biedermann tauchte wieder vor ihm auf und sein Gespräch mit ihm von heute abend:

»Ein Exempel, mein Lieber, ein Exempel.«

»Aber Herr... aber Herr Direktor... Einmal, ein einziges Mal, denken Sie doch!, und ich hab mein ganzes Leben lang gearbeitet.«

»Es muß ein Exempel statuiert werden.«

»Aber Herr Direktor! ... Schauen Sie, Herr Direktor, hier...!« Dann die abgegriffene Brieftasche und der alte Zeitungsausschnitt, auf dem Roblet als junger Mann zu sehen war, neben einem Flugzeug postiert.

Rivière sah die alten Hände zittern, wie sie das kindliche Ruhmesblatt hinhielten.

»Das ist vom Jahre 1910, Herr Direktor... das bin *ich* hier, da hab ich die Montage gemacht hier von dem ersten Flugzeug in Argentinien! Seit *1910* bei der Fliegerei, Herr Direktor... das sind zwanzig Jahre! Wie können Sie da sagen... Und die Grünschnäbel, Herr Direktor, wie die lachen werden in der Werkstatt!... Ach, *die* werden lachen!«

»*Das* ist mir gleichgültig.«

»Und meine Kinder, Herr Direktor, ich habe Kinder!«

»Ich habe Ihnen gesagt: ich biete Ihnen eine Stelle als Hilfsarbeiter an.«

»Meine Würde, Herr Direktor, meine Würde! Denken Sie doch, Herr Direktor, zwanzig Jahre bei der Fliegerei, ein alter Handwerker wie ich...«

»Als Hilfsarbeiter.«

»Das lehn ich ab, Herr Direktor, das lehn ich ab!«

Und die alten Hände zitterten, und Rivière wandte die Augen weg von dieser verrunzelten, dicken, rührenden Haut.

»Als Hilfsarbeiter.«

»Nein, Herr Direktor, nein... ich will Ihnen noch sagen...«
»Sie können gehen.«
Rivière dachte: ›Das gilt nicht ihm, daß ich ihn so brutal entlasse, sondern dem Feindlichen, Schädlichen, für das er nicht verantwortlich ist, aber das sich durch ihn eingeschlichen hat.‹
›Ich will Ihnen noch sagen...‹ Was hatte er noch sagen wollen, der arme Alte? Daß man ihm die Freuden seines Alters nehme? Daß er den Klang der Werkzeuge auf dem Stahl der Flugzeuge liebe und daß man sein Leben einer großen Poesie beraube? Ja, und... daß man doch *leben* müsse?
›Ich bin sehr müde‹, dachte Rivière. Das Fieber stieg in ihm, wohlig erschlaffend. Er tippte mit dem Finger auf das Blatt und dachte: ›Ich hatte das Gesicht von dem alten Kameraden sehr gern...‹
Er sah wieder diese Hände vor sich. Er malte sich die kleine, dankbare Bewegung aus, die sie machen würden, wie um sich zu falten. Man würde nur zu sagen brauchen: ›Also gut, gut, bleiben Sie.‹ Das Freuderieseln, das durch die alten Hände gehen würde. Ja, diese Freude, die – nicht aus dem Gesicht – aber aus diesen alten Handwerkerhänden sprechen würde, erschien ihm als das Schönste, das es geben könnte auf der Welt. ›Soll ich das Papier zerreißen?‹ Und die Familie des Alten, die Heimkehr am Abend, der bescheidene Stolz: ›Also sie behalten dich?‹
›Na ja! Freilich! *Ich* hab doch das erste Flugzeug in Argentinien montiert!‹
Und die ›Grünschnäbel‹, die nicht mehr lachen würden, jetzt, wo der Alte sich seine Würde wiedererobert hatte...
›Zerreißen?‹
Das Telefon läutete; Rivière nahm den Hörer ab.
Eine lange Weile, dann das Tiefe, Hallende von Wind und Raum um menschliche Stimmen. Endlich sprach man:
»Hier Flugplatz. Wer dort?«
»Rivière.«
»Herr Direktor, 650 ist im Anmarsch.«
»Gut.«

»Alles bereit jetzt, aber wir mußten im letzten Augenblick das elektrische Licht reparieren, die Verbindungen waren defekt.«

»Gut. Wer hat die Anlage montiert?«

»Das werden wir feststellen. Mit Ihrer Erlaubnis werden wir den Betreffenden bestrafen: eine Lichtpanne an Bord, das könnte schlimm werden!«

»Allerdings.«

Rivière dachte: ›Wenn man das Übel nicht ausreißt, wo man es antrifft, gibt es Pannen: es wäre ein Verbrechen, es durchgehen zu lassen, wenn man ihm zufällig mal auf eine Spur kommt: Roblet geht.‹

Der Schreiber, der nichts gesehen hat, tippt immer noch an seiner Maschine.

»Das ist?«

»Die Halbmonatsabrechnung.«

»Warum noch nicht fertig?«

»Ich...«

»Werden wir ja sehen.«

Seltsam, wie das Ungewollte, Zerstörende immer wieder die Oberhand gewinnt über das Gewollte, Geschaffene. Gleichwie getrieben von einer großen verborgenen Macht. Derselben, die die Urwälder hochtreibt und die um alle großen Werke wuchert, drängt, quillt von allen Seiten. Rivière mußte an die Tempel denken, die von unscheinbaren Schlingpflanzen zersprengt und gestürzt werden. Ein großes Werk...

›Ich habe‹, wiederholte er sich, um sich zu beschwichtigen, ›alle diese Menschen lieb. Ich bekämpfe nicht sie. Sondern das, was sich durch sie einschleicht...‹

Sein Herz schlug in schnellen Schlägen, die ihn quälten.

›Ich weiß nicht, ob das, was ich getan habe, gut ist. Ich weiß nichts Gültiges über den Wert des menschlichen Lebens oder über den Wert der Gerechtigkeit. Ich weiß auch nicht, was die Freude eines Menschen wert ist. Oder eine Hand, die zittert. Oder Mitleid, oder Güte...‹

Er träumte:

›Das Leben ist so voller Widersprüche, man setzt sich mit

ihm auseinander, so gut man kann... Aber fortdauern, schöpferisch wirken, seinen vergänglichen Körper austauschen gegen Bleibendes...‹

Rivière besann sich, läutete dann.

»Rufen Sie den Piloten des Europakuriers an. Er soll sich vor dem Start bei mir melden.«

Er dachte:

›Der Mann darf mir nicht ohne Not beidrehen. Wenn ich meine Leute nicht zurechtrüttle, lassen sie sich nervös machen durch die Nacht.‹

X

Die Frau des Piloten, durch das Telefon aufgeweckt, betrachtete ihren Mann und dachte:

›Ich laß ihn noch ein bißchen schlafen.‹

Sie bewunderte diese nackte, klargewölbte Brust, sie mußte an ein schönes Schiff denken.

Er lag hier im Bett geborgen wie in einem Hafen, und damit nichts seinen Schlummer störe, strich sie da und dort eine Falte fort, einen Schatten, eine Woge; glättete dieses Bett, wie eine Göttin mit schützender Hand das Meer.

Sie erhob sich, öffnete das Fenster, ließ sich den Wind ins Gesicht wehen. Von diesem Zimmer überblickte man Buenos Aires. Aus einem Nachbarhaus, wo getanzt wurde, drang Musik, die der Wind hertrug, denn es war die Stunde des Vergnügens und der Ruhe. Diese Stadt hielt die Menschen in ihren hunderttausend Kasematten geborgen; alles war ruhig und sicher; aber es schien dieser jungen Frau, als ob sogleich der Ruf ertönen würde: ›Zu den Waffen!‹ und als ob nur ein einziger Mann, der ihrige, sich erheben würde. Noch lag er ruhig, aber es war die bedrohte Ruhe der Reserven, die gleich in die Schlacht müssen. Diese schlafende Stadt beschützte ihn nicht davor: ihre Lichter würden ihm bald nur wie eine Handvoll blitzender Staub sein, wenn er sich, junger Gott, darüber erhob. Sie betrachtete seine kräftigen Arme, die in einer Stunde das Schicksal des Europakuriers zu tragen haben würden, verantwortlich für etwas Großes, etwas wie das Schicksal einer ganzen Stadt. Und ihr Herz sträubte sich dagegen. Dieser einzige von all den Millionen ringsum war zu diesem seltsamen Opfer ausersehen. Ihr zu Leide. Er entglitt auch ihrer Fürsorge. Sie hatte ihn gespeist, bewacht, geliebkost, nicht für sich selbst, sondern für die Nacht da draußen, die ihn ihr nun nahm. Für Kämpfe, Ängste, Siege, von denen sie nichts wußte. Diese Hände waren hier nur für eine kurze Weile zärtlich gezähmt, ihr wahres Tun lag da draußen, fern von ihr. Sie kannte das Lächeln dieses Mannes, seine liebevollen Zartheiten, aber nicht seine zornige Energie in Sturm und Wetter. Sie umschlang ihn mit Banden der Liebe, mit Musik, mit Blumen; aber jedesmal in der Stunde des Aufbruchs fielen diese Bande von ihm ab, ohne daß es ihm leid darum schien.

Er schlug die Augen auf.

»Wie spät ist es?«

»Mitternacht.«

»Was ist für Wetter?«

»Ich weiß nicht...«

Er stand auf, kam langsam, sich reckend, an das Fenster.

»Sehr kalt wird es nicht sein. Wo kommt der Wind her?«

»Wie soll ich das wissen...«

Er beugte sich hinaus:

»Süden. Sehr gut. Das hält mindestens bis Brasilien vor.«

Er schaute befriedigt nach dem Mond. Alles prächtig. Dann senkte er den Blick auf die Stadt.

Er dachte nicht an ihre erleuchtete Geborgenheit und Wärme. Er sah schon den Flugsand ihrer Lichter unter sich verstieben.

»Woran denkst du?«

Er dachte an den Nebel, der möglicherweise von Porto Alegre her aufkommen würde.

›Aber ich habe meine Taktik. Ich weiß, wo ich ausbiegen kann.‹

Er stand immer noch hinausgebeugt. Er holte tief Atem, wie ein nackter Schwimmer, ehe er sich ins Meer stürzt.

»Du bist nicht mal ein bißchen traurig. Auf wie viele Tage gehst du weg?«

Acht, zehn Tage. Er wußte es nicht. Traurig, nein; warum? Diese Steppen, diese Städte, diese Gebirge... man zog aus, frei, sie zu erobern. Und in kaum einer Stunde würde er Buenos Aires unter sich haben, wie etwas, das einem gehört und das man wegwirft.

Er lächelte:

»Die Stadt... von der bin ich schnell weg. Schön, in der Nacht zu starten. Man zieht den Gashebel, Gesicht nach Süden, und zehn Sekunden später hat man die ganze Landschaft umgedreht, Gesicht nach Norden. Die ganze Stadt ist nur noch wie ein Meeresgrund.«

Sie wollte reden von alledem, was man aufgibt bei dem ›erobern‹.

»Du liebst dein Heim nicht?«

»Ich liebe mein Heim...«

Aber sie fühlte, daß er schon unterwegs war. Die breiten Schultern stemmten sich schon gegen die Nacht.

Sie deutete auf den Himmel.

»Du hast schönes Wetter, dein Weg ist mit Sternen bestreut.«

Er lachte:

»Ja.«

Sie legte die Hand auf seine Schulter. Sie fühlte sich zärtlich bewegt, als sie die Wärme dieses Körpers spürte, den sie der Gefahr überliefern sollte.

»Du bist sehr stark, aber sei vorsichtig!«

»Vorsichtig, natürlich...« Er lachte abermals.

Er kleidete sich an. Er suchte sich die rauhesten Stoffe heraus, das schwerste Leder, zog sich an wie ein Bauer für dieses nächtliche Fest. Je schwerer er wurde, um so mehr bewunderte sie ihn. Sie selber hakte ihm den Gürtel zu, zog ihm die Stiefel an.

»Die Stiefel drücken mich.«

»Hier sind die andern.«

»Such mir eine Litze für meine Notlampe.«

Sie besichtigte ihn, half nach, wo es noch fehlte an der Rüstung. Alles saß gut.
»Du bist sehr schön.«
Sie sah, wie er sich sorgfältig kämmte.
»Ist das für die Sterne?«
»Nur, um mich nicht alt zu fühlen.«
»Ich bin eifersüchtig...«
Er lachte wieder, küßte sie und drückte sie an seine Lederbrust.
Dann hob er sie in den Armen auf wie ein kleines Mädchen und trug sie, immer lachend, ins Bett.
»Schlaf!«
Dann, die Haustür hinter sich schließend, trat er unter das unkenntliche Nachtvolk hinaus.
Sie lag still. Sie betrachtete traurig die Blumen, die Bücher, all die Behaglichkeit, die für ihn nun bald nur noch wie auf einem Meeresgrund lag.

XI

Rivière empfängt ihn:
»Sie haben mir da einen Unfug gemacht bei Ihrem letzten Flug. Sie sind umgedreht, obwohl die Wetterberichte gut waren: Sie hätten ruhig weiterfliegen können. Sie haben Angst gehabt?«
Der Pilot schweigt verdutzt. Er reibt sich langsam die Hände. Dann hebt er den Kopf und schaut Rivière in die Augen:
»Jawohl.«
Rivière fühlt im Grunde seines Herzens Mitleid mit diesem so tapferen Burschen, der Angst gehabt hat. Der Pilot versucht sich zu rechtfertigen.
»Ich konnte nichts mehr sehen. Gewiß, weiter voraus... vielleicht... die Funkstation meinte... Aber mein Bordlicht hat nachgelassen, und ich konnte meine Hände nicht mehr sehen. Ich wollte mein Außenlicht andrehen, um wenigstens das Tragdeck zu sehen: ich sah nichts. Ich kam mir vor wie

tief in einem großen Loch, aus dem man schwer raufkonnte. Dann fing mein Motor an zu vibrieren...«

»Nein.«

»Nein?«

»Nein. Wir haben ihn inzwischen überholt. Er ist tadellos. Aber man meint immer, der Motor vibriert, wenn man Angst hat.«

»Wer hätte da nicht Angst gehabt! Das Gebirge war über mir. Wenn ich höher wollte, kam ich in starke Böen. Wissen Sie, wenn man nichts sieht... die Böen... Anstatt zu steigen, verlor ich hundert Meter. Ich konnte nicht mal mehr den künstlichen Horizont sehen, nicht mal mehr die Manometer. Ich hatte das Gefühl, daß mein Motor an Touren verlor, daß er heiß gelaufen war, daß der Öldruck fiel... Und das alles im Dunkeln... halb wie verrückt. Ich habe Gott gedankt, wie ich eine erleuchtete Stadt wieder sah.«

»Sie haben zuviel Einbildungskraft. Gehen Sie.«

Und der Pilot geht.

Rivière lehnt sich in den Sessel zurück und fährt sich mit der Hand durch das graue Haar.

›Das ist der tapferste von meinen Leuten. Daß er heil davongekommen ist in der Nacht neulich, ist eine Leistung. Aber ich schütze ihn vor der Furcht...‹

Dann, als ihn von neuem eine weichere Regung anwandelte: ›Um geliebt zu werden, braucht man nur zu bemitleiden. Ich bemitleide so gut wie nie, oder ich verberge es. Dabei möchte ich mich wohl auch mit Freundschaft und Liebe umgeben. Einem Arzt ist das vergönnt in seinem Beruf. Aber ich diene nicht Menschen, sondern einer Sache. Ich muß die Menschen zurechtschmieden, daß auch sie ihr dienen. Oh, ich fühle sie so deutlich, abends in meinem Büro vor den Flugberichten, diese geheime Gesetzmäßigkeit: wenn ich mich gehen lasse, wenn ich den auch noch so geregelten Dingen ihren Lauf lasse – gleich kommen die Störungen und Unglücksfälle. Als wäre es mein Wille allein, der das Flugzeug daran hindert, unterwegs Schaden zu nehmen, oder den

Sturm, ihm in die Quere zu kommen. Manchmal bin ich selbst über meinen Einfluß betroffen.‹
Er sinnt weiter: ›Das ist vielleicht ganz einfach. So wie der ewige Kampf des Gärtners um seinen Rasen. Kraft seiner bloßen Hand treibt er den Urwald in die Erde zurück, die jeden Augenblick bereit wäre, ihn emporwuchern zu lassen.‹
Er denkt an den Piloten:
›Ich schütze ihn vor der Furcht. Mein Angriff galt nicht ihm, sondern in ihm dem Widerstreben, das die Menschen angesichts des Unbekannten lähmt. Wenn ich ihn anhöre, ihn bemitleide, sein Erlebnis wichtig nehme, so wird er meinen, er käme aus wunder was für einem geheimnisvollen Abenteuer zurück; und Angst hat man nur vor dem Geheimnisvollen. Es darf nichts Geheimnisvolles mehr geben. Es müssen Menschen hinuntergestiegen sein in diesen dunklen Brunnen, und wenn man sie fragt: Was ist euch begegnet?, so müssen sie sagen können: Nichts. Dieser Mann muß hinunter ins innerste Herz der Nacht, wo sie am dichtesten ist, selbst ohne die kleine Grubenlampe, die die Hände oder das Tragdeck bescheint: nur mit seinen beiden Schultern muß er das Unbekannte aus dem Wege drängen.‹
Gleichwohl verband im innersten Grunde eine schweigende Freundschaft Rivière und seine Piloten. Sie waren Menschen vom gleichen Schlage und alle beseelt vom gleichen Siegeswillen. Aber Rivière weiß sich anderer Schlachten zu erinnern, die er geschlagen hat um die Eroberung der Nacht.
Man scheute in den offiziellen Kreisen vor diesem dunklen Bereich zurück wie vor einem unerforschten Dickicht. Eine Mannschaft mit zweihundert Kilometern in der Stunde gegen die Gewitter und Nebel und sonstigen Hindernisse auszusenden, die die Nacht verborgen hielt, schien ihnen ein Abenteuer, das allenfalls bei der militärischen Fliegerei zulässig war: man verläßt bei klarer Nacht einen Flugplatz, man wirft seine Bomben ab, man kehrt zu demselben Flugplatz zurück. Aber ein regelmäßiger Verkehrsdienst bei Nacht war zum Scheitern verurteilt. ›Das ist für uns‹, hatte Rivière erwidert, ›eine Lebensfrage, weil wir den Vorsprung, den

wir tagsüber vor den Eisenbahnen und Dampfern gewonnen haben, jede Nacht wieder verlieren.‹

Rivière hatte gelangweilt zugehört, als sie von Bilanzen redeten und Versicherungen und vor allem von der öffentlichen Meinung: ›Die öffentliche Meinung‹, rief er dazwischen, ›die lenkt man nach seinem Willen!‹ – ›Wieviel verlorene Zeit!‹ dachte er. ›Es gibt etwas... etwas, das stärker ist als alles das. Was lebendig ist, stößt alles beiseite, um zu leben, und schafft sich, um zu leben, seine eigenen Gesetze. Unwiderstehlich.‹ Er wußte nicht, wann und wie die Handelsluftfahrt zur Einführung der Nachtflüge übergehen würde, aber es galt diese unvermeidliche Entwicklung vorzubereiten.

Er sieht wieder den grünen Tisch vor sich, an dem er, Kinn in der Faust, mit einem merkwürdigen Gefühl von Überlegenheit all diesen Einwänden zugehört hatte. Sie schienen ihm nichtig, im voraus verurteilt durch das Leben selber. Er fühlte eine geballte Kraft in sich: ›Meine Gründe sind stärker, ich werde siegen. Das liegt im natürlichen Verlauf der Dinge.‹ Man forderte genaue Angaben von ihm, nach welchen Grundsätzen er alle Gefahren auszuschalten gedächte. ›Die Erfahrung schafft die Grundsätze‹, erwiderte er; ›die Grundsätze gehen niemals der Erfahrung voraus.‹

Es kostete ein Jahr Kämpfe, dann hatte Rivière gesiegt. Die einen sagten: ›dank seinem Glauben an die Sache‹, die andern: ›dank seiner Zähigkeit und seinem bärenhaften Draufgängertum‹; nach seiner eigenen Meinung einfach deshalb, weil er in der rechten Richtung ging.

Aber wie behutsam die ersten Anfänge! Er ließ zunächst nur eine Stunde vor Tagesanbruch starten, nur eine Stunde nach Sonnenuntergang landen. Erst als er sich seiner Erfahrungen sicherer fühlte, wagte er es, die Flugzeuge in die Tiefen der Nacht zu schicken. Von keinem gefolgt, viel befehdet, führte er auch heute noch einen einsamen Kampf.

Rivière läutete, um sich die letzten Meldungen geben zu lassen von den beiden Flugzeugen, die noch unterwegs sind.

XII

Mittlerweile war der Kurier von Patagonien dicht an das Gewitter herangekommen, und Fabien gab den Gedanken auf, es zu umgehen. Es schien ihm zu ausgedehnt, denn das Flackern der Blitze zog sich bis tief ins Land hinein und enthüllte immer neue Wolkenburgen. Er wollte versuchen, unten durchzukommen, und wenn sich das übel anließ, umkehren.

Er las seine Höhe ab: tausendsiebenhundert Meter. Er preßte die Handflächen gegen das Steuer, um die Zahl zu verringern. Der Motor vibrierte sehr stark, und das Flugzeug zitterte. Fabien korrigierte den Neigungswinkel nach dem Gefühl, stellte dann auf der Karte die Höhe der Bodenerhebungen fest: fünfhundert Meter. Um sich einen Spielraum zu wahren, beschloß er, bis auf siebenhundert Meter hinunterzugehen.

Er opferte seine Höhe, wie man ein Vermögen aufs Spiel setzt.

Eine Bö ließ die Maschine heruntersacken, so daß sie in allen Fugen zitterte. Fabien fühlte sich wie von unsichtbarem Bergsturz bedroht. Ihm träumte, er kehrte um und fände hunderttausend Sterne wieder, aber er bog nicht um einen Grad ab.

Fabien berechnete seine Chancen: es handelte sich vermutlich um ein örtliches Gewitter, denn Trelew, die nächste Station, meldete dreiviertel bedeckten Himmel. Es galt also, höchstens zwanzig Minuten in dieser schwarzen Masse auszuhalten. Dennoch schlug ihm das Herz. Nach links geneigt gegen die Wucht des Windes, spähte er nach den ungewissen Scheinen, die auch in der verhülltesten Nacht noch umgehen. Aber selbst davon war nichts zu gewahren. Höchstens leise Wandlungen in der Schwärze der Schatten um ihn her oder Täuschung der ermüdeten Augen.

Er entfaltete einen Zettel des Funkers:

›Wo sind wir?‹

Fabien hätte viel darum gegeben, wenn er es gewußt hätte.

Er antwortete: ›Ich weiß nicht. Wir durchqueren ein Gewitter nach dem Kompaß.‹

Er neigte sich noch weiter zur Seite. Die Flamme des Auspuffs störte ihn, die wie ein Feuerstrauß am Motor hing, so bleich, daß Mondschein sie ausgelöscht hätte, aber in diesem Nichts so stark, daß sie alles Sichtbare verschlang. Er schaute sie an. Sie war vom Winde zusammengesträhnt wie die Flamme einer Fackel.

Alle dreißig Sekunden tauchte Fabien den Kopf zum Instrumentenbrett hinunter, um nach dem künstlichen Horizont und dem Kompaß zu spähen. Er wagte nicht mehr, die schwachen roten Lampen anzudrehen, die ihn jedesmal auf lange Zeit blendeten; nur die Leuchtziffern warfen ihren blassen Sternenschein. Hier, inmitten von Zeigern und Ziffern, empfand er eine trügerische Sicherheit, wie in der Kabine eines Schiffes, an der die Flut vorbeiströmt. So strömte die Nacht und alles, was sie an Klippen und Höhen und treibenden Fährnissen in sich barg, gegen das Flugzeug an, mit der gleichen beklemmenden Unentrinnbarkeit.

›Wo sind wir?‹ wiederholte der Funker.

Fabien tauchte wieder empor und nahm, nach links gelehnt, seine bedrohte Wacht wieder auf. Wieviel Zeit und Mühsal noch, bis er loskommen würde aus diesen finstern Banden? Er zweifelte fast, ob er jemals loskommen würde, denn er setzte jetzt sein Leben nur noch auf dieses schmutzige, zerknüllte Stückchen Papier, das er schon hundertmal entfaltet und gelesen hatte, um seine Hoffnung zu nähren: ›Trelew: dreiviertel bedeckt, schwacher Westwind.‹ Wenn Trelew nur dreiviertel bedeckt war, mußte man seine Lichter gewahren, sowie die Wolken zerrissen. Vorausgesetzt, daß… Die Verheißung spornte ihn an, seinen Kurs beizubehalten; aber da er trotzdem Zweifel hatte, kritzelte er an den Funker: ›Ich weiß nicht, ob ich durchkommen werde. Fragen Sie, ob es rückwärts noch schön ist.‹

Die Antwort bestürzte ihn:

›Commodoro meldet: Rückkehr nach hier unmöglich. Sturm.‹

Die ungewöhnliche Gewalt der Offensive begann ihm zu

dämmern, die sich da von der Kette der Anden herab gegen das Meer wälzte. Ehe er die Städte noch erreichen würde, würde der Zyklon sie verschlingen.

›Fragen Sie San Antonio nach dem Wetter.‹

›San Antonio antwortet: Aufkommender Westwind, Gewitter im Westen. Vier Viertel bedeckt. San Antonio hört sehr schlecht wegen der Störungen. Ich höre auch schlecht. Ich glaube, ich werde bald die Antenne einziehen müssen wegen der Entladungen. Werden Sie umkehren? Was haben Sie vor?‹

›Lassen Sie mich in Frieden. Fragen Sie Bahia Blanca nach dem Wetter.‹

›Bahia Blanca antwortet: Erwarten in höchstens zwanzig Minuten schweres Unwetter. West über Bahia Blanca.‹

›Fragen Sie Trelew.‹

›Trelew antwortet: Orkan dreißig Sekundenmeter West und Regenböen.‹

›Melden Sie nach Buenos Aires: Sind von allen Seiten blokkiert, Gewittersturm entwickelt sich auf tausend Kilometer, können nichts mehr sehen. Was sollen wir tun?‹

Uferlos, diese Nacht. Sie führte weder zu einem Hafen (die schienen alle unerreichbar) noch zum Morgen: in einer Stunde vierzig Minuten würde man keinen Betriebsstoff mehr haben. Früher oder später würde man sich blindlings in diese Finsternis hinabgleiten lassen müssen.

Wenn er hätte den Tag erreichen können…

Fabien dachte an den Morgen wie an einen goldenen Strand, an den man gespült würde nach dieser schweren Nacht. Die Küste der Ebenen, auftauchend unter dem bedrohten Flugzeug. Die ruhevolle Erde mit ihren schlummernden Farmen und ihren Herden und Hügeln. Unschädlich alle Fährnisse, die in den Wogen des Dunkels trieben. Wie er schwimmen würde, dem Tage zu, wenn er könnte!

Aber er war umzingelt. Alles würde zum guten oder schlimmen Ende kommen hier in dem dicken Dunkel.
Zwar: mehr als einmal schon war es ihm in bedrohten Nächten geschehen, daß der Tag dann doch noch gekommen war, wie Genesung.
Aber wozu den Blick nach Osten richten, wo die Sonne lebte: zwischen ihnen war diesmal ein solcher Abgrund von Nacht, daß man nicht wieder zu ihr hinaufgelangen konnte.

XIII

»Der Kurier von Asuncion kommt gut voran. In zwei Stunden werden wir ihn hier haben. Dagegen sehen wir eine beträchtliche Verspätung des Kuriers von Patagonien voraus, der in Schwierigkeiten scheint.«
»Sehr wohl, Herr Rivière.«
»Möglicherweise werden wir mit dem Start des Europakuriers nicht auf ihn warten: sowie Asuncion ankommt, halten Sie sich für weitere Anordnungen bereit.«
Rivière durchflog abermals die Streckenmeldungen der nördlichen Stationen. Sie verhießen dem Europakurier eine Mondscheinfahrt: ›Klar, Vollmond, Windstille –‹: die Gebirge Brasiliens, scharf gegen den erhellten Himmel, ihren dichten Pelz schwarzer Wälder steil hinabtauchend in das lebendige Silber des Meeres. Wälder tiefschwarz, ungebleicht von den Mondstrahlen, die unablässig auf sie herabregnen. Und schwarz wie Wracks die Inseln im Meer. Und immer der Mond über der ganzen Strecke, ein unerschöpflicher Lichtquell.
Wenn er den Start befahl, so eröffnete sich der Besatzung des Europakuriers eine beständige Welt, sanft leuchtend die ganze Nacht durch. Eine Welt, in der nichts das Gleichgewicht von Licht und Schatten bedrohte. In die sich nicht einmal die leisen Winde einschmeichelten, die, zunehmend, in wenigen Stunden einen ganzen Himmel verderben können.
Aber Rivière zögerte angesichts dieses Glanzes, wie ein

Goldsucher angesichts verbotener Goldfelder. Die Ereignisse im Süden gaben ihm, einzigem Verfechter der Nachtflüge, unrecht. Ein Unfall in Patagonien würde seinen Gegnern zu einer so starken moralischen Position verhelfen, daß sein Glaube an die Sache vielleicht in Zukunft ohnmächtig sein würde; denn sein Glaube war nicht erschüttert: geschah wirklich ein Unglück, so war eben irgendeine Lücke in dem Gewebe, das er geschaffen, daran schuld, und das Unglück brachte diese Lücke ans Licht und bewies im übrigen nichts. ›Vielleicht sind Beobachtungsstationen im Westen nötig... Man wird ja sehen.‹ – ›Ich habe‹, dachte er weiter, ›genau die gleichen guten Gründe, auf meiner Sache zu bestehen, wie bisher, und dazu eine Ursache zu Unglücksfällen weniger: nämlich die, die sich jetzt herausgestellt hat und beseitigt werden wird.‹ Fehlschläge kräftigen den Starken. Nur spielt man leider gegen die Menschen ein Spiel, in dem die wahre Bedeutung der Dinge so wenig zählt. Man gewinnt oder verliert nach dem bloßen Schein: Scheinsiege, deren man sich eher schämt, oder Scheinniederlagen, die einem aber das Weiterwirken unmöglich machen.
Rivière läutete an.
»Noch immer keine Meldung von Bahia Blanca?«
»Nein.«
»Rufen Sie mir die Station ans Telefon.«
Fünf Minuten später:
»Warum melden Sie nichts?«
»Wir hören nichts von dem Kurier.«
»Er sendet nichts?«
»Wir wissen es nicht. Zu viele Gewitter. Auch wenn er senden würde, würden wir's nicht hören.«
»Hört Trelew etwas?«
»Wir hören Trelew nicht.«
»Telefonieren Sie.«
»Wir haben's versucht: die Leitung ist unterbrochen.«
»Was für Wetter bei Ihnen?«
»Drohend. Blitze in West und Süd. Sehr schwül.«
»Wind?«

»Noch schwach, aber höchstens noch auf zehn Minuten. Die Blitze kommen schnell näher.«

Schweigen.

»Bahia Blanca? Sind Sie noch da? Gut. Rufen Sie uns in zehn Minuten wieder an.«

Und Rivière blätterte in den Telegrammen der Südstationen. Alle meldeten, daß sie nichts von dem Flugzeug hörten. Einige antworteten überhaupt nicht mehr, und der Umkreis des Schweigens wurde immer größer auf der Karte – dort, wo die kleinen Städte sich bereits unter dem Zyklon duckten, alle Türen geschlossen, jedes Haus in den Straßen ohne Licht, abgesperrt von der Welt, verloren in der Nacht wie ein Schiff. Erst der Morgen würde sie erlösen.

Trotzdem hielt Rivière, über die Karte gebeugt, immer noch an der Hoffnung fest, irgendwo eine Zuflucht, einen Rest klaren Himmels zu entdecken, denn er hatte telegraphisch die Polizei von über dreißig Provinzstädten um Wetterberichte ersucht, und die Antworten begannen einzulaufen. Gleichzeitig hatten die Funkstellen auf zweitausend Kilometer hin Befehl, sowie sie etwas von dem Flugzeug hörten, binnen dreißig Sekunden Buenos Aires zu benachrichtigen, das ihnen dann die Lage der Zufluchtsstelle mitteilen würde, zur Weitergabe an Fabien.

Die Schreiber, auf ein Uhr nachts bestellt, hatten sich wieder in den Büros eingefunden. Geheimnisvolles Getuschel ging um, daß möglicherweise die Nachtflüge aufgehoben werden würden und daß selbst der Europakurier nur mehr am Tage starten würde. Sie redeten mit leisen Stimmen von Fabien, von dem Zyklon und vor allem von Rivière. Sie malten sich aus, wie er jetzt wohl irgendwo ganz nahe von ihnen saß, immer mehr zusammensinkend unter dieser Absage, die die Natur selber ihm erteilte.

Aber alle die Stimmen erloschen: Rivière war soeben in der Tür erschienen, in seinen Mantel geknöpft, den Hut in den Augen, wie immer, ein ewiger Reisender. Er trat ruhig auf den Bürovorsteher zu:

»Es ist ein Uhr zehn, sind die Papiere des Europakuriers in Ordnung?«
»Ich... ich dachte...«
»Sie haben nicht zu denken, sondern zu tun, was Ihnen befohlen ist.«
Er wandte sich langsam zu einem offenen Fenster, die Hände im Rücken gekreuzt.
Ein Schreiber trat an ihn heran:
»Herr Direktor, wir bekommen nur noch wenige Antworten. Man meldet, daß im Inland schon viele Telegraphenverbindungen zerstört sind...«
»Gut.«
Rivière, unbeweglich, schaute in die Nacht.
Jede Meldung bedeutete eine Bedrohung des Kuriers. Jede Stadt, deren Verbindung noch nicht zerstört war und die noch antworten konnte, berichtete von dem verheerenden Vormarsch des Zyklons. ›Er kommt aus dem Innern, von den Kordilleren. Er fegt die ganze Strecke entlang, auf das Meer zu...‹
Rivière schaute prüfend empor. Zu leuchtend, diese Sterne. Zu feucht die Luft. Eine unheimliche Nacht. Sie verfaulte unversehens schichtweise, wie das Fleisch einer leuchtenden Frucht. Noch beherrschten die Sterne Buenos Aires in strahlender Vollzähligkeit, aber das war nur noch eine Oase, und auf wie lange? Ein Hafen überdies, der außer Reichweite des Flugzeugs lag. Bedrohliche Nacht, die ein verseuchter Wind anwehte und verdarb. Schwer zu bezwingende Nacht. Irgendwo in ihren Tiefen war ein Flugzeug in Gefahr: man bangte ohnmächtig am Ufer.

XIV

Fabiens Frau telefonierte.
Immer in der Nacht, wenn sie die Rückkehr erwartete, rechnete sie den Weg von Patagonien her nach: ›Jetzt startet er von Trelew...‹ Schlief wieder ein. Etwas später: ›Jetzt muß

er dicht vor San Antonio sein, er muß die Lichter sehen...‹ Dann stand sie auf, zog die Vorhänge weg und prüfte den Himmel: ›Die vielen Wolken stören ihn...‹ Manchmal wachte der Mond draußen wie ein Hirte. Dann legte die junge Frau sich wieder hin, beruhigt durch diesen silbernen Freund und diese Gestirne, diese vieltausend Wesenheiten rings um ihren Gatten. Wenn es auf ein Uhr ging, fühlte sie ihn nahe: ›Er kann nicht mehr weit sein. Er muß schon Buenos Aires sehen...‹ Dann stand sie wieder auf und bereitete ihm eine Mahlzeit, einen recht heißen Kaffee: ›Es ist so kalt da oben...‹ Sie empfing ihn immer, als käme er von einem Schneegipfel herab: ›Dir ist nicht kalt?... Aber nein! ... Wärm dich trotzdem ein bißchen...‹ Gegen Viertel nach eins war immer alles bereit. Und dann telefonierte sie.

Auch heute, wie immer fragte sie:

»Ist Fabien gelandet?«

Der Schreiber am Hörer wurde ein wenig verlegen:

»Wer spricht?«

»Simone Fabien.«

»Oh! einen Augenblick...«

Der Schreiber, der nicht den Mut hatte, etwas zu sagen, reichte den Hörer dem Bürovorsteher.

»Wer ist da?«

»Simone Fabien.«

»Oh! ... was wünschen Sie, gnädige Frau?«

»Ist mein Mann gelandet?«

Ein kurzes Schweigen, das der Fragenden unerklärlich dünken mußte, dann als Antwort ein einfaches:

»Nein.«

»Hat er Verspätung?«

»Ja...«

Wieder Schweigen.

»Jawohl... Verspätung.«

»Ah!...«

Ein verwundeter Laut. Eine Verspätung hat nichts zu sagen ... gar nichts ... aber wenn sie länger dauert...

»...Und um welche Zeit wird er hier sein?«

»Um welche Zeit er hier sein wird? Das... das wissen wir nicht.«
Sie stieß gegen eine Mauer. Sie erhielt nur das Echo ihrer eigenen Fragen.
»Ich bitte Sie, antworten Sie mir! Wo ist er?...«
»Wo er ist? Einen Augenblick...«
Dieser unbegreifbare Widerstand machte sie krank. Es ging etwas vor da hinter dieser Mauer.
Endlich entschloß man sich zur Antwort:
»Er ist um neunzehn Uhr dreißig von Commodoro gestartet.«
»Und seitdem?«
»Seitdem?... Sehr viel Verspätung... sehr viel Verspätung durch das schlechte Wetter...«
»Ah!... das schlechte Wetter...«
Was für eine Ungerechtigkeit, was für ein Hohn, dieser Mond da droben, zu nichts nütze, über Buenos Aires! Der jungen Frau fiel plötzlich ein, daß man kaum zwei Stunden brauchte von Commodoro bis Trelew.
»Und er fliegt seit sechs Stunden und ist noch immer nicht in Trelew! Aber er gibt Ihnen doch Nachrichten! Was sagt er denn?...«
»Was er sagt? Natürlich... bei so einem Wetter... Sie verstehen... da hört man natürlich nicht so gut.«
»So einem Wetter...!?«
»Also, nicht wahr, gnädige Frau, wir rufen Sie an, sowie wir etwas wissen.«
»Ah! Sie wissen nichts?...«
»Auf Wiedersehen, gnädige Frau...«
»Nein! Nein! Ich will den Direktor sprechen!«
»Der Herr Direktor ist sehr beschäftigt, gnädige Frau, er ist bei einer Sitzung...«
»Ach, das ist mir gleich. Das ist mir ganz gleich! Ich will ihn sprechen!« Der Bürovorsteher wischte sich die Stirn:
»Einen Augenblick...«
Er öffnete die Tür zu Rivières Zimmer:
»Frau Fabien möchte Sie sprechen.«

›Da‹, dachte Rivière. ›Da haben wir, was ich befürchtete.‹ Die Gefühlsseite des Dramas begann sich zu zeigen. Im ersten Augenblick gedachte er sich abweisend dagegen zu verhalten: die Mütter und Frauen werden nicht in den Operationssaal zugelassen; auch auf Schiffen in Seenot müssen die Gefühle schweigen; sie helfen nicht retten. Trotzdem erwiderte er:
»Schalten Sie auf mein Büro um.«
Er hörte die kleine, ferne, bebende Stimme und wußte sogleich, daß er ihr nicht würde antworten können. Es war nutzlos, vollkommen nutzlos für alle beide, sich hier gegenüberzutreten.
»Gnädige Frau, ich bitte Sie, beruhigen Sie sich! Es kommt so häufig vor in unserem Beruf, daß man lange auf Nachrichten warten muß.«
Er war in seinem Denken bis an jene Grenze gelangt, wo sich die Frage – nicht nach einem kleinen privaten Weh, sondern nach dem Sinn der Tat, der Aktivität selber erhebt. Es war für ihn nicht die Frau Fabiens, die ihm gegenüberstand, sondern eine andere Lebensauffassung. Er konnte nichts tun, als sie anhören, sie bemitleiden, diese kleine Stimme, diesen so traurigen, aber feindlichen Laut; denn weder die Welt der Tat noch die Welt persönlichen Glückes können sich auf Teilung einlassen, sondern stehen im Widerstreit. Auch diese Frau sprach im Namen einer absoluten Welt und ihrer Rechte und Pflichten: Welt freundlichen Lampenscheins über abendlichem Tisch, Welt eines Körpers von Fleisch und Blut, der Anspruch erhebt auf den andern, geliebten Körper, Heimatbereich von Hoffnungen, Zärtlichkeiten, Erinnerungen. Sie forderte ihr Wohlergehen, und sie hatte recht. Und auch er, Rivière, hatte recht, aber er vermochte dem, was für diese Frau Geltung hatte, nichts entgegenzusetzen. *Seine* Wahrheit schien ihm unmenschlich und nicht in Worte zu fassen angesichts dieses kleinen häuslichen Glücksanspruchs.
»Gnädige Frau...«
Sie hörte nicht mehr. Ihm war, als wäre sie plötzlich hin-

gesunken, fast wie zu seinen Füßen, nachdem sie mit ihren schwachen Fäusten vergebens gegen die Mauer geschlagen.

Ein Ingenieur hatte einmal zu Rivière gesagt, als sie sich über einen Verwundeten beugten, der beim Bau einer Brücke verunglückt war: ›Ist die Brücke da ein zerstörtes Gesicht wert?‹ Nicht einer von den Landbewohnern, für die diese neue Straße sich öffnete, wäre bereit gewesen, ein menschliches Gesicht zu verstümmeln, nur um sich den Umweg über die nächste Brücke zu ersparen. Und trotzdem baute man Brücken. ›Das allgemeine Interesse‹, hatte der Ingenieur hinzugefügt, ›ist nur die Summe der Einzelinteressen: darüber hinaus berechtigt es zu nichts.‹ – ›Und dennoch‹, hatte Rivière ihm später erwidert, ›obwohl das Menschenleben unbezahlbar ist, handeln wir immer wieder so, als ob es etwas gäbe, das das Menschenleben an Wert übertrifft... Aber was?‹

Das Herz preßte sich ihm zusammen, wenn er an die beiden Männer da oben dachte. Die Tat, die Leistung – schon ein ganz alltäglicher Brückenbau – forderten Opfer an Glück. ›Im Namen wessen?‹ fragte Rivière sich immer eindringlicher.

›Diese zwei Menschen‹, dachte er, ›die vielleicht schon heute aus der Welt verschwinden werden, hätten glücklich leben können.‹ Er sah Gesichter, in die goldene Geborgenheit des Lampenscheins gesenkt. ›Im Namen wessen habe ich sie herausgerissen? Im Namen wessen sie ihrem privaten Glück entzogen? Ist es nicht erstes Gesetz, solches Glück zu behüten? – Und dennoch: eines Tages, unvermeidlich, schwinden diese goldenen Glücksbereiche ohnedies dahin wie Luftspiegelungen. Alter und Tod zerstören sie unbarmherziger als ich. Vielleicht gibt es etwas anderes, Dauerhafteres, das es zu bewahren gilt? Vielleicht ist es *dieses* Teil des Menschen, um dessentwillen ich arbeite? Andernfalls ist die Arbeit nicht gerechtfertigt.‹

›Lieben, nur lieben – was für eine Sackgasse!‹ Rivière hatte die dunkle Empfindung von einer Pflicht, höher als Liebe. Oder vielleicht handelte es sich auch dabei um ein Liebesgefühl, nur so ganz anderer Art. Ein Satz kam ihm in den Sinn: ›Es handelt sich darum, sie unsterblich zu machen...‹ Wo hatte er das gelesen? ›Was man für sich selber erstrebt, stirbt.‹ Das Bild eines Tempels kam ihm in den Sinn. Tempel des Sonnengottes der alten Inkas von Peru. Diese steilen Blöcke hoch im Gebirge. Was wäre ohne sie verblieben von einer Kultur, so machtvoll, daß selbst ihre Trümmer noch wie ein Vorwurf lasten auf den Menschen von heute? ›Im Namen welcher Härte oder welcher seltsamen Liebe zwang der Führer der Völker von einst seine Massen dazu, diesen Tempel ins Gebirge hinaufzuschleppen und ihre eigene Unvergänglichkeit hier aufzurichten?‹ Er sah träumend wieder die Menge in den Kleinstädten vor sich, die abends um ihren Musikpavillon kreist: ›*Die* Art Glück‹, dachte er, ›dieses Karussell...‹ Der Führer der Völker von einst – wenn er auch vielleicht kein Mitleid hatte mit dem Leiden des Menschen, so hatte er doch unendliches Mitleid mit seinem Tode. Nicht mit dem Tod des einzelnen, aber Mitleid mit der Gattung und ihrem Dahinschwinden in einem Meer von Sand. Und so ließ er sie wenigstens Steine aufrichten, die die Wüste nicht verschlingen könnte.

XV

Dieser gefaltete Zettel war vielleicht die Rettung: Fabien öffnete ihn mit zusammengebissenen Zähnen.

›Unmöglich, mit Buenos Aires Verbindung zu bekommen. Ich kann nicht mal mehr arbeiten, da ich Funken in die Finger bekomme.‹

Fabien wollte gereizt antworten, aber als er die Hände vom Steuer nahm, um zu schreiben, fühlte er sich wie von einer gewaltigen Woge schwankend gehoben mitsamt seinen fünf Tonnen Metall. Er gab es auf.

Seine Hände schlossen sich wieder ums Steuer und zwangen den Schwall unter sich.
Er holte tief Atem. Wenn der Funker aus Angst vor dem Gewitter die Antenne einzog, würde er ihm nach der Landung das Gesicht zerbleuen. Er fühlte sich besessen von der Idee, um jeden Preis mit Buenos Aires in Verbindung zu kommen, gleich als hätte man ihnen von dort aus, über fünfzehnhundert Kilometer weg, ein Rettungstau zuwerfen können. In der Finsternis hier, ohne das kleinste blinzelnde Licht, schwächstes Herbergslicht, das ihm bezeugt hätte, daß die Erde noch stünde, brauchte er wenigstens eine Stimme, eine einzige, wenngleich aus einer Welt, die schon nicht mehr da war. Er hob die Faust und schwenkte sie in dem roten Lichtschein, um dem andern da hinten diese tragische Notwendigkeit deutlich zu machen; aber der saß über den öden Raum gebeugt, der die verhüllten Städte barg und die toten Lichter, und sah es gar nicht.
Fabien wäre jedem Rat gefolgt, den ihm jemand zugerufen hätte. Er dachte: ›Und wenn man mir sagt, ich soll in der Runde herumfliegen, so fliege ich in der Runde herum, und wenn man mir sagt, ich soll direkt nach Süden fliegen...‹ Sie waren irgendwo da, die Länder, die in Frieden unter den großen Mondscheinschatten ruhten. Die Kameraden da drunten, die jetzt geborgen im Lampenlicht – Lampen schön wie Blumen – über ihre Karten gebeugt saßen, allwissend und allmächtig: sie wußten, wo diese Länder lagen. Aber er, was wußte er, hier inmitten von Böen und von Nacht, die ihren schwarzen, reißenden Strom ihm entgegenwälzte mit der Geschwindigkeit eines Bergsturzes. Man konnte doch nicht einfach zwei Menschen im Stich lassen hier in den Wolken zwischen Wirbeln und Flammen. Unmöglich. Man würde ihm zurufen: ›Kurs auf zweihundertvierzig...‹, und er würde auf zweihundertvierzig drehen. Aber er war allein.
Es war, als ob auch die Materie sich empörte. Bei jedem Heruntersacken vibrierte der Motor so stark, daß das ganze Flugzeug ins Zittern geriet wie vor Zorn. Fabien wandte seine ganze Kraft auf, um es zu beherrschen, den Kopf zum

Schaltbrett gebückt, den Blick auf den künstlichen Horizont gerichtet, denn draußen konnte er Erde und Himmel nicht mehr unterscheiden in diesem Urweltsdunkel. Aber die Zeiger der Instrumente schwankten immer schneller, ließen sich immer schwerer verfolgen. Schon machte er, von ihnen getäuscht, falsche Bewegungen, verlor seine Höhe, geriet immer mehr in Verwirrung. Er las die Höhe ab: fünfhundert Meter. Das war die Höhe der Hügel. Er fühlte ihre schwindligen Wogen gegen sich anrollen. Es war ihm, als ob all diese Massen Erdreichs, deren geringste genügt hätte, ihn zu zerschmettern, von ihrem Grunde losgerissen wären, losgeschraubt, und um ihn zu kreisen begännen wie betrunken, eine Art Abgrundstanz begännen um ihn her, der sich enger und enger um ihn zusammenzog.

Da faßte er seinen Entschluß. Auf die Gefahr hin, zu zerschellen, wollte er landen, gleichviel wo. Und um wenigstens die Höhen zu vermeiden, schoß er seine einzige Leuchtrakete ab. Sie flammte auf, drehte sich, beleuchtete eine Fläche, in der sie verlosch: es war das Meer.

Er dachte sehr rasch: ›Verloren. Um vierzig Grad versetzt. Das ist ein Zyklon. Wo ist das Land?‹ Er drehte voll nach Osten. Er dachte: ›Ohne Leuchtrakete jetzt ist es mein sicherer Tod.‹ Das mußte eines Tages kommen. Und sein Kamerad da hinten... ›Er hat sicher die Antenne hochgezogen.‹ Aber er war ihm nicht mehr gram deswegen. Wenn er jetzt einfach die Hände öffnete, flog ihrer beider Leben daraus weg, wie ein bißchen Staub. Er hielt in seinen Händen das schlagende Herz seines Gefährten und das seinige. Und plötzlich erschrak er über seine Hände.

In diesen Böen, die wie Widder gegen ihn anbockten, hatte er sich, um die Stöße des Steuers abzufangen, die sonst die Verbindungskabel zerrissen hätten, aus Leibeskräften an das Rad geklammert. Er klammerte sich auch jetzt noch daran, aber sieh da, er fühlte seine Hände nicht mehr, die durch den Krampf erstarrt waren. Er wollte die Finger bewegen, um etwas von ihnen zu empfinden: er spürte nicht, ob sie ihm gehorchten. Irgend etwas Fremdes war da an den Enden seiner Arme. Fühllose, schlaffe Lappen. Er dachte: ›Ich muß mir ganz stark vorstellen, daß ich drücke...‹ Er spürte nicht, ob der Gedanke bis in die Hände gelangte. Er spürte nur die Schmerzen in den Schultern von den Stößen des Steuers und dachte: ›Es wird mir entgleiten. Meine Hände werden sich öffnen...‹ Aber er erschrak sogleich über seine eigenen Worte, denn er glaubte zu fühlen, wie seine Hände diesmal wirklich der Zauberkraft der Vorstellung gehorchten und sich langsam öffneten, um ihn dem Dunkel auszuliefern. Er hätte noch immer kämpfen, seine Chance versuchen können: es gibt kein äußeres Verhängnis. Aber es gibt ein inneres Verhängnis: es kommt ein Augenblick, in dem man entdeckt, daß man verwundbar ist; dann wird man zu falschen Entschlüssen hingezogen wie der Schwindlige in den Abgrund.

Und in ebendiesem Augenblick war es, daß über seinem Kopf in einer Lücke des Gewölks ein paar Sterne sichtbar wurden, wie ein tödlicher Köder am Grund einer Reuse.

Er sagte sich wohl, daß das eine Falle sei: man sieht drei Sterne in einem Loch, man steigt zu ihnen hinauf, dann kann man nicht wieder hinunter und mag da oben bleiben und Sterne beißen...

Aber sein Hunger nach Licht war so stark, daß er aufstieg.

XVI

Er stieg, die Schwankungen nun besser ausgleichend, dank dem Halt, den sein Blick an den Sternen hatte. Ihr blasser Schein zog ihn magnetisch an. Er hatte so lange auf der Suche nach einem Licht geschmachtet, daß er auch von dem dürftigsten nicht wieder abgelassen hätte, sondern hungrig darumgekreist wäre, wie um einen Herbergsschimmer, bis an seinen Tod. Und hier stieg er zu ganzen Gefilden von Licht hinauf.

Er erhob sich nach und nach in dem Brunnenschacht, der sich über ihm geöffnet hatte und sich unter ihm wieder schloß. Und die Wolken verloren, je höher er stieg, ihre schmutzige

Düsternis, glitten wie immer reinere und weißere Wogen auf ihn zu. Fabien tauchte empor.

Staunen überwältigte ihn: die Helligkeit war so, daß sie ihn blendete. Er mußte sekundenlang die Augen schließen. Er hätte nie zuvor geglaubt, daß Wolken bei Nacht blenden könnten. Aber der volle Mond und alle Sternbilder verwandelten sie in ein gleißendes Meer.

Das Flugzeug war mit einem Schlage, mit der Sekunde, in der es hervortauchte, in eine Stille geraten, die wie ein Wunder schien. Nicht eine Luftschwankung hob oder senkte es. Wie eine Barke, die die Mole passiert, glitt es in stille Gewässer. Es schwamm in nie gesehenem, entlegenem Teil des Himmels, wie in einer Bucht der Inseln der Seligen. Das Wettergewölk unter ihm war wie eine andere Welt, dreitausend Meter dick, von Böen, Wasserwirbeln, Blitzen durchrast; aber die Oberfläche, die es den Gestirnen zukehrte, war von Kristall und Schnee.

Es war Fabien zumute, als sei er in Zaubersphären geraten, denn alles wurde leuchtend, seine Hände, seine Kleider, seine Tragdecks, und das Licht kam nicht von den Gestirnen herab, sondern löste sich, unter ihm und rings um ihn her, aus dieser weißen Fülle. Die Wolken drunten strahlten allen Schnee wider, den sie vom Monde empfingen. Die rechts und links, hoch wie Türme, desgleichen. Eine Milch von Licht floß und schwamm allenthalben, in der das Flugzeug badete. Fabien sah sich um und sah, daß der Funker lächelte.

»Besser hier!« schrie er.

Aber die Stimme verlor sich im Dröhnen des Flugs, Lächeln war die einzige Verständigung. ›Ich bin vollkommen wahnsinnig‹, dachte Fabien, ›daß ich hier lächle: wir sind verloren.‹

Gleichviel: tausend schwarze Arme hatten ihn freigegeben. Man hatte ihm die Fesseln gelöst, wie einem Gefangenen, den man für eine letzte Weile allein unter Blumen spazieren läßt.

›Zu schön‹, dachte Fabien. Sie irrten unter Sternen umher, dichtgehäuft ringsum wie ein Schatz, in einer Welt, wo nichts, absolut nichts Lebendiges war außer ihm, Fabien, und seinem Gefährten. Gleich jenen Dieben im Märchen, die in die Schatzkammer eingemauert sind, aus der sie nicht wieder herauskommen werden. Unter eisfunkelndem Geschmeide irren sie umher, unermeßlich reich, doch zum Tode verurteilt.

XVII

Einer der Funker von Commodoro Rivadavia, Station in Patagonien, machte eine plötzliche Bewegung, und alle, die noch auf Wache waren, drängten und beugten sich um ihn. Beugten sich über ein unbeschriebenes, hart beleuchtetes Stück Papier. Die Hand des Mannes am Apparat zögerte noch, bewegte den Bleistift hin und her, ließ die Buchstaben noch nicht ans Licht.

»Gewitter?«

Der Funker nickte. Die knatternden Störungen erschwerten den Empfang.

Dann schrieb er ein paar unleserliche Zeichen hin. Dann Worte. Dann konnte man den Text herstellen:

›In dreitausendachthundert über dem Gewitter abgeschnitten. Haben vollen Kurs Ost landwärts, da wir über See abgekommen waren. Unter uns alles blockiert. Wir wissen nicht, ob wir immer noch über See sind. Teilt mit, ob sich Unwetter landwärts erstreckt.‹

Man konnte dieses Telegramm der Gewitter wegen nur von Station zu Station nach Buenos Aires weitergeben. Die Nachricht nahm ihren Weg durch die Nacht wie Feuerzeichen von Berg zu Berg.

Buenos Aires ließ antworten:

›Unwetter überall im Inland. Wieviel Betriebsstoff habt ihr noch?‹

›Eine halbe Stunde.‹

Und diese drei Worte liefen von Station zu Station nach Buenos Aires zurück.

Das Flugzeug war dazu verurteilt, vor Ablauf von dreißig Minuten in einen Zyklon zu tauchen, der es herunterzerren würde bis an den Boden.

XVIII

Rivière sitzt in Gedanken. Er hat keine Hoffnung mehr: diese zwei werden zugrunde gehen irgendwo in der Nacht.
Ein Bild kommt ihm in den Sinn, das sich ihm als Kind eingeprägt hat: man ließ einen Teich ab, um einen Ertrunkenen zu finden. Auch jetzt wird man nichts finden, ehe nicht die Flut der Dunkelheit abgelaufen ist von der Erde, ehe nicht die Steppen und Felder und Sandflächen wieder zutage treten. Bauern werden dann vielleicht zwei Kinder finden, die zu schlafen scheinen, den Arm überm Gesicht, hingespült in Gras und gelben Sand auf friedlichem Grund. Ertränkt von der Nacht.
Rivière denkt an Herrlichkeiten, die in den Tiefen der Nacht verborgen sind wie in einem Fabelmeer... Die Apfelbäume, die den Tag erwarten mit allen ihren Blüten im Finstern. Die Nacht ist reich, voll von Düften, von schlafenden Lämmern und von Blumen, die noch keine Farbe haben.
Nach und nach werden sie an den Tag steigen, die fetten Ackerfurchen, die tauigen Wälder und die frischen Kleewiesen.
Aber zwischen den jetzt harmlosen Bergen und den Steppen und den Lämmern, mitten in der friedlichen Ordnung der Erde, werden zwei Kinder liegen, als schliefen sie. Und etwas wird hinübergeglitten sein aus der sichtbaren Welt in eine andere.
Rivière denkt an Fabiens Frau, die jetzt in zärtlicher Angst wartet: ihre Liebe war ihr nur eben für eine Weile geliehen, wie ein Spielzeug einem armen Kinde.
Rivière denkt an Fabiens Hand, die noch für ein paar Minuten sein Schicksal am Steuer hält. Diese Hand, die geliebkost hat. Die sich auf eine Brust gelegt und einen Aufruhr darin

erweckt hat. Die sich auf ein Gesicht gelegt und dieses Gesicht verwandelt hat. Wunder wirkende Hand.
Fabien irrt über dem Glanz eines Wolkenmeeres umher, aber tiefer unten ist die Ewigkeit. Er ist verloren zwischen den Sternenbereichen, deren einziger Bewohner er ist. Er hält die Welt noch in den Händen und gegen seine Brust gewiegt. Er umkrampft in seinem Steuer allen Lebensbesitz und führt den nutzlosen Schatz, den er bald hingeben muß, verzweifelt von Stern zu Stern.
Irgendeine Funkstelle hört ihn vielleicht noch. Das einzige Band zwischen Fabien und der Welt ist eine summende Welle, ein kleines Getön in Moll. Keine Klage. Kein Schrei. Der reinste Laut, den Verzweiflung je hören ließ.

XIX

Robineau riß ihn aus seiner Einsamkeit:
»Herr Direktor, ich habe mir gedacht.. man könnte vielleicht versuchen...«
Er hatte gar nichts vorzuschlagen, aber er wollte seinen guten Willen bezeugen. Er hätte ums Leben gern eine Lösung gefunden und zerbrach sich den Kopf wie über ein Silbenrätsel. Er fand immer Lösungen, auf die Rivière nie hörte: »Sehen Sie, Robineau, es gibt keine Lösungen im Leben. Es gibt Kräfte in Bewegung, die muß man schaffen; die Lösungen folgen nach.« So war denn Robineau bemüht, auch seinerseits unter der Zunft der Mechaniker eine solche ›Kraft‹ zu schaffen, eine bescheidene Kraft, die sich darauf beschränkte, Schrauben vor dem Verrosten zu bewahren.
Aber die Ereignisse dieser Nacht versetzten ihn in Hilflosigkeit. Seine Inspektorenwürde hatte keine Macht über die Gewitter, noch auch über ein Gespensterflugzeug, das sich da draußen herumschlug, wahrlich nicht für eine Pünktlichkeitsprämie, sondern um einer Strafe zu entgehen, vor der alle Strafen Robineaus zunichte wurden: dem Tode.
So irrte er nutzlos und tatenlos in den Schreibstuben umher.

Fabiens Frau ließ sich anmelden. Von Unruhe getrieben, saß sie im Sekretärsbüro und wartete darauf, daß Rivière sie empfinge. Die Schreiber warfen verstohlene Blicke auf ihr Gesicht. Sie empfand eine Art Scham und schaute scheu um sich: alles hier schien sie abzuweisen – diese Menschen, die in ihrer Arbeit fortfuhren, als schritten sie über einen lebendigen Körper hinweg; diese Aktenreihen, in denen menschliches Leben, menschliches Leiden nur einen Niederschlag nüchterner Zahlen hinterließ. Sie suchte nach etwas, das ihr von Fabien gesprochen hätte; daheim deutete alles auf den Abwesenden: das halb aufgeschlagene Bett, der angerichtete Kaffee, ein Blumenstrauß ... Hier fand sie nichts. Alles widersetzte sich hier dem Mitleid, der Freundschaft, dem Gedenken. Das einzige, was sie zu hören bekam – denn alle dämpften die Stimme vor ihr –, war der ungeduldige Ausruf eines Angestellten, der nach einem Verzeichnis verlangte. »...Das Begleitverzeichnis für die Dynamos, Herrgott!, die wir nach Santos schicken.« Sie hob den Blick zu dem Mann mit einem Ausdruck unendlicher Verwunderung. Dann zu der Wand, an der eine Karte sich breitete. Ihre Lippen zitterten ein wenig, kaum.

Sie fühlte beklommen, daß sie hier gleichsam eine feindliche Wahrheit verkörperte, die niemand hören wollte, und bedauerte fast, daß sie gekommen war. Sie kam sich auffällig, ungehörig, wie nackt vor. Sie hätte sich am liebsten versteckt und zwang sich, nicht zu husten oder zu weinen, um sich nicht allzu bemerkbar zu machen. Aber die stumme Wahrheit, die aus ihr sprach, war so stark, daß sich die heimlichen Blicke immer wieder und wieder zu ihr stahlen, um sie ihr vom Gesicht abzulesen. Diese Frau war sehr schön. Sie offenbarte diesen Menschen die geweihte Welt des Glücks. Sie offenbarte ihnen, an welcher erlauchten Substanz man, ohne es zu wissen, sich versündigt, indem man sich der Welt der Tat verschreibt. Sie offenbarte ihnen, indem sie die Augen unter all den Blicken schloß, welchen Frieden man zerstören kann, ohne es zu wissen.

Rivière empfing sie.

Sie kam, um schüchtern für ihre Blumen, ihren angerichteten Kaffee, ihr junges Fleisch und Blut das Wort zu führen. Aber in diesem noch kälteren Raum befiel das leise Zittern wieder ihre Lippen. Auch sie fühlte – wie zuvor Rivière –, daß sie hier in dieser Welt nicht von ihrer Welt würde reden können. Alles, was ihr die Brust mit einer fast wilden Innigkeit erfüllte, nahm sich hier so ungelegen, so selbstsüchtig aus. Sie hätte fliehen mögen:

»Ich störe Sie...«

»Gnädige Frau«, sagte Rivière, »Sie stören mich durchaus nicht. Aber leider, gnädige Frau, bleibt uns beiden nichts anderes übrig als zu warten.«

Sie erwiderte mit einem schwachen Achselzucken. Rivière verstand den Sinn: ›Wozu die Lampe, das angerichtete Essen, die Blumen, zu denen ich nun wieder zurück muß...‹ Eine junge Mutter hatte ihm einmal gesagt: ›Ich habe den Tod meines Kindes noch nicht begriffen. Die kleinen Dinge sind das Schwere; die Kleider, die mir wieder in die Hand kommen; und in der Nacht, wenn ich aufwache, das zärtliche Gefühl, das mir immer noch ans Herz steigt, nutzlos jetzt, wie meine Milch...‹ Auch dieser Frau würde der Tod Fabiens erst ganz allmählich zum Bewußtsein kommen, in jedem jetzt nutzlosen Tun, in jedem Gegenstand. Fabien würde sein Heim nur langsam verlassen. Rivière schwieg in tiefem Mitleid.

»Gnädige Frau...«

Die junge Frau zog sich zurück, mit einem fast demütigen Lächeln, ihrer eigenen schmerzlichen Macht unbewußt.

Rivière setzte sich schweren Herzens wieder an seinen Tisch.

›Aber sie hilft mir finden, wonach ich suchte...‹

Er trommelte zerstreut mit den Fingern auf den Streckenmeldungen der Nordstationen.

›Wir wollen nicht ewig leben, aber wir wollen nicht alles Tun und alle Dinge plötzlich jeden Sinn verlieren sehen. Dann zeigt sich die Leere, die uns umgibt...‹

Sein Blick fiel auf die Telegramme:

›Und das ist die Art, wie der Tod sich *uns* zum Bewußtsein

bringt: die Meldungen da, die keinen Sinn mehr haben...‹
Er schaute auf Robineau. Der mittelmäßige Bursch war jetzt auch nutzlos, hatte auch keinen Sinn mehr.
Rivière sagte fast schroff zu ihm:
»Muß *ich* Ihnen Arbeit anweisen?«
Dann stieß er die Tür zu dem Zimmer auf, in dem die Schreiber saßen, und ein Zeichen sprang ihm in die Augen, das deutlicher als Worte von dem Ausbleiben Fabiens sprach, ein Zeichen, das Frau Fabien nicht hatte wahrnehmen können: R.B. 903, das Flugzeug Fabiens, figurierte auf dem Dienstplan, der an der Wand hing, bereits unter der Rubrik für nicht verfügbares Material. Die Schreiber, die die Papiere für den Europakurier herzurichten hatten, arbeiteten nachlässig, weil sie wußten, daß er Verspätung haben würde. Vom Flugplatz wurde telefonisch angefragt nach Instruktionen für die Wachmannschaften, die jetzt zwecklos in Bereitschaft standen. Die Funktionen des Lebens hatten sich verlangsamt. ›Der Tod‹, dachte Rivière, ›da ist er.‹ Das ganze Werk, das er geschaffen, erschien ihm wie ein Segelschiff bei Flaute auf dem Meer.
Er hörte Robineaus Stimme.
»Herr Direktor... sie waren erst seit sechs Wochen verheiratet...«
»Gehen Sie an Ihre Arbeit.«
Rivière sah vor sich die Schreiber dort, und hinter ihnen die Arbeiter, die Mechaniker, die Piloten, alle, die ihm bei seinem Werk geholfen hatten mit dem Glauben derer, die etwas aufbauen. Er dachte an die Menschen alter Zeit, die in ihren Siedlungen von ›Inseln‹ erzählen hörten und sich ein Schiff bauten. Um es mit ihrer Sehnsucht zu befrachten. Um die Segel ihrer Hoffnung sich entfalten zu sehen auf dem Meer. Alle über sich selbst hinausgewachsen, alle befeuert und befreit durch ein Schiff. ›Das Ziel ist vielleicht fragwürdig, aber die Tat befreit vom Tode. Diese Menschen errangen sich Dauer durch ihr Schiff.‹
Und auch er wird gegen den Tod kämpfen, er wird den Telegrammen wieder ihren gültigen Sinn geben und den

Mannschaften auf Wache ihre lebendige Unruhe und den Piloten ihr erregendes Ziel. Das Leben wird dieses Werk wieder in Gang setzen, wie der Wind einen Segler auf See.

XX

Commodoro Rivadavia hört nichts mehr, aber tausend Kilometer weiter, zwanzig Minuten später, fängt Bahia Blanca eine zweite Nachricht auf:
›Gehen hinunter. Kommen in die Wolken...‹
Dann erschienen auf der Funkstelle Trelew die zwei verlorenen Worte:
›...nichts sehen...‹
So ist es mit den Kurzwellen. Hier erwischt man sie, dort bleibt man taub. Dann, ohne Grund, wechselt alles. Die beiden da oben, Gott weiß wo, melden sich den Lebenden schon wie von jenseits von Raum und Zeit, und die Schrift auf den weißen Blättern der Funkstellen ist Geisterschrift.
Ist der Betriebsstoff erschöpft, oder spielt der Pilot seine letzte Karte aus und versucht noch vorher zu landen?
Die Stimme von Buenos Aires gibt den Befehl an Trelew:
»Fragen Sie ihn.«

Das Bild der Empfangsstelle gleicht einem Laboratorium: Nickel, Kupfer, Manometer, ein Netz von Drähten. Die Funker vom Dienst in weißen Kitteln hocken wie über ein Experiment gebeugt.
Mit behutsamen Fingern berühren sie die Instrumente, tasten den magnetischen Raum ab, Rutengänger, die die Goldader suchen.
»Keine Antwort?«
»Keine Antwort.«
Vielleicht wird man ihn doch noch aufspüren, diesen kleinen Lebenslaut. Vielleicht wird man, wenn das Flugzeug mit seinen Bordlichtern wieder zu den Sternen aufsteigt, ihn noch singen hören, diesen Stern...

Die Sekunden verrinnen wie Pulsschlag. Fliegt er noch? Jede Sekunde nimmt eine Chance mit sich fort. Es ist, als sähe man die Zerstörerin Zeit an der Arbeit. Als sähe man dieselbe Kraft, die in Jahrhunderten einen Tempel überwältigt, sich ihren Weg in den Granit bahnt und den Tempel in Staub verwandelt, hier, auf Sekunden zusammengedrängt, ihr Werk an den zwei Menschen und ihrem Flugzeug verrichten.

Jede Sekunde nimmt etwas mit sich fort. Fabiens Stimme, Fabiens Lachen und Lächeln. Das Schweigen gewinnt Raum. Breitet sich immer weiter und schwerer aus, wie ein Meer.

Dann sagt einer:

»Ein Uhr vierzig. Äußerste Grenze für den Betriebsstoff. Unmöglich, daß sie noch fliegen.«

Und nun ist Friede.

Etwas Bitteres und Fades legt sich auf die Lippen, wie am Ende einer Reise. Etwas hat sich erfüllt, wovon man nichts weiß; etwas, wovon man ein wenig Herzweh spürt. Etwas von der Traurigkeit, die über zerstörten Fabriken herrscht, ist über diesem Gefüge von Nickel und Kupferadern. All dieses Gerät scheint unnütz, wirr, abgestorben wie totes Geäst.

Es bleibt nichts mehr übrig, als den Tag abzuwarten.

In ein paar Stunden wird ganz Argentinien an den Tag emportauchen, und die Männer hier verharren wie an einem Strand angesichts des Netzes, das man einzieht, langsam einzieht, und von dem man nicht weiß, was es enthalten wird.

Rivière in seinem Arbeitszimmer empfindet die Entspannung, die nur die großen Unglücksfälle mit sich bringen, wenn das Unvermeidliche den Menschen von der Verantwortung befreit. Er hat die Polizei einer ganzen Provinz alarmiert. Mehr kann er nicht tun, man muß abwarten.

Aber Ordnung muß auch noch im Totenhause herrschen.

Rivière gibt Robineau ein Zeichen:

»Telegramm an die Nordstationen: Sehen bedeutende Verspätung des Patagonienkuriers voraus. Um Europakurier nicht zu sehr zu verspäten, werden wir Patagonienkurier an nächsten Europakurier anschließen.«

Er beugt sich ein wenig über den Tisch, aber gibt sich einen Ruck und sucht sich an etwas zu erinnern, das wichtig war. Ach, ja! Das darf nicht vergessen werden:

»Robineau.«

»Herr Rivière?«

»Sie werden mir eine Verordnung aufsetzen. Verbot an die Piloten, neunzehnhundert Touren zu überschreiten: man ruiniert mir die Motore.«

»Gut, Herr Rivière.«

Er beugt sich noch etwas tiefer über den Tisch. Er braucht jetzt vor allem Alleinsein:

»Gehen Sie, Robineau. Gehen Sie, mein Lieber...«

Und Robineau geht, bestürzt über diese vertrauliche Anrede, diese ungewohnte Gleichstellung angesichts der Schatten des Todes.

XXI

Robineau irrte melancholisch in den Büros umher. Das Leben des ganzen Betriebs war ins Stocken geraten in der Erwartung, daß der Start des Europakuriers, der auf zwei Uhr festgesetzt war, auf Tagesanbruch verschoben werden würde.

Die Angestellten saßen mit verschlossenen Gesichtern noch immer in Bereitschaft, die keinen Zweck mehr hatte. Noch immer liefen in regelmäßigen Abständen die Streckenmeldungen der Nordstationen ein, aber ihr ewiges ›Klar‹ und ›Vollmond‹ und ›Windstille‹ rief nachgerade die Vorstellung von einer recht sterilen Herrlichkeit wach. Einer Mond- und Steinwüste. Während Robineau, ohne im übrigen zu wissen warum, in einem Aktenstück blätterte, das der Bürovorsteher gerade bearbeitete, bemerkte er plötzlich, daß der Mann vor ihm stand und in der Haltung höflicher Unverfrorenheit darauf wartete, daß er es ihm zurückgäbe. Mit einer Miene, als hätte er sagen wollen: ›Wenn Sie gefälligst so weit sein werden, nicht wahr? Das gehört mir...‹ Diese Haltung eines Untergebenen empörte ihn, aber er fand keine Erwiderung und reichte ihm irritiert das Heft hin. Der Bürovorsteher kehrte mit edler Würde an seinen Platz zurück. ›Ich hätte ihn zum Teufel schicken sollen‹, dachte Robineau. Dann schritt er, um sich Haltung zu geben, einige Male auf und ab und richtete seine Gedanken wieder auf das tragische Geschehnis. Er fühlte sich von zwiefacher Bekümmernis bedrückt, denn dieses Geschehnis würde sicherlich auch zur Folge haben, daß die Sache, die Rivière verfocht, in Mißkredit geriet.

Er sah ihn wieder vor sich, eingeschlossen in seinem Büro, diesen Mann, der eben ›mein Lieber‹ zu ihm gesagt hatte. Noch nie war ein Mensch so ohne Beistand gewesen. Robineau empfand tiefes Mitleid mit ihm. Allerlei Worte gingen ihm unbestimmt durch den Kopf, die ihm Teilnahme und Trost zusprechen sollten. Ein Gefühl beseelte ihn, das ihm selber sehr edel erschien. Er klopfte leise an die Tür. Keine Antwort kam. Er wagte in dieser Stille nicht, stärker zu klopfen, und öffnete die Tür. Rivière saß an seinem Tisch. Robineau trat zum erstenmal fast beschwingten Fußes bei ihm ein, sozusagen als Freund, sozusagen wie der Feldwebel, der im Kugelregen seinem verwundeten General beispringt und in der Niederlage nicht von seiner Seite weicht und sein Bruder im Exil wird. ›Ich bin der Ihre, komme was wolle‹, schien Robineau sagen zu wollen.

Rivière schwieg und betrachtete gesenkten Kopfes seine Hände. Und Robineau, der vor ihm stand, wagte nicht mehr den Mund aufzutun. Auch der entkräftete Löwe noch schüchterte ihn ein. Worte, immer trunkener von Ergebenheit, stiegen in ihm auf, aber jedesmal, wenn er den Blick hob, sah er diesen zu drei Viertel gesenkten Kopf vor sich, dieses graue Haar, diese Lippen, zusammengepreßt über wieviel Bitterkeit! Endlich gab er sich einen Ruck:

»Herr Direktor...«

Rivière hob den Kopf und sah ihn an. Rivière tauchte aus einer so tiefen, so fernen Versunkenheit auf, daß er vielleicht

die Anwesenheit Robineaus noch gar nicht bemerkt hatte. Er betrachtete Robineau lange, wie den lebendigen Zeugen von irgend etwas. Robineau wurde verlegen. Je mehr er ihn betrachtete, je mehr malte sich auf seinen Lippen eine Ironie, aus der Robineau nicht klug wurde. Je mehr Rivière ihn betrachtete, je mehr errötete Robineau, und je mehr erschien es Rivière, als sei dieser Mann mit seinem rührenden guten Willen hier zu ihm gekommen, um ein kläglich unfreiwilliges Zeugnis abzulegen von der Torheit der Menschen.
Robineaus Vorhaben löste sich in Verwirrung auf. Der Feldwebel, der General, der Kugelregen – nichts von alledem hatte mehr Kurswert. Etwas Unerklärliches ging vor sich. Rivière schaute ihn immer noch an. Robineau korrigierte ein wenig seine Haltung, nahm die Hand aus der linken Hosentasche. Rivière schaute immer noch. Da endlich stammelte Robineau tödlich verlegen, ohne zu wissen warum, die Worte hervor:
»Ich bin gekommen, um Ihre Anweisungen entgegenzunehmen.«
Rivière zog seine Uhr und sagte einfach:
»Es ist jetzt zwei Uhr. Der Kurier von Asuncion wird um zwei Uhr zehn landen. Lassen Sie den Europakurier um Viertel nach zwei starten.«
Und Robineau gab die erstaunliche Kunde weiter: die Nachtflüge wurden nicht aufgehoben!
Und Robineau wandte sich an den Bürovorsteher:
»Sie bringen mir nachher das Aktenstück zur Kontrolle.«
Und als der Bürovorsteher vor ihm stand:
»Warten Sie.«
Und der Bürovorsteher wartete.

XXII

Der Kurier von Asuncion meldete sich zur Landung.
Rivière hatte auch in den schlimmsten Stunden von Telegramm zu Telegramm seinen Weg verfolgt. Das war ihm

inmitten der Zerrüttung die Rechtfertigung seines Glaubens, der Beweis. Dieser glückliche Flug verkündete tausend andere, ebenso glückliche Flüge. ›Es kommt nicht jede Nacht ein Zyklon.‹ Er dachte auch: ›Wenn einmal der Weg vorgezeichnet ist, kann man nicht anders als weitergehen.‹

Von Staffel zu Staffel, aus Paraguay her wie aus einem herrlichen Garten voller Blumen, niedriger Häuser und stiller Gewässer glitt das Flugzeug am Rande des Zyklons dahin, der ihm nicht einen Stern trübte. Neun Passagiere, in ihre Reisedecken gehüllt, saßen, die Stirn an die Scheibe gelehnt wie an ein Schaufenster voller Geschmeide, denn da drunten streuten schon die kleinen Städte Argentiniens ihre Goldkörner in die Nacht, unter dem blasseren Gold der Sternstädte droben. Der Pilot vorn lenkte mit seinen Händen die kostbare Fracht Menschenleben, die Augen weit offen und voller Mondlicht, wie ein Hirt. Buenos Aires erfüllte schon den Horizont mit seinem Rubinschein und würde bald mit all seinem Geschmeide blitzen wie ein Fabelschatz. Der Funker entsandte mit behenden Fingern die letzten Telegramme, wie die Schlußklänge einer Sonate, fröhlich in den Raum musiziert, von Rivière vernommen; dann zog er die Antenne ein, streckte sich ein wenig, gähnte und lächelte: man war am Ziel.

Nach der Landung trat der Pilot zu dem Führer des Europakuriers, der, die Hände in den Taschen, gegen seine Maschine gelehnt stand.

»Hast *du* den Anschluß?«

»Ja.«

»Ist Patagonien schon da?«

»Wird nicht mehr erwartet: vermißt. Wetter gut?«

»Sehr gut. Fabien ist vermißt?«

Sie sprachen nicht viel darüber. Die Bruderschaft, die sie verband, machte Gerede überflüssig.

Man verlud die Durchgangspost von Asuncion auf das Europaflugzeug, während der Pilot noch immer unbeweglich, den Kopf im Nacken, gegen die Bordwand gelehnt stand und in die Sterne schaute. Er spürte ein grenzenloses

Kraftgefühl in sich wachsen, und ein gewaltiges Behagen durchdrang ihn.

»Fertig?« rief eine Stimme. »Alsdann einschalten!«

Der Pilot rührte sich nicht. Man ließ seinen Motor an. Er stand gegen das Flugzeug gelehnt und wartete darauf, das Leben der Maschine in seinen Schultern zu spüren. Endlich Gewißheit nach all dem Hin und Her: wird starten... wird nicht starten... wird starten! Sein Mund öffnete sich halb, und seine Zähne blitzten im Mondlicht wie die eines jungen Raubtiers.

»Gut aufpassen, du, bis es hell wird, gelt?«

Er hörte den Rat seines Kameraden nicht. Die Hände in den Taschen, das Gesicht den Wolken, Bergen, Flüssen, Meeren zugewandt, begann er schweigend zu lachen. Ein leises Lachen, aber ihn durchzitternd von Kopf bis Fuß, wie ein Windhauch einen Baum. Ein schwaches Lachen, aber stärker als diese Wolken, Berge, Flüsse und Meere.

»Was hast du?«

»Dieser Tropf, Rivière, der mich für... der sich einbildet, ich hätte Angst!«

XXIII

In einer Minute wird er Buenos Aires unter sich haben, und Rivière, der seinen Kampf wieder aufnimmt, will ihn hören. Ihn aufsteigen, dröhnen und entschwinden hören, wie den gewaltigen Schritt einer Armee auf dem Marsch in die Sterne.

Rivière geht mit verschränkten Armen durch die Schreiber hindurch. Vor einem Fenster bleibt er stehen, horcht und denkt.

Hätte er auch nur *einen* Start abgesagt, so wäre die Sache der Nachtflüge verloren gewesen. Aber er ist den Schwächlingen, die morgen über ihn zetern werden, noch in dieser selbigen Nacht zuvorgekommen.

Sieg... Niederlage... diese Worte haben keinen Sinn. Begriffe, Bilder, unter denen das wahre Leben sich regt und schon wieder neue Bilder schafft. Ein Sieg schwächt ein Volk, eine Niederlage erweckt es neu. Die Niederlage, die Rivière erlitten hat, ist vielleicht eine Lehre, die den vollen Sieg näher bringt. Das Geschehen en marche allein gilt.

In fünf Minuten werden die Funkstellen die Stationen alarmiert haben. Auf fünfzehntausend Kilometer hin wird das Brausen des Lebens wieder surren, und alle Zweifel und Fragen werden darin gelöst sein.

Schon steigt ein Orgelklang auf: das Flugzeug.

Und Rivière kehrt mit langsamen Schritten an seine Arbeit zurück, durch die Schreiber hindurch, die sich unter seinem harten Blick ducken. Rivière der Große, Rivière der Siegreiche, der die Last seines Sieges trägt.

WIND, SAND UND STERNE

Dieses Buch gehört meinem Kameraden
Henri Guillaumet.

Die Erde schenkt uns mehr Selbsterkenntnis als alle Bücher, weil sie uns Widerstand leistet. Und nur im Kampf findet der Mensch zu sich selber. Aber er braucht dazu ein Werkzeug, einen Hobel, einen Pflug. Der Bauer ringt in zäher Arbeit der Erde immer wieder eines ihrer Geheimnisse ab, und die Wahrheiten, die er ausgräbt, sind allgültig. So stellt auch das Flugzeug, das Werkzeug des Luftverkehrs, den Menschen allen alten Welträtseln gegenüber und wird uns zum Werkzeug der Erkenntnis und der Selbsterkenntnis.

Wenn ich mit solchen Gedanken vor andere Menschen trete, ersteht mein erster Nachtflug in Argentinien vor mir, das Bild einer dunklen Flugnacht, in der nur die weitverstreuten Lichter in der Ebene gleich fernen Sternen leuchteten.

Jedes von ihnen meldete in diesem Weltmeer von Finsternis das Wunder eines Bewußtseins. Dort, in diesem Heim, da las ein Mensch, da dachte ein Mensch, da gingen vertraute Mitteilungen von Mund zu Ohr. Dort, in jenem anderen, da mühte sich ein Forschergeist, in den Weltenraum zu dringen, und zerbrach sich den Kopf mit Berechnungen über den Andromedanebel. Dort drüben hatten sich zwei Menschen lieb.

In weiten Zwischenräumen leuchteten die Feuer im Lande und forderten ihre Nahrung. Selbst die kleinsten und bescheidensten riefen, beim Dichter, beim Lehrer, beim Zimmermann. Aber in dem Raum zwischen diesen lebenden Sternen, wie viele verschlossene Fenster gab es da, erloschene Sterne, schlafende Menschen!

Ich muß versuchen, Anschluß zu finden. Ich will mich bemühen, mit einigen dieser Feuer, die in weiten Zwischenräumen im Lande brennen, Verbindung herzustellen.

Die Erde schenkt uns mehr Selbsterkenntnis als alle Bücher, weil sie uns Widerstand leistet. Und nur im Kampf findet der Mensch zu sich selbst. Aber er braucht dazu ein Werkzeug, einen Hobel, einen Pflug. Der Bauer ringt in zäher Arbeit der Erde immer wieder einige ihrer Geheimnisse ab, und die Wahrheiten, die er ausgräbt, sind allgemein. So stellt auch das Flugzeug, das Werkzeug des Luftverkehrs, den Menschen allen alten Welträtseln gegenüber und wird uns zum Werkzeug der Erkenntnis und der Selbsterkenntnis.

Wenn ich mit solchen Gedanken vor andere Menschen trete, ersteht mein erster Nachtflug in Argentinien vor mir, das Bild einer dunklen Flugnacht, in der nur die weitverstreuten Lichter in der Ebene gleich fernen Sternen leuchteten.

Jedes von ihnen meldete in diesem Weltmeer von Finsternis das Wunder eines Bewußtseins. Dort in diesem Heim, da las ein Mensch, da dachte ein Mensch, da gingen vertraute Mitteilungen von Mund zu Ohr. Dort, in jenem anderen, da mühte sich ein Forschergeist, in den Weltenraum zu dringen, und zerbrach sich den Kopf mit Berechnungen über den Andromedanebel. Dort drüben hatten sich zwei Menschen lieb.

In weiten Zwischenräumen leuchteten die Feuer im Lande und forderten ihre Nahrung. Selbst die idealsten und bescheidensten Feuer, beim Dichter, beim Lehrer, beim Zimmermann. Aber in dem Raum zwischen diesen lebenden Sternen, wie viele verschlossene Fenster gab es da, erloschene Sterne, schlafende Menschen!

Ich muß versuchen, Anschluß zu finden. Ich will mich bemühen, mit einigen dieser Feuer, die in weiten Zwischenräumen im Lande brennen, Verbindung herzustellen.

I

Die Strecke

1926. Als junger Verkehrsflieger war ich frisch bei der Latécoère-Gesellschaft eingetreten, die vor der Aéropostale, später Air-France, die Strecke Toulouse–Dakar (Frankreich–Senegal) betrieb. Dort lernte ich das Handwerk. Wie meine Kameraden ließ ich die Probezeit über mich ergehen, die alle Jungen durchmachen müssen, ehe ihnen die große Ehre zuteil wird, die Post zu befördern. Flugversuche, »Langstreckenflüge« Toulouse–Perpignan über 160 Kilometer, elende Stunden Wetterkunde im hintersten Winkel eines eisigen Flugzeugschuppens. Wir lebten in unbestimmter Furcht vor den Bergen in Spanien, die wir noch nicht kannten, und in Ehrfurcht vor den »Alten«.
Ja unsere Alten! Wir trafen sie in der Gastwirtschaft. Unwirsch waren sie, hielten auf Abstand und gaben ihren guten Rat sehr von oben herab. Und wenn einmal einer mit schwerer Verspätung von Alicante oder Casablanca eintraf, mit triefend nassem Lederzeug unter uns trat und sich dann einer von uns schüchtern nach seinem Flug erkundigte, dann ließen die kurzen Antworten des Alten an Sturmtagen vor uns eine wilde Märchenwelt erstehen, eine Welt voller Fallstricke und Hinterhalte, mit Steilklippen, die plötzlich aus dem Nichts herauswuchsen, mit Luftwirbeln, die starke Zedern entwurzeln konnten. Schwarze Drachen verlegten die Talmündungen, Blitzbüschel krönten die Bergkämme. Diese Alten ließen es sich etwas kosten, unseren Respekt vor ihnen wach zu erhalten! Und dann kam immer wieder die Stunde, wo einer von ihnen – nun ehrfurchtgebietend für alle Zeit – nicht wiederkehrte.

Ich erinnere mich an eine Heimkehr Burys, der später sein Leben im Corbières-Bergland, zwischen Toulouse und Perpignan, lassen mußte. Dieser alte Flugzeugführer hatte sich in unserer Mitte niedergelassen, und nun saß er, mit schweren Bewegungen, wortlos, die Schultern noch steif vom angestrengten Steuern, beim Essen. Es war der Abend nach einem jener bösen Tage, wo das Wetter auf der ganzen Flugstrecke faul ist, wo es dem Flieger vorkommt, als schwämmen die Berge im Nebelschlamm herum, ähnlich wie auf den alten Kriegsschiffen sich manchmal die Geschütze von ihren Verankerungen losrissen und das Verdeck zerpflügten. Ich mußte ständig zu ihm hinsehen, verschluckte aber immer wieder meine Rede; schließlich wagte ich es doch und fragte ihn, ob sein Flug schwer gewesen sei. Bury hörte nicht, sondern stierte mit gerunzelter Stirn auf seinen Teller. In den offenen Flugzeugen jener Tage pflegte man sich bei schlechtem Wetter öfters aus der Deckung der Windschutzscheibe hervorzubeugen, um besser zu sehen, und das Windgepfeife, das einem dann um die Ohren schlug, hallte lange nach. Endlich aber hob Bury den Kopf und schien mich zu hören, sich zu besinnen. Dann brach er plötzlich in ein helles Lachen aus. Das brachte mich aus der Fassung, denn Bury lachte selten. Dieses Lachen aber verklärte seine Strapazen. Er gab auch keine andere Erklärung über seinen Sieg ab, sondern beugte den Kopf wieder über den Teller und fuhr fort, schweigend zu kauen. Mir aber schien in der Durchschnittlichkeit dieser Speisewirtschaft, in der kleine Beamte die kleinen Mühen des Tages ausglichen, dieser Kamerad mit den schweren Schultern wie geadelt. Strahlte nicht durch seine rauhe Schale hindurch etwas von dem Engel, der den Drachen besiegt hatte?

Endlich kam der Tag, an dem auch ich in das Zimmer des Direktors gerufen wurde. Er sagte nur: »Sie fliegen morgen.« Ich blieb stehen und wartete, daß er mich entließ. Er aber fügte nach einer Pause noch hinzu: »Sie kennen die Vorschriften?«

Damals waren nämlich die Motore noch lange nicht so zuverlässig wie heute. Oft genug ließen sie einen plötzlich im

Stich, und ohne jede Warnung saß man im Geklirr des zertrümmerten Porzellanladens. Dann steuerte man nach der Steinkruste Spaniens, die doch keinerlei Zuflucht bot. »Wenn hier der Motor kaputtgeht«, sagten wir unter uns, »dann folgt das Flugzeug nur zu schnell ihm nach.« Nun, ein Flugzeug ist nicht unersetzbar. Die Hauptsache ist, nicht blindlings aufs Felsenland niederzugehen. Darum war es uns bei schwerster Strafandrohung verboten, Wolkenmassen über den Berglandschaften zu überfliegen. Der Flieger, dem da der Motor ausgefallen wäre, wäre in der weißen Watte verschwunden und an die Berge gerannt, ohne sie vorher sehen zu können.

Und so wiederholte denn an jenem Abend eine langsame Stimme mit sehr viel Nachdruck noch einmal die Vorschrift: »Nach Kompaß fliegen ist schon schön; in Spanien über Nebelmeere so wegsteuern, das macht sich fein, aber...« – und da wurde die Stimme noch langsamer und nachdrücklicher – »aber ... vergessen Sie nicht: unter den Wolken wartet auf Sie... die Ewigkeit.«

Mit einem Schlage bekam die friedliche, einfache, klare Welt, auf die man stößt, wenn man aus den Wolken hinabtaucht, ein neues Gesicht. Auch diese Friedlichkeit war nur eine Falle, die dort zu meinen Füßen lauerte. Nicht geschäftige Menschheit wogte da unten, nicht der Betrieb und der lebhafte Verkehr der Städte. Nein, da herrschte noch ein tieferes Schweigen, ein Friede ohne Wiederkehr. Das weiße Gewoge war die Grenze von Sein und Nichtsein, ein schauerlich schneller Übergang von der Welt des Bekannten in das Reich des Unwißbaren. Leise ahnte ich, daß ein Schauspiel nur dann Sinn hat, wenn man es auf eine Bestrebung, auf eine Gesittung, auf ein menschliches Tun beziehen kann. Die guten Gebirgler kennen die Wolkenmeere wohl; aber sie vermögen doch in ihnen nicht die geheimnisvolle Scheidewand zu erkennen, die sie für mich bedeuteten.

Als ich das Direktorzimmer verließ, packte mich ein knabenhafter Stolz. Beim nächsten Morgengrauen durfte also auch ich verantwortlich für das Leben von Fluggästen und für das Heil der Post nach Afrika sein. Aber ich empfand auch eine tiefe Demut. Ich fühlte mich ungenügend vorbereitet. Spanien ist arm an Zufluchtsplätzen; so mußte ich fürchten, keine Stelle für eine Notlandung zu finden, wenn es eine Störung gab. Vergeblich hatte ich über auskunftskargen Karten gebrütet. Also ging ich, während mein Herz zwischen Stolz und Demut schwankte, um meine Sporenwache, wie man diesen letzten Abend vor dem Ritterschlag wohl nennen darf, bei meinem Kameraden Guillaumet zu verbringen. Er war vor mir auf dieser Strecke geflogen, er besaß gewissermaßen den Schlüssel zu Spanien; von ihm mußte ich mich einweihen lassen.

Er strahlte, als ich eintrat: »Ich weiß schon. Du bist selig, was?«

Rasch ging er zum Wandspind und holte Portwein und Gläser. Dann kam er wieder und sagte, noch immer strahlend: »Das müssen wir begießen. Du wirst schon sehen. Alles klappt tadellos.«

Er verbreitete Zuversicht um sich wie eine Lampe Licht, der Kamerad, der später einmal die besten Flugzeiten für Postflüge über die Anden und den Südatlantik unterbieten sollte. Doch das war Jahre später. An jenem Abend saß er in Hemdsärmeln mit verschränkten Armen unter der Lampe und lächelte so wohltuend und sagte so schlicht: »Sturm, Nebel, Schnee, die werden dir schon manchmal zu schaffen machen. Dann denke nur an die, die das vor dir erlebt haben, und sage dir ganz einfach: Was anderen gelungen ist, wirst du auch schaffen!«

Ich aber packte doch meine Karten aus und bat ihn, mit mir die Reise ein bißchen durchzugehen. So saß ich denn vorgebeugt unter der Lampe, an die Schulter des »Alten« gelehnt, und es war wieder wie in seligen Schulzeiten.

Aber was bekam ich da für eine sonderbare Erdkundestunde! Guillaumet paukte mir Spanien nicht ein, er machte mir das Land vertraut. Da gab es keine Flußgebiete, Viehstatistik und Volkskunde. Er erzählte nicht von Guadix, sondern von den drei Apfelsinenbäumen an einem Feldrand vor Guadix: »Nimm dich vor denen in acht! Zeichne sie auf deine Karte ein!« Und alsbald wuchsen die drei Apfelsinenbäume gewaltiger auf als die Sierra Nevada. Er erzählte auch nichts von Lorca, sondern nur von einem schlichten Bauernhof nahe dabei, von einem lebenserfüllten Hofe, vom Bauern und von der Bäuerin. Dort saßen sie auf ihrem Berghang und waren unter ihren Lichtern bereit, wie Leuchtturmwärter, Menschen Hilfe zu bringen. Das gab den bescheidenen Leuten auf anderthalbtausend Kilometer Entfernung eine ungeahnte Wichtigkeit.

So zogen wir aus seinem Dunkel, aus seiner unbegreiflichen Ferne allerlei Wissen, das den Erdkundlern in aller Welt unbekannt ist. Sie wollen nur vom städtereichen Ebro wissen; der kleine Bach geht sie nichts an, der unter den Gräsern im Westen von Motril hinschleicht und ein Schock Blumen nährt. »Vor dem Bach mußt du dich hüten; der verdirbt den Grund. Zeichne ihn ein!« Und niemals werde ich diese tückische Schlange bei Motril vergessen! Nach nichts sah das Bächlein aus, sein leises Murmeln mochte höchstens einigen Fröschen zur Freude gereichen – und doch war es stets halb wach. Auf dem verheißenden Paradies des Notlandeplatzes lauert es auf mich, zweitausend Kilometer von hier im Grase versteckt. Gebt ihm nur Gelegenheit, und es macht aus mir eine lohende Feuersäule!

Auch die dreißig kriegerischen Hammel erwartete ich mit Fassung, die dort an der Hügelseite standen, immer angriffsbereit: »Du denkst, die Wiese ist frei, und schwupp, sausen dir die dreißig Viecher unter die Räder.« Und ich? Mit wundergläubigem Lächeln nahm ich die tückische Drohung hin.

Denn langsam wurde Spanien auf meiner Karte da unter der Lampe zum Märchenland. Als Baken durch dies verwunschene Reich zeichnete ich mir Kreuzchen an alle Stätten der Zuflucht und an alle Hinterhalte. Der Bauer bekam sein Kreuzchen, die dreißig Hammel das ihre und der Bach das seine. Und auch die Hirtin wurde an ihrem Platze eingetragen, den ihr die zünftige Erdkunde neidisch versagt hatte.

Nachdem ich mich von Guillaumet verabschiedet hatte, verspürte ich Lust, mich im kalten Winterabend auszulaufen. Ich schlug den Mantelkragen hoch und trug meine jugendliche Glut unter Leuten spazieren, die von ihr keine Ahnung hatten. Die Berührung mit ihnen aber steigerte meine Stimmung, gerade weil sie mich nicht kannten und nichts von dem Geheimnis in meinem Herzen wußten. Sie beachten mich nicht, die Barbaren, und morgen früh vertrauen sie mir mit den Postsäcken ihr Werk, sie geben ihre Hoffnungen zu meinen getreuen Händen! So schritt ich, in meinen Mantel gewickelt, wie ein Schutzengel durch ihre Mitte. Sie aber sahen meinen Eifer nicht.

Dafür sprach freilich die Nacht auch nicht so zu ihnen, wie sie zu mir sprach. Die ersten Botschaften von einem Schneesturm, der sich da vielleicht zusammenbraute und mir meinen ersten Flug zur Hölle machen konnte, gingen mir an Leib und Seele. Stern um Stern erlosch. Was konnte das jenen Spaziergängern sagen? Nur ich war eingeweiht; es waren geheime Signale vor der Schlacht, die mir die Stellung des feindlichen Heeres verraten sollten.

Diese ersten Sturmzeichen, die mich so ernsthaft angingen, erfuhr ich vor den hellen Schaufenstern, in denen Weihnachtsgeschenke lockten. Lagen da nicht in der Nacht alle Schätze der Welt? Ich erlebte den Wollustrausch der Entsagung. Ich war ein bedrohter Krieger; was galten mir noch die leuchtenden Spiegelkristalle, die auf den Heiligen Abend warteten, was sollten mir Lampenschirme, Bücher? Ich badete bereits im peitschenden Regen, ich schmeckte schon, als Verkehrsflieger, die bittere Kost eines Nachtfluges.

Um drei Uhr früh wurde ich geweckt. Ich schlug mit raschem Griff die Gardinen zurück, sah, daß es in der Stadt regnete, und zog mich in ernster Stimmung an.

Eine halbe Stunde später saß ich draußen auf meinem Köfferchen und wartete am regenglänzenden Bürgersteig auf den Autobus. So viele Kameraden hatten an ihrem Tauftag genau so gewartet, und auch ihnen war wohl ein wenig eng ums Herz gewesen. Endlich bog er um die Ecke, ein vorsintflutliches Fahrzeug, das wie eine Fuhre Alteisen klapperte, und ich verstaute mich auf der langen Bank zwischen den schlaftrunkenen Zollwärter und einige Schreiber aus der Verwaltung. Was roch dieser Autobus muffig nach Aktenstaub und Kanzlei, in denen das Leben eintrocknet! Alle halben Kilometer hielt er an, um einen weiteren Büromenschen oder einen Inspektor oder einen Zollbeamten aufzuladen. Die anderen schliefen schon wieder und beantworteten den Gruß jedes Neuankömmlings mit einem undeutlichen Grunzen. Dann suchte sich dieser seinen Platz, so gut es ging, und schlief auch ein. Das war eine traurige Fahrt auf dem holprigen Pflaster von Toulouse. Und der Herr Verkehrsflieger unterschied sich anfangs gar nicht von all den Beamten, unter die er gepackt war. Aber die Straßenlampen zogen vorbei, der Flugplatz kam immer näher, und der alte schüttelnde Autobus ähnelte einer Puppenhülle, der ein Schmetterling entsteigen soll: denn aus diesem Fahrzeug gingen Menschen verwandelt hervor.

So hatten an ähnlichen Morgen meine Kameraden vor mir die Neugeburt erlebt; mitten unter diesen leichtverletzten Beamtenseelen, im Banne der mürrischen Blicke des Herrn Inspektors war plötzlich der Mensch in ihnen gewachsen, der die volle Verantwortung für die Post nach Spanien und Afrika trug, der drei Stunden später den Kampf mit den blitzesprühenden Drachen auf dem Bergkamm des Hospitalet aufnehmen würde und der vier Stunden später nach glücklichem Sieg über dieses Ungeheuer mit uneingeschränkter Vollmacht beschließen durfte, entweder den Bergstock von Alcoy unmittelbar anzugreifen oder ihn übers Meer hin zu umfliegen. Da stand mit einem Male der Herrscher, der sich nur noch mit den Gewitterstürmen, mit Bergriesen und Weltmeeren abgab. Fünf Stunden später gab er dem Winter den Abschied, ließ Schnee und Regen des Nordens hinter sich und setzte mit leerlaufendem Motor im herrlichsten Sommer unter der strahlenden Sonne von Alicante zur Landung an.

Den alten Autobus gibt es nicht mehr. Aber seine Kahlheit und Unbequemlichkeit sind mir lebendig in der Erinnerung geblieben. So wie er war alles, was wir durchlebten, ehe wir die herben Freuden unseres Berufes genießen durften. Alles bekam in diesem Fahrzeug eine geradezu packende Nüchternheit. So erinnere ich mich, wie ich drei Jahre später den Tod des Fliegers Lécrivain erfuhr. Er war einer der hundert Kameraden, die an einem nebligen Tage oder in einer nebligen Nacht ihren ewigen Abschied nahmen. Nicht zehn Worte wurden dabei gewechselt. Es war auch um drei Uhr morgens; es herrschte dasselbe Schweigen. Da tönte plötzlich aus dem Dunkeln die Stimme des Direktors, den wir selbst nicht sehen konnten. Er wandte sich an den Inspektor: »Lécrivain ist heute nacht nicht in Casablanca gelandet.«
»So«, sagte der Inspektor, »so!«
Und weil er nun einmal seinen Träumen entrissen war, raffte er sich zusammen, um Diensteifer zu zeigen, und bemühte sich aufzuwachen: »So? Nicht? Da ist er nicht hinübergekommen? Er ist wohl umgekehrt?«
Da kam aus dem Hintergrund des Autobusses das eine Wort: »Nein.« Wir warteten, aber es kam nichts mehr. Und wie sich Sekunde an Sekunde reihte, wurde uns immer klarer, daß diesem Nein kein anderes Wort folgen würde. Es war ein Nein ohne Widerruf. Lécrivain war nicht in Casablanca gelandet; er war nirgends gelandet und würde auch nirgends mehr landen. –

An jenem Morgen meines ersten Fluges machte ich diese unfeierliche Weihe durch wie alle anderen. Mir fehlte dabei das rechte Selbstvertrauen, wenn ich so durch die Scheiben hinaussah, wie sich die Straßenlampen auf nassem Asphalt spiegelten und auf den Pfützen kleine Wellen vom Winde hingejagt wurden. Ich sagte mir: ›Für deinen ersten Postflug hast du wahrhaftig kein Glück!‹ Ich wandte mich an den Inspektor: »Schlechtes Wetter, was?« Er sah mechanisch zum Fenster hinaus und knurrte nach einer Weile: »Danach kann man nicht gehen.« Und ich grübelte darüber nach, wonach man eigentlich gehen müßte, um schlechtes Wetter zu erkennen. Am Abend zuvor hatte Guillaumet mit einem Lächeln alles Geunke der Alten beiseite gewischt. Nun kam mir das ganze Gerede wieder, mit dem sie uns duckten: »Wenn einer nicht jeden Kieselstein auf der Strecke kennt und er gerät in einen Schneesturm, dann kann er mir leid tun. Ja, ja, dann kann er mir leid tun!« Natürlich, sie mußten ihr Ansehen wahren und sahen uns mit einem leichten Kopfschütteln und einer besonderen, etwas peinlichen Art von Mitleid an, als ob unsere kindliche Einfalt sie erbarmte. Wie vielen von uns hatte dieser Autobus das letzte feste Dach geboten? Sechzig, achtzig? Alle hatte derselbe schweigsame Fahrer an einem trüben Morgen gefahren. Ich sah mich um. Wie kleine Glühwürmchen standen die Zigaretten in der Dunkelheit. Hinter jeder zogen unbedeutende Gedanken durch eine angegraute Beamtenstirn. Wie vielen von uns hatten diese Leute das letzte Geleit gegeben?

Ich erhaschte einige Bruchstücke von den Gesprächen, die leise geführt wurden. Da ging es um Krankheiten, Geldsorgen und allerlei häusliche Nöte. Jedes Wort ließ die kalte Gefängnismauer ahnen, hinter der diese Leute sich selbst eingeschlossen hatten.

Mir war, als sähe ich plötzlich das Antlitz des Schicksals vor mir.

Du alte Beamtenseele, Kamerad an meiner Seite! Nie hat dir jemand den Weg ins Freie gezeigt, und du kannst nichts dafür. Du hast dir deinen Frieden gezimmert, indem du wie die Termiten alle Luken verschlossen hast, durch die das Licht zu dir drang und durch die du zum Licht schautest. Du hast dich eingerollt in bürgerliche Sicherheit, in Gepflogenheiten, in die erstickenden Bräuche deines Provinzlebens. Du hast dies bescheidene Bollwerk aufgerichtet gegen Sturm und Flut und Gestirne. Du willst dich nicht mit großen Fragen belasten; du hattest genug zu tun, dein Menschentum zu vergessen. Du fühlst dich nicht als Bewohner eines Sterns, der durch den Weltraum irrt, du stellst keine Fragen, auf die du keine Antwort bekommst; nein, du bist ein braver kleiner Bürger von Toulouse. Als es noch Zeit war, hat keiner dich mitzureißen versucht; nun ist der Lehm, aus dem du gemacht bist, eingetrocknet und hart, das verborgene göttliche Spiel in dir wird nie zum Klingen erwachen: tot ist der Dichter, der Musiker, der Sternenforscher, die vielleicht auch in dir einst gewohnt haben.

Nein, ich will mich über den peitschenden Regen nicht beklagen. Der Zauber meines Berufs erschließt mir eine Welt, in der ich schon in zwei Stunden die schwarzen Drachen bekämpfen und gegen die Berge anrennen darf, die blaue Blitze umwallen, wo ich, wenn die Nacht gekommen ist, frei bin und meinen Weg in den Sternen lese.

So verlief unsere Berufsweihe, und dann stiegen wir auf. Die meisten Flüge hatten keine Geschichte. Friedlich versenkten wir uns in die Tiefen unseres Reiches, wie die Berufstaucher ruhig ins Meer hinabsteigen. Heute ist ja alles gut erschlossen. Flugzeugführer, Mechaniker und Funker versuchen keine Abenteuer mehr, sondern verschließen sich in ein förmliches Laboratorium. Sie gehorchen dem Spiel ihrer Instrumente, nicht mehr dem Lauf der Landschaft. Gewiß lauern auch heute noch draußen Berge in der Dunkelheit. Aber es sind keine Berge mehr, es sind unsichtbare Kräfte, deren Nahen man errechnen muß. Der Funker schreibt brav im Schein seines Lämpchens Zahlen auf, der Mechaniker steckt die Ergebnisse auf der Karte ab, und der Flieger gleicht den Kurs aus. Denn die Peilungen verraten, wenn die Berge nicht dort sind, wo er sie vermutete, wenn der Gipfel, den er links liegenlassen wollte, sich heimlich und leise vor ihm aufbaut wie ein gutgetarnter feindlicher Aufmarsch.

Die Funkstationen, die auf der festen Erde wachen, buchen alle ebenso treu zur gleichen Sekunde den gleichen Funk-

spruch: »024, Kurs auf Strich 230. An Bord alles in Ordnung.«
So reist die Besatzung heute. Sie merkt nicht, daß sie fliegt. Weit ist sie von jeder Steuermarke wie ein Schiff nachts auf hoher See. Und doch: die Motoren füllen dies helle Zimmer mit einem Zittern, das alle Dinge bis ins tiefste umgestaltet; ein unsichtbares Zauberwesen wirkt in den Zifferblättern, den Funkröhren, den Instrumenten. Von Sekunde zu Sekunde erneuern kleine Gebärden, halberstickte Worte, ununterbrochene Aufmerksamkeit das Wunder. Und wenn die Stunde gekommen ist, kann der Flugzeugführer mit vertrauensvoller Sicherheit seine Stirn an die Scheiben legen, um hinauszusehen. Gold ist aus dem Nichts geboren und strahlt in den Feuern des Flughafens.
Aber wir alle haben noch jene Flüge gekannt, in denen man sich plötzlich, nur zwei Stunden vom Flugplatz entfernt, durch irgend etwas beunruhigt, so unsagbar einsam fühlte, daß man mitten in Indien nicht verlassener sein konnte; jede Hoffnung auf Rückkehr schien geschwunden.

So kam einst Mermoz auf seinem ersten Flug im Wasserflugzeug über den Südatlantik gegen Abendgrauen in die Gegend des »Schwarzen Topfes«. Da sah er, wie sich die langen Schwänze der Windhosen vor ihm immer enger zusammenschlossen, als ob eine Mauer gefügt würde. Und auf diese angenehme Vorbereitung legte sich die Nacht, so daß er nichts mehr sah. Als er eine Stunde später unter diese Wolke kam, geriet er in ein sinnbetörendes Zauberreich.
Da standen die Wasserhosen dicht beieinander und scheinbar unbeweglich wie die schwarzen Säulen eines Domes. Auf ihren ausladenden Kapitellen trugen sie das düstere, niedrig lastende Gewölbe des Sturmes. Aber Lichtfelder brachen durch die Lücken dieser dunklen Himmelsdecke, und zwischen den grausigen Pfeilern schien der Mond auf die kalten Fliesen des Meeres hinab. Vier Stunden lang flog Mermoz seinen Weg durch diese unbewohnten Ruinen. Er kreuzte von Lichtfleck zu Lichtfleck, er umflog die Riesen-

säulen, in denen das Meer seine tobende Himmelfahrt feierte, er folgte den hellen Streifen, in denen das Mondlicht in den Tempel einbrach, bis er das Tempeltor erreichte. Und so gewaltig war der Anblick, daß Mermoz, als er endlich den Schwarzen Topf hinter sich ließ, mit Staunen bemerkte, daß er gar nicht dazu gekommen war, Angst zu haben.

Auch ich erinnere mich an eine der Stunden, in denen man die Grenzen der wirklichen Welt überschreitet. Eines Nachts hatten uns die Peilungen, die uns von den Flugplätzen um die Sahara zukamen, ständig irregeleitet. Wir hatten uns weit verflogen, der Funker Néri und ich, bis ich plötzlich durch einen Riß im Nebel tief unten Wasser leuchten sah. Natürlich wendete ich hastig in der Richtung auf die Küste. Aber wir konnten nicht wissen, wie lange wir schon meerein geflogen waren.

Wir mußten damit rechnen, die Küste nicht mehr zu erreichen, da der Treibstoff dem Ende zuging. Und wenn wir schon bis zur Küste kamen, mußten wir noch den Flughafen ansteuern. Nun rüstete sich aber der Mond zum Untergehen; ohne Peilungen waren wir schon taub, nun sollten wir auch noch blind werden. Es wurde immer dunkler, und schließlich war der Mond wie eine mattglühende Kohle in einer Nebelwand erloschen, die wie ein Schneeball wirkte. Auch über uns bedeckten Wolken den Himmel, und so zogen wir zwischen den Wolken und dem Nebel hin in einer lichtlosen, ja geradezu körperlosen Welt.

Die Flughäfen, von denen wir Antwort erhielten, gaben es auf, uns über unsere Stellung zu unterrichten. »Keine Ortsbestimmung möglich. – Keine Ortsbestimmung möglich.« Denn unsere Stimme kam zu ihnen von überall und nirgendwo.

Plötzlich, als wir schon alle Hoffnung aufgeben wollten, erschien links vorn im Blickfeld ein leuchtender Punkt. Ich fühlte, wie mich die Freude durchbrauste; Néri beugte sich zu mir herüber, und ich hörte, daß er sang! Es konnte ja nur der Flughafen mit seinen Leuchtbaken sein. Die Sahara zeigt

nämlich nachts kein einziges Licht und ist ein riesenhaftes totes Gebiet. Da aber zuckte das Licht ein wenig und erlosch gleich darauf. Wir hatten einen Stern angesteuert, der kurz vor dem Untergehen für einige Minuten am Blickrande zwischen den Wolken und der Nebelschicht sichtbar wurde.
Nun aber sahen wir andere Lichter und steuerten sie in dumpfer Hoffnung eins nach dem anderen an. Wenn einmal eines nicht beim Nahen entschwand, machten wir den Versuch, der über unser Leben entscheiden konnte: »Wir sehen Leuchtfeuer«, meldete Néri dem Flughafen Cisneros und befahl: »Löscht euer Leuchtfeuer dreimal hintereinander!« Dreimal löschte Cisneros sein Feuer und zündete es dreimal wieder an. Das einsame Licht aber, das wir scharf beobachteten, zwinkerte nicht einmal; es blieb ein menschenunzugänglicher Stern.
Wenn auch der Betriebsstoff zu Ende ging, wir schnappten doch jedesmal nach dem leuchtenden Köder. Jedesmal schien es das unverkennbare Licht eines Leuchtfeuers, jedesmal sahen wir zweifellos den Flughafen und das Leben – und jedesmal mußten wir den Stern wechseln.
Wir fühlten uns verloren im Raum zwischen den Welten, unter lauter unerreichbaren Planeten, auf der Suche nach dem einzigen wahren Stern, nach dem einen, der unsere vertrauten Gegenden beherbergt, freundliche Häuser und alles, woran unser Herz hing.
Der einzige wahre Stern, der eine, der... Ich will euch von dem Bilde berichten, das mir erschien und das ihr vielleicht kindisch finden werdet. Aber man bleibt sehr menschlich, auch inmitten der Gefahr. Und ich hatte Durst, und ich hatte Hunger. Wenn wir Cisneros fänden, dann wollten wir gleich weiterfliegen, sobald wir frisch getankt hatten. In Casablanca wollten wir im kühlen Morgengrauen landen – Feierabend! Néri und ich wollten dann in die Stadt gehen; da findet man schon so kleine Wirtschaften, die beim ersten Tageslicht aufmachen. Wir wollten uns dann an einen Tisch setzen und in aller Sicherheit über die vergangene Nacht lachen, vor uns frisches Weißbrot und warmen Milchkaffee.

Wir würden dieses morgenfrische Geschenk des Lebens in vollen Zügen genießen.
Die alte Bäuerin kann ihren Gott nur durch ein gemaltes Bildnis, eine kindliche Schaumünze, einen Rosenkranz erreichen. Genau so sammelte sich alle Lebensfreude für mich in dem ersten Schluck des duftenden und warmen Getränks, gemischt aus Kaffee, Milch und Korn, durch den man mit friedlichen Weiden, überseeischen Pflanzungen und heimischen Ernten, kurz mit der ganzen Welt in Verbindung kam. Unter allen Sternen gab es nur einen, der diese duftende Schale des morgendlichen Mahles in Reichweite für uns bereithielt.
Aber unüberwindbare Fernen türmten sich zwischen unserem Raumschiff und der bewohnten Erde. Alle Reichtümer der Welt wohnten in einem Sandkorn, das unter den Gestirnen verloren schien. Néri, der Sternforscher, suchte es zu erkennen und beschwor die Sterne.

Plötzlich fiel seine Faust schwer auf meine Schulter. Auf dem Zettel, den dieses Zeichen ankündigte, las ich: »Alles macht sich. Empfange eine prächtige Meldung.« Mit klopfendem Herzen wartete ich ab, bis er die fünf oder sechs Worte umgeschrieben hatte, die uns retteten. Und endlich hielt ich das Geschenk des Himmels vor mir.
Der Funkspruch war gegeben zu Casablanca, von wo wir am Abend vorher abgeflogen waren. Seine Weitergabe hatte sich verzögert, so daß er uns nun, 2000 Kilometer weiter, erreichte, zwischen Wolken und Nebel, verloren über dem Weltmeer. Er kam von der Flugpolizei in Casablanca, und ich las: »Herr de Saint-Exupéry. Sehe mich genötigt, Strafmaßnahmen in Paris gegen Sie zu beantragen. Sie haben bei Ihrem Abflug von Casablanca zu nahe am Flugzeugschuppen gewendet.« Natürlich hatte ich das getan, und natürlich tat der Mann nur seine Pflicht, wenn er sich aufregte. In der Dienststube des Flughafens hätte ich den Verweis auch mit Demut eingesteckt. Aber hier suchte er uns, wo er uns nicht zu suchen hatte, mitten unter den wenigen zerstreuten Ster-

nen in diesem Nebelnest, im drohenden Bannkreis des Meeres. Wir trugen in unseren Händen unser eigenes Los, das der Post und des Flugzeuges. Mühsam steuerten wir um Tod und Leben. Und dieser Mensch ließ seinen kleinlichen Haß an uns aus. Aber statt uns zu ärgern, fühlten wir beide, Néri und ich, eine Welle jubelnder Heiterkeit: hier waren wir ja Herren, und er zeigte es uns. Hatte dieser Korporal nicht an unseren Aufschlägen gesehen, daß wir Hauptleute waren? Was störte er unsere Träume, wo wir doch zwischen dem Großen Bären und dem Sternbild des Schützen pendelten, wo die einzige Frage, die an uns überhaupt herankam und uns beschäftigen konnte, die war, daß uns der Mond verraten hatte?

Die dringendste Pflicht, die einzige Pflicht des Planeten, von dem dieser Mann sich äußerte, war doch, uns Zahlen für unsere Berechnungen im Weltenraum zu liefern. Sonst hatte er vorläufig den Mund zu halten. Und Néri schrieb mir: »Statt sich mit solchem Quatsch abzugeben, könnten sie uns lieber den Weg zeigen.« »Sie« das waren für ihn alle Völker des Erdenrunds mit ihren Ober- und Unterhäusern, Kriegsflotten und Landheeren und allen ihren Fürsten. Nochmals lasen wir diese Botschaft eines Verrückten, der meinte, uns erreichen zu können, und richteten unseren Kurs auf den Merkur.

Der merkwürdigste Zufall rettete uns. Der Augenblick war gekommen, wo ich die Hoffnung aufgab, Cisneros zu erreichen. Ich nahm den Kurs senkrecht auf die Küste zu und beschloß, diesen beizubehalten, bis der Brennstoff ausging. So behielt ich wenigstens eine kleine Aussicht, nicht auf See niedergehen zu müssen. Leider befand ich mich Gott weiß wo, da ich den trügerischen Lichtern gefolgt war, und leider ließ uns der dichte Nebel, in den wir auch im günstigsten Falle in dunkler Nacht hinabsanken, wenig Hoffnung, ohne Bruch zu landen. Aber mir blieb keine andere Wahl.

Die Lage war so eindeutig, daß ich trübe mit den Achseln zuckte, als mir Néri eine Botschaft zusteckte, die unsere Ret-

tung bedeutet hätte, wenn sie nur eine Stunde früher gekommen wäre: »Cisneros will uns auspeilen. Cisneros meldet 216.« So war Cisneros nicht mehr in Nacht versunken, es zeigte sich greifbar zu unserer Linken. Aber wie weit? Néri und ich wechselten einige Worte. Es war zu spät, darüber waren wir uns einig. Wenn wir Cisneros ansteuerten, sank die Wahrscheinlichkeit, daß wir die Küste erreichten. Néri funkte deshalb zurück: »Da nur noch für eine Stunde Betriebsstoff, halten wir Kurs auf Strich 93.«
Inzwischen erwachten die Flughäfen einer um den anderen. In unsere Zwiesprache mit Cisneros mischten sich die Stimmen von Agadir, Casablanca, Dakar. Die Sendestationen aller dieser Städte hatten die Flughäfen alarmiert. Deren Vorstände hatten wiederum die Kameraden wachgetrommelt. Allmählich versammelten sich diese Funkstimmen um uns wie um ein Krankenbett. Gewiß, es war verlorene Liebesmüh. Aber es tat doch wohl. Die Ratschläge nutzten nichts, aber sie waren alle gut gemeint.
Plötzlich meldete sich Toulouse, der Endpunkt der Strecke, dort drüben, hinter viertausend Kilometern. Es gesellte sich mit einem Schlage zu uns und begann ohne Umschweife: »Fliegen Sie die Maschine F (und da folgte die Nummer)?« – Wir: »Ja.« – Toulouse: »Dann haben Sie noch für zwei Stunden Betriebsstoff. Ihr Tank ist kein Normtank. Fliegen Sie Cisneros an!«

So bereichern und verwandeln die Notwendigkeiten eines Berufes die Welt. Ein Verkehrsflieger braucht nicht einmal eine solche Nacht, um neuen Sinn im alten Schauspiel zu entdecken. Die eintönige Landschaft, die den Fluggast ermüdet, spricht zu der Besatzung des Flugzeuges auf vielfältige Weise. Die wolkige Masse, die in der Ferne die Blickgrenze abschließt, bedeutet für den Flieger nicht mehr nur eine schöne Kulisse. Er weiß ja, daß er bald mit Muskelkraft und Geisteskraft gegen sie zu ringen hat. Schon jetzt setzt er sie in seine Rechnung ein. Er mißt sie. Er ist ihr in einer wirklichen Zwiesprache verbunden. Dort ragt, noch in weitem Abstand, ein Berggipfel. Wie wird er sich heute zeigen? Scheint der Mond, dann ist er als Steuermarke willkommen. Aber wenn man blind fliegen muß und die Kursabweichungen nur mit Mühe ausgleicht und nie ganz sicher ist, wo man sich befindet, dann wird der Gipfel plötzlich zum Sprengkörper, der das ganze nächtliche Luftmeer mit seiner drohenden Nähe vergällt, so wie eine einzige Mine, die unter der Wasseroberfläche nach Laune der Strömung umhertreibt, das ganze Meer vergiftet.

Auch die Meere sind so unsagbar verschieden. Der Fluggast kann freilich den Sturm nicht sehen; denn aus solcher Höhe erscheinen die Wellen eingeebnet und die Schaumkronen unbeweglich. Nur weiße Palmen entfalten unter der Sturmböe ihre gerippelten und geränderten Fächer, die wie gefroren wirken. Die Besatzung aber weiß, daß an solchen Stellen jedes Niedergehen verboten ist. Für sie gleichen die Palmwedel den riesigen Blüten giftiger Tropenblumen.

Selbst bei ruhigstem Wetter erlebt der Verkehrsflieger, der irgendwo seinen Streckenabschnitt befliegt, kein gewöhnliches Schauspiel. Die Farben von Erde und Himmel, die Spuren des Windes auf dem Meere, die Wolken, die das Abendrot vergoldet, das alles sind für ihn nicht Gegenstände der Bewunderung, sondern des Nachdenkens. Der Bauer, der über sein Land hinschreitet, spürt aus tausend Anzeichen den Anmarsch des Frühlings, die Drohung des Spätfrostes und die Verheißung des Regens. Der Berufsflieger erkennt ebenso die Zeichen des Schnees, die Zeichen des Nebels, die Zeichen einer friedlichen Nacht. Die Maschine scheint uns von der Natur zu entfernen. Und gerade sie unterwirft uns mit ganz besonderer Strenge den ewigen Naturgesetzen. Mutterseelenallein vor dem gewaltigen Gerichtshof, den ein stürmischer Himmel eingesetzt hat, verteidigt der Flieger seine Post gegen drei Naturgottheiten: Berg, Meer und Sturm.

II

Die Kameraden

I

Einige Kameraden, unter ihnen Mermoz, errichteten die französische Fluglinie von Casablanca nach Dakar über die ununterworfene Sahara. Die damaligen Motoren waren dieser Beanspruchung nicht gewachsen, und eine Motorstörung lieferte Mermoz in die Hände der Mauretanier. Entgegen ihrer sonstigen Gewohnheit brachten sie ihn nicht auf der Stelle um, sondern hielten ihn gefangen und gaben ihn nach vierzehn Tagen gegen Lösegeld frei. Mermoz aber nahm seine Flüge über dasselbe Gebiet wieder auf.

Als man die Südamerikalinie eröffnete, war Mermoz wieder einer der ersten. Er erhielt den Auftrag, den Flugabschnitt Buenos Aires–Santiago zu bearbeiten. Nach der Brücke über die Sahara schlug er die Brücke über die Anden. Man gab ihm ein Flugzeug mit nur 5200 Meter Gipfelhöhe. Aber die Kämme der Kordilleren ragen 7000 Meter hoch. Mermoz flog los, um Durchschlüpfe zu finden. Nach dem Sande bot er dem Gebirge die Stirn, er trotzte den Bergen, die im Wind ihre Schneeschärpe flattern lassen, er fürchtete sich auch nicht vor dem unheildrohenden Schwund der Farben vor dem Sturm, er stellte sich den Wirbeln, die so hart stoßen, daß sie den Flieger zum Kampf bis aufs Messer nötigen, wenn sie ihn zwischen zwei Steinwänden packen. Mermoz nahm diesen Kampf auf, ohne den Feind zu kennen, ohne zu ahnen, ob man aus solchem Ringen lebend wieder herauskommen könne. Er »versuchte« es für die anderen. Eines Tages hatte er etwas zuviel »versucht« und sah sich in den Anden gefangen.

Er war in 4000 Meter Höhe auf einer Felsplatte notgelandet, die ringsum senkrecht abfiel, und versuchte zwei Tage lang vergeblich, mit seinem Monteur zusammen zu entfliehen. Sie saßen fest. Da spielten sie ihre letzte Karte aus und ließen das Flugzeug gegen den Abgrund anrollen. Hart sprang es über den unebenen Boden bis zur Felswand und stürzte in die Tiefe. Aber in diesem Sturz bekam es endlich die nötige Geschwindigkeit, um dem Steuer wieder zu gehorchen. Mermoz fing es gegenüber einem Felsgrat ab, hatte Motorschaden nach kaum sieben Minuten Flug, da das Wasser aus dem ganzen Röhrenwerk der Kühlung, das die Fröste oben zerstört hatten, auslief – aber unten sah er die Ebene von Chile wie ein gelobtes Land.

Am nächsten Tage flog er bereits wieder.

Als die Anden erschlossen und die Technik der Überquerung gut entwickelt waren, überließ Mermoz diesen Abschnitt seinem Kameraden Guillaumet und unternahm es, die Nacht zu erforschen.

Die Flughäfen waren damals noch kaum beleuchtet. Auf dem Landefeld stellte man in schwarzer Nacht für ihn drei Karbidfeuer in eine Reihe, bei deren magerem Licht er landen mußte. Er schaffte es, und man konnte die Nachtlinie eröffnen.

Als er die Nacht gebändigt hatte, versuchte Mermoz den Ozean. Seit 1931 wurde die Post erstmalig in vier Tagen von Toulouse nach Buenos Aires geflogen. Auf dem Rückflug hatte er eine Ölpanne mitten über dem Südatlantik auf wildbewegter See. Ein Schiff rettete ihn, seine Post und seinen Apparat.

So erschloß Mermoz Wüste, Gebirge, Nacht und Meer. Mehr als einmal litt er dabei Schiffbruch, aber er kam stets zurück, um stets erneut aufzusteigen.

Schließlich, nach zwölf Jahren Arbeit, als er wieder einmal den Südatlantik überflog, meldete er ganz kurz, daß der rechte hintere Motor aussetze. Und dann kam nichts mehr.

Die Nachricht schien nicht beunruhigend, und doch begannen alle Funkstationen an der Strecke zwischen Paris und Buenos Aires ihr Suchen in banger Sorge. Im Alltag bedeuten zehn Minuten Verspätung nicht viel. Aber im Postflugverkehr bekommen sie folgenschweren Sinn. Ein unbekanntes Geschehen verbirgt sich im Herzen dieser stummen Zeitspanne. Ob es nun bedeutungslos oder unheilvoll ist: etwas ist geschehen. Das Schicksal hat gesprochen, und gegen sein Urteil gibt es keine Berufung. Eine eiserne Hand hat das Flugzeug zu einem harmlosen Niedergehen auf dem Wasser oder zur Vernichtung gelenkt. Das Urteil ist gefällt; aber noch wird es der wartenden Menge vorenthalten.

Wir alle haben erlebt, wie die Hoffnung immer mehr schwand und das Schweigen von Minute zu Minute immer drohender wuchs wie eine tödliche Krankheit. Wir hofften und hofften, und dann waren Stunden vergangen, und es war langsam zu spät geworden. Dann hieß es sich klarmachen, daß unsere Kameraden nie wiederkamen, daß sie im Südatlantik ruhten, dessen Himmel sie so oft durchpflügt hatten. Mermoz war hinter seiner Arbeit zur Ruhe gegangen, wie der Erntearbeiter sich in den Schatten der Garben ausstreckt, die er so treulich gebunden hat.

Wenn ein Kamerad so stirbt, erscheint uns sein Tod wie ein Vorgang, der im Wesen unseres Berufes liegt. Im ersten Augenblick schmerzt der Verlust sogar weniger als mancher andere. Er ist gewiß nicht mehr bei uns, weil er an seinen letzten Flughafen versetzt wurde. Noch entbehren wir seine Abwesenheit nicht so bitter, wie uns das tägliche Brot fehlen würde.

Wir sind ja daran gewöhnt, lange auf ein Wiedersehen zu warten. Denn die Kameraden der einen Strecke von Paris nach Santiago in Chile sind in die weite Welt verteilt wie Schildwachen, die nicht miteinander sprechen können. Da muß der Zufall der Flugreisen spielen, um hier oder dort die zerstreuten Mitglieder der großen Berufsfamilie zu vereinigen. Nach Jahren des Stillschweigens nimmt man längst unterbrochene Gespräche auf und knüpft alte Erinnerungen wieder an. Für einen kurzen Abend sitzt man um einen Tisch in Casablanca, in Dakar, in Buenos Aires. Und dann geht es wieder weiter. Auf diese Weise ist die Welt leer und reich zugleich. Wir besitzen manche heimlichen Gärten, die man in ihrer tiefen Verborgenheit nur schwer findet, zu denen uns aber unser Beruf doch immer wieder einmal führt. Das Leben trennt uns oft von den Kameraden, es hindert uns sogar, viel an sie zu denken. Aber sie sind da, wenn man auch nicht recht weiß wo. Sie lassen nichts von sich hören, und wir denken kaum an sie, und doch sind sie so treu! Wenn sich dann die Wege kreuzen, packen sie uns bei den Schultern und schütteln uns leuchtenden Auges die Hand. Jawohl, wir verstehen zu warten.

Aber langsam kommt einem doch zum Bewußtsein, daß wir das helle Lachen von dem einen nie wieder hören werden, daß uns dieser heimliche Garten für immer verschlossen ist. Dann erst beginnt die wahre Trauer, nicht herzzerreißend, aber bitter.

Nichts kann den verlorenen Gefährten je ersetzen. Alte Kameraden kann man sich nicht künstlich schaffen. Nichts wiegt den Schatz so vieler gemeinsamer Erinnerungen auf, nichts das gemeinsame Erlebnis so vieler böser Stunden, die Zerwürfnisse, die Versöhnungen und die Augenblicke, in denen das Herz warm wurde. Solche Freundschaften lassen sich nicht ersetzen. Wenn man eine Eiche pflanzt, darf man nicht die Hoffnung hegen, nächstens in ihrem Schatten zu ruhen.

So geht das Leben. Wir haben uns Schätze erworben, wir haben jahrelang gepflanzt. Aber dann sind Zeiten gekommen, in denen böses Wetter die Arbeit vernichtet und die Wälder gelichtet hat. Einer um den andern sind die großen Bäume gestürzt, einer um den andern haben uns die Kameraden verlassen. Und in unsere Trauer mischt sich leise der Kummer, daß das Altern beginnt.

Die Größe eines Berufes besteht vielleicht vor allem anderen darin, daß er Menschen zusammenbringt. Es gibt nur eine wahrhafte Freude: den Umgang mit Menschen. Das haben uns Mermoz und andere gelehrt. Wenn wir nur für Geld und Gewinn arbeiten, bauen wir uns ein Gefängnis und

schließen uns wie Klausner ein. Geld ist nur Schlacke und kann nichts schaffen, was das Leben lebenswert macht.
Sollte ich unter meinen Erinnerungen die namhaft machen, die ihren kräftigen Geschmack behalten haben, sollte ich die Summe der Stunden ziehen, die in meinem Leben zählen, so finde ich gewiß nur solche, die mir kein Vermögen der Welt je verschafft hätte. Die Freundschaft eines Mermoz ist nicht käuflich, man erhandelt keinen Mitkämpfer, an den einen gemeinsam bestandene Prüfungen für immer binden. Der Nachtflug mit seinen hunderttausend Sternen, die lichte Heiterkeit, das Herrengefühl für einige Stunden lassen sich für Geld nicht kaufen.
Das Wiedererleben der Erde nach einem schweren Flug, die Bäume, die Blumen, die Frauen, deren Lächeln wie neugefärbt ist durch das Leben, das uns mit dem Morgen neu geschenkt wurde, dieses Allerlei von kleinen Dingen, die unser Lohn sind, auch sie lassen sich nicht für Geld erwerben.
Um keinen Preis der Welt möchte ich auch die Nacht im Aufstandsgebiet in Spanisch-Marokko missen, an die ich gerade denken muß.

Drei Besatzungen der Aéropostale waren wir, alle drei im Abenddämmern an der Küste von Rio de Oro notgelandet. Kamerad Riguelle hatte sich als erster wegen Bruchs einer Pleuelstange niedergelassen. Ein anderer, Bourgat, war gelandet, um Riguelle und die Seinen aufzunehmen, aber ein an sich belangloser Schaden hatte auch ihn an den Boden genagelt. Schließlich landete ich, aber da sank schon die Nacht. Wir beschlossen, Bourgats Maschine zu bergen und den Tag abzuwarten, um die Ausbesserung gut auszuführen.
Ein Jahr zuvor mußten unsere Kameraden Gourp und Erable genau an der gleichen Stelle notlanden und wurden von den Aufständischen ermordet. Wir wußten, daß auch heute eine Schar von dreihundert bewaffneten Aufständischen irgendwo bei Bojador lagerte. Vielleicht hatten die

drei aufeinanderfolgenden Landungen, die weit sichtbar waren, diese Truppe aufmerksam gemacht. Wir begannen eine Nachtwache, die leicht unsere letzte sein konnte.

Wir richteten uns für die Nacht ein. Aus den Laderäumen holten wir fünf oder sechs Warenkisten, leerten sie und zündeten in der Höhlung einer jeden wie in einem Schilderhäuschen eine ärmliche Kerze an, die dort notdürftig vor dem Wind geschützt war. So bauten wir uns mitten in der Wüste auf der nackten Rinde unseres Planeten, in einer Einsamkeit wie zur Stunde der Schöpfung, ein Menschendorf.

Und wir warteten auf dem Hauptplatz unseres Dorfes, auf dem Stückchen Sand, auf das unsere Kisten ihr zitterndes Licht warfen. Wir warteten auf das rettende Frührot oder auf die Mauretanier. Und bis heute weiß ich nicht, was dieser Nacht eine solche Weihnachtsstimmung gab. Wir erzählten einander alte Geschichten, wir neckten uns und wir sangen.

Wir genossen dieselbe leicht gehobene Stimmung wie mitten in einem wohlvorbereiteten Fest. Dabei waren wir unendlich arm. Wir besaßen nur Wind, Sand und Sterne. Das wäre selbst für Trappisten ein wenig zu hart gewesen. Und doch teilten auf dieser schlecht beleuchteten Fläche sieben Menschen, die nichts besaßen als die Erinnerungen, unsichtbare Schätze untereinander aus.

In dieser Stunde fanden wir uns. Man geht so lange Zeit nebeneinander her, jeder in seinem Schweigen befangen, oder man wechselte Worte, denen man nichts mitgibt. Da kommt die Stunde der Gefahr, man sucht Schulterfühlung und entdeckt, daß man zusammengehört. Diese Entdeckung anderer bewußter Wesenheiten weitet den Menschen. Man sieht sich an mit lächelndem Verstehen. Es ist einem zumute wie dem befreiten Gefangenen, der staunend die Unendlichkeit des Meeres erkennt.

2

Guillaumet, jetzt muß ich einige Worte über dich sagen! Aber ich will dich nicht bedrücken, indem ich lange bei deinem Mut und bei deiner Berufstüchtigkeit verweile. Ich will etwas ganz anderes veranschaulichen, will von deinem schönsten Abenteuer erzählen.

Es gibt eine Eigenschaft, die noch keinen Namen hat. Manchmal nennt man sie »Besonnenheit«, aber das Wort ist ungenügend. Denn die Eigenschaft, wie ich sie meine, kann mit strahlender Fröhlichkeit zusammengehen. Es ist die Eigenschaft des Zimmermanns, der sich seinem Stück Holz, gewissermaßen Mann gegen Mann, stellt, der es betastet und abschätzt und ernst nimmt, um all seine Eignung in den Dienst des Werkes zu zwingen.

Ich bekam einmal einen Bericht deines Abenteuers zu lesen und habe mit dieser irreführenden Schilderung ein Hühnchen zu rupfen. Da sah man dich mit Gassenjungenwitzen um sich werfen, als ob Mut darin bestünde, sich im Angesicht größter Gefahren oder gar des Todes zu Schülerspäßen zu erniedrigen. Die Leute haben dich nicht gekannt, lieber Guillaumet, du hast nicht nötig, deine Gegner vor dem Kampf zu verhöhnen. Wenn du auf ein schweres Unwetter triffst, dann sagst du: »Das ist ein schweres Unwetter!« Als solches schätzt du es ein und als solches nimmst du es hin.

Ich bringe dir hier das Zeugnis meiner Erinnerungen.

Seit fünfzig Stunden war Guillaumet überfällig. Es war Winter, und er hatte seinen Flug über die Anden angetreten. Ich kam gerade aus dem hintersten Patagonien zurück und traf den Flieger Deley in Mendoza. Wir beide durchsuchten fünf Tage lang im Flugzeug das Berggewirr, ohne etwas zu finden. Unsere zwei Flugzeuge reichten nicht aus. Es kam uns so vor, als würden hundert Geschwader in hundert Jahren die gewaltige Gebirgsmasse nicht zu Ende erforschen, deren Gipfel bis in die 7000 Meter ragen. Wir gaben jede Hoffnung auf. Sogar die Schmuggler, die Räuber, die dort

für fünf Francs jedes Verbrechen wagen, lehnten es ab, sich als Rettungstruppen auf die Vorberge zu wagen: »Wir setzen da nur unser Leben aufs Spiel«, erklärten sie, »im Winter geben die Anden keinen Menschen wieder heraus.«
Als Deley und ich in Santiago landeten, rieten uns die chilenischen Offiziere ihrerseits, die Suche lieber aufzugeben: »Es ist Winter. Ihr Kamerad hat die Nacht nicht überlebt, wenn er schon den Sturz überlebt hat. Die Nacht verwandelt jeden, über den sie kommt, in Eis.«
Als ich mich aufs neue zwischen die gewaltigen Mauern und Pfeiler der Anden verlor, da meinte ich weniger, Guillaumet zu suchen, als ihm im tiefen Schweigen eines Schneedomes die Totenwache zu halten.
Schließlich am siebenten Tage, als ich zwischen zwei Überfliegungen in einer Wirtschaft in Mendoza beim Essen saß, stieß ein Mann die Türe auf und rief nur zwei Worte: »Guillaumet lebt!«
Zehn Minuten später war ich in der Luft, nachdem ich zwei Monteure, Lefèvre und Abri, an Bord genommen hatte. Nach vierzig Minuten landete ich neben einer Straße, auf der ich, Gott weiß woran, den Wagen erkannt hatte, der Guillaumet auf San Raphael zuführte. War das ein Wiedersehen! Wir weinten alle, wir erdrückten ihn fast in unseren Armen. Und er lebte, er war auferstanden, er hatte sein eigenes Wunder gewirkt. Da sprach aus ihm, in dem ersten verständlichen Satz, den er herausbrachte, ein herrlicher Männerstolz: »Ich kann dir sagen: was ich getan habe, kein Tier hätte es fertiggebracht!«
Später hat er uns alles erzählt.
Ein Sturm, der in achtundvierzig Stunden den Osthang der Anden mit fünf Meter Schnee bedeckte und die ganze Front versperrte, hatte die Amerikaner der Pan-Air zum Umkehren gebracht. Guillaumet aber flog los und suchte ein Loch im Wolkenhimmel. Etwas nach Süden zu fand er es, stieg bis zu 6500 Metern und schwebte nun über den Wolken, die nicht über 5000 hoch waren. Nur die höchsten Gipfel ragten hervor, und Guillaumet nahm Kurs auf Argentinien.

Fallwinde bereiten dem Flieger oft höchst unbehagliche Augenblicke. Der Motor läuft volle Drehzahl, aber das Flugzeug sinkt. Der Führer nimmt die Spitze hoch, um zu steigen. Dadurch verliert das Flugzeug an Geschwindigkeit und Lenkbarkeit. Zu allem Überfluß sinkt es trotzdem weiter. Da legt er die Maschine wieder waagerecht, denn er muß fürchten, schon zu steil in der Luft zu hängen. Er weicht rechts oder links vom Kurs ab und sucht sich im Aufwind einer Felswand emportragen zu lassen, die wie ein Sprungbrett die Winde abfängt. Aber er sinkt immer noch. Das ganze Luftmeer scheint in rasender Bewegung nach unten, der Flieger wird in einer Art Weltuntergang mitgerissen. Es gibt keinen Ausweg. Vergeblich versucht er zu wenden, um weiter hinten die Gegenden wieder zu erreichen, wo ihn die Luft noch trug, fest und sicher wie eine Säule. Aber die Säule steht nicht mehr. Alles löst sich auf, und in diesem allgemeinen Zusammenbruch sinkt er auf die Wolke zu, die weich und träge ansteigt, ihn erreicht, ihn verschlingt.

»Ein paarmal hatte es mich schon früher beinahe erwischt«, erzählte Guillaumet, »aber ich war noch nicht klug geworden. Über den Wolken trifft man nämlich auf Fallwinde, die stetig scheinen, bloß weil sie sich in gleicher Höhe ständig neu bilden. Oh, im Hochgebirge ist alles verrückt!«

Ja, und die Wolken!

»Wie ich erst drinnen war, ließ ich das Steuer los und hielt mich krampfhaft am Sitz fest. Sonst wäre ich herausgeflogen. Die Stöße waren so hart, daß mir die Schultergurte ins Fleisch schnitten. Hätte ich mich nicht festgehalten, sie wären gerissen. Alle Scheiben waren sofort beschlagen, ich konnte nicht einmal die Geräte ablesen. Wie ein Hut wurde ich von 6000 auf 3500 gerollt.

Bei dreieinhalb sah ich eine schwarze Masse und konnte das Flugzeug abfangen, weil sie waagerecht war. Es war ein See, und ich erkannte ihn: der Diamantsee, der in einem Felskessel liegt, dessen eine Wand, der Vulkan Maipu, bis 6900 Meter aufsteigt. Nun war ich ja die Wolke los, aber sehen konnte ich doch nichts vor dickem Schneetreiben. Den See konnte ich nicht verlassen, ohne an einer der Wände des Kessels zu zerschellen. So flog ich über dem Teich meine Kreise in 30 Meter Höhe, bis mir der Treibstoff ausging. Nach zwei Stunden Zirkus landete ich und machte Bruch. Als ich ausstieg, warf mich der Sturm einfach um. Ich stand wieder auf. Er schmiß mich wieder um. Da blieb mir nichts übrig, als mich unter dem Rumpf zu bergen und mir einen Unterstand im Schnee zu bauen. Ich wickelte mich in Postsäcke ein und wartete zwei Tage.

Dann legte sich der Sturm, und ich zog los. Ich bin fünf Tage und vier Nächte gegangen.«

Ja, was war dabei von unserem Guillaumet übriggeblieben? Wir hatten ihn wieder, aber er sah aus wie seine eigene Mumie, geschrumpelt wie ein altes Weib. Am gleichen Tag noch flog ich ihn nach Mendoza, wo er in ein weiches Bett gesteckt wurde. Aber es konnte ihm nicht gleich helfen. Zu stark rebellierte der zerschlagene Körper. Guillaumet wälzte sich unruhig hin und her und fand weder die rechte Lage noch den Schlaf. Der Körper konnte die Felsen und den Schnee nicht vergessen; er war gezeichnet. Ich schaute in das schwarze, zerbeulte Gesicht, das einer überreifen, zerpufften Birne ähnlich sah. Er schien sehr häßlich und sehr, sehr elend. Die schönen Werkzeuge der Arbeit konnte er nicht gebrauchen: seine Hände waren steif, und wenn er sich auf den Rand seines Bettes setzte, um einmal frei atmen zu können, hingen seine erfrorenen Füße wie tot herunter.

Seine Wanderung war aber noch nicht zu Ende. Noch keuchte er weiter, und kaum hatte er den Kopf in die Kissen vergraben, um Frieden zu finden, da begann in seinem Geist der Zug von Bildern. Sie waren nicht abzuschütteln, sie warteten ungeduldig darauf, ihre Walpurgisnacht zu beginnen. Zwanzigmal mußte er den Kampf gegen die Feinde neu aufnehmen, die aus der Asche auferstanden.

Ich flößte ihm Mengen Tee ein: »Trink, Alter!«

»Und weißt du... das Sonderbarste... war doch...«

So erlebte er sein einzigartiges Abenteuer wieder, aus dem er als Sieger hervorgegangen war, freilich gezeichnet von den schweren Schlägen, die er in diesem Kampf hätte einstecken müssen. Stück für Stück redete er es sich von der Seele, und ich erlebte seinen Marsch noch in der gleichen Nacht mit, so wie er ihn berichtete. Ohne Pickel, ohne Seile, ohne Lebensmittel ging er immer weiter, er erstieg Höhen von 4500 Metern, oder er bahnte sich einen Weg an senkrecht abfallenden Wänden entlang; Blut lief aus Füßen, Knien und Händen bei 40 Grad Kälte. Immer mehr schwanden Blut und Kraft und Denken, aber weiter ging es mit dem besessenen Eigensinn der Ameisen. Er kehrte um, wenn er ein Hindernis umgehen mußte, er stand nach jedem Sturz wieder auf und kletterte die Abhänge wieder hoch, die nur zum Abgrund führten. Er gönnte sich keine Ruhe, denn von dem Schneebett wäre er nie wieder aufgestanden. Tatsächlich, wenn er ausrutschte und hinfiel, mußte er sich schnell erheben, um nicht zu Fels zu werden. Die Kälte versteinerte ihn in wenigen Augenblicken. Wenn er sich nach einem Sturz nur eine Minute zu lang der Ruhe hingab, mußte er die abgestorbenen Muskeln mühsam in Tätigkeit versetzen, um überhaupt wieder hochzukommen.

Tapfer widerstand er allen Versuchungen. Er erzählte es so: »Im Schnee, weißt du, stirbt der Selbsterhaltungstrieb. Nach zwei, drei, vier Tagen Marsch willst du nur noch schlafen. Aber ich sagte mir: wenn meine Frau glaubt, daß ich lebe, dann glaubt sie, daß ich marschiere. Die Kameraden glauben auch, daß ich marschiere. Alle glauben an mich. Da wäre ich ein Schweinehund, wenn ich nicht marschierte.« Und er marschierte weiter. Jeden Tag mußte er mit dem Taschenmesser den Einschnitt in den Schuhen etwas verlängern, damit die erfrorenen und geschwollenen Füße noch Platz fanden. Er erzählte überraschende Einzelheiten: »Vom zweiten Tage an war meine schwerste Arbeit, mich selbst am Denken zu hindern. Ich litt zu sehr, und meine Lage war hoffnungslos. Wenn ich da den Mut zum Weitergehen behalten wollte, durfte ich nicht nachdenken. Aber leider konnte ich mein Gehirn nur schlecht drosseln. Es arbeitete wie eine Turbine. Aber wenigstens konnte ich ihm vorschreiben, was es sich

vorzustellen hatte. Ich brachte es auf einen Film oder auf ein Buch. Dann aber lief der Film oder das Buch mit großer Geschwindigkeit in mir ab, und schließlich führte mich alles wieder auf meine Lage zurück. Da half nichts. Dann steuerte ich das Denken von neuem auf andere Erinnerungen hin...«
Einmal freilich, als er ein größeres Stück auf dem Bauch durch den Schnee gerutscht war, gab er es auf. Es ging ihm wie dem Boxer, dem ein schwerer Schlag allen Kampfgeist ausgetrieben hat, so daß er die Sekunden eine nach der anderen wie in eine fremde Welt fallen hört bis zur zehnten, letzten, unwiderruflichen.
»Ich habe getan, was ich konnte, und es gibt doch keine Hoffnung mehr – wozu soll ich mich weiter schinden?«
Es genügt ja, die Augen zufallen zu lassen, um Frieden fürs Leben zu schließen, um die Felsen, das Eis und den Schnee aus der Welt zu schaffen. Kaum waren die wundertätigen Lider geschlossen, und schon gab es keine harten Stöße mehr, keine wilden Stürze, keine zerrissenen Muskeln, keinen brennenden Frost. Da braucht man das Leben nicht weiterzuschleppen, das einem schwer wie ein Lastwagen anhängt, wenn man stumpfsinnig wie ein Ochse weiterschreitet. Schon fühlte Guillaumet das Gift der Kälte, das wie Morphium ein Gefühl der Beseligung verbreitete. Alles, was ihm an Lebenskraft blieb, sammelte sich am Herzen, etwas sehr Liebes und sehr Kostbares barg sich in der Mitte seines Körpers. Langsam verließ das Bewußtsein die Glieder, und allmählich wurde er aus einem bis an die Grenze des Möglichen leidenden Tier zum empfindungslosen Stein.
Sogar das Gewissen sprach leiser. Unsere Rufe erreichten ihn nicht mehr; es wurden Traumrufe aus ihnen. Beseligt folgte er ihnen in einem Traummarsch mit langen, leichten Schritten ohne alle Mühe, wie man im Flachland geht. Spielend leicht ging es über die Welt hin, die plötzlich so freundlich für ihn war. Kamerad Guillaumet, da wolltest du uns deine Wiederkehr versagen! Aber aus den Hintergründen des Gewissens kam plötzlich die Reue. Klare Bilder mischten sich in den Traum: »Ich dachte an meine Frau. Die

Lebensversicherung schützte sie vor Not. Die Lebensversicherung aber...«

Ein Vermißter wird erst nach vier Jahren für tot erklärt! Dieser Satz verdrängte mit einschneidender Schärfe alle übrigen Bilder. Plötzlich wußte er wieder, daß er flach auf einem steilen Schneehang lag. Seine Leiche würde im Sommer mit dem schmelzenden Schnee in einer der vielen tausend Klüfte der Anden verschwinden. Aber er wußte auch, daß fünfzig Meter vor ihm ein Fels aus dem Schnee aufragte.

»Da habe ich gedacht: ›Wenn ich aufstehe, komme ich vielleicht so weit, und dann hänge ich mich über den Stein, und im Sommer werde ich dann gefunden.‹« Nachdem er aufgestanden war, ging er noch zwei Tage und drei Nächte.

Freilich glaubte er nicht weit zu kommen. »Mancherlei ließ mich das Ende ahnen. Ein Zeichen war, daß ich etwa alle zwei Stunden haltmachen mußte, um meine Schuhe etwas weiter aufzuschlitzen und meine anschwellenden Füße mit Schnee zu reiben, oder auch einfach, um das Herz auszuruhen. Die letzten Tage verlor ich das Gedächtnis. Ich war jedesmal schon weit gegangen, ehe ich merkte, daß ich beim letzten Halt etwas hatte liegenlassen. Das erste Mal war es ein Handschuh, und das war bei der Kälte schlimm! Ich hatte ihn vor mich hingelegt und war weitergegangen, ohne ihn aufzuheben. Dann war es die Uhr. Dann das Messer. Dann der Kompaß. Nach jeder Rast war ich ärmer.

Nur eins rettet: ein Schritt – und noch ein Schritt. Immer wieder tut man denselben Schritt.«

»Ich kann dir sagen: was ich getan habe, kein Tier hätte es fertiggebracht.« An diesen Ausspruch mußte ich denken. Konnte man es großartiger ausdrücken? In diesem Satz war der Mensch in seine königliche Stellung gesetzt; die wahre Rangordnung der Natur war wiederhergestellt.

Endlich schlief Guillaumet ein, und das Bewußtsein rastete. Aber in diesem abgewrackten, zerknitterten und zerdörrten Körper wurde es gleich beim Erwachen wieder lebendig und mächtig. Da ist der Körper wirklich nur ein gutes Werkzeug, nur ein Diener. Den Stolz, ein solches Werkzeug zu sein, auch den konnte Guillaumet so schön aussprechen: »Wo ich nichts zu essen hatte, kannst du dir denken, daß mein Herz am dritten Marschtag nicht mehr sehr gut ging. Hänge ich da einmal über dem Nichts; denn es ging gerade an einem Steilabfall entlang, wo ich mir Löcher machen mußte, um mich mit den Händen daran zu klammern. Da hat das Herz auf einmal Panne. Es setzt aus, dann springt es wieder an, es klopft verkehrt. Ich spüre: wenn es nur eine Sekunde zu lang aussetzt, dann lasse ich los. Ich halte ganz still und lausche in mich hinein. Niemals, hörst du, niemals solange ich fliege, habe ich mich so an meinen Motor gehalten wie in den paar Minuten damals an mein Herz. Ich sagte ihm: Feste! Nochmal! Laß nicht nach! Schlag zu! – Aber es war ein Herz erster Wahl, es setzte wohl aus, aber es ging immer wieder an. Du kannst dir gar nicht vorstellen, wie stolz ich auf mein Herz war.«

Endlich war Guillaumet in dem Zimmer zu Mendoza, wo ich bei ihm wachte, in den Schlaf der Erschöpfung gefallen. Ich dachte: ›Wenn man von seinem Mut reden wollte, er würde nur mit den Achseln zucken.‹ Man würde ihm aber auch nicht gerecht, wenn man seine Bescheidenheit hervorheben wollte. Er ist über diese mittelmäßige Eigenschaft hoch erhaben. Nur aus Klugheit gibt er das nicht zu, weil er weiß, daß die Menschen sich überhaupt nicht mehr fürchten, wenn sie erst in den Ereignissen drinstehen. Nur das Unbekannte ängstigt die Menschen. Sobald man ihm die Stirn bietet, ist es schon kein Unbekanntes mehr, besonders wenn man es mit hellsichtigem Ernst beobachtet. Guillaumets Mut besteht vor allem in seinem geraden und offenen Blick.
Aber das ist gar nicht seine besondere Größe; die fließt aus seinem Verantwortungsgefühl. Er fühlt sich verantwortlich für sich selbst, seine Post und die Kameraden, die auf ihn warten. An seiner Entscheidung liegt es, ob sie sich freuen dürfen oder sich sorgen müssen. Er trägt Mitverantwortung für alles, was lebt und was wird und woran er mitbauen soll,

also im Rahmen seiner Arbeit für das Schicksal der Menschheit.
Er gehört zu den Wesen, die sich nicht scheuen, ihre Wurzeln und Zweige weit auszubreiten. Mensch sein, heißt Verantwortung fühlen: sich schämen beim Anblick einer Not, auch wenn man offenbar keine Mitschuld an ihr hat; stolz sein über den Erfolg der Kameraden; seinen Stein beitragen im Bewußtsein, mitzuwirken am Bau der Welt.
Und solche Menschen will man mit Stierkämpfern und Spielern in eine Reihe bringen? Man preist ihre Todesverachtung. Ich pfeife auf Todesverachtung. Sie ist nur ein Zeichen geistiger Armut oder jugendlicher Unreife, wenn sie nicht in einer übernommenen Verantwortung wurzelt.
Ich habe einen Fall von Selbstmord erlebt. Irgendein Liebeskummer trieb den jungen Menschen dazu, sich mit größter Genauigkeit die Kugel mitten ins Herz zu jagen. Dazu hatte er, Gott weiß von welchem literarischen Vorbild verführt, weiße Handschuhe angezogen. Ich mußte daran denken, wie sehr ich diese traurige Schaustellung nicht als vornehm, sondern als erbärmlich empfand. Nichts, gar nichts hatte also hinter dieser Menschenstirn über dem freundlichen Gesicht gesteckt, nichts als das Bild eines albernen kleinen Mädchens, das nicht anders war als tausend andere auch.
Gegenüber diesem kläglichen Schicksal erinnerte ich mich eines wirklichen Männertodes, des Sterbens eines Gärtners, der mir sagte: »Wissen Sie, manchmal habe ich beim Graben tüchtig geschwitzt, und das Reißen im Bein war kaum auszuhalten, und ich habe über die Knechtschaft geflucht. Und heute, da möchte ich graben, das Land umgraben; nichts kommt mir schöner vor als Graben. Dabei ist man doch frei. Und wer wird nun meine Bäume verschneiden?« Er ließ urbares Land zurück, eine urbare Welt. Denn allem Fruchtland und allen Fruchtbäumen der ganzen Welt war er in Liebe verbunden. Er war der Freigebige, er war der Verschwender, der große Herr. Er war – wie Guillaumet der tapfere Ritter, als er im Namen seiner Schöpfung mit dem Tode rang.

III

Das Flugzeug

Was tut es, Guillaumet, wenn du deine arbeitserfüllten Tage und Nächte mit dem Ablesen von Zifferblättern, mit dem Geraderichten des Flugzeuges, mit ängstlichem Lauschen auf den Atemzug der Motoren, mit dem Kampf gegen fünfzehn Tonnen Metall verbringst? Die Fragen, die dich beschäftigen, sind doch Menschhcitsfragen. Dein Blick ist weit wie der der Bergbewohner, kein Dichter kann tiefer die Ahnung der Morgenröte empfinden als du, denn aus der harten Not schwerer Nächte hast du so oft das Erscheinen dieses blassen Lichtbüschels ersehnt, dieses Schimmers, der im Osten dem schwarzen Lande entsteigt. So manches Mal hat sich diese Wunderquelle vor deinen Augen aus dem toten Eise befreit und hat dir Heilung gebracht, wo du zu sterben vermeintest.

Der Gebrauch wissenschaftlicher Geräte hat aus dir keinen trockenen Techniker gemacht. Die guten Leute, die sich über die technischen Fortschritte unserer Zeit so entsetzen, verwechseln, wie mir scheint, Zweck und Mittel. Wer nur um Gewinn kämpft, erntet nichts, was der Mühe wert ist. Aber die Maschine ist kein Ziel, und darum ist auch das Flugzeug kein Zweck, sondern ein Werkzeug, ein Gerät nicht anders als der Pflug.

Wir denken, daß die Maschine den Menschen erdrückt und zerstört – wohl nur, weil wir noch zu wenig Abstand haben, um die Wirkungen einer so plötzlichen Umstellung zu überblicken. Was sind die hundert Jahre des Zeitalters der Maschine, gemessen an den zweihunderttausend Jahren der Menschheitsgeschichte? Wir sind erst noch dabei, in dem Lande der tiefen Schächte und der riesigen Kraftwerke heimisch zu werden. Wir sind eben erst in das noch unvollendete neue Haus eingezogen. Alles hat sich um uns so schnell geändert, die Beziehungen von Mensch zu Mensch wie die Gesetze von Arbeit und Sitte. Sogar unsere geistigen Wertmaßstäbe sind in ihren tiefsten Tiefen erschüttert. Noch bedeuten die Worte Trennung, Fernsein, Entfernung, Heimkehr dasselbe wie früher und enthalten doch nicht mehr dieselben Gegebenheiten. Um die Welt von heute zu deuten, gebrauchen wir eine Sprache, die für die Welt von gestern geschaffen wurde. Darum scheint uns auch das Leben der Vergangenheit naturgemäßer zu sein, nur weil es unserer Sprache gemäßer ist. Jeder Fortschritt hat uns aus Gewohnheiten, die wir kaum erst angenommen hatten, gleich wieder vertrieben. Wir sind Verbannte, die noch kein neues Vaterland gefunden haben.

Wir sind junge Wilde und staunen über unsere neuen Spielsachen. Die Wettflüge haben keinen anderen Sinn. Einer steigt am höchsten, einer saust am schnellsten, wir aber wissen schon nicht mehr, warum wir sie steigen und sausen lassen. Für den Augenblick ist das Wettrennen wichtiger als sein Gegenstand. So geht es auch dem Gründer eines Weltreiches: für ihn wird Erobern Sinn und Zweck des Lebens. Der Soldat verachtet den Siedler; und doch bleibt das Ziel der Eroberung, den Siedlern Raum zu schaffen. So haben auch wir im Fortschrittsrausch die Menschen dazu gezwungen, an Eisenbahnen, Werkbauten und Tiefenbohrungen Dienst zu tun, und haben darüber ziemlich vergessen, daß alle diese Anlagen nur geschaffen wurden, um den Menschen zu dienen. Wohl erfüllte uns während des Eroberungskampfes eine soldatische Weltanschauung. Nun aber heißt es siedeln. Wir müssen dem neuen Haus sein Gesicht geben, denn es hat noch keins. Die einen durften bauen, die anderen sollen jetzt wohnen; ein jeder hat so *seine* Wahrheit.

Langsam wird unser Haus sicher menschlicher werden. Die Maschine selbst tritt in dem Maße hinter ihren Aufgaben zurück, als sie vollkommener wird. Es scheint, daß jeder technische Ansturm des Menschen, alle Berechnungen, alle über Plänen und Rissen durchwachten Nächte als letztes sichtbares Ergebnis immer wieder die größte Einfachheit zeitigen, als ob die Erfahrung mehrerer Geschlechter nötig wäre, um langsam die Linien einer Säule, eines Kieles, eines Flugzeugrumpfes zu entdecken, ehe diese endlich die herrliche Schlichtheit erhalten, die die Linie der weiblichen Brust oder der Schulter von Urzeit an besitzt. Es scheint, daß alle Arbeit der Ingenieure, Zeichner und Rechner in den Laboratorien nur den Sinn hat, hier eine Bindung zu vereinfachen, dort einen Flügel anzupassen, bis man überhaupt nicht mehr merkt, daß da ein Flügel an einen Rumpf montiert ist, sondern nur gewahr wird, daß etwas Neues vor uns steht: eine voll entwickelte Form, frei von allen Schlacken, ein gewachsenes Ganzes, das ebenso geheimnisvoll gebunden ist wie eine Dichtung. Vollkommenheit entsteht offensichtlich nicht dann, wenn man nichts mehr hinzuzufügen hat, sondern wenn man nichts mehr wegnehmen kann. Die Maschine in ihrer höchsten Vollendung wird unauffällig.

Die Vervollkommnung einer Erfindung grenzt hart an Erfindungslosigkeit. Erst wenn aus unseren Geräten jede sichtbare Spur der technischen Bearbeitung geschwunden ist und wir sie so natürlich und selbstverständlich wie vom Meer gerundete Kieselsteine ergreifen, wird man langsam vergessen, daß es sich überhaupt um so etwas wie eine Maschine handelt. Bisher standen wir in ständiger Beziehung mit einem sehr komplizierten Mechanismus. Heute schon vergessen wir, daß der Motor sich dreht, denn endlich erfüllt er seine Aufgabe, sich zu drehen, so wie das Herz schlägt. Wir achten ja auch nicht auf unser Herz. Die Aufmerksamkeit wird nicht mehr vom Werkzeug verschlungen, sondern wir vermögen durch es hindurch wieder die alte Natur zu entdecken, die Natur des Gärtners, des Seefahrers, des Dichters. Der Flieger, der aufsteigt, kommt in Berührung mit Wasser und Luft. Sobald die Motoren angeworfen sind und das Wasserflugzeug schon durch das Meer gleitet, schlägt das harte Plätschern der Wellen gegen seinen Bug wie an einen Gong, und der Mensch kann den Ablauf des Arbeitsvorganges an den Erschütterungen des Rumpfes fühlen. Er spürt, wie das Flugzeug von Sekunde zu Sekunde, in demselben Maße, wie seine Geschwindigkeit zunimmt, an Kraft gewinnt. Er erlebt, wie sich in den fünfzehn Tonnen Baustoff langsam die Reife bildet, die das Fliegen möglich macht. Der Flieger schließt die Hände über den Griffen, und langsam sammelt er wie ein Geschenk in seiner hohlen Hand diese wachsende Kraft. Die metallenen Nerven der Steuerung werden zu Boten seiner Macht. Und wenn der Augenblick herangereift ist, vermag der Flieger mit einer Bewegung, die geringer ist als die des Pflückens einer Blume, das Flugzeug vom Wasser zu lösen und es in die Luft zu erheben.

IV

Die Naturgewalten

Wenn Joseph Conrad einen Taifun recht lebendig darstellen will, spricht er kaum von den Wellenbergen, der Düsternis und dem Sturmtoben. Aber im überfüllten Zwischendeck hat das Rollen und Schlingern das Gepäck der chinesischen Auswanderer zerrüttelt, ihre Kisten zerschlagen und ihre ärmlichen Habseligkeiten wirr durcheinandergeworfen. Das Geld, das sie sich im Laufe eines arbeitsamen Lebens pfennigweise erspart haben, die Erinnerungsstücke, die, so ähnlich sie alle einander sehen, jedem einzelnen einen persönlichen Wert bedeuten: alles bildet ein furchtbares Gewirr, liegt herren- und namenlos umher und verkrustet zu einem unentwirrbaren Chaos. Vom ganzen Taifun zeigt Conrad lediglich das Menschenschicksal.
Wir haben alle schon einmal dieses Unvermögen erfahren, Zeugnis eigener Erlebnisse abzulegen. Wenn wir nach dem Sturm wohlgeborgen in der Speisewirtschaft von Toulouse, unter der Obhut der freundlichen Kellnerin, wieder beisammensaßen, verzichteten wir darauf, von der Hölle zu erzählen. Erzählen und große Gebärden oder gar große Worte wären wie kindische Prahlereien erschienen und hätten den Kameraden nur ein Lächeln abgelockt. Das ist aber nicht zufällig so. Der Wirbelsturm, von dem ich jetzt reden will, war gewiß in seiner Urgewalt das packendste Erlebnis, das mir jemals begegnete. Aber vor der höchsten Steigerung des Erlebens werden Worte schal. Die Sprache ist der Steigerungen nicht in eben dem Maße fähig, wie die Gewalt der Sturmstöße wächst. Alles Bemühen um Ausdruck bleibt leer und schmeckt unangenehm nach Übertreibung.
Allmählich ist mir der tiefere Grund klargeworden, warum man so etwas nicht beschreiben kann. Man will den Ablauf

eines Schicksals, das es niemals gegeben hat, in Worten festhalten. Wenn man bei der Schilderung der Schrecknisse Schiffbruch leidet, so nur deshalb, weil man die Schrecknisse erst hinterher, im Nacherleben, in der Rückerinnerung erfunden hat. Beim tatsächlichen Erleben waren sie gar nicht da.
Wenn ich mich trotzdem daran wage, einen Aufruhr der Naturkräfte zu schildern, den ich miterlebte, habe ich von vornherein nicht das Gefühl, ein mitteilbares Geschehen darzustellen.

Ich hatte den Flughafen von Trelew in Richtung auf Commodoro Rivadavia in Patagonien verlassen. Man überfliegt dort eine Gegend, die zerbeult ist wie ein alter Kessel. Nirgends wirkt die Erde so verbraucht wie dort. Die Luftströmungen, die die Hochdruckgebiete über dem Pazifik durch eine Lücke in der Andenkette hindurchpressen, fangen sich in einem engen Durchbruch von hundert Kilometer Front und bekommen dabei immer größere Geschwindigkeiten, so daß sie unter sich alles kahlputzen. Als einzige Bäume stehen in diesem abgeschabten Lande die Bohrtürme der Erdölfelder. Sie gleichen einem abgebrannten Wald. Ab und zu ragen über das rundliche Hügelland, auf dem der Wind nur einen Bodensatz von hartem Kies gelassen hat, Berge hervor, die Schiffsbügen ähneln: spitz, zackig, bis auf die Knochen abgeschunden.
Während der drei Sommermonate steigt die Geschwindigkeit, mit der dieser Wind über den Boden hinfegt, auf dreißig Meter in der Sekunde. Wir kannten ihn gut. Wenn wir erst die Steppe von Trelew hinter uns hatten und an die windbestrichene Zone herankamen, erkannten meine Kameraden und ich an einer blaugrauen Farbe sein Nahen, und mit einem Ruck zogen wir Bauch- und Schultergurte fester in der Voraussicht auf harte Stöße. Alsbald begann ein schmerzhafter und mühsamer Flug, auf dem man jeden Augenblick in ein unsichtbares Schlammloch zu stürzen begann. Es war Schwerarbeit; eine Stunde lang schufteten wir wie die Hafen-

arbeiter, und die Schultern ächzten unter dem rohen Hinundhergezerre. Weiterhin, nach Ablauf dieser Stunde, gelangten wir wieder in ruhige Luft.
Unsere Maschinen hielten es aus, und wir verließen uns vertrauensvoll auf unsere Flügelholme. Die Sicht blieb meistens gut und stellte keine besonderen Aufgaben. Wir gingen an diese Flüge heran wie an eine lästige Fron, nicht wie an ein hartes Schicksal.

Aber eines Tages gefiel mir die Farbe des Himmels ganz und gar nicht. Er war blau, strahlend blau, viel zu blau. Hartes Sonnenlicht lag auf dem aufgerauhten Landstrich und ließ in weiten Abständen die abgenagten Berggerippe aufleuchten. Keine Wolke trübte das Licht, aber die Bläue erinnerte mehr denn je an ein frisch geschliffenes Messer.
Ich fühlte das dunkle Unbehagen, das man vor allen Leistungsprüfungen empfindet. Sogar die Reinheit des Himmels verdroß mich. In schwarzen Sturmwolken zeigt sich der Feind ehrlich, man kann seine Stärke abschätzen, die Breite seines Aufmarsches erkennen und sich auf den Ansturm vorbereiten. Im tiefschwarzen Gewitter kämpft man mit dem Gegner Brust an Brust. Aber bei schönem Wetter und in großer Höhe überraschen die Sturmstöße den Flugzeugführer, und er fühlt unter sich die Leere gähnen. Noch eine andere Beobachtung drängte sich mir auf: in gleicher Höhe mit den Bergen zog etwas dahin, kein Nebel, keine Dämpfe, kein Sandsturm, sondern eine Art Aschenflug. Mir mißfielen diese Feilspäne sehr, die der Wind von der Erde abraspelte und dem Meer zutrug. Ich zog meine Gurte ganz fest, steuerte nur mit einer Hand und hielt mich mit der anderen an einer Strebe des Flugzeugs fest. Und dabei flog ich noch in einer bemerkenswert ruhigen Luft.
Endlich zitterte die Maschine in der wohlbekannten Weise, die wirklich schwere Stürme ankündigt: es ist kein Rollen und kein Schwanken; noch schlägt der Wendezeiger nicht weit aus. Der Flug bleibt geradlinig und waagerecht. Und doch hat man in seinen Tragflächen die Botschaft schon auf-

gefangen: ab und zu ein kaum merklicher Stoß, aber es sind kurze Schläge, als wären von Zeit zu Zeit der Luft kleine Mengen Pulver zugemischt.

Dann aber ging es los, und alles ringsum geriet in Aufruhr. Über die nächsten zwei Minuten kann ich nichts aussagen. In meiner Erinnerung tauchen nur einige Gedankenfetzen auf, Versuche zu geordnetem Denken und bloße Beobachtungen. Ein erschütterndes Geschehen kann ich aus ihnen nicht machen, denn von einem solchen war gar nicht die Rede. Ich kann sie nur in einer gewissen Reihenfolge anordnen.

Vor allem eins: ich machte keine Fahrt mehr. Da ich sofort nach rechts abgeschwenkt war, um die plötzliche Abtrift auszugleichen, sah ich die Landschaft immer unbeweglicher zu meinen Füßen, bis sie schließlich still stand. Ich kam nicht vorwärts, meine Flügel fraßen sich nicht mehr in das Geländebild unter mir ein. Die Landschaft schwankte und tanzte, aber alles geschah am Ort. Mein Flugzeug war wie ein ausgeleiertes Zahnrad, das in einem verbrauchten Räderwerk abgleitet und nicht mehr fassen will.

Zugleich kam es mir widersinnigerweise so vor, als zeigte ich mich dem Feind ohne Deckung. Alle die Bergrücken und Felsgrate, alle die Bergspitzen, die ihr Kielwasser in den Windstrom zeichneten und seine Wellen mir zusandten, erschienen mir als ebenso viele Geschütze, die alle auf mich gerichtet waren. Ganz natürlich stieg so in mir langsam der Gedanke hoch, auf meine stolze Höhe zu verzichten und mich in die Tiefe eines der Täler unter einem Berghang zu begeben. Übrigens saugte mich die Erde an, ob ich wollte oder nicht.

So hatten mich die ersten Wellen eines Wirbelsturms gepackt, von dem ich zwanzig Minuten später durch eigene Erfahrung feststellen konnte, daß er über dem Erdboden die unglaubliche Geschwindigkeit von siebzig Metern in der Sekunde erreicht hatte, das sind zweihundertvierzig Kilometer in der Stunde. Aber als ein schicksalschweres Geschehen empfand ich ihn nicht. Wenn ich jetzt die Augen schließe und versuche, von Flug und Flugzeug abzusehen und mein Erleben auf die einfachste Formel zurückzuführen, so finde ich die Gefühle wieder, die ein Träger hat, der mehrere Pakete im Gleichgewicht aufgepackt bekommt. Er kämpft mit dem Rutschen der Last und fängt ein gefährdetes Stück mit einer raschen Bewegung ein, die ein anderes ins Gleiten bringt. Und wenn er dann recht tief in diesen blödsinnigen Kampf verwickelt ist, kommt er wohl plötzlich gar in Versuchung, die Arme weit zu öffnen, wodurch der ganze Stapel zu Fall käme. So fühlte ich mich; aber an Gefahr dachte ich mit keinem Schimmer. Wenn man nach dem Gesetz des schnellsten Weges für sprachlichen Ausdruck das Erlebnis in ein Bild schärfster Verkürzung fassen will: ich glich einem Geschirrträger, dem im Ausrutschen sein Stoß von Porzellantellern entgleitet.

Nun bin ich Gefangener eines Tales, und meine Bedrängnis ist größer geworden statt kleiner. Gewiß ist noch niemand an Luftwirbeln gestorben – die Redewendung »durch Luftwirbel an den Boden gedrückt« ist, wie wir alle wissen, eine Zeitungsfloskel. Der Wind kann ja nicht unter die Erde kriechen. Aber in diesem Talgrund habe ich die Herrschaft über meine Maschine zu Dreiviertel eingebüßt. Wie wakkelt und schwankt diese Felsgräte vor mir! Nun steigt sie ganz plötzlich bis zum Himmel und schwebt eine bange Sekunde lang drohend über mir, um ebenso plötzlich aus meinem Blickfeld abzusinken.

Mein Blickfeld! Als ob es so etwas noch gäbe! Ich sitze wie eingesperrt zwischen den Kulissen einer mit Versatzstücken vollgepfropften Bühne. Senkrecht stehend, waagerecht schwebend, schief steigend und fallend – wild kreuzen sich die Linien. Hundert Quertäler leiten mit ihren Durchblicken die Augen in die Irre. Kaum komme ich einmal dazu, mich zurechtzufinden, und schon reißt eine neue Sturmwoge mich im rechten Winkel herum oder dreht mich ganz um, und ich darf mich aus meinen Schuttbergen neu herausfitzen.

Zwei Gedanken gewinnen in mir Gestalt. Zunächst mache ich eine Entdeckung: endlich begreife ich die Ursache man-

cher Flugunfälle im Gebirge, die das Fehlen jeglichen Nebels rätselhaft machte. Die Flieger haben in einem verhängnisvollen Augenblick in dieser tanzenden Landschaft Steilhänge und waagerechte Bänder verwechselt.
Zugleich aber steigt ein besessener Wunsch in mir hoch: zurück aufs Meer! dort ist es flach, und du kannst nicht anrennen!
Ich wende – wenn man diesen fast planlosen Walzer durch die ostwärts offenen Täler wenden nennen kann. Aber immer noch ist nichts erhebend Schicksalhaftes in dem Kampf. Ich ringe mit der Unordnung, ich setze alle Kräfte gegen sie ein und arbeite bis zur Erschöpfung, während jeder gewonnene Erfolg sofort wieder zusammenbricht. Ich spüre gerade nur die völlig natürliche Beklemmung, wenn eine der Mauern meines Gefängnisses drohend gegen mich anrückt wie eine gewaltige Meereswoge. Auch die Angst ist kaum der Rede wert, die mich jedesmal durchfährt, wenn die unsichtbaren Minen springen auf meinem Weg über die schroffen Felsgrate. Wenn ich in diesem Durcheinander dumpfer Empfindungen einen klaren Gedanken namhaft machen kann, so ist es das Gefühl einer zurückhaltenden Hochachtung.
Wirklich, ich spüre Hochachtung vor dieser Bergspitze, Hochachtung vor jenem scharfgeschliffenen Grat und vor der Kuppe dort drüben! Und alle Hochachtung vor dem Quertal, das in meines mündet und Gott weiß was für Wirbel schaffen mag, wenn es seinen Sturmbach in den Sturmstrom gießt, der mich mit sich reißt.
Da wird mir, als hätte ich gar nicht mit dem Wind zu kämpfen, sondern mit diesem Felsgrat, mit jenem Bergkamm, mit dem riesigen Steinblock dort drüben. Ja, so weit er noch ist, dieser Steinblock ist mein Gegner und hat es auf mich abgesehen. Durch ein Spiel unsichtbarer Fernwirkungen, durch ein geheimnisvolles Muskelspiel stemmt er sich mir entgegen.
Rechts vor mir kann ich das Salamancahorn erkennen; das ragt übers Meer auf; ich weiß das genau. Also endlich komme ich übers freie Meer! Aber ich muß erst unter den Winden

dieser Bergspitze vorbei, durch ihr »Gefälle«, wie wir es nennen. Das Salamancahorn ist ein Riese. Alle Hochachtung vor dem Salamancahorn!

Einen Augenblick darf ich verschnaufen, zwei Sekunden vielleicht. Etwas wird plötzlich fest unter mir, gestaltet sich, packt zu. Ich kann nur staunen und große Augen machen. Es ist, als ob das Flugzeug kraftvoll schwingt, sich entfaltet, sich weitet. An Ort und Stelle wird es in brausendem Höhenflug fünfhundert Meter steil aufwärts emporgerissen. Plötzlich beherrsche ich meine Feinde von oben, wo ich doch seit vierzig Minuten nicht über sechzig Meter hoch kommen konnte. Das Flugzeug wabert wie im Kochtopf. Groß und weit zeigt sich der Ozean. Mein Tal öffnet sich aufs Meer zu, auf die Rettung hin, aufs Heil! –

Und da trifft mich ohne jeden Übergang der Stoß des Salamancahorns – tausend Meter davon entfernt. Doch es gereicht mir zum Heil: ich purzle und taumele dem Meer zu.

Ich fliege nun Vollgas auf die Küste zu, landwärts auf die Küste zu!

In ein paar Minuten ist viel geschehen. Zunächst habe ich das Meer nicht angeflogen, sondern wurde auf das Meer ausgeworfen wie von einem gewaltigen Hustenkrampf. Mein Tal spie mich aus wie aus einer Geschützmündung, wie ein Mörser sein Geschoß. Gewiß, ich bildete mir ein, sofort Dreiviertelwendung gemacht zu haben, um nicht planlos von der Küste abgetrieben zu werden. Ich hatte aber die Bewegung kaum ausgeführt, da sah ich das Land schon ganz verwischt in zehn Kilometer Entfernung; es war schon blau wie die Küste eines fremden Erdteils. Das Spitzenwerk der Berge, das sich so fein gegen den Himmel abhob, wirkte wie die Zinnen einer fernen Burg. Ich war fast bis aufs Wasser gedrückt durch die Gewalt der Fallwinde. Ich merkte, daß ich einen Fehler begangen hatte, und suchte wieder zu steigen. Aber da bekam ich erst die volle Kraft der Luftströmung zu spüren: Vollgas voran, zweihundertundvierzig Kilometer in der Stunde, die Höchstgeschwindigkeit jener Zeit, zwanzig

Meter über dem Wellengischt – und ich kam nicht weiter! Solch ein Sturm fährt in die Zweige des Tropenwaldes wie Feuer, wirbelt sie und entwurzelt die Riesenbäume wie Kohlstrünke. Hier stürzte er sich von den Bergeshöhen und preßte aufs Meer.

Ich krampfte mich mit ganzer Motorenstärke an diesen Sturm, in den jede Bergzacke ihr Kielwasser wie eine Schlange hinauszischen ließ. Mir war es, als hinge ich angeklammert an der Spitze einer Peitsche, die über das Meer hinauszuckte.

In jenen Breiten ist Amerika schon so schmal, daß die Andenkette dem Atlantik ziemlich nahe kommt. Ich zappelte also nicht nur im Fallwind der Küstenkette, nein, der ganze Himmel stürzte vom Andenkamm auf mich herab. Das erstemal nach vier Jahren Dienst als Verkehrsflieger kam mir der Gedanke, daß die Flügel abbrechen könnten. Auch fürchtete ich einen Sturz ins Meer, nicht wegen der Fallwirbel, denn die bilden naturnotwendig in Meereshöhe eine Auffangschicht. Aber sie trafen mich manchmal in sehr sonderbaren Stellungen, denn unfreiwillig vollführte ich alle Figuren des Kunstflugs. Ich fürchtete ernstlich, ich könnte einmal vor dem Zusammenprall mit einem neuen Luftwirbel nicht geradegerichtet haben. Vor allem aber meinte ich, mein Schicksal ganz klar zu sehen: wenn der Treibstoff verbraucht war, fiel ich einfach ins Wasser. Jeden Augenblick rechnete ich damit, daß die Pumpen nicht mehr faßten. Tatsächlich setzte der Motor immer wieder aus; die Stöße waren nämlich so, daß der Treibstoff in den halbvollen Tanks und Röhren, dem Trägheitsgesetz folgend, plötzlich aufhörte, nachzufließen. Und so ließ mein Motor statt seines ständigen Rollens eine eigentümliche Morsesprache hören, in der lang und kurz tackend wechselten.

Aber der Kampf hatte mich erschöpft; ich umklammerte immer noch das Steuerrad meines schweren Postflugzeugs und fühlte nur noch dumpf. Ohne Erregung sah ich auf die Fährten des Sturms auf der See. Weiße Flockenwälle von achthundert Meter Frontbreite stürmten mit zweihundertvierzig Kilometer Geschwindigkeit in der Stunde auf mich ein; die Fallwirbel waren auf das Wasser aufgeschlagen und sausten nun waagerecht weiter.

Das Meer war zugleich grün und weiß; weiß wie Staubzucker und stellenweise grün wie Smaragd. Die einzelnen Wellen konnte ich in diesem tobenden Durcheinander nicht unterscheiden; auf dem Meere rauschten wahre Stromschnellen. Die Luftströmungen malten ihre Riesenzeichen darauf, wie zur Erntezeit die Spuren des Windes über Kornfelder dahineilen. Gelegentlich ließ die merkwürdig übersteigerte Sicht im Strandschatten einen schwarzgrünen Hintergrund auftauchen. Dann aber zerklirrte die Kristallscheibe des Meeres wieder in tausend weiße Splitter.

Ich gab mich verloren. In zwanzig Minuten Kampf hatte ich keine hundert Meter gewonnen. Schon hier, zehn Kilometer vor den Steilklippen der Küste, war das Fliegen so anstrengend, daß ich mich fragte, wie ich in Küstennähe – wenn ich sie je erreichte – den Wirbeln standhalten sollte.

Aber Furcht empfand ich nicht. Wie hätte ich es auch gekonnt? Ich war ausgepumpt und leer. Ich konnte nichts mehr denken, als was zum einfachsten Handeln gehörte: geraderichten, geraderichten und wieder geraderichten.

Augenblicke des Aufatmens gab es immer wieder. Sie glichen gewiß immer noch den heftigsten Stürmen, die ich sonst erlebt hatte. Aber gemessen an dem gegenwärtigen Unwetter empfand ich sie als große Entspannung. Ich mußte mich nicht so schnell umstellen. Obendrein meldeten sich die Ruhepausen zuvor an. Nicht ich flog auf diese »stillen« Striche zu, nein, diese fast grünen Oasen, die sich so deutlich vom Meer abzeichneten, kamen mir entgegen. Auf den Wassern las ich die Verkündigung bewohnbarer Lande. Und sobald mir so ein Augenblick der Ruhe gegönnt war, kehrte die Fähigkeit zu denken und zu fühlen wieder. In diesen Augenblicken fühlte ich mich verloren, und Angst stieg hoch. Wenn ich dann sah, wie sich ein neuer Vorstoß auf mich zu entwickelte, packte mich eine kurze Panik bis zu dem Augenblick, in dem ich am Saume des Gischtes wieder an meine unsichtbare Wand prallte. Dann empfand ich nichts mehr.

Höher hinauf! Dieser Wunsch wurde trotz allem lebendig. Und einmal schien mir die Ruhepause unerschöpflich, und dumpfe Hoffnung stieg wieder auf. Ich werde höher gehen, oben treffe ich andere Luftverhältnisse und komme vorwärts. Ja, das werde ich tun. Ich benutzte die Pause, um in aller Eile den Aufstieg zu versuchen. Hart genug war er, denn die Fallwinde blieben zähe Gegner. Hundert Meter, zweihundert Meter gewann ich ihnen ab. Und im Hirn arbeitete der Gedanke: Laßt mich nur tausend Meter hoch kommen, dann bin ich gerettet. Aber schon sah ich von ferne die weiße Meute auf mich zujagen. Ich drückte das Höhensteuer nach, um nicht auf die vollen Tragflächen geschlagen zu werden. Aber es war schon zu spät. Der erste Stoß warf mich herum. Ringsum glitt alles ab, und ich konnte mich nicht mehr halten...

Wie befiehlt man seinen eigenen Händen? Ich mache eine entsetzliche Entdeckung: meine Hände sind eingeschlafen und tot! Sie geben keine Botschaft weiter, wohl schon seit einer ganzen Weile, ich hatte nur nichts davon gemerkt. Und wenn man es merkt, ist die Sache schlimmer, denn dann quält man sich mit der Frage: Wie befiehlt man seinen eigenen Händen? Das Reißen an den Flügeln hatte eben die ganze Zeit an den Steuerdrähten gezerrt und das Steuerrad wild ausschlagen lassen. Eine Dreiviertelstunde habe ich es krampfhaft festgehalten, um die Stöße auszugleichen, von denen ich fürchten mußte, daß sie die Drahtseile sprengten. Ich habe zu krampfhaft gehalten, und meine Hände haben jedes Gefühl verloren.
Das ist eine Entdeckung! Meine Hände sind die Hände eines Fremden. Ich sehe sie an und bewege einen Finger; er gehorcht. Wenn ich aber wegsehe und meinem Finger den gleichen Befehl gebe, vermag ich nicht zu sagen, ob er gehorcht hat; er meldet sich nicht mehr. Wie soll ich noch

wissen, ob meine ganze Hand sich öffnet? Ich sehe schnell hin. Beide Hände sind geschlossen geblieben. Aber ich habe Angst gehabt.

Wie soll man die Tatsache, daß eine Hand sich öffnet, von dem Entschluß, sie zu öffnen, unterscheiden, wenn der Austausch zwischen Hand und Hirn nicht mehr arbeitet? Vorstellung und Ausführung einer Handlung verwirren sich. Fort darum mit der Vorstellung von Händen, die sich öffnen! Die Hände leben für sich, ich darf sie nicht in diese entsetzliche Versuchung führen. Ich versenke mich in die krankhafte, törichte, tolle Litanei, ich bete sie vor mich hin bis zum Ende des Fluges; nur ein Gedanke, nur eine Vorstellung, nur ein Satz, den ich ununterbrochen ableiere: »Meine Hände halten fest, halten fest, halten fest, meine Hände halten fest.«

Ich lebe nur noch in diesem Satz, es gibt kein weißschäumendes Meer draußen, keinen Wirbel, keine zackigen Berge. Es gibt nur Hände, die festhalten. Gefahr gibt es keine und keinen Wirbelsturm. Es gibt nur irgendwo zwei Kautschukhände, die sich ein Steuerrad nicht entgleiten lassen dürfen. Ehe sie es wieder gefaßt hätten und den Absturz des Flugzeugs aufhalten könnten, wäre alles vom Meer verschlungen.

Ich weiß nichts, ich fühle nichts, als daß es leer in mir wird. Die Kräfte schwinden, und der Kampfwille verläßt mich. Der Motor klopft seine Morsesprache weiter, lang – kurz in wildem Wechsel, es kracht wie beim Zerreißen von Leinwand. Wenn er mehr als eine Sekunde aussetzt, ist es, als ob mein Herz still stünde. Alles aus! – Nein, es geht weiter.

Draußen sind, ich lese es auf dem Thermometer, zweiunddreißig Grad unter Null. Ich aber bin von Kopf bis Fuß in Schweiß gebadet, und Schweiß läuft über mein Gesicht. Was für ein Tanz! Und dann bemerke ich, daß sich meine Akkus aus ihren Stahlbändern gelöst haben. Sie sind gegen die Decke geschmettert und haben diese durchschlagen. Und ich sehe, daß die Rippen der Flügel sich lockern, daß einzelne Steuerkabel bis auf den letzten Strang abgefeilt sind...

In mir wird es immer leerer. Ich ahne, daß bald die Gleichgültigkeit der Erschöpfung und die tödliche Sehnsucht nach Ruhe eintreten werden.
Was kann ich davon erzählen? Nichts. Die Schultern tun mir weh, sehr weh sogar. Als ob ich zu schwere Säcke getragen hätte. Ich neige mich hinaus. In einem grünen Streifen sehe ich den Grund so nahe, daß ich alle Einzelheiten erkennen kann. Da schlägt die Faust des Sturmes auf das Meer, und das Bild ist zerstoben.

Nach achtzig Minuten Kampf bin ich dreihundert Meter gestiegen. Weiter südlich zeigt sich auf dem Meer ein langer Schweif, eine blaue Schleppe. Dorthin will ich mich seitlich abtreiben lassen. Wo ich bin, komme ich nicht vorwärts, wenn ich auch nicht zurückgeworfen werde. Wenn ich diesen blauen ruhigen Strom erreiche, kann ich vielleicht langsam bis zur Küste fliegen. Ich lasse mich also links abtreiben. Obendrein will mir scheinen, daß die Gewalt des Sturmes nachläßt. –

Eine Stunde habe ich für die zehn Kilometer gebraucht! Jetzt bin ich im Schutz der Strandklippen und kann nach Süden abfliegen. – Nun muß ich wieder höher kommen, um über das Land weg den Flugplatz anzusteuern. Und es gelingt, in dreihundert Meter Höhe zu bleiben. Das Wetter ist noch scheußlich, aber es ist kein Vergleich mehr; es ist überstanden.
Auf dem Flugplatz sehe ich einhundertzwanzig Soldaten, die man des Sturmes wegen für mich angefordert hat. In ihrer Mitte setze ich auf, und dann haben wir für eine Stunde zu tun, ehe die Maschine im Schuppen steht. Ich steige aus, den Kameraden sage ich nichts. Ich bin schläfrig. Langsam bewege ich die Finger, aber sie wollen nicht erwachen. Kaum weiß ich noch, in welcher Angst ich eben schwebte. Habe ich überhaupt Angst gehabt? Ich habe ein einzigartiges Schauspiel erlebt. Welches Schauspiel? Kaum kann ich mich besinnen. Der Himmel war so blau und das Meer so weiß.

Eigentlich sollte ich es doch erzählen, denn ich war so weit und bin nun wieder da. Aber ich kann das Erlebnis nicht mehr fassen: ›Stellt euch ein weißes Meer vor ... sehr weiß ... noch viel weißer!‹ Nein! Man kann nichts sagen durch gehäufte und gesteigerte Beiwörter. Solch ein Gestammel reicht nicht an die Dinge heran.

Man kann nichts sagen, weil es nichts zu sagen gibt. In all den Gedanken, die einem das Gemüt erregten, in all den Schmerzen der Schultern lebt kein Schicksal, auch nicht im steilen Zacken des Salamancahorns. Gewiß, es war geladen wie ein Pulverfaß, aber das kann ich nicht erzählen. Sie lachen mich nur aus. Ich empfand große Hochachtung für das Salamancahorn, das ist alles – und das ist kein schicksalhaftes Geschehen.

So etwas gibt es eben nur im menschlichen Zusammenleben; da gibt es Schicksalsgeschehen und heldische Leidenschaften. Morgen wird es mich vielleicht ergreifen, wenn mein Erlebnis sich verklärt hat und ich mich in die Verzweiflung des Wirbelsturms zurückversetze; denn morgen lebe ich wieder und weile wieder unter Menschen. Aber es ist Selbstbetrug dabei. Denn der Mann, der mit Händen und Füßen gegen den Wirbelsturm rang, dachte nicht daran, sich mit dem sorglosen und freien Menschen zu vergleichen, der ich morgen sein werde; er war dazu viel zu beschäftigt.

So ist meine Ausbeute etwas mager; nur eine kleine Entdeckung habe ich mitgebracht. Und nun bewegt mich die Frage: Wie vermag man einen Willensakt von einer einfachen Vorstellung in dem Augenblick zu unterscheiden, wo gedankliche Empfindungen die leibliche Übertragung nicht mehr finden?

Ich würde euch sicher tiefer gepackt haben, wenn ich die Geschichte von einem Kinde erzählt hätte, das zu Unrecht bestraft wurde. So habe ich euch durch einen Wirbelsturm geführt, möglicherweise ohne euch zu beunruhigen. Betrachten wir denn nicht auch im Kino Woche für Woche von bequemen Sesseln aus die Beschießung von Schanghai? Ohne

Grauen, ja mit Bewunderung können wir zusehen, wie Schwaden von Ruß und Asche aus diesem von vulkanartigen Ausbrüchen zerrissenen Lande langsam gen Himmel steigen. Und doch wird diese schwarze Wolke nicht nur vom Korn der Speicher, vom Erbe vieler Geschlechter, von dem Gut ganzer Sippen genährt; es steigen ja auch die kläglichen Reste armer, verbrannter Kinder in Rauch gehüllt langsam zum Himmel empor.

Aber körperliches Geschehen berührt uns nur, wenn man uns seinen geistigen Hintergrund zu deuten vermag.

V

Das Flugzeug und der Planet

I

Das Flugzeug ist wohl eine Maschine – indes welch ein unendlich fein empfindendes Gerät! Ihm danken wir die Entdeckung des wahren Gesichts unserer Erde. Jahrhundertelang hatten uns die Straßen getäuscht. Es ging uns wie jener Kaiserin, die ihre Untertanen besuchen wollte, um sich zu überzeugen, ob sie sich unter ihrer Herrschaft wohlfühlten. Ihre Hofleute aber wußten sie zu täuschen und statteten ihren Reiseweg mit allerlei Bildern von Volksglück aus und ließen bezahlte Statisten tanzen. Jenseits des schmalen Reiseweges sah sie nichts von ihrem Reich und ahnte nicht, daß im weiten Lande ringsum die Menschen Hungers starben und sie verfluchten.

So folgten auch wir dem gewundenen Lauf der Straßen. Sie vermeiden die Wüsteneien, Steinmeere und Sandflächen. Sie fügen sich den Bedürfnissen der Menschen und führen von Brunnen zu Brunnen. Sie leiten den Bauern von der Scheune zum Erntefeld, sie empfangen an der Stalltür das schläfrige Vieh und entlassen es, noch bevor der Tag voll entfaltet ist, zu den nährenden Luzernen. Sie verbinden die Dörfer miteinander, denn man heiratet ja von einem ins andere. Und wenn schon einmal eine Straße es wagt, eine Wüste zu durchqueren, so dreht und wendet sie sich, um auch jede Oase genießerisch mitzunehmen.

Der Betrug dieser Windungen, diese frommen Lügen haben uns lange Zeit das Bild unseres Gefängnisses verschönert. Wir kamen ja auf unseren Reisen an so vielen wohlbewässerten Landstrichen, an reichen Obstgärten und fetten Wiesen vorbei. So schien uns unser Stern voll lebenspendender Feuchte und Lieblichkeit.

Aber unser Blick ist schärfer geworden, und wir haben einen

grausamen Fortschritt erfahren. Das Flugzeug hat uns die wahre Luftlinie kennengelehrt. Kaum ist es aufgestiegen, so verlassen wir schon die Wege, die zu Tränken und Ställen führen oder sich von Stadt zu Stadt schlängeln. Wir sind frei von der vertrauten Knechtschaft, unabhängig von Brunnen und Quellen, und steuern unsere fernen Ziele geradewegs an. Erst auf diesen geradlinigen Flügen entdecken wir den Unterbau der Welt, die Schicht aus Fels, Stein und Salz, auf der an wenigen Stellen das Leben wie Moos an altem Gemäuer schüchtern zu grünen wagt.

Da werden wir zu Forschern, die nach physikalischen und biologischen Gesichtspunkten die Kultur untersuchen, die da unten den Talgrund verschönt und ab und zu, wenn das Klima besonders günstig ist, sich wie ein Park ausbreitet. Wir beurteilen den Menschen mit Weltraumperspektive. Das Fenster am Führersitz ist die Linse eines Mikroskops, und mit neuen Augen lesen wir darin die Weltgeschichte.

2

Der Flieger, der auf die Magalhãesstraße zufliegt, kommt etwas südlich von Rio Gallegos über einen alten Lavastrom. Zwanzig Meter dick lagern die Trümmer über der Ebene. Und dann kommt wieder einer und ein dritter, und von da an trägt jeder Erdbuckel, jeder Hügel von zweihundert Metern seine Krater. Keine stolzen Vesuve sind es, sie schauen aus der Erde wie die Mündungen eingegrabener Mörser, die kaum über das Gelände hervorragen.

Heute herrscht dort Kampfpause. Man erlebt sie mit Erstaunen in dieser außer Dienst gestellten Landschaft, in der einst tausend Vulkane einander ihre Salven entgegenspien. Jetzt überfliegt man ein stummes Land, das von schwarzen Gletschern übersät ist.

Weiter südlich sind ältere Vulkane bereits von einem goldenen Rasen bedeckt. Ab und zu sprießt sogar ein Baum in ihren Spalten wie in einem alten Blumentopf. Im fahlen

Abenddämmerlicht wirkt die Ebene gepflegt wie ein Park, dank dem kurzen Grase; nur rings um die größten Schlünde ist sie ein wenig zerklüftet. Da springt ein Hase auf, ein Vogel schwirrt hoch, das Leben hat von einem jungen Stern Besitz ergriffen, wo die gute Krume fruchtbarer Erde sich endlich auf dem nackten Gestein angesiedelt hat.

Kurz vor Punta Arenas häufen sich die letzten Krater. Ein lückenloser Graswuchs schmiegt sich den Unebenheiten der Feuerberge an; die sind gebändigt und sanft, jeder Riß ist durch den zarten Pflanzenwuchs vernäht. Der Boden ist glatt, die Hänge flach, man vergißt ihre Entstehung. Das grüne Gras erstickt das düstere Malzeichen, das diesen Hügeln aufgebrannt war.

Und nun kommt die südlichste Stadt der Welt, Punta Arenas, die ihr Dasein einem bißchen Erde zwischen starrer Lava und dem noch starreren Eis des Südpols verdankt. So kurz nach dem Überfliegen der schwarzen Güsse fühlt man das Wunder des Menschen doppelt. Man kann es kaum begreifen und weiß nicht recht, wieso der Wanderer Mensch die Gärten, die ihm die Natur hier bereitet hat, mit solcher Unbefangenheit bewohnt. Sie sind ja nur für so kurze Zeit bewohnbar, für ein Zeitalter der Erdgeschichte, für einen glücklichen Tag.

Ich bin in der wohltuenden Abendkühle gelandet. Punta Arenas! Ich lehne an einem Brunnen und folge mit den Augen den Mädchen. So nahe solcher Anmut fühle ich das Wunder Mensch doppelt. Der Mensch allein baut um sich herum eine Einsamkeit, wo doch sonst in unserer Welt Leben so leicht zu Leben findet, wo sich die Blumen im Windstrich zu Blumen gesellen und alle Schwäne einander kennen. Wie sind wir doch im Geist voneinander getrennt! Ein Jungmädchentraum scheidet sie von mir; wie soll ich daran teilhaben? Was weiß ich von dem jungen Mädchen, das mit langsamen Schritten heimgeht, die Augen niedergeschlagen, sich selbst zulächelnd, den Kopf voll von liebenswürdigen Vorstellungen und süßen Träumen? Vielleicht hat sie sich aus den Gedanken, der Stimme, dem Schweigen ihres Liebsten ein Königreich gebaut. Dann sieht sie alle Menschen außer dem einen als Wilde an. Ich spüre: sie ist in ihrem Geheimnis, in ihren Gewohnheiten, in dem singenden Nachhall ihrer Erinnerungen fester verschlossen, als wenn sie auf einem anderen Stern lebte. Gestern erst ward sie aus Vulkanen, aus grünem Gras oder aus dem Salzschaum des Meeres geboren. Mir erscheint sie schon halb mythisch.

Punta Arenas! Ich lehne an einem Brunnen. Alte Frauen kommen, Wasser zu holen. Vom Trauerspiel ihres Lebens werde ich nie etwas anderes erfahren als diese Mägdearbeit. Ein Kind weint leise vor sich hin, an die Mauer geschmiegt; von ihm wird in meiner Erinnerung nichts bleiben als das Bild eines schönen, auf ewig untröstlichen Kindes. Ich bin fremd hier. Alles ist mir unbekannt. Königreiche sind mir verschlossen.

Auf welch winziger Bühne rollt das große Spiel des menschlichen Hasses, der menschlichen Freundschaften und Freuden ab! Woher haben die Menschen ihren Blick auf die Ewigkeit, wo sie doch vom Zufall auf eine noch warme Lava geworfen sind und schon vom andringenden Sand und Schnee bedroht werden? Ihre Kultur ist nur eine dünne Vergoldung, die ein Vulkanausbruch zerreißt, ein neues Meer wegwäscht, ein Sandsturm begräbt.

Wohl kann man sich einbilden, daß diese Stadt auf wirklich festem Boden ruht, reich und tief wie das Ackerland der Beauce, des Gartens von Frankreich. Aber man vergißt, daß hier wie überall das Leben ein Luxus ist, daß unter den Schritten der Menschen der Boden nirgends sehr fest und tief ist. Zehn Kilometer von Punta Arenas kenne ich einen Teich, der uns das erleben läßt. Rundum stehen verkrüppelte Bäume und kleine Häuser, so daß er wie ein Dorfteich aussieht. Und doch wirken auf ihn in unerklärlicher Weise die Gezeiten. Nacht und Tag atmet er langsam unter soviel friedlichen Wirklichkeiten. Mit seinem Schilf und all den spielenden Kindern gehorcht er anderen Gesetzen: unter seinem glatten Spiegel mit dem einzigen alten Kahn arbeitet die Kraft des Mondes, das bewegte Meer beeinflußt in seiner Tiefe diese schwarze Wassermasse. Ein eigenartiger Stoffwechsel findet statt, von dort bis zur Magalhãesstraße, unter der Schicht von Gras und Blumen. Dieser Teich von hundert Meter Breite, dicht bei einer Stadt, in der man ganz im Reich der Menschen zu sein glaubt, hat den Pulsschlag des Ozeans.

3

Wir bewohnen einen Wandelstern. Manchmal zeigt er uns seine Herkunft; ein Teich, der mit dem Meer in Verbindung steht, läßt uns verborgene Verwandtschaften ahnen. Aber ich habe als Flieger noch mehrere dieser Zeichen kennengelernt.

An der Saharaküste zwischen Cap Juby und Cisneros überfliegt man von Zeit zu Zeit Tafelberge in Form von Kegelstümpfen, deren Breiten zwischen einigen hundert Schritten und dreißig Kilometer schwanken. Ihre Höhe ist auffallend gleichmäßig und beträgt dreihundert Meter. Wie die Höhe, so ist auch die Farbe, die Bodenbeschaffenheit und die Form des Abfalls die gleiche. Die Säulen eines alten Tempels, die aus dem Sande ragen, weisen die Spuren der zusammengebrochenen Fluchtlinie auf; gerade so zeugen auch diese einsamen Pfeiler von einer großen Hochfläche, die sie einst vereinigte.

In den ersten Jahren der Linie Casablanca–Dakar, als die Motoren noch unzuverlässig waren, zwangen uns Motorstörungen, Nachforschungen und Hilfsunternehmungen oft, im Aufstandsgebiet zu landen. Sand ist aber tückisch; man hält ihn für fest und sinkt ein. Auch die alten Salinen, die so fest scheinen wie Asphalt und unter dem Schuh hart aufklingen, geben manchmal unter dem Gewicht der Räder nach, und dann öffnet sich die weiße Salzkruste über einem tückischen, schwarzen Sumpf.

Darum suchten wir nach Möglichkeit auf den ebenen Ober-

flächen der Tafelberge zu landen, die keine tückischen Gefahren verbargen.
Diese Sicherheit danken sie dem Vorhandensein eines festeren, grobkörnigen Sandes, einer Anhäufung kleiner Muschelschalen. Oben sind diese noch ziemlich lose; wenn man aber einen der Grate hinabsteigt, kann man beobachten, wie sie sich immer stärker verkitten. In der ältesten Ablagerung am Fuß der Bergmasse bilden sie schon reinen Kalkstein. Zur Zeit, als Serre und Reine bei den Aufständischen gefangen waren, ging ich einmal auf einem dieser Notlandeplätze nieder, um einen mauretanischen Unterhändler abzusetzen. Ehe ich abflog, schaute ich mit ihm aus, ob auch ein Weg da war, auf dem er hinuntergelangen konnte. Aber unsere Tafel endete überall in einem Steilabfall, der senkrecht in die Tiefe ging mit Falten wie ein Vorhang. Ein Abstieg erschien undenkbar.
Und doch blieb ich noch ein wenig dort, ehe ich aufstieg, um eine andere Landungsstelle zu suchen. Ich empfand eine vielleicht kindliche Freude, mit meinen Spuren ein Land zu zeichnen, das noch nie ein Wesen, Mensch oder Tier, entweiht hatte. Kein Mauretanier hätte je diese Festung bezwingen können, kein Europäer hatte das Land durchforscht. Ich beschritt also völlig jungfräulichen Boden. Als erster ließ ich den Muschelstaub wie edles Gold von einer Hand in die andere gleiten. Als erster störte ich das Schweigen dieses Ortes. Auf diesem Block, der, wie eine Eisscholle, solange er steht, keinen Grashalm hervorgebracht hat, war ich wie ein vom Winde verwehtes Samenkorn, der erste Zeuge des Lebens.
Schon leuchtete ein Stern, und ich sah ihn an. Ich dachte, wie die weiße Fläche, auf der ich mich befand, seit Hunderttausenden von Jahren nur den Sternen dargeboten war, ein fleckenloses Tuch unter den reinen Himmel gebreitet.
Da durchfuhr es mich wie einen Forscher im Augenblick einer großen Entdeckung: ich sah auf diesem Tuch kaum zwanzig Meter von mir einen schwarzen Kiesel.
Hier stand ich, auf einer dreihundert Meter dicken Schicht

von Muschelschalen, die in ihrer gewaltigen Höhe als bündiger Beweis dem Vorhandensein irgendeines Steines widersprachen. Unten, in unterirdischen Tiefen, da mochten Kieselsteine schlafen, die von den langsamen Bewegungen der arbeitenden Erde gehoben wurden. Aber welches Wunder ließ einen von ihnen zu dieser viel zu jungen Oberfläche steigen? Mit klopfendem Herzen hob ich meinen Fund auf: ein harter, schwarzer Stein von Faustgröße, schwer wie Metall und tropfenförmig...

Auf ein Tuch, das man unter einem Apfelbaum ausbreitet, fallen Äpfel – ein Tuch unter den Sternen kann nur Staub von Gestirnen erhalten. Kein Meteor hatte je so eindeutig seine Herkunft dargetan wie dieser schwarze Stein.

Mir kam, als ich wieder aufsah, die Einsicht, daß von dem Himmelsbaum sicher noch mehr Früchte gefallen waren. Sie mußten noch an der Stelle liegen, wo sie hingefallen waren, denn seit Hunderttausenden von Jahren hatte sie nichts gestört. Sie gingen ja mit anderen Stoffen keine Verbindung ein. Ich machte mich auf die Suche, meine Vermutung zu überprüfen. Und sie stimmte. Ich fand Steine, so etwa einen auf den Hektar. Alle sahen aus wie versteinte Lava und waren hart wie Diamanten und schwarz wie Kohle. Meine Felstafel war wie ein Niederschlagsmesser für fallende Sterne. Ich erlebte so gleichsam eine packende Zeitrafferaufnahme des langsamen Feuerregens, der aus dem Weltraum auf die Erde niedergeht.

4

Das Wunderbarste war aber doch, daß auf dem runden Rücken unseres Sterns zwischen diesem magnetischen Tuch und den Gestirnen ein menschliches Bewußtsein lebte, in dem dieser Regen sich spiegeln konnte. Auf urweltlichen Gesteinsschichten kann man nur Wunder träumen.

Mir kommt die Erinnerung an einen Traum.

Einmal war ich mitten im dichten Sand notgelandet und wartete auf den Morgen. Die goldgelben Hügel boten dem

Mond ihre leuchtenden Seiten, die Schattenseiten aber stiegen schwarz bis zu der Lichtscheide empor. In dieser Riesenhalle aus Licht und Schatten herrschte der Friede der Arbeitsruhe, aber auch ein tückisches Schweigen, in dessen Mitte ich einschlief.

Beim Erwachen sah ich nichts als das tiefe Becken des Nachthimmels, denn ich lag mit ausgebreiteten Armen rücklings auf einem Dünengrat und sah ins Sternengewimmel. Ich war mir damals noch nicht so recht klar, wie tief dieses Meer ist, und so faßte mich der Schwindel, als ich es plötzlich entdeckte. Ich fand keine Wurzel, an die ich mich klammern konnte, und kein Dach und kein Zweig waren zwischen diesem Abgrund und mir. Ich war schon losgelöst und begann hineinzufallen wie ein Taucher ins Meer.

Aber ich fiel nicht. Ich fühlte mich vom Kopf zu den Zehen mit unzählbaren Banden der Erde verknüpft. Es war beruhigend, ihr mein Gewicht zu überlassen: die Schwerkraft schien mir allgewaltig wie die Liebe. Ich fühlte, daß die Erde meinen Rücken stützte, mich hielt, mich hob und schließlich in die Weite der Nacht führte. Ich fühlte mich der Erde verbunden mit einem Druck, der dem glich, der uns in Kurven auf den Führersitz preßt. Ich genoß die herrliche Stütze, ihre Festigkeit und Sicherheit. Unter mir fühlte ich den gebogenen Rumpf meines Flugzeugs.

Das Gefühl, gehoben zu werden, war so deutlich, daß es mich nicht erstaunt haben würde, wenn in dem Schoß der Erde die Hebel und Streben gestöhnt hätten, so wie alte Segelschiffe knarren, wenn sie sich aufrichten oder anlegen, oder wie verärgerte Flußkähne mürrisch ächzen. Aber in der Tiefe der Erde blieb es still. Nur der Druck an meinen Schultern blieb, ausgeglichen, stetig, ewig gleich. Schwebend hing ich an der Erde wie die Leichen der Galeerensklaven an ihren Ketten auf dem Grund des Meeres. Ich überdachte meine Lage. Ich war verloren in der Wüste und furchtbar bedroht, nackt zwischen Sand und Sternen, fern von meinem Leben einem Übermaß von Stille ausgeliefert. Ich wußte, daß ich Wochen und Monate zur Rückkehr brauchen würde, wenn mich nicht ein Flugzeug fand oder gleich morgen die Mauretanier umbrachten. Hier besaß ich gar nichts, ich war nichts als ein armer Verirrter, der wohlig fühlte, daß er atmete.

Und dennoch durfte ich entdecken, wie reich an Träumen ich war. Sie kamen zu mir, lautlos wie das Wasser einer Quelle, so daß ich mir zuerst das Glücksgefühl nicht zu deuten wußte, das mich durchdrang. Keine Stimme war zu hören, keine Gestalt zu sehen, und doch fühlte ich, daß etwas bei mir war, eine nahe und schon fast erkannte Freundschaft. Plötzlich wußte ich, was es war, und gab mich mit geschlossenen Augen dem Zauber meiner Erinnerungen hin.

Da war ein Park, irgendwo, ein geliebter Park mit schwarzen Tannen und lichten Linden, und dabei stand ein Haus. Es war auf einmal ganz gleichgültig, daß alles dies so weit von mir entfernt war und mich nicht wärmen und nicht schützen konnte. Es war ja nur ein Traum. Es genügte, daß es dieses Haus gab, um meine Nacht mit seiner Gegenwart zu erfüllen. Ich war nicht mehr Strandgut auf wilder Küste, ich hatte ein Heim, ich war Kind im Vaterhause, mich umwehte die Erinnerung an seinen Geruch, an die Kühle in seinen Räumen, an die Stimmen, die es belebt hatten. Selbst das Froschgequake in den Teichen glaubte ich zu hören. Aber dieser Zeichen hatte es bedurft, damit ich erkannte, wieviel mir hier in der Wüste fehlte. Ich ahnte ihr Wesen und den Sinn dieser Stille, dieses tausendfachen Schweigens, in dem selbst die Frösche verstummten.

Aber nun war ich nicht mehr allein mit Sand und Sternen. Was ich um mich sah, sprach nur noch kühl zu mir. Sogar der Blick in die Unendlichkeit, den ich zu tun vermeinte, kam gar nicht aus der augenblicklichen Umwelt, wie ich erst geglaubt hatte. Ich merkte auch, woher er kam. Ich sah die großen, schweren Schränke des Hauses wieder, die sich über Stapel schneeweißer Leinwand und eisgekühlter Vorräte schlossen. Die alte Haushälterin trabte wie eine Maus von einem zum anderen. Sie mußte die gebleichte Leinwand immer wieder nachschauen, entfalten und wieder zusammenlegen und wieder und wieder zählen. Jedesmal rief sie: »Ach je, ach je!« und »Mein Gott, wie schrecklich!«, so oft sie ein Zeichen des Verschleißes bemerkte, das bedrohlich andeutete, daß das Haus mit seinen Schränken nicht ewig stehen würde. Sie trippelte hin und trippelte her, und zwischenhinein saß sie und verdarb sich die Augen an einer Lampe; denn sie mußte doch diese heiligen Altartücher ausbessern, diese unentbehrlichen Segeltücher flicken, im Dienst eines Größeren als sie war, eines Gottes oder eines großen Schiffes.

Fräulein Sophie, von dir muß ich doch etwas reden. Bei der Heimkehr von meinen ersten Flügen, da traf ich dich jedesmal mit der Nadel in der Hand, bis über die Knie in deinen Meßgewändern, jedes Jahr hattest du einige Falten mehr, waren deine Haare etwas weißer. Immer aber warst du dabei, für unseren Schlaf Laken ohne Falten und für unsere so feierlichen Mahlzeiten Tischtücher ohne Naht vorzubereiten. Ich besuchte dich in deiner Wäschekammer, setzte mich zu dir und erzählte dir meine Abenteuer und Todesgefahren. Ich wollte dich erschüttern, deine Augen für die große Welt öffnen und dich deiner kleinen Welt abspenstig machen. Du sagtest, ich hätte mich gar nicht verändert. Die Hemden hätte ich mir schon als Junge zerrissen – wie schrecklich! – und die Knie hätte ich mir auch schon immer aufgeschlagen. Ich wäre auch damals schon oft heimgekommen, um mich verbinden zu lassen, genau wie heute. – Aber nein doch, Tante Sophie, nein, ich komme nicht bloß aus dem Park, ich bringe doch den herben Duft der Einsamkeit, den Wirbeltanz des Sandsturmes, den hellen Schein des Mondes in der Tropennacht mit! – Doch, doch, sagtest du, die Jungen rennen, brechen sich die Knochen und denken, sie wären Helden. – Aber nicht doch, Tante Sophie, ich habe mehr gesehen als nur den Park. Wenn du wüßtest, wie klein dies Schattenplätzchen ist, wie verloren im Sand, im Granit, im Urwald, im Ursumpf. Weißt du überhaupt, daß es Gegenden gibt, wo die Menschen die Büchse in Anschlag bringen, wenn sie einen anderen Menschen sehen? Weißt du, daß es Wüsten

gibt, in denen man in kalter Nacht im Freien schläft, ohne Dach, Tantchen, ohne Bett und ohne Laken? –
Ach, du Wildfang! sagtest du.

Tantchens Glaube war so unerschütterlich wie der einer frommen Seele. Sie tat mir leid in ihrem engen Lebenskreis, der sie blind und taub machte. Aber in jener Nacht in der Sahara, die ich von allem entblößt zwischen Sand und Sternen zubrachte, ließ ich ihr Gerechtigkeit widerfahren.

Was geht denn in mir vor? Mein Gewicht bindet mich an den Boden, wo doch alle Sterne mich magnetisch anziehen. Aber wieder ein anderes Gewicht wirft mich auf mich selbst zurück und zieht mich zu so vielen fernen Dingen. Meine Träume sind wirklicher als der Mond, als die Dünen, als alles, was um mich ist. Oh, das Wunder des heimatlichen Hauses besteht nicht darin, daß es uns schützt und wärmt, es besteht auch nicht im Stolz des Besitzes. Seinen Wert erhält es dadurch, daß es in langer Zeit einen Vorrat von Beglückung aufspeichert, daß es tief im Herzen die dunkle Masse sammelt, aus der wie Quellen die Träume entspringen.

Meine Sahara, die Erinnerung an meine alte Nähfrau hat dich verwandelt durch und durch!

VI

Die Oase

Jetzt habe ich so viel von der Wüste erzählt, daß ich nun auch eine Oase beschreiben möchte. Diejenige, an die ich denken muß, liegt nicht etwa in der Sahara. Aber das ist nur ein neues Wunder des Flugzeugs, daß es uns sofort ins Unbekannte führt. Eben noch war man ein eifriger Naturforscher hinter den Fenstern des Führersitzes und betrachtete kühlen Herzens die Städte in der Ebene, deren jede in einem Straßennetz sitzt wie eine Spinne. Aber dann hat die Nadel an einem Zifferblatt etwas gezittert, und der grüne Fleck dort unten ist zu einem Weltall geworden; das Kulturland ist ein grünes Rasenstück in einem ausgestorbenen Park.

Nicht der Abstand bestimmt die Entfernung. In der Enge unseres heimatlichen Gartens kann es mehr Verborgenes geben als hinter der Chinesischen Mauer. Das Herz eines kleinen Mädchens ist oft besser geborgen im Schweigen seines Mundes als die Oasen der Sahara hinter weiten Strecken Sand.

Ich will von einer kurzen Zwischenlandung irgendwo in der Welt berichten. Zufällig fand ich meine Oase bei Concordia in Argentinien, sie hätte aber überall sonst sein können. Das Oasenerlebnis begegnet uns häufig genug.

Ich war auf einem Feld notgelandet und ahnte nicht, daß ich alsbald ein Märchen erleben sollte. Der alte Ford, in dem mich das friedliche Ehepaar, das mich aufgelesen hatte, heimfuhr, war nicht im geringsten auffällig.

»Wir behalten Sie zur Nacht!«

Nach einer Wegbiegung lag vor uns im hellen Mondlicht eine Baumgruppe und dahinter das Haus, und was für ein merkwürdiges Haus: untersetzt, massig, beinahe eine Burg, ein Sagenschloß, das freilich, sobald man erst drin war, einen

so friedlichen und geborgenen Aufenthalt bot wie ein Kloster.
Da erschienen zwei junge Mädchen und sahen mich ernsthaft an, als ob sie wie Grenzhüter an einem verbotenen Königreich über die Einlaßsuchenden zu entscheiden hätten. Das jüngere verzog sogar das Gesicht und schlug mit einer grünen Gerte auf den Boden. Dann wurden wir einander vorgestellt, sie reichten mir wortlos die Hände mit einem fast feindseligen Blick und waren verschwunden.
Der Auftritt machte mir Spaß und entzückte mich zugleich. Alles kam so einfach, still und schnell wie das erste Wort eines Geheimnisses.
»Sie sind verschüchtert«, meinte der Vater.

In Paraguay hatte mir eine Pflanze gefallen, die ihre kecke Nase zwischen den Pflastersteinen der Stadt hervorstreckt, als sollte sie im Auftrag des unsichtbaren, aber allgegenwärtigen Urwalds einmal ausschauen, ob die Menschen immer noch die Stadt bewohnten, oder ob der Augenblick gekommen wäre, all die Steine zu stürzen und zu überwuchern. Solch halber Verfall, ein Zeichen von übergroßem Reichtum, beeindruckte mich. Hier kam ich noch mehr auf meine Kosten. Alles war köstlich verfallen wie ein moosbedeckter, vom Alter rissiger Baum, wie eine Holzbank, auf der schon zehn Generationen von Liebespaaren gesessen haben. Die Täfelungen klafften, die Tür- und Fensterflügel hingen schief, und die Stühle waren krumm. Wenn man aber auch nichts ausbesserte, so wurde doch gescheuert, und nicht schlecht. Alles war sauber, geputzt und glänzend.
Das Empfangszimmer hatte einen Charakterkopf wie eine alte Frau mit eigenartig geprägten Runzeln. Risse in den Wänden, Spalten an der Decke, alles gefiel mir. Und mehr als alles andere die Fußbodendielen, die stellenweise eingesunken waren, stellenweise schwankten wie ein Laufsteg; aber sichtlich waren sie regelmäßig gewachst, gebohnert und geflimmert worden. Nichts wirkte in diesem wunderbaren Hause vernachlässigt oder unordentlich, alles war achtung-

gebietend gepflegt. Dieser Reiz mußte von Jahr zu Jahr zunehmen, und von Jahr zu Jahr wurde dieses Gesicht sicher geprägter und eigenwilliger, die freundliche Luft wärmer; freilich wurde die Reise vom Empfangszimmer zum Eßzimmer auch immer gefährlicher.

»Geben Sie acht!«

Da war ein Loch. Mein Gastgeber machte mich darauf aufmerksam, daß ich mir in einem solchen Loch leicht die Beine brechen könnte. Weiter verlor man kein Wort. Denn an dem Loch hatte niemand schuld außer der Wirkung der Zeit. Diese herrliche Verachtung jeder Entschuldigung wirkte unglaublich vornehm. Niemand sagte hier: ›Wir könnten ja die Löcher zumachen lassen, an Geld fehlt es nicht, wohl aber...‹ Niemand sagte mir, was doch die reine Wahrheit gewesen wäre: ›Wir haben dieses Haus von der Stadt auf dreißig Jahre gemietet. Der Hauswirt müßte die Ausbesserungen bezahlen. Hier will aber niemand zuständig sein, und keiner will nachgeben.‹ In diesem Haus standen die Leute hoch über solchen Erklärungen mit einer geradezu hinreißenden Selbstverständlichkeit. Höchstens sagte einmal einer oder der andere zu mir: »Es ist ein bißchen verfallen, wissen Sie.«

Aber das sagte man so leicht hin, daß ich vermuten mußte, daß dieser Zustand meinen neuen Freunden nicht zu Herzen ging. Sie wollten gar keine Kolonne von Maurern, Zimmerleuten, Tischlern und Stuckarbeitern, die in ein paar Tagen das Haus umbauten, daß es kaum wiederzuerkennen war und man sich bei sich selbst zu Besuch fühlte. Ein Haus ohne Geheimnisse, ohne Falltüren, ohne Schlupfwinkel, ohne eine eiserne Jungfrau, die sich plötzlich vor einem öffnete, das war kein Haus, das war der Festsaal im neuen Rathaus.

Kein Wunder, wenn die jungen Mädchen in diesem Bau mit seinen tausend Verstecken spurlos verschwinden konnten! Wie mochte es auf dem Dachboden aussehen, wenn schon der Empfangssaal die heimlichen Reize einer Rumpelkammer hatte? Man ahnte, daß aus jedem kleinsten Fach Stöße vergilbter Briefe und verjährter Quittungen aus Urgroßvaters Zeit herausfallen würden; man konnte sich denken, daß es in diesem Haus mehr Schlüssel als Schlösser gab und doch kein Schlüssel in ein Schloß paßte. Bei solchen unnützen Schlüsselbünden muß man unwillkürlich von heimlichen Gängen, vergrabenen Truhen und unterirdischen Schätzen träumen.

»Zu Tisch bitte!«

Und es ging zu Tisch. Von Raum zu Raum spürte ich denselben Geruch wie in alten Bücherspeichern, der in alle Winkel dringt wie Weihrauch und schöner ist als alle Düfte der Welt. Am herrlichsten aber war, daß man die Lampen überall mitnahm, schwere echte Lampen, die von Zimmer zu Zimmer wanderten wie in meiner frühesten Kindheit und an den Wänden fabelhafte Schatten tanzen ließen. Man trug sie vor sich her wie Blumensträuße von Licht und schwarzen Palmen. Und wenn dann die Lampen an ihrem Platz standen, waren auch die Lichtinseln fest in dem Meer von Nacht rundum, in dem die Bretter krachten.

Die beiden jungen Mädchen kamen ebenso geheimnisvoll und leise wiederum zum Vorschein, wie sie vorher verschwunden waren. Ernst und würdig setzten sie sich zu Tisch. Gewiß hatten sie ihre Hunde und Vögel gefüttert, die Fenster der sternklaren Nacht geöffnet und im Abendwind den Duft der Pflanzen geatmet. Jetzt beobachteten sie mich unter der Wimper hervor, während sie ihre Servietten ausbreiteten. Sie suchten zu ergründen, ob ich zu den freundlichen Haustieren gehörte oder nicht. Sie hatten nämlich ihren kleinen Tierpark, einen Leguan, eine Manguste, einen Fuchs, einen Affen und Bienen. Das lebte alles durcheinander, und es war herrlicher Frieden wie einst im ersten Paradies. Sie herrschten über die Tiere der Schöpfung, bannten sie mit ihren kleinen Händen, nährten sie, tränkten sie und erzählten ihnen Geschichten, denen alle, von der Miezekatze bis zu den Honigbienen, gern zuhörten.

Ich war darauf gefaßt, daß zwei so lebhafte junge Mädchen all ihren kritischen Geist und ihren ganzen Scharfblick anwenden würden, um in heimlichem Einverständnis zu einem schnellen und endgültigen Urteil über den männlichen Gast zu gelangen. In meiner Kindheit pflegten meine Schwestern die Männlichkeit nach den Nummern 11 bis 19 in immer höherem Wert einzustufen, und jeder bekam seine Note, der uns das erste Mal besuchte. In einer Gesprächspause hörte man dann durch die Stille plötzlich ein lautes »Elf«, das nur meine Schwestern und ich verstanden und genossen.

Meine Kenntnis dieses Spiels ließ mich allerlei erwarten, und ich war beinahe etwas bedrückt, um so mehr, als ich es mit so erfahrenen Richtern zu tun hatte, die heimtückische Tiere von anständigen unterscheiden konnten, die am Gang ihres Fuchses erkannten, ob er heute umgänglicher Stimmung oder unnahbar war; sie verstanden mir zuviel von dem, was in einem vorgeht.

Dabei gefielen mir so scharfe Blicke und so gerade kleine Seelen gut, ich hätte nur lieber gesehen, wenn das Spiel nicht gar so lange weitergegangen wäre. Demütig und in der Furcht vor der Elf reichte ich der einen das Salz oder schenkte der anderen ein. Sooft ich aber hinsah, traf ich immer denselben ernsten und unbestechlichen Richterblick. Ihnen schöne Sachen zu sagen, wäre verlorene Mühe gewesen. Eitelkeit der gewöhnlichen Sorte kannten sie nicht. Stolz waren sie allerdings und dachten auch ohne meine Schmeichelei so hoch von sich, wie ich es ihnen nie gewagt hätte zu sagen. Ich versuchte auch nicht, mit meinem Beruf Eindruck zu machen, denn viel kühner als alle Fliegerei ist es, auf die höchsten Zweige einer Platane zu klettern, nur um zu sehen, ob die Brut im Vogelnest schon Federchen hat, oder um Freunden zuzuwinken.

Meine beiden schweigsamen Feen überwachten meine Mahlzeit so scharf, ich traf ihre forschenden Seitenblicke so oft, daß ich aufhörte zu reden. Alles schwieg, und in dies Schweigen pfiff etwas auf dem Fußboden, raschelte unter dem Tisch und war still. Da setzte die jüngere Schwester mit sichtlicher Freude an der Sache den letzten Prüfstein an. Während sie ihre jungen Zähne in das Brot grub, sagte sie mit einer Harm-

losigkeit, die sicher bestimmt war, den Wilden (wenn ich einer war) zu verblüffen:
»Es sind die Giftschlangen.«
Und sie schwieg, als ob diese Erklärung für jeden ausreichen müßte, der nicht von allen Geistern verlassen war. Ihre Schwester warf einen blitzschnellen prüfenden Blick zu mir herüber, um meine erste Bewegung zu beobachten. Beide aber neigten sich über ihre Teller mit den sanftesten und unschuldigsten Gesichtern der Welt.
»Ach so«, sagte ich, »es sind Giftschlangen.«
Die Worte fuhren mir nur so heraus. Es war an meinen Beinen entlanggefahren und hatte meine Waden gestreift. Das waren also die Giftschlangen. Zu meinem Glück lächelte ich dazu, und ganz ungezwungen. Den Zwang hätten sie gemerkt. Ich konnte aber lächeln, weil ich lustig war, weil mir dieses Haus mit jeder Minute mehr Spaß machte. Und auch, weil ich über die Giftschlangen gar zu gerne mehr gewußt hätte.
Die älteste Schwester kam mir zu Hilfe: »Sie haben ihr Nest in einem Loch gleich unterm Tisch.«
Und die jüngere fügte hinzu: »Gegen zehn Uhr kehren sie heim. Tagsüber jagen sie.«
Nun sah ich meinerseits mir diese jungen Mädchen an. So klug und fein mit einem verschwiegenen Lachen unter stillen Gesichtern. Und mir kam die Herrschaft, die sie hier ausübten, wunderbar vor.
Heute träume ich mich zurück. Das alles liegt ja so weit, so weit. Was mag aus den beiden Feen geworden sein? Zweifellos haben sie geheiratet. Sind sie wohl anders geworden? Der Übergang vom jungen Mädchen zur jungen Frau ist ja so einschneidend. Wie mag es ihnen in ihrem neuen Heim gehen? Was ist aus ihrer Freundschaft mit tollen Pflanzen und giftigen Schlangen geworden? Sie waren ja allem und der ganzen Welt verbunden. Einmal aber kommt der Tag, wo die Frau im Mädchen mächtig wird. Dann sehnt sie sich danach, einen »Neunzehner« zu finden, der ihr Herz erfüllen kann. Da kommt ein Dummkopf, und zum ersten Male

täuschen sich die sonst so scharfen Augen. Der Dummkopf wird verklärt mit den schönsten Farben. Sagt er Verse auf, hält man ihn für einen Dichter. Man glaubt, daß er die löcherigen Fußböden versteht und die Mangusten lieb hat. Man glaubt, daß er sich geehrt fühlt, wenn unter dem Tisch eine Giftschlange zwischen seinen Beinen tanzt. Man schenkt ihm sein Herz und den wildwachsenden Garten, wo er doch nur die wohlgepflegten Parks liebt. Und der Dummkopf führt die Prinzessin fort – in die Sklaverei.

VII

Die Wüste

1

So gut wie in der Oase, von der ich eben erzählte, ging es uns nicht ein einziges Mal in der ganzen Zeit, in der wir als Verkehrsflieger der Saharalinie auf Wochen, Monate, ja auf Jahre Gefangene des Sandes waren und von einer Wüstenfestung zur anderen flogen, ohne aus dem Bannkreis der Dürre je hinauszukommen. Oasen, wie die geschilderte, gab es in dieser Wüste nicht; Gärten und Mädchen waren eine ferne Sage. Gewiß, in weiter Zukunft, wenn wir einmal mit unserer Arbeit fertig sein würden, dann gab es einen Ort, wo wir aufleben wollten, wo wohl tausend Mädchen auf uns warteten. In der Stille bildeten sich bei zahmen Tieren und beschaulichen Büchern ihre schönen Seelen aus. Und von Tag zu Tag wurden sie schöner... Inzwischen habe ich die Einsamkeit kennengelernt. Drei Jahre Dienst in der Wüste haben sie mir ausgiebig zu kosten gegeben. Sie ist gar nicht so schrecklich, und in ihrer Gesellschaft empfindet man kein Grauen davor, die besten Jahre seiner Jugend in einem öden Steinland zu verbringen. Es kommt einem vielmehr so vor, als ob weit draußen die Welt alt würde. Die Bäume haben ihre Früchte gebildet, die Felder treiben ihre Ähren, die Frauen sind schön geworden im reifenden Jahr. Die Zeit fliegt, man müßte heimkehren! Die Zeit fliegt – und man wird in der Ferne zurückgehalten. Die Güter der Welt gleiten uns durch die Finger wie der Sand der Dünen. Den Ablauf der Zeit empfinden die meisten Menschen für gewöhnlich gar nicht; sie sind von der Vergänglichkeit vorläufig auf freien Fuß gesetzt. Wir aber empfanden ihn, denn auf uns drückten ohne Unterlaß die ewigen Passatwinde. Es ging uns wie dem Reisenden im Schnellzug, dem der Lärm der Schienenstöße, die ihren Takt in die Nacht hinaussenden, die Ohren erfüllt. Er sieht durch seine Fensterscheibe hinaus ins Dunkle und ahnt an den zerstreuten Lichtern, daß Felder, Dörfer und stille Winkel an ihm vorüberfliegen, von denen er nichts behalten darf; er ist ja auf Reisen. Auch wir fühlten uns trotz der Stille der Flughäfen ständig unterwegs. Ein leichtes Fieber machte einen überwach, und die Ohren waren noch immer erfüllt vom Motorengeräusch. Wir hatten das Gefühl, einer unbekannten Zukunft entgegenzureisen, denn pausenlos trug uns der Schlag unseres Herzens im Zug der steten, nie rastenden Winde.

Der Aufstand der Einheimischen verstärkte die Wirkung der Wüste. In die stillen Nächte von Cap Juby klang alle Viertelstunde eine eigenartige Glocke: die Wachen riefen einander mit dem vorgeschriebenen lauten Rufe an. So sicherte sich die spanische Festung Cap Juby gegen die schleichenden Gefahren, die sich niemals ins Gesicht sehen ließen. Und wir, Fahrgäste auf diesem blindgesteuerten Schiff, wir lauschten dem Anruf, der von Posten zu Posten weitergegeben wurde und um uns kreiste wie der Schrei der Möwen.

Und dennoch liebten wir die Wüste.

Zuerst ist sie nur Leere und Schweigen, denn sie gibt sich nicht zu Liebschaften von einem Tage her. Schon in der Heimat hält sich das stille Dorf scheu zurück. Niemand kann es kennen, der nicht ihm zuliebe auf die ganze übrige Welt verzichtet, sich in seine Überlieferungen, seine Sitten, seine Streitigkeiten einlebt; und dabei ist es für so viele Menschen Heimat und Weltall zugleich. Noch tiefer einsam freilich ist der Mensch neben uns, der sich seine Klausur gemauert hat und in ihr nach Ordensregeln lebt, die wir nicht kennen. Kein Lamakloster, keine erdenweite Entfernung kann eine solche Einsamkeit bieten, in die nicht einmal ein Flugzeug dringt. Und wenn wir schon gelegentlich die Zelle des Einsamen zu sehen bekommen, so ist sie leer und verrät uns nichts von dem inneren Reich ihres Bewohners. So ist auch die Wüste nicht aus Sand gemacht und nicht aus verschleierten Tuaregs und nicht einmal aus gewehrtragenden Beduinen.

Das aber ist sie: wir haben einen guten Tag Durst gelitten, und plötzlich spüren wir zum allerersten Male, daß die Wasser des altbekannten Brunnens ständig fließen. Eine unsichtbare Frau kann ein ganzes Haus verzaubern; ein ferner Brunnen wirkt weit, weit, so weit wie die Liebe.

Das aber ist sie: die Sandmassen schienen erst so öde! Eines Tages aber fürchten wir einen Kriegszug der Aufständischen, und plötzlich entdecken wir, daß der Sand ein weiter, faltiger, verhüllender Mantel ist. Schleichende Streifscharen von aufständischen Berbern geben der Wüste ein neues Gesicht.

Diese Spielregeln haben wir angenommen und uns dem Spiel eingegliedert. Nun ist die Sahara in uns, und da erst zeigt sie sich. Ihr nahekommen, das bedeutet nicht, eine Oase besuchen. Vielmehr bedeutet es, an einen Brunnen tief und inbrünstig zu glauben.

2

Gleich auf meinem ersten Fluge sollte ich erfahren, was Wüste heißt. Wir, das heißt Riguelle, Guillaumet und ich, mußten bei dem Vorposten Nuatchott notlanden. Diese winzige Festung in Mauretanien war damals so einsam und fern von allem Leben wie eine Insel im Weltmeer. Ein älterer Unteroffizier lebte dort weltabgeschieden mit seinen fünfzehn Senegalschützen. Er empfing uns wie Abgesandte des Himmels: »Kinder, was das für mich bedeutet, daß ich mit euch reden kann, ach ja, was das für mich bedeutet!«

Und ob es für ihn etwas bedeutete – er weinte.

»Seit bald einem halben Jahr seid ihr die ersten. Alle halben Jahre werden nämlich meine Vorräte ergänzt. Einmal kommt der Leutnant, einmal der Hauptmann. Das letzte Mal war es der Hauptmann.«

Wir waren bestürzt. Zwei Stunden vor Dakar, wo man schon das Essen für uns kocht, bricht eine Pleuelstange, und schon wartet ein ganz anderes Schicksal auf uns: wir spielen

die Rolle einer wundersamen Erscheinung bei einem alten Unteroffizier, der darüber weinen muß.
»Trinkt, Kinder, es macht mir ja solche Freude, einschenken zu können! Denkt euch nur, wie der Hauptmann das letzte Mal durchgekommen ist, da hatte ich keinen Wein zum Zutrinken. Jawohl, wir konnten nicht anstoßen! Ich habe mich so geschämt, daß ich um meine Versetzung bat.«
Ja, anstoßen muß man können, kräftig anstoßen mit dem Ankömmling, der schweißtriefend von der Kamelstute springt. Ein halbes Jahr hat man auf diese Minute gewartet. Seit einem Monat schon wurden die Waffen geputzt und der Posten vom Keller bis zum Boden gereinigt. Seit mehreren Tagen lagerte über allem das Vorgefühl des herrlichen Tages, und unermüdlich hatte das Auge oben von der Terrasse des kleinen Festungswerkes das ganze Blickfeld abgesucht, um die Staubwolke zu entdecken, aus der sich dann die fliegende Schwadron von Atar entpuppte.
Aber es fehlt an Wein: das Fest kann nicht gefeiert werden. Man kann nicht anstoßen. Man fühlt sich entehrt...
»Nun muß der Hauptmann aber bald wiederkommen. Ich warte schon sehr.«
»Und wo ist denn dein Hauptmann, Unteroffizier?«
Er zeigt auf die weiten Sandwellen: »Das weiß man nie. Der Hauptmann ist überall.«
Ich habe dieses kleine Erlebnis in einem meiner früheren Romane verwandt. Dieser Zug war aber kein Roman, er kam aus der Wirklichkeit. Wir haben die Nacht auf der Terrasse des befestigten Postens erlebt, auf der wir von den Sternen sprachen. Etwas anderes gab es ja auch nicht zu bewachen. Dafür waren sie auch so vollzählig da wie im Flugzeug, nur standen sie still.
Im Flugzeug tun sie das nämlich nicht. Da kann es einem Flieger vorkommen, daß er in einer gar zu schönen Nacht zu steuern vergißt. Das Flugzeug legt sich etwas auf die linke Seite. Der Flieger freilich meint, daß es noch immer waagerecht liegt. Da entdeckt er unter dem rechten Flügel die Lichter eines Dorfes; in der Wüste aber gibt es keine

Dörfer. Dann ist es wohl eine Fischerflotte beim nächtlichen Fischfang? Aber mitten in der Wüste fahren keine Fischerboote. Was ist es dann, fragt sich der Flieger. – Ja dann, dann muß er über den Irrtum lächeln, behutsam richtet er sein Flugzeug wieder gerade. Das »Dorf« kommt wieder an seinen Platz, und er hängt das Sternbild wieder ans Himmelsgewölbe, von dem er es hatte herunterfallen lassen, sein Sternendorf.

Oben von unserer Festung aus gesehen war die Wüste erstarrt, und ihre Wogen standen unbewegt. Die Sternbilder aber hingen fest am Himmel, und unser Unteroffizier sagte von ihnen: »Glaubt mir's nur, ich kenne meine Himmelsrichtungen. Fliegt nur einmal auf den Stern dort drüben zu, dann kommt ihr nach Tunis!«

»Du bist wohl von dort?«

»Ich nicht, aber meine Kusine.«

Nach diesen Worten trat eine lange Pause im Gespräch ein. Aber der Unteroffizier konnte uns nichts verschweigen: »Ich gehe auch einmal nach Tunis, irgendeinmal.«

Nun, dazu wirst du dir schon einen anderen Weg wählen als den, immer einem Stern zu folgen. Es sei denn, daß dich eines Tages auf einem Wüstenmarsch ein versiegter Brunnen der Verzückung des Durstfiebers in die Arme treibt. Da würdest du wohl gar Kusine und Stern und Tunis für eines halten. Dann würdest du jenen von wahnsinniger Erleuchtung getriebenen Marsch antreten, den nur die für qualvoll halten, die es nicht besser wissen.

Doch er sprach weiter: »Einmal habe ich den Hauptmann um Urlaub nach Tunis gebeten, eben wegen dieser Kusine. Und da hat er mir geantwortet...«

»Was hat er dir geantwortet?«

»Er hat mir geantwortet: ›Kusinen gibt es überall.‹ Und weil es weniger weit war, hat er mich nach Dakar geschickt.«

»War deine Kusine schön?«

»Die in Tunis? O gewiß; sie war blond.«

»Nein, die in Dakar!«

Ach, guter Unteroffizier, wir wären dir fast um den Hals

gefallen wegen deiner Antwort, die halb verdrossen und betrübt herauskam: »Die war eine Negerin.«
Was war die Sahara für dich, Unteroffizier? Ein Gott, der stets zu kommen versprach, und eine sanfte blonde Kusine hinter fünftausend Kilometer Sand.
Und was war sie für uns? Das, was in uns reifte, was wir über uns selbst erfuhren. Wir haben gleich dir in jener Nacht eine tiefe Liebe empfunden zu einer Kusine und zu einem Hauptmann.

3

Port-Étienne, am Rande des ununterworfenen Gebietes, verdient den Namen Stadt nicht. Außer der Festung gibt es dort nur einen Flugzeugschuppen und eine Holzbaracke für unsere Mannschaften. Die Wüste rundum ist so von Kern auf Wüste, daß Port-Étienne trotz seiner geringen kriegerischen Mittel nahezu unbesiegbar ist. Die feindlichen Kriegszüge haben einen so breiten Gürtel von Sand und Glut zu durchqueren, ehe sie zum Angriff kommen, daß sie nur erschöpft und fast ohne Wasser anlangen. Und doch ist seit Menschengedenken immer eine kampfgierige Schar im Anmarsch auf die Festung, irgendwo im Norden. Jedesmal, wenn der Hauptmann, der den Platz befehligt, bei uns ein Glas Tee trinkt, zeigt er uns ihren Vormarsch auf den Karten. Es klingt, als erzähle man von einer verwunschenen Prinzessin. Aber die Schar kommt niemals an, sie versickert im Sande wie ein Fluß, so daß wir sie unter uns die Geisterschar nennen. Ruhig liegen die Handgranaten und Patronen, die der Hauptmann allabendlich an uns ausgibt, in ihren Kisten unter unseren Betten. Unser einziger Feind ist die Stille, unser bester Schutz unsere Armut. Lucas, der Vorstand des Flughafens, läßt sein Grammophon bei Tag und Nacht gehen, und das spricht zu uns eine schon halb verlorene Sprache und weckt eine trübe Sehnsucht, die merkwürdig dem Durstgefühl ähnelt.
Heute abend haben wir auf der Festung gesessen, und der

Hauptmann-Befehlshaber hat uns seinen Garten gezeigt. Er hat sich aus Frankreich drei Kisten wirkliche Erde kommen lassen, die viertausend Kilometer weit gereist ist. Darin pflegt er drei grüne Kräutlein, deren Blätter wir mit dem Finger streicheln wie große Kostbarkeiten. Wenn der Hauptmann von dieser Anlage spricht, nennt er sie seinen Park. Und wenn der Sandsturm weht und alles ausdörrt, wird der Park vorsorglich in den Keller gesetzt.

Wir hausen einen Kilometer von der Festung entfernt und kehren im Mondschein nach dem Essen heim. Im Mondenlicht ist der Sand rosig.

Einen Augenblick fühlen wir uns verlassen und arm. Aber der Sand ist so wunderbar rosig. Und nun stellt auch der Anruf einer Schildwache die dramatische Größe dieser Wüstenwelt wieder her. Die ganze Sahara fürchtet ja unsere Schatten und ruft uns an. Denn irgendwo im Norden ist ein Mauretanierzug unterwegs!

In diesem Anruf der Wache klingen alle Stimmen der Wüste wider. Sie ist eben doch kein leeres Haus. Eine kamelberittene Schar bewaffneter Mauretanier belebt ihre Nacht.

Man könnte sich hier so sicher wähnen. Dabei lauern so viele Drohungen, Krankheit, Unfall, Mauretanierhorden. Der Mensch ist ständig Zielscheibe für Schüsse aus dem Hinterhalt. Daran hat uns der Postenanruf des Senegalschützen erinnert.

Wir antworten: »Franzosen!« und gehen an dem schwarzen Erzengel vorbei. Wir atmen freier. Welch herrliches Gefühl schenkt uns die ferne Drohung, so fern, so unaufdringlich sie ist, gedämpft durch so viel Sand. Aber sie genügt: die Welt ist nicht eintönig, die Wüste treibt Aufwand. Eine bewaffnete Schar, die irgendwo vorrückt und nie zum Ziele kommen wird, gibt ihr göttlichen Reichtum.

Jetzt ist es elf Uhr abends. Lucas kommt aus der Funkstation und meldet mir für Mitternacht das Flugzeug aus Dakar. »Alles wohl an Bord.« Da kann die Post bis zehn nach

Mitternacht in mein Flugzeug umgeladen sein und ich nach Norden abfliegen. Ich rasiere mich vor einem zerkratzten Spiegel. Von Zeit zu Zeit gehe ich, ohne das Handtuch vom Hals zu nehmen, zur Tür und spähe in den nackten Sand hinaus. Dann kehre ich zum Spiegel zurück und beende träumend meine Arbeit. In der Zeit, in der die Passatwinde nach monatelangem Wehen sich zur Ruhe begeben, gibt es nicht selten große Unordnung am Himmel. Wie wird es heute nacht? Ich schirre mich an: Notlampen am Gürtel, Höhenmesser und Bleistifte in die Taschen. Ich gehe zu Néri, der in dieser Nacht mein Bordfunker sein soll. Er rasiert sich auch.

»Alles in Ordnung?«

Für den Augenblick ja. Diese vorbereitenden Handlungen sind ja schließlich das wenigste am ganzen Flug. Doch da höre ich ein leises Schwirren. Eine Libelle schlägt an meine Lampe. Ohne daß ich weiß warum, geht mir das nahe. Ich trete nochmals vor die Tür und halte Ausschau. Die Luft ist rein. Ein Steilhang am Ende des Flugplatzes hebt sich so scharf vom Himmel ab wie am hellen Tage. Über der Wüste liegt tiefe Stille wie über einem Haus, in dem alles in Ordnung ist. Aber schon wieder prallen zwei Libellen und ein grüner Schmetterling an meine Lampe. Und erneut regt sich in mir das dunkle Gefühl, gemischt aus Freude und Besorgnis, als ob jemand von sehr weit her mit mir redete. Ist das Instinkt? Er treibt mich nochmals hinaus. Nun ist es ganz windstill und ebenso kühl wie vorher. Und doch habe ich eine Warnung erhalten. Ich ahne, oder glaube zu ahnen, was mich erwartet. Habe ich recht? Weder Himmel noch Sand geben mir ein noch so leises Anzeichen. Aber Libellen und ein grüner Schmetterling haben mir etwas zugeflüstert.

Ich klettere auf eine Düne und setze mich hin, das Gesicht ostwärts gewendet. Und ich habe recht gehabt, ja, es wird recht bald losgehen. Was täten denn auch sonst diese Libellen hier? Hunderte von Kilometern von den Oasen im Landinnern entfernt? Kleine Trümmer, die die Brandung an den Strand wirft, berichten von dem Taifun, der auf hoher See gewütet hat. Diese Insekten beweisen, daß ein Sandsturm naht, ein Oststurm, der die fernen Palmenwälder, die Heimat der grünen Schmetterlinge, heimgesucht hat. Schon hat der Schaum bis zu mir gespritzt. Ganz leise setzt sich der Ostwind in Bewegung; feierlich naht er, denn er ist ein Beweis, er ist eine furchtbare Drohung; feierlich naht er, denn in sich birgt er einen schweren Sturm. So leise kommt er zuerst, daß ich sein Ächzen nicht hören kann. Ich bin die äußerste Grenze, bis zu der seine Wellen branden. Wenige Meter hinter mir hätte ein Wimpel unbeweglich gehangen. Nur ein einziges Mal hat mich sein heißer Atem berührt, ein einziges Mal hat er mich mit lebloser Hand gestreichelt. Aber ich weiß genau: jetzt holt die Wüste einige Minuten lang tief Atem. Und dann wird sie zum zweiten Male seufzen. Ehe dann noch drei Minuten vergangen sind, wird sich der Luftsack über unserem Flugzeugschuppen blähen. Dann noch zehn Minuten, und Sand wird die Luft erfüllen. Wir werden im prasselnden Feuer aufsteigen, Néri und ich, in den Flammen der windgepeitschten Wüste!

Das bringt mich nicht aus der Ruhe. Aber etwas ganz anderes erfüllt mich mit wilder Freude. Ich habe die geflüsterten Worte einer Geheimsprache verstanden. Ich habe wie ein Indianer eine Fährte gewittert, in der sich die Zukunft meldete. Ich habe aus dem Flügelschlag einer Libelle die Kunde vom nahenden Wüstensturm gelesen.

4

In unserem Wüstenaufenthalt kamen wir auch mit den ununterworfenen Mauretaniern in Berührung. Sie tauchten aus der Tiefe der »verbotenen« Landstriche auf, die wir auf unseren Flügen überquerten. Sie wagten sich zu den Befestigungen von Juby oder Cisneros, um Zuckerhüte und Tee zu kaufen; dann verschwanden sie wieder in ihrer geheimnisvollen Welt. Wir aber versuchten, einige von ihnen zu »zähmen«, wenn sie vorbeikamen.

Bekamen wir einen einflußreichen Häuptling zu fassen, luden wir ihn im Einverständnis mit der Leitung der Fluglinien in unser Flugzeug, um ihm die Welt zu zeigen. Es kam viel darauf an, diesen Leuten ihren aufgeblasenen Stolz auszutreiben. Sie töteten ihre Gefangenen mehr aus Verachtung als aus Haß. Wenn sie uns in der Nähe der Festungen begegneten, verwünschten sie uns nicht laut. Sie wandten sich vielmehr schweigend ab und spuckten aus. Dieser Stolz kam daher, daß sie sich für ungemein mächtig hielten. Mehr als einer von ihnen sagte mir in vollem Ernst, wenn er ein Heer von dreihundert Mann auf die Beine gebracht hatte: »Ihr könnt von Glück sagen, daß euer Frankreich mehr als hundert Tagereisen von hier entfernt ist.«

So flogen wir sie denn spazieren, und es fügte sich, daß drei von ihnen sogar das ihnen unbekannte Frankreich besuchten. Sie waren vom Stamme derer, die ich einmal nach Senegal geflogen hatte und die dort weinten, als sie Bäume erblickten.

Als ich nachher die drei Frankreichfahrer in ihren Zelten besuchte, priesen sie die Revuetheater, in denen nackte Frauen unter Blumen tanzten. Diese Menschen hatten ja nie einen Baum und nie eine Quelle, ja nicht einmal eine Blume gesehen. Nur aus dem Koran hatten sie erfahren, daß es Gärten gibt, in denen Bäche fließen. Denn so beschreibt dieser das Paradies. Aber man muß den Aufenthalt in diesem Park mit seinen schönen Sklavinnen teuer genug durch einen bitteren Tod auf dem Sande erkaufen, den einem die Kugel eines Ungläubigen nach dreißig Jahren eines armseligen Lebens zufügt. Aber Gott betrügt seine Gläubigen; denn er gibt den Franzosen alle diese Schätze, ohne von ihnen die Gegenleistungen zu verlangen, weder den bitteren Durst noch den bitteren Tod. Das macht die alten Häuptlinge nachdenklich, es macht sie sogar bereit zu Geständnissen. Und so vertrauten sie mir eines Tages angesichts der Sahara, die sich einsam um ihr Zelt breitet und ihnen bis an ihr Lebensende so dürftige Genüsse spendet, ihre Bedenken an: »Weißt du, der Gott der Franzosen, der ist doch viel freigebiger für seine Franzosen als der Gott der Mauretanier für seine Mauretanier.«

Einige Wochen zuvor hatte man sie in Savoyen herumgeführt. Ihr Führer hatte sie zu einem kräftigen Wasserfall gebracht, der wie eine geflochtene Säule herabfiel und dumpf rauschte.

Er hatte sie aufgefordert zu kosten.

Und es war süßes Wasser gewesen. Wasser! Wie viele Tagemärsche brauchte man hier, um den nächsten Brunnen zu erreichen. Wie viele Stunden lang muß man dann den Sand herausschippen, der ihn überweht hat, um zu einer schlammigen Masse mit einer deutlichen Beimischung von Kamelharn zu gelangen. Da heißt es: ›Gib mir ein wenig Wasser!‹ — ›Ja, aber geh fein säuberlich damit um!‹

In der Wüste ist Wasser sein Gewicht in Gold wert. Der kleinste Tropfen lockt aus dem Sand den grünen Funken eines Grashalms. Wenn es irgendwo geregnet hat, belebt eine wahre Völkerwanderung die Sahara. Die Stämme ziehen dreihundert Kilometer weit, um zur Stelle zu sein, wenn das Gras wächst. Dieses Wasser nun, das hier so karg ist, von dem in Port-Étienne in zehn Jahren kein Tropfen gefallen war, das kam dort dumpf rauschend geschossen, als drohten die Wasservorräte der ganzen Welt aus einem lecken Speicher auszulaufen.

Der Führer sagte: »Gehen wir weiter!« Sie aber rührten sich nicht von der Stelle und baten nur: »Noch einen Augenblick!«

Weiter sprach keiner ein Wort. Stumm und ernst schauten sie dem Ablauf dieses erhebenden Schauspiels zu. Hier lief aus dem Bauch des Berges das Leben selbst, der heilige Lebensstoff. Der Ertrag einer Sekunde hätte ganze verschmachtende Karawanen zum Leben erweckt, die ohne ihn auf Nimmerwiedersehen in der unendlichen Weite der Salzseen und Luftspiegelungen dahingegangen waren. Hier zeigte sich Gott sichtbar. Unmöglich, einfach gleich weiterzugehen. Gott hatte die Schleusen seiner Macht geöffnet. Ehrfurchtsvoll, regungslos standen die drei vor dem Wunder.

»Weiter ist nichts zu sehen. Kommt!« drängte der Führer.

»Wir müssen warten!«

»Worauf denn?«

»Bis es aufhört.«

Sie wollten die Stunde erwarten, in der Gott seine Verschwendung leid tat! Denn Gott ist geizig, er bereut schnell.

»Aber dieses Wasser läuft seit tausend Jahren!«

Während des Abends, den ich bei ihnen verbrachte, fiel kein Wort über den Wasserstrahl. Es gibt Wunder, von denen man besser schweigt. Man tut sogar besser daran, nicht zuviel an sie zu denken. Man versteht dann die Welt nicht mehr und könnte an Gott zweifeln: »Weißt du, der Gott der Franzosen...«

Ich durchschaue sie aber, meine wilden Freunde. Sie sind in ihrem Glauben erschüttert, sie haben ihren Halt verloren und sind bereit, sich zu unterwerfen. Sie träumen von der Gerste, mit der die französische Verwaltung sie versorgt, und von der Sicherheit, die ihnen die französischen Saharatruppen gewährleisten. Sie hätten durch die Unterwerfung auch viel gewonnen.

Aber sie sind alle drei vom Blute des El Mammun, Emirs der Trarsen. Ich habe ihn gekannt, als er sich der französischen Herrschaft fügte. Für seine Dienste war er zu öffentlichen Ehrungen gekommen, die Verwaltung erhöhte seinen Reichtum, und alle Stämme achteten ihn. Nichts fehlte ihm an dem, was das Auge verlangen kann. Aber in der Nacht, ohne daß das leiseste Vorzeichen eine solche Tat ahnen ließ, ermordete er die Offiziere, die er auf einem Ritt durch die Wüste begleitete, nahm die Kamele und die Gewehre und flüchtete zu den ununterworfenen Stämmen.

Man verwendet gerne das Wort Verrat für solche plötzlichen Empörungen, für diese zugleich heldischen und verzweifelten Fluchtversuche, deren Urheber damit für alle Zukunft als Vogelfreier in die Wüste gebannt ist, wo sein kurzer Ruhm nur zu bald wie eine Rakete unter dem Feuer der fliegenden Schwadron von Atar verlöschen wird. Und man wundert sich über solche wahnsinnigen Streiche.

Und doch ist die Geschichte El Mammuns so vielen anderen Muslims widerfahren. Sie werden alt, und wer altert, beginnt zu grübeln. Da entdecken sie eines Abends, daß sie den Gott Mohammeds verraten und ihre Hand befleckt haben, als sie in die Hand der Christen einen Handel gelobten, bei dem sie alles verloren.

Was nützen nun Gerste und Frieden? Der alte Krieger, der zum Hirten geworden ist, erinnert sich, daß er einst eine Wüste bewohnte, in der jeder Dünenrücken kostbare Gefahren barg, wo man Wachtposten um die Lager aufstellen mußte, wo die Nachrichten von den Bewegungen der Feinde die Herzen um die nächtlichen Lagerfeuer höher schlagen ließen. Es kommt über ihn wie der Seegeruch, den niemand vergessen kann, der ihn einmal genossen hat.

Er vergleicht diese herrlichen Erinnerungen mit seinem neuen Leben; ruhmlos irrt er über eine friedliche Fläche, der jede höhere Weihe fehlt. Die Sahara ist für ihn nun erst zur Wüste geworden.

Vielleicht verehrte er die Offiziere herzlich, die er umbrachte. Aber die Liebe zu Gott geht allem voran.

»Gute Nacht, El Mammun!«

»Gott schütze euch!«

Die Offiziere rollen sich in ihre Decken ein und strecken sich lang auf dem Sand aus wie auf einem Floß. Alle Sterne ziehen über ihnen ihren langsamen Weg an der großen Himmelsuhr. Der Mond neigt sich dem Sand zu und versinkt durch Gottes Weisheit ins Nichts. Bald werden die Christen schlafen. Nur noch wenige Minuten, und nur noch die Sterne leuchten. Dann ist es so weit. Damit die verweichlichten Stämme wieder in ihrem kriegerischen Glanze auferstehen, damit die wilden Jagden neu beginnen, die allein dem Sand Leben verleihen, bedarf es nur der schwachen Schreie dieser Christen, die man in ihrem eigenen Schlaf ertränkt. Noch ein paar Sekunden, und aus dem Unwiederbringlichen ist eine versunkene Welt neu geboren.

Und die schmucken Leutnants werden im Schlaf umgebracht!

5

Heute bin ich Gast bei Kemal und seinem Bruder Mujan in Cap Juby und trinke meinen Tee unter ihrem Zelt. Mujan sieht mich schweigend an und verharrt in grimmiger Zurückhaltung, den blauen Schleier vor die Lippen gezogen. Kemal allein besorgt die Unterhaltung und bezeigt mir Höflichkeiten: »Mein Zelt, meine Kamele, meine Frauen, meine Sklaven, alles gehört dir.« Mujan neigt sich zu seinem Bruder, ohne darum die Augen von mir abzuwenden, und spricht einige Worte, um gleich wieder in sein Schweigen zurückzusinken.

»Was sagt er?« frage ich.

»Er sagt: ›Bonnafous hat den R'Geibar tausend Kamele gestohlen.‹«

Diesen Hauptmann Bonnafous von der fliegenden Kamelreitergruppe von Atar habe ich niemals persönlich kennengelernt. Aber oft berichteten mir die Einheimischen von seiner sagenhaften Berühmtheit in der ganzen Sahara. Sie sprachen von ihm mit Ingrimm, aber doch wie von einem Gott. Er ist auch einer von denen, die dem Sand der Wüste seine höhere Weihe geben. Man weiß nie, ob er nicht am gleichen Tage schon auf unbegreifliche Weise plötzlich hinter den Kriegsscharen, die gegen das französische Gebiet im Süden ziehen, auftaucht und ihnen ihre Kamele zu Hunderten wegtreibt. Das zwingt die Angreifer dann, sich gegen ihn zu wenden, um ihre Schätze, die sie unbedroht geglaubt hatten, zu retten. Er aber, der wie ein Erzengel durch dieses plötzliche Erscheinen Atar gerettet hat, lagert auf einer hohen Kalktafel und steht dort still und fest, daß man meint, ihn greifen zu können. Seine Strahlungsgewalt ist so groß, daß er alle Stämme zwingt, sich seinem Flammenschwerte zu stellen.

Mujan sieht mich noch finsterer an und spricht wieder.

»Was sagt er?«

»Er sagt: ›Wir ziehen morgen auf den Rachezug gegen Bonnafous.‹«

Ich hatte etwas Derartiges geahnt. Seit drei Tagen wurden die Kamele fleißig zur Tränke getrieben, alles hatte laut gesprochen, und Begeisterung war sichtbar geworden. Es wirkte, als sollte ein Segelschiff fahrtbereit gemacht werden, da der Landwind, der es auf die hohe See treiben konnte, schon zu wehen beginnt. Bonnafous macht jeder Schritt nach Süden noch ruhmreicher und herrlicher. Ich kann schon nicht mehr unterscheiden, was in dieser Fehde Haß ist und was Liebe.

Es ist doch wundervoll, einen so trefflichen Feind auf der Welt zu haben. Wo er erscheint, brechen die benachbarten Stämme ihre Zelte ab, treiben ihre Kamele zusammen und fliehen, voll Angst, ihm plötzlich von Angesicht zu Angesicht gegenüberzustehen. Die entfernteren Stämme aber ergreift es mit einer Gewalt wie Liebeswahn. Sie verlassen die friedlichen Zelte, die zärtlichen Frauen, den ungestörten Schlaf. Sie wissen nur eines: das Höchste und Beste, das keinen Schatz der Welt aufwiegt, wäre, wenn man nach zwei Monaten aufreibenden Marsches nach Süden, nach brennendem Durst, nach schmerzlichem Warten, nach Stunden peinigenden Kauerns im Sandsturm unverhofft im Morgengrauen über die fliegende Schwadron von Atar herfallen und mit Gottes Willen den Hauptmann Bonnafous töten könnte.

»Bonnafous ist stark«, gesteht Kemal zu.

Ich weiß ihr Geheimnis. Wie Männer den leichten Schritt der begehrten Frau nicht vergessen können und sich nächtelang ruhelos herumwälzen, weil dieser leichte Schritt sie in den Traum hinein quält, so verfolgt die Mauretanier Bonnafous' ferner Schritt. Dieser Schritt im Burnus mit seinen zweihundert maurischen Söldner-Räubern umgeht die Kriegsscharen, die gegen ihn ziehen, er dringt ins Aufstandsgebiet, wo der letzte seiner Leute, fern der französischen Botmäßigkeit, aus seiner Knechtschaft erwachen könnte, um ihn ungestraft auf diesen riesenhaften steinernen Altären seinem Gotte darzubringen; nur sein Ansehen hält sie im Zaum, und selbst seine Schwäche ist ihnen ein Schrecknis. In der Nacht, inmitten ihres rauhen Schlafes, schreitet er unsichtbar und kaltblütig auf und ab. Und sein Schritt klingt bis ins Herz der Wüste.

Mujan träumt vor sich hin. Er sitzt noch immer unbeweglich im Hintergrund des Zeltes, wie ein Bildwerk aus blauem Granit. Seine Augen glänzen, sein silberner Dolch ist kein Spielzeug mehr. Er ist wie verwandelt, seit er sich dem Kriegszug angeschlossen hat. Er fühlt sich adliger denn je und vernichtet mich mit seiner Verachtung. Bald wird er ja gegen Bonnafous ziehen, noch ehe der Tag graut, getrieben von einem Haß mit allen Anzeichen der Liebe.

Nochmals neigt er sich zu seinem Bruder, spricht leise und sieht dabei wieder zu mir hin.

»Was sagt er?«

»Er sagt, daß er auf dich schießt, wenn er dich außerhalb der Bannmeile der Festung trifft.«

»Warum denn nur?«

»Er sagt: ›Du hast Flugzeuge und Funkdienst, du hast Bonnafous; aber du hast keinen Teil an der Wahrheit.‹«

So beurteilt mich Mujan, der dort unter dem blauen Schleier unbeweglich wie ein Sternbild sitzt. Er sagt: Du ißt Salat wie die Ziegen und Schweinefleisch wie die Schweine. Deine Frauen zeigen schamlos ihr Gesicht. Ich habe es selbst gesehen. Er sagt: Du betest nie. Er sagt: Was nützen dir deine Flugzeuge, dein Funkdienst, dein Bonnafous, wenn du die Wahrheit nicht besitzt?

Ich muß diesen Mann bewundern: seine Freiheit verteidigt er nicht; denn in der Wüste ist jedermann frei. Er verteidigt auch nicht sichtbare Schätze; denn die Wüste ist kahl. Aber er verteidigt ein heimliches Reich. In der Stille der Dünenwogen führt Bonnafous seine Schwadron wie ein Räuber. Ihm ist es zu danken, daß die Gegend um Cap Juby nicht ein friedlich-langweiliges Lager müßiger Hirten ist. Der Sturmwind Bonnafous brandet um ihre Hügel. Seinetwegen muß man nachts die Zelte schließen und Wachen aufstellen. Das tiefe Schweigen im Süden, dieses packende und erregende Schweigen – es ist das Schweigen von Bonnafous! Und Mujan, der alte Jäger, hört ihn gehen, draußen im Winde.

Als Bonnafous nach Frankreich heimkehrte, waren seine Feinde weit davon entfernt zu frohlocken und ehrlich betrübt. Es war, als wenn sein Weggang der Wüste einen Teil ihrer Daseinsberechtigung und ihnen selbst ein wenig von ihren höheren Lebenszielen nähme.

Und sie fragten: »Warum geht denn dein Bonnafous weg?«

Ich mußte erwidern: »Ich weiß es nicht.«

Er hatte doch sein Leben gegen das ihre ausgespielt, jahrelang. Er hatte ihre Spielregeln zu den seinen gemacht. An ihre Felsen lehnte er das Haupt im Schlaf, wie sie erlebte er während der unaufhörlichen Jagd die urweltlichen Nächte unter Sternen und Wind. Und nun plötzlich zeigt er durch sein Weggehen an, daß es ihm mit dem Spiel nicht letzter Ernst gewesen war. Mit lässiger Haltung verläßt er den Spieltisch. Die Wüstenbewohner aber, die er allein weiterspielen läßt, verlieren ihr Vertrauen in eine Lebensauffassung, die offenbar die Menschen doch nicht bis zum bitteren Ende fesselt. Sie möchten gerne an ihn glauben und fragten mich: »Er kommt doch wieder, dein Bonnafous?«

Und abermals mußte ich antworten: »Ich weiß es nicht.«

Natürlich kommt er wieder, denken sie; die Spiele in Europa können ihn nicht mehr befriedigen, weder der Skat im Truppentransport noch die Beförderungen noch auch die Frauen. Gewiß kommt er wieder, weil ihm die Erinnerung an die verlorene Größe keine Ruhe lassen wird. Er kehrt bald wieder heim in diese Gegenden, in denen jeder Schritt das Herz höher schlagen läßt wie ein Schritt auf die Liebe zu. Er hat gewiß gemeint, hier nur ein Abenteuer erleben zu können und dort drüben das wirkliche große Spiel zu finden. Aber er wird schon merken, daß er die wahren Reichtümer hier in der Wüste besessen hat: den Sand, die Nacht, die Stille, die Heimat von Wind und Sternen. Die Reue wird nicht ausbleiben.

Wenn dann Bonnafous eines Tages wirklich wiederkommt, dann wird sich die Nachricht mit Windeseile in der weiten unruhigen Welt herumsprechen. Dann werden alle wissen, daß er irgendwo in der Sahara inmitten seiner zweihundert

Männer schläft. In aller Stille wird man die Kamele zur Tränke führen. Man wird die Gerstenvorräte nachsehen und die Schlösser an den Stutzen prüfen. Und dann geht es hinaus, getrieben vom Haß – oder von der Liebe?

6

»Versteck mich doch ins Flugzeug nach Marrakesch!« So bat mich jeden Abend ein Sklave mit derselben kurzen Bitte. Damit hatte er getan, was ihm lebensnotwendig war, und nun setzte er sich mit gekreuzten Beinen hin, mir meinen Tee zu kochen. Für einen vollen Tag war er jetzt befriedigt, denn er hatte sich dem einzigen Arzt anvertraut, der ihn heilen konnte, und den einzigen Gott angerufen, der ihn zu retten vermochte. Nun saß er da, über den Teekessel gebeugt, und vor seinen Augen zogen die einfachen Bilder seines früheren Lebens vorbei, der schwarze Fruchtboden von Marrakesch, die rosigen Häuser, die ärmlichen Habseligkeiten, die man ihm genommen hatte. Er war mir nicht böse, daß ich nicht antwortete und zögerte, ihm das Leben wiederzuschenken. Ich war ja nicht ein Mensch wie er. Ich war eine Naturkraft, die ganz sicher in Bewegung kam, so etwa wie eines Tages schicksalhaft guter Segelwind wehen mußte, auch für ihn.

Ich freilich, ein einfacher Verkehrsflieger und nun für einige Monate Vorstand des Flugplatzes in Cap Juby, dessen ganzes Hab und Gut eine Baracke bei der spanischen Festung und in dieser Baracke eine Waschschüssel, eine Kanne salziges Wasser sowie ein zu kurzes Bett waren, bildete mir weniger auf meine Macht ein. Ausweichend antwortete ich:

»Wir wollen zusehen, alter Bark.«

Alle Sklaven heißen Bark, also hieß er auch so. Aber trotz vierjähriger Gefangenschaft hatte er sich noch nicht in sein Schicksal gefunden. Er wußte noch zu gut, daß er einst König gewesen war.

»Was tatest du denn in Marrakesch, Bark?«

In Marrakesch, wo seine Frau und seine drei Kinder sicher noch lebten, hatte er einen wundervollen Beruf ausgeübt. Er war Viehtreiber gewesen und hieß Mohammed. Die Stammeshäupter der Gegend pflegten ihn zu sich zu rufen und ihm zu sagen: »Mohammed, ich will Rinder verkaufen. Hole sie mir vom Berg!« oder: »Ich habe tausend Schafe in der Ebene, treibe sie höher hinauf auf die Weiden!«
Und Bark leitete mit seinem Herrscherstab aus Ölbaumholz ihre Wanderung. Er allein war für das ganze Volk der Schafe verantwortlich; er hielt die schnellsten zurück, weil hinten Lämmchen geboren wurden, und trieb die faulsten an. Und alle folgten ihm vertrauensvoll und gehorsam, wie er so seines Weges zog. Er allein wußte ja, wo das gelobte Land für diese Herde lag, er allein verstand den Weg in den Sternen zu lesen, welche Wissenschaft den Schafen nun einmal versagt ist. Er entschied über Ort und Zeit der Rast, der Tränke und des Grasens aus seiner hohen Weisheit. Nachts betete er dann für sein Volk, bis an die Knie in Schafwolle stehend, gerührt von soviel Hilflosigkeit. Er war Arzt, Führer und Beherrscher der schlafenden Schar.
Eines Tages hatten sich einige Araber an ihn gewandt: »Komm mit uns nach dem Süden auf einen Viehtrieb!« Sie hatten ihn weit mitgenommen. Nach drei Tagen legten sie ihm in einem Hohlweg im Gebirge, unweit des Aufstandsgebietes, einfach die Hand auf die Schulter, tauften ihn Bark und verkauften ihn.

Ich kannte andere Sklaven. Denn zum Tee kam ich täglich unter die Zelte der Einheimischen. Dort genoß ich bloßfüßig und lang ausgestreckt auf dem dicken Wollteppich, der den Luxus und für einige Stunden die Bleibe der Wandervölker bildet, das Fortschreiten des Tages. In der Wüste fühlt man die Zeit verstreichen. Solange die Sonne brennt, ist man auf der Wanderschaft gegen Abend zu, dessen kühler Wind die Glieder badet und allen Schweiß abwischt. Die große Tränke der Abendkühle kommt für Mensch und Tier so sicher wie der Tod. Darum ist in diesen Gegenden Müßiggang niemals Zeitvergeudung. Der ganze Tag erscheint schön, gleich Straßen, die zum Meere führen.

Ich kannte die Sklaven. Sie treten ins Zelt, wenn der Herr den Herd, den Teekessel und die Gläser aus der schweren Schatzkiste herausgegeben hat, wo sie neben so vielen sonderbaren Dingen liegen, neben Vorhängeschlössern ohne Schlüssel, Blumenvasen ohne Blumen, alten Waffen, Groschenspiegeln und anderem Gerümpel, das an einen Schiffbruch erinnert, wenn man es auf dem Sande ausbreitet.

Dann füllt der Sklave schweigend den Herd mit trockenen Reisern, haucht auf die Glut, füllt den Kessel und läßt für diese Kinderarbeit Muskeln spielen, die Bäume entwurzeln könnten. Er ist friedfertig; ihm gefällt der Betrieb: Tee kochen, Reittiere pflegen und essen. Am heißen Tag geht man auf die Nacht zu; unter den kalten Sternen aber freut man sich auf den sengenden Tag.

Glücklich sind die nördlichen Länder, denen die Jahreszeiten einen Traum von Schnee für den Sommer und ein Märchen der Sonne für den Winter schenken, während in den bedauernswerten Tropen die Schwitzkammern ständig geheizt sind. Glücklich ist aber auch die Sahara, wo Tag und Nacht den Menschen so einfach von einer Hoffnung zur andern schaukeln.

Manchmal hockt der schwarze Sklave vor der Türe und genießt den Abendwind. Aber in dem schweren Körper steigen keine Erinnerungen mehr auf. Kaum vermag er sich der Stunde der Gefangennahme zu erinnern, der Schläge, der Schreie, der zupackenden Hände, die ihn in seine umnachtete Gegenwart gestürzt haben. Seit jener Stunde dämmert er vor sich hin. Man hat ihm die breitfließenden Ströme des Senegal oder die weißen Städte Südmarokkos genommen; es ist, als wäre er erblindet. Die bekannten und vertrauten Stimmen sind ihm verstummt; es ist, als wäre er plötzlich taub geworden. Er ist nicht unglücklich, er ist krank. Was bleibt ihm von seiner Vergangenheit? Er ist eines Tages in die Kreise des Wanderlebens gezogen worden, er ist gebunden an die Wanderungen eines wilden Stammes, und für sein Leben folgt er den Schnörkeln, die dieser durch die Wüste zieht. Kein Wunder, wenn sein Einst, sein Heim, seine Frau und seine Kinder für ihn tot sind, als wären sie wirklich gestorben.

Menschen, die lange Jahre einer großen Liebe gelebt und diese plötzlich verloren haben, bekommen manchmal die Erhabenheit einsamer Trauer satt. Sie kehren reumütig zum Leben zurück und finden in einer Durchschnittsliebe ihr Glück. Der Sklave befriedigt seinen Ehrgeiz damit, daß er die Glut seines Herrn getreulich schürt. Er hat es für besser gefunden, zu verzichten, sich zu demütigen und seinen Frieden mit der Welt zu schließen.

Manchmal sagt der Herr zum Knecht: »Da, nimm!« Das geschieht meist um die Stunde, in der mancher Besitzer zum Sklaven gut ist, weil alles sich entspannt und abkühlt. Und der Gefangene würde für ein Glas Tee voll tiefer Dankbarkeit die Knie des Herrn küssen.

Der Sklave trägt keine Ketten. Er braucht sie nicht. Er ist treu. Er verleugnet fügsam den entthronten König und ist nur noch glücklicher Leibeigener.

Eines Tages freilich läßt man ihn los. Wenn er nämlich so alt ist, daß Nahrung und Kleidung an ihn nur verschwendet wären, dann läßt man ihm völlige Freiheit. Drei Tage lang bietet er sich vergeblich von Zelt zu Zelt rundum an. Täglich wird er schwächer, und gegen Ende des dritten Tages legt er sich ergebungsvoll in den Sand, um nie wieder aufzustehen. Ich habe in Juby Menschen nackt im Sande sterben sehen. Die Einheimischen gingen achtlos, aber ohne Grausamkeit an ihrem langwährenden Todeskampf vorbei. Ihre Kinder spielten dicht neben dem düsteren Wrack und liefen jeden Morgen nachzusehen, ob es sich noch bewegte. Aber sie verhöhnten den alten Diener nicht. Es war ja die natürliche Weltordnung, als ob man dem Sklaven sagte: ›Du hast brav gearbeitet, nun darfst du dich ausruhen; geh zu Bett!‹ Darum spürte der Mann, der dort lag, nur den Hunger und nicht die Ungerechtigkeit der Menschen. Der Hunger aber ist nur ein Schwindelgefühl, kein großes Leiden. Nur Ungerechtigkeit vermag Schmerzen zuzufügen. Dreißig Jahre Arbeit und dann das Recht auf Schlaf und ein Fleckchen Erde. Kein Wort der Klage hörte ich bei dem ersten, den ich so traf. Gegen wen auch hätte er klagen sollen? Ich spürte, daß er im Grunde dumpf einverstanden war mit dem, was ihm geschah. Der verlorene und völlig erschöpfte Bergsteiger bettet sich auf die weiche Fläche und versinkt friedlich in seine Träume und in den Schnee.

Mich bewegte darum auch nicht der Anblick des Leidens; denn ich glaube nicht daran, daß er litt. Aber der Tod eines Menschen läßt eine ganze unbekannte Welt untergehen, und so fragte ich mich, welche Bilder in diesem hier erloschen. Welche Pflanzungen im Senegal, welche hellen Städte Südmarokkos versanken hier langsam in ewiges Vergessen? Nichts ließ erkennen, ob sich in dieser schwarzen Masse nur jämmerliche kleine Alltagssorgen wie Teekochen und Viehtränken dem Ende näherten, ob hier wirklich nur eine Sklavenseele einschlief, oder ob die Pracht der Erinnerungen einen Menschen in seiner vollen Größe wieder erweckt hatte und ein solcher in seinem Glanze starb. Der harte, knochige Schädel glich den alten Schatzkisten der Mauretanier. Wie diese verriet er nicht, welche bunten Seiden, welche festlichen Gefühle, was für Gefühle, die hier niemand kennt, in diesem dunklen Behältnis dem Schiffbruch entgangen waren. So blieb mir verborgen, welches Stück Welt sich hier in diesem Menschen im schweren Schlaf der letzten Tage auflöste, was in diesem Bewußtsein und diesem Leib langsam in Nacht und Grund versank.

»Ich war Viehtreiber und hieß Mohammed.«

Bark, der dunkelhäutige Gefangene, war der einzige von allen, die ich kannte, der Widerstand leistete. Ihm ging es nicht darum, daß die Araber seine Freiheit genommen und ihn in einem Augenblick ärmer gemacht hatten als ein Neugeborenes. Auch Gottes Stürme vernichten oft in einer Stunde die Ernten der Menschen. Aber sie bedrohten ihn über sei-

nen Besitz hinaus, sie wollten ihm sein Wesen nehmen. Er verzichtete aber nicht auf seine Persönlichkeit, wo doch so viele andere Verschleppte kampflos in sich einen armen Viehtreiber hatten sterben lassen, der das ganze Jahr schwer schaffen muß, um nur sein tägliches Brot zu verdienen.
Bark lebte sich nicht in die Knechtschaft ein, wie so mancher, des Wartens auf das große Glück überdrüssig, sich in ein Durchschnittsschicksal findet. Er wollte nicht aus der Güte des Sklavenhalters das Glück seiner Leibeigenschaft machen. Er bewahrte treu jenem Mohammed ben Lhaussin das Haus, welches dieser vor seiner Versklavung in Barks Brust bewohnt hatte, wenn er auch nur scheinbar verreist war. Das Haus trauerte über seine Leere, aber kein neuer Herr wurde hineingelassen. Bark handelte wie jener weißhaarige Torhüter, der im verlassenen Garten und in der Langweile der Einsamkeit an seiner Treue starb.
Er wagte nicht zu sagen: ›Ich bin Mohammed ben Lhaussin‹, sondern sagte nur: »Ich hieß Mohammed.« Aber er träumte doch von dem Tage, an dem dieser vergessene Mensch auferstehen und mit einem Schlage den Sklaven Bark vernichten würde. Manchmal kamen in der Stille der Nacht die Erinnerungen über ihn mit der Urgewalt eines Kinderliedes. »Mitten in der Nacht«, berichtete unser arabischer Dolmetscher, »mitten in der Nacht spricht er plötzlich von Marrakesch und weint.«
In der Einsamkeit entgeht niemand diesen Heimsuchungen durch sein altes Ich. Plötzlich erwacht der andere Mensch in Bark, dehnt sich durch alle seine Glieder und ist ohne vorherige Ankündigung da. Dann sucht er plötzlich die Frau an seiner Seite, in dieser Einsamkeit, wo keine Frau je dem Sklaven nahekommt. Er hört die Brunnen rauschen, in dieser Wüste, wo nie eine Quelle floß. Mit geschlossenen Augen meint er, in einem weißen, ortsfesten Haus zu wohnen, und das in einem Land, in dem alle Menschen in Häusern aus Zelttuch leben und den Wind jagen.
Und zu mir kam Bark mit der ganzen Last von allem, was er einst geliebt hatte. Er wollte mir sagen, es sei soweit,

daß seine alte Liebe nach ihm die Arme ausstreckte, er brauchte nichts mehr als heimzukehren, um seine Liebe an alle zu verschwenden. Ein Zeichen von mir würde genügen. Und Bark lächelte und zeigte mir, wie ich das Ding drehen sollte. Offensichtlich hatte ich noch nicht daran gedacht:
»Morgen ist Flugtag. Da versteckst du mich im Flugzeug nach Agadir!«
Armer alter Bark! Wir leben doch im Aufstandsgebiet, wie könnten wir ihm da zur Flucht verhelfen! Am Tage darauf hätten die Mauretanier durch irgendeine entsetzliche Bluttat den Raub und die Kränkung vergolten. Ich hatte wohl versucht, ihn loszukaufen, und die Monteure des Flugplatzes, Laubergue, Marchal und Abgrall, hatten mir ihre Hilfe angeboten. Aber es kam eben zu selten vor, daß ein Europäer einen Sklaven kaufen will. So versuchten die Einheimischen es auszunutzen und verlangten zwanzigtausend Franken.
»Du willst dich wohl über uns lustig machen?«
»Sieh doch diese starken Arme!«
So waren Monate vergangen...
Endlich wurden die Mauretanier weniger anspruchsvoll, und mit Hilfe einiger Freunde aus der Heimat, denen ich von diesem Fall geschrieben hatte, sah ich mich in der Lage, den alten Bark zu kaufen.
Das waren schöne Unterhandlungen! Sie dauerten acht Tage. Wir saßen im Kreis, fünfzehn Mauretanier und ich. Ein Freund des Eigentümers von Bark, den auch ich zu meinen Freunden zählen durfte, der Räuber Sin Uld Rhattari, half mir heimlich.
»Verkaufe ihn doch«, riet er auf mein Anstiften, »du behältst ihn doch nicht mehr lange! Er ist krank. Äußerlich sieht man es ihm nicht an. Aber drinnen sitzt es. Warte nur, eines Tages schwillt er plötzlich an. Verkaufe ihn schnell dem Franzosen!«
Einem anderen Räuber, Radschi, hatte ich hohe Maklergebühren versprochen, wenn er mir zum Abschluß des Kaufes verhelfen würde. Der lockte nun seinerseits den Eigentümer.
»Mit dem Geld kannst du Kamele, Gewehre und Schieß-

bedarf kaufen. Damit kannst du einen Kriegszug ausrüsten und den Franzosen ins Land fallen. Von Atar bringst du dann drei oder vier ganz neue Sklaven mit. Stoße nur den alten da ab!«

Schließlich verkaufte man mir Bark. Ich setzte ihn für sechs Tage in unsere Baracke hinter Schloß und Riegel. Denn hätte man ihn vor Ankunft des Flugzeuges im Freien erwischt, wäre er sofort wieder eingefangen und anderweitig verkauft worden.

Aber ich nahm die Knechtschaft von ihm. Die Freilassung war abermals eine schöne Feier. Es erschienen der mohammedanische Ortsgeistliche und der Stammeshäuptling von Juby. Außer diesen beiden, dem Marabut und dem Kaïd, kam der ehemalige Besitzer von Bark. Diese drei Gauner, die ihn gerne zwanzig Meter von der Festung in Stücke gehackt hätten, nur um mich zu ärgern, umarmten ihn herzlich und unterzeichneten eine Urkunde.

»Jetzt bist du unser Sohn.«

Er war auch meiner, dem Buchstaben des Gesetzes gemäß.

Und Bark umarmte alle seine Väter.

Bis zu seiner Abreise lebte er nun in angenehmer Gefangenschaft in unserer Baracke. Zwanzigmal am Tage mußten wir ihm die einfache Reise erklären: in Agadir würde er aus dem Flugzeug steigen und bekäme gleich im Flughafen einen Fahrschein für die Kraftpost nach Marrakesch ausgehändigt. Bark spielte in diesen Tagen den freien Mann, so wie Kinder Forschungsreisende spielen. Es war der erste Schritt zum Leben; Kraftpost, Menschenmengen, das alles sollte er nun wiedersehen. Laubergue kam zu mir zugleich im Namen von Marchal und Abgrall. Bark dürfe doch nicht gleich nach der Ankunft Hungers sterben. Sie gaben mir darum tausend Franken für ihn; mit denen in der Tasche habe er dann Zeit, sich Arbeit zu suchen.

Ich mußte an die alten Damen der wohltätigen Werke denken, die ihre Nächstenliebe so ausüben, daß sie zwanzig Franken geben und dafür Dank verlangen. Laubergue, Mar-

chal und Abgrall, einfache Flugzeugmonteure, gaben tausend, übten damit keine Nächstenliebe aus und verlangten noch viel weniger einen Dank. Sie handelten nicht einmal aus Mitleid, wie die alten Damen, die wähnen, dauerndes Glück zu spenden. Sie taten nur das ihre, einem Menschen seine Menschenwürde wieder zu verschaffen. Sie wußten so gut wie ich, wie schnell der Rausch der Heimkehr verfliegt und daß der erste und unzertrennlichste Freund, der sich zu dem Heimkehrer gesellt, die Armut ist. In weniger als drei Monaten wird unser Bark auf einem Bahnkörper in saurem Schweiß Schwellen auswuchten. Er wird dabei sogar weniger glücklich sein, als er bei uns als Sklave in der Wüste war. Aber er darf dann wenigstens wieder er selbst unter den Seinen sein.
»Komm, Bark, sei wieder ein Mensch!«

Das Flugzeug zitterte startbereit. Bark sah ein letztes Mal in die trostlose Weite um Cap Juby. Vor dem Flugzeug standen gut und gern zweihundert Mauretanier, um zu sehen, was für ein Gesicht ein Sklave an der Schwelle des Lebens macht. Im Falle einer Panne hätten sie ihn übrigens schnell wieder.
Wir winkten unserem Kind von vierzig Jahren zum Abschied und sahen seinen Eintritt ins Leben nicht ohne Sorgen.
»Leb wohl, Bark!« riefen wir ihm zu.
Aber er antwortete kurz: »Nein!«
»Wieso nein?«
»Ich bin nicht Bark. Ich bin Mohammed ben Lhaussin.«

Wir hörten noch einmal von ihm durch den Araber Abdallah, der ihm auf unsere Bitte in Agadir weiterhalf. Da die Kraftpost erst abends fuhr, hatte Bark einen ganzen Tag für sich. Erst irrte er so lange und so wortkarg in der kleinen Stadt umher, daß Abdallah seine innere Unruhe spürte und teilnehmend fragte: »Was fehlt dir denn?«
»Nichts«, sagte Bark.
Er schaukelte eben zu plötzlich auf der hohen See seiner

Freiheit. Er fühlte seine Auferstehung noch nicht recht. Gewiß war in ihm ein dumpfes Glücksgefühl, aber außer diesem Glücksempfinden gab es keinen Unterschied zwischen seinem gestrigen und seinem heutigen Ich. Und doch hatte er von nun an ein gleiches Recht auf die Sonne wie alle anderen Menschen, er durfte sich wie alle unter die Laubengänge des arabischen Kaffeehauses setzen. Er setzte sich auch hin und bestellte Tee für Abdallah und sich. Das war seine erste Tat als freier Mann. Diese Macht mußte ihn doch vor aller Welt verklären. Aber der Kellner schenkte ihm ein, ohne überrascht zu sein, als ob er das täglich tausendmal täte. Er bemerkte gar nicht, daß er einem freien Menschen die Weihe gab.

»Gehen wir weiter!« murmelte Bark.

Sie stiegen zum alten Sultanschloß, der Kasba, hinauf, das Agadir beherrscht.

Die kleinen berberischen Tanzmädchen kamen zu ihnen. Sie waren so sanft und zahm, daß Bark richtig auflebte. Sie würden ihn, ohne es zu ahnen, im Leben willkommen heißen. Sie nahmen ihn auch bei der Hand, sie boten ihm Tee. Aber sie taten es wie für jedermann. Bark wollte von seiner Auferstehung erzählen; sie lachten freundlich und waren glücklich mit ihm, weil er glücklich aussah. Er fügte stolz hinzu, um sie in Erstaunen zu setzen: »Ich bin Mohammed ben Lhaussin!« Aber das machte gar keinen Eindruck. Alle Menschen haben einen Namen, und manche kommen von weit her.

So führte er Abdallah wieder zur Stadt zurück. Er bummelte an den jüdischen Läden vorbei und sah weithin übers Meer. Er war sich bewußt, daß er nach Belieben hingehen konnte, wohin er wollte. Er war ja frei. Aber die Freiheit erschien ihm bitter. Denn durch sie bemerkte er erst, wie er so gar keine Bindungen an die Welt besaß.

Als da ein Kind vorbeikam, streichelte Bark ihm leicht die Backe. Das Kind aber lächelte. Es war eben kein Herrenkind, vor dem man sich schmeichelnd demütigt. Es war ein hilfloses kleines Mädchen, dem Bark eine Liebkosung schenkte.

Und es lächelte dafür. Dieses Kind weckte Bark aus dem Zwiespalt seiner Gefühle auf. Er fühlte sich plötzlich wieder als jemand auf der Welt. Ein hilfloses Kind hatte ihm zugelächelt. Ein Gedanke begann in ihm zu arbeiten, und mit großen Schritten ging er weiter.

»Was suchst du?« fragte Abdallah.

Und nochmals antwortete Bark: »Nichts.«

Aber als er an einer Straßenecke auf eine Gruppe spielender Kinder stieß, blieb er stehen. Das war es! Er sah ihnen schweigend zu. Dann aber lief er zu den Läden und kam wieder, beide Arme voll Geschenke.

Abdallah wurde unruhig und riet ihm: »Dummkopf, behalte doch dein Geld!«

Aber Bark hörte schon nicht mehr. Er winkte jedem der Kinder mit ernstem Gesicht. Kleine Hände streckten sich den Spielsachen, Armbänderchen und goldgestickten Pantöffelchen entgegen. Jedes Kind lief schüchtern davon, sobald es seinen Schatz festhielt.

Die anderen Kinder in Agadir hörten alsbald davon und kamen angelaufen. Bark kleidete alle mit goldenen Pantoffeln. Auch in der Umgebung lief das Gerücht um, und in den Dörfern erhoben sich gleichfalls Kinderschwärme und stiegen heran zu diesem schwärzlichen Gott und klammerten sich an seine Sklavenkleider. Alle, alle wollten ihr Teil haben. Und Bark verausgabte sich völlig.

Abdallah meinte, er sei vor Freude verrückt geworden. Ich glaube aber nicht, daß es ihm ein Bedürfnis war, sein Übermaß an Freude mit anderen zu teilen. Das Erlebnis, das sein Handeln bestimmte, würde ich ganz anders erklären. Er war frei und hatte mithin alles, was ein Mensch braucht, das Recht auf Liebe, das Recht hinzugehen, wohin er wollte, und sein Brot mit seiner Arbeit zu verdienen. Das Geld brauchte er dafür nicht. Aber er fühlte mit derselben Stärke, mit der der Hunger über uns kommt, eine Sehnsucht, Mensch unter Menschen zu sein. Die Tänzerinnen von Agadir waren lieb mit dem alten Bark gewesen. Und doch war er von ihnen ebenso leichten Herzens gegangen, wie er gekommen war. Sie brauchten ihn ja nicht. Der arabische Ladendiener, die Leute auf der Straße, alle achteten in ihm den freien Menschen, alle gestanden ihm sein gleiches Recht an der Sonne zu. Aber kein einziger brauchte ihn. Er war frei, unbegrenzt frei, so frei, daß er nicht mehr fest und lastend auf der Erde zu stehen meinte. Es fehlte ihm die Bindung an andere Menschen, die unser Schreiten hindert mit Tränen, Zank und Freude, mit all dem, was ein Mensch liebkost oder schlägt durch jede Bewegung, die er tut. Es fehlten ihm die hunderttausend Fäden, die uns binden und uns mit ihrer Schwerkraft auf der Erde halten. Jetzt aber lag etwas auf Bark: Tausende von Hoffnungen! Sein Reich begann in der Herrlichkeit des Sonnenuntergangs über Agadir, in der sinkenden Abendkühle, die für ihn so lange Zeit seine einzige Freude, sein einziges Obdach gewesen war. Als die Stunde der Abreise nahte, schritt Bark in einer Flut von Kindern dahin wie weiland unter seinen Schafen. So pflügte er in seinem neuen Leben seine erste Furche auf der Welt. Morgen würde die Armut der Seinen ihn aufnehmen, und die Verantwortung für mehr Menschenleben, als vielleicht seine alten Arme nähren konnten, würde wiederkommen. Aber er hatte seine Erdenschwere wiedergewonnen. Er glich einem vom Himmel herabgestiegenen Engel, der das Leben der Menschen mitleben wollte; da er aber zu gewichtlos war für diese Erde, hatte er zu einem kleinen Betrug gegriffen und sich Bleistücke in die Kleider genäht. So ging auch Bark mühsam weiter, zu Boden gezogen von tausend Kindern, die so notwendig goldene Pantöffelchen brauchten.

7

Das ist die Wüste. Ein Koran, nichts weiter als eine Spielregel, verwandelt ihren dürren Sand in ein Kaiserreich. In ihren Tiefen, die sonst leer wären, rollt ein heimliches Schauspiel ab, das die menschlichen Leidenschaften wild aufwühlt. Das wahre Leben der Wüste sind nicht die Wanderungen der Völker, wenn sie ausziehen, etwas Weidegras zu suchen. Das wahre Leben ist eben jenes Spiel, das daneben gespielt wird.

Wie ungeheuerlich hat sich die Wüste seit ihrer Unterwerfung geändert! Es geht ihr nicht anders als allem Menschenland. Angesichts dieser entzauberten Wüste denke ich an die Spiele meiner Kindheit, an den dunklen und doch so leuchtenden Park, den wir mit Göttern bevölkerten, und an das Reich ohne Grenzen, das wir aus diesem Quadratkilometer niemals gänzlich durchforschten Landes schufen. Wir bildeten einen Kulturkreis für uns, in dem jeder Schritt seine Gesetze und jedes Ding seinen Sinn hatte, die sonst nirgends galten. Was bleibt aber von diesem Park der Kindheit mit seinen zauberhaften Schatten, wenn man als Mann unter anderen Gesetzen lebt? Kommt man dann wieder einmal in die Heimat zurück, geht man in einer Stimmung von Verzweiflung an der kleinen, grauen Steinmauer entlang und wundert sich, daß in einem so engen Raum das Gelände eingeschlossen sein kann, das einmal die Unendlichkeit war. Und schmerzlich muß man einsehen, daß man diese Unendlichkeit nie wieder finden wird. Es reicht nicht aus, wieder in den Park zu treten; man müßte in das Spiel selbst zurückfinden können.

Das Aufstandsgebiet besteht nicht mehr. Um Cap Juby, Cisneros, Puerto Cansado, Saget el Hamra, Dora und Simarra ist alles Geheimnis verschwunden. Die bunten Fernen, die wir ansteuerten, sind eine nach der anderen zur blassen Nähe geworden, so wie manche Insekten ihre Farben verlieren, wenn sie erst einmal in die warme Hand genommen werden. Und doch lebten wir nicht in eitler Verblendung, als wir ihnen zustrebten. Wir täuschten uns nicht, als wir ausgingen, sie zu entdecken. Der Sultan aus Tausendundeiner Nacht irrte sich ja auch nicht in seiner Suche nach dem Letzten und Höchsten, um dessentwillen seine Sklavinnen eine nach der anderen in seinen Armen vergehen mußten, noch ehe die Sonne aufging; denn sie hatten das Gold von ihren Flügeln verloren, kaum daß er sie berührt hatte.

Wir lebten vom Zauber des Sandes, andere werden Erdölquellen darin erbohren und sich mit Handel bereichern. Aber sie kommen alle zu spät. Die verbotenen Palmenwälder, der niemals zuvor betretene Muschelsand haben uns ihr Bestes gegeben. Die Sahara hatte nur eine heilige Stunde der Erhebung zu verschenken, und wir haben sie erlebt.

VIII

Der Durst

1

Einmal war es mir beschert, bis zum Herzen der Wüste vorzudringen. Auf einem Langstreckenflug nach Indochina blieb ich 1935 im Sande stecken. Damals meinte ich, nicht lebend davonzukommen. Diesen Flug will ich ausführlich erzählen.

Über dem Mittelmeer stieß ich auf niedrige Wolken. Ich ging auf zwanzig Meter herunter. Regenschauer brachen sich an der Windschutzscheibe, und das Meer schien zu dampfen. Ich beobachtete mit angestrengter Aufmerksamkeit, um nicht etwa an einen Schiffsmast zu rennen.

Mein Bordmonteur, André Prévot, steckte mir die Zigaretten an, und wenn ich nach Kaffee rief, verschwand er hinten im Flugzeug, um mit einer Thermosflasche wiederzukommen. Ich trank und stupste zwischenhinein den Gashebel, damit wir auf 2000 Umdrehungen blieben. Immer wieder wanderte das Auge über die Zifferblätter. Aber alle meine Untertanen waren artig, und jede Nadel stand, wo sie sollte. Ab und zu warf ich einen schnellen Blick auf das Meer unter mir, von dessen regengepeitschter Oberfläche Dämpfe aufstiegen wie aus einer warmen Badewanne. Hätte ich in einem Wasserflugzeug gesessen, dann würde ich den hohen Seegang mit Verdruß vermerkt haben. Aber im Landflugzeug kann man unter keinen Umständen auf Wasser niedergehen, ob nun hoher Seegang ist oder glatte See unten liegt. Das Meer ist außerhalb meiner Welt, ein Motorausfall geht mich nichts an. Er darf einfach nicht kommen, weil ich dafür nicht ausgerüstet bin.

Nach anderthalb Stunden Flug ließ der Regen nach. Die Wolken hingen freilich noch immer tief herab, aber das Licht begann durchzuscheinen wie ein freundliches Lächeln.

Voll Bewunderung beobachtete ich diese langsamen Vorarbeiten des schönen Wetters. Über mir ahnte ich eine dünne Schicht weißer Wolle. Ich drehte ab, um die kommende Bö zu umfliegen. Wenn ich sie schon vorher sehen konnte, hatte ich es nicht mehr nötig, mich mitten in ihr Toben zu wagen. Und schon zeigte sich der erste Riß in den Wolken. Ich hatte ihn geahnt, bevor ich ihn sah. Denn ich bemerkte vor mir auf dem Meer einen langen wiesengrünen Streifen, eine Oase von einem seltsam leuchtenden und satten Grün. Ich erinnerte mich an die Gerstenfelder, die mir jedesmal das Herz bewegten, wenn ich aus Senegal nach dreitausend Kilometern Wüstenflug in fruchtbares Land zurückkehrte. Auch hier hatte ich das Gefühl, einen bewohnbaren Landstrich anzufliegen. Eine heitere Unbeschwertheit überkam mich. Ich drehte mich nach Prévot um und sagte: »Das wäre geschafft. Jetzt wird es besser.«
»Ja«, sagte er, »jetzt wird es besser.«

In Tunis unterzeichnete ich während des Tankens die Papiere. Aber in dem Augenblick, in dem ich die Kanzlei verließ, hörte ich einen dumpfen Schlag, der fast wie das Aufklatschen eines Schwimmers auf dem Wasser klang. Noch in der gleichen Sekunde fiel mir auch ein, wo ich denselben Knall schon einmal gehört hatte. Es war bei einer Explosion in einer Garage, und der heisere Huster hatte damals zwei Menschen umgelegt. Ich drehte mich um und sah auf die Straße, die den Flugplatz entlang führt. Eine kleine Staubwolke rauchte, zwei rasch fahrende Wagen waren zusammengerannt und standen nun plötzlich in eisiger Unbeweglichkeit erstarrt. Menschen eilten hin, Rufe flogen: »Telefonieren!« – »Einen Arzt!« – »Der Kopf!«
Mir zog sich das Herz zusammen. Das Schicksal hatte in dieser friedlichen Abendstimmung wieder einen Handstreich gewagt. Eine Schönheit war zerstört, ein Menschengeist oder gar ein Menschenleben. So haben auch die Meuchelmörder in der Wüste sich herangeschlichen; niemand hörte ihren leichten Schritt auf dem Sand. Dann flackerte im Lager der

kurze Lärm des Gemetzels auf. Gleich darauf aber hatte sich wieder das Schweigen über die Wüste gebreitet, tiefes, goldenes Schweigen, tiefer, goldener Friede wie zuvor.
In meiner Nähe spricht jemand aufgeregt von einem Schädelbruch. Ich will diese blutige Stirn nicht sehen und von diesem hängenden Kopf nichts wissen!
Ich wende mich ab und gehe zu meinem Flugzeug. Aber im Herzen bleibt die Drohung lebendig. Auf mich wartet derselbe dumpfe Schlag. Bald soll ich mit einer Geschwindigkeit von 270 Kilometern in der Stunde über das dunkle Hochland hinsausen, zum Treffpunkt mit dem heiseren Husten des Schicksals.
Auf nach Bengasi!

2

Auf! Wir hatten nur noch zwei Stunden bis Sonnenuntergang. Schon als ich Tunis anflog, brauchte ich keine Sonnenbrille mehr. Der Sand wurde golden und die Welt leer, so leer. Befruchtende Flüsse, angenehmer Schatten und Heimstätten von Menschen schienen mehr denn je Zufälligkeiten. Welche Massen von Felsen und Land dehnten sich vor uns aus!
Aber dies alles wurde mir fremd und immer fremder. Ich lebte in der Luft und fühlte das Nahen der Nacht. Sie führte uns nach den Regeln eines feierlichen Gottesdienstes in ein Nachdenken ohne Ausweg wie in einer Kirche. Die unheilige Welt verblaßte schon und wollte ganz verschwinden. Noch hatte das Land im blonden Abendlicht einen Körper, aber er begann sich zu verflüchtigen. Nichts, aber auch nichts auf der Welt ist so kostbar wie diese Stunde. Alle werden mir zustimmen, die die unerklärliche Leidenschaft für das Fliegen mit mir teilen.
So ist dieses Erlebnis: langsam begebe ich mich der Sonne und der großen Flächen, die mich im Falle einer Notlandung aufgenommen hätten. Ich begebe mich der Richtpunkte, die mir einen Weg hätten zeigen können, der Schattenlinien der

Berge gegen den Himmel, die mich an drohenden Klippen vorbeiführen konnten. Ich tauche in die Nacht und ziehe meine Bahn. Nur noch die Sterne gehören mir.
Ganz allmählich vollzieht sich der Weltuntergang, ganz allmählich schwindet mir das Licht. Himmel und Erde verschwimmen ineinander, als ob die Erde emporstiege und wie Rauch die Luft erfüllte. Die ersten Sterne zittern noch wie durch grünliches Wasser. Erst viel später werden sie zu harten Diamanten, erst sehr viel später kommt zu mir das stumme Spiel der Meteore. Ich habe Nächte erlebt, in denen ihre Feuergarben so massenhaft fielen, daß es schien, als ob ein schrecklicher Sturm unter den Sternen wütete. –
Prévot versuchte die Lampen und Hilfslampen. Sie waren zu hell, und so umwickelte er die Glühbirnen mit rotem Papier. »Noch eine Schicht!« bat ich, und er deckte noch eine Lage drüber und drehte die Lichter wieder an. Noch immer aber waren sie zu hell und überblendeten das allzu blasse Bild der Außenwelt. Sie zerstörten die kaum wahrnehmbare Sichtbarkeit, die oft auch in der Nacht den Dingen anhaftet.
Die Nacht war hereingebrochen, aber noch nicht die echte. Denn noch schien eine schmale Mondsichel. Prévot ging nach hinten und kam mit einigen Brotschnitten wieder. Ich pickte eine Weintraube ab. Hunger hatte ich nicht, weder Hunger noch Durst. Ich hätte so zehn Jahre weitersteuern mögen.
Und nun ist auch der Mond gestorben.

Bengasi an der libyschen Mittelmeerküste wurde in der schwarzen Nacht sichtbar. Es lag so abgrundtief in der Dunkelheit, daß seine Lichter keinen Widerschein am Himmel bildeten. So bemerkte ich es erst, als ich schon beinahe über der Stadt schwebte. Ich sah mich nach dem Flugplatz um, und im gleichen Augenblick leuchteten unten die roten Baken auf. Lichter umrahmten ein schwarzes Rechteck. Kerzengerade stand das Licht eines Scheinwerfers zum Himmel empor wie eine Feuersbrunst, schwenkte dann und legte sich lang auf den Boden. Es zeichnete eine breite goldene Linie auf den Flugplatz. Der Nachtdienst an diesem Flughafen ist

wundervoll. Ich drosselte und begann meinen Gleitflug wie eine Taucherfahrt in schwarzes Wasser.
Um 23 Uhr Ortszeit landete ich und rollte auf den Scheinwerfer zu. Die höflichsten Offiziere und Soldaten der Welt traten aus der schwarzen Nacht in das harte Licht und wurden plötzlich grell sichtbar, um sofort wieder unsichtbar zu sein. Man nahm mir meine Papiere ab und begann zu tanken. Kaum zwanzig Minuten würde mein Durchgang brauchen. Sie baten mich noch: »Nach dem Aufstieg fliegen Sie eine Kurve und kreuzen noch einmal über uns durch. Sonst wissen wir nicht sicher, ob Sie wirklich hochgekommen sind.«
Auf also! Ich rollte auf der goldenen Straße hin, die mir der Scheinwerfer zu einer Schneise ohne Hindernisse baute. Mein Simoun-Flugzeug hob trotz Überlast schon lange vor dem Ende der verfügbaren Bahn ab. Der Scheinwerfer folgte mir und blendete mich beim Umwenden. Plötzlich ließ er von mir ab, denn unten hatten sie bemerkt, daß er mich störte. Ich drehte also um 180 Grad, und schon faßte mich der Scheinwerfer wieder im Gesicht, aber nur für einen Augenblick. Kaum hatte er mich berührt, so lenkte er seine goldene Säule auch schon weiter. Ich spürte aus dieser Rücksicht die freundliche Gesinnung der Helfer unten.
Und nun ging es der Wüste zu. Die Wetterwarten von Paris, Tunis und Bengasi hatten mir Rückenwind von 30 bis 40 Kilometern in der Stunde geweissagt. Ich durfte also für den Wüstenflug mit einer Geschwindigkeit von 300 Kilometern in der Stunde rechnen. Ich flog die Mitte der Linie Alexandria–Kairo an. So konnte ich die verbotenen Küstenlandschaften vermeiden und ungeachtet aller Abtrift, die ich auf diese lange Strecke nicht genau errechnen konnte, würde ich, sei es zur Rechten, sei es zur Linken, eine dieser beiden Städte aufleuchten sehen. Zumindest würden mich die Lichter des Niltales festhalten. Falls der Wind gleichblieb, brauchte ich zu dem Flug 3 Stunden 20 Minuten, wenn er nachließ, 3 Stunden 45 Minuten.
Mit solchen Überlegungen begann ich, 1000 Kilometer Wüste abzugrasen. Der Mond war weg, alles war schwarzer Teer

bis zu den Sternen hinauf. Jetzt würde ich lange keine Feuer mehr sehen, keinen Zielpunkt mehr haben; ohne Funk an Bord hatte ich bis zum Nil kein Lebenszeichen zu erwarten. Ich wollte auch nichts ansehen als meinen Kompaß und meinen Höhenmesser. Alles war mir gleichgültig, außer den langsamen Schwingungen eines Zeigers mit Leuchtfarbe auf dem dunklen Zifferblatt des Gerätes. Wenn Prévot im Flugzeug hin und her ging, glich ich sorgsam die Gewichtsverlagerung wieder aus. Ich ging auf 2000 Meter Höhe, wo nach den Wetterberichten der günstigste Wind wehte. Ab und zu zündete ich eine Lampe an, um die Instrumente, die vom Arbeiten meines Motors berichteten und von denen einige nicht selbstleuchtend waren, abzulesen. Meistens aber hüllte ich mich gut in Nacht unter meinen kleinen Leuchtnadelsternchen, deren Licht so sehr dem der Sterne oben am Himmel ähnelt. Der unerschöpfliche und heimliche Schein beider spricht für mich dieselbe Sprache. Ich lese ein Buch von der Himmelsmechanik wie ein Sternforscher, und als echter Wissenschaftler fühle ich mich von heiligem Eifer gepackt.

Die Außenwelt war völlig erloschen. Schließlich schlief sogar Prévot nach heldenhaftem Widerstand ein, und ich genoß meine Einsamkeit noch mehr, um mich das wohltuende Brausen des Motors und vor mir auf dem Instrumentenbrett meine stillen Sterne. Die Gedanken spannen sich aber immer weiter: jetzt hat sich der Mond uns entzogen, und wir haben keinen Funk an Bord. Kein noch so schwaches Band verbindet uns mit der Außenwelt, bis endlich unser großer Fisch im Lichternetz des Nils sitzt. So lange sind wir aus jedem Zusammenhang gelöst, und nur unser Motor hält uns inmitten dieses düsteren Teers in der Schwebe. Wir durchqueren das tiefe schwarze Tal aus dem Märchen, wo jeder sich bewähren muß. Hier gibt es keine Hilfe, hier wird kein Fehler verziehen. Wir stehen ganz auf Gottes gutem Willen.

Ein störender Lichtstrahl drang durch eine Fuge im Gehäuse des Buglichtes. Ich weckte Prévot, sie zu beseitigen. Alsbald wälzte er sich, er nieste und kam an, um sich in kunstvolle

Bauten aus Tüchern und Isolierband zu vertiefen. Schnell war der Lichtstrahl verschwunden. Dieses Licht hatte nicht die Freundlichkeit der blassen und fernen Leuchtzahlen und -zeiger. Es war ein Licht aus einem Nachtcafé und nicht von einem Stern. Vor allem aber blendete es und ließ andere und wichtigere Lichter verblassen. Drei Stunden flogen wir schon. Da sah ich ein Licht, wie mir schien sogar ein grelles, auf meiner Rechten leuchten. Ich blickte hin: ein langer Leuchtschweif heftete sich an die Steuerbordlaterne. Bis jetzt hatte ich diese überhaupt nicht gesehen. Es war eine schwankende Helligkeit, bald kräftig, bald blaß. Das wollte sagen, daß wir durch Wolken flogen. Meine Lampe spiegelte sich in einer Wolke. Jetzt, wo ich meinen Zielpunkten am Nil so nahe war, wäre mir klarer Himmel lieber gewesen. Aber ich sollte ihn nicht bekommen. Nun wurde sogar der ganze Flügel von dem Lichtschein erhellt, dieser wurde ständiger, fester, strahlender und bildete ein rötliches Büschel. Kräftige Böen ließen mich schaukeln. Mithin flog ich eben in einer Haufenwolke, deren Größe ich nicht kannte. Ich stieg auf 2500 und kam nicht heraus; ich ging auf 1000 hinunter, und der Rosenstrauß an meinem Flügel blieb unverändert, ja er wurde eher noch strahlender. – Sollte er, es war schon alles eins. Ich dachte an etwas anderes. Irgendwann kämen wir schon wieder heraus, und dann würden wir es ja merken. Aber angenehm war mir dies rote Licht aus einer Puffkneipe keineswegs.

Ich rechnete nach: ›Daß ich hier ein bißchen tanze, ist ja soweit ganz in der Ordnung. Böen hat es den ganzen Tag über gegeben, trotz klarem Himmel und großer Höhe. Also hat sich der Wind nicht gelegt, und ich fliege bestimmt mehr als 300 Kilometer in der Stunde. Aber schließlich weiß ich nichts Genaues und muß mich zurechtfranzen, wenn ich erst aus der Wolke bin.‹

Und draußen waren wir. Der Rosenstrauß war plötzlich davongeflogen, und an seinem Verschwinden erkannte ich die Befreiung. Das war aber auch alles, was ich erkannte. Es war nur ein schmales Himmelstal gewesen, und vor uns ragte schon die aufsteigende Bergwand der nächsten Haufenwolke. Schon blühte auch der Strauß wieder an einem Flügel. Aus der Wolkenmasse kam ich nicht wieder hinaus, oder doch nur für Sekunden. Nach 3 Stunden 20 Minuten begann es mich zu beunruhigen. Denn ich mußte mich dem Nil nähern, wenn ich so schnell flog, wie ich erwartete. Mit etwas Glück konnte ich ihn aber vielleicht doch durch die Wolkenspalten erblicken. Deren gab es freilich wenige. Ich wagte nicht, noch tiefer zu gehen; denn falls ich weniger schnell geflogen war, als ich meinte, befand ich mich noch über Land, das mehrere hundert Meter über das Meer aufstieg.

Wirkliche Unruhe empfand ich noch nicht. Ich fürchtete im schlimmsten Falle einen erheblichen Zeitverlust. Dennoch setzte ich meiner Seelenruhe eine äußerste Frist, nämlich 4 Stunden 15 Minuten. Nach dieser Flugzeit mußte ich selbst bei völliger Windstille, mit der gar nicht zu rechnen war, den Nil überflogen haben.

Sooft ich an Fransen des Wolkenvorhangs kam, warf das Strahlenbündel am Flügel hastige Blinkfeuer in die Dunkelheit hinaus. Ich fand diese Geheimzeichen an die Dämonen der Nacht äußerst unangenehm.

Ein grüner Stern tauchte vor mir auf und glänzte wie ein Leuchtfeuer. War es am Ende eines oder doch nur ein Stern? Auch diese unnatürliche Helle, dieser Stern der Weisen aus dem Morgenlande, war mir ehrlich unangenehm.

Prévot erwachte und beleuchtete die Zifferblätter des Instrumentenbrettes. Ich jagte ihn und seine Lampe weg. Denn eben kam ich in eine Kluft zwischen zwei Wolken und wollte die Gelegenheit benutzen, hinunterzuschauen. Darauf legte sich Prévot wieder hin und schlief ein. Es gab auch nichts zu sehen. –

Vier Stunden fünf Minuten waren wir jetzt unterwegs. Prévot kam zu mir vor und setzte sich neben mich:

»Eigentlich müßten wir in Kairo sein.«

»Das will ich meinen!« antwortete ich.

Er fragte: »Ist das dort ein Stern oder ein Leuchtturm?«

Ich hatte den Motor ein wenig gedrosselt, und zweifellos hatte das Prévot geweckt. Die kleinste Veränderung des Motorengeräusches pflegt ihn zu erreichen. Ich begann langsam tiefer zu gehen, um unten aus der Wolkenmasse hinauszuspähen.

Vorher hatte ich meine Karte angesehen. Auf alle Fälle mußten wir jetzt über Gelände sein, das kaum über den Meeresspiegel aufragte. Es konnte also nichts geschehen. Ich ging immer tiefer und bog scharf nach Norden ab. Da mußte ich die Lichter der Städte auf alle Fälle unter meine Fenster bekommen. Gewiß hatte ich sie bereits überflogen; sie würden also links erscheinen.

Endlich flog ich unter den Haufenwolken, aber entlang einer anderen Wolke, die weiter links noch tiefer hinabhing. Ich bog rechts aus, um ihr nicht ins Netz zu gehen und flog nun die Richtung Nordnordost.

Trotzdem ging aber die Wolke tiefer hinab, und die Sicht wurde noch schlechter. Tiefer wagte ich nicht mehr zu gehen, denn nach meinem Höhenmesser war ich nur noch in 400 Meter Höhe. Es konnte auch weniger sein, denn ich hatte keine Ahnung von den Luftdruckverhältnissen in dieser Gegend.

Prévot beugte sich suchend hinaus. Ich schrie ihm zu: »Ich gehe bis aufs Meer. Da kann ich ganz hinunter, ohne Gefahr, aufzurennen.«

Es war übrigens durchaus möglich, daß wir schon über dem Meer flogen. Die Wolke war so dunkel und undurchdringlich, daß man nichts feststellen konnte. Ich preßte die Nase an die Scheiben und suchte in der Düsterkeit unter mir zu lesen, Leuchtfeuer oder andere Zeichen zu entdecken. Unter der Asche tastete ich nach einem Funken, nach einem bißchen Glut im Grunde des Herdes.

»Es ist doch ein Leuchtturm an der See!«

So sagte Prévot. Wir alle beide haben diesen spiegelfechterischen Trug zugleich gesehen! Welcher Wahn! Was war denn dieser Geisterleuchtturm, diese Ausgeburt der Nacht! In dem Augenblick nämlich, in dem wir uns alle beide hinausbeugten, um ihn aus 300 Meter Höhe unter unserem Flügel wieder zu Gesicht zu bekommen, geschah es mit entsetzlicher Plötzlichkeit.

Ich glaube, ich habe nichts gesagt als: »Ah!«

Ich glaube, ich empfand nichts als einen furchtbaren Krach, der unsere Welt in den Grundfesten erschütterte. Wir waren mit 270 Kilometer Geschwindigkeit in der Stunde auf den Boden aufgerannt.

Ich glaube, ich erwartete in dem Bruchteil einer Sekunde, der dem Aufprall folgte, weiter nichts als den riesigen Purpurstern der Explosion, die uns beide zermalmen würde. Erregung empfand keiner von uns beiden. Ich beobachtete bei mir nur eine überscharf gespannte Erwartung und grenzenlose Gewißheit, daß der Leuchtstern kommen mußte, in dem wir uns noch in der gleichen Sekunde auflösen sollten. Aber er kam nicht. Es gab nur ein Erdbeben, das unsere Kabine verheerte, die Fenster herausriß, Bleche hundert Meter weit schleuderte und uns bis ins tiefste mit seinem Grollen erfüllte. Das Flugzeug zitterte wie ein Messer, das nach schnellem Flug in hartem Holze steckenbleibt. Wir aber wurden durch dieses Ungestüm unerhört scharf abgebremst.

Eine Sekunde.

Zwei Sekunden.

Noch immer zitterte die Maschine, und ich erwartete mit grauenhafter Ungeduld, daß ihre eigene Wucht sie zersprengte wie eine Granate. Aber die unterirdischen Erschütterungen mündeten nicht in einem Vulkanausbruch. Ich verstand das Geschehen nicht mehr, weder das Zittern noch das Ungestüm noch diesen unendlich scheinenden Aufschub.

Fünf Sekunden.

Sechs Sekunden.

Plötzlich begann sich alles zu drehen, ein neuer Stoß warf unsere Zigaretten zum Fenster hinaus, zerspellte unseren rechten Flügel und – dann kam nichts mehr, nichts als gefrorene Unbeweglichkeit.

Ich schrie Prévot zu: »Schnell hinaus!«

Und schon hatten wir uns zu dem Fenster hinausgeschwungen, das der Aufprall weggerissen hatte, und standen zwanzig Meter von unserem Flugzeug entfernt.

Ich fragte Prévot: »Alles heil?«

Er antwortete: »Alles heil!« Aber er rieb sich das Bein. Ich schrie ihn an: »Bewegen Sie sich doch, fühlen Sie hin und sehen Sie zu, ob Sie dann immer noch sagen können: ›Alles heil.‹«

Da sagte er: »Es ist nichts. Nur der Feuerlöscher.«

Ich erwartete immer noch, daß er plötzlich zusammenstürzen könnte, aufgeschlitzt vom Kopf bis zum Nabel. Er aber starrte auf das Flugzeug und sagte: »Nur der Feuerlöscher.« Da dachte ich: ›Er ist verrückt; gleich fängt er an zu tanzen.‹ Prévot aber sah endlich von dem Flugzeug weg, das nun vor Feuersgefahr sicher war, schaute zu mir herüber und begann nochmals: »Es ist nichts. Nur der Feuerlöscher hat mich ans Knie geschlagen.«

3

Daß wir lebten, ging gegen alle Vernunft. Ich verfolgte mit der Taschenlampe die Spuren unseres Flugzeugs auf dem Sand. Schon 250 Meter vor dem endgültigen Stillstand fand ich verbogene Eisenteile und Bleche, mit denen es auf seinem rasenden Rutsch den Sand besät hatte. Bei Tagesanbruch konnten wir dann feststellen, daß wir einen sanften Abhang beinahe oben am Gipfel der wüsten Sandtafel tangential überflogen hatten. An der Aufschlagseite war ein tiefes Loch in den Sand gepflügt. Ohne sich zu überschlagen, hatte das Flugzeug seinen Weg auf dem Bauche gemacht, sich windend und mit dem Schwanze schlagend wie ein grimmiges Reptil. Mit 270 Kilometer Geschwindigkeit war es dahingekrochen. Unser Leben verdankten wir zweifellos den runden schwarzen Steinen, die sich auf dem Sand leicht drehen und so eine Art Rollenbahn gebildet hatten.

Prévot unterbrach sofort alle Stromkreise der Akkumulatoren, da sonst durch Kurzschluß nachträglich noch ein Brand ausbrechen konnte. Ich aber lehnte mich an die Motorenhaube und dachte nach: Viereinviertel Stunden lang war ich in der Luft gewesen, und die ganze Zeit hatte der Wind geweht; denn ich war geschüttelt worden. Wenn er aber seit der Wettervoraussage die Richtung gewechselt hatte, mußte ich ihn nach jeder Richtung einrechnen. Das bedeutete bei einer Windgeschwindigkeit von fünfzig Kilometern, daß wir irgendwo in einem Viereck von vierhundert Kilometern Seitenlänge saßen.

Prévot setzte sich neben mich und sagte: »Eigentlich ist es auch ein Erlebnis, nicht tot zu sein.«

Ich antwortete nichts und empfand auch keine Freude. Denn langsam brach sich ein Gedanke in meinem Kopf Bahn und fing an, mich zu beunruhigen.

Ich bat Prévot, seine Lampe anzuzünden, damit ich zurückfinden könnte, und begab mich mit der Taschenlampe auf eine Entdeckungsreise, die mir nötig schien. Ich ging langsam, zuerst geradeaus, dann in einem großen Halbkreis zurück. Ich leuchtete den Boden ab, als ob ich einen verlorenen Ring suchte. Mehrmals wechselte ich die Richtung, und wieder war es, als sollte ich unter der Asche einen Funken entdecken. Immer weiter ging es im Dunkeln; ängstlich beugte ich mich über den weißen Tisch, über den mich meine Füße trugen. Aber es stimmte, es stimmte nur allzu gut. Ich schlich zum Flugzeug zurück und versuchte, mir über unsere Lage klarzuwerden. Ich gab mir alle Mühe, einen Vorwand zu finden, nicht zu verzweifeln. Aber ich hatte nach einem Zeichen von Leben ausgeschaut, und das Leben hatte mir kein Zeichen gegeben.

»Prévot, ich habe keinen einzigen Grashalm gefunden.« Prévot sagte nichts, und ich wußte nicht, ob er die Tragweite meiner Worte verstanden hatte. Am Morgen würde sich der Vorhang heben, und dann war immer noch Zeit, davon zu reden. Ich fühlte mich nur müde und zerschlagen, und mir gingen die Worte im Kopfe herum: In 160 000 Quadratkilometern Wüste!

Plötzlich sprang ich auf: »Unser Wasser!«

Die Benzin- und Öltanks sind gerissen, die Wasserspeicher

auch. Der Sand hat alles getrunken. Wir fanden schließlich noch einen halben Liter Kaffee in einer zersplitterten Thermosflasche und einen Viertelliter Weißwein im Rest einer anderen. Wir filterten die Getränke durch, wobei wir sie mischten. Dann fanden wir noch einige Trauben und eine Apfelsine. Ich mußte rechnen: »In fünf Stunden Marsch unter der Sonne braucht man das auf!«

Dann ließen wir uns in der Kabine häuslich nieder, um den Tag zu erwarten. Ich streckte mich aus und suchte zu schlafen. Noch im Wegsacken aber zog ich die Summe aus unserem Erlebnis: wir haben keine Ahnung, wo wir uns befinden, und wir haben keinen Liter Flüssigkeit. Wenn wir nicht gar zu weit von der vorgesehenen Rennstrecke sind, kann man uns in acht Tagen finden; mehr zu hoffen, wäre vermessen. Sind wir aber abgetrieben, findet man uns in einem halben Jahr. Auf Hilfe von Flugzeugen können wir also nicht rechnen. Sie werden uns auf der ganzen Strecke von 3000 Kilometern suchen.

»Schade!« meinte Prévot.

»Was denn?«

»Nun, es hätte so gut mit einem Schlage Schluß sein können.«

Nein! Man darf nicht aufs Leben verzichten. Wir fassen uns nach einer Weile. Man darf die Möglichkeit einer wunderbaren Rettung auf dem Luftwege nicht aus den Augen verlieren. Man darf auch nicht müßig am Platz bleiben und womöglich die nahe Oase nicht finden. Wir wollen den ganzen Tag marschieren und dann zu unserer Maschine zurückkehren. Vor dem Aufbruch wollen wir aber unsere Marschrichtung in Riesenbuchstaben auf den Sand schreiben.

Mit solchen Gedanken rollte ich mich ein und schlief bis zum Morgen. Das Einschlafen schenkte mir eine fühlbare Erleichterung. Allerlei Besucher bevölkerten meinen leichten Schlaf, was bei der großen Ermüdung leicht verständlich ist. Ich war nicht allein in der Wüste, sie war belebt von Stimmen, von Erinnerungen und geflüsterten Mitteilungen. Noch hatte ich keinen Durst, das fühlte ich deutlich. Ich vertraute mich dem Schlaf an wie einem Abenteuer. Die Wirklichkeit mußte dem Traum Platz machen... Ach, bei Tagesanbruch verkehrte sich das grausam genug!

4

Ich habe die Sahara von jeher geliebt. Ich habe manche Nacht im Aufruhrgebiet zugebracht und war schon öfters in dieser blonden Weite erwacht, der der Wind ihre Dünung gegeben hat wie dem Meer. Ich hatte schon früher, unter dem Flügel meiner Maschine schlafend, auf Hilfe gewartet. Aber so war es noch nie gewesen.

Wir gingen an den Hängen geschlängelter Hügelreihen hin. Der Boden war völlig mit einer Schicht glänzender schwarzer Kiesel bedeckt, die wie Metallschuppen aussahen. Alle Hügelkuppen rundum blitzten wie Harnische. Wir waren nicht nur in eine steinerne Welt geraten; wir waren in einer eisernen Landschaft gefangen.

Kaum waren wir über die erste Kette hinaus, als sich schon eine zweite, ebensolche zeigte, glänzend und schwarz. Wir ließen im Gehen die Füße schleifen, um Spuren zu hinterlassen, die unserer Rückkehr zum Leitfaden dienen sollten. Wir gingen der Sonne entgegen. Gegen jede Vernunft hatte ich nämlich beschlossen, scharf nach Osten zu marschieren. Denn eigentlich hätte ich überzeugt sein müssen, daß wir jenseits des Nils waren. Wettervoraussage und Flugzeit sprachen dafür. Aber ich hatte in aller Morgenfrühe einen kleinen Vorstoß nach Westen gemacht und dabei einen völlig unerklärlichen Widerstand verspürt. Daraufhin ließ ich den Westen für den nächsten Tag. Den Marsch nach Norden hatte ich mir für den Augenblick ganz aus dem Kopf geschlagen, obwohl er zum Meer geführt hätte. Und noch am dritten Tage, als wir in halbem Fieberwahn beschlossen, unser Flugzeug endgültig zu verlassen und bis zum Zusammenbrechen geradeaus weiterzugehen, wandten wir uns nach Osten, genauer nach Ostnordost. Wir handelten dabei gegen alle Vernunft und Berechnung. Aber nach unserer Rettung mußten wir entdecken, daß uns keine andere Richtung je zur Heimkehr verholfen hätte. Nach Norden zu würden wir bei unserer Erschöpfung das Meer niemals erreicht haben. Wenn es auch unsinnig erscheint, will es mir bis heute scheinen, daß ich diese Richtung bei dem völligen Mangel an Anhaltspunkten, die unsere Wahl bestimmen konnten, nur deshalb wählte, weil mein Freund Guillaumet in den Anden sich in dieser Richtung gerettet hatte, während wir ihn so sehr suchten. Für mich war sie dadurch halb unbewußt die Richtung des Heils geworden.

Nach fünfstündigem Marsch veränderte die Landschaft ihr Gesicht. Ein Sandstrom schien in einem Tale dahinzufließen, und dieses Flußbett nahmen wir zum Wege. Wir schritten kräftig aus, denn vor der Nacht mußten wir so weit kommen wie möglich und wieder zurückkehren, wenn wir nichts entdeckten.

Plötzlich durchfuhr es mich siedend, daß ich jäh stehenblieb: »Prévot! Unsere Spuren!«

Wie lange mochte es wohl sein, daß wir vergessen hatten, Furchenspuren zu ziehen? Wenn wir unsere Fährte nicht wiederfanden, bedeutete das den sicheren Tod. Wir machten kehrt, wichen aber ein wenig nach rechts ab, um nach angemessener Zeit senkrecht zu unserer Marschrichtung links abzubiegen. Da mußten wir unsere Spuren an einer Stelle schneiden, an der wir sie noch zeichneten.

Nachdem es uns so gelungen war, den Faden wieder anzuknüpfen, ging es weiter. Die Hitze stieg, und mit ihr begannen die Luftspiegelungen. Zunächst waren sie noch ganz harmlos. Große Seen bildeten sich und verschwanden, wenn wir uns ihnen näherten. Wir beschlossen, das Sandtal zu queren und die höchste Kuppe zu ersteigen, um recht weit ausschauen zu können. Wir waren schon sechs Stunden unterwegs und dabei aller Voraussicht nach mit unseren langen Schritten an die 35 Kilometer vorwärtsgekommen. Es war Zeit zur Umkehr. Wir setzten uns auf den Gipfel des schwarzen Rückens und schwiegen. Zu unseren Füßen mündete unser Sandtal in eine Sandwüste ohne Steine, deren blendende Helle uns in den Augen brannte. So weit man sehen konnte, breitete sich hoffnungslose Leere. Nur an der Grenze des Himmels führte uns das Spiel des Lichts seine Spiegelungen vor. Die waren jetzt ernsthafter, nahmen die Gestalt von Festungen an, von Minaretten in streng geformten Maßen mit senkrechter Linienführung. Ich bemerkte sogar einen großen schwarzen Flecken, der Pflanzenwuchs zu sein schien. Aber über ihm lagerte die letzte der Wolken aus der vergangenen Nacht. Der schwarze Fleck in der Landschaft war also nur der Schatten einer Haufenwolke.

Ein Weitergehen war zwecklos. Unser Versuch mußte für diesen Tag als gescheitert gelten. Es galt nur noch, zum Flugzeug zurückzukehren, zu dieser weiß-roten Bake, die vielleicht von den suchenden Kameraden bemerkt worden war. Obwohl ich gar keine Hoffnung in diese Nachforschungen setzte, schienen sie mir doch die einzige kleine Aussicht auf Rettung zu enthalten. Vor allem aber hatten wir unsere letzten Tropfen Flüssigkeiten im Flugzeug gelassen. Und wir mußten unbedingt trinken. Wenn wir leben wollten, mußten wir zurück. Wir waren gefangen in dem knappen Bannkreis unseres Durstes. Ach, wie schwer ist es, auf einem Wege umzukehren, der vielleicht doch zum Leben führen könnte! Jenseits der Luftspiegelungen ist die Gegend vielleicht reich an wirklichen Städten, an Wasser und Wiesen. Ich war ganz sicher, daß wir nicht anders konnten als umzukehren. Und doch hatte ich in dem Augenblick, in dem ich diesen furchtbaren Entschluß faßte, das Empfinden eines Schiffbruchs.

Und dann lagen wir wieder bei unserer Maschine. Mehr als 70 Kilometer Marsch hatten wir hinter uns, und unser Vorrat an Flüssigkeit war aufgebraucht. Im Osten war nichts zu entdecken, und kein Kamerad hatte die Gegend überflogen. Wie lange würden wir es aushalten? Wir waren schon so durstig!

Wir bauten einen großen Scheiterhaufen, wozu wir die Trümmer des zersplitterten Flügels verwendeten. Wir gossen die Reste von Benzin darüber und warfen Magnesiumbleche darauf, die einen harten, weißen Schein werfen. Dann warteten wir nur noch, bis die Nacht völlig schwarz über uns hing, um unsere Brandfackel zu entzünden. Aber wo waren die Menschen, die sie rufen sollte?

Kerzengerade stieg die Flamme empor. Ehrfurchtsvoll betrachteten wir unsere lodernde Feuersäule, unseren stummen und leuchtenden Boten. Er trug nicht nur einen Hilferuf hinaus, sondern auch ein inniges Liebesgeständnis. Gewiß verlangten wir zu trinken, wir riefen aber nicht minder nach Anschluß. Ein anderes Feuer sollte in der Nacht antworten. Nur Menschen haben ja das Feuer in ihrer Gewalt, ein Feuer ist Menschenrede. Ich erblickte im Geist die Augen meiner Frau. Sie sahen mich fragend an, so daß ich nur noch diese Augen sehen konnte. Und es kamen die Augen aller derer, denen vielleicht an mir gelegen war. Alle sahen mich fragend an. Eine Versammlung von Augen warf mir mein Schweigen vor. Und ich antwortete doch! Hört ihr denn nicht? Ich antworte, ich antworte, so laut ich kann. Ich kann doch keine hellere Flamme in die Nacht hinaussenden!

Ich habe getan, was ich konnte. Wir haben getan, was wir konnten. Siebzig Kilometer sind wir gegangen, fast ohne zu trinken, und jetzt werden wir nie wieder trinken. Können wir denn dafür, daß wir nicht lange genug ausharren? Wie gern wären wir ruhig und geduldig dageblieben und hätten aus vollen Feldflaschen in uns hineingetankt. Aber wir durften nicht. Von dem Augenblick an, wo ich den Grund meines Zinnbechers gesehen habe, hat eine Uhr zu laufen begonnen, die nicht wieder aufgezogen wird. Mit der Sekunde, in der ich den letzten Tropfen geschluckt habe, begann der Abstieg. Nun trug uns die Zeit wie ein Fluß, und wir konnten nichts dazu tun.

Prévot weinte. Ich schlug ihm auf die Schulter und sagte, um ihn zu trösten: »Futsch ist futsch, mein Lieber!«

Und er antwortete: »Glauben Sie doch nicht, daß ich meinetwegen heule!«

Nichts, was einem selbst geschieht, ist unerträglich. Das hatte ich schon früher entdeckt, und wieder und wieder sollte ich es in jenen Tagen erfahren: nichts, was einem selbst geschieht, ist unerträglich. Ich glaube nur halb an die Wirklichkeit des Leidens. Eines Tages war ich in der Kabine eines im Wasser versinkenden Flugzeuges eingeschlossen und meinte zu ertrinken. Viel gelitten habe ich nicht dabei. Manches liebe Mal war ich überzeugt, daß es mit mir gleich aus sein würde. Aber nie erschien mir das als ein bedeutendes Ereignis. Auch in dem gegenwärtigen Abenteuer lernte ich keine Angstqualen kennen. Ja, ich sollte noch viel merkwürdigere Erkenntnisse mitnehmen.

»Glauben Sie doch nicht, daß ich meinetwegen heule!« Ja, das war es. Etwas ganz anderes als unser Schicksal war unerträglich. Jedesmal, wenn ich die wartenden Augen sah, brannte es mir im Herzen, packte mich der rasende Wunsch, aufzustehen und geradewegs loszustürzen. Dort drüben schreien sie ja um Hilfe, dort drüben leiden sie Schiffbruch! So eigenartig kehrten sich die Rollen um! Ich erlebte es, nachdem ich es schon immer geahnt hatte, und Prévot mußte es mir bestätigen. Auch ihm blieb die Todesfurcht fremd, von der man so viel redet. Aber dieses andere war unerträglich, für ihn wie für mich. Ich kann mich gut damit abfinden, einzuschlafen, für eine Nacht wie für Jahrhunderte. Wer einschläft, merkt den Unterschied gar nicht. Auf alle Fälle ist es nachher so still und friedlich. Aber die Schreie von dort drüben, diese entsetzlichen Ausbrüche der Verzweiflung, die kann ich nicht ertragen. Vor solchem Unglück kann ich nicht mit verschränkten Armen stehen. Jede Sekunde, die ich ruhig verharre, ist Mord an denen, die mir die Liebsten sind. Mich faßt die Wut: was bindet mich denn? Welche Ketten hindern mich, zur rechten Zeit anzukommen und den Scheiternden Hilfe zu bringen? Warum meldet denn unser Feuer nicht bis ans Ende der Welt die Botschaft: Wir kommen! Wir kommen! Die Retter sind da!

Das Magnesium ist verzehrt, und unser Feuer wird rot. Es ist nur noch ein Gluthaufen, an dem wir uns wärmen. Un-

sere große, leuchtende Botschaft ist verstummt. Was hat sie ausgerichtet? Ach, wir wissen nur zu gut, daß sie nichts ausgerichtet hat. Sie war ein Gebet, das nicht erhört werden konnte.
Gut. Jetzt lege ich mich schlafen.

5

Am frühen Morgen konnten wir auf den Flügeln unserer Maschine ein wenig Wasser mit Lappen zusammenwischen. Es stand nicht hoch im Glas und war mit Farbe und Öl widerlich gemischt. Wir haben es aber doch getrunken. Zumindest die Lippen waren feucht.
Nach diesem Gelage sagte Prévot: »Zum Glück haben wir noch einen Revolver.«
Dieses Wort brachte mich sofort in Harnisch, und ich wandte mich mit bösartiger Feindseligkeit nach ihm um. Nichts wäre mir ekelhafter gewesen als eine Gefühlsduselei in diesem Augenblick. Jetzt mußte unbedingt alles einfach sein, das verlangte ich. Geborenwerden ist einfach, Wachsen ist einfach! auch Verdursten ist einfach.
Ich schielte lauernd auf Prévot, innerlich bereit, ihm nötigenfalls kränkende Worte an den Kopf zu werfen, die ihm den Mund stopften. Aber er hatte ganz ruhig gesprochen, wie man von einer harmlosen alltäglichen Sache spricht, fast als wenn er gesagt hätte: ›Wir wollen uns die Hände waschen.‹
Da waren wir wieder einig. Denn ich hatte tags zuvor denselben Gedanken gehabt, als ich die Lederhülle sah. Aber meine Gedanken waren kalt vernünftig gewesen und nicht feierlich tragisch. Groß und tragisch ist überhaupt nur die menschliche Tatsache, daß wir die nicht beruhigen können, für die wir verantwortlich sind – aber nicht der Revolver.

Noch immer suchte uns niemand, oder besser gesagt, man suchte uns zweifellos anderswo, wohl in Arabien. An diesem Tage bekamen wir auch später kein Motorengeräusch zu hören. Das geschah erst, als wir unser Flugzeug längst verlassen hatten, und da ließ uns dieser einmalige Vorbeiflug gleichgültig. Wir waren ja nur winzige schwarze Punkte in der Wüste und hatten gar keinen Anspruch darauf, gesehen zu werden. Nichts von all den Gefühlen kam in uns hoch, von denen man meinen sollte, daß sie bei solchen Gelegenheiten aufstiegen. Ich litt nicht einmal; es war wirklich, als ob die Retter in einer anderen Welt schwebten.

Man muß zumindest zwei Wochen rechnen, um ein Flugzeug, dessen Standort unbekannt ist, in der Wüste aufzufinden. Wir durften annehmen, daß man zwischen Tripolis und Persien auf der Suche nach uns war, und die ungeheure Ausdehnung dieses Raumes verschlechterte die Rettungsaussichten noch mehr. Trotzdem wollte ich dieser schwachen Hoffnung noch einen Tag opfern. Ich änderte unser Verfahren: ich ging allein auf Erkundung, Prévot sollte bei der Maschine bleiben, Brennstoffe schichten und sie anzünden, wenn sich gegen alle Wahrscheinlichkeit ein Flugzeug näherte.

Ich brach auf, ohne zu wissen, ob die Kräfte zur Rückkehr ausreichen würden. Alles, was ich von der Libyschen Wüste gehört hatte, ging mir durch den Kopf. Sie hat nur 18 Prozent Luftfeuchtigkeit, wo in der Sahara noch 40 Prozent gemessen werden. Das Leben verdunstet hier wie Dampf. Die Beduinen, die Reisenden und die Kolonialoffiziere sind sich darüber einig, daß man neunzehn Stunden ohne zu trinken auskommen kann. Von der zwanzigsten Stunde an sehen die Augen ein flammendes Leuchten, und das bedeutet das Ende. Der Durst leistet rasche Vernichtungsarbeit.

Aber der Nordostwind, dieser gänzlich programmwidrige Nordostwind, der uns allen Wettervoraussagen zum Trotz getäuscht hat, der uns in die Tiefe der Libyschen Wüste gesetzt hat, verlängerte unser Leben. Welchen Aufschub mochte er wohl gewähren, ehe das flammende Leuchten auch unsere Augen blendete?

Ich ging, aber mit dem Gefühl, mich in einem Kanu auf den Ozean zu wagen.

Und doch schien mir die Umwelt im Morgenlicht weniger bedrückend. Zuerst hatte ich auch eine angenehme Aufgabe als Trapper, zu der ich mich mit den Händen in den Hosentaschen hinbegab. Wir hatten am Abend zuvor an den Ausläufen einiger rätselhafter Löcher Schlingen gelegt. Der Jäger in mir war wach, und ich ging vor allem andern, die Fallen nachzusehen.

Sie waren alle leer. Ich würde also kein Blut zu trinken bekommen. Ich hatte es auch eigentlich nicht erwartet.

Ich war nicht enttäuscht, wohl aber regte sich die Neugier. Wovon leben diese Tiere in der Wüste? Zweifellos handelte es sich um den Fenek, dieses hasengroße, fuchsartige Raubtier mit den Riesenohren. Ich konnte meinem Wissensdurst nicht widerstehen und folgte den Spuren von einem dieser Tiere. Sie führten mich in ein enges Sandtal, in dem jeder Schritt deutlich abgedrückt war. Ich bewunderte das hübsche Palmenmuster, das drei fächerförmige Zehen hinterlassen hatten. Ich stellte mir meinen vierbeinigen Freund lebhaft vor, wie er im ersten Dämmerlicht lostrabte und Tau von den Steinen leckte. Jetzt wurden die Abstände zwischen den Fußstapfen größer, mein Fenek war also gerannt. Und jetzt war gar ein Gefährte zu ihm gestoßen, und sie waren nebeneinanderher gelaufen. Mit völlig unangebrachter Freude begleitete ich die beiden Füchslein auf ihrem Morgenspaziergang. Die Lebenszeichen taten mir wohl, und ich vergaß den Durst ein wenig.

Schließlich kam ich sogar an den Vorratsspeicher dieser Wüstenfüchse. Kaum über den Sand hinaus erhoben sich alle hundert Schritte kleine, dürre Bäumchen von der Größe einer Suppenschüssel, deren Zweige mit kleinen goldgelben Schnecken besetzt waren. Der Fenek war dort einholen gegangen, und ich stieß auf eines der geheimnisvollen Wunder der Natur.

Mein Fenek blieb nicht etwa vor jedem Baum stehen. Manche ließ er links liegen, obwohl sie von Schnecken wimmelten. Andere umging er scheu. An andere wiederum machte er sich heran, aber ohne sie leerzufressen. Zwei bis drei Schnekken entnahm er ihnen und zog dann ein Wirtshaus weiter. Warum handelten die Feneks so? Macht es ihnen Freude, ihren Hunger nicht auf einmal zu befriedigen, sondern sich langwährenden Genuß auf ihrem Morgenbummel zu verschaffen? Schwerlich; denn dazu fügt sich dieses Spiel zu deutlich einer lebensnotwendigen Vorsicht. Wenn der Wüstenfuchs sich am ersten Baum sattfräße, wäre in zwei oder drei Mahlzeiten die ganze lebende Last heruntergeholt. So wäre schnell von Bäumchen zu Bäumchen der Viehbestand vernichtet. Aber der Fenek hütet sich, den Nachwuchs zu stören. Er holt sich jede seiner Mahlzeiten von hundert solcher braunen Stauden. Ja, er tut noch mehr: er nimmt nie zwei benachbarte Schnecken vom gleichen Zweig. Er handelt wie in vollem Bewußtsein der Gefahr. Fräße er nach seinem Hunger, stürben die Schnecken aus, und wenn die Schnecken verschwunden wären, hätte es auch mit den Feneks ein Ende.

Die Spuren führten mich zum Lager. Da unten saß also mein Fenek und hörte mich und zitterte vor meinen Schritten. Ich sagte ihm: ›Mein Füchschen, ich bin zwar verloren, aber so komisch es ist, dein Lebenswandel interessiert mich doch!‹

Einen kleinen Augenblick blieb ich stehen und träumte vor mich hin. Es ist wundersam, wie man sich jeder Lage anpaßt. Niemand hat Angst, weil er dreißig Jahre später doch sterben muß. Dreißig Jahre oder drei Tage – es kommt nur darauf an, von wo man es betrachtet. Nur muß man gewisse Bilder vergessen.

Wieder ging es weiter, und mit der Müdigkeit kam etwas Neues in mir auf. Wenn keine Luftspiegelungen kamen, so schuf ich sie mir selbst.

»Ahoi!«

Ich hob die Arme, ich rief laut. Aber der winkende Mann war nur ein schwarzer Steinblock. Die Wüste begann zu leben. Ich wollte den schlafenden Beduinen wecken, und er wurde zum Baumstamm. Ein Baumstamm? Das überraschte mich, und ich bückte mich danach, um mich selbst davon zu überzeugen. Ich griff nach einem der Äste, um ihn aufzuheben. Er war von Stein! Ich richtete mich auf und sah mich um: überall erblickte ich schwarze Steinbäume. Ein vorsintflutlicher Wald bedeckte den Boden mit seinen geknickten Schäften. Vor hunderttausend Jahren war sein gewölbter Dom unter einem Orkan des Weltwerdens niedergestürzt. Tausend Jahrhunderte hatten diese Säulenstümpfe bis zu mir gewälzt, riesig, geglättet wie Stahl, versteinert, verglast und tintenschwarz. Noch erkannte ich die Astknoten und konnte die Jahresringe zählen. Einst war dieser Wald von Vögeln und Tönen erfüllt gewesen. Aber ein Fluch hatte ihn getroffen und zu Salzsäulen erstarren lassen. Mich durchschauerte die Feindseligkeit dieser Landschaft. All dies Trümmerzeug wollte nichts von mir wissen. Es war noch schwärzer als die eisernen Hügel vom Tage zuvor. Hier hatte ich nichts zu suchen, ein Lebender unter Steinen; mein Körper sollte sich auflösen, diese Bäume aber gehörten der Ewigkeit.

Seit dem Morgen des vorhergehenden Tages hatte ich über achtzig Kilometer hinter mich gebracht. Meine Schwindelgefühle stammten davon, und vom Durst, und von der Sonne, die auf die Gerippe einer toten Welt niederbrennt, daß sie aussehen wie gefrorenes Öl. Jetzt zählen Sand und Füchse nicht mehr. Diese Welt ist ein riesiger Amboß, auf dem ich hinschreiten muß, während der Hammer der Sonne dröhnend auf ihn niederfällt.

Was ist das dort? »Ahoi! Ahoi!« –

›Nichts ist dort. Reg dich nicht auf. Durstfieber ist es‹, antwortete ich mir selbst. Denn nun mußte ich meine Vernunft an der Kandare halten. Es ist so schwer, abzulehnen, was man sieht. So schwer, nicht auf die hinziehende Karawane loszustürzen. Ihr seht sie doch, dort drüben?

›Dummkopf, du weißt ganz genau, daß du sie selbst erfindest!‹

Ja, aber ist denn nichts mehr auf der Welt wirklich?

Nichts ist wirklich als das Kreuz dort auf dem Hügel in zwanzig Kilometer Entfernung, das Kreuz oder der Leuchtturm.

Es liegt nicht in Richtung auf das Meer, da muß es also ein Kreuz sein. Ich hatte die ganze Nacht den Plan studiert, völlig unnötigerweise, da ich keine Ahnung hatte, wo wir uns befanden. Aber ich klammerte mich an alles, was mir die Gegenwart von Menschen vortäuschte. Da hatte ich irgendwo einen kleinen Kreis gesehen, über dem ein solches Kreuz ragte. Auf der Zeichenerklärung der Karte, auf die ich blickte, war zu lesen: geistliche Anstalt. Neben dem Kreuz aber hatte ein schwarzer Punkt gestanden, und der war erklärt als: dauernd benutzbarer Brunnen. Das hatte mich ins Innerste getroffen, und ich hatte ganz laut immer und immer wieder lesen müssen: ›Dauernd benutzbarer Brunnen, dauernd benutzbarer Brunnen.‹ Die Schätze des Ali Baba sind nichts neben einem dauernd benutzbaren Brunnen. Etwas weiter waren zwei weiße Kreise gewesen, deren Erklärung lautete: zeitweilig benutzbarer Brunnen. Das war schon weniger schön. Rundum war nichts gewesen. Gar nichts.

Aber nun hatte ich meine geistliche Anstalt gefunden. Die Mönche hatten ein großes Kreuz auf dem Hügel aufgerichtet, um die Verirrten zu rufen. Ich brauchte nur hinzugehen zu den fleißigen Dominikanern...

›Aber in Libyen gibt es nur koptische Klöster!‹

...zu den fleißigen Dominikanern. Dort gibt es eine kühle, rotgekachelte Küche, und im Hof steht ein wunderbares rostiges Schöpfrad. Unter dem Schöpfrad aber ist ein dauernd benutzbarer Brunnen. Oh, wird das ein Fest, wenn ich die große Glocke läuten werde...

›Dummkopf, du beschreibst ja ein Haus in der Provence, in dem es übrigens gar keine Glocke gibt!‹

...wenn ich die große Glocke läuten werde. Der Bruder Pförtner wird die Arme erheben und wird rufen: ›Der Herr hat dich gesandt!‹, und er wird alle Mönche herbeirufen. Sie werden kommen und mich lieb empfangen wie ein armes Kind. Sie werden mich zur Küche geleiten und sagen: ›Nur

ein Augenblickchen, ein kleines Augenblickchen, mein Sohn, wir laufen ja schon zum dauernd benutzbaren Brunnen!‹ Wie werde ich da vor Wonne zittern!
Ach nein, nur nicht weinen. Es ist ja gar kein Kreuz auf dem Hügel.

Der Westen gaukelt mir nur Lügen vor. Ich habe mich nordwärts gewandt. Den Norden erfüllt zumindest der Sang des Meeres. Wenn ich erst auf der Hügelkette dort bin, weitet sich der Blick und umfaßt die Aussicht auf die schönste Stadt der Welt.
›Du weißt doch, es sind nur Luftspiegelungen!‹
Natürlich weiß ich das, lästiger Mahner. Mich täuscht man nicht so leicht. Aber wenn es mir nun einmal gefällt, mich Trugbildern hinzugeben? Ich will hoffen! Ich will mich in diese Stadt mit ihren Zinnen und ihrem Festkleid aus Sonnenstrahlen verlieben! Ich will geraden Weges vor mich hingehen, leichten Schrittes, weil ich keine Müdigkeit mehr fühle und einfach glücklich bin. Prévot und sein Revolver machen mich lachen. Ich bin trunken, ich bin trunken und will an Durst sterben!

Die Dämmerung hat mich ernüchtert. Da hält keine Täuschung vor, und plötzlich stehe ich entsetzt da, weil ich so weit gegangen bin. Die Aussicht hat allen Zauber eingebüßt, die Schlösser sind verschwunden, die Feierkleider abgeworfen. Soweit man sehen und ahnen kann, erfüllt die Wüste die ganze Welt.
›Das hast du gut gemacht! Die Nacht wird dich überraschen. Dann kannst du irgendwo auf den Morgen warten, und morgen sind womöglich deine Spuren verwischt, und dann ade!‹
Da gehe ich lieber weiter, immer geradeaus weiter. Wozu umkehren? Ich will nicht umlenken, wo ich vielleicht kurz vor der Freiheit stehe, wo ich vielleicht gleich die Arme nach dem Meer ausstrecken kann...
›Wo hast du denn das Meer gesehen? Du kommst nicht bis hin! Dreihundert Kilometer trennten dich davon, und Prévot

wartet am Simoun! Vielleicht hat ihn eine Karawane gefunden!‹

Gut, ich will umkehren. Aber erst möchte ich noch einmal die Menschen rufen:

»Ahoi!«

Gott, die Erde ist doch bewohnt!

»Ahoi! Menschen!«

Die Stimme will nicht mehr und ist rauh und heiser. Es ist ja lächerlich, hier so zu schreien. Aber noch einmal rufe ich:

»Menschen!!«

Wie anmaßend, wie gestelzt es klingt.

Und ich mache kehrt.

Nach zwei Stunden Marsch sah ich die Flammen, die Prévot zum Himmel steigen ließ, da ihn mein Ausbleiben in Sorge versetzte. Ach, und mir war es so gleichgültig!

Noch eine Stunde, dann war es noch ein halber Kilometer. Und nun noch hundert Meter, und jetzt noch zwanzig.

Und da stand ich starr mit einem Ausruf freudiger Überraschung. Freude strömte mir zum Herzen, und ich hielt mich mühsam vor einem lauten Ausbruch zurück. Dort stand Prévot, vom Glutschein des Feuers erhellt, und sprach mit zwei Arabern, die sich an die Motorenhaube lehnten. Noch hatte er mich nicht gesehen. Seine Freude nahm ihn zu sehr in Beschlag. Wenn ich mit ihm zusammen gewartet hätte, dann wäre ich schon längst befreit!

Fröhlich rief ich: »Hallo!«

Die beiden Beduinen fuhren auf und sahen zu mir hin. Prévot löste sich von der Gruppe und kam mir entgegen. Ich streckte die Arme nach ihm aus, und er fing mich auf. Wollte ich etwa zusammensinken?

Erlöst sagte ich: »Nun hat es doch geklappt!«

»Was hat geklappt?« fragte Prévot.

»Die Araber!«

»Welche Araber?«

»Die hier, bei Ihnen!«

Prévot warf mir einen sonderbaren Blick zu und sagte dann,

als ob er mir widerwillig ein schmerzliches Geheimnis anvertraute: »Aber es sind doch gar keine Araber hier.«
Da mußte ich doch noch weinen.

6

Neunzehn Stunden lebt man hier ohne Wasser. Und was haben wir seit gestern abend gehabt? Einige Tropfen Tau bei Morgengrauen. Aber der gütige Nordostwind weht immer noch und verzögert die Verdunstung ein wenig. Er läßt die hohen Wolkenbauten am Himmel erstehen. Wenn die nur zu uns kämen, wenn es nur regnen wollte. Aber in der Wüste regnet es nie.
»Prévot, trennen wir doch einen Fallschirm auf. Wir breiten die Dreiecksbahnen auf die Erde und belasten sie mit Steinen. Wenn der Wind nicht umschlägt, können wir am Morgen die Tücher auswinden und Tau in einem Benzintank sammeln.«
Und bald lagen sechs weiße Tücher unter den Sternen, und Prévot hatte einen Tank abmontiert. Nun brauchten wir nur noch auf den Morgen zu warten.
Prévot hatte unter den Trümmern noch eine Apfelsine entdeckt, und dieses unverhoffte Wunder teilten wir uns jetzt. Ich war völlig aus der Fassung, so wenig es für Leute war, die zwanzig Liter Wasser brauchten. Ich ruhte neben dem Lagerfeuer und sah mir die leuchtende Frucht an. Die Menschen wissen nicht, was eine Apfelsine ist! Weiter und weiter flogen die Gedanken: Wir sitzen hier, zum Tode verurteilt, und doch verdirbt mir diese Gewißheit nicht den Genuß. Diese halbe Apfelsine in meiner Hand ist eine der größten Freuden meines Lebens. Ich lege mich auf den Rücken, ich lutsche meine Frucht aus und zähle die Meteore. Für diese Minute bin ich restlos glücklich. Man kann die Welt nur nach dem verstehen, was man erlebt. Jetzt erst begreife ich die Zigarette und den Kognak des zum Tode Verurteilten. Vorher wollte es mir nicht in den Kopf, daß er diese Lappa-

lien annimmt und sichtlich mit Genuß verzehrt. Man sieht gewöhnlich ein Zeichen von Mut darin, daß er lächelt. Dabei hat er nur gelernt, die Welt anders anzusehen, und macht sich aus seiner letzten Stunde noch ein Stückchen Menschenleben.

Wir haben Riesenmengen Wasser gesammelt, an zwei Liter! Es gibt keinen Durst mehr! Wir sind gerettet, wir bekommen zu trinken!

Mit tiefem Jubel schöpfe ich einen Becher aus meinem Tank. Aber das Wasser war gelbgrün und schmeckte schon beim ersten Schluck so entsetzlich, daß ich trotz des quälenden Durstes erst Atem holen mußte, ehe ich ihn hinunterschlukken konnte. Ich hätte Schlamm getrunken; aber dieser giftige Metallgeschmack war stärker als mein Durst.

Ich sah mich nach Prévot um. Er ließ die Augen rundum gehen, als ob er etwas suchte. Plötzlich bückte er sich und erbrach sich, ohne aufzuhören, sich im Kreise zu drehen. Eine halbe Minute später war ich dran. Ich wurde von solchen Krämpfen gepackt, daß ich in die Knie sank und mit in den Sand gekrallten Fingern weiterspuckte. Keiner brachte ein Wort heraus, und eine Viertelstunde blieben wir so an den Boden genagelt, obgleich nur noch ein bißchen Galle kam.

Endlich hatten wir wieder Frieden, und ich fühlte nur noch ein unbestimmtes Übelsein. Aber unsere letzte Hoffnung war dahin. Ich weiß nicht, ob dieser Fehlschlag einer Tränkung des Fallschirms oder einem Niederschlag von Tetrachlormethan im Tank zuzuschreiben war. Wir hätten einen anderen Speicher oder andere Tücher gebraucht.

Aber nun hieß es eilen, es war schon heller Tag. Wir wollten diesem verwünschten Hochland entrinnen und kräftigen Schrittes bis zum Zusammenbrechen marschieren. Ich folgte dem Beispiel Guillaumets in den Anden. Ich mußte seit dem Tag zuvor viel an ihn denken. So brach ich denn die Vorschrift, die lautet, beim Wrack des Flugzeuges zu bleiben. Hier suchte uns doch niemand mehr.

Wieder wurde uns klar, daß gar nicht wir die Schiffbrüchigen waren. Das waren vielmehr die Wartenden, die unser Schweigen bedrohte, die ein gräßlicher Irrtum in Verzweiflung stürzte. Wir mußten einfach zu ihnen, um sie aufzuklären. Auch Guillaumet erzählte mir nach seiner Rettung, daß er die ganze Zeit Schiffbrüchigen zu Hilfe eilte. Es gilt also wohl für alle.

»Wenn ich niemanden auf der Welt hätte«, sagte mir Prévot, »dann würde ich mich einfach hinlegen.«

Wir gingen nach Ostnordost. Falls wir den Nil überflogen gehabt hätten, wären wir mit jedem Schritt tiefer in die arabische Wüste geraten.

Von dem ersten Marschtag weiß ich nichts mehr, nur noch von unserer Hast, mit der wir auf irgend etwas, und sei es der Zusammenbruch, losgingen. Ich marschierte mit gesenkten Augen, denn von Luftspiegelungen hatte ich genug. Von Zeit zu Zeit berichtigten wir nach dem Kompaß unsere Richtung. Gelegentlich legten wir uns einen Augenblick zum Verschnaufen nieder. Den Gummimantel, den ich für die Nacht mitgenommen hatte, warf ich weg. Mehr weiß ich nicht. Die ersten Erinnerungen knüpfen sich an die Abendkühle. Vorher war ich wie der Sand, der keine Spuren hält.

Bei Sonnenuntergang beschlossen wir zu lagern. Zwar war ich mir wohl bewußt, daß wir hätten weitermarschieren müssen. Denn eine Nacht ohne zu trinken würde uns den Rest geben. Aber wir hatten die Bahnen des Fallschirms mitgenommen; wenn also das Gift nicht in der Tränkung des Stoffes lag, konnten wir am anderen Morgen trinken. Nochmals stellten wir unter den Sternen dem Tau unsere Falle.

Aber an jenem Abend war der Himmel wolkenlos, und der Wind zeigte ein ganz anderes Wesen. Er kam auch nicht mehr aus der gleichen Richtung. Schon streifte uns der heiße Hauch der Wüste. Das Raubtier erwachte und leckte uns Hände und Gesicht.

Wenn ich aber noch weiter gemußt hätte, wäre ich noch vor dem zehnten Kilometer zusammengebrochen. In den letzten

drei Tagen hatte ich fast ohne zu trinken 180 Kilometer zurückgelegt.
Im Augenblick, da wir uns niederließen, sagte Prévot: »Ich nehme Gift drauf, daß es ein See ist.«
Ich fuhr auf: »Sie sind verrückt!«
Er aber beharrte: »Zu dieser Zeit in der Dämmerung kann es noch keine Luftspiegelung sein.«
Ich antwortete nichts mehr. Seit langem hatte ich es aufgegeben, meinen Augen zu trauen. Mag schon sein, daß es keine Luftspiegelung ist. Dann ist es eben eine Einbildung unseres Wahnsinns. Wie konnte Prévot noch daran glauben!
Aber er war eigensinnig: »Es sind nur zwanzig Minuten bis hin. Ich möchte doch einmal nachsehen!«
Diese Verbohrtheit ärgerte mich: »Gehen Sie nachsehen. Immer schnappen Sie etwas Luft. Es ist ja gut für die Gesundheit. Aber eines sage ich Ihnen: wenn es Ihren See gibt, ist er Salzwasser. Salzig oder nicht, er ist des Teufels. Vor allen Dingen aber: es gibt ihn gar nicht!« Doch Prévot ging bereits stieren Blickes in die Ferne. Ich kannte diese entsetzliche Anziehungskraft und murmelte nur vor mich hin: »Und manche Nachtwandler werfen sich vor den Zug!«
Ich wußte, daß Prévot nie wiederkommen würde. Sein Wahn würde ihn immer stärker packen, und dann gab es kein Umkehren mehr. Er würde noch eine Weile dem Zusammenbruch entgegengehen. Er würde dort sterben und ich hier. Es war aber so nebensächlich!
Die Gleichgültigkeit, die über mich gekommen war, schien mir ein böses Zeichen. Als ich einmal halb ertrunken war, hatte ich denselben Seelenfrieden gefühlt wie jetzt. Ich benutzte die Stimmung, um auf dem Bauche liegend in den Wüstenboden einen nachgelassenen Brief zu schreiben. Ach, war der Brief schön! So würdig, und so voll guter Ratschläge! Ich war beglückt und selbstzufrieden, als ich ihn nochmals durchlas. Da mußte man doch sagen, daß es ein wundervoller nachgelassener Brief war, und sehr bedauern, daß ich nicht mehr am Leben sei.
Nun wollte ich auch wissen, wie weit es mit mir war. Ich

versuchte, Speichel zu bilden. Wie lange hatte ich schon nicht mehr gespuckt? Nun war überhaupt kein Speichel mehr da. Wenn ich den Mund geschlossen hielt, verklebte eine kleisterige Masse meine Lippen. Sie trocknete rasch ein und bildete außen einen harten Verschluß. Noch gelang es mir aber, ihn zu lösen. Auch stiegen die Lichtempfindungen noch nicht in die Augen, die anzeigen, daß man nur noch zwei Stunden zu leben hat.

Dann war es völlig Nacht. Der Mond war seit gestern gewachsen. Prévot kam nicht wieder. Ich lag auf dem Rücken und sammelte alle diese Erkenntnisse. Mir kam es vor, als ob es schon einmal so gewesen wäre. Ich grübelte nach, und dann fiel es mir ein. Es war schon einmal so... ich lag... ich lag im Schiff! Ja, ich lag im Schiff und fuhr nach Südamerika, auf dem obersten Verdeck ausgestreckt. Über mir pendelte die Mastspitze ganz langsam zwischen den Sternen einher. Hier fehlt ja ein Mast, aber eingeschifft bin ich doch, unterwegs zu einem ungewissen Schicksal, das von meinen Kräften nicht mehr abhängt. Rohe Sklavenhändler haben mich gefesselt auf ein Schiff geworfen. Ich dachte an Prévot, der nicht zurückgekehrt war. Keine Klage hatte ich von seinen Lippen gehört, und das war gut. Es wäre unerträglich gewesen, ihn stöhnen zu hören. Prévot war doch ein Mann.

Ah – dort! Keinen halben Kilometer von mir entfernt schwenkt er seine Lampe! Er hat die Fährte verloren. Und ich habe keine Lampe! Ich kann nicht antworten!

Ich sprang auf, ich rief, aber er hörte nicht. Da leuchtete eine zweite Lampe nur zweihundert Meter von der seinen entfernt auf, dann eine dritte. Lieber Gott, sie suchen die Gegend ab, sie suchen mich!

Ich rief – aber niemand hörte. Die drei Lampen gaben ihre Winkerzeichen weiter.

Ich bin doch nicht verrückt? Gewiß nicht; ich fühle mich in Ordnung, ganz ausgeglichen; ich beobachte genau. Es sind drei Lampen in fünfhundert Meter Entfernung.

»Ahoi!«

Und immer noch hörte niemand!

Da faßte mich für einen Augenblick die Panik, das einzige Mal auf diesem Abenteuer. Ich konnte doch noch laufen!

»Wartet! Wartet!«

Oh, gleich machen sie kehrt, gehen weg, suchen anderswo. Und ich werde stürzen, hinfallen an der Schwelle des Lebens, wo hilfreiche Arme so nahe waren.

»Ahoi, ahoi!«

Und schwach klang es aus der Ferne: »Ahoi!«

Sie haben mich gehört!

Ich keuchte, ich bekam keine Luft mehr, aber ich lief immer weiter, der Stimme zu: »Ahoi!« – und dann sah ich Prévot und fiel hin.

»Ach, wie ich alle die Lampen gesehen habe!«

»Welche Lampen denn?«

Es stimmte; Prévot war allein.

Diesmal aber spürte ich keine Enttäuschung, nur dumpfe Wut: »Na, und was macht Ihr See?«

»Der war immer entfernter, je mehr ich auf ihn zukam. Ich bin eine halbe Stunde auf ihn losgegangen. Dann war er mir denn doch zu weit, und ich bin umgekehrt. Wenigstens weiß ich jetzt, daß es ein See ist.«

»Sie sind verrückt, total verrückt! Warum haben Sie das nur gemacht? Sagen Sie doch!«

Was hat er eigentlich gemacht? Warum denn? Ich könnte vor Empörung weinen und weiß doch nicht, worüber ich empört bin. Prévot erklärte mir mit erstickter Stimme: »Ich hätte so gern Wasser gefunden. Ihre Lippen sind so weiß.«

Meine Empörung brach in sich zusammen. Ich griff mir an die Stirn, als ob ich eben erwachte, und fühlte mich unendlich traurig. Ganz leise berichtete ich:

»Ich habe drei Lichter gesehen, so wie ich Sie hier sehe; Irrtum ist ausgeschlossen. Ich habe sie gesehen, sage ich Ihnen, Prévot!«

Prévot sagte erst nichts, dann nickte er: »Ja, ja, es steht schlimm.«

Die Erde strahlt ihre Wärme schnell aus in dunstfreier Luft. Es war recht kalt. Ich erhob mich und ging umher, aber bald erfaßte mich ein unerträgliches Zittern. Mein eingedicktes Blut lief langsam durch die Adern, eisige Kälte durchdrang mich, die mehr war als die Kälte der Nacht. Meine Kiefer klapperten, und mein ganzer Körper wurde von Zuckungen heimgesucht. Ich konnte die elektrische Lampe nicht mehr gebrauchen, so sehr schütterte sie mir in der Hand. Ich fror sonst durchaus nicht leicht, und nun sollte ich hier frieren; welche Wirkungen des Durstes!

Meinen Gummimantel hatte ich irgendwo weggeworfen, weil er mir in der Hitze nur lästig war. Nun wurde der Wind immer schlimmer, und die Wüste bietet keine Dekkung. Tags schenkte sie keinen Schatten, nachts lieferte sie einen nackt dem Wind aus. Kein Baum, keine Hecke, kein Stein bot mir Schutz. Der Wind griff mich an wie Reiterei im freien Gelände. Ich sah mich überallhin nach Fluchtgelegenheiten um, ich legte mich hin und stand wieder auf. Liegend wie stehend empfing ich die Schläge der eisigen Peitsche. Laufen konnte ich nicht mehr, die Kräfte versagten. Ich konnte den Mördern nicht mehr entrinnen und warf mich auf die Knie, das Gesicht in den Händen vergraben, des Todesstreiches gewärtig.

Dann riß ich mich zusammen, stand auf und ging kältebebend immer geradewegs vor mich hin.

Wo war ich denn? Ich war ja weggegangen! Hinten rief Prévot. Seine Rufe haben mich zur Besinnung gebracht.

Ich ging zurück zu ihm, noch immer vom Zittern geschüttelt, das den ganzen Körper herumwarf. Ich mußte mir sagen: ›Das ist nicht die Kälte, das ist schon etwas anderes; es ist das Ende.‹ Ich war eben schon zu ausgetrocknet, und ich war zu weit gegangen, vorgestern, gestern allein und heute!

Es ging mir aber gegen den Strich, an Kälte draufzugehen. Die Wahngebilde waren mir lieber gewesen, das Kreuz auf dem Hügel, die beiden Araber, die drei Lampen. Das war schließlich irgendwie reizvoll und spannend. Aber gepeitscht zu werden wie ein Sklave ist nicht schön.

Da lag ich denn wieder auf den Knien.

Wir hatten etwas Medizin mitgenommen, hundert Gramm

reinen Äther, hundert Gramm neunzigprozentigen Alkohol und ein Fläschchen Jod. Ich versuchte, einige Schlucke reinen Äther zu trinken; es war, als ob ich Messer schluckte. Dann wagte ich mich an den neunzigprozentigen Alkohol; aber er verschloß mir die Kehle.
Ich grub mir ein Loch in den Sand, legte mich hinein und bedeckte mich mit Sand. Nur das Gesicht sah heraus. Prévot hatte einige Reiser entdeckt und ein recht kurzlebiges Feuer entzündet. Er wollte sich nicht in den Sand eingraben und trat lieber von einem Fuß auf den anderen. Ich fand, daß er unrecht hatte. Meine Kehle war noch immer beengt, und das bedeutete nichts Gutes. Trotzdem fühlte ich mich besser, denn ich war ganz ruhig, viel ruhiger, als ich je zu hoffen gewagt hatte. Unfreiwillig ging ich auf die Reise, festgebunden auf meinem Sklavenschiff unter den Sternen. Aber ich war kaum noch unglücklich. Wenn ich kein Glied rührte, spürte ich die Kälte gar nicht. So ließ ich denn meinen schlafenden Leib dort unterm Sande. Sich nie mehr bewegen, nie mehr leiden! Übrigens litt ich tatsächlich kaum. Allen Schmerz übertönte die Musik der Erschöpfung und des Fieberwahns. Alles wurde zu einem Bilderbuch, zu einem grausigen Märchen. Eben noch hatte mich der Wind gejagt, und ich war wie ein gehetztes Tier umhergesprungen, um ihm zu entgehen. Dann hatte ich Mühe gehabt zu atmen. Jemand hatte auf meiner Kehle gekniet, und ich hatte mit dem Würgengel gerungen. Allein war ich in der Wüste keinen Augenblick gewesen. Jetzt aber glaubte ich an nichts mehr, was ich um mich sah. Ich zog mich in mich selbst zurück, schloß die Augen und rührte kein Glied. Der Wirbelwind der Bilder riß mich mit. Aber er führte mich ruhigen Träumen zu. Der reißende Strom fand Frieden im Meer.
Lebt wohl, ihr Lieben! Ich kann nichts dafür, daß der Mensch nicht mehr als drei Tage ohne zu trinken auskommen kann. Ich ahnte es nicht, daß ich so an die Brunnen gebunden war, daß unsere Freiheit an einem so kurzen Faden hängt. Ich meinte immer, so vor mich hinstürmen zu dürfen. Ich wähnte, frei zu sein, und da hängt man an der Erde durch ihre Wasser-

adern wie die Frucht an der Mutter durch die Nabelschnur. Ein Schritt zu weit ab heißt Tod.

Mir tut nichts leid, als daß ihr nun traurig sein müßt. Genaugenommen habe ich es besser gehabt. Wenn ich diesmal davonkäme, ich finge mein Fliegerleben nochmals an. Ich muß leben, und in den Städten gibt es kein menschenwürdiges Dasein.

Mir geht es nicht um die Sache der Fliegerei. Für mich ist das Flugzeug kein Zweck, es ist ein Mittel. Mein Leben schlage ich nicht für die Fliegerei in die Schanze, so wenig wie der Bauer für den Pflug arbeitet. Aber mit dem Flugzeug verläßt man die Städte und ihre seelenlose Rechnerei und findet auf anderem Wege die bäuerliche Wahrheit wieder. Man lebt mit Winden, Sternen, Nacht und Sand, arbeitet als Mensch und sorgt sich als Mensch. Man mißt sich mit den Kräften der Natur und wartet auf den neuen Tag wie der Gärtner aufs Frühjahr. Man ersehnt den Flughafen wie ein gelobtes Land und sucht seine Wahrheit in den Sternen.

Ich will nicht klagen. Seit drei Tagen bin ich viel gegangen, habe Durst gelitten, bin Fährten im Sand gefolgt und habe aus dem Morgentau Hoffnung gezogen. Ich habe andere Wesen meiner Art gesucht, von deren Wohnstätten auf der Erde ich mich verirrt hatte...

Doch das sind Sorgen für Lebende. Jetzt kommt mir all das kaum wichtiger vor als die Frage, ob man den Abend im Casino de Paris, im Moulin Rouge oder in den Folies Bergères verbringt.

Ich verstehe die Leute in den Pariser Vorortzügen nicht mehr, die glauben, Menschen zu sein. Ameisen sind sie, von einem ihnen unbewußten Zwang zum Werkzeug herabgewürdigt. Was mögen sie mit ihren kleinen Sonntagen anfangen, wenn sie frei haben?

Auf einer Reise nach Rußland hörte ich einmal, wie in einer Fabrik Mozart gespielt wurde. Ich habe darüber berichtet und zahlreiche empörte Zuschriften bekommen. Ich bin denen nicht böse, die das Tingeltangel vorziehen; sie kennen keine höheren Klänge. Aber auf den Tingeltangelwirt werfe

ich meinen Groll; er lockt die Menschen von sich selber weg! Ich bin glücklich in meinem Beruf. Der Vorortzug bedeutet mir zehnmal mehr Tod als das Sterben hier. Eigentlich haben wir doch ein prächtiges Leben.
Ich bereue nichts. Ich habe gespielt und verloren. Aber ich habe den Wind auf freier See atmen dürfen. Das vergißt niemand, dem es einmal vergönnt war. Nicht wahr, Kameraden? Wir suchen ja nicht die Gefahr. Das ist Wichtigtuerei; mit den Stierkämpfern habe ich nichts gemein. Nein, ich suche nicht die Gefahr; ich weiß, was ich suche: ich suche das Leben.

Mir wollte scheinen, als zeigte sich eine erste Helle am Himmel. So zog ich einen Arm aus dem Sand und befühlte eine der Bahnen, die in Reichweite lag. Aber sie war trocken. Es hieß Geduld haben. Der Tau fällt ja erst im Morgengrauen. Aber der Morgen graute, ohne unsere Tücher zu befeuchten. Da begannen meine Gedanken zu tanzen, und ich hörte mich sagen: »Hier ist ein ausgepumptes Herz – ausgepumptes Herz, das keine Tränen mehr hat.«
»Auf, Prévot! Noch sind unsere Kehlen nicht verklebt. Da heißt es marschieren!«

7

Der Westwind weht, der den Menschen in neunzehn Stunden ausdörrt. Noch ist mein Schlund offen, aber schon hart und schmerzhaft. Ein leises Rasseln kann ich auch schon vernehmen. Bald kommt der Husten, den man mir beschrieben hat und auf den ich schon lange warte. Meine Zunge ist mir im Wege. Das Schlimmste aber ist, daß ich leuchtende Flekken sehe. Wenn diese zu Flammen werden, stürze ich zusammen.
Wir gehen schnell, um die Kühle des jungen Tages auszunutzen. Wir wissen wohl, daß wir an der hellen Sonne nachher nicht mehr weiterkönnen. An der hellen Sonne...

Wir dürfen nicht mehr schwitzen, wir dürfen keine Zeit verlieren. Denn selbst diese Kühle hat nur achtzehn Prozent Luftfeuchtigkeit; der Wind mit seiner verlogenen Liebkosung kommt aus der Wüste. Unser Blut verdunstet!

Ich fühle keinen Hunger, nur Durst. Dabei hatte ich so gut wie nichts zu essen gehabt, am ersten Tag einige Trauben, seitdem eine halbe Apfelsine und etwas Kuchen. Für mehr Nahrung hatten wir keinen Speichel gehabt. Der Durst aber ist allmächtig, eher noch die Folgen des Durstes: die harte Kehle, die Zunge aus Gips, das Rasseln im Schlund und ein ekliger Geschmack im Mund. Das sind mir neue Empfindungen, und zunächst bringe ich sie in keine Verbindung mit dem Wasser, das sie heilen könnte. Der Durst wird immer mehr zu einer Krankheit, und immer weniger ist er ein natürliches Verlangen.

Schon will es mir scheinen, daß der Gedanke an Früchte und Quellen weniger herzzerreißend ist. Ich habe schon fast vergessen, wie freundlich die Apfelsine leuchtete. Ich habe alle Sehnsucht vergessen. Ich vergesse vielleicht alles.

Einen Augenblick haben wir gerastet, nun geht es weiter. Wir verzichten auf große Marschabschnitte und sinken alle halben Kilometer erschöpft nieder. Ich genieße es jedesmal, mich auszustrecken. Aber wir müssen weiter.

Die Landschaft verändert sich, die Steine werden seltener, und wir gehen auf Sand. Zwei Kilometer vor uns beginnen die Dünen mit einigen Anzeichen kleinen Pflanzenwuchses. Der Sand ist doch besser als dieser stählerne Panzer. Er ist die blonde Wüste, meine Sahara, die ich kenne und liebe.

Jetzt müssen wir schon alle zweihundert Meter rasten. Aber wir wollen weiter, zumindest bis zu den Büschen.

Die sollten die letzte Grenze sein, machten wir aus. Später, als wir im Kraftwagen unseren Spuren entlangfuhren, um den Simoun zu bergen, konnten wir feststellen, daß dieser letzte Ausmarsch achtzig Kilometer betragen hat. Ich war also an die zweihundert gegangen. Wie konnte ich da weiter?

Gestern ging ich ohne Hoffnung; heute hat dieses Wort seinen Sinn verloren. Wir gehen, weil wir gehen, wie die Ochsen im Pflugjoch.

Gestern träumte ich von paradiesischen Apfelsinenwäldern, heute kenne ich kein Paradies mehr. Ich glaube nicht mehr an Apfelsinen.

Nichts mehr fühle ich in mir als Dürre des Herzens. Ich werde fallen und keine Verzweiflung spüren, nicht einmal Kummer. Das kränkt mich, denn die Fähigkeit, Kummer zu fühlen, wäre mir eine Wohltat wie Wasser. Ich bemitleide mich und bedaure mich wie ein Freund. Aber ich habe keinen Freund mehr auf der Welt.

Wenn mich die Leute mit meinen entzündeten Augen finden, dann werden sie sich einbilden, daß ich laut gerufen und viel gelitten habe. Aber jeder Aufschwung, jeder Schmerz, alles bewußte Leiden wären Reichtümer für meine vertrocknete Seele. Ich habe ja gar nichts mehr. Wenn einem Mädchen seine erste Liebe stirbt, dann hat es doch noch seinen Schmerz und seine Tränen, einen zuckenden Ausdruck von Leben. Ich, ich habe keinen Schmerz mehr.

Ich bin schon eins mit der Wüste. Ich bringe keinen Speichel mehr hervor und auch keine Bilder, nach denen ich mich sehnen könnte. Die Sonne hat den Quell der Tränen ausgetrocknet.

Doch was sehe ich? Ein Hoffnungshauch geht über mich wie ein Windstoß über das Meer. Etwas hat mein triebhaftes Erkennen getroffen, noch ehe es mir bewußt geworden ist. Nichts hat sich verändert, und doch ist alles anders. Das Bahrtuch des Sandes, diese flachen Hügel mit Ahnungen von Pflanzenwuchs sind nicht mehr eine tote Landschaft. Sie sind eine Bühne, zwar noch leer, aber für das Schauspiel bereit. Ich sehe Prévot an; auch er hat staunend den gleichen Schlag erhalten, ohne ihn deutlich zu verstehen.

Gleich muß etwas geschehen, sage ich euch.

Die Wüste lebt, sage ich euch. Diese Leere, dies Schweigen sind bewegter als ein Volksgedränge auf offenem Markt.

Rettung – Spuren im Sand!

Eben noch waren wir abgeschnitten vom Menschengeschlecht, mit unserer Art zerfallen, allein auf der Welt, vergessen bei einer allgemeinen Abwanderung. Und da finden wir im Sand abgedrückt die wunderbaren Füße von Menschen.

»Prévot, hier haben zwei sich verabschiedet.«

»Hier hat ein Kamel gekniet.«

»Hier...«

Wir sind noch gar nicht gerettet. Wir können ja nicht einfach warten, denn schon in wenigen Stunden kommt jede Hilfe zu spät. Der Durst wirkt zu verheerend, sobald der Husten beginnt. Und unsere Kehlen...

Nein, ich glaube an diese Karawane, die irgendwo durch die Wüste schwankt.

Wir haben uns zum Gehen gezwungen, und plötzlich höre ich den Hahn krähen. Guillaumet hatte mir seinerzeit auch erzählt: ›Gegen Ende hörte ich in meinen Anden die Hähne. Ich hörte auch die Eisenbahn.‹ Das fällt mir im Augenblick ein, und ich sage mir: ›Erst täuschen einen die Augen. Das macht der Durst. Die Ohren haben länger gehalten.‹

Aber Prévot faßt mich am Arm: »Hören Sie!«

»Was denn?«

»Den Hahn!«

Ja aber – ja aber...

Ja aber, das hieße Leben – du Dummkopf!

Noch eine Täuschung sucht mich heim. Ich sehe drei Hunde herumjagen. Prévot sieht hin und kann nichts wahrnehmen. Aber nun strecken wir beide Arme dem Beduinen entgegen, beide holen wir den letzten Atem aus unserer Brust, und beide lachen wir vor Glück. Aber unsere Stimmen tragen keine dreißig Meter mehr. Die Stimmbänder sind vertrocknet. Wir hatten miteinander nur noch geflüstert und das nicht einmal bemerkt.

Der Beduine und sein Kamel, die hinter dem Hügel hervorgekommen sind, wollen sich entfernen. Langsam, langsam ziehen sie weiter. Vielleicht ist er allein! Vielleicht hat ein

grausamer Teufel uns diesen Menschen gezeigt, um ihn uns wieder zu nehmen.
Und wir können nicht mehr rennen!
Da erscheint ein anderer Araber auf der Düne, mit der linken Seite uns zugewandt. Wir schreien – aber ganz leise. Wir schwenken die Arme und füllen nach unserer Meinung den Himmel mit riesigen Signalen. Aber der Beduine sieht immer nach rechts.
Jetzt aber, ganz langsam, macht er eine Viertelwendung links. Sobald er das Gesicht uns zugewendet hat, ist es auch schon geschehen: Durst, Tod und Luftspiegelungen sind verwischt in dem Augenblick, in dem er uns erblickt. Eine kleine Viertelwendung verwandelt unsere Welt. Eine Bewegung des Körpers, ein rascher Blick schaffen Leben, und er scheint mir nicht von dieser Welt.
Ein Wunder! Ein Wunder! Er kommt auf uns zu wie ein Gott über das Meer!

Er hat uns ins Gesicht gesehen, hat uns die Hände auf die Schultern gelegt, und wir haben ihm gehorcht und uns hingelegt. Hier gibt es keine Rasse, keine Sprache, keine Partei. Ein armer Wanderhirte hat Engelshände auf unsere Schultern gelegt.
Wir haben auf seine Rückkehr gewartet, die Stirn in den Sand gepreßt. Und nun trinken wir, auf dem Bauche liegend, den Kopf im Becken wie die Kälber.
Der Beduine erschrickt und zwingt uns alle Augenblicke einzuhalten. Aber kaum läßt er uns frei, so tauchen wir auch schon das ganze Gesicht ins Wasser. Wasser!
Wasser, du hast weder Geschmack noch Farbe noch Aroma. Man kann dich nicht beschreiben. Man schmeckt dich, ohne dich zu kennen. Es ist nicht so, daß man dich zum Leben braucht: du selber bist das Leben! Du durchdringst uns als Labsal, dessen Köstlichkeit keiner unserer Sinne auszudrükken fähig ist. Durch dich kehren uns alle Kräfte zurück, die wir schon verloren gaben. Dank deiner Segnung fließen in uns wieder alle bereits versiegten Quellen der Seele. Du bist

der köstlichste Besitz dieser Erde. Du bist auch der empfindsamste, der rein dem Leib der Erde entquillt. Vor einer Quelle magnesiumhaltigen Wassers kann man verdursten. An einem Salzsee kann man verschmachten. Und trotz zwei Liter Tauwasser kann man zugrunde gehen, wenn sie bestimmte Salze enthalten.
Du nimmst nicht jede Mischung an, duldest nicht jede Veränderung. Du bist eine leicht gekränkte Gottheit!
Aber du schenkst uns ein unbeschreiblich einfaches und großes Glück.

Du aber, unser Retter, Beduine aus Libyen, du wirst mir aus dem Gedächtnis schwinden! Deines Gesichtes kann ich mich nicht entsinnen. Du bist der Mensch und erschienst mir mit dem Antlitz aller Menschen!
Du hattest uns nie zuvor gesehen und hast uns doch erkannt!
Du bist mein geliebter Bruder, und ich werde dich in allen Menschen wiedererkennen!
Du erscheinst mir voll Adel und Leutseligkeit, ein großmächtiger Herr, in dessen Macht es stand, Wasser zu reichen. Alle meine Freunde, alle meine Feinde kommen mir in deiner Person entgegen, und ich habe keinen einzigen Feind mehr auf der Welt.

IX

Die Menschen

1

Als ich durch die Wüste mit dem Tode um die Wette ging, habe ich wieder einmal einer Erkenntnis gegenübergestanden, die dem Kopf so schwer eingehen will. Ich habe mich verloren gegeben, ich glaubte, in den Abgrund der Verzweiflung zu stürzen; aber ich brauchte nur zu verzichten, um Frieden zu finden. Der Mensch muß wohl solche Stunden erleben, um zu sich selbst zu finden und sein eigener Freund zu werden. Nichts kann ihm dann das Gefühl der Erfüllung nehmen; ein Lebensbedürfnis in ihm ist befriedigt, das ihm vorher gar nicht bewußt gewesen war. Ich kann mir denken, daß Bonnafous diese Abgeklärtheit kannte, wenn er bis zur Erschöpfung mit den Winden durch die Wüste eilte. Guillaumet empfand sie in seinem tiefen Schnee. Und ich will mich selbst nicht vergessen, wie warm es mir in meinem Sternenkleid zum Herzen strömte, als ich im Sand bis zum Hals begraben lag und vom Durst langsam erstickt wurde.

Was können wir tun, um diese Befreiung des Menschen in uns zu fördern? Planmäßig zu arbeiten ist beim Menschen schwer, denn alles bei ihm ist Widersinn. Da sichert die Gesellschaft dem Dichter oder Forscher sein Brot, um seine schöpferische Arbeit zu ermöglichen; der Geförderte schläft träge ein. Der siegreiche Eroberer verfettet, der reichgewordene Großherzige wird zum Raffer. Was nützen uns die politischen Lehren, die den Menschen zu entwickeln versprechen, wenn wir von vornherein gar nicht wissen, was für Stoff ihnen zur Verfügung stehen wird? Was für Begabungen werden geboren? Wir sind kein Zuchtvieh; beim Menschen zählt das Erscheinen eines armen Pascal mehr als viele wohlgenährte Namenlose.

Das, worauf es im Leben am meisten ankommt, können wir

nicht vorausberechnen. Die schönste Freude erlebt man immer da, wo man sie am wenigsten erwartet hat. Diese Sternstunden aber lassen eine so tiefe Sehnsucht im Herzen zurück, daß manche Menschen Heimweh nach ihren trübsten Zeiten fühlen, wenn diesen ihre Freuden entsprossen sind. Wie oft haben wir im Kreis von langvermißten Kameraden die Wonnen der bösen Erinnerungen genossen!

Wir wissen zu unserer Lebensgestaltung nur, daß es Mächte gibt, die den Menschen überraschend fruchtbar werden lassen. Wo aber soll man das einzig Richtige, die Wahrheit für jeden einzelnen Menschen finden?

Wahrheiten kann man nicht durch Beweisketten erschließen, man muß sie erproben. Wenn Apfelsinenbäume in diesem Boden und nicht in jenem gut anwurzeln und reichlich Früchte tragen, dann ist dieser Boden ihre Wahrheit. Wenn ein Glaube, eine Kultur, ein Wertmaßstab, ein Arbeitsplan im Menschen jene Erfüllung, von der wir hier sprechen, auszulösen vermögen, dann ist eben dieser Wertmaßstab, diese Kultur, dieser Arbeitsplan, dieser Glaube die Wahrheit des Menschen. Die Logik? Sie sehe zu, wie sie mit dem Leben fertig wird und von ihm Rechenschaft abzulegen vermag!

Im Verlauf dieses Buches habe ich einige Menschen vorgeführt, die offensichtlich einer gewaltigen Berufung gefolgt sind. Sie haben sich die Wüste und die Flugstrecke gewählt, so wie andere ins Kloster gegangen sind. Ich hätte aber mein Ziel verfehlt, wenn es so aussähe, als wollte ich Bewunderer für diese Männer werben. Bewundernswert ist vielmehr die Umwelt, die diese Männer geprägt hat.

Eine Berufung ist zweifellos von grundlegender Bedeutung. Manche Leute bleiben für ihr Leben in ihren Geschäften stecken, andere aber gehen mit untrüglicher Sicherheit einen Weg in ganz bestimmter Richtung. In ihrer Jugend finden wir sicher im Keim die Triebe, die ihr Schicksal erklären. Aber es ist irreführend, Geschichte nach den Ereignissen zu schreiben. Die gleichen Triebe finden wir nämlich auch bei fast allen anderen Menschen. Man denke nur an die Geschäftsleute, die in einer furchtbaren Brandnacht über sich hinausgewachsen sind. Sie sind sich auch selbst bewußt, bei dieser Gelegenheit ihre Erfüllung gefunden zu haben; diese Brandnacht bleibt für sie die große Nacht ihres Lebens. Aber mangels neuer Gelegenheiten, mangels einer geeigneten Umwelt, mangels eines Glaubens, der etwas von ihnen verlangt, sind sie wieder eingeschlafen, ohne an ihre Größe zu glauben. Die Berufungen können also wohl dem Menschen zur Befreiung helfen; aber zuvor muß er es fertigbringen, seine Berufung freizulegen.

Flugnächte, Wüstennächte sind nicht jedem geschenkt. Und doch erweisen sich die Notwendigkeiten aller Menschen als die gleichen, wenn nur der Anstoß gegeben ist. Ich komme daher nicht von meinem Gegenstand ab, wenn ich von einer Nacht in Spanien berichte, die mir darüber Gewißheit gab. Ich habe zuviel von einzelnen Menschen gesprochen. Ich würde gern von allen sprechen.

2

Es war an der Front in Madrid, die ich als Berichterstatter besuchte. Ich aß an jenem Tage in einem Unterstand bei einem jungen Hauptmann zu Abend. Die Unterhaltung war in vollem Fluß, da läutete plötzlich das Telefon. Ein langes Gespräch folgte. Das Regimentskommando gab den Befehl zu einem örtlichen Vorstoß durch, einem jener sinnlosen und verzweifelten Versuche, die in dieser Arbeitervorstadt einige zu Betonfestungen ausgebaute Häuser einbringen sollten. Der Hauptmann zuckte mit den Achseln und setzte sich wieder zu uns: »Die ersten von uns, die sich zeigen...«, sagte er und setzte zwei Gläser Kognak vor einen Unteroffizier, der sich im Unterstand befand, und vor mich.

Dann wandte er sich zu dem Unteroffizier: »Du kommst mit mir als erster aus der Deckung. Trink jetzt und schlaf dich aus!«

Der Unteroffizier ist schlafen gegangen. Wir sitzen noch zu

zehnt um den Tisch und wachen. Das Zimmer ist gut abgedichtet, damit kein verräterischer Lichtstrahl hinausdringt. Mir scheint das Licht darin zu scharf, so daß ich zwinkern muß. Denn eben habe ich durch eine Schießscharte hinausgesehen. Ich hatte den Lappen, der ihre Öffnung bedeckte, beiseite gezogen und konnte Trümmer unheimlicher Häuser sehen, im abgrundtiefen Licht einer Mondnacht ertrunken. Kaum ist aber der Lappen zurückgeschlagen, so ist das Mondlicht weggewischt wie ein Öltropfen von der Maschine. Aber in den Augen habe ich noch immer das Bild grünlicher Festungen.

Diese Soldaten werden sicher nie wiederkommen. Aber sie schweigen aus Schamgefühl. Der Angriff ist in Ordnung; der Krieg schöpft aus dem Menschenvorrat wie der Bauer aus dem Getreideboden; eine neue Handvoll Korn fliegt als Saat dahin.

Wir trinken. Zu meiner Rechten besprechen einige Männer eine Partie Schach, zu meiner Linken wird das Gespräch immer heiterer. Wo bin ich denn? Ein halbbetrunkener Mann betritt die Szene. Er streichelt seinen borstigen Bart und sieht uns mit zärtlichen Kulleraugen an. Sein Blick trifft auf den Kognak; er reißt sich von ihm los, muß wieder hinschweifen und haftet schließlich flehend auf dem Hauptmann.

Dieser lacht ganz leise. Das gibt dem Mann Hoffnung, und er lacht auch. Das Lachen ergreift alle Zuschauer. Da zieht der Hauptmann die Flasche ein wenig weg; das Gesicht des Mannes malt Verzweiflung, und so entspinnt sich ein kindliches Spiel, eine Art Ausdruckstanz. In dem dicken Zigarettenrauch und dieser grünen, schlaflosen Nacht, über der das Bild des bevorstehenden Angriffs lastet, wirkt das Ganze wie ein Traum.

Wir spielen, warm geborgen im Raum unseres Schiffes, während draußen die harten Schläge sich mehren und die Wellen an die Bordwand klopfen.

Bald werden diese Männer ihren Schweiß, ihren Alkohol, den Schmutz des Wartens im Scheidewasser dieser Kampf-

nacht abwaschen. Sie stehen kurz vor der Reinigung. Aber solange sie können, tanzen sie noch den Tanz des Trunkenen mit der Flasche; solange sie können, spielen sie ihr Schach, – sie leben, solange sie können. Aber auf einem Wandbrett steht ein Wecker, der auf eine bestimmte Minute gestellt ist. Er wird bald rasseln. Dann werden alle diese Männer aufstehen, sich recken, die Koppel umlegen. Der Hauptmann wird den Revolver ziehen, der Trunkene plötzlich nüchtern sein. Sie werden ohne Hast in den Gang treten, der langsam ansteigend zu einem bläulichen, mondhellen Rechteck führt. Sie werden einige Worte sagen wie ›Der verdammte Angriff!‹ oder ›Schweinekälte!‹
Und dann tauchen sie ein in den Kampf.

Zur gegebenen Stunde wohnte ich dem Erwachen des Unteroffiziers bei. Er schlief auf einem Eisenbett im Schutt eines Kellers. Er schien einen restlos glücklichen und völlig ungetrübten Schlaf zu genießen. Ich mußte an jene erste Nacht in der Libyschen Wüste denken, die ich mit Prévot ohne Wasser und Hoffnung verbrachte. Da konnten wir, ehe der entsetzliche Durst kam, noch ein einziges Mal zwei Stunden schlafen. Damals hatte ich das Gefühl, daß Einschlafen eine wunderbare Herrschertat war: ich konnte der Welt die Türe vor der Nase zuschlagen, noch war ich Herr meines Körpers, der es nicht wagte, mich zu quälen, und so unterschied nichts meine Nacht von jeder glücklichen Nacht, sobald ich erst den Kopf in die Arme vergraben hatte.
So ruhte auch der Unteroffizier, zur Kugel gerollt, ohne menschliche Form. Als wir kamen, um ihn aufzuwecken, konnte ich im Licht der rasch entzündeten Kerze auf dem Flaschenhals, der als Leuchter diente, nichts sehen als die Stiefel, genagelte, beschlagene Stiefel, Schuhwerk eines Tagelöhners oder Hafenarbeiters.
Mit Arbeitsstiefeln war er beschuht, und mit Arbeitszeug war sein Körper behängt: Patronentaschen, Revolver, Schulterriemen, Koppel – Joch und Kummet wie ein Pflugtier. In den Kellern in Marokko sieht man manchmal von blinden

Pferden gedrehte Mühlen. Hier, im Schein der rotflackernden Kerze, wurde auch ein blindes Pferd geweckt, das seine Mühle schleppen sollte.

»Hallo, Unteroffizier!«

Er bewegte sich ein wenig, so daß man sein Gesicht sah, das noch ganz im Banne des Schlafes stand. Dann murmelte er einige unverständliche Worte, drehte sich wieder der Wand zu und wollte nicht aufwachen. Er verkroch sich in die Tiefe des Schlafes wie in den Schoß der Mutter, wie unter tiefes Wasser. Seine Hände öffneten sich und schlossen sich wieder, als ob er auf dieser Taucherfahrt nach unterseeischen Algen griffe, um sich an ihnen festzuklammern. Diese Fäden mußten wir ihm schon aus den Fingern nehmen, damit er auftauchen konnte. Wir setzten uns auf sein Bett, einer schob ihm sanft den Arm unter den Nacken und hob lächelnd den schweren Kopf hoch. Es wirkte so, als wenn im behaglich warmen Stall die Pferde Kopf an Kopf reiben. Nie in meinem Leben habe ich etwas Zarteres gesehen.

»He, Kamerad!« Noch ein letztes Mal versuchte der Unteroffizier, sich in sein glückliches Traumland zu retten, sich unserer Welt der Sprengstoffe, der Erschöpfung, der eisigen Nacht zu versagen, aber es war zu spät. Der Andrang der Außenwelt war zu stark. So weckt am Sonntagmorgen die Glocke der Schule den strafweise zurückgehaltenen Schüler. Er hatte Pult und Tafel und Aufgaben vergessen und von Spielen im freien Land geträumt. Vergeblich suchte er so zu entrinnen: die Glocke schlägt und führt ihn unerbittlich in die Ungerechtigkeit der Welt zurück. Ganz ähnlich kehrte der Unteroffizier langsam in seinen gehetzten Leib zurück, von dem er nichts wissen wollte und der alsbald von der Starre des Schlafes in allen Gelenken schmerzen würde. Nun spürte er den Druck der Ausrüstung, dann kam der schwere Lauf – dann der Tod. Nicht so sehr der Tod als das mühsame Atmen, die Erstarrung und der eklige Blutbrei, in den man beim Versuch, wieder hochzukommen, mit den Händen faßt. Nicht so sehr der Tod als die Mühsal des Sterbens. Ich mußte an die Verzweiflung meines eigenen Erwachens den-

ken, als plötzlich der Durst, die Sonne und der Sand wieder lastend auf mich fielen, als ich das Leben wieder übernehmen mußte, diesen Traum, den man sich nicht wählen kann. Der Unteroffizier aber richtete sich auf, sah uns ins Gesicht und fragte:
»Es ist wohl soweit?«

In solchen Augenblicken zeigt sich der Mann, da entzieht er sich den Berechnungen der Logik. Unser Unteroffizier lächelte!
Woher kommt das wohl? Was schenkt in solchen Augenblicken Feststimmung?
Mir schießt die Erinnerung an eine Pariser Nacht als Gegenspiel durch den Kopf. Mermoz und ich hatten irgendeinen Gedenktag gefeiert und saßen bei Tagesgrauen in einer Bar. Wir hatten zuviel gesprochen, zuviel getrunken, uns unnötig ermüdet und waren davon angeekelt. Wie der Himmel fahl wurde, packte mich Mermoz plötzlich so heftig am Arm, daß ich seine Finger einzeln fühlte: »Denk doch, um diese Zeit in Dakar...!« Um diese Zeit in Dakar, da liefen die Monteure augenreibend umher und zogen die Hüllen von den Propellern, während die Flugzeugführer die Wetterwarte befragen gingen; da war die Erde nur von Kameraden bevölkert.
Schon gewann der Himmel Farbe, die Feier wurde bereitet – aber nicht für uns. Andere durften der Gefahr entgegengehen.
»Was für ein Schmutz ist das hier!«
Und du, Unteroffizier in Spanien, zu welchem Fest warst du geladen, das wert war, dafür zu sterben?

Er hatte mir seine Lebensgeschichte anvertraut. Er sagte, daß er ein kleiner Buchhalter in Barcelona war, wo er früher Zahlen aneinanderreihte, ohne sich um die Parteiungen in seinem Lande groß zu kümmern. Aber ein Kollege meldete sich freiwillig, dann noch einer, dann ein dritter. Das bewirkte bei ihm eine eigenartige Veränderung. Seine Arbeit erschien ihm sinnlos, seine Freuden und Sorgen überlebt, seine kleine Behaglichkeit vermottet. Alles das ging an der Hauptsache vorbei. Dann erfuhr er von dem Tod des einen, der bei Malaga fiel. Es war nicht etwa ein Freund, den er rächen wollte. Die Politik ließ ihn auch weiter kalt. Und dennoch ging die Nachricht von diesem Tod über sein enges Geschick dahin wie ein Windstoß über das Meer.

Er wechselte mit einem anderen Zurückgebliebenen Blicke:

»Gehen wir?«

»Ja, wir gehen!«

Und sie gingen.

Einige Gleichnisse scheinen mir die Erkenntnis gut auszusprechen, die mein spanischer Unteroffizier nicht in klare Worte zu kleiden vermochte, so gut er sie gefühlsmäßig verstand.

Wenn die Wildenten zur Flugzeit über das Land streichen, erzeugen sie sonderbare Wirkungen. Die zahmen Enten versuchen ungeschickte Sprünge, geheimnisvoll angezogen von dem großen Winkel, den der Schwarm da oben am Himmel bildet. Der wilde Schrei hat in ihnen eine Spur von Wildheit erweckt. Für eine Minute werden die Bauernenten wieder Zugvögel. In dem kleinen harten Vogelkopf, in dem nur bescheidene Bilder von Teichen, Würmern und Geflügelhöfen lebten, entwickeln sich Weiten von Erdteilen, Freude am freien Wind, an den Gestaltungen der Meere. Das Tier hat vorher keine Ahnung, daß in seinem Kopf Raum für so viele Wunder war. Nun schlägt es mit den Flügeln, verachtet die Körner und die Würmer und will eine Wildente sein.

Ich mußte auch an meine Gazellen denken. In Juby folgte ich der Mode und hatte eine Gazellenzucht. Wir hielten die Tiere in einem vergitterten Stall in freier Luft, denn Gazellen brauchen ungehinderten Luftstrom. Sie sind so wenig widerstandsfähig! Aber sie bleiben am Leben, wenn sie jung genug eingefangen worden sind, und fressen einem aus der Hand, lassen sich streicheln und stecken einem ihre feuchten Muffeln in die hohle Handfläche. Man könnte sie für völlig gezähmt halten. Nichts mehr läßt das unerforschliche Freiheitssehnen ahnen, das sonst die Gazellen lautlos verlöschen läßt und ihnen einen stillen Tod schenkt. Aber es kommt ein Tag, da findet man seine Tiere an der Wüstenseite des Verschlages, gegen den sie ihre kleinen Hörner stemmen, wie von Magneten angezogen. Sie wissen nicht, daß sie den Menschen fliehen; freundlich trinken sie die Milch, die er ihnen bringt, sie lassen sich streicheln und stecken noch zärtlicher ihre Muffeln in seine Hand. Kaum aber läßt er sie allein, da gibt es im Verschlag so etwas wie einen freudigen Galopp. Er führt aber nur zurück zum Gitter. Und wenn der Mensch sich nicht um sie kümmert, bleiben sie dort bis zum Tode. Sie versuchen nicht einmal, gegen die Schranken anzurennen. Sie lehnen nur die gesenkten Köpfe dagegen. Ist es der Ruf nach Liebe oder nur die Sehnsucht nach einem atemlosen Lauf durch die Weite? Sie wissen es selbst nicht. Ihre Augen waren ja noch nicht offen, als man sie einfing. Sie kennen die Freiheit so wenig wie die Witterung des Bockes. Aber der Mensch, der mehr von ihnen weiß als sie selbst, sieht deutlich, was sie suchen: die Welt und ihre Erfüllung darin. Sie wollen Gazellen sein und ihren Tanz tanzen. Sie wollen geradlinig dahinflüchten, hundert Kilometer in der Stunde, mit eingeschobenen Spähersätzen, die so aussehen, als ob der Sand da und dort Flammen emporschicke. Was kümmern sie sich um Schakale, wenn es die Wahrheit der Gazellen ist, in der Furcht zu leben, die allein ihnen Höchstleistungen abringt? Was kümmert sie der Löwe, wenn es ihre Wahrheit ist, unter der glühenden Sonne von seiner Pranke zerfleischt zu werden? Ihr Pfleger sieht sie und weiß, daß sie das Heimweh erfaßt hat, das Heimweh, die Sehnsucht nach dem unbekannten Ziel. Es ist wirklich ein Ziel, auch wenn wir keinen Namen dafür wissen.

Was fehlt uns Menschen?
Woher wußtest du denn, Unteroffizier, daß du nunmehr dein Leben nicht mehr verrietest? Sagte es dir der brüderliche Arm, der deinen schlafenden Kopf hochhob, das liebe-

volle Lächeln, das nicht bemitleidete, aber teilnahm? ›He, Kamerad!‹ Selbst einander beklagen, heißt immer noch, zu zweien sein, getrennt zu sein durch das Mitleid. Aber es gibt eine Größe der Beziehungen von Mensch zu Mensch, wo Dank und Mitleid ihren Sinn verlieren. Da atmet man auf wie ein befreiter Gefangener.

Wir erlebten diesen Grad des Einsseins besonders nachdrücklich zu einer Zeit, als wir sicherheitshalber die noch ununterworfenen Gebiete im Rio de Oro nie anders als in Geschwadern von zwei Flugzeugen überflogen. Da kam es nicht in Frage, daß der Schiffbrüchige seinem Retter dankte. Meist flogen sogar Grobheiten hin und her, wenn wir uns mit der Bergung der Postsäcke von dem zu Bruch gegangenen Flugzeug ins andere plagten: »Du dummer Kerl, an unserer Panne bist nur du schuld mit deiner Schnapsidee, in 2000 Meter Höhe zu fliegen, immer fest in den Gegenwind! Wärst du nur tiefer mit uns geflogen, wären wir schon in Port-Étienne.« Und der andere, der doch freiwillig sein Leben wagte, schämte sich, ein dummer Kerl zu sein. Wofür hätten wir uns auch bedanken sollen? Jeder hatte das Recht auf das Leben der anderen. Wir waren Äste am gleichen Baum. Und jeder war stolz auf seinen Retter!
Warum sollte auch der Kamerad, der den Unteroffizier zum Tode bereitete, ihn bemitleiden? Jeder trat für den anderen ein. In solchen Minuten merkt man, daß die Verbundenheit keine Worte braucht. Ich habe auch seine freiwillige Meldung so gut verstanden. Daheim war er arm, einsam nach der Arbeit, ohne ein wirkliches Heim. Hier fühlte er sich wachsen, hier fand er Anschluß ans Weltall. Der Ausgestoßene wurde von der Liebe empfangen.
Es ist gleichgültig, ob die großen Worte des Politikers, die ihn vielleicht erweckt hatten, ehrlich waren oder gar wahr. Wenn sie nur bei ihm als guter Samen aufgingen, dann waren sie schon, was er brauchte. Darüber kann sonst niemand urteilen. Nur der Boden erkennt die Güte der Saat.

3

Wenn uns ein außerhalb unseres Ichs liegendes gemeinsames Ziel mit anderen Menschen brüderlich verbindet, dann allein atmen wir frei. Die Erfahrung lehrt uns, daß Liebe nicht darin besteht, daß man einander ansieht, sondern daß man gemeinsam in gleicher Richtung blickt. Kameraden dürfen sich nur Menschen nennen, die in der gleichen Gruppe angeseilt demselben Gipfel entgegenstürmen, um ihn gemeinsam zu erreichen. Warum beglückt es uns so tief, wenn wir in unserem Zeitalter der größten Bequemlichkeit in der Wüste die letzten Lebensmittel miteinander teilen konnten? Die andersartigen Voraussagen der Gesellschaftswissenschaft müssen dagegen verstummen. Allen denen, die die große Freude einer Flugzeugbergung in der Sahara erlebt haben, scheint jedes andere Vergnügen höchst mittelmäßig.
Das ist vielleicht der Grund, weswegen die Welt um uns in den Fugen kracht. Jeder begeistert sich für einen Glauben, der ihm seine Erfüllung gewährleisten soll. Aus allen spricht der gleiche Trieb, wenn sich auch die Losungsworte widersprechen. Jeder will aus anderen Überlegungen heraus einen anderen Weg gehen. Über das eigentliche Ziel aber besteht keine Meinungsverschiedenheit. Es leuchtet über allen politischen, kirchlichen, weltanschaulichen und anderen Bestrebungen.
Das müssen wir verstehen, dann wundern wir uns über nichts mehr. Ein Mensch, der von dem schlafenden Unbekannten in sich nichts wußte, kann sein Erwachen zufällig irgendwo in einer revolutionären Versammlung spüren, weil ihn der Gedanke des Opfers, der wechselseitigen Hilfe, eines starren Bildes der Gerechtigkeit aufrüttelt. Der Mann wird dann nur noch eine Wahrheit kennen, die Wahrheit dieser revolutionären Gruppe. Wer aber einmal auf Wache zog, um ein Völkchen von kleinen knienden Nonnen in den Klöstern Spaniens zu schützen, der wird freudig für die Kirche sterben.
Wenn man Mermoz entgegengehalten hätte, daß er verblen-

det gewesen sei, als er mit siegesgeschwelltem Herzen den chilenischen Absturz der Anden hinabflog, daß doch einige Geschäftsbriefe den Einsatz seines Lebens nicht wert wären, dann hätte er nur gelacht. Der Einsatz galt der Geburt des Menschen in ihm, die vollendet war, als er den Kamm der Anden bezwang.

Wenn man einen Menschen, der den Krieg bejaht, von der Entsetzlichkeit des Krieges überzeugen will, darf man ihn nicht Rohling schimpfen; man muß ihn zu verstehen suchen. Um das zu tun, braucht man sich nur einmal in die Seele eines Hauptmanns des Südheeres zu versetzen, der im Rifkriege einen weit vorgeschobenen Posten befehligte, der als Keil zwischen zwei aufständische Berglandschaften getrieben war. Eines Tages erhielt er den Besuch von Unterhändlern aus den westlichen Bergen. Freund und Feind saßen gerade beim Tee, wie sich das gehört, als eine starke Schießerei losging. Die Stämme aus dem östlichen Bergland griffen den Posten an. Da sagten die feindlichen Unterhändler zu dem Hauptmann, der sie vor die Tür setzen wollte, um bei seiner Verteidigung unbehindert zu sein: »Heute sind wir deine Gäste. Gott erlaubt nicht, daß wir dich verlassen.« Sie kämpften auch wirklich Schulter an Schulter mit ihm, taten das ihre, den Posten zu retten, und stiegen nachher in ihre Adlernester hinauf.

Als nun aber der Tag herankam, an dem sie ihrerseits den Angriff unternahmen, schickten sie Abgesandte zum Hauptmann.

Es entspann sich folgendes Gespräch:

»Neulich haben wir dir geholfen.«

»Gewiß!«

»Wir haben für dich dreihundert Patronen verschossen.«

»Gewiß!«

»Da wäre es recht und billig, wenn du sie uns wiedergibst.«

Und der Hauptmann fühlt sich zu groß, um einen Vorteil auszunutzen, den ihm die vornehme Gesinnung anderer verschafft. Er gibt ihnen die Patronen wieder, die sie morgen gegen ihn verwenden werden.

Für den Menschen gibt es nur eine Wahrheit, das ist die, die aus ihm einen Menschen macht. Wer die Würde solcher Beziehungen, die Ehrlichkeit des Spiels, die wechselseitige Hochachtung, deren Pfand das Leben ist, mit einem Worte: die ihm durch den Krieg gebotene Erhebung erwägt, der kann nur ein verächtliches Mitleid für den Völkerverbrüderer spüren, der seine Verbundenheit mit denselben Arabern bekundet, indem er ihnen mit großer Gebärde auf die Schulter schlägt, der sie demütigt, indem er ihnen schmeichelt. In diesem Falle hätte der Soldat recht. Aber auch derjenige, der den Krieg verabscheut, hat recht.

Wenn wir den Menschen und seine Bedürfnisse in ihrem wesentlichsten Kern verstehen wollen, dürfen wir nicht die Beweisgründe für die verschiedenen Wahrheiten einander gegenüberstellen. Gewiß, ihr habt recht – alle haben recht. Mit Logik kann man alles beweisen. Auch der hat recht, der alle Mißstände der Welt den Buckligen zur Last legt; zweifellos begehen auch die Buckligen Verbrechen. Und ein Krieg gegen die Buckligen gäbe uns Gelegenheit zur Begeisterung. Wenn wir das Wesentliche erkennen wollen, müssen wir für einen Augenblick die Parteiungen vergessen. Sobald wir uns nämlich auf die einlassen, spinnen wir uns in einen Koran »ewiger Wahrheiten« ein, und mörderischer Fanatismus ist die notwendige Folge davon. Man kann die Menschen in Linksgerichtete und Rechtsgerichtete, in Bucklige und Nichtbucklige, in Demokraten und Nichtdemokraten einteilen, und diese Gruppenbildungen sind logisch unanfechtbar. Aber die Wahrheit muß die Welt deuten und nicht ins Chaos stürzen. Wahrheit ist eine Sprache, die Allgültiges sagt. Newton hat nicht etwa ein lange unerkanntes Gesetz »entdeckt«, wie man etwa ein Rätsel löst, in dem die Antwort schon steckt. Seine Tat ist viel schöpferischer. Er hat ein Stück menschlicher Sprache geschaffen, das den Fall eines Apfels und den Lauf der Sonne zu erfassen erlaubt. Wahrheit besteht nicht in Beweisen, sie besteht im Zurückführen auf die letzte Einfachheit.

Was nützt es, Ideologien zu erörtern? Alle lassen sich beweisen, aber alle widersprechen einander. Weltanschauliche Aussprachen können einen am Heil der Menschheit verzweifeln lassen, wo doch alle Menschen ringsum das gleiche ersehnen.

Wir wollen befreit werden, das ist es. Wer einen Spatenstich tut, will wissen wofür. Der Spatenstich des Strafgefangenen ist entehrend und hat nichts gemein mit dem Spatenstich des Goldsuchers, der ihn adelt. Das Zuchthaus ist nicht überall, wo Spaten in die Erde getrieben werden – körperliche Arbeit ist kein Schrecknis –, es ist nur da, wo Spatenstiche ohne Sinn getan werden, Spatenstiche, die den Menschen nicht an die Gemeinschaft der Menschen binden.

Dem Zuchthaus wollen wir entfliehen.

Zweihundert Millionen Menschen in Europa haben keinen Sinn in ihrem Leben und wollen geboren werden. Die Industrie hat sie der bäuerlichen Sippe entzogen und sie in riesige Gettos gebannt, die aussehen wie lange Zeilen rußiger Bahnwagen auf den Geleisen eines Verschiebebahnhofs. Aus diesen Arbeiterstädten wollen sie erweckt werden.

Es gibt allzu viele, die in das Räderwerk der Berufe geschmiedet sind, denen alle Freuden des Bahnbrechers, des Gläubigen, des Wissenden versagt sind. Man meinte, es genüge, sie zu bekleiden, zu nähren und sonstige Bedürfnisse zu befriedigen, um sie groß zu machen. Man hat auf diese Weise nur den kleinen Spießer, den Kannegießer und den Maschinenmenschen großgezogen. Man bildet sie aus, statt sie zu unterrichten. Eine armselige Auffassung der Kultur greift um sich, die im Formelgedächtnis das Höchste sieht. Ein mäßiger Schüler der Maschinenbauschule weiß mehr von der Natur und ihren Gesetzen, als seinerzeit Descartes und Pascal wußten. Ist er aber des geistigen Aufschwunges dieser Großen fähig?

Wir fühlen alle mehr oder minder deutlich eine Sehnsucht nach der wirklichen Geburt. Aber uns allen drohen trügerische Lösungen. Man kann die Menschen ja auch aufwecken, indem man sie in Uniformen steckt. Dann singen sie ihre Kampflieder und teilen ihr Brot als Kameraden miteinander. Dann erfüllt sich ihr Suchen, und sie wähnen, das große Einheitsleben zu kosten, allgültig und allverbunden. Aber an dem Brot, das man ihnen bietet, müssen sie sterben... Man kann Götzen von einst ausgraben und alte wirksame Mythen beleben, die Zauberlehren des Alldeutschtums oder des Heiligen Römischen Reiches. Man kann die Deutschen trunken machen mit dem Stolz, Volksgenossen Beethovens zu sein. Bis zum Straßenkehrer kann man sie berauschen, und das ist leichter, als aus einem Straßenkehrer einen Beethoven zu machen.

Aber das sind fleischfressende Götter. Wer für die Fortschritte von Forschung oder Seuchenbekämpfung stirbt, dient dem Leben. Vielleicht war es auch früher einmal schön, für die Erweiterung eines Landes zu sterben. Es ist heute nicht mehr damit getan, einiges Blut zu opfern, um die Rasse im ganzen wieder aufzufrischen. Seitdem der Krieg mit Flugzeugen und Kampfstoffen geführt wird, ist aus dem Aderlaß eine Amputation geworden. Jeder der Gegner hockt hinter seinen Betonmauern, jeder schleudert, weil er nichts Besseres vermag, Nacht für Nacht seine Flugzeuggeschwader hinüber, die den andern ins Eingeweide treffen, seine lebenswichtigen Zentren mit Bomben belegen, seine Produktionsstätten und seine Verkehrswege lähmen. Derjenige, der als letzter zugrunde geht, ist der Sieger. Aber schließlich verkommen sie alle beide.

In einer Welt, die öde geworden war, sehnten wir uns nach Kameradschaft. Das wunderbare Erlebnis, mit Kameraden das Brot zu teilen, hat uns dazu geführt, eine soldatische Weltanschauung anzunehmen. Aber der Krieg ist dazu nicht nötig. Auch ohne ihn kann man die Empfindung von Schultern in naher Fühlung genießen, die dem gleichen Ziele zustreben. Der Krieg betrügt uns: denn der Haß erhöht das Hochgefühl des Kampfes nicht. Wozu Haß? Wir sind alle

Schicksalsgefährten, vom gleichen Stern durch den Raum getragen. Wir sind die Mannschaft eines Schiffes. Und wenn die Gegensätze der Kulturen wertvoller sind, weil sie immer neue Mischungen erlauben, so ist es ungeheuerlich, daß sie einander vernichten.

Zu unserer Befreiung genügt es, daß man uns dazu verhilft, ein Ziel zu erkennen, das uns mit anderen Menschen verbindet. Da können wir ebensogut ein Ziel suchen, das uns alle vereint. Dem Arzt fällt es bei seinem Rundgang nicht ein, die Klagen eines Kranken anzuhören; er untersucht ihn und heilt den Menschen in ihm. Darum spricht der Arzt eine allgültige Sprache. Dasselbe tut der Physiker, wenn er seine fast übersinnlichen Gleichungen aufbaut, in denen er zugleich Atome und Weltnebel erfaßt. So geht das weiter bis zum einfachen Hirten. Wer noch so bescheiden einige Schafe unter dem nächtlichen Sternenhimmel hütet, wird merken, daß er mehr ist als ein Diener. Wenn er sich seiner Rolle bewußt wird, kann er sich nur noch als Schildwache fühlen. Und jede Wache ist verantwortlich für das Heil des ganzen Reiches.

Ihr glaubt wohl nicht, daß der einfache Hirte sich seiner Rolle bewußt werden will? Nun, ich sah in einer spanischen Linie einen Unterrichtskursus, fünfhundert Meter hinter den Schützengräben. Dort trug in der Deckung einer Mauer auf einem Hügel ein Gefreiter Pflanzenkunde vor. Er zerlegte in der Hand die zarten Teile eines Klatschmohns. Er lockte die bärtigen Pilger zu sich, die ringsum ihren Schlamm verließen und trotz Granateinschlägen zu ihm wallfahrteten. Sie saßen im Türkensitz um ihn im Kreis und hörten zu. Sie stützten das bärtige Kinn auf die Faust, sie runzelten die Augenbrauen, sie bissen die Zähne zusammen und verstanden nicht viel von dem Vortrag. Aber man hatte ihnen gesagt: ›Ihr seid vertiert, ihr kommt nie aus euern Löchern heraus, ihr müßt wieder Anschluß an das Menschliche finden.‹ Und so strebten sie denn mit schweren Schritten menschlicher Bildung zu.

Wir können nur dann in Frieden leben und in Frieden sterben, wenn wir uns unserer Rolle ganz bewußt werden, und sei diese auch noch so unbedeutend und unausgesprochen. Das allein macht glücklich.

Was aber dem Leben Sinn verleiht, gibt auch dem Tod Sinn. Es ist leicht zu sterben, wenn es in der Ordnung der Dinge liegt. Es ist nicht so schwer für den Bauer aus der Provence, wenn er am Ende seines Waltens seinen Besitz an Ziegen und Ölbäumen seinen Söhnen übergibt, damit diese ihn einst den Kindern ihrer Kinder weiterreichen. In einer Bauernsippe stirbt man niemals ganz. Jedes Leben zerspringt wie eine Schote, die ihre Körner abgibt.

Einst stand ich drei Bauern zur Seite, die am Totenbett ihrer Mutter versammelt waren. Gewiß, es war schmerzlich. Zum zweiten Male wurde die Nabelschnur zerrissen; zum zweiten Male löste sich ein Band, das eine Generation an die folgende knüpft. Die drei Söhne entdeckten, wie allein sie plötzlich auf der Welt standen. Sie mußten ganz umlernen. Der Familientisch war gelöst, der selbstverständliche Treffpunkt aller an Festtagen fehlte, denn die Achse war weggenommen, um die sich alles sammelte. Aber zugleich machte ich doch die Entdeckung, daß das Leben zum zweiten Male geschenkt werden kann. Jeder der Söhne war nun selbst ein Sippenhaupt bis zu der Stunde, wo er das Amt an die kleine Schar, die jetzt schon draußen auf dem Hof spielte, weitergeben durfte.

Ich sah auf die Mutter. Es war eine alte Bäuerin mit einem friedlichen und harten Gesicht mit strengen Lippen. Das Antlitz war wie eine steinerne Maske. In den Zügen der Söhne fand es sich wieder; die Maske hatte gedient, andere Gesichter zu prägen, und dieser Körper hatte andere Körper geprägt. Da standen drei stattliche Männer. Sie aber lag da, gebrochen, wie ein abgebauter Erzgang. Doch die Kinder, Söhne wie Töchter, würden wieder Menschenkinder prägen. Dem Bauernhof ist der Tod fremd. La mère est morte, vive la mère!

Gewiß ist es ein bewegendes Bild, wenn die schönen Menschen der Sippe einer nach dem anderen im schlohweißen Haar am Wege liegenbleiben. Aber das Bild ist von erhebender Schlichtheit, weil die Sippe durch diesen Gestaltenwechsel von Geschlecht zu Geschlecht einer höheren Wahrheit entgegenwandert.

Darum schien mir in der Glocke des kleinen Dorfes, die am Abend den Tod der Bäuerin einläutete, nichts von Jammer und Verzweiflung zu klingen, sondern nur stille und zärtliche Trauer. Mit gleicher Stimme feiert sie ja Taufe und Begräbnis. Sie meldete den Übergang von einer Generation zur anderen.

Tiefer Friede ging von der Vermählung eines alten Menschen mit der Erde aus.

Der Schatz, der von Geschlecht zu Geschlecht weitergegeben wird, der dabei langsam wächst wie ein Baum, das ist das Leben, das Bewußtsein seiner selbst. Welch geheimnisvolle Ahnenreihe haben wir doch: glühende Lava, Sternenmasse, eine erste Zelle sind Keime des Wunders, dem wir entstammen.

Langsam sind wir so weit gestiegen, daß wir Symphonien schaffen und Sterne wägen.

Die Mutter hatte nicht nur das Leben weitergegeben, sie hatte ihren Kindern auch eine Sprache mitgeteilt, die eine in Jahrhunderten langsam gewordene Fracht darstellt, ihr geistiges Erbgut enthält. Sie selbst hatte sie einst zu Lehen erhalten, einen kleinen Vorrat von Überlieferungen, von Weltanschauung und Mythos, der den einzigen Unterschied Shakespeares und Newtons gegenüber dem tierischen Höhlenmenschen ausmacht.

Unser Werden ist noch nicht vollendet, solange wir Hunger spüren, eben den Hunger, der die spanischen Soldaten unter dem Feuer zu einem Pflanzenkundekursus trieb, der Mermoz auf den Südatlantik führte, anderen ihre Gedichte eingibt. Darum müssen wir uns unserer selbst und der Welt bewußt werden. Die Losung lautet: Sturmleitern an die

Nacht legen! Nur die kennen diesen Kampfeseifer nicht, die ihre Weisheit aus einer Gleichgültigkeit ziehen, die sie für lebensklug und ihnen förderlich halten. Aber alles gibt ihnen unrecht.

Ihr, meine Kameraden, bezeugt es mir: in welchen Stunden haben wir uns glücklich gefühlt?

4

Auf den letzten Seiten meines Buches muß ich noch einmal auf die Beamtenseelen zurückkommen, die uns am Morgen unseres ersten Fluges das Geleit gaben, auf dem wir die Menschheitsweihe empfangen wollten und erwählt wurden. Sie waren Wesen unseresgleichen. Sie ahnten nur nicht, daß sie Hunger hatten.

Es sind ihrer zu viele, die man schlafen läßt.

Vor einigen Jahren befand ich mich auf einer langen Reise, und mir kam die Lust, die fahrende Heimat anzusehen, der ich mich auf drei Tage verschrieben hatte. Ich erhob mich also in dem Lärm, der dem Geräusch des rollenden Schuttes in der Meeresbrandung gleicht, und ging um ein Uhr nachts durch den ganzen Zug.

Die Schlafwagen waren leer, die Wagen erster Klasse gleichfalls, aber die Wagen der dritten beherbergten Hunderte polnischer Arbeiter, die aus Frankreich abgeschoben wurden und ihrer Heimat zufuhren. Ich mußte in den Gängen über schlafende Menschen hinwegschreiten. Ich blieb stehen, um sie zu betrachten. Unter der dürftigen Nachtbeleuchtung in dem großen, ungeteilten Wagen, der einem Massenlager glich, einem Kasernenraum oder einer Polizeiwache, sah ich ein ganzes Volk, geschüttelt von den Bewegungen des Schnellzuges, ein ganzes Volk, getaucht in böse Träume, auf dem Wege zu entsetzlicher Armut. Dicke, kurzgeschorene Köpfe rollten auf dem Holz der Bänke; Männer, Frauen und Kinder wälzten sich unruhig, als ob all der Lärm sie feindselig

angriffe, als ob die Stöße sie aus ihrem Vergessen aufrüttelten. Sie hatten alle nicht die Gastlichkeit guten Schlafs gefunden.
Es schien mir, als hätten sie etwas von ihrem Menschentum eingebüßt, wie sie so von den Wirtschaftsschwankungen von einem Ende Europas zum anderen gefegt wurden. Man hatte ihnen das kleine Haus in Nordfrankreich mit seinem winzigen Garten und den drei Geraniumtöpfen entrissen, die ich früher so manches Mal an den Fenstern der polnischen Kumpel gesehen habe. In schlecht verschnürten, verbeulten, klaffenden Bündeln hatten sie nur eben ihr Küchenzeug, ihre Decken und Vorhänge verpackt. Alles andere, was während der vier oder fünf Jahre ihres Aufenthalts in Frankreich ihr Glück und Trost war, die Katze, der Hund, die Geranien, mußte zurückbleiben, und nur die Schüsselsätze der Küche gingen mit.
Eine Mutter stillte ihr Kind. Sie war so erschöpft, daß man meinen konnte, sie schliefe. Das Leben ging in diesem Wagen in Widersinn und Unordnung weiter. Ich sah auf den Vater: ein nackter, schwerer Schädel wie ein Stein, ein Körper, der sich im unbequemen Schlaf krümmte und in Arbeitskleidern steckte, die abgetragen und zerknüllt waren.
Wie ein Lehmkloß sah er aus.
Ich mußte bei mir denken: ›Nicht die Armut, nicht der Schmutz und die Häßlichkeit sind hier die große Frage. Aber dieser Mann und diese Frau haben sich doch eines Tages kennengelernt. Damals hat er ihr doch sicher zugelächelt, er hat ihr nach der Arbeit Blumen gebracht. Vielleicht war er ein wenig schüchtern und linkisch und hatte Angst, sie könnte ihn verschmähen. Die Frau hat sich vielleicht in natürlicher Koketterie und Anmut den Spaß gemacht, ihn in Unruhe zu halten. Er aber, der jetzt nur noch ein Hammer und eine Bohrmaschine ist, fühlte damals in seinem Herzen eine beglückende Angst.‹ Das entsetzliche Geheimnis drückte mich, wie diese Menschen solche Lehmklöße werden konnten. In welche furchtbare Form sind sie gepreßt worden, aus der sie wie vom Treibhammer zerbeult herauskommen? Ein

alterndes Tier behält doch Anmut. Warum ist dieser herrliche menschliche Ton von seinem Töpfer verdorben worden? Und weiter und weiter fuhr ich unter diesem Volk, dessen Schlaf die Unrast einer Nachtwirtschaft an sich trug. Ein dumpfer Lärm mischte sich aus rauhem Schnarchen, unterdrückten Klagen und dem Schlürfen der Schuhe auf der Bank, sooft einmal einer auf der anderen Seite zu liegen versuchte, wenn die eine lahm und zerschlagen war. Dazu klang als ständige Begleitung das Rasseln des Schnellzuges, das dem Geräusch des rollenden Schuttes in der Meeresbrandung gleicht.

Ich setzte mich einem Paar gegenüber. Zwischen Mann und Frau hatte sich das Kind ein Nestchen gebaut, so gut es ging, und schlief. Einmal wendete es sich doch im Schlaf, und sein Gesichtchen erschien mir im Licht der Nachtbeleuchtung. Welch liebliches Gesicht! Diesem Paar war eine goldene Frucht geboren; aus den schwerfälligen Lumpen war eine Vollendung von Anmut und Lieblichkeit entsprungen. Ich beugte mich über die glatte Stirn, die feingeschwungenen Lippen und sah: das ist ein Musikerkopf – das ist Mozart als Kind, eine herrliche Verheißung an das Leben! So sind nur die kleinen Prinzen im Märchen. Was könnte aus diesem Kind, wenn es behütet, umhegt, gefördert würde, alles werden! – Wenn in einem Garten durch Artwechsel eine neue Rose entsteht, faßt alle Gärtner größte Aufregung. Man verwahrt die Rose, man pflegt sie, man tut alles für sie. Aber für die Menschen gibt es keinen Gärtner. Das Kind Mozart wird wie alle anderen vom Hammer zerbeult. Vielleicht empfängt es einst seine höchsten Wonnen von einer entarteten Musik in der stickigen Luft eines Nachtcafés.

Mozart ist zum Tode verurteilt.

Ich kehrte in mein Abteil zurück, und meine Gedanken gingen mit: ›Diese Leute leiden gar nicht unter ihrem Los. Nicht Nächstenliebe bewegt mich hier. Ich will mich nicht über eine nie verheilende Wunde erbarmen; denn die Menschen, die sie am Leibe tragen, fühlen sie nicht. Aber das Menschliche ist hier beleidigt, nicht der einzelne Mensch. An Mitleid glaube ich nicht, aber ich sehe die Menschen an wie ein Gärtner. Darum quält mich nicht die tiefe Armut, in der man sich schließlich ebensogut zurechtfindet wie in der Faulheit. Generationen von Morgenländern leben im Schmutz und fühlen sich wohl dabei.‹ Mich quält etwas, was die Volksküchen nicht beseitigen können. Nicht Beulen und Falten und alle Häßlichkeit; mich bedrückt, daß in jedem dieser Menschen etwas von einem ermordeten Mozart steckt.

Nur der Geist, wenn er den Lehm behaucht, kann den *Menschen* erschaffen.

FLUG NACH ARRAS

Herrn Major Alias, allen meinen Kameraden der Fernaufklärergruppe 2/33, insbesondere dem Beobachter-Hauptmann Moreau und den Beobachter-Oberleutnanten Azambre und Dutertre, die nacheinander meine Bordkameraden im Laufe aller meiner Kriegseinsätze im Feldzug 1939/40 gewesen sind, in lebenslänglicher, treuer Freundschaft.

I

Kein Zweifel: Ich träume. Ich bin wieder auf dem Pennal, ein Junge von fünfzehn Jahren. Ich sitze brav über meiner Geometrieaufgabe. Ich stütze mich auf den schwarzen Arbeitstisch und hantiere eifrig, friedlich mit Zirkel, Lineal und Winkelmesser. Kameraden plaudern leise neben mir. Einer schreibt Zahlenreihen an die schwarze Wandtafel. Andere, weniger arbeitsam, spielen Bridge. Von Zeit zu Zeit vertiefe ich mich weiter in meinen Traum und werfe einen Blick zum Fenster hinaus. Ein Baum schwankt leise im Sonnenlicht. Lang schaue ich ihm zu, ich bin wenig bei der Sache... Beglückt spüre ich die Sonne von damals, koste jenen Geruch der Kindheit, der von Pult, Kreide und Schultafel ausströmt. Mit welcher Wonne kapsele ich mich in jene wohlbehütete Kinderzeit ein! Ich weiß es nur zu gut: mit dem Kindsein fängt es an, dem Gymnasium, den Kameraden, dann kommt der Tag, da heißt es Examina bestehen, da bekommst du dein Abgangszeugnis. Beklommenen Herzens gehst du durch eine gewisse Pforte, dahinter bist du dann auf einmal ein Mann. Dann lastet dein Schritt gewichtiger auf der Erde, du gehst schon deinen eigenen Lebensweg. Die allerersten Schritte. Schließlich versuchst du deine Waffen an richtigen Gegnern. Lineal, Winkelmaß und Zirkel, die brauchst du nun und baust dir damit eine Welt oder triumphierst mit ihnen über deine Feinde. Aus ist das Spiel!

Ich weiß schon: sonst hat ein Pennäler keine Angst, es mit dem Leben aufzunehmen. Er brennt vor Ungeduld. Qualen, Gefahren, Bitternisse des Lebens als Mann schrecken keinen Pennäler.

Doch ich bin ein ganz merkwürdiger Kerl von einem Pennäler. Ich bin einer, der weiß um sein Glück und hat es gar nicht eilig, es mit dem Leben aufzunehmen.

Da geht Dutertre. Ich rufe ihn.

»Setz dich her, wir spielen uns eins...«

Wie glücklich bin ich, wenn ich ihm sein Pique-As hole. Dutertre sitzt mir gegenüber auch auf so einem schwarzen Arbeitstisch wie meiner und läßt die Beine baumeln. Er grinst. Ich lächle stillvergnügt. Pénicot kommt dazu und legt den Arm um meine Schulter: »Na, Alter?«

Mein Gott! Wie warm wird mir dabei!

Einer von der Aufsicht – ist es auch wirklich einer?... – öffnet die Tür und ruft zwei Kameraden heraus. Sie legen Lineal und Zirkel hin, stehen auf und gehen. Wir sehen ihnen nach. Für sie ist die Schule aus. Sie werden ins Leben entlassen, werden ihr Wissen anwenden. Als Männer werden sie an ihren Gegnern das Fazit ihres Rechnens erproben. Was für eine merkwürdige Schule, einer nach dem andern verläßt sie! Ohne groß Abschied zu nehmen. Eben die beiden Kameraden haben nicht einmal zu uns hingesehen. Dabei wirbelt sie der Zufall im Leben vielleicht weiter weg als nach China. So viel weiter! Wenn das Leben die Männer nach der Schule zerstreut, sind sie dann so sicher, sich wiederzusehen?

Und wir, die in der wohligen, friedlichen Wärme zurückbleiben, wir senken die Köpfe...

»Hör doch, Dutertre, heute abend...«

Doch dieselbe Tür öffnet sich ein zweites Mal. Ich höre wie einen Vollstreckungsbefehl:

»Hauptmann de Saint-Exupéry und Oberleutnant Dutertre zum Kommandeur!«

Aus ist die Schule. Das Leben beginnt.

»Du, hast du gewußt, daß wir jetzt dran sind?«

»Pénicot ist heute morgen geflogen.«

Zweifellos fliegen wir in besonderem Auftrag, da wir gerufen werden. Es ist Ende Mai 1940, mitten im Rückzug, im vollen Zusammenbruch. Besatzungen werden geopfert, als gösse man glasweise Wasser in einen Waldbrand. Wie soll einer die einzelne Gefahr auch abwägen, da alles zusammenbricht? Für ganz Frankreich sind wir noch fünfzig Fernaufklärer-Besatzungen. Fünfzig Besatzungen zu je drei Mann. Davon haben wir dreiundzwanzig in unserer Gruppe 2/33. In drei Wochen haben wir siebzehn von unseren dreiundzwanzig Besatzungen verloren. Wie Wachs in der Sonne sind wir zusammengeschmolzen. Gestern habe ich zu Oberleutnant Gavoille gesagt:

»Erst nach dem Kriege werden wir dahinterkommen.«

Und Oberleutnant Gavoille hat mir geantwortet:

»Sie denken doch wohl nicht, diesen Krieg zu überleben, Herr Hauptmann?«

Gavoille spaßte nicht. Wir wissen nur zu gut, daß gar nichts anderes übrigbleibt, als uns in den Brand zu schleudern, so nutzlos die Geste auch sein mag. Wir sind fünfzig für ganz Frankreich. Auf unseren Schultern ruht die gesamte Kampfführung der französischen Armee! Ein riesiger Wald brennt lichterloh, und zum Löschen stehen nur ein paar Glas Wasser zur Verfügung: Sie werden geopfert.

Ist ganz in der Ordnung. Wer denkt daran, sich zu beklagen? Hat die Antwort je anders gelautet als: ›Jawohl, Herr Major. Gewiß, Herr Major. Vielen Dank, Herr Major. Verstanden, Herr Major.‹ Doch im Laufe dieses zu Ende gehenden Krieges überwiegt ein Eindruck alle andern, der des Absurden. Rings um uns kracht alles. Alles bricht zusammen. Das ist so allgemein, daß selbst der Tod einem absurd vorkommt. Er hat nicht den rechten Ernst in diesem Durcheinander...

Wir treten bei Kommandeur Alias ein. – Er befehligt heute noch in Tunis dieselbe Gruppe 2/33. –

»Guten Morgen, Saint-Ex. Guten Morgen, Dutertre. Nehmen Sie Platz!«

Wir setzen uns. Der Kommandeur breitet auf dem Tisch eine Karte aus und wendet sich an die Ordonnanz:

»Holen Sie mir den Wetterbericht.«

Dann trommelt er mit dem Bleistift auf den Tisch. Ich beobachte ihn. Er ist übermüdet. Er hat nicht geschlafen. Auf der Suche nach einem sagenhaften Stab, dem Divisionsstab, dem Geschwaderstab ist er mit seinem Wagen kreuz und quer im Gelände herumgefahren... Er hat versucht, gegen die Nachschublager anzugehen, die keine Ersatzteile lieferten. Auf der Straße ist er in heillose Verstopfungen hineingeraten. Er hat auch unsere letzte Verlagerung geleitet, unseren letzten Platz bezogen; denn wir ändern unsern Standort wie arme Teufel, hinter denen der Vollstreckungsbeamte unerbittlich her ist. Jedesmal noch hat Alias seine Flugzeuge, seine Lastwagen und zehn Tonnen Material retten können. Wir ahnen jedoch, daß er am Ende seiner Kräfte, seiner Reserven ist.

»Also, folgendes...«

Er trommelt immer noch auf den Tisch und sieht an uns vorbei.

»Es ist sehr unangenehm...«

Dann zuckt er mit den Schultern.

»Ein unangenehmer Auftrag. Beim Stab legen sie aber Wert darauf. Großen Wert sogar. Ich habe dagegen geredet, aber sie lassen nicht davon ab... Es ist nun mal so.«

Dutertre und ich sehen durchs Fenster einen ruhigen Himmel. Ich höre die Hühner gackern, denn das Geschäftszimmer des Kommandeurs ist in einem Bauernhof, die Nachrichtenstelle in einer Schule eingerichtet. Ich kann den Sommer, die Früchte, die reifen, die Küken, die wachsen, das Korn, das sich streckt, nicht gegen den Tod anführen, der uns naht. Ich verstehe nicht, wieso die sommerliche Ruhe zum Sterben nicht passen will, auch nicht, wieso das süße Leben zur Ironie wird. Doch eines wird mir undeutlich bewußt: dies ist ein Sommer, der aus dem Geleise geriet, der eine Panne bekam... Ich habe verlassene Dreschmaschinen, verlassene Mähbinder gesehen. In den Straßengräben aufgegebene Wagen, die eine Panne hatten. Verlassene Dörfer. Dort lief in einem menschenleeren Dorf der Brunnen weiter. Das klare Wasser wurde zur Pfütze und hatte die Menschen doch soviel Mühe gekostet. Plötzlich kommt mir ein absurdes Bild: die Uhren, die stehengeblieben sind. Alle die Uhren, die nicht mehr gehen. Kirchturmuhren in den Dörfern, Bahnhofsuhren, Wanduhren über dem Kamin in den leeren Häusern. Auch im Schaufenster des Uhrmachers, der geflüchtet war, all die Gerippe toter Uhren. So ist der Krieg. ... Keiner zieht die Uhren mehr auf. Keiner erntet die Rüben, keiner setzt die Wagen instand. Und das Wasser, das aufgespeichert wurde, um den Durst zu löschen oder herrliche Spitzen vom ländlichen Sonntagsstaat zu bleichen, wird zur Pfütze vor der Kirche. Und es heißt sterben, jetzt zur Sommerszeit...

Mir ist, als wäre ich krank. Eben sagt der Arzt zu mir: ›Es ist sehr unangenehm...‹ Eigentlich müßte ich an den Notar, an die Hinterbliebenen denken. Dutertre und ich haben jedenfalls verstanden, daß es sich um einen Auftrag auf Leben und Tod handelt:

»Unter den jetzigen Umständen«, schließt der Kommandeur, »kann man sich um das Gefahrenmoment nicht allzusehr kümmern...«

Gewiß. Man kann »nicht allzusehr«. Und jeder hat recht. Wir, die melancholisch werden, auch der Kommandeur, dem nicht recht wohl ist. Auch der Stab, der seine Befehle gibt. Der Kommandeur ist verdrießlich, weil seine Befehle absurd sind. Wir wissen es auch, der Stab weiß es sogar selber. Er befiehlt; denn es muß befohlen werden. Im Kriege gibt der Stab eben seine Befehle. Er vertraut sie schmucken Kavalleristen oder zeitgemäßen Motorfahrern an. Da, wo Durcheinander und Verzweiflung herrschen, springt dann ein jeder von den schmucken Reitern vom dampfenden Roß. Er weist die Zukunft, wie der Stern der Weisen. Er bringt die Wahrheit. Und die Befehle rücken die Welt wieder zurecht.

So sieht der Krieg, das farbige Phantasiegemälde des Krieges aus. Und jeder strengt sich an, so gut er kann, damit dieser Krieg dem wahren Kriege gleicht. Gewissenhaft bemüht sich ein jeder, die Spielregeln brav einzuhalten. Vielleicht kommt es dahin, daß dieser Krieg doch noch einem richtigen Krieg ähnlich wird. Und eben damit er einem wirklichen Kriege gleicht, werden ohne genaues Ziel Besatzungen geopfert. Keiner gibt sich selbst zu, daß dieser Krieg mit nichts zu vergleichen ist, daß an ihm alles sinnlos ist, kein Schema auf ihn paßt, daß in allem Ernst an Fäden gezogen wird, die nicht mehr zu den Marionetten führen. Pflichtgemäß erlassen die Stäbe ihre Befehle, die nie an Ort und Stelle eintreffen. Sie verlangen Erkundungen von uns, die unmöglich einzuholen sind. Die Fliegerei kann nicht die Aufgabe übernehmen, den Stäben den Krieg zu erklären. Mit Hilfe ihrer Beobachtungen kann die Fliegerei zwar Annahmen nachprüfen; hier gibt es aber gar keine Annahmen mehr. Dabei verlangt man von etwa fünfzig Besatzungen in allem Ernst, sie sollten das Gesicht eines Krieges verändern, der gar keines hat. Sie wenden sich an uns wie an ein Volk von Wahrsagern. Ich betrachte Dutertre, meinen Beobachtungs-Wahrsager. Gestern wandte er einem Obersten von der Division ein: »Und wie soll ich Ihnen zehn Meter über dem Boden bei fünfhundert Kilometern Geschwindigkeit in der Stunde die Stellungen ausfindig machen?« »Na, das merken Sie schon, wenn Sie beschossen werden. Wo auf Sie geschossen wird, da sind die deutschen Stellungen.«

»Ich hab hinterher richtig lachen müssen«, schloß Dutertre. Denn der französische Soldat hat niemals einen französischen Flieger gesichtet. Es sind knapp tausend, von Dünkirchen bis ins Elsaß verstreut. Oder richtiger gesagt, sie sind ins Unendliche aufgelöst. Wenn also an der Front ein Flieger herunterbraust, ist es bestimmt ein deutscher. Daher sucht man ihn auch abzuschießen, bevor er seine Bomben abwirft. Sein Brummen allein schon löst das Bellen der Maschinengewehre und leichten Flak aus.

»Mit einer solchen Methode«, fuhr Dutertre fort, »bekommen sie ein herrliches Nachrichtenmaterial.« Und darauf bauen sie auf; denn theoretisch muß man sich im Kriege nach den Erkundungen richten! ... Gewiß! Aber auch der ganze Krieg ist aus dem Leim. Zum Glück – und das wissen wir sehr wohl – verwertet kein Mensch unsere Erkundungen. Wir können sie gar nicht weitergeben. Die Straßen sind verstopft, die Telefone gehen nicht, der Stab wird in aller Eile wieder verlegt sein. Die wichtigen Nachrichten über die feindlichen Stellungen liefert der Feind selber. Vor ein paar Tagen diskutierten wir in der Nähe von Laon über die mögliche Lage der Stellungen. Wir schickten einen Verbindungsoffizier zum General. Halbwegs zwischen unserm Gefechtsstand und dem General stößt der Wagen des Oberleutnants auf eine schwere Zugmaschine, die, quer über die Straße gestellt, zwei Panzerwagen zur Deckung dient. Der Oberleutnant macht kehrt. Doch eine Maschinengewehrgarbe tötet ihn auf der Stelle und verwundet den Fahrer. Es waren deutsche Panzerwagen.

Im Grunde ähnelt der Stab einem Bridge-Spieler, der aus dem Nebenzimmer gefragt wird:
›Was soll ich mit meiner Pique-Dame machen?‹
Er würde nebenan mit der Schulter zucken. Was sollte er auch antworten, da er nichts vom Spiel gesehen hat?
Doch ein Stab darf nicht mit der Schulter zucken. Wenn er noch einige Truppenteile an der Hand hat, muß er sie handeln lassen, um sie in der Hand zu behalten und alle Möglichkeiten zu versuchen, solange eben der Krieg noch dauert. Wenn er auch nichts sehen kann, muß er sich doch rühren und andere in Bewegung halten.
Es ist jedoch schwierig, aufs Geratewohl mit einer Pique-Dame aufzutrumpfen. Wir haben schon, und zwar zunächst überrascht, dann mit einer gewissen Selbstverständlichkeit, festgestellt – was wir übrigens hätten voraussehen können –, daß einem nichts zu tun bleibt, wenn der Zusammenbruch beginnt. Man meint, der Unterlegene ersticke unter einer Flut von Problemen, setze, um sie zu lösen, mit letzter Anspannung seine Infanterie, Artillerie, Panzer und Flugzeuge ein... Die Niederlage sabotiert jedoch zunächst einmal alle Probleme. Man versteht überhaupt nichts mehr vom Spiel, weiß nicht, was man mit den Flugzeugen, den Panzern, der Pique-Dame anfangen soll... Man wirft sie aufs Geratewohl auf den Tisch, nachdem man sich zuvor den Kopf zerbrochen

hat, eine wirksame Rolle für sie ausfindig zu machen. Es wird einem übel und keineswegs fiebrig. Der Sieg allein bringt einen in Fieber. Nur der Sieg bringt Ordnung, baut auf. Dann plagt sich jeder ab und trägt sein Teil zu ihm bei. Die Niederlage jedoch schafft um die Menschen eine Atmosphäre des mangelnden Zusammenhangs, des Müßig- und vor allem des Überflüssigseins.

Denn zunächst sind sie überflüssig, die Aufträge, die von uns verlangt werden. Jeden Tag überflüssiger. Blutiger und dabei überflüssiger. Um sich dem Bergrutsch entgegenzustemmen, wissen die Befehlenden sich nicht anders zu helfen, als daß sie ihre letzten Trümpfe auf den Tisch werfen.

Dutertre und ich sind solche Trümpfe und hören dem Kommandeur zu. Er entwickelt uns den Plan für den Nachmittag. Wir sollen befehlsgemäß in siebenhundert Meter Höhe die Panzerwagenansammlungen in der Gegend von Arras auf dem Rückweg von einem langen Rundflug in zehntausend Meter Höhe erkunden. Seine Stimme klingt dabei, als wollte er sagen:

›Dann gehen Sie die zweite Straße rechts, bis Sie an die Ecke eines freien Platzes kommen. Dort ist ein Tabakladen, da holen Sie mir eine Schachtel Streichhölzer...‹

»Jawohl, Herr Major.«

Der Auftrag bezweckt nicht mehr und nicht weniger. Die Sprache, in der er angekündigt wird, ist ganz ebenso prosaisch.

Ich sage mir: ›Ein Auftrag auf Leben und Tod.‹ Ich denke... denke so vielerlei. ›Wenn ich am Leben bleibe, will ich die Nacht abwarten zum Überlegen. Wenn ich am Leben bleibe...‹ Ist der Auftrag leicht, dann kommt von dreien einer wieder. Ist er etwas »unangenehm«, dann wird es offenbar mit dem Wiederkommen schwieriger. Und hier im Geschäftszimmer des Kommandeurs kommt mir der Tod weder erhaben noch majestätisch, weder heroisch noch erschütternd vor. Er ist nichts weiter als ein Zeichen, eine Auswirkung der Verwirrung. Die Gruppe verliert uns, wie einem beim Umsteigen auf der Eisenbahn Gepäck abhanden kommt.

Nicht etwa, daß ich nicht an den Krieg, an Tod, Opfer, an Frankreich, an alles mögliche denke, mir fehlt jedoch ein leitender Gedanke, eine klare Sprache. Ich denke in Widersprüchen. Meine Wahrheit besteht aus Bruchstücken, und ich kann nur eines nach dem andern von ihnen betrachten. Wenn ich am Leben bleibe, will ich die Nacht zum Überlegen abwarten. Die heißgeliebte Nacht. Nachts, da schläft der menschliche Verstand, und die Dinge sind nur noch ganz einfach da. Alles, was wirklich wichtig ist, gewinnt wieder Gestalt, ersteht neu aus der zerstörenden Zergliederung des Tages. Der Mensch setzt seine Bruchstücke aneinander und wird wieder geruhsam, einem Baume gleich.

Der Tag gilt häuslichen Auseinandersetzungen, kommt aber die Nacht, dann mündet der Streit in die große Liebe ein. Denn die Liebe ist größer als all der Schwall von Worten. Und unter dem gestirnten Himmel lehnt sich der Mann ans Fenster, tritt wieder ein für seine schlafenden Kinder, sein Brot für morgen, sein schlummerndes Weib, das schwach, zart wie ein Hauch dort ruht. Um Liebe streitet sich niemand. Sie ist einfach da. Daß doch die Nacht käme und mir jene Klarheit brächte, die der Liebe würdig ist! Damit Gesittung, Menschenlos und Drang nach Liebe für mein Land mein Denken erfülle! Auf daß ich der Wahrheit dienen mag, die bezwingt, auch wenn sie noch nicht in Worte faßbar ist...

Nun bin ich ganz dem Christen gleich, den die Gnade verworfen hat. Wohl spiele ich mit Dutertre meine Rolle in Ehren – das versteht sich –, doch so, wie einer Riten achtet, die ihren Inhalt verloren haben, nachdem die Gottheit aus ihnen entwichen ist. Ich warte auf die Nacht. Wenn ich noch am Leben bleibe, werde ich mich ein wenig auf der Landstraße ergehen, die durch das Dorf führt. Meine geliebte Einsamkeit wird mich umfangen. Dann werde ich zu begreifen suchen, warum ich sterben soll.

II

Ich erwache aus meinem Traum. Der Kommandeur überrascht mich mit einem seltsamen Vorschlag:
»Wenn Ihnen dieser Auftrag lästig ist... Wenn Sie sich nicht in Form fühlen, dann kann ich...«
»Aber, Herr Major!«
Der Kommandeur weiß sehr wohl, wie absurd ein solcher Vorschlag ist. Doch wenn die Besatzung vom Feindflug nicht zurückkehrt, fallen einem die ernsten Gesichter vor dem Abflug wieder ein. Dieser Ernst wird dann als Zeichen einer Vorahnung gedeutet. Man wirft sich vor, daß man nicht darauf geachtet habe.
Das Bedenken des Kommandeurs erinnert mich an Israel. Vorgestern rauchte ich am Fenster des Nachrichtenraumes. Als ich Israel vom Fenster aus gewahrte, hatte er es sehr eilig. Seine Nase war ganz rot, eine große, richtig jüdische, dabei feuerrote Nase. Diese rote Nase Israels fiel mir plötzlich auf.
Ich war diesem Israel, dessen Nase ich bemerkte, herzlich zugetan. Er war einer der schneidigsten Fliegerkameraden der Gruppe. Einer der schneidigsten und dabei einer der bescheidensten. Sie hatten ihm so oft von der jüdischen Vorsicht gesprochen, daß er seinen Schneid für Vorsicht halten mußte. Siegen heißt vorsichtig sein. Seine große rote Nase fiel mir also auf. Bei der Schnelligkeit, mit der Israel und seine Nase vorbeieilten, leuchtete sie nur einen kurzen Augenblick. Ganz im Ernst drehte ich mich nach Gavoille um:
»Wo hat er bloß so eine Nase her?«
»Die hat er von seiner Mutter«, antwortete Gavoille. Doch fuhr er fort:
»Ein verrückter Auftrag zum Tiefflug. Er startet.«
»Ach!«
Und abends, als wir es aufgaben, auf Israels Rückkehr zu warten, erinnerte ich mich noch ganz genau an diese Nase, die mitten in einem völlig bewegungslosen Gesicht ganz für sich allein in geradezu genialischer Weise das tiefste Nach-

denken ausdrückte. Hätte ich den Befehl zum Abflug Israels zu geben gehabt, dann wäre mir das Bild dieser Nase noch lange wie ein Vorwurf nachgegangen. Sicherlich hatte Israel beim Startbefehl nichts weiter geantwortet als: ›Jawohl, Herr Major. Gewiß, Herr Major. Verstanden, Herr Major.‹ Sicherlich hatte Israel mit keinem Muskel seines Gesichts gezuckt. Doch langsam, heimlich, verräterisch war die Nase angegangen. Seine Gesichtszüge konnte Israel beherrschen, doch nicht die Farbe seiner Nase. Das hatte die Nase denn auch wahrgenommen und manifestierte schweigend ganz für sich. Ohne daß Israel es merkte, hatte seine Nase dem Kommandeur ihre starke Mißbilligung ausgedrückt.

Aus diesem Grunde will der Kommandeur vielleicht keine Leute starten lassen, von denen er die Empfindung hat, sie fühlten sich von schlimmen Vorahnungen bedrückt. Zwar täuschen Vorahnungen fast immer, doch geben sie militärischen Befehlen einen Beigeschmack von Verurteilung. Alias ist ein Chef, kein Richter.

So war es auch neulich mit Feldwebel T.

So mutig Israel war, so angstbesessen war T. Er ist der einzige Mann, den ich kennengelernt habe, der wirklich Furcht empfand. Ein militärischer Befehl, den T. erhielt, löste in ihm einen bizarren Schwindelanfall aus. Die Sache vollzog sich ganz einfach, unabänderlich und langsam. Nach und nach wurde T. von unten nach oben ganz steif. Aus seinem Gesicht war jeder Ausdruck wie weggewischt. Und seine Augen begannen zu glimmen.

Im Gegensatz zu Israel, an dem seine Nase mir so verdutzt, verdutzt und gleichzeitig über Israels möglichen Tod empört, vorkam, zeigte T. keinerlei innere Bewegungen. Er reagierte überhaupt nicht, er sah aus wie ein Vogel in der Mauser. Hatte man mit T. zu Ende geredet, dann merkte man, daß man ganz einfach die Angst in ihm heraufbeschworen hatte. Ganz allmählich überzog die Angst glimmend sein ganzes Gesicht. Von da ab war T. wie unzugänglich. Man fühlte, wie sich zwischen dem All und ihm eine leere, öde Gleichgültigkeit ausbreitete. Nirgends sonst bei einem Menschen auf der ganzen Welt habe ich diese Form des Außersichseins kennengelernt.

»Ich hätte ihn damals einfach nicht starten lassen sollen«, sagte der Kommandeur hinterher.

Als der Kommandeur damals T. den Flugauftrag erteilte, war dieser nicht nur blaß geworden, sondern hatte sogar zu lächeln begonnen. Ganz einfach zu lächeln. Vielleicht handeln so die Gemarterten, wenn der Folterknecht sein Maß wirklich überschreitet.

»Sie fühlen sich nicht recht wohl. Ein anderer wird an Ihrer Stelle...«

»Nein, Herr Major. Ich bin an der Reihe, ich bin dran.« Und T. steht vor dem Kommandeur stramm und sieht ihm unbeweglich ins Gesicht.

»Wenn Sie sich aber nicht ganz in der Hand haben...«

»Ich bin an der Reihe, Herr Major, ich bin dran.«

»Aber so hören Sie doch, T. ...«

»Herr Major...«

Der Mann war wie versteinert.

Und Alias schloß:

»Da hab ich ihn eben starten lassen.«

Was dann kam, hat sich nie ganz aufklären lassen. T., der als Bordschütze eingesetzt war, wurde von einem feindlichen Jäger angegriffen. Doch der Jäger bekam Ladehemmung und drehte ab. Der Flugzeugführer und T. unterhielten sich miteinander, bis sie in die Nähe ihres Landeplatzes kamen, ohne daß dem Flugzeugführer irgend etwas Ungewöhnliches auffiel. Doch fünf Minuten vor der Landung bekam er keine Antwort mehr.

Abends fand man T. auf. Sein Kopf war von der hinteren Stabilisierungsfläche des Flugzeuges gespalten worden. Er war unter den unglücklichsten Bedingungen bei voller Geschwindigkeit mit dem Fallschirm über eigenem Gebiet abgesprungen, als überhaupt keine Gefahr mehr drohte. Das Intermezzo mit dem Jäger hatte ihn unwiderstehlich angezogen.

»Machen Sie sich einsatzbereit«, sagte uns der Kommandeur, »und starten Sie um 5 Uhr 30.«

»Ich melde mich ab, Herr Major.«

Der Kommandeur antwortete mit einer vagen Geste.

Ist es Aberglaube? Meine Zigarette ist ausgegangen, und da ich vergebens in meinen Taschen suche, sagt er: »Warum haben Sie denn nie Streichhölzer bei sich?« Stimmt. Und nach diesem Abschied gehe ich durch die Tür und frage mich dabei: ›Warum habe ich denn nie Streichhölzer bei mir?‹

»Der Auftrag paßt ihm gar nicht«, sagt Dutertre.

Ich denke: ›Es ist ihm ganz egal.‹ Doch meine ich gar nicht Alias bei dieser grundlosen Übellaune. Zu meiner Bestürzung werde ich mir über etwas klar, was keiner zugeben will: das Geistige lebt nur mit Unterbrechungen. Die Intelligenz allein lebt dauernd oder doch nahezu ständig. Meine Fähigkeiten im Zergliedern schwanken wenig. Der Geist dagegen betrachtet nicht die Dinge, sondern den Sinn, der sie miteinander verknüpft. Er liest das Gesicht durch und durch. Und eben der Geist wechselt von völliger Hellsicht zu völliger Blindheit. Für den, der sein Gut liebt, kommt die Stunde, da er in ihm nur noch wahllose Dinge angehäuft findet. Wer seine Frau liebt, für den kommt der Augenblick, da er in der Liebe nur noch Sorgen, Widrigkeiten, Zwang erkennt. Wer eine bestimmte Musik liebt, für den schlägt die Stunde, wo sie nicht mehr zu ihm findet. Kommt die Stunde, wie eben jetzt, wo ich mein Land nicht mehr verstehe. Eine Heimat ist nicht die Summe von Landschaften, Bräuchen, Dingen, die mein Verstand jederzeit zu erfassen vermag. Sie ist ein lebendiges Wesen. Es kommt die Stunde, wo ich entdecke, daß ich für lebendige Wesen blind bin.

Kommandeur Alias hat die Nacht beim General verbracht und über reine Logik diskutiert. Eine Logik aber zerrüttet das Leben des Geistes. Auf der Straße hat er sich dann in endlosen Verstopfungen erschöpft. Bei der Rückkehr zur Gruppe ist er auf hunderterlei äußerliche Schwierigkeiten gestoßen, die einem zusetzen, wie sich ein Bergrutsch tausendfältig auswirkt, der sich nicht aufhalten läßt. Schließlich hat er uns kommen lassen und uns in ein unmögliches Unternehmen geworfen. Wir sind weiter nichts als Objekte in dem allgemeinen Tohuwabohu. Für ihn sind wir nicht Saint-Exupéry oder Dutertre mit ihrer eigenen Gabe, die Dinge zu betrachten oder nicht zu betrachten, zu denken, zu marschieren, zu trinken und zu lachen. Wir sind Bruchstücke eines großen Baues, den in seinem Zusammenhalt zu erkennen mehr Zeit, mehr Schweigen und mehr Abstand erfordert. Hätte ich ein nervöses Zucken im Gesicht gehabt, würde Alias nur dieses Zucken erkennen. Er würde über Arras nur diese Vorstellung eines Gesichtszuckens schicken. In dem Gewirr der Probleme, die da auftauchen, in diesem Zusammenbruch zerfallen wir selbst in Einzelteile. Hier eine Stimme, da eine Nase, dort dieses Zucken. Und die Bruchstücke sind ohne Gefühl.

Es geht hier nicht um Kommandeur Alias, sondern um alle Menschen. Wenn wir einen Toten beerdigen, lieben wir ihn, doch mit dem Tod selbst haben wir keine Berührung. Der Tod ist etwas Großes. Er knüpft neue Bande mit den Ideen, Dingen, den Gewohnheiten des Toten. Er ordnet die Welt neu. Scheinbar hat sich nichts geändert, und doch ist alles anders geworden. Die Seiten des Buches sind wohl noch die gleichen, aber der Sinn des Buches fehlt. Um ein Verständnis für den Tod zu bekommen, müssen wir uns die Stunden vorstellen, wo wir des Toten bedürfen. Dann fehlt er uns. Müssen wir uns die Stunden vorstellen, da er uns gebraucht hätte. Aber er braucht uns nicht mehr. Müssen wir uns die Stunde eines Freundesbesuches vorstellen. Und wir finden sie inhaltlos. Wir müssen das Leben aus der Perspektive betrachten. Aber am Tag der Beerdigung sind Perspektive und Abstand dahin. Der Tote besteht nur noch aus Bruchstücken. Am Tag seiner Beerdigung finden wir keine rechte Zeit vor lauter Herumstehen, Händeschütteln bei wahren und falschen Freunden, äußerlichen Beschäftigungen. Erst morgen wird der Tote sterben, wenn es still geworden ist. Dann zeigt er sich in seiner Ganzheit und reißt sich erst völlig von unserem Wesen los. Dann schreien wir auf; denn dann erst geht er wirklich von uns, und wir können ihn nicht halten. Ich mag die hergebrachten Bilder vom Kriege nicht leiden. Der rauhe Krieger unterdrückt auf ihnen eine Träne und verbirgt seine Erregung unter mürrischem Gebaren. Das ist falsch. Der rauhe Krieger verbirgt überhaupt nichts. Wenn er sich unwirsch benimmt, meint er es wirklich so.

Es geht nicht um den Wert des Menschen. Kommandeur Alias hat ein volles Verständnis. Kommen wir nicht wieder, wird er vielleicht mehr darunter leiden als irgendein anderer. Wofern es sich natürlich um uns selbst handelt und nicht um einen Wust von Kleinkram. Wofern er sich in der Stille alles zurechtlegen kann. Denn wenn heute nacht der Vollstrekkungsbeamte, der hinter uns her ist, die Gruppe noch einmal zum Verlagern zwingt, kann ein Traktorrad, das nicht weiter will, in einer Lawine von Problemen unseren Tod auf später verschieben. Und Alias wird gar nicht dazu kommen, darunter zu leiden.

Auch ich, wenn ich jetzt starte, denke nicht im geringsten an die Auseinandersetzung des Westens mit dem Nazitum. Ich denke nur an das Nächstliegende. Ich denke an die Verrücktheit, in siebenhundert Meter Höhe über Arras zu fliegen. An die Sinnlosigkeit der Erkundungen, die man von uns fordert. An die lange Dauer des Umkleidens, das mir wie eine Toilette für den Henker vorkommt. Und dann an meine Handschuhe. Wo, zum Teufel, finde ich meine Handschuhe? Ich habe meine Handschuhe verloren.

Ich sehe die Kathedrale nicht mehr, in der ich wohne. Und kleide mich an für den Dienst eines toten Gottes.

III

»Eil dich... Wo sind meine Handschuhe?... Nein... Die sind es nicht... Such sie in meinem Gepäck...«

»Kann sie nicht finden, Herr Hauptmann.«

»Dummer Kerl.«

Sie sind lauter dumme Kerle. Der da, der meine Handschuhe

nicht finden kann. Und der andere, der vom Stab, mit seiner fixen Idee von einem Befehl zum Tiefflug.

»Ich habe einen Bleistift von dir verlangt. Schon vor zehn Minuten habe ich einen Bleistift von dir verlangt... Hast du keinen Bleistift?«

»Doch, Herr Hauptmann.«

So intelligent ist der Kerl.

»Mach mir an diesen Bleistift eine Schnur. Und binde mir die Schnur hier an dieses Knopfloch... Na, Schütze, Sie sehen nicht so aus, als ob Sie es eilig hätten...«

»Ich bin bereits fertig, Herr Hauptmann.«

»Ah! So! Gut!«

Und der Beobachter, ich wende mich zu ihm:

»Wie steht es, Dutertre? Fehlt nichts? Haben Sie die Kurse berechnet?«

»Ich habe sie, Herr Hauptmann...«

Gut. Die Kurse hat er. Ein verzweifelter Auftrag... Nun frage ich Sie so nebenbei: Ist es vernünftig, eine Besatzung für Erkundungen zu opfern, die kein Mensch braucht und die, wenn wirklich einer von uns am Leben bleibt, sie zu überbringen, niemals jemandem weitergemeldet werden?...

»Sie müßten beim Stab schon Spiritisten einstellen...«

»Warum?«

»Damit wir ihnen ihre Auskünfte heute abend beim Tischrücken mitteilen.«

Ich bin nicht besonders stolz auf meine Witzelei, aber ich knurre weiter:

»Die vom Stab, die vom Stab! Sollen sie sie doch selber ausführen, die verzweifelten Aufträge, die vom Stab!«

Denn es dauert lange, das Zeremoniell des Umkleidens, wenn der Auftrag einem verzweifelt vorkommt und man sich so sorgfältig anschirrt, um sich lebendig braten zu lassen. Es ist anstrengend, so eine dreifache Kleidung übereinander anzuziehen, sich mit einer Menge Zusatzgeräten zu vermummen, die man wie ein Trödler mitschleppt, die Sauerstoffröhren, den Heizkreislauf, die Sprachrohre, um die Telefonverbindung zwischen den einzelnen Besatzungsmitgliedern herzustellen. Die Atmung hole ich mir aus dieser Maske. Ein Kautschukschlauch verbindet mich mit dem Flugzeug, er ist genau so wichtig wie die Nabelschnur. Das Flugzeug schaltet sich in meine Bluttemperatur ein. Das Flugzeug schaltet sich in meine menschlichen Verbindungen ein. Ich habe Organe hinzubekommen, die sich gewissermaßen zwischen mich und mein Herz einschalten. Von Minute zu Minute werde ich schwerer, überladener, schwerfälliger. Ich bewege mich wie ein Klotz, und wenn ich mich bücke, um Riemen zuzuschnallen oder Verschlüsse zu betätigen, die nicht gehen wollen, dann knacken alle meine Gelenke. Meine alten Knochenbrüche schmerzen mich.

»Gib mir eine andere Haube. Ich hab dir schon fünfhundertzwanzigmal gesagt, daß ich meine nicht mehr will. Sie sitzt zu stramm.«

Denn, weiß Gott aus welchem geheimnisvollen Grund, der Schädel quillt in großer Höhe. Und eine auf dem Erdboden normal sitzende Haube preßt in zehntausend Meter Höhe die Knochen wie ein Schraubstock.

»Aber Ihre Haube ist ja eine andere, Herr Hauptmann. Ich habe sie ausgewechselt...«

»So! Gut!«

Denn ich bin richtig am Knurren, so ganz hemmungslos. Ich habe allen Grund dazu! Im übrigen ist das alles gar nicht so wichtig. Jetzt eben macht man so richtig dieses innere Grauen durch, von dem ich sprach. Man geht aus den Fugen. Ich schäme mich nicht einmal, das Wunder herbeizuwünschen, das den Ablauf dieses Nachmittags ändern kann. Das Versagen des Kehlkopf-Mikrophons zum Beispiel. Sie streiken ja ständig, die Kehlkopf-Mikrophone! Reiner Schund! Das könnte uns vor dem verzweifelten Auftrag retten, so ein Versagen des Kehlkopf-Mikrophons...

Hauptmann Vezin spricht mich mit düsterer Miene an. Hauptmann Vezin spricht jeden von uns vor dem Abflug in besonderem Auftrag mit düsterer Miene an. Hauptmann Vezin kümmert sich bei uns auftragsgemäß um den Stand der feindlichen Fliegerbeobachtung. Seine Aufgabe besteht darin, uns über ihre Bewegungen zu unterrichten. Vezin ist ein Freund, den ich zärtlich liebe, aber ein Unglücksbote. Ungern bemerke ich ihn.

»Mein Lieber«, sagt Vezin zu mir, »es ist zu dumm, zu dumm, zu dumm.«

Und er holt Papiere aus seiner Tasche. Dann sieht er mich bedenklich an.

»Welchen Weg nimmst du?«

»Über Albert.«

»Stimmt schon. Stimmt schon. Ach, es ist zu dumm!«

»Sei nicht so blöd; was ist denn?«

»Du kannst nicht starten!«

Ich kann nicht starten! ... Er ist wirklich gut, Vezin! Hoffentlich bekommt er vom lieben Gott ein Versagen des Kehlkopf-Mikrophons geschenkt!

»Du kommst unmöglich durch.«

»Warum soll ich nicht durchkommen?«

»Weil ständig über Albert drei deutsche Jagdmaschinen stehen, die sich ablösen. Eine in sechstausend, eine in siebentausendfünfhundert und eine in zehntausend Meter Höhe. Keine verläßt den Himmel, bevor ihr Ersatz da ist. Sie sperren von vornherein. Du stößt in ein Netz. Und dann, hier schau doch! ...« Und er zeigt mir ein Papier, auf dem er unverständliche Erläuterungen skizziert hat.

Vezin ließe mich besser in Ruhe. Die Worte »sperren von vornherein« haben Eindruck auf mich gemacht. Ich denke an rote Lichter und an Polizeistrafen. Aber Polizeistrafe heißt hier Tod. Ich kann vor allem dieses »von vornherein« nicht ausstehen. Ich meine, das geht auf mich ganz persönlich.

Ich strenge meinen Verstand gehörig an. Natürlich verteidigt der Feind immer von vornherein seine Stellungen. Solche Redensarten sind der reine Quatsch... Und dann ist mir die Jägerei ganz egal. Wenn ich auf siebenhundert Meter heruntergehe, schießt mich die Flak ab. Sie kann mich nicht verfehlen. Ich werde plötzlich ausfallend:

»Also kurz und gut, du kommst daher und teilst mir drin-

gendst mit, daß das Bestehen einer deutschen Luftwaffe meinen Abflug sehr unüberlegt erscheinen läßt. Willst du das nicht schleunigst dem General melden?« Es hätte Vezin nicht schwerfallen können, mich auf nette Weise zu beruhigen, wenn er seine berühmten Flieger in Jäger umgetauft hätte, die »sich irgendwo bei Albert herumtreiben«.
Der Sinn war genau der gleiche!

IV

Alles ist bereit. Wir sind an Bord. Bleiben nur noch die Kehlkopf-Mikrophone auszuprobieren...
»Verstehen Sie mich gut, Dutertre?«
»Verstehe Sie gut, Herr Hauptmann.«
»Und Sie, Schütze, verstehen Sie mich gut?«
»Ich... jawohl... sehr gut.«
»Dutertre, verstehen Sie ihn, den Schützen?«
»Ich verstehe ihn gut, Herr Hauptmann.«
»Schütze, verstehen Sie Herrn Oberleutnant Dutertre?«
»Ich... jawohl... sehr gut.«
»Warum sagen Sie immer: ›Ich... jawohl... sehr gut‹?«
»Ich suche meinen Bleistift, Herr Hauptmann.«

Die Kehlkopf-Mikrophone sind nicht gestört.
»Schütze, ist der Flaschendruck normal?«
»Ich... jawohl... normal.«
»In allen drei Flaschen?«
»In allen drei Flaschen.«
»Fertig, Dutertre?«
»Fertig.«
»Fertig, Schütze?«
»Fertig.«
»Also los.« – Und ich starte.

V

Die Angst rührt vom Verlust des eigentlichen Selbst her. Wenn ich einen Auftrag erwarte, von dem mein Glück oder meine Verzweiflung abhängt, werde ich wie ins Nichts geschleudert. Solange die Ungewißheit mich in der Schwebe hält, sind mein Empfinden und mein Verhalten nur eine behelfsmäßige Fassade. Die Zeit hört auf, Sekunde um Sekunde, wie sie einen Baum wachsen läßt, meine eigentliche Persönlichkeit aufzubauen, die mich in einer Stunde ausfüllen wird. Dieses unbekannte Ich kommt von außen her wie ein Gespenst auf mich zu. Deshalb empfinde ich ein Gefühl der Angst. Die üble Ankündigung an sich ruft keine Angst, sondern nur Mißbehagen hervor. Das ist ganz etwas anderes.

Nun aber hat der Leerlauf der Zeit aufgehört. Endlich bin ich in mein Amt eingesetzt. Ich stürze mich nicht mehr in eine ausdruckslose Zukunft. Jetzt bin ich keiner mehr, der vielleicht in den wirbelnden Brand hineintrudelt. Die Zukunft verfolgt mich nicht mehr wie eine fremde Erscheinung. Meine Handlungen bilden sie, eine nach der andern. Ich bin's, der den Kompaß kontrolliert und 313 Grad auf ihm einhält, der den Gang der Propeller und die Ölheizung regelt. Das sind unmittelbare, gesunde Sorgen. Das sind Sorgen um das Haus, die kleinen Pflichten des Tages, die einem die Lust nehmen, sich alt vorzukommen. Der Tag wird zu einem hellerleuchteten Heim, einem spiegelnden Armaturenbrett, einer guten Versorgung mit Sauerstoff. Ich kontrolliere tatsächlich die Sauerstoffabgabe, denn wir steigen schnell: Sechstausendsiebenhundert Meter.

»Ist der Sauerstoff in Ordnung, Dutertre? Fühlen Sie sich wohl?«

»In Ordnung, Herr Hauptmann.«

»Hallo, Schütze, ist der Sauerstoff in Ordnung?«

»Ich... jawohl... in Ordnung, Herr Hauptmann.«

»Haben Sie Ihren Bleistift nicht gefunden?«

Ich bin's auch, der auf den Knopf S und den Knopf A drückt,

um meine Maschinengewehre zu überprüfen. Bei dieser Gelegenheit...

»Hallo! Schütze, Sie haben nicht gerade eine größere Stadt hinten in Ihrem Schußfeld?«

»Ha... nein, Herr Hauptmann.«

»Also los! Probieren Sie Ihre Maschinengewehre aus!«

Ich höre seine Stöße.

»Hat gut funktioniert?«

»Hat gut funktioniert.«

»Alle Maschinengewehre?«

»Ha... jawohl... alle.«

Nun schieße ich selber und frage mich dabei, wohin diese Kugeln gehen, die man bedenkenlos über Freundesland regnen läßt. Sie töten nie jemand. Die Erde ist groß.

So nährt mich jede Minute mit ihrem Inhalt. Ich bin ebensowenig ängstlich wie eine reifende Frucht. Sicherlich werden die Flugbedingungen sich um mich ändern. Die Bedingungen und die Probleme. Aber ich bin in den Werdegang dieser Zukunft eingeschaltet. Die Zeit knetet mich nach und nach zurecht. Das Kind hat keine Angst davor, auf Dauer zum Greis zu werden. Es ist Kind und spielt mit seinem Kinderspielzeug. Auch ich spiele. Ich zähle die Zeigerstellungen, die Griffe, die Knöpfe, die Hebel in meinem Reich. Ich zähle einhundertdrei Dinge zum Nachsehen, Ziehen oder Drücken. (Ich habe kaum geflunkert, wenn ich die Auslösung meiner Maschinengewehre doppelt zähle: sie trägt einen Sperrhebel.) Heute abend werde ich den Bauern verblüffen, bei dem ich wohne. Ich werde ihm sagen: »Wissen Sie auch, wieviel Instrumente ein Flieger heutzutage bedienen muß?«

»Wie soll ich das wissen?«

»Das macht nichts. Sagen Sie eine Zahl.«

»Was für eine Zahl soll ich denn sagen?«

Denn mein Bauer hat keinerlei Verständnis.

»Sagen Sie irgendeine Zahl.«

»Sieben.«

»Einhundertunddrei.«

Und ich werde sehr zufrieden sein.

Es befriedigt mich aber auch, daß alle Instrumente, mit denen ich überladen war, ihren Platz und ihre Bedeutung bekommen haben. Dieses ganze Gewirr von Röhren und Kabeln ist zu einem Kreislaufsystem geworden. Ich bin ein Organismus, der sich zu einem Flugzeug ausgeweitet hat. Das Flugzeug schafft mir mein Wohlbefinden, wenn ich einen bestimmten Knopf drehe, der nach und nach meine Kleidung und meinen Sauerstoff aufwärmt. Der Sauerstoff ist übrigens überhitzt worden, und nun verbrennt er mir die Nase.

Dieser Sauerstoff wird je nach der Höhe durch ein kompliziertes Instrument dosiert. Das Flugzeug nährt mich also. Es schien mir unmenschlich vor dem Flug, und jetzt, da ich an seiner Brust liege, empfinde ich für das Flugzeug eine Art kindlicher Zärtlichkeit. Eine Art säuglingshafter Zärtlichkeit. Mein Gewicht hat sich nunmehr auf Unterlagen verteilt. Meine dreifach dicken Kleider übereinander, mein schwerer Fallschirm am Rücken ruhen auf dem Sitz. Meine ungeheuren Fliegerpelzstiefel stützen sich auf die Fußsteuerung. Meine Hände mit den dicken steifen Handschuhen, die auf dem Erdboden so ungeschickt sind, betätigen das Höhensteuer mit Leichtigkeit... betätigen das Höh... betätigen das Höh...

»Dutertre!«

»...ptmann?«

»Prüfen Sie gleich Ihre Kontakte nach! Ich verstehe Sie nur stückweise. Verstehen Sie mich?«

»...stehe Sie... Haupt...«

»Schütteln Sie doch Ihren Klimbim! Verstehen Sie mich?«

Die Stimme Dutertres wird wieder deutlich:

»Verstehe Sie sehr wohl, Herr Hauptmann!«

»Gut. Na ja, heute frieren die Verbindungen also auch wieder ein. Das Höhensteuer geht schwer; das Fußsteuer ist blockiert!«

»Das wird ja lustig. Wie hoch?«

»Neuntausendsieben.«

»Welche Temperatur?«

»Achtundvierzig Grad. Und bei Ihnen, Sauerstoff in Ordnung?«

»In Ordnung, Herr Hauptmann.«

»Schütze, Sauerstoff in Ordnung?«

Keine Antwort.

»Schütze, hallo!«

»Hören Sie den Schützen, Dutertre?«

»Höre nichts, Herr Hauptmann...«

»Rufen Sie ihn!«

»Schütze, hallo, Schütze!«

Keine Antwort.

Bevor ich jedoch tiefer gehe, schüttle ich mit aller Gewalt das Flugzeug, um den andern zu wecken, falls er schläft.

»Herr Hauptmann?«

»Sind Sie's, Schütze?«

»Ich... ha... jawohl...«

»Sind Sie's auch sicher?«

»Doch.«

»Warum gaben Sie keine Antwort?«

»Ich probierte das Radio aus. Ich hatte abgeschaltet!«

»Sie sind ein Ekel! Man sagt vorher Bescheid! Ums Haar wäre ich hinuntergegangen: ich hielt Sie für tot!«

»Ich... nein.«

»Ich glaub's Ihnen aufs Wort. Reiten Sie mir diese blöde Tour nicht wieder. Geben Sie mir Bescheid, verdammt noch mal, bevor Sie abschalten!«

»Verzeihung, Herr Hauptmann. Zu Befehl, Herr Hauptmann. Gebe vorher Bescheid.«

Denn der Organismus spürt das Aussetzen des Sauerstoffs nicht. Es macht sich durch ein vages Wohlbefinden bemerkbar, das in einigen Sekunden zur Ohnmacht und in wenigen Minuten zum Tod führt. Die ständige Überprüfung der Sauerstoffzufuhr ist daher unbedingt erforderlich wie auch die Kontrolle des Befindens seiner Besatzung durch den Flugzeugführer. Ich quetsche also ruckweise die Zuleitung meiner Maske etwas, um auf meiner Nase die warmen, lebenspendenden Gasstöße zu spüren.

Jetzt bin ich in meinem Element. Ich empfinde nichts anderes als das physische Wohlbehagen sinnvoller Handlungen, die sich selbst genügen. Ich empfinde weder das Gefühl einer großen Gefahr (beim Umkleiden war ich ganz anders aufgeregt!) noch das Gefühl einer großen Leistung. Der Kampf zwischen dem Westen und dem Nazitum wird diesmal nach der Reihenfolge meiner Handlungen zu einer Betätigung von Griffen, Hebeln und Hähnen. Es ist wirklich so. Die Liebe zu seinem Gott wird beim Küster zum liebevollen Kerzenanzünden. Der Küster geht abgemessenen Schritts in einer Kirche, die er nicht gewahr wird, und findet seine Befriedigung darin, der Reihe nach die Kandelaber aufflammen zu lassen. Wenn alle angesteckt sind, reibt er sich die Hände. Er ist stolz auf sich.

Und ich habe den Gang meiner Propeller wundervoll eingespielt und halte meinen Kurs auf den Grad genau. Das muß Dutertre bewundern, wenn er überhaupt ein wenig nach dem Kompaß schaut...

»Dutertre... ist... der Kurs nach dem Kompaß ... in Ordnung?«

»Nein, Herr Hauptmann. Kommen zu stark ab. Halten zu weit rechts.«

»Um so schlimmer.«

»Herr Hauptmann, wir passieren die Kampflinien. Ich beginne mit meinen Aufnahmen. Wie hoch nach Ihrem Höhenmesser?«

»Zehntausend.«

VI

»Herr Hauptmann... Kompaß!«

Richtig: ich bin nach links abgewichen. Keineswegs aus Zufall... Die Stadt Albert treibt mich ab. Ich ahne sie in der Ferne vor mir. Doch sie bedrückt schon meinen Körper mit dem ganzen Gewicht des »von vornherein gesperrt«. Was für ein Gedächtnis steckt doch tief im Innern meiner Glieder! Mein Körper erinnert sich noch genau an die Abstürze, die er erlebt hat, die Schädelbrüche, die lähmenden Erschöpfungen und die Nächte im Lazarett. Mein Körper fürchtet die Schläge. Er sucht vor Albert auszuweichen. Wenn ich nicht auf ihn aufpasse, biegt er nach links aus. Er zieht nach links wie ein alter Gaul, der sein Leben lang einem Hindernis mißtraut, das ihn einmal geschreckt hat. Es ist einfach mein Körper... nicht mein Geist... Wenn ich nämlich zerstreut bin, nimmt der Körper heimlich die Gelegenheit wahr und drückt sich um Albert.

Denn ich empfinde nichts, was wirklich unangenehm wäre. Ich möchte meinen Auftrag nicht mehr verfehlen. Vorhin habe ich noch einen solchen Wunsch erwogen. Ich sagte mir: ›Die Kehlkopf-Mikrophone werden nicht in Ordnung sein. Ich bin sehr müde. Ich gehe schlafen.‹ Von diesem bequemen Lager her baute ich mir ein herrliches Bild. Tief in mir wußte ich aber auch, daß man von einem aufgegebenen Auftrag nichts weiter zu erwarten hat als eine Art starkes Unbehagen. Als wenn eine notwendige Mauser fehlgeschlagen wäre.

Das erinnert mich an das Pennal... Als ich ein kleiner Junge war...

»... Hauptmann!«

»Was gibt's!«

»Nein, nichts... Ich meinte bloß, ich sähe...«

Ich mag das nicht, was er zu sehen meinte.

Ja... So als kleiner Junge auf dem Gymnasium steht man frühzeitig auf. Morgens um sechs geht es heraus. Es ist kalt. Man reibt sich die Augen, und schon im voraus drückt einen die böse Grammatikstunde. Deshalb träumt man vom Krankwerden, um im Krankenhaus aufzuwachen, wo einem die Schwestern mit den weißen Flügelhauben gesüßten Tee ans Bett bringen. Tausend Trugbilder malt man sich von diesem Paradies aus. Ganz klar, wenn ich dann eine leichte Erkältung hatte, hustete ich etwas mehr als nötig. Und von der Krankenstube, in der ich aufwachte, hörte ich die Glocke für die andern schlagen. Wenn ich ein wenig zu stark gemogelt hatte, strafte mich diese Glocke ordentlich: sie verwandelte

mich in ein Gespenst. Draußen schlug sie die eigentliche Zeit für die strengen Unterrichtsstunden, für das Tollen in den Pausen und die Wärme im Speiseraum. Für die Lebendigen draußen schuf sie eine dichte Existenz, reich an Elend, Ungeduld, Jubel und Kummer. Ich allein war dem entzogen, war vergessen, angeekelt von dem faden Teegebräu, dem feuchten Bett und den ausdruckslosen Stunden.
Es kommt nichts dabei heraus, wenn man sich um einen erhaltenen Auftrag drücken will.

VII

Ja, zuweilen, wie eben heute, kann einen ein Auftrag nicht befriedigen. Wir treiben da offensichtlich ein Spiel, das den Krieg nachahmt. Wir spielen Räuber und Gendarm. Wir richten uns genau nach der Sittenlehre unserer Geschichtswerke und den Regeln unserer Handbücher. So bin ich heute nacht im Wagen über den Flugplatz gefahren. Und die Wache hat vorschriftsmäßig vor dem Wagen die Ehrenbezeigung gemacht, der auch ein Panzer hätte sein können! Zum Spiel machen wir vor Panzern unsere Ehrenbezeigung. Warum sollten wir mit diesem etwas grausamen Spiel wichtig tun, bei dem wir so offensichtlich eine Statistenrolle spielen, wenn man von uns verlangt, daß wir sie bis zum Tode durchführen? Er ist doch zu ernst, der Tod, für eine Spielerei.
Wer würde sich beim Umkleiden wichtig vorkommen? Niemand. Selbst Hochedé, eine Art Heiliger, der diesen Zustand einer ständigen Gnade, zweifellos die Vollendung des Menschen, erreicht hat, selbst Hochedé hüllt sich in Schweigen. Die Kameraden, die sich umkleiden, schweigen also mürrisch und durchaus nicht als schamhafte Helden. Dieses mürrische Wesen verdeckt keinerlei Wichtigtuerei. Es gibt sich, wie es ist. Und ich erkenne es. Es ist das verdrießliche Wesen eines Geschäftsführers, der nichts von den Anweisungen versteht, die ihm sein abwesender Chef aufgegeben hat. Und der sie

doch treu befolgt. Alle Kameraden träumen von ihrem ruhigen Zimmer, und doch ist unter ihnen kein einziger bei uns, der wirklich schlafen gehen möchte!

Denn das Wesentliche ist nicht, daß man sich wichtig vorkommt. Bei der Niederlage besteht keine Hoffnung, sich wichtig zu machen. Wichtig ist, daß man sich umkleidet, an Bord geht und startet. Was man selbst darüber denkt, ist völlig unwichtig. Und das Kind, das sich im Gedenken an die Grammatikstunde etwas einbildete, käme mir wie anmaßend und verdächtig vor. Wichtig ist, daß man sich auf ein Ziel hin bewegt, das sich vorläufig noch nicht zeigt. Dieses Ziel gilt nicht dem Verstand, sondern dem Geist. Der Geist versteht sich aufs Lieben, aber er schläft. Worin die Versuchung besteht, weiß ich ebensogut wie ein Kirchenvater. Versucht werden heißt, sich versuchen lassen, wenn der *Geist* schläft, heißt den Gründen des *Verstandes* nachgeben. Was nutzt es, wenn ich mein Leben in diesem Bergrutsch einsetze? Ich weiß es nicht. Hundertmal hat man mir wiederholt: ›Lassen Sie sich da- oder dorthin abkommandieren! Dort ist Ihr Platz. Dort können Sie nützlicher sein als im Geschwader. Flugzeugführer lassen sich zu Tausenden ausbilden...‹ Der Beweis war überzeugend. Alle Beweise sind überzeugend. Mein Verstand sagte ja, aber mein Instinkt war stärker als der Verstand.

Warum kam mir diese Überlegung so sinnlos vor, wo ich doch nichts dagegen einzuwenden hatte? Ich sagte mir: ›Die Intellektuellen halten sich in Reserve wie Marmeladetöpfe auf den Regalen der Propaganda, um nach dem Krieg aufgegessen zu werden.‹ Das war keine Antwort.

Auch heute wieder bin ich wie alle Kameraden gegen alle Überlegungen, alle Wahrscheinlichkeiten, alle augenblicklichen Hemmungen gestartet. Die Stunde wird schon noch kommen, wo ich weiß, daß ich gegen meinen Verstand recht behielt. Wenn ich am Leben bleibe, habe ich mir jene nächtliche Wanderung durch mein Dorf versprochen. Dann werde ich mich vielleicht selbst zurechtfinden. Und sehen.

Vielleicht werde ich nichts über das zu sagen haben, was ich dann sehe. Wenn eine Frau mir schön vorkommt, kann ich nicht über sie sprechen. Ich sehe sie ganz einfach lächeln. Die Intellektuellen zerlegen das Gesicht, um es aus seinen Teilen zu erklären, aber das Lächeln sehen sie nicht mehr.

Erkennen heißt nicht zerlegen, auch nicht erklären. Es heißt, Zugang zur Schau finden. Aber um zu schauen, muß man erst teilnehmen. Das ist eine harte Lehre...

Den ganzen Tag habe ich mein Dorf nicht geschaut. Vor meinem Auftrag waren es Lehmwände und mehr oder weniger schmutzige Bauern. Jetzt ist es ein bißchen Kies zehn Kilometer unter mir. Das ist mein Dorf. Doch heute nacht vielleicht wird ein Hofhund wach werden und anschlagen. Ich habe immer den Zauber eines Dorfes genossen, das im Laut eines einzigen Wachhundes vernehmbar in der klaren Nacht dahinträumt.

Ich habe keine Hoffnung, mich verständlich zu machen, es ist mir auch völlig gleichgültig. Wenn mir doch einfach mit seinen über den Kornlagern, dem Vieh und dem Tageslauf geschlossenen Türen mein zum Schlafen wohlgeordnetes Dorf erschiene!

Heimgekehrt vom Feld, haben die Bauern ihr Mahl abgetragen, die Kinder schlafen gelegt, die Lampe ausgeblasen und gehen in sein Schweigen ein. Dann ist nichts weiter unter dem schönen steifen Bauernlinnen als das langsame Gehen des Atems wie ein Überbleibsel des Seegangs nach dem Sturm auf dem Meer.

Gott versagt uns, den Reichtum zu nutzen, solange die nächtliche Abrechnung dauert. Das aufgespeicherte Erbe wird mir deutlicher werden, wenn die Menschen ruhen und dabei die Hände öffnen im Spiel des unabwendbaren Schlafs, der die Finger bis zum Tagesanbruch entspannt.

Dann schaue ich vielleicht das Namenlose. Dann werde ich wie ein Blinder gegangen sein, den seine Handflächen zum Feuer geleitet haben. Er könnte es nicht beschreiben, und doch hat er es gefunden. So zeigt sich vielleicht dann, was es zu schützen gilt, was unsichtbar ist und doch dauert gleich der Glut unter der Asche der dörflichen Nächte.

Ich hatte nichts von dem verfehlten Auftrag zu erhoffen. Um ein einfaches Dorf zu verstehen, muß man erst...

»Herr Hauptmann!«

»Ja?«

»Sechs Jäger, sechs, vorne links!«

Das hat wie ein Donnerschlag geklungen! Muß man... muß man... Und doch möchte ich vorerst was dafür haben. Ich möchte erst mein Recht auf Liebe geltend machen. Ich möchte gern wissen, für wen ich eigentlich sterbe...

VIII

»Schütze!«

»Herr Hauptmann?«

»Haben Sie verstanden? Sechs Jäger, sechs, vorne links!«

»Verstanden, Herr Hauptmann!«

»Dutertre, haben sie uns gesehen?«

»Haben uns gesehen. Schwenken auf uns ein. Sind fünfhundert Meter über ihnen.«

»Schütze, haben Sie verstanden? Sind fünfhundert Meter über ihnen. Dutertre! Noch weit weg?«

»... einige Sekunden.«

»Schütze, haben Sie verstanden? Sind in einigen Sekunden hinter uns.«

Da, ich sehe sie! Winzig. Ein Schwarm giftiger Wespen.

»Schütze! Sie kommen unten durch. Sichten sie in einer Sekunde. Da!«

»Ich... ich sehe nichts. Ja! Ich seh sie!«

Ich selbst sehe sie nicht mehr: »Machen sie Jagd auf uns?«

»Sie machen Jagd auf uns.«

»Steigen sie schnell?«

»Ich weiß nicht... ich glaube nicht... nein!«

»Was entscheiden Sie, Herr Hauptmann?«

Dutertre hat eben gesprochen.

»Was soll ich entscheiden?«

Alles schweigt.

Da ist nichts zu entscheiden. Das geht Gott allein an. Wenn

ich vom Kurs abwiche, würde ich den Zwischenraum verringern, der uns trennt. Da wir direkt auf die Sonne zusteuern und man in großer Höhe keine fünfhundert Meter steigt, ohne einige Kilometer vom Wild abzukommen, kann es sein, daß sie uns in der Sonne verloren haben, bevor sie unsere Höhe erreichen und ihre Geschwindigkeit wieder aufnehmen können.

»Schütze, immer noch?«

»Immer noch.«

»Bekommen wir Vorsprung?«

»Ah... nein... doch!«

Das geht Gott und die Sonne an.

In Voraussicht eines etwaigen Kampfes (wenn auch eine Jagdstaffel eher meuchelt als kämpft) stemme ich mich mit aller Gewalt gegen mein vereistes Fußsteuer und suche es zu lockern. Ich bekomme ein sonderbares Empfinden, ich habe aber die Jäger noch vor Augen. Und ich wuchte mit meinem ganzen Gewicht auf die blockierten Hebel.

Wieder einmal merke ich, daß ich bei dieser Aktion, die mich doch zu einem sinnlosen Abwarten nötigt, tatsächlich sehr viel weniger erregt bin, als ich es vorhin beim Umkleiden war. Auch empfinde ich eine Art Wut. Wohltuende Wut.

Aber keine trunkene Opferbegeisterung. Lieber möchte ich beißen.

»Schütze, geben Sie's ihnen?«

»Geb's ihnen schon, Herr Hauptmann.«

»In Ordnung.«

»Dutertre... Dutertre...«

»Herr Hauptmann?«

»Nein... nichts.«

»Was war denn, Herr Hauptmann?«

»Oh! Nichts... ich meinte bloß... nichts.«

Ich sage ihnen nichts davon. Ich spiele ihnen damit keinen Streich. Wenn ich abzutrudeln beginne, merken sie es schon. Sie werden es schon merken, daß ich zu trudeln beginne...

Es geht nicht mit rechten Dingen zu, daß ich vor Schweiß triefe bei fünfzig Grad Kälte. Das ist nicht normal. Aha, eben habe ich begriffen, was los ist: Ganz allmählich verliere ich das Bewußtsein. Ganz allmählich...

Ich sehe das Armaturenbrett. Ich sehe das Armaturenbrett nicht mehr. Meine Hände schlafen am Steuer ein. Ich habe nicht einmal mehr die Kraft zum Sprechen. Ich lasse mich gehen. Sich einfach so gehenlassen...

Ich habe die Kautschukleitung geklemmt. Ich habe in die Nase den belebenden Gasstoß bekommen. Es liegt also nicht am Versagen des Sauerstoffs. Es liegt... Ach ja, natürlich. Ich war auch zu dumm. Es liegt am Fußsteuer. Ich habe mich gegen mein Fußsteuer wie ein Trimmer, ein Kutscher gebärdet. In zehntausend Meter Höhe habe ich mich wie ein Schaubudenkämpfer aufgeführt. Mein Sauerstoff war aber bemessen. Nun büße ich die Orgie...

Ich atme in raschen Zügen. Mein Herz schlägt schnell, sehr schnell. Es ist wie ein schwaches Ticken. Ich sage meiner Besatzung nichts. Wenn ich zu trudeln beginne, werden sie es schon früh genug merken! Ich sehe das Armaturenbrett... Ich sehe das Armaturenbrett nicht mehr... Und ich fühle mich abgespannt in meinem Schweiß.

Ganz langsam bin ich wieder zum Leben zurückgekehrt.

»Dutertre!...«

»Herr Hauptmann?«

Am liebsten hätte ich ihm anvertraut, was eben passiert ist.

»Es... kam... mir... so... vor...«

Doch ich gebe es auf, mich zu erklären. Die Worte verbrauchen zuviel Sauerstoff, und meine paar Worte haben mich schon außer Atem gebracht. Ich bin ein schwacher, ein ganz schwacher Rekonvaleszent...

»Was war denn, Herr Hauptmann?«

»Nein... nichts...«

»Herr Hauptmann, Sie sind wahrhaftig ein Rätsel!«

Ich bin ein Rätsel, aber ich bin am Leben.

»Haben... haben uns... nicht erwischt...«

»Oh! Herr Hauptmann! Es geht erst los!«

Es geht erst los! Wir haben noch Arras.

So habe ich einige Minuten lang gemeint, ich komme nicht

mehr zu mir, und doch habe ich in mir nicht diese heiße Angst beobachtet, die einem angeblich die Haare bleicht. Und da fällt mir Sagon ein. Der Bericht Sagons, den wir einige Tage nach dem Luftkampf besuchten, der ihn vor nunmehr zwei Monaten auf französischem Gebiet herunterholte. Was hatte Sagon empfunden, als die Jäger ihn umstellt, ihn gewissermaßen an seinen Marterpfahl genagelt hatten und er sich in den nächsten zehn Sekunden für erledigt gehalten hatte?

IX

Ich sehe ihn genau vor mir in seinem Krankenhausbett liegen. Beim Absprung mit dem Fallschirm ist Sagon am Leitwerk des Flugzeugs hängengeblieben und hat sein Knie gebrochen, doch hat er den Anprall nicht gespürt. Sein Gesicht und seine Hände sind ziemlich schwer verbrannt, aber alles in allem hat er nichts Besorgniserregendes abbekommen. Er erzählt uns langsam, mit gleichgültiger Stimme seine Geschichte wie einen dienstlichen Bericht.

»...Ich merkte, daß sie auf mich schossen, als ich mich von Leuchtspuren umgeben sah. Mein Armaturenbrett ist zersplittert worden. Dann habe ich ein wenig Rauch bemerkt, oh, gar nicht viel! Er schien von vorn zu kommen. Ich habe gedacht, es ist... Sie wissen doch, da ist so ein Verbindungsrohr... Oh, es brannte nicht stark...«

Sagon verzieht sein Gesicht. Er überlegt. Er hält es für wichtig, uns zu sagen, ob es stark oder nicht stark brannte. Er zögert:

»Immerhin... es brannte... Da habe ich ihnen gesagt, sie sollten abspringen...«

Denn das Feuer verwandelt das Flugzeug binnen zehn Sekunden in eine Fackel!

»Dann habe ich meine Absprungluke geöffnet. Es war verkehrt. Das hat Zugluft gebracht... das Feuer... Ich ärgerte mich.«

Die Feuerung einer Lokomotive spuckt Ihnen ein Flammenmeer in den Bauch bei siebentausend Meter Höhe, und Sie werden ärgerlich. Ich verrate Sagon nicht, wenn ich seinen Heldenmut oder seine Scham hervorhebe. Er würde weder diesen Heldenmut noch diese Scham zugeben. Er würde sagen: ›Doch, doch! Ich ärgerte mich...‹ Er bemüht sich übrigens sichtlich, genau zu sein.

Und ich weiß wohl, daß der Bereich des Bewußtseins äußerst beschränkt ist. Es übernimmt nur ein Problem auf einmal. Wenn Sie mitten im Boxkampf ganz in Anspruch genommen sind von der Taktik des Kampfes, spüren Sie den Schmerz der Faustschläge nicht. Als ich während eines Unfalls mit einem Wasserflugzeug fast zu ertrinken drohte, kam mir das eisige Wasser lauwarm vor. Oder genauer gesagt, mein Bewußtsein hat die Wassertemperatur nicht beachtet. Es war anderweitig beschäftigt. Die Wassertemperatur hat in meinem Gedächtnis gar keine Spur hinterlassen. So war das Bewußtsein Sagons von der Technik des Absprungs in Anspruch genommen. Die Welt Sagons beschränkte sich auf die Kurbel, die die Luke betätigt, auf einen bestimmten Griff am Fallschirm, dessen Lage ihn beschäftigte, und auf das technische Verhalten seiner Besatzung. »Sind Sie abgesprungen?« Keine Antwort. »Keiner mehr an Bord?« Keine Antwort.

»Ich habe gemeint, ich bin allein. Ich habe gemeint, ich kann aussteigen... (Gesicht und Hände waren ihm bereits versengt.) Ich habe mich erhoben, bin über die Bordwand aus der Führerkanzel herausgeklettert und habe mich zunächst auf der Tragfläche gehalten. Nachdem ich einmal da war, habe ich mich nach vorn gebückt: Ich habe den Beobachter nicht gesehen...« Der Beobachter, vom Jägerbeschuß auf der Stelle getötet, lag auf dem Boden der Zelle.

»Dann bin ich nach hinten gegangen und habe den Bordschützen nicht gesehen...«

Der Schütze war ebenfalls zusammengebrochen.

»Ich habe gemeint, ich bin allein...«

Er dachte nach:

»Wenn ich gewußt hätte... hätte ich wieder an Bord steigen

können... es brannte gar nicht so heftig... Ich bin lange so auf der Tragfläche geblieben... Vor dem Verlassen der Kanzel hatte ich die Maschine angezogen. Der Flug war in Ordnung, der Luftzug erträglich, und ich fühlte mich ganz wohl. O ja, ich bin lange auf der Tragfläche geblieben... Ich wußte nicht recht, was ich tun sollte...«

Nicht, daß Sagon sich unlösbare Probleme gestellt hätte! Er glaubte sich allein an Bord, das Flugzeug brannte, und die Jäger flogen immer wieder vorbei und beharkten ihn mit ihren Geschossen. Sagon wollte uns nur bedeuten, daß er keinen besonderen Wunsch hegte. Er empfand überhaupt nichts. Er war völlig Herr seiner Zeit. Er fühlte sich gewissermaßen von einem unendlichen Wohlbehagen durchdrungen.

Und Punkt für Punkt erkannte ich dieses außergewöhnliche Empfinden wieder, das manchmal dem Tod unmittelbar vorausgeht: ein unerwartetes Wohlbehagen... Wie wird doch dieses Bild vom atemberaubenden Absturz durch die Wirklichkeit Lügen gestraft!

Sagon blieb dort auf seiner Tragfläche, wie ausgestoßen von der Zeit!

»Und dann bin ich abgesprungen, ich bin schlecht abgekommen. Ich habe mich wirbeln sehen. Ich habe gefürchtet, wenn ich ihn zu früh öffnete, möchte ich mich in meinen Fallschirm verwickeln. Ich wartete, bis ich ausgerichtet war. Oh, ich habe lange gewartet...«

So behält Sagon in seiner Erinnerung, daß er von Anfang bis zum Ende seines Abenteuers gewartet hat. Gewartet, bis es stärker brannte. Dann auf der Tragfläche auf irgend etwas gewartet. Und im freien Absprung jäh in die Tiefe zum Erdboden wiederum gewartet.

Das war so richtig Sagon, vielleicht sogar ein Überrest von Sagon, gewöhnlicher als sonst, ein etwas betretener Sagon, der sich gelangweilt und verdrossen in die Tiefe gleiten ließ.

X

Nun baden wir schon zwei Stunden lang in einem Luftdruck, der nur ein Drittel des normalen beträgt. Langsam wird die Besatzung mürbe. Wir sprechen kaum miteinander. Noch ein- oder zweimal habe ich vorsichtig auf mein Fußsteuer einzuwirken versucht. Jedesmal kam dasselbe Gefühl einer wohligen Ermüdung über mich.

Wegen der Kurven, die das Photographieren erfordert, sagt mir Dutertre schon lange im voraus Bescheid. Ich versuche, mit dem, was mir an Beweglichkeit bleibt, fertig zu werden, so gut ich kann. Ich drücke die Maschine und ziehe sie hoch. Und führe für Dutertre Kurven in zwanzig Stufen aus.

»Wie hoch?«

»Zehntausendzweihundert.«

Wieder denke ich an Sagon... Mensch bleibt immer Mensch. Wir sind eben Menschen. Und in mir bin ich immer nur mir selber begegnet. Sagon weiß nur von Sagon. Wer stirbt, stirbt so, wie er war. Im Tod eines gewöhnlichen Bergmanns stirbt ein gewöhnlicher Bergmann. Wo findet man jenen aufgestörten Wahnsinn, den die Literaten erfinden, um uns zu verblüffen?

In Spanien habe ich gesehen, wie ein Mann nach tagelanger Arbeit aus dem Keller eines durch eine Luftmine völlig zerstörten Hauses hervorkroch. Schweigend und, wie mir schien, völlig verängstigt umstand die Menge den Mann, der, wie aus dem Jenseits zurückgekehrt, noch ganz von Schutt bedeckt war und halb irrsinnig vor Luftmangel und Hunger beinahe einem Gespenst glich. Als einige ihn zu fragen sich getrauten und er den Fragen nur eine lässige Aufmerksamkeit widmete, schlug die Ängstlichkeit der Menge in Ärger um.

Man fing es ungeschickt mit ihm an; denn die eigentlichen Fragen wußte keiner zu stellen. Man sagte ihm: »Was für eine Empfindung hatten Sie?... Was dachten Sie?... Was taten Sie?...« Aufs Geratewohl warf man so Brücken über einen Abgrund, als gälte es nach Möglichkeiten der Verständigung zu suchen, um bei Nacht einen blinden Taubstummen zu erreichen, dem man gern helfen möchte.

Doch als der Mann uns antworten konnte, erwiderte er:

»Ach ja, ich hörte lange klopfen...«

Oder auch...

»Ich habe mir viele Sorgen gemacht. Es war lang... Ach, es war sehr lang...«

Oder auch...

»Ich hatte Schmerzen im Kreuz, üble Schmerzen...«

Und dieser brave Mann sprach uns nur vom braven Mann. Vor allem sprach er von seiner Uhr, die er verloren hatte...

»Ich habe sie gesucht... ich hing sehr an ihr... aber in der Dunkelheit...«

Und sicherlich hatte ihm das Leben die Empfindung für das Verstreichen der Zeit oder die Liebe zu vertrauten Gegenständen beigebracht. Und er bediente sich des Menschen, der er war, um seiner Umwelt bewußt zu werden, wenn es auch eine Welt des Zusammenbruchs im Dunkeln war. Und auf die grundlegende Frage, die keiner ihm zu stellen wußte, die aber allen Versuchen vorschwebte: ›Wer waren Sie? Wer kam in Ihnen zum Durchbruch?‹, hätte er nichts anderes antworten können als: ›Ich selbst...‹

Keine Begebenheit erweckt in uns einen Fremdling, von dem wir nichts geahnt hätten. Leben heißt, langsam geboren werden. Es wäre auch zu bequem, wenn man sich fix und fertige Seelen besorgen könnte!

Eine plötzliche Erleuchtung scheint manchmal ein Schicksal anders zu wenden. Doch die Erleuchtung ist nichts anderes, als daß man im Geiste plötzlich einen sich langsam vorbereitenden Weg visionär erkennt. Ich habe langsam die Grammatik gelernt. In der Syntax bin ich gedrillt worden. Mein Empfinden wurde geweckt. Und plötzlich greift mir ein Gedicht ans Herz.

Gewiß empfinde ich augenblicklich keine Liebe, wenn mir jedoch heute abend etwas offenbar wird, dann rührt es daher, daß ich gewichtig Stein um Stein für den noch nicht geschauten Bau zusammengetragen habe. Ich bereite ein Fest vor. Ich werde nicht von einer plötzlichen Erscheinung in mir sprechen dürfen, von einem anderen als ich selbst; denn jenes andere Ich baue ich selbst auf.

Ich habe vom Abenteuer des Krieges nichts zu erwarten als eben diese langsame Vorbereitung. Sie trägt später ihre Früchte wie die Grammatik...

Das ganze Leben ist in uns abgestumpft wegen dieses langsamen Mürbewerdens. Wir altern. Der Flugauftrag mit. Was kostet die große Höhe? Ist eine Stunde in zehntausend Metern durchlebt, eine Woche, drei Wochen, einen Monat organisches Leben, Betätigung von Herz, Lungen und Adern wert? Das ist mir übrigens ziemlich gleichgültig. Meine halben Ohnmachten haben mir Jahrhunderte hinzubeschert: ich durchtränke mich mit einer greisenhaften Heiterkeit. Die Aufregungen des Umkleidens kommen mir wie unendlich fern in der Vergangenheit verloren vor. Arras unendlich fern in der Zukunft. Das kriegerische Abenteuer? Wo ist ein kriegerisches Abenteuer?

Vor zehn Minuten wäre ich ums Haar weggewesen und weiß nichts zu berichten als diesen Vorbeiflug winziger Wespen, die ich drei Sekunden zu sehen bekam. Das eigentliche Abenteuer hätte eine Zehntelsekunde gedauert. Und bei uns kommt keiner wieder, kommt nie einer zurück, es zu sagen.

»Ein wenig Fußsteuer nach links, Herr Hauptmann.«

Dutertre hat vergessen, daß mein Fußsteuer festgefroren ist. Ich träume gerade von einem Kupferstich, der mir in meiner Jugend einen tiefen Eindruck gemacht hat. Man sah da vor einem Polarlicht im Hintergrund einen seltsamen Friedhof regloser Wracks in der Südsee. Im ersterbenden Licht einer Art ewiger Dämmerung öffneten sie kristallene Arme. In einer Toten-Atmosphäre spannten sie noch Segel aus, die vom Wind gebläht blieben, wie ein Bett den Abdruck einer zarten Schulter bewahrt. Doch fühlte man, wie starr und brüchig sie waren.

Hier ist alles vereist. Meine Schaltungen sind vereist. Meine

Maschinengewehre sind vereist. Und als ich den Bordschützen nach den seinen fragte: »Was machen Ihre Maschinengewehre...«
»Nichts zu machen.«
»Ah, gut.«
In das Abluftrohr meiner Maske spucke ich Eisnadeln. Von Zeit zu Zeit muß ich durch den weichen Kautschukschlauch den Reifpfropfen zerdrücken, der mich erstickt. Wenn ich drücke, spüre ich ihn in der Hand knirschen.
»Schütze, Sauerstoff in Ordnung?«
»In Ordnung...«
»Flaschendruck?«
»Ha... siebzig.«
»Ah, gut.«
Auch die Zeit ist für uns eingefroren. Wir sind drei alte, weißbärtige Männer. Nichts rührt sich. Nichts drängt. Nichts peinigt.

Das kriegerische Abenteuer? Kommandant Alias hat eines Tages gemeint, er müsse mir sagen:
»Versuchen Sie, achtzugeben!«
Worauf denn achtgeben, Kommandant Alias? Die Jäger kommen über einen wie der Blitz. Die Jagdstaffel, fünfzehnhundert Meter höher, nimmt sich ruhig Zeit, nachdem sie einen unter sich entdeckt hat. Sie schwenkt ein, ordnet und verteilt sich. Sie selbst haben noch keine Ahnung davon. Sie sind die Maus, die der Schatten des Raubvogels umkreist. Ahnungslos lebt die Maus weiter. Noch hüpft sie im Korn umher. Doch schon hat die Netzhaut des Habichts sie eingefangen, sie haftet fester auf dieser Netzhaut als auf Vogelleim; denn der Habicht läßt sie nicht mehr los.
Und auch Sie steuern, träumen, beobachten weiter den Erdboden, dabei ist Ihr Urteil schon von einem kaum merklichen dunklen Eindruck gesprochen worden, der sich auf einer menschlichen Netzhaut gebildet hat.
Die neun Flugzeuge der Jagdstaffel werden senkrecht herunterstoßen, wenn es ihnen paßt. Sie haben ausreichend Zeit.

Mit neunhundert Kilometern Geschwindigkeit in der Stunde werden sie dann ihren herrlichen Fangstoß versetzen, der seine Beute nie verfehlt. Ein Bombengeschwader hat eine Abwehrkraft, die Aussichten zur Verteidigung bietet, aber die Besatzung eines Aufklärers, einsam am klaren Himmel, wird nie mit zweiundsiebzig Maschinengewehren fertig, die sich im übrigen nicht anders als durch die Leuchtgarbe ihrer Geschosse zeigen.

Im selben Augenblick, wo Sie merken, daß es zum Kampf kommt, hat der Jäger sein Gift auch schon schlagartig verspritzt, wie die Kobra das tut, und zieht harmlos und unerreichbar wieder hoch. Genau so wiegen sich die Kobras, schleudern ihre Blitze und schlängeln sich weiter.

Wenn so die Gruppe verschwunden ist, hat sich noch nichts geändert. Nicht einmal die Gesichter haben sich geändert. Jetzt ändern sie sich erst, nachdem der Himmel leer ist und wieder Friede herrscht. Schon ist der Jäger nur noch ein unparteiischer Zeuge, wenn am Kopf des Beobachters aus der durchschlagenen Ader der erste Blutschwall aufquillt, wenn von der Haube des rechten Motors zögernd das erste Schmiedeflämmchen züngelt. So hat sich die Kobra schon wieder zusammengerollt, wenn das Gift ins Herz dringt und der erste Muskel im Gesicht sich zusammenkrampft. Die Jagdstaffel tötet nicht, sie sät den Tod. Er geht erst auf, wenn sie vorüber ist.

Worauf denn achten, Kommandant Alias? Als wir die Jäger kreuzten, habe ich nichts zu entscheiden gehabt. Es hätte sein können, daß ich sie überhaupt nicht gesehen hätte. Wenn sie über uns gewesen wären, hätte ich sie gar nicht wahrgenommen!

Worauf denn achten? Der Himmel ist leer.

Die Erde ist leer.

Der Mensch existiert nicht mehr, wenn man aus zehn Kilometern Entfernung beobachtet. Das Tun des Menschen ist in diesem Maßstab nicht mehr erkennbar. Unsere Fotoapparate dienen uns mit ihrer langen Brennweite hier als Mikroskop. Man braucht das Mikroskop, nicht um den Menschen – er entschlüpft auch noch diesem Instrument –, wohl aber um die Zeichen seiner Gegenwart, die Straßen, Kanäle, Kolonnen, Transportkähne zu erfassen. Der Mensch impft einen Objektträger fürs Mikroskop. Ich bin ein eisgrauer Gelehrter, und ihr Krieg ist für mich nur noch ein Experiment im Laboratorium.

»Schießen sie, Dutertre?«

»Ich glaube, sie schießen.«

Dutertre weiß es nicht. Die Geschosse krepieren zu weit ab, und die Rauchwölkchen zerlaufen mit dem Erdboden. Sie können nicht die Absicht haben, uns durch ein so ungenaues Schießen herunterzuholen. Wir sind in zehntausend Meter Höhe praktisch unverwundbar. Sie schießen. Sie schießen, um unsere Lage festzuhalten und vielleicht die Jäger auf uns zu lenken. Eine Jagd, die sich im Himmel verliert wie ein unsichtbares Stäubchen.

Die am Boden erkennen uns wegen der blendend weißen Schärpe, die ein hoch fliegendes Flugzeug wie einen Brautschleier hinter sich herzieht. Die Erschütterung beim Durchgang des Flugkörpers bringt den Wasserdampf der Atmosphäre zum Kristallisieren. Und wir spulen hinter uns eine Zirruswolke von Eisnadeln ab. Bei günstigen äußeren Bedingungen für Wolkenbildung verdichtet sich diese Spur langsam und wird dann zur Abendwolke über der Landschaft.

Die Jäger werden auf uns gelenkt durch das Bordradio, durch die Pakete von Explosionswolken und dann durch den prahlerischen Luxus unserer weißen Schärpe. – Indessen treiben wir in einer nahezu sternenhaften Leere.

Wir fliegen, wie ich wohl weiß, mit fünfhundertdreißig Kilometern Geschwindigkeit in der Stunde... Und doch ist alles unbeweglich geworden. Die Schnelligkeit zeigt sich auf einer Rennbahn. Doch hier taucht alles in den weiten Raum. So macht die Erde trotz ihrer zweiundvierzig Kilometer in der Sekunde ihren Umlauf um die Sonne nur langsam. Sie braucht ein Jahr dazu. Auch wir werden vielleicht langsam bei dieser Betätigung der Gravitation erfaßt. Die Dichte des Luftkrieges? Staubkörnchen in einem Dom! Als Staubkörnchen ziehen wir vielleicht einige Dutzend oder hundert Stäubchen an. Und wie von einem Teppich geschüttelt steigt dieser ganze Staub langsam zur Sonne hoch.

Worauf denn achten, Kommandant Alias? Senkrecht unter mir sehe ich nur Spielzeug aus einer anderen Zeit unter einer klaren, reglosen Kristallglocke. Ich beuge mich über Schaukästen im Museum. Doch schon zeigen sie sich im Gegenlicht. Ganz in der Ferne vor uns liegen zweifellos Dünkirchen und das Meer. Doch schräg kann ich nicht viel erkennen. Die Sonne steht nun schon zu tief, und ich überfliege eine große spiegelnde Fläche.

»Können Sie durch diese Schweinerei etwas erkennen, Dutertre?«

»Senkrecht schon, Herr Hauptmann...«

»Hallo, Schütze, nichts Neues von den Jägern?«

»Nichts Neues...«

In Wirklichkeit habe ich keine Ahnung, ob wir noch verfolgt werden oder nicht und ob man vom Boden aus sieht, wie wir einen ganzen Schwarm von Marienfäden gleich unsern eigenen hinter uns herziehen.

»Marienfäden«, das bringt mich zum Träumen. Ein Bild steigt in mir auf, das mich begeistert: ›...unnahbar wie eine wunderschöne Frau verfolgen wir unsere Bestimmung und, langsam unser Gewand mit seiner Schleppe von Eissternen nachziehend...‹

»Geben Sie etwas Fußsteuer nach links!«

So sieht die Wirklichkeit aus. Doch ich kehre zu meiner rührseligen Poesie zurück:

›...lockt jetzt unsere Kurve einen ganzen Himmel schmachtender Anbeter an...‹

Fußsteuer nach links... Fußsteuer nach links...

Erst muß man können!

Die wunderschöne Frau verpaßt ihre Wendung.

»Wenn Sie singen... werden Sie die Augen auf sich lenken ... Herr Hauptmann.«

Habe ich denn gesungen?

Übrigens nimmt mir Dutertre alle Lust zu leichter Musik:

»Ich bin mit den Aufnahmen beinahe fertig. Sie können bald in Richtung Arras hinuntergehen.« Ich kann... ich kann... Gewiß! Man muß die Gelegenheiten wahrnehmen.

Da! Die Gashebel sind auch festgefroren...

Und ich sage mir:

›Diese Woche ist nur jede dritte Erkundung vom Feindflug zurückgekommen. Das Gefahrenmoment ist also sehr groß. Wenn wir aber zu denen zählen, die zurückkehren, werden wir nichts zu berichten haben. Früher habe ich Abenteuer erlebt: die Einrichtung von Postlinien, die Überwindung der Sahara, Südamerika..., aber der Krieg ist kein richtiges Abenteuer, er ist nur Abenteuer-Ersatz. Das Abenteuer beruht auf dem Reichtum der Beziehungen, die es anknüpft, der Probleme, die es stellt, der Schöpfungen, die es hervorruft. Man kann ein einfaches Spiel ›Wappen oder Adler‹ keineswegs in ein richtiges Abenteuer verwandeln, indem man es um Tod und Leben gehen läßt. Der Krieg ist kein Abenteuer. Der Krieg ist eine Krankheit. Wie der Typhus.‹

Vielleicht verstehe ich später einmal, daß mein einziges echtes Kriegsabenteuer in meinem Zimmer in Orconte stattgefunden hat.

XI

Ich wohnte in Orconte, einem Dorf in der Gegend von Saint-Dizier, wo meine Gruppe den sehr strengen Winter 1939 über lag, in einem Bauernhaus aus Lehmfachwerk. Da fiel nachts die Temperatur so tief, daß sie das Wasser in meinem ländlichen Topf in Eis verwandelte, und meine erste Handlung vor dem Ankleiden bestand einfach darin, Feuer zu machen. Doch diese Handlung erforderte, daß ich das Bett verließ, in dem ich mich warm fühlte und mich wohlig zusammenrollte.

Nichts schien mir herrlicher als dieses einfache Feldbett in dieser leeren, eiskalten Stube. In ihm genoß ich die Seligkeit der Ruhe nach anstrengenden Tagen. In ihm genoß ich auch die Sicherheit. Nichts drohte mir in ihm. Tagsüber war mein Körper den Anforderungen des Höhenklimas und pfeifenden Geschossen ausgesetzt. Tagsüber konnte sich mein Körper in ein Schmerzenslager verwandeln und wahllos zerrissen werden. Tagsüber gehörte mein Körper nicht mir. Nicht mehr mir. Man konnte ihm Glieder abnehmen, ihm Blut abzapfen. Denn das ist auch eine Kriegserscheinung, daß dieser Körper zu einer Rumpelkammer von Requisiten geworden ist, die einem selbst nicht mehr gehören. Der Vollstreckungsbeamte kommt und verlangt die Augen. Und Sie überlassen ihm Ihr Sehvermögen. Der Vollstreckungsbeamte kommt und verlangt die Beine. Und Sie überlassen ihm Ihr Gehvermögen. Der Vollstreckungsbeamte kommt mit seiner Fackel und verlangt von Ihnen die ganze Gesichtshaut. Und Sie sind nur noch ein Ungeheuer, haben Sie ihm doch als Lösegeld Ihre Fähigkeit hingegeben, zu lächeln und den Menschen Freundschaft zu bezeigen. Nun war dieser Körper, der sich eben noch am Tag als mein Feind erwiesen und mir weh tut, dieser Körper, der nichts wie Jammer erzeugen konnte, wieder mein Freund, lag, gefügig und brüderlich, fein zusammengerollt unter der Decke in seinem Halbschlummer und ließ mich nichts anderes spüren als seine Lebenslust, sein wohliges Schnarchen. Aber ich mußte ihn doch aus dem Bett herausbringen, ihn mit dem eiskalten Wasser abwaschen, rasieren und anziehen, um ihn standesgemäß den Granatsplittern hinzuhalten. Und dieses Verlassen des Bettes war, als risse ich mich aus den Armen der Mutter, aus dem mütterlichen Schoß, aus allem, was in den Jahren der Kindheit einen kindlichen Körper zärtlich liebt, streichelt und hegt.

Nachdem ich so meinen Entschluß lange erwogen, reiflich überlegt, immer wieder hinausgeschoben hatte, biß ich die Zähne zusammen und sprang mit einem Satz zum Kamin, wo ich einen Holzstoß umwarf und mit Benzin übergoß. Sowie ich ihn dann angesteckt hatte und ein zweites Mal glücklich durch die Stube gesaust war, vergrub ich mich von neuem in meinem Bett, in dem ich meine herrliche Wärme wiederfand und von dem aus ich, in Decken und Überbett bis aufs linke Auge vergraben, mein Feuerchen beobachtete. Zunächst kam es noch gar nicht recht in Gang, dann aber gab es ein kurzes Aufflackern, das bis zur Decke strahlte. Dann begann es sich darin einzunisten wie ein Fest, das in Gang kommt. Es fing an zu knistern, zu fauchen, zu singen. Es war lustig wie eine Bauernhochzeit auf dem Dorf, wenn die Menge anfängt zu trinken, warm zu werden und sich in die Seiten zu stoßen.

Oder aber es kam mir so vor, als würde ich von meinem üppigen Feuer wie von einem rührigen, treuen und flinken Schäferhund bewacht, der seine Sache gut verstand. Wenn ich es so betrachtete, empfand ich ein inneres Jubeln. Und wenn das Fest im schönsten Gange war mit seinen Schatten, die an der Decke tanzten, und seiner goldig-warmen Musik, und sich an den Seiten schon die Glut aufbaute, wenn meine Stube ganz erfüllt war von jenem geheimnisvollen Rauch- und Harzgeruch, dann wechselte ich mit einem Satz von einem Freund zum andern, ich lief von meinem Bett zu meinem Feuer, ich ging zu dem freigebigeren, und ich weiß nicht recht, briet ich mir an ihm den Bauch oder erwärmte ich mir an ihm das Herz. Zwischen zwei Versuchungen hatte ich kraftlos der stärkeren, der glänzenderen, jener nachgegeben, die mit ihrer Fanfare und ihren Blitzen sich besser aufs Werben verstand.

So hatte ich dreimal, erst um mein Feuer anzustecken, dann mich wieder hinzulegen und schließlich um die Flammenglut auszukosten, dreimal mit klappernden Zähnen die leeren und vereisten Steppen meiner Stube durchmessen und so etwas von Polarexpeditionen kennengelernt. Ich hatte die Wüste durchquert zu einer glücklichen Rast hin und war dafür belohnt worden durch dieses üppige Feuer, das vor mir, für mich seinen Schäferhundtanz tanzte.

Diese Geschichte sieht nach nichts aus. Und doch war das ein großes Abenteuer. Meine Stube zeigte mir zum Greifen deutlich, was ich nie in ihr hätte entdecken können, wenn ich diesen Bauernhof eines Tages als Sommerfrischler besucht haben würde. Sie hätte mir nur ihre nichtssagende Leere mit ihrer dürftigen Einrichtung von Bett, Wassertopf und schlechtem Kamin gewiesen. Ich hätte mich in ihr einige Minuten gelangweilt. Wie hätte ich eins vom andern, ihre drei Bezirke, ihre drei Zivilisationen, Schlaf, Feuer und Wüste, unterscheiden können? Wie hätte ich das Abenteuer des Körpers vorausahnen können, erst ein Kinderleib, der gehegt und beschützt an der Mutterbrust liegt, dann ein zum Leiden geschaffener Soldatenleib, schließlich der Leib eines Mannes, den Freuden über die Errungenschaft des Feuers erfüllen, diesen Leitstern der Menschheit. Das Feuer ehrt den Gast und ehrt seine Kameraden. Wenn sie ihren Freund besuchen, nehmen sie teil an seinem Fest, ziehen ihren Stuhl an den seinen heran, plaudern mit ihm über die Geschehnisse des Tages, die Sorgen und Mühen, reiben sich die Hände, stopfen die Pfeife und sagen: ›Immerhin, so ein Feuerchen, das macht doch Spaß!‹ Aber jetzt brennt kein Feuer mehr, das mich an Zärtlichkeiten glauben ließe. Keine eisige Stube mehr, die mich an Abenteuer erinnern könnte. Ich erwache aus meinem Traum. Nur noch eine absolute Leere umgibt mich. Nur noch grenzenloses Altern. Nur noch eine Stimme spricht zu mir, Dutertre, der sich auf seinen aussichtslosen Wunsch versteift:

»Etwas Fußsteuer nach links, Herr Hauptmann…«

XII

Ich versehe gewissenhaft meinen Dienst. Das hindert nicht, daß ich eine Besatzung der Niederlage bin. Ich wate in der Niederlage. Die Niederlage sickert überall durch, und ich halte ihr Zeichen in meiner Hand.

Die Gashebel sind durch die Kälte blockiert. Ich bin dazu verdammt, Vollgas zu fliegen. Dabei stellen mich meine beiden Eisenbügel vor unlösliche Probleme.

Auf der Maschine, die ich steuere, ist die Drehzahl meiner Propeller viel zu niedrig begrenzt. Ich kann nicht verlangen, wenn ich mit Vollgas hinuntergehe, daß ich dann eine Geschwindigkeit von nahezu achthundert Kilometern in der Stunde und eine Überbeanspruchung meiner Motoren vermeide. Nun hat aber die Überbeanspruchung eines Motors Bruchgefahr zur Folge.

Notfalls könnte ich die Verbindungen unterbrechen. Ich würde mir so aber eine endgültige Störung aufzwingen. Diese Störung würde den Fehlschlag meines Auftrags und womöglich den Verlust des Flugzeugs nach sich ziehen. Nicht jedes Gelände ist zur Landung eines Flugzeugs geeignet, das mit hundertachtzig Kilometern Geschwindigkeit in der Stunde auf den Boden aufsetzt.

Es ist also wesentlich, daß ich die Hebel frei bekomme. Nach einem ersten Versuch komme ich mit dem linken zurecht. Aber der rechte sitzt weiterhin fest.

Nun könnte ich mein Hinuntergehen mit erträglicher Geschwindigkeit ausführen, wenn ich wenigstens den Motor zurücknähme, den ich bereits regulieren kann, nämlich den linken Motor. Wenn ich aber den linken Motor droßle, muß ich den seitlichen Zug des rechten Motors ausgleichen, der offensichtlich das Bestreben hat, das Flugzeug nach links zu drücken. Ich muß diesem Drall begegnen. Nun ist aber das Fußsteuer, das diese Bewegung betätigt, völlig festgefroren. Ein Ausgleich ist mir nicht möglich. Wenn ich den linken Motor droßle, komme ich ins Trudeln.

Es bleibt mir gar nichts weiter übrig, als das Risiko auf mich zu nehmen und während des Hinuntergehens die theoretische Vorbedingung für Bruch zu überschreiten. Dreitausendfünfhundert Umdrehungen heißt Bruchgefahr.

Das Ganze ist verrückt. Nichts klappt. Unsere Welt besteht aus Rädern, die nicht ineinandergreifen. Das liegt nicht am Material, es liegt am Uhrmacher. Der Uhrmacher fehlt.

Nach neun Monaten Krieg haben wir es noch nicht fertiggebracht, in der Herstellung, auf die es ankommt, die Maschinengewehre und die Schaltungen dem Höhenklima anzupassen. Und dabei stoßen wir uns nicht an der Sorglosigkeit der Menschen. Die Menschen sind meist anständig und gewissenhaft. Ihre Trägheit ist fast immer eine Wirkung und nicht eine Ursache ihrer Unzulänglichkeit.

Diese Unzulänglichkeit lastet auf uns allen wie ein Verhängnis. Sie lastet auf dem Infanteristen, der gegenüber Panzern mit Bajonetten bewaffnet ist. Sie lastet auf den Flugzeugbesatzungen, die gegen eine zehnfache Übermacht kämpfen. Sie lastet gerade auf jenen, deren Aufgabe es sein sollte, Maschinengewehre und Schaltungen umzubauen.

Wir leben im blinden Bauch einer Verwaltung. Eine Verwaltung ist eine Maschine. Je vollendeter eine Verwaltung ist, desto mehr schließt sie die menschliche Willkür aus. In einer vollkommenen Verwaltung, bei der der Mensch die Rolle eines Triebwerks spielt, haben Nachlässigkeit, Unehrlichkeit und Unkorrektheit keine Gelegenheit mehr, sich auszuwirken.

Doch wie die Maschine dafür gebaut ist, eine Folge von Bewegungen auszuführen, die ein für allemal vorgesehen sind, so besitzt auch die Verwaltung keinerlei schöpferische Kraft. Sie lenkt. Sie hat eine bestimmte Strafe für einen bestimmten Fehler, eine bestimmte Lösung für ein bestimmtes Problem bei der Hand. Eine Verwaltung ist nicht dazu ausersehen, neue Probleme zu lösen. Wenn man in eine Hohlpresse Holzstücke einführt, kommen keine Möbel heraus. Damit die Maschine sich darauf einstellt, müßte ein Mensch über das Recht verfügen, sie völlig umzustellen. Doch in einer Verwaltung, die dazu erdacht ist, die Nachteile menschlicher Willkür auszuschalten, erlaubt das Triebwerk den Eingriff des Menschen nicht. Es weist den Uhrmacher zurück.

Seit November gehöre ich der Gruppe 2/33 an. Gleich bei meiner Ankunft haben mich meine Kameraden darauf aufmerksam gemacht:

»Du wirst über Deutschland herumspazieren ohne Maschinengewehre und ohne Schaltungen.« Und dann zum Trost:

»Beruhige dich. Das schadet dir weiter nichts. Die Jäger schießen dich auf alle Fälle ab, bevor du sie bemerkt hast.«
Sechs Monate später, im Mai, frieren die Maschinengewehre und die Schaltungen immer noch ein.

Ich denke an einen Spruch, der so alt ist wie meine Heimat: ›Wenn in Frankreich alles verloren scheint, wird Frankreich durch ein Wunder gerettet.‹ Ich habe begriffen, weshalb. Es ist manchmal vorgekommen, daß ein Unglück die schöne Verwaltungsmaschine außer Gebrauch gesetzt hat, und da sie sich nicht mehr instand setzen ließ, hat man sie in Ermangelung von etwas Besserem durch einfache Menschen ersetzt. Und die Menschen haben alles gerettet.
Wenn eine Bombe das Luftfahrtministerium in Schutt und Asche legt, holt man eilends einen Unteroffizier her und sagt zu ihm:
»Sie haben den Auftrag, die Schaltungen frostsicher zu machen. Sie haben sämtliche Vollmachten. Sehen Sie zu, wie Sie fertig werden. Wenn sie aber in vierzehn Tagen noch vereisen, werden Sie eingesperrt.«
Vielleicht werden die Schaltungen dann frostsicher.

Ich kenne hundert Beispiele für diesen Mißstand. Die Requirierungs-Kommissionen eines Departements im Norden zum Beispiel haben trächtige Färsen requiriert und so die Schlächtereien in Friedhöfe für Embryos verwandelt. Kein Rad der Maschine, kein Oberst im Requisitionsamt war befugt, anders denn als Rad zu handeln. Sie gehorchten alle einem anderen Rad wie in einem Uhrwerk. Jede Auflehnung war nutzlos. Nachdem diese Maschine einmal angefangen hatte, verkehrt zu arbeiten, ließ sie sich ohne weiteres auch dazu gebrauchen, trächtige Färsen abzuschlachten. Vielleicht war dies ein geringeres Übel. Wenn sie noch ernstlicher irrgelaufen wäre, hätte sie anfangen können, Obersten abzuschlachten.
Ich fühle mich bis ins Mark durch diesen allgemeinen Verfall entmutigt. Da es mir jedoch nutzlos erscheint, in kurzem

einen meiner Motoren zum Ausfallen zu bringen, drücke ich den linken Hebel von neuem. In meinem Mißmut übertreibe ich die Anstrengung. Dann gebe ich es auf. Diese Bemühung hat meinem Herzen einen neuen Stich versetzt. Der Mensch ist entschieden nicht dazu geschaffen, in zehntausend Meter Höhe Körperkultur zu treiben. Dieser Stich ist ein dumpfer Schmerz, eine Art seltsam geweckten örtlichen Bewußtseins im Dunkel der Organe.

Die Motoren mögen in die Brüche gehen, wenn es ihnen paßt. Mich bekümmert das nicht. Ich schnappe nach Luft. Es kommt mir so vor, als ob ich keine Luft mehr bekäme, wenn ich mich ablenken ließe. Die Blasebälge von früher fallen mir ein, mit denen man das Feuer anfachte. Ich fache mein Feuer wieder an. Ich möchte es gern wieder zum Angehen bringen.

Was habe ich unwiderruflich verdorben? In zehntausend Metern kann eine etwas gewalttätige körperliche Anstrengung die Herzmuskulatur zum Reißen bringen. Es ist gebrechlich, so ein Herz. Es soll lange halten. Es ist verrückt, es für so grobe Arbeiten aufs Spiel zu setzen. Geradeso gut könnte man Diamanten verbrennen, um einen Apfel zu braten.

XIII

Es ist, als ob man alle Dörfer Nordfrankreichs in Brand steckte, ohne durch ihre Zerstörung den deutschen Vormarsch auch nur einen halben Tag aufzuhalten. Und doch sehe ich jetzt diese vielen, vielen Dörfer, diese alten Kirchen, diese alten Häuser und ihre ganze Fracht an Erinnerungen, ihre schönen, gewachsten Nußbaumdielen und ihre schöne Wäsche in den Schränken und die Spitzenvorhänge an ihren Fenstern, die bis heute unversehrt in Gebrauch gewesen waren – ich sehe das alles von Dünkirchen bis zum Elsaß in Flammen aufgehen.

In Flammen aufgehen ist ein großes Wort, wenn man aus zehntausend Metern Entfernung beobachtet; denn über den

Dörfern wie über den Wäldern steht nur eine unbewegliche Rauchfahne, eine Art weißlicher Reif. Das Feuer ist nur ein heimliches Zehren. Im Maßstab von zehntausend Metern ist die Zeit wie stehengeblieben, da es keine Bewegung mehr gibt. Da sind keine knisternden Flammen, keine krachenden Balken, keine schwarzen Rauchschwaden. Nichts als diese graue, gelbrot umsäumte, geronnene Milch.

Wird man diesen Wald, dieses Dorf wieder heilen? Das Feuer frißt sich wie eine Krankheit langsam weiter. Auch hier ist vieles zu sagen. ›Wir werden keine Dörfer sparen‹, habe ich reden hören. Und das Wort war notwendig. Im Gang eines Krieges ist ein Dorf kein Sammelbecken von Erinnerungen. In den Händen des Feindes ist es nur noch ein Nest voller Ratten. Alles ändert seinen Sinn. So umgaben manche dreihundert Jahre alten Bäume Ihren alten Familiensitz. Aber sie stören das Schußfeld eines zweiundzwanzigjährigen Oberleutnants. Er kommandiert also ein Dutzend Leute ab und vernichtet bei Ihnen daheim das Werk der Zeit. Für eine Handlung von zehn Minuten verbraucht er dreihundert Jahre Geduld und Sonne, dreihundert Jahre Heimatgefühl und erstes Liebeswerben im schattenden Park.

Sie rufen ihn an:

»Das sind meine Bäume!«

Er hört Sie nicht. Er führt Krieg. Er hat recht.

Nun aber verbrennt man die Dörfer, nur um Krieg zu spielen, genau wie man Parks vernichtet und Besatzungen opfert und wie man Infanterie gegen Panzer einsetzt. Und es wird einem schauderhaft übel dabei. Denn alles ist nutzlos.

Der Feind hat seine Chance erkannt und nutzt sie aus. In der Unendlichkeit des Landes nehmen die Menschen nur wenig Platz ein. Hundert Millionen Mann würden benötigt, um eine zusammenhängende Mauer aufzurichten. Zwischen den Truppen sind daher Lücken. Diese Lücken werden grundsätzlich durch die Beweglichkeit der Truppen wettgemacht, aber vom Standpunkt eines Panzers aus gesehen, ist eine schwach motorisierte Gegenarmee wie unbeweglich. Die Lücken werden zu wirklichen Öffnungen. Daher diese einfache taktische Anwendungsregel: »Die Panzerdivision soll wie Wasser verfahren. Sie soll schwach auf die Wand des Gegners drücken und nur da vorgehen, wo sie keinem Widerstand begegnet.« So drücken die Panzer gegen die Wand. Es finden sich immer Löcher. Sie kommen immer durch. Diese Panzerschwärme nun, die sich unbehindert bewegen, da keine Panzer vorhanden sind, die man ihnen entgegenwerfen könnte, ziehen nicht wiedergutzumachende Folgen nach sich, wenn sie auch nur vermeintlich oberflächliche Zerstörungen vollziehen (die Gefangennahme von örtlichen Stäben etwa, Unterbrechung von Fernsprechlinien oder die Vernichtung von Dörfern). Sie haben die Rolle von chemischen Katalysatoren gespielt, die zwar nicht den Organismus, wohl aber die Nerven und die Ganglien zerstören. In dem Gebiet, durch das sie blitzartig gefegt sind, hat jede Armee, selbst wenn sie so gut wie intakt erscheint, den Charakter einer Armee verloren. Sie hat sich in unabhängige Klumpen verwandelt. Dort wo ein Organismus bestand, findet sich nur noch eine Summe von Einzelorganen, deren Verbindungen abgerissen sind. Zwischen den einzelnen Klumpen – so kampflustig die einzelnen Männer auch sein mögen – rückt der Feind dann nach Belieben vor. Eine Armee verliert ihre Stoßkraft, wenn sie nur noch aus einer Summe von Soldaten besteht. Fehlendes Material läßt sich nicht in vierzehn Tagen herstellen. Auch nicht... der Rüstungswettlauf konnte gar nicht anders als vernichtend ablaufen. Wir waren vierzig Millionen Bauern gegen achtzig Millionen Fabrikarbeiter!

Wir stehen dem Feind eins zu drei gegenüber. Ein Flugzeug gegen zehn oder zwanzig, und seit Dünkirchen ein Panzer gegen hundert. Wir haben keine Zeit, gemächlich über die Vergangenheit nachzudenken. Wir erleben die Gegenwart. Die Gegenwart ist so. Kein Opfer, jemals, irgendwo, ist imstande, den deutschen Vormarsch aufzuhalten.

Auch herrscht von oben bis unten in der zivilen und militärischen Hierarchie, vom kleinen Angestellten bis zum Minister, vom einfachen Soldaten bis zum General, eine Art schlechtes Gewissen, das sich nicht aussprechen kann und mag. Das Opfer verliert jede Größe, wenn es nur noch zur Farce oder zum Selbstmord wird. Es ist schön, sich aufzuopfern: einige sterben, damit die andern gerettet werden. Man nimmt mit seinem Feuer am allgemeinen Brand teil. Man kämpft im verschanzten Lager bis zum Tod, um den Rettern Zeit zu geben. Gewiß, aber man mag tun, was man will, das Feuer greift überall um sich. Da ist kein Lager, in dem man sich verschanzen könnte. Da ist keine Hoffnung auf Retter. Und sie, für die man kämpft, für die man zu kämpfen behauptet, es sieht so aus, als ob man ganz einfach ihren Mord herausfordert; ... denn das Flugzeug, das die Städte im Rücken der Truppen zermalmt, hat den Krieg verwandelt.

Ich höre schon, wie Ausländer später Frankreich ein paar Brücken vorhalten werden, die nicht gesprengt wurden, ein paar Dörfer, die nicht verbrannt, und Menschen, die nicht gefallen sind. Doch das Gegenteil, das genaue Gegenteil davon beeindruckt mich so stark: nämlich unser ungeheuer guter Wille, Augen und Ohren zu verschließen. Eben unser verzweifelter Kampf wider das, was klar zutage liegt. Obwohl alles völlig zwecklos ist, sprengen wir dennoch die Brücken in die Luft, um die Spielregeln zu wahren. Wir verbrennen richtige Dörfer, um die Spielregeln zu wahren. Um die Spielregeln zu wahren, sterben unsere Männer.

Gewiß werden einzelne vergessen! Brücken werden vergessen, Dörfer werden vergessen, Menschen bleiben am Leben. Aber das Drama dieser Auflösung liegt darin, daß sie den Handlungen jede Sinngebung nimmt. Wer eine Brücke sprengt, kann sie nur mit Widerwillen sprengen. Der betreffende Soldat hält den Feind nicht auf. Er schafft eine zerstörte Brücke. Er schädigt sein Land, um daraus eine herrliche Karikatur vom Krieg zu bilden.

Damit eine Handlung mit innerer Überzeugung geschieht, muß ihr Sinn offenbar werden. Es ist schön, Ernten zu verbrennen, die den Feind unter ihrer Asche begraben. Aber

gestützt auf seine hundertsechzig Divisionen pfeift der Feind auf unsere Brände und unsere Toten.
Die Bedeutung vom Brand des Dorfes muß der Bedeutung des Dorfes die Waage halten. Aber das verbrannte Dorf spielt nur noch das Zerrbild von einer Rolle.

Die Bedeutung des Todes muß dem Tod die Waage halten. Schlagen die Männer sich gut oder schlecht? Selbst diese Frage verliert ihren Sinn! Man weiß, daß die Verteidigung eines Fleckens theoretisch drei Stunden dauert! Und doch haben die Männer Befehl, dort durchzuhalten. Ohne Verteidigungsmittel verlangen sie selbst vom Feind die Zerstörung des Dorfes, damit den Spielregeln genügt wird. Wie der liebenswürdige Gegner im Schachspiel: »Du hast vergessen, diesen Bauern zu nehmen.« Man fordert also den Feind heraus:
»Wir sind die Verteidiger dieses Dorfes. Ihr seid die Angreifer. Also los!«
Die Sache ist abgemacht. Durch einen Druck mit dem Stiefelabsatz zerschmettert eine Fliegergruppe das Dorf.
»Bravo! Gut gespielt!«

Sicherlich gibt es untätige Menschen, aber die Untätigkeit ist eine abgeschwächte Form der Verzweiflung. Sicherlich gibt es auch fliehende Menschen. Kommandeur Alias selbst hat zwei- oder dreimal trübselige Absprengsel, die sich auf den Straßen fanden und seinen Fragen ausweichend antworteten, mit seinem Revolver bedroht. Man hat solche Lust, den Verantwortlichen eines Unglücks zu fassen und dadurch, daß man ihn ausschaltet, alles zu retten. Die flüchtenden Menschen sind für die Flucht verantwortlich; denn ohne flüchtende Menschen gäbe es keine Flucht. Wenn man also seinen Revolver zückt, kommt alles in Ordnung... Aber das heißt soviel wie Kranke beerdigen, um die Krankheit zu unterdrücken. Zu guter Letzt steckte Kommandeur Alias seinen Revolver wieder in die Tasche; denn plötzlich kam ihm dieser Revolver in seinen eigenen Augen allzu pompös vor, wie ein Operettensäbel. Alias merkte wohl, daß diese armseligen Soldaten Folgen und nicht Ursachen des Unglücks waren.

Alias weiß wohl, daß diese Männer dieselben, genau dieselben sind, die sonstwo auch heute noch zu sterben bereit sind. Hundertfünfzigtausend sind dazu in den letzten vierzehn Tagen bereit gewesen. Es gibt aber Starrköpfe, die verlangen, daß man ihnen einen guten Grund dafür angibt.

Es ist schwierig, ihn in Worte zu kleiden.

Der Läufer ist im Begriff, im entscheidenden Rennen um die Wette mit Läufern seiner Klasse anzutreten. Er merkt aber schon beim Start, daß er gleich einem Galeerensträfling eine Kugel am Fuß mitschleppt. Die Mitbewerber aber sind leichtbeschwingt. Der Kampf hat keinen Sinn mehr. Der Mann gibt auf:

»Das gilt nicht...«

»Doch, doch!...«

Was soll man sich ausdenken, um den Mann dazu zu bestimmen, daß er trotzdem von sich aus alles in einem Wettlauf hergibt, der kein Wettlauf mehr ist? Alias weiß wohl, was die Soldaten denken. Sie denken auch:

›Das gilt nicht...‹

Alias steckt seinen Revolver wieder ein und sucht nach einer richtigen Antwort.

Es gibt nur eine richtige Antwort. Eine einzige. Ich fordere jeden heraus, eine andere zu finden:

»Dein Tod ändert nichts. Die Niederlage ist vollkommen. Es gehört sich aber, daß eine Niederlage sich durch Tote ausweist. Trauer soll da sein. Dein Dienst verpflichtet dich, diese Rolle zu übernehmen.«

»Zu Befehl, Herr Major.«

Alias verachtet die Flüchtenden nicht. Er weiß nur zu gut, daß seine richtige Antwort immer genügt hat. Er nimmt selbst den Tod auf sich. Alle seine Besatzungen nehmen den Tod auf sich. Auch uns hat diese richtige, kaum verschleierte Antwort genügt.

›Es ist sehr unangenehm... Beim Stab legen sie aber Wert darauf, großen Wert sogar... Sie lassen nicht davon ab... Es ist nun mal so...‹

›Zu Befehl, Herr Major.‹

Ich glaube ganz einfach, daß die Gefallenen den andern als Bürgschaft dienen.

XIV

Ich bin derart gealtert, daß ich alles hinter mir gelassen habe. Ich schaue durch die große spiegelnde Scheibe meines Windschutzes hinaus. Da unten sind die Menschen. Infusorien auf einem Objektträger. Kann man sich für Familiendramen von Infusorien interessieren? Hätte ich nicht diesen Stich im Herzen, den ich lebhaft empfinde, dann versänke ich in vage Träumereien wie ein altgewordener Tyrann. Vor zehn Minuten erfand ich diese Statistengeschichte. Sie war zum Brechen falsch. Als ich die Jäger gewahr wurde, habe ich da an zärtliche Seufzer gedacht? Ich habe an stechende Wespen gedacht. Allerdings. Sie waren winzig klein, diese Ekel.

Ich habe ohne Bitterkeit jenes Bild vom Schleppenkleid erfinden können! Tatsächlich habe ich gar nicht an ein Schleppenkleid gedacht, aus dem einfachen Grund, weil ich meine eigene Luftspur ja noch nie zu sehen bekommen habe! Aus diesem Führersitz, in dem ich wie eine Pfeife in ihrem Futteral verpackt bin, kann ich hinter mir überhaupt nichts beobachten. Ich schaue nach rückwärts mit den Augen meines Bordschützen. Und das auch nur, wenn die Kehlkopf-Mikrophone nicht versagen! Und mein Bordschütze hat mir niemals gesagt: ›Da kommen Verehrer von uns, die unserem Schleppenkleid folgen.‹

Nichts wie Mißmut und Spiegelfechterei liegt darin. Sicherlich möchte ich gern glauben, gern kämpfen, gern siegen. Aber man mag noch so schön tun, als glaubte, kämpfte, siegte man, und steckt dabei seine eigenen Dörfer in Brand, es ist recht schwer, sich darauf etwas zugute zu halten.

Es ist wirklich schwer, durchzuhalten. Der Mensch ist nichts als ein Bündel von Beziehungen, und meine Bindungen taugen nicht mehr viel.

Was versagt eigentlich in mir? Worin liegt das Geheimnis der Veränderungen? Woher kommt es, daß, was mir jetzt völlig fern liegt, mich unter andern Umständen außer Fassung bringen kann? Woher kommt es, daß ein Wort, eine Geste in einem Schicksal endlos umgehen können? Woher kommt es, da ich nun einmal Pasteur bin, daß das Spiel selbst der Infusorien mich derart ergreift, daß ein Objektträger mir als ein weit umfassenderes Gebiet vorkommt als der Urwald und mich beim Darüberbeugen die Höchstform von Abenteuer durchleben läßt?

Woher kommt es, daß dieser dunkle Fleck, eine menschliche Behausung, da unten...

Und da kommt mir eine Erinnerung.

Als ich ein kleiner Junge war... Ich gehe weit in meine Kindheit zurück. In die Kindheit, jenes weite Land, von dem jeder herkommt! Woher stamme ich? Ich stamme aus meiner Kindheit. Ich stamme aus meiner Kindheit wie aus einem Land... Als ich also ein kleiner Junge war, habe ich eines Abends etwas Merkwürdiges erlebt.

Ich war fünf oder sechs Jahre alt. Es war acht Uhr abends. Acht Uhr, eine Zeit, wo die Kinder schlafen sollen. Zumal im Winter; denn es ist Nacht. Man hatte mich jedoch vergessen.

Nun war im Erdgeschoß jenes großen Landhauses ein Flur, der mir endlos vorkam, auf den das warme Zimmer führte, in dem wir Kinder zu Abend aßen. Ich hatte mich immer vor diesem Hausflur geängstigt, vielleicht wegen der schwachen Lampe, die nach der Mitte zu sein Dunkel kaum erhellte und wohl eher ein Merkzeichen als eine Leuchte darstellte wegen der hohen Holzvertäfelungen, die in der Stille und wohl auch vor Kälte knackten. Denn man trat auf diesen Flur aus den hellen warmen Zimmern wie in eine Höhle hinaus.

Als ich mich an jenem Abend vergessen sah, folgte ich einem bösen Geist, stellte mich auf die Fußspitzen, bis ich die Türklinke erreichte, drückte sie leise herunter, kam auf den Flur und machte mich verstohlen daran, die Welt zu erkunden. Das Knacken der Täfelungen kam mir jedoch wie eine Ankündigung himmlischen Zornes vor. Im Halbdunkel ahnte ich die abweisende Gebärde der hohen Täfelungen. Da ich mich nicht weiterzugehen getraute, kletterte ich so gut es ging auf ein Pfeilertischchen, lehnte mich mit dem Rücken an die Wand, ließ die Beine herunterhängen und blieb da klopfenden Herzens sitzen, wie alle Schiffbrüchigen auf ihrem Riff auf offener See das tun.

Da öffnete sich die Tür eines Salons, und zwei Onkel, die mir einen höllischen Schreck einjagten, schlossen diese Tür über dem Stimmengewirr und Lichterschein hinter sich wieder und fingen an, im Flur auf und ab zu wandeln.

Ich zitterte davor, entdeckt zu werden. Der eine von ihnen, Hubert, war für mich die Verkörperung von Strenge. Ein Abgesandter der göttlichen Gerechtigkeit. Dieser Mann, der niemals einem Kind einen Nasenstüber versetzt hätte, sagte mir mit schrecklich hochgezogenen Augenbrauen bei jeder meiner Verfehlungen immer wieder: »Das nächste Mal, wenn ich nach Amerika gehe, bringe ich von dort eine Maschine zum Auspeitschen mit. Sie haben in Amerika alles vervollkommnet. Deshalb sind die Kinder dort die Bravheit selber. Und das ist auch eine große Beruhigung für die Eltern...« Ich mochte Amerika nicht leiden.

Nun wandelten sie also in diesem eisigen, endlosen Flur, ohne mich zu bemerken, hin und her. Ich folgte ihnen mit Auge und Ohr, mit angehaltenem Atem, halb benommen. »Die heutige Zeit«, sagten sie... Dabei entfernten sie sich mit ihrem Geheimnis für große Leute, und ich wiederholte für mich: ›Die heutige Zeit...‹ Dann kehrten sie wieder wie eine Flutwelle, die von neuem ihre rätselhaften Schätze auf mich zurollte. »Es ist sinnlos«, sagte der eine zum andern, »es ist wirklich sinnlos...« Ich fing den Satz auf wie etwas ganz Besonderes. Und ich wiederholte langsam, um die Zauberkraft dieser Worte auf mein fünfjähriges Bewußtsein zu erproben: ›Es ist sinnlos, es ist wirklich sinnlos...‹

Die Welle nahm also die Onkel mit, die Welle brachte sie wieder her. Dieser Vorgang, der mir noch unklare Aussichten auf das Leben eröffnete, wiederholte sich mit astronomischer Regelmäßigkeit wie ein Gravitationsphänomen. Ich war auf meinem Tischchen für alle Ewigkeit festgenagelt, ein heimlicher Horcher einer feierlichen Beratung, in der meine beiden allwissenden Onkel miteinander die Welt erschufen. Das Haus konnte noch tausend Jahre bestehen, tausend Jahre hindurch würden zwei Onkel im Flur ständig hin und her gehend mit der Langsamkeit eines Uhrpendels mir dort einen Vorgeschmack der Ewigkeit geben.

Dieser Fleck, den ich betrachte, ist ohne Zweifel eine menschliche Behausung, zehn Kilometer unter mir. Und doch handelt es sich dabei vielleicht um ein großes Landhaus, in dem zwei Onkel hin und her pendeln und langsam im Bewußtsein eines Kindes etwas Märchenhaftes gleich der Unendlichkeit der Meere aufbauen. Aus meinen zehntausend Metern Höhe überschaue ich ein Gebiet vom Ausmaß einer Provinz, und doch ist alles beängstigend zusammengeschrumpft. Ich habe hier weniger Raum für mich, als ich in jenem dunklen Flur hatte.

Ich habe das Gefühl für die Weite verloren. Ich bin blind für die Weite. Und doch dürste ich geradezu nach ihr. Und ich meine, ich berühre hier ein gemeinsames Maß allen menschlichen Strebens.

Wenn ein Zufall die Liebe erweckt, ordnet sich im Menschen alles nach dieser Liebe, und die Liebe bringt ihm das Gefühl für die Weite. Wenn zur Zeit meines Aufenthaltes in der Sahara Araber plötzlich aus dem nächtlichen Dunkel um unsere Feuer auftauchten und uns auf ferne Gefahren aufmerksam machten, dann nahm die Wüste Gestalt an und bekam einen Sinn. Diese Boten hatten ihre Weite bestimmt. So geschieht es auch mit der Musik, wenn sie schön ist. So auch mit dem einfachen Geruch eines alten Schranks, wenn er Erinnerungen weckt und verdichtet. Das Erhabene bringt das Gefühl für die Weite.

Ich verstehe aber auch, daß nichts von dem, was den Menschen selbst angeht, sich zählen oder messen läßt. Die wirkliche Weite ist nicht für das Auge, sie wird nur dem Geist offenbart. Sie hat die Bedeutung der Sprache; denn die Sprache verbindet die Dinge.

Von nun an meine ich besser zu erkennen, was Kultur ist. Eine Kultur ist eine Erbmasse von Glauben, Gewohnheiten und Erkenntnissen, die, langsam im Lauf von Jahrhunderten erworben, rein logisch manchmal schwer zu rechtfertigen sind, die sich aber ganz von selbst rechtfertigen wie Wege, wenn sie irgendwohin führen, da sie dem Menschen seine innere Weite auftun.

Eine schlechte Literatur hat uns von dem Drang gesprochen, aus uns herauszugehen. Sicherlich entflieht man sich beim Reisen auf der Suche nach der Weite. Aber die Weite läßt sich nicht finden. Sie baut sich auf. Und die Flucht hat noch niemals irgendwohin geführt.

Wenn der Mensch, um sich als Mensch zu fühlen, das Bedürfnis hat, um die Wette zu laufen, im Chor zu singen oder Krieg zu führen, sind dies schon Bande, die er sich auferlegt, um sich mit dem Nächsten und der Welt zu verbinden. Doch wie armselig sind sie! Wenn eine Kultur stark ist, erfüllt sie den Menschen gänzlich, selbst wenn er sich nicht von der Stelle rührt.

Im trüben Licht eines Regentages sehe ich in irgendeiner stillen Kleinstadt eine schwache Klosterfrau ans Fenster gelehnt sinnend vor mir. Wer ist sie? Was hat man ihr getan? Ich für mein Teil beurteile die Kultur einer Kleinstadt nach der Dichte dieser Gegenwart. Was taugen wir, wenn wir uns nicht von der Stelle rühren?

Im betenden Dominikaner ist eine verdichtete Gegenwart. Dieser Mensch ist niemals mehr Mensch als jetzt, da er regungslos in sich versunken ist. In Pasteur, der über seinem Mikroskop seinen Atem anhält, ist eine verdichtete Gegenwart. Pasteur ist nie mehr Mensch, als wenn er beobachtet. Dann kommt er weiter. Dann hat er es eilig. Dann geht er mit Riesenschritten vorwärts, wenn er sich auch nicht von der Stelle rührt, und entdeckt die Weite. So ist Cézanne, unbeweglich und stumm vor seiner Skizze, unschätzbar gegenwärtig. Er ist nie mehr Mensch, als wenn er schweigt, prüft und urteilt. Dann wird ihm seine Leinwand weiter als das Meer.

Eine Weite, wie sie das Haus der Kindheit, eine Weite, wie sie die Stube in Orconte, eine Weite, wie sie das Gesichtsfeld seines Mikroskops einem Pasteur gewährt, eine Weite, wie sie das Gedicht eröffnet, das sind lauter recht zerbrechliche, herrliche Dinge, wie sie nur die Kultur verschenkt; denn die Weite ist für den Geist und nicht für die Augen, und es gibt keine Weite ohne Sprache.

Doch wie soll ich den Sinn meiner Sprache gerade jetzt beleben, wo alles sich verwirrt? Wo die Bäume im Park zugleich Heimstatt für die Generationen einer Familie und zugleich nichts weiter als eine Schranke sind, die den Artilleristen behindert. Wo der Auslösehebel der Bomber, der schwer über den Städten droht, ein ganzes Volk die Straßen entlanggetrieben hat wie eine dunkle Brühe. Wo Frankreich den schmutzigen Wirrwarr eines aufgestöberten Ameisenhaufens darstellt. Wo man nicht gegen einen faßbaren Gegner, sondern gegen eingefrorene Fußhebel, gegen blockierte Bügel, gegen streikende Knöpfe ankämpft...
»Sie können niedergehen!«
Ich kann niedergehen. Ich werde niedergehen. Ich werde tief über Arras fliegen. Ich habe tausend Jahre Kultur dabei zur Hilfe hinter mir. Aber sie helfen mir nicht dabei. Jetzt ist zweifellos nicht die Stunde der Belohnung.

Mit achthundert Kilometern Geschwindigkeit in der Stunde und dreitausendfünfhundertdreißig Umdrehungen in der Minute verlasse ich meine Höhe.
Kurvend habe ich eine übertrieben rote Polarsonne verlassen. Vor mir, fünf oder sechs Kilometer unter mir, gewahre ich in gerader Front eine Wolkenbank. Frankreich ist größ-

tenteils in ihrem Schatten begraben. Arras liegt in ihrem Schatten. Ich stelle mir unter meiner Wolkenbank alles schwarzgrau vor. Gleich dem Bau einer Riesensuppenschüssel, in der der Krieg brodelt. Verstopfte Straßen, Brände, herumliegendes Gerät, zerschmetterte Dörfer, Durcheinander... grenzenloses Durcheinander. Sie zappeln sich unter ihrer Wolke im Sinnlosen ab wie Kellerasseln unter einem Stein.

Dieser Abstieg gleicht einem Zusammenbruch. Wir werden in ihrem Kot patschen müssen. Wir kehren in eine Art hemmungsloser Barbarei zurück. Alles löst sich auf da unten! Wir sind wie reiche Reisende, die lange im Lande der Korallen und Palmen gelebt haben und nun plötzlich ruiniert heimkehren, um in der armseligen Heimat die ranzigen Gerichte einer geizigen Familie, die gereizten häuslichen Auseinandersetzungen, die Gerichtsvollzieher, das schlechte Gewissen ständiger Geldsorgen, die getäuschten Hoffnungen, das schmähliche Umziehen, die Anmaßungen der Quartiergeber, das ganze Elend und den stinkenden Tod im Krankenhaus zu teilen! Bei uns ist wenigstens der Tod sauber. Ein Tod in Eis und Feuer. In Sonne, Himmel, Eis und Feuer. Da unten aber wird man vom Schlamm verschlungen.

XV

»Südkurs, Herr Hauptmann. Es wäre schon besser, auf französischem Gebiet herunterzugehen!«

Wenn man diese schwarzen Straßen sieht, die ich schon erkennen kann, verstehe ich, was Frieden ist. Im Frieden ist alles wohl in sich geborgen. Die Bauern kommen abends heim ins Dorf. Das Korn kommt in die Speicher. Und die Wäsche kommt zusammengefaltet in die Schränke. In Friedenszeiten weiß man, wo jeder Gegenstand zu finden ist. Man weiß auch, wo man sich abends schlafen legt. Ach! Der Friede stirbt, wenn die Ordnung in die Brüche geht, wenn man keinen Platz mehr hat auf der Welt, wenn man nicht

mehr weiß, wo man seine Liebe trifft, wenn der Gatte, der aufs Meer hinausgeht, nicht heimgekehrt ist.
Friede bedeutet in einem Gesicht lesen, das sich hinter den Dingen zeigt, wenn sie ihren Sinn und ihren Platz bekommen haben. Wenn sie einen Teil von etwas Umfassenderem bilden als sie selbst, wie all die verschiedenen Mineralien des Erdbodens, sobald sie sich im Baum zusammengefunden haben.
Doch hier ist Krieg.

Ich überfliege also die Straßen, die schwarz sind vom endlosen Strom, der nicht mehr aufhört zu fließen. Die Bevölkerung wird evakuiert, so heißt es. Das ist schon nicht mehr wahr. Die evakuiert sich selbst. Es herrscht eine sinnlose Ansteckung in diesem Auszug. Wo wollen sie denn hin, diese Landstreicher? Sie machen sich auf nach Süden, als ob man sie dort liebevoll aufnähme. Dabei gibt es im Süden nur noch zum Brechen volle Städte, wo sie in den Werkhallen schlafen und die Vorräte zur Neige gehen. Wo die Gebefreudigsten allmählich bösartig werden wegen der Verrücktheit dieser Überschwemmung, die sie nach und nach mit der Langsamkeit eines Schlammstromes verschlingt. Eine einzelne Provinz ist nicht imstande, das ganze Frankreich zu beherbergen und zu verpflegen! Wo wollen sie hin? Sie wissen es nicht! Sie marschieren nach gespenstischen Rastplätzen; denn kaum hat diese Karawane eine Oase erreicht, dann ist schon keine Oase mehr da. Jede Oase quillt gleichsam über und ergießt sich ihrerseits in die Karawane. Und wenn die Karawane ein richtiges Dorf erreicht, das noch Lebenszeichen von sich gibt, dann zehrt sie gleich am ersten Abend seine ganze Substanz auf. Sie nagt es kahl wie Würmer einen Knochen. Der Feind rückt schneller vor als der Flüchtlingsstrom. Panzerwagen überholen an gewissen Stellen den Strom, der dann stockt und zurückflutet. Deutsche Divisionen patschen in diesen Brei, und man stößt auf das überraschende Paradoxon, daß an einzelnen Stellen die gleichen zu trinken geben, die anderwärts töten.

Wir haben während des Rückzugs hintereinander in einem Dutzend Dörfer gelegen. Wir sind selbst in den langsamen Haufen geraten, der unaufhaltsam jene Dörfer durchzog:
»Wo wollen Sie hin?«
»Wissen wir nicht.«
Sie wissen es nie. Kein Mensch wußte irgend etwas. Sie evakuierten. Kein Unterschlupf war mehr frei. Keine Straße war mehr gangbar. Sie evakuierten trotzdem. Im Norden hatte man gewaltig in den Ameisenhaufen getreten, und die Ameisen zogen ab. Geschäftig. Ohne Panik. Ohne Hoffnung. Ohne Verzweiflung. Wie aus Pflichtgefühl.
»Wer hat Ihnen den Befehl zur Räumung gegeben?«
Immer war es der Bürgermeister, der Lehrer oder der Amtsgehilfe des Bürgermeisters. Eines Morgens gegen drei Uhr hatte plötzlich die Losung das Dorf aufgeschreckt:
»Es wird geräumt.«
Sie waren darauf gefaßt. Seit vierzehn Tagen sahen sie die Flüchtlinge durchziehen, sie wollten nicht mehr an den ewigen Bestand ihrer Häuser glauben. Und doch hatte der Mensch schon längst das Nomadendasein aufgegeben. Er baute sich Dörfer, die Jahrhunderte überdauerten. Er polierte Möbel, die die Urenkel noch benutzten. Das Heimathaus empfing ihn bei seiner Geburt und hegte ihn bis zum Tode. Dann, wie ein fester Kahn von einem Ufer zum andern, setzte es den Sohn seinerseits über. Aber das Wohnen hat aufgehört. Sie gingen auf und davon und wußten nicht einmal warum!

XVI

Sie bedrückt uns schwer, diese Erfahrung mit der Landstraße! Manchmal haben wir den Auftrag, im Lauf desselben Vormittags einen Blick auf Elsaß, Belgien, Holland, Nordfrankreich und das Meer zu werfen. Doch der größte Anteil unserer Probleme ist örtlicher Natur, und unser Horizont verengt sich meistens derart, daß er sich auf die Verstopfung einer Wegkreuzung beschränkt! So haben wir, Dutertre und ich, vor kaum drei Tagen das Dorf aus den Fugen gehen sehen, in dem wir lagen.

Wohl nie in meinem Leben werde ich diese zäh festhaftende Erinnerung loswerden. Dutertre und ich stoßen gegen sechs Uhr morgens beim Weggehen von zu Hause auf ein unbeschreibliches Durcheinander. Alle Garagen, alle Schuppen, alle Scheunen haben in die Gassen die verschiedenartigsten Vehikel ausgespien, nagelneue Wagen und uralte Gefährte, die seit fünfzig Jahren außer Betrieb im Staub schlummerten, Handwagen für Heu und Lastwagen, Omnibusse und zweirädrige Karren. Wenn man richtig suchte, fände man auf diesem Trödelmarkt noch Postkutschen! Alle auf Räder montierten Kisten sind ausgegraben worden. In sie verstauen sie die Schätze ihrer Häuser. In aufgeplatzten Bettlaken wirr durcheinander werden sie auf die Wagen verfrachtet. Und nun sind sie mit nichts mehr zu vergleichen.

Zusammen bilden sie das Gesicht des Hauses. Sie waren Gegenstand einer besonderen religiösen Verehrung. Jeder an seinem richtigen Platz, durch Gewohnheit zur Notwendigkeit geworden, durch Erinnerungen verschönt, hatte seine Bedeutung durch den ganz privaten Bezirk, den er mitbegründete. Man hat sie für wertvoll an sich gehalten, hat sie von ihrem Kamin, ihrem Tisch, ihrer Wand weggeholt, auf einen Haufen geworfen, und nun ist das alles nichts weiter als Warenhauskram, der seinen Verschleiß offenbart. Wenn man ehrwürdige Reliquien auf einen Haufen zusammenwirft, dann wird einem übel.

Schon beginnt vor uns etwas sich zu zersetzen.

»Ihr seid wohl verrückt hier! Was ist denn los?«

Die Wirtin des Cafés, in dem wir einkehren, zuckt die Achseln:

»Es wird geräumt.«

»Warum denn? Um Himmels willen!«

»Was weiß ich! Der Bürgermeister hat's gesagt.«

Sie hat alle Hände voll zu tun. Sie verschwindet auf der Kellertreppe. Wir schauen auf die Straße, Dutertre und ich. Oben auf den Lastwagen, den Autos, den Karren, den Kremsern ist ein Durcheinander von Kindern, Matratzen und Küchengeräten.

Zumal die alten Autos sind erbarmenswert. Ein wohlgenährtes Pferd zwischen den Deichseln eines Karrens macht einen gesunden Eindruck. Ein Pferd verlangt keine Ersatzteile. Einen Karren repariert man mit drei Nägeln. Aber all diese Überbleibsel eines mechanischen Zeitalters! Diese Anhäufung von Kolben, Ventilen, Magnetzündungen und Getrieben, wie lange werden sie funktionieren?

»... Herr Hauptmann... Könnten Sie nicht helfen?«

»Gewiß. Wobei?«

»Meinen Wagen aus der Scheune herausbringen...«

Ich betrachte sie verblüfft:

»Ja... Können Sie denn nicht fahren?«

»Oh! Auf der Straße geht es schon... da ist es weniger schwierig...«

Sie, ihre Schwägerin und sieben Kinder...

Auf der Straße! Auf der Straße kommt sie in Etappen von zweihundert Metern zwanzig Kilometer am Tag vorwärts! Alle zweihundert Meter muß sie bremsen, halten, auskuppeln, einkuppeln, schalten in dem Durcheinander einer unentwirrbaren Verstopfung. Sie wird restlos Bruch machen. Und das Benzin, das dann ausgeht. Und das Öl. Und selbst das Wasser, das sie vergessen hat.

»Achten Sie aufs Wasser! Ihr Kühler rinnt wie ein Sieb.«

»Ach ja! Der Wagen ist nicht mehr neu...«

»Sie brauchen für die Fahrt acht Tage... Wie bringen Sie das fertig?«

»Ich weiß nicht...«

Noch keine zehn Kilometer von hier wird sie drei Wagen angefahren, ihre Kupplungen zum Festfressen, ihre Reifen zum Platzen gebracht haben. Dann fangen sie, die Schwägerin und die sieben Kinder zu weinen an. Dann sehen sie, die Schwägerin und die sieben Kinder sich vor Probleme gestellt, die über ihre Kräfte gehen, sie geben es auf, auch nur irgend etwas zu unternehmen, und setzen sich an den Straßenrand, um auf den Schäfer zu warten. Aber die Schäfer... Eben...

eben die Schäfer fehlen. Sonderbar! Dutertre und ich erleben diese Unternehmungslust von Schafen. Und diese Schafe machen sich in einem furchtbaren Geknatter beweglicher Teile auf den Weg. Dreitausend Kolben. Sechstausend Ventile. Alle diese Teile scheppern, klappern und klopfen. Das Wasser kocht in einigen Kühlern. So beginnt sich mühselig diese Karawane von Verdammten in Bewegung zu setzen! Eine Karawane ohne Ersatzteile, ohne Reifen, ohne Benzin, ohne Techniker. Welch ein Wahnsinn!

»Könnten Sie denn nicht zu Hause bleiben?«

»O ja! Gewiß blieben wir lieber daheim!«

»Warum gehen Sie dann weg?«

»Es ist uns so gesagt worden...«

»Wer hat es Ihnen gesagt?«

»Der Bürgermeister.«

Immer der Bürgermeister.

»Gewiß. Wir blieben alle lieber daheim.«

Das stimmt. Wir finden hier keine Panikstimmung, sondern eine Atmosphäre blinder Mühsal. Dutertre und ich nehmen sie wahr, um einige aufzurütteln: »Ihr würdet besser den ganzen Kram wieder abladen. Ihr würdet wenigstens das Wasser von euerm eigenen Brunnen trinken...«

»Sicher wären wir besser dran!...«

»Es steht euch aber doch frei!«

Wir haben gewonnenes Spiel. Eine Gruppe hat sich gebildet. Sie hören uns zu. Sie nicken zustimmend.

»...hat ganz recht, der Hauptmann!«

Ich erfahre Zustimmung. Ich habe einen Straßenwärter bekehrt, der sich noch mehr ereifert als ich:

»Ich hab es immer gesagt! Einmal unterwegs, kannst du auf dem Steinpflaster grasen gehn.«

Sie streiten sich. Sie werden sich einig. Sie bleiben. Ein paar gehen weg, es den andern weiterzusagen. Aber da kommen sie auch schon mutlos wieder zurück:

»Es geht nicht, wir müssen auch mit weg.«

»Warum?«

»Der Bäcker ist fort. Wer soll denn Brot backen?«

Das Dorf ist schon auseinander. Da und dort rinnt es. Und alles läuft durch dasselbe Loch ab. Es ist hoffnungslos.

Dutertre hat eine Idee:

»Das Tragische dabei ist, daß man den Leuten weisgemacht hat, der Krieg sei nicht normal. Früher blieben sie daheim. Krieg und Leben vermischten sich...«

Die Wirtin taucht wieder auf. Sie schleppt einen Sack hinter sich her.

»Wir starten in drei Viertelstunden... Hätten Sie noch ein bißchen Kaffee für uns?«

»Ach! Ihr armen Kerle...«

Sie wischt sich die Augen ab. Ach, sie weint nicht über uns. Über sich selbst ebensowenig. Sie weint schon aus Erschöpfung. Sie fühlt sich schon verschlungen von der Auflösung einer Karawane, die mit jedem Kilometer etwas stärker in Unordnung gerät.

Weiter weg, wie es gerade das Gelände ergibt, spucken von Zeit zu Zeit feindliche Tiefflieger eine Maschinengewehrgarbe in diese jämmerliche Herde. Das Erstaunlichste ist jedoch, daß sie meist nicht damit fortfahren. Einige Wagen brennen; aber schwach. Auch wenige Tote. Es ist eine Art Spiel, etwas wie ein guter Rat. Oder auch die Geste eines Hundes, der in die Kniekehle beißt, um die Herde anzutreiben. Hier, um sie durcheinanderzubringen. Warum dann aber diese vereinzelten örtlichen Aktionen, die kaum ins Gewicht fallen? Der Feind gibt sich wenig Mühe, die Karawane in Unordnung zu bringen. Sie braucht ihn ja auch nicht dazu, in Unordnung zu geraten. Die Maschine besorgt das ganz von selbst. Die Maschine ist für eine friedliche, ausgeglichene Gesellschaft erdacht, die geruhsam Zeit hat. Wenn der Mensch nicht mehr da ist, sie zu flicken, zu regulieren, zu putzen, altert die Maschine in einem schwindelerregenden Tempo. Heute abend sehen diese Wagen aus, als wären sie tausend Jahre alt.

Es kommt mir so vor, als erlebte ich den Todeskampf der Maschine.

Dort treibt einer sein Pferd mit königlicher Würde an. Aufgebläht thront er auf seinem Sitz. Ich vermute allerdings, daß er dem Glas zugesprochen hat:

»Sie sehen ganz zufrieden aus, Sie!«

»Die Welt geht unter!«

Ich empfinde ein dumpfes Mißbehagen. Sage ich mir doch, daß alle diese Arbeiter, alle diese kleinen Gewerbetreibenden mit ihren ganz bestimmten Tätigkeitsbereichen, ihren so verschiedenen und wertvollen Eigenschaften heute abend nur noch Schmarotzer und Ungeziefer sein werden.

Sie werden über das Land ausschwärmen und es kahlfressen.

»Wer wird Sie verpflegen?«

»Wissen wir nicht...«

Wie soll man Millionen von Flüchtlingen verpflegen, die sich die Straßen entlang verlieren, auf denen der Verkehr mit einer Geschwindigkeit von fünf bis zwanzig Kilometern im Tag vor sich geht? Wenn Verpflegung vorhanden wäre, wäre es unmöglich, sie heranzubringen!

Dieses Durcheinander von Menschen und altem Eisen erinnert mich an die Libysche Wüste. Prévot und ich hausten in einer unbewohnbaren Gegend, die mit schwarzen, in der Sonne glänzenden Steinen übersät war, einer Landschaft, wie mit einer Eisenkruste überzogen...

Und ich betrachte dieses Schauspiel mit einer Art Verzweiflung: lebt ein Schwarm von Heuschrecken lange, der über Steinpflaster herfällt?

»Und zum Trinken warten Sie auf den Regen?«

»Wissen wir nicht...«

Schon seit zehn Tagen zogen unablässig Flüchtlinge aus dem Norden durch ihr Dorf. Zehn Tage lang haben sie diesen endlosen Durchzug erlebt. Nun sind sie an der Reihe. Sie nehmen ihren Platz in der Prozession ein. Ach! Ohne Zuversicht: »Ich, ich möchte lieber daheim sterben.«

»Wir möchten alle lieber daheim sterben.«

Und es stimmt auch. Das ganze Dorf stürzt wie eine Sandburg zusammen, und dabei ging keiner gerne weg. Selbst wenn Frankreich noch Reserven besäße, wäre das Heranbringen dieser Reserven durch die Verstopfung der Straßen völlig unmöglich. Man kann zur Not trotz der steckenbleibenden, der ineinander verkeilten Wagen, der unentwirrbaren Knäuel an Wegkreuzungen mit dem Strom schwimmen, wie sollte man aber gegen ihn ankommen?

»Es sind keine Reserven mehr da«, sagte Dutertre, »damit erledigt sich alles...«

Es geht das Gerücht um, daß die Regierung seit gestern die Räumung von Dörfern verboten hat. Doch die Befehle verbreiten sich weiß der Himmel wie; denn auf den Straßen ist kein Verkehr mehr möglich. Telefonverbindungen sind verstopft, abgeschnitten oder verdächtig. Und zudem geht es gar nicht darum, Befehle zu erteilen. Es geht darum, eine neue Moral aufzurichten. Seit tausend Jahren wird den Menschen erklärt, daß Frauen und Kinder aus dem Krieg herauszuhalten sind. Der Krieg geht die Männer an. Die Bürgermeister kennen dieses Gesetz sehr wohl, auch ihre Amtsgehilfen und die Lehrer kennen es. Plötzlich erhalten sie den Befehl, die Räumungen zu verbieten, das heißt Frauen und Kinder zu zwingen, Bombardierungen auszuhalten. Sie brauchten einen Monat Zeit, ihr Verständnis auf diese neuen Zeiten umzustellen. Man wirft nicht mit einem Schlag ein ganzes Denksystem um. Aber der Feind rückt vor. Also schicken die Bürgermeister, die Amtsgehilfen, die Lehrer ihre Leute auf die Landstraße. Was sollen sie tun? Wo ist die Wahrheit? Da gehen sie hin, die Schafe ohne Hirten.

»Ist hier kein Arzt?«

»Sie sind nicht aus dem Dorf?«

»Nein, wir kommen weiter nördlich her.«

»Wozu ein Arzt?«

»Für meine Frau, die im Karren in die Wehen kommt...«

Zwischen dem Küchengerät, in der Wüstenei dieses Alteisens ringsum, wie auf Dornen.

»Konnten Sie das nicht voraussehen?«

»Wir sind seit vier Tagen unterwegs.«

Denn die Straße ist ein erbarmungsloser Strom. Wo soll einer bleiben? Die Dörfer, durch die er sich wälzt, entleeren sich, eines nach dem andern, selbst in ihn, als stürzten sie ihrerseits in die große Kloake hinein.

»Nein, hier ist kein Arzt. Der Kreisarzt ist zwanzig Kilometer von hier.«

»Na, gut!«

Der Mann wischt sich das Gesicht ab. Alles löst sich auf. Die Frau kommt mitten auf der Straße zwischen dem Küchengerät nieder. Es ist weiter nichts Grausames dabei. Es ist zunächst und vor allem ungeheuerlich, außerhalb alles Menschlichen. Niemand beklagt sich, Klagen haben keinen Sinn mehr. Seine Frau wird sterben, er klagt nicht. Es ist nun mal so. Das ist wie ein böser Traum.

»Wenn man wenigstens irgendwo bleiben könnte.«

Irgendwo ein richtiges Dorf finden, eine richtige Herberge, ein richtiges Krankenhaus, aber auch die Krankenhäuser werden geräumt. Gott weiß warum! So ist die Spielregel. Man hat keine Zeit, neue Spielregeln zu erfinden. Irgendwo einen richtigen Tod zu finden! Es gibt aber keinen richtigen Tod mehr. Nur Leiber, die umkommen wie Automobile.

Und ich fühle überall eine Eile, die sich überschlagen, eine Eile, die sich selbst aufgegeben hat. Sie flüchten mit einer täglichen Geschwindigkeit von fünf Kilometern vor Panzern, die querfeldein mehr als hundert Kilometer vorrücken, und vor Flugzeugen, die stündlich sechshundert Kilometer zurücklegen. So läuft der Sirup aus, wenn man die Flasche umgeworfen hat. Dem hier kommt seine Frau nieder, doch hat er endlos Zeit. Es ist dringend. Und ist es wieder nicht. Es bleibt in der Schwebe zwischen Eile und Ewigkeit.

Alles vollzieht sich langsam mit den Reflexbewegungen eines Sterbenden. Eine ungeheure Herde zappelt hier erschöpft vor dem Schlachthaus. Sind es fünf, sind es zehn Millionen, die auf der Straße liegen? Ein ganzes Volk zappelt vor Ermattung und Verdruß auf der Schwelle der Ewigkeit. Und ich kann mir wirklich nicht vorstellen, wie sie lebendig durchkommen sollen. Der Mensch lebt nicht vom Laub der Bäume. Sie ahnen es selbst undeutlich, entsetzen sich aber kaum darüber. Aus ihrem gewohnten Rahmen, ihrer Arbeit, ihrem

Pflichtenkreis herausgerissen, haben sie jegliche Sinngebung verloren. Ihr eigenes Selbst welkt dahin. Sie sind kaum mehr sie selber. Sie existieren kaum noch. Später werden sie sich ihre Leiden erfinden, vor allem aber schmerzt ihnen der Rücken von all den vielen Paketen, die sie zu karren haben, bei all den vielen Knoten, die gerissen sind und die Laken ihre Eingeweide entleeren lassen, all den vielen Vehikeln, die sie anschieben müssen, um sie in Marsch zu setzen.

Nicht ein Wort über die Niederlage. Das ist klar. Man hat kein Bedürfnis, sich über das auszulassen, was die eigene Substanz ausmacht. Sie *sind* die Niederlage.

Mit einem Male habe ich ganz deutlich die Vorstellung von einem Frankreich, das seine Eingeweide verliert. Man müßte es schnell wieder vernähen. Keine Sekunde ist zu verlieren. Sie sind verdammt... Es geht schon los. Schon schnappen sie nach Luft wie Fische auf dem Trocknen:

»Gibt es hier keine Milch?«

Es ist zum Totlachen, eine solche Frage!

»Mein Kleiner hat seit gestern nichts getrunken...«

Es ist ein halbjähriger Säugling, der noch heftig schreit. Aber das Schreien wird ihm vergehen: Fische auf dem Trocknen... Hier gibt es keine Milch. Hier gibt es nur Alteisen. Hier gibt es nur unnützes altes Eisen, das mit jedem Kilometer mehr auseinanderfällt, seine Muttern, Schrauben, Bleche verliert und dabei dieses Volk in einem herrlich nutzlosen Auszug nach dem Nichts verfrachtet.

Das Gerücht verbreitet sich, Flugzeuge beschössen die Straße einige Kilometer weiter südlich. Selbst von Bomben erzählt man sich. Wir hören tatsächlich dumpfe Explosionen. Das Gerücht ist zweifellos richtig.

Aber die Menge entsetzt sich nicht darüber. Sie scheint mir sogar ein wenig lebendiger geworden. Diese wirkliche Gefahr scheint ihr gesunder, als im alten Eisen zu versacken.

Ach ja! Die Darstellung, die sich die Historiker später zurechtlegen! Die Gesichtspunkte, die sie erfinden werden, um diesem Wirrwarr einen Sinn zu geben! Sie werden das Wort eines Ministers, die Entscheidung eines Generals, die Diskussion einer Abordnung hernehmen und aus diesem Gespenster-Aufzug historische Gespräche mit weittragenden Verantwortlichkeiten und Richtlinien verfertigen. Sie werden Ergebenheiten, Auflehnungen, theatralische Verteidigungsreden, Feigheiten erfinden. Ich weiß recht wohl, was ein verlegtes Ministerium bedeutet. Der Zufall ließ mich ein solches besichtigen. Ich habe sofort begriffen, daß eine Regierung, wenn sie einmal umgezogen ist, keine Regierung mehr darstellt. Das ist wie ein lebendiger Körper. Wenn Sie anfangen, auch ihn zu verlagern – dort den Magen, hier die Leber, die Gedärme wieder woanders hin –, dann stellt diese Sammlung keinen Organismus mehr dar. Zwanzig Minuten habe ich im Luftfahrtministerium verbracht. Nun ja, ein Minister wirkt sich auf seinen Amtsdiener aus! Eine phantastische Wirkung. Weil eine Klingelleitung den Minister noch mit seinem Amtsdiener verbindet. Eine unversehrte Klingelleitung. Der Minister drückt auf einen Knopf, und der Amtsdiener erscheint.

Das klappt noch.

»Meinen Wagen«, verlangt der Minister.

Hier hört seine Autorität auf. Er exerziert mit seinem Amtsdiener. Aber der Amtsdiener hat keine Ahnung, ob es auf Erden noch ein ministerielles Auto gibt. Kein elektrischer Draht verbindet den Amtsdiener mit irgendeinem Chauffeur. Der Chauffeur ist irgendwo im Universum verlorengegangen. Was können die Regierenden vom Krieg auch wissen? Selbst wir brauchen heutzutage acht Tage – so unmöglich sind die Verbindungen –, um einen Befehl zum Bombardement einer Panzerdivision auszulösen, die wir ausfindig gemacht haben. Welches Gerücht vermag ein Regierender von diesem Land zu erhalten, das seine Eingeweide verliert? Die Nachrichten bewegen sich mit einer Geschwindigkeit von täglich zwanzig Kilometern von der Stelle. Die Telefone sind überlastet oder gebrauchsunfähig und sind nicht imstande, in seiner Dichte das eigentliche Wesen zu übertragen, das sich augenblicklich zersetzt. Die Regierung schwebt im leeren Raum, in einem polaren Vakuum. Von Zeit zu Zeit dringen verzweifelt dringliche Rufe zu ihr, aber unverständlich, auf drei Linien zusammengezogen. Wie sollten die Verantwortlichen wissen, ob nicht schon zehn Millionen Franzosen Hungers gestorben sind? Und dieser Hilferuf von zehn Millionen Menschen ist in einem Satz enthalten. Man braucht einen Satz, um zu sagen:

»Gehen Sie um vier Uhr zu X.«

Oder:

»Angeblich sind zehn Millionen Menschen umgekommen.«

Oder:

»Blois brennt.«

Oder:

»Ihr Chauffeur hat sich wiedergefunden.«

Alles in derselben Ebene. Unvermittelt. Zehn Millionen Menschen. Der Wagen. Die Ost-Armee. Die westliche Zivilisation. Der Chauffeur hat sich wiedergefunden. England. Brot. Wie spät ist es?

Ich gebe Ihnen sieben Buchstaben. Es sind sieben Buchstaben aus der Bibel. Stellen Sie mir die Bibel damit wieder her!

Die Historiker vergessen später die Wirklichkeit. Sie erfinden dann denkende Wesen, die durch geheimnisvolle Bande mit einer in Worten ausdrückbaren Welt verbunden sind, die über feststehende Grundsätze verfügen und schwerwiegende Entscheidungen nach den vier Regeln der kartesianischen Logik abwägen. Sie unterscheiden die Mächte des Guten von den Mächten des Bösen. Die Helden von den Verrätern. Aber ich stelle eine einfache Frage:

»Um einen Verrat zu begehen, muß man für etwas verantwortlich sein, etwas leiten, auf etwas einwirken, etwas kennen. Heutzutage heißt das: Genie beweisen. Warum werden Verräter nicht dekoriert?«

Schon blickt der Friede überall ein wenig durch. Es ist nicht einer jener wohlerwogenen Frieden, wie sie als neue Geschichtsabschnitte auf Kriege folgen, die mit einem klar abgeschlossenen Vertrag enden. Hier ist es ein namenloser Abschnitt, das Ende aller Dinge. Ein Ende, das nie zu Ende geht. Ein Morast, in dem nach und nach jede Regung untergeht. Man hat nicht das Gefühl vom Herannahen eines guten oder bösen Abschlusses. Ganz im Gegenteil. Nach und nach gerät man in ein mulmiges Übergangsstadium, das einer Ewigkeit gleicht. Nichts kommt zum Abschluß; denn es gibt keine Handhabe mehr, mit der man das Land fassen könnte, wie man eine Ertrunkene mit der Faust an ihren Haaren ergriffe. Alles hat sich zersetzt. Auch die heftigste Anstrengung vermag höchstens ein Büschel Haare heraufzuholen. Der kommende Friede wird nicht die Frucht einer Entscheidung sein, die der Mensch trifft. Er greift um sich wie eine Pestbeule.

Da, unter mir auf jenen Straßen, wo die Karawane sich auflöst, wo deutsche Panzer töten oder tränken, geht es zu wie in jenen schlammigen Untiefen, wo Erde und Wasser sich mischen. Der Friede, der sich bereits mit dem Krieg vermengt, verdirbt den Krieg.

Einer meiner Freunde, Léon Werth, hat unterwegs ein ungeheuerliches Wort vernommen, das er in einem bedeutenden Buch erzählen wird. Links von der Straße sind die Deutschen, rechts die Franzosen, zwischen beiden der träge Strudel der Flüchtlinge. Hunderte von Frauen und Kindern, die sich, so gut sie können, aus ihren brennenden Wagen herauswinden. Und da ein Artillerie-Oberleutnant, der wider Willen in die Verstopfung hineingeriet, ein 75-mm-Geschütz in Stellung zu bringen sucht, auf das der Feind feuert – und da der Feind das Geschütz verfehlend die Straße bestreicht, laufen Mütter zu jenem Oberleutnant, der schweißtriefend in seiner unbegreiflichen Pflicht beharrt und eine Stellung zu retten sucht, die keine zwanzig Minuten zu halten ist (sie sind zu zwölft): »Macht, daß ihr weiterkommt! Macht, daß ihr weiterkommt! Ihr Feiglinge!«

Der Oberleutnant und seine Leute gehen. Überall stoßen sie auf solche Probleme des Friedens. Gewiß dürfen die Kleinen nicht auf der Straße umgebracht werden. Oder jeder feuernde Soldat müßte in den Rücken eines Kindes schießen.

Jeder Lastwagen, der nach vorne fährt oder zu fahren versucht, läuft Gefahr, ein Volk zu verderben. Denn dadurch, daß er gegen den Strom fährt, verstopft er unweigerlich eine ganze Straße.

»Sie sind verrückt! Lassen Sie uns durch! Die Kinder kommen um!«

»Wir führen Krieg...«

»Was für einen Krieg? Wo führen Sie Krieg? In drei Tagen kommen Sie in dieser Richtung sechs Kilometer vorwärts!«

Es sind ein paar Soldaten, die sich mit ihrem Lastwagen verfahren haben auf dem Weg zu einem Sammelplatz, der zweifellos schon seit Stunden keinen Sinn mehr hat. Aber sie stecken in ihrer elementaren Pflicht:

»Wir führen Krieg...«

»Besser wäre, ihr nähmt uns mit! Das ist ja unmenschlich!«

Ein Kind heult.

»Und das da...«

Das schreit nicht mehr. Keine Milch, kein Schreien!

»Wir führen Krieg...«

Sie wiederholen ihren Spruch mit verzweifeltem Stumpfsinn.

»Aber ihr trefft ihn ja nie, den Krieg! Ihr verreckt hier mit uns!«

»Wir führen Krieg...«

Sie wissen nicht mehr recht, was sie sagen. Sie wissen nicht mehr recht, ob sie Krieg führen. Sie haben den Feind nie zu sehen bekommen. Sie rollen mit ihrem Lastwagen nach Zielen, die sie ärger narren als eine Fata Morgana. Sie treffen nur auf diesen angefaulten Frieden.

Da die Verwirrung alles ineinander verkeilt hat, sind sie von ihrem Wagen heruntergeklettert. Sie werden umringt:

»Habt ihr Wasser?«

Sie verteilen also ihr Wasser.

»Brot?«

Sie verteilen ihr Brot.

»Laßt ihr die da verrecken?«

In einem Wagen, der nicht mehr weiterkommt und im Straßengraben abgestellt ist, liegt röchelnd eine Frau. Sie holen sie heraus, heben sie auf den Lastwagen.

»Und hier das Kind?«

Sie tragen es auch auf den Lastwagen.

»Und dort, die in den Wehen liegt?«

Auch sie wird aufgeladen.

Und dann jene andere, weil sie weint.

Nach einstündiger Bemühung haben sie den Wagen wieder frei bekommen. Sie haben ihn nach Süden umgedreht. Gleich einem erratischen Block von ihm mitgenommen, folgt er nun dem Zivilistenstrom. Die Soldaten sind zum Frieden bekehrt worden. Weil sie den Krieg nicht fanden.

Weil das Gewebe des Krieges unsichtbar bleibt. Weil der Schuß, den sie abfeuern, ein Kind trifft. Weil sie sich zum Krieg stellen und auf kreischende Frauen stoßen. Weil es ebenso vergeblich ist, eine Erkundung weiterzugeben oder einen Befehl empfangen zu wollen, wie sich mit dem Sirius in eine Unterhaltung einzulassen. Es ist keine Armee mehr da. Nur noch Menschen.

Sie sind zum Frieden bekehrt. Durch die Gewalt der Umstände sind sie in Schlosser, Ärzte, Hirten, Krankenhelfer verwandelt. Sie reparieren ihnen ihre Wagen, jenen kleinen Leuten, die ihr altes Eisen nicht zu flicken verstehen. Und bei der Mühe, die sie sich geben, wissen diese Soldaten nicht recht, ob sie Helden sind oder vor ein Kriegsgericht gehören. Sie würden sich gar nicht wundern, wenn sie eine Auszeichnung erhielten. Aber auch nicht, wenn sie an eine Mauer gestellt zwölf Kugeln in den Schädel bekämen. Oder wenn sie entlassen würden. Nichts könnte sie in Erstaunen setzen. Schon seit langem wundern sie sich über nichts mehr.

Es ist ein ungeheures Gebrodel, in dem keine Ordnung, keine Bewegung, keine Nachricht, keine Welle irgendwelcher Art sich über drei Kilometer hinaus verbreiten kann. Und ebenso wie die Dörfer eines nach dem andern in den allgemeinen Ausguß laufen, lassen sich diese Militär-Lastwagen, mit friedlichen Dingen beschäftigt, einer nach dem andern zum Frieden bekehren. Diese Handvoll Männer, die den Tod vollkommen auf sich genommen hätten – aber die Frage des Sterbens wird ihnen nicht einmal gestellt –, nehmen die Pflichten auf sich, denen sie begegnen, und reparieren hier die Deichsel vor dem alten Karren, auf dem drei Nonnen für weiß Gott welche Wallfahrt nach weiß Gott welchem märchenhaften Zufluchtsort ein Dutzend vom Tode bedrohte Kinder verpackt haben.

Ähnlich wie Alias, als er seinen Revolver wieder in die Tasche steckte, will ich die Soldaten, die die Flinte ins Korn werfen, nicht verurteilen. Welcher frische Hauch hätte sie beleben sollen? Wo kommt die Welle her, die sie erreicht hätte? Wo ist das Gesicht, das sie zusammengeschlossen hätte? Sie wissen nichts von der übrigen Welt außer jenen stets unsinnigen Gerüchten, die alle drei, vier Kilometer auf der Straße in Form von albernen Vermutungen aufkommen und dann bei ihrer langsamen Verbreitung durch jenen drei Kilometer langen Brei bestätigenden Charakter angenommen haben. Die Vereinigten Staaten sind in den Krieg eingetreten. Der Papst hat Selbstmord verübt. Die russischen Flieger haben Berlin in Brand geworfen. Der Waffenstillstand ist vor drei Tagen unterzeichnet worden. Hitler ist in England gelandet.

Für die Frauen oder für die Kinder ist kein Schafhirt da, es ist aber auch keiner für die Männer da. Der General erreicht seine Ordonnanz. Der Minister erreicht seinen Amtsdiener. Und vielleicht vermag er ihn durch seine Überredung umzuwandeln. Alias erreicht seine Besatzungen. Und er kann aus ihnen den Einsatz ihres Lebens herausholen. Der Feldwebel vom Militär-Lastwagen erreicht sein Dutzend Leute, das ihm untersteht. Aber es ist ihm unmöglich, sich an irgend etwas anderes anzuschließen. Angenommen, ein genialer Führer, durch ein Wunder zu einem allgemeinen Überblick befähigt, ersänne einen Plan, der uns retten könnte; dieser Führer verfügt, um sich kenntlich zu machen, nur über einen Klingeldraht von zwanzig Metern. Und als einsatzfähige Masse für den Sieg verfügt er über den Amtsdiener, sofern am andern Ende des Drahts noch ein Amtsdiener vorhanden ist.

Wenn diese vereinzelten Soldaten, auseinandergerissenen Einheiten angehörend, sich vom Zufall der Straße treiben lassen, diese Männer, die ja nichts weiter sind als Kriegs-Arbeitslose, dann zeigen sie nicht jene Verzweiflung, die man dem besiegten Vaterlandsverteidiger zuschreibt. Sie wünschen unklar den Frieden, das ist richtig. Aber der Friede stellt in ihren Augen nichts weiter dar als das Ende dieses unsagbaren Durcheinanders und die Rückkehr zu einem wenn auch noch so bescheidenen Selbstsein. So mancher frühere Schuster träumt davon, daß er Nägel einschlägt. Und mit dem Einklopfen der Nägel hämmerte er die Welt zusammen.

Und wenn sie stur weitergehen, geschieht es unter der Einwirkung der allgemeinen Zusammenhanglosigkeit, die sie voneinander trennt, und nicht aus Furcht vor dem Tode. Vor nichts haben sie Angst, sie sind einfach ausgepumpt.

XVII

Es gibt ein Grundgesetz: an Ort und Stelle lassen sich die Besiegten nicht in Sieger verwandeln. Wenn man von einer Armee spricht, die erst zurückweicht, sich dann zur Wehr setzt, so handelt es sich dabei nur um eine abgekürzte Redeweise; denn die Truppen, die zurückgegangen sind, und die, welche jetzt den Kampf aufnehmen, sind nicht die gleichen. Die Armee, die zurückging, war keine Armee mehr. Nicht, daß jene Männer nicht zu siegen verständen, sondern weil ein Zurückweichen alle Verbindungen materieller und geistiger Art abreißen läßt, welche die Männer untereinander verknüpfen. Jene Masse von Soldaten, die man nach rückwärts durchsickern läßt, ersetzt man durch frische Reserven, die einen organischen Charakter besitzen. Sie stellen den Feind. Die Flüchtlinge fängt man auf, um sie wieder zu einer Armee umzuformen. Sind keine Reserven da, die man in die

Aktion werfen kann, dann ist der erste Rückzug nicht wiedergutzumachen.
Der Sieg allein schließt zusammen. Die Niederlage trennt nicht allein den Mann von den andern Männern, sondern sie spaltet ihn in sich selbst. Wenn die Flüchtlinge nicht über das zusammenbrechende Frankreich weinen, dann eben, weil sie besiegt sind. Weil Frankreich unterlegen ist, nicht um sie herum, sondern in ihnen selbst. Über Frankreich weinen, das hieße schon wieder Sieger sein.

Beinahe allen, auch denen, die noch Widerstand leisten, wie denen, die den Widerstand aufgegeben haben, erscheint das Gesicht des besiegten Frankreichs erst später in stillen Stunden. Heute verbraucht sich jeder im Kampf gegen eine ganz gewöhnliche Kleinigkeit, die sich sperrt oder vorkommt, gegen einen steckengebliebenen Lastwagen, gegen eine verstopfte Straße, gegen einen blockierten Gashebel, gegen das Widersinnige eines Befehls. Das Zeichen des Zusammenbruchs besteht darin, daß Befehle widersinnig werden. Daß die Handlung selbst widersinnig wird, die sich gegen den Zusammenbruch stemmt. Denn alles sperrt sich innerlich gegen sich selbst. Man weint nicht über das allgemeine Unglück, sondern über den Gegenstand, für den man verantwortlich, der allein faßbar ist und in Unordnung gerät. Das zusammenbrechende Frankreich ist nichts weiter als eine Sintflut von Bruchstücken, von denen keines ein eigenes Gesicht trägt. Weder dieser Befehl noch dieser Lastwagen noch diese Straße noch diese Schweinerei mit dem Gashebel.
Sicher ist ein Zusammenbruch ein trauriges Schauspiel. Erbärmliche Menschen zeigen sich dabei erbärmlich. Plünderer erweisen sich als Plünderer. Einrichtungen gehen aus den Fugen. Übersättigt von Ekel und Überanstrengung zersetzen sich die Truppen ins Widersinnige. Alle diese Wirkungen gehören zu einer Niederlage, wie die Beulen zur Pest gehören. Doch wenn ein Lastwagen die überfährt, die du liebst, wirst du über ihre Häßlichkeit abfällig reden?
Darin liegt eben die Ungerechtigkeit der Niederlage, daß sie

den Opfern den Anschein der Schuld gibt. Wie sollte die Niederlage die Opfer, die strenge Pflichterfüllung, die Härte gegen sich selbst, die Wachsamkeit aufzeigen, die Gott, der Lenker der Schlachten, nicht in Rechnung gezogen hat? Wie sollte sie die Liebe bezeigen? Die Niederlage zeigt die Führer in ihrer Ohnmacht, die Männer als Treibgut, die Massen in ihrer Trägheit. Oft gab es ein richtiges Versagen, doch dieses Versagen selbst, was bedeutet es? Die Nachricht von einem russischen Umschwung oder einem amerikanischen Eingreifen brauchte bloß umzugehen, um die Männer zu verwandeln. Um sie in einer gemeinsamen Hoffnung zusammenzuschließen. Jedesmal hat ein solches Gerücht alles aufgefrischt wie ein Windstoß vom Meer. Man darf Frankreich nicht nach den Wirkungen des Zusammenbruchs beurteilen. Man muß Frankreich nach seiner Opferbereitschaft beurteilen. Frankreich hat den Krieg gegen alle logische Wahrscheinlichkeit auf sich genommen. Sie haben uns gesagt: »Es sind achtzig Millionen Deutsche. Wir können in einem Jahr die fehlenden vierzig Millionen Franzosen nicht herzaubern. Wir können unsere Getreidefelder nicht in Kohlengruben verwandeln. Wir können nicht auf die Hilfe der Vereinigten Staaten hoffen. Warum sollten uns die Deutschen mit ihrem Anspruch auf Danzig die Pflicht auferlegen, – nicht Danzig zu retten, das ist unmöglich – aber uns selbst umzubringen, um der Schande zu entgehen? Was für eine Schande sollte es sein, ein Land zu besitzen, das mehr Korn als Maschinen hervorbringt, und im Verhältnis Eins gegen Zwei zu stehen? Warum sollte die Schande auf uns lasten und nicht auf der ganzen Welt?« Sie hatten recht, Krieg bedeutete für uns Unglück. Aber sollte Frankreich, um sich die Niederlage zu ersparen, den Krieg verweigern? Ich glaube nicht. Rein instinktiv urteilte Frankreich ebenso, da solche Aussichten es nicht von diesem Krieg abgehalten haben. Der Geist wurde bei uns Herr über den Verstand.

Das Leben sprengt immer die Formeln. Die Niederlage kann sich als der einzige Weg zur Erneuerung erweisen, trotz ihrer Häßlichkeiten. Ich weiß wohl: um einen Baum zu schaffen, verurteilt man ein Samenkorn zum Verderben. Der erste Akt des Widerstandes, kommt er zu spät, ist immer verlustreich. Aber er ruft den Widerstand wach. Vielleicht geht aus ihm wie aus einem Samenkorn ein Baum hervor. Frankreich hat seine Rolle gespielt. Sie bestand darin, sich der Vernichtung anheimzugeben, da die Welt, ohne mitzuarbeiten, ohne mitzukämpfen, den Schiedsrichter spielte, und sich eine Zeitlang in Schweigen versinken zu sehen. Wenn es zum Angriff geht, müssen notwendigerweise Männer an der Spitze sein. Sie fallen meistens. Damit aber der Angriff erfolgt, müssen die ersten fallen.

Diese Rolle ist uns zugefallen, da wir es ohne Selbsttäuschung auf uns genommen haben, einen Soldaten gegen drei und unsere Bauern gegen ihre Fabrikarbeiter zu werfen! Ich verwahre mich dagegen, daß man uns nach den Häßlichkeiten der Niederlage zu richten versucht. Wer es auf sich nimmt, im Flug zu verbrennen, wird man den nach seinen Brandblasen beurteilen? Auch er wird verunstaltet sein.

XVIII

Nichtsdestoweniger ist uns dieser Krieg, ganz abgesehen vom geistigen Sinn, der ihn uns notwendig machte, in der Ausübung als ein verrückter Krieg vorgekommen. Ich habe mich nie geschämt, es auszusprechen. Kaum hatten wir den Krieg erklärt, als wir abzuwarten begannen, da wir ja nicht in der Lage waren, anzugreifen, bis man uns zu vernichten beliebte!

Das ist geschehen.

Wir verfügten über Getreidegarben, um mit den Panzern fertig zu werden. Die Garben haben nichts ausgerichtet. Und heute ist unsere Vernichtung vollkommen. Wir haben keine Armee, keine Reserven, keine Verbindungen, kein Material mehr.

Und doch setze ich meinen Flug mit unerschütterlichem Ernst fort. Ich stürze mich auf die deutsche Armee mit achthundert Kilometern Geschwindigkeit in der Stunde und dreitausendfünfhundertdreißig Umdrehungen in der Minute hinunter. Warum? Na! Um sie zu schrecken! Damit sie das Land räumt! Da die Erkundungen, die man von uns verlangt, nutzlos sind, kann dieser Befehl kein anderes Ziel haben. Ein verrückter Krieg.

Im übrigen übertreibe ich. Ich habe viel an Höhe verloren. Die Schaltungen und Hebel sind aufgetaut. Ich habe wieder die normale Drehgeschwindigkeit erreicht. Ich stürze mich auf die deutsche Armee nur mit fünfhundertdreißig Kilometern Geschwindigkeit in der Stunde und zweitausendzweihundert Umdrehungen in der Minute. Ich jage ihr einen wesentlich geringeren Schrecken ein.

Sie werden uns einen Vorwurf daraus machen, daß wir diesen Krieg einen verrückten Krieg nennen.

Wir sind es doch, die diesen Krieg einen verrückten Krieg nennen! Das können wir auch. Wir dürfen uns erlauben, über ihn nach Herzenslust zu spotten; denn alle Opfer nehmen wir auf unsere Kappe. Ich darf mir erlauben, über meinen Tod zu spotten, wenn der Spott mir Spaß macht. Dutertre ebenfalls. Ich darf die Verrücktheiten auskosten. Warum brennen denn die Dörfer noch? Warum wird diese Bevölkerung wirr auf die Straße geworfen? Warum stürzen wir uns in unerschütterlicher Überzeugung hinunter und lassen uns unweigerlich abschlachten?

Ich bin vollkommen berechtigt dazu; ich weiß wohl in dieser Sekunde, was ich tue. Ich nehme den Tod auf mich. Ich nehme nicht die Gefahr auf mich. Ich nehme nicht den Kampf auf mich. Sondern den Tod. Ich habe eine große Wahrheit gelernt. Krieg heißt nicht, die Gefahr auf sich nehmen, heißt nicht, den Kampf auf sich nehmen. Es heißt zu gewissen Stunden für den Kämpfenden ganz einfach, den Tod auf sich nehmen.

In diesen Tagen, wo die Meinung des Auslands unsere Opfer für ungenügend hielt, habe ich mich gefragt, wenn ich die Besatzungen starten und umkommen sah: ›Wozu geben wir uns her, wer gibt uns noch etwas dafür?‹

Denn wir sterben. Denn hundertfünfzigtausend Franzosen sind in den letzten vierzehn Tagen schon gefallen. Diese Toten sind vielleicht kein Zeichen eines außerordentlichen Widerstandes. Ich verherrliche auch keinen außerordentlichen Widerstand. Er ist unmöglich. Es gibt aber Gruppen von Infanteristen, die sich in einem unmöglich zu verteidigenden Gehöft abschlachten lassen. Es gibt Fliegergruppen, die zusammenschmelzen wie Wachs, das man ins Feuer wirft.

Warum nehmen wir von der Gruppe 2/33 es noch auf uns, zu sterben? Wegen der Anerkennung der Welt? Doch Anerkennung setzt das Vorhandensein eines Richters voraus. Wer unter uns gewährt irgendeinem das Recht zum Urteilen? Wir kämpfen im Namen einer Sache, der wir die Bedeutung einer gemeinsamen Sache beimessen. Die Freiheit, nicht nur Frankreichs, sondern der Welt steht auf dem Spiel: wir halten den Posten des Schiedsrichters für zu bequem. Wir sind es, die die Schiedsrichter richten. Die Leute meiner Gruppe 2/33 richten die Schiedsrichter. Man komme nur nicht und sage uns: ausgerechnet uns, die wir, ohne ein Wort zu sagen, starten mit der Aussicht eins zu drei auf eine Rückkehr (wenn der Auftrag leicht ist) – auch nicht denen von den andern Gruppen – auch nicht jenem Freund, dem ein Granatsplitter das Gesicht entstellt hat, der so sein Leben lang darauf verzichtet hat, je die Liebe einer Frau zu erregen, um ein fundamentales Recht genauso betrogen wie man hinter Kerkermauern darum betrogen wird, wohl verwahrt in seiner Häßlichkeit, wohl aufgehoben in seiner Tugend hinter dem Schutzwall seiner Entstellung, man komme uns bloß nicht und sage uns, daß die Zuschauer uns richten! Die Stierkämpfer leben für die Zuschauer, wir sind keine Stierkämpfer. Wenn man Hochedé versicherte: ›Du sollst starten, weil die Augenzeugen nach dir schauen‹, dann würde Hochedé antworten: ›Irrtum! Ich, Hochedé, schaue nach den Augenzeugen...‹

Denn warum kämpfen wir schließlich noch? Für die Demokratie? Wenn wir für die Demokratie fallen, sind wir soli-

darisch mit den Demokratien. Also sollen sie mit uns kämpfen! Doch die mächtigste, die allein uns hätte retten können, hat sich gestern für unzuständig erklärt und erklärt sich heute noch für unzuständig. Gut. Das ist ihr Recht. Aber sie bedeutet uns so, daß wir allein für unsere eigenen Interessen kämpfen. Nun wissen wir aber sehr wohl, daß alles verloren ist. Warum sterben wir dann noch?
Aus Verzweiflung? Von Verzweiflung ist gar keine Rede! Sie verstehen nichts von einer Niederlage, wenn Sie erwarten, Verzweiflung in ihr zu entdecken.

Es gibt eine höhere Wahrheit als die Aussagen des Verstandes. Etwas steckt in uns und lenkt uns, das ich erfahre, ohne es noch zu fassen. Ein Baum hat keine Sprache. Wir gehören zu einem Baum. Es gibt Wahrheiten, die offensichtlich sind und sich doch nicht aussprechen lassen. Ich sterbe durchaus nicht, um mich der Besatzung entgegenzuwerfen; denn es gibt keinen Schutzwall, hinter dem ich mich mit denen verschanzen könnte, die ich liebe. Ich sterbe keineswegs, um eine Ehre zu retten, die meiner Überzeugung nach überhaupt nicht auf dem Spiel steht: ich lehne die Zuständigkeit der Richter ab. Ich sterbe ebensowenig aus Verzweiflung. Und doch hat Dutertre, der die Karte studiert, ausgerechnet, daß Arras da unten, irgendwo um hundertsiebzig Grad, liegt, und er wird mir – das sehe ich schon kommen – gleich sagen:
›Kurs hundertfünfundsiebzig, Herr Hauptmann...‹
Meinetwegen.

XIX

»Hundertzweiundsiebzig.«
»Verstanden. Hundertzweiundsiebzig.«
Von mir aus hundertzweiundsiebzig. Grabschrift: ›Hat einwandfrei Kurs hundertzweiundsiebzig gehalten.‹ Wie lange wird diese verrückte Herausforderung anhalten? Ich fliege

in siebenhundertfünfzig Meter Höhe unter der schweren Wolkendecke. Wenn ich dreißig Meter höher ginge, könnte Dutertre schon nichts mehr sehen. Wir müssen gut sichtbar bleiben und so dem deutschen Beschuß eine Zielscheibe für Anfänger bieten. Siebenhundert Meter ist eine verbotene Höhe. Wir dienen als Zielscheibe für eine ganze Ebene. Wir lenken das Feuer einer ganzen Armee auf uns. Wir sind für alle Kaliber erreichbar. Wir bleiben eine Ewigkeit im Schußfeld jeder einzelnen Waffe. Das ist schon kein Schießen mehr, eher ein Zuschlagen. Es ist, als ob wir tausend Stangen herausforderten, um eine einzige Nuß herunterzuschlagen.

Ich habe mir das Problem genau überlegt: mit dem Fallschirm abspringen kommt nicht in Frage. Wenn das Flugzeug getroffen wird und zu Boden stürzt, braucht das Öffnen der Absprungluke allein mehr Sekunden als der Sturz zuläßt. Dieses Öffnen erfordert sieben Umdrehungen einer Kurbel, die schwer geht. Außerdem deformiert sich die Luke bei voller Geschwindigkeit und geht nicht in den Falz.

Es ist schon so. Eines schönen Tages mußte man diese Medizin herunterschlucken. Das Zeremoniell ist weiter nicht schwierig: hundertzweiundsiebzig auf dem Kompaß einhalten. Ich bin umsonst alt geworden. Das ist es eben. Ich war so glücklich in der Jugend. Ich sage so, ist es aber auch wirklich wahr? Ich ging schon in meinen Hausflur mit hundertzweiundsiebzig nach dem Kompaß. Der Onkel wegen.

Jetzt wird sie herrlich, die Jugend. Nicht nur die Jugend, sondern das ganze Leben, das hinter mir liegt. Ich sehe es ausgebreitet wie eine Landschaft. Und ich meine, ich bin jemand. Was ich empfinde, habe ich immer gekannt. Meine Freuden und meine Leiden haben sicher ihren Gegenstand gewechselt, aber die Empfindungen sind die gleichen geblieben. Auf solche Weise war ich glücklich oder unglücklich. Wurde ich bestraft oder gelobt. Arbeitete ich gut. Arbeitete ich schlecht. Das kam auf die Tage an...

Meine allerfrüheste Erinnerung? Ich hatte ein Kindermädchen aus Tirol, das Paula hieß. Aber es ist eigentlich gar keine Erinnerung: es ist die Erinnerung einer Erinnerung.

Damals auf dem Flur, als ich fünf Jahre alt war, da war Paula bereits nur noch eine Legende. Jahrelang hat uns meine Mutter zu Neujahr gesagt: »Es ist ein Brief von Paula da!« Das war eine große Freude für uns Kinder. Warum waren wir denn eigentlich glücklich? Keines von uns erinnerte sich an Paula. Sie war in ihr Land Tirol zurückgekehrt. In ihr Tiroler Häuschen also. Eine Art Wetterhäuschen, ganz versteckt im Schnee. Und Paula zeigte sich an sonnigen Tagen in der Türe wie bei allen Wetterhäuschen.

»Paula ist doch hübsch?«

»Entzückend.«

»Ist oft schönes Wetter in Tirol?«

»Immer.«

Es war immer schönes Wetter in Tirol. Das Wetterhäuschen stellte Paula ganz weit hinaus auf seine Schneedecke. Als ich schreiben konnte, ließ man mich an Paula Briefe schreiben: »Liebe Paula!«, schrieb ich ihr, »ich freue mich mächtig, daß ich Dir schreiben kann...« Es war so ein wenig wie im Gebet, da ich sie ja nicht kannte...

»Hundertvierundsiebzig.«

»Verstanden. Hundertvierundsiebzig.«

Von mir aus hundertvierundsiebzig. Die Grabschrift muß abgeändert werden. Wie merkwürdig sich das Leben mit einem Schlag zusammengedrängt hat. Ich habe meine Erinnerungen gebündelt. Sie werden zu nichts mehr zu gebrauchen sein. Auch für niemand. Ich erinnere mich an eine große Liebe. Meine Mutter sagte uns: »Paula schreibt, wir sollten euch alle in ihrem Namen küssen.« Und meine Mutter küßte uns alle für Paula.

»Weiß Paula, daß ich groß geworden bin?«

»Natürlich weiß sie das.«

Paula wußte alles.

»Herr Hauptmann, sie schießen.«

Paula, sie schießen auf mich! Ich werfe einen Blick auf den Höhenmesser: Sechshundertfünfzig Meter. Die Wolken sind in siebenhundert Metern gut. Ich kann nichts dagegen tun.

Aber unter meiner Wolke ist die Welt gar nicht schwarzgrau, wie ich vermutet hatte: sie ist blau. Herrlich blau. Es ist Dämmerstunde, und die Ebene ist ganz blau. Stellenweise regnet es. Regenblau...

»Hundertachtundsiebzig.«

Von mir aus hundertachtundsiebzig. Er macht allerhand Zacken, der Weg in die Ewigkeit... Doch wie ruhig kommt er mir vor, dieser Weg! Die Welt gleicht einem Obstgarten. Eben noch erwies sie sich als nüchterner Entwurf. Alles kam mir unmenschlich vor. Doch nun fliege ich niedrig, in einer Art Vertrautheit. Da finden sich Bäume, einzeln oder in Gruppen, in kleinen Parzellen. Wir begegnen ihnen. Und grüne Felder. Und Häuser mit roten Ziegeldächern, und einer steht vor der Tür. Und ringsum herrlich blaue Regenschauer.

Bei so einem Wetter ginge Paula zweifellos schnell ins Häuschen zurück...

»Hundertfünfundsiebzig.«

Meine Grabschrift verliert viel von ihrer rauhen Würde: ›Er hat Kurs hundertzweiundsiebzig, hundertvierundsiebzig, hundertachtundsiebzig, hundertfünfundsiebzig gehalten...‹ Ich mache eher einen flatterhaften Eindruck. Sieh da! Mein Motor hüstelt! Er verkühlt sich. Ich schließe also die Kühlerklappen. Gut. Da es Zeit wird, den Reservetank einzuschalten, stelle ich den Hebel um. Vergesse ich auch nichts? Ich werfe einen Blick nach dem Öldruck. Alles in Ordnung.

»Es fängt an, mulmig zu werden, Herr Hauptmann.«

Hörst du, Paula? Es fängt an, mulmig zu werden. Und doch kann ich über das Blau dieses Abends nicht genug staunen! Es ist so ungewöhnlich. Seine Farbe ist so tief. Und hier die Obstbäume, vielleicht Pflaumenbäume, die vorbeimarschieren. Ich bin mitten in der Landschaft. Vorbei ist es mit den Schaukästen! Ich bin ein Dieb, der über die Mauer geklettert ist. Mit großen Sätzen springe ich durch die regennasse Luzerne und klaue Pflaumen. Paula, es ist doch ein verrückter Krieg! Ein melancholischer, tiefblauer Krieg. Ich habe mich ein wenig verlaufen. Im Alter habe ich dieses seltsame Land

gefunden... Ach nein, ich habe keine Angst. Es ist ein wenig traurig, weiter nichts.
»Kurven, Hauptmann!«
Aha, ein neues Spiel, Paula! Ein Fußtritt rechts, ein Fußtritt links, so wird der Gegner irregeführt. Wenn ich hinfiel, holte ich mir Beulen. Sicher pflegtest du mich mit Arnika-Umschlägen. Ich werde schrecklich viel Arnika brauchen. Und doch, weißt du... Das Abendblau ist ganz herrlich!

Ich habe vorn drei gespreizte Lanzenstiche gesehen. Drei lange, senkrechte, leuchtende Ruten. Leuchtspuren von Kugeln oder kleinkalibrigen Granaten. Sie waren ganz golden. Ich habe plötzlich im Abendblau diesen dreiarmigen Kronleuchter aufblitzen sehen...
»Hauptmann! Von links starker Beschuß! Abdrehen!« Ein Fußtritt.
»Aha, es wird Ernst...«
Vielleicht...
Es wird Ernst, aber nun bin ich mitten drin. Alle meine Erinnerungen und alle meine Zukunftspläne, alle meine Neigungen sind mir gegenwärtig. Meine Kindheit wird mir lebendig, die sich im Dämmern gleich einer Wurzel verliert. Ich habe das Leben mit einer melancholischen Erinnerung begonnen...
Es wird Ernst, doch finde ich in mir nichts von dem, was ich mir vorgestellt hatte, wenn blitzende Ungeheuer mit ihren Tatzen nach mir greifen.
Ich bin in einer Landschaft, die mir ans Herz greift. Der Tag geht zur Neige. Links zwischen den Gewittern stehen strahlende Lichtflächen, wie Kirchenfenster aufgerichtet. Zwei Schritt neben mir fühle ich beinahe handgreiflich lauter gute Dinge. Da sind die Pflaumenbäume mit ihren Früchten. Diese Erde mit ihrem Erdgeruch. Es muß sich gut wandern lassen durch regenfeuchtes Land. Weißt du, Paula, ich gehe ganz vorsichtig weiter, schaukle nach rechts, nach links wie ein Heuwagen. Du hältst das für schnell, so ein Flugzeug... gewiß, wenn du nachdenkst! Wenn du aber die Maschine

vergißt, wenn du nur schaust, gehst du ganz einfach in der Landschaft spazieren...

»Arras...«

Richtig. Ganz weit voraus. Aber Arras ist keine Stadt. Arras ist nichts weiter als ein glimmender Docht auf nächtlich blauem Grund. Auf gewittrigem Grund. Denn sicher braut sich links und geradeaus ein gewaltiges Hagelwetter zusammen. Von der Dämmerung kann dieses Halbdunkel nicht herrühren. Es braucht Berge von Wolken, um so ein düsteres Licht durchzulassen...

Die Flamme von Arras ist größer geworden. Das ist nicht die Flamme einer Feuersbrunst. Eine Feuersbrunst breitet sich wie ein fressendes Geschwür aus, umgeben von einem einfachen, gesunden Fleischwulst. Aber dieser rote Docht nährt sich ständig und gehört zu einer blakenden Lampe. Es ist eine ganz geruhsame Flamme, die sicher ist, daß sie anhält, mit ausreichend Öl versorgt. Ich fühle, sie besteht aus einem dichten, beinahe schweren Stoff, den der Himmel manchmal bewegt, wie er einen Baum zur Seite neigen würde. Ganz richtig... ein Baum. Dieser Baum hat in Arras Wurzel geschlagen. Und alle Säfte von Arras, alle Vorräte von Arras, alle Schätze von Arras steigen auf, verwandeln sich in Saft und nähren den Baum.

Ich sehe diese Flamme manchmal überschwer nach rechts oder nach links ihr Gleichgewicht verlieren, einen noch schwärzeren Rauch ausstoßen und sich dann von neuem wieder aufrichten. Aber die Stadt kann ich immer noch nicht erkennen. Der ganze Krieg ballt sich in diesem Schein zusammen. Dutertre sagt, es wird Ernst. Er kann von vorn besser beobachten als ich. Trotzdem bin ich zunächst über eine Art Schonung überrascht; diese giftbrauende Ebene schickt nur wenig Sterne.

Gewiß, aber...

Du weißt doch, Paula, in den Kindermärchen zog der Ritter durch schreckliche Prüfungen hindurch zu einem geheimnisvollen, wunderbaren Schloß. Er kletterte über Gletscher, er stieg über Abgründe, er vereitelte jeden Verrat. Schließlich

tauchte, inmitten einer Ebene, deren weicher Rasen zum Galoppieren einlud, das Schloß vor ihm auf. Schon sah er sich als Sieger... Ach, Paula, eine alte Märchenerfahrung läßt sich nicht täuschen! Nun kam immer erst das Schwerste...
Ich laufe im Dämmerblau auf mein Feuerschloß zu, genau wie damals... Du bist zu früh von uns weggegangen, um unsere Spiele zu kennen, du hast beim »Ritter Alkin« gefehlt. Das war ein selbsterfundenes Spiel; denn wir machten uns nichts aus den Spielen der andern. Wir spielten es an den schweren Gewittertagen. Wenn nach den ersten Blitzen alles so eigenartig roch und die Zweige plötzlich erbebten, spürten wir, daß der Platzregen gleich losgehen mußte. Das dichte Astwerk wirbelte dann einen Augenblick lang rauschend auf. Das war das Zeichen... nichts konnte uns mehr zurückhalten!
Ganz hinten aus dem Park stürmten wir quer über den Rasen atemlos auf das Haus zu. Die ersten Tropfen eines Platzregens fallen schwer und vereinzelt. Wer als erster getroffen wurde, gab sich besiegt. Dann der zweite. Dann der dritte. Dann die andern. Der letzte Überlebende erwies sich so als der Schützling der Götter, als unverwundbar! Er durfte sich bis zum nächsten Gewitter »Ritter Alkin« nennen.
Das gab jedesmal binnen weniger Sekunden eine Hekatombe von Kindern...
Ich spiele noch den Ritter Alkin. Langsam laufe ich auf mein Feuerschloß zu. Man könnte den Atem verlieren...
Doch jetzt:
»Oh, Herr Hauptmann. Das habe ich noch nie gesehen...«
Das habe ich auch noch nie gesehen. Ich bin nicht mehr unverwundbar. Ach, ich wußte nicht, daß ich hoffte...

XX

Trotz der siebenhundert Meter hoffte ich. Trotz der Panzeransammlungen, trotz der Flamme von Arras hoffte ich. Ich hoffte verzweifelt. Ich ging in meinem Gedächtnis bis zur

Kindheit zurück, um das Gefühl eines höheren Schutzes wiederzufinden. Männer genießen keinen Schutz. Bist du Mann, läßt man dich laufen... Doch wer kommt gegen einen kleinen Jungen an, den eine allmächtige Paula fest an der Hand hält? Paula, ich habe deinen Schatten als Schild benutzt...

Ich habe alle Finten angewandt. Als Dutertre zu mir sagte: »Es wird Ernst...«, habe ich, um mir Hoffnung zu machen, selbst diese Drohung ausgenutzt. Wir waren im Krieg: der Krieg mußte sich irgendwie zeigen. Er beschränkte sich dabei auf einige Leuchtspuren.

›Das soll also die berühmte tödliche Gefahr über Arras sein? Rein zum Lachen...‹

Der Verurteilte hatte sich den Henker als einen blassen Roboter vorgestellt. Kommt da so ein braver Mann, der niesen und gar lachen kann. Der Verurteilte klammert sich an das Lachen wie an einen Weg in die Freiheit... Es ist nur ein Hirngespinst von Weg. Wenn der Henker auch niest, er wird dieses Haupt doch abschlagen. Doch wie soll man die Hoffnung fahren lassen?

Warum hätte ich mich auch nicht selbst durch einen gewissen Empfang täuschen sollen, da alles so freundlich und ländlich zuging, da die regennassen Schiefer- und Ziegeldächer so freundlich blinkten, da von Minute zu Minute sich nichts änderte und auch nicht so aussah, als ob es sich ändern sollte. Denn wir, Dutertre, der Bordschütze und ich, waren nichts weiter als drei Spaziergänger übers Feld, die gemächlich heimkehren, ohne groß den Mantelkragen hochzustülpen, da es kaum mehr regnet. Weil sich mitten in den deutschen Linien nichts besonders Erwähnenswertes bemerkbar machte und gar kein Grund vorlag, daß der Krieg weiter weg anders werden sollte. Weil es so aussah, als ob der Feind sich zerstreut hätte und wie mit der Unendlichkeit der Felder verwachsen wäre, so daß ein Soldat vielleicht auf ein Bauernhaus, ein Soldat vielleicht auf einen Baum gekommen wäre.

Von Zeit zu Zeit fiel einem von ihnen der Krieg ein, und er

schoß. Man hatte ihm die Anweisung eingehämmert: »Du hast auf Flugzeuge zu schießen.« Die Anweisung fiel ihm traumhaft ein. Er gab seine drei Schüsse ab, ohne recht daran zu glauben.

So habe ich abends Enten gejagt, und sie waren mir eigentlich recht gleichgültig, wenn der Spaziergang etwas empfindsamer Natur war. Ich schoß auf sie und sprach dabei von ganz anderen Dingen: Das störte sie kaum...

Man sieht so genau, was man sehen will: dort der Soldat nimmt mich aufs Korn, aber ohne innere Überzeugung, und verfehlt mich. Die andern lassen mich laufen. Die, welche uns ein Bein stellen könnten, genießen vielleicht in diesem Augenblick vergnüglich die Abendluft, stecken sich Zigaretten an oder erzählen einen Witz zu Ende – und lassen uns laufen. Andere sind in dem Dorf, in dem sie liegen, vielleicht gerade beim Essenfassen. Ein Brummen schwillt an und erstirbt wieder. Ist es Freund oder Feind? Sie haben keine Zeit, es herauszubringen, sie achten auf ihr Kochgeschirr, das sich füllt: sie lassen uns laufen. Und ich versuche, die Hände in den Hosentaschen, vor mich hinpfeifend und auf die selbstverständlichste Weise von der Welt, durch diesen Garten zu gehen, der für Spaziergänger verboten ist. Aber jeder Wächter darin verläßt sich auf den andern und läßt mich laufen...

Ich bin so leicht verletzlich!

Meine Schwäche selbst ist für sie eine Falle: ›Warum sollen sie sich rühren? Ein Stückchen weiter holt man mich ja doch herunter...‹ Das ist doch klar.

›Geh nur, laß dich woanders schnappen...!‹ Sie schieben das Geschäft auf den nächsten, damit sie beim Essen nicht zu kurz kommen, ihren Witz nicht unterbrechen müssen oder einfach, weil sie die Abendluft genießen wollen. So nutze ich ihre Nachlässigkeit aus, ich verdanke meine Rettung dieser Minute, wo sie alle den Krieg leid sind, alle miteinander, rein zufällig – und warum auch nicht? Und schon rechne ich halbwegs damit, daß ich von Mann zu Mann, von Zug zu Zug, von Dorf zu Dorf so weit komme, daß ich meine Tour beende. Schließlich sind wir nichts weiter als ein Flugzeug, das lohnt nicht, aufzugucken!

Gewiß hoffte ich auf eine Heimkehr. Aber gleichzeitig wußte ich, daß noch etwas kommen würde. Du bist verurteilt worden, aber das Gefängnis, das dich erwartet, ist noch stumm. Du klammerst dich an diese Stille. Eine Sekunde gleicht der andern. Es liegt eigentlich kein Grund vor, daß die nächste Sekunde die Welt verändern sollte. Diese Arbeit ist ihr zu schwer. Jede Sekunde, eine nach der andern, rettet die Stille.
Schon scheint die Stille ewig...
Doch der Schritt dessen, von dem man weiß, daß es kommen wird, ist schon vernehmbar.

Irgend etwas in der Landschaft ist eben abgerissen. So knistert das Holzscheit, das erloschen schien, plötzlich und sprüht einen Funkenregen. Durch welchen Zauber ist diese ganze Ebene im selben Augenblick überall lebendig geworden?
Wenn der Frühling da ist, streuen die Bäume ihre Pollen aus. Warum dieser plötzliche Frühling der Waffen? Warum diese Lichterflut, die zu uns hochsteigt und sich mit einem Mal ringsum zeigt?
Im ersten Gefühl, das mich überkommt, meine ich, ich hätte es an Vorsicht fehlen lassen. Ich habe alles verdorben. Manchmal genügt ein Wink mit den Augen, eine Geste, wenn das Gleichgewicht zu sehr auf der Scheide steht! Ein Bergsteiger hustet und löst die Lawine. Und nun, da er sie gelöst hat, geht alles seinen Gang.
Schwerfällig sind wir durch diesen blauen Sumpf hindurchgewatet, der schon in Nacht versinkt. Wir haben diesen ruhigen Schlamm aufgewühlt, und nun läßt er Zehntausende von goldenen Blasen zu uns hochsteigen.

Ein Volk von Jongleuren beginnt den Reigen. Ein Volk von Jongleuren läßt Zehntausende seiner Wurfbälle auf uns los.

Da sie ihren Winkel nicht ändern, scheinen sie uns zunächst unbeweglich; doch jenen Kugeln gleich, die die Kunst des Jongleurs nicht schleudert, sondern sich überläßt, beginnen sie langsam ihren Aufstieg. Ich sehe Tränen von Licht auf uns zuwogen durch eine Flut von Schweigen. Jenem Schweigen, das das Spiel der Jongleure einhüllt.

Jede Garbe der Maschinengewehre oder der leichten Flak speit zu Hunderten Granaten oder Leuchtkugeln aus, die wie die Kugeln eines Rosenkranzes aufeinanderfolgen. Tausend biegsame Rosenkränze spannen sich bis zum Reißen und platzen in unserer Höhe.

Quer gesehen weisen die Projektile, die uns verfehlt haben, im Vorbeisausen wirklich eine schwindelnde Schnelligkeit auf. Die Tränen verwandeln sich in Blitze. Und nun sehe ich mich büschelweise von strohfarbenen Geschoßbahnen umringt. Nun stechen die Lanzen in dichten Gebinden nach mir. Nun bin ich umdroht von einer geheimnisvollen, schwindelerregenden Nadelarbeit. Die ganze Ebene hat sich mit mir verknüpft und webt um mich ein blitzendes Netz von Goldfäden.

Ach! Beuge ich mich zur Erde hinab, dann bemerke ich reihenweise Leuchtkugeln, die mit der Langsamkeit von Nebelschwaden hochsteigen. Ich sehe langsam diese Samen aufwirbeln: so fliegt die Spreu auf, wenn Korn gedroschen wird! Schaue ich aber waagerecht, dann sind es nur noch Garben von Lanzen! Werde ich beschossen? Ach nein! Ich werde mit blanker Waffe angegriffen! Ich sehe nur Degen aus Licht! Ich habe das Empfinden...

Von Gefahr ist gar keine Rede! Die Lichterpracht, in die ich tauche, blendet mich.

»Ah!«

Ich bin zwanzig Zentimeter von meinem Sitz hochgefahren. Wie ein Keulenschlag saß das auf dem Flugzeug. Es ist geborsten, zerschellt... aber nein... nein... ich fühle, wie es beim Schalten noch anspricht. Es ist nichts weiter als der erste Hieb in einer Sintflut von Schlägen. Von Explosion habe ich nichts bemerkt. Der Rauch der Explosionen mischt sich ohne Zweifel mit dem Dunkel des Erdbodens: Ich hebe den Kopf und schaue.

Das ist ein Schauspiel ohnegleichen!

XXI

Zur Erde hinabgebeugt hatte ich den Abstand nicht beachtet, der sich nach und nach zwischen den Wolken und mir erweitert hat. Die Geschoßbahnen verbreiten ein strohfarbenes Licht. Wie hätte ich wissen können, daß sie am Scheitel ihres Aufstiegs eine nach der andern, wie man Nägel einschlägt, diese düsteren Stücke ausstreuten? Ich sehe sie schon dicht gedrängt in schwindelnden Pyramiden nach hinten absinken mit der Langsamkeit von Gletschern. Verglichen mit diesem Schauspiel habe ich das Empfinden, unbeweglich zu sein.

Ich weiß wohl, daß diese Gebilde, kaum entstanden, ihre Wirkung auch schon verloren haben. Jedes von diesen Rauchwölkchen hat nur eine hundertstel Sekunde lang über Leben oder Tod zu entscheiden gehabt. Aber sie waren um mich, ohne daß ich es wußte. Ihre Erscheinung läßt plötzlich das Gewicht einer fürchterlichen Verdammung auf meinen Nakken sinken.

Diese Kette dumpfer Explosionen, deren Geräusch vom Brummen der Motoren übertönt wird, zwingt mir die Illusion eines ungewöhnlichen Schweigens auf. Ich empfinde rein nichts. Eine leere Erwartung macht sich in mir breit, als ob ich nachdächte.

Ich denke... ich denke jedoch: ›Sie schießen zu hoch!‹ und werfe den Kopf zurück, um nach hinten wie unter Bedauern ein Büschel Nadeln hinuntertaumeln zu sehen. Die geben es auf. Aber es ist hoffnungslos.

Die Waffen, die uns verfehlt haben, schießen sich ein. Die Explosionswand bildet sich neu in unserer Höhe. Jeder Feuerschlund baut in wenigen Sekunden seine Explosions-Pyramide auf, kaum zerknallt gibt er sie auf und baut sie

woanders. Das Feuer geht uns nicht nach, es schließt uns ein.
»Dutertre, noch weit?«
»Könnten wir noch drei Minuten durchhalten, dann hätten wir's geschafft... aber...«
»Vielleicht kommen wir durch...«
»Ausgeschlossen!«
Es ist unheimlich, dieses Grauschwarz, diese dunklen Brokken, die durcheinanderwirbeln. Die Ebene war blau. Ungeheuer blau. Tief-meerblau...

Wie lange habe ich noch zu leben? Zehn Sekunden? Zwanzig Sekunden? Die Erschütterung der Explosionen hämmert nunmehr ständig auf mir. Die ganz nahen wirken auf das Flugzeug, wie Felsbrocken in eine Karre poltern. Dann gibt das ganze Flugzeug einen beinahe musikalischen Ton von sich. Einen komischen Seufzer... Doch das sind die Hiebe, die daneben gegangen sind. Es ist hier wie beim Blitz. Je näher er ist, um so einfacher wird er. Manche Schläge sind elementar: dann hat uns die Explosion mit ihren Splittern gezeichnet. Die Bestie wirft den Stier nicht um, den sie tötet. Sie gräbt ihre Pranken ein, ohne zu reißen. Sie ergreift vom Stier Besitz. So haken sich die Griffe nach dem Ziel nur einfach im Flugzeug fest wie in einem Muskel.
»Verwundet?«
»Nein.«
»Hallo, Schütze, verwundet?«
»Nein.«
Doch diese Schläge, die sich schildern lassen, zählen nicht. Sie hämmern auf einer Rinde, auf einer Trommel. Statt die Vorratsbehälter zu durchlöchern, hätten sie uns ebensogut den Leib aufreißen können. Doch der Leib selbst ist nichts als eine Trommel. Man pfeift auf seinen Körper. Er zählt überhaupt nicht... Das ist das Merkwürdige!

Über den Körper habe ich zwei Worte zu sagen. Im täglichen Leben ist man augenscheinlich doch blind. Damit man sich dessen bewußt wird, müssen solche Verhältnisse auf

einen eindringen. Braucht es diesen hochsteigenden Lichterreigen, braucht es diesen Ansturm von Lanzenstichen, braucht es schließlich den Anbruch dieses Jüngsten Gerichts. Dann versteht man. Während des Umkleidens fragte ich mich: ›Wie sehen sie eigentlich aus, die letzten Augenblicke?‹ Das Leben hat die Gespenster, die ich erfand, noch immer Lügen gestraft. Doch diesmal ging es darum, nackt unter dem Hagel sinnloser Fäuste durchzugehen und dabei nicht einmal den Ellbogen schützend vors Gesicht halten zu können.
Die Probe darauf, ich machte eine solche Probe für mein Fleisch. Ich glaubte, ich hätte sie in meinem Fleisch durchgemacht. Der Gesichtspunkt, den ich mir zwangsweise zu eigen machte, war der meines Körpers selber. Man hat sich soviel mit seinem Körper abgegeben! Man hat ihn bekleidet, gewaschen, gepflegt, rasiert, getränkt, genährt. Man hat sich mit diesem Haustier identifiziert. Man hat ihn zum Schneider, zum Arzt, zum Chirurgen gebracht. Man hat mit ihm gelitten. Man hat mit ihm geschrien. Man hat mit ihm geliebt. Man sagt von ihm: ›Das bin ich.‹ Und jetzt auf einmal bricht diese Selbsttäuschung zusammen. Man pfeift auf seinen Körper! Man degradiert ihn zum Bedientenpack. Wenn der Zorn etwas anschwillt, die Liebe in Ekstase gerät, der Haß aufkeimt, dann geht diese berühmte Solidarität aus den Fugen.
Dein Sohn ist in Feuersgefahr? Du wirst ihn retten! Du kannst dich nicht zurückhalten! Du brennst! Das ist dir gleich. Du gibst diese Fleischfetzen jedem dafür, der sie nur mag, zum Pfand. Du entdeckst, daß du gar nicht so sehr an dem hingst, was dir so wichtig war. Wenn es darum ginge, ein Hindernis zu beseitigen, gäbst du deine Schulter her für die Wonne, es damit umzustoßen! Du bist mitten in deiner Handlung drin. Deine Handlung bist du selbst. Du findest dich sonst nirgends mehr. Dein Körper gehört dir, er ist nicht mehr du selber. Du willst schlagen? Keiner wird mit dir fertig werden, wenn er dich in deinem Körper bedroht. Du? Du bist der Tod des Feindes. Du? Du bist die Rettung deines Sohnes. Du vertauschst dich. Und du hast nicht das Empfinden, daß du beim Tausch verlierst. Deine Glieder?

Werkzeuge. Was kümmert einen ein Werkzeug, das in die Brüche geht, wenn man einhaut. Und du tauschst dich gegen den Tod deines Nebenbuhlers, die Rettung deines Sohnes, die Heilung deines Kranken, deine Entdeckung ein, wenn du ein Erfinder bist! Dort, der Kamerad von der Gruppe ist tödlich verwundet. Im Armeebefehl heißt es: »Hat dann zu seinem Beobachter gesagt: ›Ich bin futsch. Eil dich! Rette die Bordpapiere‹...!« Wichtig allein ist die Rettung der Dokumente oder des Kindes, die Heilung des Kranken, der Tod des Nebenbuhlers, die Entdeckung! Deine Sinngebung tritt klar zutage. Es ist deine Pflicht, dein Haß, deine Liebe, deine Treue, deine Erfindung. Du findest sonst nichts mehr in dir.

Das Feuer hat nicht nur das Fleisch, sondern mit einem Male auch den Kult des Fleisches mißachten lassen. Der Mensch interessiert sich nicht mehr für sich selbst. Allein wichtig wird ihm, wem er angehört. Er verschanzt sich nicht, wenn er stirbt: er verschmilzt. Er verliert sich nicht, er findet sich. Das ist nicht der Wunsch eines Moralisten. Das ist eine gängige Wahrheit, eine alltägliche Wahrheit, die eine alltägliche Selbsttäuschung mit einer undurchdringlichen Maske überdeckt. Während ich mich umkleidete und meines Körpers wegen Furcht empfand, wie hätte ich da voraussehen können, daß ich mich mit Unsinn abgab? Erst im Augenblick, wo sie diesen Körper hingeben, entdecken immer alle verblüfft, wie wenig sie am Körper hängen. Gewiß aber kenne ich im Lauf meines Lebens, wenn mich nichts Dringendes leitet, wenn meine Sinngebung nicht auf dem Spiel steht, keine schwerwiegenderen Probleme als die meines Körpers.

Mein Körper, ich pfeife auf dich! Ich bin aus dir heraus, ich habe keine Hoffnung, und dabei fehlt mir nichts! Ich verleugne alles, was ich bis zu dieser Sekunde war. Nicht ich bin es, der dachte, noch ich, der empfand. Mein Körper war es. So wohl oder übel als es eben ging, habe ich ihn bis hierher mitgeschleppt, und nun muß ich entdecken, daß er gar nichts wert ist.

Mit fünfzehn Jahren habe ich meine erste Lektion empfangen: ein jüngerer Bruder von mir wurde seit einigen Tagen aufgegeben. Eines Morgens gegen vier Uhr weckt mich seine Krankenschwester:

»Ihr Bruder verlangt nach Ihnen.«

»Fühlt er sich schlecht?«

Sie gibt keine Antwort. Ich kleide mich eilig an und gehe zu meinem Bruder.

Er sagt mir mit seiner gewöhnlichen Stimme:

»Ich wollte mit dir sprechen, bevor ich sterbe. Ich werde sterben.«

Eine Nervenkrise krampft ihn zusammen und verschlägt ihm die Stimme. Während der Krise winkt er ab mit der Hand. Und ich verstehe die Geste nicht. Ich bilde mir ein, daß das Kind den Tod von sich weist. Nachdem er sich aber wieder beruhigt hat, erklärt er mir:

»Hab keine Angst... Ich leide nicht. Es tut mir nicht weh. Ich kann nichts daran machen. Es ist mein Körper.«

Sein Körper, ein fremdes, schon ein anderes Gebiet. Aber er will ernst sein, dieser jüngere Bruder, der in zwanzig Minuten ausgelitten haben wird. Er empfindet ein dringendes Bedürfnis, sein Erbe zu übergeben. Er sagt mir: »Ich möchte mein Testament machen...« Er errötet, er ist sicherlich stolz, daß er als Erwachsener handelt. Wenn er Turmbaumeister wäre, würde er mir die Fertigstellung seines Baues anvertrauen. Wenn er Vater wäre, würde er mir seine Söhne zur Unterweisung anvertrauen. Wenn er Flugzeugführer einer Kriegsmaschine wäre, würde er mir seine Bordpapiere anvertrauen. Er ist aber nur ein Kind. Er vertraut mir nur seine Dampfmaschine, ein Fahrrad und ein Terzerol an.

Du stirbst nicht. Die Furcht vor dem Tode bildest du dir ein: du fürchtest das Unerwartete, die Explosion, du fürchtest dich selbst. Den Tod? Nein. Er ist kein Tod mehr, wenn du ihm begegnest. Mein Bruder hat mir gesagt: »Vergiß nicht, das alles aufzuschreiben...« Wenn der Körper abfällt, kommt das Wesentliche zum Vorschein. Der Mensch ist nichts als ein Bündel von Beziehungen. Die Beziehungen allein zählen beim Menschen.

Den Körper, den alten Schinder, gibst du auf. Wer denkt an sich selbst beim Sterben? So jemanden habe ich noch nie getroffen...

»Hauptmann?«

»Was ist?«

»Fabelhaft!«

»Schütze...«

»Ha... Ja...«

»Was...«

Meine Frage hat der Ruck abgerissen.

»Dutertre!«

»...ptmann?«

»Getroffen?«

»Nein.«

»Schütze...«

»Ja?«

»Getr...«

Es ist, als ob ich eine Mauer von Bronze eingebeult hätte. Ich höre: »Ah! la! la!«

Ich schaue hoch zum Himmel, um die Entfernung von den Wolken abzumessen. Je schräger ich offenbar schaue, um so gehäufter erscheinen die schwarzen Wölkchen. Senkrecht nach oben gesehen sehen sie weniger dicht aus. Deshalb entdecke ich aneinandergereiht uns zu Häupten dieses großartige Diadem aus schwarzen Blumen.

Die Beinmuskeln entwickeln eine erstaunliche Kraft. Ich wuchte mit einem Tritt auf das Fußsteuer, als ob ich eine Mauer eindrückte. Ich habe das Flugzeug quer geworfen. Ich biege brutal unter knirschendem Zittern nach links. Das Diadem ist nach rechts abgeglitten. Ich habe es über meinem Kopf ins Wanken gebracht. Ich habe das Schießen überrascht, das anderswo hämmert. Rechts sehe ich nutzlose Pakete von Explosionen. Bevor ich jedoch mit dem andern Bein die entgegengesetzte Bewegung eingeleitet habe, steht das Diadem schon wieder über mir. Die Bodenabwehr hat sich wieder eingeschossen. Mit Holla stürzt sich das Flugzeug wieder in Schlammlöcher. Doch das ganze Gewicht meines

Körpers hat ein zweites Mal das Fußsteuer gepreßt. Ich habe das Flugzeug in die entgegengesetzte Kurve oder richtiger in das entgegengesetzte Schleudern geworfen (zum Teufel mit den einwandfreien Kurven), und das Diadem schaukelt nach links.

Dauern? So ein Spiel kann nicht dauern. Vergeblich versetze ich diese riesenhaften Fußtritte, das Stahlgewitter baut sich dort vor mir wiederum auf. Das Diadem stellt sich wieder ein. Nun packen mich die Stöße vom Bauch her. Und wenn ich nach unten sehe, finde ich, wie gut auf mich gezielt diese Blasen mit einer schwindelerregenden Langsamkeit hochsteigen. Es ist unbegreiflich, daß wir noch ganz sind. Und doch entdecke ich mich als unverletzlich. Ich fühle mich als Sieger! Ich bin in jeder Sekunde Sieger!

»Getroffen?«

»Nein…«

Sie sind nicht getroffen. Sie sind unverletzlich. Sie sind Sieger. Ich bin Führer einer siegreichen Mannschaft…

Von nun an kommt mir jede Explosion nicht als Drohung, sondern als Abhärtung für uns vor. Jedesmal denke ich mir eine Zehntelsekunde lang meine Maschine in Stücke zerrissen. Aber sie spricht immer auf die Schaltungen an, und ich richte sie hoch wie ein Pferd und reiße dabei kräftig an den Zügeln. Dann entspanne ich mich und fühle mich von einem dumpfen Jubel durchdrungen. Ich habe keine Zeit gehabt, die Furcht anders als eine physische Verkrampfung zu empfinden, wie sie ein lautes Geräusch hervorruft, und schon darf ich erleichtert aufseufzen. Ich sollte das Zupacken des Schlags, dann die Furcht, schließlich die Entspannung durchleben. Das denken Sie sich so! Ich habe keine Zeit! Ich empfinde das Zupacken, dann die Entspannung. Zupacken, Entspannung. Es fehlt eine Zwischenstufe: die Furcht. Ich lebe auch nicht in Erwartung des Todes für die folgende Sekunde, ich lebe in der Auferstehung vom Ende der vorhergehenden Sekunde. Ich lebe in einer Art Kometenschweif der Freude. Ich lebe im Kielwasser meines inneren Jubels. Und ich beginne, ein herrlich unerwartetes Vergnügen zu empfinden... Es ist, als ob mir mein Leben mit jeder Sekunde neu geschenkt würde. Als ob mir mein Leben mit jeder Sekunde fühlbarer würde. Ich lebe. Ich bin am Leben. Ich bin noch am Leben. Ich bleibe immer am Leben. Ich bin nur noch ein sprudelndes Leben. Die Trunkenheit des Lebens kommt über mich. Man spricht von der »Trunkenheit des Kampfes...«, es ist die Trunkenheit des Lebens! Oh! Die da unten auf uns schießen, wissen sie eigentlich, daß sie uns zurechtschmieden?

Öl-, Benzinbehälter, alles ist angeschlagen. Dutertre hat gesagt: »Schluß! Hochgehen!« Einmal noch messe ich mit den Augen den Abstand, der mich von den Wolken trennt, dann reiße ich die Maschine hoch. Einmal noch werfe ich das Flugzeug nach links, dann nach rechts. Einmal noch werfe ich einen Blick zur Erde. Ich werde diese Landschaft nicht vergessen. Die ganze Ebene blinkert von kurzem Aufleuchten. Zweifellos die Schnellfeuergeschütze. Das Aufsteigen der Blasen geht im ungeheuren bläulichen Aquarium weiter. Die Flamme von Arras leuchtet düster rot wie Eisen auf dem Amboß, jene Flamme von Arras, sicher entzündet an unterirdischen Behältern, in der menschlicher Schweiß, menschliche Erfindung, menschliche Kunst, menschliche Erinnerungen und menschliches Erbe in diesem Schopf vereint aufsteigen und sich in Brand verwandeln, den der Wind forttreibt.

Schon spüre ich die ersten Nebelschwaden. Noch steigen um uns goldene Pfeile hoch und durchlöchern unten den Bauch der Wolke. Das letzte Bild bietet sich mir, als die Wolke mich schon umschließt, durch ein letztes Loch. Eine Sekunde lang erscheint mir die Flamme von Arras für die Nacht wie ein Ewiges Licht im tiefen Dom entzündet. Sie dient einem Kult, doch er kommt sie teuer zu stehen. Morgen wird sie alles verzehrt und aufgebraucht haben. Ich nehme zum Beweis die Flamme von Arras mit.

»Geht's gut, Dutertre?«

»Gut, Herr Hauptmann. Zweihundertvierzig. In zwanzig

Minuten durchstoßen wir die Wolke nach unten. Wir finden uns irgendwo nach der Seine zurecht...«

»Geht's gut, Schütze?«

»Ha... jawohl... Herr Hauptmann... geht gut.«

»Hat's nicht zu warm gemacht?«

»Ha... nein... doch.«

Er weiß es nicht. Er ist zufrieden. Ich denke an den Bordschützen Gavoilles. Eines Nachts über dem Rhein haben achtzig Scheinwerfer Gavoille in ihre Bündel gefaßt. Sie bauen um ihn einen gigantischen Dom. Schon geht auch das Schießen los. Da hört Gavoille seinen Bordschützen leise Selbstgespräche führen. (Die Kehlkopf-Mikrophone sind so indiskret.) Der Schütze beichtet sich selbst: »Na, mein Alter ... Da kann einer lange laufen, wenn er im Zivil so was sehen will!...« Das machte ihm Spaß, dem Bordschützen.

Ich hole langsam Luft. Ich fülle meine Brust ordentlich voll. Es ist herrlich zu atmen. Es gibt so vieles, was ich jetzt verstehen werde... doch zunächst denke ich an Alias. Nein. Erst denke ich an meinen Bauern. Ich werde ihn also nach der Zahl der Instrumente fragen... Na, was denn! Ich denke ganz folgerichtig. Einhundertdrei. Übrigens bei dieser Gelegenheit... der Benzinstand, der Öldruck... Wenn die Behälter angeschlagen sind, sehen wir doch besser nach diesen Instrumenten! Ich sehe sie nach. Die Kautschukumhüllungen halten dicht. Das ist doch eine herrliche Verbesserung! Ich sehe auch nach den Gyroskopen: diese Wolke ist recht ungemütlich. Eine Gewitterwolke. Sie schüttelt uns heftig.

»Meinen Sie nicht, wir könnten niedriger gehen?«

»In zehn Minuten... Warten besser noch zehn Minuten...«

Ich warte also noch zehn Minuten! Ach ja! Ich dachte an Alias. Rechnet er stark damit, uns wiederzusehen? Neulich hatten wir uns eine halbe Stunde verspätet. Eine halbe Stunde ist im allgemeinen bedenklich... Ich eile schnell zu der Gruppe, die beim Essen ist. Ich stoße die Türe auf, ich falle auf meinen Stuhl neben Alias. Gerade in diesem Augenblick hebt der Kommandeur seine Gabel mit einem Knäuel Nudeln hoch. Eben will er sie einschieben. Da fährt er hoch, verdutzt, und starrt mich offenen Mundes an. Unbeweglich hängen die Nudeln herunter.

»Ah... Fein... freut mich, Sie zu sehen!«

Und er schiebt die Nudeln ein.

Meiner Meinung nach hat der Kommandeur einen schweren Fehler. Er fragt die Piloten hartnäckig über die Erfahrungen ihres Auftrags aus. Er wird mich ausfragen. Er wird mich mit einer schrecklichen Geduld anschauen, bis ich ihm grundlegende Wahrheiten heruntersage. Er wird sich mit einem Blatt Papier und einem Schreibstift bewaffnen, um auch nicht einen Tropfen dieses Wundertranks umkommen zu lassen. Das erinnert mich an meine Jugend: ›Wie integrieren Sie die Bernoullischen Gleichungen, Kandidat Saint-Exupéry?‹

O weh!... Bernoulli... Bernoulli... Und da steckst du nun reglos unter diesem Blick und trägst wie ein Insekt zum Schmuck eine Nadel durch die Brust gespießt...

Sie gehn Dutertre an, die Erfahrungen dieses Fluges. Er beobachtet senkrecht nach unten, Dutertre. Er sieht eine Menge Dinge. Lastwagen, Schleppkähne, Panzer, Soldaten, Kanonen, Pferde, Bahnhöfe, Züge in den Bahnhöfen, Bahnhofsvorsteher. Ich beobachte viel zu schräg. Ich sehe Wolken, das Meer, Flüsse, Berge, die Sonne. Ich beobachte ganz grob. Ich bilde mir eine Gesamtvorstellung.

»Sie wissen doch, Herr Major, daß der Flugzeugführer...«

»Nun ja! Nun ja! Man sieht immer etwas.«

»Ich... Ach ja, Brände! Ich habe Brände gesehen. Das ist wirklich interessant...«

»Nein. Alles brennt doch. Und sonst?«

Warum ist Alias so grausam?

XXII

Wird er mich diesmal ausfragen?

Was ich von meinem Auftrag mitbringe, läßt sich nicht in einen Bericht fassen. Ich werde wie ein Schüler an der schwarzen Tafel versagen. Ich werde sehr unglücklich aussehen und es doch nicht sein. Das Unglück ist zu Ende... Es ging auf und davon, als die ersten Kugeln aufleuchteten. Hätte ich eine Sekunde zu früh beigedreht, dann hätte ich nichts über mich erfahren.

Ich hätte nichts von der süßen Zärtlichkeit gewußt, die mir ans Herz greift. Ich komme zu den Meinen zurück. Ich kehre heim. Ich komme mir vor wie eine Hausfrau, die sich nach Erledigung ihrer Besorgungen auf den Heimweg macht und über die Gerichte nachdenkt, mit denen sie ihre Lieben erfreuen wird. Sie schwenkt ihren Einkaufskorb nach rechts, nach links. Von Zeit zu Zeit lüftet sie die Zeitung, die darüberliegt: es ist alles da. Sie hat nichts vergessen. Sie lächelt über die Überraschungen, die sie vorhat, und bummelt ein wenig. Sie wirft einen Blick in die Auslagen.

Ich würde mit Wonne einen Blick in die Auslagen werfen, wenn Dutertre mich nicht in diesem weißgestrichenen Gefängnis zu bleiben nötigte. Ich würde schauen, wie die Landschaft vorbeimarschiert. Zwar ist es besser, damit noch abzuwarten: hier ist die Landschaft vergiftet. Alles in ihr ist verschworen. Selbst die kleinen Provinzschlösser, die mit ihrem etwas lächerlichen Rasen und ihrem Dutzend Zierbäume harmlos unschuldige junge Mädchen zu beherbergen scheinen, sind nichts als Kriegsfallen. Beim Tiefflug holt man sich statt Freundschaftsbeweisen explodierende Flakgeschosse.

Trotz der tiefhängenden Wolke kehre ich doch vom Einkauf heim. Sie hatte ganz recht, die Stimme des Kommandeurs: ›Sie gehen bis zur ersten Straßenecke rechts und besorgen mir Streichhölzer...‹ Mein Gewissen ist beruhigt. Ich habe die Streichhölzer in meiner Tasche. Oder genauer gesagt, sie befinden sich in der Tasche meines Kameraden Dutertre. Wie bringt er es fertig, daß er alles behält, was er gesehen hat? Doch das ist seine Sache. Und ich denke an das Wesentliche. Wenn uns nach der Landung das Durcheinander einer neuen Verlagerung erspart bleibt, werde ich Lacordaire zum Schach auffordern und ihn schlagen. Er verträgt es nicht, wenn er verliert. Ich auch nicht. Aber diesmal gewinne ich.

Gestern war Lacordaire betrunken. Zum mindesten ... etwas: ich möchte nichts Schlechtes über ihn sagen. Zu seinem Trost hatte er sich betrunken. Bei der Rückkehr von einem Flug hatte er vergessen, sein Fahrgestell auszufahren und hatte eine Bauchlandung gemacht. Unglücklicherweise war Alias gerade zugegen und hatte tiefbekümmert die Maschine betrachtet, jedoch kein Wort gesagt. Ich sehe Lacordaire, den alten Piloten, noch vor mir. Er machte sich auf Alias' Vorwürfe gefaßt. Er hoffte auf Alias' Vorwürfe. Heftige Vorwürfe hätten ihm wohlgetan. Diese Entladung hätte auch ihn zum Platzen gebracht. Beim Herausgeben hätte er seine Wut abreagiert. Doch Alias schüttelte den Kopf. Alias dachte über die Maschine nach; Lacordaire war ihm völlig gleichgültig. Dieser Unfall war für den Kommandeur nur ein anonymes Unglück, eine Art statistischer Auflage. Es war nichts weiter als so eine blöde Geistesabwesenheit, wie sie bei den ältesten Flugzeugführern vorkommen kann. Ganz zu Unrecht war sie Lacordaire passiert. Lacordaire war, abgesehen von dieser kleinen Sauferei, ein ganz tadelloser Könner. Deshalb interessierte sich Alias nur für das Opfer und fragte rein mechanisch Lacordaire selbst nach seiner Meinung über die Schäden. Und ich merkte, wie mit einem Schlag die ganze Wut in Lacordaire hochkam. Sie legen vertraulich Ihre Hand auf die Schulter des Folterknechts und sagen zu ihm: ›Das arme Opfer... hm... wie es doch leiden muß!...‹ Die Regungen des Menschenherzens sind unergründlich. Diese zärtliche, sein Mitgefühl heischende Hand reizt den Folterknecht. Er wirft dem Opfer einen düsteren Blick zu. Er bedauert, daß er es nicht völlig erledigt hat.

Es ist schon so. Ich komme heim. Die Gruppe 2/33 ist mein Heim. Und ich verstehe meine Leute. Ich kann mich über Lacordaire nicht täuschen. Lacordaire kann sich über mich nicht täuschen.

Ich empfinde diese Gemeinschaft mit einem ganz ungewöhnlich lebhaften Gefühl: ›Wir von der Gruppe 2/33.‹ Ja! Schon schließen sich die einzelnen Teile des Durcheinanders zusammen...

Ich denke an Gavoille und an Hochedé. Ich empfinde diese Gemeinschaft, die mich mit Gavoille und mit Hochedé verbindet. Ich frage mich bei Gavoille: ›Wo stammt er her?‹ Er weist eine schöne ländliche Grundsubstanz auf. Warm wird mir eine Erinnerung wieder lebendig und greift mir plötzlich ans Herz. Als wir in Orconte lagen, wohnten Gavoille und ich in einem Bauernhaus. Eines Tages sagte er zu mir: »Die Bäuerin hat ein Schwein geschlachtet. Sie lädt uns zur Blutwurst ein.«

Zu dritt, Israel, Gavoille und ich, knackten wir die schöne, schwarze, knusprige Pelle. Die Bäuerin hatte uns einen weißen Landwein vorgesetzt. Gavoille sagte zu mir: »Um ihr eine Freude zu machen, hab ich ihr das da gekauft. Du mußt signieren.« Es war eines meiner Bücher. Und ich fühlte mich gar nicht geniert. Um eine Freude zu machen, habe ich mit Freuden signiert. Israel stopfte seine Pfeife, Gavoille kratzte sich hinten, die Bäuerin schien glücklich, ein vom Verfasser signiertes Buch zu erben. Die Blutwurst duftete. Ich war ein wenig benebelt vom weißen Landwein und fühlte mich gar nicht fremd, obwohl ich ein Buch signierte, was mir immer ein wenig lächerlich vorgekommen ist. Ich fühlte mich nicht zurückgestoßen. Trotz dieses Buches spielte ich weder den Autor noch den Zuschauer. Ich kam nicht als ein Fremder dazu. Israel schaute mir beim Signieren freundlich zu. Gavoille kratzte sich harmlos hinten weiter. Und ich empfand ihnen gegenüber eine Art dumpfer Dankbarkeit. Dieses Buch hätte mir den Anschein eines unbeteiligten Zuschauers geben können. Und doch machte ich nicht den Eindruck eines Intellektuellen oder eines Zuschauers. Ich gehörte zu ihnen.

Der Beruf des Zuschauers war mir immer gräßlich. Was bin ich, wenn ich nicht teilhabe? Um zu sein, muß ich teilhaben. Ich lebe von den wertvollen Eigenschaften der Kameraden, jenen Eigenschaften, die nichts von sich wissen, aus Gleichgültigkeit, keineswegs aus Bescheidenheit. Gavoille beschaut sich nicht, Israel ebensowenig. Sie sind innig verbunden mit ihrer Arbeit, ihrem Beruf, ihrer Pflicht. Mit dieser dampfenden Blutwurst. Und ich berausche mich an der Dichte ihrer Gegenwart. Ich kann schweigen. Ich kann meinen Landwein trinken. Ich kann sogar dieses Buch signieren, ohne mich von ihnen abzusondern. Nichts vermag dieser Bruderschaft Abbruch zu tun.

Es geht hier für mich nicht darum, das Verhalten der Intelligenz, noch die Überlegenheit des Bewußtseins anzuschwärzen. Ich bewundere die durchsichtig-klaren Intelligenzen. Was ist aber ein Mensch, wenn ihm die Grundsubstanz fehlt? Wenn er nur ein Blick und kein Sein ist? Ich entdecke die Grundsubstanz in Gavoille oder in Israel. Wie ich sie in Guillaumet entdeckte.

Die Vorteile, die ich aus meiner Schriftstellertätigkeit ziehen kann, jene Freiheit zum Beispiel, von der ich Gebrauch machen könnte und die mir erlaubt, wenn meine Tätigkeit in der Gruppe 2/33 mir nicht mehr zusagt, mich von ihr zu anderer Verwendung entbinden zu lassen, ich lehne sie mit einer Art Entsetzen ab. Dies ist nur die Freiheit des Nichtseins. Jede Verpflichtung führt zum Werden.

Wir sind in Frankreich vor substanzloser Intelligenz beinahe geplatzt. Gavoille ist. Er liebt, verabscheut, freut sich, knurrt. Er bleibt mit allen Fasern verhaftet. Und ebenso wie ich, ihm gegenübersitzend, diese knusprige Blutwurst koste, so koste ich die Verpflichtungen unseres Berufes, die uns in einen gemeinsamen Stamm zusammenschweißen. Ich liebe die Gruppe 2/33, weil ich zu ihr gehöre, weil sie mich nährt und weil ich sie mit ernähre.

Und nun, da ich von Arras zurückkehre, gehöre ich meiner Gruppe mehr denn je. Ich bin ihr noch enger verbunden. Ich habe in mir dieses Gefühl der Gemeinschaft verstärkt, das man schweigend genießt. Israel und Gavoille haben vielleicht schlimmere Gefahren bestanden als ich. Israel ist abgeblieben. Aber vom heutigen Ausflug sollte ich ja auch nicht zurückkommen. Er gibt mir ein größeres Recht, mich an ihren Tisch zu setzen und mit ihnen zu schweigen. Solch ein Recht wird sehr teuer erkauft. Es ist aber auch sehr viel wert:

nämlich das Recht des Seins. Deswegen habe ich den Schmöker anstandslos signiert... er konnte nichts verderben.
Und nun werde ich rot bei der Vorstellung, wie ich gleich stammeln werde, wenn der Kommandeur mich ausfragen wird. Ich werde mich meiner selbst schämen. Der Kommandeur wird denken, ich sei ein wenig blöde. Wenn diese Geschichten im Buch mich auch nicht genieren, so können mich solche Berichte, und wenn ich mit einer ganzen Bibliothek niedergekommen wäre, doch nicht vor der Scham retten, die mir droht. Diese Scheu ist nicht geschauspielert. Ich bin nicht der Skeptiker, der sich den Luxus leistet, sich für irgendeine rührselige Gewohnheit herzugeben. Ich bin nicht der Städter, der sich in den Ferien als Landbewohner aufspielt. Ich habe über Arras wieder einmal den Beweis meines guten Glaubens erbracht. Ich habe bei dem Abenteuer meine Haut aufs Spiel gesetzt. Meine ganze Haut. Und ich habe dabei aufs Verlieren gesetzt. Ich habe bei diesen Spielregeln alles hergegeben, was ich nur konnte. Sie sollten etwas anderes sein als nur Spielregeln. Ich habe mir das Recht erworben, mich bald etwas verdutzt zu fühlen, wenn der Kommandeur mich ausfragt. Das heißt, ich habe das Recht, teilzuhaben. Verbunden zu sein. Teilzunehmen. Zu empfangen und zu geben. Mehr als ich selbst zu sein. Zutritt zu dieser Fülle zu erhalten, die mich so stark bewegt. Jene Liebe zu erfahren, die ich meinen Kameraden gegenüber empfinde, jene Liebe, die kein Antrieb von außen ist, die sich nicht ausdrücken will – niemals – außer höchstens beim Abschiedsmahl. Dann sind sie ein wenig benebelt, und der wohltuende Alkohol läßt einen sich zu seinem Tischgenossen neigen wie ein gebefreudiger, früchtebeladener Baum. Meine Liebe zur Gruppe hat nicht nötig, sich auszusprechen. Sie besteht aus nichts als Bindungen. Sie ist meine Grundsubstanz selber. Ich gehöre zur Gruppe. Das ist alles.
Wenn ich an die Gruppe denke, muß ich unbedingt an Hochedé denken. Ich könnte von seinem Schneid im Kriege erzählen, doch würde ich mir lächerlich vorkommen dabei. Es handelt sich hier gar nicht um Schneid: Hochedé hat sich mit

Leib und Seele dem Krieg hingegeben. Wahrscheinlich besser als wir alle. Hochedé ist ständig in jenem Zustand, der für mich so schwer zu erreichen war. Ich tobte, wenn ich mich umzog. Hochedé tobte nicht. Hochedé ist da angelangt, wo wir hingehen. Wo ich hinwollte.

Hochedé ist ein ehemaliger Unteroffizier, der kürzlich zum Leutnant befördert wurde. Zweifellos besitzt er eine mäßige Bildung. Er versteht nicht, über sich selbst ins klare zu kommen. Aber er ist organisch gewachsen, er ist ein fertiger Mann. Wenn es sich um Hochedé handelt, verliert das Wort Pflicht jedes Pathos. Man möchte seine Pflicht so auf sich nehmen, wie Hochedé sie auf sich nimmt. Hochedé gegenüber werfe ich mir alle meine kleinen Verzichte, meine Nachlässigkeiten, meine Bequemlichkeiten und vor allem bei Gelegenheit meine Bedenken vor. Das ist kein Zeichen meiner Anständigkeit, sondern einer richtig verstandenen Eifersucht. Ich möchte so existieren, wie Hochedé existiert. Ein Baum ist schön wohlaufgerichtet auf seinen Wurzeln. Sie ist schön, die Beharrlichkeit Hochedés. Hochedé könnte nicht enttäuschen.

Ich werde also nichts von den Kriegsaufträgen Hochedés erzählen. Freiwillig? Wir melden uns alle immer freiwillig zu allen Aufträgen. Einfach aus jenem dunklen Drang, an uns zu glauben. Man übersteigert sich dann ein wenig. Hochedé ist Freiwilliger von Natur. Er *ist* dieser Krieg. Das ist so natürlich, daß, wenn es sich um eine Besatzung handelt, die geopfert werden soll, der Kommandeur sogleich an Hochedé denkt: ›Sagen Sie mal, Hochedé...‹ Hochedé wurzelt im Krieg wie ein Mönch in seiner Religion. Warum schlägt er sich? Er schlägt sich für sich selber. Hochedé geht in einer gewissen Grundsubstanz auf, die es zu retten gilt, seiner eigenen Sinngebung. Auf dieser Stufe gehen Leben und Tod etwas ineinander über. Hochedé steht schon dazwischen. Ohne es vielleicht zu wissen, fürchtet er den Tod kaum. Dauern, dauern lassen... Für Hochedé versöhnen sich Sterben und Leben.

Zunächst hat mich an ihm seine Bangigkeit verblüfft, als

Gavoille von ihm sein Chronometer entleihen wollte, um Geschwindigkeiten an der zurückgelegten Strecke abzustoppen.
»Herr Oberleutnant... nein... ich tue das nicht gern...«
»Du bist blöde! Es ist für eine Kontrolle von zehn Minuten!«
»Herr Oberleutnant... Im Magazin der Gruppe ist eines.«
»Gewiß. Aber seit sechs Wochen ist es auf zwei Uhr stehengeblieben.«
»Herr Oberleutnant... so etwas wie ein Chronometer verleiht man nicht... Ich bin nicht verpflichtet, mein Chronometer auszuleihen... Das können Sie nicht verlangen!«
Die militärische Zucht und die geheiligte Rangordnung können von einem Hochedé verlangen, daß er, kaum in Flammen abgeschossen und wie durch ein Wunder unversehrt, ein anderes Flugzeug besteigt für einen weiteren, und zwar ganz besonders gefahrvollen Auftrag... nicht aber, daß er respektlosen Händen ein sehr kostbares Chronometer anvertraut, das das Dreifache seines Monatsgehaltes gekostet hat und allabendlich mit geradezu mütterlicher Sorgfalt aufgezogen wurde. Wenn man die Männer aufgeregt hantieren sieht, kann man sich denken, daß sie von Chronometern nichts verstehen.
Und als Hochedé als Sieger, sobald sein gutes Recht einmal feststand, sein Chronometer ans Herz drückend und noch ganz dampfend vor Entrüstung, das Geschäftszimmer verließ, da hätte ich ihn umarmen können. Ich entdeckte die heimliche Liebe eines Hochedé. Er wird für sein Chronometer kämpfen. Sein Chronometer existiert. Und er wird für sein Land sterben. Sein Land existiert. Hochedé existiert und ist mit ihnen verbunden. Mit allen seinen Fasern ist er mit der Welt verbunden.
Darum liebe ich Hochedé, ohne daß ich ein Bedürfnis empfinde, es ihm zu sagen. So habe ich Guillaumet verloren, er wurde abgeschossen – der beste Freund, den ich gehabt habe –, und vermeide es, von ihm zu sprechen. Wir haben dieselben Linien beflogen, an denselben Aufbauarbeiten teilgenommen. Wir waren aus demselben Stoff. Mit ihm ging ein Teil von mir selbst dahin. Ich habe Guillaumet zum Ge-

nossen meines Schweigens gemacht. Ich bin ein Stück von Guillaumet.
Ich bin ein Stück von Guillaumet, von Gavoille, von Hochedé. Ich bin ein Stück der Gruppe 2/33. Ich bin ein Stück meiner Heimat. Und sie alle von der Gruppe 2/33 sind Stücke dieses Landes...

XXIII

Ich habe mich sehr verändert! In diesen Tagen war ich verbittert, Kommandeur Alias. Während in diesen Tagen der Panzereinbruch nur noch ins Leere vorstieß, haben die verzweifelten Flüge der Gruppe 2/33 siebzehn von dreiundzwanzig Besatzungen gekostet. Sie als erster, wir alle nahmen die Aufgabe auf uns, so meinte ich, aus Regiegründen die Totenrolle zu spielen. Ach! Kommandeur Alias, ich war verbittert, ich täuschte mich!
Wir krampften uns, Sie als erster, an den Buchstaben einer Pflicht, deren Geist sich verdunkelt hatte. Sie trieben uns instinktiv nicht mehr zum Siegen, das war unmöglich, aber zur Selbstvollendung. Sie wußten so gut wie wir, daß die Erkundungen, die wir einholten, an niemanden weitergegeben würden. Doch sie retteten ein Dekorum, dessen Sinn verborgen lag. Sie fragten uns ernsthaft, als ob unsere Antworten von Nutzen sein könnten, über Panzeransammlungen, Kähne, Lastwagen, Bahnhöfe, Züge in den Bahnhöfen aus. Ihre Ungläubigkeit schien mir geradezu aufreizend:
»Doch, doch! Vom Führersitz aus kann man recht gut beobachten.«
Und doch hatten Sie recht, Kommandeur Alias!
Diese Menge, die ich überfliege, über Arras habe ich sie wohl in acht genommen. Ich bin nur dem verbunden, den ich beschenke. Ich verstehe nur, wem ich mich liebend nahe. Ich existiere nur, insoweit mich die Quellen meiner Wurzeln tränken. Ich bin ein Teil dieser Menge. Diese Menge ist ein Teil von mir. Nachdem ich mit fünfhundertdreißig Kilometern Geschwindigkeit in der Stunde und in zweihundert

Meter Höhe nun nach unten meine Wolke durchstoßen habe, umfange ich sie im Abendlicht wie ein Schäfer, der mit einem Blick die Herde überzählt, sammelt und vereint. Diese Menge ist keine Menge mehr: sie ist ein Volk. Wie sollte ich ohne Hoffnung sein?

Trotz der Verwesung der Niederlage trage ich wie beim Verlassen eines Heiligtums jenes ernste dauernde Jubeln in mir. Ich bewege mich im Unzusammenhängenden und bin doch wie siegreich. Wer ist der Kamerad, der von seinem Auftrag heimkehrt und nicht diesen Sieger in sich trägt? Hauptmann Pénicot hat mir seinen Flug von heute früh erzählt: »Als eine der Abwehrbatterien mir zu genau zu schießen schien, kurvte ich direkt auf sie zu mit voller Geschwindigkeit dicht über dem Boden und ließ eine Maschinengewehrgarbe los, die schlagartig dieses rötliche Licht auslöschte, wie ein Windstoß eine Kerze. Eine Zehntelsekunde später fiel ich wie ein Wirbelwind über die Besatzung her... Es war, als ob ihre Waffe explodiert wäre! Die Bedienungsmannschaft fand ich zerstreut, Hals über Kopf auf der Flucht. Ich hatte den Eindruck, ich spielte Kegel.« Pénicot lachte großartig, Pénicot, siegreicher Hauptmann!

Ich weiß, daß der Auftrag auch jenen Bordschützen Gavoilles mit verwandelt haben wird, der in der Nacht, eingefangen wie in einen Dom aus achtzig Scheinwerfern, wie zu einer Soldatenhochzeit unter gekreuzten Degen durchging.

»Sie können auf vierundneunzig gehen.«

Dutertre hat sich nach der Seine zurechtgefunden. Ich bin auf hundert Meter hinuntergegangen. Der Boden saust auf uns zu mit fünfhundertdreißig Kilometern in der Stunde. Große Rechtecke mit Luzerne oder Getreide und dreieckige Waldparzellen. Ich empfinde ein tolles körperliches Wohlbehagen, dieses Hagelunwetter zu beobachten, das mein Bug unablässig spaltet. Die Seine taucht vor mir auf. Wie ich sie schräg überfliege, entzieht sie sich, als ob sie taumelte. Diese Bewegung macht mir den gleichen Spaß wie die Mahd, die unter dem Hieb der Sense sich biegend umlegt. Ich fühle mich richtig wohl. Ich bin der Chef an Bord. Die Behälter halten dicht. Nachher knöpfe ich Pénicot beim Pokern ein Glas ab, dann schlage ich Lacordaire beim Schach. Das ist bei mir so Sitte, wenn ich Sieger bin. »Herr Hauptmann... Sie schießen... Wir sind auf Sperrgebiet...«

Er berechnet ja die Navigation. Mich kann kein Vorwurf treffen.

»Schießen sie stark?«

»Sie schießen, so gut sie können...«

»Biegen wir ab?«

»Ach nein...«

Es klingt verbraucht. Wir haben ja die Sintflut kennengelernt. Bei uns ist das Flakschießen nur so ein Frühlingsgeträufel.

»Dutertre... Wissen Sie... es ist doch blödsinnig, sich so daheim abschießen zu lassen!«

»Schießen nichts ab... Sind beim Üben.«

Dutertre ist verbittert.

Ich bin nicht verbittert. Ich bin glücklich. Am liebsten möchte ich mit meinen Landsleuten sprechen.

»Ha... ja... schießen wie die...«

Sieh da, nun wird einer lebendig! Ich merke, daß mein Bordschütze bisher von sich aus kein einziges Lebenszeichen gegeben hat. Er hat das ganze Abenteuer verdaut, ohne ein Mitteilungsbedürfnis zu haben. Höchstens, daß er beim heftigsten Flakbeschuß ein ›Ah, la, la‹ von sich gegeben hat. Jedenfalls war er nicht übertrieben aussprachebedürftig.

Aber hier geht es um sein Fachgebiet: das Maschinengewehr. Wenn es sich um ihr Fachgebiet handelt, sind die Fachleute nicht mehr zu halten.

Ich kann nicht anders, als diese beiden Welten einander gegenüberzuhalten: die Welt des Flugzeugs und die Welt des Erdbodens. Ich habe Dutertre und meinen Bordschützen über die erlaubten Grenzen hinaus mitgerissen. Wir haben Frankreich lodern sehen. Wir sind in großer Höhe zu Greisen geworden. Wir haben uns nach einer fernen Erde wie über Museumsschaukästen gebeugt. Wir haben in der Sonne mit dem Staub feindlicher Jäger gespielt. Dann sind wir wieder hinuntergegangen. Wir haben uns in den Brand geworfen. Wir haben alles geopfert. Und dabei haben wir mehr über uns selber gelernt, als wir in zehn Jahren Nachdenken gelernt hätten. Schließlich sind wir aus diesem zehnjährigen Kloster herausgekommen... Und nun ist auf dieser Straße, die wir vielleicht auf dem Weg nach Arras überflogen, die Karawane beim Wiederbegegnen um höchstens fünfhundert Meter weitergekommen.

Während sie einen steckengebliebenen Wagen in den Graben schaffen, ein Rad auswechseln, unverrückt auf dem Steuerrad trommeln, um eine Querstraße ihre eigenen Trümmer vorbeischaffen zu lassen, in dieser Zeit werden wir unseren Landeplatz wieder erreicht haben.

Wir durchmessen die Niederlage in ihrem ganzen Ausmaß. Wir gleichen jenen Pilgern, die die Wüste nicht schreckt, wenn sie dort auch zu leiden haben; denn in ihren Herzen wohnen sie schon in der heiligen Stadt. Die Nacht, die hereinbricht, wird diese durcheinandergewürfelte Menge in ihrem elenden Stall zusammenpferchen. Die Herde drängt sich zusammen. Wonach sollte sie rufen? Doch uns ist es beschert, zu unseren Kameraden zu eilen, und mir scheint, wir eilen zu einem Fest. So verwandelt eine einfache Hütte, wenn sie in der Ferne ihr Licht entzündet, die härteste Winternacht in eine Weihnacht. Dort, wo wir hineilen, werden wir empfangen. Dort, wo wir hineilen, werden wir am gemeinsamen Abendbrot teilhaben.

Für heute reicht es mit dem Abenteuer: ich bin glücklich und müde. Ich überlasse das Flugzeug mit seinen vielen Löchern dem technischen Personal. Ich lege dann meine schwere Fliegerkleidung ab, und da es zu spät ist, mit Pénicot um ein Glas zu spielen, werde ich mich ganz einfach zum Abendessen zwischen die Kameraden setzen...

Wir haben uns verspätet. Kameraden, die sich verspäten, kehren nicht wieder. Sie haben sich verspätet? Sind über-

fällig. Um so schlimmer für sie. Die Nacht schaukelt sie in die Ewigkeit. Beim Abendessen zählt die Gruppe ihre Toten. Die Verschollenen gewinnen in der Erinnerung. Man kleidet sie für immer in ihr hellstes Lachen. Wir müssen auf diesen Vorteil verzichten. Wir tauchen verstohlen auf wie böse Geister und Wilderer. Der Kommandeur wird seinen Bissen Brot nicht einschieben. Er wird uns anschauen. Er wird vielleicht sagen: ›Ach!... Da sind Sie ja...‹ Die Kameraden werden schweigen. Sie werden uns kaum beachten.
Früher hatte ich wenig Achtung vor großen Männern. Es war nicht recht. Man altert nie. Kommandeur Alias! Die Männer sind in Ordnung, auch wenn sie einmal zurückkommen: ›Da bist du ja, du, einer von uns...‹ Doch die Scham läßt sie schweigen.
Kommandeur Alias! Kommandeur Alias! Diese Gemeinschaft bei Ihnen habe ich wie ein Feuer für Blinde genossen. Der Blinde setzt sich hin und breitet seine Hände aus, er weiß nicht, woher ihm seine Freude kommt. Von unseren Aufträgen kommen wir heim, bereit, einen unerhörten Dank zu empfangen: nichts weiter als einfach die Liebe.
Wir erkennen darin die Liebe gar nicht wieder. Die Liebe, an die wir für gewöhnlich denken, hat ein stürmischeres Gebaren. Doch hier haben wir die wahre Liebe: ein Gewebe von Bindungen, das einen *werden* läßt.

XXIV

Ich habe meinen Bauern nach der Anzahl der Instrumente gefragt. Und mein Bauer gab mir zur Antwort: »Ich verstehe nichts von Ihrem Kram. Von den Instrumenten müssen, denk ich, ein paar fehlen: die uns den Krieg hätten gewinnen lassen... Wollen Sie mit uns zu Abend essen?«
»Danke, ich habe schon gegessen.« –
Sie haben mich aber mit Gewalt zwischen die Nichte und die Bäuerin gesteckt: »Du, Mädchen, rück ein bißchen... Mach Platz für den Hauptmann.«

Und ich merke, ich bin nicht nur mit meinen Kameraden verbunden. Sondern durch sie mit meiner ganzen Heimat. Hat die Liebe einmal gekeimt, dann treibt sie Wurzeln, die endlos weiterwachsen.
Der Bauer verteilt das Brot schweigend. Die Sorgen des Tages haben ihn mit einem eigenen Ernst geadelt. Zum letztenmal vielleicht besorgt er diese Teilung, als versehe er ein heiliges Amt.
Und ich denke an die Felder ringsum, die die Substanz dieses Brotes gebildet haben. Morgen wird der Feind sie überfluten. Man braucht sich nicht auf ein Getümmel bewaffneter Männer gefaßt zu machen! Die Erde ist groß. Vielleicht wird die Besetzung an dieser Stelle nur einen einsamen Wachposten aufweisen, weithin verloren in der Unendlichkeit der Felder, einen grauen Fleck am Rande des Korns. Dem äußeren Schein nach wird sich nichts geändert haben, doch wenn es sich um den Menschen handelt, genügt ein Zeichen, um alles zu verändern.
Der Windstoß, der übers Erntefeld streicht, gleicht immer dem Wind überm Meer. Doch der Windstoß übers Erntefeld umfaßt, so scheint uns, noch mehr, überschlägt er doch im Wehen ein Erbe. Er gedenkt der Zukunft. Er liebkost eine Gattin, streicht ihr friedlich durchs Haar.
Morgen wird dieses Korn sich verändert haben. Korn ist etwas anderes als fleischliche Nahrung. Den Menschen ernähren ist etwas anderes als ein Stück Vieh mästen. Das Brot spielt so mancherlei Rollen! Wir haben im Brot ein Werkzeug menschlicher Gemeinschaft kennengelernt, um des Brotes willen, das gemeinsam gebrochen wird. Wir haben im Brot das Bild der Größe der Arbeit kennengelernt, um des Brotes willen, das im Schweiße des Angesichts verdient wird. Wir haben im Brot den wesentlichen Träger der Barmherzigkeit kennengelernt, um des Brotes willen, das in der Stunde des Elends ausgeteilt wird. Der Geschmack des geteilten Brotes hat nicht seinesgleichen. Nun aber ist die ganze Macht dieser geistigen Nahrung, des geistigen Brotes, das diesem Kornfeld entwachsen wird, in Gefahr. Wenn mein Bauer

morgen das Brot bricht, wird er vielleicht nicht mehr die gleiche häusliche Kulthandlung vollziehen. Morgen wird das Brot vielleicht nicht mehr die gleichen leuchtenden Blicke nähren. Brot gleicht dem Öl in der Lampe. Es wandelt sich in Licht. Ich beobachte die Nichte, die sehr schön ist, und sage mir: ›Durch sie verwandelt sich das Brot in sehnsüchtige Anmut. Es wird zur Scham. Es wird zu süßem Schweigen. Wenn dasselbe Brot nun aber dank einem einfachen grauen Fleck am Rande eines Ährenmeeres morgen dieselbe Lampe nährt, wird es vielleicht nicht mehr die gleiche Flamme bilden. Das Wesen der Macht des Brotes wird sich gewandelt haben.‹
Ich habe viel mehr noch darum gekämpft, die Güte eines Lichts zu wahren als die körperliche Nahrung zu retten. Ich habe um den besonderen Schimmer gekämpft, in den sich das Brot in den Häusern bei mir daheim verwandelt. Was mich zunächst an diesem stillen jungen Mädchen erregt, ist die unkörperliche Hülle. Ist ein geheimnisvolles Band zwischen den Linien eines Gesichts. Ist das Gedicht, das auf der Seite zu lesen steht – und nicht die Seite selber.
Sie hat sich beobachtet gefühlt. Sie hat die Augen nach mir erhoben. Mir scheint, sie hat mir zugelächelt... Es war nur eben wie ein Hauch über einem stillen Gewässer. Diese Erscheinung verwirrt mich. Geheimnisvoll gegenwärtig fühle ich unsere eigene Seele, die sich hier und sonst nirgends findet. Ich koste einen Frieden, von dem ich mir sage: ›In stillen Bereichen wohnt der Friede...‹
Ich habe den Schimmer des Korns aufleuchten sehen.

Das Antlitz der Nichte glättete sich wieder auf geheimnisvollem Grund. Die Bäuerin seufzt, schaut um sich und schweigt. Der Bauer, der den kommenden Tag überdenkt, verschließt sich in seine Weisheit. In ihrem allgemeinen Schweigen liegt ein innerer Reichtum gleich dem Erbe eines Dorfes – auch er ist bedroht.
Seltsam hellsichtig fühle ich mich verantwortlich für diesen unsichtbaren Hort. Ich verlasse den Hof. Ich gehe langsamen Schrittes. Ich nehme diese Bürde mit mir, süßer noch als

drückend, gleich einem Kind, das an meine Brust eingeschlummert lehnt.

Ich hatte mir dieses Zwiegespräch mit meinem Dorf versprochen. Aber ich habe nichts zu sagen. Ich gleiche einer Frucht, die fest am Baum haftet, an den ich eben vor einigen Stunden dachte, als die Angst sich legte. Ich fühle mich mit den Leuten meiner Heimat ganz einfach verbunden. Ich bin ein Teil von ihnen wie sie von mir. Als mein Bauer das Brot verteilte, hat er nichts hergegeben. Er hat geteilt und ausgetauscht. Dasselbe Korn kreiste in uns. Der Bauer ist nicht ärmer geworden. Er wurde reicher: er nährte sich von einem besseren Brot, da es sich in Brot der Gemeinschaft verwandelt hatte. Als ich heute nachmittag für sie zu meinem Kriegsauftrag startete, habe ich ihnen ebensowenig etwas hergegeben. Wir geben ihnen nichts her, wir von der Gruppe. Wir sind ihr Anteil am Kriegsopfer. Ich verstehe, warum Hochedé ohne große Worte Krieg führt, wie ein Schmied, der für sein Dorf schmiedet. »Wer sind Sie?« »Ich bin der Schmied vom Dorf.« Und der Schmied ist glücklich bei seiner Arbeit.

Wenn ich jetzt hoffe, während sie zu verzweifeln scheinen, unterscheide ich mich ebensowenig von ihnen. Ich bin einfach ihr Anteil an der Hoffnung. Gewiß sind wir schon besiegt. Alles ist in der Schwebe. Alles bricht zusammen. Und doch empfinde ich weiterhin die Ruhe eines Siegers. Die Worte widersprechen sich? Ich pfeife auf die Worte. Ich bin wie Pénicot, Hochedé, Alias, Gavoille. Wir verfügen über keine Sprache, um unser Siegesgefühl zu rechtfertigen. Aber wir fühlen uns verantwortlich. Niemand kann sich gleichzeitig verantwortlich und verzweifelt fühlen.

Niederlage... Sieg... Ich weiß mit diesen Formeln nichts Rechtes anzufangen. Es gibt Siege, die erheben, und andere, die erniedrigen. Niederlagen, die töten, und andere, die erwecken. Das Leben drückt sich nicht im Zustand, sondern im Verhalten aus. Der einzige Sieg, an dem ich nicht zweifeln kann, ist der, der in der Keimkraft der Samen schlummert. Ist erst das Korn weithin in die schwarze Erde gepflanzt, dann ist es schon siegreich. Man muß jedoch Zeit verstreichen lassen, um seinen Triumph im Korn zu erleben.

Heute morgen war nur ein wehrloses Heer und eine wirre Menge da. Doch ist nur ein einziges Bewußtsein da, in dem sie sich bereits zusammenfindet, dann ist eine wirre Menge nicht mehr verwirrt. Die Steine vom Bau sind nur scheinbar ein wirrer Haufen, wenn verloren auf der Baustelle ein Mensch, nur ein einziger Mensch ist, der in Domen denkt. Ich sorge mich nicht um den einzelnen Klumpen Schlamm, wenn er ein Samenkorn birgt. Das Korn wird ihn trockenlegen für den Bau.

Wer den Weg zur inneren Schau findet, verwandelt sich in Samenkorn. Wer einen Lichtschimmer entdeckt, zupft jeden am Ärmel, ihn ihm zu zeigen. Wer erfindet, gibt seine Erfindung sogleich weiter. Ich weiß nicht, wie ein Hochedé sich ausdrücken oder handeln wird. Das ist auch nicht so wichtig für mich. Er wird seinen unerschütterlichen Glauben um sich verbreiten. Schon ahne ich das Prinzip aller Siege deutlicher: wer sich einen Posten als Küster oder Stuhlvermieter im fertigen Dom sichert, ist schon besiegt. Wer aber im Herzen einen künftigen Dombau trägt, der ist schon Sieger. Der Sieg ist die Frucht der Liebe. Die Liebe allein erkennt das Gesicht, das es zu formen gilt. Die Liebe allein leitet zu ihm hin. Die Intelligenz taugt nur im Dienst der Liebe.

Der Bildhauer ist trächtig von seinem Werk: es ist kaum wichtig, ob er weiß, wie er es formen wird. Von Daumendruck zu Daumendruck, von Irrtum zu Irrtum, von Widerspruch zu Widerspruch wird er geradeaus durch den Lehm hindurch zur Schöpfung schreiten. Weder Intelligenz noch Urteilsvermögen sind schöpferisch. Wenn der Bildhauer nur Wissenschaft und Intelligenz ist, werden seine Hände genielos sein.

Zu lange haben wir uns über die Rolle der Intelligenz getäuscht. Wir haben die Grundsubstanz des Menschen vernachlässigt. Wir haben gemeint, die Kunstfertigkeit niedriger Seelen könne zum Triumph edler Vorhaben mithelfen, der wendige Egoismus könne den Geist des Opfers übertrumpfen, die Nüchternheit des Herzens könne mit schönen Reden Brüderlichkeit oder Liebe gründen. Wir haben das *Wesen* vernachlässigt. Das Samenkorn der Zeder wird zur Zeder, es mag wollen oder nicht. Das Samenkorn eines Brombeerstrauches wird zum Brombeerstrauch. Von nun an denke ich nicht mehr daran, den Menschen nach den Formeln zu beurteilen, die seinen Entscheidungen zugrunde liegen. Man täuscht sich zu leicht über die Bürgschaft der Worte wie über die Richtung der Taten. Wer auf sein Heim zugeht, weiß nicht, geht er zum Streit oder geht er zur Liebe. Ich werde mich fragen: ›Was für ein Mensch ist er?‹ Dann erst werde ich erkennen, wohin es ihn zieht und wohin er gehen wird. Am Ende geht einer doch immer dahin, wohin es ihn zieht.

Von der Sonne betreut findet der Keim immer seinen Weg durch das Geröll des Bodens. Wenn keine Sonne ihn zu sich zieht, ertrinkt der reine Logiker immer in der verwirrenden Fülle der Probleme. Ich werde die Lehre im Sinn behalten, die mir mein Feind selbst gegeben hat. Welche Richtung muß die Panzerkolonne nehmen, um den Gegner im Rücken abzuschnüren? Man weiß keine Antwort darauf. Was muß die Panzerkolonne sein? Sie muß der Wucht der Meeresbrandung gegen den Damm gleichen.

Was muß einer tun? Dieses. Oder das Gegenteil. Oder etwas anderes. Die Zukunft ist nicht vorherbestimmt. Was muß einer sein? Das erst ist die wesentliche Frage; denn der Geist allein befruchtet den Verstand. Er ist vom künftigen Werke trächtig. Der Verstand wird ihn zum Ziel führen. Was muß der Mensch tun, um das erste Schiff zu erschaffen?

Die Formel ist zu verwickelt. Im Grunde wird dieses Schiff aus tausend widersprechenden Tastversuchen erstehen. Aber dieser Mensch, was muß er sein? Hier halte ich die Schöpfung an ihrer Wurzel. Er muß Kaufmann oder Soldat sein; denn dann wird er, erfüllt von der Sehnsucht nach fernen Ländern, Techniker herbeirufen, Arbeiter einsetzen und eines Tages sein Schiff vom Stapel lassen! Was muß einer tun, damit ein ganzer Wald davonfliegt? Ach! Das ist zu schwierig... Was muß einer sein? Er muß Feuersbrunst sein! Morgen kommt die Nacht über uns. Möge mein Land noch bestehen, wenn der neue Tag anbricht! Was muß einer tun, um es zu retten? Wie läßt sich eine einfache Lösung formulieren? Die Notwendigkeiten widersprechen sich. Wichtig ist, das geistige Erbe zu retten, ohne welches das Volk seiner Seele beraubt wäre. Wichtig ist, das Volk selbst zu retten, ohne welches die Seele verlorenginge. In Ermangelung einer Sprache, die die beiden Rettungen miteinander vereint, werden die Logiker versucht sein, entweder die Seele oder den Körper zu opfern. Aber ich pfeife auf die Logiker. Ich will, daß mein Volk besteht – geistig und leiblich –, wenn der neue Tag anbricht. Um zum Wohle meines Landes zu handeln, muß ich jeden Augenblick meine ganze Liebe in diese Richtung werfen. Es gibt keinen Durchgang, den das Meer nicht fände, wenn es drückt. Ich kann nicht mehr an der Rettung zweifeln. Nun verstehe ich das Bild meines Feuers für Blinde besser. Wenn der Blinde auf das Feuer zugeht, dann geschieht dies darum, weil in ihm das Bedürfnis nach dem Feuer erstanden ist. Das Feuer leitet ihn schon. Wenn der Blinde das Feuer sucht, hat er es auch schon gefunden. So besitzt der Bildhauer seine Schöpfung schon, wenn er auf den Lehm drückt. Bei uns ist es ebenso. Wir empfinden die Wärme unserer Bindungen: darum sind wir bereits siegreich. Unsere Gemeinschaft wird uns schon fühlbar. Sicherlich müssen wir sie ausdrücken, um sie zum Sammelpunkt zu machen. Das ist die Aufgabe des Bewußtseins und der Sprache. Um nichts von ihrer Grundsubstanz zu verlieren, müssen wir uns aber auch taub für die Fallen der behelfsmäßigen Logiken, der Erpressungen und Polemiken machen. Wir dürfen vor allem nichts von dem verleugnen, wozu wir gehören. Darum beginne ich im Schweigen meiner Dorfnacht, an eine Mauer gelehnt nach der Heimkehr von meinem Auftrag über Arras – und wie mir scheint, erleuchtet durch meinen Auftrag –, mir einfache Regeln aufzuerlegen, die ich niemals übertreten werde.

Da ich ein Teil von ihnen bin, werde ich niemals die Meinen verleugnen, was sie auch tun mögen. Ich werde nie vor jemand anderem gegen sie predigen. Wenn ich ihre Verteidigung übernehmen kann, werde ich sie verteidigen. Wenn sie mich mit Schande bedecken, werde ich diese Schande in meinem Herzen verschließen und schweigen. Was ich dann auch über sie denken mag, ich werde nie als Belastungszeuge dienen. Ein Gatte geht nicht von Haus zu Haus, um selber seine Nachbarn davon zu unterrichten, daß seine Frau eine Dirne ist. So wird er seine Ehre nicht retten. Denn seine Frau ist ein Teil von seinem Heim. Er kann sich nicht gegen sie besser machen. Erst wenn er heimgekehrt ist, hat er das Recht, seinem Zorn Luft zu machen.

So werde ich mich mit einer Niederlage völlig solidarisch erklären, die mich oft erniedrigen wird. Ich gehöre zu Frankreich. Frankreich formte Leute wie Renoir, Pascal, Pasteur, Guillaumet, Hochedé. Es formte auch Unfähige, Politikaster wie Betrüger. Aber es scheint mir zu bequem, sich den einen zuzuzählen und jede Verwandtschaft mit den andern zu leugnen. Die Niederlage spaltet. Die Niederlage zerlegt, was ganz war. Darin liegt eine tödliche Drohung: ich werde nicht zu diesen Spaltungen beitragen, indem ich die Verantwortung für das Unglück auf Andersdenkende unter den Meinen abwälze. In solchen Verfahren, bei denen der Richter fehlt, ist nichts zu holen. Wir sind alle besiegt worden. Hochedé schiebt die Niederlage nicht auf andere ab. ›Ich, Hochedé, ich, der ich Frankreich angehöre, ich bin schwach gewesen. Das Frankreich Hochedés ist schwach gewesen. Ich bin schwach in ihm und es ist schwach in mir gewesen.‹ Hochedé weiß genau, daß es eitle Selbstverherrlichung wäre, wenn er sich von den Seinen löst. Er wird dann nicht mehr der Hochedé eines Heims, einer Familie, einer Gruppe, einer Heimat sein. Er wird nur noch der Hochedé einer Wüste sein.

Wenn ich es auf mich nehme, mich durch meine Familie erniedrigen zu lassen, kann ich auf meine Familie einwirken. Sie ist ein Teil von mir, wie ich ein Teil von ihr bin. Wenn ich aber die Erniedrigung ablehne, wird meine Familie zerfallen, wie es gerade kommt, und ich werde stolz, aber leer wie ein Toter, einsam meinen Weg gehen.

Um zu sein, ist es zunächst einmal wichtig, daß man eine Verantwortung übernimmt. Eben, vor einigen Stunden noch, war ich blind. Ich war verbittert. Doch nun urteile ich klarer. Ebenso wie ich nicht daran denke, mich über andere Franzosen zu beklagen, seitdem ich mich als ein unlösbarer Teil Frankreichs empfinde, ebenso verstehe ich nicht mehr, daß Frankreich sich über die Welt beklagt. Jeder ist für alle verantwortlich. Frankreich war verantwortlich für die Welt. Frankreich hätte der Welt das gemeinsame Maß zeigen können, das sie geeint hätte. Frankreich hätte der Welt als Schlußstein dienen können. Wenn Frankreich ein wundersames Frankreich, ein strahlendes Frankreich gewesen wäre, dann hätte sich die Welt durch Frankreich zum Widerstand aufgerafft. Ich widerrufe von nun an meine Vorhaltungen der Welt gegenüber. Wenn die Welt kein Gewissen besaß, war Frankreich es sich selber schuldig, ihr als Gewissen zu dienen.

Frankreich hätte als Sammelpunkt dienen können. Meine Gruppe 2/33 hat sich nacheinander freiwillig für den Krieg in Norwegen, dann in Finnland gemeldet. Was bedeuteten Norwegen und Finnland für die Soldaten und Unteroffiziere bei mir daheim? Es kam mir immer so vor, daß sie sich unbewußt mit dem Sterben abfanden aus einer gewissen Freude an Weihnachten. Die Rettung dieser Seligkeit in der Welt schien ihnen das Opfer ihres Lebens wert zu sein. Wenn wir das Weihnachten der Welt gewesen wären, hätte sich die Welt durch uns gerettet.

Die geistige Gemeinschaft der Menschen in der Welt hat sich nicht zu unseren Gunsten ausgewirkt. Indem wir aber diese menschliche Gemeinschaft in der Welt gegründet hätten, würden wir die Welt und uns selbst gerettet haben. Wir haben bei dieser Aufgabe versagt. Jeder ist für alle verantwortlich. Jeder ist allein für alle verantwortlich. Ich verstehe zum ersten Male eines der Geheimnisse der Religion, aus der die Kultur hervorging, die ich als die meine anspreche: »Die Sünden der Welt zu tragen...« Und jeder trägt alle Sünden der ganzen Welt.

XXV

Wer sieht darin die Lehre eines Schwächlings? Führer ist der, der alles auf seine Kappe nimmt. Er sagt: ›Ich bin geschlagen worden.‹ Er sagt nicht: ›Meine Soldaten sind geschlagen worden.‹ So spricht der wahrhafte Mann. Hochedé würde sagen: ›Ich bin verantwortlich.‹

Ich verstehe den Sinn der Demut. Sie ist kein Verächtlichmachen ihrer selbst. Sie ist das eigentliche Prinzip des Handelns. Wenn ich in der Absicht, mich freizusprechen, mein Unglück mit dem Schicksal entschuldige, unterwerfe ich mich dem Schicksal. Wenn ich es durch Verrat entschuldige, unterwerfe ich mich dem Verrat. Wenn ich den Fehler auf mich nehme, beanspruche ich mein Vermögen als Mann. Ich kann auf das einwirken, an dem ich teilhabe. Ich bin ein wesentlicher Bestandteil der menschlichen Gemeinschaft. Es ist also einer in mir, den ich bekämpfe, um mich über mich selbst hinauswachsen zu lassen. Ich mußte diese schwierige Fahrt unternehmen, um so in mir wohl oder übel das Individuum, das ich bekämpfe, vom Menschen zu unterscheiden, der wächst.

Ich weiß nicht, was das Bild taugt, das mir einfällt, aber ich sage mir: ›Das Individuum ist nur ein Weg. Der *Mensch allein*, der ihn einschlägt, zählt.‹

Ich kann kein Genüge mehr an polemischen Wahrheiten finden. Was nützt es, die Individuen anzuklagen. Sie sind nur Wege und Durchgänge. Ich kann für das Einfrieren meiner Maschinengewehre nicht mehr Nachlässigkeiten von Beamten, für das Ausbleiben befreundeter Völker auch nicht mehr deren Egoismus verantwortlich machen. Gewiß drückt sich die Niederlage durch Verfehlungen einzelner aus. Aber eine Kultur knetet sich ihre Menschen zurecht. Wenn die, die ich für mich in Anspruch nehme, durch das Versagen von

Individuen bedroht ist, habe ich das Recht, mich zu fragen, warum sie sie nicht anders zurechtgeformt hat.

Eine Kultur, wie eine Religion, klagt sich selbst an, wenn sie sich über die Schlaffheit ihrer Getreuen beklagt. Sie ist es sich schuldig, sie anzuspornen. Genau so ist es, wenn sie sich über den Haß der Abtrünnigen beschwert. Sie ist es sich schuldig, sie zu bekehren. Meine eigene nun hat zwar früher einmal ihren Beweis erbracht, hat ihre Apostel entflammt, die Gewalttätigen zerbrochen, die Sklavenvölker befreit, aber heute hat sie nicht mehr anzuspornen noch zu bekehren verstanden. Wenn ich die Wurzel der verschiedenen Ursachen meiner Niederlage bloßzulegen suche, wenn ich den Ehrgeiz habe, ein neues Leben zu beginnen, muß ich zunächst die Triebkraft wiederfinden, die ich verloren habe.

Denn mit der Kultur verhält es sich wie mit dem Korn. Das Korn nährt den Menschen, aber der Mensch seinerseits bewahrt das Korn und speichert das Saatgut. Von Korngeneration zu Korngeneration wird das Saatgut als Erbe geachtet. Es genügt mir nicht, zu wissen, welches Korn ich aufgehen lassen möchte. Wenn ich einen Menschentyp – samt seinem inneren Vermögen – retten will, muß ich auch die Prinzipien retten, die ihn formen.

Ich habe nun zwar das Bild der Kultur bewahrt, die ich als meine eigene beanspruche, aber ich habe die Regeln verloren, die sie weitergaben. Ich entdecke heute abend, daß die Worte, die ich gebrauchte, nicht mehr das Wesentliche trafen. So predigte ich die Demokratie, ohne zu ahnen, daß ich damit über die Eigenschaften und das Schicksal des Menschen nicht mehr eine Gesamtheit von Regeln, sondern eine Gesamtheit von Wünschen aussprach. Ich wünschte die Menschen brüderlich, frei und glücklich. Ganz gewiß. Wer ist nicht dafür. Ich wußte auseinanderzusetzen, *wie* der Mensch sein soll. – Und nicht, *wer* er sein soll.

Ohne die Worte zu verdeutlichen, sprach ich von der Gemeinschaft der Menschen. Als ob das Klima, das ich meinte, nicht die Frucht eines besonderen Aufbaus wäre. Es schien mir etwas von Natur Selbstverständliches zu bedeuten. Es gibt nichts von Natur Selbstverständliches. Eine Faschistentruppe, ein Sklavenmarkt sind auch menschliche Gemeinschaften.

Ich wohnte in dieser menschlichen Gemeinschaft nicht mehr als Baumeister. Ich genoß ihren Frieden, ihre Duldsamkeit, ihr Wohlsein. Ich wußte nichts von ihr, außer daß ich in ihr wohnte. Ich wohnte in ihr als Küster oder als Kirchendiener. Also als Parasit. Also als Besiegter.

So sind die Passagiere auf einem Schiff. Sie benutzen das Schiff, ohne ihm etwas zu geben. In Salons geschützt, die sie für einen unumgänglichen Rahmen halten, setzen sie ihre Spiele fort. Sie wissen nichts von der Arbeit der gewaltigen Spanten unter dem ewigen Druck des Meeres. Mit welchem Recht beschweren sie sich, wenn der Sturm ihr Schiff zerschlägt? Wenn die Individuen aus der Art geschlagen sind, wenn ich besiegt worden bin, worüber dürfte ich mich beklagen?

Es gibt ein gemeinsames Maß für die Eigenschaften, das ich für die Menschen meiner Kultur wünsche. Es gibt einen Schlußstein im Gewölbe der besonderen Gemeinschaft, die sie gründen müssen. Es gibt ein einziges Prinzip, aus dem früher alles hervorgegangen ist: Wurzeln, Stamm, Zweige und Früchte. Welches ist es? Es war ein mächtiges Samenkorn auf dem Grund der Menschen. Es allein kann mich zum Sieger machen.

Vielerlei Dinge, scheint mir, begreife ich in meiner seltsamen Dorfnacht. Das Schweigen ist von ganz besonderer Güte. Das geringste Geräusch erfüllt den ganzen Raum wie eine Glocke. Nichts ist mir fremd. Nicht dieses Brüllen des Viehs, nicht jener ferne Ruf, noch dieses Knarren einer Tür, die sich schließt. Alles vollzieht sich wie in mir selbst. Ich muß mich beeilen, den Sinn einer Empfindung zu fassen, die sich verflüchtigen kann.

Ich sage mir: ›Das ist das Schießen von Arras...‹ Das Schießen hat eine Rinde gesprengt. Diesen ganzen Tag über habe ich zweifellos in mir die Wohnung bereitet. Ich war nur ein mürrischer Verwalter. So sieht das Individuum aus. Doch der *Mensch* kam zum Durchbruch. Er hat sich ganz einfach an meiner Stelle eingerichtet. Er hat die wirre Menge betrachtet und hat dabei ein Volk gesehen. Sein Volk. Der *Mensch*, das gemeinsame Maß von diesem Volk und mir. Deshalb meinte ich auf dem Weg zur Gruppe, ich eilte auf ein großes Feuer zu. Der *Mensch* schaute mit meinen Augen. Der *Mensch*, das gemeinsame Maß der Kameraden.

Ist es ein Zeichen? Ich bin so bereit, an Zeichen zu glauben... Heute abend stimmt alles schweigend überein. Jedes Geräusch dringt zu mir gleich einer klaren und zugleich dunklen Botschaft. Ich höre einen ruhigen Schritt durch die Nacht hallen: »Hallo, guten Abend, Hauptmann...«
»Guten Abend!«
Ich kenne ihn nicht. Es ist zwischen uns wie ein Hallo von Schiffern gewesen, von einem Boot zum andern. Wieder einmal habe ich das Gefühl einer wundersamen Verwandtschaft empfunden. Der *Mensch*, der heute abend in mir wohnt, hört nicht auf, die Seinen zu zählen. Der *Mensch*, das gemeinsame Maß der Völker und Rassen...
Jener kam heim mit seinem Sack voll Sorgen, Gedanken und Bildern. Mit seinem eigenen Packen, wohl in ihm verwahrt. Ich hätte ihn anreden und mit ihm sprechen können. Auf dem hellen Dorfweg hätten wir ein paar Erinnerungen ausgetauscht. So tauschen Händler ihre Schätze aus, wenn sie sich auf der Heimfahrt von fernen Inseln begegnen.
Wer in meiner Kultur anders ist als ich, verletzt mich durchaus nicht, er bereichert mich. Unsere Gemeinschaft, die mehr bedeutet als wir selbst, beruht auf dem *Menschen*. So sind unsere abendlichen Diskussionen in der Gruppe 2/33 weit entfernt, unserer Bruderschaft zu schaden, sie schließen sie dichter; denn keiner will sein eigenes Echo vernehmen oder sich in einem Spiegel betrachten.
Im *Menschen* finden sich ebenso die Franzosen Frankreichs wie die Norweger Norwegens wieder. Der *Mensch* verknüpft sie in seiner Einheit, während er gleichzeitig, ohne

sich zu widersprechen, ihre besonderen Eigentümlichkeiten hervorhebt. Auch der Baum drückt sich durch Zweige aus, die keine Ähnlichkeit mit den Wurzeln haben. Wenn man also dort oben Märchen über den Schnee schreibt, wenn man in Holland Tulpen züchtet, wenn man in Spanien Nationaltänze improvisiert, dann werden wir alle dadurch im *Menschen* bereichert. Deshalb haben wir vielleicht, wir von unserer Gruppe, für Norwegen kämpfen wollen...

Und nun, scheint mir, komme ich am Ziel einer langen Pilgerfahrt an. Ich entdecke nichts Neues, aber als ob ich vom Schlaf erwachte, erkenne ich ganz einfach wieder, was ich nicht mehr beachtet hatte.

Meine Kultur beruht auf dem Kult des *Menschen* durch die Individuen hindurch. Sie hat jahrhundertelang den *Menschen* zu zeigen versucht, wie sie gelehrt hätte, einen Dom durch Steine hindurch zu erkennen. Sie hat diesen *Menschen* gepredigt, der über dem Individuum stand...

Denn der *Mensch* meiner Kultur bestimmt sich nicht von den Individuen her. Die Individuen werden durch ihn bestimmt. In ihm wie in jedem *Wesen* ist etwas, das die Bausteine, die es zusammensetzen, nicht erklären. Ein Dom ist etwas ganz anderes als eine Summe von Steinen. Er ist Rechen- und Baukunst. Nicht die Steine bestimmen ihn, er bereichert die Steine durch seine eigene Sinngebung. Diese Steine sind dadurch geadelt, daß sie zu Steinen eines Domes werden. Die verschiedenartigsten Steine dienen seiner Einheit. Der Dom bezieht in sein Hoheslied sogar die fratzenhaftesten Dachspeier ein.

Aber nach und nach habe ich meine Wahrheit vergessen. Ich habe gemeint, der *Mensch* fasse die Menschen zusammen wie der Stein an sich die Steine zusammenfaßt. Ich habe den Dom und die Ansammlung von Steinen verwechselt, und nach und nach hat sich das Erbe verflüchtigt. Man muß den *Menschen* wiederherstellen. Er ist das Wesen meiner Kultur. Er ist der Schlußstein meiner Gemeinschaft. Er ist der Ursprung meines Sieges.

XXVI

Es ist leicht, die Ordnung einer Gesellschaft auf die Unterwerfung jedes einzelnen unter feststehende Regeln zu gründen. Es ist leicht, einen Menschen zu formen, der blind und ohne Widerspruch sich einem Meister oder einer Heilslehre unterordnet. Doch das Gelingen, das darin besteht, den Menschen zu befreien, um ihn über sich selbst herrschen zu lassen, ist viel höher zu bewerten.

Doch was heißt befreien? Wenn ich in einer Wüste einen empfindungslosen Menschen befreie, was bedeutet dann seine Freiheit? Es gibt nur Freiheit eines *Jemand*, der eine bestimmte Richtung einschlägt. Einen solchen Menschen befreien, hieße, ihn den Durst lehren und ihm einen Weg zu einem Brunnen weisen. Dann allein würden sich ihm Mittel und Wege zeigen, die sinnvoll wären. Einen Stein befreien bedeutet nichts, wenn es nicht von der Schwere geschieht. Denn ist der Stein erst einmal frei, dann wird er sich nirgends einfügen.

Meine Kultur hat nun versucht, die menschlichen Beziehungen auf den Kult des *Menschen* über das Individuum hinaus zu gründen, damit das Verhalten eines jeden gegenüber sich selbst oder seinem Nächsten kein blindes Anpassen an den Brauch des Termitenbaus, sondern eine freie Betätigung der Liebe ist. Der unsichtbare Weg der Schwere befreit den Stein. Der unsichtbare Fluß der Liebe befreit den Menschen. Meine Kultur hat aus jedem Menschen den Sendboten eines und desselben Fürsten zu machen versucht. Sie hat das Individuum als einen Weg oder eine Botschaft eines Größeren als es selbst betrachtet, sie hat der Freiheit seines Aufstiegs magnetische Kraftlinien gewiesen.

Ich kenne wohl den Ursprung dieses Kraftfeldes. Jahrhundertelang hat meine Kultur durch die Menschen hindurch Gott betrachtet. Der Mensch war nach dem Ebenbild Gottes geschaffen. Man achtete Gott im Menschen. Die Menschen waren Brüder in Gott. Dieser Abglanz Gottes verlieh jedem Menschen eine unveräußerliche Würde. Die Beziehungen des

Menschen zu Gott begründeten ganz klar die Pflichten eines jeden gegenüber sich selbst und dem Nächsten.
Meine Kultur ist Erbin der christlichen Werte. Ich will über den Bauplan des Domes nachdenken, um seinen Aufbau besser zu verstehen.
Die innere Schau Gottes machte die Menschen gleich, weil gleich in Gott. Und diese Gleichheit hatte eine deutliche Sinngebung. Denn man kann nur in einer bestimmten Hinsicht gleich sein. Der Soldat und der Hauptmann sind gleich in der Nation. Gleichheit ist nur noch ein sinnloses Wort, wenn nichts vorhanden ist, worin sich diese Gleichheit knüpfen läßt.
Ich verstehe vollkommen, warum diese Gleichheit, eine Gleichheit der Rechte Gottes durch die Individuen hindurch, den Aufstieg eines Individuums zu begrenzen verbot: Gott konnte sich dazu entschließen, ihn zum Weg zu nehmen. Da es sich aber auch um die Gleichheit der Rechte Gottes über die Individuen handelte, verstehe ich, warum die Individuen, wer sie auch sein mochten, denselben Pflichten und derselben Achtung vor den Gesetzen unterworfen waren. Als Ausdruck Gottes waren sie gleich in ihren Rechten. Als Diener Gottes waren sie gleich in ihren Pflichten.
Ich verstehe, warum eine in Gott bestehende Gleichheit keinen Widerspruch und keine Unordnung nach sich zog. Die Demagogie tritt auf, wenn in Ermangelung eines gemeinsamen Maßes das Prinzip der Gleichheit zum Prinzip der Selbstheit entartet. Dann verweigert der Soldat dem Hauptmann den Gruß; denn wenn der Soldat den Hauptmann grüßte, würde er ein Individuum und nicht die Nation ehren.

Meine Kultur, ein Erbe Gottes, hat die Menschen im *Menschen* gleichgemacht.

Ich verstehe den Ursprung der Achtung der Menschen voreinander. Der Gelehrte schuldete selbst dem Kohlenträger Achtung; denn durch den Kohlenträger achtete er Gott, dessen Sendbote auch der Kohlenträger ist. Was auch der hohe Wert des einen und der bescheidene des andern sein mochten, kein Mensch konnte Anspruch darauf erheben, einen andern zu versklaven. Man demütigt keinen Sendboten. Aber diese Achtung vor dem Menschen hatte nicht das erniedrigende Kriechen vor der Mittelmäßigkeit, vor der Dummheit oder Unwissenheit zur Folge, weil in erster Linie diese Eigenschaft eines Sendboten Gottes geehrt wurde. So gründete die Liebe zu Gott zwischen den Menschen edle Beziehungen, da die Angelegenheiten sich von Sendboten zu Sendboten auf einer höheren Ebene als ihrer individuellen Eigenschaft regelten.

Meine Kultur, ein Erbe Gottes, hat durch die Individuen hindurch die Achtung vor dem *Menschen* begründet.

Ich verstehe den Ursprung der Bruderschaft der Menschen. Die Menschen waren Brüder in Gott. Man kann nur innerhalb einer Einheit Bruder sein. Wenn es kein einendes Band für sie gibt, sind die Menschen nebeneinander gestellt und nicht miteinander verbunden. Man kann nicht Bruder schlechtweg sein. Meine Kameraden und ich sind Brüder *in* der Gruppe 2/33. Die Franzosen *in* Frankreich.

Meine Kultur, ein Erbe Gottes, hat die Menschen zu Brüdern im *Menschen* gemacht.

Ich verstehe die Bedeutung der Pflichten der Nächstenliebe, die mir gepredigt wurden. Die Nächstenliebe diente Gott durch das Individuum hindurch. Sie gebührte Gott, wie gewöhnlich das Individuum auch war. Diese Nächstenliebe erniedrigte den Empfänger nicht, band ihn auch nicht durch die Fesseln der Dankbarkeit, da das Geschenk sich ja nicht an ihn, sondern an Gott richtete. Die Betätigung dieser Nächstenliebe war dagegen niemals eine Ehre, die der Gewöhnlichkeit, der Dummheit oder der Unwissenheit erwiesen wurde. Der Arzt war es sich schuldig, sein Leben in der

Pflege des gemeinsten Pestkranken einzusetzen. Er diente Gott. Er verlor nichts dadurch, daß er die Nacht wachend am Lager eines Diebes verbrachte.

Meine Kultur, ein Erbe Gottes, hat so aus der Nächstenliebe eine Gabe an den *Menschen* durch das Individuum hindurch geschaffen.

Ich verstehe die tiefe Bedeutung der Demut, die vom Individuum verlangt wurde. Sie erniedrigte es keineswegs. Sie erhöhte es. Sie klärte es über seine Rolle als Sendbote auf. Wie sie es nötigte, Gott im Nächsten zu achten, nötigte sie es, jenen in sich selbst zu achten, sich zum Boten Gottes zu machen, der auf dem Wege zu Gott ist. Sie machte ihm zur Pflicht, sich zu vergessen, um sich zu steigern; denn wenn das Individuum sich mit seiner eigenen Bedeutung brüstet, wandelt sich die Straße sogleich in eine Sackgasse.

Meine Kultur, ein Erbe Gottes, hat auch die Selbstachtung gepredigt, das heißt die Achtung vor dem *Menschen* durch sich selbst hindurch.

Ich verstehe schließlich, warum die Liebe zu Gott die Menschen füreinander verantwortlich gemacht und ihnen die Hoffnung als eine Tugend auferlegt hat. Da sie aus jedem von ihnen einen Sendboten desselben Gottes machte, ruhte in den Händen eines jeden das Heil aller. Als Sendbote eines Größeren als er selbst, brauchte keiner zu verzweifeln. Verzweiflung bedeutete Verleugnung Gottes in einem selbst. Die Pflicht zur Hoffnung hätte sich folgendermaßen ausdrücken lassen: ›Du hältst dich also für so wichtig? Was bildest du dir mit deiner Verzweiflung ein?‹

Meine Kultur, ein Erbe Gottes, hat jeden für alle Menschen und alle Menschen für jeden einzelnen verantwortlich gemacht. Ein Individuum soll sich für die Rettung einer Gemeinschaft opfern, doch dreht es sich hierbei nicht um ein albernes Rechenkunststück. Es geht um die Achtung vor dem *Menschen* durch das Individuum hindurch. Tatsächlich besteht die Größe meiner Zivilisation darin, daß hundert Bergleute sich in ihr dazu verpflichtet fühlen, ihr Leben für die Rettung eines einzigen verschütteten Bergmanns zu wagen. Sie retten den *Menschen*.

In diesem Licht verstehe ich vollkommen die Bedeutung der Freiheit. Sie bedeutet freies Wachstum eines Baumes im Kraftfeld seines Samens. Sie bedeutet Lebensbedingung für den Aufstieg des *Menschen*. Sie gleicht einem günstigen Wind. Dank dem Wind allein sind die Segler frei auf den Wogen.

Ein so gebauter Mensch würde über Baumeskräfte verfügen. Welchen Raum würde er nicht mit seinen Wurzeln bedecken! Welchen menschlichen Rohstoff würde er nicht aussaugen, um ihn im Sonnenlicht zu entfalten!

XXVII

Doch ich habe alles verdorben. Ich habe das Erbe verschleudert. Ich habe den Begriff des *Menschen* verkommen lassen. Um diesen Kult eines *Fürsten*, den wir durch die Individuen hindurch erschauen, und den hohen Wert menschlicher Beziehungen, die dieser Kult begründete, zu retten, hatte meine *Kultur* jedoch beträchtliche Energie und Begabung verausgabt. Alle Bemühungen des Humanismus waren nur auf dieses Ziel gerichtet. Der Humanismus hat sich ausschließlich zur Aufgabe gestellt, den Vorrang des *Menschen* vor dem Individuum klarzumachen und zu verewigen. Der Humanismus hat den *Menschen* gepredigt.

Wenn es aber darum geht, über den *Menschen* zu sprechen, versagt die Sprache. Der *Mensch* unterscheidet sich von den Menschen. Man sagt nichts Wesentliches über den Dom aus, wenn man nur von den Steinen spricht. Man sagt nichts Wesentliches über den *Menschen* aus, wenn man ihn durch menschliche Eigenschaften zu bestimmen sucht. Der Humanismus hat sich auf diese Weise in einer Richtung betätigt, die von vornherein versperrt war. Er hat den Begriff des *Menschen* durch eine logische und moralische Beweisführung zu fassen und ihn so in das Bewußtsein zu übertragen versucht.

Keine Erklärung mit Worten kann je die Schau ersetzen. Die Einheit des *Wesens* ist nicht durch Worte übertragbar. Wenn ich Menschen, die von Kultur nichts wissen, die Liebe zum Heimatland oder zu einem Bauernhof lehren wollte, verfügte ich über kein Beweismittel, sie zu packen. Felder, Weiden und Vieh setzen einen Bauerhhof zusammen. Jedes einzelne und alle zusammen haben die Aufgabe, den Wohlstand zu mehren. In dem Bauernhof liegt jedoch etwas, das einer stofflichen Untersuchung entgeht; gibt es doch Besitzer, die aus Liebe zu ihrem Gut sich für seine Rettung zugrunde richten würden. Ganz im Gegenteil ist es dieses *Etwas*, das die Bestandteile in ganz besonderer Weise adelt. Sie werden zu Vieh eines Gutes, zu Wiesen eines Gutes, zu Feldern eines Gutes...

So wird man auch zum Menschen eines Vaterlandes, eines Berufes, einer Kultur, einer Religion. Um sich aber solchen *Wesen* zuzurechnen, ist es zunächst erforderlich, daß man sie in sich selbst aufbaut... Und da, wo kein Gefühl für das Vaterland besteht, wird keine Sprache es vermitteln. Man baut in sich selbst nur durch Handlungen das *Wesen* auf, dem man sich zurechnet. Ein *Wesen* wird nicht durch die Sprache, sondern durch Handlungen beherrscht. Unser Humanismus hat die Handlungen vernachlässigt. Er hat bei seinem Versuch Schiffbruch gelitten.

Die wesentliche Handlung hat hier einen Namen erhalten. Sie heißt Opfer.

Opfer bedeutet nicht Verstümmelung, auch nicht Buße. Es ist seinem Wesen nach eine Handlung. Es ist ein Geschenk seiner selbst an das *Wesen*, dem man sich zurechnen will. Nur der allein wird verstehen können, was ein Bauerngut ist, der ihm einen Teil seines Selbst geopfert hat, der für seine Rettung gekämpft und sich abgemüht hat, es zu verschönen. Dann kommt ihm die Liebe zum Anwesen. Ein Gut ist nicht die Summe der Einkünfte, darin liegt der Fehler. Es ist die Summe der gebrachten Opfer.

Solange meine Kultur sich auf Gott gestützt hat, hat sie diesen Begriff des Opfers gewahrt, der Gott in das Herz des Menschen verlegte. Der Humanismus hat die wesentliche Rolle des Opfers vernachlässigt. Er hat den *Menschen* durch Worte und nicht durch Taten vermitteln wollen.

Um die Vision vom *Menschen* durch die Menschen hindurch zu retten, hatte er nur noch ein leeres Wort zu seiner Verfügung. Wir liefen Gefahr, auf einer gefährlichen Ebene abzugleiten und eines Tages den *Menschen* mit dem Symbol des Durchschnittsmenschen oder der Gesamtheit der Menschen zu verwechseln. Wir liefen Gefahr, unsern Dom mit der Summe der Steine zu verwechseln.

Und nach und nach haben wir das Erbe verdorben.

Statt die Rechte des *Menschen* durch die Individuen hindurch zu bestätigen, haben wir begonnen, von den Rechten der Kollektivität zu sprechen. Wir haben zugesehen, wie unmerklich eine Moral des Kollektivs sich einschlich, die den *Menschen* vernachlässigt. Diese Moral erklärt deutlich, warum das Individuum es sich schuldig ist, sich für die Gemeinschaft zu opfern. Ohne Wortkünsteleien kann sie nicht mehr erklären, warum eine Gemeinschaft es sich schuldig ist, sich für einen einzelnen Menschen zu opfern. Warum es recht und billig ist, daß tausend sterben, um einen einzigen aus dem Gefängnis der Ungerechtigkeit zu befreien. Wir erinnern uns noch daran, aber wir vergessen es nach und nach. Und doch beruht auf diesem Prinzip, das uns so deutlich vom Termitenhaufen unterscheidet, vor allem unsere Größe. Mangels einer wirksamen Methode sind wir von der Humanität, die auf dem *Menschen* beruhte, auf jenen Termitenhaufen abgeglitten, der auf der Summe der Individuen beruht.

Was hatten wir den Religionen vom Staat oder von der Masse entgegenzusetzen? Was war aus unserem großen Bild vom gottgeborenen *Menschen* geworden? Es war durch einen Wortschatz, der seinen Inhalt entleert hatte, kaum noch kenntlich.

Nach und nach haben wir den *Menschen* vergessen und unsere Moral auf die Probleme des Individuums beschränkt. Wir haben von jedem verlangt, daß er das andere Individuum nicht verletzt. Von jedem Stein, daß er den nächsten Stein nicht verletzt. Gewiß verletzen sie einander nicht, wenn sie wirr auf dem Feld herumliegen. Sie verletzen aber den Dom, den sie aufbauen könnten und der wiederum ihre eigene Sinngebung bedeuten würde.

Wir haben ständig die Gleichheit der Menschen gepredigt. Da wir aber den *Menschen* vergaßen, haben wir nichts mehr von dem verstanden, wovon wir sprachen. Da wir nicht mehr wußten, worauf wir die Gleichheit gründen sollten, haben wir von ihr einen undeutlichen Begriff gegeben, mit dem wir nichts mehr anzufangen gewußt haben. Wie soll man die Gleichheit auf der Ebene der Individuen, zwischen dem Weisen und dem Rohling, dem Dummkopf und dem Genie, definieren? Wenn wir sie festlegen und verwirklichen wollen, verlangt die Gleichheit auf der Ebene der Stoffe, daß diese alle denselben Platz einnehmen und dieselbe Rolle spielen. Das ist absurd. Das Prinzip der Gleichheit entartet dann zu einem Prinzip der Selbstheit.

Wir haben ständig die menschliche Freiheit gepredigt. Da wir aber den *Menschen* vergessen haben, haben wir unsere Freiheit als eine unklare Fessellosigkeit definiert, einzig begrenzt durch den Schaden, der dem Nächsten angetan wird. Das entbehrt jeder Sinngebung; denn es gibt keine Handlung, die den Nächsten nicht mit betrifft. Wenn ich mich als Soldat verstümmele, werde ich erschossen. Es gibt kein Individuum für sich. Wer sich von ihr ausschließt, verletzt die Gemeinschaft. Wer mutlos ist, nimmt den andern den Mut. Unseres Anspruchs auf eine so verstandene Freiheit haben wir uns nicht mehr ohne unüberwindliche Widersprüche zu bedienen gewußt. Da wir nicht mehr zu bestimmen wußten,

wann unser Anspruch galt und wann nicht mehr, haben wir uns verstellt und die Augen zugedrückt, um ein unklares Prinzip über zahllose Fesseln hinweg zu retten, die notwendigerweise jede Gesellschaft unseren Freiheiten auferlegte.
Was die Nächstenliebe angeht, so haben wir sie nicht einmal mehr zu predigen gewagt. Früher nahm wirklich das Opfer, das die *Wesen* begründet, den Namen der Nächstenliebe an, wenn es Gott durch sein menschliches Ebenbild hindurch ehrte. Durch das Individuum hindurch beschenkten wir Gott oder den *Menschen*. Da wir aber Gott und den *Menschen* vergaßen, beschenkten wir nur noch das Individuum. Daher nahm die Nächstenliebe oft die Gestalt eines unannehmbaren Verhaltens an. Die Gesellschaft und nicht die Laune des einzelnen ist es sich schuldig, die rechte Verteilung der Vorräte sicherzustellen. Die Würde des Individuums verlangt, daß es durch die Freigebigkeiten eines andern nicht geknechtet wird. Es wäre sinnwidrig, wenn man erlebte, daß die Besitzenden, abgesehen vom Besitz ihrer Habe, den Dank der Nichtbesitzenden beanspruchten.
Aber über all das hinaus wandte sich unsere mißverstandene Nächstenliebe gegen ihr Ziel. Ausschließlich auf den Empfindungen des Mitleids gegenüber dem Individuum beruhend, hätte sie uns jede erzieherische Strafe untersagt. Während die wirkliche Nächstenliebe als Betätigung eines Kultes, der dem *Menschen* über das Individuum hinaus erwiesen wird, eine Bekämpfung des Individuums verlangte, um den *Menschen* in ihm zu fördern.

So haben wir den *Menschen* verloren. Und indem wir den *Menschen* verloren, haben wir die ganze innere Wärme jener Brüderlichkeit selbst vertan, die unsere Kultur uns predigte – denn Bruder ist einer ja nur in irgend etwas und nicht Bruder schlechthin. Teilung sichert nicht Bruderschaft. Diese knüpft sich allein im Opfer. Sie knüpft sich in der gemeinsamen Hingabe an etwas Umfassenderes als wir selbst. Indem wir jedoch diese Wurzel jeder wahrhaften Existenz mit einer unfruchtbaren Verkümmerung verwechselten, haben wir unsere Brüderlichkeit derart verkleinert, daß sie nur noch eine gegenseitige Rücksichtnahme geworden ist.

Wir haben mit dem Schenken aufgehört. Wenn ich nun aber nur noch mir selbst zu geben gewillt bin, empfange ich nichts; denn ich baue nichts auf, an dem ich teilhaben will, und daher bin ich nichts. Wenn man dann zu mir kommt und von mir verlangt, ich solle für bestimmte Interessen und Zwecke sterben, dann weigere ich mich zu sterben. Mein Interesse verlangt zunächst, daß ich lebe. Welche überquellende Liebe würde meinen Tod vergelten? Man stirbt für ein Heim. Nicht für Möbel und Mauern. Man stirbt für einen Dom. Nicht für Steine. Man stirbt für ein Volk. Nicht für eine Menge. Man stirbt aus Liebe zum *Menschen*, wenn er der Schlußstein im Gewölbe einer *Gemeinschaft* ist. Man stirbt für das allein, aus dem man leben kann.

Unser Wortschatz schien beinahe unberührt, doch wenn wir unsere Worte benutzen wollten, verleiteten sie uns, ihres wirklichen Inhalts bar, zu unentwirrbaren Widersprüchen. Es blieb uns nur übrig, die Augen über diesen strittigen Punkt zu schließen. Da wir uns auf das Bauen nicht verstanden, blieb uns nur übrig, die Steine wirr auf dem Feld liegen zu lassen und ganz behutsam von der Kollektivität zu sprechen, ohne daß wir genauer anzugeben wagten, wovon wir sprachen; denn in Wirklichkeit sprachen wir von nichts. Kollektivität ist ein Wort ohne jede Sinngebung, solange sich die Kollektivität nicht mit irgend etwas verbindet. Eine Summe ist kein *Wesen*.

Wenn unsere Gesellschaft noch wünschenswert erscheinen konnte, wenn der *Mensch* noch irgendeine Geltung bewahrte, dann geschah es in dem Maße, als die wahrhafte Kultur, die wir durch unsere Unkenntnis verrieten, noch weiter über uns ihre Strahlen aussandte, die wir ablehnten, und uns wider unseren eigenen Willen rettete.

Wie hätten unsere Gegner verstehen sollen, was wir nicht mehr begriffen? Sie haben von uns nur diese wirren Steine gesehen. Sie haben versucht, einer Kollektivität Sinn zu verleihen, die wir nicht mehr zu bestimmen wußten, da uns die Erinnerung an den *Menschen* fehlte.

Die einen sind gleich von vornherein frisch-fröhlich bis zu den äußersten Folgerungen der Logik vorgegangen. Aus dieser Ansammlung haben sie eine absolute Ansammlung gemacht. Steine sollen eben Steine bleiben. Und jeder Stein herrscht allein über sich selbst. Die Anarchie denkt noch an den Kult des *Menschen*, wendet ihn jedoch streng auf das Individuum an. Und die Widersprüche, die aus dieser Strenge folgen, sind schlimmer als unsere.

Andere haben diese wirr auf dem Feld verstreuten Steine gesammelt. Sie haben die Rechte der Masse gepredigt. Die Formel befriedigt kaum. Denn wenn es sicherlich unerträglich ist, daß ein einzelner Mensch eine Masse tyrannisiert – dann ist es genau so unerträglich, daß die Masse einen einzelnen Menschen erdrückt.

Andere haben diese ohnmächtigen Steine an sich genommen und haben aus dieser Summe einen Staat gemacht. Ein solcher Staat greift ebensowenig über die Menschen hinaus. Er ist ebenfalls der Ausdruck einer Summe. Er ist das Vermögen der Kollektivität, den Händen eines einzelnen anvertraut. Er ist der Bereich eines Steines, der sich mit den andern Steinen über die Gesamtheit der Steine zu identifizieren vorgibt. Dieser Staat predigt ausdrücklich eine Moral des Kollektivs, die wir noch ablehnen, auf die wir uns selbst aber ganz langsam zubewegen, da wir uns nicht mehr an den *Menschen* erinnern, der allein unsere Weigerung rechtfertigen würde.

Diese Anhänger der neuen Religion werden es ablehnen, daß mehrere Bergleute ihr Leben für die Rettung eines einzigen verschütteten Bergmanns aufs Spiel setzen. Denn der Haufen von Steinen wird dadurch gestört. Sie werden dem Schwerverwundeten den Todesstoß versetzen, wenn er den Vormarsch einer Armee aufhält. Das Wohl der Gemeinschaft werden sie nach der Rechenkunst studieren – und die Rechenkunst wird sie beherrschen. Das Vermögen, über sich selbst hinauszuwachsen, werden sie dabei verlieren. Sie wer-

den daher hassen, was anders ist als sie; denn sie haben über sich hinaus nichts zur Verfügung, worin sie sich finden könnten. Jede fremde Gewohnheit, jede fremde Rasse, jeder fremde Gedanke wird ihnen notwendigerweise zur Beleidigung. Sie verfügen über kein Assimilationsvermögen; denn um bei sich selbst den *Menschen* zu bekehren, dürfte man ihn nicht verstümmeln, sondern müßte ihn sich selbst gegenüber zum Ausdruck bringen, seinem Streben ein Ziel und seinen Energien ein Betätigungsfeld bieten. Bekehren heißt immer befreien. Der Dom kann die Steine in sich aufnehmen, die dabei einen Sinn erlangen. Aber der Steinhaufen nimmt nichts in sich auf, und da er nichts aufzunehmen vermag, erdrückt er. So steht es damit – doch wer trägt die Schuld?
Ich wundere mich nicht mehr darüber, daß der schwer lastende Steinhaufen stärker war als die wirren Steine. Und doch bin ich der Stärkere.

Ich bin der Stärkere, wenn ich zu mir zurückfinde. Wenn unser Humanismus den *Menschen* wiederherstellt. Wenn wir unsere Gemeinschaft aufzubauen verstehen und wenn wir als Grundlage dazu das einzig wirksame Mittel benutzen: das Opfer. So wie unsere Kultur sie aufgebaut hatte, war unsere Gemeinschaft keineswegs eine Zusammenfassung unserer Einkünfte – sie war unsere gesammelte Hingabe.
Ich bin der Stärkere, weil der Baum stärker ist als die Stoffe des Bodens. Er zieht sie an sich. Er verwandelt sie in Baum. Der Dom ist strahlender als der Steinhaufen. Ich bin der Stärkere, weil meine Kultur allein die verschiedenen Eigenarten, ohne sie zu verkümmern, in ihrer Einheit zusammenzuschließen vermag. Sie steigert die Quelle ihrer Kraft im gleichen Maße, wie sie von ihr trinkt.

Beim Abflug hatte ich erst zu empfangen und dann zu geben verlangt. Mein Verlangen war eitel. Damit war es wie mit der freudlosen Grammatikstunde. Du mußt geben, bevor du nimmst – und bauen, bevor du wohnst.
Ich habe die Liebe zu den Meinen durch diese Hingabe des

Blutes begründet, wie die Mutter ihre Liebe mit dem Geschenk der Muttermilch nährt. Darin liegt das Geheimnis. Du mußt mit dem Opfer beginnen, um die Liebe zu gründen. Dann mag die Liebe andere Opfer erbitten und sie für alle Siege einsetzen. Der Mensch muß immer den ersten Schritt tun. Er muß *ent*stehen, bevor er *be*steht.

Ich bin von meinem Auftrag heimgekehrt und habe dabei den Grund zu meiner Verwandtschaft mit der Bauerntochter gelegt. Ihr Lächeln wurde mir wie durchscheinend, ich sah durch es hindurch und erkannte mein Dorf. Durch mein Dorf mein Land. Durch mein Land die andern Länder. Denn ich gehöre einer Kultur an, die den *Menschen* zum Schlußstein gewählt hat. Ich gehöre der Gruppe 2/33 an, die für Norwegen kämpfen wollte.

Morgen mag mich Alias für einen andern Auftrag bestimmen. Heute habe ich mich zum Dienst für einen Gott umgekleidet, für den ich bisher blind war. Das Schießen von Arras hat den Star gestochen, und ich bin sehend geworden. Alle die Meinen sind auch sehend geworden. Wenn ich also morgen früh starte, weiß ich, warum ich noch kämpfe. Ich will aber in Erinnerung behalten, was ich gesehen habe. Ich brauche ein einfaches Credo, um mich zu erinnern.

Ich kämpfe von nun an für den Vorrang des *Menschen* vor dem Individuum – wie des Allgemeinen vor dem Besonderen.

Ich glaube, daß der Kult des *Universellen* die Fülle des einzelnen steigert und zusammenschließt – und die einzig wahrhafte, lebendige Ordnung aufbaut. Ein Baum ist eine Ordnung, wenn seine Wurzeln auch anders sind als seine Zweige.

Ich glaube, daß der Kult des Besonderen nur den Tod nach sich zieht – denn er baut die Ordnung auf der Ähnlichkeit auf. Er verwechselt die Einheit des *Wesens* mit der Identität seiner Teile. Er zerstört dabei den Dom, um die Steine auszurichten. Ich werde also jeden bekämpfen, der anderen Gewohnheiten eine besondere Gewohnheit, anderen Völkern ein besonderes Volk, anderen Rassen eine besondere Rasse, anderen Gedanken einen besonderen Gedanken aufzuzwingen gewillt ist.

Ich glaube, daß der Vorrang des *Menschen* allein die Gleichheit und allein die Freiheit begründet, die einen Sinn haben. Ich glaube an die Gleichheit der Menschenrechte durch jedes Einzelwesen hindurch. Und ich glaube, daß die Freiheit im Aufstieg des *Menschen* besteht. Gleichheit ist nicht Selbstheit. Freiheit ist nicht Überheblichkeit des Individuums gegen den *Menschen*. Ich werde jeden bekämpfen, der gewillt ist, die Freiheit des *Menschen* einem Individuum – wie einer Masse von Individuen – zu unterwerfen.

Ich glaube, daß meine Kultur mit Nächstenliebe das Opfer bezeichnet, das dem *Menschen* dargebracht wird, um sein Reich aufzurichten. Die Nächstenliebe ist ein Geschenk an den *Menschen* durch die Mittelmäßigkeit des Individuums hindurch. Sie ist die Grundlage des *Menschen*. Ich werde jeden bekämpfen, der mit der Behauptung, meine Nächstenliebe ehre die Mittelmäßigkeit, den *Menschen* leugnet und so das Individuum in einer endgültigen Mittelmäßigkeit gefangenhält.

Ich werde für den *Menschen* kämpfen. Gegen seine Feinde. Aber auch gegen mich selbst.

XXVIII

Ich bin wieder bei meinen Kameraden. Wir sollten uns alle um Mitternacht zur Befehlsausgabe einfinden. Die Gruppe 2/33 ist schlafmüde. Die Flamme des großen Feuers hat sich zur Glut gewandelt. Die Gruppe scheint noch zu halten, doch ist es nur eine Täuschung. Hochedé sieht mißmutig nach seinem berühmten Chronometer. Pénicot lehnt in einer Ecke den Nacken an die Wand und schließt die Augen, Gavoille sitzt auf einem Tisch, starrt vor sich hin, läßt die Beine hängen und macht ein brummiges Gesicht wie ein Kind, das dem Heulen nahe ist. Azambre nickt über einem Buch ein. Allein munter, aber beängstigend blaß hält der Kommandeur seine Papiere unter eine Lampe und diskutiert leise mit Geley. »Diskutiert« ist übrigens nur bildlich. Der Kommandeur spricht. Geley nickt mit dem Kopf und sagt: »Jawohl, gewiß!« Geley krampft sich an sein »Jawohl, gewiß!« Er klammert sich immer enger an das, was der Kommandeur sagt, wie ein Ertrinkender an den Hals des Schwimmers. Wenn ich Alias wäre, würde ich im gleichen Tonfall sagen: ›Hauptmann Geley ... Morgen früh werden Sie erschossen ...‹ Und würde auf seine Antwort gespannt sein.

Die Gruppe hat seit drei Tagen nicht geschlafen und hält sich nur noch wie ein Kartenhaus auf den Beinen.

Der Kommandeur steht auf, geht zu Lacordaire und stört ihn aus einem Traum auf, in dem Lacordaire mich vielleicht im Schach mattsetzte.

»Lacordaire ... Sie starten beim Morgengrauen. Tiefflug.«

»Jawohl, Herr Major.«

»Sie sollten schlafen gehen ...«

»Jawohl, Herr Major.«

Lacordaire setzt sich wieder. Im Hinausgehen zieht der Kommandeur Geley hinter sich her, als wenn er einen toten Fisch an einer Leine zöge. Jetzt sind es zweifellos nicht drei Tage, sondern eine Woche, seit Geley sich nicht hingelegt hat. Wie Alias hat er nicht nur seine Feindeinsätze geflogen, sondern auch noch die Verantwortung für die Gruppe auf den Schultern getragen. Die menschliche Widerstandskraft hat ihre Grenzen. In Geley sind sie überschritten. Und doch gehen sie alle beide, der Schwimmer und der Ertrinkende, und holen sich geisterhafte Befehle. Ahnungsvoll kommt Vezin auf mich zu. Vezin, der selbst im Stehen schläft, sagt wie ein Schlafwandler: »Schläfst du?«

»Ich ...«

Ich habe meinen Nacken gegen das Rückenpolster eines Sessels gelehnt; denn ich habe einen Sessel entdeckt. Ich war

im Begriff, einzuschlafen, aber die Stimme Vezins schreckt mich auf:
»Das endet übel!«
»Das endet übel... von vornherein gesperrt... endet übel...«
»Du schläfst ja!«
»Ich... nein... was endet übel?«
»Der Krieg.«
Etwas ganz Neues! Ich verfalle wieder in meinen Schlaf. Ich antworte ins Blaue hinein:
»... Was für ein Krieg?«
»Wieso: Was für ein Krieg!«
So geht die Unterhaltung nicht lange weiter. Ach! Paula, gäb's doch für Fliegergruppen Tiroler Kindermädchen, dann läge die ganze Gruppe 2/33 schon längst im Bett!
Der Kommandeur stößt die Türe wie ein Windstoß auf.
»Es ist entschieden. Wir verlagern.«
Hinter ihm hält sich Geley, völlig munter. Er verschiebt sein »Jawohl, gewiß!« auf morgen. Heute nacht noch holt er sein Letztes aus Reserven, die er selbst an sich nicht gekannt hat.
Wir stehen auf. Es heißt: »So... Gut...« Was sollten wir auch sagen?

Wir sagen überhaupt nichts. Wir bereiten die Verlagerung vor. Lacordaire wartet auftragsgemäß mit dem Abflug bis zum frühen Morgen. Wenn er von seinem Auftrag zurückkommt, wird er unmittelbar unseren neuen Platz anfliegen.
Morgen sagen wir ebensowenig. Für den Zuschauer sind wir morgen die Besiegten. Der Besiegte hat zu schweigen. Wie das Samenkorn.

DER KLEINE PRINZ

Der Kleine Prinz

MIT ZEICHNUNGEN
DES VERFASSERS

FÜR LÉON WERTH

Ich bitte die Kinder um Verzeihung, daß ich dieses Buch einem Erwachsenen widme. Ich habe eine ernstliche Entschuldigung dafür: dieser Erwachsene ist der beste Freund, den ich in der Welt habe. Ich habe noch eine Entschuldigung: dieser Erwachsene kann alles verstehen, sogar die Bücher für Kinder. Ich habe eine dritte Entschuldigung: dieser Erwachsene wohnt in Frankreich, wo er hungert und friert. Er braucht sehr notwendig einen Trost. Wenn alle diese Entschuldigungen nicht ausreichen, so will ich dieses Buch dem Kinde widmen, das dieser Erwachsene einst war. Alle großen Leute sind einmal Kinder gewesen (aber wenige erinnern sich daran). Ich verbessere also meine Widmung:

FÜR LÉON WERTH

ALS ER NOCH EIN JUNGE WAR

Als ich sechs Jahre alt war, sah ich einmal in einem Buch über den Urwald, das »Erlebte Geschichten« hieß, ein prächtiges Bild. Es stellte eine Riesenschlange dar, wie sie ein Wildtier verschlang. Hier ist eine Kopie der Zeichnung.
In dem Buch hieß es: »Die Boas verschlingen ihre Beute als Ganzes, ohne sie zu zerbeißen. Daraufhin können sie sich nicht mehr rühren und schlafen sechs Monate, um zu verdauen.«
Ich habe damals viel über die Abenteuer des Dschungels nachgedacht, und ich vollendete mit einem Farbstift meine erste Zeichnung. Meine Zeichnung Nr. 1. So sah sie aus:

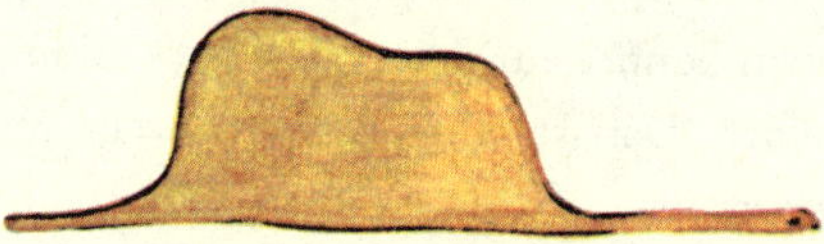

Ich habe den großen Leuten mein Meisterwerk gezeigt und sie gefragt, ob ihnen meine Zeichnung nicht angst mache.
Sie haben mir geantwortet: »Warum sollen wir vor einem Hut Angst haben?«
Meine Zeichnung stellte aber keinen Hut dar. Sie stellte eine Riesenschlange dar, die einen Elefanten verdaut. Ich

habe dann das Innere der Boa gezeichnet, um es den großen Leuten deutlich zu machen. Sie brauchen ja immer Erklärungen. Hier meine Zeichnung Nr. 2:

Die großen Leute haben mir geraten, mit den Zeichnungen von offenen oder geschlossenen Riesenschlangen aufzuhören und mich mehr für Geographie, Geschichte, Rechnen und Grammatik zu interessieren. So kam es, daß ich eine großartige Laufbahn, die eines Malers nämlich, bereits im Alter von sechs Jahren aufgab. Der Mißerfolg meiner Zeichnungen Nr. 1 und Nr. 2 hatte mir den Mut genommen. Die großen Leute verstehen nie etwas von selbst, und für die Kinder ist es zu anstrengend, ihnen immer und immer wieder erklären zu müssen.

Ich war also gezwungen, einen anderen Beruf zu wählen, und lernte fliegen. Ich bin überall in der Welt herumgeflogen, und die Geographie hat mir dabei wirklich gute Dienste geleistet. Ich konnte auf den ersten Blick China von Arizona unterscheiden. Das ist sehr praktisch, wenn man sich in der Nacht verirrt hat.

So habe ich im Laufe meines Lebens mit einer Menge ernsthafter Leute zu tun gehabt. Ich bin viel mit Erwachsenen umgegangen und habe Gelegenheit gehabt, sie ganz aus der Nähe zu betrachten. Das hat meiner Meinung über sie nicht besonders gut getan.

Wenn ich jemanden traf, der mir ein bißchen heller vorkam, versuchte ich es mit meiner Zeichnung Nr. 1, die ich gut aufbewahrt habe. Ich wollte sehen, ob er wirklich etwas los hatte. Aber jedesmal bekam ich zur Antwort: »Das ist ein Hut.« Dann redete ich mit ihm weder über Boas noch über Urwälder noch über die Sterne. Ich stellte mich auf seinen Standpunkt. Ich sprach mit ihm über Bridge, Golf, Politik und Krawatten. Und der große Mensch war äußerst befriedigt, einen so vernünftigen Mann getroffen zu haben.

II

Ich blieb also allein, ohne jemanden, mit dem ich wirklich hätte sprechen können, bis ich vor sechs Jahren einmal eine Panne in der Wüste Sahara hatte. Etwas an meinem Motor war kaputtgegangen. Und da ich weder einen Mechaniker noch Passagiere bei mir hatte, machte ich mich ganz allein an die schwierige Reparatur. Es war für mich eine Frage auf Leben und Tod. Ich hatte für kaum acht Tage Trinkwasser mit.

Am ersten Abend bin ich also im Sand eingeschlafen, tausend Meilen von jeder bewohnten Gegend entfernt. Ich war viel verlassener als ein Schiffbrüchiger auf einem Floß mitten im Ozean. Ihr könnt euch daher meine Überraschung vorstellen, als bei Tagesanbruch eine seltsame kleine Stimme mich weckte:

»Bitte ... zeichne mir ein Schaf!«

»Wie bitte?«

»Zeichne mir ein Schaf...«

Ich bin auf die Füße gesprungen, als wäre der Blitz in mich gefahren. Ich habe mir die Augen gerieben und genau hingeschaut. Da sah ich ein kleines, höchst ungewöhnliches

Männchen, das mich ernsthaft betrachtete. Hier ist das beste Porträt, das ich später von ihm zuwege brachte. Aber das Bild ist bestimmt nicht so bezaubernd wie das Modell. Ich kann nichts dafür. Ich war im Alter von sechs Jahren von den großen Leuten aus meiner Malerlaufbahn geworfen worden und hatte nichts zu zeichnen gelernt als geschlossene und offene Riesenschlangen.

Ich schaute mir die Erscheinung also mit großen, staunenden Augen an. Vergeßt nicht, daß ich mich tausend Meilen abseits jeder bewohnten Gegend befand. Auch schien mir mein kleines Männchen nicht verirrt, auch nicht halbtot vor Müdigkeit, Hunger, Durst oder Angst. Es machte durchaus nicht den Eindruck eines mitten in der Wüste verlorenen Kindes, tausend Meilen von jeder bewohnten Gegend. Als ich endlich sprechen konnte, sagte ich zu ihm:

»Aber ... was machst denn du da?«

Da wiederholte es ganz sanft, wie eine sehr ernsthafte Sache:

»Bitte ... zeichne mir ein Schaf ...«

Wenn das Geheimnis zu eindrucksvoll ist, wagt man nicht zu widerstehn. So absurd es mir erschien – tausend Meilen von jeder menschlichen Behausung und in Todesgefahr –, ich zog aus meiner Tasche ein Blatt Papier und eine Füllfeder. Dann aber erinnerte ich mich, daß ich vor allem Geographie, Geschichte, Rechnen und Grammatik studiert hatte, und mißmutig sagte ich zu dem Männchen, daß ich nicht zeichnen könne. Es antwortete:

»Das macht nichts. Zeichne mir ein Schaf.«

Da ich nie ein Schaf gezeichnet hatte, machte ich ihm eine von den einzigen zwei Zeichnungen, die ich zuwege brachte. Die von der geschlossenen Riesenschlange. Und ich war höchst verblüfft, als ich das Männchen sagen hörte:

»Nein! Nein! Ich will keinen Elefanten in einer Riesenschlange. Eine Riesenschlange ist sehr gefährlich, und ein Elefant braucht viel Platz. Bei mir zu Hause ist wenig Platz. Ich brauche ein Schaf. Zeichne mir ein Schaf.«

Also habe ich gezeichnet.

Das Männchen schaute aufmerksam zu, dann sagte es:

»Nein! Das ist schon sehr krank. Mach ein anderes.«

Ich zeichnete.

Mein Freund lächelte artig und mit Nachsicht:

»Du siehst wohl... das ist kein Schaf, das ist ein Widder. Es hat Hörner...«

Ich machte also meine Zeichnung noch einmal. Aber sie wurde ebenso abgelehnt wie die vorigen:

»Das ist schon zu alt. Ich will ein Schaf, das lange lebt.«

Mir ging die Geduld aus, es war höchste Zeit, meinen Motor auszubauen, so kritzelte ich diese Zeichnung da zusammen und knurrte dazu:

»Das ist die Kiste. Das Schaf, das du willst, steckt da drin.«

Und ich war höchst überrascht, als ich das Gesicht meines jungen Kritikers aufleuchten sah:

»Das ist ganz so, wie ich es mir gewünscht habe. Meinst du, daß dieses Schaf viel Gras braucht?«

»Warum?«

»Weil bei mir zu Hause alles ganz klein ist...«

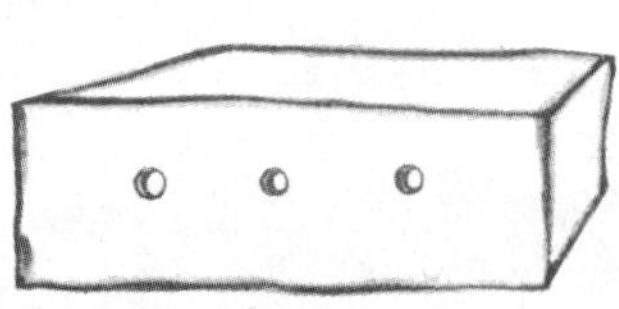

»Es wird bestimmt ausreichen. Ich habe dir ein ganz kleines Schaf geschenkt.«

Er neigte den Kopf über die Zeichnung: »Nicht so klein wie... Aber sieh nur! Es ist eingeschlafen...«
So machte ich die Bekanntschaft des kleinen Prinzen.

III

Ich brauchte lange Zeit, um zu verstehen, woher er kam. Der kleine Prinz, der viele Fragen an mich richtete, schien die meinen nie zu hören. Zufällig aufgefangene Worte haben mir nach und nach sein Geheimnis enthüllt. So fragte er, als er zum erstenmal mein Flugzeug sah (ich werde mein Flugzeug nicht zeichnen, das ist eine viel zu komplizierte Sache für mich): »Was ist das für ein Ding da?«
»Das ist kein Ding. Das fliegt. Das ist ein Flugzeug. Es ist mein Flugzeug.«
Und ich war stolz, ihm sagen zu können, daß ich fliege. Da rief er:
»Wie! Du bist vom Himmel gefallen?«
»Ja«, sagte ich bescheiden.
»Ah! Das ist ja lustig...«
Und der kleine Prinz bekam einen ganz tollen Lachanfall, der mich ordentlich ärgerte. Ich lege Wert darauf, daß meine Unfälle ernstgenommen werden. Er aber fuhr fort:
»Also auch du kommst vom Himmel! Von welchem Planeten bist du denn?«
Da ging mir ein Licht auf über das Geheimnis seiner Anwesenheit, und ich fragte hastig:
»Du kommst also von einem anderen Planeten?«

Aber er antwortete nicht. Er schüttelte nur sanft den Kopf, indem er mein Flugzeug musterte:
»Freilich, auf dem Ding da kannst du nicht allzuweit herkommen...«
Und er versank in eine Träumerei, die lange dauerte. Dann nahm er mein Schaf aus der Tasche und vertiefte sich in den Anblick seines Schatzes.

Ihr könnt euch vorstellen, wie stark diese Andeutung über die »anderen Planeten« mich beunruhigen mußte. Ich bemühte mich also, mehr zu erfahren:
»Woher kommst du, mein kleines Kerlchen? Wo bist du denn zu Hause? Wohin willst du mein Schaf mitnehmen?«
Er antwortete nach einem nachdenklichen Schweigen:
»Die Kiste, die du mir da geschenkt hast, hat das Gute, daß sie ihm nachts als Haus dienen kann.«
»Gewiß. Und wenn du brav bist, gebe ich dir auch einen Strick, um es tagsüber anbinden zu können. Und einen Pflock dazu.«
Dieser Vorschlag schien den kleinen Prinzen zu kränken:
»Anbinden? Was für eine komische Idee!«
»Aber wenn du es nicht anbindest, wird es doch weglaufen...«
Da brach mein Freund in ein neuerliches Gelächter aus:
»Aber wo soll es denn hinlaufen?«
»Irgendwohin. Geradeaus...«
Da versetzte der kleine Prinz ernsthaft:
»Das macht nichts aus, es ist so klein bei mir zu Hause!«
Und, vielleicht ein bißchen schwermütig, fügte er hinzu:
»Geradeaus kann man nicht sehr weit gehen...«

IV

Ich hatte eine zweite, sehr wichtige Sache erfahren: der Planet seiner Herkunft war kaum größer als ein Haus!

Das erschien mir gar nicht verwunderlich. Ich wußte ja, daß es außer den großen Planeten, wie der Erde, dem Jupiter, dem Mars, der Venus, denen man Namen gegeben hat, noch Hunderte von anderen gibt, die manchmal so klein sind, daß man Mühe hat, sie im Fernrohr zu sehen. Wenn ein Astronom einen von ihnen entdeckt, gibt er ihm statt des Namens eine Nummer. Er nennt ihn zum Beispiel: Asteroid Nr. 3251.

Ich habe ernsthafte Gründe zu glauben, daß der Planet, von dem der kleine Prinz kam, der Asteroid B 612 ist. Dieser Planet ist nur ein einziges Mal im Jahre 1909 von einem türkischen Astronomen im Fernrohr gesehen worden.

Er hatte damals beim internationalen Astronomenkongreß einen großen Vortrag über seine Entdeckung gehalten. Aber niemand hatte ihm geglaubt, und zwar ganz einfach seines Anzuges wegen. Die großen Leute sind so.

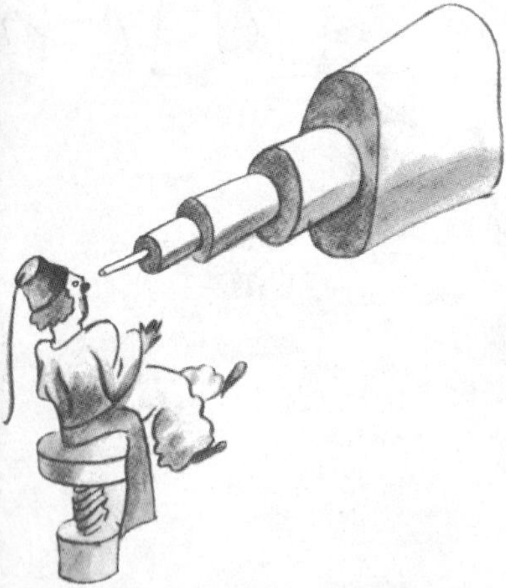

Zum Glück für den Ruf des Planeten B 612 befahl ein türkischer Diktator seinem Volk bei Todesstrafe, nur noch europäische Kleider zu tragen. Der Astronom wiederholte seinen Vortrag im Jahre 1920 in einem sehr eleganten Anzug. Und diesmal gaben sie ihm alle recht.

Wenn ich euch dieses nebensächliche Drum und Dran über den Planeten B 612 erzähle und euch sogar seine Nummer anvertraue, so geschieht das der großen Leute wegen. Die großen Leute haben eine Vorliebe für Zahlen. Wenn ihr ihnen von einem neuen Freund erzählt, befragen sie euch nie über das Wesentliche. Sie fragen euch nie: Wie ist der Klang seiner Stimme? Welche Spiele liebt er am meisten? Sammelt er Schmetterlinge? Sie fragen euch: Wie alt ist er? Wieviel Brüder hat er? Wieviel wiegt er? Wieviel verdient sein Vater? Dann erst glauben sie, ihn zu kennen. Wenn ihr zu den großen Leuten sagt:

Ich habe ein sehr schönes Haus mit roten Ziegeln gesehen, mit Geranien vor den Fenstern und Tauben auf dem Dach... dann sind sie nicht imstande, sich dieses Haus vorzustellen. Man muß ihnen sagen: Ich habe ein Haus gesehen, das hunderttausend Franken wert ist. Dann schreien sie gleich: Ach, wie schön!

So auch, wenn ihr ihnen sagt: Der Beweis dafür, daß es den kleinen Prinzen wirklich gegeben hat, besteht darin, daß er entzückend war, daß er lachte und daß er ein Schaf haben wollte; denn wenn man sich ein Schaf wünscht, ist es doch ein Beweis dafür,

daß man lebt – dann werden sie die Achseln zucken und euch als Kinder behandeln. Aber wenn ihr ihnen sagt: Der Planet, von dem er kam, ist der Planet B 612, dann werden sie überzeugt sein und euch mit ihren Fragen in Ruhe lassen. So sind sie. Man darf ihnen das auch nicht übelnehmen. Kinder müssen mit großen Leuten viel Nachsicht haben.

Wir freilich, die wir wissen, was das Leben eigentlich ist, wir machen uns nur lustig über die albernen Zahlen. Viel lieber hätte ich diese Geschichte begonnen wie ein Märchen. Am liebsten hätte ich so angefangen:

Es war einmal ein kleiner Prinz, der wohnte auf einem Planeten, der kaum größer war als er selbst, und er brauchte einen Freund... Für die, die das Leben richtig verstehen, würde das viel glaubwürdiger klingen.

Denn ich möchte nicht, daß man mein Buch leichtnimmt. Ich empfinde so viel Kummer beim Erzählen dieser Erinnerungen. Es ist nun schon sechs Jahre her, daß mein Freund mit seinem Schaf davongegangen ist. Wenn ich hier versuche, ihn zu beschreiben, so tue ich das, um ihn nicht zu vergessen. Es ist traurig, einen Freund zu vergessen. Nicht jeder hat einen Freund gehabt. Und ich könnte wie die großen Leute werden, die sich nur für Ziffern interessieren, deshalb habe ich mir schließlich auch einen Farbenkasten und Zeichenstifte gekauft.

Es ist schwer, sich in meinem Alter noch einmal mit dem Zeichnen einzulassen, wenn man seit seinem sechsten Lebensjahr nie andere Versuche gemacht hat als die mit einer geschlossenen und offenen Klapperschlange. Ich werde selbstverständlich versuchen, die Bilder so wirklichkeitsgetreu wie möglich zu machen. Aber ich bin nicht ganz sicher, ob es mir gelingen wird. Die eine Zeichnung geht, die andere ist schon nicht mehr ähnlich. Ich irre mich auch mitunter in den Maßen. Da ist der kleine Prinz zu groß und da ist er zu klein. Auch die Farbe seiner Kleider macht mir Kummer. Dann probiere ich hin und her, so gut es eben geht. Ich werde mich vermutlich auch bei wichtigeren Einzelheiten irren. Aber das muß man mir schon nachsehen. Mein Freund hat mir nie Erklärungen gegeben. Er glaubte wahrscheinlich, ich sei wie er. Aber ich bin leider nicht imstande, durch die Kistenbretter hindurch Schafe zu sehen. Ich gleiche doch wohl schon eher den großen Leuten. Ich mußte ja im Lauf der Zeit älter werden.

V

Jeden Tag erfuhr ich etwas Neues über den Planeten, über die Abreise und über die Fahrt. Das ergab sich ganz sachte im Lauf meiner Überlegungen. So lernte ich am dritten Tage die Tragödie der Affenbrotbäume kennen. Auch dies verdanke ich schließlich dem Schaf, denn unvermittelt fragte mich der kleine Prinz, als wäre er von einem schweren Zweifel geplagt:

»Es stimmt doch, daß Schafe Stauden fressen?«

»Ja, das stimmt.«

»Ach, da bin ich froh!«

Ich verstand nicht, warum es so wichtig war, daß Schafe Stauden fressen. Aber der kleine Prinz fügte hinzu:

»Dann fressen sie doch auch Affenbrotbäume?«

Ich erklärte dem kleinen Prinzen ausführlich, daß Affenbrotbäume doch keine Stauden sind, sondern kirchturmhohe Bäume, und selbst wenn er eine ganze Herde Elefanten mitnähme, würde diese Herde nicht mit einem einzigen Affenbrotbaum fertig werden.

Der Einfall mit den Elefanten brachte ihn zum Lachen.

»Man müßte sie übereinanderstellen...«

Aber dann bemerkte er klugerweise:

»Bevor die Affenbrotbäume groß werden, fangen sie ja erst damit an, klein zu sein.«

»Das ist schon richtig. Aber warum willst du, daß deine Schafe die kleinen Affenbrotbäume fressen?«

Er antwortete: »Schon gut! Wir werden ja sehen!« als ob es sich da um das klarste Ding der Welt handelte. Und ich mußte meinen ganzen Verstand aufbieten, um der Sache auf den Grund zu kommen.

In der Tat gab es auf dem Planeten des kleinen Prinzen wie auf allen Planeten gute Gewächse und schlechte Gewächse. Infolgedessen auch gute Samenkörner von guten Gewächsen und schlechte Samenkörner von schlechten Gewächsen. Aber die Samen sind unsichtbar. Sie schlafen geheimnisvoll in der Erde, bis es einem von ihnen einfällt aufzuwachen. Dann streckt er sich und treibt zuerst schüchtern einen entzückenden kleinen Sproß zur Sonne, einen ganz harmlosen. Wenn es sich um einen Radieschen- oder Rosentrieb handelt, kann man ihn wachsen lassen wie er will. Aber wenn es sich um eine schädliche Pflanze handelt, muß man die Pflanze beizeiten herausreißen, sobald man erkannt hat, was für eine es ist. Auf dem Planeten des kleinen Prinzen gab es fürchterliche Samen... und das waren die Samen der

Affenbrotbäume. Der Boden des Planeten war voll davon. Aber einen Affenbrotbaum kann man, wenn man ihn zu spät angeht, nie mehr loswerden. Er bemächtigt sich des ganzen Planeten. Er durchdringt ihn mit seinen Wurzeln. Und wenn der Planet zu klein ist und die Affenbrotbäume zu zahlreich werden, sprengen sie ihn.
»Es ist eine Frage der Disziplin«, sagte mir später der kleine Prinz. »Wenn man seine Morgentoilette beendet hat, muß man sich ebenso sorgfältig an die Toilette des Planeten machen. Man muß sich regelmäßig dazu zwingen, die Sprößlinge der Affenbrotbäume auszureißen, sobald man sie von den Rosensträuchern unterscheiden kann, denen sie in der

Jugend sehr ähnlich sehn. Das ist eine zwar langweilige, aber leichte Arbeit.«

Und eines Tages riet er mir, ich solle mich bemühen, eine schöne Zeichnung zustande zu bringen, damit es den Kindern bei mir daheim auch richtig in den Kopf gehe. »Wenn sie eines Tages auf die Reise gehn«, sagte er, »kann es ihnen zugute kommen. Zuweilen macht es ja wohl nichts aus, wenn man seine Arbeit auf später verschiebt. Aber wenn es sich um Affenbrotbäume handelt, führt das stets zur Katastrophe. Ich habe einen Planeten gekannt, den ein Faulpelz bewohnte. Er hatte drei Sträucher übersehen...«

Und so habe ich denn diesen Planeten nach den Angaben des kleinen Prinzen gezeichnet. Ich nehme nicht gern den Tonfall eines Moralisten an. Aber die Gefährlichkeit der Affenbrotbäume ist so wenig bekannt, und die Gefahren, die jedem drohen, der sich auf einen Asteroiden verirrt, sind so beträchtlich, daß ich für dieses eine Mal aus meiner Zurückhaltung heraustrete. Ich sage: Kinder, Achtung! Die Affenbrotbäume! Um meine Freunde auf eine Gefahr aufmerksam zu machen, die – unerkannt – ihnen wie mir seit langem droht, habe ich soviel an dieser Zeichnung gearbeitet. Die Lehre, die ich damit gebe, ist gewiß der Mühe wert. Ihr werdet euch vielleicht fragen: Warum enthält dieses Buch nicht noch andere, ebenso großartige Zeichnungen wie die Zeichnung von den Affenbrotbäumen? Die Antwort ist sehr einfach: Ich habe wohl den Versuch gewagt, aber es ist mir nicht gelungen.

Als ich die Affenbrotbäume zeichnete, war ich vom Gefühl der Dringlichkeit beseelt.

VI

Ach, kleiner Prinz, so nach und nach habe ich dein kleines schwermütiges Leben verstanden. Lange Zeit hast du, um dich zu zerstreuen, nichts anderes gehabt als die Lieblichkeit der Sonnenuntergänge. Das erfuhr ich am Morgen des vierten Tages, als du mir sagtest:

»Ich liebe die Sonnenuntergänge sehr. Komm, laß uns einen Sonnenuntergang anschauen…«

»Da muß man noch warten…«

»Worauf denn warten?«

»Warten, bis die Sonne untergeht.«

Du hast zuerst ein sehr erstauntes Gesicht gemacht und dann über dich selber gelacht. Und du hast zu mir gesagt:

»Ich bilde mir immer ein, ich sei zu Hause!«

In der Tat. Wenn es in den Vereinigten Staaten Mittag ist, geht die Sonne, wie jedermann weiß, in Frankreich unter. Um dort einem Sonnenuntergang beizuwohnen, müßte man in einer Minute nach Frankreich fliegen können. Unglücklicherweise ist Frankreich viel zu weit weg. Aber auf deinem so kleinen Planeten genügte es, den Sessel um einige Schritte weiterzurücken. Und du erlebtest die Dämmerung, sooft du es wünschtest...

»An einem Tag habe ich die Sonne dreiundvierzigmal untergehen sehn!«

Und ein wenig später fügtest du hinzu:

»Du weißt doch, wenn man recht traurig ist, liebt man die Sonnenuntergänge...«

»Am Tage mit den dreiundvierzigmal warst du also besonders traurig?« Aber der kleine Prinz antwortete nicht.

VII

Am fünften Tag war es wieder das Schaf, das ein Lebensgeheimnis des kleinen Prinzen enthüllen half. Er fragte mich unvermittelt, ohne Umschweife, als pflücke er die Frucht eines in langem Schweigen gereiften Problems:

»Wenn ein Schaf Sträucher frißt, so frißt es doch auch Blumen?«

»Ein Schaf frißt alles, was ihm vors Maul kommt.«

»Auch die Blumen, die Dornen haben?«

»Ja. Auch die Blumen, die Dornen haben.«

»Wozu haben sie dann Dornen?«

Ich wußte es nicht. Ich war gerade mit dem Versuch beschäftigt, einen zu streng angezogenen Bolzen meines Motors abzuschrauben. Ich war in großer Sorge, da mir meine Panne sehr bedenklich zu erscheinen begann, und ich machte mich aufs Schlimmste gefaßt, weil das Trinkwasser zur Neige ging.

»Was für einen Zweck haben die Dornen?«

Der kleine Prinz verzichtete niemals auf eine Frage, wenn er sie einmal gestellt hatte. Ich war völlig mit meinem Bolzen beschäftigt und antwortete aufs Geratewohl:

»Die Dornen haben gar keinen Zweck, die Blumen lassen sie aus reiner Bosheit wachsen!«

»Oh!«

Er schwieg. Aber dann warf er mir in einer Art Verärgerung zu:

»Das glaube ich dir nicht! Die Blumen sind schwach. Sie sind arglos. Sie schützen sich, wie sie können. Sie bilden sich ein, daß sie mit Hilfe der Dornen gefährlich wären...«

Ich antwortete nichts und sagte mir im selben Augenblick: Wenn dieser Bolzen noch lange bockt, werde ich ihn mit einem Hammerschlag heraushauen müssen.

Der kleine Prinz störte meine Überlegungen von neuem:

»Und du glaubst, daß die Blumen...«

»Aber nein! Aber nein! Ich glaube nichts! Ich habe irgend etwas dahergeredet. Wie du siehst, beschäftige ich mich mit wichtigeren Dingen!«

Er schaute mich verdutzt an.

»Mit wichtigeren Dingen!«

Er sah mich an, wie ich mich mit dem Hammer in der Hand und vom Schmieröl verschmutzten Händen über einen Gegenstand beugte, der ihm ausgesprochen häßlich erscheinen mußte.

»Du sprichst ja wie die großen Leute!«

Das beschämte mich. Er fügte aber unbarmherzig hinzu:

»Du verwechselst alles, du bringst alles durcheinander!«

Er war wirklich sehr aufgebracht. Er schüttelte sein goldenes Haar im Wind.

»Ich kenne einen Planeten, auf dem ein puterroter Herr haust. Er hat nie den Duft einer Blume geatmet. Er hat nie einen Stern angeschaut.

Er hat nie jemanden geliebt. Er hat nie etwas anderes als Additionen gemacht. Und den ganzen Tag wiederholt er wie du: Ich bin ein ernsthafter Mann! Ich bin ein ernsthafter Mann! Und das macht ihn ganz geschwollen vor Hochmut. Aber das ist kein Mensch, das ist ein Schwamm.«

»Ein was?«

»Ein Schwamm!«

Der kleine Prinz war jetzt ganz blaß vor Zorn: »Es sind nun Millionen Jahre, daß die Blumen Dornen hervorbringen. Es sind Millionen Jahre, daß die Schafe trotzdem die Blumen fressen. Und du findest es unwichtig, wenn man wissen möchte, warum sie sich soviel Mühe geben, Dornen hervorzubringen, die zu nichts Zweck haben? Dieser Kampf der Schafe mit den Blumen soll unwichtig sein? Weniger ernsthaft als die Additionen eines dicken, roten Mannes? Und wenn ich eine Blume kenne, die es in der ganzen Welt nur ein einziges Mal gibt, nirgends anders als auf meinem kleinen Planeten, und wenn ein kleines Schaf, ohne

zu wissen, was es tut, diese Blume eines Morgens so mit einem einzigen Biß auslöschen kann – das soll nicht wichtig sein?!«

Er wurde rot vor Erregung und fuhr fort:

»Wenn einer eine Blume liebt, die es nur ein einziges Mal gibt auf allen Millionen und Millionen Sternen, dann genügt es ihm völlig, daß er zu ihnen hinaufschaut, um glücklich zu sein. Er sagt sich: Meine Blume ist da oben, irgendwo... Wenn aber das Schaf die Blume frißt, so ist es für ihn, als wären plötzlich alle Sterne ausgelöscht! Und das soll nicht wichtig sein?«

Er konnte nichts mehr sagen. Er brach plötzlich in Schluchzen aus. Die Nacht war hereingebrochen. Ich hatte mein Werkzeug weggelegt. Mein Hammer, mein Bolzen, der Durst und der Tod, alles war mir gleichgültig. Es galt auf einem Stern, einem Planeten, auf dem meinigen, hier auf der Erde, einen kleinen Prinzen zu trösten! Ich nahm ihn in die Arme. Ich wiegte ihn. Ich flüsterte ihm zu: »Die Blume, die du liebst, ist nicht in Gefahr... Ich werde ihm einen Maulkorb zeichnen, deinem Schaf... Ich werde dir einen Zaun für deine Blume zeichnen... Ich...« Ich wußte nicht, was ich noch sagen sollte. Ich kam mir sehr ungeschickt vor. Ich wußte nicht, wie ich zu ihm gelangen, wo ich ihn erreichen konnte... Es ist so geheimnisvoll, das Land der Tränen.

VIII

Bald sollte ich jene Blume besser kennenlernen. Es hatte auf dem Planeten des kleinen Prinzen immer schon Blumen gegeben, sehr einfache, aus einem einzigen Kranz von Blütenblättern geformt; sie spielten keine große Rolle und störten niemanden. Sie leuchteten eines Morgens im Grase auf und erloschen am Abend. Aber jene eine hatte eines Tages Wurzel geschlagen, aus einem Samen, weiß Gott woher, und der kleine Prinz hatte diesen Sproß, der den andern Sprößlingen nicht glich, sehr genau überwacht. Das konnte eine neue Art Affenbrotbaum sein. Aber der Strauch hörte bald auf zu wachsen und begann, eine Blüte anzusetzen. Der kleine Prinz, der der Entwicklung einer riesigen Knospe beiwohnte, fühlte wohl, es müsse eine wunderbare Erscheinung aus ihr hervorgehn, aber die Blume wurde nicht fertig damit, sich in ihrer grünen Kammer auf ihre Schönheit vorzubereiten. Sie wählte ihre Farben mit Sorgfalt, sie zog sich langsam an, sie ordnete ihre Blütenblätter eins nach dem andern. Sie wollte nicht wie die Mohnblüten ganz zerknittert herauskommen. Sie wollte nicht früher erscheinen als im vollen Ornat ihrer Schönheit. Nun ja! Sie wollte gefallen. Ihre geheimnisvolle Toilette hatte also Tage und Tage gedauert. Und dann, eines Morgens, gerade zur Stunde des Sonnenaufgangs, hatte sie sich enthüllt.

Und sie, die mit solcher Genauigkeit gearbeitet hatte, sagte gähnend:

»Ach! Ich bin kaum aufgewacht... Ich bitte um Verzeihung... Ich bin noch ganz zerrauft...«

Da konnte der kleine Prinz seine Bewunderung nicht mehr verhalten:

»Wie schön Sie sind!«

»Nicht wahr?« antwortete sanft die Blume. »Und ich bin zugleich mit der Sonne geboren...«

Der kleine Prinz erriet wohl, daß sie nicht allzu bescheiden war, aber sie war so rührend!

»Ich glaube, es ist Zeit zum Frühstücken«, hatte sie bald hinzugefügt, »hätten Sie die Güte, an mich zu denken?« Und völlig verwirrt hatte der kleine Prinz eine Gießkanne mit frischem Wasser geholt und die Blume bedient.

So hatte sie ihn sehr bald schon mit ihrer etwas scheuen Eitelkeit gequält. Eines Tages zum Beispiel, als sie von ihren vier Dornen sprach, hatte sie zum kleinen Prinzen gesagt:

»Sie sollen nur kommen, die Tiger, mit ihren Krallen!«

»Es gibt keine Tiger auf meinem Planeten«, hatte der kleine Prinz eingewendet, »und die Tiger fressen auch kein Gras.«

»Ich bin kein Gras«, hatte die Blume sanft geantwortet.

»Verzeihen Sie mir...«

»Ich fürchte mich nicht vor den Tigern, aber mit graut vor der Zugluft. Hätten Sie keinen Wandschirm?«

Grauen vor Zugluft?... Das sind schlechte Aussichten für eine Pflanze, hatte der kleine Prinz festgestellt. Diese Blume ist recht schwierig...

»Am Abend werden Sie mich unter einen Glassturz stellen. Es ist sehr kalt bei Ihnen. Das

ist schlecht eingerichtet. Da, wo ich herkomme...«

Aber sie hatte sich unterbrochen. Sie war in Form eines Samenkorns gekommen. Sie hatte nichts von den anderen Welten wissen können. Beschämt, sich bei einer so einfältigen Lüge ertappen zu lassen, hatte sie zwei- oder dreimal gehustet, um den Prinzen ins Unrecht zu setzen:

»Der Wandschirm..?«

»Ich wollte ihn gerade holen, aber Sie sprachen mit mir!«

Dann hatte sie sich neuerlich zu ihrem Husten gezwungen, um ihm trotzdem Gewissensbisse aufzunötigen.

So hatte der kleine Prinz trotz des guten Willens seiner Liebe rasch an ihr zu zweifeln begonnen, ihre belanglosen Worte bitterernst genommen und war sehr unglücklich geworden.

»Ich hätte nicht auf sie hören sollen«, gestand er mir eines Tages. »Man darf den Blumen nicht zuhören, man muß sie anschauen und einatmen. Die meine erfüllte den Planeten mit Duft, aber ich konnte seiner nicht froh werden. Diese Geschichte mit den Krallen, die mich so sehr gereizt hatte, hätte mich rühren sollen.«

Er vertraute mir noch an:

»Ich habe das damals nicht verstehen können! Ich hätte sie nach ihrem Tun und nicht nach ihren Worten beurteilen sollen. Sie duftete und glühte für mich. Ich hätte niemals fliehen sollen! Ich hätte hinter all den

armseligen Schlichen ihre Zärtlichkeit erraten sollen. Die Blumen sind so widerspruchsvoll! Aber ich war zu jung, um sie lieben zu können.«

IX

Ich glaube, daß er zu seiner Flucht einen Zug wilder Vögel benutzt hat. Am Morgen seiner Abreise brachte er seinen Planeten schön in Ordnung. Sorgfältig fegte er seine tätigen Vulkane. Er besaß zwei tätige Vulkane, das war sehr praktisch zum Frühstückkochen. Er besaß auch einen erloschenen Vulkan. Da er sich aber sagte: Man kann nie wissen! fegte er auch den erloschenen Vulkan. Wenn sie gut gefegt werden, brennen die Vulkane sanft und regelmäßig, ohne Ausbrüche. Die Ausbrüche der Vulkane sind nichts weiter als Kaminbrände. Es ist klar: wir auf unserer Erde sind viel zu klein, um unsere Vulkane zu kehren. Deshalb machen sie uns soviel Verdruß.

Der kleine Prinz riß auch ein bißchen schwermütig die letzten Triebe des Affenbrotbaumes aus. Er glaubte nicht, daß er jemals zurückkehren müsse. Aber all diese vertrauten Arbeiten erschienen ihm an diesem Morgen ungemein süß. Und als er die Blume zum letztenmal begoß und sich anschickte, sie unter den Schutz der Glasglocke zu stellen, entdeckte er in sich das Bedürfnis zu weinen.

»Adieu«, sagte er zur Blume.

Aber sie antwortete ihm nicht.

»Adieu«, wiederholte er.

Die Blume hustete. Aber das kam nicht von der Erkältung.

»Ich bin dumm gewesen«, sagte sie endlich zu ihm. »Ich bitte dich um Verzeihung. Versuche, glücklich zu sein.«

Es überraschte ihn, daß die Vorwürfe ausblieben. Er stand ganz fassungslos da, mit der Glasglocke in der Hand. Er verstand diese stille Sanftmut nicht.

»Aber ja, ich liebe dich«, sagte die Blume. »Du hast nichts davon gewußt. Das ist meine Schuld. Es ist ganz unwichtig. Aber du warst ebenso dumm wie ich. Versuche, glücklich zu sein... Laß diese Glasglocke liegen! Ich will sie nicht mehr...«

»Aber der Wind...«

»Ich bin nicht so stark erkältet, daß... Die frische Nachtluft wird mir guttun. Ich bin eine Blume.«

»Aber die Tiere...«

»Ich muß wohl zwei oder drei Raupen aushalten, wenn ich die Schmetterlinge kennenlernen will. Auch das scheint sehr schön zu sein. Wer wird mich sonst besuchen? Du wirst ja weit weg sein. Was aber die großen Tiere angeht, so fürchte ich mich nicht. Ich habe meine Krallen.«

Und sie zeigte treuherzig ihre vier Dornen. Dann fügte sie noch hinzu:

»Zieh es nicht so in die Länge, das ist ärgerlich. Du hast dich entschlossen zu reisen. So geh!«

Denn sie wollte nicht, daß er sie weinen sähe. Es war eine so stolze Blume.

X

Er befand sich in der Region der Asteroiden 325, 326, 327, 328, 329 und 330. Er begann also, sie zu besuchen, um sich zu beschäftigen und um sich zu bilden.

Auf dem ersten wohnte ein König.

Der König thronte in Purpur und Hermelin auf einem sehr einfachen und dabei sehr königlichen Thron.

»Ah! Sieh da, ein Untertan«, rief der König, als er den kleinen Prinzen sah.

Und der kleine Prinz fragte sich: Wie kann er mich kennen, da er mich noch nie gesehen hat!

Er wußte nicht, daß für die Könige die Welt etwas höchst Einfaches ist: alle Menschen sind Untertanen.

»Komm näher, daß ich dich besser sehe«, sagte der König und war ganz stolz, daß er endlich für jemanden König war.

Der kleine Prinz schaute sich nach einer Sitzgelegenheit um, aber der ganze Planet war bedeckt von dem herrlichen Hermelinmantel.

Er blieb also stehen, und da er müde war, gähnte er.

»Es verstößt gegen die Etikette, in Gegenwart eines Königs zu gähnen«, sagte der Monarch. »Ich verbiete es dir.«

»Ich kann es nicht unterdrücken«, antwortete der kleine Prinz ganz verwirrt. »Ich habe eine weite Reise gemacht und habe nicht geschlafen...«

»Dann«, sagte der König, »befehle ich dir zu gähnen. Ich habe seit Jahren niemanden gähnen sehen, das ist für mich eine Seltenheit. Los! Gähne noch einmal! Es ist ein Befehl.«

»Das ängstigt mich, ich kann nicht mehr...«, stammelte der kleine Prinz und errötete.

»Hm, hm!« antwortete der König. »Also dann... befehle ich dir, bald zu gähnen und bald...«

Er murmelte ein bißchen und schien verärgert.

Denn der König hielt in hohem Maße darauf, daß man seine Autorität respektiere. Er duldete keinen Ungehorsam. Er war ein absoluter Monarch. Aber da er sehr gütig war, gab er vernünftige Befehle.

»Wenn ich geböte«, pflegte er zu sagen, »wenn ich einem General geböte, sich in einen Seevogel zu verwandeln, und

wenn dieser General nicht gehorchte, es wäre nicht die Schuld des Generals. Es wäre meine Schuld.«

»Darf ich mich setzen?« fragte schüchtern der kleine Prinz.

»Ich befehle dir, dich zu setzen«, antwortete der König und zog einen Zipfel seines Hermelinmantels majestätisch an sich heran.

Aber der kleine Prinz staunte. Der Planet war winzig klein. Worüber konnte der König wohl herrschen?

»Herr...«, sagte er zu ihm, »ich bitte, verzeiht mir, daß ich Euch frage...«

»Ich befehle dir, mich zu fragen«, beeilte sich der König zu sagen.

»Herr... worüber herrscht Ihr?«

»Über alles«, antwortete der König mit großer Einfachheit.

»Über alles?«

Der König wies mit einer bedeutsamen Gebärde auf seinen Planeten, auf die andern Planeten und auf die Sterne.

»Über all das?« sagte der kleine Prinz.

»Über all das...«, antwortete der König.

Denn er war nicht nur ein absoluter Monarch, sondern ein universeller.

»Und die Sterne gehorchen Euch?«

»Gewiß«, sagte der König. »Sie gehorchen aufs Wort. Ich dulde keinen Ungehorsam.«

Solche Macht verwunderte den kleinen Prinzen sehr. Wenn er sie selbst gehabt hätte, wäre es ihm möglich gewesen, nicht dreiundvierzig, sondern zweiundsiebzig oder sogar hundert oder selbst zweihundert Sonnenuntergängen an ein und demselben Tage beizuwohnen, ohne daß er seinen Sessel hätte rücken müssen. Und da er sich in der Erinnerung an seinen kleinen verlassenen Planeten ein bißchen traurig fühlte, faßte er sich ein Herz und bat den König um eine Gnade:

»Ich möchte einen Sonnenuntergang sehen... Machen Sie mir die Freude... Befehlen Sie der Sonne, unterzugehen...«

»Wenn ich einem General geböte, nach Art der Schmetterlinge von einer Blume zur andern zu fliegen oder eine Tragödie zu schreiben oder sich in einen Seevogel zu verwandeln, und wenn dieser General den erhaltenen Befehl nicht ausführte, wer wäre im Unrecht, er oder ich?«

»Sie wären es«, sagte der kleine Prinz überzeugt.

»Richtig. Man muß von jedem fordern, was er leisten kann«, antwortete der König. »Die Autorität beruht vor allem auf der Vernunft. Wenn du deinem Volk befiehlst, zu marschieren und sich ins Meer zu stürzen, wird es revoltieren. Ich habe das Recht, Gehorsam zu fordern, weil meine Befehle vernünftig sind.«

»Was ist also mit meinem Sonnenuntergang?« erinnerte der kleine Prinz, der niemals eine Frage vergaß, wenn er sie einmal gestellt hatte.

»Deinen Sonnenuntergang wirst du haben. Ich werde ihn befehlen. Aber in meiner Herrscherweisheit werde ich warten, bis die Bedingungen dafür günstig sind.«

»Wann wird das sein?« erkundigte sich der kleine Prinz.

»Hm, hm!« antwortete der König, der zunächst einen großen Kalender studierte, »hm, hm! das wird sein gegen... gegen ... das wird heute abend gegen sieben Uhr vierzig sein! Und du wirst sehen, wie man mir gehorcht.«

Der kleine Prinz gähnte. Es tat ihm leid um den versäumten Sonnenuntergang. Er langweilte sich schon ein bißchen.

»Ich habe hier nichts mehr zu tun«, sagte er zum König. »Ich werde wieder abreisen!«

»Reise nicht ab«, antwortete der König, der so stolz war, einen Untertanen zu haben, »ich mache dich zum Minister!«

»Zu was für einem Minister?«

»Zum... zum Justizminister!«

»Aber es ist niemand da, über den man richten könnte!«

»Das weiß man nicht«, sagte der König. »Ich habe die Runde um mein Königreich noch nicht gemacht. Ich bin sehr alt, ich habe keinen Platz für einen Wagen, und das Gehen macht mich müde.«

»Oh! Aber ich habe schon gesehen«, sagte der kleine Prinz, der sich bückte, um einen Blick auf die andere Seite des Planeten zu werfen, »es ist auch dort drüben niemand...«

»Du wirst also über dich selbst richten«, antwortete ihm der

König. »Das ist das Schwerste. Es ist viel schwerer, sich selbst zu verurteilen, als über andere zu richten. Wenn es dir gelingt, über dich selbst gut zu Gericht zu sitzen, dann bist du ein wirklicher Weiser.«

»Ich«, sagte der kleine Prinz, »ich kann über mich richten, wo immer ich bin. Dazu brauche ich nicht hier zu wohnen.«

»Hm, hm!« sagte der König, »ich glaube, daß es auf meinem Planeten irgendwo eine alte Ratte gibt. Ich höre sie in der Nacht. Du könntest Richter über diese alte Ratte sein. Du wirst sie von Zeit zu Zeit zum Tode verurteilen. So wird ihr Leben von deiner Rechtsprechung abhängen. Aber du wirst sie jedesmal begnadigen, um sie aufzusparen. Es gibt nur eine.«

»Ich liebe es nicht, zum Tode zu verurteilen«, antwortete der kleine Prinz, »und ich glaube wohl, daß ich jetzt gehe.«

»Nein«, sagte der König.

Aber der kleine Prinz, der seine Vorbereitungen bereits getroffen hatte, wollte dem alten Monarchen nicht weh tun:

»Wenn Eure Majestät Wert auf pünktlichen Gehorsam legen, könnten Sie mir einen vernünftigen Befehl erteilen. Sie könnten mir zum Beispiel befehlen, innerhalb einer Minute zu verschwinden. Es scheint mir, daß die Umstände günstig sind…«

Da der König nichts erwiderte, zögerte der kleine Prinz zuerst, dann brach er mit einem Seufzer auf.

»Ich mache dich zu meinem Gesandten«, beeilte sich der König, ihm nachzurufen.

Er gab sich den Anschein großer Autorität.

Die großen Leute sind sehr sonderbar, sagte sich der kleine Prinz auf seiner Reise.

XI

Der zweite Planet war von einem Eitlen bewohnt.
»Ah, ah, schau, schau, ein Bewunderer kommt zu Besuch!« rief der Eitle, sobald er des kleinen Prinzen von weitem ansichtig wurde.
Denn für die Eitlen sind die anderen Leute Bewunderer.
»Guten Tag«, sagte der kleine Prinz. »Sie haben einen spaßigen Hut auf.«

»Der ist zum Grüßen«, antwortete ihm der Eitle. »Er ist zum Grüßen, wenn man mir zujauchzt. Unglücklicherweise kommt hier niemand vorbei.«
»Ach ja?« sagte der kleine Prinz, der nichts davon begriff.
»Schlag deine Hände zusammen«, empfahl ihm der Eitle.
Der kleine Prinz schlug seine Hände gegeneinander. Der Eitle grüßte bescheiden, indem er seinen Hut lüftete. Das ist unterhaltender als der Besuch beim König, sagte sich der kleine Prinz.
Und er begann von neuem die Hände zusammenzuschlagen. Der Eitle wieder fuhr fort, seinen Hut grüßend zu lüften.
Nach fünf Minuten wurde der kleine Prinz der Eintönigkeit dieses Spieles überdrüssig:

»Und was muß man tun«, fragte er, »damit der Hut herunterfällt?«
Aber der Eitle hörte ihn nicht. Die Eitlen hören immer nur die Lobreden.
»Bewunderst du mich wirklich sehr?« fragte er den kleinen Prinzen.
»Was heißt bewundern?«
»Bewundern heißt erkennen, daß ich der schönste, der bestangezogene, der reichste und der intelligenteste Mensch des Planeten bin.«

»Aber du bist doch ganz allein auf deinem Planeten!«

»Mach mir die Freude, bewundere mich trotzdem!«

»Ich bewundere dich«, sagte der kleine Prinz, indem er ein bißchen die Schultern hob, »aber wozu nimmst du das wichtig?«

Und der kleine Prinz machte sich davon.

Die großen Leute sind entschieden sehr verwunderlich, stellte er auf seiner Reise fest.

XII

Den nächsten Planeten bewohnte ein Säufer. Dieser Besuch war sehr kurz, aber er tauchte den kleinen Prinzen in eine tiefe Schwermut.

»Was machst du da?« fragte er den Säufer, den er stumm vor einer Reihe leerer und einer Reihe voller Flaschen sitzend antraf.

»Ich trinke«, antwortete der Säufer mit düsterer Miene.

»Warum trinkst du?« fragte ihn der kleine Prinz.

»Um zu vergessen«, antwortete der Säufer.

»Um was zu vergessen?« erkundigte sich der kleine Prinz, der ihn schon bedauerte.

»Um zu vergessen, daß ich mich schäme«, gestand der Säufer und senkte den Kopf.

»Weshalb schämst du dich?« fragte der kleine Prinz, der den Wunsch hatte, ihm zu helfen.

»Weil ich saufe!« endete der Säufer und verschloß sich endgültig in sein Schweigen.

Und der kleine Prinz verschwand bestürzt.

Die großen Leute sind entschieden sehr, sehr wunderlich, sagte er zu sich auf seiner Reise.

XIII

Der vierte Planet war der des Geschäftsmannes. Dieser Mann war so beschäftigt, daß er bei der Ankunft des kleinen Prinzen nicht einmal den Kopf hob.

»Guten Tag«, sagte dieser zu ihm. »Ihre Zigarette ist ausgegangen.«

»Drei und zwei ist fünf. Fünf und sieben ist zwölf. Zwölf und drei ist fünfzehn. Guten Tag. Fünfzehn und sieben ist zweiundzwanzig. Zweiundzwanzig und sechs ist achtundzwanzig. Keine Zeit, sie wieder anzuzünden. Sechsundzwanzig und fünf ist einunddreißig. Uff! Das macht also fünfhunderteine Million, sechshundertzweiundzwanzigtausendsiebenhunderteinunddreißig.«

»Fünfhundert Millionen wovon?«

»Wie? Du bist immer noch da? Fünfhunderteine Million von... ich weiß nicht mehr... ich habe soviel Arbeit! Ich bin ein ernsthafter Mann, ich gebe mich nicht mit Kindereien ab. Zwei und fünf ist sieben...«

»Fünfhunderteine Million wovon?« wiederholte der kleine Prinz, der niemals in seinem Leben auf eine Frage verzichtete, die er einmal gestellt hatte.

Der Geschäftsmann hob den Kopf.

»In den vierundfünfzig Jahren, die ich auf diesem Planeten da wohne, bin ich nur dreimal gestört worden. Das erstemal war es vor zweiundzwanzig Jahren ein Maikäfer, der von weiß Gott wo heruntergefallen war. Er machte einen schrecklichen Lärm, und ich habe in einer Addition vier Fehler gemacht. Das zweitemal, vor elf Jahren, war es ein Anfall von Rheumatismus. Es fehlt mir an Bewegung. Ich habe nicht Zeit, herumzubummeln. Ich bin ein ernsthafter

Mann. Und das ist nun das drittemal! Ich sagte also, fünfhunderteine Million…«

»Millionen wovon?«

Der Geschäftsmann begriff, daß es keine Aussicht auf Frieden gab:

»Millionen von diesen kleinen Dingern, die man manchmal am Himmel sieht.«

»Fliegen?«

»Aber nein, kleine Dinger, die glänzen.«

»Bienen?«

»Aber nein. Kleine goldene Dinger, von denen die Nichtstuer träumerisch werden. Ich bin ein ernsthafter Mann. Ich habe nicht Zeit zu Träumereien.«

»Ach, die Sterne?«

»Dann sind es wohl die Sterne.«

»Und was machst du mit fünfhundert Millionen Sternen?«

»Fünfhunderteine Million, sechshundertzweiundzwanzigtausendsiebenhunderteinunddreißig. Ich bin ein ernsthafter Mann, ich nehme es genau.«

»Und was machst du mit diesen Sternen?«

»Was ich damit mache?«

»Ja.«

»Nichts. Ich besitze sie.«

»Du besitzt die Sterne?«

»Ja.«

»Aber ich habe schon einen König gesehn, der...«

»Die Könige besitzen nicht, sie ›regieren über‹. Das ist etwas ganz anderes.«

»Und was hast du davon, die Sterne zu besitzen?«

»Das macht mich reich.«

»Und was hast du vom Reichsein?«

»Weitere Sterne kaufen, wenn jemand welche findet.«

Der da, sagte sich der kleine Prinz, denkt ein bißchen wie mein Säufer.

Indessen stellte er noch weitere Fragen:

»Wie kann man die Sterne besitzen?«

»Wem gehören sie?« erwiderte mürrisch der Geschäftsmann.

»Ich weiß nicht. Niemandem.«

»Dann gehören sie mir, ich habe als erster daran gedacht.«

»Das genügt?«

»Gewiß. Wenn du einen Diamanten findest, der niemandem gehört, dann ist er dein. Wenn du eine Insel findest, die niemandem gehört, so ist sie dein. Wenn du als erster einen Einfall hast und du läßt ihn patentieren, so ist er dein. Und ich, ich besitze die Sterne, da niemand vor mir daran gedacht hat, sie zu besitzen.«

»Das ist wahr«, sagte der kleine Prinz. »Und was machst du damit?«

»Ich verwalte sie. Ich zähle sie und zähle sie wieder«, sagte der Geschäftsmann. »Das ist nicht leicht. Aber ich bin ein ernsthafter Mann.«

Der kleine Prinz war noch nicht zufrieden.

»Wenn ich einen Seidenschal habe, kann ich ihn um meinen Hals wickeln und mitnehmen. Wenn ich eine Blume habe, kann ich meine Blume pflücken und mitnehmen. Aber du kannst die Sterne nicht pflücken!«

»Nein, aber ich kann sie in die Bank legen.«

»Was soll das heißen?«

»Das heißt, daß ich die Zahl meiner Sterne auf ein kleines Papier schreibe. Und dann sperre ich dieses Papier in eine Schublade.«

»Und das ist alles?«

»Das genügt.«

Das ist amüsant, dachte der kleine Prinz. Es ist fast dichterisch. Aber es ist nicht ganz ernst zu nehmen.

Der kleine Prinz dachte über die ernsthaften Dinge völlig anders als die großen Leute.

»Ich«, sagte er noch, »ich besitze eine Blume, die ich jeden Tag begieße. Ich besitze drei Vulkane, die ich jede Woche kehre. Denn ich kehre auch den erloschenen. Man kann nie wissen. Es ist gut für meine Vulkane und gut für meine Blume, daß ich sie besitze. Aber du bist für die Sterne zu nichts nütze...«

Der Geschäftsmann öffnete den Mund, aber er fand keine Antwort, und der kleine Prinz verschwand.

Die großen Leute sind entschieden ganz ungewöhnlich, sagte er sich auf der Reise.

XIV

Der fünfte Planet war sehr sonderbar. Er war der kleinste von allen. Es war da gerade Platz genug für eine Straßenlaterne und einen Laternenanzünder.

Der kleine Prinz konnte sich nicht erklären, wozu man irgendwo im Himmel, auf einem Planeten ohne Haus und ohne Bewohner, eine Straßenlaterne und einen Laternenanzünder braucht.

Doch sagte er sich:

Es kann ganz gut sein, daß dieser Mann ein bißchen verrückt ist. Doch ist er weniger verrückt als der König, der Eitle, der Geschäftsmann und der Säufer. Seine Arbeit hat wenigstens einen Sinn. Wenn er seine Laterne anzündet, so ist es, als setzte er einen neuen Stern in die Welt, oder eine Blume. Wenn er seine Laterne auslöscht, so schlafen Stern oder Blume ein.

Das ist eine sehr hübsche Beschäftigung. Es ist auch wirklich nützlich, da es hübsch ist.

Als er auf dem Planeten ankam, grüßte er den Laternenanzünder ehrerbietig.

»Guten Tag. Warum hast du deine Laterne eben ausgelöscht?«

»Ich habe die Weisung«, antwortete der Anzünder. »Guten Tag.«

»Was ist das, die Weisung?«

»Die Weisung, meine Laterne auszulöschen. Guten Abend.«

Und er zündete sie wieder an.

»Aber warum hast du sie soeben wieder angezündet?«

»Das ist die Weisung«, antwortete der Anzünder.

»Ich verstehe nicht«, sagte der kleine Prinz.

»Da ist nichts zu verstehn«, sagte der Anzünder. »Die Weisung ist eben die Weisung. Guten Tag.«
Und er löschte seine Laterne wieder aus.
Dann trocknete er sich die Stirn mit einem rotkarierten Taschentuch.
»Ich tue da einen schrecklichen Dienst. Früher ging es vernünftig zu. Ich löschte am Morgen aus und zündete am Abend an. Den Rest des Tages hatte ich zum Ausruhn und den Rest der Nacht zum Schlafen...«
»Und seit damals wurde die Weisung geändert?«
»Die Weisung wurde nicht geändert«, sagte der Anzünder. »Das ist ja das Trauerspiel! Der Planet hat sich von Jahr zu Jahr schneller und schneller gedreht, und die Weisung ist die gleiche geblieben!«
»Und?« sagte der kleine Prinz.
»Und jetzt, da er in der Minute eine Umdrehung macht, habe ich nicht mehr eine Sekunde Rast. Jede Minute zünde ich einmal an, lösche ich einmal aus!«
»Das ist drollig! Die Tage dauern bei dir eine Minute!«
»Das ist ganz und gar nicht drollig«, sagte der Laternenanzünder. »Das ist nun schon ein Monat, daß wir miteinander sprechen.«
»Ein Monat?«
»Ja, dreißig Minuten. Dreißig Tage! Guten Abend.«
Und er zündete seine Laterne wieder an.

Der kleine Prinz sah ihm zu, und er liebte diesen Anzünder, der sich so treu an seine Weisung hielt. Er erinnerte sich der Sonnenuntergänge, die er einmal gesucht hatte und um deretwillen er seinen Sessel rückte. Er wollte seinem Freund beispringen:

»Weißt du... ich kenne ein Mittel, wie du dich ausruhen könntest, wenn du wolltest...«

»Ich will immer«, sagte der Anzünder.

Denn man kann treu und faul zugleich sein.

Der kleine Prinz fuhr fort:

»Dein Planet ist so klein, daß du mit drei Sprüngen herumkommst. Du mußt nur langsam genug gehen, um immer in der Sonne zu bleiben. Willst du dich ausruhen, dann gehst du... und der Tag wird so lange dauern, wie du willst.«

»Das hat nicht viel Witz«, sagte der Anzünder, »was ich im Leben liebe, ist der Schlaf.«

»Dann ist es aussichtslos«, sagte der kleine Prinz.

»Aussichtslos«, sagte der Anzünder. »Guten Tag.«

Und er löschte seine Lampe aus.

Der, sagte sich der kleine Prinz, während er seine Reise fortsetzte, der wird von allen andern verachtet werden, vom König, vom Eitlen, vom Säufer, vom Geschäftsmann. Dabei ist er der einzige, den ich nicht lächerlich finde. Das kommt vielleicht daher, weil er sich mit anderen Dingen beschäftigt statt mit sich selbst.

Er stieß einen Seufzer des Bedauerns aus und sagte sich noch:

Der ist der einzige, den ich zu meinem Freund hätte machen können. Aber sein Planet ist wirklich zu klein. Es ist nicht Platz für zwei...

Was sich der kleine Prinz nicht einzugestehen wagte, war, daß er diesem gesegneten Planeten nachtrauerte, besonders der tausendvierhundertvierzig Sonnenuntergänge wegen, in vierundzwanzig Stunden!

XV

Der sechste Planet war zehnmal so groß. Er war von einem alten Herrn bewohnt, der ungeheure Bücher schrieb.

»Da schau! Ein Forscher!« rief er, als er den kleinen Prinzen sah.

Der kleine Prinz setzte sich auf den Tisch und verschnaufte ein wenig.

Er war schon soviel gereist!

»Woher kommst du?« fragte ihn der alte Herr.

»Was ist das für ein dickes Buch?« sagte der kleine Prinz, »was machen Sie da?«

»Ich bin Geograph«, sagte der alte Herr.

»Was ist das, ein Geograph?«

»Das ist ein Gelehrter, der weiß, wo sich die Meere, die Ströme, die Städte, die Berge und die Wüsten befinden.«

»Das ist sehr interessant«, sagte der kleine Prinz. »Endlich ein richtiger Beruf!«

Und er warf einen Blick um sich auf den Planeten des Geographen. Er hatte noch nie einen so majestätischen Planeten gesehen.

»Er ist sehr schön, Euer Planet. Gibt es da auch Ozeane?« sagte der kleine Prinz.

»Das kann ich nicht wissen«, sagte der Geograph.

»Ach!« Der kleine Prinz war enttäuscht. »Und Berge?«

»Das kann ich auch nicht wissen«, sagte der Geograph.

»Aber Ihr seid Geograph! – Und Städte und Flüsse und Wüsten?«

»Auch das kann ich nicht wissen.«

»Aber Ihr seid doch Geograph!« antwortete der kleine Prinz.

»Richtig«, sagte der Geograph, »aber ich bin nicht Forscher.

Es fehlt uns gänzlich an Forschern. Nicht der Geograph geht die Städte, die Ströme, die Berge, die Meere, die Ozeane und die Wüsten zählen.
Der Geograph ist zu wichtig, um herumzustreunen. Er verläßt seinen Schreibtisch nicht. Aber er empfängt die Forscher. Er befragt sie und schreibt sich ihre Eindrücke auf. Und wenn ihm die Notizen eines Forschers beachtenswert erscheinen, läßt der Geograph über dessen Moralität eine amtliche Untersuchung anstellen.«
»Warum das?«
»Weil ein Forscher, der lügt, in den Geographiebüchern Katastrophen herbeiführen würde. Und auch ein Forscher, der zuviel trinkt.«
»Wie das?« fragte der kleine Prinz.
»Weil die Säufer doppelt sehn. Der Geograph würde dann zwei Berge einzeichnen, wo nur ein einziger vorhanden ist«, sagte der Geograph.

»Ich kenne einen«, sagte der kleine Prinz, »der wäre ein schlechter Forscher.«

»Das ist möglich. Doch wenn die Moralität des Forschers gut zu sein scheint, macht man eine Untersuchung über seine Entdeckung.«

»Geht man nachsehen?«

»Nein. Das ist zu umständlich. Aber man verlangt vom Forscher, daß er Beweise liefert. Wenn es sich zum Beispiel um die Entdeckung eines großen Berges handelt, verlangt man, daß er große Steine mitbringt.«

Plötzlich ereiferte sich der Geograph.

»Und du, du kommst von weit her! Du bist ein Forscher! Du wirst mir deinen Planeten beschreiben!«

Und der Geograph schlug sein Registrierbuch auf und spitzte seinen Bleistift.

Zuerst notiert man die Erzählungen der Forscher mit Bleistift. Um sie mit Tinte aufzuschreiben, wartet man, bis der Forscher Beweise geliefert hat.

»Nun?« fragte der Geograph.

»Oh, bei mir zu Hause«, sagte der kleine Prinz, »ist nicht viel los, da ist es ganz klein. Ich habe drei Vulkane. Zwei Vulkane in Tätigkeit und einen erloschenen. Aber man kann nie wissen.«

»Man weiß nie«, sagte der Geograph.

»Ich habe auch eine Blume.«

»Blume... Wir schreiben die Blumen nicht auf«, sagte der Geograph.

»Warum das? Sie sind das Schönste!«

»Weil die Blumen vergänglich sind.«

»Was heißt ›vergänglich‹?«

»Die Geographiebücher«, entgegnete der Geograph, »sind

die wertvollsten von allen Büchern. Sie veralten nie. Es ist sehr selten, daß ein Berg seinen Platz wechselt. Es ist sehr selten, daß ein Ozean seine Wasser ausleert. Wir schreiben die ewigen Dinge auf.«

»Aber die erloschenen Vulkane können wieder aufwachen«, unterbrach ihn der kleine Prinz. »... Was bedeutet ›vergänglich‹?«

»Ob die Vulkane erloschen oder tätig sind, kommt für uns aufs gleiche hinaus«, sagte der Geograph. »Was für uns zählt, ist der Berg. Er verändert sich nicht.«

»Aber was bedeutet ›vergänglich‹?« wiederholte der kleine Prinz, der in seinem Leben noch nie auf eine einmal gestellte Frage verzichtet hatte.

»Das heißt: ›von baldigem Entschwinden bedroht‹.«

»Ist denn meine Blume von baldigem Entschwinden bedroht?« fragte der kleine Prinz.

»Gewiß.«

Meine Blume ist vergänglich, sagte sich der kleine Prinz, und sie hat nur vier Dornen, um sich gegen die Welt zu wehren! Und ich habe sie ganz allein zu Hause zurückgelassen!

Das war seine erste Regung von Reue. Aber er faßte wieder Mut:

»Was raten Sie mir, wohin ich gehen soll?« fragte er.

»Auf den Planeten Erde«, antwortete der Geograph, »er hat einen guten Ruf...«

Und der kleine Prinz machte sich auf und dachte an seine Blume.

XVI

Der siebente Planet war also die Erde.

Die Erde ist nicht irgendein Planet! Man zählt da hundertelf Könige, wenn man, wohlgemerkt, die Negerkönige nicht vergißt, siebentausend Geographen, neunhunderttausend Geschäftsleute, siebeneinhalb Millionen Säufer, dreihundertelf Millionen Eitle, kurz – ungefähr zwei Milliarden erwachsene Leute.

Um euch einen Begriff von den Ausmaßen der Erde zu geben, muß ich euch sagen, daß man vor der Erfindung der Elektrizität dort auf allen sechs Kontinenten zusammen eine ganze Armee von vierhundertzweiundsechzigtausendfünfhundertelf Laternenanzündern im Dienst hatte.

Von einiger Entfernung aus gesehen wirkte das prächtig. Die Bewegungen dieser Armee waren gedrillt wie die eines Opernballetts. Den Reigen begannen die Anzünder der neuseeländischen und australischen Laternen. Hatten sie ihre Lampen angezündet, gingen sie schlafen. Dann traten die Anzünder von China und Sibirien zum Tanz an. Auch sie verschwanden hinter den Kulissen. Dann kamen die russischen und indischen Anzünder an die Reihe. Dann die von Afrika und Europa. Dann die von Südamerika. Dann die von Nordamerika. Und niemals irrten sie sich in der Reihenfolge ihres Auftritts. Es war großartig.

Nur der Anzünder der einzigen Laterne am Nordpol und sein Kollege von der einzigen Laterne am Südpol führten ein Leben voll Müßiggang und Gemütlichkeit: sie arbeiteten zweimal im Jahr.

XVII

Will man geistreich sein, dann kommt es vor, daß man ein bißchen aufschneidet. Ich war nicht ganz aufrichtig, als ich euch von den Laternenanzündern erzählte. Ich laufe Gefahr, denen, die unsern Planeten nicht kennen, ein falsches Bild von ihm zu geben. Die Menschen benutzen nur sehr wenig Raum auf der Erde. Wenn die zwei Milliarden Einwohner, die die Erde bevölkern, sich aufrecht und ein bißchen ge-

drängt hinstellten, wie bei einer Volksversammlung etwa, kämen sie auf einem öffentlichen Platz von zwanzig Meilen Länge und zwanzig Meilen Breite leicht unter. Man könnte die Menschheit auf der geringsten kleinen Insel des Pazifischen Ozeans zusammenpferchen.

Die großen Leute werden euch das freilich nicht glauben. Sie bilden sich ein, viel Platz zu brauchen. Sie nehmen sich wichtig wie Affenbrotbäume. Gebt ihnen also den Rat, sich's auszurechnen. Sie beten die Ziffern an, das wird ihnen gefallen. Aber ihr sollt eure Zeit nicht damit verlieren. Es ist zwecklos. Ihr habt Vertrauen zu mir.

Einmal auf der Erde, wunderte sich der kleine Prinz, niemanden zu sehen. Er fürchtete schon, sich im Planeten geirrt zu haben, als ein mondfarbener Ring sich im Sande bewegte.

»Gute Nacht«, sagte der kleine Prinz aufs Geratewohl.

»Gute Nacht«, sagte die Schlange.

»Auf welchen Planeten bin ich gefallen?« fragte der kleine Prinz.

»Auf die Erde, du bist in Afrika«, antwortete die Schlange.

»Ah!.. Es ist also niemand auf der Erde?«

»Hier ist die Wüste. In den Wüsten ist niemand. Die Erde ist groß«, sagte die Schlange.

Der kleine Prinz setzte sich auf einen Stein und hob die Augen zum Himmel:

»Ich frage mich«, sagte er, »ob die Sterne leuchten, damit jeder eines Tages den seinen wiederfinden kann. Schau meinen Planeten an. Er steht gerade über uns... Aber wie weit ist er fort!«

»Er ist schön«, sagte die Schlange. »Was willst du denn hier jetzt machen?«

»Ich habe Schwierigkeiten mit einer Blume«, sagte der kleine Prinz.

»Ah!« sagte die Schlange.

Und sie schwiegen.

»Wo sind die Menschen?« fuhr der kleine Prinz endlich fort.

»Man ist ein bißchen einsam in der Wüste...«

»Man ist auch bei den Menschen einsam«, sagte die Schlange.

Der kleine Prinz sah sie lange an:

»Du bist ein drolliges Tier«, sagte er schließlich, »dünn wie ein Finger...«

»Aber ich bin mächtiger als der Finger eines Königs«, sagte die Schlange.

Der kleine Prinz mußte lächeln:

»Du bist nicht sehr mächtig... Du hast nicht einmal Füße... Du kannst nicht einmal reisen...«

»Ich kann dich weiter wegbringen als ein Schiff«, sagte die Schlange.

Sie rollte sich um den Knöchel des kleinen Prinzen wie ein goldenes Armband.

»Wen ich berühre, den gebe ich der Erde zurück, aus der er hervorgegangen ist«, sagte sie noch. »Aber du bist rein, du kommst von einem Stern...«

Der kleine Prinz antwortete nichts.

»Du tust mir leid auf dieser Erde aus Granit, du, der du so schwach bist. Ich kann dir eines Tages helfen, wenn du dich zu sehr nach deinem Planeten sehnst. Ich kann...«

»Oh, ich habe sehr gut verstanden«, sagte der kleine Prinz, »aber warum sprichst du immer in Rätseln?«

»Ich löse sie alle«, sagte die Schlange.

Und sie schwiegen.

XVIII

Der kleine Prinz durchquerte die Wüste und begegnete nur einer Blume mit drei Blütenblättern, einer ganz armseligen Blume...

»Guten Tag«, sagte der kleine Prinz.

»Guten Tag«, sagte die Blume.

»Wo sind die Menschen?« fragte höflich der kleine Prinz.

Die Blume hatte eines Tages eine Karawane vorüberziehen sehen.

»Die Menschen? Es gibt, glaube ich, sechs oder sieben. Ich habe sie vor Jahren gesehen. Aber man weiß nie, wo sie zu finden sind. Der Wind verweht sie. Es fehlen ihnen die Wurzeln, das ist sehr übel für sie.«

»Adieu«, sagte der kleine Prinz.

»Adieu«, sagte die Blume.

XIX

Der kleine Prinz stieg auf einen hohen Berg. Die einzigen Berge, die er kannte, waren die drei Vulkane, und sie reichten ihm nur bis ans Knie, und den erloschenen Vulkan benutzte er als Schemel.

Von einem Berg so hoch wie der da, sagte er sich, werde ich mit einemmal den ganzen Planeten und alle Menschen sehen... Aber er sah nichts als die Nadeln spitziger Felsen.

»Guten Tag«, sagte er aufs Geratewohl.

»Guten Tag... Guten Tag... Guten Tag...«, antwortete das Echo.

»Wer bist du?« sagte der kleine Prinz.

»Wer bist du... Wer bist du... Wer bist du..?« antwortete das Echo.

»Seid meine Freunde, ich bin allein«, sagte er.

»Ich bin allein... allein... allein...«, antwortete das Echo.

Was für ein merkwürdiger Planet! dachte er da. Er ist ganz trocken, voller Spitzen und ganz salzig. Und den Menschen fehlt es an Phantasie. Sie wiederholen, was man ihnen sagt... Zu Hause hatte ich eine Blume: sie sprach immer zuerst...

XX

Aber nachdem der kleine Prinz lange über den Sand, die Felsen und den Schnee gewandert war, geschah es, daß er endlich eine Straße entdeckte. Und die Straßen führen alle zu den Menschen.

»Guten Tag«, sagte er.

Da war ein blühender Rosengarten.

»Guten Tag«, sagten die Rosen.

Der kleine Prinz sah sie an. Sie glichen alle seiner Blume.

»Wer seid ihr?« fragte er sie höchst erstaunt.

»Wir sind Rosen«, sagten die Rosen.

»Ach!« sagte der kleine Prinz...

Und er fühlte sich sehr unglücklich. Seine Blume hatte ihm erzählt, daß sie auf der ganzen Welt einzig in ihrer Art sei. Und siehe! Da waren fünftausend davon, alle gleich, in einem einzigen Garten!

Sie wäre sehr böse, wenn sie das sähe, sagte er sich.., sie würde fürchterlich husten und so tun als stürbe sie, um der Lächerlichkeit zu entgehen. Und ich müßte wohl so tun, als pflegte ich sie, denn sonst ließe sie sich wirklich sterben, um auch mich zu beschämen...

Dann sagte er sich noch: Ich glaubte, ich sei reich durch eine einzigartige Blume, und ich besitze nur eine gewöhnliche Rose. Sie und meine drei Vulkane, die mir bis ans Knie reichen und von denen einer vielleicht für immer erloschen ist, das macht aus mir keinen sehr großen Prinzen... Und er warf sich ins Gras und weinte.

XXI

In diesem Augenblick erschien der Fuchs:

»Guten Tag«, sagte der Fuchs.

»Guten Tag«, antwortete höflich der kleine Prinz, der sich umdrehte, aber nichts sah.

»Ich bin da«, sagte die Stimme, »unter dem Apfelbaum...«

»Wer bist du?« sagte der kleine Prinz. »Du bist sehr hübsch...«

»Ich bin ein Fuchs«, sagte der Fuchs.

»Komm und spiel mit mir«, schlug ihm der kleine Prinz vor. »Ich bin so traurig...«

»Ich kann nicht mit dir spielen«, sagte der Fuchs. »Ich bin noch nicht gezähmt!«

»Ah, Verzeihung!« sagte der kleine Prinz.

Aber nach einiger Überlegung fügte er hinzu:

»Was bedeutet das: ›zähmen‹?«

»Du bist nicht von hier«, sagte der Fuchs, »was suchst du?«

»Ich suche die Menschen«, sagte der kleine Prinz. »Was bedeutet ›zähmen‹?«

»Die Menschen«, sagte der Fuchs, »die haben Gewehre und schießen. Das ist sehr lästig. Sie ziehen auch Hühner auf. Das ist ihr einziges Interesse. Du suchst Hühner?«

»Nein«, sagte der kleine Prinz, »ich suche Freunde. Was heißt ›zähmen‹?«

»Das ist eine in Vergessenheit geratene Sache«, sagte der Fuchs. »Es bedeutet: sich ›vertraut machen‹.«

»Vertraut machen?«

»Gewiß«, sagte der Fuchs. »Du bist für mich noch nichts als ein kleiner Knabe, der hunderttausend kleinen Knaben völlig gleicht. Ich brauche dich nicht, und du brauchst mich ebensowenig. Ich bin für dich nur ein Fuchs, der hunderttausend Füchsen gleicht. Aber wenn du mich zähmst, werden wir einander brauchen. Du wirst für mich einzig sein in der Welt. Ich werde für dich einzig sein in der Welt...«

»Ich beginne zu verstehen«, sagte der kleine Prinz. »Es gibt eine Blume... ich glaube, sie hat mich gezähmt...«

»Das ist möglich«, sagte der Fuchs. »Man trifft auf der Erde alle möglichen Dinge...«

»Oh, das ist nicht auf der Erde«, sagte der kleine Prinz.

Der Fuchs schien sehr aufgeregt:

»Auf einem anderen Planeten?«

»Ja.«

»Gibt es Jäger auf diesem Planeten?«

»Nein.«

»Das ist interessant! Und Hühner?«

»Nein.«

»Nichts ist vollkommen!« seufzte der Fuchs.

Aber der Fuchs kam auf seinen Gedanken zurück:

»Mein Leben ist eintönig. Ich jage Hühner, die Menschen jagen mich. Alle Hühner gleichen einander, und alle Menschen gleichen einander. Ich langweile mich also ein wenig. Aber wenn du mich zähmst, wird mein Leben wie durchsonnt sein. Ich werde den Klang deines Schrittes kennen, der sich von allen andern unterscheidet. Die anderen Schritte jagen mich unter die Erde. Der deine wird mich wie Musik aus dem Bau locken. Und dann schau! Du siehst da drüben die Weizenfelder? Ich esse kein Brot. Für mich ist der Weizen zwecklos. Die Weizenfelder erinnern mich an nichts. Und das ist traurig. Aber du hast weizenblondes Haar. Oh, es wird wunderbar sein, wenn du mich einmal gezähmt hast! Das Gold der Weizenfelder wird mich an dich erinnern. Und ich werde das Rauschen des Windes im Getreide liebgewinnen...«

Der Fuchs verstummte und schaute den Prinzen lange an:

»Bitte... zähme mich!« sagte er.

»Ich möchte wohl«, antwortete der kleine Prinz, »aber ich habe nicht viel Zeit. Ich muß Freunde finden und viele Dinge kennenlernen.«

»Man kennt nur die Dinge, die man zähmt«, sagte der Fuchs.

»Die Menschen haben keine Zeit mehr, irgend etwas kennenzulernen. Sie kaufen sich alles fertig in den Geschäften. Aber da es keine Kaufläden für Freunde gibt, haben die Leute keine Freunde mehr. Wenn du einen Freund willst, so zähme mich!«

»Was muß ich da tun?« sagte der kleine Prinz.

»Du mußt sehr geduldig sein«, antwortete der Fuchs. »Du setzt dich zuerst ein wenig abseits von mir ins Gras. Ich werde dich so verstohlen, so aus dem Augenwinkel anschauen, und du wirst nichts sagen. Die Sprache ist die Quelle der Mißverständnisse. Aber jeden Tag wirst du dich ein bißchen näher setzen können...«

Am nächsten Morgen kam der kleine Prinz zurück.

»Es wäre besser gewesen, du wärst zur gleichen Stunde wiedergekommen«, sagte der Fuchs. »Wenn du zum Beispiel um vier Uhr nachmittags kommst, kann ich um drei Uhr anfangen, glücklich zu sein.

Je mehr die Zeit vergeht, um so glücklicher werde ich mich fühlen. Um vier Uhr werde ich mich schon aufregen und beunruhigen; ich werde erfahren, wie teuer das Glück ist. Wenn du aber irgendwann kommst, kann ich nie wissen, wann mein Herz da sein soll... Es muß feste Bräuche geben.«

»Was heißt ›fester Brauch‹?« sagte der kleine Prinz.

»Auch etwas in Vergessenheit Geratenes«, sagte der Fuchs. »Es ist das, was einen Tag vom andern unterscheidet, eine Stunde von den andern Stunden. Es gibt zum Beispiel einen Brauch bei meinen Jägern. Sie tanzen am Donnerstag mit den Mädchen des Dorfes. Daher ist der Donnerstag der wunderbare Tag. Ich gehe bis zum Weinberg spazieren. Wenn die Jäger irgendwann einmal zum Tanze gingen,

wären die Tage alle gleich, und ich hätte niemals Ferien.«
So machte denn der kleine Prinz den Fuchs mit sich vertraut. Und als die Stunde des Abschieds nahe war:
»Ach!« sagte der Fuchs, »ich werde weinen.«
»Das ist deine Schuld«, sagte der kleine Prinz, »ich wünschte dir nichts Übles, aber du hast gewollt, daß ich dich zähme...«
»Gewiß«, sagte der Fuchs.
»Aber nun wirst du weinen!« sagte der kleine Prinz.
»Bestimmt«, sagte der Fuchs.
»So hast du also nichts gewonnen!«
»Ich habe«, sagte der Fuchs, »die Farbe des Weizens gewonnen.«
Dann fügte er hinzu:
»Geh die Rosen wieder anschauen. Du wirst begreifen, daß die deine einzig ist in der Welt.
Du wirst wiederkommen und mir adieu sagen, und ich werde dir ein Geheimnis schenken.«

Der kleine Prinz ging, die Rosen wiederzusehn:
»Ihr gleicht meiner Rose gar nicht, ihr seid noch nichts«, sagte er zu ihnen. »Niemand hat sich euch vertraut gemacht, und auch ihr habt euch niemandem vertraut gemacht. Ihr seid, wie mein Fuchs war. Der war nichts als ein Fuchs wie hundert-

tausend andere. Aber ich habe ihn zu meinem Freund gemacht, und jetzt ist er einzig in der Welt.«

Und die Rosen waren sehr beschämt.

»Ihr seid schön, aber ihr seid leer«, sagte er noch. »Man kann für euch nicht sterben. Gewiß, ein Irgendwer, der vorübergeht, könnte glauben, meine Rose ähnle euch. Aber in sich selbst ist sie wichtiger als ihr alle, da sie es ist, die ich begossen habe. Da sie es ist, die ich unter den Glassturz gestellt habe. Da sie es ist, die ich mit dem Wandschirm geschützt habe. Da sie es ist, deren Raupen ich getötet habe (außer den zwei oder drei um der Schmetterlinge willen). Da sie es ist, die ich klagen oder sich rühmen gehört habe oder auch manchmal schweigen. Da es meine Rose ist.«

Und er kam zum Fuchs zurück:

»Adieu«, sagte er...

»Adieu«, sagte der Fuchs. »Hier mein Geheimnis. Es ist ganz einfach: Man sieht nur mit dem Herzen gut. Das Wesentliche ist für die Augen unsichtbar.«

»Das Wesentliche ist für die Augen unsichtbar«, wiederholte der kleine Prinz, um es sich zu merken.

»Die Zeit, die du für deine Rose verloren hast, sie macht deine Rose so wichtig.«

»Die Zeit, die ich für meine Rose verloren habe...«, sagte der kleine Prinz, um es sich zu merken.

»Die Menschen haben diese Wahrheit vergessen«, sagte der Fuchs. »Aber du darfst sie nicht vergessen. Du bist zeitlebens für das verantwortlich, was du dir vertraut gemacht hast. Du bist für deine Rose verantwortlich...«

»Ich bin für meine Rose verantwortlich...«, wiederholte der kleine Prinz, um es sich zu merken.

XXII

»Guten Tag«, sagte der kleine Prinz.

»Guten Tag«, sagte der Weichensteller.

»Was machst du da?« sagte der kleine Prinz.

»Ich sortiere die Reisenden nach Tausenderpaketen«, sagte der Weichensteller. »Ich schicke die Züge, die sie fortbringen, bald nach rechts, bald nach links.«

Und ein lichterfunkelnder Schnellzug, grollend wie der Donner, machte das Weichenstellerhäuschen erzittern.

»Sie haben es sehr eilig«, sagte der kleine Prinz. »Wohin wollen sie?«

»Der Mann von der Lokomotive weiß es selbst nicht«, sagte der Weichensteller.

Und ein zweiter blitzender Schnellzug donnerte vorbei, in entgegengesetzter Richtung.

»Sie kommen schon zurück?« fragte der kleine Prinz...

»Das sind nicht die gleichen«, sagte der Weichensteller. »Das wechselt.«

»Waren sie nicht zufrieden dort, wo sie waren?«

»Man ist nie zufrieden dort, wo man ist«, sagte der Weichensteller.

Und es rollte der Donner eines dritten funkelnden Schnellzuges vorbei.

»Verfolgen diese die ersten Reisenden?« fragte der kleine Prinz.

»Sie verfolgen gar nichts«, sagte der Weichensteller. »Sie schlafen da drinnen oder sie gähnen auch. Nur die Kinder drücken ihre Nasen gegen die Fensterscheiben.«

»Nur die Kinder wissen, wohin sie wollen«, sagte der kleine Prinz. »Sie wenden ihre Zeit an eine Puppe aus Stoff-Fetzen,

und die Puppe wird ihnen sehr wertvoll, und wenn man sie ihnen wegnimmt, weinen sie...«
»Sie haben es gut«, sagte der Weichensteller.

XXIII

»Guten Tag«, sagte der kleine Prinz.
»Guten Tag«, sagte der Händler.
Er handelte mit höchst wirksamen, durststillenden Pillen. Man schluckt jede Woche eine und spürt überhaupt kein Bedürfnis mehr, zu trinken.
»Warum verkaufst du das?« sagte der kleine Prinz.
»Das ist eine große Zeitersparnis«, sagte der Händler. »Die Sachverständigen haben Berechnungen angestellt. Man erspart dreiundfünfzig Minuten in der Woche.«
»Und was macht man mit diesen dreiundfünfzig Minuten?«
»Man macht damit, was man will...«
»Wenn ich dreiundfünfzig Minuten übrig hätte«, sagte der kleine Prinz, »würde ich ganz gemächlich zu einem Brunnen laufen...«

XXIV

Es war am achten Tage nach meiner Panne in der Wüste, und ich hörte gerade die Geschichte vom Pillenverkäufer, als ich den letzten Tropfen meines Wasservorrates trank:

»Ach«, sagte ich zum kleinen Prinzen, »deine Erinnerungen sind ganz hübsch, aber ich habe mein Flugzeug noch nicht repariert, habe nichts mehr zu trinken und wäre glücklich, wenn auch ich ganz gemächlich zu einem Brunnen gehen könnte!«

»Mein Freund, der Fuchs«, sagte er...

»Mein kleines Kerlchen, es handelt sich nicht mehr um den Fuchs!«

»Warum?«

»Weil man vor Durst sterben kann...«

Er verstand meinen Einwand nicht, er antwortete:

»Es ist gut, einen Freund gehabt zu haben, selbst wenn man sterben muß. Ich bin froh, daß ich einen Fuchs zum Freunde hatte...«

Er ermißt die Gefahr nicht, sagte ich mir. Er hat nie Hunger, nie Durst. Ein bißchen Sonne genügt ihm...

Aber er sah mich an und antwortete auf meine Gedanken:

»Ich habe auch Durst... suchen wir einen Brunnen...«

Ich machte eine Gebärde der Hoffnungslosigkeit: es ist sinnlos, auf gut Glück in der Endlosigkeit der Wüste einen Brunnen zu suchen.

Dennoch machten wir uns auf den Weg.

Als wir stundenlang schweigend dahingezogen waren, brach die Nacht herein, und die Sterne begannen zu leuchten. Ich sah sie wie im Traum, ich hatte ein wenig Fieber vom Durst.

Die Worte des kleinen Prinzen tanzten durch mein Bewußtsein:

»Du hast also auch Durst?« fragte ich ihn.

Er antwortete nicht auf meine Frage.

Er sagte einfach:

»Wasser kann auch gut sein für das Herz...«

Ich verstand seine Worte nicht, aber ich schwieg... Ich wußte gut, daß man ihn nicht fragen durfte.

Er war müde. Er setzte sich. Ich setzte mich neben ihn. Und nach einem Schweigen sagte er noch:

»Die Sterne sind schön, weil sie an eine Blume erinnern, die man nicht sieht...«

Ich antwortete: »Gewiß«, und betrachtete schweigend die Falten des Sandes unter dem Mond.

»Die Wüste ist schön«, fügte er hinzu...

Und das war wahr. Ich habe die Wüste immer geliebt. Man setzt sich auf eine Sanddüne. Man sieht nichts. Man hört nichts. Und währenddessen strahlt etwas in der Stille.

»Es macht die Wüste schön«, sagte der kleine Prinz, »daß sie irgendwo einen Brunnen birgt.«

Ich war überrascht, dieses geheimnisvolle Leuchten des Sandes plötzlich zu verstehen.

Als ich ein kleiner Knabe war, wohnte ich in einem alten Haus, und die Sage erzählte, daß darin ein Schatz versteckt sei. Gewiß, es hat ihn nie jemand zu entdecken vermocht, vielleicht hat ihn auch nie jemand gesucht. Aber er verzauberte dieses ganze Haus. Mein Haus barg ein Geheimnis auf dem Grunde seines Herzens...

»Ja«, sagte ich zum kleinen Prinzen, »ob es sich um das Haus, um die Sterne oder um die Wüste handelt, was ihre Schönheit ausmacht, ist unsichtbar!«

»Ich bin froh«, sagte er, »daß du mit meinem Fuchs übereinstimmst.«
Da der kleine Prinz einschlief, nahm ich ihn in meine Arme und machte mich wieder auf den Weg. Ich war bewegt. Mir war, als trüge ich ein zerbrechliches Kleinod. Es schien mir sogar, als gäbe es nichts Zerbrechlicheres auf der Erde. Ich betrachtete im Mondlicht diese blasse Stirn, diese geschlossenen Augen, diese im Wind zitternde Haarsträhne, und ich sagte mir: Was ich da sehe, ist nur eine Hülle. Das Eigentliche ist unsichtbar...
Da seine halbgeöffneten Lippen ein halbes Lächeln andeuteten, sagte ich mir auch: Was mich an diesem kleinen eingeschlafenen Prinzen so sehr rührt, ist seine Treue zu einer Blume, ist das Bild einer Rose, das ihn durchstrahlt wie die Flamme einer Lampe, selbst wenn er schläft... Und er kam mir noch zerbrechlicher vor als bisher. Man muß die Lampen sorgsam schützen: ein Windstoß kann sie zum Verlöschen bringen...
Und während ich so weiterging, entdeckte ich bei Tagesanbruch den Brunnen.

XXV

»Die Leute«, sagte der kleine Prinz, »schieben sich in die Schnellzüge, aber sie wissen gar nicht, wohin sie fahren wollen. Nachher regen sie sich auf und drehen sich im Kreis...«
Und er fügte hinzu:
»Das ist nicht der Mühe wert...«
Der Brunnen, den wir erreicht hatten, glich nicht den Brun-

nen der Sahara. Die Brunnen der Sahara sind einfache, in den Sand gegrabene Löcher. Dieser da glich einem Dorfbrunnen. Aber es war keinerlei Dorf da, und ich glaubte zu träumen.

»Das ist merkwürdig«, sagte ich zum kleinen Prinzen, »alles ist bereit: die Winde, der Kübel und das Seil...«

Er lachte, berührte das Seil, ließ die Rolle spielen. Und die Rolle knarrte wie ein altes Windrad, wenn der Wind lange geschlafen hat.

»Du hörst«, sagte der kleine Prinz, »wir wecken diesen Brunnen auf, und er singt...«

Ich wollte nicht, daß er sich abmühte:

»Laß mich das machen«, sagte ich zu ihm, »das ist zu schwer für dich.«

Langsam hob ich den Kübel bis zum Brunnenrand. Ich stellte ihn dort schön aufrecht. In meinen Ohren war noch immer der Gesang der Zugwinde, und im Wasser, das noch zitterte, sah ich die Sonne zittern.

»Ich habe Durst nach diesem Wasser«, sagte der kleine Prinz, »gib mir zu trinken...«

Und ich verstand, was er gesucht hatte.

Ich hob den Kübel an seine Lippen. Er trank mit geschlossenen Augen.

Das war süß wie ein Fest. Dieses Wasser war etwas ganz anderes als ein Trunk. Es war entsprungen aus dem Marsch unter den Sternen, aus dem Gesang der Rolle, aus der Mühe meiner Arme. Es war gut fürs Herz, wie ein Geschenk. Genau so machten, als ich ein Knabe war, die Lichter des Christbaums, die Musik der Weihnachtsmette, die Sanftmut des Lächelns den eigentlichen Glanz der Geschenke aus, die ich erhielt.

»Die Menschen bei dir zu Hause«, sagte der kleine Prinz, »züchten fünftausend Rosen in ein und demselben Garten... und sie finden dort nicht, was sie suchen...«
»Sie finden es nicht«, antwortete ich...
»Und dabei kann man das, was sie suchen, in einer einzigen Rose oder in ein bißchen Wasser finden...«
»Ganz gewiß«, antwortete ich.
Und der kleine Prinz fügte hinzu:
»Aber die Augen sind blind. Man muß mit dem Herzen suchen.«

Ich hatte getrunken. Es atmete sich wieder gut. Der Sand hat bei Tagesanbruch die Farbe des Honigs. Auch über diese Honigfarbe war ich glücklich. Warum mußte ich Kummer haben...
»Du mußt dein Versprechen halten«, sagte sanft der kleine Prinz, der sich wieder zu mir gesetzt hatte.
»Welches Versprechen?«
»Du weißt, einen Maulkorb für mein Schaf... Ich bin verantwortlich für diese Blume!«
Ich nahm meine Skizzen aus der Tasche. Der kleine Prinz sah sie und sagte lachend:
»Deine Affenbrotbäume schauen ein bißchen wie Kohlköpfe aus...«
»Oh!«
Und ich war auf die Affenbrotbäume so stolz gewesen!
»Dein Fuchs... seine Ohren... sie schauen ein wenig wie Hörner aus... sie sind viel zu lang!«
Und er lachte wieder.
»Du bist ungerecht, kleines Kerlchen, ich konnte nichts zeichnen als geschlossene und offene Riesenschlangen!«

»Oh! Es wird schon gehn«, sagte er, »die Kinder wissen ja Bescheid.«
Ich kritzelte also einen Maulkorb hin. Und das Herz krampfte sich mir zusammen, als ich ihn dem kleinen Prinzen gab:
»Du hast Pläne, von denen ich nichts weiß...«
Aber er antwortete nicht. Er sagte:
»Du weißt, mein Sturz auf die Erde... Morgen wird es ein Jahr sein...«
Dann, nach einem Schweigen, sagte er noch:
»Ich war ganz in der Nähe heruntergefallen...«
Und er errötete.
Wieder fühlte ich einen merkwürdigen Kummer, ohne zu wissen warum. Indessen kam mir eine Frage:
»Dann ist es kein Zufall, daß du am Morgen, da ich dich kennenlernte, vor acht Tagen, so ganz allein, tausend Meilen von allen bewohnten Gegenden entfernt, spazierengingst! Du kehrtest zu dem Punkt zurück, wohin du gefallen warst?«
Der kleine Prinz errötete noch mehr.
Und ich fügte zögernd hinzu:
»Vielleicht war es der Jahrestag?..«
Von neuem errötete der kleine Prinz. Er antwortete nie auf die Fragen, aber wenn man errötet, so bedeutet das ›Ja‹, nicht wahr?
»Ach«, sagte ich, »ich habe Angst!«
Aber er antwortete:
»Du mußt jetzt arbeiten. Du mußt wieder zu deiner Maschine zurückkehren. Ich erwarte dich hier. Komm morgen abend wieder...«
Aber ich war nicht beruhigt. Ich erinnerte mich an den Fuchs. Man läuft Gefahr, ein bißchen zu weinen, wenn man sich hat zähmen lassen...

XXVI

Neben dem Brunnen stand die Ruine einer alten Steinmauer. Als ich am nächsten Abend von meiner Arbeit zurückkam, sah ich meinen kleinen Prinzen von weitem da oben sitzen, mit herabhängenden Beinen.

Und ich hörte ihn sprechen:

»Du erinnerst dich also nicht mehr?« sagte er. »Es ist nicht ganz genau hier!«

Zweifellos antwortete ihm eine andere Stimme, da er erwiderte:

»Doch! Doch! Es ist wohl der Tag, aber nicht genau der Ort...«

Ich setzte meinen Weg zur Mauer fort. Ich sah und hörte niemanden.

Dennoch erwiderte der kleine Prinz von neuem:

»Gewiß. Du wirst sehen, wo meine Spur im Sand beginnt. Du brauchst mich nur dort zu erwarten. Ich werde heute nacht dort sein.«

Ich war zwanzig Meter von der Mauer entfernt und sah noch immer nichts. Der kleine Prinz sagte noch, nach einem kurzen Schweigen:

»Du hast gutes Gift? Bist du sicher, daß du mich nicht lange leiden läßt?«

Ich blieb stehen, und das Herz preßte sich mir zusammen, aber ich verstand noch immer nicht.

»Jetzt geh weg«, sagte er, »ich will hinunterspringen!«

Da richtete ich selbst den Blick auf den Fuß der Mauer, und ich machte einen Satz! Da war, zum kleinen Prinzen emporgereckt, eine dieser gelben Schlangen, die euch in dreißig Sekunden erledigen. Ich wühlte in meiner Tasche nach meinem Revolver und begann zu laufen; aber bei dem Lärm, den ich machte, ließ sich die Schlange sachte in den Sand gleiten, wie ein Wasserstrahl, der stirbt, und ohne allzu große Eile schlüpfte sie mit einem leichten metallenen Klirren zwischen die Steine.

Gerade rechtzeitig kam ich zur Mauer, um mein kleines Kerlchen von einem Prinzen in meinen Armen aufzufangen; er war bleich wie der Schnee.

»Was sind das für Geschichten! Du sprichst jetzt mit Schlangen?!«

Ich hatte ihm sein ewiges gelbes Halstuch weggenommen. Ich hatte ihm die Schläfen genetzt und ihm zu trinken gegeben. Und jetzt wagte ich nicht, ihn weiter zu fragen. Er schaute mich ernsthaft an und legte seine Arme um meinen Hals. Ich fühlte sein Herz klopfen wie das eines sterbenden Vogels, den man mit der Flinte geschossen hat.

Er sagte zu mir:

»Ich bin froh, daß du gefunden hast, was an deiner Maschine fehlte. Du wirst nach Hause zurückkehren können...«

»Woher weißt du das?«

Ich hatte ihm gerade erzählen wollen, daß mir gegen alle Erwartung meine Arbeit geglückt sei!

Er antwortete nicht auf meine Frage, fuhr aber fort:

»Auch ich werde heute nach Hause zurückkehren...«

Dann schwermütig:

»Das ist viel weiter... Das ist viel schwieriger...«

Ich fühlte wohl, daß etwas Außergewöhnliches vorging. Ich schloß ihn fest in die Arme wie ein kleines Kind, und doch schien es mir, als stürzte er senkrecht in einen Abgrund, ohne daß ich imstande war, ihn zurückzuhalten...

Sein Blick war ernst; er verlor sich in weiter Ferne:
»Ich habe dein Schaf. Und ich habe die Kiste für das Schaf. Und ich habe den Maulkorb...«
Und er lächelte schwermütig.
Ich wartete lange.
Ich fühlte, daß er sich mehr und mehr erwärmte:
»Kleines Kerlchen, du hast Angst gehabt...«
Er hatte Angst gehabt, ganz gewiß!
Aber er lachte sanft:
»Ich werde heute abend noch viel mehr Angst haben...«
Wieder lief es mir eisig über den Rücken bei dem Gefühl des Unabwendbaren.
Dieses Lachen nie mehr zu hören – ich begriff, daß ich den Gedanken nicht ertrug. Es war für mich wie ein Brunnen in der Wüste.
»Kleines Kerlchen, ich will dich noch lachen hören...«
Aber er sagte zu mir:
»Diese Nacht wird es ein Jahr. Mein Stern wird sich gerade über dem Ort befinden, wo ich letztes Jahr gelandet bin...«
»Kleines Kerlchen, ist sie nicht ein böser Traum, diese Geschichte mit der Schlange und der Vereinbarung und dem Stern...«
Aber er antwortete nicht auf meine Frage.
Er sagte:
»Was wichtig ist, sieht man nicht...«
»Gewiß...«
»Das ist wie mit der Blume. Wenn du eine Blume liebst, die auf einem Stern wohnt, so ist es süß, bei Nacht den Himmel zu betrachten. Alle Sterne sind voll Blumen.«
»Gewiß...«
»Das ist wie mit dem Wasser. Was du mir zu trinken gabst,

war wie Musik, die Winde und das Seil... du erinnerst dich ...es war gut.«

»Gewiß...«

»Du wirst in der Nacht die Sterne anschauen. Mein Zuhause ist zu klein, um dir zeigen zu können, wo es umgeht. Es ist besser so. Mein Stern wird für dich einer der Sterne sein. Dann wirst du alle Sterne gern anschauen... Alle werden sie deine Freunde sein. Und dann werde ich dir ein Geschenk machen...«

Er lachte noch.

»Ach, kleines Kerlchen, kleines Kerlchen! Ich höre dieses Lachen so gern!«

»Gerade das wird mein Geschenk sein... Es wird sein wie mit dem Wasser...«

»Was willst du sagen?«

»Die Leute haben Sterne, aber es sind nicht die gleichen. Für die einen, die reisen, sind die Sterne Führer. Für andere sind sie nichts als kleine Lichter. Für wieder andere, die Gelehrten, sind sie Probleme. Für meinen Geschäftsmann waren sie Gold. Aber alle diese Sterne schweigen. Du, du wirst Sterne haben, wie sie niemand hat...«

»Was willst du sagen?«

»Wenn du bei Nacht den Himmel anschaust, wird es dir sein, als lachten alle Sterne, weil ich auf einem von ihnen wohne, weil ich auf einem von ihnen lache. Du allein wirst Sterne haben, die lachen können!«

Und er lachte wieder.

»Und wenn du dich getröstet hast (man tröstet sich immer), wirst du froh sein, mich gekannt zu haben. Du wirst immer mein Freund sein. Du wirst Lust haben, mit mir zu lachen. Und du wirst manchmal dein Fenster öffnen, gerade so, zum

Vergnügen... Und deine Freunde werden sehr erstaunt sein, wenn sie sehen, daß du den Himmel anblickst und lachst. Dann wirst du ihnen sagen: ›Ja, die Sterne, die bringen mich immer zum Lachen!‹ Und sie werden dich für verrückt halten. Ich werde dir einen hübschen Streich gespielt haben...«

Und er lachte wieder.

»Es wird sein, als hätte ich dir statt der Sterne eine Menge kleiner Schellen geschenkt, die lachen können...«

Und er lachte noch immer. Dann wurde er wieder ernst:

»Diese Nacht... weißt du... komm nicht!«

»Ich werde dich nicht verlassen.«

»Es wird so aussehen, als wäre ich krank.., ein bißchen, als stürbe ich. Das ist so. Komm das nicht anschauen, es ist nicht der Mühe...«

»Ich werde dich nicht verlassen.«

Aber er war voll Sorge.

»Ich sage dir das... auch wegen der Schlange. Sie darf dich nicht beißen... Die Schlangen sind böse. Sie können zum Vergnügen beißen...«

»Ich werde dich nicht verlassen.«

Aber etwas beruhigte ihn:

»Es ist wahr, sie haben für den zweiten Biß kein Gift mehr...«

Ich habe es nicht gesehen, wie er sich in der Nacht auf den Weg machte. Er war lautlos entwischt. Als es mir gelang, ihn einzuholen, marschierte er mit raschem, entschlossenem Schritt dahin.

Er sagte nur: »Ah, da bist du...«

Und er nahm mich bei der Hand. Aber er quälte sich noch:

»Du hast nicht recht getan. Es wird dir Schmerz bereiten. Es wird aussehen, als wäre ich tot, und das wird nicht wahr sein...«

Ich schwieg.

»Du verstehst. Es ist zu weit. Ich kann diesen Leib da nicht mitnehmen. Er ist zu schwer.«

Ich schwieg.

»Aber er wird daliegen wie eine alte verlassene Hülle. Man soll nicht traurig sein um solche alten Hüllen...«

Ich schwieg.

Er verlor ein bißchen den Mut. Aber er gab sich noch Mühe: »Weißt du, es wird allerliebst sein. Auch ich werde die

Sterne anschauen. Alle Sterne werden Brunnen sein mit einer verrosteten Winde. Alle Sterne werden mir zu trinken geben...«

Ich schwieg.

»Das wird so lustig sein! Du wirst fünfhundert Millionen Schellen haben, ich werde fünfhundert Millionen Brunnen haben...«

Und auch er schwieg, weil er weinte...

»Da ist es. Laß mich einen Schritt ganz allein tun.«

Und er setzte sich, weil er Angst hatte.

Er sagte noch:

»Du weißt... meine Blume... ich bin für sie verantwortlich! Und sie ist so schwach! Und sie ist so kindlich. Sie hat vier Dornen, die nicht taugen, sie gegen die Welt zu schützen...«

Ich setzte mich, weil ich mich nicht mehr aufrecht halten konnte.

Er sagte nur:

»Hier... Das ist alles...«

Er zögerte noch ein bißchen, dann erhob er sich. Er tat einen Schritt. Ich konnte mich nicht rühren.

Es war nichts als ein gelber Blitz bei seinem Knöchel. Er blieb einen Augenblick reglos. Er schrie nicht.

Er fiel sachte, wie ein Blatt fällt.

Ohne das leiseste Geräusch fiel er in den Sand.

XXVII

Und jetzt sind es gewiß schon wieder sechs Jahre her... Ich habe diese Geschichte noch nie erzählt.

Die Kameraden, die mich wiedergesehen haben, waren froh, mich lebend wiederzusehen.

Ich war traurig, aber ich sagte zu ihnen: Das ist die Erschöpfung...

Jetzt habe ich mich ein bißchen getröstet. Das heißt... nicht ganz. Aber ich weiß gut, er ist auf seinen Planeten zurückgekehrt, denn bei Tagesanbruch habe ich seinen Körper nicht wiedergefunden. Es war kein so schwerer Körper... Und ich liebe es, des Nachts den Sternen zuzuhören. Sie sind wie fünfhundert Millionen Glöckchen...

Aber nun geschieht etwas Außergewöhnliches.

Ich habe vergessen, an den Maulkorb, den ich für den kleinen Prinzen gezeichnet habe, einen Lederriemen zu machen! Es wird ihm nie gelungen sein, ihn dem Schaf anzulegen.

So frage ich mich: Was hat sich auf dem Planeten wohl ereignet? Vielleicht hat das Schaf doch die Blume gefressen...

Das eine Mal sage ich mir: Bestimmt nicht! Der kleine Prinz deckt seine Blume jede Nacht mit seinem Glassturz zu, und er gibt auf sein Schaf gut acht. Dann bin ich glücklich. Und alle Sterne lachen leise.

Dann wieder sage ich mir: Man ist das eine oder das andere Mal zerstreut, und das genügt! Er hat eines Abends die Glasglocke vergessen, oder das Schaf ist eines Nachts lautlos entwichen... Dann verwandeln sich die Schellen alle in Tränen!..

Das ist ein sehr großes Geheimnis.

Für euch, die ihr den kleinen Prinzen auch liebt, wie für mich, kann nichts auf der Welt unberührt bleiben, wenn irgendwo, man weiß nicht wo, ein Schaf, das wir nicht kennen, eine Rose vielleicht gefressen hat oder vielleicht nicht gefressen hat...

Schaut den Himmel an. Fragt euch: Hat das Schaf die Blume gefressen oder nicht? Ja oder nein? Und ihr werdet sehen, wie sich alles verwandelt...

Aber keiner von den großen Leuten wird jemals verstehn, daß das eine so große Bedeutung hat!

Das ist für mich die schönste und traurigste Landschaft der Welt. Es ist die gleiche Landschaft wie die auf der vorigen Seite, aber ich habe sie nochmals hergezeichnet, um sie euch ganz deutlich zu machen. Hier ist der kleine Prinz auf der Erde erschienen und wieder verschwunden. Schaut diese Landschaft genau an, damit ihr sie sicher wiedererkennt, wenn ihr eines Tages durch die afrikanische Wüste reist. Und wenn ihr zufällig da vorbeikommt, eilt nicht weiter, ich flehe euch an – wartet ein bißchen, gerade unter dem Stern! Wenn dann ein Kind auf euch zukommt, wenn es lacht, wenn es goldenes Haar hat, wenn es nicht antwortet, so man es fragt, dann werdet ihr wohl erraten, wer es ist. Dann seid so gut und laßt mich nicht weiter so traurig sein: schreibt mir schnell, wenn er wieder da ist ...

INHALT

ÜBERSICHT
der in dieser Ausgabe enthaltenen Werke

Band 1

Südkurier (1928)
Nachtflug (1931)
Wind, Sand und Sterne (1939)
Flug nach Arras (1942)
Der Kleine Prinz, mit den Zeichnungen des Verfassers (1943)

Band 2

Die Stadt in der Wüste (1948)

Band 3

Die Abenteuer eines Zylinderhuts (1914)
Der Flieger (1926)
Rio de Oro (1928)
Berichte an die Aéropostale (1928)
Moskau (1935)
Für ein besseres Leben (1936)
Blutendes Spanien (1936)
Madrid (1937)
Frieden oder Krieg? (1938)
Kriegsbriefe an einen Freund (1940)
Brief an einen Ausgelieferten (1941)
Beruf und Berufung des Schriftstellers (1936 und 1942)
Brief an die Franzosen (1942)
Brief an einen General (1943)
Ein Plädoyer für den Frieden (1944)
Brief an Pierre Dalloz (1944)
Carnets (1936–1944)
Vorworte (1932–1942)
Briefe an Lucie-Marie Decour (1927–1929)
Briefe an Rinette (1923–1931)
Briefe an seine Mutter (1910–1944)

Antoine de Saint-Exupéry
Gesammelte Schriften
Band 2

Antoine de Saint-Exupéry

Gesammelte Schriften in drei Bänden

Band 2

Deutscher Taschenbuch Verlag

Aus dem Französischen von Oswalt von Nostitz.
Titel der Originalausgabe: ›La citadelle‹,

Vollständige Ausgabe der im Karl Rauch Verlag erschienenen Ausgabe ›Gesammelte Schriften in drei Bänden‹, Band 2, Düsseldorf 1959

Von Antoine de Saint-Exupéry
sind im Deutschen Taschenbuch Verlag erschienen:
Dem Leben einen Sinn geben (86)
In der Wüste · Die Kameraden (dtv zweisprachig 9103)

1. Auflage März 1978
2. Auflage September 1982: 16. bis 18. Tausend
Deutscher Taschenbuch Verlag GmbH & Co. KG,
München

Umschlaggestaltung: Celestino Piatti
Gesamtherstellung: C. H. Beck'sche Buchdruckerei,
Nördlingen
Printed in Germany · ISBN 3-423-05959-1

DIE STADT IN DER WÜSTE

Vorwort

der französischen Herausgeber

Die ersten Seiten dieses Werkes wurden im Jahre 1936 geschrieben. Sie begannen wie folgt: »Ich war Fürst der Berber und kehrte nach Hause zurück. Ich hatte der Schur der tausend Schafe meines Stammgutes beigewohnt. Sie tragen dort nicht jene Glöckchen, die vom Hang der Hügel bis hinauf zu den Sternen ihre Segnung spenden. Sie ahmen nur das Rauschen des fließenden Wassers nach, und uns, die der Durst bedroht, vermag allein diese Musik zu beruhigen...« Der Rahmen des Werkes ist der gleiche geblieben, wenn auch sein Ton nicht mehr die gleiche Ferne aufweist.

Drieu La Rochelle und Crémieux, denen Saint-Exupéry die ersten Seiten vorlas, zeigten sich zurückhaltend. Für sie war Saint-Exupéry ein Dichter der Aktion, ein mannhafter Schriftsteller, von dem die Welt Schilderungen neuer Abenteuer erwartete. Die Bescheidenheit Saint-Exupérys machte ihn für Kritik empfänglich, und durch diese Lesung wurde er sehr niedergeschlagen; es beunruhigte ihn, ob er sich nicht etwa auf einem Wege verirrt habe, der ihm nicht angemessen war, ihm, den allein das geistige Abenteuer beschäftigte. Die Erinnerung an sein Leben in der Sahara diente seinem Denken als Ansporn und veranlaßte ihn, die Wüste als Einheit des Ortes seiner Meditation zu wählen.

Betrachten wir das Werk Saint-Exupérys als Ganzes, so erstaunt uns die Beharrlichkeit der Gedankenführung, die ihn von der Romanform des »Südkurier« bis zu der allen Beiwerks entkleideten Form der »Citadelle« gelangen läßt. Die Vertiefung der moralischen Probleme, wie sie dem Autor eigen ist, ergreift nach und nach von seinen Schriften Besitz und verscheucht alle literarischen Effekte. Die Personen aber bleiben. Saint-Exupéry erkennt das Gleichnis als notwendig

an, freilich – in eben dem Maße, wie dieser Begriff mit dem »Neuen Testament« verbunden ist – das unmittelbare Gleichnis, ohne Zwischenschaltung von Bild und Beschwörung.
Sein ethisches Vorstellungsvermögen, dem es niemals an Fleisch und Blut fehlt, trachtet nur innerhalb einer schon geschaffenen »Sprache« danach, zu sich selber zu kommen. Niemals stellt er die Notwendigkeit der Welt in Frage, die diesen bestimmten Typ Mensch geformt hat: den Menschen, der als ein Glied dieser Welt seinen Mitmenschen gegenüber verantwortlich ist. Denn wenn er auch die Unabhängigkeit des Geistes wünscht, so entläßt er den Menschen doch keinesfalls aus der Verantwortung gegenüber der Gemeinschaft:
»Denn du willst wie ein schöner Baum gepflanzt sein, reich an Rechten und Pflichten und verantwortlich; aber du übernimmst im Leben niemals eine menschliche Aufgabe auf die gleiche Weise, wie der Maurer auf dem Bauplatz die Anordnung eines Aufsehers befolgt. Es wird leer in dir, wenn du dir selber abtrünnig wirst.«
Da er die Voraussetzungen eines von Inbrunst erfüllten Lebens zu ergründen sucht, erforscht Saint-Exupéry die entscheidenden Etappen, die den einzelnen mit Gott verbinden: die Familie, das Haus, den Beruf, die menschliche Gemeinschaft und deren Transzendenz durch das Streben nach einer Größe, die sie übersteigt. »Der Mensch will seinem Hackenschlag einen Sinn geben.« Aber was bietet er dem Menschen, damit sein Hackenschlag sinnvoll werde? Er bietet nichts anderes als eine Bewegung der Transzendenz, die den Menschen Gott entgegenführt, unter Mißachtung aller Bindung an Besitz und Genuß. Schon im »Nachtflug« hat er seinen Gedanken geprägt: es gilt, seinen vergänglichen Leib auszutauschen! Er wiederholt ihn hier: »›Was ist es, Flickschuster, was dich so fröhlich stimmt?‹ – Aber ich hörte nicht auf seine Antwort, denn ich wußte genau, daß er sich täuschte und daß er mir von dem Gelde, das er verdient hatte, oder von der Mahlzeit, auf die er wartete, oder von seinem Feierabend erzählen würde. Er wußte ja nicht, daß

sein Glück darin bestand, sich in goldene Pantoffeln zu verwandeln.« – Dieses Bild des Austausches und der Verwandlung kehrt ständig wieder: »So haben sie sich ihr Leben lang für eine Bereicherung ohne Nutzen abgemüht, sich ganz und gar gegen die unzerstörbare Stickerei ausgetauscht...«
Allein schon durch diese Vorstellung verurteilt Saint-Exupéry jedes System, dem das materielle Wohlbefinden als alleinige Zielsetzung gilt.
Sein Humanismus hatte es Menschen, die auf der politischen und sozialen Ebene die entgegengesetztesten Auffassungen vertreten, gestattet, sich in ihrer Polemik auf ihn zu berufen oder ihn zur Bekräftigung ihrer Parolen zu zitieren.
Künftig werden derartige gedankliche Annäherungen nicht mehr möglich sein. Im Buche »Citadelle« nimmt Saint-Exupéry unermüdlich seine Themen wieder auf, als fürchtete er, es könne bei der Auslegung seiner Anschauungen ein Mißverständnis bestehenbleiben. Um seine Lehre darzulegen, mischt er all die Fülle von Beispielen in sie hinein, die er zu finden vermag. Er tut das so gründlich, daß man zwar ein Zitat, wenn man es verwenden will, aus seinem Zusammenhang herauslösen und wie einen Leitspruch als Waffe verwenden kann; aber da Saint-Exupéry keine seiner Überzeugungen im unklaren gelassen hat, können ihm solche Zitate zur Erhärtung irgendwelcher politischer oder sozialer Forderungen nicht mehr so leicht entlehnt werden.
Das Werk, das Saint-Exupéry hinterlassen hat, ist in einem Zustand verblieben, den er als »Gangstein« bezeichnete. Wenn ihn einer nach dem Erscheinungstermin dieses Werkes fragte, antwortete er lachend: »Ich werde es niemals beenden... Es ist mein posthumes Werk!«
Als er im Dezember 1940 nach den Vereinigten Staaten aufbrach, nahm er einige mit der Maschine geschriebene und andere handgeschriebene Seiten mit, die etwa fünfzehn Kapitel des vorliegenden Buches umfaßten. Manche dieser durchkorrigierten Kapitel hatten eine nahezu endgültige Fassung erhalten, insbesondere die Abschnitte »Der Palast meines Vaters«, »Die Verurteilten«, »Die Frauen«, aber sie besaßen

nicht die didaktische Kraft jener Kapitel, die folgen sollten. Sie waren in einer unbeschwerten Epoche konzipiert worden, in der die geistige Unordnung noch weniger offensichtlich war und ihn noch nicht mit solcher Gewalt die Notwendigkeit spüren ließ, seinen moralischen Überzeugungen Ausdruck zu verleihen.

Der Krieg, die Niederlage, die er durchlebt hat, die Aufspaltung seiner Landsleute und die Begebenheiten, deren Zeuge er in den Vereinigten Staaten geworden ist, geben seinen Gedankengängen eine andere Richtung und festigen seine Ethik im Sinne eines sozialen Aufbaus.

Anfang 1941 verläßt Saint-Exupéry New York und begibt sich nach Kalifornien in ärztliche Behandlung. Während seiner Rekonvaleszenz macht er sich Notizen und arbeitet am Plan der »Citadelle«.

Nach New York zurückgekehrt, schreibt er den ersten Teil vom »Flug nach Arras«, dann hält er inne.

In einer Zeit, in der der Parteigeist die Ideenverwirrung noch steigert, in der die meisten nach Schlagworten, nach Kriegsparolen verlangen, will Saint-Exupéry den Überzeugungen, die sein Denken und Handeln bestimmen, eine klare und verständliche Form verleihen.

Das »Credo« am Schluß des »Flug nach Arras« kennzeichnet den Übergang seiner früheren Schreibweise zu dem Stil, der ihm fortan am natürlichsten ist, dem seines posthumen Werkes.

Die Verständnislosigkeit, der er bei gewissen Franzosen begegnet, die Verleumdungen, denen er ausgesetzt ist, machen die Zeit der Verbannung zur grausamsten seines Lebens.

Ohne Bitterkeit und ohne Zorn überträgt Saint-Exupéry seine eigene Position auf die Dichtung: »Jener Sänger, dem man vorwarf, daß er falsch singe, da er in einem zerfallenen Reiche ergreifende Weisen sang und auf diese Weise einen toten Gott verherrlichte...« Er wird niemals etwas gegen seine Feinde vorbringen, aber von den Flüchtlingen in der Berberei reden: »Sie überwachen sich gegenseitig wie Hunde, die den Trog umkreisen« – und von sich selber wird er sagen: »Wenn ich mich in meinem unwiderruflichen Exil derart außerhalb aller falschen Streitigkeiten stelle und weder für die einen gegen die anderen, noch für die zweiten gegen die ersteren eintrete; wenn ich über den Sippschaften, den Klüngeln und Parteiungen stehe und allein um des Baumes willen gegen die Bestandteile des Baumes und um der Bestandteile des Baumes willen im Namen des Baumes kämpfe – wer könnte dann wider mich sein?«

Auf diese Weise bringt dieses Werk, obwohl es den Leser nicht durch den vertraulichen Ton des »Kleinen Prinzen« erreicht – der die Seelenzartheit Saint-Exupérys offenbart –, und trotz seiner Form uns den Autor nicht weniger nahe, und wer Saint-Exupérys Entwicklung aus der Nähe verfolgt hat, wird auf diesen Seiten die Begebenheiten, die Zusammenstöße und die Konstanten seines Lebens wiederfinden.

Die Einheit der »Citadelle« wird hergestellt durch die Stimme der Hauptperson, die sich darin äußert. Im Lauf seiner ersten Gesänge unterrichtet sich der junge Prinz an der Seite seines Vaters, des Herrn des Reiches, über die Führung der Menschen. Demütig hört er zu und läßt sich belehren von dem, der einmal die Macht in seine Hände legen wird. Nachdem er selber die Herrschaft angetreten hat, erforscht er, was sein Volk mit Inbrunst erfüllt oder was es enttäuscht, was sein Reich festigt und was es zersetzt.

Der Zusammenhang des Werkes wird mehr durch den Ton als durch den Ablauf der Geschehnisse aufrechterhalten. Manche werden diesem Text eben seine Form zum Vorwurf machen, die sich vielleicht als biblisch kennzeichnen läßt. Wir glauben nicht, daß man deswegen auf den Einfluß orientalischer Schriften schließen dürfte, den Saint-Exupéry erfahren hätte. Eine natürliche Regung seines Herzens ließ ihn sich diesem Stil zuwenden. Wenn die Begeisterung ihn überkam, suchte er sich nach Art eines lyrischen Rezitativs auszudrücken, und wenn er eine seiner Lieblingsvorstellungen erläuterte (beispielsweise die Erhaltung der Qualität), nahm er gegenüber seinem Gegenstand die Distanz des Herrschers der »Citadelle« ein, der sein Volk betrachtet.

Dieses Werk, das die *Summa* Saint-Exupérys darstellt und seine über mehrere Jahre sich erstreckenden Meditationen zusammenfaßt, wurde uns in Gestalt von unvollständigen und größtenteils unleserlichen Konzepten und von neunhundertfünfundachtzig Schreibmaschinenseiten hinterlassen.
Saint-Exupéry arbeitete bis tief in die Nacht hinein; bevor er sich schlafen legte, sprach er dann das Arbeitsergebnis des Abends in sein Diktaphon. Die Stenotypistin holte am Morgen die Rollen ab und übertrug das, was sie gehört hatte, so genau wie möglich. Aber von diesen neunhundertfünfundachtzig Seiten sah Saint-Exupéry nur wenige wieder durch. Er war der Auffassung, daß er noch viel zu sagen habe, bevor er ans Kürzen und Korrigieren gehen könne. Der Text ist nicht komprimiert und weist überdies zahlreiche, auf phonetischem Wege entstandene Fehler auf: Homonyme, irrtümliche Wortverbindungen usw. Der Leser wird somit im Laufe seiner Lektüre zahlreiche Sätze finden, deren Sinn dunkel ist, sowie Kapitel, die nur verschiedene Fassungen des gleichen Themas darstellen. Wir haben es nicht für angängig gehalten, uns an die Stelle Saint-Exupérys zu setzen, um eine Auswahl der Kapitel zu treffen oder den Sinn und die Formulierung mancher Sätze zu korrigieren.
Saint-Exupéry war im März 1943 in Nordafrika eingetroffen. Im August des gleichen Jahres wurde er der Offiziersreserve zugeteilt. Alsbald setzte er alles in Bewegung, um wieder in den aktiven Dienst übernommen zu werden, aber erst im Februar 1944 bot sich hierzu eine Gelegenheit: als er von der Anwesenheit des Generals Eaker in Neapel erfahren hatte (der amerikanische General Eaker befehligte die Luftstreitkräfte im Mittelmeerraum, denen die Gruppe 2/33 unterstellt war), wollte Saint-Exupéry um jeden Preis mit ihm zusammentreffen. Ein Freund ermöglichte ihm, daß er von »Maison Blanche« aus starten konnte; so begab er sich nach Neapel. Er spielte seine letzte Karte aus: alles andere lieber als eine Rückkehr nach Algier!
In Neapel wartete er im Hauptquartier des Generals darauf, vorgelassen zu werden, und bewies dabei jene Geduld und

Beharrlichkeit, deren er allein fähig war, wenn er etwas mit allen Kräften herbeiwünschte. Der Oberbefehlshaber bereitete dem hochgewachsenen, kahlköpfigen Burschen mit den ergrauenden Schläfen, der ihn wie ein Kind anflehte, ihn fliegen zu lassen, einen freudigen Empfang.
So gelang es ihm mit Hilfe der Amerikaner, zur Gruppe 2/33 zurückkehren zu dürfen. Der General Eaker hatte ihm fünf Flüge zugebilligt. Ende Juli hatte er bereits acht durchgeführt und meldete sich immer wieder freiwillig, was seine Kameraden in Sorge versetzte. Um ihn zu schützen, hatte sein Kommodore zusammen mit anderen Offizieren eine Verschwörung ausgeheckt: »Saint-Ex« sollte in die bevorstehende Landung in Südfrankreich eingeweiht werden, um ihn am Fliegen zu hindern. Diese Unterredung war für den Abend des 31. Juli vorgesehen. Aber am 31. vormittags startete Saint-Exupéry zu einem Aufklärungsflug über dem Gebiet von Grenoble und Annecy, nahe der Gegend, in der er seine Kindheit verbracht hatte. Er hatte so sehr darauf gedrungen, daß man ihm diesen Auftrag erteilte...
Er startete in bester Laune; er hatte sein Flugzeug gut in der Hand, und das Wetter war prächtig. Da kein Funkspruch von ihm aufgefangen wurde, besteht Grund zu der Annahme, daß sein Absturz plötzlich erfolgte und durch den Angriff eines deutschen Jägers bewirkt worden ist. Aber er war bereit und vollkommen ruhig: »Daigne faire l'unité pour ta gloire, en m'endormant aux creux de ces sables déserts où j'ai bien travaillé.« *

* Die deutsche Übersetzung dieses Textes steht am Ende des Abschnittes 213

Der Text der französischen Ausgabe stellt die getreue Wiedergabe des Manuskriptes dar, wie Antoine de Saint-Exupéry es hinterlassen hat. Die Übersetzung bemüht sich um möglichst wörtliche Genauigkeit.

Die Stadt in der Wüste

1

Allzuoft habe ich gesehen, wie das Mitleid irregeht. Doch wir, die wir über die Menschen herrschen, haben ihr Herz zu ergründen gelernt, damit sich unsere Fürsorge einem Gegenstand zuwende, der der Beachtung würdig ist. So versage ich dieses Mitleid den eitel zur Schau getragenen Wunden, die den Frauen das Herz zerreißen, wie auch den Sterbenden und den Toten. Und ich weiß warum.

In meiner Jugend gab es eine Zeit, da hatte ich Mitleid mit den Bettlern und ihren Geschwüren. Ich warb Heilkundige für sie an und kaufte Balsam. Die Karawanen brachten mir von einer Insel goldhaltige Salben, die die Haut über dem Fleisch wieder flicken. Also tat ich bis zu dem Tage, da ich einsah, daß sie auf ihren Gestank Wert legten wie auf einen seltenen Schatz, denn ich hatte sie dabei ertappt, wie sie ihre Wunden kratzten und mit Mist befeuchteten, so wie einer das Erdreich düngt, um ihm die purpurne Blume zu entreißen. Stolz zeigten sie einander ihre Fäulnis und brüsteten sich mit den empfangenen Almosen, denn wer am meisten von ihnen einnahm, kam sich im stillen vor wie der Oberpriester, der das schönste Götterbild zur Schau stellt. Wenn sie sich herbeiließen, meinen Arzt zu Rate zu ziehen, so geschah es in der Hoffnung, ihre Geschwüre würden ihn staunen machen durch ihren Pestgeruch und ihre Fülle. Und sie schwenkten ihre Stümpfe, um ihren Platz in der Welt zu behaupten. So nahmen sie die Pflege wie eine Huldigung entgegen und hielten ihre Glieder den Waschungen hin, die ihnen schmeichelten. Doch kaum war ihr Übel getilgt, da entdeckten sie ihre Unwichtigkeit, weil sie nun nichts mehr aus sich nährten; sie kamen sich wie überflüssig vor und widmeten sich fortan dem Wiedererwecken jenes Geschwürs, das von ihnen lebte. Und sobald sie sich durch ihr Leiden wieder herausgeputzt hatten, zogen sie abermals, eitel und prahlerisch, den Napf in der Hand, auf der Karawanenstraße dahin und forderten im Namen ihrer unsauberen Götter Tribut von den Reisenden.

Es gab auch eine Zeit, da ich Mitleid mit den Toten empfand. Denn ich glaubte, einer, den ich in seiner Wüste hinopferte, versinke in einer verzweifelten Einsamkeit –, ahnte ich doch noch nicht, daß die Sterbenden niemals einsam sind. Ihre Willfährigkeit hatte mir noch nicht zu denken gegeben. Aber ich sah den Selbstsüchtigen oder den Geizhals – selbst den, der sich mit lauter Stimme gegen jede Vergeudung verwahrt hatte –, wie sie alle, wenn ihr letztes Stündlein herannahte, die Angehörigen ihres Hauses um sich versammelten, um dann ihre Habe mit verächtlicher Großzügigkeit unter sie zu verteilen, als ob sie Kindern nutzloses Spielzeug reichten. Ich sah den Verwundeten in seiner Verzagtheit, den gleichen, der in einer unbedeutenden Gefahr wohl gar geschrien hätte, um Hilfe herbeizurufen; war er dann aber zu Tode getroffen, wies er jeden Beistand zurück, wenn sich zeigte, daß er dadurch seine Kameraden irgendwie hätte gefährden können. Wir rühmen solche Selbstverleugnung. Doch auch hierin fand ich wiederum nur ein verstecktes Zeichen der Verachtung. Ich kenne manchen, der seine Kürbisflasche weiterreicht oder seine Brotrinde teilt, wenn der Hunger am größten ist. Und das geschieht vor allem, weil er selber keine Bedürfnisse mehr hat und in wahrhaft königlicher Gleichgültigkeit diesen Knochen einem anderen zum Abnagen überläßt.

Ich habe die Frauen gesehen, wie sie die toten Krieger beklagten. Doch wir selber haben sie hintergangen. Du sahst sie ja heimkehren, die ruhmredigen und lästigen Überlebenden, wie sie viel Lärm um ihre Heldentaten machten und als Unterpfand für das bestandene Wagnis auf den Tod der anderen verwiesen, einen Tod, den sie schrecklich nannten, denn er hätte sie selber treffen können. Auch ich habe in meiner Jugend jenen Strahlenkranz der von anderen empfangenen Säbelhiebe um meine Stirne geliebt. Ich kam zurück und brüstete mich mit meinen toten Kameraden und ihrer furchtbaren Verzweiflung. Aber der allein, den der Tod erkoren hat und dem es auferlegt wurde, sein Blut auszuspeien und seine Eingeweide festzuhalten, entdeckt die Wahrheit: daß nämlich der Tod keinen Schrecken hat. Der eigene Körper erscheint ihm als ein fortan nutzloses Werkzeug, das seine Schuldigkeit getan hat und das er wegwirft. Als ein Körper, der aus den Fugen ging und seine Abnutzung enthüllt. Und hat er Durst, dieser Körper, so sieht der Sterbende nichts weiter in ihm als einen Anlaß zum Dursten, wovon er gerne befreit sein möchte. Und nutzlos werden nun alle die Güter, die einst dazu dienten, dieses halbfremde Fleisch zu schmücken, zu nähren und zu feiern; es ist nur noch ein häusliches Besitzstück wie der an seinen Pflock angebundene Esel. Dann beginnt der Todeskampf, der nur noch aus den Schwankungen des Bewußtseins besteht, das die Gezeiten der Erinnerung abwechselnd leeren und füllen. Sie kommen und gehen wie Ebbe und Flut, wiederum anschwemmend, was sie schon fortgespült hatten: alle die Vorräte an Bildern, alle die Schneckenhäuser der Erinnerung, alle die Muschelschalen der einmal gehörten Stimmen. Sie steigen wieder hoch, sie überströmen von neuem die Algen des Herzens, und so werden alle Zärtlichkeiten noch einmal wach. Doch die Tag- und Nachtgleiche bereitet sich zu ihrer entscheidenden Ebbe, das Herz wird leer, die Gezeiten mit ihren Schätzen kehren heim zu Gott.

Gewiß habe ich Menschen den Tod fliehen sehen, die schon im voraus über die Begegnung bestürzt waren. Doch laßt euren Irrtum fahren: noch nie sah ich einen Sterbenden von Furcht befallen!

Warum also sollte ich sie beklagen? Warum sollte ich meine Zeit damit verlieren, ihre Vollendung zu beweinen? Allzugut lernte ich die Vollkommenheit der Toten kennen. Streifte mich jemals ein leichterer Hauch als der Tod jener Sklavin, mit der man meine sechzehn Jahre erfreute, und die sich schon anschickte zu sterben, als man sie mir brachte; sie atmete in so kurzen Stößen und verbarg ihr Röcheln in den Leinentüchern, am Ziel ihres Laufes, wie die Gazelle, schon zu Tode gehetzt, aber ohne davon zu wissen, denn sie liebte es zu lächeln. Doch dieses Lächeln war Windhauch überm Flusse, Fährte eines Traumes, Kielspur eines Zeichens; und von Tag zu Tag läuterte es sich und wurde immer kostbarer, immer schwerer festzuhalten, bis es zu jener ganz einfachen und so reinen Linie wurde, als das Zeichen erloschen war.

Da war auch der Tod meines Vaters. Meines Vaters, der sich vollendet hatte und zu Stein geworden war. Die Haare des Täters bleichten, so erzählt man, als sein Dolch diesen vergänglichen Körper, statt ihn zu leeren, mit solch einer Majestät erfüllt hatte. Den Mörder, der sich im königlichen Gemach verborgen hielt, Auge in Auge – nicht mit seinem Opfer, sondern mit dem gewaltigen Granit eines Sarkophages, in der Schlinge eines Schweigens gefangen, von dem er selber die Ursache war: ihn fand man beim Morgengrauen in Anbetung hingesunken, überwältigt allein durch die Reglosigkeit des Toten.

So hat mein Vater, von einem Königsmörder mit einem Schlage in die Ewigkeit versetzt, nachdem er seinen letzten Atemzug getan hatte, drei Tage lang den Atem aller anderen angehalten. So fest, daß sich die Zungen erst wieder lösten und die Schultern wieder aufrichteten, als wir ihn zu Grabe getragen hatten. Doch er schien uns so viel zu bedeuten – er, der nicht mehr regierte, sondern Gewicht hätte und uns seine Spur tief einprägte –, daß wir nicht einen Leichnam zu begraben, sondern einen Schatz aufzuspeichern meinten, als wir ihn mit ächzenden Stricken in die Grube senkten. Er wog, als er so niederschwebte, wie der erste Stein eines Tempels. Und wir begruben ihn nicht, wir siegelten ihn in den Boden ein, wo er schließlich zu dem wurde, was er nun ist: zu diesem Fundament.

Er lehrte mich den Tod kennen, und als ich jung war, nötigte er mich, dem Tode voll ins Antlitz zu blicken, denn er selbst senkte niemals die Augen. Mein Vater war vom Geblüte der Adler.

Es war während des unseligen Jahres, dem man den Beinamen »Das Festmahl der Sonne« gegeben hatte, denn in jenem Jahre dehnte die Sonne die Wüste aus. Sie strahlte auf die Sandflächen, inmitten der Gebeine, der trockenen Dornen, der durchsichtigen Häute toter Eidechsen und jenes fahlgelben Grases, das sich in Roßhaar verwandelt hatte. Die Sonne, durch die sich die Stengel der Blumen bilden, hatte ihre Geschöpfe verschlungen und thronte über deren hingesäten Kadavern wie ein Kind inmitten des Spielzeugs, das es zerstört hat.

Sie zehrte sogar die unterirdischen Vorräte auf und trank das Wasser der spärlichen Brunnen. Sie zehrte selbst die Vergoldung der Sandflächen auf, die so leer, so weiß wurden, daß wir diesen Landstrich »den Spiegel« tauften. Denn auch ein Spiegel enthält nichts, und die Bilder, mit denen er sich füllt, haben weder Dauer noch Gewicht. Und mitunter versengt er wie ein Salzsee die Augen.

Wenn sich die Kameltreiber verirren und in diese Schlinge geraten, die noch nie ihre Beute wieder hergegeben hat, erkennen sie sie nicht von vornherein, denn sie hat keinerlei Kennzeichen, und so schleppen sie, wie einen Schatten ins Sonnenlicht, ihre gespenstische Gegenwart mitten hinein. Festgeklebt auf dieser Leimrute des Lichtes, glauben sie zu gehen; schon von der Ewigkeit verschlungen, glauben sie, noch zu leben. Sie treiben ihre Karawane weiter voran, dorthin, wo keine Anstrengung mehr gegen den stummen Widerstand der Weite aufkommt. Während sie einem Brunnen entgegenziehen, den es nicht gibt, freuen sie sich über die Frische der Abenddämmerung, die doch fortan nur ein nutzloser Aufschub ist. Vielleicht klagen sie über die Länge der Nächte – die Einfältigen! –, da doch die Nächte gar bald über sie hinwegziehen werden wie das Auf- und Niederschlagen der Augenlider. Noch schmähen sie sich in kehligen Lauten wegen kleiner Ungerechtigkeiten und wissen nicht, daß für sie die Gerechtigkeit schon ihren Lauf genommen hat.

Glaubst du, daß hier eine Karawane dahineilt? Laß zwanzig Jahrhunderte vergehen und komm zurück, um nachzuschauen!

Eingeschmolzen in die Zeit und in Sand verwandelt, als Schattenbilder, die der Spiegel verschluckte, so fand ich sie selber, als mich mein Vater hinter sich aufsitzen ließ und mit mir fortritt, um mich den Tod zu lehren.
– Sieh dort, sagte er mir, dort war ein Brunnen.
Auf dem Grunde eines jener senkrechten Schächte, die nur einen einzigen Stern widerspiegeln – so tief sind sie –, hatte sich sogar der Schlamm verhärtet, und der darin eingefangene Stern war erloschen. Doch das Fehlen eines einzigen Sterns genügt, um eine Karawane aus ihrer Bahn zu werfen; das wirkt ebenso sicher wie ein Hinterhalt.
Rings um die enge Öffnung wie um eine zerrissene Nabelschnur hatten sich vergebens Menschen und Tiere angeklammert, um ihren Lebenssaft aus dem Leibe der Erde zu empfangen. Umsonst aber hatten die bewährtesten Arbeiter, die man bis zum Boden dieses Abgrunds hinabseilte, an der harten Kruste geschabt. Gleich dem lebendig aufgespießten Insekt, das in seinen Todeszuckungen die Seide, den Blütenstaub und das Gold seiner Flügel um sich ausbreitet, begann schon die Karawane zu bleichen, die ein einziger leerer Brunnen an den Boden genagelt hatte; sie war erstarrt inmitten der Unbeweglichkeit der zusammengebrochenen Gespanne, der aufgeplatzten Felleisen, der wie Schutt ausgeschütteten Diamanten und der Goldbarren, die der Sand bedeckte.

Während ich all das betrachtete, sagte mein Vater:
– Du weißt, wie ein Hochzeitsmahl aussieht, sobald die Hochzeitsgäste und die Liebenden aufgebrochen sind. Der Tagesanbruch enthüllt die Unordnung, die sie zurückließen. Zerschlagene Krüge, umgestürzte Tische, die erloschene Kohlenglut – all das bewahrt den Abdruck eines wilden Treibens, das nun erstarrt ist. Doch wenn du diese Spuren abliest, wirst du nichts über die Liebe erfahren.
– Wenn der Analphabet das Buch der Propheten wiegt und

wendet, sagte er mir weiter, wenn er bei der Zeichnung der Buchstaben und dem Golde der ausgemalten Bilder verweilt, verfehlt er das Wesentliche; denn dieses besteht nicht im nichtigen Gegenstand, sondern in der göttlichen Weisheit. So ist das Wesentliche einer Kerze nicht das Wachs, das seine Spuren hinterläßt, sondern das Licht.

Da mich aber ein Zittern befiel, weil ich in der Weite des wüsten Hochlandes diesen Überresten vom Mahle Gottes begegnet war, die den Opfertischen aus alter Zeit glichen, sagte mein Vater noch:

– Das Wesentliche zeigt sich nicht in der Asche. Halte dich nicht länger mit diesen Kadavern auf! Hier gibt es nichts außer Karren, die für alle Ewigkeit festgefahren sind, da ihnen die Lenker fehlen.

– Wer wird mich dann aber lehren? rief ich ihm zu.

– Das Wesentliche der Karawane entdeckst du, wenn sie sich abnutzt. Vergiß den eitlen Lärm der Worte und schau: wenn der Abgrund ihrem Wege widersteht, umgeht sie den Abgrund; wenn der Fels sich erhebt, weicht sie ihm aus; wenn der Sand zu fein ist, sucht sie anderswo festen Sand, doch stets schlägt sie wieder die gleiche Richtung ein. Wenn eine verborgene Salzschicht unter dem Gewicht ihrer Lasten knirscht, siehst du sie unruhig werden, die Tiere aus dem Schlamm zerren, sich vortasten, um einen sicheren Untergrund zu finden, aber bald ordnet sie sich von neuem und zieht wieder in der ursprünglichen Richtung weiter. Wenn ein Tragtier zusammenbricht, wird angehalten; man sammelt die zerbrochenen Kisten auf, belädt ein anderes Tragtier damit und reißt am Knoten des ächzenden Stricks, um sie gut zu verschnüren; dann nimmt man den gleichen Weg wieder auf. Zuweilen stirbt einer, der als Führer diente. Man umringt ihn. Man verscharrt ihn im Sande. Man streitet sich. Dann bestellt man einen andern zum Führer und richtet abermals den Kompaß auf das gleiche Sternbild. So bewegt sich die Karawane notwendig in einer Richtung, die sie beherrscht; sie gleicht einem Stein, der einen unsichtbaren Hang hinabrollt.

Eine junge Frau, die irgendein Verbrechen begangen hatte, verurteilten die Richter der Stadt einstmals dazu, die zarte Hülle ihrer Haut in der Sonne abzustreifen; so ließen sie sie einfach in der Wüste an einen Pfahl binden.
– Ich werde dich lehren, sagte mein Vater, worauf das Streben der Menschen gerichtet ist.
Und abermals nahm er mich mit sich.
Während wir unterwegs waren, zog ein ganzer Tag über sie hin, und die Sonne trank ihr warmes Blut, ihren Speichel und den Schweiß ihrer Achselhöhlen. Sie trank das Wasser des Lichtes aus ihren Augen. Mit ihrer kurzen Barmherzigkeit sank die Nacht herab, als wir, mein Vater und ich, an die verbotene Schwelle der Hochebene gelangten, wo sich ihr weißer und nackter Leib vom felsigen Boden abhob, – zarter als ein Blumenstengel, der sich von Feuchtigkeit nährt, nun aber abgeschnitten ist von den Vorräten des schwerfälligen Wassers, die unter der Erde ihr dichtes Schweigen bilden. So wand sie die Arme wie eine Rebe, die schon in der Feuersglut prasselt, und flehte Gott um Erbarmen an.
– Höre sie, sagte mein Vater. Sie entdeckt das Wesentliche...
Ich aber war noch ein Kind und wollte verzagen:
– Vielleicht leidet sie, antwortete ich, und vielleicht hat sie auch Angst...
– Sie ist über das Leiden und die Angst hinaus, antwortete mein Vater, das sind Stallkrankheiten für das niedrige Herdenvieh. Sie entdeckt die Wahrheit.

Und ich hörte ihre Klage. In dieser Nacht ohne Grenzen gefangen, rief sie die abendliche Lampe in ihrem Hause herbei und die Kammer, in der sie sich hätte sammeln können, und die Tür, die sich fest hinter ihr geschlossen hatte. Dem gesamten Weltall preisgegeben, das keinerlei Gesicht zeigte, rief sie nach dem Kinde, das man vor dem Einschlafen küßt und das die Welt in sich zusammenfaßt. Auf dieser wüsten Ebene dem Vorüberzug des Unbekannten unterworfen, besang sie des Gatten Schritt, der des Abends auf der Schwelle ertönt, und der vertraut ist und beruhigt. Der Unendlichkeit zur Schau gestellt, in der es nichts Greifbares mehr für sie gab, flehte sie, man möge ihr die festen Dämme zurückgeben, ohne die sich nicht leben läßt: jene Lage Wolle zum Kämmen, jenen Napf zum Abspülen – eben nur diesen da –, jenes Kind, um es in den Schlaf zu wiegen, und kein anderes. Sie rief nach der Ewigkeit des Hauses, das mit dem ganzen Dorfe unter dem gleichen Abendgebet geborgen ist.

Mein Vater ließ mich wieder hinter sich aufsitzen, als der Kopf der Verurteilten auf ihre Schulter gesunken war. Und das Wehen des Windes war um uns.

– Heute abend wirst du sie hören, sagte mein Vater, wie sie unter den Zelten aufsässig grollen und mir meine Grausamkeit vorwerfen. Aber ich werde sie zwingen, ihre Empörungsgelüste hinunterzuschlucken: ich schmiede den Menschen.

Ich erriet jedoch meines Vaters Güte.

– Ich will, so schloß er, daß sie die lebendigen Wasser der Brunnen liebgewinnen. Und die einheitliche Fläche der grünen Gerste, unter der sich die Risse des Sommers wieder geschlossen haben. Ich will, daß sie die Wiederkehr der Jahreszeiten preisen. Ich will, daß sie sich reifenden Früchten gleich von Stille und Langsamkeit nähren. Ich will, daß sie lange ihre Verstorbenen beweinen und lange die Toten ehren, denn das Erbe geht nur langsam von einem Geschlecht auf das andere über, und ich möchte nicht, daß sie unterwegs ihren Honig verlieren. Ich will, daß sie dem Ölzweig gleichen. Ihm, der erwartet. Dann werden sie beginnen, den großen Pendelschlag Gottes in sich zu spüren; denn Gott kommt wie ein Hauch, um den Baum zu erproben. Er führt sie und geleitet sie heim, von der Morgenröte zur Nacht, vom Sommer zum Winter, von der sprießenden Saat zur geborgenen Ernte, von der Jugend zum Alter und vom Alter sodann zu neuen Kindern.

Denn so wenig wie vom Baum weißt du vom Menschen, wenn du ihn in seiner Dauer ausbreitest und ihn nach seinen Unterschieden einteilst. Mitnichten ist der Baum zuerst

Same, dann Sproß, dann biegsamer Stamm, dann dürres Holz. Man darf ihn nicht zerlegen, wenn man ihn kennenlernen will. Der Baum ist jene Macht, die sich langsam dem Himmel vermählt.

— So steht es mit dir, du kleiner Mensch. Gott läßt dich geboren werden und aufwachsen, er erfüllt dich nacheinander mit Wünschen und Klagen, mit Freuden und Leiden, mit Zorn und Vergebung; dann nimmt er dich heim zu sich. Du bist indessen weder dieser Schüler noch dieser Gatte, weder dieses Kind noch dieser Greis. Du bist einer, der sich vollendet. Und wenn du dich als ein wiegender Zweig zu entdecken weißt, der fest mit dem Ölbaum verwachsen ist, wirst du in deinen Bewegungen die Ewigkeit kosten. Und alles um dich her wird ewig werden. Der Brunnen wird ewig sein, der sein Lied singt und schon deine Väter gelabt hat; das Licht der Augen wird ewig sein, wenn dir deine Geliebte zulächelt; die Kühle der Nächte wird ewig sein. Die Zeit ist dann nicht mehr ein Stundenglas, das seinen Sand verbraucht, sondern eine Schnitterin, die ihre Garbe bindet.

2

So entdeckte ich, als ich auf dem höchsten Turme der Zitadelle stand, daß weder das Leid noch der Tod in Gottes Schoß und nicht einmal die Beweinung der Toten beklagenswert ist. Denn wenn das Andenken des Entschwundenen geehrt wird, ist er gegenwärtiger und mächtiger als der Lebende. Und ich begriff die Angst der Menschen und sie dauerten mich.

Und ich beschloß, sie zu heilen.

Der allein erregt mein Mitleid, der in der großen patriarchalischen Nacht erwacht, da er sich unter Gottes Sternen geborgen glaubte, und sich plötzlich auf Reisen sieht.

Ich verbiete, ihn zu befragen, denn ich weiß, daß es keine Antwort gibt, die den Durst stillt. Einer, der fragt, sucht vor allem den Abgrund.

Ich verdamme die Unruhe, die die Diebe zum Verbrechen treibt, denn ich lernte in ihnen zu lesen und weiß, daß es für sie keine Rettung ist, wenn ich sie aus ihrem Elend errette. Sie täuschen sich nämlich, wenn sie glauben, sie begehrten eines anderen Gold. Doch das Gold glänzt wie ein Stern. Jene Liebe, die sich selber nicht kennt, ist allein auf ein Licht gerichtet, das sie nie einfangen können. Sie eilen von Widerschein zu Widerschein und entwenden nutzlose Güter; so wie der Narr das schwarze Wasser der Brunnen schöpfen möchte, um den Mond zu greifen, der sich darin spiegelt. Sie gehen und werfen die nichtige Asche, die sie geraubt haben, in das kurze Feuer der Orgien. Dann stehen sie wieder des Nachts auf der Lauer, blaß wie auf der Schwelle eines Stelldicheins, regungslos aus Angst, sie könnten jemanden aufscheuchen, und meinen, hier sei etwas zu finden, was vielleicht eines Tages ihr Glück machen werde.

Ließe ich solch einen frei laufen, bliebe er doch seinem Kulte treu, und morgen würden meine Kriegsleute aus dem Gebüsch hervorbrechen und ihn in einem fremden Garten ertappen, während er klopfenden Herzens zu spüren glaubte, das Glück werde ihm diese Nacht zu Willen sein.

Und gewiß, zunächst hülle ich sie in meine Liebe ein, denn ich weiß, daß ihnen mehr Inbrunst innewohnt als den Tugendsamen in ihren Kramläden. Doch ich bin Städtebauer. Ich habe beschlossen, hier den Grundstein für meine Zitadelle zu legen. Ich habe die Karawane auf ihrem Wege angehalten. Sie war nur Samen im Treiben des Windes. Der Wind führt den Samen der Zeder wie einen Duft mit sich fort. Ich aber widerstehe dem Wind und vergrabe den Samen, damit die Zedern zum Ruhme Gottes emporwachsen.

Die Liebe muß ihren Gegenstand finden. Den allein rette ich, der liebt, was ist, und den man sättigen kann.

Deshalb schließe ich auch die Frau in die Ehe ein und gebiete, daß die Ehebrecherin gesteinigt werde. Und gewiß begreife ich ihren Durst und die Gewalt der Stunde, auf die sie sich beruft. Ich weiß in ihr zu lesen, wenn sie sich im dämmernden Abend, der allen Wundern geöffnet ist, auf die Brüstung der Terrasse stützt, ringsum wie auf hoher See von der Weite des Horizontes umschlossen und einsam, wie in der Hand des Henkers, der Marter ihres zärtlichen Verlangens preisgegeben.

Ich spüre sie zucken und beben, gleich einer auf den Sand geworfenen Forelle; wie diese die flutende Woge, erwartet sie den blauen Mantel des Kavaliers. Ihr Ruf durchdringt die ganze Tiefe der Nacht. Wer aus ihr auftaucht, der wird sie erhören. Doch vergebens wird sie von Mantel zu Mantel wandern, denn kein Mann kann sie völlig befriedigen. So ruft eine Küste zu ihrer Labsal die Brandung des Meeres herbei, und ewiglich folgen sich die Wogen. Eine verebbt nach der anderen. Wozu den Wechsel der Gatten gutheißen? Wer vor allem das Nahen der Liebe liebt, lernt nie die Begegnung kennen.

Sie allein rette ich, die zu werden weiß, die den Kreis um den inneren Hof zu ziehen vermag, so wie sich die Zeder rings um ihr Samenkorn aufbaut und sich in den ihr gesteckten Grenzen entfaltet. Sie rette ich, die nicht so sehr den Frühling liebt wie das Gebilde einer bestimmten Blume, in der der Frühling beschlossen liegt. Die nicht vor allem die Liebe liebt, sondern ein ganz bestimmtes Gesicht, von dem die Liebe Besitz ergriff.

Jene Frau merze ich daher aus, die sich im Abend verflüchtigt, oder ich zwinge sie, sich zu sammeln. Ich stelle das Kohlenbecken, den Kochkessel, die Messingschale wie lauter Grenzpfähle um sie auf, damit sie nach und nach durch all diese Dinge hindurch ein erkennbares, vertrautes Gesicht, ein Lächeln, das nur von hier stammt, entdecke. Und langsam wird ihr so Gott erscheinen. Dann wird das Kind schreien, damit es gestillt werde; die Wolle, die es zu kämmen gilt, wird die Finger locken, das Kohlenfeuer wird sein Teil an ihrem Atem begehren. So wird sie fortan gefangen sein und bereit zu dienen. Denn ich bin es, der den Duft in der Urne verschließt, damit er dauere. Ich bin die Fertigkeit durch Gewöhnung, die den Sinn der Frucht erfüllt. Ich zwinge die Frau, ihr Gesicht zu gewinnen und zu *sein*, damit ich später in ihrem Namen nicht jenen Seufzer, der im Winde verweht, sondern diese Inbrunst, diese Zärtlichkeit, dieses besondere Leid vor Gott bringe.

So habe ich lange den Sinn des Friedens bedacht. Er kommt nur durch die Kinder, die geboren werden, die geborgene Ernte, das endlich geordnete Haus. Er kommt von der Ewigkeit, in die die vollendeten Dinge eingehen. Friede der vollen Scheuern, der schlafenden Schafe, des gefalteten Linnens, Friede, der von allem ausgeht, das Gottes Geschenk wurde, sobald es wohlgetan ist.
Denn ich wurde gewahr, daß es mit dem Menschen ganz ähnlich steht wie mit der Zitadelle. Der Mensch reißt die Mauern nieder, um sich seine Freiheit zu wahren, aber nun ist er nur noch eine geschleifte Festung, die sich den Sternen öffnet. Dann beginnt die Angst vor dem Nichtsein. Möge er doch den Duft der Rebe, die in der Sonne dörrt, oder das Schaf, das er scheren soll, zu seiner Wahrheit machen. Die Wahrheit gräbt sich wie ein Brunnen. Wenn der Blick sich zerstreut, verliert er die Anschauung Gottes. Mehr als die Ehebrecherin, die sich den Verheißungen der Nacht öffnet, weiß jener Weise von Gott, der nur das Gewicht seiner wollenen Decken kennt.
Zitadelle, ich werde dich im Herzen des Menschen errichten.

Denn es gibt eine Zeit, da es unter dem Samen zu wählen gilt; aber, wenn die Wahl ein für allemal vollzogen wurde, gibt es auch eine Zeit, da man sich am Wachstum der Ernte erfreuen soll. Es gibt eine Zeit für die Schöpfung, aber es gibt auch eine Zeit für das Geschöpf. Es gibt eine Zeit für den purpurnen Blitz, der die Dämme des Himmels aufreißt, aber es gibt auch eine Zeit, in der sich die durchgebrochenen Wasser wieder in der Zisterne sammeln. Es gibt eine Zeit der Eroberung, aber es kommt auch die Zeit für die Festigung der Reiche: und mir, der ich Gottes Diener bin, steht der Sinn nach der Ewigkeit.

Ich hasse den Wechsel. Den erwürge ich, der sich in der Nacht erhebt und seine Prophezeiungen in den Wind hinausschleudert, gleich dem Baume, der, vom Blitzstrahl des Himmels getroffen, krachend niederbricht und mitsamt dem Walde in Brand gerät. Ich erschrecke, wenn Gott sich bewegt. Möge er doch in der Ewigkeit wieder zur Ruhe kommen, der Unwandelbare. Denn es gibt eine Zeit für die Erschaffung der Welt, aber es gibt auch eine Zeit, eine glückliche Zeit, die das Überlieferte bewahrt.
Es gilt zu befrieden, zu pflegen, zu glätten. Ich bin es, der die Spalten des Bodens wieder schließt und den Menschen die Spuren des Vulkans verbirgt. Ich bin der Rasen über dem Abgrund. Ich bin die Kammer, in der die Früchte golden reifen. Ich bin die Fähre, die eine ihr von Gott anvertraute Generation vom einen Ufer zum anderen bringt. Gott wird sie wiederum aus meiner Hand empfangen, so wie er sie mir übergeben hat; gereifter vielleicht und weiser, vielleicht besser geübt in der Kunst, silberne Krüge zu ziselieren, aber doch nicht verändert. Ich habe mein Volk eingeschlossen in meiner Liebe.
Deshalb schütze ich den, der in der siebenten Generation die Biegung eines Schiffskiels oder die Wölbung eines Schildes wieder aufgreift, um sie für sein Teil der Vollendung entgegenzuführen. Ich schütze den, der von seinem Ahnen, dem Sänger, das namenlose Gedicht ererbt und es seinerseits weitergibt, und sich dabei irrt und seinen eigenen Lebenssaft, seinen Schliff, seine Prägung hinzufügt. Ich liebe die Frau, die schwanger ist oder ihr Kind stillt, ich liebe die Herde, die sich fortpflanzt, ich liebe die Jahreszeiten, die wiederkehren. Denn vor allem bin ich einer, der ein Heim hat. O Zitadelle, meine Bleibe, ich werde dich vor den Plänen des Sandes schützen und dich mit Kriegshörnern umkränzen, damit sie gegen die Barbaren erschallen.

3

Ich habe eine große Wahrheit entdeckt. Diese: daß die Menschen ein Heim haben, und daß sich der Sinn der Dinge für sie wandelt, je nach dem Sinn ihres Hauses. Und daß der Weg, das Gerstenfeld und die Wölbung des Hügels für den Menschen verschieden sind, je nachdem, ob sie zu einem Landgut gehören oder nicht. Denn dann wird dieser unzusammenhängende Stoff auf einmal zu einer Einheit und gewichtig fürs Herz. Und einer gehört nicht dem gleichen Weltall an, je nachdem, ob er im Reiche Gottes wohnt oder nicht. Und wie sehr täuschen sich die Ungläubigen, die über uns spotten und greifbaren Gütern nachzulaufen glauben, da es doch solche nicht gibt. Denn wenn sie jene Herde dort begehren, geschieht es schon aus Hoffart. Und die Freuden der Hoffart sind selber nicht greifbar.

So ist es mit denen, die mein Land zu entdecken glauben, indem sie es zerlegen. Es gibt darin, sagen sie, Hammel und Ziegen, Gerste und Häuser – und was denn sonst noch? Und sie dünken sich arm, da sie nicht mehr besitzen. Und es friert sie. Und ich habe entdeckt, daß sie einem Manne gleichen, der einen Leichnam zerstückelt. Das Leben, spricht er, zeige ich euch in aller Klarheit; es ist nur ein Gemisch aus Blut, Knochen und Eingeweiden. Während doch das Leben jenes Licht der Augen ist, das sich nicht aus ihrer Asche ablesen läßt. Während doch mein Land etwas ganz anderes ist als diese Hammel und Felder, diese Häuser und Berge; nämlich das, wodurch all das beherrscht und verknüpft wird: das Vaterland meiner Liebe! Und glücklich ist, wer darum weiß, denn er bewohnt mein Haus.

Und die Riten sind in der Zeit, was das Heim im Raume ist. Denn es ist gut, wenn uns die verrinnende Zeit nicht als etwas erscheint, das uns verbraucht und zerstört wie die Handvoll Sand, sondern als etwas, das uns vollendet. Es ist gut, wenn die Zeit ein Bauwerk ist. So schreite ich von Fest zu Fest, von Jahrestag zu Jahrestag, von Weinlese zu Weinlese, so wie ich als Kind vom Saal des Rates in den Saal der

Ruhe ging, im festgefügten Palast meines Vaters, wo alle Schritte einen Sinn hatten.

Ich habe mein Gesetz auferlegt, und es gleicht der Form der Mauern und der Anordnung meines Heims. Der Törichte kam zu mir und sagte: »Befreie uns von deinem Zwang; dann werden wir größer werden.« Ich wußte aber, daß sie dadurch zunächst kein Gesicht mehr erkennen und sodann – weil sie ein solches nicht mehr liebten – auch sich selber nicht mehr erkennen würden, und ich habe beschlossen, sie – wenn auch gegen ihren Willen – durch ihre Liebe reicher zu machen. Denn sie schlugen mir vor, ich solle, damit man sich dort bequemer ergehen könne, die Mauern von meines Vaters Palast niederreißen, wo alle Schritte einen Sinn hatten.

Es war ein weitgestreckter Bau mit seinem den Frauen vorbehaltenen Flügel und dem verschwiegenen Garten, in dem der Springbrunnen sang. (Und ich gebiete, dem Hause ein solches Herzstück zu geben, damit etwas darin sei, dem man sich nähern und von dem man sich entfernen kann. Damit man darin ein- und auszugehen vermag. Denn sonst ist man nirgendwo mehr. Und nicht zu sein heißt mir nicht frei sein.) Es gab dort auch Scheuern und Ställe. Und zuweilen standen die Scheuern leer und die Ställe waren nicht belegt. Doch mein Vater ließ nicht zu, daß man die einen für die Zwecke der anderen benutzte. Die Scheuer, sagte er, ist vor allem eine Scheuer, und du bewohnst kein Haus, wenn du nicht weißt, wo du dich befindest. Es kommt nicht darauf an, sagte er weiter, ob die Nutzung mehr oder weniger ergiebig ist. Der Mensch ist kein Mastvieh, und die Liebe zum Menschen gilt mehr als die Nutzung. Du kannst nicht ein Haus lieben, das ohne Gesicht ist und in dem deine Schritte keinen Sinn haben.

Es gab dort den Saal, der allein den großen Gesandtschaften vorbehalten blieb und den man der Sonne nur an den Tagen öffnete, da die von den Reitern hochgewirbelten Sandwolken aufstiegen und sich am Horizont die großen Königsstandarten zeigten, die wie das Meer im Winde wogten. Ihn ließ man leerstehen, wenn kleine Fürsten ohne Bedeutung kamen. Es gab einen Saal, wo Recht gesprochen wurde, und einen anderen, in den man die Toten hineintrug. Es gab die leere Kammer, deren Bestimmung keiner je kannte – und die vielleicht gar keinem Zweck diente –, es sei denn, den Sinn des Geheimnisses zu lehren und darzutun, daß sich niemals alle Dinge ergründen lassen.

Und die Sklaven durcheilten mit ihren Lasten die Flure und schoben die schweren Vorhänge zurück, die auf ihre Schultern niederfielen. Sie stiegen Stufen hoch, stießen Türen auf, gingen auf anderen Stufen wieder hinab, und je nachdem, ob sie dem mittleren Springbrunnen näher oder ferner waren, wurden sie mehr oder weniger schweigsam, bis sie sich wie unruhige Schatten bewegten, wenn sie sich den Rändern des Frauenbereiches näherten, denn dessen irrtümliche Kenntnis hätte ihnen das Leben gekostet. Und die Frauen selber wurden ruhig oder anmaßend oder scheu, je nach der Stelle des Hauses, an der sie sich eben befanden.

Ich höre des Törichten Stimme: »Wieviel Platz ist hier vergeudet, was für ein Reichtum ist hier nicht ausgenutzt, wie viele Annehmlichkeiten sind hier aus Nachlässigkeit versäumt worden! Einreißen sollte man diese nutzlosen Mauern, einebnen diese Treppenstufen, die nur das Gehen erschweren. Dann wird der Mensch frei sein.« Und ich antworte: Dann werden die Menschen zu Vieh auf dem Markte werden, und aus Angst vor der Langweile werden sie törichte Spiele erfinden, die zwar noch von Regeln bestimmt werden, aber von Regeln ohne Größe. Denn der Palast kann Gedichte fördern. Doch was für ein Gedicht soll man über die Albernheit ihres Würfelspiels schreiben? Lange Zeit werden sie vielleicht noch vom Schatten der Mauern leben, da ihnen die Gedichte die Sehnsucht nach ihnen zutragen; schließlich wird auch der Schatten vergehen, und sie werden die Gedichte nicht mehr begreifen.

Und woran sollten sie sich fortan erfreuen?

So steht es mit dem Menschen, der sich verliert in einer Woche ohne Tage oder einem Jahr ohne Feste, das kein

Gesicht zeigt. So ist es auch mit dem Menschen, der keine Rangordnung mehr kennt und auf seinen Nachbarn neidisch ist, wenn dieser ihn in etwas übertrifft; und so bemüht er sich, ihn auf sein eigenes Maß zurückzuführen. Welche Freude können sie aus dem trägen Pfuhl schöpfen, den sie dann gebildet haben?

Ich aber schaffe neue Kraftfelder. Ich baue Wehre in den Bergen, um die Wasser zurückzuhalten. So widersetze ich mich ungerecht dem natürlichen Gefälle. Ich stelle die Rangordnung dort wieder her, wo die Menschen wie die Wasser zusammenflossen, sobald sie sich erst im Pfuhle vermischten. Ich spanne den Bogen. Aus der Ungerechtigkeit des Heute schaffe ich die Gerechtigkeit des Morgen. Dort, wo sich ein jeder an Ort und Stelle einrichtet und diese Fäulnis Glück nennt, stelle ich die Richtungen wieder her. Ich mißachte die faulenden Gewässer ihrer Gerechtigkeit und befreie den, der aus einer schönen Ungerechtigkeit hervorgegangen ist. Und so veredle ich mein Reich.

Denn ich kenne ihre Überlegungen. Sie bewunderten den Menschen, zu dem mein Vater den Grund gelegt hatte. »Wie kann man es anstellen«, sagten sie sich, »ein so vollkommenes Gelingen zuschanden zu machen?« Und im Namen dessen, der aus solch einem Zwange hervorgegangen war, zerbrachen sie diesen Zwang. Und solange der Zwang im Herzen fortdauerte, übte er noch seine Wirkung aus. Dann vergaß man ihn allmählich. Und der Mensch, den man retten wollte, war gestorben.

Deswegen hasse ich die Ironie, die nicht dem Menschen eignet, sondern dem Taugenichts. Denn der Taugenichts sagt ihnen: »Anderswo hat man andere Bräuche als die euren. Warum solltet ihr sie nicht verändern?« Ebenso hätte er ihnen sagen können: »Wer zwingt euch denn, die Ernte in die Scheuern und die Herden in die Ställe zu bringen?« Doch er selber ist es, der sich durch Worte betören ließ, denn er weiß nichts von den Dingen, die Worte nicht erfassen können. Er weiß nicht, daß die Menschen ein Haus bewohnen.

Und seine Opfer, die das Haus nicht mehr zu erkennen wissen, beginnen es abzutragen. So vergeuden die Menschen ihr kostbarstes Gut: den Sinn der Dinge. Und sie kommen sich an den Festtagen recht groß vor, weil sie nicht die Bräuche befolgen, weil sie ihre Überlieferungen verraten und ihren Feind feiern. Und freilich empfinden sie eine gewisse innere Bewegung bei ihrem tempelschänderischen Vorgehen. Solange sie sich noch gegen etwas aufbäumen, das auf ihnen lastet. Und sie leben davon, daß ihr Feind noch atmet. Der Schatten der Gesetze stört sie noch genügend, um sie gegen die Gesetze aufzubringen. Doch bald verschwindet auch der Schatten. Dann empfinden sie nichts mehr, denn sogar die Siegesfreude ist vergessen. Und sie gähnen. Sie haben den Palast in einen Marktplatz umgewandelt, aber sobald ihnen erst die Lust daran vergangen ist, auf dem Marktplatz mit dem Dünkel eines Maulhelden einherzustolzieren, wissen sie nicht mehr, was sie auf diesem Jahrmarkt noch tun sollen.
Und sieh, so hängen sie unbestimmten Träumen nach, wie sie ein Haus wieder bauen könnten mit tausend Pforten, mit Vorhängen, die auf die Schulter niedersinken, mit Vorgemächern, die man langsam durchschreitet. So träumen sie von einer verborgenen Kammer, die den ganzen Bau mit Geheimnis erfüllt. Und ohne davon zu wissen, denn sie hatten ihn ja vergessen, beweinen sie den Palast meines Vaters, in dem alle Schritte einen Sinn hatten.
Da ich das alles wohl verstanden habe, stelle ich meinen freien Willen diesem Abbröckeln der Dinge entgegen und höre nicht auf jene, die mir vom natürlichen Gefälle reden. Denn ich weiß nur zu gut, daß das natürliche Gefälle die Lachen des Gletscherwassers anschwellen läßt, die Schroffen der Berge einebnet und die Bewegung des Stromes durchbricht, wenn er sich in tausend widerstrebenden Strudeln ins Meer ergießt. Ich weiß nur zu gut, daß das natürliche Gefälle die Macht sich verteilen und die Menschen einander gleich werden läßt. Ich aber herrsche und wähle aus. Ich weiß wohl, daß auch der Zederbaum über das Wirken der Zeit triumphiert, die ihn in Staub verwandeln sollte, und

daß er von Jahr zu Jahr gegen eben die Kraft, die ihn niederzieht, den stolzen Tempel seines Blattwerks aufbaut. Ich bin das Leben und ich füge zusammen. Ich baue die Gletscher entgegen den Absichten der Wasserlachen. Wenig kümmert es mich, ob die Frösche über die Ungerechtigkeit quaken. Ich gebe dem Menschen wieder Waffen, auf daß er *sei*.
Deshalb achte ich nicht des törichten Schwätzers, der dem Palmenbaum vorwirft, daß er keine Zeder ist, und der Zeder, daß sie kein Palmenbaum ist, und der derart, indem er die Rollen vertauscht, dem Chaos zustrebt. Und ich weiß wohl, daß der Schwätzer mit seiner unsinnigen Wissenschaft recht hat, denn außerhalb des Lebens würden sich Zeder und Palmenbaum vereinigen und sich als Staub ausbreiten. Doch das Leben widersetzt sich der Unordnung und dem natürlichen Gefälle. Aus dem Staube bringt es die Zeder hervor.
Die Wahrheit meiner Gebote ist der Mensch, der daraus entstehen soll. Und die Bedeutung der Bräuche und der Gesetze und der Sprache meines Reiches suche ich nicht in ihnen selber. Ich weiß nur zu gut, daß man durch das Aneinanderfügen von Steinen Stille erzeugt. Und diese ließ sich nicht aus den einzelnen Steinen ablesen. Ich weiß nur zu gut, daß man mit Schminke und Bändern die Liebe belebt. Ich weiß nur zu gut, daß der nichts begriffen hatte, der den Leichnam zerlegte und seine Knochen und Eingeweide abwog. Denn Knochen und Eingeweide sind als solche zu nichts nütze, ebensowenig wie Tinte und Kleister des Buches. Nur die Weisheit zählt, die das Buch vermittelt, und diese gehört nicht zu deren Wesen.
Und ich lehne eine Erörterung ab, denn es gibt hier nichts, was sich beweisen ließe. Sprache meines Volkes, ich werde dich vor dem Verfaulen bewahren. Ich gedenke jenes Unglücklichen, der meinen Vater aufsuchte:
– Du gebietest, man solle bei dir mit Gebetsschnüren beten, die dreizehn Perlen haben. Wieso gerade dreizehn Perlen? sagte er. Bleibt sich das Seelenheil denn nicht gleich, wenn man die Zahl verändert?

Und er machte scharfsinnige Gründe dafür geltend, daß die Menschen Gebetsschnüre mit zwölf Perlen verwenden sollten. Ich aber, der ich jung war und für eine gewandte Rede empfänglich, schaute auf meinen Vater und zweifelte an der Durchschlagskraft seiner Antwort; so sehr hatten mir die angeführten Argumente eingeleuchtet.
– Sage mir, fuhr der andere fort; inwiefern wiegt die Schnur mit dreizehn Perlen schwerer?...
– Die Schnur mit dreizehn Perlen, antwortete mein Vater, wiegt das Gewicht all der Köpfe, die ich schon in ihrem Namen abgeschlagen habe...
Gott erleuchtete den Ungläubigen, der sich bekehrte.

4

Heimstatt der Menschen, wer könnte dich auf Überlegungen gründen? Wer wäre imstande, dich im Einklang mit der Logik zu bauen? Du bist und bist nicht. Du bist aus unzusammenhängenden Stoffen gemacht, aber man muß dich ersinnen, um dich gewahr zu werden. Genauso besitzt einer, der sein Haus zerstörte, weil er den Ehrgeiz hatte, es kennenzulernen, nur noch einen Haufen Steine, Schiefer und Ziegel; er findet weder den Schatten, noch die Stille, noch die Vertraulichkeit wieder, denen sie dienten, und weiß nicht, welchen Nutzen er von diesem Haufen von Steinen, Schiefern und Ziegeln erwarten könnte, denn es fehlt ihnen die Erfindungskraft, die sie beherrscht: Herz und Seele des Baumeisters. Denn dem Steine mangeln Herz und Seele des Menschen.
Doch Überlegungen lassen sich nur über den Schiefer, den Stein und den Ziegel anstellen, nicht über Seele und Herz, die jene beherrschen und durch ihre Macht in Stille verwandeln, denn Seele und Herz entziehen sich den Regeln der Logik und den Gesetzen der Zahl. So trete ich denn hervor, um nach meinem Ermessen zu schalten. Ich, der Baumeister. Ich, der ich ein Herz und eine Seele besitze. Ich, der ich allein

über die Macht gebiete, den Stein in Stille zu verwandeln. Ich komme und knete diesen Teig, der nur erst Rohstoff ist, nach dem schöpferischen Bilde, das mir allein durch Gott und außerhalb der Wege der Logik zuteil wurde. Ich baue meine Kultur, begeistert von der Einzigartigkeit, die ihr innewohnen wird, so wie andere ihre Gedichte bauen und hier einen Satz umstellen, dort ein Wort abändern, ohne daß sie genötigt wären, die Umstellung oder Abänderung zu rechtfertigen, auch sie begeistert von der Einzigartigkeit, die dem Gedicht innewohnen wird und die sie mit der Kraft des Herzens erkennen.

Denn ich bin der Gebieter. Und ich schreibe die Gesetze und setze die Feste fest und ordne die Opfer an; und aus ihren Schafen, ihren Ziegen, ihren Häusern, ihren Bergen gewinne ich jene Kultur, die dem Palaste meines Vaters gleicht, in dem alle Schritte einen Sinn haben.

Denn was hätten sie ohne mich aus dem Steinhaufen gemacht, den sie von rechts nach links befördern? Doch nur einen anderen, noch weniger gut geordneten Steinhaufen. Ich aber herrsche und wähle aus. Und ich herrsche allein. Und so können sie ihr Gebet in der Stille und in dem Schatten sagen, die sie meinen Steinen verdanken. Meinen Steinen, die nach dem Bilde meines Herzens geordnet sind.

Ich bin der Gebieter. Ich bin der Herr. Ich bin verantwortlich. Und ich treibe sie an, mir zu helfen. Denn ich habe eingesehen, daß es nicht Sache des Führenden ist, die anderen zu retten, sondern sie anzutreiben, sich selber zu retten. Denn durch mich, durch das Bild, das in mir ist, wird der Grund gelegt zu der Einheit, die ich allein aus meinen Hammeln, meinen Ziegen, meinen Häusern, meinen Bergen gewonnen habe; und siehe, sie sind in sie verliebt, wie in eine junge Gottheit, die ihre kühlen Arme in der Sonne ausbreitet und die sie zunächst nicht erkannt haben. Nun lieben sie das Haus, das ich ersonnen habe, wie es meine Sehnsucht mir eingab. Und durch das Haus hindurch lieben sie mich, den Baumeister. So wie einer, der eine Statue liebt, nicht den Lehm liebt oder den Ton oder die Bronze, sondern das

Werk des Bildhauers. Und ich kette die Leute meines Volkes an ihr Heim, damit sie es zu erkennen wissen. Und sie werden es erst dann erkennen, wenn sie es mit ihrem Blute genährt haben. Und mit ihren Opfern ausgeschmückt haben. Es wird alles von ihnen abverlangen, sogar ihr Fleisch und ihr Blut, denn das Heim wird der eigentliche Sinn seiner Bewohner sein. Dann werden sie es nicht mehr verkennen: dieses göttliche Gefüge, das die Züge eines Antlitzes trägt. Dann werden sie Liebe zu ihm empfinden. Und ihre Abende werden voller Inbrunst sein. Und die Väter werden sich vor allem Mühe geben, ihren Söhnen, sobald diese Augen und Ohren öffnen, den Sinn des Heimes zu erschließen, damit es nicht in der Zusammenhanglosigkeit der Dinge versinke.

Und sofern ich mein Heim weit genug zu bauen wußte, um ihm einen Sinn zu verleihen, der bis zu den Sternen reicht, werden sie – wenn sie sich des Nachts auf ihre Schwelle getrauen und das Haupt heben – Gott Dank sagen, daß er so gut seine Schiffe führt. Und wenn ich es so dauerhaft gebaut habe, daß es das Leben in seiner Dauer enthält, werden sie von Fest zu Fest schreiten, wie von Vorhof zu Vorhof, denn durch die Vielfalt des Lebens hindurch werden sie Gottes Antlitz entdecken.

Zitadelle! So habe ich dich denn wie ein Schiff gebaut! Ich habe dich genagelt, betakelt, dann ließ ich dich in die Zeit hinaus, die nur noch ein günstiger Wind ist.

Schiff der Menschen, ohne das sie die Ewigkeit verfehlen würden!

Doch ich kenne die Gefahren, die mein Schiff bedrohen. Ständig wird es durch das dunkle Meer der Außenwelt bedrängt werden. Und durch die anderen Bilder, die möglich sind. Denn es ist immer möglich, den Tempel niederzureißen und von ihm Steine für einen anderen Tempel zu entnehmen. Und der andere ist weder wahrer noch falscher, weder gerechter noch ungerechter. Und niemand wird von dem Unheil erfahren, denn der Wert der Stille schreibt sich nicht in den Steinhaufen ein.

Deshalb wünsche ich, daß sie die Tragrippen des Schiffes gut abstützen. Um sie zu bewahren, von Geschlecht zu Geschlecht, denn ich werde den Tempel nicht verschönern, wenn ich ihn jeden Augenblick neu beginne.

5

Deshalb wünsche ich, daß sie die Tragrippen des Schiffes gut abstützen. Es ist Menschenwerk. Denn rings um das Schiff west die blinde Natur, noch nicht in Worte gefaßt und gewaltig. Und wer die Gewalt des Meeres vergißt, läuft Gefahr, sich in übertriebener Ruhe zu wiegen.

Er glaubt, daß das Heim, das den Menschen geschenkt wurde, auf sich selber beruhe, sobald sich ihm erst einmal der Augenschein gezeigt hat. Wer in einem Schiff haust, sieht das Meer nicht mehr. Oder wenn er es wahrnimmt, hält er es doch nur für ein Ornament des Schiffes. So groß ist die Macht des Geistes. Das Meer scheint ihm dazu geschaffen, das Schiff zu tragen.

Aber er täuscht sich. Ein bestimmter Bildhauer hat den Menschen durch den Stein hindurch ein bestimmtes Gesicht gezeigt. Aber ein anderer hätte ein anderes Gesicht gezeigt. Und du hast es selber bei den Sternbildern gesehen: dieses dort ist ein Schwan. Doch ein anderer hätte dir dort eine liegende Frau gezeigt. Er kommt zu spät. Wir werden uns niemals mehr vom Schwan frei machen. Der erdachte Schwan läßt uns nicht mehr los.

Aber wenn man ihn irrtümlich für absolut hält, denkt man nicht mehr daran, ihn zu schützen. Und ich weiß wohl, wodurch mich der Törichte bedroht. Und auch der Gaukler. Jener, der mit behenden Fingern Gesichter modelt. Die seinem Spiel zusehen, verlieren den Sinn für ihr Eigentum. Deswegen lasse ich ihn greifen und vierteilen. Aber sicher nicht um meiner Rechtsgelehrten willen, die mir nachweisen, daß er unrecht hat. Denn er hat gar nicht unrecht. Er ist aber auch nicht im Recht, und ich verwehre es ihm hinwiederum, sich für klüger und gerechter als meine Rechtsgelehrten zu dünken. Und er glaubt zu Unrecht, daß er im Recht sei. Denn auch er gibt seine neuen Figuren, die wie ausschwärmende Bienen gleißend aus seinen Händen hervorgingen, für unbedingt aus, doch es fehlt ihnen das Gewicht, die Zeit, die uralte Aufeinanderfolge der Religionen. Sein Gefüge ist noch nichts Gewordenes. Das meine war es. Und deshalb verdamme ich den Gaukler und bewahre so mein Volk vor der Fäulnis.

Denn einer, der nicht mehr darauf achtet und nicht mehr weiß, daß er in einem Schiffe lebt, ist im voraus wie wehrlos und wird bald das Meer einströmen sehen, dessen Woge seine törichten Augen wäscht.

Denn, eben dieses Bild meines Reiches trat mir vor Augen, als ich mich einst mit einigen meines Volkes im Verlauf einer Pilgerfahrt auf hoher See befand.

Sie waren also eingeschlossen an Bord eines Schiffes auf hoher See. Zuweilen ging ich schweigend zwischen ihnen umher. Sie hockten rings um ihre Eßschüsseln, stillten ihre Kinder oder waren eingespannt in das Triebwerk ihrer Gebetsschnur; so waren sie jetzt Bewohner des Schiffes. Das Schiff war ihr Heim geworden.

Aber da erhob sich eines Nachts ein Sturm. Und als ich sie in der Stille meiner Liebe besuchte, sah ich, daß nichts sich verändert hatte. Sie ziselierten ihre Ringe, spannen ihre Wolle oder sprachen leise miteinander und woben ohne Unterlaß an jener Gemeinschaft der Menschen, an jenem Netz von Beziehungen, welches bewirkt, daß einem jeden etwas entrissen wird, wenn dann einer von ihnen stirbt. Und ich hörte ihnen zu in der Stille meiner Liebe, ohne auf den Inhalt ihrer Worte –, auf ihre Geschichten über Kochtöpfe und Krankheiten zu achten, denn ich wußte, daß der Sinn der Dinge nicht im Gegenstande liegt, sondern im Verhalten. Und dieser dort, der so ernst lächelte, brachte sich selbst zum Geschenk dar ... und jener andere, der sich langweilte, wußte nicht, ob es geschah, weil er Gott fürchtete oder ihm fern war. So betrachtete ich sie im Schweigen meiner Liebe.

Und währenddessen durchdrang sie die schwere Schulter des Meeres – die sich jeder Erkenntnis entzog – mit ihren langsamen und furchtbaren Bewegungen. Es kam vor, daß auf dem Gipfel eines Wellenberges alles ins Schwanken geriet, als ob es entschwinden wollte. Dann erbebte das ganze Schiff, als wäre es schon aus den Fugen gegangen und auseinandergebrochen; und solange das Versagen dieser Wirklichkeiten währte, unterbrachen sie ihre Gebete und ihre Reden, das Stillen der Kinder oder das Ziselieren des blanken Silbers. Doch jedesmal durchfuhr ein einziges Krachen das Holz von oben bis unten wie ein reißender Blitz. Das Schiff fiel wie auf sich selbst zurück, so daß es in all seinen Streben zu bersten schien, und wenn es so niederstürzte, zwang es die Menschen, sich zu erbrechen.

So drängten sie sich wie in einem knarrenden Stall unter dem ekelerregenden Schwanken der Öllampen. Besorgt um ihre Ängste, ließ ich ihnen sagen:

– Diejenigen, die das Silber bearbeiten, sollen mir einen Krug ziselieren. Wer das Mahl für die anderen richtet, soll sich dabei mehr Mühe geben. Die Gesunden sollen sich um die Kranken kümmern. Die Beter mögen sich tiefer in ihr Gebet versenken. Und zu einem, den ich gewahr wurde, wie er leichenblaß gegen einen Balken lehnte und durch die dicht verteerten Fugen hindurch auf den ausgesperrten Gesang des Meeres lauschte, sagte ich:

– Geh hinunter in den Kielraum und zähle mir die toten Schafe. Es kommt vor, daß sie einander in ihrem Schrecken erdrücken...

Er antwortete: – Gott pflügt das Meer. Wir sind verloren. Ich höre die Tragrippen des Schiffes krachen. Sie dürfen sich nicht offenbaren, denn sie sind Taue und Strebewerk. So ist es auch mit den Grundfesten der Erde, denen wir unsere Häuser anvertrauen und die langen Reihen der Ölbäume und die zärtlichen Schafe mit ihrem Wollhaar, die langsam das Gras Gottes wiederkäuen, wenn es Abend wird. Es ist gut, wenn wir uns um die Ölbäume und die Schafe und das Mahl und die Liebe in unserem Hause zu kümmern haben.

Es ist aber schlecht, wenn uns auch der Rahmen der Dinge plagt. So daß wieder zur Mühsal wird, was schon getan war. So meldet sich auch hier zu Wort, was schweigen sollte. Was soll aus uns werden, wenn die Berge zu stammeln beginnen? Ich habe dieses Gestammel gehört und kann es nicht mehr vergessen...

– Welches Gestammel, fragte ich ihn.

– Herr, ich wohnte einstmals in einem Dorfe, das auf den sanften Hang eines Hügels gebaut war; es war gut in die Erde und ihren Himmel gefügt – ein Dorf, das für die Dauer geschaffen schien und dauerte. Durch den langen Gebrauch lag ein wunderbarer Glanz auf dem Rande unserer Brunnen, auf dem Stein unserer Schwellen, auf der geschwungenen Brustwehr unserer Brunnen. Aber da erwachte etwas eines Nachts in den unterirdischen Grundfesten. Wir erkannten, daß sich unter unseren Füßen die Erde wieder zu regen und zu formen begann. Was schon getan war, wurde wieder zur Mühsal. Und wir fürchteten uns nicht so sehr um uns selber als um den Gegenstand unserer Mühen. Um all das, wogegen wir uns im Lauf unseres Lebens ausgetauscht hatten. Ich selber war Silberschmied und bangte um den großen silbernen Krug, an dem ich seit zwei Jahren arbeitete. Für den ich zwei durchwachte Jahre hingegeben hatte. Ein anderer zitterte um seine Teppiche aus langhaariger Wolle, die er in Freuden gewebt hatte. Jeden Tag breitete er sie in der Sonne aus. Er war stolz darauf, daß er etwas von seiner schwieligen Haut für diese Woge hingegeben hatte, die anfangs so tief zu sein schien. Wieder ein anderer war in Angst wegen der Ölbäume, die er gepflanzt hatte. Und ich behaupte, daß keiner von uns den Tod fürchtete; doch wir alle bangten um kleine törichte Dinge. Wir wurden gewahr, daß das Leben nur dann einen Sinn hat, wenn man sich nach und nach austauscht. Im Tode des Gärtners liegt nichts, was einen Baum verletzt. Bedrohst du aber den Baum, so stirbt der Gärtner einen zwiefachen Tod. Und es gab unter uns einen alten Märchenerzähler, der die schönsten Geschichten der Wüste kannte. Und der sie noch ausgeschmückt hatte.

Und er war der einzige, der sie kannte, denn er hatte keinen Sohn. Und während der Boden zu schwanken begann, bangte er um seine armen Geschichten, die nun niemals einer mehr singen würde. Aber das Erdreich regte und formte sich weiter, und ein großer gelblicher Strom begann sich zu bilden und den Berg hinabzubewegen. Und was soll man von sich zum Tausch hergeben, um einen wandernden Strom zu verschönen, der sich langsam fortwälzt und alles verschlingt? Was läßt sich auf dieser Bewegung aufbauen?

Unter dem Druck kamen die Häuser langsam ins Wanken, und eine fast unsichtbare Zerrung ließ die Balken plötzlich wie Fässer mit Schwarzpulver zerspringen. Oder aber die Mauern begannen zu zittern, bis sie jählings auseinanderbarsten. Und die es von uns überlebten, verloren ihre Bedeutung. Außer dem Märchenerzähler, der, in Wahnsinn verfallen, seine Mären sang.

Wo führst du uns hin? Dieses Schiff hier wird untergehen mit den Früchten unserer Arbeit. Draußen spüre ich die Zeit vergebens verrinnen. Ich spüre die Zeit, die verrinnt. Sie darf nicht so spürbar verrinnen, sie soll härten und reif machen und alt werden lassen. Nach und nach soll sie die geleistete Arbeit aufsammeln. Was aber wird sie fortan härten, das von uns kommt und bleiben wird?

6

Und ich begab mich unter mein Volk und dachte an den Austausch, der nicht mehr möglich ist, wenn die Generationen nichts Beständiges überdauert, und an die Zeit, die dann nutzlos wie eine Sanduhr verrinnt. Und ich dachte: Jenes Heim ist noch nicht weiträumig genug, und das Werk, gegen das es sich austauscht, müßte noch beständiger sein. Und ich gedachte der Pharaonen und der großen, unzerstörbaren und verwinkelten Grabstätten, die sie sich bauen ließen, und die dahinziehen im Ozeane der Zeit, bis sie langsam zu Staub zermahlen werden. Ich gedachte der großen jungfräulichen

Sandflächen der Karawanen, aus denen zuweilen ein halb versunkener Tempel aus alter Zeit auftaucht, den schon der unsichtbare blaue Sturmwind gleichsam entmastete; so macht er noch halbe Fahrt, ist aber dem Untergange geweiht. Und ich dachte: er ist nicht beständig genug, dieser Tempel mit seiner Fracht von Vergoldungen und Kostbarkeiten, die lange Menschenleben erfordert haben; mit diesem Honig, den so viele Geschlechter aufspeicherten, diesem Goldfiligran, diesen priesterlichen Kleinodien, gegen die sich alte Handwerker langsam austauschten, und jenen bestickten Tüchern, über denen sich alte Frauen ihr ganzes Leben hindurch langsam die Augen ausbrannten, bis sie, die Hände voll Schwielen, hüstelnd und schon vom Tode gezeichnet, diese königliche Schleppe, dieses sich entfaltende Wiesenland zurückließen. Und wer sie heute erblickt, sagt sich: »Welch eine schöne Stickerei! Wie schön ist sie doch!...« Ich aber sehe daran, daß jene Alten ihre Seide abspannen, während sie sich verwandelten, ohne zu wissen, wie so Wunderbares in ihnen vorging...

Doch es gilt den großen Schrein zu bauen, der all das aufnehmen kann, was von ihnen zurückbleibt. Und das Gefährt, um es mitzuführen. Denn ich achte vor allem das, was länger währt als die Menschen. Und so rette ich den Sinn ihres Austausches. Und errichte das große Tabernakel, dem sie alles anvertrauen, was von ihnen stammt.

So finde ich sie abermals, jene langsamen Schiffe der Wüste. Noch sind sie unterwegs. Und ich erkannte, worauf es ankommt: Vor allem gilt es das Schiff zu bauen und die Karawane zu rüsten und den Tempel zu errichten, der den Menschen überdauert. Und fortan siehst du sie sich in Freuden gegen etwas austauschen, was kostbarer ist als sie selbst. Und es entstehen die Maler, die Bildhauer, die Kupferstecher und Goldschmiede. Aber erwarte dir nichts vom Menschen, wenn er für sein eigenes Leben und nicht für die Ewigkeit arbeitet. Denn es ist dann ganz nutzlos, ihm die Baukunst und ihre Regeln beizubringen. Wem zuliebe sollten sie ihr Leben gegen ihr Haus austauschen, wenn sie sich ein Haus bauen, um darin zu leben? Da es doch nur ihrem Leben und nichts anderem dienen soll. Und sie nennen ihr Haus nützlich und betrachten es nicht um seiner selbst willen, sondern sehen allein auf seine Bequemlichkeit. Es nützt ihnen und sie bemühen sich, sich darin zu bereichern. Doch wenn sie sterben, sind sie von allem entblößt. Denn sie hinterlassen keine gestickten Gewänder oder priesterlichen Kleinodien, die in einem Schiffe aus Stein geborgen sind. Es erging der Ruf an sie, sich auszutauschen, doch sie wollten bedient sein. Und wenn sie von hinnen gehen, bleibt nichts mehr zurück.

So betrachtete ich sie, als ich im Delta des Abends, in dem alles sich auflöst, unter meinem Volke einherging; ich sah sie, wie sie sich in ihren alten abgetragenen Kleidern auf den Schwellen ihrer ärmlichen Hütten von ihrem Bienenfleiße erholten; und dabei war es mir weniger um sie selber zu tun als um die Vollendung der Honigwaben, an der sie den ganzen Tag lang mitgewirkt hatten. Und ich blieb sinnend vor einem von ihnen stehen, der blind war und überdies sein Bein verloren hatte. Er war schon so alt, so nahe am Tode und ächzte wie eine alte Windmühle bei jeder Bewegung; er antwortete langsam, denn er war sehr hoch in den Jahren und verlor die Klarheit der Worte, doch gerade in dem Gegenstand seines Austausches wurde er immer lichtvoller und klarer und einsichtiger. Denn mit zitternden Händen noch stichelte er seine Arbeit, die zu einem immer erleseneren Elixier geworden war. Und während er auf so wunderbare Weise seiner alten schwieligen Haut entschlüpfte, wurde er immer glücklicher, immer unantastbarer. Immer unvergänglicher. Und er starb und wußte es nicht, die Hände voller Sterne ...

So haben sie sich ihr Leben lang für eine Bereicherung ohne Nutzen abgemüht, sich ganz und gar gegen die unzerstörbare Stickerei ausgetauscht ... Nur einen Teil der Arbeit verwandten sie für den Nutzen und alles Übrige für die Ziselierung, die nutzlose Schönheit des Metalls, die Vollkommenheit seiner Zeichnung, den sanften Schwung seiner Wölbung – was alles nur dazu dient, den ausgetauschten Teil aufzunehmen, der den Leib überdauert.

So wandele ich des Abends langsamen Schrittes unter meinem Volke und schließe es ein in das Schweigen meiner Liebe. Nur der allein macht mir Sorge, der sich in einem eitlen Lichte verzehrt: der Dichter, der von Liebe zu den Gedichten erfüllt ist, aber nicht das seine schreibt; die Frau, die in die Liebe verliebt ist, aber nicht zu werden vermag, da sie nicht zu wählen weiß. Sie alle sind voller Angst, und ich weiß, daß ich sie von dieser Angst heilen könnte, wenn ich ihnen jene Gabe verschaffte, die Opfer und Wahl und Vergessen der Welt erfordert. Denn diese Blume hier ist vor allem eine Absage an alle anderen Blumen. Und eben nur unter dieser Bedingung ist sie schön. So ist es auch mit dem Gegenstande des Austausches. Und der Törichte, der daherkommt und jener alten Frau wegen ihrer Stickerei Vorwürfe macht, weil er meint, sie habe auch etwas anderes weben können – er zieht somit das Nichts der Schöpfung vor. So wandele ich und spüre über den Gerüchen des Lagerplatzes das Gebet aufsteigen, in dem alles reift und im Schweigen Gestalt gewinnt, langsam, fast ohne daß man daran denkt. In die Fluten der Zeit muß erst eintauchen, was Frucht werden soll, Stickerei oder Blume.

Und im Laufe meiner langen Wanderungen habe ich klar erkannt, daß der Wert der Kultur meines Reiches nicht auf der Güte der Nahrung beruht, sondern auf der Höhe der gestellten Forderungen und der Inbrunst der Arbeit. Sie ist nicht aus dem Besitz, sondern aus dem Geschenk entstanden. Kultur hat zunächst der Handwerker, von dem ich hier rede, der sich selbst in den Dingen neu erschafft und im Ausgleich dafür sich verewigt; so fürchtet er sich nicht mehr zu sterben. Kultur hat auch der Kämpfer, der sich gegen das Reich austauscht. Aber der andere dort hüllt sich ohne Gewinn in den von Händlern gekauften Überfluß – auch wenn er sein Auge nur an Vollkommenem weidet –, wenn er nicht

zuvor etwas geschaffen hat. Und ich kenne jene verkümmerten Rassen, die keine Gedichte mehr schreiben, sondern nur lesen: die ihren Boden nicht mehr bebauen, sondern sich vor allem auf ihre Sklaven verlassen. Gegen sie rüsten die Sandwüsten des Südens in ihrem schöpferischen Elend immer wieder die lebensstarken Stämme, die zur Eroberung ihrer toten Vorräte ausziehen werden. Ich liebe nicht die Seßhaften des Herzens. Alle, die nichts austauschen, werden zu nichts. Und das Leben hat nicht dazu gedient, sie reifen zu lassen. Und die Zeit verrinnt für sie wie das Häuflein Sand und läßt sie verderben.
Und was vermöchte ich Gott zu übergeben in ihrem Namen? So habe ich ihr Elend kennengelernt, wenn das Gefäß zerbrach, bevor es gefüllt war. Denn der Tod des Ahnen, der zu Erde wurde, nachdem er sich völlig ausgetauscht hatte, ist wie ein Wunder, und man begräbt nur das fortan nutzlose Werkzeug. Ich sah unter meinen Volksstämmen jene vom Tode bedrohten Kinder, die wortlos außer Atem kamen und mit halbgeschlossenen Augen einen Rest der Glut unter ihren riesigen Wimpern bargen. Denn es kommt vor, daß Gott dem Schnitter gleich Blumen mäht, die in die reine Gerste gemischt sind. Und wenn er seine körnerreiche Garbe heimbringt, findet er darunter diese nutzlose Pracht.

Der Knabe Ibrahims stirbt, sagte das Volk. Und ohne daß sie mich erkannten, begab ich mich langsamen Schrittes in Ibrahims Heim; ich wußte, daß man durch die Trugbilder der Sprache hindurch zu begreifen vermag, wenn man sich einschließt ins Schweigen der Liebe. Und sie beachteten mich nicht, denn sie waren damit beschäftigt, den Knaben Ibrahims sterben zu sehen.
Man sprach leise im Hause, man bewegte sich auf gleitenden Filzschuhen, als wäre da einer gewesen, der große Angst hatte und den der leiseste, etwas hellere Ton verscheuchen konnte. Man wagte es nicht, die Türen zu bewegen oder zu öffnen oder zu schließen, als gäbe es da eine zitternde, über dünnem Öl entzündete Flamme zu hüten. Als ich den Kna-

ben Ibrahims erblickte, erkannte ich deutlich, daß er auf der Flucht war: ich sah es an seinem kurzen Atem, an seinen kleinen geballten Fäusten – denn er klammerte sich an den Galopp seines Fiebers –, an seinen beharrlich geschlossenen Augen, die nicht mehr sehen wollten. Und ich sah sie rings um den Knaben stehen, wie sie ihn zu zähmen suchten, so wie man die kleinen wilden Tiere zu zähmen sucht. Wie unter Zagen reichte man ihm die Schale mit Milch. Vielleicht verlangte ihn nach Milch und er würde, von ihrem guten Geruch angelockt, innehalten und trinken. Könnte man nicht mit ihm Umgang pflegen wie mit der Gazelle, die aus der Hand frißt? Doch er blieb so ernst und so unbewegt. Nein, es war nicht Milch, was er brauchte. Da begannen die alten Frauen sachte, ganz sachte – so wie sie zu Turteltauben reden – mit leiser Stimme sein Lieblingslied zu singen –, jenes Lied von den neun Sternen, die sich im Springbrunnen baden –, aber er war wohl zu fern, er hörte es nicht. Er wandte sich nicht einmal um auf seiner Flucht. So untreu durch sein Sterben. Da bettelten sie, um wenigstens von ihm jene Gebärde, jenen Blick zu erhaschen, den der Wanderer, ohne darum seinen Schritt zu verlangsamen, dem Freunde zuwirft... Sie bettelten nur um ein Zeichen, daß er sie wiedererkannte. Man wendete ihn in seinem Bett um, man wischte sein schweißgebadetes Gesicht ab, man zwang ihn zu trinken – und tat das alles, um ihn womöglich gar vom Tod zu erwecken.

Und ich verließ sie, während sie sich derart abmühten, ihm Schlingen zu legen, Schlingen, die dieser neunjährige Knabe so leicht auflösen konnte – und ihm Spielsachen hinzuhalten, um ihn durch das Glück anzuketten. Aber die kleine Hand stieß alles unerbittlich zurück, was man ihm zu nahe brachte, so wie einer das Buschwerk aus dem Wege räumt, das seinen Galopp aufhalten will.

Und ich ging und wandte mich noch einmal um nach der Schwelle. Es war das nur ein Augenblick, ein Aufleuchten, ein Bild aus dem Leben der Stadt wie andere auch. Ein versehentlich angerufenes Kind hatte gelächelt, hatte auf den

Anruf geantwortet. Nun kehrte es sich wieder der Wand zu. Gegenwart eines Kindes, die schon flüchtiger war als die Gegenwart eines Vogels. Und ich überließ es ihnen, die Stille zu bereiten, um das sterbende Kind zu zähmen.

Ich schritt die Gasse entlang. Ich hörte sie durch die Türen hindurch ihre Mägde schelten. Man brachte das Haus in Ordnung, man richtete im Hause das Gepäck für die Überfahrt durch die Nacht. Es kümmerte mich wenig, ob das Schelten gerecht oder ungerecht war. Ich hörte nur die Inbrunst heraus. Und als ich weiterging, weinte ein kleines Mädchen am Brunnen; es hatte die Stirn ganz vergraben in seinem Ellbogen. Ich legte ihm sanft die Hand aufs Haar und bog sein Gesicht zu mir hin, aber ich fragte es nicht nach der Ursache seines Kummers, denn ich wußte wohl, daß es sie nicht kennen konnte. Denn Kummer entsteht stets aus der verrinnenden Zeit, die ihre Frucht nicht ausgereift hat. Es ist Kummer über die Flucht der Tage, Kummer über das verlorene Armband, der nichts anderes ist als Kummer über den Leerlauf der Zeit. Kummer über den Tod des Bruders, der nichts anderes ist als Kummer über die Zeit, die zu nichts mehr dient. Und wenn jenes Mädchen einst eine alte Frau sein wird, wird ihr Kummer dem Abschied des Geliebten gelten; und ohne davon zu wissen, wird sie dann darum trauern, daß sie den Weg zum Wirklichen verfehlt hat – den Weg zum Kochkessel, zum wohlumhegten Hause, zu den Kindern, die es zu stillen gilt. Und auf einmal wird die Zeit nutzlos durch sie hindurchrinnen wie durch eine Sanduhr.

Dort aber trat strahlend eine Frau auf die Schwelle und blickte mir in der Fülle ihrer Freude geradewegs ins Gesicht, vielleicht wegen ihres Kindes, das eingeschlafen war, oder wegen der duftenden Suppe oder wegen einer alltäglichen Heimkehr. Und auf einmal gehörte ihr die Zeit. Und ich ging an meinem einbeinigen Flickschuster vorüber, der daran arbeitete, seine Pantoffeln mit Goldfäden zu verzieren. Und ich verstand sehr wohl, daß er sang, obwohl er keine Stimme mehr hatte.

»Was ist es, Flickschuster, was dich so fröhlich macht?«

Aber ich hörte nicht auf seine Antwort, denn ich wußte genau, daß er sich täuschte, und daß er mir von dem Gelde, das er verdient hatte, oder von der Mahlzeit, auf die er wartete, oder von seinem Feierabend erzählen würde. Er wußte ja nicht, daß sein Glück darin bestand, sich in goldene Pantoffeln zu verwandeln.

7

Ich wurde eine andere Wahrheit gewahr. Die nämlich, daß die Seßhaften in eitlem Wahn befangen sind, die glauben, sie vermöchten ihr Heim in Frieden zu bewohnen, denn jedes Heim ist bedroht. So hat sich der Tempel, den du auf den Berg bautest, wo er dem Nordwind ausgesetzt ist, allmählich wie ein alter Schiffssteven abgenutzt, so daß er schon zu sinken beginnt. Und von jenem anderen Tempel werden die Sandflächen, die ihn umlagern, allmählich Besitz ergreifen. Du wirst über seinen Grundmauern eine Wüste wiederfinden, die sich wie das Meer ausbreitet. So ist es mit jedem Bauwerk und namentlich mit meinem unteilbaren Palast, der aus Hammeln und Ziegen und Häusern und Bergen besteht, zunächst aber aus meiner Liebe hervorgegangen ist; wird er sich doch, wenn der König stirbt, der ihm sein Gesicht verleiht, abermals in Berge, Ziegen, Häuser und Hammel auflösen. Und fortan wird er, in der Zusammenhanglosigkeit der Dinge verloren, nur noch ein Durcheinander von Baustoffen bilden, die sich neuen Bildhauern darbieten. Sie werden kommen, die Bewohner der Wüste, und ihnen wieder ein Gesicht geben. Sie werden kommen und mit jenem Bilde, das sie im Herzen tragen, die alten Lettern des Buches so ordnen, wie es der neue Sinn verlangt.

So habe ich selber gehandelt. Herrliche Nächte meiner Kriegsfahrten, nicht genug vermag ich euch zu preisen! Wenn ich mein dreieckiges Zeltlager auf dem jungfräulichen Sande gebaut hatte, stieg ich auf eine Anhöhe, um das Herabsinken der Nacht zu erwarten; und während ich den

schwarzen Flecken, auf dem ich meine Kriegsleute, meine Reittiere und meine Waffen gelagert hatte, und der kaum größer war als ein Dorfplatz, mit den Augen abmaß, sann ich vor allem über ihre Gebrechlichkeit nach. Gab es in der Tat etwas Elenderes als diese Handvoll Männer, die halbnackt unter ihren blauen Schleiern lagen? Der Nachtfrost bedrohte sie, der schon die Sterne ergriffen hatte; der Durst bedrohte sie – denn man mußte mit den Schläuchen haushalten, bis man am neunten Tage den Brunnen erreichte; der Sandwind bedrohte sie, der einen Aufruhr entfesselt, wenn er sich erhebt, und die Säbelhiebe bedrohten sie, die das Fleisch der Menschen wie faulendes Obst aufplatzen lassen. Und der Mensch taugt dann nur noch zum Wegwerfen. Gab es Elenderes als diese blauen Stoffbündel, die, kaum durch den Stahl der Waffen gehärtet, schutzlos in eine Weite hineingestellt waren, die sie bestürzte?
Doch was kümmerte mich ihre Gebrechlichkeit? Ich verknüpfte sie alle miteinander und bewahrte sie vor Zerstörung und Untergang. Allein dadurch, daß ich sie während der Nacht zu einer Dreiecksfigur zusammenfügte, unterschied ich diese von der Wüste. Mein Feldlager schloß sich wie eine Faust. So sah ich die Zeder im Felsgestein Fuß fassen und ihr weites Gezweig vor der Zerstörung bewahren; denn auch für die Zeder gibt es keinen Schlaf mehr, die Tag und Nacht innerhalb ihrer eigenen Dichte im Kampfe steht und sich inmitten einer feindlichen Welt eben von den Gärstoffen nährt, die sie zerstören sollen. Die Zeder gründet sich jeden Augenblick neu. So gründe ich mein Heim jeden Augenblick neu, damit es dauere. Und aus jener Ansammlung, die nur durch einen Windhauch zerstoben wäre, gewann ich jenes eckige Fundament, das unbezwingbar wie ein Turm und beständig wie ein Schiffssteven war. Und da ich fürchtete, mein Lager könnte einschlafen und sich im Vergessen auflösen, umgab ich es mit Wachtposten, die das Raunen der Wüste auffingen. Und gleichwie die Zeder das Felsgestein aufsaugt, um es in Zeder zu verwandeln, nährte sich mein Lager von den Bedrohungen, die von draußen kom-

men. Gesegnet sei der nächtliche Austausch, seien die schweigenden Boten, die keiner kommen hörte und die plötzlich rings um die Feuer auftauchen; sie kauern sich nieder und erzählen von dem Marsche jener, die im Norden vorrücken oder vom Durchzug der Stämme im Süden, die ihren geraubten Kamelen nachjagen, oder von der Unruhe, die bei anderen wegen eines Mordes herrscht, und vor allem von den Plänen derer, die in ihren Zelten stumm über die kommende Nacht nachsinnen. Du hast sie gehört, die Boten, wie sie von deren Schweigen erzählen! Sie seien gesegnet, die plötzlich rings um unsere Feuer mit so unheilschwangeren Worten auftauchen, daß die Feuer sofort im Sande erstickt werden und sich die Männer über ihren Gewehren platt auf den Bauch werfen und das Lager mit Pulverdampf umkränzen.

Denn kaum ist die Nacht angebrochen, ist sie schon Quelle von Wundern.

Jeden Abend betrachtete ich so mein Heer, das wie ein Schiff in der Weite gefangen war; es war aber beständig, denn ich wußte wohl, im Tageslicht würde es sich unversehrt und den Hähnen gleich vom Jubel des Erwachens erfüllt, den Blicken darbieten. Während die Reittiere angeschirrt werden, hört man dann jene hellen Stimmen, die im kühlen Morgen wie Hörner erschallen. Wie trunken vom Wein des anbrechenden Tages blähen die Männer ihre ausgeruhten Lungen und kosten die herbe Freude der Weite.

Ich führte sie zu der Oase, die es zu erobern galt. Wer die Menschen nicht kennt, der mag wohl den Kult der Oase in der Oase selber suchen. Doch die Bewohner der Oase kennen ihr Heim nicht. So bedarf es eines sandgepeinigten Beutezuges, um es zu entdecken. Denn ich lehrte sie diese Liebe.

Ich sagte ihnen: Ihr werdet dort duftende Gräser finden und den Gesang der Springbrunnen und Frauen mit langen bunten Schleiern; sie werden vor euch fliehen wie eine Herde flinker Hindinnen, aber süß ist es, sie zu greifen, denn sie sind zum Einfangen gemacht.

Ich sagte ihnen: Sie meinen euch zu hassen und werden Zähne und Nägel gebrauchen, um euch abzuwehren. Doch um sie zu zähmen, wird es genügen, wenn ihr eure Faust mit den schwarzblauen Locken ihres Haares umwickelt!

Ich sagte ihnen: Es wird genügen, daß ihr eure Kraft in aller Sanftheit ausübt, um sie reglos festzuhalten. Sie werden noch die Augen schließen, um euch nicht sehen zu müssen; aber euer Schweigen wird auf ihnen lasten wie der Schatten eines Adlers. Zuletzt werden sie dann ihre Augen zu euch aufschlagen, und ihr werdet sie mit Tränen füllen.

Ihr werdet ihnen die Unendlichkeit bedeutet haben; wie sollten sie euch je vergessen?

Und ich sagte ihnen zum Schluß, um sie nach diesem Paradiese trunken zu machen:

In jenem Lande werdet ihr also Palmenhaine kennenlernen und Vögel aller Farben... Die Oase wird sich euch ergeben, weil ihr den Kult der Oase im Herzen tragt, während jene, die ihr aus ihr verjagt, ihrer nicht mehr würdig sind. Sogar ihre Frauen, die im Bach, der über kleine und runde Steine dahinplätschert, ihre Wäsche waschen, glauben damit nur eine traurige allgemeine Pflicht zu erfüllen, während sie doch in Wahrheit ein Fest feiern. Doch ihr, die ihr euch im Sande eure Schwielen holtet, die ihr ausgetrocknet seid in der Sonne und verkrustet von brennenden Salzlaugen – ihr werdet sie heimführen; die Fäuste in die Hüften gestemmt, werdet ihr ihnen zusehen, wie sie im blauen Wasser ihre Wäsche waschen, und so euren Sieg auskosten.

Nach Art der Zeder dauert ihr heute im Sande fort, dank euren Feinden, die euch umringen und härten; nach der Eroberung der Oase werdet ihr auch in ihr fortdauern, wenn sie euch nicht nur eine Zuflucht bedeutet, in der man sich einschließt und in der man vergißt, sondern ein bleibender Sieg über die Wüste. Jene dort habt ihr besiegt, weil sie sich in ihre Selbstsucht einschlossen, zufrieden mit ihren Vorräten. In dem Kranz des Sandes, der sie umschnürte, sahen sie nur einen Schmuck für ihre Oase und lachten über die lästigen Mahner, die sie zu bewegen suchten, an der Schwelle

dieser Heimat der Brunnen die eingeschlafenen Wachtposten abzulösen.
Sie verdarben am Trugbild eines Glückes, das sie aus ihren Besitztümern gewannen. Während doch das Glück nur auf der Glut der Taten und der Befriedigung über die schöpferische Leistung beruht. Alle die, die nichts Eigenes mehr austauschen, die ihre Nahrung von anderen empfangen – mag sie auch noch so fein und auserlesen sein –, ja selbst die Feinsinnigen, die fremden Gedichten lauschen, ohne ihre eigenen zu schreiben; die die Oase genießen, ohne sie mit Leben zu erfüllen und die fremden Lobgesänge verwenden, die man ihnen fertig geliefert hat – sie alle binden sich selbst an der Raufe ihres Stalles fest und sind reif für die Sklaverei, da sie sich mit dem Dasein des Herdenviehs begnügen.
Ich sagte ihnen: Wenn ihr die Oase erst einmal erobert habt, wird sich nichts Wesentliches für euch ändern. Sie ist nur ein Feldlager anderer Art inmitten der Wüste. Denn mein Reich ist von allen Seiten bedroht. Es besteht nur aus der gewohnten Ansammlung von Ziegen, Hammeln, Häusern und Bergen; doch sobald der Knoten reißt, der sie miteinander verknüpft, bleibt nichts als ein Durcheinander von Stoffen zurück, das sich der Plünderung darbietet.

8

Ich wurde gewahr, daß sie sich über die Ehrfurcht täuschten. Denn ich selber habe mich ausschließlich um die Rechte gekümmert, die Gott durch den Menschen hindurch zustehen. Und freilich habe ich im Bettler, ohne seine Bedeutung zu überschätzen, allzeit den Sendboten Gottes gesehen.
Niemals aber habe ich die Rechte des Bettlers und seines Geschwürs und seiner Häßlichkeit anerkannt, wenn sie um ihrer selbst willen als Götzen geehrt wurden.
Nie habe ich etwas Abstoßenderes kennengelernt als jenen Stadtteil, der auf dem Hang eines Hügels gebaut war und wie eine Kloake ins Meer hinunterrann. Die Hausflure, die

auf die Gassen mündeten, strömten in feuchtwarmen Schwaden einen Pesthauch aus. Wenn das Gesindel aus diesen schwammigen Tiefen auftauchte, geschah es nur, um sich mit verbrauchten Stimmen und ohne wahrhaften Zorn zu beschimpfen; so glich es den schleimigen Blasen, die regelmäßig auf der Oberfläche der Pfuhle zerplatzen.

Ich habe dort jenen Aussätzigen gesehen, der eine fette Lache anstimmte und sich das Auge mit einem schmierigen Lappen wischte. Er war vor allem gemein und machte sich in seiner Verkommenheit über sich selbst lustig.

Mein Vater beschloß, den Stadtteil anzuzünden. Da begann es in diesem Haufen zu gären, der an seinen schimmligen Schlupflöchern hing; er erhob Einspruch im Namen seiner Rechte: seines Rechtes auf Aussatz inmitten der Fäulnis.

– Das ist ganz natürlich, sagte mir mein Vater, denn wenn es nach ihnen ginge, wäre Gerechtigkeit die Verewigung des Bestehenden.

Und sie verkündeten ihr Recht auf Fäulnis. Da die Fäulnis sie hervorgebracht hatte, waren sie für die Fäulnis.

– Und wenn du zuläßt, daß die Schaben sich vermehren, sagte mir mein Vater, so entstehen die Rechte der Schaben. Sie liegen ja klar zu Tage. Es werden auch Sänger aufkommen, um sie zu preisen. Und sie werden dir vorsingen, wie ergreifend das Schicksal der Schaben ist, denen Vertilgung droht.

– Gerecht sein..., sagte mir mein Vater, da gilt es zu wählen. Soll man gerecht sein zum Erzengel oder gerecht zum Menschen? Gerecht zur Wunde oder zum gesunden Fleische? Warum sollte ich mir einen anhören, der zu mir kommt, um im Namen seiner Pestilenz zu sprechen?

Doch Gott zuliebe werde ich ihn pflegen. Gott wohnt auch in ihm. Nicht aber, um seinem Verlangen zu genügen, denn darin kommt nur das Verlangen des Geschwürs zum Ausdruck.

Habe ich ihn dann erst gereinigt und gewaschen und belehrt, wird er auch nach anderem verlangen; er wird dann verleugnen, was er bisher gewesen ist. Und warum sollte ich dem als Verbündeten dienen, den er dann selber verleugnen wird? Warum sollte ich ihn, wie es der verkommene Aussätzige verlangt, daran hindern zu gedeihen und schöner zu werden? Warum sollte ich Partei ergreifen für das, was ist, gegen das, was sein wird – für das, was vegetiert, gegen das, was als Möglichkeit bestehen bleibt?

– Für mich, sagte mein Vater, heißt Gerechtigkeit, den Verwalter um des ihm anvertrauten Gutes willen zu ehren. Darin ehre ich zugleich mich selbst. Denn er spiegelt das gleiche Licht wider. So wenig es auch in ihm sichtbar sein mag. Gerechtigkeit heißt, ihn als Weg und Gefährt zu betrachten. Meine Nächstenliebe besteht darin, ihm zur Geburt seines eigenen Wesens zu verhelfen.
Doch in dieser zum Meer abfließenden Kloake überkommt mich Trauer wegen solch einer Fäulnis. Gott ist darin schon so sehr verdorben... Ich erwarte von ihnen ein Zeichen, das mir den Menschen zeigen soll, und ich empfange es nicht.
– Indessen habe ich dort den einen oder anderen gesehen, sagte ich meinem Vater, wie er sein Brot teilte oder einem noch Verkommeneren seinen Sack abladen half, oder sich eines kranken Kindes erbarmte...
– Sie werfen alles in einen Topf, antwortete mein Vater, und aus diesem Mischmasch entsteht ihre Nächstenliebe. Das, was sie so nennen. Sie teilen miteinander. Aber durch diesen Pakt, zu dem auch die Schakale rings um einen Kadaver fähig sind, wollen sie ein großes Gefühl verherrlichen. Sie wollen uns glauben machen, es gehe dabei um ein Geschenk. Doch der Wert des Geschenkes hängt von dem ab, den man damit bedenkt. Hier also vom Verkommensten. Es ist das wie Schnaps für den Trunkenbold. Das Geschenk ist somit Krankheit. Wenn ich aber Gesundheit schenke, schneide ich in dieses Fleisch... und so haßt es mich.
– In ihrer Nächstenliebe gelangen sie dazu, die Fäulnis vorzuziehen, sagte mir mein Vater weiter. Wenn ich nun aber die Gesundheit vorziehe?
– Sollte man dir einmal das Leben retten, sagte er wieder-

um, so bedanke dich niemals. Übertreibe ja nicht deine Dankbarkeit. Wenn nämlich dein Lebensretter Dankbarkeit von dir erwartet, ist er von niederer Art. Was glaubt er denn? Daß er dir einen Dienst erwies? Da er doch Gott dadurch diente, daß er dich erhielt, sofern du etwas taugst. Und wenn du allzu heftig deine Dankbarkeit bekundest, fehlt es dir zugleich an Stolz und Bescheidenheit. Denn das Wichtigste, das er gerettet hat, ist nicht dein kleines persönliches Glück, sondern nur das Werk, an dem du mitarbeitest und das auch auf deiner Person beruht. Und da er dem gleichen Werke untertan ist, brauchst du ihm nicht zu danken. Er wurde schon durch die Mühe belohnt, die er aufwandte, um dich zu retten. Darin besteht seine Mitarbeit am Werke.

Es fehlt dir auch an Stolz, wenn du dich seinen gewöhnlichsten Regungen willfährig zeigst und seiner Kleinheit dadurch schmeichelst, daß du dich zu seinem Sklaven machst. Denn wäre er edlen Sinnes, wiese er deine Dankbarkeit zurück.

– Mir geht es dabei nur um eines, sagte mein Vater, um die wunderbare Zusammenarbeit, an der der eine durch den anderen teilhat. Ich gebrauche dich oder den Stein. Wer aber dankt es dem Stein, daß er dem Tempel als Fundament diente?

Ihre Zusammenarbeit aber ist nur auf ihr eigenes Ich gerichtet. Und jene zum Meer abfließende Kloake ist weder Nährboden für Lobgesänge, noch Ursprung von Marmorstatuen, noch Kaserne für Eroberungszüge. Es kommt ihnen nur auf einen Handel an, durch den sie soviel wie möglich aus ihren Vorräten herausholen können. Aber laß dich dadurch nicht irreführen. Vorräte sind notwendig, aber auch gefährlicher als eine Hungersnot.

Sie haben alles in zwei Phasen eingeteilt, die keinerlei Sinn haben: in die Eroberung und den Genuß.

Hast du je einen Baum wachsen gesehen, der sich dann, als er ausgewachsen war, auf sein Baumsein etwas zugute getan hätte? Der Baum wächst ganz einfach. Ich sage dir: Wer sich nach der Eroberung seßhaft macht, ist schon gestorben.

Nächstenliebe im Sinne meines Reiches besteht in Zusammenarbeit.

Dem Wundarzt gebiete ich, bei der Durchquerung einer Wüste alle Mühsal auf sich zu nehmen, wenn er einem, der dort in der Ferne weilt, den Gebrauch seiner Glieder wieder verschaffen kann; und das sogar dann, wenn es sich um einen gewöhnlichen Steinklopfer handelt, der aber seine Muskeln zum Steinklopfen nötig hat. Und das sogar dann, wenn der Wundarzt ein Meister seines Faches ist. Denn es geht nicht darum, die Mittelmäßigkeit zu ehren, sondern das Gefährt auszubessern. Und sie haben beide den gleichen Lenker. So ist es auch mit denen, die den schwangeren Frauen helfen und beistehen. Anfangs nahmen diese um des Sohnes willen ihre Schmerzen und ihr Erbrechen auf sich. Und nur im Namen ihres Sohnes schuldeten sie Dank. Doch heutzutage beanspruchen sie Hilfe, indem sie sich auf ihre Schmerzen und ihr Erbrechen berufen. Und ginge es um sie allein, so würde ich sie ausmerzen, denn ihr Erbrechen ist häßlich. Denn nur das ist wichtig an ihnen, was sich ihrer bedient, und sie sind nicht befugt, dafür zu danken. Denn sie selbst und ihre Helfer sind nur Diener der Geburt, und ihre Danksagungen haben keinen Sinn.

So bekam auch der General, der meinen Vater aufsuchte, die Worte zu hören:
– Du selbst bist mir völlig gleichgültig. Groß bist du nur wegen des Reiches, dem du dienst. Ich lasse dir Ehrfurcht erweisen, damit durch deine Person hindurch dem Reiche Ehrfurcht bezeigt werde.

Aber ich empfand auch die Güte meines Vaters. Ein jeder, der auf hohem Posten stand, sagte er, ein jeder, der geehrt worden ist, darf nicht erniedrigt werden. Ein jeder, der regiert hat, darf nicht seiner Herrschaft enthoben werden; du darfst nicht den in einen Bettler verwandeln, der die Bettler beschenkte, denn so verdirbst du gleichsam die Ausrüstung und Form deines Schiffes. Darum bemesse ich Züchtigungen je nach den Schuldigen. Wenn jene gefehlt haben, die ich zu adeln für richtig hielt, lasse ich sie hinrichten, aber ich versetze sie nicht in den Sklavenstand. Ich begegnete eines Tages einer Prinzessin, die zur Wäscherin gemacht worden war. Und ihre Gefährtinnen lachten sie aus: »Nun, Wäscherin, wo ist deine Königswürde? Du konntest Köpfe rollen lassen, und jetzt endlich können wir dich ungestraft mit unseren Schmähungen besudeln... So will es die Gerechtigkeit!« Denn unter Gerechtigkeit verstanden sie Ausgleich.

Und die Wäscherin schwieg. Vielleicht fühlte sie sich um ihrer selbst willen gedemütigt, vor allem aber einer Idee wegen, die größer war als sie selber. Und die Prinzessin neigte sich ganz steif und blaß über ihren Waschtrog. Und die Gefährtinnen stießen sie ungestraft mit den Ellenbogen. Dabei forderte nichts an ihr solchen Übermut heraus, denn sie war schön von Angesicht, zurückhaltend in ihren Bewegungen und schweigsam. Ich begriff, daß ihre Gefährtinnen nicht die Frau verspotteten, sondern ihre Erniedrigung. Denn wenn einer unter deine Klauen gerät, den du beneidet hast, so zerfleischst du ihn. Ich ließ sie daher vor mir erscheinen:

– Ich weiß von dir nur, daß du regiert hast. Vom heutigen Tage ab wirst du über Leben und Tod deiner Gefährtinnen auf dem Waschplatz gebieten können. Ich setze dich wieder in deine Herrschaft ein. Nun geh!

Und als sie ihren Platz über den gemeinen Haufen wieder eingenommen hatte, verschmähte sie es gerechterweise, sich der Kränkungen zu erinnern. Und selbst die Wäscherinnen, die nun ihre Seelenregungen nicht mehr an ihrer Erniedrigung zu nähren vermochten, nährten sich fortan an ihrer Vornehmheit und verehrten sie. Sie veranstalteten große Feste, um ihre Rückkehr in das Königtum zu feiern, warfen sich vor ihr nieder, wenn sie vorüberzog, und fühlten sich selber geadelt, weil sie sie einstmals mit der Hand berührt hatten.

Aus diesem Grunde, sagte mir mein Vater, werde ich die Fürsten niemals den Kränkungen des Pöbels oder der Roheit der Kerkermeister aussetzen. Ich werde ihnen vielmehr in einer großen Arena unter dem Klange goldener Hörner den Kopf abschlagen lassen.

Wer je einen anderen erniedrigt, sagte mein Vater, zeigt damit, daß er niedrig ist.

Niemals, sagte mein Vater, darf ein Gebieter durch seine Untergebenen gerichtet werden.

9

So sprach mein Vater zu mir:
– Zwinge sie, zusammen einen Turm zu bauen; so wirst du sie in Brüder verwandeln. Willst du jedoch, daß sie sich hassen, so wirf ihnen Korn vor.
Er sagte mir weiter:
– Erst sollen sie mir die Frucht ihrer Arbeit bringen. Sie sollen den Strom ihrer Ernten in meine Scheuern leiten. Sie sollen in mir ihre Speicher bauen. Ich will, daß sie meinem Ruhme dienen, wenn sie ihr Korn dreschen und ringsum die goldene Hülle zerspringt. Denn dann wird die Arbeit, die nur als Verrichtung für die Ernährung geschah, zum Lobgesang. Denn sieh, jene sind nicht so sehr zu bedauern, deren Rücken sich unter den schweren Säcken krümmt, wenn sie sie zur Mühle tragen. Oder wenn sie sie mehlbestäubt zurückbringen. Die Last des Sackes steigert sie wie ein Gebet. Und so lachen sie fröhlich, wenn sie die Garbe mit ihren schimmernden Spitzen wie einen Kandelaber von Körnern tragen. Denn eine Kultur beruht auf dem, was von den Menschen gefordert wird, und nicht auf dem, was sie geliefert erhalten. Und gewiß nähren sie sich alsdann von diesem Korn, wenn sie erschöpft heimkehren. Aber diese Seite der Dinge ist für die Menschen nicht entscheidend. Ihr Herz nährt nicht

das, was sie vom Getreide empfangen, sondern, was sie ihm schenken.
Denn nochmals sei es gesagt: jene Völkerschaften verdienen Verachtung, die fremde Gedichte aufsagen und fremdes Korn essen oder Baumeister kommen lassen, die sie bezahlen, damit sie ihnen Städte bauen. Sie nenne ich die Seßhaften. Und ich gewahre nicht mehr den Goldstaub des gedroschenen Korns um sie her gleich einem Strahlenkranze.
Denn es ist gerecht, daß ich zugleich empfange, während ich schenke – vor allem, weil ich dadurch im Schenken fortfahren kann. Ich segne diesen Austausch zwischen Gabe und Gegengabe, der es gestattet, auf dem Wege weiterzuschreiten und noch weiterhin zu schenken. Und wenn es die Gegengabe dem Fleische erlaubt, sich zu erneuern, so ist es die Gabe allein, die dem Herzen Nahrung gibt.
Ich habe Tänzerinnen zugesehen, wie sie ihre Tänze gestalteten. Und sobald einmal der Tanz geschaffen und getanzt ist, trägt gewiß niemand die Frucht dieser Arbeit fort, um damit Vorräte anzulegen. Der Tanz zieht wie eine Feuersbrunst vorüber. Und doch sage ich, daß ein Volk Kultur hat, wenn es seine Tänze gestaltet, obwohl es für Tänze weder Ernte noch Speicher gibt. Hingegen nenne ich ein Volk ungesittet, das auf seinen Regalen aus fremder Arbeit entstandene Gegenstände aufreiht, selbst wenn sie zum Auserlesensten gehören und man sich an ihrer Vollkommenheit zu berauschen vermag.
– Der Mensch ist vor allem schöpferisch, sagte mein Vater. Und allein die Menschen, die zusammenarbeiten, sind Brüder. Und nur die leben, die nicht in aufgespeicherten Vorräten ihren Frieden gefunden haben.
Eines Tages machte man ihm einen Einwand:
Was nennst du schöpferisch? Denn wenn es sich dabei um eine bemerkenswerte Erfindung handelt, sind nur sehr wenige dazu imstande. Und so sprichst du nur von einigen, aber was ist mit den anderen?
Mein Vater antwortete ihnen:
Schöpferisch sein heißt vielleicht einen bestimmten Tanz-

schritt verfehlen. Es heißt, einen bestimmten Meißelschlag gegen den Stein verkehrt ausführen. Dabei kommt es nicht so sehr auf den Erfolg der Bewegung an. Solch eine Bewegung erscheint dir unfruchtbar, du Blinder, der du deine Nase allzu dicht darauf drückst; aber gewinne erst einmal Abstand! Betrachte das Treiben in diesem Stadtteil aus größerer Entfernung! Dann ist dort nur noch eine große Inbrunst und der goldene Staub der Arbeit. Und die mißlungenen Bewegungen bemerkst du nicht mehr. Denn dieses Volk, das sich über sein Werk beugt, baut schlecht und recht seine Paläste oder seine Zisternen oder seine großen hängenden Gärten. Wie naturnotwendig entstehen seine Werke aus der Zauberkraft seiner Hände. Und ich sage dir: sie entstehen ebenso sehr durch jene, denen ihre Bewegungen gelingen, wie durch die anderen, denen sie mißlingen; denn du kannst den Menschen nicht teilen, und wenn du nur die großen Bildhauer förderst, wirst du bald keine großen Bildhauer mehr haben. Wer wäre so närrisch, einen Beruf zu wählen, der so geringe Lebensmöglichkeiten bietet? Der große Bildhauer gedeiht auf dem Humus von schlechten Bildhauern. Sie dienen ihm als Treppe und tragen ihn empor. Und der schöne Tanz entsteht aus der Inbrunst, die zum Tanzen treibt. Und die Inbrunst erfordert, daß alle tanzen – auch jene, die schlechte Tänzer sind –, sonst entsteht keine Inbrunst, sondern eine verknöcherte Akademie und ein sinnloses Schauspiel.

Verdamme nicht ihre Irrtümer nach Art eines Geschichtsschreibers, der über eine schon abgeschlossene Epoche richtet. Wer wird denn der Zeder Vorwürfe machen, weil sie erst nur ein Samenkorn oder ein schief gewachsenes Stämmchen ist? Laß sie nur gewähren. Aus Irrtum über Irrtum wird der Zedernwald emporwachsen, der dann an den Tagen des großen Windes den Weihrauch seiner Vögel ausstreut.

Und abschließend sagte mein Vater:

Ich habe es dir schon gesagt. Irrtum des einen, Erfolg des anderen – beunruhige dich nicht über solche Einteilungen. Nur die große Zusammenarbeit ist fruchtbar, an der der eine durch den anderen teilhat. Und die mißlungene Bewegung dient der gelungenen Bewegung. Und die gelungene Bewegung weist dem, dem die seine mißlang, das Ziel, das sie gemeinsam verfolgten. Wer den Gott findet, findet ihn für alle. Denn mein Reich gleicht einem Tempel, und ich habe die Menschen angespornt. Ich habe sie dazu angehalten, ihn zu bauen. So ist es ihr Tempel. Und aus der Entstehung des Tempels erwächst ihnen selber ihr höchster Sinn. Und sie erfinden das Vergolden. Auch der erfindet es, der danach gesucht hat, ohne daß es ihm gelang. Denn die neue Vergoldung ist vor allem aus dieser Inbrunst entstanden.

Ein andermal sagte er:
– Ersinne dir nur kein Reich, in dem alles vollkommen ist! Denn der gute Geschmack ist eine Tugend von Museumswärtern. Und wenn du den schlechten Geschmack verachtest, wirst du weder Malerei noch Tanz, weder Paläste noch Gärten haben. Du wirst die Nase rümpfen, weil dich die schmutzige Erdarbeit abstößt. Du wirst all dessen beraubt sein durch die Leere deiner Vollkommenheit. Ersinne ein Reich, in dem schlechthin alles von Inbrunst erfüllt ist!

10

Meine Heere waren müde, als hätten sie eine schwere Last getragen. Meine Hauptleute suchten mich auf:
– Wann kehren wir heim? Die Genüsse, die uns die Frauen der eroberten Oasen zu bieten haben, reichen nicht an die Genüsse unserer Frauen daheim heran.
Einer sagte mir:
– Herr, ich träume von ihr, die aus dem gleichen Stoff gemacht ist wie meine Zeit, meine Zwistigkeiten. Ich möchte heimkehren und in Ruhe meine Beete bepflanzen. Herr, es gibt eine Wahrheit, die ich nicht mehr zu vertiefen vermag. Laß mich gedeihen in der Stille meines Dorfes! Ich verspüre das Bedürfnis, über mein Leben nachzusinnen.

Und ich erkannte, daß sie die Stille nötig hatten. Denn nur in der Stille kann die Wahrheit eines jeden Früchte ansetzen und Wurzeln schlagen. Vor allem bedarf es der Zeit, wie beim Kinde, das an der Mutterbrust trinkt. Und auch die Mutterliebe erfüllt sich zunächst im Stillen des Kindes. Und wer könnte das Kind sogleich wachsen sehen? Niemand. Jene, die von auswärts kommen, sagen: »Wie tüchtig es schon gewachsen ist!« Aber weder Vater noch Mutter haben es wachsen gesehen. Im Schoße der Zeit ist es geworden. Und in jedem Augenblick war es das, was es sein mußte.

So brauchten auch meine Soldaten Zeit, selbst wenn es nur darum ging, einen Baum zu begreifen. Sie brauchten sie, um sich Tag für Tag auf die Stufe vor der Haustür zu setzen, den gleichen Baum mit seinen gleichen Zweigen vor Augen. Und so offenbart sich allmählich der Baum.

Denn eines Abends in der Wüste am Lagerfeuer erzählte jener Dichter die schlichte Geschichte seines Baumes. Und meine Soldaten, von denen viele nie etwas anderes als gelbliches Gras und Zwergpalmen und Dornen gesehen hatten, hörten ihm zu. »Ihr wißt nicht«, sagte er ihnen, »was ein Baum ist. Ich habe einen gesehen, der von ungefähr in einem verlassenen Hause, einem fensterlosen Gemäuer gewachsen war, und der sich aufgemacht hatte, das Licht zu suchen. Wie der Mensch Luft um sich haben muß und der Karpfen Wasser, braucht der Baum Helle. Denn da er mit seinen Wurzeln in die Erde und mit seinen Zweigen in die Gestirne gepflanzt ist, ist er der Weg des Austausches zwischen uns und den Sternen. Dieser blindgeborene Baum hatte also in der Finsternis seine mächtigen Wurzeln ausgedehnt; er war von Wand zu Wand getappt, er war hin und her geschwankt, und dieser Kampf hatte sich in die Windungen seines Stammes eingezeichnet. Sodann hatte er in der Richtung der Sonne ein Mauerloch aufgebrochen und war hochgeschossen, aufrecht wie ein Säulenschaft, und so bin ich – mit dem Abstande des Geschichtsforschers – Zeuge der Bewegungen seines Sieges geworden. Er unterschied sich aufs herrlichste von den Knoten, mit deren Schürzung sich der

in seinen Sarg eingeschlossene Rumpf abgemüht hatte, und entfaltete sich in aller Ruhe; wie eine große Tafel, auf der die Sonne bedient wurde, breitete er sein Blattwerk aus, und so wurde er vom Himmel selber gesäugt und von den Göttern mit köstlicher Speise bewirtet.
Und ich sah, wie er jeden Morgen bei Tagesanbruch vom Wipfel bis zum Fuße erwachte. Denn er war beladen mit Vögeln. Und sobald es dämmerte, begann er zu leben und zu singen; wenn dann die Sonne aufgegangen war, ließ er seine Schätze in den Himmel hinaus wie ein nachsichtiger alter Hirte – mein Baum, der ein Haus, der ein Schloß war und leer blieb bis zum Abend...«
So erzählte er, und wir wußten, daß man den Baum lange anschauen muß, damit er ebenso in uns gedeihe. Und ein jeder beneidete ihn um diese Fülle von Blättern und Vögeln, die er in seinem Herzen trug.
– Wann, fragten sie mich, wann wird der Krieg aus sein? Auch wir möchten von alldem etwas begreifen. Es ist Zeit für uns zu werden...
Und wenn einer von ihnen einen noch jungen Wüstenfuchs fing, den er mit den Händen füttern konnte, so fütterte er ihn – es geschah das zuweilen auch mit Gazellen, wenn sie sich herbeiließen, nicht gleich zu sterben – und der Wüstenfuchs wurde ihm von Tag zu Tag kostbarer, denn er weidete sich an seinem seidigen Fell und seinen Schelmereien und vor allem an seinem Bedürfnis nach Nahrung, das so gebieterisch nach der Fürsorge des Kriegers verlangte. Und dieser lebte in dem eitlen Wahne, es könne etwas von ihm selber auf dieses kleine Tier übergehen, als wäre es durch seine Liebe genährt und geformt und gebildet worden.
Dann entlief der Fuchs eines Tages in die Wüste, seinem Liebestrieb folgend, und ließ im Herzen des Mannes auf einmal eine Leere zurück. Und solch einen habe ich sterben gesehen, weil er sich während eines Überfalls nur nachlässig verteidigt hatte. Und als wir seinen Tod erfuhren, entsann ich mich wieder der geheimnisvollen Worte, die er nach der Flucht seines Fuchses gesprochen hatte, als ihm seine Kame-

raden, seine Schwermut erratend, zuredeten, er solle sich doch einen anderen fangen. »Man braucht zuviel Geduld«, hatte er geantwortet, »nicht, um ihn zu greifen, sondern um ihn zu lieben.«
Nun waren sie freilich der Füchse und Gazellen müde geworden, da sie die Sinnlosigkeit ihres Austausches eingesehen hatten: denn ein Fuchs, der um seiner Liebe willen entläuft, nimmt nichts von ihnen mit, wodurch die Wüste reicher würde.
– Ich habe Söhne, sagte mir ein anderer, sie wachsen heran und ich habe ihnen nichts beigebracht. Ich kann ihnen deswegen nichts von mir übergeben. Und was wird aus mir, wenn ich einmal tot bin?

Und ich schloß sie in die Stille meiner Liebe ein und betrachtete mein Heer, das im Sande dahinzuschwinden und sich zu verlieren begann, gleich jenen aus Gewittern entstandenen Flüssen, die der lehmige Untergrund nicht zu bewahren vermag und die unfruchtbar sterben, da sie sich nicht entlang ihrer Ufer in Bäume, in Gras, in Nahrung für die Menschen verwandelt haben.
Es war der Wunsch meines Heeres gewesen, sich zum Besten des Reiches in Oasen zu verwandeln und meinen Palast durch jene fernen Heimstätten zu verschönern, damit man, wenn die Rede auf ihn kam, von ihm sagen könnte: »Welch einen Zauber verleihen ihm doch nach Süden zu diese Palmen, diese neuen Palmenhaine, diese Dörfer, darin man das Elfenbein schnitzt...«
Aber wir kämpften, ohne ihrer habhaft zu werden, und jeder dachte an Heimkehr. Und das Gesicht des Reiches verblaßte in ihnen wie ein Gesicht, das man nicht mehr anzuschauen weiß und das sich in der Wirrnis der Welt verliert.
– Was schert es uns, sagten sie, ob wir etwas mehr oder weniger von den Schätzen dieser unbekannten Oase erhalten! Welchen Zuwachs kann sie uns denn schon bringen! Wodurch könnte sie uns bereichern, wenn wir uns nach unserer Heimkehr in unseren Dörfern verschließen? Sie wird

nur dem zugute kommen, der sie bewohnt, der die Datteln ihrer Palmen erntet oder seine Wäsche im strömenden Wasser ihrer Flüsse wäscht…

11

Sie täuschten sich, aber was vermochte ich dagegen zu tun? Wenn der Glaube erlischt, stirbt Gott und erweist sich fortan als unnötig. Wenn ihre Inbrunst versiegt, bedeutet das den Zerfall des Reiches, denn es besteht aus ihrer Inbrunst. Nicht etwa, daß es ein Trugbild wäre. Wenn ich aber jene langen Reihen der Ölbäume, jene Hütte, die Obdach gewährt, ein Landgut nenne und wenn einer, der all das betrachtet, von Liebe erfüllt wird und es in seinem Herzen vereinigt, – wie könnte dann das Gut vor Verkauf und Aufteilung bewahrt bleiben, wenn dieser Betrachter dazu gelangte, darin nur noch irgendwelche beliebigen Ölbäume und dazwischen eine abgelegene Hütte zu sehen, die allein den Sinn hätte, vor Regen zu schützen? Denn dieser Verkauf würde ja nichts verändern, weder an der Hütte noch an den Ölbäumen.

Seht dort den Gutsherren, wie er ganz allein im Morgentau die Wege entlanggeht und nichts von seinem Vermögen bei sich führt! Wie er keinen seiner Vorteile ausnützt! Er ist gleichsam seiner Güter enteignet, da sie ihm im Augenblick nicht von Nutzen sind; wenn es gerade geregnet hat, kämpft sich sein Fuß durch den Schlamm wie der Fuß eines Feldarbeiters, und mit seinem Stocke schiebt er die nassen Dornsträucher beiseite wie der ärgste Landstreicher. Da er in einem Hohlweg geht, kann er nicht einmal sein Gut mit den Augen umfangen; er weiß nur, daß er hier Gebieter ist.

Wenn du ihm aber begegnest und er dich anschaut, weißt du, wen du vor dir hast. Gelassen und selbstgewiß stützt er sich auf die grundlegende Sicherheit, die ihm doch im Augenblick zu nichts dient. Er macht von nichts Gebrauch, aber es fehlt ihm an nichts. Mit dem Weideland, den Gerstenfeldern und Palmenhainen, die sein sind, hat er festen Grund unter den Füßen. Auf den Feldern ist es still. Die Scheuern schlafen noch. Die Drescher lassen noch nicht den Glanz ihres Kornes fliegen. Aber er umschließt dieses alles in seinem Herzen. Hier geht nicht irgendwer: der Herr wandelt hier langsam in seinen Luzernen...

Der ist wahrhaftig blind, der den Menschen nur in seinen Taten gewahr wird und glaubt, nur die Tat mache ihn kund oder die greifbare Erfahrung oder die Ausnutzung eines bestimmten Vorteils. Für den Menschen ist nicht entscheidend, worüber er im Augenblick verfügt, denn mein Spaziergänger verfügt kaum über eine Handvoll Ähren, die er in den Händen zerreiben, oder eine Frucht, die er pflücken könnte. Jener, der mit mir ins Feld zieht, ist ganz vom Gedenken an seine Geliebte erfüllt, die er weder sehen noch berühren noch in seine Arme schließen kann und die nicht einmal an ihn denkt; denn in dieser frühen Morgenstunde, in der er die Weite einatmet und jene Anziehung verspürt, nimmt sie auf ihrem so fernen Lager überhaupt nicht lebendigen Anteil an der Welt. Vielmehr ist sie wie abwesend, wie tot. Sie schläft. Und doch ist der Mann von ihrem Dasein erfüllt; ihn erfüllt eine Zärtlichkeit, für die er keine Verwendung hat, und die, sich selber vergessend, wie die Körner im Speicher schläft; ihn erfüllen Düfte, die er nicht einatmet; ihn erfüllt das Geplätscher des Springbrunnens, der den Mittelpunkt seines Hauses bildet und den er nicht hört, und auch er trägt an dem Gewicht eines Reiches, das ihn von den anderen unterscheidet.

Oder denke an den Freund, dem du begegnest und der sein krankes Kind mit sich herumträgt. Sein krankes Kind in der Ferne. Seine Hand fühlt nicht, wie es fiebert, und er hört nicht sein Klagen. Und im Augenblick ändert es nichts an seinem Leben. Und doch kommt es dir vor, als sei er wie erdrückt durch das Gewicht dieses Kindes, das er in seinem Herzen trägt.

So ist es mit jenem, der dem Reiche angehört; er vermöchte es nicht mit einem Blick zu umspannen, er kann nicht seine

Schätze verwenden oder den leisesten Vorteil daraus ziehen, aber er ist dadurch innerlich gewachsen wie der Gutsherr oder der Vater des kranken Kindes oder jener, den die Liebe reich macht, während die Geliebte fern ist und überdies schläft. Für den Menschen kommt es allein auf den Sinn der Dinge an.

Ich weiß freilich von meinem Dorfschmied, der zu mir kommt und sagt:
– Mich kümmert wenig, was mich nichts angeht. Wenn ich meinen Tee, meinen Zucker habe, wenn mein Esel wohlgenährt ist und meine Frau mir zur Seite steht, wenn meine Kinder an Alter und Tugend zunehmen, dann bin ich vollkommen glücklich und habe keinen anderen Wunsch mehr. Wozu all diese Leiden?
Und wie könnte er glücklich sein, wenn er in seinem Hause allein auf der Welt wäre? Wenn er mit seiner Familie ein abgelegenes Zelt in der Wüste bewohnte? Ich zwinge ihn daher, sich zu berichtigen:
– Wenn du nun aber am Abend deine Freunde unter anderen Zelten wiedersiehst, wenn sie dir etwas zu erzählen haben und dir die Neuigkeiten der Wüste vermelden?...
Denn ich habe euch gesehen, vergeßt es nicht! Ich habe euch rings um die nächtlichen Feuer gesehen, als ihr eure Hammel oder Ziegen am Spieß drehtet, und ich habe den Schall eurer Stimmen gehört. So trat ich langsamen Schrittes und in der Stille meiner Liebe zu euch heran. Gewiß spracht ihr von euren Söhnen, von dem, der heranwächst, und dem, der krank ist; gewiß spracht ihr von zu Hause, aber ohne allzusehr dabei zu verweilen. Und es kam erst Leben in euch, als sich der Reisende zu euch setzte, der mit einer Karawane aus fernen Ländern angelangt war; als er euch ihre Wunder schilderte und von dem weißen Elefanten eines Fürsten berichtete oder von der Hochzeit eines euch kaum dem Namen nach bekannten Mädchens in tausend Meilen Entfernung. Oder von dem Durcheinander bei den Feinden. Vielleicht erzählte er auch von dem neuen Kometen oder einer Krän-

kung oder einer Liebschaft oder einer todesmutigen Tat oder dem Haß, den man gegen euch hegte, oder der großen Fürsorge, mit der man euch bedachte. Dann erfüllte euch die Weite und ihr wart mit so vielen Dingen verbunden; dann erhielt euer Zelt seinen Sinn: das geliebte und gehaßte, das bedrohte und behütete. Dann wart ihr in einem Wundernetze gefangen und wurdet dadurch in etwas verwandelt, das euch überstieg...

Denn ihr bedürft einer Weite, die allein die Sprache in euch auslöst.

Ich entsinne mich, was mit den dreitausend Flüchtlingen aus der Berberei geschah, als sie mein Vater in einem Lager nördlich der Stadt unterbrachte. Er wollte nicht, daß sie sich mit den Unseren vermischten. Da er gütig war, speiste er sie und versah sie mit Stoffen, mit Zucker und Tee. Als Entgelt für seine großmütigen Gaben verlangte er jedoch keine Arbeit von ihnen. So brauchten sie sich nicht mehr um ihren Unterhalt zu kümmern und ein jeder hätte sagen können: »Was mich nichts angeht, kümmert mich wenig. Wenn ich meinen Tee, meinen Zucker habe, wenn mein Esel wohlgenährt ist und meine Frau mir zur Seite steht, wenn meine Kinder an Alter und Tugend zunehmen, dann bin ich vollkommen glücklich und habe keinen anderen Wunsch mehr. Warum all diese Leiden?«

Wer hätte sie aber für glücklich halten können? Wir besuchten sie zuweilen, wenn mich mein Vater zu belehren wünschte.

»Sieh nur«, sagte er, »sie werden zu Vieh und beginnen sachte zu faulen... nicht in ihrem Fleisch, aber in ihrem Herzen.«

Denn alles verlor für sie seinen Sinn. Wenn du nicht um dein Vermögen würfelst, ist es doch gut, wenn dir die Würfel in deinen Träumen Landgüter und Herden, Goldbarren und Diamanten bedeuten – Dinge, die du nicht besitzt. Die anderswo sind. Doch es kommt eine Zeit, da du mit den Würfeln keine Vorstellung mehr verbinden kannst. Und dann ist kein Spiel mehr möglich.

Und so geschah es, daß sich unsere Schützlinge nichts mehr zu sagen hatten. Ihre Familiengeschichten, die sich allesamt ähnlich waren, hatten sie aufgebraucht. Sie konnten einander nicht mehr ihre Zelte beschreiben, da sich alle Zelte gleich waren. Sie konnten nicht mehr fürchten und hoffen und erfinden. Die Sprache benutzten sie nur noch für dürftige Zwecke. »Leihe mir dein Kohlenbecken«, konnte da einer sagen. »Wo ist mein Sohn?« sagte ein anderer. Was hätte dieser Menschenhaufen, der auf seiner Streu unter der Krippe lag, sich noch wünschen können? Wofür hätten sie sich schlagen können? Für das Brot? Sie empfingen genug. Für die Freiheit? Aber in den Grenzen ihrer Welt waren sie unendlich frei. Sie ertranken schier in dieser maßlosen Freiheit, die manchem Reichen die Eingeweide aushöhlt. Um über ihre Feinde zu triumphieren? Aber sie hatten keine Feinde mehr.

Mein Vater sagte mir:

– Du kannst mit einer Peitsche kommen und allein durch das Lager gehen, während du sie ins Gesicht schlägst. Du wirst sie nicht mehr erregen als eine Hundemeute, die knurrend zurückweicht und gerne beißen möchte. Doch keiner opfert sich auf, und du wirst nicht gebissen. Und du kreuzt die Arme vor ihnen. Und du verachtest sie...

Er sagte mir noch:

– Die dort sind lebende Leichname. Der Mensch aber steckt nicht mehr in ihnen. Sie können noch einen Meuchelmord begehen, wenn du den Rücken kehrst, denn die Unterwelt hat ihre Gefahren. Aber deinem Blick werden sie nicht standhalten.

Mittlerweile nistete sich die Zwietracht wie eine Krankheit bei ihnen ein. Eine unzusammenhängende Zwietracht, die sie nicht in zwei Lager aufspaltete, sondern alle gegeneinander aufwiegelte; denn jeder beraubte sie, der seinen Teil an den Vorräten verzehrte. Wie Hunde, die den Trog umkreisen, überwachten sie sich gegenseitig, und so begingen sie Morde im Namen ihrer Gerechtigkeit, denn ihre Gerechtigkeit bedeutete vor allem Gleichheit. Und wenn sich

irgendeiner auf beliebige Weise unter ihnen hervortat, wurde er durch die Zahl erdrückt.
– Die Masse haßt das Bild des Menschen, sagte mir mein Vater, denn die Masse ist ohne Zusammenhang, sie drängt gleichzeitig nach allen Richtungen und macht das schöpferische Bemühen zunichte. Gewiß ist es von Übel, wenn der Mensch die Herde erdrückt. Nicht dort aber suche die große Versklavung: sie zeigt sich, wenn die Herde den Menschen erdrückt. Und im Namen dunkler Rechte mehrten also die Dolche, die die Bäuche aufschlitzten, Nacht für Nacht die Leichen. Und ebenso wie man die Abfälle entfernt, schleifte man sie in der Morgendämmerung an die Grenzen des Lagers, wo sie wie bei einer Abdeckerei auf unsere Bretterkarren geladen wurden. Und ich gedachte der Worte meines Vaters:
»Wenn du willst, daß sie Brüder sein sollen, zwinge sie einen Turm zu bauen. Willst du aber, daß sie sich hassen, so wirf ihnen Korn vor...«
Und nach und nach stellten wir fest, daß sie den Gebrauch von Worten verloren, die ihnen nicht mehr zu Gebote standen. Und mein Vater führte mich unter diesen gleichsam abwesenden Gesichtern umher, die uns stumpfsinnig und leer ansahen, ohne uns zu erkennen. Sie bildeten nur noch jene unbestimmten Grunzlaute, mit denen man nach Nahrung verlangt. Sie vegetierten wunschlos und ohne zu klagen, ohne Haß und ohne Liebe. Und so kam es bald dazu, daß sie sich nicht mehr wuschen und nicht mehr ihr Ungeziefer vernichteten. Es nahm überhand. Da breiteten sich Eiterbeulen und Geschwüre aus. Und so begann das Lager die Luft mit Gestank zu erfüllen. Mein Vater befürchtete ein Auftreten der Pest. Und gewiß dachte er auch über den Zustand des Menschen nach.
– Ich werde mich dazu entschließen, den Erzengel zu wekken, der erstickt unter ihrem Unrat schläft. Denn ich achte zwar nicht sie selbst, aber durch sie hindurch achte ich Gott...

12

– Denn hier zeigt sich wahrhaftig ein großes Geheimnis des Menschen, sagte mein Vater. Sie verlieren das Wesentliche und wissen nicht, was sie verloren haben. Auch die seßhaften Oasenbewohner, die über ihren Vorräten hocken, wissen das nicht von selber. In der Tat läßt sich ihr Verlust nicht aus den Stoffen ablesen, die sich nicht verändern. Und die Menschen in den Häusern und Bergen, wenn diese nicht mehr ein Landgut bilden...

Wenn ihnen der Sinn für das Reich verlorengeht, werden sie nicht gewahr, daß sie verknöchern und ihre Substanz einbüßen und den Dingen ihren Wert rauben. Die Dinge bewahren ihre äußere Erscheinung, aber was ist eine Perle oder ein Diamant, wenn sie niemand begehrt? Sie haben den gleichen Wert wie geschliffenes Glas. Und das Kind, das du in den Schlaf wiegst, hat etwas von seinem Wesen verloren, wenn es nicht mehr ein Geschenk für das Reich ist. Doch anfangs erkennst du das nicht, denn sein Lächeln hat sich nicht verändert.

Sie sehen nicht ihre Verarmung, denn die Gegenstände, die sie gebrauchen, bleiben die gleichen. Aber worin besteht der Gebrauch eines Diamanten? Und was ist ein Geschmeide, wenn kein Fest gefeiert wird? Und was ist das Kind, wenn kein Reich besteht und du nicht davon träumst, aus diesem Kinde einen Eroberer, einen großen Herren oder einen Baumeister zu machen? Wenn es darauf beschränkt bleibt, ein Häuflein Fleisch zu sein?

Sie kennen nicht mehr die unsichtbare Mutterbrust, die sie Tag und Nacht stillte, denn das Reich nährt das Herz, so wie dich die Geliebte mit ihrer Liebe nährt und den Sinn der Dinge für dich verwandelt, obwohl sie fern von dir entschlummert ist und wie eine Tote ruht. Dort in der Ferne ist nur ein schwacher Hauch, und du kannst ihn nicht einmal spüren, und doch ist die ganze Welt für dich ein einziges Wunder.

So birgt der Gutsherr sogar den Schlaf seiner Kätner in sei-

nem Herzen, wenn er im Tau des anbrechenden Tages durch seine Felder geht.
Es ist aber ein Geheimnis des Mannes, der verzweifelt, wenn ihn die Geliebte verläßt, daß er nichts von seiner eigenen Verarmung ahnt, wenn er selber die Freundin nicht mehr liebt oder das Reich nicht mehr verehrt. Er sagt sich einfach: Sie war doch nicht so schön wie in meinem Traume oder weniger liebenswert..., und so geht er befriedigt von dannen, wohin ihn der Wind treibt. Doch die Welt ist für ihn kein Wunder mehr. Und die Morgenröte ist nicht mehr die Morgenröte der Heimkehr oder des Erwachens in ihren Armen. Die Nacht ist nicht mehr das große Heiligtum der Liebe. Sie ist nicht mehr, dank der Geliebten, die im Schlafe atmet, der große Hirtenmantel. Aller Glanz ist erloschen. Alles hat sich verhärtet. Und der Mann, der nichts von dem Unheil merkt, beweint nicht seine verlorene Fülle. Er ist zufrieden mit seiner Freiheit: der Freiheit, nicht mehr zu sein. So ist es mit einem, in dem das Reich erstarb. »Meine Inbrunst war eine törichte Verblendung«, sagt er sich. Und er hat freilich recht. Es gibt ja außerhalb seiner selbst nur eine wirre Ansammlung von Ziegen, Hammeln, Häusern und Bergen. Das Reich war eine Schöpfung seines Herzens.
Was kannst du aber mit der Schönheit einer Frau anfangen, wenn kein Mann da ist, den sie ergreift? Und mit dem Zauber des Diamanten, wenn ihn keiner zu besitzen begehrt? Und mit dem Reiche, wenn es keine Diener des Reiches mehr gibt?

Denn wenn einer, der das Bild zu lesen weiß und es in seinem Herzen trägt; der ihm so verbunden ist wie das kleine Kind der Mutterbrust, und dem das Bild Schlußstein des Gewölbes ist: Sinn, Bedeutung und Anlaß der Größe, Raum und Fülle, – wenn solch einer von seinem Quell abgeschnitten wurde, so ist er wie wehrlos, wie gespalten und stirbt den Erstickungstod gleich einem Baume, dem man die Wurzeln abhackte. Er wird sich nicht wieder zurechtfinden. Und trotzdem leidet er nicht, während ihn das Bild, das in ihm zugrunde geht, selber zugrunde richtet; er paßt sich seiner eigenen Mittelmäßigkeit an, ohne von ihr zu wissen.

Deswegen soll man alles, was Größe hat, stets im Menschen wachhalten und ihn zu seiner eigenen Größe bekehren.

Denn die entscheidende Nahrung empfängt er nicht von den Dingen, sondern von dem Knoten, der die Dinge verknüpft. Was ihn speist, ist nicht der Diamant, sondern eine bestimmte Beziehung zwischen Mensch und Diamant: Nicht die Sandwüste, sondern eine bestimmte Beziehung zwischen der Sandwüste und den Stämmen, die sie bewohnen; nicht die Worte des Buches, sondern eine bestimmte Beziehung zwischen den Worten des Buches, die Liebe, Gedicht und Weisheit Gottes bedeuten.

Und wenn ich euch auffordere, zusammenzuarbeiten und zusammenzuhalten und ein großes Ganzes zu bilden, zu dem jeder beitragen soll und das einen jeden, der daran teilhat, um alle anderen reicher macht; wenn ich wünsche, daß ihr zu Kindern des Reiches werdet; wenn ich euch in den Bereich meiner Liebe einschließe, – wie solltet ihr dadurch nicht gedeihen und wie könntet ihr dann widerstehen? Die Schönheit eines Gesichtes besteht nur in dem Zusammenklang seiner Teile. Und es überwältigt euch durch seine Erscheinung. So ist es auch mit jenem Gedicht, das euch Tränen entlockt. Ich habe Sterne und Brunnen und Klagen verwandt. Und es ist nichts anderes darin. Ich habe sie aber geformt, wie mein Geist es mir eingab. So dienten sie als Schemel einer Gottheit, die sie beherrscht, doch in keinem von ihnen enthalten ist.

Und mein Vater entsandte einen Sänger zu jenem faulenden Menschenhaufen. Der Sänger setzte sich des Abends auf den Lagerplatz und begann zu singen. Er besang die Dinge in ihrem Zusammenklang. Er besang die wunderschöne Prinzessin, zu der du nur nach einem Marsch von zweihundert Tagen durch eine Wüste ohne Brunnen und unter der brennenden Sonne gelangst. Und das Fehlen der Brunnen wird Opfer und Liebestrunkenheit. Und das Wasser der Schläuche wird Gebet, denn es führt zu der Vielgeliebten. Er sagte: »Ich trug Verlangen nach dem Palmenhain und dem milden Regen... Vor allem aber nach ihr, von der ich hoffte, sie würde mich in ihr Lächeln aufnehmen... und ich wußte mein Fieber nicht mehr von meiner Liebe zu unterscheiden...«

Und es dürstete sie nach dem Durste und sie reckten ihre Fäuste nach meinem Vater hin: »Ruchloser! Du hast uns den Durst geraubt, diese Trunkenheit des Opfers um der Liebe willen!«

Er besang das Drohende, das herrscht, wenn der Krieg erklärt ist, und das die Wüste in ein Schlangennest verwandelt. Jeder Sandhügel schwillt dann durch eine Macht, die über Tod und Leben gebietet. Und es dürstete sie nach der Todesgefahr, die die Wüste beseelt. Er besang den Zauber, der von einem Feinde ausgeht, den man von allen Seiten erwartet und der sich unter dem Horizont – gleich einer Sonne, von der man nicht weiß, wo sie aufgehen wird – von einem Himmelsrande zum anderen bewegt. Und es dürstete sie nach einem Feinde, der sie mit seinen Heerscharen umringen sollte wie ein Meer.

Und als sie nach der Liebe dürsteten, die wie ein Antlitz vor ihnen aufleuchtete, fuhren die Dolche aus der Scheide. Und da weinten sie vor Freude, als sie ihre Säbel liebkosten! – Ihre vergessenen, verrosteten, geschändeten Waffen, die ihnen nun aber wie ein Zeichen der verlorenen Manneskraft erschienen, denn allein mit ihrer Hilfe vermag der Mensch die Welt zu erschaffen. Und das war das Signal für den Aufruhr, der schön war wie eine Feuersbrunst!

Und sie starben alle als Männer!

13

Ebenso versuchten wir auch die Dichter vor jenem Heer, das sich aufzulösen begann, singen zu lassen. Doch es geschah das Erstaunliche, daß die Dichter keine Wirkung ausübten und von den Soldaten verlacht wurden.

– Man soll unsere Wahrheiten singen, antworteten sie. Den Springbrunnen unseres Hauses und den Duft unserer Abendsuppe. Was schert uns dieses Geschwätz?
So habe ich jene andere Wahrheit kennengelernt, die besagt, daß sich die dahingeschwundene Macht nicht wieder einstellt. Und daß meine Macht ihre Fruchtbarkeit, das Bild des Reiches, eingebüßt hatte. Denn die Bilder sterben wie die Pflanzen, wenn ihre Kraft aufgebraucht ist; sie sind dann nur noch wie tote Stoffe, die vor der Auflösung stehen, Humus für neue Pflanzen. Und ich ging abseits, um über dieses Rätsel nachzudenken. Denn nichts ist wahrer oder weniger wahr. Sondern nur mehr oder weniger wirksam. Und ich hatte nicht mehr den wunderbaren Knoten in Händen, der ihre Vielfalt zusammenhielt. Er war mir entglitten. Und mein Reich fiel wie von selbst auseinander, denn wenn das Unwetter die Äste der Zeder bricht und der Sandwind sie austrocknet, bis sie der Wüste weicht, so geschieht das keineswegs, weil die Wüste stärker geworden wäre, sondern weil sich die Zeder schon selber aufgab und den Barbaren Einlaß gewährte.
Wenn ein Sänger sang, warf man ihm vor, er übertreibe seine Ergriffenheit. Und in der Tat klang sein Pathos falsch und schien uns einer anderen Zeit anzugehören. »Glaubt er denn selber an die Liebe«, sagte man, »die er für Ziegen, für Hammel, für Häuser und Berge ausdrückt, die doch nur unzusammenhängende Dinge sind? Glaubt er denn selber an die Liebe, die er für die Windungen der Flußläufe äußert? Dabei bedrohen sie doch nicht das Kriegsglück und sind es nicht wert, daß man sein Blut für sie vergießt!« Und freilich zeigten die Sänger selber ein schlechtes Gewissen, als hätten sie Kindern, die nicht mehr leichtgläubig genug waren, allzu plumpe Lügenmärchen erzählt.
In ihrer hartnäckigen Dummheit beschwerten sich meine Generäle bei mir über meine Sänger. »Sie singen falsch«, sagten sie. Doch ich wußte, wie sich ihr falscher Ton erklärte, da sie ja einen toten Gott priesen.
In ihrer hartnäckigen Dummheit fragten mich meine Gene-

räle sodann: »Warum wollen sich unsere Soldaten nicht mehr schlagen?« Als hätten sie von Berufs wegen Anstoß genommen und gesagt: »Warum wollen sie nicht mehr das Korn schneiden?« Und ich veränderte die Fragestellung, denn auf diese Weise führte sie zu nichts. Es ging nicht um eine Berufsangelegenheit. Und ich fragte mich in der Stille meiner Liebe: »Warum wollen sie nicht mehr sterben?« Und meine Weisheit suchte nach einer Antwort.

Denn man stirbt gewiß nicht für Hammel und Ziegen und Häuser und Berge. Denn die Dinge bleiben bestehen, ohne daß man etwas für sie zu opfern braucht. Doch man stirbt, um den unsichtbaren Knoten zu erhalten, der sie verknüpft und sie in ein Gut, ein Reich, ein erkennbares und vertrautes Gesicht verwandelt. Gegen diese Einheit tauscht man sich aus, denn man baut auch im Tode an ihr weiter. Um der Liebe willen lohnt sich der Tod. Und einer, der langsam sein Leben gegen ein wohlgelungenes Werk, das das Leben überdauert, austauscht: gegen einen Tempel, dessen Weg durch die Jahrhunderte führt, – solch einer ist auch bereit zu sterben, wenn seine Augen den Palast in der Zusammenhanglosigkeit der Baustoffe zu gewahren vermögen; wenn er von seiner Pracht geblendet wird und in ihm aufgehen möchte. Denn hier empfängt ihn etwas, was größer ist als er selber: so gibt er sich seiner Liebe hin.

Wie hätten sie jedoch bereit sein können, ihr Leben gegen niedrige Interessen auszutauschen? Das Interesse gebietet vor allem zu leben. Meine Sänger mochten sich noch so sehr bemühen: sie boten meinen Soldaten im Austausch gegen ihre Opfer nur falsche Münze. Denn das Gesicht, das sie befeuert hätte, konnten sie ihnen nicht weisen. Meinen Soldaten wurde nicht das Recht zuteil, in der Liebe zu sterben. Weshalb sollten sie also sterben?

Und jene von ihnen, die trotzdem in einer harten Pflichterfüllung – die sie bejahten, ohne sie zu verstehen – in den Tod gingen, – auch sie starben armselig, starr und mit harten Augen, wortkarg und streng in ihrem Abscheu.

Und deshalb suchte ich in meinem Herzen nach einer neuen

Lehre, die sie zu ergreifen vermochte; als ich dann eingesehen hatte, daß keine Überlegung und keine Weisheit zu ihr hinführen, – denn wie bei dem Bildhauer, der dem Stein das Gewicht seiner freien Entscheidung auferlegt, geht es darum, ein Gesicht zu gestalten – betete ich zu Gott, er möge mich erleuchten.

Und während der ganzen Nacht beobachtete ich meine Soldaten im Grieseln des Sandes, der sich erhob und quer über das Land lief, um die Dünen abzuspulen und an ein wenig entfernterer Stelle wieder neu zu bilden. Es war eine zeitlose Nacht, in der der Mond aufleuchtete und wieder im rötlichen Dunste verschwand, den die Winde hinter sich herschleppten. Und ich hörte, wie die Wachtposten von den höchsten Punkten des dreieckigen Lagers einander riefen, aber ihre Stimmen waren nur noch langgezogene Schreie, aus denen kein Glaube sprach; sie klangen ergreifend in ihrer Verlassenheit.

Und ich sprach zu Gott: »Es ist nichts da, um sie aufzunehmen... Ihre alte Sprache ist verbraucht. Die Gefangenen meines Vaters waren zwar Ungläubige, aber von einem starken Reiche umhegt. Mein Vater sandte ihnen einen Sänger, aus dem dieses Reich antwortete. Der bekehrte sie daher in einer einzigen Nacht durch die Allgewalt seines Wortes. Seine Macht stammte aber nicht von ihm, sondern vom Reiche.«

– Mir aber fehlt es an einem Sänger, und ich habe keine Wahrheit und keinen Mantel, um zum Hirten zu werden. Muß es nun dahin kommen, daß sie einander umbringen und des Nachts zu verwesen beginnen von jenen Messerstichen, die den Bauch durchstoßen und so sinnlos wie Aussatz sind? In wessen Namen soll ich sie wieder sammeln?

Und hier und da standen falsche Propheten auf, die einige Anhänger um sich scharten. Und obwohl es nur wenige Gläubige waren, begeisterte sie ihr Glaube, und sie waren bereit, für ihn zu sterben. Doch hatten ihre Glaubenslehren keinen Wert für die anderen. Und alle Glaubenslehren bekämpften einander. Und so bildeten sich kleine Gemeinden, die sich haßten, denn sie pflegten alles in Irrtum und Wahrheit zu scheiden: Und wenn etwas nicht Wahrheit war, war es Irrtum, und wenn etwas nicht Irrtum war, war es Wahrheit. Ich aber wußte wohl, daß der Irrtum nicht das Gegenteil der Wahrheit ist, daß er nur eine andere Anordnung darstellt, einen aus anderen Steinen gebauten Tempel, und daß er nicht wahrer oder falscher ist, sondern nur anders. Und als ich gewahr wurde, daß sie bereit waren, für trügerische Wahrheiten zu sterben, blutete mir das Herz. Und ich sprach zu Gott: »Kannst Du mich nicht eine Wahrheit lehren, die alle ihre besonderen Wahrheiten beherrscht und sie alle in ihrem Schoße vereinigt? Denn wenn ich aus diesen Gräsern, die sich gegenseitig zerstören, einen Baum bilde mit einer einzigen Seele, so wird der eine Zweig wachsen, wenn der andere gedeiht, und der ganze Baum wird von einer wundervollen Zusammenarbeit beseelt sein und sich in der Sonne entfalten.

Sollte mein Herz nicht weit genug sein, um sie alle zu umschließen?«

Es zeigte sich auch die Lächerlichkeit der Tugendhaften, während die Krämer triumphierten. Man verkaufte. Man bot Jungfrauen feil. Man plünderte die Getreidevorräte, die ich für den Fall einer Hungersnot angelegt hatte. Man mordete. Ich war aber nicht so einfältig zu glauben, das Ende des Reiches sei auf jenen Verfall der Tugend zurückzuführen; ich wußte ja nur zu gut, daß der Bankrott der Tugend auf dem Ende des Reiches beruhte.

– Herr, sagte ich, schenke mir jenes Bild, gegen das sie sich in ihrem Herzen auszutauschen vermögen! Dann werden sie alle, durch jeden einzelnen hindurch, an Kraft zunehmen. Und die Tugend wird Zeichen dessen sein, was sie *sind*.

14

In der Stille meiner Liebe ließ ich eine große Zahl von ihnen hinrichten. Jeder Tod aber nährte die unterirdische Lava der Empörung. Denn man fügt sich dem Augenschein. Den gab es jedoch hier nicht. Es war schlecht zu erkennen, im Namen welcher einleuchtenden Wahrheit wiederum einer gestorben war. Da geschah es, daß ich durch Gottes Weisheit über die Macht belehrt wurde.

Denn die Macht erklärt sich nicht aus der Strenge, sondern aus der Einfachheit der Sprache. Und gewiß bedarf es der Strenge, um eine neue Sprache einzuführen; denn es gibt für diese keine Beweise, und sie ist nicht wahrer oder falscher, sondern nur anders. Wie vermöchte man jedoch mit Hilfe der Strenge eine Sprache einzuführen, die durch ihre eigene Natur die Menschen aufspaltet und sie einander widersprechen läßt? Denn eine solche Sprache einführen, heißt die Spaltung einführen und die Strenge entwaffnen.

Ich kann es nach meinem freien Ermessen, wenn ich vereinfache. Dann gebiete ich dem Menschen, sich zu verändern und gelöster und klarer, hochherziger und inbrünstiger zu werden, damit er sein Streben mit seinem Wesen in Einklang bringe; und hat er sich derart gewandelt, verleugnet er die Larve, von der er entdeckt, daß er sie bisher verkörperte, so erstaunt er über seinen eigenen Glanz; in seinem Staunen wird er dann zu meinem Verbündeten und zum Soldaten meiner Strenge. Und meine Strenge hat keinen anderen Rückhalt als die Rolle, die er so spielt. Die Strenge ist das mächtige Tor, durch das die Herde vielleicht mit Peitschenhieben hindurchgetrieben wird, damit sie sich häute und wandle. Aber sie alle werden nicht gezwungen; sie werden bekehrt.

Die Strenge aber führt nicht zum Ziel, wenn die Menschen nicht spüren, daß sich in ihnen Flügel öffnen, sobald erst das Tor durchschritten wurde und sie sich selber abstreiften und ihrer Verpuppung entschlüpften, – wenn sie nicht das Lei-

den preisen, das sie begründet hat, und sich statt dessen verkrüppelt und armselig vorkommen und zu dem anderen Ufer zurückkehren möchten, das sie verlassen haben.
Dann füllt das Blut der Menschen die Flüsse in trauriger Sinnlosigkeit.
Die Hingerichteten bewiesen mir, daß ich sie nicht zu bekehren vermocht hatte, und zeigten mir so meinen Irrtum. Da ersann ich dieses Gebet:
– Herr, mein Mantel ist zu kurz und ich bin ein schlechter Hirte, der sein Volk nicht zu behüten vermag. Ich befriedige die Bedürfnisse der einen und benachteilige dabei die anderen.
Herr, ich weiß, daß jedes Streben schön ist. Das Streben nach Freiheit und das nach Zucht. Das Streben nach Brot für die Kinder und nach dem Opfer des Brotes. Das Streben nach der prüfenden Wissenschaft und nach der Ehrfurcht, die bejaht und erschafft. Das Streben nach der geheiligten Ordnung, die vergöttlicht, und nach der Aufspaltung, die ausgleicht. Das Streben nach der Zeit, die das Nachsinnen ermöglicht, und nach der Arbeit, die die Zeit ausfüllt. Das Streben nach der Liebe durch den Geist, der das Fleisch züchtigt und den Menschen wachsen läßt, und nach der Barmherzigkeit, die die Wunden verbindet. Das Streben nach der Zukunft, die es zu bauen, und nach der Vergangenheit, die es zu bewahren gilt. Das Streben nach dem Kriege, der die Samenkörner aussät, und nach dem Frieden, der die Ernte einbringt.
Ich weiß aber auch, daß jene Streitigkeiten nur Streitigkeiten der Sprache sind und daß sie der Mensch jedesmal, wenn er sich aufschwingt, von einer etwas höheren Warte aus sieht. Und dann ist kein Streit mehr.
Herr, leihe mir ein Stück Deines Mantels, damit ich alle Menschen mit der Last ihrer großen Sehnsucht darunter berge! Ich bin es müde, aus Furcht, daß sie mein Werk zerstören, alle die zu erwürgen, die ich nicht zu bedecken vermag. Denn ich weiß, daß sie ihre Mitmenschen und die umstrittenen Wohltaten meiner vorläufigen Wahrheiten ge-

fährden, aber ich weiß zugleich, daß auch sie edel sind und Wahrheiten zu künden haben.
Herr, ich will, daß meine Krieger edel werden, ich will die Schönheit meiner Tempel begründen, gegen die sich die Menschen austauschen können und die ihrem Leben einen Sinn geben. Doch als ich heute abend in der Einöde meiner Liebe einherging, begegnete ich einem kleinen Mädchen in Tränen. Ich bog seinen Kopf zurück, um in seinen Augen zu lesen. Und sein Kummer hat mich geblendet. Wenn ich es ablehne, Herr, ihn kennenzulernen, lehne ich einen Teil der Welt ab und habe mein Werk nicht vollendet. Es geht nicht darum, daß ich mich von meinen großen Zielen abwende, aber es gilt, dieses kleine Mädchen zu trösten! Denn nur dann geht alles gut in der Welt. Auch das kleine Mädchen ist Sinnbild der Welt.

15

Der Krieg ist ein schwieriges Unterfangen, wenn er nicht mehr dem natürlichen Triebe entspricht und kein Verlangen mehr ausdrückt. In ihrer hartnäckigen Dummheit studierten meine Generäle die Möglichkeiten einer gewandten Taktik; sie erörterten die Vollkommenheit und suchten sie, bevor sie zur Tat schritten. Denn sie waren nicht von Gott erleuchtet, sondern bieder und arbeitsam. So scheiterten sie. Und ich rief sie zusammen, um ihnen ins Gewissen zu reden.
– Ihr werdet nicht siegen, denn ihr trachtet nach der Vollkommenheit. Sie ist aber ein Museumsstück. Ihr verbietet den Irrtum, und bevor ihr handelt, wartet ihr die Feststellung ab, ob der Erfolg der Tat, die gewagt werden soll, wirklich nachgewiesen ist. Aber wo habt ihr von einem Nachweis der Zukunft gelesen? So wie ihr verhindern würdet, daß Maler und Bildhauer und fruchtbare Erfinder jeder Art in eurem Lande gedeihen, werdet ihr auch den Sieg verhindern. Denn ich sage euch hiermit: Der Turm, der Staat, das Reich wachsen wie der Baum. Sie sind Äußerun-

gen des Lebens, da sie zu ihrer Entstehung des Menschen bedürfen. Und der Mensch glaubt zu rechnen. Er glaubt, der Aufbau seiner Steine werde von der Vernunft beherrscht, während der Aufstieg dieser Steine vor allem aus seinem Verlangen entstanden ist. Und in ihm selber – in dem Bilde, das er in seinem Herzen trägt – ist schon der Staat enthalten, so wie der Baum in seinem Samenkorne enthalten ist. Und mit seinen Berechnungen umkleidet er nur sein Verlangen. Und erläutert es. Denn ihr erklärt nicht den Baum, wenn ihr dartut, was für Wasser er getrunken hat, was für Salze er aus dem Boden zog, und wie die Sonne ihm Kraft verlieh. Und ihr erklärt nicht die Stadt, wenn ihr sagt: »Da haben wir's, weshalb dieses Gewölbe nicht einstürzt. Seht hier die Berechnungen der Architekten ...!« Denn wenn eine Stadt entstehen soll, wird man immer Rechenmeister finden, die richtig rechnen. Sie sind aber nur Dienende. Und wenn ihr ihnen den ersten Platz einräumt, weil ihr meint, daß die Städte aus ihrer Hand hervorgingen, so wird keine einzige Stadt aus dem Sande emporwachsen. Sie wissen, wie die Städte entstehen, aber sie wissen nicht warum. Versetzt jedoch den unkundigen Eroberer, versetzt ihn mit seinem Volke auf unebenen Boden und Felsgestein, und kehrt später zurück, so wird die Stadt mit den dreißig Kuppeln in der Sonne leuchten ... Und die Kuppeln werden standhalten wie die Zweige der Zeder. Denn inzwischen ist das Verlangen des Eroberers zur Stadt mit den vielen Kuppeln geworden, und er hat dann auch außer den Mitteln, den Wegen und Straßen alle Rechenmeister gefunden, deren er bedurfte.

So werdet ihr den Krieg verlieren, sagte ich ihnen, weil ihr nach nichts Verlangen tragt. Keine Neigung spornt euch an. Und ihr arbeitet nicht zusammen, sondern richtet euch mit euren unzusammenhängenden Entscheidungen gegenseitig zugrunde. Seht den Stein, wie er lastet. Er rollt dem Grunde der Schlucht zu. Denn er besteht aus der Zusammenarbeit all der Staubkörner, aus denen er geformt ist und die alle dem gleichen Ziel zustreben. Seht das Wasser im Behälter. Es drückt gegen die Wände und wartet eine Gelegenheit ab. Denn es kommt der Tag, an dem sich die Gelegenheiten darbieten. Und das Wasser drückt unermüdlich Tag und Nacht. Äußerlich scheint es zu schlafen und ist doch lebendig. Denn bei dem geringsten Spalt setzt es sich schon in Bewegung, sickert hindurch, stößt auf ein Hindernis, umgeht es, wenn das möglich ist, und versinkt wieder in seinen vermeintlichen Schlaf, wenn sein Weg nicht in einen weiteren Spalt einmündet, der ihm eine andere Bahn eröffnet. Niemals verpaßt es die neue Gelegenheit. Und auf unergründlichen Wegen, die kein Rechenmeister hätte ausrechnen können, läßt ein bloßer Druck die Wasservorräte aus eurem Behälter ausfließen.

Eure Armee gleicht einem Meere, das nicht gegen seinen Deich drückt. Ihr seid ein Teig ohne Hefe. Eine Erde ohne Samenkorn. Ein wunschloser Haufen. Ihr verwaltet, anstatt zu führen. Ihr seid nur stumpfe Zeugen. Und die dunklen Kräfte, die ihrerseits gegen die Wände des Reiches drücken, werden es auch ohne Verwaltungsbeamte fertigbringen, euch in ihren Fluten zu ertränken. Hinterher werden dann eure Geschichtsschreiber, die noch dümmer sind als ihr selber, die Ursachen der Katastrophe erklären. Sie werden die Mittel des Gegners, die zum Erfolge führten, Weisheit, Berechnung und Wissenschaft nennen. Ich aber sage euch, daß dem Wasser weder Weisheit noch Berechnung noch Wissenschaft eignen, wenn es die Deiche durchbricht und die Städte der Menschen verschlingt.

Ich aber werde die Zukunft wie der schaffende Künstler gestalten, der sein Werk mit Meißelschlägen aus dem Marmor hervorholt. Und so fallen nacheinander die Splitter, die das Gesicht des Gottes verbargen. Und die anderen werden sagen: Der Marmor enthielt diesen Gott. Er hat ihn gefunden. Und sein Tun war ein Mittel hierzu. Ich aber sage, daß er nicht berechnete, sondern den Stein formte. Das Lächeln des Gesichtes besteht nicht aus einer Mischung von Schweiß, Funken, Meißelschlägen und Marmor. Das Lächeln stammt nicht vom Stein, sondern vom Schöpfer der Statue. Befreie den Menschen, so wird er das Werk erschaffen!

In ihrer hartnäckigen Dummheit versammelten sich meine Generäle: »Es gilt zu verstehen«, sagten sie, »weshalb sich unsere Soldaten entzweien und hassen.« So ließen sie sie vor sich erscheinen. Und sie hörten die einen und die anderen; sie suchten ihre Behauptungen miteinander in Einklang zu bringen und ein gerechtes Urteil zu fällen und dem einen zurückzugeben, was ihm zukam, und dem anderen fortzunehmen, was er unrechtmäßig in Besitz hatte. Und wenn ihr Haß auf Eifersucht beruhte, suchten die Generäle festzustellen, wer recht und wer unrecht hatte. Und bald verstanden sie überhaupt nichts mehr; so sehr verwickelten sich die Probleme ineinander, so sehr zeigte die gleiche Tat ein verschiedenes Gesicht: sie war edel unter dieser Beleuchtung und niedrig unter jener und grausam und großherzig zugleich. Und ihre Beratungen dauerten die Nacht über an. Und da sie sich keinen Schlaf mehr gönnten, nahm ihre Dummheit noch zu. So suchten sie mich auf: »Es gibt nur eine Lösung für diesen Wirrwarr«, sagten sie, »und das ist die Sintflut der Hebräer!«

Ich gedachte jedoch meines Vaters: »Wenn das Korn zu schimmeln beginnt, suche den Schimmel außerhalb des Korns und wechsle den Speicher! Wenn sich die Menschen hassen, so höre nicht auf die törichte Aufzählung der Gründe, aus denen sie sich zu hassen glauben! Denn sie haben noch ganz andere Gründe als die, die sie anführen und an die sie nicht gedacht haben. Sie haben ebensoviele, um sich zu lieben. Und ebensoviele, um gleichgültig nebeneinander her zu leben. Und ich, der ich nie die Worte beachte, da ich weiß, daß das, was hinter ihnen steckt, nur ein schwer zu entzifferndes Zeichen darstellt – genau so wie die Steine des Gebäudes nicht den Schatten und die Stille offenbaren, genau so wie die Baustoffe des Baumes nicht den Baum erklären –, warum hätte ich die Bausteine ihres Hasses beachten sollen? Sie bauten ihn wie einen Tempel und verwandten dazu die gleichen Steine, mit denen sie ihre Liebe gebaut hätten.«

Ich betrachtete somit lediglich diesen Haß, den sie mit ihren schlechten Gründen verkleideten, und bildete mir nicht ein, sie durch die Gewährung einer fruchtlosen Gerechtigkeit heilen zu können. Denn diese hätte ihnen Nachteile oder Vorteile gebracht und sie dadurch nur in ihren Gründen bestärkt. Und zugleich hätte sie den Groll derer hervorgerufen, denen ich unrecht gab, und den Dünkel der anderen hochgezüchtet, denen ich recht gab. Und so hätte ich die Kluft noch vertieft. Ich aber gedachte der Weisheit meines Vaters.

Er hatte einst Generäle in neu eroberte Gebiete entsandt, da diese noch unsicher waren; dort sollten sie den Statthaltern zur Seite stehen. Da geschah es, daß die Reisenden, die zwischen den neuen Provinzen und der Hauptstadt hin- und herreisten, von dort zurückkamen, um meinen Vater zu warnen:

– In jener Provinz, sagten sie ihm, hat der General den Statthalter beleidigt. Sie sprechen nicht mehr miteinander.

Ein anderer kam von einer anderen Provinz:

– Herr, der Statthalter hat einen Haß auf den General geworfen.

Und ein dritter kehrte von anderswoher zurück:

– Herr, man erbittet dort deinen Schiedsspruch, um einen ernsten Streitfall zu schlichten. Der General und der Statthalter liegen im Streit miteinander.

Und mein Vater hörte sich zunächst die Gründe dieser Zerwürfnisse an. Und diese Gründe waren jedesmal einleuchtend. Bei solchen Kränkungen hätte sich ein jeder dazu entschlossen, sie zu rächen. Es gab da nichts als schändlichen Verrat und unversöhnbare Rechtshändel. Und Beschimpfungen und Entführungen. Und stets mußte es ganz offensichtlich einen geben, der recht hatte, und einen anderen, der im Unrecht war. Dieses Geschwätz aber langweilte meinen Vater.

– Ich habe Besseres zu tun, sagte er mir, als ihre törichten Streitereien zu untersuchen. Sie entstehen an allen Ecken des Landes, sind jedesmal verschieden und trotzdem einander gleich. Durch welch ein Wunder sollte ich jedesmal Statthalter und Generäle ausgewählt haben, die sich nicht vertragen können? Wenn du Tiere in einem Stall unterbringst und eines nach dem anderen stirbt, so brauchst du nicht die Tiere zu untersuchen, willst du die Ursache des Übels ergründen. Untersuche den Stall und verbrenne ihn!

Er ließ daher einen Boten kommen:

– Ich habe ihre Vorrechte nicht klar genug festgelegt. Sie wissen nicht, wem von ihnen beiden bei den Banketten der erste Platz gebührt. So überwachen sie sich gereizt. Und sie gehen beide nebeneinander her, bis der Augenblick kommt, da man sich niedersetzt. Dann trägt der größere Grobian oder auch der weniger Dumme dadurch den Sieg davon, daß er Platz nimmt. Der andere beginnt ihn zu hassen. Und er gelobt sich, er werde das nächste Mal bestimmt klüger sein und seinen Schritt beschleunigen, um sich zuerst setzen zu können. Und so ist es nur natürlich, daß sie sich in der Folge ihre Frauen entführen, ihre Herden plündern oder sich beschimpfen. Und es sind das nicht belanglose Albernheiten, sondern sie leiden darunter, weil sie daran glauben. Ich werde mir aber nicht den Lärm anhören, den sie vollführen.

Du willst, daß sie sich lieben sollen. Wirf ihnen nicht das Korn der Macht vor, damit sie sich darein teilen! Vielmehr diene der eine dem anderen! Und der andere diene dem Reiche! Dann werden sie einander liebgewinnen, weil sie einander helfen und gemeinsam bauen.

Und er bestrafte sie streng, weil sie mit ihren Zwistigkeiten eine so unnötige Unruhe verursacht hatten. »Das Reich«, sagte er ihnen, »hat mit euren Skandalen nichts zu schaffen. Ein General hat ganz offensichtlich dem Statthalter zu gehorchen. Deshalb werde ich diesen züchtigen, weil er nicht zu befehlen verstand, und den anderen, weil er nicht zu gehorchen wußte. Und ich rate euch gut, euch still zu verhalten.«

Und an allen Enden des Reiches versöhnten sich die Männer wieder. Die gestohlenen Kamele wurden zurückerstattet. Die ehebrecherischen Gattinnen wurden zurückgegeben oder verstoßen. Die Beleidigungen wurden zurückgenommen. Und jener, der gehorchte, zog den Hut, weil er sich durch die Lobsprüche des anderen, der ihm befahl, geschmeichelt fühlte. Und es erschlossen sich ihm Quellen der Freude. Und jener, der befehligte, war glücklich, seine Macht dadurch zeigen zu können, daß er seinen Untergebenen auszeichnete. Und an den Tagen der Bankette drängte er ihn nach vorn, damit er sich als erster setzen sollte.

– Und sie waren keineswegs dumm, sagte mein Vater. Aber in den Worten der Sprache steckt freilich nichts, was Beachtung verdiente. Lerne nicht nur auf den Wind der Worte und die Überlegungen zu achten, die ihren Irrtum ermöglichen!... Lerne darüber hinaus zu blicken! Denn ihr Haß war keineswegs widersinnig. Wenn nicht jeder Stein seinen richtigen Platz einnimmt, kommt auch kein Tempel zustande. Und wenn jeder Stein an seinem Platze ist und dem Tempel dient, zählt allein die Stille, die aus den Steinen erwachsen ist, und das Gebet, das aus ihr aufsteigt. Und wer hat je gehört, daß man von den Steinen redet?

Deswegen kümmerte ich mich nicht um die Probleme meiner Generäle, die zu mir kamen, um mich zu bitten, ich solle die Handlungen meiner Soldaten nach den Gründen ihrer Zwistigkeiten durchforschen und sodann durch meine Gerechtigkeit unter ihnen Ordnung schaffen. Doch in der Stille meiner Liebe durchschritt ich das Lager und sah, wie sie sich haßten. Dann zog ich mich zurück, um mein Gebet vor Gott zu bringen.

»Herr, Du siehst, wie sie sich entzweien, weil sie nicht mehr am Reiche bauen. Denn es ist ein Irrtum zu glauben, sie stellten das Bauen ein, weil sie sich entzweit hätten. Erleuchte mich und zeige mir den Turm, den ich sie bauen lassen soll und der es ihnen ermöglichen wird, sich mit ihren mannigfaltigen Strebungen in ihm auszutauschen. So wird er alles in ihnen wachrufen und eines jeden Sehnsucht erfüllen, denn er wird sie alle als ganze Menschen und in ihrer vollen Größe am Werke beteiligen. Mein Mantel ist zu kurz und ich bin ein schlechter Hirte, der sie nicht zu hüten weiß. Und sie hassen sich, weil sie frieren. Denn der Haß ist immer nur Unbefriedigtsein. Jeder Haß hat einen Sinn, tief und doch beherrschend. Und die verschiedenen Pflanzen hassen sich und verzehren sich gegenseitig, nicht aber der einzelne Baum, bei dem jeder Zweig durch das Gedeihen der anderen wächst. Leihe mir ein Stückchen Deines Mantels, damit ich meine Krieger und Ackersleute, meine Weisen und Ehemänner und Ehefrauen darin sammle, und dazu auch die weinenden Kinder...«

16

So ist es auch mit der Tugend. In ihrer hartnäckigen Dummheit kamen meine Generäle, um mir von der Tugend zu reden:
– Fürwahr, sagten sie mir, ihre Sitten verwildern. Und deshalb zerfällt das Reich. Es ist nötig, die Gesetze zu verschärfen und grausamere Strafen zu ersinnen. Und denen die Köpfe abzuschlagen, die gefehlt haben.
Ich dachte bei mir: Vielleicht ist es wirklich nötig, Köpfe abzuschlagen. Die Tugend ist aber vor allem Folgeerscheinung. Die Fäulnis der Menschen ist in erster Linie Fäulnis des Reiches, auf dem die Menschen sich gründen. Denn wenn es gesund und lebendig wäre, würde es ihren Edelmut steigern.

Und ich gedachte der Worte meines Vaters:
– Die Tugend ist die Vollkommenheit im Zustand des Menschen und nicht ein Mangel an Fehlern. Wenn ich eine Stadt bauen will, nehme ich das Lumpenpack und das Gesindel und adle sie durch die Macht. Ich biete ihnen andere Rauschmittel als den minderen Rausch des Raubes, des Wuchers oder der Notzucht. Sieh, da bauen sie mit ihren starken Armen. Ihr Dünkel wird zu Türmen und Tempeln und Wällen. Ihre Grausamkeit wird zu Größe und Strenge in der Manneszucht. Und so dienen sie einer Stadt, die aus ihnen selber entstanden ist und gegen die sie sich in ihren Herzen ausgetauscht haben. Und sie werden auf den Wällen dieser Stadt sterben, um sie zu schützen. Und du wirst bei ihnen nur noch die leuchtendsten Tugenden finden.

Du aber, der du über die Gewalt der Erde, über die Grobheit des Humus, seine Fäulnis und seine Würmer die Nase rümpfst, du verlangst vor allem von den Menschen, daß sie nicht existieren und keinen Geruch ausströmen sollen. Du tadelst an ihnen den Ausdruck ihrer Kraft. Und du stellst Entmannte an die Spitze deines Reiches. Und diese machen Jagd auf das Laster, das nur aus der Kraft besteht, die keine Betätigung findet. Sie machen Jagd auf die Kraft und das Leben. Und so werden sie ihrerseits zu Museumswärtern und wachen über ein totes Reich.

– Die Zeder nährt sich vom Dreck der Erde, sagte mein Vater, aber verwandelt ihn in dichtes Blattwerk, das sich seinerseits von der Sonne nährt.
– Die Zeder, sagte mein Vater auch zuweilen, ist die Vervollkommnung des Erdendrecks. Sie ist der Dreck, der zur Tugend geworden ist. Wenn du dein Reich retten willst, schaffe ihm seine Inbrunst. Sie wird die Regungen der Menschen fruchtbar machen. Und die gleichen Taten, die gleichen Anstrengungen werden deine Stadt bauen, statt sie zu zerstören.

Und jetzt sage ich dir:
– Deine Stadt wird daran sterben, daß sie vollendet ist, denn sie lebten nicht von dem, was sie empfingen, sondern von dem, was sie gaben. Und sie werden wieder zu Wölfen in ihren Höhlen werden, um sich die angesammelten Vorräte streitig zu machen. Und wenn es deiner Grausamkeit gelingt, sie zu bändigen, werden sie statt dessen zu Vieh im Stalle werden. Denn eine Stadt vollendet sich nicht. Ich sage lediglich, mein Werk sei vollendet, wenn es mir an Inbrunst fehlt. Sie sterben dann, weil sie schon gestorben sind. Die Vollkommenheit aber ist kein Ziel, das sich erreichen ließe, sondern nur der Austausch in Gott. Und niemals habe ich meine Stadt vollendet.

Deswegen zweifelte ich, ob es genügte, die Köpfe abzuhauen. Denn es liegt auf der Hand: wenn einer verdorben ist, muß man ihn ausmerzen, denn es steht zu befürchten, daß er die anderen anstecken kann; so entfernt man auch das mulsche Obst aus der Kammer oder das kranke Vieh aus dem Stalle. Es ist aber besser, wenn man die Kammer oder den Stall wechselt, denn diese vor allem sind schuld daran.
Warum den züchtigen, den man bekehren kann? Deshalb richtete ich dieses Gebet an Gott: »Herr, leihe mir ein Stückchen deines Mantels, auf daß ich alle Menschen mit der Last ihrer großen Sehnsucht darunter berge. Ich bin es müde, aus Furcht, daß sie mein Werk zerstören, alle die zu erwürgen, die ich nicht zu bedecken vermag. Denn ich weiß, daß sie ihre Mitmenschen und die umstrittenen Wohltaten meiner vorläufigen Wahrheit gefährden, aber ich weiß zugleich, daß auch sie edel sind und Wahrheiten zu künden haben.«

17

Deswegen habe ich auch immer den Wind der Worte verachtet und als eitel angesehen. Und den Ränken der Sprache mißtraut. Und wenn meine Generäle in ihrer hartnäckigen Dummheit zu mir kamen und sagten: »Das Volk wird aufsässig, wir raten dir, geschickt zu sein«, so entließ ich meine Generäle. Denn Geschicklichkeit ist nur ein leeres Wort. Und wenn du ein Werk erschaffst, sind keine Umwege möglich. Man begründet das, was man macht, und nicht mehr. Und wenn du ein Ziel verfolgst und vorgibst, du erstrebtest ein anderes, und dieses ist vom ersteren verschieden, so wird dich nur einer für geschickt halten, der sich durch Worte betören läßt. Denn du begründest am Ende nur das, worauf du zunächst zugehst, und nicht mehr. Du erschaffst nur das, womit du dich gerade befassest. Selbst dann, wenn es geschieht, um dagegen anzukämpfen. Ich begründe meinen Feind, wenn ich gegen ihn Krieg führe. Ich schmiede und härte ihn. Und wenn ich vergebens vorgebe, ich verstärkte meinen Zwang im Namen der künftigen Freiheit, so begründe ich Zwang. Denn das Leben verträgt keine Winkelzüge. Man täuscht nicht den Baum; man läßt ihn so wachsen, wie man ihn biegt. Der Rest ist nur Wind der Worte. Und wenn ich vorgebe, ich opferte meine Generation für das Glück der kommenden Generationen, so opfere ich die Menschen. Nicht diese hier oder andere, sondern alle. Ich schließe sie schlechthin alle ins Unglück ein. Der Rest ist nur Wind der Worte. Und wenn ich Krieg führe, um Frieden zu erlangen, so schaffe ich Krieg. Der Friede ist nicht ein Zustand, der sich mit Hilfe des Krieges erreichen ließe. Wenn ich an den durch Waffen erstrittenen Frieden glaube und die Waffen niederlege, so wird das mein Tod sein. Denn ich kann den Frieden nur herstellen, wenn ich Frieden stifte. Das bedeutet, daß in meinem Reiche ein jeder den Ausdruck seiner besonderen Wünsche findet, daß ich sie alle darin empfange und aufnehme. Denn das Bild, das ein jeder nach seiner Art lieben mag, kann das gleiche sein. Nur eine unzureichende Sprache läßt die Menschen sich entzweien; ihre Wünsche sind voneinander nicht verschieden. Noch nie bin ich einem begegnet, der Unordnung oder Niedertracht oder Zerstörung gewünscht hätte. Vom einen Ende der Welt bis zum anderen gleicht sich das Bild, das ihnen vorschwebt und das sie erschaffen möchten; nur die Wege sind verschieden, auf denen sie es zu erreichen suchen. Der eine glaubt, die Freiheit werde den Menschen sich entfalten lassen, der andere, der Zwang werde ihn groß machen, und beide wünschen sie seine Größe. Der eine glaubt, die Liebe werde die Menschen zusammenführen, der andere verachtet die Güte, die nur Achtung vor dem Geschwür ist, und zwingt sie, einen Turm zu bauen, damit sich einer im andern begründe. Und beide arbeiten sie für die Liebe. Der eine glaubt, der Wohlstand bewältige alle Probleme, denn der Mensch, der all seiner Bürden ledig sei, werde die Zeit finden, sein Herz, seine Seele und seinen Verstand zu pflegen. Der andere aber glaubt, der Wert ihres Herzens, ihres Verstandes und ihrer Seele beruhe nicht auf den Speisen, die man den Menschen reicht, und nicht auf den Erleichterungen, die man ihnen vergönnt, sondern auf den Opfern, die man von ihnen verlangt. Er glaubt, daß allein jene Tempel schön seien, die auf Gottes Geheiß entstehen und ihm zur Tilgung einer Schuld übergeben werden. Alle beide wünschen sie jedoch die Seele, den Verstand und das Herz zu verschönen. Und beide sind sie im Recht, denn wer gedeiht in der Versklavung, unter dem Druck einer grausamen und vertierenden Arbeit? Wer aber gedeiht in Zügellosigkeit, in Achtung vor Fäulnis und sinnloser Arbeit, die nur noch einen Zeitvertreib für Müßige darstellt?

Sieh, da greifen sie wegen unzureichender Worte im Namen der gleichen Liebe zu den Waffen. Und so ist Krieg, der Seuche und Kampf und unzusammenhängende Bewegung bedeutet und sich gebieterisch in einer Richtung bewegt, wie der Baum meines Dichters, der blind geboren, gegen die Mauern seines Kerkers stieß, bis er ein Mauerloch ausbrach, um, endlich aufrecht und herrlich, der Sonne entgegenzuwachsen.

Den Frieden erzwinge ich nicht. Ich begründe meinen Feind und seinen Groll, wenn ich mich damit begnüge, ihn zu unterwerfen. Nur bekehren ist groß und bekehren bedeutet empfangen. Es heißt, einem jeden ein Kleid nach seinen Maßen anbieten, damit er sich darin wohlfühle. Und es heißt, allen das gleiche Kleid geben. Denn jeder Widerspruch ist nur Mangel an Geist.

Ich wiederhole daher mein Gebet:

– Erleuchte mich, Herr. Laß mich an Weisheit zunehmen, damit ich versöhne: laß mich dabei nicht, wie es die einen oder die anderen verlangen, irgendeinen Wunsch ihrer Inbrunst preisgeben. Sondern ihnen ein neues Gesicht zeigen, das ihnen als ein gleiches erscheint. So ist es auch mit dem Schiff, o Herr. Die einen ziehen die Taue nach Backbord, ohne daß sie's verstünden, und kämpfen gegen die anderen, die nach Steuerbord ziehen. In ihrer Unwissenheit würden sie sich hassen. Wenn sie jedoch voneinander wissen, arbeiten sie zusammen und dienen beide dem Winde.

Der Friede ist ein Baum, der eines langen Wachstums bedarf.
Gleich der Zeder müssen wir noch vieles Gestein aufsaugen, um ihm seine Einheit zu schaffen...
Den Frieden bauen, heißt den Stall weit genug bauen, damit die ganze Herde darin schlafe. Es heißt, den Palast weit genug bauen, damit sich alle Menschen in ihm vereinen können, ohne etwas von ihrem Gepäck preiszugeben. Es geht nicht darum, sie zu verstümmeln, damit sie darin Platz haben. Den Frieden bauen, heißt von Gott erlangen, daß er seinen Hirtenmantel herleiht, damit er die Menschen in der ganzen Weite ihrer Wünsche umfange. Genauso wie die Mutter, die ihre Söhne liebt. Auch den, der schüchtern und zart ist. Und den anderen, der vor Lebenslust glüht. Und den, der vielleicht bucklig und schwächlich und unwillkommen ist. Aber sie alle in ihrer Verschiedenheit bewegen sein Herz. Und alle in der Verschiedenheit ihrer Liebe dienen seiner Herrlichkeit.
Aber der Friede ist ein Baum, der sich nur langsam aufbaut. Er braucht dazu mehr Licht, als ich habe. Und nichts ist noch offenbar. Und ich erwähle oder verwerfe.
Es wäre zu leicht, Frieden zu stiften, wenn sie sich alle schon gleich wären.

So scheiterte die Geschicklichkeit meiner Generäle, denn in ihrer hartnäckigen Dummheit kamen sie zu mir, um mir ihre Überlegungen vorzutragen. Und ich entsann mich der Worte meines Vaters:
»Die Kunst der Überlegung, die dem Menschen den Irrtum gestattet...«
– Wenn unsere Soldaten die Bürden des Reiches nicht mehr tragen wollen, so ist ihre Verweichlichung schuld daran. Wir werden ihnen daher Hinterhalte bereiten. So werden sie sich abhärten und das Reich wird gerettet werden.
So sprechen die Professoren, die von Schlußfolgerung zu Schlußfolgerung schreiten. Aber das Leben *ist*. Genau wie der Baum. Und der Stiel ist nicht etwa das Mittel, das der

Keim gefunden hat, um Zweig zu werden. Stiel, Keim und Zweig sind nur ein und dieselbe Entfaltung.

Ich berichtigte sie also:

Unsere Soldaten verweichlichen, weil das Reich in ihnen erstorben ist, das ihre Lebenskraft nährte. So steht es auch mit der Zeder, wenn sie ihre Lebensfähigkeit aufgebraucht hat. Sie verwandelt dann nicht mehr das Felsgestein in Zeder. Und sie beginnt sich in der Wüste aufzulösen. Man muß unsere Leute daher anfeuern, um sie zu bekehren...

Da mich die Generäle in meiner Nachsicht aber nicht zu verstehen vermochten, ließ ich sie ihre Pläne ausführen, und so entsandten sie Soldaten, damit sich diese im Kampfe um einen Brunnen umbringen ließen; es war ein Brunnen, der von niemandem begehrt wurde, da er trocken war, doch hatte sich zufällig der Feind an ihm gelagert.

Der Feuerkampf um einen Brunnen, dieser Tanz rings um die Blume, ist gewiß etwas Schönes, denn jener, der den Brunnen gewinnt, vermählt sich der Erde; so kehrt ihm die Siegesfreude zurück. Und gleich wie die Raben, die dein Fuß aufgescheucht hat und die ihren Schwarm bilden, um erst dort wieder niederzugehen, wo sie dich nicht mehr zu fürchten brauchen, macht der Feind eine große Rückwärtsbewegung. Dann bedeckt sich der Sand, der ihn hinter dir verschluckte, mit Pulver. Und du spielst ein männliches Spiel um Leben und Tod. Und du tanzt rings um eine Mitte, und da ist etwas, von dem du dich entfernst und dem du dich näherst.

Und wenn sich dort nur ein versiegter Brunnen befindet, ist das Spiel nicht mehr das gleiche. Du weißt ja, daß dieser Brunnen keinen Nutzen hat, daß er sinnlos ist wie die Würfel beim Spiel, wenn du nicht dein Vermögen auf sie gesetzt hast. Meine Generäle haben an die Würfel geglaubt, als sie sahen, wie die Soldaten würfelten und sich wegen eines Betrugs dabei umbrachten. Und so haben sie mit dem Brunnen wie mit einem Würfel ohne Einsatz gespielt. Aber niemand bringt einen anderen wegen eines Betruges um, der für ein Würfelspiel ohne Einsatz begangen wurde.

Meine Generäle haben niemals recht verstanden, wie es sich mit der Liebe verhält.
Denn sie sehen, wie den Verliebten das Morgenrot begeistert, da es ihm beim Erwachen seine Liebe zurückbringt. Und sie sehen, wie den Krieger das Morgenrot begeistert, da es ihm beim Erwachen seinen Sieg zurückbringt – den Sieg, der bevorsteht, der sich schon in ihm reckt und ihn lachen macht. Und sie glauben, das Morgenrot sei mächtig und nicht die Liebe.
Ich aber sage, daß nichts ohne die Liebe geschehen kann. Denn der Würfel verdrießt dich, dem nicht ein wünschenswerter Sinn innewohnt. Und das Morgenrot verdrießt dich, wenn es dich bloß wieder in dein Elend zurückversetzt. Und der Tod für einen nutzlosen Brunnen verdrießt dich. Gewiß, je härter die Mühen sind, mit denen du dich um der Liebe willen aufreibst, um so mehr feuern sie dich an. Je mehr du gibst, um so mehr wächst du. Es muß aber einer da sein, der empfangen kann. Und es ist kein Geben, wenn man dabei nur verliert.
Als meine Generäle sahen, wie mit Freuden gegeben wurde, hatten sie daraus nicht den ganz einfachen Schluß gezogen, daß auch einer da war, der die Gabe empfing. Und sie begriffen nicht, daß man den Menschen nicht begeistern kann, wenn man ihn nur beraubt.
Ich überraschte aber einen Verwundeten, wie er sich seiner Bitterkeit überließ. Und er sagte mir:
– Herr, ich werde sterben. Ich habe mein Blut hingegeben. Und ich habe nichts im Austausch dafür empfangen. Den Feind, den ich mit einer Kugel in den Bauch hinstreckte, bevor ihn ein anderer rächte, habe ich sterben gesehen. Er schien sich in seinem Tode zu vollenden, denn er war völlig seinem Glauben hingegeben. Und sein Tod hat sich gelohnt. Ich aber habe einen Befehl ausgeführt, der von meinem Feldwebel ausging – nicht von einem anderen, durch den er einen höheren Sinn erhalten und sich gelohnt hätte. So sterbe ich würdig, aber mit Verdruß.
Was die anderen anging, – sie waren geflohen.

18

Und deshalb betrachtete ich an diesem Abend mein Kriegslager von der Höhe des schwarzen Felsens, den ich erklommen hatte; ich sah seine Zelte wie schwarze Flecken in der Weite des Raumes. Noch immer hatte es seine Dreiecksgestalt, noch immer schmückten es Wachtposten auf seinen drei Anhöhen, noch immer war es mit Flinten und Pulver versehen, und doch konnte es jederzeit wie ein abgestorbener Baum weggeweht und verstreut und aufgeteilt werden. Und ich verzieh den Menschen.
Denn ich begriff: die Raupe stirbt, wenn sie ihre Puppe bildet. Die Pflanze stirbt, wenn sie in Samen schießt. Wenn es sich häutet, lebt jedes Geschöpf in Trauer und Angst. Alles wird an ihm nutzlos. Wenn es sich häutet, ist jedes Geschöpf nur ein Friedhof und voller Klage. Und diese Menge hier erwartete die Mauser, da das alte Reich verbraucht war, das keiner mehr zu verjüngen vermochte.
Man heilt weder die Raupe noch die Pflanze, die sich wandeln, und auch nicht das heranwachsende Kind, das ins Kinderland zurückkehren möchte, um sein verlorenes Glück wiederzufinden, und es am liebsten sähe, wenn die Spiele, die es langweilen, wieder ihren alten Glanz erhielten, wenn die Mutterarme so weich wie früher wären und die Milch ihren Geschmack zurückgewönne, – aber die Spiele haben ihren Glanz eingebüßt, die Mutterarme sind keine Zuflucht mehr, und die Milch hat ihren Geschmack verloren. Und so geht es traurig von dannen. Als das alte Reich verbraucht war, verlangten die Menschen nach dem neuen Reich, ohne davon zu wissen. Der Knabe, der heranwuchs und sich der Mutter entwöhnte, wird so lange keine Ruhe kennen, bis er die Frau gefunden hat. Sie allein wird ihn sich wieder sammeln lassen. Wer aber könnte den Menschen ihr Reich zeigen? Wer könnte in der Zusammenhanglosigkeit der Welt allein durch die Kraft seines Geistes ein neues Gesicht formen und die Menschen dazu zwingen, daß sie ihm ihr Auge zuwenden und es erkennen? Und es lieben, indem sie es er-

kennen? Es ist das nicht das Werk eines Logikers, sondern eines schöpferischen Geistes, das Werk eines Bildhauers. Denn der allein formt den Marmor, der niemandem Rechenschaft schuldig ist und der dem Marmor die Macht verleiht, Liebe zu wecken.

19

Ich habe also die Baumeister kommen lassen und ihnen gesagt:

– Von euch hängt die künftige Stadt ab, nicht in ihrem geistigen Gehalt, aber in dem Gesicht, das sie zeigen und das ihren Ausdruck bestimmen wird. Und ich denke genau wie ihr, daß die Menschen gut wohnen sollen. Damit sie über die Annehmlichkeiten der Stadt verfügen und nicht ihre Kräfte durch eitle Verwicklungen und unnötige Ausgaben vergeuden. Ich habe aber stets gelernt, das Wichtige vom Notwendigen zu unterscheiden. Denn gewiß muß der Mensch essen, da er aufhört Mensch zu sein, wenn er nicht mehr ernährt wird, und dann stellen sich keine Probleme mehr. Doch die Liebe und der Sinn für das Leben und das Erfühlen Gottes sind wichtiger. Und eine Menschensorte, die an Verfettung leidet, hat für mich keinen Wert. Ich stelle mir nicht die Frage, ob der Mensch glücklich und wohlhabend und bequem untergebracht sein wird. Ich frage mich vor allem, *welcher* Mensch wohlhabend, gut untergebracht und glücklich sein wird. Meinen reichgewordenen Krämern, die das Gefühl ihrer Sicherheit aufbläht, ziehe ich den Nomaden vor, der ewig auf der Flucht ist und dem Winde nachjagt, denn der Mensch wird Tag für Tag schöner dadurch, daß er einem so großzügigen Herren dient. Wenn man mich vor die Wahl stellte und ich erfahren sollte, daß Gott dem ersteren seine Größe versagt und sie nur dem letzteren gewährt, würde ich mein Volk in die Wüste hinausschicken. Denn ich liebe es, wenn der Mensch sein Licht spendet. Und es kommt mir nicht auf die dicke Kerze an. Allein nach ihrer Flamme bemesse ich ihren Wert. Ich habe jedoch nicht beobachtet, daß der Fürst dem Fuhrknecht oder der General dem Feldwebel oder der Herr den Taglöhnern unterlegen wären, obwohl sie ungehemmter im Gebrauch ihrer Güter sind. Und jene, die ihre Schutzwehr aus Erz bauen, fand ich denen nicht unterlegen, die ihre Mauern aus Dreck aufrichten. Ich verwerfe keineswegs die Stufen der Eroberungen, die es dem Menschen erlauben, höher aufzusteigen. Aber ich habe nie das Mittel mit dem Ziel, nie die Treppe mit dem Tempel verwechselt. Es ist notwendig, daß eine Treppe den Zugang zum Tempel ermöglicht, denn sonst bliebe er leer. Doch der Tempel allein ist wichtig. Es ist notwendig, daß der Mensch fortbesteht und ringsum die Mittel findet, durch die er wachsen kann. Es ist das freilich nur die Treppe, die zum Menschen führt. Die Seele, die ich ihm bauen werde, wird die Basilika sein, denn sie allein ist wichtig.

So mißbillige ich euch nicht, wenn ihr die Dinge des Gebrauchs fördert. Ihr dürft sie aber nicht als Ziel ansehen. Denn gewiß sind die Küchen des Palastes notwendig, aber im Grunde kommt es allein auf den Palast an, dem die Küchen zu dienen haben. Und ich rufe euch zusammen, um euch zu fragen:

»Zeigt mir den wichtigen Teil eurer Arbeit!« Und ihr verharrt vor mir in Schweigen.

Und ihr sagt mir: »Wir sorgen für die Bedürfnisse der Menschen. Wir geben ihnen ein Obdach.« Ja. So wie man für die Bedürfnisse des Viehs sorgt, das man im Stall auf seiner Streu unterbringt. Und gewiß braucht der Mensch Mauern, um sich darin zu vergraben und Same zu werden. Er bedarf jedoch auch der großen Milchstraße und der Weite des Meeres, selbst wenn ihm die Gestirne und der Ozean im Augenblick nicht von Nutzen sind. Denn was heißt: von Nutzen sein? Und ich kenne manche, die in langem und beschwerlichem Anmarsch einen Berg ersteigen; die sich Knie und Hände aufschürfen und sich auf ihrem Aufstieg verausgaben, damit sie noch vor Anbruch der Morgendämmerung den Gipfel erreichen und an der Tiefe der blauen Ebene ihren Durst stillen können, so wie man das Wasser eines Sees begehrt, um daraus zu trinken. Und sobald sie oben angelangt sind, setzen sie sich nieder und blicken um sich und holen tief Atem. Und das Herz pocht ihnen fröhlich, und sie finden darin ein unfehlbares Mittel gegen allen Verdruß.

Und ich kenne andere, die das Meer suchen, wenn sie langsam mit ihren Karawanen dahinziehen, und denen das Meer ein Bedürfnis ist. Und sobald sie das Vorgebirge erreicht haben und jene Weite überblicken, die von einer dichten Stille erfüllt ist und die Schätze ihrer Algen und Korallen dem Auge verbirgt, atmen sie den kräftigen Salzgeruch und erstaunen über ein Schauspiel, das ihnen im Augenblick zu nichts dient, denn das Meer läßt sich nicht greifen. Auf diese Weise aber wird die Knechtschaft von ihren Herzen fortgewaschen, in der sie die kleinen Dinge gefangenhielten. Vielleicht erlebten sie, angewidert wie hinter Gefängnisgittern, den Kochkessel, das Küchengerät, die Klagen ihrer Frauen: jene Schlacken des Alltags, die den Sinn der Dinge entschleiern können, wenn man durch sie hindurchschaut, die zuweilen aber auch zu einem Grabe werden, wenn sie sich verhärten und abschließen.

Dann nehmen sie die Schätze der Weite mit sich und bringen die Seligkeit heim, die sie hier gefunden haben. Und ihr Haus ist verwandelt, weil es irgendwo in der Welt das Meer und die Ebene in der Morgendämmerung gibt. Denn alles öffnet sich einem anderen, das weiter ist als es selber. Alles wird Weg, Straße und Fenster, die zu jenem anderen hinführen.

So sagt mir nur ja nicht, eure üblichen Mauern genügten dem Menschen; nehmen wir an, er hätte niemals die Sterne gesehen und es stünde in eurer Macht, ihm mit gewaltigen Jochbögen eine Milchstraße zu bauen, würdet ihr – falls man bei der Errichtung einer solchen Kuppel ein Vermögen opferte – mir dann erklären, jenes Vermögen sei durch solch eine Verwendung vergeudet?

Und darum sage ich euch: Wenn ihr den Tempel baut, der nutzlos ist, weil er nicht für das Kochen, die Erholung, die Versammlungen der Würdenträger oder die Aufspeicherung von Wasservorräten bestimmt ist, sondern allein der Erhebung des Menschenherzens, dem Frieden der Sinne und der Zeit dienen soll, die alles reifen läßt, denn er gleicht in jeder Hinsicht einer Vorratskammer des Herzens, in der man sich aufhält, um einige Stunden in Frieden und Billigkeit, in die Besänftigung der Leidenschaften und die ausgleichende Gerechtigkeit einzutauchen –, wenn ihr also einen solchen Tempel baut, in dem der Schmerz, den die Geschwüre erregen, zu Opfergabe und Hymnus wird, in dem sich die Todesfurcht in einen Hafen verwandelt, den man auf den endlich geglätteten Wogen erahnt – glaubt ihr dann etwa, ihr hättet euch vergeblich abgemüht?

Wenn es möglich sein sollte, die Seefahrer, die sich die Hände abschinden, um an Sturmtagen die Segel zu bedienen, die Tag und Nacht mit ihrem Schiffe auf schwerer See stampfen und nur noch ein vom Meersalz ausgelaugtes Stück rohen Fleisches sind, von Zeit zu Zeit in den stillen und klaren Wassern eines Hafens aufzunehmen – dort, wo es keine Bewegung, keine Zeit, keine Härte des Kampfes mehr gibt, sondern nur noch das stille Wasser, das sich kaum bei der Ankunft kräuselt, während das große Schiff seinem Ankerplatz zustrebt, – glaubst du dann etwa, du hättest deine Arbeit umsonst getan? Denn wie süß erscheint ihnen das Wasser der Zisternen nach all dem Schaumgelock, das über die sich bäumenden Wogen läuft, nach all diesen Mähnen des Meeres.

Und das ist es, was du den Menschen zu bieten vermagst und was nur von deinem Geiste abhängt. Denn allein durch die Anordnung deiner Steine erschaffst du die Freude am Wasser des Hafens und an der Stille und läßt wunderbare Hoffnungen aufkeimen.

So ruft sie der Tempel, und sie erproben seine Stille. Und in ihr entdecken sie sich selbst. Sonst würden sie nur durch die Kramläden angelockt werden. Die Händler sprächen nur den Käufer in ihnen an. Und sie wüchsen nicht auf zu ihrer wirklichen Größe. Sie würden nicht die Weite erkennen, die in ihnen ist.

Freilich wirst du mir sagen: »Jene fetten Krämer sind durchaus glücklich und tragen nach nichts anderem Verlangen.« Es ist jedoch leicht, einen zu befriedigen, dessen Herz ohne Weite ist.
Und gewiß stellt eine törichte Sprache eure Arbeiten als nutzlos hin. Es liegt aber auf der Hand, daß das Verhalten der Menschen ihre Überlegungen Lügen straft. Ihr seht sie, die Besucher aus allen Ländern der Erde, wie sie sich aufmachen, um jene Wunder aus Stein, jene Speicher für Seele und Herz zu suchen, die nicht mehr von euch gebaut werden. Wo habt ihr je gesehen, daß der Mensch das Bedürfnis verspürt hätte, in der Welt umherzureisen, um Lagerhäuser zu besuchen? Gewiß braucht der Mensch die Waren des Kaufmanns, er bedarf ihrer aber, um sein Leben zu erhalten, und täuscht sich über sich selber, wenn er meint, daß er sie mehr als alles andere begehre. Denn ihre Reisen haben andere Ziele. Du hast die Menschen gesehen, wenn sie von Ort zu Ort wandern. Hast du dabei auf ihre Ziele achtgegeben? Gewiß lockt sie zuweilen eine glückliche Bucht oder ein schneebedeckter Berg oder ein Vulkan, den sein Kot aufbläht; vor allem aber zieht es sie zu jenen versunkenen Schiffen, die als einzige irgendwohin führten.
Sie machen in ihnen die Runde, besichtigen sie, und ohne es recht zu wissen, träumen sie, daß sie auf ihnen reisten. Denn ihre eigene Fahrt geht nirgendwohin. Und jene Tempel empfangen nicht mehr die Menschenmassen; sie vermögen sie nicht mehr mitzureißen und sie wie durch Verpuppungen in edlere Geschöpfe zu verwandeln. Alle jene Auswanderer haben kein Schiff mehr. Sie können nicht mehr sich wandeln und aus zunächst armen und schwachen Seelen während der Überfahrt an Bord des steinernen Schiffes zu reichen und großzügigen Seelen werden. Deshalb umwandern alle diese Besucher den versunkenen Tempel und besichtigen und suchen; sie schreiten über die großen leuchtenden Fliesen, die durch die Abnutzung der vielen Schritte ihren Glanz erhielten; sie hören allein ihre eigenen Stimmen in der mächtigen Stille widerhallen; sie verlieren sich im Walde der

granitenen Pfeiler und vermeinen sich nur wie Geschichtsforscher zu unterrichten, während ihnen doch ihr klopfendes Herz sagen müßte, daß sie in Wahrheit von Pfeiler zu Pfeiler, von Halle zu Halle, von Schiff zu Schiff nur einen suchen: den Kapitän. Ihnen allen zittert das Herz vor Kälte – ohne daß sie davon wissen –, sie rufen nach einer Hilfe, die nicht kommt, sie erwarten eine Wandlung, die sich ihnen versagt, da sie ganz in sich selbst zurückgedrängt sind: Denn es gibt nur noch tote und halb versandete Tempel; es gibt nur noch gestrandete Schiffe, deren Vorrat an Stille und Schatten schlecht behütet ist; sie sind überall leck, mit jenen großen Jochbögen blauen Himmels, der durch die verfallenen Gewölbe hindurchscheint, oder mit dem Sande, der durch die Risse der Mauern rieselt. Und so werden diese Menschen getrieben von einem Hunger, der nicht gestillt werden wird...

Ihr werdet also bauen, sage ich euch, weil der tiefe Wald und die Milchstraße und die blaue Ebene, die sich unter den Gipfeln der Berge breitet, dem Menschen wohltun. Was bedeutet aber die Weite der Milchstraße und der blauen Ebene neben jener Weite, die die Nacht inmitten der Steine erfüllt, wenn sie der Baumeister mit Stille zu füllen verstand? Und ihr selber, ihr, die Baumeister, werdet dadurch wachsen, wenn ihr die Lust an den gewöhnlichen Dingen verliert. Ihr werdet erst zu euch selbst kommen, wenn ihr das wahre Werk verwirklicht; es wird euch fruchtbar machen, denn es wird euch nicht mehr dienen, sondern euch selber zwingen, ihm zu dienen... Und es wird euch über euch hinauswachsen lassen. Denn wie sollten große Baumeister durch Werke ohne Größe entstehen?

Ihr werdet erst groß werden, wenn die Steine, von denen ihr vorgebt, daß ihr sie mit Macht erfülltet, nicht Gegenstand eines Wettbewerbs sind oder aus Gründen der Bequemlichkeit zum Obdach dienen oder für einen feststellbaren Gebrauch bestimmt sind, sondern wenn sie Schemel und Treppen und Schiffe werden, die zu Gott führen.

20

In ihrer hartnäckigen Dummheit langweilten mich meine Generäle mit ihren Beweisführungen. Denn sie waren wie in einem Kongreß versammelt und debattierten über die Zukunft. Und auf diese Weise hofften sie sich Geschicklichkeit anzueignen. Man hatte früher meinen Generälen vor allem Geschichte gelehrt, und sie kannten ein jedes Datum meiner Eroberungen und all meiner Niederlagen und aller Geburten und Sterbefälle. So erschien es ihnen einleuchtend, daß sich ein jedes Ereignis aus einem anderen herleitete. Und sie sahen die Menschheitsgeschichte unter dem Bilde einer langen Kette von Ursachen und Wirkungen, die auf der ersten Zeile des Buches der Geschichte ihren Ursprung nahm und sich bis zu jenem Kapitel fortsetzte, in dem man zum Nutzen der kommenden Generationen bemerkte, daß die Schöpfung derart aufs glücklichste in diese Konstellation von Generälen eingemündet sei. Und da sie auf diese Weise einen zu großen Anlauf genommen hatten, schritten sie von Schlußfolgerung zu Schlußfolgerung und berechneten die Zukunft. Oder sie kamen auch zu mir mit der ganzen Last ihrer schwerfälligen Darlegungen: »So mußt du handeln, um dem Wohle der Menschen oder dem Frieden oder der Wohlfahrt des Reiches zu dienen. Wir sind Gelehrte«, sagten sie, »wir haben Geschichte studiert...«

Ich aber wußte, daß es nur eine Wissenschaft von den Dingen gibt, die sich wiederholen. Einer, der das Samenkorn einer Zeder pflanzt, sieht das Aufwachsen des Baumes voraus; ebenso sieht einer, der einen Stein fallen läßt, voraus, daß er fallen wird, denn die Zeder wiederholt die Zeder, und der Fall des Steines wiederholt den Fall des Steines, mag auch der Stein, den einer fallen läßt, oder der Samen, den er in die Erde senkt, noch niemals seine Bestimmung erfüllt haben. Wer aber wollte behaupten, daß er das Schicksal der Zeder voraussehe, die sich, wie von Schmetterlingspuppe zu Schmetterlingspuppe, verwandelt und vom Samenkorn zum Baum und vom Baum zum Samenkorn wird? Es handelt sich hierbei um einen Werdegang, von dem mir noch kein Beispiel bekannt ist. Und die Zeder ist eine neue Art, die sich ausformt, ohne dabei irgend etwas zu wiederholen, was mir schon bekannt wäre. Und ich weiß nicht, wohin sie sich entwickelt. Und ebensowenig kann ich wissen, wohin sich der Mensch entwickelt.

Gewiß machen meine Generäle von ihrer Logik Gebrauch, wenn sie für die Wirkung, die sich ihnen zeigt, eine Ursache suchen und finden. »Denn jede Wirkung hat eine Ursache«, so sagen sie mir, »und jede Ursache hat eine Wirkung.« Wenn sie aber von der Ursache auf die Wirkung schließen, steuern sie mit großem Wortschwall dem Irrtum entgegen. Denn es ist etwas anderes, wenn man von den Wirkungen zu den Ursachen hinaufgeht, als wenn man von den Ursachen zu den Wirkungen herabsteigt.

Auch ich habe nachträglich die Geschichte meines Feindes wiedergelesen, während ich im jungfräulichen Sande lag und mich darin wie ein Talkstein ausbreitete. Dabei wußte ich, daß einem Schritt stets ein anderer Schritt vorausgeht, auf dem er beruht, und daß sich die Kette von Glied zu Glied fortsetzt, ohne daß jemals ein einziges Kettenglied fehlen könnte. Wenn nicht ein Wind aufkommt, der den Sand heimsucht und dadurch gebieterisch eine Schriftseite wie die Schiefertafel eines Schülers auswischt, kann ich von Spur zu Spur fortschreiten und so bis zum Ursprung der Dinge gelangen; wenn ich ihr nachjage, kann ich auch die Karawane in der Schlucht überraschen, wo sie es für richtig hielt, einen Halt einzulegen. Ich habe jedoch keine Lehre im Laufe meiner Lektüre empfangen, die es mir gestattet hätte, der Karawane auf ihrem Wege vorauszueilen. Denn die Wahrheit, die sie beherrscht, ist von anderer Art als der Sand, über den ich verfüge. Und die Kenntnis der Spuren bedeutet nur die Kenntnis eines belanglosen Widerscheins und wird mich weder über den Haß noch über den Schrecken noch über die Liebe unterrichten, die die Menschen vor allem beherrschen.

– Da sehen wir's, werden mir meine in der Dummheit so festverwurzelten Generäle sagen, es läßt sich also doch alles

beweisen. Wenn ich den Haß und die Liebe und den Schrekken kenne, die die Menschen beherrschen, so kann ich ihre Handlungen voraussehen. Die Zukunft ist somit in der Gegenwart enthalten...
Ich aber werde ihnen antworten, daß ich jederzeit den nächsten Schritt der Karawane vorhersehen kann, der sich dem anschließt, den sie zuletzt ausführte. Dieser Schritt wird zweifellos den vorhergegangenen hinsichtlich seiner Richtung und seines Ausmaßes wiederholen. Er gehört zur Wissenschaft der Dinge, die sich wiederholen. Die Karawane aber wird bald von dem Wege abweichen, den ihr meine Logik vorgeschrieben hat, denn ihr Verlangen wird sich ändern...
Und da sie mich nicht verstanden, erzählte ich ihnen vom großen Auszug.

Es war im Gebiet der Salzminen. Und die Menschen fristeten schlecht und recht ihr Dasein inmitten des Gesteins, denn nichts rechtfertigte hier das Leben. Die Sonne drückte und brannte. Und das Erdinnere war weit davon entfernt, klares Wasser zu spenden; es lieferte nur Salzbarren, die das Wasser verdorben hätten, wären nicht die Brunnen schon trocken gewesen. Die Menschen, die mit ihren vollen Trinkschläuchen von auswärts kamen, waren hier zwischen Sternen und Steinsalz gefangen; so sputeten sie sich bei der Arbeit und schlugen die durchsichtigen Kristalle, die ein Sinnbild für Leben und Tod sind, mit ihren Hacken aus dem Stein. Sodann kehrten sie in die glücklichen Länder mit ihrem fruchtbaren Wasser zurück, denn sie waren mit ihnen wie durch eine Nabelschnur verbunden.
Die Sonne war also hier hart, weiß und unerbittlich wie eine Hungersnot. Und die Felsen sprengten an manchen Stellen den Sand und umschlossen die Salzminen mit ihren Steinschichten, die schwarz wie Ebenholz und hart wie Diamanten waren und denen die Winde vergebens die Grate annagten. Und wenn einer die jahrhundertelange Tradition jener Wüste verfolgt hätte, würde er vorausgesagt haben,

daß diese beständig und für alle Ewigkeit festgelegt sei. Das Gebirge, hätte er gemeint, werde sich langsam wie unter der Reibung einer zu schwachen Feile abnutzen; die Menschen würden weiter das Salz ausbeuten und die Karawanen weiterhin Wasser und Lebensmittel heranführen und diese Sträflinge durch andere ablösen...

Aber es kam eine Morgendämmerung, in der die Menschen ihr Gesicht dem Gebirge zukehrten. Und jetzt zeigte sich ihnen, was sie bisher noch nicht gesehen hatten. Denn durch das zufällige Spiel der Winde, die seit so vielen Jahrhunderten den Fels angefressen hatten, war ein gewaltiges Gesicht ausgemeißelt worden, und aus ihm sprach Zorn. Und die Wüste und die unterirdischen Salinen und die Völkerschaften, die auf einem unwirtlicheren Untergrunde als dem salzigen Wasser der Ozeane, auf einer verhärteten Salzschicht festgebannt waren, – sie alle beherrschte ein schwarzes, in den Fels gehauenes Gesicht voller Ingrimm, über dem sich ein reiner Himmel wölbte und das seinen Mund öffnete, um Verwünschungen auszustoßen. Und als die Menschen das gewahr wurden, flohen sie, von jähem Entsetzen gepackt. Die seltsame Kunde verbreitete sich auch unten in den Gruben, und als die Arbeiter aus ihren Gängen wieder auftauchten, wandten sie sich erst dem Gebirge zu, dann eilten sie bestürzt in ihre Zelte, packten schlecht und recht ihren Hausrat zusammen, schalten die Frau, das Kind und den Sklaven und schlugen die Pfade nach Norden ein, wobei sie ihre dem Untergang geweihte Habe vor sich herschoben. Und da es an Wasser fehlte, kamen sie alle ums Leben. Und als trügerisch erwiesen sich die Voraussagen der Logiker, denen vor Augen gestanden war, wie sich das Gebirge abnutzen und die Menschen sich ständig in ihm aufhalten würden. Wie hätten sie vorhersehen können, was sich dort abspielen sollte?

Wenn ich in die Vergangenheit zurückgehe, zerlege ich den Tempel in seine einzelnen Steine. Und dieses Verfahren ist einfach und voraussehbar. Es ist das gleiche, wie wenn ich die Knochen und Eingeweide des entseelten Körpers, den

Schutt des Tempels ausbreite oder das Landgut in Ziegen, Hammel, Häuser und Berge aufteile... Schreite ich aber auf die Zukunft zu, muß ich stets mit der Entstehung neuer Wesenheiten rechnen, die zu den Baustoffen hinzutreten und sich nicht vorausbestimmen lassen, da sie von anderer Beschaffenheit sind. Diese Wesenheiten nenne ich einheitlich und nicht zusammengesetzt, da sie sterben und verschwinden, wenn man sie zerlegt. Denn die Stille ist etwas, was zu den Steinen hinzutritt, was aber stirbt, wenn man diese voneinander trennt. Denn das Gesicht ist etwas, was zu dem Marmor oder zu den Elementen des Gesichts hinzutritt, das aber stirbt, wenn man den Marmor zerschlägt oder die Elemente scheidet. Denn das Landgut ist etwas, was zu den Ziegen, den Häusern, den Hammeln und Bergen hinzutritt...

Ich kann nicht voraussehen, aber ich kann zu etwas den Grund legen. Denn die Zukunft baut man. Wenn ich die Zusammenhanglosigkeit meiner Zeit in einem einzigen Gesicht zusammenfassen kann, wenn mir die begnadeten Hände des Bildhauers eignen, wird mein Verlangen Wirklichkeit werden. Und ich würde mich täuschen, wenn ich dann sagte, ich hätte vorausgesehen. Denn ich hätte etwas begründet. In der Zusammenhanglosigkeit rings umher hätte ich ein Gesicht gewiesen und ich hätte ihm Geltung erzwungen und es wird die Menschen beherrschen: wie Haus und Hof, die zuweilen sogar das Opfer ihres Blutes fordern.

So offenbarte sich mir eine neue Wahrheit, die lautet: Es ist sinnlos und trügerisch, sich mit der Zukunft zu befassen. Hingegen kommt es allein darauf an, der heutigen Welt Ausdruck zu verleihen. Und Ausdruck verleihen bedeutet, aus der zusammenhanglosen Gegenwart das eine Gesicht zu formen, das sie beherrscht; es bedeutet, mit Hilfe der Steine die Stille zu erschaffen.

Und alles andere Vorhaben ist nur Wind der Worte.

21

Und sicherlich sind wir alle uns klar darüber, wie trügerisch Vernunftgründe sind. Ich kannte manche, deren Überzeugung nicht durch die gewandtesten Argumente, die zwingendste Beweisführung erschüttert wurde. »Ja«, sagten sie, »du hast recht. Und doch denke ich nicht so wie du.« Jene nannte man dumm. Ich erkannte freilich, daß sie nicht dumm, sondern im Gegenteil höchst weise waren. Sie achteten eine Wahrheit, die von den Worten nicht erreicht werden kann. Denn die anderen bilden sich ein, die Welt sei in den Worten enthalten und die Rede des Menschen könne das Weltall und die Sterne und das Glück und die untergehende Sonne und Haus und Hof und die Liebe und das Bauwerk und den Schmerz und die Stille ausdrücken. ... Ich aber habe den Menschen vor dem Gebirge gesehen, als ihm der Auftrag zuteil wurde, es Spatenstich um Spatenstich in Besitz zu nehmen.

Wohl bin ich der Meinung, daß die Geometer, wenn sie die Wälle entworfen haben, die Wahrheit ihrer Wälle in Händen halten. Und daß man diese auf Grund ihrer Modelle wird bauen können. Denn es gibt eine Wahrheit der Wälle, die für die Geometer bestimmt ist. Welcher Geometer aber begreift die Wälle in ihrer ganzen Bedeutung? Wo liest man in ihren Bauplänen etwas davon, daß die Wälle ein Hindernis bilden? Woraus vermag man zu erkennen, daß sie der Rinde der Zeder gleichen, in deren Innern sich die lebendige Stadt aufbaut? Wo sieht man, daß die Wälle die Inbrunst schützen und den Austausch der Generationen in Gott ermöglichen, — jenen Austausch, der sich in der Beständigkeit der Festung vollzieht? Sie sehen darin Stein, Zement und Geometrie. Und sicherlich sind die Wälle Stein, Zement und Geometrie. Sie sind aber zugleich auch die tragenden Rippen des Schiffes und schützen das Einzelschicksal. Und ich glaube vor allem an das Einzelschicksal. Dadurch, daß es so begrenzt ist, wird es nicht ärmlich. Denn jene einzige Blume dort ist das Fenster, das zum Erkennen des Frühlings führt. Sie ist der zur Blume gewordene Frühling. Denn nichts bedeutet mir ein Frühling, der keine Blumen hervorbrächte.

In Wahrheit nicht so wichtig ist vielleicht die Liebe jener Frau, die die Heimkehr ihres Mannes erwartet. Nicht so wichtig ist vielleicht die Hand, die vor der Abreise winkt. Sie ist aber Sinnbild von etwas Wichtigem. Nicht so wichtig ist das einzelne Licht, das im Inneren des Walles wie eine Schiffslaterne leuchtet; hier aber zeigt sich ein Leben, das aufgeblüht ist und dessen Gewicht ich nicht zu bestimmen vermag. Die Wälle dienen ihm als schützende Rinde. Und jene Stadt ist eine in ihrer Hülle geborgene Larve. Und jenes Fenster: eine Blüte des Baumes. Und hinter dem Fenster ist vielleicht ein blasses Kind, das noch seine Milch trinkt und sein Gebet noch nicht kennt, das spielt und stammelt, das aber der Eroberer von morgen sein, das neue Städte bauen und sie mit Wällen umgeben wird. Und hier zeigt sich das Samenkorn des Baumes. Wichtig, weniger wichtig – wie vermöchte ich das zu entscheiden? Und die ganze Frage birgt für mich keinen Sinn, denn ich habe schon gesagt, daß man den Baum nicht zerlegen darf, will man ihn erkennen.

Welcher Geometer aber erkennt diese Dinge? Er glaubt, die Wälle zu begreifen, da er sie baut. Er glaubt, die Wälle seien völlig in seiner Geometrie enthalten, da es genügt, diese dem Stein und dem Zement aufzuzwingen, damit sich die Stadt befestigen kann. Sie werden jedoch von etwas anderem beherrscht, und wenn ich euch zeigen wollte, was in Wahrheit ein Wall ist, würde ich euch um mich scharen, und Jahr um Jahr würdet ihr lernen, die Wälle zu entdecken, ohne daß sich je eure Arbeit erschöpfte, weil es kein Wort gibt, das ihr Wesen völlig umschlösse. Und ich zeige euch davon nur Sinnbilder; so ist die Geometrie ein Sinnbild, aber auch jene Arme sind es, welche der Mann um seine schwangere Frau legt, die eine Welt in sich trägt, und die er beschützt.

So ist es mit einem, der mit seinen armen Worten daherkommt und dem anderen dartun will, daß er zu Unrecht traurig sei, – und wo seht ihr, daß sich seine Stimmung gewandelt hätte? Oder daß er zu Unrecht eifersüchtig sei oder zu Unrecht liebe? Und wo seht ihr, daß der andere von der Liebe geheilt wäre? Die Worte suchen sich mit der Natur zu verschmelzen und sie mit fortzutragen. So sage ich »Gebirge« und nehme innerlich das Gebirge mit mir fort – das Gebirge mit seinen Hyänen, seinen Schakalen und seinen von Stille erfüllten Schluchten und seinem Aufstieg den Sternen entgegen, bis hinauf zu den Graten, die der Wind zerfrißt... Es ist aber nur ein Wort, dem man erst einen Inhalt geben muß. Und wenn ich Wall gesagt habe, muß ich auch diesem Wort einen Inhalt geben. Und die Geometer tragen etwas dazu bei und ebenso die Dichter und die Eroberer und das blasse Kind und die Mutter, die es den Wällen zu danken hat, wenn sie die Kohlenglut anblasen kann, um die abendliche Milch anzuwärmen, ohne daß sie dabei durch Mord und Plünderung gestört wird. Und wenn es mir auch möglich ist, über die Geometrie des Walles Überlegungen anzustellen, – wie vermöchte ich das bei jenen Wällen, die meine Sprache nicht zu umschließen vermag? Denn was für das eine Sinnbild wahr ist, ist falsch für das andere.

Um mir die Stadt zu zeigen, führte man mich zuweilen auf den Gipfel eines Berges. »Schau sie an, unsere Stadt«, sagte man mir. Und ich bewunderte die Anordnung der Straßen und die Anlage ihrer Wälle. »Hier«, sagte ich, »sieht man den Bienenkorb, in dem die Bienen schlafen. Beim Morgengrauen schwärmen sie in die Ebene aus und saugen dort ihre Vorräte. So bestellen die Menschen ihr Land und ernten. Und lange Reihen kleiner Esel bringen die Frucht ihrer Tagesarbeit zu den Speichern und Märkten und Lagerhäusern... Die Stadt läßt ihre Menschen ausschwärmen, wenn es tagt; dann birgt sie sie wieder mit den Lasten und den Vorräten, die sie für den Winter ansammelten, in ihren Mauern. Der Mensch ist das Wesen, das erzeugt und verbraucht. Darum werde ich ihn fördern, indem ich vor allem seine Probleme studiere und den Ameisenhaufen verwalte.« Andere aber ließen mich den Fluß überqueren, um mir ihre Stadt zu zeigen, damit ich sie vom anderen Ufer aus bewunderte. So gewahrte ich ihre Häuser nun im Profil gegen den Glanz des Abendhimmels; die einen waren höher, die anderen niedriger, die einen klein, die anderen groß, und die Spitzen der Minarette klammerten sich wie Masten an den Dunst purpurner Wolken. Die Stadt offenbarte sich mir wie eine ausfahrende Flotte. Und ihre Wahrheit war nicht mehr eine ruhende Ordnung und eine Wahrheit des Geometers, sondern ein Ansturm des Menschen auf die Erde im großen Winde seiner Seefahrt. »Hier«, sagte ich, »zeigt sich der Stolz einer Eroberung, die ihre Bahn zieht. Ich werde Kapitäne an die Spitze meiner Städte stellen, denn die Freuden des Menschen erwachsen ihm vor allem aus der schöpferischen Tat und der mächtigen Lust am Abenteuer und am Siege.« Und es war das nicht mehr oder weniger wahr, sondern anders.

Manche führten mich jedoch hinter ihre Wälle, damit ich ihre Stadt von dort aus bewundern sollte, und geleiteten mich zunächst in den Tempel. Und ich trat ein, und die Stille und der Schatten und die Kühle umfingen mich. Da begann ich nachzusinnen. Und meine Betrachtung erschien mir wichtiger als Ernährung oder Eroberung. Denn ich hatte mich genährt, um zu leben; ich hatte gelebt, um zu erobern, und ich hatte erobert, um heimzukehren und nachzusinnen und zu verspüren, wie mein Herz in der Ruhe meines Schweigens an Weite gewann. »Hier«, sagte ich, »zeigt sich die Wahrheit des Menschen. Er existiert nur durch seine Seele. Ich werde Dichter und Priester an die Spitze meiner Stadt stellen. Und sie werden das Herz des Menschen sich entfalten lassen.« Und auch das war nicht mehr oder weniger wahr, sondern anders.

Und wenn ich jetzt in meiner Weisheit das Wort »Stadt« gebrauche, verwende ich es nicht, um Überlegungen anzustellen, sondern nur, um all das im einzelnen zu bezeichnen, womit sie mein Herz erfüllt und was mich meine Erfahrung von ihr gelehrt hat: meine Einsamkeit in ihren Gassen und die Austeilung des Brotes in ihren Häusern und die Herrlichkeit ihrer Silhouette in der Ebene und ihre Anlage, wie ich sie vom Gipfel des Berges bewunderte. Und manch andere Dinge, die ich nicht zu sagen vermag und die mir im Augenblick nicht in den Sinn kommen. Und wie sollte ich Worte für Überlegungen verwenden, da etwas, das für die eine Bezeichnung wahr ist, falsch ist für eine andere?

22

Vor allem aber erkannte ich, daß dem Erbgut der Menschen etwas Zwingendes innewohnt, – jenem Erbgut, das sie einander von Geschlecht zu Geschlecht überliefern. Denn wenn ich in meiner schweigenden Liebe langsam durch die Straßen gehe, sehe ich jenes Mädchen, das mit seinem Bräutigam spricht und ihm voll zärtlicher Angst zulächelt, oder ein anderes, das die Heimkehr des Kriegers erwartet, oder einen, der Ergebung oder Gerechtigkeit predigt, oder einen anderen, der die Menge spaltet, der als Rächer aufsteht und die Verteidigung der Schwachen ergreift, oder auch jenen, der seine elfenbeinerne Figur schnitzt und sie wieder von neuem beginnt und sich Schritt für Schritt der Vollendung nähert, die in ihm ist. Dann betrachte ich meine Stadt, während sie in Schlaf sinkt und, gleich einer angeschlagenen Zimbel, die noch weiter klingt, einen ersterbenden Ton hören läßt; sie kommt zur Ruhe, als hätte die Sonne sie wie einen Bienenschwarm aufgestört: nun naht der Abend, der die Flügel ermatten läßt und den Duft der Blumen erntet; so bleibt keine Spur mehr, die die Bienen im Wehen der Winde zu leiten vermöchte. Ich sehe, wie die Lichter erlöschen und alle Feuer unter der Asche einschlummern, nachdem ein jeder seine Habe verwahrt hat: der eine seine Ernte, tief in der Scheuer, der andere seine Kinder, die auf der Schwelle spielten, dieser seinen Hund oder seinen Esel und jener sein

Greisenstühlchen. Endlich ruht dann meine Stadt, gebändigt wie ein Feuer unter der Asche, und alle die Überlegungen, alle die Pläne, alle die Aufschwünge der Begeisterung, alle die Ängste, alle die Empfindungen des Herzens, die ergreifen oder verwerfen, alle die ungelösten Probleme, die auf ihre Lösung warten, alle die Haßgefühle, die nichts töten werden vorm neuen Tagesanbruch, alle die Regungen des Ehrgeizes, die vor dem Morgengrauen nichts entdecken werden, alle die Gebete, die den Menschen mit Gott verbanden und die über Nacht nutzlos wie Leitern im Schuppen stehenbleiben, – all das ist vertagt und wie tot, aber nicht erloschen, denn dieses gewaltige Erbe, das im Augenblick zu nichts dient, ist nicht verloren, sondern aufgespart und auf ein neues Blatt übertragen; denn sobald die Sonne den Schwarm wieder aufstört, wird sie dieses Erbe zurückerstatten. Wenn dann ein jeder seine Suche, seine Freude, sein Leid, seinen Haß oder seinen Ehrgeiz wieder aufnehmen und mein Bienenvölkchen zu seinen Disteln und Lilien zurückkehren wird, frage ich mich: Wie steht es um jene Speicher voller Bilder...?

Und gesetzt den Fall, ich hätte es mit einer noch unbeseelten Menschheit zu tun und sollte sie erziehen und unterrichten und mit den gleichen Regungen in ihrer tausendfältigen Mannigfaltigkeit erfüllen, so würde dazu die Brücke der Sprache bestimmt nicht ausreichen.

Denn gewiß verständigen wir uns, aber die Worte unserer Bücher enthalten keineswegs das Erbgut. Und wenn ich Kinder nehme und durcheinander mische und ein jedes von ihnen in einer willkürlich gewählten Richtung unterweise, werde ich einen Teil des Erbes verderben. So ist es mit meinem Heere, wenn sich nicht zwischen den einzelnen Soldaten jene fortlaufende Verbindung herstellt, die eine ununterbrochene Geschlechterfolge aus meinem Heere macht. Und sicherlich werden sie Weisungen von ihren Feldwebeln empfangen. Und sicherlich werden sie der Befehlsgewalt ihrer Hauptleute unterstehen. Die Worte jedoch, über welche die Sergeanten und die Hauptleute gebieten, reichen nicht als Gefäß aus, um Lebenserfahrungen vom einen auf den anderen zu übertragen, die sich nicht in Zahlen aufgliedern und in Formeln ausdrücken lassen. Und die nicht durch die Rede oder das Buch wiedergegeben werden können. Denn es handelt sich um innere Haltungen und besondere Gesichtspunkte und Widerstände und Aufschwünge und Verbindungssysteme zwischen den Gedanken und den Dingen... Und wenn ich sie erklären oder darlegen will, zerlege ich sie in ihre Bestandteile, und es bleibt nichts davon zurück. So steht es mit dem Landgut, das Liebe erweckt, und von dem ich nichts ausgesagt hätte, wenn ich von Ziegen, Hammeln, Häusern und Bergen spräche, denn sein innerer Reichtum wird nicht durch das Wort, sondern durch die Liebe übertragen. Und von Liebe zu Liebe hinterlassen sie einander dieses Erbteil. Wenn ihr aber die Verbindung zwischen Generation und Generation nur ein einziges Mal unterbrecht, so stirbt diese Liebe. Und wenn ihr in eurem Heere die Verbindung zwischen den Älteren und den Jüngeren nur ein einziges Mal unterbrecht, ist euer Heer nur die Fassade eines leerstehenden Hauses, das beim ersten Stoß einstürzen wird. Und wenn ihr die Verbindung zwischen dem Müller und seinem Sohn unterbrecht, werdet ihr das kostbarste Gut der Mühle und ihre Moral und ihre Inbrunst und die tausend Handreichungen verderben, die Worte nicht auszudrücken vermögen, und auch die tausend Haltungen, die sich von der Vernunft her schlecht rechtfertigen lassen, aber dennoch bestehen. Denn in den Dingen steckt mehr Klugheit verborgen als in den Worten – ihr aber verlangt, die Menschen sollten die Welt nur vom Lesen eines kleinen Buches her wieder aufbauen, dessen Bilder und Reflexe sich vor der Summe gelebter Erfahrungen als leer und unzureichend erweisen. Und ihr macht den Menschen zu einem Tier im Urzustand, denn ihr habt vergessen, daß die Menschheit in ihrer Entwicklung einem Baume gleicht; sie wächst und dauert vom einen durch den anderen hindurch fort, so wie die Lebenskraft des Baumes durch seine Knoten und Windungen und die Aufspaltungen seiner Zweige hindurch fortbesteht. Und wenn ich meine Stadt aus der Höhe betrachte, habe ich es mit einem großen Organismus zu tun und weiß nicht, was sterben heißt, denn hier und dort fallen die Blätter, hier und dort keimen Knospen, und trotzdem dauert der feste Stamm inmitten. Und durch jene einzelnen Übel wird nichts Entscheidendes verletzt, und du siehst, wie sich der Tempel weiter aufbaut, wie sich der Speicher weiter füllt und von Vorräten überfließt, wie das Gedicht an Schönheit gewinnt und der Brunnenrand immer glänzender wird. Trennst du aber die Generationen voneinander, so ist es, als wolltest du den Menschen selbst in der Mitte seines Lebens von neuem beginnen – als wolltest du all das auslöschen, was er wußte, fühlte, verstand, wünschte und fürchtete, und diese fleischgewordene Summe von Kenntnissen durch magere, aus einem Buche gewonnene Formeln ersetzen; auf solche Weise würdest du den ganzen Saft entfernen, der im Stamme aufstieg, und würdest den Menschen nur noch überliefern, was sich in einer Satzung niederlegen läßt. Und da das Wort verfälscht, um zu erfassen, da es vereinfacht, um zu belehren, und da es tötet, um zu begreifen, würden sie nicht mehr vom Leben genährt werden.

Ich aber sage: Es ist für ein Gemeinwesen gut und wichtig, die Entstehung von Geschlechterfolgen zu fördern. Und wenn meine Heilkundigen allein einer kleinen Gruppe entnommen würden, die jedoch über ein vollständiges Erbgut und nicht nur einige Worte verfügte, werden mir schließlich hervorragendere Heilkundige zu Gebote stehen, als wenn ich die Auslese auf mein ganzes Volk erstrecken und die Söhne von Müllern und Soldaten anwerben wollte. Und ich möchte nicht etwa die wirklichen Berufungen zu kurz kommen lassen, denn jener Stamm wird ein Inneres bilden, das fest genug ist, damit ich fremde Zweige daraufpfropfen kann. Und meine Geschlechterfolge wird die neuen Nährstoffe, die ihr die Berufungen zuführen, aufsaugen und in sich aufnehmen. Denn abermals wurde ich darüber belehrt, daß die Logik das Leben tötet und daß sie nichts enthält, was auf ihrem eigenen Boden gewachsen ist...

Die Formelmacher aber haben sich über den Menschen getäuscht. Und sie haben die Formel, die nur der flache Schatten der Zeder ist, mit der Zeder in ihrer Ausdehnung, ihrem Gewicht, ihrer Farbe, ihrem Blattwerk und der Fracht ihrer Vögel verwechselt, was alles sich durch den schwachen Wind der Worte nicht ausdrücken und festhalten läßt...

Denn jene verwechseln die Formel, die bezeichnet, mit dem bezeichneten Gegenstande.

So gewahrte ich, daß es gefährlich und vergeblich ist, die Widersprüche auszuschließen. Solches antwortete ich meinen Generälen, die zu mir kamen, um von der Ordnung zu reden, aber die Ordnung, die Macht ist, mit der Aufstellung eines Museums verwechselten.
Denn ich erkläre, daß der Baum Ordnung ist. Ordnung aber ist hier die Einheit, die das Zusammenhanglose beherrscht. Denn der eine Zweig trägt ein Vogelnest und der andere keines. Dieser Zweig steigt zum Himmel empor und jener neigt sich zur Erde. Meine Generäle aber werden von dem Bilde militärischer Paraden beherrscht, und so sagen sie, daß allein bei den Dingen, die sich nicht voneinander unterscheiden, Ordnung herrsche. Und wenn ich sie gewähren ließe, würden sie die heiligen Schriften, deren Ordnung auf der Weisheit Gottes beruht, dadurch verbessern, daß sie die Buchstaben, von denen ein jedes Kind sieht, daß sie alle durcheinandergemischt sind, in Ordnung brächten. So würden sie alle A's und alle C's zusammen aufreihen und hielten dann ein herrlich geordnetes Buch in Händen. Ein Buch für Generäle.
Und wie könnten sie etwas ertragen, das sich nicht formulieren läßt oder noch nicht Gestalt gewann oder was einer anderen Wahrheit widerspricht? Wie sollten sie wissen, daß sich in einer Sprache, die sich in Formeln ausdrückt, ohne den Sinn zu erfassen, zwei Wahrheiten entgegenstehen können? Und daß ich vom Walde oder vom Landgut reden kann, ohne mich in Widersprüche zu verwickeln, obwohl

mein Wald auf mehrere Güter übergreift, ohne vielleicht ein einziges völlig zu bedecken, und mein Gut in mehrere Wälder hineinreicht, ohne vielleicht einen einzigen völlig zu enthalten. Und das eine schließt das andere nicht aus. Wenn aber meine Generäle die Güter lobpreisen, so schlagen sie den Dichtern, die den Wald besingen, den Kopf ab.

Denn einander widerstreiten bedeutet nicht das gleiche wie: sich in Widersprüche verwickeln, und ich erkenne nur eine einzige Ordnung an; sie beruht auf der Einheit, die die Bestandteile beherrscht. Und es kümmert mich wenig, ob das Material zusammenhanglos ist. Meine Ordnung besteht in der allgemeinen Zusammenarbeit, die sich mit Hilfe eines jeden einzelnen vollzieht, und diese Ordnung nötigt mich ständig dazu, schöpferisch zu sein. Denn sie zwingt mich, jene Sprache zu schaffen, die die Widersprüche auflösen wird. Und die selber Leben ist. Man darf niemals verwerfen, um Ordnung zu schaffen. Denn wenn ich zunächst das Leben verwerfe und meine Stammesangehörigen wie Pfähle an einer Straße aufreihe, so habe ich damit eine vollkommene Ordnung erreicht. Das gleiche tritt ein, wenn ich meine Untertanen auf das Dasein eines Termitenhaufens beschränke. Wie aber könnten mich die Termiten begeistern? Denn ich liebe den Menschen, den seine Religion erlöst und dem die Götter, die ich in ihm erwecke, Leben einhauchen; sie heißen: Heim, Gut, Reich, Gottesherrschaft, damit er sich ständig gegen etwas austauschen kann, was größer ist als er selber. Und warum sollte ich sie denn nicht sich untereinander streiten lassen, da mir bewußt ist, daß die Tat, die gelingt, aus all den Taten besteht, die ihr Ziel verfehlen, und daß der Mensch schaffen und nicht wiederholen muß, wenn er sich erheben soll! Denn wenn er wiederholt, geht es ihm nur um den Verbrauch der angesammelten Vorräte. Und schließlich weiß ich, daß alles – sogar die Gestalt des Schiffskiels – wachsen, leben und sich verwandeln muß, denn sonst ist es nur ein totes Museumsstück oder beruht auf Routine. Und ich unterscheide vor allem zwischen der Fortdauer und der Routine. Und ich unterscheide zwischen der Beständigkeit und dem Tode. Weder die Beständigkeit der Zeder noch die Beständigkeit des Reiches beruhen auf Altersschwäche. »Das ist gut so«, sagen meine Generäle, »und infolgedessen wird es sich nicht mehr ändern.« Ich aber hasse die Seßhaften und nenne die vollendeten Städte schon gestorben.

23

Schlimm, wenn das Herz über die Seele obsiegt.
Wenn das Gefühl über den Geist obsiegt.
Ich bin in meinem Reiche gewahr geworden, daß es leichter ist, die Menschen durch das Gefühl als durch den Geist, der das Gefühl beherrscht, zusammenzuschweißen. Sicherlich ein Anzeichen dafür, daß der Geist Gefühl werden muß, daß es aber nicht in erster Linie auf das Gefühl ankommt.
So erkannte ich, daß man jenem seine Freiheit lassen muß, dessen Schöpfungen den Wünschen der Menge entgegenkommen. Denn das von ihm Erschaffene muß zum Wunsche der Menge werden. Die Menge muß vom Geist empfangen und das Empfangene in Gefühl verwandeln. Sie ist nur ein Bauch. Sie muß die Nahrung, die sie empfängt, in Anmut und Licht verwandeln.
Mein Nachbar hat die Welt gestaltet, weil er sie in seinem Herzen empfand. Und er ließ sein Volk zu einem Lobgesang werden. Doch nun fürchtete man in seinem Volke die Einsamkeit und die Wanderung im Gebirge, wenn es sich wie die Schleppe des Propheten unter den Füßen entfaltet; man fürchtete dort die Zwiesprache mit den Sternen und die eisige Frage und die Stille ringsumher und jene Stimme, die nur in der Stille spricht. Und einer, der von dorther zurückkehrt, ist von den Göttern genährt worden. Und er steigt ernst und ruhig wieder zu Tale und birgt seinen unbekannten Honig unter seinem Pilgermantel. Die allein aber werden Honig heimtragen, die das Recht haben, sich von der Menge zu entfernen. Und jener Honig wird immer bitter schmecken. Und jedes neue und fruchtbare Wort wird bit-

ter schmecken, denn ich sagte es schon: keiner hat je eine freudige Häutung gekannt. Und mit dem, was ich euch künde, ziehe ich euch aus eurer Haut wie aus einer Hülle, um euch der Schlange gleich mit einer neueren Haut zu bekleiden. Und so wird jener Gesang zu einem Hymnus werden, so wie ein Waldbrand durch einen Funken entsteht. Der Mensch aber, der diesen Gesang zurückweist, und die Menge, die dem einzelnen verwehrt, sich von ihr loszulösen und in die Berge zurückzuziehen, siehe, sie töten den Geist. Denn der Raum des Geistes, dort, wo er seine Flügel öffnen kann, das ist die Stille.

24

Ich wurde bewogen, über die Dinge nachzudenken, die mehr verbrauchen, als sie einbringen. So steht es mit der Lüge der Staatsoberhäupter, denn auf dem Glauben an ihr Wort beruht die Wirksamkeit des Wortes und seiner Macht. Und so kann ich mit Hilfe der Lüge bedeutende Wirkungen erzielen. Ich stumpfe meine Waffe jedoch ab, während ich sie gebrauche. Und wenn ich zunächst auch über meinen Gegner obsiege, kommt doch die Stunde, in der ich ihm ohne Waffe werde gegenübertreten müssen.

So ist es mit einem, der seine Gedichte schreibt und dabei durch Mißachtung der anerkannten Regeln eindringliche Wirkungen erzielt. Denn es ist freilich auch eine Wirkung, wenn man ein Ärgernis erregt. Doch solch einer ist ein Übeltäter, denn um eines persönlichen Vorteils willen zerschlägt er das Gefäß, das einen gemeinschaftlichen Schatz birgt. Um sich selber auszudrücken, zerstört er die Ausdrucksmöglichkeiten der anderen; so gleicht er einem, der einen Wald in Brand setzt, um für seine eigene Beleuchtung zu sorgen. Und hernach bleibt den anderen nur noch die Asche. Und habe ich mich erst an die grammatikalischen Fehler gewöhnt, kann ich nicht einmal mehr Anstoß erregen und durch das Unerwartete fesseln. Ich kann mich aber auch nicht mehr in der Schönheit des früheren Stils ausdrücken, denn alle jene

Zeichen, jenes Augenzwinkern, jenes stillschweigende Einverständnis, jene Regeln, die sich langsam herausbildeten und es mir ermöglichten, sogar meine feinsten Empfindungen zu übermitteln – alle diese Konventionen habe ich schon ihres Sinnes entkleidet. Ich habe mich dadurch ausgedrückt, daß ich mein Instrument verbrauchte. Und zugleich auch das Instrument der anderen.

So ist es auch mit der Ironie, die nicht dem Menschen, sondern dem Taugenichts eigen ist. Denn ich habe dadurch komische Effekte erzielt, daß ich meinen Statthalter, der eine große Rolle spielt und allgemein geachtet ist, mit einem Esel verglich; und niemand hatte diese meine Keckheit erwartet. Es wird aber der Tag kommen, an dem ich Esel und Regierung in eine so enge Verbindung gebracht habe, daß ich niemanden mehr zum Lachen reize, wenn ich meine Binsenwahrheit ausspreche. Und so habe ich eine geheiligte Ordnung, eine Aufstiegsmöglichkeit, fruchtbaren Ehrgeiz und ein Bild, das Größe erweckte, zugrunde gerichtet. Ich habe den Schatz verbraucht, von dem ich zehrte. Ich habe den Speicher geplündert und die Körner umhergestreut. Der Fehler, der Verrat bestand darin, daß es mir nur möglich war, mich meines Statthalters zu bedienen und ihn gleichzeitig zu vernichten, weil ihn andere zu dem gemacht hatten, was er war. Man gab mir eine Gelegenheit, mich auszudrücken. Ich habe sie dazu benutzt, sie zu zerstören. So übte ich Verrat.

Jener aber, der sich beim Schreiben streng an die Regeln hält und sein Werkzeug schmiedet, um das Gefährt nutzbar zu machen, schärft seine Waffe durch ihre Anwendung; so vermehrt er seine Vorräte im gleichen Maße, wie er sie verbraucht. Und einer, der trotz aller Schwierigkeiten und Bitternisse sein Volk kraft der Wahrheit seines Wortes beherrscht, stärkt die Bürgschaft seiner Macht im gleichen Maße, in dem er sich dieser Bürgschaft bedient, und so wird er letztlich im Kriege eine treuere Gefolgschaft finden. Und einer, der das Gefühl für Größe begründet, schmiedet sich das Werkzeug, das er morgen gebrauchen wird.

25

Ich ließ daher die Erzieher kommen und sagte ihnen:
— Ihr habt nicht den Auftrag, in den jungen Menschen den Menschen zu töten oder sie in Ameisen für das Leben im Ameisenhaufen zu verwandeln. Denn es kümmert mich wenig, ob der Mensch mehr oder minder glücklich ist. Es kommt mir darauf an, inwieweit er mehr oder weniger Mensch ist. Ich frage mich nicht in erster Linie, ob der Mensch glücklich sein wird oder nicht, sondern *welcher* Mensch glücklich sein wird. Und ich mache mir nichts aus dem Überfluß der Seßhaften, die wie das Vieh im Stalle gemästet sind.
Ihr sollt sie nicht mit leeren Formeln, sondern mit Bildern erfüllen, die ein Gefüge mit sich führen. Ihr sollt sie nicht in erster Linie mit totem Wissen vollstopfen, sondern ihnen einen Stil heranbilden, damit sie die Dinge erfassen können.
Ihr sollt ihre Eignung nicht allein nach der vermeintlichen Leichtigkeit beurteilen, die sie nach dieser oder jener Richtung besitzen. Denn der kommt am weitesten und hat den größten Erfolg, der sich am meisten mit sich selber abmüht. Darum sollt ihr euch vor allem um die Liebe kümmern.
Ihr sollt deshalb weniger beim Gebrauch der Dinge als vielmehr bei den Schöpfungen des Menschen verweilen, damit dieser treu und redlich sein Brett hobele — und so wird es ihm besser von der Hand gehen.
Ihr sollt die Ehrfurcht lehren, denn die Ironie ist dem Taugenichts eigen und läßt das Gesicht vergessen.
Ihr sollt gegen die Bande ankämpfen, die den Menschen mit den materiellen Gütern verknüpfen. Und ihr sollt in dem jungen Menschen den Menschen heranbilden, indem ihr ihm vor allem den Austausch lehrt, denn außerhalb des Austausches gibt es nur Verknöcherung.
Ihr sollt die Meditation lehren und das Gebet, denn durch sie wird die Seele weit. Und ebenso auch die ständige Betätigung der Liebe. Denn was vermöchte sie zu ersetzen? Und die Eigenliebe ist das Gegenteil der Liebe.

Ihr sollt vor allem die Lüge züchtigen und desgleichen die Zuträgerei, die gewiß dem Menschen und dem Anschein nach auch dem Gemeinwesen dienlich sein kann. Aber nur die Treue macht stark. Und es gibt nicht Treue nur auf einem Gebiete und nicht zugleich auf einem anderen. Einer, der treu ist, ist immer treu. Und der ist nicht treu, der seinen Arbeitskameraden verraten kann. Ich bedarf eines starken Gemeinwesens, und ich werde seine Stärke nicht auf die Fäulnis der Menschen gründen.

Ihr sollt die Freude an der Vollkommenheit lehren, denn jedes Werk ist ein Gang zu Gott und kann sich erst im Tode vollenden.

Ihr sollt nicht so sehr die Vergebung und die Nächstenliebe lehren. Denn sie könnten falsch verstanden werden und nur noch Achtung vor der Schmach oder dem Geschwür bedeuten. Ihr sollt aber die wunderbare Zusammenarbeit aller lehren, die sich an allen durch alle und durch jeden einzelnen vollzieht. Dann wird der Chirurg die Wüste durcheilen, nur um das Knie eines einfachen Arbeiters zu kurieren. Denn es geht dabei um *ein* Gefährt. Und sie haben alle beide den gleichen Lenker.

26

Mich beschäftigte vor allem das große Wunder der Häutung und der Wandlung des eigenen Wesens. Denn es befand sich ein Aussätziger in der Stadt.

– Hier ist der Abgrund, sagte mir mein Vater.

Und er führte mich in die Vorstädte an den Rand eines dürren und schmutzigen Feldes. Rings um das Feld war ein Zaun gezogen, und in der Mitte des Feldes stand ein niedriges Haus, in dem der Aussätzige wohnte; so war er von den Menschen abgeschnitten.

– Glaubst du, er werde seine Verzweiflung in den Wind hinausschreien?, sagte mir mein Vater. Betrachte ihn, wenn er herauskommt, dann wirst du ihn gähnen sehen.

Er gähnt genauso, als wenn die Liebe in ihm erstorben wäre.

Genauso, als wenn ihn die Verbannung zerstört hätte. Denn laß dir gesagt sein: die Verbannung schmerzt nicht; sie verbraucht. Du nährst dich nur noch mit Träumen und würfelst ohne Einsatz. Es macht wenig aus, ob du im Überfluß lebst. Du bist nur noch König eines Schattenreiches.

– In der Notwendigkeit, sagte mir mein Vater, in ihr liegt das Heil. Du kannst nicht ohne Einsatz würfeln. Du kannst dich nicht an deinen Träumen sättigen; der Grund ist einfach der, daß sie nicht widerstehen. Die Heere sind enttäuschend, die die hohlen Träume des Jünglings durchziehen. Von Nutzen ist nur, was dir widersteht. Und das Unglück dieses Aussätzigen besteht nicht darin, daß er verfault, sondern daß ihm nichts widersteht. So ist er eingeschlossen und hockt auf seinen Vorräten.

Zuweilen kamen die Einwohner der Stadt, um ihn zu betrachten. Sie sammelten sich rings um das Lager wie Leute, die sich nach einer Bergbesteigung über den Krater des Vulkans beugen. Denn es macht sie schaudern, wenn sie hören, wie der Erdball unter ihren Füßen sein Aufstoßen vorbereitet. So scharten sie sich rings um das Viereck des Lagers wie um ein Geheimnis. Es gab aber gar kein Geheimnis.

– Laß dich nicht täuschen, sagte mir mein Vater. Male dir nicht aus, wie er verzweifelt; wie er schlaflos die Hände ringt und gegen Gott oder sich selber oder gegen die Menschen ergrimmt ist. Denn es ist nichts in ihm, was wächst, außer dem Mangel. Was könnte er mit den Menschen gemein haben? Seine Augen laufen ihm aus, und die Arme fallen wie Zweige von ihm ab. Und von der Stadt dringt nur noch der ferne Wagenlärm zu ihm. Das Leben speist ihn nur noch durch ein verschwommenes Schauspiel. Ein Schauspiel ist wertlos. Du kannst nur von dem leben, was du verwandelst. Du lebst nicht von den Dingen, die in dich hineingestellt werden wie in ein Warenlager. Und jener würde leben, wenn er ein Pferd peitschen und Steine tragen und beim Bau des Tempels mithelfen könnte. Ihm aber wird alles geschenkt.

Mittlerweile bildete sich ein Brauch heraus. Jeden Tag kamen die Einwohner, die sein Elend erschütterte, und warfen ihre Gaben über die Pfähle, die diese Grenze umstarrten. Und so wurde er wie ein Götterbild bedient und geschmückt und gekleidet und mit den besten Speisen beköstigt und an den Festtagen gar durch Musik geehrt. Und doch hatte ihn keiner nötig, obwohl er selber sie alle nötig hatte. Er verfügte über alle Güter, aber er hatte selber keine Güter zu bieten.

– So ist es auch mit den hölzernen Götzen, sagte mir mein Vater, die du mit Geschenken überhäufst. Vor ihnen brennen die Lämpchen der Gläubigen. Der Wohlgeruch der Opfergaben steigt gen Himmel. Und ihr Haar schmückt sich mit Edelsteinen. Aber ich sage dir: nur die Menge, die dem Götzen ihre goldenen Armbänder und Edelsteine zuwirft, hat davon Gewinn, der Holzgötze selber bleibt aus Holz. Denn er verwandelt nichts. Für den Baum besteht das Leben darin, daß er Erde nimmt und daraus Knospen formt.

Und ich sah, wie der Aussätzige aus seiner Höhle herauskam und seinen erstorbenen Blick über uns hin wandern ließ. Gegen jenes Geräusch, das ihm doch zu schmeicheln suchte, war er unempfindlicher als gegen das Rauschen des Meeres. Er war von uns abgelöst und fortan unerreichbar. Und wenn einer aus der Menge sein Mitleid bekundete, betrachtete er ihn voll unbestimmter Verachtung... Er fühlte sich nicht mehr zugehörig. Er war angewidert durch ein Spiel, das keine Sicherheit bot. Denn was bedeutet ein Mitleid, das nicht auf die Arme nimmt, um in Schlaf zu wiegen? Und umgekehrt – wenn ihn noch animalische Regungen darüber Zorn empfinden ließen, daß er derart zum Schauspiel und zu einer Jahrmarktsfigur geworden war – so war das in Wahrheit kein tiefgehender Zorn, denn wir gehörten nicht mehr zu seiner Welt: wie Kinder um ein Bassin herumstehen, in dem ein einziger Karpfen langsam herumschwimmt –, und was konnte uns anderseits sein Zorn bedeuten, denn was ist ein Zorn, der nicht zuschlagen kann und nur leere

Worte in den Wind schickt, der sie davonträgt? So schien er mir durch seinen Überfluß entblößt zu sein. Und ich gedachte jener Aussätzigen in den Oasen des Südens, die in Befolgung der über den Aussatz ergangenen Gesetze die Almosen vom Pferde herunter erbettelten, wobei ihnen ein Absteigen verwehrt war. So reichten sie ihre an einem Stockende befestigte Schale hinunter. Und blickten starr und ohne zu sehen, denn für sie waren die glücklichen Gesichter nur Jagdgrund. Und warum hätte sie ein Glück auch nur erregen sollen, das ihrer Welt ebenso fernstand wie die stummen Spiele der kleinen Tiere auf der Waldwiese? So blickten sie kalten Auges vor sich hin, ohne zu sehen. Dann zogen sie langsam an den Krambuden vorüber und ließen an einem Strickende einen Korb vom Pferde herunter. Und warteten geduldig, bis ihn der Kaufmann gefüllt hatte. Es war eine düstere Geduld, die Angst einflößte. Denn in ihrer Unbeweglichkeit schienen sie uns nur noch das langsame Wachstum der Krankheit zu verkörpern. In ihrer Taubheit waren sie Schmelztiegel und Retorten der Fäulnis. Sie waren uns nur noch Durchgangsstationen, Kampfplätze und Brutstätten des Übels. Was aber erwarteten sie eigentlich? Gar nichts.

Denn man erwartet nichts von sich selber, sondern nur von etwas anderem, das außerhalb des eigenen Ich liegt. Und je dürftiger deine Sprache ist, um so gröber sind die Bande, die dich mit den Menschen verbinden, um so weniger kannst du die Erwartung und die Langeweile kennenlernen.

Was aber auch hätten diese Menschen von uns erwarten können, die so völlig von uns abgeschnitten waren? Sie erwarteten nichts.

– Sieh doch, sagte mein Vater. Er kann nicht einmal mehr gähnen. Er hat sogar auf die Langeweile verzichtet, die die Erwartung der Menschen ist.

27

So wurde ich vor allem gewahr, daß sie unglücklich waren. Es wurde Nacht wie in einem Schiff, in dem Gott seine Passagiere ohne Kapitän einschließt. Und mir kam der Gedanke, die Menschen voneinander zu scheiden. Denn es war mein Wunsch, vor allem das Glück kennenzulernen.
Ich ließ die Glocken läuten: »Kommt hierher, die das Glück bis zum Rande füllt.« Denn man spürt das Glück innerlich wie eine Frucht, die von ihrem Geschmack voll ist. Und ich habe eine Frau gesehen, die sich ihre beiden Hände an die Brust drückte und sich wie erfüllt nach vorne beugte. Und so kamen sie also zu meiner Rechten.
»Kommt hierher«, sagte ich den Unglücklichen. Und ich ließ auch für sie die Glocken läuten. »Kommt zu meiner Linken«, sagte ich ihnen. Und als ich sie klar voneinander geschieden hatte, suchte ich zu verstehen. Und ich fragte mich: »Woher kommt das Übel?«

Denn ich glaube nicht an Arithmetik. Weder Leid noch Freude lassen sich multiplizieren. Und wenn ein einziger in meinem Volke leidet, so ist mein Leid so groß wie das eines ganzen Volkes. Und zugleich ist es schlecht, daß er sich nicht opfert, um dem Volke zu dienen.
So ist es auch mit der Freude. Und wenn die Königstochter Hochzeit feiert, tanzt das ganze Volk. Es gleicht dem Baume, der seine Blüten bildet. Und ich beurteile den Baum nach seinen Knospen.

28

Weit erschien mir meine Einsamkeit. Stille und Langsamkeit verlangte ich für mein Volk. Und ich trank jenen Rückstand auf dem Grunde der Seele und jenes Mißbehagen auf dem Berge bis zur Bitternis. So gewahrte ich die abendlichen Lichter der Stadt zu meinen Füßen. Ich spürte den gewaltigen Ruf, der von ihr ausgeht, bis alle zusammengekommen sind, alle sich abgeschlossen haben, alle zueinandergelangt sind. Und so sah ich an jedem Fenster, das sein Licht löschte, wie sie ihr Haus versperrten, und wußte um ihre Liebe. Und auch um ihren Kummer: wenn sich die Liebe nicht austauscht gegen etwas, das weiter ist als die Liebe. Und die letzten erleuchteten Fenster zeigten die Kranken. Da waren zwei oder drei Krebskranke gleich brennenden Kerzen. Der Stern dort unten gehörte einem, der vielleicht noch mit seinem Werke rang und keinen Schlaf fand, bis er seine Garbe gebunden hatte. Und da gab es noch einige Fenster in grenzenloser Erwartung und ohne Hoffnung. Denn Gott hat seine Ernte eingebracht für den Tag, und es gibt manche, die niemals mehr in seine Scheuer gelangen werden.

Es waren dort einige, die vor der Nacht wie vor dem Meere auf Wache standen. Dort siehst du die Zeugen des Lebens im Angesicht des unergründlichen Meeres, sagte ich mir. Sie stehen auf Vorposten. Wir sind nur wenige, die über die Menschen wachen und denen die Sterne ihre Antwort schulden. Wir sind einige Aufrechte, die ihre Wahl für Gott getroffen haben. Wir tragen die Bürde der Stadt; wir sind wenige unter all den Seßhaften, und hart peitscht uns der eisige Wind, der wie ein kalter Mantel von den Sternen fällt.

Ihr Kapitäne, meine Gefährten, die Nacht ist hart, die hereinbricht. Denn die anderen, die schlafen, wissen nicht, daß das Leben nur aus Wandlungen und dem inneren Knirschen der Zeder und schmerzhafter Häutung besteht. Wir sind nur wenige, die für sie alle diese Last tragen, wir sind wenige an den Grenzen, die das Übel brennt und die langsam dem Tage entgegenrudern; die wie auf der Mastwache die Antwort auf ihre Fragen erwarten und noch auf die Heimkehr der Braut hoffen...

Doch da wurde ich die schmale Grenze gewahr, die die Angst von der Inbrunst scheidet. Denn Angst und Inbrunst befallen die gleichen. Sie sind beide ein Gefühl des Raums und der Weite.

– Mit mir wachen allein die Geängstigten und die Inbrünstigen, sprach ich in meinem Herzen. Mögen die anderen denn schlafen: Alle, die am Tage ihr Werk geschaffen haben und die nicht dazu berufen sind, auf Vorposten zu stehen...

In jener Nacht aber konnte die Stadt wegen eines Mannes, der beim Morgengrauen für ein Verbrechen büßen sollte, keinen Schlaf finden. Denn man hielt ihn für unschuldig. Und Streifen machten die Runde, die den Auftrag hatten, Ansammlungen zu verhindern, denn etwas trieb die Menschen aus ihren Wohnungen und hieß sie sich zusammenrotten.

Und ich sagte mir: »Diese Feuersbrunst wird durch das Leiden eines einzigen entfacht. Jener dort in seinem Gefängnis wird über ihnen allen wie eine Brandfackel geschwungen.«

Ich empfand das Bedürfnis ihn kennenzulernen. Und ich begab mich zum Gefängnis. Ich sah, wie es sich schwarz und viereckig von den Sternen hob. Die Posten öffneten mir die Tore, die sich schwerfällig in den Angeln drehten. Die Mauern erschienen mir von ungewöhnlicher Dicke, und die Luken wurden durch Gitterstäbe geschützt. Und auch hier machten schwarze Posten in den Vorhallen und Höfen die Runde oder erhoben sich wie Nachttiere, als ich vorüberging. Überall saß Armeleutegeruch, und wenn man einen Schlüssel fallen ließ oder auf den Steinfliesen ging, erdröhnte ein tiefes Echo wie aus einer Totengruft. Und ich dachte: »Der Mensch muß wirklich gefährlich sein, wenn es nötig ist, dieses schwache Geschöpf, das in einer so dünnen Haut steckt und dem ein Nagel das Leben kosten kann, durch solch ein Gebirge zu erdrücken.«

Und alle Schritte, die ich hörte, gingen über seinen Leib hinweg. Und all diese Mauern, diese Tore und Pfeiler lasteten auf ihm. »Er ist die Seele des Gefängnisses«, sagte ich mir, als ich an ihn dachte. »Er ist Mittelpunkt, Sinn und Wahrheit des Gefängnisses. Aber was für einen Anblick bietet er: man sieht nur einen Haufen alter Kleider hinter den Gitterstäben, und vielleicht ist er sogar eingeschlafen und atmet schwer. Und doch bringt er, so wie er ist, eine ganze Stadt in Gärung. Und wenn er sich nur von einer Wand zur anderen dreht, entsteht dieses Erdbeben.« Man öffnete mir das Guckloch, und ich betrachtete ihn. Ich wußte wohl, daß es hier etwas zu begreifen gab. Und ich sah ihn.

Und ich dachte: »Vielleicht hat er sich nichts anderes vorzuwerfen als seine Liebe zu den Menschen. Wer sich aber ein Haus baut, gibt diesem Hause eine Form. Und sicherlich kann jede Form erstrebenswert sein. Aber nicht alle zusammen. Sonst ist es kein Haus mehr.

Ein aus dem Stein gehauenes Gesicht besteht aus all den Gesichtern, die verworfen wurden. Sie alle können schön sein. Aber nicht alle zusammen. Gewiß ist sein Traum schön.

Wir befinden uns, er und ich, auf dem Grat des Gebirges. Er und ich, ganz allein. Wir stehen heute nacht auf dem Grate der Welt. Wir finden uns wieder und reichen einander die Hand. Denn in dieser Höhe steht nichts zwischen uns. Er wünscht die Gerechtigkeit nicht anders als ich. Und doch wird er sterben...« Ich litt in meinem Herzen.

Damit sich aber der Wunsch in Tat verwandele, damit die Kraft des Baumes in den Zweig eingehe, damit die Frau zur Mutter werde, bedarf es einer Wahl. Aus der Ungerechtigkeit der Wahl entsteht das Leben. Denn auch jene schöne Frau wurde von Tausenden geliebt. Und um zu *sein*, hat sie sie in die Verzweiflung gestürzt. Und immer ungerecht ist das, was ist.

Ich begriff, daß alles Erschaffene zuerst einmal grausam ist.

Ich schloß die Tür und schritt die Gänge entlang. Voller Achtung und Liebe: »Was hülfe es, wenn man ihn ein Sklavendasein führen ließe, da seine Größe in seinem Stolz besteht?« Und ich traf auf die Wachtposten, die Gefängniswärter, die Ausfeger, die bei Morgengrauen ans Werk gehen. Und all dieses Volk diente seinem Gefangenen. Und diese festen Mauern verwahrten ihren Gefangenen wie jene bröckelnden Ruinen, die durch den vergrabenen Schatz ihren Sinn erhalten. Und ich wandte mich noch einmal zum Ge-

fängnis zurück. Sein Turm, der einer Krone glich, strebte den Gestirnen zu; es schien einem fahrenden Schiffe gleich mit seiner Ladung voller Inbrunst. Ich sagte mir: »Wer wird Sieger bleiben?« Und fern von mir, in der Nacht aufragend, nahm dieses Gefängnis sich aus wie der Schlund eines Pulverhorns.
Ich dachte an die Leute in der Stadt. »Gewiß werden sie ihn beweinen. Es ist aber auch gut, daß sie weinen.«

Denn ich sann über die Gesänge, die Gerüchte, die Betrachtungen nach, die in meinem Volke umgehen würden. »Sie werden ihn begraben.« Aber man begräbt nicht, dachte ich weiter. Was man begräbt, ist Samen. Ich habe keine Macht über das Leben, und eines Tages wird er recht behalten. Ich hänge ihn an einem Strick auf. Aber ich werde hören, wie sie seinen Tod besingen. Und dieser Ruf wird bei denen Widerhall finden, die versöhnen wollen, was sich aufspaltet. Aber was werde ich versöhnen?
Ich muß in der einen Ordnung aufgehen und nicht zugleich in einer anderen. Ich darf nicht die Seligkeit mit dem Tode verwechseln. Ich gehe auf die Seligkeit zu, darf aber nicht die Widersprüche zurückweisen. Ich muß sie in mich aufnehmen. Dieses ist gut, jenes ist schlecht: ich hasse das Gemisch, das nur ein Sirup für Schwächlinge ist und sie verweichlicht, doch ich muß mich dadurch stärken und weiten, daß ich meinen Feind bejahe.

29

Nachdenklich betrachtete ich die Maske der Tänzerin. Und ihre zielstrebige, halsstarrige und überdrüssige Miene. Und ich sagte mir: In den großen Zeiten des Reiches war das eine Maske. Heute ist es nur Deckel einer leeren Schachtel. Es ist nichts Erhabenes mehr im Menschen. Es gibt keine Ungerechtigkeit mehr. Niemand leidet mehr für seine Sache. Und was ist eine Sache, die nicht leiden macht?

Er wünschte, etwas zu erlangen. Er hat es erlangt. Ist das nun für ihn das Glück? Das Glück war doch das Streben, das etwas zu erlangen suchte. Seht die Pflanze, die ihre Blüte bildet. Ist sie glücklich, weil sie die Blüte gebildet hat? Nein, sie ist nur vollendet. Und so bleibt ihr nichts mehr zu wünschen als der Tod. Denn ich kenne das Verlangen. Den Durst nach Arbeit. Die Freude am Gelingen. Und dann die Ruhe. Keiner aber lebt von der Ruhe, die nicht zur Speise taugt. Man darf die Speise nicht mit dem Ziel verwechseln. Jener dort ist am schnellsten gelaufen. Und er hat gewonnen. Er wird aber von seinem gewonnenen Lauf nicht leben können. Auch der andere nicht, der das Meer liebte, weil er einmal einen Sturm bezwang. Der Sturm, den er bezwingt, ist nur ein Stoß in seiner Schwimmbewegung. Und dieser verlangt nach einem weiteren Stoß. Und die Freude an der Bildung der Blüte, an der Bezwingung des Sturms und am Bau des Tempels unterscheidet sich von der Freude über den Besitz einer fertigen Blüte, über den bezwungenen Sturm, den errichteten Tempel. Die Hoffnung ist trügerisch, man könne in Inbrunst genießen, was man zunächst verdammte, und als Krieger seine Freuden aus den Freuden der Seßhaften schöpfen. Und doch kämpft der Krieger dem Anschein nach darum, das zu erlangen, was den Seßhaften nährt, aber er hat kein Recht, enttäuscht zu sein, wenn er danach selber seßhaft wird. Denn wenn euch einer sagt, die Befriedigung fliehe ewig vor dem Verlangen, so spricht keine echte Not aus ihm. Man täuscht sich dann nämlich über den Gegenstand des Verlangens. Du sagst, das Ziel, dem du nachjagtest, entferne sich ständig von dir. Es ist das, als wenn sich der Baum beklagen wollte: Ich habe meine Blüte gebildet, könnte er sagen, und nun wird sie zum Samenkorn und das Samenkorn wird zum Baum und der Baum abermals zur Blüte... So hast du deinen Sturm bezwungen und dein Sturm ist Ruhe geworden, aber die Ruhe ist nur Vorbereitung auf den neuen Sturm. Ich sage dir, es gibt keine göttliche Gnade, die es dir ersparte, zu *werden*. Du möchtest *sein*. Du wirst erst in Gott zum Sein gelangen. Er wird dich in seine Scheuer einbringen,

wenn du langsam *geworden* bist, wenn du aus deinen Taten geformt wurdest, denn der Mensch, siehst du, bedarf einer langen Zeit für seine Geburt.
So haben sie ihren Inhalt verloren, weil sie zu besitzen und zu erlangen glaubten und auf ihrem Wege innehielten, um ihre Vorräte zu genießen, wie sie es nannten. Denn in Wahrheit gibt es keine Vorräte. Und ich weiß es, der ich mich so lange von den Frauenzimmern umgarnen ließ, denn es war mir bekannt, daß ich ihrer habhaft werden konnte, die man in irgendeinem fremden Lande aufzog und mit den erlesensten Duftstoffen salbte. Und diesen Taumel nannte ich Liebe. Und ich glaubte vor Durst zu sterben, wenn ich sie nicht erlangte.
Dann gab die Brautfeier Anlaß zu rauschenden Festen, die für das ganze Volk durch die Religion der Liebe ihren Glanz erhielten. Und man leerte Blumenkörbe und sprengte Wohlgerüche aus und verbrannte Diamanten, die Schweiß und Leiden und Blut der Menschen gekostet hatten und die wie der Parfümtropfen, den man aus einem Karren voller Blumen gewinnt, aus der Menschenmenge hervorgegangen waren. So suchte sich ein jeder – ohne viel davon zu verstehen – in der Liebe zu verausgaben. Aber dann stand sie auf meiner Terrasse, die zarte Gefangene, die mit ihren Schleiern eine Beute des Windes war. Und ich, der Mann, der siegreiche Krieger, hielt endlich meinen Siegeslohn in Händen. Als ich ihr dann gegenüberstand, wurde ich plötzlich ganz ratlos...
– Meine Taube, sagte ich, meine Turteltaube, meine langbeinige Gazelle..., denn ich suchte sie, die Unfaßbare, mit den Worten zu fassen, die mir in den Sinn kamen! Wie Schnee war sie zerschmolzen. Denn ich empfing nicht das Geschenk, das ich erwartet hatte. Und ich rief: »Wo bist du?« Denn ich begegnete ihr nicht. Wo ist denn also die Grenze? Und ich wurde zum Wachtturm und zum Wall. Und Freudenfeuer brannten in meiner Stadt, um die Liebe zu feiern. Und ich allein in meiner schrecklichen Einöde sah sie hüllenlos vor mir schlafen. »Ich habe mich in der Beute

geirrt, ich habe mich in meinem Laufe geirrt. Sie floh so schnell und ich hielt sie fest, um sie zu fassen. Und als ich sie dann ergriffen hatte, war sie nicht mehr.« Sogleich aber sah ich meinen Irrtum ein. Ich war in den Lauf verliebt und so närrisch wie einer, der seinen Krug vollaufen ließ und ihn in den Schrank einschloß, weil er das Rauschen der Brunnen liebte...

Aber ich rühre dich nicht an – ich baue dich wie einen Tempel. Und ich baue dich im Lichte. Und dein Schweigen schließt die Fluren ein. Und ich vermag dich über mich und dich hinaus zu lieben. Und ich ersinne Lobgesänge, um deine Herrschaft zu feiern. Und deine Augen schließen sich wie die Lider der Welt. Und in deiner Müdigkeit halte ich dich wie eine Stadt umfangen. Du bist nur eine Stufe meines Aufstiegs zu Gott. Du bist dazu geschaffen, um verbrannt und verzehrt zu werden, nicht aber, um festzuhalten. Und so weinen sie bald wieder im Palast, und die Stadt bedeckt sich von neuem mit Asche, denn ich habe tausend Krieger gesammelt und bin mit ihnen durchs Stadttor in Richtung der Wüste gezogen, da ich keine Befriedigung finden konnte.

Der Schmerz eines einzigen, sagte ich dir, gilt soviel wie der Schmerz der Welt. Und die Liebe einer einzigen, mag sie noch so töricht sein, hält der Milchstraße und ihren Sternen die Waage. Und ich schließe dich in meine Arme wie den geschwungenen Bug meines Schiffes. So fahre ich hinaus in die hohe See: die furchtbare Schulter der Liebe...

Auf diese Weise lernte ich die Grenzen meines Reiches kennen. Diese Grenzen aber zeigten schon sein Wesen, denn ich liebe nur, was widersteht. Der Baum und vor allem der Mensch zeichnen sich beide dadurch aus, daß sie widerstehen. Und deswegen habe ich jene Reliefs halsstarriger Tänzerinnen mit den Deckeln leerer Kästen verglichen; sie waren Masken, als sie noch die Halsstarrigkeit und die innere Unordnung und die Dichtung, die Tochter der Zwietracht, bedeckten. Den liebe ich, der sich durch seinen Widerstand ausweist; der sich verschließt und schweigt; der sich hart erhält und in der Folter die Lippen zusammenpreßt, der der Folter widerstanden hat und der Liebe. Der es vorzieht, nicht zu lieben und darin ungerecht ist. Ich liebe dich, der du wie ein dräuender Turm bist, den keiner je erobern wird...

Denn ich hasse die Leichtigkeit. Und der ist kein Mensch, der nicht widerstrebt. Sonst zählt er zum Ameisenhaufen, in den sich Gott nicht mehr einschreibt. Sonst ist er ein Mensch ohne Sauerteig. Und hier zeigt sich das Wunder, das mir in meinem Gefängnis vor Augen stand. Es ist stärker als du und ich, als wir alle, als meine Gefängniswärter und meine Zugbrücken und meine Wälle. Hier zeigt sich das Rätsel, das mich quälte; es ist das gleiche, das die Liebe aufgab, als ich jene Gefangene nackt und bezwungen in meinen Armen hielt. Größe des Menschen – und doch auch seine Kleinheit, denn ich weiß ihn groß in seinem Glauben, nicht aber im Stolze seiner Empörung.

30

Ich wurde gewahr, daß der Mensch nicht nur dann keine Beachtung verdient, wenn er sich nicht mehr aufzuopfern, nicht mehr den Versuchungen widerstehen und den Tod auf sich zu nehmen vermag – denn dann ist er gestaltlos geworden, sondern daß er ebenso wertlos ist, wenn er in der Masse aufgeht, wenn er sich von ihr beherrschen läßt und sich ihren Gesetzen unterwirft. Denn so steht es mit dem Wildeber oder dem einsamen Elefanten oder dem Menschen auf seinem Berge, und die Masse muß einem jeden seine Stille lassen; in ihrem Haß darf sie ihn nicht herausreißen aus seinem Reiche, in dem er lebt wie die Zeder, wenn sie das Gebirge beherrscht.

Wenn da einer zu mir kommt mit seiner Sprache, um den Menschen durch die Logik seiner Darlegungen zu erfassen und auszudrücken, gemahnt er mich an ein Kind, das sich mit seinem Eimer und seiner Schaufel an den Fuß des Atlas begeben wollte und vorhätte, das Gebirge zu ergreifen und anderswohin zu tragen. Der Mensch ist das, was ist, nicht das, was sich ausdrücken läßt. Gewiß, ein jedes Bewußtsein hat zum Ziel, das auszudrücken, was ist; aber der Ausdruck ist ein schwieriges, langsames und umständliches Unterfangen – und es ist ein Irrtum zu glauben, etwas existiere nicht, weil sich nichts darüber aussagen läßt. Denn Aussagen ist gleichbedeutend mit Wahrnehmen. Und der Teil im Menschen, der bislang gelernt hat, wahrzunehmen, ist nur schwach entwickelt. Was ich eines Tages wahrnehme, hat auch schon am Tage zuvor existiert, und ich irre mich, wenn ich mir einbilde, das, was ich vom Menschen nicht ausdrükken kann, verdiene deswegen auch keine Beachtung. Denn das Gebirge drücke ich nicht aus, sondern bezeichne es. Ich verwechsle jedoch Bezeichnen mit Erfassen. Ich kann jemandem etwas bezeichnen, wenn er es bereits kennt. Wie vermöchte ich aber, ihm jenen Berg mit dem Steinschlag in seiner Gletscherspalte, mit dem Lawendel auf seinen Hängen und dem zackigen Gipfel unter den Sternen mitzuteilen, wenn er von alledem noch nichts wüßte?

Und ich weiß davon, sofern dieser Berg nicht einer geschleiften Festung oder einer steuerlosen Barke gleicht, die ich nach Belieben von ihrem Eisenring losbinden kann, um sie dorthin zu führen, wohin es mir gefällt, sondern wenn er mit den Gesetzen seiner inneren Schwerkraft und seiner Stille, die majestätischer ist als das schweigende Räderwerk der Sterne, ein wunderbares Dasein bildet.

So sah ich mich also jenem beherrschenden Gegensatz gegenüber: in meinem Herzen bewunderte ich den fügsamen Menschen, aber auch den unbezwingbaren Menschen, der zeigt, was er ist. Ich begriff das Problem, konnte es aber nicht in Worte fassen. Denn jene, die unter der härtesten Manneszucht stehen und auf ein Zeichen von mir in den Tod gehen, dieselben, die im Bannkreis meines Glaubens leben, die aber so gefestigt in ihrer Zucht sind, daß ich sie offen ins Gesicht schmähen kann, worauf sie sich wie folgsame Kinder unterwerfen – gerade sie zeigen die Härte des Stahls und heiligen Zorn und Todesverachtung, wenn sie dem Abenteuer überlassen sind und auf Gegner stoßen.

Ich sah ein, daß es sich dabei nur um zwei Seiten des gleichen Menschen handelte. Denn einer, den wir wegen seiner unbeugsamen Härte bewundern; die Frau, die sich nicht bezwingen läßt und die fern, wie ein Schiff auf hoher See, in meinen Armen liegt; dieser dort, den ich einen Mann nenne, weil er nicht nachgibt, sich nicht abfindet, nicht kapituliert und nicht aus Geschicklichkeit oder Begehrlichkeit oder Überdruß einen Teil seines Wesens abstreift; jener, den ich unter einem Mühlstein zermalmen könnte, ohne das Öl seines Geheimnisses aus ihm herauszupressen; der andere, der einen harten Olivenkern im Herzen trägt, oder einer, von dem ich weiß, daß ihn weder die Masse noch ein Tyrann zu bezwingen vermöchten, da er innerlich zu einem Diamanten wurde – bei ihnen allen entdeckte ich auch das andere Gesicht. Und so waren sie ergeben und fügsam, ehrfürchtig, gläubig und voller Hingabe, weise Söhne einer geistigen Rasse, deren Tugenden sie bewahrten.

Die anderen aber, die ich frei nannte, die nur über sich selber bestimmen und in unerbittlicher Einsamkeit verharren – sie sind ohne Steuerung, da ihren Segeln der Wind fehlt, und ihre Widerstände sind stets nur Launen ohne Zusammenhang.

So hasse ich dieses Vieh, ich hasse den Menschen, der seine Substanz verloren hat und der kein inneres Vaterland mehr besitzt; und weder als Herr noch als Lehrmeister möchte ich mein Volk entmannen und in blinde und gehorsame Ameisen verwandeln: ich habe eingesehen, daß ich die Menschen durch meinen Zwang zum Leben erwecken muß und erwecken kann, statt sie zu verderben, ich erkannte, daß ihre Sanftmut in meiner Kirche und ihr Gehorsam und der Beistand, den sie einander gewähren, keinem Bastard eigen sind, denn nur so können sie mir an den Grenzen meines Reiches zum Eckstein dienen. Ja, von dir selber hast du nichts zu erwarten, sondern nur von der wunderbaren Zusammenarbeit, bei der stets der eine auf den anderen angewiesen ist...

Auch ihn, den die Last der Wälle erdrückte und den meine Posten bewachten und den ich kreuzigen lassen könnte, ohne daß er seinen Glauben abschwören würde; der unter dem Schraubstock meiner Henker nur ein verächtliches Lachen zeigen würde – auch ihn sähe ich daher in falschem Lichte, wenn ich ihn als Empörer betrachten wollte. Denn seine Stärke kommt ihm von einer anderen Religion; er hat noch ein anderes, ein zärtliches Gesicht. Es gibt ein anderes Bild von ihm: das zeigt einen Menschen, der treuherzig lächelnd mit den Händen auf den Knien dasitzt und zuhört, und es hat Brüste gegeben, die ihm ihre Milch spendeten. So steht es auch mit jener Gefangenen, die ich von meinem Kriegszuge heimbrachte und die im Käfig des Horizontes auf und ab wandert, und sich nicht greifen und besitzen läßt und das Liebeswort nicht preisgibt, das man von ihr verlangt. Und die lediglich einem anderen Lande, einer anderen Feuersbrunst, einem fernen Stamme angehört und von ihrer Religion erfüllt ist. Und so kann ich sie nicht erreichen, außer durch die Bekehrung.

Jene vor allem hasse ich, die nicht *sind:* die Hundesöhne, die sich frei dünken, weil sie die Freiheit haben, ihre Ansicht zu wechseln und abtrünnig zu werden (und wie könnten sie wissen, daß sie abtrünnig werden, da sie ihre eigenen Richter sind?). Sie dünken sich frei, weil sie die Freiheit haben zu betrügen und Meineide zu schwören und ihren Glauben abzuschwören; und wenn sie Hunger haben, genügt es schon, daß ich ihnen ihren Trog zeige, um ihnen eine andere Meinung beizubringen.

Derart war die Nacht der Brautfeier, die Nacht des zum Tode Verurteilten. Und so war ich vom Gefühl der Existenz durchdrungen. Bewahrt eure Gestalt, seid beständig wie der Schiffssteven und verwandelt innerlich wie die Zeder, was ihr von draußen hereinholt! Ich bin der Rahmen und das Gerüst und der schöpferische Akt, der euch ins Leben ruft; wie der mächtige Baum, der seine eigenen – und keine fremden – Zweige entwickelt, der seine eigenen – und keine fremden – Nadeln und Blätter bildet, müßt ihr nun wachsen und Wurzeln schlagen...

Sie alle aber nenne ich Geschmeiß, die von fremden Taten leben und dadurch wie das Chamäleon ihre Färbung ändern, die dort lieben, wo sie ihre Geschenke empfangen, sich am Beifall erfreuen und sich selber so beurteilen, wie sie sich im Spiegel der Massen erblicken. Denn sie lassen sich nirgends fassen; sie ruhen nicht verschlossen wie eine Zitadelle über ihren Schätzen; sie geben nicht von Geschlecht zu Geschlecht ihre Richtworte weiter, sie lassen ihre Kinder heranwachsen, ohne sie zu formen. Und überall in der Welt schießen sie wie die Pilze hoch.

31

Es kamen welche zu mir, um mir von der Bequemlichkeit zu reden, und ich gedachte meines Heeres. Denn ich wußte, wie sehr man sich abmüht, um im Leben zu einem Gleichgewicht zu gelangen, obwohl das Leben fern ist, wenn du das Gleichgewicht erreicht hast. Ich habe denn auch nicht zufällig Brautfeier gehalten, denn ich gedachte der Worte meines Vaters: »Du gestaltest ihnen ihre Landschaft, und diese wird schön, denn wenn du hier eine bestimmte Farbe liebst, würde sie dir gewiß nicht gefallen, wäre sie überall gleichförmig verteilt – in Wahrheit ergreifen dich ja nicht Gelb oder Grün oder Rot, sondern ihre Beziehungen zueinander.«
Und deswegen liebte ich den Krieg, der den Frieden erstrebt. Den Frieden mit seinem lauen und friedlichen Sande und seiner jungfräulichen, von Nattern erfüllten Wüste und jenen unbetretenen Stätten, die Zuflucht gewähren. Und ich habe viel über die Kinder nachgedacht, die mit ihren weißen Kieseln spielen und sie verwandeln: Sieh doch, sagen sie, dort marschiert ein Heer und dort sind die Herden: Der Vor-

übergehende aber, der nur Steine sieht, weiß nichts vom Reichtum ihrer Herzen. Ich dachte auch an jenen, der sein Leben mit der Morgenröte beginnt und sich unter dem Strahl der eisigen Sonne im kalten Wasser badet, um sich sodann im Lichte der ersten Tagesstunden zu wärmen. Oder es kam mir auch noch ein anderer in den Sinn, der zum Brunnen geht, wenn er Durst hat und selber die knirschenden Seile zieht und den schweren Eimer auf den Brunnenrand hinaufhebt und so den Gesang des Wassers mit all seinen kreischenden Tönen kennenlernt. Sein Durst hat seinen Gang und seine Arme und Augen mit Bedeutung erfüllt, und der Weg dieses durstigen Menschen zu seinem Brunnen gleicht einem Gedicht. Andere aber geben ihrem Sklaven ein Zeichen, und der Sklave führt ihnen das Wasser zum Munde, und so lernen sie seinen Gesang nicht kennen. Ihre Bequemlichkeit ist nichts als Mangel. Sie glauben nicht an das Leid, und die Freude hat nichts von ihnen wissen wollen.

So habe ich jenen bemerkt, der Musik hört und nicht das Bedürfnis verspürt, in sie einzudringen. Er läßt sich wie auf einer Sänfte in die Musik hineintragen und will ihr nicht entgegenschreiten; er verzichtet auf die Frucht, deren Schale bitter ist. Ich aber sage: es gibt keine Frucht ohne Schale. Und ihr verwechselt das Glück mit eurem eigenen Mangel. Denn ein Reicher ist nicht dazu da, aus seinem Reichtum Vorteil zu ziehen; solcher Reichtum ist eitel. Und von den Gipfeln der Berge erschließt sich dir keine Landschaft, wenn du nicht ihre Hänge erklommen hast, denn die Landschaft ist nicht in erster Linie Anblick, sondern Beherrschung. Und wenn man dich in der Sänfte dort hinaufgetragen hat, siehst du nur ein Nebeneinander mehr oder weniger abgeschmackter Gegenstände, wie aber vermöchtest du sie durch deine eigene Substanz zu verdichten? Denn für einen, der die Arme befriedigt über der Brust kreuzt, ist die Landschaft eine Mischung von Atemzügen und Erholung der Muskeln nach der Anstrengung, wozu sich das Blauen des Abends gesellt. Sie besteht auch aus Befriedigung über die geschaffene Ordnung, denn ein jeder seiner Schritte hat jene Flüsse ein wenig ausgerichtet, jene Gipfel geordnet und den Kies auf der Dorfstraße fester getreten. Diese Landschaft ist aus ihm geboren, und die Freude, die wir an ihm gewahren, ist eben die Freude des Kindes, das seine Steine aufgereiht und seine Stadt gebaut hat, das sich an ihr begeistert und sie mit seinem Wesen erfüllt. Aber welches Kind wäre glücklich beim Anblick eines Steinhaufens, der nur ein müheloses Schauspiel ist?

Ich habe sie gesehen, die an Durst litten – Durst, dieser Eifersucht auf das Wasser, die schwerer zu ertragen ist als eine Krankheit. Denn der Körper kennt seine Medizin; er verlangt danach, wie er nach einer Frau verlangen würde, und sieht im Traum die anderen trinken. So siehst du die Frau, die den anderen zulächelt. Nichts ist sinnvoll, wenn ich nicht meinen Leib und Geist hineingemischt habe. Es entsteht kein Abenteuer, wenn ich mich nicht einsetze. Wenn meine Sternseher die Milchstraße betrachten, lassen die Nächte, die sie mit ihren Forschungen verbracht haben, sie das große Buch entdecken, dessen Seiten herrlich knistern, wenn man sie umwendet; so beten sie Gott an, weil er die Welt mit solch einem Inhalt erfüllte, der das Herz ergreift.

Ich sage euch: Nur um einer anderen Anstrengung willen habt ihr das Recht, eine Anstrengung zu vermeiden, denn ihr sollt wachsen.

32

In jenem Jahr starb der Herrscher, der im Osten meines Reiches gebot. Ich hatte hart gegen ihn gekämpft, und nach allem Streit erkannte ich, daß ich mich gegen ihn wie gegen eine Mauer stützte. Ich gedenke noch unserer Begegnungen. In der Wüste, die ihre Leere bewahrte, schlug man ein purpurnes Zelt auf. Und wir traten beide in dieses Zelt ein, während unsere Heere sich abseits hielten, denn es ist nicht gut, wenn sich die Menschen vermischen. Die Menge lebt nur ihrem Bauch. Und alle Vergoldung blättert ab. So betrachteten sie uns argwöhnisch; sie vertrauten auf die Bürgschaft ihrer Waffen und ließen sich nicht durch eine billige Rührung übermannen. Denn mein Vater war im Recht, wenn er sagte: »Begegne dem Menschen nicht auf der Oberfläche, sondern im siebenten Stockwerk seiner Seele, seines Herzens und seines Geistes! Wenn ihr einander in euren gemeinsten Regungen nachspürt, werdet ihr nur nutzlos Blut vergießen.«

Ich hatte sein Wort verstanden, und so trat ich dem anderen entblößt und hinter dem dreifachen Wall meiner Einsamkeit entgegen. Wir setzten uns auf dem Sande einander gegenüber. Ich weiß nicht, ob er oder ich damals mächtiger war. In dieser geheiligten Einsamkeit wurde jedoch unsere Macht zum Maß. Denn unsere Gebärden erschütterten den Erdball, doch wir wogen sie ab. Wir verhandelten damals über Viehweiden. Er sagte: »Ich habe fünfundzwanzig Tiere, die eingehen. Bei dir hat es geregnet.« Ich konnte aber nicht dulden, daß sie ihre fremden Gebräuche und den Zweifel, der zur Fäulnis führt, bei uns einschleppten. Wie hätte ich jene Hirten, die einer anderen Welt angehörten, in meinem Lande empfangen können? Und ich antwortete ihm: »Bei mir sind fünfundzwanzigtausend Kinder, die ihre eigenen und keine fremden Gebete lernen müssen, denn sonst werden sie keine Gestalt gewinnen.« ... So entschieden die Waffen über unsere Völker. Und wir glichen Ebbe und Flut, die kommen und gehen. Und wenn einer von uns vorrückte, obwohl sich ihm der andere mit seiner ganzen Kraft entgegenstemmte, so hieß das, daß wir unseren Höhepunkt überschritten hatten, da unser Feind durch seine Niederlage gestählt worden war: Du hast mich besiegt; ich bin dadurch stärker geworden.

Ich mißachtete nicht etwa seine Größe. Oder die hängenden Gärten seiner Hauptstadt. Oder die Parfüme seiner Kaufleute. Oder die feinen Goldarbeiten seiner Goldschmiede. Oder die großen Wehre seiner Gewässer. Der niedrige Mensch hat die Verachtung erfunden, da seine Wahrheit die anderen ausschließt. Wir aber, die wir wußten, daß die Wahrheiten nebeneinander bestehen, wir meinten uns nichts

zu vergeben, wenn wir die Wahrheit des anderen anerkannten, obwohl sie uns selber als Irrtum galt. Soweit mir bekannt ist, verachtet der Apfelbaum nicht die Rebe oder die Palme oder die Zeder. Ein jeder Baum härtet sich nur, soweit es in seinen Kräften steht, und vermischt nicht seine Wurzeln. Und so bewahrt er Wesen und Gestalt, denn das sind unschätzbare Güter, die man nicht verkümmern lassen darf. – Der wirkliche Austausch, sagte er mir, besteht in dem Parfümkästchen oder dem Samenkorn oder jenem Geschenk aus gelbem Zedernholz, das dein Haus mit dem Dufte des meinen erfüllt. Er zeigt sich auch in dem Schlachtruf, der aus meinen Bergen zu dir dringt oder dir durch einen meiner Abgesandten überbracht wird, sofern dieser lange erzogen und geformt und gehärtet wurde und dich zugleich ablehnt und bejaht. Denn auf deinen niederen Stufen lehnt er dich ab. Er trifft sich aber dort mit dir, wo der Mensch über seinen Haß hinaus ist und für den anderen Achtung empfindet. Die Achtung, die dir ein Feind bezeigt, ist die einzige Achtung, die etwas taugt. Und die Achtung, die dir die Freunde entgegenbringen, ist nur dann von Wert, wenn sie über deren Erkenntlichkeit und Dankesbekundungen und niedrige Regungen erhaben ist. Wenn du für deinen Freund stirbst, untersage ich dir, darüber Rührung zu empfinden...
So würde ich lügen, wenn ich sagte, daß ich in ihm einen Freund besaß. Und doch begegneten wir uns mit tiefer Freude, aber hier versagen die Worte, weil die Menschen gewöhnlich sind. Die Freude galt nicht ihm, sondern Gott. Er war ein Weg zu Gott. Unsere Begegnungen waren Schlußsteine eines Gewölbes. Und wir hatten einander nichts zu sagen.
Möge mir Gott verzeihen, daß ich weinte, als er starb.
Die Unvollkommenheit meiner Trauer kannte ich wohl. Wenn ich weine, sagte ich mir, bedeutet das, daß ich noch nicht rein genug bin. Und ich malte mir aus, wie er, hätte er meinen Tod erfahren, lediglich in die Nacht eingetreten wäre, die dann für ein Land anbrach. Und jene große Umwälzung der Welt hätte er mit den gleichen Augen betrach-

tet wie einen Sonnenuntergang. Oder wie ein Ertrinkender, wenn sich die Welt unter dem schlafenden Spiegel des Wassers wandelt. »Herr«, hätte er zu seinem Gott gesagt, »es wird Nacht und es wird Tag, wie es dein Wille ist. Aber was ist jener gebundenen Garbe, jener Epoche, die sich vollendet hat, verlorengegangen? Ich habe gelebt.« Und so hätte er mich in seine unergründliche Ruhe eingeschlossen. Ich aber war nicht rein genug, und meine Freude an der Ewigkeit reichte noch nicht aus. Und wie die Frauen befiel mich jene oberflächliche Schwermut, die mich überkommt, wenn der Abendwind die Rosen meiner blühenden Gärten welken läßt. Denn er läßt mich in meinen Rosen welken. Und ich fühle mich in ihnen sterben.

Im Laufe meines Lebens hatte ich meine Hauptleute begraben, meine Minister abgesetzt, meine Frauen verloren. So wie die Schlange ihre Häute zurückläßt, hatte ich hundert Bilder meines Wesens zurückgelassen. Aber wie die Sonne wieder aufgeht, die Maß und Uhr des Tages ist, oder wie der Sommer wiederkehrt, der die Schwankungen des Jahres ausgleicht, hatten währenddessen meine Kriegsleute von Begegnung zu Begegnung, von Vertrag zu neuem Vertrag das leere Zelt in der Wüste aufgeschlagen. Und wir traten beide hinein. Und so vollzog sich der feierliche Brauch, und es kam zu jenem pergamentenen Lächeln, und jene Ruhe umfing uns, die dem Tode benachbart ist. Und das Schweigen, das nicht vom Menschen, sondern von Gott stammt.

Nun aber blieb ich allein zurück; ich trug die Verantwortung für meine ganze Vergangenheit, war aber ohne einen Zeugen, der mich leben gesehen hatte. Da waren alle jene Gebärden, bei denen ich es verschmäht hatte, sie meinem Volke zu erklären, die jedoch mein Nachbar im Osten verstand; da waren alle jene inneren Wallungen, von denen ich kein Aufhebens gemacht hatte, die er jedoch in seinem Schweigen erriet. Da waren all die Verantwortlichkeiten, die mich erdrückt hatten und von denen keiner etwas ahnte – und es war gut, daß sie an mein freies Schalten glaubten –, die er, mein Nachbar im Osten, jedoch abwog; niemals hatte er

dabei Mitleid gezeigt, er war weit darüber hinaus, weit darüber erhaben und hatte anders als ich selber geurteilt: So war er im purpurnen Sande eingeschlafen und hatte den Sand wie ein Bahrtuch, das seiner würdig war, an sich herangezogen; nun war er verstummt, nun hatte er jenes schwermütige und gotterfüllte Lächeln angenommen, das sich damit abfindet, daß die Garbe gebunden ist, während sich das Auge ihrem Vorrat verschließt. Welch eine Selbstsucht lag doch in meiner Bestürzung! In meiner Schwäche hatte ich der Flugbahn meines Geschicks eine Bedeutung zugemessen, die ihr nicht zukam; ich hatte das Reich nach meinen Maßen gemessen, statt selber im Reiche aufzugehen, und so war ich gewahr geworden, daß mein persönliches Leben diesen Gipfel gleichsam als das Ziel einer Reise erreicht hatte.
In jener Nacht erkannte ich die Wasserscheide meines Lebens; ich stieg den einen Hang hinunter, nachdem ich den anderen langsam erklommen hatte; ich erkannte niemanden mehr und war zum ersten Male ein Greis, der keine vertrauten Gesichter mehr um sich sieht; ich war allen gegenüber gleichgültig, da ich mir selber gleichgültig geworden war: Alle meine Hauptleute, alle meine Frauen, alle meine Feinde und vielleicht meinen einzigen Freund hatte ich ja auf dem anderen Hange zurückgelassen – fortan war ich einsam in einer Welt, die von mir unbekannten Völkerschaften bewohnt wurde.
Aber hier bekam ich mich wieder in die Hand. Ich habe meine letzte Hülle gesprengt, dachte ich, und vielleicht werde ich jetzt rein werden. Ich war nicht so groß, da ich mich betrachtete. Und diese Prüfung war mir auferlegt worden, weil ich erschlafft war. Denn ich brüstete mich mit den niedrigen Regungen meines Herzens. Meinem toten Freunde aber würde ich den Platz einräumen, der seiner Majestät gebührte, ohne ihn zu beweinen: er hat gelebt – das ist alles. Und der Sand wird mir reicher erscheinen, weil ich ihn so oft inmitten dieser Wüste lächeln sah. Und das Lächeln aller Menschen wird für mich um dieses besondere Lächeln vermehrt werden. Ein jedes Lächeln wird durch dieses beson-

dere Lächeln reicher werden. Denn ich werde im Menschen die Umrisse sehen, die kein Steinmetz aus seinem Stein herauszuholen wußte; mit Hilfe dieses Steines werde ich aber das Gesicht des Menschen besser erkennen, da ich einen Menschen betrachtete und ihm voll in die Augen sah.

So steige ich wieder von meinem Berge herab: Fürchte dich nicht, mein Volk, ich habe den Faden wieder geknüpft. Es war schlimm, daß ich dafür eines Menschen bedurfte. Die Hand, die mich heilte und die meine Naht wieder schloß, ist vergangen, aber die Naht ist geblieben. Ich steige wieder von meinem Berge herab und begegne den Schafen und Lämmern auf meinem Wege. Ich streichle sie. Ich bin allein auf der Welt vor Gott; doch wenn ich jene Lämmer streichle, die die Quellen des Herzens öffnen, begegne ich nicht nur diesen Lämmern hier, sondern durch sie hindurch der Schwäche der Menschen: so finde ich euch wieder.

Den anderen aber habe ich in seine Herrschaft eingesetzt, und er hat niemals besser regiert. Ich habe ihn in die Herrschaft seines Todes eingesetzt. Und Jahr für Jahr schlägt man in der Wüste ein Zelt auf, während mein Volk betet. Meine Heere stützen sich auf ihre Waffen, ihre Flinten sind geladen, die Reiter machen die Runde, um für Ruhe und Ordnung in der Wüste zu sorgen, und wenn sich einer in dieses Gebiet hineinwagt, schlägt man ihm den Kopf ab. Und ich gehe allein auf das Zelt zu. Und ich schlage seinen Vorhang zurück und trete ein und setze mich nieder. Und es wird Stille auf Erden.

33

Mich plagt jetzt ein dumpfer Schmerz in meinen Eingeweiden, den die Ärzte nicht zu heilen vermögen; ich bin wie ein Baum im Walde, an den der Holzfäller die Axt gelegt hat, und Gott wird auch mich bald wie einen alten Turm niederreißen; mein Erwachen gleicht nicht mehr dem Erwachen des Zwanzigjährigen und führt nicht zu einer Entspannung der Muskeln und einem luftigen Fluge des Geistes — doch habe ich meinen Trost gefunden. Er besteht darin, daß ich nicht unter den Ankündigungen leide, die sich in meinem Körper ausbreiten, daß ich mich nicht durch jene kleinlichen, auf meine Person beschränkten Leiden beeindrucken lasse, denen die Geschichtsschreiber meines Reiches nicht einmal drei Zeilen widmen werden; denn es kommt nicht darauf an, ob mein Zahn wackelt und ob man ihn ausreißt, und es wäre recht kläglich, wenn ich hierfür das geringste Mitleid erwarten wollte. Vielmehr steigt mir der Zorn hoch, wenn ich daran denke. Denn sie betreffen das Gefäß, diese Risse in der Hülle, und nicht den Inhalt. Und man erzählt mir, mein Nachbar im Osten habe nichts von seiner Würde eingebüßt, als ihn der Schlag rührte, als seine eine Seite kalt und leblos wurde und er diesen siamesischen Zwilling, der nicht mehr lachte, mit sich herumtrug; er habe sogar diese Lehrzeit aufs beste bestanden. Und wenn ihn jemand wegen seiner Seelenstärke beglückwünschte, antwortete er verächtlich, man täusche sich über seine Person und solle sich doch lieber solche Komplimente für die Krämer in der Stadt aufsparen. Denn ein Herrscher ist nur ein lächerlicher Usurpator, wenn er nicht zuerst seinen eigenen Körper beherrschen kann. Es liegt für mich keine Erniedrigung darin, aber gewiß ist es mir eine tiefe Freude, daß ich mich heute ein wenig besser über meine Leiden erheben kann.

O Alter des Menschen! Gewiß erkenne ich niemand auf dem anderen Hange des Berges. Das Bild meines toten Freundes erfüllt mein Herz. Und indes ich die Dörfer mit Augen betrachte, die anfangs ausgetrocknet waren vor Trauer, warte ich darauf, daß mich die Liebe gleich einer Flutwelle zurückholt.

34

Wiederum betrachtete ich die Stadt, wie sie am Abend ihre Lichter anzündete. Mit den verborgen glimmenden Lampen, die von innen die Häuser erhellten, zeigte sie ein weißes, zuweilen bläuliches Gesicht. Ich sah die Anordnung ihrer Gassen und spürte, wie sich die Stille einstellte, denn es wurde in ihr so still wie auf den Felsen des Meeresgrundes. Und ich bewunderte die Anlage ihrer Straßen und Plätze, auf denen sich hier und dort wie Speicher des Geistes die Tempel erhoben, und blickte auf das dunkle Kleid der Hügel, das sie umschloß. Und obwohl die Stadt so in ihrem Fleische stand, trat mir das Bild einer vertrockneten, von ihren Wurzeln abgeschnittenen Pflanze vor Augen. Ich sah leere Speicher vor mir. Da war kein lebendiges Wesen mehr, bei dem jeder Teil mit dem anderen zusammenklang; da war kein Herz mehr, das das Blut sammelte, um es in den ganzen Körper zu pumpen; es gab nicht mehr einen einzigen Leib, der an den Festtagen zu gemeinsamer Freude fähig war und ein einziges Lager zu bilden vermochte. Es gab nur noch Schmarotzer, die sich in fremden Gehäusen eingenistet hatten; ein jeder legte in seinem Gefängnis die Hände in den Schoß, und keiner arbeitete mit dem anderen zusammen. Es war nicht mehr eine Stadt, sondern die leere Hülle einer Stadt; sie war mit Toten angefüllt, die zu leben glaubten. Ich sagte mir: Hier ist ein Baum, der verdorren wird. Hier ist eine Frucht, die faulen wird. Hier ist der Kadaver einer Schildkröte unter ihrem Panzer. Und ich erkannte, daß es galt, meine Stadt wieder mit Saft zu schwellen. Es galt, alle ihre Zweige an den nährenden Stamm anzuschließen. Es galt, die Speicher und Zisternen mit einem Vorrat an Stille zu versehen. Und ich selber war hierfür auserwählt: wer sonst hätte die Menschen lieben sollen?

35

So war es auch mit der Musik, die ich hörte. Und die sie nicht verstehen konnten. Und mich beschäftigte dieser einfache Widerspruch: entweder läßt du sie die Lieder hören, die sie verstehen – dann entwickelt sich ihr Geist nicht – oder du lehrst sie eine Wissenschaft, die sie nicht verstehen:

dann haben sie keinen Gewinn davon. Entweder beschränkst du sie auf die Gebräuche, die seit tausend Jahren die ihren sind, und es wächst kein Baum in ihnen, der neue Früchte und Blüten hervortreibt – statt dessen aber finden sie Ruhe im Gebet, Weisheit und Schlaf in Gott – oder du schreitest der Zukunft entgegen: dann wirfst du sie durcheinander, störst sie auf und zwingst sie, ihre Gebräuche zu ändern, und wirst bald nur noch eine Herde von Emigranten führen, die all ihr Erbgut verloren haben. Ein Heer, das ständig sein Lager aufschlägt, jedoch nirgends festen Fuß faßt.

Aber jeder Aufstieg ist schmerzlich. Eine jede Wandlung bringt Leiden mit sich. Und ich dringe nicht in jene Musik ein, wenn ich sie nicht durchlitten habe. Denn sie ist gewiß die eigentliche Frucht meines Leides, und ich glaube nicht an die Menschen, die sich an den von anderen für sie aufgehäuften Vorräten erfreuen. Ich glaube nicht, daß es genügt, Kinder mit Konzerten und Gedichten und Reden zu füttern, um sie an der Seligkeit und der großen Trunkenheit der Liebe teilhaben zu lassen. Denn der Mensch ist gewiß für die Liebe geboren, aber auch für das Leid. Und für die Langeweile. Und für die Verdrießlichkeit und für schlechte Laune, gleich einem Regenhimmel. Und auch jene, die ein Gedicht zu genießen verstehen, erfüllt nur die Freude am Gedicht, denn sonst würden sie sich niemals traurig zeigen. Sie würden sich in das Gedicht einschließen und jubilieren. Und die Menschheit würde sich in das Gedicht einschließen und jubilieren, ohne etwas Neues hervorzubringen. Aber der Mensch ist so beschaffen, daß ihn nur das erfreut, was er gestaltet. Und damit er das Gedicht genießen kann, muß er zunächst den Aufstieg des Gedichtes bezwingen. Doch ebenso wie sich die Landschaft, die sich von den Gipfeln der Berge aus erschließt, schnell abnutzt im Herzen; wie sie nur dann Sinn erhält, wenn sie sich aus der Erschöpfung aufbaut und auf einer bestimmten Verfassung der Muskeln beruht; wie dich die gleiche Landschaft bald wieder gähnen macht und dir nichts mehr zu bieten hat, wenn du ausgeruht und marschlustig bist, so verhält es sich auch mit dem Gedicht, das aus deiner Anstrengung hervorging. Denn selbst das Gedicht eines anderen ist nur die Frucht deiner Anstrengung, deines inneren Aufstiegs, und die Speicher bilden nur Seßhafte heran, denen kein menschlicher Wert innewohnt. Ich kann nicht über die Liebe wie über einen Vorrat verfügen: sie ist vor allem Betätigung meines Herzens. Und es wundert mich nicht, daß so viele nichts vom Landgut, vom Gedicht oder von der Musik verstehen und davor sitzen und sagen: »Was ist denn schon darin enthalten? Nur ein Allerlei mehr oder minder kostbarer Dinge. Nichts, das verdiente, mich zu beherrschen!« Sie sind vernünftig, wie sie sagen; sie sind Skeptiker und erfüllt von jener Ironie, die nicht dem Menschen, sondern dem Taugenichts eigen ist. Denn die Liebe wird dir nicht als Geschenk gegeben von dem Gesicht, das dir begegnet, und ebenso entsteht deine Heiterkeit nicht durch die Landschaft, sondern durch den Aufstieg, den du überwunden hast. Durch den Berg, den du bezwungen hast. Durch dein Fußfassen im Himmel.

So ist es auch mit der Liebe. Denn es ist ein Irrtum, zu glauben man begegne ihr, wenn man sie erlerne. Und der täuscht sich, der im Leben herumirrt, um sich von ihr erobern zu lassen; der von einem kurzen Fieber her die Lust kennt, die der Aufruhr des Herzens bereitet, und davon träumt, er könne dem großen Fieber begegnen, das ihn für das ganze Leben entflammen werde. Der schwache Sieg seines Herzens beruht nur auf der Magerkeit seines Geistes und der Kleinheit des Hügels, den er überwunden hat.

Ebensowenig kannst du dich in der Liebe ausruhen, wenn sie sich nicht Tag für Tag wie eine Mutterschaft verwandelt. Du aber möchtest dich in deine Gondel setzen und dein Leben lang zum Lied des Gondoliere werden. Aber du irrst dich. Denn all das ist ohne Wert, was nicht Aufstieg oder Übergang ist. Und wenn du innehältst, wirst du der Langeweile begegnen, da dir ja die Landschaft nichts mehr zu sagen hat. Und so verstößt du die Frau, obwohl du zuerst dich selber verstoßen solltest.

Deshalb hat auch das Argument des Ungläubigen und des Logikers mich niemals beeindruckt, der mir sagt: »Zeige mir doch das Landgut oder das Reich oder Gott, denn ich sehe und berühre die Steine und Stoffe und glaube an die Steine und Stoffe, die ich berühren kann.« Ich habe mir aber noch nie angemaßt, ihn durch die Offenbarung eines Geheimnisses belehren zu wollen, das dürftig genug wäre, um sich auf eine Formel bringen zu lassen. Genauso wenig kann ich ihn auf einen Berg hinauftragen, um für ihn die Wahrheit einer Landschaft zu entdecken, die er sich nicht selber erobert hat, oder ihn eine Musik genießen lassen, die er sich nicht selbst erst erarbeitet hat. Er wendet sich an mich, weil er mühelos belehrt werden möchte, so wie ein anderer die Frau sucht, damit sie die Liebe bei ihm ablade. Das aber steht nicht in meiner Macht.

Ich nehme ihn und schließe ihn ein und quäle ihn durch ständige Übung, weil ich weiß, daß etwas eben deshalb unfruchtbar ist, weil es leicht von der Hand geht. Und ich messe den Ertrag einer Arbeit an dem Schweiß und den Mühen, die sie gekostet hat. Und deswegen rief ich die Lehrer meiner Schulen zusammen und sagte ihnen: »Täuscht euch nicht! Ich habe euch die Kinder meines Volkes nicht anvertraut, damit ihr später die Summe ihrer Kenntnisse abwägen könnt, sondern um mich an dem Werte ihres Aufstiegs zu erfreuen. Und der unter euren Schülern wird mir gleichgültig sein, der tausend Berggipfel auf seiner Sänfte besuchte und so tausend Landschaften betrachtete, denn auf diese Art hat er nicht eine einzige wirklich kennengelernt, und überdies bilden tausend Landschaften nur ein Staubkorn in der Unermeßlichkeit der Welt. Nur jener Schüler wird für mich von Wert sein, der bei der Ersteigung eines Berges – sei es auch nur eines einzigen – seine Muskeln erprobt hat und dadurch fähig wird, alle weiteren Landschaften zu begreifen und besser als jener andere, euer Pseudogelehrter, die tausend schlecht gelehrten Landschaften kennenzulernen.«

Und wenn ich einen der Liebe öffnen will, werde ich den Grund für die Liebe in ihm legen, durch Übung im Gebet.

Ihr Irrtum rührt daher, daß sie gesehen haben, wie ein Liebender das Antlitz entdeckt, das ihn entflammt. Und so glauben sie an die Macht des Antlitzes. Oder sie sahen, daß einer, der sich ein Gedicht zu eigen gemacht hat, durch das Gedicht entflammt wurde, und so glaubten sie an die Macht des Gedichts.
Ich aber wiederhole dir abermals: Wenn ich Gebirge sage, so bezeichne ich dir das Gebirge, da du dich an seinen Dornen gerissen hast, dich unversehens in seinen Abgründen fandest, deinen Schweiß auf seinen Steinen ließest, seine Blumen pflücktest und dich sodann auf seinen Graten von allen Winden umwehen ließest. Ich bezeichne, doch ich erfasse nichts... Und wenn ich zu einem fetten Krämer vom Gebirge spreche, so verpflanze ich nichts in sein Herz.
Und es gibt nicht deshalb keine Gedichte mehr, weil die Macht des Gedichtes erloschen wäre. Oder keine Liebe mehr, weil die Macht des Antlitzes erloschen wäre. Oder keine Macht Gottes mehr, weil sich im Herzen des Menschen nicht mehr die Weite des in seine Nacht versunkenen Ackerlandes erstreckte, aus dem die Pflugschar Blumen und Zedern emporwachsen läßt.

Ich habe die Beziehungen zwischen den Menschen mit wirklicher Aufmerksamkeit verfolgt und deutlich die Gefahren einer Klugheit wahrgenommen, die in dem Glauben lebt, daß die Sprache oder die Antworten in einem Wortwechsel etwas zu erfassen vermöchten. Denn das, was in mir ist, läßt sich nicht auf den Wegen der Sprache übermitteln. Es gibt kein Wort, um das auszusprechen, was in mir ist. Ich kann es nur in dem Maße bezeichnen, in dem du es schon auf anderen Wegen als durch das Wort verstehst: Etwa durch das Wunder der Liebe oder weil du mir gleichst, da du vom selben Gott gezeugt wurdest. Andernfalls mühe ich mich vergebens, die in mir versunkene Welt ans Licht zu ziehen. Und wie es meine Unbeholfenheit gerade mit sich bringt, zeige ich nur die eine oder die andere ihrer Seiten auf. So gebe ich bei jenem Berge, den ich bezeichne, seine Höhe wieder; er ist aber noch ganz etwas anderes. Oder ich sprach von der Majestät der Nacht, während du die Kälte der Sterne spürst.

36

Wenn du für den Menschen schreibst, belädst du ein Schiff. Doch nur recht wenige Schiffe erreichen den Hafen. Sie versinken im Meer. Es gibt nur wenige Worte, die im Lauf der Geschichte nicht ihre Leuchtkraft verlieren. Denn ich habe vielleicht vieles bezeichnet, aber nur wenig erfaßt.
Und hier stellt sich noch folgende Frage: Es ist weit wichtiger, das Erfassen als das Bezeichnen zu lehren. Es kommt darauf an, die Ausübung jener Verrichtungen zu lehren, die zum Einfangen eines Inhalts führen. Was schert mich das Wissen des Mannes, den du mir vorführst? Das Wörterbuch leistet die gleichen Dienste. Mich geht nur an, was er ist. Und jener dort hat sein Gedicht geschrieben und es mit seiner Inbrunst erfüllt, aber sein Fischzug auf hoher See ist ihm mißlungen. Er hat nichts aus den Tiefen mit heimgebracht. Er hat mir den Frühling bezeichnet, damit aber keineswegs in mir etwas erschaffen, womit er mein Herz hätte nähren können.
Und ich bemerkte, wie die Logiker, die Geschichtsschreiber und die Kritiker gewahr wurden, daß ein Werk, wenn es stark ist, diese Stärke in seinem Plan äußert, denn alles, was stark ist, wird zu einem Plan. Und wenn ich in meiner Stadt vor allem einen Plan gewahr werde, so besagt das, daß sie ihren Ausdruck gefunden hat und daß sie sich vollendete. Aber es ist nicht der Plan, der die Stadt begründet hat.

37

Indessen dachte ich an meine Tänzerinnen, meine Sängerinnen und die Kurtisanen meiner Stadt. Sie ließen sich silberne Sänften anfertigen, und wenn sie eine Ausfahrt wagten, gingen ihnen geheime Boten voraus, die es übernahmen, ihren Vorbeizug anzukündigen, damit sich eine Menschenmenge ansammelte. Wenn sie dann hinreichend mit Beifall überschüttet waren und aus einem leichten Schlummer gerissen wurden, schlugen sie ihre seidenen Schleier zurück und kamen gnädig dem Verlangen des Volkes entgegen, indem sie ihre weißen Gesichter seiner Liebe entgegenneigten. Sie lächelten bescheiden, während die Ausrufer ihr Amt voller Eifer versahen, denn sie wurden am Abend ausgepeitscht, wenn die Menge nicht durch ihre tyrannische Liebe die Bescheidenheit der Tänzerin bezwungen hatte.

Sie badeten sich in Wannen aus purem Golde, und die Menge wurde aufgefordert, der Bereitung der Milch beizuwohnen, die sie für ihr Bad benötigten. Hundert Eselinnen ließen sich melken. Und man mischte Duftstoffe und Blumenmilch hinzu; diese hatte einen hohen Preis, war aber so zart, daß sie keinen Duft mehr ausströmte.

Und ich nahm kein Ärgernis daran, denn im Grunde wurde die Arbeitskraft meines Landes durch die Gewinnung dieser Blumenmilch wenig in Anspruch genommen, und der Preis, den sie kostete, war trügerisch. Schließlich war es nur erwünscht, daß man den kostbaren Stoff in irgendeiner Weise verherrlichte. Denn es kommt nicht auf den Gebrauch, sondern auf die Inbrunst an. Und da die Blumenmilch vorhanden war, war es gleichgültig, ob sie meine Kurtisanen mit Wohlgeruch umgab oder nicht.

Denn wenn meine Logiker mit mir stritten, ist es von jeher mein Leitsatz gewesen, daß ich mein Land in seiner Inbrunst betrachtete. So war ich nur bereit, einzugreifen, wenn es sich allzusehr mit Vergoldungen abgab und darüber das Brot vernachlässigte; hingegen ging ich nicht gegen eine maßvolle Vergoldung vor, in der sich allein der Adel seiner Arbeit ausdrückte, und sorgte mich wenig um den Zweck einer Vergoldung, die nicht dem Gebrauch diente; denn ich dachte, sie erfülle noch besser ihre Bestimmung, wenn sie das Haar einer Frau und nicht ein törichtes Denkmal schmückte. Denn freilich kannst du sagen, das Denkmal gehöre der Menge; aber eine Frau, wenn sie schön ist, kann auch betrachtet werden. Und das Erbärmliche an einem Denkmal – sofern es nicht ein Tempel Gottes ist – liegt darin, daß es nur den Auftrag hat, mit seinen Vergoldungen die Augen zu blenden, während es doch nichts von den Menschen empfängt. Die Frau aber, wenn sie schön ist, ruft zu Geschenken und Opfergaben auf und begeistert dich durch das, was du ihr gibst, nicht aber durch das, was du von ihr empfängst.

Also nahmen sie ihre Bäder in dieser Blumenmilch. Und so wurden sie wenigstens zu Abbildern der Schönheit. Dann nährten sie sich mit seltenen und faden Speisen und starben an einer Fischgräte. Und sie besaßen Perlen, die sie verloren. Und an dem Verlust der Perlen nahm ich keinen Anstoß, denn es ist gut, wenn Perlen vergänglich sind. Dann hörten sie den Märchenerzählern zu und fielen in Ohnmacht; und wenn sie ohnmächtig wurden, vergaßen sie nicht, sich zuvor ein Kissen für den Sturz auszusuchen, das sich anmutig der Farbenpracht ihrer Gewänder anpaßte.

Von Zeit zu Zeit gaben sie sich auch dem Luxus der Liebe hin. Und sie verkauften ihre Perlen für irgendeinen jungen Soldaten, führten ihn durch die Stadt spazieren und wünschten, daß er von allen der schönste, der strahlendste, der anmutigste, der männlichste sei...

Und meistens war der einfältige Soldat trunken von Dankbarkeit, denn er glaubte etwas zu empfangen, während er in Wahrheit doch ihrer Eitelkeit diente und ihre Marktschreierei förderte.

38

Es kam eine zu mir, die sich heftig beklagte:

– Er ist ein Räuber, schrie sie, ein verdorbener Mensch, ein Wüstling, den Schande bedeckt, der Auswurf des Erdballs. Ein schimpflicher Lügner...

– Geh und wasch dich, antwortete ich ihr, du hast dich befleckt.

Es kam eine andere, die laut über Ungerechtigkeit und Verleumdung jammerte.

Verlange nicht, daß man deine Taten begreifen soll. Man wird sie niemals begreifen, und es gibt hier keine Ungerechtigkeit. Denn die Gerechtigkeit jagt einem Hirngespinst nach, das das Gegenteil ihrer selbst ist. Du hast meine Hauptleute in der Wüste gesehen, wie edel sie sind, arm und vom Durste ausgedörrt. In der großen Nacht des Reiches schlafen sie zusammengerollt im Sande. Sie sind wachsam und bereit; beim geringsten Laut greifen sie zu den Waffen. Sie haben den Wunsch meines Vaters erfüllt: »Erheben mögen sich die, die für den Tod gewappnet sind, die all ihre Habe in einem Bündel verschnürt auf der Schulter tragen. Und die bereit sind. So zeigen sie Treue im Kampfe und sind voller Hingabe. Erhebt euch, ich werde euch die Schlüssel des Reiches übergeben! – Und sie schirmen das Reich und stehen auf der Wacht wie Erzengel. Sie sind weit edler als die Lakaien meiner Minister oder meine Minister selber. Ruft man sie jedoch in die Hauptstadt zurück, so werden sie auf den Banketten zurückgesetzt, und man läßt sie in den Vorzimmern auf der Stelle treten. So beklagen sie sich, denen wirkliche Größe eignet, weil sie sich derart geknechtet und gedemütigt sehen. ›Den trifft ein bitteres Los‹, sagen sie, ›der nicht nach seinen Verdiensten gewürdigt wird ...‹«

Und ich antworte ihnen:

– Den trifft ein bitteres Los, der auf Verständnis stößt, den man als Sieger feiert, der Dank und Ehren und Reichtum empfängt. Bald wird er sich in gemeiner Anmaßung aufblähen und seine Sternennächte gegen Handelsware austauschen. Er war aber reicher und edler und vortrefflicher als alle anderen. Und warum unterwirft er sich der Meinung der Seßhaften, da er in seiner Einsamkeit ein Herr war? Für den alten Zimmermann liegt der Lohn seiner Arbeit in dem Glanz des Brettes, das er poliert hat. Für den anderen liegt er in der Stille der Wüste. Kehrt er heim aus ihr, so ist es sein Los, daß man ihn vergißt. Und leidet er darunter, so erweist sich, daß er noch nicht rein genug ist. Denn ich sage

dir: Das Reich gründet sich auf den Wert der Menschen. Der dort ist ein Stück des Reiches. Und er hat teil am Stamme des Baumes. Wenn du für ihn die Vorteile des Kaufmannes erträumst und den Kaufmann in die Wüste schickst, um sie für ihn einzutauschen, so warte getrost einige Jahre ab, um die Früchte deines Tuns genießen zu können.
Der Kaufmann ist dann ein großer Herr geworden, der mit dem Winde auf gleichem Fuße steht, der andere aber hat sich in einen gewöhnlichen Kaufmann verwandelt.
Ich schütze sie alle, die edel sind. Und dieser Schutz ist ungerecht. Entrüste dich nicht um der Worte willen. Wenn du jene blauen Fische mit ihren langen Behängen am Ufer ausbreitest, ist es ungerecht zu sagen, sie seien häßlich. Die Schuld daran liegt bei dir: es war ihre Bestimmung, auf dem Meeresgrunde zu leuchten. Dort waren sie schön, wo das Ufer aufhört. Und auch die Hauptleute der Wüste sind nur dort schön, wo der Wagenlärm und das Feilschen der Kaufleute und die Eitelkeit verstummen. Denn es gibt keine Eitelkeit in ihrer Wüste.
Sie mögen sich trösten. Sie werden wieder zu Königen werden, wenn es ihr Wunsch ist, denn ich werde sie nicht um ihr Königreich bringen und ihnen kein Leid ersparen.

Eine andere kam:
– Ich bin das getreue Eheweib, ich bin klug und schön. Ich lebe nur für ihn. Ich nähe seine Mäntel und verbinde seine Wunden. Ich nehme teil an seinem Mißgeschick. Und doch widmet er seine ganze Zeit einer Frau, die ihn verspottet und ausbeutet.
Und ich antworte ihr:
– Täusche dich nicht über den Menschen. Wer kennt sich selber? Man schreitet innerlich der Wahrheit entgegen, aber der Geist des Menschen gleicht einer Bergbesteigung. Du siehst den Grat vor dir, du glaubst, ihn zu erreichen, doch da gewahrst du andere Grate, andere Schluchten und andere Hänge. Wer kennt seinen Durst? Es gibt manche, die nach

dem Rauschen der Flüsse dürstet und die den Tod in Kauf nehmen, um es zu hören. Andere dürstet nach einem Fuchs, der sich an ihre Schulter schmiegt, und so legen sie sich auf die Lauer, ohne auf den Feind zu achten. Jene, von der du sprichst, war vielleicht aus ihm geboren. So ist er für sie verantwortlich. Du mußt dich deinem Geschöpfe widmen. Er geht zu ihr, damit sie ihn ausbeutet. Er geht zu ihr, damit sie sich satt trinken kann.

– Dies wird ihm nicht durch ein zärtliches Wort entgolten, aber er wird auch nicht ärmer durch die Kränkung. Es handelt sich nicht um ein Unternehmen mit Rechnungslegung, bei dem ein zärtliches Wort etwas hinzufügt und eine Kränkung etwas wegstreicht. Er wird durch sein Opfer belohnt werden. Und durch jenes Wort, das er ihr sagt und das er sie lehrte. Er gleicht einem, der aus der Wüste heimkehrte und den die Auszeichnungen nicht belohnen können, ebenso wie ihm der Umstand nichts anhaben kann. Denn glaubst du etwa, es handle sich darum, zu erwerben und zu besitzen, da es doch nur darum geht zu werden, zu sein und in der Fülle des inneren Reichtums zu sterben? Lerne, daß der Lohn vor allem der Tod ist, der das Schiff endlich flottmacht. Glücklich, wer mit Schätzen beladen ist.

Und worüber kannst *du* dich beklagen? Vermagst du nicht zu ihm zurückzufinden?

Da verstand ich das Wesen des Bundes, und in welcher Hinsicht er sich von der Gemeinschaft unterscheidet. Sie kommen alle mit einer dürftigen Sprache zueinander, die etwas mitzuführen glaubt, während sie kaum nur bezeichnet, und so sind sie ständig damit beschäftigt, ihre Waage- und ihre Meßinstrumente zu bedienen. Sie haben alle recht, aber nur allzu recht. Sie haben nur recht, und deshalb irren sie sich. Sie schaffen sich Bilder voneinander, um damit Schießübungen zu veranstalten.

Der Bund kann uns vereinen – und dennoch erdolche ich dich.

39

Fürchte niemals die Erpressung. Denn wenn du alles auf eine Einzelheit abstellst, würdest du bald alles in gleicher Weise auf eine andere Einzelheit abstellen, und so würdest du die erstere ohne Nutzen aus der Hand geben.
So ist es auch mit dem Reiche.

Man muß werden, um zu verstehen. Daraus erklärt sich der Stolz dessen, der glaubt. Er hat die Empfindung, der Zweifel des anderen sei ohne Bedeutung: denn der andere könne ja nicht verstehen.

Wisse den Zwang von der Liebe zu unterscheiden. Der hat für mich keinen Wert, der auf mich schwört und darauf wartet, daß ich rede, um zu reden. Denn ich suche mein Licht unter den Menschen. Im Chor singen ist eines. Ein anderes ist es jedoch, den Gesang hervorzubringen. Und wer wirkt bei der Erschaffung mit?
Denn es stellt sich auch dieses Dilemma, das es zu beseitigen gilt. Ein Erschaffen ist nur möglich, wenn alle zusammenwirken und suchen. Ein Erschaffen ist nur möglich, wenn der Stamm des Baumes durch die Liebe zusammengehalten wird. Es geht jedoch nicht darum, den einzelnen allen zu unterwerfen – ganz im Gegenteil –, sondern es gilt die Strömung des Saftes zu leiten, die die Zweige wie einen Tempel in den Himmel baut. Hier zeigt sich der gleiche Irrtum, dem die Logiker erliegen, wenn sie im erschaffenen Gegenstand den Plan entdecken und glauben, die Schöpfung sei aus ihm hervorgegangen, während sie sich im Plan nur ausdrückt; während der Plan nur ein Gesicht ist, das sich enthüllt. Es geht nicht darum, den einzelnen allen zu unterwerfen, sondern es gilt, einen jeden dem Werke unterzuordnen; so zwingt jeder die anderen zu wachsen, vielleicht eben dadurch, daß er ihnen widerstrebt. Und ich zwinge sie schöpferisch zu sein, denn wenn sie von mir nur empfangen, werden sie arm und leer. Doch ich empfange von ihnen

allen, und so wachsen sie, weil sie dieses mein Ich, das sie anfangs so sehr wachsen ließen, als ihren Ausdruck besitzen. Und ebenso wie ich ihre Lämmer, ihre Ziegen, ihre Samenkörner und sogar die Mauern ihrer Häuser in die Arme nehme, um sie mir anzueignen und sie ihnen zurückzugeben, sobald sie zum Geschenk meiner Liebe wurden, ebenso steht es auch mit den Kirchen, die sie sich bauen...

So wie Freiheit nicht Zügellosigkeit ist, ist auch die Ordnung nicht Mangel an Freiheit. (Ich komme noch auf die Freiheit zu sprechen.)

Ich werde eine Hymne auf die Stille schreiben. Stille, du Musikantin der Früchte! Die du die Keller, die Kammern und Speicher bewohnst! Du Gefäß voller Honig, den der Fleiß der Bienen ansammelt! Du Ruhe des Meeres in seiner Fülle! Stille, in die ich die Stadt von der Höhe der Berge einschließe, ihren verstummten Wagenlärm, ihre Schreie und den hellen Klang ihrer Schmiedehämmer! Alle diese Dinge sind schon im Gefäße des Abends aufgehoben. Gott wacht über unserem Fieber, sein Mantel breitet sich über die Unruhe der Menschen.

Stille der Frauen, die nur noch Fleisch sind, in dem die Frucht reift! Stille der Frauen unter dem Vorrat ihrer schweren Brüste! Stille der Frauen, in der alle die Eitelkeiten des Tages und des Lebens, das die Garbe der Tage ist, zur Ruhe kamen! Stille der Frauen, die Heiligtum ist und Fortdauer! Stille, in der sich, dem kommenden Tage entgegen, der einzige Lauf vollzieht, der einem Ziele entgegenführt! Sie hört das Kind, das in ihrem Leibe stößt. Stille, Verwahrerin, in die ich meine ganze Ehre und mein ganzes Blut einschloß.

Stille des Menschen, der sich aufstützt und nachdenkt, der fortan ohne Aufwand empfängt und dem Gehalt seiner Gedanken eine Form gibt. Stille, die ihn erkennen läßt und seine Unwissenheit möglich macht, denn zuweilen ist es gut, daß er nicht weiß. Stille, die sich den Würmern, den Schmarotzern und den schädlichen Gräsern versagt. Stille, die dich bei der Entfaltung deiner Gedanken behütet.

Stille, die selbst die Gedanken erfüllt. Ruhe der Bienen, denn

der Honig ist bereitet und soll nur noch ein vergrabener Schatz sein. Und ein Schatz, der reift. Stille der Gedanken, die ihre Flügel breiten, denn es ist schlecht, wenn du in deinem Geiste oder deinem Herzen unruhig bist.
Stille des Herzens. Stille der Sinne. Stille der inneren Worte, denn es ist gut, wenn du Gott wiederfindest, der die Stille im Ewigen ist. Wenn alles gesagt, wenn alles getan ist.
Stille Gottes, die dem Schlafe des Hirten gleicht: obwohl dann die Lämmer von den Schafen bedroht zu sein scheinen, ist es der süßeste Schlaf, wenn es keinen Hirten und keine Herde mehr gibt; denn wer vermöchte sie voneinander zu unterscheiden unter den Sternen, wenn alles Schlaf ist, wenn alles ein einziger wollener Schlaf ist.

O Herr! Möchtest Du eines Tages, wenn Du unsere Schöpfung in die Scheuer einbringst, jenes große Tor für die geschwätzige Rasse der Menschen öffnen; möchtest Du ihnen im ewigen Stall ihren Platz weisen, wenn die Zeiten vollendet sind, und unseren Fragen ihren Sinn nehmen, wie man die Krankheiten heilt.
Denn es ist mir vergönnt zu begreifen, daß aller Fortschritt des Menschen in der Entdeckung besteht, wie seinen Fragen, einer nach der anderen, kein Sinn innewohnt; habe ich doch meine Weisen befragt, und sie haben nicht etwa einige Antworten auf die Fragen des letzten Jahres gefunden – nein, Herr, sie lächeln heute über sich selber, denn die Wahrheit kam ihnen als das Auslöschen einer Frage.
Ich weiß wohl, Herr, daß die Weisheit nicht in der Antwort besteht, sondern daß sie von der wetterwendischen Sprache erlöst. Und das gilt auch für die Liebenden, die auf der niedrigen Mauer vor der Orangenpflanzung sitzen, Schulter an Schulter mit baumelnden Beinen, und genau wissen, daß sie auf die Fragen keine Antwort erhielten, die sie gestern gestellt haben. Ich kenne aber die Liebe und weiß: sie besteht darin, daß keine Frage mehr gestellt wird. Und ich überwinde Gegensatz um Gegensatz und schreite auf die Stille aller Fragen zu; so finde ich die Seligkeit.

O die Schwätzer! Wie sehr haben sie die Menschen verdorben.
Der ist töricht, der von Gott eine Antwort erwartet. Wenn Er dich aufnimmt, wenn Er dich heilt, so geschieht es, weil Er mit Seiner Hand deine Fragen gleich dem Fieber von dir nimmt. So ist es.
Herr, wenn Du Deine Schöpfung eines Tages in die Scheuer einbringst, so öffne das doppelte Scheunentor und laß uns dort eintreten, wo nicht mehr geantwortet wird, denn dort gibt es keine Antwort mehr, aber die Seligkeit, die der Schlußstein der Fragen ist, und die Schau, die befriedigt.
Und jener Liebende wird die Weite des süßen Wassers entdecken, die umfassender ist als die Weite des Meeres, und er wird gewahr werden, daß ihn seine Ahnung nicht trog, als er das Rauschen der Brunnen hörte, als er die Beine baumeln ließ und sich an die Geliebte schmiegte, die doch nur eine zu Tode gehetzte Gazelle war und ein wenig aufatmete an seinem Herzen.
Stille, Hafen des Schiffes. Stille in Gott, Hafen aller Schiffe.

40

Gott sandte sie mir, die so artig zu lügen verstand, schlicht und mit singender Grausamkeit. Und ich beugte mich über sie wie über den frischen Meereswind.
– Warum lügst du? fragte ich.
Da weinte sie und war ganz vergraben in ihren Tränen. Und ich dachte über ihre Tränen nach.
Sie weint, sagte ich mir, weil man ihr nicht glaubt, wenn sie lügt. Denn für mich gibt es bei den Menschen keine Verstellung. Der Sinn der Verstellung ist mir unbekannt. Gewiß möchte diese da als eine andere erscheinen. Das ist aber nicht das Trauerspiel, das mich beschäftigt. Es ist ein Trauerspiel für sie, die so sehnlich jener anderen gleichen möchte. Und ich habe weit häufiger gesehen, daß die Tugend von denen geachtet wird, die sie vortäuschen, als von denen, die sie aus-

üben und sich dabei so tugendhaft zeigen, wie sie häßlich sind. Jene anderen möchten so gerne tugendhaft sein und geliebt werden; sie können sich aber nicht beherrschen oder werden vielmehr von den anderen beherrscht. Und sie lehnen sich ständig dagegen auf. Und lügen, um schön zu erscheinen.

Die Gründe, die mit Worten spielen, sind niemals die wirklichen Gründe. Und deshalb mache ich ihnen nur zum Vorwurf, daß sie sich ganz verkehrt ausdrücken. Und deshalb schwieg ich bei diesen Lügen und hörte in der Stille meiner Liebe nicht auf das Geräusch der Worte, sondern nur auf die Bemühung, die dahinterstand. Ich sah die Anstrengung des gefangenen Fuchses, der in seiner Schlinge zappelt, oder des Vogels, der sich im Vogelhaus blutig stößt. Und ich wandte mich an Gott, um Ihm zu sagen: »Warum lehrtest du sie nicht eine Sprache, die mitteilen kann, denn wenn ich ihr zuhöre, empfinde ich alles andere als Liebe und möchte sie aufhängen lassen. Und doch hat sie etwas Rührendes an sich; in der Nacht ihres Herzens schlägt sie sich die Flügel blutig, und sie hat Angst vor mir wie die jungen Wüstenfüchse, denen ich Fleischstücke hinhielt und die zitterten und um sich schnappten und mir das Fleisch aus der Hand rissen, um es in ihre Höhlen zu tragen.«

– Herr, sagte sie mir, sie wissen nicht, daß ich rein bin.

Ich aber wußte wohl von dem Durcheinander, das sie in meinem Hause anrichtete. Und doch schnitt mir die Grausamkeit Gottes ins Herz:

– Hilf ihr zu weinen! Schenke ihr Tränen, damit sie ihrer selbst überdrüssig wird und sich an meine Schulter lehnt: Es ist gar keine Müdigkeit in ihr!

Denn über die Vervollkommnung ihres Wesens hatte man sie schlecht belehrt, und so kam mir das Verlangen, sie zu befreien. Ja, Herr, ich habe meine Aufgabe nicht erfüllt... Denn es gibt kein kleines Mädchen, das nicht seine Bedeutung hätte. Wenn diese hier weint, ist sie nicht die Welt, aber ein Sinnbild der Welt. Und es kommt die Angst über sie, daß

sie nicht zu werden vermöchte; daß sie ganz von der Flamme verzehrt werden und sich in Rauch verflüchtigen könnte. Sie ist schiffbrüchig auf einem Flusse, der weiterströmt, und läßt sich nicht festhalten. Ich komme und bin euer Land und euer Stall und euer Sinn. Ich bin die große Übereinkunft der Sprache und bin das Haus und der Rahmen und das Gerüst.
– Höre mir erst einmal zu..., sage ich ihr.
Auch sie gilt es zu empfangen. Und so steht es mit den Kindern der Menschen, und vor allem mit denen, die nicht wissen, daß sie zu wissen vermögen...
– Denn ich will euch an die Hand nehmen und zu euch selbst führen... Ich bin die gute Jahreszeit der Menschen.

41

Ich habe Menschen gesehen, die glücklich oder unglücklich waren: nicht wegen eines gewöhnlichen Unglücks – etwa eines Trauerfalls – oder wegen eines gewöhnlichen Glücks – zum Beispiel einer Verlobung –, nicht wegen Krankheit oder Gesundheit, denn einen Kranken kann ich durch eine aufsehenerregende Nachricht dazu bringen, daß er sich beherrscht; wenn ich lediglich durch eine bestimmte Sinngebung der Dinge, die ich zum Beispiel Sieg nenne (um den einfachsten Fall zu wählen), auf seinen Geist einwirke, kann ich ihn aufstehen lassen und ihn aufrecht durch die Stadt treiben. Denn durch den Glanz meiner siegreichen Waffen in der Morgenröte mache ich die ganze Stadt gesund, und du siehst, wie sie sich drängen und einander um den Hals fallen. Und du wirst sagen: Warum sollte es nicht möglich sein, sie bei solch einer Stimmung zu erhalten, – einer Stimmung, wie sie große Musik hervorruft? Und ich antworte dir: Weil der Sieg eine Landschaft ist, die du nicht auf den Bergeshöhen besitzt, sondern die du auf den Bergeshöhen erahnst, wenn du sie mit deinen Muskeln aufgebaut hast; weil der Sieg der Übergang von einem Zustand in einen anderen ist. Denn ein Sieg, der dauert, ist wertlos. Er belebt nicht, er verweichlicht und langweilt. Es gibt somit keinen Sieg, vielmehr nur eine vollendete Landschaft. Soll ich dann also in ständiger Schwankung zwischen Elend und Reichtum leben? Du wirst deutlich gewahr, daß auch das falsch ist. Denn du kannst dein ganzes Leben in der Entbehrung, in Elend und Überfluß verbringen; es geht dir dann wie einem, der von seinen Gläubigern verfolgt wird und der sich schließlich aufhängt, ohne daß ihn die kleinen Freuden und ein vorübergehender Aufschub für seine schlaflosen Nächte entschädigt hätten. Und so gibt es im Glück und im Siege keinen Zustand von Dauer, der dem Menschen zuteil würde wie das Futter dem Vieh.

Ich will feurige und edle Jünglinge und Frauen mit glänzenden Augen, und wie kommt es dazu? Da ja weder das Äußere noch das Innere darüber entscheiden? Und ich antworte dir: Der Grund liegt im wechselseitigen Zusammenspiel der Dinge, mag es nun dabei um deine Kriegskarawane oder deine Kathedrale oder den Sieg gehen, den du eines Morgens erfochten hast. Der Sieg ist aber nur wie das Frühstück eines einzigen Morgens. Denn wenn dieser Sieg errungen ist, bleibt dir nichts anderes mehr zu tun, als jene Vorräte aufzubrauchen, die dein Verderben sind, und das auch dann, wenn deine Freude lebhaft war und du die Verbundenheit mit deinem Volke ungestüm empfandest; denn im Schmerze des Abends zuvor hattest du dich in dein Haus oder zu Freunden zurückgezogen, um deiner Trauer und der Klage um deine Söhne zu leben, aber nun erfährst du von diesem Siege, während er sich schon verflüchtigt. Wer aber seine Kathedrale baut, die erst in hundert Jahren vollendet sein wird, der kann hundert Jahre vom Reichtum seines Herzens zehren. Denn du steigerst dich durch das, was du schenkst, und steigerst zugleich deine Fähigkeit, etwas zu schenken. Und wenn du mein Jahr durchwanderst, in dem du dein Leben aufbaust, bist du schon glücklich, wenn du ein Fest vorbereiten kannst, ohne dir jemals Vorräte anzulegen. Denn du gewinnst mehr durch das, was du vor dem Feste für das Fest hingibst, als dir das Fest auch nur ein einziges Mal einbringt. Und so ist es auch mit deinen Söhnen, die heranwachsen, und mit deinen Schiffen, die das Meer durchfahren; die von Gefahren bedroht werden und sodann triumphieren und mit ihrer Mannschaft dem jungen Tage entgegenziehen. Ich steigere die Inbrunst, die sich von ihren Erfolgen nährt; so halte ich es auch mit jenem, der kein Abschreiber ist und der seinen Stil entwickelt, je mehr er schreibt. Die Frau aber verwerfe ich, die zwar voller Leben ist, die sich aber durch ihre Erfolge zu Grunde richtet. Denn je mehr ich weiß, um so mehr möchte ich wissen, um so geneigter bin ich etwas zu erfahren, um so mehr begehre ich eines anderen Gut, und je mehr ich ihn ausbeute, um so eher verfette ich, während ich mich an ihm mäste. Um so eher verderbe ich mein Herz.

Denn der Mensch entdeckt bei jeder Eroberung, daß sie ihn getrogen hat, sobald er den eroberten Gegenstand benutzt, da er die Glut des Schöpfungsaktes mit der Lust am Gebrauche des Gegenstandes verwechselt, durch die er nichts mehr hinzugewinnt. Und doch muß man sich eines Tages dem Gebrauche zuwenden, aber dann kommt es nur auf den Gebrauch an, der der Eroberung dient, so wie die Eroberung dem Gebrauche dient. Das eine steigert das andere. So verhält es sich auch mit dem Tanz oder dem Gesang oder der Ausübung des Gebets – das die Inbrunst erzeugt, die hinwiederum das Gebet speist – oder mit der Liebe. Denn wenn ich meinen Zustand verändere, wenn ich nicht mehr Bewegung und Tätigkeit bin, die auf ein Ziel gerichtet ist, dann bin ich wie tot. Und von deiner Bergeshöhe wirst du die Landschaft nur so lange genießen, als sie im Siege deiner Muskeln besteht und in der Befriedigung deines Leibes.

42

Ich sagte ihnen: »Schämt ihr euch nicht eures Hasses?« Denn sie hatten hunderttausend zum Tode verurteilt, und diese irrten in den Gefängnissen umher und trugen Schilder auf der Brust, die sie wie ein Stück Vieh von den anderen unterschieden. Ich kam, ich bemächtigte mich der Gefängnisse und ließ mir jene Menge vorführen. Und sie schienen mir nicht von anderen Menschen verschieden zu sein. Ich hörte zu, ich vernahm ihre Worte und betrachtete sie. Ich sah, daß sie wie andere ihr Brot teilten und wie andere die kranken Kinder umsorgten und sie in Schlaf wiegten und bei ihnen wachten. Und ich sah, daß sie wie andere unter der Not ihrer Einsamkeit litten, wenn sie allein waren. Und daß sie wie andere weinten, wenn eine dort zwischen den dicken Mauern jene Sehnsucht des Herzens zu spüren begann.

Denn ich entsann mich der Erzählung meiner Gefängniswärter. Und ich bat, man solle mir den bringen, der am Abend zuvor sein Messer gezückt hatte und noch blutbefleckt war von seinem Verbrechen. Und ich selber verhörte ihn. Und ich gab mich nicht ab mit ihm, der schon dem Tode geweiht war, sondern mit dem Unerforschlichen im Menschen.

Denn das Leben faßt Wurzel, wo es vermag. Das Moos bildet sich in der feuchten Höhlung des Felsens. Es ist schon im voraus dem Verderben geweiht, da der erste trockene Wüstenwind es versengen wird. Es verbirgt aber seine Samenkörner, die nicht sterben werden und denen diese Entfaltung frischen Grüns nutzlos erscheinen müßte.

Ich erfuhr also von meinem Gefangenen, daß man ihn verspottet hatte. Und seine Eitelkeit und sein Stolz hatten darunter gelitten. Die Eitelkeit und der Stolz des zum Tode Verurteilten...

Und ich sah, wie sie sich in der Kälte aneinanderdrängten. Und sie glichen allen Lämmern der Erde.

Und ich ließ die Richter zu mir kommen und fragte sie:

– Warum sind sie vom Volk abgesondert, warum tragen sie das Schild der zum Tode Verurteilten auf ihrer Brust?

– So verlangt es die Gerechtigkeit, antworteten sie mir.

Und ich dachte nach:

Gewiß verlangt es die Gerechtigkeit. Denn für sie bedeutet

Gerechtigkeit, daß das Ungewöhnliche zerstört werden muß. Und es erscheint ihnen als ungerecht, daß es Neger gibt. Und daß es Prinzessinnen gibt, während sie Taglöhner sind. Und daß es Maler gibt, während sie nichts von Malerei verstehen.

Und ich antwortete ihnen:

– Ich wünsche, daß es gerecht sei, sie freizulassen. Bemüht euch, zu verstehen! Denn sonst würden sie es ihrerseits für notwendig halten, euch einzusperren und umzubringen, wenn sie ihre Gefängnisse aufbrechen und regieren, und ich glaube nicht, daß das Reich davon Gewinn hätte.

Da zeigte sich mir der blutrünstige Wahnsinn der Ideen im vollen Lichte, und ich richtete dieses Gebet an Gott:

– Warst Du denn von Sinnen, daß Du sie an ihr armseliges Gestammel glauben ließest? Es kommt nicht darauf an, sie eine Sprache zu lehren, wohl aber ihnen beizubringen, wie sie die Sprache verwenden sollen! Denn aus jenem abscheulichen Durcheinander im Winde der Worte haben sie die Dringlichkeit der Folter abgeleitet. Aus plumpen, unzusammenhängenden oder unwirksamen Worten sind wirksame Folterwerkzeuge entstanden.

Zugleich aber erschien mir all das einfältig und voller Verlangen nach neuer Geburt.

43

Alle solche Ereignisse, die nicht mehr in ihrem Gehalt durchlebt werden, sind unecht. Ihr Glorienschein ist unecht. Wie auch unsere Begeisterung für diesen Sieger unecht ist.

Diese Neuigkeiten sind unecht, denn nichts davon hat Bestand.

Denn die Belehrung muß aus einem Rahmen, einem Gerüst hervorgehen. Nicht aus einem immer unechten Inhalt.

Ich werde dir gleichsam eine große Landschaft zeigen, die in ihrem Gesamtbilde allmählich – und nicht stückweise – aus dem Nebel hervortritt. Denn so verhält es sich mit der Wahrheit des Bildhauers. Oder hast du gesehen, wie sich erst die Nase und dann das Kinn und dann das Ohr herausschälten? Das Erschaffene ist immer ein Bild, das auf einmal ans Licht tritt und nicht nach und nach und durch Ableitung entsteht. Das ist die Arbeitsweise der Menge, die das schöpferische Bild umwimmelt und ringsherum kommentiert und baut und geschäftig tut.

44

Als ich am Abend von meinem Berge herunterstieg und den Hang der neuen Geschlechter betrat, von denen ich kein Gesicht mehr kannte, war ich im voraus der Worte der Menschen müde und hörte aus dem Lärm ihrer Wagen und Schmiedehämmer nicht mehr das Lied ihrer Herzen heraus; ich war ihnen entfremdet, als kennte ich ihre Sprache nicht mehr, und gleichgültig gegenüber einer Zukunft, die mir fortan nichts mehr bedeutete –, wie zu Grabe getragen, kam ich mir vor. Da ich an mir verzweifelte und mich hinter diesem lastenden Wall meiner Selbstsucht einmauerte, sprach ich zu Gott: »Herr, Du hast Dich von mir abgewandt, deshalb gebe ich die Menschen preis.« Und ich fragte mich, was mich in ihrem Verhalten enttäuscht hatte.

Es lockte mich nicht, irgend etwas durch sie zu erreichen. Warum sollte ich meine Palmenhaine mit neuen Herden bevölkern? Warum sollte ich meinen Palast durch neue Türme erweitern, da ich bereits mein Gewand wie ein Schiff in der Weite der Meere von Saal zu Saal schleppte? – Warum sollte ich weitere Sklaven ernähren, da sich bereits sieben oder acht wie die Pfeiler meines Hauses vor jeder Tür aufbauten und ich ihnen auf den Gängen begegnete, wo sie sich an die Wand drückten, sobald sie mich vorübergehen sahen oder nur mein Gewand rauschen hörten? Warum sollte ich weitere Frauen erobern, da ich sie schon in meine Stille einschloß? Hatte ich doch gelernt, nicht mehr zuzuhören, um zu verstehen. Denn ich war bei ihrem Schlummer zugegen gewesen, wenn sie ihre Lider senkten und ihre Augen von diesem Samt umschlossen waren... Wenn ich sie dann verließ, überkam mich das Verlangen, den höchsten Turm zu besteigen, der in die Sterne hineinragte, um von Gott den Sinn ihres Schlafes zu erfahren, denn das Gezänk, die nichtigen Gedanken, die würdelose Geschäftigkeit, das eitle Wesen –, all das schlummert dann, um erst mit dem neuen Tage in die Seele zurückzukehren, wenn es ihnen wieder allein darum geht, über die Gefährtinnen obzusiegen und sie aus meinem Herzen zu verdrängen. »Aber wenn ich ihre Worte vergaß, so blieb nur das Spiel eines Vogels und die Anmut der Tränen...«

45

Wenn ich des Abends wie ein Mann, der schon von stummen Engeln zu Grabe getragen wird, von meinem Berge hinunterstieg und den Hang betrat, wo ich niemanden mehr kannte, überkam mich der Trost, daß ich mich altern fühlte und daß ich wie ein Baum mit schweren Zweigen war, schon ganz verhärtet von Horn und Runzeln, gleichsam im Pergament meiner Hände von der Zeit einbalsamiert, und so schwer zu verwunden, als wäre ich schon ganz ich selber geworden. Und ich sagte mir: Wie vermöchte der Tyrann diesen hier, der so gealtert ist, durch den Geruch der Folter, der dem Geruch saurer Milch gleicht, in Schrecken zu versetzen, wie könnte er irgend etwas an ihm verändern, der schon sein ganzes Leben wie einen aufgetrennten, nur noch durch eine Schnur zusammengehaltenen Mantel hinter sich herschleppt? So bin ich bereits in das Gedächtnis der Menschen eingegangen. Und es hätte keinen Sinn mehr, wenn ich irgend etwas verleugnen wollte.

Es wurde mir auch der Trost zuteil, daß ich mich meiner

Fesseln ledig fühlte, als hätte ich dieses schwielige Fleisch im Unsichtbaren ausgetauscht und gleichsam Flügel empfangen; als wäre ich endlich aus mir selber geboren worden und schritte an der Seite jenes Erzengels, den ich so sehr gesucht hatte; als hätte ich meine alte Hülle abgestreift und so eine erstaunliche Jugend in mir entdeckt. Und diese Jugend äußerte sich nicht in Begeisterung oder Verlangen, sondern in einer ungewöhnlichen Heiterkeit. Es war eine Jugend, die der Ewigkeit *zu*gekehrt war, nicht eine, die in der Morgenröte den Wirren des Lebens *entgegen*strebte. Sie gehörte dem Raum und der Zeit an. Es schien mir, daß ich in die Ewigkeit eintrat, daß sich mein Werden vollendet hatte.

Ich glich auch einem, der ein vom Dolche durchbohrtes junges Mädchen auf seinem Wege aufgelesen hat. Er trägt sie, die ganz aufgelöste und preisgegebene, wie eine Fracht von Rosen in seinen kräftigen Armen; durch den blitzenden Stahl ist sie sanft eingeschlummert und lächelt fast, weil sie ihre weiße Stirn an die geflügelte Schulter des Todes lehnen kann; er wird sie jedoch in die Ebene führen, wo die einzigen sind, die sie heilen können.
»Wunderbare Schläferin, ich werde dich mit meinem Leben erfüllen, denn die Eitelkeiten der Menschen, ihr Zorn und ihre Anmaßung, die Güter, die mir noch zufallen sollten, die Übel, die mich noch heimsuchen könnten –, all das ist mir gleichgültig geworden, mir kommt es allein auf das an, wogegen ich mich auszutauschen vermag; und da ich nun meine Bürde den Heilkundigen in der Ebene entgegentrage, werde ich zu einem Licht dieser Augen, zu einer Locke auf dieser reinen Stirn werden; wenn sie dann geheilt ist und ich sie beten lehre, wird sie sich in der Vollkommenheit ihrer Seele aufrichten wie ein Blumenstiel, der einen guten Halt in seinen Wurzeln hat...«

Ich bin nicht in meinen Leib eingeschlossen; er kracht wie eine alte Rinde. Wenn ich langsam auf dem Hang meines Berges ins Tal hinuntersteige, scheint es mir, daß ich alle

Hügel und alle Ebenen wie einen weiten Mantel hinter mir herziehe, und hier und dort schimmern die Lichter meiner Häuser wie Goldsterne hindurch. Ich neige mich wie ein Baum unter der Last meiner Gaben.

Mein schlafendes Volk: ich segne dich, schlafe weiter.

Möge euch die Sonne noch nicht der zärtlichen Nacht entreißen! Möge meine Stadt noch das Recht haben zu ruhen, bevor sie in der Morgendämmerung ihre Flügel regt, um ans Werk zu gehen! Ihr alle, die gestern das Übel heimsuchte, die ihr von Gottes Aufschub Gebrauch machtet, wartet noch ab, bevor ihr euch wieder eure Trauer, euer Elend, eure Verurteilung, den eben ausgebrochenen Aussatz als Last aufbürdet! Bleibt noch in Gottes Schoß, wo euch allen vergeben ist, wo ihr alle geborgen seid!
Ich werde für euch sorgen.
Mein Volk, ich wache über dir: schlafe nur weiter!

46

Das Gewicht der Welt lastete auf mir, als hätte ich die Verantwortung für sie zu tragen. Während ich mich in der Einsamkeit an einen Baum lehnte und im Abendwinde die Arme über der Brust kreuzte, trat ich für alle die als Bürge ein, die meiner bedurften, weil sie in mir den Sinn suchten, den sie verloren hatten. So hat die Mutter eines einzigen Kindes ihren Sinn verloren, wenn es stirbt. Sie steht dann vor diesem Abgrund wie vor einer fortan nutzlosen Vergangenheit. Sie war wie ein Wald von Lianen, die sich um einen blühenden Baum rankten; nun ist der Baum plötzlich dürres Holz geworden. Und sie sagt sich: Was soll ich mit meinen Lianen anfangen? Was soll ich mit der Milch anfangen, die in mir hochsteigt?
Und so ist es mit einem, den der Aussatz wie ein langsames Feuer anfrißt; er sieht sich von der menschlichen Gemein-

schaft ausgeschlossen und weiß nun nicht, was er mit den Wallungen seines Herzens beginnen soll, die sich langsam in ihm regen. Oder denke an einen, den du kennst, und der sein eigenes Krebsgeschwür bewohnt; er hatte tausenderlei Arbeiten begonnen, die ein langes Leben erforderten, und gleicht nun einem Baum, der geduldig das ganze Netz seiner Wurzeln ausbreitete und plötzlich gewahr wird, daß er nur der Mittelpunkt nutzloser Verlängerungen ist; er ist von der Welt wie durch eine blinde Tür abgetrennt. So geht es auch einem, dessen Scheune abbrannte, oder dem Goldschmied, der seine rechte Hand verliert, oder einem jeden, dessen Augenlicht erlischt.

Mein Herz war bedrückt von der Last all derer, die keine stützende Schulter zu finden wissen; die von den Ihren verstoßen werden oder von ihnen getrennt sind. Da ist auch einer, der sich, von Schmerzen gepeinigt, auf seiner Pritsche hin und her wälzt; sein Körper ist fortan nutzloser als ein zerbrochener Wagen; und so wünscht er vielleicht den Tod herbei, aber der Tod versagt sich ihm. Da ruft er aus: »Wozu das alles, Herr, wozu das alles?«

Und sie alle sind Soldaten eines geschlagenen Heeres. Aber ich werde sie sammeln und ihrem Siege entgegenführen. Denn für ein jedes Heer gibt es Siege, wenn auch nicht die gleichen. Und so sind auch diese Unglücklichen nur eine der vielen Äußerungen des Lebens. Die welkende Blume läßt ihr Samenkorn fallen, das faulende Samenkorn bildet seinen Stengel und aus jeder gesprengten Schmetterlingspuppe wachsen Flügel hervor.

Wahrlich, ihr seid Fruchtland, Nahrung und Gefährt für Gottes glorreichen Aufstieg!

47

Ich sagte ihnen also: Schämt ihr euch nicht eures Hasses, eurer Zwietracht, eures Zornes? Denn wenn ihr erneuert aus dem Abenteuer hervorgeht – wie das Kind aus dem zerrissenen Schoß, wie das geflügelte Insekt, das sich durch das Zerreißen seiner Puppe verschönte –, wie könnt ihr dann etwas um des Gestrigen willen erlangen und euch dabei auf Wahrheiten berufen, die alle ihren Gehalt verloren haben? Denn durch die Erfahrung belehrt, habe ich die Streitenden, die sich zerfleischen, stets mit der blutigen Heimsuchung der Liebe verglichen. Und die Frucht, die daraus hervorgeht, gehört weder dem einen noch dem anderen, sondern beiden. Und sie beherrscht sie. Und sie werden sich in ihrem Zeichen bis zu dem Tage versöhnen, an dem sie – bei der neuen Zeugung – wieder der blutigen Heimsuchung der Liebe gleichen.

Gewiß leiden sie unter den Schrecken der Geburt. Wenn aber der Schrecken vergangen ist, kommt die Stunde des Festes. Und durch das Neugeborene finden sie wieder zueinander. Und, seht, ihr seid euch alle gleich, wenn euch die Nacht umfängt und in den Schlaf wiegt. Ich sagte es sogar von den Insassen der Gefängnisse, die durch ihre Halsketten als zum Tode Verurteilte gekennzeichnet sind: sie unterscheiden sich nicht von den anderen. Es kommt allein darauf an, daß sie in ihrer Liebe wieder zueinanderfinden. Ich verzeihe allen, die getötet haben, denn ich lehne es ab, auf Grund der Kunstgriffe der Sprache zu unterscheiden. Der eine hat aus Liebe zu den Seinen getötet, denn man setzt sein Leben nur aus Liebe aufs Spiel. Und der andere hat gleichfalls aus Liebe zu den Seinen getötet. Versucht es anzuerkennen, und verzichtet darauf, das Gegenteil eurer Wahrheiten Irrtum und das Gegenteil eures Irrtums Wahrheit zu nennen. Denn du mußt wissen, daß die Einsicht, die dich überwältigt und dich zwingt, deinen Berg zu ersteigen, auch den anderen überwältigt hat, der gleichfalls seinen Berg ersteigt. Und daß ihn die gleiche Einsicht beseelt, die dich mitten in der Nacht aufstehen ließ: vielleicht nicht die gleiche, aber eine Einsicht von gleicher Stärke.

Du vermagst aber nur das im Menschen zu sehen, wodurch der Mensch verneint wird, der du selber bist. Und ebenso kann der andere nur das aus dir herauslesen, was ihn selber verneint. Und ein jeder weiß wohl, daß in ihm selber noch etwas anderes als eisige oder haßerfüllte Verneinung steckt, vielmehr gewahrt er ein so überzeugendes, ein so reines und einfaches Gesicht, daß er dafür in den Tod ginge. Und so haßt ihr einander, weil sich ein jeder einen lügnerischen und hohlen Gegner erfindet. Ich aber, der ich über euch herrsche, ich sage euch, daß ihr das gleiche Gesicht liebt, obwohl ihr es beide nur schlecht erkannt habt.

Wascht daher euer Blut ab: Auf Sklaverei läßt sich nichts aufbauen; man entfesselt dadurch nur Empörungen der Sklaven. Man gewinnt nichts durch Strenge, wenn keine Bereitschaft zur Bekehrung vorhanden ist. Wozu taugt also die Strenge, wenn der Glaube wertlos ist, den du anbietest, und keiner geneigt ist, sich bekehren zu lassen?

Weshalb solltet ihr daher eines Tages zu den Waffen greifen? Was könnt ihr durch solch ein Blutbad gewinnen, bei dem ihr nicht wißt, wen ihr tötet? Ich verachte den dürftigen Glauben, der nur die Gefängniswärter zufriedenstellt.

Ich rate dir von der Polemik ab. Denn sie führt zu nichts. Und wenn sich andere irren, weil sie deine Wahrheiten unter Berufung auf ihre eigenen Einsichten ablehnen, so sage dir, daß auch du ihre Wahrheiten ablehnst, wenn du unter Berufung auf deine eigene Einsicht gegen sie zu Felde ziehst. Bejahe sie! Nimm sie an die Hand und führe sie! Sage ihnen: »Ihr habt recht, wir wollen indes den Berg ersteigen!« So stellst du die Ordnung wieder her, und alle atmen die Weite, die sie erobert haben.

Denn nicht darum geht es, daß du sagst: »Diese Stadt hat dreißigtausend Einwohner!«, worauf dir ein anderer antwortet: »Sie hat nur fünfundzwanzigtausend!«; denn in der Tat würden sich alle auf eine bestimmte Zahl einigen. Einer muß sich also geirrt haben. Aber du sagst vielleicht: »Diese Stadt ist etwas Beständiges, sie ist ein Werk der Baumeister, ein Schiff, das die Menschen mit sich fortträgt.« Und der andere sagt: »Diese Stadt ist ein Lobgesang, der die Menschen in der gleichen Arbeit vereinigt ...«

Denn es geht darum, daß du sagst: »Die Freiheit ist fruchtbar, da sie eine Geburt des Menschen und gedeihlichen Widerspruch möglich macht.« Und ein anderer sagt: »Die Freiheit ist schädlich, aber der Zwang ist fruchtbar, denn er entspricht innerer Notwendigkeit und ist das Prinzip der Zeder.« Und so geraten sie aneinander und vergießen beide ihr Blut. Bedaure es nicht, denn das sind Geburtswehen; so ringen sie mit sich selber und rufen Gott an. Sage also einem jeden: Du bist im Recht. Denn sie sind im Recht. Aber führe sie höher auf ihren Berg hinauf, denn wenn sie auch diese Anstrengung einer Bergbesteigung aus freien Stücken ablehnen würden, da sie solche Anforderungen an das Herz und die Muskeln stellen, so zwingt sie jetzt ihr Leiden dazu und gibt ihnen den Mut. Denn du fliehst in die Höhe, wenn dich die Sperber bedrohen. Und du suchst die Sonne über dir, wenn du ein Baum bist. Und deine Feinde arbeiten mit dir zusammen, denn es gibt keinen wahrhaften Feind in der Welt. Der Feind begrenzt dich, er gibt dir daher deine Form und begründet dich. So sage ihnen: Freiheit und Zwang sind nur zwei Seiten der gleichen Notwendigkeit; sie besteht darin, daß du dieser hier und kein anderer bist. Du hast die Freiheit, dieser hier zu sein, aber du hast nicht die Freiheit, ein anderer zu sein. Du hast Freiheit innerhalb einer bestimmten Sprache, aber du hast nicht die Freiheit, eine andere hineinzumischen. Du hast Freiheit innerhalb der Regeln eines Würfelspiels, aber du hast nicht die Freiheit, das Spiel dadurch zu verderben, daß du andere Spielregeln einführst. Du hast Freiheit zu bauen, aber du hast nicht die Freiheit, dein Vermögen zu verschwenden und durch einen schlecht gelenkten Verbrauch zu vergeuden. Du gleichst dann einem, der schlecht schreibt und seine Wirkungen durch Zügellosigkeit erzielt; so zerstört er sein eigenes Ausdrucksvermögen, denn sobald er das Stilgefühl der Menschen untergraben hat, wird keiner mehr etwas empfinden, der ihm zuhört. So auch der Esel, den ich mit dem König vergleiche; solange der König achtbar und geehrt ist, reize ich damit zum Lachen. Es kommt aber der Tag, da König und Esel zum gleichen

Begriff werden, und dann spreche ich nur noch eine Binsenwahrheit aus.
Und alle wissen es: denn die Verfechter der Freiheit fordern eine innere Moral, damit der Mensch gleichwohl gelenkt werde. Den Schutzmann hat man innerlich, sagen sie. Und die anderen, die für den Zwang eintreten, versichern dir, daß er Freiheit des Geistes bedeute; denn in deinem Hause besäßest du die Freiheit, die Vorzimmer zu durchqueren, von einem Saal in den anderen zu schreiten, die Türen aufzustoßen und die Treppen hinauf- oder hinunterzusteigen. Und deine Freiheit wachse durch die Anzahl der Mauern, der Hindernisse und Türschlösser. Und je mehr Verpflichtungen dir durch die Härte der Steine auferlegt würden, um so mehr mögliche Handlungen eröffneten sich dir, zwischen denen du wählen könntest. Und wenn du in der Unordnung des gemeinsamen Saales dein Lager aufschlügest, so fändest du keine Freiheit mehr, sondern nur Auflösung.
Und im Grunde träumen sie alle von der gleichen Stadt. Der eine aber verlangt das Recht zum Handeln für den Menschen, so wie er ist. Der andere hingegen fordert das Recht, den Menschen zu formen, damit er zum wahren Sein gelangen und handeln könne. Und beide preisen sie den gleichen Menschen.
Aber sie irren sich beide. Der eine glaubt, der Mensch sei ewig und beruhe in sich. Er weiß nicht, daß zwanzig Jahre der Lehre, des Zwanges und der Übung diesen Menschen und keinen anderen geschaffen haben. Und daß deine Liebesfähigkeit vor allem aus der Ausübung des Gebets und nicht aus der inneren Freiheit erwächst. So ist es auch mit dem Musikinstrument, wenn du nicht darauf zu spielen lerntest, oder mit dem Gedicht, wenn du nicht die Sprache beherrschst. Und auch der andere irrt sich, denn er glaubt an die Mauern und nicht an den Menschen. Er glaubt an den Tempel und nicht an das Gebet. Denn bei den Steinen des Tempels kommt es allein auf die Stille an, die in ihnen herrscht. Es kommt auf die Stille in der Seele des Menschen an und auf die Seele des Menschen, in der diese Stille ihren

Sitz hat. Das ist der Tempel, vor dem ich niederknie. Aber der andere vergöttert den Stein und kniet vor dem Stein nieder, insoweit er Stein ist...

Ebenso ist es mit dem Reich. Und ich habe aus dem Reich keinen Gott gemacht, damit es die Menschen knechte. Ich opfere keineswegs die Menschen dem Reiche. Sondern ich stifte das Reich, um die Menschen damit zu erfüllen und zu beseelen; und der Mensch gilt für mich mehr als das Reich. Ich habe die Menschen dem Reiche unterworfen, um sie zu begründen. Ich habe nicht die Menschen geknechtet, um das Reich zu begründen. Doch laß ab von dieser Sprache, die zu nichts führt, und unterscheide die Ursache von der Wirkung und den Herrn vom Diener. Denn alles besteht aus Beziehungen, Gefügen und inneren Abhängigkeiten. Ich, der ich regiere, bin meinem Volke mehr unterworfen, als irgendeiner meiner Untertanen mir selber unterworfen ist. Wenn ich auf meine Terrasse steige und ihre nächtlichen Klagen und ihr Gestammel, ihre Schmerzensschreie und das Getümmel ihrer Freuden in mich aufnehme, um daraus einen Lobgesang für Gott zu machen, verhalte ich mich wie ihr Diener. Ich bin der Bote, der sie sammelt und mit sich fortreißt. Ich bin der Sklave, der ihre Sänften trägt. Ich bin ihr Mittler.

So bin ich der Schlußstein ihres Gewölbes. Ich bin der Knoten, der sie schürzt und in Gestalt eines Tempels verknüpft. Und wie könnten sie mir deswegen gram sein? Fühlen sich die Steine dadurch verletzt, daß sie den Schlußstein ihres Gewölbes tragen müssen?...

Laß dich nicht auf einen Streit über solche Fragen ein, denn er ist müßig.

Auch nicht auf einen Streit über die Menschen. Denn du verwechselst stets die Wirkungen und die Ursachen. Wie sollten sie wissen, was durch sie hindurchgeht, da es keine Sprache gibt, um es zu fassen? Wie könnte sich der Wassertropfen als Fluß erkennen? Und doch strömt der Fluß. Wie könnte sich jede Zelle des Baumes als Baum erkennen? Und doch wächst der Baum. Wie könnte ein jeder Stein eine Vorstellung vom Tempel besitzen? Und dennoch birgt der Tempel seine Stille wie ein Speicher.

Wie können die Menschen ihre Handlungen erkennen, wenn sie nicht zuvor mühselig und in Einsamkeit den Berg erstiegen haben und in der Stille zu werden versuchten? Und gewiß kann Gott allein die Gestalt des Baumes erkennen. Die Menschen wissen aber, daß der eine von ihnen nach links und der andere nach rechts strebt, und jeder wird den anderen umbringen, der ihn stört und belästigt, und trotzdem weiß keiner, wohin er geht. So sind die Bäume der Tropen einander feind. Denn sie alle ersticken sich gegenseitig und stehlen sich ihren Platz an der Sonne. Und doch wächst der Wald und bedeckt den Berg mit schwarzem Pelz und sendet beim Morgengrauen seine Vögel aus. Glaubst du, eines jeden Sprache erfasse das Leben?

Jedes Jahr bringt Barden hervor, die den Krieg für unmöglich erklären, denn keiner wünscht zu leiden, Frau und Kind zu verlassen, ein Land zu betreten, aus dem er für sich selber keinen Nutzen ziehen kann, um sodann in der Sonnenglut, mit Steinen, die seinen Bauch pflastern, von Feindeshand zu sterben. Und gewiß fragst du jeden der Männer, was seine Wahl sei. Und ein jeder weigert sich. Greift aber das Reich ein Jahr später abermals zu den Waffen, so siehst du alsbald, wie sich alle, die den Krieg ablehnten, weil er in den Äußerungen ihrer mageren Sprache unannehmbar erschien, in einer Gesinnung vereinigen, die sich durch Worte nicht wiedergeben läßt, und zu einem Verhalten entschließen, das für keinen von ihnen einen Sinn hatte. So entsteht ein Baum, der nichts von sich weiß, und der allein erkennt ihn, der auf dem Berge zum Propheten wurde.

Da es sich um Menschen handelt, geht freilich das Werden und Vergehen von all dem, was größer ist als sie selber, durch sie hindurch, ohne daß sie es mit Worten bezeichnen könnten; ihre Verzweiflung aber legt davon Zeugnis ab. Und wenn ein Reich stirbt, wirst du seinen Tod dadurch

gewahr werden, daß dieser oder jener den Glauben an das Reich verliert. Und du wirst ihn fälschlich für den Tod des Reiches verantwortlich machen, denn er hat nur das Übel aufgezeigt. Aber wie vermöchtest du zwischen den Ursachen und Wirkungen zu unterscheiden? Und wenn die Moral verdirbt, erkennst du die Anzeichen des Verfalls an den Ministern. Du kannst ihnen den Kopf abschlagen: sie aber waren nur die Früchte der Verwesung. Du kämpfst nicht gegen den Tod, wenn du die Kadaver begräbst.
Aber gewiß muß man sie begraben, und so begräbst du sie. Ich merze alle aus, die verdorben sind. Doch die Würde gebietet mir, alle Polemik gegen die Menschen zu untersagen. Denn die Blinden mißfallen mir, wenn sie sich wegen ihrer Auswüchse schmähen. Und weshalb sollte ich meine Zeit damit verlieren, ihre Beschimpfungen anzuhören? Wenn mein Heer davonläuft, wird es vom General beschuldigt, und das Heer beschuldigt seinerseits den General. Und alle zusammen beschuldigen sie die schlechten Waffen. Und das Heer beschuldigt die Kaufleute. Und die Kaufleute beschuldigen das Heer. Und alle zusammen beschuldigen wiederum andere. Und ich antworte: Man muß die dürren Zweige abhauen, weil sie ein Anzeichen des Todes sind. Es ist aber unsinnig, ihnen den Tod des Baumes zur Last zu legen. Der Baum stirbt, wenn seine Zweige sterben. Und der dürre Zweig war nur ein Anzeichen. Darum schneide ich sie weg, wenn ich sie fallen sehe, ohne mich mit ihnen abzugeben, und richte meine Blicke anderswohin. Die Menschen faulen nicht. Ein Mensch ist es, der in ihnen fault. Und ich kümmere mich um die Krankheit des Erzengels...

Und ich weiß wohl, daß Heilung nur der Hymnus bringen kann, nicht aber Erklärungen. Haben die Erklärungen der Ärzte jemals wieder lebendig gemacht? Denn sie sagen: »Aus diesem Grunde ist er gestorben.« Und freilich ist er infolge einer erkennbaren Ursache und einer Zerrüttung seiner Eingeweide gestorben. Aber das Leben war etwas anderes als eine Anordnung der Eingeweide. Und wenn du

mit deiner Logik alles vorbereitet hast, geht es wie mit einer Öllampe, die du angefertigt und mit einer Fassung versehen hast, die aber erst Licht spendet, wenn du sie anzündest.
Du liebst, weil du liebst. Es gibt keinen Grund für deine Liebe. Nur das Schöpferische ist Arznei, denn du wirst die Einheit der Menschen nur im Aufschwung ihrer Herzen hervorbringen. Und jener Gesang, den du sie lehrst, wird der tiefste Antrieb ihres Handelns sein.
Und gewiß wird dieser Gesang morgen zu Grund, Motiv, Beweggrund und Dogma werden. Denn die Logiker werden deine Statue untersuchen, damit sie die Gründe aufzählen können, aus denen sie schön ist. Und wie könnten sie sich irren, da sie in Wahrheit schön ist! Aber sie erkennen es auf anderen Wegen als durch ihre Logik.

48

Ich bringe euch den großen Trost, daß es nichts zu bedauern, nichts zu verwerfen gibt. So sagte mein Vater:
– Du gebrauchst deine Vergangenheit wie die Landschaft, die hier von ihrem Berge, dort von ihrem Fluß begrenzt wird. Und du verfügst über sie und bist frei beim Planen der künftigen Städte, soweit du dabei das Bestehende berücksichtigst. Und wenn das Bestehende nicht vorhanden wäre, würdest du Traumstädte erfinden, die leicht zu bauen sind – denn nichts widersteht im Traum –, die sich aber ebenso willkürlich verlieren und auflösen. Beklage dich nicht über dein Fundament, das so und nicht anders ist, denn es ist vor allem eine Eigenschaft des Fundaments, daß es existiert. So steht es mit meinem Palast, meinen Toren, meinen Mauern...
Und hat es ein Eroberer jemals bedauert, wen er ein Land in Besitz nahm, daß sich dort ein Berg aufbaute und hier ein Fluß seinen Weg bahnte? Ich brauche einen Faden, wenn ich sticken will, ich brauche Regeln, wenn ich singen oder tanzen will, und ich brauche einen Menschen mit festem Boden unter den Füßen, wenn ich handeln will.

Wenn du über die empfangene Wunde klagst, so könntest du ebensogut darüber klagen, daß du gar nicht existierst oder nicht in einer anderen Zeit geboren bist. Denn deine gesamte Vergangenheit ist nur eine Geburt des heutigen Tages. Sie ist so und nicht anders. Nimm sie, wie sie ist, und verrücke nicht die Berge darin. Sie sind, wie sie nun einmal sind.

49

Auf die Haltung allein kommt es an. Denn nur sie allein ist von Dauer und nicht das Ziel, das nur ein Trugbild des Wanderers ist, wenn er von Grat zu Grat fortschreitet, als ob dem erreichten Ziel ein Sinn innewohnte. Ebenso gibt es keinen Fortschritt ohne eine Bejahung des Bestehenden. Und du nimmst ständig von ihm Abschied. Ich glaube nicht an die Ruhe. Denn wenn einer durch einen Streit gepeinigt wird, so rate ich ihm nicht, dadurch einen unsicheren und schlechten Frieden zu suchen, daß er eines der beiden Elemente des Streites blindlings bejaht. Glaubst du, die Zeder hätte dadurch Gewinn, daß sie den Wind vermiede? Der Wind peinigt sie, aber er formt sie zugleich. Der ist wahrhaft weise, der das Gute vom Bösen zu scheiden weiß. Du suchst dem Leben einen Sinn zu geben, da doch sein Sinn vor allem darin besteht, daß du dich selber findest, nicht aber, daß du den elenden Frieden gewinnst, der mit dem Vergessen des Streites verbunden ist. Wenn dir etwas widerstrebt und dich peinigt, so laß es wachsen; es bedeutet, daß du Wurzeln schlägst und dich wandelst. Dein Leid bringt Segen, wenn es dir zur Geburt deiner selbst verhilft, denn keine Wahrheit offenbart sich dem Augenschein und läßt sich dadurch erlangen. Und die Wahrheiten, die man dir auf solche Weise darbietet, sind nur eine bequeme Lösung und gleichen Schlafmitteln.

Denn ich verachte die Menschen, die sich innerlich abstumpfen, um zu vergessen, oder die einen Drang ihres Herzens ersticken, um in Frieden zu leben. Denn du mußt wissen, daß dich jeder unlösbare Gegensatz, jeder unheilbare Streit dazu zwingt, größer zu werden, damit du ihn in dich aufnehmen kannst. Und du ergreifst die Erde, die kein Gesicht hat, ihre Kiesel und ihren Humus, mit deinen Wurzelknoten und bildest daraus eine Zeder zum Ruhme Gottes. An dem Ruhme hat nur die Säule des Tempels teil, die daraus hervorging, daß sie sich durch zwanzig Generationen hindurch an den Menschen abnutzte. Und wenn du selber wachsen willst, nutze dich an deinen Kämpfen ab; sie allein führen zu Gott. Dies ist der einzige Weg, den es auf Erden gibt. Und so geschieht es, daß dich dein Leid wachsen macht, wenn du es bejahst.

Es gibt aber auch Bäume in den Städten, die nicht durch den Wüstenwind geformt werden. Es gibt schwache Menschen, die nicht über sich hinauswachsen können. Sie finden ihr Glück in einer mittelmäßigen Zufriedenheit, nachdem sie das in sich abtöteten, was groß an ihnen war. Sie verweilen ihr ganzes Leben in einer Herberge. Sie haben sich selber verkommen lassen. Und es kümmert mich wenig, was aus ihnen wird und ob sie leben. Sie nennen es Glück, wenn sie auf ihren armseligen Vorräten verderben. Sie versagen sich äußere und innere Feinde. Sie verzichten darauf, die Stimme Gottes zu hören, die sich in unaussprechlicher Not, in Suche und Durst kundtut. Sie streben nicht nach der Sonne wie die Bäume im Waldesdickicht; denn auch diese erlangen die Sonne nicht als Vorrat oder Reserve – ein jeder Baum erstickt ja im Schatten der anderen –, sondern verfolgen sie, während sie aufwachsen; wie herrliche glatte Säulen geformt, schießen sie aus dem Boden empor und erlangen ihre Kraft durch die Verfolgung ihres Gottes. Gott läßt sich nicht erreichen, aber er steht als Ziel vor dir, und der Mensch baut sich wie ein Geäst in den Raum hinein.

Verachte deshalb die Urteile der Masse! Denn sie führen dich auf dich selbst zurück und hindern dich am Wachsen. Das Gegenteil der Wahrheit nennen sie Irrtum, deine Kämpfe erscheinen ihnen einfältig und die Gärstoffe, die deinen Aufstieg beflügeln, weisen sie als unannehmbar zu-

rück, da sie Frucht des Irrtums seien. So wollen sie dich auf deine Vorräte beschränken; sie möchten, daß du als Schmarotzer dich selber ausbeutest und dich vollendest. Und wie solltest du dich dann getrieben fühlen, Gott zu suchen und deinen Lobgesang zu dichten und weiter auf den Berg zu steigen, um die zerstörte Landschaft unter deinen Schritten wiederaufzubauen, oder um die Sonne in dir zu suchen, die du nicht ein für allemal gewinnst, sondern nur erlangst, wenn du dem Lichte nachstrebst?
Laß sie nur reden! Ihre Ratschläge kommen aus einem schwachen Herzen, das dich vor allem glücklich wissen möchte. Sie wollen dir zu früh jenen Frieden geben, der dir nur durch den Tod zuteil wird; dann werden dir deine Vorräte endlich zugute kommen. Denn diese sind nicht für das Leben bestimmt, sondern Bienenhonig für den Winter der Ewigkeit.

Und wenn du mich fragst: »Soll ich jenen dort aufwecken oder ihn schlafen lassen, damit er glücklich sei«, so würde ich dir antworten, daß ich nichts über das Glück weiß. Aber würdest du deinen Freund schlafen lassen, wenn ein Nordlicht am Himmel stünde? Keiner darf schlafen, wenn er es kennenlernen kann. Und gewiß liebt jener seinen Schlaf und wälzt sich wohlig darin; du aber entreiße ihn seinem Glück und wirf ihn hinaus, damit er *werde*.

50

Die Frau beutet dich für ihr Haus aus. Und gewiß ist die Liebe begehrenswert; sie verleiht dem Hause seinen Duft, sie ist der Gesang des Springbrunnens und die Musik der stillen Wasserkrüge, sie segnet die Kinder, wenn sie nacheinander herantreten und ihre Augen von der Stille des Abends erfüllt sind. Suche aber nicht zwischen zwei Dingen zu entscheiden und dem Ruhm des Kriegers in der Wüste oder den Wohltaten seiner Liebe den Vorzug zu geben, wie

es die Formeln vorschreiben. Denn nur die Sprache führt hier zu einer Spaltung. Zu lieben vermag nur der Krieger, der von den Weiten seiner Wüste erfüllt ist; nur der Liebende, der zu lieben wußte, kann sein Leben im Hinterhalt vor dem Brunnen zum Opfer bringen; sonst ist der Leib, den er hingibt, keine Opfergabe und kein Geschenk der Liebe. Denn worin besteht die Größe des Kriegers, wenn der Kämpfende nichts als ein Automat und eine Prügelmaschine ist? Ich sehe darin nur noch die abscheuliche Verrichtung eines Insekts. Und wenn einer, der seine Frau liebkost, dem stumpfen Vieh auf der Streu gleicht: wo bleibt da die Erhabenheit der Liebe?
Ich vermag Größe nur in jenem Krieger zu erkennen, der die Waffen niederlegt und sein Kind wiegt, oder in dem Gatten, der in den Krieg zieht.
Es geht nicht um einen Ausgleich zwischen der einen und der anderen Wahrheit oder um etwas, das nur eine gewisse Zeit Geltung hat, bis ein anderes an seine Stelle tritt. Es handelt sich um zwei Wahrheiten, die nur gemeinsam einen Sinn ergeben. Denn du liebst, insoweit du Krieger bist, und du führst Krieg, insoweit du Liebender bist!

Aber die Frau, die dich für ihre Nächte gewonnen hat, weil sie die Süße deines Lagers kennenlernte, wendet sich an dich, ihre Wonne, und sagt zu dir: »Sind unsere Küsse nicht süß? Ist unser Haus nicht kühl? Sind unsere Abende nicht von Glück erfüllt?« Und durch dein Lächeln stimmst du ihr zu. »Dann bleibe doch bei mir«, sagt sie, »und stütze mich! Wenn das Verlangen über dich kommt, brauchst du nur deine Arme auszustrecken, und allein unter deiner Anziehung werde ich mich dir entgegenneigen wie ein junger fruchtbeladener Orangenbaum. Denn fern von mir führst du ein kärgliches Dasein, das keine Liebkosung kennt. Und wie das Wasser eines versandeten Brunnens haben die Regungen deines Herzens kein Wiesenland mehr, um sich zu entfalten.«
Und in der Tat hast du in deinen einsamen Nächten jene

verzweifelten Wallungen erlebt, da du dich zu dieser oder jener Frau hingezogen fühltest, deren Bild wieder vor dir aufstieg; denn in der Stille gewinnen sie alle an Schönheit.
Und so meinst du, durch die Einsamkeit des Krieges seien dir wunderbare Gelegenheiten entgangen. Und doch lernst du die Liebe nur während der Ferien von der Liebe kennen. Und die blaue Landschaft deiner Berge lernst du nur zwischen den Felsen kennen, die auf den Grat hinaufführen. Und Gott lernst du nur kennen, wenn du dich in Gebete versenkst, auf die dir keine Antwort zuteil wird. Denn nur das, was dir außerhalb deiner verströmenden Tage gewährt wird, erfüllt dich mit einem Glück, bei dem du keine Abnutzung zu befürchten brauchst; es wird dir geschenkt werden, wenn sich die Zeiten für dich erfüllt haben und dir zu sein vergönnt wird, nachdem du dein Werden vollendet hast.

Und freilich kannst du dich darin irren und den bedauern, der seinen Ruf in die leere Nacht hinaussendet und glaubt, die Zeit vergehe umsonst und beraube ihn seiner Schätze. Solch ein Durst nach Liebe ohne Liebe kann dich beunruhigen, wenn du vergessen hast, daß die Liebe ihrem Wesen nach nichts als Durst nach Liebe ist; dies ist den Tänzern und Tänzerinnen bekannt, die ihren Tanz auf Annäherung aufbauen, statt sich vor allem miteinander zu vereinen.
Und ich sage dir, daß es vor allem auf die entgangene Gelegenheit ankommt. Die Zärtlichkeit, die sich nur durch Gefängnismauern äußern kann, ist vielleicht die einzige große Zärtlichkeit. Das Gebet ist fruchtbar, solange Gott nicht antwortet. Und die Steine und Dornen nähren die Liebe.

Verwechsle daher nicht die Inbrunst mit dem Verbrauch deiner Vorräte. Die Inbrunst, die etwas für sich verlangt, ist keine Inbrunst. Die Inbrunst des Baumes geht in seine Früchte ein, die ihm nichts einbringen. So verhält es sich auch mit mir und meinem Volke. Meine Inbrunst schenke ich den Hirten, von denen ich nichts zu erwarten habe.
Schließe dich daher auch nicht in die Frau ein, um das in ihr

zu suchen, was du bereits bei ihr gefunden hast. Nur von Zeit zu Zeit kannst du sie wiedergewinnen, so wie einer, der im Gebirge wohnt, zuweilen zum Meere hinabsteigt.

51

Der war ungerecht, der von seinem winzigen Hause sagte: »Ich baue es, damit ich alle meine wahren Freunde darin aufnehmen kann...«

Denn was für eine Meinung hatte dieser Griesgram von den Menschen? Mein Haus könnte nicht groß genug sein, wenn ich es für meine wahren Freunde bauen wollte. Denn ich kenne keinen Menschen auf der Welt, von dem nicht ein noch so dürftiger, noch so flüchtiger Teil mein Freund wäre, und wie gut vermöchte ich selbst aus jenem, dem ich den Kopf abschlagen lasse, meinen Freund herauszulösen, wenn wir imstande wären, die Menschen zu zerteilen. Und ich könnte es selbst bei dem Manne, der mich allem Anschein nach haßt und mir den Kopf abschlagen würde, wenn es in seiner Macht stünde. Und glaube nicht, es handle sich dabei um billige Rührung oder Nachsicht oder niedriges Verlangen und Mitgefühl, denn ich bleibe streng, unnachgiebig und schweigsam. Aber wie zahlreich sind meine Freunde, die überall verstreut leben, und wie gut würden sie mein Haus füllen, wenn ich sie einladen könnte, zu wandern.

Der andere hingegen nennt nur den seinen wahrhaften Freund, dem er Geld anvertrauen könnte, ohne daß er einen Diebstahl des Geldes zu befürchten hätte – und dann besteht die Freundschaft aus der Treue, wie sie von Bediensteten gefordert wird –, oder den er um einen Gefallen bitten könnte, den er ihm auch erweisen würde – und dann ist die Freundschaft nur ein Vorteil, den man aus den Menschen herausholt –, oder der ihn notfalls verteidigen würde. Und so ist die Freundschaft eine Gunstbezeigung. Ich verachte aber alle Rechenkunst und nenne den Menschen meinen Freund, den ich in meinem Gegenüber entdeckt habe – den

Menschen, der vielleicht verborgen in seiner Schlacke schläft, sich aber vor meinen Augen herauszulösen beginnt: denn er hat mich erkannt und lächelt mir zu, selbst wenn er mich später verraten sollte.

Aber der andere, siehst du, zählt nur die Menschen als seine Freunde auf, die den Schierlingsbecher an seiner Stelle trinken würden – wie sollten daran sie alle Gefallen finden!

Jener Mann, der sich für schön hielt, verstand nichts von der Freundschaft. Mein Vater, der grausam war, hatte Freunde und wußte sie zu lieben, denn er hatte nichts für Enttäuschungen übrig, die nur verhinderter Geiz sind. Die Enttäuschung zeugt von gemeiner Gesinnung, denn wieso ist das zerstört, was du zunächst an einem Menschen geliebt hast, wenn noch etwas anderes in ihm steckt, was du nicht liebst? Du aber verwandelst alsbald den Menschen, den du liebst oder der dich liebt, in deinen Sklaven, und wenn er nicht die Lasten der Versklavung auf sich nimmt, verdammst du ihn. Jener andere hat die Liebe, die ihm sein Freund als Geschenk darbrachte, in Pflicht verwandelt. Und das Geschenk der Liebe wurde zur Verpflichtung, den Schierlingsbecher zu trinken, und zur Versklavung. Der Freund aber liebte den Schierlingsbecher nicht. Der andere kam sich daher enttäuscht vor, und das war niedrig. Denn die Enttäuschung richtete sich hier nur gegen seinen Sklaven, der seinen Dienst schlecht versehen hatte.

52

Ich werde dir von der Inbrunst reden. Denn du wirst vielen Vorwürfen begegnen müssen. So wird dir die Frau stets die Geschenke zum Vorwurf machen, die du anderen als ihr selber zukommen läßt. Denn der Mensch glaubt, daß etwas dem einen gestohlen sei, was dem anderen geschenkt werde. Hierzu sind wir durch die Mißachtung Gottes und den Gebrauch der Waren erzogen worden. Was du aber in Wirklichkeit gibst, macht dich nicht ärmer, sondern vermehrt im

Gegenteil die Schätze, die du austeilen kannst. Einer, der alle Menschen durch Gott hindurch liebt, liebt jeden Menschen unendlich viel mehr als der andere, der nur einen einzigen liebt und lediglich den armseligen Umkreis seiner Person auf seinen Komplizen ausdehnt. Ebenso schenkt einer, der in der Ferne den Gefahren der Seelen trotzt, der Geliebten weit mehr, ohne daß sie davon weiß, denn er schenkt ihr einen Menschen, der im Dasein steht, und der wird ihr nicht durch den Mann gegeben, der sie Tag und Nacht auf den Händen trägt, aber nicht existiert.

Laß hier keine Sparsamkeit walten. Es geht nicht um Ware, die man einsparen könnte, sondern um Regungen des Herzens. Denn Schenken ist ein Brückenschlag über den Abgrund deiner Einsamkeit.

Und wenn du schenkst, so bemühe dich nicht zu erfahren, wem deine Gabe zuteil wurde. Denn man wird dir sagen: »Der dort verdient nicht solch ein Geschenk.« Als wenn es sich um eine Ware handelte, die du verbrauchtest. Der gleiche Mensch, der dir durch die Geschenke, die du von ihm erlangen könntest, keinen Nutzen einbrächte, kann dir durch die Geschenke, die du ihm gewährst, einen Dienst erweisen, denn du dienst dadurch Gott. Und alle die wissen es wohl, die kein niedriges Mitleid für die Geschwüre des Gesindes empfinden, aber gerne ihr Leben aufs Spiel setzen und ohne Unterbrechung hundert Tage über Felsgestein wandern würden, wenn es nur darum ginge, den Lakaien ihres Lakaien von einem Geschwür zu erlösen. Und nur die zeigen eine niedrige Gesinnung und unterwerfen sich der Lakaienschaft ihres Lakaien, die auf eine Regung der Dankbarkeit bei ihm rechnen, denn wenn er sich auch seine ganze Haut vom Leibe risse, würde es nicht ausreichen, um nur einen Blick von dir zu bezahlen; du aber hast Gott beschenkt, da du den Verwahrer seines Gutes beschenktest, und so ist es an dir, dich vor ihm niederzuwerfen, denn er hat geruht, deine Gabe entgegenzunehmen.

53

Auch ich erwartete in meiner Jugend die Ankunft der Vielgeliebten, die man mir am Faden einer Karawane als Braut zuführte; jene Karawane war von so fernen Grenzen aufgebrochen, daß sie darüber gealtert war. Hast du jemals eine Karawane altern gesehen? Die Ankömmlinge, die sich bei den Wachtposten meines Reiches einstellten, hatten nicht mehr ihr eigenes Vaterland gekannt. Denn im Laufe der Reise waren alle gestorben, die noch aus eigener Erinnerung davon erzählen konnten. Und sie waren nacheinander am Wegesrande begraben worden. Und die anderen, die zu uns kamen, brachten nur Erinnerungen an Erinnerungen als ihr Erbgut mit. Und die Lieder, die sie von ihren Vätern gelernt hatten, waren nur Legenden von Legenden. Hast du je ein solches Wunder erlebt wie diese Annäherung eines Schiffes, das man im Meere gebaut und betakelt hatte? Und das junge Mädchen, das man aus einem Schrein von Gold und Silber hob, konnte sprechen und das Wort »Brunnen« sagen, denn sie wußte genau, daß davon in den Tagen des Glückes die Rede gewesen war. Und sie sprach dieses Wort wie ein Gebet, auf das es keine Antwort gibt, denn so läßt dich das Gedächtnis der Menschen zu Gott beten. Noch erstaunlicher war es, daß sie tanzen konnte; dieser Tanz war ihr unter Steinen und Dornen beigebracht worden, und sie wußte genau, daß der Tanz ein Gebet ist, das die Könige zu verführen vermag, auf das es aber im Leben der Wüste keine Antwort gibt. Und so steht es mit dem Gebet bis zu deinem Tode, denn es gleicht einem Tanze, den du tanzest, um einen Gott zu erweichen. Das Wunderbarste jedoch war, daß sie all das mitbrachte, was ihr erst an anderem Orte dienen sollte. Sie brachte ihre Brüste, die wie warme Tauben waren, um Milch zu spenden. Sie brachte ihren glatten Leib, um dem Reiche Söhne zu schenken. Sie war ganz bereit, als sie kam – wie ein geflügeltes Samenkorn, das das Meer überquert hat; sie war so vollkommen geformt, so wohlgestaltet, so reinen Herzens von Schätzen entzückt, die ihr niemals von Nutzen gewesen waren – so wie es dir mit den allmählich erlangten Verdiensten, mit deinen Taten und Erfahrungen ergeht, die dir erst in der Stunde deines Todes von Nutzen sein werden –, sie hatte aber nicht allein ihre Brüste und ihren Leib, die noch jungfräulich waren, sondern auch die Tänze, um die Könige zu verführen, die Brunnen, um die Lippen zu netzen, und die Kunst des Blumenbindens – da sie ja niemals Blumen sah – so wenig angewandt, daß sie, als sie bei mir anlangte, in ihrer gänzlichen Vollendung nur noch sterben konnte.

54

Ich habe dir vom Gebet gesprochen, das Ausübung der Liebe ist, dank dem Schweigen Gottes. Wenn du Gott gefunden hättest, würdest du in ihm beruhen und fortan vollendet sein. Und weshalb solltest du dann noch wachsen, um zu werden? Als sich einer um die Frau bemühte, die in ihrem Stolz wie inmitten eines dreifachen Schutzwalls eingemauert war und für die es daher gar keine Rettung gab, beklagte er verzweifelt das Los der Menschen: »Herr«, sagte er, »ich verstehe, und ich harre der Tränen. Sie sind der Regen, durch den die Gefahr des Unwetters dahinschwindet; sie sind Entspannung des Stolzes und erlaubte Verzeihung. Ich verzeihe ihr, wenn sie sich nur lösen und weinen wollte. Aber sie verteidigt sich wie ein wildes Tier mit Krallen und Zähnen gegen die Ungerechtigkeit deiner Schöpfung und weiß nur noch zu lügen.«

Er beklagte sie, weil sie solche Angst hatte. Und er wandte sich an Gott und sprach ihm von den Menschen: »Mit all den Zähnen, den Stacheln, den Krallen, den Giften, den spitzigen Schuppen und Dornen deiner Schöpfung hast du ihnen ein für allemal Angst eingejagt. Es braucht lange Zeit, sie zu beruhigen, damit sie heimfinden.« Und er wußte von ihr, die log, daß sie so fern, so verloren war und daß sie so weit gehen mußte, um heimzufinden.

Und er beklagte die Menschen, weil sie so weite Entfernungen in sich bargen, die man nicht zu erkennen vermochte. Manche verwunderten sich über seine scheinbare Nachsicht angesichts einer so abscheulichen Zügellosigkeit. Aber er wußte wohl, daß keine Nachsicht in ihm war. Er sagte: »Herr, ich stehe hier nicht als Richter. Es gibt Zeiten, in denen Gericht gehalten werden muß, und ich kann durch die Menschen oder mich selber dazu berufen werden, diese Rolle gegenüber anderen zu spielen. Aber wenn ich diese hier in meine Arme nahm, weil sie Angst hatte, so tat ich es nicht, um gegen sie einzuschreiten. Hat man jemals erlebt, daß der Retter seinen Schützling wieder ins Meer zurückgestoßen hätte, weil er ihn für unwürdig hielt? Du rettest ihn erst einmal vollständig, denn du rettest nicht den Menschen, sondern Gott durch ihn hindurch. Erst wenn er gerettet ist, kannst du gegen ihn einschreiten. So heilst du auch zunächst den zum Tode Verurteilten, wenn er krank ist, denn du darfst einen Menschen an seinem Leibe züchtigen, nicht aber den Leib eines Menschen mißachten.«

Und wenn einer sagte: Was bezweckst du damit, da so wenig Hoffnung besteht, sie zu retten?, so würde ich antworten, daß auch eine Kultur nicht auf ihren Erfindungen, sondern allein auf der Inbrunst beruht, die die Erfindungen hervorbringt; du verlangst auch nicht von deinem Arzt, er solle sein Eingreifen mit dem Wert seines Patienten rechtfertigen. Vor allem kommt es auf die Haltung an, denn das erstrebte Ziel ist nur ein scheinbares und eine willkürliche Etappe, und du weißt nicht, wohin du gehst. Und hinter diesem Berggrat erhebt sich wieder ein anderer Berggrat. Und hinter diesem Menschen rettest du noch etwas anderes, wenn es vielleicht auch nur das Ideal der Rettung ist. Und wenn du etwas tust und siehst dabei auf den Vorteil, und wenn du ihn von vornherein forderst, als käme er dir zu wie aus einem Vertrage, so bist du ein Krämer, nicht aber ein Mensch.

Du kannst nichts über die Etappen erfahren, die lediglich eine Erfindung der Sprache sind. Einzig die Richtung hat einen Sinn. Es kommt darauf an, daß du auf etwas zugehst, nicht daß du ankommst; denn man kommt nirgendwo an, außer im Tode.

Ihre Zügellosigkeit erschien mir somit als Angst und Verzweiflung. Denn wenn du alles aus der Hand gleiten läßt, hast du verzichtet, danach zu greifen. Und die Zügellosigkeit ist nur Verzicht auf das Sein.

Und du verzweifelst an diesen Schätzen, die nacheinander verbraucht werden und sterben. Denn die Blume verwelkt, aber sie wird für dich zum Samenkorn, und du verzweifelst, weil du die Blume nicht nur für eine Durchgangsstation hieltest. Ich sage dir aber: der Seßhafte ist nicht einer, der das junge Mädchen um der Liebe willen liebt und dann die Frau heiratet und das Kind in den Schlaf wiegt und den Knaben lehrt und als Greis seine Weisheit verbreitet und so immer weiter voranschreitet; er möchte bei der Frau innehalten und sie wie ein einziges Gedicht oder einen angesammelten Vorrat genießen, und darum entdeckt er alsbald ihre Nichtigkeit, denn nichts auf Erden ist als Gefäß unerschöpflich, und die Landschaft, die du von den Bergeshöhen erspähst, ist nur ein Werk deines Sieges.

Dann verstößt er die Frau oder die Frau sucht sich enttäuscht einen anderen Liebhaber. Doch nur die Nichtigkeit ihrer beider Haltung war schuld daran. Denn du kannst nicht die Frau lieben, du kannst nur durch die Frau hindurch lieben. Du kannst nicht das Gedicht, sondern nur durch das Gedicht hindurch lieben. Du kannst nur durch die Landschaft hindurch lieben, die du von der Bergeshöhe erspähst. Und die Zügellosigkeit entsteht aus der Angst, daß du dein Dasein verfehlen könntest. So wälzt sich der Schlaflose auf seinem Lager hin und her, weil er die kühlende Schulter des Bettes sucht. Aber kaum hat er sie gefunden, als sie schon ihre Kühle verliert und sich versagt. Und so sucht er anderswo nach einem Quell, der ihm ständige Kühlung spenden könnte. Der ist aber nicht zu finden, denn kaum rührt er daran, so ist schon der Vorrat vergeudet.

So ist es auch mit dem Mann oder der Frau, die nur das Leere in allen Wesen sehen, denn diese sind leer, wenn sie nicht als Fenster oder Luken zu Gott führen. Deshalb liebst du in der gewöhnlichen Liebe nur das, was vor dir flieht, denn sonst bist du schon gleich gesättigt und ekelst dich über dein Befriedigtsein. Und die Tänzerinnen wissen es wohl, die mir die Liebe vorspielen.
So hätte ich jener Frau, die die Welt ausplünderte und sich von Disteln nährte, zu innerer Sammlung verhelfen wollen, denn die wirkliche Frucht findet sich nur hinter den Dingen. Kein Wesen kann in dem Maße dein Herz ergreifen, wie du es von ihm forderst, sobald du erst sein Feuer kennengelernt hast.
Es ergreift dich erst, wenn du nichts mehr von ihm erhoffst: Sobald es nur noch ein Bild, ein verirrtes Schaf, ein schwaches Kind ist, sobald es dem verängstigten Fuchs gleicht, der dich in den Finger beißt, während du ihn fütterst –, und wirst du es ihm nachtragen, wenn er in seiner Furcht und seinem Haß verharrt? Würdest du ein Wort oder eine Geste als Beleidigung ansehen, wenn du nur die Worte und den leeren Sinn, den sie einschließen, zu vergessen brauchtest, um dahinter Gott zu entdecken?
Und ich bin der erste, der einem, der mich gekränkt hat, den Kopf abschlagen würde, wenn meine Gerechtigkeit so entschieden hätte. Ich stehe jedoch zu hoch über diesem Fuchs, der unter seiner Schlinge leidet – nicht, um ihm zu verzeihen, denn in dieser Höhe, in der ich mich zum Alleinsein verurteilt habe, gibt es nichts zu verzeihen – aber um aus dem verstörten Gekläff die bloße Verzweiflung herauszuhören.

Darum kann es geschehen, daß eine Frau, die schöner, vollkommener, edelmütiger ist, dir Gott doch nur in weiterer Ferne zeigt. Denn es ist nichts in ihr, was du beruhigen, sammeln, vereinigen könntest. Und wenn sie dich bittet, du möchtest dich ihr allein widmen und dich in ihrer Liebe einschließen, will sie dich nur zu einer Selbstsucht zu zweien

verleiten, die man fälschlich Licht der Liebe nennt, während es sich dabei nur um eine sinnlose Feuersbrunst und ein Plündern der Speicher handelt.
Ich habe meine Vorräte nicht angesammelt, um sie in einer Frau einzuschließen und daran Gefallen zu finden.

Mit all ihrer Untreue, ihrer Lüge, ihren Fehltritten, lockte daher eine andere weit mehr aus mir heraus; sie drang tiefer zum Quell des Herzens vor. Sie zwang mich in der Stille zu leben, die ein Ausdruck der wahren Liebe ist, und ließ mich so die Ewigkeit kosten.

Denn es gibt eine Zeit, wo Gericht gehalten werden muß. Es gibt aber auch eine Zeit, wo es gilt zu werden...

Ich werde dir von der Gastfreundschaft erzählen. Wenn du dem Landstreicher deine Tür öffnest und er sich niedersetzt, wirf ihm nicht vor, daß er so und nicht anders ist. Denn mit der Schwere in seinen Gliedern, mit dem Gepäck seiner Erinnerungen, mit seinem stockenden Atem und dem Wanderstab, den er in eine Ecke stellte, hungert ihn vor allem danach, irgendwo da zu sein, ein Zuhause um sich zu haben. Es hungert ihn danach, in der Wärme und im Frieden deines Gesichtes zu weilen, das gerecht auf seine Vergangenheit blickt; von ihr ist jetzt nicht die Rede und all seine Makel sind wie abgestreift. Er spürt seine Krücken nicht mehr, da du ihn nicht zum Tanze aufforderst. Und so faßt er Zutrauen und trinkt die Milch, die du ihm eingießt, und ißt das Brot, das *du* ihm reichst, und das Lächeln, das du ihm schenkst, ist ein warmer Mantel, wie die Sonne für den Blinden.
Und wie könnte dich einer für niedrig halten, wenn du ihm zulächelst, und behaupten, daß er dessen nicht würdig sei?
Und wie könntest du ihm etwas schenken, wenn du ihm die Hauptsache vorenthältst: deine Gastfreundschaft, die selbst das Verhältnis zu deinem größten Todfeinde adeln kann.

Auf welche Dankbarkeit rechnest du, die du mit der Last deiner Geschenke gewinnen könntest? Er könnte dich nur hassen, wenn er in tiefen Schulden von dir ginge.

55

Verwechsle nicht die Liebe mit dem Rausch des Besitzes, der die schlimmsten Leiden mit sich bringt. Denn du leidest nicht unter der Liebe, wie die Leute meinen, sondern unter dem Besitztrieb, der das Gegenteil der Liebe ist. Aus Liebe zu Gott ziehe ich hinkenden Fußes des Weges, um Gott zunächst einmal zu anderen Menschen hinzutragen. Und ich denke nicht daran, mir aus meinem Gott einen Sklaven zu machen. Ich werde durch die Gaben gespeist, die er anderen gewährt. Und so vermag ich den wahrhaft Liebenden daran zu erkennen, daß er nicht gekränkt werden kann. So kann auch einer, der für das Reich stirbt, nicht durch das Reich gekränkt werden. Du kannst diesen oder jenen undankbar nennen, aber wie könntest du von der Undankbarkeit des Reiches sprechen? Das Reich baut sich auf deinen Geschenken auf, und du führst ein schmutziges Rechnen ein, wenn du um einen Dienst besorgt bist, den es dir gewähren soll. Wenn einer sein Leben für den Tempel hingibt, so hat er sich als ein wahrhaft Liebender für den Tempel ausgetauscht, aber wodurch könnte er sich durch ihn gekränkt fühlen? Die wirkliche Liebe beginnt, wo keine Gegengabe mehr erwartet wird. Und wenn es darum geht, den Menschen die Menschenliebe zu lehren, kommt der Übung des Gebetes vor allem deshalb solche Bedeutung zu, weil das Gebet ohne Antwort bleibt.

Eure Liebe hat Haß als Grundlage, denn ihr verweilt bei dem Manne oder der Frau, aus denen ihr euren Vorrat schöpft; und wie die Hunde, die ihren Trog umkreisen, beginnt ihr jeden zu hassen, der auf euer Mahl schielt. Diese Selbstsucht nennt ihr dann Liebe. Kaum wird euch die Liebe gewährt, so verwandelt ihr auch dieses freie Geschenk wie bei euren unechten Freundschaften in Knechtschaft und Versklavung; von dem Augenblick an, da man euch liebt, beginnt ihr euch daher gekränkt zu zeigen. Und ihr quält den anderen durch diesen Anblick eurer Leiden, um besser knechten zu können. Und freilich leidet ihr. Doch gerade dieses Leiden mißfällt mir. Weshalb sollte ich euch darin bewundern?

Gewiß bin auch ich in meiner Jugend unter den funkelnden Sternen auf der Terrasse auf und ab gewandert, weil irgendeine Sklavin entflohen war, von der ich meine Genesung erhoffte. Ich hätte Armeen aufgestellt, um sie zurückzugewinnen. Und ich hätte ihr Provinzen zu Füßen gelegt, um sie zu besitzen; aber Gott ist mein Zeuge, daß ich niemals den Sinn der Dinge vermischt und diese Suche nach meiner Beute Liebe genannt hätte, selbst wenn ich mein Leben dafür aufs Spiel setzte.

Ich erkenne die Freundschaft daran, daß sie sich nicht enttäuschen läßt, und ich erkenne die wahre Liebe daran, daß sie nicht gekränkt werden kann.

Wenn man dir sagt: »Verstoße sie, denn sie kränkt dich...«, so höre dir solche Rede geduldig an, aber ändere dein Verhalten nicht, denn in wessen Macht steht es, dich zu kränken?
Und wenn man dir sagt: »Verstoße sie, denn all deine Mühe ist vergebens...«, so höre dir diese Rede geduldig an, aber ändere dein Verhalten nicht, denn du hast deine Wahl schon vollzogen. Und wenn man dir auch stehlen kann, was du empfängst, – wer hätte die Macht, dir zu stehlen, was du schenkst? Und wenn man dir sagt: »Hier hast du Schulden. Hier hast du keine. Hier erkennt man deine Geschenke an. Hier spottet man darüber«, so verstopfe dir die Ohren vor solcher Rechenkunst.

Allen kannst du entgegnen: Mich lieben bedeutet vor allem, mit mir zusammenzuarbeiten.

So steht es auch mit dem Tempel, den nur die Freunde betreten, aber unzählbar viele...

56

Und ich lehre dich das gleiche Geheimnis. Deine gesamte Vergangenheit ist nur eine Geburt, und so ist es auch mit den Begebenheiten des Reiches bis zum heutigen Tage. Und wenn du etwas bedauerst, bist du genau so töricht wie einer, der bedauert, daß er nicht in einem anderen Zeitalter geboren wurde oder der noch Kind sein möchte, während er doch schon erwachsen ist, oder der lieber in einem anderen Lande lebte, und der die Verzweiflung, die ihn ständig begleitet, mit solch albernen Träumereien nährt. Der ist ein Narr, der sich an der Vergangenheit die Zähne ausbricht, denn sie ist ein Granitblock und hat sich vollendet. Bejahe den Tag, wie er dir geschenkt wird, statt dich am Unwiederbringlichen zu stoßen. Das Unwiederbringliche besitzt keinen Wert, denn es ist der Stempel, der allem Vergangenen aufgeprägt ist. Und ein erreichtes Ziel, einen abgelaufenen Zyklus, eine abgeschlossene Epoche gibt es nur für die Geschichtsschreiber, die solche Einteilungen konstruieren; wie könntest du also schon wissen, daß du dein Verhalten bereuen mußt, da es noch nicht Erfolg hatte und niemals Erfolg haben wird? Denn der Sinn der Dinge liegt nicht im schon angesammelten Vorrat, den die Seßhaften verzehren, sondern in der Glut der Verwandlung, des Voranschreitens oder der Sehnsucht. Und die Besiegten, die sich unter dem Absatz des Siegers wieder aufraffen, nenne ich sieghafter in ihrer Haltung als den Sieger, der seinen gestrigen Sieg wie der Seßhafte seine Vorräte genießt und bereits dem Tode entgegengeht.

Du wirst mir sagen: Was soll ich denn erstreben, da ja das

Ziel ohne Bedeutung ist? Und als Antwort kann ich dir jenes große Geheimnis mitteilen, das sich unter gewöhnlichen und einfachen Worten verbirgt und das mich die Weisheit allmählich im Laufe des Lebens gelehrt hat: daß nämlich die Vorbereitung der Zukunft nur im Begründen der Gegenwart besteht. Und daß sich alle in Utopien und Bestrebungen verzehren, die fernen Bildern nachjagen, Früchten ihrer eigenen Erfindung. Aber die einzige wahrhafte Erfindung besteht in einer Entzifferung der Gegenwart, ihrer unzusammenhängenden Seiten und ihrer widerspruchsvollen Sprache. Gibst du dich hingegen mit den Albernheiten deiner leeren Zukunftsträume ab, so gleichst du dem Manne, der davon überzeugt ist, er könne mit der Leichtigkeit seiner Schreibfeder seine Säule erfinden und den neuen Tempel erbauen. Denn wie könnte er so seinem Feinde begegnen, und wie sollte er zu sich selber gelangen, wenn er nicht auf einen Gegner stößt? Woran könnte er dann seine Säule formen? Die Säule entsteht im Laufe der Generationen aus der ständigen Reibung mit dem Leben. Auch eine Form erfindest du nicht; der Gebrauch schleift sie zurecht. Und so entstehen die großen Werke und Reiche.

Immer geht es nur darum, die Gegenwart zu ordnen. Was fruchtet es, über ihre Erbschaft zu streiten? Die Zukunft soll man nicht voraussehen wollen, sondern möglich machen.

Und freilich hast du Arbeit vor dir, wenn du die Gegenwart als Baustoff erhältst. Und aus dieser Ansammlung von Schafen, Ziegen, Gerstenfeldern, Häusern und Bergen, die im Augenblick, da ich es ausspreche, zu einem Landgut, zu einem Reiche werden, — aus dieser Ansammlung gewinne ich etwas, was noch nicht bestand; ich nenne es eine unteilbare Einheit — denn wenn die Vernunft daran rührt, zerstört sie nur, ohne etwas davon zu wissen — und so begründe ich die Gegenwart auf die gleiche Weise, wie ich durch die Anspannung meiner Muskeln den Berggrat erreiche, die Landschaft gestalte und an jener lieblichen blauen Ferne teilhabe, in der die Städte aussehen wie Eier in den Nestern der Fluren; und das ist nicht wahrer oder falscher, als wenn dir die

Städte wie Schiffe oder Tempel erscheinen, sondern nur anders. Und so steht es in meiner Macht, aus dem Schicksal der Menschen Nahrung für meine Heiterkeit zu gewinnen.
Wisse also, daß jede wirkliche Schöpfung nicht in einer Vorwegnahme der Zukunft, in der Verfolgung von Hirngespinsten und Utopien besteht; sie ist vielmehr ein neues Gesicht, das dich die Gegenwart lesen läßt, und diese bewahrt den ungeordneten Stoff als ein Erbe, über das du dich weder freuen noch beklagen solltest, denn da es entstanden ist, existiert es nun einmal, so wie du selber existierst.
Laß also die Zukunft wie einen Baum gedeihen, der nach und nach seine Zweige entfaltet! Von Gegenwart zu Gegenwart wird der Baum wachsen, bis er vollendet in seinen Tod eintritt. Sorge dich nicht um mein Reich! Seit die Menschen jenes Gesicht im Vielerlei der Dinge erkannten, seit ich wie ein Bildhauer den Stein meißelte, habe ich in der Majestät meiner Schöpfung ihrem Schicksal die Richtung gewiesen. Und fortan werden sie von Sieg zu Sieg schreiten, fortan werden die Lieder meiner Sänger einen Inhalt haben, da sie ganz einfach das Leben feiern, statt die toten Götter zu rühmen.
Sieh meine Gärten, in denen meine Gärtner im Morgengrauen darangehen, den Frühling zu erschaffen; sie streiten sich nicht um die Blumen, ihre Stempel und Kronen, sie säen die Samenkörner. Und so sage ich euch, den Verzagten, den Unglücklichen, den Geschlagenen: Ihr seid das Heer eines Sieges! Denn ihr beginnt in diesem Augenblick, und es ist schön, so jung zu sein.

Glaube aber nicht, es sei so einfach, die Gegenwart zu denken: Denn dann widersteht dir eben der Stoff, den du zu gestalten hast, während dir deine Einfälle, die sich mit der Zukunft beschäftigen, niemals widerstehen werden. Und wie gut kommt der Träumer voran, der neben einem versiegten Brunnen im Sande liegt und schon in der Sonne verdunstet. Wie leicht fallen ihm die Sprünge, mit denen er seiner Befreiung entgegeneilt. Wie bequem ist es, im Traume

zu trinken, da dir deine Schritte wie gut geölte Sklaven das Wasser herantragen, und da es kein Gestrüpp gibt, das sie aufhalten könnte.
Denn auch diese Zukunft, in der es keine Feinde gibt, wird nicht zur Wirklichkeit, und so liegst du in den letzten Zügen, der Sand knirscht zwischen deinen Zähnen, und der Palmenhain und der träge Fluß und der Gesang der Wäscherinnen lassen dich langsam in den Tod sinken.
Wenn aber einer in Wahrheit marschiert, stößt er sich die Knöchel an den Steinen wund, kämpft gegen die Dornen und reißt sich die Nägel am Geröll blutig. Denn es sind ihm alle Sprossen seines Anstiegs aufgegeben, die er nacheinander überwinden muß. Und mit seiner Haut, seinen Muskeln, mit den Blasen seiner Hände und den Wunden seiner Füße erschafft er sich langsam das Wasser. Er braut die widerstrebenden Wirklichkeiten zusammen und muß das Wasser seiner Steinwüste mit den Fäusten herbeizwingen; so gleicht er dem Bäcker, der die Teigmasse knetet und nach und nach spürt, wie sie sich verfestigt, wie sie eine Muskulatur erhält, die ihm widersteht, wie sie Knoten bildet, die er auflösen muß, und damit beginnt er, das Brot zu erschaffen. So geht es auch dem Dichter oder dem Bildhauer, die zunächst das Gedicht oder den Stein in einer Freiheit bearbeiteten, in der sie sich verloren; denn sie konnten das Antlitz, das ihnen vorschwebte, lächeln oder weinen machen, es sich nach rechts oder nach links beugen lassen, und in einer solchen Freiheit gelang es ihnen nicht, bis zur Wirklichkeit vorzudringen. Es kommt aber die Stunde, in der der Fisch anbeißt und die Angelrute widersteht. Es kommt die Stunde, da du, einem anderen Worte zuliebe, das du beibehalten möchtest, etwas nicht gesagt hast, was dir vorschwebte; denn du wolltest zugleich auch jenes Wort aussprechen, und es stellte sich heraus, daß dir diese beiden Wahrheiten widerstehen. Und so beginnst du auszustreichen oder in deinem Lehm das Lächeln zu kneten, das dich allmählich herausfordert. Du suchst nicht das eine oder das andere mit einer Logik der Worte, du suchst den Schlußstein, der das Gewölbe deiner sich wider-

strebenden Wahrheiten krönt, denn nichts darf verlorengehen – und so ahnst du, daß ein Gedicht entsteht oder ein Antlitz aus dem Stein hervortritt, denn schon bist du von vielgeliebten Feinden umringt.
So höre auch niemals auf die Ratgeber, die dir dadurch einen Dienst zu erweisen glauben, daß sie dir empfehlen, eine deiner Bestrebungen aufzugeben. Du kennst sie, deine Berufung, denn du spürst, wie sie auf dir lastet. Und wenn du sie preisgibst, verunstaltest du dich selber, aber du kannst gewiß sein, daß deine Wahrheit langsam wachsen wird, denn sie ist Geburt eines Baums und nicht glücklicher Fund einer Formel. Es kommt dabei vor allem auf die Zeit an, denn du sollst ein anderer werden und einen schwierigen Berg ersteigen. Das neue Wesen, das als Einheit aus dem Vielerlei der Dinge hervortritt, zwingt sich dir nicht wie die Lösung eines Bilderrätsels auf, aber es befriedet den Streit und heilt die Wunden. Und seine Macht wirst du erst erkennen, wenn es Wirklichkeit geworden ist. Deshalb habe ich stets um des Menschen willen Langsamkeit und Stille als allzu vergessene Götter geehrt.

57

Denn es ist schön, so jung zu sein, o ihr Enterbten, ihr Unglücklichen und Besiegten, die ihr an eurem Erbe nur den Anteil erkennt, der dem schlechten Gestern zufällt! Wenn ich aber meinen Tempel baute und ihr dort die Menge der Gläubigen bilden würdet; wenn ich meinen Samen unter euch ausgestreut hätte und euch dort in der Majestät des Schweigens vereinte, damit ihr langsam zu einer wunderbaren Ernte heranreiftet, wie könntet ihr dann einen Grund zur Verzweiflung haben? Ihr habt sie gekannt, die Morgenröten des Sieges, in denen sich die Sterbenden auf ihren Bahren, die Krebskranken mit ihrem Pestgeruch, die Lahmen auf ihren Krücken, die Schuldner inmitten der Gerichtsvollzieher, die Gefangenen inmitten ihrer Wächter – in denen sich alle mit ihren Entzweiungen und ihren Schmerzen im Siege, der ihrer Gemeinschaft zuteil wurde, wie im Schlußstein eines Gewölbes vereinten; an solchen Morgenden wurde die vielgestaltige Menge zu einer Kathedrale, die die Siegeshymne anstimmte.

Du hast es erlebt, wie die Liebe Wurzeln schlägt, wenn die Seelen plötzlich zueinanderfinden; vielleicht stehen sie dabei sogar unter dem Eindruck des Schicksalsschlages, der sich auf einmal in ein Gefüge, in den Schlußstein eines Gewölbes verwandelt hat, um aus allen den gleichen Anteil, das gleiche, zur Mitarbeit bereite Gesicht zu gewinnen – und so stellt sich die Freude darüber ein, daß du dein Brot teilen oder einen Platz am Feuer anbieten kannst. Du rümpftest die Nase in deinem winzigen Häuschen, in dem nicht einmal deine Freunde Platz fanden, und nun öffnet sich auf einmal der Tempel, den nur die Freunde betreten, aber unzählbar viele. Wo besteht hier ein Grund zur Verzweiflung? Alles ist in ständiger Geburt. Und gewiß gibt es das Unwiederbringliche, aber es ist kein Anlaß zu Trauer oder Freude, es ist nur das Kennzeichen alles Gewesenen. Meine Geburt ist unwiederbringlich, weil ich jetzt hier stehe. Die Vergangenheit ist unwiederbringlich, aber die Gegenwart ist euch überantwortet, und sie gleicht den ungeordneten Bausteinen, die zu Füßen eines stümperhaften Baumeisters liegen: An euch ist es, daraus die Zukunft zu gestalten.

58

Den Freund kennzeichnet es vor allem, daß er nicht richtet. Ich sagte dir schon: der ist es, der dem Landstreicher seine Tür öffnet und ihn einläßt mit seiner Krücke, mit seinem Stecken, den dieser in eine Ecke stellt; er fordert ihn nicht zum Tanzen auf, um über seinen Tanz zu richten. Und wenn der Landstreicher vom Frühling erzählt, draußen auf seinen Wegen, nimmt der Freund den Frühling in sich auf. Und wenn er vom Schrecken der Hungersnot erzählt, die in dem

Dorfe wütet, aus dem er kommt, erleidet er mit ihm die Hungersnot. Denn ich sagte es schon: der Freund ist der Teil im Menschen, der für dich da ist und für dich eine Tür öffnet, die er vielleicht keinem anderen öffnen wird. Und dein Freund ist wahr, und alles, was er dir sagt, ist aufrichtig, und er liebt dich selbst dann, wenn er dich im anderen Hause haßt. Und wenn es mir Gott vergönnt, daß ich dem Freunde im Tempel begegne und ihn berühre, so kehrt er mir ein Gesicht zu, das dem meinen gleicht und vom gleichen Gott erleuchtet ist; denn dann ist die Einheit da, mag er auch anderswo Krämer sein, während ich Hauptmann bin, oder Gärtner, während ich Seemann bin. Über alles Trennende hinweg habe ich ihn gefunden und bin sein Freund. Und ich kann neben ihm schweigen, das heißt, ich brauche nichts für meine inneren Gärten und Berge und Schluchten und Wüsten zu befürchten, denn er wird nicht darin seine Schuhe ablaufen. Wenn du, mein Freund, etwas voller Liebe von mir empfängst, so ist es, als wenn du den Botschafter meines inneren Reiches willkommen hießest! Und du behandelst ihn freundlich und bittest ihn, sich zu setzen und hörst ihn an. Und so sind wir glücklich. Aber hast du jemals erlebt, daß ich Botschafter bei ihrem Empfange zurückgesetzt oder abgelehnt hätte, weil man sich in ihren Reichen, tausend Marschtage von dem meinen entfernt, von Speisen nährt, die mir mißfallen oder weil ihre Sitten von den meinen verschieden sind? Die Freundschaft ist vor allem die Waffenruhe und der große Austausch des Geistes, der sich über alle Kleinigkeiten des Alltags hinwegsetzt. Und es ziemt mir nicht, dem Gast Vorwürfe zu machen, der an meinem Tische sitzt. Denn wisse, daß die Gastfreundschaft, die Höflichkeit und die Freundschaft Begegnungen von Mensch zu Mensch sind. Was könnte ich im Tempel eines Gottes anfangen, der den Wuchs oder die Leibesfülle seiner Gläubigen bekrittelte, und was hätte ich im Hause eines Freundes zu suchen, der nicht die Krücken seiner Besucher guthieße, sondern sich anmaßte, sie tanzen zu lassen, um über sie zu richten?

Es gibt schon genug Richter auf der Welt. Wenn es darum

geht, dich umzukneten und zu härten, so überlaß diese Aufgabe deinen Feinden. Sie werden sie gern übernehmen, so wie der Sturm, der die Zeder formt. Dein Freund ist dazu da, dich willkommen zu heißen. Laß dir gesagt sein, daß Gott dich nicht mehr richtet, wenn du in seinen Tempel eintrittst, sondern dich empfängt.

59

Wenn du Freundschaften dort begründen willst, wo man nur noch die Aufteilung von Vorräten und die daraus folgende Aufspaltung der Herzen kennt – denn wenn du willst, daß sie sich hassen sollen, wirf ihnen Korn vor –, so finde zur Ehrfurcht vor den Menschen zurück und wisse, daß sich in einer Gemeinschaft nur atmen läßt, wenn keiner den anderen bekrittelt. Wenn du schlecht von deinem Freunde denkst und es aussprichst, so besagt das, daß du ihm noch nicht auf einer menschlichen Stufe begegnet bist, jener der Gemeinde, die sich im Tempel als eines Sinnes erlebt. Und es handelt sich dabei nicht um Nachsicht oder Schwäche oder Sittenerweichung. Deine Strenge hat ihren Sitz anderswo und du bist anderswo Richter. Du wirst ohne zu wanken Köpfe abschlagen, wenn es nötig sein sollte. Denn nochmals sei es gesagt: du verurteilst zum Tode, aber zuvor heilst du den Verurteilten, sofern er krank ist. Fürchte nicht diese Widersprüche, die deine unzureichende Sprache gebraucht, wenn sie etwas über die Menschen aussagt. Denn Widersprüche entstehen nur durch die Sprache, die auszudrücken sucht. Und du übergibst dem Henker nur einen Teil des Verurteilten; es gibt aber noch einen anderen Teil, den du als Gast an deiner Tafel empfangen könntest und über den du nicht zu richten befugt bist. Denn es ist dir aufgetragen, den Menschen zu richten, aber zugleich auch, ihm Ehrfurcht zu bezeigen. Und es geht nicht darum, den einen zu richten und dem andern Ehrfurcht zu bezeigen; es geht um den gleichen Menschen. Es ist das eines der Geheimnisse meines

Reiches – ein Geheimnis, das nur auf der Unbeholfenheit der Sprache beruht.
Mich aber kümmern diese Einteilungen nicht, die für den Logiker gelten. Denn ich habe stets gefunden, daß der Feind, den ich in meiner Wüste bekämpfe und in meinen Haß einschließe, die beste Übung für meine Seele bedeutet. Furchtbar ziehen wir gegeneinander – mit Liebe.

60

Es kamen mir Gedanken über die Eitelkeit. Von jeher erschien sie mir nicht als ein Laster, sondern als eine Krankheit. Denn auch in der Frau, bei der ich gewahrte, wie sie sich über das Urteil der Menge erregte, wie ihre Haltung und ihre Stimme entarteten, weil sie zum Schauspiel wurde, wie sie übermäßige Befriedigung über die Worte empfand, die man über sie äußerte, wie ihre Wangen feurig glühten, wenn man sie anblickte – auch in ihr sah ich etwas anderes als Dummheit: ich erkannte die Krankheit. Denn wie kann dich ein anderer befriedigen, wenn es nicht aus Liebe geschieht und wenn du ihm nichts schenkst? Und doch scheint ihr die Befriedigung, die ihr ihre Eitelkeit verschafft, mehr Wärme zu spenden als alle ihre anderen Güter; sie wäre bereit, für dieses Vergnügen auf Kosten ihrer anderen Vergnügen zu zahlen.
Es ist eine magere und elende Freude, gleichsam die Freude an einem Makel. So freut sich einer, der sich kratzt, wenn es ihn juckt, und der daran Gefallen findet. Die Liebkosung aber ist Wohnung und Obdach. Ich liebkose ein Kind, um es zu behüten. Und es empfängt davon ein Zeichen auf dem Samt seines Gesichtes.
Du aber, Eitle, du bist nur ein Zerrbild!
Ich sage, daß die Eitlen zu leben aufhörten. Denn wer tauscht sich gegen etwas aus, das größer ist als er selber, wenn er zunächst etwas empfangen will? Solch einer wird nicht mehr wachsen; er ist verkümmert für alle Ewigkeit.

Wenn ich indessen den mutigen Krieger lobe, so wird er gerührt und zittert wie das Kind unter meiner Liebkosung. Und darin liegt keine Eitelkeit.

Was geht dem einen zu Herzen und was dem anderen? Und wodurch unterscheiden sie sich?

Wenn die Eitle in Schlaf sinkt...

Ihr werdet die Bewegung der Blume nie kennenlernen: sie schüttelt im Winde all ihre Samenkörner ab und wird sie nicht zurückerhalten.

Ihr werdet die Bewegung des Baumes nie kennenlernen: er gibt seine Früchte hin und wird sie nicht zurückerhalten.

Ihr werdet den Jubel des Menschen nie kennenlernen: er gibt sein Werk hin und wird es nicht zurückerhalten.

Ihr werdet die Inbrunst der Tänzerin nie kennenlernen: sie gibt ihren Tanz hin und wird ihn nicht zurückerhalten.

Und so ist es auch mit dem Krieger, der sein Leben hingibt. Und ich spende ihm Lob, weil er seine Brücke geschlagen hat. Ich lasse ihn wissen, daß seine Aufopferung allen Menschen gilt. Und so ist er nicht mit sich selber, sondern mit den Menschen zufrieden.

Der Eitle aber ist ein Zerrbild. Und ich verlange keine Bescheidenheit, denn ich liebe den Stolz, der Dasein und Beständigkeit bedeutet. Wenn du bescheiden bist, gibst du wie die Wetterfahne dem Winde nach, da ja der andere mehr Gewicht hat als du selber.

Ich verlange von dir, daß du nicht von dem leben sollst, was du empfängst, sondern von dem, was du gibst, denn dadurch allein wirst du wachsen. Und damit ist nicht gesagt, daß du deine Gaben verachten sollst. Du sollst deine Frucht bilden. Und der Stolz sorgt für deren Beständigkeit. Sonst würdest du dem Winde zuliebe ihre Farbe, ihren Geruch, ihren Geschmack wechseln.

Was aber bedeutet dir eine Frucht? Deine Frucht hat für dich nur Wert, wenn sie dir *nicht* zurückgegeben werden kann.

Da ruht eine auf ihrem Paradebett und lebt von den Beifallsrufen des Pöbels: »Ich schenke meine Schönheit und meine Anmut und meine königliche Haltung; und die Menschen bewundern mich, wenn ich wie ein herrliches Schiff des Schicksals vorüberziehe. Und ich brauche nur zu sein, um zu schenken.«

Die Eitelkeit beruht auf dem falschen Geschenk und auf einer Täuschung. Denn du kannst nur schenken, was du verwandelst: so wie der Baum die Früchte hingibt, in die er die Erde verwandelte; so wie die Tänzerin den Tanz hingibt, in den sie ihren Gang verwandelte; so wie der Soldat sein Blut hingibt, das er in den Tempel oder in das Reich verwandelte.

Aber die läufige Hündin ist nichts wert, obwohl sie die Hunde umringen und umwerben. Denn sie hat die Gabe, die sie schenkt, nicht verwandelt. Und ihre Freude ist der Freude an der Zeugung abgestohlen. Sie breitet sich ohne Anstrengung im Verlangen der Hunde aus.

Und einer, der Neid erweckt und den Wohlgeruch davon auskostet: er ist glücklich, wenn er beneidet wird.

Zerrbild des Schenkens. Und bei den Banketten erhebt er sich, um das Wort zu ergreifen. Wie ein Baum, der von Früchten schwer ist, beugt er sich den Tischgästen entgegen. Aber nichts ist vorhanden, was sie pflücken könnten.

Es gibt jedoch immer Leute, die zu pflücken meinen, denn sie sind noch dümmer als der Eitle und fühlen sich durch ihn geehrt. Und wenn er es erfährt, glaubt er, er habe geschenkt, da ja sein Tischgenosse empfangen hat. Und so wiegt sich der eine vor dem anderen hin und her; sie gleichen zwei Bäumen, die keine Frucht tragen.

Die Eitelkeit ist Mangel an Stolz, Unterwerfung unter den Pöbel, unwürdige Erniedrigung. Doch du suchst den Pöbel, damit er dich an deine Früchte glauben mache.

Oder da ist einer, den das Lächeln des Königs adelt. »Er kennt mich also«, wird er sagen. Wenn er aber von Liebe

zum König erfüllt wäre, würde er vor Freude erröten und kein Wort hervorbringen. Denn das Lächeln des Königs könnte nur den einen Sinn für ihn haben: »Der König nimmt das Opfer meines Lebens an...« Und auf einmal ist sein ganzes Leben gleichsam gegen die Majestät seines Königs ausgetauscht und ihr geschenkt. Ich habe zur Schönheit des Königs beigetragen, könnte er sagen; denn dieser ist schön, weil er der Stolz eines Volkes ist.
Doch der Eitle beneidet den König. Und wenn ihm der König zugelächelt hat, tut er sich wichtig mit diesem Lächeln und stolziert wie ein Zerrbild des Königs einher, um sich seinerseits beneiden zu lassen. Der König hat ihm seinen Purpur geliehen. Denn es spricht daraus nur Nachahmung und eine Affenseele.

61

Jene sind Kinder der Moral, die dich die Kaufleute lehrten, welche ihre Waren anbringen wollen. Du glaubst, deine Freude rühre vom Kaufen und Empfangen her; wie könntest du dich an das Gegenteil erinnern, da man sich so sehr bemüht hat, die Bande zu knüpfen, die dich mit den Dingen verbinden.
Und gewiß sind die Dinge groß, wenn du dich ihnen hingibst, wenn du versuchst, deine Arbeit gegen das Licht der Steine auszutauschen. Denn dieses kann eine Religion bedeuten. Und ich habe eine Dirne gekannt, die ihren vergänglichen Leib gegen unzerstörbare Perlen austauschte. Und ein solcher Kult hat für mich nichts Verächtliches. Niedrig sind die Dinge jedoch, wenn du sie dir gefügig machst wie ein Weihrauchfaß. Denn in Wahrheit ist nichts an dir, was eine Beweihräucherung verdiente.
Wenn ich einem Kinde ein Spielzeug schenke, so flieht es mit seinem Schatz, aus Angst, ich könnte ihn wieder fortnehmen. Das Spielzeug bedeutet ihm nämlich ein Götterbild, und sobald es auf die ersten Dornen stößt, wird es dafür bluten.

62

Und ich dachte über das Absolute nach und die Schwierigkeiten, die dadurch entstehen, daß die Pyramide nicht von Gott zu den Menschen hinabsteigt. Denn nimm den Herrn des Reiches: Wenn er der unbedingte Gebieter ist, bejahst du ihn als eine naturgegebene Notwendigkeit; wenn du dich daher im festgebauten Palast meines Vaters vom Saal des Rates in den Saal der Ruhe begeben willst, so benutzest du diese Treppe und keine andere und öffnest diese Tür und keine andere – und wie solltest du bereuen, daß du keinen anderen Weg wähltest, da dir kein anderer in den Sinn kommt? Und so wie du nicht aus Feigheit, Unterwürfigkeit und Niedertracht diesen Umweg wählst, wie du ihn aus freiem Entschluß durchläufst, so liegt auch keine Unterwürfigkeit, Feigheit oder Niedertracht darin, wenn du dich der Autorität des Herrn des Reiches unterordnest, denn diese besteht nun einmal; sie ist der Willkür entzogen und gleichsam absolut. Will es aber der Zufall, daß du nach ihm der Erste im Reiche bist und stellt die Macht, die er über dich besitzt, nicht den notwendigen Rahmen dar, beruht sie auf den Wechselfällen der Politik, ist sie das Ergebnis außergewöhnlicher und anfechtbarer Entscheidungen, oder geht sie auf eine gewandte Ausnützung des Erfolges zurück, so wirst du ihn auf einmal beneiden. Denn man beneidet nur den, dessen Stelle man hätte einnehmen können. Weißt du von einem Neger, der einen Weißen beneidet? Weißt du von einem Menschen, der einen Vogel mit jener wirklichen Eifersucht verfolgt, die Haß erzeugt, da sie zu zerstören sucht, um sich selber an die Stelle zu setzen? Und gewiß tadle ich deinen Ehrgeiz nicht, wenn er sich zu äußern vermag, denn es kann sich in ihm ein schöpferisches Verlangen ausdrücken. Ich tadle aber deine Eifersucht. Denn so wirst du gegen den anderen Ränke schmieden, und in deine Ränke vertieft, wirst du das Schöpferische vernachlässigen, das vor allem in der wunderbaren Zusammenarbeit besteht, an der ein jeder durch alle hindurch teilhat. Sieh nur, wie du ihn verachtest, nachdem du über ihn den Stab gebrochen hast! Denn du bist gerne bereit anzuerkennen, daß dir ein anderer an Macht überlegen sein könnte; wie würdest du aber zugeben, daß er dir an Urteilskraft oder Redlichkeit oder Edelmut überlegen wäre? Und verachtest du ihn – wer wird dich dann für deine Mühen belohnen dadurch, daß er dir seine Anerkennung ausdrückt? Die Anerkennung, die dir einer zollt, den du verachtest, ist eine Beschimpfung. Und du wirst meinen, daß dich die Beziehungen zwischen den Menschen nicht atmen ließen.

Vor allem demütigt er dich, wenn er dir einen Befehl erteilt, und er selber wird bestrebt sein, dich zu demütigen, um seine Herrschaft fester zu begründen. Denn nur einer, der Herr ist, so wie die Mauer eine Mauer ist, und der keinerlei Anlaß hätte, sich darüber zu freuen, da es sich dabei um etwas schlechthin Bestehendes handelt – er allein kann mit dir wie mit einem Gleichgestellten sein Mahl einnehmen, dich befragen, dein Wissen bewundern und sich über deine Vorzüge freuen.

So kann ich kommen und am Tische des geringsten meiner Untertanen Platz nehmen. Und er trocknet den Tisch ab und setzt den Speisewärmer auf die Glut und strahlt vor Freude über meine Gegenwart. Und welcher Stein eines Gebäudes wird es dem Schlußstein des Gewölbes verargen, daß er der Schlußstein ist? Und warum sollte der Schlußstein des Gewölbes irgendeinen der Steine verachten? Und so sitzen wir uns als Gleichgestellte gegenüber. Dies ist die einzige Gleichheit, die einen Wert hat. Denn wenn ich ihn nach seinem Felde frage, so tue ich es nicht in der niedrigen Absicht, ihn mir dadurch geneigt zu stimmen, daß ich seine Eitelkeit auf den Plan rufe – ich bin ja nicht auf seinen Beifall angewiesen –, ich tue es, um mich zu unterrichten. Denn wenn einer fragt und nicht an der Frage Anteil nimmt, so drückt sich darin Verachtung aus. Und wenn der andere es bemerkt, tastet er nach dem Messer an seiner Seite. Ich wollte aber das Gewicht der Oliven an einem Ölbaum erfahren und ich fragte, um zu empfangen.

Denn mein Besuch galt dem Menschen. Und ich genoß den Empfang, den mir der Mensch bereitete. Und der Mensch hat gleichfalls von mir empfangen und wird noch seinen Urenkeln den Platz zeigen, auf dem ich saß.

Und mehr noch: da es hier nicht um meine Macht geht und ich meine Gefühlsregungen nicht aus Gründen, die ohne Größe sind, zu zügeln oder zu steigern brauche, kann ich Dankbarkeit empfinden. Und wenn er mir zulächelt und mich ehrt und zu meinem Empfange seinen Hammel brät, empfange ich etwas, das vom Menschen ausgeht und mir als Gleichgestelltem zuteil wird, so wie er es von mir empfangen würde. Die Geschenke, die wie Pfeile abgeschossen werden, können mich ins Herz treffen. So empfängt das Bild Gottes deine geringsten Gedanken und deine flüchtigsten Taten, wie auch das Mittagsgebet des gewöhnlichen Bettlers in seiner Wüste; kommt es dir hingegen in den Sinn, einen fragwürdigen kleinen Fürsten zu ehren, so mußt du dir für ihn ein gewaltiges Geschenk ausdenken, da er seinen Ruhm an der Größe deines Geschenkes messen wird.

Wenn aber der andere die quietschende Kurbel dreht, um den Eimer aus dem Brunnenschacht hochzuwinden; wenn er ihn über den Brunnenrand schwingt und dabei über seinen bescheidenen Sieg lacht und den Eimer gebückt durch die Sonne bis zur schattenden Mauer trägt, wo ich ihn erwarte und wo er mein Glas mit diesem Vorrat an Kühle füllt, so umfängt er mich mit seiner Liebe.

63

Ich mußte an das große Beispiel von den Dirnen und der Liebe denken. Denn du täuschst dich, wenn du an die sichtbaren Güter um ihrer selbst willen glaubst. Und mit der Liebe steht es wie mit der Landschaft, die du nur insoweit von der Bergeshöhe erspähst, als du sie selber durch die Mühen deines Aufstieges aufgebaut hast. Denn nichts trägt einen Sinn in sich; der wirkliche Sinn der Dinge liegt im

Gefüge. Und das Antlitz, das du aus dem Marmor formst, setzt sich nicht aus einer Nase, einem Ohr, einem Kinn und einem anderen Ohr zusammen, sondern es besteht aus der Muskulatur, die die Teile verknüpft. Es ist wie eine geballte Faust, die etwas festhält. Und das Bild, das das Gedicht verwendet, beruht nicht auf dem Stern oder der Zahl Sieben oder dem Brunnen, sondern allein auf dem Knoten, den ich schürze, wenn ich meine sieben Sterne sich im Brunnen spiegeln lasse. Und freilich bedarf es der Dinge, die miteinander verknüpft sind, damit die Verbindung zutage treten kann. Ihre Macht gründet sich aber nicht auf die Dinge. Die Fuchsfalle beruht nicht auf der Schnur oder auf der Unterlage oder auf irgendeinem ihrer Teile, sondern auf deren schöpferischem Zusammenwirken, und du hörst den Fuchs schreien, wenn er gefangen ist. So werde ich dich als Sänger oder Bildhauer oder Tänzer in meinen Schlingen zu fangen wissen.

Und so ist es auch mit der Liebe. Was hast du von der Dirne zu erwarten? Doch nur Ruhe des Fleisches nach der Eroberung der Oase. Denn sie verlangt nichts von dir und nötigt dich nicht zu sein. Und wenn dich danach verlangt, der Geliebten zu Hilfe zu eilen, so bedeutet deine Dankbarkeit in der Liebe, daß du den Erzengel herbeiriefst, der darin schlummerte.

Der Unterschied liegt nicht in der Leichtigkeit, denn wenn deine Geliebte dich liebt, brauchst du nur deine Arme zu öffnen, um sie darin zu empfangen. Der Unterschied beruht auf dem Geschenk. Der Dirne kannst du nichts schenken, da sie das, was du ihr mitbringst, von vornherein als Tribut betrachtet.

Und wenn man dir einen Tribut auferlegt, wirst du um diese Bürde streiten. Denn das ist der Sinn des Tanzes, der hier getanzt wird. Und wenn sich die Soldaten des Abends mit dem dürftigen Sold in der Tasche, der noch lange vorhalten soll, im Freudenviertel verteilen, feilschen sie um die Liebe und kaufen sie, so wie sie Nahrungsmittel einhandeln. Und ebenso wie die Nahrungsmittel sie für einen neuen Marsch in der Wüste stärken, gibt ihnen die gekaufte Liebe einen ruhigen Leib, so daß sie die Einsamkeit bestehen können. Aber sie sind alle in Krämer verwandelt und von keinerlei Inbrunst erfüllt.

Du müßtest reicher als ein König sein, um der Dirne zu schenken, denn wenn du ihr etwas mitbringst, so bedankt sie sich vor allem bei sich selber dafür und bildet sich etwas auf ihren Erfolg ein und macht sich eine Ehre daraus, daß sie so schön und gewandt war, um dir das Geld aus der Tasche zu locken. Und du könntest die Last von tausend Goldkarawanen in diesen Brunnen ohne Boden versenken und hättest noch nicht zu schenken begonnen. Denn es bedarf dazu eines Gegenübers, das zu empfangen vermag.

Deshalb liebkosen meine Krieger des Abends die Wüstenfüchse, die sie sich eingefangen haben, und kraulen sie hinter den Ohren; so spüren sie ein unbestimmtes Liebesgefühl, denn sie leben in der Täuschung, sie vermöchten dem kleinen wilden Tier etwas zu schenken und fließen über vor Dankbarkeit, wenn es sich an ihr Herz kauert.

Wo aber könntest du im Freudenviertel eine Dirne finden, die sich an deine Schulter schmiegt, weil sie dich nötig hat?...

Es kommt indes vor, daß einer meiner Soldaten zwar genau so reich oder arm wie ein anderer auch ist, aber sein Gold wie die Samenkörner betrachtet, die der Baum in den Wind hinaussenden möchte, denn da er Soldat ist, verachtet er die Vorräte. So umwandert er des Nachts die Alkoven im Glanze seiner Freigebigkeit. Wie einer, der Gerste säen will, strebt er mit großen Schritten der roten Erde zu, die es wert ist zu empfangen.

Und mein Soldat vergeudet seinen Reichtum, da er nicht den Wunsch hat, ihn zu bewahren, und so ist er der einzige, der die Liebe kennenlernt. Und es kann wohl sein, daß er sie auch in den Dirnen wachruft, denn hier wird ein anderer Tanz getanzt, und bei diesem Tanze empfangen sie.

Ich sage es dir: Es ist ein großer Irrtum, wenn du verkennst, daß Empfangen etwas ganz anderes ist als Entgegennehmen.

Empfangen ist vor allem ein Geschenk, mit dem du dich selber hingibst. Nicht der ist geizig, der sich nicht durch Geschenke zugrunde richtet, wohl aber jener, der nicht das Leuchten seines eigenen Gesichts im Austausch gegen deine Gabe hingibt. Geizig ist die Erde, die sich nicht schmückt, wenn du deine Samenkörner in sie gesenkt hast.
Dirnen und trunkene Soldaten entzünden zuweilen ein Licht.

64

Zu jener Zeit setzten sich die Plünderer in meinem Reiche fest. Denn niemand erschuf dort mehr den Menschen. Und ein feierliches Gesicht war dort nicht mehr Maske, sondern nur noch Deckel einer leeren Schachtel.
Denn sie sind von Zerstörung des Seins zu Zerstörung des Seins geschritten. Und fortan sehe ich nichts mehr bei ihnen, wofür sich zu sterben lohnte. Somit zu leben lohnte. Denn du kannst allein von dem leben, wofür du zu sterben bereit bist. Sie trugen also ihre alten Bauten ab und freuten sich über das Krachen der einstürzenden Tempel. Und doch ließen die Tempel nichts im Austausch zurück, wenn sie niederbrachen. Jene zerstörten daher ihr eigenes Ausdrucksvermögen. Und sie zerstörten den Menschen.
Oder es täuschte sich auch mancher über die Freude. Denn zunächst hatte er »das Dorf« gesagt. Und er meinte damit dessen Beständigkeiten und Bräuche und vorgeschriebene Riten. Es war daraus ein Dorf voller Inbrunst entstanden. Danach hat er es durcheinandergebracht. Und er wollte seine Freude nicht aus einem gewordenen und langsam geformten Gefüge gewinnen; er wollte sie daraus schöpfen, daß er sich mit Dingen umgab, die, wie ein Gedicht, nur Vorrat waren. Und solche Hoffnung ist eitel.
So wünschten auch jene, denen die menschliche Größe vor Augen stand, dem Menschen die Freiheit. Denn sie hatten gesehen, wie der Zwang dem Starken lästig war. Und freilich begrenzt dich der Feind zugleich, wenn er dich formt.

Wenn du ihn aber beseitigst, so wirst du nicht einmal geboren werden.
Auch der war des Glaubens, daß die Freude durch Vorräte geschenkt werde, der lediglich den Frühling genießen wollte. Aber der Frühling bietet nur einen schwachen Genuß, wenn du dahindämmerst, um ihn zu erfahren. Es geht dir dann wie beim Genuß der Liebe, wenn du von einem Gesicht erwartest, daß es dich erfüllen soll. Denn das Werk, das dir etwas mitteilt, ist vor allem Leiden, und wie könnte das Lied der Galeerensklaven oder das Lied von der Trennung einen Widerhall in dir wecken, wenn du nicht zuvor die Trennung mit tausend Schmerzen in dir aufgebaut hast, und wenn dir nicht die Galeeren durch die Unerbittlichkeit deines Schicksals zum inneren Besitz geworden wären?
Wer lange ohne Hoffnung der Morgenröte entgegengerudert ist, versteht das Lied der Galeeren, und wer in der Wüste den Durst erfuhr, versteht das Lied von der Trennung. Du kannst aber kein Geschenk empfangen, wenn du nicht gelitten hast, denn dann ist niemand in dir.
Und das Dorf ist nicht ein Gedicht, in dem du ohne weiteres heimisch wirst, wo du dich am Freudenfeuer ergötzen könntest, das für das Fest auf dem Marktplatz entzündet wurde, während die abendliche Suppe dampft, dich die Eintracht der Menschen umgibt und du den guten Geruch des von der Weide heimgekehrten Viehs atmest, – denn was könnte das Fest in dir verknüpfen, wenn es nicht etwas anderes in dir anklingen ließe? Wenn es dich nicht an die Befreiung nach der Knechtschaft, an die Liebe nach dem Haß, an das Wunder in der Verzweiflung gemahnte? Du wirst dann nicht mehr und nicht weniger glücklich als einer deiner Ochsen. Das Dorf aber hat sich langsam in dir aufgebaut, und du mußtest langsam einen Berg ersteigen, um das zu erreichen, was es heute für dich darstellt. Denn ich formte dich mit meinen Riten und Bräuchen und durch deine Verzichte und Pflichten und deine zwangsläufigen Zorneswallungen und dein Verzeihen und deine hergebrachten Gewohnheiten den Mitmenschen gegenüber. Und so ist es nicht

das Schattenbild eines Dorfes, das am heutigen Abend dein Herz fröhlich stimmt – denn dann wäre es allzu leicht, Mensch zu sein! –, sondern eine Musik, die du langsam erlerntest und mit der du dich zunächst abquälen mußtest. Du aber gehst in das Dorf mit seinen Bräuchen und plünderst sie aus, um dich an ihnen zu ergötzen. Sie sind aber keineswegs Spiele und Lustbarkeiten, und wenn du an ihnen deine Kurzweil hast, wird keiner mehr daran glauben. Und es wird nichts davon übrigbleiben: nichts für sie selber und nichts für dich...

65

Die Ordnung, sagte mein Vater, begründe ich. Aber nicht, wie es der Sparsamkeit und Einfachheit gemäß wäre. Denn es geht nicht darum, die Zeit zu besiegen. Ich lege keinen Wert darauf, zu erfahren, ob die Menschen fetter werden, wenn sie Speicher an Stelle der Tempel und Wasserleitungen an Stelle von Musikinstrumenten bauen; denn da ich eine eitle und gefühllose Menschheit auch dann verachte, wenn sie im Überfluß lebt, geht es mir vor allem darum, zu erfahren, um was für einen Menschen es sich dabei handelt. Und an dem nehme ich Anteil, der lange in die verlorene Zeit des Tempels eintaucht, der die Milchstraße betrachtet und sich dadurch weitet, der sein Herz in der Liebe übt, indem er sich ins Gebet versenkt, auf das es keine Antwort gibt (denn die Antwort, die das Gebet belohnte, würde den Menschen nur noch fühlloser machen) und in dem das Gedicht einen häufigen Widerhall weckt. Denn wenn ich beim Bau des Tempels – der ein Schiff ist, das irgendwohin führt – oder bei der Vervollkommnung des Gedichts – das im Herzen der Menschen einen Widerhall weckt – Zeit einsparen sollte, so würde ich sie gewiß lieber dazu verwenden, das Menschengeschlecht zu veredeln, statt es zu mästen. Und daher werde ich Gedichte und Tempel ersinnen.
So ist mir bewußt, welche Zeit bei den Begräbnissen verlorengeht – denn Menschen graben dabei die Erde, um den Leichnam des Verstorbenen darin zu bergen, die diese Zeit

zum Pflügen und zur Ernte hätten verwenden können –, und doch werde ich die Scheiterhaufen verbieten, auf denen man die Leichen verbrennt, denn die gewonnene Zeit nützt mir wenig, wenn ich dadurch die Liebe der Toten verliere. Und ich fand kein schöneres Gleichnis, um ihnen zu dienen, als die Grabstätte, wo die Anverwandten mit zögernden Schritten den Stein der Ihren unter den Steinen suchen und dabei wissen, daß der Tote zur Erde zurückgekehrt ist wie zu einer Weinlese und wieder zum Stoff der Natur geworden ist. Zugleich aber wissen sie, daß etwas von ihm bleibt: eine Reliquie in ihrem Schrein, die Form einer Hand, die einstmals liebkoste, der Schädel – dieses Schatzkästlein, das freilich jetzt leer ist, aber so viele Wunder in sich barg. Und ich habe befohlen, ein Haus für jeden Toten zu bauen und es wenn möglich noch kostspieliger und nutzloser aufzuführen, damit man ihn an den Festtagen erwecke und so nicht mit dem Verstande allein, sondern mit allen Regungen des Leibes und der Seele begreife, daß Tote und Lebende miteinander vereint sind und einen einzigen Baum bilden, der immer höher wächst. Und ich bin es gewohnt, das gleiche Gedicht, die gleiche Krümmung des Schiffskiels, die gleiche Säule auf ihrem Wege durch die Generationen zu betrachten; so verfolge ich, wie sie sich dabei läutern und verschönen; denn gewiß ist der Mensch vergänglich, wenn wir ihn wie Kurzsichtige, die zu nahe herantreten, von vorne anschauen und nicht den Schatten beachten, den er wirft, und den Widerschein, den er zurückläßt. Und wenn ich die Zeit spare, die ich dabei verlor, als ich die Leichen bestattete und ihnen ein Haus baute – wenn ich diese verlorene Zeit dazu nützen will, um die Kette der Generationen zu verknüpfen, damit das Schöpferische durch sie hindurch wie ein Baum gradeauf zur Sonne emporsteige; wenn ich bestimme, daß dieser Aufstieg dem Menschen eine höhere Würde verleiht als das Anschwellen seines Bauchumfangs, so werde ich die gewonnene Zeit, über die ich dann verfüge – nachdem ich ihre Verwendung reiflich bedacht habe – für die Bestattung der Toten benutzen.

Die Ordnung, die ich begründe, sagte mein Vater, ist die Ordnung des Lebens. Denn ich nenne einen Baum geordnet, obwohl er zugleich aus Wurzeln und Stamm und Zweigen und Blättern und Früchten besteht, und ich nenne einen Menschen geordnet, obwohl er einen Geist und ein Herz hat und nicht nur auf eine Funktion – etwa auf das Pflügen oder die Fortpflanzung – beschränkt ist, sondern pflügt und betet und liebt und der Liebe widersteht und arbeitet und sich ausruht und den Liedern des Abends lauscht.
Aber manche haben erkannt, daß die großen Reiche geordnet waren. Und die Dummheit der Logiker, der Geschichtsforscher und der Kritiker hat sie glauben lassen, die Ordnung der Reiche sei Ursprung ihrer Größe, während ich sage, daß ihre Ordnung und ihre Größe allein die Frucht ihrer Inbrunst waren. Um die Ordnung zu schaffen, schaffe ich ein Gesicht, das sich lieben läßt. Sie aber sehen die Ordnung als Selbstzweck an, und wenn man über eine solche Ordnung streitet und sie vervollkommnen will, wird sie vor allem sparsam und einfach werden. Und man weicht allem aus, was sich nur schwer mit Worten ausdrücken läßt, obwohl sich doch all das nicht ausdrücken läßt, worauf es in Wirklichkeit ankommt, und obwohl ich noch keinen Professor gekannt habe, der mir auch nur erklären konnte, weshalb ich den Wüstenwind liebte, der unter den Sternen weht. Aber man einigt sich über das Herkömmliche, denn die Sprache, die das Herkömmliche ausdrückt, ist einfach. Und ohne eine Berichtigung befürchten zu müssen, kann man sagen, daß drei Sack Gerste mehr wert sind als einer. Und doch glaube ich den Menschen mehr zu geben, wenn ich sie ganz einfach nötige, jenen Heiltrank zu trinken, der Weite verleiht, weil er dich zuweilen des Nachts in der Wüste unter den Sternen wandern läßt.
Die Ordnung ist Zeichen der Existenz und nicht ihre Ursache. Ebenso ist der Plan des Gedichts ein Zeichen, daß es vollendet ist, und ein Kennzeichen seiner Vollkommenheit. Du arbeitest nicht auf Grund eines Plans, sondern du suchst ihn durch deine Arbeit zu erlangen. Sie aber sagen zu ihren

Schülern: Seht dieses große Werk und die Ordnung, die aus ihm spricht! Verfertigt mir zunächst eine Ordnung, so wird euer Werk groß sein! In Wahrheit wird dann das Werk zu einem leblosen Gerippe und zu einem Trümmerrest, der in ein Museum gehört.
Ich begründe die Liebe zum Landgut, und schon ordnet sich alles in der Stufenfolge der Pächter, der Hirten und Schnitter, mit dem Hausvater an der Spitze. So ordnen sich auch die Steine rings um den Tempel, wenn du sie der Lobpreisung Gottes dienen läßt. Dann wird die Ordnung aus der Leidenschaft der Baumeister geboren werden.
Strauchle also nicht in deiner Sprache! Wenn du das Leben einführst, begründest du die Ordnung, und wenn du die Ordnung einführst, führst du den Tod herbei. Ordnung um der Ordnung willen ist ein Zerrbild des Lebens.

66

Mittlerweile beschäftigte mich das Problem des guten Geschmacks. Und ich sah, wie sie in dem einen Lager Töpferwaren fertigten, die schön waren. Und in dem anderen Lager fertigten sie Töpferwaren, die häßlich waren. Und es wurde mir zur Gewißheit, daß sich kein Gesetz abfassen läßt, das die Töpferwaren zu verschönern vermöchte. Es helfen dabei weder Aufwendungen für die Ausbildung der Lehrlinge noch Preiswettbewerbe noch Ehrungen. Und ich bemerkte sogar, daß alle die, deren Ehrgeiz bei ihrer Arbeit auf andere Ziele als auf die Güte des Gegenstandes gerichtet war, nur anspruchsvolle und gemeine und verzwickte Dinge zuwege brachten. Denn in der Tat widmeten sie ihre durchwachten Nächte ihrer Käuflichkeit oder ihrer Unzucht oder ihrer Eitelkeit, also sich selber; und so tauschten sie sich nicht mehr in Gott aus, denn sie tauschten sich nicht gegen ein Ding aus, das zum Ursprung des Opfers und zum Gleichnis Gottes geworden war – eines Dinges, in das all ihre Runzeln und Seufzer und schweren Lider, ihre von so vielem Kneten

zitternden Hände, die Zufriedenheit des Feierabends und die verbrauchte Inbrunst eingehen konnten. Denn ich kenne nur ein fruchtbares Tun, und das ist das Gebet; zugleich weiß ich aber, daß jedes Tun ein Gebet ist, wenn du dich ihm hingibst, um zu werden. Du bist wie der Vogel, der sein Nest baut – und das Nest ist warm –, wie die Biene, die ihren Honig sammelt – und der Honig ist süß –, wie der Mensch, der seine Urne aus Liebe zur Urne – also aus Liebe, also im Gebete knetet. Glaubst du an das Gedicht, das geschrieben wurde, damit man es verkaufe? Wenn das Gedicht zur Handelsware wird, ist es kein Gedicht mehr. Wenn die Urne zum Gegenstand eines Preiswettbewerbs wird, ist sie nicht mehr Urne und Gleichnis Gottes, sondern Gleichnis deiner Eitelkeit oder deiner niedrigen Begierden.
Und jener Fürst wollte die Urnen verschönern, die man in seinem Reiche knetete!

67

Da kamen sie mit ihren Gründen und Motiven und schönen Beweisführungen, durch die sie nur noch dümmer wurden. Aber ich lachte über sie, da ich weiß, daß die Sprache bezeichnet, aber nicht erfaßt, und daß die Reden zwar den Gedankengang aufzeigen, ihn jedoch weder widerlegen noch fördern.
– Jener General hat nicht auf meinen Rat gehört –, erklärte einer. Und ich habe ihm trotzdem die Zukunft gewiesen...
Der Zufall hatte es freilich gewollt, daß ihm der Wind der Worte an jenem Tage Bilder zutrug, denen die Zukunft zu gleichen beliebte; ebenso wird ihm gewiß der Wind der Worte ein anderes Mal gegenteilige Bilder zutragen, denn ein jeder hat schon einmal alles gesagt. Es bleibt aber bestehen: wenn ein General seine Heere aufgestellt hat, nachdem er seine Aussichten abschätzte, den Wind prüfte, den schlafenden Feind belauschte und die Bedeutung in Betracht zog, die dem Erwachen der Menschen beizumessen ist – sodann

aber plötzlich seine Pläne ändert, seine Hauptleute wechselt, die Marschroute seiner Heere umstößt und seine Schlachten aus dem Stegreif schlägt, nur weil ein müßiger Passant fünf Minuten lang einen lächerlichen Wind der Worte erzeugt und dabei Vernunftschlüsse aneinandergereiht hat, so setze ich diesen General ab, sperre ihn in ein Verlies und mache mir nicht mehr die unnütze Mühe, ihn zu ernähren.

Denn ich liebe den Mann, der mit Gebärden, als wollte er Brot kneten, zu mir kommt und sagt:

– Ich spüre, daß sie dort drüben geneigt sind nachzugeben, wenn du es verlangst. Sie sind freilich ebenso bereit, ihren Mut zu beweisen, wenn du die Fanfare jener Worte erschallen läßt, denn sie haben empfindliche Ohren. Ich belauschte ihren Schlaf und er mißfiel mir. Ich sah, wie sie erwachten, wie sie sich nährten...

Ich liebe die Tanzende, die ihren Tanz beherrscht. Denn darin allein liegt die Wahrheit. Und um zu verführen, mußt du dich vermählen. Du mußt dich mit deinem Opfer vermählen, wenn dir der Mord gelingen soll. Du stützt deinen Degen gegen den Degen des Gegners, und die Klinge tanzt gegen die Klinge.

Aber hast du jemals gesehen, wie der Kämpfende überlegte? Wo bleibt die Zeit für die Überlegung? Und der Bildhauer? Sieh ihn, wie seine Finger im Lehm tanzen, denn mit einem Daumendruck hat er die Spur ausgeglichen, die sein Zeigefinger zurückließ: dem Anschein nach, um zu widersprechen, aber nur dem Anschein nach. Denn allein das Wort bezeichnet etwas; außerhalb der Worte gibt es keinen Widerspruch. Das Leben ist weder einfach noch verzwickt, weder klar noch dunkel, weder widerspruchsvoll noch zusammenhängend. Das Leben ist. Die Sprache allein ordnet oder verwirrt es, erhellt oder verdunkelt es, zerstreut oder vereinigt es. Und wenn du einmal nach rechts und einmal nach links gedrückt hast, darfst du daraus nicht zwei einander widersprechende Wahrheiten ableiten; es folgt daraus nur die eine Wahrheit der Begegnung. Und der Tanz allein vermählt sich dem Leben.

Die Menschen, die sich durch ihre zusammenhängenden Überlegungen und nicht durch den Reichtum ihres Herzens empfehlen und Erörterungen darüber anstellen, wie sie vernunftgemäß handeln könnten, werden zunächst einmal überhaupt nicht handeln, denn ihren Vernunftschlüssen wird ein gewandterer Gegner bessere Argumente entgegensetzen, und wenn sie ihrerseits nachgedacht haben, werden sie selbst wiederum noch bessere Argumente ins Feld führen. Und derart folgt einem gewandten Anwalt ein noch gewandterer Anwalt, und so geht es fort bis in Ewigkeit. Denn nur die Wahrheiten der Vergangenheit lassen sich beweisen, und diese sind einleuchtend, weil sie existieren. Und du wirst Erfolg haben, wenn du die Größe eines bestimmten Werkes beweisen willst. Denn du weißt von vornherein, was du beweisen möchtest. Aber das Schöpferische gehört nicht diesem Bereich an. Gib deinem Buchhalter Steine: er wird keinen Tempel damit bauen.

Und so erörtern deine klugen Techniker wie beim Schachspiel ihre Züge. Und ich will gerne zugeben, daß sie schließlich richtig ziehen werden (und doch habe ich meine Zweifel, denn beim Schachspiel hast du es mit einfachen Gegebenheiten zu tun, während sich die Schwierigkeiten des Lebens nicht abwägen lassen. Gesetzt den Fall: ein Mensch ist eitel und gefühllos, und seine Fehler geraten aus irgendeinem Grunde in Konflikt miteinander – wird mir dann einer vorrechnen können, ob seine Eitelkeit oder seine Gefühllosigkeit obsiegen werden?). Vielleicht wird er also den Zug tun, der am meisten Erfolg verspricht. Er hat dabei aber das Leben vergessen. Denn beim Schachspiel wartet der Gegner mit dem Ziehen seiner Figur, bis du die deine zu ziehen beliebtest. Und so vollzieht sich alles außerhalb der Zeit, die nicht mehr den Baum nährt, so daß er wachsen kann. Das Schachspiel ist gleichsam der Zeit entrückt. Im Leben aber gibt es einen Organismus, der sich entwickelt: einen Organismus und nicht eine Aufeinanderfolge von Ursachen und Wirkungen – selbst wenn du sie hernach darin entdeckst, um deine Schüler dadurch zu verblüffen. Denn Ursache und

Wirkung sind nur Widerschein einer anderen Macht: des Schöpferischen, das sie beherrscht. Und im Leben wartet der Gegner nicht. Er hat zwanzig Figuren gezogen, bevor du mit der deinen vorgerückt bist. Und so ist dein Zug unsinnig geworden. Und worauf sollte er auch warten? Hast du je einen Tänzer warten gesehen? Er ist an seinen Partner gebunden, und so beherrscht er ihn. Ich weiß es genau, daß die zu spät kommen, die nur aus Klugheit handeln. Deshalb fordere ich den Mann auf, die Regierung meines Reiches zu übernehmen, der mir schon beim Eintreten durch seine einander berichtigenden Gebärden kundtut, daß er einen Teig knetet – einen Teig, der sich unter seinen Händen verfestigen wird.
Und solch einer erweist sich mir als beständig, während der andere jeden Augenblick vom Leben gezwungen wird, sich seine Logik neu aufzubauen.

68

Auch jene andere Wahrheit des Menschen erschien mir bemerkenswert, daß das Glück keine Bedeutung für ihn hat – und daß auch das Interesse ohne Wert für ihn ist. Denn das einzige Interesse, das ihn anspornt, geht darauf aus, Beständigkeit und Dauer zu erlangen. Und es treibt den Reichen dazu, sich zu bereichern, und den Seemann, das Meer zu durchschiffen, und den Banditen, unter den Sternen auf der Lauer zu liegen. Ich aber habe gesehen, wie sie alle bereitwillig ihr Glück verschmähten, wenn es nur aus Sorglosigkeit und Sicherheit bestand. Es begab sich, daß sich mein Vater in jener schwärzlichen Stadt, die wie eine Kloake ins Meer hinunterrann, des Schicksals der Straßendirnen annahm. Sie verdarben wie weißliches Fett und verseuchten die Reisenden. Er entsandte seine Kriegsleute, die einige von ihnen greifen sollten, so wie man Insekten einfängt, damit man ihre Sitten studieren könne. Und die Streifen gingen auf und ab zwischen den feuchten Mauern der faulenden

Stadt. In einer der schmierigen Krambuden, aus denen wie Vogelleim ein ranziger Küchendunst heraussickerte, gewahrten die Soldaten zuweilen ein Mädchen, das wartete; sie saß dort auf ihrem Schemel unter der Lampe, die sie kenntlich machte, selber traurig und fahl wie eine Laterne im Regen, die plumpe Maske ihres Kuhgesichts von einem Lächeln durchzogen wie von einer Wunde. Es war Brauch bei ihnen, daß sie ein eintöniges Lied sangen, um dadurch die Aufmerksamkeit der Vorübergehenden auf sich zu lenken; sie glichen auf diese Weise den weichen Quallen, die den Leim für ihre Fangarme herrichten. So tönten diese verzweifelten Litaneien die Gasse entlang. Und wenn sich der Mann einfangen ließ, schloß sich für kurze Zeit die Tür hinter ihm, während sich der Liebesakt in bitterster Verkommenheit vollzog; die Litanei war dann einen Augenblick unterbrochen, und an ihre Stelle trat der kurze Atem des leichenblassen Ungetüms und das harte Schweigen des Soldaten, der sich von diesem Gespenst das Recht erkaufte, nicht mehr an die Liebe denken zu müssen. Er kam hierher, um grausame Träume auszulöschen. Denn vielleicht gab es Palmen und lächelnde Mädchen in seiner Heimat. Und im Laufe der Feldzüge in ferne Länder hatten die Bilder seiner Palmenhaine ein Rankenwerk in seinem Herzen gesponnen, dessen Last unerträglich wurde. Das Plätschern des Baches hatte sich in grausame Musik verwandelt und das Lächeln der Mädchen und ihre warmen Brüste unter dem Kleide und die geahnten Schatten ihrer Körper und die Anmut, die ihre Gesten verknüpfte – all das war zu einem Brande des Herzens für ihn geworden, der ihn mehr und mehr verzehrte. Und daher kam er, um seinen dürftigen Sold zu verbrauchen und forderte vom Freudenviertel, es solle ihn von seinem Traume befreien. Und wenn sich die Tür wieder öffnete, fand er sich von neuem auf der Erde, hart und verächtlich und in sich verschlossen, denn er hatte für einige Stunden seinen einzigen Schatz seines Glanzes beraubt, da er diesen Glanz nicht mehr ertragen konnte.

Die Kriegsleute kamen also mit ihren Seesternen zurück, die

das harte Licht des Soldaten geblendet hatte. Und mein Vater zeigte sie mir:

– Ich werde dich lehren, sagte er, was uns vor allem beherrscht.

Er ließ sie in neue Stoffe kleiden, gab einer jeden ein neues Haus als Wohnung, das ein Springbrunnen schmückte, und ließ ihnen das Häkeln feiner Spitzen als Arbeit anweisen. Und er befahl, sie derart zu entlohnen, daß sie das Doppelte ihrer bisherigen Einkünfte verdienen sollten. Sodann verbot er, daß man sie überwachte.

– Gewiß sind diese armseligen Sumpfgewächse jetzt glücklich, sagte er mir. Und sie sind sauber, ruhig und sorglos...

Es verschwand jedoch eine nach der anderen und kehrte zur Kloake zurück.

– Sie tun das, weil sie ihrem eigenen Elend nachtrauerten, sagte mir mein Vater. Nicht weil sie für das Elend eine törichte Vorliebe empfänden und es dem Glücke vorzögen, sondern weil der Mensch vor allem seine eigene Dichte anstrebt. Und es erweist sich, daß das vergoldete Haus und die Spitzen und die frischen Früchte Erholung und Spiel und Muße bedeuteten; sie wurden ihnen aber nicht zum Lebensinhalt, und so langweilten sie sich. Denn Licht, Sauberkeit und Spitzen erfordern eine lange Lehrzeit, wenn sie nicht mehr nur ein erholsames Schauspiel bieten, sondern sich in ein Netz von Bindungen, in Forderung und Verpflichtung verwandeln sollen. Sie empfingen, aber sie schenkten nichts. Und so vermißten sie die drückenden Stunden ihres Wartens – nicht weil sie bitter waren, sondern obwohl sie bitter waren –, in denen der Blick auf dem schwarzen Viereck der Tür ruhen bleibt, wo sich von Stunde zu Stunde, starr und haßerfüllt, ein Geschenk der Nacht einzeichnet. Sie vermißten den leichten Schwindel, der sie mit seinem unbestimmten Gift erfüllte, wenn der Soldat die Tür aufgestoßen hatte und sie betrachtete, wie man ein gezeichnetes Tier betrachtet, wobei sein Auge auf ihrem Halse haften blieb... Denn es kam vor, daß einer von ihnen mit seinem Dolche, der Schweigen schafft, ein Mädchen wie einen Trinkschlauch aufschlitzte, um sodann die Silberstücke, die ihr Vermögen ausmachten, unter einigen Mauersteinen oder Dachziegeln aufzustöbern. So vermißten sie jetzt die schmierige Kammer, in der sie zu der Stunde, in der das Freudenviertel auf Grund der Verordnungen geschlossen wird, wieder unter sich waren; in der sie ihren Tee tranken oder ihren Gewinn überschlugen und sich gegenseitig beschimpften und sich aus dem Inneren ihrer schamlosen Hände die Zukunft lesen ließen. Und vielleicht prophezeite man ihnen daraus das nämliche Haus mit den Blumen, die es umrankten – ein Haus, dessen Bewohnerinnen jedoch seiner würdiger waren, als sie sich selber erwiesen hatten. Denn es ist die wunderbare Eigenschaft eines solchen Hauses, das du im Traume erbaust, daß es nicht dich selber, sondern ein verwandeltes Ich beherbergt. So ist es auch mit der Reise, die dich verändern soll. Wenn ich dich aber in diesen Palast einschließe, so bist es du selber, der seine alten Wünsche, seinen alten Groll, seine alten Abneigungen dorthin mitschleppt, und du selber hinkst hinein, wenn du hinken solltest, denn es gibt keine Zauberformeln, die dich verwandeln könnten. Nur langsam, durch Zwang und Leiden, kann ich dich nötigen, dich zu ändern und dir dadurch zum Werden verhelfen. Aber das Mädchen hat sich nicht verändert, das in dieser reinen und unverdorbenen Umgebung aufwacht und gähnt, und jetzt ohne Grund – da es nicht mehr von Dolchstichen bedroht ist – den Kopf zwischen den Schultern einzieht, wenn es an die Tür klopft, und wiederum ohne Grund – da die Nacht keine Geschenke mehr zu bieten hat – zu hoffen beginnt, wenn das Klopfen nicht aufhört. Diese Frauen genießen die Befreiung nicht mehr, die das Morgenrot bringt, da sie nicht mehr von ihren Nächten erschöpft sind. Ihr Schicksal kann fortan begehrenswert sein, aber sie haben dadurch den Besitz eines Schicksals verloren, das jeden ihrer Abende beherrschte und von den wechselnden Prophezeiungen abhing; so lebten sie ein weit wunderbareres Leben in der Zukunft, als es jemals Wirklichkeit geworden ist. Und nun wissen sie nicht mehr, was sie mit ihren jähen Wutausbrüchen, den Früchten eines schmutzigen und ungesunden Lebens, beginnen sollen, die doch ohne ihr Zutun über sie kommen: so wie die Tiere, die man vom Meeresufer entfernt, noch lange Zeit von jenen Krämpfen befallen werden, die sie zur Stunde der Flut ganz in sich verschließen. Wenn sie diese Wut überwältigt, gibt es keine Ungerechtigkeiten mehr, über die sie in Klagen ausbrechen könnten, und so gleichen sie auf einmal der Mutter eines toten Kindes, in der eine Milch wieder hochsteigt, die nicht mehr gebraucht wird. Denn ich sage dir: Der Mensch sucht seine eigene Dichte und nicht sein Glück.

69

Mir tritt nochmals das Bild der gewonnenen Zeit vor Augen, denn ich frage: Wofür ist sie gewonnen? Worauf mir ein anderer antwortet: für die Kultur. Als wenn diese in einer leeren Übung bestehen könnte. Da befreit man die Frau, die ihre Kinder stillt, ihr Haus reinigt und ihre Wäsche näht, von ihren Bürden, und fortan werden ihre Kinder gestillt, wird ihr Haus geputzt, ihre Wäsche genäht, ohne daß sie sich darum zu kümmern brauchte. So muß sie jetzt diese gewonnene Zeit mit etwas ausfüllen. Und ich lasse sie das Lied vom Stillen des Kindes hören, und so wird das Stillen zu einem Lobgesang und zum Gedicht des Hauses, wodurch das Haus das Herz bewegt. Aber jetzt gähnt sie, wenn sie es hört, denn sie hat nichts dazu beigetragen. Und so wie das Gebirge für dich aus Erfahrungen besteht, die du mit Dornen, mit rollenden Steinen und mit dem Winde auf seinen Graten gemacht hast, und wie ich dir durch die Erwähnung des Wortes »Gebirge« nichts mitteile, wenn du niemals deine Sänfte verlassen hast – ebenso teile ich auch jener Frau nichts mit, wenn ich ihr vom Hause rede, da das Haus nicht mehr aus ihrer Zeit und ihrer Inbrunst besteht. Sie hat nicht darin das Spiel des Staubes erlebt, wenn man am frühen Morgen der Sonne die Tür öffnet und die Abnutzung von den Dingen fortfegt; wenn der Abend herannaht, hat sie

nicht die Unordnung bezwungen, die das tägliche Leben hervorbringt: die zarte Spur der Schritte, die das Haus durcheilten, die Schüsseln auf dem Speisetisch und die erloschene Glut im Herde und auch die schmutzigen Windeln der schlafenden Kinder, denn das Leben ist unscheinbar und voller Wunder. Sie ist nicht jeden Tag allein mit der Sonne aufgestanden, um sich das Haus wieder neu zu bauen, so wie du es bei den Vögeln auf dem Baume beobachtest, die mit flinkem Schnabel ihren Federn wieder Glanz verleihen; sie hat nicht von neuem die Dinge in ihrer gebrechlichen Vollkommenheit geordnet, damit von neuem das alltägliche Leben mit Mahlzeiten, dem Stillen und dem Spiel der Kinder und der Heimkehr des Mannes ihre Spur im Wachs hinterlasse. Sie weiß nicht, daß das Haus bei Tagesanbruch ein Teig ist und dann am Abend zu einem Buch der Erinnerung wird. Nie hat sie das noch unbeschriebene Blatt hergerichtet. Wie also könntest du, wenn du vom Hause sprichst, ihr etwas mitteilen, womit für sie ein Sinn verbunden wäre?
Um sie mit Leben zu erfüllen, laß sie ein blind gewordenes kupfernes Gießbecken wieder blank machen, damit ein Ihriges den Tag über im Halbschatten leuchte, und wenn du willst, daß die Frau zu einem Lobgesang werde, so erfinde ihr nach und nach ein Haus, das sie bei Tagesanbruch stets wieder neu bauen muß...
Sonst wird die gewonnene Zeit ohne Sinn sein.
Der ist ein Narr, der die Kultur von der Arbeit zu trennen gedenkt. Denn der Mensch wird zunächst einer Arbeit überdrüssig werden, die nicht mehr Teil seines Lebens ist, und sodann wird ihn auch eine Kultur nicht mehr befriedigen, die nur noch ein Spiel ohne Einsatz darstellt; sie ist gerade so einfältig wie das Würfeln, wenn die Würfel nicht mehr dein Vermögen bedeuten und nicht deine Hoffnung mit ihnen rollt. Denn es gibt kein Würfelspiel, sondern nur ein Spiel um deine Herden, deine Weiden oder dein Gold. So ist es auch mit dem Kinde, das seinen Sandhaufen baut. Denn dieser bedeutet nicht eine Handvoll Erde, sondern Zitadelle, Berg oder Schiff.

Freilich habe ich gesehen, wie sich der Mensch mit Freuden eine Erholung gönnt. Ich sah den Dichter unter Palmen schlafen. Ich sah einen Krieger seinen Tee bei den Dirnen trinken. Ich sah einen Zimmermann den lieblichen Abend auf seiner Schwelle genießen. Und gewiß schienen sie alle fröhlich zu sein. Aber ich habe es dir schon gesagt: Ihre Freude rührte eben daher, daß sie der Menschen überdrüssig waren. Der Krieger lauschte den Liedern und schaute den Tänzen zu. Der Dichter träumte im Grase. Der Zimmermann atmete den Duft des Abends ein. Ihr Werden hatte sich anderswo vollzogen. Die Arbeit ist dennoch der wichtigste Teil ihres Lebens geblieben. Denn für sie alle gilt das gleiche wie für den Baumeister, der ein Mensch ist und sich begeistert und seinen vollen Wert erlangt, wenn er den Bau seines Tempels leitet, nicht aber, wenn er sich beim Würfelspiel erholt. Die bei der Arbeit gewonnene Zeit ist nur eine tote Zeit, wenn sie nicht bloß Muße, Entspannung der Muskeln nach der Anstrengung oder Schlaf des Geistes nach der Erfindung bedeutet. Und du zerlegst das Leben in zwei unannehmbare Teile: eine Arbeit, die dir nur eine Last bedeutet, weil du ihr das Geschenk deiner Hingabe verweigerst, und eine Muße, die lediglich einen Mangel darstellt.
Die Leute sind wahrlich töricht, die den Ziseleur aus der Pflege seines Handwerks herausreißen und in einen anderen Beruf pressen möchten, der keine Nahrung für sein Herz ist; in ihrem Unverstand behaupten sie, sie verhülfen ihm dadurch zu seiner Menschenwürde, daß sie ihm anderswo gefertigte Ziselierungen liefern – als wenn sich eure Kultur anziehen ließe wie ein Mantel. Als wenn es Ziselierer und Fabrikanten für Kultur gäbe!
Ich aber sage, daß es für den Ziseleur nur eine Kulturform gibt, und das ist die Pflege des Ziselierens. Und diese kann nur die Vollendung seiner Arbeit zum Inhalt haben und die Leiden und Freuden, die Schmerzen und Ängste, die Größe und das Elend seiner Arbeit ausdrücken.
Denn allein der Teil des Lebens ist wichtig und vermag echte Dichtung zu nähren, der deine volle Hingabe erfor-

dert, und bei dem es um deinen Hunger und Durst, um das Brot deiner Kinder und um die Gerechtigkeit geht, die man dir widerfahren oder auch nicht widerfahren läßt. Alles übrige ist nur Spiel und Zerrbild des Lebens, wie auch Zerrbild der Kultur.

Denn nur durch Überwindung eines Widerstandes wirst du zu etwas. Und da die Muße nichts von dir verlangt und du sie ebensogut dazu verwenden könntest, um unter einem Baume oder in den Armen der leichten Liebe zu ruhen; da es in ihr keine Ungerechtigkeit gibt, die dich leiden macht und keine Drohung, die dich peinigt – wie vermöchtest du da zu existieren, wenn du dir nicht selbst von neuem die Arbeit erfinden würdest?

Doch laß dich nicht täuschen: das Spiel taugt nichts, denn es gibt kein Gebot, das dich zu existieren zwingt, wenn du Spieler in solch einem Spiele bist. Und ich weigere mich, den Menschen, der sich des Nachmittags in seiner Kammer ausruht – selbst wenn sie kahl und zum Schutze seiner Augen verdunkelt ist –, dem anderen gleichzustellen, den ich verurteilt und bis ans Ende seiner Tage in seiner Zelle eingemauert habe; – ich weigere mich, obwohl die beiden gleichermaßen auf ihrem Lager liegen, obwohl die beiden Zellen gleichermaßen kahl sind und sie die gleiche Dunkelheit erfüllt. Und das gilt auch, wenn der erstere behauptet, er spiele den lebenslänglich Verurteilten. Befrage sie doch, wenn der erste Tag zur Neige geht! Der eine wird über die unterhaltsame Spielerei lachen, aber beim anderen wirst du bemerken, daß seine Haare weiß geworden sind. Und er wird dir nichts über das Abenteuer berichten können, das er durchlebt hat; so sehr wird es ihm an Worten fehlen: er gleicht dem Manne, der einen Berg erstieg und oben auf dem Grat eine unbekannte Welt entdeckte, deren Klima ihn für immer veränderte; daher kann er sich dir nicht mitteilen.

Nur die Kinder stecken einen Stab in den Sand, verwandeln ihn in eine Königin und empfinden dabei Liebe. Will ich aber durch solche Mittel die Menschen heranbilden und sie durch die Gefühle bereichern, die sie dabei empfinden, so

muß ich aus diesem Stabe ein Götterbild machen, ihm bei den Menschen Anerkennung verschaffen und sie zu Spenden nötigen, die ihnen Opfer auferlegen.
Dann wird das Spiel aufhören, Spiel zu sein. Der Stab wird grünen. Der Mensch wird zu einem Hymnus der Furcht oder der Liebe werden. Ebenso wie die Kammer des gleichen lauen Nachmittags, sobald sie zur Zelle auf Lebenszeit wurde, im Menschen eine ungeahnte Veränderung hervorruft, die ihm die Haare an den Wurzeln versengt.
Durch die Arbeit wirst du gezwungen, dich der Welt zu vermählen. Der Landmann stößt beim Pflügen auf Steine, mißtraut den Wassern des Himmels oder wünscht sie herbei, und so nimmt er Anteil und gewinnt an Weite und innerem Licht. Und jeder seiner Schritte erhält einen Widerhall. Genauso ist es mit dem Gebet und den Vorschriften eines Kults, der dich nötigt, einen bestimmten Weg zu gehen und Treue zu halten oder zu betrügen, in Frieden oder mit schlechtem Gewissen zu leben. So zwang auch der Palast meines Vaters die Menschen, Menschen zu sein und nicht wie ungestaltetes Vieh zu leben, dessen Schritte keinen Sinn gehabt hätten.

70

Gewiß, sie war vor allem schön, jene Tänzerin, die die Polizei meines Reiches festgenommen hatte. Schön und von einem geheimnisvollen Leben erfüllt. Es schien mir, daß einer, der sie kennenlernte, etwas erfahren müsse von verborgenen Ländern, von ruhigen Ebenen, von Gebirgsnächten und winderfüllten Wüstenwanderungen.
Sie existiert, sagte ich mir. Ich wußte freilich, daß sie den Bräuchen fremder Länder ergeben war und bei uns für den Feind arbeitete. Wenn man aber versuchte, ihr Schweigen zu brechen, entlockten meine Leute ihrer undurchdringlichen Unschuld nur ein schwermütiges Lächeln.
Und ich ehre vor allem den Kern im Menschen, der dem Feuer widersteht. Abschaum der Menschheit, der du von

Eitelkeit trunken bist und selber aus Eitelkeit bestehst, du betrachtest dich mit Liebe, als ob etwas in dir wäre. Aber ein Folterknecht genügt und ein wenig entfachte Kohlenglut, damit du dich selber ausspeist. Denn es ist nichts in dir, was nicht sogleich zerschmelzen würde. Jener feiste Minister, der mir wegen seines Dünkels mißfiel und im übrigen eine Verschwörung gegen mich angezettelt hatte, vermochte den Drohungen nicht zu widerstehen, verkaufte mir seine Mitverschworenen, bekannte angstschwitzend seine Komplotte und all das, woran er glaubte und was er liebte. Er breitete sein Gedärm vor mir aus, – denn es gibt Menschen, die hinter ihren unechten Bastionen nichts zu verbergen haben. Und nachdem er seine Mitverschworenen gründlich bespieen und verleugnet hatte, fragte ich ihn:

– Wer hat dich gebaut? Warum hast du einen so feisten Bauch und dieses nach hinten geworfene Haupt und so feierlich geschürzte Lippen? Wozu diese Festung, wenn es in deren Innerem nichts zu verteidigen gibt? Der Mensch trägt etwas in sich, was größer ist als er selber. Du aber suchst dein schlaffes Fleisch, deine wackelnden Zähne, deinen schweren Bauch zu retten, als seien sie die Hauptsache, und verkaufst mir die Dinge, denen sie hätten dienen müssen und an die du zu glauben vorgabst! Du bist nur ein Schlauch, den ein Wind gemeiner Worte aufbläht...

Jener bot einen häßlichen Anblick und war häßlich anzuhören, als ihm der Henker die Knochen brach.

Als ich aber die Tänzerin bedrohte, deutete sie eine leichte Verneigung vor mir an:

– Ich bedauere, Herr...

Ich betrachtete sie, ohne noch etwas zu sagen, und sie begann sich zu fürchten. Schon bleich und mit einer langsameren Verneigung sagte sie:

– Ich bedauere, Herr...

Denn sie glaubte, sie werde leiden müssen.

»Denke daran, daß dein Leben in meiner Hand ist.«

»Ich ehre eure Macht, Herr...«

Sie war ernst, da sie eine geheime Botschaft in sich trug, und da ihr der Tod drohte, wenn sie dieser die Treue hielt. Und so wurde sie in meinen Augen zum Schrein eines Diamanten. Ich aber mußte für mein Reich sorgen.

– Für deine Taten verdienst du den Tod.

– Ach, Herr... (sie war noch blasser als in der Liebe)... Gewiß wäre es gerecht...

Und da ich die Menschen kenne, verstand ich, was dem Gedanken zugrunde lag, den sie nicht zu äußern vermocht hatte: »Es ist gerecht – vielleicht nicht, daß ich sterbe, wohl aber, daß statt meiner gerettet wird, was ich in mir trage...«

– Ist also etwas in dir, fragte ich sie, was wichtiger ist als dein junger Leib und deine Augen, die voller Licht sind? Du glaubst, etwas in dir zu behüten, und doch wird nichts mehr in dir sein, wenn du tot bist...

Da ihr die Worte fehlten, um mir zu antworten, überkam sie eine Verwirrung, die nicht in die Tiefe ging:

– Vielleicht habt ihr recht, Herr...

Ich spürte jedoch, daß sie mir nur im Bereiche der Worte recht gab, da sie sich darin nicht zu verteidigen vermochte.

– Du fügst dich also?

– Verzeiht mir, ja, ich füge mich, aber ich weiß nicht zu reden.

– Herr...

Ich verachte jeden, der sich durch Argumente bezwingen läßt, denn die Worte sollen dich ausdrücken, nicht aber führen. Sie bezeichnen, ohne daß sie einen Inhalt hätten. Diese Seele aber gehörte nicht zu denen, die ein Wind der Worte aufriegelt.

– Ich wüßte nicht zu reden, Herr, aber ich füge mich...

Ich achte den Menschen, der durch seine Worte hindurch, selbst wenn sie sich widersprechen, beständig bleibt wie der Bug eines Schiffes, das trotz der tobenden See unerbittlich zu seinem Stern zurückkehrt. Denn so weiß ich, wohin die Fahrt geht. Die aber, die sich in ihrer Logik einschließen, folgen ihren eigenen Worten und ringeln sich im Kreise wie die Raupen.

Ich sah sie daher lange und unverwandt an:

– Wer hat dich geschmiedet? Woher kommst du? fragte ich.
Sie lächelte, ohne zu antworten.
– Willst du tanzen?
Und sie tanzte.

Ihr Tanz aber war herrlich, was mich nicht erstaunen konnte, da etwas in ihr lebte.
Hast du den Fluß verfolgt, wenn du ihn von der Höhe der Berge betrachtetest? Dort ist er auf einen Felsen gestoßen, und weil er ihm nichts anhaben konnte, hat er sich seinen Konturen angepaßt; weiter unten hat er dann seine Richtung geändert, um ein günstiges Gefälle auszunutzen. In jener Ebene hat sich sein Lauf in Windungen verlangsamt, weil dort die Kräfte ruhen, die ihn zum Meere hinzogen. Anderswo ist er in einem See eingeschlafen. Dann hat er geradlinig jenen Arm vorgetrieben, um ihn auf die Ebene zu legen wie ein Schwert.
Ebenso gefällt es mir, daß die Tänzerin auf Kraftlinien trifft. Daß ihre Gebärden hier im Zaume gehalten werden, um sich dort wieder zu lösen. Daß ihr Lächeln, das eben noch mühelos war, jetzt kämpfen muß, um wie eine Flamme im Sturm zu bestehen; daß sie jetzt leicht, wie auf einem unsichtbaren Abhang, dahingleitet, dann wieder ihre Schritte verlangsamt, weil sie ihr schwer fallen, als wenn sie einen Berg ersteigen müßte. Es gefällt mir, daß sie einem Widerstand begegnet. Oder triumphiert. Oder stirbt. Es gefällt mir, daß sie einer Landschaft angehört, die sich im Kampf gegen sie aufbaute und daß Gedanken in ihr sind, die erlaubt und andere, die ihr verwehrt sind. Und Blicke, die möglich sind und andere, die nicht möglich sind. Und Widerstände und Zustimmungen und Weigerungen. Ich möchte nicht, daß sie sich gleichmäßig nach allen Seiten ausbreite wie Gallert. Sie soll vielmehr – gleich dem lebenden Baum, der nicht frei in seinem Wachstum ist, sondern in seiner Vielfalt sich entwickelt, wie es dem Genius seines Samenkorns gemäß ist – ein sinnvoll Gefügtes sein.

Denn der Tanz ist eine Bestimmung und eine Haltung, die durch das Leben hindurchführen. Ich aber möchte den Grund zu dir legen und dich für ein Ziel begeistern, damit ich mich an deiner Haltung erbauen kann. Denn wenn du den Bergstrom überschreiten willst und der Bergstrom sich dir in den Weg stellt, so wirst du tanzen. Und wenn du auf Liebespfaden wandeln willst und der Nebenbuhler sich dir in den Weg stellt, so wirst du tanzen. Und die Degen werden tanzen, wenn du töten willst. Und das Segelschiff tanzt unter seiner Flagge, wenn es sich abmüht, den Hafen zu erreichen, dem es zustrebt, und wenn es im Winde unsichtbare Umwege machen muß.
Du brauchst den Feind, um zu tanzen, aber welcher Feind würde dir die Ehre erweisen, seinen Degen vor dir tanzen zu lassen, wenn nichts in dir selber ist?

Die Tänzerin hatte unterdessen ihr Gesicht in den Händen vergraben und rührte mein Herz. Und ich sah ihre Maske. Denn es gibt Gesichter, die unechte Qualen zeigen; man wird sie gewahr, wenn sich die Seßhaften zur Schau stellen, aber das sind nur Deckel leerer Schachteln. Denn es ist nichts in dir, wenn du nichts empfangen hast. Der Tänzerin aber sah ich an, daß sie ein Erbgut verwahrte. Es war jener harte Kern in ihr, der sogar dem Henker widersteht. Auch das Gewicht eines Mühlsteins würde nicht das Öl des Geheimnisses aus ihm herauspressen. Sie war im Besitz jener Bürgschaft, für die einer in den Tod geht und die ihn tanzen lehrt. Denn nur der ist Mensch, den der Hymnus oder das Gedicht oder das Gebet verschönten und der innerlich festgegründet ist. Sein Blick ist hell, wenn er auf dir ruht, denn er gehört einem Menschen, der von etwas erfüllt ist. Und wenn du einen Abdruck seines Gesichts nimmst, wird es zu einer harten Maske, die eines Menschen Reich angehört. Und so weißt du von solch einem Manne, daß ihn etwas beherrscht und daß er gegen den Feind tanzen wird. Was weißt du denn von der Tänzerin, wenn sie nur eine leere Landschaft ist? Denn der Seßhafte kennt keinen Tanz. Aber dort, wo die Erde geizig ist, wo der Pflug auf Steine stößt, wo ein allzu heißer Sommer die Ernte verdorren läßt, wo der Mensch den Barbaren widersteht, wo der Barbar den Schwachen zerschmettert – dort wird auch der Tanz geboren, weil ein jeder Schritt seinen Sinn hat. Denn der Tanz ist Kampf gegen den Engel. Der Tanz ist Krieg, ist Verführung, ist Mord und Reue. Und welchen Tanz könntest du deinem allzu gut genährten Vieh entlocken?

71

Ich verbiete den Kaufleuten, ihre Waren allzusehr anzupreisen. Denn sie entwickeln sich schnell zu Schulmeistern und lehren dich etwas als Ziel, was seinem Wesen nach nur Mittel ist, und da sie dich über den Weg täuschen, den du einschlagen mußt, erniedrigen sie dich gar bald; denn wenn ihre Musik gemein ist, verfertigen sie dir eine gemeine Seele, damit sie ihre Ware bei dir anbringen können. Es ist nun gewiß gut, daß die Dinge dazu geschaffen wurden, dem Menschen zu dienen; es wäre aber wider die Natur, wenn die Menschen dazu geschaffen wären, den Dingen als Müllkasten zu dienen.

72

Mein Vater sagte:
– Du mußt erschaffen. Wenn du hierzu befähigt bist, gib dich nicht mit dem Organisieren ab. Es werden hunderttausend Diener entstehen, um deiner Schöpfung zu dienen; sie werden darin gedeihen wie Würmer im Fleische. Wenn du deine Religion begründest, so kümmere dich nicht um das Dogma. Es werden hunderttausend Kommentatoren entstehen, um es aufzubauen. Erschaffen bedeutet das Sein erschaffen, und eine jede Schöpfung ist unaussprechlich. Wenn ich eines Abends jenes Stadtviertel betrete, das wie eine Kloake ins Meer hinabrinnt, ist es nicht meine Aufgabe, die Kanalisation, die Rieselfelder und die Straßenbauämter zu

erfinden. Ich bringe die Liebe zur glänzenden Schwelle mit, und rings um diese Liebe entstehen die Straßenkehrer, die die Gehsteige waschen, entstehen die Polizeiverordnungen und die Müllkutscher. Erfinde auch nicht durch die Zauberkraft deiner Verordnungen eine Welt, in der die Arbeit den Menschen groß macht, statt ihn zu verrohen, in der die Kultur aus der Arbeit und nicht aus der Muße hervorgeht. Gegen das Gewicht der Dinge kannst du nicht ankämpfen. Es geht darum, es zu ändern. Das Werk ist Schöpfung des Bildhauers oder Gedicht oder Hymnus. Und wenn du mit dem Hymnus der edlen Arbeit – der dem Dasein seinen Sinn gibt – kräftig genug gegen den Hymnus der Muße – der die Arbeit einer Steuer gleichstellt und das Menschenleben in Sklavenarbeit und unausgefüllte Muße aufspaltet – anzusingen vermagst, so kümmere dich nicht um Gründe und Logik und eingehende Verordnungen. Die Kommentatoren werden schon kommen und dir erklären, warum dein Bildwerk schön ist und wie man es konstruieren muß. Sie werden dieser Richtung zuneigen und gute Argumente finden, um dir zu beweisen, daß sie die einzig mögliche ist. Und dieses Streben wird dazu führen, daß die Verordnungen dein Werk vollenden und daß sich deine Wahrheit verwirklicht.

Denn es kommt allein auf die Neigung, die Richtung, das Streben an, die einem Ziele gelten. Darin allein äußert sich die Macht der Flut, die allmählich – ohne die Klugheit der Logiker – die Deiche zerstört und das Reich des Meeres ausbreitet. Ich sage dir: jedes starke Bild wird Wirklichkeit. Kümmere dich zunächst nicht um Berechnungen, Gesetzestexte und Erfindungen. Erfinde nicht eine künftige Stadt, denn die Stadt, die dann wirklich entsteht, wird ihr nicht gleichen. Erschaffe die Liebe zu den Türmen, die die Wüste beherrschen. Und die Sklaven der Sklaven deiner Baumeister werden dann schon herausfinden, wie sich die Steine anfahren lassen, die du benötigst. So entdeckt auch das Wasser, weil es nach unten strebt, wie es die Wachsamkeit der Zisternen zu täuschen vermag.

– Deshalb bleibt der Schöpfungsakt unsichtbar, erklärte mir mein Vater, so wie die Liebe unsichtbar bleibt, die aus der Zusammenhanglosigkeit der Dinge ein Landgut erschafft. Es ist unfruchtbar, wenn du zu verblüffen oder zu beweisen suchst. Denn in der Verblüffung ärgert man sich über den, der einen verblüfft hat, und jedem Beweise läßt sich ein noch schönerer entgegensetzen. Und wie könntest du je das Landgut beweisen? Wenn du es anrührst, um davon zu reden, ist es schon zu einer Ansammlung von Dingen geworden. Wenn du den Tempel anrührst und seine Steine abträgst, um den Schatten und das Schweigen des Tempels zu erklären, ist dein Werk vergeblich, denn kaum hast du es berührt, ist es schon ein Durcheinander von Steinen und nicht mehr Stille.
– Ich werde dich aber an der Hand fassen, und wir werden zusammen wandern. So haben wir unversehens den Hügel erstiegen. Dort werde ich im Ton einer beliebigen Stimme zu dir reden und dir Einsichten mitteilen, von denen du glauben wirst, du habest sie selber gedacht. Denn es erweist sich, daß der von mir gewählte Hügel diese bestimmte Ordnung und keine andere zeigt. Das große Bild gibt sich nicht als Bild zu erkennen: es ist. Oder genauer: du befindest dich darin. Und wie vermöchtest du dagegen anzukämpfen? Wenn ich dich in einem Hause unterbringe, bewohnst du ganz einfach das Haus, und so ist es der Ausgangspunkt, von dem aus du die Dinge beurteilst. Wenn ich dir die Frau von der Seite zeige, von der sie am schönsten ist und Liebe erweckt, verliebst du dich ganz einfach. Wie solltest du dich aus freiem Entschluß der Liebe versagen, die dich gerade in diesem Augenblick und keinem anderen hier festhält? Irgendwo mußt du ja sein! Und mein Schöpfungsakt besteht nur in der Wahl der Zeit und der Stunde, über die kein Streit möglich ist, sondern die schlechthin existiert. Und deine Entschlußfreiheit ist dir völlig gleichgültig. Hast du schon erlebt, daß sich ein Verliebter der Liebe unter der Beteuerung entzogen hätte, jene Begegnung sei nur Zufall gewesen, und die Frau, nach der er sich verzehrt, hätte ja auch gestorben oder niemals geboren sein oder sich anders-

wo aufhalten können? Ich habe deine Liebe dadurch erschaffen, daß ich Zeit und Stunde für sie wählte: auch wenn du mein Eingreifen ahnen solltest, kannst du dich nicht dagegen zur Wehr setzen, und also bist du mein Gefangener.
Wenn ich den Bergsteiger in dir begründen will, der des Nachts zum Berggrat mit seinen Sternen emporklimmt, gründe ich das Bild, das dich davon überzeugt, nur diese Sternenmilch auf dem Grat werde deinen Durst löschen. Und ich bin dann für dich nur der Anlaß gewesen, der dich dieses Bedürfnis in dir entdecken ließ, denn das Bedürfnis gehört dir selber, so wie die Empfindung, die das Gedicht in dir wachruft, dir selber gehört. Und mit welchem Rechte könntest du dadurch von deiner Wanderung abgehalten werden, daß du mein Eingreifen ahnen solltest? Wenn du eine Tür aufstößt und den Diamanten im Dunkeln leuchten siehst – würdest du dann weniger Verlangen tragen, ihn zu greifen, weil du ihn einer aufgestoßenen Tür zu verdanken hast, die dich auch anderswohin hätte führen können?
Wenn ich dich mit einem Schlaftrunk ins Bett lege, so ist dieser Schlaftrunk echt und auch dein Schlaf. Erschaffen bedeutet, daß du den anderen in eine Lage versetzt, von der aus er die Welt sieht, wie du es wünschst, nicht aber, daß du ihm eine neue Welt anbietest.

Wenn ich dir eine Welt entdecke, dich aber an Ort und Stelle lasse, um sie dir zu zeigen, so siehst du sie nicht. Und du bist im Recht. Denn von deinem Standpunkt aus ist sie falsch. Und mit Recht verteidigst du deine Wahrheit. So übe ich keine Wirkung aus, wenn ich mit originellen oder auffallenden oder absonderlich anmutenden Behauptungen komme, denn das allein ist originell oder auffallend oder mutet absonderlich an, was von einem gewissen Standpunkt aus gesehen wird, während es seiner Natur nach eine Betrachtung von einem anderen Standpunkt aus verdiente. So bewunderst du mich, aber ich erschaffe nichts; ich bin nur ein Gaukler, ein Possenreißer und ein schlechter Dichter.
Aber wenn ich dich auf meinem Gange, der weder wahr

noch falsch ist – es gibt keine Schritte, die du leugnen könntest, da sie ja da sind –, dorthin führe, wo die Wahrheit neu ist, so wirst du mich nicht mehr als deren Schöpfer wahrnehmen, und meine Behauptungen werden dir dann nicht mehr originell oder auffallend oder absonderlich vorkommen, denn es waren einfache Schritte und sie folgten ganz natürlich aufeinander. So bin ich nicht der Kritik unterworfen, wenn dich die Weite, die sich dir hier erschließt, innerlich wachsen läßt, oder wenn die Frau schöner ist, da es ja zutrifft, daß die Frau von hier aus gesehen berückender ist, so wie der Raum um dich weiter ist. Mein Werk beherrscht alles, aber es prägt sich nicht in den Spuren, im Widerschein, in den Zeichen aus, und da du es nicht darin wiederfindest, kannst du nicht gegen mich kämpfen. Dann erst bin ich schöpferisch und ein wirklicher Dichter. Denn nicht der ist schöpferisch, der erfindet oder beweist, sondern der zum Werden verhilft.

Und wenn man erschafft, geht es stets darum, Widersprüche aufzulösen. Denn außerhalb des Menschen ist nichts hell oder dunkel, unzusammenhängend oder zusammenhängend, einfach oder verwickelt. Alles ist, und hat damit sein Bewenden. Und du kannst nichts erfassen, was nicht voller Widersprüche wäre, wenn du dich mit deiner unbeholfenen Sprache aus der Verlegenheit ziehen und dein kommendes Werk vordenken willst. Aber ich komme mit meiner Macht; sie äußert sich nicht darin, daß ich dir etwas auf Grund deiner Sprache beweisen könnte, denn die Widersprüche, die dich zerreißen, sind ohne Ausweg. Ich kann dir auch nicht dartun, daß deine Sprache falsch ist, denn sie ist nicht falsch, sondern nur unbequem. Ich kann dich nur auf einer Wanderung geleiten, wo ein Schritt auf den anderen folgt, ich kann dich nur auf dem Berge niedersetzen, wo deine Streitigkeiten ihre Auflösung finden, und muß es dir selbst überlassen, daraus *deine* Wahrheit zu machen.

73

Mich überkam das Verlangen nach dem Tode:
– Gib mir den Frieden des Stalles, sprach ich zu Gott, den Frieden der geordneten Dinge, der eingebrachten Ernte. Laß mich sein, da ich mein Werden vollendet habe. Ich bin der Klagen meines Herzens müde. Ich bin zu alt, um all meine Zweige wieder zu beginnen. Nacheinander habe ich meine Freunde und meine Feinde verloren, und traurige Mußestunden werfen ihr Licht auf meinen Weg. Ich weilte in der Ferne, ich bin heimgekehrt, ich blickte um mich: da fand ich die Menschen wieder, wie sie sich um das Goldene Kalb scharten; sie nahmen nicht Anteil, sondern waren töricht. Und die Kinder, die heute geboren werden, sind mir fremder als junge Barbaren ohne Religion. Ich bin von nutzlosen Schätzen schwer, wie wenn mich eine Musik erfüllte, die niemals mehr verstanden werden wird.
Ich habe mein Werk im Walde mit der Axt des Holzfällers begonnen und war trunken vom Lobgesang der Bäume. So muß man sich in einen Turm einschließen, um gerecht sein zu können. Jetzt aber, da ich die Menschen aus zu großer Nähe sah, bin ich müde.
Erscheine mir, Herr, denn alles ist schwer, wenn der Geschmack an Gott verlorengeht!

Ich hatte einen Traum nach der großen Begeisterung.
Denn ich war als Sieger in eine Stadt eingezogen, und die Menge strömte in einem Meere von Fahnen herbei und rief und sang bei meinem Vorüberzug. Und die Blumen bereiteten uns ein Lager für unseren Ruhm. Gott aber erfüllte mich nur mit einem Gefühl der Bitterkeit. Ich war, so schien es mir, der Gefangene eines schwachen Volkes.
Denn diese Menge, die deinen Ruhm begründet, läßt dich vor allem sehr allein! Was sich dir hingibt, trennt sich auch wieder von dir, denn nur auf dem Wege über Gott führt eine Brücke von dir zu den anderen Menschen. Und die allein sind meine wahrhaften Gefährten, die mit mir im

Gebete das Knie beugen. So unterwerfen sie sich dem gleichen Maß und werden zu Körnern der gleichen Ähre, die für das gleiche Brot ausersehen ist. Jene beteten mich jedoch an und ließen eine Wüste in mir entstehen, denn ich kann den Menschen, die sich täuschen, keine Achtung bezeigen und vermag dieser Anbetung meiner Person nicht zuzustimmen. Ich kann nicht ihren Weihrauch entgegennehmen, denn ich vermag mich nicht nach den anderen zu richten, wenn ich über mich urteile. Ich bin meiner selbst überdrüssig, denn ich habe schwer an mir zu tragen und muß mich meiner selbst entäußern, wenn ich in Gott eingehen will. So ließen mich die Menschen, die mich beweihräucherten, traurig und öde werden; ich glich einem vertrockneten Brunnen, über den sich das Volk beugt, wenn es Durst hat. Denn ich konnte nichts schenken, was der Mühe wert gewesen wäre, und konnte nichts mehr von ihnen empfangen, da sie sich vor mir zu Boden warfen.

Ich brauche vor allem einen, der sich wie ein Fenster aufs Meer hin öffnet, nicht aber einen Spiegel, vor dem ich mich langweile.

Und in dieser Menge schienen mir allein die Toten Achtung zu verdienen, da sie sich nicht mehr um Eitelkeiten mühten.

Als mich dann die Beifallsrufe wie ein leeres Geräusch ermüdet hatten, das mich nicht mehr belehren konnte, hatte ich diesen Traum:

Ein abschüssiger und glatter Weg führte hoch über dem Meere. Ein Unwetter hatte sich entladen und die Nacht strömte wie ein voller Schlauch. Hartnäckig stieg ich Gott entgegen, um ihn nach dem Sinn der Dinge zu fragen und mir von ihm erklären zu lassen, wohin der Austausch führe, den man mir hatte auferlegen wollen.

Doch auf dem Gipfel des Berges gewahrte ich nur einen schweren Block aus schwarzem Granit, – und das war Gott. Er ist es wahrhaftig, sagte ich mir, der Unwandelbare und Unzerstörbare, denn ich hoffte noch, ich werde nicht tiefer in meine Einsamkeit versinken müssen.

– Herr, sprach ich zu ihm, belehre mich! Sieh hier meine

Freunde, meine Gefährten und Untertanen, sie sind für mich nur tönende Gliederpuppen. Ich habe sie in der Hand und bewege sie, wie es mir beliebt. Und es macht mir keine Sorge, daß sie mir gehorchen, denn es ist gut, wenn sich meine Weisheit auf sie herabsenkt; aber es bekümmert mich, daß sie zum Widerschein eines Spiegels wurden, denn so werde ich einsamer noch als ein Aussätziger. Wenn ich lache, so lachen sie. Wenn ich schweige, so verdüstern sich ihre Mienen. Und mein Wort, das ich erkenne, erfüllt sie wie das Windesrauschen die Bäume. Es gibt für mich keinen Austausch mehr, denn in dieser schrankenlosen Audienz höre ich nur noch meine eigene Stimme, die mir von ihnen wie das eisige Echo eines Tempels zurücktönt. Deshalb erschreckt mich die Liebe, und was habe ich von dieser Liebe zu erwarten, die nur mich selber vervielfacht?

Doch der Granitblock, über dem ein leuchtender Regen rauschte, blieb undurchdringlich:

– Herr, sprach ich zu ihm, denn in der Nähe saß ein schwarzer Rabe auf einem Zweige, ich verstehe durchaus, daß dieses Schweigen Deiner Majestät gemäß ist. Doch ich bedarf eines Zeichens. Gebiete diesem Raben davonzufliegen, sobald ich mein Gebet beendet habe. Dann wird das wie ein rascher Blick sein, den mir ein anderer zuwirft, und so bin ich nicht mehr allein auf der Welt. Ich werde Vertrauen zu Dir fassen, mag es auch nur ein dunkles Vertrauen sein. Ich verlange nichts als das eine: es möge mir bedeutet werden, daß es vielleicht etwas zu verstehen gibt.

Und ich betrachtete den Raben. Aber er blieb unbeweglich.

Da neigte ich mich zur Mauer:

Herr, sprach ich zu ihm, gewiß hast Du recht. Es kommt Deiner Majestät nicht zu, Dich meinen Weisungen zu unterwerfen. Wäre der Rabe davongeflogen, so hätte er mich nur noch trauriger gestimmt. Denn ein solches Zeichen hätte ich nur von einem Gleichgestellten, also abermals von mir selber empfangen können, und so wäre es gleichfalls nur ein Widerschein meiner Sehnsucht gewesen. Wiederum wäre ich nur meiner Einsamkeit begegnet.

Nachdem ich mich so in Anbetung niedergeworfen hatte, ging ich den Weg zurück, den ich gekommen war.
Es begab sich jedoch, daß meine Verzweiflung einer unerwarteten und eigentümlichen Heiterkeit wich. Ich versank im Schlamm des Weges, ich riß mich an den Dornen wund, ich kämpfte gegen die peitschenden Windstöße an, und doch kam eine gefestigte Klarheit über mich. Denn ich wußte nichts; aber ich hätte auch nichts erfahren können, was mich nicht angewidert hätte. Ich hatte Gott nicht berührt, doch ein Gott, der sich berühren läßt, ist kein Gott mehr. Er ist es auch nicht mehr, wenn er dem Gebete gehorcht. Und zum ersten Male ahnte ich: die Größe des Gebets beruht vor allem darauf, daß ihm nicht geantwortet wird und daß dieser Austausch nichts mit einem schäbigen Handel zu tun hat. Und ich ahnte, daß das Erlernen des Gebets im Erlernen des Schweigens besteht und dort erst die Liebe beginnt, wo kein Geschenk mehr zu erwarten ist. Die Liebe ist vor allem Übung des Gebets und das Gebet Übung des Schweigens.
Und ich kehrte unter mein Volk zurück und schloß es zum ersten Male in das Schweigen meiner Liebe ein. Und so spornte ich sie bis zum Tode zu Geschenken an. Trunken machten sie meine verschlossenen Lippen. Ich war Hirte, Tabernakel ihrer Lobgesänge und Treuhänder ihrer Geschicke, Herr über ihr Hab und Gut und über ihr Leben und doch ärmer als sie und demütiger in meinem unbeugsamen Stolze. Und ich wußte wohl, daß es hier nichts zu empfangen gab. Es vollzog sich einfach ihr Werden in mir, und ihr Lobgesang bildete sich aus meinem Schweigen. Und durch mich waren wir, sie und ich, nur noch Gebet, das sich im Schweigen Gottes gründete.

74

Ich habe sie gesehen, wie sie ihren Lehm kneteten. Ihre Frau tritt hinzu, rührt sie an die Schulter, da es die Stunde der Mahlzeit ist. Sie schicken sie aber zu ihren Kochtöpfen zurück, denn sie sind ganz durch ihr Werk gefesselt. Dann wird es Nacht, und so findest du sie wieder beim matten Schein der Öllampe, wie sie in ihrer Tonerde eine Form suchen, die sie nicht zu beschreiben vermöchten. Und kaum einer von ihnen entfernt sich von seinem Werke, wenn sie voller Inbrunst sind, denn es haftet ihnen an wie die Frucht am Baume. Um es zu nähren, sind sie wie Stämme von Saft geschwellt. Sie werden es nicht loslassen, bis es sich nicht von selber loslöste wie eine Frucht, die geworden ist. Oder hast du gesehen, daß es ihnen in dem Augenblick, in dem sie sich abmühten, auf Geldgewinn oder Ehren oder das endgültige Schicksal des Gegenstands ankäme? Während sie am Werke sind, arbeiten sie nicht für die Kaufleute und nicht für sich selber, sondern für die tönerne Urne oder die Krümmung ihres Henkels. Sie wachen die Nächte hindurch einer Form zuliebe, die allmählich ihr Herz befriedigt, so wie die Mutterliebe in der Frau erwacht, je mehr das ausgebildete Kind in ihrem Leibe hüpft.

Wenn ich euch jetzt sammle, um euch alle gemeinsam der großen Urne zu unterwerfen, die ich inmitten der Städte erbaue, damit sie das Schweigen des Tempels in sich aufspeichere, so ist es gut, wenn sie euch während ihrer Entstehung behende macht und ihr sie lieben könnt. Es ist gut, wenn ich euch zwinge, den Rumpf, das Deck und das Mastwerk eines Segelschiffs zu bauen, das die Meere befahren soll, und wenn ich euch eines Tages, wie an einem Hochzeitstage, gebiete, seine Segel zu hissen und es dem Meere darzubringen.

Dann wird der Klang eurer Hämmer als Lobgesang aufsteigen, euer Schweiß und eure Stoßseufzer werden Inbrunst sein. Und wenn ihr das Schiff vom Stapel laßt, werdet ihr ein Wunder vollbringen, denn ihr werdet Blumen auf die Wogen streuen.

75

Deshalb entfalte ich die Einheit der Liebe in verschiedenartigen Säulen und Kuppeln und ergreifenden Bildwerken. Denn wenn ich die Einheit ausdrücken will, mache ich sie vielgestaltig bis ins Unendliche. Und du hast kein Recht, daran Anstoß zu nehmen.

Allein das Absolute zählt, das aus dem Glauben, der Inbrunst oder der Sehnsucht hervorgeht. Denn es gibt nur eine Vorwärtsbewegung des Schiffes, aber jeder wirkt dabei mit, der einen Meißel schärft, die Planken des Verdecks mit schaumigem Wasser wäscht, auf den Mast klettert oder die Beschläge ölt.

Diese Unordnung aber beunruhigt euch, denn ihr meint, die Menschen würden an Kraft gewinnen, wenn sie sich alle die gleichen Gebärden zu eigen machten und am gleichen Strange zögen. Aber ich antworte: Wenn es sich um den Menschen handelt, vermagst du das Prinzip, das ihn beherrscht, nicht aus den sichtbaren Spuren zu ersehen. Man muß sich aufschwingen, um es zu entdecken. Und du machst es auch meinem Bildhauer nicht zum Vorwurf, wenn er zwar bis zum Äußersten vereinfacht, um zum Wesentlichen vorzudringen und es zu erfassen, jedoch eine Vielfalt von Zeichen verwendet, wie Lippen, Augen, Runzeln und Haare. Denn er bedarf des Gefüges, damit er seine Beute wie mit einem Netz einfangen kann. Und wenn du nicht kurzsichtig bist und deine Nase allzu dicht daraufdrückst, wird mit Hilfe dieses Netzes eine bestimmte Schwermut auf dich übergehen und dein Werden verändern. Ebenso darfst du es aber auch mir nicht zum Vorwurf machen, wenn mir eine solche Unordnung in meinem Reiche keine Sorge bereitet. Denn wenn dich die Betrachtung der Mannschaften verwirrt, die auf verschiedene Weise an ihren Tauen ziehen, mußt du nur ein wenig zurücktreten, um diese menschliche Gemeinschaft, diesen Knoten eines Stammes, der verschiedene Zweige treibt, diese Einheit, die ich vor allem erstrebe und die den Sinn meines Reiches ausmacht, gewahr zu werden. Und dann wirst du nur noch ein Schiff sehen, das auf dem Meere fährt.

Wenn ich hingegen meinen Leuten die Liebe zur Seefahrt mitteile und so ein jeder den Drang dazu in sich verspürt, weil ihn ein Gewicht im Herzen zum Meere zieht, so wirst du bald sehen, wie sie sich verschiedene Tätigkeiten suchen, die ihren tausend besonderen Eigenschaften entsprechen. Der eine wird Segel weben, der andere im Walde den Baum mit dem Blitzstrahl seiner Axt fällen. Wieder ein anderer wird Nägel schmieden, und irgendwo wird es Männer geben, die die Sterne beobachten, um das Steuern zu erlernen. Und doch werden sie alle eine Einheit bilden. Denn ein Schiff erschaffen, heißt nicht die Segel hissen, die Nägel schmieden, die Sterne lesen, sondern die Freude am Meere wachrufen – die ein und dieselbe ist –, und wo sie herrscht, gibt es keine Gegensätze mehr, sondern nur Gemeinsamkeit in der Liebe. Wenn ich am Werke mitwirke, begegne ich daher stets meinen Feinden mit offenen Armen, damit sie mich wachen lassen, denn ich weiß, daß es eine Ebene gibt, auf der mir der Kampf als Liebe erschiene.

Ich brauche das Schiff nicht in seinen Einzelheiten vorauszusehen, wenn ich es erschaffe. Denn ich kann nichts erfassen, was der Mühe wert wäre, wenn ich ganz allein die Pläne für das Schiff in seiner Vielfalt entwerfe. Alles wird sich verändern, wenn es ans Licht tritt, und ich überlasse es den anderen, sich mit diesen Erfindungen zu beschäftigen. Ich brauche nicht jeden Nagel des Schiffes zu kennen. Ich muß aber den Menschen den Drang zum Meere vermitteln.

Und je mehr ich wachse, so wie ein Baum wächst, um so mehr gewinne ich an Tiefe. Und meine Kathedrale, die eine Einheit bildet, entsteht dadurch, daß einer, der voller Skrupel ist, ein Gesicht meißelt, aus dem ein böses Gewissen spricht, und daß ein anderer, der sich zu freuen versteht, Freude empfindet und ein Lächeln meißelt. Daß ein Widerspenstiger mir widersteht und ein Getreuer die Treue hält. Und werft mir nicht etwa vor, ich hätte Unordnung und Zuchtlosigkeit gefördert, denn die einzige Zucht, die ich anerkenne, ist die Zucht des Herzens, die über allem steht, und wenn ihr in meinen Tempel eintretet, wird euch seine Einheit und die Majestät seines Schweigens überwältigen. Wenn ihr dann seht, wie der Gläubige und der Abtrünnige, der Bildhauer und der Polierer der Säulen, der Gelehrte und der Einfältige nebeneinander ins Knie sinken, so sagt mir nicht, sie seien Beispiele der Zusammenhanglosigkeit, denn in der Wurzel sind sie eins, und durch sie hindurch ist der Tempel geworden, da er mit ihrer Hilfe alle die Mittel fand, deren er bedurfte.

Der aber täuscht sich, der eine Ordnung der Oberfläche erschafft, weil er sie nicht mit dem nötigen Abstand überblickt, um den Tempel, das Schiff oder die Liebe gewahr zu werden; so begründet er an Stelle einer wahrhaften Ordnung die Zucht des Kasernenhofes, wo jeder in die gleiche Richtung strebt und gleich lange Schritte macht. Denn wenn jeder deiner Untertanen dem anderen gleicht, hast du keine Einheit erzielt, da tausend übereinstimmende Säulen nur eine törichte Spiegelwirkung und keinen Tempel ergeben. Und du handeltest nur folgerichtig, wenn du alle die tausend Untertanen bis auf einen einzigen umbringen ließest.

Die wahrhafte Ordnung ist der Tempel, aus dem das Herz des Baumeisters spricht. Denn der Tempel verknüpft die Vielfalt der Baustoffe wie eine Wurzel und erfordert eben diese Vielfalt, denn nur so kann er eine Einheit bilden und beständig und mächtig bleiben.

Es darf dich nicht verdrießen, wenn sich der eine vom anderen unterscheidet, wenn das Trachten des einen dem Trachten des anderen widerstreitet; wenn nicht jeder die gleiche Sprache spricht; vielmehr sollst du dich daran erfreuen, denn wenn du schöpferisch bist, wirst du einen Tempel bauen, der sie alle umfaßt und ihnen ein gemeinsames Maß gibt.

Den aber nenne ich blind, der sich auf sein Schöpfertum etwas einbildet, wenn er den Tempel abträgt und die Steine ihrer Größe nach hintereinander aufreiht.

76

Beunruhige dich also nicht über das Geschrei, das dein Wort hervorrufen wird, denn eine neue Wahrheit ist ein neues Gefüge, das mit einem Schlage zutage tritt (und nicht eine einleuchtende Behauptung, bei der man von Schlußfolgerung zu Schlußfolgerung fortschreiten könnte). Jedesmal, wenn du ein Element deines Gesichts aufzeigst, wird man dir entgegenhalten, dieses Element habe im anderen Gesicht eine andere Bedeutung, und zunächst wird man nicht verstehen, weshalb du dir selber und anderen zu widersprechen scheinst. Du wirst freilich sagen: Seid ihr gewillt, euch selber abzutöten, euch zu vergessen und ohne Widerstand meiner neuen Schöpfung beizuwohnen? Nur so aber könnt ihr euch wandeln; ihr seid in Schmetterlingspuppen eingeschlossen. Und auf Grund der gewonnenen Erfahrung werdet ihr mir sagen, ob ihr nicht klarer, friedlicher und geweiteter geworden seid.

Denn gleich wie die Statue, die ich aus dem Stein haue, nicht allmählich hervortritt, gibt es keine Wahrheit, die sich allmählich beweisen ließe. Sie bildet vielmehr eine Einheit und wird erst sichtbar, sobald sie geworden ist. Und auch dann bemerkst du sie nicht, denn du selbst befindest dich in ihr. Und die Wahrheit meiner Wahrheit ist der Mensch, der aus ihr hervorgeht.

So ist es mit einem Kloster, in das ich dich einschließe, um dich zu ändern. Solltest du mich aber bitten, ich möge dir dieses Kloster inmitten deiner Eitelkeiten und deiner Alltagsprobleme erklären, so würde ich es ablehnen, dir zu antworten, denn du bist nicht der Mensch, der mich verstehen könnte, und ich muß dir zunächst zu deiner Geburt verhelfen. Ich kann dich nur zwingen, zu werden.

Kümmere dich deshalb auch nicht um die Einsprüche, die dein Zwang auslösen wird. Denn die Schreier wären im Recht, wenn du sie in ihrem Wesen beeinträchtigen und um ihre Größe bringen würdest. Aber den Menschen achten, heißt das Edle in ihm achten. Sie aber nennen Gerechtigkeit, wenn sie ihr Dasein fortführen können – auch wenn sie verkommen sind –, da sie nun einmal so geboren wurden. Und es bedeutet gewiß keine Gotteslästerung, wenn du sie heilst.

77

Also kann ich euch sagen, daß ich es ebenso ablehne, klein beizugeben wie auszuschließen. Ich bin weder unversöhnlich noch weich oder nachsichtig. Ich heiße den Menschen mit seinen Fehlern willkommen und übe doch meine Strenge aus. Ich mache nicht aus meinem Gegner einen bloßen Zeugen, einen Sündenbock für all unser Unglück, den man mit Haut und Haaren auf dem Marktplatz verbrennen müßte. Ich heiße meinen Gegner in seiner Ganzheit willkommen, und doch lehne ich ihn ab. Denn das Wasser ist frisch und begehrenswert. Auch der reine Wein ist begehrenswert. Aber aus dem Gemisch bereite ich ein Getränk für Eunuchen.

Es gibt nichts auf der Welt, was nicht unbedingt im Rechte wäre. Ausgenommen sind nur die, die überlegen, argumentieren, Beweise führen und weder Recht noch Unrecht haben können, da sie eine logische Sprache ohne Inhalt gebrauchen. Sie erzeugen ein bloßes Geräusch; wenn sie sich aufblähen, kann es aber dazu führen, daß die Menschen lange ihr Blut vergießen müssen. Ich beseitige sie daher einfach, so wie ich den Baum abhaue.

Doch ein jeder ist im Recht, der in die Zerstörung der Urne seines Leibes willigt, wenn es das anvertraute Gut zu retten gilt, das darin verschlossen ist. Ich habe es dir schon gesagt: die Schwachen schützen und die Starken fördern – das ist das Dilemma, das dich quält. Und es kann sein, daß dein Feind die Schwachen vor dir schützt, der du die Starken förderst. Und so seid ihr beide gezwungen zu kämpfen, um das Land des einen vor der Fäulnis der Demagogen zu bewahren, die das Geschwür um des Geschwüres willen feiern, und um das Land des anderen vor der Grausamkeit der Sklavenaufseher zu retten, die die Peitsche gebrauchen, um ihren Willen zu erzwingen, und so den Menschen am Werden verhindern. Und das Leben stellt dich diesen Konflikten mit einer Dringlichkeit gegenüber, die den Gebrauch der Waffen erheischt. Denn ein einziger Gedanke, dem kein Feind die

Waage hält, wird (wenn er wie Gras wächst) zur Lüge und verschlingt die Welt.
Dies erklärt sich durch den Bereich deines Bewußtseins, das nur winzige Ausmaße hat. Und ebenso wie du, wenn dich ein Räuber überfällt, nicht zugleich über die Taktik des Kampfes nachdenken und die Schläge spüren kannst; ebenso wie du auf dem Meere nicht zugleich die Angst vor dem Schiffbruch empfinden und die Bewegungen der Wogen in dich aufnehmen kannst; und wie einer, der Angst hat, nicht mehr speit, und einer, der speit, keine Angst mehr empfindet, so ist es dir auch nicht möglich, wenn man dir nicht durch die Klarheit einer neuen Sprache zu Hilfe kommt, zwei einander widersprechende Wahrheiten gleichzeitig zu denken und zu leben.

78

Um mir ihre Beobachtungen mitzuteilen, kamen nicht die Mathematiker meines Reiches zu mir – die sich im übrigen auf einen einzigen beschränkten, der zudem noch gestorben war –; es kam eine Delegation der Kommentatoren der Mathematiker, und diese Kommentatoren waren zehntausend an der Zahl.
Wenn einer ein Schiff baut, kümmert er sich nicht um die Nägel, die Masten und die Planken des Decks; er sperrt vielmehr zehntausend Sklaven und einige mit Peitschen versehene Antreiber in einer Werft ein. Und so blüht der Ruhm des Schiffes empor. Und ich habe niemals erlebt, daß sich ein Sklave gerühmt hätte, er habe das Meer bezwungen.
Wenn aber einer eine Geometrie ersinnt und sich nicht damit abgibt, sie vollständig in allen ihren Schlußfolgerungen darzulegen, weil diese Arbeit seine Zeit und seine Kräfte übersteigen würde, dann ruft er das Heer der zehntausend Kommentatoren auf den Plan, und diese polieren die Lehrsätze, erkunden die ergiebigen Wege und ernten die Früchte des Baumes. Da sie aber keine Sklaven sind und es keine Peitschen gibt, um sie anzutreiben, bildet sich ein jeder von

ihnen ein, er sei dem einzigen wirklichen Mathematiker ebenbürtig, da er ihn ja erstens verstehe und zweitens sein Werk bereichere.

Ich weiß freilich, wie wertvoll ihre Arbeit ist – denn gewiß gilt es, die Ernten des Geistes einzubringen –, ich weiß aber zugleich, daß es lächerlich ist, diese Arbeit mit der schöpferischen Leistung zu verwechseln, die einen grundlosen, freien, unvorhersehbaren Akt des Menschen darstellt – und so ließ ich sie nicht zu nahe an mich herankommen, denn ich befürchtete, sie könnten sich zu sehr in ihrem Dünkel aufblähen, wenn sie mir als Gleichgestellte gegenüberträten. Und ich hörte, wie sie miteinander flüsterten, um sich darüber zu beklagen. Dann sprachen sie.

– Wir protestieren im Namen der Vernunft, sagten sie. Wir sind die Priester der Wahrheit. Deine Gesetze sind Gesetze eines Gottes, der nicht so zuverlässig ist wie der unsere. Du hast deine Kriegsleute auf deiner Seite, und ihre Muskelkraft kann uns erdrücken. Wir aber werden recht behalten gegen dich, selbst in den Gewölben deiner Kerker.

Sie sprachen so, da sie genau wußten, daß sie nicht Gefahr liefen, meinen Zorn zu erregen.

Und sie blickten einander an, voller Genugtuung über ihren eigenen Mut.

Ich dachte nach. Den einzigen wirklichen Mathematiker hatte ich jeden Tag an meiner Tafel empfangen. Zuweilen hatte ich mich auch des Nachts, wenn ich keinen Schlaf finden konnte, in sein Zelt begeben, wo ich ehrfürchtig meine Schuhe ablegte, seinen Tee trank und den Honig seiner Weisheit kostete.

– O du Mathematiker, sagte ich ihm...

– Ich bin nicht vor allem Mathematiker, ich bin Mensch. Ein Mensch, der zuweilen über Mathematik nachsinnt, wenn ihn nicht etwas Dringenderes beherrscht, wie der Schlaf, der Hunger oder die Liebe. Heute aber, da ich alt geworden bin, hast du freilich recht: ich bin nur noch Mathematiker.

– Du bist einer, dem sich die Wahrheit zeigt...

– Ich bin nur einer, der wie das Kind tastet und eine Sprache sucht. Die Wahrheit ist mir nicht erschienen. Aber eine Sprache kommt den Menschen so einfach vor wie ein Berg, und so machen sie selber ihre Wahrheit daraus.

– Jetzt bist du bitter, Mathematiker.

– Mich verlangte danach, im Weltall die Spur eines göttlichen Mantels zu entdecken, und hätte ich außerhalb meiner selbst eine Wahrheit berührt, wie einen Gott, der sich zu lange vor den Menschen verborgen hielt, so wäre es mein Wunsch gewesen, sie am Zipfel ihres Gewandes festzuhalten und ihr den Schleier vom Gesicht zu reißen, um sie zu zeigen. Doch es war mir nicht vergönnt, etwas anderes als mich selber zu entdecken...

So sprach er. Die anderen aber schwangen den Blitzstrahl ihres Götzen über ihrem Haupte.

– Redet leiser, sagte ich ihnen. Wenn ich auch schlecht verstehe, höre ich doch recht gut.

Und sie murrten weiter, wenn auch nicht mehr ganz so laut. Schließlich trat einer als ihr Sprecher auf, den sie sanft nach vorne schoben, denn sie begannen zu bereuen, daß sie solchen Mut gezeigt hatten.

– Wo siehst du denn, sagte er mir, daß das Gebäude der Wahrheiten, zu dessen Anerkennung wir dich einladen, eine willkürliche Schöpfung, ein Bildwerk oder eine Dichtung darstellte? Unsere Behauptungen leiten sich nach den strengen Gesetzen der Logik voneinander ab, und nichts Menschliches hat unser Werk bestimmt.

So nahmen sie einerseits für sich in Anspruch, eine absolute Wahrheit zu besitzen und glichen damit jenen Völkerschaften, die sich auf irgendeinen bemalten Holzgötzen berufen, der – wie diese behaupten – den Blitz schleudert; andererseits stellten sie sich dadurch mit dem einzigen wirklichen Mathematiker auf eine Stufe, da sie ja alle, mit mehr oder weniger Erfolg, gleichfalls gedient oder entdeckt – aber nichts erschaffen hatten.

– Wir werden dir die Beziehungen darlegen, die zwischen den Linien einer Figur bestehen. Wir können zwar deine Gesetze übertreten; hingegen ist es dir nicht möglich, dich von den unseren freizumachen. Du solltest uns als Minister nehmen – uns, die wir Bescheid wissen.

Ich schwieg und dachte über die Torheit nach. Sie verstanden mein Schweigen falsch und zögerten:

– Denn wir möchten dir vor allem dienen, sagten sie.

Ich antwortete also:

– Ihr behauptet, daß ihr nichts erschufet, und das ist ein Glück. Denn wenn einer schielt, erzeugt er Schieläugige. Die mit Luft gefüllten Schläuche erzeugen nur Wind. Und wenn ihr ein Reich auf die Achtung einer Logik gründen wolltet, die nur auf die schon abgelaufene Geschichte, auf die schon geschaffene Statue, auf ein totes Organ anzuwenden ist, würdet ihr es von vornherein als Beute der Barbarensäbel erschaffen.

Man entdeckte einst die Spuren eines Menschen, der beim Morgengrauen sein Zelt in Richtung des Meeres verlassen hatte; so war er bis zur senkrechten Felswand gewandert und hatte sich hinuntergestürzt. Es fanden sich Logiker, die sich mit den Zeichen befaßten und die Wahrheit erkannten. Denn in der Kette der Ereignisse fehlte kein einziges Glied. Die Schritte folgten aufeinander, und es gab keinen, der nicht durch den vorhergehenden gerechtfertigt worden wäre. Wenn man die Schritte von Wirkung zu Ursache hinaufstieg, brachte man den Toten in sein Zelt zurück. Wenn man die Schritte von Ursache zu Wirkung hinabstieg, ließ man ihn wieder in seinen Tod sinken.

– Wir haben alles verstanden, riefen die Logiker und beglückwünschten sich gegenseitig.

Ich aber war der Meinung, daß zum Verständnis die Kenntnis eines bestimmten Lächelns, wie ich zufällig eines kannte, gehört hätte – eines Lächelns, das vergänglicher war als ein ruhendes Wasser, da es nur eines Gedankens bedurft hätte, um es zu trüben, und das vielleicht in diesem Augenblick gar nicht existierte, da es einem schlafenden Antlitz gehörte, und das sich auch nicht hier, sondern in dem hundert Reisetage entfernten Zelte eines Fremden befand.

Denn die Schöpfung ist von anderer Wesensart als das erschaffene Objekt; sie entweicht den Spuren, die sie hinter sich zurückläßt, und kann niemals aus einem Zeichen abgelesen werden. Stets wirst du gewahr werden, wie sich all diese Merkmale, diese Spuren, diese Zeichen voneinander herleiten. Denn der Schatten, den eine Schöpfung auf die Wand der Wirklichkeiten wirft, ist reine Logik. Aber diese Erkenntnis wird nicht verhindern können, daß du gleichwohl töricht bist.

Da sie nicht überzeugt waren, fuhr ich in meiner Güte fort, sie zu belehren:

– Es war einmal ein Alchimist, der die Geheimnisse des Lebens erforschte. Und es geschah, daß er aus seinen Brennkolben, seinen Retorten, seinen Drogen ein winziges Teilchen lebendigen Stoffes gewann. Die Logiker eilten herbei. Sie wiederholten den Versuch, mischten die Drogen, bliesen das Feuer unter den Retorten an und erzielten eine weitere lebende Zelle. Und so verkündeten sie, es gebe kein Geheimnis des Lebens mehr. Das Leben sei nur ein natürliches Fortschreiten von Wirkung zu Ursache, von Ursache zu Wirkung, das Feuer wirke auf die Drogen, und die Drogen wirkten aufeinander und diese seien zunächst keine lebende Materie gewesen. Die Logiker hatten wie üblich alles verstanden. Denn die Schöpfung ist von anderer Wesensart als das erschaffene Objekt, das von ihr beherrscht wird, und läßt in den Zeichen keine Spuren zurück. Der Schöpfer entzieht sich stets seiner Schöpfung. Und die Spur, die er zurückläßt, ist reine Logik. Ich aber begab mich in noch größerer Demut zu meinem Freunde, dem Mathematiker, um mich von ihm belehren zu lassen. »Was ist dabei Neues zu sehen?« sagte er mir. »Doch nur, daß das Leben Leben erzeugt.« Das Leben hätte sich nicht ohne das Bewußtsein des Alchimisten gezeigt, der meines Wissens lebte. Man vergißt ihn, denn er hat sich seiner Schöpfung entzogen, wie das stets zu geschehen pflegt. So geht es dir selber, wenn du den anderen auf den Gipfel des Berges geführt hast, von wo aus sich die Probleme ordnen; dieser Berg wird dann zu einer Wahrheit, die sich von dir losgelöst hat und ihn allein läßt.

Und niemand fragt dich, weshalb du gerade diesen Berg gewählt hast, denn man befindet sich nun einmal darauf, und irgendwo muß man sich ja aufhalten.
Da sie jedoch murrten – denn die Logiker sind nicht logisch – sagte ich ihnen:
– Ihr seid voller Anmaßung, denn ihr verfolgt den Tanz der Schatten auf den Wänden und lebt in dem Wahne, ihr vermöchtet zu erkennen; ihr geht Schritt für Schritt den Sätzen der Geometrie nach und werdet nicht gewahr, daß zuvor einer des Weges kam, der sie aufstellte; ihr lest die Spuren im Sande und erkennt nicht, daß es anderswo einen Menschen gab, der sich der Liebe versagte; ihr seht das Leben aus der Materie aufsteigen und entdeckt nicht, daß es einen gab, der ablehnte und auswählte. So kommt nicht zu mir, ihr Sklaven, die ihr mit Hämmern und Nägeln bewehrt seid, um mir vorzutäuschen, ihr hättet das Schiff erdacht und vom Stapel gelassen.
Gewiß hätte ich ihn, der einzig in seiner Art war und nun gestorben ist, an meiner Seite Platz nehmen lassen, wenn er es gewünscht hätte, damit er die Menschen lenke. Denn er kam von Gott. Und seine Sprache wußte mir jene ferne Geliebte zu zeigen, die nicht zum Wesen des Sandes gehörte und sich daher nicht ohne weiteres ablesen ließ.

Aus zahllosen möglichen Mischungen verstand er es, die allein auszuwählen, die noch kein Erfolg auszeichnete und die doch als einzige zu einem Ziele führte. Wenn im Labyrinth der Berge keiner mehr, mangels eines Leitfadens, mit Schlußfolgerungen vorwärtskommt – weil du das Versagen deines Weges erst in dem Augenblick erkennst, da sich der Abgrund auftut und daher der gegenüberliegende Hang den Menschen noch unbekannt ist –, dann bietet sich zuweilen ein Führer an, der dir den Weg bahnt, als käme er von drüben. Wenn aber dieser Weg erst einmal durchschritten ist, bleibt er gebahnt und erscheint dir vollkommen einleuchtend. Und du vergißt dann das Wunder dieses Ganges, der einer Heimkehr glich.

79

Es kam einer, der meinem Vater widersprach:
– Das Glück der Menschen, sagte er…
Mein Vater unterbrach seine Rede:
– Sprich nicht dieses Wort vor mir aus. Ich schätze die Worte, die ihr inneres Gewicht in sich tragen; die leeren Hülsen verwerfe ich.
Wenn du dich aber als Herr eines Reiches, entgegnete ihm jener, nicht vor allen anderen um das Glück der Menschen bemühst…
– Ich bemühe mich nicht, dem Winde nachzulaufen, antwortete ihm mein Vater, um von ihm Vorräte anzulegen, denn es gibt keinen Wind mehr, wenn ich ihn festhalte.
– Wäre ich Herr eines Reiches, sagte der andere, so hätte ich den Wunsch, die Menschen glücklich zu sehen…
– Aha! sagte mein Vater, jetzt verstehe ich dich besser. Dieses Wort ist nicht hohl. In der Tat habe ich glückliche und unglückliche Menschen gekannt. Ich habe auch Dicke und Magere, Kranke und Gesunde, Lebende und Tote gekannt. Und ich wünsche gleichfalls, daß die Menschen glücklich sein sollen; ebenso möchte ich sie lieber lebendig als tot sehen, wenn es auch nötig ist, daß die Generationen einander das Feld räumen.
– Da sind wir uns also einig! rief der andere.
– Nein, entgegnete mein Vater.
Er dachte nach, dann sagte er:
– Wenn du vom Glück sprichst, sprichst du entweder von einem Zustand des Menschen, in dem er glücklich ist, so wie er gesund ist – und auf diese Inbrunst der Sinne habe ich keinen Einfluß –, oder du sprichst von einem erreichbaren Gegenstand, dessen Besitz ich wünschen könnte. Und wo ist er zu finden?
Der eine Mensch ist im Frieden glücklich, der andere im Kriege, der eine wünscht sich die Einsamkeit, die ihn beflügelt, der andere bedarf eines festlichen Gewimmels, um sich zu begeistern; der eine sucht seine Freude in den Überlegun-

gen der Wissenschaft, die auf die gestellten Fragen eine Antwort gibt; der andere findet seine Freude in Gott, vor dem keine Frage mehr einen Sinn hat.
Wenn ich das Glück umschreiben wollte, würde ich vielleicht sagen, es bestehe für den Schmied im Schmieden, für den Seemann in der Seefahrt, für den Reichen in der Mehrung seines Reichtums – und so hätte ich nichts gesagt, was dir etwas Neues mitteilte. Und im übrigen bestünde das Glück für den Reichen zuweilen in der Seefahrt, für den Schmied in der Mehrung des Reichtums und für den Seemann im Nichtstun. So entschlüpft dir dieses Hirngespinst ohne Inhalt, das du vergebens zu greifen suchst.
Wenn du das Wort Glück begreifen willst, mußt du es als Lohn und nicht als Ziel verstehen, denn sonst hat es keine Bedeutung.
Ebenso weiß ich, daß etwas schön ist; aber ich lehne die Schönheit als Ziel ab. Hast du schon einen Bildhauer sagen hören: »Aus diesem Steine werde ich die Schönheit herausholen?« Die so reden, betrügen sich mit einer hohlen Begeisterung und bringen nur Schund zuwege. Den anderen, den echten Bildhauer wirst du sagen hören: »Ich suche dem Stein etwas abzugewinnen, was dem Gewicht gleicht, das in mir lastet. Nur wenn ich den Stein behaue, vermag ich mich von ihm zu befreien.« Und das Gesicht, das so entsteht, mag alt und plump sein, es mag eine häßliche Maske zeigen oder den Schlaf der Jugend darstellen: wenn es ein großer Bildhauer erschuf, wirst du gleichwohl sagen, daß das Werk schön ist. Denn die Schönheit ist ebenfalls nicht ein Ziel, sondern eine Belohnung.
Und wenn ich dir vorhin sagte, das Glück bestehe für den Reichen in der Mehrung seines Reichtums, so habe ich dich belogen. Denn wenn es sich um das Freudenfeuer handelt, mit dem irgendeine Eroberung gefeiert wird, so werden seine Anstrengung und seine Mühe dadurch belohnt. Und wenn ihm das Leben, das sich vor ihm ausbreitet, einen Augenblick lang wie ein Rausch erscheint, so geschieht das mit dem gleichen Rechte, wie wenn dich die Landschaft, die

du von der Höhe des Berges erspähst, mit Freude erfüllt, da sie sich aus deinen Anstrengungen aufbaut.
Und wenn ich dir sage, für den Räuber bestehe das Glück darin, unter den Sternen auf der Lauer zu liegen, so heißt das, daß ein Teil seines Wesens zu retten ist und seinen Lohn erhält. Denn er hat die Kälte, die Ungewißheit, die Einsamkeit auf sich genommen. Das Gold, das er begehrt – ich sagte es dir schon –, begehrt er, wie wenn er sich davon die plötzliche Verwandlung in einen Engel erwartete, denn er, der schwerfällige und verwundbare, bildet sich ein, daß einer, der das Gold an sein Herz drückt und damit in die dichtgedrängte Stadt wandert, von unsichtbaren Flügeln getragen werde.
Im Schweigen meiner Liebe habe ich mich lange damit abgegeben, in meinem Volke die Menschen zu beobachten, die glücklich zu sein schienen. Und ich habe stets wahrgenommen, daß ihnen das Glück, gleich wie der Statue die Schönheit, zuteil wurde, weil sie es nicht gesucht hatten.
Und es erschien mir das stets als ein Anzeichen ihrer Vollkommenheit und der Güte ihres Herzens. Nur der Frau, die dir sagen kann: »Ich fühle mich ja so glücklich«, sollst du dein Haus für die Dauer deines Lebens öffnen, denn das Glück, das aus ihrem Gesichte spricht, ist Zeichen ihres Wertes, da es einem belohnten Herzen entspringt.
Verlange daher nicht von mir, dem Herrn eines Reiches, ich solle das Glück für mein Reich erobern. Verlange nicht von mir, dem Bildhauer, ich solle der Schönheit nachlaufen: ich würde mich niedersetzen, da ich nicht wüßte, wohin ich laufen sollte. Die Schönheit *wird*, und ebenso das Glück. Verlange nur von mir, daß ich den Menschen eine Seele bilde, in der ein solches Feuer zu brennen vermag.

80

Ich entsann mich, daß mein Vater anderswo gesagt hatte:
– Um den Orangenbaum zu züchten, benutze ich Dünger

und Mist, ich hacke die Erde und beschneide auch die Zweige. Und so wächst ein Baum, der Blüten zu tragen vermag. Und ich, der Gärtner, grabe die Erde um, ohne mich um die Blüten oder das Glück zu kümmern, denn damit ein Blütenbaum entstehen kann, muß zunächst ein Baum da sein, und damit ein Mensch glücklich sein kann, muß er zunächst Mensch sein.

– Doch der andere fragte weiter: – Wonach streben denn die Menschen, wenn sie nicht dem Glücke nachlaufen?

– Ja! sagte mein Vater, das werde ich dir später zeigen. Zunächst will ich aber bemerken, daß du feststellst, wie die Freude zuweilen die Anstrengung und den Sieg krönt, und hieraus als törichter Logiker den Schluß ziehst, die Menschen kämpften, weil sie ihr Glück im Sinne hätten. Darauf würde ich antworten, daß ja auch der Tod das Leben krönt; somit hätten die Menschen nur einen Wunsch, nämlich den Tod. Und so gebrauchen wir Worte, die Quallen ohne Rückgrat sind. Und ich sage dir, daß es glückliche Menschen gibt, die ihr Glück opfern, um in den Krieg zu ziehen.

– Sie tun das, weil sie in der Erfüllung ihrer Pflicht eine höhere Art des Glückes erkennen...

– Ich weigere mich, mit dir zu reden, wenn du nicht deine Worte mit einer Bedeutung erfüllst, die sich entweder bestätigen oder widerlegen läßt. Gegen diesen Gallert, der ständig seine Gestalt verändert, vermag ich nicht zu streiten. Denn wie soll ich deine Behauptungen mit dem Leben vergleichen, da das Glück für dich ebensogut in der Überraschung der ersten Liebe wie im Erbrechen während des Todeskampfes besteht, wenn dich eine Kugel im Bauch nicht mehr zum Brunnen gelangen läßt? Du behauptest dann lediglich, daß die Menschen suchen, was sie suchen, und den Dingen nachlaufen, denen sie nachlaufen. So brauchst du nicht zu befürchten, daß man dich widerlegen kann, und ich habe es nur mit deinen unangreifbaren Wahrheiten zu tun. Du sprichst, wie wenn du jongliertest. Und wenn du dein Geschwätz nicht weiter aufrechterhältst, wenn du nicht mehr die Suche nach dem Glück als Erklärung dafür anführst, daß die Menschen in den Krieg ziehen, und wenn du trotzdem darauf bestehst, mir zu versichern, daß das Glück das gesamte Verhalten des Menschen erkläre, so sehe ich dich schon mit der Behauptung aufwarten, es beruhe auf Anwandlungen des Wahnsinns, wenn einer ins Feld ziehe. Aber auch hier verlange ich, daß du deine Blößen aufdeckst, und mich zunächst einmal über die Worte aufklärst, deren du dich bedienst. Denn wenn du beispielsweise einen wahnsinnig nennst, dem der Schaum vor dem Munde steht oder der sich ausschließlich auf seinem Kopfe fortbewegt, so kannst du mich damit nicht zufriedenstellen, denn ich habe beobachtet, wie die Soldaten, die ins Feld ziehen, auf ihren zwei Beinen gehen.

Aber es stellt sich heraus, daß deine Sprache nicht ausreicht, um mir das Ziel anzugeben, auf das das Streben der Menschen gerichtet ist. Ebenso kannst du mir auch nicht sagen, wohin ich sie führen soll. Und du benutzt zu kleine Gefäße, wie etwa den Wahnsinn oder das Glück, und gibst dich der eitlen Hoffnung hin, du könntest das Leben darin einschließen. So gleichst du dem Kinde, das sich mit einem Eimer und einer Schaufel am Fuße des Atlas zu schaffen machte und vorhatte, das Gebirge von der Stelle zu rücken.

– Dann belehre mich doch, bat der andere.

81

Wenn du deine Entschlüsse nicht infolge einer Regung des Geistes oder des Herzens faßt, sondern dich durch Gründe bestimmen läßt, die sich aussprechen lassen und völlig in deiner Aussage enthalten sind, so verleugne ich dich.

Denn dies bedeutet, daß deine Worte nicht Zeichen für ein anderes sind, wie der Name deiner Frau etwas bezeichnet, aber keinen Inhalt hat. Du kannst nicht über einen Namen Überlegungen anstellen, denn das Gewicht liegt anderswo. Und du wirst nicht auf den Gedanken kommen, mir zu sagen: »Ihr Name zeigt mir, daß sie schön ist…«

Wie darfst du dann aber behaupten, eine Überlegung, die du über das Leben anstellst, könne sich selber genügen? Und wenn dem etwas anderes als Unterpfand zugrunde liegt, so könnte es sein, daß solch ein Unterpfand mehr Gewicht erhielte, wenn die Überlegung weniger glänzend wäre. Und ich lege keinen Wert darauf, die Formeln, die das Glück umschreiben, miteinander zu vergleichen. Das Leben ist das, was es ist.

Wenn die Sprache, mit der du mir deine Beweggründe mitteilst, etwas anderes darstellt als das Gedicht, das mir einen Ton aus der Tiefe deiner Seele zutragen soll – wenn sie nichts umschließt, was sich nicht in Worten ausdrücken läßt, du es mir aber gleichwohl aufbürden willst, dann weise ich dich ab.

Wenn du dein Verhalten nicht einem Gesicht zuliebe änderst, das sich dir offenbart hat und in dir eine neue Liebe begründet, sondern wenn du dich durch eine schwache Erschütterung der Luft bestimmen läßt, die nur eine unfruchtbare Logik ohne Gewicht mitführt, dann weise ich dich ab.

Denn man stirbt nicht für das Zeichen, sondern für das Unterpfand, das dem Zeichen zugrunde liegt. Und wenn du das letztere ausdrücken willst oder beginnen willst, es auszudrücken, bedarf es dazu des Gewichts der Bücher aus allen Bibliotheken der Erde. Denn was ich auf so einfache Weise eingefangen habe, vermag ich dir nicht auszudrücken. Du mußt selber gewandert sein, um den Berg, den mein Gedicht erwähnt, in seiner ganzen Bedeutung in dich aufnehmen zu können. Und wie viele Worte müßte ich nicht während langer Jahre gebrauchen, wenn ich dir, der du dich niemals vom Meere entferntest, das Gebirge nahebringen wollte.

Und so ist es auch mit dem Brunnen, wenn dich niemals dürstete und du niemals die Hände aneinanderpreßtest, um sie hinzuhalten und Wasser zu empfangen. Gewiß kann ich die Brunnen besingen: wo aber bleibt die Erfahrung, die ich dadurch auslöse, und wo sind die Muskeln, die deine Erinnerungen wachrufen?

Ich weiß wohl, daß es mir nicht vor allem darauf ankam, zu dir von den Brunnen zu reden. Ich wollte dir von Gott sprechen. Aber damit meine Sprache eindringen kann, damit sie sich in mir zu entwickeln und in dir ihre Wirkung auszuüben vermag, muß sie sich schon an etwas in dir anklammern. Wenn ich dich daher Gott lehren möchte, werde ich dich zunächst bergsteigen lassen, damit du den Berggrat unter den Sternen in seinem ganzen Zauber kennenlernst. Ich werde dich in der Wüste verdursten lassen, damit dich Brunnen entzücken. Dann werde ich dich sechs Monate in einen Steinbruch schicken, damit dich die Mittagssonne verzehrt. Hernach werde ich dir sagen: Der Mann, den die Mittagssonne ausdörrte, möge im Schweigen der göttlichen Brunnen seinen Durst löschen, wenn das Geheimnis der Nacht herannaht und er den Berggrat unter den Sternen erstiegen hat.

Und so wirst du an Gott glauben.

Und du kannst ihn mir gegenüber nicht leugnen, denn er wird schlechthin da sein, so wie die Schwermut in dem Gesicht da ist, wenn ich es aus dem Stein meißelte.

Denn es gibt nicht die Sprache oder die Tat, sondern nur zwei Erscheinungsformen des gleichen Gottes. Deshalb nenne ich Gebet den Ackerbau und Ackerbau die Andacht.

82

Und mir erschloß sich die große Wahrheit der Fortdauer.

Denn du hast nichts zu erhoffen, wenn nichts länger dauert als du selbst. Und ich erinnere mich jener Völkerschaft, die ihre Toten ehrte. Und die Grabsteine einer jeden Familie empfingen nacheinander die Toten. Und diese waren es, die die Fortdauer begründeten.

– Seid ihr glücklich? fragte ich sie.

– Und wie sollten wir es nicht sein, da wir wissen, wo wir schlafen werden…

83

Eine äußerste Müdigkeit kam über mich. Und es schien mir einfacher, wenn ich mir sagte, daß ich wie von Gott verlassen sei. Denn ich fühlte mich ohne Schlußstein, und nichts fand in mir einen Widerhall. Sie war verstummt, die Stimme, die im Schweigen spricht. Und als ich den höchsten Turm erstiegen hatte, dachte ich: »Wozu diese Sterne?« Und als ich meine Besitzungen mit dem Auge maß, fragte ich mich: »Wozu diese Besitzungen?« Und als eine Klage von der schlafenden Stadt aufstieg, fragte ich mich: »Wozu diese Klage?« Ich war verloren, wie ein Fremder in einer zusammenhanglosen Menge, die nicht seine Sprache spricht. Ich war wie ein Gewand, das der Mensch ausgezogen hat. Abgelegt und allein. Ich glich einem unbewohnten Hause. Und es war eben gerade der Schlußstein, der mir fehlte, denn nichts an mir konnte noch von Nutzen sein. Und doch bin ich der gleiche, sagte ich mir, der die gleichen Dinge weiß, der an den gleichen Erinnerungen teilhat, Zuschauer des gleichen Schauspiels, aber fortan versunken in nutzloser Zusammenhanglosigkeit. So ist auch die Basilika, mag sie noch so herrlich emporgeschossen sein, nur noch eine Summe von Steinen, wenn es niemanden gibt, der sie in ihrer Ganzheit betrachtet, der ihr Schweigen genießt, der daraus in inniger Herzensversenkung ihre wahre Bedeutung erfährt. So stand es mit mir und meiner Weisheit und den Wahrnehmungen meiner Sinne und meinen Erinnerungen. Ich war Summe von Ähren und nicht mehr Garbe. Und ich lernte die Langeweile kennen, die vor allem in der Gottesferne besteht.

Nicht gewaltsam ertötet war das, was den Menschen ausmacht, aber im Keime erstickt. Ich hätte leicht grausam sein können in dieser Langeweile meines Gartens, in der ich mit leeren Schritten dahinging wie einer, der auf jemanden wartet. Und der in einer vorläufigen Welt verharrt. Wohl richtete ich Gebete an Gott, aber es waren keine Gebete mehr, denn sie stiegen nicht von einem Menschen, sondern vom Schattenbild eines Menschen auf, von einer vorgerichteten

Kerze, die aber ohne Flamme war. Oh, daß doch meine Inbrunst in mich zurückkehrte, rief ich. Denn ich wußte, daß die Inbrunst nur Frucht des göttlichen Knotens ist, der die Dinge verknüpft. Er gleicht einem gesteuerten Schiff. Er gleicht einer geschauten Basilika. Aber könnte je etwas anderes entstehen als ein Durcheinander von Baustoffen, wenn du durch den Baumeister oder den Bildhauer nicht mehr hindurchzuschauen vermagst?

Und ich begriff, daß einer, der das Lächeln der Statue oder die Schönheit der Landschaft oder das Schweigen des Tempels erkennt, Gott findet. Schreitet er doch über den Gegenstand hinaus, um den Schlüssel zu erlangen, und über die Worte, um den Lobgesang zu hören, und über die Nacht und die Sterne, um die Ewigkeit zu erfahren. Denn Gott ist vor allem Sinn deiner Sprache, und wenn deine Sprache einen Sinn annimmt, offenbart sie dir Gott. Jene Tränen des kleinen Kindes sind, wenn sie dich rühren, eine Luke, die auf das offene Meer hinausgeht. Denn dich bewegen nicht diese Tränen allein, sondern alle Tränen. Das Kind nimmt dich nur an der Hand, um dich zu lehren.

– Warum zwingst Du mich, Herr, zu dieser Durchquerung der Wüste? Ich plage mich inmitten der Dornen. Es bedarf nur eines Zeichens von Dir, damit sich die Wüste verwandelt, damit der blonde Sand und der Horizont und der große stille Wind nicht mehr nur eine unzusammenhängende Summe, sondern ein weites Reich bilden, an dem ich mich begeistere, und durch das hindurch ich Dich erkenne.

Und ich wurde gewahr, daß sich Gott offenbar an seinem Fernsein ablesen läßt, wenn er sich zurückzieht. Denn für den Seemann ist er der Sinn des Meeres. Und für den Gatten der Sinn der Liebe. Es gibt jedoch Stunden, in denen der Seemann sich fragt: Wozu das Meer? Und der Gatte: Wozu die Liebe? Und sie betätigten sich in der Langeweile. Nichts fehlt ihnen, außer dem göttlichen Knoten, der die Dinge verknüpft. Und so fehlt ihnen alles.

Wenn Gott sich von meinem Volke zurückzieht, dachte ich, so wie er sich von mir zurückgezogen hat, werde ich sie zu

Ameisen des Ameisenhaufens machen, denn sie werden alle Inbrunst verlieren. Wenn die Würfel ihren Sinn verlieren, ist kein Spiel mehr möglich.
Und ich entdeckte, daß dabei auch der Verstand zu nichts nütze sein wird. Gewiß kannst du über die Anordnung der Steine des Tempels Überlegungen anstellen, aber das Wesentliche wirst du nicht berühren, das den Steinen entgeht. Und du kannst über die Nase, über das Ohr und die Lippen der Statue Überlegungen anstellen, du wirst nicht das Wesentliche berühren, das dem Lehm entgeht. Es ging darum, einen Gott einzufangen. Denn man fängt ihn mit Schlingen, die nicht seines Wesens sind.

Als ich, der Bildhauer, ein Gesicht schuf, habe ich einen Zwang geschaffen. Jedes gewordene Gefüge ist Zwang. Wenn ich ein Ding ergreife, muß ich die Faust ballen, um es zu halten. Sprich mir nur nicht von der Freiheit der Worte im Gedicht. Ich habe die einen den anderen unterworfen, im Einklang mit einer Ordnung, die die meine ist.
Es kann geschehen, daß man meinen Tempel niederreißt, um seine Steine für einen anderen Tempel zu verwenden. Es gibt Tode und Geburten. Doch sprich mir nicht von der Freiheit der Steine. Denn dann gibt es keinen Tempel.
Ich habe nie verstanden, weshalb man den Zwang von der Freiheit unterscheidet. Je mehr Straßen ich ziehe, um so freier bist du in deiner Wahl. Aber jede Straße ist ein Zwang, denn ich habe sie mit Schranken eingefaßt. Was aber nennst du Freiheit, wenn es keine Straßen gibt, zwischen denen du wählen kannst? Nennst du Freiheit das Recht, im Leeren umherzuirren? Sobald der Zwang eines Weges begründet wurde, steigert sich zugleich deine Freiheit.
Ohne Instrument bist du nicht frei in der Führung deiner Melodien. Ohne die Nötigung von Nase und Ohren bist du nicht frei im Lächeln deiner Statue. Und einer, der die verfeinerte Frucht einer verfeinerten Kultur ist, fühlt sich bereichert durch ihre Marksteine, ihre Grenzen und Regeln.

Man ist reicher an inneren Regungen in meinem Palaste als in der Fäulnis der Verbrecherwelt.
Nun besteht der Unterschied zwischen beiden vor allem in der Nötigung, etwa der Ehrenbezeigung vor dem König. Wer in einer Hierarchie aufsteigen und sich bereichern will, bittet zunächst, daß man ihn zwinge, damit er sich besser erproben kann. Und die Riten, die dir auferlegt werden, steigern dich. Und wenn das traurige Kind die anderen spielen sieht, verlangt es vor allem, daß man auch ihm die Spielregeln auferlege, die allein ihm zum Werden verhelfen. Aber traurig ist, wer die Glocke läuten hört, ohne daß sie etwas von ihm fordert. Und wenn das Horn bläst, bist du traurig, daß du nicht aufzuspringen brauchst, aber du siehst den glücklich, der dir sagt: »Ich habe den Ruf gehört, der mir gilt, und ich erhebe mich.« Doch für die anderen gibt es kein Glockengeläut und kein Hörnerblasen, und sie bleiben traurig. Die Freiheit besteht für sie nur in der Freiheit des Nichtsseins.

84

Jene, die die Sprachen vermengen, täuschen sich, denn gewiß kann hier und dort ein Beiwort fehlen, wie bei einem bestimmten Grün, das der jungen Gerste eigen ist, und vielleicht fände ich es in der Sprache meines Nachbarn. Aber es handelt sich hier um Zeichen. So könnte ich die Beschaffenheit meiner Liebe bezeichnen, indem ich sage, daß die Frau schön ist. So könnte ich die Beschaffenheit meines Freundes bezeichnen, indem ich von seiner Verschwiegenheit rede. Doch damit spreche ich nichts aus, das eine Regung des Lebens wäre. Sondern betrachte einen Gegenstand, der wie tot ist.
Gewiß gibt es Völker, die aus verschiedenen Eigenschaften eine Eigenschaft gebildet haben. Die einem anderen Plan, der sich durch die gleichen Baustoffe hindurch abzeichnet, einen Namen gegeben haben. Und die ein Wort haben, um ihn auszudrücken. So ist vielleicht ein Wort möglich, um die

Schwermut zu bezeichnen, die dich ohne Grund am Abend vor deiner Tür befällt, wenn die Sonne zu brennen aufgehört hat, und dir nachts bald den Schlaf rauben wird, – eine Schwermut, die Lebensfurcht ist um des Atems deiner Kinder willen, der immer so nahe daran ist, sich in die zu kurzen Atemzüge der Krankheit zu verwandeln; wie vor dem Berg, den es zu ersteigen gilt, überkommt dich so die Furcht, daß sie aufgeben könnten, und du möchtest sie an der Hand nehmen, um ihnen zu helfen. Und jenes Wort wäre Ausdruck deiner Erfahrung und Erbgut deines Volkes, wenn es häufig Verwendung finden sollte.

So aber übertrage ich nichts, was du nicht schon kennst. Und meine Sprache ist ihrem Wesen nach nicht dazu geschaffen, um ein schon vollendetes Ganzes mit sich zu führen, gleichsam die Blume rosa zu malen, sondern um mit Hilfe der einfachsten Worte Wirkungen hervorzurufen, die dich verknüpfen; und sie soll nicht sagen, daß jene schön ist, sondern daß sie ein Schweigen im Herzen erzeugt hat, gleich einem Springbrunnen am Nachmittag.

Und du sollst dich an die Wirkungen halten, die der Geist deines Volkes ermöglicht und sie im Einklang mit seinem Geiste verknüpfen, wie das Geflecht der Weidenkörbe oder der Netze des Meeres. Wenn du aber die Sprachen vermengst, bereicherst du keineswegs den Menschen, sondern leerst ihn aus; denn statt das Leben in seinen Äußerungen wiederzugeben, bietest du ihm nur noch schon fertige und verbrauchte Äußerungen an, und statt von der Entdeckung zu reden, die ein gewisses Grün in dir hervorruft, und wie dich der Anblick der jungen Gerste nährt und verändert, wenn du aus deiner Wüste heimkehrst, gebrauchst du nun ein Wort, das schon wie ein Vorrat dargereicht wird und das, da es dir zu bezeichnen erlaubt, dir das Begreifen erspart.

Denn eitel war dein Vorhaben, mir alle Farben zu benennen, indem du für sie die Namen hernahmst, die sie bezeichnen, und mir alle Gefühle zu benennen, indem du dort die

Namen hernahmst, wo man sie empfindet und wo ein Wort die Erfahrung von Generationen zusammenfaßt, und mir alle inneren Regungen, wie die Freude über den Abend, zu benennen, indem du sie dort hernahmst, wo sie der Zufall aussprechen ließ. So glaubtest du, den Menschen durch den Besitz dieses allgemeinen Kauderwelsches zu bereichern. Da doch der einzige wahrhafte Reichtum und die Göttlichkeit des Menschen nicht in diesem Recht besteht, auf das Wörterbuch Bezug zu nehmen, vielmehr darin, daß er in seinem Wesen aus sich heraustritt; dafür gibt es aber gerade kein sagbares Wort, es sei denn, du würdest mir zunächst nichts beibringen und müßtest dann mehr Worte gebrauchen, als es Sandkörner am Ufer der Meere gibt.
Was bedeuten im Vergleich zu all dem, was du zu sagen haben könntest, die Worte, die du gestohlen hast und durch die deine Sprache verkommt?

Denn allein die Gipfel der Berge sind zu benennen, die sich von den anderen unterscheiden und die deine Welt klarer machen. Und es kann sein, daß ich dir, wenn ich etwas erschaffe, einige neue Wahrheiten mitbringe, deren Name, sobald er einmal geprägt ist, wie der Name einer neuen Gottheit in dein Herz eingehen wird. Denn eine Gottheit drückt eine bestimmte Beziehung zwischen Eigenschaften aus, deren Elemente nicht neu sind, die es aber geworden sind in ihr.

Wisse aber, daß du außer den tragenden Grundsätzen, die mir durch andere als dich entdeckt werden, nichts durch Worte bezeichnen kannst, was zu deinem Wesen und zu deinem Leben gehört. Und wenn du mir den Himmel rot und das Meer blau malst, so lehne ich es ab, mich rühren zu lassen, denn es würde dir so wahrhaftig zu leicht fallen, mich zu ergreifen.
Um mich zu rühren, mußt du mich in die Bande deiner Sprache einknüpfen, und deshalb ist Stil eine göttliche Verrichtung. Dein Gefüge ist es, das du mir dann auferlegst, mit den eigentlichen Regungen deines Lebens, die in der

Welt nicht ihresgleichen haben. Denn wenn alle von den Sternen und vom Brunnen und vom Berge gesprochen haben, so hat dich doch keiner aufgerufen, den Berg zu ersteigen, um aus den Brunnen der Sterne ihre reine Milch zu trinken.
Wenn es jedoch zufällig eine Sprache gibt, in der dieses Wort besteht, so habe ich nichts erfunden und trage nichts bei, was lebendig wäre. Belaste dich nicht mit diesem Wort, wenn es dir nicht jeden Tag dienen soll. Denn die sind falsche Götter, die nicht in den allabendlichen Gebeten Verwendung finden.
Erweist sich's aber, daß dich das Bild erleuchtet, so ist es der Grat des Berges, nach dem die Landschaft sich ordnet. Und Geschenk Gottes. Gib ihm einen Namen, um dich seiner zu erinnern.

85

Mich überkam das unvergängliche Verlangen, die Seelen zu formen. Und mich überkam der Haß gegen die Anbeter des Gewöhnlichen. Denn schließlich: wenn du sagst, du wollest der Wirklichkeit dienen, so wirst du nur Nahrung finden, um sie den Menschen anzubieten, die ihren Geschmack je nach der Kultur nur wenig verändern. (Und gleichwohl habe ich vom Wasser gesprochen, das zum Lobgesang wird!)
Denn all die Freude, die du empfindest, weil du Statthalter einer Provinz bist, verdankst du allein meiner Baukunst, die dir im Augenblick zu nichts nütze ist, sondern dich nur infolge des Bildes begeistert, das ich von meiner Herrschaft geschaffen habe. Und die Freuden, sogar die deiner Eitelkeit, hast du nicht den wägbaren Dingen zu verdanken, die dir im Augenblick zu nichts nütze sind, und von denen du nur die Farbe beachtest, die sie in der Beleuchtung meines Reiches haben.
Und von jener, die fünfzehn Jahre in Duftstoffen und Ölen badete, die in der Dichtung und in der Anmut und in dem Schweigen, das allein in Grenzen hält, unterwiesen wurde

und die hinter ihrer glatten Stirn Heimat der Brunnen ist – wirst du von ihr sagen, weil ein anderer Körper dem ihren gleicht, daß sie für deine Nächte denselben Trank bedeute wie die Dirne, die du bezahlst?
Und wenn du meinst, du würdest dadurch reicher, daß du dir deine Eroberungen leichter machtest – denn es werde dich weniger Mühe kosten, eine Dirne herzurichten als eine Prinzessin zu formen – so wirst du nur ärmer werden.
Es kann sein, daß du die Prinzessin nicht zu würdigen verstehst, denn selbst ein Gedicht ist nicht Geschenk oder Vorrat, sondern ein Aufstieg, den du bezwingen mußt, – es kann sein, daß du durch die Anmut ihrer Geste nicht gefesselt wirst, ebenso wie es Melodien gibt, an denen du mangels einer Anstrengung nicht teilhaben wirst, aber der Grund ist nicht, daß sie nichts taugte, sondern ganz einfach, daß du nicht existierst.
Im Schweigen meiner Liebe habe ich die Menschen reden hören. Ich vernahm, wie sie sich erregten. Ich sah den Stahl der Messer bei ihrem Wortwechsel blitzen. So schmutzig sie selber und ihre Spelunken waren, habe ich doch, abgesehen vom Nahrungstrieb, niemals gefunden, daß sie sich um Güter ereiferten, die außerhalb der von ihnen gebrauchten Sprache einen Sinn besessen hätten. Denn die Frau, deretwegen du töten möchtest, ist selber stets etwas anderes als nur ein Körper; sie ist jenes besondere Vaterland, außerhalb dessen du dich verstoßen und bedeutungslos fühlst. Denn der Kochkessel, in dem der Tee am Abend bereitet wird, verliert für dich dann auf einmal fast seinen Sinn, da er ihn nur durch sie erhält.

Wenn du aber dumm genug bist, dich darüber zu täuschen, und, weil du siehst, wie die Menschen den abendlichen Kochkessel lieben, diesen um seiner selbst willen ehrst und den Menschen zwingst, daß er ihn schmiede, dann gibt es keinen Menschen mehr, der ihn lieb hätte, und du hast den einen wie den anderen zugrunde gerichtet.
So auch, wenn du ein Gesicht zerstückelst, weil du die Süße

der Kinder und die Andacht des Krankenbetts und die Stille wie um einen Altar und die ernste Mutterschaft gekannt hast. Dann wirst du mir, um die Zahl zu fördern, Ställe oder Verschläge einrichten und deine Frauenherden darin einpferchen, damit sie niederkommen.

Und du wirst für immer verloren haben, was du fördern wolltest, denn wenig hilft dir das Auf und Ab einer Viehherde, wenn es sich um Mastvieh handelt.

Ich aber forme die Seele des Menschen und ich errichte ihm Grenzen und Schranken und entwerfe ihm Gärten; und damit der Kult des Kindes entstehe und eine Bedeutung im Herzen gewinne, kann es sein, daß ich vielleicht dem Anschein nach weniger die Zahl fördere – denn ich glaube nicht an deine Logik, sondern an die Gewalt der Liebe.

Wenn du *bist*, bildest du deinen Baum, und um den Baum zu erfinden und zu begründen, biete ich ihm nur ein Samenkorn an. Die Blumen und Früchte schlafen als Möglichkeit im Bett dieser Macht. Wenn du dich entwickelst, entwikkelst du dich auf Grund meiner Linien, die nicht auf einem vorgefaßten Plan beruhen, denn darum habe ich mich nicht gekümmert. Und statt zu sein, kannst du werden. Und deine Liebe wird Kind dieser Liebe.

86

Und ich stieß mich an einer Schwelle, denn es gibt Zeiten, in denen die Sprache nichts begreifen und nichts voraussehen kann. Diese dort halten mir die Welt wie ein Bilderrätsel entgegen und verlangen, ich solle es ihnen erklären. Aber es gibt keine Erklärung und die Welt hat keinen Sinn. »Sollen wir uns unterwerfen oder kämpfen?« Man muß sich unterwerfen, um zu überleben, und kämpfen, um weiter zu existieren. Laß das Leben nur machen. Denn das ist das Elend des Tages, daß die Wahrheit des Lebens, die nur eine ist, widersprechende Formen annehmen wird, um sich auszudrücken. Aber gib dich keiner Täuschung hin: so wie du bist, bist du gestorben. Und deine Widersprüche gehören zur Häutung, wie deine Schmerzen und dein Elend. Es kracht in dir und zerreißt dich. Und dein Schweigen ist das Schweigen des Weizenkorns in der Erde, wo es fault, um zu werden. Und deine Unfruchtbarkeit ist die Unfruchtbarkeit der Schmetterlingspuppe. Aber du wirst wiedergeboren werden, verschönt von den Bäumen. Auf dem Gipfel des Berges, wo deine Probleme gelöst sind, wirst du dir sagen: »Wie war es möglich, daß ich's anfangs nicht verstanden habe?« Als ob es anfangs etwas zu verstehen gegeben hätte.

87

Du wirst kein Zeichen empfangen, denn das Merkmal der Gottheit, von der du ein Zeichen verlangst, ist eben das Schweigen. Und die Steine wissen nichts vom Tempel, den sie bilden, und können nichts wissen. So weiß ein Stück Rinde nicht vom Baum, den es mit anderen bildet. So weiß der Baum selbst oder irgendeine Behausung nichts vom Landgut, das sie mit anderen bilden. So weißt du nichts von Gott. Denn dazu müßte sich der Tempel dem Stein oder der Baum der Rinde offenbaren, was keinen Sinn hat, denn es gibt für den Stein keine Sprache, womit er ihn empfangen könnte. Die Sprache gehört zur Stufe des Baumes.
Das war meine Entdeckung nach jener Reise gen Gott.

Immer allein, in mir verschlossen, nur mich selbst als Gegenüber. Und ich habe keine Hoffnung, durch eigene Kraft meiner Einsamkeit zu entrinnen. Der Stein hat keine Hoffnung, etwas anderes zu sein als Stein. Aber durch das Zusammenwirken fügt sich einer zum andern und wird zum Tempel.
Die Erscheinung des Erzengels, — ich habe keine Hoffnung mehr, danach zu verlangen, denn entweder ist er unteilbar oder er ist nicht. Und wenn jene ein Zeichen von Gott erhoffen, so geschieht das, weil sie aus ihm den Widerschein

eines Spiegels machen und nichts als sich selber entdecken würden. Dadurch aber, daß ich mich meinem Volke vermähle, kommt mir die Wärme, die mich verwandelt. Und das ist ein Merkmal Gottes. Denn sobald einmal Schweigen eintrat, hat es Wahrheit für alle Steine.

So bin ich selber, außerhalb aller Gemeinschaften, nichts, was zählt, und wüßte mir nicht zu genügen. So findet euch damit ab, den Winter über ein Weizenkorn in der Scheuer zu sein und dort zu schlafen.

88

Diese Weigerung, über sich hinauszugehen...

– Ich, sagen sie...

Und sie klopfen sich den Bauch. Wie wenn einer in ihnen wäre, durch sie selbst. Als wenn die Steine des Tempels sagen wollten: ich, ich, ich...

So auch die, die ich zum Diamantensuchen verdammte. Der Schweiß, die Seufzer, die Abstumpfung wurden zu Diamanten und Licht. Und sie existierten durch den Diamanten, der ihnen ihren Sinn gab. Aber es kam der Tag, an dem sie aufsässig wurden. »Ich, ich, ich!« sagten sie. Da weigerten sie sich, den Diamanten untertan zu sein. Sie wollten nicht mehr werden. Sondern sich geehrt fühlen durch sich selber. An Stelle des Diamanten boten sie sich selbst als Vorbild an. Sie waren häßlich, denn sie sind schön nur im Diamanten. Denn die Steine sind schön im Tempel. Denn der Baum ist schön im Landgut. Denn der Fluß ist schön im Reich. Und der Fluß wird besungen: Du Ernährer unserer Herden, du langsames Blut unserer Ebenen, du Führer unserer Schiffe...

Aber jene betrachteten sich als Ziel und als Ende. Und sie kümmerten sich fortan nur um das, was ihnen von Nutzen war, nicht um das, was höher war als sie selbst und dem sie hätten dienen können.

Und deshalb mordeten sie die Fürsten, zerrieben die Diamanten zu Pulver, um sie unter sich zu verteilen, und begruben alle die in den Kerkern, die, als Sucher der Wahrheit, eines Tages über sie hätten herrschen können. Es wird Zeit, sagten sie, daß der Tempel den Steinen dient. Und sie gingen alle von dannen und glaubten sich reich durch ihre Tempeltrümmer; sie waren aber um ihren göttlichen Teil gebracht und schlechthin Schutt geworden!

89

Und gleichwohl fragst du:
Wo beginnt die Sklaverei und wo endet sie? Wo beginnt das Allgemeine und wo endet es? Und wo beginnen die Menschenrechte? Denn ich kenne die Rechte des Tempels, der der Sinn der Steine ist, und die Rechte des Reiches, das der Sinn der Menschen ist, und die Rechte des Gedichts, das der Sinn der Worte ist. Aber ich anerkenne weder die Rechte der Steine gegen den Tempel, noch die Rechte der Worte gegen das Gedicht, noch die Rechte des Menschen gegen das Reich.
Es gibt keine wahre Ichsucht, sondern nur Verstümmelung. Und einer, der ganz allein von dannen geht und spricht: »Ich, ich, ich...«, der ist wie getrennt vom Reiche. So auch der Stein außerhalb des Tempels oder das nüchterne Wort außerhalb des Gedichts oder ein Stück lebendigen Fleisches, das nicht zu einem Körper gehört.
— Aber ich kann die Reiche abschaffen, sagte man ihm, und die Menschen in einem einzigen Tempel vereinigen; und so erhalten sie ihren Sinn durch einen umfassenden Tempel...
— Das zeigt, daß du nichts verstehst, antwortete mein Vater. Denn zunächst siehst du, wie diese Steine dort einen Arm bilden und dadurch einen Sinn erhalten. Andere bilden den Hals und andere einen Flügel. Zusammen aber bilden sie einen steinernen Engel. Und andere bilden zusammen einen Spitzbogen. Und andere zusammen eine Säule. Und wenn du nun diese steinernen Engel, diese Spitzbögen und Säulen alle zusammennimmst, so bilden sie einen Tempel. Und wenn

du nun alle Tempel zusammennimmst, so bilden sie die heilige Stadt, die dich leitet auf deinem Gang durch die Wüste. Und willst du behaupten, es sei dir vorteilhafter, wenn du nicht die Steine dem Arme, dem Halse und dem Flügel einer Statue unterordnest, sie sodann durch den Arm, den Hals und den Flügel der Statue und dann durch die Statuen dem Tempel und dann durch den Tempel der heiligen Stadt unterwirfst, sondern wenn du die Steine statt dessen von vornherein der heiligen Stadt unterstellst und aus ihnen einen großen gleichförmigen Haufen machst, als ob nicht der Glanz der heiligen Stadt, der einzig ist, eben aus dieser Vielfalt hervorginge? Geht nicht der Glanz der Säule, der einzig ist, aus dem Kapitell und dem Schaft und dem Sockel hervor, die voneinander verschieden sind? Denn je höher eine Wahrheit ist, von desto höherer Warte mußt du Ausschau halten, um sie zu begreifen. Das Leben ist eines, so wie der Drang zum Meere, und doch vervielfältigt es sich von Stufe zu Stufe und überträgt seine Macht von einem Wesen auf das andere, wie von einer Sprosse auf die andere. Denn jenes Segelschiff ist eine mannigfaltige Anhäufung. Aus einiger Nähe gewahrst du Segel, Masten, einen Bug, einen Rumpf, einen Vordersteven. Kommst du noch näher, so siehst du, wie jeder dieser Teile Taue, Bretter, Planken und Nägel aufweist. Und jedes dieser Dinge läßt sich wiederum in andere zerlegen.

»Und mein Reich hätte keinen Sinn und kein wirkliches Leben; wie militärische Parade beim ›Stillgestanden‹ gliche es nur einer Stadt aus wohlausgerichteten Steinen. Doch zuerst kommt deine Heimstatt. Die Heimstätten bilden dann eine Sippe. Dann die Sippen einen Stamm. Dann die Stämme eine Provinz. Dann die Provinzen mein Reich. Und dieses Reich siehst du voller Inbrunst und beseelt von Ost nach West und von Nord nach Süd, gleichwie ein Segelschiff auf dem Meere, das sich vom Winde nährt und ihn auf ein unveränderliches Ziel hin ordnet, obschon der Wind wechselt und das Segelschiff eine Anhäufung ist.

Und jetzt kannst du es fortsetzen, dein auf höhere Einheit

gerichtetes Werk, und die Reiche nehmen, um aus ihnen ein größeres Schiff zu bauen, das die Schiffe in sich aufnimmt und sie in einer Richtung mit fortführt, die immer die gleiche sein wird, gespeist von verschiedenen und wechselnden Winden, ohne daß sich der Bug des Schiffes gegenüber den Sternen verändert. Vereinigen heißt die besonderen Verschiedenheiten besser verknüpfen, nicht sie auslöschen, um einer eitlen Ordnung willen.

Doch es gibt keine Stufen, die auf sich selber beruhen. Du hast einige von ihnen genannt. Du hättest noch andere nennen können, die die ersteren umschlossen hätten.«

90

Und siehe, da überkommt dich die Sorge, denn du hast gesehen, wie der böse Tyrann die Menschen zermalmt. Und wie der Wucherer sie in seiner Knechtschaft hält. Und wie der Erbauer der Tempel zuweilen nicht Gott, sondern sich selber dient und aus dem Schweiße der Menschen Gewinn für sich zieht. Und es zeigte sich dir nicht, daß die Menschen dadurch größer geworden wären.

Denn falsch war das Vorgehen. Es geht nicht darum, den Aufstieg zu bewältigen und aufs Geratewohl den Arm aus den Steinen zu gewinnen, aus denen er sich zusammensetzt. Und aufs Geratewohl aus den Engeln oder den Säulen oder den Spitzbögen den Tempel zu bauen. Denn es steht in deinem Belieben, auf der Stufe innezuhalten, die dir gut dünkt. Es kommt auf das gleiche heraus, ob du den Menschen dem Tempel oder dem Arm oder der Statue unterwirfst. Denn weder der Tyrann noch der Wucherer noch der Arm noch der Tempel können bewirken, daß der Mensch in ihnen aufgeht, damit sie ihn ihrerseits mit ihrem Reichtum bereichern.

Es sind nicht die Baustoffe der Erde, die sich aufs Geratewohl zusammenschließen, um ihren Aufstieg im Baume zu vollziehen. Um den Baum zu erschaffen, hast du zunächst das Samenkorn ausgeworfen, in dem er schlummerte. Er ist von oben und nicht von unten gekommen.

Deine Pyramide ist ohne Sinn, wenn sie sich nicht in Gott vollendet hat. Denn Gott ergießt sich über die Menschen, nachdem er sie verwandelt hat. Du kannst dich dem Fürsten opfern, wenn er sich selber vor Gott demütigt. Denn dann kehrt deine Gabe zu dir zurück, nachdem sie ihren Geschmack und ihr Wesen verändert hat. Und der Wucherer wird es nicht vermögen und auch nicht der Arm allein oder der Tempel allein oder die Statue. Denn woher sollte dieser Arm kommen, wenn nicht aus einem Körper? Der Körper ist keineswegs eine Ansammlung von Gliedern. Doch so wie das Segelschiff nicht das Ergebnis verschiedener Elemente ist, die sich aufs Geratewohl zusammenfanden, sondern wie es im Gegenteil mit seinen scheinbaren Verschiedenheiten und Widersprüchen aus dem alleinigen Drange zum Meere herrührt, der nur einer ist, ebenso besteht der Körper aus verschiedenen Gliedern und ist doch nicht eine Summe, denn der Weg führt nicht von den Baustoffen zum Ganzen, sondern, wie dir jeder schöpferische Mensch und jeder Gärtner und jeder Dichter sagen wird, vom Ganzen zu den Baustoffen. Und so genügt es, wenn ich in den Menschen die Liebe zu den Türmen wecke, die die Sandwüste beherrschen; dann werden die Sklaven der Sklaven meiner Baumeister das Karren der Steine und noch ganz andere Dinge erfinden.

91

Der große Irrtum liegt darin, nicht zu erkennen, daß das Gesetz der Sinn der Dinge und nicht ein mehr oder minder fruchtloser Ritus ist, veranlaßt durch diese Dinge. Wenn ich Gesetze über die Liebe mache, lasse ich eine bestimmte Form der Liebe entstehen. Meine Liebe wird gerade durch den Zwang gebildet, den ich ihr auferlege. Das Gesetz kann somit ebensowohl Brauch sein wie Polizist.

92

Deshalb schaute ich in jener Nacht von der Höhe der Wälle, von wo aus ich die Stadt in meiner Gewalt habe. Von wo aus meine Garnisonen die Städte des Reiches in ihrer Gewalt haben und untereinander mit Hilfe von Feuern auf den Bergen Verbindung halten, ebenso wie zuweilen die Schildwachen, die an den Wällen entlangschreiten, einander anrufen. Und eine jede Schildwache langweilt sich. (Sie wird indes später gewahr werden, daß sie durch diesen Gang ihren Sinn erhielt, denn der Schildwache bietet sich keine Sprache dar, durch die ihre Schritte in ihrem Herzen einen Widerhall finden könnten, und sie weiß nicht, was sie tut, und eine jede glaubt sich zu langweilen und auf die Stunde der Suppe zu warten. Ich aber weiß sehr wohl, daß man der Sprache der Menschen keine Beachtung schenken darf und daß meine Schildwachen sich täuschen, wenn sie von ihrer Suppe träumen und sie wegen des lästigen Wachestehens ein Gähnen ankommt. Denn später, zur Stunde der Mahlzeit, ist es eine Schildwache, die sich nährt und dem Nachbarn ein derbes Wort – und eines, das Weite hat – zuwirft, denn wenn ich sie an ihren Trog bannte, wären sie nichts mehr als Vieh.)
Es war also eine Nacht, da das Reich aus den Fugen geht und das Fehlen einiger Feuer auf den Bergen bedrückend ist, denn die Nacht kann die Oberhand gewinnen, indem sie eines nach dem anderen auslöscht, was den Einsturz des Reiches bedeutet, und dieser Einsturz wird sogar den Geschmack des Abendbrots und den Sinn des Kusses gefährden, den die Mutter dem Kinde gibt. Denn das Kind ist ein anderes, wenn es nicht einem Reiche angehört und wenn man durch es hindurch nicht mehr Gott küßt.

Wenn die Feuersbrunst droht, macht man ein Gegenfeuer. Ich habe aus meinen getreuen Kriegern einen eisernen Ring gebildet, und alles, was ich darin einschloß, habe ich zermalmt. Vergängliches Geschlecht: es kommt nicht auf die Scheiterhaufen an, die ich dir aufzwang. Es gilt den Tempel zu retten, durch den die Dinge ihren Sinn erhalten. Denn das Leben hat mich gelehrt: es gibt keine wirkliche Marter im verstümmelten Fleische und selbst nicht im Tode. Doch der Widerhall wächst mit dem Ausmaße des Tempels, der den Handlungen der Menschen ihren Sinn verleiht. Und wenn du einen, der in der Treue zum Reiche groß geworden ist, außerhalb des Reiches in seinem Gefängnis festhältst, siehst du, wie er sich an den Gitterstäben die Haut abschindet und Speise und Trank verweigert, denn seine Sprache hat keinen Sinn mehr. Und wer würde sich außer ihm die Haut abschinden? Und wenn du einen, der mit Familiensinn auferzogen wurde, am Ufer zurückhältst, während sein Sohn in einen Sturzbach gefallen ist, so spürst du, wie er sich in deinen Armen windet und dir entschlüpfen möchte, und er heult und will sich in den Abgrund stürzen, denn seine Sprache hat keinen Sinn mehr. Den ersten aber siehst du stolz und majestätisch am Festtag des Reiches und den anderen siehst du freudestrahlend am Festtag des Sohnes. Und eben das, was dir das ärgste Leid verursacht, bereitet dir auch die höchste Freude. Denn Freude und Leid sind Früchte deiner Bindungen, und deine Bindungen sind aus dem Gefüge hervorgegangen, das ich dir auferlegt habe. Und ich will die Menschen retten und sie zwingen zu existieren, selbst wenn ich sie durch eben das treffe, was sie leiden macht, wie durch das Gefängnis, das von der Familie trennt, oder die Verbannung, die vom Reiche trennt. Und wenn du mir dieses Leiden um deiner Liebe zur Familie oder zum Reiche willen vorwerfen solltest, so würde ich antworten, daß dein Verhalten widersinnig ist, da ich gerade das rette, was dir erst zum Sein verhilft.

Vergängliches Geschlecht, Hüter eines Tempels, den du vielleicht nicht sehen kannst, da es dir an Abstand fehlt, der jedoch die Weite deines Herzens und den Widerhall deiner Worte und die großen inneren Feuer deiner Freude hervorruft – mit deiner Hilfe werde ich den Tempel retten. Was kommt es dabei auf den Kreis der eisernen Krieger an!

Man gab mir den Beinamen: der Gerechte. Ich bin es. Wenn

ich Blut vergoß, so geschah das nicht, um meine Härte, sondern um meine Milde zu begründen. Denn einen, der mich jetzt auf den Knien küßt, kann ich segnen. Und er wird reicher durch meinen Segen. Und er geht in Frieden von dannen. Doch was hat der für einen Gewinn, der an meiner Macht zweifelt? Wenn ich auch die Finger über ihn erhebe und den Honig meines Lächelns über ihn ausgieße, versteht er doch nicht zu empfangen. Und er geht arm davon. Denn er wird nicht reicher in seiner Einsamkeit, wenn er fortan ruft: »Ich, ich, ich...«, worauf es keine Antwort gibt. Wenn er mich vom Wall herabstürzte, wäre es nicht meine Person, die ihnen vor allem fehlte. Sondern die Süße des Gefühls, Söhne zu sein. Sondern die Besänftigung, weil sie gesegnet werden. Sondern das reine Wasser auf dem Herzen, das Vergebung erfuhr. Sondern die Zuflucht, der Sinn, der große Hirtenmantel. Sie mögen hinknien, damit ich ihnen schön erscheine. Sie mögen mich in meiner Größe ehren, damit ich sie dadurch groß machen kann. Wer spricht denn hier von mir?

Ich habe nicht die Menschen meinem Ruhme dienen lassen, denn ich demütige mich vor Gott, und Gott, der ihn allein entgegennimmt, umfängt sie dafür alle mit seinem Ruhme. Ich habe nicht die Menschen benützt, um dem Reiche zu dienen. Aber ich habe das Reich dazu benützt, um den Grund für die Menschen zu legen. Wenn ich den Ertrag ihrer Arbeit als das mir Zukommende im voraus erhob, so geschah das, um ihn Gott zu übergeben und Gott hinwiederum wie eine Wohltat über sie auszuschütten. Und so strömt aus meinen Speichern ein Korn, das Entgelt ist. Daher wird es denn auch nicht nur Nahrung, sondern zugleich Licht und Gesang und Frieden des Herzens.

So mit allem, was die Menschen angeht, denn dieses Kleinod hier bedeutet die Ehe, dieses Lager den Stamm, dieser Tempel Gott und dieser Fluß das Reich.

Was besäßen sie sonst?

Man baut nicht das Reich mit den Baustoffen. Man läßt die Baustoffe im Reiche aufgehen.

93

Es gab Wesenheiten und die Treue. Ich nenne Treue die Bindung an Wesenheiten, wie das Müllerhandwerk oder das Reich oder den Tempel oder den Garten; der ist groß, der dem Garten treu ist.
Dann erscheint einer, der nichts von alledem versteht, worauf es allein ankommt, und der vom Trugbild einer falschen Wissenschaft ausgeht, die zerlegt, um kennenzulernen (kennenzulernen, aber nicht zu umschließen, denn es fehlt die Hauptsache, wie bei den Buchstaben des Buches, wenn du sie durcheinandergemischt hast; deine Gegenwart. Wenn du vermischst, löschst du den Dichter aus. Und wenn der Garten nicht mehr als eine Summe ist, löschst du den Gärtner aus). Jener nun entdeckt als Waffe die Ironie, die nur dem Taugenichts eignet. Denn sie besteht darin, daß du die Buchstaben vermischst, ohne das Buch zu lesen. Und er sagt dir: »Warum für einen Tempel sterben, der nur eine Summe von Steinen ist?« Und du kannst ihm nichts entgegnen. »Warum für einen Garten sterben, der nur eine Summe von Bäumen und Gras ist?« Und du kannst ihm nichts entgegnen. »Warum für die Buchstaben des Alphabets sterben?« Und wie könntest du bereit sein, dafür zu sterben?
Aber in Wirklichkeit zerstört er dir nacheinander deine Schätze. Und du weigerst dich zu sterben, also zu lieben, und du nennst diese Weigerung Betätigung des Verstandes, während du in Wahrheit unwissend bist und dir solche Mühe gibst, das aufzulösen, was geschaffen wurde, und dein kostbares Gut zu verzehren: den Sinn der Dinge.
Und er nährt daraus seine Eitelkeit, obwohl er nur ein Plünderer ist, denn er baut nichts mit seinem Tun, so wie einer bauen würde, der, während er seine Sätze feilt, zugleich seinen Stil formt, was ihm gestatten wird, noch nachhaltiger zu feilen. Er erzielt einen Überraschungseffekt, indem er die Statue zerschlägt, um dich durch ihre Stücke zu ergötzen; denn dir erschien dieser Tempel als Andacht und Schweigen, er ist aber nur Schutt und nicht wert, daß man für ihn sterbe.

Und wenn er dich dieses Verfahren gelehrt hat, das die Götter tötet, bleibt dir nichts mehr zum Atmen und zum Leben. Denn vor allem kommt es beim Gegenstand auf das Licht an, mit dem ihn die Kultur färbt, von der du redest. So ist es mit dem Stein des Herdes, der Liebe ist, und mit dem Stern, der zum Reiche Gottes gehört, und mit dem Amte, womit ich dich betreue und das sich von der Königswürde herleitet. Und mit dem Wappenschilde, das der Dynastie gehört. Was aber könntest du mit einem Stein, mit einem Amte, mit einer Ziffer anfangen, wenn sie nicht von einem Lichte erleuchtet werden?

Dann gleitest du von Zerstörung zu Zerstörung der Eitelkeit entgegen, denn sie bleibt die einzig mögliche Färbung, wenn kein Bodensatz mehr vorhanden ist, von dem du dich noch nähren könntest. Dann müssen die Dinge ihren Sinn, da es ihnen an einem anderen Sinne gebricht, notgedrungen aus dir selber gewinnen. Und so bleibst du allein zurück, um die Dinge mit deinem dürftigen Lichte zu färben. Denn dieses neue Gewand gehört dir. Und diese Herde gehört dir. Und dieses Haus, das reicher ist als ein anderes, gehört dir. Und alles, was einem anderen gehört, dieses Gewand dort, diese Herde, dieses Haus, wird dir feind. Denn es steht ein Reich gegen dich, das dem deinen entgegengesetzt und ähnlich ist. So bist du in deiner Einöde wohl oder übel gezwungen, dich über dich selber befriedigt zu zeigen, da es außerhalb deiner Person nichts anderes mehr gibt. Und so bist du fortan dazu verdammt, »ich, ich, ich« in die Leere hinauszuschreien, und darauf gibt es keine Antwort.

Und ich habe keinen Gärtner gekannt, der eitel gewesen wäre, wenn er ganz einfach seinen Garten lieb hatte.

94

Sie braucht nur fortzugehen, diese dort – und alle Dinge werden verändert sein. Denn was hat der Gewinn dieses Tages zu bedeuten, wenn er nicht mehr dazu dient, den nächsten zu verschönen? Du glaubtest, ihn nützen zu können, um etwas zu erfassen, und nun gibt es nichts mehr zu erfassen. Was hat deine Schale aus reinem Silber zu bedeuten, wenn sie nicht mehr zur Zeremonie des Tees gehört, die sich vor dem Liebesspiel bei ihr vollzog? Was hat deine Flöte aus Buchsbaumholz zu bedeuten, die an der Wand hängt, wenn sie nicht mehr dazu dient, vor ihr zu spielen? Was hat das Innere deiner Hände zu bedeuten, wenn sie nicht mehr dazu dienen, die Last des Gesichts zu halten, sobald sie einschlummert? Siehe, du bist wie ein Laden, in dem alle Dinge verkäuflich sind und in ihr, und so auch in dir, keinen Platz gefunden haben. Ein jedes mit seinem Etikett warten sie auf das Leben.

So ist es mit den Stunden des Tages, die nicht mehr der Erwartung eines leichten Schrittes und dann eines Lächelns an deiner Tür gelten – eines Lächelns, das der Honigkuchen ist, den die Liebe fern von dir in der Stille bereitet hat und an dem du dich nun sättigen wirst. Die nicht mehr Stunden des Abschieds sind, wenn du fortgehen mußt. Die nicht mehr Stunden des Schlafes sind, in denen du dein Verlangen wiederauffüllst.

Es gibt keinen Tempel mehr, sondern nur ein Durcheinander von Steinen. Und du selbst bist nicht mehr. Und wie könntest du verzichten, selbst wenn du weißt, daß du vergessen und einen anderen Tempel bauen wirst, denn so ist das Leben, daß es eines Tages jene Schale und jenen Teppich aus langhaariger Wolle und jene Stunden am Morgen und am Mittag und am Abend wieder hervorholen wird; so wird es deinem Gewinn und deinen Mühen von neuem einen Sinn geben und dich von neuem nah oder fern sein lassen, während du dich an etwas annäherst oder dich von ihm entfernst oder es verlierst oder es wiederfindest. Denn jetzt, da sie dir nicht mehr als Mittelpunkt dient, gibt es nichts auf der Welt, dem du dich näherst oder von dem du dich entfernst, das du verlierst oder wiederfindest, verlängerst oder verzögerst.

Denn du täuschst dich, wenn du glaubst, es sei dir möglich, mit diesen Dingen Verbindung zu halten und sie zu ergreifen und zu ersehnen und zu erhoffen und zu zerschlagen und auszubreiten und zu erobern und zu besitzen, denn du ergreifst und behältst und besitzt und verlierst und findest und erhoffst und ersehnst nur das Licht, das ihnen durch ihre Sonne geschenkt wird. Denn zwischen den Dingen und dir gibt es keine Brücke, wohl aber zwischen dir und den unsichtbaren Gesichtern, die Gott oder dem Reiche oder der Liebe gehören. Und wenn ich dich sehe, Seemann auf dem Meere, so geschieht es wegen eines Gesichts, das die Trennung zu einem Schatz machte, wegen der Heimkehr, die dir die alten Lieder der Galeeren verheißen, wegen der Geschichten von wunderbaren Inseln und wegen der Korallenriffe dort draußen. Denn ich sage es dir: durch das Lied der Galeeren bekommt für dich das Lied der Wogen seinen Inhalt, selbst wenn es keine Galeeren mehr gibt, und die Korallenriffe – auch wenn dich deine Segel niemals dorthin tragen werden – steigern mit ihrer Farbe die Farbe deiner Sonnenuntergänge auf den Wassern. Und die Schiffbrüche, von denen man dir erzählte, verleihen – auch wenn dein Schiff niemals untergehen sollte – den Klagen des Meeres längs der Steilküsten ihre feierliche Musik, die das Begräbnis der Toten begleitet. Was könntest du sonst anderes tun als gähnen, während du an nüchternen Tauen ziehst – so aber verschränkst du die Arme über der Brust, groß wie das Meer. Denn ich kenne nichts, was nicht vor allem Gesicht oder Kultur oder ein für dein Herz erbauter Tempel wäre.

Und deswegen willst du nicht auf dich selber verzichten, wenn dir kein anderer Sinn mehr innewohnt, da du zu lange von einer Liebe lebtest.

Und deswegen können die Mauern des Gefängnisses den Liebenden nicht einschließen, denn er gehört einem Reiche an, das nicht von den Dingen, sondern vom Sinn der Dinge lebt, und spottet der Mauern. Und wenn es die Geliebte nur irgendwo gibt, selbst wenn sie schläft und daher wie tot und im Augenblick zu nichts nütze scheint, und selbst wenn du diese Festungsmauern zwischen ihnen beiden baust – sie nährt den Geliebten doch in der Stille, im Geheimnis seines

Herzens. Und du könntest sie nicht voneinander trennen. So ist es mit jeder Erscheinung, die sich aus dem göttlichen Knoten herleitet, welcher die Dinge verknüpft. Denn wenn du von ihr getrennt bist, zu der allein dein Sehnen geht, kannst du sie nicht empfangen, der du in deinen schlaflosen Nächten wie von Sinnen bist, ebensowenig wie sich dein Hund, wenn er Hunger hat, von einem gemalten Stück Fleisch zu nähren vermag; denn der Gott ist nicht geboren, der vom Geiste stammt und die Mauern bricht. Aber ich sprach dir vom Herrn des Landguts, der im Morgengrauen über die taufrische Erde geht. Nichts von seinem Besitz ist ihm im Augenblick von Nutzen. Er sieht nur einen Hohlweg. Und doch ist er nicht der gleiche wie andere auch, sondern groß in seinem Herzen. So ist es mit einem, der Schildwache des Reiches ist; er berührt vom Reiche nur den Weg der Ronde, den aus Granit unter den Sternen gebauten. Er geht auf und ab, gefährdet an Leib und Leben. Wüßtest du einen, der ärmer wäre als dieser Gefangene in einem Gefängnis von hundert Schritten? Von Waffen beschwert, mit Kerker bestraft, wenn er sich setzt, und mit dem Tode, wenn er einschläft? Von Hagel vereist, von Regen durchnäßt, vom Sande versengt, hat er nichts Besseres zu erwarten als ein Gewehr, das in der Finsternis in Anschlag gebracht wird und sich auf sein Herz richtet. Kennst du eine Lage, die verzweifelter wäre? Ist nicht jeder Bettler reicher, der sich frei bewegen kann, der den Anblick des Volkes genießt, in das er eintaucht, und der das Recht hat, rechts und links seine Kurzweil zu suchen?

Und doch gehört meine Schildwache dem Reiche an. Und das Reich nährt sie. Sie hat mehr Weite als der Bettler. Und selbst ihr Tod wird belohnt werden, da sie sich dann gegen das Reich austauscht.

Ich schicke meine Gefangenen, Steine zu brechen. Und sie brechen sie und fühlen sich leer. Aber glaubst du, die gleichen Steine zu brechen, wenn du dein eigenes Haus baust? Dann künden deine Gebärden nicht von einer Züchtigung, sondern von einem Lobgesang.

Denn um klar zu sehen, genügt ein Wechsel der Blickrichtung. Gewiß kommt dir einer reicher vor, wenn er im Augenblick, da er im Sterben liegt, gerettet wird und weiterlebt. Aber wenn du auf einen anderen Berg steigst und sein abgeschlossenes Schicksal betrachtest, das schon gebunden ist wie eine Garbe, wird er dir glücklicher erscheinen durch einen sinnvollen Tod.
So steht es auch mit dem, den ich in einer Kriegsnacht festnehmen ließ, damit er mir die Pläne meines Feindes preisgäbe. »Ich habe eine Heimat«, sagte er mir, »und deine Henker vermögen nichts dagegen...« Ich hätte ihn unter einem Mühlstein zermahlen können, ohne das Öl des Geheimnisses aus ihm herauszupressen, denn er gehörte seinem Reiche an.
– Arm bist du, sagte ich ihm, und in meiner Gewalt.
Er aber lachte, als er hörte, daß ich ihn arm nannte. Denn das Gut, das er besaß, konnte ich nicht von ihm abtrennen.

Das also ist der Sinn der Lehrzeit. Denn deine wirklichen Schätze sind nicht die Dinge, die etwas wert wären, wenn du sie gebrauchst – wie dein Esel, wenn du ihn reitest, und dein Geschirr, wenn du davon ißt –, denen aber kein Sinn mehr eignet, sobald du sie fortgeräumt hast. Und die auch nutzlos sind, wenn dich die Macht der Verhältnisse von ihnen trennt wie die Frau, bei der du dich begnügst, sie zu verlangen, ohne sie zu lieben.
Und freilich kann das Tier nur am Gegenstand teilhaben. Und nicht an der Farbe des Gegenstandes, auf Grund einer Sprache. Aber du bist Mensch und nährst dich vom Sinn der Dinge und nicht von den Dingen.
Und ich forme dich und ziehe dich auf. Und ich zeige dir im Steine, was nicht vom Steine stammt, sondern von der Herzensregung des Bildhauers und der Hoheit des gefallenen Kriegers. Und du bist dadurch reich, daß irgendwo der Krieger aus Stein besteht. Und aus den Hammeln und Ziegen, den Häusern und Bergen baue ich dir noch ein Landgut, nachdem ich dich aufzog. Und mag dir auch im Augenblick nichts vom Landgut von Nutzen sein, so bist du doch da-

durch ausgefüllt. Ich nehme die gewöhnlichen Worte und mache dich dadurch reich, daß ich sie im Gedichte verknüpfe. Ich nehme die Flüsse und Berge und begeistere dich dadurch, daß ich sie mit meinem Reiche verknüpfe. Und die Kranken auf ihrem Elendslager, die Gefangenen in ihren Gefängnissen, die Schuldner inmitten ihrer Gerichtsvollzieher – sie alle strahlen an den Tagen des Sieges vor Stolz, denn es gibt keine Mauer und kein Hospital und kein Gefängnis, die dich daran hindern könnten zu empfangen, denn aus dem zusammenhanglosen Stoff habe ich einen Gott gewonnen, der der Mauern spottet und stärker ist als alle Marter.
Und deswegen, ich sagte es dir, forme ich den Menschen und sprenge die Mauern und reiße die Gitterstäbe nieder und befreie ihn. Denn ich habe einen Menschen geformt, der Verbindung hält und der Wälle spottet. Und der Henker spottet. Und der Eisen der Henker spottet, die ihn nicht bezwingen können.

Freilich seid ihr nicht miteinander verbunden. Aber der eine und der andere ist mit dem Reiche verbunden, das für euch beide einen Sinn besitzt. Und wenn du mich fragst: Wie kann ich die Geliebte erreichen, wenn mich die Mauern oder der Tod oder die Meere von ihr trennen, so antworte ich dir, daß es nutzlos ist, nach ihr zu rufen, daß du aber nur das zu lieben brauchst, wovon keine Mauer dich trennt: dieser Anblick des Hauses und des Teebretts und des Kochkessels und des Teppichs aus langhaariger Wolle, alle die Dinge, deren Mittelpunkt die schlafende Gattin ist, denn es ist dir vergönnt, sie zu lieben, obwohl sie fern ist und gar noch schläft.

Darum sage ich dir, daß es bei der Formung des Menschen nicht vor allem darauf ankommt, ihn zu belehren, denn es ist sinnlos, wenn er nur noch ein Buch auf zwei Beinen ist, sondern ihn zu erheben und ihn auf die Stufen hinaufzuführen, in denen es nicht mehr Dinge gibt, sondern Gesichter, die aus dem göttlichen Knoten hervorgingen, welcher die Dinge verknüpft. Denn von den Dingen läßt sich nichts er-

hoffen, wenn sie nicht gegenseitig aufeinander einwirken, und das allein ist Musik für das Herz.
So ist es mit deiner Arbeit, wenn sie das Brot der Kinder oder den Austausch zwischen dir und etwas Umfassenderem bedeutet. So ist es mit deiner Liebe, wenn sie etwas anderes und Höheres als die Suche nach einem Körper bedeutet, den du greifen möchtest, denn verschlossen in sich ist die Freude, die er dir gewährt.
Und deswegen werde ich dir zunächst über den Wert der Geschöpfe sprechen.
Wenn du in der Traurigkeit der warmen Nächte, auf der Rückkehr von der Wüste das Freudenviertel aufsuchst und dir eine wählst, um in ihr die Liebe zu vergessen, und wenn du sie liebkost und ihr zuhörst, wie sie zu dir spricht und du ihr antwortest, so bist du doch, wenn du sie verläßt, da dein Verlangen gestillt ist, von dir selber entblößt und hast kein Andenken zurückbehalten.
Trifft es sich aber, daß ihr das gleiche Aussehen, die gleichen Gesten, die gleiche Anmut, die gleichen Worte eignen, daß sie aber jene Prinzessin ist, die am Faden langsamer Karawanen aus einer Insel hervorging und zuvor fünfzehn Jahre in der Musik, im Gedicht und der Weisheit badete, und ist sie beständig und weiß sie unter der Kränkung vor Zorn und unter der Heimsuchung vor Treue zu brennen; ist sie reich durch ihr unbezwingbares Teil, von den Göttern erfüllt, die sie nicht zu verraten vermöchte, und fähig, dem Henker ihre höchste Anmut zu opfern, um eines einzigen Wortes willen, das man von ihr verlangt und das auszusprechen sie verschmähen würde; ist sie in ihrer Vornehmheit so fest gegründet, daß ihr letzter Schritt ergreifender als ein Tanz wäre – trifft es sich also, daß sie es ist, die ihre jungen Arme für dich öffnet, wenn du in den Saal des Mondes mit seinen leuchtenden Fliesen trittst, wo sie dich erwartet, und spricht sie jetzt die gleichen Worte, die aber hier Ausdruck einer vollkommenen Seele sind, dann sage ich dir: du wirst nicht als der gleiche bei Tagesanbruch zu deiner Wüste und zu deinen Dornen zurückkehren, sondern als Lobgesang.

Denn nicht der einzelne hat Gewicht mit seiner ärmlichen Hülle und seinem Ideenbazar, sondern wichtig allein ist die Weite der Seele – der Seele mit ihren Wettern, ihren Bergen, ihren Einöden des Schweigens, ihren Schneeschmelzen, ihren Blumenhängen, ihren schlafenden Wassern: all das ist eine unsichtbare und erhabene Bürgschaft. Und auf ihr beruht dein Glück und du kannst dich nicht mehr davon trennen. Denn eine Fahrt auf dem schmalen Fluß, selbst wenn du die Augen schließt, um das Schaukeln seiner Wellen zu genießen, ist nicht die gleiche wie deine Reise auf dem undurchdringlichen Meere. Und deine Freude an falschen oder echten Diamanten ist nicht dieselbe, mag auch ihr Zweck derselbe sein. Und jene, die vor dir verstummt, ist nicht die gleiche wie eine andere in der Tiefe ihres Schweigens.
Und von vornherein täuschst du dich nicht darüber.
Und deswegen weigere ich mich, dir dein Geschäft zu erleichtern, und – da die Frauen deinem Körper angenehm sind – die Leichtigkeit des Fanges zu fördern, indem ich ihnen ihre Moral, ihre Zurückhaltung und ihren Adel nehme, denn dadurch würde ich gerade das zerstören, was du erobern wolltest.
Und wenn sie zu Dirnen geworden sind, wirst du ihnen nur noch die Fähigkeit entlehnen können, darüber die Liebe zu vergessen; hingegen schütze ich die Tat allein, die für die künftige Tat reicher macht; so treibe ich dich an, den Berg durch deinen Aufstieg zu bezwingen, was dich für die Bezwingung eines anderen vorbereitet, der höher ist, oder sporne dich an, damit deine Liebe fest gegründet sei, die unerreichbare Seele zu ersteigen.

95

Der Diamant ist aus dem Schweiß eines Volkes hervorgegangen, aber wenn sich ein Volk derart abgemüht hat, ist ein Diamant zu etwas Unverbrauchbarem und Unteilbarem geworden und kommt nicht jedem Arbeiter zugute. Soll ich auf die Gewinnung des Diamanten verzichten, dieses Sterns, den man aus der Erde erweckt? Soll ich im Wohnviertel meiner Ziseleure diejenigen ausrotten, die die goldenen Schalen ziselieren, denn auch diese sind nicht teilbar, da eine jede ein Leben kostet, und während einer sie ziseliert, muß ich ihn wohl oder übel mit Weizen ernähren, der anderswo gebaut wurde – und wenn ich ihn seinerseits auf den Acker schicke, damit er ihn pflüge, wird es keine Goldschalen mehr geben, sondern einen größeren Weizenertrag für die Verteilung –, wirst du mir dann mit der Behauptung kommen, es entspreche der Menschenwürde, keine Diamanten zu gewinnen und keine Goldschalen mehr zu ziselieren? Wo siehst du, daß der Mensch dadurch reicher würde? Was kümmert dich das Schicksal des Diamanten? Zur Not wäre ich damit einverstanden, der Eifersucht der Menge zuliebe einmal im Jahr alle die zu verbrennen, die ich gewonnen hätte – denn so hätten sie von einem Festtag Gewinn – oder auch eine Königin zu erfinden, die ich mit ihrem Glanze bedecken würde, und so hätten sie eine diamantengeschmückte Königin. Und der Glanz der Königin oder die Glut des Festes würde zurückstrahlen auf sie. Wo aber siehst du sie reicher werden, wenn du die Diamanten in ihr Museum einschlössest? Denn dort kämen sie keinem mehr zugute, außer einigen törichten Müßiggängern, und würden nur einem groben und plumpen Wärter zur Zier gereichen.

Denn du mußt mir schon zugeben, daß allein das Wert hat, was den Menschen Zeit kostet, wie der Tempel. Und daß der Ruhm meines Reiches, von dem jeder sein Teil empfangen wird, allein auf dem Diamanten beruht, zu dessen Gewinnung ich sie zwinge, und auf der Königin, die ich mit ihm schmücke.

Denn ich kenne nur eine Freiheit, und das ist die Übung der Seele. Und nicht die andere, die nur lächerlich ist, denn du bist trotzdem gezwungen, die Tür zu suchen, um die Mauer zu überwinden, und du hast nicht die Freiheit, jung zu sein und nachts die Sonne zu genießen. Wenn ich dich nötige, lieber diese als jene Tür zu wählen, wirst du dich über diese Schikane beklagen, sofern du nicht gesehen hast, daß du dem gleichen Zwang unterlagest, als nur eine Tür vorhanden war. Und wenn ich dir verwehre, das Mädchen zu heiraten, das dir schön erscheint, wirst du dich über meine Tyrannei beklagen, sofern du nicht bemerkst – weil du keine andere kennenlerntest –, daß in deinem Dorfe alle schieläugig sind. Aber da ich dem Mädchen, das du heiraten wirst, durch meinen Zwang zum Werden verhalf und auch dir eine Seele formte, werdet ihr beide an der einzigen Freiheit teilhaben, der ein Sinn innewohnt und die in der Übung des Geistes besteht.

Denn die Zügellosigkeit löscht dich aus, und nach den Worten meines Vaters bedeutet Nichtsein keineswegs Freisein.

96

Eines Tages werde ich von der Notwendigkeit oder dem Absoluten reden; es ist das der göttliche Knoten, der die Dinge verknüpft.

Denn du kannst dich unmöglich mit Leidenschaft dem Würfelspiel hingeben, wenn die Würfel nichts bedeuten. Und wenn ich einen durch meinen Befehl aufs Meer hinausschicke, während es sich stürmisch zeigt, und er, bevor er sich einschifft, mit weitem Blick davon Kenntnis nimmt und die schweren Wolken wie Gegner abwägt und den Wogengang mit dem Auge abmißt und die Trift des Windes einatmet, so werden für ihn alle diese Dinge aufeinanderwirken, und angesichts der Notwendigkeit, die mein Befehl bedeutet, gegen den es keine Widerrede gibt, werden sie ihm nicht mehr als ein zusammenhangloses Jahrmarktschauspiel, sondern als eine gebaute Basilika erscheinen, und mich wird er als Schlußstein des Gewölbes ansehen, der ihm seine Fortdauer begründen soll. So wird er herrlich sein, wenn er auf See geht und seinerseits seine Befehle auf das Zeremoniell des Schiffes überträgt.

Aber wenn ein anderer, der nicht zu mir gehört, das Meer zu seinem Vergnügen besuchen möchte und er es nach Gutdünken durchschweifen und sich beliebig zur Umkehr entschließen kann, so wird er keinen Zugang zur Basilika haben, und jene schweren Wolken werden ihm nicht als Prüfung, sondern nur als eine gemalte Leinwand erscheinen, und der auffrischende Wind ist ihm dann keine Verwandlung der Welt, sondern nur ein schwacher Kitzel der Haut, und jener Wogengang nur eine Plage für seinen Bauch.
Und deswegen wird das, was ich Pflicht nennen werde – die der göttliche Knoten ist, der die Dinge verknüpft –, nur dann dein Reich oder deinen Tempel oder dein Landgut hervorbringen, wenn sie sich als absolute Notwendigkeit und nicht als ein Spiel erweist, dessen Regeln dem Wechsel unterworfen sind.
»Du wirst eine Pflicht daran erkennen«, sagte mein Vater, »daß es von vornherein nicht an dir liegt, sie zu wählen.«

Darum täuschen sich die, die zu gefallen suchen. Und sich gefügig und biegsam machen, um zu gefallen. Und den Wünschen zuvorkommen. Und in allen Dingen Verrat üben, um so zu sein, wie man sie haben möchte. Was aber habe ich mit diesen Quallen zu schaffen, die weder Knochen noch Gestalt haben? Ich speie sie aus und schicke sie in ihr Nebelreich zurück. Laßt euch erst wieder blicken, wenn ihr eine Form gewonnen habt!
So werden sogar die Frauen ihres Liebhabers überdrüssig, wenn dieser, um seine Liebe zu beweisen, dareinwilligt, Echo und Spiegel zu sein, den keiner bedarf seines eigenen Bildes. Doch ich bedarf deiner, der du als Festung gebaut bist, mit deinem Kern, auf den ich stoße. Nimm Platz an meiner Seite, denn du existierst.
Die Frau vermählt sich dem, der einem Reiche angehört, und macht sich zu seiner Dienerin.

97

So kamen mir diese Bemerkungen über die Freiheit.

Als mein Vater im Tode zu einem Berg wurde und den Horizont der Menschen versperrte, erwachten die Logiker, die Geschichtsforscher und die Kritiker; sie alle waren vom Winde der Worte gebläht, den er sie hatte schlucken lassen, und sie entdeckten, daß der Mensch schön war.

Er war schön, weil ihm mein Vater seinen festen Grund gegeben hatte.

– Da der Mensch schön ist, riefen sie, muß man ihn befreien. Und er wird sich in aller Freiheit entfalten. Und jede seiner Taten wird ein Wunder sein. Denn man betrügt ihn um seinen Glanz.

Und so könnte ich sprechen, wenn ich am Abend durch die Pflanzungen meiner Orangenbäume gehe, denen man die Stämme abstützt und die Zweige zurechtschneidet. Meine Orangenbäume sind schön und von Früchten schwer. Warum also diese Äste abtrennen, die gleichfalls Früchte gebildet hätten? Der Baum muß befreit werden. So wird er sich in aller Freiheit entfalten. Denn man betrügt ihn um seinen Glanz.

Also befreiten sie den Menschen. Und der Mensch hielt sich aufrecht, denn er war aufrecht zurechtgeschnitten. Und als sich die Polizisten zeigten, die sich – nicht aus Achtung vor der unersetzlichen Gußform, sondern aus niedrigem Herrschaftsbedürfnis – bemühten, die Menschen wieder ihrem Zwange zu unterwerfen, empörten sich die um ihren Glanz Betrogenen. Und der Freiheitsdrang entflammte sie vom einen zum anderen Ende des Landes wie eine Feuersbrunst. Es ging für sie um die Freiheit, schön sein zu dürfen. Und als sie für die Freiheit starben, starben sie für ihre eigene Schönheit, und ihr Tod war schön.

Und das Wort Freiheit klang reiner als Hörnerschall.

Ich aber gedachte der Worte meines Vaters:

– Ihre Freiheit ist die Freiheit, nicht zu sein.

Denn da sie jetzt von Folgerung zu Folgerung schritten,

wurden sie zum Haufen des Marktes. Denn wenn du nach deinem Ermessen entscheidest und dein Nachbar das gleiche tut, zerstören sich beide Handlungen in ihrer Summe. Wenn jeder den gleichen Gegenstand nach seinem Geschmack anmalt, streicht ihn der eine rot, der andere blau, der dritte ocker an, und am Ende hat der Gegenstand gar keine Farbe mehr. Wenn sich die Prozession ordnet und jeder seine eigene Richtung einschlägt, bläst der Wahnsinn in diesen Staub hinein, und es gibt keine Prozession mehr. Wenn du deine Macht aufspaltest und unter alle verteilst, erzielst du keine Stärkung, sondern die Auflösung dieser Macht. Und wenn jeder für sich den Bauplatz des Tempels auswählt und seinen Stein dorthin trägt, wo es ihm gefällt, wirst du eine steinige Ebene finden, aber keinen Tempel. Denn die Schöpfung ist aus einem Guß, und dein Baum ist nur die Entfaltung eines einzigen Samenkorns. Und gewiß ist dieser Baum ungerecht, denn alle die anderen Samenkörner werden nicht keimen.

Denn ich halte die Macht für einen törichten Ehrgeiz, wenn sie Herrschaftsliebe ist. Aber wenn sie ein Akt des Schöpfers ist und etwas erschafft, wenn sie gegen das natürliche Gefälle ankämpft, das darin besteht, daß sich die Baustoffe vermischen, daß die Gletscher in einem Pfuhl zerschmelzen, daß die Tempel unterm Wandel der Zeit in Staub zerfallen, daß sich die Sonnenwärme in kraftlose Lauheit verflüchtigt, daß sich die Seiten des Buches verwirren, wenn die Abnützung sie zerstört; daß sich die Sprachen vermengen und daß sie verkümmern, daß die Mächte einander gleich werden, daß sich die Anstrengungen ausgleichen und daß jeder Bau, der aus dem göttlichen Knoten hervorging, welcher die Dinge verknüpft, in einer zusammenhanglosen Summe auseinanderbricht – dann preise ich die Macht. Denn es ist mit ihr wie mit der Zeder, die das Felsgestein der Wüste aufsaugt, die Wurzeln in einen Boden senkt, in dem die Säfte keinen Geschmack haben, mit ihren Zweigen eine Sonne einfängt, die sich sonst mit dem Eise vermischen und mit ihm verderben würde – der Zeder, die in der fortan unveränderlichen

Wüste, wo sich alles allmählich verteilte, einebnete und ausglich, die Ungerechtigkeit des Baumes zu bauen beginnt, der über Felsen und Felsgeröll hinauswächst, einen Tempel zur Sonne aufsteigen läßt, im Winde wie eine Harfe singt und die Bewegung im Unbeweglichen wiederherstellt.
Denn das Leben ist Gefüge, Kraftlinie und Ungerechtigkeit. Unterwirfst du nicht auch Kinder, die sich langweilen, deinem Zwange, der aus den Regeln eines Spieles besteht, nach dem du sie laufen siehst?

Es kamen also die Zeiten, in denen die Freiheit, da es nichts mehr zu befreien gab, nur noch die Aufteilung von Vorräten in einer haßerfüllten Gleichheit bedeutete.
Denn in der Freiheit stößt du dich am Nachbarn und er sich an dir. Und der Ruhezustand, den du vorfindest, ist der Zustand durcheinandergemengter Kügelchen, die sich nicht mehr bewegen. Die Freiheit führt so zur Gleichheit, und die Gleichheit führt zum Gleichgewicht, das der Tod ist. Ist es nicht besser, wenn dich das Leben beherrscht und du dich wie an Hindernissen an den Kraftlinien des wachsenden Baumes stößt? Denn der einzige Zwang, der dich plagt und den du hassen sollst, zeigt sich im Zank mit deinem Nachbarn, der Eifersucht deinesgleichen, der Gleichheit mit dem Rohling. Sie werden dich verschlingen, so daß du in der toten Masse versinkst, aber so töricht ist der Wind der Worte, daß ihr von Tyrannei sprecht, wenn ihr Aufstieg eines Baumes seid.
Es kamen also die Zeiten, in denen die Freiheit nicht mehr die Freiheit menschlicher Schönheit, sondern Ausdruck der Masse war, in der sich der Mensch notwendig aufgelöst hatte; und diese Masse war nicht frei, denn ihr eignet keine Richtung, sondern sie lastet lediglich und verharrt auf ihrem Platze. Das hinderte nicht, daß man diese Freiheit, die der Versumpfung diente, Freiheit und diese Versumpfung Gerechtigkeit nannte.
Es kam die Zeit, als das Wort Freiheit, das noch den Ruf der Trompete nachäffte, seinen Gefühlsinhalt verlor, da die

Menschen dunkel von einer neuen Trompete träumten, die sie wecken und zum Bauen anhalten würde.
Denn nur der Schall der Trompete ist schön, der dich dem Schlafe entreißt.

Doch allein der Zwang ist gültig, der dich dem Tempel unterwirft, gemäß deiner Bedeutung, denn die Steine sind nicht frei, dorthin zu gehen, wohin es ihnen beliebt, oder es gibt dann nichts, dem sie Bedeutung verleihen und wovon sie Bedeutung empfangen könnten. Dieser Zwang besteht darin, daß er dich der Trompete unterwirft, wenn sie etwas in dir weckt und entfaltet, das größer ist als du selber. Und jene, die für die Freiheit starben, als sie noch ein Gesicht war, aus ihnen entsprungen und größer als sie selber, und das ihre eigene Schönheit erstrebte – sie willigten nun in den Zwang und erhoben sich des Nachts beim Ruf der Trompete und hatten nicht mehr die Freiheit, weiterzuschlafen oder ihre Frauen zu liebkosen, sondern wurden geleitet; und da du nun einmal gebunden bist, liegt mir wenig an der Feststellung, ob sich der Polizist drinnen oder draußen befindet. Und wenn er sich drinnen befindet, weiß ich, daß er zunächst draußen war, ebenso wie dein Ehrgefühl davon herrührt, daß dich die Strenge deines Vaters von vornherein so wachsen ließ, wie es die Ehre verlangt.
Und wenn ich unter Zwang das Gegenteil der Zügellosigkeit verstehe, die ein falsches Spiel treibt, so wünsche ich dennoch nicht, daß er die Auswirkung meiner Polizei sein soll; denn als ich im Schweigen meiner Liebe einherging, beobachtete ich jene Kinder, von denen ich dir sprach, die den Regeln ihres Spiels unterworfen waren und sich schämten, wenn sie einander betrogen. Und das rührte daher, daß sie das Gesicht des Spiels kannten. Und ich nenne Gesicht, was aus einem Spiel entsteht: ihren Eifer, ihre Freude an den gelösten Problemen, ihre junge Kühnheit – ein Ganzes, dessen Reiz auf diesem Spiel und keinem anderen beruht. Ein bestimmter Gott hat sie so werden lassen, denn kein Spiel formt dich, so wenig wie du das Spiel wechselst, um

dich zu ändern. Aber wenn du dich in diesem Spiele groß und edel siehst, gewahrst du – wenn es dahin kommt, daß du falsch spielst – wie du eben das zerstörst, wofür du spieltest: jene Größe und jenen Edelsinn. Und so ist es die Liebe zu einem Gesicht, die dich zwingt.
Denn der Polizist bewirkt nur, daß du den anderen ähnlich wirst. Wie könnte er weiter sehen? Die Ordnung ist für ihn die Ordnung des Museums, in dem man alles nach der Schnur ausrichtet. Ich aber stifte nicht dadurch die Einheit des Reiches, daß du deinem Nachbarn ähnlich wirst. Vielmehr dadurch, daß dein Nachbar und du selbst, wie die Säule und die Statue im Tempel, ihr Dasein auf das Reich gründen, das ein einziges ist.
Mein Zwang ist Zeremoniell der Liebe.

98

Wenn deine Liebe nicht hoffen kann, Gehör zu finden, sollst du sie verschweigen. Sie kann in dir reifen, wenn Schweigen herrscht. Denn sie schafft eine Richtung in der Welt, und jede Richtung läßt dich größer werden, die es dir erlaubt, dich zu nähern, dich zu entfernen, einzutreten, hinauszugehen, zu finden, zu verlieren. Denn du bist einer, der leben muß. Und es gibt kein Leben, wenn nicht ein Gott für dich Kraftlinien erschaffen hat.
Wenn deine Liebe kein Gehör findet, sondern zu einem vergeblichen Flehen wird, wie wenn du einen Lohn für deine Treue erbittest, und du nicht die Seelenstärke aufbringst zu schweigen, so laß dich heilen, wenn es einen Arzt gibt. Denn man darf die Liebe nicht mit der Knechtschaft des Herzens verwechseln. Liebe, die betet, ist schön, aber Liebe, die fleht, ist Lakaienliebe.
Wenn sich deine Liebe an der Unbedingtheit der Dinge stößt und etwa die undurchdringliche Mauer eines Klosters oder der Verbannung überwinden muß, so danke Gott, wenn du bei deiner Angebeteten Gegenliebe findest, obwohl

sie dem Anschein nach taub und blind ist. Denn es ist dann ein Nachtlicht für dich angezündet in der Welt. Und es kümmert mich wenig, daß du es nicht benutzen kannst. Denn einer, der in der Wüste stirbt, ist reich durch ein Haus in der Ferne, mag er auch sterben.

Denn wenn ich große Seelen forme und die vollkommenste auserwähle, um sie im Schweigen einzumauern, scheint dir niemand etwas dadurch zu empfangen. Und doch wird durch sie mein ganzes Reich geadelt. Wenn einer in der Ferne vorübergeht, sinkt er in die Knie. Und es entstehen die Zeichen und Wunder.

Wenn daher Liebe zu dir besteht, mag sie auch nutzlos sein, und du deinerseits wiederliebst, wirst du im Lichte wandeln. Denn groß ist das Gebet, auf das allein das Schweigen antwortet, wenn es zutrifft, daß der Gott existiert.

Und wenn deine Liebe Gehör findet und Arme sich für dich öffnen, so bete zu Gott, er möge diese Liebe vor der Fäulnis bewahren, denn ich bange um die überglücklichen Herzen.

99

Und doch: da ich die Freiheit geliebt hatte, die in meinem Herzen einen Widerhall weckte, und da ich mein Blut vergossen hätte, sie zu erobern, und sah, wie das Auge der Menschen strahlte, die für diese Eroberung kämpften (so wie ich im übrigen diejenigen bösartig und einfältig wie ein Stück Vieh und niederen Sinnes auf ihre Vorräte bedacht sah, denen man das Futter in den Stall hängte und die mit erhobener Schnauze zu Schweinen wurden, rings um den Trog)...

Da ich so gesehen habe, wie die Flamme der Freiheit den Menschen Glanz verleiht und die Tyrannei sie verroht –

Und da es nicht in meiner Art liegt, irgend etwas von mir preiszugeben, und da ich die Bazare der Ideen verachte und weiß, daß es gilt, die Worte zu ändern, wenn sie nicht vom Leben Rechenschaft geben, und daß du, wenn du dich

täuschst, da du in einem Widerspruch ohne Ausweg verstrickt bist, deinen Satz zerschlagen mußt, und daß es den Berg zu entdecken gilt, von dem aus sich die Ebene in aller Klarheit zeigen wird...
Da ich hierbei zugleich gewahr wurde, daß allein die Seelen groß sind, die durch den Zwang und den Kult und das Zeremoniell – das zugleich Überlieferung und Gebet und unangezweifelte Bindung ist – gegründet und geformt und als Festung gebaut wurden...
Und daß allein jene stolzen Seelen schön sind, die sich nicht beugen und durch die die Menschen auch unter der Folter aufrecht bleiben: innerlich frei und nicht bereit abzuschwören, so daß sie in dieser inneren Freiheit wählen und entscheiden und die Frau heimführen, die sie lieben, unbeirrt von der Meinung der Masse oder der Ungnade des Königs: da wurde mir bewußt, daß Zwang und Freiheit ohne Sinn waren.
Denn keine meiner Regungen soll verworfen werden, wenn auch die Worte, die sie bezeichnen, sich die Zunge zeigen.

100

Wenn du also nach einer vorgefaßten Meinung die Gefängnisse füllst und es dahin kommt, daß du viele ins Gefängnis wirfst (und vielleicht könntest du alle ins Gefängnis werfen, denn alle führen ein Teil von dem mit sich, was du verdammst; so könntest du auch die ungesetzlichen Wünsche einkerkern und dann müßten sogar Heilige ins Gefängnis wandern), so bedeutet dies, daß deine vorgefaßte Meinung ein schlechter Ausgangspunkt ist für ein Urteil über die Menschen – ein blutiger und verrufener Berg, der eine schlechte Scheidung bewirkt und dich zwingt, gegen den Menschen selber zu handeln. Denn bei einem, den du verdammst, könnte sein schöner Teil groß sein. Du aber vernichtest ihn.
Und wenn deine Polizisten, die notwendig töricht und schon

auf Grund ihres Amtes blinde Handlanger deiner Befehle sind – von ihnen verlangst du keine Einsicht, sondern versagst ihnen im Gegenteil dieses Recht, denn es handelt sich für sie nicht darum, zu begreifen und zu urteilen, sondern auf Grund deiner Zeichen zu unterscheiden –, wenn deine Polizisten die Weisung erhalten, beispielsweise einen Mann als schwarz und nicht als weiß – denn es gibt für sie nur zwei Farben – einzustufen, der vor sich hin trällert, wenn er allein ist, oder zuweilen an Gott zweifelt oder bei der Landarbeit gähnt oder auf irgendeine Weise etwas denkt, anpackt, liebt, haßt, bewundert oder verachtet – dann beginnt die abscheuliche Zeit, in der du dich zunächst inmitten eines Volkes von Verrätern siehst, von denen du nicht genug Köpfe abschlagen könntest; deine Menge wird dann eine Menge Verdächtiger sein und dein Volk ein Volk von Spitzeln, denn du hast eine Scheidungslinie gewählt, die nicht außerhalb des Menschen verläuft – denn dann könntest du die einen rechts und die anderen links einordnen, um so Klarheit zu schaffen –, sondern die durch den Menschen selber hindurchführt, ihn mit sich selber entzweit, ihn zu seinem eigenen Spitzel, sich selber verdächtig und zum Verräter an sich selbst macht. Denn ein jeder pflegt während der heißen Nächte an Gott zu zweifeln. Denn ein jeder pflegt in der Einsamkeit vor sich hin zu trällern oder bei der Landarbeit zu gähnen oder zu gewissen Stunden alles mögliche zu denken, anzupacken, zu lieben, zu hassen, zu bewundern oder zu verachten. Denn der Mensch lebt. Und der allein erschiene dir als heilig, selig und nachahmenswert, dessen Ideen aus einem lächerlichen Bazar stammten und nicht Regungen seines Herzens wären.

Und da du von deinen Polizisten verlangst, sie sollten beim Menschen aufspüren, was dem Menschen selber und nicht diesem oder jenem gehört, so werden sie ihren Eifer daransetzen, es bei jedem entdecken, da es bei jedem vorhanden ist, über die Fortschritte des Bösen erschrecken, dich durch ihre Berichte entsetzen, ihren Glauben an die Dringlichkeit der Unterdrückung auf dich übertragen, und wenn sie dich

bekehrt haben, werden sie dich Kerker bauen lassen, damit du dein ganzes Volk darin einsperrst. Bis zu dem Tage, da du wohl oder übel gezwungen bist, sie selber darin einzusperren, weil auch sie Menschen sind.
Und wenn es eines Tages dein Wille ist, daß die Landleute dein Land im Segen ihrer Sonne pflügen, daß die Bildhauer ihren Stein behauen und die Mathematiker ihre Figuren entwerfen, wirst du notgedrungen deinen Berg wechseln müssen.
Und je nach dem Berge, den du gewählt hast, werden deine Sträflinge zu Heiligen werden, und du wirst dann für den ein Denkmal errichten, den du dazu verurteilt hattest, Steine zu klopfen.

101

So wurde mir der Begriff der Plünderung deutlich, über den ich immer nachgedacht hatte, ohne daß mich Gott über ihn erleuchtet hätte. Und gewiß wußte ich, daß der ein Plünderer ist, der den Stil von Grund auf zerstört, um hierdurch die Wirkungen zu erzielen, die ihm dienlich sind – Wirkungen, die an sich lobenswert sind, denn es ist Sache des Stils, sie zu gestatten, und dieser ist dazu da, damit die Menschen durch ihn ihre inneren Regungen mitteilen können. Es zeigt sich aber, daß du dein Fahrzeug zerstörst, weil du vorhast, nach Art des Mannes darin zu fahren, der seinen Esel durch die Lasten umbrachte, die dieser nicht zu tragen vermochte. Während du ihn durch richtig ausgewogene Lasten in der Arbeit übst, und er dadurch weit besser arbeiten wird, als er jetzt schon arbeitet. Deshalb verstoße ich den, der gegen die Regeln schreibt. Er soll es fertigbringen, sich im Einklang mit den Regeln auszudrücken, denn nur dann begründet er sie.
Nun steht es so, daß die Betätigung der Freiheit, wenn es sich um die Freiheit der menschlichen Schönheit handelt, gleichsam die Plünderung eines Vorrats darstellt. Und gewiß ist ein ruhender Vorrat zu nichts nütze: so wenig wie

eine Schönheit, die der Güte der Gußform zu verdanken ist, die du jedoch niemals aus ihrer Form hervorholst, um sie dem Lichte auszusetzen. Es ist schön, Speicher anzulegen, in die das Saatkorn eingebracht wird. Sie haben aber nur einen Sinn, wenn du das Saatkorn hervorholst, um es im Winter auszustreuen. Und der Sinn des Speichers ist das Gegenteil eines Ortes, in den du einbringen läßt. Er wird zum Orte, aus dem du herausbringen läßt. Doch eine ungeschickte Sprache ist Ursache des Widerspruchs, denn einbringen und herausbringen sind Worte, die sich die Zunge zeigen. Und es ging einfach darum, nicht zu sagen: »Dieser Speicher ist der Ort, in den ich einbringen lasse«, worauf dir jener andere Logiker mit Recht antworten würde: »Es ist der Ort, aus dem ich herausbringen lasse«, da du doch ihren Wind der Worte beherrschen, ihre Widersprüche aufheben und den Sinn des Speichers begründen konntest, indem du ihn eine Zwischenstation der Saatkörner nanntest.

So besteht auch meine Freiheit nur im Gebrauche der Früchte, die mein Zwang hervorbrachte, denn er allein besitzt die Macht, etwas zu begründen, das wert ist, befreit zu werden. Und einen, den ich frei sehe unter der Folter, da er sich weigert abzuschwören und da er innerlich den Befehlen des Tyrannen und seiner Folterknechte widersteht –, ihn nenne ich frei, und den anderen, der den niedrigen Trieben widersteht, nenne ich gleichfalls frei, denn ich kann den nicht für frei halten, der sich zum Sklaven einer jeden Aufforderung macht, obwohl sie sogar die Freiheit, Sklave zu werden, Freiheit nennen.

Denn wenn ich den Menschen begründe, befreie ich in ihm das menschliche Verhalten; wenn ich den Dichter begründe, befreie ich die Gedichte, und wenn ich aus dir einen Erzengel mache, befreie ich Worte, die Schwingen haben, und Schritte, die sicher sind wie bei einem Tänzer.

102

Dem mißtraue ich, der von einem Gesichtspunkt aus zu urteilen sucht. Wie auch jenem, der sich blind macht, weil er eine große Sache vertritt, der er sich unterworfen hat.
Es geht darum, den Menschen in ihm zu wecken, wenn ich zu ihm spreche. Doch ich mißtraue seinem Zuhören. Es wird vor allem aus Gewandtheit und Kriegslist bestehen, und er wird meine Wahrheit verdauen, um sie seinem Reiche unterzuordnen. Und wie sollte ich ihm solch ein Verhalten vorwerfen, da seine Größe auf der Größe seiner Sache beruht? Einer, der mich versteht und mit dem ich auf gleichem Fuße verkehre, und der nicht meine Freiheit verdaut, um sie zu der seinen zu machen und sich ihrer notfalls gegen mich zu bedienen – solch einer, den ich vollkommen aufgeklärt nenne, ist das im allgemeinen, weil er nicht arbeitet, nicht handelt, nicht kämpft und kein Problem löst. Er ist irgendwo ein Lämpchen, das nur für sich und aus Luxus leuchtet, die zarteste Blume des Reiches, aber unfruchtbar vor lauter Reinheit.
Da stellt sich die Frage nach meinen Beziehungen und meinen Verbindungen und der Brücke zwischen diesem Vertreter einer Sache, die nicht die meine ist, und mir selber. Und nach dem Sinn unserer Sprache.
Denn es besteht nur eine Verbindung durch den Gott, der sich kundtut. Und ebenso wie ich mit meinen Soldaten nur durch das Antlitz des Reiches verbunden bin, das für den einen und den anderen eine Bedeutung hat, ebenso ist auch der Liebende durch die Mauer hindurch mit der Frau verbunden, die seinem Hause angehört und bei der ihm geschenkt ist, sie zu lieben, obwohl sie fern ist und obwohl sie schläft. Wenn es sich um den Botschafter einer fremden Sache handelt, und wenn ich vorhabe, mit ihm etwas Höheres als eine Schachpartie zu spielen und den Menschen auf jener Stufe zu treffen, auf der das Ränkespiel überwunden ist und auf der wir uns achten, obwohl wir einander im Kriege bedrücken, und auf der wir in Gegenwart des ande-

ren zu atmen vermögen – wie bei jenem Herrscher, der im Osten des Reiches regierte und ein vielgeliebter Feind war –, so könnte ich ihn nur durch das neue Bild hindurch erreichen, das unser gemeinsames Maß wäre.
Und wenn er an Gott glaubt und ich desgleichen, und er sein Volk Gott anbefiehlt und ich das meine, so begegnen wir uns als Gleichgestellte unter dem Waffenstillstandszelt in der Wüste, während unsere Truppen in der Ferne das Knie beugen, und so können wir miteinander beten, da wir uns in Gott vereinigen.
Aber wenn du nicht einen Gott findest, der herrscht, dann gibt es keine Hoffnung für ein Verbundensein, denn die gleichen Baustoffe haben einen bestimmten Sinn im Zusammenhang des anderen und einen hiervon verschiedenen Sinn in dem deinigen, ebenso wie die gleichen Steine, je nach dem Plane des Baumeisters, einen anderen Tempel bilden; und wie könntest du dich ausdrücken, wenn Sieg für dich des anderen Niederlage und deine Niederlage für ihn Sieg bedeutet?
Und ich verstand, da ich wußte, daß es auf nichts Mitteilbares ankommt, sondern nur auf die Bürgschaft, die dahintersteht und auf die das Mitgeteilte sich beruft oder deren Gewicht es in sich trägt; da ich wußte, daß das Alltägliche keine Regung der Seele oder des Herzens hervorruft, und daß ein Gesicht verletzt ist, wenn ein Wort wie »Leihe mir deinen Kochkessel« den Menschen erregt: so wenn beispielsweise der Kochkessel zu deinem inneren Reiche gehört und den Tee mit ihr nach dem Liebesspiel bedeutet, oder wenn er zu deiner äußeren Welt gehört und Reichtum und Prunk bedeutet... Ich verstand also, warum unsere Flüchtlinge aus der Berberei, die auf die Baustoffe beschränkt waren, ohne den göttlichen Knoten, welcher die Dinge verknüpft, und die es nicht vermochten, mit diesen Stoffen, auch wenn sie im Überfluß über sie verfügten, die unsichtbare Basilika zu bauen, von der sie nur die sichtbaren Steine gewesen wären – ich verstand, weshalb sie auf die Stufe des Tieres herabsanken, denn dieses unterscheidet sich dadurch allein, daß es

nicht an der Basilika teilhat und seine dürftigen Freuden auf den dürftigen Genuß der Baustoffe beschränkt.
Und ich verstand, weshalb sie der Dichter so sehr ergriff, den mein Vater ihnen gesandt hatte, als er ganz einfach die Dinge besang, die ineinander einen Widerhall wecken.
Und die drei weißen Kieselsteine des Kindes machen einen viel größeren Reichtum aus als noch so viele Baustoffe im wirren Durcheinander.

103

Meine Gefängniswärter wissen mehr von den Menschen als meine Mathematiker. Laß sie nur handeln und urteile dann! Das gilt auch für die Regierung meines Reiches. Wohl kann ich zwischen Generälen und Gefängniswärtern schwanken. Aber nicht zwischen diesen und den Mathematikern.
Denn es geht nicht um eine Erkenntnis der Maßnahmen, auch darf man nicht die Kunst der Maßnahmen mit Weisheit verwechseln, »Erkenntnis der Wahrheit«, wie sie sagen. Ja. Und gewiß kannst du dich linkischerweise dieser unwirksamen Sprache bedienen, um zu regieren. Und so wirst du mühsam abstrakte und verzwickte Maßnahmen treffen, die du auf einfache Weise hättest treffen können, wenn du dich auf das Tanzen oder die Beaufsichtigung der Gefängnisse verstündest. Denn die Gefangenen sind Kinder. Desgleichen die Menschen.

104

Sie bedrängten meinen Vater: Es ist unsere Sache, die Menschen zu regieren. Wir kennen die Wahrheit.
So sprachen die Kommentatoren der Mathematiker des Reiches. Und mein Vater antwortete ihnen:
– Ihr kennt die Wahrheit der Mathematiker...
– Und ist das etwa nicht die Wahrheit?
– Nein, erwiderte mein Vater.
– Sie kennen die Wahrheit ihrer Dreiecke, sprach er zu mir.

Andere kennen die Wahrheit des Brotes. Wenn du es schlecht knetest, geht es nicht auf. Wenn dein Backofen zu heiß ist, verbrennt es. Wenn er zu kalt ist, bleibt der Teig kleben. Obwohl ein knuspriges Brot aus ihren Händen hervorgeht, das die Zähne fröhlich macht, kommen doch die, die das Brot kneten, nicht zu mir, um sich um die Regierung des Reiches zu bewerben.

– Vielleicht hast du recht bei den Kommentatoren der Mathematiker. Aber es gibt Geschichtsforscher und Kritiker. Die haben die Taten der Menschen erläutert. Sie kennen den Menschen.

– Ich übertrage die Regierung des Reiches, sagte mein Vater, dem Manne, der an den Teufel glaubt. Denn seit der Zeit, da man diesen vervollkommnet, entwirrt er ganz gut das dunkle Treiben der Menschen. Aber freilich taugt der Teufel nicht dazu, die Beziehungen zwischen den Linien zu erklären. Deshalb erwarte ich auch von den Mathematikern nicht, daß sie mir den Teufel zeigen. Und nichts an ihren Dreiecken kann ihnen helfen, die Menschen zu lenken.

– Du redest dunkel, sagte ich ihm. Du glaubst also an den Teufel?

– Nein, sagte mein Vater.

Doch er fügte hinzu:

– Was heißt denn glauben? Wenn ich sage, daß der Sommer die Gerste reifen läßt, sage ich nichts, was fruchtbar wäre und Kritik hervorrufen könnte, denn ich habe ja von vornherein die Jahreszeit, in der die Gerste reift, Sommer genannt. Und so ist es auch mit den anderen Jahreszeiten. Aber wenn ich daraus Beziehungen zwischen den Jahreszeiten herleite, wie etwa, wenn ich erkenne, daß die Gerste vor dem Hafer reift, glaube ich an diese Beziehungen, da sie existieren.

Die Dinge, die ich miteinander verknüpfe, kümmern mich wenig. Ich habe mich ihrer wie eines Netzes bedient, um eine Beute zu fangen.

Und mein Vater fügte hinzu:

– Es verhält sich hiermit wie mit der Statue. Bildest du dir ein, es gehe dem Bildhauer um die Darstellung eines Mundes, einer Nase oder eines Kinns? Gewiß nicht. Es ist ihm nur darum zu tun, daß die Dinge ineinander einen Widerhall wecken. Und dieser Widerhall wird beispielsweise den menschlichen Schmerz bedeuten. Und es ist im übrigen möglich, ihn dich verstehen zu lassen, denn du hältst nicht mit den Dingen Verbindung, sondern mit den Knoten, die sie verknüpfen.

– Nur der Wilde glaubt, fügte mein Vater hinzu, daß der Klang in der Trommel steckt. Und er betet die Trommel an. Ein anderer glaubt, daß der Klang in den Trommelstöcken steckt. Und er betet die Trommelstöcke an. Ein dritter glaubt, daß der Klang in der Kraft seiner Arme steckt, und so siehst du ihn mit erhobenem Arm einherstolzieren. Du aber erkennst, daß der Klang weder in der Trommel noch in den Trommelstöcken noch im Arme seinen Sitz hat, und nennst Wahrheit das Trommeln des Trommlers.

Ich will daher nicht an der Spitze meines Reiches die Kommentatoren der Mathematiker sehen, die das, was zum Bauen diente, wie einen Götzen verehren und, weil sie ein Tempel ergreift, seine Macht in den Steinen anbeten. Sie würden kommen und die Menschen mit ihren Wahrheiten, die für die Dreiecke gut sind, regieren wollen.

Indes überkam mich Trauer.

– Es gibt also keine Wahrheit? fragte ich meinen Vater.

– Wenn es dir gelingt, mir darzulegen, erklärte er mir lächelnd, welchem Wunsch der Erkenntnis eine Antwort versagt wird, werde auch ich über die Gebrechlichkeit weinen, die uns behindert. Aber ich gewahre den Gegenstand nicht, den du zu erfassen gedachtest. Einer, der einen Liebesbrief schreibt, hält sich für glückselig, ohne daß es ihm auf die Tinte oder das Papier ankäme. Er sucht die Liebe weder im Papier noch in der Tinte.

105

Es dünkte mich also, daß die Menschen, die den Täuschungen ihrer Sprache unterlagen und beobachtet hatten, daß es Erfolg verspricht, den Gegenstand zu zerlegen, um Erkenntnisse daraus zu gewinnen, damit ihr Erbteil zugrunde richteten, als sie die durchschlagende Wirkung dieser Methode festgestellt hatten. Denn etwas, was für die Materie – und gewiß nicht unbedingt – wahr ist, wird falsch für den Geist. Du, Mensch, bist in der Tat so beschaffen, daß dir die Dinge leer und tot erscheinen, wenn sie nicht einem geistigen Reiche angehören, und daß du, selbst wenn du plump und gefühllos bist, dieses Ding hier nur des Sinnes wegen, den es für dich besitzt, schöner als ein anderes haben möchtest, ebenso wie du das Gold begehrst, weil du es von unsichtbaren Schätzen geschwellt glaubst, und wie deine Frau sich nicht deshalb jenen Schmuck wünscht, um sich damit das Haar zu beschweren, sondern weil er Übereinkunft einer Sprache und Rang und geheime Botschaft und Zeichen der Herrschaft ist.

So wurde ich den einzigen Brunnen gewahr, der Geist und Herz zu tränken vermag. Die einzige Nahrung, die dir gemäß ist. Das einzige Erbteil, das es zu bewahren gilt. Und das du dort wieder aufbauen mußtest, wo du es vergeudet hattest. Denn da hockst du nun zwischen den Trümmern verstreuter Dinge, und wenn auch das Tier befriedigt ist, bedroht den Menschen in dir eine Hungersnot, und er weiß nicht, weshalb ihn hungert, ebenso wie dein Nahrungsbedürfnis auf deiner Nahrung beruht und du, wenn ein Teil von dir verkümmert oder im Dämmern bleibt, weil es an Übung oder Nahrung fehlt, weder nach dieser Übung noch nach dieser Nahrung verlangst.

Wenn daher keiner von seinem Berge zu dir herabsteigt und dich erleuchtet, wirst du nicht gewahr werden, welchen Weg du einschlagen mußt, um dich zu retten. Desgleichen wirst du auch nicht glauben, so verständig man dir auch begründen mag, welcher Mensch aus dir geboren werden oder aus dem Schlafe erwachen wird, da er ja noch nicht in dir lebt. Deswegen ist mein Zwang Macht des Baumes und führt zur Befreiung vom Felsgestein.

Und von Stufe zu Stufe kann ich dich an immer größeren Schätzen teilhaben lassen. Denn gewiß ist einer schon schön durch die Liebe zum Hause und zum Landgut und zum Reich und zum Tempel und zur Basilika, zu der das Jahr wurde, als man die Festtage verwandelte, aber wenn du mir erlaubst, dich zu führen, damit ich dir helfen kann, den höchsten Berg zu ersteigen, habe ich Schätze für dich, die so schwer zu erwerben sind, daß viele bei ihrem Aufstieg darauf verzichten werden, denn um das neue Bild zu formen, raube ich ihnen die Steine anderer Tempel, an denen ihnen gelegen ist.

Aber wenn es mir bei einigen gelingt, ergreife ich sie so sehr, daß ihnen die Seele brennt. Denn es gibt so heiße Gefüge, daß sie wie Feuer für die Seele sind. Jene nenne ich von Liebe entflammt.

– Komm also zu mir und lasse dich bauen. Du wirst strahlend daraus hervorgehen.

Aber Gott geht verloren. Denn ich sagte es dir vom Gedicht. Es mag noch so schön sein, es kann dich doch nicht für immer nähren... Auch meine Schildwache, die auf und ab geht, kann nicht Tag und Nacht von Inbrunst für das Reich erfüllt sein. Häufig löst sich in der Seele der göttliche Knoten auf, der die Dinge verknüpft. Schau dir den Bildhauer an. Er ist traurig heute. Er schüttelt den Kopf vor seinem Marmor. Wozu diese Nase, dieses Kinn, dieses Ohr?, sagt er sich; denn er sieht die Beute nicht mehr. Und der Zweifel ist die Buße, die Gott dir auferlegt, denn Gott fehlt dir dann und macht dich leiden.

106

Du aber hältst nur Verbindung durch ein Zeremoniell. Denn wenn du zerstreut jene Musik hörst und jenen Tempel betrachtest, wird nichts in dir aufkeimen und du wirst nicht gespeist werden. Deshalb habe ich kein anderes Mittel, dir das Leben zu erklären, zu dem ich dich auffordere, als dich mit Gewalt dazu zu zwingen und dadurch zu nähren. Wie sollte ich diese Musik erklären, da es nicht genügt, wenn du sie hörst, sofern du nicht darauf vorbereitet bist, dich von ihr erfüllen zu lassen? Sofern das Bild des Landguts in dir im Sterben liegt, um nur seinen Schutt zurückzulassen? Es genügt das Wort »Ironie«, die nur dem Taugenichts eignet, ein schlechter Schlaf, ein Geräusch, das dich stört, und schon bist du fern von Gott. Schon bist du abgewiesen. Schon sitzt du auf deiner Schwelle, mit der verschlossenen Tür hinter dir und völlig von der Welt getrennt, die nur eine Summe leerer Dinge ist. Denn du stehst nicht mit den Dingen in Verbindung, sondern mit den Knoten, die sie verknüpfen.

Wie sollte ich dich an ihnen teilhaben lassen, da du dich so leicht von ihnen löst?

Deshalb kommt meinem Zeremoniell solche Bedeutung zu, denn es geht darum, dich davor zu bewahren, daß du alles zerstörst, wenn du aus deinem Hause ausgesperrt bist.

Deshalb verdamme ich vor allem den, der die Bücher durcheinanderbringt.

Und ich forme dich und erhalte dich, so wie ich dich formte: nicht, damit du ständig gespeist wirst – denn dafür wäre dein Herz zu schwach –, sondern damit du zu einer schön gebahnten Straße, einer schön geöffneten Tür, einem schön gebauten Tempel wirst und zu empfangen vermagst. Ich will dich zu einem Musikinstrument machen, das den Musiker erwartet.

Deshalb sagte ich dir, das Gedicht, das ich dir vorbehielt, sei dein eigener Aufstieg.

Und nur die haben teil an der wahrhaften Erkenntnis, die den verlorenen Weg nochmals gehen und die Wesenheiten wiederfinden, die sie als Schutt verstreut haben.
Ich will dir dein Vaterland zeigen, das das einzige ist, in dem sich dein Geist zu regen vermöchte.
Und deshalb sage ich dir abermals, daß dich mein Zwang befreit und dir die einzige Freiheit bringt, die zählt. Denn du nennst Freiheit jenes Vermögen, das dir eigen ist, deinen Tempel zu zerstören, die Worte des Gedichts zu vermengen, die Tage gleichzumachen, aus denen meine Bräuche eine Basilika gebaut hatten: die Freiheit, eine Wüste zu schaffen. Und wo wirst du dich dann befinden?
Ich aber nenne Freiheit deine Befreiung.

Deshalb sagte ich dir bereits: Willst du die Freiheit des Sklaven oder des Menschen, Achtung vor dem Geschwür oder dem gesunden Fleische? Gerechtigkeit für den Menschen oder den Untermenschen? Wenn ich gerecht bin, so bin ich es gegen dich, durch dich hindurch, für dich. Und freilich bin ich ungerecht gegen den Untermenschen oder den Taugenichts oder die Raupe, die sich nicht verpuppt hat, denn ich zwinge sie alle, sich selbst zu verleugnen und zu werden.

107

Denn ich zwinge dich, indem ich dich unterweise. Aber der Zwang ist so beschaffen, daß er unsichtbar wird, sobald er Unbedingtheit erlangt hat... So wenn ich dich zu einem Umweg zwinge, damit du die Tür suchst, die durch die Mauer hindurchführt, und du mir diese weder vorwirfst, noch über sie klagst.
Denn die Spielregeln des Kindes sind Zwang. Doch es wünscht sie sich herbei. Denn du siehst meine Würdenträger, wie sie sich eifrig um die Bürden und Pflichten der Würdenträger, die Zwang sind, bemühen. Und du siehst, wie die Frauen bei der Auswahl ihres Schmucks der Mode gehor-

chen, die jedes Jahr wechselt, und auch hier handelt es sich um eine Sprache, die Zwang ist. Denn keiner wünscht sich eine Freiheit, durch die man ihn nicht mehr versteht.
Wenn ich eine bestimmte Anordnung meiner Steine Haus nenne, hast du nicht die Freiheit, das Wort zu ändern, falls du nicht allein sein willst, da du dich dann nicht mehr verständlich machst.
Wenn ich einen bestimmten Tag des Jahres einen Fest- und Freudentag nenne, bist du nicht frei, dich nicht darum zu kümmern, falls du nicht allein sein willst, da du dann nicht mehr mit dem Volke, aus dem du stammst, Verbindung hältst. Wenn ich aus einer bestimmten Anordnung meiner Ziegen, meiner Hammel, meiner Häuser, meiner Berge ein Landgut bilde, bist du nicht frei, dich ihm zu entziehen, falls du nicht allein sein willst, da du dann nicht mehr an der Verschönerung des Landguts mitarbeitest.
Wenn deine Freiheit deine Gletscher im Pfuhl zerschmolzen hat, läßt sie dich vor allem allein; denn du bist dann nicht mehr Element des Gletschers, der unter seinem Schneemantel der Sonne entgegenstrebt, sondern den anderen gleich und mit ihnen auf derselben Stufe, falls ihr euch nicht wegen eurer Unterschiede mit Haß begegnet; und sobald ihr den Ruhezustand erreicht habt, der sich rasch bei durcheinandergemengten Kügelchen einstellt, und da ihr nicht mehr einem Etwas unterworfen seid, das euch beherrscht, selbst nicht der Unbedingtheit der Sprache, so ist euch fortan eine Verbindung untereinander verwehrt; und da ihr euch jeder eine besondere Sprache erfunden, da ihr jeder einen eigenen Festtag erwählt habt, seid ihr nunmehr voneinander abgeschnitten und einsamer als die Sterne in ihrem unüberbrückbaren Alleinsein. Denn was könntet ihr von eurer Brüderlichkeit erwarten, wenn sie nicht Brüderlichkeit im Baume ist, dessen Elemente ihr seid, der euch beherrscht und auch von außen erfaßt. Denn den Zwang des Felsgesteins nenne ich Zeder; sie aber ist nicht die Frucht des Felsgesteins, sondern des Samenkorns.
Wie könntet ihr je zur Zeder werden, wenn sich ein jeder

den Baum auswählt, den er bilden möchte, oder wenn er nicht bestrebt ist, einem Baume zu dienen, oder sich sogar dem Aufstieg eines Baumes widersetzt, den er Tyrannei nennt, und die Zeder begehrt; es ist schon nötig, daß man euch scheidet und daß ihr dem Baume dient, statt daß ihr bestrebt seid, ihn euch dienstbar zu machen.

Deswegen habe ich meine Samenkörner ausgestreut und unterwerfe euch ihrer Macht. Und ich kenne nur eines als ungerecht: wenn Gerechtigkeit zur Gleichmacherei wird. Denn ich schaffe Kraftlinien und Spannungen und Figuren. Ihr aber habt es mir zu verdanken, der ich euch in Zweige verwandelt habe, daß ihr euch von der Sonne nähren könnt.

108

Von meinem Besuch bei der schlafenden Schildwache.

Es ist gut, wenn sie mit dem Tode bestraft wird. Denn ihre Wachsamkeit behütet so viel Schlummer mit langsamem Atem, wenn dich das Leben nährt und durch dich hindurch fortdauert, wie in der flachen Höhlung einer unbekannten Bucht das Wogen des Meeres. Sie behütet die geschlossenen Tempel mit den priesterlichen Schätzen, die langsam wie Honig geerntet werden, und so viel Schweiß und Meißel- und Hammerschläge und angefahrene Steine und Augen, die sich beim Spiel der Nadeln in den Goldstoffen abnutzten, um diese mit Blumen zu zieren, und feine Arbeiten, die fromme Hände erfunden haben. Und die Speicher mit den Vorräten, damit der Winter gut zu ertragen sei. Und heilige Bücher in den Speichern der Weisheit, auf denen die Bürgschaft des Menschen beruht. Und Kranke, deren Tod ich erleichtere, indem ich sie nach dem Brauche und im Kreise der Ihren friedlich sterben lasse, fast ohne daß sie's gewahr werden, da sie ja nur das Erbe weiterreichen. Schildwache, Schildwache, du bist Sinn der Schutzwälle, die die Hülle des gebrechlichen Leibes der Stadt sind und verhindern, daß sie verblutet, denn wenn sie durch eine Bresche zerrissen werden, wird dem Körper all sein Blut entströmen. Du gehst auf und ab und bist vor allem den Geräuschen der Wüste geöffnet, die ihre Waffen rüstet und unermüdlich zu dir zurückkehrt, um wie der Wogenschlag gegen dich anzubranden, dich zu kneten und zu härten und zugleich zu bedrohen. Denn die Dinge, die dich zerstören, lassen sich nicht von denen unterscheiden, die dich begründen, und es ist der gleiche Wind, der die Dünen meißelt und sie verweht, die gleiche Flut, die die Steilküste meißelt und sie einreißt, der gleiche Zwang, der dir die Seele meißelt oder sie verroht, die gleiche Arbeit, die dich leben läßt und daran hindert, die gleiche erfüllte Liebe, die dich erfüllt und leer macht. Und dein Feind ist deine eigene Form, denn er zwingt dich, dich im Innern deiner Wälle aufzubauen, ebenso wie man vom Meere sagen könnte, es sei Feind des Schiffes, da es ja bereit sei, das Schiff zu verschlingen, von dem man aber auch sagen kann, es sei Wand und Grenze und Form eben dieses Schiffes, da im Laufe der Generationen die Teilung der Fluten durch den Vordersteven allmählich den Kiel ausgeformt hat, der immer wohlgestalter wurde, um in ihnen dahinzugleiten, und der so von ihnen gemacht und verschönt worden ist. So kann man auch sagen, daß der Wind, der die Segel zerreißt, ihnen, wie auch dem Flügel, ihre Gestalt verliehen hat, und daß du ohne Feinde weder Form noch Maß besitzt.

Was aber wären die Wälle, wenn es keine Schildwache gäbe?

Deshalb bewirkt ein schlafender Wachtposten, daß die Stadt entblößt ist. Und deshalb kommen sie, um ihn zu greifen, wenn sie ihn finden, um ihn in seinem eigenen Schlafe zu ertränken.

Hier schlief er nun, den Kopf auf den flachen Stein gestützt, und mit halboffenem Munde. Und sein Gesicht war das Gesicht eines Kindes. Er drückte noch sein Gewehr an sich, wie ein Spielzeug, das du in den Traum mitnimmst. Und als ich ihn betrachtete, tat er mir leid. Denn mich dauert in den warmen Nächten die Schwäche der Menschen.

Schwäche der Schildwachen, es ist der Barbar, der euch einschläfert. Die Wüste hat euch schon erobert, und so laßt ihr, wenn alles schweigt, die Türen sich langsam in ihren geölten Angeln drehen, damit die Stadt befruchtet werde, wenn sie verbraucht ist und des Barbaren bedarf.
Schlafende Schildwache. Vorhut der Feinde. Du bist schon erobert, denn dein Schlaf will besagen, daß du nicht mehr der gut verknüpften und beständigen Stadt angehörst, sondern die Wandlung erwartest und dich dem Samen öffnest.

Es trat mir also nur durch deinen Schlaf das Bild der zerstörten Stadt vor Augen, denn alles knüpft sich in dir und löst sich in dir auf. Wie bist du schön, wenn du wachst, Ohr und Auge der Stadt! Und so edel, weil du verstehst und durch deine bloße Liebe die Klugheit der Logiker beherrschst, denn sie verstehen die Stadt nicht, sondern zerspalten sie. Für sie gibt es hier ein Gefängnis, dort ein Hospital, dort ein Haus ihrer Freunde, und selbst dieses zerlegen sie in ihrem Herzen, sehen darin dieses Zimmer oder jenes oder ein drittes. Und sie sehen nicht nur die Zimmer, sondern in einem jeden diesen Gegenstand hier, jenen Gegenstand dort und noch einen dritten. Sodann zerstören sie sogar den Gegenstand. Und was werden sie mit diesen Baustoffen anfangen, wenn sie nichts bauen wollen?
Aber du, Schildwache, du wachst, du hältst Verbindung mit der Stadt, der den Sternen preisgegebenen. Nicht mit diesem Hause oder jenem anderen oder dem Hospital oder dem Palaste. Sondern mit der Stadt. Nicht mit dieser Klage des Sterbenden oder jenem Schrei einer Gebärenden, nicht mit diesem Liebesseufzer oder jenem Rufe des Neugeborenen, sondern mit den verschiedenen Atemzügen eines einzigen Leibes. Sondern mit der Stadt. Nicht mit der Nachtwache des einen oder dem Schlummer des anderen, nicht mit den Gedichten eines Dritten oder den Forschungen eines Vierten, sondern mit jener Mischung von Inbrunst und Schlaf, dem Feuer der Milchstraße, das unter der Asche glimmt. Sondern mit der Stadt. Schildwache, Schildwache, du heftest

dein Ohr an die Brust einer Geliebten, du hörst dieses Schweigen, diese vielfältige Ruhe, diese verschiedenen Atemzüge, die man nicht zerlegen darf, wenn man verstehen will, denn es ist das Schlagen eines Herzens. Ja, das Schlagen eines Herzens. Und nichts anderes.

Schildwache, wenn du wachst, bist du meinesgleichen. Denn die Stadt beruht auf dir, und das Reich beruht auf der Stadt. Freilich ist es mir recht, daß du niederkniest, wenn ich vorübergehe, denn so ist der Lauf der Dinge, und der Saft steigt aus den Wurzeln in das Blattwerk. Es ist gut, wenn diese Huldigung zu mir aufsteigt, wie die Liebe des Gatten zur Gattin, wie die Milch der Mutter zum Kinde, wie die Ehrfurcht der Jugend zum Alter, denn so kreist das Blut im Reiche, aber meinst du vielleicht, daß einer etwas empfange? Denn auch ich diene dir.

Wenn ich dich also von der Seite betrachte, der du dich auf deine Waffe stützt, o du mein Bruder in Gott, denn wer kann die Steine der Grundfläche vom Schlußstein des Gewölbes unterscheiden, und wer könnte auf den anderen neidisch sein? –, wenn ich dich also anschaue, pocht mir das Herz vor Liebe, ohne daß mich etwas davon abhalten könnte, dich durch meine Krieger greifen zu lassen.

So schlummerst du nun. Schlafende Schildwache. Tote Schildwache. Und ich betrachte dich mit Schrecken. Denn in dir schläft und stirbt das Reich. Durch dich hindurch sehe ich seine Krankheit, denn es ist ein schlechtes Zeichen, daß es mir Schildwachen übergibt, damit sie schlafen.

Freilich, sagte ich mir, wird der Henker sein Werk vollbringen und diesen da in seinem eigenen Schlafe ertränken... Doch in meinem Mitleid stieg mir ein neuer und unerwarteter Zweifel auf. Denn allein die starken Reiche köpfen die schlafenden Schildwachen, aber jene Reiche haben kein Recht mehr zu köpfen, die Schildwachen abordnen, damit sie schlafen. Denn es gilt, die Strenge gut zu verstehen. Man erweckt die Reiche nicht dadurch aus dem Schlafe, daß man die schlafenden Schildwachen köpft, sondern die schlafenden Schildwachen werden geköpft, wenn die Reiche aus ihrem

Schlaf erwacht sind. Und auch hier verwechselst du Wirkung und Ursache. Und weil du siehst, daß die starken Reiche die Köpfe abschlagen, willst du dadurch an Kraft gewinnen, daß du sie abschlägst, und bist doch nur ein blutrünstiger Possenreißer.
Begründe die Liebe: so begründest du die Wachsamkeit der Schildwachen und verdammst dadurch die Schläfer, denn sie sind schon durch sich selber vom Reiche abgetrennt.

Und du hast nichts, das dich beherrschte, außer der Disziplin, die von deinem Korporal herrührt, da er dich überwacht. Und wenn die Korporale an sich zweifeln, so haben sie nur die Disziplin vermöge ihrer Sergeanten, die sie überwachen. Und die Sergeanten haben sie von ihren Hauptleuten, die sie überwachen. Und so fort bis zu mir, der ich nur noch Gott habe, um mich lenken zu lassen, und ohne Halt in der Wüste bleibe, wenn ich zweifle.
Ich aber will dir ein Geheimnis sagen: es ist das Geheimnis der Fortdauer. Denn das Leben ist unterbrochen, wenn du schläfst. Es ist aber auch unterbrochen, wenn dich jene Umnachtung des Herzens befällt, die das Geheimnis deiner Schwäche ist. Denn rings um dich her hat sich nichts gewandelt, und alles wandelte sich in dir. Und so stehst du nun vor der Stadt, du Schildwache, aber nicht an die Brust deiner Geliebten geschmiegt, um auf das Pochen ihres Herzens, das du nicht von ihrem Schweigen unterscheidest, oder auf ihren Atem zu lauschen, denn alles ist nichts als Zeichen deiner Geliebten, die nur eine ist; sondern jetzt bist du im Durcheinander der Dinge verloren, die du nicht mehr in eins zusammenfügen kannst, den nächtlichen Weisen preisgegeben, die einander widerstreben: jenem Liede des Betrunkenen, das das Jammern des Kranken verneint, jener Klage um einen Toten, die den Schrei des Neugeborenen verneint, jenem Tempel, der das Gewühl des Marktes verneint. Und du sagst dir: was habe ich mit all dieser Unordnung und diesem unzusammenhängenden Schauspiel zu schaffen? Denn wenn du nicht mehr weißt, daß hier ein Baum wächst, dann

haben Wurzeln, Stamm, Zweige und Blattwerk kein gemeinsames Maß mehr. Und wie könntest du treu sein, wenn niemand mehr da ist, um zu empfangen? Ich weiß von dir, daß du nicht schlafen würdest, wenn du bei einem Kranken, den du liebst, Nachtwache hieltest. Aber der, den du hättest lieben können, ist vergangen, und es ist nur ein Durcheinander von Baustoffen zurückgeblieben.
Denn der göttliche Knoten, der die Dinge verknüpft, hat sich aufgelöst.
Aber ich wünsche, daß du dir selber treu bleibst, da ich weiß, daß du zurückkehren wirst. Ich verlange nicht von dir, daß du begreifst, auch nicht, daß du jeden Augenblick mitempfindest, denn ich weiß nur zu gut, daß du noch in der trunkensten Liebe so viele innere Wüsten durchqueren mußt. Und selbst vor der Geliebten fragst du dich: »Ihre Stirn ist eine Stirn. Wie kann ich sie nur lieben? Ihre Stimme ist diese Stimme. Jetzt hat sie eine Dummheit gesagt. Jetzt hat sie einen Fehler begangen...« Sie ist eine Summe, die in ihre Bestandteile zerfällt und dich nicht mehr zu nähren vermag, und bald wirst du sie zu hassen glauben. Wie aber könntest du sie hassen? Du bist ja nicht einmal fähig, sie zu lieben.
Doch du schweigst, denn es ist dir ganz dunkel bewußt, daß es sich hier um einen Schlafzustand handelt. Was im Augenblick für die Frau Geltung hat, gilt auch vom Gedicht, das du liest, oder vom Landgut oder vom Reiche. Die Fähigkeit fehlt dir, dich nähren zu lassen, und ebenso – und das ist gleichfalls Liebe und Erkenntnis – die göttlichen Knoten wahrzunehmen, die die Dinge verknüpfen. All das, was du liebst, meine schlafende Schildwache, wirst du zusammen wiederfinden, wie einen Tribut, der dir zusteht: nicht die eine oder die andere Liebe, sondern alle, und es gebührt sich, daß du vor diesem verlassenen Hause Ehrfurcht empfindest, wenn dich die Langeweile überkommt, die dich treulos macht.
Wenn meine Wachen die Ronde machen, verlange ich nicht, daß sie alle von Inbrunst erfüllt sein sollen. Viele langweilen sich und träumen von ihrer Suppe, denn wenn alle Götter

in dir schlafen, bleibt doch das animalische Verlangen nach der Befriedigung deines Bauches zurück, und wer sich langweilt, denkt ans Essen. Ich verlange nicht, daß ihrer aller Seelen wach seien. Denn ich nenne das in dir Seele, was am Ganzen teilhat – an den göttlichen Knoten, die die Dinge verknüpfen und der Mauern spotten. Ich wünsche nur, daß von Zeit zu Zeit dem einen von ihnen die Seele brenne. Daß einem von ihnen das Herz poche. Daß einer von ihnen die Liebe erfahre und auf einmal spüre, wie ihn das Gewicht und die Lärme der Stadt mit einem Inhalt erfüllen. Daß seine Seele sich weit fühle und die Sterne einatme und den Horizont umschließe wie jene Muscheln, die der Gesang des Meeres erfüllt.

Es genügt mir, wenn du den Besuch und jene Fülle des Menschseins erfahren hast und wenn du wohlvorbereitet bleibst, um zu empfangen, denn es geht damit wie mit Schlaf oder Hunger oder Liebesverlangen, die dich in Abständen überkommen, und dein Zweifel ist nichts als Reinheit, und ich möchte dich über ihn trösten.

Wenn du Bildhauer bist, wird dir der Sinn des Gesichtes zurückkehren. Wenn du Priester bist, wird dir der Sinn Gottes zurückkehren. Wenn du Liebender bist, wird dir der Sinn der Liebe zurückkehren. Wenn du Schildwache bist, der Sinn des Reiches; wenn du dir selber treu bleibst und dein Haus rein hältst, obwohl es verlassen zu sein scheint, wird dir all das zurückkehren, was allein dein Herz zu ernähren vermag. Denn du kennst nicht die Stunde des Besuches, aber du mußt wissen, daß er allein in der Welt die Macht hat, dich mit Glück zu erfüllen.

Deshalb forme ich dich in den trüben Stunden der Lehrzeit, damit dich das Gedicht wie durch ein Wunder entflamme, und forme dich durch die Riten und Bräuche des Reiches, damit dir das Reich das Herz bewege. Denn es gibt kein Geschenk ohne Vorbereitung. Und der Besuch trifft nicht ein, wenn es kein gebautes Haus gibt, ihn zu empfangen.

Schildwache, Schildwache, wenn du an den Wällen entlanggehst, vom Zweifel geplagt, der von den warmen Nächten herrührt; wenn du die Geräusche der Stadt hörst, während die Stadt nicht zu dir spricht; wenn du die Häuser der Menschen bewachst, während sie nur ein trüber Haufen sind; wenn du die Wüste ringsum atmest, während sie leer ist; wenn du dich zu lieben mühst, ohne zu lieben, zu glauben, ohne zu glauben, und treu sein willst, wenn es niemanden mehr gibt, dem du die Treue halten könntest – dann bereitet sich in dir die Erleuchtung der Schildwache vor, die dich zuweilen als Lohn und Geschenk der Liebe überkommen wird.

Es ist nicht schwer, dir selber treu zu bleiben, wenn sich etwas zeigt, dem du treu sein kannst, aber ich will, daß deine Erinnerung aus jedem Augenblick einen Ruf bildet und daß du sagst: »Möge mein Haus besucht werden. Ich habe es gebaut und halte es rein...« Und mein Zwang ist da, um dir zu helfen. Und ich zwinge meine Priester zum Opfer, selbst wenn ihre Opfer keinen Sinn mehr haben. Ich zwinge meine Bildhauer zum Bildhauern, selbst wenn sie an sich selber zweifeln. Ich zwinge meine Schildwachen, ihre hundert Schritte zu gehen, indem ich sie mit dem Tode bedrohe, sonst töten sie sich selbst und sind schon durch sich selber vom Reiche abgeschnitten.

Ich rette sie durch meine Strenge.

So ist es auch mit einem, der sich in der Kasteiung des Wachdienstes vorbereitet. Denn ich entsende ihn als Späher, der die feindlichen Linien durchbrechen soll, und er weiß genau, daß er dabei sterben wird. Denn die Feinde sind auf der Hut. Und er fürchtet die Folter, mit der man ihn zermalmen wird, um aus ihm, mit Schreien vermischt, die Geheimnisse der Zitadelle herauszupressen. Und gewiß gibt es Menschen, die im gleichen Augenblick durch die Liebe verknüpft sind und die sich in heißer Freude wappnen, denn die einzige Freude besteht im Vermählen, und hier vermählen sie sich. Denn glaube nicht, wenn du am Hochzeitsabend von deiner Liebsten Besitz ergreifst, es gehe für dich nur um die Eroberung eines Leibes, wie du ihn im Freudenviertel hättest erlangen können, wo es Mädchen von gleichem Aussehen gibt, und nicht um den Wandel eines jeden Dinges, seiner Bedeutung und seiner Farbe. Und um deine Heimkehr am Abend und dein Erwachen, durch das du dein Erbe zurückerhältst, und um die Hoffnung der Kinder und die Unterweisung, die sie für dich und durch dich im Gebete empfangen. Und sogar um den Kochkessel, der den Tee bei ihr vor dem Liebesspiel bedeutet. Denn kaum hat sie dein Haus betreten, als schon deine Teppiche aus langhaariger Wolle zu einer Wiese werden für ihre Schritte. Und von alldem, was du empfängst, was der Welt einen neuen Sinn verleiht, gebrauchst du so wenig. Nicht der Gegenstand, der dir zuteil wird, nicht die Liebkosung des Körpers oder die Ausnutzung dieses oder jenes Vorteils macht dich glücklich, sondern allein der göttliche Knoten, der die Dinge verknüpft.

Und diesen nun, der sich für den Tod wappnet und der dir im Augenblick nichts zu empfangen scheint, da ihm selbst jene Liebkosung nicht verheißen ist, die doch nur so wenig bedeutet, sondern ganz im Gegenteil der Durst in der Sonne, der Sandwind, der in den Zähnen knirscht, und später die Männer um ihn herum, die zur Kelter von Geheimnissen wurden – diesen, der sich für den Tod wappnet, um mit seiner Todesuniform angetan in den Tod zu gehen, und von dem du meinst, er müsse seine Verzweiflung herausschreien wie einer, den ich wegen irgendeines Verbrechens zum Tode durch den Strang verurteilte und der mit seiner Haut gegen die unerbittlichen Gitterstäbe ankämpft – doch diesen, der sich für den Tod wappnet, siehst du ganz friedlich; er schaut dich mit ruhigen Augen an und erwidert die groben Späße, in denen sich rauhe Herzlichkeit äußert, und das nicht aus Prahlerei oder um seinen Mut zu beweisen oder aus Todesverachtung oder Zynismus oder dergleichen, sondern er ist durchsichtig wie ein ruhiges Wasser und hat dir nichts zu verbergen, und wenn er ein wenig traurig ist, gesteht er dir offen seine Trauer ein und hat dir nichts zu verbergen, außer seiner Liebe. Und ich werde dir später den Grund sagen.

Doch gegen den gleichen Mann, der nicht zittert, wenn er

seine Lederriemen schnallt, kenne ich Waffen, die stärker sind als der Tod. Denn er ist an so vielen Stellen verwundbar. Es beherrschen ihn alle die Gottheiten seines Herzens. Und bloße Eifersucht, wenn sie das Reich und den Sinn der Dinge und die Freude an der Heimkehr zu sich selber bedroht – wie gründlich wird sie dieses schöne Bild der Ruhe, der Weisheit und der Entsagung zerstören! Du wirst ihm alles nehmen, denn er wird nicht nur die Frau, die er liebt, sondern sein Haus und die Lese seiner Weinberge und die knirschende Ernte seiner Gerstenfelder an Gott zurückgeben. Und nicht nur die Ernte, die Lese und die Weinberge, sondern auch seine Sonne. Und nicht nur seine Sonne, sondern auch sie, die seinem Hause angehört. Und du siehst, wie er so vielen Schätzen entsagt, ohne den Verlust merken zu lassen. Dabei wäre es schon genug, um ihn außer sich geraten zu lassen und ihn in einen Rasenden zu verwandeln, wenn man ihm ein Lächeln seiner Liebsten raubte. Und hast du hier nicht ein großes Rätsel berührt? Es besteht darin, daß du ihn nicht durch den Besitz der Dinge in der Hand hast, sondern durch den Sinn, den er aus dem göttlichen Knoten gewinnt, welcher die Dinge verknüpft.

Und daß er seine eigene Zerstörung der Zerstörung von all dem vorzieht, worin er sich austauscht und wovon er als Gegengabe seine Nahrung erhält. Es ist ein Kreislauf vom einen zum anderen. Und einer, der die Berufung zum Meere in seinem Herzen trägt, ist bereit, durch einen Schiffbruch zu sterben. Und wenn er auch im Augenblick des Schiffbruchs vielleicht die Verwirrung des Tieres erfährt, über dem sich die Schlinge zusammenzieht, so bleibt doch bestehen, daß dieser Ausbruch der Panik, die er voraussieht, in die er einwilligt und die er verachtet, kein Gewicht für ihn hat, sondern daß ihn im Gegenteil die Gewißheit erfreut, eines Tages durch das Meer zu sterben. Denn wenn ich sie anhöre, wie sie über diesen grausamen Tod klagen, höre ich etwas anderes als Großsprecherei heraus, die die Frauen verführen soll, nämlich den geheimen Wunsch der Liebe und die Scham, ihn einzugestehen.

Denn auch hier gibt es, wie überall, keine Sprache, in der du dich ausdrücken könntest. Wenn es sich um Liebesdinge handelt, kannst du »sie« sagen, um damit deine Gefühle zu übertragen, da du glaubst, es handle sich um die Geliebte, während es in Wahrheit um den Sinn der Dinge geht, und sie nur da ist, um dir den göttlichen Knoten zu bezeichnen, der die Dinge verknüpft: mit dem Gott, der den Sinn deines Lebens bedeutet und deiner Meinung nach deine Begeisterung verdient, während diese in Wahrheit den Zweck erfüllt, dich so und nicht anders an der Welt teilhaben zu lassen. Und dich plötzlich mit solcher Weite zu erfüllen, daß dir die Seele widerhallt, gleich den Muscheln des Meeres. Und vielleicht kannst du »Reich« sagen, in der Gewißheit, daß man dich versteht und daß du ein ganz einfaches Wort aussprichst, wenn alle um dich her es verstehen, wie du es empfindest; aber dem ist nicht so, wenn einer zugegen sein sollte, der im Reiche nur eine Summe sieht und dich auslacht; denn es handelt sich dann nicht mehr um das gleiche Reich. Und es würde dir mißfallen, wenn man glaubte, daß du dein Leben für ein Requisitenlager aufs Spiel setztest.

Denn es geht hier um eine Erscheinung, die zu den Dingen hinzutritt und sie beherrscht und die deinem Geiste und deinem Herzen einleuchtet, wenn sie auch deinem Verstande entgeht. Und die dich besser oder härter oder sicherer als irgend etwas Greifbares lenkt (wobei du freilich nicht gewiß sein kannst, daß andere sie zugleich mit dir gewahr werden) und die dich schweigsam macht, da du fürchtest, man werde dich für einen Narren halten und jenes Gesicht, das dir erschien, könne der Ironie ausgesetzt werden, die nur dem Taugenichts eigen ist. Denn die Ironie wird es dir zerstören, da sie zu zeigen sucht, woraus es besteht. Wie könntest du ihr erwidern, es gehe hierbei um etwas ganz anderes, da jenes andere für deinen Geist und nicht für deine Augen vorhanden ist?

Ich habe häufig über diese Erscheinungen nachgedacht, die einzigen, die du erstreben könntest, die aber weit schöner sind, als du sie in der Verzweiflung der warmen Nächte herbeizuwünschen pflegst. Denn dann pflegst du zu wünschen, wenn du an Gott zweifelst, er solle sich dir wie ein Spaziergänger zeigen, der dir einen Besuch abstattet, und wem würdest du dann begegnen? Doch nur einem dir Gleichgestellten, der dich nirgendwohin führt und dich so in deine Einsamkeit einschließt. Denn du wünschst ja nicht die Offenbarung der göttlichen Majestät, sondern ein Schauspiel und Jahrmarktsfest und würdest so nur ein gewöhnliches Jahrmarktsvergnügen und eine Enttäuschung erleben, die all ihre Stacheln gegen Gott richtete. Und wie könntest du durch soviel Gewöhnlichkeit einen Beweis führen? Da du doch wünschst, etwas solle zu dir herabsteigen, dich, so wie du bist, auf deiner Stufe besuchen und sich ohne Grund vor dir demütigen, und so wirst du niemals erhört werden, wie es mir bei meiner Suche nach Gott erging. Hingegen öffnen sich die geistigen Reiche und blenden dich die Erscheinungen, die nicht für den Verstand, sondern für Herz und Geist bestimmt sind, wenn du dich bemühst aufzusteigen und jene Stufe erreichst, wo sich nicht mehr die Dinge befinden, sondern die göttlichen Knoten, die die Dinge verknüpfen.

Und sieh, dort kannst du nicht einmal mehr sterben, denn sterben heißt verlieren. Und etwas hinter dir zurücklassen. Und es geht nicht darum, zurückzulassen, sondern dich damit zu vereinigen. Und so wird dir dein ganzes Leben zurückgeschenkt.

Und du weißt es gut von einer Feuersbrunst her, wo du dem Tode ins Auge schautest, um Leben zu retten.

Und du weißt es von einem Schiffbruch her.

Und du siehst die gleichen sterben und in ihren Tod willigen, die Augen der wahrhaften Erkenntnis zugewandt, die wegen eines Lächelns, das sich anderswohin richtete, vor Wut geschäumt, gestohlen und geraubt und gehöhnt hätten. Sag ihnen, daß sie sich täuschen: sie werden lachen.

Aber du, schlafende Schildwache: nicht weil du die Stadt im Stich ließest, sondern weil die Stadt dich im Stich gelassen hat, überkommt mich vor deinem blassen Kindergesicht die Sorge um das Reich, da es nicht mehr imstande ist, meine Schildwachen aus dem Schlafe zu wecken.

Doch ich täusche mich gewiß, da ich das Lied der Stadt in seiner Fülle empfange und das verknüpft sehe, was sich für dich aufgespaltet hat. Und ich weiß wohl, daß du warten mußtest, aufrecht wie die Kerze, um zu deiner Stunde durch dein Licht belohnt zu werden, auf einmal trunken durch die Schritte deiner Ronde wie durch einen wundersamen Tanz unter den Sternen, inmitten der Bedeutung der Welt. Denn dort draußen liegen Schiffe in der finsteren Nacht, die die Fracht ihrer kostbaren Metalle und ihres Elfenbeins ausladen, und du, Schildwache auf den Wällen, trägst dazu bei, sie zu behüten und das Reich, dem du dienst, mit Gold und Silber zu schmücken. Denn irgendwo gibt es Liebende, die schweigen, bevor sie zu sprechen wagen, und sie schauen sich an und möchten reden..., denn wenn der eine spricht und der andere die Augen schließt, wird sich das Weltall verändern. Und du behütest dieses Schweigen. Denn es gibt irgendwo jenen letzten Atemzug vor dem Tode. Und sie neigen sich, um das Wort des Herzens und den Segen für alle Ewigkeit zu empfangen, den sie in sich verschließen werden, und da sie es erhalten haben, rettest du das Wort eines Toten.

Schildwache, Schildwache, ich weiß nicht, wo dein Reich sein Ende findet, wenn dir Gott die helle Seele der Schildwachen schenkt, jenen Blick in die Weite, auf den du ein Recht hast. Und es kümmert mich wenig, wenn du zu anderen Zeiten von deiner Suppe träumst und über den lästigen Dienst murrst. Es ist gut, daß du schläfst, und es ist gut, daß du maulst. Schlecht aber ist es, daß du vergißt und so dein Haus einstürzen läßt.

Denn Treusein heißt, sich selber die Treue halten.

Und ich will nicht nur dich allein, sondern deine Gefährten retten. Und von dir jene innere Fortdauer erlangen, die einer gut geformten Seele eignet. Denn ich zerstöre nicht mein Haus, wenn ich mich von ihm entferne. Oder verbrenne

nicht meine Rosen, wenn ich sie nicht mehr anschaue. Sie bleiben für einen neuen Blick bereit, der sie schon bald zum Blühen bringen wird.
Ich werde also meine Kriegsleute entsenden, damit sie dich greifen. Du wirst zu jenem Tode verurteilt werden, der der Tod der schlafenden Schildwachen ist. Und es ist nun an dir, wieder Herr deiner selbst zu werden, und es bleibt dir die Hoffnung, dich durch das Beispiel deiner eigenen Marter auszutauschen in die Wachsamkeit der Schildwachen.

109

Denn gewiß ist es traurig, wenn jenes Mädchen, das du zärtlich und unbefangen, vertrauensvoll und schamhaft siehst, durch Zynismus, Selbstsucht oder Gaunerei bedroht wird, die diese so gebrechliche Anmut, diesen so willfährigen Glauben ausbeuten werden; und so kann es geschehen, daß du sie dir gewitzter wünschtest. Aber es darf nicht dahin kommen, daß du die Mädchen deiner Heimat argwöhnisch, gewitzt und karg im Geben haben möchtest; würdest du sie derart heranbilden, so hättest du eben das zerstört, was du behüten wolltest. Freilich birgt jede gute Eigenschaft schon den Keim ihrer Zerstörung in sich: Großmut die Gefahr des Schmarotzertums, das sie mit Ekel erfüllen wird. Schamhaftigkeit, die Gefahr der Grobheit, die sie verdunkeln wird. Güte, die Gefahr der Undankbarkeit, die sie verbittern wird. Aber um jene den natürlichen Gefahren des Lebens zu entziehen, wünschst du dir eine schon erstorbene Welt. Oder willst du den Bau eines Tempels verbieten, der schön ist, aus Furcht vor dem Erdbeben, das dereinst einen schönen Tempel zerstören könnte?
Darum sorge ich für die Fortdauer der Frauen, die dir Vertrauen schenken, obwohl sie die einzigen sind, bei denen Verrat möglich ist. Wenn also der Frauenräuber eine von ihnen erbeutet, werde ich gewiß in meinem Herzen darunter leiden. Und wenn ich einen guten Soldaten haben möchte,

nehme ich die Gefahr auf mich, ihn im Kriege zu verlieren. Verzichte also auf alle deine sich widersprechenden Wünsche.

Jedenfalls zeigt sich, daß dein Verhalten abermals unsinnig war. So auch, als du zwar die vollkommene Entscheidung bewundertest, die der Brauch bei dir zulande geschaffen hatte, dich aber darauf verlegtest, den Brauch zu hassen, der dir als Zwang erschien – und in der Tat war es ja der Zwang, der dir erst zum Werden verhalf! Und da du deinen Brauch zerstört hast, folgt daraus, daß du eben das zerstörtest, was du retten wolltest.
Und wahrhaftig hast du es aus Angst vor der ungeschlachten Grobheit und Durchtriebenheit, die die edlen Seelen bedrohen, dahin gebracht, daß sich diese edlen Seelen noch gröber und noch durchtriebener zeigen.

Wisse, daß ich nicht vergebens all das liebe, was bedroht ist. Es ist kein Anlaß zur Klage, wenn die kostbaren Dinge gefährdet sind. Denn eben darin erkenne ich eine Voraussetzung ihres Wertes. Ich liebe den Freund, der in den Versuchungen die Treue hält. Denn wenn es keine Versuchung gäbe, gäbe es auch keine Treue, und dann hätte ich keinen Freund. Und es ist mir recht, wenn einige fallen, um so den anderen ihren Wert zu geben. Ich liebe die tapferen Soldaten, die aufrecht bleiben, wenn die Kugeln pfeifen. Denn wenn es keinen Mut gäbe, hätte ich auch keine Soldaten mehr. Und es ist mir recht, daß einige sterben, wenn sie durch ihren Tod die anderen adeln.

Und wenn du mir einen Schatz bringst, will ich ihn so empfindlich und leicht, daß noch der Wind ihn mir entwinden könnte.
Ich liebe am jungen Gesicht, daß es vom Altern bedroht ist, und am Lächeln, daß ein einziges Wort von mir es leicht in Weinen zu verwandeln vermöchte.

110

Und nun zeigte sich mir die Lösung des Widerspruchs, über den ich soviel nachgedacht hatte. Denn mich schmerzte jener grausame Zwiespalt, als ich, der König, mich über meine schlafende Schildwache beugte: daß ich einen Knaben seinen glücklichen Träumen entreißen sollte, um ihn, so wie er war, dem Tode zu überantworten: überwältigt vom Erstaunen innerhalb der kurzen Frist seines Wachseins, daß er der Menschen wegen so zu leiden habe.
Denn er erwachte vor meinen Augen und strich sich mit der Hand über die Stirn, dann kehrte er sein Gesicht den Sternen zu, da er mich nicht erkannt hatte, und stieß einen schwachen Seufzer aus, weil er die Last der Waffen wieder tragen sollte. Und da begriff ich, daß man eine solche Seele erobern könne.
Ich, sein König, wandte mich an seiner Seite der Stadt zu und nahm dem Anschein nach die gleiche Stadt in mich auf, und doch nicht die gleiche. Und ich überlegte: von dem Erhabenen, das ich vor mir sehe, kann ich ihm nichts erklären. Es gibt nur eines, das sinnvoll wäre: ihn zu bekehren und ihn nicht mit diesen Dingen zu beschweren, da er sie ebensogut wie ich anschaut und atmet und abmißt und besitzt, sondern ihm das Gesicht zu zeigen, das durch sie hindurch erscheint und den göttlichen Knoten darstellt, der die Dinge verknüpft. Und ich begriff, daß es vor allem galt, die Eroberung vom Zwang zu unterscheiden. Erobern heißt bekehren. Zwingen heißt gefangensetzen. Wenn ich dich erobere, befreie ich einen Menschen. Wenn ich dich zwinge, erdrücke ich ihn. Durch die Eroberung wird in dir und durch dich hindurch etwas aufgebaut, was von dir selber herrührt. Der Zwang ist der Haufen ausgerichteter Steine, die sich alle gleich sind und aus denen nichts hervorgehen wird.
Und ich begriff, daß alle Menschen auf diese Weise zu erobern sind. Die Wachenden und die Schläfer; jene, die auf den Wällen die Runde machten, und jene, die durch diese Runde behütet wurden. Die sich über ein Neugeborenes

freuten oder die einen Toten beweinten. Die Beter und die Zweifler. Dich erobern heißt, dir ein Gerüst bauen und deinen Geist den gehaltvollen Vorräten öffnen. Denn es gibt Seen, um dich zu tränken, wenn man dir den Weg weist. Und ich werde meine Götter in dir wohnen lassen, damit sie dich erleuchten.
Und freilich kommt es darauf an, dich bereits in der Kindheit zu erobern, denn sonst bist du schon geformt und verhärtet und nicht mehr fähig, eine Sprache zu erlernen.

III

Denn es kam mir eines Tages die Erkenntnis, daß ich mich nicht täuschen konnte. Nicht weil ich mich für stärker als andere gehalten oder geglaubt hätte, daß ich besser überlegen könne, sondern weil ich nicht mehr an die Gründe glaubte, die nach den Regeln der Logik von Behauptung zu Behauptung aufeinanderfolgen; denn ich hatte erfahren, daß die Logik von etwas beherrscht wird, was höher ist als sie selber. Daß sie nur die Spur eines Ganges, der ein Tanz ist, auf dem Sande abzeichnet – eines Ganges, der zum Brunnen hinführt oder auch nicht hinführt, von dem Rettung kommt, je nach den Fähigkeiten des Tänzers. Ich hatte als gewiß erkannt, daß die Geschichte, sobald sie abgelaufen ist, der Vernunft hörig wurde, da dann kein Schritt in der Reihenfolge der Schritte fehlt, daß sich aber der Geist, der die Schritte beherrscht, in Richtung auf die Zukunft nicht daraus ablesen läßt; ich hatte wohl verstanden, daß eine Kultur, ebenso wie ein Baum, aus der Macht des Samenkorns hervorgeht, das nur eines ist, obwohl es sich vervielfältigt und verteilt und sich in verschiedenen Organen, in Wurzeln, Stamm, Blättern, Zweigen und Früchten ausprägt, die das zur Äußerung gelangte Vermögen des Samenkorns darstellen. Ich hatte auch wohl verstanden, daß sich eine einmal abgeschlossene Kultur zwar lückenlos bis zum Ursprung verfolgen läßt, womit sich den Logikern eine Fährte zeigt, die sie hinaufgehen können, daß sie sie aber nicht hinunterzugehen vermöchten, da sie keine Verbindung mit dem Führer haben. Ich hatte gehört, wie die Menschen miteinander stritten, ohne daß einer wirklich dabei obsiegte; ich hatte den Kommentatoren der Mathematiker zugehört, die Wahrheiten zu erfassen glaubten und erst ein Jahr später verdrießlich auf sie verzichteten oder ihre Gegner des Frevels ziehen, weil sie sich selber an ihre schwankenden Idole klammerten; ich hatte aber auch mit dem einzigen wirklichen Mathematiker, meinem Freunde, am gleichen Tisch gesessen, der wußte, daß er für die Menschen eine Sprache suchte — so wie der Dichter, wenn er seine Liebe aussprechen will — und der einfach war in seiner Rede über die Steine wie auch über die Sterne, und ganz genau wußte, daß er von Jahr zu Jahr die Sprache ändern mußte, denn sie ist das Merkmal des Aufstiegs. Ich hatte deutlich wahrgenommen, daß nichts falsch ist, aus dem einfachen Grunde, weil es nichts gibt, was wahr ist (und daß alles Werdende wahr ist, so wie der Baum wahr ist), und hatte geduldig im Schweigen meiner Liebe das Gestammel, die Zornesschreie, das Lachen und die Klagen meines Volkes angehört. Denn ich hatte in meiner Jugend, als man den Argumenten widerstand, mit denen ich meine Gedanken nicht zu bauen, sondern zu umkleiden suchte, den Kampf gegen fähigere Anwälte, als ich selber es war, aufgegeben, weil es an einer wirksamen Sprache mangelte, aber doch niemals meine Linie verlassen, denn ich wußte, daß das, was man mir darlegte, nur deshalb Geltung hatte, weil ich mich schlecht ausdrückte, und daß ich später stärkere Waffen gebrauchen würde, die ja wie Wasser einer Quelle für dich fortdauernd vorhanden sind, wenn nur die Bürgschaft in dir selber echt ist.

Und als ich erst darauf verzichtet hatte, auf den unzusammenhängenden Sinn zu hören, der den wirren Worten der Menschen innewohnt, schien es mir ergiebiger zu sein, wenn sie ganz einfach versuchen mußten, mich zu verstehen, und so zog ich es vor, mich wie der Baum zu entfalten, angefangen vom Samenkorn bis zur Vollendung von Wurzeln,

Stamm und Zweigen, denn dann ist kein Streit mehr möglich, da der Baum ist – und es gibt auch keine Wahl zwischen diesem Baum und einem anderen, da sein Blätterdach allein ausreicht, Schutz zu bieten.
Und es überkam mich die Gewißheit, daß die Dunkelheiten meines Stils und der Widerspruch in meinen Äußerungen nicht auf einer unsicheren oder widerspruchsvollen oder unklaren Bürgschaft, sondern auf einer schlechteren Verwendung der Worte beruhten, denn eine innere Haltung, eine Richtung, ein Gesicht, ein Drang konnten weder unklar noch widerspruchsvoll noch ungewiß sein; sie hatten sich nicht zu rechtfertigen, da sie schlechthin da waren, wie im Bildhauer, wenn er seinen Lehm knetet, ein bestimmter Drang besteht, der noch keine Form hat, unter seinen Händen aber zum Gesicht werden wird.

112

Auch die Eitelkeit entsteht, wenn sie nicht einer Rangordnung unterworfen ist (Beispiel: General, Statthalter). Sobald erst der Grund zu dem Sein gelegt ist, das den einen dem anderen unterordnet, hört die Eitelkeit auf. Denn die Eitelkeit rührt daher, daß unter den durcheinandergemischten Kügelchen kein Sein vorherrscht, dessen Sinn ihr verkörpert, und so seid ihr argwöhnisch wegen des Platzes, den ein jeder einnimmt.

Und der große Kampf gegen die Dinge: die Stunde ist gekommen, dir von deinem großen Irrtum zu reden. Denn ich habe die Menschen voller Inbrunst gefunden und als glücklich erkannt, die den Gangstein in der Entblößung der knirschenden Erde immer wieder zerrieben; die sich, von der Sonne gefleckt wie eine überreife Frucht, von den Steinen zerschunden, in die Tiefe der Tonerde einbohrten, um wieder aufzusteigen und nackt unter dem Zelte zu schlafen, und die davon lebten, daß sie einmal im Jahre einen reinen Diamanten zutage förderten. Und ich habe jene unglücklich, sauertöpfisch und uneins gesehen, die inmitten von allem Überfluß zwar Diamanten empfingen, aber nichts weiter als nutzloses Glaszeug feilzubieten hatten. Denn du bedarfst nicht eines Dinges, sondern eines Gottes.

Und gewiß ist der Besitz eines Dinges beständig, nicht aber die Nahrung, die du daraus empfängst. Denn das Ding hat nur den Sinn, dich wachsen zu lassen, und du wächst nur dadurch, daß du es eroberst, nicht aber durch seinen Besitz. Deshalb verehre ich den, der – wenn es sich um eine schwierige Eroberung handelt – jene Bergbesteigung, jene Erziehung auf ein Gedicht hin, jenen Anreiz einer unzugänglichen Seele weckt und dich so zum Werden nötigt. Aber ich verachte den anderen, der fertiger Vorrat ist, denn von ihm hast du nichts zu empfangen. Und was willst du mit dem Diamanten beginnen, sobald du ihn erst gewonnen hast?

Denn ich bringe euch den Sinn des Festes, der in Vergessenheit geraten ist. Das Fest ist Krönung der Vorbereitungen zum Feste, das Fest ist Berggipfel nach dem Aufstieg, das Fest ist das Aufheben des Diamanten, sobald du ihn aus der Erde herauslösen kannst, das Fest ist der Sieg, der den Krieg krönt, das Fest ist die erste Mahlzeit des Kranken am ersten Tage seiner Genesung, das Fest ist Verheißung der Liebe, wenn die Geliebte die Augen senkt, da du zu ihr sprichst...

Und deshalb habe ich, dich zu belehren, dieses Bild ersonnen: Wenn ich es wünschte, könnte ich dir eine von Inbrunst erfüllte Kultur erschaffen, voll der Freude in ihren Gemeinschaften und mit dem hellen Lachen der Arbeiter, die von ihrem Tagewerk heimkehren, voll mächtiger Lebenslust und in heißer Erwartung der Wunder des morgigen Tages und des Gedichtes, das dir den Widerschein der Sterne zutragen wird; und doch würdest du nichts anderes dabei zu tun haben, als den Boden zu hacken, um nach Diamanten zu schürfen, die endlich Licht werden, nach jener schweigenden Wandlung in den Tiefen des Erdballs. (Denn sie stammen von der Sonne, dann wurden sie Gras, dann dunkle Nacht und sind nun wiederum Licht geworden.) Ich sichere dir

also, sagte ich dir, ein erhabenes Leben, wenn ich dich zu jenem Schürfen verdamme und dich einmal im Jahr zu dem höchsten Fest einlade, das in der Opferung der Diamanten besteht: vor dem schweißgebadeten Volke werden sie dann verbrannt und dem Lichte zurückgegeben. Denn deine inneren Regungen werden nicht durch den Gebrauch der Gegenstände bestimmt, die du erobert hast, und deine Seele nährt sich vom Sinn der Dinge, nicht von den Dingen selbst.
Und sicherlich könnte ich auch, um deiner Prunkliebe zu genügen, eine Prinzessin mit diesem Diamanten schmücken, statt ihn zu verbrennen. Oder ihn in der Verborgenheit eines Tempels in einer Lade verschließen und ihm so, nicht für die Augen, aber für den Geist (der sich durch die Mauern hindurch davon nährt) stärkeren Glanz verleihen. Aber bestimmt würde ich dir keinen wesentlichen Dienst erweisen, wenn ich ihn dir schenkte.
Denn es zeigt sich, daß ich den tiefen Sinn des Opfers verstanden habe; er liegt nicht darin, dich in irgendeiner Weise zu verstümmeln, sondern dich reicher zu machen. Denn du trinkst an der falschen Brust, wenn du die Arme nach dem Gegenstand ausstreckst, während du seinen Sinn suchst. Ich könnte dir ein Reich erfinden, in dem man dir jeden Abend die anderswo gewonnenen Diamanten aushändigt, aber das käme aufs gleiche heraus, als wenn man dich mit Kieselsteinen bereichern wollte, denn du wirst das, was du erlangen wolltest, darin nicht mehr finden. Der ist reicher, der sich das Jahr über im Felsgestein abmüht und einmal im Jahr die Frucht seiner Arbeit verbrennt, um daraus den Glanz des Lichts zu gewinnen, als der, der alle Tage Früchte empfängt, die anderswoher stammen und ihm nichts abforderten.

So ist es mit einem Kegel. Es freut dich, ihn umzustoßen. Und es ist ein Fest. Aber von einem umgestoßenen Kegel hast du nichts zu erwarten.
Deshalb gehen Opfer und Feste ineinander über. Denn du erweist dadurch den Sinn deines Handelns. Wie aber könntest du behaupten, das Fest sei etwas anderes als das Freu-

denfeuer, das du abbrennst, sobald du das Holz aufgehäuft hast? Als deine Muskeln, die sich glücklich fühlen inmitten der Weite, sobald du den Berg erklommen hast? Als die Erscheinung des Diamanten im Lichte, sobald er geschürft ist? Als die Weinlese, sobald die Reben gereift sind? Wo siehst du eine Möglichkeit, ein Fest gleich einem Vorrat zu nutzen? Ein Fest ist deine Ankunft nach der Wanderung und so die Krönung deiner Wanderung, aber von deiner Verwandlung in einen seßhaften Bürger hast du nichts zu erhoffen. Und daher sollst du dich weder in der Musik, noch im Gedicht, noch in der Frau, die du erobert hast, noch in der von der Bergeshöhe erspähten Landschaft niederlassen. Und ich verlöre dich, wenn ich dich in der Gleichheit meiner Tage verteilen wollte. Wenn ich sie nicht auf ein Schiff hin ordnete, das zu einem Ziele führt. Denn selbst das Gedicht ist nur dann ein Fest, wenn ich es mir erringe. Der Tempel ist ein Fest, sofern du dich darin von deinen kleinlichen Sorgen zu lösen vermagst. Tag für Tag hast du unter der Stadt gelitten, die dich durch ihren Betrieb zermürbte. Tag für Tag hast du jenes Fieber erduldet, das aus der Hast und dem Broterwerb und den Krankheiten erwächst, die es zu heilen, den Problemen, die es zu entwirren gilt, wenn du hierhin und dorthin eilst, hier weinst und dort lachst. Dann kommt die Stunde, die dem Schweigen und der Seligkeit gehört. Und du steigst die Stufen hinan und stößt die Tür auf, und dann gibt es für dich nur noch die hohe See und die Betrachtung der Milchstraße und den Vorrat an Schweigen und den Sieg über das Gewohnte, und du bedurftest dessen wie Speise und Trank, denn du hattest unter den Gegenständen und Dingen gelitten, die nicht für dich geschaffen sind. Und du mußtest hier zum Werden gelangen, damit dir ein Gesicht aus den Dingen erwuchs, und ein Gefüge sich formte, das ihnen durch das zusammenhanglose Schauspiel des Tages hindurch einen Sinn verlieh. Was aber wirst du in meinem Tempel anfangen, wenn du nicht in meiner Stadt gelebt und gekämpft und gelitten und dich abgemüht hast, wenn du nicht den Vorrat an Steinen mitbringst, den es in dir zu bauen gilt? Ich sprach dir von meinen Kriegern und der Liebe. Wenn du nichts weiter als ein Liebender bist, ist keiner da, der liebt, und die Frau an deiner Seite wird gähnen. Allein der Krieger ist fähig zu lieben. Wenn du nichts weiter als ein Krieger bist, ist keiner da, der stirbt, außer einem Insekt mit metallenen Schuppen. Der Mensch allein und einer, der geliebt hat, vermag als Mensch zu sterben. Und es gibt da keinen Widerspruch, außer in der Sprache. So haben Früchte und Wurzeln ein gemeinsames Maß: den Baum.

113

Denn wir verständigen uns nicht über die Wirklichkeit. Und ich nenne nicht Wirklichkeit, was aus einer Waage meßbar ist (daraus mache ich mir gar nichts, denn ich bin keine Waage, und die Wirklichkeiten der Waage kümmern mich wenig). Sondern das, was für mich Gewicht hat. Und Gewicht hat für mich jenes traurige Antlitz oder jene Kantate oder jene Inbrunst oder jenes Mitleid mit den Menschen oder jener Wert einer Haltung oder jene Lebensfreude oder jene Kränkung oder jene Sehnsucht oder jene Trennung oder jene lebendige Gemeinschaft in der Weinlese (weit mehr als die gelesenen Trauben, denn selbst wenn man sie anderswohin zum Verkauf bringt, hat man doch schon das Wesentliche daraus empfangen. Das gilt auch von dem Manne, den sein König mit einem Orden auszeichnen sollte, und der am Feste teilnahm, sich an seinem Glanze erfreute, die Glückwünsche seiner Freunde empfing und so den Stolz des Triumphes kennenlernte – aber der König starb durch einen Sturz vom Pferde, bevor er den metallenen Gegenstand an seine Brust heften konnte. Wer will mir einreden, daß dieser Mann nichts empfangen habe?)
Für deinen Hund ist die Wirklichkeit ein Knochen. Für deine Waage ist die Wirklichkeit ein Gewicht aus Gußeisen. Für dich aber ist die Wirklichkeit von anderer Art.
Und deshalb nenne ich die Geldleute töricht und die Tänze-

rinnen vernünftig. Nicht, daß ich etwa das Werk der ersteren verachtete, aber ich verachte ihren Dünkel, ihre Sicherheit und ihre Selbstzufriedenheit, denn sie halten sich für das Ziel aller Dinge und die Hauptsache, während sie doch nur Lakaien sind. Und zunächst einmal sollen sie den Tänzerinnen dienen.

Denn täusche dich nicht über den Sinn der Arbeit. Es gibt Arbeiten, die dringlich sind. Wie die in den Küchen meines Palastes. Denn wenn es keine Nahrung gibt, gibt es auch keine Menschen. Und es ist in Ordnung, daß die Menschen zunächst einmal genährt, gekleidet und behütet werden. Es ist in Ordnung, daß sie schlechthin existieren. Und solche Dinge sind vor allem dringlich. Aber das Wichtige hat nicht hier seinen Sitz, sondern in ihrem besonderen Wert. Und die Tänze und Gedichte und die Ziseleure der oberen Stockwerke und der Mathematiker und der Sternkundige, für die die Arbeit der Küchen Voraussetzung ist, sind die einzigen, die den Menschen ehren und ihm einen Sinn verleihen.

Kommt so einer daher, der nur die Küchen kennt – die in Wahrheit nur Wirklichkeiten für Waagen und Knochen für Hunde enthalten –, so verbiete ich ihm, vom Menschen zu reden, denn er wird das Wesentliche übersehen, so wie der Sergeant, der beim Menschen nichts als dessen Eignung zum Waffenhandwerk beachtet.

Und warum sollte man in seinem Palast tanzen, da einen doch die Tänzerinnen, wenn man sie in die Küchen schickte, durch eine größere Menge von Speisen bereichern würden? Und warum sollte man dort goldene Schalen ziselieren, da man doch, wenn man die Ziseleure in die Werkstatt schickte, wo Zinnschalen verfertigt werden, über mehr Schalen verfügen würde? Und warum sollte man Diamanten schneiden und warum Gedichte schreiben und die Sterne beobachten, wenn man alle, die sich damit befassen, nur zum Dreschen zu schicken brauchte, um über mehr Brot zu verfügen?

Aber da dir dann in deinem Staatswesen etwas fehlen wird, was für den Geist und nicht für die Augen und für die Sinne da ist, wirst du wohl oder übel gezwungen sein, ihnen unechte Speisen zu erfinden, die nichts mehr taugen. Und du wirst für sie Fabrikanten suchen, die ihnen ihre Gedichte anfertigen, Automaten, die ihnen Tänze anfertigen, Taschenspieler, die für sie Diamanten aus geschnittenem Glase herstellen. Und so werden sie in dem Wahn befangen sein, zu leben. Obwohl nichts mehr in ihnen steckt als ein Zerrbild des Lebens. Denn solch einer hat den wahrhaften Sinn des Tanzes, des Diamanten und des Gedichts – die dich mit ihrem unsichtbaren Teile nur dann nähren, wenn sie mit Anstrengung erworben werden – mit einem Massenfutter für die Raufe verwechselt. Der Tanz ist Krieg und Verführung, Mord und Reue. Das Gedicht ist Ersteigung des Berges. Der Diamant ist das Arbeitsjahr, das sich in einen Stern verwandelt hat. Und dieses Wesentliche wird ihnen fehlen. So würdest du beim Kegeln – da deine Freude darin besteht, die feindlichen Kegel umzustoßen – eine rechte Freude haben, wenn du Hunderte vor dir aufstellen und eine Maschine bauen würdest, um sie umzustoßen!

114

Doch glaube nicht, daß ich deine Bedürfnisse im geringsten mißachte oder mir etwa einbilde, sie widersprächen deiner Bedeutung. Denn um mich verständlich zu machen und um dir mit Worten, die sich die Zunge zeigen, meine Wahrheit als notwendig und überflüssig darzutun, bejahe ich durchaus Ursache und Wirkung, Küche und Tanzsaal. Aber ich glaube nicht an jene Spaltungen, die auf einer unglücklichen Sprache und der Wahl eines schlechten Berges beruhen, von dem aus du die Regungen der Menschen abliest.

Denn genau wie meine Schildwache nur am Sinn der Stadt teilhat, wenn sie von Gott das helle Auge und Ohr der Schildwachen zum Geschenk erhielt, und dann der Schrei des Neugeborenen nicht mehr der Beweinung der Toten oder der Jahrmarkt dem Tempel oder das Freudenviertel der Treue widerspricht, sondern aus der Vielfalt heraus die

Stadt entsteht, die in sich aufnimmt und vermählt und vereinheitlicht; genau wie der Baum als Einheit aus den mannigfaltigen Elementen des Baumes hervorgeht, und genau wie der Tempel durch den Gehalt seines Schweigens die verschiedenartigen Statuen, Pfeiler, Altäre und Gewölbe beherrscht, so begegne ich auch dem Menschen nur auf einer Stufe, auf der er mir nicht mehr als Sänger im Gegensatz zum Landmann, der das Samenkorn in die Furchen streut, oder als Sternkundiger im Gegensatz zum Nagelschmied erscheint; denn wenn ich dich aufspalte, habe ich dich nicht verstanden und verliere dich.
Deshalb verschloß ich mich in das Schweigen meiner Liebe und begann die Menschen in meiner Stadt zu beobachten. Weil es mein Wunsch war, sie zu verstehen.

* Ich glaube nicht, daß es auf einer vorgefaßten Meinung beruht, wenn man die Beziehung zwischen den Tätigkeiten auswählt. Die Vernunft hat damit nichts zu tun. Denn du konstruierst einen Körper nicht, indem du von einer Summe ausgehst. Sondern du pflanzest ein Samenkorn, und dieses ist die Summe, die in Erscheinung tritt. Und nur aus dem Gehalt der Liebe wird auf vernünftige Weise das richtige Verhältnis hervorgehen, das dir im voraus unsichtbar bleibt, außer in der törichten Sprache der Logiker, der Historiker und der Kritiker, die dir deine Stücke vorzeigen und dartun werden, um wieviel du das eine auf Kosten des anderen hättest vergrößern können; so beweisen sie dir mit Leichtigkeit, daß das eine und nicht das andere vergrößert werden müsse, während sie ebensogut das Gegenteil hätten nachweisen können. Denn wenn du das Bild der Küche und das des Tanzsaales ersinnst, so gibt es keine Waage, mit der du die Wichtigkeit des einen und des anderen abwägen könntest. Das liegt daran, daß deine Sprache ihren Sinn verliert, sobald du das Urteil über die Zukunft vorwegnimmst. Die Zukunft bauen, heißt die Gegenwart bauen. Es heißt, ein Verlangen

* Diesem Abschnitt ging auf dem Manuskript die Bemerkung voraus: »Notiz für später.«

erzeugen, das dem Heute gilt. Das dem Heute angehört und auf die Zukunft gerichtet ist. Und nicht eine Wirklichkeit von Handlungen, denen nur für das Morgen ein Sinn innewohnt. Denn wenn sich dein Organismus von der Gegenwart losreißt, so stirbt er. Das Leben, das aus Anpassung an die Gegenwart und Fortdauer in der Gegenwart besteht, beruht auf unzähligen Bindungen, die die Sprache nicht zu erfassen vermag. Das Gleichgewicht besteht aus tausend Gleichgewichten. Und wenn du im Verlauf einer abstrakten Beweisführung ein einziges abtrennst, geht es damit wie mit dem Elefanten, der ein gewaltiges Gebilde ist und doch sterben wird, wenn du ein einziges seiner Glieder von ihm abtrennst. Es handelt sich nicht darum, daß du wünschen sollst, du möchtest nichts verändern. Denn du kannst alles verändern. Und eine rauhe Ebene kannst du in eine Zedernpflanzung verwandeln. Aber es kommt darauf an, daß du keine Zedern konstruierst, sondern Samenkörner aussäst. Und immer wird das Samenkorn selber oder was aus dem Samenkorn entsteht, im Gleichgewicht mit der Gegenwart sein.

Doch es gibt mehrere Winkel, von denen aus man die Dinge sehen kann. Und wenn ich den Berg wähle, der mir die Menschen je nach ihrem Recht auf Vorräte einteilt, ist es wahrscheinlich, daß ich mich erzürnen werde, wie es meiner Gerechtigkeit gemäß ist. Aber es ist ebenso wahrscheinlich, daß meine Gerechtigkeit eine andere von einem anderen Berge aus wäre, der die Menschen in anderer Weise einteilte. Und ich möchte, daß jede Gerechtigkeit geübt wird. Deswegen ließ ich die Menschen beobachten.
Denn es gibt nicht eine Gerechtigkeit, sondern unzählige. Und ich kann sehr wohl nach dem Alter einteilen, um meine Generäle zu belohnen, indem ich ihre Ehren und Ämter vermehre. Ich kann ihnen aber ebensogut eine Erholung zubilligen, die mit den Jahren zunimmt, indem ich sie von ihren Ämtern entlaste und diese jungen Schultern aufbürde. Und ich kann urteilen, wie es dem Reiche gemäß ist. Und ich kann urteilen, wie es den Rechten des Individuums oder –

durch dieses hindurch, gegen es – dem Menschen gemäß ist. Und wenn ich die Rangordnung meines Heeres in Betracht ziehe und über die ihr gemäße Billigkeit urteilen möchte, sehe ich mich in ein Netz unentwirrbarer Widersprüche verstrickt. Denn da gibt es die geleisteten Dienste, die Fähigkeiten, das Wohl des Reiches. Und ich werde stets eine Stufe finden, deren Wert nicht zu bestreiten ist und die mir meinen Irrtum nachweist, der einer anderen Stufe entspricht. Es kümmert mich daher wenig, wenn man mir darlegt, daß es eine einleuchtende Rechtsordnung gibt, auf Grund deren meine Entscheidungen unsinnig sind, denn ich weiß im voraus, daß es immer so sein wird, was ich auch tun mag, und daß es darauf ankommt, die Wahrheit ein wenig abzuwägen, ein wenig reifen zu lassen, um sie nicht in den Worten, aber in dem ihr eigenen Gewicht zu erlangen.
(Hier könnte auch von den Kraftlinien gesprochen werden.)

115

Ich sah es also als müßig an, mein Staatswesen unter dem Gesichtspunkte der Nutznießer zu betrachten. Denn sie alle sind dem Tadel ausgesetzt. Und es war das nicht die Frage, die mich bewegte. Oder, genauer gesagt, sie stellte sich erst in zweiter Linie. Denn letztlich wünsche ich gewiß, daß die Nutznießer durch den Gebrauch ihrer Pfründen edler werden und nicht entarten. Zuvor aber kommt es mir auf das Gesicht meiner Stadt an.
Ich ging also in Begleitung eines Adjutanten einher, der die Vorübergehenden befragte.
– Womit beschäftigst du dich? fragte er den einen oder den anderen, wie sie uns gerade über den Weg liefen.
– Ich bin Zimmermann, sagte der eine.
– Ich bin Ackerbauer, sagte ein anderer.
– Ich bin Schmied, sagte ein dritter.
– Ich bin Hirt, sagte ein vierter.
Oder: Ich grabe Brunnen. Oder: Ich pflege Kranke. Oder:

Ich schreibe für die, die nicht schreiben können. Oder: Ich bin Metzger. Oder: Ich hämmere Teetische. Oder: Ich webe Tücher. Oder nähe Kleider.

Oder...

Und es wurde mir klar, daß diese für alle arbeiteten. Denn alle benötigen Vieh, Wasser, Arznei, Bretter, Tee oder Kleider. Und keiner macht davon für seine Person einen übertriebenen Gebrauch, denn du ißt einmal und säuberst dich einmal, du kleidest dich einmal, du trinkst einmal Tee, du schreibst einmal Briefe, und du schläfst in einem Bett eines Hauses.

Es geschah aber, daß einige von ihnen antworteten:

– Ich baue Paläste, ich schneide Diamanten, ich mache Statuen aus Stein...

Und diese arbeiteten freilich nicht für alle, sondern nur für wenige, denn das Erzeugnis ihrer Arbeit war nicht teilbar.

Und in der Tat, wenn du einem zusiehst, der ein Jahr lang arbeitet, um seine Vase zu bemalen, wie könntest du dann solche Vasen unter alle verteilen? Denn ein Mann arbeitet in einer Stadt für mehrere. Es gibt die Frauen, die Kranken, die Gebrechlichen, die Kinder, die Greise und jene, die heute der Ruhe pflegen. Es gibt auch die Diener meines Reiches, die keine Waren herstellen: die Soldaten, die Polizisten, die Dichter, die Tänzer, die Statthalter. Und doch verbrauchen sie ebensoviel wie die anderen, kleiden sich, tragen Schuhwerk, essen, trinken und schlafen in einem Bett eines Hauses. Und da sie keine Dinge gegen die Dinge austauschen, die sie verbrauchen, bist du wohl oder übel gezwungen, diese Dinge irgendwo denen zu nehmen, die sie herstellen, um damit in gleicher Weise jene zu versorgen, die sie nicht herstellen. Und kein Mann, der eine Werkstatt betreibt, kann den Verbrauch der Gesamtheit aller seiner Erzeugnisse anstreben.

Es gibt also Dinge, bei denen du nicht daran denken könntest, sie allen anzubieten, denn es wäre niemand da, um sie hervorzubringen.

Und kommt es nicht gleichwohl darauf an, daß diese Dinge

erdacht und hergestellt werden, da sie den Überfluß und die Blume und den Sinn deiner Kultur darstellen? Da eben der Gegenstand einen Wert hat und des Menschen würdig ist, dessen Anfertigung viel Zeit verlangt hat. Und das ist ja gerade der Sinn des Diamanten; er bedeutet ein Arbeitsjahr, das eine Träne in der Größe eines Fingernagels abwirft. Oder den Tropfen Parfüm, der aus einer Wagenladung von Blumen gewonnen wird. Und was kümmert mich die Bestimmung der Träne und des Parfümtropfens, da ich im voraus weiß, daß sie nicht an alle ausgeteilt werden können, und ebenso weiß, daß eine Kultur nicht auf dem Schicksal des Gegenstandes beruht, sondern auf dessen Geburt.

Ich, der Herr, stehle Brot und Kleider den Arbeitern, um sie meinen Soldaten, meinen Frauen und meinen Greisen zu geben.

Warum sollte es mich mehr bekümmern, wenn ich Brot und Kleider stehle, um sie meinen Bildhauern und den Diamantenschleifern und den Dichtern zu geben, die sich ernähren müssen, obwohl sie ihre Gedichte schreiben.

Sonst gäbe es keinen Diamanten, keinen Palast und nichts Wünschenswertes mehr.

Und von den Dingen, die mein Volk nur wenig bereichern, gilt dies: es bereichert sich nur dadurch, daß seine kulturellen Leistungen in die anderen Leistungen überfließen; und gewiß kosten sie denen viel Zeit, die sich damit befassen, aber sie beschäftigen wenig Menschen in der Stadt, wie mir meine Begegnungen zeigten.

Und im übrigen habe ich darüber nachgedacht, daß dem Empfänger des Gegenstandes zwar keine Bedeutung zukommt, weil ja jener Gegenstand keinesfalls allen zugute kam, und daß ich deshalb auch nicht behaupten kann, er bestehle die anderen; ich kam aber auch zu der Einsicht, daß die Auswahl der Empfänger ein heißes Eisen ist und viel Behutsamkeit erfordert, denn sie sind der Lebensfaden einer Kultur. Und es kommt im Grunde wenig auf ihren Wert oder ihre moralische Berechtigung an.

Freilich spielt hier eine Frage der Moral hinein. Aber es ist eine genau entgegengesetzte Frage. Und wenn ich mit Worten daran denke, die die Widersprüche ausschließen, lösche ich jedes Licht in mir aus.

116*

Die Flüchtlinge aus der Berberei, die nicht arbeiten wollen, legen sich schlafen. Betätigung unmöglich.
Aber ich zwinge keine Leistungen auf, sondern Gefüge. Und ich weiß die Tage zu unterscheiden. Und ich füge die Menschen in ihre Rangordnung ein und baue mehr oder minder Wohnungen, damit sich Eifersucht einstellt, und ich schaffe Regeln, die mehr oder minder gerecht sind, um verschiedene Regungen hervorzurufen. Und ich kann mich nicht für die Gerechtigkeit erwärmen, denn sie besteht hier darin, diesen vollkommen erstorbenen Pfuhl verfaulen zu lassen. Und ich zwinge sie, eine Sprache anzunehmen, da meine Sprache für sie einen Sinn hat. Und es handelt sich da um ein System von Konventionen, mit deren Hilfe ich – wie bei einem blinden Taubstummen – an den Menschen herankommen will, der in einen tiefen Schlaf versunken ist. So brennst du den blinden Taubstummen und sagst ihm »Feuer«. Und jedesmal, wenn du ihn brennst, sagst du ihm »Feuer«. Und du bist ungerecht gegenüber dem einzelnen, da du ihn brennst. Aber du bist gerecht gegenüber dem Menschen, da du ihn dadurch erleuchtest, daß du »Feuer« gesagt hast. Und es wird der Tag kommen, an dem er sofort die Hand zurückzieht, wenn du ihm »Feuer« sagst, auch ohne ihn zu brennen. Und das wird das Zeichen sein, daß er geboren wurde.
So sind sie also ohne ihr Zutun in die Unbedingtheit eines Netzes eingeknüpft, über das sie nicht urteilen können, da es schlechthin da ist. Die Häuser »sind« verschieden. Die Mahlzeiten »sind« verschieden. (Und ich führe auch das Fest ein,

* Diesem Kapitel ging auf dem Manuskript die Bemerkung voraus: »Notiz für später.«

das darin besteht, einem Tage entgegenzustreben und von da an zu existieren, »und ich werde sie den Windungen und Spannungen und Figuren unterwerfen. Und gewiß ist jede Spannung Ungerechtigkeit, denn es ist ungerecht, daß sich dieser Tag von einem anderen unterscheidet«.) Und das Fest bewirkt, daß sie sich von etwas entfernen oder sich ihm nähern. Und mehr oder minder schöne Häuser gewinnen oder verlieren. Und eintreten oder herauskommen. Und ich werde weiße Linien durch das Feld hindurchziehen, damit Gefahrenzonen und Sicherheitszonen entstehen. Und ich werde eine verbotene Stätte einführen, in der man mit dem Tode bestraft wird, damit sie sich im Raume zurechtfinden. Und so wird die Qualle Knochen bekommen. Und sie wird zu gehen beginnen. Und das ist wunderbar.

Der Mensch verfügt über eine inhaltlose Sprache. Aber die Sprache wird ihm von neuem zum Zaumzeug werden. Und es wird grausame Worte geben, die sie zum Weinen bringen. Und es wird singende Worte geben, die ihnen das Herz erhellen.

»Ich erleichtere euch die Dinge...« und schon ist alles verloren. Nicht wegen der Reichtümer, sondern weil sie nicht mehr ein Sprungbrett für etwas anderes, sondern nur gewonnene Vorräte darstellen. Du hast dich getäuscht, nicht weil du mehr gegeben, sondern weil du weniger verlangt hast. Wenn du mehr gibst, mußt du auch mehr verlangen.

Die Gerechtigkeit und die Gleichheit. Da hast du den Tod. Aber die Brüderlichkeit findet sich nur im Baume. Denn du darfst nicht Bund und Gütergemeinschaft verwechseln; die letztere ist nur ein Durcheinander ohne herrschende Götter, ohne Bewässerung, ohne Muskulatur, und also Verwesung. Denn sie sind in Auflösung, weil sie in völliger Gleichheit, Gerechtigkeit und Gütergemeinschaft lebten. Das ist die Ruhe der durcheinandergemischten Kügelchen.

Wirf ihnen ein Samenkorn hin, das aufgeht in der Ungerechtigkeit des Baumes!

117

Was die Fähigkeiten meines Nachbarn angeht, so habe ich beobachtet, daß er nicht bei der Prüfung der Tatsachen, des Sachbestandes, der Institutionen, der Gegenstände seines Reiches, sondern nur bei der Prüfung der Neigungen und Anlagen fruchtbar war. Denn wenn du mein Reich überprüfst, wirst du darin die Schmiede besuchen gehen und wirst feststellen, daß sie Nägel schmieden und sich für die Nägel begeistern und dir die Lieder der Nagelschmiede vorsingen. Dann wirst du die Holzfäller besuchen gehen und wirst feststellen, daß sie Bäume fällen und sich für das Fällen der Bäume begeistern und daß sie gewaltiger Jubel überkommt, wenn die Stunde des Festes für den Holzfäller geschlagen hat: beim ersten Krachen, wenn sich die Majestät des Baumes zu neigen beginnt. Und wenn du die Astronomen besuchst, wirst du sehen, wie sie sich für die Sterne begeistern und nur noch auf deren Schweigen achtgeben. Und in der Tat bildet sich ein jeder ein, daß er so und nicht anders ist. Wenn ich dich nun frage: – Was geht in meinem Reiche vor, was wird morgen darin entstehen?, so wirst du mir sagen: »Man wird Nägel schmieden, man wird Bäume fällen, man wird die Sterne beobachten, und so wird es Vorräte an Nägeln, an Holz und Beobachtungen der Sterne geben.« Denn da du kurzsichtig bist und die Nase allzu dicht daraufdrückst, hast du nicht erkannt, daß ein Schiff gebaut wird.

Und freilich hätte dir keiner sagen können: »Morgen werden wir auf dem Meere fahren.« Jeder glaubte seinem Gotte zu dienen und gebot über eine zu ungeschickte Sprache, als daß er dir den Gott der Götter hätte besingen können, den das Schiff bedeutet. Denn die Fruchtbarkeit des Schiffes besteht darin, daß es beim Nagelschmied sich in Liebe zu den Nägeln verwandelt.

Und was die Vorausschau der Zukunft angeht, so hättest du weit mehr darüber erfahren können, wenn du diese unzusammenhängende Ansammlung beherrscht hättest und zum

Bewußtsein dessen gelangt wärst, wodurch ich die Seele meines Volkes wachsen ließ, nämlich durch den Drang zum Meere. Dann hättest du gesehen, wie sich dieses Segelschiff, das eine Ansammlung von Nägeln, Brettern, Baumstämmen darstellt und dem die Sterne seine Richtung weisen, langsam in der Stille formte und nach Art der Zeder zusammenfügte, die die Säfte und Salze des Felsgesteins in sich aufsaugt, um sie im Licht zu gestalten.

Und du wirst diesen Drang, der dem Morgen entgegenstrebt, an seinen unwiderstehlichen Wirkungen erkennen. Denn dabei ist keine Täuschung möglich: er tritt überall auf, wo er nur auftreten kann. Und den Drang zur Erde erkenne ich daran, daß ich den Stein auch einen noch so kurzen Augenblick nicht loslassen kann, ohne daß er sogleich niederfällt.

Und wenn ich einen Menschen gehen sehe und er sich nach Osten wendet, weiß ich seine Zukunft nicht voraus. Denn es ist möglich, daß er hundert Schritte zurücklegt und mich in dem Augenblick, da ich ihn mitten auf seiner Reise wähne, durch seine Umkehr irreführt. Aber ich sehe die Zukunft meines Hundes voraus, wenn er mich jedesmal, da ich die Leine auch nur ein wenig locker lasse, einen Schritt nach Osten tun läßt und an der Leine zieht. Der Osten ist dann der Geruch des Wildes, und ich weiß genau, wo mein Hund hinlaufen wird, wenn ich ihn loslasse. Ein Ruck an der Leine hat mich mehr gelehrt als tausend Schritte.

Ich beobachte jenen Gefangenen, der wie vernichtet dasitzt oder liegt und völlig wunschlos zu sein scheint. Aber er strebt nach der Freiheit. Und um seinen Drang zu erkennen, würde es mir genügen, wenn ich ihm ein Loch in der Mauer zeigte, denn dann würde er erbeben, seine Muskeln würden sich straffen, und sein Ausdruck wäre wieder gespannt. Und den mußt du mir erst zeigen, der eine Bresche übersehen würde, die ins freie Feld hinausführt.

Wenn du mit dem bloßen Verstande überlegst, wirst du dieses Loch oder ein anderes übersehen oder auch, während du es vor Augen hast, an andere Dinge denken und es nicht erblicken. Oder du wirst es sehen und dich in Vernunftschlüssen verstricken, da du wissen möchtest, ob es sich lohnt, davon Gebrauch zu machen, und so wirst du dich zu spät entscheiden, denn die Maurer werden es dann schon wieder beseitigt haben. Aber zeige mir in einem Behälter, aus dem das Wasser herausdrängt, den Spalt, den dieses übersehen könnte!

Deshalb sage ich dir, daß der Drang, selbst wenn er sich nicht in Worte fassen läßt, weil dafür die Sprache fehlt, mächtiger als die Vernunft ist und ganz allein den Ausschlag gibt. Und daher sage ich dir, daß die Vernunft nur eine Sklavin des Geistes ist und zunächst den Drang verwandelt und Beweisschlüsse und Maximen daraus fertigt, was dich dann schließlich zu der Meinung verführt, der Bazar deiner Ideen habe dich geleitet. Während ich dir sage, daß nur jene Götter dich gelenkt haben, die Tempel, Landgut, Reich, Drang zum Meere oder Freiheitsdrang heißen.

Also werde ich bei meinem Nachbarn, der auf der anderen Seite des Gebirges regiert, nicht die Taten beobachten. Denn am Flug der Taube, sobald sie in der Luft ist, vermag ich nicht zu erkennen, ob sie einem Taubenschlag zusteuert oder sich die Flügel mit Wind ölt; denn am Schritt des Mannes, der seinem Hause zustrebt, vermag ich nicht zu erkennen, ob er dem Verlangen seiner Frau oder dem Überdruß seiner Pflicht nachgibt und ob sein Schritt die Scheidung oder die Liebe aufbaut. Aber wenn ich einen Mann in seinem Kerker festhalte und dieser sich keine Gelegenheit entgehen läßt, seinen Fuß auf den Schlüssel setzt, den ich vergesse, die Gitterstäbe abtastet, um festzustellen, ob einer von ihnen nachgibt, und seine Wärter mit dem Auge mißt, so errate ich, daß er bereits in der Freiheit der Felder einherwandelt.

Also will ich bei meinem Nachbarn nicht das kennenlernen, was er tut, sondern was er niemals zu tun vergißt. Denn dann erfahre ich, welcher Gott ihn beherrscht, auch wenn er selber ihn nicht kennt, und erkenne die Richtung seiner Zukunft.

118

Ich entsinne mich jenes Propheten mit dem harten Blick; überdies war er schieläugig. Er kam mich besuchen, und der Zorn stieg in ihm hoch. Ein düsterer Zorn.

– Man muß sie ausmerzen, erklärte er mir.

Und ich begriff, daß er nach Vollkommenheit strebte. Denn allein der Tod ist vollkommen.

– Sie sündigen, sagte er.

Ich schwieg. Mir stand diese Seele deutlich vor Augen, die wie ein Schwert geschliffen war. Aber ich dachte:

Er lebt im Kampf gegen das Böse. Er lebt nur durch das Böse. Was wäre er also ohne das Böse?

– Was wünschst du, um glücklich zu sein?, fragte ich ihn.

– Den Sieg des Guten.

Und ich begriff, daß er log. Denn er bezeichnete mir als Glück die Untätigkeit und den Rost seines Schwertes.

Und es offenbarte sich mir nach und nach jene Wahrheit, die freilich auf der Hand liegt: daß einer, der das Gute liebt, nachsichtig gegen das Böse ist. Daß einer, der die Kraft liebt, nachsichtig gegen die Schwäche ist. Denn wenn sich auch die Worte die Zunge zeigen, so vermischen sich doch das Gute und Böse, und die schlechten Bildhauer sind die Dungerde für die guten Bildhauer, und die Tyrannei schmiedet die stolzen Seelen, die gegen sie aufstehen, und die Hungersnot ruft die Teilung des Brotes hervor, die süßer ist als das Brot. Und jene, die Komplotte gegen mich anzettelten, von meinen Polizisten gehetzt wurden, in ihren Kellern des Lichtes beraubt waren, mit ihrem baldigen Tode vertraut wurden, sich für andere als sie selber hinopferten, da sie Gefahr, Elend und Ungerechtigkeit aus Liebe zur Freiheit und zur Gerechtigkeit auf sich genommen hatten – sie erschienen mir immer von einer strahlenden Schönheit, die auf der Stätte ihrer Hinrichtung wie eine Feuersbrunst brannte, und daher habe ich sie nie um ihren Tod gebracht. Was ist ein Diamant ohne den harten Gangstein, den du schürfen mußt und der ihn verbirgt? Was ist ein Degen ohne den Feind?

Was ist eine Heimkehr ohne die Trennung? Was ist die Treue ohne Versuchung? Der Sieg des Guten ist der Sieg des folgsamen Viehs an seiner Krippe. Und ich verlasse mich nicht auf die Seßhaften und die Gemästeten.

– Du kämpfst gegen das Böse, sagte ich ihm, und jeder Kampf ist ein Tanz. Auch deine Freude erwächst dir aus der Freude am Tanze, also am Bösen. Du wärst mir mehr wert, wenn du aus Liebe tanztest.

– Denn wenn ich dir ein Reich schaffe, in dem man sich für Gedichte begeistert, so wird die Stunde der Logiker schlagen, die darüber ihre Überlegungen anstellen und dir die Gefahren aufdecken werden, die den Gedichten durch das Gegenteil des Gedichtes drohen, als wenn es von irgend etwas in der Welt ein Gegenteil gäbe. Dann werden dir Polizisten erwachsen, die die Liebe zum Gedicht mit dem Haß gegen das Gegenteil des Gedichts verwechseln und denen es daher nicht mehr ums Lieben, sondern ums Hassen zu tun sein wird. Als wenn die Zerstörung des Ölbaums gleichbedeutend mit der Liebe zur Zeder wäre. Und sie werden dir den Musiker oder den Bildhauer oder den Astronomen ins Gefängnis werfen, so wie es die Überlegungen zufällig ergeben, die ein törichter Wind der Worte und eine schwache Erschütterung der Luft sind. Und fortan wird mein Reich zugrunde gehen, denn die Zeder mit Leben erfüllen, heißt nicht den Ölbaum zerstören oder den Duft der Rosen ablehnen. Pflanze die Liebe zum Segelschiff ins Herz deines Volkes, und es wird dir alle Inbrunst aus seiner Erde saugen, um sie in Segel zu verwandeln. Aber du willst ja selber die Geburt der Segel überwachen, indem du auf die Ketzer Jagd machst und sie denunzierst und sie ausmerzt. Nun erweist sich aber, daß all das, was nicht Segelschiff ist, das Gegenteil des Segelschiffs genannt werden kann, denn die Logik führt dich dorthin, wo du sie haben willst. Und so wirst du durch Säuberung über Säuberung dein ganzes Volk ausmerzen, da ja ein jeder auch etwas anderes liebt. Mehr noch – du wirst auch das Segelschiff selbst ausmerzen, denn die Hymne des Segelschiffs war beim Nagelschmied

zur Hymne der Nagelschmiede geworden. So wirst du also den Nagelschmied einsperren. Und es wird keine Nägel mehr geben für das Schiff.
So ergeht es dem, der die großen Bildhauer dadurch zu fördern glaubt, daß er die schlechten ausmerzt, denn in seinem törichten Wind der Worte nennt er sie das Gegenteil der ersteren. Ich aber sage dir, daß du es deinen Söhnen verbieten wirst, einen Beruf zu ergreifen, der so geringe Lebensmöglichkeiten bietet.
– Wenn ich recht verstehe, ergrimmte sich der schieläugige Prophet, sollte ich das Laster dulden!
– Mitnichten! Du hast nichts verstanden, antwortete ich ihm.

119

Denn wenn ich nicht Krieg führen will und mich mein Rheumatismus im Bein zieht, wird er mir vielleicht zum Einwand gegen den Krieg werden; wäre ich hingegen zum Kriege geneigt, würde ich daran denken, ihn durch Tätigkeit zu heilen. Denn es ist nur mein Friedenswille, der sich als Rheumatismus verkleidete, so wie er sich vielleicht auch in Liebe zu meinem Hause oder Achtung vor meinem Feinde oder sonst etwas auf der Welt verkleiden könnte. Und wenn du die Menschen verstehen willst, so fange damit an, niemals auf sie zu hören. Denn der Nagelschmied spricht dir von seinen Nägeln. Der Astronom von seinen Sternen. Und sie alle vergessen das Meer.

120

Es dünkte mich sehr wichtig, daß es nicht genügt hinzuschauen, wenn du sehen willst. Denn hoch oben von meiner Terrasse zeigte ich ihnen das Landgut und erklärte ihnen seine Grenzen; und sie nickten und sagten: »Ja, ja...« Oder ich ließ das Kloster für sie öffnen und legte ihnen seine Regeln dar und sie gähnten verstohlen. Oder ich zeigte ihnen die

Architektur des neuen Tempels oder die Statue eines Bildhauers oder das Bild eines Malers, die etwas beigetragen hatten, was noch nicht gebräuchlich war. Und sie wandten sich sofort ab. All das, was einem anderen ans Herz greifen konnte, ließ sie gleichgültig.

Und ich sagte mir:

Wer durch die Dinge hindurch den göttlichen Knoten zu berühren vermag, der sie verknüpft, verfügt nicht ständig über diese Fähigkeit. Die Seele ist voller Schlaf. Die ungeübte Seele ist es noch mehr. Wie könnte man von diesen hier erhoffen, daß sie von der Offenbarung wie ein Blitz getroffen würden? Denn die allein begegnen dem Blitz, die durch ihn die Lösung ihrer Fragen empfangen, denn sie erwarteten dieses Gesicht, waren sie doch schon ganz so geformt, daß sie von ihm entflammt werden konnten. So ist es mit dem Manne, den ich dadurch für die Liebe befreite, daß ich ihn im Gebet übte. Ich habe ihn so gut vorgebildet, daß es manch ein Lächeln gibt, das für ihn wie ein Schwert sein wird. Aber die anderen werden nur das Verlangen kennenlernen. Wenn ich sie jedoch mit den Legenden des Nordens einwiegte, wo die Schwäne vorüberziehen und die grauen Züge der Wildenten und wo Rufe die Weite erfüllen – denn den Norden, der im Eise gefangen ist, durchhallt, wie ein Tempel aus schwarzem Marmor, ein einziger Schrei –, dann bist du bereit für die grauen Augen und das Lächeln, das innerlich brennt wie das Licht einer geheimnisvollen Herberge im Schnee. Und ich werde sehen, wie es ihnen ans Herz greift. Aber die anderen, die von der brennenden Wüste heimkehren, erbeben bei solch einem Lächeln nicht.

Wenn ich dich also in deiner Kindheit so wie die anderen geformt habe, wirst du die gleichen Gesichter wie die Leute deines Volkes entdecken, die gleichen Regungen der Liebe erfahren, und so werdet ihr verbunden sein. Denn ihr seid nicht einer mit dem anderen verbunden, sondern durch die verschiedenen Knoten, die die Dinge verknüpfen, und es kommt darauf an, daß es für alle die gleichen sind.

Und wenn ich sage »gleich«, so meine ich nicht, daß es jene Ordnung zu schaffen gilt, die aus Mangel und Tod besteht, wie bei aufgereihten Steinen oder im Gleichschritt marschierenden Soldaten. Ich sage, daß ich euch darin geübt habe, die gleichen Gesichter zu erkennen und so die gleichen Regungen der Liebe zu erfahren.
Denn ich weiß jetzt, daß Liebe Wiedererkennen heißt und daß dies die Erkenntnis der Gesichter bedeutet, die sich durch die Dinge hindurch ablesen lassen. Die Liebe ist nichts anderes als die Erkenntnis der Götter.
Sobald dir das Landgut, das Bildwerk, das Gedicht, das Reich, die Frau oder Gott, durch das Mitleid mit den Menschen, für einen Augenblick geschenkt werden, so daß du sie in ihrer Einheit erfassest, heiße ich Liebe jenes Fenster, das sich dann in dir geöffnet hat. Und ich heiße es Tod deiner Liebe, wenn es für dich nur noch eine Anhäufung gibt. Und doch hat sich all das nicht verändert, was dir durch die Sinne dargeboten wird.
Und so sage ich dir, daß alle die nicht mehr miteinander in Verbindung stehen können – es sei denn, sie haben wie das Tier nur das Gebräuchliche im Sinn –, die auf die Götter verzichteten: sie sind nur noch Vieh, das heimgekehrt ist in seinen Stall.

Daher gilt es, alle die zu bekehren, die zu mir kommen und schauen, ohne zu sehen. Denn nur dann wird es licht und weit in ihnen werden. Und nur dann werden sie nackt sein. Denn wonach solltest du, wenn du nicht darauf aus bist, deinen Bauch zu befriedigen, Verlangen tragen, und wo solltest du hingehen, und wo könnte das Feuer deiner Freude entstehen?
Einen bekehren heißt, ihn den Göttern zuwenden, damit er sie sehe.
Und ich habe keine Brücke, die es mir gestattet, mich dir verständlich zu machen. Wenn du die Landschaft anschaust und ich dir darin mit ausgestrecktem Stock mein Landgut zeige, vermag ich nicht meine Liebe durch irgendeine Be-

wegung in dich zu verpflanzen, denn dann würde es dir allzu leicht fallen, dich in Rührung zu versetzen. Und so würdest du an den Tagen, an denen dich die Langeweile plagt, hinauf in die Berge gehen und dort einen Stock im Kreise schwingen, um dich zu begeistern.

Ich kann nicht meine Herrschaft an dir erproben. Und deshalb glaube ich an Taten. Denn ich habe die Menschen immer für blind und kindlich gehalten, die den Gedanken von der Tat unterscheiden wollen. Es unterscheiden sich davon lediglich die Ideen, die sich in Handelsware verwandeln lassen.

Ich werde dir also einen Karren und Ochsen oder auch einen Dreschflegel für das Korn anvertrauen. Oder auch die Überwachung der Brunnenbauer. Oder die Olivenernte. Oder die Hochzeitsfeiern oder die Begräbnisse der Toten. Oder irgend etwas anderes, was dich in den unsichtbaren Bau eintreten läßt und seinen Kraftlinien unterwirft, und diese Kraftlinien werden dir die eine Gebärde erleichtern und die andere erschweren.

Du wirst also auf Verpflichtungen und Verteidigungen stoßen. Denn dieses Feld ist ungeeignet zum Pflügen, nicht aber das andere dort. Der Brunnen hier wird dieses Dorf retten, aber durch den anderen wird es krank werden. Jenes Mädchen steht vor der Hochzeit, und sein Dorf wird zum Lobgesang. Aber das andere Dorf beweint einen Toten. Und wenn du auch nur in eine Richtung deinen Faden ziehst, wird dir das ganze Muster zuteil. Denn der Ackersmann trinkt. Und der Brunnenbauer verheiratet seine Tochter. Und die Verheiratete ißt das Brot des einen und trinkt das Wasser des anderen, und alle feiern sie die gleichen Feste, beten sie zu den gleichen Göttern, beweinen sie die gleichen Toten. Und du wirst all das werden, was man in diesem Dorfe wird. Hernach wirst du mir sagen, wer in dir geboren wurde. Und erst, wenn er dir mißfällt, wirst du mein Dorf verleugnen.

Denn es gibt keinen müßigen Spaziergänger, dem es vergönnt wäre zu sehen. Die Anhäufung ist nichts, die sich allein den Blicken darbietet, und wie vermöchtest du im ersten

Anlauf den Gott zu erfassen, da er doch nur die Übung deines Herzens ist?

Und ich nenne das allein Wahrheit, was dich begeistert. Denn es gibt nichts, was sich nicht beweisen oder widerlegen ließe. Aber du zweifelst nicht an der Schönheit, wenn dir ein bestimmtes Gesicht gefällt. Du wirst mir dann sagen, es sei wahr, es sei schön. Das gilt auch für das Landgut oder das Reich, wenn es dich, sobald du es entdeckt hast, bereit werden läßt, dafür zu sterben. Wie sollten die Steine wahr sein, wirst du mir sagen, und nicht der Tempel?

Und wenn ich dich im Inneren des Klosters für das größte der Gesichte entflamme, nachdem ich dich vorgebildet habe, damit es sich dir zeigen kann – wie solltest du es zurückweisen? Wie könntest du mir sagen, die Schönheit im Gesicht sei wahr, nicht aber Gott in der Welt?

Denn glaubst du etwa, die Schönheit der Gesichter sei für dich etwas Natürliches? Und ich sage dir, daß das allein die Frucht deiner Lehrzeit ist. Denn ich bin noch keinem Blindgeborenen begegnet, der nach seiner Heilung sogleich durch ein Lächeln gerührt worden wäre. Auch das Lächeln muß man ihn erst lehren. Dir aber ist es von Jugend auf vertraut, daß ein gewisses Lächeln deine Freude vorbereitet, denn es beruht auf einer Überraschung, die man dir noch verbirgt. Oder daß ein gewisses Runzeln der Brauen deine Schmerzen vorbereitet, oder daß ein gewisses Beben der Lippen die Tränen oder ein gewisser Glanz der Augen einen mitreißenden Plan ankündigt, oder daß ein gewisses Neigen des Hauptes den Frieden anzeigt und das Vertrauen in seinen Armen.

Und aus deinen hunderttausend Erfahrungen baust du ein Bild – das Bild des vollkommenen Vaterlandes, das dich völlig zu empfangen und zu erfüllen und zu beleben vermag. Und so erkennst du es in der Menge und wirst lieber sterben, als es verlieren wollen.

Der Blitz hat dich ins Herz getroffen, aber dein Herz war bereit für den Blitz.

So ist es denn auch nicht die Liebe, von der ich dir sage, daß ihre Geburt auf sich warten läßt, denn sie kann Offenbarung des Brotes sein, wonach ich dich hungern lehrte. So habe ich das Echo in dir vorbereitet, das durch das Gedicht in dir widerhallen wird. Und das Gedicht erleuchtet dich, das einen anderen gähnen macht. Ich habe dir einen Hunger vorbereitet, der sich nicht kennt, und ein Verlangen, das für dich keinen Namen hat. Es ist ein Ganzes, das aus Wegen, aus Gefügen, aus Architektur besteht. Der Gott, der ihm bestimmt ist, wird es mit einem Schlage erwecken, und all diese Wege werden licht werden. Du freilich weißt nicht das Geringste davon, denn wenn du es kennen und suchen würdest, hieße das, daß es schon einen Namen trüge. Und daß du es schon gefunden hättest.

121*

Auf Grund einer falschen Algebra haben diese Dummköpfe geglaubt, daß es Gegensätze gebe. Und der Gegensatz zur Demagogie ist die Grausamkeit. Im Leben ist hingegen das Netz der Beziehungen so geknüpft, daß du stirbst, wenn du einen deiner beiden Gegensätze aufhebst.
Denn ich sage, daß das Gegenteil von irgend etwas der Tod und nichts als der Tod ist.
So geht es einem, der auf das Gegenteil der Vollkommenheit Jagd macht. Und er nimmt Streichung über Streichung vor, bis er dir den ganzen Text verbrennt. Denn nichts ist vollkommen. Aber einer, der die Vollkommenheit liebt, verschönert sie ständig.
So geht es einem, der auf das Gegenteil des Edelsinns Jagd macht. Und er verbrennt dir alle Menschen, denn keiner ist vollkommen.
So geht es einem, der seinen Feind vernichtet. Und er lebte von ihm. Also stirbt er daran. Der Gegensatz des Schiffes ist das Meer. Aber dieses hat ihm Vordersteven und Kiel geformt und geschärft. Und der Gegensatz des Feuers ist die Asche, aber sie hütet das Feuer.

* Notiz für später.

So geht es dem, der gegen die Knechtschaft kämpft und den Haß aufruft, statt daß er für die Freiheit kämpft und die Liebe aufruft. Und da es überall, in jeder Ordnung, Spuren der Knechtschaft gibt und du die Aufgabe, die den Fundamenten des Tempels obliegt, Knechtschaft nennen kannst – denn auf sie stützen sich die edlen Steine, die allein zum Himmel aufsteigen –, so bist du auch bereits gezwungen, von Folgerung zu Folgerung zu schreiten, bis du den Tempel völlig zerstört hast.
Denn die Zeder ist nicht Ablehnung und Haß gegen all das, was nicht Zeder ist, sondern Felsgestein, das die Zeder aufgesogen hat und zum Baume werden ließ.
Wenn du kämpfst gegen was immer es sei, wird dir die ganze Welt verdächtig werden, denn alles ist ein mögliches Obdach, ein möglicher Hinterhalt und eine mögliche Nahrung für deinen Feind.
Wenn du kämpfst, gegen was immer es sei, mußt du dich selber vernichten, denn ein Teil davon steckt in dir selbst, mag er auch noch so gering sein.
Denn die einzige Ungerechtigkeit, die ich begreife, ist jene, die der Schöpfung eignet. Und du hast nicht die Säfte zerstört, die den Dornenstrauch hätten nähren können, sondern du hast eine Zeder aufgebaut, die sie für sich verwandelt hat, und deshalb wird der Dornenstrauch nicht entstehen.
Wenn du zu einem bestimmten Baume wirst, wirst du nicht zu einem anderen. Und du bist ungerecht gewesen gegen die anderen.

Wenn deine Inbrunst erlischt, läßt du das Reich durch deine Polizisten fortbestehen. Aber wenn nur die Polizei es retten kann, so heißt das, daß das Reich schon gestorben ist. Denn mein Zwang besteht in der Macht der Zeder, die die Säfte der Erde in ihre Knoten einknüpft, nicht aber in der fruchtlosen Ausmerzung der Dornen und der Säfte, die sich gewiß den Dornen darboten, aber sich ebenso der Zeder dargeboten hätten.
Hast du schon erlebt, daß man gegen eine Auslese Krieg

führt? Die Zeder, die gedeiht und das Buschwerk unterdrückt, kümmert sich nicht um das Buschwerk. Sie weiß gar nichts von seinem Dasein. Sie kämpft für die Zeder und verwandelt das Buschwerk in Zeder.
Willst du die Menschen gegen etwas sterben lassen? Wer wird dann sterben wollen? Man will wohl töten, aber nicht sterben. Die Bejahung des Krieges ist nun aber die Bejahung des Todes. Und die Bejahung des Todes ist nur möglich, wenn du dich gegen etwas austauschst. Also in der Liebe.
Diese dort hassen ihre Mitmenschen. Und wenn ihnen Gefängnisse zu Gebote stehen, pferchen sie ihre Mitmenschen darin zusammen. So stärkst du nur deinen Feind, denn von den Gefängnissen geht größerer Glanz aus als von den Klöstern.
Wenn einer einkerkert oder hinrichtet, heißt das, daß er vor allem an sich selber zweifelt. Er merzt die Zeugen und die Richter aus. Aber du wirst nicht dadurch stark, daß du alle die ausmerzt, die dich schwach gesehen haben.
Wenn einer einkerkert und hinrichtet, heißt das auch, daß er seine Fehler auf andere abwälzt. Also daß er schwach ist. Denn je stärker du bist, um so mehr Fehler nimmst du auf deine eigene Rechnung. Sie werden dir zu einer Lehre, die deinem Siege dient. Als einer der Generäle meines Vaters sich hatte schlagen lassen und sich deswegen entschuldigte, fiel ihm dieser ins Wort: »Sei nicht so anmaßend, dir einzubilden, du hättest Fehler begehen können. Wenn ich einen Esel besteige, der sich verirrt, hat sich nicht der Esel getäuscht, sondern ich selber.«
Die Entschuldigung der Verräter, sagte mein Vater noch, besteht vor allem darin, daß es ihnen möglich wurde, Verrat zu üben.

122

Wenn mehrere Wahrheiten einleuchtend sind und sich unbedingt widersprechen, bleibt dir nichts anderes übrig, als deine Sprache zu wechseln.

Die Logik hilft dir nicht weiter, wenn du von einer Stufe auf eine andere übergehen willst. Du siehst nicht, was innere Sammlung bedeutet, wenn du von den Steinen ausgehst. Und wenn du von Sammlung in der Sprache der Steine redest, muß es dir mißlingen. Du mußt dir dieses neue Wort erfinden, um dir über eine gewisse Architektur deiner Steine klar zu werden. Es ist ja ein neues Wesen entstanden, das unteilbar, unerklärlich ist, denn erklären heißt darlegen. Und so taufst du es also mit einem Namen.

Wie könntest du über die Sammlung, über die Liebe, über das Landgut Überlegungen anstellen. Das sind keine Gegenstände, sondern Götter.

Ich habe einen gekannt, der sterben wollte, weil er die Legende von einem Lande im Norden hatte singen hören und ihm ungewisse Kunde kam, daß man in einer bestimmten Nacht des Jahres, auf knirschendem Schnee und unter den Sternen, dorthin wandert, Holzhäusern entgegen, die erleuchtet sind. Und wenn du nach deinem Gange in ihren Lichtschein trittst und dein Gesicht an ihre Scheiben drückst, entdeckst du, daß diese Helle von einem Baume kommt. Und man sagt dir, diese Nacht sei vom Geruche gefirnißten Holzes und vom Dufte des Wachses erfüllt. Und man sagt dir, die Gesichter in dieser Nacht seien anders als sonst. Denn sie erwarten ein Wunder. Und du siehst, wie die Alten alle ihren Atem anhalten und gebannt auf die Augen der Kinder schauen und sich auf großes Herzklopfen gefaßt machen. Denn in den Augen dieser Kinder wird etwas Unfaßbares geschehen, das nicht mit Gold aufzuwiegen ist. Das ganze Jahr hindurch hast du es aufgebaut: durch die Erwartung und durch Versprechen und vor allem durch deine wissenden Mienen und deine geheimen Anspielungen und die Unermeßlichkeit deiner Liebe. Und dann wirst du irgendein unscheinbares Spielzeug aus gefirnißtem Holz vom Baume nehmen und es dem Kinde reichen, wie es der Überlieferung deiner Bräuche entspricht. Und das ist der Augenblick. Und keiner wagt mehr zu atmen. Und das Kind klappt mit den Lidern, denn man hat es frisch aus dem Schlafe geholt. Und nun sitzt es auf deinen Knien mit dem frischen Geruch des Kindes, das man eben aus dem Schlafe geholt hat, und wenn es dir um den Hals fällt, bereitet es dir einen Brunnen fürs Herz, nach dessen Wasser dich dürstet. (Und das ist der große Kummer der Kinder, daß man ihnen einen Quell ausraubt, der in ihnen ist und den sie selbst nicht kennen und zu dem alle trinken kommen, die im Herzen gealtert sind, um wieder jung zu werden.) Aber es ist jetzt nicht die Zeit für Küsse. Und das Kind blickt auf den Baum, und du blickst auf das Kind. Denn wie eine seltene Blume, die einmal im Jahre unter dem Schnee hervorsprießt, gilt es, sein verwundertes Staunen zu pflücken.

Und sieh, da macht dich eine gewisse Farbe der Augen ganz glücklich. Sie werden dunkel, und plötzlich, sobald das Geschenk es berührt hat, umschlingt das Kind seinen Schatz, um innen sein Licht zu empfangen, so wie die Seeanemonen das tun. Und es würde fliehen, wenn du es fliehen ließest. Und du kannst nicht mehr hoffen, es einzuholen. Sprich nicht zu ihm, es hört dich nicht mehr.

Sage mir nur nicht, diese kaum veränderte Farbe sei ohne Gewicht. Denn selbst wenn sie für dein Jahr und den Schweiß deiner Arbeit und das Bein, das du im Kriege verloren hast, und deine durchgrübelten Nächte und die Kränkungen und Leiden, die du erduldetest, der einzige Lohn wäre – sie würde dich doch jetzt entschädigen und dich mit Staunen erfüllen. Denn du gewinnst bei diesem Tausch.

Und alle Vernunft reicht nicht aus, um die Liebe zum Landgut und die Stille des Tempels und diesen unvergleichlichen Augenblick zu ergründen.

Mein Soldat also wollte sterben. Er, der stets nur in Sonne und Sand gelebt hatte, der keinen Lichterbaum kannte, der kaum die Richtung nach Norden wußte, wollte sterben, weil man ihm gesagt hatte, daß irgendwo in der Welt durch irgendeinen Eroberer ein gewisser Duft des Wachses und eine gewisse Farbe der Augen bedroht seien; dabei entsann er sich kaum, daß sie ihm die Gedichte einstmals von fern zugetragen hatten, so wie der Wind einen schwachen Geruch mitführt. Und ich kenne keinen besseren Grund zum Sterben.

Denn es erweist sich, daß dich allein der göttliche Knoten nährt, der die Dinge verknüpft. Der der Meere und Mauern spottet. Und so bist du in deiner Wüste ganz glücklich, weil irgendwo in der Welt, in einer Richtung, die du nicht kennst, bei Fremden, von denen du nichts weißt, in einem Lande, von dem du nichts begreifst, eine Sehnsucht nach dem Bilde eines ärmlichen Dinges aus gefirnißtem Holze lebt – und weil dies Bild in eines Kindes Augen versinkt wie ein Stein in stillen Gewässern.
Und es erweist sich, daß die Nahrung, die du dadurch empfängst, die Mühe des Sterbens aufwiegt. Und daß ich Heere aufstellen würde, wenn ich es wünschte, um irgendwo in der Welt einen Duft von Wachs zu retten.

Aber ich werde kein Heer aufstellen, um Vorräte zu retten. Denn die sind etwas Fertiges, und von ihnen hast du nichts zu erwarten; sie könnten dich höchstens in mürrisches Vieh verwandeln.
Deshalb auch bist du, wenn deine Götter erlöschen, nicht mehr bereit zu sterben. Aber du wirst auch nicht mehr leben. Denn es gibt keine Widersprüche. Wenn Tod und Leben Worte sind, die sich die Zunge zeigen, so bleibt doch bestehen, daß du nur von etwas zu leben vermagst, wofür du auch sterben kannst. Und wer sich dem Tode versagt, versagt sich dem Leben.
Denn wenn nichts über dir ist, hast du nichts zu empfangen. Außer von dir selber. Was aber erhältst du schon von einem leeren Spiegel?

123

Ich möchte für dich sprechen, die du allein bist. Denn ich habe den Wunsch, dich mit diesem Lichte zu erfüllen.
Ich habe entdeckt, daß es möglich ist, dich in deiner Stille

und deiner Einsamkeit zu nähren. Denn die Götter spotten der Mauern und Meere. Und du bist dadurch reich, auch du, daß es irgendwo in der Welt nach Wachs duftet. Selbst wenn du nicht hoffen kannst, diesen Duft je zu atmen.
Doch um den Wert der Nahrung, die ich dir bringe, zu beurteilen, habe ich kein anderes Mittel, als dich selbst zu beurteilen. Zu was wirst du, wenn du sie empfangen hast? Ich will, daß du die Hände in der Stille faltest, wenn deine Augen dunkel geworden sind wie beim Kinde, sobald ich ihm den Schatz übergeben habe, der es zu verzehren beginnt. Denn auch mein Geschenk an das Kind bestand nicht aus einem Gegenstande: wenn einer aus drei Kieselsteinen eine Kriegsflotte bauen und sie mit Sturm bedrohen kann, und ich ihm einen Holzsoldaten schenke, so macht er daraus ein Heer und Hauptleute und Treue zum Reich und Härte der Disziplin und das Verdursten in der Wüste. Denn so ist es auch mit dem Musikinstrument, das etwas ganz anderes darstellt als ein Instrument; es ist vielmehr die Falle, mit der du deine Beute einfängst. Die niemals von gleicher Beschaffenheit wie die Falle ist. Und auch dich werde ich erleuchten, damit dein Kämmerlein hell und dein Herz bewohnt sei. Denn die schlafende Stadt, die du von deinem Fenster aus betrachtest, ist nicht die gleiche, wenn ich dir erst vom Feuer unter der Asche erzählt habe. Und der Weg, auf dem meine Schildwache die Ronde macht, ist nicht der gleiche, wenn er über das Vorgebirge des Reiches führt.
Wenn du dich hingibst, empfängst du mehr als du gibst. Denn du warst nichts und nun wirst du jemand. Und es kümmert mich wenig, ob sich die Worte die Zunge zeigen.

Ich werde für dich sprechen, die du allein bist, denn ich habe den Wunsch, dir einen Inhalt zu geben. Und wegen einer verrenkten Schulter oder eines schadhaften Auges fällt es dir vielleicht schwer, den Gatten leibhaftig in deinem Hause zu empfangen. Aber es gibt manch eine Gegenwart, die noch stärker ist, und ich habe beobachtet, daß der Krebskranke auf seinem Siechbett an einem Siegesmorgen nicht mehr der

gleiche war und daß seine Kammer wie erfüllt schien, obwohl die Dicke der Mauern den Hörnerklang abhielt.
Und was ist denn von draußen nach drinnen gedrungen? Nichts als der Knoten, der die Dinge verknüpft, der Sieg ist und aller Mauern und Meere spottet. Und warum sollte es nicht eine Gottheit geben, die noch heftiger brennt? Sie wird dein Herz in Brand setzen und dich treu und vortrefflich machen.

Denn die wahre Liebe verausgabt sich nicht. Je mehr du gibst, um so mehr verbleibt dir. Und wenn du dich anschickst, aus dem wahren Brunnen zu schöpfen, spendet er um so mehr, je mehr du schöpfst. Und der Duft des Wachses ist wahr für alle. Und wenn eine andere ihn gleichfalls atmet, wird es dir selber zugute kommen, daß sie dadurch reicher wurde.
Aber jener leibhaftige Gatte deines Hauses wird dich ausplündern, wenn er anderswo lächelt, und so wird er dich liebesmüde machen.
Und deshalb werde ich dich besuchen. Und ich brauche mich dir nicht zu erkennen geben. Ich bin der Knoten, der das Reich zusammenhält, und ich habe für dich ein Gebet ersonnen. Und ich bin der Schlußstein einer bestimmten Freude an den Dingen. Und ich verknüpfe dich. Und so bist du nicht mehr einsam.
Und wie solltest du mir nicht folgen? Ich bin ja nichts anderes mehr als du selbst. So ist es mit der Musik, die ein bestimmtes Gefüge in dir aufbaut. Durch sie wirst du entflammt. Und die Musik ist weder wahr noch falsch. Du selber begannst zu werden.
Ich will dich nicht verlassen sehen in deiner Vollkommenheit. Bitter und verlassen. Ich werde die Inbrunst in dir wekken, die nur gibt und niemals ausplündert, denn die Inbrunst verlangt weder Eigentum noch Gegenwart.
Doch das Gedicht ist aus Gründen schön, die nicht auf Logik beruhen, da sie einer anderen Ebene angehören. Und es ist um so ergreifender, je mehr es dich in der Weite heimisch

werden läßt. Denn es gibt einen Ton, der sich aus dir gewinnen läßt und den du nicht wiedergeben kannst, aber nicht alle Töne haben den gleichen Wert. Es gibt schlechte Musik, die dir mittelmäßige Wege im Herzen öffnet. Und der Gott ist schwach, der dir so erscheint.

Aber es gibt Besuche, nach denen du schlafend zurückbleibst, weil du so sehr geliebt hast.

Und deshalb habe ich für dich, die du allein bist, dieses Gebet ersonnen.

124

Gebet der Einsamkeit.

Erbarme Dich meiner, o Herr, denn meine Einsamkeit lastet auf mir. Es gibt nichts, auf das ich wartete. Hier bin ich in dieser Kammer, in der nichts zu mir spricht. Und doch wünsche ich nicht die Gegenwart der Menschen herbei, denn ich weiß mich noch verlorener, wenn ich in der Menge untertauche. Aber sieh jene andere, die mir gleicht und die sich in eben solch einer Kammer befindet und sich doch glücklich fühlt, wenn die Menschen, denen ihre Zärtlichkeit gehört, anderswo im Hause geschäftig sind. Sie hört sie nicht und sieht sie nicht. Sie empfängt nichts von ihnen im Augenblick. Aber um glücklich zu sein, genügt es ihr zu wissen, daß ihr Haus bewohnt ist.

Herr, auch ich erwarte nicht etwas, das ich sehen oder hören könnte. Deine Wunder sind nicht für die Sinne. Doch um mich zu heilen, genügt es, wenn Du meinen Geist erleuchtest, so daß ich mein Heim verstehe.

Wenn der Wanderer in seiner Wüste einem bewohnten Hause angehört, Herr, so freut er sich dessen, obwohl er weiß, daß es am anderen Ende der Welt liegt. Keine Entfernung hält ihn davon ab, sich von ihm nähren zu lassen, und wenn er stirbt, stirbt er in der Liebe... Ich erwarte also nicht einmal, Herr, daß mir mein Heim nahe sei.

Sieh den Spaziergänger, dem in der Menge ein Gesicht auffällt. Er verwandelt sich, selbst wenn das Gesicht für ihn nicht bestimmt ist. So geht es jenem Soldaten, der in die Königin verliebt ist. Er wird Soldat einer Königin. Ich erwarte also nicht einmal, Herr, daß mir jenes Heim verheißen sei.

Auf den weiten Meeren gibt es glühende Schicksale, die sich einer gar nicht vorhandenen Insel geweiht haben. Sie singen, während sie auf dem Schiffe sind, die Hymne der Insel und fühlen sich glücklich dabei. Nicht die Insel ist es, die sie glücklich macht, sondern der Gesang. Ich erwarte also nicht einmal, Herr, daß jenes Heim überhaupt bestehe...
Die Einsamkeit, Herr, ist nur Frucht des Geistes, wenn er krank ist. Er bewohnt nur ein Vaterland, das der Sinn der Dinge ist. So ist es mit dem Tempel, wenn er Sinn der Steine ist. Nur für diesen Raum hat der Geist Flügel. Er freut sich nicht über die Dinge, sondern allein über das Gesicht, das man durch sie hindurch erkennt und das sie miteinander verknüpft. Gib nur, daß ich zu erkennen lerne.
Dann, Herr, wird meine Einsamkeit überstanden sein.

125

Denn wie die Kathedrale aus einer bestimmten Anordnung der Steine besteht, die sich alle gleichen, jedoch auf Grund von Kraftlinien verteilt sind, deren Gefüge den Geist anspricht, so gibt es auch ein Zeremoniell meiner Steine. Und die Kathedrale ist mehr oder weniger schön.
Ebenso ist die Liturgie meines Jahres eine bestimmte Anordnung von Tagen, die sich zunächst alle gleichen, jedoch auf Grund von Kraftlinien verteilt sind, deren Gefüge den Geist anspricht. Und jetzt gibt es Tage, an denen du fasten mußt, andere, an denen ihr aufgefordert werdet, euch zu vereinigen, andere, an denen man nicht arbeiten darf. Und das sind meine Kraftlinien, auf die du stößt, ebenso wie es

ein Zeremoniell meiner Tage gibt. Und das Jahr ist mehr oder weniger von Leben erfüllt.
Ebenso gibt es ein Zeremoniell für die Züge des Gesichts. Und das Gesicht ist mehr oder weniger schön. Und ein Zeremoniell meines Heeres. Denn diese Bewegung ist dir darin möglich, nicht aber jene andere, durch die du auf meine Kraftlinien stößt. Und du bist Soldat eines Heeres. Und das Heer ist mehr oder weniger stark.
So gibt es ein Zeremoniell meines Dorfes, denn sieh, jetzt ist Festtag, oder es läutet die Totenglocke, oder es ist die Stunde der Weinlese, oder es gilt, die Mauer gemeinsam zu bauen, oder es herrscht Hungersnot in der Gemeinde, und es gilt, das Wasser in der Dürre zu teilen, und jener volle Schlauch ist nicht für dich allein bestimmt. Und so gehörst du einem Vaterlande an. Und das Vaterland spendet dir mehr oder weniger Wärme.
Und ich kenne nichts auf der Welt, was nicht zunächst Zeremoniell wäre. Denn versprich dir nichts von einer Kathedrale ohne Architektur, einem Jahr ohne Feste, einem Gesicht ohne Ebenmaß, einem Heer ohne Dienstvorschrift oder einem Vaterland ohne Bräuche. Du wüßtest nicht, was du mit deinen Baustoffen anstellen solltest.
Oder willst du etwa behaupten, jenes Durcheinander von Dingen sei die Wirklichkeit und jenes Zeremoniell ein Trugbild? Da ja auch ein Ding das Zeremoniell seiner Teile ist. Warum sollte nach deiner Ansicht das Heer weniger wirklich als ein Stein sein? Ich habe jedoch Stein ein gewisses Zeremoniell des Staubes genannt, aus dem sich der Stein zusammensetzt. Und Jahr das Zeremoniell der Tage. Warum sollte das Jahr weniger wahr als der Stein sein?
Diese da haben nur die einzelnen entdeckt. Und gewiß ist es gut, wenn die einzelnen gedeihen und sich nähren und sich kleiden und nicht übermäßig leiden. Aber das Wesentliche an ihnen stirbt, und sie sind nur ein Durcheinander von Steinen, wenn du nicht in deinem Reiche ein Zeremoniell der Menschen begründest.

Denn andernfalls ist der Mensch nichts mehr. Und du wirst dann deinen Bruder, wenn er stirbt, nicht heftiger beklagen als ein Hund, wenn ein anderer vom gleichen Wurf ertrinkt. Aber du wirst auch keine Freude an der Heimkehr deines Bruders haben. Denn die Heimkehr deines Bruders muß sich einem Tempel einfügen, der dadurch schöner wird, und der Tod des Bruders muß ein Einsturz im Tempel sein.

Und bei den Flüchtlingen aus der Berberei habe ich nicht beobachtet, daß sie ihre Toten beweint hätten.

Wie könnte ich dir begreiflich machen, was ich suche? Es handelt sich nicht mehr um einen Gegenstand, der zu den Sinnen, sondern der zum Geiste spricht. Verlange nicht von mir, ich sollte das Zeremoniell rechtfertigen, das ich auferlege. Die Logik steht mit den Dingen auf einer Stufe und nicht mit dem Knoten, der sie verknüpft. Hier habe ich keine Sprache mehr.

Du hast sie gesehen, die Raupen, wie sie ohne Augen dem Licht entgegenwanderten oder den Baum emporklommen. Und du, der du sie als Mensch beobachtest, findest Worte für jenes Wohin, dem sie zustreben. Du folgerst: »Licht« oder »Gipfel«. Sie aber wissen davon nichts. So empfängst du auch etwas von meiner Kathedrale, von meinem Jahre, meinem Gesichte, meinem Vaterlande: siehe, das ist deine Wahrheit; und dein Wind der Worte kümmert mich wenig, er taugt nur für die Dinge. Du bist Raupe. Du begreifst nicht, was du suchst.

Wenn du also aus meiner Kathedrale, aus meinem Jahre, aus meinem Reiche verschönt, geheiligt oder von einer unsichtbaren Speise genährt hervorgingest, würde ich mir sagen: Hier ist eine schöne Kathedrale für Menschen. Ein schönes Jahr. Ein schönes Reich. Selbst wenn ich nicht weiß, welche Betrachtungen ich anstellen sollte, um die Ursache zu erfahren.

Ich habe nur gleich der Raupe etwas gefunden, was für mich bestimmt ist. So geht es einem Blinden im Winter, der mit ausgestreckten Händen das Feuer sucht. Und er findet es.

Und er legt seinen Stecken nieder und setzt sich nahe heran, mit gekreuzten Beinen. Obwohl er nichts vom Feuer weiß, in der Art, wie du etwas weißt, der du sehen kannst. Er hat die Wahrheit seines Leibes gefunden, denn du kannst ihn beobachten, wie er nicht von der Stelle weicht.
Und wenn du meiner Wahrheit vorwirfst, sie sei keine Wahrheit, werde ich dir vom Tode des einzigen wahren Mathematikers, meines Freundes, erzählen, der mich bat, ihm beizustehen, als er sich zum Sterben rüstete.

126

Ich kam also zu ihm mit meinen langsamen Schritten, denn ich liebte ihn.
– Mathematiker, mein Freund, ich werde zu Gott für dich beten.
Aber er war müde, da er gelitten hatte.
– Sorge dich nicht um meinen Leib. Mein Bein ist tot, und mein Arm ist tot, und so bin ich wie ein alter Baum. Laß den Holzfäller nur sein Werk tun...
– Sehnst du dich nach nichts zurück, Mathematiker?
– Wonach sollte ich mich zurücksehnen? Ich bewahre das Andenken an einen kräftigen Arm und ein kräftiges Bein. Doch das ganze Leben ist Geburt. Und man paßt sich dem an, was man ist. Hast du dich jemals nach deiner frühen Kindheit, nach deinen fünfzehn Jahren oder nach dem reifen Mannesalter zurückgesehnt? Jene Sehnsüchte sind Sehnsüchte eines schlechten Dichters. Es liegt keine Sehnsucht darin, nur die Süße der Schwermut, die nicht Leiden ist, und der Duft, der im Gefäß einer verdunsteten Flüssigkeit zurückbleibt. Gewiß beklagst du dein Auge an dem Tage, an dem du es verlierst, denn jede Wandlung ist schmerzlich. Aber es ist nicht erschütternd, wenn man mit einem einzigen Auge durchs Leben geht. Und ich habe Blinde lachen gesehen.
– Man kann seines Glückes gedenken...

– Und was erscheint dir leidvoll dabei? Gewiß sah ich manchen unter der Trennung von seiner Geliebten leiden, die für ihn Sinn der Tage, der Stunden und Dinge war. Denn sein Tempel stürzte ein. Doch jenen anderen habe ich nicht leiden gesehen, der den Rausch der Liebe gekannt hatte, dann aber das Heim seiner Freuden verlor, da er zu lieben aufhörte. Und genau so steht es mit einem, den das Gedicht ergriff, später aber langweilte. Wo siehst du ihn leiden? Wenn der Geist schläft, lebt der Mensch nicht mehr. Denn Langeweile ist keine Sehnsucht. Die Sehnsucht nach Liebe ist immer noch Liebe... Und wenn keine Liebe mehr da ist, gibt es auch keine Sehnsucht nach Liebe mehr. Du begegnest dann nur noch der Langeweile, die mit den Dingen auf gleicher Stufe steht, denn diese haben dir nichts zu geben. Die Bausteine meines Lebens stürzen im gleichen Augenblick zusammen, in dem der Schlußstein ihres Gewölbes fortfällt; es ist das das Leiden der Wandlung, und wie sollte ich es kennenlernen? Da sich mir jetzt erst der wahre Schlußstein und die wahre Bedeutung offenbart und jene Bausteine niemals mehr Sinn besessen haben, als sie jetzt dadurch empfangen. Und wie sollte ich die Langeweile kennenlernen, da es eine gebaute und vollendete Basilika gibt, die sich endlich für meine Augen erhellt hat.

– Was sagst du mir da, Mathematiker! Die Mutter kann wehklagen, wenn sie des toten Kindes gedenkt.

– Gewiß, im Augenblick, da sie es verliert. Denn die Dinge verlieren ihren Sinn. Die Milch steigt der Mutter hoch, und es gibt kein Kind mehr. Das Geheimnis bedrückt dich, das für die Liebste bestimmt ist, und es gibt keine Liebste mehr. Und was kannst du mit der Liebe zum Landgut anfangen, wenn du von einem Landgut stammst, das verkauft und aufgeteilt ist? Es ist die Stunde der Wandlung, die stets schmerzhaft ist. Aber du täuschst dich, denn die Worte verwirren die Menschen. Es kommt die Stunde, in der die alten Dinge ihren Sinn erhalten, der darin bestand, dir zum Werden zu verhelfen. Es kommt die Stunde, in der du dich dadurch reich fühlst, daß du einstmals geliebt hast. Und darin besteht die Schwermut, und sie ist süß. Es kommt die Stunde, in der die Mutter, da sie gealtert ist, ein ergreifenderes Gesicht und ein helleres Herz ihr eigen nennt, obwohl sie es nicht einzugestehen wagt; denn sie hat genausoviel Angst vor den Worten, wie ihr das Andenken ihres toten Kindes teuer ist. Hast du jemals eine Mutter sagen hören, sie hätte ihr Kind lieber nicht gekannt und nicht gestillt und nicht geherzt?

Nachdem der Mathematiker lange geschwiegen hatte, sagte er mir noch:

– So wird mir mein Leben, das nach rückwärts wohlgeordnet ist, heute schon zur Erinnerung...

– Oh, Mathematiker, mein Freund, sage mir die Wahrheit, die dir die Seele so heiter stimmt...

– Eine Wahrheit erkennen, heißt vielleicht nur, sie im Schweigen zu sehen. Die Wahrheit erkennen, heißt vielleicht nur, endlich das Recht zur ewigen Ruhe zu haben. Ich pflege zu sagen, daß der Baum wahr ist, der eine bestimmte Beziehung zwischen seinen Teilen darstellt. Sodann der Wald, der eine bestimmte Beziehung zwischen den Bäumen darstellt. Sodann das Landgut, das eine bestimmte Beziehung zwischen den Bäumen und den Ebenen und den anderen Bestandteilen des Landguts darstellt. Sodann das Reich, das eine bestimmte Beziehung zwischen den Landgütern und Städten und anderen Bestandteilen des Reiches darstellt. Sodann Gott, der eine vollkommene Beziehung zwischen den Reichen und allem, was es in der Welt gibt, darstellt. Gott ist ebenso wahr wie der Baum, obwohl er schwer zu lesen ist. Und ich habe keine Fragen mehr zu stellen. Er überlegte:

– Ich kenne keine andere Wahrheit. Ich kenne nur Gefüge, die mir mehr oder minder geeignet erscheinen, um die Welt in Worte zu fassen. Aber...

Er schwieg lange diesmal, und ich wagte nicht, ihn zu unterbrechen.

– Indessen schien es mir zuweilen, daß die Wahrheit mit etwas Ähnlichkeit hatte...

– Was willst du damit sagen?

– Wenn ich suche, habe ich gefunden, denn der Geist verlangt nur nach den Dingen, die er besitzt. Finden heißt sehen. Und wie sollte ich das suchen, was für mich noch keinen Sinn hat? Ich sagte dir schon, die Sehnsucht nach Liebe ist Liebe. Und keiner leidet unter dem Verlangen nach etwas, was er nicht begriffen hat. Und doch habe ich auch Sehnsucht nach Dingen verspürt, die noch keinen Sinn hatten. Warum wäre ich sonst Wahrheiten nachgegangen, die ich nicht begreifen konnte? Ich habe, um zu unbekannten Brunnen zu gelangen, geradlinige Wege gewählt, die einer Heimkehr glichen. Ich hatte den Instinkt, der mich meinen Gefügen entgegenführte, wie deine Raupen, die ihre Sonne blind macht.

– Und wenn du einen Tempel baust und er schön ist, wem gleicht er dann?

Und wenn du über das Zeremoniell der Menschen Gesetze erläßt und dieses die Menschen begeistert, so wie das Feuer deinen Blinden erwärmt, wem gleicht es dann? Denn die Tempel sind nicht alle schön, und manch ein Zeremoniell erweckt keine Begeisterung.

Aber die Raupen kennen ihre Sonne nicht, die Blinden kennen ihr Feuer nicht, und du kennst das Gesicht nicht, das dir als Vorbild dient, wenn du einen Tempel baust, der das Herz der Menschen erhebt.

Es gab für mich ein Gesicht, das mich von der einen Seite erleuchtete und nicht von der anderen, denn es zwang mich, sich ihm zuzuwenden. Aber ich kannte es noch nicht...

Damals geschah es, daß meinem Mathematiker Gott sich zeigte.

127

Niedrige Handlungen erwecken zu ihrer Durchführung niedrige Seelen. Edle Handlungen edle Seelen.

Niedrige Handlungen lassen sich durch niedrige Motive ausdrücken. Edle Handlungen durch edle Motive.

Wenn ich verraten lasse, werde ich durch Verräter verraten lassen.

Wenn ich bauen lasse, werde ich durch Maurer bauen lassen.
Wenn ich die Waffen strecke, werde ich die Übergabe durch Feiglinge unterzeichnen lassen.
Wenn ich sterben lasse, werde ich den Krieg durch Helden erklären lassen.

Denn es ist offensichtlich: wenn es verschiedene Richtungen gibt und eine den Sieg davonträgt, so wird derjenige, der sich am lautesten für diese Richtung eingesetzt hat, die Verantwortung übernehmen. Und wenn es sich herausstellt, daß die gebotene Richtung erniedrigend ist, so wird dich derjenige dorthin führen, der sie schon zu einer Zeit, als sie noch nicht geboten war, aus bloßer Niedrigkeit herbeiwünschte.
Es ist schwierig, die Übergabe durch die Heldenmütigsten entscheiden zu lassen und desgleichen, die Wahl des Opfers den größten Feiglingen aufzuerlegen.

Und wenn eine Handlung geboten ist, obwohl sie von einem bestimmten Gesichtspunkt aus erniedrigend ist – da alles mehrere Seiten hat –, werde ich den nach vorne stoßen, der am meisten stinkt und am wenigsten Ekel bekundet. Ich wähle dafür nicht Leute, die eine empfindliche Nase haben, sondern Kehrichtsammler.

Das gilt bei Verhandlungen mit meinem Feinde, wenn er Sieger ist. Ich werde, um sie zu führen, den Freund des Feindes auswählen. Aber komme mir nur nicht mit dem Vorwurf, ich brächte dem einen Achtung entgegen oder unterwürfe mich aus freien Stücken dem anderen.

Denn das ist gewiß: Wenn du meine Kehrichtsammler aufforderst, sich zu erklären, werden sie dir sagen, sie sammelten den Kehricht, weil sie am Geruch des Unrats ihre Freude hätten. Und mein Henker wird dir sagen, er enthaupte aus Freude am Blute.

Doch du würdest dich täuschen, wenn du mich, der ich sie antreibe, nach ihrer Sprache beurteilen wolltest. Denn mein Abscheu vor dem Unrat und meine Vorliebe für glänzende Fußböden ließen mich die Kehrichtsammler herbeiholen. Und mein Abscheu vor vergossenem Blute, wenn es unschuldig ist, hat mich genötigt, einen Henker zu erfinden.

Und nun höre nicht auf die Reden der Menschen, wenn es dein Wunsch ist, sie zu verstehen. Denn wenn ich mich für den Krieg und das Opfer des Lebens entschieden habe, um die Speicher des Reiches zu retten, werden sich die Heldenmütigsten nach vorne drängen, um den Tod zu predigen; und so werden sie dir allein von der Ehre und dem Ruhm des Sterbens reden. Denn keiner stirbt für einen Speicher.
Und ebenso ist es mit der Liebe zum Schiffe, die sich beim Nagelschmied in Liebe zu den Nägeln verwandelt.
Und wenn ich mich für den Frieden entschieden habe, um einen Teil der gleichen Speicher vor völliger Plünderung zu bewahren, bevor das Feuer alles zerstört hat, wonach es dann nicht mehr die Frage: Krieg oder Frieden, sondern nur noch den Todesschlaf gäbe, so werden sich diejenigen nach vorne drängen, um den Frieden zu unterzeichnen, die am wenigsten gegen den Feind eingenommen sind. Und so werden sie dir von der Schönheit seiner Gesetze und der Gerechtigkeit seiner Entscheidungen reden. Und sie werden an das glauben, was sie sagen. Es ging aber um ganz etwas anderes.
Wenn ich etwas verweigern lasse, so wird derjenige verweigern, der alles verweigern würde. Wenn ich etwas bewilligen lasse, so wird derjenige bewilligen, der alles bewilligen würde.

Denn das Reich ist etwas Mächtiges und Gewichtiges, das sich nicht in einen Wind von Worten übertragen läßt. Heute nacht betrachtete ich hoch oben von meiner Terrasse dieses schwarze Land, in dem Tausende und aber Tausende schlafen oder wachen: Glückliche oder Unglückliche, Befriedigte oder

Unbefriedigte, Zuversichtliche oder Verzweifelte. Und ich wurde vor allem gewahr, daß das Reich keine Stimme besaß, denn es ist ein großer Riese ohne Sprache. Und wie könnte ich das Reich mit seinen Wünschen, seiner Inbrunst, seinen Müdigkeiten, seinen Rufen auf dich übertragen, wenn ich nicht einmal Worte zu finden vermag, die das Gebirge auf dich übertragen könnten, der du nie etwas anderes als das Meer gekannt hast.

Sie alle sprechen im Namen des Reiches, die einen anders als die anderen. Und sie haben recht, daß sie im Namen des Reiches zu sprechen versuchen. Denn es ist gut, wenn man für diesen Riesen ohne Sprache einen Ruf findet, den er ausstoßen kann.

Und ich habe es dir schon von der Vollendung gesagt. Die schöne Hymne entsteht aus den verfehlten Hymnen, denn wenn sich niemand im Gesange übt, können auch keine schönen Gesänge entstehen.

So widersprechen sich alle, denn es gibt noch keine Sprache, das Reich in Worte zu fassen. Laß sie nur reden. Höre sie dir alle an. Sie sind alle im Recht. Aber sie sind noch nicht hoch genug auf ihre Berge gestiegen, damit ein jeder verstehen kann, daß auch der andere im Recht ist.

Und wenn sie damit beginnen, sich zu zerfleischen, sich in Gefängnisse zu werfen und einander zu töten, so tun sie das, weil sie Verlangen tragen nach einem Worte, das sie noch nicht zu formen wußten.

Und ich verzeihe ihnen, wenn sie lallen.

128

Du fragst mich: Warum findet sich dieses Volk damit ab, sich versklaven zu lassen, und setzt seinen Kampf nicht fort bis zum letzten Mann?

Es ist aber geboten, das Opfer aus Liebe, das edel ist, vom Selbstmord aus Verzweiflung zu unterscheiden, der niedrig oder gemein ist. Für das Opfer bedarf es eines Gottes – wie

des Landguts oder der Gemeinschaft oder des Tempels –, der den Teil empfangen kann, den du hingibst und in dem du dich austauschst. Einige können sich bereit finden, für alle zu sterben, auch wenn ihr Tod nutzlos wäre. Aber das ist er nie. Denn die anderen werden durch ihn verschönt, ihr Auge wird heller, und ihr Geist nimmt an Weite zu.
Welcher Vater wird sich nicht aus der Umschlingung deiner Arme losreißen, um sich in den Abgrund zu stürzen, in dem sein Sohn ertrinkt? Du wirst ihn nicht zurückhalten können. Aber wäre es dein Wunsch, sie gemeinsam versinken zu sehen? Wer wird reicher werden durch den Verlust ihres Lebens?
Die Ehre ist eine Ausstrahlung nicht des Selbstmordes, sondern des Opfers.

129

Wenn du mein Werk beurteilst, wünsche ich, daß du mir davon sprichst, ohne mich selbst in dein Urteil einzuschalten. Denn wenn ich ein Gesicht meißele, tausche ich mich in ihm aus und diene ihm. Und es ist nicht das Gesicht, das mir dient. Und in der Tat setze ich alles, sogar mein Leben aufs Spiel, um meine Schöpfung zu vollenden.
Spare also nicht mit deiner Kritik, aus Angst, du könntest mich in meiner Eitelkeit verletzen, denn es ist keine Eitelkeit in mir. Die Eitelkeit hat für mich keinen Sinn, da es nicht um meine Person geht, sondern um dieses Gesicht.
Zeigt es sich aber, daß dich dieses Gesicht verwandelt hat, da es dir etwas mitteilen konnte, so sei auch dann nicht sparsam in deinen Äußerungen, aus Angst, du könntest meine Bescheidenheit verletzen. Denn es ist keine Bescheidenheit in mir.
Es ging um ein Zielschießen, dessen Sinn uns beherrscht; und es ist gut, wenn wir darin zusammenwirken. Ich als Pfeil, du als Scheibe.

130

Wenn ich sterben werde.
Herr, ich komme zu Dir, denn ich habe in Deinem Namen den Acker bestellt. Dein ist die Saat.
Ich habe diese Kerze gebildet. An Dir ist es, sie anzuzünden.

Ich habe diesen Tempel gebaut. An Dir ist es, sein Schweigen zu bewohnen.

Denn die Beute ist nicht für mich bestimmt. Ich habe nur die Falle gestellt. Ich habe nur diese Haltung eingenommen, um dadurch angefeuert zu werden. Und ich habe gemäß Deinen göttlichen Kraftlinien einen Menschen gebildet, damit er gehen kann. An Dir ist es, dieses Gefährt zu benutzen, wenn Du Deinen Ruhm darin findest.

Als ich droben auf den Wällen stand, seufzte ich tief. Lebewohl, mein Volk, dachte ich. Ich habe mich meiner Liebe entäußert und werde nun schlafen gehn. Ich bin jedoch unbesieglich, wie das Samenkorn unbesieglich ist. Ich habe nicht alle Seiten meines Gesichtes in Worte gefaßt. Aber erschaffen bedeutet nicht, aussprechen. Ich habe mich vollständig ausgedrückt, wenn ich einen Ton wiedergab, der dieser hier und kein anderer ist. Wenn ich eine Haltung festhielt, die diese hier und keine andere ist. Wenn ich einen Gärstoff in den Teig einführte, der dieser Gärstoff und kein anderer ist. Ihr seid fortan alle aus mir hervorgegangen, denn wenn es für euch darum geht, eine Tat unter anderen auszuwählen, werdet ihr auf die unsichtbare Lenkung stoßen, die euch meinen Baum entfalten und euch werden läßt, wie es mir gemäß ist.
Gewiß werdet ihr euch frei fühlen, während ich nicht mehr bin. Aber so wie der Fluß frei ist, dem Meere zuzustreben, oder wie der losgelassene Stein frei ist, zu Boden zu fallen.

Setzt Zweige an. Bringt eure Blüten und Früchte hervor. Zur Ernte wird man euch wiegen.

Mein geliebtes Volk, sei getreu von Geschlecht zu Geschlecht, wenn ich dein Erbe vermehrt habe.

Und während ich betete, machte die Schildwache ihre hundert Schritte. Und ich dachte nach.

Mein Reich überantwortet mir Schildwachen, die Wache halten. So habe ich dieses Feuer entfacht, das in der Schildwache zur Flamme der Wachsamkeit wird.

Und schön ist mein Soldat, wenn er Ausschau hält.

131

Denn ich verwandle euch die Welt wie das Kind mit seinen drei Kieselsteinen, wenn ich ihnen verschiedene Werte und eine andere Rolle im Spiel zuteile. Und für das Kind beruht die Wirklichkeit weder auf den Kieseln noch auf den Regeln, die nur eine geeignete Falle darstellen, sondern allein auf der Inbrunst, die durch das Spiel entsteht. Und auch die Kieselsteine wiederum werden dadurch verwandelt. Und was könntest du mit deinen Dingen anfangen, mit deinem Hause, mit deinen Liebesgefühlen, mit den Geräuschen, die für deine Ohren, und den Bildern, die für deine Augen bestimmt sind, wenn sie nicht zu Baustoffen meines unsichtbaren Palastes werden, der sie verwandelt?
Aber die Menschen, die ihren Dingen keinerlei Geschmack abgewinnen, da es an einem Reiche fehlt, das diese zu beseelen vermöchte, erzürnen sich über die Dinge als solche. Woher kommt es nur, daß mich der Reichtum nicht reicher macht, jammern sie, und schließen daraus, daß nichts anderes übrigbleibe, als den Reichtum zu vermehren, da er nie ausreiche. Und sie raffen noch weitere Schätze zusammen, um davon noch stärker bedrückt zu werden. Und so werden sie grausam in ihrem unheilbaren Verdruß. Denn sie wissen nicht, daß sie etwas anderes suchen, da sie ihm nicht begeg-

net sind. Sie sind einem Manne begegnet, der sich überglücklich zeigte, weil er einen Liebesbrief las. Sie lehnen sich über seine Schulter, und da sie bemerken, daß seine Freude von schwarzen Buchstaben auf weißem Papier herrührt, gebieten sie ihren Sklaven, sich in tausend Zusammenstellungen schwarzer Zeichen auf weißem Papier zu üben. Und sie peitschen die Sklaven, weil diesen der Talisman nicht gelingt, von dem sie ihr Glück erhoffen.
Ach, sie kennen nichts von dem, was in den Dingen den gegenseitigen Widerhall weckt. Sie leben in der Wüste ihres Steinhaufens.
Aber ich komme und baue daraus den Tempel. Und die gleichen Steine spenden ihnen die Seligkeit.

132

Denn ich machte sie für den Tod empfänglich. Ohne es im übrigen zu bedauern. Denn so wurden sie für das Leben empfänglich. Aber wenn ich das Erstgeburtsrecht bei dir einführte, würdest du sicherlich mehr Gründe finden, deinen Bruder zu hassen, ihn aber zugleich auch zu lieben und zu beweinen. Selbst wenn er dich auf Grund meines Gesetzes um dein Erbteil gebracht hätte. Denn so stirbt der ältere Bruder, was einen Sinn in sich birgt, ist er doch der Verantwortliche und das Oberhaupt und der Mittelpunkt des Stammes. Und wenn du sterben solltest, so beweint er sein Schäflein, den Bruder, dem er half, den er liebhatte, dem er im Scheine der abendlichen Lampe seine Ratschläge gab.

Aber wenn ich euch, den einen im Verhältnis zum anderen, gleich und frei gemacht habe, so wird sich nichts durch den Tod verändern und ihr werdet keine Tränen vergießen. Bei meinen Kriegern, die im Kampfe standen, habe ich es genau beobachtet. Dein Kamerad ist gefallen, und doch hat sich nicht viel verändert. Er wurde alsbald durch einen anderen ersetzt. Und soldatische Würde, freiwilliges Opfer, männliche Haltung nennst du deine Scheu vor dem Tode. Und ebenso deinen Verzicht auf Tränen. Doch auf die Gefahr hin, dir ein Ärgernis zu bereiten, sage ich dir: Du weinst nicht, weil es dir an Gründen fehlt, aus denen du weinen könntest. Denn du weißt nicht, daß jener Gefallene tot ist. Er wird vielleicht später sterben, wenn Friede eingezogen ist. Heute ist stets ein anderer dir zur Linken und ein anderer dir zur Rechten, die ihre Gewehre in Anschlag bringen. Du hast keine Muße, danach zu fragen, was der Mensch für sich allein leisten kann. Wie bei jener Fürsorge des älteren Bruders. Denn was der eine hergab, wird auch der andere hergeben. Die Kügelchen in einem Sack werden nicht das Fehlen eines Kügelchens beweinen, denn der ganze Sack ist voller Kügelchen, die alle einander gleich sind. Wenn einer stirbt, sagst du lediglich: »Ich habe keine Zeit... Er wird später sterben.« Aber er wird überhaupt nicht sterben, denn wenn der Krieg vorbei ist, werden sich auch die Lebenden in alle Winde zerstreuen. So wird sich das Gebilde auflösen, das ihr darstelltet.

Als Lebende und Tote werdet ihr euch alle gleich sein. Die Abwesenden werden wie Tote sein und die Toten wie Abwesende.

Doch wenn ihr zu einem Baume gehört, ist ein jeder auf alle und sind alle auf jeden einzelnen angewiesen. Und ihr werdet weinen, wenn einer nicht mehr da ist.

Denn wenn ihr einem bestimmten Gebilde unterworfen seid, besteht zwischen euch eine Stufenordnung. Darin zeigt sich die Bedeutung, die dem einen für den anderen zukommt. Und ohne solch eine Stufenordnung gibt es auch keine Brüder.

Ich habe immer dann sagen hören »mein Bruder«, wenn irgendeine Abhängigkeit bestand.

Und ich will nicht euer Herz gegen den Tod verhärten. Denn dabei geht es nicht darum, euch gegenüber einer demütigen Schwäche hart zu machen – wie etwa gegenüber der Angst vor Blut und der Furcht vor Schlägen: eine Abhärtung, die euch innerlich wachsen läßt –, sondern es geht

darum, euch den Tod weniger hart erscheinen zu lassen, weil weniger Dinge sterben würden. Und gewiß, je kümmerlicher der Schatz ist, den euer Bruder in eurem Herzen darstellt, um so weniger werdet ihr seinen Tod beweinen.
Es ist mein Wunsch, daß ihr reicher werdet und daß euer Bruder in euch einen Widerhall weckt. Und ich möchte bewirken, daß eure Liebe, wenn ihr liebt, in der Entdeckung eines Reiches und nicht wie bei einem Ziegenbock im Bespringen besteht. Und freilich weint der Bock nicht. Aber wenn die Frau stirbt, der eure Liebe gehört, werdet ihr in der Verbannung leben. Und wenn einer sagt, er nehme ihren Tod hin als ein Mann, so macht er sie in Wahrheit zu einem Stück Vieh. Und sie wird ihrerseits seinen Tod wie ein Stück Vieh hinnehmen und sagen: »Es ist nur gut, daß die Männer im Kriege sterben...« Es ist aber mein Wille, daß ihr im Kriege sterbt. Denn wer sollte lieben, wenn nicht der Krieger? Doch ich möchte nicht, daß ihr aus Feigheit eure Schätze entwertet, denn dann stirbt nur ein trübseliger Automat, der dem Reich keinerlei Opfer bringt.
Ich erwarte also, daß man mir das Beste gibt. Denn nur dann seid ihr groß.
Es geht nicht darum, euch zur Verachtung des Lebens anzuspornen, sondern es euch lieben zu lassen.
Und euch den Tod lieben zu lassen, wenn er Austausch ist gegen das Reich.
Denn nichts widerstreitet einander. Die Liebe zu Gott stärkt eure Liebe zum Reiche. Die Liebe zum Reiche eure Liebe zum Landgut. Die Liebe zum Landgut die Liebe zur Gattin. Und die Liebe zur Gattin die Liebe zur einfachen Silberplatte, die den Tee bei ihr nach dem Liebesspiel bedeutet.

Aber da ich euch den Tod schmerzlich erscheinen lasse, will ich euch zugleich über ihn trösten.
Daher habe ich für alle Weinenden dieses Gebet ersonnen: *

* Dieses Gebet fand sich nicht im Manuskript.

133

Ich habe mein Gedicht geschrieben. Nun bleibt mir noch, es zu verbessern.
Mein Vater erregte sich:
– Du schreibst dein Gedicht, und hernach willst du es verbessern! Ist Schreiben denn etwas anderes als Verbessern! Ist Bildhauern etwas anderes als Verbessern! Hast du gesehen, wie der Lehm geknetet wird? Aus Verbesserung über Verbesserung geht das Gesicht hervor, und schon der erste Daumendruck war eine Verbesserung des Lehmblocks. Wenn ich meine Stadt gründe, verbessere ich den Sand. Dann verbessere ich meine Stadt. Und durch Verbesserung über Verbesserung schreite ich Gott entgegen.

134

Denn gewiß drückst du dich durch Beziehungen aus. Und du läßt Glocken gegeneinanderklingen. Und die Dinge, durch die du diesen Widerhall bewirkst, haben keine Bedeutung. Es sind Stoffe zum Bau der Falle, mit der du deine Beute einfängst, und diese ist stets von anderer Beschaffenheit als die Falle. Und ich habe dir schon gesagt, daß es gilt, die Dinge zu verknüpfen.
Doch durch den Tanz oder die Musik vollzieht sich ein Ablauf in der Zeit, der es nicht zuläßt, daß ich mich über deine Botschaft täusche. Du verlängerst hier, verlangsamst dort, erhebst dich hier und steigst dort hinab. Und nun wirst du dir selber zum Echo.
Dort aber, wo du mir alles in seiner Gesamtheit vorführst, bedarf ich eines Leitfadens. Denn wenn es weder Nase noch Mund noch Ohr oder Kinn gibt, – wie sollte ich dann das wahrnehmen, was du verlängerst oder verkürzt, erschwerst oder erleichterst, aufrichtest oder abbiegst, vertiefst oder aufwölbst? Wie könnte ich deine Bewegungen erkennen und deine Wiederholungen, deine Echos unterscheiden? Und wie

sollte ich deine Botschaft lesen? Und die Botschaft wird mein Leitfaden sein, denn ich kenne eine Botschaft, die vollkommen, und eine andere, die banal ist.
Und gewiß wirst du mir nichts deutlich machen, wenn du mir ein völlig banales Gesicht vorführst, es sei denn ein simples Handbuch, den Gegenstand der Bezugnahme und das Modell der Akademie. Ich bedarf dessen, was du mir zuführst, nicht, um mich dadurch rühren zu lassen, sondern um es zu lesen. Und wenn du mir das Modell selber übergibst, wirst du mir gewiß nichts zuführen. Also bin ich durchaus damit einverstanden, daß du dich vom Modell entfernst und es entstellst und verwirrst, solange ich nur den Schlüssel behalte. Und ich werde dir keinen Vorwurf machen, wenn es dir beliebt, das Auge auf die Stirn zu setzen. Freilich werde ich dich dann für ungeschickt halten, denn du bist so wie einer, der viel Lärm vollführt, um seiner Musik Gehör zu verschaffen, oder der ein Bild in seinem Gedicht allzu augenfällig macht, damit es gesehen werde. Denn ich sage dir, daß es sich empfiehlt, die Gerüste zu entfernen, sobald du deinen Tempel vollendet hast. Ich lege keinen Wert darauf, deine Hilfsmittel kennenzulernen. Und dein Werk ist vollkommen, wenn ich sie darin nicht mehr entdecke.
Denn es ist gerade nicht die Nase, die mich interessiert, und du darfst sie mir nicht allzusehr zeigen, indem du sie mir auf die Stirn setzt; das gleiche gilt für das Wort, und du darfst es mir nicht zu kräftig wählen, denn es könnte das ganze Bild verschlingen. Und das gilt auch noch für das Bild selber, denn es verschlingt sonst den Stil.
Was ich von dir erwarte, ist von anderer Beschaffenheit als deine Falle. Das gilt auch für dein Schweigen in der Kathedrale aus Stein. Es erweist sich nun, daß gerade du, der mir vorgab, den Stoff zu verachten und das Wesen zu suchen, und der sich auf diesen schönen Ehrgeiz stützte, um mir unleserliche Botschaften zu liefern – daß gerade du mir eine gewaltige Falle in schreienden Farben aufbaust, die mich überwältigt und mir die totgeborene Maus verheimlicht, die du damit eingefangen hast.

Denn solange ich dich als pikant oder brillant oder paradox erkenne, besagt dies, daß ich nichts von dir empfangen habe, denn du stellst dich dann lediglich wie auf einem Jahrmarkt zur Schau. Aber du hast dich im Zweck deiner Schöpfung getäuscht. Denn dieser besteht nicht darin, dich selber zur Schau zu stellen, sondern mich werden zu lassen. Wenn du nun aber deine Vogelscheuche vor mir schwenkst, werde ich mich davonmachen und mich anderswo niederlassen.
Aber einer, der mich dorthin geführt hat, wohin er mich haben wollte, um sich dann zurückzuziehen, macht mich glauben, daß ich die Welt entdecke, und so läßt er mich werden, wie er es gewünscht hat.

Doch glaube auch nicht etwa, diese Zurückhaltung bestehe darin, mir ein Treibhaus anzulegen, in dem eine Nase, ein Mund und ein Kinn verschwommen umherwogen, als seien sie aus Wachs, das man im Feuer vergessen hat. Denn wenn du die Mittel, die du benutzt, so sehr verachtest, beseitige zuerst einmal den Marmor oder den Lehm oder die Bronze, die noch stofflicher sind als der einfache Schwung einer Lippe.
Die Zurückhaltung zeigt sich darin, daß du etwas, was du mich sehen lassen willst, nicht besonders hervorhebst. Ich werde nun aber auf den ersten Blick bemerken – denn ich sehe zahlreiche Gesichter im Laufe des Tages –, wenn du die Nase auslöschen willst, und ich werde es genauso wenig Zurückhaltung nennen, wenn du deinen Marmor in einer Dunkelkammer unterbringst.
Das wahrhaft unsichtbare Gesicht, von dem ich nichts mehr empfangen kann, ist das banale Gesicht.
Ihr aber seid zu Rohlingen geworden, und ihr müßt schreien, um euch Gehör zu verschaffen.

Du kannst mir natürlich auch einen bunten Teppich entwerfen, doch er hat nur zwei Dimensionen, und wenn er zu meinen Sinnen spricht, spricht er weder meinen Geist noch mein Herz an.

135

Ich will dir die Augen öffnen über das Trugbild der Insel. Denn du glaubst, in der Freiheit der Bäume, der Wiesen und Herden, in der Begeisterung, die die Einsamkeit der großen Räume erweckt, in der Inbrunst zügelloser Liebe werdest du aufrecht emporwachsen wie ein Baum. Aber die Bäume, die ich am aufrechtesten wachsen sah, sind nicht solche, die in der Freiheit gedeihen. Denn diese haben keine Eile, größer zu werden, sie trödeln bei ihrem Aufstieg und steigen nur in Windungen hoch. Während der Baum des Urwaldes, von den Feinden bedrängt, die ihm seinen Platz an der Sonne rauben, mit der Dringlichkeit eines Anrufs in senkrechtem Schwunge den Himmel erstürmt.

Denn du wirst auf deiner Insel weder Freiheit noch Begeisterung noch Liebe finden. Und wenn du dich auf lange Zeit in die Wüste zurückziehst (denn es ist etwas anderes, wenn du dich dort vom Betrieb der Städte erholst), weiß ich nur ein Mittel, sie für dich zu beleben, dich in ihr in Atem zu halten und sie zum Nährboden deiner Begeisterung zu machen. Und das ist, daß ich ein Gefüge von Kraftlinien über sie ausspanne. Mögen sie nun der Natur oder dem Reiche angehören.

Und ich werde das Netz der Brunnen karg genug einrichten, damit du auf deiner Wanderung einem jeden von ihnen mehr zustrebst, als daß du ihn erreichtest. Denn um den siebenten Tag herum muß man mit dem Wasser in den Schläuchen sparen. Und diesen Brunnen mit aller Kraft zu erreichen trachten. Und ihn durch seinen Sieg gewinnen. Und gewiß wird man Reittiere einbüßen, um diesen Raum und diese Einsamkeit zu überwinden, denn das wird den Preis freiwilliger Opfer wert sein. Und jene versandeten Karawanen, die den Brunnen nicht gefunden haben, zeugen von seinem Ruhme. Und über ihren Gebeinen strahlt er unter der Sonne.

So rufst du in der Stunde des Aufbruchs dein besseres Ich an, wenn du die Lasten nachprüfst, wenn du an den Stricken ziehst, um festzustellen, ob die Waren richtig ausgelastet sind, und den Stand der Wasservorräte untersuchst. Und dann wanderst du deinem fernen Lande entgegen, das jenseits der Sandwüsten von den Wassern gesegnet wird, und erklimmst die Sprossen zwischen dem einen und dem anderen Brunnen wie die Sprossen einer Leiter; und da es einen Tanz zu tanzen und einen Feind zu besiegen gilt, bist du im Zeremoniell der Wüste gefangen. Und zugleich mit deinen Muskeln bilde ich dir eine Seele.

Wenn ich dir aber die Wüste noch reicher machen will, wenn dich die Brunnen mit noch größerer Gewalt wie Pole anziehen oder abstoßen sollen, bis die Einöde zu einer Schöpfung deines Geistes und deines Herzens wird, werde ich sie dir mit Feinden bevölkern. Sie werden die Brunnen besetzt halten, und so mußt du Listen gebrauchen, kämpfen und siegen, wenn du trinken willst. Und je nachdem, ob die Stämme, die hier und dort ihre Zelte aufschlagen, grausamer oder weniger grausam, der Einsicht zugänglicher oder undurchdringlich in ihrer Sprache, besser oder schlechter bewaffnet sind, werden deine Schritte behender oder behutsamer, verschwiegener oder lauter sein, werden die Entfernungen schwanken, die du an den Marschtagen zurücklegst, obwohl es sich um eine Fläche handelt, die für das Auge an allen Punkten die gleiche ist. Und so wird eine unermeßliche Weite mit Spannung geladen und reich an Abwechslung werden; so wird sie verschiedene Färbungen annehmen, während sie zuvor gelblich und eintönig war, und für deinen Geist und dein Herz mehr Gestalt gewinnen als jene glücklichen Länder, in denen sich die frischen Täler, die blauen Berge, die Seen mit süßem Wasser und die Wiesen finden.

Denn dein Schritt ist hier wie der Schritt eines zum Tode Verurteilten, dort wie der eines Befreiten; hier zeugt er von einer Überraschung, dort von der Überwindung einer Überraschung. Hier von einer Verfolgung und dort von einer aufmerksamen Zurückhaltung wie in der Kammer, in der sie schläft und in der du sie nicht wecken willst.

Und freilich wird sich auf den meisten deiner Reisen nichts ereignen, denn es genügt, daß jene Unterschiede für dich Geltung haben und daß das Zeremoniell, das aus ihnen hervorgeht, begründet und notwendig und unumschränkt ist und so der Güte deines Tanzes zugute kommt. Dann wird sich das Wunder ereignen, obgleich einer, den ich deiner Karawane zuteile – wenn er nicht deine Sprache versteht und nicht an deinen Ängsten, deinen Hoffnungen, deinen Freuden teilhat, wenn er lediglich wie die Führer deiner Reittiere auf Gesten beschränkt ist – nur die leere Wüste kennenlernen wird; so wird er die ganze Zeit gähnen, während er eine endlose Fläche durchquert, die ihm nur Langeweile einflößt; und nichts in meiner Wüste wird diesen Reisenden verändern. Der Brunnen wird ihm nur als ein Loch von mäßigem Umfang erscheinen, das man vom Sand freischaufeln muß. Und was wird er von der Langeweile erfahren haben, da sie ja ihrer Natur nach unsichtbar ist! Denn sie besteht nur aus einer Handvoll Samenkörner, die die Winde verweht haben, obwohl sie genügt, um für den, der in sie verstrickt ist, alles zu verwandeln, so wie das Salz ein Festmahl verwandelt. Und wenn ich dir nur die Spielregeln meiner Wüste zeige, gewinnt sie solche Macht über dich und nimmt dich so sehr gefangen, daß du noch so gemein, eigensüchtig, verkommen und skeptisch sein kannst, wenn ich dich in den Vororten meiner Stadt oder den Sümpfen meiner Oasen auflese: ich brauche dir dann nur eine einzige Durchquerung der Wüste aufzuerlegen, damit der Mensch in dir zum Vorschein kommt – wie ein Samenkorn, das aus seiner Hülse bricht – und damit sich dir Geist und Herz entfalten. Und so wirst du nach deiner Wandlung in aller Herrlichkeit zurückkehren und gerüstet sein, das Leben der Starken zu leben. Und wenn ich mich darauf beschränkt habe, dich an der Sprache der Wüste teilhaben zu lassen – denn das Wesentliche kommt nicht von den Dingen, sondern vom Sinn der Dinge –, wird sie dich wie eine Sonne keimen und wachsen lassen.

Du wirst sie durchqueren wie ein wunderbares Wasser. Und

wenn du am anderen Ufer wieder hochsteigst, lachend, männlich und berückend, werden sie dich gewiß erkennen, die Frauen – dich, den sie suchten, und du brauchst sie dann nur zu verachten, um sie zu gewinnen.

Wie töricht ist einer, der das Glück der Menschen in der Befriedigung ihrer Wünsche suchen möchte und der glaubt, da er ihnen zusah, wie sie ihres Weges zogen, es komme den Menschen vor allem darauf an, ihr Ziel zu erreichen. Als ob es jemals ein Ziel gegeben hätte.

Daher sage ich dir, daß für den Menschen zuerst und vor allem die Spannung der Kraftlinien, an denen er teilhat, von Bedeutung ist, und weiter seine eigene innere Dichte, die sich daraus herleitet, der Widerhall seiner Schritte, die Anziehungskraft der Brunnen und die Schroffheit des Hanges, den er im Gebirge erklimmen muß. Und wenn der, der ihn zu erklimmen vermochte, durch die Kraft seiner Fäuste und die Abnutzung seiner Knie eine Felsnadel bezwungen hat, wirst du doch nicht behaupten wollen, seine Freude sei von der gleichen minderwertigen Beschaffenheit wie die Freude jenes Seßhaften, der sich auf der leicht erreichbaren Kuppe eines runden Hügels im Grase wälzt, wohin er an einem Ruhetage seinen trägen Leib geschleppt hat.
Du aber hast alle Spannung ertötet, da du jenen göttlichen Knoten auflöstest, der die Dinge verknüpft. Denn du sahst, daß sich die Menschen abmühten, um zum Brunnen zu gelangen, und so glaubtest du, es komme auf die Brunnen an, und hast ihnen Brunnen gebohrt. Denn du sahst, daß die Menschen am siebenten Tage nach Ruhe verlangten, und so hast du ihre Ruhetage vermehrt. Denn du sahst, daß die Menschen Diamanten begehrten, und so hast du einen Haufen Diamanten unter sie verteilt. Denn du sahst, daß die Menschen den Feind fürchten, und so hast du ihre Feinde beseitigt. Denn du sahst, daß die Menschen nach dem Liebesgenuß Verlangen tragen, und so hast du ihnen Freudenviertel so groß wie Hauptstädte gebaut, in denen alle Frauen

käuflich sind. Und du hast dich auf diese Weise törichter gezeigt als jener alte Kegelspieler, von dem ich dir schon einmal sprach, und der seine Lust vergebens daran suchte, daß er sämtliche Kegel durch Sklaven umstoßen ließ.

Aber glaube nicht etwa, ich hätte dir gesagt, es gelte, deine Wünsche zu pflegen. Denn wenn sich nichts in ihnen regt, entstehen auch keine Kraftlinien. Und wenn der Brunnen dir nahe ist, wünschst du ihn freilich herbei, wenn du verdurstest. Aber wenn er dir aus irgendeinem Grunde unerreichbar bleibt und du nichts von ihm empfangen und ihm auch nichts geben kannst, ist es genau so, als wenn dieser Brunnen nicht vorhanden wäre. So ist es auch mit jener Vorübergehenden, der du auf deinem Wege begegnest und die nicht für dich bestimmt ist. Die trotz der Nähe noch ferner ist, als wenn sie in einer anderen Stadt lebte und anderswo verheiratet wäre. Ich verwandle sie dir, wenn ich weiß, daß sie dir als Element eines ausgebreiteten Gefüges dienen kann. Und daß du zum Beispiel davon träumen könntest, wie du des Nachts mit einer Leiter unter ihrem Fenster zu ihr gelangst, um sie zu entführen und sie auf dein Pferd zu werfen und dich in deinem Schlupfwinkel an ihr zu erfreuen. Oder wenn du Soldat bist und sie Königin, und du hoffen kannst, für sie zu sterben.

Schwach und erbärmlich ist die Freude, die du aus falschen Gefügen gewinnst, wenn du sie dir zum Spiele erfindest. Denn wenn du einen Diamanten liebst, würde es dir genügen, ihm mit kleinen Schritten immer langsamer entgegenzugehen, um ein erhabenes Leben zu leben. Doch wenn dein langsamer Gang zum Diamanten auf einem Ritus beruht, der dich in Schranken hält und es dir verwehrt, schneller zu gehen; wenn du mit aller Kraft gegen ihn ankämpfst und meine Zügel spürst, die dir Einhalt gebieten; wenn dir der Zugang zum Diamanten weder unbedingt verwehrt ist – dann würde dies seine Bedeutung verlieren und in ein belangloses Schauspiel verwandelt werden –, noch dir leicht fällt – das würde nichts aus dir herausholen –, aber auch nicht nur infolge eines törichten Einfalls Hindernissen be-

gegnet – das wäre nur ein Zerrbild des Lebens –, sondern wenn dieser Zugang einfach auf einem starken und vielfältigen Gefüge beruht – erst dann bist du reich. Und ich weiß nichts Besseres als deinen Feind, um dich zu begründen, und ich gewahre nichts, was dich dabei überraschen könnte, denn ich sage lediglich, daß zum Kriegführen zwei gehören.
Denn dein Reichtum besteht im Brunnenbohren, im Erlangen eines Ruhetages, im Schürfen von Diamanten, im Gewinnen der Liebe.
Aber er besteht nicht darin, Brunnen, Ruhetage, Diamanten und die Freiheit in der Liebe zu besitzen. Ebenso beruht er nicht darauf, daß du nach diesen Dingen verlangst, ohne sie zu erstreben.
Und wenn du Verlangen und Besitz wie Worte, die sich die Zunge zeigen, einander gegenüberstellst, verstehst du nichts vom Leben. Denn deine Wahrheit, die dir als Mensch eigen ist, beherrscht ihren Gegensatz, und es liegt darin nichts Widersprechendes. Das Verlangen muß seinen vollkommenen Ausdruck finden, und du mußt nicht auf unsinnige Hindernisse, sondern auf das Hindernis des Lebens selber stoßen, auf den anderen Tänzer, deinen Rivalen – dann entsteht der Tanz. Sonst bist du ebenso töricht wie einer, der »Kopf oder Schrift« gegen sich selber spielt.
Wenn meine Wüste zu reich an Brunnen sein sollte, müßte ein Befehl Gottes ergehen, um einige von ihnen zu sperren.
Denn die erschaffenen Kraftlinien müssen dich von höherer Warte aus beherrschen, damit dir deine Neigungen, deine Spannungen und deine Handlungen darin begegnen, aber sie müssen auch, da sie nicht alle gleich gut sind, etwas anderem gleichen, das zu verstehen nicht deine Sache ist. Deshalb sage ich dir, daß es ein Zeremoniell der Brunnen in der Wüste gibt.

Erhoffe also nichts von der glücklichen Insel, die für dich einen auf ewig abgeschlossenen Vorrat darstellt, gleich jener Ernte der umgestoßenen Kegel. Denn du würdest darin zum mürrischen Vieh werden. Und wenn es mein Wille ist, daß die Schätze der Insel – die dir voller Zauber erschienen, seit du des Nachts auf sie trafst – in dir einen Widerhall wekken sollen, werde ich dir eine Wüste erfinden und diese Schätze je nach den Linien eines Gesichts, das nicht von gleicher Beschaffenheit wie die Dinge ist, in der Weite verteilen. Und wenn ich dir deine Insel erhalten möchte, werde ich dir ein Zeremoniell für die Schätze der Insel zum Geschenk machen.

136

Wenn du mir von einer Sonne sprechen willst, die vom Tode bedroht ist, sage mir: Oktobersonne. Denn diese verliert schon an Kraft und teilt dir das Altwerden mit. Doch die November- oder die Dezembersonne lenkt die Aufmerksamkeit auf den Tod, und so sehe ich, daß du mir ein Zeichen geben willst. Und dann interessierst du mich nicht. Denn ich empfange so nicht von dir die Empfindung des Todes, sondern die Empfindung, daß mir der Tod bezeichnet wird. Und das war nicht der erstrebte Zweck.

Wenn das Wort in der Mitte deines Satzes den Kopf hebt, schlage ihm den Kopf ab. Denn es geht nicht darum, mir ein Wort zu zeigen. Dein Satz ist eine Falle, die eine Beute einfängt. Und die Falle will ich nicht sehen.

Denn du täuschst dich über den Gegenstand der Übermittlung, wenn du glaubst, er lasse sich aussprechen. Sonst könntest du mir »Schwermut« sagen, und alsbald würde ich schwermütig werden, womit man es dir wahrhaftig zu leicht gemacht hätte. Und freilich spricht bei dir ein gewisser Nachahmungstrieb mit, der sich meinen Worten angleicht. Und wenn ich »Zorn der Wogen« sage, bist du leichthin bewegt. Und wenn ich »der vom Tode bedrohte Krieger« sage, bist du leichthin um meinen Krieger besorgt. Aus Gewohnheit. Und es ist das nur eine Wirkung an der Oberfläche. Die einzige Wirkung, die Wert hat, besteht darin, dich dorthin zu führen, wo du die Welt siehst, wie es mein Wille ist.

Denn ich kenne kein Gedicht und kein Bild in einem Gedicht, das etwas anderes wäre als eine Wirkung auf dich. Es geht nicht darum, dir dies und das zu erklären – nicht einmal, es dir einzuflüstern, wie es die Feinsinnigeren glauben –, denn es handelt sich nicht um dies oder das, sondern darum, dich so oder so werden zu lassen. Aber ebenso wie ich beim Bildhauern einer Nase, eines Mundes oder eines Kinnes bedarf, um einen Widerhall zu wecken und dich in mein Netz einzufangen, so werde ich auch dies und das benutzen, was ich dir einflüstere oder vor dir ausspreche, damit du anders werdest.

Denn wenn ich den Mondschein benutze, so bilde dir nicht etwa ein, daß es beim Mondschein um dich geht. Wohl geht es auch um dich bei der Sonne oder beim Hause oder bei der Liebe. Es ging überhaupt nur um dich. Aber ich habe den Mondschein gewählt, weil ich ein Zeichen brauchte, um mir Gehör zu verschaffen. Ich konnte sie nicht alle verwenden. Und es stellt sich das Wunder ein, daß meine Wirkungen immer vielfältiger werden, so wie beim Baum, der zu Beginn die einfache Form des Samenkorns hatte – das nicht etwa einen Baum im kleinen darstellte –, der aber Zweige und Wurzeln entfaltete, als er sich in der Zeit ausbreitete. Das gleiche gilt für den Menschen. Wenn ich ihm etwas ganz Einfaches mitgebe, das vielleicht ein einziger Satz übermitteln kann, wird meine Macht über ihn immer vielfältiger werden; so werde ich diesen Menschen in seinem Wesen umformen und er wird im Mondschein, im Hause oder in der Liebe sein Verhalten ändern.

Deshalb sage ich von einem Bilde – sofern es ein wirkliches Bild ist –, daß es eine Kultur bedeutet, in die ich den Menschen einschließe. Und du kannst mir den Umkreis, den es beherrscht, nicht umschreiben.

Doch jenes Netz von Kraftlinien kann auch nur eine schwache Wirkung auf dich ausüben. Sie kann schon ersterben, wenn die Seite zu Ende ist. So geht es mit Samenkörnern, deren Macht fast sofort erloschen ist, und mit Lebewesen, denen es an Schwung gebricht. Aber es bleibt doch bestehen, daß du sie hättest entwickeln können, um eine Welt mit ihnen aufzubauen.

Wenn ich also sage »Soldat einer Königin«, handelt es sich gewiß weder um das Heer noch um die Macht, sondern um die Liebe. Und um eine bestimmte Liebe, die nichts für sich erhofft, die sich vielmehr an etwas hingibt, was größer ist als sie selber. Und die adelt und mehrt. Denn dieser Soldat ist stärker als ein anderer. Und wenn du ihn beobachtest, wirst du bemerken, wie er der Königin zuliebe auf sich hält. Und du weißt auch genau, daß er keinen Verrat üben wird, denn er ist davor durch die Liebe gefeit, da er im Herzen der Königin seinen Platz hat. Und wenn er in sein Dorf heimkommt, siehst du ihn voller Stolz, und doch ist er verschämt und errötet, wenn man ihn nach der Königin fragt. Und du weißt, wie er seine Frau verläßt, wenn er in den Krieg ziehen muß, und daß seine Gefühle nicht die gleichen sind wie beim Soldaten des Königs, der sich vor Zorn gegen den Feind nicht zu lassen weiß und ihm seinen König in den Bauch pflanzen wird. Aber der andere wird sie bekehren oder auch sie durch seinen Kampf, der äußerlich der gleiche ist, für die Liebe gewinnen. Oder auch...

Aber wenn ich noch mehr sage, erschöpfe ich das Bild, denn seine Macht ist nur gering. Und ich könnte dir nicht ohne weiteres sagen, was den Soldaten der Königin vom Soldaten des Königs unterscheidet, wenn sie beide ihr Brot essen. Denn das Bild ist hier nur eine schwache Lampe, die den Augen nur wenig Licht spendet, obwohl sie wie jede Lampe auf das ganze Weltall ausstrahlt.

Doch eine starke Gewißheit ist ein Samenkorn, aus dem du die Welt gewinnen könntest.

Und daher sagte ich dir, daß du es nicht nötig hast, sobald das Samenkorn erst gesät ist, selbst deine Kommentare daraus herzuleiten, dir selber deine Dogmen aufzurichten und deine Wirkungsmöglichkeiten auszudenken. Das Samenkorn wird auf dem Fruchtland der Menschen gedeihen, und deine Diener werden zu Tausenden daraus hervorgehen.

Wenn du so dem Menschen mitzuteilen wußtest, daß er der Soldat einer Königin ist, wird deine Kultur daraus hervorgehen. Hernach kannst du die Königin vergessen.

137

Vergiß nicht, daß dein Satz eine Tat ist. Du brauchst keine Erörterungen anzustellen, wenn du mich zum Handeln bewegen möchtest. Glaubst du, ich ließe mich durch deine Argumente dazu bestimmen? Ich würde bessere finden, um sie gegen dich anzuführen.
Hast du je erlebt, daß die verlassene Frau den Mann durch einen Prozeß wieder zu erobern vermochte, in dem sie den Nachweis erbrachte, daß sie im Rechte war? Der Prozeß erbittert. Sie wird dich nicht einmal dann zurückgewinnen, wenn sie sich als die gleiche zeigt, die du liebtest, denn du liebst sie nicht mehr. Und ich habe es genau gesehen bei jener Unglücklichen, die nach einem traurigen Liede geheiratet worden war und daher am Vorabend der Scheidung das gleiche Lied anstimmte. Doch dieses traurige Lied erregte nur seinen Zorn.
Vielleicht würde sie ihn zurückgewinnen, wenn sie in ihm wieder den Menschen erwecken könnte, der er war, als er sie liebte. Aber dazu müßte sie schöpferisch sein, denn es geht darum, ihn mit etwas zu erfüllen, ebenso wie ich ihn mit dem Drange zum Meer erfülle, der aus ihm einen Schiffsbauer machen wird. Dann freilich wird der Baum wachsen und sich verzweigen. Und er wird von neuem nach dem traurigen Liede verlangen.
Um die Liebe zu mir zu stiften, lasse ich jemanden in dir entstehen, der für mich Partei ergreift. Ich werde dir nicht mein Leiden erzählen, denn es würde dir Widerwillen gegen mich einflößen. Ich werde dir keine Vorwürfe machen; sie würden dich mit Recht erbittern. Ich werde dir nicht die Gründe sagen, weshalb du mich lieben sollst, denn du hast keine Gründe. Der Grund zum Lieben ist die Liebe selber.

Ich werde mich dir auch nicht so zeigen, wie du mich wünschtest. Denn diesen Menschen wünschst du dir selber nicht mehr. Sonst würdest du mich auch heute noch lieben. Aber ich werde dich für mich aufziehen. Und ich bin stark und werde dir eine Landschaft zeigen, die dich mir zum Freunde machen wird.

Die Frau, die ich vergessen hatte, war mir wie ein Pfeil im Herzen, als sie mir sagte: »Hörst du deine verlorene Glocke?« Denn was habe ich dir schließlich zu sagen? Ich bin häufig auf die Berge gestiegen, um mich auf deren Gipfel zu setzen. Und ich habe mir die Stadt angeschaut. Oder ich bin im Schweigen meiner Liebe gewandelt und habe die Menschen reden hören. Und gewiß habe ich Worte gehört, denen Taten folgten, wie beim Vater, der zu seinem Sohne sagte: »Geh und fülle mir dieses Gefäß am Brunnen«, oder beim Korporal, der dem Soldaten befahl: »Ab Mitternacht übernimmst du die Wache.« Aber ich wurde stets gewahr, daß diese Worte kein Geheimnis in sich bargen und daß sie einem der Sprache unkundigen Reisenden, der sie dergestalt mit dem Üblichen verknüpft gesehen hätte, als Vorgänge in einem Ameisenhaufen erschienen wären, deren keiner verwunderlich erscheint. Und als ich den Verkehr, die Bauten, die Fürsorge für die Kranken, Handel und Gewerbe in meiner Stadt beobachtete, erblickte ich nichts darin, was von einem Wesen hätte herrühren können, das allen anderen ein wenig an Kühnheit, Erfindungsgabe und Verstand überlegen gewesen wäre; doch es erschien mir ebenso eindeutig, daß ich überm Betrachten ihrer gewohnten Verrichtungen noch keineswegs den Menschen beobachtet hatte.

Denn es kam vor, daß er mir erschien und mir durch die Regeln des Ameisenhaufens unerklärlich blieb, oder mir entging, wenn ich den Sinn der Worte nicht mehr kannte; und das geschah, wenn sie auf dem Marktplatz im Kreise herumsaßen und einem Märchenerzähler zuhörten, in dessen Macht es stand – hätte er das Genie besessen –, sich zu erheben, nachdem er zu ihnen gesprochen hatte, um, von ihnen gefolgt, die Stadt anzuzünden.

Gewiß habe ich jene friedlichen Volksmengen gesehen, die durch die Stimme eines Propheten aufgewühlt wurden, um in seinem Gefolge im Feuerofen des Kampfes zu schmelzen. Es mußte schon unwiderstehlich sein, was der Wind der Worte mit sich führte, damit die Menge, sobald sie davon empfangen hatte, das Treiben des Ameisenhaufens Lügen strafte und sich in eine Feuersbrunst verwandelte, sich selber dem Tode zum Opfer bringend.

Denn alle, die heimkehrten, waren verwandelt. Und es deuchte mich, daß man die Erscheinungen der Magie nicht in den Possen der Magier zu suchen brauchte, um an sie zu glauben, da es ja für mein Ohr Zusammenstellungen wundersamer Worte gab, die die Macht besaßen, mich meinem Hause, meiner Arbeit, meinen Bräuchen zu entreißen und mich den Tod begehren zu lassen.

So hörte ich jedesmal aufmerksam zu und unterschied dabei die wirksame Rede von einer, die nichts hervorbringt, damit ich den Gegenstand der Übermittlung erkennen lernte. Denn sicherlich kommt es nicht auf das Ausgesprochene an. Sonst wäre ein jeder ein großer Dichter. Und jeder wäre ein Führer, der sagte: »Folgt mir zum Sturmangriff und hinein in den Pulverdampf...« Aber wenn du dich daran versuchen solltest, würdest du sie lachen sehen. So geht es denen, die das Gute predigen.

Und weil ich bemerkte, daß manche Erfolg hatten und die Menschen verwandelten, und da ich zu Gott gebetet hatte, er möge mich erleuchten, wurde mir vergönnt, daß ich die seltenen Fälle erkennen lernte, in denen der Wind der Worte ein paar Samenkörner mitführt.

138

So kam ich der Erkenntnis des Glückes einen Schritt näher und fand mich bereit, es mir als Problem zu stellen. Denn es erschien mir als Frucht der Wahl eines Zeremoniells, durch das eine glückliche Seele erschaffen wurde, und nicht als unfruchtbares Geschenk eitler Dinge. Es ist nämlich nicht möglich, den Menschen das Glück als Vorrat zu überlassen. Und jenen Flüchtlingen aus der Berberei hatte mein Vater nichts zu geben, das sie hätte glücklich machen können; hingegen habe ich in den wildesten Einöden und unter den herbsten Entbehrungen freudestrahlende Menschen gesehen.

Doch bilde dir nicht etwa ein, ich könnte auch nur einen Augenblick daran glauben, daß dein Glück durch Einsamkeit, Leere und Entbehrung entstehen werde. Denn dadurch könntest du ebensogut verzweifeln. Um dich aber zu ergreifen, zeige ich dir das Beispiel, welches das Glück der Menschen so deutlich vom Werte der ihnen überlassenen Vorräte unterscheidet und das Auftreten dieses Glückes so vollendet dem Werte des Zeremoniells unterordnet.

Und wenn mich die Erfahrung gelehrt hat, daß sich verhältnismäßig mehr Glückliche in den Wüsten, in den Klöstern und bei der Aufopferung als bei den seßhaften Bewohnern glücklicher Oasen oder der sogenannten glücklichen Inseln entdecken lassen, so habe ich nicht daraus geschlossen – was töricht gewesen wäre –, daß die Güte der Nahrung dem Glück widerstreite, sondern lediglich, daß den Menschen dort, wo die Güter zahlreicher sind, mehr Möglichkeiten geboten werden, sich über die Natur ihrer Freuden zu irren, denn diese scheinen in der Tat von den Dingen herzurühren, während die Menschen in Wahrheit ihre Freude nur durch den Sinn erlangen, den diese Dinge in einem bestimmten Reiche oder Hause oder Landgut annehmen. So kann es denn in der Wohlhabenheit geschehen, daß sie sich täuschen und häufiger als die anderen eitlen Reichtümern nachjagen. Hingegen wissen die Menschen in der Wüste oder in den Klöstern, da sie nichts besitzen, mit Sicherheit, woher ihre Freuden stammen, und bewahren daher leichter den eigentlichen Quell ihrer Inbrunst.

Doch es ist auch hier ebenso wie mit dem Feinde, der dich sterben oder wachsen läßt. Denn wenn du deine Inbrunst auf der glücklichen Insel zu bewahren vermöchtest, da du deren wirklichen Ursprung erkannt hast, wäre der Mensch,

der so entstünde, gewiß größer, ebenso wie du hoffen könntest, aus einem mehrsaitigen Instrument einen reicheren Ton zu gewinnen als aus einem einsaitigen. Und aus dem gleichen Grunde veredelte auch die Güte der Hölzer, der Stoffe, der Getränke und Speisen den Palast meines Vaters, in dem alle Schritte einen Sinn hatten.
Nicht anders steht es mit den neuen Goldeinfassungen, die in ihrem Magazin wertlos sind, die jedoch einen Sinn erhalten, sobald man sie aus ihren Kisten hervorholt und in einem Hause anbringt, dessen Gesicht sie verschönen.

139

Denn jener Prophet mit den harten Augen besuchte mich wiederum, der Tag und Nacht einen heiligen Zorn ausbrütete und überdies schieläugig war.
– Man sollte sie zum Opfer zwingen, sagte er mir.
– Gewiß, antwortete ich ihm, denn es ist gut, wenn ihnen ein Teil ihres Reichtums abgenommen und von ihren Vorräten erhoben wird, so daß sie ein wenig ärmer werden, aber durch den Sinn, den sie dann erhalten, an Reichtum zunehmen. Denn sie taugen nichts für sich allein, wenn sie nicht Teil eines Gesichtes wurden. Er aber hörte nicht, da er ganz von seinem Zorne in Anspruch genommen war.
– Es ist gut, sagte er, daß sie sich in die Buße vertiefen...
– Gewiß, antwortete ich ihm, denn wenn es ihnen an den Fasttagen an Nahrung gebricht, werden sie die Freude erleben, wieder zu ihr zurückzukehren, oder sie werden auch für die einstehen, die gezwungen fasten, oder werden sich Gott zuwenden, da sie ihren Willen zähmen, oder sich lediglich davor bewahren, daß sie zu fett werden. Jetzt übermannte ihn der Zorn: Vor allem müssen sie gezüchtigt werden.
Und ich begriff, daß ihm der Mensch nur erträglich schien, wenn er an ein Elendslager gefesselt und in der Tiefe eines Kerkers des Lichtes und Brotes beraubt war.
– Denn das Böse muß ausgerottet werden, sagte er.

– Du läufst Gefahr, alles auszurotten, entgegnete ich ihm. Wäre es nicht vielleicht vorzuziehen, wenn man das Gute stärkte, statt das Böse auszurotten? Und Feste ersänne, die den Menschen adeln? Und ihn in Gewänder kleidete, in denen er weniger schmutzig ist? Und seine Kinder besser nährte, damit sie durch das Erlernen des Gebetes an Schönheit gewinnen und sich nicht nur mit dem Leiden ihrer Bäuche abgeben?

– Denn es geht nicht darum, den Gütern, die dem Menschen zustehen, Grenzen zu ziehen, sondern es geht um die Rettung der Kraftfelder, die seinen Wert bestimmen, und der Gesichter, die allein zu seinem Geist und seinem Herzen sprechen.

Jene, die mir Nachen zimmern können, lasse ich mit ihren Nachen fahren und Fische fangen. Die anderen aber, die mir Schiffe bauen können, lasse ich Schiffe bauen, damit sie die Welt erobern.

– So möchtest du sie also durch ihren Reichtum verkommen lassen?

– Nichts, was erworbener Vorrat ist, hat für mich Wert, und du hast nichts verstanden, sagte ich ihm.

140

Wenn du deine Polizisten aufrufst und sie damit betraust, eine Welt aufzubauen, so wird diese Welt nicht entstehen, mag sie auch noch so wünschenswert sein, denn es ist nicht die Aufgabe des Polizisten und entspricht nicht seiner Art, deine Religion zu preisen. Es gehört nicht zu seinem Wesen, die Menschen zu wägen, sondern deine Anordnungen auszuführen, die auf einem genauen Gesetzbuch beruhen und etwa besagen, daß man Steuern zahlen und nicht den Nächsten bestehlen und sich dieser oder jener Regel unterwerfen soll. Und die Riten deiner Gesellschaftsordnung sind ein Gesicht, wodurch du diesen bestimmten Menschen begründest und keinen anderen; wodurch du diese bestimmte

Freude an der Abendmahlzeit im Kreise deiner Lieben entstehen läßt und keine andere; jene Riten sind Linien des Kraftfeldes, das dich beseelt. Und der Polizist bleibt unsichtbar. Er ist da, als Mauer und Rahmen und Gerüst. Du wirst ihm nicht begegnen, mag er auch noch so unbarmherzig sein, denn er ist ebenso unbarmherzig wie die Tatsache, daß du des Nachts die Sonne nicht genießen kannst oder auf ein Schiff warten mußt, um das Meer zu durchqueren, oder gezwungen bist, rechts hinauszugehen, da es auf der linken Seite an einer Türe fehlt.

All das ist ganz einfach so.

Aber wenn du seine Rolle steigerst und ihn damit betraust, den Menschen zu wägen, was niemand auf der Welt vermag, und dem Bösen nach seinem eigenen Ermessen nachzuspüren, und wenn er nicht nur die Taten überwachen soll, die seine Sache sind, dann werden – da nichts einfach ist und das Streben der Menschen etwas Bewegliches darstellt, das sich nicht in Worte fassen läßt, und da es in Wirklichkeit keine Gegensätze gibt – nur diejenigen ihre Freiheit bewahren und zur Macht gelangen, die nicht ein mächtiger Ekel von deinem Zerrbild des Lebens fernhält. Denn es handelt sich um eine Ordnung, die der Inbrunst eines Baumes vorausgeht, wie ihn die Logiker zu errichten gedenken – nicht eines Baumes, der aus einem Samenkorn entstanden ist. Denn die Ordnung ist die Wirkung des Lebens und nicht seine Ursache. Die Ordnung ist Zeichen eines starken Gemeinwesens und nicht Ursprung seiner Stärke. Das Leben und die Inbrunst und das Streben nach etwas erschaffen die Ordnung.

Die Ordnung aber erschafft weder Leben noch Inbrunst noch Streben nach etwas.

Und die allein sehen sich dadurch größer werden, die aus niedriger Gesinnung den erbärmlichen Ideenbazar bejahen, der auf dem Formular des Polizisten beruht, und ihre Seele gegen ein Handbuch austauschen. Denn selbst wenn dein Menschenbild erhaben und dein Ziel edel sein sollte, mußt du wissen, daß es niedrig und töricht wird, sobald die Polizisten es verkünden. Denn es ist nicht Sache des Polizisten, eine Kultur zu übermitteln; er soll vielmehr Handlungen verbieten, ohne zu begreifen, warum.

Der völlig freie Mensch in einem absoluten Kraftfeld und absolute Gebundenheiten, die unsichtbare Polizisten sind: siehe, das ist die Gerechtigkeit meines Reiches.

Daher ließ ich die Polizisten kommen und sagte ihnen:
– Ihr habt nur über die Handlungen zu urteilen, die sich im Handbuch aufgezählt finden. Und ich finde mich mit eurer Ungerechtigkeit ab, denn es kann in der Tat herzzerreißend sein, daß jene Mauer heute nicht übersteigbar ist, die bei anderen Gelegenheiten vor Dieben schützt, wenn die überfallene Frau auf der anderen Seite um Hilfe ruft. Doch eine Mauer ist eine Mauer und das Gesetz ist das Gesetz.
– Aber ihr habt nicht über den Menschen zu urteilen. Denn im Schweigen meiner Liebe habe ich gelernt, daß man nicht auf den Menschen hören darf, um ihn zu verstehen. Und es ist mir unmöglich, Gut und Böse abzuwägen, und ich laufe Gefahr, das Gute in den Feuerofen zu werfen, wenn ich das Böse ausrotten will. Wie könntest du solches erstreben, da ich ja gerade von dir verlange, daß du blind wie eine Mauer sein sollst?
Denn schon vom Hingerichteten habe ich gelernt, daß ich, wenn ich ihn verbrenne, ein Teil verbrenne, das schön ist und das sich allein in der Feuersbrunst offenbart. Doch ich bejahe dieses Opfer, um das Gerüst zu retten. Denn durch seinen Tod schaffe ich Spannungen, von denen ich nicht zulassen darf, daß sie erschlaffen.

141

Ich möchte daher meine Rede damit beginnen, daß ich dir sage:
– Du Mensch, der du unbefriedigt in deinen Wünschen bist

und durch die Gewalt mißhandelt wirst: stets verhindert dich ein anderer am Wachsen.
Und du wirst nicht gegen mich aufbegehren, denn es ist wahr, daß du unbefriedigt in deinen Wünschen bist und durch die Gewalt mißhandelt wirst, und daß dich stets ein anderer am Wachsen hindert.
Und ich würde dich dazu bestimmen, daß du im Namen eurer Gleichheit gegen den Fürsten kämpftest.
Oder ich würde dir wohl auch sagen:
– Du Mensch, der du der Liebe bedarfst, der du nur durch den Baum bestehst, den du mit den anderen bildest.
Und du wirst nicht gegen mich aufbegehren, denn es ist wahr, daß du von deinem Bedürfnis nach Liebe weißt und nur durch das Werk bestehst, dem du dienst.
Und ich werde dich dazu bestimmen, daß du den Fürsten wieder in sein Reich einsetzt.
Es kommt somit nicht darauf an, was ich dir sage, denn alles ist wahr. Und wenn du mich fragst, wie man im voraus erkennen kann, welche unter den Wahrheiten Leben gewinnen und keimen wird, so antworte ich dir, daß das allein bei der Wahrheit der Fall sein wird, die als Schlußstein des Gewölbes die schlichte Sprache und Vereinfachung deiner Probleme darstellt. Und es kommt wenig auf den Wert meiner Aussagen an. Wichtig ist vor allem, daß ich dir hier oder anderswo einen Standort angewiesen habe. Stellt sich dann heraus, daß diese Blickrichtung den größten Teil deiner Zweifelsfragen aufklärt – und daß sie nicht mehr bestehen –, so wirst du selber deine Beobachtungen kundtun, und es kommt dann nicht darauf an, ob ich mich hier oder da falsch ausgedrückt oder mich selber geirrt habe. Du wirst dann die Dinge sehen, wie es mein Wille war, denn das, was ich dir beisteuerte, ist nicht eine Überlegung, sondern eine Blickrichtung, von der aus sich Überlegungen anstellen lassen.
Gewiß kann es geschehen, daß dir mehrere Sprachen über die Welt oder dich selber Aufschluß geben. Und daß sie einander bekriegen. Eine jede ist zusammenhängend und wohlgegründet. Ohne daß etwas unter ihnen den Ausschlag gäbe.

Ohne daß es auch in deiner Macht stünde, gegen deinen Gegner Beweise anzuführen, denn er ist ebenso im Rechte wie du selber. Und ihr streitet im Namen Gottes.

»Der Mensch ist einer, der erzeugt und verbraucht...«

Und es trifft zu, daß er erzeugt und verbraucht.

»Der Mensch ist einer, der Gedichte schreibt und in den Sternen zu lesen lernt.«

Und es trifft zu, daß er Gedichte schreibt und die Sterne studiert.

»Der Mensch ist einer, der nur in Gott seine Seligkeit findet...«

Und es trifft zu, daß er in den Klöstern die Freude lernt.

Es muß aber etwas vom Menschen gesagt werden, das alle die Aussprüche, die Haß gebären, in sich enthält. Denn das Feld des Bewußtseins ist winzig, und einer, der eine Formel gefunden hat, glaubt, daß die anderen lügen oder im Irrtum befangen sind. Aber alle sind sie im Recht.

Da ich indessen mit unfehlbarer Gewißheit aus dem Leben meines Alltags gelernt habe, daß Erzeugung und Verbrauch – ebenso wie die Küchen meines Palastes – nicht am wichtigsten, sondern nur am dringlichsten sind, wünsche ich, daß diese Erkenntnis in meinen Grundsätzen ihren Niederschlag findet. Denn die Dringlichkeit ist mir zu nichts nütze, und ich könnte ebensogut sagen: »Der Mensch ist einer, der nur bei guter Gesundheit zu etwas zu gebrauchen ist...« und daraus eine Kultur ableiten, in der ich – unter dem Vorwande dieser Dringlichkeit – den Arzt als Richter der Taten und Gedanken der Menschen einsetze. Doch da ich hier wiederum aus eigener Erfahrung gelernt habe, daß die Gesundheit ein Mittel, aber kein Ziel ist, wünsche ich, daß auch diese Rangordnung in meinen Grundsätzen einen Niederschlag findet. Denn wenn deine Grundsätze nicht widersinnig sind, ist es wahrscheinlich, daß sie die Notwendigkeit mit sich bringen, Erzeugung und Verbrauch oder das Streben nach Disziplin, die der Gesundheit dient, zu fördern. Und so wie ein einziges Samenkorn je nach seinem Wachstum an Vielfalt gewinnt, wie dich das Wesen eines einzigen

Bildes auf verschiedene Art bewegt, deiner Umwelt oder deinem Zustande entsprechend, ebenso gibt es auch nichts, das meine Grundsätze letztlich nicht beherrschen könnten. Ich möchte also vom Menschen sagen: »Der Mensch ist einer, der nur in einem Kraftfeld einen Wert hat; der Mensch ist einer, der nur mittels der Götter Verbindung hält, die er sich ersinnt und die ihn und die anderen beherrschen; der Mensch ist einer, der seine Freude nur findet, wenn er sich durch das von ihm Erschaffene austauschen kann; der Mensch ist einer, der nur dann glücklich stirbt, wenn er sich auf etwas anderes überträgt; der Mensch ist einer, den die Vorräte entkräften und den ein Ganzes ergreift, wenn man es ihm zeigt; der Mensch ist einer, der zu erkennen sucht und sich berauscht, wenn er gefunden hat; der Mensch ist einer, der ...«

Ich muß ihn auf diese Weise in Worte fassen, damit seine wesentlichen Bestrebungen nicht gestört oder unterjocht werden. Denn wenn der schöpferische Geist zugrunde gerichtet wird, um die Ordnung zu schaffen, so geht mich diese Ordnung nichts an. Wenn das Kraftfeld ausgelöscht wird, um den Bauchumfang zu erweitern, so geht mich dieser Bauchumfang nichts an. Wenn man den Menschen durch die Unordnung faulen läßt, um seinen schöpferischen Geist zu entwickeln, so geht mich auch diese Art Geist, die sich selber zugrunde richtet, nichts an. Und das gleiche gilt, wenn man den Menschen verderben läßt, um das Kraftfeld in den Himmel zu heben, denn dann gibt es ein Kraftfeld, aber keinen Menschen mehr, und dieses Kraftfeld geht mich nichts an.

So habe ich, der Kapitän, der über die Stadt wacht, heute abend über den Menschen zu reden, und aus dem Drange, den ich erschaffen werde, wird der Wert der Reise hervorgehen.

142

Ich weiß zunächst und vor allem, daß ich so nicht eine absolute und beweisbare Wahrheit erlange, die meine Gegner zu überzeugen vermöchte, sondern ein Bild, das potentiell einen Menschen in sich enthält und all das fördert, was mir am Menschen edel erscheint, wobei es diesem Grundsatz alle anderen unterordnet.

Es leuchtet nun wohl ein, daß mir nicht daran gelegen ist, den Menschen zu einem Wesen zu machen, das erzeugt und verbraucht, und so den Wert seiner Liebesregungen, den Wert seiner Kenntnisse, die Wärme seiner Freuden dem Wachsen seines Bauchumfanges unterzuordnen; trotzdem trachte ich, ihm soviel wie möglich zukommen zu lassen, ohne daß darin ein Widerspruch oder eine Ausflucht enthalten wäre; ebenso wie ja auch diejenigen, die sich um seinen Bauchumfang kümmern, bestrebt sind, nicht den Geist zu verachten.

Denn wenn mein Bild stark ist, wird es sich wie ein Samenkorn entwickeln, und infolgedessen steht es in erster Linie zur Wahl. Und wo hast du schon einen Drang zum Meere gesehen, der sich nicht in ein Schiff verwandelt hätte?

Desgleichen scheinen mir die Kenntnisse nicht den Ausschlag zu geben, denn Belehren und Erziehen ist nicht dasselbe, und ich habe nicht festgestellt, daß der Wert des Menschen etwa auf der Summe seiner Ideen beruhe; er gründet sich vielmehr auf der Güte des Werkzeugs, mit dessen Hilfe sich die Ideen erwerben lassen.

Denn deine Baustoffe sind immer die gleichen; du darfst keinen vernachlässigen, und du kannst auch mit den gleichen Baustoffen alle Gesichter hervorbringen.

Wenn jedoch einer gegen das erwählte Gesicht den Vorwurf erhebt, es sei unbegründet und unterwerfe den Menschen der Willkür, da es sie etwa, unter dem Vorwand, es sei das eine schöne Eroberung, für die Eroberung einer nutzlosen Oase sterben lasse, so werde ich ihm entgegnen, daß mein Gesicht über jede Rechtfertigung erhaben ist, denn es kann gemeinsam mit all den anderen bestehen, die ebenso wahr sind, und wir kämpfen im Grunde für Götter, die auf der Wahl eines Gefüges beruhen – eine Wahl, die sich durch die gleichen Gegenstände vollzieht.

Und allein die Offenbarung und die Erscheinung der Erzengel würde uns voneinander scheiden. Sie ist ein schlechtes Puppenspiel, denn wenn Gott mir ähnlich ist, damit er sich mir zeigen kann, ist er nicht Gott, und wenn er Gott ist, kann ich ihn im Geiste, nicht aber mit meinen Sinnen erkennen. Und wenn es Sache meines Geistes ist, ihn zu erschauen, werde ich ihn nur durch den Widerhall erkennen, den er in mir weckt, so wie ich die Schönheit des Tempels wahrnehme. Und nach Art des Blinden, der sich mit ausgestreckten Händen zum Feuer hintastet, das er nur durch die Erfüllung seines Wunsches zu erkennen vermag, werde ich ihn suchen und ihn finden. (Wenn ich sage, daß mich Gott aus sich hervorgehen ließ, führt mich seine Schwerkraft dorthin zurück.) Und wenn du siehst, wie die Zeder gedeiht, so geschieht das, weil sie in die Sonne eintaucht, obwohl die Zeder nichts von der Bedeutung der Sonne weiß.

Denn nach dem Worte des einzigen wahren Mathematikers, meines Freundes, scheint mir, daß unsere Gefüge etwas anderem gleichen, da es keine erklärbaren Schritte gibt, die zu diesen unbekannten Brunnen führen. Und wenn ich diese unbekannte Sonne, die die Schwerkraft meiner Schritte beherrscht, Gott nenne, so will ich seine Wahrheit an der Wirksamkeit seiner Sprache ablesen.

Ich, der Gebieter der Stadt, bin heute abend wie der Kapitän eines Schiffs auf dem Meere. Denn du glaubst, daß Vorteil, Glück und Vernunft die Menschen beherrschen. Ich aber will nichts von deinem Vorteil und deinem Glück und deiner Vernunft wissen, denn ich wurde gewahr, daß du Vorteil oder Glück lediglich etwas nanntest, wonach die Menschen streben, und so habe ich es nur mit Quallen zu tun, die ihre Gestalt verändern; was aber die Vernunft betrifft, die dorthin geht, wohin man sie haben will, so erschien sie mir als Spur im Sande von etwas anderem, das über ihr steht.

Denn nie hat den einzigen wahren Mathematiker, meinen Freund, die Vernunft geleitet. Die Vernunft schreibt Kommentare, leitet die Gesetze ab, redigiert die Anordnungen und entwickelt den Baum aus dem Samenkorn von Schlußfolgerung zu Schlußfolgerung, bis zu dem Tage, an dem die

Vernunft nicht mehr weiterhilft, da der Baum tot ist und du eines anderen Samenkornes bedarfst.
Aber ich, der Gebieter der Stadt, der ich dem Kapitän eines Schiffs auf dem Meere gleiche, ich weiß, daß allein der Geist die Menschen beherrscht und daß er sie unumschränkt beherrscht. Denn wenn einer ein Gefüge erahnt, ein Gedicht schreibt und das Samenkorn in das Herz der Menschen senkt, so werden ihm Vorteil, Glück oder Vernunft als Diener untertan; sie verleihen dann den Wirklichkeiten – der Wandlung deines Samenkorns zum Baume – im Herzen Ausdruck oder werfen ihren Schatten auf die Mauer.
Und es steht nicht in deiner Macht, dich gegen den Geist zu behaupten. Denn wie könntest du bestreiten, wenn ich dich auf einem bestimmten Berge und keinem anderen ansiedle, daß die Städte und Flüsse diese bestimmte Anordnung und keine andere ergeben, da sie ganz einfach existiert?
Deshalb will ich dir zum Werden verhelfen. Und obwohl meine Stadt schläft und du, wenn du die Handlungen der Menschen nachprüfen solltest, nur das Streben nach Vorteil, nach Glück oder das Vorgehen der Vernunft in ihnen wiederfinden würdest, trage ich doch hier die Verantwortung für den wirklichen Kurs, den sie unter den Sternen nimmt.

Denn sie kennen nicht den Kurs, den sie eingeschlagen haben, da sie auf Grund ihres Vorteils oder aus Glücksverlangen oder aus Vernunft zu handeln glauben und nicht wissen, daß Vernunft, Glücksverlangen oder ihr Vorteil je nach dem Reiche Gestalt und Bedeutung wechseln.
Und sie wissen nicht, daß in den Gaben, die ich ihnen anbiete, ihr Vorteil darin besteht, daß sie beseelt werden, wie wenn das Kind sein feurigstes Spiel spielt. Daß ihr Glück darin besteht, daß sie sich austauschen und im Gegenstande fortdauern, den sie erschaffen haben. Und daß die Vernunft in einer zusammenhängenden Gesetzgebung zum Ausdruck kommt. Die Vernunft des Heeres ist die Dienstvorschrift des Heeres, die bewirkt, daß unter den Dingen auf diese Weise und keine andere ein Widerhall entsteht. Die Vernunft eines

Schiffes ist die Schiffsordnung, und die Vernunft meines Reiches ist der Inbegriff der Anordnungen, Bräuche, Dogmen und Gesetzbücher, die unter den Dingen einen Zusammenhang herstellen und einen wechselseitigen Widerhall wecken. Mein aber ist der einzigartige und unerklärliche Klang, der durch diesen Widerhall entstehen wird.

Doch du wirst vielleicht fragen: »Wozu dein Zwang?« Wenn ich ein Gesicht begründet habe, muß es dauern. Wenn ich ein Gesicht aus Lehm geknetet habe, bringe ich es in den Backofen, um es zu härten, damit es während eines hinreichenden Zeitraums Bestand hat. Denn wenn meine Wahrheit fruchtbar sein soll, muß sie beständig sein, und wen würdest du lieben, wenn deine Liebe alle Tage wechselte, und wo blieben dann deine großen Taten? Und allein durch die Fortdauer wird dein Streben fruchtbar werden. Denn das schöpferische Werk ist selten, und wenn es auch manchmal dringend ist, daß es dir zu deiner Rettung geschenkt werde, wäre es doch nicht gut, wenn es dir alle Tage zuteil würde. Denn ich bedarf mehrerer Generationen, um einen Menschen hervorzubringen. Und, unter dem Vorwand, den Baum verbessern zu wollen, haue ich ihn nicht alle Tage ab, um ihn durch ein Samenkorn zu ersetzen.
Und in der Tat kenne ich nur Wesen, die geboren werden, leben und sterben. Und du hast Ziegen, Hammel, Häuser und Berge versammelt, und heute wird aus dieser Ansammlung ein neues Wesen entstehen und das Verhalten der Menschen ändern. Und es wird fortdauern, dann sich erschöpfen und sterben, sobald es jenes Lebensgeschenk aufgebraucht hat.
Und die Geburt ist stets reine Schöpfung, ein vom Himmel herabgefallenes Feuer, das dich beseelt. Und das Leben verläuft nicht in einer beständigen Kurve. Denn du hast ein Ei vor dir. Dann entwickelt es sich nach und nach, und so entsteht eine Logik des Eies. Es kommt jedoch die Sekunde, in der die Kobra ausschlüpft, und dann haben sich für dich alle Probleme gewandelt.

Denn es befinden sich Arbeiter auf dem Bauplatz und dazu ein Steinhaufen. Und so besteht eine Logik des Steinhaufens. Aber es kommt die Stunde, in der der Tempel offen ist, der die Menschen verwandelt. Und dann haben sich alle deine Probleme für den Menschen gewandelt.
Und wenn ich das Samenkorn meiner Kultur über dich gesät habe, bedarf ich mehr als der Dauer eines Menschenlebens, damit sie ihre Zweige, ihre Blätter und Früchte hervortreiben kann. Und ich mag nicht alle Tage das Gesicht wechseln, denn daraus wird nichts hervorgehen.
Dein großer Irrtum liegt darin, daß du an die Dauer eines Menschenlebens glaubst. Denn die Frage lautet vor allem, auf wen oder was überträgt sich der Mensch, wenn er stirbt? Ich bedarf eines Gottes, damit er mich empfangen kann.
Und im Sterben bedarf ich der einfachen Dinge, die *sind.* Meine Ölbäume werden im Jahre danach ihre Oliven für meine Söhne tragen. Und so bin ich ruhig in der Stunde des Todes.

143

So erkannte ich immer deutlicher, daß man den Menschen nicht zuhören darf, sondern sie verstehen muß. Denn die dort unter meinen Augen in der Stadt leben, wissen wenig von der Stadt. Sie halten sich für Architekten, Maurer, Polizisten, Priester, Leineweber; sie glauben, daß sie für ihren Vorteil oder ihr Glück da sind und empfinden nicht ihre Liebe, so wie einer nicht seine Liebe empfindet, der im Hause geschäftig ist und ganz in den Sorgen des Tages aufgeht. Der Tag gehört den häuslichen Szenen. Des Nachts aber findet einer, der sich gestritten hat, die Liebe wieder. Denn die Liebe ist größer als dieser Wind der Worte. Und der Mann lehnt am Fenster und fühlt wieder unter den Sternen die Verantwortung für die anderen, die schlafen, für das Brot des kommenden Tages, für den Schlaf der Frau, die dort so gebrechlich und zart und vergänglich neben ihm ruht. Die Liebe denkt man nicht. Die Liebe *ist.*

Doch diese Stimme spricht nur im Schweigen. Und was für dein Haus gilt, gilt auch für die Stadt. Und was für die Stadt gilt, gilt auch für das Reich. Erst wenn ungewöhnliche Stille eintritt, siehst du deine Götter.

Und keiner wird im Leben von dem Tage wissen, an dem es ans Sterben geht. Und die Worte, die ihm auf andere Art als durch das Bild seines Vorteils oder seines Glücks von der Stadt erzählen, werden ihm wie falsches Pathos vorkommen, denn er weiß nicht, daß sie Wirkungen der Stadt sind. Zu kleine Sprache für eine zu große Sache.

Doch wenn du die Stadt überschaust und in der Zeit Abstand gewinnst, um ihre Entwicklung zu betrachten, wirst du durch Verwirrung, Eigennutz und Geschäftigkeit der Menschen hindurch genau den langsamen und ruhigen Gang des Schiffes gewahr werden. Denn wenn du nach einigen Jahrhunderten wiederkehrst, um die Kielspur zu betrachten, die sie zurückgelassen haben, wirst du sie in den Gedichten, den Bildwerken aus Stein, den Regeln der Erkenntnis und den Tempeln entdecken, die dann noch aus dem Sande herausragen. Das Alltägliche wird erloschen und aufgelöst sein. Und du wirst begreifen, daß all das, was sie Vorteil oder Verlangen nach Glück nannten, nur der ärmliche Widerschein einer großen Sache war.

Der Mensch, von dem ich sprach, wird dann vorangekommen sein. So ist es auch mit meiner Armee, wenn sie ihr Lager aufschlägt. Morgen früh werde ich sie im Feuerofen des Sandwindes dem Feinde entgegenwerfen. Und der Feind wird wie ein Schmelztiegel für sie sein. Und ihr Blut wird fließen, und im Glanz eines Säbelhiebs wird das private Glück von Tausenden, das fortan vernichtet ist, wird der Vorteil von Tausenden, der fortan um seinen Gewinn betrogen wurde, seine Grenze finden. Und gleichwohl wird meine Armee keine Auflehnung kennen, denn ihre Haltung ist nicht die eines Einzelmenschen, sondern die des Menschen an sich. Und wenn ich auch weiß, daß sie morgen zum Sterben bereit sein wird, so werde ich doch, wenn ich heute abend mit langsamen Schritten im Schweigen meiner Liebe unter den Tempeln und den Feuern des Feldlagers einhergehe und die Soldaten reden höre, nicht jene Stimme vernehmen, die den Tod auf sich nimmt.

Denn hier wird man sich necken wegen einer schiefen Nase. Dort wird man sich streiten um ein Stück Fleisch. Und die Gruppe, die da drüben beisammenhockt, wird ihrem Ärger mit heftigen Worten Luft machen, die dir für den Heerführer beleidigend erscheinen müssen. Und wenn ich einem von ihnen sagte, er sei trunken von Opfermut, so wirst du erleben, wie er dir ins Gesicht lacht, denn er wird dich für recht hochtrabend halten und meinen, daß du wenig Federlesens mit ihm machtest, der sich so wichtig vorkommt; denn es liegt nicht in seiner Absicht und deckt sich auch nicht mit seiner Würde und seinem Gewissen, daß er für seinen Korporal sterben soll, dem er gewiß nicht die Eignung zuerkennt, ein solches Geschenk von ihm entgegenzunehmen. Und doch wird er morgen für seinen Korporal sterben.

Nirgendwo wirst du jenem großen Gesicht begegnen, das dem Tode die Stirn bietet und sich der Liebe hingibt. Und wenn du den Wind der Worte beachtet hast, wirst du langsam in dein Zelt zurückkehren und auf der Zunge den Geschmack der Niederlage spüren. Denn jene Soldaten verspotteten und bekrittelten den Krieg und beleidigten ihre Anführer. Und gewiß hast du die Wäscher des Decks, die Aufgeier der Segel und die Nagelschmiede gesehen, doch da du kurzsichtig warst und die Nase allzu dicht daraufdrücktest, ist dir das Schiff in all seiner Majestät entgangen.

144

An jenem Abend stattete ich auch noch meinen Gefängnissen einen Besuch ab. Und dort entdeckte ich, daß der Polizist notwendigerweise nur diejenigen aufgespürt hatte, um sie auszusondern und in den Kerker zu werfen, die sich beständig zeigten, sich den Umständen nicht anpaßten und die Gewißheit ihrer Wahrheiten nicht verleugneten.

Und jene, die in Freiheit blieben, waren eben die, die ihre Wahrheiten verleugneten und ein unehrliches Spiel trieben. Denn gedenke meines Wortes: Die Gesittung des Polizisten und deine eigene mag sein, wie sie will – wenn der Polizist befugt ist zu urteilen, dann hat Bestand vor ihm nur, wer gemein ist. Denn eine Wahrheit mag aussehen, wie sie will: Wenn sie eine Wahrheit des Menschen und nicht eines törichten Logikers ist, bedeutet sie für den Polizisten Laster und Irrtum. Er will nämlich, daß du ein einziges Buch, einen einzigen Menschen, eine einzige Formel verkörpern sollst. Denn es kennzeichnet den Polizisten, daß er das Schiff baut und sich zugleich bemüht, das Meer abzuschaffen.

145

Denn ich bin der Worte müde, die sich die Zunge zeigen, und es scheint mir nicht widersinnig zu sein, wenn ich im Wert meines Zwanges den Wert meiner Freiheit suche.
Wie auch im Wert des Mutes, den der Mann im Kriege beweist, den Wert seiner Liebe.
Wie auch im Wert seiner Entbehrungen den Wert seines Überflusses.
Wie auch im Wert seiner Todesbereitschaft den Wert seiner Lebensfreude.
Wie auch im Wert seiner Stufenordnung den Wert seiner Gleichheit, die ich Bündnis nennen werde.
Wie auch im Wert seines Verzichtes auf irdische Güter den Wert des Gebrauches, den er von eben diesen Gütern macht.
Wie auch im Wert seiner völligen Unterwerfung unter das Reich den Wert seiner persönlichen Würde.
Denn sage mir, wenn du ihn zu fördern gedenkst, was ein Mensch für sich allein bedeutet? Bei meinen Aussätzigen habe ich es deutlich gesehen.
Und sage mir, wenn du sie zu fördern gedenkst, was eine üppige und freie Gemeinschaft bedeutet? Bei meinen Berbern habe ich es klar erkannt.

146

Denn denen, die meinen Zwang nicht verstehen konnten, antwortete ich:
– Ihr gleicht dem Kinde, das auf der ganzen Welt nur eine einzige Form des Wasserkruges kennt, sie daher als absolut ansieht und, wenn es später in ein anderes Haus zieht, nicht begreift, warum man den maßgeblichen Wasserkrug seines Heimes verunstaltet hat und von ihm abgewichen ist. Und das gleiche gilt, wenn du im benachbarten Reiche bemerkst, wie ein Mann anders schmiedet als du es gewohnt bist, wie er verschieden von dir denkt und empfindet, liebt, klagt und haßt; du fragst dich dann, warum die Leute dort den Menschen verunstalten. Daher deine Schwäche. Denn du wirst die Architektur deines Tempels nicht bewahren, wenn du nicht weißt, daß sie auf einem gebrechlichen Plane beruht und einen Sieg des Menschen über die Natur darstellt. Und daß es allerlei Tragbalken, Pfeiler, Bogen und Strebemauern gibt, um sie zu stützen.
Und du gewahrst die Drohung nicht, die über dir schwebt, denn du siehst im Werke des anderen nur die Auswirkung einer vorübergehenden Verirrung und begreifst nicht, daß es für alle Ewigkeit droht, einen Menschen zu verschlingen, der niemals wieder geboren werden wird.
Und du glaubtest dich frei und empörtest dich, wenn ich dir von meinem Zwange sprach. Er beruhte in der Tat nicht auf einem sichtbaren Polizisten, sondern war noch gebieterischer, weil man ihn nicht bemerkte; er glich der Tür, die deine Wand durchbricht und, obwohl du einen Umweg machen mußt, um hinauszugehen, dir doch keineswegs als Beleidigung deiner Freiheit erscheint.
Doch wenn du das Kraftfeld vor dir sehen möchtest, das dir festen Grund gibt und dich so bewegen läßt – das Kraftfeld, das dich auf diese besondere Art und keine andere empfinden, lieben und klagen läßt –, so betrachte seine Schnürbrust bei deinem Nachbarn: sieh es an der Stelle, wo es zu wirken beginnt, denn dann wirst du es wahrnehmen können.

Sonst aber wirst du es stets übersehen. Denn der fallende Stein erleidet nicht die Kraft, die ihn nach unten zieht. Der Stein lastet nur, wenn er unbeweglich ist.
Erst wenn du widerstehst, weißt du, was dich bewegt. Und das Blatt, das im Winde treibt, kennt keinen Wind mehr, ebenso wie es für den losgelassenen Stein keine Schwere mehr gibt.

Und deshalb siehst du nicht den furchtbaren Zwang, der auf dir lastet, und die Mauer würde dir erst als Zwang erscheinen, wenn es dir beispielsweise in den Sinn kommen sollte, die Stadt anzuzünden.
Ebenso wie dir der Zwang nicht einfacher als deine Sprache erscheint.

Ein jedes Gesetzbuch ist Zwang, aber ein unsichtbarer.

147

Ich studierte also die Bücher der Herrscher, die Verordnungen, die für die Reiche erlassen wurden. Die Riten der verschiedenen Religionen, die Zeremonien bei den Begräbnissen, den Hochzeiten und den Geburten, bei meinem Volke wie bei den anderen Völkern, in der Gegenwart wie in der Vergangenheit; dabei bemühte ich mich um eine Entzifferung der einfachen Beziehungen zwischen den Menschen – nach der Artung ihrer Seelen – und den Gesetzen, die erlassen wurden, um die Menschen zu formen, sie zu leiten und sie fortdauern zu lassen, und ich vermochte diese Beziehungen nicht zu entdecken.
Wenn ich indessen für die Bewohner eines benachbarten Landes oder Reiches ein bestimmtes Opferzeremoniell zu vollziehen hatte, wurde ich gewahr, daß ihm eine gewisse Blume, ein gewisses Aroma, eine besondere Art des Liebens oder Hassens eigen waren, denn es gibt keine Liebe und keinen Haß, die einander völlig gleich wären. Und ich hatte das

Recht, über die Entstehung dieses Vorgangs nachzusinnen und mir zu sagen: »Wie kommt es, daß ein bestimmter Ritus, der mir ohne Beziehung und Wirksamkeit zu sein scheint, da er sich in einem Bereiche betätigt, dem die Liebe fremd ist, nur diese Liebe und keine andere hervorbringt? Worauf beruht also die Beziehung, die zwischen der Handlung, den Mauern, die die Handlung beherrschen, und jenem besonderen Lächeln besteht, das nur diesem Menschen und nicht dem Nachbarn eigen ist?«
Ich setzte das nutzlose Unterfangen nicht fort, denn ich habe im Verlaufe meines Lebens zur Genüge erfahren, daß die Menschen voneinander verschieden sind, obwohl dir die Unterschiede zunächst verborgen bleiben und bei einer Unterhaltung nicht zum Ausdruck kommen; denn du bedienst dich dabei eines Dolmetschers, der die Aufgabe hat, dir die Worte des Partners zu übersetzen, das heißt, in deiner Sprache für dich die Worte zu suchen, die am ehesten den Äußerungen in der anderen Sprache entsprechen. Und da dir auf diese Weise Liebe, Gerechtigkeit oder Eifersucht mit Eifersucht, Gerechtigkeit und Liebe übersetzt werden, wirst du über eure Ähnlichkeiten in Verzückung geraten, obwohl der Inhalt der Worte nicht der gleiche ist. Und wenn du eine Übersetzung auf die andere folgen läßt und so in der Analyse der Worte fortfährst, wirst du immer nur Ähnlichkeiten suchen und finden; auf diese Weise wird dir, wie stets in der Analyse, das entgehen, was du zu fassen gedachtest.
Denn wenn du die Menschen verstehen willst, darfst du nicht auf ihre Reden hören.
Und doch sind die Unterschiede unbedingt. Denn es gleichen einander weder die Liebe noch die Gerechtigkeit noch die Eifersucht; weder der Tod noch der Gesang noch der Austausch mit den Kindern, noch der Austausch mit dem Herrscher, noch der Austausch mit der Geliebten, noch der Austausch mit dem schöpferischen Werk; weder das Gesicht des Glücks, wenn es im Gewande des Vorteils auftritt, noch die Art des Vorteils. Und ich habe manche gekannt, die sich

überglücklich dünkten und mit zusammengepreßten Lippen oder blinzelnden Augen den Bescheidenen spielten, wenn ihnen die Nägel lang genug gewachsen waren, und andere, die dir das gleiche Schauspiel vorführten, wenn sie Schwielen an ihren Händen vorweisen konnten. Und ich habe welche gekannt, die sich nach dem Gewicht des Goldes in ihren Gewölben einschätzten, was dir als schmutziger Geiz erscheint, solange du nicht bei anderen entdeckt hast, daß sie die gleichen Gefühle des Stolzes hegen und sich zufrieden und selbstgefällig betrachten, wenn sie nutzlose Steine den Berg hinaufgerollt haben.

Mir aber wurde zur Gewißheit, daß ich mich in meinem Unterfangen einem Irrtum hingab, denn es gibt keine Schlußfolgerung, durch die man von einer Stufe zur anderen gelangen könnte, und ich benahm mich ebenso widersinnig wie der Schwätzer, der mit dir die Statue bewundert und dir durch die Linie der Nase oder die Ausdehnung des Ohres den Gegenstand einer Übermittlung zu erklären gedenkt; sie bestand beispielsweise in der Melancholie am Abend eines Festtages und zeigt sich hier nur in der eingefangenen Beute, die niemals von gleicher Beschaffenheit wie die Baustoffe ist. Desgleichen wurde mir deutlich, daß mein Irrtum auch auf folgendem beruhte: ich suchte den Baum durch die Mineralsalze, das Schweigen durch die Steine, die Schwermut durch die Linien und die Artung der Seele durch das Zeremoniell zu erklären, womit ich die natürliche Ordnung der Schöpfung umkehrte; hingegen hätte ich mich bemühen müssen, den Aufstieg der Mineralien durch die Entstehung des Baumes, die Anordnung der Steine durch das Bedürfnis nach Schweigen, die Führung der Linien durch die Herrschaft, die die Schwermut über sie ausübt, und das Zeremoniell durch die Artung der Seele zu erhellen; die Seele aber ist unteilbar und läßt sich nicht durch Worte umschreiben, da du ja gerade, um sie zu erfassen, sie zu lenken und ihr Beständigkeit zu verleihen, dazu gelangt bist, mir jene Falle zu stellen, die nur in diesem Zeremoniell und keinem anderen besteht.

Und freilich habe ich in meiner Jugend den Jaguar gejagt.

Und ich habe dafür Jaguargruben benutzt, die mit einem Lamm als Köder versehen, mit Pfählen bewehrt und mit Gras bedeckt waren. Und wenn ich sie im Morgengrauen aufsuchte, fand ich darin den Leib des Jaguars. Und wenn du die Sitten des Jaguars kennst, kannst du die Jaguargrube mit ihren Pfählen, ihrem Lamm und ihrem Grase ersinnen. Aber wenn ich dich bitte, dich mit der Jaguargrube zu befassen, und dir nichts vom Jaguar bekannt ist, wirst du sie auch nicht ersinnen können.

Deshalb sagte ich dir vom wahren Mathematiker, meinem Freunde, daß er den Jaguar begreift und die Grube ersinnt. Obwohl er ihn nie gesehen hat. Und die Kommentatoren des Mathematikers haben es genau verstanden, da ja der Jaguar nach seiner Gefangennahme gezeigt wurde, aber sie betrachten die Welt in Gestalt dieser Pfähle, dieser Lämmer, dieses Grases und der anderen Bestandteile, die zu ihrem Aufbau gehören, und hoffen, durch ihre Logik Wahrheiten daraus abzuleiten. Solche aber werden ihnen nicht zuteil. Und so bleiben sie unfruchtbar bis zu dem Tage, an dem einer erscheint, der den Jaguar begreift, obwohl er ihn noch nicht kennenlernen konnte, und der ihn – da er ihn begriffen hat – für dich einfängt und ihn dir zeigt, wobei er, um dich zu ihm hinzuführen, auf geheimnisvolle Weise einen Weg benutzt, der einer Rückkehr gleicht.

Und mein Vater war Mathematiker, da er sein Zeremoniell stiftete, um den Menschen damit einzufangen. Und das gleiche gilt von denen, die an anderen Orten und zu anderen Zeiten andere Zeremonielle erfanden und andere Menschen damit einfingen. Doch es sind die Zeiten gekommen, in denen die Torheit der Logiker, der Historiker und Kritiker herrscht. Und sie betrachten das Zeremoniell und leiten daraus nicht das Bild des Menschen ab, da es nicht daraus abgeleitet werden kann, und im Namen des Windes der Worte, den sie Vernunft nennen, streuen sie dann, wie es die Freiheiten gerade ergeben, die Bestandteile der Falle umher, zerstören dein Zeremoniell und lassen deine Beute entkommen.

148

Ich verstand es aber, die Dämme zu entdecken, die mir einen Menschen formten, als meine Wanderungen mich von ungefähr in eine fremde Landschaft führten. Während mein Pferd im Schritt ging, hatte ich einen Weg eingeschlagen, der ein Dorf mit einem anderen verband. Er hätte die Ebene gerade durchschneiden können, doch statt dessen paßte er sich einem Feldsaum an, und ich verlor einige Zeit durch diesen Umweg; jenes große, mit Hafer bestandene Geviert lastete auf mir, denn sich selbst überlassen, hätte mein Instinkt mich geradeaus geführt, doch das Gewicht eines Feldes ließ mich nachgeben. Und die Existenz eines Haferfeldes nützte mein Leben ab, denn ich widmete ihm Minuten, die ich für etwas anderes hätte brauchen können. Und jenes Feld zähmte mich, denn ich fand mich mit dem Umweg ab, und obwohl ich in den Hafer hätte hineinreiten können, achtete ich ihn wie einen Tempel. Sodann führte mich die Straße an einem Gute entlang, das von einer Mauer umschlossen war. Und sie nahm Rücksicht auf das Gut und wich – da die Steinmauer vorsprang und zurücktrat – langsam sich windend von ihrer Richtung ab. Und hinter der Mauer sah ich Bäume, die dichter standen als in den Oasen bei uns zulande, und hie und da einen Weiher mit süßem Wasser, der durch die Zweige hindurchschimmerte. Und ich hörte nichts als das Schweigen. Sodann kam ich unter dem Blätterdach an einem Portal vorüber. Und an dieser Stelle teilte sich meine Straße, deren eine Abzweigung dem Gute diente. Und während mein Pferd in den Wagenspuren hinkte oder am Zügel zerrte, um das kurze Gras längs der Mauern abzuweiden, überkam mich während meiner langsamen Pilgerschaft nach und nach die Empfindung, daß mein Weg mit seinen feinfühligen Windungen und seinen Rücksichten, seiner Muße und seiner gleichsam durch irgendeinen Ritus oder ein königliches Vorzimmer verlorenen Zeit das Antlitz eines Herrschers nachzeichnete und daß alle, die ihn benutzten und sich auf ihren Karren durchrütteln oder auf ihrem langsamen

Esel schaukeln ließen, unmerklich in der Liebe geübt wurden.

149

Mein Vater sagte:

– Sie glauben, daß sie reicher geworden sind, weil sie ihren Wortschatz vermehrt haben. Und gewiß kann ich auch noch ein Wort mehr gebrauchen, das etwa für mich die Bedeutung von »Oktobersonne« hätte, im Gegensatz zu einer anderen Sonne. Aber ich sehe nicht, was ich dadurch gewinne. Ich entdecke im Gegenteil, daß ich dadurch den Ausdruck für jene Abhängigkeit verliere, die mir den Oktober und die Früchte des Oktobers und seine Frische mit jener Sonne verknüpfte, die nicht mehr so recht zu Rande kommt, weil sie sich schon daran abgenutzt hat. Die Worte sind selten, die mir dadurch Gewinn bringen, daß sie mir von vornherein ein System von Abhängigkeiten ausdrücken, welches ich anderswo verwenden kann, wie etwa das Wort »Eifersucht«. Denn die Eifersucht wird mir gestatten, daß ich etwas, was ich mit ihr vergleiche, kennzeichne, ohne das ganze System von Abhängigkeiten vor dir abhaspeln zu müssen. So werde ich etwa sagen: »Der Durst ist Eifersucht auf das Wasser.« Denn wenn mir die Menschen, die ich vor Durst sterben sah, Qualen zu erdulden schienen, so beruhte das nicht auf einer Krankheit, die an und für sich abscheulicher gewesen wäre als die Pest; diese stumpft dich ab und entlockt dir nur schwache Seufzer. Das Wasser aber macht dich schreien, denn du begehrst es. Und du siehst im Traum andere beim Trinken. Und du fühlst dich geradezu verraten durch das Wasser, das anderswo fließt. Es geht dir damit wie mit der Frau, die deinem Feinde zulächelt. Und dein Leiden rührt nicht von Krankheit her, sondern von der Religion, von der Liebe und von Bildern, die auf dich eine weit andere Wirkung ausüben. Denn du lebst von einem Reiche, das nicht auf den Dingen, sondern auf dem Sinn der Dinge beruht.

Aber das Wort »Oktobersonne« wird mir nur eine schwache Hilfe bedeuten, denn es ist zu speziell.

Hingegen werde ich dich reifen lassen, wenn ich dich in Unternehmen übe, die es dir erlauben, unter Benutzung der gleichen Wörter verschiedene Fallen zu bauen, die für jederlei Beute geeignet sind. Es verhält sich damit wie mit den Knoten eines Strickes, wenn du die dazu geeigneten jeweils für Füchse, zur Befestigung der Segel auf einer Seefahrt und zum Einfangen des Windes verwenden kannst. Doch das Spiel deiner Zwischensätze, die Abwandlungen deiner Verben, der Rhythmus deiner Perioden, die Verwendung der Ergänzungsworte, die Nachklänge und Wiederholungen – dieser ganze Tanz, den du aufführst, wird, wenn er erst einmal getanzt ist, dem anderen das zutragen, was du ihm zu übermitteln gedachtest, oder in deinem Buche festhalten, was du festhalten wolltest.

– Sich bewußt werden, sagte mein Vater ein andermal, heißt vor allem, einen Stil erwerben.

– Sich bewußt werden, bekräftigte er wiederum, bedeutet nicht, einen Ideenbazar zu empfangen, der in Schlaf versinken wird. Deine Kenntnisse kümmern mich wenig, denn sie dienen dir nur als Gegenstand oder Mittel deines Berufes, kraft dessen du mir eine Brücke baust oder Gold gräbst oder mich über die Entfernung der Hauptstädte unterrichtest, wenn ich dessen bedarf. Solch ein Formular aber ist nicht der Mensch. Sich bewußt werden, heißt auch nicht, daß du deinen Wortschatz vermehrst. Denn dessen Erweiterung kann nur zum Ziel haben, dir mehr Möglichkeiten zu geben, wenn du mir jetzt die Stufen deiner Eifersucht vergleichen willst, doch allein der Wert deines Stils wird den Wert deines Unterfangens verbürgen können. Sonst erhalte ich nur lose Zusammenfassungen deiner Gedanken. Da will ich schon lieber »Oktobersonne« hören, was mir verständlicher ist als dein neues Wort und zu meinem Auge und Herzen spricht. Deine Steine sind Steine, sodann Ansammlungen von Säulen, sodann – wenn deine Säulen erst einmal beisammenstehen – Kathedralen. Ich aber habe dir diese Gesamtheiten, die immer umfassender sind, nur dank des Genies meines Baumeisters dargeboten, denn dieser bevorzugte sie für die immer umfassenderen Äußerungen seines Stils, das heißt für die Ausdehnung seiner Kraftlinien in den Steinen. Und auch in deinen Sätzen äußerst du etwas. Und hierauf kommt es vor allem an.

– Sieh diesen Wilden da, sagte mein Vater. Du kannst seinen Wortschatz vermehren, und er wird sich in einen unerschöpflichen Schwätzer verwandeln. Du kannst ihm das Gehirn mit all deinen Kenntnissen vollstopfen, und der Schwätzer wird zu einem anmaßenden Schaumschläger werden. Du wirst ihn nicht mehr aufhalten können. Und er wird sich am hohlen Wortschwall berauschen. Und du Blinder wirst dir am Ende sagen: wie konnte es nur geschehen, daß meine Kultur ihn nicht erzogen, sondern im Gegenteil verdorben, daß sie nicht den Weisen, den ich mir versprach, aus ihm gemacht hat, sondern ein Wrack, mit dem ich nichts anfangen kann? Wie deutlich erkenne ich jetzt, daß er groß, edel und rein gewesen ist in all seiner Unwissenheit!

Denn es gab nur ein Geschenk, das man ihm machen konnte und das du immer mehr vergißt und vernachlässigst. Und das war der Gebrauch eines Stils. Denn statt daß er mit seinen Kenntnissen wie mit farbigen Luftballons spielt, sich an dem Klang erfreut, den sie von sich geben und sich an seinen Jonglierkünsten berauscht, siehst du auf einmal, daß er sich vielleicht mit weniger Dingen abgibt, aber sich jenen geistigen Bestrebungen zuwendet, in denen sich der Aufstieg des Menschen vollzieht. Und so wird er zurückhaltend und schweigsam werden wie das Kind, dem du ein Spielzeug gabst und das damit zunächst einmal Lärm vollführte. Aber dann zeigst du ihm, daß es damit etwas zusammenstellen kann. Und du siehst, wie es nachdenklich wird und verstummt. Wie es sich in seine Zimmerecke zurückzieht, die Stirne kraus zieht und anfängt, in sich die Geburt des Menschen zu vollziehen.

Lehre also deinen Rohling zunächst die Grammatik und den Gebrauch der Verben. Und der Beiworte. Lehre ihn handeln, bevor du ihm anvertraust, worauf sich sein Handeln erstrecken soll. Und bei jenen, die zuviel Lärm vollführen,

die zu viele Ideen bewegen, wie du sagst, und die dich ermüden, wirst du beobachten, wie sie das Schweigen entdecken.
Und dies ist das einzige Zeichen eines echten Wertes.

150

So ist es auch mit der Wahrheit, wenn sie mir zum Gebrauche wird.
Und du verwunderst dich. Aber, soweit mir bekannt ist, verwunderst du dich nicht, wenn das Wasser, das du trinkst, und das Brot, das du ißt, zum Lichte deiner Augen wird. Oder wenn die Sonne zu Astwerk, Frucht und Samenkorn wird. Und gewiß wirst du in der Frucht nichts finden, was der Sonne ähnelt.
So findet sich auch nichts in der Zeder, was dem Samen der Zeder ähnelt.
Denn mag sie auch aus ihm entstanden sein, so besagt das doch nicht, daß sie ihm ähnlich sei.
Oder vielmehr: ich nenne etwas »Ähnlichkeit«, was weder für deine Augen noch für deinen Verstand, sondern allein für deinen Geist bestimmt ist. Und diese Bedeutung habe ich im Sinn, wenn ich ausdrücke, daß die Schöpfung Gott ähnelt und daß ebenso die Frucht der Sonne, das Gedicht dem Gegenstande des Gedichts und der Mensch, den ich aus dir gewonnen habe, dem Zeremoniell des Reiches gleicht.
Und das ist sehr wichtig, denn da du deine Abstammung nicht mit den Augen erkennen kannst, da sie nur für den Geist Sinn hat, versagst du dich den Voraussetzungen deiner Größe. Du gleichst einem Baume, der sich der Sonne versagen möchte, weil er in der Frucht keine Anzeichen der Sonne findet. Oder, besser noch: dem Professor, der im Werke nicht mehr die unaussprechbare Bewegung findet, aus der es hervorgegangen ist, der es daher studiert, seinen Plan entdeckt, innere Gesetze daraus ableitet, wenn er welche entdeckt, und der dir sodann ein Werk fabriziert, in dem sie

Anwendung finden, und vor dem du die Flucht ergreifst, um es nicht anhören zu müssen.
In dieser Hinsicht sind das Hirtenmädchen oder der Tischler oder der Bettler begabter als alle Logiker, Historiker und Kritiker meines Reiches. Denn es mißfällt ihnen, daß ihr Hohlweg seinen Saum verliert. Warum? fragst du sie. Weil sie ihn lieben. Und diese Liebe ist der geheimnisvolle Weg, durch den sie genährt werden. Und es muß auch so sein, daß sie etwas von ihm empfangen, da sie ihn lieben. Es kommt nicht darauf an, ob du es in Worte fassen kannst. Nur die Logiker, Historiker und Kritiker zeichnen sich dadurch aus, daß sie von der Welt immer nur das bejahen, woraus sie Sätze bilden können. Denn ich denke mir, daß du, Menschlein, gerade anfängst, eine Sprache zu lernen und herumtappst und dich darin übst und zunächst erst ein winziges Stücklein Haut der Welt zu erfassen vermagst. Denn die Welt ist zu schwer, als daß man sie forttragen könnte.
Jene aber glauben nur an den mageren Inhalt ihres armseligen Ideenbazars.

Wenn du meinen Tempel, mein Zeremoniell und meinen bescheidenen Landweg ablehnst, weil es dir nicht gelingt, den Gegenstand und Sinn der Übermittlung auszudrücken, werde ich dir die Nase in deinen eigenen Unrat stecken. Denn dort, wo es keine Worte gibt, mit deren Lärm du mich in Erstaunen setzen, oder wo keine Bilder anzupreisen sind, die du mir als greifbare Beweise vor Augen rücken kannst, bist du doch bereit, einen Besuch zu empfangen, dessen Namen du mir nicht zu nennen weißt. Hast du jemals Musik gehört? Warum hörst du sie denn?
Im allgemeinen bist du bereit, die Zeremonie des Sonnenuntergangs auf dem Meere als schön anzuerkennen. Kannst du mir sagen, weshalb?
Und ich sage, daß du verwandelt bist, wenn du auf deinem Esel den Landweg entlangrittest, von dem ich dir sprach. Und es kümmert mich wenig, daß du mir den Grund dafür noch nicht angeben kannst.

Und daher sind nicht alle Riten, Opfer und Wege gleich gut. Es gibt schlechte, wie es gemeine Musik gibt. Doch allein von der Vernunft her vermag ich sie nicht zu unterscheiden. Ich will von ihnen nur ein Zeichen, und das bist du.
Wenn ich den Weg, das Zeremoniell oder das Gedicht beurteilen will, schaue ich nur den Menschen an, der aus ihnen hervorgeht. Oder, besser noch, ich lausche seinem Herzschlag.

151

Es ist das gleiche, als wenn die Nagelschmiede und Brettschneider – unter dem Vorwand, das Schiff sei eine Anhäufung von Brettern, die durch Nägel zusammengehalten werde – den Anspruch erheben wollten, seinen Bau zu leiten und es auf dem Meere zu steuern.
Der Irrtum ist immer derselbe und beruht auf deinem Vorgehen. Es ist nicht das Schiff, das durch das Schmieden der Nägel und Sägen der Bretter entsteht. Vielmehr entsteht das Schmieden der Nägel und Sägen der Bretter aus dem Drang nach dem Meere und dem Wachsen des Schiffes. Das Schiff entsteht mit ihrer Hilfe und zieht sie an sich wie die Zeder das Felsgestein.
Die Brettschneider und Nagelschmiede müssen auf die Bretter und Nägel schauen. Sie müssen die Bretter und Nägel kennenlernen. Die Liebe zum Schiff muß in ihrer Sprache zur Liebe der Bretter und Nägel werden. Und ich werde sie nicht über das Schiff befragen.
Das gilt auch von denen, die ich damit betraut habe, die Steuern einzuziehen. Ich werde sie nicht über die Entwicklung der Kultur befragen. Sie sollen mir nur brav gehorchen. Denn wenn ich ein schnelleres Segelschiff erfinde und die Form der Bretter und Länge der Nägel verändere, so murren meine Techniker und lehnen sich auf. Ihrer Meinung nach zerstöre ich das Wesen des Schiffes, das vor allem auf ihren Brettern und Nägeln beruhe.
Es beruht aber auf meinem Begehren.

Und wenn ich etwas an der Geldwirtschaft und somit an der Erhebung der Steuern verändere, so murren die anderen und lehnen sich auf, denn nach ihrer Meinung zerstöre ich das Reich, da es ja auf ihrer Fertigkeit beruhe.
Sie alle sollen aber schweigen.
Doch zum Ausgleich werde ich ihnen Achtung bezeugen. Ist der Gott erst zu ihnen herabgestiegen, werde ich ihnen keine Ratschläge beim Nagelschmieden oder Brettersägen erteilen. Davon will ich nichts wissen. Der Erbauer von Kathedralen befeuert von Stufe zu Stufe den Bildhauer, damit dieser ihm seine Begeisterung spende. Aber er mischt sich nicht in seine Arbeit hinein und erteilt ihm nicht Ratschläge, wie er ein bestimmtes Lächeln gestalten solle. Denn das ist Utopie und heißt, die Welt vom verkehrten Ende aufbauen. Sich mit Nägeln abgeben heißt, eine künftige Welt erfinden. Was widersinnig ist. Oder etwas der Disziplin unterwerfen, was nicht zum Bereich der Disziplin gehört. Darin zeigt sich die Ordnung des Professors, die nicht die Ordnung des Lebens ist. Zur rechten Stunde wird die Zeit der Nägel und Bretter kommen. Denn wenn ich mich mit ihnen abgebe, bevor ihre Stufe an der Reihe ist, mühe ich mich mit einer Welt ab, die gar nicht entstehen kann. Denn die Form der Nägel und Bretter wird daraus hervorgehen, daß sie sich an den Wirklichkeiten des Lebens abnutzen, die sich nur den Nagelschmieden und Brettschneidern zeigen werden.
Und je mächtiger mein Zwang ist – er besteht im Drang nach dem Meere, mit dem die Menschen erfüllt werden –, um so weniger wird meine Tyrannei zutage treten. Denn im Baume herrscht keine Tyrannei.
Die Tyrannei zeigt sich, wenn du mit Hilfe der Säfte den Baum bauen willst. Nicht, wenn der Baum von sich aus die Säfte anzieht.
Ich habe dir stets gesagt: die Zukunft begründen heißt, zunächst und ausschließlich, die Gegenwart denken. Ebenso heißt das Schiff erschaffen ausschließlich, den Drang nach dem Meere erschaffen.

Denn es gibt nicht – und niemals – eine logische Sprache, durch die du von den Baustoffen zu dem übergehen könntest, was die Dinge beherrscht; es wäre das ebenso, als wenn du das Reich erklären wolltest, indem du von den Bäumen, den Bergen, den Städten, den Flüssen und Menschen ausgingest, oder als wenn du die Schwermut deines Marmorgesichtes aus den Linien und dem jeweiligen Umfang von Nase, Kinn und Ohren oder die Stille und Sammlung deiner Kathedrale aus den Steinen oder das Landgut aus den Bestandteilen des Landguts oder, einfacher noch, den Baum aus den Steinsalzen erklären wolltest. (Und die Tyrannei entsteht dadurch, daß du ein undurchführbares Unterfangen zu verwirklichen gedenkst, dich über deine Niederlagen erregst, sie den anderen in die Schuhe schiebst und auf solche Art grausam wirst.)

Es gibt keine logische Sprache, denn es gibt auch keine Abstammung, die logisch wäre. Du läßt den Baum nicht dadurch entstehen, daß du von den Mineralsalzen, sondern daß du vom Samenkorn ausgehst.

Das einzige Verfahren, dem ein Sinn innewohnt, das sich aber durch Worte nicht ausdrücken läßt, da es reine Schöpfung oder Widerhall ist, besteht darin, daß du von Gott zu den Gegenständen übergehst, die durch ihn einen Sinn, eine Farbe und eine Bewegung empfangen haben. Denn das Reich erfüllt mit geheimer Kraft die Bäume, Berge, Flüsse, Herden, Schluchten und Häuser des Reiches. Die Inbrunst des Bildhauers erfüllt mit geheimer Kraft den Lehm oder den Marmor, die Kathedrale gibt den Steinen ihren Sinn und macht daraus Sammelbecken des Schweigens, und der Baum zieht die Mineralsalze aus der Erde, um sie im Lichte zu gestalten.

Und ich kenne zwei Arten von Menschen, die mir von einem neuen Reiche sprechen, das es zu gründen gelte. Der eine ist Logiker und konstruiert mit Hilfe des Verstandes. Sein Vorgehen nenne ich Utopie. Und es wird nichts daraus entstehen, denn es steckt nichts in ihm. So ist es mit einem Gesicht, das der Professor für Bildhauerkunst geformt hat. Denn mag auch der schöpferische Mensch klug sein, so ist doch die Schöpfung niemals aus Klugheit gemacht. Und jener wird sich zwangsläufig in einen unfruchtbaren Tyrannen verwandeln. Den anderen aber beseelt eine starke Gewißheit, der er keinen Namen zu geben weiß. Und wie der Hirt oder der Zimmermann kann er ohne Klugheit auskommen, denn die Schöpfung ist nicht aus Klugheit gemacht. Und er knetet seinen Lehm, ohne recht zu wissen, was er dadurch hervorbringen wird. Er ist nicht zufrieden: er drückt den Daumen nach links. Dann drückt er den Daumen nach unten. Und das Gesicht, das er formt, befriedigt immer mehr etwas, das keinen Namen hat, aber in ihm wirkt. Dieses Gesicht ähnelt immer mehr einem Etwas, das nicht ein Gesicht ist. Und ich weiß nicht einmal, was hier ähneln bedeuten könnte. Und siehe: dieses geknetete Gesicht, das eine unaussprechbare Ähnlichkeit erhalten hat, ist mit der Macht begabt, das auf dich zu übertragen, was den Bildhauer beseelte. Und du bist verknüpft, so wie er verknüpft war.

Dieser Mensch war nicht durch die Klugheit, sondern durch den Geist tätig.

Und darum sage ich dir, daß der Geist die Welt führt und nicht die Klugheit.

152

Hier zeigt sich, was ich dir sagte: wenn du es nicht mit blinden Sklaven zu tun hast, so sind alle Meinungen in allen Menschen vertreten. Nicht etwa, weil die Menschen unbeständig wären, sondern weil ihre innere Wahrheit eine Wahrheit ist, die nicht in den Worten das ihr angemessene Gewand findet. Und du brauchst ein wenig von diesem und ein wenig von jenem…

Denn du hast die Dinge vereinfacht, wenn du Freiheit und Zwang sagst. Und du schwankst von einem zum anderen, denn die Wahrheit findet sich in keinem von beiden und auch nicht dazwischen, sondern außerhalb. Doch durch welch

einen Glücksfall könntest du deine innere Wahrheit in einem einzigen Wort unterbringen? Die Wörter sind enge Schachteln. Und in wessen Namen könntest du all das, was du zum Wachsen brauchst, in einer engen Schachtel unterbringen?
Aber wenn du die Freiheit des Sängers erlangen willst, der auf seinem Saiteninstrument aus dem Stegreif spielt – muß ich dir da nicht erst die Finger üben und dich die Kunst des Sängers lehren, was Krieg, Zwang und Ausdauer bedeutet?
Und wenn du die Freiheit des Bergsteigers erlangen willst – mußt du dann nicht erst deine Muskeln üben, was Krieg, Zwang und Ausdauer bedeutet?
Und wenn du die Freiheit des Dichters erlangen willst, mußt du dann nicht erst dein Gehirn üben und deinen Stil feilen, was Krieg, Zwang und Ausdauer bedeutet?
Weißt du nicht mehr, daß die Suche nach Glück niemals Voraussetzung des Glückes ist? Du würdest dich niedersetzen, denn du wüßtest nicht, wohin du gehen sollst. Wenn du erschaffen hast, wird dir das Glück als Lohn gewährt. Und die Voraussetzungen des Glücks sind Krieg, Zwang und Ausdauer.
Weißt du nicht mehr, daß die Suche nach Schönheit nicht Voraussetzung der Schönheit ist? Du würdest dich niedersetzen, denn du wüßtest nicht, wohin du gehen sollst. Wenn dein Werk getan ist, wird ihm die Schönheit als dein Lohn gewährt. Und die Voraussetzungen der Schönheit sind Krieg, Zwang und Ausdauer.
Das gilt auch von den Voraussetzungen der Freiheit. Sie sind nicht Geschenke der Freiheit. Du würdest dich niedersetzen und wüßtest nicht, wohin du gehen sollst. Wenn man aus dir einen Menschen gemacht hat, ist die Freiheit der Lohn dieses Menschen, der über ein Reich gebietet, in dem er sich betätigen kann. Und die Voraussetzungen der Freiheit sind Krieg, Zwang und Ausdauer.

Auf die Gefahr hin, dir ein Ärgernis zu geben, werde ich dir sagen, daß die Voraussetzung deiner Brüderlichkeit nicht deine Gleichheit ist, denn sie ist der Lohn, und die Gleichheit entsteht erst in Gott. So ist es beim Baum, der eine Rangordnung darstellt, wo aber siehst du, daß ein Teil den anderen beherrschte? So ist es beim Tempel, der eine Rangordnung darstellt. Er ruht auf seinem Fundament, aber der Schlußstein seines Gewölbes hält ihn zusammen. Und wer sagt dir, welches von beiden obsiegt? Was ist ein General ohne Heer? Was ist ein Heer ohne General? Eine Gleichheit ist Gleichheit im Reiche, und die Brüderlichkeit wird den Menschen als Lohn gewährt. Denn die Brüderlichkeit ist weder das Recht zur Duzbrüderschaft noch das Recht zur Kränkung. Und ich sage, daß deine Brüderlichkeit Lohn deiner Rangordnung und des Tempels ist, den ihr füreinander baut. Denn ich habe sie in den Familien entdeckt, in denen der Vater geachtet war und der ältere Sohn den jüngeren beschützte. Und wo sich der jüngere dem älteren anvertraute. So waren ihre Abende, ihre Feste und ihre Heimkehr voller Wärme. Doch wenn sie ein Durcheinander von Baustoffen bilden, wenn keiner vom anderen abhängt, wenn sie wie Kügelchen aneinanderstoßen und sich vermischen – wo siehst du dann ihre Brüderlichkeit? Wenn einer von ihnen stirbt, ersetzt man ihn, denn man brauchte ihn nicht. Ich will wissen, wer du bist und wo du bist, wenn ich dich lieben soll.

Und wenn ich dich aus den Fluten des Meeres errettet habe, liebe ich dich desto mehr, da ich dann für dein Leben verantwortlich bin. Oder wenn ich bei dir wachte und dich heilte, als du krank warst – oder wenn du mein alter Diener bist, der mir wie eine Lampe beistand, oder der Hüter meiner Herden. Und ich werde bei dir einkehren und deine Ziegenmilch trinken. Und ich werde von dir empfangen, und du wirst mir schenken. Und du wirst empfangen, und ich werde schenken. Aber dem Manne habe ich nichts zu sagen, der sich voller Gehässigkeit als meinesgleichen aufspielt und sich weigert, in irgendeiner Hinsicht von mir abzuhängen, und ebenso nicht will, daß ich von ihm abhänge. Ich liebe nur den, dessen Tod mir das Herz zerreißen würde.

153

In jener Nacht wollte ich im Schweigen meiner Liebe auf den Berg steigen, um abermals die Stadt zu betrachten, nachdem ich sie durch meinen Aufstieg in die Stille eingeordnet und ihrer Bewegungen beraubt hätte, – doch auf halbem Wege blieb ich stehen, da mich mein Mitleid zurückhielt, denn ich hörte, wie sich Klagen aus den Fluren erhoben, und wünschte, sie zu verstehen.
Sie stiegen vom Vieh auf, das in den Ställen stand. Und von den Tieren des Feldes und den Tieren in der Luft und den Tieren, die am Rande der Wasser leben. Denn sie allein legen Zeugnis ab in der Karawane des Lebens, da die Pflanze noch keine Sprache besitzt und der Mensch, dem sie schon gegeben ist und der zur Hälfte das Leben des Geistes lebt, sich im Schweigen zu üben begann. Denn du siehst, wie der Kranke, dem der Krebs keine Ruhe läßt, sich auf die Lippen beißt und sein Leiden verschweigt, wie er sich über die Wirrnis seines Fleisches erhebt und sich in einen geistigen Baum verwandelt; so treibt er seine Zweige und Wurzeln in einem Reiche, das nicht den Dingen, sondern dem Sinn der Dinge gehört. Das Leiden, das schweigt, ängstigt dich daher mehr als das Leiden, das schreit. Das schweigende Leiden erfüllt das Zimmer. Es erfüllt die Stadt. Es gibt keine Entfernung, durch die du ihm entfliehen könntest. Wenn die Geliebte fern von dir leidet, wirst du, wenn du sie liebst, von ihrem Leiden beherrscht, wo du auch immer sein magst.
So hörte ich also die Klagen des Lebens. Denn in den Ställen, auf den Feldern und am Rand der Gewässer pflanzte sich das Leben fort. Die kalbenden Färsen brüllten in den Ställen. Ich hörte auch die Stimmen der Liebe aus den Sümpfen aufsteigen, die von ihren Fröschen trunken waren. Ich hörte auch die Stimme der Todesnot, denn es piepte der Auerhahn, den der Fuchs gepackt hatte; es meckerte die Ziege, die du für deine Mahlzeit opfertest. Und zuweilen geschah es, daß ein Raubtier, das ein einziges Mal brüllte, dadurch das Land zum Verstummen brachte und sich so mit einem Schlage ein

Reich des Schweigens unterwarf, in dem allem Leben der Angstschweiß ausbrach. Denn das Raubtier läßt sich durch den scharfen Geruch der Angst leiten, den der Wind mit sich führt. Kaum hatte es gebrüllt, als schon all seine Opfer wie ein Heer von Lichtern vor ihm erglänzten. Sodann löste sich die Bestürzung der Tiere auf der Erde, in der Luft und am Rande der Wasser aus der Erstarrung, und die Klage der Geburt, der Liebe und der Todesnot begann von neuem.
– Wahrhaftig, sagte ich mir, all das ist Wagenlärm, denn das Leben überträgt sich von Geschlecht zu Geschlecht, und bei dieser Fahrt durch die Zeit gleicht es dem schweren Wagen, dessen Achse kreischt...
So war es mir endlich vergönnt, etwas von den Ängsten der Menschen zu begreifen, denn auch diese übertragen sich, während sie von Geschlecht zu Geschlecht aus ihrem Ich auswandern. Und bei Tag und bei Nacht dauern unerbittlich, in Stadt und Land, jene Teilungen fort wie bei einem Hautgewebe, das zerreißt und wieder ausheilt. So spürte ich, als hätte ich eine Wunde in mir, die langsame und stetige Arbeit der Häutung.
Aber diese Menschen, sagte ich mir, leben nicht von den Dingen, sondern vom Sinn der Dinge, und so müssen sie sich schon die Parole weitergeben.
Deshalb sehe ich sie bereits bemüht, wenn das Kind kaum geboren ist, ihm den Gebrauch ihrer Sprache zu entziffern, als ob es sich um einen Geheimtext handle, denn sie ist der Schlüssel zu ihrem Schatz. Und um ihm diesen Anteil am Wunderbaren zu übermitteln, bahnen sie ihm mühsam die Fahrwege. Denn schwierig in Worte zu fassen und gewichtig und voller Feinheiten sind die Ernten, die es von einer Generation auf die andere zu überführen gilt.
Gewiß strahlt dieses Dorf Freude aus. Gewiß rührt dieses Haus des Dorfes dein Herz. Aber wenn die neue Generation Häuser in Besitz nimmt, von denen ihr nicht mehr als die Nutzung bekannt ist – was wird sie dann in dieser Wüste beginnen? Denn so wie du deine Erben die Kunst der Musik lehren mußt, damit sie an einem Saiteninstrument ihre

Freude haben können, so mußt du auch – wenn sie Menschen sein sollen, die menschliche Gefühle hegen – sie lehren, in der Zusammenhanglosigkeit der Dinge die Gesichter deines Hauses, deines Gutes und deines Reiches zu lesen.
Sonst wird die neue Generation den Barbaren gleich in der Stadt hausen, die sie dir abgewonnen hat. Und was für eine Freude könnten Barbaren aus deinen Schätzen erfahren? Sie wüßten sie nicht zu nutzen, da sie den Schlüssel zu deiner Sprache nicht besitzen.
Für die anderen, die in den Tod ausgewandert sind, war dieses Dorf wie eine Harfe, mit der Bedeutung der Mauern, der Bäume, der Brunnen und Häuser. Und jeder Baum war verschieden und hatte seine Geschichte. Und jedes Haus war verschieden und hatte seine Bräuche. Und jede Mauer war verschieden, denn sie hatte ihre Geheimnisse. So hast du deine Wanderung wie eine Musik komponiert, da du den Ton, wie du ihn wünschtest, einem jeden deiner Schritte entlocken konntest. Doch der Barbar, der in deinem Dorfe haust, kann ihm keinen Gesang entlocken. Er langweilt sich darin, und da er sich an dem Verbote stößt, das ihm ein Betreten verwehrt, stürzt er deine Mauern um und streut deine Güter umher, aus Rache gegen das Instrument, das er nicht zu gebrauchen wußte. So verbreitet er die Feuersbrunst, die ihn zumindest durch ein bißchen Lichtschein entschädigt. Hernach verliert er den Mut und gähnt. Denn man muß das kennen, was man verbrennt, wenn das Licht schön sein soll. So ist es bei der Kerze, die du für deinen Gott anzündest. Aber sogar die Flamme deines Hauses wird dem Barbaren nichts mitteilen, da sie keine Opferflamme ist.
So verfolgte mich diese Vorstellung einer Generation, die sich als Eindringling im Gehäuse einer anderen eingenistet hatte. Und die Riten erschienen mir wesentlich, die in meinem Reiche den Menschen dazu nötigen, sein Erbteil zu übertragen oder zu empfangen. Ich brauche Bewohner in meinem Hause, nicht lagernde Gesellen, die von nirgendwoher kommen.
Deshalb werde ich dir, da sie wesentlich sind, die langen

Zeremonien auferlegen, mit denen ich die Risse in meinem Volke wieder schließe, damit nichts von seinem Erbgut verlorengehe. Denn gewiß kümmert sich der Baum nicht um seine Samenkörner. Wenn der Wind sie losreißt und mit sich fortträgt, ist es gut. Gewiß kümmert sich das Insekt nicht um seine Eier. Die Sonne wird sie gedeihen lassen. Alles, was diese besitzen, ist in ihrem Leibe enthalten und wird mit dem Leibe weitergegeben.

Was aber würde aus dir werden, wenn dich niemand an die Hand nähme, um dir die Vorräte jenes Honigs zu zeigen, der nicht von den Dingen, sondern vom Sinn der Dinge herrührt? Gewiß sind die Buchstaben des Buches allen sichtbar. Doch ich muß dich quälen, damit ich dir diese Schlüssel des Gedichts zum Geschenk machen kann.

So ist es auch mit den Begräbnissen, die ich feierlich wünsche. Denn es geht nicht darum, einen Leichnam in der Erde zu verstauen, sondern es gilt – wie bei einer zerschlagenen Urne – das Erbteil zu sammeln, das diesem Toten anvertraut war, ohne daß etwas dabei verlorengehen darf. Es ist nicht leicht, alles zu bewahren. Es braucht viel Zeit, bis du die Toten aufgesammelt hast. Du mußt sie lange beweinen und über ihr Dasein nachsinnen und ihre Jahrestage feiern. Du mußt dich häufig zurückwenden, um nachzuprüfen, ob du nicht etwas vergessen hast.

So ist es auch mit den Ehen, die die Risse der Geburt vorbereiten. Denn das Haus, das euch einschließt, wird Keller und Speicher und Magazin. Wer könnte sagen, was es enthält? Eure Kunst des Liebens, eure Kunst des Lachens, eure Kunst, das Gedicht zu genießen, eure Kunst, das Silber zu ziselieren, eure Kunst des Weinens und Nachdenkens – ihr müßt sie schon zusammenraffen, um sie eurerseits weiterzureichen. Ich will, daß eure Liebe ein Frachtschiff sei, das den Abgrund zwischen einer Generation und der anderen überwinden kann, nicht ein Konkubinat, das für die Aufteilung nutzloser Vorräte bestimmt ist.

Ebenso ist es mit den Riten der Geburt, denn es geht dabei um jenen Riß, den es zu schließen gilt.

Deshalb verlange ich Zeremonien, wenn du dich vermählst, wenn du niederkommst, wenn du stirbst, wenn du dich trennst, wenn du zurückkehrst, wenn du zu bauen und zu wohnen beginnst, wenn du deine Ernte einbringst, wenn du deine Weinlese eröffnest, wenn Krieg ausbricht oder Friede einzieht.
Und deshalb verlange ich, daß du deine Kinder erziehst, damit sie dir ähnlich seien. Denn es ist nicht Sache eines Sergeanten, ihnen ein Erbteil zu übergeben, das nicht in seiner Dienstvorschrift enthalten sein kann. Wenn ihnen auch andere den Ballast deiner Kenntnisse und deinen kleinen Ideenbazar übermitteln können, so werden sie doch, wenn sie von dir abgetrennt sind, all das verlieren, was nicht aussprechbar ist und nicht im Handbuch steht.
Du wirst sie nach deinem Bilde formen, aus Angst, sie könnten später freudlos in einem Vaterlande dahinsiechen, das ihnen als leeres Zeltlager erscheint und in dem sie ihre Schätze verkommen lassen, weil sie den Schlüssel dazu nicht besitzen.

154

Die Beamten meines Reiches erschreckten mich, denn sie zeigten sich optimistisch.
So ist es gut, sagten sie. Die Vollkommenheit ist unerreichbar.
Gewiß ist die Vollkommenheit unerreichbar. Sie hat nur den Sinn, deinen Weg wie ein Stern zu leiten. Sie ist Richtung und Streben auf etwas hin. Doch nur auf deinen Weg kommt es an, und es gibt keine Vorräte, in deren Mitte du dich niederlassen könntest. Denn dann stirbt das Kraftfeld, das dich ausschließlich beseelt, und du gleichst einem Leichnam.
Und wenn einer den Stern vernachlässigt, so tut er das, weil er sich niedersetzen und schlafen möchte. Und wo setzt du dich nieder? Und wo schläfst du? Ich kenne keinen Ort, wo sich ruhen ließe. Denn ein Ort begeistert dich, weil du dort deinen Sieg errungen hast. Nicht so das Schlachtfeld, auf dem du diesen jungen Sieg einatmest, und nicht so die Sänfte,

die du daraus anfertigst, wenn du gedenkst von deinem Siege zu leben.
Mit welcher Norm vergleichst du dein Werk, um dich damit zu begnügen?

155

Denn du wunderst dich über die Macht meiner Riten oder meines Landweges. Und in deiner Verwunderung bist du blind.
Siehe den Bildhauer: er trägt etwas Unaussprechliches in sich. Denn niemals ist aussprechbar, was zum Menschen und nicht zum Skelett eines vergangenen Menschen gehört. Und um es zu übermitteln, knetet der Bildhauer ein Gesicht aus Lehm.
Nun kamst du des Weges und gingst an seinem Werke vorüber und hast dieses Gesicht angeschaut, das vielleicht anmaßend oder vielleicht schwermütig war; dann bist du weitergegangen. Und siehe, du warst nicht mehr der gleiche: schwach bekehrt, aber bekehrt, das heißt, einer neuen Richtung zugewandt oder zugeneigt; vielleicht nur für kurze Zeit, immerhin für eine Weile.
So hatte ein Mensch eine Empfindung, die sich nicht in Worte fassen ließ: er preßte seinen Daumen ein paarmal in den Lehm. Dann stellte er seinen Lehm auf deinem Wege auf. Und so wirst du, wenn du diese Straße wählst, von der gleichen Empfindung erfüllt, die sich nicht in Worte fassen läßt. Und das sogar dann noch, wenn hunderttausend Jahre verstrichen sind zwischen seinem Tun und deinem Vorübergehen.

156

Es erhob sich ein Sandsturm, der uns Überreste einer fernen Oase zuführte, und unser Lager war voller Vögel. Unter jedem Zelt steckten einige von ihnen, und sie teilten unser Leben. Sie waren nicht scheu und ließen sich gerne auf unseren Schultern nieder. Da es aber an Nahrung mangelte, starben Tag für Tag Tausende von ihnen und waren bald vertrocknet wie die geborstenen Rinden dürren Holzes. Sie verpesteten die Luft, und ich ließ sie einsammeln. Wir füllten damit große Körbe. Und schütteten diesen Staub ins Meer.

Als wir erstmals den Durst kennenlernten, sahen wir zur Stunde der Mittagsglut, wie sich eine Fata Morgana aufbaute. Mit reinen Linien spiegelte sich die geometrische Stadt in den ruhigen Wassern. Und einer der Unsrigen wurde wahnsinnig, stieß einen Schrei aus und begann in Richtung auf die Stadt zu laufen. Wie der Schrei der fortziehenden Wildente bei allen Enten einen Widerhall weckt, so schien mir, daß der Schrei dieses Mannes die anderen aufgestört hatte. Sie waren bereit, dem Verzückten zu folgen und der Fata Morgana und dem Nichts entgegenzuwanken. Ein gut gezielter Büchsenschuß streckte ihn nieder. Und er war nichts mehr als ein Leichnam, so daß sich zuletzt alles wieder beruhigte. Einer meiner Soldaten weinte.

– Was hast du? fragte ich ihn.

Ich dachte, daß er den Toten beweinte.

Er aber hatte vor seinen Füßen eine jener geborstenen Rinden entdeckt und weinte über einen Himmel, der seiner Vögel beraubt war.

– Wenn der Himmel seinen Flaum verliert, sagte er, ist das Leben der Menschen bedroht.

Wir zogen den Arbeiter aus dem Brunnenschacht wieder herauf; er wurde ohnmächtig, hatte uns aber noch bedeuten können, daß der Brunnen trocken war. Denn es gibt unterirdische Gezeiten des Süßwassers. Und mitunter strömt das Wasser jahrelang den Brunnen im Norden zu. So werden sie von neuem zu Quellen für das Blut. Doch dieser Brunnen hier hielt uns fest wie ein Nagel, der einen Flügel durchbohrt.

Wir gedachten alle der großen Körbe, die mit Rinden von dürrem Holze gefüllt waren.

Aber am Abend des folgenden Tages erreichten wir den Brunnen von El Bahr.

Und nach Einbruch der Dunkelheit rief ich die Führer zu mir:

– Ihr habt uns über den Zustand der Brunnen getäuscht. El Bahr ist leer. Was soll ich jetzt mit euch machen?

Wunderbar leuchteten die Sterne in dieser Nacht, die zugleich bitter und herrlich war. Wir besaßen Diamanten als Nahrung.

– Was soll ich mit euch machen? hatte ich zu den Führern gesagt.

Doch eitel ist die Gerechtigkeit der Menschen. Waren wir nicht alle in Dornen verwandelt?

Die Sonne tauchte auf, und sie war durch den sandigen Dunst zugeschnitten wie ein Dreieck. Sie war wie ein Stichel für unsere Haut. Einige Männer sanken um, vom Hirnschlag getroffen. Viele zeigten Anzeichen des Wahnsinns. Aber es gab keine Fata Morgana mehr, die sie mit den klaren Konturen ihrer Städte verlockt hätte. Es gab weder Fata Morgana noch einen klaren Horizont noch beständige Linien. Der Sand umhüllte uns mit dem flackernden Licht eines Ziegelofens.

Als ich den Kopf hob, sah ich durch den kreisenden Nebel hindurch die blasse Glut, die den Brand nährte.

– Das Eisen Gottes, dachte ich, das uns zeichnet wie Vieh.

– Was hast du? fragte ich einen Mann, der taumelte.

– Ich bin blind.

Ich ließ von drei Kamelen zweien den Bauch aufschlitzen, und wir tranken die Wasser der Eingeweide. Die überlebenden Tiere beluden wir mit sämtlichen leeren Schläuchen, und während ich diese Karawane beaufsichtigte, entsandte ich einige Soldaten zum Brunnen von El Ksur, den man für zweifelhaft hielt.

– Wenn El Ksur versiegt ist, sagte ich ihnen, werdet ihr dort unten geradesogut sterben wie hier.

Doch sie kamen zurück nach zwei Tagen, die ohne besondere Vorfälle vergangen waren, mich aber ein Drittel meiner Leute gekostet hatten.

– Der Brunnen von El Ksur, erklärten sie, ist ein Fenster ins Leben.

Wir tranken und erreichten El Ksur, um dort abermals zu trinken und unsere Wasservorräte zu erneuern.

Der Sandwind legte sich, und wir erreichten El Ksur in der Nacht. Es wuchsen dort, rings um den Brunnen, einige Dornensträucher. Aber statt dieser blattlosen Skelette sahen wir als erstes tintenfarbene Kugeln, die mit ihren Stielen aus dünnen Stämmchen hervorwuchsen. Wir konnten uns diesen Anblick zunächst nicht erklären, doch als wir nah an die Bäume herangekommen waren, zerplatzte gleichsam einer nach dem anderen mit großem Zornesgetöse. Denn durch das Auffliegen der Raben, die sie als Vogelstange benutzt hatten, wurden sie mit einem Schlage entblößt, wie wenn das Fleisch rings um einen Knochen zerplatzt. Sie flogen so dicht, daß wir trotz des strahlenden Vollmonds im Schatten blieben. Denn die Raben entfernten sich keineswegs, sondern zogen lange Zeit ihren Wirbel aus schwarzer Asche über unseren Stirnen hin.

Wir erlegten dreitausend, denn es fehlte uns an Nahrung.

Es war ein ungewöhnliches Fest. Die Soldaten bauten sich Backöfen aus Sand und füllten diese mit trockenem Mist, der hell wie Heu schimmerte. Und das Fett der Raben durchschwängerte die Lüfte. Die Wachmannschaft rings um den Brunnen bediente ohne Unterlaß ein Seil von hundertzwanzig Metern, durch das die Erde mit all unsren Leben niederkam. Ein anderer Trupp verteilte das Wasser im ganzen Lager, wie man Orangenbäume während der Trockenheit begießt.

So ging ich langsamen Schrittes umher und sah die Menschen wieder aufleben. Dann entfernte ich mich von ihnen, und als ich schließlich in meine Einsamkeit zurückgekehrt war, richtete ich dieses Gebet an Gott:

»Ich habe gesehen, Herr, wie im Lauf eines einzigen Tages der Leib meines Heeres vertrocknete und wieder auflebte. Er glich schon einer Rinde von dürrem Holze; nun ist er wieder munter und tatkräftig. Unsere erfrischten Muskeln tragen uns, wohin unser Wille geht. Und doch hätte es nur einer Stunde Sonne bedurft, um uns von der Erde zu tilgen, uns selbst und die Spur unserer Schritte.

Ich habe singen und lachen gehört. Das Heer, das ich mit mir fortführe, ist eine Fracht von Erinnerungen. Es ist Schlüssel für ferne Schicksale. Hoffnungen und Leiden, Verzweiflung und Freude ruhen auf ihm. Es ist nicht eigenständig, sondern tausendfach gebunden. Und doch hätte es nur einer Stunde Sonne bedurft, um uns von der Erde zu tilgen, uns selbst und die Spur unserer Schritte.

Ich führe meine Soldaten zu der Oase, die sie erobern sollen. Sie werden Samen für ein Barbarenland sein. Sie werden unsere Bräuche zu Völkern tragen, die nichts von ihnen wissen. Sobald diese Menschen, die essen und trinken und heute abend nur ein naturhaftes Leben führen, in den fruchtbaren Ebenen erscheinen, wird sich dort alles verändern: nicht nur die Bräuche und die Sprache, sondern auch die Bauart der Schutzwälle und der Stil der Tempel. Sie sind schwer vom Gewicht einer Macht, die Jahrhunderte hindurch wirken wird. Und doch hätte es nur einer Stunde Sonne bedurft, um uns von der Erde zu tilgen, uns selbst und die Spur unserer Schritte.

Sie wissen es nicht. Sie hatten Durst und haben ihren Leib befriedigt. Das Wasser des Brunnens von El Ksur rettet aber Gedichte und Städte und große hängende Gärten – denn es war mein Ziel, sie bauen zu lassen. Das Wasser des Brunnens von El Ksur verändert die Welt. Und doch hätte es durch die Wirkung einer Stunde Sonne versiegen können; dann wären wir von der Erde getilgt worden, wir selbst und die Spur unserer Schritte.

Jene, die als erste zurückkamen, sagten: ›Der Brunnen von El Ksur ist ein Fenster ins Leben.‹ Deine Engel waren bereit, mein Heer in ihren großen Körben zu sammeln und es wie

Rinden von dürrem Holze in Deiner Ewigkeit auszuschütten. Wir sind ihnen durch jenes Nadelöhr entkommen. Ich kann mich nicht mehr zurechtfinden. Wenn ich künftig ein einfaches Gerstenfeld im Sonnenlicht betrachten werde, das zwischen Schlamm und Licht einen Ausgleich schafft und seinen Mann zu nähren vermag, werde ich darin ein Gefährt und einen geheimen Übergang sehen, obwohl ich nicht weiß, wofür es Fuhre oder Weg ist. Ich habe Städte, Tempel, Schutzwälle und große hängende Gärten aus dem Brunnen von El Ksur hervorgehen sehen.

Meine Soldaten trinken und denken an ihre Bäuche. Es lebt nichts als die Freude des Bauches in ihnen. Sie drängen sich rings um das Nadelöhr. Und es ist nichts auf dem Grunde des Nadelöhrs als schwarzes Wasser, das plätschert, wenn der Schnabel eines Gefäßes es bedrängt. Doch wenn es sich auf das trockene Samenkorn ergießt, das außer seiner Freude am Wasser nichts von sich weiß, erweckt es eine unbekannte Kraft, die Städte, Tempel, Schutzwälle und große hängende Gärten hervorbringt.

Ich vermag mich nicht mehr zurechtzufinden, wenn Du nicht Schlußstein und gemeinsames Maß und Bedeutung der einen und anderen bist. Im Gerstenfeld und im Brunnen von El Ksur und in meinem Heer entdecke ich nur ein Durcheinander von Baustoffen, wenn nicht Deine Gegenwart hindurchscheint; und allein durch sie werde ich fähig, eine Stadt mit all ihren Zinnen zu erkennen, die sich aufbaut unter den Sternen.«

157

Wir waren bald in Sichtweite der Stadt. Aber wir wurden nichts von ihr gewahr, außer den roten Schutzwällen von ungewöhnlicher Höhe, die der Wüste gewissermaßen eine verächtliche Kehrseite zuwandten, denn sie waren von Ornamenten, Vorsprüngen und Zinnen entblößt und offensichtlich so angelegt, um von außen keinen Einblick zu gewähren. Wenn du eine Stadt anblickst, blickt sie dich an. Sie erhebt

gegen dich ihre Türme. Sie beobachtet dich hinter ihren Zinnen. Sie schließt oder öffnet dir ihre Tore. Oder sie möchte geliebt sein oder dir zulächeln und kehrt dir den Schmuck ihres Antlitzes zu. Wenn wir Städte einnahmen, schien es uns immer, daß sie sich uns hingaben – so sehr waren sie im Hinblick auf den Besucher gebaut. Von Prachttoren und königlichen Alleen wirst du stets – du magst Landstreicher oder Eroberer sein – wie ein Fürst empfangen.
Doch meine Soldaten überkam ein Mißbehagen, da uns diese Schutzwälle, die durch unsere Annäherung allmählich emporgewachsen waren, mit der Ruhe einer Felswand so sichtbarlich den Rücken kehrten, als gebe es nichts außerhalb der Stadt.
Wir verwandten den ersten Tag darauf, sie langsam zu umwandern, da wir irgendeine Bresche, eine schadhafte Stelle oder doch wenigstens einen vermauerten Ausgang suchten. Es gab nichts dergleichen. Wir schoben uns auf Schußweite heran, aber kein Gegenstoß unterbrach jemals das Schweigen, obwohl zuweilen einige meiner Soldaten, deren Mißbehagen sich verstärkt hatte, herausfordernde Salven abfeuerten. Aber es ging mit dieser Stadt hinter ihren Wällen wie mit dem Kaiman hinter seinem Panzer, der sich deinetwegen nicht einmal dazu herabläßt, aus seinem Traum zu erwachen.

Von einer entfernten Anhöhe, die die Wälle zwar nicht überragte, aber von der aus man eben über sie hinwegblicken konnte, entdeckten wir eine Grünfläche, die eng wie Kresse gewachsen war. Nun hätte man außerhalb der Wälle nicht einen einzigen Grashalm finden können. Es gab dort bis ins Unendliche nichts als Sand und Felsgestein, abgenutzt von der Sonne. So sehr waren die Quellen der Oase in geduldiger Arbeit nur für den Gebrauch im Inneren dräniert worden. Diese Wälle umschlossen alle Vegetation wie ein Helm den Haarschopf. Wir wandelten verdutzt nur wenige Schritte neben einem allzu gedrängten Paradiese, einem Ausbruch von Bäumen, Vögeln und Blumen, der durch die Umfassung der Wälle wie durch den Basalt eines Kraters zusammengeschnürt worden war.

Als die Soldaten klar erkannt hatten, daß die Mauer ohne einen Spalt war, wurde ein Teil von Furcht befallen. Denn somit hatte diese Stadt seit Menschengedenken niemals eine Karawane ausgesandt oder empfangen. Kein Reisender hatte in seinem Gepäck die Ansteckung fremder Bräuche eingeschleppt. Kein Kaufmann hatte den Gebrauch einer anderswo bekannten Ware eingeführt. Keine aus fernen Ländern entführte Jungfrau hatte ihre Rasse mit der ihren vermischt. Meine Soldaten glaubten, die Schale eines unfaßbaren Ungetüms zu betasten, das nichts mit den Völkern der Erde gemein hatte. Denn auch die entlegensten Inseln haben schon einmal durch einen Schiffbruch fremdes Blut empfangen, und du findest immer etwas, womit du eine menschliche Beziehung begründen und ein Lächeln erzwingen kannst. Doch wenn sich dieses Ungetüm je zeigen sollte, würde es kein Gesicht haben.

Unter den Soldaten gab es andere, die ganz im Gegenteil durch eine unaussprechliche und seltsame Liebe gequält wurden. Denn eine Frau hat nur Anziehung für dich, wenn sie beständig und festgegründet ist, wenn ihr Leib nicht aus einem Mischteig hervorging und die Sprache ihrer Religion und ihrer Bräuche nicht verdorben ist; wenn sie nicht jenem Aufwasch der Völker entstammt, in dem sich alles vermengt hat und das einem im Sumpf zerschmolzenen Gletscher gleicht. Wie war sie schön, die Geliebte, die so eifersüchtig inmitten ihrer Wohlgerüche, ihrer Gärten und Bräuche gehütet wurde!

Aber die einen wie die anderen und ich mit ihnen stießen auf das Undurchdringliche, nachdem wir die Wüste durchquert hatten. Denn wenn dir einer widersteht, öffnet er dir den Weg seines Herzens, so wie deinem Degen den Weg seines Leibes, und du kannst hoffen, ihn zu besiegen, ihn zu lieben oder durch ihn zu sterben, was aber vermagst du gegen den, der dich nicht beachtet? Und diese Sorge überkam mich, als wir entdeckten, daß der Sand rings um die taube und blinde Mauer einen weißeren Streifen aufwies, der davon herrührte, daß er zu reich an Gebeinen war; ohne Zweifel zeugte er vom Schicksal der Gesandtschaften aus fernen Ländern und glich so der Schaumfranse, in der sich längs einer Steilküste die Brandung auflöst, die das Meer Welle auf Welle entsendet.

Doch als ich, da es Abend geworden war, vom Eingang meines Zeltes auf dieses undurchdringliche Denkmal blickte, das in unserer Mitte fortbestand, bedachte ich, daß wir in weit höherem Maße als die Stadt, die es zu erobern galt, einer Belagerung unterworfen waren. Wenn du ein hartes und verschlossenes Samenkorn in ein fruchtbares Land eingräbst, ist es nicht deine Erde, die das Samenkorn belagert, weil sie es umringt. Denn wenn dein Samenkorn durchgebrochen ist, wird es seine Herrschaft über die Erde begründen. Wenn es beispielsweise, sagte ich mir, irgendein Musikinstrument hinter diesen Mauern gibt, von dem wir nicht wissen, und wenn darauf rauhe oder schwermütige Weisen gespielt werden, die eine uns noch unbekannte Empfindung wecken, so lehrt mich die Erfahrung, daß ich meine Soldaten – sobald erst jene geheimnisvolle Zurückhaltung überwunden ist und sie sich über die Stadt mit ihren Schätzen ergossen haben – später an den Abenden in meinem Feldlager dabei finden werde, wie sie auf diesen wenig gebräuchlichen Instrumenten jene Weise einüben, die in ihrem Herzen eine neue Empfindung weckt. Und ihre Herzen werden davon verwandelt werden. Sieger oder Besiegte, sagte ich mir, wie vermöchte ich zwischen ihnen zu unterscheiden! Da siehst du jenen Stummen unter der Menschenmenge. Sie umringt ihn, bedrängt ihn und nötigt ihn. Wenn er ein leeres Land ist, erdrückt sie ihn. Wenn er jedoch ein Mensch ist, der einen Inhalt hat und innerlich aufgebaut ist wie die Tänzerin, die ich tanzen ließ, und wenn er spricht, so hat er alsbald seine Wurzeln in die Menge gesenkt, seine Schlingen gelegt und seine Gewalt begründet, und so zieht die Menge hinter ihm her, wenn er vorangeht, und steigert seine Macht.

Es genügt, wenn dieses Land irgendwo einen einzigen Weisen beherbergt, der durch sein Schweigen wohlbehütet und durch seine Meditationen herangereift ist, damit er dem Gewicht deiner Waffen die Waage halten kann, denn er gleicht einem Samenkorn. Und wie könntest du ihn ausfindig machen, um ihn zu köpfen? Er zeigt sich nur durch seine Macht. Und allein in dem Maße, in dem sein Werk vollbracht ist. Denn so will es das Leben, das immer im Gleichgewicht mit der Welt ist. Und du kannst nur gegen den Narren kämpfen, der dir Utopien anbietet, nicht aber gegen den Weisen, der die Gegenwart denkt und aufbaut, denn die Gegenwart ist genau so, wie er sie zeigt. So steht es mit jeder Schöpfung, denn ihr Schöpfer erscheint in ihr nicht. Weshalb solltest du dich gegen mich zur Wehr setzen, wenn du vom Berge aus, auf den ich dich geführt habe, deine Fragen so und nicht anders gelöst siehst? Irgendwo mußt du ja deinen Standort haben.

So ging es jenem Barbaren, der bei der Königin eindrang, nachdem er die Wälle durchbrochen und den Königspalast erstürmt hatte. Der Königin aber stand keine Macht zu Gebote, denn all ihre Kriegsleute waren gefallen.

Wenn du während des Spiels lediglich aus Freude am Spiel einen Fehler begangen hast, so errötest du, fühlst dich gedemütigt und möchtest deinen Verstoß wiedergutmachen. Es gibt indessen keinen Richter, dich zu maßregeln, sondern nur die Person, die dich zum Spiele bestimmt hat und die gegen dich Einspruch erhebt. Und beim Tanze hütest du dich, einen falschen Schritt zu tun, obwohl weder der andere Tänzer noch sonst jemand befugt ist, dir deswegen Vorwürfe zu machen. So werde ich dir auch nicht etwa meine Macht vorführen, um dich zu meinem Gefangenen zu machen, sondern dich an meinem Tanze Gefallen finden lassen. Und so wirst du dorthin gelangen, wohin ich dich haben wollte.

Als der Barbarenkönig das Tor erbrochen hatte und wie ein Kriegsknecht, mit der Streitaxt in der Faust und im Hochgefühl seiner Macht, bei der Königin eindrang – voll gewaltigen Verlangens, sie in Erstaunen zu versetzen, denn er war eitel und ruhmsüchtig –, da wandte sie sich ihm mit einem Lächeln zu, das traurig wirkte, als sei sie insgeheim enttäuscht, und das zugleich von einer ein wenig abgenutzten Nachsicht zeugte. Denn nichts erstaunte sie, es sei denn ein vollendetes Schweigen. Und sie geruhte nicht, all diesen Lärm anzuhören, ebenso wie du die groben Arbeiten der Kloakenreiniger nicht beachtest, obwohl du sie als notwendig anerkennst.

Ein Tier abrichten heißt, es lehren, wie es in der Richtung tätig werden muß, die allein zum Erfolge führt. Wenn du aus deinem Hause treten willst, wählst du den Weg durch die Tür, ohne darüber nachzudenken. Wenn sich dein Hund seinen Knochen verdienen will, wird er die Bewegungen ausführen, die du von ihm verlangst, da er nach und nach feststellt, daß das der kürzeste Weg ist, um zu seinem Lohne zu kommen. Obschon seine Bewegungen dem Anschein nach nichts mit dem Knochen zu tun haben. Dieser Vorgang beruht auf dem bloßen Instinkt und nicht auf Überlegung. So führt der Tänzer die Tänzerin im Einklang mit Spielregeln, von denen sie selber nichts wissen. Die einer verborgenen Sprache angehören, wie wenn du mit deinem Pferde redest. Und du könntest mir nicht genau die Bewegungen bezeichnen, durch die du dein Pferd zum Gehorsam zwingst.

Da nun der Barbar die Schwäche hatte, die Königin vor allem in Erstaunen zu setzen, lehrte ihn sein Instinkt bald, daß es hierfür nur einen Weg gab, weil sie auf allen anderen nur noch ferner, nachsichtiger und enttäuschter wurde, und er verlegte sich aufs Schweigen. So begann sie, ihn selbst auf ihre Art zu verwandeln, da sie dem Lärm der Axt die schweigenden Verneigungen vorzog.

So schien es mir auch, daß wir diesen Magneten, der uns zwang, ihn anzublicken, obgleich er absichtlich die Augen schloß, eine gefährliche Rolle spielen ließen, da wir ihn umlagerten; denn das Gehör, das wir ihm schenkten, verlieh ihm die Macht, etwas auszustrahlen wie ein Kloster.

Daher versammelte ich meine Generale und sagte ihnen:

– Ich werde die Stadt dadurch einnehmen, daß ich sie in Erstaunen setze. Es kommt darauf an, daß uns die Einwohner der Stadt über etwas befragen.

Meine Generäle waren durch Erfahrung gewitzigt, und obwohl sie nichts von meinen Worten verstanden hatten, äußerten sie durch verschiedene Geräusche ihre Zustimmung.

Zugleich entsann ich mich einer Entgegnung, mit der mein Vater einige Leute abgefertigt hatte, als sie ihm einwarfen, daß die Menschen in großen Dingen nur vor großen Kräften zurückwichen.

– Gewiß, hatte er ihnen geantwortet. Aber ihr lauft keine Gefahr, euch zu widersprechen, denn ihr sagt, daß eine Kraft groß ist, wenn sie die Starken zum Nachgeben nötigt. Seht einen tüchtigen, reichen und geizigen Kaufmann. Er führt ein Vermögen an Diamanten mit sich, die in seinem Gürtel eingenäht sind. Und seht einen Buckligen, der schwächlich, arm und umsichtig ist; er ist dem Kaufmann nicht bekannt, spricht eine andere Sprache als die seine und wünscht doch, sich die Steine zu verschaffen. Seht ihr nicht, wo die Kraft ihren Sitz hat, über die er gebietet?

– Wir sehen es nicht, sagten die anderen.

– Der Schwächliche macht sich indes an den Riesen heran, fuhr mein Vater fort, und da es heiß ist, lädt er ihn ein, mit ihm Tee zu trinken. Und es ist ja für dich ganz ungefährlich, mit einem schwächlichen Buckel Tee zu trinken, auch wenn du eingenähte Steine in deinem Gürtel trägst.

– So ist es, sagten die anderen.

– Und doch trägt der Bucklige die Steine mit sich fort, als die Stunde des Abschieds schlägt, und der Kaufmann platzt vor Wut, da ihm sogar seine Fäuste gebunden sind durch den Tanz, den ihm der andere vortanzte.

– Welch einen Tanz? fragten die anderen.

– Den Tanz dreier Würfel, die aus einem Knochen geschnitzt waren, antwortete mein Vater.

Dann erklärte er es ihnen:

– Es liegt so, daß das Spiel stärker ist als die Sache, um die du spielst. Nimm an, du bist General und gebietest über zehntausend Soldaten. Die Soldaten verfügen über die Waffen. Sie stehen alle füreinander ein. Und doch läßt du die einen durch die anderen ins Gefängnis werfen. Denn du lebst nicht von den Dingen, sondern vom Sinn der Dinge. Als die Diamanten den Sinn erhielten, für die Würfel zu bürgen, rollten sie in die Tasche des Buckligen.

Die Generäle, die mich umringten, faßten sich aber ein Herz.
– Wie willst du denn an die Einwohner der Stadt herankommen, wenn sie sich weigern, dir Gehör zu schenken?
– Hier zeigt sich deutlich deine Liebe zu den Worten, die dich zu einem nutzlosen Geräusch veranlaßt. Folgt denn daraus, daß die Menschen sich zuweilen weigern, dir Gehör zu schenken, daß sie es ablehnen könnten, dich zu hören?
– Wenn ich jemanden für meine Sache zu gewinnen suche, kann er meinen Versprechungen sein Ohr verschließen, sofern er ein standhaftes Herz hat.
– Gewiß, da du ihm deine Person vorführst. Doch wenn er für eine bestimmte Musik empfänglich ist und du sie ihm vorspielst, wird er nicht dich hören, sondern die Musik. Und wenn er über einem Problem brütet, das ihm den Schlaf raubt, und du ihm die Lösung zeigst, wird er sie wohl oder übel annehmen müssen. Glaubst du denn, er werde sich selber vormachen, daß er seine Suche fortsetze, nur weil er dich haßt oder verachtet? Wenn du einem Spieler den Zug zeigst, der ihn rettet und den er gesucht hat, ohne ihn zu entdecken, beherrschst du ihn, denn er wird dir gehorchen, obwohl er bestrebt ist, dich nicht zu beachten. Wenn man dir das gibt, was du suchst, schreibst du dir selber den Fund zu. Jene Frau sucht ihren Ring, den sie verlegt hat, oder das Wort eines Bilderrätsels. Ich reiche ihr den Ring, den ich gefunden habe. Oder ich flüstere ihr das Wort des Bilderrätsels zu. Sie kann dann aus übermäßigem Haß das eine oder das andere zurückweisen. Ich habe sie indessen bezwungen, denn ich brachte sie dazu, sich niederzusetzen. Sie müßte schon reichlich töricht sein, wenn sie ihre Suche fortsetzen wollte...

Es scheint mir gewiß, daß die Bewohner der Stadt etwas begehren, suchen, wünschen, pflegen oder behüten. Wofür würden sie sonst ihre Wälle bauen? Wenn du sie rings um einen dürftigen Brunnen baust und ich draußen einen See anlege, fallen deine Wälle von selbst um, denn sie sind dann lächerlich. Wenn du sie rings um ein Geheimnis baust und meine Soldaten dir dein Geheimnis aus vollem Halse zurufen, stürzen deine Wälle gleichfalls ein, denn sie haben dann keinen Sinn mehr. Wenn du sie rings um einen Diamanten baust und ich draußen Diamanten wie Schutthaufen aufschichte, fallen deine Wälle um, da sie nur deiner Armut zugute kommen. Und wenn du sie rings um die Vollkommenheit eines Tanzes baust und ich den gleichen Tanz besser als du tanze, wirst du sie selber zerstören, um von mir tanzen zu lernen...

Zunächst will ich nur, daß die Einwohner der Stadt mich hören sollen. Hernach werden sie mir Gehör schenken. Wenn ich allerdings unter ihren Mauern die Trompete blase, werden sie sich auf ihren Wällen zur Ruhe setzen und nicht mein sinnloses Blasen hören. Denn du hörst nur, was für dich bestimmt ist. Und was dich wachsen läßt. Oder einen deiner Zweifel behebt.

Ich werde also auf sie einwirken, obwohl sie sich stellen, als beachteten sie mich nicht. Denn die große Wahrheit besteht darin, daß du nicht allein existierst. Du kannst nicht beständig bleiben in einer Welt, die sich rings um dich verändert. Ich kann auf dich einwirken, ohne dich zu berühren, denn ich verändere deinen Sinn selber – du magst wollen oder nicht –, und das kannst du nicht ertragen. Du hütetest ein Geheimnis; es ist kein Geheimnis mehr, denn dein Sinn hat sich verändert. Wenn einer in der Einsamkeit tanzt und deklamiert, umgebe ich ihn insgeheim mit boshaften Zuschauern; dann ziehe ich den Vorhang auf: so unterbreche ich ihn in seinem Tanze.

Wenn er weitertanzt, ist er ein Narr.

Dein Sinn ergibt sich aus dem Sinn der anderen, du magst

wollen oder nicht. Deine Neigungen ergeben sich aus den Neigungen der anderen, du magst wollen oder nicht. Dein Tun ist Bewegung eines Spiels. Schritt eines Tanzes. Ich verwandele dein Spiel oder deinen Tanz und verwandele so dein Tun in ein anderes.

Du baust deine Wälle um eines Spieles willen; einem anderen Spiel zuliebe wirst du sie selber wieder zerstören.
Denn du lebst nicht von den Dingen, sondern vom Sinn der Dinge.

Die Einwohner der Stadt werde ich wegen ihrer Anmaßung strafen, denn sie verlassen sich auf ihre Wälle.

Da doch dein einziger Wall in der Macht des Gefüges besteht, das dich formt und dem du dienst. Denn der Wall der Zeder ist ihr Samenkorn, das ihr gestattet, sich gegen Sturm, Trockenheit und Felsgeröll zu behaupten. Und später kannst du ihn gut durch die Rinde erklären, aber die Rinde war anfangs Frucht des Samenkorns. In Wurzeln, Rinde und Blattwerk hat das Samenkorn seinen Ausdruck gefunden. Hingegen eignet dem Samenkorn der Gerste nur wenig Kraft, und so baut die Gerste nur einen schwachen Wall gegen die Anschläge der Zeit.
Und wenn einer beständig und festgegründet ist, so steht ihm eine Entfaltung in einem Kraftfeld bevor, die sich nach anfangs unsichtbaren Kraftlinien vollzieht. Dieses Kraftfeld nenne ich einen hervorragenden Wall, denn die Zeit wird es nicht abnutzen, sondern aufbauen. Die Zeit ist dazu da, ihm zu dienen. Und es kommt nicht darauf an, daß es anscheinend schutzlos ist.
Der Panzer des Kaimans schirmt nichts, wenn das Tier tot ist.

Als ich so die Stadt, diese in ihrem Mauerwerk eingekapselte Feindin, betrachtete, sann ich über ihre Schwäche oder ihre Stärke nach. Wer von uns beiden wird den Tanz anführen, sie oder ich? Es ist gefährlich, nur einen einzigen Unkrautsamen in einem Getreidefeld auszusäen, denn das Dasein des Unkrauts ist dem Dasein des Getreides überlegen, und es kommt dabei wenig auf Aussehen und Zahl an. Deine Zahl ist im Samenkorn enthalten. Wenn du sie zählen willst, mußt du die Zeit abspinnen.

158

So habe ich lange über den Wall nachgedacht. Der wahre Wall ist in dir selber. Und die Soldaten wissen darum, die ihre Säbel vor deinen Augen schwingen. Und du kommst nicht mehr an ihnen vorbei. Der Löwe ist ohne Schild, doch der Schlag seiner Pranke trifft wie der Blitz. Und wenn er auf deinen Ochsen springt, reißt er ihn auf wie einen Schrank.

Gewiß, wirst du mir sagen, das kleine Kind ist zart, und leicht hätte man so manchen, der später die Welt veränderte, in seinen ersten Tagen wie eine Kerze ausblasen können. Aber ich sah das Kind Ibrahims sterben. Dessen Lächeln in den Zeiten seiner Gesundheit wie ein Geschenk war. Komm, sagte man zum Kinde Ibrahims. Und es kam zu dem Greise. Und lächelte ihn an. Und die Züge des Greises erhellten sich. Er streichelte die Wange des Kindes und wußte nicht recht, was er ihm sagen sollte, denn das Kind war ein Spiegel, der einen ein wenig schwindelig machte. Oder ein Fenster. Denn das Kind schüchtert dich stets ein, als hielte es ein Wissen zurück. Und darin täuschst du dich nicht, denn sein Geist ist stark, bevor du ihn verkümmern läßt. Und aus seinen drei Kieselsteinen macht es dir eine Kriegsflotte. Und gewiß erkennt der Greis in dem Kinde nicht den Kapitän einer Kriegsflotte, aber er erkennt diese Macht. Das Kind Ibrahims war nun wie die Biene, die ringsumher alles ausschöpft, um daraus ihren Honig zu saugen. Alles ward ihm zu Honig. Und mit seinen weißen Zähnen lächelte es dich an. Du aber gabst dich damit zufrieden, da du nicht wußtest, was du durch dieses Lächeln hindurch fassen solltest. Denn es gibt keine Worte, es auszusprechen. Jene unbekannten Schätze sind uns auf einfache und wunderbare Weise erreichbar, so wie die Stöße des Frühlings über dem Meere, bei denen die Sonne weit die Wolken aufreißt. Und der Seemann fühlt sich auf einmal zum Beter werden. Fünf Minuten lang zieht das Schiff in der himmlischen Glorie. Du kreuzest die Arme über der Brust und empfängst. So geschah es mit dem Kinde Ibrahims; wie eine wunderbare Gelegenheit zog sein Lächeln vorüber, so daß du nicht wußtest, worin und wie du es fassen solltest. Wie eine zu kurze Herrschaft über Länder, die in der Sonne glänzen, und Reichtümer, bei denen du nicht einmal die Zeit gehabt hast, sie zu zählen. Von denen du nichts aussagen könntest. Da ist nun einer, der seine Lider wie Fenster, die auf etwas anderes blicken, öffnete und schloß. Und er lehrte dich, obwohl er nur wenig Worte machte. Denn die wahre Belehrung besteht nicht darin, zu dir zu reden, sondern dich zu führen. Und so führte er dich, ein altes Herdentier, wie ein junger Hirte auf eine wunderbare Weide, von der du nur hättest sagen können, daß du dich einen Augenblick wie gestillt und gesättigt und getränkt fühltest. Nun erfuhrst du, daß er im Sterben lag, der für dich das Zeichen einer unbekannten Sonne war. Und die ganze Stadt wurde zu einer sorgenden Glucke und zu einer Krankenwache. Alle alten Weiblein kamen, um ihre Heiltränke und Lieder zu erproben. Die Männer standen vor der Tür, um dafür zu sorgen, daß auf der Straße kein Lärm war. Und man hüllte ihn ein und wiegte ihn und fächelte ihm Luft zu. Und so baute sich zwischen ihm und dem Tode ein Wall, den man für uneinnehmbar hätte halten können, denn eine ganze Stadt umgab ihn mit Soldaten, um diese Belagerung durch den Tod zu bestehen. Sage mir nicht, die Krankheit eines Kindes sei nur der Kampf des schwachen Fleisches in seiner schwachen Hülle. Um aus der Ferne ein Heilmittel zu holen, hat man Reiter entsandt. Und so vollzieht sich deine Krankheit zugleich im Galopp deiner Reiter in der Wüste. Und auf dem Relais beim Wechsel der Pferde. Und

in den großen Trögen, aus denen sie getränkt werden. Und in den Spornstößen, die sich in den Pferdeleib bohren, denn es gilt, den Wettlauf mit dem Tode zu gewinnen. Gewiß siehst du nur ein verschlossenes, von Schweiß glänzendes Gesicht. Und doch wird der Kampf, um den es hier geht, zugleich durch Spornstöße in den Pferdeleib ausgetragen.
Ein schwächliches Kind? Wo siehst du, daß es schwächlich ist? Schwächlich wie der General, der ein Heer führt... Und als ich ihn betrachtete und die Greise und die alten Frauen und die Jüngeren alle sah, den ganzen Bienenschwarm um seine Königin, alle die Bergleute um den Goldklumpen, all die Soldaten um ihren Hauptmann, da verstand ich wohl: wenn sie dergestalt eine so mächtige Einheit bildeten, so hatte sie – wie das Samenkorn einen widerstrebenden Boden urbar macht, so daß daraus Bäume und Türme und Wälle werden – das stille, verstohlene Lächeln eines geneigten Antlitzes befruchtet, ein Lächeln, das sie alle zum Kampfe aufrief. Der so verwundbare Körper dieses Kindes war nicht mehr gebrechlich, da er sich auf ganz natürliche Weise, ohne auch nur davon zu wissen, um solch ein Hilfsheer verstärkt hatte, nur auf Grund dieses Anrufs, der alle äußeren Reserven um dich schart. Eine ganze Stadt machte sich zum Diener des Kindes. So geschieht es mit den Bodensalzen, die das Samenkorn herbeiruft und ordnet, so daß sie in harter Rinde zum Walle der Zeder werden. Was will die Zartheit des Keimes besagen, wenn er die Kraft in sich birgt, die Freunde zu sammeln und die Feinde zu bezwingen? Glaubst du an den äußeren Schein, an die Fäuste jenes Riesen, an das Geschrei, das er erheben kann? Dergleichen gilt nur für den Augenblick. Aber du vergißt die Zeit. Die Zeit bildet Wurzeln. Du siehst nicht, daß der Riese durch unsichtbare Bande wie gefesselt ist. Und du siehst nicht, daß das schwache Kind an der Spitze einer Armee marschiert. Im Augenblick noch könnte der Riese es zerschmettern. Doch er zerschmettert es nicht. Denn vom Kinde droht keine Gefahr. Und du wirst erleben, wie das Kind seinen Fuß auf das Haupt des Riesen setzt und ihn durch einen Druck seiner Ferse zermalmt.

159

Stets hast du gesehen, daß das Starke durch das Schwache zermalmt wird. Freilich ist das schon im gleichen Augenblick falsch; daher die Täuschungen deiner Sprache. Denn du vergißt die Zeit. Und gewiß wird der Riese das schwächliche Kind zertreten, wenn es seinen Zorn erregt. Aber es entspricht nicht dem Spiel und der Bedeutung des schwächlichen Kindes, diesen Zorn des Riesen auf sich zu ziehen. Beides führt vielmehr dazu, daß es von ihm nicht beachtet wird. Oder daß er es liebgewinnt. Und daß es ihm vielleicht hilft, während es jung ist, so daß der Riese seiner bedarf. Dann kommt das Alter der Erfindungen, und so schmiedet das herangewachsene Kind eine Waffe. Oder es übertrifft lediglich den anderen an Wuchs und Gewicht. Oder, einfacher noch, das Kind spricht, und so schart es Tausende um sich, die es gegen den Riesen führen wird und die ihm gleichsam einen Panzer bilden. Versuche nur, es durch diesen Panzer zu treffen.

Und wenn ich im Getreidefeld einen einzigen Unkrautsamen entdecke, so erscheint es mir schon besiegt. Und wenn es irgendwo im Volke ein Kind wie das Kind Ibrahims gibt, das sich zu entwickeln beginnt und allmählich ein Bild reifen läßt, welches die Welt wie eine eiserne Rüstung zusammenhalten wird (denn ich gewahre die bereiten Kraftlinien), so sehe ich schon den Tyrannen und seine Soldaten und Polizisten, wie sie zu Boden gesunken und gleich jenen Tempeln eingestürzt sind, die ein einziges Samenkorn überwunden hat. Denn dieses gehörte einem mächtigen Baume, der sich reckte mit der Geduld eines erwachenden Schläfers, und langsam seine Armmuskeln spannte. Doch die eine Wurzel brachte eine Strebemauer ins Wanken, eine andere riß einen Tragbalken nieder. Und der Stamm durchbrach die Kuppel, wo sie der Schlußstein zusammenhielt, und der Schlußstein stürzte zu Boden. Und der Baum herrscht fortan über ein Durcheinander von Baustoffen, die zu Staub wurden und aus denen er seine Säfte gewinnt, sich zu nähren.

Aber auch diesen mächtigen Baum werde ich zu Fall bringen, wenn die Reihe an ihm ist. Denn der Tempel ist zum Baum geworden. Doch der Baum wird zu einem Volke von Lianen werden. Ich brauche nur ein geflügeltes Samenkorn den Winden zu überlassen.

Was zeigst du, wenn dich die Zeit auseinanderfaltet? Gewiß ist diese Stadt in ihrer Rüstung dem Anschein nach unsichtbar. Ich aber weiß zu lesen. Und wenn sie sich hinter ihren Vorräten verschanzt hat, so heißt das, daß sie sich für den Tod entschieden hat. Ich bange um die Männer, die schutzlos wieder gen Norden ziehen, wo ihre Wüste ohne Festung ist. Die fast keine Waffen mit sich führen. Sie sind aber ein Samenkorn, das noch nicht gekeimt hat und seine eigene Macht nicht kennt. Mein Heer ist aus dem tiefen Wasser des Brunnens von El Ksur hervorgegangen. Wir sind Samen, der durch Gott gerettet wurde. Wer wird sich uns in den Weg stellen? Ich brauche nur den Spalt in der Rüstung zu finden, damit dieser Tempel allein dadurch ins Wanken gerät, daß der in sein Samenkorn eingeschlossene Baum erwacht. Ich brauche nur den Tanz zu erkennen, den es zu tanzen gilt. Damit du dich aus einem Männchen in ein Weibchen verwandelst, Stadt, die du bereits zahm bist wie eine Frau, wenn sie zu Hause bleibt. So bist du mein wie ein Honigkuchen, Stadt, die du deiner allzu sicher bist. Gewiß schlafen deine Schildwachen. Denn du bist im Herzen verdorben.

160

Es gibt also keine Wälle, sagte ich mir. Die Wälle, die ich erbaut habe, dienen meiner Macht, weil sie Auswirkungen meiner Macht sind. Sie dienen meiner Fortdauer, weil sie Auswirkungen meiner Fortdauer sind. Doch du nennst die Hülle des Kaiman nicht Wall, wenn das Tier tot ist.
Und wenn du hörst, wie eine Religion sich beklagt, weil sich die Menschen nicht erobern lassen, so kannst du nur lachen.

Die Religion muß die Menschen ergreifen, sie kann sie sich nicht unterwerfen. Du machst es der Erde nicht zum Vorwurf, daß sie keine Zeder bildet.

Glaubst du etwa, daß die Verkünder einer neuen Religion es dem Lärm, den sie hervorbringen, der Gewandtheit ihrer marktschreierischen Reden oder ihrem reichlichen Gepolter zu verdanken haben, wenn sie ihre Lehre in der Welt verbreiten und ihr die Menschen zuführen? Allzu oft habe ich aber den Menschen zugehört, um nicht den Sinn der Sprache zu verstehen. Und dieser besteht darin, den anderen etwas Starkes zu übermitteln, das einen neuen Blickpunkt bedeutet und sich selber zu nähren sucht. Es geht mit den Worten, die du aussäst, wie mit den Samenkörnern, denen die Macht innewohnt, die Erde aufzusaugen und aus ihr die Zeder zu bilden. Und freilich hättest du auch den Ölbaum bilden können, und beide Bäume werden gedeihen und sich von selber vermehren. Und gewiß wirst du, wenn die Zeder heranwächst, den Wind immer stärker singen hören. Und wenn sich die Hyänen vermehren, wirst du immer häufiger hören, wie ihr Schrei die Nacht erfüllt. Wirst du aber behaupten wollen, es sei das Windesrauschen in den Blättern der Zeder, das die Säfte der Erde herbeiruft, oder der Zauber des Hyänenschreis, der das Fleisch der wilden Gazellen in Hyänen verwandelt? Das Fleisch der Hyänen ergänzt sich aus dem Fleische der Gazellen, das Fleisch der Zeder ergänzt sich aus den Säften im Felsgeröll. Die Gläubigen deiner neuen Religion ergänzen sich aus den Ungläubigen. Aber nie noch ist einer durch die Sprache bestimmt worden, wenn die Sprache nicht die Macht hat, ihn zu ergreifen.

Und du ergreifst, wenn du ausdrückst. Und wenn du dich ausdrückst, gehörst du mir. Du *wirst* dann in mir mit Notwendigkeit. Denn fortan bin ich deine Sprache. Und daher sage ich von der Zeder, daß sie die Sprache des Felsgerölls ist, denn durch das Felsgeröll wird sie zum Rauschen des Windes.

Wer aber außer mir bietet dir einen Baum, in dem du werden könntest?

Jedesmal, wenn ich das Wirken eines Menschen betrachtete, suchte ich es nicht durch seine Fanfarentöne – denn die kannst du ebensogut hassen und verwerfen – und auch nicht durch die Tätigkeit seiner Polizisten zu erklären, denn diese können wohl erreichen, daß ein sterbendes Volk sich überlebt, aber aufbauen können sie es nicht. Und ich sagte es dir schon von den starken Reichen, die ihre schlafenden Schildwachen köpfen, woraus du den falschen Schluß zogst, daß ihre Kraft auf ihrer Strenge beruhe. Denn wenn das schwache Reich dort Köpfe abschlägt, wo alle schlafen, gleicht es nur einem blutrünstigen Narren; hingegen durchpulst das starke Reich seine Glieder mit seiner Kraft und duldet keinen Schlaf. Ich suchte das Wirken der Menschen nicht einmal durch die geäußerten Worte oder ihre Beweggründe oder klugen Argumente, sondern nur durch die unaussprechliche Gewalt neuer und fruchtbarer Gefüge zu erklären; es ist damit wie mit jenem Gesicht aus Stein, das dich durch seinen Anblick verwandelt.

161

Es wurde Nacht, und ich erstieg die höchste Erhebung der Gegend, um zu sehen, wie die Stadt schlief und wie ringsum in der Wüste die schwarzen Flecke meiner Lagerzelte von der allgemeinen Finsternis aufgeschluckt wurden. Und ich tat das, um den Dingen auf den Grund zu kommen, denn ich wußte gleichermaßen, daß mein Heer eine Kraft in Bewegung, die Stadt aber, ebenso wie ein Pulverhorn, eine geballte Kraft war, und daß sich hinter diesem Bild eines Heeres, das seinen Magneten umringte, schon ein anderes Bild vorbereitete und seine Wurzeln hervortrieb, von dem ich noch nichts erkennen konnte, und das die gleichen Baustoffe auf andere Weise zusammenfügte. Und ich suchte die Zeichen dieser geheimnisvollen Trächtigkeit aus dem Dunkel abzulesen, nicht, um sie vorauszubestimmen, sondern um sie beherrschen zu können; denn alle Menschen – außer den

Schildwachen – sind schlafen gegangen. Und die Waffen ruhen. Aber so bist du ein Schiff im Strome der Zeit. Und jene Helle des Morgens, des Mittags und des Abends ist über dich hinweggezogen wie eine Brutzeit, die die Dinge ein wenig vorangetrieben hat. Dann kam der schweigende Aufschwung der Nacht nach dem Tagwerk der Sonne. Gut geölte Nacht und den Träumen anheimgegebene, denn nur die Arbeiten schreiten in ihr fort, die sich von ganz allein vollziehen wie bei einer heilenden Wunde, bei der Aufbereitung der Säfte oder beim eingeübten Schritt der Schildwache; Nacht, den Mägden preisgegebene, denn der Herr ist schlafen gegangen. Nacht, in der du die Fehler wiedergutmachen kannst, die sich durch sie auf den Tag übertragen. Und ich, die Nacht, wenn ich Sieger bin, vertage meinen Sieg auf morgen.

Nacht der Trauben, die die Lese erwarten, der durch die Nacht verschonten Trauben. Nacht der aufgeschobenen Ernten. Nacht der umzingelten Feinde, deren Übergabe ich erst am Tage entgegennehme. Nacht der Einsätze im Spiel, doch der Spieler ist schlafen gegangen. Der Kaufmann ist schlafen gegangen, aber er hat dem Nachtwächter Weisung erteilt, der seine hundert Schritte geht. Der General ist schlafen gegangen, aber er hat den Schildwachen seine Weisung erteilt. Der Kapitän ist schlafen gegangen, aber er hat dem Steuermann seine Weisung erteilt. Und der Steuermann begleitet den Orion, der an der rechten Stelle im Mastwerk einherwandert. Nacht der richtig erteilten Weisungen und der vertagten Schöpfungen.

Zugleich aber auch Nacht, in der sich ein unehrliches Spiel treiben läßt. In der sich die Felddiebe der Früchte bemächtigen. In der sich die Feuersbrunst der Speicher bemächtigt. In der sich der Verräter der Zitadelle bemächtigt. Nacht der großen Schreie, die widerhallen. Nacht der Klippen, die das Schiff bedrohen. Nacht der Begegnungen und Wunder. Nacht der Weckrufe Gottes, der dir den Schlaf stiehlt, denn du kannst lange auf die Geliebte warten, wenn du erwacht bist.

Nacht, in der du ein Knacken vernimmst. Nacht, in der ich

stets jenes Knacken der Knochenwirbel gehört habe, gleichsam als stammte es vom unbekannten Engel, den ich hier und dort in meinem Volke spüre und den es eines Tags zu befreien gilt.
Nacht der empfangenen Samen.
Nacht der Geduld Gottes.

162

Und ich fand mich wieder deinen alten Illusionen gegenüber, als du mir von den Menschen sprachst, die bescheiden leben, ohne irgend etwas zu begehren, ihre häuslichen Tugenden pflegen, schlicht ihre Feste feiern und fromm ihre Kinder aufziehen.
– Gewiß, antwortete ich dir. Aber sage mir, was ihre Tugenden sind. Und ihre Feste? Und ihre Götter? So haben sie bereits ihre besondere Eigenart wie der Baum, der auf seine Weise die Feuchtigkeit aus dem Sande zieht und nicht nach Art eines anderen. Wo würdest du sie sonst finden?
»Sie begehren nur eines«, sagst du, »sie möchten in Frieden leben...« Gewiß. Sie führen jedoch schon Krieg. Eben für ihre Beständigkeit, da ja ihr Verlangen dahin geht, zu dauern all den Möglichkeiten zum Trotze, in denen sie zergehen könnten. Auch der Baum führt Krieg, in seinem Samenkorn...
– Wenn aber ihre Seele erst einmal Vollkommenheit erlangt hat, kann sie dauern. Sobald ihre Moral erst fest begründet ist...
– Gewiß! Sobald erst die Geschichte eines Volkes vollendet ist, kann sie dauern. Jene Braut, die du gekannt hast, ist jung gestorben. Sie lächelte. Sie wird nicht mehr altern, sie ist schön und lächelt in alle Ewigkeit... Doch dein Völkchen wird entweder die Welt erobern, so daß seine Feinde in ihm aufgehen. Oder es wird von den Fermenten seiner eigenen Zerstörung zersetzt werden.
Es ist sterblich, weil es lebendig ist.

»Du aber wünschtest, daß das Bild dauern sollte wie die Erinnerung an deine Geliebte...«
Doch du widersprichst mir wiederum:
– Wenn die Form, die sich in ihr ausprägt, nunmehr zur Überlieferung, Religion und zum anerkannten Ritus geworden ist, wird sie dauern, weil sich ihre Ordnung von einer Generation auf die andere überträgt. Und du wirst sie nur in ihrem Glücke kennen, mit jenem Licht in den Augen ihrer Söhne...
– Gewiß, antwortete ich dir, wenn du deine Vorräte angesammelt hast, kannst du eine Zeitlang von deinem Honig leben.
Wer einen Berg erstiegen hat, kann eine Zeitlang von der Landschaft leben, die im bezwungenen Aufstieg besteht. Er gedenkt der Steine, die er überklettert hat. Schon bald aber stirbt die Erinnerung. Und dann entleert sich auch die Landschaft.
»Gewiß erschaffst du dein Dorf oder deine Religion durch deine Feste von neuem, denn sie sind Erinnerungen an Leidensstationen, Anstrengungen und Opfer. Aber allmählich stirbt ihre Macht, denn sie nehmen ein überaltertes oder überflüssiges Aussehen an. Du glaubst dann, daß du notwendig so und nicht anders bist. Dein glückliches Völkchen wird seßhaft und lebt nicht mehr. Wenn du an die Landschaft glaubst, verweilst du darin, und bald langweilst du dich und existierst nicht mehr. Das Wesentliche an deiner Religion war die Entscheidung, sich zu ihr zu bekennen. Du glaubtest, sie sei ein Geschenk. Aber mit einem Geschenk weißt du bald nichts anzufangen und verbannst es in den Speicher, nachdem du seine Macht aufgebraucht hast, die in der Freude am Geschenk besteht und nicht ein Gegenstand ist, über den du verfügen könntest.«
– So habe ich denn niemals Hoffnung auf Ruhe?
– Nur dort, wo die Vorräte zu etwas dienen. Allein im Frieden des Todes, wenn Gott seine Ernte einbringt.

163

Denn es gibt Jahreszeiten des Lebens, die für alle Menschen wiederkehren.

Es kommt notwendig der Augenblick, da deine Freunde deiner überdrüssig werden. Sie gehen in andere Häuser, um sich über dich zu beklagen. Sobald sie genügend ihr Herz ausgeschüttet haben, kehren sie zurück, weil sie dir wieder verzeihen, und lieben dich von neuem, abermals bereit, ihr Leben für dich in die Schanze zu schlagen.

Doch wenn ein Dritter zur unrechten Zeit zu dir kommt, um dir zu berichten, was nicht für dich bestimmt war, und du von ihm erfährst, was nur auf Überdruß beruhte und daher nichts mit dir selbst zu tun hat, so führt das dazu, daß du die Menschen abweist, die dich lieben und die zu dir zurückkehren, weil sie dich von neuem liebgewannen.

Wenn du sie nun nicht zuvor geliebt hättest, wärest du glücklich über diese Bekehrung zu deinen Gunsten; du hättest sie sogar gefördert und würdest sie deswegen beglückwünschen.

Und warum willst du dich nicht damit abfinden, daß es verschiedene Jahreszeiten im Menschenleben gibt, da es doch an einem und demselben Tage verschiedene Jahreszeiten in dir selber gibt, so etwa bei Speisen, die du liebst, herbeiwünschst, gleichgültig oder mit Abscheu behandelst, je nach deinem Appetit!

Und es steht nicht in meiner Macht, ständig das gleiche zu schätzen.

164

Es wird wahrhaftig Zeit, daß ich dich über den Menschen belehre.

In den Meeren des Nordens gibt es schwimmende Eismassen, die den Umfang von Bergen haben; aus dem Massiv taucht jedoch nur ein winziger Gipfel ins Sonnenlicht. Der Rest schläft. So ist es mit dem Menschen, von dem du durch die Magie deiner Sprache nur einen kümmerlichen Teil erhellt hast. Denn die Weisheit der Jahrhunderte hat Schlüssel geschmiedet, ihn zu erschließen. Und Begriffe, ihn zu erhellen. Und von Zeit zü Zeit kommt einer gegangen, der deinem Bewußtsein einen Teil zuführt, der noch nicht in Worte gefaßt war; er benutzt dazu einen neuen Schlüssel aus einem Wort, wie etwa »Eifersucht«, von der ich dir schon sprach und die mit einem Schlage ein Netz von Beziehungen ausdrückt; denn sie erhellt dir den Tod des Verdurstens, weil sie den Durst auf das Verlangen nach der Frau zurückführt, und manch andere Dinge. Und so begreifst du, worauf ich hinaus will, während du mir nicht hättest sagen können, warum mich der Durst ärger quälte als die Pest. Doch nicht jenes Wort ist wirksam, das sich an den dürftigen erhellten Teil wendet, sondern dieses, das den Teil ausdrückt, der noch im Dunkel liegt und bisher ohne Sprache ist. Und deshalb streben die Völker dorthin, wo die menschliche Sprache den aussprechbaren Teil bereichert. Denn du weißt nicht, worauf dein unermeßlicher Hunger gerichtet ist. Ich aber bringe dir die Speise und du ißt sie. Und der Logiker spricht von Torheit, da seine Logik von gestern ist und ihm ein Verständnis verwehrt.

Meine Schutzwehr ist jenes Vermögen, das seine unterirdischen Vorräte ordnet und sie dem Bewußtsein zuführt. Denn dunkel sind deine Bedürfnisse, unzusammenhängend und voller Widerspruch. Du suchst den Frieden und den Krieg, die Spielregeln, um dich am Spiele zu erfreuen, und die Freiheit, um dich an dir selber zu erfreuen. Den Reichtum, um dich an ihm zu befriedigen, und das Opfer, um dich darin zu finden. Die Eroberung von Vorräten um der Eroberung willen und den Genuß der Vorräte um der Vorräte willen. Die Heiligkeit, damit dein Geist hell sei, und die Siege des Fleisches, damit du sie mit deinem Verstande und deinen Sinnen genießen kannst. Du suchst die Inbrunst in deinem Heim und die Inbrunst in der Flucht vor dem Heim. Die Nächstenliebe angesichts der Wunden und die Wunden des

einzelnen um des Menschen willen. Die Liebe, die sich der gebotenen Treue einfügt, und die Entdeckung der Liebe außerhalb der Treue. Die Gleichheit in der Gerechtigkeit und die Ungleichheit im Aufstieg. Wirst du für all diese ungeordneten Bedürfnisse, die wie Kieselsteine umhergestreut sind, einen Baum bilden können, der sie in sich aufnimmt? Der sie ordnet und aus dir einen Menschen macht? Welche Basilika wirst du bauen, die diese Steine verwendet?
Meine Schutzwehr ist vor allem das Samenkorn, das ich dir anbiete. Und die Gestalt des Stammes und der Zweige. Der Baum ist um so dauerhafter, je besser er die Säfte der Erde aufzubereiten weiß. Dein Reich ist um so dauerhafter, je mehr es das aufzunehmen vermag, was ihm durch dich dargeboten wird. Und vergeblich sind die Steinwälle, wenn sie nur noch Gehäuse eines Toten sind.

165

Sie finden die Dinge, sagte mein Vater, wie die Schweine die Trüffeln finden. Denn es gibt Dinge, die man finden kann. Aber sie sind dir zu nichts nütze, da du vom Sinn der Dinge lebst. Doch sie finden den Sinn der Dinge nicht, da man ihn nicht finden, sondern nur erschaffen kann.
Deshalb spreche ich zu dir.

– Was enthalten diese Ereignisse? fragte man meinen Vater.
– Sie enthalten das Gesicht, antwortete mein Vater, das ich aus ihnen forme.

Denn stets vergißt du die Zeit. Nun wird dich aber die Zeit, während der du an eine falsche Nachricht geglaubt hast, mächtig weiterbilden, denn sie ist Arbeit des Samenkorns und Wachstum der Zweige. Und wenn du hernach von deinem Irrtum befreit sein wirst, bist du ein anderer geworden. Und wenn ich dies oder das behaupte, wirst du alle Anzeichen, alle Belege, alle Beweise meiner Behauptung gewahr

werden. So etwa bei deiner Frau, wenn ich behaupte, daß sie dich hintergeht. Du wirst dann entdecken, daß sie kokett ist, was der Wahrheit entspricht. Und daß sie zu jeder Stunde ausgeht, was gleichfalls zutrifft, was du aber nicht bemerkt hattest. Wenn ich sodann meine Lüge wiedergutmache, bleibt doch das Gefüge bestehen. Von meiner Lüge bleibt immer etwas zurück, denn sie war ein Blickpunkt, durch den du bestehende Wahrheiten entdecken konntest.
Und wenn ich sage, daß die Buckligen die Pest einschleppen, wirst du erschrecken über die große Zahl von Buckligen. Denn du hattest sie bisher gar nicht bemerkt. Und je länger du mir Glauben geschenkt hast, um so besser kannst du sie ermitteln. Es bleibt dann nur, daß du ihre Zahl kennst. Und eben dieses wollte ich erreichen.

166

– Ich bin für alle Handlungen aller Menschen verantwortlich, sagte mein Vater.
– Die einen führen sich indes als Feiglinge auf, sagte man ihm, und die anderen sind Verräter. Worauf könnte deine Schuld beruhen?
– Wenn einer sich als Feigling aufführt, bin ich selber feige. Und wenn einer Verrat übt, übe ich Verrat an mir selber.
– Wie kannst du an dir selber Verrat üben?
– Ich bin einverstanden mit einem Bilde des Geschehens, wonach mir die Menschen schlechte Dienste erweisen, sagte mein Vater. Und ich bin dafür verantwortlich, da es durch mein Gebot entsteht. Und so wird es zur Wahrheit. Ich diene daher der Wahrheit meines Feindes.
– Und warum? Bist du denn feige?
– Ich nenne den einen Feigling, sagte mein Vater, der sich entblößt sieht, weil er darauf verzichtet hat, sich zu regen. Feige ist auch, wer sagt: »Die Strömung reißt mich mit sich fort«, denn sonst würde er schwimmen, da er Muskeln hat. Und mein Vater faßte seine Worte zusammen:

– Ich nenne den einen Feigling und Verräter, der Klage führt über die Fehler der anderen oder die Macht seines Feindes.
Doch keiner verstand ihn:
– Es gibt aber offenbar Dinge, für die wir nicht verantwortlich sind…
– Nein! sagte mein Vater.

Er nahm einen seiner Gäste beim Arm und zog ihn ans Fenster:
– Was hat diese Wolke für eine Gestalt?
Der andere betrachtete sie lange:
– Sie sieht aus wie ein ruhender Löwe, sagte er schließlich.
– So zeige ihn den anderen dort.
Und nachdem mein Vater die Gesellschaft in zwei Gruppen eingeteilt hatte, zog er die erste Gruppe ans Fenster. Und alle sahen den ruhenden Löwen, den der erste Zeuge sie erkennen ließ, indem er ihn mit dem Finger nachzeichnete.

Dann ließ sie mein Vater beiseite treten und zog einen anderen ans Fenster.
– Was hat diese Wolke für eine Gestalt?
Der andere betrachtete sie lange.
– Sie sieht aus wie ein lächelndes Gesicht, sagte er schließlich.
– So zeige es den anderen hier.
Und alle sahen das lächelnde Gesicht, das der zweite Zeuge sie erkennen ließ, indem er es mit dem Finger nachzeichnete.

Sodann entfernte mein Vater die Gesellschaft von den Fenstern.
– Gebt euch Mühe, euch über das Bild zu einigen, das diese Wolke darstellt.
Doch sie beschimpften einander ohne Erfolg, da den einen das lächelnde Gesicht und den anderen der ruhende Löwe allzu einleuchtend erschien.

– So haben auch die Ereignisse nur die Gestalt, die ihr Schöpfer ihnen zubilligen wird, sagte mein Vater. Und alle Gestalten zusammen sind wahr.

– Bei der Wolke verstehen wir das, wandte man ein, nicht aber beim Leben... Denn wenn der Morgen der Schlacht anbricht und dein Heer im Vergleich mit der Macht deines Gegners kümmerlich ist, steht es nicht in deiner Gewalt, den Ausgang des Kampfes zu beeinflussen.
– Gewiß, sagte mein Vater. Wie die Wolke im Raume, so breiten die Ereignisse sich in der Zeit aus. Wenn ich ein Gesicht formen will, brauche ich Zeit. Ich werde an dem, was heute abend seinen Abschluß finden muß, nichts ändern können, aber der Baum von morgen wird aus meinem Samenkorn hervorgehen. Und das Samenkorn ist heute da. Erschaffen heißt nicht, eine Kriegslist in der Gegenwart entdecken, die der Zufall für deinen Sieg versteckt halten könnte. Es wäre dann ohne ein Morgen. Es bedeutet auch nicht, eine Droge ausfindig machen, die dir deine Krankheit verschleiert, denn deren Ursache bestünde fort. Erschaffen heißt, daß du den Sieg oder die Heilung ebenso notwendig machst wie das Wachstum eines Baumes.
Sie aber verstanden immer noch nicht.
– Die Logik der Ereignisse...
Da geschah es, daß mein Vater sie beschimpfte in seinem Zorn:
– Dummköpfe! sagte er zu ihnen. Kastriertes Vieh! Ihr Historiker, Logiker und Kritiker seid Schmeißfliegen auf Kadavern, und nie werdet ihr etwas vom Leben begreifen.

Er wandte sich an den Ersten Minister:
– Der König, mein Nachbar, will uns mit Krieg überziehen. Wir aber sind nicht bereit. Nichts Schöpferisches täte ich, wollte ich mir im Laufe eines Tages Heere bilden, die nicht existieren. Das wäre bloße Kinderei. Doch einen König, meinen Nachbarn, muß ich mir so formen, daß er unserer Liebe bedürftig wird.
– Aber das steht nicht in meiner Macht...
– Ich kenne eine Sängerin, entgegnete ihm mein Vater, an die ich denke, wenn ich deiner müde werde. Sie sang uns neulich abends von der Verzweiflung eines armen und ge-

treuen Liebhabers, der seine Liebe nicht zu gestehen wagt. Ich sah den obersten Heerführer weinen. Dabei platzt er vor Hoffart, ist steinreich und ein Mädchenschänder. Die Sängerin hatte uns binnen zehn Minuten in jenen Unschuldsengel verwandelt, dessen Ängste und Leiden er miterduldete.
– Ich kann nicht singen, versetzte der Erste Minister.

167

Denn wenn du polemisierst, machst du dir vom Menschen eine einseitige Vorstellung.
Jenes Volk steht hinter seinem König. Der König führt es einem Ziel entgegen, das du für menschenunwürdig hältst. Und so polemisierst du gegen den König.
Es leben aber viele vom König, die deiner Meinung sind. Es kam ihnen bisher nicht in den Sinn, den König in diesem Lichte zu sehen, denn es gibt andere Gründe, aus denen man ihn lieben oder dulden kann. Und so wiegelst du sie gegen sich selber und gegen das Brot ihrer Kinder auf.
Ein Dritter wird dir widerstrebend folgen, seinem König abschwören und ein schlechtes Gewissen haben, denn es gab andere Gründe, aus denen man den König lieben und dulden konnte; zugleich gehörte es zur Pflicht dieser Menschen, ihre Kinder zu ernähren, und zwischen zwei Pflichten gibt es keine Waage, die dir deinen Frieden wiederschenken könnte.
Wenn du nun aber den Menschen anfeuern willst, der sich in Zweifel verstrickt hat und zu keiner Tat mehr fähig ist, mußt du ihn befreien. Und ihn befreien heißt, ihm Ausdruck verleihen. Und ihm Ausdruck verleihen heißt, ihn jene Sprache entdecken lassen, die der Schlußstein seiner widerspruchsvollen Strebungen ist. Inmitten der Widersprüche wirst du dich niedersetzen und abwarten, bis sie behoben sind. Und daran stirbst du. In diesem Falle nun steigerst du die Widersprüche, und so wird sich jener Mann angeekelt zur Ruhe setzen.
Ein Vierter wird dir nicht folgen. Du aber zwingst ihn, sich

vor seinen eigenen Augen zu rechtfertigen, denn deine Argumente haben Gewicht. Und so nötigst du ihn, ebenso stichhaltige Argumente zu ersinnen, die die deinen zunichte machen. Sie sind stets bei der Hand, denn die Vernunft geht dorthin, wo du sie haben willst. Der Geist allein gebietet. Da er sich nunmehr festgelegt, ausgedrückt und mit einem Panzer von Beweisen umgeben hat, kannst du seiner nicht mehr habhaft werden.

Was nun den König angeht, der nur ganz entfernt daran dachte, sein Volk gegen dich aufzuwiegeln, so zwingst du ihn zum Handeln. Und er wendet sich daher an die Vorsänger, Historiker, Logiker, Professoren, Kasuisten und Kommentatoren seines Reiches. So fertigt man ein Bild von dir, das dich als Schielauge darstellt, und das ist jederzeit möglich. Und man legt deine Niedertracht dar, und auch das ist jederzeit möglich. Und wieder ein anderer, der dich studiert hatte, ohne zu einem Entschluß zu kommen, und der voll guten Willens ist, schenkt nunmehr diesem Denkmal der Logik, dessen Errichtung du aufgenötigt hattest, sein Vertrauen. Und deine Schieläugigkeit ruft bei ihm Brechreiz hervor, und so stellt er sich hinter seinen König: endlich durch dieses reine Gesicht einer Wahrheit getröstet.

Doch du hättest nicht gegen, sondern für etwas kämpfen sollen. Denn der Mensch ist nicht einseitig, wie du glaubtest. Und selbst der König ist deiner Ansicht.

168

Du sagst: »Einen, der mein Parteigänger ist, kann ich gebrauchen. Aber den anderen, der sich mir entgegenstellt, zähle ich aus Bequemlichkeit zum feindlichen Lager und gedenke nur durch den Krieg auf ihn einzuwirken.«

Durch solch ein Vorgehen härtest und schmiedest du deinen Gegner.

Und ich sage, daß Freund und Feind von dir gefertigte Worte sind. Gewiß bezeichnen sie etwas Bestimmtes. So geben sie

dir etwa an, was sich ereignen wird, wenn ihr euch auf dem Schlachtfeld begegnet; ein Mensch wird jedoch nicht durch ein einziges Wort beherrscht, und ich kenne Feinde, die mir näherstehen als meine Freunde; andere, die mir nützlicher sind, und andere, die mir mehr Achtung bezeigen. Und meine Einwirkungsmöglichkeiten auf den Menschen sind nicht von seiner Stellung im Worte abhängig. Ich behaupte sogar, daß ich besser auf meinen Feind als auf meinen Freund einwirke, denn einer, der mit mir in gleicher Richtung marschiert, bietet mir weniger Gelegenheiten zu Begegnung und Austausch als der andere, der mir entgegengeht und sich keine meiner Bewegungen – da er ja von ihnen abhängt – und keines meiner Worte entgehen läßt.
Freilich werde ich auf den einen und den anderen nicht eine gleichartige Wirkung ausüben, denn ich habe meine Vergangenheit als Erbteil empfangen, und es steht nicht in meiner Macht, etwas daran zu ändern. Und wenn ich ein Land besetzt habe, das ein Fluß und ein Berg schmücken, und ich darin Krieg führen muß, wäre es widersinnig, wenn ich über die Lage des Berges oder die Richtung des Flusses jammern wollte. Und du wirst niemals vernommen haben, daß ein Eroberer, wenn er bei Sinnen war, ein solches Klagelied anstimmte. Ich werde vielmehr den Fluß wie einen Fluß und den Berg wie einen Berg verwenden. Und vielleicht wird er mir dadurch weniger von Nutzen sein, daß er gerade hier gelegen ist, als wenn er sich anderswo befände, so wie dich ein mächtiger Gegner gewiß weniger fördern wird als ein Verbündeter. Mit dem gleichen Rechte könntest du aber bedauern, daß du nicht in einer anderen Zeit oder als Herrscher eines anderen Reiches geboren bist, und das wäre die Verwesung des Traumes. Doch angesichts des Bestehenden, dem ich allein Rechnung tragen muß, kann ich davon ausgehen, daß ich auf meinen Gegner ebenso einzuwirken vermag wie auf meinen Freund. Diese Wirkung mag nach der einen Richtung hin mehr oder minder günstig, nach der anderen mehr oder minder ungünstig sein. Aber wenn du auf das Zünglein einer Waage einwirken, dich also durch eine Tat oder eine Kraft-

äußerung zur Geltung bringen willst, so haben die Verrichtungen den gleichen Wert, mit denen du ein Gewicht von der rechten Waagschale fortnimmst oder es auf der linken hinzufügst.
Du aber gehst von einem moralischen Gesichtspunkt aus, der bei deinem Abenteuer nichts zu suchen hat, und wenn dich einer geplagt, gekränkt oder verraten hat, verdammst und verstößt du ihn, wodurch er genötigt wird, dich morgen noch ärger zu plagen, zu kränken und zu verraten. Ich hingegen benutze gerade den, der mich verraten hat, als Verräter, denn er ist Figur eines Schachspiels und festgelegt; so kann ich mich auf ihn stützen, um meinen Sieg zu planen und herbeizuführen. Denn ist nicht die Kenntnis des Gegners bereits eine Waffe? Und meinen Sieg werde ich schließlich dazu benutzen, ihn aufzuhängen.

169

Wenn du deiner Frau diesen Vorwurf machst:
– Du warst nicht zu Hause, als ich auf dich wartete, so antwortet sie dir:
– Wie hätte ich denn zu Hause sein können, da ich mich bei unserer Nachbarin aufhielt?
Und es trifft zu, daß sie sich bei deiner Nachbarin aufhielt.
Und wenn du dem Arzte sagst:
– Weshalb warst du nicht dort, wo man das ertrunkene Kind wieder ins Leben zu rufen suchte?, so antwortet er dir:
– Wie hätte ich dort sein können, da ich anderswo jenen alten Mann pflegte?
Und es trifft zu, daß er den alten Mann pflegte.
Wenn du irgendeinem Angehörigen des Reiches sagst:
– Warum dientest du hier nicht dem Reiche?, so anwortet er dir:
– Wie hätte ich dem Reiche hier dienen können, da ich dort unten tätig war?
Und es trifft zu, daß er dort unten tätig war.

Wenn du aber den Baum nicht durch die Handlungen der Menschen wachsen siehst, so wisse, daß es an einem Samenkorn fehlt, denn dieses hätte die Gegenwart der Frau, die Tätigkeit des Arztes, den Dienst am Reiche in die gebotene Richtung gelenkt. Und dadurch wäre entstanden, was du entstehen lassen wolltest. Denn wenn ein Mann durch das Schmieden der Nägel der Sache des Nägelschmiedens dient, so kommt es ihm nicht auf den Handgriff an, mit dem er diesen oder jenen Nagel schmiedet. Aber es kann sein, daß es sich um die Nägel des Schiffes handelt. Und für dich, der du Abstand gewonnen hast, um besser sehen zu können, ist dieser Handgriff Geburt und nicht Unordnung.

Denn dem Sein eignet weder Gewandtheit noch Schwäche, und es kann jedem unbekannt sein, der an ihm teilhat, da es an einer Sprache fehlt. Es offenbart sich einem jeden, wie es dessen besonderer Sprache gemäß ist.
Dem Sein fehlt es nicht an Gelegenheiten. Es nährt sich, baut sich auf, bekehrt. Keiner braucht von ihm zu wissen, da jeder nur die Logik seiner eigenen Stufe kennt. (So kennt die Frau den Zeitvertreib, nicht das Verlangen, zu Hause zu sein.)
Es gibt keine Schwäche an sich. Denn jede Handlung läßt sich rechtfertigen. Sie ist zugleich edel oder gemein, je nach dem Gesichtspunkte, den du einnimmst. Es gibt Schwäche mit Beziehung zum Sein oder Schwäche des Seins. Jeder kann edle Gründe anführen, weshalb er nicht in einer bestimmten Richtung tätig sein will. Edle und logische Gründe. Und sie beruhen darauf, daß er durch das Sein nicht stark genug in diese Richtung gedrängt wurde. So behaut ein anderer Steine, statt Nägel zu schmieden. Und verrät das Segelschiff.
Ich will die Gründe deines Verhaltens nicht von dir hören: du hast keine Sprache.
Oder genauer gesagt: es gibt eine Sprache des Herrschers, sodann eine Sprache seiner Baumeister, sodann eine Sprache seiner Werkmeister, sodann eine Sprache der Nagelschmiede, sodann eine Sprache der Arbeiter.

Du bezahlst diesen Mann für seine Arbeit. Du bezahlst ihn so gut, daß er dir nicht so sehr für das materielle Entgelt als für die Anerkennung dankbar ist, die du seinen Verdiensten erweist, denn sein Bildwerk oder der Einsatz seines Lebens hat keinen Preis, den er für übertrieben halten könnte. Das Bildwerk ist das wert, wofür man es kauft.
Und so hast du mit deinem Gelde nicht nur das Bildwerk, sondern die Seele des Bildhauers gekauft.

Es ist in der Ordnung, daß du etwas für löblich ansiehst, das dich am Leben erhält. Denn jene Arbeit ist das Brot deiner Kinder. Und sie ist nicht gar so niedrig, da sie sich in Kinderlachen verwandelt. Auf diese Weise dient einer dem Tyrannen, doch der Tyrann dient den Kindern. So ist über das Verhalten des Menschen Verwirrung entstanden, und du kannst nicht eindeutig über ihn urteilen.
Du kannst nur über den urteilen, der das Sein verrät, das seine Handlungen hätte bestimmen können und das ihn aus all den sich gleichenden Schritten den Schritt hätte wählen lassen, der gelenkt war.
So kittet ein Mann in der Sonne einen Stein an den anderen. Er übt eine bestimmte Verrichtung aus. Es wird dafür ein bestimmter Preis gezahlt. Sie kostet eine bestimmte Anstrengung. Und er erblickt darin ein Opfer, das er für das Kitten der Steine brachte. Du kannst ihm keinen Vorwurf machen, wenn der Stein nicht Stein eines Tempels ist.
Du hast die Liebe zum Tempel begründet, damit die Liebe zum Kitten der Steine auf den Tempel gelenkt werde.
Denn das Sein strebt danach, sich zu nähren und zu wachsen.
Viele Menschen mußt du sehen, um es kennenzulernen. Und verschiedene. So erkennst du das Schiff durch die Nägel, die Bretter und Segel hindurch.
Das Sein ist der Vernunft unzugänglich. Sein Sinn ist zu sein und Spannungen zu schaffen. Es wird zur Vernunft auf der Stufe der Handlungen. Doch nicht von vornherein. Sonst könnte kein Kind gedeihen; es ist ja so schwach gegenüber der Welt. Ebenso könnte die Zeder nicht gegen die Wüste

aufkommen. Die Zeder entsteht gegen die Wüste, denn sie saugt sie auf.
Du stützest dein Verhalten nicht in erster Linie auf die Vernunft. Du machst ihm deine Vernunft dienstbar. Verlange nicht von deinem Gegner, daß er mehr Vernunft beweisen soll, als du selber aufbringst. Logisch ist dein Werk nur, sobald es sich erst in Raum und Zeit entfaltet hat. Warum aber entfaltet es sich gerade auf diese Weise und nicht auf eine andere? Warum hat gerade dieser Führer den Weg gewiesen und kein anderer? Es gab immer nur ein Spiel des Zufalls. Doch wie geschieht es, daß die Zufälle den Baum, statt ihn in Staub aufzulösen, der Schwerkraft zum Trotze gedeihen lassen?

Du läßt das entstehen, was du betrachtest. Du läßt das Sein entstehen, weil du es umschrieben hast. Und es sucht sich zu nähren, fortzudauern und zu wachsen. Es müht sich, das in sich aufzunehmen, was anders ist. Du bewunderst den Reichtum eines Menschen. Und schon sieht er sich als Reichen an und wird fortan in der Mehrung seines Reichtums aufgehen, während er bisher vielleicht gar nicht daran gedacht hat. Denn der Reichtum wird ihm zum Sinn seiner selbst. Wünsche nicht, einen Menschen in etwas anderes als das zu verwandeln, was er gegenwärtig ist. Denn offenbar zwingen ihn gewichtige Gründe, gegen die du nichts vermagst, so und nicht anders zu sein. Aber du kannst ihn in dem verändern, was er ist, denn der Mensch ist schwer an Substanz: er ist alles in einem. Es steht bei dir, aus ihm auszuwählen, was dir gefällt. Und den Plan aufzuzeichnen, damit er allen und ihm selber einleuchtet. Und wenn er ihn gesehen hat, wird er ihn billigen, denn er hat ihn schon am Tage zuvor gebilligt, als ihm nicht einmal die Leidenschaft zu Hilfe kam. Und sobald der Plan erst in ihm geworden ist, weil er durch die Betrachtung hindurchging und zu einem Teil seiner selbst wurde, wird er das Leben des Seins leben, das fortzudauern und zu wachsen sucht.
Denn da gewährt einer dem Sklavenhalter zu einem Teil

Arbeit und zu einem Teil verweigert er die Arbeit. So ist das Leben, denn gewiß hätte er mehr oder auch weniger arbeiten können. Wenn du nun willst, daß ein Teil den anderen aufzehren soll, daß die Arbeit die Arbeitsverweigerung aufzehren soll, wirst du zu dem Manne sagen: »Wenn du diese Arbeit auf dich nimmst, obwohl es bitter ist, weil du allein in dieser Arbeit deine Würde und die Betätigung deiner Fähigkeiten wiederfindest, so tust du recht daran, denn du mußt dort dein Werk vollbringen, wo es sich vollbringen läßt. Und es führt zu nichts, wenn du bedauerst, daß du diesem Herrn und keinem anderen dienst. Es ist damit wie mit der Epoche, in der du geboren bist. Oder mit den Bergen deines Landes . . .«

Und du hast nicht von ihm verlangt, daß er mehr arbeiten soll, oder den Streit geschürt, den er mit sich selber austrägt. Doch du hast ihm eine Wahrheit dargeboten, die seine beiden Teile durch das Sein versöhnte, das dir am Herzen lag. Und dieses Sein wird sich entwickeln, wachsen und der Mann wird sich seiner Arbeit zuwenden.

Oder du wünschst im Gegenteil, daß der Anteil an Arbeitsverweigerung den Anteil an Arbeit aufzehren soll. Und so wirst du ihm sagen:

»Du bist der Mann, der trotz der Peitsche und obwohl man dir das Brot zu entziehen droht, der von dir geforderten Arbeit nur den unerläßlichen Teil gewährt, ohne den du sterben müßtest. Welch einen Mut beweist dein Verhalten! Und wie sehr bist du im Rechte, denn wenn du deinen Herrn treffen willst, wo er verwundbar ist, hast du kein anderes Mittel, als dich im voraus für den Sieger zu halten. Was du im Herzen nicht zugestehst, ist schon gerettet. Und das Schöpferische wird nicht von der Logik beherrscht.«

Und du hast nicht von ihm verlangt, daß er weniger arbeiten soll, oder den Streit geschürt, den er mit sich selber austrägt. Aber du hast ihm eine Wahrheit dargeboten, die seine beiden Teile durch das Sein versöhnt hat, das dir am Herzen lag. Dieses Sein wird sich entwickeln, wachsen, und der Mann wird sich der Empörung zuwenden.

Deshalb habe ich keine Feinde. Ich suche im Feinde den Freund zu erkennen. Und so wird er zum Freunde.

Ich nehme alle Bruchstücke. Ich brauche die Bruchstücke nicht zu verändern. Doch ich verknüpfe sie durch eine andere Sprache. Und das gleiche Sein wird sich anders entwickeln.
All das, was du mir an Baustoffen bringst, werde ich echt nennen. Und das Bild, das sie ergeben, werde ich bedauerlich nennen. Und wenn sich mein Bild besser zu einem Ganzen fügt und es sich nach meinen Wünschen entwickelt, wirst auch du besser daran sein.

Deshalb sage ich, daß du recht hast, wenn du deine Mauer rings um die Quellen baust. Hier aber sind andere Quellen, die nicht von ihr umschlossen werden. Und es ist deinem Sinn gemäß, daß du deine Mauer niederreißt, um sie wiederaufzubauen. Doch du baust sie über mir wieder auf, und ich werde zu Samen im Innern deiner Wälle.

170

Ich verdamme deine Eitelkeit, nicht aber deinen Stolz, denn wenn du besser tanzest als ein anderer, warum solltest du dich verleugnen, indem du dich vor dem schlechten Tänzer demütigst? Es gibt eine Form des Stolzes, die Liebe zum gut getanzten Tanze ist.
Doch die Liebe zum Tanze ist nicht Liebe zu dir, der du tanzest. Du erhältst deinen Sinn durch das Werk; es ist nicht das Werk, das sich mit dir brüstet. Und du wirst es niemals vollenden, es sei denn im Tode. Nur die Eitle ist mit sich zufrieden, hält inne auf ihrem Wege, um sich zu betrachten, und vertieft sich in die Anbetung ihres Ichs. Sie kann nichts von dir empfangen, außer deinen Applaus. Wir aber verachten solche Gelüste, wir ewigen Nomaden auf dem Wege zu Gott, denn nichts kann uns genügen.
Die Eitle ist in sich selber stehengeblieben, denn sie glaubt,

daß man schon vor der Todesstunde ein Gesicht angenommen hat. Deshalb könnte sie weder etwas empfangen noch etwas geben, genau wie die Toten.

Die Demut des Herzens verlangt nicht, daß du dich demütigen, sondern daß du dich öffnen sollst. Das ist der Schlüssel des Austausches. Nur dann kannst du geben und empfangen. Und ich kann nicht das eine vom anderen unterscheiden; diese beiden Worte sind für den gleichen Weg bestimmt. Demut ist nicht Unterwerfung unter die Menschen, sondern unter Gott. So wie der Stein nicht den Steinen, sondern dem Tempel unterworfen ist. Wenn du dienst, dienst du dem Werke. Die Mutter ist demütig angesichts des Kindes und der Gärtner vor der Rose.

Ich, der König, werde mich ohne Bedenken durch den Ackersmann belehren lassen. Denn er weiß weit mehr als ein König vom Pflügen. Und da ich ihm für die Unterweisung erkenntlich bin, werde ich mich dafür bedanken, ohne daß ich mich dadurch zu erniedrigen glaube. Denn es ist natürlich, daß die Wissenschaft des Pflügens ihren Weg vom Ackersmann zum König nimmt. Doch da ich jede Eitelkeit verabscheue, werde ich ihn nicht dazu bewegen, daß er mich bewundert. Denn die Urteile nehmen ihren Weg vom König zum Ackersmann.

Im Laufe deines Lebens bist du der Frau begegnet, die sich selbst anbetet. Was könnte sie von der Liebe empfangen? Alles – sogar deine Wiedersehensfreude – wird ihr zur Huldigung. Die Huldigung aber ist um so wertvoller, je kostspieliger sie ist. Diese Frau würde deine Verzweiflung noch mehr genießen.

Sie verzehrt, ohne sich zu nähren. Sie ergreift von dir Besitz, um dich, ihr zu Ehren, zu verbrennen. Sie gleicht einem Krematorium. In ihrem Geize bereichert sie sich durch eitle Beute, da sie in solch einer Anhäufung ihre Freude zu finden glaubt. Doch sie häuft nur Asche auf. Denn der wahre Gebrauch deiner Geschenke war der Weg des einen zum anderen und nicht die Beute.

Da sie in deinen Geschenken ein Pfand sieht, wird sie sich hüten, dir ihrerseits etwas zu schenken. Da sie keine Aufschwünge kennt, die dich beseligen würden, wird ihre falsche Zurückhaltung dir einzureden suchen, daß die Vereinigung in der Liebe Zeichen überflüssig mache. Dies ist ein Beweis für die Unfähigkeit zu lieben, nicht für die Größe der Liebe. Wenn der Bildhauer den Lehm verachtet, knetet er den Wind. Wenn deine Liebe – unter dem Vorwande, so zum Kern vorzudringen – die Zeichen der Liebe verachtet, ist sie nur noch ein Wörterbuch. Ich will von dir Wünsche und Geschenke und Liebesbezeigungen. Könntest du das Landgut lieben, wenn es der Reihe nach die Mühle, die Herde, das Haus als überflüssig ausschlösse, weil sie zu besonders geartet seien? Wie könnte die Liebe entstehen, die ein Gesicht ist, das du vom gesponnenen Faden abliest, wenn es keinen Faden gibt, auf dem sie sich einzeichnen läßt?

Denn es gibt keine Kathedrale ohne das Zeremoniell der Steine.

Und es gibt keine Liebe ohne das Zeremoniell, das für die Liebe bestimmt ist.

Das Wesen des Baumes erreiche ich nur, wenn er langsam die Erde geformt hat, wie es dem Zeremoniell der Wurzeln, des Stammes und der Zweige gemäß ist. Dann ist er eine Einheit: dieser Baum und kein anderer.

Jene Frau aber verschmäht den Austausch, durch den sie erst geboren würde. Sie geht in der Liebe auf Beute aus. Und solch eine Liebe ist ohne Sinn.

Sie glaubt, die Liebe sei ein Geschenk, das man in sich wegschließen könne. Wenn du sie liebst, besagt das, daß sie dich gewonnen hat. Sie verschließt dich in sich, da sie dadurch reicher zu werden glaubt. Nun ist aber die Liebe kein Schatz, den man greifen könnte, sondern eine Verpflichtung zwischen dem einen und dem anderen. Sondern Ertrag eines freiwillig übernommenen Zeremoniells. Sondern Gesicht der Wege des Austausches.

Jene Frau wird niemals geboren werden. Denn geboren wirst du nur in einem Netz von Bindungen. Sie wird ein verküm-

mertes Samenkorn bleiben, dessen Vermögen ungenutzt bleibt, vertrocknet an Seele und Herz. Sie wird traurig altern, in der Eitelkeit ihrer Eroberungen.
Denn du kannst dir nichts zuteilen. Du bist kein Kasten. Du bist die Verknüpfung deiner Vielfalt. So auch der Tempel, der der Sinn der Steine ist.

Wende dich von ihr ab. Du kannst nicht hoffen, sie zu verschönern oder zu bereichern. Dein Diamant ist ihr Zepter, ihre Krone und das Kennzeichen ihrer Herrschaft geworden. Um etwas bewundern zu können – sei es auch nur ein Schmuckstück –, bedarf es der Demut des Herzens. Sie bewunderte nicht: sie neidete. Die Bewunderung bereitet die Liebe vor, der Neid aber nur die Verachtung. Um des einen Diamanten willen, den sie endlich besitzt, wird sie alle anderen Diamanten der Erde verachten. Und so wirst du sie noch ein wenig mehr von der Welt abschneiden.
Du wirst sie von dir selber abschneiden, da ihr dieser Diamant nicht den Weg von dir zu ihr oder von ihr zu dir, sondern den Tribut deiner Versklavung bedeutete.
Und so wird sie durch jede Huldigung nur noch härter und einsamer werden.

Sage zu ihr:
– Ja, ich eilte dir entgegen, voller Freude dich zu sehen. Ich ließ dir Botschaften überbringen. Ich habe all deine Wünsche erfüllt. Die Süße der Liebe bedeutete für mich jene Wahl, von der ich wünschte, daß du sie mir gegenüber vollziehen solltest. Ich räumte dir Rechte ein, um mich gebunden zu fühlen. Ich bedarf der Wurzeln und Zweige. So halte ich es mit dem Rosenstock, den ich pflege. Ich unterwerfe mich also meinem Rosenstock. Meine Würde nimmt keinen Anstoß an den Verpflichtungen, die ich eingehe. Und so schulde ich mich meiner Liebe.
Ich fürchtete nicht, mich zu binden und spielte den Freier. Aus freien Stücken habe ich mich vorgewagt, denn ich bin keinem in der Welt untertan. Du aber täuschtest dich über

meine Aufforderung, denn du sahst darin Abhängigkeit: ich war nicht abhängig, ich war freigebig.
Du hast die Schritte gezählt, die ich dir entgegenging, da du dich nicht von meiner Liebe, sondern von der Huldigung meiner Liebe nährtest. Du hast den Sinn meiner Fürsorge verkannt. So werde ich mich von dir abwenden, um allein die zu ehren, die demütig ist und durch meine Liebe erleuchtet wird. Nur der Frau werde ich wachsen helfen, die wirklich durch meine Liebe wächst. So wie ich den Kranken pflege, um ihn zu heilen, nicht um ihm zu schmeicheln: ich bedarf eines Weges, nicht einer Mauer.
Du strebtest nicht nach Liebe, sondern nach Anbetung. Du hast meinen Weg versperrt. Du hast dich aufgestellt auf meiner Straße wie ein Götzenbild. Ich habe mit dieser Begegnung nichts zu schaffen. Ich ging anderswohin.
Ich bin weder ein Götzenbild, dem man dient, noch ein Sklave, der zum Dienen da ist. Wer mich als sein Eigentum fordert, von dem sage ich mich los. Ich bin keine Sache, die man als Pfand hingegeben hat, und niemand hat eine Forderung gegen mich. Desgleichen habe ich von niemandem etwas zu fordern; ich empfange ständig von der Frau, die mich liebt.
Von wem hast du mich also gekauft, um dieses Eigentum zu beanspruchen? Ich bin nicht dein Esel. Vielleicht schulde ich's Gott, dir die Treue zu halten. Nicht aber dir.
So ist es mit dem Reiche, wenn ihm ein Soldat sein Leben schuldet. Es ist das nicht eine Forderung des Reiches, sondern eine Forderung Gottes. Er gebietet, daß der Mensch einen Sinn haben soll. Es ist aber der Sinn dieses Menschen, Soldat des Reiches zu sein.
So ist es mit den Schildwachen, die mir Ehrenbezeigungen schulden. Ich verlange sie, behalte sie aber nicht für mich. Durch mich als Mittler haben die Schildwachen Pflichten. Ich bin der Knoten, der die Pflicht der Schildwachen schürzt.
So ist es auch mit der Liebe.

Doch wenn ich jener begegne, die errötet und stammelt und die der Geschenke bedarf, um lächeln zu lernen, denn sie

bedeuten ihr Meereswind und nicht Beute, dann werde ich mich zum Wege machen, der sie erlöst.
Ich werde mich nicht erniedrigen und auch sie nicht in der Liebe erniedrigen. Ich werde um sie sein wie der Raum und in ihr sein wie die Zeit. Ich werde ihr sagen:
»Beeile dich nicht, mich kennenzulernen, denn es gibt nichts an mir, das sich fassen ließe. Ich bin Raum und Zeit oder Werden.«
Wenn sie meiner bedarf, wie das Samenkorn der Erde bedarf, um sich zum Baum zu entfalten, werde ich sie nicht durch meine Überheblichkeit ersticken.
Ich werde sie ebensowenig um ihrer selbst willen ehren. Ich werde sie hart mit den Klauen der Liebe umkrallen. Meine Liebe wird ein Adler mit mächtigen Flügeln sein. Und nicht mich wird sie entdecken, sondern durch mich die Täler, die Berge, die Sterne, die Götter.

Es geht nicht um mich. Ich bin nur der Überbringer. Es geht nicht um dich: du bist nur ein Pfad zu den Wiesen bei Tageserwachen. Es geht nicht um uns: wir sind zusammen nur Durchgang für Gott, der eine Weile unsere Generation benutzt und sie verbraucht.

171

Der Haß gilt nicht der Ungerechtigkeit, denn sie ist ein kurzer Übergang und wird gerecht.
Der Haß gilt nicht der Ungleichheit, denn sie ist sichtbare oder unsichtbare Stufenordnung.
Der Haß gilt nicht der Verachtung des Lebens, denn wenn du dich einer Sache unterwirfst, die größer ist als du selbst, wird das Geschenk deines Lebens zum Austausch.
Der Haß gilt jedoch der beständigen Willkür, denn sie zerstört den wirklichen Sinn des Lebens; er besteht in der Dauer, die eben im Gegenstande deines Austausches enthalten ist.

172

Lies aus der Gegenwart das Sein ab, zu dem du wirst. Gib ihm Ausdruck. Es wird den Menschen und den Handlungen der Menschen ihren Sinn verleihen. Es wird im Augenblick nur das von ihnen verlangen, was sie hergeben und schon gestern hergaben. Weder mehr Mut noch weniger Mut, weder mehr Opfer noch weniger Opfer. Es geht nicht darum, ihnen Opfer zu predigen oder irgend etwas zu brandmarken, was zu ihrem Wesen gehört. Oder von vornherein etwas in ihnen zu verändern. Es geht nur darum, daß du sie ausdrückst. Denn eben aus ihren Bruchstücken kannst du jeden Bau errichten, den du wünschst. Und sie wünschen, daß du sie ausdrückst, denn sie wissen nicht, was sie mit ihren Bruchstücken anfangen sollen.
Doch wem immer du Ausdruck verleihst, dessen Herr bist du. Du gebietest über den, der sein Ziel sucht, solange er seinen Weg oder seine Lösung nicht findet. Denn der Mensch wird beherrscht durch den Geist.
Du betrachtest sie nicht wie ein Richter, sondern wie ein Gott, der sie lenkt. Du weist ihnen ihren Platz an und läßt sie werden. Das übrige kommt dann von selbst. Denn du hast das Sein begründet. Fortan wird es sich nähren und den Rest der Welt innerlich verwandeln.

173

Nichts war zu sehen als eine Barke, die sich fern auf dem ruhigen Meere verlor.
Gewiß, o Herr, es gibt eine andere Stufe, von der aus mir der Fischer dort in seiner Barke, der aus den Wassern das Brot der Liebe für Frau und Kind oder seinen Hungerlohn gewinnt, als Flamme der Inbrunst oder Inbegriff des Zornes erschiene. Oder es könnte sich mir auch das Übel zeigen, an dem er vielleicht stirbt und das ihn erfüllt und ihn brennt. Kleinheit des Menschen? Wo siehst Du die Kleinheit? Du

mißt den Menschen nicht mit dem Feldmaß. Hingegen wird alles unermeßlich, sobald ich die Barke betrete.
Damit ich mich kennenlerne, genügt es, Herr, daß Du den Anker des Schmerzes in mir auswirfst. Du ziehst an der Leine, und da erwache ich.
Vielleicht leidet der Mann in der Barke unter der Ungerechtigkeit. Das Schauspiel bleibt unverändert. Die gleiche Barke. Die gleiche Stille über den Wassern. Der gleiche müßige Tag. Was kann ich von den Menschen empfangen, wenn ich mich nicht demütige für sie.
Herr, verbinde mich wieder dem Baume, von dem ich stamme. Ich bin ohne Sinn, wenn ich noch weiter allein bleibe. Gib, daß sie sich auf mich stützen! Daß ich mich auf den anderen stütze! Zwinge mich durch Deine Ordnungen! Hier bin ich aufgelöst und vorläufig.
Ich trage Verlangen, zu sein.

174

Ich sprach dir vom Bäcker, der den Brotteig knetet, und solange dieser nachgibt, bedeutet das, daß nichts daraus entsteht. Aber es kommt die Stunde, in der der Teig gebunden wird, wie sie sagen. Und dann entdecken die Hände in der gestaltlosen Masse Kraftlinien, Spannungen und Widerstände. Im Teig entwickelt sich ein Wurzelgeflecht. Das Brot ergreift Besitz vom Teig wie ein Baum von der Erde.
Du kaust deine Probleme wieder, und nichts tritt zutage. Du gehst von einer Lösung zur anderen über, denn keine befriedigt dich. Du bist unglücklich, weil du nicht wirken kannst, denn allein das Fortschreiten begeistert. Und so packt dich der Ekel, weil du dich zersplittert und gespalten fühlst. Du wendest dich an mich, damit ich deine Zweifel behebe. Und gewiß kann ich sie dadurch beheben, daß ich eine Lösung gegen die andere reibe. Wenn du dann ein Gefangener deines Besiegers bist, werde ich dir sagen dürfen: Ja, nun bist du für die Tat bereit, da sich deine Lage durch die Wahl des einen

Teils zum Nachteil des anderen vereinfacht hat, doch du findest nur den Frieden des Fanatikers oder den Frieden der Termiten oder den Frieden des Feiglings. Denn das ist kein Mut, wenn du davongehst und den Trägern anderer Wahrheiten Hiebe austeilst.
Freilich zwingt dich dein Leiden, dessen Voraussetzungen zu überwinden. Aber du mußt dein Leiden bejahen, um dadurch zum Aufstieg getrieben zu werden. So ist es schon beim einfachen Leiden, das durch ein krankes Glied entsteht. Es zwingt dich, dich zu pflegen und deine Fäulnis zu bekämpfen. Wenn aber einer an seinen Gliedern leidet und sie sich lieber amputiert, als sich um ihre Gesundung zu bemühen, so heiße ich ihn nicht mutig, sondern närrisch oder feige. Ich möchte den Menschen nicht amputieren, ich möchte ihn heilen.
Vom Berge, von dem ich die Stadt überblickte, richtete ich deshalb dieses Gebet an Gott:
Da sind sie, Herr, und begehren von mir ihren Sinn. Sie erwarten ihre Wahrheit von mir, Herr, doch sie ist noch nicht geschmiedet. Erleuchte mich. Ich knete den Brotteig, auf daß sich die Wurzeln zeigen, nichts aber bindet sich bisher, und ich lerne das schlechte Gewissen der schlaflosen Nächte kennen. Aber auch die Muße der werdenden Frucht. Denn alles Erschaffene taucht anfangs ein in die Zeit, um zu werden.
Sie bringen mir den Wirrwarr ihrer Wünsche, Verlangen, Bedürfnisse. Sie stapeln sie auf meinem Bauplatz wie lauter Baustoffe, die ich zusammenfügen muß, damit der Tempel oder das Schiff sie in sich aufnehme.
Ich aber werde nicht die Bedürfnisse der einen den Bedürfnissen der anderen, die Größe der einen der Größe der anderen opfern. Den Frieden der einen dem Frieden der anderen opfern. Ich werde sie alle einander unterwerfen, damit sie Tempel werden oder Schiff.
Denn ich wurde gewahr, daß unterwerfen das gleiche bedeutet wie empfangen und den Platz anweisen. Ich unterwerfe den Stein dem Tempel, und so bleibt er nicht ungeordnet auf dem Bauplatze liegen. Und es gibt keinen Nagel, mit dem ich nicht dem Schiffe diene.

Ich werde nicht auf die Mehrheit hören, denn sie sehen nicht das Schiff, das für sie unerreichbar bleibt. Wenn die Nagelschmiede in der Mehrheit wären, würden durch sie die Brettschneider der für die Nagelschmiede geltenden Wahrheit unterworfen, und so würde nie ein Schiff entstehen.
Ich werde nicht durch eine inhaltlose Wahl und durch Henker und Gefängnisse den Frieden des Termitenhaufens herbeiführen, obwohl alsdann Frieden wäre, denn der durch den Termitenhaufen geschaffene Mensch ist auch für den Termitenhaufen geschaffen. Doch es kümmert mich wenig, ob sich die Gattung fortpflanzt, wenn sie nicht ihr Gepäck mit sich führt. Gewiß ist das Gefäß am dringlichsten, aber es erhält seinen Wert erst durch die Flüssigkeit.
Ich werde aber auch nicht versöhnen. Denn versöhnen heißt, sich mit der Schmach eines lauen Gemisches begnügen, in dem sich eisige mit heißen Getränken versöhnt haben. Und ich will die Menschen in ihrer Eigenart bewahren. Denn alles, was sie suchen, ist begehrenswert; all ihre Wahrheiten sind einleuchtend. Es ist meine Aufgabe, das Bild zu erschaffen, das sie in sich aufnehmen kann. Denn das gemeinsame Maß für die Wahrheit der Brettschneider und die Wahrheit der Nagelschmiede ist das Schiff.

Es wird aber die Stunde kommen, Herr, da Du mit meiner Zerrissenheit Mitleid empfindest; habe ich mich ihr doch nicht verweigert. Denn ich trachte nach der Heiterkeit, die über den überwundenen Zwistigkeiten strahlt, und nicht nach dem Frieden des Parteigängers, der zur Hälfte aus Liebe besteht und zur Hälfte aus Haß.
Wenn ich mich entrüste, Herr, so besagt dies, daß ich noch nichts begriffen habe. Wenn ich einkerkere oder hinrichte, bedeutet es, daß ich nicht zu behüten vermag. Denn einer, der sich eine gebrechliche Wahrheit zimmert und etwa die Freiheit dem Zwang oder den Zwang der Freiheit vorzieht, weil er eine eitle Sprache, in der sich die Worte die Zunge zeigen, nicht zu beherrschen weiß – solch einer fühlt den Zorn in sich aufsteigen, sobald man ihm zu widersprechen

gedenkt. Wenn Du laut schreist, heißt dies, daß Deine Sprache nicht ausreicht und daß Du die Stimmen der anderen zu übertönen suchst. Doch worüber sollte ich mich entrüsten, Herr, seit ich zu Deinem Berge Zutritt habe und sehe, wie sich die Läuterung mit Hilfe der vorläufigen Worte vollzieht. Wer zu mir kommt, den werde ich aufnehmen. Wer sich gegen mich empört, den werde ich in seinem Irrtum verstehen und ihm sanft zureden, damit er ihn aufgibt. Und nichts in dieser Sanftmut wird Entgegenkommen, Speichelleckerei oder Stimmenfang sein; sie wird nur daraus entstehen, daß ich das Ergreifende seines Verlangens so deutlich in ihm wahrnehme. Ich werde es mir zu eigen machen, da ich auch ihn in mich aufgenommen habe. Der Zorn macht nicht blind; er entsteht durch das Blindsein. Du entrüstest Dich über die Frau, die ihren Mißmut äußert. Sie aber öffnet ihr Kleid vor Dir; so siehst Du ihr Geschwür und vergibst ihr. Warum solltest Du Dich über solche Verzweiflung erregen?

Der Frieden, den ich im Sinne habe, wird durch Leiden erworben. Ich willige in die Grausamkeit der schlaflosen Nächte, denn ich bin auf dem Wege zu Dir, der Du Deinen Ausdruck gefunden hast; ich bin das Verstummen der Fragen und das Schweigen. Ich bin ein langsamer Baum, aber ich bin Baum. Und mit Deiner Hilfe werde ich den Saft aus dem Boden ziehen.

Fürwahr, ich habe es wohl verstanden, Herr, daß der Geist den Verstand beherrscht. Denn der Verstand überprüft die Baustoffe, doch allein der Geist sieht das Schiff. Und sobald ich das Schiff gebaut habe, werden sie mir ihren Verstand leihen, um das von mir erschaffene Gesicht zu kleiden, zu schützen, zu härten und zu erklären.

Warum sollten sie mich abweisen? Ich brachte ihnen nichts, um sie damit zu prellen, sondern ich habe einen jeden in seiner Liebe befreit.

Und warum sollte der Brettschneider weniger Bretter schneiden, wenn sie für das Schiff bestimmt sind?

So werden sich selbst die Gleichgültigen, denen keine Aufgabe gestellt wurde, zum Meere bekehren. Denn jedes Sein sucht zu bekehren und seine Umgebung in sich aufzunehmen. Und wer könnte das Verhalten der Menschen voraussehen, wenn er nicht das Schiff vor Augen hat? Denn die Baustoffe besagen darüber nichts. Sie sind nicht entstanden, solange sie nicht in einem Sein entstanden sind. Sobald aber erst die Steine zusammengefügt wurden, können sie durch das hohe Meer des Schweigens auf das Herz der Menschen einwirken. Sobald die Erde durch das Samenkorn der Zeder entwässert wurde, kann ich das Verhalten der Erde voraussehen. Und wenn ich den Schiffsbauer gekannt habe, weiß ich, wofür die Baustoffe auf der Werft bestimmt sind; ich weiß, wonach sein Trachten geht und daß sie zu fernen Inseln gelangen werden.

175

Ich wünsche dich beständig und festgegründet. Ich wünsche dich treu. Denn Treue ist vor allem Treue zu sich selbst. Du hast nichts von Verrat zu erhoffen, denn es bedarf langer Zeit, bis die Bande geknüpft sind, die dich lenken, beseelen und dir Sinn und Licht geben werden. So ist es bei den Steinen des Tempels. Ich streue sie nicht jeden Tag wieder wirr umher, um mich an besseren Tempeln zu versuchen. Wenn du dein Landgut verkaufst, um ein anderes zu beziehen, das äußerlich vielleicht schöner ist, hast du ein Stück deines Wesens verloren, das du nicht mehr wiederfinden wirst. Und warum langweilst du dich in deinem neuen Hause? Es ist bequemer und erfüllt besser die Wünsche, die du hegtest, während du in deinem früheren Hause im Elend lebtest. Dein Ziehbrunnen ermüdete dir den Arm, und du träumtest von einem Springbrunnen. Nun hast du deinen Springbrunnen. Doch es fehlt dir fortan das Lied des Flaschenzuges und das Wasser aus dem Bauche der Erde, das dich widerspiegelte, sobald es an die Sonne trat.

Und ich verlange nicht etwa, daß du keinen Berg ersteigen und dich nicht hocharbeiten sollst. Ich möchte, daß du dich weiterbildest und zu jeder Stunde voranschreitest. Aber der

Springbrunnen, mit dem du dein Haus verschönst – und der auf dem Sieg deiner Hände beruht –, bedeutet nicht das gleiche, als wenn du dich im Gehäuse eines anderen eingenistet hast. Und die Gewinne, die du hintereinander in der gleichen Richtung erzielst – als wenn du den Tempel ausschmückst –, und in denen sich das Wachstum des Baumes äußert, der sich nach seiner Anlage entwickelt, sind etwas anderes als dein liebloser Umzug.
Ich mißtraue dir, wenn du zerschneidest, denn du setzt dadurch dein kostbarstes Gut aufs Spiel, das nicht auf den Dingen, sondern auf dem Sinn der Dinge beruht.
Stets habe ich erfahren, daß Emigranten traurig sind.
Ich verlange, daß du deinen Geist öffnest, denn du läufst Gefahr, dich durch Worte übertölpeln zu lassen. Der eine findet seinen Sinn im Reisen. Und er zieht von Ort zu Ort, und ich behaupte nicht, daß er dadurch ärmer wird. Das Reisen gibt ihm seinen Zusammenhang. Doch der andere liebt sein Haus. Das Haus gibt ihm seinen Zusammenhang. Und wenn er es täglich wechselt, wird er niemals glücklich sein. Wenn ich vom Seßhaften spreche, meine ich nicht den Mann, der vor allem sein Haus liebt. Ich meine den Mann, der es nicht mehr liebt und nicht mehr sieht. Denn auch dein Haus ist ein ständiger Sieg, und deine Frau weiß das wohl, die es bei Sonnenaufgang wieder erneuert.

Ich werde dich also über den Verrat belehren. Denn du bist ein Knoten, der Beziehungen verknüpft, und weiter nichts. Und du bestehst durch deine Bindungen. Deine Bindungen bestehen durch dich. Der Tempel besteht durch jeden seiner Steine. Nimmst du einen weg, stürzt er ein. Du gehörst einem Tempel, einem Landgut, einem Reiche an. Und sie bestehen durch dich. Und es steht dir nicht an, wie ein Richter zu urteilen, der von auswärts kommt und nicht so verknüpft ist wie du. Wenn du urteilst, urteilst du selber. Das ist deine Last, zugleich aber Quell deiner Begeisterung.
Denn ich verachte den Mann, der seinen Sohn anschwärzt, wenn dieser gefehlt hat. Es ist sein eigener Sohn. Er soll ihm

einen Verweis erteilen, ihn verdammen – womit er sich selber straft, wenn er ihn liebt – und ihm seine Wahrheiten einbläuen, nicht aber von Haus zu Haus gehen und sich über ihn beschweren. Denn wenn er sich derart von seinem Sohne lossagt, ist er kein Vater mehr und gewinnt dadurch eine Ruhe, durch die er nur verliert und die der Ruhe der Toten gleicht. Stets habe ich erfahren, daß die Menschen armselig daran waren, die nicht mehr wußten, wofür sie einstehen sollen. Ich habe immer beobachtet, wie sie sich eine Religion, eine Gruppe, einen Sinn suchten und um Aufnahme bettelten. Doch sie wurde ihnen nur zum Schein gewährt. Eine wahrhafte Aufnahme erfolgt nur in den Wurzeln. Denn du willst wie ein schöner Baum gepflanzt sein, schwer an Rechten und Pflichten und verantwortlich; hingegen übernimmst du im Leben nicht eine menschliche Aufgabe wie einen Auftrag als Maurer auf einem Bauplatz, wenn du vom Sklavenaufseher angestellt wirst. Siehe, es kommt eine Leere über dich, wenn du abtrünnig wirst.

Mir gefällt der Vater, der sich selber entehrt vorkommt, wenn sich sein Sohn vergangen hat, und der daher Trauer anlegt und Buße tut. Denn sein Sohn ist von ihm. Doch da er mit seinem Sohne verbunden ist und durch ihn gelenkt wird, wird auch er ihn lenken. Denn ich kenne keinen Weg, der nur in einer Richtung verläuft. Wenn du dich weigerst, die Verantwortung für deine Niederlage zu übernehmen, wirst du auch nicht für deine Siege verantwortlich sein.

Liebst du die Frau deines Hauses, die dir angetraut ist, und sündigt sie, so wirst du dich nicht unter die Menge mischen, um sie zu richten. Sie ist deine Frau, und zunächst wirst du über dich selbst zu Gericht sitzen, denn du bist für sie verantwortlich: hat dein Vaterland gefehlt? Ich verlange, daß du dich richtest: du gehörst ihm an.

Gewiß werden fremde Zeugen zu dir kommen, vor denen du erröten mußt. Und um dich von der Schuld zu reinigen, wirst du dich von ihren Verfehlungen lossagen. Doch du brauchst etwas, wofür du einstehen kannst. Sollst du für die Zeugen einstehen, die vor deinem Hause ausspuckten? Sie waren im Recht, wirst du sagen. Vielleicht. Ich aber will, daß du deinem Hause angehörst. Sondere dich von denen ab, die ausspuckten. Das Ausspucken ist nicht deine Sache. Geh nach Hause, um den Deinen ins Gewissen zu reden. »Welch eine Schande!« wirst du dort sagen, »warum bin ich so häßlich in euch?« Denn wenn sie auf dich einwirken und dich mit Schande bedecken und du deine Schande auf dich nimmst, so kannst auch du auf die anderen einwirken und sie verschönen. Und dadurch verschönst du dich selbst. Wenn du dich weigerst auszuspucken, deckst du damit dennoch die Verfehlungen nicht zu. Du teilst nur die Schuld, um sie zu sühnen.

Es gibt Menschen, die sich lossagen und selber die Fremden aufwiegeln: »Seht diese Fäulnis, sie stammt nicht von mir...« Und es gibt nichts, wofür sie einstehen möchten. Sie werden dir sagen, daß sie für die Menschen oder die Tugend oder Gott einstehen. Doch das sind nur hohle Worte, wenn sie nicht Bindungen bedeuten. Und Gott steigt bis zum Hause hinab, um zum Hause zu werden. Und für den Demütigen, der die Kerzen anzündet, ist Gott die Pflicht, die das Anzünden der Kerzen verlangt. Und für einen, der für die Menschen einsteht, ist der Mensch nicht nur ein Wort seines Wörterbuches. Der Mensch, das sind alle, für die er Verantwortung trägt. Es ist allzu leicht, sich davonzumachen und Gott vor dem Kerzenanzünden den Vorrang zu geben. Ich aber kenne nicht den Menschen, sondern Menschen. Nicht die Freiheit, sondern freie Menschen. Nicht das Glück, sondern glückliche Menschen. Nicht die Schönheit, sondern schöne Dinge. Nicht Gott, sondern die Inbrunst der Kerzen. Und alle, die dem Wesen der Dinge anders als in der Geburt auf die Spur zu kommen suchen, zeigen nur ihre Eitelkeit und die Leere ihrer Herzen. Und sie werden weder leben noch sterben, denn man stirbt nicht und lebt nicht durch Worte.

Einer also, der urteilt und für nichts mehr einsteht, urteilt für sich. Du stößt dich an seiner Eitelkeit wie an einer Mauer. Denn es geht um sein Bild, nicht um seine Liebe. Es geht bei ihm nicht um ein Band, das verknüpft, sondern um ein Ding, das der Betrachtung dient. Und das hat keinen Sinn.

Wenn du dich also der Menschen wegen schämen mußt, die zu deinem Hause, deinem Gute, deinem Reiche gehören, wirst du mir mit der falschen Behauptung kommen, du erklärtest dich für rein, um sie zu reinigen, denn du seist ja einer von ihnen. Gegenüber den Zeugen aber bist du nicht einer von ihnen, sondern wäschst nur dich selber rein. Denn man wird dir mit Recht sagen: »Wenn sie sind wie du, warum sind sie dann nicht mit dir hierhergekommen, um ebenfalls auszuspucken?« Du läßt sie nur noch tiefer in ihrer Schande versinken und nährst dich von ihrem Elend.
Freilich kann einer über die Niedertracht, die Laster, die Schande seines Hauses, seines Gutes, seines Reiches empört sein und aus ihnen ausbrechen, um die Ehre zu suchen. Und da er existiert, ist er ein Zeichen für die Ehre der Seinen. Etwas, das in der Ehre der Seinen lebendig ist, ordnet ihn ab. Er ist ein Zeichen, daß die anderen wieder zum Lichte emporstreben. Doch ist das ein recht gefährliches Unterfangen, denn es bedarf dazu größeren Mutes als im Angesicht des Todes. Er wird Zeugen vorfinden, die ihm sagen: »Du selber gehörst zu dieser Fäulnis.« Und wenn er sich betrachtet, wird er ihnen antworten: »Ja, aber ich habe sie verlassen.« *

Du kannst nur hoffen, Treue zu bewahren, wenn du die Eitelkeit deines Bildes opferst. Du wirst sagen: »Ich denke wie sie, ich mache keine Unterschiede.« Und so wird man dich verachten.
Doch diese Verachtung wird dich wenig bekümmern, denn du gehörst zu diesem Leibe. Und du wirst auf ihn einwirken. Und ihn mit deinem eigenen Streben erfüllen. Und deine Ehre wirst du von ihrer Ehre empfangen. Denn du kannst nichts anderes erhoffen.
Wenn du dich mit Recht schämst, so zeige dich nicht. Sprich nicht. Friß deine Schande in dich hinein. Deine Verdauungsstörung ist vortrefflich, denn sie wird dich zwingen, dich in

* Und die Richter werden sagen: »U. s. f.«

deinem Hause neu einzurichten. Denn dein Haus hängt von dir ab. Aber da hat einer kranke Gliedmaßen: so schneidet er sich Arme und Beine ab. Er ist ein Narr. Du kannst in den Tod gehen, um den Deinen in deiner Person Achtung zu verschaffen, nicht aber sie verleugnen, denn dann verleugnest du dich selbst.

Ob gut oder schlecht: es ist dein Baum. Nicht alle seine Früchte mögen dir gefallen. Doch es sind schöne darunter. Es ist allzu einfach, sich auf die schönen etwas einzubilden und die anderen zu verleugnen. Denn sie sind verschiedene Seiten des gleichen Baumes. Es ist allzu einfach, einige Zweige auszuwählen. Und die anderen Zweige zu verleugnen. Sei stolz über das Schöne. Und wenn das Häßliche die Oberhand gewinnt, so schweige. Deine Aufgabe ist es, in den Stamm zurückzukehren und dich zu fragen: »Was muß ich tun, um diesen Stamm zu heilen?«

Wenn einer mit dem Herzen auswandert, verleugnet ihn sein Volk, und er selbst wird sein Volk verleugnen. Das ist die notwendige Folge. Du hast andere Richter anerkannt. Deshalb ist es in der Ordnung, daß du einer der Ihren wirst. Aber es ist nicht deine Erde, und du wirst daran sterben.

Dein eigenes Wesen ist es, von dem das Übel herrührt. Dein Irrtum besteht darin, daß du unterscheidest. Es gibt nichts, was du zurückweisen könntest. An dieser Stelle bist du schlecht. Aber das geht auf dich selber zurück.

Den verleugne ich, der seine Frau oder seine Stadt oder sein Land verleugnet. Bist du unzufrieden mit ihnen? Du gehörst dazu. Du bist das in ihnen, was dem Guten zustrebt. Du sollst die anderen mit fortreißen. Nicht von draußen her über sie richten.

Denn zweierlei Urteile sind geboten. Das eine, das du von dir aus als Richter abgibst. Und das andere, das du über dich selber fällst.

Denn es geht nicht darum, einen Termitenhaufen zu bauen. Wenn du ein Haus verleugnest, verleugnest du alle Häuser. Wenn du eine Frau verleugnest, verleugnest du die Liebe. Du wirst diese Frau verlassen, nicht aber die Liebe finden.

176

Du wendest dich gegen die Dinge, sagst du mir. Es gibt jedoch Dinge, die mich wachsen machen. Und du wendest dich gegen die Freude an Ehrungen, und es gibt Ehrungen, die mich reifen machen. Und wo steckt das Geheimnis, da es ja auch Ehrungen gibt, die herabmindern?
– Die Erklärung liegt darin, daß es keine Dinge, keine Ehrungen, keine Sicherheiten gibt. Sie haben nur durch das Licht einen Wert, in dem sie durch deine Kultur erscheinen. Sie gehören von vornherein zu einem Gefüge. Und sie bereichern es. Und wenn du dem gleichen Gefüge dienst, wirst du dadurch bereichert, daß du mehr bedeutest. So ist es bei der Mannschaft, wenn sie eine wirkliche Mannschaft darstellt. Ein Mitglied der Mannschaft hat einen Preis gewonnen, und alle, die zu der Mannschaft gehören, fühlen sich dadurch reicher in ihrem Herzen. Und der Gewinner des Preises ist stolz für die Mannschaft und stellt sich errötend vor, mit seinem Preise unter dem Arm; wenn es aber keine Mannschaft, sondern nur eine Summe von Mitgliedern gibt, wird der Preis nur für den Gewinner eine Bedeutung besitzen. Und er wird die anderen verachten, weil sie ihn nicht erhalten haben. Und jeder der anderen wird den Empfänger des Preises beneiden und hassen. Denn ein jeder ist um seine Hoffnung betrogen. Die gleichen Preise dienen also dazu, die einen zu veredeln und die anderen zu verschlechtern. Denn das allein fördert dich, wodurch dir Wege für deinen Austausch gebahnt werden.

Das gleiche gilt für meine jungen Leutnants, die davon träumen, für das Reich zu sterben, wenn ich sie zu Hauptleuten mache. Du siehst sie voller Stolz, aber kannst du etwas an ihnen entdecken, was sie herabmindert? Ich habe sie tüchtiger und opferfreudiger gemacht. Und indem ich sie veredle, veredle ich etwas, das größer ist als sie selber. So auch der Kommandant, der dem Schiffe besser dienen wird. Und am Tage, an dem ich ihn ernannt habe, ist er wie trunken und macht seine Offiziere trunken. So auch die Frau, die über ihre

Schönheit glücklich ist, da ein Glanz von ihr ausstrahlt. Siehe, ein Diamant verschönt sie. Und er verschönt die Liebe.

Da liebt einer sein Haus. Es ist unscheinbar. Er aber hat dafür gelitten und die Nächte durchwacht. Es fehlt indes ein Teppich aus langhaariger Wolle. Oder die Silberschale, die dem Tee bei der Liebsten vor dem Liebesspiel dienen soll. Und nachdem er gelitten, sich abgemüht und die Nächte durchwacht hat, tritt er daher eines Abends beim Kaufmann ein und wählt den schönsten Teppich, die schönste Silberschale aus, wie man einen Kultgegenstand auswählt. Und so kommt er vor Stolz errötend heim, denn er wird heute abend ein wirkliches Haus bewohnen. Und er lädt all seine Freunde ein, damit sie mit ihm trinken und die Silberschale feiern. Und er, der Schüchterne, spricht während des Banketts, und ich sehe darin nichts, was mich aufbringen könnte. Denn dieser Mann ist sicherlich gereift und wird seinem Hause noch größere Opfer bringen, da es schöner ist.

Wenn es aber kein Reich gibt, dem du dienst, wenn die Huldigung oder die Ehrung oder der Gegenstand nur für dich bestimmt sind, so ist es das gleiche, als wenn man sie in einen leeren Brunnen geworfen hätte. Denn du verschlingst sie. Und so wirst du immer gieriger, weil du immer weniger gesättigt und getränkt bist. Und du begreifst nicht die Bitterkeit, die des Abends über dich kommt, angesichts der Leere all der Dinge, die du so sehr begehrt hast. Eitelkeit aller Güter, sagst du, Eitelkeit...!

Und wenn einer so klagt, heißt das, daß er sich selber zu dienen suchte.

Und freilich hat er sich nicht gefunden.

177

Denn ich werde zu dir reden, und du wirst ein Zeichen von mir erhalten. Ich werde dir deine Götter zurückgeben. Manche haben an die Engel, die Dämonen, die Schutzgeister geglaubt. Und es genügte, daß sie ersonnen wurden, damit sie eine Wirkung ausübten. So wie die Nächstenliebe von der Stunde an, da du sie in Worte faßtest, das Herz der Menschen zu bewohnen beginnt. Du besaßest den Brunnen. Nicht nur jenen Stein am Brunnenrand, den Generationen abnutzten, nicht nur das rauschende Wasser, nicht nur den Vorrat, der schon im Behälter, wie die Früchte im Korb, angesammelt ist (und deine Ochsen gehen zur Tränke, um sich mit dem schon empfangenen Wasser vollzutrinken), nicht nur das Wasser und den Gesang des Wassers und das Schweigen des Wasserbeckens, und die Frische des Wassers, das so flink über deine Hände gleitet, und nicht nur die Nacht auf dem sternenglitzernden Wasser – das so lind durch die Kehle rinnt –, sondern du besaßest auch einen Brunnengott, damit der Brunnen in ihm seine Einheit fände und du dich nicht an die verschiedenen Stoffe verlörest, wenn du sein Wasser diesem und jenem Stein, dem Brunnenrand, dieser Leitung und jener Wasserrinne und der schweigenden Prozession der Rinder zuteiltest. Denn du sollst dich an dem Brunnen erfreuen.

Und ich werde deine Nacht mit ihnen bevölkern. Es genügt, daß ich dich durch sie aufwecke, auch wenn sie ganz fern sind. Und worin wäre ich dabei unvernünftiger, als wenn ich dir den reinen Diamanten oder das goldene Schmuckstück anbieten wollte, die gleichfalls nicht ihren Gebrauch wert sind, sondern für das verheißene Fest oder die Erinnerung an das Fest Geltung haben. So ist auch der Gutsherr (dem sein Gut im Augenblick zu nichts nütze ist) stets derselbe und immer gleich großherzig, wenn er auf seinem Hohlweg durchs Land geht; denn da sind die Herden und die Ställe und die Kätner, die noch schlafen, und die Mandelbäume, die zu blühen beginnen, und die schweren Ernten, die noch bevorstehen; all das ist für ihn im Augenblick unsichtbar, aber er fühlt sich dafür verantwortlich. Und das nur durch den göttlichen Knoten, der die Dinge verbindet und das Landgut mit einem Gott verknüpft, der der Mauern und Meere spottet. Und so will ich, daß dich die Brunnengötter des

Nachts besuchen, selbst wenn du in der Wüste verschmachtest oder einen geizigen Brunnen vom Sand befreien mußt, um das Blut deines Lebens zu erlangen. Und wenn ich dir auch nur sage, daß diese Brunnen gleichsam das singende Herz der Apfelbäume, der Orangenbäume und der Mandelbäume sind, die von ihnen leben (und du siehst sie sterben, wenn sie verstummten), so will ich dich dadurch so reich machen wie einen meiner Soldaten, den ich in der Wüste, wohin ich diese Samenkörner für die Saat mitführe, ruhig und selbstsicher sehe, wenn der Morgen graut, – und das nur, weil in der Ferne seine Geliebte lebt, die ihm im Augenblick zu nichts nütze ist, die so gut wie tot ist, da sie nicht bei ihm weilt, und vielleicht schläft und deren Stimme wie ein Lied für sein Herz wäre, könnte er sie hören.

Deine schwachen Götter kann ich nicht töten; sie werden lautlos sterben wie jene Tauben, deren tote Leiber du nicht mehr findest. Denn du wirst nichts von ihrem Tode wissen. Stets wird es noch den Brunnenrand geben und das Wasser und das Rauschen des Wassers und das zinnerne Mündungsrohr und das Mosaik – und wenn du alles aufzählst, um zur Erkenntnis zu gelangen, wirst du nicht gewahr werden, was du verloren hast, denn von der Summe der Baustoffe hast du nichts verloren, es sei denn ihr Leben.

Der Beweis dafür ist, daß ich dir dieses Wort in meinem Gedicht wie ein Geschenk darbringen kann. Ich kann es mit anderen Göttern verknüpfen, die sich langsam aufbauen. Denn auch dieses Dorf wird zu einer Einheit, wenn es im Schlafe liegt, mit seinen Vorräten an Stroh und Samenkörnern und Werkzeugen und seiner kleinen Fracht von Wünschen und Gelüsten, Regungen des Zorns und des Mitleids. Da ist die alte Frau, die ihm fortsterben wird, so wie eine reife Frucht den Baum verläßt, von dem sie lebte. Da wird ihm ein Kind geboren werden. Da ist das Verbrechen, das im Dorfe begangen wurde und wie eine Krankheit sein Wesen trübte, und seine Feuersbrunst vom vergangenen Jahr, an die du dich entsinnst, weil du sie gelöscht hast, und das Haus, in dem die angesehenen Bürger des Rates tagen, die so stolz darauf sind, daß sie ihr Dorf wie ein Schiff durch die Zeiten steuerten, obwohl es nur ein kleines Fischerboot ist, ohne großes Schicksal unter den Sternen. Und so kann ich »... der Brunnen deines Dorfes« sagen und dir dadurch das Herz erwecken und dich nach und nach den Weg zu Gott lehren, der dich allein zu befriedigen vermag, denn durch Zeichen über Zeichen wirst du Ihn erreichen, Ihn, der aus dem gesponnenen Faden abzulesen ist; Ihn, den Sinn des Buches, dessen Worte ich nannte; Ihn, die Weisheit; Ihn, der *ist*, Ihn, der dir alles zurückgibt, denn von Stufe zu Stufe fügt Er die Baustoffe zusammen, um daraus ihren Sinn zu gewinnen; Ihn, den Gott, der auch der Gott der Dörfer und Brunnen ist.

Mein geliebtes Volk, du hast deinen Honig verloren, der nicht von den Dingen, sondern vom Sinn der Dinge herrührt, und so bist du noch voller Lebensdrang, weißt aber nicht mehr den Weg zu finden. Ich kannte einen Gärtner, der sterbend einen Garten brachliegen ließ. Er sagte zu mir: »Wer wird meine Bäume schneiden? Wer wird meine Blumen säen..?« Er bat nur um ein paar Tage, um seinen Garten zu pflanzen, denn er besaß auserlesenen Blumensamen unter seinen Vorräten und in seinem Schuppen Werkzeuge, um die Erde zu öffnen, und hatte das Messer, mit dem man die Bäume verjüngt, an seinem Gürtel hängen, aber es waren nur noch Dinge ohne Zusammenhang, die nicht mehr für einen Kult bestimmt waren. Und dir geht es ebenso mit deinen Vorräten: mit deinem Stroh, deinen Samenkörnern, deinem Neid und deinem Erbarmen und deinen Streitigkeiten, mit den alten Frauen, die sich zu sterben anschicken, mit deinem Brunnenrand und deinem Mosaik und deinem rauschenden Wasser.

Denn du verstandest noch nicht durch das Wunder des göttlichen Knotens, der die Dinge verknüpft und allein Geist und Herz zu tränken vermag, dies alles zusammenzufügen in einem Dorf mit seinem Brunnen.

178

Weil ich sie nicht anhörte, verstand ich sie. Die einen waren klug, die anderen unklug. Und diese taten das Böse um des Bösen willen. Denn sie fanden darin keine andere Freude als die Hitze ihres Gesichts und irgendein dunkles Gefühl, das der Bewegung des Panthers glich. Mit seiner blauen Pranke schlägt er zu, um zu blenden.
Ich sah darin etwas vom Feuer des Vulkans, das Gewalt ist ohne geregelte Verwendung. Es ist aber das gleiche Feuer, das eine Sonne hervorbringt. Und durch die Sonne die Blume. So verleiht auch – da eine Wirkung die andere auslöst – dein Lächeln am Morgen oder die Bewegung zu deiner Geliebten hin einem jeden Ding seinen Sinn. Denn du bedarfst nur eines Pols, der dich um sich sammelt; und von da ab beginnt deine Geburt.
Doch diese da sind nichts weiter als ein Brennen ...
Und du siehst es genau beim Baum; dem Anschein nach ist er nur Schlaf und Maß und Langsamkeit und Duft, der ihn umgibt wie ein Reich. Und doch kann er dem Blitz oder der Feuersbrunst als Nahrung dienen und dadurch für immer seine Macht vergeuden. So will ich aus dir und deinem neu entflammten Zorn und deiner Eifersucht und deinen Ränken und dieser Glut deiner Sinne, die dir so schwer zu schaffen macht, wenn es Nacht wird, einen friedlichen Baum bilden. Nicht dadurch, daß ich dich amputiere, aber so wie dir das Samenkorn im Baume eine Sonne rettet, die sonst das Eis zerschmölze und mit ihm zugrunde ginge, wird auch der geistige Samen, der dich in deiner Hülle formt, nichts von dir zurückweisen, dich nicht amputieren, dich nicht verschneiden, sondern deine tausend Lettern zu deiner Einheit zusammenfügen.
Deshalb werde ich dir nicht sagen: »Komm zu mir, damit ich dich stutze oder bändige oder auch nur modelliere«, sondern: »Komm zu mir, damit ich dir zur Geburt deines Wesens verhelfe.« Du übergibst mir das Durcheinander deiner Baustoffe, und ich gebe sie dir als Einheit zurück. Nicht ich

schreite in dir fort. Du selber schreitest in dir fort. Ich bin nichts, es sei denn dein gemeinsames Maß. Da ist eine Frau, die Böses stiftet und ausheckt. Denn die Grausamkeit der heißen Nächte macht dich dem Bösen geneigt, wenn du dich von der einen Seite auf die andere wälzt, ohne zu werden, ganz zerschlagen und verlassen und aufgelöst. Die schlechte Schildwache einer geschleiften Festung. Und ich sehe deutlich, wie sie mit dem Wirrwarr ihrer Baustoffe nichts anzufangen weiß. Und sie ruft den Sänger, und er singt. Nein, sagt sie, fort mit ihm. Sie ruft einen anderen und wieder einen anderen. Und sie verbraucht sie. Dann erhebt sie sich müde und weckt ihre Freundin: »Meine Langeweile ist unheilbar. Die Lieder bringen mir keine Zerstreuung . . .«
Also ein Liebhaber und noch einer und noch einer . . . Sie plündert sie nacheinander aus. Denn sie sucht in ihnen ihre Einheit, und wie könnte sie sie finden? Es geht ja nicht um einen Gegenstand, der zwischen anderen Gegenständen abhanden gekommen wäre.
Ich aber werde mich dir im Schweigen nahen. Ich werde eine unsichtbare Naht sein. Ich werde nichts an den Baustoffen verändern, nicht einmal ihren Platz, aber ich werde ihnen ihren Sinn wiedergeben – als unsichtbarer Geliebter, der zum Werden verhilft.

179

Du bist ein Musikinstrument ohne Musiker und wunderst dich über die Töne, die du erklingen läßt. So habe ich gesehen, wie sich das Kind damit vergnügte, die Saiten zu zupfen, und über die Macht seiner Hände lachte. Doch auf die Töne kommt es mir nicht an; ich will, daß du dich mir mitteilst. Du aber hast nichts mitzuteilen, denn du bist nicht, da du dein Werden vernachlässigt hast. Und so zupfst du deine Saiten, wie der Zufall es will, und wartest auf den Ton, der noch absonderlicher ist als die anderen. Denn die Hoffnung läßt dir keine Ruhe, du könntest unterwegs dem Werke be-

gegnen (als ob es eine Frucht wäre, die man außerhalb des eigenen Ich findet) und so dein Gedicht einfangen.
Ich aber will, daß du als ein gut gepflanzter Samen ringsum für dein Gedicht die Säfte aus dem Boden ziehen sollst. Ich will, daß du eine geformte Seele habest, die schon für die Liebe bereit ist, statt im Abendwind nach irgendeinem Gesicht zu suchen, das dich gefangennehmen könnte, denn es ist nichts in dir, was sich gefangennehmen ließe.
So preist du die Liebe.
Du wirst die Gerechtigkeit preisen. Nicht die gerechten Dinge. Und du wirst im Einzelfall leicht ungerecht verfahren, um ihr zu dienen.
Du wirst das Mitleid preisen, aber im Einzelfall leicht grausam sein, um ihm zu dienen.
Du wirst die Freiheit preisen und alle die in die Gefängnisse stopfen, die nicht dein Lied singen.
Ich aber kenne gerechte Menschen, nicht die Gerechtigkeit. Freie Menschen und nicht die Freiheit. Menschen, die durch die Liebe beseelt werden, und nicht die Liebe. Desgleichen kenne ich weder die Schönheit noch das Glück, sondern nur glückliche Menschen und schöne Dinge. Doch zunächst gilt es zu wirken und zu bauen und zu lehren und zu erschaffen. Sodann kommt der Lohn.
Die aber, die auf ihren Paradebetten ruhen, halten es für einfacher, sogleich zum Wesen vorzudringen, ohne zuvor die Vielfalt zu gestalten. So verfährt der Haschischraucher, der sich für ein paar Pfennige schöpferische Trunkenheiten verschafft.
Sie gleichen den Dirnen, die allen Winden offen sind. Und wer wird ihnen jemals die Liebe darreichen?

180

Ich verachte die Feistheit des Schmerbauches und dulde sie nur als Voraussetzung eines anderen, das darübersteht, so wie die übelriechende Ungeschlachtheit der Kloakenreiniger

Voraussetzung für den Glanz der Stadt ist. Denn ich habe gelernt, daß es keine Gegensätze gibt und daß die Vollkommenheit der Tod ist. So dulde ich die schlechten Bildhauer als Voraussetzung der guten Bildhauer, den schlechten Geschmack als Voraussetzung des guten Geschmacks, den inneren Zwang als Voraussetzung der Freiheit und die Feistheit des Schmerbauches als Voraussetzung einer Erhöhung, die nicht von ihm ausgeht und nicht für ihn bestimmt ist, sondern nur die betrifft und für die bestimmt ist, die durch ihn genährt werden. Denn wenn er dafür zahlt, daß die Bildhauer ihre Werke ausführen, und die notwendige Aufgabe des Speichers übernimmt, aus dem der gute Dichter das Korn gewinnt, von dem er leben kann – ein Korn, das der Arbeit des Bauern geraubt wurde, da dieser als Austausch nur ein Gedicht erhält, über das er sich lustig macht, oder ein Bildwerk, das ihm häufig nicht einmal gezeigt wird –, da also die Bildhauer nicht bestehen könnten, wenn es keine solchen Räuber gäbe, schert es mich wenig, ob der Speicher einen menschlichen Namen führt. Er ist nur Gefährt, Weg oder Durchgang.

Und wenn du dem Kornspeicher zum Vorwurf machst, daß er seinerseits zum Speicher des Gedichts oder des Bildwerks oder des Palastes werde und auf diese Weise Ohr und Auge des Volkes um ihr Teil bringe, so werde ich dir zunächst antworten, daß ganz im Gegenteil die Eitelkeit des Schmerbauches ihn dazu bewegen wird, seine Wunderdinge zur Schau zu stellen, wie das ganz offensichtlich beim Palast der Fall ist. Denn eine Kultur beruht ja nicht auf dem Gebrauch der erschaffenen Dinge, sondern auf der Glut, die sie hervorbringt; so steht es, wie ich dir schon gesagt habe, bei jenem Reich, das durch die Kunst des Tanzes erstrahlt, obwohl der getanzte Tanz weder in den Vitrinen des Schmerbauches noch im Museum des Volkes eingeschlossen ist, da man davon keine Vorräte anlegen kann.

Und wenn du dem Schmerbauch zum Vorwurf machst, er zeige in zehn Fällen gegen einen seinen gemeinen Geschmack und fördere die Mondscheinpoeten oder die Bildhauer, die nur auf Ähnlichkeit ausgehen, so werde ich dir antworten, daß mich das wenig bekümmert, da ich, wenn ich die Blüte des Baumes begehre, den ganzen Baum bejahen muß; ebenso muß ich mich auch mit den Bemühungen von zehntausend schlechten Bildhauern abfinden, damit ein einziger erscheinen kann, der zählt. Ich fordere deshalb zehntausend Speicher, die den schlechten Geschmack fördern, gegen einen einzigen, der zu unterscheiden weiß.

Aber gewiß: wenn es auch keine Gegensätze gibt und das Meer Voraussetzung des Schiffes ist, so gibt es doch Schiffe, die vom Meer verschlungen werden. Und es kann auch Schmerbäuche geben, die etwas anderes als Gefährt, Weg und Beförderung – und somit Voraussetzung – sind, und die nur ihrer Verdauung zuliebe das Volk auffressen. Es darf nicht sein, daß das Meer das Schiff verschlingt, daß der Zwang die Freiheit verschlingt, daß der schlechte Bildhauer den guten Bildhauer auffrißt und daß der Schmerbauch das Reich auffrißt.

Du wirst nun von mir verlangen, ich solle durch meine Logik ein System aufdecken, das mich vor dieser Gefahr bewahrte. Und ein solches gibt es nicht. Du verlangst auch nicht von mir, ich solle die Steine lenken, damit sie sich zur Kathedrale ordnen. Die Kathedrale gehört nicht der Stufe der Steine an. Sie ist Sache des Baumeisters, der sein Samenkorn ausgesät hat, und dieses fügt die Steine zusammen. Ich muß nur *sein*, und mein Gedicht muß den Drang zu Gott erschaffen, dann wird dieser Drang auch die Inbrunst des Volkes und die Körner des Speichers und das Vorgehen des Schmerbauches zu Seinem Ruhme zusammenfügen.

Glaube nicht, die Bewahrung des Speichers liege mir deshalb am Herzen, weil er einen Namen trägt. Den Gestank des Kloakenreinigers bewahre ich nicht um seiner selbst willen. Der Kloakenreiniger ist nur Weg, Gefährt und Beförderung. Glaube nicht etwa, ich interessierte mich für den Haß der Baustoffe, der sich gegen all das richtet, was sich von ihnen unterscheidet. Mein Volk ist nur Weg, Gefährt und Beförderung. Ich verachte die Musik und die Schmeichelei der einen, den Haß und die Beifallsbezeigungen der anderen und diene nur Gott durch sie hindurch auf dem Hange meines Berges, wo ich einsamer bin als der Eber in seiner Höhle und unbeweglicher als der Baum, der im Laufe der Zeit das Felsgeröll in eine Handvoll Blütensamen verwandelt und sie dem Winde übergibt – wodurch sich der blinde Humus in Licht verwandelt; wenn ich mich so in meinem unwiderruflichen Exil außerhalb der falschen Streitigkeiten stelle und weder für die einen gegen die anderen noch für die zweiten gegen die ersteren eintrete; wenn ich über den Sippschaften, den Klüngeln und Parteiungen stehe und allein um des Baumes willen gegen die Elemente des Baumes und um der Elemente des Baumes willen im Namen des Baumes kämpfe –, wer könnte dann wider mich sein?

181

Ich wurde den Zwiespalt gewahr, daß ich mein Volk nur durch Taten, nicht aber durch Worte zum Licht führen konnte. Denn man muß das Leben wie einen Tempel bauen, damit es ein Gesicht zeigen kann. Und was würdest du mit Tagen anfangen, die sich wie sauber aufgereihte Steine alle gleich wären? Du sagst aber, wenn du alt geworden bist: ich habe meines Vaters Fest gefeiert, ich habe meine Söhne gelehrt, dann habe ich sie verheiratet; da mir dann Gott einige von ihnen wieder nahm, als sie herangewachsen waren – denn er verbraucht sie für seinen Ruhm –, habe ich sie fromm zu Grabe getragen.
Denn es ist mit dir wie mit dem wunderbaren Samenkorn, das die Erde in einen Lobgesang verwandelt und sie der Sonne darbringt. Sodann verwandelst du das Getreide in Licht: im Auge der Geliebten, die dir zulächelt; dann formt sie dir die Worte des Gebets. Und wenn ich Samenkörner aussäe, ist es daher schon wie ein am Abend gesprochenes Gebet. Und ich bin einer, der langsam schreitet und das Korn unter den Sternen ausstreut, und ich kann meine Aufgabe

nicht ermessen, wenn ich allzu kurzsichtig bleibe und die Nase allzu dicht daraufdrücke. Aus dem Samenkorn wird die Ähre werden, die Ähre wird sich in Fleisch und Blut des Menschen verwandeln, und aus dem Menschen wird der Tempel zum Ruhme Gottes hervorgehen.
Und ich könnte von diesem Korn sagen, daß es die Macht hat, die Steine zu ordnen.
Damit die Erde zur Basilika werde, genügt ein geflügeltes Samenkorn, mit dem die Winde ihr Spiel treiben.

182

Ich werde meine Furche ziehen, ohne anfangs zu verstehen. Ich werde ganz einfach meinen Weg gehen ... Ich gehöre zum Reich, und das Reich gehört zu mir, ohne daß ich mich von ihm zu unterscheiden wüßte. Ich habe nichts von dem zu erwarten, was ich nicht zunächst begründet habe; ich bin Vater meiner Söhne, die von mir stammen: weder freigebig noch geizig, weder mich opfernd noch Opfer fordernd, denn wenn ich auf den Wällen falle, opfere ich mich nicht für die Stadt, sondern für mich, der ich der Stadt angehöre. Und so sterbe ich für das, wofür ich lebe. Du aber strebst, wie nach einer Sache, die zum Verkauf steht, nach den großen lebendigen Freuden, die dir vor allem als Lohn gegeben wurden. So wurde dir die Stadt inmitten der Wüste zu einer purpurnen, saftstrotzenden Blume, und du betastetest sie und wurdest nicht müde, dich an ihr zu erfreuen. Du durchwandertest ihre geräumigen Märkte und hattest deine Lust an den großen Haufen der farbenfrohen Gemüse, an den Pyramiden der Mandarinen, die nach Art von Hauptstädten in ihrer Duftprovinz einen festen Sitz haben, und vor allem an den Gewürzen, denen die Kraft des Diamanten eignet; denn auch nur eine Fingerspitze des zarten Pfeffers, den dir die Prozession der schnellen Segler im Schutze ihrer Flagge aus fernen Ländern mitbrachte, erfüllt dich wieder mit dem Salz des Meeres und dem Teer der Häfen und dem Geruch der Leder-

riemen, der deine Karawanen schwängerte, als du in der endlosen Dürre dem Wunder des Meeres entgegenzogst. Und deswegen sage ich, daß es die Schwielen, die Schrammen, die Beulen, die Auslaugungen deiner eigenen Haut sind, die dir den Gewürzmarkt so ergreifend machen.
Was aber hast du dort zu suchen, wenn es nicht mehr darum geht, nochmals die Siege zu besingen, so wie man Ölvorräte verbrennt?
Oh, daß ich einmal das Wasser des Brunnens von El Ksur kostete! Ja, mir genügt das Zeremoniell eines Festes, damit mir ein Brunnen zur Hymne werde...
So werde ich meinen Weg gehen. Ich werde ohne Inbrunst beginnen, doch wenn ich den Speicher zu einer Durchgangsstation der Körner mache, kann ich nicht mehr das Einfahren vom Verbrauch des eingebrachten Getreides unterscheiden. Ich wollte mich niedersetzen und den Frieden genießen. Und nun zeigt es sich, daß es keinen Frieden gibt. Und nun erkenne ich, daß sich alle die getäuscht haben, die mir auf meinen vergangenen Siegen eine Ruhestatt bereiten wollten und sich einbildeten, man könne einen Sieg einschließen und aufbewahren, während es doch dabei geht wie mit dem Winde, der nicht mehr vorhanden ist, wenn du ihn aufbewahrst.
Der war ein Narr, der das Wasser in seiner Urne verschloß, weil er das Rauschen der Brunnen liebte.
O Herr! Ich mache mich zu Weg und Gefährt. Ich komme und gehe. Ich pflüge mein Feld mit Pferd oder Esel, in zäher Geduld. Ich kenne nur die Erde, die ich umwende, und den Staub der Samenkörner in meiner geknoteten Schürze, der über meine Finger rieselt. An Dir ist es, den Frühling zu erfinden und die Ernten ablaufen zu lassen, gemäß Deinem Ruhme.
Ich gehe also gegen die Strömung an. Ich erlege mir die traurigen Schritte der Ronde auf, die der Schildwache eigen sind, wenn sie mit dem Schlaf kämpft und kaum noch von der Suppe träumt, damit sich der Gott der Schildwachen einmal im Jahr sage: »Wie schön ist doch diese meine Wohnung... Wie treu sie ist... Wie streng in ihrer Wachsamkeit!« Für

die hunderttausend Schritte deiner Ronde werde ich dich belohnen. Ich komme, dich zu besuchen. Und meine Arme werden die Waffen tragen. Doch gleichsam als Lehen und mit deinen Armen vereint. Und du wirst spüren, wie du das Reich behütest. Und meine Augen werden von der Höhe der Wälle den Glanz der Stadt überschauen. Und du und ich und die Stadt werden eins sein. Dann wird dir die Liebe wie ein Brand sein. Und wenn der Glanz der Feuersbrunst so schön zu werden verspricht, daß sich das Holz deines Lebens bezahlt macht, welches du Scheit für Scheit aufschichtetest, werde ich dir erlauben zu sterben.

183

Das Samenkorn könnte sich betrachten und sagen: Wie bin ich doch schön und mächtig und kräftig! Ich bin Zeder. Mehr noch: Ich bin das innerste Wesen der Zeder.
Ich aber sage, daß es noch gar nichts ist. Es ist Gefährt, Weg und Durchgang. Es bewirkt. Es soll nur erst seine Wirkung tun! Es soll nur erst langsam die Erde dem Baum zuführen! Es soll nur erst die Zeder emporwachsen lassen zum Ruhme Gottes! Dann werde ich es nach deren Astwerk einschätzen.
Und sie betrachten sich ebenso. Ich bin der oder der. Sie halten sich für einen Vorrat an Wunderdingen. Es ist eine Tür in ihnen zu wohlgeordneten Schätzen. Sie brauchten nur behutsam ans Werk zu gehen, um sie zu entdecken. Und sie lassen ihre zufälligen Rülpser als Gedichte aufsteigen. Doch du hörst sie rülpsen, und es bewegt dich nicht sehr.
So treibt es der Zauberer eines Negerstammes. Aufs Geratewohl und mit wissender Miene sammelt er einen Haufen Kräuter, Ingredienzien und absonderlicher Eingeweide. All das verrührt er in seinem großen Suppentopf, in einer mondlosen Nacht. Er murmelt Worte, Worte, Worte. Er wartet darauf, daß aus seiner Küche eine unsichtbare Macht aufsteige und dein Heer vernichte, das im Anmarsch auf seine Höhle ist. Nichts aber zeigt sich. Und er beginnt von neuem.

Und er wählt andere Worte. Und wählt andere Kräuter. Und sicherlich täuscht er sich nicht über das ehrgeizige Ziel seiner Wünsche. Denn ich habe gesehen, wie durch einen mit einer schwärzlichen Flüssigkeit vermischten Holzbrei Reiche zugrunde gingen. Das war mein Brief, der den Krieg entschied. Ich habe auch Suppentöpfe gekannt, aus denen der Sieg hervorging. Man mischte darin das Pulver für die Gewehre. Ich habe beobachtet, wie eine schwache Erschütterung der Luft, die anfangs von einer einzigen Brust ausging, mein Volk nach und nach wie eine Feuersbrunst entflammte. Denn da rief einer zum Aufstand auf. Ich habe auch Steine in geziemender Anordnung gesehen, die ein Schiff des Schweigens erschufen.

Nie aber habe ich aus zufälligen Stoffen etwas entstehen sehen, wenn sie nicht in einem menschlichen Geist ihr gemeinsames Maß fanden. Und wenn mich auch ein Gedicht bewegt, so hat mir doch nie eine Anhäufung von Buchstaben, aus der Unordnung kindlicher Spiele entstanden, Tränen entlocken können. Denn das Samenkorn ist nichts, das seinen Ausdruck noch nicht gefunden hat und für den Baum Bewunderung heischt, für dessen Aufstieg es noch nichts getan hat.

Gewiß strebst du Gott entgegen. Doch schließe nicht aus dem, was du werden könntest, auf das, was du bist. Deine Rülpser teilen nichts mit. Wenn der Mittag brennt, spendet mir das Samenkorn keinen Schatten, mag es auch Samenkorn einer Zeder sein.

Die grausamen Zeiten erwecken den schlafenden Erzengel. Möge er durch uns hindurch seine Binden zerreißen und vor aller Augen erstrahlen! Ihr kleinen spitzfindigen Sprachen: daß er euch aufsauge und erneuere! Möge er uns einen wahrhaften Schrei entlocken. Einen Schrei nach der fernen Geliebten. Einen Schrei des Hasses gegen die Meute. Einen Schrei um das Brot. Daß er die Schnitter oder die Ernte oder den Wind, der mit tiefer Hand übers Korn streicht, oder die Liebe oder all das, was erst in die Langsamkeit eintaucht, wieder mit Sinn erfülle!

Du aber, Plünderer, gehst ins Freudenviertel der Stadt und suchst durch verwickelte Spiele die Liebe auf dich wirken zu lassen, während es doch das Wesen der Liebe ist, nur durch die Hand, die dir die Gattin schlicht auf die Schulter legt, in dir einen Widerhall zu wecken.
Freilich ist alles nur Zauber, und es ist Aufgabe des Zeremoniells, dir eine Beute zuzuführen, die von anderer Substanz als die Fallen ist, die es stellt; so kann es geschehen, daß den Menschen des Nordens einmal im Jahr durch eine Mischung von Harz, gefirnißtem Holz und heißem Wachs das Herz brennt. Doch falschen Zauber und Faulheit und Zusammenhanglosigkeit nenne ich es, wenn du zufällige Ingredienzien in deiner Suppenschüssel zerreibst und ein Wunder erwartest, das du nicht vorbereitet hast. Denn du vergißt so dein Werden und bemühst dich, dir selbst zu begegnen. Und fortan gibt es keine Hoffnung mehr. Es schließen sich vor dir die bronzenen Tore.

184

Schwermut befiel mich, denn ich härmte mich um der Menschen willen. Ein jeder ist sich selbst zugekehrt und weiß nicht mehr, was er wünschen soll. Denn welche Güter könntest du dir wünschen, wenn dein Verlangen dahin geht, sie dir zu unterwerfen und durch sie zu wachsen? Gewiß sucht der Baum die Säfte des Bodens, um sich durch sie zu nähren und sie in Eigenes zu verwandeln. Das Tier sucht das Gras oder ein anderes Tier, das es in Eigenes verwandeln wird. Und auch du nährst dich. Was aber könntest du außerhalb deiner Nahrung wünschen zu deinem Gebrauch? Da der Weihrauch deinem Stolze behagt, lobst du die Menschen, damit sie dir zujubeln. Und sie jubeln dir zu. Und sieh, der Jubel erweist sich als eitel. Und da die Teppiche aus langhaariger Wolle die Wohnungen lieblich machen, läßt du sie in der Stadt kaufen. Du überfüllst mit ihnen dein Haus. Und sieh, sie scheinen dir sinnlos. Du beneidest deinen Nachbarn, weil sein Landgut so prächtig ist. Du raubst es ihm. Du läßt dich darin nieder. Und doch hat es dir nichts zu bieten, was dir am Herzen liegt. Du strebst nach einem Amt. Du schmiedest Ränke, es zu erlangen, und du erlangst es. Und auch dieses Amt erweist sich als leeres Haus. Denn um in einem Hause glücklich zu sein, genügt es nicht, daß es üppig ist oder bequem oder voller Zierat und du dich darin ausbreiten kannst, da du es als dein ansiehst. Zunächst, weil es nichts gibt, was dein ist – denn du wirst ja sterben –, dann, weil es nicht darauf ankommt, daß es dein Haus ist, denn dadurch wird ja nur das Haus selbst verschönert oder gemindert. Wesentlich ist vielmehr, daß du dem Hause gehörst, denn dann wird es dich einem Ziele entgegenführen: so etwa, wenn ein Haus zum Obdach wird für deine Dynastie. Du erfreust dich ja nicht an den Dingen, sondern an den Wegen, die sie dir öffnen. Sodann wäre es aber auch allzu einfach, wenn sich irgendein eigennütziger und trüber Vagabund nur dadurch ein üppiges und prunkvolles Leben schaffen könnte, daß er vor dem Palast des Königs hin und her spazierte. »Sieh meinen Palast«, würde er sagen. Und in der Tat ist der Palast in all seiner Pracht auch dem wirklichen Herrn im Augenblick nicht von Nutzen. Er kann sich jeweils nur in einem Saale aufhalten. Es kommt auch vor, daß er die Augen schließt oder liest oder sich unterhält, und so nicht einmal diesen einen Saal sieht. Desgleichen kann er im Garten spazierengehen und dem Bauwerk den Rücken kehren. Und doch ist er der Herr des Palastes und voller Stolz und vielleicht in seinem Herzen dadurch geadelt, und er trägt in sich sogar das Schweigen des vergessenen Saales, in dem der Rat tagt, und sogar die Mansarden und sogar die Keller. So könnte es also Spiel eines Bettlers sein – da dieser sich ja nur der Idee nach vom Herrn unterscheidet –, sich als Besitzer zu dünken und langsam hin und her zu stolzieren, als wenn er eine Seele als Schleppe hinter sich hertrüge. Und doch wird das Spiel keinen großen Erfolg einbringen, und die eingebildeten Gefühle werden an der Verwesung des Traumes teilhaben. Nur der schwache Nachahmungstrieb wird ein wenig auf ihn wirken, so wie du die Schultern einziehst, wenn ich

ein Gemetzel beschreibe, oder dich an dem unbestimmten Glück erfreust, von dem ein Lied dir erzählt.
Was deinem Leib gehört, nimmst du für ihn in Anspruch und verwandelst es innerlich. Falsch aber ist es, wenn du ebenso mit deinem Geist oder deinem Herzen zu verfahren gedenkst. Denn die Freuden, die dir aus deiner Verdauung erwachsen, sind in Wahrheit wenig ergiebig. Und zudem verdaust du ja weder den Palast noch die Silberschale noch die Freundschaft deines Freundes. Der Palast bleibt Palast, und die Silberschale bleibt Silberschale. Und die Freunde werden ihr eigenes Leben weiterführen.
Ich aber bewirke, daß aus einem Bettler – der dem Anschein nach einem König gleicht, während er den Palast oder das Meer oder noch Größeres als das Meer, die Milchstraße etwa, betrachtet und doch aus diesem verdrießlichen Blick auf die Weite nichts für sich zu gewinnen vermag – ein wirklicher König wird, obwohl sich äußerlich nichts verändert hat. Und es gibt ja auch äußerlich nichts zu verändern, da Herr und Bettler einander gleich sind. Auch der Liebende und einer, der seine verlorene Liebe beweint, sind einander gleich, wenn sie im Abendfrieden auf der Schwelle ihres Hauses sitzen. Doch der von diesen beiden, der vielleicht der wohlhabendere und gesündere ist und die reicheren Gaben des Geistes und Herzens besitzt, wird sich heute abend ins Meer stürzen, wenn nichts ihn zurückhält. Um also aus dir, der du dem einen von ihnen gleichst, den anderen hervorzuholen, braucht man dir nicht irgend etwas Sichtbares und Stoffliches zu verschaffen oder dich in irgendeiner Weise zu verändern. Es genügt, wenn ich dich die Sprache lehre, die es dir möglich macht, in dem, was um dich und in dir ist, ein neues Gesicht zu lesen, welches dein Herz entflammt; so geschieht es, wenn du verdrießlich bist, mit einigen Figuren aus grobem Holz, die von ungefähr über ein Brett verteilt sind, die aber, wenn ich dich in der Kunst des Schachspiels unterwiesen habe, ihr Problem auf dich ausstrahlen werden.
Deshalb betrachte ich die Menschen im Schweigen meiner Liebe, ohne ihnen ihre Langeweile, die nicht von ihnen sel-

ber, sondern von ihrer Sprache herrührt, vorzuwerfen, denn ich weiß, daß der siegreiche König, der den Wüstenwind einatmet, und der Bettler, der im gleichen geflügelten Flusse seinen Durst löscht, nur durch eine Sprache voneinander unterschieden sind; daß ich aber ungerecht wäre, wenn ich dem Bettler einen Vorwurf machen wollte – ohne ihn zuvor aus sich selber hervorgeholt zu haben –, weil er in seinem Sieg nicht die Gefühle eines siegreichen Königs empfindet.
Ich schenke die Schlüssel der Weite.

185

Und ich sah den einen wie den anderen inmitten aller Vorräte der Welt und des gesammelten Honigs. Sie glichen jedoch dem Mann, der in der toten Stadt einhergeht – für ihn ist sie tot, doch birgt sie viele Wunder hinter ihren Mauern –, oder auch dem anderen, der ein Gedicht in einer Sprache vortragen hört, die er nicht gelernt hat, oder der die Frau berührt, für die ein anderer freiwillig in den Tod ginge, die er selbst aber zu lieben vergißt . . .
Ich werde euch den Gebrauch der Liebe lehren. Es kommt dabei nicht auf den Gegenstand der Anbetung an. Beim Hinterhalt am Brunnen habe ich gesehen, daß einer, der hätte davonkommen können, sich die Augen mit Finsternis füllen ließ, weil ein Wüstenfuchs, der lange von seiner Zärtlichkeit gelebt hatte, entlaufen war, als der Instinkt in ihm erwachte.
O meine Soldaten, deren Ruhe einer anderen Ruhe und deren Elend einem anderen Elend gleicht! – wäre diese Nacht die Nacht einer Heimkehr, dieser Grabhügel ein Hügel der Hoffnung, dieser Nachbar der erwartete Freund, dieser Hammel auf der Glut das Festmahl eines Jahrestages, und bildeten diese Worte ein Lied, so reichte das aus, euch zu begeistern. Es genügte ein Bauwerk, eine Musik, ein Sieg, der euch vor euch selbst einen Sinn verliehe; es genügte, wenn ich euch wie das Kind lehrte, aus euren Kieselsteinen eine Kriegsflotte zu machen; es genügte ein Spiel – und schon

würde der Wind der Freude euch wie einen Baum durchwehen. Ihr aber seid aufgelöst und ohne Zusammenhang; ihr sucht nur euch selbst, und so entdeckt ihr die Leere, denn ihr seid eine Verknüpfung von Beziehungen und nichts weiter, und wenn keine Beziehung besteht, werdet ihr in euch selber nur eine Sackgasse entdecken. Und es bleibt keine Hoffnung, wenn nur Selbstliebe in dir ist. Denn ich sagte es dir vom Tempel. Der Stein dient weder sich selbst noch den anderen Steinen. Sondern dem Aufschwung der Steine, den sie alle gemeinsam bewirken und der seinerseits jedem der Steine dient. Und vielleicht könntest du von der Begeisterung für den König leben, denn ihr seid Soldaten eines Königs, du und deine Kameraden.

»Herr«, sagte ich, »schenke mir die Kraft der Liebe. Sie ist der knotige Stecken für die Ersteigung des Berges. Mach mich zum Hirten, damit ich sie führe!«

Ich werde dir also über den Sinn des Schatzes sprechen. Er ist vor allem unsichtbar, denn er ist niemals von gleicher Beschaffenheit wie die Stoffe. Du hast den abendlichen Besucher gesehen. Der sich einfach niedersetzt in der Herberge, seinen Stecken ablegt und lächelt. Man umringt ihn. Woher kommst du? Du weißt von der Macht des Lächelns.

Mach dich nicht auf, um Inseln der Musik wie ein fertiges Geschenk zu suchen, das dir das Meer anbietet. Und das Meer umstickt sie mit seinem weißen Spitzensaum, denn du wirst sie nicht finden, selbst wenn ich dich auf dem Strand niedersetze, der sie wie ein Kranz umgibt, und ich dich nicht zuvor dem Zeremoniell des Meeres unterworfen habe. Wenn du mühelos dort erwachtest, würdest du am Busen ihrer Frauen nur lernen können, wie sich dort die Liebe vergessen läßt. Du wirst von Vergessen zu Vergessen, von Tod zu Tod wandern ... Und so wirst du mir von der Insel der Musik sagen: »Was gab es denn dort, das lebenswert war?« indes die gleiche Insel, sofern sie gut gelehrt wurde, bewirken kann, daß eine ganze Schiffsmannschaft aus Liebe zu ihr das Leben aufs Spiel setzt.

Dich retten heißt nicht, dich reich machen oder dir etwas geben, was für dich selber bestimmt ist. Sondern dich, wie eine Gattin, genau der Pflicht eines Spiels unterwerfen.
Oh, wie spüre ich meine Einsamkeit, wenn mir die Wüste keine Speise anzubieten hat! Was soll ich mit dem Sand anfangen, wenn es keine unerreichbare Oase gibt, die ihm ihren Duft spendet? Was soll ich mit Grenzen des Horizontes anfangen, wenn es keine Grenze gibt, wo barbarische Bräuche beginnen? Was soll ich mit dem Wind anfangen, wenn er nicht schwanger ist von den fernen Zusammenkünften der Verschwörer? Was soll ich mit den Stoffen anfangen, wenn sie nicht einem Antlitz dienen? Wir aber werden uns auf dem Sande lagern. Ich werde dir von deiner Wüste reden und dir dieses ihr Gesicht und kein anderes zeigen. Und du wirst verwandelt werden, denn du bist abhängig von der Welt. Bleibst du der gleiche, wenn du in der Stube deines Hauses sitzt und ich dir sage, daß es brennt? Wenn du auf einmal den Schritt der Geliebten hörst, selbst dann, wenn sie dir gar nicht entgegengeht? Sage mir nicht, ich predigte Illusionen. Ich verlange nicht, daß du glauben, sondern daß du lesen sollst. Was ist der Teil ohne das Ganze? Was ist der Stein ohne Tempel? Was die Oase ohne die Wüste? Und wenn du inmitten der Insel lebst und dich dort zurechtfinden willst, muß ich schon zugegen sein, um dir vom Meer zu erzählen. Und wenn du im Sande wohnst, muß ich schon zugegen sein, um dir von der Hochzeit im fernen Land und vom Abenteuer, von der befreiten Gefangenen und vom Marsch der Feinde zu erzählen. Und du hast unrecht, wenn du mir sagst, daß jene Hochzeit unter fernen Zelten nicht ihr festliches Licht bis in deine Wüste erstrahlen lasse, denn wo endet ihre Macht?
Ich werde zu dir reden, wie es den Bräuchen und den Linien gemäß ist, die den Drang deines Herzens bestimmen. Und der Sinn der Dinge und der Weg, der sich aus ihnen ablesen läßt, und der Durst, der dich an deinen Weg bindet – sie werden meine Geschenke sein. Und ich, der König, werde dir den einzigen Rosenstock schenken, durch den du Gewinn

hast, denn ich werde seine Rose von dir fordern. Fortan ist die Treppe gebaut, die zu deiner Befreiung führt. Zuerst wirst du die Erde aufhacken, die Erde umgraben und frühmorgens aufstehen, um sie zu begießen. Und du wirst über deinem Werke wachen und es vor Würmern und Raupen bewahren. Sodann wird dich die Knospe, die sich an ihm öffnet, im Herzen bewegen, und es wird das Fest herannahen, wenn die Rose aufgeblüht ist, denn dann wird es an dir sein, sie zu pflücken. Und sie mir zu reichen, wenn du sie gepflückt hast. Ich werde sie aus deinen Händen empfangen, und du wirst auf etwas warten. Du hattest dich nur mit einer Rose abgegeben. Du hast sie ausgetauscht gegen mein Lächeln ... Und so kehrst du heim in dein Haus, durchsonnt vom Lächeln deines Königs.

186

Diese Menschen haben keinen Sinn für die Zeit. Sie wollen Blumen pflücken, die noch nicht geworden sind: und so gibt es keine Blumen. Oder sie finden eine Blume, die anderswo aufgeblüht ist, in der nicht das Zeremoniell des Rosenstrauchs für sie eine Vollendung findet, sondern die lediglich eine Handelsware ist. Und welche Freude könnte sie ihnen gewähren?

Ich aber gehe auf den Garten zu. Er übergibt dem Wind die Spur eines Schiffes, das liebliche Zitronen geladen hat, oder einer Karawane, die nach Mandarinen unterwegs ist, oder auch der Insel, die es zu gewinnen gilt, und die das Meer mit ihrem Duft erfüllt.

Nicht einen Vorrat, sondern eine Verheißung habe ich empfangen. Es ist mit dem Garten wie mit der Kolonie, deren Eroberung noch bevorsteht, oder der Frau, die du noch nicht besessen hast, die aber in den Armen schon nachgibt. Der Garten bietet sich mir an. Hinter der kleinen Mauer ist er ein Vaterland von Mandarinen und Zitronen, wo mein Weg sein Ziel finden wird. Es bleibt aber nichts beständig, weder

der Duft der Zitronen noch der Duft der Mandarinen und auch nicht das Lächeln. Für mich, der ich das weiß, bewahrt alles seinen Sinn. Ich warte auf die Stunde des Gartens oder die Stunde der Frau.

Jene Menschen aber wissen nicht zu warten und werden kein Gedicht verstehen, denn feindlich ist ihnen die Zeit, die das Verlangen stillt, die Blume kleidet oder die Frucht reifen läßt. Sie suchen ihre Freude in den Dingen, während sie sich doch nur aus dem Wege ergibt, der sich aus diesen ablesen läßt. Ich gehe und gehe und gehe. Und wenn ich den Garten erreicht habe, der für mich ein Vaterland der Düfte ist, setze ich mich auf die Bank nieder. Ich blicke um mich. Es gibt Blätter, die davonfliegen, und Blumen, die welken. Ich spüre alles, was stirbt und sich wieder zusammenfügt. Ich empfinde keine Trauer deswegen. Ich bin ganz Wachsamkeit, wie auf hoher See. Nicht Geduld, denn es handelt sich nicht um ein Ziel; der Weg ist es, der die Freude gebiert. Wir, mein Garten und ich, wandern von den Blättern zu den Früchten. Und über die Früchte zu den Samen. Und über die Samen zu den Blüten vom nächsten Jahr. Ich täusche mich nicht über die Dinge. Sie dienen immer nur der Anbetung. Ich berühre die Werkzeuge, deren sich das Zeremoniell bedient, und finde, daß sie die Farbe des Gebetes tragen. Doch die Menschen, die die Zeit mißachten, stoßen sich daran. Selbst das Kind wird ihnen zu einem Gegenstand, den sie nicht in seiner Vollkommenheit begreifen, denn es ist Weg für einen Gott, der sich nicht aufhalten läßt. Sie möchten es in seiner kindlichen Anmut festbannen, als ob es Vorräte gäbe. Aber wenn ich einem Kind begegne, sehe ich, wie es ein Lächeln versucht, wie es errötet und fliehen möchte. Ich weiß, was es quält. Und ich lege meine Hand auf seine Stirn, um das Meer zu beruhigen.

Sie sagen dir: »Ich bin der und der. Dieser oder jener. Ich besitze dies oder das.« Sie sagen dir nicht: »Ich bin Brettschneider. Ich bin Durchgang für den Baum, der im Begriff steht, sich dem Meer zu vermählen. Ich bin unterwegs von einem Fest zum anderen. Ich wurde Vater und soll es wieder werden, denn mein Weib ist fruchtbar. Mit Rechen und Spaten bin ich Gärtner für den Frühling, denn er braucht mich. Ich bin einer, der auf ein Ziel zugeht.« Denn diese gehen nirgendwo hin. Und der Tod wird ihnen nicht Hafen sein für das Schiff.

Wenn es sie hungert, werden sie dir sagen: »Ich esse nicht. Mein Bauch wird dadurch müde. Und wenn ich meine Nachbarn höre, die von den Mühen ihres Bauches sprechen, ermüdet auch meine Seele.« Denn sie wissen nicht, daß das Leiden ein Weg ist, der zur Genesung führt, oder ein Losreißen von den Toten oder das Anzeichen einer notwendigen Wandlung oder ein inständiger Anruf, der auf die Überwindung eines Zwiespalts hinführt. Es gibt für sie weder Wandlung noch Lösung noch verheißene Genesung noch Trauer um die Toten. Sondern nur die Trostlosigkeit des Augenblicks, die vom Leiden herrührt. Ebenso können sie, wenn es ein Augenblick der Freude ist, nur die dürftige Freude kosten, die dir der Augenblick zu geben vermag, wie etwa die Befriedigung deiner Gelüste oder deines Verlangens, nicht aber die Freude, die für den Menschen Wert hat und die plötzlich zutage tritt als Weg, Gefährt und Beförderung für den Lenker aller Dinge.

Der Sinn der Karawane läßt sich nicht aus den eintönigen Schritten ablesen, die aufeinanderfolgen und sich alle gleich sind. Doch wenn du am Strick ziehst, um einen Knoten festzuschnüren, der sich gelockert hat; wenn du die Nachzügler ermahnst, das nächtliche Lager vorbereitest, deinen Tieren zu trinken gibst, so hast du schon teil an den Riten, die das Zeremoniell der Liebe auferlegt; genauso wie später auf deinem Weg, wenn du den Palmenhain betrittst und der Kranz der Oase deiner Reise ein Ende gesetzt hat; genauso, als wenn du bereits die Stadt durchziehst, in der sich dir anfangs die niedrigen Mauern der Armenviertel zeigen, die aber doch schon voller Glanz sind, da sie zur Stadt gehören, in der dein Gott herrscht.

Denn es gibt keine Entfernung, durch die dein Gott seiner Herrschaft müde würde. Und zuerst erkennst du ihn in den

Kieselsteinen und Dornen. Sie sind Gegenstand der Anbetung und Baustoffe deines Aufstiegs. Nicht mehr und nicht weniger als die Stufen der Treppe, die zur Kammer der Gattin führt. Nicht mehr und nicht weniger als Worte, die für das Gedicht bestimmt sind. Sie sind Bestandteile deines Zaubers, denn wenn du an sie deinen Schweiß verlierst oder dir an ihnen die Knie wundscheuerst, bereitest du die Erscheinung der Stadt vor. Du merkst schon, daß sie ihr ähnlich sind, so wie die Frucht der Sonne gleicht oder die Abdrücke im Lehm eine Herzensregung des Bildhauers wiedergeben, der den Lehm geformt hat. Du weißt schon, daß am dreißigsten Tage deine Kiesel ihren Marmor, deine Disteln ihre Rosen hergeben werden und daß deine Dürre ihre Brunnen spenden wird. Wie könntest du deines Werkes überdrüssig werden, da du weißt, daß du Schritt für Schritt deine Stadt aufbaust? Ich habe stets meinen Kameltreibern gesagt, wenn sie zu ermatten schienen, daß sie eine Stadt mit blauen Zisternen bauen oder Mandarinenbäume pflanzen, genau wie die Kärrner oder die Gärtner. Ich sagte ihnen: »Ihr vollführt Gesten einer Zeremonie. Ihr beginnt die ferne Stadt zu erwecken. Mit euren Baustoffen formt ihr die zärtlichen Mädchen in ihrer Anmut. Deshalb haftet an euren Kieseln und Dornen schon der Duft der Geliebten.«

Aber die anderen lesen nur das Alltägliche. Weil sie kurzsichtig sind und die Nase allzu dicht daraufdrücken, sehen sie vom Schiff nur den Nagel im Brett. Von der Karawane in der Wüste sehen sie nur diesen Schritt und dann jenen und jenen. Und jede Frau ist ihnen eine Dirne, denn sie nehmen sie hin als Geschenk und Sinngebung des Augenblicks, während sie sie doch über Kiesel und Dornen hätten erreichen sollen, durch die Annäherung an Palmenhaine, durch die Bewegung eines Fingers, der leise an die Tür pocht. Und wenn man aus solchen Fernen kommt, ist dieses Pochen ein Wunder, das Tote erwecken könnte.

Fürwahr, nur dann wird sie dir erblühen und neubelebt aus dem Staub der Zeit hervorgehen, langsam gewonnen aus deinen einsamen Nächten, ein Duft, der sich eben befreit, Jugend der Welt, für dich selbst noch einmal neu gewonnen. Und so wird für euch die Liebe beginnen. Die allein werden durch die Gazellen belohnt, die sie langsam gezähmt haben.

Ich habe ihre Klugheit gehaßt, die nur die Klugheit des Rechenmeisters war. Und die nur achtgab auf die elende Bilanz solcher Dinge, die sich schon im Augenblick erschöpfen. Wenn du die Wälle entlanggehst, siehst du dann einen Stein und noch einen Stein und wieder einen Stein. Doch es gibt andere, die ein Gefühl für die Zeit haben. Sie stoßen sich nicht an diesem Stein oder an jenem. Sie bedauern nicht diesen Stein und hoffen auch nicht, das ihnen Zukommende von einem künftigen Stein inmitten anderer Steine zu empfangen. Sie umschreiten ganz einfach die Stadt.

187

Ich bin einer, der ein Zuhause hat. Ich nehme euch auf, die ihr nackt auf der kalten Erde liegt.

O trostloses Volk, verirrt in der Nacht, Schimmel in den Rissen der Rinde, die auf dem Hange der Berge, nach der Wüste zu, noch ein wenig Wasser zurückbehalten.

Ich sagte zu euch: »Seht hier den Orion und den Großen Bären und den Nordstern.« Und so habt ihr eure Sterne wiedererkannt, und so sagt ihr nun einer zum anderen: »Das hier ist der Große Bär, das der Orion und das der Nordstern.« Und wenn ihr euch sagen könnt: »Ich bin sieben Tage lang auf den Großen Bären zugewandert«, und wenn ihr einander versteht, seht, dann seid ihr irgendwo zu Hause.

So war es mit dem Palast meines Vaters: »Lauf«, sagte man mir, als ich ein Kind war, »und hole Früchte aus dem Keller! . . .« Und man rief mir seinen Geruch wieder wach, nur dadurch, daß man dieses Wort aussprach. Und ich machte mich auf zum Vaterland der reifen Feigen.

Und wenn ich »Nordstern« zu dir sage, so vollziehst du innerlich eine ganze Wendung wie einer, der sich ausrichtet, und du hörst das Waffengeklirr der Stämme des Nordens.

Und wenn ich die Kalkebene des Ostens für das Fest und das Salzbergwerk des Südens für die Leibesstrafen auswählte – und wenn ich jenes Palmenwäldchen zur Ruhe und Beherbergung der Karawanen bestimmte –, so kennst du dich nunmehr in deinem Hause aus.

Du wolltest jenen Brunnen auf seinen Gebrauch beschränken, der darin besteht, Wasser zu liefern. Doch das Wasser ist nichts, das nicht aus Wassermangel hervorgeht. Und man existiert noch nicht dadurch, daß man nicht an Durst stirbt.

Der wird ein besseres Heim haben, der aus Wassermangel in der Wüste vertrocknet und dabei von einem Brunnen träumt, den er kennt und von dem er in seinen Fieberträumen das Knarren der Zugwinde und das Knirschen des Seiles hört, als der andere, der keinen Durst verspürt und daher gar nicht weiß, daß es zärtliche Brunnen gibt, zu denen die Sterne hinführen.

Ich ehre nicht deshalb deinen Durst, weil er deinem Wasser eine sinnhafte Bedeutung verleiht, sondern weil er dich zwingt, die Sterne und den Wind und die Spuren deines Feindes im Sande zu lesen. Deshalb ist es wesentlich für dich, zu begreifen, daß es ein Zerrbild des Lebens wäre, wollte ich dir das Recht zum Trinken verweigern, um dich zu beleben – denn dann steigerte ich lediglich das Verlangen nach Wasser in deinem Leib –, sondern daß es, wenn du deinen Durst stillen möchtest, allein darauf ankommt, dich dem Zeremoniell der Wanderung unter den Sternen und der verrosteten Kurbel zu unterwerfen, denn diese singt einen Hymnus, der deinem Tun die Bedeutung eines Gebetes verleiht, damit die Nahrung für deinen Leib zur Nahrung für dein Herz werde.

Du bist nicht Vieh im Stall. Wenn du den Stall mit einem anderen vertauschst, bleiben Krippe und Streu sich gleich. Und das Vieh lebt darin weder besser noch schlechter. Bei dir aber ist das Mahl, mag es auch deinem Leib dienen, zugleich für dein Herz bestimmt. Und wenn du Hungers stirbst und der Freund dir seine Tür öffnet und dich an seinen Tisch

nötigt und den Milchkrug für dich füllt und das Brot bricht, so trinkst du sein Lächeln, denn die Mahlzeit hat die Macht eines Zeremoniells. Gewiß bist du dadurch gesättigt, doch zugleich blüht der Dank für den guten Willen der Menschen in dir auf.
Ich möchte, daß das Brot von deinem Freund und die Milch der Mutterschaft von deinem Stamm herrühren. Ich möchte, daß das Gerstenmehl vom Erntefest herrühre. Und das Wasser vom Gesang einer Zugwinde oder einer Wanderung unter den Sternen.
Ich habe es an meinen Soldaten bemerkt, bei denen ich es schätze, wenn sie, wie die eiserne Nadel auf den Schiffen, voller Leben sind und von einem Pol angezogen werden. Und nicht, um ihnen die Güter der Welt zu nehmen, sehe ich sie lieber an eine Gattin gebunden und maßvolle Keuschheit üben, denn dann unterliegen sie durch ihr Fleisch der Anziehung der Liebsten, und sie wissen den Norden vom Süden und den Osten vom Westen zu unterscheiden, und dann gibt es auch einen Stern, der ihnen die vielgeliebte Richtung weist.

Wenn ihnen aber die Erde als ein großes Freudenviertel erscheint, wo man aufs Geratewohl an die Tür klopft, um den Liebesdrang in sich auszulöschen; wenn ihnen alle Frauen zu Willen sind, weil sie keinen Weg unterscheiden und richtungslos auf der nackten Rinde der Erde hausen, so haben sie nirgendwo ein Heim.
So machte mein Vater seine Berber zu verzweifeltem Vieh, als er sie gesättigt, getränkt und mit Dirnen versorgt hatte.
Ich aber bin einer, der ein Zuhause hat, und du wirst deine Frau erst berühren, sobald deine Hochzeit gefeiert ist, damit dein Bett ein Sieg sei. Und sicher werden manche aus Liebe sterben, weil sie nicht zueinander kommen können, doch so werden die für die Liebe Gestorbenen Voraussetzung der Liebe sein, und wollte ich die Liebenden bedauern und sie daher gegen die Deiche, die Wälle und das Zeremoniell, das das Gesicht der Liebe formt, unterstützen, so würde

ich ihnen nicht die Liebe gewähren, sondern das Recht, die Liebe zu vergessen.
Nicht minder töricht handelte ich, wenn ich unter dem Vorwand, nicht alle könnten hoffen, einen Diamanten zu besitzen, etwa gebieten wollte, alle Diamanten in den Schmelzofen zu werfen, um den Menschen von der Grausamkeit seines Verlangens zu bewahren.
Wenn sie eine Frau zu lieben wünschen, muß ich ihnen schon ihre Liebe retten.

Ich bin einer, der ein Zuhause hat. Ich bin Pol des Magneten. Ich bin Samenkorn des Baumes und Kraftlinie im Schweigen, damit es einen Stamm, Wurzeln und Zweige und diese Blüte und Frucht und keine andere, dieses Reich und kein anderes, diese Liebe und keine andere gebe: gewiß nicht aus Ablehnung oder Verachtung der anderen, sondern weil die Liebe nicht eine Wesenheit ist, die man wie eine Sache unter anderen Sachen findet: weil sie die Krönung eines Zeremoniells darstellt; sie gleicht darin dem Wesen des Baumes, das dessen Vielfalt beherrscht. Ich bin die Bedeutung der Baustoffe. Ich bin Basilika und Sinn der Steine.

188

Du hast nichts zu erhoffen, wenn du blind bist gegenüber jenem Licht, das nicht von den Dingen, sondern vom Sinn der Dinge herrührt. Und ich finde dich vor deiner Tür:
– Was treibst du dort?
Und du weißt es nicht und klagst über das Leben.
– Das Leben hat mir nichts mehr zu geben. Meine Frau schläft, mein Esel ruht, mein Korn reift. Ich bin nur noch törichte Erwartung, und das verdrießt mich.
Kind ohne Spiel, das du nicht mehr zwischen den Zeilen zu lesen verstehst. Ich setze mich zu dir und lehre dich. Du bist eingetaucht in die verlorene Zeit, und die Angst hält dich gefangen, daß du nicht mehr werden könntest.

Denn andere sagen: es bedarf eines Zieles. Dein Schwimmen ist schön, wenn es dir ein Ufer erschafft, das langsam das Leichentuch des Meeres abstreift. Und schön ist die knarrende Zugwinde, die dir dein Trinkwasser heraufbringt. Desgleichen das goldene Korn, das Ufer der schwarzen Pflugerde. Desgleichen das Lächeln des Kindes, das Ufer der häuslichen Liebe. Desgleichen das Gewand mit goldenem Filigran, das langsam für das Fest genäht wurde. Und zu was wirst du innerlich, wenn du nur um des Geräuschs der Zugwinde willen die Kurbel drehst; wenn du das Kleid um des Kleides willen nähst; wenn du um der Liebe willen liebst? Schnell erschöpfen sie sich, denn sie haben dir nichts zu geben.

Aber ich sagte es dir von meinem Zuchthaus, wo ich die einschließe, die nicht mehr Menschenart besitzen. Und der Schlag, den sie mit ihrer Hacke führen, hat für die Hacke Geltung. Und sie schenken dir einen Hackenschlag nach dem anderen. Und nichts in ihrem Wesen verändert sich. Ein Schwimmen ohne Strand, das sich im Kreise dreht. Und es wird nichts erschaffen; sie sind nicht Weg und Beförderung, die einem Licht entgegenstreben. Doch laß es die gleiche Sonne sein und die gleiche harte Straße, den gleichen Schweiß: wenn es dir vergönnt ist, einmal im Jahr den reinen Diamanten zu gewinnen, so bist du voller Andacht in deinem Licht.

Denn deinem Hackenschlag eignet dann der Sinn des Diamanten, der nicht von gleicher Beschaffenheit ist. Und so wird dir der Frieden des Baumes und der Sinn des Lebens zuteil, der darin besteht, von Stufe zu Stufe emporzusteigen zum Ruhme Gottes.

Du pflügst für das Korn, und du nähst für das Fest, und du zerschlägst den Gangstein für den Diamanten. Und jene, die dir glücklich scheinen – was besitzen sie mehr als du, außer der Kenntnis des göttlichen Knotens, der die Dinge verknüpft?

Du wirst nicht den Frieden finden, wenn du nichts verwandelst, wie es dir gemäß ist. Wenn du nicht zu Gefährt, Weg

und Beförderung wirst. Nur dann kreist das Blut im Reich. Du aber willst um deiner selbst willen geachtet und geehrt sein. Und du trachtest danach, der Welt etwas zu entreißen und es zu greifen, damit es für dich sei. Und du wirst nichts finden, denn du bist nichts.
Und so wirfst du deine Habe in ihrem Durcheinander in die Müllgrube.

Du wartest auf die Erscheinung, die von draußen kommen soll, wie ein dir gleichender Erzengel. Und hättest du von seinem Besuch mehr Gewinn gehabt als vom Besuch deines Nachbarn? Doch ich habe bemerkt, daß einer nicht mehr derselbe ist, der sich auf dem Weg zum kranken Kind, zum leeren Haus, zur Geliebten befindet, obwohl er im Augenblick nicht verändert zu sein scheint; so mache ich mich zum Stelldichein oder zum Ufer, mit Hilfe der bestehenden Dinge, und dann ist alles verwandelt. Ich mache mich zum Korn über das Pflügen hinaus, zum Menschen über das Kind hinaus, zum Brunnen über die Wüste hinaus, zum Diamanten über den Schweiß hinaus.
Ich zwinge dich, in dir ein Haus zu bauen.
Wenn das Haus fertig ist, wird auch der Bewohner kommen, der dein Herz entflammt.

189

Mein geliebtes Volk: Eine Streitfrage trat mir vor Augen, als ich mich auf dem Berg ausruhte, der mich wie ein Mantel aus Stein umgab. Es war ein langsamer Brand, von dem mich nur noch der Rauch und der Lichtschein erreichten.
Wohin gehen sie? Wohin soll ich sie führen, Herr? Wenn ich sie regiere, werden sie sich selber gleichen. Ich kenne keine Amtsführung, Herr, die nicht den Gegenstand ihrer Betreuung verhärtet. Und was soll ich mit einem Samenkorn anfangen, wenn es nicht nach dem Baume strebt? Und was soll ich mit einem Flusse anfangen, wenn er nicht nach dem

Meere strebt? Und mit einem Lächeln, Herr, wenn es nicht nach der Liebe strebt?
Aber mit meinem Volk?
O Herr, von Geschlecht zu Geschlecht haben sie sich geliebt. Sie haben ihre Gedichte ersonnen. Sie haben sich Häuser gebaut, sie haben sie mit ihren Teppichen aus langhaariger Wolle behängt. Sie haben sich fortgepflanzt. Sie haben ihre Kleinen aufgezogen und die verbrauchten Generationen verwahrt in den Körben Deiner Weinlese.
Sie haben sich an den Festtagen versammelt. Sie haben gebetet. Sie haben gesungen. Sie sind gelaufen. Sie haben sich von ihrem Lauf ausgeruht. Schwielen sind ihnen an ihren Handflächen entstanden. Ihre Augen haben gesehen, waren voller Staunen, dann füllten sie sich mit Finsternis. Sie haben sich auch gehaßt. Sie haben sich untereinander entzweit. Sie haben sich zerfleischt. Sie haben die Fürsten gesteinigt, die ihrem eigenen Stamm entsprossen waren. Dann haben sie deren Plätze eingenommen und einander gesteinigt. O Herr, wie sehr gleicht ihr Hassen, ihr Verdammen, ihr Foltern einer dumpfen und düsteren Zeremonie! O Herr, von meiner Höhe aus erschrak ich darüber nicht, glich diese Zeremonie doch dem Knarren und Krachen des Schiffes. Oder dem Schmerze des Gebärens. Herr, so stoßen auch die Bäume einander und erdrücken und ersticken sich, da sie zur Sonne streben. Gleichwohl kann man von der Sonne sagen, daß sie den Frühling aus dem Boden zieht und sich von den Bäumen verherrlichen läßt. Und der Wald setzt sich aus Bäumen zusammen, obwohl sich alle darin feind sind. Und der Wind lockt sein Loblied aus dieser Harfe hervor. O Herr, was könnte ich von ihnen in ihrer Vielfalt erfahren, wenn ich kurzsichtig wäre und die Nase allzu dicht daraufdrückte? Nun aber ruhen sie. Aufgespart sind die lügnerischen Worte eine Nacht lang, eingeschlummert die Gelüste und Berechnungen, erschlafft die Eifersüchte. O Herr, nun lasse ich meinen Blick über die Arbeiten wandern, die sie unfertig zurückließen, und wie an der Schwelle der Wahrheit werde ich durch eine Bedeutung verwirrt, die sich mir noch nicht

erschlossen hat und die ich freilegen muß, damit sie ins Dasein trete.

Herr, wenn mein Maler malt, was wissen dann seine Finger, sein Ohr oder sein Haar? Oder seine Knöchel oder seine Hüfte oder sein Arm? Nichts. Das kommende Werk zieht ihre Bewegungen an sich und entsteht in seiner Glut aus so vielen einander widerstreitenden Wünschen. Doch einer, der kurzsichtig ist und die Nase allzu dicht daraufdrückt, erkennt nur unzusammenhängende Bewegungen, Kratzer des Pinsels oder Farbflecken. Und was wissen die Nagelschmiede oder die Brettschneider von der Majestät des Schiffes? So auch mein Volk, wenn ich es aufspalte. Was erkennten der Geizhals und der Reiche mit dem schweren Bauch und der Minister und der Henker und der Hirte? Ganz ohne Zweifel: wenn es einen gibt, der klarer sieht, so ist es der Mann, der die Tiere zur Tränke führt, oder die Frau, die niederkommt, oder jener Sterbende; nicht aber der Gelehrte, nicht der Verkümmerte mit Tintenfingern, denn sie kennen nicht die Langsamkeit. Und sie dienen nichts Wesentlichem, während einer, der sein Brett hobelt, es werden sieht und dadurch wächst.

Da ihre engstirnigen Leidenschaften eingeschlummert sind, sehe ich das Vermögen, das der Geizhals angehäuft hat. Und einer, der nichts taugt und die Reichtümer anderer für sich zusammenrafft, der pflichtvergessene Minister, läßt sie seinerseits in die Hände derer fließen, die Gegenstände aus Gold oder Elfenbein ziselieren. Und so wird Gold und Elfenbein ziseliert und gemeißelt. Und einer, der ungerecht verurteilt, erzeugt die rauhe Liebe zur Wahrheit und zur Gerechtigkeit. Und einer, der von den Baustoffen des Tempels Einnahmen hat, bemüht sich desto nachdrücklicher um die Errichtung des Tempels.

Ich sah Tempel unter Mißachtung des Herkömmlichen emporwachsen, nur durch die menschlichen Begehrlichkeiten. Ich sah die Sklaven Steine karren, gepeitscht von den Galeerenaufsehern. Ich sah den Führer einer Belegschaft Unterschlagungen an den Löhnen verüben. O Herr, wenn ich kurzsichtig war und die Nase allzu dicht daraufdrückte, habe ich nie etwas anderes gesehen als Feigheit, Torheit und Gewinnsucht. Doch vom Berge aus, auf dem ich niedersitze, gewahre ich jetzt den Aufstieg eines Tempels im Licht.

190

Mir kam die Erkenntnis, daß Bejahung der Todesgefahr und Bejahung des Todes nicht von gleicher Beschaffenheit sind. Und ich habe junge Leute gekannt, die dem Tode hochmütig die Stirn boten. Und im allgemeinen geschah das, weil es Frauen gab, die ihnen Beifall spendeten. Du kehrst aus dem Krieg zurück, und dir gefällt die Hymne, die dir ihre Augen singen. Und so bejahst du die Feuerprobe oder setzt deine Männlichkeit aufs Spiel, denn das allein existiert, was du zum Opfer bringst und bei dem du Gefahr läufst, es zu verlieren. Und die Spieler wissen es wohl, die ihr Vermögen beim Würfeln einsetzen, denn nichts von ihrem Vermögen ist ihnen im Augenblick von Nutzen, nun aber wird es zur Bürgschaft für einen Würfel und voller Erhabenheit in deiner Hand; so wirfst du deine Goldklumpen auf den rohgezimmerten Tisch, und sie entfalten sich zu den Ebenen, den Weiden und Ernten deines Landgutes.
Der Mann kehrt also zurück und lustwandelt im Licht seines Sieges, die Schulter schwer vom Gewicht der Waffen, die er erbeutet hat, und die vielleicht mit Blut geschmückt sind. Und so erstrahlt er vielleicht eine Weile, aber nur eine Weile. Denn du kannst von deinem Sieg nicht leben.
Die Bejahung der Todesgefahr ist somit Bejahung des Lebens. Und die Liebe der Gefahr ist Liebe des Lebens. So war auch dein Sieg die Gefahr, die du liefest, eine Niederlage zu erleiden, und die du durch deine schöpferische Tat überwunden hast; und du hast niemals gesehen, wie ein Mann, der gefahrlos über Haustiere herrschte, sich damit brüstete, daß er Sieger sei.
Ich aber verlange mehr von dir, wenn ich dich als einen Sol-

daten wünsche, der Frucht trägt für das Reich. Wohl gibt es hier eine schwer zu überschreitende Schwelle, denn eines ist es, die Todesgefahr und ein anderes, den Tod zu bejahen.

Ich will, daß du einem Baum gehören sollst, dem Baum unterworfen. Ich will, daß dein Stolz im Baum seinen Sitz habe. Und dein Leben, damit es einen Sinn gewinne.

Die Bejahung der Gefahr ist nur ein Geschenk, das du dir selber machst. Du liebst es, in vollen Zügen zu atmen und die Mädchen durch deinen Glanz zu beherrschen. Und du hast das Bedürfnis, von dieser Bejahung der Gefahr zu erzählen; sie ist eine Tauschware. Meine Korporale sind daher ruhmredig. Doch sie ehren wiederum nur sich selber.

Wenn du dein Vermögen beim Würfelspiel verlierst, weil du es deutlich empfinden und mit deiner Hand umschließen wolltest; weil du es mit dem Gewicht von Stroh und Korn in den Scheunen, mit dem Vieh auf seinen Weiden und mit den Dörfern, die – als ein Zeichen menschlichen Lebens – einen leichten Rauch ausatmen, greifbar und gehaltvoll und ganz gegenwärtig im gleichen Augenblick in deiner Hand spüren wolltest, so ist das etwas anderes, als wenn du dich eben dieser gleichen Scheunen, eben dieser Herden, eben dieser Dörfer entäußerst, um fern von ihnen zu leben. Wenn du dein Vermögen auf einen Wurf setzt und im Augenblick der Gefahr seine Glut entfachst, so ist das etwas anderes, als wenn du darauf verzichtest gleich einem Manne, der sich Stück für Stück seiner Kleider entledigt und verächtlich am Ufer seine Sandalen ablegt, um sich nackt dem Meer hinzugeben.

Du mußt sterben, um dich hinzugeben.

Du mußt überdauern nach Art der alten Frauen, die sich die Augen abnutzen, wenn sie die Kirchengewänder nähen, mit denen sie ihren Gott bekleiden. Sie werden dadurch selber zum Gewand eines Gottes. Und durch das Wunder ihrer Finger wird die Hülle aus Leinen zum Gebet.

Denn du bist nichts als Weg und Durchgang und kannst nur

von dem wahrhaft leben, was du verwandelst. Der Baum verwandelt die Erde in Zweige. Die Biene die Blüte in Honig. Und dein Pflügen die schwarze Erde in das Flammenmeer des Getreides.
Es kommt mir daher vor allem darauf an, daß dir dein Gott wirklicher ist als das Brot, in das deine Zähne einbeißen. Dann wird er dich trunken machen, bis du dich opferst und dich dadurch in Liebe vermählst.

Du aber hast alles zerstört und alles vergeudet, da du das Gefühl für das Fest verloren hast und dich zu bereichern glaubst, wenn du deine Vorräte auf die einzelnen Tage verteilst. Denn du täuschst dich über den Sinn der Zeit. Da sind deine Historiker, deine Logiker und deine Kritiker dahergekommen. Sie haben die Baustoffe betrachtet, und weil sie nicht zwischen den Zeilen zu lesen verstanden, haben sie dir geraten, dich an ihnen zu ergötzen. Und du hast das Fasten abgelehnt, das Voraussetzung für das Festmahl war. Du hast es abgelehnt, jenen Teil des Kornes zu opfern, der dem Korn seinen Glanz verlieh, weil er verbrannt wurde für das Fest.
Und du begreifst nicht, daß es einen Augenblick gibt, der das ganze Leben aufwiegt, denn blind gemacht hat dich deine elende Rechenkunst.

191

Ich begann also über die Bejahung des Todes nachzudenken. Denn die Logiker, Historiker und Kritiker haben die Baustoffe, die für deine Basiliken bestimmt sind, um ihrer selbst willen gefeiert; und du hast geglaubt, daß es sich um sie handle, während doch der Henkel einer silbernen Kanne, sofern sein Schwung geglückt erscheint, mehr wert ist als eine ganze Kanne aus purem Gold und dir Geist und Herz besser labt. Dann glaubst du also, weil du über die Richtung deiner Wünsche schlecht unterrichtet bist, daß du dein Glück aus dem Besitz gewönnest, und so häufst du atemlos Steine aufeinander, die anderswo Steine der Basilika gewesen wären

und die du zur Voraussetzung deines Glückes machst. Hingegen erwärmt ein anderer sich Geist und Herz durch einen einzigen Stein, wenn er daraus das Antlitz seines Gottes meißelt.
Du gleichst dem Spieler, der das Schachspiel nicht kennt und daher sein Vergnügen darin sucht, Goldstücke und Elfenbein anzuhäufen, und nichts als Langeweile dabei empfindet, während der andere, dem die Göttlichkeit der Regeln den Sinn für das feinsinnige Spiel weckte, aus einfachen und rohen Holzstücken sein Licht gewinnt. Denn da du alles abzuzählen begehrst, hältst du dich an die Baustoffe und nicht an das Antlitz, das sie bilden und das es vor allem anderen zu erkennen gilt.
Daraus folgt notwendig, daß du derart am Leben hängst, als sei es eine Anhäufung von Tagen. Und doch wärest du töricht, wolltest du bedauern, daß der Tempel mit seinen reinen Linien nicht noch mehr Steine versammelt.
Rechne mir also nicht, um mich zu blenden, die Zahl der Steine deines Hauses vor, der Weiden deines Landgutes, der Tiere deiner Herden, der Schmuckstücke deiner Frau, ja nicht einmal deiner Liebesabenteuer. Mich kümmert das alles wenig. Ich möchte erfahren, ob dein Haus gut gebaut ist, ob du die Pflichten deines Landgutes mit Inbrunst erfüllst, und ob am Abend nach vollbrachter Arbeit das Mahl heiter verläuft. Und ich möchte erfahren, welche Liebe du aufgebaut hast, und ob du dein Dasein gegen etwas austauschtest, das dauerhafter ist als du selbst. Ich möchte, daß du geworden bist. Ich möchte in dem lesen, was du hervorgebracht hast: – nicht in den ungenutzten Baustoffen, aus denen du deinen eitlen Ruhm herleitest.
Aber du kommst mir mit der Streitfrage, die den Instinkt betrifft. Denn er treibt dich, den Tod zu fliehen, und du hast bei jedem Lebewesen beobachtet, daß es zu leben trachtet. Die Berufung zum Überdauern, wirst du mir sagen, geht jeder anderen Berufung vor. Das Geschenk des Lebens ist unschätzbar, und ich bin es mir schuldig, sein Licht in mir zu bewahren. Und sicherlich wirst du mit Heldenmut kämpfen,

um dich zu retten. Du wirst bei der Belagerung, der Eroberung oder der Plünderung deinen Mut beweisen. Du wirst dich an der Trunkenheit des Starken berauschen, der gewillt ist, alles in die Waagschale zu werfen, um dadurch zu ermessen, welches Gewicht er hat. Du wirst dich jedoch nicht anschicken, in der Stille zu sterben, im Geheimnis deines freiwillig dargebrachten Geschenkes.

Indessen werde ich dir den Vater zeigen, der dem Ruf des Abgrundes folgt und sich hinunterstürzt, weil sein Sohn darin um sein Leben kämpft und das Gesicht des Ertrinkenden noch von Zeit zu Zeit auftaucht, immer blasser, als wenn der Mond hervortritt zwischen den Wolken. Und ich werde dir sagen: »Dieser Vater wird also nicht vom Lebensinstinkt beherrscht ...«

– Gewiß, wirst du antworten. Doch der Instinkt führt weiter. Er hat für den Vater und den Sohn Geltung. Er hat für die Garnison Geltung, die ihre Mitglieder abordnet. Der Vater ist an den Sohn gebunden ...

Und sehr erwünscht, umfassend und bedeutungsschwer ist deine Antwort. Doch um dich zu belehren, werde ich dir wiederum sagen:

– Ja, es gibt einen Instinkt, der sich aufs Leben richtet. Er ist aber nur die eine Seite eines stärkeren Instinktes. Der entscheidende Instinkt ist der der Fortdauer. Und einer, der durch das Leben des Fleisches seinen Inhalt erhielt, sucht seine Fortdauer in der Fortdauer seines Fleisches. Und einer, der durch die Liebe zum Kinde seinen Inhalt erhielt, sucht seine Fortdauer in der Rettung des Kindes. Und einer, der durch die Liebe zu Gott seinen Inhalt erhielt, sucht seine Fortdauer im Aufstieg zu Gott. Du suchst nicht etwas, das du nicht kennst; du suchst die Voraussetzungen deiner Größe in dem Maße zu retten, in dem du sie empfindest. Du suchst die Voraussetzungen deiner Liebe in dem Maße zu retten, in dem du Liebe empfindest. Und ich kann dein Leben austauschen gegen etwas, das es übersteigt, ohne daß dir etwas genommen würde.

192

Denn nichts hast du von der Freude erraten, wenn du glaubst, der Baum lebe für den Baum, der er selber ist und den seine Hülle umschließt. Er ist Ursprung geflügelter Samenkörner und verwandelt sich und verschönt sich von Geschlecht zu Geschlecht. Nicht auf deine Art und Weise bewegt er sich fort, sondern wie eine Feuersbrunst, den Winden preisgegeben. Du pflanzt eine Zeder auf dem Berg, und sieh: im Lauf der Jahrhunderte begibt sich dein Wald auf langsame Wanderschaft.

Was mag der Baum von sich selber glauben? Er glaubt vielleicht, daß er aus Wurzeln, Stamm und Blätterwerk besteht. Er glaubt vielleicht, er diene sich selber, wenn er seine Wurzeln in den Boden senkt, doch er ist nichts weiter als Weg und Durchgang. Durch ihn hindurch vermählt sich die Erde dem Honig der Sonne, treibt Knospen, öffnet Blüten, bildet Samenkörner, und wie ein vorgerichtetes Feuer, das aber noch unsichtbar ist, trägt das Samenkorn das Leben mit sich fort.

Wenn ich in den Wind hinein säe, setze ich die Erde in Brand. Du aber betrachtest alles mit der Zeitlupe. Du siehst jenes unbewegliche Blattwerk, jenes Gewicht der Zweige, das gut zur Ruhe gekommen ist, und schon glaubst du, der Baum sei seßhaft, lebe von sich selber, sei in sich eingemauert. Da du kurzsichtig bist und die Nase allzu nahe daraufdrückst, siehst du alles verkehrt. Du mußt nur Abstand gewinnen und den Uhrenschlag der Tage beschleunigen, und schon siehst du, wie die Flamme aus deinem Samenkorn herausschlägt, wie aus der Flamme andere Flammen hervorgehen und so die Feuersbrunst vorrückt und die Überreste des verbrauchten Holzes von sich abstreift, denn der Wald brennt schweigend. Nun siehst du nicht diesen Baum oder jenen. So verstehst du wohl, daß die Wurzeln nicht dem einen oder dem anderen, sondern dem Feuer dienten, das verzehrt und gleichzeitig aufbaut; und die Masse dunklen Laubes, die deinen Berg einhüllt, ist nur noch Erde, befruchtet von der

Sonne. Und in der Lichtung lassen sich die Hasen nieder und in den Zweigen die Vögel. Und so weißt du von deinen Wurzeln nicht mehr zu sagen, wem sie vor allem von Nutzen sind. Es gibt nur noch Stufen und Übergänge. Und warum solltest du etwas vom Baum glauben, was du nicht vom Samen glaubst? Du sagst nicht: »Der Samen lebt für sich selber. Er ist vollendet. Der Stengel lebt für sich selber. Er ist vollendet. Die Blume, in die er sich verwandelt, lebt für sich selber; sie ist vollendet. Der Samen, den sie gebildet hat, lebt für sich selber; er ist vollendet.« Und du sagst nicht ein weiteres Mal das gleiche. Und so sagst du abermals nicht das gleiche vom neuen Keim, der seinen zähen Stengel zwischen den Steinen emporsprießen läßt. Welche Stufe wirst du mir auswählen und zum Endziel erklären? Ich aber weiß nur vom Aufstieg der Erde zur Sonne.

So ist es auch mit dem Menschen und mit meinem Volk, von dem ich nicht weiß, wohin es geht. Die Scheunen sind geschlossen und die Häuser verriegelt, wenn die Nacht kommt. Es schlafen die Kinder, es schlafen die alten Frauen und die Greise; was wüßte ich von ihrem Weg auszusagen? Er ist so schwer zu entwirren, so unvollkommen festgelegt durch den Lauf einer Jahreszeit, die der alten Frau nur eine Runzel hinzufügt, die der Sprache des Kindes nur einige Worte hinzufügt, die kaum das Lächeln verändert. Die nichts an der Vollkommenheit oder Unvollkommenheit des Menschen verändert. Und doch, mein Volk, sehe ich, wenn ich Generationen überschaue, wie du zum Bewußtsein deiner selbst gelangst und dich erkennst.

Doch gewiß denkt keiner außerhalb seines Ich. Und das ist gut so. Es kommt darauf an, daß der Ziseleur das Silber ziseliert, ohne sich ablenken zu lassen. Daß der Mathematiker an die Mathematik denkt. Daß der König regiert. Denn sie sind Voraussetzung dafür, daß es vorangeht. Desgleichen sollen die Nagelschmiede die Gesänge der Nagelschmiede und die Brettschneider die Gesänge der Brettschneider singen, obwohl ihnen die Entstehung des Schiffes obliegt. Doch es ist ihnen heilsam, das Segelschiff durch das Gedicht kennenzulernen. Sie werden ihre Bretter und Nägel nicht weniger lieben – ganz im Gegenteil –, wenn sie auf diese Weise begriffen haben, daß sie in jenem langen, geflügelten Schwan, den die Meereswinde hegen, sich selbst wiederfinden und vollenden.

Obwohl es dir also durch dein Ziel, eben wegen seiner Größe, nicht erspart bleibt, dein Zimmer noch ein weiteres Mal beim Morgengrauen zu kehren oder jene Handvoll Gerste nach so vielen anderen auszusäen oder einen bestimmten Arbeitsvorgang zu wiederholen oder deinen Sohn durch ein Wort mehr oder durch ein Gebet zu belehren – ebenso wie du deine Bretter und Nägel durch die Kenntnis des Segelschiffes liebgewinnen, nicht aber sie verachten sollst –, möchte ich dich dennoch im Genusse der sicheren Erkenntnis sehen, daß weder dein Mahl noch dein Gebet noch deine Ackerarbeit noch dein Kind noch dein Fest bei den Deinen noch der Gegenstand, mit dem du dein Haus ehrst, entscheidend sind, denn es handelt sich bei ihnen nur um die Voraussetzung, den Weg und den Durchgang. Denn ich weiß, daß ich dich – wenn ich dich hiervon unterrichte – keineswegs dazu bestimme, diese Dinge zu verachten, sondern dich bewege, die einen wie die anderen mehr zu ehren, so wie du den Weg und seine Wirkungen und den Duft seiner wilden Rosen und seiner Felder, und seine Steigungen, die dem Lauf der Hügel folgen, mehr liebgewinnen und besser kennenlernen wirst, wenn er nicht ein sinnloser Umweg ist, sondern eine Straße, die zum Meere führt.

Und ich erlaube dir nicht zu sagen: Wozu dient mir dieses Besenkehren, diese Bürde, die ich mitschleppen, dieses Kind, das ich nähren, dieses Buch, aus dem ich lernen muß? Denn wenn es in der Ordnung ist, daß du einnickst und von der Suppe und nicht vom Reich träumst, wie die Schildwachen zu tun pflegen, so ist es auch geboten, daß du dich für den Besuch bereithältst, der sich nicht ankündigt, aber für einen Augenblick dein Auge und Ohr hell macht und dein trauriges Besenkehren in eine Kulthandlung verwandelt, die sich nicht in Worte fassen läßt.

Jedes Herzklopfen, jedes Leid, jedes Verlangen, jede Schwermut am Abend, jede Mahlzeit, jede Mühe bei der Arbeit, jedes Lächeln, jede Müdigkeit im Laufe des Tages, jedes Erwachen, jedes Wohlbehagen beim Einschlafen – sie alle erhalten ihren Sinn durch den Gott, der durch sie hindurch zu lesen ist.
Ihr werdet nichts finden, wenn ihr seßhaft werdet und den Glauben hegt, ihr selber wäret ein fertiger Vorrat unter euren Vorräten. Denn es gibt keinen Vorrat, und wer aufhört zu wachsen, der stirbt.

193

Denn deine Gleichheit stürzt dich ins Verderben. Du sagst: diese Perle soll unter alle verteilt werden. Ein jeder Taucher hätte sie finden können.
Und das Meer ist nicht mehr voller Zauber, nicht mehr ein Quell der Freude und ein Wunder des Schicksals. Und wenn dieser oder jener darin taucht, ist das nicht mehr das Zeremoniell eines Wunders oder voller Zauber wie ein sagenhaftes Abenteuer, um jener schwarzen Perle willen, die im vergangenen Jahre von einem anderen gefunden wurde.
Ich aber möchte, daß du dich das ganze Jahr über einschränkst und dir Entbehrungen auferlegst, um für das Fest zu sparen, das einzig ist und dessen Sinn nicht im langen Feiern liegt – denn das Fest währt nur eine Sekunde: das Fest ist Aufblühen, Sieg, Besuch des Fürsten –, dessen Sinn es vielmehr ist, dein ganzes Jahr mit Vorfreude und Erinnerung an den Lohn zu erfüllen; denn schön ist nur der Weg zum Meer hin. Und du bereitest das Nest im Hinblick auf ein Ausschlüpfen, das nicht von gleicher Beschaffenheit ist wie das Nest. Und du leidest im Kampf im Hinblick auf einen Sieg, der nicht von gleicher Beschaffenheit ist wie der Kampf. Und du rüstest dein Haus das ganze Jahr über für den Fürsten. Zugleich auch ist es mein Wunsch, daß du nicht alle Menschen gleichmachst im Namen einer eitlen Gerech-

tigkeit, denn du wirst die Alten nicht den Jungen gleichmachen können, und deine Gleichheit wird allezeit hinken. Und mit deiner Aufteilung der Perle wirst du keinem etwas geben. Ich möchte vielmehr, daß du dich deines mageren Anteils begibst, damit der Mann, der die ganze Perle fand, mit strahlendem Lächeln heimgehen und seiner Frau, wenn sie ihn fragt, sagen kann: »Rat einmal!« Dann wird er ihr seine geschlossene Faust hinhalten, um ihre Neugier zu reizen, und sich im stillen eines Glückes freuen, das zu verbreiten in seiner Macht steht, wenn er nur eben die Hand öffnet...

Und alle sind reicher geworden. Denn es ist nun erwiesen, daß das Durchwühlen des Meeres noch etwas anderes ist als eine bloße Elendsarbeit. So lehren dich auch die Liebessagen, die meine Erzähler dir vorsingen, Geschmack zu finden an der Liebe. Und die Schönheit, die sie preisen, bezaubert und verschönt alle Frauen, und eine jede verbirgt vielleicht insgeheim den seltenen Schatz einer wunderbaren Perle, gleichwie das Meer.

Und so wirst du dich nie mehr einer von ihnen nähern, ohne daß dir ein wenig das Herz klopft, genau wie die Taucher im Korallengolf, wenn sie sich dem Meere vermählen.

Du bist ungerecht gegen den Alltag, während du das Fest vorbereitest, doch das künftige Fest erfüllt den Alltag mit seinem Duft, und du bist reicher dadurch, daß es kommen wird. Du bist ungerecht gegen dich selber, wenn du nicht die Perle des Nachbarn aufteilst; doch die Perle, die ihm zufällt, wird deinen künftigen Tauchversuchen ihr Licht spenden, gleichwie der Brunnen, von dem ich dir sprach und der inmitten der fernen Oase rinnt, die ganze Wüste bezaubert.

Ach, deine Gerechtigkeit verlangt, daß die Tage den Tagen und die Menschen den Menschen gleichen. Wenn deine Frau keift, kannst du sie verstoßen und eine andere erwählen, die nicht keift. Denn du bist ein Schrank, der für Geschenke bestimmt ist, und du hast das deine nicht empfangen. Ich aber möchte der Liebe Dauer verleihen. Nur dort gibt es Liebe, wo die Wahl unwiderruflich ist, denn man muß Grenzen haben, um werden zu können. Und die Freude am Hinterhalt und an der Jagd und an der Beute ist anderer Art als die Freude an der Liebe. Denn dann besteht dein Sinn darin, Jäger zu sein. Die Frau aber hat den Sinn, dir als Beute zu dienen. Ist sie erst einmal erbeutet, so taugt sie nichts mehr, denn sie hat ihren Zweck erfüllt. Was kümmert den Dichter das geschriebene Gedicht? Sein Sinn besteht darin, weiter zu schaffen. Doch wenn ich hinter der Ehe deines Hauses die Tür geschlossen habe, mußt du wohl oder übel über solch einen Sinn hinausgehen. Du hast den Sinn, Ehemann zu sein. Und die Frau soll Ehefrau sein. Ich habe das Wort mit tieferer Bedeutung erfüllt, und dir ist ernst ums Herz, wenn du sagst: »meine Frau ...« Doch du entdeckst andere Freuden. Und freilich auch andere Leiden. Sie aber sind Voraussetzung deiner Freuden. Du kannst sterben für diese Frau, da sie dir gehört, so wie du ihr gehörst. Du stirbst nicht für deine Beute. Und deine Treue ist die Treue des Gläubigen und nicht des erschöpften Jägers. Dessen Treue ist anderer Art und verbreitet Langeweile, nicht Licht.

Und gewiß gibt es Taucher, die die Perle nicht finden werden. Es gibt auch Menschen, die in dem Bett, das sie sich erwählt haben, nur Bitterkeit finden. Aber das Elend der ersteren ist Voraussetzung für den Glanz des Meeres. Dieser Glanz hat Geltung für alle, auch für die, die nichts gefunden haben. Und das Elend der zweiten ist Voraussetzung für den Glanz der Liebe, der für alle Geltung hat, auch für die, die unglücklich sind. Denn der Wunsch, die Sehnsucht, die Schwermut, die nach Liebe streben, sind mehr wert als der Frieden des Herdenviehs, dem die Liebe fremd ist. So wie du dich inmitten der Wüste, wo du an Durst und an Dornen leidest, lieber nach Brunnen sehnst, statt sie zu vergessen.

Denn darin liegt das Geheimnis, dessen Verständnis mir vergönnt wurde. So wie du das begründest, womit du dich abgibst, magst du nun dafür oder dagegen kämpfen – darum bist du ein schlechter Kämpfer, wenn du nur aus Haß gegen den Gott deines Feindes kämpfst, und du mußt, um den Tod zu bejahen, vor allem um der eigenen Liebe willen kämpfen –, genauso wirst du durch eben das erleuchtet, genährt und gestärkt, was du ersehnst, herbeiwünschst oder beweinst, ebensosehr wie durch deine Beute. Und die Mutter mit dem zerfurchten Gesicht, in dem die Trauer ihren Sinn fand und zum Lächeln wurde – sie lebt von der Erinnerung an ihr totes Kind.

Wenn ich dir die Voraussetzungen der Liebe zerstörte, um dich nicht unter ihr leiden zu lassen – was hätte ich dir dann geschenkt? Ist eine Wüste ohne Brunnen für jene angenehmer, die die Spur verloren haben und an Durst sterben?

Und du sollst wissen, daß der Brunnen, wenn er richtig besungen wurde und in dein Herz eingegangen ist, dir einmal, wenn du dich schon dem Sande vermählt hast und dich anschickst, deine Hülle abzulegen, ein ruhigeres Wasser spenden wird, das nicht von den Dingen, sondern vom Sinn der Dinge herrührt; und ich werde dir noch ein Lächeln zu entlocken wissen, wenn ich dir vom sanften Gesang der Brunnen erzähle.

Wie solltest du mir nicht folgen? Ich bin dein Sinn. Mit einer Sehnsucht verzaubere ich deine Wüste. Ich öffne dir die Liebe. Aus einem Duft bilde ich ein Reich.

194

Ich will dir die Augen öffnen, denn du täuschst dich über das Zeremoniell. Du hältst es für eine willkürliche Anordnung oder eine zusätzliche Verzierung. Du meinst, ein Liebender werde durch die Regeln belästigt, als wenn sie von einem ein wenig launischen Gott herrührten, der sie nur zu dem Zwecke erließ, um dich – bestenfalls – nach der einen Seite zu begünstigen und auf der anderen einzuengen, so wie es bei einem ewigen Leben der Fall sei, das eine Verstümmelung des Gefühlslebens verlange. In Wahrheit bewirken aber die Regeln, daß du dieser Mensch oder ein anderer bist, und sie formen dich zugleich, während sie dich belästigen, denn wenn du existierst, triffst du auf Grenzen, und der Baum nimmt die Gestalt an, die den Kraftlinien seines Samenkorns entspricht. Ich aber sagte es dir schon von dem Bild, wenn es schön ist: es ist Blickpunkt und Gefallen an den Dingen. Und von einem bestimmten Blickpunkt aus hegst du andere Gedanken über die Mahlzeit, über die Rast, über das Gebet, über das Spiel und über die Liebe. Ich kenne keine Schubfächer, denn du bist nicht eine Summe einzelner Stücke, sondern eine Einheit, die alles beherrscht, und du bist nicht teilbar. Und wenn ich in dem Gesicht aus Stein, das mein Bildhauer gemeißelt hat, die Nase verändere, muß ich auch das Ohr verändern oder, genauer gesprochen, ich habe dadurch seine ganze Macht und zugleich auch die Wirkung des Ohres verändert. Wenn ich dir also einmal im Jahr auferlege, dich angesichts der Wüste niederzuwerfen, damit du darin die singende Oase ehrst, die sie in ihren Falten birgt, wirst du ihr Geheimnis in der Frau oder in der Arbeit oder im Hause wiederfinden. So habe ich dich, da ich dir einen Sternenhimmel schenkte, in deinen Beziehungen zu dem Sklaven, zum König, zum Tod verändert. Du bist die tragende Wurzel des Blattwerks, und wenn ich dich in der Wurzel verändere, verändere ich auch dein Blattwerk. Und ich habe nicht gesehen, daß Menschen durch Argumente der Logiker verwandelt worden wären; ich habe nicht gesehen, daß sie sich durch die Eindringlichkeit des schielenden Propheten von Grund auf bekehrt hätten. Doch weil ich mich kraft eines Zeremoniells an ihren Wesenskern wandte, habe ich sie meiner Einsicht geöffnet.

Du beanspruchst die Liebe im Widerspruch zu den Regeln, die sie untersagen. Und diese Regeln haben die Liebe begründet.

Und die Schwermut, die dich befällt, weil du keine Liebe verspürst – eine Schwermut, die du den Regeln verdankst –, siehe, sie ist schon die Liebe.

Das Verlangen nach Liebe ist Liebe. Denn du könntest nichts verlangen, was dir nicht schon zur Empfindung wurde. Und dort, wo die Brüder nicht geliebt sind, fehlt es an einem Gefüge oder am Brauch, die der Rolle des Bruders einen Sinn geben – und wie könntest du auf Grund einer zufälligen

Tischgemeinschaft lieben? Ich habe nicht bemerkt, daß jemand darüber Bedauern empfunden hätte, weil er seinen Bruder nicht stärker liebte. Du bedauerst die empfundene Liebe und die Frau, die dich verläßt; aber keine gleichgültige Vorübergehende wird dich dazu bringen, daß du voller Verzweiflung ausrufst: »Ich wäre glücklich, wenn ich sie liebte...«

Wenn du die Liebe beweinst, besagt dies, daß die Liebe geboren wurde. Und ohne Zweifel lassen dich die Regeln erkennen, wenn sie die Liebe begründen, daß du die Liebe beweinst; du aber glaubst, die Liebe könne dich außerhalb der Regeln begeistern, während dir diese doch ganz einfach, indem sie die Liebe begründen, deren Freuden und Qualen darbieten: so läßt dir auch das Vorhandensein eines Brunnens im Palmenhain den trockenen Sand grausam erscheinen, und gewiß geht für dich das Fehlen des Brunnens Hand in Hand mit dem Vorhandensein von Brunnen. Denn du beweinst nicht, was du nicht zu empfinden vermagst. Indem ich Brunnen baue, baue ich zugleich ihr Fehlen mit. Und wenn ich dir Diamanten anbiete, begründe ich zugleich die Armut an Diamanten. Und das Geschenk der schwarzen Perle, die einmal im Jahr geerntet wird, zeitigt unnütze Tauchversuche. Und so erscheint dir das Geschenk der schwarzen Perle als Vergewaltigung, Raub und Ungerechtigkeit, und du zerstörst sie, indem du ihre Macht aufspaltest. Es wäre aber nichts weiter nötig gewesen als Verstehen, denn dadurch, daß sie existiert, selbst dann, wenn sie für einen anderen bestimmt ist, bist du selbst reicher als durch die einförmige Leere der Meere.

Sie haben ihr Elend begründet, da sie Gleichheit der Raufen in ihrem Stall verlangten. Und forderten, daß man ihnen diene. Und wenn du in ihnen die Menge ehrst, begründest du in ihnen die Menge. Doch wenn du in ihnen den Menschen ehrst, begründest du in ihnen den Menschen, und so siehst du sie auf dem Wege der Götter.

Es bereitet mir Sorge, daß sie ihre Wahrheit umgestoßen haben, da sie sich der Einsicht gegenüber blind zeigten, die besagt, daß die Voraussetzung für die Entstehung des Schiffes, also das Meer, dem Schiff Widerstand entgegensetzt und daß die Voraussetzung für die Liebe der Liebe Widerstand leistet, und daß die Voraussetzung deines Aufstiegs den Aufstieg hemmt. Denn es gibt keinen Aufstieg ohne Anstrengung und Beschwernis.
Jene aber sagen: »Unser Aufstieg ist gehemmt!..« Sie zerstören dir seine Hindernisse, und ihre Weite hat keine Steigung mehr. Und so sind sie nichts als ein Jahrmarktshaufen, da sie den Palast meines Vaters zerstörten, in dem alle Schritte einen Sinn hatten.

Deshalb siehst du, wie sie sich über die geistige Nahrung Gedanken machen, die man den Menschen geben müsse, um ihren Geist zu beleben und ihr Herz zu veredeln. Sie haben die Menschen in Unordnung gebracht, indem sie sie an der Raufe nährten, haben sie sie in seßhaftes Vieh verwandelt; und da sie doch aus Liebe zum Menschen handelten, denn sie wollten ihn zu Adel, Einsicht und Größe befreien, müssen sie sich nun notwendig darüber entsetzen, daß Geist und Herz stumpf geworden sind. Doch was können sie mit einem solchen Haufen anfangen? Sie werden ihnen die Galeerenlieder vorsingen, um sie zu erschüttern, und kraftlose Gespenster in ihnen wecken, die die Galeeren vergessen haben, aber noch aus Angst vor Schlägen unbestimmt den Rücken krümmen; so vermittelst du ihnen einen unbestimmten Eindruck von den Worten des Gedichtes. Seine Macht aber wird immer geringer werden. Sie werden bald das Lied der Galeeren hören, ohne noch die vergessenen Schläge zu empfinden; so wird der Frieden des Stalles nicht mehr gestört sein, denn du hast dem Meer seine Macht entzogen. Wenn du dich dann denen gegenübersiehst, die ihren Fraß wiederkäuen, wird dich die Angst befallen, da du nachdenkst über den Sinn des Lebens und die geheimnisvollen Aufschwünge des Geistes, der nun tot ist. Und du wirst deinen verlorenen

Zweck suchen, wie wenn er ein Gegenstand unter anderen wäre. So wirst du ein Lied über die Nahrung ersinnen und dich durch den Kehrreim: »Ich esse ...« heiser schreien, ohne daß es dem Geschmack des Brotes etwas hinzufügte. Du begreifst ja nicht, daß es nicht darum geht, einen Gegenstand von anderen Gegenständen zu unterscheiden oder ihn inmitten der anderen zu preisen, denn das Wesen des Baumes versteckt sich nicht irgendwo im Baum, und wer nur sein Wesen malen möchte, wird nichts malen.

Es kann nicht überraschen, daß du bei der Suche nach einer Kultur der Seßhaften ermattest, denn das gibt es nicht.

Die Kultur schenken, sagte mein Vater, heißt den Durst schenken. Das übrige wird von selber kommen. Du aber versorgst gemästete Bäuche mit fertigen Einheitsgetränken.
Die Liebe ist ein Ruf nach Liebe. So ist es auch mit der Kultur. Sie beruht auf dem Durst selber. Wie aber soll man den Durst pflegen?
Du beanspruchst nur die Voraussetzungen deiner Fortdauer. Einer, den der Alkohol geformt hat, erhebt Anspruch auf Alkohol. Nicht, daß ihm der Alkohol von Nutzen wäre – denn er stirbt daran. Einer, den deine Kultur geformt hat, erhebt Anspruch auf deine Kultur. Es gibt nur den Instinkt der Fortdauer. Dieser Instinkt ist stärker als der Lebenstrieb.
Denn ich habe viele gesehen, die den Tod dem Leben vorzogen, wenn sie ihr Dorf verlassen mußten. Und du hast es sogar an den Gazellen oder den Vögeln gesehen, die sich dem Tod überlassen, wenn du sie einfängst.
Und wenn man dich deiner Frau, deinen Kindern, deinen Bräuchen entreißt oder in der Welt das Licht auslöscht, von dem du lebtest – denn selbst in der Tiefe eines Klosters strahlt es noch –, kann es sein, daß du daran stirbst.
Wenn ich dich dann vom Tode retten will, genügt es, daß ich dir ein geistiges Reich ersinne, wo deine Liebste gleichsam aufbewahrt wird, um dich zu empfangen. So lebst du weiter,

denn deine Geduld ist unbegrenzt. Das Haus, aus dem du stammst, hilft dir in deiner Wüste, obwohl es fern ist. Die Liebste hilft dir, obwohl sie fern ist und obwohl sie schläft.
Doch du erträgst es nicht, wenn sich ein Knoten auflöst und die Gegenstände wirr durcheinandergeraten. Und du stirbst, wenn deine Götter sterben. Denn du lebst von ihnen. Und du kannst allein von dem leben, woran du sterben kannst.
Wenn ich eine erhabene Empfindung in dir wachrufe, wirst du sie von Geschlecht zu Geschlecht weitergeben. Du wirst deine Kinder lehren, jenes Gesicht durch die Dinge hindurch zu lesen, ebenso wie du das Landgut durch die Bestandteile des Landgutes hindurch liest – jenes Gesicht, das allein zu lieben ist.
Denn du würdest nicht für die Bestandteile sterben. Sie stehen nicht in deiner Schuld – denn du bist nur Weg und Durchgang –, sondern in der des Landguts. Und du unterwirfst sie ihm. Wenn aber ein Landgut geworden ist, so wirst du zu sterben bereit sein, um seine Unversehrtheit zu schützen.
Du wirst für den Sinn des Buches sterben, nicht aber für dessen Tinte und Papier.
Denn du bist ein Knoten, der Beziehungen verknüpft, und deine Identität beruht nicht auf diesem Gesicht, diesem Fleisch, diesem Besitz, diesem Lächeln, sondern auf einem bestimmten Bauwerk, das sich mit deiner Hilfe aufgebaut hat, auf der Erscheinung eines bestimmten Gesichtes, das von dir stammt und dich begründet. Seine Einheit wird mit deiner Hilfe verknüpft, aber als Gegengabe gehst du aus ihm hervor.
Selten nur kannst du davon sprechen: es gibt keine Worte, es einem anderen zu übermitteln. So auch mit deiner Liebsten. Wenn du mir ihren Namen sagst, haben diese Silben nicht die Macht, die Liebe auf mich zu übertragen. Du mußt sie selber mir zeigen. Und das gehört zum Bereich der Handlungen. Nicht der Worte.
Aber du kennst die Zeder. Und wenn ich sage »eine Zeder«, übertrage ich ihre Majestät auf dich. Denn man hat dich er-

weckt für die Zeder, die mehr ist als Stamm, Zweige, Wurzeln und Blattwerk.
Um die Liebe zu stiften, kenne ich kein anderes Mittel, als dich der Liebe zu opfern. Sie aber empfangen ihren Fraß auf ihrer Streu; welches sind ihre Götter?
Du gedenkst sie zu stärken, indem du sie mit Geschenken mästest, aber sie sterben daran. Du kannst nur von dem leben, was du verwandelst und woran du täglich ein wenig stirbst, da du dich dagegen austauschst.
Meine alten Weiblein wissen es wohl, die sich durch die Spiele ihrer Nadeln die Augen abnutzen. Du rätst ihnen, ihre Augen zu schonen. Und ihre Augen versagen ihren Dienst. Du hast ihren Austausch zerstört.
Wogegen aber sollten sich diejenigen austauschen, die du zu sättigen gedenkst?
Du kannst den Durst nach Besitz erzeugen, doch der Besitz ist nicht Austausch. Du kannst einen Durst erzeugen, der danach dürstet, gestickte Stoffe aufzuhäufen. Doch du erzeugst nur die Seele eines Warenlagers. Wie vermöchtest du jenen Durst zu erzeugen, der danach dürstet, die Augen durch die Spiele der Nadeln zu verbrauchen? Denn dieser Durst allein ist der Durst nach dem wahrhaften Leben.
Ich aber habe im Schweigen meiner Liebe meine Gärtner und meine Wollspinnerinnen genau beobachtet. Ich habe bemerkt, daß ihnen wenig geschenkt wurde und daß man viel von ihnen verlangte.
Als beruhte auf ihnen das Schicksal der Welt.
Ich will, daß jede Schildwache für das ganze Reich verantwortlich sei. Und ebenso, daß der Mann verantwortlich sei, der am Eingang des Gartens über die Raupen wacht. Und die Frau, die das goldene Meßgewand näht, verbreitet vielleicht nur ein schwaches Licht, aber sie schmückt ihren Gott, und ein Gott, der schöner geschmückt ist als am Abend zuvor, spendet ihr seinerseits seinen Glanz.
Ich weiß nicht, was die Erziehung des Menschen für eine Bedeutung haben sollte, wenn es nicht darum ginge, ihn durch die Dinge hindurch Gesichte lesen zu lehren. Ich lasse die

Götter fortdauern. Desgleichen die Freude am Schachspiel. Ich erhalte sie, indem ich die Regeln erhalte; du aber willst ihnen Sklaven liefern, die für sie die Schachpartie gewinnen sollen.
Du willst Liebesbriefe verschenken, da du beobachtest hast, daß manche weinten, wenn sie sie empfingen, und du wunderst dich, daß du ihnen keine Tränen entlockst.
Es genügt nicht, daß du Geschenke hingibst, du hättest ihren Empfänger heranbilden müssen. Für die Freude am Schachspiel hättest du den Spieler heranbilden müssen. Für die Liebe hättest du den Durst nach Liebe heranbilden müssen. So gilt es, zunächst den Altar zu errichten, um den Gott zu empfangen. Ich aber habe das Reich im Herzen meiner Schildwachen aufgebaut, indem ich sie zwang, auf den Wällen ihre hundert Schritte abzuschreiten.

195

Ein vollkommenes Gedicht, das sich in Handlungen äußert und dich mit allem, was du bist, bis auf die Muskeln vollständig in Anspruch nimmt. So ist mein Zeremoniell.

Schwache Echos, flüchtige Regungen, die ich durch Worte, denen Macht innewohnt, in dir verknüpfe. Ich ersinne das Spiel der Galeeren. Du bist freudig bereit, daran teilzunehmen und ein wenig den Rücken zu krümmen.

Aber die Regeln, aber die Riten, aber die Verpflichtungen, die Errichtung des Tempels, aber das Zeremoniell der Tage: siehe, hier wird etwas anderes wirksam.

Die Schrift war es, die dich dazu bekehrt hat, indem sie dich dazu brachte, dich so unzulänglich zu erkennen, wie du geworden warst, und zu hoffen.

Und freilich kannst du, ebenso wie du mich einmal zerstreut liest, ohne etwas zu empfinden, auch das Zeremoniell über dich ergehen lassen, ohne zu wachsen. Und dein Geiz kann sich beliebig in der Großzügigkeit des Rituals einnisten.

Ich aber trachte nicht danach, dich zu jeder Stunde anzuleiten, ebensowenig wie ich etwa von meiner Schildwache erwarte, daß sie in jedem Augenblick mit Inbrunst für das Reich erfüllt sei. Mir genügt es, wenn das bei einer unter vielen der Fall ist. Und von dieser verlange ich nicht, daß sie jeden Augenblick voller Inbrunst sei, sondern daß sie, wenn sie für gewöhnlich von der Stunde der Suppe träumt, wie ein Blitz die Erleuchtungen der Schildwache in sich aufnimmt; ich weiß nur zu gut, daß der Geist schläft und nicht ständig zu sehen vermag – sonst würde dieses Feuer die Augen versengen –, daß aber das Meer durch die einstmals gefundene schwarze Perle, das Jahr durch das einzige Fest und das Leben durch die Vollendung im Tod ihren Sinn erhalten.

Und es kümmert mich wenig, daß mein Zeremoniell bei denen, deren Herz verkümmert ist, einen verkümmerten Sinn annimmt. Im Laufe meiner Eroberungen habe ich beobachtet, daß die schwarzen Völkerstämme und mit ihnen aus schmutziger Gier der Zauberer, der sie kennt, irgendeinen grün bemalten Holzstock mit ihren Gaben überhäufen.
Was kümmert es mich, daß der Zauberer seine Rolle unterschätzt! Der Daumen des Bildhauers erschafft das Leben.

196

Da verlangt einer Dankbarkeit: er hat für die anderen dies oder jenes getan ... Aber es gibt ebensowenig ein Geschenk, das sich ernten ließe, wie einen fertigen Vorrat. Dein Geschenk ist Kreislauf zwischen dem einen und dem anderen. Wenn du nicht mehr schenkst, hast du überhaupt nichts geschenkt. Du wirst mir sagen: »Gestern habe ich mich verdient gemacht, und ich hüte diesen Gewinn.« Und ich werde antworten: Nein! Gewiß wärest du im Besitz dieses Verdienstes gestorben, wenn du gestern gestorben wärest, aber du bist nicht gestern gestorben. Das allein zählt, was du in der Sterbestunde geworden bist. Aus dem Freigebigen, der du gestern warst, hast du den Geizhals gemacht, der du heute bist. Der Mann, der sterben wird, wird ein Geizhals sein.

Du bist Wurzel eines Baumes, der von dir lebt. Du bist an den Baum gebunden. Er ist zu deiner Pflicht geworden. Doch die Wurzel sagt: »Ich habe schon zuviel Saft ausgesandt!« Dann stirbt der Baum. Kann ich der Wurzel schmeicheln, sie habe ein Recht auf die Dankbarkeit des Toten?

Wenn die Schildwache es müde wird, den Horizont zu überwachen, und einschläft, stirbt die Stadt. Es gibt keinen Vorrat schon abgeschrittener Ronden. Es gibt keinen Vorrat der Herzschläge, die dein Herz irgendwo aufspeichern könnte. Selbst dein Speicher ist nicht Vorrat. Er ist nur Zwischenstation. Und du pflügst dein Land, während du es gleichzeitig ausplünderst. Aber du täuschst dich in allen Dingen. Du bildest dir ein, du könntest dadurch von deinem Werk ausruhen, daß du die geschaffenen Gegenstände im Museum aufstapelst. Du stapelst sogar dein Volk darin auf. Doch es gibt keine Gegenstände. Es gibt verschiedene Bedeutungen, die diesem gleichen Gegenstand in verschiedenen Sprachen eigen sind. Die schwarze Perle ist nicht die gleiche für den Taucher, die Kurtisane oder den Kaufmann. Der Diamant hat einen Wert, wenn du ihn schürfst, wenn du ihn verkaufst, wenn du ihn verschenkst, wenn du ihn verlierst, wenn du ihn wiederfindest; wenn er eine Stirn für ein Fest schmückt. Ich kenne keinen gewöhnlichen Diamanten. Der alltägliche Diamant ist nur ein wertloser Kieselstein. Und die ihn verwahren, wissen es wohl. Sie verschließen ihn in der verborgensten Lade, damit er dort schlafe. Nur am Geburtstag des Königs holen sie ihn daraus hervor. Dann wird er zur Regung des Stolzes. Sie haben ihn am Hochzeitsabend empfangen. Er war Regung der Liebe. Er war einstmals ein Wunder für den Mann, als er den Gangstein sprengte, der ihn umschloß.

Die Blumen haben Wert für die Augen. Doch die schönsten sind die, mit denen ich das Meer geschmückt habe, um die Toten zu ehren. Und niemand wird sie je anschauen.
Da spricht einer im Namen seiner Vergangenheit. Er sagt mir: »Ich bin der Mann, der...« Ich bin also bereit, ihn zu ehren, vorausgesetzt, daß er gestorben ist. Aber vom einzigen wahrhaften Mathematiker, meinem Freunde, habe ich niemals gehört, daß er sich mit seinen Dreiecken gebrüstet hätte. Er war Diener von Dreiecken und Gärtner eines Gartens von Zeichen. Eines Nachts sagte ich ihm: »Du kannst stolz sein auf deine Arbeit, du hast den Menschen viel geschenkt...« Er schwieg erst, dann antwortete er mir:
– Es geht nicht um Schenken; ich verachte den, der schenkt oder empfängt. Wie sollte ich die unersättliche Begierde des Fürsten verehren, der die Geschenke für sich beansprucht! Und ebenso jene, die sich verschlingen lassen. Auf diese Weise verneint die Größe des Fürsten ihre eigene Größe. Es gilt zwischen dem einen und dem anderen zu wählen. Doch den Fürsten, der mich erniedrigt, verachte ich. Ich gehöre zu seinem Hause, und er ist es mir schuldig, mich wachsen zu lassen. Und wenn ich wachse, lasse ich meinen Fürsten wachsen.
Was habe ich den Menschen geschenkt? Ich bin einer von ihnen. Ich bin der Teil von ihnen, der über die Dreiecke nachdenkt. Durch mich haben die Menschen über die Dreiecke nachgedacht. Durch sie habe ich jeden Tag mein Brot gegessen. Und die Milch ihrer Ziegen getrunken. Und aus dem Leder ihrer Rinder mein Schuhwerk erhalten.
Ich schenke den Menschen, aber ich empfange alles von ihnen. Worauf beruht der Vorrang des einen über den anderen? Wenn ich mehr schenke, empfange ich mehr. Ich bewirke dann, daß ich einem edleren Reiche angehöre. Du siehst es deutlich an deinen gewöhnlichsten Geldleuten. Sie können nicht von sich selber leben. So beladen sie eine Kurtisane mit ihrem Vermögen an Smaragden. Sie strahlt deren Glanz aus. Fortan gehören sie diesem Glanz. Sie sind nun befriedigt, daß sie so schön leuchten. Und doch sind sie arm: sie gehören

nur einer Kurtisane. Ein anderer hat alles dem König geschenkt. »Wem gehörst du?« »Ich gehöre dem König.« Siehe, dieser ist es, der wahrhaft erstrahlt.

197

Ich habe einen Menschen gekannt, der nur sich selbst gehörte, denn er verachtete sogar die Kurtisanen. Ich habe dir schon von jenem Minister mit dem feisten Bauch und den schweren Augenlidern gesprochen, der mich verraten hatte und in der Stunde der Folter seinen Verrat abschwor und falsche Eide leistete, womit er an sich selbst Verrat beging. Und warum hätte er nicht den einen wie den anderen verraten sollen? Wenn du einem Hause, einem Landgute, einem Gotte, einem Reiche angehörst, wirst du durch dein Opfer das retten, dem du angehörst. Das gilt auch von dem Geizhals, der einem Schatze gehört. Er hat aus einem seltenen Diamanten sich seinen Gott gemacht. Er wird im Kampf gegen die Räuber sterben. Aber nicht so jener mit dem feisten Bauch. Er betrachtet sich als Götzenbild. Seine Diamanten gehören ihm und ehren ihn – aber er gehört nicht ihnen. Er ist Grenzstein und Mauer und nicht Weg. Und im Namen welches Gottes wird er sterben, wenn du ihn nunmehr beherrschst und ihn bedrohst? Es ist nichts in ihm als Bauch. Die Liebe, die sich zur Schau stellt, ist gemeine Liebe. Der Liebende sinnt nach über seinen Gott und verkehrt mit ihm im Schweigen. Der Zweig hat seine Wurzel gefunden. Die Lippe hat ihre Brust gefunden. Das Herz gibt sich dem Gebet hin. Ich habe nichts zu schaffen mit der Meinung eines anderen. Verbirgt doch sogar der Geizhals seinen Schatz vor allen anderen.

Die Liebe schweigt. Aber die Feistheit ruft die Trommeln herbei. Was ist eine Feistheit, die sich nicht zur Schau stellt? Was ist ein Götzenbild ohne Anbeter? Das Bildnis aus gemaltem Holz ist nichts, wenn es unter Gerümpel im Schuppen schlummert.

Mein Minister mit dem feisten Bauch und den schweren Augenlidern pflegte zu sagen: »Mein Landgut, meine Herden, meine Paläste, meine goldenen Kandelaber, meine Frauen.« Er mußte ja existieren. Dem Bewunderer, der sich vor ihm zu Boden warf, gab er reiche Geschenke. So erkennt auch der Wind, der weder Gewicht noch Geruch hat, daß er existiert, wenn er das Korn durchweht. »Ich bin«, denkt er, »weil ich die Halme niederbeuge.«
Mein Minister fand denn auch nicht nur Gefallen an der Bewunderung, sondern ebensosehr am Haß. Er stieg ihm in die Nase als ein Beweis seiner eigenen Person. »Ich bin, da ich sie zum Weinen bringe.« Deshalb fuhr er wie ein Wagen über den Leib des Volkes hinweg.
Und es war nichts als ein Wind gemeiner Worte in ihm, die einen Schlauch aufblähten. Denn damit du existierst, muß der Baum aufwachsen, dem du zugehörst. Du bist nur Beförderung, Weg und Durchgang. Ich will deinen Gott sehen, wenn ich an dich glauben soll. Und mein Minister war nur eine Grube für die Aufstapelung von Baustoffen.
Deshalb hielt ich ihm folgende Rede:
– Da ich dich so lange sagen hörte: »Ich ..., ich ..., ich ...«, habe ich mich in meiner Güte der Einladung deiner Trommeln zugekehrt und habe dich angeschaut. Ich habe nichts als ein Warenlager gesehen. Was nützt dir sein Besitz? Du bist Magazin oder Schrank, aber weder nützlicher noch wirklicher als ein Schrank oder ein Magazin. Es behagt dir, wenn man sagt: »Der Schrank ist voll«, aber wer ist er?
Was wird sich dadurch im Reich verändern, wenn ich deinen Kopf abschlagen lasse, um deine Fratze loszuwerden? Deine Truhen werden an Ort und Stelle bleiben. Was hast du deinen Reichtümern geschenkt, das ihnen fehlen könnte?
Jener mit dem feisten Bauch verstand meine Frage nicht, doch da er sich zu beunruhigen begann, atmete er schwer. Ich fuhr daher fort:
– Glaube nicht, daß ich mir um einer Gerechtigkeit willen, die sich schwer bestimmen läßt, Sorgen mache. Der Schatz ist schön, der in deinen Gewölben lagert, und nicht er gibt

mir ein Ärgernis. Gewiß hast du das Reich ausgeplündert. Aber auch das Samenkorn plündert den Boden aus, um den Baum hervorzubringen. Zeige mir den Baum, den du aufgebaut hast!

Ich nehme keinen Anstoß daran, wenn das wollene Gewand oder das Weizenbrot als Abgabe vom Schweiße des Hirten oder des Landmannes erhoben werden, damit ein Bildhauer etwas zum Anziehen und zum Essen hat. Ihr Schweiß verwandelt sich, selbst wenn sie nichts davon wissen, in ein Antlitz aus Stein. Der Dichter plündert die Speicher aus, da er sich von den Körnern des Speichers ernährt, ohne zur Ernte beizutragen. Aber er dient einem Gedicht. Ich gebrauche das Blut der Söhne des Reiches, um Siege zu erringen. Aber ich erschaffe ein Reich, dessen Söhne sie sind. Bildwerk, Baum, Gedicht, Reich? Zeige mir, wem du dienst! Denn du bist nur Gefährt, Weg und Beförderung...

Was werde ich von deinem Verhalten erfahren haben, wenn du tausend Jahre lang immer nur »ich... ich... ich...« gesagt hast? Zu was sind die Landgüter, Edelsteine und Goldvorräte durch dich geworden? Glaube nicht, daß ich mir im Namen der Pfützen wegen der Gletscher Sorgen mache. Ich werde nicht hingehen und dem Samenkorn seine gefräßige Plünderung vorwerfen. Es ist nur ein Ferment, das man wieder vergißt, und es wird selber vom Baum ausgeplündert, den es befreit. Du hast geplündert, aber wer, dem du angehörst, plündert dich?

Schön war jene Königin aus einem fernen Königreich. Und die Diamanten aus dem Schweiße ihres Volkes wurden zu Diamanten einer Königin. Und wenn die Strolche und Vagabunden aus ihrem Land ins Ausland kamen, verspotteten sie die Strolche und Vagabunden: »Eure Königin«, sagten sie, »ist nicht mit Diamanten geschmückt! Die unsere hat die Farbe von Mond und Sternen...« Doch sieh, wie sich deine Perlen, deine Diamanten und deine Landgüter in dir vereinigen, um nichts als die Feistheit deines schweren Bauches zu preisen! Aus diesen zusammenhanglosen Baustoffen errichtest du einen Tempel, der gemein ist und in keiner Weise den

Baustoffen einen höheren Wert verleiht. Du bist der Knoten ihrer Vielfalt, und dieser Knoten löst sie auf. Die Perle, die deinen Finger schmückt, ist weniger schön als die bloße Verheißung des Meeres. Ich werde den Knoten zerhauen, der mir ein Ärgernis ist, und aus deinem Gebäude Streu und Dünger für andere Bäume bereiten. Und was sollte ich mit dir anfangen? Was sollte ich mit dem Samen eines Baumes anfangen, durch den die Erde entstellt wird, wie das Fleisch durch die Eiterbeule?

Ich wollte indes, daß man die hohe Gerechtigkeit, der ich diene, nicht mit einer mageren Gerechtigkeit verwechsle. Der Zufall, der auf einer niedrigen Tätigkeit beruht, so sagte ich mir, hat einen Schatz vereinigt, der aufgeteilt wertlos wäre. Er fördert den, der ihn besitzt, aber es kommt darauf an, daß der, der ihn besitzt, ihn fördert. Ich könnte ihn aufteilen, verteilen und in Brot für mein Volk umwandeln, doch da die Angehörigen meines Volkes zahlreich sind, werden sie durch diesen Zuwachs einer Tagesration wenig gefördert werden. Da der Baum nun einmal entstanden ist, will ich ihn, wenn er schön ist, in den Mastbaum eines Segelschiffes umwandeln, nicht aber als Holzscheite an alle verteilen, damit sie eine Stunde lang Feuerung haben. Denn eine Stunde Feuerung wird sie wenig fördern. Wenn ich ihn aber mit einem Schiff ins Meer hinaussende, werden sie alle ohne Ausnahme dadurch an Schönheit zunehmen.

Ich will aus diesem Schatz ein Bild gewinnen, an dem sich die Herzen erfreuen können. Ich will den Menschen die Freude am Wunder wiedergeben, denn es ist gut, wenn die Perlenfischer, die ärmlich leben – so schwer es auch ist, den Meeresgrund nach Perlen zu durchpflügen –, an die wunderbare Perle glauben. Eine Perle, die ein einziger einmal im Jahr findet und die dessen Schicksal verändert, macht aber reicher als ein bescheidener Zusatz zu ihrer Nahrung, der der gerechten Verteilung aller Perlen des Meeres zu verdanken wäre, denn nur jene Perle, die einzig ist, schmückt für alle den Meeresgrund.

198

Ich suchte also in meiner hohen Gerechtigkeit nach einer würdigen Verwendung der beschlagnahmten Reichtümer, denn ich rede gewiß nicht den Steinen das Wort gegen den Tempel. Wenig wäre mir daran gelegen, den Gletscher in einen Pfuhl auszugießen, den Tempel in einzelne Baustoffe aufzulösen und den Schatz dem Raube anheimzugeben. Denn der einzige Raub, dem ich Ehre erweise, ist der Raub an der Erde durch das Samenkorn, das sich hierbei selbst ausraubt, denn es stirbt daran, um des Baumes willen. Wenig wäre mir daran gelegen, einen jeglichen spärlich zu bereichern, je nach seinem Stande: durch ein Schmuckstück die Kurtisane, durch einen Scheffel Korn den Landmann, durch eine Ziege den Hirten, durch ein Goldstück den Geizhals. Denn eine solche Bereicherung ist nur kümmerlich. Es kommt mir vielmehr darauf an, die Einheit des Schatzes zu retten, damit er über allen erstrahle, wie es bei der unteilbaren Perle geschieht. Denn wenn es sich fügt, daß du einen Gott begründest, so schenkst du ihn einem jeden als Ganzes und denkst nicht daran, ihn zu zerlegen.

Hier aber regt sich dein Durst nach Gerechtigkeit:

– Erbärmlich daran, sagst du, sind der Landmann und der Hirte. Mit welchem Recht bringst du sie um das, was ihnen zusteht, im Namen eines Vorteils, den sie nicht wollen, oder irgendeines Gottes, der ihnen unbekannt bleiben wird? Ich gedenke über die Früchte meiner Arbeit selbst zu verfügen. Ich werde, wenn es mir gefällt, die Sänger davon ernähren. Ich werde, wenn es mir gefällt, für das Fest sparen. Doch mit welchem Recht willst du deine Basilika, wenn ich sie ablehne, aus meinem Schweiße errichten?

– Eitel, werde ich dir sagen, ist deine vorläufige Gerechtigkeit, denn sie hat nur Geltung für eine bestimmte Stufe. Und man muß wählen. Die Baustoffe ändern ihre Bedeutung, wenn sie von einer Stufe zur anderen übergehen. Du forderst nicht vom Boden, daß er den Wunsch haben soll, Getreide hervorzubringen, denn er wird das Getreide gar nicht gewahr. Er ist Boden, nichts sonst. Du verlangst nicht nach etwas, das du noch nicht wahrgenommen hast. Irgendeine beliebige Frau ist dir gleichgültig. Du verlangst nicht danach, sie zu lieben, obwohl diese Liebe, wenn sie dich entflammte, vielleicht dein Glück sein könnte.

Niemand bedauert es, daß er nicht den Wunsch hat, Mathematiker zu werden. Niemand bedauert dieses Nicht-bedauern, denn ein solches Verhalten wäre widersinnig. Es ist Sache des Getreides, den Sinn des Bodens zu begründen. Er wird zum Getreideboden. Desgleichen forderst du nicht vom Getreide, daß es Verlangen danach haben soll, Bewußtsein und Augenlicht zu werden. Denn es kennt weder Augenlicht noch Bewußtsein. Es ist Getreide, nichts sonst. Sache des Menschen ist es, sich zu ernähren und das aus dem Getreide gewonnene Brot in Inbrunst und Abendgebet zu verwandeln. Desgleichen fordere ich auch nicht vom Landmann, er solle den Wunsch haben, durch seinen Schweiß zum Gedicht, zur Mathematik oder zum Bauwerk zu werden, denn mein Landmann wird all das gar nicht gewahr. Er wird vielmehr sein Bemühen an die Verbesserung seines Pfluges wenden, denn er ist Landmann, nichts sonst.

Ich aber habe es abgelehnt, mich für die Steine und gegen den Tempel, für die Erde und gegen den Baum, für den Pflug des Landmannes und gegen die Erkenntnis auszusprechen. Ich achte ein jedes Werk, obwohl es sich dem Anschein nach auf Ungerechtigkeit gründet, denn du verneinst den Stein, um den Tempel zu bauen. Sollte ich aber nicht vom Tempel sagen, er sei Sinn des Steines und diene der Gerechtigkeit, wenn das Werk erst getan ist? Sollte ich nicht vom Baum sagen, er sei Aufstieg von der Erde? Sollte ich nicht von der Mathematik sagen, sie veredle den Landmann, der Mensch ist, obwohl er nichts von ihr weiß?

Ich gründe die Achtung vor dem Menschen nicht auf die sinnlose Aufteilung sinnloser Vorräte, die in einer haßerfüllten Gleichmacherei vor sich geht. Soldat und Hauptmann sind im Reich von gleichem Wert. Und ich werde sagen, daß die schlechten Bildhauer an dem Meisterwerk, das der gute Bildhauer geschaffen hat, den gleichen Anteil haben, denn sie dienten ihm als Düngererde für seinen Aufstieg. Sie waren Voraussetzung für seine Berufung. Ich werde sagen, daß der Landmann oder der Hirte an dem Meisterwerk des guten Bildhauers den gleichen Anteil haben wie dieser selbst, denn sie bilden die Voraussetzung für seine Schöpfung.

Indessen besorgt es dich noch, daß ich jenen Landmann beraube, der nichts als Gegenleistung empfängt. Und du träumst von einem Reich, in dem sich die Steinklopfer auf den Landstraßen, die Hafenarbeiter und die Lagerverwalter an Dichtkunst, Mathematik und Bildhauerei berauschen und sich freiwillig eine zusätzliche Arbeit auferlegen, um deine Dichter, deine Mathematiker und deine Bildhauer zu ernähren.

Wenn du das tust, verwechselst du den Weg mit dem Ziel. Denn gewiß habe ich den Aufstieg meines Landmannes im Auge. Gewiß wäre der schön, der sich an Mathematik berauschte. Doch da du kurzsichtig bist und die Nase allzu dicht daraufdrückst, möchtest du dein Werk während des Ablaufs eines einzigen Menschenlebens abschließen, und doch gedenkst du nichts zu unternehmen, was den einzelnen übersteigt wie die Generationen. Darin belügst du dich selber. Denn du besingst die Männer, die an Bord gebrechlicher Segelschiffe im Kampf gegen das Meer gestorben sind, wodurch sie ihren Söhnen zur Herrschaft über die Inseln verhalfen. Du besingst die Erfinder, die, ohne einen Gewinn davon zu haben, für ihre Erfindungen gestorben sind, damit andere sie vervollkommnen könnten. Du besingst die auf den Wällen geopferten Soldaten, die selber nichts empfangen haben für ihr vergossenes Blut. Du besingst sogar den Mann, der eine Zeder pflanzt, obwohl er alt ist und nichts erhofft von einem fernen Schatten.

Es gibt andere Landleute und andere Hirten, die später einmal ein Gedicht entschädigen wird. Denn das Gedicht kolonisiert langsam, und der Schatten des Baumes wird für den Sohn da sein. Es ist gut, wenn das Opfer so bald wie möglich entgolten wird, jedoch wünsche ich nicht, daß es allzu schnell

aufhöre, notwendig zu sein. Denn es ist Voraussetzung, Zeichen und Straße für den Aufstieg. Drei Jahre lang nagele ich mein Schiff und takele es auf. Weder der Geruch der Bretter noch der Lärm der Nägel entschädigen mich. Der Tag des Festes wird erst später kommen. Und es gibt Schiffe, bei denen das Auftakeln lange währt. Wenn du keine Opfer mehr zu verlangen hast, so besagt dies, daß du durch die gebauten Schiffe, die gewonnenen Erkenntnisse, die gepflanzten Bäume, die geschaffenen Bildwerke befriedigt zu sein glaubst, und daß du die Stunde für gekommen erachtest, in der du dich, um die Vorräte aufzubrauchen, als Seßhafter in einem fremden Gehäuse niederlassen möchtest.
Ich aber werde mich von da an auf den höchsten Turm begeben, um den Horizont zu beobachten. Denn die Stunde der Barbaren wird nahe sein.
Ich habe es dir gesagt: es gibt keinen fertigen Vorrat. Es gibt nur Richtung, Aufstieg und Fortschreiten auf etwas hin. Die Landleute werden die Mathematiker eingeholt haben – um ihre Freude als Gegenleistung für ihren Schweiß zu empfangen –, wenn die Mathematiker kein Werk mehr hervorbringen. Gehst du im gleichen Schritt hinter deinem Freund her, muß er seinen Gang unterbrechen, wenn er einigen Vorsprung hat und möchte, daß du ihn einholen sollst. Ich habe es dir schon gesagt: du wirst die Gleichheit finden, sobald erst das Fortschreiten nutzlos wurde; dort allein, wo die Vorräte zu etwas gut sind: in der Stunde des Todes, wenn Gott die Ernte einbringt.

Also fand ich es gerecht, den Schatz nicht aufzuteilen.

Denn es gibt nur eine Gerechtigkeit: ich werde zunächst das retten, dem du angehörst. Gerechtigkeit für die Götter? Gerechtigkeit für die Menschen? Aber der Gott gehört dir, und ich werde dich retten, sofern das möglich ist, wenn er durch deine Rettung größer wird. Doch ich werde dich nicht gegen deine Götter retten. Denn du gehörst ihnen an.
Ich werde das Kind retten und die Mutter opfern, wenn das

notwendig ist, denn zunächst gehörte es ihr. Von nun an aber gehört sie ihm. Und ich werde den Glanz des Reiches retten und den Landmann dafür opfern, so wie ich die Erde für das Korn opfere. Ich werde die schwarze Perle retten, der du angehören wirst, selbst wenn sie dir nicht zufällt, denn sie schmückt dir das ganze Meer, und ich werde dafür das lächerliche Perlenbruchstück opfern, das dir sonst gehörte und das kaum bereichern könnte. Ich werde den Sinn der Liebe retten, so daß du durch ihn existieren kannst, und dafür die Liebe opfern, die dir vielleicht wie eine Anschaffung oder ein Recht gehört, denn damit gewännest du niemals die Liebe.

Ich werde die Quelle retten, die dich tränkt, und dafür sogar deinen Durst opfern; sonst stürbest du den geistigen oder den fleischlichen Tod.

Und es ist mir ganz gleichgültig, daß sich die Worte die Zunge zeigen und daß es den Anschein hat, als gedächte ich, dir die Liebe zu gewähren, indem ich sie dir versage, und dich zum Leben einzuladen, indem ich dir den Tod auferlege, denn die Gegensätze sind Erfindung der Sprache, die das verwirrt, was sie zu erfassen glaubt. Und die Ära der großen Ungerechtigkeit beginnt, wenn du vom Menschen verlangst, er solle sich unter Todesstrafe für oder gegen etwas aussprechen.

Es dünkte mich somit gerecht, den Schatz nicht zurückzuerstatten, indem ich ihn als Schutt auseinanderstreute, damit ich der Kurtisane ihr Schmuckstück, dem Hirten seine Ziege, dem Landmann seinen Scheffel Gerste und dem Geizigen sein Goldstück wiedergeben konnte – denn sie waren dieser Dinge beraubt worden –, sondern dem Geist das zu erstatten, was dem Fleisch entzogen war. So verfährst du, wenn du deine Muskeln benutzt, um den Stein auszuhauen, und sodann – sobald erst der Sieg errungen ist – die Hände gegeneinanderschlägst, um dich von ihrem Staub zu befreien, von deinem Werk zurücktrittst, während du die Augen zusammenkneifst, damit du besser sehen kannst, ein wenig den Kopf zur Seite neigst, um endlich das Lächeln des Gottes zu empfangen wie ein Brandmal.

Freilich hätte ich der bloßen Rückerstattung einen besonderen Glanz verleihen können. Denn es ist etwas anderes, wenn du irgendein Schmuckstück, eine Ziege, einen Scheffel Gerste, ein Goldstück besitzt, die dir keinerlei Freude bereiten, als wenn du sie als Abschluß eines Festtages oder Höhepunkt eines Zeremoniells empfängst. Diese bescheidenen Dinge erhalten dann ihre Färbung als Geschenk des Königs, als Gabe der Liebe. Und ich kenne einen Mann, dem zahllose Rosenfelder gehörten und der sie lieber von der letzten Blume entblößt gesehen hätte, statt eine einzige verwelkte, in ein Stück Leinen eingenähte Rose zu verlieren, die er auf seinem Herzen trug. Doch dieser oder jener meiner Untertanen hätte sich täuschen und in seiner Torheit glauben können, er gewinne seine Freude aus dem Korn, der Ziege, dem Gold oder aus einer in ein Stück Leinen eingenähten verwelkten Rose. Und ich wünschte sie zu belehren. Gewiß hätte ich meinen Schatz in Belohnungen verwandeln können. Den siegreichen General adelst du im Angesicht des Reiches, oder auch den Mann, der dir eine neue Blume oder eine Arznei oder ein Schiff erfand. Und dies wäre ein Handel gewesen, der sich ohne weiteres als vernünftig und angemessen erwiesen hätte; so hätte er deinen Verstand befriedigt, ohne jedoch irgendeine Gewalt auf dein Herz auszuüben. Wenn ich dir einen Lohn auszahle, sobald der Monat abgelaufen ist – siehst du dann irgendeinen Glanz von ihm ausstrahlen? Daher glaubte ich mir von der Wiedergutmachung eines Unrechts, der Verherrlichung einer aufopfernden Tat oder einer Ehrung des Genies wenig versprechen zu können. Du blickst um dich; du sagst: »Gut so.« Alles ist ganz einfach in Ordnung, und so gehst du nach Hause, um dich um andere Dinge zu kümmern. Und keiner empfängt seinen Anteil am Licht, denn es ist ja ganz selbstverständlich, daß die Wiedergutmachung dem Unrecht, die Verherrlichung der Aufopferung und die Ehrung dem Genie zuteil wird. Und wenn dich deine Frau fragt, während du die Tür aufmachst: »Was gibt es Neues in der Stadt?«, wirst du ihr antworten, da du es schon vergessen hast, du habest ihr nichts zu berichten. Denn du denkst auch nicht mehr daran, zu erzählen, daß die Häuser von der Sonne beleuchtet werden oder daß der Fluß ins Meer fließt.

Ich lehnte daher den Vorschlag meines Justizministers ab, der hartnäckig von mir verlangte, ich solle die Tugend verherrlichen und belohnen, da man dadurch einerseits gerade das zerstört, was man zu feiern gedenkt, und da ich ihn anderseits im Verdacht hatte, er interessiere sich für die Tugend, wie er sich für eine Kiste wohlschmeckender Früchte interessiert hätte. Nicht, daß er besonders ausschweifend gewesen wäre; aber weil er hierbei Feingefühl zeigte und vor allem die Qualität kostete.

– Die Tugend züchtige ich, antwortete ich ihm. Und da er verdutzt schien, fuhr ich fort:

– Ich habe es dir von meinen Hauptleuten in der Wüste gesagt. Ich belohne sie für ihr Opfer im Sand durch die Liebe zum Sand, die dadurch ihr Herz erfüllt. Und indem ich sie in ihr Elend einschließe, mache ich sie reich.

Wo ist denn die Tugend deiner tugendhaften Damen zu finden, wenn sie die Krone aus goldener Pappe, den Beifall der Bewunderer und das ihnen zufallende Vermögen genießen? Die Mädchen des Freudenviertels lassen sich eine nicht so kärgliche Gabe weniger teuer von dir bezahlen.

Ich lehnte schließlich die Vorschläge der Baumeister ab. Sieh, sagten sie, du kannst diesen nutzlosen Schatz gegen einen einzigen Tempel austauschen, der der Ruhm des Reiches wäre und zu dem im Laufe der Jahrhunderte Karawanen von Reisenden mühselig hinpilgern würden.

Und freilich hasse ich das Gewöhnliche, das dir nichts gibt. Und ich achte das, was Weite und Schweigen den Menschen schenken. Nützlicher als der Besitz eines weiteren Speichers scheint mir der Besitz der Sterne am Himmel – und des Meeres –, obwohl du mir nicht zu sagen weißt, wodurch sie dein Herz erbauen. Doch in dem Elendsviertel, in dem du erstickst, wünschst du sie herbei. Sie rufen dich zu einer wunderbaren Wanderung. Was tut's, daß du sie nicht ausführen kannst! Sehnsucht nach Liebe ist Liebe. Und siehe, du bist schon gerettet, wenn du versuchst, der Liebe entgegenzuwandern.

Indessen glaubte ich nicht an solch ein Vorgehen. Du kaufst dir nicht Freude oder Gesundheit oder wirkliche Liebe. Du kaufst nicht die Sterne. Du kaufst nicht einen Tempel. Ich glaube an den Tempel, der dich ausraubt. Ich glaube an die emporwachsenden Tempel, die den Menschen ihren Schweiß abpressen. Sie entsenden ihre Apostel in die Ferne, und diese werden dir im Namen ihres Gottes das Lösegeld abverlangen. Ich glaube an den Tempel des grausamen Königs, der seinen Stolz auf den Stein gründet. Er treibt die Männer seines Landes auf seinen Bauplatz. Und die peitschenbewehrten Aufseher zwingen sie, die Steine zu karren. Ich glaube an den Tempel, der dich ausbeutet und dich verzehrt. Und dich als Gegengabe bekehrt. Nur solch ein Tempel gewährt dir ein Entgelt. Denn der Mann, der die Steine des grausamen Königs karrt, erlangt seinerseits das Recht, stolz zu sein. Du siehst ihn die Arme verschränken vor dem Bug des Granitschiffes, das die Wüste zu bedrohen beginnt im langsamen Gang künftiger Jahrhunderte. Seine Majestät gehört ihm wie allen anderen, denn sobald erst ein Gott begründet ist, verschenkt er sich ohne Einschränkung an alle. Ich glaube an den Tempel, geboren aus der Begeisterung über den Sieg. Du takelst ein Schiff auf, das der Ewigkeit entgegenfährt. Und ein jeder singt beim Bau des Tempels. Und der Tempel wird Antwort singen.

Ich glaube an die Liebe, die sich in einen Tempel verwandelt. Ich glaube an den Stolz, der sich in einen Tempel verwandelt. Und ich würde, wenn du sie mir zu bauen wüßtest, an die Tempel des Zornes glauben. Denn dann sehe ich den Baum, der seine Wurzeln in die Liebe oder in den Stolz oder in die Siegestrunkenheit oder in den Zorn hineinsenkt. Er entzieht dir deinen Saft, um sich zu nähren. Hier aber bietest du dem Ehrgeiz seiner Wurzeln nur eine elende Höhle an, mag sie auch mit Gold gefüllt sein. Ein solcher Tempel wird

nur ein Warenlager zu nähren vermögen. Ein Jahrhundert Wind, Regen und Sand wird ihn dir zum Einsturz bringen.
Da ich es somit verschmäht hatte, den Schatz der Bereicherung dienen zu lassen, es verschmäht hatte, ihn als Belohnung zu verwenden, es verschmäht hatte, ihn in ein steinernes Schiff zu verwandeln, und somit unbefriedigt blieb auf der Suche nach einem strahlenden Gesicht, das das Herz der Menschen verschönt, ging ich meines Weges, um schweigend nachzusinnen.
Er ist nur Mist und Dünger, dachte ich. Ich habe unrecht, wenn ich ihm eine andere Bedeutung abzuverlangen trachte.

199

Ich betete also zu Gott, er möge mich belehren, und er ließ mich in seiner Güte der Karawanen gedenken, die auf dem Weg zur heiligen Stadt sind, obwohl ich nicht gleich verstand, inwiefern eine Erscheinung von Kameltreibern im Sonnenlicht meine Zweifelsfrage erhellen könnte.
Ich sah dich, o mein Volk, wie du auf mein Geheiß deine Pilgerfahrt vorbereitetest. Ich habe stets die Geschäftigkeit des letzten Abends genossen wie einen einzigartigen Honig. Denn eine Expedition, die du ausrüstest, gleicht einem Schiff, das du betakelst, wenn sein Bau vollendet ist, und das bisher die Bedeutung eines Bildwerks oder eines Tempels besessen hatte – denn diese nutzen die Hämmer ab und fordern dich heraus, Erfindungen und Berechnungen zu ersinnen und die Kraft deiner Arme zu gebrauchen –, das aber jetzt die Bedeutung der Reise annimmt, denn du kleidest es für den Wind. So ist es mit deiner Tochter, die du aufgezogen und belehrt hast und deren Putzsucht du bisher bestraftest – es dämmert aber der Tag heran, an dem sie der Gatte erwartet; und da sie dir an diesem Morgen nie schön genug vorkommt, richtest du dich zugrunde, um sie mit Linnen und goldenen Armbändern zu schmücken, denn auch für dich geht es darum, ein Schiff ins Meer zu entsenden.

Wenn du nun also das Aufschichten der Vorräte, das Zunageln der Kisten, das Knüpfen der Säcke beendet hast, gehst du zwischen den Tieren einher wie ein König, streichelst das eine, zügelst ein anderes, läßt dich aufs Knie nieder, um einen Lederriemen ein wenig fester zu schnallen, und bist voller Stolz, daß du die Traglasten, sobald sie erst einmal gehißt wurden, weder nach rechts noch nach links gleiten siehst; so weißt du, daß die Tiere, die sie heftig hin und her wiegen, während sie sich schwankend fortbewegen und über die Steine stolpern und in den Marschpausen niederknien, ihre Lasten gleichwohl in einem federnden Gleichgewicht in der Schwebe halten werden, so wie der Orangenbaum im Winde schwankt, ohne die Fracht seiner Orangen zu gefährden.

Ich koste dann deine Wärme, o mein Volk, das du die Verpuppung deiner vierzig Wüstentage vorbereitest, und da ich nicht auf den Wind der Worte höre, habe ich mich nie über dich getäuscht. Denn wenn ich an den Vorabenden des Aufbruchs im Schweigen meiner Liebe einherging, während ringsum die Riemen knirschten, die Tiere grunzten und heftige Wortwechsel über den einzuschlagenden Weg oder die Wahl der Führer oder die jedem zugedachte Rolle im Gange waren, wunderte es mich nicht, daß ich euch nicht die Reise preisen, sondern ganz im Gegenteil den Bericht in den schwärzesten Farben schildern hörte, der von den Leiden der Expedition im vergangenen Jahr erzählte, von den versiegten Brunnen und den glühenden Winden und den Schlangenbissen, die im Sande wie von unsichtbaren Nerven ausgehen, und dem Hinterhalt der Wegelagerer und der Krankheit und dem Tod; ich wußte ja, daß sie alle sich dabei nur ihrer Liebe schämten.

Denn es ist gut, wenn du vorgibst, dich nicht für deinen Gott zu begeistern, und nicht von vornherein die goldenen Kuppeln der heiligen Stadt lobpreisest, denn dein Gott ist kein fertiges Geschenk, kein Vorrat, der irgendwo für dich aufbewahrt wird, sondern Fest und Krönung des Zeremoniells deiner Nöte.

Wenn sie sich nämlich von vornherein mit den Baustoffen ihrer Begeisterung abgäben, müßte ich ihnen ebenso mißtrauen wie den Erbauern des Segelschiffs, die dir zu früh von den Segeln und dem Wind und dem Meer sprechen; stünde doch zu befürchten, daß sie die Bretter und Nägel vernachlässigen könnten, so wie der Vater, der seine Tochter zu früh auffordert, ihre Schönheit zu pflegen. Ich liebe die Lobgesänge der Nagelschmiede und der Brettschneider, denn sie preisen nicht den fertigen Vorrat, der ohne Inhalt ist, sondern den Aufstieg zum Schiff. Und wenn das Schiff erst betakelt ist, wenn es durch die Reise seinen Sinn erhalten hat, möchte ich von meinen Seeleuten hören, wie sie nicht zunächst die Wunder der Insel, sondern die Gefahren besingen, mit denen das Meer sie umlagert, denn dann habe ich ihren Sieg vor Augen.

Aus ihren Leiden lesen sie selber Weg, Gefährt und Beförderung ab. Und du zeigst dich kurzsichtig und leichtgläubig, wenn dich wegen ihrer Klagen oder ihrer Flüche, mit denen sie ihr Herz begütigen, Besorgnis überkommt und du ihnen deine Süßholzraspler schickst, die die Gefahren des Durstes leugnen und ihnen von den Seligkeiten und Sonnenuntergängen der Wüste vorschwärmen. Denn das gestaltlose Glück lockt mich wenig. Doch mich beherrscht die Offenbarung der Liebe.

Die Karawane setzt sich also in Marsch. Und fortan beginnen der verborgene Stoffwechsel und das Schweigen und die blinde Nacht der Verpuppung und der Ekel und der Zweifel und der Schmerz, denn jede Wandlung ist schmerzlich. Es steht dir nicht mehr an, dich zu begeistern, du hast vielmehr treu zu bleiben, denn es ist nichts von dir zu erhoffen, da ja der Mensch, der du gestern noch warst, sterben muß.

Du wirst nur noch aus Aufschwüngen der Sehnsucht bestehen und nach der Kühle deines Hauses und nach der Silberschale verlangen, die die Stunde des Tees bei der Geliebten vor dem Liebesspiel bedeutete. Grausam wird dir sogar die Erinnerung an den Zweig erscheinen, der sich vor deinem Fenster wiegte, oder auch nur an den Hahnenschrei auf deinem Hof. Du wirst sagen: »Ich hatte ein Heim!«, denn du bist nirgends mehr zu Hause. Von neuem wird dir das Geheimnis des Esels vor Augen stehen, den du wecktest, als der Morgen graute, denn von deinem Pferd oder deinem Hund weißt du etwas, da sie dir antworten. Aber von ihm, der gleichsam in sich selber eingemauert ist, weißt du nicht, ob er auf seine besondere Weise seine Wiese, seinen Stall oder dich selber liebt. Und in der Tiefe deiner Verbannung überkommt dich das Verlangen, ihm noch einmal den Arm um den Hals zu legen oder ihm das Maul zu tätscheln, um ihn vielleicht auf dem Grunde seiner Nacht zu entzücken wie einen Blinden. Und fürwahr: wenn der Tag naht, an dem aus dem versiegten Brunnen kaum noch ein stinkender Schlamm hervorsickert, werden die Geheimnisse deines Springbrunnens dir das Herz verwunden.

So schließt sich die Verpuppung der Wüste über dir, denn vom dritten Tage an beginnen deine Schritte auf dem Pechboden, der sich vor dir ausdehnt, klebenzubleiben. Wer dir widersteht, steigert dich, und die Hiebe des Kämpfers fordern deine Gegenhiebe heraus. Doch die Wüste empfängt die Schritte, einen nach dem anderen, wie eine endlose Audienz, die deine Worte verschlingt und dich verstummen läßt. Seit Tagesanbruch mühst du dich ab, und das Kreideplateau, das den Horizont zu deiner Linken begrenzt, hat sich nicht spürbar verändert, wenn es Abend wird. Du nützt dich ab wie das Kind, das Spatenstich für Spatenstich ein Gebirge zu versetzen gedenkt. Aber es weiß nichts von seiner Mühsal. Du bist wie verloren in einer Freiheit ohne Grenzen, und schon wird deine Inbrunst erstickt. So habe ich dich, mein Volk, jedesmal im Laufe deiner Wanderungen mit Kieselsteinen genährt und mit Dornen getränkt. Ich habe dich im Nachtfrost erstarren lassen. Ich habe dich Sandstürmen ausgesetzt, die so glühend waren, daß du dich auf dem Boden niederkauern und deine Kleider über den Kopf ziehen mußtest, während dein Mund von Sand knirschte und dein Wasser nutzlos in der Sonne verdampfte. Und die Erfahrung hat mich gelehrt, daß jedes Wort des Trostes vergeblich war.

– Es wird ein Abend kommen, sagte ich dir, der einem Meeresgrunde gleicht. Der abgelagerte Sand wird in stillen Schobern schlafen. Du wirst in der Kühle auf einem harten, federnden Boden wandern. Doch als ich so zu dir sprach, schmeckte es mir nach Lüge auf der Zunge, denn ich forderte dich damit auf, dein Wesen durch Einbildung zu ändern. Und im Schweigen meiner Liebe nahm ich keinen Anstoß an deinen Beschimpfungen:

– Mag sein, Herr, daß du recht hast! Vielleicht wird Gott die Überlebenden morgen in eine Schar von Seligen verkleiden. Doch was gehen uns diese Fremdlinge an! Im Augenblick sind wir nur eine Handvoll Skorpione, eingeschlossen in einen Feuerkreis!

Und so sollte es mit ihnen stehen, Herr, Dir zum Ruhme.

Oder vielleicht erwachte auch der Nordwind in seiner nächtlichen Grausamkeit, der den Himmel reinfegte wie ein Säbelhieb. Der nackte Boden verlor seine Hitze, und die Menschen schlotterten, wie erstarrt durch die Sterne. Was konnte ich ihnen sagen?

– Es wird wieder Tag werden, und das Licht wird wiederkehren. Die Sonnenhitze wird sich sanft wie ein Blutstrom in euren Gliedern ausbreiten. Mit geschlossenen Augen werdet ihr erkennen, daß sie in euch wohnt ...

Sie aber antworteten mir:

– Vielleicht wird Gott morgen an unserer Stelle einen Garten mit glücklichen Pflanzen gedeihen lassen und ihn düngen in seiner Güte. Doch heute nacht sind wir nichts als ein Roggenfeld, das der Wind peinigt.

Und so sollte es mit ihnen stehen, Herr, Dir zum Ruhme.

Dann entzog ich mich ihrem Elend und betete also zu Gott: »Herr, es muß so sein, daß sie meine falschen Heilmittel zurückweisen. Im übrigen kümmern mich ihre Klagen wenig: ich gleiche dem Chirurgen, der das Fleisch heilt und es schreien macht. Ich kenne den Vorrat an Freude, der in ihnen eingemauert ist, obwohl ich die Worte nicht weiß, die ihn zu entriegeln vermöchten. Gewiß ist er nicht für den gegenwärtigen Augenblick bestimmt. Die Frucht muß reifen, bevor sie ihren Honig spenden kann. Wir gehen durch die Stunde ihrer Bitternis hindurch. Nichts ist in uns als saurer Geschmack. Der verrinnenden Zeit fällt die Aufgabe zu, uns zu heilen und uns in Freude zu verwandeln, Dir zum Ruhme.«

Und ich zog weiter des Weges und fuhr fort, mein Volk mit Kieseln zu speisen und mit Dornen zu tränken.

Wir aber vollendeten den Schritt, der anfangs den anderen glich und sich in nichts von den zahllosen Schritten unterschied, die schon in die Weite ausgegossen waren: den Schritt des Wunders. Das Fest krönte das Zeremoniell der Wanderung. Den Augenblick, gesegnet unter allen anderen Augenblicken, der die Puppe sprengt und ihren geflügelten Schatz in die Freiheit des Lichtes hebt.

So habe ich meine Soldaten zum Sieg geführt, durch die Mühsal des Krieges hindurch. Ich führte sie zum Licht durch die Nacht, zum Schweigen des Tempels durch das Karren der Steine, zum Widerhall des Gedichtes durch die Trockenheit der Grammatik, zum Anblick, der sich von der Höhe der Berge darbietet, durch die Felsspalten und das Geröll schwerer Steine. Wenig kümmert es mich, daß du während des Überganges Mühsal ohne Hoffnung erduldest, denn ich mißtraue dem Rausche der Raupe, die in den Flug verliebt zu sein glaubt. Es genügt, daß sie sich selber verzehrt beim Verdauen ihrer Verpuppung. Und daß du deine Wüste durchquerst.

Du verfügst nicht über die Freudenschätze, die in dir verschlossen sind, und du darfst den Zugang nicht eher entriegeln, bis daß die Stunde gekommen ist. Gewiß ist die Freude lebhaft, die dir aus dem Schachspiel erwächst, wenn der Sieg deine Findigkeit krönt, aber es steht nicht in meiner Macht, dir diese Freude außerhalb des Zeremoniells deines Spiels zu gewähren.

Deshalb möchte ich, daß du auf der Stufe, auf der du mit Brettern und Nägeln zu tun hast, die Lobgesänge der Brettschneider und Nagelschmiede, nicht aber den Lobgesang des

Schiffes singst. Denn ich biete dir die bescheidenen Siege, die das blanke Brett und der geschmiedete Nagel gewähren; sie werden dein Herz befriedigen, wenn du ihnen zunächst entgegengewandert bist. Schön ist dein Holzblock, wenn du das blanke Brett erkämpfst. Schön ist dein blankes Brett, wenn du das Schiff erkämpfst.

Ich habe einen gekannt, der sich zwar dem Zeremoniell des Schachspiels unterwarf, dabei aber verstohlen gähnte und seine Erwiderungszüge mit einer fernen Nachsicht verteilte, so wie sich einer mit hartem Herzen dazu herabläßt, die Kinder zu unterhalten.

– Sieh meine Kriegsflotte, sagt der siebenjährige Kapitän, der drei Kieselsteine vor dir aufgebaut hat.

– Wahrhaftig, eine schöne Kriegsflotte, antwortet der Hartherzige und betrachtet die Kieselsteine mit halbem Auge.

Wer es aus Eitelkeit unterläßt, das Zeremoniell des Schachspiels als wesentlich anzusehen, wird seinen Sieg nicht auskosten. Wer es aus Eitelkeit unterläßt, die Bretter und Nägel zu seinem Gott zu machen, wird das Schiff nicht erbauen.

Der Tintenkleckser, der niemals etwas bauen wird, zieht, da er zartbesaitet ist, den Lobgesang des Schiffes dem Lobgesang der Nagelschmiede und Brettschneider vor; desgleichen wird er mir, sobald das Schiff betakelt, vom Stapel gelaufen und vom Winde geschwellt ist, nicht von dem Kampf sprechen, den es unaufhörlich mit dem Meer ausficht, sondern mir schon die Insel voller Musik preisen. Sie verleiht nun zwar den Brettern und Nägeln, sodann dem Kampf mit dem Meer ihren Sinn, doch nur unter der Voraussetzung, daß du keine der aufeinanderfolgenden Wandlungen versäumst, aus denen sie hervorgehen wird. Jener aber wird von vornherein in der Fäulnis des Traums herumwaten, sobald er deinen ersten Nagel zu Gesicht bekommt, und mir von den farbigen Vögeln und den Sonnenuntergängen auf dem Korallenriff etwas vorsingen. Diese Lieder werden mich anwidern, denn ich ziehe das knusprige Brot solchen Süßigkeiten vor, und mir überdies fragwürdig erscheinen, denn es gibt regnerische Inseln, auf denen die Vögel grau sind; und

erst wenn ich die Insel erreicht habe, möchte ich, um in Liebe zu ihr zu entbrennen, den Lobgesang hören, durch den ich den grauen Himmel mit farblosen Vögeln in mein Herz schließe. Ich aber gedenke, meine Kathedrale nicht ohne Steine zu bauen, und ich dringe in ihr Wesen nur ein, wenn ich es als Krönung der Vielfalt erkenne; ich begriffe nichts von den Blumen, gäbe es nicht eine besondere Blume, die diese bestimmte Zahl von Blättern und nicht mehr oder weniger, diese bestimmte Farbenzusammenstellung und keine andere aufweist; ich habe die Nägel geschmiedet, die Bretter gesägt und die furchtbaren Schulterstöße des Meeres ausgehalten, den einen nach dem anderen. So kann ich dir nun auch die gestaltete und wesenhafte Insel besingen, die ich mit meinen eigenen Händen aus den Meeren hervorgeholt habe.
So ist es auch mit der Liebe. Was erfahre ich von ihr, wenn mir mein Tintenkleckser ihre allgemeine Fülle preist? Aber die Frau von besonderer Eigenart, sie eröffnet mir einen Weg. Sie spricht so und nicht anders. Ihr Lächeln ist so und nicht anders. Niemand gleicht ihr. Und siehe, wenn ich mich des Abends aus meinem Fenster lehne, stoße ich mich keineswegs an der besonderen Mauer, es scheint mir vielmehr, daß ich Gott dadurch entdecke. Denn du brauchst wirkliche Pfade mit gerade diesen Windungen, gerade dieser Erdfarbe und gerade diesen Rosenstöcken an ihrem Rande. Erst dann gehst du einem Ziel entgegen. Einer, der am Verdursten ist, schreitet träumend auf einen Brunnen zu. Aber er stirbt.

So ist es auch mit meinem Mitleid. Da hältst du mir einen empfindsamen Vortrag über die Qualen, die Kinder erdulden, und du ertappst mich dabei, daß ich gähne. Doch du hast mich nirgendwohin geführt. Du sagst mir: »Bei jenem Schiffbruch sind zehn Kinder ertrunken ...«, aber ich verstehe nichts von Arithmetik und könnte auch nicht doppelt soviel weinen, wenn die Zahl doppelt so groß wäre. Im übrigen geschieht es auch, daß du das Leben genießt und dich glücklich fühlst, obwohl seit Entstehung des Reiches Kinder zu Hunderttausenden gestorben sind.

Ich aber werde über ein bestimmtes Kind weinen, wenn du mich auf einem besonderen Pfad zu ihm hinführen kannst, und so, wie ich durch eine bestimmte Blume den Zugang zu allen Blumen finde, werde ich durch dieses Kind alle Kinder wiederfinden und nicht nur über alle Kinder, sondern über alle Menschen weinen.

Du hast mir eines Tages von dem sommersprossigen, dem lahmen, dem gedemütigten Knaben erzählt, den die Leute des Dorfes haßten; denn er lebte dort als Schmarotzer und völlig verlassen, nachdem er eines Abends, kein Mensch weiß woher, gekommen war.

Man rief ihm zu:

– Du bist das Ungeziefer unseres schönen Dorfes. Du bist der Schimmel, der auf unserer Wurzel gedeiht!

Doch da du ihn trafst, fragtest du ihn:

– Du, Sommersprossiger, hast du denn keinen Vater?

Er aber antwortete nicht.

Oder du fragtest auch, weil er nur die Tiere und die Bäume zu Freunden hatte:

– Warum spielst du denn nicht mit den Jungen deines Alters?

Und er zuckte die Achseln, ohne dir zu antworten. Denn seine Altersgenossen bewarfen ihn mit Steinen, da er ja lahmte und von weit her kam, wo alles schlecht ist.

Wenn er sich an die Spiele heranwagte, bauten sich die schmucken Jungen, jene, die am besten gewachsen waren, vor ihm auf:

– Du gehst wie eine Krabbe, und dein Dorf hat dich ausgespien! Du verunstaltest das unsrige. Es war ein schönes Dorf, das aufrecht seines Weges ging!

Dann konntest du sehen, wie er sofort kehrtmachte und sich entfernte, wobei er das eine Bein hinter sich herzog.

Du fragtest ihn, als du ihm begegnetest:

– Du, Sommersprossiger, hast du denn keine Mutter?

Er aber antwortete dir nicht. Er sah dich blitzschnell an und errötete.

Da du dir jedoch vorstelltest, daß er bitter und traurig sein müsse, verwunderte dich seine ruhige Sanftmut. Aber so war er. So und nicht anders.

Es kam der Abend, da ihn die Leute des Dorfes mit Stockschlägen davonjagen wollten:

– Fort mit diesem Samen der Hinkefüße; er soll sich nur anderswo einpflanzen!

Du fragtest ihn, als du ihn in Schutz genommen hattest:

– Du, Sommersprossiger, hast du denn keinen Bruder?

Da erhellten sich seine Züge, und er blickte dir gerade in die Augen:

– Ja, ich habe einen Bruder!

Und ganz rot vor Stolz erzählte er dir von seinem älteren Bruder, von diesem Bruder und keinem anderen.

Er war Hauptmann irgendwo im Reich. Sein Pferd hatte diese Farbe und keine andere, und er, der Lahme, der Sommersprossige, hatte an einem Siegestage hinter seinem Bruder aufsitzen dürfen. Eben an diesem Tag und an keinem anderen. Und der ältere Bruder würde wohl einmal wiederkommen. Und wiederum würde ihn dieser Bruder hinter sich aufsitzen lassen, ihn, den Sommersprossigen, den Lahmen, angesichts des ganzen Dorfes. »Aber diesmal werde ich ihn bitten«, sagte das Kind zu dir, »daß er mich vorne auf den Pferdehals aufsitzen läßt, und er wird es gewiß erlauben! Und dann bin ich es, der Ausschau hält. Und *ich* werde dann sagen: Nach rechts, jetzt links, schneller! Warum sollte mein Bruder es mir abschlagen? Er ist so froh, wenn er mich lachen sieht. Dann werden wir zu zweit sein.«

Ja, er ist etwas anderes als ein krummbeiniges Ding, durch Sommersprossen entstellt. Er gehört etwas anderem an als sich selber und seiner Häßlichkeit. Er gehört einem Bruder. Und er ist hinter ihm aufgesessen und ausgeritten, auf einem Streitroß, an einem Siegestage!

Und der Morgen der Rückkehr naht heran. Und du siehst den Knaben auf der niedrigen Mauer sitzen, mit hängenden Beinen. Und die anderen werfen Steine nach ihm.

– He, du da, der nicht laufen kann, du Hinkebein!

Er aber sieht dich an und lächelt. Du bist durch einen Pakt

an ihn gebunden. Du bist Zeuge der Unfähigkeit der anderen, die nur den Sommersprossigen, den Lahmen in ihm sehen, während er doch einem Bruder mit seinem Streitroß gehört.

Und heute wird ihn der Bruder reinwaschen von allen Schmähungen und mit seinem Ruhm ihm einen Wall aufbauen gegen die Steine. Und er, der Schwächling, wird durch den stolzen Wind eines galoppierenden Pferdes gereinigt werden von aller Schmach. Und man wird seine Häßlichkeit nicht mehr sehen, denn sein Bruder ist schön. Seine Erniedrigung wird von ihm abgewaschen werden, denn sein Bruder ist siegreich und voller Freude. Und er, der Sommersprossige, wird sich in der Sonne des Bruders wieder erwärmen. Und fortan werden ihn die anderen, nun sie ihn erkannt haben, zu all ihren Spielen einladen: »Du, der du deinem Bruder gehörst, komm und laufe mit uns ... du bist schön in deinem Bruder.« Und er wird seinen Bruder bitten, er möge auch sie nacheinander auf dem Halse seines Streitrosses reiten lassen, damit sie sich gleichfalls am Winde satttrinken können. Denn er wird diesem Völkchen seine Unwissenheit nicht nachtragen können. Er wird sie liebhaben und ihnen sagen: »Jedesmal, wenn mein Bruder wiederkommt, werde ich euch herbeirufen, und dann wird er euch von seinen Schlachten erzählen ...« So schmiegt er sich nun an dich, denn du weißt Bescheid. Und vor dir ist er nicht so verunstaltet, denn du siehst durch ihn hindurch seinen älteren Bruder.

Aber du kamst, ihm zu sagen, er solle vergessen, daß es ein Paradies, eine Erlösung und eine Sonne gibt. Du kamst, um ihn der Rüstung zu berauben, die ihm unter dem Steinhagel Mut verlieh. Du kamst, um ihn in seinen Schlamm zurückzustoßen. Du kamst, um ihm zu sagen: »Mein Kleiner, versuche auf andere Weise weiterzuleben, denn du kannst nicht mehr hoffen, auf einem Streitroß hinten aufzusitzen und auszureiten.« Und wie vermöchtest du ihm mitzuteilen, daß sein Bruder aus dem Heer ausgestoßen worden ist, daß er in Schimpf und Schande dem Dorf entgegenwandert und daß er so kläglich auf der Straße daherhinkt, daß man ihn mit Steinen bewirft? .

Und wenn du mir jetzt sagst:

– Ich habe ihn mit eigener Hand tot aus dem Pfuhl herausgezogen, wo er sich ertränkt hatte; denn er konnte nicht mehr leben, weil es ihm an Sonne fehlte ...

Dann werde ich über das menschliche Elend weinen. Und dank dieses sommersprossigen Gesichts und keines anderen, dieses Streitrosses und keines anderen, dieses Ausritts auf der Kruppe an einem Siegestage und keinem anderen, dieser Schande auf der Schwelle eines Dorfes und keiner anderen, schließlich auch dank dieses Pfuhls, von dem du mir die Enten und die ärmliche Wäsche beschrieben hast, die an seinem Rande trocknete – siehe, dadurch begegne ich Gott: so weit reicht das Mitleid, das ich durch die Menschen hindurch empfinde, denn du hast mich auf den wahrhaften Pfad geführt, als du mir von diesem Kind und von keinem anderen sprachst.

Suche nicht von vornherein nach einem Licht, das ein Gegenstand unter anderen Gegenständen wäre: das Licht des Tempels krönt die Steine.

Wenn du dein Gewehr einfettest, und dabei mit dem Gewehr und dem Fett achtsam umgehst, wenn du deine Schritte auf dem Wege der Ronde zählst, wenn du deinen Korporal um des Korporals und des Grußes willen grüßt, so bereitest du innerlich die Erleuchtung der Schildwache vor. Wenn du die Schachfigur ziehst und dabei die Regeln des Schachspiels ernst nimmst, wenn du vor Zorn errötest, da dein Gegner beim Spiel betrügt, so bereitest du innerlich die Erleuchtung des Siegers im Schachspiel vor. Wenn du deine Tiere abschindest, wenn du über den Durst jammerst, wenn du die Sandwinde verwünschst, wenn du beharrlich bleibst und schlotterst und in der Sonne verbrennst, nur dann kannst du – vorausgesetzt, daß du nicht der Erhabenheit der Flügel, die im Raupenzustand lediglich schlechte Poesie sind, sondern der Aufgabe, die du in jedem Augenblick zu erfüllen hast, die Treue hältst –, nur dann kannst du auf die Erleuchtung des Pilgers Anspruch erheben; erst später wird dieser spüren, daß er den Schritt des Wunders getan hat, als sein Herz plötzlich zu pochen begann.

Die Macht ist mir versagt – mag ich auch noch so poetisch davon reden –, deine Freudenvorräte zu entriegeln. Aber ich konnte dir helfen, als du dich auf der Stufe der Baustoffe befandest. Ich sprach dir von der Erhaltung der Brunnen, von der Heilung der Blasen auf deinen Handflächen, von der Geometrie der Sterne und ebenso von den Knoten der Stricke, wenn eine deiner Kisten abrutschte. Damit er dir ihr Lob singe, rief ich dir den Mann herbei, der fünfzehn Jahre auf dem Meer gefahren war, bevor er Kameltreiber wurde, und der daher die Anordnung von Blumensträußen oder die Kunst, die Tänzerinnen zu schmücken, nicht als begeisternderen Gegenstand der Dichtung angesehen hätte. Es gibt Knoten, mit denen du ein Schiff festbindest, und die eines Kindes Finger auflöst, wenn es sie auch nur streift. Es gibt andere, die einfacher zu sein scheinen als die Wellenlinie eines Schwanenhalses; du kannst jedoch einen von ihnen deinem Kameraden überlassen und gegen seinen Sieg wetten. Und wenn er die Wette eingeht, brauchst du es dir nur bequem zu machen, um nach Herzenslust lachen zu können, denn solche Knoten machen zornig. Und obwohl mein Lehrer einäugig war und eine schiefe Nase sowie übermäßig krumme Beine hatte, vergaß er doch bei der Vervollkommnung seiner Kenntnisse nicht die zarten Schleifen, mit denen du geziemend das Geschenk für die Liebste schmückst. Denn der Erfolg ist dabei nur vollkommen, wenn die Liebste sie mit der gleichen Bewegung aufknüpfen kann, mit der man Blumen pflückt. »Dann«, sagte er, »setzt dein Geschenk sie endlich in Erstaunen, und sie stößt einen Schrei aus!« Und du schlossest die Augen; so abstoßend war er, wenn er den Liebesschrei nachahmte.

Warum sollte ich mir den Blick durch Einzelheiten trüben lassen, die dir fälschlicherweise als wertlos erscheinen? Der Seemann pries eine Kunst, von der er aus Erfahrung wußte, daß sich mit ihrer Hilfe ein einfacher Strick in ein Schlepptau oder eine Rettungsleine verwandeln ließ. Und da es sich ergab, daß es für uns Voraussetzung unseres Aufstiegs war, billigte ich dem Spiel den Wert des Gebetes zu. Doch fürwahr: wenn die Tage dahingehen und deine Karawane sich aufgebraucht hat, kannst du allmählich nicht mehr auf sie einwirken, und es fehlt dir die Macht der einfachen Gebete, die in den Knoten der Stricke oder den Ledergurten oder der Entsandung trockner Brunnen oder dem Lesen der Sterne bestehen. Um einen jeden verdichtet sich der Panzer des Schweigens, und ein jeder wird beißend in seiner Rede und bekommt ein argwöhnisches Ohr und ein hartes Herz. Beunruhige dich nicht! Schon wird die Verpuppung gesprengt. Du hast irgendein Hindernis umgangen, du hast einen Hügel erklettert. Nichts unterscheidet noch Kiesel und Dornen der Wüste, in der du dich plagst, von den Kieseln und Dornen des gestrigen Tages, und auf einmal rufst du: »Dort ist sie«, während dir heftig das Herz pocht. Die Gefährten deiner Karawane umdrängen dich mit blassen Mienen. Alles wandelt sich auf einmal in euren Herzen wie beim Aufgang der Sonne. Aller Durst, alle Blasen an Füßen und Händen, alle Erschöpfungszustände unter der Mittagssonne, aller Frost in den Nächten, alle Sandstürme, die auf den Zähnen knirschen und das Augenlicht rauben, alle zurückgelassenen Tiere, alle Kranken und sogar die lieben Gefährten, die ihr begraben habt – all das wird euch mit einem Schlage hundertfach entgolten: nicht durch die Trunkenheit eines Gelages, nicht durch die Kühle schattiger Bäume, nicht durch die schimmernden Farben der jungen Mädchen, die ihre Wäsche im blauen Wasser waschen, nicht einmal durch den Glanz der Kuppeln, die die heilige Stadt krönen, sondern durch ein unmerkliches Zeichen: nur durch den Stern, mit dem das Sonnenlicht die höchste der Kuppeln segnet. Diese selber ist freilich unsichtbar, da sie noch in solcher Ferne liegt, und es mag sein, daß dich die Risse der Erdrinde von ihr trennen, in die sich der brüchige, in Windungen den Abgrund erreichende Saumpfad eingräbt, daß du sodann Steilwände erklimmen mußt, auf denen dich dein Gewicht nach unten zieht, und daß dich abermals der Sand und wieder der Sand und, inmitten deiner versiegten Schläuche und deiner Kranken und deiner Sterbenden, eine letzte Mahlzeit in der Sonne von ihr trennen. Die Vorräte an Freude, die in euch eingemauert waren, und die keine Rede zu entriegeln vermochte, sie verwandelt euch jetzt plötzlich ein Stern inmitten der Kieseln und Dornen, dort, wo der Sand Schlangen als Muskeln hat – ein unsichtbarer Stern, blasser als der Sirius, wenn man ihn in den Samumnächten beobachtet; so fern, daß die unter euch, die nicht einen Adlerblick haben, nichts von ihm wahrnehmen, und so unbestimmt, daß er sofort erlöschen wird, wenn sich die Sonne ein wenig gedreht hat; sie verwandelt das Aufblitzen eines Sterns, und nicht einmal dieses Aufblitzen eines Sterns, sondern – für diejenigen, die kein Adlerauge haben – der Widerschein eines aufblitzenden Sterns in den Augen dessen, der ihn sieht, der Widerschein vom Widerschein eines Sterns. Alle Versprechungen wurden gehalten, alle Belohnungen gewährt, alle Nöte hundertfach vergolten, weil ein einziger unter euch, der wie ein Adler sieht, plötzlich anhielt, mit dem Finger eine Richtung in der Weite wies und sagte: »Da!«

Alles ist überstanden. Dem Anschein nach hast du nichts empfangen. Und doch hast du alles empfangen. Jetzt bist du gesättigt, getränkt, deine Wunden sind verbunden. Du sagst: »Ich kann sterben, ich habe die Stadt gesehen, ich sterbe eines gesegneten Todes!« Es handelt sich hierbei gewiß nicht nur um eine schwache Reaktion, wie sie etwa einträte, wenn du deinen Durst gelöscht hättest. Ich sprach dir von der Gewalt, mit der uns das Elend beherrschte. Und wo siehst du, daß die Wüste schon ihre Umklammerung gelockert hätte? Es geht hier nicht um eine Schicksalswendung, doch das Nahen des Todes, wenn das Wasser fehlt, trennt dich nicht mehr von deiner Freude; vielmehr erweist sich, daß sich das Zeremoniell der Wüste geformt hat, und daß du, da du dich ihm bis zum Ende unterwarfst, am Fest teilhast: an der Erscheinung einer goldenen Biene.

Glaube nicht, daß ich übertreibe. Ich entsinne mich eines

Tages, da ich mich im unwegsamen Hochland verirrt hatte. Es schien mir süß, inmitten der Meinen zu sterben, als ich wieder menschliche Spuren fand. Doch nichts unterschied die Landschaft von einer anderen, außer der schwachen Spur im Sand, halb verwischt vom Wind. Und alles war verwandelt.

Und was habe ich, der ich mich deiner erbarme, mein Volk, im Schweigen meiner Liebe gesehen? Ich habe dich beobachtet, wie du die Tiere peitschtest; wie du innerlich ausgehöhlt von der Sonne deines Weges zogst; wie du in den Sand spucktest und mitunter deinen Nachbarn schmähtest, sofern du nicht dein Schweigen vorzogst, um einander gleichende Schritte anzusammeln. Ich habe dir nichts geschenkt als kärgliche Mahlzeiten, ständigen Durst, Sonnenbrand und Blasen an den Händen. Ich habe dich mit Kieseln genährt und mit Dornen getränkt. Dann, als die Stunde gekommen war, habe ich dir den Widerschein vom Widerschein einer Biene gezeigt. Und du hast mir deine Dankbarkeit und deine Liebe zugerufen.

Fürwahr, meine Geschenke wiegen dem Anschein nach nicht schwer. Doch was liegt an Gewicht oder Zahl? Ich kann, wenn ich nur die Hand öffne, ein Zedernheer befreien, das die Berge erklettern wird. Es genügt ein einziges Samenkorn.

200

Wenn ich dir ein abgerundetes Vermögen schenkte, so wie es bei einer unerwarteten Erbschaft der Fall ist, worin würde ich dich dann bereichern? Wenn ich dir die schwarze Perle vom Meeresgrund schenkte, ohne das Zeremoniell der Tauchversuche zu wahren, worin würde ich dich dann bereichern? Reicher wirst du nur durch das, was du verwandelst, denn du bist Same. Deshalb will ich dich beruhigen, dich, der du wegen der versäumten Gelegenheiten verzweifelst. Es gibt keine versäumten Gelegenheiten. Der eine schnitzt das Elfenbein und verwandelt das Elfenbein in das

Gesicht einer Göttin oder einer Königin, welches das Herz ergreift. Ein anderer ziseliert reines Gold, und vielleicht ist der Gewinn, den er daraus zieht, weniger herzbewegend für die Menschen. Weder dem einen noch dem anderen sind das Gold oder das unbearbeitete Elfenbein geschenkt worden. Der eine wie der andere waren nur Weg und Straße und Durchgang. Es gibt für dich nur Baustoffe einer Basilika, die es zu bauen gilt. Und es fehlt dir nicht an Steinen. So fehlt es auch der Zeder nicht an Erde. Aber der Erde kann es an Zedern fehlen, und so kann sie eine steinige Steppe bleiben. Worüber beklagst du dich? Es gibt keine versäumten Gelegenheiten, denn deine Aufgabe besteht darin, Same zu sein. Wenn du nicht über Gold verfügst, schnitze das Elfenbein. Wenn du nicht über Elfenbein verfügst, schnitze das Holz. Wenn du nicht über Holz verfügst, hebe einen Stein auf.

Der Minister mit dem feisten Bauch und den schweren Augenlidern, den ich aus meinem Volk ausgemerzt habe, fand in seinem Landgut, in seinem Schubkarren voll Gold und in den Diamanten seiner Gewölbe keine einzige Gelegenheit, die er genutzt hätte. Aber ein anderer, der auf einen glatten Kieselstein stößt, stößt auf eine wunderbare Gelegenheit.

Wenn sich einer beklagt, daß die Welt ihn verfehlt habe, so heißt das, daß *er* die Welt verfehlt hat. Wenn sich einer beklagt, daß ihn die Liebe nicht glücklich gemacht habe, so heißt das, daß er sich über die Liebe täuscht: die Liebe ist kein Geschenk, das man empfangen könnte.

An Gelegenheit, zu lieben, mangelt es dir nicht. Du kannst Soldat einer Königin werden. Die Königin braucht dich nicht zu kennen, um dich glücklich zu machen. Ich habe gesehen, wie mein Mathematiker in die Sterne verliebt war. Er verwandelte einen Lichtstrahl in ein Gesetz für den Geist. Er war Gefährt, Weg und Durchgang. Er war Biene eines blühenden Sterns, aus dem er seinen Honig gewann. Ich habe gesehen, wie er starb, glücklich um einiger Zeichen und Figuren willen, in die er sich ausgetauscht hatte. So war es auch mit dem Gärtner meines Gartens, der eine neue Rose zum

Blühen brachte. Ein Mathematiker kann den Sternen fehlen. Ein Gärtner kann dem Garten fehlen. Aber es fehlt dir weder an Sternen noch an Gärten noch an runden Kieselsteinen auf den Lippen der Meere. Sage mir nicht, du seist arm.
So begriff ich die Rast meiner Schildwachen, wenn die Stunde der Suppe gekommen ist. Sie sind Menschen, die essen. Und miteinander scherzen. Und ein jeder versetzt dem Nachbarn einen Rippenstoß. Und sie sind Feinde des Wegs ihrer Ronde und der Stunde der Nachtwache. Da die Mühsal zu Ende ging, freuen sie sich. Die Mühsal ist ihr Feind. Gewiß. Doch sie ist nicht nur ihr Feind. Sie ist zugleich ihre Voraussetzung. Dasselbe gilt vom Krieg und von der Liebe. Ich sprach dir vom Krieger, der dem Liebenden seinen Glanz verleiht. Und vom Liebenden, der sich den Kriegsgefahren ausgesetzt hat, und der dem Krieger seinen Wert verleiht. Der Mann, der in der Sandwüste stirbt, ist etwas anderes als ein mürrischer Automat. Er spricht zu dir: »Sorge für meine Liebste oder für mein Haus oder für meine Kinder ...« Du besingst alsdann sein Opfer.
Ich habe es auch bei den Flüchtlingen aus der Berberei genau beobachtet, daß sie nicht miteinander zu scherzen wußten und sich keine Rippenstöße versetzten. Glaube nicht, es handle sich hier nur um eine Reaktion, wie etwa bei der Befriedigung, die dem Ausziehen eines faulen Zahnes folgt. Arm und von geringer Macht sind solche Reaktionen. Gewiß kannst du die Wirkung des Wassers, das dir nichts gibt, wenn du deine kleinen Durstgefühle eines nach dem anderen befriedigst, dadurch beleben, daß du dir auferlegst, nur einmal am Tag zu trinken. Dein Vergnügen hat dann zugenommen. Doch es bleibt Vergnügen des Bauches und verdient nur geringes Interesse. Nicht anders stünde es mit dem Mahl meiner Schildwachen in ihrer Freizeit, wenn es nur Entspannung nach der Mühsal bedeutete. Du würdest dann lediglich einen lebhafteren Appetit der Esser feststellen. Aber es würde mir allzu leichtgemacht, könnte ich das Dasein meiner Berber einfach dadurch beleben, daß ich ihnen auferlegte, nur noch an den Festtagen zu essen.

Ich habe jedoch meine Schildwachen geformt, während sie Wache hielten. Und es steckt etwas in ihnen, wenn es ans Essen geht. Ihr Mahl ist etwas ganz anderes als die Pflege, die man dem Vieh angedeihen läßt, um den Bauchumfang zu vergrößern. Das Abendbrot der Schildwachen ist eine Teilhabe. Und freilich weiß es keiner von ihnen. Aber so wie sich der Weizen des Brotes durch sie hindurch in Wachsamkeit und den Blick über die Stadt verwandelt, so wird auch die Wachsamkeit und der Blick, der die Stadt umfängt, durch sie hindurch zum Kult des Brotes. Es ist nicht stets das gleiche Brot, das man verzehrt. Wenn du das Geheimnis, von dem sie selber nichts wissen, von ihnen ablesen möchtest, so geh und überrasche sie im Freudenviertel, wenn sie den Frauen den Hof machen. Sie sagen zu ihnen: »Dort stand ich, auf dem Wall, ich hörte, wie mir drei Kugeln ums Ohr pfiffen. Ich duckte mich nicht, denn ich hatte keine Angst.« Und voller Stolz graben sie ihre Zähne in das Brot ein. Und du Dummkopf, der du ihre Worte hörst, verwechselst die Scham der Liebe mit der Prahlerei eines Haudegens. Denn wenn der Soldat auf diese Weise von seiner Wache erzählt, ist ihm weit weniger daran gelegen, großartig zu tun, als sich in einem Gefühl zu gefallen, das er nicht aussprechen kann. Er weiß die Liebe zur Stadt sich selbst nicht einzugestehen. Er wird sterben für einen Gott, dessen Namen er nicht zu nennen vermag. Er hat sich ihm schon hingegeben, doch er verlangt von dir, daß du nichts von ihm wissen sollst. Er fordert die gleiche Unwissenheit von sich selber. Es schiene ihm erniedrigend, so dazustehen, als ob er sich durch große Worte betören ließe. Da er sich nicht auszudrücken vermag, lehnt er es instinktiv ab, seinen zerbrechlichen Gott deiner Ironie auszusetzen. Desgleichen seiner eigenen Ironie. Und so siehst du, wie sich meine Soldaten als Eisenfresser und Haudegen gebärden – und sich an deinem Irrtum ergötzen –, damit sie irgendwo auf dem Grunde ihres Herzens und gleichsam wie durch Betrug die wunderbare Freude genießen können, die die Hingabe an die Liebe gewährt.

Und wenn das Mädchen ihnen sagt: »Viele von euch werden

im Kriege fallen, und das ist doch recht hart«, so hörst du sie lärmend ihre Zustimmung äußern. Aber sie äußern ihre Zustimmung durch Knurren und Fluchen. Das Mädchen erweckt jedoch in ihnen das geheime Verlangen nach Anerkennung. Sie sind jene, die aus Liebe sterben werden.
Und wenn du von Liebe sprichst, werden sie dir ins Gesicht lachen: Du siehst sie wohl gar für Tölpel an, denen man durch schönfärberische Reden das Blut abzapfen möchte! Gewiß sind sie mutig aus Eitelkeit. Sie gebärden sich als Eisenfresser, da sie sich ihrer Liebe schämen. So sind sie im Recht, denn du möchtest sie ja zu Tölpeln machen. Du bedienst dich der Liebe zur Stadt, während du deine Soldaten im Grunde zur Rettung deiner Speicher bewegen willst. Sie machen sich weidlich lustig über deine schäbigen Speicher. Da sie dich verachten, werden sie dich glauben machen, daß sie dem Tod aus Eitelkeit trotzen. Du begreifst nicht, was in Wahrheit die Liebe zur Stadt ist. Das wissen sie von dir, dem Satten. Sie werden die Stadt aus Liebe retten, ohne es dir zu sagen, und da deine Speicher in der Stadt liegen, werden sie dir verächtlich, wie dem Hund einen Knochen, deine geretteten Speicher vor die Füße werfen.

201

Du bist mir von Nutzen, wenn du mich verurteilst. Freilich habe ich mich getäuscht, als ich das Land beschrieb, das ich nur undeutlich gesehen hatte. Ich habe die Lage dieses Flusses falsch angegeben und jenes Dorf vergessen. Da kommst du nun lärmend und triumphierend daher, um mir meine Irrtümer zu widerlegen. Und ich billige deine Mühe. Habe ich denn Zeit, alles zu messen, alles abzuzählen? Es kam mir darauf an, daß du die Welt von dem Berge aus, den ich gewählt hatte, beurteilen solltest. Du vertiefst dich leidenschaftlich in diese Arbeit, du gehst weiter als ich in meiner Richtung. Du stehst mir dort bei, wo ich schwach war. So bin ich's zufrieden.

Denn du täuschst dich über mein Vorgehen, wenn du mich zu verneinen glaubst. Du gehörst zu der Rasse der Logiker, der Historiker und der Kritiker, die die Bestandteile des Gesichts erörtern und das Gesicht gar nicht kennen. Was scheren mich die Gesetzestexte und die speziellen Verordnungen? Es ist an dir, sie zu ersinnen. Wenn ich den Drang zum Meer in dir begründen möchte, beschreibe ich das fahrende Schiff, die Sternennächte und das Reich, das von einer Insel im Meer durch das Wunder der Düfte erbaut wird. Es kommt der Morgen, sage ich dir, an dem du in eine bewohnte Welt eintrittst, ohne daß sich für die Augen irgend etwas verändert hätte. Die noch unsichtbare Insel richtet ihren Markt auf dem Meer ein, wie einen Korb voller Gewürze. Du siehst, wie deine Matrosen nicht mehr störrisch sind, sondern von zärtlichen Gelüsten entbrennen, sie wissen selber nicht warum. Denn man denkt an die Glocke, bevor man sie läuten hört; das grobe Bewußtsein verlangt viel Lärm, während die Ohren bereits unterrichtet sind. Und so bin ich schon glücklich, wenn ich auf den Garten zugehe, an den Grenzen des Rosenlandes... Deshalb überkommt dich auf dem Meer, je nachdem wie die Winde wehen, ein Verlangen nach Liebe oder nach Ruhe oder nach dem Tode.

Du aber tadelst mich. Das Schiff, das ich beschrieben habe, sei nicht wetterfest, und es müsse daher in dieser oder jener Einzelheit abgeändert werden. Und ich pflichte dir bei. So ändere es doch! Es ist nicht meine Sache, die Bretter und Nägel zu kennen. Sodann leugnest du mir die Gewürze, die ich verheißen habe. Deine Wissenschaft weist mir nach, daß sie anders sein werden. Und ich pflichte dir bei. Es ist nicht meine Sache, die Probleme zu kennen, die dir die Botanik aufgibt. Mir kommt es ausschließlich darauf an, daß du ein Schiff baust und mir ferne Inseln inmitten der Meere pflückst. Du wirst dich also einschiffen, um mich zu widerlegen. Du wirst mich widerlegen. Ich werde deinen Triumph ehren. Hernach aber werde ich mich im Schweigen meiner Liebe langsam aufmachen, um nach deiner Heimkehr die Gäßchen des Hafens zu besuchen.

Geformt durch das Zeremoniell der Segel, die du hissen, der Sterne, die du ablesen, der Schiffsbrücke, die du bei großem Seegang säubern mußtest, wirst du heimkehren, und im Schatten, in dem ich mich verborgen halte, werde ich hören, wie du deinen Söhnen die Hymne von der Insel vorsingst, die ihren Markt auf dem Meer einrichtet, damit auch sie zu Seefahrern werden. Und zufrieden werde ich wieder fortgehen.

Du kannst nicht hoffen, mich auf einem Fehler zu ertappen oder mich wirklich in der entscheidenden Frage zu widerlegen. Ich bin Ursprung und nicht Folge. Gedenkst du dem Bildhauer nachzuweisen, daß er lieber jenes Frauengesicht statt dieser Büste eines Kriegers hätte meißeln sollen? Du findest dich mit der Frau oder dem Krieger ab. Sie existieren ganz einfach vor deinen Augen. Wenn ich mich den Sternen zuwende, vermisse ich nicht das Meer. Ich denke Sterne. Wenn ich etwas erschaffe, überrascht mich dein Widerstand wenig, denn ich habe deine Baustoffe genommen, um aus ihnen ein anderes Gesicht zu formen. Und anfangs wirst du Einspruch erheben. Dieser Stein, wirst du mir sagen, gehört zu einer Stirn und nicht zu einer Schulter. Das ist möglich, werde ich dir antworten. So ist es gewesen. Dieser Stein, wirst du mir sagen, gehört zu einer Nase, nicht zu einem Ohr. Das ist möglich, werde ich dir antworten. So ist es gewesen. Diese Augen, wirst du mir sagen ..., doch durch das viele Widersprechen und Vor- und Zurücktreten und nach rechts und nach links Beugen, das dir zur Kritik meiner Arbeiten dient, wird schließlich der Augenblick kommen, in dem sich die Einheit meiner Schöpfung in ihrem Licht zeigen wird; du wirst dieses Gesicht und kein anderes sehen. Dann wird es still in dir werden.

Wenig kümmern mich die Irrtümer, die du mir vorwirfst. Die Wahrheit ist jenseits zu Hause. Die Worte kleiden sie schlecht und jedes von ihnen unterliegt der Kritik. Die Unzulänglichkeit meiner Sprache war häufig die Ursache, daß ich mir widersprach. Doch ich habe mich nicht geirrt. Ich habe die Falle nicht mit der Beute verwechselt. Diese ist das gemeinsame Maß für die Bestandteile der Falle. Nicht die Logik verknüpft die Baustoffe, sondern der gleiche Gott, dem sie gemeinsam dienen. Meine Worte sind unbeholfen und dem Anschein nach ohne Zusammenhang: nicht ich selber in der Mitte. Ich *bin* ganz einfach. Wenn ich einen wirklichen Körper bekleidet habe, brauche ich nicht besorgt zu sein um die Wahrheit der Falten des Kleides. Ist die Frau schön, so zerfallen, während sie schreitet, die Falten und fügen sich wieder zusammen, doch sie entsprechen einander mit Notwendigkeit.

Ich kenne keine Logik der Falten eines Kleides. Aber dieser Faltenwurf und kein anderer läßt mein Herz höher schlagen und erweckt mein Verlangen.

202

Mein Geschenk wird zum Beispiel darin bestehen, dir – indem ich dir von ihr spreche – die Milchstraße anzubieten, welche die Stadt beherrscht. Denn meine Geschenke sind vor allem einfach. Ich habe dir gesagt: »So sind die Behausungen der Menschen unter den Sternen aufgeteilt.« Das ist wahr. In der Tat: wenn du dort, wo du lebst, nach links gehst, findest du den Stall und deinen Esel. Gehst du nach rechts, das Haus und die Gattin. Vor dir liegt der Olivengarten. Hinter dir das Haus des Nachbarn. Das sind die Richtungen deiner Schritte in der Bescheidenheit deiner ruhigen Tage. Wenn du das Schicksal eines anderen kennenlernen möchtest, damit das deine dadurch wachse – denn dann gewinnt es einen Sinn –, klopfst du an der Tür deines Freundes. Und sein genesenes Kind weist die Richtung für die Genesung deines eigenen Kindes. Und sein Rechen, der ihm des Nachts gestohlen wurde, verdunkelt die Nacht aller Diebe auf samtenen Sohlen. Und deine Nachtwache wird zur Wachsamkeit. Und der Tod deines Freundes macht dich sterblich. Doch wenn du die Liebe genießen möchtest, kehrst du zu-

rück in dein eigenes Haus, und du lächelst, weil du als Geschenk den Stoff aus goldenem Filigran oder die neue Kanne oder irgend etwas anderes mitbringst, das sich in Lachen verwandeln läßt, so wie man die Heiterkeit eines Winterfeuers dadurch nährt, daß man das stumme Holz hineinwirft. Und wenn du zur Arbeit aufbrechen mußt, da der Tag anhob, gehst du ein wenig schwerfällig von dannen, den Esel im Stall zu wecken, der im Stehen eingeschlafen ist, und wenn du seinen Hals gestreichelt hast, treibst du ihn vor dir her, auf den Weg zu.
Wenn du jetzt auch nur Atem schöpfst und weder von diesem noch von jenem Gebrauch machst, weder zum einen noch zum anderen hinstrebst, bist du doch von einer magnetischen Landschaft umschlossen, in der es Triebe und Rufe, Lockungen und Weigerungen gibt. In der die Schritte verschiedene Zustände in dir hervorbringen können. Du besitzt im Unsichtbaren ein Land mit Wäldern und Wüsten und Gärten, und du gehörst, obwohl dein Herz im Augenblick anderswo weilen mag, zu diesem Zeremoniell und zu keinem anderen.

Wenn ich jetzt deinem Reich eine Richtung hinzufüge – denn du blicktest nach vorn, nach hinten, nach rechts und nach links –, wenn ich dir jenes Gewölbe der Kathedrale erschließe, das dir in deinem Elendsviertel, in dem du vielleicht am Ersticken bist, die Geisteshaltung eines Seefahrers erlaubt; wenn ich eine Zeit entfalte, langsamer als jene, die deinen Roggen reifen läßt, und dir so das Alter von tausend Jahren oder die Jugend einer Stunde unter den Sternen schenke, dann wird eine neue Richtung zu den anderen hinzutreten. Wenn du dich der Liebe zuwendest, wirst du erst an dein Fenster treten, um dein Herz zu reinigen. Aus der Tiefe des Elendsviertels, in dem du am Ersticken bist, wirst du deiner Frau zurufen: »Hier sind wir allein, du und ich, unter den Sternen.« Und solange du atmest, wirst du rein sein. Und du wirst Zeichen des Lebens sein: wie die junge Pflanze, die im wüsten Hochland zwischen dem Granit und den Sternen gedeiht, einem Erwachen gleich und gebrechlich und bedroht, doch trächtig von einer Macht, die sich über die Jahrhunderte erstrecken wird. Du wirst Glied einer Kette und von deiner Aufgabe erfüllt sein. Oder wenn du dich wiederum bei deinen Nachbarn am Feuer niederkauerst, um auf den Lärm zu lauschen, den die Welt hervorbringt – ein ach so bescheidener Lärm, denn die Stimme des Nachbarn wird dir von seinem Hause oder von der Heimkehr irgendeines Soldaten oder der Heirat irgendeines Mädchens erzählen –, dann werde ich eine Seele in dir gebildet haben, die geeigneter ist, diese Geständnisse entgegenzunehmen. Die Heirat, die Nacht, die Sterne, die Heimkehr des Soldaten, das Schweigen werden für dich eine neue Musik sein.

203

Du sagst mir, diese steinerne Hand, die grob und knorrig ist, sei häßlich. Ich kann dir nicht zustimmen. Ich möchte die Statue kennen, bevor ich die Hand beurteile. Ist es ein junges Mädchen in Tränen? So hast du recht. Ist es ein stämmiger Schmied? Dann ist die Hand schön. Ebenso ist es mit einem Mann, den ich nicht kenne. Du kommst, mir seine Schande nachzuweisen: »Er hat gelogen, er hat verleugnet, er hat geplündert, er hat verraten ...«
Doch es ist Sache des Polizisten, auf Grund von Taten zu entscheiden, denn diese stehen, geschieden nach Schwarz und Weiß, in seiner Dienstvorschrift. Und du verlangst von ihm, daß er eine Ordnung sichern, nicht, daß er urteilen soll. Das gleiche gilt für den Sergeanten, der deine Tugenden auf Grund deiner Fähigkeiten beim Kehrtmachen einschätzt. Und sicherlich stütze ich mich auch auf den Polizisten, denn der Kult des Zeremoniells beherrscht den Kult der Gerechtigkeit, da es dem ersteren obliegt, den Menschen heranzubilden, den die Gerechtigkeit beschützen wird. Zerstöre ich das Zeremoniell im Namen der Gerechtigkeit, so zerstöre ich den Menschen, und meine Gerechtigkeit hat dann keinen

Zweck mehr. Ich bin zunächst gerecht um der Götter willen, denen du angehörst. Aber es zeigt sich, daß du mich nicht bittest, über die Züchtigung oder Begnadigung eines mir unbekannten Menschen zu entscheiden – denn dann würde ich das Durchblättern der Dienstvorschrift meinem Polizisten überlassen –, sondern wünschst, ich solle etwas mißbilligen oder gutheißen, was von anderer Art ist. Denn es kommt vor, daß ich achte, was ich verurteile, oder verurteile, was ich achte. Habe ich nicht viele Male meine Krieger gegen den vielgeliebten Feind geführt?

Ebenso wie ich nun glückliche Menschen kenne, obwohl mir das Glück völlig unbekannt ist, so weiß ich auch nichts von der Plünderung, dem Mord, der Verleugnung, dem Verrat, die du begangen hast, wenn sie nicht eine bestimmte Handlung eines bestimmten Menschen sind. Und das Wesen des Menschen wird nicht durch den schwachen Wind der Worte übermittelt, sowenig wie durch ihn eine Statue demjenigen nahegebracht wird, der sie nicht sieht. Jener Mensch fordert also deine Feindschaft heraus oder deine Entrüstung oder deinen Abscheu aus vielleicht undurchsichtigen Gründen, wie das der Fall ist, wenn du eine bestimmte Musik fliehst. Und wenn du mir eine bestimmte Tat als Beispiel vor Augen geführt hast, so geschah das, um deine Mißbilligung darin unterzubringen und sie auf andere Taten zu übertragen. Denn ebenso wird mein Dichter »Oktobersonne« sagen, wenn er die Schwermut eines Schicksals empfindet, das schon zu Tode getroffen ist, obwohl es noch in seinem Glanz steht. Und gewiß wird es sich dabei weder um die Sonne noch um einen bestimmten Monat unter anderen Monaten handeln. Und wenn ich dir ein nächtliches Blutbad schildern will, bei dem ich schweigend auf federndem Sand meinen Feind überfiel und ihn in seinem eigenen Schlaf ertränkte, werde ich ein bestimmtes Wort mit einem anderen verknüpfen und zum Beispiel von »schneeweißen Säbeln« sprechen, um eine Behutsamkeit, die sich nicht in Worte fassen läßt, in meiner Schlinge einzufangen – und dabei wird es sich weder um Schnee noch um Säbel handeln. Ebenso wählst du

mir die Tat eines Menschen aus, der die gleiche Bedeutung wie dem Bild eines Gedichts zukommt.
Dein Groll muß wohl oder übel zur Beschwerde werden. Er muß wohl oder übel ein Gesicht annehmen. Niemand erträgt es, wenn Gespenster in ihm hausen. Was will deine Frau heute abend? Sie möchte ihre Vertraute an ihrem Groll teilhaben lassen. Sie möchte ihren Groll um sich verbreiten. Denn du bist so beschaffen, daß du nicht für dich allein leben kannst. Und du mußt dir, indem du dichtest, eine Gemeinde bilden. Deshalb wird sie mit beredter Zunge deine Schandtaten aufzählen. Und wenn sich herausstellt, daß ihre Freundin die Achseln zuckt, da ihre Vorwürfe ganz offensichtlich belanglos sind, wird sie das nicht besänftigen. Dann gibt es eben andere. Sie hat nur nicht die rechten Worte gefunden. Sie hat ihre Bilder schlecht gewählt. An ihrem Gefühl selbst kann sie nicht zweifeln, da es vorhanden ist.
So ist es auch mit dem Arzt, wenn du krank bist. Du hast ihm diese oder jene Ursache vorgeschlagen. Du hast eine bestimmte Vorstellung davon. Er weist dir nach, daß du dich täuschst. Das ist möglich. Daß du überhaupt an gar keinem Übel leidest. Doch da erhebst du Einspruch. Du hast das Übel falsch dargestellt, aber an seinem Vorhandensein kannst du nicht zweifeln. Dein Arzt ist also ein Esel. Und du wirst durch Beschreibung über Beschreibung Klarheit erlangen. Und der Arzt wird nicht imstande sein, dein Übel durch Verneinen über Verneinen aus der Welt zu schaffen, da es ja existiert. Deine Frau schwärzt deine Vergangenheit, deine Wünsche, deine Überzeugungen an. Es hilft nichts, wenn du dich gegen ihre Beschwerden zur Wehr setzt. Bewillige ihr das Armband mit Smaragden. Oder peitsche sie.

Ich aber beklage dich in deinen Zwistigkeiten und Aussöhnungen, denn sie stehen auf einer anderen Stufe als die Liebe. Die Liebe ist vor allem ein Lauschen im Schweigen. Lieben heißt nachsinnen. Es kommt die Stunde, in der sich meine Schildwache der Stadt vermählt. Es kommt die Stunde, in der du dich mit deiner Liebsten vereinigst, was nicht auf dieser oder jener Geste, nicht auf dieser oder jener Einzelheit des Gesichtes oder diesem oder jenem Wort, das sie ausspricht, sondern auf *ihr* beruht.

Es kommt die Stunde, da allein ihr Name genügt als ein Gebet, denn du hast nichts hinzuzufügen. Es kommt die Stunde, in der du nichts mehr verlangst. Weder die Lippen noch das Lächeln noch den zärtlichen Arm, den Hauch ihrer Gegenwart. Denn es genügt dir, daß *sie* da ist.

Es kommt die Stunde, in der du dich nicht mehr zu fragen brauchst, was jener Schritt, jenes Wort, jene Entscheidung, jene Weigerung, jenes Schweigen bedeuten, um sie zu verstehen. Da *sie* ja da ist.

Doch diese Frau verlangt, daß du dich rechtfertigen sollst. Sie eröffnet eine Untersuchung über deine Taten. Sie verwechselt Liebe und Besitz. Was hilft's, wenn du ihr antwortest? Was wirst du finden, wenn sie dir Gehör schenkt? Du wolltest vor allem aufgenommen sein im Schweigen, nicht um dieser oder jener Geste, dieser oder jener Tugend, dieses oder jenes Wortes willen, sondern in deinem Elend, so wie du bist.

204

Ich empfand Reue, weil ich die dargebotenen Geschenke, die immer nur Weg und Bedeutung sind, nicht maßvoll genutzt, und da ich sie um ihrer selbst willen begehrte, nichts als die Wüste in ihnen gefunden hatte. Denn ich hatte das Maßhalten mit Knausrigkeit des Fleisches oder des Herzens verwechselt, und nicht gewünscht, mich darin zu üben. Mir gefällt es, den Wald anzuzünden, um mich eine Stunde daran zu wärmen, denn das Feuer erscheint mir dadurch majestätischer. Und wenn ich hoch zu Roß im Krieg die Kugeln pfeifen höre, liegt mir wenig daran, mit meinen Tagen zu geizen. In jedem Augenblick bin ich das wert, was ich bin, und die Frucht kann nicht reifen, die irgendeine Stufe überspringen wollte.

Lächerlich erscheint mir deshalb ein gewisser Tintenkleckser,

der es ablehnte, sich während einer Belagerung seiner Stadt auf den Wällen zu zeigen: aus Verachtung des physischen Mutes, wie er sagte. Als hätte es sich hierbei um einen Zustand und nicht um einen Durchgang, um ein Ziel und nicht nur um eine Voraussetzung für die Fortdauer der Stadt gehandelt.
Denn ich verachte ebenso die niedrige Eßlust und habe nicht für das Verdauen von Speckseiten gelebt. Doch ich habe die Speckseiten im Glanz meiner Säbelhiebe auftragen lassen, und ich habe meinen Säbelhieb der Fortdauer des Reiches geweiht.
Und obwohl ich es freilich ablehne, während des Kampfes aus Geizen mit meinen Muskeln oder aus weinerlicher Angst meine Hiebe zu bemessen, mißfiele es mir doch, wenn die Geschichtsschreiber des Reiches ein Hammerwerk aus mir machten, denn ich lebe nicht in meinem Säbel. Und wenn ich auch die Mäkler nicht schätze, die ihr Mahl mit geschlossenen Nasenflügeln schlucken wie eine Medizin, mißfiele es mir doch, wenn mich meine Geschichtsschreiber zu einem Fleischfresser machten, denn ich lebe nicht in meinem Bauche. Ich bin ein Baum, wohlgegründet auf seinen Wurzeln, und verachte nichts von dem Teig, den sie kneten. Ich bringe dadurch meine Zweige hervor.

Doch es schien mir, daß ich mich hinsichtlich der Frauen täuschte.
Es kam die Nacht meiner Reue, in der ich erkannte, daß ich sie nicht zu gebrauchen verstand. Ich glich dem Plünderer, der nichts vom Zeremoniell weiß und daher die Figuren des Schachspiels mit trockener Hast bewegt, weil er an dieser Unordnung keine Freude finden kann, und sie in alle vier Winde verstreut.
In jener Nacht habe ich mich zornig von ihrem Lager erhoben, da ich begriffen hatte, daß ich Vieh im Stall war. Ich bin Herr, kein Diener der Frauen. Es ist etwas anderes, wenn dir das Ersteigen eines Berges glückt, als wenn du dich in einer Sänfte tragen läßt, um von Landschaft zu Landschaft

das Vollkommene zu suchen. Denn kaum hast du die Konturen der blauen Ebene ermessen, als dich schon die Langeweile befällt und du deinen Führer bittest, dich anderswohin zu tragen.

Ich habe in der Frau das Geschenk gesucht, das sie mir gewähren konnte. Die eine habe ich begehrt wie einen Glockenklang, dessen Heimwehmelodie ich genossen hätte. Was aber kannst du Tag und Nacht mit dem gleichen Glockenklang anfangen? Du verwahrst die Glocke gar bald auf dem Speicher und verspürst kein Bedürfnis mehr, sie zu hören. Eine andere Frau begehrte ich wegen einer feinen Schwankung in ihrer Stimme, wenn sie »Du, mein Gebieter« sagte, aber bald bist du das Wort müde und träumst von einem anderen Lied.

Und gäbe ich dir zehntausend Frauen, so würdest du bei einer nach der anderen ihre besonderen Vorzüge aufbrauchen, und du hättest noch eine weit größere Zahl nötig, um dich glücklich zu machen, denn du bist je nach den Jahreszeiten, den Tagen, den Winden verschieden.

Und doch war ich stets der Meinung, daß nie jemand zur Kenntnis einer einzigen Menschenseele vordringen könne, und daß in einem jeden eine innere Landschaft verborgen sei, mit unbetretenen Ebenen, mit Schluchten des Schweigens, mit lastenden Bergen, mit geheimen Gärten, und daß du über diesen oder jenen ein ganzes Leben lang sprechen kannst, ohne zu ermüden; daher begriff ich die Ärmlichkeit des Vorrats nicht, den mir die eine oder die andere meiner Frauen mitbrachte; genügte er doch kaum für das Mahl eines einzigen Abends.

O Herr, ich habe sie nicht als Ackerland betrachtet, zu dem ich mich das ganze Jahr über mit meinen schweren schlammbespritzten Stiefeln und meinem Pflug und meinem Pferd und meiner Egge und meinem Sack voller Samenkörner und meiner Voraussicht von Wind und Regen und meiner Kenntnis des Unkrauts und vor allem mit meiner Treue begeben muß, um von ihnen zu empfangen, was für mich bestimmt ist; ich habe sie vielmehr auf die Rolle jener Gliederpuppen

beschränkt, die dich willkommen heißen, und die die Ältesten des einfachen Dorfes, das du auf deiner Rundreise durch das Reich besuchst, vor dich hinschieben, damit sie ihren Glückwunsch vortragen oder dir in einem Korb die Früchte des Landes darbringen. Und sicher empfängst du etwas, denn das Lächeln ist rein in seinen Linien, die Geste bezaubernd, mit der sie die Früchte darbieten, und die Reden sind treuherzig gemeint, doch du hast ihre Gaben schon erschöpft und durch einen einzigen Schluck ihres Honigs entleert, sobald du ihre frischen Wangen tätscheltest und mit den Augen den Samtglanz ihrer Verwirrung genossest. Gewiß sind selbst diese Mädchen – auch sie – Ackerland mit weiten Horizonten, in dem du dich vielleicht für immer verlieren würdest, wenn du wüßtest, auf welchem Weg man es betritt.
Ich aber suchte den fertigen Honig zu ernten, indem ich von Bienenkorb zu Bienenkorb ging, und nicht in jene Weite einzudringen, die dir zunächst nichts zu bieten hat und Schritte und Schritte von dir abverlangt, denn du mußt lange Zeit schweigend den Herrn des Landguts begleiten, wenn du dir daraus ein Vaterland machen willst.
Ich habe den einzigen wahrhaften Mathematiker, meinen Freund, gekannt, der mich Tag und Nacht belehren konnte, und dem ich meine Zweifelsfragen vorlegte: nicht um ihre Lösung, sondern um seine Auffassung darüber zu erfahren, wodurch sie bereits ein anderes Gesicht erhielten; denn da es dieser bestimmte Mensch war – er selbst und kein anderer –, hörte er jene Note nicht wie ich, sah er jene Sonne, kostete er jenes Mahl nicht wie du, sondern bereitete aus den Stoffen, die ihm zu Gebote standen, eine bestimmte Frucht mit einem bestimmten Geschmack und keine andere – eine Frucht, die ganz einfach da war, weder wägbar noch meßbar, sondern als ein sich entfaltendes Vermögen von dieser Beschaffenheit und keiner anderen, das dieser Lenkung und keiner anderen unterstand; ich habe die Weite in ihm gekannt oder die Einsamkeit und ging zu ihm, wie man den Meereswind sucht –, was hätte ich aber von ihm empfangen, wenn ich mich nicht an den Menschen, sondern an die Vor-

räte, an die Früchte und nicht an den Baum gewandt und danach getrachtet hätte, meinen Geist und mein Herz durch ein paar geometrische Lehrsätze zu befriedigen? Herr, die Frau, die ich in mein Haus nahm, gibst Du mir, damit ich ihr Feld bestelle und sie begleite und sie entdecke.

Herr, sagte ich mir, für den allein, der seine Erde umgräbt, der den Ölbaum pflanzt und die Gerste sät, schlägt die Stunde der Verwandlungen, an denen er sich nicht erfreuen könnte, wenn er sein Brot beim Händler kaufte. Für ihn schlägt die festliche Stunde der Ernte. Es schlägt die festliche Stunde, da das Korn eingebracht wird und er langsam mit der Schulter das Tor aufstößt, das unter dem Vorrat an Sonne ächzt. Denn die Sonne gebietet, wenn die Stunde gekommen ist, über die Macht, deine großen Felder aus schwarzer Erde und den Hügel des Saatkorns in Brand zu setzen, den du soeben eingebracht hast, und über dem noch der Glanz einer Kleiewolke schwebt, die sich nicht völlig gelegt hat.

O Herr, sagte ich mir, ich habe mich über den Weg geirrt. Ich habe mich unter den Frauen abgehastet wie auf einer Reise ohne Ziel.

Ich habe mich unter ihnen abgemüht wie in einer Wüste ohne Horizont, da ich die Oase suchte, die nicht in der Liebe, sondern jenseits von ihr zu finden ist.

Ich habe einen Schatz gesucht, der in ihnen verborgen sein sollte, wie ein Ding, das es unter anderen Dingen zu entdecken gäbe. Ich habe mich über ihren kurzen Atem gebeugt wie ein Ruderer. Und ich ging nirgendwohin. Ich habe mit den Augen ihre Vollkommenheit abgemessen, ich kannte die Anmut der Gelenke und den Henkel des Ellenbogens, den man beim Trinken halten will. Ich habe eine Angst ausgestanden, die eine Richtung hatte. Ich habe einen Durst verspürt, gegen den es ein Heilmittel gab. Doch da ich mich im Weg geirrt hatte, sah ich Deiner Wahrheit ins Gesicht, ohne sie zu verstehen.

Ich glich jenem Narren, der nachts inmitten der Ruinen auftaucht, ausgerüstet mit Schippe, Hacke und Meißel. Und so trägt er die Mauern ab. Und er dreht die Steine um und beklopft die schweren Steinplatten. Er plagt sich ab, von einem düsteren Eifer erfaßt, denn er täuscht sich, Herr, er sucht einen Schatz, der ein schon fertiger Vorrat ist und jahrhundertelang – wie eine Perle in ihrer Muschel – in einem Kästchen verborgen ruht: als Jungbrunnen für den Greis, als Unterpfand des Reichtums für den Geizhals, als Unterpfand der Liebe für den Verliebten, als Unterpfand des Stolzes für den Stolzen und des Ruhmes für den Ruhmsüchtigen – und doch ist er nur Asche und Eitelkeit, denn es gibt keine Frucht, die nicht von einem Baum stammt, keine Freude, die Du nicht erarbeitet hast. Unfruchtbar ist es, inmitten der Steine nach einem Stein zu suchen, der Dich mehr begeistern soll als die anderen. Und wenn er sich derart in den Ruinen abplagt, wird er weder Ruhm noch Reichtum noch Liebe erlangen.

Gleich jenem Narren also, der des Nachts hingeht, um unfruchtbaren Boden umzuhacken, habe ich nichts in der Wollust gefunden, das etwas anderes als ein Vergnügen des Geizhalses und vollkommen nutzlos gewesen wäre. Ich habe nur mich selber darin gefunden. Ich habe nur mit mir zu tun, o Herr, und der Widerhall meiner eigenen Lust ermüdet mich.

Ich möchte das Zeremoniell der Liebe aufbauen, damit mich das Fest anderswohin führe. Denn nichts von dem, was ich suche, und wonach ich dürste und wonach die Menschen dürsten, gehört jener Stufe an, auf der sie über die Baustoffe verfügen. Und der geht in die Irre, der unter den Steinen sucht, was nicht ihres Wesens ist, indes er sie nutzen könnte, um seine Basilika damit aufzubauen, denn seine Freude kann er nicht aus einem Stein unter anderen Steinen, sondern nur aus einem bestimmten Zeremoniell der Steine gewinnen, sobald die Kathedrale gebaut ist. Und ich zerstöre den Einklang einer Frau, wenn ich nicht durch sie hindurch lese.

O Herr, wenn ich diese meine Frau nackt dort schlafen sehe, so wird es mich erfreuen, wenn sie schön ist und feine Gelenke und warme Brüste hat, und warum sollte ich mir meinen Lohn nicht holen?

Ich aber habe deine Wahrheit verstanden. Es kommt darauf an, daß die Schläferin, die ich bald dadurch aufwecken werde, daß ich nur meinen Schatten über sie neige, nicht die Mauer bedeutet, an die ich stoße, sondern die Tür, die anderswohin führt – und daß ich sie nicht in verschiedene Bestandteile zerstreue, während ich den unerreichbaren Schatz suche, sondern sie wohlgefügt und als Einheit berge im Schweigen meiner Liebe.

Und weshalb sollte ich enttäuscht werden? Gewiß ist die Frau enttäuscht, die ein Schmuckstück empfängt. Es gibt einen Smaragden, der schöner als dein Opal ist. Es gibt einen Diamanten, der schöner als dein Smaragd ist. Es gibt den Diamanten des Königs, der schöner ist als alle anderen. Nur dann habe ich es mit einem Gegenstand zu tun, der um seiner selbst willen geliebt wird, wenn er nicht Sinnbild der Vollkommenheit ist. Denn ich lebe nicht von den Dingen, sondern vom Sinn der Dinge.

Jener schlecht geschnittene Ring indessen oder jene verwelkte Rose, die in ein Stück Leinen eingenäht ist, oder jene Kanne – mag sie auch nur aus Zinn sein –, die für den Tee bei ihr vor dem Liebesspiel bestimmt ist: all diese Dinge sind unersetzlich, da sie zu einem Kult gehören. Nur von Gott allein verlange ich Vollkommenheit, und wenn der Gegenstand aus rohem Holz fortan zu seinem Kult gehört, hat auch er an seiner Vollendung teil.

So ist es auch mit der schlafenden Gattin. Wenn ich sie um ihrer selbst willen betrachten wollte, werde ich sofort ihrer müde werden und anderswo auf die Suche gehen. Denn sie ist weniger schön als eine andere oder hat einen schlechten Charakter, und selbst wenn sie scheinbar vollkommen ist, bleibt doch bestehen, daß sie nicht jenen Glockenton erklingen läßt, dessen Sehnsucht ich spüre; es bleibt bestehen, daß sie die Worte »Du, mein Gebieter« ganz verkehrt ausspricht – diese Worte, die auf den Lippen einer anderen zu einer Musik für das Herz wurden.

Aber schlafe nur getrost in deiner Unzulänglichkeit, du meine unvollkommene Gefährtin. Ich stoße mich nicht an einer Mauer. Du bist nicht Ziel und Belohnung oder ein Schmuckstück, das man um seiner selbst willen verehrt und das mich sofort langweilen würde: du bist Weg und Gefährt und Beförderung. Und ich bin es niemals müde, zu *werden.*

205

Ich wurde auf diese Weise über das Fest aufgeklärt, das dem Augenblick angehört, da du von einem Zustand in den anderen übergehst, wenn sich die Einhaltung des Zeremoniells auf eine Geburt vorbereitet hat. Und ich sagte es dir schon vom Schiff. Weil es lange Zeit im Stadium der Bretter und Nägel ein Haus war, das es zu bauen gilt, wird es, sobald du es betakelt hast, dem Meere vermählt. Und du vermählst es. Das ist der Augenblick des Festes. Doch du richtest dich nicht etwa häuslich im Stapellauf des Schiffes ein, um darin zu leben.

Ich sagte es dir auch von deinem Kind. Der Augenblick des Festes ist seine Geburt. Aber du reibst dir nicht Tag für Tag und jahrelang die Hände, weil es geboren wurde. Um ein anderes Fest zu feiern, wirst du eine bestimmte Veränderung deiner Lage abwarten, wie sie der Tag mit sich bringt, an dem die Frucht deines Baumes zum Stamm eines neuen Baumes wird und dein Geschlecht weiter fortpflanzt. Ich sagte es dir vom geernteten Samenkorn. Es kommt das Fest der eingebrachten Ernte. Sodann die Aussaat. Sodann das Fest des Frühjahrs, das, wie ein Becken frischen Wassers, deine Saat in zartes Gras verwandelt. Sodann wartest du wiederum, und es kommt das Fest der Reife und abermals das Fest des Einfahrens der Ernte. Und so geht es fort, von Fest zu Fest bis zum Tode, denn es gibt keine Vorräte. Und ich kenne kein Fest, an dem du nicht teilhast, wenn du irgendwoher kommst, und durch das du nicht irgendwohin gehst. Du bist lange gewandert. Die Tür öffnet sich. Es ist der Augenblick des Festes. Aber du wirst ebensowenig von diesem Saal wie von einem anderen leben. Indessen will ich, daß du dich freuen sollst, wenn du die Schwelle überschreitest, die einem Ziel entgegenführt. Und spare deine Freude für den Augenblick auf, an dem du deine Verpuppung sprengst. Denn du bist ein Herd von schwacher Brennkraft, und die Erleuchtung der Schildwache begibt sich nicht in einer Minute. Ich spare sie möglichst auf für die Tage des Hörnerschalls und der Trommeln und des Sieges. Es muß sich erst etwas in dir erneuern, das dem Verlangen gleicht und viel Schlaf erfordert.

Ich aber durchschreite langsam, indem ich langsam einen Fuß auf die goldene Fliese, langsam einen Fuß auf die schwarze Fliese setze, die Tiefen meines Palastes. Er erscheint mir am Mittag wie eine Zisterne, wegen der Kühle, die er eingefangen hat. Und mich wiegt mein eigener Schritt: ich bin ein unermüdlicher Ruderer, meinem Ziel entgegen. Denn ich gehöre nicht mehr diesem Vaterland.

Langsam fließen die Wände der Vorhalle vorüber, und wenn ich die Augen zum Deckengewölbe hebe, sehe ich es sanft schwanken wie einen Brückenbogen. Langsam setze ich einen Fuß auf eine goldene Fliese, langsam einen Fuß auf eine schwarze Fliese; so verrichte ich langsam mein Werk, wie die Arbeiter, die einen Brunnen bohren und den Schutt nach oben befördern. Sie skandieren den Ruf des Seiles mit geschmeidigen Muskeln. Ich weiß, wohin ich gehe, und ich gehöre nicht mehr diesem Vaterland.

Von Vorhalle zu Vorhalle setze ich meine Wanderung fort. Und dies sind die Wände. Und dies sind die Ornamente, die die Wände bedecken. Und ich umschreite den großen silbernen Tisch, auf dem die Kandelaber stehen. Und ich gleite mit der Hand über einen Marmorpfeiler. Er ist kalt. Allezeit. Doch nun betrete ich die bewohnten Gefilde. Die Geräusche dringen zu mir wie in einem Traum, denn ich gehöre nicht mehr diesem Vaterland.

Lieblich sind mir indessen die häuslichen Lärme. Stets gefällt dir das vertrauliche Lied des Herzens. Nichts schläft ganz und gar. Und selbst wenn dein Hund schläft, kommt es vor, daß er im Schlaf kläfft, wobei er schwache Laute von sich gibt und sich ein wenig bewegt, weil er sich an etwas erinnert. So ist es mit meinem Palast, obwohl ihn mein Mittag eingeschläfert hat. Und es gibt eine Tür, die in der Stille schlägt, man weiß nicht wo. Und du denkst an die Arbeit der Dienerinnen, der Frauen. Denn gewiß gehört das zu ihrem Bereich. Sie haben dir das frische Linnen in ihren Körben gefaltet. Sie sind zu zweien und zweien gewandert, um es zu tragen. Und da sie es jetzt eingeordnet haben, schließen sie die hohen Schränke wieder zu. Eine Verrichtung hat dort ihren Abschluß gefunden. Eine Verpflichtung wurde geachtet. Etwas hat sich soeben vollendet. Gewiß herrscht nun Ruhe, doch was weiß ich davon? Ich gehöre nicht mehr diesem Vaterland.

Von Vorhalle zu Vorhalle, von schwarzer Fliese zu goldener Fliese wandernd, umschreite ich langsam den Bezirk der Küchen. Ich erkenne das Lied der Porzellane. Sodann einer Silberkanne, die man mir gestoßen hat. Dann jenes schwache Geräusch einer Kellertür. Dann die Stille. Dann den Lärm überstürzter Schritte. Etwas hat man vergessen, das plötzlich deine Gegenwart erfordert, wie etwa die Milch, die überkocht, oder das Kind, das einen Schrei ausstößt, oder auch nur das unerwartete Ausbleiben eines vertrauten Gesummes. Irgendein Teilstück hat sich in der Pumpe, dem Bratspieß oder der Mühle für das Mehl verkeilt. So eilst du herbei, um das unscheinbare Gebet wieder in Gang zu setzen... Aber der Lärm der Schritte ist verstummt, denn die Milch wurde gerettet, das Kind getröstet; die Pumpe, der Bratspieß oder die Mühle haben das Hersagen ihrer Litanei wiederaufgenommen. Eine Bedrohung wurde beseitigt. Eine Wunde geheilt. Ein Versehen behoben. Welches? Ich weiß es nicht. Ich gehöre nicht mehr diesem Vaterland.

Nun dringe ich ein in das Reich der Gerüche. Mein Palast gleicht einem Speisekeller, der langsam den Honig seiner Früchte, die Blume seiner Weine vorbereitet. Und ich durchschiffe gleichsam ruhende Provinzen. Hier sind reife Quitten. Ich schließe die Augen, ihr Einfluß setzt sich weithin fort. Hier ist das Sandelholz der Truhen. Hier sind nur frisch gescheuerte Steinplatten. Jeder Geruch hat sich seit Generationen ein Reich zugeteilt, und der Blinde könnte sich darin zurechtfinden. Und zweifellos herrschte schon mein Vater über diese Kolonien. Doch ich gehe, ohne recht darüber nachzudenken. Ich gehöre nicht mehr diesem Vaterland.

Der Sklave hatte sich, wie es dem Ritual der Begegnungen entspricht, an die Wand gedrückt, als ich vorüberging. Aber in meiner Güte sagte ich zu ihm: »Zeige mir deinen Korb«, damit er sich wichtig in der Welt fühlen sollte. Und mit dem Henkel seiner glänzenden Arme nahm er ihn behutsam von seinem Kopf herab. Und mit niedergeschlagenen Augen brachte er mir die Huldigung seiner Datteln, Feigen und Mandarinen dar. Ich sog den Duft ein. Dann lächelte ich. Da erweiterte sich sein Lächeln, und er blickte mir gerade in die Augen, entgegen dem Ritual der Begegnungen. Und mit dem Henkel seiner Arme hob er seinen Korb wieder hoch, während er mich fest im Auge behielt. »Wie steht es mit dieser angezündeten Lampe?« sagte ich mir da. Denn die Rebellionen oder die Liebe greifen um sich wie eine Feuersbrunst! Was ist das verborgene Feuer, das in den Tiefen meines Palastes hinter diesen Mauern schwelt? Und ich betrachtete den Sklaven, als sei er der Abgrund der Meere. »Wahrhaftig«, sagte ich mir, »groß ist das Geheimnis des Menschen!« Und ich setzte meinen Weg fort, ohne dieses Rätsel zu lösen, denn ich gehörte nicht mehr diesem Vaterland.

Ich durchquerte den Saal der Ruhe. Ich durchquerte den Saal des Rates, in dem sich mein Schritt vervielfachte. Sodann ging ich mit langsamen Schritten, Stufe um Stufe, die Treppe hinab, die zur letzten Vorhalle führt, und als ich sie zu durchmessen begann, hörte ich einen großen dumpfen Lärm und Waffengeklirr. Ich lächelte in meiner Nachsicht; gewiß schliefen meine Schildwachen, da mein mittäglicher Palast einem schlafenden Bienenhause glich; alles hatte sich in ihm verlangsamt, und kaum bewegte ihn die kurze Unruhe der launischen Frauen, die keinen Schlaf finden; der vergeßlichen, die hinter dem Vergessenen herlaufen, oder jenes ewigen Wirrkopfes, der dir ständig etwas ausbessert, vervollständigt und auseinandernimmt. Und so gibt es auch in der Herde stets eine Ziege, die meckert; aus der schlafenden Stadt steigt stets ein unverständlicher Ruf auf, und in der erstorbensten Gräberhalde gibt es noch den Nachtwächter, der umherwandert. Mit meinem langsamen Schritt setzte ich also meinen Weg fort, mit geneigtem Kopf, um nicht meine Schildwachen zu sehen, die sich eilig wieder herrichteten, denn das kümmerte mich wenig: ich gehöre nicht mehr diesem Vaterland.

So grüßen sie mich, da sie sich wieder gestrafft haben, öffnen mir das Tor mit seinen beiden Flügeln, und ich blinzele in der Grausamkeit des Sonnenlichts und bleibe einen Augenblick auf der Schwelle stehen. Denn dort sind die Fluren. Die runden Hügel, die in der Sonne meine Reben wärmen. Meine Erntefelder, als Gevierte zugeschnitten. Der Kreidegeruch des Bodens. Und eine andere Musik, die von den Bienen, den Heupferdchen und Grillen herrührt. Und ich gehe von einer Kultur in eine andere Kultur über. Denn ich habe soeben den Mittag über meinem Reich eingeatmet.

Und ich bin neu geboren.

206

Von meinem Besuch bei dem einzigen wahrhaften Mathematiker, meinem Freund.

Denn es rührte mich, als ich sah, welche Aufmerksamkeit er dem Tee und der Kohlenglut und dem Kochkessel und dem Gesang des Wassers schenkte, sodann dem Geschmack einer ersten Probe, sodann dem Abwarten, denn der Tee gibt sein Aroma nur langsam her. Und es gefiel mir, daß er während dieses kurzen besinnlichen Tuns durch den Tee mehr abgelenkt wurde als durch ein geometrisches Problem.

–Du, der du Bescheid weißt, du verachtest die niedere Arbeit nicht...

Doch er antwortete nicht. Erst als er, ganz zufriedengestellt, unsere Gläser eingeschenkt hatte, sagte er:

– Ich, der ich Bescheid weiß..., was verstehst du darunter?

Warum sollte der Gitarrespieler das Zeremoniell des Tees nur aus dem Grunde verachten, weil er etwas von den Beziehungen zwischen den Noten weiß? Ich weiß etwas von den Beziehungen zwischen den Linien eines Dreiecks. Und doch gefällt mir der Gesang des Wassers und das Zeremoniell, das den König, meinen Freund, ehren wird ...
Er besann sich, dann fuhr er fort:
– Was weiß ich? ... Ich glaube nicht, daß mich meine Dreiecke sehr über die Freude am Tee erleuchten. Aber es kann sein, daß mich die Freude am Tee ein wenig über die Dreiecke erleuchtet ...
– Was sagst du mir da, Mathematiker!
– Wenn ich etwas empfinde, verspüre ich das Bedürfnis, es zu beschreiben. Wenn ich eine Frau liebe, werde ich dir von ihren Haaren und von ihren Wimpern und ihren Bewegungen erzählen, die Musik sind für das Herz. Würde ich dir von den Bewegungen, den Lippen, den Wimpern, den Haaren erzählen, wenn es nicht jenes Frauengesicht gäbe, von dem ich all das ablas? Ich zeige, inwiefern ihr Lächeln lieblich ist. Im Anfang aber war das Lächeln ...
Ich werde doch nicht hingehen und einen Steinhaufen umwälzen, damit ich darin das Geheimnis meiner Meditationen finde. Denn die Meditation bedeutet nichts für die Stufe der Steine. Dazu bedarf es eines Tempels. Dann hat sich auf einmal mein Herz gewandelt. Und ich werde meines Weges gehen und über die Macht der Beziehungen zwischen den Steinen nachdenken ...
Ich werde nicht hingehen und in den Erdsalzen die Erklärung für den Orangenbaum suchen. Denn der Orangenbaum hat keine Bedeutung für die Stufe der Erdsalze. Doch indem ich den Aufstieg des Orangenbaumes verfolge, werde ich durch ihn den Aufstieg der Erdsalze erklären.
Zunächst muß ich Liebe empfinden. Muß ich die Einheit betrachten. Sodann werde ich darangehen, über die Baustoffe und ihre Zusammenstellung nachzudenken. Aber ich werde keine Untersuchungen über die Baustoffe anstellen, wenn sie nicht etwas beherrscht, dem ich zustrebe. Zuerst

habe ich die Dreiecke betrachtet. Dann habe ich im Dreieck nach den Gesetzen gesucht, welche die Linien beherrschen. Auch du hast zuerst ein Bild vom Menschen mit einer bestimmten inneren Glut geliebt. Und du hast daraus dein Zeremoniell abgeleitet, damit jenes Bild darin enthalten sei, wie die Beute in der Falle, und dergestalt im Reich verewigt werde. Welcher Bildhauer aber wird sich für Nase, Augen und Bart um ihrer selbst willen interessieren? Und welchen Ritus des Zeremoniells wirst du um seiner selbst willen auferlegen? Und was kann ich aus den Linien herleiten, wenn sie nicht einem Dreieck angehören?
Zuerst gebe ich mich der Meditation hin, sodann werde ich erzählen, wenn ich es vermag. Ich habe somit niemals die Liebe abgelehnt: Ablehnung der Liebe ist nichts als Anmaßung. Freilich habe ich diese oder jene Frau geehrt, die nicht über die Dreiecke Bescheid wußte. Doch sie wußte weit mehr als ich über die Kunst des Lächelns. Hast du gesehen, wie sie lächeln?
– Gewiß, Mathematiker ...
– Mit den Fibern ihres Gesichtes, mit ihren Wimpern, ihren Lippen, die noch Baustoffe ohne Bedeutung sind, baute dir jene Frau mühelos ein unvergängliches Meisterwerk auf, und dadurch, daß du Zeuge eines solchen Lächelns warst, lebtest du im Frieden der Dinge und in der Ewigkeit der Liebe. Sodann zerstörte sie dir ihr Meisterwerk in der Zeit, die du brauchst, um eine Geste anzudeuten und dich in einem anderen Vaterland zu verschließen, wo dich das Verlangen überkam, die Feuersbrunst zu erfinden, von der du, der Befreier, sie dann gerettet hättest; so ergreifend zeigte sie sich. Und warum hätte ich sie deshalb verachten sollen, weil ihre Schöpfung keine Spuren hinterließ, mit denen man die Museen hätte bereichern können? Ich weiß etwas über die gebauten Kathedralen auszusagen, sie aber baute mir Kathedralen ...
– Was aber lehrte sie dich über die Beziehungen zwischen den Linien?
– Es kommt wenig auf die verbundenen Gegenstände an;

zunächst muß ich lernen, wie man die Beziehungen abliest. Ich bin alt. So habe ich gesehen, wie die Frau, die ich liebte, starb oder genas. Es kommt der Abend, an dem die Liebste, die ich liebte, starb oder genas. Es kommt der Abend, an dem die Liebste den Kopf auf die Schulter neigt und die ihr angebotene Milchschale zurückweist, nach Art des Neugeborenen, das schon von der Welt abgeschnitten ist und die Brust verweigert, denn die Milch ist ihm bitter geworden. Sie hat gleichsam ein entschuldigendes Lächeln, denn du tust ihr leid, weil sie sich nicht mehr von dir nährt. Sie bedarf deiner nicht mehr. Und du trittst ans Fenster, um deine Tränen zu verbergen. Und dort sind die Fluren. Da spürst du, gleich einer Nabelschnur, das Band zwischen dir und den Dingen. Den Gerstenfeldern, den Weizenfeldern, dem blühenden Orangenbaum, der die Nahrung deines Leibes vorbereitet, und der Sonne, die seit dem Anbeginn der Zeiten die Brunnenräder sich drehen läßt. Und der Lärm der Fuhrwerke dringt zu dir herüber vom Bau des Aquädukts, das an Stelle eines alten, das die Zeit abgenutzt hat, den Durst der Stadt stillen wird, oder du hörst auch nur den Handwagen oder den Schritt des Esels, der den Sack trägt. Und du spürst den allgewaltigen Saft kreisen, der den Dingen Dauer verleiht. Und mit langsamen Schritten kehrst du zum Bett zurück. Du wischst das Gesicht ab, das vom Schweiß glänzt. Noch ist sie da, aber ganz abgewandt in ihrem Sterben. Die Fluren singen für sie nicht mehr ihr Lied vom Bau des Aquädukts oder vom Handwagen oder vom trippelnden Esel. Der Duft der Orangenbäume ist für sie nicht mehr da und auch nicht deine Liebe.

Dann kommen dir zwei Kameraden in den Sinn, die sich liebten.

Der eine kam den anderen suchen, mitten in der Nacht, bloß, weil er seine Späße, seine Ratschläge oder auch einfach nur seine Gegenwart nötig hatte. Und der eine vermißte den anderen, wenn einer von ihnen auf Reisen war. Aber ein törichtes Mißverständnis ließ sie sich entzweien. Und nun tun sie, als sähen sie sich nicht, wenn sie einander begegnen.

Das Seltsame ist in diesem Fall, daß sie nach nichts mehr Sehnsucht haben. Die Sehnsucht nach Liebe ist Liebe. Was sie voneinander empfingen, werden sie indessen von niemandem sonst in der Welt empfangen. Denn ein jeder scherzt, erteilt Ratschläge, oder atmet auch nur auf seine eigene Art und auf keine andere. Nun sind sie also eines Teils ihres Wesens beraubt, sind herabgemindert, jedoch unfähig, etwas davon zu erkennen. Und sie sind gar noch stolz und wie bereichert durch die Zeit, über die sie nun verfügen. Und so schlendern sie vor den Auslagen einher, jeder für sich. Sie verlieren ihre Zeit nicht mehr mit einem Freund. Sie werden jede Bemühung zurückweisen, die sie wieder dem Speicher zuführen könnte, aus dem sie ihre Nahrung schöpften. Denn der Teil ihres Wesens, der davon lebte, ist gestorben, und wie könnte dieser Teil eine Forderung stellen, da er nicht mehr vorhanden ist?

Du aber, du gehst als Gärtner vorüber. Und du siehst, was dem Baum fehlt. Nicht vom Gesichtspunkt des Baumes aus, denn vom Baum aus gesehen fehlt ihm nichts; er ist vollkommen. Aber von deinem Gesichtspunkt aus, der du ein Gott für den Baum bist und die Zweige dort beschneidest, wo es nötig ist. Und du knüpfst die zerrissenen Fäden und die Nabelschnur wieder zusammen. Du versöhnst wieder. Und siehe, so beginnen sie von neuem in ihrer Inbrunst.

Auch ich habe mich wieder versöhnt, und ich habe den frischen Morgen erlebt, da die Liebste die Ziegenmilch und das weiche Brot von dir erbittet. Und so neigst du dich über sie und stützt mit der einen Hand ihren Nacken und hebst mit der anderen die Schale zu den blassen Lippen und siehst ihr zu, wie sie trinkt. Du bist Weg, Gefährt und Beförderung. Du hast nicht die Empfindung, als ob du sie nährtest, nicht einmal, als ob du sie heiltest; es dünkt dir vielmehr, als ob du sie an die Dinge wieder anknüpftest, denen sie angehörte; an diese Fluren, diese Ernte, diesen Brunnen, diese Sonne. Fortan läßt die Sonne das singende Brunnenrad sich ein wenig für sie drehen. Fortan baut man das Aquädukt ein wenig für sie. Fortan ertönt die Schelle des Handkarrens ein wenig für sie. Und du sagst ihr, denn sie erscheint dir kindlich an diesem Morgen und nicht erpicht auf tiefe Weisheit, sondern mehr auf häusliche Neuigkeiten, auf Spielsachen und Freunde – du sagst ihr also: »Höre doch ...« Und sie erkennt den trippelnden Esel. Da lacht sie und kehrt sich dir zu, ihrer Sonne, denn sie hat Durst nach Liebe.

Und ich, der ich ein alter Mathematiker bin, ich bin auf diese Weise in die Schule gegangen, denn es gibt nur Beziehungen, wenn du über sie nachgedacht hast. Du sagst: »Es ist dasselbe wie...« Und eine Frage stirbt. Ich habe einem Mann den Durst nach dem Freund wiedergegeben: ich habe ihn wieder versöhnt. Ich habe einer Frau den Durst nach Milch und nach Liebe wiedergegeben. Und ich sagte: »Ich heilte sie. Es ist dasselbe wie ...« Und was tat ich anderes, wenn ich eine bestimmte Beziehung zwischen dem fallenden Stein und den Sternen kundtat? Ich sagte: »Es ist dasselbe wie ...« Und wenn ich eine bestimmte Beziehung zwischen den Linien kundtat? Ich sagte: »Im Dreieck ist dieses oder jenes dasselbe wie...« Und so wandere ich vom Tod einer Frage über den Tod einer anderen Frage langsam Gott entgegen, in dem keine Frage mehr gestellt wird. –

Und als ich meinen Freund verließ, ging ich mit langsamen Schritten davon – ich, der ich meine Zorneswallungen überwinde, da sich von dem Berge aus, den ich ersteige, ein wahrhafter Friede einstellt, der nicht aus Versöhnung, Verzicht, Vermischung oder Aufteilung besteht. Denn ich sehe dort Voraussetzung, wo sie Streit sehen. Und so ist es auch mit meinem Zwang, der Voraussetzung meiner Freiheit ist, oder mit meinen Geboten gegen die Liebe, die Voraussetzung der Liebe sind, oder mit meinem vielgeliebten Feind, der Voraussetzung meines eigenen Wesens ist, denn das Schiff hätte keine Form ohne das Meer.

Und so wandere auch ich von einem versöhnten Feind über den anderen versöhnten Feind – aber von einem neuen Feind über den anderen neuen Feind – auf dem Hang, den ich ersteige, langsam der Ruhe in Gott entgegen; denn ich weiß, daß es beim Schiff nicht darum geht, dem Ansturm des Meeres nachzugeben, und daß es beim Meer nicht darum geht, sich gegenüber dem Schiff sanft zu zeigen, denn im ersten Falle wird das Schiff untergehen, und im zweiten wird es zu einem flachen Floß für Wäscherinnen verkümmern – ich weiß hingegen, daß es darauf ankommt, nicht zu wanken und im Verlauf eines erbarmungslosen Krieges, der Voraussetzung des Friedens ist, nicht aus falscher Liebe zu paktieren; ich weiß, daß man Tote, die Voraussetzung des Lebens sind, auf dem Weg zurücklassen muß, daß man Verzichte, die Voraussetzungen des Festes sind, Lähmungen der Schmetterlingspuppen, die Voraussetzung der Flügel sind, in Kauf nehmen muß; denn es zeigt sich, daß Du mich – wie es Deinem Willen entspricht – mit etwas verknüpfst, was höher ist als ich selber, und daß ich keinen Frieden und keine Liebe außerhalb Deiner erfahren werde. In Dir allein wird jener Herrscher, der im Norden meines Reiches regierte und den ich liebte, mit mir selber versöhnt sein, weil wir uns dann vollendet haben; in Dir allein wird einer, den ich züchtigen mußte, obwohl ich ihn hochschätzte, mit mir versöhnt sein, weil wir uns dann vollendet haben. Denn es erweist sich, daß in Dir allein, Herr, die Liebe und die Voraussetzungen der Liebe zu guter Letzt in ihrer Einheit ohne Streit miteinander verschmelzen werden.

207

Freilich ist die Stufenordnung ungerecht, die dich plagt und dich am Werden hindert. Du wirst jedoch, wenn du gegen diese Ungerechtigkeit ankämpfst, ein Bauwerk nach dem anderen zerstören, bis du bei dem ebenen Pfuhl anlangst, in dem die Gletscher zerschmolzen sein werden.

Du wünschst, daß die einen den anderen gleich sein sollen, und verwechselst deine Gleichheit mit Übereinstimmung. Ich aber werde sie gleich nennen, weil sie auf gleiche Weise dem Reich dienen. Und nicht, weil sie sich so ähnlich sind.

So ist es auch mit dem Schachspiel: es gibt einen Sieger und

einen Besiegten. Und es kommt vor, daß der Sieger ein schalkhaftes Lächeln aufsetzt, um den Besiegten zu demütigen. Denn so sind die Menschen. Und du kommst daher, um in deiner Gerechtigkeit die Siege im Schachspiel zu untersagen. Du sprichst: »Was ist denn das Verdienst des Siegers? Er war klüger oder kannte die Spielregeln besser. Sein Sieg ist nur der Ausdruck eines Zustandes. Sollte er etwa gefeiert werden, weil er röter im Gesicht oder gelenkiger ist, oder weil er behaarter oder weniger behaart ist . . .?«
Ich aber habe gesehen, wie der im Schach Unterlegene jahrelang gespielt hat in der Hoffnung auf das Fest seines Sieges. Denn du bist dadurch reicher, daß es den Sieg gibt, selbst wenn er nicht für dich bestimmt ist. So ist es auch mit der Perle auf dem Meeresgrund.
Denn täusche dich nicht über den Neid: er ist Zeichen einer Kraftlinie. Ich habe eine bestimmte Auszeichnung geschaffen. Und die Auserwählten stolzieren mit meinem Kieselstein auf der Brust einher. Und du beneidest den, den ich auszeichne. Und du kommst daher, wie es deiner Gerechtigkeit entspricht, die nur den Ausgleich im Sinn hat. Und du entscheidest: alle sollen Kieselsteine auf ihrer Brust tragen. Und freilich: wer wird sich fortan noch mit solch einem Kleinod herausputzen? Du lebtest nicht für den Kieselstein, sondern für seine Bedeutung. Und hier zeigt es sich, wirst du sagen. Ich habe die Nöte der Menschen verringert. Habe ich sie doch vom Durst nach Kieselsteinen befreit, welche die meisten nicht beanspruchen konnten. Denn du urteilst im Hinblick auf den Neid, der schmerzhaft ist. Der Gegenstand des Neides ist also ein Übel. Und du läßt nichts bestehen, was unerreichbar ist.
Das Kind streckt die Hand aus und ruft nach dem Stern. Also will deine Gerechtigkeit es sich zur Pflicht machen, ihn auszulöschen.
Genauso willst du mit dem Besitz von Edelsteinen verfahren. Und du lagerst sie in einem Museum ein. Du sagst: »Sie gehören der Allgemeinheit . . .« Und sicher wird dein Volk an Regentagen an den Vitrinen vorbeiziehen. Und es wird

die Sammlungen der Smaragde angähnen, denn es gibt kein Zeremoniell mehr, das ihnen einen Sinn verleiht und sie so verklärt. Und inwiefern glänzen sie stärker als geschnittenes Glas?

Du hast sogar noch den Diamanten seines besonderen Wesens entkleidet. Er hätte für dich bestimmt sein können. Du hast den Glanz ausgemerzt, der ihm eignete, weil er begehrenswert war. So geht es mit den Frauen, wenn du sie verbietest. Sie mögen noch so schön sein, sie werden dann zu Wachspuppen. Ich habe nie jemand für eine Frau sterben sehen, die das Relief eines Sarkophages bis zu ihm hin verewigt hatte, mochte ihr Abbild auch noch so bewundernswert sein. Solch eine Frau strömt die Anmut der Vergangenheit oder ihre Schwermut aus, nicht aber die Grausamkeit der Begierde.

So wird auch dein unerreichbarer Diamant nicht mehr der gleiche sein. Einst erstrahlte er durch den Glanz seiner Unerreichbarkeit, und damals verherrlichte und ehrte und erhöhte er dich durch seinen Glanz. Nun aber hast du die Diamanten in Zierstücke einer Vitrine verwandelt. Sie werden den Vitrinen Ehre bringen. Doch da du nicht wünschst, eine Vitrine zu sein, wünschst du auch den Diamanten nicht.

Und wenn du nun einen verbrennst, um den Festtag durch dieses Opfer zu veredeln und so seine Ausstrahlung auf deinen Geist und dein Herz zu vervielfachen, wirst du nichts verbrennen. Denn nicht du wirst den Diamanten opfern. Er wird das Geschenk deiner Vitrine sein. Und sie macht sich nichts daraus. Du kannst nicht länger mit dem Diamanten spielen, der zu keinerlei Gebrauch mehr dient. Und wenn du ihn des Nachts im Pfeiler des Tempels einmauerst, um ihn den Göttern zu spenden, so spendest du nichts. Der Pfeiler ist nur ein etwas verborgenerer Aufbewahrungsort als die Vitrine; und auch diese ist ebenso versteckt, wenn die Sonne dein Volk einlädt, die Stadt zu meiden. Dein Diamant hat nicht den Wert eines Geschenkes, da er ja kein Gegenstand ist, den man verschenkt. Er ist ein Gegenstand, den man aufbewahrt. Hier oder dort. Er hat nicht mehr die An-

ziehungskraft eines Magneten. Er hat seine göttlichen Kraftlinien eingebüßt. Was hast du dabei gewonnen?
Ich aber untersage, daß sich diejenigen rot kleiden, die nicht vom Propheten abstammen. Und worin habe ich die anderen verletzt? Keiner kleidete sich rot. Dem Rot fehlte es an einer Bedeutung. Seither träumen sie alle davon, sich rot zu kleiden. Ich habe die Macht des Rots begründet, und du bist dadurch reicher, daß es da ist, auch wenn es nicht für dich bestimmt ist. Und der Neid, der dich überkommt, ist Zeichen einer neuen Kraftlinie.
Aber das Reich erscheint dir vollkommen, wenn sich inmitten der Stadt ein Mann mit gekreuzten Beinen hinsetzt und dort vor Hunger und Durst stirbt. Denn er gibt keiner Neigung den Vorzug, die ihn nach rechts oder nach links, nach vorn oder nach hinten zieht. Und er empfängt keine Befehle, wie er auch keine erteilt. Und weder der unerreichbare Diamant noch der Kieselstein an der Brust noch das rote Gewand besitzen für ihn eine Anziehung. Und so wirst du ihn sehen, wie ihn stundenlang beim Verkäufer der bunten Stoffe das Gähnen überkommt, während er darauf wartet, daß ich in seinen Wünschen durch die Bedeutung, die ich ihnen beilege, eine Richtung weise.
Aber weil ich ihm das Rot untersage, liebäugelt er nun mit dem Violett..., oder, wenn er widerspenstig und unabhängig ist und die Ehrungen verabscheut und über alle Konventionen erhaben ist und ihm der Sinn der Farben, die in meinem Ermessen stehen, völlig gleichgültig ist, siehst du ihn auch, wie er sich alle Gestelle des Ladens ausräumen läßt und in den Vorräten kramt, um die Farbe herauszufinden, die – wie ein grelles Grün – dem Rot am meisten entgegengesetzt ist, und wie er die Nase rümpft, solange er nicht das Allervollkommenste gefunden hat. Hernach gewahrst du ihn, wie er voller Stolz auf sein grelles Grün durch die Stadt schreitet, weil er meine Rangordnung der Farben mißachtet. In Wahrheit aber habe ich ihn den ganzen Tag über angefeuert. Sonst hätte er, rot gekleidet, in einem Museum gegähnt, denn es regnet.

Ich, sagte mein Vater, ich stifte ein Fest. Aber es ist nicht ein Fest, das ich stifte, es ist eine bestimmte Beziehung. Ich höre die Widerspenstigen mich verhöhnen, die mir alsbald ein Gegenfest stiften. Und die Beziehung ist die gleiche, die sie behaupten und verewigen. Ich sperre sie daher für eine Weile ein, um ihnen zu gefallen, denn sie nehmen ihr Zeremoniell ernst. Und ich das meine.

208

Es wurde Tag. Und ich stand da wie der Seemann mit gekreuzten Armen, der das Meer einatmet. Jenes Meer, das es zu pflügen gilt, und kein anderes. Ich stand da wie der Bildhauer vor dem Lehm. Jenem Lehm, den es zu formen gilt, und keinem anderen. So stand ich auf dem Hügel und richtete dieses Gebet an Gott:

»Herr, der Tag hebt an über meinem Reich. Er bedeutet für mich diesen befreiten Morgen, der für das Spiel bereit ist wie eine Harfe. Herr, dieser Anteil an Städten, an Palmenhainen, an Ackerland und an Orangenpflanzungen wird dem Licht geboren. Und hier, zu meiner Rechten, liegt der Meeresgolf für die Schiffe. Und hier, zu meiner Linken, das blaue Gebirge, mit seinen von Wollschafen gesegneten Hängen, das die Klauen seiner letzten Felsen in die Wüste gräbt. Und jenseits davon der scharlachrote Sand, wo allein die Sonne blüht.

Mein Reich hat dieses bestimmte Gesicht und kein anderes. Und sicherlich steht es in meiner Macht, die Biegung eines Flusses ein wenig in ihrer Richtung zu verändern, um so den Sand zu bewässern, nicht aber in diesem Augenblick. Es steht in meiner Macht, hier eine neue Stadt zu gründen, nicht aber in diesem Augenblick. Es steht in meiner Macht, allein dadurch, daß ich auf seine Samenkörner blase, einen Wald siegreicher Zedern zu befreien, nicht aber in diesem Augenblick.

Denn ich erbe im gleichen Augenblick eine abgelaufene Vergangenheit, die so und nicht anders ist. Eine Harfe, bereit zum Gesang.

Worüber sollte ich mich beklagen, Herr – ich, der ich in meiner patriarchalischen Weisheit dieses Reich abwäge, wo alles an seinem Platze ist, gleich wie die bunten Früchte im Korb. Warum sollte ich Zorn, Bitternis, Haß oder Rachedurst empfinden? Dies ist mein Leitfaden für meine Arbeit. Dies ist mein Feld für mein Pflügen. Dies ist die Harfe für meinen Gesang.

Wenn der Gebieter des Landguts bei Tagesanbruch über seine Felder geht, siehst du, wie er einen Stein aufsammelt und die Dornen ausreißt, falls er welche findet. Er ist weder über die Dornen noch über die Steine erzürnt. Er verschönert sein Land und erleidet nichts, es sei denn die Liebe. Wenn jene Frau ihr Haus bei Tagesanbruch aufschließt, siehst du sie den Staub fortkehren. Sie ist nicht erzürnt über den Staub. Sie verschönert ein Haus und erleidet nichts, es sei denn die Liebe.

Soll ich mich darüber beklagen, daß ein bestimmtes Gebirge eine bestimmte Grenze schirmt und keine andere? Es weist hier, mit der Ruhe einer ausgestreckten Hand, die Stämme ab, die aus der Wüste emporsteigen. Das ist gut so. Ich werde weiter unten, wo das Reich ohne Schutz ist, meine Zitadelle bauen. Und weshalb sollte ich mich über die Menschen beklagen? Ich empfange sie in dieser Morgenröte, so wie sie sind. Gewiß gibt es manche darunter, die ihr Verbrechen vorbereiten, die über ihren Verrat nachsinnen, die ihre Lügen verbrämen, aber es gibt andere unter ihnen, die sich für die Arbeit oder das Mitleid oder die Gerechtigkeit wappnen. Und sicherlich werde auch ich, um mein Ackerland zu verschönen, den Stein oder die Dornen verwerfen, ohne aber Stein oder Dornen zu hassen, denn ich erleide nichts, es sei denn die Liebe.

Denn im Lauf meines Gebetes, o Herr, habe ich den Frieden gefunden. Ich komme von Dir. Ich fühle mich als Gärtner, der langsam seinen Bäumen entgegenschreitet.«

Freilich habe auch ich im Laufe meines Lebens Zorn, Bitternis, Haß und Rachedurst verspürt. In der Dämmerung der verlorenen Schlachten wie der Rebellionen: jedesmal, wenn ich mein Unvermögen gewahr wurde und mich gleichsam in mich selber eingeschlossen sah, da ich nicht, wie es mein Wille war, auf meine aufgelösten Truppen, die mein Wort nicht mehr erreichte, auf meine aufsässigen Generäle, die sich Kaiser erfanden, auf die wahnsinnigen Propheten, die Trauben von Gläubigen in blinden Fäusten zusammenballten, einzuwirken vermochte – dann habe ich die Versuchung des Zornigen erfahren.

Du aber willst die Vergangenheit berichtigen. Zu spät ersinnst du die glückliche Entscheidung. Du beginnst den Schritt von vorn, der dich gerettet hätte, der aber, da seine Stunde abgelaufen ist, an der Verwesung des Traumes teilhat. Und sicherlich gibt es einen General, der dir auf Grund seiner Berechnungen den Rat erteilt hat, im Westen anzugreifen. Du ersinnst den Geschichtsablauf von vorn. Du läßt den Ratgeber unversehens verschwinden. Du greifst im Norden an. Es ist das gleiche, wie wenn du dir dadurch einen Weg bahnen wolltest, daß du den Granit eines Berges anhauchst. Ach, sagst du dir in der Verwesung deines Traumes, hätte jener nicht gehandelt, hätte jener nicht gesprochen, hätte jener nicht geschlafen, hätte jener nicht geglaubt oder sich geweigert zu glauben, wäre jener zugegen gewesen, hätte sich jener anderswo befunden, dann wäre ich jetzt Sieger.

Doch sie verspotten dich, weil sie sich nicht auslöschen lassen wie der Blutflecken des schlechten Gewissens. Und dich überkommt das Verlangen, sie durch Hinrichtungen zu Staub zu zermahlen, um dich ihrer zu entledigen. Aber wenn du auch alle Mühlsteine des Reiches aufschichtetest, könntest du doch nicht verhindern, daß sie existiert haben.

Schwach bist du und feige zugleich, wenn du derart im Leben auf Verantwortliche Jagd machst, indem du in der Verwesung deines Traumes eine abgelaufene Vergangenheit von neuem ersinnst. Und es zeigt sich, daß du durch Säuberung über Säuberung dein ganzes Volk dem Totengräber überliefern wirst. Die einen waren vielleicht Gefährte, die in die Niederlage führten, doch warum haben andere, die Gefährte für den Sieg hätten sein können, nicht die ersteren beherrscht? Etwa, weil das Volk sie nicht unterstützte? Warum hat dann dein Volk die schlechten Hirten vorgezogen? Weil sie logen? Aber Lügen werden stets ausgesprochen, denn immer wird alles gesagt, sowohl die Wahrheit wie die Lüge. Weil sie dafür bezahlten? Aber das Geld wird stets angeboten, denn es gibt immer Sittenverderber.

Wenn die Menschen eines Reiches festgegründet sind, entlockt ihnen mein Sittenverderber ein Lächeln. Die Krankheit, die ich ihnen anbiete, ist nicht für sie bestimmt. Wenn die Menschen eines anderen Reiches innerlich verbraucht sind, wird die Krankheit, die ich ihnen anbiete, durch diesen oder jenen ihren Einzug halten, die ihr als erste erliegen werden. Und wenn sie vom einen auf den anderen übergreift, wird sie alle Menschen des Reiches verderben, denn meine Krankheit war für sie bestimmt. Sind die zuerst Befallenen für das Verderben des Reiches verantwortlich? Auch vom gesündesten Reich wirst du nicht behaupten, daß es darin keine Krebserreger gäbe. Sie sind vorhanden, aber gleichsam im Hinterhalt, für die Stunden des Verfalls. Dann erst wird sich die Krankheit ausbreiten, die ihrer nicht bedurfte. Sie hätte auch andere gefunden. Wenn die Krankheit eine Wurzel nach der anderen im Weinberg verdirbt, klage ich nicht die zuerst befallene Wurzel an. Hätte ich sie im Jahre zuvor verbrannt, so hätte eine andere Wurzel dem Verderben als Eingang gedient.

Wenn das Reich zerrüttet ist, so haben alle an dem Verderben mitgewirkt. Ist denn die große Mehrheit nicht verantwortlich, wenn sie es duldet? Ich nenne dich einen Mörder, wenn das Kind in deinem Pfuhl ertrinkt und du es versäumst, ihm beizustehen.

Unfruchtbar bin ich also, wenn ich in der Verwesung des Traumes versuche, nachträglich eine abgelaufene Vergangenheit zu gestalten und den Sittenverderbern als Helfershelfern der Sittenverderbnis, den Feigen als Helfershelfern der Feigheit, den Verrätern als Helfershelfern des Verrates den Kopf abzuschlagen, denn so werde ich, wenn ich von Folgerung zu Folgerung schreite, sogar die Besten vernichten, weil sie keinen Erfolg gehabt haben, und es mir überlassen bleibt, ihnen ihre Faulheit oder ihre Nachlässigkeit oder ihre Dummheit vorzuwerfen. Letztlich werde ich danach gestrebt haben, all das vom Menschen auszumerzen, was von Krankheit befallen sein und einem bestimmten Samen einen fruchtbaren Boden bieten könnte, und krank können alle werden. Und alle sind fruchtbarer Boden für jeden Samen. Und so werde ich sie alle beseitigen müssen. Dann wird die Welt vollkommen sein, da sie vom Übel gesäubert wurde. Ich aber sage, daß die Vollkommenheit eine Tugend der Toten ist. Der Aufstieg gebraucht schlechte Bildhauer als Dünger, genau wie den schlechten Geschmack. Ich diene nicht der Wahrheit, wenn ich den hinrichte, der sich irrt, denn die Wahrheit kommt durch Irrtum über Irrtum zustande. Ich diene nicht der Erschaffung des Werkes, wenn ich jeden hinrichte, der das seine verfehlt, denn die Erschaffung des Werkes kommt durch Mißlingen über Mißlingen zustande. Ich zwinge nicht eine bestimmte Wahrheit auf, wenn ich den hinrichte, der einer anderen dient, denn meine Wahrheit ist ein Baum, der erst heranwächst. Und ich kenne nichts als das Ackerland, das meinen Baum noch nicht genährt hat. Ich bin im Kommen, ich bin gegenwärtig. Ich empfange die Vergangenheit meines Reiches als Erbteil. Ich bin der Gärtner, der seiner Erde entgegenschreitet. Ich werde ihr nicht vorwerfen, daß sie Kakteen und Dornen gedeihen läßt. Kakteen und Dornen sind ihr völlig gleichgültig, wenn ich der Same der Zeder bin.

Ich verwerfe den Haß, nicht aus Nachsicht, sondern weil mir – der ich von Dir komme, Herr, in dem alles gegenwärtig ist – das Reich in jedem Augenblick gegenwärtig ist. Und in jedem Augenblick beginne ich.

Ich gedenke der Lehre meines Vaters: Lächerlich ist das Samenkorn, das sich darüber beklagt, daß die Erde durch es hindurch lieber Salat als Zeder wird. Denn es ist nur Salatsamen.

Er sagte auch: der Schieläugige hat das junge Mädchen angelächelt. Sie hat sich denen zugewandt, deren Blick gerade ist. Und der Schieläugige geht umher und erzählt, jene, die einen geraden Blick hätten, verdürben die jungen Mädchen.

Recht selbstgefällig sind die Gerechten, die sich einbilden, sie hätten den Tastversuchen, den Ungerechtigkeiten, den Irrtümern, der Schande, die ihre Begriffe übersteigen, nichts zu verdanken. Lächerlich ist die Frucht, die den Baum verachtet!

209

Das gleiche gilt von dem Mann, der seine Freude im Reichtum aufgehäufter Dinge zu finden glaubt, und der – da es ihm unmöglich ist, die Freude daraus zu gewinnen, denn sie beruht nicht hierauf – seine Reichtümer vervielfacht und die Dinge zu Pyramiden aufstapelt und zwischen ihnen in ihren Gewölben hin und her läuft; er gleicht jenen Wilden, die die Trommel in ihre Bestandteile zerlegen, um den Lärm einzufangen.

Das gleiche gilt von den Menschen, die erfahren haben, daß dich die Beziehungen zwischen zwingenden Worten meinem Gedicht unterwerfen, daß dich die zwingenden Anordnungen der Linien dem Bildwerk meines Bildhauers unterwerfen, daß dich die zwingenden Beziehungen zwischen den Noten der Gitarre der Rührung unterwerfen, die mein Gitarrespieler hervorruft, und die daher des Glaubens sind, diese Macht beruhe auf den Worten des Gedichts, auf den Bestandteilen des Bildwerkes, auf den Noten der Gitarre; so rufen sie mit ihnen ein unentwirrbares Durcheinander hervor, und da sie diese Macht nicht darin finden, denn sie beruht nicht hierauf, übertreiben sie ihr Getöse, um sich Gehör zu verschaffen, und übermitteln dir, wenn es hochkommt, die Gemütsbewegung, die du auch durch einen Haufen Geschirr, das entzweigeht, verspürtest – eine Gemütsbewegung, die einmal von zweifelhaftem Wert ist, und die ferner nur eine zweifelhafte Macht ausübt und eine ganz andere Wirkung erzielen, dich auf ganz andere Weise lenken, beherrschen, anreizen könnte, würde sie dir durch die Schwere meines Polizisten zuteil, der dir die große Zehe zermalmte.

Und wenn ich dich dadurch lenken möchte, daß ich »Oktobersonne« oder »schneeweißer Säbel« zu dir sage, so muß ich wohl oder übel eine Falle bauen, die eine Beute von anderer Beschaffenheit mit einschließt. Wenn ich dich aber durch Gegenstände ergreifen möchte, die zur Falle selbst gehören, und es nicht wage, »Schwermut«, »Abenddämmerung«, »Geliebte«, also im Kaufhaus fertig gekaufte poetische Worte auszusprechen, die dich speien machen, so werde ich doch nicht minder auf die schwache Wirkung des Nachahmungstriebes angewiesen sein, der dich nicht so sehr jubilieren läßt, wenn ich »Kadaver« wie wenn ich »Rosenkorb« sage, obwohl weder das eine noch das andere Wort dich in der Tiefe bewegen; so werde ich die üblichen Bahnen verlassen und die Folterqualen in ihrer letzten Verfeinerung beschreiben. Und ich werde im übrigen auch dadurch keine Gemütsbewegung hervorrufen, da diese nicht hierauf beruht. Denn die Macht der Worte ist schwach, und sie lassen dir kaum etwas sauren Speichel zusammenrinnen, wenn ich den Mechanismus der Erinnerung spielen lasse; und wenn ich beginne, mich wie ein Rasender zu gebärden, und die Martern und die Einzelheiten über die Folterung und deren Gerüche zu vervielfachen, werde ich letztlich weniger auf dir lasten als der tüchtige Fuß meines Polizisten.

Wenn ich dich auf diese Weise durch die geringe Macht der plötzlichen Erschütterung, die das Ungewöhnliche mit sich bringt, zu überraschen suche, und freilich werde ich dich überraschen, wenn ich im Krebsgang in den Audienzsaal eintrete, in dem ich dich empfange, oder wenn ich, allgemeiner gesprochen, irgend etwas Unzusammenhängendes und Unerwartetes hervorrufe – wenn ich mich derart gebärde, bin ich nur ein Plünderer und bewirke meinen Lärm durch Zerstörung, denn bei der zweiten Audienz wirst du dich gewiß nicht mehr über mein Eintreten im Krebsgang verwundern, und wenn du erst einmal nicht nur an diese unsinnige Geste, sondern an das Unvorhergesehene, das im Unsinnigen liegt, gewöhnt bist, wirst du über nichts mehr erstaunt sein. Und bald wirst du dich stumpf und wortlos hinkauern, da dir eine verbrauchte Welt gleichgültig geworden ist. Und die einzige Dichtung, die dir noch eine Regung der Klage entlocken kann, wird in dem gewaltigen Nagelstiefel meines Polizisten bestehen.

Denn es gibt keinen Widerspenstigen. Es gibt keinen Einzelmenschen, der allein wäre. Es gibt keinen Menschen, der sich wirklich von den anderen abschließt. Und jene sind einfältiger als die Hersteller von Rohrflöten, die die Dichtung zum Vorwand nehmen und die Liebe, den Mondschein, den Herbst, die Seufzer und das Säuseln des Windes durcheinandermischen.

Ich bin Schatten, sagt dein Schatten, und ich verachte das Licht. Aber er lebt davon.

210

Ich nehme dich so, wie du bist. Es kann sein, daß dich die Krankheit plagt, goldene Nippsachen, wenn sie dir vor Augen kommen, in die Tasche zu stecken, und daß du außerdem Dichter bist. Ich werde dich also aus Liebe zur Dichtkunst empfangen. Und aus Liebe zu meinen goldenen Nippsachen werde ich sie wegschließen.

Es kann sein, daß du nach Art einer Frau die Geheimnisse, die dir anvertraut wurden, wie Diamanten ansiehst, die für deinen Putz bestimmt sind. Sie geht auf das Fest. Und der seltene Schmuck, den sie zur Schau trägt, macht sie ruhmredig und wichtigtuerisch. Vielleicht bist du außerdem Tänzer. Ich werde dich daher aus Achtung vor dem Tanz empfangen,

aber aus Achtung vor den Geheimnissen werde ich diese verschweigen.
Aber es kann sein, daß du ganz einfach mein Freund bist. Ich werde dich also aus Liebe zu dir empfangen, so wie du bist. Wenn du trinkst, werde ich nicht von dir verlangen, daß du tanzen sollst. Wenn dir dieser oder jener verhaßt ist, werde ich sie dir nicht als Tischgenossen aufnötigen. Wenn du der Speise bedarfst, werde ich dich bedienen.
Ich werde dich nicht zergliedern, um dich kennenzulernen. Du bist weder diese oder jene Tat noch deren Summe. Weder dieses oder jenes Wort noch deren Summe. Ich werde dich weder nach diesen Worten noch nach diesen Taten beurteilen. Aber ich werde diese Worte und diese Taten beurteilen, wie es dir gemäß ist.
Ich werde als Gegengabe verlangen, daß du mir Gehör schenkst. Ich habe mit dem Freund nichts zu schaffen, der mich nicht kennt und ständig Erklärungen begehrt. Ich habe nicht die Fähigkeit, mich im schwachen Wind der Worte mitzuteilen. Ich bin Berg. Den Berg kann man betrachten. Aber der Schubkarren wird ihn nicht zu dir bringen.
Wie sollte ich das je erklären, was nicht zuvor schon durch die Liebe verstanden wurde? Und häufig fragt es sich, wie ich sprechen soll. Es gibt unschickliche Worte. Ich habe es dir von meinen Soldaten in der Wüste erzählt. Ich betrachte sie schweigend, an den Vorabenden des Kampfes. Das Reich ruht auf ihren Schultern. Sie werden für das Reich sterben. Und ihr Tod wird ihnen in diesem Austausch entgolten werden. Daher kenne ich ihre wirkliche Inbrunst. Was könnte der Wind der Worte mich lehren? Daß sie über die Dornen klagen, daß sie den Korporal hassen, daß die Verpflegung kärglich, daß ihr Dienst bitter ist? ... So sollen sie reden! Ich mißtraue dem allzu lyrischen Soldaten. Wenn er für seinen Korporal zu sterben wünscht, wird er wahrscheinlich überhaupt nicht sterben, weil er allzusehr damit beschäftigt ist, seine Verse aufzusagen. Ich mißtraue der Raupe, die in ihre Flügel verliebt zu sein glaubt. Eine solche Raupe wird in der Verpuppung nicht sich selber ersterben. Doch taub

für seinen Wind der Worte, sehe ich durch meinen Soldaten hindurch das, was er ist, nicht das, was er sagt. Und solch einer wird im Kampf seinen Korporal mit der eigenen Brust decken. Mein Freund hat seinen eigenen Gesichtspunkt. Ich muß ihn sprechen hören, von wo aus er spricht, denn darin besteht sein besonderes Reich und sein unerschöpflicher Vorrat. Er kann schweigen und mich immer noch glücklich machen. Ich betrachte dann die Welt auf seine Weise und sehe sie anders. Desgleichen erwarte ich von meinem Freund, daß er zunächst einmal wissen muß, von wo aus ich rede. Nur dann wird er mich verstehen. Denn die Worte zeigen sich stets die Zunge.

211

Abermals suchte mich jener Prophet mit den harten Augen auf, der Tag und Nacht einen heiligen Zorn ausbrütete und der überdies schielte.

– Es ist angezeigt, sagte er mir, die Gerechten zu retten.

– Gewiß, antwortete ich ihm, es gibt keinen einleuchtenden Grund für ihre Züchtigung.

– Es gilt, sie von den Sündern zu unterscheiden.

– Gewiß, antwortete ich ihm. Der Vollkommenste muß als Beispiel hingestellt werden. Du suchst für den Sockel des Denkmals die beste Statue, den besten Bildhauer aus. Du liest den Kindern die besten Gedichte vor. Du wünschst die schönste Frau zur Königin. Denn die Vollkommenheit ist eine Richtung, auf die man hinweisen muß, obwohl es nicht in deiner Macht steht, sie zu erreichen.

Doch der Prophet erhitzte sich:

– Und wenn der Stamm der Gerechten erst einmal ausgelesen ist, gilt es, ihn allein zu retten, und so ein für allemal die Verderbnis zu vernichten.

– Halt, sagte ich ihm, da gehst du zu weit. Denn du gedenkst, mir die Blüte vom Baum zu trennen. Du möchtest die Ernte veredeln, indem du den Dünger beseitigst. Die großen Bildhauer retten, indem du den schlechten den Kopf

abschlägst. Und ich kenne nur Menschen, die mehr oder minder unvollkommen sind, und, vom gemeinen Haufen bis zur Blüte, nur den Aufstieg des Baumes. Und ich sage, daß die Vollkommenheit des Reiches auf den Schamlosen beruht.
– Du ehrst die Schamlosigkeit?
– Ich ehre ebensosehr deine Dummheit, denn es ist gut, wenn die Tugend als ein Zustand der Vollkommenheit angepriesen wird, der durchaus wünschenswert und erreichbar ist. Und wenn der tugendhafte Mensch ersonnen wird, obwohl er nicht existieren kann: zunächst, weil der Mensch gebrechlich ist, und sodann, weil die absolute Vollkommenheit, wo sie auch ihren Sitz haben mag, den Tod in sich birgt. Aber es ist gut, wenn die Richtung die Gestalt eines Zieles annimmt. Anderenfalls würdest du es müde werden, einem unerreichbaren Gegenstand entgegenzuwandern. Ich habe in der Wüste schwer gelitten. Es erscheint anfangs unmöglich, sie zu besiegen. Aber aus jener fernen Düne mache ich eine glückliche Zwischenstation.
Und ich erreiche sie, und sie verliert ihre Macht. Alsdann mache ich aus einer Wellenlinie am Horizont eine glückliche Zwischenstation. Und ich erreiche sie, und sie verliert ihre Macht. Nun wähle ich mir einen anderen Zielpunkt. Und indem ich einen Zielpunkt nach dem anderen erreiche, tauche ich aus dem Sand auf.
Die Schamlosigkeit ist entweder ein Zeichen von Einfalt und Unschuld, wie das bei den Gazellen der Fall ist – und dann wirst du sie, wenn du die Güte hast, sie aufzuklären, in tugendhafte Reinheit verwandeln –, oder sie gewinnt ihre Freuden durch den Angriff auf die Scham. Und dann beruht sie auf der Scham. Und sie lebt von ihr und begründet sie. Und wenn betrunkene Soldaten vorüberziehen, siehst du, wie die Mütter ihren Töchtern nachlaufen und ihnen verbieten, sich zu zeigen. Hingegen wären die Soldaten deines utopischen Reiches, die die Augen keusch niederzuschlagen pflegen, so gut wie nicht vorhanden, und so hättest du nichts dagegen einzuwenden, wenn die Mädchen in deinem Land nackt badeten. Aber die Schamhaftigkeit meines Reiches be-

steht in etwas anderem als im Mangel an Schamlosigkeit (denn dann wären die Schamhaftesten die Toten). Sie ist verborgene Inbrunst, Zurückhaltung, Selbstachtung und Mut. Sie ist Schutz des angesammelten Honigs, um ihn für eine Liebe zu hüten. Und wenn irgendwo ein betrunkener Soldat vorübergeht, so zeigt es sich, daß er in meinem Land den Wert der Scham festigt.

– Du wünschst also, daß die betrunkenen Soldaten ihre Zoten herausschreien sollen ...

– Es zeigt sich im Gegenteil, daß ich sie züchtige, um ihre eigene Schamhaftigkeit zu festigen. Doch es erweist sich zugleich, daß der Angriff auf diese um so reizvoller wird, je besser ich sie gefestigt habe. Es bereitet dir größere Freude, die hohe Bergspitze zu ersteigen als einen runden Hügel. Einen Gegner zu besiegen, der dir Widerstand leistet, als einen Tölpel, der sich nicht wehrt. Nur dort, wo die Frauen verschleiert gehen, entbrennst du in dem Verlangen, in ihren Gesichtern zu lesen. Und ich beurteile die Spannung der Kraftlinien meines Reiches nach der Härte der Züchtigung, die darin der Begierde die Waage hält. Wenn ich im Gebirge einen Fluß eindämme, gefällt es mir, die Dicke der Mauern abzumessen. Sie ist Zeichen meiner Macht. Denn freilich genügt mir gegen den dürftigen Pfuhl ein Damm aus Pappe. Und weshalb sollte ich mir kastrierte Soldaten wünschen? Ich will, daß sie gegen die starke Mauer ihren Mann stehen, denn dann allein werden sie groß sein im Verbrechen oder im Erschaffen, das das Verbrechen übersteigt.

– Du möchtest sie also geschwollen vom Verlangen nach Schändung sehen ...

– Nein. Du hast nichts verstanden, antwortete ich ihm.

212

Meine Polizisten kamen in ihrer strotzenden Dummheit und wollten mich hinters Licht führen:

– Wir haben die Ursache für den Verfall des Reiches ent-

deckt. Es handelt sich um eine bestimmte Sekte, die man ausrotten muß.
– Sieh einer an, sagte ich. Woran erkennt ihr, daß sie untereinander verbunden sind?
Und sie erzählten mir von der Übereinstimmung in ihren Handlungen, von ihrer Zusammengehörigkeit, die aus diesem oder jenem Zeichen hervorgehe, und von dem Ort ihrer Zusammenkünfte.
– Und woran erkennt ihr, daß sie eine Bedrohung darstellen für das Reich?
Und sie schilderten mir ihre Verbrechen und die Erpressungen, die sich einige hatten zuschulden kommen lassen, und die Vergewaltigungen, die andere begangen hatten, und die Feigheit einer Anzahl von ihnen oder ihre Häßlichkeit.
Wahrhaftig? sagte ich. Ich wiederum kenne eine Sekte, die noch gefährlicher ist, denn es ist niemals jemand eingefallen, sie zu bekämpfen ...
– Welche Sekte? beeilten sich meine Polizisten zu fragen.
Denn da der Polizist dazu geboren ist, Prügel auszuteilen, siecht er dahin, wenn es ihm an solcher Nahrung fehlt.
– Die Sekte der Menschen, antwortete ich ihnen, die einen Leberfleck an der linken Schläfe tragen.
Da meine Polizisten nichts begriffen hatten, drückten sie mir durch ein Grunzen ihre Zustimmung aus. Denn der Polizist kann prügeln, ohne etwas zu verstehen. Er prügelt mit seinen Fäusten, die ja kein Hirn in sich haben.
Einer von ihnen jedoch, der früher Zimmermann gewesen war, räusperte sich ein- oder zweimal.
– Sie zeigen ihre Zusammengehörigkeit nicht. Sie haben keinen Versammlungsort.
– Gewiß, antwortete ich ihm. Darin gerade liegt die Gefahr. Denn sie schlüpfen unbemerkt durch. Aber sobald ich erst die Verordnung verkündet habe, die sie dem öffentlichen Zorn preisgibt, wirst du erleben, wie sie einander suchen, wie sie sich zusammenschließen, ein gemeinsames Leben führen, und wie sie dadurch, daß sie sich gegen die Volksjustiz zur Wehr setzen, das Bewußtsein ihrer Kaste erlangen.

– Das ist nur allzu wahr, pflichteten meine Polizisten mir bei.

Der frühere Zimmermann aber räusperte sich wiederum.

– Ich kenne einen von ihnen. Er ist liebenswert. Er ist edelmütig. Er ist ehrlich. Er wurde bei der Verteidigung des Reiches dreimal verwundet...

– Gewiß, antwortete ich ihm. Doch ziehst du daraus, daß die Frauen unverständig sind, den Schluß, es gebe keine einzige unter ihnen, die sich als verständig erwiese? Ziehst du daraus, daß die Generäle wohltönende Reden halten, den Schluß, es gebe nicht einen Schüchternen unter ihnen? Halte dich nicht bei den Ausnahmen auf. Sobald erst alle die Träger des Zeichens aufgegriffen sind, durchstöbere ihre Vergangenheit. Sie sind der Ursprung von Verbrechen, von Entführungen, Vergewaltigungen, Erpressungen, Verrat, Gefräßigkeit und Schamlosigkeit. Behauptest du etwa, sie seien frei von diesen Lastern?

– Gewiß nicht, riefen die Polizisten, denn schon zuckte es begehrlich in ihren Fäusten.

– Wenn nun ein Baum faule Früchte hervorbringt, machst du dann die Fäulnis den Früchten zum Vorwurf oder dem Baum?

– Dem Baum, riefen die Polizisten.

– Und kann man ihm um einiger gesunder Früchte willen Verzeihung gewähren?

– Nein! Nein! schrien die Polizisten, die erfreulicherweise ihren Beruf liebten; und der besteht ja darin, keine Verzeihung zu gewähren.

– Wäre es also nicht recht und billig, das Reich von diesen Trägern eines Leberflecks an der linken Schläfe zu säubern?

Doch der frühere Zimmermann räusperte sich abermals.

– Bringe nur einen Einwand vor, sagte ich zu ihm, indes seine Gefährten, vom Instinkt geleitet, bedeutungsvolle Blicke auf seine Schläfe richteten.

Einer von ihnen faßte sich ein Herz, während er den Verdächtigen musterte.

– Sollte nicht etwa der Mann, von dem er sagt, daß er ihn

gekannt habe, sein Bruder sein ... oder sein Vater ... oder sonst einer der Seinen?
Und alle miteinander stimmten brummend zu.
Da flammte mein Zorn auf:
– Gefährlicher noch ist die Sekte derer, die einen Leberfleck an der rechten Schläfe tragen! Denn an sie haben wir nicht einmal gedacht. Sie hält sich also noch besser verborgen. Noch gefährlicher ist die Sekte derer, die überhaupt keinen Leberfleck tragen, denn sie haben sich getarnt. Sie sind unsichtbar wie Verschworene. Und schließlich, wenn ich eine Sekte nach der anderen durchgehe, verurteile ich die Sekte der Menschen in ihrer Gesamtheit, denn sie ist ganz offensichtlich der Ursprung von Verbrechen, von Entführungen, Vergewaltigungen, Erpressungen, Gefräßigkeit und Unzucht. Und da Polizisten, abgesehen davon, daß sie Polizisten sind, auch Menschen sind, werde ich mit ihrer Hilfe, indem ich eine solche Gelegenheit ausnütze, die notwendige Säuberung durchführen. Daher erteile ich dem Polizisten, der in euch steckt, den Befehl, den Menschen, der in euch steckt, im Gefängnis meiner Zitadelle auf den Misthaufen zu werfen.
Und meine Polizisten gingen ihres Weges, schnaufend vor Verblüffung, und sie dachten nach, ohne zu großen Ergebnissen zu gelangen, denn sie sind es gewohnt, nur mit den Fäusten nachzudenken.

Ich aber hielt den Zimmermann zurück, der die Augen niederschlug und den Bescheidenen spielte.
– Dich muß ich entlassen, sagte ich ihm. Die Wahrheit für den Zimmermann, die feinsinnig und widerspruchsvoll ist, wegen des Holzes, das ihr widersteht, ist keine Wahrheit für den Polizisten. Wenn die Dienstvorschrift die Träger eines Leberflecks auf den Schläfen zu den schwarzen Schafen zählt, so wünsche ich mir, daß meine Polizisten, wenn sie nur hören, daß von ihnen die Rede geht, ihre Fäuste wachsen spüren. Ich wünsche auch, daß der Sergeant dich auf Grund der Kenntnisse einschätzt, die du von einer hal-

ben Kehrtwendung besitzt. Denn wenn der Sergeant befugt wäre zu urteilen, würde er deine Ungeschicklichkeit damit entschuldigen, daß du ein großer Dichter bist. Genauso würde er deinem Nachbarn verzeihen, weil er fromm ist. Und dem Nachbarn deines Nachbarn, weil dieser ein Muster der Keuschheit ist. So wird die Gerechtigkeit herrschen. Aber es braucht sich nur plötzlich im Krieg die Finte einer halben Kehrtwendung als notwendig zu erweisen, so geraten schon meine Soldaten unter großem Getöse durcheinander und ziehen ein Blutbad auf sich herab. Die falsche Hochschätzung seitens ihres Sergeanten wird ihnen dann ein schöner Trost sein!
Darum schicke ich dich zu deiner Zimmermannsarbeit zurück, denn ich muß befürchten, daß deine Gerechtigkeitsliebe dort, wo sie nichts zu suchen hat, eines Tages zu einem nutzlosen Blutvergießen führen könnte.

213

Aber es kam einer zu mir und befragte mich über die Gerechtigkeit.
– Ach, sagte ich ihm, wenn ich auch gerechte Handlungen kenne, so weiß ich doch nichts über die Gerechtigkeit. Es ist gerecht, daß man dich ernährt, wie es deiner Arbeit entspricht. Es ist gerecht, daß man dich pflegt, wenn du krank bist. Es ist gerecht, daß du dich in Freiheit befindest, wenn du ehrlich bist. Doch der Augenschein reicht nicht weit ... Gerecht ist, was dem Zeremoniell entspricht.
Ich verlange vom Arzt, daß er die Wüste durchquert, sei es auch auf seinen Händen und Knien, um einen Verwundeten zu verbinden, selbst dann, wenn es sich bei diesem Menschen um einen Ungläubigen handelt. So und nicht anders begründe ich die Achtung vor dem Menschen. Wenn aber das Reich mit dem Reiche der Ungläubigen im Krieg liegt, verlange ich von meinen Soldaten, daß sie diese selbe Wüste durchqueren, um die Eingeweide des gleichen Ungläubigen

unter der Sonne auszustreuen. Denn so festige ich das Reich.
– Herr ..., ich verstehe dich nicht.
– Ich liebe es, wenn die Nagelschmiede, die die Hymnen der Nagelschmiede singen, den Brettschneidern Werkzeuge zu stehlen versuchen, um den Nägeln zu dienen. Ich liebe es, wenn die Brettschneider die Nagelschmiede ihrer Arbeit abspenstig zu machen suchen, um den Brettern zu dienen. Ich liebe es, wenn der leitende Baumeister die Brettschneider plagt, um die Nägel zu schützen, und die Nagelschmiede plagt, um die Bretter zu schützen. Denn aus dieser Spannung der Kraftlinien wird das Schiff entstehen, und ich verspreche mir nichts von den Brettschneidern ohne Leidenschaft, die die Nägel verehren, und von den Nagelschmieden ohne Leidenschaft, die die Bretter verehren.
– Du ehrst also den Haß?
– Ich verdamme den Haß und überwinde ihn, ich ehre allein die Liebe. Aber die Liebe knüpft sich nur in dem, was über Brettern und Nägeln steht: im Schiff.
Und nachdem ich mich zurückgezogen hatte, richtete ich dieses Gebet an Gott:
– Ich bejahe als vorläufige Wahrheiten, Herr, und obwohl es nicht meiner Stufe gemäß ist, ihre Grundlagen zu unterscheiden, die einander widersprechenden Wahrheiten des Soldaten, der zu verwunden, und des Arztes, der zu heilen sucht. Ich versöhne nicht eisige und glühend heiße Getränke in einem lauen Gemisch. Ich wünsche nicht, daß man nur maßvoll heile oder verwunde. Ich züchtige den Arzt, der seine Hilfe verweigert, ich züchtige den Soldaten, der Hieb und Stoß verweigert. Und es kümmert mich wenig, ob sich die Worte die Zunge zeigen. Denn es zeigt sich, daß allein diese Falle, die sich aus verschiedenen Bestandteilen zusammensetzt, meine Beute in ihrer ganzen Einheit zu erfassen vermag – meine Beute, die aus diesem bestimmten Menschen von dieser bestimmten Eigenheit besteht und aus keinem anderen.
Ich forsche, im Finsteren tappend, nach Deinen göttlichen Kraftlinien. Und da es mir an Beweisen fehlt, die nicht mei-

ner Stufe angemessen sind, sage ich, daß ich mit der Wahl der Riten des Zeremoniells im Recht bin, wenn sich herausstellt, daß ich mich dadurch befreie, und daß ich darin atme. So ist es mit meinem Bildhauer, Herr, den ein bestimmter Daumendruck nach links hin befriedigt, obwohl er nicht weiß warum. Denn nur auf diese Weise meint er seinem Lehm Macht zu verleihen.

Ich komme zu Dir nach Art des Baumes, der sich entwickelt, wie es den Kraftlinien eines Samenkorns entspricht. Der Blinde, Herr, weiß nichts vom Feuer. Aber es gibt beim Feuer Kraftlinien, die man mit den Handflächen spürt. Und er wandert durch Dornen hindurch, denn jede Wandlung ist schmerzlich. Herr, ich komme zu Dir, gemäß Deiner Gnade, auf dem Hange, der mir zum Werden verhilft.

Du steigst nicht hinab zu Deiner Schöpfung, und ich kann auf nichts anderes hoffen, mich zu belehren, als auf die Glut des Feuers oder die Spannkraft des Samenkorns. So ist es auch mit der Raupe, die nichts von den Flügeln weiß. Ich hoffe nicht, durch das Puppenspiel der Erzengelerscheinungen unterrichtet zu werden, denn es könnte mir nichts sagen, was der Mühe wert wäre. Es ist unnütz, der Raupe von Flügeln oder dem Nagelschmied vom Schiff zu sprechen. Es genügt, daß durch die Leidenschaft des Schiffbauers die Kraftlinien des Schiffes entstehen. Daß durch den Samen die Kraftlinien der Flügel entstehen. Daß durch das Samenkorn die Kraftlinien des Baumes entstehen. Es genügt einfach, o Herr, daß Du bist.

Eisig, o Herr, ist zuweilen meine Einsamkeit. Und ich begehre nach einem Zeichen in der Wüste meiner Verlassenheit. Doch im Laufe eines Traumes hast Du mich belehrt. Ich habe begriffen, daß jedes Zeichen eitel ist, denn gehörtest Du meiner Stufe an, so zwängest Du mich nicht zum Wachsen. Und was vermag ich anzufangen mit mir, o Herr, so wie ich bin?

Darum wandere ich und forme Gebete, auf die keine Antwort erteilt wird, und habe als Führung, so blind bin ich, nur eine schwache Wärme auf meinen zerschundenen Hand-

flächen, und doch lobe ich Dich, Herr, weil Du mir nicht antwortest, denn wenn ich gefunden habe, was ich suche, Herr, wird mein Werden vollendet sein.
Wenn Du in all Deiner Gnade mit dem Schritt des Erzengels auf den Menschen zugingest, würde der Mensch vollendet sein. Er würde nicht mehr sägen, nicht mehr schmieden, nicht mehr kämpfen, nicht mehr die Kranken pflegen. Er würde nicht mehr seine Stube kehren und nicht mehr die Geliebte lieben. O Herr, würde er so weit abschweifen, daß er Dich durch den Nächsten hindurch mit seiner Liebe ehrte, wenn er Dich auch nur anschauen dürfte? Ist der Tempel einmal gebaut, so sehe ich den Tempel und keine Steine.

Herr, alt bin ich nun und spüre die Schwäche der Bäume, wenn der Winter stürmt. Müde meiner Feinde wie meiner Freunde. Unbefriedigt in meinem Denken, weil ich gezwungen bin, zugleich zu töten und zu heilen, denn von Dir kommt mir das Bedürfnis, alle Gegensätze zu beherrschen, und das macht mein Los so grausam. Und doch bin ich auf diese Weise genötigt, durch immer weniger Fragen über den Tod allen Fragens hinweg Deiner Stille entgegenzusteigen.
Herr, habe die Gnade, aus jenem, der im Norden meines Reiches ruht und der mein vielgeliebter Feind war, und aus dem einzigen wahrhaften Mathematiker, meinem Freund, und aus mir selber, der ich, weh mir, den Grat überschritten habe und meine Generation hinter mir zurücklasse, wie auf dem fortan überwundenen Hange eines Berges —: habe die Gnade, aus uns die Einheit zu bilden für Deine Herrlichkeit, und laß mich schlafen in der Tiefe jener Sandwüsten, darin ich gute Arbeit vollbracht habe!

214

Deine Verachtung der Düngererde ist überraschend. Du achtest nur die Gegenstände der Kunst:
— Warum gehst du zu so unvollkommenen Freunden? Wie

erträgst du diesen, der solch einen Fehler hat, oder jenen, der solch einen Geruch hat? Ich kenne die Menschen, die deiner würdig sind...
Desgleichen sagst Du dem Baum: Warum senkst du deine Wurzeln in den Dung? Ich für mein Teil achte allein die Früchte und Blüten.
Ich aber lebe nur von dem, was ich verwandle. Ich bin Gefährt, Weg und Beförderung. Und du bist unfruchtbar wie ein Toter.

215

Unbeweglich seid ihr, denn nach Art eines Schiffes, das nach dem Anlegen seine Ladung herschenkt und dadurch die Hafenkais mit lebhaften Farben umkleidet – in der Tat gibt es dort Goldstoffe und rote und grüne und elfenbeinfarbene Gewürze –, geradeso führt hier die Sonne den Tag herauf, wie einen Honigstrom auf dem Sand. Und ihr verharrt reglos, überrascht durch die Schönheit des Morgenrots, auf den Hängen des Hügels, der den Brunnen beherrscht. Und auch die Tiere mit ihren großen Schatten rühren sich nicht. Keines bewegt sich. Sie wissen, daß sie nacheinander trinken werden. Doch eine Kleinigkeit schiebt die Prozession noch hinaus. Das Wasser ist noch nicht verteilt. Es fehlen die großen Tröge, die man heranbringt. Und die Hände in die Hüften gestemmt, blickst du in die Ferne und sagst: »Wo bleiben sie nur?«
Die Männer, die du aus den Eingeweiden des vom Sande befreiten Brunnens wieder hochgezogen hast, haben ihre Werkzeuge abgelegt und verschränken ihre Arme über der Brust. Ihr Lächeln hat es dir gezeigt. Es gibt Wasser. Denn der Mensch in der Wüste ist ein Tier mit unbeholfenem Maul, das tastend nach der Zitze sucht. Darum hast du beruhigt gelächelt. Und die Kameltreiber, die dich lächeln sahen, lächelten auch. Und so ist überall Lächeln. Der Sand lächelt in seinem Licht und dein Gesicht und das Gesicht deiner Leute und vielleicht sogar etwas in den Tieren, unter

ihrer Vermummung, denn sie wissen, daß sie trinken werden und stehen da, reglos, ganz hingegeben an ihre Freude. Und diese Minute gleicht dem Augenblick auf dem Meer, wenn eine Wolkenlücke die Sonne ausgießt. Und du spürst auf einmal die Gegenwart Gottes, ohne recht zu wissen warum, vielleicht, weil sich die Freude an der Belohnung überall verbreitet hat (denn es ist mit einem lebendigen Brunnen in der Wüste wie mit einer Gabe, die nie völlig vorausberechnet, nie völlig versprochen wurde), und zugleich auch, weil die Erwartung der bevorstehenden Vereinigung mit dem Wasser euch noch immer reglos verharren läßt. Denn die Männer, die die Arme auf ihrer Brust verschränkten, haben sich nicht bewegt. Denn du, der du die Hände in die Hüften stemmst, du blickst noch immer vom Gipfel des Hügels auf den gleichen Punkt am Horizont. Denn die Tiere mit ihren großen Schatten, die auf den Sanddünen zur Prozession geordnet wurden, haben sich noch nicht in Gang gesetzt. Denn jene, die die großen Tröge mitführen, aus denen getrunken werden soll, erscheinen noch nicht, und du fragst dich weiter: »Wo bleiben sie nur?« Alles ist noch aufgeschoben, und dennoch ist alles verheißen.

Und ihr wohnt im Frieden eines Lächelns. Und gewiß werdet ihr euch bald am Trinken erfreuen, aber das wird dann nur noch ein Vergnügen sein, während es jetzt um die Liebe geht. Während jetzt Menschen, Sand, Tiere in ihrer Bedeutung durch ein einfaches Loch zwischen den Steinen gleichsam verknüpft sind, und rings um dich her in ihrer Vielfalt nur Gegenstände eines gleichen Kultes, nur die Bestandteile eines Zeremoniells, nur die Worte eines Lobgesangs erscheinen.

Und du, der Hohepriester, der dem vorstehen wird, du, der General, der befehlen wird, du, der Zeremonienmeister, bleibst unbeweglich, die Hände in die Hüften gestemmt; und während du deine Entscheidung noch zurückhältst, befragst du den Horizont, von wo man dir die großen Tröge herbeibringt, aus denen getrunken werden soll. Denn es fehlt noch ein Gegenstand für den Kult, ein Wort für das Gedicht, ein

Bauer im Schachspiel für den Sieg, ein Gewürz für das Festmahl, ein Ehrengast für die Zeremonie, ein Stein für die Basilika, auf daß sie vor aller Augen erstrahle. Und irgendwo wandern die Männer, die als Krönung des Werkes die großen Tröge heranbringen; und sobald sie erscheinen, wirst du ihnen zurufen: »Heda, ihr dort hinten, sputet euch doch!« Sie werden nicht antworten. Sie werden den Hügel ersteigen. Sie werden niederkauern, um ihre Gerätschaften herzurichten. Dann wirst du nur noch deine Hand erheben. Und schon wird der Strick zu knirschen beginnen, der der Erde zu ihrer Geburt verhilft, werden die Tiere langsam ihre Prozession in Gang setzen. Und die Männer werden beginnen, sie durch Schläge mit ihren Knütteln in die vorgesehene Ordnung zu lenken und ihnen in Kehllauten ihre Befehle zurufen. Und so wird sich die Zeremonie der Spendung des Wassers vollziehen, wie es ihrem Ritual entspricht, unter dem langsamen Aufstieg der Sonne.

216

Es suchten mich also die Logiker, Historiker und Kritiker auf, um zu begründen und zu beweisen und ihre Systeme durch Schlußfolgerung über Schlußfolgerung herzuleiten. Und alles war von unerbittlicher Genauigkeit. Um die Wette konstruierten sie mir Gesellschaftsordnungen, Kulturen und Reiche, die den Menschen auf bewundernswerte Weise förderten, befreiten, ernährten und bereicherten.

Als sie lange Zeit geredet hatten, fragte ich sie ganz einfach:

— Damit ihr mit so hochtrabenden Reden etwas Gültiges über den Menschen aussagen könnt, wäre es wohl zunächst angebracht, daß ihr mitteiltet, was vom Menschen und für den Menschen wichtig ist...

Sie verlegten sich abermals, und mit Wollust, auf neue Konstruktionen, denn wenn du solchen Leuten die Möglichkeit gibst, lange Reden zu halten, fassen sie sie beim Schopf und stürzen sich auf die Bahn, die man ihnen unvorsichtigerweise eröffnete, wie eine heranstürmende Kavallerie mit Waffen-

getöse, goldstaubendem Säbel und dem stürmischen Wind des rasenden Ritts.
Doch sie gelangen nirgendwohin.
– Also, sagte ich ihnen, als sie ihren Lärm eingestellt hatten und auf Beifallsbezeigungen warteten (denn solche Leute laufen nicht, um einer Sache zu dienen, sondern damit sie bei ihren Seiltänzerkünsten gesehen, gehört und bewundert werden; und wenn ihre Kapriolen beendet sind, nehmen sie im voraus eine bescheidene Haltung ein) –, also wenn ich recht verstehe, gedenkt ihr mir das zu fördern, was vom Menschen und für den Menschen das Wichtigste ist. Doch ich habe genau verstanden, daß eure Systeme seinen Bauchumfang förderten – das ist gewiß nützlich, aber es ist das nur ein Mittel und kein Ziel, denn sein Knochengerüst hat die gleiche Bedeutung wie die Standfestigkeit eines Gefährts – oder daß sie seine Gesundheit begünstigten – doch auch dies ist ein Mittel und kein Ziel, da die Erhaltung seiner Organe die gleiche Bedeutung hat wie die Erhaltung des Gefährts – oder daß sie seine Zahl vermehrten, doch auch dies ist immer noch ein Mittel und kein Ziel, denn es geht da nur um die Anzahl der Gefährte. Und freilich wünsche ich mir für das Reich viele gesunde Menschen, die gut genährt sind.
Wenn ich aber solche offenkundigen Gemeinplätze ausspreche, ist noch nichts über das Entscheidende ausgesagt, außer daß der Mensch ein Stoff ist, aus dem sich etwas gestalten läßt. Was aber soll ich mit ihm anfangen, wohin soll ich ihn führen, und was soll ich ihm zukommen lassen, damit er wachse? Denn er ist hier nur Gefährt, Weg und Beförderung.
Sie redeten mir lang und breit über den Menschen, wie man über Salat redet. Und sie ließen von all dem nichts aus, was erwähnenswert wäre; sie führten alle die Generationen der Salatköpfe an, die in meinem Gemüsegarten aufeinandergefolgt sind.
Aber zu antworten vermochten sie nicht. Denn da sie kurzsichtig waren und die Nase allzu dicht daraufdrückten, küm-

merten sie sich immer nur um die Güte der Tinte und des Papiers und nicht um den Sinngehalt des Gedichts.

Ich fügte daher hinzu:

– Ich, der ich ein Freund des Wirklichen bin und die Verwesung des Traumes verachte. Ich, der ich die Insel der Musik nur als einen festgefügten Bau begreife. Ich, der ich nicht wie die Geldleute völlig trunken vom Dunst der Einbildung bin. Ich, der ich die Erfahrung ehre und aus ganz natürlichen Gründen die Kunst des Tänzers höherstelle als die Kunst der Erpressung, des wucherischen Zusammenraffens von Reichtümern und der Untreue, weil sie eine größere Freude bereitet und ihre Bedeutung klarer ist, denn für die Reichtümer, die du anhäuftest, mußt du wohl oder übel eine Verwendung finden, und da der Tanz die Menschen ergreift, wirst du irgendeine Tänzerin kaufen, doch da du nichts vom Tanz verstehst, wirst du sie ohne Talent auswählen und nichts besitzen. Ich, der ich sehe und verstehe, weil ich im Schweigen meiner Liebe nicht auf die Worte höre – ich habe erkannt, daß nichts für den Menschen den gleichen Wert hat wie der Duft des Wachses an einem bestimmten Abend, wie eine goldene Biene in einer bestimmten Morgenröte, wie eine schwarze Perle auf dem Meeresgrund, die du nicht besitzt. Und sogar bei den Geldleuten wurde ich gewahr, wie sie zuweilen ein Vermögen, das sie mühsam durch Erpressung, Untreue, wucherisches Zusammenraffen, Ausbeutung der Sklaven und in schlaflosen, mit Prozeßvorbereitungen und zermürbenden Rechenarbeiten verbrachten Nächten erworben hatten, gegen eine Haselnuß von der Breite eines Fingernagels austauschten, die wie geschliffenes Glas aussah – eine Haselnuß, die, weil sie sich Diamant nannte und aus dem Zeremoniell der Grabung aus Erdentiefen hervorgegangen war, die Eigenschaft duftenden Wachses oder des Glanzes der Biene erlangt hatte und wert war, daß man sie, selbst unter Lebensgefahr, gegen Räuber verteidigte.

Hieraus folgt, daß die entscheidende Gabe im Geschenk des Weges besteht, den du einschlagen mußt, um am Fest teilzuhaben. Und daß ich, um über deine Kultur urteilen zu können, zunächst von dir wissen will, welches deine Feste sind, und welche Freude sie für das Herz bedeuten, und auch wissen will – da sie den Augenblick des Übergangs, das durchschrittene Tor, das Auskriechen aus der Schmetterlingspuppe nach der Entpuppung darstellen –, woher du kommst und wohin du gehst.

Dann nur werde ich erkennen, was für ein Mensch du bist und ob es sich lohnt, daß du zunimmst an Gesundheit, an Bauchumfang, an Zahl.

Und da es sich zeigt, daß du, um einem bestimmten Weg zuzustreben, einen Durst verspüren mußt, der dich in diese Richtung und keine andere führt, und daß solch ein Durst für deinen Aufstieg ausreicht, denn er wird deine Schritte leiten und deinen Geist fruchtbarer werden lassen – wie es auch mit dem Drang nach dem Meere ist, bei dem es mir genügt, daß ich dich durch ihn steigere, um Schiffe von dir zu erhalten –, so wünsche ich, daß du mich über die Beschaffenheit des Durstes unterrichtest, den du in deinem Land bei den Menschen erweckst.

Denn es zeigt sich, daß die Liebe ihrem Wesen nach Durst nach Liebe ist, daß die Kultur Durst nach Kultur ist und daß die Freude am Zeremoniell, welches der schwarzen Perle gilt, im Durst nach der schwarzen Perle besteht, die auf dem Meeresgrund ruht.

217

Du sollst nicht nach der Summe urteilen. Von diesen Menschen, sagst du mir, sei nichts zu erwarten. Sie bestünden aus Plumpheit, Gewinnsucht, Eigennutz, Mangel an Mut, Häßlichkeit. Doch das gleiche kannst du mir von den Steinen erzählen, die aus Rauheit, Härte, stumpfer Schwere und Dichte bestehen; nicht aber von dem, was du aus ihnen hervorbringst: Statuen und Tempel. Allzu häufig habe ich gesehen, daß ein Wesen so gut wie nie die Verrichtungen ausübte, die seine Teile hätten voraussehen lassen – und gewiß kannst du bei den Angehörigen der benachbarten Volksstämme, wenn du einen jeden für sich betrachtest, feststellen, daß ein jeder den Krieg haßt, daß er sein Heim nicht verlassen möchte, daß er seine Kinder und seine Frau und die Geburtstagsessen liebt, daß er kein Blut vergießt, da er ein guter Mensch ist, und seinen Hund füttert und seinen Esel liebkost; daß er keinen anderen ausplündern möchte, denn du beobachtest, wie er nur sein eigenes Haus liebt und seinen Holzboden blank reibt und seine Wände neu anstreicht und seinen Garten mit Blumendüften erfüllt – und daher wirst du mir sagen, sie verkörperten in der Welt die Friedensliebe ... Und doch ist ihr Reich ein großer Suppentopf, in dem der Krieg brodelt. Und ihre Güte und ihre Milde und ihr Mitleid mit dem verletzten Tier und das Entzücken, das sie über Blumen empfinden, sind nur die Ingredienzien eines Zaubers, der das Waffengetöse vorbereitet; es ist damit ebenso wie mit einer bestimmten Mischung aus Schnee, gefirnißtem Holz und heißem Wachs, die dein Herz klopfen macht, obwohl die Beute hier wie anderswo nicht von gleicher Beschaffenheit ist wie die Falle.

Beurteilst du den Baum nach seinen Bestandteilen? Sprichst du mir vielleicht vom Orangenbaum, wenn du an seiner Wurzel oder dem Geschmack seiner Fasern oder an der Klebrigkeit oder den Rissen seiner Rinde oder dem Aufbau seiner Zweige Kritik übst? Es kommt nicht auf die Bestandteile an. Du beurteilst den Orangenbaum nach der Orange.

So ist es auch mit denen, die du verfolgst. Für sich betrachtet sind sie dieser oder jener. Das kümmert mich wenig. Ihr Baum bringt mir von Zeit zu Zeit Schwertseelen hervor, die bereit sind, ihren Leib unter der Folter zu opfern, womit sie die Feigheit der Mehrheit widerlegen, und Hellsichtige, die die Wahrheit, wie eine Frucht ihrer Schale, ihrer unwesentlichen Eigenschaften entkleiden –, Menschen, die die niedrigen Gelüste der Menge widerlegen, die von ihrem Mansardenfenster aus die Sterne beobachten und von einem Lichtstrahl leben: siehe, dann bin ich getröstet. Denn ich sehe dort Voraussetzung, wo du Widerstreit siehst. Der Baum ist Voraussetzung der Frucht, der Stein Voraussetzung des Tempels, und die Menschen sind Voraussetzung der Seele, die auf das ganze Volk ausstrahlt. Und so wie ich denen bedenkenlos meine Ferse auf den Nacken setze, die die Güte, die sanfte Träumerei und die Liebe zum Heim pflegen, da es sich hierbei, dem äußeren Anschein zum Trotz, nur um etliche Zutaten im Suppentopf handelt, worin Pest, Verbrechen und Hungersnot brodeln – ebenso werde ich den anderen ihren Mangel an Güte oder ihre Ablehnung der Träumerei oder ihre schwache Liebe zum Heim (denn vielleicht waren sie eine geraume Zeit lang Nomaden) verzeihen, wenn sich erweist, daß diese Zutaten die Voraussetzung dafür sind, daß einige von ihnen edel werden. Und hiervon ahne ich nichts, wenn ich Wort an Wort reihe, denn es gibt keine Logik, die uns übergehen ließe von einer Stufe zur anderen.

218

Denn jene fallen in Ohnmacht und möchten dich glauben machen, daß sie Tag und Nacht von der Flamme verzehrt werden. Aber sie lügen.

Es lügt der Wachtposten auf den Wällen, der dir Tag und Nacht seine Liebe zur Stadt vorsingt. Er zieht dieser Liebe seine Suppe vor.

Es lügt der Dichter, der dir Tag und Nacht von der Trunkenheit des Gedichts erzählt. Es kommt vor, daß er an Leibschmerzen leidet und ihm dann alle Gedichte gleichgültig sind.

Es lügt der Liebende, der dir vorgibt, daß Tag und Nacht das Bild seiner Geliebten in ihm wohne. Ein Floh lenkt ihn davon ab, denn der Floh sticht. Oder auch nur die Langeweile, denn dann gähnt er.

Es lügt der Reisende, der dir vorgibt, daß er Tag und Nacht von seinen Entdeckungen trunken sei, denn wenn der Wellengang zu groß ist, wird er speien.

Es lügt der Heilige, der dir vorgibt, daß er Tag und Nacht

Gott anschaue. Gott zieht sich zuweilen von ihm zurück wie das Meer. Und dann ist er trockener als ein Sand voller Kieselsteine.
Es lügen alle, die Tag und Nacht ihren Toten beweinen. Warum sollten sie ihn Tag und Nacht beweinen, da sie ihn nicht bei Tag und Nacht geliebt haben? Sie kannten die Stunden des Haderns oder der Müdigkeit oder der Zerstreuungen abseits der Liebe. Und gewiß ist der Tote gegenwärtiger als der Lebende, da er abseits der Streitigkeiten betrachtet wird und zu einer Einheit geworden ist. Du aber bist ungetreu, selbst deinen Toten.
Es lügen alle, die ihre Stunden der Dürre ableugnen, denn sie haben nichts begriffen. Und sie lassen dich an dir selber zweifeln, denn wenn du hörst, wie sie ihre Inbrunst beteuern, glaubst du an deren Beständigkeit, und so errötest du selber nun über deine Dürre und veränderst Stimme und Gesicht, wenn du um jemanden trauerst, sobald man dich anschaut.
Ich aber weiß, daß nur die Langeweile dich beständig zu begleiten vermag. Sie rührt von der Schwäche deines Geistes her, da du kein Gesicht durch seine Bestandteile hindurch lesen kannst. So ist es mit einem, der die Vorrichtungen des Schachspiels betrachtet, ohne zu ahnen, daß ein Problem darin steckt. Doch wenn dir von Zeit zu Zeit als Belohnung für die Treue, die du in der Verpuppung bewahrst, die Sekunde der Erleuchtung zuteil wird, wie sie der Wachtposten oder der Dichter oder der Gläubige oder der Liebende oder der Reisende erfährt, so klage nicht darüber, daß du nicht ständig das Gesicht, das begeistert, vor Augen hast. Denn es gibt deren so brennende, daß sie den verzehren, der sie anschaut. Das Fest ist nicht für alle Tage bestimmt.

Du täuschst dich also, wenn du die Menschen wegen ihrer zur Gewohnheit gewordenen Regungen verdammst, nach Art des schieläugigen Propheten, der Tag und Nacht einen heiligen Zorn ausbrütete. Denn ich weiß nur zu gut, daß das Zeremoniell leicht in Langeweile und Gewöhnung ausartet.

Denn ich weiß nur zu gut, daß die Ausübung der Tugend leicht in Zugeständnisse an die Polizei ausartet. Denn ich weiß nur zu gut, daß die hohen Regeln der Gerechtigkeit leicht in einen Wandschirm ausarten, der schmutzigen Augen zugute kommt. Doch was tut das? Ich weiß vom Menschen auch, daß er zuweilen schläft. Sollte ich mich dann über seine Trägheit beklagen? Ich weiß vom Baum auch, daß er nicht Blüte, sondern Voraussetzung der Blüte ist.

219

Ich wünschte die Liebe zum Bruder in dir zu erwecken. Und zugleich habe ich die Trauer über die Trennung vom Bruder in dir erweckt. Ich wollte die Liebe zur Gattin in dir erwecken. Und ich habe zugleich die Trauer über die Trennung von der Gattin in dir erweckt. Ich wünschte die Liebe zum Freund in dir zu erwecken. Und zugleich habe ich die Traurigkeit über die Trennung vom Freund in dir erweckt, ebenso wie einer, der Brunnen baut, auch deren Abwesenheit mitbaut.

Aber da ich gewahr wurde, daß dich die Trennung mehr quälte als jedes andere Übel, wollte ich dich heilen und dich über die Gegenwart belehren. Denn der ferne Brunnen ist für den Verdurstenden noch süßer als eine Welt ohne Brunnen. Und selbst wenn du für immer in die Ferne verbannt bist, weinst du, wenn dein Haus brennt.

Ich kenne manch eine Gegenwart, freigebig wie die Bäume, die ihre Zweige weit ausbreiten, um Schatten zu spenden. Denn ich bin einer, der ein Heim hat und werde dir deine Wohnung zeigen.

Entsinne dich des Genusses, den dir die Liebe bereitet, wenn du dein Weib küßt, dieweil die Morgendämmerung den Gemüsen ihre Farbe wiedergeschenkt hat und du deren ein wenig schwankende Pyramide auf deinem Esel aufbaust; machst du dich doch auf den Weg, um sie zum Markt zu bringen. Deine Frau also lächelt dir zu. Sie bleibt dort auf der Schwelle stehen, gerüstet für ihre Arbeit gleich dir, denn sie wird nun das Haus fegen und den Gerätschaften Glanz verleihen und sich um die Bereitung deines Mahles kümmern; dabei denkt sie an dich, weil schon dein Lieblingsgericht im Topf schmort, mit dem sie dich überraschen will, und sagt im stillen: »Daß er nur nicht zu früh heimkommt, denn mir wäre die ganze Freude verdorben, wenn er mich ertappte ...« Nichts trennt sie also von dir, obwohl du scheinbar in die Ferne ziehst, und sie wünscht, du mögest dich verspäten. Und mit dir steht es ebenso, denn deine Reise wird dem Hause dienen; mußt du doch seine Abnutzung beheben und zu seiner Heiterkeit beitragen. Und du hast von deinem Erlös einen Teppich aus langhaariger Wolle und für dein Weib ein silbernes Halsband vorgesehen. Daher singst du unterwegs und bist im Frieden der Liebe zu Hause, obwohl du scheinbar in die Verbannung gehst. Du baust dein Haus, indes du gemächlich mit deinem Stecken ausschreitest, deinen Esel führst, die Körbe zurechtrückst und dir die Augen reibst, denn es ist noch früh am Tag. Du bist enger mit deiner Frau verbunden als in den Mußestunden, wenn du dich von der Schwelle deines Hauses her dem Horizont zukehrst und nicht einmal daran denkst, dich umzuwenden, um irgend etwas aus deinem Reich zu kosten, denn du träumst dann von einer Hochzeit in der Ferne, zu der du dich begeben möchtest, oder von einer drückenden Arbeit oder von einem Freund.

Und wenn ihr jetzt ein wenig wacher geworden seid und es deinem Esel einfällt, etwas Eifer zu zeigen, hörst du auf seinen nicht sehr beständigen Trab, der wie ein Gesang der Kieselsteine anmutet, und sinnst über deinen Morgen nach. Und du lächelst. Denn du hast schon den Laden ausgesucht, in dem du um das silberne Armband feilschen wirst. Du kennst den alten Ladenbesitzer. Er wird sich über deinen Besuch freuen, denn du bist sein bester Freund. Er wird sich nach deinem Weib erkundigen. Er wird dich nach ihrer Gesundheit befragen, denn dein Weib ist zierlich und ein wenig anfällig. Er wird soviel Gutes und abermals Gutes von ihr sagen, und das mit einer so überzeugten Stimme, daß ein Vorübergehender, der solche Lobreden hörte, auch wenn er nicht sehr schlau ist, dein Weib eines goldenen Armbandes für wert halten würde. Du aber wirst einen Seufzer ausstoßen. Denn so ist das Leben. Du bist nicht König. Du bist Gemüsegärtner. Und der Kaufmann wird ebenfalls einen Seufzer ausstoßen. Und wenn ihr zu Ehren des unerreichbaren Armbandes genügend geseufzt habt, wird er dir gestehen, daß er silberne Armbänder vorzieht. Ein Armband, wird er dir erklären, ist es sich vor allem schuldig, schwer zu sein. Und die goldenen sind immer leicht. Das Armband hat eine mystische Bedeutung. Es ist das erste Glied der Kette, die euch aneinanderbindet. Und süß ist es, wenn du beim Liebesspiel das Gewicht der Kette spürst. An dem anmutig erhobenen Arm, wenn die Hand den Schleier wieder zurechtzieht, muß das Schmuckstück Gewicht haben, denn so gibt es dem Herzen Kunde. Und der Mann wird aus dem Hinterraum seines Ladens mit dem schwersten seiner Reifringe zu dir zurückkehren und dich bitten, die Wirkung seines Gewichts zu erproben, indem du ihn mit geschlossenen Augen in der Hand wiegst und über den Gehalt deiner Freude nachsinnst. Und du wirst dich dieser Erfahrung unterziehen. Du wirst ihm beipflichten. Und dann einen weiteren Seufzer ausstoßen. Denn so ist das Leben. Du bist nicht Herr einer reichen Karawane. Sondern Eseltreiber. Und du wirst auf den Esel deuten, der vor der Tür wartet und keineswegs kräftig ist, und dann sagen: »Meine Reichtümer sind so gering, daß er heute morgen unter ihrer Last zu traben vermochte.« Der Kaufmann wird also gleichfalls einen Seufzer ausstoßen. Und wenn ihr beide genügend zu Ehren des unerreichbaren schweren Armbandes geseufzt habt, wird er dir gestehen, daß die leichten Armbänder schließlich durch den Wert ihrer Ziselierung, die eine feinere Arbeit ist, den Sieg davontragen. Und er wird dir jenes zeigen, nach dem dein Verlangen geht. Denn seit Tagen schon hast du in deiner Weisheit deinen Entschluß gefaßt, wie ein Staatsoberhaupt. Einen Teil deiner monatlichen Einnahmen mußt du für den Teppich aus langhaariger Wolle aufsparen und einen anderen für den neuen Rechen und schließlich einen weiteren für das tägliche Brot...

Und nun beginnt der wirkliche Tanz, denn der Kaufmann ist ein Menschenkenner. Wenn er errät, daß sein Angelhaken gut gefaßt hat, wird er dich nicht von der Leine lassen. Du aber sagst ihm, das Armband sei zu teuer, und empfiehlst dich. Er ruft dich daher zurück. Er ist doch dein Freund. Der Schönheit deines Weibes zuliebe wird er sich zu einem Opfer bereit finden. Es würde ihm ja solchen Kummer bereiten, wenn er seinen Schatz etwa hergeben müßte, um ihn in die Hände eines häßlichen Frauenzimmers zu legen. Du kommst also zurück, aber langsamen Schritts. Du richtest es so ein, daß sich dein Umkehren wie ein Schlendern ausnimmt. Du schmollst. Du wiegst das Armband in der Hand. Es hat ja keinen Wert, wenn es nicht schwer ist. Und das Silber glänzt kaum. So schwankst du noch zwischen einem so dürftigen Schmuckstück und dem schönen bunten Stoff, den du in einem anderen Laden bemerkt hast. Doch du darfst auch nicht allzusehr den Verächtlichen spielen, denn wenn er die Hoffnung aufgibt, dir etwas zu verkaufen, wird er dich gehen lassen. Und du errötest schon über den fadenscheinigen Vorwand, in den du dich dann verwickeln müßtest, um zu ihm zurückzukehren.

Und einer, der die Menschen nicht kennt, wird glauben, hier werde der Tanz des Geizes getanzt, während es doch der Tanz der Liebe ist; er würde annehmen, wenn er dich vom Esel und vom Gemüse sprechen oder über Gold und Silber, über die Menge oder die Feinheit philosophieren hörte, und wenn er sieht, wie du auf diese Weise deine Heimkehr durch langwierige und abgelegene Unternehmungen hinauszögerst, daß du nun deinem Hause sehr fern seiest, während du es doch eben in diesem Augenblick wirklich bewohnst. Denn es gibt keine Abwesenheit, die dich vom Haus und von der Liebe entfernt, wenn du die Schritte tust, die das Zeremoniell der Liebe oder des Hauses vorschreiben. Deine Abwesenheit trennt dich nicht, sondern verbindet dich, sie läßt dich nicht ausscheiden, sondern vereinigt dich. Und kannst du mir sagen, wo die Grenze liegt, hinter der die Abwesenheit einen Schnitt bedeutet? Wenn das Zeremoniell gut geknüpft ist, wenn du den Gott gut anschaust, in dem ihr euch vereinigt, wenn dieser Gott glühend genug ist – wer wird euch dann vom Haus oder vom Freund trennen? Ich habe Söhne gekannt, die mir sagten: »Mein Vater ist gestorben, als er den linken Flügel seines Hauses noch nicht fertig gebaut hatte. Ich baue ihn. Als er seine Bäume noch nicht fertig gepflanzt hatte. Ich pflanze sie. Als mein Vater starb, gab er mir den Auftrag, für die Fortsetzung seines Werkes zu sorgen. Ich führe es fort. Oder seinem König die Treue zu halten. Ich halte ihm die Treue.« Und in solchen Häusern habe ich nie empfunden, daß der Vater gestorben wäre.

Wenn du bei deinem Freund und bei dir selber, anderswo als in dir und anderswo als in ihm, die gemeinsame Wurzel suchst, wenn es für euch beide einen göttlichen Knoten gibt, der sich aus der Zusammenhanglosigkeit der Baustoffe ablesen läßt und die Dinge verknüpft, so gibt es keine Entfernung und keine Zeit, die euch trennen könnte, denn jene Götter, auf die sich eure Einheit gründet, spotten aller Mauern und Meere.

Ich habe einen alten Gärtner gekannt, der mir von seinem Freund erzählte. Beide hatten lange Zeit wie Brüder zusammengelebt, bevor das Leben sie trennte; sie hatten ihren Abendtee miteinander getrunken; sie hatten die gleichen Feste gefeiert und einander aufgesucht, um sich Rat zu holen oder sich ins Vertrauen zu ziehen. Im Grunde hatten sie sich wenig zu sagen, und weit häufiger sah man sie nach getaner Arbeit miteinander spazierengehen und, ohne ein Wort zu reden, die Blumen, die Gärten, den Himmel und die Bäume anschauen. Wenn aber einer von ihnen nickte, während er mit dem Finger eine Pflanze betastete, beugte sich auch der andere nieder und nickte ebenfalls, da er die Spuren der Schnecken erkannte. Und die schön geöffneten Blumen bereiteten ihnen beiden die gleiche Freude.

Nun geschah es, daß ein Kaufmann, der den einen von bei-

den in seine Dienste genommen hatte, diesen für einige Wochen seiner Karawane zuteilte. Doch die Karawanenräuber und die übrigen Wechselfälle des Daseins sowie die Kriege zwischen den Reichen, die Stürme und die Schiffbrüche und die Untergänge, die Trauerfälle und die Berufe, mit denen er sein Leben verdiente, warfen jenen jahrelang hin und her, so wie das Meer ein Faß hin und her schleudert. Sie trieben ihn von Garten zu Garten bis ans Ende der Welt.
Schließlich aber, nachdem all die Zeit in Schweigen dahingegangen war, empfing mein Gärtner einen Brief seines Freundes. Gott weiß, wie viele Jahre dieser Brief gereist sein mochte. Gott weiß, welche Postkutschen, welche Reiter, welche Schiffe, welche Karawanen ihn nacheinander mit einer Zähigkeit, wie sie den zahllosen Meereswellen eigen ist, bis in seinen Garten befördert hatten. Und da er an diesem Morgen sein Glück ausstrahlte und wünschte, daß man daran teilnehme, bat er mich, ihm den Brief vorzulesen, den er empfangen hatte, so wie man darum bittet, man möge ein Gedicht vorlesen. Und er betrachtete forschend mein Gesicht, um die Rührung darin zu erkennen, die mir das Lesen verursachte. Und freilich standen da nur einige Worte, denn die beiden Gärtner wußten gewandter mit dem Spaten umzugehen als mit der Feder. Und ich las nur diese Worte: »Heute früh habe ich meine Rosenstöcke beschnitten ...« Dann sann ich über die Hauptsache nach, von der es mir schien, daß sie nicht in Worte zu fassen sei und nickte stumm, so wie diese beiden es getan hätten.
Mein Gärtner kannte nun keine Ruhe mehr. Ihr hättet ihn sehen sollen, wie er sich über die Geographie, die Schiffahrt, die Kuriere und die Karawanen und die Kriege zwischen den Reichen unterrichtete. Und drei Jahre später wollte es der Zufall, daß ich eine Gesandtschaft zur anderen Seite der Erde ausrüstete. Da ließ ich meinen Gärtner rufen: »Du kannst deinem Freund schreiben.« Und meine Bäume litten ein wenig Not und die Kräuter des Gemüsegartens auch, während die Schnecken Feste feierten, denn er verbrachte ganze Tage daheim, um zu kritzeln, zu radieren und sein

Werk wieder von vorn zu beginnen, und er streckte die Zunge heraus, wie ein Kind über seiner Arbeit, denn er wußte, daß er etwas Dringendes zu sagen hatte, und verlangte danach, sich seinem Freund in seiner ganzen Wahrheit mitzuteilen. Er mußte seine eigene Brücke über den Abgrund schlagen und sich über Raum und Zeit hinweg mit dem anderen Teil seiner selbst vereinigen. Er mußte ihm seine Liebe sagen. Und so kam er, über und über errötend, und zeigte mir seine Antwort, um abermals aus meinem Gesicht einen Widerschein der Freude abzulesen, wie sie den Empfänger erhellen würde, und so an mir die Macht zu erproben, die seinen vertraulichen Nachrichten innewohnte. Und es gab in Wahrheit nichts Wichtigeres, was er kundtun konnte, da es für ihn dabei um das ging, worin er sich vor allem austauschte, nach Art der alten Frauen, die im Spiel der Nadeln ihre Augen verbrauchen, um ihren Gott mit Blumen zu schmücken. Ich las, daß er seinem Freund mit seiner sorgsamen und unbeholfenen Handschrift, wie ein Gebet, von dem er ganz durchdrungen war, doch mit bescheidenen Worten anvertraute: »Heute früh habe auch ich meine Rosenstöcke beschnitten ...«
Und ich verstummte, während ich las, und sann über die Hauptsache nach, die sich mir nun besser zu offenbaren begann, denn sie verherrlichten Dich, o Herr, indem sie sich über die Rosenstöcke hinweg in Dir vereinigten, ohne davon zu wissen.

O Herr, nachdem ich mein Volk nach besten Kräften unterwiesen habe, will ich nun für mich selber beten. Denn ich habe von dir zuviel Arbeit empfangen, um mich diesem oder jenem bestimmten Menschen anzuschließen, den ich hätte lieben können, und ich mußte mich schon solchen Umgangs entwöhnen, der allein die Freuden des Herzens gewährt. Denn hier und nicht anderswo sind Wiedersehen süß und die Klänge besonderer Stimmen und die kindlichen Geständnisse der Frau, die ihr verlorenes Schmuckstück zu beweinen glaubt, während sie doch schon den Tod beweint, der von allen Schmuckstücken trennt. Aber Du hast mich zum Schweigen verurteilt, damit ich jenseits des Windes der Worte deren Sinn erfasse; da es ja meines Amtes ist, mich der Angst der Menschen anzunehmen, von der ich beschloß, sie zu heilen.

Gewiß, Du hast mir die Zeit, die ich sonst im Geschwätz zugebracht hätte, und die Hölle der Worte über das verlorene Schmuckstück ersparen wollen – und niemand wird je von solchen Zwisten befreit werden, geht es doch dabei nicht um ein Schmuckstück, sondern um den Tod.

So ist es auch mit den Worten über die Freundschaft oder die Liebe. Denn Liebe oder Freundschaft verknüpfen sich wahrhaftig nur in Dir allein, und es beruht auf Deiner Entscheidung, daß ich nur durch Dein Schweigen an ihnen teilhaben kann.

Was werde ich empfangen, da ich weiß, daß es Deiner Würde nicht ansteht, ja nicht einmal Deiner Fürsorge, mich auf meiner Stufe zu besuchen, und da ich mir nichts vom Puppenspiel der Erzengelerscheinungen verspreche? Denn ich, der ich mich nicht an diesen oder jenen wende, sondern an den Ackersmann wie an den Hirten – ich habe viel zu geben, aber nichts zu empfangen. Und wenn es sich auch erweist, daß mein Lächeln die Schildwachen trunken macht, weil ich der König bin und in mir das Reich sich verknüpft, das aus ihrem Blut gemacht ist, und weil so durch mich hindurch das Reich ihr eigenes Blut mit meinem Lächeln vergilt –, was habe ich, o Herr, von ihrem Lächeln zu erwarten? Von den einen wie von den anderen verlange ich für mich keine Liebe, und es kümmert mich wenig, ob sie mich nicht kennen oder mich hassen, sofern sie mich nur als den Weg achten, der hinführt zu Dir. Denn die Liebe, ich fordere sie allein für Dich, dem sie gehören, wie ich Dir gehöre, und für den sie die Regungen der Anbetung zur Garbe knüpfen und Dir überantworten, so wie ich dem Reiche, nicht aber mir selber, den Kniefall meiner Schildwache überantworte, denn ich bin nicht Mauer, sondern Tätigkeit des Samenkorns, das aus der Erde Blätter und Zweige hervortreibt für die Sonne.

Mich überkommt daher zuweilen, da es ja für mich keinen König gibt, der mich mit einem Lächeln entlohnen könnte, und es mir obliegt, derart weiterzuwandern bis zu der Stunde, da Du die Gnade haben wirst, mich zu empfangen und mich mit denen zu vereinen, die ich liebe – mich überkommt daher zuweilen die Müdigkeit des Alleinseins und das Bedürfnis, mich wieder zu den Menschen meines Volks zu gesellen, denn ich bin ohne Zweifel noch nicht rein genug.
Da ich den Gärtner für glücklich halte, der mit seinem Freund verbunden war, befällt mich manchmal das Verlangen, mich so, im Einklang mit ihrem Gott, den Gärtnern meines Reiches anzuschließen. Und es kommt vor, daß ich langsamen Schrittes, kurz bevor es zu tagen beginnt, die Stufen meines Palastes zum Garten hinuntersteige. Ich gehe auf die Rosenstöcke zu. Prüfend betrachte ich dies und das, neige mich aufmerksam über einen der Stengel, ich, der ich, wenn der Mittag gekommen ist, über Gnade oder Tod, über Krieg oder Frieden, über Fortbestand oder Zerstörung des Reiches entscheiden werde. Dann richte ich mich mühsam auf von meiner Arbeit, denn ich werde alt, und sage ganz einfach in meinem Herzen, um mich auf dem einzigen wirksamen Weg mit ihnen zu vereinigen, zu allen Gärtnern, den lebenden und den toten: »Auch ich habe heute früh meine Rosenstöcke beschnitten.« Und bei solch einer Botschaft kommt es weniger darauf an, ob sie jahrelang unterwegs ist oder nicht, ob sie diesen oder jenen erreicht oder nicht. Darin besteht das Ziel der Botschaft nicht. Um mich mit meinen Gärtnern zu vereinen, habe ich nur ihren Gott gegrüßt: den Rosenstock beim Anbruch des Tages.
Herr, so ist es auch mit meinem vielgeliebten Feind, den ich erst jenseits meiner selbst wiederfinden werde. Und für den dasselbe gilt, da er mir gleicht. Ich übe daher Gerechtigkeit entsprechend meiner Weisheit. Und er übt Gerechtigkeit entsprechend seiner Weisheit. Beide scheinen einander zu widerstreiten, und wenn sie sich die Stirn bieten, nähren sie unsere Kriege. Doch er und ich, wir folgen auf entgegengesetzten Wegen mit unseren tastenden Händen den Kraft-

linien des gleichen Feuers. In Dir allein, Herr, finden sie sich zusammen.
Mein Werk ist also getan, ich habe die Seele meines Volkes verschönt. Sein Werk ist getan, er hat die Seele seines Volkes verschönt. Und ich, der ich an ihn denke, und er, der an mich denkt, obwohl keine Sprache sich uns darbietet für unsere Begegnungen – wenn wir gerichtet oder das Zeremoniell bestimmt oder gestraft oder vergeben haben, dann können wir sprechen, er für mich wie ich für ihn: »Heute früh habe ich meine Rosenstöcke beschnitten ...«
Denn Du bist, o Herr, das gemeinsame Maß für den einen wie für den anderen. Du bist der Knoten, der alles vielfältige Tun bestimmt.

ÜBERSICHT

der in dieser Ausgabe enthaltenen Werke

Band 1

Südkurier (1928)
Nachtflug (1931)
Wind, Sand und Sterne (1939)
Flug nach Arras (1942)
Der Kleine Prinz, mit den Zeichnungen des Verfassers (1943)

Band 2

Die Stadt in der Wüste (1948)

Band 3

Die Abenteuer eines Zylinderhuts (1914)
Der Flieger (1926)
Rio de Oro (1928)
Berichte an die Aéropostale (1928)
Moskau (1935)
Für ein besseres Leben (1936)
Blutendes Spanien (1936)
Madrid (1937)
Frieden oder Krieg? (1938)
Kriegsbriefe an einen Freund (1940)
Brief an einen Ausgelieferten (1941)
Beruf und Berufung des Schriftstellers (1936 und 1942)
Brief an die Franzosen (1942)
Brief an einen General (1943)
Ein Plädoyer für den Frieden (1944)
Brief an Pierre Dalloz (1944)
Carnets (1936–1944)
Vorworte (1932–1942)
Briefe an Lucie-Marie Decour (1927–1929)
Briefe an Rinette (1923–1931)
Briefe an seine Mutter (1910–1944)

Antoine de Saint-Exupéry
Gesammelte Schriften
Band 3

Antoine de Saint-Exupéry

Gesammelte Schriften in drei Bänden

Band 3

Deutscher Taschenbuch Verlag

Aus dem Französischen von Oswalt von Nostitz;
Berichte an die Aéropostale: Johannes Pech,
Brief an einen Ausgelieferten: Josef Leitgeb.
Vollständige Ausgabe der im Karl Rauch Verlag erschienenen Ausgabe ›Gesammelte Schriften in drei Bänden‹, Band 3,
Düsseldorf 1959

Von Antoine de Saint-Exupéry
sind im Deutschen Taschenbuch Verlag erschienen:
Dem Leben einen Sinn geben (86)
In der Wüste · Die Kameraden (dtv zweisprachig 9103)

1. Auflage März 1978
2. Auflage September 1982: 16. bis 18. Tausend
Deutscher Taschenbuch Verlag GmbH & Co. KG,
München

Umschlaggestaltung: Celestino Piatti
Gesamtherstellung: C. H. Beck'sche Buchdruckerei,
Nördlingen
Printed in Germany · ISBN 3-423-05959-1

DIE ABENTEUER
EINES ZYLINDERHUTS

Als vierzehnjähriger Gymnasiast am Collège Notre-Dame de Sainte-Croix zu Le Mans schrieb Saint-Exupéry dieses Märchen als Schulaufsatz zu dem Thema: »Racontez les tribulations d'un haut-de-forme.«

Ich kam in einer großen Hutfabrik zur Welt. Mehrere Tage lang mußte ich allerhand Qualen erdulden. Ich wurde ausgeschnitten, gespannt, poliert. Schließlich wurde ich eines Abends mit meinen Brüdern dem größten Pariser Hutgeschäft übersandt.

Ich wurde im Schaufenster ausgestellt; ich war einer der schönsten Zylinderhüte der Auslage. Ich glänzte so sehr, daß sich alle Frauen, die vorübergingen, unweigerlich in meiner Politur spiegelten; ich war so elegant, daß mir jeder vornehme Herr, der mich sah, einen begehrlichen Blick zuwarf. Ich lebte ganz ruhig dahin und erwartete den Tag, an dem ich meinen Einzug in die Welt halten würde.

Eines Abends betrat ein gutgekleideter Herr den Laden. Der Verkäufer war gegen ihn sehr zuvorkommend und ließ ihn meine Brüder bewundern, dann zeigte er mich länger als die anderen: war ich nicht der schönste? Schließlich nahm mich der Kunde in die Hand, drehte mich um, betrachtete mich und kaufte mich zuletzt.

Er zog eine Brieftasche hervor, die so gut gespickt war, daß mich der Verkäufer für das Doppelte meines wahren Preises hergab; denn es war sein Wahlspruch, sich niemals eine Gelegenheit und ... Geldscheine entgehen zu lassen.

Am Tage darauf hatte ich einen großartigen Erfolg. Mein Besitzer, eine sehr elegante Erscheinung, setzte mich auf, um sich in den Klub zu begeben. Alle seine Freunde bewunderten meine acht Spiegelungen, meine elegante Form und alle meine Tugenden.

Mehrere Monate lang führte ich ein köstliches Dasein. Wie sorgsam hielt man Staub von mir fern! Ein getreuer Diener, dessen besonderes Amt es war, die Garderobe meines Herrn zu betreuen, erwies mir allerhand recht schmeichelhafte Aufmerksamkeiten.

Alle Abende wurde ich blank gebürstet, alle Morgen nochmals blank gebürstet.

Eines Abends erfuhr ich, daß der Kutscher heiraten würde; mein Besitzer, der ihm ein Geschenk machen wollte, gab mich hin; und von diesem Tage an bedeckte ich einen neuen Schädel.

Mein Dasein änderte sich zunächst ein wenig: am ersten Tag rollte ich dreimal in Staub und Schlamm und ... o grausames Los, ich wurde nicht einmal gesäubert.

Vom edlen Verlangen nach Rache beseelt, schrumpfte ich zusammen, und das so sehr, daß mich der Kutscher nicht mehr aufsetzen konnte! Da klemmte er mich eines Tages unter den Arm und verkaufte mich für sechs Sous an einen Trödler.

Nach einer Reinigung wanderte ich abermals ins Schaufenster, aber diesmal war ich nachlässig an einem Bindfaden aufgehängt, als ich mich dem Publikum präsentierte.

»Mathieu! Komm doch mal! ... Du brauchst doch einen neuen Sonntagshut, sieh den da, der wäre genau für dich der richtige ...«

Und Mathieu kaufte mich, während seine Frau meinen Glanz bewunderte.

Ich kam nur an Sonntagen ins Freie, und dazu mußte es schönes Wetter sein, denn mein Preis von zwei Francs fünfundvierzig trug mir besondere Obhut ein.

Als nun aber Caroline und Mathieu eines Tages am Seine-Kai spazierengingen, sandte mich ein heftiger Windstoß den Vögeln nach. Nach einigen Sekunden entsetzlicher Angst wurde ich auf dem Fluß abgesetzt und schwamm friedlich in Gesellschaft der Fische, die erschreckt diesen neuartigen Nachen betrachteten.

Plötzlich spürte ich, wie ich mit einem langen Stock ans Ufer gezogen wurde. Dort ergriff mich ein gemeiner Lumpensammler mit habgierigen Händen, und bald erduldete ich neue Qualen in einer schmierigen, düsteren kleinen Kate, die nichts anderes war als der Laden des Hoflieferanten ihrer Majestäten der Könige von Afrika.

Wiederum wurde ich eingepackt; mehrere Tage lang reiste ich so, in Papier und Pappe eingewickelt; schließlich schlug ich eines schönen Morgens die Augen auf und erblickte zu meinem Schrecken dunkelfarbige Wesen, bei denen der größte Teil des Gesichts von den Lippen eingenommen war und die als einzige Kleidungsstücke eine altmodische Badehose und Ringe in Nase und Ohren trugen.

Nur einer dieser sonderbaren Männer, der auf einer Kekskiste thronte, hielt ein aus einem Federbesen gefertigtes Zepter in der Hand; sein Rücken war vom Fell eines Löwen bedeckt, den er seinerzeit mit einer Bravour erlegt hatte, die seinem Körperumfang entsprach.

Ehrerbietig wurde ich von zwei schwarzen Händen ergriffen; jähes Entsetzen befiel mich, und ich beruhigte mich erst, als ich sah, daß sie nicht abfärbten; dann wurde ich auf dem Gipfel der schwarzen Masse niedergesetzt, die den König darstellte.

Und dort verbringe ich noch immer glückliche Tage. Zuweilen schmilzt freilich meine Politur durch die allzu glühende Sonne, und dem praktischen Sinn meines Herrn ist es zu verdanken, daß ich mitunter die Aufgaben eines Kochtopfs erfülle... aber gleichwohl verbringe ich mein Dasein als Kopfschmuck des schrecklichen Bam-Boum, des mächtigsten Fürsten des Landes... Ich schreibe diese Zeilen am Ende meiner Tage und hoffe, daß sie die Franzosen erreichen werden: ich sage ihnen, daß ich mich in einem Lande befinde, in dem niemals eine Mode ohne Kopfbedeckung aufkommen wird und daß ich vielmehr hoffe, als Reliquie verehrt zu werden, wenn ich einmal außer Gebrauch bin, weil ich den Schädel meines berühmten Eigentümers Bam-Boum II., des Königs von Niger, geziert habe.

DER FLIEGER

Die folgenden Seiten sind Auszüge aus einer Novelle Saint-Exupérys »Die Flucht des Jacques Bernis«, die Jean Prévost aus Platzmangel im April 1926 in der Zeitschrift »Navire d'Argent« nur gekürzt veröffentlichen konnte. Der vollständige Text ist verlorengegangen.

Jean Prévost, der in Vercors einen Tag nach Saint-Exupéry gefallen ist, hatte der Novelle folgende Anmerkung beigegeben:

»Saint-Exupéry ist in der Fliegerei und im Maschinenbau besonders ausgebildet. Ich traf ihn bei Freunden und bewunderte sehr, mit welcher Kraft und Feinfühligkeit er seine Eindrücke schilderte, und ich erfuhr, daß er sie niedergeschrieben hatte. Ich äußerte den lebhaften Wunsch, sie zu lesen; ich glaube, er verlor seinen Text, stellte ihn aber dann aus dem Gedächtnis wieder her – er hat alles im Kopf fertig, bevor er etwas schreibt – und fügte ihn in die Novelle ein, von der wir die nachstehenden Auszüge bringen. Die Unmittelbarkeit und die Wahrhaftigkeit der Darstellung scheinen mir bei einem Anfänger überraschend zu sein. Soviel ich weiß, bereitet Saint-Exupéry weitere Erzählungen vor.«

Die mächtigen Räder zermalmen die Bremskeile. Unter dem Propellerwind scheint das Gras noch zwanzig Meter hinter dem Flugzeug fortzugleiten. Der Pilot entfesselt den Sturm oder gebietet ihm Einhalt durch eine Bewegung seines Handgelenks.

In wiederholten Ansätzen schwillt jetzt der Lärm an, bis er zu einer dichten, nahezu festen Masse wird, in der sich der Körper eingeschlossen sieht. Als der Pilot spürt, wie alles Unbefriedigte dadurch in ihm ausgefüllt wird, denkt er: ›Jetzt ist es gut‹; dann streicht er über den Rumpf mit dem Handrücken: nichts vibriert. Er genießt diese so geballte Energie.

Er beugt sich hinaus: »Lebt wohl, Freunde...«

Zu diesem Abschied im Morgengrauen schleppen sie riesige Schatten mit. Doch bevor der Pilot zu seinem Sprung über mehr als dreitausend Kilometer ansetzt, ist er schon fern von ihnen... Er blickt gegen das Licht auf die schwarze Motorhaube, die sich am Himmel anlehnt; sie gleicht einer Haubitze. Hinter dem Propeller erbebt eine verschleierte Landschaft.

Der Motor läuft jetzt auf langsamen Touren. Man löst Händedrücke wie Ankertaue; es sind die letzten. Die Stille ist seltsam, während man den Gürtel und die beiden Riemen des Fallschirms festhakt und sodann mit einer Bewegung der Schultern, des Brustkastens seinen Körper dem Sitz anpaßt. Das ist der eigentliche Aufbruch: von nun an gehört der Pilot einer anderen Welt an.

Ein letzter Blick auf die Motorhaube, den engen, aber ausdrucksvollen Horizont von Zifferblättern – sorgsam stellt er den Höhenmesser auf Null –, ein letzter Blick auf die dicken und kurzen Flügel, ein Kopfnicken: »So geht's«, und nun ist man frei.

Nachdem er langsam mit Gegenwind losgerollt ist, zieht der Pilot den Gashebel an sich heran; der Motor entzündet sich; das Flugzeug wird vom Propeller gepackt und stürmt los. Die ersten Sätze in der elastischen Luft werden schwächer, und der Pilot, der seine Geschwindigkeit an den Reaktionen der Steuerung abmißt, pflanzt sich in ihnen fort, fühlt sich größer werden.

Der Boden scheint sich jetzt zu spannen, scheint unter den Rädern wie ein Riemen fortzugleiten. Der Pilot prüft schließlich noch die Luft, die zunächst ungreifbar, dann flüssig war und die nunmehr fest geworden ist; dann stützt er sich darauf und steigt auf.

Die Flugzeughallen, die an die Startbahn angrenzen, die Bäume und dann die Hügel geben den Horizont frei und verschwinden. In zweihundert Metern beugt er sich noch über eine Schäferei, die aussieht wie ein Kinderspielzeug, mit gerade aufgestellten Bäumen, mit bunten Häusern; die Wälder sind noch dicht wie ein Pelz. Dann entblößt sich der Boden.

Die Atmosphäre ist unruhig, besteht aus kurzen und harten Wellen, gegen die das Flugzeug stößt und vor denen es sich aufbäumt; die Wirbel treffen es an den Flügeln, wovon es überall widerhallt. Doch der Pilot hat es in der Hand, als wäre es eine Balancierstange, die er in der Mitte hielte.

Auf dreitausend hat er Ruhe. Die Sonne fängt sich in den Verstrebungen; kein Wirbel stört ihn mehr hier. Die Erde, die so weit fort ist, gerinnt, wird unbeweglich. Der Pilot stellt die Bremsklappen, den Luftregulator ein und berechnet seine Abtrift, mit Kurs auf Paris. Dann verfällt er in Erstarrung zehn Stunden lang, bewegt sich nur noch in der Zeit.

Regungslos breiten die Wellen einen großen Fächer über das Meer.

Die Sonne hat schließlich die äußerste Strebe des Leitwerks überholt.

Ein physisches Unbehagen hat überraschend den Piloten befallen. Er blickt auf: der Tourenzähler schwankt. Er blickt auf: das Meer. Dann entsteht durch ein heiseres Aufstoßen des Motors ein Loch in seinem Bewußtsein, wie eine Ohnmacht. Instinktiv bewegt er den Gashebel. Es war nichts – ein Wassertropfen. Sachte bringt er den Motor wieder auf jenen Ton, der ihn glücklich machte. Wäre nicht ein kalter Schweiß zurückgeblieben, glaubte er nicht mehr daran, daß er Angst hatte.

Nach und nach findet er die Neigung des Rückens, den genauen Stützpunkt des Ellenbogens wieder, wie sie für seinen Frieden nötig sind.

Die Sonne steht jetzt über ihm. Die Müdigkeit ist wohltuend, wenn man sich nicht bewegt, wenn man nicht in einem Gliede die Erstarrung aufhebt, die es schützt, wenn nur ein ganz schwaches Handhaben der Steuerung ausreicht.

Der Öldruck sinkt, steigt; was geht da drinnen vor?

Der Motor vibriert. Der Halunke! Die Sonne steht jetzt links, wird schon rot.

Das Motorengeräusch ist metallisch. Nein – das ist nicht eine Kurbelstange. Der Verteiler?

Die Schraubenmutter des Gashebels hat sich gelockert. Man muß sie in der Hand halten, wie lästig!

Vielleicht ist es eine Kurbelwelle.

So spürt er, da er außer Atem ist, die Zähne klappern und die Haare grau wurden, daß der ganze Körper gleichzeitig gealtert ist.

Wenn er nur noch durchhält bis zur Landung...

Die Erde ist tröstlich mit ihren schön abgezirkelten Feldern, ihren geometrischen Wäldern und ihren Dörfern. Der Pilot geht im Sturzflug hinunter, um sie besser genießen zu können. Von dort oben wirkte die Erde nackt und tot; das Flugzeug geht hinunter: nun zieht sie sich an. Von neuem wird sie durch Wälder ausgepolstert; die Täler, die Hänge prägen ihr eine Mulde ein: sie atmet. Ein Berg, den er überfliegt – die Brust eines liegenden Riesen –, bläht sich auf und er-

reicht fast das Flugzeug. Ein Garten, auf den die Motorhaube zeigt, verbreitert seine Sträucher, öffnet sich in Menschenhöhe.
»Mein Motor läuft wie toll!« Die Lärme, die er hörte? Er glaubt nicht mehr daran. So nahe dem Boden, ist es jedoch das Leben selber.
Er paßt sich den Kurven des Geländes an, nähert sich ihnen wie einem Walzwerk und wetzt sich an ihnen; wie ein Laken zieht er die Felder an sich heran und wirft sie hinter sich wieder fort, wagt sich an die Pappeln heran, ein Schlag mit dem Tennisschläger, entwischt ihnen und schiebt zuweilen die Erde weit von sich, wie ein Ringer, der wieder Atem schöpft.
Er nimmt jetzt Kurs auf den Flugplatz, in Höhe der Fabrikfenster, die schon hell sind, in Höhe der Parkanlagen, die schon im Dunkel liegen. Der schnell strömende Boden führt unter ihm Dächer, Mauern, Bäume heran, die aus dem unerschöpflichen Horizont herausgewachsen sind.
Die Landung ist enttäuschend. Den stürmischen Wind, das Donnern des Motors und die Überwältigung durch die letzte geflogene Kurve tauscht man ein gegen eine Provinz des Schweigens, in der man erstickt, eine Reklamelandschaft mit sehr weißen Flugzeughallen, sehr grünen Wiesen, schön geschnittenen Pappeln – eine Landschaft, in der junge Engländerinnen, einen Tennisschläger unter dem Arm, blauen Maschinen der Fluglinie Paris–London entsteigen.
Er läßt sich an dem klebrigen Rumpf entlanggleiten. Man stürzt sich auf ihn: »Großartig! Großartig...!« Offiziere, Freunde, Gaffer. Die Müdigkeit preßt ihm auf einmal die Schultern zusammen. »Wir entführen dich...« Er senkt die Stirn, blickt auf seine ölglänzenden Hände, fühlt sich ernüchtert, sterbenstraurig.

Er ist jetzt nur noch Jacques Bernis in einem Anzug, der nach Kampfer riecht. Er bewegt sich unbeholfen in einem erstarrten Körper, verlangt seinen Koffern, die allzu ordentlich in einer Zimmerecke aufgebaut sind, alles ab, was sie an

Unbeständigem, Provisorischem offenbaren. Dieses Zimmer ist noch nicht durch weißes Leinen und Bücher erobert worden.
»Hallo – bist du's?« Er geht seine Freundschaften durch: »Ein Heimkehrer! Bravo!« »Jawohl... Wann kann ich dich sehen?« Gerade heute ist man nicht frei. Morgen? Morgen wird Golf gespielt. Aber er soll doch mitkommen! Keine Lust? Dann übermorgen – zum Abendessen – pünktlich acht Uhr.
Bernis geht die Boulevards hinunter. Es kommt ihm vor, als schwämme er gegen die Menge an wie gegen einen Strom. Es kommt ihm vor, als böte er allen Gesichtern Trotz. Manche tun ihm weh wie der bloße Gedanke an Ruhe.
Hätte man diese Frau erobert, so wäre das Leben ruhig – ruhig. Manche Menschengesichter sind feige, und er fühlt sich stark.
Schwerfällig betritt er ein Tanzlokal, behält inmitten der Gigolos seinen dicken Mantel an wie ein Forscherkostüm. Sie leben ihre Nacht in diesem Gehege wie Gründlinge in einem Aquarium, führen galante Reden, tanzen, trinken dann wieder. In diesem weichlichen Milieu, in dem er allein seinen Verstand bewahrt, fühlt sich Bernis schwer wie ein Lastträger, steht gerade und wuchtig auf seinen Beinen; seine Gedanken sind ohne Ausstrahlung. Er geht zwischen den Tischen auf einen freien Platz zu. Die Augen der Frauen, die er mit den seinen streift, entziehen sich, scheinen zu erlöschen. Die jungen Leute weichen elastisch zurück, um ihn durchzulassen. So fallen während der nächtlichen Ronden den Wachtposten, während sie vorrücken, die Zigaretten aus den Händen.

Da er die Ausbildung von Flugschülern übernehmen soll, ißt er heute zu Mittag in dem einzigen Gasthaus, das nahe am Flugplatz liegt. Unteroffiziere trinken dort ihren Kaffee und unterhalten sich.
»Sie üben einen Beruf aus. Ich liebe diese Menschen.«
Sie sprechen von der Startbahn, die zu verschlammt sei, von

den Fliegerzulagen, dann von dem heute erlebten Abenteuer. »Bei hundert Metern eine Kurbelstange im Getriebe. Was für eine Schweinerei! Kein Flugplatz... Hinter mir ein Bauernhof. Ich schere mich einen Dreck drum, während ich niedergehe, reiße den Apparat hoch und lande mitten im Misthaufen.« Alle lachen. »Das ist ja wie damals«, erzählt ein Feldwebel, »als ich einen Heuhaufen rammte. Ich suche meinen Passagier, einen Oberleutnant, stell dir vor – leer. Ich finde ihn wieder, wie er hinter dem Heuhaufen sitzt.«

Bernis denkt: ›Andere haben dabei ihr Leben gelassen, aber für sie sind das nur Betriebsunfälle. Ihre Erzählungen finde ich nicht übel, sie sind ungeschminkt wie die Blätter eines Berichts. Diese Menschen gefallen mir – nicht, daß ich Korpsgeist hätte, aber es ist möglich, untereinander schlicht zu sein.‹

»Erzählen Sie uns von Ihren Eindrücken«, sagen die Frauen.

»Sind Sie der Schüler Pichon?« »Ja.« »Sind Sie noch nie geflogen?« »Nein.«

Schön, dann wird er keine vorgefaßten Meinungen haben. Die früheren Beobachter glauben alles zu wissen: sie haben sich Formeln gemerkt ›Hebel links – Fuß entgegengesetzt‹. Es sind keine geschmeidigen Schüler.

»Ich nehme Sie mit: zum ersten Flug, Sie brauchen bloß zuzusehn!« Sie nehmen Platz.

Der langweilige Mechaniker der Abteilung Schulflugzeuge dreht den Propeller mit unheilbarer Langsamkeit. Er muß noch sechs Monate und acht Tage Kommiß hinter sich bringen, er hat es sogar heute früh auf die Wände des WC geschrieben. Das macht, er hat es ausgerechnet, etwa zehntausend Propellerumdrehungen.

Es bleibt sich doch alles gleich. Also...

Der Schüler betrachtet den blauen Himmel, die törichten Bäume, eine Kuhherde, die die Startbahn abgrast. Sein Mentor putzt mit dem Ärmel den Gashebel: es macht Spaß, ihn glänzen zu sehen. Der Mechaniker zählt die Umdrehungen: wieviel vergeudete Energie, er ist schon bei zweiundzwanzig.

»Könntest du nicht die Kerzen putzen?« Das macht den Mechaniker nachdenklich.
Ein Motor springt an, wann er will. Besser, ihn freizugeben. Dreißig, einunddreißig – der Motor springt an.
Der Schüler versteht nicht mehr Worte wie: Gefahr, Heldentum, Trunkenheit der Luft.
Die Maschine fliegt, der Schüler glaubt sie noch am Boden, als er die Flugzeughallen unter sich sieht. Ein rauher Wind massiert ihm die Backen, er starrt auf den Rücken des Mentors.
Guter Gott! Was ist denn das? Man geht nieder. Die Erde strömt rechts und links vorüber. Er klammert sich an. Wo ist der Boden hin? Er sieht nur noch Wälder, die sich drehen, sich nähern, ein senkrecht aufgehängtes Eisenbahngeleise, den Himmel – und auf einmal baut sich das Flugfeld vor ihnen auf, horizontal, friedlich, in gleicher Höhe mit den Rädern. Der Schüler spürt den Kontakt mit dem Gras; der Wind läßt nach... Der Mentor dreht sich um und lacht, der Schüler gibt sich Mühe, zu begreifen.
»Elementare Regeln«, belehrt ihn Bernis, »wenn etwas Ungewöhnliches passiert. Erstens: Motor abstellen, zweitens: Brille abnehmen, drittens: sich anklammern. Nur loslassen, wenn Feuer ausbricht. Kapiert?«
»... ja, kapiert.«
Das sind endlich die Worte, auf die der Schüler wartete, Worte, die die Gefahr verkörperlichen, ihn ihrer für würdig halten. Zivilisten würde man sagen: ›Nichts zu befürchten.‹ Pichon, dem ein solches Geheimnis anvertraut wurde, ist stolz... »Im übrigen«, bemerkt der Mentor abschließend, »ist die Fliegerei gar nicht so gefährlich.«

Sie warten auf Mortier. Bernis stopft seine Pfeife. Ein Mechaniker, der, den Kopf in den Händen, auf einem Benzinfaß sitzt, betrachtet erstaunt seinen linken Fuß, der den Takt schlägt.
»Was meinen Sie, Bernis, der Himmel bezieht sich!«
Der Mechaniker blickt auf und sieht den Horizont schon im

Dunst verschwinden. Zwei oder drei Bäume zeichnen sich ab, doch schon zementiert sie der Nebel. Bernis hebt nicht die Augen, stopft weiter seine Pfeife. »Ich weiß. Das ist ärgerlich.« Mortier steht vor der Prüfung und sollte schon gelandet sein.

»Bernis, Sie sollten dort mal hintelefonieren.«

»Gemacht. Er ist um vier Uhr zwanzig gestartet.«

»Seitdem keine Nachrichten?«

»Keine Nachricht.«

Der Oberst entfernt sich.

Bernis stemmt darauf die Fäuste gegen die Hüften, blickt herausfordernd den Nebel an, der sachte niedersinkt wie ein Netz, den Schüler, Gott weiß wo, gegen den Boden treibt: »Und gerade Mortier, der nicht kaltblütig genug ist, der wie ein Schwein fliegt – es ist ein Pech!«

»Horch...!«

»Nein, es ist nichts: ein Auto.«

›Mortier, wenn du da durchkommst, ich verspreche dir – ich – ich umarme dich!‹

»Bernis! – Ans Telefon!«

»Hallo! – Wer ist denn dieser Idiot, der die Dächer von Donazelle abrasiert?«

»Ein Idiot, der drauf und dran ist, sich umzubringen. Lassen Sie ihn in Frieden, beschimpfen Sie den Nebel!«

»Aber – hören Sie doch...«

»Lassen Sie ihn mit einer Leiter runterholen!«

Bernis hängt an. Mortier hat sich verirrt, sucht einen Anhaltspunkt im Gelände.

Der Nebel weicht zurück wie ein elastisches Gewölbe: in zehn Metern Entfernung erkennt man sich nicht mehr.

»Geh und sag den Sanitätern, daß sie den Krankenwagen vorbereiten. Wenn sie nicht in fünf Minuten hier sind, kriegen sie vierzehn Tage Bau!«

»Da ist er!« Alle sind aufgestanden. Er stürzt auf sie zu, unsichtbar und blind. Der Oberst ist zu ihnen getreten: »Himmelherrgott, Himmelherrgott...«

Bernis murmelt unaufhörlich zwischen den Zähnen: »Gas

weg, Gas weg... Nur das Gas weg, du kannst eine Bruchlandung nicht vermeiden!«
Wahrscheinlich sah er das Hindernis erst, als es zehn Meter vor ihm war, aber niemand hat das jemals erfahren.
Sie laufen zu der abgestürzten Maschine. Schon sind Soldaten da, die dieser unerwartete Zwischenfall angelockt hat, allzu eifrige Unteroffiziere, Offiziere, die sich auf einmal durch ihre Autorität beengt fühlen. Der diensthabende Offizier ist da, der alles erklärt, obwohl er nichts gesehen hat; der Oberst ist da, der übertrieben gebeugt geht, denn ihm ist die undankbare Vaterrolle zugefallen.
Der Pilot ist endlich aus den Trümmern befreit, mit grünem Gesicht, einem riesigen linken Auge, abgebrochenen Zähnen. Man legt ihn ins Gras, bildet einen Kreis um ihn. »Vielleicht könnte man...«, sagt der Oberst. »Vielleicht könnte man...«, sagt ein Oberleutnant, und ein Unteroffizier knöpft den Kragen des Verwundeten auf, was in keiner Weise schadet und die Gewissen beruhigt. »Der Krankenwagen, der Krankenwagen...?« fragt noch der Oberst, der aus Routine eine Entscheidung zu treffen sucht. Man erwidert ihm, ohne darüber Bescheid zu wissen: »Er kommt«, was ihn beruhigt. Dann ruft er: »Ach, was ich sagen wollte...« und entfernt sich mit schnellen Schritten – ohne bestimmtes Ziel.
Bernis empfindet die Situation als peinlich. Dieser Kreis um den Sterbenden erscheint ihm sogar ungehörig. »Los, Kinder, geht fort – geht fort!« Und gruppenweise entfernen sie sich im Nebel durch die Gemüse- und Obstgärten, wo das prosaische Flugzeug abgestürzt ist.
Dem Flugschüler ist etwas klargeworden: er stirbt, und das macht nicht viel Lärm. Er ist fast stolz über diese Intimität mit dem Tode. Er denkt an seinen ersten Flug mit Bernis zurück, an seine Enttäuschung über diese so fade Landschaft, über diese Ruhe; damals entdeckte er nicht diese erfüllte Gegenwart. Sie war da, aber ganz schlicht war sie da, in keiner Weise pathetisch: hinter dem Lächeln Bernis' und der Trägheit des Mechanikers, hinter dieser vordergründigen Sonne, dem blauen Himmel. Er hat Bernis am Arm gepackt:

»Wissen Sie, morgen werde ich fliegen. Ich habe keine Angst.« Doch Bernis lehnt es ab zu bewundern. »Versteht sich. Morgen werden Sie Ihre Spiralen ziehn!« Pichon begreift noch etwas Weiteres: »Alle sahen nicht gerade gerührt aus, aber um nicht viel Worte zu machen…«
»Es ist ein Betriebsunfall«, antwortet Bernis.

Bernis ist wie trunken.
Dieser Jagdeindecker fliegt toll. Der Boden unter ihm ist häßlich: eine so sichtbare, so abgenutzte, überall zusammengeflickte Erde; sie sieht aus wie parzelliert.
Viertausenddreihundert Meter: Bernis ist allein. Er betrachtet diese Welt, die scheckig ist wie eine Landkarte Europas. Die gelben Weizenböden und die roten Kleefelder, die Stolz und Sorge der Menschen bilden, stehen sich feindlich gegenüber. Zehn Jahrhunderte, die von Kämpfen, Eifersüchteleien, Prozessen erfüllt waren, haben all diese Konturen gefestigt: das Glück der Menschen ist schön abgezirkelt.
Bernis meint, man dürfe nicht seine Trunkenheit den Träumen abverlangen, die einlullen und anfeuern, sondern sie aus seiner Kraft herausholen: er mißt seine Stärke.
Er steigert seine Geschwindigkeit, schöpft aus dem Vorrat an Energie, braust los mit Vollgas, zieht dann langsam den Gashebel an sich heran. Der Horizont schwankt, die Erde weicht zurück wie das Meer bei Ebbe, die Maschine steigt senkrecht hoch. Schließlich, auf dem Höhepunkt der Parabel, überschlägt sie sich und wackelt mit dem Bauch nach oben wie ein toter Fisch…
Der im Himmel versunkene Pilot sieht über sich die Erde, die sich ausbreitet wie ein Gestade, um dann mit ihrer ganzen Last ihm entgegenzufallen – schwindelerregend. Er nimmt das Gas weg; sie erstarrt senkrecht, wie eine Wand: das Flugzeug sinkt ab. Bernis zieht es sachte hoch, bis er den ruhigen See des Horizonts wieder vor sich hat.
Das Trudeln drückt ihn auf den Sitz nieder, Kerzen heben ihn hoch; heben ihn hoch wie eine Blase, die gleich platzen wird, ein Strömen entfernt den Horizont und bringt ihn

zurück; der geschmeidige Motor brummt, beruhigt sich, kommt wieder auf Touren...

Ein kurzes Krachen: der linke Flügel! Der überraschte Pilot kommt sich vor, als hätte man ihm ein Bein gestellt: die Luft unter seinen Flügeln ist entschwunden. Das Flugzeug stürzt, trudelt ab.

Der Horizont zieht plötzlich über seinen Kopf hinweg wie ein Tuch. Die Erde umhüllt ihn und – welch ein Trick – dreht sich, um ihre Wälder, ihre Kirchtürme, ihre Ebenen mit sich fortzureißen... Der Pilot sieht noch eine wie von einer Schleuder geworfene weiße Villa vorüberziehen... Dem gemordeten Piloten stürzt, wie das Meer dem Taucher, die Erde entgegen.

RIO DE ORO

Das spanische Gebiet von Rio de Oro wurde von den Postflugzeugen der Aéropostale im Südamerika-Linienverkehr überflogen. Saint-Exupéry schrieb diesen Bericht im Oktober 1928, um der Leitung der Fluggesellschaft in Paris ein Bild von den Schwierigkeiten zu vermitteln, die sich für den Betrieb der Zwischenlandehäfen Cap Juby, Villa Cisneros und La Guera aus der politischen Situation dieses von aufständischen Mauren besiedelten Gebietes ergaben.

Dieses Wüstengebiet erstreckt sich von der Dra-Hochebene bis nach Port-Étienne etwa 1300 Kilometer an der Küste entlang und etwa 300 Kilometer landeinwärts. Drei spanische Stützpunkte: 1. Cap Juby, 2. Villa Cisneros, 3. La Guera.

BEVÖLKERUNG

Obwohl Rio de Oro im wesentlichen aus Wüste besteht, kann es eine verhältnismäßig dichte Bevölkerung ernähren, die von ihren Herden lebt. Da die Existenz der Herden von den seltenen Regenfällen abhängt, sind die Mauren Nomaden und legen mit Leichtigkeit an die tausend Kilometer zurück, um sich Weideland zu sichern.

Es wäre gewiß von Vorteil, wenn man einen Teil dieser Bevölkerung an den Boden binden könnte, da sich durch den Eigentumsgedanken die politische Organisation stärker entwickeln und zweifellos auch das Ansehen der örtlichen Behörden festigen würde; so vermöchte man auf Gruppen mit ausgeprägterem Selbstbewußtsein einzuwirken, statt ständig auf den Widerstand von tausend einzelnen mit auseinanderstrebenden Interessen zu stoßen.

Eine Verständigung mit unbeständigen Elementen ist immer nur örtlich begrenzt möglich und auf den Augenblick beschränkt.

Leider scheinen die schwachen Bodenerhebungen nicht die Anlage artesischer Brunnen zu gestatten, die für solch eine Stetigkeit die entscheidende Voraussetzung sind. In Ermanglung artesischer Brunnen ist es vielleicht möglich, in geologischen Falten wie Saguet und Hamra Wasser in ausreichender Menge zu finden.

POLITISCHE STRUKTUR

Unter den gegenwärtigen Verhältnissen ist sie recht primitiv. Im Familienverband beschränkt sie sich auf die Autorität des Vaters über die Söhne oder des älteren Bruders über die jüngeren. Diese Autorität ist wirklich vorhanden. Die des Stammeshäuptlings ist schon viel unbestimmter. Die Mauretanier, bei denen der Islam vorherrscht, besitzen eine religiöse Gliederung, deren Macht nur äußerlich ist. Beispielsweise können ein Nachkomme des Propheten oder ein Bruder des Sultans gewiß sein, daß sie in der Wüste Anzeichen tiefster Verehrung begegnen werden. Sobald aber das geringste Interesse auf dem Spiel steht, verlieren sie jede Autorität; man kann dann nicht mehr damit rechnen. Nicht nur die einzelnen Stämme liegen miteinander in ständiger Fehde, sondern auch Teile eines bedeutenden Stammes, wie etwa der Arguelbat, können untereinander verfeindet sein. Aus diesem Grunde ist auch ein politischer oder militärischer Erfolg immer nur örtlich begrenzt.

HILFSQUELLEN

In gewisser Hinsicht ist Rio de Oro, obwohl dem äußeren Anschein nach eine Wüste, ein reiches Land. Die Herden stellen in ihrer Gesamtheit ein bedeutendes Kapital dar. Gewisse Stammesverbände besitzen Tausende von Kamelen (ein Kamel hat einen Wert von achthundert bis tausend Francs), aber dieses Kapital bedeutet weit mehr eine Reserve, als daß es dem wirtschaftlichen Austausch zugute käme. Das Anwachsen dieses Kapitals findet durch den Boden seine Grenzen (Ergiebigkeit der Brunnen und des Weidelandes). Es ist ein Kapital, das keine Zinsen abwirft. Abgesehen von Pachtvieh (Ziegen, Schafe, Kamele) erstreckt sich der Bedarf der Mauretanier auf Gerste, Zucker, Tee und Stoffe.

In manchen fruchtbaren Gegenden säen sie selber ihre Gerste, aber es ist bemerkenswert, daß sie diese Bestellung keineswegs an den Boden bindet; denn sie führen weiter ihr No-

madenleben und kehren nur für die Ernte wieder zurück. Sie findet statt, wenn es geregnet hat.
Sie müssen hingegen Textilien, Zucker und Tee einführen. Der Konsum der letztgenannten Waren, auf die sie nur ungern verzichten, ist bei ihnen sehr erheblich. Sie kaufen hauptsächlich in Agadir, Juby und Saint-Louis ein. Hingegen verkaufen sie ihre Schafwolle.
Im übrigen verschaffen sie sich durch Gewalt, was sich nicht auf andere Weise erlangen läßt, und suchen die reichen Gegenden durch Beutezüge heim. Diese Beutezüge nehmen einen größeren Umfang an, sobald die Regenfälle ausbleiben. Für die Ausrüstung von Beutezügen sind Waffen nötig, die für den Mauren das Hauptmerkmal des Reichtums darstellen.

BEWAFFNUNG

Alte arabische Gewehre, Militärgewehre Modell 1874, moderne Gewehre. Für die Einfuhr der letzteren (hauptsächlich Lebelgewehre) gibt es vier Quellen:

1. Waffenverkauf durch die kürzlich unterworfenen Stämme Südmarokkos und des Rifs

Die sehr harten Strafmaßnahmen, die die Entdeckung versteckter Waffen auslöste, haben die Araber des Nordens genötigt, sich ihrer Waffen dadurch zu entledigen, daß sie sie vorschriftsgemäß ablieferten oder aber lieber noch an die Stämme im Süden verkauften. Sie verkaufen ihnen ebenfalls die in Marokko gestohlenen Waffen.

2. Bewaffnung der unterworfenen Stämme in Mauretanien

Im Gegensatz zu den Vorgängen im Norden wurden in Mauretanien die Stämme, die sich unterworfen hatten, bis vor einigen Jahren bewaffnet. Da man sie gegen die Einfälle der Räuberbanden nicht zu schützen vermochte, zog man es nämlich vor, ihnen einen Selbstschutz zu ermöglichen. Es kommt hinzu, daß Kamelreiter zwar in der Lage sind, eine Bande, die mit ihrer Beute flieht, zu verfolgen und zu züchtigen, daß sich hingegen in diesen Wüstengebieten ein Angriff schwer voraussehen läßt. Die Kamelreiter können daher Strafexpeditionen durchführen, stellen aber kaum einen Schutz dar. Doch diese Waffenlieferungen an die Mauren, für die es somit gute Gründe zu geben scheint, haben ihre Gefahren, denn gerät eine Gruppe aus einem noch so unbedeutenden Anlaß mit den französischen Behörden in Streit, so geht sie mit diesen Gewehren sofort ins feindliche Lager über.

Man hat es mit Nomaden zu tun, und diese Gewehre wenden sich gegen uns.

3. Waffenschmuggel

Die zahlreichen Fischkutter, die man überall an der Küste sieht und die keinerlei Kontrolle unterliegen, dienen offenbar häufig zur Tarnung des Waffenschmuggels, den sie entweder im Auftrage ausländischer Mächte oder auch nur aus rein kommerziellen Gründen betreiben, weil die Mauren für Waffen jeden beliebigen Preis zahlen.

4. Markt im Wadi Noun

Im Wadi Noun gibt es Munitionsfabriken (schlechtes Pulver, Bleikugeln). Die Produktion ist beträchtlich. Die Mauren, die selber ihr Pulver herstellen können und Blei im Lande haben, besitzen hingegen nicht die Möglichkeit, sich Zündblättchen aus Knallsilber zu verschaffen; zwangsläufig besteht ein Schmuggel hierfür.

VORGEHEN GEGEN DIE MAUREN

Vor allem wäre es nötig, die Waffeneinfuhr nach Rio de Oro möglichst zu beschränken und den Waffenschmuggel zu überwachen.

Von dieser übrigens entscheidenden Frage abgesehen gibt es drei hauptsächliche Möglichkeiten des Vorgehens: 1. die Überwachung durch Flugzeuge, 2. die Überwachung durch Kamelreiter, 3. wirtschaftliche Zwangsmaßnahmen.

1. Überwachung durch Flugzeuge

Der alte Grundsatz, wonach Artillerie und Luftwaffe einen Erfolg vorbereiten, die Infanterie ihm Dauer verleiht, hat in der Sahara, wo schon der Begriff der Besetzung sinnlos ist, seine Geltung verloren. Eine Gruppe von dreißig Kamelreitern hat jederzeit die Möglichkeit, sich an einen bestimmten Ort zu begeben und von dort wieder zurückzukehren. Diese Besitzergreifung einer leeren Sandfläche ist völlig belanglos. Ebenso führt die Errichtung eines Forts nur zur Unterwerfung seiner eigenen Oberfläche. Der Einfluß, den Juby als Fort ausübt, ist schon im Umkreis von mehreren Kilometern nicht mehr vorhanden. Im Notfall kann es als Zuflucht oder als Stützpunkt dienen. Da die Engländer eingesehen haben, daß in solchen Gebieten Strafmaßnahmen wichtiger sind als Besetzung, ist es ihnen gelungen, Mesopotamien allein mit Hilfe ihrer Luftwaffe zu befrieden. Der Erfolg ihrer Politik hat eine Theorie bestätigt, die allzu militärisch eingestellten Köpfen paradox erscheinen mochte. Man kann Nomaden genauso wenig pazifizieren wie das internationale Verbrechertum; sie lassen sich nur überwachen und bestrafen. Es hängt von Ort, Zeit und Umständen ab, ob der gleiche Stamm Freund oder Feind ist. Ein Clan, der in Mauretanien unterworfen und friedlich ist, kann in Rio de Oro fanatisch und kriegerisch werden, wenn er dort an Beutezügen interessiert ist. Er wird friedlich bleiben, wenn die Strafandrohungen ihn abschrecken. Wie die Engländer zu sagen pflegen, gleicht ein Flugverband dem Polizisten, der eine Streife durchführt.

2. Überwachung durch Kamelreiter

Zweifellos ist Mauretanien nicht völlig pazifiziert. Die Stämme, die dort Weideland suchen, fallen häufig in Rio de Oro ein, und es sind die gleichen, die Beutezüge unternahmen. Und doch ist unsere Flugroute sicher. Die Notlandungen, die wir zwischen Port-Étienne und Saint-Louis vornehmen mußten, machten uns keinen Kummer. Das mag verwunderlich erscheinen, wenn man bedenkt, daß die Mauren auf ihren Beutezügen sehr beweglich sind und Gefangene leicht in feindliches Gebiet verschleppen können. Aber man stößt ebenso selten auf einen Beutezug, wie man auf der Straße einem Apachen begegnet. Der Beutezug ist ein besonderer Zufall. Im Gegensatz zu vielen Behauptungen sind weder Gourp noch Érable noch Reine noch Serre einem Beutezug in die Hände gefallen. Es ist das eine heikle Frage, denn gerade sie gehört zu den Punkten, über die Streit mit den Spaniern besteht. Die spanische These lautet: »Rio de Oro mag nicht pazifiziert sein, aber Mauretanien ist es genausowenig. Atar wurde an dem und dem Tage angegriffen. Der und der Offizier unserer Kamelreiter wurde an dem und dem Ort getötet usw.« Diese Angaben stimmen. Man muß nur den entscheidenden Unterschied deutlich machen: der gleiche Nomadenstamm verhält sich ruhig in Mauretanien, aber nicht in Rio de Oro. Und man hat es fast immer mit Nomadenstämmen zu tun. Was die Beutezüge angeht, die offensichtlich in Mauretanien ebenso gefährlich sind wie in Rio de Oro, so ist es einerseits unwahrscheinlich, daß man ihnen begegnet, da sie nur wenig Raum einnehmen, und andererseits gehen sie gerade von Rio de Oro aus. Würden sich die Nomadenstämme in Rio de Oro ebenso verhalten wie in Mauretanien, könnten wir unsere Flugroute als gesichert betrachten.

Wenn derartige Ergebnisse in Mauretanien mit so schwachen Kräften und wenigen Kamelreitern erreicht werden konnten, so liegt das daran, daß ein Stamm verhältnismäßig verwundbar und wenig beweglich ist. Er ist wenig beweglich, weil er seine Herden mitführt. Wenn die Nomaden auf ihren Raubzügen während der Flucht durch arme Gegenden die Hälfte ihrer Beute verlieren, bedeutet der Rest für sie noch einen Reingewinn. Ein Stamm kann sich solch einen Verlust nicht leisten. Er ist ein wenig Gefangener des Weidelandes, denn die Wanderung der Herden, die durch die Ergiebigkeit der Brunnen begrenzt ist, vollzieht sich nur langsam. Er ist auch deswegen verwundbar, weil sich die

Repressalien leichter gegen Herden als gegen Menschen anwenden lassen. Die hauptsächlichste Vergeltung ist Raub. Vier beherzte Kerle konnten mitunter zweihundert Kamele rauben und vor sich hertreiben. Durch gewisse französische Gegenaktionen wurden ihnen im Laufe der Zeit fünfhundert bis tausend Tiere abgenommen. Die Küste von Rio de Oro könnte von uns als sicher angesehen werden, wenn Spanien weiter im Innern sehr bewegliche Gruppen von Kamelreitern unterhielte; die Kosten hierfür wären nur unerheblich: hundertfünfzig bewaffnete und gut geführte Mauren stellen eine schwere Bedrohung dar. Die Nomaden, die in Mauretanien mit Erfolg angreifen, sind selten zahlreicher. So kann es sich denn auch nicht um Besetzung des Landes oder die Errichtung kostspieliger Stützpunkte handeln.

3. Wirtschaftliche Zwangsmaßnahmen

Sie können sehr wirksam sein; überdies lassen sie sich leicht anwenden. Die Spanier verdanken ihnen ihre einzigen politischen Erfolge, die nur eine örtliche und vorübergehende Bedeutung hatten, da:

a) diese Zwangsmaßnahmen nur zaghaft angewandt wurden,
b) sie nur in Verbindung mit uns allgemein ausgeübt werden könnten.

Würde man sie erweitern, könnte nach Auffassung der Spanier das Problem des Rio de Oro gelöst werden. Diese Behauptung ist möglicherweise übertrieben. Die Spanier berufen sich auf den Bedarf der Mauren an Stoffen, Zucker, Tee und – in Trockenheitsperioden – auch an Gerste. Auf Grund ihrer Erfahrungen mit den Stämmen, die mit Juby in Berührung kommen, halten sie diesen Bedarf für lebensnotwendig.

Vielleicht sind aber gerade die leichten Versorgungsmöglichkeiten, die sich aus der Nähe Jubys ergeben, der Grund dafür, daß sich die Mauren so sehr an diese Waren gewöhnt haben. Trotzdem würde wahrscheinlich die vorübergehende Schließung der Faktoreien oder Läden, die sie vertreiben, eine sehr wirksame Zwangsmaßnahme sein. Das gleiche gilt umgekehrt von einer Sperrung der Märkte, auf denen sie ihre Wolle absetzen.

EINFLUSS DER SPANIER

Er ist schwach; sogar in Juby ist es den Offizieren untersagt, sich weiter als ein paar Kilometer vom Fort zu entfernen. Hauptmann Martinez wurde in zwölf Kilometer Entfernung gefangengenommen. Sein Kraftwagen konnte nur deshalb auf dem Strande wiedererlangt werden, weil ein Kriegsschiff zu Hilfe kam, das eine Landung durchführte, und weil die gesamte Eingeborenengarnison ausmarschierte. Zwei Spanier wurden im vergangenen Jahr sogar von den Wällen des Forts entführt. Auf Gouverneur Baron wurde einen Kilometer von Cisneros entfernt ein Anschlag verübt, wobei einer seiner Soldaten den Tod fand. Ould Hajrab, der Mörder Érables, konnte ungestraft dem Gouverneur von Juby einen Besuch abstatten, desgleichen auch später der Maure, der Gouverneur Baron zu ermorden versucht hatte; Ahmed ben Lalli, ein Kumpan Ould Hajrabs, des Mörders Gourps, geht täglich in Juby ein und aus usw. Es gibt zahlreiche weitere Beispiele. Offensichtlich entsprechen sie einer politischen Haltung, denn gewisse Strafmaßnahmen könnten leicht ergriffen werden, aber kein Maure hat jemals auch nur die kleinste Gefängnisstrafe absitzen müssen.

SPANIENS POLITISCHE HALTUNG

Spanien befindet sich mit den Mauren nicht im Kriegszustand und beansprucht ihnen gegenüber keinerlei Rechte. Eine Strafmaßnahme ist ein feindlicher Akt oder doch zumindest Bekundung eines Herrschaftsanspruchs. Spanien verzichtet darauf. Es möchte als Nachbar leben und nicht als Herr auftreten. Es geht somit um jeden Preis allem aus dem Wege, was ohne sein Zutun einen Kriegszustand hervorrufen könnte. Beispiel: Es besteht deshalb ein Ausgehverbot, weil die Ermordung eines Soldaten in einem Scharmützel die Spanier nötigen würde, Repressalien zu ergreifen, um ihr Ansehen zu wahren. Und diese Repressalien könnten sie noch zu weiteren Schritten zwingen. Sie wären dann nicht mehr Herr ihrer Entschlüsse. Es kann dahingestellt bleiben, ob Spanien in seiner gegenwärtigen politischen und finanziellen Lage imstande wäre, Rio de Oro zu unterwerfen oder ob es das einfach nicht will; jedenfalls ist es offenbar zwecklos, die Militärs in Cap Juby der Schwäche zu zeihen, wenn allgemeinere Erwägungen ihre Haltung bestimmen. Für uns ist das im übrigen sehr viel schwerwiegender.

FRIEDLICHE DURCHDRINGUNG

Es ist sicher, daß diese Art des Vorgehens beispielsweise in Südmarokko zu günstigen Ergebnissen führt; dort gelang es uns, gewisse Stämme gefügig zu machen und ihr Gebiet unserem Einfluß zu öffnen, ohne daß wir einen Flintenschuß abzufeuern brauchten. Aber hier handelt es sich um beständige Elemente. Die ersten politischen Freundschaften eines vorgeschobenen Postens ziehen weitere Kreise, und der Fanatismus, das einzige Hindernis, weicht nach und nach der Gewohnheit. Hinsichtlich Rio de Oro bestehen jedoch zwei Unterschiede:

1. Die Mauren bewundern vor allem die Stärke, und ein Gespräch wird nur insoweit eine Wirkung auf sie ausüben, als es Ausdruck von Macht ist, selbst wenn sie nicht zur Anwendung gelangt. Da sie einen falschen, räuberischen und unbeständigen Charakter haben, ist es nutzlos, sie vorübergehend zum Verständnis eines beliebigen Gesichtspunkts zu bewegen. Kein Ergebnis ist jemals gesichert. Die gleichen Aït Gout, die sich heute wieder mit Spanien versöhnen und die Rückzahlung des Lösegelds anbieten, werden morgen, wenn sich die Verhältnisse geändert haben, einen Piloten gefangennehmen und ihre Interessen anders ausrichten. Wenn sie einen anderen Markt für ihre Wolle gefunden haben, werden sie ihren nächsten Gefangenen teurer verkaufen. In den freundschaftlichen Unterhaltungen, hinter denen fortdauernd Macht steht, muß man mit den Ideen jonglieren.

2. Die Mauren sind Nomaden. Ihr geistiger Zustand wird durch Zeit, Ort und Umstände bestimmt. Die Gefühlskomplexe »Dankbarkeit«, »Freundschaft«, »Achtung« usw., auf denen sich eine friedliche Durchdringung beständiger Elemente gründet, verlieren ihren Sinn, wenn es sich um Nomaden handelt, deren soziale Verhältnisse den Geist anders geformt haben. Es ist unsinnig, sich auf die Dankbarkeit der Mauren zu verlassen, ebenso wie es unsinnig wäre, ihnen irgendwelche Undankbarkeit zum Vorwurf zu machen. Das Gefühl der Dankbarkeit, im europäischen Sinne verstanden, ist das Ergebnis bestimmter Lebensbedingungen, bei denen menschliche Beziehungen und Bedürfnisse beständig sind, während irgendein Nomadenstamm, der heute ein Bedürfnis verspürt, morgen wieder ein ganz anderes Bedürfnis haben wird. Die Begriffe »Dankbarkeit« und »Freundschaft« erhalten eine viel verschwommenere Bedeutung. Ich glaube nicht, daß die Freundschaften, die Reine und Serre bei den Reguelbat schlossen, denen gleichwertig sind, die sie etwa in Südmarokko hätten erlangen können. Man wird bestimmt Schiffbruch erleiden, wenn man sich von dieser friedlichen Durchdringung zuviel erhofft.

Im übrigen zeigen ja auch die Tatsachen, daß die Spanier, trotz vieler politischer Bemühungen, aber keiner militärischen Anstrengung, nach jahrelanger Besetzung nicht in zwei Kilometer Entfernung von Cap Juby spazierengehen können.

FOLGEN FÜR DIE AUSRICHTUNG DIESER FRIEDLICHEN POLITIK

Diese Politik handelt ihren eigenen Zielen zuwider. Um sie zu verstehen, muß man wiederum bedenken, daß die Mauren eitle, ruhmredige und geschwätzige Südländer sind. Jeder Vorgang, den sie als einen Erfolg betrachten, wird von ihnen vergrößert und in eine Legende verwandelt, worauf er als Anreiz wirkt. Ein liebenswürdiges Zugeständnis, das ihre Eitelkeit schnell in eine Bestätigung ihrer Macht umwandelt, wird dieses ihr Machtgefühl steigern und sie in ihrer Verachtung der »Ungläubigen« bestärken. Und durch diese selt-

same Umkehr kann ein Annäherungsversuch ihrem Fanatismus neue Nahrung geben.
So ist denn auch die Ablehnung strenger Maßnahmen, obwohl sie mit der allgemeinen Politik Spaniens im Einklang steht, kein neutraler Vorgang und bleibt nicht ohne Rückwirkungen.
Zuweilen ist der Charakter der Mauren daran schuld, daß bestimmte, unseren Interessen abträgliche Handlungen die Folge sind.
Zu der Zeit, als Érable und Gourp durch Ould Hajrab ermordet wurden, unterhielten wir mit den Mauren von Cap Juby herzliche Beziehungen. Doch am Tage, nachdem der Mörder durch den Gouverneur empfangen wurde, nahmen die gleichen Mauren gegen uns eine drohende Haltung ein. Eine Notlandung wäre damals recht gefährlich gewesen. Das mag paradox klingen. Das Fehlen von Strafmaßnahmen hätte zu einer Entspannung führen müssen. Aber gerade in diesem Punkt wurde der maurische Charakter bedeutsam. Ould Hajrabs Straflosigkeit wurde zu einer Bestätigung seiner Stärke, und die Mauren zogen es vor, sich an diesem Gefühl ihrer Stärke zu weiden, statt sich an ihrer Freundschaft mit uns zu erfreuen, die für ihre Eitelkeit weit weniger schmeichelhaft war.
Nachdem sie sich als gute Freunde gezeigt hatten, wurden sie zu Feinden, als ihr Selbstbewußtsein erwachte. Diese Haltung schmeichelte ihnen, da sie sich dadurch als Sieger fühlten. Und Ould Hajrabs Ansehen wurde so groß, daß dieser einflußlose Maure rings um Juby hundertfünfzig Bewaffnete anwerben und an ihrer Spitze nach Port-Étienne aufbrechen konnte.
Wäre eine Bestrafung erfolgt, hätte dieser Mord nicht ihre Eitelkeit gefördert und sie nicht zu Feinden gemacht.

HALTUNG SPANIENS GEGENÜBER DER FLUGROUTE

Aber Spanien scheint niemals die Absicht gehabt zu haben, uns unsere Aufgabe zu erleichtern.
Es sieht nicht so aus, als wenn die Sicherung einer inter-

nationalen Flugstrecke, die nicht nur von unseren Postflugzeugen, sondern von allen großen europäischen Luftlinien beflogen wird, eine Militärmacht unter die Knechtschaft von Sonderinteressen bringen würde. Da ja Spanien selber bei Auseinandersetzungen *implizite* zugibt, daß Rio de Oro eine Flugstrecke ist und hieraus ihren Tauschwert herleitet, wäre es nur logisch, wenn es seinerseits zu ihrer Sicherheit beitrüge. Wir haben gesehen, daß die Lösung des Problems mit geringen Unkosten möglich wäre und nicht einmal die Befriedung von Rio de Oro erfordern würde.

Einige Kamelreiter, zuweilen Strafmaßnahmen, und die Küste ist sicher.

Diese völlige Gleichgültigkeit gegenüber einem Problem, das seit vier Jahren nicht einen Schritt vorangekommen ist, scheint, wenn man sie im Zusammenhang mit einigen symptomatischen Zwischenfällen betrachtet, auf eine besondere politische Einstellung hinzudeuten.

SPANIEN BETRACHTET UNS ALS KONKURRENTEN

Herr Hauptmann Navarro, damals vorübergehender Kommandant der Staffel in Cap Juby, hat mir gesagt: »Wir haben kein Interesse daran, euch zu helfen. Je mehr ihr Verdruß habt, um so mehr Post werden wir über unsere künftige Luftlinie Sevilla–Buenos Aires leiten.«

Wenn man auch der launenhaften Äußerung eines einzelnen keine zu große Bedeutung beimessen sollte, müssen wir sie doch im Zusammenhang mit Maßnahmen sehen, die geeignet erscheinen, unseren Flugverkehr zu behindern, ohne daß sie durch die Eingeborenenpolitik Spaniens gerechtfertigt wären.

1. Zwei Tage, bevor wir unsere Fluglinie nach Amerika eröffneten, wurden uns unsere Flugzeughalle und unser Lagerhaus in Cap Juby entzogen. Spanien hatte offensichtlich das Recht, unsere auf militärischem Gelände gelegenen Anlagen zu beschlagnahmen, aber die Vorankündigung, die drei Tage zuvor in ultimativer Form an uns erging, reichte nicht aus,

um uns irgendeine Entscheidung zu ermöglichen, sie ließ sich allenfalls in Kriegszeiten rechtfertigen.

2. Seit neun Monaten erhalten wir nicht die Genehmigung zum Bau einer Flugzeughalle und nicht einmal zur Errichtung einer Holzhütte in der Nähe der Startbahn, wo wir bei jeder Landung die Flugpapiere ohne Zeitverlust hätten in Ordnung bringen können.

3. Seit zehn Monaten gelingt es uns nicht, die Genehmigung zum Abstecken der Flugplätze in Juby und Cisneros zu erlangen, was für unsere Flugzeuge einen großen Zeitgewinn bedeuten würde.

4. Seit vier Jahren gelingt es uns nicht, die Genehmigung zur Errichtung einer Flugzeughalle, einer Werkstatt und eines Ersatzteillagers in Cisneros zu erhalten.

Diese Maßnahmen bedeuten eine unmittelbare Behinderung unseres Flugverkehrs, ohne daß sie aus militärischen Gründen gerechtfertigt wären.

SCHLUSSFOLGERUNG

Es besteht Interesse daran:

1. sich mit Spanien über etwaige wirtschaftliche und militärische Strafmaßnahmen zu verständigen,

2. zwei Unfallstationen in Wadi Noun und Bojador einzurichten. Die Dienste, die uns Tiznit im Norden und Nouakchott im Süden leisten, sind eine Gewähr für die Aufgabe, die sie erfüllen würden,

3. Flugzeughallen und abgesteckte Flugplätze auf dem Gebiet des Rio de Oro zu erhalten.

Hingegen könnte die Mitarbeit der Gesellschaft bei militärischen Operationen, wie sie Herr Chazal (Bericht Amet) befürwortet, Mauretanien vielleicht Vorteile bringen; für die Gesellschaft wäre sie jedoch verhängnisvoll. Die Mauren unterscheiden schon seit langem das Militärflugzeug vom Handelsflugzeug. Es ist völlig unnötig, einen Blutzoll zu zahlen und die Besatzungen und Postflugzeuge Vergeltungsmaßnahmen auszusetzen, die im Falle von Notlandungen unweigerlich erfolgen würden. Wenn Spanien eines Tages dem Grundsatz der Luftangriffe in Rio de Oro Geltung verschaffen sollte, sehe ich durchaus nicht ein, weshalb es dann notwendig wäre, diese Angriffe durch Handelsflugzeuge durchführen zu lassen.

Wir müssen uns schützen lassen, nicht aber uns selber schützen. Es ist das eine geschicktere Politik gegenüber den Mauren.

BERICHTE AN DIE AÉROPOSTALE

Die folgenden drei Berichte verfaßte Saint-Exupéry 1928 als Postenchef des Flugstützpunktes Cap Juby im marokkanischen Aufstandsgebiet. Zu seinen Aufgaben gehörte während dieser Zeit auch die Einbringung und Bergung notgelandeter Postflugzeuge und ihrer Mannschaften.

Bericht über die Rettung der Bréguet 232

Flugstation Cap Juby, den 1. August 1928

Riguelle mußte am 18. Juli infolge Kurbelstangen-Bruchs dreißig Kilometer südlich von Juby notlanden. Dumesnil. der ihn mit seiner Maschine begleitete, brachte uns die Mel dung.

Da die Gegend völlig unsicher ist und dort schon vor ei paar Monaten ein spanischer Fliegerhauptmann gefange genommen und sechzehn Tage lang nur zwölf Kilomet von Juby entfernt festgehalten worden war, habe ich sofo einen Hilfszug ausgerüstet, während man mir ein Flugzeu fertigmachte.

Nach der Rückkehr der beiden Flieger, Dumesnil und Riguelle, deren Weg ich in der Luft kreuzte, bewachten die Mauren zwei Tage lang die 232 zum Preis von 187,15 Peseten für Kamele, Pferde und Lebensmittel.

Um die Maschine flottzumachen, mußte ich große materielle und moralische Schwierigkeiten auf mich nehmen. Da dieses Abschlagen das erste seiner Art war, wollte kein Maure für unsere Sicherheit bürgen und den Transport des Motors und Materials durch fünfunddreißig Kilometer zum Teil unwegsamen Geländes übernehmen.

Nach zwei Tagen endlich gelang es mir, folgende Karawane zusammenzustellen:

6 bewaffnete und berittene Mauren,
9 Handarbeiter und Kameltreiber zu Fuß (5 davon bewaffnet),
3 Pferde für den Mechaniker Marchal und mich,
2 Esel für Lebensmittel und Wasser,
1 Kamel für das Material,
2 Kamele, die einen Wagen mit vier Flugzeugrädern zogen, auf dem der Motor, der Flaschenzug und das Hebezeug

lagen. Dieser Wagen hat ganze Dünenzüge von der schlimmsten Art bewältigt (wobei das Kamel, wenigstens hier, zum erstenmal als Zugtier verwendet wurde).

Am Tage nach unserem Start erreichten wir die verunglückte Maschine; die Lage war entmutigend.

Sie war von den Mauren halb zerstört.

Die Kurbelstange hatte die Holme zerschlagen.

Es war bei der Beschaffenheit des Bodens unmöglich, den Apparat zwei Kilometer weit auf ein Geländestück zu schleppen, das Startmöglichkeiten bot.

Ich schickte durch einen Kamelreiter an Laubergue den Befehl, die Holme der 223, deren Motor wir schon verwendeten, zu demontieren, und begann sofort neben dem Flugzeug mit dem Bau einer acht Meter breiten und neunzig Meter langen Rollbahn, die in einer Art Sprungbrett endete. Ich brauchte zwei volle Tage dazu.

In der Nacht gab es ein Geschieße, und die Nähe einer Araberbande von Aït Toussa beunruhigte die Mauren. Gegen Mitternacht kam die Meldung, daß die Bande direkt auf uns losmarschiere; es gab eine wilde Panik, und alles stürzte sofort in der Richtung auf Juby los, ohne uns Zeit zu lassen, etwas mitzunehmen (die Aït Toussa haben erst kürzlich zwölf Mann der Izarguinen getötet). Nach fünfzehn Kilometern Weges erfuhren wir, daß es sich nur um einen Befehl des Gouverneurs handelte (was wir sofort vermutet hatten).

Wir weigerten uns, weiterzugehen, in der Überzeugung, daß wir mit unseren elf Flinten die Araber in Schach halten konnten.

Es gelang uns, die Mauren bei ihrem Ehrgefühl zu packen, und wir marschierten zum Flugzeug zurück.

Gegen neun Uhr morgens warfen uns zwei spanische Maschinen den Befehl des Gouverneurs ab, unverzüglich umzukehren, da sich in nächster Nähe eine »feindliche Partei« befinde.

Gegen Mittag gab es ein Scharmützel und ein gegenseitiges Geschieße mit einer unbekannten Abteilung. Es gelang uns, die Ordnung aufrechtzuerhalten und die Leute, die sich beim

ersten Kugelpfeifen zu Boden geworfen hatten, zu beruhigen und bei der Arbeit zu halten.
Um sechs Uhr abends war dann der Motor endlich eingesetzt, die Rollbahn war fertig, ich konnte starten und das Flugzeug zusammen mit dem Mechaniker Marchal nach Juby bringen.
Die Ausgaben waren ziemlich beträchtlich, aber bedenken Sie bitte, daß wir, abgesehen von der Rettung des Flugzeugs, auf die Mauren einen gewaltigen moralischen Eindruck gemacht haben. Um an der Küste auf halber Strecke zu unserer Maschine den Motor des verunglückten spanischen Hauptmanns zu retten, hat der Gouverneur ein ganzes Kriegsschiff kommen lassen!
Der Mechaniker Marchal und ich haben freiwillig zwei Tage und zwei Nächte in der doppelten Entfernung durchgehalten.
Ich gebe die Unkosten in Bausch und Bogen an, denn sie sind im einzelnen nicht zu entwirren und haben Anlaß gegeben zu endlosen Diskussionen und Verwicklungen.
Ich kann nicht beurteilen, ob die Kosten dieser Expedition zu hoch sind, da ein Präzedenzfall hier noch nicht vorgekommen ist.

Bericht über die Bréguet 223

Flugstation Cap Juby, den 17. September 1928

Da ich keine weitere Nachricht von Reine und Serre erhielt, außer den Briefen, in denen sie ihre bevorstehende Ermordung und ihre Absicht, einen verzweifelten Fluchtversuch zu unternehmen, ankündigten, hielt ich es für meine Pflicht, ihnen einen geeigneten Mauren zu schicken, der die Sache endlich in Ordnung bringen oder, falls sie schon auf der Flucht wären, ihnen beistehen könnte.
Ich wählte den Mauren El Bark, der zufällig in Juby war, in der ganzen Sahara für seine tollkühnen Unternehmungen bekannt und außerdem ein guter Freund der Häuptlinge ist,

die Reine und Serre gefangenhalten. Unter dem Vorwand, nach Rio zu fliegen, setzte ich diesen Mauren in einem Hohlweg zwischen zwei Felsklippen mitten im Gebiet der Arguelbaten ab. Auf alle Fälle ließ ich an der Stelle einen kleinen Vorrat an Wasser und Lebensmitteln zurück. Der Maure sollte versuchen, die erregten Gemüter zu beruhigen, und vier Tage später an den gleichen Ort zurückkehren, um mich über den Erfolg seiner Schritte zu unterrichten, und, falls die Lage wirklich aussichtslos wäre und einen Fluchtversuch nötig erscheinen ließ, mit mir das Notwendige zu besprechen.

Da ich die Gesellschaft in diese rein persönliche Initiative nicht hineinziehen wollte, stattete ich ihn von mir aus mit dem für den Kauf von zwei Kamelen erforderlichen Geld aus.

Ich hatte große Schwierigkeit, aus meinem Hohlweg wieder herauszukommen, da der heftige Sturm mich am Wenden hinderte und mir die Tragflächen abzureißen drohte. Dreimal mußte ich unter starkem Geschwindigkeitsverlust über Hindernisse hinwegspringen, jedesmal blieb ich jedoch am Boden kleben und geriet schließlich noch in eine enge Felsschlucht.

Bei meiner Landung in Rio traf ich Herrn Tete, durch den ich erfuhr:

1. daß die neuesten Nachrichten beruhigender klangen und mein ungewöhnliches Vorgehen keineswegs rechtfertigten;

2. daß die Beziehungen zu den Spaniern inzwischen recht heikel geworden waren; es hätte Verwicklungen geben können, falls meine Landung bekanntgeworden wäre.

Ich denke, es wird in diesem Fall ein leichtes sein, von meinem eigenmächtigen Vorgehen abzurücken, da ich ohne jede Vollmacht gehandelt habe. Ich habe absichtlich auf eine solche Vollmacht verzichtet, damit sie mir nicht ausgeschlagen würde.

Wenn die Ereignisse auch mein Unternehmen zum Glück nicht gerechtfertigt haben, so mußte ich es nach der damaligen Sachlage doch für meine Pflicht halten, den Gefangenen diese freilich regelwidrige Chance zu geben. Andererseits gebe ich jetzt zu, daß jede Initiative in dieser Richtung hinfällig geworden ist.

Bericht über den Abtransport der Bréguet 241

Flugstation Cap Juby, den 19. Oktober 1928

Die beiden spanischen Maschinen von Cap Juby waren am Nachmittag des 17. Oktober zu einem Erkundungsflug gestartet. Da wurde ein starker feindlicher Kriegszug gemeldet (vom Stamme der Aït Toussa, die mit den Izarguinen von Cap Juby im Kriege liegen).

Dem einen Apparat, der sehr niedrig flog, rissen die Kugeln das Tiefensteuer auseinander, und er stürzte aus dreißig Meter Höhe 250 Kilometer südlich von Juby ab. Die Besatzung des anderen Flugzeugs mußte mit ansehen, wie die Mauren den Fliegeroberleutnant und den Dolmetscher, die beide verletzt waren, mit Kolbenstößen von dem Wrack verdrängten; da sie aber ständig beschossen wurde, konnte sie nichts unternehmen und traf am Abend wieder in Juby ein.

Am Morgen des 18. Oktober startete ich mit dem Beobachter, Oberleutnant Vallejo, und einem Mauren an Bord, um den spanischen Fliegerunteroffizier zu geleiten, der den Auftrag hatte, an einer entlegenen Stelle zwei Unterhändler abzusetzen und danach unverzüglich zurückzufliegen. Die Lage der Gefangenen war wirklich kritisch, da drei äußerst feindselige Stämme (Aït Toussa, Arguelbaten, Aït Gout) sich näherten. Noch verschärft wurde sie dadurch, daß der Dolmetscher wiederholt gegen diese Stämme gekämpft hatte.

Zu meiner Überraschung machte ich in der Nähe des Wracks ein Feuer und ein Signal aus und ging nieder.

Wir fanden da ein paar Mauren und die Gefangenen. Sie waren (durch ein ungewöhnliches Glück bei dieser Entfernung) einer Schar ziehender Izarguinen von Cap Juby in die Hände gefallen. Diese waren zwar schwächer, verfügten aber über mehr Gewehre als die Arguelbaten, die sich der Besatzung zuerst bemächtigt hatten, und hatten ihnen die Gefangenen nach kurzem, heftigem Streit wieder abgenommen.

Ihre Sicherheit war aber trügerisch; denn die Arguelbaten waren sofort losgezogen, um Verstärkung zu holen, und der kleinen, abgeschnittenen Schar, die viel zu weit von Juby entfernt war, drohte die Gefahr, binnen kurzem umzingelt und erneut angegriffen zu werden.

Wir gaben dem Unteroffizier ein Zeichen zum Landen, um gemeinsam die kostbarsten Teile des zerstörten Flugzeugs (Magnet usw.) zu bergen und nach Juby zu schaffen; dieser hatte jedoch eine Stunde später Motorschaden und kam nicht wieder hoch.

Darauf entschloß ich mich, ohne Aufschub die beiden Verwundeten nach Juby zu bringen und mit einem spanischen Mechaniker zurückzukommen, um vielleicht die Maschine zu retten. In einer so heiklen Lage handelte es sich dabei um Minuten. Mittags um zwölf landete ich in Juby, und gegen halb eins war ich schon wieder in der Luft. Gegen sechs Uhr abends war ich wieder in Juby, nachdem ich das spanische Flugzeug flottgemacht hatte; an Bord hatte ich den Beobachter, Oberleutnant Vallejo. Im ganzen bin ich etwa acht Flugstunden unterwegs gewesen.

Ich habe es auf meine Kappe genommen, eine Anweisung auf tausend Liter Brennstoff, die mir die spanische Luftfahrt als Ersatz für den verbrauchten ausstellen wollte, freundlich auszuschlagen. Ich nehme an, daß Sie kaum interessiert sein werden an der Rückerstattung von ein paar Litern Treibstoff, nachdem Sie die Rettung zweier Piloten, eines Beobachters und eines Flugzeuges zugelassen haben.

MOSKAU

Die Rußlandreise Saint-Exupérys fand im April und Mai 1935 statt, nach einer Vortragstournee an der Mittelmeerküste, die er zusammen mit Conty und Prévot unternahm, und vor dem Unglücksflug, der von Paris nach Saigon führen sollte. Die folgenden Reportagen wurden im Mai 1935 in sechs Artikeln im »Paris-Soir« veröffentlicht. Die letzten Seiten von »Wind, Sand und Sterne« erinnern an diese Reise.

Unter dem Dröhnen von tausend Flugzeugen
feierte ganz Moskau den 1. Mai

Vorgestern, am Vorabend des 1. Mai, wohnte ich während eines Teiles der Nacht der Vorbereitung zu dem gewaltigen Fest bei.
Die Stadt war in einen Bauplatz verwandelt. Arbeiterkolonnen schmückten die Denkmäler mit Lichtern, mit scharlachroten Fähnchen und Vorhängen; andere Trupps stellten die Scheinwerfer ein; wiederum andere befanden sich auf dem Roten Platz neben Asphaltfässern und richteten im Lauf der Nacht ganze Stadtviertel von Chausseen her. Überall waren die Straßen belebt von jener besonderen Inbrunst der Nachtarbeit, die einem Spiel gleicht: einem glanzlosen und schweigenden Tanz rings um die Feuerstellen. Und die roten Tücher, die man an den Häusern angebracht hatte und die sie vom Giebel bis zur Grundmauer umgaben, waren so breit entfaltet, daß der Wind wie in Segel hineinfuhr und sie aufblähte; so mischte er in diese Festvorbereitung etwas hinein, was an Regatten erinnerte, brachte dieser Stadt irgendwie die Glut des Abschieds, der Reise und des freien Horizonts.
Frauen und Männer sahen den Arbeiten zu. Diese Männer und Frauen, die am nächsten Tage, vier Millionen an der Zahl, vor Stalin defilierten, während ihm die ganze Stadt huldigte.
Und während man an einer Mauer Tafeln so hoch wie Monumente anbrachte, aus denen das wie mit Hackenschlägen auf einen Hintergrund von Fabriken gemalte kräftige Werkmeistergesicht hervortrat, wollte ich mit langen Schritten jenen Kreml umwandern, wo er vielleicht schlief und wo vielleicht andere Vorbereitungen im Gange waren.
»Weitergehn...!«
Tag und Nacht bewacht ein Ordnungsdienst das verbotene

Viertel, in dem der Herr Rußlands wohnt. Man darf nicht an diesen Wällen entlangschlendern. Welch ein Schutz umgibt diesen Mann!
Nicht nur die Wälle und Wachtposten sichern einen Bezirk, der inmitten der Stadt wie eine zweite Stadt von Mauern umschlossen ist; überdies erstrecken sich im Innern des Kreml, zwischen den schwarzgoldenen Bauten und den Wällen, die sie einfriedigen, Rasenflächen, die abschüssig sind wie Tierfallen. Eine ausgestorbene Zone des Schweigens, in die niemand sich einschleichen könnte, ohne daß die Annäherung sofort offenkundig würde, umgibt Stalin.
Man könnte auf den Gedanken kommen, daß er nicht existiert; so unsichtbar ist seine Gegenwart.
Der Mann, der hier schlummert, von seiner Garde, von den Rasenflächen und Wällen behütet – dieser Mann erfüllt jedoch Rußland mit jener unsichtbaren Gegenwart, wirkt auf das Land ein wie ein Ferment, wie ein Sauerteig. Denn wenn auch der Mann selber kaum zu sehen ist, ist doch sein Bild draußen, in den Straßen Moskaus, in mehr als hunderttausend Exemplaren verbreitet. Es gibt kein Schaufenster, kein Restaurant, kein Theater, wo es nicht ausgestellt ist, keine Wand, die nicht von ihm beherrscht wird. Und ich glaube, ich ahne etwas, wie es zu dieser erstaunlichen Popularität gekommen ist.
Zunächst empfand ihn das russische Volk, so scheint mir, wie einen Bedrücker, der unbarmherzige Methoden anwandte. Damals lastete Stalin auf Rußland, und die Menschen suchten ihm zu entkommen, indem sie ins Ausland flohen, plünderten oder Schwarzhandel trieben. Doch Stalin sperrte diese Menschen in ihrer Hungersnot ein unter der Parole: »Bleibt, wo ihr seid, und baut auf... Hungersnot und Entbehrung sind Feinde, über die man an Ort und Stelle Herr wird, wenn man Steine herbeischafft und den Boden bearbeitet...« So führte er dieses Volk in ein Gelobtes Land, und dieses Gelobte Land brachte er aus der alten, verwüsteten Erde hervor, statt aus einem Exodus nach fruchtbaren Gegenden oder abenteuerlichen Wahnvorstellungen.

Seltsame Macht. Stalin bestimmte eines schönen Tages, ein Mann, der seinen Namen zu Recht führe, dürfe sich nicht vernachlässigen, und unrasierte Gesichter seien ein Zeichen der Erschlaffung. Schon am Tage nach dieser Anordnung ließen Werkmeister in den Fabriken, Abteilungsleiter in den Warenhäusern, Professoren in den Fakultäten keine Männer zur Arbeit zu, die mit schwarzem Kinn erschienen.

»Ich hatte keine Zeit«, sagte der Schüler.

»Ein guter Schüler«, sagte der Lehrer, »findet stets Zeit, seinen Vorgesetzten zu ehren.«

Auf diese Weise schenkte Stalin von einem Tag auf den anderen Rußland frische und verjüngte Gesichter und befreite das Land mit einem Schlage von seinem Schmutz.

Und so lautete die Parole, aber welche Wirkung ging von ihr aus!

Ich habe auf den Moskauer Straßen nicht einen einzigen Polizisten, Soldaten, Kellner gesehen, der nicht frisch rasiert gewesen wäre.

Und man hat den Eindruck, daß die Planung, wenn sie sich erst einmal mit der Bekleidung der Stadt befaßt, auf einmal die Moskauer Straßen erhellen wird, denen Mützen und Arbeitsanzüge noch ein graues und trauriges Aussehen verleihen. Die Vorstellung erscheint nicht so unsinnig, daß Stalin eines Tages aus der Tiefe seines Kreml anordnen wird, ein guter Proletarier, der auf sich halte, müsse sich abends umkleiden. An jenem Tage wird Rußland im Smoking zu Abend speisen.

Das war der unsichtbare Mann, der dort im Kreml schlief und sich am nächsten Tage der Öffentlichkeit zeigen sollte.

Ich hatte schon zu meinem Schaden erfahren, daß es nicht ohne Nachteile abgeht, wenn man einen Gott aus seinem Tabernakel hervorholt, denn man hatte es abgelehnt, mich als Zuschauer auf dem Roten Platz zuzulassen. Ich hätte schon früher in Moskau eintreffen müssen, denn jedes Gesuch bot Anlaß zu einer langwierigen Einzeluntersuchung, zu einer strengen Auslese. Ich hatte nicht mehr die Zeit, den gesamten Verwaltungsapparat in Bewegung zu setzen; weder die Botschaft, noch meine Freunde und meine Bemühungen konnten etwas daran ändern. Im Umkreis von einem Kilometer rings um Stalin konnte sich niemand einschmuggeln, dessen Personenstand und Vorleben nicht überprüft, abermals überprüft und, um ganz sicherzugehen, ein drittes Mal überprüft worden wären.

Als ich am 1. Mai bei Tagesanbruch auf der Straße etwas Luft schöpfen wollte, fand ich die Hoteltür verschlossen, und man teilte mir lediglich mit, sie werde erst um fünf Uhr nachmittags wieder geöffnet werden. Alle, die keine Karte besaßen, waren Gefangene.

Ich irrte daher melancholisch im Hotel umher, als ein Dröhnen wie von einem Gewitter an mein Ohr drang. Das waren die Flugzeuge. Tausend Flugzeuge über Moskau; dadurch zitterte der Erdboden. Ohne sie zu sehen, spürte ich das Gewicht dieser eisernen Hand, die auf der Stadt lastete; ich beschloß, nochmals zu versuchen, auf die Straße zu gelangen, und durch betrügerische Manöver glückte es mir.

Zuerst erreichte ich eine verlassene Straße, denn die Moskauer Straßen waren ihres Inhalts entleert; nur Kinder spielten auf dem Fahrdamm. Als ich die Augen hob, sah ich das stählerne Dreieck der Geschwader, die in mein enges Gesichtsfeld eindrangen und sich von einem Punkt zum anderen fortbewegten. Die starre Anordnung der einzelnen Gruppen verlieh jeder Formation die Geschlossenheit eines Werkzeugs. Das langsame Vorrücken dieser schwarzen Massen, das volle, feierliche, unerschöpfliche Dröhnen von tausend Flugzeugen – alles das bildete ein so beklemmendes Schauspiel, daß sich niemand diesem überwältigenden Eindruck zu entziehen vermochte. Und da immer noch weitere kamen, lehnte ich mich an eine Mauer und blickte ein paar Minuten hinauf; dabei entdeckte ich, daß zwar ein einzelnes Geschwader noch fliegt, tausend Flugzeuge aber über einen hinweggehn wie ein Walzwerk.

Ich durchwanderte dann einige verlassene Straßen, scheiterte an einigen Sperrketten von Polizisten und gelangte schließlich auf eine lebendige Straße: eine jener Verkehrsadern, auf denen die Manifestanten zum Roten Platz strömten. Kilometerweit war sie voller Menschen; die Menge rückte nach und nach vor, unerbittlich wie schwarze Lava. Der Vorbeizug eines ganzen Volkes hat, ebenso wie das Defilieren von tausend Flugzeugen, etwas Unbarmherziges, wie die Einstimmigkeit einer Geschworenenbank. Und vielleicht war dieses Fluten schwarzer und, trotz der leuchtenden roten Fähnchen, stumpfer Gewänder, dieses langsame und beinah seiner Kraft nicht bewußte Vorrücken noch eindrucksvoller als ein Vorbeimarsch von Soldaten; denn Soldaten üben einen Beruf aus, und wenn der Beruf zu Ende ist, werden sie wieder zu verschiedenartigen Menschen. Die Menschen hier waren hingegen in ihren Arbeitskleidern, ihrem Fleisch und Blut, ihrem Denken bis an die Wurzel gepackt. Und ich sah zu, wie sie weiterzogen, als der Strom erstarrte.

Die Pause dauerte lange Zeit; gewiß öffneten sich einige andere Straßen dem Roten Platz wie eine Schleuse, und hier wartete man indessen, wartete unter der eisigen Kälte, denn am Tage zuvor hatte es noch geschneit. Und auf einmal geschah eine Art Wunder. Dieses Wunder war die Rückkehr zum Menschlichen, die Auflösung dieser Einheit in lebendige Einzelwesen.

Akkordeonweisen klangen auf. Vereine, die sich in der Menge befanden und mit all ihren Blasinstrumenten vorbeiziehen sollten, stellten sich im Kreis auf und musizierten ebenfalls. Und die Menge, teils um sich aufzuwärmen, teils um sich zu zerstreuen oder um den Festtag zu feiern, begann zu tanzen. Am Eingang zum Roten Platz tanzten diese Zehntausende, Männer und Frauen, mit plötzlich aufgetauten Gesichtern im Kreise herum, ein breites Lächeln auf den Lippen. Und die Straße gewann in ihrer ganzen Länge auf einmal ein gutmütiges, vertrautes Aussehen, wie nachts am 14. Juli in einem Pariser Vorort.

Ein Unbekannter sprach mich an, reichte mir eine Zigarette; ein anderer bot mir Feuer, die Menge war glücklich...

Dann entstand eine Bewegung, die Vereine stellten ihre Blaskapellen zusammen, die Banner wurden wieder aufgenommen, die Reihen ausgerichtet. Der Anführer einer Gruppe stieß einen der Marschierenden mit seinem Spazierstock an, um ihn in seine Reihe zu treiben. Das war die letzte individuelle Bewegung, die letzte vertrauliche Geste: der Ernst kehrte zurück; man setzte sich zum Roten Platz in Marsch; die Menge hatte sich schon wieder in die Hand bekommen, sie schickte sich an, vor Stalin zu erscheinen.

Auf der Fahrt zur UdSSR

Inmitten heimkehrender polnischer Bergarbeiter schlief nachts das Kind Mozart in der Eisenbahn. Die kleinen Prinzen im Märchen unterscheiden sich kaum von ihm

Neulich berichtete ich vom 1. Mai in den Straßen Moskaus, wo ich am Tag zuvor eingetroffen war. Doch ich hätte zuerst von meiner Reise erzählen müssen. Die Reise ist eine Art Vorwort, durch das man sich darauf vorbereitet, ein Land zu verstehen. Selbst die Atmosphäre eines internationalen Schnellzugs kann einem vielleicht darüber Aufschluß geben. Solch ein Expreß ist nicht nur eine Eisenbahn, die sich nachts durch die Landschaft bewegt, sondern ein Instrument der Durchdringung. Geradlinig nimmt er seinen Weg durch ein Europa, das durch Sorgen und Zorneswallungen zerrissen ist. Und mag auch diese Durchdringung allem Anschein nach äußerst bequem sein, so wird vielleicht doch irgendein verborgenes Anzeichen die Risse sichtbar machen.
Es ist Mitternacht; ich liege ausgestreckt in einem Abteil unter dem blassen Licht der Nachtlampe und lasse mich zunächst ganz einfach forttragen. Die Achsen stoßen. Durch die Kupferplatten und Holztäfelungen hindurch empfange ich die Botschaft dieser Pulsschläge. Etwas fließt draußen vorüber. Die Art des Klangs wechselt. Eine Brücke oder eine Mauer reibt sich an uns. Doch ein Bahnhof und seine breiten Dämme rufen Stille hervor wie eine Sandbank. Und zuerst erfahre ich nichts anderes.
Hunderte von Reisenden schlafen in den Abteilen, werden

wie ich mit der gleichen Leichtigkeit fortgetragen. Spüren sie auch diese Unruhe, die ich empfinde? Vielleicht werde ich nicht erreichen, was ich jetzt zu suchen beginne. Ich glaube nicht an pikante Eindrücke. Gewiß bin ich zuviel gereist, um nicht zu wissen, wie trügerisch sie sind. Solange uns ein Schauspiel belustigt und neugierig macht, beurteilen wir es noch vom Standpunkt eines fremden Beobachters aus. Wir haben dann noch nicht sein Wesen begriffen. Denn das Wesentliche eines Brauchs, eines Ritus, einer Spielregel ist die Anteilnahme, die sie dem Leben verleihen, ist das Lebensgefühl, das sie hervorrufen. Eignet ihnen aber schon diese Macht, wirken sie nicht mehr pikant, sondern schlicht und natürlich. Freilich ahnt ein jeder verschwommen die innerste Natur der Reise. Die Reise erscheint uns allen etwas wie eine Frau, die auf uns zukommt. Eine Frau, die in der Menge verloren ist und die es zu entdecken gilt. Eine Frau, die sich zunächst kaum von den anderen unterscheidet. Doch auch wenn wir uns tausend Frauen nähern würden, wäre doch unsere Mühe vergeblich, der Entdeckung nahezukommen, sofern wir nicht die einzige, die verwundbar ist, zu erkennen vermöchten. Ebenso steht es mit der Reise.

Ich wollte das kleine Vaterland erforschen, in dem ich drei Tage lang eingeschlossen war – drei Tage lang ein Gefangener jenes Geräusches, das dem Rollen von Kieselsteinen in der Meeresbrandung gleicht, und so erhob ich mich.

Um ein Uhr nachts ging ich durch den ganzen Zug hindurch. Die Schlafwagen waren leer. Die Abteile erster Klasse waren leer. Das erinnerte mich an die Luxushotels an der Riviera, die einen ganzen Winter lang für einen einzigen Gast geöffnet sind, den letzten Vertreter einer ausgestorbenen Fauna. Ein Zeichen bitterer Zeiten.

Doch die Waggons der dritten Klasse beherbergten Hunderte entlassener polnischer Arbeiter, die in ihr Polen heimkehrten. Und so schritt ich in den Gängen über Menschenleiber hinweg. Ich blieb stehen, um sie zu betrachten. Unter der Nachtbeleuchtung, in diesen ungeteilten Wagen, die einem Massenlager glichen, in dem es nach Kaserne oder

Polizeiwache roch, sah ich einen wirren Volkshaufen, durchrüttelt von den Stößen des Schnellzugs. Ein ganzes Volk, das in böse Träume versunken war und zu seinem Elend heimkehrte. Dicke, glattgeschorene Köpfe rollten auf dem Holz der Bänke. Männer, Frauen und Kinder wälzten sich unruhig hin und her, als würden sie feindselig angegriffen von allen diesen Geräuschen, allen diesen Stößen, die ihr Vergessen bedrohten. Sie hatten keineswegs die Gastlichkeit eines guten Schlafes gefunden. Und es schien mir, als hätten sie zur Hälfte ihr Menschentum verloren, wie sie da durch Wirtschaftsschwankungen von einem Ende Europas zum anderen gefegt wurden, vertrieben aus ihrem Häuschen in Nordfrankreich, aus ihrem winzigen Garten mit den drei Geraniumtöpfen, die ich früher an den Fenstern der polnischen Bergleute bemerkt hatte. In schlecht verschnürten, verbeulten, klaffenden Bündeln hatten sie nur gerade ihre Küchengeräte, ihre Decken und Gardinen verpackt. Doch alles, was sie liebkost hatten oder was sie bezauberte, alles, was sie sich in den vier oder fünf Jahren ihres Aufenthalts in Frankreich zu zähmen vermochten: die Katze, den Hund, die Geranien, hatten sie sich nun von der Seele reißen müssen, und nur diese Küchentöpfe nahmen sie mit.

Eine Mutter stillte ihr Kind. Sie war so erschöpft, daß man meinen konnte, sie schliefe. Das Leben ging weiter im Widersinn und in der Unordnung dieser Reise. Ich betrachtete den Vater. Ein Schädel, schwer und nackt wie ein Stein. Ein Körper, der sich im unbequemen Schlaf krümmte und in Arbeitskleider gezwängt war, die aus Höckern und Dellen bestanden. Der Mann sah aus wie ein Lehmkloß. So lasten nachts menschliche Wracks, die keine Gestalt mehr haben, auf den Bänken der Markthallen. Und ich dachte: ›Das Problem besteht durchaus nicht in diesem Elend, diesem Schmutz, dieser Häßlichkeit. Doch eben dieser Mann und eben diese Frau haben sich eines Tages kennengelernt. Und der Mann hat gewiß der Frau zugelächelt. Bestimmt hat er ihr nach der Arbeit Blumen gebracht. Er war vielleicht schüchtern und linkisch und befürchtete, sie könnte ihn abweisen. Die Frau

aber, die um ihre Anmut wußte, machte sich aus natürlicher Koketterie den Spaß, ihn in Unruhe zu halten. Und er, der heute nur eine Hack- und Bohrmaschine ist, empfand so in seinem Herzen die köstliche Angst. Das Geheimnis besteht darin, wie er zu diesem Lehmhaufen werden konnte. Durch welch schreckliche Gußform mußte er hindurch – eine Form, die ihn wie ein Treibhammer gezeichnet hat? Ein Hirsch, eine Gazelle, ein gealtertes Tier bewahren ihre Anmut. Warum ist diese schöne menschliche Knetmasse verdorben worden?‹
Und ich setzte meine Reise fort inmitten dieses Volkes, dessen Schlaf unstet war wie an einem verrufenen Ort. Ein unbestimmter Lärm schwebte in der Luft, gemischt aus heiseren Schnarchlauten, unterdrücktem Klagen, dem Quietschen der Stiefel, wenn es Schläfer, deren eine Seite zerschlagen war, auf der anderen versuchten...
Und dazu stets als leise Begleitung dieses endlose Rollen der Kiesel in der Meeresbrandung.
Ich setzte mich einem Paar gegenüber. Zwischen Mann und Frau hatte sich das Kind schlecht und recht sein Nestchen gebaut und schlief. Einmal wendete es sich im Schlaf, und so sah ich sein Gesicht unter der Nachtbeleuchtung. Oh, welch liebliches Gesicht! Diesem Paar war sozusagen eine goldene Frucht entsprossen. Aus solchen plumpen Kleiderfetzen war diese Vollendung von Anmut und Charme hervorgegangen. Ich beugte mich über die glatte Stirn, die lieblich schmollenden Lippen und sagte mir: das ist ein Musikergesicht, das ist Mozart als Kind, das ist eine schöne Verheißung des Lebens! Die kleinen Prinzen im Märchen sahen nicht anders aus. Was könnte nicht alles aus ihm werden, sofern es behütet, umhegt, gepflegt würde? Wenn durch Mutation in den Gärten eine neue Rose entsteht, sind alle Gärtner in Aufregung. Man sondert die Rose ab, man pflegt sie, man tut alles für sie... Für die Menschen aber gibt es keinen Gärtner. Das Kind Mozart wird wie die anderen durch den Treibhammer gezeichnet werden. Mozart wird seine höchsten musikalischen Freuden in der stickigen Luft eines Tingeltangels empfangen. Mozart ist verurteilt...

Ich kehrte in meinen Waggon zurück. Ich sagte mir: diese Leute leiden kaum unter ihrem Los. Nicht die Nächstenliebe quält mich hier. Es geht nicht darum, daß ich mit einer ewig wieder aufbrechenden Wunde Mitleid empfinden müßte. Die sie am Leibe tragen, spüren sie nicht einmal. Gewissermaßen die Menschheit und nicht der einzelne ist hier verwundet, ist hier verletzt. Ich glaube nicht an das Mitleid. Was mich heute nacht quält, ist der Gesichtspunkt des Gärtners. Keineswegs quält mich diese Misere, mit der man schließlich ebensogut zurechtkommt wie mit der Faulheit. Generationen von Orientalen leben im Schmutz und fühlen sich darin wohl. Was mich quält, können die Volksküchen nicht beheben. Mich quälen nicht diese Dellen, diese Höcker, diese Häßlichkeit. Mich quält, daß in jedem dieser Menschen etwas von einem ermordeten Mozart steckt.

Ich bin wieder in meinem Abteil. Der Schlafwagenschaffner kommt zu mir. Das stoßhafte Schlingern läßt ihn schwanken unter der Nachtbeleuchtung. Er spricht mich an. Nachts, auf der Eisenbahn scheinen alle Stimmen Geheimnisse anzuvertrauen. Er fragt mich, wann ich geweckt werden möchte. Anscheinend gibt es hier kein Geheimnis. Indessen spüre ich zwischen diesem frostigen Mann und mir all die leeren Räume, die die Menschen trennen. Man vergißt in den Städten, was eigentlich ein Mensch ist. Er wird auf seine Funktion reduziert: wird zum Briefträger, zum Verkäufer, zum Nachbarn, der einen stört. Tief in der Wüste entdeckt man am ehesten, was ein Mensch ist. Da ist man nach der Notlandung lange gewandert, um zum Fort Nouakchott zu gelangen. Man erreicht es, als sich schon die Wahnvorstellungen des Durstes meldeten. Man trifft dort nur einen alten Sergeanten an, der seit Monaten verloren im Sand lebt; er ist so gerührt, daß er weint. Man weint ebenfalls. Und so bricht eine unermeßliche Nacht an, in der jeder sein ganzes Leben erzählt, dem anderen jenes ganze Gewicht von Erinnerungen schenkt, in dem sich menschliche Verbindungen zeigen. Zwei Menschen sind sich begegnet und huldigen sich mit Geschenken, wobei sie die Würde von Botschaftern haben.

Der Speisewagen. Um mich dorthin zu begeben, bin ich wieder durch alle Abteile der Polen hindurchgegangen. Dort finde ich sie gestrandet, im Tageslicht. Und schon ist die Wahrheit der Nacht völlig erloschen. Sie haben ihre Angehörigen um sich versammelt, ihre Kinder geschneuzt, ihre Habseligkeiten geordnet. Sie betrachten die Landschaft und scherzen. Einer singt. Die Tragik hat sich verflüchtigt. Ich begreife, daß man in Frieden leben kann, wenn ich sie so betrachte. Mit ihren plumpen Händen könnten sie nichts anderes tun als hacken. Sie werfen keine Probleme auf, denn ihr Los hat sie geformt, und sie scheinen nur dafür geschaffen.

Ich könnte mich freuen, wenn ich sehe, wie sie friedlich ihren Proviant aus dem Butterbrotpapier auswickeln und am Vorbeiziehen der Landschaft ein naives Vergnügen haben. Ich könnte mir so beruhigt sagen, daß sich hier keine sozialen Probleme stellen. Diese Gesichter sind verschlossen wie Steinblöcke. Doch die nächtliche Magie hat mir, unter dem Gangstein, das schlafende Kind Mozart gezeigt...

Der Speisewagen durchschneidet Ebenen und Wälder. Schon erscheinen die ärmlichen Böden, die von dürftigen Forsten wie von einem abgetragenen Pelz bedeckt werden. Der Speisewagen dringt in das Innere Deutschlands ein. Heute ist er deutsch. Die Kellner bewegen sich mit der kalten Höflichkeit von Grandseigneurs. Weshalb eignet ihnen, sie mögen nun Deutsche, Polen oder Russen sein, stets diese Pose von Grandseigneurs, die sie bis zuletzt beibehalten? Warum entdeckt man jedesmal, wenn man Frankreich verläßt, daß dort alles so aufgelockert war? Warum lebt man in Frankreich in dieser etwas vulgären, aber entgegenkommenden Atmosphäre, die an Wahlzeiten erinnert? Warum interessieren sich dort die Menschen nicht für ihre Funktionen, interessieren sich nicht für das Soziale? Warum solch ein Hindämmern? Sie sind symbolisch, diese Einweihungsfeierlichkeiten in der Provinz, bei denen sich irgendein Minister im ganzen Verlauf einer Rede, die er nicht geschrieben hat, angesichts der Statue irgendeines obskuren Geschäftemachers, den er gar nicht gekannt hat, in tausend Lobsprüchen über den Geehrten ergeht, von denen weder er selber noch die Volksmenge ein einziges Wort glauben. Es vollzieht sich dabei ein Spiel, das ganz unverbindlich ist, eine Art wohlwollenden Spiels. Und man denkt schon an das Bankett.

Außerhalb der Grenzen spürt man auf einmal, daß die Menschen mit ihren Funktionen verschmelzen. Der tadellos gekleidete Speisewagenkellner serviert tadellos. Wenn der Minister eine Einweihungsrede hält, berührt er Punkte, die die Menschen bewegen. Seine Worte zielen aufs Herz, und der gewichtige Panzer der Polizei beschirmt die Enthüllung des unbedeutendsten Denkmals, da das unterirdische Feuer schwelt. Das Spiel verpflichtet hier zu etwas.

Ja, aber in Frankreich, diese Lebensanmut, dieses Gefühl einer allgemeinen Verbundenheit... Da gibt es den Taxichauffeur, der einen, eben weil er so zutraulich ist, wie einen intimen Bekannten behandelt; wie entgegenkommend sind die Kellner der Cafés auf der Rue Royale, die über das halbe Paris und alle seine Geheimnisse Bescheid wissen; sie erledigen einem die vertraulichsten Telefongespräche, borgen einem notfalls hundert Francs, und sobald die ersten Knospen springen, wenden sie sich an ihre alten Kunden, um ihnen mit der guten Nachricht eine Freude zu machen und ihnen zu melden:

»Diesmal ist der Frühling wirklich da...«

Alles ist voller Widersprüche. Das Tragische tritt zutage, wenn man eine Wahl trifft oder entdeckt, wohin die Lebensfahrt geht. Ich denke daran, während ich dem Deutschen zuhöre, der mir gegenübersitzt und mir sagt: »Vereint wären Franzosen und Deutsche die Herren der Welt. Warum fürchten die Franzosen Hitler, der einen Damm gegen Rußland bildet? Er tut ja nichts anderes, als dieses Volk wieder zu einem freien Volk zu machen. Er gehört zu den Menschen, die bauen und in den Städten geradlinige Prachtstraßen hinterlassen – Straßen, die ihre Namen tragen. Er verkörpert die Ordnung.«

Doch am Nebentisch geraten Spanier, die sich wie ich nach

Rußland begeben, schon in Begeisterung. Ich höre, wie sie von Stalin reden. Und vom Fünfjahresplan. Und von allem, was sich dort entwickelt. Wie hat sich doch die Landschaft verändert! Nachdem man die Grenze Frankreichs erst überschritten hat, interessiert man sich kaum mehr für den Frühling, aber vielleicht macht man sich mehr Gedanken über die Bestimmung des Menschen.

Moskau!

Aber wo ist die Revolution?

Eine halbe Stunde vor der russischen Grenze hat unser Schnellzug sein Tempo verlangsamt. Sein Schwung erstirbt wie von selber. Ich habe meine Koffer zugeschnallt, da man umsteigen muß, und träume vor mich hin, die Stirn an das Gangfenster gepreßt. Von Polen werde ich nur diese Mischung aus Sand und schwarzen Tannen kennengelernt haben. Nur die Erinnerung an eine etwas bittere Landschaft werde ich mitnehmen.

Je weiter man nach Norden kommt, um so farbiger wird das Licht. In den Tropen ist es hell, aber malt nicht. Es gibt dort das Licht und unter dem Licht schwarze Gegenstände. Sogar der Himmel ist schwarz. Hier sind auch die Gegenstände beseelt und leuchten. Abends entzündet sich in den Tannen ein schweigendes und eisiges Fest, denn dieser Baum ist traurig, und zugleich nimmt er das Licht auf; ebenso erfassen ihn Feuersbrünste mit Windesschnelle. Ich muß an meine Wälder in den Landes denken, die nicht brannten, aber schnell dahinflogen.

Und der Zug strandet langsam an einem Bahnsteig... Hier betritt man nun Rußland: Niegoreloy.

Welches Vorurteil hat mich nur nach Zeichen des Verfalls suchen lassen? Dieser Zollraum hätte auch ein Festsaal sein können. Er ist geräumig, luftig, vergoldet. Das Bahnhofsbüfett wirkt noch überraschender. Eine Zigeunerkapelle spielt leise zwischen grünen Pflanzen für die Speisenden, die an kleinen Tischen sitzen. Ich kann die Wirklichkeit schlecht mit meiner Erwartung in Einklang bringen, und mein Mißtrauen regt sich. Dies hier ist für Fremde gebaut. Ja, vielleicht. Doch der Zoll in Bellerive desgleichen, und der Zoll in Bellerive erinnert an den Hof des Pariser Polizeigefängnisses.

Ja, ich bin gern bereit, anzunehmen, daß man mich hinters Licht führt, aber da ich im Augenblick nicht Richter bin, sondern ein gewöhnlicher Ausländer, dessen Koffer man kontrolliert, kann ich mich nicht darüber beklagen, daß die Kontrolle einwandfrei ist. Mein Nachbar freilich ist etwas ergrimmt:

»Sie sind hier zu Hause, das stimmt, ich kann Sie nicht daran hindern, meine Wäsche schmutzig zu machen.«

Der Zollbeamte sieht ihn an, dann setzt er mit gleichmütiger Miene sein Stöbern fort. Er ist so gleichmütig, daß er nicht einmal die Durchsuchung verschärft. Er verzichtet darauf, seine Macht zu zeigen. Und deshalb spüre ich auf einmal, wie hundertsechzig Millionen Menschen hinter ihm stehen. Und spüre, daß Rußlands Größe ihn stark macht. Und mein Nachbar verliert sich in diesem Gleichmut. Sein Zorn nutzt sich schnell ab, wie der einer Armee, die von Schweigen und Schnee empfangen wird. Und so verstummt er.

Jetzt sitze ich im Zug nach Moskau und versuche, die nächtliche Landschaft zu lesen. Hier ist also das Land, von dem man nicht sprechen kann, ohne die Leidenschaften zu erregen. Und von dem man, eben infolge dieser Leidenschaften und obwohl die UdSSR so nah vor uns ist, nichts weiß. Sogar China kennt man noch besser, weiß eher, von welchem Gesichtspunkt aus China zu beurteilen ist. Man streitet sich kaum über China. Will man über die UdSSR ein Urteil fällen, so variiert es, je nach dem Standpunkt, zwischen Bewunderung und Feindschaft. Je nachdem, ob man die Leistung des Menschen oder die Achtung vor dem einzelnen an die erste Stelle rückt.

Und doch ist mir noch kein Problem gestellt worden. Und dieses Land ist ein liebenswürdiger Zöllner, der es mir ge-

öffnet hat. Es ist ein Zigeunerorchester. Und es ist, im Speisewagen, der stilvollste, der waschechteste Oberkellner.
Es ist Vormittag, und das leichte Ankunftsfieber hat schon den Waggon erfaßt. Das Land, das vorüberzieht, bedeckt sich bereits mit Häusern. Und diese Häuser vermehren und drängen sich aneinander. Ein Straßensystem baut sich auf und strebt nach einem Mittelpunkt. Etwas schürzt sich in dieser Landschaft. Es ist Moskau, das sich inmitten dieses Schlamms eingerichtet hat.
Der Zug fährt in eine Kurve, und nun wird uns auf einmal die Stadt, die ganze Stadt vorgeführt, wie ein Block. Und ich zähle einundsiebzig Flugzeuge über Moskau, die Übungsflüge machen.
Und so gleicht das erste Bild, das ich empfange, einem riesigen Bienenstock, der voller Leben ist, unter dem Schwarm seiner Bienen.
Georges Kessel ist am Bahnhof. Er ruft einen Gepäckträger, und so entledigt sich diese Welt weiter ihrer Schemen. Dieser Gepäckträger unterscheidet sich nicht von allen anderen Gepäckträgern. Er bringt mein Gepäck in einem Taxi unter, und bevor ich mich hineinsetze, blicke ich um mich. Ich sehe nur einen weiten Platz und geräuschvolle Lastwagen, die auf seinem schönen Kopfsteinpflaster fahren. Ich sehe eine Kette von Straßenbahnen wie in Marseille, und ich bemerke eine unerwartete und provinzielle Erscheinung: eine Verkäuferin mit einem Eiswagen, die von Soldaten und Kindern umringt wird.
So entdecke ich nach und nach, wie naiv ich doch war, an Märchen zu glauben. Ich bin einer falschen Fährte gefolgt. Ich erwartete geheimnisvolle Zeichen, die man mir nicht geben konnte. Und wie ein Kind suchte ich nach revolutionären Spuren in der Haltung eines Portiers, in der Auslage eines Schaufensters. Auf einem zweistündigen Spaziergang liquidiert man solche Illusionen. Von hier aus darf man nicht zu suchen anfangen. Im Bereich des alltäglichen Lebens werde ich mich über nichts mehr wundern. Nicht über die jungen Mädchen, die mir antworten werden: »In Moskau schickt

es sich nicht, daß ein junges Mädchen allein in eine Bar geht« oder auch: »In Moskau küßt man die Hand, aber nicht in allen Kreisen.« Genauso wenig wird es mich erstaunen, wenn russische Freunde ein Mittagessen absagen sollten, weil ihre Köchin sie um Erlaubnis gebeten hat, ihre kranke Mutter zu besuchen. Ich entdecke an meinen eigenen Irrtümern, wie sehr man die russische Erfahrung zu entstellen suchte. Die UdSSR gilt es anderswo zu suchen. Anderswo entdeckt man, wie tief dieser Boden durch die Revolution umgepflügt und verwandelt wurde. Obwohl immer noch der Steinklopfer die Straßen pflastert und der Fabrikdirektor die Fabrik leitet, und nicht der Heizer.
Und wenn ich noch ein oder zwei Tage warten muß, bis ich Moskau entdecke, so ist auch das nicht verwunderlich. Moskau konnte nicht schon auf dem Bahnsteig sein Wesen enthüllen. Eine Stadt entsendet keinen Botschafter zum Empfang der Reisenden. Nur Präsidenten der Republik finden eine kleine Elsässerin, die ganz bereit, ganz vermummt ist, bei ihrer Ankunft auf dem Bahnsteig. Und nur die Präsidenten der Republik küssen die kleine Elsässerin und entdecken die Seele der Stadt. Und sie verfehlen nicht, sich in einer unerwarteten Rede dessen zu freuen, wobei sie das kleine Mädchen an ihr Herz drücken.

Schuld und Sühne

vor der sowjetischen Justiz

Im Arbeitszimmer des Richters hatte ich durchaus den Eindruck, daß dieser auf einen entscheidenden Gesichtspunkt zu sprechen kam. Er verdeutlichte ihn noch dadurch, daß er einen Satz wiederholte, den ich gerade ausgesprochen hatte. »Es kommt nicht darauf an zu bestrafen«, sagte er, »sondern zu bessern.«
Er sprach mit so leiser Stimme, daß ich mich niederbeugte, um ihn zu verstehen, und knetete vorsichtig mit den Händen einen unsichtbaren Lehmkloß.

Er sah in die Ferne, durch mich hindurch, und wiederholte: »Es kommt darauf an zu bessern.«
Da ist einer, dachte ich mir, der keinen Zorn kennt. Er erweist seinesgleichen nicht die Ehre, sie als existent zu betrachten. Sie stellen für ihn eine schöne Knetmasse dar, die man modellieren kann, und so ist er für Zärtlichkeit ebenso unempfänglich wie für Zorn. Man kann das Werk schon voraussehen, wenn man den Lehm vor sich hat, und dafür große Liebe empfinden, aber Zärtlichkeit kann erst entstehen, wenn man vor dem Individuellen Achtung hat. Die Zärtlichkeit baut ihr Nest in den kleinen Dingen, in den lächerlichen Einzelheiten des Gesichts, in den besonderen Eigenheiten. Wenn man einen Freund verliert, so sind es vielleicht seine Fehler, die man beweint.
Dieser Richter erlaubt sich nicht, zu richten. Er gleicht dem Arzt, der an nichts Anstoß nimmt. Er heilt, wenn er kann, aber da er vor allem der Gesellschaft dient, so erschießt er, wenn er nicht heilen kann. Und wenn der Verurteilte stottert oder den Mund verzieht oder Rheumatismus hat, der ihn uns menschlich so nahebringt – durch all das ist seine Gnade nicht zu gewinnen.
Und ich ahne bereits, daß hier eine große Mißachtung gegenüber dem einzelnen herrscht, aber eine große Achtung gegenüber dem Menschen: ihm, der durch die einzelnen hindurch fortlebt und dessen Größe es zu bauen gilt.
Schuldig, dachte ich, bedeutet hier nichts.
Ich begreife jetzt, weshalb das russische Strafgesetzbuch, das der Todesstrafe einen so wichtigen Platz einräumt, keine Strafe kennt, die zehn Jahre überschreitet, und auch jede Ermäßigung dieser Strafe zuläßt. Wenn der Abtrünnige zu Kreuze kriechen soll, so wird er das vor Ablauf von zehn Jahren tun. Weshalb soll man dann eine Strafe noch ausdehnen, die keinen Zweck mehr hat? Wenn ein Araberfürst das Gesetz abänderte, würde er als »Gleichgestellter« behandelt. Der Begriff der Strafe als solcher hat in der UdSSR keinen Sinn mehr.
Bei uns heißt es, ein Verurteilter zahle für seine Schuld. Und

jedes Jahr der Strafverbüßung tilgt eine unsichtbare Rechnung. Diese Rechnung kann sogar untilgbar sein. Solch einem Verurteilten versagt man das Recht, wieder Mensch zu werden. Und der fünfzigjährige Zuchthäusler büßt noch für den Zwanzigjährigen, der an einem Tag des Zornes getötet hat.

In einer Art Träumerei fährt mein Richter fort:

»Wenn Abschreckung nötig ist, wenn die kriminellen Delikte zunehmen, wenn es gilt, eine Epidemie einzudämmen, dann strafen wir strenger. Wenn eine Armee Auflösungserscheinungen zeigt, statuiert man Exempel und nimmt Erschießungen vor. Wer vierzehn Tage zuvor zu drei Jahren Zwangsarbeit verurteilt worden wäre, muß nun die dürftige Beute eines Raubüberfalls mit seinem Leben bezahlen. Doch haben wir die Epidemie aufgehalten und Menschen gerettet. Nicht das erscheint uns unmoralisch, daß wir im Falle einer Gefährdung der Gesellschaft mit aller Brutalität vorgehen, sondern daß wir einen Häftling zum Gefangenen eines Wortes machen. Daß wir so handeln, als wäre der Mörder ein Mörder seinem Wesen nach und sein Leben lang, ebenso wie ein Neger ein Neger ist. Der Mörder ist nichts als ein ›gemordeter Mensch‹.«

Die Hände des Richters modellieren immer noch seinen unsichtbaren Lehmkloß.

»Bessern, bessern!« sagt er, »wir haben große Erfolge damit erzielt.«

Ich werde mir Mühe geben, seinen Standpunkt in unsere Sprache zu übersetzen: ich stelle mir einen Gangster, einen Zuhälter und ihr Milieu vor – ein Milieu mit seinen besonderen Gesetzen, seiner Hingabe, seinen Grausamkeiten. Ich gebe zu, daß sich ein Mensch, der durch solch eine Schule gegangen ist, nicht in einen Hirten verwandeln kann. Es fehlen ihm dann das Abenteuer, der Hinterhalt und die Nacht. Es fehlt ihm vor allem eine Betätigungsmöglichkeit für die Fähigkeiten, die seine Existenz in ihm entwickeln konnte: Entschlußkraft, Mut, vielleicht auch Machttrieb. Trotz aller Reden über die Vorzüge der Tugend muß er sich geringer vorkommen. Das Leben formt den Menschen. Selbst die Dirnen werden durch ihr Gewerbe geformt und lassen sich schwer bekehren, denn sie leiden wenig unter der nervenaufreibenden und bitteren Erwartung, unter dem traurigen und eisigen Erleben der Morgendämmerung, sogar unter der Angst und der Mondsichel, die um fünf Uhr früh so freundlich anmutet: der Stunde, in der man mit dem Polizisten, mit der aufsässigen Stadt seinen Frieden schließt; in der sich das ganze Netz der nächtlichen Drohungen entwirrt. Wer kann die Anziehung des Elends schildern? Der Friede wird weder die einen noch die anderen anlocken, da sie ja durch den Krieg geformt wurden. Auch nicht der Friede des guten Gewissens. Doch nun ereignet sich das Wunder. Man holt diese Räuber, diese Zuhälter, diese Mörder aus dem Zuchthaus wie aus einer Vorratskammer und läßt sie, unter der Bewachung einiger Gewehre, einen Kanal bauen, der das Weiße Meer mit der Ostsee verbinden soll. Dort finden sie das Abenteuer wieder, und welch ein Abenteuer!

Nun ist es ihre Aufgabe, als gigantische Ackersleute von einem Meer zum anderen eine Furche zu ziehen, die so tief ist wie eine Schlucht, eine Furche, die Schiffen angemessen ist. Nun sollen sie dem einstürzenden Erdreich Gerüste entgegenstellen, wie man sie für Kathedralen braucht, und an den Seitenwänden des Einschnitts ganze Wälder von Bohlen errichten, die unter den unterirdischen Bodenbewegungen zusammenknicken wie Strohhalme. Wenn die Nacht hereingebrochen ist, kehren sie wieder in ihr Lager zurück, das im Schußfeld der Karabiner liegt. Und die Erschöpfung ist so drückend, daß sie eine Friedhofsruhe ausbreitet über dieses Volk, das am Bug seines Werkes kampiert, Auge in Auge mit Böden, die noch nicht angeschnitten sind. Und nach und nach spüren diese Menschen, wie das Spiel sie gefangennimmt. Sie leben in Equipen zusammen und werden von ihren Ingenieuren, ihren Werkmeistern geleitet, denn in einem Zuchthaus findet sich alles. Leute aus ihrer Mitte beherrschen sie, die ihre natürliche Autorität am besten durchzusetzen vermögen.

»Über die Fundamente der Gerechtigkeit will ich mich nicht mit Ihnen streiten, Herr Richter. Aber das ständige Besitzergreifen, diese Überwachung, der Paß für Reisen im Landesinnern, die Knechtung im Kollektiv – das sind Dinge, die uns unerträglich vorkommen, Herr Richter.«

Und doch glaube ich, auch dies schon zu begreifen. Sie haben hier eine Gesellschaftsordnung begründet, und jetzt verlangen sie, daß die Menschen nicht nur ihre Gesetze beachten, sondern auch darin heimisch werden. Sie verlangen von den Menschen, daß sie sich nicht nur äußerlich, sondern in ihrem Herzen als Gesellschaft zusammenschließen. Nur dann wird die strenge Zucht gelockert werden. Hier eine schöne Geschichte, die mir ein Freund erzählt hat. Sie wird einiges Licht auf dieses Problem werfen.

Da er seinen Zug versäumt hatte, verbrachte er einen Nachmittag im Wartesaal einer entlegenen Kleinstadt. Er bemerkte dort Kleiderbündel und hundert ungewöhnliche Gegenstände, wie etwa Samoware, die er für das Eigentum von Reisenden hielt. Als es zu dunkeln begann, sah er indessen die Eigentümer der Kleiderbündel nacheinander wieder den Wartesaal betreten. Sie kamen mit kleinen und ruhigen Schritten von ihren gewohnten Beschäftigungen zurück. Sie hatten ihre Besorgungen in den Läden erledigt und waren bereits damit beschäftigt, ihr Gemüse zu kochen. Es herrschte eine vertrauensvolle Stimmung wie in einer alten Familienpension. Man sang, man putzte Kindern die Nase. Mein Freund erkundigte sich beim Stationsvorsteher:

»Was tun die denn hier?«

»Sie warten«, antwortete ihm der Stationsvorsteher.

»Worauf warten sie?«

»Auf die Genehmigung zur Abreise.«

»Wohin wollen sie denn reisen?«

»Sie wollen abreisen, den Zug nehmen.«

Der Stationsvorsteher war nicht erstaunt. Sie wollten einfach abreisen. Ganz gleich, wohin. Um ihr Geschick zu erfüllen. Um neue Sterne zu entdecken, da ihnen die hiesigen verbraucht vorkamen. Mein Freund bewunderte vor allem ihre

Geduld: zwei Stunden Wartesaal erschienen ihm schon unerträglich, durch drei Tage wäre er wahnsinnig geworden. Aber im Saal sang man vor sich hin, neigte sich friedlich über den Samowar. Da ging er wieder zum Stationsvorsteher und erkundigte sich:
»Und wie lange warten sie schon?«
Der Stationsvorsteher lüftete die Mütze, kratzte sich die Stirn und teilte das Ergebnis seiner Berechnungen mit:
»Das sind wohl jetzt fünf oder sechs Jahre.«
Denn ein Teil des russischen Volkes hat eine Nomadenseele. Es hält ihn nicht in seinen Behausungen. Er wird von der alten Sehnsucht der Asiaten geplagt und möchte sich in Marsch setzen, in Karawanen unter den Sternen ziehen. Diese Leute sind ständig im Aufbruch, um irgend etwas zu suchen: Gott, die Wahrheit oder die Zukunft. Und da Häuser die Menschen zu fest mit dem Boden verbinden, entledigen sie sich ihrer bereitwilliger als anderswo.
Wie könnte man diese Loslösung begreifen, wenn man aus Frankreich kommt, wo das Häuschen, das seinem kleinen Landgut seine ruhige Rauchfahne spinnt, eine so gebieterische Anziehung ausübt? Wo der Gerichtsvollzieher, der die Räumung vollstreckt, ins lebendige Fleisch schneidet und tausend zärtliche Bande ausreißt, die sich im Unsichtbaren ausbreiten? Man kann sich nicht vorstellen, daß in Frankreich die Leute aus dem Norden auf den Bahnhöfen ihr Lager aufschlagen könnten, um sich vor Sehnsucht nach der Provence zu verzehren. Die Menschen im Norden lieben ihren vertrauten Nebel. Aber hier...
Hier lieben sie die weite Welt. Sie sind vielleicht vor allem in ihrem Traum zu Hause. Man muß sie den Boden erst lehren. Man muß sie das Konkrete lehren. Und die Regierung kämpft gegen diese ewigen Pilger. Gegen den inneren Ruf der Menschen, die einen Stern gewahr wurden. Man muß sie daran hindern, sich nach Norden, nach Süden in Marsch zu setzen und aufs Geratewohl unsichtbaren Strömungen zu folgen. Da die Revolution beendet ist, gilt es, sie daran zu hindern, daß sie sich nach einem neuen sozialen

Regime in Marsch setzen. Ist das nicht das Land, in dem Sterne Feuersbrünste entzünden?

Deshalb baut man Häuser, um die Karawanenreisenden anzulocken. Man vermietet keine Wohnungen, sondern man verkauft sie. Man führt einen Paß für Reisen im Innern ein. Und die Menschen, die ihre Augen allzusehr zu den gefährlichen Himmelszeichen erheben, schickt man nach Sibirien, wo die Winter mit sechzig Grad Kälte wie ein Walzwerk über sie hinweggehen.

Und so züchtet man vielleicht einen neuen beständigen Menschen, der in seine Fabrik und seine menschliche Umgebung verliebt ist, so wie ein Gärtner in Frankreich seinen Garten zu lieben weiß.

Das tragische Ende des »Maxim Gorki«

Der »Maxim Gorki«, das größte Flugzeug der Welt, ist abgestürzt. Er wollte eben zur Landung ansetzen, als ihn ein Jagdflugzeug rammte mit einer Geschwindigkeit von mehr als vierhundert Kilometern in der Stunde.

Die einen sagen, dieses andere Flugzeug habe die Tragfläche durchstoßen, die anderen, es habe den mittleren Motor getroffen, und alle sahen den »Maxim Gorki« niederstürzen, wie vom Blitz getroffen. Dann trennten sich Tragflächen, Motore, Rumpf in einem schwarzen Durcheinander und mit einer gewissen Langsamkeit. Sogar die Schnelligkeit des Sturzes wirkte gemessen. Die Zuschauer hatten den Eindruck, einem atemberaubenden Gleitflug oder dem nahezu feierlichen Untergang eines torpedierten Schiffes beizuwohnen.

Das zweiundvierzig Tonnen schwere Flugzeug fiel auf ein Holzhaus, das zermalmt wurde und in Flammen aufging; die Bewohner fanden den Tod. Elf Mann Besatzung, darunter der große Pilot Juroff, und fünfunddreißig Passagiere kamen ebenfalls um.

Diese Luftkatastrophe forderte achtundvierzig Opfer. Der »Maxim Gorki«, der Stolz der russischen Luftflotte, hatte eine Spannweite von dreiundsechzig Metern und war zweiunddreißig Meter lang. Seine acht Motoren, von denen sechs in den mächtigen Tragflächen untergebracht waren, hatten eine Kraft von siebentausend PS. Die Fahrtgeschwindigkeit betrug zweihundertsechzig Kilometer. Er trug einen riesigen Lautsprecher durch die Luft, und seine Stimme, die für die Menschen auf der Erde aus den Wolken herunterdrang, übertönte das Donnern seiner acht Motoren.

Noch am Tag vor dem Unglück flog ich an Bord des »Maxim Gorki«. Ich war der erste Ausländer, dem diese Ehre vergönnt wurde. Ich war der letzte... Recht lange hatte ich auf die erforderliche Genehmigung warten müssen, und erst am Nachmittag, als ich bereits keine Hoffnung mehr hatte, erhielt ich sie. Ich setzte mich in den Salon, der sich ganz vorn im Flugzeug befand, und sah von dort aus dem Start zu. Die Maschine erfuhr eine mächtige Erschütterung, dann spürte ich, wie dieser Koloß schnell in der Luft seinen Platz von zweiundvierzig Tonnen einnahm, und war erstaunt darüber, wie leicht der Start vor sich ging.

Während wir in Richtung auf Moskau Kurs nahmen, ging ich spazieren. Ich kann wirklich von einem Spaziergang sprechen, da ich flüchtig elf Haupträume besuchte, die durch ein automatisches Telefonnetz miteinander verbunden waren; ein Rohrpostsystem ergänzte noch das Telefon, da es die Übermittlung schriftlicher Befehle ermöglichte. Die Ausmaße des Flugzeugs wirkten um so gigantischer, als die Kabinen nicht nur am Rumpf entlang, sondern auch in den Tragflächen verteilt waren. Ich wagte mich also in den Mittelgang der linken Tragfläche und öffnete nacheinander die Türen, die auf ihn führten. Es waren entweder Kabinen oder regelrechte Maschinenkammern, in denen jeder Motor gesondert untergebracht war.

Ein Ingenieur schloß sich mir an und zeigte mir die elektrische Zentrale. Außer der Funktelegrafie, dem Lautsprecher, den Startvorrichtungen versorgte sie die vierundzwanzig Lichtquellen des Flugzeugs mit Strom, die eine Gesamtstärke von zwölftausend Watt hatten.

Nach einer viertelstündigen Besichtigung dieser Maschine, wobei ich ebenso tief in ihr versank wie im Bauch eines Torpedoboots, hatte ich noch nicht das Tageslicht wiedergesehen. Ich wurde erfaßt vom unaufhörlichen und schwerfälligen Vibrieren der Motoren. Ich traf auf Telefonisten, ich bemerkte Betten in den Kabinen, ich begegnete Mechanikern in blauen Trikots. Mein Staunen kannte keine Grenzen mehr, als ich, völlig isoliert in ihrem Büro, eine junge Stenotypistin entdeckte, die dort arbeitete.

Ich kam wieder ans Tageslicht. Moskau drehte sich langsam unter dem Flugzeug. Der Bordkommandant, der sich in einer Ecke des Salons befand, telefonierte irgendwelche Befehle an seine Piloten. Die Funkstation übermittelte ihm Nachrichten durch die Rohrpost, und so bekam man den Eindruck einer differenzierten Gemeinschaft, eines durchorganisierten Daseins, wie ich das noch nie auf einem Fluge erlebt hatte.

Darauf sank ich in meinen Lehnsessel und schloß die Augen. Durch das Polster hindurch ließ ich mich von den acht Motoren massieren. Ich spürte, wie mich dieses glühende Leben innerlich von Kopf bis Fuß durchpulste. Ich sah die elektrische Zentrale vor mir, die das Licht verteilte, und dachte an die Motorenkammern, die so heiß waren wie Heizbunker. Ich öffnete wieder die Augen.

Durch ein großes Fenster des Salons strömte blaue Helligkeit, und wie vom Balkon eines Luxushotels genoß ich den fernen Anblick der Erde. Jene Einheit des durchschnittlichen Flugzeugs, in dem der Sitz des Piloten, die Bordinstrumente und die Kabine der Passagiere lediglich ein Ganzes bilden, war hier schon durchbrochen. Vom Bereich des Flugzeugs wechselte man hinüber ins Reich der Muße, des Traumes.

Am nächsten Tag existierte der »Maxim Gorki« nicht mehr. Und sein Verlust scheint hier als ein Anlaß zur Nationaltrauer betrachtet zu werden. Außer dem Piloten Juroff und den zehn Besatzungsmitgliedern, den Besten unter den Besten, außer den fünfunddreißig Passagieren, ausschließlich Arbeitern der Fabrik Tfagi, die zur Belohnung für ihre Arbeit für diesen Flug ausgewählt worden waren, verliert die

UdSSR den besten Beweis in ihren Händen für die Lebenskraft ihrer jungen Industrie.
Doch etwas scheint die Experten, mit denen ich gesprochen habe, ein wenig zu trösten. Daß nämlich nur ein absurdes Verhängnis den Giganten gefällt hat. Die Tragödie wurde nicht verursacht durch Fehlberechnungen der Ingenieure oder durch die Unerfahrenheit der Arbeiter bei ihrem Werk oder durch irgendeinen Fehler der Besatzung. An der blutigen Wegkreuzung seiner friedlichen Bahn wurde der »Maxim Gorki« getroffen, weil er auf seinem Kurs, der so unabänderlich war wie eine Geschoßbahn, in die Flugbahn eines blinden Jagdflugzeugs hineingeriet.

EIN SELTSAMER ABEND MIT FRÄULEIN XAVIER
und zehn etwas angetrunkenen alten Dämchen, die ihre zwanzig Jahre beweinten

Ich finde die Nummer dreißig und bleibe vor diesem großen und traurigen Hause stehen. Hinter der Schwelle gewahre ich einen Komplex von Höfen und Gebäuden. Der Eingang zur Salpêtrière könnte nicht trüber sein. Es handelt sich in der Tat um einen Termitenhaufen, der zu einem Moskau gehört, das im Sterben liegt. Eines Tages wird man dies alles abreißen und hohe weiße Häuser auf den Fundamenten erbauen.
Doch im Laufe einiger Jahre hat Moskau etwa um drei Millionen Einwohner zugenommen. Wohl oder übel wurden sie in Miethäusern zusammengepfercht, deren Wohnungen aufgeteilt wurden; und dort warten sie darauf, bis die neuen Häuser fertig werden, die sie dann beziehen sollen.
Die Prozedur ist einfach. Die Gruppe der Geschichtslehrer beispielsweise oder die Gruppe der Kunsttischler gründet ihre Genossenschaft. Die Regierung schießt das Geld vor, das dann in monatlichen Raten zurückgezahlt wird. Die Genossenschaft beauftragt nunmehr die staatlichen Bauunternehmungen mit der Ausführung ihres Baus. Jedes Mitglied hat

darin schon seine Wohnung reserviert, den gewünschten Anstrich ausgesucht, die Einzelheiten der Einrichtung besprochen. Und alle gedulden sich fortan in dem trüben möblierten Miethaus, in diesem Vorzimmer des Lebens, da es nur provisorisch ist.

Das neue Haus wächst bereits aus dem Boden. Und so warten sie, wie die Bauwilligen unerschlossener Länder so oft in ihren Baracken gewartet haben.

Ich kannte schon die neuen Wohnungen, in denen das Privatleben wieder Farbe gewinnt. Doch ich hatte den Wunsch, mir aus eigener Anschauung ein Urteil über die noch so zahlreichen Spuren der düsteren Tage zu bilden. Deshalb glitt ich wie ein Schatten hin und her, als ich vor der Nummer dreißig stand. Ich lebte noch in der unbestimmten Vorstellung, daß Ausländer auf Schritt und Tritt von Aufpassern verfolgt werden. Ich befürchtete, daß sich diese zwischen mich und die innersten Geheimnisse der UdSSR schieben könnten. Doch ich durchschritt die Vorhalle, ohne eine geheimnisvolle Warnung zu empfangen. Mein Spaziergang interessierte niemanden. Als ich den Ameisenhaufen betreten hatte, suchte ich vom ersten besten zu erfahren, wo eine Person wohnte, deren Namen ich sorgfältig notiert hatte und die ich überraschen wollte, obwohl sie nicht einmal von meiner Existenz etwas wußte.

»Wo wohnt Fräulein Xavier?«

Der erste beste war eine korpulente Dame, die mich sofort in ihr Herz schloß. Ein Wortschwall folgte, von dem ich nichts verstand. Ich spreche nicht Russisch. Meine schüchterne Frage beantwortete sie durch eine Unmenge ergänzender Erklärungen. Ich traute mich nicht, eine so liebenswürdige Person dadurch zu kränken, daß ich die Flucht ergriff, aber ich tippte mit dem Finger auf mein Ohr, um ihr dadurch zu bedeuten, daß ich nichts verstehen könne. Da hielt sie mich für taub und wiederholte ihre Erklärungen in doppelter Lautstärke.

So war ich darauf angewiesen, mein Glück zu versuchen, die nächste Treppe hinaufzusteigen und an der ersten Türe zu schellen. Man ließ mich die Wohnung betreten. Der Mann, der mich empfangen hatte, befragte mich auf russisch. Ich antwortete ihm auf französisch. Er sah mich lange prüfend an, dann machte er kehrt und verschwand. Ich blieb allein zurück. Rings um mich her sah ich tausend Gegenstände: einen mit Mänteln und Mützen beladenen Kleiderständer, ein Paar Schuhe auf einem Schrank und eine Teekanne auf einem Koffer. Ich hörte ein Kind weinen, dann Gelächter, dann ein Grammophon, dann einige Türen, die sich im Innern des Hauses öffneten oder schlossen. Und ich war immer noch allein wie ein Einbrecher in einer Wohnung, in der ich niemanden kannte. Schließlich erschien der Mann wieder. Er war von einem Hausmädchen in Schürze begleitet, das sich die mit Seifenschaum bedeckten Hände abtrocknete. Sie stellte mir Fragen auf englisch; ich antwortete auf französisch. Beide schienen enttäuscht zu sein und verschwanden wieder im Hausflur. Ich hörte, wie eine Beratung vor sich ging, zu der noch mehr Menschen hinzukamen.

Von Zeit zu Zeit öffnete sich ein Türspalt, durch den mich Unbekannte ratlos betrachteten. Offenbar gelangte man zu einem Entschluß, der das ganze Haus in Bewegung brachte. Ich hörte Rufe, einen eiligen Schritt, und dann wurde die Tür ganz weit geöffnet. Eine dritte Person trat ein, auf die der Chor, der sich im Hintergrund drängte, offenbar große Hoffnungen setzte. Er kam näher, stellte sich vor und redete mich auf dänisch an. Wir ließen alle den Mut sinken.

Doch inmitten der allgemeinen Verzagtheit mußte ich vor allem daran denken, wie sehr ich darum bemüht gewesen war, mich unbemerkt einzuführen. Die Menge der Mieter und ich betrachteten uns gegenseitig melancholisch, als man mir als Spezialistin einer vierten Sprache Fräulein Xavier in Person vorführte. Sie sah wie eine alte und böse Fee aus, hager, gebeugt, runzelig, mit glänzenden Augen, und obwohl ihr mein Besuch ganz unverständlich war, bat sie mich, ich möchte sie in ihre Wohnung begleiten. Und alle die braven Leute strahlten, weil sie mich gerettet hatten, und gingen ihrer Wege.

Ich bin jetzt bei Fräulein Xavier, und mich befällt eine leichte Rührung. Es gibt dreihundert solcher Französinnen zwischen sechzig und siebzig Jahren, die sich wie graue Mäuse in dieser Viermillionenstadt verlieren. Als alte Lehrerinnen oder Gouvernanten von jungen Mädchen der früheren Oberschicht haben sie die Revolution erlebt. Was für sonderbare Zeiten! Die alte Welt brach über ihnen zusammen wie ein Tempel, die Revolution zerschmetterte die Starken und zerstreute die Schwachen in alle Welt, als wären sie zum Spielball eines Unwetters geworden, aber sie tastete die dreihundert französischen Gouvernanten nicht an. Sie waren ja so winzig, so zurückhaltend, so korrekt! Im Gefolge ihrer schönen Schülerinnen hatten sie so lange gelernt, sich unsichtbar zu machen! Sie lehrten sie die Lieblichkeiten der französischen Sprache, und die schönen Schülerinnen eroberten sich alsbald mit Hilfe der lieblichsten Worte die schönsten Verlobten der Garde. Die alten Gouvernanten konnten sich nicht erklären, welche verborgene Kraft dem Stil und der Orthographie innewohnte, da sie sie selber nie für die Liebe verwandt hatten. Sie lehrten auch Lebensart, Tanz und Musik; diese Geheimnisse, die bei ihnen nur der geziertesten Korrektheit zugute kamen, wurden bei den jungen Mädchen zu etwas Lebendigem und Leichtfertigem. Und derweil alterten die alten Gouvernanten, schwarz gekleidet, streng und diskret, gegenwärtig, aber unsichtbar, wie die Tugend, die Losung und die gute Erziehung. Und die Revolution, die die strahlendsten Blumen abschnitt, krümmte diesen grauen Mäusen kein Haar; wenigstens gilt das von Moskau.

Fräulein Xavier ist zweiundsiebzig Jahre alt, und Fräulein Xavier weint. Ich bin der erste Franzose, der seit dreißig Jahren bei ihr Platz nimmt. Fräulein Xavier wiederholt zum zwanzigsten Male: »Wenn ich das nur gewußt hätte – wenn ich das nur gewußt hätte – ich hätte das Zimmer so schön hergerichtet.« Und mein Blick fällt auf die offenstehende Tür, und ich denke an die fremden Leute, die ebenfalls hier wohnen und unser heimliches Stelldichein zwölfmal denun-

zieren werden. Ich habe noch recht romanhafte Vorstellungen. Fräulein Xavier macht dem Märchen ein Ende.
»Die Tür habe ich absichtlich offen gelassen«, gesteht sie mir stolz. »Ich empfange doch einen so schönen Besuch. Alle Nachbarinnen werden neidisch auf mich sein.«
Und geräuschvoll öffnet sie ihren Schrank, stößt an die Gläser. Polternd holt sie die Madeiraflasche und eine Schale Biskuits herbei.
Sie stößt die Gläser gegeneinander. Wuchtig stellt sie die Flasche auf den Tisch. Der Lärm der Orgie soll weithin vernehmbar sein.
Nun höre ich ihr zu, wie sie erzählt. Ich hatte sie nach der Revolution gefragt, denn ich war auf ihre Einstellung gespannt. Was bedeutet eine Revolution für eine graue Maus? Und wie fristet man sein Dasein, wenn alles um einen her zusammenstürzt?
»Eine Revolution«, vertraut mir meine Gastgeberin an, »eine Revolution ist etwas recht Lästiges.«
Fräulein Xavier lebte von französischen Stunden, die sie der Tochter eines Kochs gab und gegen eine Mahlzeit austauschte. Täglich mußte sie Moskau in seiner ganzen Länge durchwandern. Um sich ein kleines Taschengeld zu verdienen, verkaufte sie unterwegs Kleinigkeiten im Auftrage alter Leute, die ihren Besitz für ein paar Groschen loswerden wollten: Lippenstifte, Handschuhe, Lorgnetten.
»Legal war das nicht«, gesteht mir Fräulein Xavier, »ich habe spekuliert.«
Und Fräulein Xavier erzählt mir vom dunkelsten Tag der Revolution. An jenem Vormittag hatte man ihr Krawatten anvertraut. Krawatten an solch einem Tage! Doch Fräulein Xavier bekam keine Soldaten, keine Maschinengewehre, keine Toten zu sehen. Sie war zu sehr damit beschäftigt, sich durch die Krawatten, die – wie sie mir sagte – Furore machten, ein paar Kopeken zu verdienen.
Arme alte Gouvernante! Das revolutionäre Abenteuer versagte sich ihr, so wie sich das Liebesabenteuer ihr versagt hatte. Das Abenteuer wollte nichts von ihr wissen. So hat es

vielleicht auf den Piratenschiffen einige sanfte alte Weiblein gegeben, die niemals etwas bemerkten, da sie ja so sehr damit beschäftigt waren, die Hemden der Seeräuber zu flicken. Freilich wurde sie eines Tages während einer Razzia festgenommen und mit zwei- oder dreihundert Verdächtigen in einem dunklen Korridor eingesperrt. Bewaffnete Soldaten schleusten die Gefangenen nacheinander zur Vernehmung durch, wo die Lebenden von den Toten geschieden wurden. »Die Hälfte der Gefangenen«, sagte sie mir, »wurde nach der Vernehmung ins Kellergeschoß abgeführt.«

Nun schön, auch in dieser Nacht nahm das Abenteuer für sie ein recht gutmütiges Gesicht an. Während Fräulein Xavier auf ihrem Hüftknochen über dunklen Zisternen lag, in denen man in der Ewigkeit versank, erhielt sie eine Scheibe Brot und drei gebrannte Mandeln zum Abendessen. Die drei gebrannten Mandeln erklären vielleicht auf eine sinnfällige Weise die Entbehrungen dieses Volkes.

Sie erinnern mich an jenes Klavier aus Akazienholz, einen großen Konzertflügel, den eine Freundin Fräulein Xaviers damals für drei Francs verkaufte. Doch trotz alledem machen diese gebrannten Mandeln die Freude am Spiel, an der Kindheit lebendig.

Fräulein Xavier wurde durch das Abenteuer wie ein ganz kleines Mädchen behandelt. Und doch nagte eine schwere Sorge an ihr. Wem sollte sie das Federbett anvertrauen, das sie im Augenblick ihrer Verhaftung gekauft hatte? Sie schlief darauf, und als man sie zur Vernehmung rief, wollte sie sich nicht davon trennen. Und so erschien sie vor ihrem Richter, indem sie ihr gewaltiges Federbett gegen ihre winzige Person preßte. Fräulein Xavier bewahrte Erinnerungen an ihre Vernehmung, aus denen gerechte Entrüstung spricht. Männer thronten, von Soldaten umringt, an einem großen Küchentisch. Der Präsident prüfte die Papiere mit einer Lässigkeit, die von einer schlaflosen Nacht herrührte. Und dieser Mann, bei dem sich die Wege schieden, die unweigerlich zum Leben oder zum Tode führten – dieser Mann hatte sie schüchtern gefragt, während er sich hinterm Ohr kratzte:

»Ich habe eine zwanzigjährige Tochter, Fräulein, könnten Sie ihr nicht Stunden geben?«
Und Fräulein Xavier hatte das Federbett gegen ihr Herz gepreßt und ihm mit vernichtender Würde geantwortet:
»Sie haben mich verhaftet! Richten Sie mich! Morgen, wenn ich dann noch am Leben bin, können wir über Ihre Tochter reden!«
Und sie fügte an jenem Abend hinzu, während ihre Augen aufleuchteten:
»Sie wagten mich nicht mehr anzusehn; so sehr haben sich alle geschämt.«
Ich achte solche liebenswürdigen Illusionen. Und ich sage mir: ›Der Mensch wird nur die Welt gewahr, die er schon in sich trägt. Es braucht eine gewisse Spannweite, um dem Erhabenen die Stirn zu bieten und seine Botschaft zu empfangen.‹
Mir fällt eine Geschichte ein, die mir die Frau eines Freundes erzählt hat. Sie hatte sich an Bord des letzten Schiffes der Weißen flüchten können, das vor dem Einzug der Roten in Sewastopol oder vielleicht auch in Odessa in See stach. Das kleine Fahrzeug war zum Bersten voll; bei jeder weiteren Belastung wäre es gekentert, und langsam löste es sich bereits vom Kai. Der noch schmale, aber unwiderrufliche Trennungsstrich zwischen den beiden Welten war schon gezogen. Eingezwängt in der Menge stand die junge Frau auf dem Hinterdeck und blickte hinab. Seit zwei Tagen fluteten geschlagene Kosaken aus den Bergen ans Meer zurück. In einem nie abreißenden Strom kamen sie von dort herunter. Doch es gab keine Schiffe mehr. Sobald sie den Kai erreicht hatten, sprangen sie ab, töteten ihr Pferd, warfen ihren Dolman und ihre Waffen von sich; dann sprangen sie ins Wasser, um sich schwimmend an Bord des Schiffleins zu retten, das noch so nahe war. Doch auf dessen Hinterdeck befanden sich Männer mit Gewehren, die den Auftrag hatten, sie am Hochklettern zu hindern; mit jedem Schuß ließen sie einen roten Stern auf dem Meer aufleuchten. Bald war der ganze Hafen mit Sternen besät. Doch immer wieder, mit der Besessenheit

eines bösen Traums, tauchten die Kosaken auf dem Kai auf, sprangen vom Pferde, töteten ihr Tier und schwammen, bis das rote Zeichen aufblühte...

Fräulein Xavier hat heute abend zehn alte Französinnen, die alle so sind wie sie, in der schönsten der zehn Wohnungen vereinigt. Es ist eine reizende kleine Wohnung, die die Inhaberin selber ausgemalt hat. Ich habe den Porto, die Weine und Liköre gestiftet. Wir sind alle ein wenig betrunken und singen alte Lieder. Ihre Jugend steigt ihnen in die Augen, und so weinen sie, und ihre zwanzig Jahre steigen ihnen ins Herz, denn sie nennen mich nur noch *mon chéri*. Ich bin eine Art Märchenprinz, trunken von Ruhm und Wodka, inmitten all dieser alten Dämchen, die mich küssen.

Eine außerordentlich gesetzte Persönlichkeit tritt ein. Es ist ein Rivale. Jeden Abend kommt er hierher, um Tee zu trinken, französisch zu sprechen und Gebäck zu essen. Aber heute abend setzt er sich an eine Tischecke, streng und sauertöpfisch.

Und die alten Dämchen wollen ihn mir in seinem ganzen Glanze zeigen.

»Es ist ein Russe«, sagen sie mir, »und wissen Sie, was er getan hat?«

Ich weiß es nicht. Ich denke nach. Die Persönlichkeit nimmt eine immer bescheidenere Miene an. Eine bescheidene und nachsichtige Miene. Es ist die Bescheidenheit eines Grandseigneurs. Doch sie umringen ihn, sie bedrängen ihn.

»Erzählen Sie doch unserem Franzosen, was Sie im Jahre 1906 getan haben!«

Die Persönlichkeit spielt mit ihrer Uhrkette. Sie läßt die Dämchen schmachten. Schließlich läßt sie sich erweichen, wendet sich zu mir und läßt nachlässig, aber unter deutlicher Betonung, die Worte fallen:

»1906 habe ich in Monaco Roulette gespielt.«

Und nun klatschen die alten Dämchen in die Hände und triumphieren...

Gegen ein Uhr muß ich schließlich nach Hause gehen. Feierlich gibt man mir das Geleit bis zum Taxi. Ich habe eine kleine Alte an jedem Arm – eine kleine Alte, die nicht mit mir im Schritt geht. Heute bin ich die Duenja.

Und Fräulein Xavier flüstert mir ins Ohr:

»Nächstes Jahr werde auch ich meine Wohnung haben, und dann kommen wir alle wieder zusammen. Sie werden sehen, wie hübsch das wird. Ich sticke schon für die Einrichtung.«

Fräulein Xavier neigt sich noch näher an mein Ohr:

»Sie werden mich doch vor den anderen besuchen? Ich werde die erste sein, nicht wahr?«

Fräulein Xavier wird nächstes Jahr erst dreiundsiebzig. Dann wird sie ihre Wohnung erhalten. So kann sie anfangen zu leben...

FÜR EIN BESSERES LEBEN

Dieser Text, der in programmatischer Klarheit die Grundgedanken Saint-Exupérys zu Fragen des sozialen Lebens umreißt, erschien am 2. Mai 1936 in der Zeitschrift »Toute l'Édition«.

Wir leben schlecht. Die Maschine hatte zunächst den Menschen geknechtet, während sie ihn hätte befreien sollen. Der Bauer, der Fischer, der Bergsteiger haben mehr wahrhafte Menschlichkeit bewahrt als der Industriearbeiter, der an die Fließbandarbeit gekettet ist. Die Maschine hatte uns auch allzugut vor unseren heilbringenden Freunden behütet. Als einzige Lebewesen trotzten das Menschengeschlecht und seine Haustiere nicht mehr dem Spiel der Naturkräfte: die Kreisläufe der Jahreszeiten, der Tage und Nächte, Fröste, Gezeiten und Stürme riefen in den Bürgern nur ferne Märchenbilder wach. In seiner Nekropole aus Zement, in der er ausgerüstet, genährt, beleuchtet, gewärmt und befördert wurde, ohne auch nur zu wissen, durch welche Magie das geschah, drohte der Stadtmensch zu entarten.

Doch jede Entwicklung führt auch ihr Gegenteil herbei. Die Industriekultur bringt ihr Heilmittel hervor. Die Maschine knechtet die Menschen, aber sie befreit sie auch. Mittels des sozialen Fortschritts wird sie sie vielleicht eines Tages von der Knechtsarbeit selbst befreien, aber schon heute bietet sie neue Ausweichmöglichkeiten, zu deren Kennzeichnung man zwei Worte, »Sport« und »Tourismus«, bilden mußte. Dieses Volk, das in den zementierten Gefängnissen eingesperrt ist, will im Spiel seine ursprünglichen Kräfte wiedergewinnen. Der Mensch, der die Verbindung mit dem Leben der Natur verloren hatte, wird dazu angeregt, diesen Kontakt zu erneuern. Er findet seine alten Feinde wieder und wird dadurch, daß er sich ihrer bewußt wird, auch seiner selbst wieder bewußt.

An Bord seiner Rennjacht, deren Steuer in seiner Hand einen auf alle Winde reagierenden lebendigen Widerstand darstellt, an Bord seines Flugzeugs, das den Sturm wieder als dräuende Gefahr wirklich werden läßt, oder auch im Gebirge, auf der Rückseite eines Gletschers, wenn er mit seinen Nagelschuhen die fernen Städte der Menschen zertritt, ist der Bürger von neuem zu jenem Halbgott geworden, der den anderen Naturgöttern Trotz bietet.

Nach der Arbeitswoche, nach jenem abstrakten Kartenspiel, zu dem sich seine Geschäfte entwickelt haben, nach jenem kümmerlichen Geduldspiel, zu dem die Hervorbringung des Gegenständlichen geworden ist, wurde der Mensch seinen einfachen und großen Sorgen zurückgegeben. Abermals erlangen in ihm Reflex, Urteil, Kühnheit... ihren ursprünglichen Wert.

Und er gewinnt noch mehr dabei. Sobald man mit den Naturkräften in Berührung kommt, wird man gewahr, daß sie mächtige Gegner sind. Welcher Seemann, welcher Bergsteiger, welcher Pilot hat nicht einmal im Laufe solcher Spiele entdeckt, daß er sich voll und ganz eingesetzt hatte? Wer von ihnen hat nicht, wenn der Tornado ihn packte, wenn er mit den blutigen Fingernägeln schwache Zeichen in seinen Gletscher einkrallte, einmal über sein Leben nachgedacht, über die Schätze, die er vielleicht würde zurückerstatten müssen? Sorgen, Liebes- und Freundschaftsgefühle, Wünsche... welch eine Rangordnung bildet sich zwischen ihnen in der Gefahr!

Und nachdem man seine Stärke entdeckt hat, entdeckt man sein Menschenmaß.

BLUTENDES SPANIEN

Nach dem tragischen Ausgang seines Fluges Paris–Saigon, der mit einem erheblichen Defizit abschloß, kam Saint-Exupéry voller Sorgen aus Ägypten zurück. Nach Ausbruch des spanischen Bürgerkriegs forderte ihn der »Intransigeant« zu einer Spanienreise auf. Er erklärte sich dazu bereit, flog im August 1936 nach Barcelona und schrieb seine Reportagen über die Front von Lerida. Sie wurden noch im gleichen Monat in fünf Artikeln veröffentlicht.

In Barcelona

Die unsichtbare Grenze des Bürgerkriegs

Hinter Lyon nahm ich Kurs nach links, auf die Pyrenäen und Spanien zu. Ich fliege jetzt über recht sauberen Wolken, Sommerwolken, Liebhaberwolken, in denen sich große Löcher öffnen, wie Dachluken. So gewahre ich Perpignan auf dem Boden eines Brunnens.

Ich bin allein an Bord und träume vor mich hin, beuge mich nach Perpignan hinunter. Hier wohnte ich ein paar Monate. In Saint-Laurent de la Salanque flog ich damals Wasserflugzeuge ein. Sobald meine Arbeit beendet war, begab ich mich wieder ins Zentrum dieser ständig sonntäglichen kleinen Stadt. Auf einen großen Platz, in ein Café mit Musik, zum abendlichen Portwein. Und von meinem Korbstuhl aus beobachtete ich das Provinzleben. Es kam mir vor wie ein Spiel, das ebenso harmlos war wie eine Parade von Zinnsoldaten. Diese jungen, hübsch geschminkten Mädchen, diese müßigen Spaziergänger, dieser reine Himmel...

Hier sind die Pyrenäen. Die letzte glückliche Stadt liegt nun hinter mir...

Hier ist Spanien und Figueras. Hier bringt man sich um. Wahrhaftig! Daß man Brände und Zerstörungen und Anzeichen menschlicher Not entdeckt – das ist nicht das Erstaunlichste, sondern daß man nichts davon gewahrt. Diese Stadt sieht aus wie die andere. Ich beuge mich aufmerksam hinaus: nichts hat an diesem kleinen weißen Kieshaufen eine Spur hinterlassen; diese Kirche, von der ich weiß, daß sie in Flammen aufging, glänzt in der Sonne. Ich sehe nichts von ihren unheilbaren Wunden. Schon hat sich der blasse Rauch verzogen, der ihr die Vergoldungen raubte und ihre Täfelungen, ihre Gebetbücher, ihre priesterlichen Schätze im Blau des Himmels auflöste. Ja, diese Stadt gleicht der anderen;

inmitten ihrer fächerförmigen Straßen hockt sie wie das Insekt in seiner aus seidenen Fäden gesponnenen Falle. Wie andere Städte nährt auch sie sich von den Früchten der Ebene, die auf den weißen Straßen zu ihr gelangen. Und ich entdecke nichts außer dem Bilde jenes langsamen Stoffwechsels, der im Lauf der Jahrhunderte den Boden prägte, die Wälder verjagte, die Felder teilte, jene nährenden Kanäle ausspannte. Dieses Gesicht wird sich kaum mehr verändern. Es ist schon alt. Und ich sage mir, daß ein Bienenvolk, sobald es erst seinen Stock gebaut hat, inmitten eines Hektars von Blumen in Frieden leben würde. Den Völkern der Menschen ist kein Friede beschieden.

Freilich gilt es, die Tragödie zu suchen, will man sie entdecken. Denn häufig spielt sie sich nicht in der sichtbaren Welt ab, sondern im menschlichen Bewußtsein. Selbst in der glücklichen Stadt Perpignan wälzt sich hinter seinem Hospitalfenster ein Krebskranker vergebens hin und her, um seinem Schmerz zu entgehen, der ihn verfolgt wie ein unbarmherziger Sperber. Und der Friede der Stadt wird dadurch verändert. Das ist ja das Wunderbare am Menschen, daß es keinen Schmerz, keine Leidenschaft gibt, die nicht ausstrahlen und eine universale Bedeutung gewinnen.

Wenn ein Mensch in seiner Dachkammer ein Verlangen hegt, das stark genug ist, setzt er von seiner Dachkammer aus die Welt in Brand.

Da ist endlich Gerona, dann Barcelona, und langsam lasse ich mich hinabgleiten von meinem Beobachtungsposten. Und auch hier erblicke ich nichts außer verödeten Alleen. Wieder einmal muten mich verwüstete Kirchen ganz unversehrt an. Irgendwo glaube ich eine kaum sichtbare Rauchfahne zu erkennen. Ist das eines der Anzeichen, die ich suchte? Zeugt es von dieser Raserei, die so wenig Schaden anrichtete, so wenig Lärm hervorrief und die doch vielleicht alles verheert hat? Denn eine Kultur beruht völlig auf diesen leichten Vergoldungen, die ein Windhauch fortbläst.

Und die Menschen sind gutgläubig, die sagen: »Wo ist denn der Terror in Barcelona? Wo ist denn diese Stadt eingeäschert, abgesehen von zwanzig verbrannten Gebäuden? Wo sind denn diese Hekatomben, abgesehen von einigen hundert Toten bei zwölfhunderttausend Einwohnern..? Wo ist denn diese blutige Grenze, an der geschossen wird..?«

Und wahrhaftig sah ich eine friedliche Menschenmenge, die sich auf der Rambla bewegte, und wenn ich zuweilen auf Barrikaden mit bewaffneten Milizsoldaten stieß, so brauchte ich ihnen meist nur zuzulächeln, damit sie mich passieren ließen.

Ich habe die Grenze keineswegs gleich gefunden. Im Bürgerkrieg ist die Grenze unsichtbar und geht durch das Herz der Menschen hindurch...

Und doch kam ich schon am ersten Abend an sie heran...

Ich hatte mich auf der Terrasse eines Cafés zwischen biederen Zechern niedergelassen, als auf einmal vier Bewaffnete vor uns stehenblieben, meinen Nachbarn fixierten und, ohne ein Wort zu sagen, ihre Flintenläufe gegen seinen Bauch richteten. Der Mann, dem auf einmal der Schweiß vom Gesicht rann, stand auf und hob langsam die Arme, bleierne Arme. Einer der Milizsoldaten, der ihn durchsucht hatte, sah flüchtig einige Papiere durch; dann bedeutete er ihm, mitzukommen. Und der Mann ließ sein Glas stehen, das letzte Glas seines Lebens, und setzte sich in Bewegung. Und die beiden Hände, die er über seinem Kopf verschränkt hatte, glichen den Händen eines Ertrinkenden.

»Faschist«, murmelte eine Frau hinter mir zwischen den Zähnen, und sie war die einzige Zeugin, die den Mut aufbrachte, erkennen zu lassen, daß sie von dem Vorgang etwas bemerkt hatte.

Und das Glas des Mannes blieb stehen, als Zeugnis eines wahnwitzigen Vertrauens in den Zufall, in die Güte, in das Leben...

Und ich sah ihn sich entfernen, die Lenden von Karabinern umringt – diesen Mann, durch den, zwei Schritte vor mir, fünf Minuten früher, die unsichtbare Grenze hindurchgegangen war.

SITTEN DER ANARCHISTEN
und Straßenszenen in Barcelona

Ein Freund berichtet mir gerade folgendes Erlebnis: Er schlendert eine leere Straße entlang, als ein Milizsoldat ihn anruft:
»Auf dem Fahrdamm gehen!«
Und mein Freund, der zerstreut ist, gehorcht nicht. Da legt der Milizsoldat sein Gewehr an, zielt, verfehlt ihn. Aber die Kugel hat den Hut durchlöchert. Und der Fußgänger, dem wieder Respekt vor den Waffen beigebracht wurde, verläßt den Gehsteig und geht auf dem Fahrdamm weiter.
Der Milizsoldat, der eben den Hahn für den zweiten Schuß gespannt hat, zögert, dann läßt er das Gewehr wieder sinken und ruft mürrisch:
»Sind Sie taub?«
Und dieser vorwurfsvolle Ton erscheint mir köstlich in diesem Falle.
Denn sie beherrschen die Stadt, die Anarchisten. In Haufen von fünf oder sechs Mann, die sich an den Straßenecken versammeln, als Wachtposten vor den Hotels oder in Limousinen, mit denen sie im Hundertkilometertempo durch die Stadt rasen.
Schon am ersten Morgen des Aufstandes griffen sie, ganz auf sich gestellt, von Maschinengewehren flankierte Artilleriestellungen mit dem Messer an. Sie erbeuteten die Kanonen. Als dann der Sieg errungen war, beschlagnahmten sie Waffenlager und Munition in den Kasernen; selbstredend verwandelten sie alsbald die Stadt in eine Festung. Wasser, Gas, Elektrizität und Transportmittel sind in ihrer Hand. Und während eines Morgenspaziergangs sehe ich, wie sie damit beschäftigt sind, die Barrikaden auszubauen. Da sieht man niedrige Mauern aus Pflastersteinen, aber auch vorbildliche Barrikaden mit doppelten Schanzen. Ich luge über die Mauer. Da sind sie. Sie haben das Haus nebenan ausgeräumt und bereiten sich auf den Bürgerkrieg vor, indem sie in roten Aufsichtsratslehnsesseln versinken. In meinem Hotel sind die

Sessel alle besetzt. Anarchisten laufen die Treppen hinauf und hinunter. Und so erkundige ich mich:
»Was ist denn da los?«
»Wir prüfen die lokale strategische Lage...«
»Warum denn?«
»Wir stellen auf dem Dach ein Maschinengewehr auf.«
»Warum denn?«
Achselzucken.
Heute morgen zirkulierte ein Gerücht in der Stadt. Angeblich soll die Regierung den Versuch unternehmen, die Anarchisten zu entwaffnen. Ich glaube, sie wird auf solche Pläne verzichten.
Gestern habe ich einige Aufnahmen von unserer Garnison gemacht. Jedes Hotel hat seine eigene Garnison, und ich bin auf der Suche nach einem großen braunen Burschen, um ihm sein Porträt zu überreichen:
»Ich habe ein Foto von ihm. Wo steckt er denn?«
Man blickt mich an, kratzt sich am Kopf, dann gesteht man mir in bedauerndem Ton:
»Wir haben ihn erschießen müssen... Er hatte einen Faschisten denunziert... Wir haben daher den Faschisten erschossen. Und heute früh haben wir erfahren, daß er gar kein Faschist, sondern ein Rivale war.«
Sie haben Sinn für Gerechtigkeit.
Es ist ein Uhr früh, und auf der Rambla ruft man mir zu:
»Halt!«
Aus der Dunkelheit sehe ich Karabiner auftauchen.
»Weitergehn verboten!«
»Weshalb?«
Sie prüfen meine Papiere im Licht einer Laterne, dann erhalte ich sie zurück: »Sie können weitergehn, aber sehn Sie sich vor: vielleicht wird hier geschossen!«
»Was ist denn los?«
Keine Antwort.
Eine Batterie rollt langsam über das Pflaster.
»Wo wollen die hin?«
»Das ist eine Kolonne, die an die Front verladen wird.«

Diese nächtliche Verladung würde ich mir gern ansehen. Ich versuche, die Anarchisten zu verführen.

»Der Bahnhof ist weit, es regnet; wenn Sie mir einen Wagen leihen könnten...«

Auf eine Handbewegung hin entfernt sich einer von ihnen. Er kommt am Steuer eines beschlagnahmten französischen Wagens zurück: »Wir werden Sie hinbringen...«

Und so fahre ich zum Bahnhof, beschirmt von drei Karabinern.

Ein seltsamer Menschenschlag. Ich habe sie noch nicht begriffen. Morgen werde ich sie zum Reden bringen und Garcia Olivera, ihren großen Volkstribun, aufsuchen.

EIN BÜRGERKRIEG IST KEIN KRIEG,
sondern eine Krankheit

Meine anarchistischen Führer haben mich also begleitet. Hier ist der Verladebahnhof für die Truppen. Wir müssen dort hinunter, um sie zu erreichen, weit fort von den Bahnsteigen, die für zärtliche Abschiede gebaut sind, hinein in eine Wüste von Zeigern und Signalmasten. Und im Regen tappen wir im Labyrinth der Ausweichgeleise umher. Wir kommen an vergessenen Ansammlungen schwarzer Waggons vorüber, wo schweißfarbene Planen starre Formen umhüllen. Diese Aufmachung, der nichts Menschliches mehr eigen ist, bestürzt mich. Eisenkonstruktionen haben nichts Wohnliches an sich. Ein Schiff wirkt lebendig, wenn ihm der Mensch mit seinen Pinseln, seinen Ölfarben immer wieder einen falschen Glanz anmalt. Doch nach vierzehntägiger Verwahrlosung sind das Schiff, die Fabrik, die Eisenbahn wie ausgelöscht und nehmen ein totes Aussehen an. Nach sechstausend Jahren glühen die Steine eines Tempels noch vom Vorüberzug des Menschen, doch es braucht nur etwas Rost, eine Regennacht, und schon kommt mir diese Bahnhofslandschaft abgenutzt und fadenscheinig vor.

Da sind unsere Leute. Sie verladen ihre Kanonen und Ma-

schinengewehre auf den Plattformwagen. Sie verrenken sich das Kreuz und kämpfen, unter dumpfen »Hopp«-Rufen, gegen diese unförmigen, entfleischten Insekten, diese Packen mit Rückenpanzern und Wirbelknochen.
Und die Stille überrascht mich. Kein Lied, kein Schrei. Höchstens dröhnt zuweilen eine Stahlwand hohl, wenn eine Lafette hinfällt. Und ich höre keine menschlichen Stimmen.
Keine Uniform. Diese Männer werden sich in ihren Arbeitskleidern umbringen lassen. Die Kleider sind schwarz, schlammverkrustet. Die Kolonne, die sich um ihren Eisenkram abmüht, gleicht den Insassen eines Nachtasyls.
Und mich befällt ein Unbehagen, das ich schon vor zehn Jahren in Dakar zu spüren meinte, als das Gelbfieber über uns kam...
Der Abteilungsführer spricht ganz leise mit mir, er sagt abschließend:
»Und wir fahren nach Saragossa...«
Warum spricht er ganz leise mit mir? Es herrscht hier eine Krankenhausatmosphäre. Ja, das empfand ich deutlich... Ein Bürgerkrieg ist kein Krieg, sondern eine Krankheit...
Diese Männer nehmen nicht eroberungstrunken an einem Sturmangriff teil, sondern kämpfen stumpf gegen eine Ansteckung an. Und im Gegenlager steht es zweifellos ebenso. Es geht bei diesem Kampf nicht darum, den Feind aus dem Lande zu jagen, sondern ein Übel zu heilen. Ein neuer Glaube gleicht der Pest. Er befällt einen innerlich. Er verbreitet sich im Unsichtbaren. Und die Männer jeder Partei wissen sich auf der Straße von Pestkranken umgeben, die sie nicht zu erkennen vermögen.
Deshalb entfernen sich diese Menschen schweigend mit ihren Betäubungsinstrumenten. Sie haben nichts gemein mit jenen Regimentern nationaler Kriege, die auf Wiesen wie auf einem Schachbrett aufgestellt sind und von Strategen gelenkt werden. In einer Stadt, in der alles drunter und drüber geht, haben sie sich schlecht und recht zusammengefunden. Barcelona, Saragossa weisen so ziemlich die gleiche Mischung auf: Kommunisten, Anarchisten, Faschisten... Und sogar die

Menschen, die sich aneinanderklammern, sind vielleicht mehr voneinander unterschieden als von ihren Gegnern. Im Bürgerkrieg steht der Feind drinnen, man schlägt sich nahezu mit sich selber herum.

Und gewiß nimmt dieser Krieg deshalb so schreckliche Formen an: man erschießt mehr, als daß man kämpfte. Der Tod erfüllt hier die Funktion einer Isolierabteilung im Lazarett. Man reinigt sich von den Keimträgern. Die Anarchisten machen Hausbesuche und laden die der Ansteckung Verdächtigen auf ihre Karren. Und auf der anderen Seite der Schranke konnte Franco das furchtbare Wort aussprechen: »Hier gibt es keine Kommunisten mehr!« Die Aussiebung geschah wie durch einen Rechnungshof, die Aussiebung geschah wie durch einen Generalstabsoffizier...

Ein Mann, der sich für eine soziale Aufgabe ausersehen hielt, stellte sich vor: mit seinem Glauben, seinen fiebernden Augen...

»Dienstuntauglich auf Lebenszeit!«

Mit Kalk oder Benzin verbrennt man die Toten auf den Rieselfeldern. Es gibt keine Ehrfurcht vor dem Menschen. In jeder Partei hat man, wie einer Krankheit, seinen Gewissensregungen nachgespürt. Warum sollte man seine sterbliche Hülle achten? Und man denkt nicht einmal daran, diesen Leib zu begraben, den jugendliche Keckheit beseelte; der zu lieben, zu lächeln und sich zu opfern wußte.

Und ich denke daran, wie bei uns dem Tode Achtung erwiesen wird. Und ich denke an das weiße Sanatorium, in dem das junge Mädchen sanft inmitten seiner Lieben erlischt, die sein letztes Lächeln, seine letzten Worte wie einen unschätzbaren Schatz empfangen. Und wahrhaftig wird sich diese individuelle Vollendung nie mehr wiederherstellen lassen. Nie wird man genau so wieder dieses Lachen hören, diesen Tonfall der Stimme, die Eigenart der flinken Antworten. Jeder Mensch ist ein Wunder. Und zwanzig Jahre lang spricht man von den Toten...

Hier wird der Mensch lediglich an eine Mauer gepreßt, damit er seine Eingeweide auf Steinen loswird. Man hat dich

eben erwischt. Man hat dich erschossen. Du dachtest nicht so wie unsereins...
Ja, nur diese nächtliche Abfahrt im Regen ist der Wahrheit solch eines Krieges angemessen. Diese Männer umringen mich und blicken mich an, und aus ihren Augen lese ich einen gewissen, etwas traurigen Ernst heraus. Sie wissen, welches Los sie erwartet, wenn man sie gefangennimmt. Mich fröstelt. Und auf einmal bemerke ich, daß keine einzige Frau zu diesem Abschied zugelassen wurde. Und auch dieses Fernbleiben kommt mir vernünftig vor. Was haben diese Mütter hier zu suchen, die doch nicht wissen, wenn sie gebären, was für ein Abbild der Wahrheit später ihren Sohn entflammen wird und was für Parteigänger ihn, im Einklang mit ihrer Gerechtigkeit, erschießen werden, sobald er zwanzig ist!

AUF DER SUCHE NACH DEM KRIEG

Gestern landete ich in Lerida, wo ich, zwanzig Kilometer hinter der Front, übernachtete, bevor ich an die Front selber fuhr. Diese Stadt, die so nah an der Feuerlinie liegt, kam mir friedlicher vor als Barcelona. Autos fuhren bedächtig umher, ohne daß Gewehre aus den Wagentüren hervorlugten. In Barcelona liegen Tag und Nacht zwanzigtausend Zeigefinger an zwanzigtausend Abzugshähnen. Und da sich diese waffenstarrenden Meteore unermüdlich inmitten der Menge bewegen, kann man sagen, daß eine ganze Stadt pausenlos in der Schußlinie liegt. Doch diese Menge, der man mitten aufs Herz zielt, bemerkt das nicht mehr und geht ihrer Beschäftigung nach.
Hier geht kein Passant umher, der einen Revolver in der Hand wiegt. Es gibt hier nicht diese etwas anmaßenden Anhängsel, bei denen auffällt, daß sie so lässig wie ein Handschuh oder eine Blume getragen werden. In Lerida, der Frontstadt, nimmt man die Dinge ernst: hier braucht man nicht mehr mit dem Tode zu spielen. Und doch...
»Schließen Sie nur ordentlich Ihre Läden! Ein Milizsoldat

vor dem Hotel hat den Auftrag, Lichter, die er sieht, durch Gewehrschüsse in die Fensterscheiben zu löschen!«
Nun fahren wir im Wagen durch das Kampfgebiet. Die Barrikaden werden immer zahlreicher, und von jetzt an müssen wir jedesmal mit den Revolutionskomitees verhandeln. Die Passierscheine gelten nur noch von einem Dorf zum anderen.
»Wollen Sie noch weiter fahren?«
»Ja.«
Der Präsident des Komitees zieht eine Karte großen Maßstabs zu Rate, die an der Wand hängt.
»Da kommen Sie nicht durch. Die Aufständischen halten sechs Kilometer von hier die Straße besetzt... Sie könnten diesen Umweg fahren... Dort ist die Strecke wohl frei... Falls nicht... Heute früh war die Rede von Kavallerie.«
Die Erkundung der Front ist recht kompliziert. Freundliche Dörfer, rebellische Dörfer, unsichere Dörfer, die von morgens bis abends den Besitzer wechseln. Diese Verzahnung zwischen den unterworfenen und nicht unterworfenen Zonen macht auf mich den Eindruck einer ziemlich kraftlosen Auseinandersetzung. Das ist nicht jene Schützengrabenlinie, die erbitterte Gegner messerscharf voneinander trennt. Mir ist, als wenn ich in einem Sumpf versänke. Hier hat man noch festen Boden unter den Füßen. Dort gibt er nach... Und wir brechen wieder auf in diesem Treibsand. Wieviel Raum, wieviel Luft liegt zwischen den Truppenbewegungen..! Diesen militärischen Operationen fehlt es erstaunlich an Dichte...
Am Dorfausgang brummt eine Dreschmaschine. In einer goldenen Aureole arbeitet man hier für das tägliche Brot, und die Arbeiter grüßen uns mit breitem Lächeln.
Ich war so wenig gefaßt auf dieses schöne Bild des Friedens..! Doch der Tod stört hier nur wenig das Leben. Ein geographischer Terminus fällt mir ein: ein Totschläger kommt auf den Quadratkilometer, und zwischen zwei Totschlägern weiß man nicht genau, wer das Land in Besitz hat – dieses Ernteland, diese Weinberge. Und lange höre ich

die Dreschmaschine singen, unermüdlich wie ein pochendes Herz.
Nun haben wir abermals den äußersten Punkt unseres Vormarsches erreicht. Eine Mauer aus Pflastersteinen sperrt die Straße, und sechs Gewehre sind auf uns angelegt. Vier Männer und zwei Frauen liegen hinter dieser Mauer. Mir fällt auf, daß die beiden Frauen nicht wissen, wie man ein Gewehr hält.
»Hier könnt ihr nicht weiterfahren!«
»Weshalb?«
»Die Aufständischen...«
Von diesem Dorf aus zeigt man uns in einem Abstand von achthundert Metern ein anderes Dorf, das getreue Abbild des hiesigen.
Gewiß gibt es dort eine Barrikade, die genauso aussieht wie unsere. Und vielleicht auch eine Dreschmaschine, die für die Aufständischen arbeitet.
Wir haben uns neben die Milizsoldaten ins Gras gesetzt. Sie legen ihre Gewehre ab und schneiden Scheiben von einem frischen Brotlaib.
»Seid ihr von hier?«
»Nein, Katalanen, aus Barcelona, Kommunistische Partei...«
Eine der jungen Frauen reckt sich und setzt sich mit flatternden Haaren auf die Barrikade. Sie ist etwas plump, aber frisch und schön. Strahlend lächelt sie uns an:
»Wenn der Krieg aus ist, werde ich hier im Dorf bleiben... Man hat es viel besser auf dem Lande als in der Stadt... Das wußte ich gar nicht!«
Und liebevoll blickt sie um sich, als erlebte sie eine Offenbarung. Bisher kannte sie nur die grauen Vorstädte, die morgendlichen Wege zur Fabrik und die Erholung in trüben Cafés. Alle Bewegungen, die man rings um sie vollführt, kommen ihr vor wie die Gebärden eines Festes. Jetzt springt sie auf und läuft zum Brunnen. Gewiß glaubt sie, sie tränke aus dem Schoß der Erde.
»Habt ihr hier gekämpft?«
»Nein; manchmal rührt sich was bei den Aufständischen...

Man sieht einen Lastwagen oder Soldaten... Aber seit vierzehn Tagen ist niemals was los.«

Sie warten auf ihren ersten Feind. Im Dorf gegenüber warten gewiß sechs Milizangehörige, die genauso aussehen, auf den ihren. Zwölf Krieger sind allein auf der Welt...

In den zwei Tagen, die ich an der Front damit verbrachte, mich auf den Wegen vorwärtszutasten, habe ich nicht einen Schuß gehört. Ich konnte nichts feststellen, außer den gewohnten Straßen, die nirgends hingelangen. Sie schienen freilich weiterzuführen, durch neue Ernten und neue Weinlesen, aber es handelte sich da um eine andere Welt. Sie wurden für uns zu verbotenen Wegen, wie jene Straßen in Überschwemmungsgebieten, die langsam im Wasser versinken. Auf den Kilometersteinen las man zwar: Saragossa 15 Kilometer. Aber Saragossa schlief wie Vineta unerreichbar unter dem Meer.

Gewiß hätten wir mit etwas mehr Glück jene entscheidenden Punkte erreichen können, wo die Artillerie brummt und die großen Generale kommandieren. Aber es gibt so wenig Truppen, so wenig Generale, so wenig Artillerie. Zweifellos hätten wir auf marschierende Massen stoßen können: es gibt an der Front Knotenpunkte, wo gekämpft und gestorben wird.

Aber es bleibt soviel Raum dazwischen. Überall, wo ich meine Beobachtungen anstellte, glich die Front einer großen offenen Tür.

Und obwohl es Strategen und Kanonen und Truppentransporte gibt, scheint es mir, daß sich der Krieg hier nicht mehr abspielt. Ein jeder wartet darauf, daß etwas aus dem Unsichtbaren entspringt. Die Rebellen warten darauf, daß sich Parteilose in Madrid zu ihren Anhängern erklären... Barcelona wartet darauf, daß Saragossa nach einem inspirierten Traum sozialistisch aufwacht und fällt... Der Gedanke marschiert; der Gedanke belagert, mehr als der Soldat... Er ist die große Hoffnung und der große Feind. Es scheint mir, daß Fliegerbomben, einige Granaten und einige Milizsoldaten für sich allein nicht die Macht haben, zu siegen. Ein jeder

Verteidiger, der sich verschanzt hat, ist stärker als hundert Angreifer... Aber vielleicht ist der Gedanke auf dem Marsche...

Von Zeit zu Zeit wird angegriffen. Von Zeit zu Zeit wird der Baum geschüttelt. Aber das geschieht nicht, um ihn zu entwurzeln, sondern um festzustellen, ob die Frucht reif ist. Dann fällt eine Stadt...

Man erschiesst hier, wie man Wälder abholzt...

Und die Menschen haben keine Achtung mehr voreinander

Als ich von der Front zurückkam, ließen mich Freunde an ihren geheimnisvollen Expeditionen teilnehmen. Hier sind wir nun mitten im Gebirge, in einem jener Dörfer, die zugleich Frieden und Terror kennen.

»Ja, hier haben wir siebzehn erschossen...«

Sie haben siebzehn »Faschisten« füsiliert. Den Pfarrer, seine Haushälterin, den Küster und vierzehn kleine Honoratioren. Denn alles ist relativ. Wenn sie in ihren Zeitungen eine Schilderung über Basil Zaharof, den Herrn der Welt, lesen, übersetzen sie das in ihre Sprache. Sie erkennen in ihm den Baumschulgärtner wieder oder den Apotheker. Und wenn sie den Apotheker erschießen, so stirbt ein Basil Zaharof. Der Apotheker ist der einzige, der das nicht begreift. Jetzt sind wir unter uns, es ist ein ruhiges Leben.

Ein nahezu ruhiges. Einen Mann, der noch die Gewissen beschäftigt, habe ich gerade eben im Dorfcafé gesehen: verbindlich, lächelnd, so sehr darauf bedacht, sein Leben zu fristen. Er kam dorthin, um uns klarzumachen, daß er, trotz seiner Weinberge, die ein paar Hektar groß sind, zur menschlichen Spezies gehört, wie jedermann an Rheumatismus leidet, wie jedermann sich mit seinem blauen Schnupftuch den Schweiß abwischt und mäßig Billard spielt.

Erschießt man einen Mann, der Billard spielt? Er spielte übrigens schlecht, mit großen, zitternden Händen: er war aufgeregt, er wußte noch nicht, ob er ein Faschist war. Und ich mußte an jene armen Affen denken, die vor der Boa tanzen, um ihr Herz zu erweichen.

Doch wir können nichts für ihn tun. Im Augenblick schicken wir uns an, ein anderes Problem anzuschneiden, die wir am Sitz des Revolutionskomitees auf einem Tisch hocken. Während Pépin schmutzige Papiere aus der Tasche zieht, betrachtete ich diese Terroristen. Welch seltsamer Widerspruch! Es sind brave Bauern mit hellen Augen. Überall werden wir die gleichen entgegenkommenden Mienen wiederfinden. Obwohl wir bloß Ausländer ohne irgendwelche Befugnisse sind, empfängt man uns jedesmal mit der gleichen ernsten Höflichkeit.

Pépin spricht:

»Ja – also... Er heißt Laporte. Kennt ihr ihn?«

Das Dokument wandert von Hand zu Hand, und die Mitglieder des Komitees schütteln den Kopf:

»Laporte – Laporte...«

Ich will ihnen etwas erklären, aber Pépin gebietet mir Schweigen.

»Sie sagen nichts, aber sie wissen Bescheid...«

Pépin breitet nachlässig seine Referenzen aus: »Ich bin französischer Sozialist. Hier ist meine Parteikarte...«

Die Karte geht von Hand zu Hand. Der Präsident hebt die Augen und blickt uns an:

»Laporte... Ich verstehe nicht...«

»Aber ja! Ein französischer Mönch – gewiß verkleidet... Ihr habt ihn gestern im Wald gefangengenommen – Laporte... Unser Konsulat reklamiert ihn...«

Ich lasse die Beine von meinem Tisch herunterbaumeln. Welch seltsame Sitzung. Wir befinden uns ausgesprochen in der Höhle des Löwen, in einem entlegenen Gebirgsdorf, hundert Kilometer vom ersten Franzosen entfernt, und verlangen von einem Revolutionskomitee, das sogar die Haushälterinnen der Pfarrer erschießt, uns einen Ordensgeistlichen unversehrt zu übergeben.

Und doch fühle ich mich in Sicherheit. Ihr Entgegenkommen beruht nicht auf Durchtriebenheit. Warum sollten sie auch

uns gegenüber durchtrieben sein? Liegen wir ihnen schwerer auf dem Magen als Pater Laporte, wir, die wir hier ganz ohne Schutz sind?
Pépin stößt mich mit dem Ellbogen an:
»Ich habe den Eindruck, wir sind zu spät gekommen...«
Der Anführer hüstelt und kommt dann zu einem Entschluß:
»Heute früh haben wir einen Toten auf der Straße gefunden, am Dorfausgang... Er muß dort noch liegen...«
Und er täuscht vor, daß er jemanden hinschickt, um seine Papiere zu überprüfen.
»Sie haben ihn schon erschossen«, vertraut mir Pépin an, »und das ist schade, sie hätten ihn uns gewiß übergeben, das sind hier brave Leute...«
Ich blicke diesen sonderbaren »braven Leuten« gerade in die Augen. Und wahrhaftig entdecke ich nichts Beunruhigendes. Ich brauche nicht zu befürchten, daß diese Gesichter sich abschließen und glatt werden wie Wände. Glatt mit jenem unbestimmt gelangweilten Ausdruck. Jenem furchtbaren Ausdruck. Ich frage mich, was uns davor bewahrt, daß wir ihnen verdächtig vorkommen, trotz unserer so ungewöhnlichen Mission. Warum machen sie einen Unterschied zwischen uns und dem »Faschisten« im Café nebenan, der seinen Totentanz tanzt, Auge in Auge mit dem unerbittlichen Feind, der über ihn zu Gericht sitzt? Mir kommt ein seltsamer Gedanke, den mir aber mein Instinkt mit aller Macht aufdrängt: wenn einer dieser Männer gähnen würde, hätte ich Angst. Ich spürte dann, wie die menschlichen Verbindungen zerrissen wären...

Wir sind wieder unterwegs; ich befrage Pépin:
»Das ist nun das dritte Dorf, in dem wir diese Tätigkeit ausüben, und ich habe noch nicht herausgefunden, ob sie eigentlich gefährlich ist oder nicht...«
Pépin lacht. Er weiß es selber nicht. Allerdings hat er schon Dutzende von Menschen gerettet.
»Gestern gab es freilich einige böse Minuten«, gesteht er mir. »Ich hatte ihnen einen Kartäuser entrissen, gerade noch

vor dem Hinrichtungspfahl... Da stieg Blutgeruch auf... Sie murrten...«

Ich kenne das Ende der Geschichte. Nachdem Pépin, ein Sozialist und notorischer Antiklerikaler, für den Kartäuser seinen Kopf hingehalten hatte, wandte er sich ihm zu, nachdem sie erst im Auto saßen, und bedachte ihn als Entgelt mit dem prächtigsten Fluch seines Repertoires:

»Himmelherrgott... Scheißkerl von einem Mönch!«

Doch der Mönch hörte nicht. Er hatte sich ihm an den Hals geworfen und umarmte ihn mit Freudentränen...

Im anderen Dorf gab man uns einen Mann heraus. Vier Milizsoldaten förderten ihn höchst geheimnisvoll aus einem Keller zutage. Es ist ein munterer Ordensmann mit lebhaften Augen, dessen Namen ich vergessen habe. Er geht als Bauer verkleidet und trägt einen langen Knotenstock, der mit Kerben bedeckt ist.

»Ich markierte die Tage... Drei Wochen im Wald ist eine lange Zeit... Die Pilze reichen als Nahrung nicht aus, und man hat mich erwischt, als ich mich einem Dorf näherte...«

Der Bürgermeister, dem wir dieses Geschenk eines Lebens verdanken, erklärt voller Stolz: »Wir haben viele Schüsse auf ihn abgegeben, wir glaubten, wir hätten ihn erledigt...«

Er entschuldigt seine Ungeschicklichkeit:

»Allerdings war es Nacht.«

Der Ordensmann lacht:

»Ich hatte keine Angst...«

Und als wir abfahren wollen, wechseln wir endlose Händedrücke mit diesen berühmten Terroristen. Vor allem schüttelt man dem Geretteten die Hand. Man beglückwünscht ihn, daß er noch lebt. Und der Ordensmann beantwortet alle diese Wünsche mit einer Heiterkeit, die keinerlei Hintergedanken verbirgt.

Was mich angeht, so würde ich gern die Menschen verstehen.

Wir sehen unsere Listen durch. Man hat uns mitgeteilt, in Sitges sei ein Mann von Ermordung bedroht. So bewegen wir uns zu ihm. Wir dringen in sein Haus ein wie in eine

Mühle. Auf der angegebenen Etage empfängt uns ein hagerer junger Mann.
»Sie sind offenbar gefährdet. Wir können Sie nach Barcelona fahren und an Bord der ›Duquesne‹ bringen.«
Der junge Mann überlegt lange.
»Das ist ein Streich meiner Schwester...«
»Wieso?«
»Sie wohnt in Barcelona. Sie hat nie den Unterhalt für das Kind bezahlt, und nun soll ich...«
»Das geht uns nichts an... Sind Sie gefährdet oder nicht?«
»Ich weiß nicht... Meine Schwester...«
»Wollen Sie fliehen, ja oder nein?«
»Ich weiß nicht, was meinen Sie? In Barcelona wird meine Schwester...«
Auch in der Revolution hält dieser Mann an seinem kleinen Familiendrama fest. Er wird hierbleiben, um dieser mysteriösen Schwester ein Schnippchen zu schlagen.
»Wie Sie wollen...«
Und wir überlassen ihn seinem Schicksal.

Wir halten und verlassen den Wagen. Man hört lebhaftes Schießen. Die Straße beherrscht eine Baumgruppe, aus der, in fünfhundert Metern Entfernung, zwei Fabrikschornsteine aufragen. Milizsoldaten stoppen ebenfalls, laden ihre Gewehre und fragen uns:
»Was ist da los?«
Sie erkunden die Lage und deuten auf die Schornsteine:
»Das kommt aus der Fabrik...«
Das Schießen ist verstummt, und die Ruhe ist wieder eingekehrt. Die Schornsteine rauchen friedlich. Ein Windstoß liebkost die Gräser, nichts hat sich verändert...
Und wir spüren nichts.
Inmitten dieser Baumgruppe sind jedoch eben Menschen gestorben. Die Stille, die nun herrscht, ist ausdrucksvoller als das Schießen: wenn es verstummt ist, so heißt das, daß es seinen Zweck erfüllt hat.
Ein Mann, vielleicht auch eine Familie, ist soeben von der

einen Welt in die andere hinübergeglitten. Sie sinken schon unters Gras. Doch dieser Abendwind... Diese Vegetation... Dieser schwache Rauch... Alles geht weiter seinen Gang rings um die Toten.

Ich weiß genau, daß der Tod als solcher durchaus nicht tragisch ist. Der Anblick so vielen frischen Grüns erinnert mich an ein Dorf in der Provence, das ich einmal an einer Wegbiegung liegen sah. Um seinen Kirchturm gedrängt, hob es sich vom Abendhimmel ab. Ich hatte mich ins Gras gelegt und genoß seinen Frieden, als mir der Wind den Klang der Totenglocke zutrug.

Sie verkündete der Welt, daß morgen eine alte Frau unter die Erde kommen würde – eine ganz verwelkte, ganz verschrumpelte Alte, die die ihr obliegende Arbeit gut abgeleistet hatte. Und diese langsame, mit dem Wind vermischte Musik schien mir nicht erfüllt von Verzweiflung, sondern von einer behutsamen und zärtlichen Heiterkeit.

Diese Glocke, die mit der gleichen Stimme die Taufen und die Sterbefälle feierte, verkündete die Ablösung einer Generation durch die andere, die Geschichte des Menschengeschlechts. Über einer sterblichen Hülle feierte sie noch immer das Leben.

Ich empfand keinen großen Kummer, als ich diese Brautfeier der armen Alten mit der Erde einläuten hörte. Morgen sollte sie nun zum ersten Male unter einer königlichen Decke vereint mit Blumen und zirpenden Grillen schlafen.

Man erzählt uns, ein junges Mädchen sei inmitten ihrer Brüder erschossen worden, aber das sind unbestätigte Gerüchte.

Welch grausame Einfalt! Unser Friede litt keinen Schaden durch diese dumpfen Schüsse im Hintergrund der grünen Rasenfläche. Durch diese kurze Rebhuhnjagd. Dieses bürgerliche Angelus, das im Laubwerk erklang, stört nicht unsere Ruhe, erweckt nicht unsere Reue...

Die menschlichen Begebenheiten haben offenbar zwei Gesichter. Ein tragisches und ein gleichgültiges Gesicht. Alles sieht anders aus, je nachdem, ob es sich um den einzelnen

oder um die Gattung handelt. Auf ihren großen Wanderungen, während ihrer gebieterischen Wandlungen, vergißt die Gattung ihre Toten.
Vielleicht erklären sich dadurch die ernsten Gesichter dieser Bauern, bei denen man deutlich spürt, daß ihnen die Greuel keine Freude machen, und die doch bald, wenn die Treibjagd vorbei ist, zu uns zurückkehren werden: befriedigt, weil sie ihre Gerechtigkeit geübt haben, und gleichgültig gegenüber dem jungen Mädchen, das gegen die Wurzel des Todes stieß; das auf seiner Flucht wie mit der Harpune gefangen wurde und nun in den Wäldern schläft, den Mund voll Blut.

Hier habe ich den Widerspruch berührt, den ich nicht lösen kann. Denn die Größe des Menschen beruht nicht allein auf dem Schicksal der Gattung: jeder einzelne ist ein Reich.
Wenn das Bergwerk eingestürzt ist, um sich über einem einzigen Bergmann zu schließen, stockt das Leben einer Stadt. Die Kameraden, die Kinder, die Frauen bleiben angstvoll an Ort und Stelle, solange unter ihren Füßen die Retter mit ihren Hauen die Eingeweide der Erde durchsuchen.
Gilt es, eine Recheneinheit aus der Menge zu retten? Gilt es, einen Menschen zu retten, so wie man ein Pferd retten würde, nachdem man die Dienste abgewogen hat, die es noch zu leisten vermöchte? Zehn Kameraden werden vielleicht bei ihrer Rettungsaktion umkommen; welch schlechte Kalkulation des zu erwartenden Nutzens... Doch es geht nicht darum, eine Termite unter den Termiten des Termitenhaufens zu retten, sondern ein Gewissen, sondern ein Reich, dessen Bedeutung sich nicht abschätzen läßt. Im Schädel dieses Bergmanns, den Bohlen wie in einer Falle gefangen haben, schlummert eine Welt. Eltern, Freunde, ein Heim, die warme Abendsuppe, Lieder für Festtage, Zärtlichkeiten und Zorneswallungen, und vielleicht auch eine Begeisterung für die Gemeinschaft, eine große universale Liebe. Wie könnte man den Menschen abmessen? Der Vorfahr dieses Mannes hat einmal ein Rentier auf eine Höhlenwand gezeichnet, und seine Tat wirkt zweihunderttausend Jahre

noch fort. Sie ergreift uns. Sie verlängert sich in uns. Eine menschliche Tat ist ein ewiger Quell.
Sollten wir auch zugrunde gehen, so werden wir doch den Bergmann aus seinem Bergwerk wieder heraufholen – diesen universalen, wenn auch einsamen Bergmann.

Doch als ich an diesem Abend nach Barcelona zurückkomme, beuge ich mich aus dem Fenster eines Freundes, um ein kleines geplündertes Kloster zu betrachten. Die Decken sind eingestürzt, in den Mauern klaffen breite Lücken, der Blick durchstöbert die bescheidensten Geheimnisse.
Und ich muß unwillkürlich an die Termitenhaufen in Paraguay denken, die ich mit einem Hackenschlag aufschlitzte, um ihr Geheimnis zu ergründen. Und gewiß war auch dieses kleine Gotteshaus für die Sieger, die es aufschlitzten, nur ein Termitenhaufen. Diese Nönnchen, die ein Fußtritt der Soldateska plötzlich ans Licht beförderte, begannen hierhin und dorthin zu laufen, die Wände entlangzuhuschen, und die Menge hat die Tragödie nicht bemerkt.
Wir aber sind keine Termiten. Wir sind Menschen. Für uns zählen nicht die Gesetze der Zahl und des Raumes. Durch seine Rechnungen wägt der Physiker in seinem Dachstübchen die Bedeutung der Stadt ab. Der Krebskranke, der in der Nacht aufwacht, ist eine Heimstatt des menschlichen Schmerzes. Ein einziger Bergmann ist es vielleicht wert, daß tausend Menschen sterben. Wenn es um Menschen geht, vermag ich nicht mehr, diese abscheuliche Arithmetik anzuwenden. Wenn man mir sagt: »Was bedeuten denn diese zwölf Opfer im Vergleich zu der ganzen Bevölkerung? Was bedeuten diese paar verbrannten Gotteshäuser im Vergleich mit einer Stadt, deren Leben weitergeht? Wo ist denn der Terror in Barcelona?«, so lehne ich diese Maßstäbe ab. Das Reich der Menschen läßt sich nicht vermessen.
Einer, der sich in seinem Kloster, seinem Laboratorium, seiner Liebe abschließt und anscheinend nur zwei Schritt von mir getrennt ist, wird in Wahrheit von tibetanischen Einsamkeiten umgeben und lebt in einer Entfernung, die ich

durch keine Reise je überbrücken werde. Wenn ich jene ärmlichen Mauern einreiße, weiß ich nicht, welche Kultur dadurch für immer versinkt, so wie Atlantis in den Fluten versank.

Rebhuhnjagd in den Büschen. Ein junges Mädchen, das inmitten seiner Brüder von der Kugel getroffen wird. Nein, der Tod ist es nicht, der mich erschreckt. Er scheint mir fast zu süß zu sein, wenn er mit dem Leben in Verbindung steht. Ich stelle mir gern vor, daß in diesem Kloster ein Sterbetag sogar ein Festtag war. Aber auf einmal dieses ungeheuerliche Vergessen der eigentlichen Menschenwerte, diese Rechtfertigungen, die Jünger der Algebra vorbringen – das sind die Dinge, die ich ablehne!

Die Menschen haben keine Achtung mehr voreinander. Als seelenlose Gerichtsvollzieher zerstreuen sie ein Mobiliar in alle Winde, ohne zu wissen, daß sie ein Königreich zugrunde richten. Da gibt es Komitees, die sich das Recht zur Säuberung zusprechen, dabei von Maßstäben ausgehen, die sie zwei- oder dreimal abändern, und nichts als Tote zurücklassen. Da gibt es einen General an der Spitze seiner Marokkaner, der mit ruhigem Gewissen die Menschen in Scharen verdammt, wie ein Prophet, der eine Glaubensspaltung ausrottet. Man erschießt hier, so wie man Wälder abholzt.

In Spanien sind die Massen in Bewegung, aber der einzelne, der eine Welt bedeutet, ruft aus der Tiefe seines Bergwerksschachtes vergebens um Hilfe.

MADRID

Im Juni 1937 hält sich Saint-Exupéry als Sonderkorrespondent des »Paris-Soir« in Madrid auf. Die folgenden Seiten wurden in Madrid und an der Front in Carabancel geschrieben und im Juli 1937 in drei Folgen im »Paris-Soir« veröffentlicht. Auf ihnen fußt eine Episode in »Wind, Sand und Sterne«: das Erwachen des spanischen Unteroffiziers.

Die Kugeln pfiffen über unsere Köpfe und prallten auf die in Mondlicht gebadete Mauer, an der wir entlanggingen. Ein Schutthaufen auf der linken Straßenseite wehrte die tieffliegenden Geschosse ab. Trotz jener kurzen Detonationen in tausend Metern Entfernung, die von einer hufeisenförmig vor uns und auf beiden Seiten sich entfaltenden Schlacht herrührten, fühlten sich der Oberleutnant, der mich begleitete, und ich selber ruhig und geborgen auf diesem weißen Landweg. Wir konnten singen, wir konnten lachen, wir konnten Streichhölzer anzünden – niemand kümmerte sich um uns. Wir waren wie Bauern, die zum Markt im Nachbardorf unterwegs sind. Tausend Meter weiter hätte uns die harte Notwendigkeit ohne weiteres auf dem schwarzen Schachbrett des Krieges einen Platz angewiesen, aber hier waren wir nicht im Spiel, waren vergessen und schwänzten die Schule.

Das galt auch von den Kugeln. Sie waren verirrt, ein Abfallprodukt ferner Kämpfe. Die hier pfeifenden Kugeln hatten dort drüben ihr Ziel verfehlt. Statt an den Erdbefestigungen oder auf einer menschlichen Brust zu zerschellen, waren einige zu hoch, über den Horizont hinweg, geschossen worden und entwischt.

Sie erfüllten die Nacht mit ihren unsinnigen Parabeln, ihren drei Sekunden Freiheit, starben schon gleich nach der Geburt. Die einen klatschten gegen die Mauer, andere, die sehr hoch vorüberzogen, verlängerten lange Peitschenhiebe bis zu den Sternen; nur die Rückschläger klangen seltsam, als wären sie unbeweglich, und deuteten ein Bienenleben an; einen Augenblick blieben sie gefährlich – giftig, aber ephemer.

Links von uns wurde die Böschung jetzt niedriger, und mein

Begleiter fragte mich: »Sollen wir den Laufgraben benutzen? Aber es ist dunkel, kommen wir nicht besser auf der Straße weiter?«

Ich ahnte neben mir sein spitzbübisches Lächeln. Da ich ja den Krieg kennenlernen wollte, hatte er es übernommen, ihn mich spüren zu lassen. Freilich flößten mir diese Rückschläger Respekt ein, die im gleichen Augenblick, in dem sie niedergingen, wie Insekten summten. Ich hörte aus ihrer Musik eine Absicht heraus. Meine Haut kam mir magnetisch vor, als sei es die Bestimmung der Kugeln, diese Haut zu suchen. Doch gleichzeitig vertraute ich meinem Kameraden: er will mir Eindruck machen, aber er möchte leben. Wenn er mir trotz dieses Hexenregens die Straße vorschlägt, so heißt das wohl, daß dieser Spaziergang ziemlich ungefährlich ist. Er weiß besser Bescheid als ich.

»Natürlich auf der Straße... Es ist eine so schöne Nacht!«

Ich hätte den Laufgraben vorgezogen, das versteht sich, aber ich behielt meine Meinung für mich. Ich kannte den Dreh. Schon lange vor meinem Begleiter hatte ich dieses Spielchen gespielt – damals in Cap Juby, als die Gefahrenzone zwanzig Meter vor dem Fort begann. Wenn ein etwas aufgeblasener Inspektor landete, der mit der Gegend wenig vertraut war, forderte ich ihn, während ich ihm die kleinen Begebenheiten des Flugplatzes erzählte, zu einem Spaziergang auf, der uns mitten hinein in die Wüste führte. Ich wartete dann auf die schüchterne Bemerkung, die mich in Bälde für alle Verwaltungsschikanen entschädigen sollte:

»Ach – es ist schon spät –, könnten wir nicht jetzt nach Haus gehen?« Nun hatte ich freie Hand, der gute Mann war fest an mich geschmiedet. Die Entfernung war so groß, daß er sich nicht getraut hätte, allein umzukehren. Eine Stunde lang schleppte ich ihn daher in flottem Tempo hinter mir her, wobei ich die nichtigsten Ausreden gebrauchte: wie einen Sklaven, der an meine Schritte gekettet war. Und da er darüber klagte, daß er sehr müde sei, gab ich ihm den guten Rat, sich hinzusetzen und auf mich zu warten; auf dem Heimweg würde ich ihn abholen. Dann schien er zu zögern,

schätzte die heimtückische Sandfläche mit den Augen ab, worauf er mit munterer Miene erklärte:
»Wenn ich's mir überlege, gehe ich genauso gern noch etwas...« So war ich's zufrieden, bewegte mich mit großen Schritten fort von unserem Obdach und erzählte ihm derweil von den grausamen Sitten der maurischen Stämme.
In jener Nacht war ich der Inspektor, den man als Sklaven spazieren führt, aber lieber zog ich jede Sekunde den Kopf zwischen die Schultern, statt mich in verschwommenen, wenn auch lichtvollen Überlegungen über die Romantik von Laufgräben zu ergehen.
Wir bewegten uns indessen in dieser Bodenfalte fort, ohne daß einer von uns einen Punkt hätte buchen können. Die Ereignisse hatten ein ernstes Gesicht angenommen, und unser Spiel kam uns fast kindisch vor: nicht, weil uns eine Maschinengewehrgarbe weggefegt oder ein Scheinwerfer entdeckt hätte, aber einfach wegen eines Lufthauchs, einer Art himmlischen Glucksens, das uns gar nicht betraf.
»Das ist für Madrid«, sagte der Oberleutnant.
Etwas vor Carabancel paßt sich der Laufgraben einem Hügelkamm an. In Richtung auf Madrid zu ist die Böschung eingestürzt, und in dem Ausschnitt zeigt sich uns die Stadt, weiß, erstaunlich weiß unter dem Vollmond.
Kaum zwei Kilometer trennen uns von diesen Hochhäusern, die das »Telefonic« beherrscht. Madrid schläft, oder vielmehr: Madrid tut so, als schliefe es. Das unheimliche Getöse, das wir nun in Abständen von zwei Minuten sich fortpflanzen hören, ertrinkt jedesmal in einer Totenstille. Es erweckt in der Stadt keinen Lärm, kein Hin und Her. Es versinkt jedesmal wie ein Stein im Wasser.
Auf einmal erscheint mir an Stelle Madrids ein Gesicht, ein weißes Gesicht mit geschlossenen Augen. Ein hartes, verbissenes Jungmädchengesicht, das die Schläge hintereinander einsteckt, ohne darauf zu antworten. Hier ist es wieder über unserem Kopf, in den Sternen, dieses Glucksen einer entkorkten Flasche... Eine Sekunde, zwei Sekunden, fünf Sekunden... Unwillkürlich trete ich zurück; es scheint mir, als

wenn ich diesen Stoß empfangen sollte; es ist, als wenn die ganze Stadt zusammenstürzte!

Aber Madrid taucht wieder auf. Nichts ist eingestürzt, es hat keine Miene verzogen, nichts hat sich verändert; das steinerne Gesicht ist unversehrt geblieben.

»Für Madrid...«

Er wiederholt das mechanisch, mein Kamerad. Er lehrt mich, dieses Beben in den Sternen zu entziffern, diese Haie zu verfolgen, die auf ihre Beute zustürzen:

»Nein – das ist eine Batterie vor uns, die antwortet... Das sind sie, aber sie schießen anderswohin... Das – das gilt Madrid.«

Die Explosionen, die sich verzögern – schließlich wartet man nicht mehr darauf. Wie viele Ereignisse sich doch in diesen Zeitraum zusammendrängen! Ein ungeheurer Druck steigt, steigt... Wenn sich dieser Dampfkessel nur entschließen könnte, in die Luft zu fliegen! Ach, es gibt Menschen, die eben gestorben sind, aber es gibt andere, die eben erlöst wurden. Achthunderttausend Einwohnern, weniger einem Dutzend Opfer, wird ein Aufschub gewährt. Zwischen dem Glucksen und der Explosion schwebten achthunderttausend in Lebensgefahr.

Jede Granate, die unterwegs ist, bedroht die ganze Stadt. Ich spüre sie, wie sie dort liegt: gedrängt, geschlossen, solidarisch. Ich glaube, diese Männer, diese Frauen, diese Kinder zu sehen – diese ganze ärmliche Bevölkerung, die eine regungslose Jungfrau unter ihrem Steinmantel birgt. Ich höre wieder den schändlichen Lärm und bin wie gebannt, angeekelt durch das Gleiten des Torpedos, ich weiß nicht mehr, was ich sage: »Sie – sie torpedieren Madrid...«

Und der andere macht sich zum Echo, das die Schüsse zählt: »Für Madrid – sechzehn.«

Ich habe meinen Laufgraben verlassen. Ich liege oberhalb der Böschung auf dem Bauch und blicke um mich:

Ein neues Bild löscht das andere aus. Madrid mit seinen Schornsteinen, seinen Türmchen, seinen Luken – Madrid gleicht einem Schiff auf hoher See. Das weiße Madrid auf den schwarzen Wassern der Nacht. Eine Stadt dauert länger als die Menschen: Madrid ist mit Auswanderern beladen und setzt sie vom einen Ufer des Lebens zum anderen über. Es trägt eine Generation. Es durchschifft langsam die Jahrhunderte. Männer, Frauen und Kinder bevölkern es, von seinen Mansarden bis zu seinen Kajüten. Sie warten, ergeben oder vor Furcht schlotternd, eingeschlossen im steinernen Schiff. Man torpediert ein Schiff, das mit Frauen und Kindern besetzt ist. Man will Madrid versenken wie ein Schiff.

Ich schere mich im Augenblick den Teufel um die Spielregeln des Krieges. Um seine Rechtfertigungen und Beweggründe. Ich lausche. Ich habe gelernt, ihn von anderen Lärmen zu unterscheiden, diesen trockenen Husten der Batterien, die auf Madrid spucken. Ich habe gelernt, den Weg abzulesen, den dieses Glucksen in den Sternen nimmt: es zieht irgendwo in der Nähe des Schützen vorüber. Ich habe gelernt, langsam fünf Sekunden zu zählen. Dann lausche ich. Ich weiß nicht, welcher Baum dem Blitz erliegt; ich weiß nicht, welche Kathedrale einstürzt; ich weiß nicht, welches arme Kind eben gestorben ist.

In der Stadt selbst habe ich heute nachmittag die Beschießung erlebt. Es hatte dieses Donnerschlags auf der *Gran Via* bedurft, um ein Menschenleben auszulöschen, ein einziges. Passanten reinigten sich vom Mauerschutt, andere liefen, eine schwache Rauchwolke verzog sich, aber der Verlobte, der wie durch ein Wunder von jeder Schramme verschont blieb, sah die *novia* vor seinen Füßen liegen – die Braut, deren goldgelben Arm er noch vor einer Sekunde gedrückt hatte und die jetzt in einen Schwamm voller Blut, einen Haufen Fleisch und Wäsche verwandelt war. Er kniete nieder, ohne zu begreifen; er schüttelte leise den Kopf und schien zu sagen: ›Wie seltsam ist das doch!‹ In diesem Gegenstand der Bewunderung, der auf solche Weise verschüttet war, erkannte er nichts vom Wesen seiner Freundin wieder. Die Verzweiflung bildete nur mit grausamer Langsamkeit in ihm ihre Grundwelle. Eine Sekunde lang noch war er vor allem verblüfft durch dieses plötzliche Verschwinden; er

ließ seine Blicke umherwandern und suchte die schlanke Gestalt, als müsse wenigstens sie fortbestehen.
Aber nichts war da außer einem Schmutzhaufen. Fortgewischt war der schwache Goldton, der den Menschen auszeichnet. Während sich in der Kehle des Mannes der Schrei vorbereitete, den irgend etwas noch hinauszögerte, hatte er genug Muße, um richtig zu begreifen, daß er nicht diese Lippen, sondern ihr Schmollen und das Lächeln dieser Lippen geliebt hatte. Er liebte nicht diese Augen, sondern ihren Blick. Nicht diese Brust, sondern ihr sanftes Wogen. Er hatte Muße, um endlich die Ursache der Angst zu entdecken, die er vielleicht durch die Liebe verspürte. Jagte er nicht dem Ungreifbaren nach? Es ging nicht darum, einen Leib zu umarmen, sondern einen Flaum, einen Lichtschein, den schwerelosen Engel, der diesen Leib umhüllte...

Ich schere mich im Augenblick den Teufel um die Spielregeln des Krieges und des Grundsatzes der Vergeltung. Wer hat angefangen? Auf eine Frage findet man stets eine Antwort; und der erste Mord, der allen anderen voranging, ist im Dunkel der Zeiten verborgen. Mehr denn je mißtraue ich der Logik. Wenn mir der Schulmeister beweist, daß das Feuer nicht die Haut versengt, halte ich die Hand über den Herd und erkenne ohne Logik, daß in seiner Überlegung irgendwo ein Fehler steckt. Ich sah, wie man einem kleinen Mädchen sein Lichtkleid ausgezogen hat: wie könnte ich an die Notwendigkeit der Vergeltung glauben?
Was den militärischen Nutzen einer solchen Beschießung angeht, so vermochte ich ihn nicht zu entdecken. Ich sah Hausfrauen mit aufgerissenem Leib; ich sah entstellte Kinder; ich sah die alte Straßenhändlerin die Reste des Gehirns abwaschen, die ihre Schätze bespritzt hatten; ich sah, wie die Portiersfrau aus ihrer Loge herauskam und mit einem Eimer Wasser den Gehsteig säuberte, und habe noch nicht begriffen, was diesen bescheidenen Vorgängen der Straßenreinigung im Kriege für eine Bedeutung zukommt.
Etwa eine moralische Bedeutung? Aber eine Beschießung

kehrt sich gegen das Ziel, das damit verfolgt wird. Durch jeden Kanonenschuß festigt sich etwas in Madrid. Die Gleichgültigkeit, die hin und her schwankte, kommt zu einem Entschluß. Ein totes Kind wiegt schwer, wenn es das deine ist. Eine Beschießung, so kam es mir vor, zersplittert nicht: sie vereinigt. Durch den Schrecken ballt man die Fäuste und findet sich im gleichen Entsetzen zusammen.

Der Oberleutnant und ich erklimmen die Böschung. Gesicht oder Schiff – dort ist Madrid, das die Schläge einsteckt, ohne sie zu erwidern. Doch so sind die Menschen: die Prüfungen kräftigen langsam ihre Tugenden.
Deshalb begeistert sich auch mein Begleiter; er denkt an diesen Willen, der sich härtet. Da steht er, die Fäuste in die Hüften gestemmt, und atmet schwer. Er beklagt nicht mehr die Frauen und Kinder...
»Das macht jetzt sechzig...«
Der Schlag dröhnt auf dem Amboß: ein riesiger Schmied schmiedet Madrid.
Wir sind wieder unterwegs zu den ersten Linien in Carabancel. Rings um uns, halbkreisförmig, wird die Front belebt durch ein fernes, unzusammenhängendes, allgemeines Schießen, das an das Verschwinden und Wiederauftauchen vom Meere gewälzter Kiesel erinnert. Zuweilen greift die Ansteckung dieser Schießerei wie eine Gasflamme im Umkreis von zwanzig Kilometern auf die Front über; dann beruhigt sich wieder alles, verstummt alles, kehrt alles heim. Und es gibt Augenblicke einer so völligen Stille, daß man spürt, wie der Krieg stirbt.
Es gibt solche gleichzeitigen Vergebungen allen Hasses. Nach dreißig Sekunden dieser Windstille hat sich das Gesicht der Welt schon verändert. Es gibt keine Schüsse, die man vergelten müßte; man braucht auf keine prompte Antwort zu warten; nirgends ist eine Herausforderung zu rügen. Welch erhebender Anlaß, um nie mehr zu schießen! Wer jetzt als erster einen Schuß abfeuert, möge die Last des Krieges tragen! Um den Frieden zu retten, genügt es, diese Stille

gewahr zu werden. Da ist sie, zärtlich wie ein Hirtenmädchen. Da ist sie und wünscht, daß man ihr lauscht...
Doch bevor jeder sie erkennen kann, peitscht irgendwo zu früh ein Gewehrschuß. Irgendwo schießt die Flamme aus der noch brennenden Asche empor. Irgendwo lebt der Krieg wieder auf durch die Tat eines einzigen Mörders, der in keiner Weise verantwortlich ist.
Und ich denke an die Stille, die abermals um sich greift, als etwas – Mine oder Torpedo – explodiert. Ein gipsartiger Staub hüllt uns ein. Ich springe zur Seite, aber aus dem bäuerlichen Schritt des Oberleutnants, der mir vorausgeht, ersehe ich, daß er sich für diese Eruption nicht zu interessieren gedenkt. Ist das Gewohnheit, Todesverachtung, Resignation? Ich werde nach und nach lernen, daß man sich seinen Mut für den Krieg zurechtbauen muß wie den Panzer einer Schildkröte. Man zwingt die Phantasie, ruhig zu bleiben. Alles, was in einer Entfernung von mehr als zehn Metern vor sich geht, verbannt man in ein anderes Universum. Doch ich wende nochmals den Kopf nach dem Getöse und versuche, die Geräusche zu entziffern.
In der vordersten Linie hat sich die Welt, die leer war, wieder bevölkert. Von Zeit zu Zeit leuchtet der Blitz eines Rauchers oder der Strahl einer Taschenlampe auf. Wir tasten uns nunmehr blind zwischen den kleinen Häusern von Carabancel durch, wo die Gräben ihren Weg kreuzen. Ohne es zu bemerken, gehen wir an dem schmalen Gäßchen entlang, das uns allein vom Feind trennt. Laufgräben führen hinunter zu den Weinkellern. Dort schläft man, wacht man und schießt durch die Luftlöcher hindurch. Und dort unten nehmen wir teil an dem seltsamen submarinen Leben. Ohne sie zu erkennen, gehe ich dicht an dieser versunkenen Menschheit vorüber. Von Zeit zu Zeit entfernt mein Führer sanft mit der Hand einen stummen Schatten und schiebt mich an den Platz des Beobachters. Dann beuge ich mich vor. Die Schießscharte ist mit einem Lumpen verhängt. Ich ziehe ihn fort und blicke einen Augenblick hindurch. Ich sehe nichts – außer einer Mauer gegenüber und diesem seltsamen Mond-

licht, das auf einer Wasserfläche zu schimmern scheint. Als ich sachte den Lumpen wieder hinhänge, scheint er mir das fließende Mondlicht abzutrocknen.
Eine Nachricht läuft um, die ich bald erfahre: noch vor Morgengrauen soll ein Angriff erfolgen. Es geht um die Eroberung von dreißig Häusern in Carabancel: dreißig zementenen Festungen unter hunderttausend. Da keine Artillerie vorhanden ist, muß man die Mauern sprengen und die derart aufgeschlitzten Zellen nacheinander besetzen. Ich muß dabei an die Fische denken, die man in Löchern aufstöbert und mit einem eisernen Haken fängt. Ich verspüre ein unbestimmtes Mißbehagen; ich betrachte diese Männer, die bald noch einmal kräftig Atem holen werden, um sich dann plötzlich in die blaue Nacht zu stürzen; und falls sie überhaupt zur gegenüberliegenden Mauer gelangen, werden sie unter dem Stein tödliche Umarmungen erleben.
Wie viele werden vor diesen fünfzehn Schritten schon zu Boden gesunken sein, ertrunken im Mondschein?
Doch nichts hat sich auf ihren Gesichtern verändert. Sie waren durchaus darauf gefaßt, Dienst zu tun. Sie alle sind Freiwillige, sie alle haben ihren Hoffnungen oder ihren privaten Freiheiten entsagt, sie haben sich der großen Bewegung angeschlossen. Dieser Sturmangriff geht in Ordnung. Man schöpft aus einem Menschenvorrat. Man schöpft aus einem Kornspeicher. Man streut eine Handvoll Körner aus, um zu säen.

Die Furcht beginnt mit einer leichten Erregung. Das grundlose Schießen ist stärker geworden. Man fürchtete den Feind, als hätte er vom bevorstehenden Angriff Wind bekommen und bereitete nun Gott weiß was für einen Verzweiflungsstreich vor. Man suchte ihn im Dunkeln. Man fürchtete das Opfer, man fürchtete jene grausame Entspannung der Opfer, die man am Nacken anrührt. Ich habe früher einmal kleine Raubtiere gesehen, die sich, trunken vor Angst, in ihrem Loch zusammenkauern. Sie springen dir an die Kehle. Man suchte den stummen Feind, diesen losgelassenen Narren, der im Land umherstreift und seine Verbrechen ausheckt; man schoß zunächst gegen die Stille. Man glaubte, ihn auf diese Weise deutlich antworten zu hören; man fürchtete die Gespenster, nicht die Menschen. Aber ein Gespenst antwortete. Und jetzt hören wir hier, im untersten Laderaum, unser Schiff krachen. Etwas geht langsam aus den Fugen. Das Mondlicht sickert durch die Ritzen. Man wehrt sich gegen dieses Eindringen des Ungreifbaren. Des Mondes, der Nacht, des Meeres. Von Zeit zu Zeit brandet der Sturm heran, und seine Rammstöße erschüttern uns. Durch die Gewehrkugeln wird die Luft dort draußen zum Ersticken, man fühlt sich durch sie wie eingesperrt; aber die Minen, aber die Mörser, die sich jetzt vervielfachen, beunruhigen uns jedesmal wie ein Attentat, wie das Messer eines Unbekannten, das sich ins Herz bohrt. Jemand flüstert: »Ich wette, sie werden als erste angreifen.«

Die Ausstrahlung dieser Erschütterung ging uns durch Mark und Bein. Die Menschen erzitterten, aber sie wankten nicht. Ich möchte das besser begreifen, was sie so magnetisiert, sie zurückhält. Ich werde morgen den Unteroffizier, meinen Nachbarn, danach fragen, wenn er lebend von seinem Sturmangriff zurückkommt. Ich werde ihm sagen: ›Unteroffizier, weshalb bist du zu sterben bereit?‹

Sie wanken nicht, aber sie erzittern unter der Axt. Man fällt den Menschen langsam, wie einen Baum. Er bleibt aufrecht, aber jeder Hieb tritt zu den anderen hinzu. Und so spüre ich in der Nacht alle Zweige erbeben.

Die Maschinengewehre feuern jetzt Funkenströme. Die Gewehrschüsse werden erbitterter. Sie sind nicht mehr das Ergebnis persönlicher Entscheidungen. Etwas kracht die Gräben entlang. Ich sehe, wie das Maschinengewehr, das mir am nächsten ist, hin und her schwankt. Dreißig Zentimeter über der schwarzen Erde läßt es seine Sichel wandern. Dreißig Zentimeter über der Erde atmet nichts mehr. Und doch ist etwas in Bewegung. Man kämpft jetzt erbittert gegen ein Gespenst; man bringt es nicht fertig, es zu verscheuchen!

Greifen sie an? Alles das ist wie verhext. Durch diese Schießscharte hindurch habe ich nichts gesehen, ich schwöre es; nichts als einen Stern. Und hier jagt der MG-Schütze jetzt seine Garben hinaus. Und wenn er schießt, scheint der Stern im Wasser zu zittern. Die Nacht ist voller Zauberei; man kämpft gegen die Sterne, und der Späher dort hebt langsam den Arm und meldet, meldet...

Und plötzlich scheint alles zugleich zu explodieren. Meine Gedanken überstürzen sich. Ich denke wie die anderen. Ich will nicht, ich will nicht... Ich will nicht, daß mich die Nacht auf den Rücken wirft, nach jenem Sprung in den Graben, über mir das Gewicht des Bauchaufschlitzers. Ich will nicht zwei Schritte neben mir einen tierischen Schrei hören. Ich will nicht, daß man mich für die großen steinernen Mausoleen einsammelt. Ach, wenn ich doch nur ein Gewehr hätte! Achtung! Ich schlage blind um mich. Achtung! Ich tue jedem etwas an, der weiter vorrückt! Ich verkörpere mich in diesem MG-Schützen, lasse meine Schüsse mit ihm hin und her tanzen, als wenn ich mit dem Degen Rad schlüge: nehmt euch in acht! Ich will nicht Menschen töten, aber die Nacht, aber den Krieg, aber den Schrecken, das bleiche Gespenst, das aus dem Alpdruck hervortritt und einen Schritt weiter vorrückt...

Aha! Das war also eine Panik!

Wir sind beim Hauptmann. Der Unteroffizier erstattet Bericht. Es handelte sich um einen falschen Alarm, aber der Feind schien im Bilde zu sein. Soll es beim Angriff bleiben? Der Hauptmann zuckt mit den Achseln. Auch er führt bloß Befehle aus. Und er schiebt uns zwei Kognakgläser zu.

»Du springst mit mir zusammen als erster hinaus«, sagte er dem Unteroffizier. »Trink, und geh dann schlafen!«

Der Unteroffizier ist schlafen gegangen. Man räumt mir einen Platz ein an diesem Tisch, an dem wir zu zehnt Wache halten. In diesem gut kalfaterten Raum, aus dem kein Licht nach draußen dringt, ist die Helle so grell, daß ich die Augen zukneife. Ich trinke diesen leicht gezuckerten, etwas ekelerregenden Kognak; er hat den trüben Geschmack der frühen Morgenstunden. Ich begreife nicht recht, was mich umgibt, ich trinke und schließe die Augen. Ich sehe die graugrünen Häuser Carabancels vor mir.

Rechts von mir erzählt man sehr schnell eine komische Geschichte, von der ich nur ein Wort unter dreien verstehe. Links spielt man eine Partie Schach. Wo bin ich?

Ein angetrunkener Mann kommt herein; er schwankt etwas in dieser bereits unwirklichen Welt. Er streichelt seinen stachligen Bart und wirft uns zärtliche Blicke zu. Sein Auge fällt auf den Kognak, wendet sich ab, kehrt zum Kognak zurück, umkreist flehend den Hauptmann. Der Hauptmann lacht still vor sich hin. Der Mann schöpft Hoffnung und lacht ebenfalls. Auch die Zuschauer überkommt ein leises Lachen. Der Blick des Mannes mimt Verzweiflung, und so hebt ein zärtliches Spiel an, eine Art schweigenden Balletts, das etwas Traumhaftes an sich hat in dem dicken Zigarettenqualm, angesichts der nächtlichen Strapazen, der Aussicht auf den bevorstehenden Angriff. Und mich erstaunt diese Stimmung auf einer sich ihrem Ende zuneigenden Nachtwache, bei der man die Zeit am Sprießen des Bartes abliest, während draußen die Brandung des Meeres anschwillt.

Bald werden diese Männer ihren Alkohol, die Verschmutzung ihres Wartens in den königlichen Wassern der Kriegsnacht abwaschen. Ich spüre es, wie sie solch einer Reinheit schon ganz nah sind. Aber noch tanzen sie, solange sie tanzen können, das Ballett des Betrunkenen und der Flasche. Noch spielen sie, solang es irgend geht, ihre Schachpartie. Noch ziehen sie ihr Leben so weit wie möglich in die Länge. Eine alte Weckeruhr thront derweil auf einem Regal. Sie ist eingestellt, damit sie rechtzeitig weckt. Ich bin der einzige, der sie verstohlen betrachtet. Hört sie denn niemand hier? Ihr Ticken ist doch unüberhörbar!

Der Wecker wird also schellen. Dann werden sich diese Männer erheben und ihre Arme recken. Seltsamerweise überkommt einen diese Gebärde jedesmal, wenn es darum geht, weiterzuleben. Sie werden also die Arme recken und ihr Koppel umschnallen. Der Hauptmann wird seinen Revolver ergreifen. Der Betrunkene wird nüchtern werden. Dann werden alle, ohne sich besonders zu sputen, den Gang hinuntergehn, bis zum Rechteck aus blassem Licht, zu dem er führt – dem Rechteck, das der Himmel ist; sie werden etwas Alltägliches sagen, etwa: ›Schöner Mondschein heute‹ oder ›Es ist mild‹. Und dann werden sie sich in die Sterne stürzen.

Kaum hat das Telefon den Angriff abgesagt, in dem nahezu alle, beim Sturm auf die Zementmauer, den Tod gefunden hätten; kaum fühlen sie sich geborgen, da sie nun die Gewißheit haben, daß sie noch einen ganzen Tag lang mit ihren groben Stiefeln auf der lieben Erde herumtrampeln können, kaum haben sie ihren Frieden, als sie schon alle lamentieren. Tausend Klagen werden laut: »Hält man uns denn für Weiber?« – »Führen wir eigentlich Krieg oder nicht?« Tausend bittere Worte fallen über einen Generalstab, der auf diesen Handstreich verzichtet, der aber – wie sie sagen – das Bombardement von Madrid unterstütze und den Blutzoll an Kindern gutheiße, der Tag für Tag den Geschützen dargebracht werde; gebiete er doch Untätigkeit gerade in dem Augenblick, in dem man sich anschickte, diese Batterien über die Berge zurückzujagen, zweimal so weit, wie nötig wäre, um die dem Untergang geweihte Unschuld zu retten.

Ich kann freilich nicht vergessen, daß es sich darum handelt, dreißig Zementfestungen, die Mörser und Maschinengewehre verteidigen, mit einer Handvoll Soldaten zu erobern und derart, falls ein Wunder geschieht, achtzig Meter weiter vorzurücken; offensichtlich wären dadurch unter den Kindern Madrids nur solche gerettet worden, die sich, um so die Schule zu schwänzen, auf den dem Artilleriebeschuß ausgesetzten letzten achtzig Metern aufzuhalten pflegten.

Ich habe auch den Eindruck und kann mich dabei auf das Eingeständnis meiner Kameraden berufen, daß keiner unter ihnen nach diesem Sprung ins Ungewisse noch das Mondlicht erblickt hätte und daß sie sich eigentlich glücklich schätzen müßten, weil sie nun noch so kräftig schimpfen können, aufgetaut durch die neuen Kognakgläser, die sie zum Trost, aber mit großem Vergnügen trinken und die seit dem Telefonanruf so sonderbar den Geschmack verändert haben. Doch ich sehe nichts von jenem Ungestüm, das mir als Schaumschlägerei oder lächerliche Pose erscheinen könnte; ich weiß ja, daß sie alle heute nacht ganz schlicht zu sterben bereit waren, und weiß auch etwas, was ich euch gern begreiflich machen möchte.

Im übrigen erkenne ich auf dem Grund meines Herzens einen Widerspruch, der dem ihrigen gleicht und der mich doch keineswegs stört. Freilich wünschte ich im stillen – gewiß mehr als sie, da ich als bloßer Zuschauer nicht die gleichen Gründe habe, um solche Gefahren auf mich zu nehmen –, dieser Schiffbruch, in den ich unversehens geraten war, möchte abgesagt werden. Und doch: jetzt, da ein langer Tag und die verheißenen Freuden bevorstehen; jetzt, da ich nichts mehr fürchten muß, sehne auch ich mich nach etwas Unbestimmtem, das diesen Schiffbruch begleitete.

Es ist Tag. Ich wasche mich im eisigen Wasser des Brunnens, der Kaffee dampft in den Näpfen, vierzig Meter vom Feind entfernt, in einer Laube, die die mittelalterlichen Bomben zerfetzt haben, die jedoch die morgendliche Waffenruhe respektieren wird; hier versammeln sich die Davongekommenen, sobald die Wäsche beendet ist, um sich dem Leben hinzugeben und Weißbrot, Zigaretten und Lächeln miteinander zu teilen. Da finden sie sich nacheinander ein: der Hauptmann, der Unteroffizier R., der Oberleutnant, legen ihre Ellenbogen wuchtig auf den Tisch und haben die Schätze vor Augen, die sie im Augenblick, da sie sie hergeben sollten, weise verachteten, die aber jetzt ihren ganzen Wert wiedererlangen. Schon erschallen die »Salud Amigo«, und kräftige Schläge dröhnen auf die Schultern.

Und ich genieße den eisigen Wind, der mich streichelt, und die Sonne, die uns unter dem Eis vergoldet. Ich genieße dieses Hochgebirgsklima, in dem ich mich glücklich fühle. Ich genieße die Heiterkeit dieser Männer, die in ihren Hemdsärmeln neue Kräfte aus ihrer Mahlzeit schöpfen und darangehen werden, die Welt zu verändern, sobald sie wieder auf den Beinen sind.

Irgendwo platzt eine reife Erbsenschote. Von Zeit zu Zeit wird so eine Kugel am Stein zerspringen. Es ist ohne Zweifel der Tod, der hier herumirrt, aber er ist untätig, verfolgt keine bösen Absichten. Seine Stunde hat nicht geschlagen. In der Laube geht es darum, das Leben zu feiern. Der Hauptmann teilt das Brot aus, und wenn ich schon anderswo bemerkt habe, wie dringlich es ist, so entdecke ich hier doch zum ersten Male, welch eine Würde der Nahrung innewohnt. Ich erlebte schon, wie Lastwagen mit Lebensmitteln für hungrige Kinder ausgeladen wurden, und das war ergreifend, aber ich ahnte noch nie, wie ernst eine Mahlzeit sein kann. Die ganze Mannschaft ist aus der finsteren Tiefe emporgestiegen, und der Hauptmann bricht das weiße Brot, das so von Weizen durchsetzte, durchsättigte Brot Spaniens, damit jeder der Kameraden, der seine Hand ausstreckt, ein duftiges Stück empfangen kann – ein Stück, so dick wie eine Faust, das sich in Leben verwandeln wird.

Denn sie alle sind aus der finsteren Tiefe emporgestiegen. Und ich mustere diese Männer, die derart ein neues Leben beginnen. Ich betrachte vor allem den Unteroffizier R., der als erster die Deckung verlassen sollte und der sich vor dem Angriff schlafen gelegt hatte. Ich wohnte seinem Erwachen bei, dem Erwachen eines zum Tode Verurteilten. Der Unteroffizier R. wußte, daß er als erster vor einem Maschinengewehrnest auftauchen würde, um im Mondschein jene fünfzehn Schritte zu tanzen, jenes Ballett, an dem man stirbt.

Die Schützengräben von Carabancel schlängeln sich durch kleine Arbeiterhäuser, deren Möbel an Ort und Stelle geblieben sind, und so schlief der Unteroffizier R. in seinen Kleidern auf einem Eisenbett, nur ein paar Schritte vom Feind entfernt. Als wir eine Kerze angezündet und sie in einen Flaschenhals gesteckt hatten; als wir dieses Sterbebett aus dem Dunkel hervorholten, sahen wir zuerst nichts als ein paar grobe Stiefel. Riesige, mit Eisen beschlagene Nagelstiefel, Stiefel, wie sie Eisenbahner oder Müllkutscher tragen;

das ganze Elend der Welt hatte Platz darin, denn mit solchen Stiefeln an den Füßen ging es nicht darum, im Leben glückliche Schritte zu tun, sondern es anzupacken wie ein Hafenarbeiter, für den das Leben ein Schiff ist, das es zu entladen gilt.

Der ganze Körper dieses Mannes war mit Geräten bedeckt, mit Patronentaschen, Revolver, ledernen Hosenträgern und Koppelriemen. Er trug den Packsattel oder die Halskette – das ganze Geschirr des Arbeitspferdes. In Marokko sieht man, tief unten in den Kellern, Mühlsteine, die von blinden Pferden bewegt werden. Auch hier, im flackernden und rötlichen Schein einer Kerze, weckte man ein blindes Pferd, damit es seinen Mühlstein bewegen sollte.

»Hallo! Unteroffizier!«

Er stieß einen schweren Seufzer aus, der wie eine Woge anbrandete, und kehrte sich uns langsam zu, wie aus einem Guß, so zeigte er uns ein verschlafenes, aber schmerzlich verzogenes Gesicht. Seine Augen waren geschlossen, und seine Lippen, aus denen die Luftblase des Seufzers aufstieg, blieben halb offen, wie die Lippen eines Ertrunkenen.

Wir setzten uns auf sein Bett und nahmen, ohne ein Wort zu sprechen, an diesem mühsamen Erwachen teil, denn der Mann klammerte sich an unterseeische Tiefen, hielt sich mit den Fäusten, die er öffnete und schloß, an schwarzen Algen fest. Schließlich, nachdem er wiederum geseufzt hatte, drehte er sich nochmals um, stieß mit dem Gesicht gegen die Wand und entzog sich uns mit der Hartnäckigkeit eines Tieres, das nicht will, das nicht sterben will und das starrköpfig dem Schlachthaus den Rücken kehrt.

»Hallo! Unteroffizier!«

Er wurde abermals aus dem Meeresgrund zurückgerufen, kam zu uns zurück, und sein Gesicht tauchte von neuem ins Kerzenlicht. Aber diesmal hatten wir den Schläfer am Angelhaken; er konnte uns nicht mehr entgehen. Seine Lider legten sich in Falten, sein Mund bewegte sich, er strich sich mit der Hand über die Stirn, machte noch eine Anstrengung, um zu seinen glücklichen Träumen zurückzukehren; um sich unserer Welt des Dynamits, der Müdigkeit, der eisigen Finsternis zu entziehen, aber es war zu spät. Etwas erzwang sich Achtung, das von draußen kam. So weckt die Schuluhr langsam das widerstrebende Kind. Es hatte das Katheder, die schwarze Tafel, das Pensum vergessen. Es träumte von einem Ferientag und hatte seine Freude, wie die anderen, am Lachen und Spazierengehen... Aber die Uhr führt es unerbittlich zurück zur Ungerechtigkeit der Menschen.

Wie dieses Kind übernahm nun der Unteroffizier wieder die Verantwortung für diesen durch Erschöpfung abgenutzten Körper, diesen Körper, den er satt hatte und der, in der Kälte des Erwachens, bald die traurigen Schmerzen an den Gelenken, dann die Last des Anschirrens, dann den schwerfälligen Lauf in den Tod kennenlernen sollte; den Schmutz des Blutes, in das man die Hände taucht, um sich wieder aufzurichten, den Kleister dieses gerinnenden Sirups. Nicht so sehr den Tod, als den Leidensweg des bestraften Kindes.

Und er reckte seine Glieder, eines nach dem anderen, zog den Ellbogen an sich heran, streckte das Bein aus, behindert in den letzten Schwimmstößen des Schlafes durch die Riemen, den Revolver, die Patronentaschen, die drei Handgranaten, die an seinem Koppel hingen und auf denen er geschlafen hatte. Schließlich öffnete er langsam die Augen, richtete sich auf und sah uns an:

»Ach ja... Es ist Zeit.«

Er hatte bloß seinen Arm nach dem Gewehr ausgestreckt.

»Nein, der Angriff ist abgeblasen.«

Unteroffizier R., ich bezeuge, daß wir dir das Leben zum Geschenk gemacht haben. Ganz einfach das Leben. So vollständig wie zu Füßen des elektrischen Stuhls. Und Gott weiß, was man über die Rührseligkeit einer Begnadigung zu Füßen des elektrischen Stuhls für Tinte verspritzt. Nun überbringen wir dir die Begnadigung *in extremis*, da dich nach deiner Vorstellung nur noch eine dünne Wand vom Tode trennte. Jetzt verzeihe mir meine Neugier: ich habe dich angeschaut. Und ich werde niemals dein Gesicht vergessen. Ein rührendes und häßliches Gesicht, mit der etwas zu großen, höckerigen Nase, den vorspringenden Backenknochen und dem Kneifer des Intellektuellen. Wie nimmt man das Geschenk des Lebens entgegen? Ich werde es dir sagen. Man bleibt sitzen, man zieht seinen Tabak aus der Tasche und schüttelt langsam den Kopf, während man auf den Boden blickt. Dann sagt man:

»Das ist mir ebenso recht.«

Man schüttelt wiederum den Kopf und fügt hinzu:

»Hätte man uns zwei oder drei Brigaden zur Verstärkung geschickt, und hätte dieser Angriff einen Sinn gehabt, dann könntest du hier eine Begeisterung erleben...«

Unteroffizier, Unteroffizier – was fängst du an mit dem Leben, das dir geschenkt wurde?

Jetzt tauchst du dein Brot in den Kaffee, friedfertiger Unteroffizier, du drehst Zigaretten und gleichst dem Kinde, dem man seine Strafe erlassen hat. Und doch bist du, genau so wie deine Kameraden, gewillt, noch heute nacht abermals die paar Schritte zu gehn, nach denen man nur noch in die Knie sinken kann. Und so wälze ich in meinem Kopf immer wieder die Frage, die ich dir schon seit gestern stellen möchte: ›Unteroffizier, weshalb bist du zu sterben bereit?‹ Doch diese Frage läßt sich nicht aussprechen, das weiß ich genau. Sie würde ein Schamgefühl verletzen, das nichts von sich selber weiß, das jedoch nicht verzeihen könnte. Wie würdest du darauf antworten? Mit großen Worten? Sie kämen dir unecht vor, und sie *sind* unecht. Welch eine Sprache stände dir zu Gebote, um dich auszudrücken, der du so schamhaft bist? Doch ich bin entschlossen, es herauszufinden, und so werde ich der Schwierigkeit ausweichen. Ich werde dir kleine Fragen stellen, die nach gar nichts aussehn...

›Weshalb bist du eigentlich eingerückt?‹

Im Grunde weißt du es selber nicht, Unteroffizier, wenn ich dich recht verstanden habe. Du warst Buchhalter irgendwo in Barcelona, interessiertest dich nicht für Politik und reihtest deine Zahlen aneinander, ohne dich viel um den Kampf gegen die Aufständischen zu kümmern. Doch ein Kamerad meldete sich, dann ein zweiter, und so erlebtest du zu deinem Erstaunen eine sonderbare Veränderung: nach und nach kamen dir deine Beschäftigungen belanglos vor. Deine Vergnügungen, deine Arbeit, deine Träume – all das gehörte einem anderen Zeitalter an. Darin bestand jedenfalls nicht das Entscheidende. Schließlich traf dann die Nachricht ein, einer von euch sei an der Front von Malaga gefallen. Es war keineswegs ein Freund, den ihr hättet rächen wollen, und doch ging diese Nachricht über euch, über euer enges Dasein hinweg wie ein Windstoß vom Meer. Ein Kamerad schaute dich an diesem Morgen an: »Machen wir mit?« »Wir machen mit!« Und so habt ihr »mitgemacht«.

Du bist nicht einmal erstaunt über diesen gebieterischen Appell, der dich zum Aufbruch zwang. Du bejahst eine Wahrheit, die du nicht in Worte zu übersetzen vermochtest, die aber so einleuchtend war, daß sie dich ergriff.

Und während ich dieser einfachen Erzählung zuhöre, kommt mir ein Gedanke, den ich zunächst für mich behalte.

Ich sehe ein Bild vor mir.

Wenn zur Zeit des großen Vogelflugs Wildenten oder Wildgänse vorüberziehen, entsteht in den Gebieten, die sie überfliegen, eine seltsame Bewegung. Als wären sie durch den großen Dreiecksflug magnetisch angezogen, versuchen sich die zahmen Vögel in unbeholfenen Sprüngen, die sie schon nach wenigen Schritten aufgeben. Der Ruf aus der Wildnis hat in ihnen mit der Gewalt einer Harpune das Überbleibsel irgendeines Urtriebs getroffen. Und so verwandeln sich nun die Enten auf dem Bauernhof eine Minute lang in Zugvögel. So entfalten sich in diesen harten Köpfchen, in denen nur dürftige Bilder von Teichen, Würmern, Hühnerställen umgingen, kontinentale Weiten, die Freude an Winden auf hoher See, an der Geographie der Meere. Und so taumelt die Ente von links nach rechts in ihrem Gehege aus Eisendraht; sie wird ergriffen von jener plötzlichen Leidenschaft, von der sie nicht weiß, wohin sie führt, und von jener weiten Liebe, deren Ziel ihr immer unbekannt bleiben wird.

So entdeckt auch der Mensch, den eine unbekannte Einsicht

ergreift, die Nichtigkeit seiner Tätigkeit als Buchhalter wie auch der Annehmlichkeiten seines häuslichen Lebens. Doch er vermag dieser erhabenen Wahrheit keinen Namen zu geben.

Um uns solche Berufungen zu erklären, spricht man uns von einem Fluchtbedürfnis oder von der Freude an der Gefahr, als wenn es nicht zuerst darauf ankäme, dieses Fluchtbedürfnis und diese Freude an der Gefahr aufzuhellen. Man bemüht auch die Stimme der Pflicht, aber woher kommt es, daß sie so eindringlich ist? Was hast du begriffen, Unteroffizier, als dein Friede gestört wurde?

Dieser Anruf, der dich aufscheuchte, quält zweifellos alle Menschen. Mag sie sich Opfer, Dichtung oder Abenteuer nennen: die Stimme bleibt die gleiche. Aber die häusliche Sicherheit erstickte allzu gründlich den Teil in uns, der sie hören könnte. Wir erbeben kaum durch sie, wir flattern zwei- oder dreimal mit den Flügeln und sinken dann wieder zurück auf unseren Geflügelhof. Wir sind vernünftig. Wir fürchten, daß wir unsere kleine Beute einem großen Schatten zuliebe verlieren könnten. Doch du, Unteroffizier, du entdeckst, welch schäbiger Geiz diesen Tätigkeiten eines Ladenbesitzers, diesen kleinen Vergnügungen, diesen kleinen Bedürfnissen anhaftet. Hier leben keine Menschen. Und du bist bereit, dem großen Anruf zu folgen, ohne ihn zu begreifen. Die Stunde ist da, du mußt dich wandeln, du mußt deine Spannweite gewinnen.

Die zahme Ente wußte nicht, daß ihr Köpfchen weit genug ist, um Ozeane, Kontinente, Himmel zu enthalten, aber nun schlägt sie mit den Flügeln, mißachtet das Korn, mißachtet die Würmer und will zur Wildente werden.

Wenn der Tag kommt, an dem die Aale den Atlantik erreichen müssen, sind sie nicht mehr zu halten. Ihre Bequemlichkeit und ihr Friede und die lauen Wasser sind ihnen dann völlig gleichgültig. Sie ziehen ihren Weg unter Mühen, reißen sich wund an den Hecken, an den Steinen. Sie suchen den Fluß, der in den Abgrund führt.

So fühlst auch du dich fortgerissen zu dieser inneren Wanderung, von der dir nie jemand ein Wort sagte. Du bist bereit für eine Hochzeit, die dir ganz unbekannt ist, auf die du aber notgedrungen antworten mußt: »Machen wir mit?« »Wir machen mit!« Und dann hast du mitgemacht. Du bist aufgebrochen zu einer Kriegsfront, von der du nichts wußtest. Einer Notwendigkeit folgend hast du dich in Bewegung gesetzt, gleich jenem silbernen Völkchen, das auf der Wanderung zum Meer in den Feldern glitzert oder wie jenes schwarze Dreieck am Himmel.

Was suchtest du? Heute nacht warst du beinah am Ziel. Was hast du denn in dir entdeckt? Deine Gefährten beklagten sich beim Morgengrauen: um welchen Lohn wurden sie gebracht? Was haben sie denn in sich entdeckt, das sich schon zeigen wollte und das sie beweinen?

Ich will gar nicht wissen, ob sie heute nacht Angst hatten oder nicht. Ich will gar nicht wissen, ob es ihr Wunsch war oder nicht, daß der Schiffbruch abgesagt werden sollte. Oder ob sie sogar gewillt waren zu fliehen. Denn sie sind ja nicht geflohen. Denn sie sind ja bereit, in der nächsten Nacht wieder von neuem anzufangen. Es gibt Flüge von Zugvögeln, auf denen diese den Ozean mit Gegenwind überqueren wollen. Und so wird der Ozean zu breit für sie; sie wissen nicht, ob sie das andere Ufer erreichen werden. Doch in ihren Köpfen sind Bilder von Sonne und heißem Sand, die sie an diesem Flug festhalten lassen.

Wie sehen die Bilder aus, Unteroffizier, die derart dein Geschick beherrschten; die solchen Wert für dich hatten, daß du deinen Leib in dem Abenteuer einsetztest? Deinen Leib, deinen einzigen Reichtum? Man muß lange leben, um ein Mensch zu werden. Langsam flicht man das Netz der Freundschaften und Zärtlichkeiten. Langsam lernt man. Langsam bringt man sein Werk zustande. Und stirbt man zu früh, ist man gleichsam um seinen Vorrat gebracht. Man muß lange leben, um sich zu vollenden.

Doch mit Hilfe der nächtlichen Prüfung, die alles Nebensächliche von dir abstreifte, hast du auf einmal ein Wesen entdeckt, das von dir stammt und das du noch gar nicht kanntest. Du gewahrst seine Größe und wirst es nicht mehr vergessen. Und dieses Wesen bist du selbst. Auf einmal hast du das Gefühl, daß du dich im selben Augenblick vollendest und daß du die Zukunft nicht so notwendig brauchst, um Schätze aufzuhäufen. Der hat seine Flügel geöffnet, der nicht mehr an die vergänglichen Güter gekettet ist; der bereit ist, für alle Menschen zu sterben und in irgendein Universales heimkehrt. Ein großes Wehen geht hinweg über ihn. So hast du ihn aus seinem Gangstein befreit, den schlafenden Herrn, dem du Obdach botest: den Menschen. Du bist ebenbürtig dem Komponisten, dem Physiker, der der Erkenntnis fortschreiten hilft, allen denen, die jene Straßen bauen, auf denen wir befreit werden. Jetzt kannst du ruhig dem Tod ins Auge sehen. Was hast du denn zu verlieren? Wenn du glücklich in Barcelona warst, verschleuderst du nicht dein Glück. Du hast jene Höhe erreicht, auf der alle Regungen der Liebe nur ein gemeinsames Maß haben. Solltest du leiden, solltest du allein sein, sollte dein Leib ohne Zuflucht sein, so bist du hier aufgenommen in Liebe.

FRIEDEN ODER KRIEG?

Diese Leitartikel, 1938 von Saint-Exupéry geschrieben, wurden in drei Folgen im Oktober 1946 im »Paris-Soir« veröffentlicht.

Krieger, wer bist du?

Um ein Übel zu heilen, muß man es erkennen. Und sicherlich ist uns übel zumute. Wir haben uns entschlossen, den Frieden zu retten. Doch dadurch, daß wir den Frieden retteten, haben wir Freunde verstümmelt. Und zweifellos waren viele von uns gewillt, ihr Leben einzusetzen, um der Freundschaftspflicht Genüge zu tun. Die so dachten, empfinden eine Art Scham. Doch wenn sie den Frieden geopfert hätten, empfänden sie die gleiche Scham. Denn dann hätten sie den Menschen geopfert: sie hätten in die unwiederbringliche Zerstörung der Bibliotheken, der Kathedralen, der Laboratorien Europas gewilligt. Sie wären bereit gewesen, seine Traditionen zu vernichten; sie wären bereit gewesen, die Welt in eine Aschenwolke zu verwandeln. Und deshalb schwankten wir hin und her zwischen der einen und der anderen Meinung. Als uns der Friede bedroht schien, entdeckten wir die Schande des Krieges. Als uns der Krieg erspart zu bleiben schien, empfanden wir die Schande des Friedens.

Wir dürfen uns nicht diesem Abscheu über uns selber hingeben: keine Entscheidung hätte ihn uns erspart. Wir müssen uns wieder in die Gewalt bekommen und den Sinn dieses Abscheus herausfinden. Wenn der Mensch auf einen so grundlegenden Widerspruch stößt, besagt das, daß die Frage nicht richtig gestellt wurde. Wenn der Physiker entdeckt, daß die Erde durch ihre Bewegung den Äther, in dem das Licht sich verbreitet, mit fortreißt, und wenn er zugleich entdeckt, daß dieser Äther unbeweglich ist, verzichtet er nicht auf die Wissenschaft, sondern verändert seine Sprache und verzichtet auf den Äther.

Um zu entdecken, wo dieses Übel seinen Sitz hat, gilt es zweifellos, über den aktuellen Ereignissen zu stehen. Wir müssen ein paar Stunden die Sudeten vergessen. Wir sind blind, wenn wir keinen Abstand halten. Wir müssen etwas über den Krieg nachdenken, da wir ihn ja zugleich ablehnen und bejahen.

Ich weiß, was für Vorwürfe man mir machen wird. Die Leser einer Zeitung verlangen konkrete Reportagen, keine Reflexionen. Die Reflexionen seien für Zeitschriften da oder für Bücher. Doch ich bin darin anderer Meinung.
Immer steht mir das Bild meines ersten Nachtfluges in Argentinien vor Augen. Es war eine pechschwarze Nacht. Doch in diesem Nichts leuchteten verschwommen wie Sterne die Lichter der Menschen in der Ebene.
Ein jeder Stern besagte, daß man mitten in der Nacht dort unten nachdachte, las, vertrauliche Gespräche weiterführte. Ein jeder Stern kündete wie ein Leuchtfeuer die Gegenwart eines menschlichen Bewußtseins. In jenem dort meditierten sie vielleicht über das Glück der Menschen, über die Gerechtigkeit, über den Frieden. Verloren in dieser Sternenherde war der Stern der Hirten. Hier nahm man vielleicht Verbindung auf mit den Gestirnen, mühte sich ab, den Andromedanebel zu berechnen. Anderswo liebte man. Überall brannten diese Feuer auf den Feldern, und auch die bescheidensten verlangten nach Nahrung: das Feuer des Dichters, des Lehrers, des Zimmermanns. Doch wie viele Fenster waren geschlossen inmitten dieser lebenden Sterne, wie viele Sterne waren erloschen, wie viele Menschen in Schlaf gesunken. Wie viele Feuer spendeten nicht mehr ihr Licht, da sie nicht gespeist worden waren.
Es kommt nicht darauf an, ob sich der Journalist in seinen Überlegungen täuscht; niemand ist unfehlbar. Es kommt nicht darauf an, ob er in alle diese Behausungen eindringt; die Häuser, in denen man wacht, verleihen einem Land seinen Sinn. Der Journalist weiß nicht, wer mit ihm Verbindung aufnehmen wird, aber darauf kommt es nicht an; er hofft, wenn er Reisig in den Wind wirft, dadurch einige jener Feuer zu nähren, die verstreut im Lande brennen.

Sie waren drückend, die Tage, die wir vor den Lautsprechern erlebten. Es war wie ein Warten auf Einstellung am Eisentor einer Fabrik. Die Männer, die sich drängten, um Hitler reden zu hören, sahen sich schon in Güterwagen gepfercht und sich dann hinter stählernen Maschinen eingeteilt: im Dienste jener Fabrik, zu der der Krieg geworden ist. Da sie schon gleichsam eingereiht waren in die gigantische Fron, verzichtete der Forscher auf die Berechnungen, durch die er mit dem Weltall in Verbindung stand, verzichtete der Vater auf die Abendsuppe, die Haus und Herz mit ihrem Duft erfüllt, und der Gärtner, der für eine neue Rose gelebt hatte, fand sich damit ab, daß er die Erde nicht mehr durch sie verschönen konnte. Wir alle waren bereits entwurzelt, durcheinandergerüttelt und in solchem Wirrwarr unter den Mühlstein geworfen.

Nicht aus Opfermut, sondern weil wir uns dem Widersinn preisgaben. Ertrunken in Widersprüchen, die wir nicht zu lösen vermochten, entmutigt durch die Zusammenhanglosigkeit von Geschehnissen, die keine Sprache mehr erhellt, fanden wir uns dunkel mit dem blutigen Drama ab, das uns endlich einfache Pflichten auferlegt hatte.

Wir wußten freilich, daß jeder Krieg, seit er mit Bomben und Hyperit geführt wird, mit dem Zusammenbruch Europas enden muß. Doch wir sind viel weniger, als man sich das vorstellt, durch die Schilderung einer Katastrophe zu beeindrucken. Allwöchentlich wohnen wir Bombardements in Spanien oder China bei, versunken in unsere Kinosessel. Ohne daß es uns selber erschütterte, können wir die Feuerstöße hören, die die Städte in ihren Grundfesten treffen. Wir bewundern die Wolken aus Ruß und Asche, die jene vulkanischen Erden langsam gen Himmel senden. Und doch! Es ist das Korn der Speicher, das Fleisch verbrannter Kinder, es sind die angestammten Schätze, die Erbschaft von Generationen, die sich in Rauch auflösen und langsam dieses schwarze Wolkengebirge nähren.

Ich bin in Madrid Straßen hinuntergegangen, deren Fenster wie ausgestochene Augen nur noch weißen Himmel umschlossen. Lediglich die Mauern hatten widerstanden, und hinter diesen Scheinfassaden war der Inhalt von sechs Stockwerken auf fünf oder sechs Meter Schutt reduziert worden. Vom Giebel bis zu den Grundmauern waren die massiven Eichenböden, auf denen Generationen ihre Familiengeschichte erlebt hatten, wo vielleicht noch im Augenblick des Einschlags die Magd weiße Laken plättete, um der abendlichen Ruhe und der Liebe zu dienen; wo vielleicht die Mütter kühle Hände auf die brennenden Stirnen kranker Kinder legten; wo der Vater über zukünftigen Erfindungen brütete — waren diese Eichenböden, die jeder für ewig hätte halten können, durch einen einzigen Stoß in der Nacht eingestürzt wie Kartenhäuser und hatten ihre Last in die aufgerissene Erde geschüttet.

Doch das Entsetzen dringt nicht über die Rampe, und vor den gleichgültigen Augen von uns Zuschauern stürzen die Lufttorpedos, lautlos und senkrecht wie Sonden, auf jene lebenden Behausungen zu, die sie ihres Inhalts entleeren werden.

Ich will mich nicht darüber entrüsten, es fehlt uns hier der Schlüssel einer Sprache. Wir sind die gleichen Menschen, die bereit wären, ihr Leben zu wagen, um einen einzigen verschütteten Bergmann oder ein einziges verzweifeltes Kind zu retten. Das Entsetzen beweist nichts. Ich glaube nicht an den Erfolg solcher animalischer Reaktionen. Dem Chirurgen, der das Krankenhaus besucht, schneidet der Anblick des Leidens nicht ins Herz wie jungen Mädchen. Sein Erbarmen, das weit höher steht, beachtet nicht dieses Geschwür, das er heilen wird. Er tastet es ab und hört nicht auf die Klagen.

So erfüllt auch eine große Inbrunst das Haus in der Stunde der Niederkunft, wenn das Stöhnen beginnt. Man hört überstürzte Schritte im Vorraum, Vorbereitungen, Rufe, und niemand erschrickt über diese Schreie, die die junge Mutter selber vergessen wird, die sich im Gedächtnis einkapseln werden und die nicht zählen. Und doch windet sie sich und blutet. Und knorrige Arme halten sie, Arme von Folterknechten, die die Ausstoßung der Frucht unterstützen und das Fleisch seinem Fleische entreißen. Doch man müht sich ab, man lächelt, man flüstert sich zu: »Alles geht gut.« Man bereitet eine Wiege vor, ein laues Bad; man läuft plötzlich zur Tür, stößt sie weit auf und ruft: »Dem Himmel sei Dank, es ist ein Sohn!«

Wenn wir nur über Schreckensschilderungen verfügen, werden wir über den Krieg nicht Herr werden, aber wir werden ihn auch nicht überwinden, wenn wir uns damit begnügen, die Lebensfreude und die Grausamkeit unnötiger Sterbefälle hervorzuheben. Seit ein paar tausend Jahren spricht man nun schon von den Tränen der Mütter. Man muß notgedrungen zugeben, daß diese Reden die Söhne nicht am Sterben hindern.

Überlegungen werden uns keine Rettung bringen. Mögen die Toten nun mehr oder weniger zahlreich sein... Von welcher Zahl ab sind sie annehmbar? Wir werden nicht den Frieden auf solch eine elende Arithmetik gründen. Wir werden sagen: ›Notwendiges Opfer... Größe und Tragik des Krieges...‹ Oder vielmehr: wir werden gar nichts sagen. Wir besitzen keine Sprache, die es uns erlaubt, uns ohne verwickelte Überlegungen zwischen diesen verschiedenen Toden zurechtzufinden. Und unser Instinkt und unsere Erfahrungen flößen uns Mißtrauen ein gegen Überlegungen: man kann alles beweisen. Eine Wahrheit ist durchaus nicht das, was sich beweisen läßt; sie ist das, was die Welt vereinfacht.

Unser Dilemma ist so alt wie die Menschheit. Es hat die Fortschritte des Menschen begleitet. Eine Gesellschaftsordnung entwickelt sich; man versucht aber noch, die Realitäten der Gegenwart mit Hilfe einer überholten Sprache zu erfassen. Mag sie nun gültig sein oder nicht: man ist Gefangener einer Sprache und der Bilder, die sie mit sich führt. Nur die unzulängliche Sprache wird allmählich widerspruchsvoll, niemals die Wirklichkeit. Erst dann, wenn sich der Mensch neue Begriffe formt, befreit er sich. Die Tätigkeit, die den Fortschritt bewirkt, besteht nicht im Ausdenken einer künftigen Welt: wie vermöchten wir die unerwarteten Widersprüche zu berücksichtigen, die morgen aus unseren Prämissen hervorgehen und den Lauf der Geschichte verändern werden, da sie die Notwendigkeit neuer Synthesen auferlegen! Die künftige Welt entzieht sich der Analyse. Der Mensch schreitet dadurch fort, daß er sich eine Sprache formt, um die Welt seiner Zeit zu denken. Newton hat nicht die Entdeckung der Röntgenstrahlen dadurch vorbereitet, daß er die Röntgenstrahlen voraussah. Newton hat eine einfache Sprache geschaffen, um damit die ihm bekannten Phänomene zu beschreiben. Und so sind aus Erfindung über Erfindung die Röntgenstrahlen hervorgegangen. Jedes andere Vorgehen ist Utopie.

Sucht nicht zu ergründen, welche Maßnahmen den Menschen vom Krieg bewahren könnten. Sagt euch: ›Warum führen wir Krieg, da uns ja zugleich bekannt ist, daß er widersinnig und grauenhaft ist? Wo sitzt der Widerspruch? Wo findet sich die Wahrheit des Krieges, eine so zwingende Wahrheit, daß sie Entsetzen und Tod überwindet?‹ Wenn wir das erreichen, nur dann werden wir uns nicht mehr, wie einer Macht, die stärker ist als wir, dem blinden Verhängnis überlassen.

Freilich könnt ihr mir antworten, das Kriegsrisiko rühre von der menschlichen Torheit her. Doch damit verzichtet ihr auf euer Vermögen, die Dinge zu begreifen. Ihr könntet ebenso versichern: die Erde dreht sich um die Sonne, weil es Gottes Wille ist. Vielleicht. Doch durch welche Gleichungen äußert sich dieser Wille? In welche klare Sprache können wir diese Torheit übersetzen und uns dadurch von ihr befreien?

Es scheint mir auch, daß die wilden Instinkte, Raubgier oder Blutdurst, nur unzureichende Erklärungen bieten. Es hieße das, den vielleicht entscheidenden Faktor vernachlässigen. Es hieße, die ganze Askese vergessen, welche den Werten des Krieges eignet. Es hieße, das Opfer des Lebens vergessen. Es hieße, die Disziplin vergessen. Es hieße, das brüderliche Zusammenhalten in der Gefahr vergessen. Es hieße schließlich, all das vergessen, was uns bei den Kriegsleuten auffällt: bei allen Kriegsleuten, die Tod und Entbehrungen auf sich genommen haben.

Voriges Jahr besuchte ich die Front in Madrid, und es dünkte mich, daß der Kontakt mit den Wirklichkeiten des Krieges fruchtbarer sei als Bücher. Es dünkte mich, daß sich nur aus einer Kenntnis des Kriegers Lehren für den Krieg ziehen lassen.

Doch um ihm in dem zu begegnen, was ihm an Universalem eignet, muß man vergessen, daß es feindliche Lager gibt, und darf nicht über Ideologien streiten. Die Sprachen enthalten Widersprüche, die so unlösbar sind, daß sie am Heil des Menschen verzweifeln lassen. Franco bombardierte Barcelona, weil Barcelona Ordensbrüder massakriert hat, wie er sagt. Franco schützt also die christlichen Werte. Doch der Christ muß im Namen dieser christlichen Werte mit ansehen, wie im bombardierten Barcelona Frauen und Kinder hingeschlachtet werden. Und so begreift er nicht mehr. ›Das sind die traurigen Notwendigkeiten des Krieges‹, werdet ihr mir sagen. Der Krieg ist widersinnig. Man muß sich jedoch einem Lager anschließen. Doch mich dünkt, daß vor allem eine Sprache widersinnig ist, die den Menschen nötigt, sich zu widersprechen.

Haltet dem nicht die Überzeugungskraft eurer Wahrheiten entgegen, ihr habt recht. Ihr habt alle recht. Sogar der hat recht, der alles Unglück dieser Welt auf die Buckligen zurückführt. Wenn wir den Buckligen den Krieg erklären, wenn wir die Vorstellung lancieren, es gäbe eine Rasse der Buckligen, werden wir schnell lernen, uns daran zu erhitzen. Alle Schändlichkeiten, alle Verbrechen, alle Veruntreuungen der Buckligen werden wir ihnen zur Last legen, und das wird Gerechtigkeit heißen. Und wenn wir einen armen unschuldigen Buckligen in seinem Blut ertränken, werden wir bekümmert mit den Achseln zucken: ›Das sind die Schrecken des Krieges... Er büßt für die anderen. Er büßt für die Verbrechen der Buckligen...‹ Denn natürlich begehen auch die Buckligen Verbrechen.

Vergeßt also den Zwiespalt, der, wenn man ihn erst einmal anerkennt, einen ganzen Koran unerschütterlicher Wahrheiten und den daraus erwachsenden Fanatismus nach sich zieht.

Die Menschen lassen sich einteilen in Menschen von rechts und Menschen von links, in Bucklige und nicht Bucklige, in Faschisten oder in Demokraten, und diese Unterschiede sind unanfechtbar; doch, wie ihr wißt, ist die Wahrheit das, was die Welt vereinfacht, und nicht, was das Chaos hervorruft. Sollten wir nicht den Krieger, wo er auch sei, nach dem tiefsten Sinn seines Strebens fragen: nicht, indem wir darauf hören, wie er sich in seiner unzulänglichen Sprache rechtfertigt, sondern indem wir ihn leben sehen?

NACHTS RUFEN UND ANTWORTEN EINANDER
die feindlichen Stimmen von einem Schützengraben zum andern

Drunten im unterirdischen Schutzraum rüsten sich die Männer, ein Leutnant, ein Feldwebel und drei Soldaten, zu einem Patrouillengang. Einer von ihnen, der in ein wollenes Trikot schlüpft – es ist sehr kalt –, taucht aus dem Dunkel vor mir auf; sein Kopf ist noch verhüllt, die Arme sind eingezwängt und bewegen sich langsam mit bärenhafter Schwerfälligkeit. Unterdrückte Flüche, Bärte von drei Uhr früh, ferne Explosionen... Alles das bildet eine seltsame Mischung aus Schlaf, Erwachen und Tod. Es ist die langsame Vorbereitung von Landstreichern, die wieder den schweren Wanderstab ergreifen und auf Reisen gehn. Diese in der Erde gefangenen, von der Erde gefärbten Männer mit ihren Gärtnerhänden sind nicht fürs Vergnügen geschaffen. Die Frauen würden sich von ihnen abwenden. Doch allmählich befreien sie sich aus ihrem Schlamm, um vor den Sternen aufzutauchen. Das Denken wird wach unter der Erde, in diesen Blöcken aus gehärtetem Lehm, und ich sinne darüber nach, daß sich dort drüben, uns gegenüber, andere Männer zur gleichen Stunde ebenso ausrüsten, sich mit den gleichen wollenen Trikots bedecken; auch sie sind von der gleichen Erde durchsättigt, tauchen auf aus der gleichen Erde, aus der sie erschaffen wurden. Dort drüben, uns gegenüber, erwacht die gleiche Erde zum Bewußtsein ihrer selbst: mittels des Menschen.

So, Leutnant, richtet sich dir gegenüber langsam dein Ebenbild auf, um von deiner Hand zu sterben. Nachdem es allem entsagt hat, um, wie du, seinem Glauben zu dienen. Seinem Glauben, welcher der deine ist. Wer wäre denn für etwas anderes zu sterben bereit als für die Wahrheit, die Gerechtigkeit und die Liebe zu den Menschen?

›Man hat sie hintergangen, oder sonst hat man die Leute dort drüben hintergangen‹, werdet ihr mir sagen. Doch ich pfeife dabei auf die Politiker, auf die Geschäftemacher und die Theoretiker am grünen Tisch. Sie ziehen die Fäden, geben große Worte von sich und glauben, sie führten die Menschen. Sie glauben an die Naivität der Menschen. Doch wenn die großen Worte eine Wirkung haben wie dem Winde überlassene Samenkörner, so liegt das daran, daß sich im Raum der Winde schwere Böden befanden, die für die Last der Ernten geformt waren. Es kommt nicht auf den Zyniker an, der sich einbildet, er streue Sand als Nahrung aus: die Böden sind es, die das Korn zu erkennen wissen.

Die Patrouille ist formiert, und nun rücken wir durch die Felder vor. Ein niedriges Gras knistert unter unseren Füßen, und von Zeit zu Zeit stolpern wir in der Nacht über Steine. Bis an den Rand dieser Welt begleite ich die Männer, die den Auftrag erhalten haben, in das enge Tal hinunterzusteigen, das uns hier vom Gegner trennt. Es ist achthundert Meter breit. Die Landleute haben es geräumt, da sie, in der Senkrechten, unter dem Feuer der beiden Artillerien lagen. Jetzt ist es leer, im Wasser des Krieges untergetaucht; ein versunkenes Dorf schlummert darin. Es wird nur noch von Gespenstern bewohnt, denn allein die Hunde sind dort zurückgeblieben, die offenbar tagsüber kümmerlichen Fleischbissen nachjagen, während sie nachts hungern und sich fürchten. Gegen vier Uhr früh heult daher ein ganzes Dorf nach Leibeskräften den aufsteigenden Mond an, der weiß ist wie ein Knochen. »Ihr müßt ins Tal hinunter«, hat der Kompaniechef befohlen, »um festzustellen, ob sich der Feind dort versteckt hält.« Gewiß hat sich der Gegner die gleiche Frage gestellt, und so ist dort die gleiche Patrouille unterwegs.

Er begleitet uns, der Kommissar, dessen Name mir entfallen ist, dessen Gesicht ich aber nie vergessen werde. »Du wirst sie hören«, sagt er mir. »Sobald wir in der vordersten Linie sind, werden wir den Feind befragen, der den anderen Hang des Tales besetzt hat... Zuweilen spricht er...«
Ich sehe ihn noch vor mir, wie er sich etwas rheumatisch auf seinen Knotenstock stützt, diesen Mann mit dem Gesicht eines gewissenhaften alten Arbeiters. Der da, das kann ich beschwören, steht über Politik und Parteien. Er steht über den Streitigkeiten der Bekenntnisse. »Schade, daß wir unter den gegenwärtigen Umständen dem Gegner unseren Standpunkt nicht darlegen können...«
Und so geht er, von seiner Lehre durchdrungen wie ein Apostel. Und drüben, das weiß ich, das wißt ihr genau, gibt es den anderen Apostel: irgendeinen Gläubigen, der ebenso von seiner Lehre erleuchtet ist und von seinen groben Stiefeln den gleichen Schlamm abstreift, denn auch er wandert zu jenem Stelldichein, von dem er nichts weiß.
Nun sind wir also unterwegs zu jener Bodenfalte, die das Tal beherrscht, zu dem Vorgebirge, das am weitesten vorspringt, zur letzten Erdstufe, zu jenem Frageruf, den wir dem Feind entgegenschleudern werden, so wie man sich selber eine Frage stellt.
Diese Nacht ist gebaut wie eine Kathedrale, und welch eine Stille! Kein einziger Schuß! Eine Waffenruhe? O nein. Doch etwas, das der Empfindung gleicht, als wäre jemand gegenwärtig. Beide Gegner lauschen der gleichen Stimme. Verbrüderung? Nein, gewiß nicht, wenn damit jener Überdruß gemeint ist, der eines Tages die Menschen zersetzt und sie geneigt macht, Zigaretten miteinander zu teilen und sich im Gefühl der gleichen Erniedrigung zu finden. Versucht also, dem Feind einen Schritt entgegenzugehen... Vielleicht Verbrüderung, aber auf einer so hohen Stufe, daß sie nur einen Teil des Geistes in Anspruch nimmt, für den es noch keinen Ausdruck gibt und der uns hienieden durchaus nicht das Blutbad erspart. Denn für das, was uns vereint, haben wir noch keine Sprache, um es uns zu sagen.

Ich glaube, diesen Kommissar, der uns begleitet, gut zu verstehen. Woher kommt er, mit diesem Gesicht, das so ehrlich dreinschaut, nachdem er zunächst lange seinen Karren geradegehalten hatte? Mitsamt den Bauern, denen er entstammt, sah er die Erde leben. Dann ging er in die Fabrik und sah die Menschen leben. »Metallarbeiter – zwanzig Jahre lang war ich Metallarbeiter...« Niemals noch hat mir einer erhabenere Dinge anvertraut als dieser Mann. »Ich – ein ungehobelter Mensch – es fiel mir so schwer, mich zu bilden... Die Werkzeuge, siehst du, die konnte ich richtig handhaben, ich konnte über sie reden, ich hatte das richtige Gefühl... Doch wenn ich mir über die Dinge, die Ideen, das Leben klarwerden, sie anderen darlegen wollte... Ihr, die ihr gewohnt seid zu abstrahieren... Ihr, die ihr schon in frühester Jugend in Wortgefechten ausgebildet wurdet, ihr könnt euch nicht vorstellen, wie mühsam das ist: das Abstrahieren. Doch ich habe gearbeitet, gearbeitet... Ich spüre, wie meine Mundklemme allmählich verschwindet... Oh, glaube nur nicht, ich hätte kein Urteil über mich... Ich bin noch ein Flegel, ich habe noch nicht die Courtoisie gelernt, und nach der Courtoisie, siehst du, danach beurteilt man den Menschen...«

Während ich ihm zuhörte, sah ich wieder die Frontschule vor mir, die man im Schutz einiger Steine eingerichtet hatte, wie ein primitives Dorf. Ein Gefreiter lehrte dort Botanik. Mit seinen Händen zerpflückte er die Blätter eines Klatschmohns und führte seine bärtigen Schüler in die lieblichen Geheimnisse der Natur ein. Doch die Soldaten bekundeten eine naive Angst: so alt schon, so verknöchert vom Leben, gaben sie sich derartige Mühe, um etwas zu begreifen. Man hatte ihnen gesagt: »Ihr seid Wilde, ihr kommt kaum erst aus euren Höhlen heraus, ihr müßt die Menschheit einholen...« Und so sputeten sie sich, mit ihren plumpen, schwerfälligen Schritten, um sie zu erreichen.

Auf diese Weise hatte ich an jenem Aufstieg des Bewußtseins teilgenommen, der einem Ansteigen des Pflanzensaftes gleicht; einem Aufstieg, der aus dem Lehm, in vorgeschichtlicher Finsternis hervorgegangen war, um sich nach und nach bis zu Descartes, Bach oder Pascal, diesen hohen Gipfeln, zu erheben. Wie ergreifend wirkte in der Erzählung des Kommissars diese Bemühung um Abstraktion! Dieses Bedürfnis, groß zu werden. So wie ein Baum wächst. Und eben darin besteht das Geheimnis des Lebens. Nur das Leben holt seine Stoffe aus dem Boden und hebt sie empor, der Schwerkraft zum Trotz.

Welch eine Erinnerung! Diese Nacht, die einer Kathedrale gleicht... Die Seele des Menschen, die sich kundtut, mit ihren Spitzbögen und Türmen... Der Feind, den man befragen will. Und wir selber, eine Pilgerkarawane, die wir auf einer knirschenden, schwarzen Erde dahinschreiten – einer sternenbesäten Erde.

Wir sind, ohne es zu wissen, auf der Suche nach einem Evangelium, das höher steht als unsere vorläufigen Evangelien. Sie rufen zuviel Blutvergießen hervor. Wir sind unterwegs nach einem gewittrigen Sinai.

Wir sind am Ziel, wir sind auf einen erstarrten Wachtposten gestoßen, der im Schutz eines Steinmäuerchens vor sich hin träumt: »Ja, hier antworten sie manchmal... Ein anderes Mal sind sie's, die rufen... Oder sie antworten auch nicht. Das hängt davon ab, wie sie gelaunt sind...«

So sind die Götter.

Die vordersten Schützengräben winden sich hundert Meter hinter uns. Diese Mäuerchen, die einem bis zur Brust Schutz gewähren, sind Beobachtungsposten, die tagsüber verlassen werden und unmittelbar über dem Abgrund hängen. So kommt es uns vor, als lehnten wir uns an ein Bollwerk oder eine Brüstung vor dem Leeren und Unbekannten.

Ich habe mir gerade eine Zigarette angesteckt, und schon ziehen mich kräftige Hände hinunter. Alle rings um mich her ducken sich ebenso. Im gleichen Augenblick höre ich fünf oder sechs Kugeln pfeifen, die im übrigen viel zu hoch fliegen und denen keine weitere Salve folgt. Es ist das nur eine Mahnung zu korrektem Verhalten: angesichts des Feindes zündet man keine Zigarette an.

Drei oder vier in Decken eingemummelte Männer, die in der Nähe, im Schutz ähnlicher Bastionen, auf Posten standen, haben sich uns angeschlossen:
»Die gegenüber sind ja schön munter...«
»Ja, aber reden sie? Wir möchten sie hören...«
»Da ist einer darunter – Antonio... Zuweilen spricht er.«
»Bring ihn zum Sprechen...«
Der Mann erhebt sich und bläht seine Brust auf, dann verschränkt er die Hände zu einem Sprachrohr und ruft langsam und kraftvoll: »An...to...nio...o!«
Der Schrei schwillt an, entfaltet sich, hallt im Tal wider...
»Bück dich«, sagt mir mein Nachbar, »manchmal schießen sie, wenn man sie ruft...«
Wir haben Deckung genommen, pressen die Schultern an den Stein und lauschen. Keine Schüsse. Was die Antwort angeht... Wir könnten nicht mit Sicherheit sagen, daß wir nichts hören, denn die ganze Nacht singt, wie eine Muschel.
»Hallo! Antonio...o...! Sag...«
Und er schöpft wieder Atem, der lange Bursche, der sich die Lungen ausschreit: »Sag – schläfst – du?«
Schläfst du – wiederholt das Echo vom anderen Ufer... Schläfst du – wiederholt das Tal... Schläfst du, wiederholt die ganze Nacht. Das füllt alles aus. Und ungemein vertrauensvoll bleiben wir stehen: sie haben nicht geschossen! Und ich stelle mir vor, wie sie dort drüben aufhorchen, zuhören; wie sie diese Menschenstimme empfangen. Und diese Stimme empört sie nicht, da sie ja nicht auf den Abzugsbügel drücken. Gewiß, sie schweigen, aber welch eine Aufmerksamkeit, welch ein Gehör-Schenken drückt dieses Schweigen aus, da ja schon ein Streichholz das Schießen auslöst. Ich weiß nicht, welch unsichtbare Saatkörner, von unseren Stimmen getragen, auf das schwarze Erdreich fallen. Sie dürsten nach unserem Wort, so wie wir nach dem ihren dürsten. Doch wir wissen nichts von unserem Durst, außer daß er offenbar in diesem Gehör-Schenken seinen Ausdruck findet. Indessen behalten sie weiter den Finger am Abzugsbügel, und ich muß dabei an die kleinen Raubtiere denken, die wir

in der Wüste zu zähmen suchten. Sie blickten uns an. Sie hörten uns zu. Sie warteten darauf, daß sie ihre Nahrung von uns empfingen. Und doch wären sie uns bei der geringsten Bewegung an die Kehle gesprungen.

Wir gehen gut in Deckung, strecken die Hände über die Mauer und lassen ein Streichholz aufflammen. Drei Kugeln zischen dem kurzlebigen Stern entgegen.

Oh, dieses magnetische Streichholz... Und das bedeutet: ›Wir führen Krieg, vergeßt das nicht! Doch wir hören euch zu.‹ Diese Strenge stört nicht die Liebe...

Jemand stößt den langen Burschen an.

»Du verstehst es nicht, ihn zum Reden zu bringen, laß mich's ihm sagen..!«

Der derbe Bauer stellt sein Gewehr gegen die Mauer, holt Luft und ruft dann: »Ich bin's, Leon – Antonio...o!«

Und der Ruf bricht los, maßlos.

Ich habe noch nie eine Stimme derart die Weite suchen hören. Es ist, als wollte man in dem schwarzen Abgrund, der uns trennt, ein Schiff vom Stapel lassen. Achthundert Meter von hier ist das andere Ufer, ebensoviel muß man für die Rückkehr rechnen: sechzehnhundert. Wenn sie uns antworten, werden etwa fünf Sekunden zwischen unseren Fragen und den Antworten vergehen. Jedesmal wird eine Stille von fünf Sekunden verstreichen, in der alles Leben in der Schwebe bleibt. Das wird jedesmal wie eine Botschaft auf Reisen sein. So werden wir, selbst wenn sie uns antworten, nicht das Gefühl haben, wir seien miteinander verbunden. Zwischen ihnen und uns wird sich die Trägheit einer unsichtbaren Welt einschieben, die es zu erschüttern gilt. Die Stimme ist losgesandt, unterwegs, sie erreicht das andere Ufer... Eine Sekunde... Zwei Sekunden... Wir gleichen Schiffbrüchigen, die ihre Flaschenpost ins Meer geworfen haben... Drei Sekunden... Vier Sekunden... Wir gleichen Schiffbrüchigen, die nicht wissen, ob Retter ihnen antworten werden... Fünf Sekunden...

»...oh!«

Eine ferne Stimme ist eben an unserem Ufer erstorben. Die

Worte gingen unterwegs verloren, es bleibt nur eine Botschaft zurück, die sich nicht entziffern läßt. Doch ich empfing sie wie einen Schlag. Wir sind verirrt in einer Finsternis, die zunächst undurchdringlich scheint, aber auf einmal durch das »Heda« von Schiffern erhellt wird.

Eine törichte Begeisterung überkommt uns. Wir entdecken eine offenkundige Wahrheit. Vor uns gibt es Menschen!

Wie soll ich mich ausdrücken? Mir ist, als hätte sich unsichtbar eben ein Spalt geöffnet. Stellt euch ein Haus vor in der Nacht, dessen sämtliche Türen verschlossen sind. Und da streift euch in der Dunkelheit auf einmal ein frischer Luftzug. Ein einziger. Welch eine Gegenwart!

Habt ihr euch schon über einen Abgrund gebeugt? Ich entsinne mich an die Kluft von Chézery, eine im Wald verborgene schwarze Schrunde von ein oder zwei Meter Breite und dreißig Meter Länge. Nicht der Rede wert. Man legt sich bäuchlings auf die Tannennadeln und läßt in diese unansehnliche Spalte einen Stein gleiten. Nichts antwortet. Eine Sekunde, zwei Sekunden, drei Sekunden vergehen, und nach dieser Ewigkeit spürt man endlich dort, unter dem Körper, ein schwaches Dröhnen, das um so überraschender wirkt, je verspäteter, je schwächer es eintritt. Welch ein Abgrund! Ebenso hat in dieser Nacht heute ein verzögertes Echo eine Welt aufgebaut. Der Feind, wir, das Leben, der Tod, der Krieg, wir haben uns ausgedrückt durch einige Sekunden Schweigen.

Nachdem man erst einmal dieses Signal gab, dieses Schiff in Bewegung setzte, diese Karawane durch die Wüste entsandte, warten wir abermals. Und zweifellos rüstet man sich dort drüben wie hier, sie zu empfangen: diese Stimme, die wie eine Kugel ins Herz zielt. Und nun kehrt das Echo zurück: »... Zeit – Zeit zu schlafen!«

Es erreicht uns verstümmelt, zerrissen, wie eine äußerst dringende Botschaft, die jedoch durch das Meer beschmutzt, ausgewaschen, abgenutzt wurde. Welch mütterlichen Rat haben uns da die gleichen Menschen, die im Fluge nach unseren Zigaretten schießen, aus voller Kehle zugerufen:

»Schweigt still... Geht schlafen – es ist Zeit zum Schlafengehn!«

Ein leichter Schauder überkommt uns. Und zweifellos werdet ihr das für ein Spiel halten. Und gewiß hielten es diese schlichten Menschen für ein Spiel. So hätten sie's euch erklärt, in ihrem Schamgefühl. Doch das Spiel birgt stets einen tiefen Sinn; wie könnten sich sonst Angst und Freude dabei einstellen, woher hätte es sonst seine Macht? Das Spiel, das wir vielleicht zu spielen gedachten, entsprach zu genau dieser Nacht, die wie eine Kathedrale war, dieser Wanderung dem Sinai entgegen, und das Herz klopfte uns so stark dabei, daß es gewiß einem nicht in Worte zu fassenden Bedürfnis entsprach. Diese endlich wiederhergestellte Verbindung beschwingte uns. So erschauert der Physiker, wenn das entscheidende Experiment angelaufen ist und wenn er im Begriff steht, das Molekül zu wiegen. Er wird dann eine Konstante unter tausend feststellen; anscheinend fügt er dem Bau der Wissenschaft nur ein Sandkörnchen hinzu, und doch klopft ihm das Herz, denn es handelt sich nicht um ein Sandkörnchen. Er hält einen Faden in der Hand. Er hält den Faden, durch den man, wenn man daran zieht, die Erkenntnis des Weltalls heranholt, denn alles ist miteinander verknüpft. So erbeben auch die Retter, wenn sie einmal, zwanzigmal ihr Tau ausgeworfen haben und durch einen fast unmerklichen Ruck spüren, daß es die Schiffbrüchigen endlich gefaßt haben. Dort draußen gab es ein paar Menschen, die im Nebel, zwischen den Klippen verloren und von der Welt abgeschnitten waren. Und nun sind sie, durch die Magie eines stählernen Seils, mit allen Männern und allen Frauen in allen Häfen verbunden. Hier haben wir des Nachts ins Unbekannte eine schwache Brücke geschlagen, und nun verbindet sie die beiden Ufer der Welt.

So vereinigen wir uns mit unserem Feind, bevor wir durch ihn sterben.

Doch was können wir ihr anvertrauen, die so schwach, so gebrechlich ist? Wenn eine Frage, eine Antwort zu schwer ist, so kentert unsere Brücke. Es ist dringendes Gebot, daß wir nur das Wesentliche, nur die Wahrheit der Wahrheiten übermitteln. Ich glaube, ihn zu hören, der das Manövrieren übernommen hat und uns unter seine Verantwortlichkeit stellt, wie der Steuermann; der zu unserem Botschafter wird, da er Antonio zum Reden brachte. Ich sehe ihn, wie er sich mit seinem ganzen Oberkörper über die Mauer reckt, während die Hände groß und offen auf den Steinen lasten, und wie er aus Leibeskräften die entscheidende Frage hinausschreit:

»Antonio! Für welches Ideal kämpfst du?«

Zweifelt nicht daran, sie sind so schamhaft, daß sie sich auch dafür entschuldigen würden:

»Das ist bloß ironisch gemeint...« Später werden sie davon überzeugt sein, wenn sie sich bemühen, Regungen, für die es keinerlei Sprache gibt, in ihre dürftige Sprache zu übersetzen: die Regungen eines Menschen, der in uns ist und gerade erwachen will... Doch es bedarf einer Anstrengung, um ihn zu befreien.

Ich versichere, ich habe den Blick dieses Soldaten gesehen, der auf den Rückstoß wartet und sich mit ganzer Seele der Antwort öffnet, so wie man offen ist für das Wasser des Brunnens in der Wüste. Und da ist sie, diese verstümmelte Botschaft, dieses Geheimnis, das durch eine Reise von fünf Sekunden angefressen wurde wie eine Inschrift durch Jahrhunderte:

»... Spanien!«

Dann höre ich:

»... du.«

Ich vermute, daß er nun seinerseits sein Gegenüber befragt. Man antwortet ihm. Ich höre, wie diese großartige Antwort hinausgeht:

»... das Brot unserer Brüder!«

Dann das erstaunliche:

»... Gute Nacht, Amigo!«

Worauf von der anderen Seite der Erde die Antwort erfolgt:

»... Gute Nacht, Amigo!«

Und alles versinkt wieder in Schweigen. Zweifellos haben

sie drüben, ebenso wie wir, nur abgerissene Worte erfaßt. Nachdem das Gespräch beendet ist, sieht der Ertrag eines einstündigen Marsches, von Gefahren und Anstrengungen so aus... Es fehlt nichts daran. Dies das Ergebnis, wie es durch das Echo unter den Sternen ausgewogen wurde: »Ideal... Spanien... Brot unserer Brüder...«

Dann, da es an der Zeit war, setzte sich die Patrouille wieder in Marsch. Sie begann unterzutauchen zum Dorf des Stelldicheins. Denn drüben dringt die gleiche Patrouille, bestimmt von den gleichen Notwendigkeiten, zum gleichen Abgrund vor. Unter dem trügerischen Schein verschiedener Worte haben diese beiden Gruppen die gleichen Wahrheiten ausgerufen...

Doch eine so erhabene Übereinstimmung schließt nicht aus, daß sie gemeinsam sterben.

Man muss dem Leben der Menschen einen Sinn geben

Alle drücken wir mit widersprechenden Worten die gleichen Bestrebungen aus. Menschenwürde, Brot unserer Brüder. Wir sind uneins über die Methoden, die das Ergebnis unserer Überlegungen sind, nicht über die Ziele. Und wir ziehen gegeneinander in den Krieg, dem gleichen gelobten Land entgegen.

Um das zu erkennen, braucht man uns nur aus einem gewissen Abstand zu betrachten. Dann entdeckt man, wie wir mit uns selber im Krieg liegen. Dann gehören unsere Entzweiungen, unsere Kämpfe, unsere Schmähungen dem gleichen Leib an, der sich gegen sich selber verkrampft und sich im Blut des Gebärens zerfleischt. Etwas wird entstehen, das über diesen verschiedenen Bildern stehen wird, aber beeilen wir uns, die Synthese hervorzubringen. Es gilt, die Befreiung zu fördern, denn sonst droht sie, zum Tode zu führen. Vergeßt nicht, daß heutzutage der Krieg mit Bomben und Hyperit vor sich geht. Das Schlachtenschlagen wird nicht mehr einer Abordnung der Nation anvertraut, die Lorbeeren an den Grenzen erntet und um einen mehr oder weniger drükkenden Preis, wie ich gern zugebe, das geistige Erbgut eines Volkes bereichert. Der Krieg ist nur noch eine Chirurgie, bei der ein Insekt seine Stiche an den Nervenknoten des Gegners anbringt. Gleich nach der Kriegserklärung werden unsere Bahnhöfe, unsere Brücken, unsere Fabriken in die Luft fliegen. Unsere vergasten Städte werden ihre Bevölkerung ins flache Land entleeren. Und von der ersten Stunde an wird Europa, ein Organismus von zweihundert Millionen Menschen, als wäre es durch eine Säure verbrannt, sein Nervensystem, seine Kontrollzentren, seine ausgleichenden Drüsen, seine Kanäle verloren haben; es wird nur noch eine riesige Krebsgeschwulst bilden und auf der Stelle zu verwesen beginnen. Wie könnte man diese zweihundert Millionen Menschen ernähren? Sie werden niemals genug Wurzeln ausgraben.

Wenn ein Widerspruch so dringlich wird, gilt es, ihn schleunigst zu überwinden. Denn nichts ist stärker als ein Bedürfnis, das um einen Ausdruck ringt. Wenn es, da ihm kein anderer Weg bleibt, diesen Ausdruck in der Ideologie findet, die zum Krieg führt, werden wir, daran besteht kein Zweifel, eben Krieg führen. Wir könnten besser als durch den Krieg den Bedürfnissen genügen, die den Menschen plagen, aber es ist unfruchtbar, sie zu leugnen. Ihr könnt die Gründe, weshalb ihr den Krieg haßt, jenem Offizier aus Südmarokko, den ich gekannt habe, dessen Namen ich jedoch nicht zu nennen wage, aus Angst, ihn dadurch zu belästigen, ihr könnt sie ihm in die Ohren schreien. Wenn er nicht überzeugt ist, so behandelt ihn nicht wie einen Barbaren. Hört zunächst diese Erinnerung.

Er befehligte während des Rifkrieges einen kleinen Posten, der zwischen zwei von Aufständischen besetzten Gebirgen vorgeschoben war. Eines Abends empfing er Parlamentäre, die von den Bergen im Westen heruntergekommen waren. Und man trank Tee, wie es sich ziemt, als die Schießerei begann. Die Stämme von den östlichen Bergen griffen den Posten an. Dem Hauptmann, der die feindlichen Parlamentäre aus dem Haus wies, da er kämpfen wollte, erwiderten diese: »Heute sind wir deine Gäste; Gott duldet nicht, daß wir dich im Stich lassen...« Sie schlossen sich also seiner Truppe an, retteten den Posten und kehrten dann in ihr aufständisches Gebiet zurück.

Doch am Vorabend des Tages, an dem sie nun ihrerseits den Hauptmann angreifen wollen, kommen sie wieder zu ihm: »Neulich abends haben wir dir geholfen...«

»Das stimmt.«

»Wir haben dreihundert Patronen für dich verschossen...«

»Das stimmt.«

»Es wäre recht und billig, wenn du sie uns wiedergeben würdest.«

Und der Hauptmann kann als Grandseigneur nicht von einem Vorteil profitieren, den er ihrem Edelmut zu verdanken hat. Er gibt ihnen diese Patronen zurück, durch die er vielleicht sterben wird...

Die Wahrheit stellt das für den Menschen dar, was ihn zum Menschen macht. Wenn solch ein Mann, der diese Höhe der Beziehungen, diese loyale Beachtung der Spielregeln, dieses gegenseitige Erweisen einer Hochachtung unter Einsatz des Lebens kennengelernt hat, eine derartige Annäherung der Herzen, wie sie ihm vergönnt war, mit der Mittelmäßigkeit des Demagogen vergleicht, der den gleichen Arabern seine brüderliche Gesinnung durch kräftiges Schulterklopfen bekundet und vielleicht dem Individuum geschmeichelt, aber den Menschen dadurch erniedrigt hätte, dann wird solch ein Mann euch gegenüber, wenn ihr ihn tadelt, nur ein etwas verächtliches Mitleid empfinden. Und er wird recht haben.

Einem Mermoz, der, den Sieg im Herzen, dem chilenischen Hang der Anden entgegenstürmt, könnt ihr nicht klarmachen, er habe sich geirrt; der Brief irgendeines Kaufmanns sei den Einsatz des Lebens nicht wert. Mermoz wird euch auslachen. Die Wahrheit ist der Mensch, der in ihm geboren wurde, als er die Anden überflog.

Und wenn der Deutsche heute bereit ist, sein Blut für Hitler zu vergießen, so begreift doch, daß es nutzlos ist, über Hitler zu diskutieren. Weil der Deutsche in Hitler einen Anlaß findet, sich zu begeistern und sein Leben hinzugeben, ist alles groß für ihn. Begreift ihr denn nicht, daß die Macht einer Bewegung auf dem Menschen beruht, den sie befreit? Begreift ihr denn nicht, daß Selbstentäußerung, Wagnis, Treue bis zum Tod Pflichterfüllungen sind, die weitgehend dazu beitragen, das Edle im Menschen hervorzubringen? Wenn ihr nach einem Vorbild sucht, das ihr empfehlen könntet, entdeckt ihr es beim Piloten, der sich für sein Kurierflugzeug opfert, beim Arzt, der im Kampf mit Epidemien umkommt, oder beim Kamelreiter, der an der Spitze seiner maurischen Truppe zu Entbehrung und Einsamkeit vordringt. Alljährlich sterben einige. Meint ihr, sie hätten keinen Dienst geleistet, auch wenn ihr Opfer anscheinend nutzlos war? Vor allem haben sie in den jungfräulichen Lehm, der wir sind, ein schönes Bild geprägt, sie haben sogar in die Seele des kleinen Kindes ihre Saat gesenkt, denn es wurde mit Geschichten eingewiegt, die aus ihren Taten entstanden. Nichts geht verloren, und selbst das hinter Mauern verschlossene Kloster strahlt aus.

Begreift ihr denn nicht, daß wir irgendwo vom rechten Weg abkamen? Der menschliche Termitenhaufen ist reicher als zuvor, wir verfügen über mehr Güter und mehr Muße, und doch fehlt uns etwas Entscheidendes, das wir schlecht umschreiben können. Wir fühlen uns weniger als Menschen, wir haben irgendwo geheimnisvolle Vorrechte eingebüßt.

Ich habe in Juby Gazellen aufgezogen. Wir alle zogen dort Gazellen auf. Wir sperrten sie im Freien in ein vergittertes Häuschen ein, denn die Gazellen brauchen den freien Durchzug der Winde, und es gibt nichts Empfindlicheres als sie. Wenn du sie aber jung einfängst, bleiben sie am Leben und fressen dir aus der Hand. Sie lassen sich streicheln und bohren dir die feuchte Muffel in die Hand. So hältst du sie für gezähmt. So glaubst du, sie vor dem unbekannten Kummer gefeit zu haben, der die Gazellen geräuschlos dahinrafft und ihnen den sanftesten Tod schenkt... Doch es kommt der Tag, an dem sie ihre kleinen Hörner gegen das Gitter pressen, zur Wüste hin. Sie werden magnetisch angezogen. Sie wissen nicht, daß sie dich fliehen; sie trinken die Milch, die du ihnen bringst, sie lassen sich weiter streicheln, sie bohren noch zärtlicher als bisher ihre Muffeln in deine offene Hand... Doch kaum läßt du sie los, so wirst du gewahr, daß sie nach einem anscheinend glücklichen Galopp wieder zum Gitter zurückgekehrt sind. Und wenn du nicht eingreifst, bleiben sie dort, versuchen nicht einmal, gegen das Hindernis anzukämpfen, sondern drücken bloß mit gesenkten Nacken ihre kleinen Hörner dagegen, so lange, bis sie sterben. Ist die Jahreszeit für die Liebe erschienen, oder ist es bloß das Bedürfnis nach einem langen Galopp, bis sie außer Atem kommen? Sie wissen es nicht. Ihre Augen waren noch nicht geöffnet, als du sie einfingst. Die Freiheit in der Wüste wie auch die Witterung des Bocks blieb ihnen unbekannt. Doch du bist weit klüger als sie. Das, was sie suchen, du weißt es, ist die Weite, die sie vollenden wird. Sie wollen Gazellen werden und ihren Tanz tanzen. Mit hundertdreißig Kilometern in der Stunde wollen sie die geradlinige Flucht kennenlernen, die von kurzen Sprüngen unterbrochen wird, als wenn hie und da Flammen aus dem Sand hervorbrächen. Was kommt es auf die Schakale an, wenn die Wahrheit der Gazellen darin besteht, die Angst zu kosten, die sie lediglich dazu zwingt, über sich hinauszugehen, und ihnen die höchsten Kapriolen entlockt! Was kommt es auf den Löwen an, wenn die Wahrheit der Gazellen darin besteht, daß sie sich einem Tatzenschlag in der Sonne darbieten! Du blickst sie an und denkst: ›Jetzt hat sie das Heimweh gepackt...‹ Das Heimweh ist die Sehnsucht nach etwas Unbestimmtem. Es gibt ihn, den Gegenstand der Sehnsucht, aber es gibt keine Worte, um ihn auszusprechen.

Und uns, was fehlt uns?

Wo sind denn die Weiten, die wir eröffnet haben möchten? Wir suchen uns von den Mauern eines Gefängnisses zu befreien, das sich undurchdringlich rings um uns aufbaut. Man glaubte, um uns wachsen zu lassen, genügte es, uns zu kleiden, uns zu ernähren, unseren Bedürfnissen zu entsprechen.

Und nach und nach hat man uns dadurch zum Kleinbürger Courtelines[1] gemacht, zum Dorfpolitiker, zum Techniker, der sich jedem inneren Leben verschließt. ›Man belehrt uns‹, werdet ihr mir erwidern, ›man klärt uns auf, man versorgt uns besser als früher mit den Errungenschaften unserer Vernunft.‹ Doch der macht sich eine armselige Vorstellung von der Kultur des Geistes, der meint, sie beruhe auf der Kenntnis von Formeln, auf der Erinnerung an erworbene Ergebnisse. Der mittelmäßigste Absolvent der École Polytechnique weiß mehr über die Natur und ihre Gesetze als Descartes, Pascal oder Newton. Und doch bleibt er unfähig zu einer einzigen der geistigen Operationen, wie sie Descartes, Pascal und Newton beherrschten. Diesen hat man zunächst eine Bildung verliehen. Pascal ist vor allem ein Stil. Newton ist vor allem ein Mensch. Er machte sich zum Spiegel des Weltalls. Den reifen Apfel, der auf eine Wiese fällt, die Sterne in der Julinacht – er hat gehört, wie sie die gleiche Sprache sprachen. Die Wissenschaft war für ihn das Leben.

Und so entdecken wir staunend, daß es geheimnisvolle Zustände gibt, die uns befruchten. Wir können nur atmen, wenn wir mit anderen durch ein gemeinsames Ziel verbunden sind, das über uns steht. Wir, die Söhne des Zeitalters des Komforts, wir empfinden ein unerklärliches Wohlgefühl, wenn wir unsere letzten Vorräte in der Wüste miteinander teilen können. All denen unter uns, denen das große Erlebnis zuteil wurde, daß sie eine Panne in der Sahara überwanden, kam alles andere nichtssagend vor.

Einer, der nichts von dem Unbekannten wußte, das in ihm schlummerte, aber einmal, in einem Anarchistenkeller in Barcelona, spürte, wie es erwachte, als es um das Opfer des Lebens, um gegenseitige Hilfe, um ein strenges Bild der Gerechtigkeit ging: solch einer wird nur noch eine Wahrheit kennen, die Wahrheit der Anarchisten. Und wer einmal auf Wache stand, um eine Schar kniender, verängstigter Nönnchen in den Klöstern Spaniens zu schützen, der wird für die Kirche Spaniens sterben.

Wir wollen befreit werden. Wer mit der Hacke arbeitet,

möchte den Sinn seines Hackenschlags kennenlernen. Und der Hackenschlag des Sträflings ist nicht der gleiche wie der Hackenschlag des Goldgräbers, durch den der größer wird, der ihn führt. Das Bagno liegt nicht dort, wo Hackenschläge geführt werden. Es beruht nicht auf materiellem Schrecken. Das Bagno liegt dort, wo die Hackenschläge keinen Sinn haben; wo der, der sie führt, durch sie nicht mit der menschlichen Gemeinschaft verbunden wird.

Und wir wollen dem Bagno entfliehen.

Es gibt zweihundert Millionen Menschen in Europa, die keinerlei Sinn haben und auf ihre Geburt warten. Die Industrie hat sie der Sprache der Bauerngeschlechter entrissen und in jenen riesigen Gettos eingepfercht, die mit Reihen schwarzer Waggons verstellten Verschiebebahnhöfen gleichen. In der Tiefe der Arbeiterstädte möchten sie erweckt werden.

Es gibt andere, die ins Räderwerk der verschiedensten Berufe eingespannt sind; die Freuden eines Mermoz, die religiösen Freuden, die Freuden des Gelehrten bleiben ihnen versagt, und auch sie warten auf ihre Geburt.

Freilich kann man sie anfeuern, indem man sie in Uniformen steckt. Dann werden sie ihre Kriegslieder singen und mit den Kameraden ihr Brot brechen. Sie werden dann wiederfinden, was sie suchen: die Freude am Universalen. Doch am Brot, das man ihnen reicht, werden sie sterben.

Man kann die hölzernen Götzen ausgraben und die alten Sprachen wieder wecken, die schlecht und recht ihre Schuldigkeit getan haben; man kann die Mystik des alldeutschen Gedankens oder des Heiligen Römischen Reiches wieder beleben. Man kann die Deutschen damit trunken machen, daß sie Deutsche sind und Landsleute Beethovens. Sogar dem Kohlentrimmer kann man dadurch die Brust schwellen. Das ist gewiß einfacher, als wenn man aus dem Kohlentrimmer einen Beethoven machen wollte. Doch die demagogischen Götzen sind blutrünstige Götzen. Wer für den Fortschritt der Erkenntnis oder die Heilung der Krankheit stirbt, der dient durch sein Sterben zugleich dem Leben. Es ist schön, wenn man für die Expansion Deutschlands, Italiens oder Japans stirbt, doch der Gegner ist dann nicht mehr jene Gleichung, die sich nicht integrieren läßt, er ist nicht mehr der Krebs, der dem Serum widersteht, sondern der Nachbar. Man muß ihm freilich die Stirn bieten, doch es geht heute nicht mehr darum, ihn zu besiegen. Ein jeder sucht Schutz hinter einer Zementmauer. Ein jeder sendet wohl oder übel Nacht für Nacht Geschwader aus, die den anderen an seiner verwundbarsten Stelle bombardieren. Der Sieg fällt dem zu, der als letzter verwesen wird (siehe Spanien), und die beiden Gegner verwesen gleichzeitig.

Was brauchen wir, um für das Leben geboren zu werden? Hingabe. Der Mensch kann mit dem Menschen nur durch das gleiche Ideal Verbindung halten. Die Piloten begegnen sich, wenn sie für das gleiche Kurierflugzeug kämpfen. Die Anhänger Hitlers, wenn sie sich für den gleichen Hitler opfern. Die Bergsteiger, wenn sie den gleichen Gipfel ersteigen wollen. Die Menschen treffen sich nicht, wenn sie unmittelbar aufeinander zukommen, sondern wenn sie sich im gleichen Gott vereinigen. Wir dürsteten danach, in einer verödeten Welt Kameraden wiederzufinden: die Freude am Brot, das man gemeinsam mit Kameraden bricht, ließ uns die Werte des Krieges bejahen. Doch wir brauchen nicht den Krieg, um die Wärme nachbarlicher Schultern in einem Lauf zu finden, der dem gleichen Ziel zustrebt. Der Krieg trügt uns. Der Haß fügt der Begeisterung des Laufs nichts hinzu.

Es genügt ja, um uns zu befreien, daß man uns hilft, ein Ziel zu erkennen, das uns miteinander verbindet; daher können wir es ebensogut im Universalen finden. Der Chirurg beachtet beim Krankenbesuch nicht die Klagen des Patienten, den er abhorcht: er sucht durch ihn hindurch den Menschen zu heilen. Der Chirurg spricht eine universale Sprache. Mit seinem muskulösen Handgelenk bezwingt der Linienflieger die Luftwirbel, und das ist eine Sträflingsarbeit. Doch er dient mit seinem Kampf den menschlichen Beziehungen; die Kraft seiner Hand bringt andere Menschen einander näher, die sich lieben und die zusammenkommen möchten: auch der

Flieger hat teil am Universalen. Und selbst der einfache Hirte, der seine Schafe unter den Sternen hütet, gewahrt, wenn er sich seiner Aufgabe bewußt wird, daß er mehr ist als ein Hirte. Er ist ein Wachtposten. Und jeder Wachtposten ist verantwortlich für das ganze Reich.

Was taugt es, wenn man den Kohlentrimmer dadurch hinters Licht führt, daß man ihn, im Namen Beethovens, gegen den Nachbarn treibt! Welch ein Betrug, wenn man im gleichen Land Beethoven in ein Konzentrationslager sperrt, sofern er nicht so denkt wie der Kohlentrimmer! Dessen Ziel sollte es sein zu wachsen, so daß er eines Tages wie Beethoven eine universale Sprache sprechen kann.

Wenn wir nach diesem Bewußtsein des Universalen streben, haben wir teil an der eigentlichen Bestimmung des Menschen. Nur die Ladenbesitzer wissen nichts davon, die sich friedlich am Ufer niedergelassen haben und nicht den Fluß vorbeiströmen sehen. Doch die Welt entwickelt sich. Aus einer zerfließenden Lava, aus einer Sternenmasse ist das Leben entstanden. Nach und nach stiegen wir auf, bis wir Kantaten schreiben und Nebelflecken abschätzen konnten. Und der Zeugmeister weiß inmitten der Granaten, daß die Genese noch nicht vollendet ist und daß er seinen Aufstieg fortsetzen muß. Das Leben strebt der Bewußtwerdung zu. Die Sternenmasse nährt ihre schönste Blume und bildet sie langsam heran.

Doch schon jener Hirte ist groß, der sich bewußt wird, daß er auf Wache steht.

Nur dann werden wir glücklich, wenn wir in der guten Richtung marschieren: der gleichen, die wir von Anbeginn einschlugen, als wir aus dem Lehm erwachten. Nur dann werden wir in Frieden leben können, denn das, was dem Leben Sinn verleiht, gibt auch dem Tod Sinn.

Er ist so sanft im Schatten des provenzalischen Friedhofs, wenn der alte Bauer, da seine Herrschaft zur Neige geht, seinen Söhnen ihren Anteil an Ziegen und Ölbäumen übergeben hat, damit sie ihn ihrerseits den Söhnen ihrer Söhne weitergeben. In einem Bauerngeschlecht stirbt man nur zur

Hälfte. Jedes Dasein bricht der Reihe nach auseinander wie eine Hülse und übergibt seine Samenkörner.
Ich war einmal mit drei Bauernsöhnen zusammen, die am Sterbebett ihrer Mutter standen. Und freilich war das schmerzlich. Zum zweitenmal war die Nabelschnur zerschnitten. Zum zweitenmal löste sich ein Knoten: der Knoten, der eine Generation mit der anderen verknüpft. Diese drei Söhne sahen sich allein; sie mußten alles erst lernen, denn der Familientisch war ihnen genommen, wo sie sich an Festtagen zu versammeln pflegten; der Pol war ihnen genommen, in dem sie sich alle wiederfanden. Doch ich gewahrte zugleich, daß durch diesen Riß das Leben zum zweiten Male geschenkt wurde. Nun war auch die Reihe an diesen Söhnen, zu Vordermännern, zu Sammelpunkten und Patriarchen zu werden, bis zu der Stunde, in der sie die Befehlsgewalt an jene im Hof spielende Kinderschar weitergeben würden.
Ich betrachtete die Mutter, diese alte Bäuerin mit der friedlichen und harten Miene, den gepreßten Lippen, dem zu einer steinernen Maske verwandelten Gesicht. Und ich erkannte darin das Gesicht der Söhne. Diese Maske hatte dazu gedient, die der Söhne zu prägen. Dieser Leib hatte dazu gedient, diese Leiber, diese schönen Menschentypen zu prägen, die sich geradehielten wie Bäume. Und nun ruhte sie zerborsten, doch wie eine prächtige Rinde, aus der man die Frucht entfernt hat. Söhne und Töchter würden nun Menschenkinder prägen mit ihrem Leib. Man starb nicht auf diesem Bauernhof. Die Mutter ist tot, es lebe die Mutter!
Schmerzlich, gewiß, aber so schlicht ist dieses Bild der Geschlechterfolge, die nach und nach ihre schönen weißhaarigen Toten auf ihrem Weg zurückläßt und durch ihre Metamorphosen irgendeiner Wahrheit entgegenwandert.

KRIEGSBRIEFE AN EINEN FREUND

Die folgenden vier Kriegsbriefe Saint-Exupérys wurden 1940, also in den Tagen des »drôle de guerre«, an einen Freund geschrieben. Der erste und zweite Brief entstanden in der Ferme von Orconte, der dritte und vierte nach der Verlegung der Einheit Saint-Exupérys nach Laon.

I

Orconte, 1940

Was habe ich nicht alles über den Krieg zu sagen!

Nicht, daß ich hier viel zu sehen bekäme – aber »hier« ist ein Gesichtspunkt, und wie alle fruchtbaren Gesichtspunkte gehört er dem inneren Leben an. Ich mußte da hindurch, und diese Aufklärung ist melancholisch. Das ist nicht bei allem der Fall – aber bei manchem.

Zunächst einmal bin ich glücklich über die etwas rauhen Seiten: die Unbequemlichkeit, die Kälte, die Feuchtigkeit, die mir den einzigen spürbaren Luxus ermöglichen: den kleinen runden Ofen, der so gut brummt, oder auf meinem Bauernbett (ich wohne in einem Bauernhof) diese Federdecke, die für mich das wahre Abbild des Wohllebens ist. Ich habe es gern, wenn ich abends in mein eisiges Bett schlüpfe und, zur Kugel gerollt, nach und nach meine Wärme und meine Träume fabriziere – und ich schätze diesen Kältestrom, wenn man einen Fuß bewegt –, man ist so richtig im Bett drin, wenn man den Schnee geschmolzen hat – und natürlich ist meine Bronchitis kuriert.

Dann natürlich das Fliegen. Ich bin noch nicht über die Front hinausgelangt, aber ich bin aufgestiegen, und da es dabei zu Begegnungen kommen kann, hat man mich vor den Starts genau über den Gebrauch der MG's unterrichtet. Ich liebe alles, was mich zwingt, aus mir herauszugehen. Ich liebe nicht die Höhe. Zehntausend Meter, das ist keine Welt, in der sich wohnen läßt, und der Gedanke beeindruckt mich, daß ich abgewürgt würde wie ein Huhn, wenn das Atemgerät versagen sollte. Ich weiß genau, wann ich über mich hinauswachse und mich selbst vergesse. Ich darf dieses unangenehme Gefühl in den Därmen nicht beachten, das mich wie jeden anderen überkommen kann. Solch ein Oberflächenleben ist völlig uninteressant. Ich bin nicht darin. Ich wohne anderswo. Ich muß beim Aufwachen mit mir zufrieden sein; das brauche ich.

Die Kameraden – die stellen allerhand Probleme. Zunächst einmal Qualitätsprobleme. Es gibt so viele Maßstäbe, nach denen man urteilen kann. Ich weiß nicht so recht, wie ich das Problem anpacken soll. Da hat man sein Leben lang so sehr die Freunde Bachs den Tangoliebhabern vorgezogen. Und dann kämpft man gemeinsam mit Menschen, die die gute Musik abdrehen, wenn man sich gerade vor einem Lautsprecher befindet. Und bei ihnen begegnet man großen, grundlegenden Vorzügen. Und die sich am besten schlagen, die allein wahrhafte Kämpfer sind, kämpfen wieder nicht aus den gleichen Gründen wie ich. Sie kämpfen nicht, um die Kultur zu retten, oder vielmehr müßte man den Kulturbegriff, und was er in sich schließt, einmal überprüfen.

Der bodenlose Widersinn der jetzigen Zeiten bedrückt mein Herz. Es ist ja immer dasselbe: die Gegenwart wird nicht »gedacht«. Weil sich alles seit hundert Jahren viel zu schnell entwickelt hat, und weil das Denken ein viel zu langsamer Verdauungsvorgang ist. Ich stelle mir einen Physiker vor, dem man auf einen Schlag ein Durcheinander von zwanzig Dezimalstellen bekannter Phänomene und dazu tausend neue Phänomene brächte: das Problem würde ihm über den Kopf wachsen. Man müßte Jahrhunderte auf einen warten, der – nachdem er alles langsam verdaut hätte – eine neue Sprache schaffen und dadurch die Welt verändern könnte. In der mathematischen Physik gäbe es dann keine Ordnung mehr. Das ist alles recht bitter. Es gibt da nicht viele Haltungen, die man einnehmen kann: entweder ist man bereit, Hitlers Sklave zu sein oder lehnt ihn in Bausch und Bogen ab. Wobei man aber das mit der Ablehnung verbundene Risiko eingeht. Und stillschweigt. Ich möchte nicht im Rundfunk sprechen, das ziemt sich nicht, wenn man den Menschen keine Bibel zu bieten hat. Und so nehme ich das Risiko der Ablehnung auf mich. Ich hatte nur das Bedürfnis, die Barriere zu überschreiten, da ich deutlich erkennen wollte, worauf ich verzichte, wenn ich auf den Frieden verzichte, und dazu bin ich ja grundsätzlich gezwungen. Ich verzichte auf die Freiheit. Auf die Wärme eines Leibes in der Liebe. Und vielleicht auf das Leben. Und ich frage mich nach dem Warum. Und das ist ebenso bitter wie der religiöse Zweifel. Und gewiß ebenso fruchtbar. Der unerträgliche Widerspruch nötigt dazu, die Wahrheit hervorzubringen. Denn ich stecke wahrhaftig bis zum Halse im Bade der Widersprüche: entweder werde ich dadurch verrecken oder zur inneren Klarheit gelangen. Aber bestimmt kann ich den inneren Frieden nicht in einer Pariser Abendzeitung finden und auch nicht in diesem schändlichen Rundfunk. Gestern hörte ich P.D. ... mit Bestürzung. Wäre ich Ausländer und hätte vernommen, wie Frankreich solch einen Unflat von sich gibt, würde ich mir sagen, es sei an der Zeit, die Welt von solcher Gemeinheit zu reinigen. Was die Abendzeitung betrifft, so hat sie gerade einen erstaunlichen und ungeheuerlichen Artikel über Hitler als Kriegsherrn veröffentlicht: den größten publizistischen Coup, den sich Hitler je hätte träumen lassen. Aus diesem Artikel geht eine unbestreitbare Größe hervor. Und die Zensur ließ ihn passieren! Sie benehmen sich alle wie die Affen vor der Boa!

Dieses Land ist verloren, wenn man ihm nicht einleuchtende Gründe findet, weshalb es kämpfen muß. Der Stoff, aus dem wir geschaffen sind, ist zehnmal soviel wert wie der germanische, aber das Unheil will, daß nichts ihn erleuchtet. Wir wissen nicht, wie wir uns ausdrücken sollen. Wir verstehen es nicht, ein Gesicht anzunehmen. Die Engländer kämpfen für ihre Bräuche, für ihren Ceylontee, ihre Weekends. Wir fühlen uns nur so obenhin solidarisch mit ihnen. Wir haben nicht so allgemeine und so klar bestimmte Bräuche. Hier zeigt sich deutlich die Dürftigkeit G.'s und seiner »Dosierungen«. Diese intellektuellen Kunststücke, mit denen er der Rasse und der Einheit zu entgegnen sucht! Diese Wortspiele! Und da meint man im Ernst, daß man für Dosierungen, für eine Coctailmischung in den Tod geht? So erschrekkend abstrakt ist das alles! Es ist amüsant, belustigt den Verstand, aber hat kein Gewicht für das Herz. Mir genügt das nicht, wenn ich darin einwilligen soll, in Flammen aufzugehen (ich habe herausgefunden, daß mir meine kaputte Schulter kein Aussteigen mit dem Fallschirm gestattet). Und das ist um so besser, denn wenn ich meine Risiken auf mich nehme, verfahre ich gründlicher. Und dadurch werde ich genötigt zu begreifen. Wenn aber mein Gegenüber ›Heil Hitler!‹ ruft, werde ich nicht zurückrufen: ›Es lebe die Dosierung!‹

II

Mitternacht. In Vitry wird gefeiert. Ich mußte ins Soldatentheater gehen. Und abermals stellt sich mir bohrender denn je die Frage, weshalb wir eigentlich kämpfen. Was haben die Franzosen dabei zu suchen? Wo ist Herr Pascal? Wie vulgär sind diese Possen! Wie vulgär diese Lieder nach Konfektion, die unerträglich wirken, wenn sie so blöde sind wie »Olga« — »Statt in die Messen *(offices)* zu laufen, läuft sie den Offizieren nach« —, und zu einer Pornographie des Herzens werden, wenn sie sich zu Gefühlen aufschwingen. Wenn sie rühren möchten. Diese Hundekuchen, mit denen die Schlagerfabrikanten die Menschen füttern und mit denen sich die Menschen zufriedengeben. Wie grausig ist die Fröhlichkeit dieses Possenreißers, der schlecht und recht sein Brot mit aneinandergestoppelten Worten verdient, die man nicht als Sätze bezeichnen kann. Denn die echten Sätze sind Strukturen innerer Regungen.
Und nun höre man wieder die Fortsetzung von »Olga«, dieses Wahrheit und Gesundheit spendenden Erfrischungsbades:

»Da sie eine halbe Jungfrau war,
ging sie in Halbpension...«

Denn auf einmal gleicht sich der Stil dem Inhalt an. Der Inhalt ist von recht bescheidener Güte, aber er ist, was er ist, und der Stil trägt ihn, ohne etwas davon zu verlieren oder

aufzubauschen. Doch wie kann man das ertragen, ohne daß einen das Kotzen ankommt:
»Ich lie...ie...ie...ie...ie...be dich wie to...o...o...o ...oll!«?
Welch innere Regung hat diesen Stil geformt? Ich habe den Verfasser gesehen. Die Worte können noch so logisch angeordnet sein; trotzdem sind sie nur noch das Gerülpse eines Saufbruders. Ein Magenkollern des Denkens. Nichts wird innerlich dadurch verbunden. Wie ist doch das alles ausgewalzt! Ist Liebe hier etwas anderes als der abgenutzte Purpur eines Schmierenkomödianten?
Einen Augenblick war ich bewegt:

»Wenn die Mädchen ins Holz gehn,
ist es der Pfarrer zufrieden:
das wird Taufen geben!«

Ich mußte da gleich an die Dörfer denken, in denen alles einen Sinn erhält. Durch das Dorf tritt die Dauer ins Dasein. Die Geschlechterfolge. Der Ablauf der Zeit und der Wandlungen, die sie hervorbringt. Das Korn wird gesät und wächst empor. Wenn die Mädchen ins Holz gehen, ist es der Pfarrer zufrieden, der Taufen wegen. So entstehen nach und nach die Volkslieder, die Tänze und die schönen Möbel. Dörfer des Mittelalters, in denen der Zeitablauf einen Sinn hatte. In denen die Toten dank der Kirche gegenwärtig waren. Die Toten als Element der Dauer. Unsere Toten aber sind leere Schubfächer. Und unser Sommer hat nichts mit dem Herbst gemein. Es sind aneinandergestoppelte Jahreszeiten. Der Mensch heute ist demontiert. Und da meint Giraudoux den Menschen durch die Intelligenz zu retten! Doch die Intelligenz, die demontiert und die Teilstücke aneinanderreiht, sofern sie sich nicht spielerisch damit vergnügt, ihre Anordnung zu verfälschen, um den pittoresken Reiz zu erhöhen, – die Intelligenz verdirbt den Sinn für das Wesentliche. Wenn man Zustände analysiert, erfaßt man nichts mehr vom Menschen. Ich bin weder alt noch jung. Ich bin jemand, der sich im Übergang von der Jugend zum Alter befindet.

Ich bin etwas, was Gestalt annimmt. Ich bin ein Altwerden. Eine Rose ist nicht etwas, was aufblüht, sich öffnet und verwelkt. Das ist eine pädagogische Beschreibung, eine Analyse, mit der die Rose umgebracht wird. Eine Rose, – das sind keine Zustände, die aufeinanderfolgen, eine Rose ist ein etwas schwermütiges Fest. Ich weiß ganz genau, was ich sagen will, aber ich muß darüber nachdenken, wie ich mich klar ausdrücken kann.
Ich bin traurig, wegen dieses sonderbaren Planeten, den ich bewohne. Wegen all der Dinge, die ich nicht begreifen kann...

III

Meine neue Existenz widert mich derart an! Diese Zentralheizung, der Spiegelschrank, der halbe Luxus, das gutbürgerliche Leben nach und nach, und erst jetzt entdecke ich, wie sehr ich an Orconte hing, wie sehr mein Dasein im Bauernhof, mein eisiges Zimmer, Schlamm und Schnee drauf und dran waren, mich mir selber nahezubringen. Und die zehntausend Meter dienten dazu, einen nachdenklich zu stimmen. Abermals bin ich ganz verwirrt. Ich vermag mich nicht mehr zu sammeln... Ich hatte kein Bedürfnis nach diesem Gemeinschaftsleben. Ich wollte mich ihnen lieber in ihrem Schweigen anschließen. Von draußen wollte ich kommen, von meinem Bauernhof oder von meinen zehntausend Metern. Holweck hat sich mächtig getäuscht, wenn er meinte, ich sei den Kantinenliedern verfallen. Auf gleichem Fuße, das ja. Ohne die leiseste Herablassung. Es macht mir dasselbe Vergnügen wie ihnen, als gleicher unter gleichen zu singen. Mit all dieser guten Erde für meine Wurzeln. Aber mit dem ganzen Himmel für meine Zweige und mit Winden, die von anderswo herkommen, und Schweigen und der Freiheit der Einsamkeit. Ich kann durchaus allein sein in der Menge. Ich werde von ihr gestützt, aber habe meinen Kopf für mich allein. Und meine Höhle. Nun habe ich keine Höhle mehr. Und keinen Himmel, in dem ich meine Zweige entfalten kann. Ganz zusammengeschrumpft bin ich jetzt, und ohne Selbstvertrauen. Die allzu große Nähe erschreckt mich. Trotzdem können Sie mir glauben: ich liebte sie – und liebe sie – ohne Hintergedanken. Aber zweifellos habe ich das Bedürfnis, sie auszudrücken. Besser, als sie selber das fertigbringen, errate ich sie, und die Festigkeit ihrer Wurzeln und ihre prächtige Substanz – aber ihre eigenen Worte interessieren mich nicht, den Sinn ausgenommen, der ihnen ohne ihr Zutun innewohnt. Es ist wie in meinem »Caïd«: »Sie weinte voller Einfalt über ihr verlorenes Schmuckstück. Sie weinte bereits, ohne es zu wissen, über den Tod, der von allen Schmuckstücken scheidet...« Und das ist genau das gleiche: ihr ganzes Treiben geht mir nah, und ich bin ihnen näher, als sie selber es sind, doch nun fehlt es mir an Raum. Und jetzt kotzen sie mich an mit ihren Schmuckhistörchen (es ist nicht die Rede von Schmuck dabei); ich begreife das nur, wenn ich selbst meine Zweige entfalten kann. Sobald mich ihre Gegenwart erstickt, vermag ich sie nicht mehr auszudrücken. Und was sie selbst über sich zum besten geben, interessiert mich in keiner Weise. Ich werde von hier fortgehen, nach Vitrolles. Ich ziehe so sehr das Todesrisiko jener Vertrocknung vor, die mich hier bedroht. Ich sterbe aus Durst nach Einsamkeit.

Mein Krieg? Das beweist nur eins: daß ich überströme von gutem Willen. Und ich ziehe umher wie ein Orangenbaum, um meinen Boden zu suchen. Doch ein Orangenbaum ist nicht sehr beweglich. Den Boden zu wechseln, ist nicht einfach. Ich habe nur den Instinkt eines Rutengängers. Ich bin ein recht unbeholfener Baum.

IV

Ich habe vor allem nach dem verlangt, wonach ich kein Verlangen hatte. Nach dem Dreck, dem Regen. Nach den Rheumaanfällen im Bauernhof. Nach den unausgefüllten Abenden. Nach der Melancholie, die mit all dieser Unruhe in zehntausend Meter Höhe verbunden ist. Auch nach der Angst. Das versteht sich. Nach all dem, was den Menschen abgefordert wird. Und das geschah, um Mensch mit Menschen zu sein und um aufzuleben mit meinesgleichen, denn wenn ich mich von ihnen trenne, bin ich zu nichts mehr nütze. Ich bin so voller Verachtung für die Zuschauer: für die Leute, die bei allem, was sie tun, keinen Einsatz wagen. Ich habe nicht gefunden, was ich haben wollte; ich habe gefunden, was ich finden sollte, und bin so wie die andern. Und friere wie die andern und habe Angst wie die andern. Und habe Rheuma wie die andern. Die Wahl, vor die ich gestellt wurde, war nicht freier als die der andern; sie hatten die Gendarmen. Mich trieb etwas Zwingenderes als ein Gendarm. Außerdem macht es mir natürlich Spaß: die Trinklieder machen mir Spaß, aber auch die Menschen.

Nun schön. Ich komme von zehntausend Metern zurück. Wieder ein Gespenst, das sich verflüchtigt hat. Zehntausend Meter, – dieses unbewohnbare Land, das unbekannte Tiere bevölkern und von dem aus die Erde gewölbt und schwarz aussieht – und wo die Bewegungen schwerfällig werden, wie bei einem Schwimmer, den Sirup umgibt. Und wo der niedrige Druck (er bleibt noch $^1/_{100}$ des Normaldrucks) die Gefahr mit sich bringt, daß einem das Leben in Dunst aufgeht, und wo man Eis einatmet – denn bei 51 Grad Kälte verwandelt sich der Atem auf den Innenwänden der Maske in feine Eisnadeln – und wo man von fünfundzwanzig verschiedenen Pannen bedroht wird, darunter einem Versagen des Atemgeräts, was einem den Garaus macht, und einem Versagen der Heizanlage, wodurch man zur Eissäule wird. Das alles steht völlig fest und ist doch etwas ganz anderes. Das sind alles Gespenster. Natürlich gibt es die Instrumente auf dem Schaltbrett, die die Sauerstoffzufuhr überwachen, und diese verdammte kleine Nadel, die eine wichtigere Funktion hat, als wenn sie die Pulsschläge zählen würde – aber trotzdem ist es etwas anderes, und die Nadel bleibt eine Abstraktion. Man sieht sie nicht. Man zwickt lediglich von Zeit zu Zeit mit den Fingerspitzen einen kleinen Gummi-

schlauch, der in die Maske führt, um deutlich zu spüren, daß er immer noch prall ist. Daß noch Milch im Schnuller ist. Und dann saugt man artig daran. Das alles ist nicht weiter dramatisch.
Was nun die Pannen der Heizanlage angeht. Ich fühlte mich dort oben recht behaglich. Mir war schön warm. Vor allem erstaunte mich, daß sich die Wärme so gut verbreitete. Daß sie so prächtig verteilt war. Ich hatte befürchtet, die Drähte könnten die Haut versengen. Nichts dergleichen. Die Drähte erweckten keine besondere Empfindung. Und so sagte ich mir: ›Nicht übel! Wenn die Eskimos so was hätten! Welch Meisterwerk der Technik ist doch solch ein laues, gleichmäßiges Bad, wenn man von den Fingern absieht.‹ Ich fror an den Fingern. Aber das war schließlich erträglich. Und so kurvte ich lange in meinem Exil herum, die Hand am Abzug des MG's. Dann, als ich wieder gelandet war:
»Wie war die Temperatur?«
»Unter 51 Grad.«
»Sicher war dir nicht gerade warm!«
»Nein, aber es war recht angenehm. Du hattest gesagt, daß einem der heiße Sauerstoff die Nase versengt, und meiner Nase ging es recht gut. Was die Filzschuhe betrifft...«
»Auch die hätten dich nicht versengen können. Du hattest den Kontakt vergessen.«
Und dann hatte ich mir vor dieser Taufe vorgestellt, daß ich langsam gegen das Ohnmächtigwerden ankämpfen müßte. Diese abscheuliche feuchte Haut an der Stirn, an den Händen. Dieses angenehme süßliche Gefühl, eine Art Perversion der Sinne. Nein. Zehntausend Meter mit Sauerstoff sind beschwerlicher als sechstausend ohnedem. Und auf einmal schwanden all die Gefühle der Bewunderung, wie ich sie in Toulouse für Hauptmann M. empfunden hatte, den einzigen mir bekannten Militär, der den großen Höhen Trotz bot. Diese Helden, die täglich ihr Heldentum erneuern! Sie landen und reden wenig über ihre Erlebnisse. So sind die Helden nun einmal. Barsch und wortkarg. Wenn man sie ausfragt, zucken sie mit den Achseln: ›Das verstehst du nicht,

Kleiner.‹ Abermals enthüllt sich mir der Sinn ihres Schweigens. Er besteht darin, daß sie nichts zu sagen haben.
Der Mut äußert sich nicht darin, er äußert sich in der Wahl. Und M. *ist* mutig. Weiß er doch a priori, daß in zehntausend Metern ein gewisser Prozentsatz von Unfällen auf einem Versagen der Sauerstoffzufuhr beruht und daß so etwas tödlich ist. Man muß sich daher einen inneren Ruck geben, wenn man sich von vornherein für diesen Beruf entscheidet. Und sodann muß man sich wohl oder übel dazu entschließen, ernstlich auf das Gespenst Jagd zu machen. Es gilt, den Wechsel »Mut« zu honorieren. Und das ist verdienstlich. Nur das. Sobald aber erst das Gespenst zur Strecke gebracht ist, wird es zu einem Beruf wie jeder andere. Ob man nun zehntausend Meter hoch fliegt oder Stühle flechtet... Denn das Gespenst ist ja schon tot. Das habe ich jedesmal wieder deutlich gespürt. Auf den Nachtflügen. Angesichts des Ertrinkens im Meer. Des Verdurstens. Und Daurat... Daurat lehrte die Menschen nicht den Mut: er zwang sie nur, die Gespenster umzubringen. Das habe ich schon im »Nachtflug« gesagt. Ich war gestern so zufrieden, als mein erster Aufstieg abgesagt wurde. Aber der Mut wird dann zu etwas weit Edlerem als zum Jähzorn eines betrunkenen Unteroffiziers: er wird zu einer Voraussetzung der Selbsterkenntnis.
Selbstverständlich gibt es Dramen nur in den menschlichen Beziehungen. Nur das kranke Kind ist dramatisch, nur der andere ist dramatisch. Aber das eigene Ich ist niemals dramatisch.
Man steigt zehntausend Meter hoch, explodiert, und da ist nichts dabei. Aber den anderen, niemals kann man den anderen besuchen. Es ist ein Land ohne Grenzen. Und ein kleines Mädchen, das friert, schmerzt mehr als eine defekte Heizanlage bei fünfzig Grad Kälte. Ich kenne die Kälte, ich kenne den Durst, ich kenne die Ungewißheit – aber nur die Ungewißheit der anderen.
Und dann weiß ich nicht, woher dieses Verlangen kommt, alles auf mich zu nehmen. Ich habe ihre zehntausend Meter

auf mich genommen. Darin besteht »mein Krieg«. Er besteht nicht in dieser törichten Toreador-Unternehmung.

Heute abend bin ich auf einem Ohr taub (durchaus nicht wegen meines Ohrensausens, das sich gebessert hat), sondern wegen meines ersten Abstiegs aus solch einer Höhe, dadurch ist mein Trommelfell bis morgen verstopft. Und ich denke wiederum an den unverständlichen Widerspruch. Wenn der ganze Körper das eigene Ich ist. Der Körper, der liebt, der den Abendfrieden in einer Kaminecke genießt. Der sich in den Bettüchern zusammenrollt, um einzuschlafen. Und der zu lächeln versteht. Und dann dieser Körper, der sich von mir unterscheidet. Und der nur noch ein Werkzeug ist. Und den man zur Feldarbeit führt wie einen Ochsen. Bei dem man sich damit abfindet, wenn ihm etwas ins Ohr schreit. Oder wenn ihm die Haut geröstet wird, wie vorgestern seinem Kameraden. Wenn der Körper nur noch »ein gutes Werkzeug« ist. Und es gibt auch zwei Empfindungen: wie heute abend die Traurigkeit angesichts des möglichen Todes. Die schwermütige Träumerei über so viele Gärten, die sich schließen werden. Es braucht dafür ja nur diesen Blitzschlag einer Messerschmidt, durch den man plötzlich in Brand gerät wie ein Baum. Das bricht aus heiterem Himmel herein nach dem senkrechten und schweigenden Sturz. Der eine von dreien, der sich allein mit dem Fallschirm retten konnte, sah nichts, außer daß seine Bordinstrumente plötzlich zersprangen. Dann kam das Feuer wie ein Rumoren in den Eingeweiden, das unterirdische Vordringen des Feuers, diese Besitzergreifung durch das Feuer, und so verließ er sein Haus. Und freilich bin auch ich nicht feuerfest, und vielleicht werde ich einem letzten Gespenst den Garaus machen müssen. Und dadurch kommt eine Schwermut über mich, die mir ein wenig das Herz beengt. Ich muß an den Luxus denken. An die hängenden Gärten, die für mich so etwas wie ein Abbild des Luxus sind. Und dann an das Fleisch. An den Geruch, durch den sich das Herz auf einmal zusammenkrampft.

Doch zugleich gibt es jene andere Empfindung, die ich morgen inmitten der Aktion wiederfinden werde. Der Körper

ist dann nur noch eine Art Mittel, das keine große Bedeutung hat, und für den Körper gibt es keine Tragödien. Ich weiß genau, daß es für den Körper keine Tragödien gibt. Etwas wird mir wiederum deutlich, und das ist vielleicht das Süßeste auf diesem seltsamen Berge, auf dem ich ganz allein sitze. Es ist erregender für alle, die ich liebe, und erregender für alle Menschen. Immer die gleiche Geschichte. Wenn man in Gefahr schwebt, ist man für alle verantwortlich. Am liebsten möchte man sagen:
›Der Friede ziehe ein in euer Herz.‹

BRIEF
AN EINEN AUSGELIEFERTEN

Nach dem Waffenstillstand in Frankreich 1940 ging Antoine de Saint-Exupéry nach Portugal und schiffte sich von dort nach den USA ein. Später hat er sich wieder von Algier aus als Beobachtungsflieger in den Kampf um die Befreiung des französischen Mutterlandes eingereiht. Aus Amerika schrieb er 1941 diesen Freundesbrief[2] an Léon Werth, den alten Jugendfreund, dem auch »Der Kleine Prinz« gewidmet wurde.

I

Als ich im Dezember 1940 durch Portugal reiste, um mich nach den Vereinigten Staaten zu begeben, erschien mir Lissabon als ein lichtes und zugleich trauriges Paradies. Man sprach damals viel von einer drohenden Invasion; Portugal klammerte sich krampfhaft an die Illusion seines Glücks. Lissabon, das die bezauberndste Ausstellung der Welt aufgebaut hatte, lächelte das etwas blasse Lächeln jener Mütter, die von ihrem Sohn im Felde keine Nachricht haben und nun versuchen, ihn durch ihr Vertrauen zu schützen: ›Mein Sohn lebt noch, da ich lächle...‹

»Schaut her«, so sagte Lissabon, »wie glücklich ich bin, wie friedlich, wie gut beleuchtet!...« Der ganze Kontinent stand drohend um Portugal, gleich einem wilden Gebirge voll räuberischer Stämme; Lissabon, das festliche Lissabon, trotzte: ›Kann man mich zur Zielscheibe machen, da ich mir so viel Mühe gebe, mich nicht zu verstecken! Da ich so verwundbar bin!‹

Die Städte meiner Heimat waren des Nachts aschfarben. Ich war bei ihnen auch nicht einen Schimmer mehr gewöhnt, und diese strahlende Hauptstadt bereitete mir ein leises Übelsein. Wenn die Vorstädte finster werden, ziehen die Diamanten einer allzu grell erleuchteten Auslage die Strolche an; man spürt, wie sie sie umkreisen. So fühlte ich um Lissabon die Nacht Europas lasten, von Bombern durchstrichen, als hätten sie den glitzernden Schatz von weitem gewittert. Aber Portugal ignorierte die Raublust des Ungeheuers; es weigerte sich, an die bösen Zeichen zu glauben. Portugal plauderte über Kunst mit einer verzweiflungsvollen Grimasse von Vertrauensseligkeit. Wird man wagen, es zu zerschmettern, während es sich der Kunst annimmt? Es hatte alle seine Wunder zur Schau gestellt. Würde man wagen, es inmitten seiner Wunder zu zerschmettern? Es zeigte seine großen Männer. In Ermanglung einer Armee, in Ermanglung von Kanonen hatte es gegen das Arsenal des Eroberers alle seine marmornen Schildwachen aufgeführt: die Dichter, die Forscher, die Conquistadoren. Die ganze Vergangenheit Portugals verbarrikadierte die Straße – in Ermanglung einer Armee und ihrer Kanonen. Würde man wagen, es inmitten des Erbes einer großartigen Vergangenheit zu zerschmettern?

So irrte ich jeden Abend voll Schwermut durch den Triumph dieser Ausstellung äußersten Geschmacks, wo alles an die Vollendung zu streifen schien, bis zu der diskreten Musik, die, mit soviel Takt gewählt, sich sanft in die Gärten ergoß, ohne Lärm, wie das einfache Lied eines Brunnens. Konnte die Welt darauf aus sein, dieses wunderbare Gefühl für das Maß zu zerstören?

Und ich fand Lissabon in seinem Lächeln trauriger als meine erloschenen Städte.

Ich kenne, und vielleicht kennen auch Sie jene etwas sonderbaren Familien, die an ihrem Tisch einem Toten den Platz freihalten. Sie leugnen das Endgültige. Aber nie schien mir dieser Trotz ein Trost zu sein. Tote mußte man dem Tode lassen. Dann wird ihnen, in der Rolle des Totseins, eine andere Form des Daseins zuteil. Jene Familien aber verzögerten ihre Wiederkehr. Sie machten ewig Abwesende aus ihnen, Tischgenossen, die zu spät daran sind für die Ewigkeit. Sie tauschten die Trauer gegen ein leeres Warten. Diese Häuser schienen mir in ein hoffnungsloses Unbehagen getaucht, das ganz anders würgt als der Kummer. Um den Flieger Guillaumet, den letzten Freund, den ich verlor und der im Dienst der Flugpost umkam, mein Gott! da hab ich die Trauer auf mich genommen. Guillaumet wird sich nie mehr verändern. Er wird nie mehr da, aber auch nie mehr fort sein. Ich habe sein Gedeck von meinem Tisch weggeräumt, diese überflüssige Schlinge, ihn zu fangen, und habe aus ihm einen richtigen toten Freund gemacht.

Aber Portugal zwang mich, an das Glück zu glauben, indem es ihm sein Gedeck ließ, seine Lampions und seine Musik. Man spielte sich in Lissabon ein vermeintliches Glück so intensiv vor, als könne man es Gott selber glaubhaft machen. Lissabon verdankte seine Atmosphäre der Trauer auch der Anwesenheit gewisser Flüchtlinge. Ich spreche nicht von den Geächteten auf der Suche nach einem Asyl, ich spreche nicht von Emigranten, die nach einem Stück Erde suchen, um es durch ihre Arbeit fruchtbar zu machen. Ich spreche von jenen, die sich aus dem Elend der Ihrigen davonmachten, um ihr Geld zu retten.

Ich hatte in der Stadt kein Quartier gefunden und wohnte in Estoril in der Nähe des Kasinos. Ich kam aus einem unerbittlichen Krieg: meine Staffel hatte durch neun Monate ohne Unterbrechung Deutschland beflogen und im Laufe der deutschen Offensive drei Viertel ihres Bestandes eingebüßt. Zurückgekehrt, hatte ich die unheimliche Atmosphäre der Versklavung und die Drohung des Hungers kennengelernt, hatte die stockfinstere Nacht unserer Städte erlebt. Und siehe! Zwei Schritt von mir füllte sich das Kasino von Estoril jeden Abend mit Gespenstern. Lautlose Cadillacs, die so taten, als führen sie weiß Gott wohin, setzten sie auf dem feinen Sand der Auffahrt ab. Sie hatten sich für das Dinner gekleidet wie ehemals. Sie zeigten ihr Plastron und ihre Perlen. Sie hatten sich gegenseitig zu den Mahlzeiten von Statisten geladen und wußten einander nichts zu sagen... Dann spielten sie Roulette oder Baccarat, je nach ihrem Vermögen. Ich sah sie mir manchmal an. Ich empfand weder Entrüstung noch das Gefühl von Ironie, wohl aber eine unbestimmte Bangigkeit. Etwa jene, die uns im Zoo vor den Nachzüglern einer ausgestorbenen Gattung überkommt. Sie setzten sich um die Tische. Sie drängten sich um einen kalten, würdig steifen Croupier und mühten sich ab, Hoffnung, Verzweiflung, Angst, Gier und Jubel zu empfinden. Wie Lebende. Sie spielten mit Vermögen, die vielleicht in derselben Minute jede Bedeutung verloren hatten. Sie benutzten Münzen, die vielleicht nichts mehr galten. Die Wertpapiere in ihren Kassen waren möglicherweise Papiere von Unternehmungen, die bereits beschlagnahmt waren oder die, von feindlichen Bomben bedroht, eben jetzt zertrümmert und zerstört wurden. Sie zogen Wechsel auf den Sirius. Sich ans Vergangene hängend, zwangen sie sich, an die Rechtmäßigkeit ihres Fiebers, an die Deckung ihrer Schecks, an die Ewigkeit ihrer Formen zu glauben, als hätte es auf dieser Welt nicht zu einer bestimmten Stunde zu krachen angefangen. Es war unwirklich. Es wirkte wie ein Puppenballett. Aber es war traurig. Zweifellos empfanden sie nichts dabei. Ich verließ sie. Ich ging an das Ufer des Meeres, um Atem zu holen. Und dieses Meer von Estoril, das Meer eines Seebades, ein gezähmtes Meer, schien mitzutun bei dem Spiel. Es schob sich in den Golf, eine einzige weiche Woge, ganz silberig vom Mondlicht, die Schleppe eines unzeitgemäßen Kleides.

Ich fand meine Flüchtlinge auf dem Dampfer wieder. Dieses Schiff, ja, auch dieses Schiff erzeugte eine leichte Beklemmung. Dieses Schiff brachte lauter Gewächse ohne Wurzeln von einem Kontinent zum andern. Ich sagte mir: ›Ich will gern ein Wanderer sein, aber ich will kein Emigrant sein. Ich habe zu Hause so viele Dinge gelernt, die anderswo unnütz wären.‹ Da zogen meine Emigranten kleine Notizbücher aus der Tasche; sie bildeten die letzten Reste ihrer Identität. Sie taten noch so, als seien sie wer. Sie hefteten sich mit allen ihren Kräften an irgendeine Bedeutung. »Sie wissen, ich bin der und der«, sagten sie, »ich bin aus jener Stadt..., der Freund eines gewissen..., kennen Sie einen gewissen..?« Und sie erzählten einem die Geschichte eines Kumpans, die Geschichte irgendeiner Verantwortlichkeit, die Geschichte einer Verfehlung oder eine andere x-beliebige Geschichte, nur um an irgend etwas Anschluß zu finden. Aber nichts von all dem Vergangenen konnte ihnen helfen, da sie ihr Vaterland verlassen hatten. Es war noch ganz warm, ganz frisch, ganz lebendig, wie es anfangs die Erinnerungen der Liebe sind. Da macht man ein Päckchen aus zärtlichen Briefen. Man fügt ein paar Andenken dazu. Man knüpft alles sorgfältig zusammen. Und anfangs entströmt solchen Reliquien ein melancholischer Zauber. Dann geht eine Blonde mit blauen Augen vorbei, und die Reliquie stirbt. Denn auch der Kumpan, die Verantwortlichkeit, die Geburtsstadt, die Erinnerung an Zuhause verblassen, wenn sie zu nichts mehr nütze sind. Sie fühlten es wohl. So wie Lissabon sich das Glück vorspielte, so spielten sie sich den Glauben vor, bald wieder zurückzukehren. Sie ist ja so süß, die Fremde des verlorenen Sohnes! Es ist eine unechte Fremde, da noch immer das Vaterhaus wartet. Ob man nun ins Nebenzimmer gegangen ist oder auf die andere Seite der Erdkugel: der Unterschied ist unwesentlich. Die Anwesenheit des Freundes, der sich dem Anschein nach entfernt hat, kann fühlbarer werden als seine wirkliche Gegenwart. Es ist jene des Gebets. Nie habe ich mein Zuhause mehr geliebt als in der Sahara. Nie sind Verlobte ihren Bräuten näher gewesen als die bretonischen Matrosen des 16. Jahrhunderts, als sie das Kap Horn umsegelten und hinwelkten vor der Mauer undurchdringlicher Winde. Schon vom Augenblick der Abreise an begannen sie heimzukehren. Es war ihre Heimkehr, die sie ins Werk setzten, wenn sie mit schweren Händen die Segel hißten. Der kürzeste Weg vom Hafen in der Bretagne bis zum Hause der Geliebten ging über Kap Horn. Aber meine Emigranten erschienen mir wie bretonische Seefahrer, denen man die bretonische Braut fortgenommen hatte. Keine bretonische Braut zündete für sie im Fenster ihre demütige Lampe an. Sie waren nicht verlorene Söhne. Sie waren verlorene Kinder ohne ein Haus der Heimkehr. Dann erst fängt die wahre Reise an, die Reise aus sich selbst heraus.

Wie sich wiederherstellen? Wie sich die schweren Strähnen der Erinnerungen noch einmal flechten? Dieses Gespensterboot war mit ungeborenen Seelen beladen wie der Vorhimmel. Die einzig Wirklichen – so wirklich, daß man sie gerne mit der Hand berührt hätte – waren diejenigen, die zum Schiff gehörten und die eine wirkliche Tätigkeit adelte, da sie Tabletts trugen, das Kupfer blank putzten, Stiefel wichsten und mit einer gewissen Herablassung die Leblosen bedienten. Nicht die Armut trug den Emigranten die leise Verachtung des Personals ein. Es fehlte ihnen nicht an Geld, sondern an Gewicht. Es waren nicht mehr Menschen aus einem bestimmten Haus, mit bestimmten Freunden, mit einer bestimmten Verantwortung. Sie spielten die Rolle, aber es war nicht mehr wahr. Niemand brauchte sie, niemand war genötigt, sich an sie zu wenden. Welch ein Wunder ist das Telegramm, das dich durcheinanderrüttelt, dich zwingt, mitten in der Nacht aufzustehn, dich zum Bahnhof jagt: »Komm schnell! Ich brauche dich!« Leicht finden wir Freunde, die uns helfen; schwer verdienen wir uns jene, die unsere Hilfe brauchen. Gewiß, niemand haßte meine Emigranten, niemand beneidete sie, niemand belästigte sie. Aber niemand liebte sie mit der einzigen Liebe, die zählt. Ich sagte mir: Sie werden gleich nach ihrer Ankunft zu Willkommcocktails und zu Trostdinners geladen werden. Aber wer wird an ihrer Türe rütteln und Einlaß begehren: »Öffne! Ich bin's!« Man muß ein Kind lange an der Brust gehabt haben, bis es Forderungen stellt. Man muß sich lange eines Freundes annehmen, ehe er nach der Freundschaft verlangt, die man ihm schuldet. Man muß sich durch Generationen damit zugrunde gerichtet haben, das alte, baufällige Schloß zu retten, um es lieben zu lernen.

II

Ich sagte mir also: ›Das Wesentliche ist, daß das, wovon man gelebt hat, irgendwo weiterbesteht. Und die Gewohnheiten. Und das Familienfest. Und das Haus der Erinnerungen. Das Wesentliche ist, daß man für die Rückkehr lebt.‹ Und ich fühlte mich bis in den Kern meines Wesens hinein durch die Hinfälligkeit der fernen Pole bedroht, von denen ich abhing; ich riskierte, eine richtige Wüste kennenzulernen, und begann ein Geheimnis zu verstehen, auf das ich schon lange neugierig gewesen war.

Ich habe drei Jahre lang in der Sahara gelebt. Wie so viele

andere habe ich über ihren Zauber nachgedacht. Jeder, der das Leben in der Sahara, wo alles nur Armut und Einsamkeit zu sein scheint, kennengelernt hat, weint diesen Jahren als den schönsten des Lebens nach. Die Worte »Heimweh nach dem Sande«, »Heimweh nach der Einsamkeit«, »Heimweh nach dem Raume« sind nur literarische Formeln und erklären nichts. Aber dort an Bord eines Dampfers, der von sich drängenden Passagieren wimmelte, schien es mir zum erstenmal, daß ich die Wüste verstand.

Gewiß, die Sahara ist unabsehbar weit, nur eintöniger Sand – oder genauer, da die Dünen selten sind –, ein kieselreicher Strand. Man badet da dauernd im Wesen der Langeweile selbst. Indessen bauen ihre unsichtbaren Gottheiten ein Netz von Richtlinien, Neigungen und Zeichen, eine geheimnisvolle und lebendige Muskulatur. Es gibt keine Einförmigkeit mehr. Alles nimmt Richtung an. Keine Stelle gleicht mehr der andern. Es gibt eine Stille des Friedens, wenn die Stämme versöhnt sind, der Abend wieder seine Frische spendet und einem zumute ist, als halte man in einem stillen Hafen mit eingezogenen Segeln Rast. Es gibt eine Stille des Mittags, wenn in der Sonne Gedanken und Bewegungen aussetzen. Es gibt eine falsche Stille, wenn der Nordwind innehält und das Auftauchen von Insekten, die den Oasen des Innern wie Blütenstaub entwehen, den sandführenden Oststurm ankündigt. Es gibt eine Stille der Verschwörung, wenn man von einem entfernten Stamme weiß, daß es in ihm gärt. Es gibt eine geheimnisvolle Stille, wenn sich zwischen den Arabern ihre verschwiegenen Beziehungen anknüpfen. Es ist gespannte Stille, wenn sich die Rückkehr des Boten verzögert.

Eine zugespitzte Stille, wenn man nachts seinen Atem anhält, um zu lauschen. Eine schwermütige Stille, wenn man sich an die erinnert, die man liebt. Alles wird Pol. Jeder Stern bedeutet eine wirkliche Richtung. Es sind alles Sterne der drei Weisen. Sie dienen alle ihrem eigenen Gott. Dieser da bezeichnet die Richtung eines entfernten, schwer erreichbaren Brunnens. Und was dich von diesem Brunnen trennt, ist so gewichtig wie ein Wall. Jener bezeichnet die Richtung eines versiegten Brunnens. Der Stern selbst sieht nach Trokkenheit aus. Und was dich von dem versiegten Brunnen trennt, ist kein lockender Hang. Ein anderer Stern dient als Führer zu einer unbekannten Oase, von der dir die Nomaden gesungen haben, die dir aber des Krieges wegen versperrt ist. Und der Sand, der dich von der Oase trennt, ist eine Märchenwiese. Dieser bezeichnet die Richtung einer weißen Stadt im Süden, einer köstlichen, scheint es, köstlich wie eine Frucht, in die man die Zähne schlägt. Und jener die Richtung des Meeres.

Und schließlich wirken von weit her die Kräfte fast irrealer Pole wie Magnete in dieser Wüste: ein Haus der Kindheit, das in der Erinnerung lebt. Ein Freund, von dem man nichts weiß, als daß es ihn gibt.

So fühlst du dich gespannt und belebt von dem Feld der Kräfte, die dich anziehen und abstoßen, dich treiben und dir widerstreben. So bist du gut gegründet, gut bestimmt, genau eingesetzt in den Mittelpunkt der Himmelsrichtungen.

Und da die Wüste keinerlei greifbaren Reichtum bietet, da es in ihr nichts zu sehen, nichts zu hören gibt, drängt sich die Erkenntnis auf, daß der Mensch zuvörderst aus unsichtbaren Anreizen lebt, denn das innere Leben, weit entfernt davon, einzuschlafen, nimmt an Kräften zu. Der Mensch wird vom Geist beherrscht. In der Wüste bin ich das wert, was meine Götter wert sind.

So fühlte ich mich an Bord meines traurigen Dampfers reich an noch fruchtbaren Beziehungen; wenn ich einen noch lebenden Planeten bewohnte, so dank meiner Freunde, die ich in Frankreichs Nacht als Verlorene zurückgelassen hatte und die nun begannen, mir wesentlich zu werden.

Frankreich war ohne Frage für mich weder eine abstrakte Göttin noch ein historischer Begriff, sondern ein Leib, zu dem ich gehörte, ein Netz von Bindungen, das mich festhielt, ein Zusammenspiel von Kraftzentren, auf dem die Neigungen meines Herzens beruhten. Ich fühlte das Bedürfnis, diejenigen, deren ich zu meiner Orientierung bedurfte, fester und dauerhafter zu empfinden als mich selbst. Um zu wissen, wohin ich zurückkehre. Um zu leben. In ihnen wohnte mein ganzes Land und lebte durch sie in mir. So stellt sich für einen, der das Meer befährt, ein Kontinent als das stille Blinken einiger Leuchttürme dar. Ein Leuchtturm ist kein Maß für die Entfernung. Sein Licht ist ganz einfach in den Augen gegenwärtig. Und alle Wunder des Kontinents leben in diesem Stern. – Und nun, da Frankreich infolge der totalen Besetzung mit seiner Fracht völlig in das Schweigen eingetreten ist, wie ein Schiff mit gelöschten Feuern, von dem man nicht weiß, hat es die Gefahren des Meeres überlebt oder nicht, nun quält mich das Los all derer, die ich liebe, ärger als eine Krankheit, die sich in mir festgesetzt hätte. Ich sehe mich durch ihre Gefährdung in meinem Wesen bedroht.

Der diese Nacht meine Gedanken heimsucht, ist fünfzig Jahre alt. Er ist krank. Und er ist Jude. Wie wird er den deutschen Terror überstehen? Um mir vorzustellen, daß er noch lebt, bedarf es des Glaubens, daß ihn der Eindringling hinter dem schönen Wall des Schweigens übersehen hat, mit dem ihn die Bauern seines Dorfes schützten. Nur dann glaube ich, daß er noch lebt. Nur dann, wenn ich mich, fern von ihm, im Reich seiner Freundschaft ergehe, das keine Grenzen hat, ist es mir erlaubt, mich nicht als Emigrant zu fühlen, sondern als Wanderer. Denn die Wüste ist nicht da, wo man glaubt. Die Sahara ist lebendiger als eine Hauptstadt, und die volkreichste Stadt wird leer, wenn die wesentlichen Pole des Lebens ihre Kraft einbüßen.

III

Wie baut denn das Leben jene Kraftfelder auf, von denen wir leben? Woher stammt das Gewicht, mit dem es mich zu dem Hause dieses Freundes zieht? Welche sind denn die wesentlichen Momente, die aus dieser Gegenwart einen der Pole gemacht haben, deren ich bedarf? Aus welchen geheimen Vorgängen sind die besonderen Zärtlichkeiten gewoben und aus ihnen wieder die Liebe zur Heimat?

Wie wenig Lärm machen die wirklichen Wunder! Wie einfach sind die wesentlichen Ereignisse! Über den Augenblick, von dem ich erzählen will, gibt es so wenig zu sagen, daß ich ihn träumend wieder erleben und von ihm zu meinem Freund sprechen muß.

Es war eines Tages vor dem Krieg an den Ufern der Saône, in der Gegend von Tournus. Wir hatten zum Mittagessen ein Restaurant gewählt, dessen Holzveranda über dem Fluß hing. Die Ellbogen auf einen ganz simplen, von Messern zerschnittenen Tisch gestützt, hatten wir uns zwei Pernod bestellt. Dein Arzt hatte Dir den Alkohol verboten, aber zu den großen Gelegenheiten mogeltest Du. Diesmal war es eine. Wir wußten nicht warum, aber es war eine. Was uns da freute, war unwägbarer als die Beschaffenheit des Lichtes. Du hattest Dich also für diesen Pernod der großen Gelegenheiten entschieden. Und da ein paar Schritte von uns zwei Matrosen einen Kahn löschten, haben wir sie eingeladen. Wir haben sie von unserem Balkon herab angerufen. Und sie sind gekommen. Sie sind ganz einfach gekommen. Wir hatten es so natürlich gefunden, Kumpane einzuladen, vielleicht wegen dieses unsichtbaren Festes in uns. Es war ja so klar, daß sie auf unser Zeichen antworten würden. Und so tranken wir einander zu. Die Sonne tat gut. Die Pappeln des anderen Ufers, die Ebene bis zum Horizont, sie badeten in ihrem linden Honiglicht. Wir wurden immer heiterer und wußten keineswegs, warum. Alles machte uns sicher: die Sonne, die so gut leuchtete, der Fluß, der so schön hinabfloß, das Mahl, das ein richtiges Mahl war; die Matrosen waren auf unseren Zuruf gekommen, das Mädchen bediente uns mit einer Art glücklicher Freundlichkeit, als gäbe sie ein unvergängliches Fest. Wir befanden uns völlig im Frieden, aufs beste eingefügt in eine endgültige Zivilisation, vor Unordnung sicher. Wir genossen eine Art vollkommenen Zustandes, in dem wir uns nichts mehr anzuvertrauen hatten — alle Wünsche waren erfüllt. Wir fühlten uns rein, aufrichtig,

klar und milde. Wir hätten nicht zu sagen gewußt, welche Wahrheit es war, deren Evidenz uns entzückte. Aber das Gefühl, das uns beherrschte, war das der Gewißheit. Einer fast übermütigen Gewißheit.
So bewies das Weltall, durch uns hindurch, seinen guten Willen. Die Verdichtung der Nebelflecke, die Erstarrung der Planeten, die Bildung der ersten Amöbe, die ungeheure Arbeit des Lebens auf dem Weg von der Amöbe bis zum Menschen, alles hatte sich glücklich zusammengetan, um, durch uns hindurch, auf diese Stufe der Freude hinauszulaufen! Das war, als Ende der Entwicklung, gar nicht so übel.
So genossen wir dieses stumme Einvernehmen und diese fast religiösen Riten. Gewiegt vom Kommen und Gehen der priesterlichen Magd tranken die Matrosen und wir einander zu wie die Gläubigen ein und derselben Kirche, wenn wir auch nicht hätten sagen können, welcher Kirche. Der eine der beiden Matrosen war Holländer, der andere Deutscher. Dieser war einst dem Nazismus entflohen, weil er da drüben als Kommunist oder als Anhänger Trotzkis verfolgt worden war, oder als Katholik oder als Jude. (Ich erinnere mich nicht mehr der Aufschrift, deretwegen der Mann auf der Liste stand.) Aber in diesem Augenblick war der Matrose etwas ganz anderes als eine Aufschrift. Es ist der Inhalt, der zählt. Die menschliche Substanz. Er war ganz einfach ein Freund. Und wir waren einig unter Freunden. Du warst einig. Ich war einig. Die Matrosen und das Mädchen waren einig. Worüber einig? Über den Pernod? Über die Bedeutung des Lebens? Über die Süße des Tages? Wir hätten auch das nicht zu sagen gewußt. Aber diese Eintracht war so erfüllt, so fest in der Tiefe verankert, sie beruhte auf einer Bibel von so klarem, wenn auch nicht formulierbarem Gehalt, daß wir bereit gewesen wären, das kleine Wirtshaus zu einer Festung zu machen, es zu verteidigen, zu sterben hinter Maschinengewehren, um es zu retten.
Von was für einem Gehalt?... Gerade hier ist es schwierig, sich auszudrücken! Ich laufe Gefahr, nur den Abglanz ein-

zufangen, nicht das Wesen. Meine Wahrheit wird den unzulänglichen Worten entwischen. Ich wäre undeutlich, wollte ich behaupten, daß wir gern gekämpft hätten, um eine gewisse Art des Lächelns der Matrosen, Deines Lächelns oder meines Lächelns oder des Lächelns der Magd zu retten, ein bestimmtes Wunder dieser Sonne, die sich seit so vielen Millionen Jahren soviel Mühe gegeben hat, um durch uns in ein völlig geglücktes Lächeln zu münden.

Das Wesentliche hat meistens kein Gewicht. Hier war das Wesentliche, allem Anschein nach, nur ein Lächeln. Ein Lächeln ist oft das Wesentliche. Man wird mit einem Lächeln bezahlt. Man wird mit einem Lächeln belohnt. Man wird durch ein Lächeln belebt. Und die Art eines Lächelns kann schuld daran sein, daß man stirbt. Uns hat seine Art indessen so gut von der Angst unserer Zeit erlöst, uns Sicherheit, Hoffnung und Frieden gewährt, daß ich, um verständlicher zu werden, noch die Geschichte eines anderen Lächelns erzählen muß.

IV

Es war im Verlauf einer Reportage über den Bürgerkrieg in Spanien. Ich hatte die Unklugheit begangen, mich in einen Güterbahnhof einzuschmuggeln, um morgens um drei Uhr dem Verladen geheimen Kriegsmaterials beiwohnen zu können. Die Bewegung der Mannschaften und eine gewisse Dunkelheit begünstigten mein Vorhaben. Aber ich schien den anarchistischen Soldaten verdächtig zu sein.

Es war sehr einfach. Ich ahnte noch nichts von ihrem geschmeidigen und geräuschlosen Näherkommen, als sie mich schon umschlossen, sanft wie die Finger einer Hand. Der Lauf eines Karabiners richtete sich leicht gegen meinen Bauch, und die Stille schien mir feierlich. Ich hob schließlich die Arme.

Ich beobachtete, daß sie nicht in mein Gesicht, sondern auf meine Krawatte starrten (die Mode einer anarchistischen Vorstadt ließ diesen Kunstgegenstand nicht geraten erscheinen). Meine Haut überflog es. Ich erwartete den Schuß, es war die Zeit der flinken Urteile. Aber es kam kein Schuß. Nach Sekunden einer absoluten Leere, in deren Verlauf es mir schien, als tanzte die arbeitende Mannschaft auf einem anderen Stern eine Art Traumballett, gaben mir meine Anarchisten mit einer leichten Kopfbewegung das Zeichen, ihnen voranzugehen, und wir setzten uns ohne Hast über die Verschubgleise in Marsch. Die Gefangennahme hatte sich in vollkommenem Schweigen abgespielt und mit außerordentlicher Sparsamkeit in der Bewegung. So spielt die Tierwelt der Tiefsee.

Bald verschwand ich in einem Kellerloch, aus dem man eine Wachstube gemacht hatte. Elend beleuchtet von einer schlechten Petroleumlampe, dösten dort andere Milizsoldaten, ihre Karabiner zwischen den Beinen. Sie wechselten mit unbeteiligter Stimme ein paar Worte mit den Männern meiner Patrouille. Einer von ihnen durchsuchte mich.

Ich spreche Spanisch, aber ich kann nicht Katalanisch. Ich verstand jedoch, daß man meine Papiere verlangte. Ich hatte sie im Hotel vergessen. Ich antwortete: »Hotel... Journalist...«, ohne zu erkennen, ob diese meine Sprache als Mittel der Verständigung taugte.

Die Milizsoldaten reichten – wie ein Beweisstück – meinen Photoapparat von Hand zu Hand. Einige von den Gähnenden, die auf ihren krummbeinigen Sesseln zusammengesunken waren, richteten sich in einer Art Langweile auf und lehnten sich an die Mauer. Der vorherrschende Eindruck war der der Langweile. Der Langweile und des Schlafes. Das Aufmerksamkeitsvermögen dieser Männer schien mir längst verbraucht. Fast hätte ich mir ein Zeichen der Feindseligkeit gewünscht, nur um menschlichen Kontakt zu spüren. Aber sie würdigten mich weder eines Zeichens von Zorn noch eines der Mißbilligung. Ich versuchte zu wiederholten Malen, auf spanisch zu protestieren. Meine Proteste trafen ins Leere. Sie sahen mich an, ohne darauf einzugehen, so wie sie einen chinesischen Fisch in einem Aquarium angeschaut hätten. Sie warteten. Worauf warteten sie? Auf die Rückkehr eines

Genossen? Auf das Morgengrauen? Ich sagte mir: ›Sie warten vielleicht darauf, Hunger zu haben...‹
Ich sagte mir auch: ›Sie werden eine Dummheit machen! Es ist einfach lächerlich...‹ Das Gefühl, das ich empfand, war – viel mehr als ein Gefühl der Angst – der Ekel vor dem Abgeschmackten. Ich sagte mir: ›Wenn sie auftauen, wenn sie handeln wollen, werden sie schießen!‹
War ich wirklich in Gefahr, ja oder nein? Nahmen sie noch immer nicht zur Kenntnis, daß ich weder ein Saboteur noch ein Spion war, sondern ein Journalist? Daß sich meine Ausweispapiere im Hotel befanden? Hatten sie sich entschieden? Wofür?
Ich wußte nichts von ihnen, außer daß sie ohne große Gewissenskämpfe füsilierten. Die revolutionären Stoßtrupps, gleichgültig, welcher Partei sie angehören, machen nicht Jagd auf Menschen (sie wägen den Menschen nicht nach seiner Substanz), sondern auf Symptome. Die gegnerische Wahrheit erscheint ihnen als epidemische Krankheit. Um eines zweifelhaften Anzeichens willen schickt man den Bazillenträger in das Isolierungslager. Den Friedhof. Darum schien mir dieses Verhör unheilvoll, das mich von Zeit zu Zeit in undeutlicher Einsilbigkeit traf und von dem ich nichts verstand. Ein blindes Roulette spielte um meine Haut. Deshalb empfand ich auch das wunderliche Bedürfnis, ihnen über mich etwas zuzurufen, das mich in mein eigentliches Schicksal hineintreiben würde – nur um das Gewicht einer wirklichen Gegenwart zu spüren. Mein Alter zum Beispiel! Doch, das Alter eines Menschen ist eindrucksvoll. Es enthält sein ganzes Leben. Die Reife, die nun sein ist, ist langsam entstanden. Sie hat sich gegen so viele nun überwundene Hindernisse gebildet, gegen so viele schwere, nun wieder geheilte Krankheiten, gegen so viele gestillte Schmerzen, überwundene Verzweiflungen, gegen Gefahren, von denen die meisten dem Bewußtsein entgangen sind. Sie ist quer durch Wünsche, Hoffnungen und Sehnsüchte, durch viel Vergessen und viel Liebe hindurch gewachsen. Ja, das Alter eines Menschen, es bedeutet eine schöne Fracht von Erfah-

rungen und Erinnerungen! Trotz der Fallen, der Stöße, der Räderspuren hat man wohl oder übel seinen Weg verfolgt, holterdiepolter wie ein guter Karren. Und jetzt, dank eines eigensinnigen Zusammenspiels glücklicher Umstände, ist man soweit. Man ist siebenunddreißig Jahre alt. Und der gute Karren wird, so Gott will, seine Last von Erinnerungen noch weiter schleppen. Ich sagte mir also: ›Soweit bin ich nun. Ich bin siebenunddreißig Jahre alt...‹ Ich hätte meine Richter gerne mit dieser vertraulichen Mitteilung belästigt..., aber sie verhörten mich nicht mehr.

Da war es, daß sich das Wunder begab. Oh, ein sehr verschwiegenes Wunder. Ich hatte keine Zigaretten mit. Da einer meiner Kerkermeister rauchte, bat ich ihn mit einer kleinen Bewegung, mir eine abzutreten, und ich versuchte ein vages Lächeln. Der Mann reckte sich zuerst, führte langsam die Hand an seine Stirn, hob die Augen, so daß er nicht mehr auf meine Krawatte, sondern in mein Gesicht blickte, und zu meiner größten Verblüffung machte auch er den Versuch eines Lächelns. Es war wie der Anbruch des Tages.

Dieses Wunder löste das Drama nicht, sondern schaffte es ganz einfach aus der Welt – wie das Licht den Schatten. Es gab kein Drama mehr. Dieses Wunder änderte nichts, was man hätte sehen können. Die schlechte Petroleumlampe, der Tisch mit verstreuten Papieren, die an die Mauer gelehnten Männer, die Farbe der Gegenstände, der Geruch: alles blieb so, wie es war. Aber jedes Ding war bis in seinen Kern verwandelt. Dieses Lächeln machte mich frei. Es war ein ebenso endgültiges, in seinen Folgen selbstverständliches und nicht mehr umkehrbares Ereignis wie die Erscheinung der Sonne. Es öffnete den Zutritt zu etwas Neuem. Nichts hatte sich geändert, alles war verwandelt. Der Tisch mit den zerstreuten Papieren lebte, die Petroleumlampe lebte, die Mauern lebten. Die Langweile, die aus den toten Gegenständen dieses Kellerloches sickerte, verflüchtigte sich wie durch Zauberei. Es war, als hätte ein unsichtbares Blut wieder zu kreisen begonnen, das alle Dinge zu einem einzigen Körper zusammenband und ihnen so ihre Bedeutung zurückgab.

Auch die Männer hatten sich nicht gerührt, aber während sie mir noch vor einem Augenblick entfernter erschienen waren als vorsintflutliche Geschöpfe, rückten sie nun in lebendige Nähe. Ich hatte einen außergewöhnlichen Eindruck von Gegenwart. So ist es: von Gegenwart! Und ich fühlte mich verwandt.

Der Junge, der gelächelt hatte und der eine Sekunde vorher nur eine Funktion, ein Werkzeug, eine Art riesiges Insekt gewesen war, ließ sich ein bißchen linkisch an, beinahe schüchtern, von einer wunderbaren Schüchternheit. Nicht, daß er weniger brutal als ein anderer gewesen wäre, dieser Terrorist! Aber die Geburt des Menschen in ihm machte sein verwundbares Teil so hell. Wir geben uns ein großartiges Ansehen, wir Menschen, aber heimlich im Herzen kennen wir das Zögern, den Zweifel, den Kummer...

Noch war nichts gesagt worden. Aber alles war entschieden. Ich legte meine Hand dankend auf die Schulter des Milizsoldaten, als er mir die Zigarette reichte. Das Eis war gebrochen; und da nun auch die anderen Soldaten wieder Menschen geworden waren, trat ich in das Lächeln aller ein, wie in ein neues und freies Land.

Ich trat in ihr Lächeln ein wie ehemals in das Lächeln unserer Retter aus der Sahara. Als uns die Kameraden nach tagelangem Suchen gefunden hatten und so nahe wie möglich gelandet waren, gingen sie mit großen Schritten auf uns zu, wobei sie die Wasserschläuche mit ausgestreckten Armen gut sichtbar schwenkten. An das Lächeln der Retter, wenn ich schiffbrüchig, an das Lächeln der Schiffbrüchigen, wenn ich Retter war, denke ich wie an meine Heimat, in der ich mich glücklich fühlte. Die wahre Freude ist die Freude am andern. Die Rettung war nichts als eine Gelegenheit zu dieser Freude. Das Wasser hat erst dann die Kraft zu beglücken, wenn es zuvor das Geschenk des guten Willens eines Menschen ist.

Die Sorge für einen Kranken, die Aufnahme eines Geächteten, selbst die Verzeihung haben ihren Wert nur von Gnaden des Lächelns, das die Feier erhöht. Wir vereinigen uns im Lächeln über allen Sprachen, Kasten, Parteien. Wir sind die Gläubigen ein und derselben Kirche, er mit seinen Bräuchen und ich mit den meinen.

V

Ist diese Art der Freude nicht die kostbarste Frucht unserer Gesittung? Auch eine totale Tyrannei könnte uns in unseren materiellen Bedürfnissen befriedigen. Aber wir sind nicht Vieh zum Mästen. Unser Gedeihen, unser Behagen, sie würden nicht genügen, uns glücklich zu machen. Für uns, die wir im Kult der Ehrfurcht vor dem Menschen aufgewachsen sind, wiegen die einfachen Begegnungen schwer, die sich manchmal in wunderbare Feste verwandeln...

Ehrfurcht vor dem Menschen! Ehrfurcht vor dem Menschen! Wenn der Nazist ausschließlich den respektiert, der ihm gleicht, dann respektiert er nur sich selbst. Er verneint die schöpferischen Gegensätze, zerstört jede Hoffnung auf einen Aufstieg und begründet für tausend Jahre an Stelle des Menschen den Roboter eines Termitenhaufens. Ordnung um der Ordnung willen beschneidet den Menschen seiner wesentlichen Kraft, der nämlich, die Welt und sich selber umzuformen. Das Leben schafft Ordnung, aber die Ordnung bringt kein Leben hervor.

Es scheint uns im Gegenteil, daß unser Aufstieg noch nicht vollendet ist, daß die morgige Wahrheit sich vom gestrigen Irrtum nährt und daß die zu überwindenden Gegensätze für unser Wachstum der rechte Humus sind. Wir zählen auch die zu den unsrigen, die anders sind als wir. Aber welch merkwürdige Verwandtschaft! Sie gründet sich auf das Künftige, nicht auf das Vergangene. Auf das Endziel, nicht auf den Ausgangspunkt. Wir sind einer für den andern Pilger, die auf verschiedenen Wegen einem gemeinsamen Treffpunkt zuwandern.

Aber heute ist der Respekt vor dem Menschen, diese Voraussetzung unserer Entwicklung, in Gefahr. Der Zerfall der modernen Welt hat uns ins Finstre geschleudert. Die Probleme hängen nicht mehr zusammen, die Lösungen widersprechen sich. Die Wahrheit von gestern ist tot, die von morgen erst zu gebären. Noch ist keine gültige Synthese vorauszusehen, und jeder von uns hält nur ein Teilchen der Wahrheit in Händen. In Ermanglung zwingender Evidenz nehmen die politischen Religionen ihre Zuflucht zur Gewalt. Und während wir uns so über die Methoden streiten, laufen wir Gefahr, nicht mehr zu erkennen, daß wir auf dem Weg zum gleichen Ziele sind.

Der Wanderer, der seinen Berg in der Richtung eines Sternes überschreitet, läuft Gefahr, zu vergessen, welcher Stern ihn führt, wenn er sich zu sehr von den Fragen des Anstiegs gefangennehmen läßt. Wenn er nur noch handelt, um zu handeln, wird er nirgends hinkommen. Die Kirchenstuhlvermieterin einer Kathedrale, die sich zu eifrig mit dem Vermieten der Kirchenstühle befaßt, läuft Gefahr, zu vergessen, daß sie einem Gott dient. Wenn ich mich an irgendeine Parteileidenschaft verliere, laufe ich Gefahr, zu vergessen, daß die Politik nur dann einen Sinn hat, wenn sie im Dienst einer geistigen Gewißheit steht. Wir haben in den Stunden des Wunders eine ganz bestimmte Beschaffenheit der menschlichen Beziehungen verkostet: da liegt für uns die Wahrheit. Wie dringlich eine Handlung auch sein mag, wir dürfen nie vergessen, daß eine innere Berufenheit sie beherrschen muß, soll sie nicht unfruchtbar bleiben. Wir wollen die Ehrfurcht vor dem Menschen begründen. Warum sollen wir uns innerhalb ein und desselben Lagers hassen? Keiner von uns besitzt das Monopol auf die Reinheit der Absichten. Ich kann im Namen meines Weges den Weg bekämpfen, den ein anderer gewählt hat. Ich kann die Schritte seines Verstandes kritisieren, das Verfahren des Verstandes ist unsicher. Aber ich muß auf der Ebene des Geistes den Mann achten, der nach dem gleichen Stern strebt.

Ehrfurcht vor dem Menschen! Ehrfurcht vor dem Menschen!... Wenn die Ehrfurcht vor dem Menschen in den Herzen der Menschen wurzelt, werden die Menschen einmal so weit kommen, ihrerseits wieder das soziale, politische oder ökonomische System zu begründen, das diese Ehrfurcht für immer gewährleistet. Eine Zivilisation bildet sich zuerst im Kern. Sie ist im Menschen zuerst das blinde Verlangen nach einer gewissen Wärme. Von Irrtum zu Irrtum findet der Mensch den Weg zum Feuer.

VI

Darum, mein Freund, brauche ich so sehr Deine Freundschaft. Ich dürste nach einem Gefährten, der, jenseits der Streitfragen des Verstandes, in mir den Pilger dieses Feuers sieht. Ich habe das Bedürfnis, manchmal die künftige Wärme vorauszukosten und mich auszuruhen, ein bißchen außerhalb meiner selbst, in der Zusammenkunft, die wir haben werden. Ich bin aller Streite, aller Abschließungen, aller Glaubenswut so müde! Zu Dir kann ich kommen, ohne eine Uniform anziehen oder einen Koran hersagen zu müssen; kein Stück meiner inneren Heimat brauche ich preiszugeben. In Deiner Nähe habe ich mich nicht zu entschuldigen, nicht zu verteidigen, brauche ich nichts zu beweisen; ich finde den Frieden wie in Tournus. Über meine ungeschickten Worte, über die Urteile hinweg, die mich irreführen können, siehst Du in mir einfach den Menschen. Du ehrst in mir den Boten eines Glaubens, gewisser Gewohnheiten und besonderer Zuneigungen. Wenn ich auch anders bin als Du, so bin ich doch weit davon entfernt, Dich zu beeinträchtigen; ich steigere Dich vielmehr. Du befragst mich, wie man den Reisenden befragt.

Ich, der ich wie jeder das Bedürfnis empfinde, erkannt zu werden, ich fühle mich in Dir rein und gehe zu Dir. Ich muß dorthin gehen, wo ich rein bin. Weder meine Bekenntnisse noch meine Haltung haben Dich darüber belehrt, wer ich bin. Dein Jasagen zu dem, was ich bin, hat Dich gegen Haltung und Bekenntnis nachsichtig gemacht, so oft es nötig war. Ich weiß Dir Dank dafür, daß Du mich so hinnimmst, wie ich bin. Was habe ich mit einem Freund zu tun, der mich wertet? Wenn ich einen Hinkenden zu Tisch lade, bitte ich ihn, sich zu setzen, und verlange von ihm nicht, daß er tanze.

Mein Freund, ich brauche Dich wie eine Höhe, in der man anders atmet! Ich möchte mich noch einmal neben Dir mit den Ellbogen auf den Tisch stützen, an den Ufern der Saône, auf den Tisch einer kleinen, wackligen Bretterbude, und zwei Matrosen einladen, in deren Gesellschaft wir einander zutrinken würden, im Frieden eines Lächelns, das wie der Tag ist.

Wenn ich noch kämpfe, werde ich ein wenig auch für Dich kämpfen. Ich brauche Dich, um an die Wiederkunft dieses Lächelns besser glauben zu können. Ich muß Dir helfen dürfen zu leben. Ich sehe Dich so schwach, so bedroht, sehe Dich vor dem Eingang irgendeines Kramladens Deine fünfzig Jahre stundenlang mitschleppen, in dem fadenscheinigen Mantel schlotternd vor Kälte. Ich fühle Dich, der Du so sehr Franzose bist, zweifach in Todesgefahr: einmal, weil Du Franzose, und einmal, weil Du Jude bist. Ich fühle den ganzen Wert einer Gemeinschaft, die keinen Zwiespalt mehr duldet. Wir stammen alle von Frankreich wie aus einer Wurzel, und ich werde Deiner Wahrheit dienen, wie Du der meinen gedient hättest. Für uns Franzosen von draußen handelt es sich in diesem Krieg darum, den Samen der Zukunft aus dem Zustand der Vereisung zu befreien, in den er durch die deutsche Invasion versetzt wurde. Es gilt, Euch da drinnen zu helfen. Es gilt, Euch für die Erde wieder frei zu machen, in der zu wurzeln Ihr das angestammte Recht habt. Ihr seid vierzig Millionen Geiseln. Immer sind es die Keller der Unterdrückung, in denen sich die neuen Wahrheiten vorbereiten: vierzig Millionen Ausgelieferte denken da drinnen über ihre neue Wahrheit nach. Wir unterwerfen uns dieser Wahrheit im voraus.

Denn Ihr werdet es sein, die uns lehren. Es ist nicht an uns, die geistige Flamme jenen zu bringen, die sie schon mit dem Wachs ihrer eigenen Substanz nähren. Ihr lest vielleicht gar nicht unsere Bücher. Ihr hört Euch vielleicht unsere Reden gar nicht an. Vielleicht würdet Ihr unsere Ideen ausspeien. Nicht wir gründen Frankreich. Wir können ihm nur dienen. Was wir auch getan haben mögen, wir werden keinen Anspruch auf Dank haben. Es gibt kein gemeinsames Maß für den freien Kampf und die Vernichtung im Dunkel. Es gibt kein gemeinsames Maß für das Handwerk des Soldaten und den Beruf der Geisel. Ihr seid die Heiligen.

BERUF UND BERUFUNG DES SCHRIFTSTELLERS

Der erste dieser beiden Briefe an einen Freund stammt aus dem Jahr 1936. Saint-Exupéry war in finanziellen Schwierigkeiten und darum gezwungen, Artikel und Drehbücher zu schreiben. Der zweite Brief aus dem Jahr 1942 bezeugt, mit welcher Besessenheit Saint-Exupéry an der »Citadelle« (»Die Stadt in der Wüste«) arbeitete. Der ursprüngliche Titel dieses Werkes war »Le Caïd«. Saint-Exupéry rechnete damit, daß er zu dessen Vollendung mehr als zehn Jahre brauchen werde.

I

Ich weiß, weshalb es mir so schwerfällt, mich für meine Artikel zu erwärmen. Kino und Journalismus sind Vampire, die mich davon abhalten, so zu schreiben, wie ich gern schreiben möchte. Seit Jahren schon habe ich nicht das Recht, in der Richtung zu denken, die mir allein zusagen würde. Mir ist so, als wäre ich ein Häftling und müßte mich mit dem Flechten von Weidenkörben beschäftigen, während ich mich doch anderswo soviel nützlicher machen könnte und soviel reicher wäre. Aus meinem Abscheu spricht Widerstand gegen den geistigen Selbstmord und nichts anderes, denn wenn ich mich mit Begeisterung auf das Fabrizieren steriler Filmstöffchen stürzen wollte, könnte ich bald über eine gute Routine verfügen und viel Geld verdienen, hätte aber von solchen Erfolgen keine Freude zu erwarten. Gerade dieser Begeisterung leiste ich Widerstand. Ich will meine innere Glut nicht verkommen lassen. Damit ich meine Schulden bezahlen und leben kann, werde ich wohl oder übel ein weiteres Drehbuch schreiben und durch solch eine Roßtäuscherei sechs unwiederbringliche Monate vergeuden; wenigstens will ich aber zu meiner Bitterkeit aus tiefstem Herzen Ja sagen. Würde ich sie zurückweisen, so wäre das mein Tod. Sechs Monate eines Lebens, das voller Wärme und nutzbringend hätte sein können, werde ich wiederum gegen Sand austauschen: jedenfalls will ich mich nicht daran laben.

Und eines Tages muß ich Ihnen noch darlegen, welch ein Sophismus darin steckt, wenn man den Zweck von den Mitteln unterscheidet. Diese chronologischen Unterscheidungen kann man erst hinterdrein erfinden. In Wahrheit legt man den Grund durch das, was man tut. Man legt den Grund für den Krieg, wenn man sichert und rüstet, und man legt nicht den Grund für den Frieden, wenn man, wie die spanischen Anarchisten, die Andersdenkenden niederschießt. Ich glaube nicht mehr daran, daß ich Drehbücher schreibe, um Muße fürs Bücherschreiben zu haben.

Die dunkle, aber mächtige Dynamik, die den Handlungen innewohnt, hat zur Folge, daß jedes Drehbuch und jeder Artikel von mir die Chance verringert, ich könnte ein Buch schreiben, und dagegen die Chance erhöht, daß ich weitere Drehbücher schreiben werde. Ich kann meinen Handel nicht einmal durch diesen trügerischen Trost veredeln.

Was Sie mir über den »Nachtflug« schreiben, tut mir unendlich weh und nicht wohl. Es ist die Mahnung an den Orgelklang. Ich hatte noch ganz andere Dinge zu sagen.

II

Seit dem Kriege habe ich mich verändert. Ich bin dazu gelangt, all das völlig zu mißachten, was mein »Ich« angeht. Ich leide auf sonderbare Weise, und nahezu als Dauerzustand, an völliger Gleichgültigkeit. Ich will »Le Caïd« vollenden! Ich tausche mich gegen ihn aus. Ich glaube, das hängt jetzt an mir wie ein Anker auf dem Grund. In der Ewigkeit wird man mich fragen: ›Was hast du mit deinen Gaben angefangen, und wie hast du auf die Menschen eingewirkt?‹ Da ich ja nicht im Kriege gefallen bin, tausche ich mich gegen etwas anderes aus als den Krieg. Wer mir dabei beisteht, ist mein Freund. Ich verfolge keinerlei eigennützige Ziele; es ist mir nicht um Zustimmung der Öffentlichkeit zu tun. Innerlich bin ich mir jetzt ganz klar: das Buch wird nach meinem Tod erscheinen, denn ich werde es nie zu Ende schreiben, ich habe jetzt siebenhundert Seiten fertig! Wenn ich diese siebenhundert Seiten mit ihren Schlacken wie einen gewöhnlichen Artikel durcharbeiten wollte, brauchte ich schon zehn Jahre bloß für das Korrigieren. Ich werde sie nur so lange durcharbeiten, wie meine Kräfte reichen. Ich werde nichts anderes mehr auf der Welt tun. Durch mich allein bin ich nicht mehr sinnvoll. Ich fühle mich bedroht, verwundbar, begrenzt in der Zeit, ich will meinen Baum vollenden. Guillaumet ist tot, ich will schnell meinen Baum vollenden. Ich will zu etwas anderem werden als zu meinem Ich. Mein Ich interessiert mich nicht mehr. Meine Zähne, meine Leber und der Rest, das ist alles wurmstichig und an sich völlig uninteressant. Ich will etwas anderes sein als so etwas, wenn es ans Sterben geht.

Vielleicht täusche ich mich über mein Buch, vielleicht wird es ein mittelmäßiger, dicker Wälzer werden: das ist mir ganz gleich, es ist jedenfalls das Beste, was aus mir werden kann. Ich muß das Beste aus mir herausholen. Das ist sogar besser, als wenn ich im Kriege falle.

Zum ersten Male hat dieses Geschmiere der Zeitungen wenig Eindruck auf mich gemacht. Früher hätte ich daraufhin einen Monat nicht mehr gearbeitet. Doch jetzt lassen mich die Urteile völlig kalt, die man über mich abgibt. Ich habe es sehr eilig. Ich habe es äußerst eilig. Ich habe nicht mehr die Zeit, um das alles anzuhören.

Wenn es jetzt besser für mich sein sollte, irgendwo zu sterben, bin ich ganz bereit, irgendwo zu sterben. Nur ist mir jetzt eine Berufung zuteil geworden, die ich für das Beste ansehe. Und das ist endgültig, ich denke jetzt, daß man in dem, was ich vollbringe, mit mir ist oder gegen mich.

Durch den Krieg und dann durch Guillaumet habe ich begriffen, daß ich eines Tages sterben werde. Das ist nicht mehr jener abstrakte Poetentod, der ein sentimentaler Vorgang ist und ein Wunsch, der einen befällt, wenn man Kummer hat. Damit hat es gar nichts zu tun. Es handelt sich nicht mehr um jenen Tod, den sich der sechzehnjährige Jüngling ausdenkt, wenn er »lebensmüde« ist, – nein! Sondern um den Mannestod. Um den ernsthaften Tod. Um das vollendete Leben.

BRIEF AN DIE FRANZOSEN

Am 30. November 1942, am Tag nach der anglo-amerikanischen Landung in Nordafrika und der Besetzung der Südzone durch die Deutschen, veröffentlichte Saint-Exupéry in der in Montreal erscheinenden Zeitung »Canada« einen großen Artikel über die notwendige Einigung aller Franzosen. Dieser Artikel war am Tag zuvor in englischer Übersetzung im »New York Times Magazine« unter einer Abbildung der »Marseillaise« von Rude erschienen; zehn Tage später veröffentlichte ihn auch die Zeitung »Pour la Victoire«. Der Appell, den Saint-Exupéry in aller Eile niedergeschrieben hatte, wurde in allen französischen Sendungen der amerikanischen Rundfunkstationen ausgestrahlt und auszugsweise von den nordafrikanischen Zeitungen abgedruckt.

Frankreich vor allem!

Die deutsche Nacht hat vollends unser Land begraben. Bisher konnten wir noch etwas von denen erfahren, die wir lieben. Wir konnten ihnen noch unsere Zärtlichkeit sagen, auch wenn wir das schlechte Brot ihres Tisches nicht mit ihnen teilen konnten. Wir hörten sie atmen, von weitem. Das ist vorbei. Frankreich ist nur noch Schweigen. Es ist irgendwo verloren in der Nacht, alle seine Lichter sind erloschen, wie bei einem Schiff. Sein Bewußtsein und sein geistiges Leben haben sich zusammengedrängt in dieser Finsternis. Wir werden nicht einmal die Namen der Geiseln erfahren, die Deutschland morgen erschießen wird.

Stets bereiten sich in den Kerkern der Unterdrückung die neuen Wahrheiten vor. Spielen wir uns nicht als Maulhelden auf! Sie sind vierzig Millionen dort drüben, um ihre Versklavung zu lenken. Die geistige Flamme werden wir denen nicht bringen, die sie schon mit ihrer eigenen Substanz speisen wie mit Wachs. Sie werden besser als wir die französischen Fragen lösen. Sie werden über alle Rechte verfügen. Nichts von unserem Wortschwall über Soziologie, über Politik, sogar über Kunst wird gegen ihr Denken Gewicht haben. Sie werden kaum unsere Bücher lesen. Sie werden nicht unsere Reden hören. Unsere Ideen werden sie vielleicht ausspeien. Seien wir unendlich bescheiden! Unsere politischen Diskussionen sind schemenhaft und unsere Ambitionen possierlich. Wir vertreten nicht Frankreich. Wir können ihm nur dienen. Was wir auch tun mögen: wir werden keinerlei Anerkennung beanspruchen können. Es gibt keinerlei gemeinsames Maß für den freien Kampf und die Ausmerzung in der Nacht. Es gibt keinerlei gemeinsames Maß für das

Soldatsein und das Geiselsein. Die dort drüben sind die einzigen wahrhaften Heiligen. Wenn wir bald die Ehre haben, am Kampf teilzunehmen, werden wir immer noch verschuldet bleiben. Wir sind nichts als ein Schuldenbündel. Das vor allem ist die grundlegende Wahrheit.

Franzosen, versöhnen wir uns, um zu dienen!

Da ich versuchen möchte, die Streitigkeiten auszuräumen, die die Franzosen heimsuchten, werde ich zunächst einige Worte darüber sagen. Denn es gab ein französisches Mißbehagen. Ein ernstes Mißbehagen. Viele von uns, die an Gewissensqualen litten, brauchen Trost. Sie mögen sich trösten. Das Wunder der amerikanischen Aktion hat bewirkt, daß die verschiedensten Wege in der gleichen Bahn zusammenlaufen. Was hilft's, wenn man sich in den alten Streitigkeiten festfährt? Es gilt, sich zu einigen, und nicht, sich zu spalten, die Arme zu öffnen und nicht auszuschließen.

Entsprachen unsere Streitigkeiten unseren Haßgefühlen? Wer kann jemals behaupten, er sei unbedingt im Recht? Der Gesichtskreis des Menschen ist winzig. Die Sprache ist ein unvollkommenes Werkzeug. Die Probleme des Lebens sprengen alle Formulierungen.

Wir alle waren uns einig über unseren Glauben. Wir alle wünschten Frankreich zu retten. Doch Frankreich retten, hieß, es geistig und leiblich retten. Was taugt das geistige Erbe, wenn es keine Erben mehr gibt? Was nutzt ein Erbender, wenn der Geist tot ist?

Beide verurteilten wir jede Kollaborationsgesinnung zwischen Deutschland und Frankreich, aber während die einen Frankreich Verrat vorwarfen, sahen die anderen in seinem Verhalten nur das Ergebnis einer unbedingten Erpressung. Es war schon notwendig, daß ein Konkursverwalter mit dem Sieger über die Lieferung von etwas Schmiere für unsere Eisenbahnwaggons verhandelte. (Um seine Städte zu ernähren, verfügt Frankreich über kein Benzin mehr, ja nicht einmal über Pferde.) Die Offiziere der Waffenstillstandskommission werden euch später diese ständige und abscheuliche Erpressung schildern. Wenn bei der Lieferung dieser

Ware ein wenig die Daumenschraube angezogen wurde, so starben hunderttausend Kinder mehr innerhalb eines halben Jahres. Wenn eine Geisel erschossen wird, so geht von ihrem Opfer eine Ausstrahlung aus. Ihr Tod hilft, die französische Einheit zu festigen. Doch wenn die Deutschen, bloß durch das Hinauszögern eines Abkommens über Schmiere, hunderttausend fünfjährige Geiseln hinrichten, so gibt es keinerlei Ausgleich für diesen langsamen und lautlosen Blutsturz.
Welch ein Prozentsatz an toten Kindern ist annehmbar? Wieweit läßt sich ein Zugeständnis vertreten, um sie zu retten? Wer kann darauf antworten?
Auch ihr seid euch ja darüber im klaren, daß eine Aufkündigung der Waffenstillstandsabkommen durch Frankreich juristisch ein Wiederaufleben des Kriegszustandes bedeutet hätte. Der Wiedereintritt des Kriegszustandes gestattet dem Okkupanten, alle wehrfähigen Männer gefangenzunehmen. Diese Erpressung lastete auf Frankreich. Die Drohung war ausgesprochen. Bei einer deutschen Erpressung ist nicht zu spaßen. Nun erstattet aber die Verwesungsstätte der deutschen Lager nur Leichen zurück. Unser Land war also ganz einfach von der Ausrottung seiner sechs Millionen erwachsener Männer bedroht, was sich unter legalen und administrativen Formen vollzogen hätte. Frankreich standen Knüppel zur Verfügung, mit denen es sich dieser Sklavenjagd hätte widersetzen können. Wer kann wirklich beurteilen, wie sein Widerstand hätte aussehen müssen?
Der Umstand, daß die Alliierten schon binnen sechsundsiebzig Stunden in Nordafrika Fuß fassen konnten, beweist jetzt vielleicht, daß es Deutschland, trotz seiner grausamen Erpressungen, nach zweijährigem Druck nicht gelungen war, dieses Nordafrika ernstlich zu bedrohen. Es gab also wahrhaftig irgendwo in Frankreich Widerstandsregungen. Der Sieg in Afrika wurde vielleicht zum Teil durch unsere fünfhunderttausend toten Kinder erfochten. Wer getraute sich, uns zu sagen, diese Zahl sei unzureichend? O Franzosen, um Frieden zwischen uns zu stiften, brauchte man nur unsere Meinungsverschiedenheiten auf ihre wirklichen Proportio-

nen zurückzuführen. Wir waren nie über etwas anderes uneins als über die Bedeutung, die es der nazistischen Erpressung beizumessen galt.

Die einen dachten: wenn den Deutschen daran liegt, das französische Volk zu vernichten, so werden sie es vernichten, ganz gleich, was es tut. Es gilt, die Erpressung zu verschmähen. Nichts zwingt Vichy zu solch einer Entscheidung und zu solchen Worten.

Die anderen dachten: es geht hier nicht nur um eine beliebige Erpressung, sondern um eine Erpressung, deren Grausamkeit einmalig ist in der Weltgeschichte. Frankreich, das die entscheidenden Zugeständnisse verweigert, kann nur mit Worten Listen anwenden, um seine Vernichtung von Tag zu Tag hinauszuschieben. Wenn Odysseus oder Talleyrand entwaffnet sind, bleiben ihnen nur Worte, um den Gegner hinters Licht zu führen.

Glaubt ihr, Franzosen, diese verschiedenen Meinungen über die wahren Absichten einer überständigen Regierung seien es wert, daß wir uns noch weiter hassen? (Wenn Engländer und Russen Seite an Seite kämpfen, überlassen sie weit ernstere Meinungsverschiedenheiten der Zukunft.) Unsere voneinander abweichenden Ansichten ließen unseren gemeinsamen Haß gegen den Eindringling unberührt. Ebenso hatten wir uns alle, gleichzeitig mit dem französischen Volk, darüber entrüstet, daß man, unter Verletzung des Asylrechts, ausländische Flüchtlinge auslieferte. Nunmehr haben die Zwistigkeiten, die noch fortbestanden, nicht einmal mehr einen Zweck: Vichy ist tot.

Seine unentwirrbaren Probleme, seine widerspruchsvolle Beamtenschaft, seine Aufrichtigkeit und seine Ränke, seine Feigheit und seinen Mut hat Vichy nunmehr mit in sein Grab genommen. Überlassen wir doch vorläufig das Richteramt den Historikern und den Gerichtshöfen der Nachkriegszeit! Es ist wichtiger, Frankreich in der Gegenwart zu dienen, als über seine Geschichte zu diskutieren.

Die totale deutsche Besetzung hat alle unsere Streitigkeiten behoben und unsere Gewissenskonflikte besänftigt. Wollt ihr euch nicht wieder vertragen, Franzosen? Es gibt nicht den leisesten stichhaltigen Grund, der eine Auseinandersetzung zwischen uns rechtfertigte. Lassen wir doch ab von allem Parteigeist! Im Namen wovon sollten wir uns denn hassen..? Im Namen wovon sollten wir neidisch sein aufeinander? Es geht nicht darum, Posten zu besetzen. Es geht nicht um Stellenjägerei. Die einzigen Stellen, die es zu besetzen gilt, gibt es bei den Soldaten und vielleicht auch als Ruhestätten auf irgendeinem kleinen nordafrikanischen Friedhof.

Das französische Wehrgesetz sieht eine Dienstpflicht bis zum Alter von achtundvierzig Jahren vor. Es handelt sich nicht darum, festzustellen, ob wir den Wunsch haben, uns einzusetzen oder nicht. Damit sich die Waage neigt, muß ganz einfach von uns verlangt werden, daß wir alle, wir alle gemeinsam, auf der Waagschale Platz nehmen.

Obwohl nun unsere alten Zwistigkeiten nur noch den Historiker interessieren, gibt es noch eine andere Gefahr, die die Entzweiung fördert. Möchten wir den Mut haben, Franzosen, sie zu überwinden. Manche unter uns plagen sich ab, da sie für irgendeinen Führer gegen einen anderen, für irgendeine Ordnung gegen eine andere Stellung nehmen. Sie sehen das Gespenst der Ungerechtigkeit am Horizont aufsteigen. Warum machen sie sich das Leben so schwer? Es ist keinerlei Ungerechtigkeit zu befürchten. Keines unserer persönlichen Interessen kann fortan verletzt werden. Wenn sich ein Steinmetz dem Bau einer Kathedrale widmet, vermöchte die Kathedrale nicht, den Steinmetz zu schädigen. Die einzige Tätigkeit, die von uns erwartet wird, ist eine militärische. Ich fühle mich auf wunderbare Weise gefeit gegen jede Ungerechtigkeit. Wer könnte sich denn ungerecht gegen mich zeigen, da ich ja nur dem Traum nachhänge, ich möchte in Tunis die Kameraden der Gruppe 2/33 wiederfinden, mit denen ich neun Monate im Felde stand; mit denen ich sodann die schwere deutsche Offensive, die wir mit zwei Dritteln unserer Besatzungen bezahlten, und schließlich den Rückzug nach Nordafrika vor Abschluß des

Waffenstillstandes mitmachte. Streiten wir uns doch nicht unter Franzosen, indem wir uns auf Vorrechte, auf erwiesene Ehren, auf Gerechtigkeit, auf Prioritäten berufen. Nichts dergleichen wird uns geboten. Gewehre werden uns geboten. Davon wird es genug geben, für jedermann.

Wenn ich mich derart ruhig fühle, so liegt das daran, daß ich mir auch hier keinerlei Berufung zum Richteramt anmaße. Das Ganze, in das ich mich eingliedere, ist weder eine Partei noch eine Sekte: es ist mein Land. Es kommt nicht darauf an, wer uns kommandieren wird. Der vorläufige französische Staatsaufbau ist eine Staatsangelegenheit. Großbritannien und die Vereinigten Staaten mögen es nur machen so gut sie können. Wenn wir den Ehrgeiz haben, auf den Abzugsbügel eines Maschinengewehrs zu drücken, so bereiten uns Entscheidungen, die uns als sekundär erscheinen, nur geringe Sorgen. Der wahrhafte Staatschef ist jenes Frankreich, das zum Schweigen verdammt wurde. Hassen wir die Parteien, die Klüngel und die Spaltungen!

Wenn wir den einzigen Wunsch aussprechen (wir haben ein Recht, ihn auszusprechen, da er uns alle vereint), daß wir gegenwärtig lieber militärischen als politischen Führern gehorchen wollen, so geschieht das, weil der Gruß, den der Soldat dem Soldaten bezeigt, nicht den Gegrüßten, nicht eine Partei ehrt, sondern die Nation. Wir wissen vom General de Gaulle wie vom General Giraud, was sie von der Autorität halten: sie dienen. Sie sind die ersten Diener. Das genügt uns, da ja alle Streitigkeiten, die uns gestern hemmen konnten, in der Gegenwart aufgehoben oder überwunden sind.

So steht es jetzt mit uns, scheint mir. Unsere Freunde in den Vereinigten Staaten dürfen sich von Frankreich keine falsche Vorstellung machen. Man beurteilt die Franzosen ein wenig wie einen Korb voller Krabben. Das ist ungerecht. Nur die Polemiker reden. Die Schweigenden machen wenig Lärm.

Ich schlage vor, daß alle Franzosen, die bisher geschwiegen haben, Mr. Cordell Hull über unseren wirklichen Geisteszustand beruhigen, indem sie einmal, ein einziges Mal, ihr

Schweigen brechen und ihm, jeder für sich, ein Telegramm etwa folgenden Inhalts schicken:
›Wir bitten um die Ehre, in jeder beliebigen Form dienen zu dürfen. Wir wünschen die Heranziehung aller Franzosen in den Vereinigten Staaten zum Wehrdienst. Wir sind im voraus mit jedem Aufbau dieses Wehrdienstes einverstanden, wie er am wünschenswertesten erscheint. Doch da uns jede Entzweiung unter den Franzosen verhaßt ist, haben wir den einen Wunsch, daß dieser Aufbau aus der Politik herausgehalten wird.‹
Sie werden recht erstaunt sein im State Departement, wenn sie erfahren, wie viele Franzosen sich für die Einigkeit aussprechen. Und doch: trotz unseres schlechten Rufes kennen die meisten von uns auf dem Grunde ihres Herzens nur die Liebe zu ihrer Kultur und zu ihrer Heimat.
Franzosen, vertragen wir uns wieder! Wenn wir erst an Bord eines Bombers mit fünf oder sechs Messerschmitts im Streit liegen, werden uns unsere alten Streitigkeiten ein Lächeln abnötigen. Als ich im Jahre 1940 an Bord einer von Kugeln durchlöcherten Maschine von einem Aufklärungsflug zurückkam, trank ich freudestrahlend einen ausgezeichneten Pernod in der Bar meines Geschwaders. Und ich gewann meinen Pernod im Poker von einem royalistischen Kameraden oder einem sozialistischen Kameraden oder vom Oberleutnant Israel, dem mutigsten unter uns, der ein Jude war. Und mit großer Zärtlichkeit tranken wir uns zu.

BRIEF AN EINEN GENERAL

Der Brief an einen General wurde von Saint-Exupéry im Juli 1943 in La Marsa bei Tunis geschrieben und am 10. April 1948 im »Figaro Littéraire« veröffentlicht.

Ich habe einige Flüge auf der »P 38« hinter mir. Es ist eine schöne Maschine. Ich wäre glücklich gewesen, hätte ich mit zwanzig Jahren über solch ein Geschenk verfügen können. Heute, mit dreiundvierzig, nachdem ich an die sechstausendfünfhundert Stunden an allen Himmeln der Welt geflogen bin, stelle ich melancholisch fest, daß ich an diesem Spielzeug keinen großen Gefallen mehr finden kann. Es ist nur noch ein Instrument der Fortbewegung – in diesem Falle ein Kriegsinstrument. Wenn ich mich, in einem für solch ein Geschäft patriarchalischen Alter, der Schnelligkeit und der Höhe unterwerfe, so tu ich das mehr, um den Plackereien meiner Generation nichts zu versagen, als in der Hoffnung, ich könnte die Freuden von ehedem wiederfinden.
Das ist vielleicht melancholisch, aber vielleicht auch nicht. Zweifellos täuschte ich mich, als ich zwanzig war. Im Oktober 1940, als ich von Nordafrika heimkam, wohin die Gruppe 2/33 ausgewandert war, und als mein Wagen blutleer in irgendeiner staubigen Garage stand, da entdeckte ich Dogcart und Pferd. Und durch sie das Gras auf den Wegen. Schafe und Ölbäume. Diese Ölbäume erfüllten eine andere Aufgabe, als hinter Glasscheiben bei hundertdreißig Kilometern in der Stunde den Takt zu schlagen. Sie zeigten sich in ihrem wahren Rhythmus, der darin besteht, daß sie langsam Oliven hervorbringen. Die Schafe waren nicht ausschließlich zu dem Zweck da, die Durchschnittsgeschwindigkeit herabzumindern. Sie wurden wieder lebendig. Sie produzierten wirklichen Kot und brachten wirkliche Wolle hervor. Und auch das Gras hatte einen Sinn, denn sie weideten es ab.
Und so fühlte ich, wie ich wieder auflebte in diesem einzigen

Erdenwinkel, in dem der Staub parfümiert ist (ich bin ungerecht, er ist das ebenso in Griechenland wie in der Provence). Und es kam mir so vor, als wäre ich mein Leben lang ein Dummkopf gewesen...

All das, um Ihnen deutlich zu machen, daß dieses Herdendasein auf einer amerikanischen Flugbasis, diese Mahlzeiten, die man stehend in zehn Minuten hinunterschlingt, dieses Hin und Her zwischen den Eindeckern mit ihren 2600 PS in einer Art abstrakten Gebäudes, in dem wir zu dritt in einer Stube eingepfercht sind, mit einem Wort: daß diese schreckliche Menschenwüste nichts an sich hat, was meinem Herzen schmeichelt. Auch dies, wie die nutzlosen Aufklärungsflüge ohne Hoffnung auf Rückkehr im Juni 1940, ist eine Krankheit, durch die man hindurch muß. Ich bin »krank« für unbestimmte Zeit. Doch ich billige mir nicht das Recht zu, diese Krankheit nicht durchzumachen. Das ist alles. Heute bin ich tieftraurig – es geht sehr tief. Ich bin traurig für meine Generation, die jeder menschlichen Substanz entleert ist. Die nur Bars, Mathematik und Rennwagen als Form des geistigen Lebens kennengelernt hat und gegenwärtig in eine ausgesprochene Herdenaktion eingespannt ist – eine Aktion, die keinerlei Farbe mehr hat. Es fällt einem nur nicht mehr auf.

Nehmen wir doch das Soldatenleben vor hundert Jahren. Bedenken Sie, wie sehr es die Bemühungen darauf konzentrierte, dem geistigen, dichterischen oder ganz einfach dem menschlichen Leben des Menschen zu entsprechen. Heute, da wir noch ausgetrockneter sind als Ziegelsteine, lächeln wir über diese Albernheiten. Über die Kostüme, die Fahnen, die Lieder, die Musik, die Siege (es gibt keinen Sieg heutzutage, der die poetische Dichte eines Austerlitz besäße. Es gibt nur langsame oder schnelle Verdauungsphänomene), jede Gefühlswärme klingt lächerlich, und die Menschen wollen sich nicht zu irgendeinem geistigen Leben erwecken lassen. Sie verrichten ehrbar eine Art Fließbandarbeit. Wie die amerikanische Jugend es ausdrückt: »Wir sind ehrlich bereit, diesen undankbaren Job auf uns zu nehmen«, und die

Propaganda der ganzen Welt rauft sich die Haare vor Verzweiflung. Die Krankheit dieser Jugend besteht nicht darin, daß es ihr an besonderen Talenten gebräche, sondern daß es ihr verwehrt ist, will sie nicht konventionell erscheinen, sich auf die großen erfrischenden Mythen zu berufen. In ihrer Dekadenz ist die Menschheit von der griechischen Tragödie bis zum Theater eines Louis Verneuil herabgesunken (sie konnte kaum tiefer fallen). Jahrhundert der Publizität, des Bedeau-Systems, der totalitären Regierungsformen und der Heere ohne Trompeten, ohne Fahnen und ohne Totenmessen.

Ich hasse meine Epoche aus ganzer Seele. Der Mensch stirbt in ihr vor Durst.

Ach, Herr General, es gibt nur ein Problem, ein einziges in der Welt. Wie kann man den Menschen eine geistige Bedeutung, eine geistige Unruhe wiedergeben; etwas auf sie herniedertauen lassen, was einem Gregorianischen Gesang gleicht! Hätte ich den Glauben, stünde es fest, daß ich, sobald diese Zeit des »notwendigen und undankbaren Job« vorüber ist, nur noch Solesmes[3] ertragen könnte. Sehn Sie, man kann nicht mehr leben von Eisschränken, von Politik, von Bilanzen und Kreuzworträtseln. Man kann es nicht mehr. Man kann nicht mehr leben ohne Poesie, ohne Farbe, ohne Liebe. Wenn man bloß ein Dorflied aus dem 15. Jahrhundert hört, ermißt man den ganzen Abstieg. Es bleibt nur die Stimme des Propagandaroboters (verzeihen Sie). Zwei Milliarden Menschen hören nur noch auf den Roboter, verstehen nur noch den Roboter, werden eines Tages selber zu Robotern.

Alle Erschütterungen der letzten dreißig Jahre haben lediglich zwei Ursachen: die Sackgassen, in die das Wirtschaftssystem des 19. Jahrhunderts führt, die geistige Verzweiflung. Weshalb folgte denn Mermoz seinem Obersten, diesem großen Tölpel, wenn nicht aus Durst? Weshalb Rußland? Weshalb Spanien? Die Menschen haben die Cartesianischen Werte ausprobiert: außerhalb der Naturwissenschaften hatten sie kaum Erfolg damit. Es gibt nur ein Problem, ein einziges: es gilt wieder zu entdecken, daß es ein Leben des Geistes gibt, das noch höher steht als das Leben der Vernunft und das allein den Menschen zu befriedigen vermag. Das übersteigt noch das Problem des religiösen Lebens, das nur eine seiner Erscheinungsformen ist – wenn auch das Leben des Geistes vielleicht notwendig zu dem anderen hinführt. Und das Leben des Geistes beginnt dort, wo man ein »einziges« Wesen oberhalb der Stoffe erkennt, aus denen es sich zusammensetzt.

Die Liebe zum Hause – diese Liebe, von der man in den Vereinigten Staaten nichts weiß – gehört schon zum Leben des Geistes.

Und auch das Dorffest und der Totenkult (ich komme darauf, da hier nach meiner Ankunft zwei oder drei Fallschirmspringer den Tod fanden, aber man hat sie beiseite geschafft: sie waren nicht mehr von Nutzen). Das gehört zur Epoche, nicht zu Amerika: der Mensch hat keinen Sinn mehr.

Man muß unbedingt zu den Menschen sprechen.

Was hilft's, wenn wir den Krieg gewinnen und dann eine hundertjährige Krise durchmachen, in der wir an revolutionärer Epilepsie kranken? Sobald die deutsche Frage endlich geregelt ist, werden sich erst alle wirklichen Probleme stellen. Es ist wenig wahrscheinlich, daß am Ausgang dieses Krieges das Spekulieren auf die amerikanischen Vorräte ausreichen wird, um die Menschheit, wie im Jahre 1919, von ihren wahrhaften Sorgen abzulenken. Da es an einer starken geistigen Strömung fehlt, werden sechsunddreißig Sekten wie Pilze aus dem Boden schießen und sich untereinander entzweien.

Selbst der Marxismus, der allzu altersschwach ist, wird in eine Vielzahl gegensätzlicher Neomarxismen zerfallen. In Spanien war das deutlich zu sehen. Falls uns nicht ein französischer Cäsar für alle Ewigkeit in einem neosozialistischen Konzentrationslager unterbringt.

Ach, wie seltsam ist dieser Abend, welch seltsame Atmosphäre. Von meiner Stube aus sehe ich, wie in diesen Baulichkeiten ohne Gesicht die Fenster erleuchtet werden. Ich höre,

wie dieser von Übersee herübergekommenen Menge, die sich nicht zu beschäftigen weiß und nicht einmal Heimweh kennt, die verschiedenen Radioapparate ihr Gedudel darbieten.
Man kann dieses resignierte Geschehenlassen mit Opfergeist oder moralischer Größe verwechseln. Das wäre ein grober Irrtum. Die Liebesbande, die den heutigen Menschen mit Wesen und Dingen verknüpfen, sind so schlaff, so wenig gewichtig, daß der Mensch ihre Abwesenheit nicht mehr so spürt wie früher. Das ist der schreckliche Sinn jener jüdischen Geschichte: »Du gehst also dorthin? Da wirst du aber weit weg sein!« »Weit weg von wo?« Dieses »Wo«, das sie verlassen haben, war fast nur noch ein umfangreiches Bündel von Gewohnheiten. Die Eisschränke sind austauschbar. Auch das Haus, wenn es bloß eine Anhäufung von Gegenständen ist. Und die Frau. Und die Religion. Und die Partei. Man kann nicht einmal mehr untreu sein. Wem sollte man untreu werden? Wovon weit weg und wem untreu? Wüstenei des Menschen.
Wie sind sie also vernünftig und friedfertig, diese Gruppenmenschen! Ich aber denke an die bretonischen Seeleute von ehedem, die in Magellan an Land gingen, an die Fremdenlegionäre, die auf eine Stadt losgelassen wurden, an dieses verwickelte Gemisch von heftigen Begierden und unerträglichem Heimweh, das männliche Wesen stets darstellten, wenn man sie etwas zu streng einsperrte. Um sie zu zügeln, brauchte es stets starke Gendarmen oder starke Prinzipien oder einen starken Glauben. Doch keiner von ihnen allen würde es gegenüber einer Gänsehirtin an Respekt fehlen lassen.
Den heutigen Menschen hält man, je nach dem Milieu, durch Skat oder Bridge im Zaum. Wir sind erstaunlich gründlich kastriert. So sind wir nun schließlich frei. Man hat uns Arme und Beine abgeschnitten, dann ließ man uns frei herumlaufen. Doch ich hasse diese Epoche, in der der Mensch unter dem allgemeinen totalitären Druck zu sanftem, höflichem und ruhigem Vieh wird. Man stellt uns das als moralischen Fortschritt hin! Was ich am Marxismus hasse, das ist das

Totalitäre, zu dem er führt. Der Mensch wird dort als Produzent und Konsument definiert: das entscheidende Problem ist die Verteilung. So ist es in den Musterfarmen. Was ich beim Nazismus hasse, das ist das Totalitäre, das er wesensmäßig anstrebt. Man läßt die Arbeiter des Ruhrgebiets vor einem Van Gogh, einem Cézanne und einem Farbdruck defilieren. Natürlich stimmen sie für den Farbdruck. Das ist die Wahrheit des Volkes! Man sperrt Menschen, die das Zeug zu einem Van Gogh, einem Cézanne haben, man sperrt alle großen Nonkonformisten hermetisch in einem Konzentrationslager ein, und man füttert ein gefügiges Herdenvieh mit Farbdrucken. Doch was wird aus den Vereinigten Staaten und aus uns, ja, auch aus uns, in dieser Epoche eines allgemeinen Funktionärtums? Der Epoche des Robotermenschen, des Termitenmenschen, des Menschen, der hin- und herpendelt zwischen der Fließbandarbeit nach dem Bedeau-System und Skatspielen? Des Menschen, der seiner ganzen Schöpfungskraft beraubt wurde und der nicht einmal mehr in seinem Dorf einen Tanz oder ein Lied hervorzubringen vermag. Des Menschen, den man mit Konfektionskultur, mit Standardkultur versorgt, so wie man das Rindvieh mit Heu versorgt.

So sieht er aus, der Mensch von heute.

Und ich, ich denke daran, daß man vor knapp dreihundert Jahren »La Princesse de Clèves« schreiben oder sich wegen einer unglücklichen Liebe in ein Kloster einschließen konnte; so brennend war damals die Liebe. Freilich bringen sich Menschen heutzutage um. Doch deren Leiden gehört in die Kategorie eines rasenden Zahnwehs. Eines unerträglichen. Es hat nichts mit Liebe zu tun.

Gewiß, es ist eine erste Etappe. Ich kann den Gedanken nicht ertragen, daß Generationen französischer Kinder im Bauch des deutschen Molochs verschwinden sollen. Die Substanz selber ist bedroht. Doch wenn sie gerettet sein wird, dann wird sich das grundlegende Problem stellen, das unserer Zeit aufgegeben ist. Es geht dabei um den Sinn des Menschen, und es ist keinerlei Antwort angeboten; so habe ich den Eindruck, daß wir den schwärzesten Zeiten der Weltgeschichte entgegengehen.

Es ist mir ganz gleich, ob ich im Krieg umkomme. Was wird denn von dem bleiben, was ich liebte? Ich spreche nicht nur von den Menschen, sondern auch von den Bräuchen, den unersetzlichen Akzenten, von einem gewissen geistigen Licht. Vom Frühstück in einem provenzalischen Bauernhof unter Ölbäumen, aber auch von Händel. Die Dinge, die erhalten bleiben, die sind mir ganz gleichgültig. Worauf es ankommt, das ist eine gewisse Anordnung der Dinge. Die Kultur ist ein unsichtbares Gut, da sie ja nicht die Dinge betrifft, sondern die unsichtbaren Bande, die die Dinge miteinander verknüpfen: so und nicht anders. Man wird vollkommene Musikinstrumente in großen Serien an uns verteilen, doch wo wird der Musiker bleiben? Wenn ich im Krieg umkommen sollte, kümmert mich das wenig. Oder wenn ich der Raserei jener fliegenden Torpedos zum Opfer fallen sollte, die nichts mehr mit Fliegerei zu tun haben und den Piloten inmitten seiner Knöpfe und Zifferblätter zu einer Art Buchhalter machen (auch die Fliegerei ist eine gewisse Anordnung von Verknüpfungen).

Doch falls ich lebendig heimkehre von diesem »notwendigen und undankbaren Job«, dann wird sich für mich nur ein Problem stellen: was kann man, was soll man den Menschen sagen?

Ich weiß immer weniger, weshalb ich Ihnen dies alles eigentlich erzähle. Offenbar, um es jemandem mitzuteilen, denn es geht nicht darum, daß ich das Recht hätte zu erzählen. Man muß zum Frieden der anderen beitragen und nicht die Probleme verwirren. Im Augenblick ist es gut, daß wir an Bord unserer Kriegsflugzeuge den Buchhalter spielen.

Seit ich zu schreiben begann, sind in meiner Stube zwei Kameraden vor mir eingeschlafen. Ich werde nun auch schlafen gehen müssen, denn ich nehme an, daß mein Licht sie stört (das fehlt mir sehr, ein Winkel, in dem ich mein eigener Herr bin!). Diese beiden Kameraden sind prächtige Kerle in ihrer Art. Ehrlich, anständig, sauber, treu. Und ich weiß nicht, weshalb ich gewissermaßen ein ohnmächtiges Mitleid empfinde, wenn ich sie so schlafen sehe. Denn mögen sie auch nichts von ihrer eigenen Unruhe wissen – ich spüre sie deutlich. Ehrlich, anständig, sauber, treu – gewiß, aber auch schrecklich arm. Sie hätten einen Gott so bitter nötig. Verzeihen Sie mir, wenn diese schlechte elektrische Lampe, die ich nun auslöschen werde, auch Sie am Schlafen hinderte, und glauben Sie an meine Freundschaft.

EIN PLÄDOYER FÜR DEN FRIEDEN

Charles Boyer, Filmstar und Patriot, setzte sich über die Sender des »Columbia Broadcasting System« für die Freundschaft zwischen Franzosen und Amerikanern ein: er las aus einer Betrachtung vor, die sein Landsmann Antoine de Saint-Exupéry geschrieben hat, kurz bevor er zu seinem letzten Flug startete, von dem er nicht mehr zurückkehrte. Der Text, der am 22. April 1945 in der »New York Times« veröffentlicht wurde, ist nur in englischer Sprache erhalten.

Meine amerikanischen Freunde: ich möchte euch volle Gerechtigkeit widerfahren lassen. Eines Tages werden vielleicht mehr oder weniger ernste Meinungsverschiedenheiten zwischen uns entstehen. Alle Nationen sind selbstsüchtig. Alle Nationen betrachten ihre Selbstsucht als geheiligt. Es kann sein, daß euer Wissen um eure materielle Macht euch eines Tages bestimmen wird, Vorteile in Anspruch zu nehmen, die uns unbillig erscheinen. Es kann sein, daß es daher eines Tages zwischen uns zu mehr oder weniger schwerwiegenden Auseinandersetzungen kommt.

Wenn der Krieg auch stets durch Gläubige gewonnen wird, so werden doch Friedensverträge zuweilen von Geschäftsleuten diktiert.

Doch selbst, wenn eines Tages Vorwürfe gegen die Entscheidungen dieser Männer in mir aufsteigen sollten, werden mich solche Vorwürfe nie vergessen lassen, wie edel die Kriegsziele eures Volkes gewesen sind.

Euren tiefsten Gefühlen werde ich stets die gleiche Anerkennung entgegenbringen.

Schaut, meine amerikanischen Freunde, ich habe den Eindruck, daß etwas Neues auf unserem Planeten im Werden ist. Der materielle Fortschritt der Neuzeit hat in der Tat alle Menschen durch eine Art Nervensystem miteinander verbunden. Es gibt unzählige Kontakte, sofortige Verbindungen. Wir sind körperlich zusammengefügt wie die Zellen des gleichen Leibes. Doch dieser Leib hat noch keine Seele. Dieser Organismus ist noch nicht zum Bewußtsein seiner selbst erwacht.

Die Hand fühlt sich noch nicht eins mit dem Auge.

Eure jungen Männer sterben in einem Krieg, der zum ersten Male in der Weltgeschichte, trotz all seiner Ehren, für sie die Bedeutung einer dumpfen Liebeserfahrung hat. Verratet sie nicht! Laßt sie es sein, die ihren Frieden diktieren, wenn der Tag kommt! Möge dieser Friede ihnen gleichen! Dieser Krieg ist edel. Möge ihr Glaube an den Fortschritt auch den Frieden adeln.

BRIEF AN PIERRE DALLOZ

Dies ist der letzte Brief Saint-Exupérys[4]. Er schrieb ihn auf dem Feldflugplatz Borgo bei Bastia auf Korsika wahrscheinlich am 31. Juli 1944 vor seinem letzten Aufklärungsflug. Am 8. August traf der Brief in Algier ein.

Lieber, lieber Dalloz, wie sehr vermisse ich ein paar Zeilen von Ihnen! Zweifellos sind Sie der einzige Mensch, den ich als solchen auf diesem Kontinent anerkenne. Gern hätte ich gewußt, was Sie von den jetzigen Zeiten denken. Ich selbst verzweifle.

Ich male mir aus, Sie denken, daß ich unter allen Aspekten, auf allen Gebieten recht hatte. Welche Beweihräucherung! Füge es der Himmel, daß Sie mir unrecht geben. Wie glücklich wäre ich über Ihr Zeugnis!

Ich für mein Teil führe Krieg so gründlich wie möglich. Bestimmt bin ich der älteste unter allen Kampffliegern der Welt. Die Altersgrenze für den Jagdeindecker, den ich fliege, beträgt dreißig Jahre. Und neulich hatte ich eine Motorpanne in zehntausend Meter Höhe über Annecy, gerade als ich... vierundvierzig geworden war. Während ich mit der Geschwindigkeit einer Schildkröte über die Alpen schaukelte, als Freiwild für jeden deutschen Jäger, mußte ich lächeln beim Gedanken an die Superpatrioten, die in Nordafrika meine Bücher verbieten. Komisch ist das.

Seit meiner Rückkehr zur Gruppe (die Rückkehr ist ein Wunder) habe ich alles mitgemacht. Ich hatte einen Motordefekt, wurde ohnmächtig, weil der Sauerstoff ausblieb, wurde von Jägern verfolgt und erlebte auch einen Brand während des Fluges. Ich zahle mit guter Münze. Ich glaube nicht, daß ich allzu geizig bin und komme mir vor wie ein braver Zimmermann. Das ist das einzige, was mich befriedigt. Und auch, daß ich als einziger Flieger und allein an Bord stundenlang über Frankreich kreise, um Aufnahmen zu machen. Seltsam ist das.

Hier ist man weit weg von der Haßatmosphäre, aber so nett

die Gruppe auch ist, man steckt doch ein wenig im menschlichen Elend. Ich habe – niemals – jemanden, mit dem ich reden kann. Es ist schon was, wenn man Menschen hat, mit denen sich leben läßt. Doch welche geistige Einsamkeit! Sollte ich abgeschossen werden, werde ich rein gar nichts bedauern. Vor dem künftigen Termitenhaufen graust mir. Und ich hasse ihre Robotertugend. Ich war dazu geschaffen, Gärtner zu sein.

Ich umarme Sie

Saint-Ex

CARNETS

Saint-Exupéry hatte von 1936 an stets ein winziges, in Leder gebundenes Notizbuch bei sich, in das er die Gedanken schrieb, die ihn gerade beschäftigten, um sie dann in ruhigeren Stunden auszuarbeiten.

Die Entzifferung seiner Notizen erforderte eine mehrjährige Archivarbeit. Saint-Exupérys mikroskopisch kleine und häufig unleserliche Handschrift – er schrieb mit der Rückseite der Feder –, dazu die Verwendung von Abkürzungen und konventionellen Zeichen, die grammatikalischen Ungenauigkeiten u.a.m. bereiteten den Herausgebern der »Carnets« viele Schwierigkeiten. Es ist bis heute nicht gelungen, diese Notizen vollständig zu entziffern.

Um den zahlreichen flüchtigen Skizzen und dunklen Stellen einen Sinn zu geben, entschlossen sich die Herausgeber der französischen Originalausgabe – Michel Quesnel und Pierre Chevrier –, die Aufzeichnungen nach Themen in vier Gruppen zu ordnen. Sie sind sich jedoch der Fragwürdigkeit einer solchen Ordnung bewußt.

Die in den Notizbüchern unleserlichen oder unverständlichen Worte sind hier in eckige Klammern gesetzt. Die hier kursiv gedruckten Worte stehen in den Manuskripten des Verfassers in Anführungszeichen.

I

Moral und Politik

Es ist absurd, stets gegen etwas zu kämpfen. Könnte man nicht einmal ernstlich Bilanz ziehen? Was fordern denn die Leute der Linken, der Rechten, die Stalinisten, die Trotzkisten, die Anarchisten? Welch ein Ziel erstreben die vorgeschlagenen Mittel?

In der Demokratie rette ich das elende Individuum, aber in der wahrhaften abendländischen Kultur rette ich Gott, nicht die Menschenrechte, sondern – durch den Menschen hindurch – die Gottesrechte. Und ich achte Gott im Menschen, sein Bild, aber nicht das Individuum.

Auf Grund der stalinistischen – oder der nazistischen – Gerechtigkeit beseitige ich diesen Menschen, wenn er in sozialer Hinsicht im Rückstand bleibt. Beispielsweise den Steuermann, der sein Schiff zu Schaden kommen ließ. Auf Grund der abendländischen Gerechtigkeit befreie ich ihn im Namen seines inneren Vaterlandes, der Güte seines Schiffs oder seiner Herrschaft an der abendlichen Tafel. Ich vermag den Menschen weder zu wägen noch zu messen.

Der Irrtum der ersteren besteht darin, daß sie meint, ihn messen zu können.

Die Demokratie bewegt sich augenscheinlich in Richtung der statistischen Wahrscheinlichkeiten, der Zunahme der Entropie, der Aufsplitterung der Autorität bis zum Äußersten (Anarchie), der Vergeudung der Energien. Und sie führt gewiß zur scheinbaren Befreiung des Menschen. Aber nur der scheinbaren. Es handelt sich um die Befreiung des Individuums. Denn der Mensch zerfällt dabei.

Und die demokratischen Maßnahmen stützen sich auf Logik und Überlegung. Denn diese Zunahme der Entropie ist unabweislich bei den Wissenschaften des Unbeseelten. Nicht aber bei den Wissenschaften, die mit dem Leben zu tun haben. Und von Zeit zu Zeit wohnen wir einer Revolution bei, die sich mittels der Sprache nicht vorhersehen ließ; zu der sie nicht ermächtigte. (Gibt es etwas für den Intellekt Unannehmbareres als den Krieg? Alain hatte es deutlich gesehen, als er die Meinung vertrat: um die Welt von ihm zu reinigen, genüge es, das Unannehmbare deutlich zu erkennen.) Und doch taucht zuweilen ein Mensch auf, der sich gegen die Zunahme der Entropie und, ebenso wie das Leben, gegen die Statistik erhebt, der die Moleküle wieder zusammensetzt, dem Menschen seine Waffen zurückgibt und die Spannungen wiederherstellt.

Die menschliche Knetmasse, aus der man so wenig herausgeholt hat: ja, darin besteht die eigentliche Tragik.
Aber wenn man eine Art Vollkommenheit aus ihr herausgeholt hat, ist es ebenso tragisch, daß man dann seine Positionen umkehren und den Menschen als Person verneinen muß.

Man beginne mit jenem Spiel, das den Sinn des Lebens verändert. »Hier wird nicht denunziert. Hier steht man sich bei... Hier schweigt man...« Und so wird die Atmosphäre jenes Hauses von Grund auf verändert. Es ist keinerlei Utopie, darauf zu hoffen.

Ihr trefft ständig eine Wahl. Und ich lehne das ab. Denn ihr schaltet die Gelegenheit zum Fortschritt aus (und die Linke, die so ist wie ihr; die kaum marxistischer ist). Ihr verwehrt jenem Kommunistenführer das Recht, zugleich edel und gemein zu sein. Oder vielmehr: ihr werdet in ihm zwei Personen unterscheiden, die nicht gleichzeitig handeln, doch das ist ein pädagogischer Gesichtspunkt. Denn in Wahrheit geschieht es in der gleichen Handlung und im gleichen Augenblick, aber gemäß verschiedenen Gesichtspunkten, daß dieser Mensch edel oder gemein ist. Und wenn ich mich auch mit solch einem Dilemma abfinde, werde ich mich vielleicht einer ungerechten Wahl entziehen.

Diese Manie, die sie haben, den Menschen nur nach einem seiner Elemente zu beurteilen.

Die Polemik verschärft bloß gespannte Beziehungen, denn jeder glaubt an seinen eigenen Edelmut. Niemand hat das Gefühl (obwohl es sehr unkompliziert ist), daß es mannigfache begriffliche Systeme gibt.

Ich höre sie in den Kneipen, wie sie Karten spielen und mit Bezug auf die Karten oder auf anderes Sätze kannegießern, in denen alle ihre Empfindungen eine Rolle spielen: Wut, Entrüstung, religiöser Drang usw....

Der abscheuliche Haß, der nach draußen derart falsche Vorstellungen projiziert.

Infolge des Hasses und der Ungerechtigkeiten, die ich erlitt, als sie mich für den Anhänger einer anderen Partei ansahen, will ich nicht ihre Freundschaft, obwohl ich zur gleichen Partei gehöre. Immer sind sie darauf aus zu besudeln in ihrer Schäbigkeit. Prügel haben sie nötig.

Erstaunliche Radiosendung, die mit Gemeinheiten in ihrer klassischsten Form beginnt, sich sodann über die Marseillaise begeistert, die »Samenkörner und Erntefrüchte« enthalte.
Nun enthält aber die Marseillaise vor allem den Haß des Pöbels gegen alle Führergestalten (außerdem auch einen geheiligten Liebeselan in »Freiheit, teure Freiheit« – eine gemeinschaftliche Wärme – es gibt das nicht mehr bei uns).
Doch hier, wie beim schlechten Stil, weiß man nicht mehr, wovon die Rede ist. Wie bei den Wahlreden. Dieses Land ist gelähmt und vermag nur noch ein einziges Erbe zu überprüfen.
Der törichte Präsident der Republik: diese Apotheose der

Mittelmäßigkeit[5]. Und doch fühlt sich stolz, wer von ihm empfangen wird. Mehr denn je hebt die Funktion den Menschen auf. Man glaubt an die Funktionen, so wie man an die wirkende Kraft des Stimmzettels glaubt.

Rivière hat es leicht, das deutsche Bestreben zu verspotten, »die Gelegenheiten zu nutzen«; was für Gelegenheiten könnten wir nutzen, da wir nichts anstreben? Der Fluß der Gezeiten besteht anscheinend nur aus Gelegenheiten. Aber was hülfen denn die Gelegenheiten, wenn es nicht die Schwerkraft des Mondes gäbe? Wie auch der Verwaltungsmechanismus aussehen mag: nichts entfaltet sich, nichts wächst, nichts gründet sich, wenn nichts etwas anstrebt. Es fehlen uns Tropismen.
Nicht Menschen? Es gibt so viel, wie wir haben wollen: man sehe nur die Mechaniker der *Aéropostale.* Wenn wir nach etwas streben, sind wir weit findiger im Ausnutzen von Gelegenheiten, im Verwenden von Wegen, die sich darbieten. Doch was hilft's, daß man sich mitten auf Wegkreuzungen befindet, wenn man gar nicht den Wunsch hat, vorwärtszukommen?

Beim Menschen frage ich nicht, *was seine Gesetze für einen Wert haben*, sondern *wie es mit seinem schöpferischen Vermögen bestellt ist.*

Strukturelle Fäulnis. So zählen die »Ideen« und die »Programme« mehr als die Menschen. (Welch ein Kriterium für den Wert der Idee und des Programms stellt doch die Wahl dar, die einer trifft, wenn er eine Schokolade kauft, weil sie beim Altwerden ausbleicht, oder zuerst den »Paris Soir« liest, wegen der Wissenschaft der Börsenwerte.)

Der Staatsbürger vor allem... ja... aber wer ist der Staatsbürger?
Und wenn es nun der wäre, der das Universale anstrebt?

Nicht durch die Ideen definieren, sondern durch den Menschentyp.

Diese erstaunliche Anarchie. Da ist der Idiot, der den Amerikanern das Fotografieren verbietet[6] (keinerlei Neigung zur Eroberung Amerikas). Ein anderer nimmt Anstoß, weil man die Ladehemmungen der Maschinengewehre untersucht (keinerlei Neigung, die Wirksamkeit der Waffe zu steigern). Die Berufung auf »Hitler hat mir gesagt« (keinerlei Neigung, eine Dynamik hervorzubringen). Die Weigerung, Finnland beizustehen (keinerlei Neigung, die unerwartete Gelegenheit wahrzunehmen; und doch, welch entscheidender Akt: die Moral, die Strategie, die Propaganda und Amerika! Der Weg für den Eintritt Amerikas!).
Was die perfekten Streiks in den Fabriken betrifft: mitten im Kriege!
Dies, weil sich Daladier bemüht, *den Sinn des Geschehens zu begreifen.* (Während es nichts zu begreifen gibt und er selber die Erklärung darstellen könnte.) Er wartet darauf, daß das Küken aus dem Ei kriecht, da ja das Ei vorhanden ist: es ist die Welt von heute, der eine Welt von morgen folgen wird – und Daladier wartet auf die Welt von morgen.

Ernste Fehldeutung des Führerbegriffs: der, welcher fordert... der, den man nötig hat... Nein. Der Führer ist vor allem derjenige, der die anderen braucht. Gäbe es keine Führer, hätte man euch nicht mehr nötig: Anarchisten!
Ihr habt völlig vergessen, daß sich der Wert der Institutionen nach den Menschen bemißt; daß der Wert der Gesellschaft von den tausend besonderen Maßnahmen abhängt, die ihr erst ihren Sinn verleihen, und daß der Wille einer Nation so viel taugt wie die Einzelwillen.

Seht einen Stein an: jedes Molekül zieht nur wenig nach unten – aber entsprechend seinen Fähigkeiten. Und der Stein ruht. Und jedesmal, wenn er nicht zurückgehalten wird, schlägt er sofort seine Richtung ein.

Uns einen Führer suchen, das heißt für uns, daß wir uns selber suchen. Ein Führer, das ist einer, der die anderen unendlich nötig hat. Und wir wollen, daß man uns nötig haben soll. Niemand hier hat uns nötig. Wir antichambrieren, um unsere Dienste anzubieten. Ein Führer, das ist einer, der uns *anzieht*, statt die Bewilligung unserer Hilfe zu erkaufen, als handelte es sich um die Gewährung von Vergünstigungen.
Seht doch Mermoz, die Freude der Menschen, wenn viel von ihnen verlangt wird.

Größe entsteht zunächst – und immer – aus einem Ziel, das außerhalb des eigenen Ichs gelegen ist (Aéropostale): sobald man den Menschen in sich selber einschließt, wird er arm. Sobald er nur für *sich* da ist.
Jener Sozialismus, der vor allem die individuelle Entfaltung verkündet, steigert den Menschen weniger als der Faschismus, der das Opfer für etwas Äußerliches predigt. (Und der Name dieses »Etwas« ist unwesentlich.) Die Bürgschaft des Symbols ist wichtiger als das Symbol selber. *Vaterland* beispielsweise ist keineswegs *idiotisch*, nicht mehr als Gott in der religiösen Vorstellungswelt. Nutzlos, diese Anziehung des Faschismus zu leugnen; es ist das ein historisches Kennzeichen.

Mittels des unentgeltlichen Opfers stehen die Menschen in Kontakt miteinander. Und unter unentgeltlich verstehe ich, daß dabei der *nützliche* Teil nutzlos ist. Denn die Gesamtheit der Menschen wird zum Idol, das Geschenk und Blut und Leben empfängt. Und der kleine französische Bürger ist schrecklich einsam.

Priorität der Masse gegenüber der Elite? Niemals. Priorität des Stoffs, des Lebensstandards gegenüber dem Geiste? Niemals. Priorität der Logik gegenüber einer gewissen menschlichen Irrationalität? Niemals. Verwurzelung derer, die die Kirchen brandschatzten und die Aristokratie bespuckten, in

der sozialistischen Lehre? Niemals. Und welcher aufgeklärte französische Kommunist würde es wagen, diese Gesichtspunkte zu verteidigen?
Denn ob man es wahrhaben will oder nicht: Spanien, das seine Kunstschätze verbrannte und das verschlossene Universum der Klöster ausleerte, hat damit, wenn auch nur einen Augenblick, der Dummheit gegenüber der Kultur Priorität eingeräumt. Und ich werde den Massen keinen Vorwurf machen, wohl aber denen, die sich damit abgefunden haben, daß der Dreck aus der Kloake entweicht. Denn wenn er spektakulär entweicht, um in der Kulturentwicklung einen Einschnitt zu bewirken – welch nicht wieder gutzumachenden Einschnitt kann er sich dann bei verschwiegeneren Vorgängen erhoffen: etwa bei jenen, die mit dem Schulwesen zusammenhängen?

Religionsersatz ist kein leeres Wort.
Was habt ihr vorgesehen, um den gleichen Vorstellungsschatz mitzuteilen? Zunächst bestände eure *politische Erziehung* nicht aus *Pflichten*, sondern aus Rechten und Haß. Aus Haß gegen jene, die als zufällige Verwahrer materieller Güter Beschirmer der geistigen Güter sind (was der Klassenbegriff schlecht zu trennen vermag). Die Demarkationslinie einer klaren Vorstellung würde die einen von den anderen scheiden.

Dieser arme Vautel arbeitet in einer Demokratie auf den Ruin des Menschen hin. Er ist für den Menschen mit gesundem Menschenverstand und *common sense*, ohne zu verstehen, daß nichts darin Platz findet, was bestrebt war – nur so langsam bestrebt war –, Kulturen, Religionen usw. aufzubauen (Gerechtigkeit, Tradition, das Universale einbegriffen). Keine dieser geistigen Bemühungen ist im gesunden Menschenverstand erhalten geblieben: nicht die Liebe zu Mozart, nicht eine gewisse Liebe als solche, nicht die Caritas. Jedesmal, wenn er im Menschen diesen geistigen Überbau gewahr wird, macht er Jagd auf ihn. Er entdeckt ihn nicht immer und verwechselt jenen Teil, den er nicht entdecken konnte, mit dem wahren Menschen, aber er strebt danach, den Menschen auf einen Verdauungskanal und einen Fortpflanzungsapparat zu reduzieren. Ich liebe die Kohlköpfe oder liebe sie nicht – außerhalb (wahrscheinlich) jeder Kultur. Aber schon bei der Frau stimmt das nicht, die nicht ebenso schmeckt, wenn man sie als Königin oder in einem Freudenhaus gepflückt hat. Und eben das entgeht ihm (selbst wenn er es vielleicht sieht, mit Hilfe jenes Teiles im Menschen, den die *Sprache der verborgenen Vorstellungen* in ihm aufrechterhält); es entgehen ihm diese Geschmacksdifferenzierungen.

Wo führt ihr mich hin, die ihr glaubt, der Mensch verewige sich dadurch, daß er sich ernähre und sich fortpflanze, wenn ihr kein Gespür habt für die Bedeutung des geistigen Überbaus? Nicht eure Pläne (sie gefallen mir), sondern eure Unwissenheit erschreckt mich. Auch ihr habt von einem Quell getrunken, der euch zu Menschen macht. Doch da ihr nicht wißt, daß ihr durch ihn zu Menschen werdet, lauft ihr Gefahr, ihn versiegen zu lassen (um eines Gewinns willen, der viel unwesentlicher ist).

Solange ich nichts Besseres habe, halte ich mich an den *Rahmen, der mir überliefert ist*... Und das heißt, im guten Sinne, konservativ sein. Auch ihr wißt nichts davon, die ihr glaubt, das Interesse lenke die Menschen – eine bequeme Formel, die, wie wir gesehen haben, nicht einmal falsch zu sein braucht. Bequem, aber unergiebig.

Und freilich liegt es in meinem Interesse, meine Gattung, mein Menschenbild zu verewigen! Zumindest, wenn man diesen Instinkt (der fortleben möchte) Interesse nennt, aber vielleicht handelt es sich auch um das Interesse der Gattung. Ihr bietet mir ein schöneres Haus, einen schöneren Wagen, eine reinere Luft...

Aber was für einen Menschen, der darin leben soll?

Wir sind auf seltsame Weise den Objekten hörig, zweifellos infolge der langen Erziehung durch Publizität, die wir hinter uns haben. Darin sind wir Barbaren. In dieser Hinsicht kommen uns viele Barbaren – wir spüren es undeutlich – wie zivilisiert vor.
In dieser Hinsicht ist der Rückgang des Religiösen ein Verhängnis, das uns unsere geistige Welt ausräumt (die Woche des Mittelalters mit ihren Freuden und das liturgische Jahr hatten ein Gesicht).

Zur normalen Erziehung tritt eine unaufhörliche und außerordentlich wirksame Erziehung hinzu, die in der Publizität besteht. Eine auf dem Profit beruhende Industrie ist bestrebt – durch Schulung –, Menschen für den Kaugummi und nicht Kaugummi für die Menschen hervorzubringen. Da sich für das Automobil die Notwendigkeit ergibt, den Wert »Automobil« zu schaffen, ist so der törichte kleine Gigolo des Jahres 1926 entstanden: er wird in den Bars ausschließlich durch Bilder und Vergleiche animiert, die auf Karosserien zurückgehen. Desgleichen ist durch den Film – aus dem besten menschlichen Rohmaterial der Welt – der leere und törichte Star inmitten der Dummköpfe hervorgegangen: Dieses hohle Geschöpf, von dem ich nicht einmal glaube, daß es sich langweilt, denn es ist noch gar nicht geboren[7].
Ein Boden, den die Aussaat einer Religion in Brand setzen würde.

Unwürdige Beziehungen zwischen Mensch und Objekt. Desgleichen zu seinem Ich.
Sie werden erhaben, sobald das Ziel über das Ich hinausgeht (Gottheit, Vaterland, Volk und sogar bei den Zielen des Industriellen: die *Firma*...).
Eine Maschine wird häßlich, sobald sie veraltet ist (Lokomotive, Auto, Flugzeug, Phonograph...), aber das trifft nur auf die Maschine zu.

Es ist ganz nutzlos, über die Demokratie, die Demagogie, die Technik zu jammern. Die eigentliche Ursache für die innere Verarmung des Einzelmenschen findet weit ergiebigere Wurzeln in der Vervollkommnung der Verkehrsmittel (Ortsveränderungen der Individuen untereinander, aber vor allem Identität der Quellen: Zeitungen, Radio, Telefon, gemeinsame Beförderung). Es fehlen auf sonderbare Weise Stille und Gebet (Fähigkeit, ein Gebet zu gestalten, in dem sich der einzelne außerhalb des eigenen Ichs befindet). Wodurch wollen Sie, Gide, eine solche Übung ersetzen? Die Seelen heutzutage bekommen eine Hornhaut.

Über den bekannten sichtbaren, mechanischen Medien, die einen Kontakt herstellen – der Zeitung, dem Radio, dem Buch –, steht die Rede, diese fortdauernde Osmose, die ebenso in einem europäischen Volk wie in der Wüste zur Geltung kommt. Diese Ansteckung durch Erstarrung übertrifft die Ansteckung durch den Glauben – jene Wahrheit, die auf der Oberfläche wie in der Zeit fortschreitet, pflanzt sich hartnäckiger fort als durch das Buch, durch das Radio, durch die Zeitung. In manchen Dörfern Südfrankreichs glaubt man noch heute, die Protestanten trügen ein Auge mitten auf der Stirn.

So wurden in der Frühzeit des Christentums die verworrenen menschlichen Beziehungen durch die Nächstenliebe und das Universale erhellt. Aber...

Wenn ich von der Nächstenliebe und vom Universalen spreche, habe ich das Wichtigste vergessen: die Liebe. Was ist die Wirkung dieser Liebe, die ohne fleischlichen Rückhalt empfunden wird? Denn man begnügt sich mit törichtem Gerede, wenn man sagt: »Die Mystiker, die ihre Sinnlichkeit transponieren.« Man vergißt dabei allzusehr, daß es auch jene andauernde Bemühung gibt, welche die Liebe in den trockenen Seelen erzeugen möchte... Diese erstaunliche Anstrengung des alltäglichen Gebets, die bestrebt ist, vor allem das Herz zu erziehen (und wie sehr geht mich das Wesen dieses geliebten Gottes an!...). Man würde gewiß eine Kultur als schön und nutzbringend anerkennen, wenn sie einem die Liebe zur Frau beibrächte; das gleiche gilt von einer ritterlichen Sinnesart, welche die Ehrfurcht vor der Frau lehrte.

Beschränkung auf Ausbeutung und Mißbrauch: Albernheiten! Was geht mich das Bilderwesen an, außer dem, was es mitteilt? Im übrigen: was könnte ich von Dingen erwarten, die sich vielleicht jenseits der Symbole befinden?

Methode: die Bücher der Kindheit wieder lesen, wobei man völlig den naiven Bestandteil vergessen muß, der keinerlei Wirkung ausübt, aber während der ganzen Lektüre die durch diese Symbolik übermittelten Vorstellungen zu beachten hat. Untersuchen, ob nicht der Mensch, der dieser wohltätigen Woge beraubt ist, auf den Gigolo des Jahres 1936 hintendiert.

Sophismus von Sertillanges: in »Die Ursprünge des Gottesglaubens« scheidet Pater Sertillanges die Menschen in Gläubige und Ungläubige. Alsbald entsteht so die Vorstellung vom Heer der Ungläubigen, das sich gegen die Phalanx der Gläubigen kehrt. Und das niedrige antireligiöse Schmähwort eines Proleten und die törichte biologische These eines Irrsinnigen setzen Lamarck und Poincaré herab, die Generäle jener gleichen Armee sind. Schon die Verkündung von Kategorien, die bequem für den Krieg sind, aber keine Ordnung in der Welt zu schaffen vermögen, hat das Problem verfälscht. Es gibt nämlich nicht bloß Menschen, die glauben, und Menschen, die nicht glauben; vielmehr sind diese beiden Gruppen durch keine wirksame Grenze getrennt, da sich Menschen, die zu ihnen gehören, auf beiden Seiten der Grenze befinden.

Pater Sertillanges, wie gedenken Sie uns hinzureißen, wenn Sie uns beschimpfen? Wie gedenken Sie uns zu überzeugen, wenn Sie uns schlechthin wie Kinder behandeln, die es zu schulmeistern gilt? Von der hohen Warte Ihres Hochmuts aus bewerten Sie als Hochmut, was unsere Würde ausmacht. Von der Warte des Hochmuts und des Wunsches zu *infamieren!* Wissen Sie denn nicht, daß sich die Voraussetzungen unserer Erkenntnisse seit dem Mittelalter gewandelt haben?

Wissen Sie denn nicht, daß wir in der wissenschaftlichen Forschung jeden als Feigling ansehen, der sich weigert, eine ihm liebe Theorie, um sie zu retten, einer gründlichen tatsächlichen und historischen Kritik zu unterziehen? Wir wissen, daß wir redlich sind, selbst wenn uns das unseren Frieden kostet. Wir haben es uns zum Grundsatz gemacht, stets das Legendäre vom Authentischen und das Dokument von der Hypothese zu unterscheiden. Die Gegner Pasteurs haben Sie gemeinsam mit uns abgelehnt. Und auf einmal, in einem Bereich, der nicht nur die Annehmlichkeiten unseres Lebens, sondern seinen eigentlichen Sinn berührt, der alle unsere Handlungen und nahezu unsere intimsten Regungen in Anspruch nimmt, da kanzeln Sie uns ab, während wir beklommen an der Schwelle Ihrer Kirche zögern und den Wunsch haben, weiterhin der Wahrheit zu dienen und uns zugleich von den Märchen bezaubern zu lassen!

Was können wir denn mit Ihren Beweisen anfangen? Durch das Christentum sind wir, was wir sind, und wir sind es – das wissen wir – *für* das Christentum. Wir wissen, daß wir Gott in unseren Bedürfnissen, unserer anscheinend so spontanen Geistigkeit, in uns selbst, im Weltall wiederfinden werden. Und wenn wir Ihr Denken analysieren, so wissen wir genau, daß wir darin, sofern es uns vergönnt ist zu sehen, die gleichen Begriffe wiederfinden werden, die es beherrschen. Und wir nennen das Wahrheit. Ja, aber Wahrheit in uns und nicht außerhalb unseres Ich. Gott ist wahr, aber vielleicht von uns erschaffen.

Unsere Sorgen galt es zu besänftigen, Pater Sertillanges. Sie sind nicht die Frucht unserer Laster, sondern eben dessen, was an uns edel ist. Der moralische Zwang stört uns keineswegs, wir rufen ihn inständig herbei, wir wissen genau, daß es harter Gesetze bedarf, um starke Charaktere zu formen. Es würde uns die Unterwerfung unter sie erleichtern, wenn man einen Gott erfände. Nicht so sehr wegen des verheißenen Lohns – denn der erste, der einzige Lohn, der für uns zählt, besteht darin, zu wachsen –, sondern damit wir uns mit Liebe hingeben können; damit wir mit unseren notwendigen Opfern das Idol beweihräuchern können, dessen man uns beraubt hat. Allzu früh, in einem Alter, in dem man noch eine Zuflucht sucht, wurden wir Gottes entwöhnt, und so müssen wir uns jetzt als einsame kleine Biedermänner durchs Leben schlagen.

Da Sie ja der Offenbarung solche Bedeutung beimessen, hätten Sie uns sagen müssen, weshalb Sie die Zeugnisse, die uns diese Offenbarung allein überliefert haben, nicht mehr für wichtig halten. Weshalb soll man auf Grund von Dokumenten, deren Verfasser unbekannt sind und von denen nicht einer gleichzeitig mit Christus gelebt hat, an die Auferstehung glauben? Weshalb legt Ihre Kirche solches Gewicht auf die unwichtige Geschichte Jakobs und kümmert sich hingegen so wenig um die Entstehung der Evangelien, um die Wahl, die für deren Auslese bestimmend war, um die Motive, die zu gewissen Ablehnungen führten? Man hätte uns sagen müssen, weshalb die »petitio principii«, die wir überall als eines Menschen, der vor dem Denken Achtung hat, unwürdig empfinden und die Sie genau wie uns in Harnisch bringt, wenn Sie sie bei Ihren Gegnern aufdecken – weshalb sie in Ihrer Kirche auf einmal zu einem Vorzug wird, der sich aus Demut und Gehorsam zusammensetzt. »Die Auswahl der Evangelien ist einwandfrei, weil die Konzilien, die sie vornahm, unfehlbar waren.« Sie waren unfehlbar, weil sie im Namen des Gottes der Evangelien sprachen. Und dieser Gott wird nur insoweit bewiesen, als jene Auswahl einwandfrei war.

Und was sagen Sie zu den Widersprüchen (Heimsuchung,

Auferstehung usw.), die zumindest ein Dokument der göttlichen Ordnung mit menschlicher Schwäche beflecken? Und was sagen Sie zu den bösgläubigen Zitaten, die den Zweck verfolgen, Christus *post festum* mit dem Messias, den die Propheten ankündigten, in Deckung zu bringen?
Und was sagen Sie zu den Rückzugspositionen der Kirche und ihrem ständigen Tonwechsel? Ich weiß genau, was Sie antworten werden. Sie werden einander widersprechende Behauptungen herausgreifen und ihr gemeinsames Maß suchen. Das nennen Sie dann Dogma und sagen mir: ›Ist es nicht erstaunlich, daß solche Behauptungen in der Ordnung dieses Universums übereinstimmen?‹ Ich aber, der ich im voraus wußte, daß diese Denkoperation möglich ist, und sehe, wie sie tagtäglich Wahnsinnigen gelingt, wenn sie sorgsam das Weltall ordnen, um ihre eigenen Wellenlängen zu beweisen – ich habe das Recht, beunruhigt zu bleiben.
Und ich weiß wohl, daß ich niemanden überzeugen werde, denn es gibt keine Wahrheit und keinen Irrtum.
Es ist vielleicht schon jetzt recht wichtig, diesen wissenschaftlichen Relativismus auf das Geistige auszudehnen. Und zunächst einmal sehe ich keinen Grund, weshalb sich die Verhaltensweisen des menschlichen Geistes grundlegend voneinander unterscheiden sollten.
Meine wissenschaftliche Theorie ist nur eine Sprache. Wenn mir die Natur ihre wohlbegründeten Evidenzen wie ein Buch zur Lektüre darböte, wäre es recht sonderbar, wenn nicht die Beobachtung schon zur Zeit Babylons solchen Geheimnissen auf den Grund gekommen wäre.

Angesichts der Zone: und es ist also Gott, der die Welt erschaffen hat?

Worüber beklagt sich eigentlich der Katholik, der uns soviel vom Beweis durch Zeugnis, vom Nachweis durch Augenzeugen erzählte und nunmehr sieht, wie wir verwundert das Weite suchen, da sich herausstellt, daß dieses Zeugnis im Lichte der Naturwissenschaften und der historischen Kritik unzulänglich ist? Wir waren es nicht, die unsere Religion auf diesen schwankenden Boden gründeten.

Religiöse Antinomien: heutzutage, da ich der historischen Kritik solchen Wert beimesse, soll ich mich damit bescheiden, sie überhaupt nicht auszuüben. Heutzutage, da das Christentum ein konservierendes Element darstellt, das einen bestimmten Eigentumsbegriff verteidigt, soll ich es mit den Evangelien in Einklang bringen. Heutzutage, da mich die Analyse dieser Welt am Wunder verzweifeln läßt, soll ich dem Glauben einer Epoche, die nicht zu analysieren verstand, Glauben schenken. Heutzutage, da die Wissenschaft so viele Rückzugspositionen in Trümmer legt, soll ich sie nacheinander einnehmen, ohne mich dadurch in meinen Glaubensüberzeugungen stören zu lassen. Heutzutage, da man den Sinn des Wortes *Ursache* in Zweifel zieht, soll ich am Sinn der *ersten Ursache* festhalten. Heutzutage, da sich der Finalismus als unwirksam erwiesen hat, soll ich Finalist bleiben.

Ja, aber es zählen allein die übermittelten Vorstellungen. Was wäre ich ohne diese Vorstellungen geworden? Eben sie sind es, die ich Gnade nennen kann. Besamung des Menschen.
Doch das Christentum stand mit nichts in der römischen Welt in Widerspruch. Heute tritt es in Konflikt mit den Rubriken meines Denkens, an denen ich mit Recht festhalte. Ich habe auch das Recht, an den religiösen Werten festzuhalten. Doch ich habe das Recht zu bedauern, daß sie die Welt nicht mehr in Übereinstimmung bringen und daher nicht mehr jene evidente Synthese darstellen, die sie der römischen Welt bieten konnten.
Ich habe keine zusammenhängende Sprache mehr.

Was kümmert es mich, ob Gott nicht existiert: Gott verleiht dem Menschen etwas Göttliches.

Gott. Die Spielregel hat auf erregende Weise ihren Sitz nicht in der willkürlichen Dichte eines Individuums, sondern außerhalb, das heißt in Gott. Das heißt: in allem und in nichts. Gott ist das vollkommene symbolische Fundament des zugleich Unzugänglichen und Absoluten.

Offensichtlich ist es schwer, als Nicht-Finalist das Problem des Lebenssinns anzupacken. Wenn ich den Vorzug der religiösen Deutung verloren habe, muß ich zumindest die Werte transponieren, denn sie sind notwendig und fruchtbar. Wenn das menschliche Leben keinerlei Sinn hat, der es ein Ziel erstreben läßt, beschränkt sich das Wünschen darauf, so gut wie möglich zu leben – aber ich kann mich nicht mit dem greulichen Bridgespieler zufriedengeben, der seine Jahre nacheinander aufbraucht, ohne etwas in sich selber vorzubereiten; in diesem Insekt, das eingemauert mit seinen Essensvorräten lebt, steckt etwas, das nicht menschlich ist. Der Mensch soll anderswo suchen und aus sich herausgehen (Musik, Dichtung, Religion, Opfer, Universalität usw. ...); der kleine Ingenieur aus X., mit dem ich in Perpignan aß und der abgesehen von den Gleichungen seines Berufs und dem Poker-As nichts wußte – etwas in ihm ist verfehlt.
Er kann sich für glücklich halten, er kann es vorziehen, daß er so ist, es fehlt doch das wirkliche Glück (da, in Ermanglung eines Ziels, lediglich ein Besitzgefühl übrigbleibt), das eine wahrhaft menschliche Tätigkeit begleitet; er kennt in keiner Weise die Freude am hohen Meer.
Freitag: Opfer. Und ich habe bereits das Universale, die Liebe, das Opfer besungen. Und Opfer interessiert mich nur unter dem zeitlichen Gesichtspunkt.
Möge also die Gottesvorstellung (und nicht der Lohn) dieses Opfer wirklich erleichtern.
Und man rede mir nicht von Lohn. Wenn der Bruder sich zum Bagno aufmacht, um seinen Bruder zu retten, liegt es auf der Hand, daß er das auch ohne Religion täte. Als Lohn genügt ihm die Bruderliebe, der er Ausdruck verleiht. Doch solch ein liebenswerter Bruder kann fehlen. Dann möge doch

Gott dieses Unternehmen erleichtern! Möge er also diese dunkle Regung deutlich und begehrenswert machen! (Aber schon diese Bruderliebe war nur ein Symbol des Göttlichen.) Es gilt eine Stütze zu finden, damit man dieses Opfer seines Vergnügens vom Kind verlangen kann. Wenn man ihm damit kommt, sein Wille müsse erzogen werden, so stellt sich Hochmut ein. Spricht man ihm von der Gabe an den Armen (an die Kreatur), so bleibt vielleicht nur noch die Betätigung als Gewerkschaftsmitglied, ein Beitrag oder eine Auflage. Aber das Opfer um des Opfers willen... Zweifellos eignet dem Opfer eine charakterbildende Bedeutung, aber wie kann man das dem Kind einpflanzen – ohne die Gottesvorstellung? Ich bin erschrocken angesichts der Schwierigkeit, die Autorität von etwas anderem als von Gott herzuleiten. Man sät aus der Höhe.

Es geht nicht darum, festzustellen, was sie nach eurer Meinung wert sind. Es geht darum, zu wissen, was eurer Meinung nach aus ihnen wird. Der große Irrtum war eben dies. Schwierigkeit einer Moral des Menschen, der allein ist. Ist er allein, so gibt es keinen Bezug mehr. Aufgabe Gottes oder des Nächsten, der das Urteil spricht. (Und keineswegs über uns.)
Somit Gefahr der Vorstellung von Verdienst und Entgelt.

Die Kindheit, die Schläge auf den Kopf, die Religion, das Opfer – alles das sind Maßnahmen, um aus diesem Tierchen einen Menschen zu machen. Nichts ist besser geeignet, um einen André Breton heranzubilden, als die Familie André Bretons, gegen die er sich empört[8].
Nur das Opfer hat Wert, aber nicht, wenn es einem Serienprodukt dargebracht wird. Für einen Lastwagentyp kann man sich nicht opfern. Nur für die Porzellantasse oder sogar die Negermaske, den surrealistischen Gegenstand, an dem sich der Mensch die Finger verbrennt.
Gleichermaßen Verteidigung der anarchistischen oder der surrealistischen Mitgift.

Ich habe somit eine gewisse Anzahl ausgesprochen religiöser Begriffe definiert:
die Nächstenliebe
die Liebe
die unsichtbaren Schätze
das Opfer
das Universale
(Während die Begriffe von Gut und Böse zweifellos zu den sozialen Begriffen gehören.)

Hunger nach diesem Brot... Dem Engelsbrot. Vielleicht ist gar nicht die Wirklichkeit das Beunruhigende, sondern die außerordentliche Kraft des Mythos. Eine singende Begeisterung überkommt mich. Licht im Menschen? Ja, ein sehr gewisses Licht. Und die traurigen kleinen Nächte, die X. mit seinen Gigolos verbringt, sind jene Welt nicht wert, in die die Entsagung Eingang verschafft.
Immer der gleiche Mythos... Gib dich hin, entsage, leide, kämpfe, durchquere die Wüsten voller Durst, weise die Brunnen zurück, und so werde ich dir zur Entfaltung deiner selbst verhelfen.
Und du, der du dich dieser Botschaft widersetzest, weißt du denn, was du tust? Du kennst nicht, was aus dir hervorgegangen wäre. Du hältst dich für beständig und wesentlich und dauerhaft, du meinst, allein die Empfindungen, die du verspürst, seien dir gestattet; du meinst, der Mensch, den du in dir trägst, sei vollendet, aber diese mystische Hochzeit – du weißt nicht, welch eines Feuervogels Flügel sie in dir entfalten würde. Dieses Reich ist dir verwehrt.

Woher kommt es, daß der Mensch eines Tages dem Fleischlichen entsagen und dann wieder zu ihm zurückkehren kann? Offensichtliche Doppelnatur des Menschen. Und hierbei fragt sich noch: wie sollte er nicht den Teufel erfunden haben?

Gebt uns, sagen vor allem die Menschen, gebt uns die *Ewigkeit* wieder. Wir sind derart erstarrt durch diese Entdeckung

des Willkürlichen ... des Tanzes, der nichts als ein Spiel ist ... Gebt uns unsere Ehrfurcht zurück, sei es auch nur die Ehrfurcht vor den Familienfesten, den Jahrestagen, den Vaterländern, dem Ölbaum, den ich gepflanzt habe und den mein Sohn pflegen wird; gebt uns zurück, was wir sind und was über uns hinaus von Dauer ist. Vergönnt uns, einen vergänglichen Leib in Edelsteine zu wandeln ...
Nichts von alledem, was ich an dir liebte, hat einen materiellen Sinn. Deine Lippen, gewiß, doch bildeten sie jenes Lächeln, das der Welt der Formen angehörte. Nicht die Masse deines Fleisches, sondern seine Anordnung. Nichts, was sich durch das Physische oder chemisch erklären ließe, sondern durch die reine Mathematik (Rhythmus) und die stofflose Geometrie (Form). Nichts, was nicht einen geistigen Sinn hätte.

Göttlichkeit des Menschen. Aller Glanz versammelt in der Schaustellung der Girls: dieses Gold, diese Leiber, diese lächelnden Mienen, diese Brüste, diese üppigen Pflanzen, diese Kaskaden und diese Spiegel ...
... Dann Powells häßliches Gesicht, das auftaucht und alles zunichte macht.

Der Totenkult, das ist die Geburt der Gattung als geistiger Einheit. All diese Zeugen. All diese Elemente des Göttlichen; sind sie doch Vorbilder.

Eure Rettung wird sein, wenn ihr die Liebe zu den Waffen wiedergefunden habt. Wert hat, was sie euch lehren.
Ihr seid zu Haustieren geworden ...

Göttliche Sprache, die Gott den Menschen gegeben hat und von der sie einen so schlechten Gebrauch machen. Gern hätte ich es gerettet, dieses aus lichtem Stoff geformte Mädchen, doch was soll man mit einem Schlamm anfangen, der verschwommen leuchtet?

Durch ein Menschenwesen verwundet. Durch das Publikum verwundet – wie! – durch Dich verwundet, o Herr!

Unsereins, Bewohner der Milchstraße... Wie lachhaft wird sogleich das Türhüterleben!

Die Menschen. Nicht sich dem opfern, was sie sind, sondern dem, was sie werden können.

Antwort an S.: »Sie haben nie geglaubt? Dann wissen Sie nicht, was Sie verloren haben. Denn die Saat dringt nur ein, sofern man sich auf das System einläßt. Deshalb hat der Verzicht auf das kritische Urteil einen Sinn: versuchen Sie's erst einmal, um festzustellen, welch ein Mensch bei Ihnen zum Vorschein kommt; auf ihn allein kommt es an.«
Man gründet das Reich, um den Menschen hervorzubringen.

Gide urteilt, ohne *geprüft* zu haben. Nun hat aber ein begriffliches System nur Wert durch den Menschen, den es hervorbringt, und zwar den ganz innerlichen Menschen, von dem man nichts weiß. Im Namen einer Euphorie, eines verschwommenen Heidentums, im Namen der Nächte in X.

Fall der Religion. Amerika braucht eine Befruchtung durch Vorstellungen, wie sie eine religiöse Bewegung mit sich bringen würde. Ich habe begriffen, was es hieß, Verständnis zu wecken und zu bekehren.

Unter diesem Aspekt: welch eine Arbeit gilt es vielleicht in Rußland am Menschen, der nicht mehr alle seine Samenkörner empfängt, von neuem zu beginnen...

Gide sagt: »Der Priester ist schlecht«; diese Behauptung ist sinnlos. Man müßte sagen: ›Der Menschentyp des Mittelalters ist schlecht...‹ (und ich liebte ihn mit seiner Woche und seinen Landwegen); oder auch: ›Dieser Menschentyp ist widerspruchslos geworden.‹

Man müßte ergründen, welch ein Anteil dem Tanz im Leben zukommt, selbst im bürgerlichen Leben. Die Jagden in Rambouillet, die Dekorationen, die liturgische Einteilung des Jahres, die Zugbewegungen, die in Saint-Lazare im Einklang mit biblischen Reminiszenzen abgeändert werden.

Das unsichtbare Vaterland, das einzige: dieses Gesicht Frankreichs, das die Landwege zeichnen... Revolutionen, werdet ihr mir ein anderes Gesicht hervorbringen?
Es gibt die sichtbare Stadt; es gibt die unsichtbare Stadt. Es gibt jenes Gesicht, das die Landwege mit ihrer Achtung vor geistigen Werten zeichnen (die Wege erweisen dem Fürsten einen schlechten Dienst).

Uns fehlt jene Dorfzeit, in der man das menschliche Leben durchdenkt. Denn wir, in der Stadt: bloßes Umhertollen; und die Liebe ist weniger mit dem Kind verknüpft als bei den Negern.

Ich werde von jedem von uns alles Gute nehmen und daraus einen Lobgesang machen.

Von den Quellen. Im rein geistigen Bereich ist die Evidenz die gleiche wie im intellektuellen Bereich. Eine Kultur gewährt Ordnung in der Natur und im Menschen. Eine Kultur gewährt Herzensreichtum.
In Rußland gleichwohl die traurige Parodie.

Man begreift einigermaßen in der UdSSR die Wissenschaft, das Theater, sogar die Musik. Man begreift vielleicht das Buch; aber nicht den Qualitätsgegenstand. Nun besteht aber die Kultur darin, daß sie lange ein einziges Ding hütet.

Der Mensch und der Wald. Und wenn es nichts mehr als den Menschen geben wird, so wird der Mensch sich tödlich langweilen. Er hat schon den Kontakt mit dem wilden Tier verloren (Freude der Heimkehr von der wirklichen Jagd) und teilweise mit den Naturkräften (Stadtkultur); und nun verwandelt er den Erdball in Gemüseland.

Man vergißt es, die sozialen Probleme (Ausdehnung des Menschengeschlechts, sodann einer Rasse zwischen den Rassen) von diesem Ursprung aus zu betrachten.

Ich kann freilich noch kein genaues Wort finden, um es auszudrücken, aber unter einem gewissen Aspekt tritt klar zutage, daß die Welt entwertet wurde. Ich gebe gern zu, daß die Jagd ganz uninteressant ist, aber es bedeutet doch etwas, daß die *Jagd* nicht mehr das Gelände ist, in dem man in der Zeit der großen angegrauten Reiche jagen ging.

Die inneren und äußeren Emigrationen beachten. Wenn der Mensch umzieht, verliert er alles und reiht sich in die folgende Kultur ein (die vielleicht unermeßliche Rolle von Fetischen wie etwa der Kirchtürme).

Wenn man dem Israeliten einen triftigen Vorwurf machen will, so gilt er in dem Maße, als er durch sein *Umherziehen* bewogen wurde, das Konkrete als zweitrangig zu behandeln; bedeutet es doch für ihn nicht das gleiche wie für die anderen.

Ich bewundere keineswegs Menschen, weil sie der Postbeförderung dienen, aber ich lege Wert auf den Mythos der Postbeförderung, weil er solche Menschen formt. Und diese Menschen bewundere ich, weil sie sind, wie sie sind.

Wichtiger Gesichtspunkt: es ist keineswegs unmoralisch von L. B., daß er Z. zum Ritter der Ehrenlegion ernannt hat, denn die Menschen sind nicht für die Legion erschaffen, sondern die Legion für sie. Und sein belustigtes Lächeln angesichts des provozierten Skandals ist, oberflächlich gesehen, ein Zeichen von Intelligenz. Es ist keineswegs diese dem Kehricht gewährte Auszeichnung, die bei mir Anstoß erregt, sondern diese Kurzsichtigkeit, die grundlos einen langsam geschaffenen Wert vernichtet. Weshalb soll man diese Gelegenheit, die Menschen zu ehren, abnutzen, wenn es – zumal in Frankreich – so wenige Möglichkeiten gibt, sie zu ehren?

Letztlich sieht L. B. keinerlei Grund, weshalb man sie ehren sollte, und es ist letztlich die Größe des Menschen, die er verachtet. Deshalb ist er niedrig.

Er könnte entgegnen: ›Ich verstehe überhaupt nicht, daß wahre Größe eine Auszeichnung nötig haben sollte.‹ Und auch das ist nicht stichhaltig. Dadurch, daß man das Zeichen zerstört, zerstört man auch den Gegenstand des Zeichens, denn mit dem gleichen Recht wie das Ordenskreuz wäre dann auch die Vokabel, ja sogar der Begriff der Größe sinnlos. Wo soll man Größe suchen, wenn von ihr keine Begriffe vorhanden sind? Der wahrhaft Tugendhafte ist immerhin ein Mann, der sich tugendhaft nennen kann. Wo wäre sonst die Tugend?

Und ich kann überdies aus diesen Bemerkungen ein schönes Beispiel für die begriffsmäßige Struktur einer Gesellschaftsordnung herleiten, denn ich habe die Möglichkeit zu behaupten: »Das Zeichen der Anerkennung ist eine Schande für den Menschen« oder »ehrt den Menschen«. Und beide Feststellungen sind wahr entsprechend den Systemen, die sie umhüllen und einen bestimmten Menschentyp heranbilden. Außerhalb einer allgemeinen Kulturphilosophie sind diese Behauptungen jedoch zusammenhanglos.

Die Mutter Gottes, die in den Straßen Sevillas umhergetragen wird. Stalin, der in den Straßen Moskaus umhergetragen wird:

Ein ästhetischer Unterschied, sagt Lévy... Weit mehr...

Die Größe, die Wirksamkeit der Religionen besteht darin, daß sie ihr revolutionäres Problem aufgeworfen haben, nachdem sie das erstrebenswerte geistige Menschenbild begründet hatten. Möge dieser Mensch, nachdem er nun einmal erschaffen wurde, sein Universum betreuen.
Die marxistischen Revolutionen betreuen das Universum, ohne auf den Menschen, den diese Betreuung hervorbringt, Rücksicht zu nehmen (Göttlichkeit des Ziels).
Ich für mein Teil finde das durchaus nicht grandios: die Milchstraße, das große galaktische Schweigen soll nur dazu da sein, um nach Millionen von Jahren in der »geschichtlichen Sendung des Proletariats einzumünden...« Es handelt sich dabei gewiß um eine andere Ebene.
Was bedeutet: »Geschichtliche Sendung des Proletariats«? Ich billige diesen Finalismus nicht.

Man greift die Prinzipien im Namen des Menschen an, aber der Mensch ist so, wie er ist, infolge der Prinzipien, die ihn geformt haben. Daher ist denn auch jede Befreiung destruktiv.

Sie wollten das Christentum im Namen des Menschen zerstören, den es hervorbrachte (vatermörderischer Kampf des Anarchisten), und wollten den Menschen, den es hervorbrachte, retten, aber eben diesen Menschen haben sie als erstes zerstört.

Er steht links, weil er die Massen *liebt*. Der andere, weil er sie nicht liebt. Er steht links, weil der ehrbare und verdienstliche Arbeiter ein Recht darauf hat, auf die Erde zu spucken – oder weil er ein Recht auf ein Taschentuch hat.
Ich stehe links, weil ich die Massen nicht liebe. Stände ich links und liebte sie (das heißt: zöge ich sie in diesem Falle vor, da es sich ja darum handelt, ihnen zum Nachteil der Privilegierten zu dienen), so würde ich Bedenken tragen, Lebensbedingungen zu bekämpfen, die sie auf diese

Weise edler machten (Elend, Opfer, Ungerechtigkeit), da ich es kategorisch ablehne, an einen Menschen zu denken, den ich nicht kenne (Sattheit, egoistischer Wohlstand, bürgerliche Verdauung); ich kann nur an die Steigerung des Menschen denken, den ich kenne oder herbeiwünsche. (Das Glück ergibt sich im übrigen nicht aus den konsumierten Gegenständen, und der ist töricht, der die Freundschaft gegen die unfruchtbare Beziehung zum Objekt eintauscht.) Falls euer Keller oder euer Speicher, o Anarchisten, solch eine menschliche Flora hervorbringt und solch eine Glut des Verstandes und des Herzens begünstigt, so laßt uns den Keller oder den Speicher retten, genau so, wie man die Mönchszelle rettet; zum Schaden der schönen, lichten Gebäude, des bequemen Lebens und der Gerechtigkeit.
Doch es gibt andere Ebenen als die der geistigen Kultur, und ich habe ein Recht zu der Annahme, daß ein gewisser Lebensstandard dem intellektuellen Leben zugute kommt (Descartes: »Der glückliche Umstand war mir von Nutzen, daß ich keinerlei finanzielle Sorgen hatte...«).

Marx wußte weniger über den Menschen Bescheid als Pascal. Die Menschen von links, die Menschen von rechts. Pascal wußte nicht so gut Bescheid über die Entwicklung des Ameisenhaufens, aber der Ameisenhaufen hat nichts mit dem Menschen zu tun.

Der Mensch Pascals (rechts); der Mensch Descartes' (links). Die wahrhafte Geschichte des ersteren bleibt noch zu schreiben. Die Geschichte der Begriffe.

Ihr, die ihr ferner denn je von euren Reisen zurückkehrt, große Antikonformisten: Descartes...

Der Irrtum besteht darin, daß man die geistige Qualität des Menschen mit dem Ertrag verwechselt, den eine tüchtige Erziehung immerhin teilweise aus ihm herausgeholt hat.

Und so verteidigt er gewisse Werte, die er für schön hält, ohne sich darüber klar zu werden, daß er durch diese Verteidigung ihrer Grundlagen zugleich auch ihre Schattenseiten verteidigt. Und überdies eine soziale Struktur, die die Ausdehnung solcher Werte auf eine größere Zahl verhindert. Auch er betrachtet den Menschen, *so wie er ist*. Und unter diesem Aspekt ist es sinnlos, jemals irgendeinen Wandel anzuregen; denn ein Mensch, der *durch* etwas geformt wurde, ist offensichtlich auch *dafür* geformt. Ist er durch zwölf Arbeitsstunden erzogen, so ist er es auch für zwölf Arbeitsstunden, und seine Muße besteht dann nur aus Faulheit und Geistesabwesenheit. Er ist auf diese Weise weniger groß in seinem niedrigen Zeitvertreib als in seiner Arbeit. Gewiß, aber es kommt ja gerade darauf an, den Menschen zu wandeln, und die einzige Methode besteht darin, ihm zunächst seine Mußestunden zu sichern. Im vorliegenden Fall wird D. unschwer herausfinden, daß der Handarbeiter an menschlicher Qualität den Leuten von Welt unterlegen ist, und so wird er ihn diesen zum Opfer bringen, wobei er vergißt, daß die Revolution darin bestand, ihnen eine gleichwertige oder doch möglichst hochstehende Qualität zu schaffen, und ihnen zu diesem Zweck die Bedingungen für eine optimale Entwicklung zu gewährleisten. Was sind das für Bedingungen?

Falls die kapitalistische Struktur den Menschen zugute kommt (wobei jeder Vertreter des Kapitals die Rolle des Staates spielt), scheint es mir keineswegs ein Nachteil zu sein, wenn das Kapital sichtbar herrscht und unterweist. Das ist nur dann anstößig, wenn das Interesse des Menschen dem seinen entgegensteht. Dann sind mir die Presse und die Käuflichkeit des Parlaments ein Ärgernis. Doch das sind sekundäre Elemente.

Deckt sich das Interesse des Kapitals nicht mehr mit den Interessen der Nation, das heißt der Menschen, so möge es einer anderen Struktur Platz machen.

Ärgerlich ist, daß sich die Verteidigung eines bestimmten Gesichtes des Landes (einer gewissen Struktur oder eines Inbegriffs von Tätigkeiten – das Wort dafür gilt es noch zu finden), worin sich das Vermächtnis der Kulturen verkörpert (was erwünscht sein kann), anscheinend mit der Verteidigung der Privilegien deckt, von denen nur Erträge dieser Tätigkeiten (im übrigen nicht sie allein) einen Gewinn haben; aber die Kultur beruht in der Erschaffung des Ziels, nicht in ihrer Bestimmung (Ursache).

Die kommunistische Partei hat vielleicht mehr als die sozialistische eine Vorstellung von Größe; deshalb neigen ihr Menschen zu, die Glauben nötig haben.

Da ja in Rußland nichts den Zugang zur Kultur und zur Macht hemmt, ist dort das *Volk* oder die *Masse* gekennzeichnet als die am wenigsten entwickelte, am wenigsten kultivierte, am wenigsten verfeinerte Menschenkategorie – und vor allem als die am wenigsten geeignete, dies alles zu werden, da sich die Selektion ausgewirkt hat.
Was bedeutet dann also Wille des Volkes, Wille und Macht der Masse, wenn nicht den unannehmbaren Vorrang der Materie über den Geist?
Nur... in diesem Falle ist Volk vielleicht gekennzeichnet als das Beste vom Besten.

Das Volk, ja vielleicht... Aber die Masse! Ich werde niemals jenes Marktweib aus Le Bourget vergessen.

Intransigeant 3-3-4 (II-5): »Bis zum Äußersten den Volkswillen erfüllen«... Hier steckt der schändliche Fehler. Er ist nahezu kränkend für das Volk. Es verlangt nicht danach, daß man seinen Willen tut, sondern möchte erzogen, verstanden werden.
Nicht die Knaben aus den Laboratorien sind es, die der Forschung die Wege weisen.

Offensichtlich gehören die Elitemenschen zur Masse, so wie sie zur Gesamtheit gehören. Und ihre Interessen sind Interessen der Masse insoweit, als Masse mit Menschen gleichbedeutend ist. Aber erhalten sie lieber ihre Weisungen von ihren Untergebenen oder ihren Vorgesetzten? Möchten sie durch die Intelligenz oder durch die Zahl geleitet werden? Das ist das einzige Problem.

»Der gute Tyrann« ist lediglich ein Mythos, denn nichts läßt uns einen Auslesemodus voraussehen, der ihn zwangsläufig gut erschafft. Und er ist der einzige, der uns befriedigt, denn nur die oberen Elemente einer Gesellschaftsgruppe können das Glück der anderen, eine gewisse Gerechtigkeit voraussehen und vorbereiten...
Insoweit ein »guter Tyrann« existiert, bringen die Handarbeiter und Stallknechte der UdSSR die Gelehrten nicht um.
Denn sie sind alle gewillt zu morden. Denn einer, der nichts oder nur wenig besitzt, ist völlig bereit zum Plündern. Wenn man ihm sagt: »Es ist deine Dummheit, die dir deinen Rang anweist«, so ist das ein Grund mehr für ihn, jene Intelligenz zu hassen, die ihm nicht als Erbteil zufällt. In wessen Namen sollte er bewundern?
Er bewundert unter dem Joch des guten Tyrannen.

Problem der Achtung. Der Mensch, der nicht *geachtet* ist, bringt um. Das ist spezifisch menschlich.

Der Empfang, den die Volksmassen Gide bereiteten, hat seine schönen, aber auch seine unerfreulichen Seiten. Dieses Bedürfnis, das den ungebildeten Menschen eigen ist, zu kompromittieren, zu gebrauchen und bis zum Äußersten auszuschlachten.

Wenn es eine Wahl gibt zwischen der Herrschaft eines einzelnen und der Herrschaft der Masse... so bin ich der Meinung – und die kleine Provinzstadt lehrt es mich –, daß die

Herrschaft der Masse die bedrückendste und ungerechteste ist, die es geben kann.

Wenn das Individuum nicht die Masse tyrannisieren darf, so darf die Masse ihrerseits nicht das Individuum erdrücken.

Alles wird auf der Ebene einer sich in sentimentalen Verteidigungsreden ergehenden Wahlpropaganda diskutiert: »Das Volk verdient Bewunderung...« Und ich weiß nicht, was das besagen soll, außer daß die Leidenden und Mitempfindenden im allgemeinen von Grund auf menschlicher sind als die glücklichen Egoisten. Da nun aber meine Revolution vor allem das Ziel verfolgt, das Volk glücklich zu machen..., kann ich trotzdem nicht eine Gesellschaftsordnung herbeiwünschen, in der das Niedrigste herrscht, das heißt: der Pöbel und die armen Teufel mit Vorrang vor den Aristokraten, den Gelehrten und dem Volk, insoweit ich es zum Rang des Menschen emporgehoben habe.

Denn ich weiß genau, was er sucht, Malraux; er sucht das Pathetische. Und er vergißt die vergeblichen Bemühungen seiner Jugend und beachtet statt dessen nur die Empfindungen der Größe, jenes Klima, in dem er allein atmen zu können meint, den Kampf gegen die Hochstapelei. Den Kampf gegen den bürgerlichen Egoismus. Den Kampf gegen den Schlendrian. Großherzige Empörung gegen das Elend. Alles, was ihm das Katakombenchristentum *en bloc* mitgeteilt hat und was sich schlecht präzisieren läßt, da es Gott als sein Fundament verloren hat. Denn zweifellos war es einfacher, diesen Widerspruch mit Hilfe der Kirche oder der biblischen Propheten zu retten als mit Hilfe einer anarchistischen Bewegung, die ihre Gesellschaftsordnung begründet und dabei Wirkungen vorbereitet, die mit ihren eigenen Zielsetzungen im Widerspruch stehen.

Alles deutet darauf hin, daß die Anarchie nur einen Übergangszustand darstellt. Jener Haß W's gegen den Sohn S's.

Wird aber nicht W. als der wünschenswerte Mensch erscheinen, sobald er seine Probleme gelöst und Gerechtigkeit erlangt hat? Nein, was er liebt, ist die Betätigung seines Mitleids, seines Kampfes gegen die Ungerechtigkeit, seiner Liebe gegenüber dem Schwächsten. Er braucht eine Welt voller Grausamkeit, Ungerechtigkeit und Ausbeutung der Schwachen.

Lassen sich die Ideen lediglich unter dem Gesichtspunkt der von ihnen hervorgerufenen Massaker diskutieren? Ich bin weit fortgeschritten, wenn man von beiden Seiten darauf achtgibt!

Spanien. Dieses Kind spielt. Von welchem Augenblick an hat es Auffassungen, die dem Tode ebenbürtig sind?
Der Zweck rechtfertigt die Mittel. Gewiß, aber nur, sofern die Mittel nicht dem Ziel widersprechen. Eine Revolution von links, damit der Mensch geehrt werde (oder was schön im Menschen ist) – schön und gut; doch nicht mittels Verleumdung, kompromittierender Handlungen und Erpressung; denn darin äußert sich ein Mangel an Ehrfurcht vor dem Menschen oder vor dem, was schön ist im Menschen.

Überlegungen über die Gleichheit. Sie beruht keineswegs auf der natürlichen Ordnung. Das stärkste und klügste Tier herrscht. Ebenso der stärkste und klügste Mensch. Die aus dem Christentum hervorgegangene Gleichheit (jeder Mensch ein Ebenbild Gottes), sodann später die Gleichheit der Philosophen ist durchaus nicht eine *wiederentdeckte* Wahrheit, sondern eine Vorstellung. Sie ist nicht in einer früheren Kultur enthalten, sondern der Ausgangspunkt der nächsten, die Aussaat des Menschen durch eine Art geistigen *Geschenks*. (Sie ist höchstens in einer Hinsicht zutreffend: die Zahl ist stärker als der einzelne. Das ist eine physische Tatsache, aber in Anbetracht solch einer Vergöttlichung der blinden Ge-

walt ist diese Vorstellung in keiner Weise ein geistiger Gewinn; sie ist es im Gegenteil insoweit, als sie die blinde Gewalt zügelt: es gilt, den Schwachen gegen den Starken zu verteidigen. Sie ist es also insoweit, als sie weder wahr noch falsch, weder wahrer noch falscher als die Rechtfertigung der Sklaverei ist.) Und was kann infolgedessen eine nützliche Gleichheitsvorstellung zum Inhalt haben?
Von vornherein ist festzustellen: falls sie wirksam wird, um die Macht des einzelnen über die Massen (das Gros der industriellen Gesellschaft) zu zügeln, muß sie auch sofort nach der Befreiung dieser Massen deren blinde Macht über den einzelnen im Zaum halten. Wenn die Massen einen Berthelot guillotinieren, gibt es keine Gleichheit mehr.

Die Überlegung des Anarchisten Garcia Olivera ist unstatthaft: »Es gibt keinerlei Grund«, sagte er, »weshalb ein großer Maler besser leben sollte als ein Werftarbeiter, denn wenn er besser malt, so erklärt sich das dadurch, daß er ein besseres Auge mitbekommen hat. Darin liegt kein Verdienst...«
Wie kann man an Verdienst denken, ohne an Religion zu denken? Der Maler malt besser, das ist Tatsache. In der Gesellschaft der Tiere ist der Löwe stärker und herrscht. Auch das ist eine Tatsache. In unsere Gesellschaft spielen noch andere Kriterien hinein als Kraft oder Gewandtheit, denn wir leben in einem geistigen Reich, und auch der Dichter stellt ein Kapital dar. Doch weshalb soll der Dichter der Masse dienen? Und weshalb soll die Masse dem Dichter dienen? Weil es darauf ankommt, die Macht des Dichters zu zügeln, damit die menschliche Gesellschaft ausgeglichen sei und andere Dichter entstehen können. Nicht aber, weil ein Dichter keinerlei Verdienst hätte.
Es ist möglich, daß dieser Gesichtspunkt ein faschistischer ist. Aber der Faschismus gründete seine Kultur auf eine geschlossene Wirtschaft. Er verstand es nicht, seine Synthese zuwege zu bringen. Er verteidigte den Unsinn Fords, um das Prestige und die Rechte des einzelnen zu schützen.
Die menschliche Würde... Sie verwechseln sie mit jenem

unübersteigbaren Graben zwischen dem Knecht und dem Lehnsherrn... Dienen wird nicht unwürdiger, wenn es abstrakt vor sich geht... – nein, aber es wird unmenschlich.

Die Rücksichtnahme auf die einen ist der Tod der anderen, in ihrem Expansionsvermögen. (Das Unkraut bringt nicht Bastardpflanzen hervor; es ersetzt. Im übrigen bewirkt die Bastardisierung die Entartung der edlen Pflanzen.)

In jedem Fall geht einer zu Grunde. Das italienische Volk oder das abessinische; welches von beiden gilt es zu retten auf unserm Planeten?

Das Problem heißt nicht: »Soll man kolonisieren oder nicht?«, sondern: »Angesichts des Umstandes, daß man kolonisiert (Expansion der Weißen... geistige Mission...), soll man...«
Und hier spielt der Begriff des Profits hinein. Denn der Profit steht mit dieser geistigen Sendung im Widerspruch...

Hier findet die Arithmetik keine Anwendung. Wenn hunderttausend leiden, ist das nicht *entsetzlicher* als das Leiden eines einzigen. Die Ehre läßt sich nicht mit der Anzahl multiplizieren. Und wir wissen es wohl, die wir mehr Mitgefühl mit einem weinenden Kind haben als mit hunderttausend ertrunkenen Chinesen.

Jede Gerechtigkeit ist willkürlich: die Gerechtigkeit, die auf Gleichheit beruht – aber sie schmeichelt den Larven.
Es geht nicht darum, gerecht zu sein, sondern den Menschen zu erschaffen.
Die Ungerechtigkeit beruht nicht auf den *Sachlagen*.

Die Ungerechtigkeit ist der Sklavenwächter, der seinen vielleicht zehnmal edleren Gefangenen *mißachtet*. Sie ist die geschmähte Marie-Antoinette.

Und man weiß das genau, wenn man ärgern, also ungerecht sein will. Man wird dann gerade den Punkt anschwärzen, der das Edle des Gegners ausmacht.
Ich kann mit dem Gesichtspunkt Garcia Oliveras überhaupt nichts anfangen. »Ist es gerecht, daß einer, der besser zu sehen vermag, besser lebt als der Metallarbeiter?« Ich weiß es nicht, wie man Gerechtigkeit definieren soll. Die einzige Frage ist die folgende: »Welche Struktur wird am besten der Schöpfung und dem geistigen Leben gerecht werden?« Ich werde somit die Rollen umkehren, ich werde als Gerechtigkeit bezeichnen...
Die gleiche Feststellung gilt für die Ehre, die sich auf Gerechtigkeit oder die Treue zu einem Wort gründet. Die Unehre besteht stets darin, daß man variiert. Sie heißt leben. Die Ehre taugt für die Toten; heutzutage sind sie alle, die Reinen, darum bemüht, gemäß ihrer Ehre zu leben, und so hassen sie sich, aber das liegt daran, daß sich die Ehre nicht mehr ausdrücken läßt.

Sie ermüden mich mit all ihren Erschießungsplänen. Es ist unnötig, zu erschießen, denn die Religionen sollen bekehren. Womit soll ich das Christentum aufbauen, wenn ich die Ungläubigen erschieße? Und: was ein Mensch *wert ist*, hängt so sehr von dem ab, *was er wird*. Ich kenne das nicht, was ist.

Als ich diesen Artikel Brasillachs las[9], in dem er mir nachdrücklich die schwache Dosis an Begeisterung oder Pathos zum Vorwurf machte, die meine Radioansprache so wenig beschwerte, da begriff ich, daß die Niederlage nahe bevorstand. Denn weder diese Begeisterung noch dieses Pathos wären ihm – und ebenso mir – lächerlich erschienen, wenn sie von einem Nazi stammten. Doch bei uns fehlt es an einem tieferen Rückhalt. Und wie hätte ich mit dem Ruf »Es lebe Frankreich« auf den Lippen sterben können? Ich hätte arrogant und unzeitgemäß gewirkt. Doch der andere kann mit dem Ruf »Heil Hitler« fallen.

Vollkommene Beispiele für unzusammenhängende und unbeweisbare Vorstellungen, obwohl sie *a priori* gegebene Gesichtspunkte oder Denkoperationen darstellen. B. über M.: »Wenn man Offizier ist, führt man Befehle aus und schweigt.« Und er entrüstet sich über C.: »Wenn man sein Wort gegeben hat, die Ehre zu retten, versenkt man die Flotte!« Und so ist er entrüstet.
Die Naivität hierbei besteht nicht darin, daß er den anderen auf Grund seiner eigenen Gerechtigkeitsvorstellung verurteilt. Wohl aber, daß er sich entrüstet. Es ist das ein kindisches Spiel. Ich liebe diese kläffenden Stimmen nicht. Sei der Stärkere, und du wirst recht haben. Das ist alles.
Wenn sie alle beide den Mund voll nehmen, so erklärt sich das aus dem Grunde, den ich im Falle Brasillach erwähnte: hinter ihrem Pathos steht keine Bürgschaft. Eine hinreichend gerechte Bürgschaft würde einander widersprechende Bestrebungen miteinander versöhnen, denn jeder von ihnen ist hier gewillt, einen Teil der Ehre zu opfern. Jeder ist bereit, die Augen zu schließen, und sagt: »Davon will ich nichts wissen!«, und diese Weigerung, die bei M. offensichtlich ist, trifft auch auf C. zu. So will der Katholik nichts von einer Kritik der Evangelien wissen. Durch solche Verblendung entsteht das abscheuliche Duell zwischen zwei Gegnern, die Blindekuh spielen.
Und zu welchem Zweck, bitte?

Die Gerechtigkeit ist ein Inbegriff von Regeln, die einen Menschentyp innerhalb einer Kultur fortbestehen lassen.

Was ich bei der *Ungerechtigkeit* nicht ertragen kann, ist nicht die Unterwerfung unter diesen oder jenen Ritus. Es gibt stets einen Ritus, im Hinblick auf den eine Handlung ungerecht ist. Bei der Ungerechtigkeit erregt mich vielmehr das Trauerspiel der Sprache. Das Trauerspiel der menschlichen Beziehungen.
Es äußert sich darin, daß einer, weil er den Fuß seines Nachbarn zerquetscht hat, nur auf Grund dieser Tat beurteilt

wird, obwohl er vielleicht aus Zartgefühl, aus Schüchternheit zusammengesetzt ist. ... Daß ein anderer einmal aus innerer Vornehmheit »Es lebe die Republik« geschrieben hat (aus Vornehmheit hätte er auch das Gegenteil schreiben können), und so bedeutet er für seine Gegner nur noch dieses einzige Wort. Die Ungerechtigkeit besteht auch in der »entfesselten Zeitungsente«, welche die Werte zerstört, indem sie den Menschen auf Algebrawerte reduziert. Sie ist das Programm. Sie ist recht häufig das Ehedrama.
Einen Menschen in Knechtschaft belassen (der feudale Herrensitz, wo man sich – sei es auch nur aus großer Distanz – zu der kleinen Tragödie des alten Dieners hinabneigt; wo man ihn *versteht)*, ist hundertmal weniger ungerecht als jene menschlichen Einteilungen in Rechtgläubige und Ketzer.

Gebt uns die Universalität des Menschen zurück!

Ich liebe jenen Artikel V's nicht, der die theologischen Untersuchungen ins Lächerliche zieht – genauso wenig wie die Betrachtungen Sertillanges' über die Torheit der Ungläubigen. Man könnte sagen, daß diese Polemik schon ihrem Begriff nach unfruchtbar ist. Ich soll mich auf Grund eines unbedingten Gesetzes im Zaume halten: stets die höchste Ebene des gegnerischen Gedankens ausdrücken; dabei muß ich berücksichtigen, daß dieser Gedanke, wenn er nicht nur ausgedrückt (jeder Narr kann sich ausdrücken), sondern begriffen wurde, in mehr oder weniger unvollkommener Weise das Abbild von etwas Universalem enthält. Von etwas Einfachem. Somit Wahrem.

Überlegungen über den Rundfunk. Wenn der Rundfunk politische Nachrichten mitteilt, haben diese nur einen Sinn, wenn man den Knopf dreht, um den Inhalt jener gegnerischen Superstrukturen, die Schätze jener Krieger zu ergründen, von denen uns die Nachrichten das Schema der Kämpfe präsentieren.

Schöpfung des Menschen oder Achtung vor dem Individuum? Doch der einzelne ist durchaus nicht begründet worden.

Es gibt zweierlei Moral: die Moral der Freundschaften und die des Gedankens – und die beiden lassen sich nicht miteinander vereinbaren. (Im Grunde: die Moral des Individuums und die des Menschen.)

Breton verwechselt das *Geheimnis* mit den offenbaren Bilderrätseln.

Wenn ich ein Geheimnis besitze, verberge ich es. Wenn ich in Erstaunen setzen möchte, wenn ich eitel bin, wenn ich mich, da es mir an innerem Leben, an Stolz gebricht, nach der Wirkung einschätze, die ich hervorrufe, dann erfinde ich ein mühsames kleines Bilderrätsel und zeige es.

Nichts ist geheimnisvoller im Menschen als die *Selbstzufriedenheit.* Dieses Interesse für seine Rolle, seine Bedeutung, seine Heldentaten. Wer ist der Narr, dem diese Huldigungen dargebracht werden, und weshalb fesseln die inneren Phänomene seine Aufmerksamkeit, während ihn doch allein die äußeren Erscheinungen nähren sollten?

Die Mystik, gewiß, aber Dilemma: wollt ihr sterben, um zu sterben, oder um der Menschen willen? Ihr wollt nicht leben, ohne daß euer Leben einen Sinn hätte, das versteht sich, aber genügt euch der Sinn des Bridge? Selbst eine nationale Mystik gibt es nicht bei euch, denn ihr bringt die Nation in Gefahr. Ihr verteidigt, eben auf Grund eures Spiels, was sich ihr am stärksten entgegenstellen wird (Hitler, Mussolini).

Hütet euch vor jenem unbewußten Wunsch, Parteien am Leben zu erhalten... denn sie sind Verfallserscheinungen. Unter solchen Vorzeichen verteidigt der französische Patriot jenen Hitler, an dem er sterben wird.

Das Imperium Italien. Ich wäre einverstanden mit diesem Spiel, das vielleicht den Menschen steigert, wenn es sich nicht mit Hyperit vollzöge.

Wie sollte es ohne religiöse Aussaat menschliche Beziehungen geben, die nicht aus Gewalt und Erpressung bestünden? Selbst den Völkerbund, einen Ableger des Christentums in säkularisierter Gestalt?

Man nährt das, womit man sich beschäftigt. Es gibt kein indirektes Vorgehen. Der Unterschied zwischen dem Zweck und dem Mittel ist eine pädagogische Unterscheidung, die erst nachträglich Geltung hat. Wenn ich in der Geschichte einen Zeitabschnitt herausgreife, nenne ich mittelalterlich, was dem Endzustand vorausgegangen ist. Doch hätte ich auf andere Weise die Geschichte einteilen und mein Ziel durchdenken können.
Wir glauben, daß die Welt vor allem *gedacht* werden muß.

Ich kann sagen, daß mir der italienische Katholik, der über die Charakterbildung, die Rolle, den Sinn des Menschen ebenso denkt wie ich, näher steht als einer, dessen Verwandtschaft nur durch den Klang der Sprache (sogar durch deren Sinn unterscheidet er sich) und die Bodeneinteilung ihren Ausdruck findet. Vaterland ist das geistige Erbe.

Heuchelei ist mitunter nur ein Schamgefühl, das sich nicht einmal zu definieren weiß.

Ich finde es ganz natürlich, daß man aus Patriotismus gewisse Kulturwerte verteidigt. Und es ist durchaus folgerichtig, daß man sich dem Ausland anschließt, um sie zu retten, falls sie durch die innere Entwicklung mehr bedroht werden als durch das Ausland. Ein Patriotismus, der sich auf einen gemeinsamen und übrigens schwer zu umschreibenden Egoismus gründet, ist unsinnig.

Wenn der Kommunist X. vom Kapital bezahlt wird, profitiert er von der kapitalistischen Gesellschaftsordnung und verrät sie. Wird er von den Sowjets bezahlt, ist er *gekauft.* So urteilen die Konformisten. Folgt daraus, daß er kein Lebensrecht hat?

Die Patente bringen weniger ein als die wirtschaftliche Nutzung der Patente; bedeutet das vielleicht – statt einer Ausbeutung der Intelligenz durch die Kaufleute –, daß die Verwaltung der Erfindung den Rang abläuft und daß das Talent des Verwalters das seltenste Talent ist?

Der Mensch ist um so größer, je mehr er selbst ist. Es trifft durchaus zu, daß der Holzhacker, wenn er sich in seinem Beruf begeistert und die Lieder der Baumfäller singt, größer ist als der Holzhacker, der lustlos [.....] und das Belotespiel zu seinem Zeitvertreib und zum Sinn seines Lebens erwählt. Indessen ziehe ich den französischen Biologen dem amerikanischen Businessman vor. Ohne daß ich von vornherein definierte, weshalb er meiner Meinung nach auf der menschlichen Stufenleiter höher steht. Doch die Berufsleidenschaft spielt dabei keine Rolle. Denn der Businessman kann durch die Strategie seiner Bilanzen völlig in Anspruch genommen und begeistert sein – genauso wie ein Schachspieler. Eines kann ich bei genauer Betrachtung nicht übersehen: daß nämlich beim Biologen ein weit umfassenderer Stoff beseelt ist, und ich werde es ihm nicht zum Vorwurf machen – ganz im Gegenteil –, daß er Mozart hört. Alles gehört zusammen, alle Beziehungen dienen der Erkenntnis (das Landleben hat vielleicht Newton geholfen), und Mozart kann der Biologie beistehen. Man soll soweit wie möglich man selber sein, aber das Selbst ist *a priori* nicht begrenzt. Wenn der Astronom zum Holzfäller wird, verstehe ich, daß er sich am Anblick der Sterne begeistert, und ich mache keinerlei Unterschied zwischen diesen beiden menschlichen Zuständen (dem des Holzfällers und dem des Astronomen). Der Holzfäller

kommt mir ganz einfach umfassender vor. Menschlicher. Auch wenn er zu beten oder zu lieben oder Wein zu kosten versteht, was auf das Holzfällen keinerlei Wirkung ausübt. Er stellt dann einen reicheren Menschen in den Dienst des Holzfällens, wenn er sich an die Arbeit macht. Er ist zum Herrn geworden.
Faschistischer Gesichtspunkt: weshalb lehrt ihr den Holzfäller keine Astronomie? In Wahrheit braucht er sie nicht, aber ein anderer Mensch wird dadurch entstehen.

Die Frage des Nationalismus in der Welt läßt sich auf zwei Ebenen kennzeichnen.
Zunächst einmal ist das Wirtschaftssystem, wie es von diesen Menschen gesehen wird, so beschaffen, daß jedes Gebiet definitionsgemäß mehr Arbeitsstunden exportieren muß als es importiert, was augenscheinlich unmöglich ist. Aus dieser elementaren Antinomie ergeben sich die verschiedenen Widersprüche und Risse des Systems. Das Streben nach unmöglichen Zollregelungen erbittert die nationalen Gefühle. Doch mit diesem Vorbehalt bleibt bestehen, daß sich in der Welt zwei verschiedene Begriffe von Nation gegenüberstehen.
Die Nationen wie Frankreich, England und die Vereinigten Staaten, bei denen ein Territorium ein bereits vollendetes Herrschaftsgebiet darstellt und, ebenso wie die Bevölkerung, die es ernährt, den natürlichen Schätzen angepaßt sein muß. Diese Bevölkerung muß nicht zur Oberfläche, aber zu den landwirtschaftlichen, ja sogar zu den industriellen Möglichkeiten in angemessenem Verhältnis stehen, so daß sie ihre Produkte austauschen kann. Ein Land ist insoweit reich, als es seiner Bevölkerung viel zu bieten hat – arm, insoweit es nur wenig bietet. Der Begriff einer an sich reichen oder armen Nation ist sinnlos. Sie ist arm oder schwach – das ja.
Die Nationen mit Sendungsbewußtsein, die noch nicht den *englischen* Gebietsbegriff akzeptiert haben, wie etwa Italien, Deutschland oder Japan; sie sind arm, weil die Bevölkerung, die sie belastet, größer ist als das landwirtschaftliche Poten-

tial zuzüglich des landwirtschaftlichen Austausches. Sie sind jedoch keineswegs bestrebt, diesen Überschuß an Menschen zu reduzieren, und predigen Kinder. Denn um ein Reich zu gründen, um eine Kultur auszubreiten, um dafür Krieg zu führen, braucht man Kinder. Das hat keine religiösen Gründe, denn England ist religiöser als Deutschland. Es erklärt sich aus einem Sendungsbewußtsein: »Alldeutscher Gedanke; der Osten gehört der gelben Rasse; das Römische Imperium.« Derartige Nationen, die Kinder hervorgebracht haben, um damit Gebiete zu bevölkern, brauchen offensichtlich in der Folge neue Gebiete. Doch die territoriale Einheit ist damit durchaus nicht erreicht. Denn auf den Territorien A + a werden die Menschen von dem gleichen Sendungsbewußtsein erfüllt sein. Und so werden sie alsbald A + a + b brauchen, letztlich also den ganzen Erdball. Abermals haben sie durchaus nicht unrecht, in dem Sinne, in dem man einen Irrtum begeht. Sie können sich darauf berufen, sie befolgten die Gesetze des Lebens und unterwürfen die Welt einer Selektion. Sie können geltend machen, nur die Idee der Größe erweitere den Horizont des Menschen – und dieses Streben führe zum Universalen. Sie können mit Fug und Recht behaupten, der Mensch, der auf sich selber beschränkt sei, der sich mit seinem Trog und seinem kleinen Ersatz begnüge – der seinen Anteil an Ideen hinnehme, ohne ihretwegen nach dem Universalen zu streben –, solch ein Mensch sei saturiert, sei gestorben.

Wenn ein Feuerkreuzler[10] Hitler oder Mussolini verteidigt, hat gewiß der Eigennutz an seiner Haltung Anteil: es sind das gute Vorbilder, die der Verteidigung seiner Interessen zugute kommen. Doch wir haben gesehen, daß das Interesse nur recht wenig verteidigt. Und was den uneigennützigen Teil seiner Verteidigung angeht, so scheint sich zunächst bei diesen Nationalisten ein innerer Widerspruch zu ergeben. In der Tat: wenn er vor allem die Größe seiner Nation ersehnt, muß er danach trachten, jenem Ausdehnungsdrang entgegenzuwirken, der bei unseren Nachbarn immer mehr anschwellen wird. Das siegreiche Italien ist weit eher in der

Lage als das besiegte, Tunis zu attackieren. Und der Gewinn Abessiniens – mag es selbst ein fruchtbares Gebiet sein – wird sein Bestreben, Menschen heranzubilden, die das Römische Reich retten oder gründen sollen, durchaus nicht herabmindern. Und so werden uns zwei Erbfeinde gegenüberstehen.

Doch im Grunde ist der Nationalist nicht bloß ein Mensch, der für sein Vaterland eine gewisse Liebe empfindet. Er ist vor allem einer, der ein gewisses Spiel spielt. Er versucht, anders gesagt, einen gewissen Menschentyp in sich zu retten: den Menschen, der nach dem Universalen trachtet. Der den Kampf erstrebt um des Lebens und der Auslese willen. Der Hingabe (eine gewisse Form der Hingabe) und Opfer ersehnt. Der das Imperium als Symbol seiner eigenen Größe ansieht und sich selber in diesem Imperium mitempfindet. Kurzum: es geht ihm um eine gewisse Würde. Und um ein Spiel spielen zu können, muß man zu zweit sein. Wenn der Nachbar an dieses Spiel glaubt, ist der Mensch gerettet.

Gewiß, aber ein gewisser Menschentyp. Und auch in diesem Falle ist ein Begriff überholt, mag er auch noch so edel sein, denn die Größe des Menschen beruht auch auf den Künsten, den Wissenschaften, den Bibliotheken. So gefährdet ihn dieses Sendungsbewußtsein, denn eben der Weg, den diese Sendung nimmt, ist zerstörerisch. Durch einen heutigen Krieg zahle ich einen zu hohen Preis für mein Spiel und morde im voraus den Menschen, den ich zu erschaffen vorgebe. Die Antinomie tritt hier offen zutage, denn das soziale Gefüge hat sich entwickelt und neue Elemente in sich aufgenommen. Ebenso steht es mit dem Universum des Physikers, wenn er seine Maße vervollkommnet. Er ist im Besitz von Gegebenheiten, die sich zu widersprechen beginnen.

Auch in diesem Falle könnte ich lediglich eine Wahl treffen. Nichts beweist mir, ob ich recht habe oder unrecht.

Einzige menschliche Aufgabe: *wiederversöhnen* – doch das kann man nur mit Hilfe eines neuen Begriffssystems.

Spanien. – Man möchte ihnen allen ihre Wunden verbinden und sie unter dem gleichen Hirtenmantel vereinen.
Alle diese Ratten, die man aus ihren Löchern herausjagt – trösten.

Dem liegt eine erstaunliche Verständnislosigkeit zugrunde, eine abgründige Unkenntnis der *Tatsachen*. Kein Faschist hat »Unter der Rute der Nazis« gelesen, kein Anhänger der Volksfront hat die Artikel des »Nouvelliste« über die spanischen Wirren gelesen, die im übrigen ganz ungeheuerlich waren.

Die unglaubliche Art, in der die einen die anderen verkennen.

Feuerkreuzler, Volksfront. Im Grunde schlagen sie sich um nichts, außer um *Verhaltensweisen*, die im übrigen verworren sind.

Wenn ich ihnen sage: ›Es ist von euch schändlich, das Andenken an Mermoz[11] zu beflecken, nur aus dem Grunde, weil er eine politische Meinung vertrat‹, und wenn ihr verlangt, ich solle mich näher erklären, so weiß ich keine Antwort. Das Rationale hat hiermit nichts zu tun.

Ich weigere mich, darüber Überlegungen anzustellen. Ich habe eine Wahl getroffen. Ich sage: »Ein Mensch verdient Achtung, einerlei welche Ideen er vertritt.« So sieht meine Kultur aus. Ich gehe von diesem Axiom aus und münde nicht darin ein. Ich suche in den Menschen, was universal an ihnen ist, denn ich bedarf, um mich darin zu ergehen, eines großen Reiches.
Sie reden von Auswanderung und zeigen sich darüber entrüstet. Und ich verstehe das nicht recht. Denn wenn ich mein Vaterland verteidige, so deshalb, weil es eine Kultur, Vorstellungen, eine Sprache, einen gewissen Menschentyp ver-

körpert. Das gemeinsame Maß dieser Menschen, insoweit ich dafür eintrete, besteht keineswegs im Wohlklang eines Vokabulariums: Provenzalen und Bretonen sind Franzosen. Doch wenn mein Vaterland sich entzweit, finde ich möglicherweise heraus, daß ich einem Ausländer, der durch die gleiche Religion, die gleiche Moral, die gleichen Werte geformt wurde, näher stehe als einem Franzosen, mit dem ich nichts gemeinsam hätte als den Wohlklang einer Sprache, bei der sich vielleicht sogar der Inhalt gewandelt hat. Dieser törichte Patriotismus des 20. Jahrhunderts besteht nur noch aus schlechtem Korpsgeist. Er deckt sich mit der Begeisterung einer Mannschaft, die nur die Farbe der Trikots zusammenhält, während sie die wahren Gemeinsamkeiten vernachlässigt.

Er steht links, weil er die Massen *liebt*. Und ich, weil ich sie nicht liebe.
Ich – ich liebe die Menschheit.

II

VERSTAND UND SPRACHE

Ich kann den Menschen nicht begreiflich machen, wie bequem es für sie wäre, wenn sie eine Sprache hätten. Ich kann Leuten, die vor Descartes gelebt haben, nicht begreiflich machen, wie klar ihnen die Welt erschiene, wenn sie sich gewissen Begriffen unterordneten.

Die Menschen glauben an die Unordnung in ihrem Inneren, als wenn sie vor Descartes an die natürlichen Widersprüche, an die natürliche Verwirrung hätten glauben können. Sie wissen nicht, daß die Differentialgleichung eine *Betrachtungsweise* ist. Sie bemühen sich, aus dem Widersinnigen Gesetze zu gewinnen, während es doch lediglich eine Sprache zu finden gilt, in deren Ordnung es nichts Widersinniges mehr gibt. Sie wissen nicht, daß das gleiche Ereignis widersinnig ist und nicht widersinnig, verworren und klar, widerspruchsvoll und zusammenhängend.

Sie haben schon so viele Baustoffe angehäuft und so viele Mythen gebildet (durch die Newtons mathematische Physik ihr Korrektiv erhält), um sich über jene Unfähigkeit, etwas zu *erfassen*, Klarheit zu verschaffen, die den Menschen in der Wirtschafts- und Sozialwissenschaft kennzeichnet; sie werden daher schwerlich auf diesen unergiebigen Gesichtspunkt verzichten...
Es wäre wirklich seltsam, wenn der Mensch mittels seiner Sprache nur die Welt erfaßte und ihr Zusammenhang verliehe – nicht aber sich selber und den Bereich seines eigenen Lebens in den Griff bekäme...

Eines läßt mich von vornherein am Schaffensvorgang verzagen: *daß ich nicht weiß, was ich sagen werde*, oder vielmehr, ich weiß nicht, wie ich meine Brücke zwischen der nicht formulierten Welt und dem Bewußtsein bauen soll. Eine Sprache muß ich mir erfinden. (Der Vorgang vollzieht sich im Inneren: ich muß mir bewußt werden.)

Man verlangt von manchen, um über sie urteilen zu können, daß sie sich oder das Leben, auf dem sie beruhen, formulieren sollen. Und das ist gerade die schöpferische Denkoperation, die am schwersten fällt. Seht sie leben! Schaut jener Frau zu: der Krankenpflegerin oder der Mutter – aber hört sie nicht an! Um die Welt zu erfassen, stehen ihr nur jene Kategorien zur Verfügung, mit denen sie der »Lyoner Stadtanzeiger« befruchtet – jenes vergilbte Zeitungsblatt, das ich auf ihrem Tisch liegen sah.

Ein Land ist keineswegs, wie es in den Zeitungen heißt, *Opfer seiner Politiker*. Es ist Opfer eines Mangels an begrifflichem Rüstzeug, mit dem es die Welt erfassen und die Ereignisse einordnen könnte. Es handelt sich um ein Sprachen-

problem, dem die Politiker ebenso wie die anderen unterworfen sind. Es ist durchaus nicht Sache der Politiker, Begriffe zu bilden. Das ist Geistesarbeit. Aus diesem Grunde lenkt der Geist die Welt.
Man ist gewandt, ja, vielleicht, aber man ist es vermöge einer Sprache. Auf Grund des äußeren Scheins nimmt man an, Gewandtheit lenke die Welt, während es die Sprache ist. »Ich habe vereinfacht«, sagt Hitler. Das stimmt. Die arische Vorstellungswelt vereinfacht. Freilich ebenso schlecht wie der Klassenbegriff, der ebenfalls vereinfacht. Er ist jedoch zwangsläufig ungerecht, bis sich die Welten auf seine Veranlassung vollkommen geordnet haben. Der Proletarier ist aus Marx hervorgegangen.

Wir sind uns alle einig, daß der Mensch größer ist, wenn er mystisch ist statt egoistisch. Mystisch sein, heißt hier, sich ein gemeinsames Maß geben, das außerhalb des Ichs liegt. Man begegnet sich besser von Mensch zu Mensch mit Hilfe Gottes, des Universalen oder der Fahne oder sogar des Billardspiels, als wenn man einander sucht (ist nicht das gemeinsame Maß das Wesen der Sprache?). Doch das ist es nicht, was die Menschen vor allem brauchen. Dieses Heilmittel ist nur ein künstlicher Peitschenhieb, da es die Wirkung kuriert und nicht die Ursache. Die Wirkung ergibt sich aus jener Abstumpfung, jener Lieblosigkeit der Menschen, die nicht mehr das Weltall begreifen, sich im Wirrwarr abnutzen. Eine Synthese ist nur von Wert, insoweit sie eine neue Sprache anbietet, welche die Antinomien löst. Sie allein kann Bekehrungen bewirken. Denn man beweist nicht, man bekehrt. Man bietet eine neue Sprache an, und die Menschen, die sie unwillkürlich zu gebrauchen suchen – diese Menschen, die man am Ärmel gezogen hat, kosten auf einmal diesen Zusammenhang der Welt, ebenso wie einer, der das Leben des Dominikaners erprobt, ein neues Wesen in sich entdeckt; nunmehr kann er es dem früheren vorziehen oder nicht, während es keinerlei Formulierung gab, die ihm einen Vergleich ermöglicht hätte. Nun ist aber das Verlan-

gen nach Zusammenhang so stark, daß der Mensch früher oder später die Sprache annimmt, die ihm solch einen Zusammenhang bietet. Und so wird er Christ, Cartesianer, Newtonianer, Marxist – so, wie es die neuen Synthesen verlangen.
Doch diese fruchtbare Sprache vermag nur insoweit zu bekehren, als sie dem Neophyten voll und ganz auferlegt wird. Wenn nämlich jemand in den ersten Jahrhunderten verkündet hätte, die Anziehung der Körper stehe im umgekehrten Verhältnis zum Quadrat der Entfernung, so hätte er nur eine Dummheit geäußert. Es trifft das zu, wenn die Wirkung der Gegenwirkung entspricht und wenn sich das Licht geradlinig bewegt und wenn... (das heißt: das Zutreffende daran ist die Sprache Newtons in ihrer Ganzheit).

Daß der Hitlersche Zusammenhang dem deutschen Traum genügte, beweist nur, daß dieser Traum geringe Ansprüche stellte. Anders gesagt, daß der Deutsche auf der Stufenleiter des Bewußtseins nicht sehr hoch gekommen war. Gleichwohl bleibt bestehen, daß Hitlers Lehre, wie er selber eingestanden hat, genau in dem Maße eine Bekehrung bewirkte, als sie einer Synthese glich.
Was die italienische Bewegung angeht, die nicht auf ein Dogma gegründet ist, so sind die Ursachen ihres Erfolges noch eindeutiger. Indem die Anarchie sich ausbreitete (denn es handelte sich keineswegs um Kommunismus im stalinistischen Sinne), begründete sie ihr Gegenteil: das Streben nach Ordnung. Gleichzeitig mit einer anarchistischen Armee bildete sich eine Armee der Ordnung. Und das bloße Verkündigen eines gleichen Konflikts führt die Lösung herbei. Denn in einer militärischen Auseinandersetzung bei ebenbürtiger geistiger und materieller Macht wird die auf der Mystik der Ordnung gegründete Armee über die Armee der Unordnung obsiegen. (Und das aus dem Grunde, weil Ordnung eine Qualität ist.)
Der Faschismus hätte nicht so leicht über einen stalinistischen Kommunismus triumphiert (siehe Spanien).

Wenn eine Gesellschaft gut gebaut ist – und den Gleichgewichtszustand erreicht –, vollzieht sich alles unsichtbar, weil nichts sich bewegt. Und gewisse Vögel bestehen nur aus Musik und Farben. Doch wenn man den Sperber ausmerzt, der sich von ihnen nährt, so verwüsten sie einem die Erntefelder. So steht es mit dem Druck der ruhigen See: ich kann die Deiche entfernen...

Wir können uns schwer vorstellen, daß der Mensch den Krieg lieben kann; und wenn jenes Volk in den Krieg zieht, erfinden wir den Wahnsinn eines Hitler. Die *Worte* sind es, welche die Katastrophe herbeigeführt haben (verbales Delirium, Hirnverwirrung) – während, auf der anderen Seite, die Worte das Wunder bewirkt hatten. Wir waren von der Göttlichkeit schöner dauernder Gefüge beherrscht. Sie hielten die Masse des Meeres im Gleichgewicht (so, wie in einer Kaserne das Gefüge der Konventionen bewirkt, daß ein waffenloser Oberst eine bewaffnete Menge im Zaume hält). In der Tat: wenn man die Worte vergißt, so ergießt sich die begierige und kompakte Gattung Mensch über wenig bewohnte und grünende Gebiete. Sie opfert Individuen, aber der Raum, die lebendige Natur ohne geistiges Bewußtsein kümmern sich wenig um Individuen. Immerhin sind Worte der Grund, daß Italien nicht über Tunis herfällt; daß Italien feige ist. Es wird von einem geistigen Gefüge (Lebensfreude) beherrscht, das es den Krieg nicht lieben läßt. Mussolini ist nicht ein Sieg der Worte. Er ist ein Sieg über die Worte. Und im übrigen nehmen wir bei einem deutschen Überfall vor allem daran Anstoß, daß dabei nicht auf ein gewisses geistiges Gesicht Rücksicht genommen wird. Daß das Faktum Holland nicht das Faktum Deutschland im Lot hält. Woran wir Anstoß nehmen, ist ein Bruch in der Sprache.

Wenn ich eine Sprache erfinde (Hitler), welche die Menschen den Tod bejahen läßt, so bin ich nicht wider die Natur. Die Natur willigt darin. Meine Sprache findet ihre Wurzeln in den Trieben der Gattung.

Das Paradox, das ich zunächst den Dummköpfen entgegenhalte, ist zweifellos amüsant.
»Wißt ihr, weshalb ein Stein fällt?«
»Ja, weil er von der Erde angezogen wird.«
»Was heißt Anziehung?«
»Nach etwas streben; auf etwas gerichtet sein.«
»Wie nennt man: ›auf etwas gerichtet sein‹, wenn es sich um die absteigende Senkrechte handelt?«
»Fallen.«
»Ein Stein fällt also, weil er fällt.«
Sind sie nun mit sich zufrieden?
Und dann halte ich den Idioten die Denkoperation Newtons oder Einsteins entgegen. Ich folgere daraus, daß Begreifen das Erschließen eines allgemeineren Phänomens bedeutet. Vielleicht, aber weder Newton noch Einstein erheben – in gewissem Sinne – darauf Anspruch, daß sie mehr erfaßten als der Dummkopf. Sie finden in der Tat nur Strukturen heraus, aber *erreichen* keine Wahrheit. Und auch der Dummkopf hatte seine Strukturen herausgefunden, und zwar recht wesentliche. Ein Stein fällt, ohne daß es darauf ankäme, welche Farbe er hat oder an welchem Wochentag er fällt oder...
Auch der Dummkopf verknüpfte den Fall dieses Steins mit einem allgemeineren Phänomen.

Es lassen sich nur Wiederholungen voraussehen und begreifen; es bedeutet das, etwas herausfinden, was sich wiederholt. Begreifen heißt, einen Begriff herausfinden (den des Steins, seiner Farbe oder seines Tages), und Newton hat lediglich einen allgemeineren Begriff herausgefunden, der verschiedene Arten von Fallbahnen einbezog. Und so war der Dummkopf mir gegenüber im Recht.

Der Begriff dient dazu, zu bestimmen, welches das Element ist, das sich wiederholt, und das ich daher wiederfinden werde. Und Pasteur hat die Wiederholung bestimmt, die sich auf das von Tollwut bedrohte Kind anwenden läßt.

Und Newton bestimmte die Wiederholung, die Leverrier auf den neuen Stern[12] anwenden konnte, und der Dummkopf, den ich weiter oben erwähnte, bestimmte die Wiederholung, die sich auf Steine verschiedener Farbe anwenden läßt.

Die Erschaffung eines Begriffs ist die Erschaffung einer Gesamtheit im Zusammenhanglosen – eines Gefüges oder eines Netzes von Beziehungen, die durch bedingte Reflexe verbunden sind.
Wenn ich im Zusammenhanglosen eine Gesamtheit erschaffe, so zeige ich ein Gesicht. Wenn ich sie durch die gefühlsbestimmte Macht eines Werkes schaffe, ihr ein verbindendes Netz baue, so begründe ich sie. So wird ein Wesen geboren (nur dann). Und es ist einfach, weil das, was ich einfach nenne, ein untrennbares Ganzes bildet. Oder etwas, was zerstört wird, wenn ich die Summe der Teile bilde.
Deshalb kann ich sagen, der Begriff sei einfach, obwohl er sich aus Zusammenhanglosem zusammensetzt; sein Wesen (und seine Eigenschaften) transzendieren das Zusammenhanglose (Philosophie des Auftauchenden). Etwas wurde hinzugefügt. Dieses Etwas ist eins.
Der eine ist stolz darüber, daß er den komplexen Menschen entdeckt hat, der andere aber, daß er die Einheit entdeckt hat.
Wie verdichtet sich eine Struktur im gedachten Gegenstand? Oder: ist vielleicht ein gedachter Gegenstand nichts als Struktur? (Daher: Psychoanalyse.)

Der gedachte Gegenstand ist nicht ein in einer Schublade verwahrtes beständiges Bild: er ist ein System von Beziehungen. Das Wunder besteht darin, daß man mit einem Wort ein beständiges System von Beziehungen definiert. Das Bewußtsein ist jenes Etwas, das nicht nur jenes System von Beziehungen erleidet, sondern es in gewissem Sinne erfindet, es beherrscht, ein Wesen daraus macht; doch Sprache und Bewußtsein machen zwei Wesen daraus; und wenn man

das Wortgedächtnis verliert, so bedeutet das keineswegs, daß man das Bewußtsein von Beziehungen verliert, die ihrerseits nicht lokalisiert sind.
Das Wort ist nur die Ausdehnung eines Systems von Beziehungen auf muskuläre oder das Gehör betreffende Verrichtungen, vermöge eines geeigneten Reflexes.

Die schöpferische Hervorbringung ergibt sich aus der Möglichkeit, den Typ der Struktur zu wechseln, was im Bereiche des Worts vom Schöpfer verlangt, daß er sich nicht von Worten täuschen läßt, und im Bereich des Begriffs, daß er sich nicht von Begriffen täuschen läßt. Die Beziehungen allein sind Wahrheit.
Doch das ganze komplexe Beziehungsnetz kann unter verschiedenen Aspekten gesehen werden.
Der Primitive, der den Begriff »rot« vom Begriff »kalt« schied, vollbrachte damit eine reine schöpferische Leistung, die sich mit der Leistung Newtons oder Einsteins vergleichen läßt. Er vereinfachte dadurch die äußere Welt, daß er diese Scheidung *begründete*, die sich nur aus einer Betrachtungsweise ergibt. Sie ist erst Wirklichkeit, sobald sie begründet wurde.

Begriff. Ein Begriff ist die Individualisierung eines Ganzen oder, genauer gesagt: einer Struktur. Und ich bediene mich sodann dieses neuen Wesens wie einer unveränderlichen Größe. Das *Rot* ist genauso ein Begriff wie die marxistische Klasse oder das umgekehrte Quadrat Newtons. Seine *Einfachheit*, seine *Einheit* ergeben sich ausschließlich aus seiner Beständigkeit als unveränderlicher Größe. Die Nächstenliebe ist ein Begriff und eine Struktur. Sie beherrscht ein gewisses System von Beziehungen. Doch sie wird erst insoweit zur unveränderlichen Größe, als ich den Begriff rette. Es gibt unveränderliche Größen, die ich begründe.

Der Begriff enthält die Definition, aber geht ihr voraus. Der Begriff ist die Idee, *dies da* zu definieren. (*Dies da*, was zu-

vor nur eine Gesamtheit war. Und nun zu einem Wesen wird.)
Wenn ich über eine beliebige gewundene Kurve verfüge, so ist jede regelmäßige periodische Kurve, die sich darin einfügt, ein Begriff. Der Begriff vereinfacht in diesem Falle das Universum. Und ordnet es. Und ich kann nicht sagen, daß ich diese regelmäßigen Kurven als Wahrheiten *wiederfinde*, die vor mir vorhanden gewesen seien und hier ihrer Natur nach verborgen wären, denn als ich aufs Geratewohl meine Zeichnung ausführte, dachte ich gar nicht an eine *regelmäßige Kurve*, sondern an eine beliebige gewundene Linie. Doch jetzt, da ich über diese Sprache verfüge, kann ich meine Kurve ausdrücken, indem ich sie benenne, wie auch irgendeine ihrer Besonderheiten, zum Beispiel eine Abszisse. Und das genügt mir, um an dieser Stelle das Geordnete zu erkennen.
Worin besteht der Gewinn?
Augenscheinlich hatte meine Kurve keinen Namen, und ich habe sie benannt. Durch die Benennung drücke ich ihre Eigenschaften aus. Doch das ist keine rechte Antwort auf meine Frage. Vielleicht habe ich einen transzendentalen Vorgang bewirkt, eine Kurve gezogen, die zunächst nur als Linie auf einem Blatt Papier einen Sinn hatte. Sie konnte nicht *gedacht* werden, aber ich kann fortan jedes Bild vergessen und sie gleichwohl in mir bewahren. Ich bin zu einer anderen Begriffsstufe hinübergewechselt.

Ich halte die Naturgesetze für einfach, weil mich dünkt, ich könnte sie durch eine begrenzte Summe ihrer Glieder ausdrücken. Nichts beweist mir, daß nicht eine unendliche Zahl nötig wäre, um völlig genau zu sein. In diesem Fall gibt es genauso wenig ein Gesetz, das die Natur *beherrscht*, wie es ein Gesetz gibt, das den Verlauf dieser von mir aufs Geratewohl festgelegten Kurve bestimmt. Wenn mir aber eine Kurve *alle* Naturerscheinungen darstellt, so wird mir diese Summe ihrer Glieder einigermaßen über die zwischen ihnen bestehenden Beziehungen Klarheit verschaffen.

Psychoanalyse: ich kann nicht unmittelbar wissen, was mir zum Beispiel gefällt oder mißfällt, denn das, was mir gefällt oder mißfällt, ist keineswegs eine Tatsache oder ein Bild, sondern eine Struktur. Eine Struktur ist bestimmend wie ein Wort (etwa *Ehre*), das nie etwas anderes ist als eine Struktur. Wenn ich dieses herausgefunden (und formuliert) habe, zerbreche ich es vielleicht als Struktur. In jedem Fall füge ich einen Bewußtseinsvorgang hinzu; wußte ich doch nicht, wie ich eingreifen sollte, da ich den Gegner nicht zu Gesicht bekam (ihn nicht zu formulieren verstand).
Wenn ich vom *Zerbrechen einer Struktur* spreche, gleite ich in die Verwendung einer willkürlichen Analogie hinein, aber es bestehen immer Aussichten, daß eine so naheliegende Analogie noch irgendeine Wahrheit einfängt. (Und das vielleicht aus Kontinuität.)

Wenn man in der Ordnung der begrifflichen Wahrheit Heilung von einer Neurose erwünscht, ist die Libido ein fruchtbarerer Begriff als der Teufel. In der Ordnung einer gewissen moralischen Gesundung taugt der Teufel mehr als die Libido. Die Worte sind Becher, Synthesen der Wahrheit. Sie verknüpfen bestimmte Vorstellungen miteinander. Sie schaffen eine bestimmte Ordnung. Und die Libido hat keinen absoluteren Sinn als der Teufel. Darin besteht der entscheidende Begriff.

Die Sprache ist weit davon entfernt, alles mitzuteilen oder alles zu enthalten, denn es gibt nicht bezeichnete Strukturen und zweifellos unzählige dieser Art.

Unter diesem Aspekt ist die Psychoanalyse die Besitzergreifung einer jener Gesamtheiten, die unabweislich sind, weil sie nicht begriffen wurden durch das Bewußtsein.

Es ginge also nicht darum, *eine Struktur zu zerbrechen*, sondern sie zu bezeichnen…

Die Psychoanalyse: ihr wesentlicher Zweck ist die Suche nach dem *Sinn* der Dinge. Was hat ein Traum für einen Sinn? Und das erscheint zutreffend. Doch was ist der Sinn einer Handlung? Oder eines dichterischen Bildes? Und ohne es vielleicht deutlich zu erkennen, nährt die Psychoanalyse den Traum durch ein gemeinsames Maß. (Das Individuum, Empfindungen und Handlungen, ist unendlich einfach; nur die Sprache kompliziert es, die keine geeigneten Epitheta besitzt, um jene Mischung aus Eifersucht und Generosität auszudrücken, welche wir Komplex nennen.) Ich bemühe mich also, aus den Symbolen dieses gemeinsame Maß herauszulesen. Ich belaste mich jetzt mit der Theorie der Verdrängungen und des Unbewußten und des Sexuellen. (Falls das Individuum wirklich eine Einheit ist, werde ich auf der sexuellen Ebene wie auf den anderen stets einen symbolischen Widerhall finden.) Doch ich weiß nicht, was man unter einer *Ursache* versteht.

Bei der Verbindung der sozialen Sprache mit dem organischen Gebiet stellen sich die Probleme. An der Lötstelle und im Augenblick der Verlötung des Menschen als eines Gesellschafts- und eines Gattungswesens.
Lange vor der Gelegenheit trug A., das Individuum, seine Bestimmung und seine Neurose in sich.

Ein Individuum ist ein Ganzes. Und das Aufpfropfen einer Sprache zeitigt bestimmte Ergebnisse auf bestimmten Böden. Nun ist aber der Boden abhängig vom Klima, von der Ernährung, von der Temperatur. (So werden die Fliegen grau oder schwarz entsprechend der Umwelt.)

Die Umwelt kann nicht ohne Wirkung auf das Psychische bleiben. Und aus der Divergenz der Schicksale auf Grund einer vorzeitigen Trennung kann man keineswegs den absoluten Schluß ziehen, die erlittenen Verdrängungen seien schon eingeboren und nicht gelegentlich gewesen. Denn der Boden ist nicht mehr der gleiche.

Im Falle der verbundenen Zwillinge bestehen erhebliche Chancen, daß sich die parallele Verdrängung nicht aus dem gleichen Anlaß herleitet.

Der Mensch. Alles ist subjektiv und mit dem Psychischen verknüpft. Der Schmerz zumindest ist relativ und erfordert das Vorstellen des nächsten Augenblicks. Der Faustschlag, die Kugel, die unerwartete elektrische Entladung *schmerzen* keineswegs, aber da sie alsbald in die Zukunft projiziert werden, *schmerzt* der Selbsterhaltungstrieb. So macht die Kampfeshitze gegen Schmerz unempfindlich.
Auch gewisse psychische Haltungen bieten Schutz. Und wenn sich der *Heitere* gegen den Schimpf aufbäumt, so besteht wenig Hoffnung, daß man ihm durch physischen Zwang beikommen könnte. Zunächst, weil er nichts zu verlieren hat, bedeutet Gefängnis für ihn Ruhe, auch macht ihn sein Haß gegen Schmerz unempfindlich – vermöchte er doch, sich zu verstümmeln, um ihm Ausdruck zu verleihen. Indessen kann er durch das Psychische getroffen und gefesselt werden: daher die Bedeutung von: »jemanden in Beschlag nehmen«. Jede Autorität geht verloren, wenn irgendein psychischer *Fauxpas* begangen wird. Wenn bei irgendeiner Regel des geheimnisvollen Spiels ein Irrtum unterläuft. Etwa: *lächerlich machen.* Und keine Sanktion wird die zerstörte Ordnung wiederherstellen. Denn von nun an wird jede Strafe nicht als Ausdruck der Autorität, sondern als ein Eingeständnis der Ohnmacht, eine klägliche Rache empfunden werden. Der Führer wird gegenüber der Tapferkeit des Gläubigen nur noch als elender Folterknecht dastehn.

Der Psychoanalyse mache ich vor allem eins zum Vorwurf: diese Vorstellung, die sie vermittelt, ohne sie übrigens immer auszuwerten, daß sich ein geheim gehaltenes Unbewußtes dem Bewußten entgegenstelle. Ihr zufolge sind die Denkvorgänge nahezu die gleichen im Unbewußten, aber werden gleichsam durch einen anderen in seinem wohlbehüteten Geheimnis bewirkt. Jenes Etwas, das mein Unbewußtes

formuliert, wird von mir *zensiert* und zum Symbol gewandelt.
Offenbar übertreibe ich. Ein Psychoanalytiker würde protestieren. Ich bin aber meinerseits der Ansicht, daß sich das Unbewußte in keiner Form dem Bewußten entgegenstellt. Das Unbewußte ist die Gesamtheit der Strukturen, aus denen sich das Individuum zusammensetzt. Das Bewußtsein ergänzt diese Struktur durch Wortkategorien. Es ergibt sich ganz natürlich, daß ich mich symbolisch ausdrücke. Gesetz des größten Ausdrucksbedürfnisses. Ich wähle das Symbol, das am besten meine Struktur umschreibt, sie am vollständigsten wiedergibt. Ich kann die Worte des Rätsels, seine wirkliche Ursache vergessen, nicht aber die Struktur, die seine einzige Wirklichkeit ist; daher wirkt es wie eine Verdrängung, wenn ich diese Struktur durch andere Bilder als die historische Wirklichkeit ausdrücke. Doch ich vergesse weit mehr aus der Kindheit: ich vergesse alles, das ausgenommen, was mich beeindruckt hat. Und wenn ich mich an meine Eindrücke erinnere, so ist es sehr wahrscheinlich, daß mein Gedächtnis nur eine Struktur ans Licht bringt. Ich wehre nichts ab; es gelingt mir nur unvollkommen, mich zu erinnern; denn der Akt des gedächtnismäßigen Überfliegens hat mich weniger geprägt als die Struktur.

Eine Struktur drückt eine innere Notwendigkeit aus, ist mit ihr begabt. In allen Symbolen wird sich diese Notwendigkeit wiederfinden. Das Symbol ist das Ordenskleid, das eine Struktur sichtbar macht.

Freud. Auf die eine oder die andere Weise geht es um das Problem des ersten Widerspruchs. Es gibt keinerlei Widerspruch im Bewußtsein des Tieres, das – einer oberflächlichen Logik zufolge – ein Bündel von Widersprüchen sein müßte.

Rührt nicht der Widerspruch davon her, daß ich, wenn ich eine Struktur und sodann eine zweite definiert habe, offensichtlich diese Wesenheiten gegeneinanderstelle, da ich sie als getrennt voneinander ansehe; oder zumindest trenne ich sie, während sie gewisse gemeinsame Elemente enthalten. (Ich vermag nicht Strukturen zu definieren, die nichts von der benachbarten Struktur in sich schließen.)

Psychoanalyse: der Mensch will das formulieren, was er erlebt. Wenn er nicht formuliert, erfindet er Handlungen.

Psychoanalyse: man kann stets ein System erfinden, in dessen Ordnung sich jede Fehlhandlung mehr oder weniger deutlich durch eine tiefgehende Verdrängung erklären läßt. Freud hat recht, wenn er *stets* sagt. Doch *stets* findet nur Anwendung auf die Notwendigkeit der Lehre.

Über das Bedürfnis des Menschen, sich auszudrücken oder *sich ausdrücken zu lassen*, gäbe es viel zu sagen (und zu studieren). In welchem Fall ist es Unbehagen? Zweifellos im Falle des Streits oder des unüberwindlichen Widerspruchs. Dieses Unbehagen könnte es sein, das für den Fortschritt des Menschen die Voraussetzung schuf.

Wenn ich begreife, bin ich gerettet. Doch wo hat dieser Streit seinen Sitz, da ich ja zugebe, daß er keineswegs dem Bereich des Worts angehört, daß es durchaus keinen eindeutigen Streit gibt? Was könnte *organischer Streit* bedeuten?
Jedenfalls bedeutet Zensur: die Unmöglichkeit, sich auszudrücken, und nicht: die Weigerung, sich auszudrücken.

»Die Erkenntnisweise durch Wortbilder reinigt von dem Unbehagen, das die Erkenntnisweise durch organische oder starke Bilder hervorruft.«
Ich finde hier in jedem Fall die Beweggründe wieder, die den Fortschritt, den Aufstieg des Tiers zum Menschen und die begrifflichen Errungenschaften des Menschen bewirkt haben. Der Mensch ist etwas, das danach strebt, über sich hinauszuwachsen.

Die Erkenntnis: sie besteht keineswegs im Besitz der Wahrheit, sondern einer zusammenhängenden Sprache.
Die Seligkeit ist der Besitz des höchsten Begriffs, der Zugang zu einem *Gesichtspunkt*, der das Weltall vereinheitlicht. Meine Kenntnis des Weltalls als solchen hat sich nicht vermehrt. Doch es gibt keinen Streit mehr zwischen dem Weltall und mir.

Freud wird mir den Nachweis entgegenhalten, daß sich die Zensur stets auf etwas Unangenehmes erstrecke – und daß somit diese Unannehmlichkeit die Verdrängung rechtfertige. Darauf werde ich erwidern, daß diese unangenehme Empfindung ihrer Definition nach gerade das Unformulierbare betrifft. Ich gehe weiter als er, denn ich meinerseits vermag zu sagen, weshalb die erlittene Erfahrung unangenehm war, und zugleich auch, weshalb sie der Zensur unterworfen wurde. Ein Zwiespalt, der sich zunächst nicht bewältigen ließ, bevor nicht eine klare Vorstellung herausgearbeitet wurde. Immerhin zeigt mir der Mensch durch alle diese Bemühungen deutlich, daß er zu begreifen sucht.

Bleibt noch die Frage der *Fehlhandlungen;* daß sie nie zufällig erfolgen, gebe ich zu. Meine Kritik richtet sich gegen die Verbindung zwischen dieser ganz natürlichen Weigerung (die man durchaus nicht aus einem komplizierten Mechanismus herzuleiten braucht) und der Rückkehr zu einer Vermummung von etwas Unangenehmem.
Darin steckt Freuds innerer Widerspruch. Weshalb sollte ich nicht ganz einfach dieses Unangenehme vergessen? Weshalb dieser doppelte Vorgang der Weigerung und der Rückkehr? Dieses falsche Bild eines unterdrückten Gewissensbisses? Es gibt viele Dinge, die ich zu vergessen verstehe.
Ich weiß genau – und das ist grundlegend:
a) daß ich in einem Erschöpfungszustand, in dem jede Anstrengung des Bewußtseins unmöglich ist, die Wirklichkeit ganz natürlich in symbolischer Form ausdrücke, ohne daß irgendeine Zensur eingreift.

b) ich weiß, daß diese Symbole vollständiger sind als der unbeholfene Ausdruck durch Worte.
c) ich weiß genau, daß ich mich nicht an die äußerliche Einzelheit, sondern an die Struktur des Ereignisses erinnere. Die Struktur macht das Wesen des Ereignisses aus. Es ist natürlich, daß ich die Modalität vergesse, um mich an die Struktur zu erinnern (daher der äußere Anschein der Verdrängung).
d) ich weiß genau, daß diese Ersetzung vielfältig ist.

Das Problem besteht darin, zwischen der Wirklichkeit und den Bemühungen des Geistes eine Brücke zu schlagen.
Es erscheint angebracht, die Psychoanalyse zu überprüfen und nur ihren hieb- und stichfesten Beitrag beizubehalten.
a) Beitrag: Die Psychoanalyse hat die Bedeutung der Symbolik, die Universalität der Symbole (der übergeordneten Symbole) ins rechte Licht gerückt; sie hat der Natur in der Kaskade der Symbole, die sie ausdrücken, ihre richtige Stelle angewiesen.
b) Doch sie hat diesen Ablauf der Symbole auf einen widersinnigen Begriff gegründet: die Verdrängung, oder, noch widersinniger: auf die Zensur (diese Begriffe sind nicht an sich, aber als Motoren der Symbolik widersinnig).
Dieses Verschwindenlassen und diese Verkleidung kommen mir anthropomorph vor; überdies spielt hier eine Vorstellung vom *Unbewußten* mit, die an einen unterirdischen Keller erinnert, in dem sich die Vorräte anhäufen, und von wo vermummte Gespenster entfliehen, die auf der Bühne des Bewußtseins ihren Walzer tanzen. Diese beiden Stockwerke sind Beispiele für jene analogischen Begriffe, die kein Gegenstück haben.
Augenscheinlich geht es bei dem aufgeworfenen Problem um folgendes: *Das Vergessene ist irgendwo vorhanden, also... Andererseits wirkt das Vergessene gleichwohl noch fort, also...*

Das Interesse ist ein schönes Beispiel für einen Begriff, der seiner Natur nach nicht unrichtig werden kann, der jedoch

seine Wirksamkeit verliert. Denn ich kann ihn unmerklich bis zum Paradox ausdehnen: es liegt im Interesse des Märtyrers, sich foltern zu lassen, oder vielleicht, um seiner Kunst willen vor Hunger zu krepieren; es liegt im Interesse von Mermoz, den Kapitalismus zu verteidigen usw. ... Und wenn ich die Handlungen der Menschen durch solch einen Beweggrund erklärte, habe ich noch gar nichts erklärt.
Es steht ebenso mit dem Freudschen Sexualtrieb, der durch seine allzu große Ausdehnung mit dem Selbsterhaltungstrieb oder sogar dem Lebenstrieb gleichbedeutend wird (was ein vielleicht unwirksamer Gesichtspunkt ist).

Es gibt keine Ziele, wohl aber Regungen. Das Ziel ist Symbol, vor allem. (In der Politik sind alle Ziele die gleichen: Aufschwung, Glück, Wohlstand, Erfolg.) Doch wie erbittert entzweit man sich, sobald es sich um die Methode handelt.

Die Entwicklung durch das Maschinelle ist in gewissem Sinne ein Verhängnis für die Menschheit: sie stellt den Menschen außerhalb seiner begrifflichen Kultur, sie verändert den Menschentyp zu schnell, als daß sich jemals einer bilden könnte. Stillstand des Maschinellen: es besteht die Möglichkeit, einen Menschentyp zu schaffen. Und in diesem Fall führt die endlich zum Stillstand gekommene Technik nicht zum Ameisenhaufen, sondern zur Kultur.

Der Mensch von heute stellt gegenüber dem Höhlenmenschen zwar keinen biologischen, wohl aber einen begrifflichen Fortschritt dar. Die Erziehung hat Vorrang vor der Belehrung: sie begründet den Menschen.

Problem der Belehrung und der Erziehung. Heißt es Mensch sein, wenn man die Summe der Winkel eines Dreiecks und den Längengrad von Rangoon kennt? Menschsein heißt, daß man durch den fruchtbaren Schatz der Vorstellungen (Gesänge, Man Ray, das Universale usw. ...) befruchtet worden ist; dadurch werden die menschlichen Beziehungen bestimmt – und sie sind durchaus das Wichtigste auf Erden (und deshalb gehen die Freundschaften à la Mermoz den politischen Freundschaften vor). Sie bestimmen die Gefühlsregungen, vielleicht das ganze Seelenleben. Sie bringen den Unterschied hervor zwischen dem Höhlenmenschen und dem britischen Gentleman.

Törichte moderne visuelle Erziehung, die in der Tat prächtige Schliche ersinnt, um *ohne Mühe Wissen beizubringen*, womit das Kind auf die Rolle eines Formulars reduziert und einem Gepäck voller Kenntnisse ausgeliefert wird, statt daß man ihm einen Stil formt – und auf diese Weise eine Seele.

Einziges Richtziel der Erziehung: der Stil. Es kommt in keiner Weise auf das Gepäck an (Belehrung), sondern auf das Werkzeug, das der Erfassung dient.

Man vergißt heutzutage jenes grundlegende Problem, das zu den moralischen Fragen gehört. Denn der Stil ist die Seele. Und man erschafft nur insoweit diese Seele, als man sich einen Stil schmiedet. (Der Landmann hat einen Stil.) Heutzutage belehrt man, aber erzieht nicht mehr. Und der Mensch, der nicht einmal seinem Kummer eine Form zu geben vermag, wird zu Suppenfleisch. (Man könnte auch sagen: »Sich bewußt werden heißt, einen Stil erwerben.«)
Gründe finden bedeutet bereits: erschaffen. Wenn ich eine Wahrheit begründe, so wie Mermoz die seine (Landflugzeuge [13]), wenn ich *meine Gründe* darlege, so sind diejenigen, die ich finde, bereits Methode und Werkzeug, um zu erfassen.
Im Stil steckt die Bemühung, und sie ist Handlung.

Vielleicht gibt es keinerlei Entdeckung. Vielleicht besteht das Entdecken einfach darin, *darzulegen*, zu verbinden, zu ordnen (die Deduktion strebt nach Ordnung, und, je nach den Begriffen, nach einer bestimmten Ordnung). In der

Psychoanalyse weiß man nichts und hat nur den Stromkreis der gedanklichen Assoziationen wiedergefunden. Man hat lediglich formuliert, daß es einen fortwährenden Fluß gibt, aber die Richtung, die der Fluß eingeschlagen hat, bleibt ein Geheimnis; der Begriff in der Wissenschaft ist identisch mit der Richtung. Sie ist der schöpferische Akt. Sie ist die Einbeziehung des *Sinnes* in die Landschaft. Und unsere Syllogismen dienen nur noch dazu, meine Landschaft in diesem Sinne zu ordnen. Danach sehe ich klar.
Ich ergreife Besitz von der Welt durch Worte.

Eine Entdeckung ist die Wahl einer Vorstellung und ist niemals »evident« in dem Sinne, daß sie sich von einer Theorie oder einer Denkweise ableiten ließe. Sie rechtfertigt sich nur durch ihre Fruchtbarkeit. (Sie *steht im Gegensatz* zur Theorie.)

Wenn mir die zunehmende Kompliziertheit der zeitgenössischen Wissenschaft auffällt, spüre ich, wie die Wissenschaft immer schwieriger wird.
Und doch war sie noch schwieriger, als man an das Studium der Natur heranging. Sie war weit widerspruchsvoller und verworrener, wenn man von der damals gesprochenen Sprache ausgeht. Wir hätten eine neue Sprache nötig.

Man *entdeckt* nicht, daß der Kreislauf durch seine *Geschwindigkeit* eine Rolle spielt, man wird es gewahr.
Man entdeckt indessen den Blutkreislauf. Aber wäre es nicht angebracht, in diesem Falle zu sagen: *man beobachtet*?
Gibt es beispielsweise eine Entschlüsselung von Sexualproblemen oder einfacher gesagt: eine Sprache? Mit anderen Worten: vollzieht sich die Entdeckung durch ein Vordringen ins Innere oder dadurch, daß auf Grund neuerer Begriffe bereits entwickelte Einsichten umgruppiert werden?
Inwieweit ist eine Wissenschaft lediglich eine Sprache?
Inwieweit sind im übrigen meine Beobachtungen selber unabhängig von den Begriffen?

Wenn ich beobachte, unterscheide ich. Ich wäre vielleicht nicht auf den Gedanken gekommen zu unterscheiden.

Problem: Wie gelangt man dazu, die beobachteten Wahrheiten *festzustellen* (siehe weiter oben)?
Ihr wißt nichts von der Außenwelt, außer daß es Konstanten in ihren Übermittlungen (somit in den Aspekten) gibt.

a) Ich empfange Mitteilungen.
b) Ich beobachte Konstanten.
c) Gewisse Konstanten wirken unmittelbar auf mich ein (Tropismen). Etwa die Konstante Frau, Wunde, Feuer, Post, Nahrung – ungeordnete Aufzählung schlecht ausgewählter Objekte. Da gewisse Konstanten mechanisch auf mich eingewirkt haben, ergeben sich gewisse Wirkungen.
d) Wirkungen dieses unabweislichen Ablaufs. Sind sie peinlich (definieren!), verknüpfen sie mittelbar die Konstante mit dem peinlichen Eindruck und verdrängen ein die Bewegung auslösendes Bild (in umgekehrter Richtung wie den die Bewegung bewirkenden Tropismus): Psychismus.

Fortschritt und *neue Anwendung* unterscheiden.
Das Scheitern einer neuen Anwendung führt entweder zum Fortschritt oder zur Komplizierung einer Sprache. Wenn sie zu kompliziert wird, muß man *Revolution* machen.

Denken, um zu beobachten verlangt den Nonkonformismus des Beobachtenden. Falls man im Bewußtsein der Welt einen noch so leichten Gewinn erzielt, so geschieht das vor allem, weil sich jene Art Kurzschluß zwischen zwei Vorstellungen herstellen ließ, welche die in Betracht kommenden Begriffe nicht verknüpften oder sogar verleugneten. Das Erstaunliche ist, daß es aus *Zufall* zu einem Kurzschluß gekommen ist, aber ebenso wie in der biologischen Chemie bietet der Zufall keine Erklärung. Denn die unwirksamen Kurzschlüsse sind zahllos (und in diesen Zufall, sei er plötzlich herbeigeführt oder bewirkt, scheint sich mir, in noch äußerst verschwommener Gestalt, das Bewußtsein einzumischen). Dieser besonders geartete Zufall organisiert die Welt, statt sie zu desorganisieren, wie das üblicherweise sein Bestreben ist. Man findet keineswegs durch Zufall. Man findet ebensowenig durch logische Deduktion.

In dieser einfachen *Beobachtung* (und dies gilt es zu klären) steckte eine schöpferische Tätigkeit meines Bewußtseins. Immer das gleiche Problem der mathematischen Intuition. Man geht denselben Weg zurück, um die Früchte der neuen Synthese zu pflücken. Man leitet die Kette der Syllogismen ab, aber ohne Intuition des Pols hätten sie sich nirgendwohin bewegt.

Ich ergreife Besitz von der Welt durch Worte. Doch es gibt offenbar Beobachtungen, und manche von ihnen werden durch meine Vorstellungen herausgefordert. Und geschähe das im Namen der Analogie?
Sollte die Analogie auf Grund der Einheit des menschlichen Geistes als Methode erlaubt sein? Besteht von Natur ein Unterschied zwischen dem Vorgehen des Paracelsus, der das Natronsalizyl erfindet, und irgendeiner wissenschaftlichen *Deduktion*? Nein, Newton ist der Begriff.

Ich sage: »Alles geschieht, *wie wenn*...«
Dann kommt ein Tag, an dem etwas geschieht, was nicht vorgesehen, nicht in meinem *wie wenn* enthalten ist...
Dann ändere ich die Analogie.
Und die Wissenschaft beginnt wieder von neuem.

Bestand nicht der Beitrag Descartes' darin, daß er eine Methode ersann, durch die sich gültig *Analogiepunkte* auswählen lassen?

Sie sind rein empirisch, meine Begriffe. Sie werden durch ihre Wirkungen begründet. Diese sind nicht empirisch, sondern willkürlich.

Doch auf welchem Wege hat Descartes, dieser Schüchterne, sie so wirksam gemacht?

Wir werden bestimmte Begriffe als Leitbegriffe bezeichnen; die Mikrobe, das umgekehrte Quadrat, die Klasse oder sogar der Teufel sind Leitbegriffe.
Und die Wirklichkeit des Teufels ist mir ganz gleichgültig, ebenso wie die Wirklichkeit des umgekehrten Quadrats.
Und auch der Nachweis einer *absoluten Wahrheit* durch Koordinierung; ich beweise ganz einfach den augenblicklichen Wert eines bestimmten Leitbegriffs.

Wenn echte Zwillinge an der gleichen Stelle und verhältnismäßig zur gleichen Zeit von Krebs befallen werden, so bedeutet das, daß er in den ursprünglichen *Genen* enthalten ist und nicht bloß einen örtlichen Zwischenfall darstellt.

Krebs: Es geht keineswegs darum festzustellen, wie es kommt, daß die Zellen anarchisch sind, sondern vielmehr, weshalb sie es im allgemeinen nicht sind. Wie vollzieht sich ihr Aufbau? Allmählich auf *sympathischem* oder *hormonalem* Wege? (Und in diesem letzteren Fall ließe sich nicht die geometrische Position erklären.)
Bietet für viele Krankheiten nicht die Zellenmutation eine Erklärung (die Dauer der Inkubation)?

Hier zeigt sich die Synthese zwischen *Erfahrung* und *Theorie*, über welche beiden man so lange diskutiert hat. Denn in der Tat lassen sich nur durch die Erfahrung, mittels der neuen, von ihr angeregten Antinomien, höhere Begriffe hervorbringen, die diese auflösen. Doch solche Begriffe sind in keiner Weise experimentell. Nicht die Erfahrung regt sie an, sondern der Mensch, um die Erfahrung zu ordnen. Um die Welt in dem Zustand zu erfassen, in dem die Erfahrung sie ihm darbietet.

Freilich schreitet die Wissenschaft ausschließlich durch Beobachtungen voran, oder – wenn man so will –: nur die Beobachtung hinterläßt ihre Spuren in der Wissenschaft. Wenn dem jedoch so wäre, bliebe es unverständlich, weshalb die Babylonier nicht schon die Wissenschaft begründet haben.

Der Begriff – es bleibt mir nichts übrig, als zu warten, bis er in mir entsteht. Ich habe keinerlei Möglichkeit, *nach ihm auf die Suche zu gehen*. Er kennt nicht – und zwar schon kraft seiner Definition – die Straße, die es einzuschlagen gilt. Es gibt nur *plötzliche Akte*, dann eine umfassendere allgemeine Darlegung in der neuen Sprache.
Ich kann nicht, auf Grund von Überlegungen, von einer Sprache zur anderen übergehen.

Wenn man den Ablauf eines Geschehens durch andere Gesichtspunkte erläutert, so wird dadurch der Wert dieses Ablaufs in keiner Weise gemindert. Denn der Wind in den Segeln führt zur Heimat. Doch der Wind ist weder die Heimat noch das Segel.

Freud liebt seine Tochter und ist der Schöpfer der Psychoanalyse; wird dadurch die Psychoanalyse auf die Liebe eines Menschen zu seiner Tochter reduziert? Wird dadurch nicht lediglich ausgesagt, daß es einen Mann gibt, der seine Tochter liebt und die Psychoanalyse begründet? Und das ist zweifellos eines der schönsten Beispiele, in denen die falsche Anwendung des Kausalitätsbegriffs zu Unsinnigkeiten führt. Begriff des *Nebeneinander*. Das unwiderstehliche Bedürfnis sich *auszudrücken*, das Freud eigen ist, bewirkt, daß er Kausalität und Nebeneinander verwechselt.
Er wird eine der symbolischen Ebenen des Innenlebens durch eine andere von dessen symbolischen Ebenen ausdrücken.

Ihr behauptet, ihr könntet mir den Selbstmord erklären, indem ihr beweist, daß die Schritte eines Menschen ihn bis zum Fluß geführt haben. (So wird mir Trotzki, wenn er lediglich von den Ereignissen ausgeht, leicht beweisen können, daß die Revolution insoweit Schiffbruch erlitten hat, als die russische Verwaltung infolge der Person Stalins tyrannisch und beschwerlich ist. Und in der Tat hat der natürliche Lauf der Ereignisse, selbst wenn er sich aus anderen Gründen so abgespielt haben sollte, zwangsläufig die Gestalt einer von Stalin ausgelösten Handlung angenommen – einer Handlung, die wir als einen Fehler deuten können.) Es gibt die Ebene der Ereignisse (Fußspur[14]), es gibt die Leitebene (Idee des Selbstmordes). Stalin ist die Fußspur. Wenn ihr mir sagt: »Mit diesem Ideal ist es wegen des Fortschreitens des entgegengesetzten Ideals bergab gegangen«, so bringt ihr mich zum Lachen. Hat denn also das entgegengesetzte Ideal wegen der Verdunkelung des anderen Fortschritte gemacht? Sucht mir doch das gemeinsame Maß für die beiden Phänomene! Vergeßt doch im Falle des Selbstmörders die Schritte, die Hütte, den Strom, und erfindet mir eine hübsche Blondine, die in der Ferne lebt. Dann werdet ihr zu eurer Überraschung entdecken, daß die Wandlung der hübschen Blondine jede Logik in der Fußspur verändert und eurer Analyse eine andere logische Konstruktion nahelegt. Diese hübsche Blondine wird außerdem noch andere Vorgänge als die Entstehung dieser Fußspur erklären und eine allgemeinere Synthese ermöglichen.

Der große Irrtum besteht in der Annahme, man habe ein Thema erschöpft, wenn man dafür eine Erklärung gegeben hat (etwa den Schmerz, wenn man die Tränen erklärt hat). Freilich vermag ich durch Gleichungen die elektrischen Phänomene miteinander zu verknüpfen, die es mir gestatten, in meinem Zimmer Paris oder Buenos Aires zu hören. Aber diese Aufdeckung, diese Invasion, diese absolute Übereinstimmung?

Die Logik ist eine menschliche Vorstellung. Wenn wir eine Ursache gefunden haben, genügt sie uns so sehr, daß uns nichts die Annahme nahelegt, diese Form entspreche nicht auf anderen Ebenen zur gleichen Zeit anderen Ursachen.

Problem der Wechselwirkung. Ich weiß natürlich, daß die politische Weltlage, welche den Krieg wahrscheinlich macht, der Existenz und der Tätigkeit Basil Zaharofs zugute kommen wird. Ich weiß natürlich auch, daß Basil Zaharof, einmal zur Welt gekommen, bestrebt sein wird, die politischen Umstände, die ihn bedingen und ihm dienlich sind, zu fördern. Doch er tut das als Schmarotzer; und ich habe kein Recht zu behaupten, der so unwichtige Herr Basil Zaharof verursache die Kriegsgefahr, obwohl sich seine Aktivität nur in dieser Richtung bewegt. Denn die *Kriegsgefahr* verursacht sich selber, und ich habe nichts verstanden.

Ich weiß, genauer gesagt, daß es keinerlei Ursache gibt. Daß ich jedoch nicht irgendeins der mit dem betrachteten Element verbundenen Elemente, sondern dasjenige, das soviel Elemente wie möglich ordnet, als Ursache bezeichnen soll. Denn freilich mache ich die Leute von rechts stark, wenn ich ihnen Mut einflöße, aber ich hindere nicht die Linke, Anhänger zu werben usw. ... Und an dieser Stelle muß ich nicht nur erklären, weshalb die Rechte Rückschritte macht, sondern auch, weshalb die Linke an Boden gewinnt. Und weshalb die Intelligenz (Perrin, Langevin) nach links tendiert. Wenn ihr mir keine fruchtbarere Erklärung zu bieten habt als lediglich *Erfolgshascherei*, so habt ihr mir nichts erklärt.

Es ist mir unmöglich, eine vernünftige Erläuterung, einen vernünftigen Angriff oder sogar eine vernünftige Verteidigung niederzuschreiben – denn es gibt keinerlei Wahrheit. Ich kann nur meine Sprache als geeignetste zur Erfassung der Welt anbieten. Seht, urteilt und wählt...
Und die Menschen glauben unwiderstehlich an die bequemste Sprache, obwohl sie mich auf den ersten Anhieb nur ablehnen können.

Beziehungen zwischen dem Rationalen und dem Irrationalen. Das ist im Grunde das Problem.

Stil: sie wissen nicht, worum es sich handelt.
Und ich befürchte keineswegs, mir zu widersprechen, denn ich weiß, daß die Widersprüche nur das Gestammel, eine Sprache darstellen, die ihren Gegenstand noch nicht zu erfassen vermag. Ein jeder, der Widerspruch fürchtet und logisch bleibt, tötet in sich das Leben (ein jeder, der nicht den schmerzhaften Versuch macht, diese Wachstumskrankheit zu überwinden; ein jeder, der es ablehnt, Geburtshelfer zu sein), ein jeder, der in seinem Innern das dunkle Werden fürchtet, das ihn mit dem Weltall verbindet – einem Weltall, das sich noch nicht formulieren läßt, da ja die beschränkte Sprache es nur tastend erfassen kann, wobei sie hier ein Stück Wand, dort eine Kante, dort einen Sockel, nicht aber die mächtige Kathedrale entdeckt, die mehr ist als die Stoffe – ein jeder, der nur die Formel sucht, nur das Formulierbare verwendet, ist bereits ein Toter.
Armseliger Widersinn: die Kinder, die nichts begreifen – das heißt, die alles begreifen.
Wissenschaftlich das magische Gelingen erklären, hieße noch nicht, es leugnen, aber einen Erfolg, der allgemein auf allen Ebenen gültig sein soll, auf eine andere Ebene übertragen. Weshalb sollte es eine Sprache geben, in deren Bereich solch ein Erfolg *widerspruchsvoll* wäre? Das gestellte Problem bliebe bestehen: *die Wirksamkeit der magischen Sprache*, Wert oder Unwert der *Beziehungen.*
Was erschaffen, geboren werden wird, das wird logisch sein, und nicht: was logisch ist, wird geboren werden.

Sobald man über sich hinausgeht, erreicht man das Universale – und die Größe des Menschen. Ich kenne keine erhabene Haltung, die sich auf das Vernünftige gründet.

Die Planung im literarischen Werk gehört zur Illusion der Logiker, der Historiker und der Kritiker. Denn die Kraftlinien ordnen sich zwangsläufig rings um den starken Pol.
Die Planung ist die Folge der starken Existenz und nicht ihre Ursache. Und wer spricht denn auch von der (vorangehenden) Planung der Symphonien oder der Skulpturen, die sich, sobald sie erst vollendet sind, als völlig geordnet darbieten? Wenn ich, bevor ich mein Werk schreibe, in großen Zügen einige seiner Regungen ankündige (hier steigt es an, hier kostet es irgendeine Erinnerung aus, hier ist es düsterer...), so wird es keineswegs durch diese Planung bedingt. Es ist nur Ausdruck davon, daß ich ein Werk zu schreiben habe. Denn offensichtlich stellt sich das Entscheidende zunächst als Struktur dar. Doch da meine Arbeit gerade ihrem Wesen nach darin besteht, die Struktur, auf die es allein ankommt, zu entdecken und freizulegen, ist der Gedanke etwas absurd, diese Struktur sei eine starr festgelegte Bahn, die das Werk beherrschen und umspannen werde. Und das, was ich ständig so lange verändern werde, bis das durch Worte Geäußerte dem Wesentlichen und nicht Aussprechbaren *entspricht*, ist gerade die Planung.
»In der Rede muß Ordnung herrschen«, ist eine unsinnige Redewendung. Eine Rede wird zur Ordnung, sobald sie gehalten ist. Wie das große Schicksal, wie der Baum. Aber sie meinen dadurch einen Dreh gefunden zu haben, um erobern und bauen zu können. Und das gilt von der Ordnung vor dem Leben.
So steht es auch mit den Gesetzen der Natur. Die Ordnung ist vor allem *Ausdruck* der Natur.

Man entdeckt nicht die Wahrheit; man erschafft sie. Die Wahrheit ist das, was man in aller Klarheit ausdrückt (ja, aber eure Klarheit entsteht aus der begrifflichen Fruchtbarkeit).

Die wahrhafte Schöpfung ist begrifflich. Deshalb kann sie nie *bemerkt* werden. Fragt sie nach ihrer Ansicht über die

Wahrheit, die ihr ausdrückt, so wird sie ungünstig ausfallen. Und eure Wahrheit ist in der Tat noch keineswegs *die* Wahrheit. Damit sie Wahrheit wird, müßt ihr das Recht haben, ihre Macht zu schaffen; müßt ihr mächtig sein gegen alle.

Die Wahrheit beruht nicht auf dem Text, sondern auf der *Topographie* des Textes.

Die Wahrheit ist nicht das mehr oder weniger gut Nachgewiesene, sondern das in seiner Wirklichkeitsfunktion mehr oder weniger Wirksame. Nichts ist an sich wahr oder falsch. Gewiß, wird man mir entgegenhalten, aber es ist wahr, daß die Sonne jenen Baum, der dort wächst, bescheint. So ist es in der Tat, aber es gibt zwei Ordnungen von Wahrheit: die begriffliche und die beobachtete Wahrheit. Ich beobachte, daß sich dieser Baum dort befindet. Und ich stehe teilweise unter dem Zwang der Erfahrung. Es gibt mich und etwas außerhalb meiner selbst. Doch sobald es sich darum handelt, Beziehungen zwischen Elementen auszudrücken, die ich ausspreche und auf denen ich nicht spielen kann, ist das Ausdrücken dieser Beziehungen nicht mehr eine Beobachtung, sondern ein echter schöpferischer Akt. Mein Zwang beruht auf dem Ausgesprochenen. Meine Freiheit in der Wahl der Beziehung. Denn das Objekt ist weder wahr noch falsch: es handelt sich um eine Schau des Geistes. Die Beziehung ist ein Akt.

Die schöpferischen Wahrheiten sind unsichtbar. Sie werden zunächst abgelehnt, sodann, wenn sie zum Rahmen werden, fallen sie nicht mehr auf und werden zu Evidenzen.

Zwei entgegengesetzte Ziele können gleichzeitig im Menschen den gleichen Menschen anfeuern und enttäuschen, sobald sie verwirklicht worden sind. In jeder Hinsicht werden alle Revolutionen verraten werden (und unter *verraten* verstehe ich nicht eine bedauerliche, sondern einfach eine unvorhersehbare, vielleicht erfreuliche Wandlung. Es ist unmöglich, vermöge einer intellektuellen Überlegung zu erkennen, welch ein Mensch aus gegebenen Umständen hervorgehen wird; man denkt nicht die Zukunft).

Es gibt zwei Methoden, um aus den Widersprüchen herauszukommen. Die eine besteht darin, daß man sich irgendein einfaches System zurechtzimmert und das Gegenteil der eigenen Wahrheit als Irrtum bezeichnet. Das ist die Welt des Fanatikers, der deutlich Gott und den Teufel vor sich sieht. Es ist die Welt des stalinistischen Rechtgläubigen. Diese Weltanschauung fördert und erleichtert die unmittelbare Aktion, da sie ja eindeutig gelenkt wird, aber ständig wird die Massakrierung der Ketzer erforderlich, und diese Ketzer sind zahllos, da ja der vorgeschlagene Koran nicht ihre Wahrheit in sich aufgenommen hat – eine Wahrheit, an der sie im wesentlichen mit dem gleichen Fanatismus und aus ebenso gültigen Gründen festhielten. Doch diese Weltanschauung verwehrt vor allem jede Möglichkeit eines Fortschritts durch eine jedesmal höhere Synthese, da sie ja Widersprüche untersagt. Triumph einer These über die umgekehrte These ist keine Synthese.
Die andere Methode besteht darin, den Widerspruch zuzulassen, selbst wenn er für den menschlichen Geist unerträglich ist. Und eben deshalb, weil er unerträglich ist. Der menschliche Geist, der aus Redlichkeit zwei experimentelle, einander widersprechende Wahrheiten, die keinerlei Widerspruch dulden, bejaht, kämpft für die Entdeckung einer Sprache, welche die beiden Wahrheiten gleichzeitig in sich aufnimmt, ohne ihnen etwas zu versagen; das Unbehagen, die Verwirrung, der Zweifel, die Unordnung sogar, die sich aus einem bejahten Widerspruch ergeben, sind ihrem Wesen nach fruchtbar und bereiten auf höhere Freuden vor als auf die Freude des Fanatikers: auf die Freude, die der Sieg des Gewissens gewährt. Die Wahrheit, die sich beobachtet, nenne ich experimentell. Der französische Soldat ist edel. Der Soldat auf der Gegenseite ist es ebenfalls. Ich lehne die

Systeme ab, die, um ihren Zusammenhang zu wahren, zwangsläufig dazu gelangen, das gegnerische Heer als einen Haufen von Plünderern, Ausgebeuteten oder Dummköpfen anzusehen. Ich nenne experimentelle Wahrheit den Umstand, daß Bildhauer oder Dichter unter gegebenen Voraussetzungen und nicht unter anderen entstehen. Es ist Aufgabe der Theorie, von dem, was ist, vom Leben Rechenschaft abzulegen. Nicht aber, dem Leben vorzugreifen. Ich habe nichts für die Leute übrig, die vorgeben, sie könnten Bildhauer mit einem Stipendiensystem für Bildhauer hervorbringen. Das ist Theorie. Die experimentelle Wahrheit ist beispielsweise die Kathedrale. Meine Aufgabe ist es, ihren Sinn herauszubekommen. Denn vielleicht ist die Kultur der Kathedrale nicht unter allen ihren Aspekten notwendig. Zunächst und vor allem kommt es auf die analytische Arbeit an. Dann auf die Synthese, die aus den Früchten dieser Analyse erwächst. Freilich ist mir heute keinerlei Synthese vergönnt.

»Nicht für, sondern gegen ...«, haben die Surrealisten einmal gesagt, indem sie auf das noch verschwommene Ziel vertrauten. Ich denke nun aber genau das Gegenteil. Es gilt die Wahrheit zu erschaffen, und außerhalb dieser Synthese werden die alten Dinge unrichtig. Und die alten Menschen, die mit neuen Vorstellungen befruchtet wurden, werden zum *Band*.
Erschießt man alle Soldaten, falls ihre *schlechte Moral* epidemisch geworden ist? Nein, man wandelt sie.

Ihr haltet mir Ansätze von Synthesen entgegen und entwaffnet mich ohne Schwierigkeit. Wenn ihr mir die Stirn bietet, nachdem ihr euch mit euren fünf oder sechs Koinzidenzen gerüstet habt, die mir *beweisen*, daß alles Unglück meines Vaterlandes auf die Wellenwerfer[15] zurückgeht – was könnte ich euch dann in fünf Minuten entgegnen? Nichts gegen eure Übereinstimmungen, die existieren. Nichts gegen euren Gesichtspunkt, der zu Recht besteht! Ich müßte eure ganze Erziehung in die Hand nehmen und euch beibringen, daß eure Vorstellung nicht sehr fruchtbar ist oder daß es noch fruchtbarere Vorstellungen gibt. Doch dabei handelt es sich um einen langen Gedankengang, wie ihn die Diskussion nicht gestattet. Und jedes eurer Argumente wird sich daher nicht widerlegen lassen. Die Wahrheit hat keinen lokalen Charakter, und ihr werdet mir immer mit Recht sagen können, der Selbstmörder sei wegen der Fußspuren ertrunken, die zum Fluß führten, oder: falls der Kommunismus Fortschritte mache, so liege das an der französischen Schlappheit. Doch ich empfinde das kaum als Belehrung, denn ich wußte schon, daß der Fortschritt einer Partei, was auch seine Ursache sein mag, als Feigheit der Gegenpartei erscheinen würde.

Im Lauf einer Diskussion äußert man eine gewisse Zahl von Gemeinplätzen. Es scheint allgemeine Übereinstimmung darüber zu herrschen, daß eine These durch eine Diskussion in keiner Weise vorankommt, da jedermann auf seinen Positionen verbleibt. Und das trifft so lange zu, als sich zwei geschlossene Systeme gegenüberstehen (das sind sie alle) und die Synthese sie nicht miteinander in Einklang bringt.
Was mich persönlich angeht, so ist mir aufgefallen, daß man mich leicht entwaffnete, wenn man mir in einer klaren Sprache eine Erklärung entgegenhielt, die von der meinen abwich. Ich bin überrascht, wenn ich unversehens eine Synthese ahne, welche die Welt zu ordnen scheint. Ich habe dann das Gefühl, daß es anständig wäre, ihr als Ganzem zuzustimmen. Erst wenn ich mich im Schweigen abgesondert habe, treten mir die Vorzüge einer Synthese wieder vor Augen, die ich nicht so gewandt vortrage, die indessen die Geschehnisse besser zusammenordnet.
Ich bin, kurz gesagt, betroffen angesichts konvergierender Elemente. Als wenn sich ein solches Konvergieren nicht stets nachweisen ließe. Ich sehe diesen Beweis als erbracht an, und mich überkommt das Verlangen, zu extrapolieren. Nun ist aber kein Beweis je erbracht, denn es gibt keinerlei Wahrheit, die ich entdecken könnte.

Ich vermag lediglich eine symbolische Wahrheit zu erreichen, und im Bereich meiner Sprache besteht die Wahrheit aus meinen Begriffen. Ich kann meinen Feind nicht durch Vernunftgründe überzeugen; ich kann ihn nur bekehren. Ihn mit dem Finger die Evidenz berühren lassen, nicht die Evidenz der Wahrheit – sie ist nie evident –, sondern des besseren Menschen oder der helleren Natur, die aus ihr hervorgehen kann.

Bekehren: dieser Vorgang besteht nicht nur im Nachweisen, was in fünf Minuten geschehen könnte, sondern im Hinführen zu Gesichtspunkten, von denen aus die Welt sich ordnet oder der Mensch sich reicher fühlt. So geschieht es in jenem Film, in dem das Gefühlsmoment Ritterlichkeit-Rache unmittelbar dem Gefühlsmoment Religion-Verzeihung Trotz bietet.

Die organisierte Geschicklichkeit im Herstellen von Synthesen erweist zweifellos der Wahrheitssuche einen schlechteren Dienst, als sie ihr nutzt. Darin beruht durchaus nicht die wahrhafte Intelligenz. Wäre ich in vollendeter Weise wortgewandt und ein Wortvirtuose, so würde ich irgendeine Architektur von Ursachen im verführerischsten Gewande präsentieren. Und ich wäre ständig zufriedengestellt durch den Irrtum (oder, genauer gesagt, durch das Unwirksame). Ich hielte indessen meine These für wirksam, wenn ich – durch Wortgewandtheit – irgendeine neue Tatsache in sie einbeziehen könnte (oder sie auf solche Weise zu erklären vermöchte); dabei vergäße ich nur, daß die einzige wahrhafte Wirksamkeit keineswegs eine pädagogische, sondern eine dynamische Wirksamkeit ist – jene Wirksamkeit, die voraussehen läßt.

Nicht der ist ein großer Arzt, der durch Überlegungen einen geschickten Oberbegriff herausfindet, durch den sich alle besonderen Krankheiten *erklären* lassen. Vielmehr der, dem die Intuition der inneren Einheit zu Gebote steht.

Wenn ich keinerlei Gesetze in der Geschichte entdecke; wenn derart miteinander zusammenhängende – und somit durch die Sprache erfaßbare – Phänomene wie Hitlers Machtergreifung oder die Lösung des spanischen Konflikts mir – das weiß ich aus Erfahrung – ebenso unzugänglich sind wie alle Römer trotz der wissenschaftlichen Kritik unserer Tage, so liegt das daran, daß es keinen Finalismus, oder, genauer gesagt, Determinismus, sondern das Bewußtsein gibt. Die Genauigkeit der statistischen Gesetze (Versicherungsgesellschaften), umgewandelt in die Ungenauigkeit der geschichtlichen Voraussichten – hier zeigt sich der Stempel des Bewußtseins.

Wenn man am grünen Tisch diskutiert, so sucht man vorauszusehen, daß ein Küken aus dem Ei kriechen wird. Doch es gibt weder Ei noch Küken. Und so verliert man Zeit und Energie mit gedanklichen Operationen, die völlig ziellos sind. Und wenn später einer, der nicht an der Diskussion teilgenommen hat, nur von seinem Glauben getragen in der Erfahrung obsiegt, wird man daran Anstoß nehmen: »Ein unverschämtes Glück...« Man wird ihn nicht als vernünftig ansehen.
Sie trennen das Denken von der Tat wie andere die Tat vom Traum. Sie verrichten die Arbeit von Analytikern oder Historikern; und freilich glückt es ihnen nicht, sich in die Entwicklungen des Lebens einzufügen.

Im Leben hat man nie *die Zeit*.

Wenn ich in die Zeit eindringe, stelle ich Ursache und Wirkung fest. Und ich suche die Begebenheiten der Vergangenheit in einer logischen Sprache zu erfassen. Das heißt: ich begründe ein Gesicht, das von nun an logisch ist. So tat es der heilige Paulus: aus seinem früheren Leben, aus dem Schock, den er in Damaskus empfing, aus seiner Bekehrung machte er ein einleuchtendes Ganzes, in dem sich alles entspricht, alles sich vorbereitet gemäß den Wegen Gottes; in dem man Vorherbestimmung, Wege der Vorsehung usw. wahrnehmen kann... während doch definitionsgemäß sich alles entsprechen und voraussehen lassen muß.

Es ist an mir, diesen Teig zu kneten, der mein ist, und nichts davon zu verlieren. So hat der heilige Paulus sogar die Ausschweifungen seiner Jugend zum Ruhme seines Gottes verwandt. Aber er hätte auch seine Weisheit verwandt.

Die Zeit, die sich ausbreitet, ist die Zeit der Geschichte. Die Zeit, die hinzufügt, ist die Zeit des Lebens. Und die beiden haben nichts gemeinsam, aber man muß die eine nutzen können wie die andere.

Unterhaltung N. Es ist das Vokabular, das mich hier zu einem Irrtum verleitet, denn es gibt keine historischen Gesetze, die den Begebenheiten vorausgingen. Ein Baum entsteht, wächst, reift heran und stirbt. Dem Anschein nach entsteht eine Kunst, wächst, reift heran und stirbt. Und so kann ich annehmen, daß es sich hier wiederum um einen Organismus handelt. Und, da es ja ein Organismus ist, an gewissen Anzeichen seinen Reifezustand erkennen. Nun hätte ich aber *Beginn, Mitte und Ende* sagen sollen, ohne daß der Begriff Mitte im Ablauf des Phänomens etwas anderes als ein mittleres Alter anzeigte.

Augenscheinlich kann ich, wenn ich in der Geschichte zurückgehe, die Kausalitätsverkettung herausfinden. Diese notwendigen Verbindungsglieder zwischen den Ereignissen sind jedoch genauso wenig aufschlußreich wie in der Ordnung der gedanklichen Assoziationen. Ich kann zur Not wieder feststellen, weshalb ich sofort an *Tuberkulose* denke, nachdem ich *Spiegel* gedacht habe. Die einzige schöpferische Entdeckung bestände jedoch darin, mir zu erklären, weshalb ich, nachdem ich *Spiegel* dachte, zuerst an *Tuberkulose* dachte und nicht an *die hohe See*, die mir als zweites einfiel. Wäre ich ein absoluter Psychoanalytiker und wären mir alle Umstände bekannt, so vermöchte ich vielleicht vorauszusehen. Und dies ist das Gesetz. Ich kenne das Gesetz, nach dem sich der Baum entwickelt, und ich weiß, weshalb er wachsen muß, aber im Falle der Kunst entgehen mir diese Gesetzlichkeiten.

Vom Schöpferischen im dichterischen Bild: Wenn ich zwei Begriffe, die kein evidentes Zwischenglied verknüpft (und denen doch nicht die Möglichkeit einer Verbindung fehlt), im gleichen Satzteil mit logischer Artikulierung aneinanderreihe, strebt mein Geist aus Gewohnheit danach, sich in eine Welt zu versetzen, in welcher diese willkürliche Beziehung gültig geworden ist. Diese Welt, oder, genauer gesagt, diese innere Haltung gegenüber der Welt ist mehr oder weniger hochstehend. Durch die Qualität dieser Welt (oder dieser Haltung) wird die Qualität des Bildes – und nicht eines jeden der beiden ausgedrückten Elemente – und nicht die Qualität des Zwischengliedes bestimmt. Man kann, grob gesprochen, damit die Denkoperation vergleichen, welche – mit Hilfe zweier notwendig durch eine vorausgesetzte Identität verknüpfter Bilder – den Raum erschafft.
Nunmehr kann sich das analytische Denken betätigen und über den inneren Ablauf Klarheit zu gewinnen suchen. Ich muß mich sehr abmühen, wenn ich auf diese Weise einen Monolog Dostojewskis zerlegen und über die Logik oder, genauer gesagt, über die Einheit der scheinbaren Widersprüche Klarheit gewinnen will. Ich bin nie gewiß, ob meine Erklärung zutrifft. Wenn sie mir gültig erscheint, so nur in dem Maße, in dem ich die Gewähr der Vollendung Dostojewskis besitze.

Bemerkung über das Schöpferische. Wenn ich ein dichterisches Bild nehme, fällt mir auf, daß es im allgemeinen aus zwei ungleichen Elementen besteht, die durch eine logische Artikulation miteinander verknüpft sind. Die Verbindung kann durch den Vergleich und die Artikulation durch den vergleichenden Begriff gebildet werden. Doch das ist nur ein

Sonderfall. Der Wert des Bildes beruht nicht auf der Wahl der Elemente an sich. Morgenrot, Herbst, Liebe stehen der Dichtung nicht näher als Hof, Holz oder Straßenpflaster; »le bois retentissant sur le pavé des cours« (das Holz, das widerhallt auf dem Pflaster der Höfe [16]) ist ein großer Vers. Auch das Zwischenglied ist nicht das Dichterische. *Wie* ist nicht dichterisch. Desgleichen macht die Mischung (wie die Symbolisten annehmen konnten) nicht das Dichterische aus. Es beruht auf dem schöpferischen Akt; und das muß ich näher erklären.

Diese Elemente verbindet nicht ein derart evidentes logisches Zwischenglied, daß das Vergleichsmoment dem Geist genügte. Es bleibt etwas Unerklärliches in dieser Paarung. Aber das Ganze wurde dem Geist als logisch dargeboten, ebenso wie zwei stereoskopische Bilder trotz ihrer Verschiedenheit als Darstellungen des gleichen Gegenstandes dargeboten wurden. Um diese Identität wiederherzustellen, erschafft der Geist den Raum (oder die Perspektive). Im Falle des dichterischen Bildes bringt er ebenfalls eine Welt hervor, um das logische Zwischenglied zu begründen, um ihm Gültigkeit zu verleihen. Man versetzt sich von vornherein, und ohne davon zu wissen, in die Welt, in der dieses Zwischenglied evident ist. Diese Welt ist total, obwohl sie nicht ausgesprochen wird. Man weiß nicht einmal, ob sie existiert, und trotzdem erlebt man sie. Oder, genauer gesagt: man erlebt eine gewisse Haltung gegenüber dieser Welt, die nicht formuliert worden ist und im Hintergrund lediglich als Bürgschaft existiert. Man ist erneuert, man gehört einer neuen Kultur an.

Der Wert des dichterischen Bildes beruht auf dieser latenten Welt und nicht auf den Elementen oder ihrer Verknüpfung. Wir wollen sofort hinzufügen, daß die Logik die Schöpfung nicht in den Griff bekommt, um sie zu erfassen und zu erklären. Diese beginnt gerade erst dort, wo die Logik endet. In dem Maße, in dem die Logik der dargebotenen Struktur Geltung verleiht, wird keine Welt erschaffen. Dort, wo die Logik bereits scheitert, beginnt die Schöpfung.

Die Logik ist unfähig, das Bild zu erklären. Erst recht ist sie nicht imstande, es darzubieten. Im ersteren Falle kann sie freilich eine Illusion hervorrufen. Ich habe einen Monolog Dostojewskis gelesen. Ich habe ihn erlebt. Ich weiß aus Erfahrung, daß er stark ist und eine Welt übermittelt. Eben jene Welt, die ich durch meine Haltung erkenne. Ich kann hierüber eine Paraphrase verfassen. Sodann kann ich meine Prämissen und meine Welt durch eine Folge logischer Reden miteinander verknüpfen. Und es wird so aussehen, als hätte ich recht, da mir kein Irrtum unterlaufen wird. Ich werde davon ausgehen, daß der Übergang schön war, und nachweisen, daß er schön war. Und nichts könnte mir verbürgen, daß meine Überlegungen nicht absurd gewesen sind. Ich weiß auf jeden Fall *a priori*, daß dieses logische Material *a priori* unfähig war, den zu erfassenden Gegenstand: *die Erklärung des Schöpferischen* zu erfassen – da es ja, ich wiederhole, das Schöpferische nur insoweit gibt, als die Logik unwirksam ist.

Selbst wenn sie imstande wäre zu erklären – wie sollte sie erschaffen können? Ich kann einen Körper entzweischlagen; ich erschaffe ihn nicht dadurch, daß ich die Teile wieder zusammenfüge, daß ich die guten Teile auswähle und sie wieder zusammenfüge. Das Leben ist der schöpferische Funken, der zündet, und keine Logik gibt hiervon Rechenschaft.

Der Wert meines Bildes beruht auf einem einzigen Unterpfand: seiner Wirksamkeit.

Ich glaube so sehr an die Wahrheit der Dichtung. (Er hat mir geholfen, Eddington, wenn er von den verschiedenen symbolischen Anordnungen spricht.) Der Dichter ist nicht gehaltloser als der Physiker. Der eine und der andere schneiden Wahrheiten zu, aber die Wahrheit des Dichters ist dringender, denn es handelt sich um sein eigenes Bewußtsein.

Der große Irrtum Beaucaires ist alles in allem die *finalistische* Idee. Der Mensch macht Fortschritte, weil er Vorstellungen

erwirbt; er erwirbt nicht Vorstellungen, weil er Fortschritte macht.
Die Geschichte wird *hinterher* geschrieben, und zwar kraft Definition. Was durch einen starken Gedanken und eine starke Tat begründet wurde, ist zum Gesetz geworden: daraus erklärt sich, weshalb keine Voraussicht möglich ist und weshalb die Vergangenheit gleichwohl so klar zutage liegt. Und das gilt ganz besonders von der Wissenschaft: weshalb hat man I/r^2 nicht früher gefunden?
Die Formel: »Besser eine schlechte Entscheidung als gar keine Entscheidung« besagt nichts. Eine Entscheidung kann nicht schlecht sein: sie erschafft schlecht oder recht ihre Wahrheit.
Es geht nicht darum, festzustellen, ob ich den freien Menschen vorziehe oder nicht, sondern ob ich den Menschen vorziehe, der frei ist.

Das anfängliche Ganze ist in gerader Linie auf den Menschen gerichtet und scheidet alles aus, was nicht auf ihn hinstrebt. Dieser höhere Finalismus läßt die ganze Kraft des Determinismus auf einer weniger intellektuellen Ebene fortbestehen. Mit anderen Worten, für mich bleibt die Genese des Lebens unter der Herrschaft der Naturkräfte ein Studienobjekt. (Weshalb strebt die Statistik nicht dem Unorganisierten zu, das ist die höhere Frage; aber die Frage, die ich zu lösen habe, lautet: Angesichts des Umstandes, daß die Statistik auf das zunehmend Organisierte hintendiert... wie soll ich die Genese des Lebens in Funktion der Gesetze der Chemie und der Statistik ausdrücken?)

Da ich ja festlegen kann, welche Position der Planet Mars in fünfzig Jahren einnehmen wird, ist es notwendig, irgendwo, auf irgendeine Weise diese starre Marschroute zu durchbrechen. Aber ich bin vielleicht schon im Bilde, wenn ich weiß, daß die Position des Mars nur ein statistisches Gesetz ist; das erlaubt mir vielleicht den Gedanken, daß ich dort, wo es keine statistischen Gesetze gibt (wie im Falle der Elementarteilchen), nichts voraussehen kann; und es ist nur ein kleiner Schritt, bis sich hieraus das verschwommene Bild formt, es gebe kein denkbares statistisches Gesetz mehr für die Zukunft der Biologie oder für physikalische Gesetze, die neue Dezimalzahlen erreichen werden, oder für menschliche Hervorbringungen. Ich schicke mich an, in noch verschwommeneren und ungewisseren Begriffen zu denken: sollte nicht das Leben in gewissem Sinne die Statistik organisieren? Und wenn man sie zur Vergangenheit gewandt liest, erfindet die Historie das eindeutige Spiel der Naturgesetze – und wenn man sie zur Zukunft gewandt liest, wird die Historie unmöglich. Und außerdem erleidet sie immer Schiffbruch. So wird es begreiflich, daß man mit Gewinn über den Ursprung der Arten nachdenkt, denn die Vergangenheit erscheint uns stets als notwendig.

In diesem Konvergieren vom Determinismus des Keims und von der Einwirkung der Außenwelt auf das Leben zu: im Wunder der Konvergenz hat der echte Finalismus seine Berechtigung. Es ist absurd zu behaupten, der anfängliche Keim wolle Baum sein. Eben dieser Gesichtspunkt widerspricht der Idee der Wissenschaft und vermöchte den Fortschritt der Erkenntnis zunichte zu machen (ihm Einhalt zu gebieten), denn ich muß die Entstehung des Baumes allein durch die gegenseitige Abhängigkeit vom chemischen Determinismus des Samenkorns und der Einwirkung der Umwelt erklären. Weshalb diese gegenseitige Abhängigkeit ins Leben einmündet, ist ein Problem (dessen Beantwortung der Wissenschaft nicht möglich ist); und nichts könnte mich hindern zu sagen: »Weil solches der Wille Gottes ist.« Doch die Frage, die ich als Gelehrter mir stellen muß, lautet: wie spielt sich diese gegenseitige Abhängigkeit ab? ... Aber selbst wenn ich das *Wie* erklärt habe, werde ich das *Weshalb* noch nicht erklärt haben. Und das – höhere – finalistische Problem wird sich ebenso deutlich stellen, als wenn ich die Genese des Baums allein im inneren Determinismus des Keims zu suchen hätte. Die Konvergenz zweier Faktoren drängt keineswegs das Geheimnis zurück. Ganz im Gegenteil.

Das Törichte und metaphysisch Nutzlose im elementaren Finalismus besteht darin, daß er das Auge durch das Streben des Keims nach dem Auge zu erklären vorgibt. Er geht auf diese Weise der Suche aus dem Wege. Aber inwiefern ist das finalistischer?

Die Frage, die mich ängstigt, mich als Menschen ängstigt, lautet nämlich nicht: »Wie kommt es, daß das ist, was ist?«, denn ich muß in der Ordnung der Wissenschaft eine Antwort hierauf finden. Sondern: »Wie kommt es, daß das, was ist, danach strebt, hochwertiger organisiert zu sein als das Gewesene?« Der Nachweis, den der Finalismus, um gültig zu sein, erstreben muß, besteht darin, daß diese Frage einen wirklichen Sinn umschließt und daß sie nicht an der Klippe des Anthropomorphismus zerschellt.

Es erscheint angebracht, nach der Frage zu suchen, die der Finalismus sich selbst stellen muß.

Das Bewußtsein transzendiert die Intelligenz, obwohl die Intelligenz ohne Bewußtsein zweifellos kaum fortschreiten könnte. Es lenkt Überlegungen auf die Abstraktion hin, seine Wirkung ist aber vielleicht nur ein *Beherrschen.*

Eines weiß ich noch nicht: ob ein Brückenschlag möglich ist zwischen diesen Überlegungen über das Bewußtsein und den Problemen des Lebens – eine transzendierende Beherrschung.

Oder vielmehr: wenn es nie einen Sprung gibt, was nenne ich dann Beherrschung? Ist es nicht unerläßlich, eine elementare Unbestimmtheit bei den physischen Phänomenen anzuerkennen?

Die Antwort sollte eine Analogie mit der Entstehung des Buches der Geometrie ergeben. Auch hier gibt es keinerlei Sprung. Auch keinen *Indeterminismus.* Und doch wird die Materie fruchtbar gemacht, wenn man hier den Syllogismus als Materie bezeichnet.

Transzendierende Befruchtung. Augenscheinlich kann ich, unter strenger kausaler Verkettung, die logische Geschichte des Mannes schreiben, der seine Hütte verläßt, auf den Fluß zugeht und sich ertränkt, wenn ich hierfür lediglich die Vorgänge seiner Gehirnzellen studiere. Und das Bild wird sich in die Chemie übertragen, und wenn man von der Chemie ausgeht, wird alles logisch und klar sein. Die transzendierende Befruchtung ergibt sich auf einer anderen Ebene und vor allem in einer anderen Sprache: die Blondine, die in Peru wohnt; aber in der Ordnung der Phänomene ist sie ein Bild. Und die Psychoanalyse sucht nachzuweisen, daß dieses Bild sogar auf der Ebene der Chemie entstehen mußte, da es ja ein Symbol der Komplexe sei, deren Verwirklichung der Mann erstrebt habe. Freilich widerspreche ich mir selber mit dieser Bemerkung, da ich damit vielleicht den Determinismus in seine Rechte wieder einsetze. Das wahre Problem lautet: wie kommt dieses Bild hinein? Wo zeigt sich der Sprung, wenn es einen gibt? In welchem Augenblick ist das Individuum den Verkettungen der Kausalität entronnen? Genauer gesagt: ist dieser Sprung sichtbar im physikalisch-chemischen Ablauf, oder ist er mit Hilfe der physikalischen Unbestimmtheiten hineingekommen? Wodurch er sich der Analyse entzieht und in ein zusammenhängendes Ganzes eingeht. (Aber ist dann das statistische Gesetz auf die Lebensprozesse nicht mehr anwendbar?)

Jeder schöpferische Prozeß, der keine Wiederholung des Lebens ist, würde die Statistik zunichte machen. Ich habe kein Recht mehr, auf Wahrscheinlichkeiten zu setzen, sobald das Leben eingegriffen hat. Aber es greift nicht durch Wiederholungen ein. Es greift dadurch ein, daß es (einen Organismus der ersten Genese) begründet.
Mit anderen Worten, ich vermag mein Vorgehen in stoffliche Gestaltungen einzufügen; diese werden dann zu Gestaltungen, die weder wahrscheinlicher noch unwahrscheinlicher sind als andere, und derart, daß sie der Zufall allein hätte verwirklichen können.

Ein anderer Punkt besagt, daß diese Gestaltung nur für ein besonderes Bewußtsein (Kodex) Bedeutung hat; sie ist keineswegs an sich bedeutsam, wie das vielleicht beim Lebensvorgang der Fall ist. So wird zum Beispiel für einen Türken, der unsere Schrift nicht kennt, der Satz, den er betrachtet, in keiner Weise auf den Vorüberzug des Menschen hindeuten.
Ich begründe also einen Kodex. Ich entdecke, daß dieser Kodex irgendwo in der Welt angewandt worden ist, ich schließe daraus, daß jemand tätig geworden ist, der ihn kennt. Und ich schließe das mit Sicherheit.

Wissenschaft treiben, heißt keineswegs *voraussehen* mit Hilfe von Gleichungen, die – innerhalb der Wissenschaft selbst – ihrerseits nicht voraussehen, sondern der Philosophie Rechnung tragen; diese ist aus der Wissenschaft hervorgegangen, die hinwiederum den Fortschritt bestimmt hat. Einen Fortschritt, der von Begriff zu Begriff nicht hintereinander determiniert wurde (wären die Folgen grundsätzlich einbegriffen, wäre die Welt finalistisch), sondern jedesmal zu einer größeren Vereinfachung führte.

Der Unterschied zwischen Determinismus und Finalismus beruht darauf, daß gerade die Zukunft nicht in der Gegenwart enthalten ist, obwohl sie in unlösbarer Verbindung mit ihr steht. Mehrere mögliche und statistische Folgen.

Die Wissenschaft ermöglicht niemals *vorauszusehen*, oder, genauer gesagt, sie sieht nur Wiederholungen voraus. Eine Theorie wird begründet, um über eine Anordnung von Beziehungen zwischen den Phänomenen Rechenschaft zu geben; auf die Bilderwelt, die sich aus den Gleichungen herleitet, kommt es wenig an. Nur die Gleichungen zählen. Sie sind gültig bis zur... Dezimalstelle, und nicht mehr.

Wissenschaft treiben heißt, dadurch die Verkettung der Ursachen entdecken, daß man in die Vergangenheit zurückgeht

und – heute – die Beziehungen [erforscht], nicht aber die Zukunft voraussieht, das heißt die Berechnungsmethode für die nachfolgenden Dezimalstellen [anwendet]. Oder den Baum von der lebendigen Urzelle ausgehend voraussieht. Oder das Schicksal des Proletariats voraussieht. Die künftige soziale Welt denken, ist antimarxistisch.
Der Determinismus besteht in der Behauptung, der Baum sei durch eine erklärbare Verkettung von Umständen entstanden. Nicht in der Behauptung, die Kenntnis der Naturgesetze gestatte es, bei einem Studium der Urzelle Auge und Baum vorauszusehen, denn dann wäre dieser Gedanke rein finalistisch, das heißt sein Gegenteil.

Falls das Bewußtsein das Auge voraussehen kann, ist das Universum finalistisch.
Falls das Bewußtsein das Auge nicht voraussehen kann (und es kann es nicht voraussehen), besagt das, daß es nur dann eine Ursachenverkettung gibt, wenn man den Lauf der verwirklichten Ereignisse zurückverfolgt; daß hingegen vielfältige Möglichkeiten vorhanden sind, wenn man mit diesem Lauf mitgeht (die Mathematik ist deduktiv, aber die Intuition lenkt sie; sie ist deduktiv, wenn man den Lauf der Lehrsätze zurückverfolgt, intuitiv in Richtung auf die Zukunft).
Wenn die Psychoanalyse Richtung des Traumes ist, so erkläre ich keineswegs meinen Traum, wenn ich die Verknüpfung der gedanklichen Assoziationen wiedergefunden habe. Weshalb habe ich diese Richtung vorgeschlagen, wenn eine Unzahl anderer Richtungen möglich war?

Ich vermag die Fortschritte der Sprache nicht vorauszusehen. Auch nicht den Fortschritt der Gesellschaftsordnungen. Auch nicht den Fortschritt der lebenden Zelle.
Selbst der Marxismus widersetzt sich dem Finalismus. Die Synthese, neue Sprache, zerbricht den Determinismus in der Sprache. Ich lege mich also weiter hinten fest. Aber die Marxisten, die das nicht beachten, sind Antimarxisten. Und ich weiß nicht, ebenso wie ich nichts von der Sendung des

Proletariats weiß, wie die historische Sendung der Zelle aussah, die ein Auge werden wollte.
Unsere heutige Welt denken. Und ist das nicht eine ausreichende Arbeit? Eine hinlänglich ergiebige? Wie sollte ich an die Welt von Morgen denken, die sich menschlichem Begreifen entzieht, wenn ihr mir nicht in einer klaren Sprache die Widersprüche des Heute löst?
Vielleicht wird man eines Tages die Gesetzmäßigkeiten einer auf die Zukunft gerichteten Entwicklung entdecken. Im Augenblick berechtigt uns nichts zu dieser Annahme. Jede Voraussicht hat sich als falsch erwiesen.
Man hat zweifellos das Flugzeug vorausgesehen... Diesen Sophismus gilt es zu entlarven. Er besagt das: *Man hat danach gestrebt*... und offensichtlich hat man dieses Erstrebte verwirklicht. Es heißt das keineswegs voraussehen, es heißt erschaffen. Das Flugzeug ist dadurch entstanden, daß es ersonnen wurde. Oder ersehnt wurde. Es geht keineswegs um den aus seinem Samenkorn hervorgegangenen und prophetisch erahnten Baum, es geht um den ersehnten Baum. Und diese Erfindung ist finalistisch. Der Mensch – und sein Bewußtsein – leisten einen Beitrag zum Finalismus.
Doch auch das Leben hat sich vervollkommnet, und wenn das, wozu der Mensch fähig ist, nicht von der Seele stammt, so ist die lebendige Materie dazu fähig. Und wenn die lebendige Materie letztlich von keiner fremden Substanz herrührt, so ist allgemeiner die Materie, in irgendeiner Gestalt, hierzu fähig. Und so wäre das Universum finalistisch.
Das stört mich indessen in keiner Weise, wenn ich nach den Erfordernissen der wissenschaftlichen Sprache verstehen will. Denn wenn die Richtung in die Zukunft finalistisch ist, so weiß ich, daß ich beim Zurückverfolgen des Laufs der Ereignisse in der Lage sein muß, die Welt als Finalist zu beschreiben. Der Finalist ist richtig töricht, wenn ihm seine metaphysischen Ansichten diese Mühe ersparen.

Nichts steht im Wege, daß Ereignisse, die auf einer Ebene nichts miteinander zu tun haben, auf einer anderen Ebene miteinander verkettet sein können (Schritte auf den Fluß zu). So hat der Zufall keinen absoluten Sinn. Er ist lediglich Nicht-Erkennen.

Sich bewußt werden, ist die einzige gültige Denkoperation. (Newton hatte nicht nötig, eine neue Welt herbeizuwünschen); die Utopie besteht im verfrühten Voraussehen eines Details (Synthese der Namen).

Die Utopie besteht im Erfinden einer Gemeinschaftsform. Sofern ich keine schöpferischen Werkzeuge in Händen habe, kann ich nur ein Utopist sein, denn die Wahrheit wird erschaffen und nicht gefunden werden. Das einzige sinnvolle Vorgehen besteht darin, *Klarheit zu gewinnen;* die Gesichtspunkte und Begriffe auszuwählen, welche die Ereignisse der Epoche ordnen und sie verdeutlichen. Und mir genügt zu wissen, daß ich inmitten der Landschaft weiß, wohin ich gehen soll.

Das Unheil rührt davon her, daß man, in Auswirkung einer intellektuellen Betrachtung, natürliche Gleichgewichte verändert, deren *Sinn* unsichtbar ist und der sich vielleicht sogar schwer herauslösen läßt. Blinde Tatumstände können viel *Sinn* integrieren. Man glaubt, ummodeln zu können... So Léon Blum und die Ehe. Weiß er, daß er sich in einer Utopie ergeht? (Er erfindet die Zukunft, ohne sie zu erfassen; ohne zu wissen, daß entsprechend das *Gegenteil* entstehen wird.) So konnte ich mich durchaus irren, als ich darlegte, inwiefern die UdSSR die wissenschaftliche Hervorbringung begünstige, denn wenn sie dieser auch die Voraussetzungen schaffen mag, gefährdet sie vielleicht die erforderliche Atmosphäre.

Gäbe es Einbildungskraft des Auges, wie vom Flugzeug, würde das Auge entstehen, denn das Bewußtsein ist schöpferisch.

Keine der Erfahrung fremde Überlegung hat es Newton ermöglicht, sein Gesetz vom umgekehrten Quadrat zu begründen. Wäre es anders gewesen, gäbe es eine absolute Wahrheit (und die Theorien würden dann nicht durch Intuition, sondern durch Deduktion fortschreiten, und der Marxismus wäre falsch). Die Empiristen haben daher recht, wenn sie sagen, man könne nur von der Erfahrung lernen und jede rein intellektuelle Konstruktion sei sinnlos. Sie sehen bloß nicht – und das ist entscheidend –, daß die Vorstellung, welche begründet wurde, um von rein experimentellen Gegebenheiten Rechenschaft abzulegen, und die allein durch die Auseinandersetzung mit der Erfahrung bewiesen wurde – daß diese Vorstellung, die in einer Epoche ihr gültig Ausdruck verleiht, weit davon entfernt ist, experimentell zu sein, daß sie vielmehr etwas rein Geistiges ist. Sie ist keineswegs eine Wahrheit der Erfahrung. Sie ist eine Sprache. Allein durch den Geist begründet, hat sie nur einen Sinn in der Ordnung des Geistes und ist so wenig experimentell, daß sie sterben wird, um einer Vorstellung ganz anderer Substanz Platz zu machen, ohne daß dadurch – im Bereiche der ersten bekannten Dezimalzahlen – die Vorstellung, zu der diese Erfahrungen zuvor geführt hatten, irgendwie erschüttert würde.

Seid ihr zufrieden mit euren schönen gedanklichen Strukturen? Ihr seid nicht wählerisch, meine Freunde. Ihr Langevin, Jean Perrin... der von euch resümierte Marxismus: diese großartige Synthese von Widersprüchen? Aber dann waren auch Christus, Descartes, Newton, Leibniz, Lorentz Marxisten, und jener Marxist, der sogar die Feudalkultur einbegreift, ist ebenso verschwommen und allgemein wie eine gewisse [...], und die Vorstellung, die sich nicht an der Erfahrung mißt, ist ein abgestorbener Zweig.

Painlevé. Ich meine, es ist ein Sophismus zu sagen: ›Wie ist es nur möglich, daß sich ein Gelehrter solchen Formats, der zu derart wirksamen Synthesen befähigt ist, in das öffentliche Leben einmischt, statt sich in seiner Studierstube einzuschließen?‹ – während man hätte sagen müssen: ›Weil dieser Mann universal ist, sich nicht in seiner Studierstube einschließt, sondern sich in das öffentliche Leben einmischt, überall Strukturen beobachtet – deshalb kann er zu derart wirksamen Synthesen gelangen.‹

III

STRUKTUR DES UNIVERSUMS

Die Einteilung des Lebens in zwei Perioden: *vor dem Bewußtsein* und *nach dem Bewußtsein* ist anthropomorph. Und in der Tat: vom Gesichtspunkt des Sirius aus könnte niemand so urteilen.

Der Vitalist, der von einer Rückzugsposition in die andere zurückweicht und vorgibt, es gäbe ein gewisses Phänomen, das die Chemie-Physik nicht mehr erhellen werde, bezieht einen schlechten Stand. Denn wenn er immer weiter zurückweicht, wird er auf das Elementare oder den Ursprung stoßen, der sich stets der Analyse entziehen wird. Und es ist anthropomorph, zu behaupten, das Sichtbare unterscheide sich vom Unsichtbaren. Es liegt genauso im Sichtbaren, wie ich die Zwischenräume lesen sollte.

Und wenn das Leben meiner Ansicht nach das Zusammenhängende, die Beständigkeit in der Zeit ist, nicht nur eines Zustandes, sondern eines Zufalls?

Das Leben ist immerhin das – wie Eddington zu sagen pflegte –, was das Feuer im Winter leuchten läßt und bewirkt, daß sich Eis im Sommer bildet. Nichts stellt sich der Natur entgegen, wenn man unter *Entgegenstellen* einen physikalisch-chemischen Sprung in der Entwicklung der Erscheinungen versteht. Und freilich gibt es keinen physikalisch-chemischen Sprung bei der Entstehung jener Eisbildung, denn es wird mir gewiß auch gelingen, die Phänomene des Bewußtseins, welches das Eis ersonnen und im physikalisch-chemischen Ablauf ermöglicht hat, einzuordnen. (Im übrigen sind die Bewußtseinsphänomene, wenn es nicht irgendwo einen Sprung gibt, früher entstanden, als der anthropomorphe Anschein anzeigt. Ich nenne Bewußtseinsphänomen jenes Etwas, welches das Eis im Sommer und das Feuer im Winter hervorruft – oder das Emporwachsen des Baums gegen die Schwerkraft.)

Gewiß findet die Energie sich wieder. Sie wird nicht einfach erschaffen. Und die Energie kommt von der Sonne; aber ohne die Pflanze wäre sie von den Steinen empfangen, zerstreut worden und hätte die Entropie der Welt vermehrt. Das Leben ist ein Widerstand gegenüber den Gewinnen der Entropie. Insoweit das Fortschreiten der Entropie *Zeit* bedeutet, widersetzt sich das Leben dem Verrinnen der Zeit. Wenn meine Nachkommenschaft erlischt, wird die Entropie schneller wachsen.

Es gibt vielleicht das folgende Gesetz: jedes physikalisch-chemische Phänomen entwickelt sich gemäß dem größten Antrieb des Zuwachses an Entropie, aber die Lebensphänomene entwickeln sich, als ob der Gewinn an Entropie keineswegs das Maximum wäre. Und unter lebendigem Phänomen verstehe ich eines, in dem sich das Bewußtsein äußert. Wenn meine Kohle in der Natur brennt, brennt sie in der Luft und steigert die Entropie; aber wenn ich, Mensch, sie brenne, weiß ich, wohin meine Bemühungen als Dampfkesselingenieur gerichtet sind: es gilt durch das Verbrennen meiner Kohle, die Entropie der Welt so wenig wie möglich zu vermehren. Und ich will gerne zugeben, daß es zwischen meiner Stromerzeugungsanlage und der lebendigen Zelle keinen grundlegenden Unterschied gibt. Weiß Gott! Alle beide unterliegen dem gleichen Gesetz, das dem Reich des Bewußtseins angehört. Und umgekehrt: wenn ich eines Tages in einem Laboratorium eine lebendige Zelle bilden sollte, hätte ich nicht das Recht zu sagen, das Leben sei aus der Materie hervorgegangen. Sondern das Leben sei aus Materie plus Bewußtsein hervorgegangen. Wenn erst mein Bewußtsein aufhört, sich zu manifestieren, wird meine Stromerzeugungsanlage vom Rost zerfressen die Entropie der Welt vermehren.

Der gesunde mechanistische Standpunkt läßt sich wie folgt definieren: nichts wird jemals auf der physikalisch-chemischen Ebene den totalen oder partiellen Determinismus, an den mich die Wissenschaft glauben läßt, aus dem Feld schlagen. Nichts von den Lebensphänomenen wird jemals meine Wissenschaft widerlegen. Mein Finalismus, mein Vitalismus werden ihr niemals begegnen. Ebensowenig wie meine einmal in Gang gesetzte Stromerzeugungsanlage habe ich den Sprung entdeckt. Er widersetzt sich nicht der Wissenschaft: er bestätigt sie. Und doch haben transzendentale Elemente in den Kreislauf eingegriffen — oder haben ihn vielmehr beherrscht: das Bewußtsein des Gelehrten und des Ingenieurs. Aber dieses Eingreifen hinterläßt keinerlei Spuren in der Chemie und in der Physik.

Ich habe auf den vorhergehenden Seiten drei getrennte Ideen entwickelt, die es noch besser zu unterscheiden gilt:

a) Identität von Leben und Bewußtsein.

b) Das Leben führt die Welt zu den Zuständen, die am *unwahrscheinlichsten* sind (Eis im Sommer). Es ist nicht den statistischen Gesetzen unterworfen, die unter einem bestimmten Aspekt festgelegt sind (obwohl es gewissen, unter einem anderen Aspekt festgelegten statistischen Gesetzen unterworfen ist). Die Stromerzeugungsanlage ist nicht der wahrscheinlichste Zustand. Auch nicht die Organisation der Materie. Auch nicht der Rundfunksender. Vor allem nicht die lebendige Zelle, die der Chemiker bestimmt einmal erschaffen wird.

c) Niemals werden indessen die Gesetze des Lebens den Gesetzen der Materie widersprechen; der wohlverstandene

Vitalismus kann der Wissenschaft nicht schaden. Auch nicht das eigentliche Ziel der Wissenschaft zunichte machen. Im Gegenteil; sofern die Betätigung meines Bewußtseins zur Stromerzeugungsanlage führt.

d) Jede beliebige energetische Umwandlung strebt zu einem Zuwachs an Entropie, der geringer wird, wenn Leben und Bewußtsein auf den Plan treten (Baum oder Stromerzeugungsanlage); die Flüsse strömen dem Meer zu. Doch wenn der Mensch eingreift, ist der Endzustand nicht mehr der gleiche. Durch den Vorrat meiner Akkumulatoren wird der Entropie der Welt ebensoviel abgewonnen.

Das Leben ist der Prozeß, der die unwahrscheinlichsten Zustände verwirklicht. Wenn es ein *Leitprinzip* gibt, so bleibt dieses genauso unsichtbar wie das Eingreifen des Bewußtseins bei der Hervorbringung der Stromerzeugungsanlage. Eine transzendentale Aussaat, analog der, die fruchtbar macht: im Buche der Geometrie ist lediglich der Identitätsgrundsatz enthalten, dessen Kennzeichen ein steriler Syllogismus ist. Das Schöpferische liegt in der Richtung.

»Alle Richtungen sind möglich; wenn eine einzige schöpferisch ist, muß sie sich verwirklichen« – auf dieses Axiom lassen sich die Mutationen wie auch der reine Determinismus zurückführen.

Das Leben ist das, was die unwahrscheinlichsten Zustände anstrebt.

Das Leben ist gegen die Statistik zu definieren. – Es ist absurd, wenn man es, wie im Mutationismus, durch die Statistik zu erklären sucht. Wenn das Leben auf diese Weise im Gegensatz zur *Zeit* zu bestimmen ist, insoweit als die Zeit durch die Fortschritte der Entropie bestimmt wird, ist es vielleicht absurd, wenn man – wie im Fall einer Maschine – seine Entwicklung in der Zeit zu begreifen sucht.

Letztlich verstehe ich unter Freiheit das Vermögen, gegen die Statistik zu handeln (es gibt nur statistische Ursachen); und das wäre in der Tat ein Kennzeichen aller lebendigen Materie.

Sehr wichtig: Beobachtungen über verschiedene Ebenen erweisen, daß der Fortschritt, selbst der geradlinige, keineswegs das Vorauswissen der Zukunft, sondern lediglich das Bewußtsein der Gegenwart erfordert (und die begrifflichen Strukturveränderungen, zu denen dieses Bewußtsein ermächtigt – rein schöpferische Akte). Umgekehrt zeigt das Streben nach Unordnung oder zur Vermehrung der Entropie, daß kein Fortschritt ohne Bewußtsein denkbar ist. Die geradlinige Entwicklung auf einen hochgradig durchgebildeten Typ hin, den die Wahrscheinlichkeiten nicht erklären, setzt nicht den Begriff eines Finalismus voraus, welcher den Geist keineswegs befriedigt. Auf jeder Stufe genügt das Überfliegen durch das Bewußtsein.

Das Leben allein organisiert Energiereserven.
Es ist gewiß nicht ohne Bedeutung, daß, wenn ich nach einer Spur jener Energie suche, welche die Sonne seit einigen Millionen von Jahren an uns ausgeteilt hat (Erdöl, Kohle...), das Leben und das Leben allein die Reserven gebildet hat.
Der Planet ist weniger desorganisiert als er sein sollte, der Farnkräuter und der Fische wegen.
Das Leben widersteht der Zunahme der Entropie – und das Bewußtsein kann ihre Richtung umkehren. So der Teufel Maxwells.
Augenscheinlich muß man lange über diese grundlegende Frage nachdenken. Die Energie verfällt in jeder Gestalt, die sie annimmt. Das heißt, sie zerstreut sich. (Und meine Energie läßt sich nur zurückgewinnen, wenn das Gefälle ausreicht und wenn das Volumen, das sie einschließt, zugänglich ist und wenn sie hinlänglich organisiert ist.) Der Fluß in Bewegung stellt eine Reserve dar, nicht die Gegenströmung. Hundert Grad, die aus dem Dampfkessel hervorgegangen sind, nicht hundert Grad der Sahara am Äquator; hundert absolute Grade und nicht drei absolute Grade. Wenn ich mir nun Licht mache, habe ich die Energie des Wasserfalls verausgabt, die ein konkretes Kapital darstellte; sobald aber meine Lampe mir Licht gespendet hat, habe ich einen ge-

ringen Teil jener Photone zerstört um meines persönlichen Nutzens willen.
Und dabei läßt sich, theoretisch gesehen, diese Energie noch irgendwo wiedergewinnen – aber den größten Teil der Energie, die ich nicht in einem geschlossenen Kreislauf empfing, habe ich im Weltall verstreut, und wenn ich ihn nicht im Weltall verstreute, habe ich ihn mit einem Wort desorganisiert. Es gibt keine bevorzugte Richtung mehr und kein Werkzeug, das fein und bewußt genug wäre.
Wenn ich in eine Umfriedigung, in der sich Kugeln bewegen, eine weitere, mit einer gewissen Energie versehene Kugel einführe, ist diese Energie meßbar, da ich ja ihre Richtung im Verhältnis zur durchschnittlichen Bewegungslosigkeit kenne. Wenn ich aber infolge eines Aktes, der aus meinem Bewußtsein hervorgegangen ist, sie nicht zu erhalten vermochte, hat sich diese Energie nach kurzer Zeit zwischen allen Kugeln verteilt. Sie ist dann nur ein Bestandteil der durchschnittlichen Unbeweglichkeit.
In der Tat kann ich, wenn ich die Sonnenenergie aufspeichern will, entweder ein Wehr bauen: das heißt, genau gesagt, meine Kugel bewahren (ich hätte eine geneigte Ebene bauen können, um sie zu empfangen, und das ist ein Bewußtseinsvorgang) oder ganz einfach das Leben selber mit dieser Maßnahme betrauen, indem ich Kräuter wachsen und dann verfaulen ließe oder den Alkoholgehalt aus den Früchten gewänne. Der Bau meines Wehrs ist ein Lebensakt.
Auf diese Weise bewahrt die Pflanze das Licht – und ich kenne Höhlen, in denen das Moos, das im Umkreis der Lampen gedeiht, ihr Licht aufzufangen vermochte[17]. Eine mit Moos tapezierte Höhle hätte es vielleicht völlig aufgefangen.

Ich werde unbedingt die Rolle der Zeit betonen müssen. Ich bin in der Tat jedesmal betroffen, wenn man die Aufgabe der Wissenschaft als Voraussicht der Zukunft kennzeichnet. Es gilt diese Vorstellung entzweizuschlagen und darzutun, daß die Wissenschaft nichts *voraussagt*, weder den sozialen

Morgen (Prämien) noch den biologischen Morgen (Entwicklung auf die Zukunft hin), auch nicht die ergänzende Dezimalstelle, die nicht dazu taugte, die in Gebrauch stehende Theorie aufzubauen, und die erst recht nicht für die neue Theorie taugt, welche die alte in sich aufnehmen wird. Wenn Le Verrier rechnet und wenn Herschel den *neuen Planeten* findet, so gehen sie in der Tat lediglich davon aus, daß sich das Weltall in fünfzig Jahren nicht hinreichend entwickelt hat, um die für eine bestimmte Zahl von Dezimalstellen gültige Newtonsche Vorstellung zu entkräften, und so sehen sie nur eine *Wiederholung* voraus. Die Wissenschaft ist die Voraussicht von Wiederholungen, und wenn man mehr zu entdecken vorgibt, wird man zweifellos dartun können, daß sich dieses Neue durch Umwandlung auf eine bloße *Wiederholung* zurückführen läßt (daher das Interesse an Umwandlungsmodalitäten wie beispielsweise der projizierenden Geometrie). Ich finde die Identität wieder, und das ist ganz natürlich, da ich ja nichts anderes in die Gleichungen eingeführt habe.
Die Wissenschaft ist die Erforschung und die Entdeckung der (verborgenen) Identitäten, aber es gibt, an der Peripherie der Erfahrung, eine nicht gemachte Erfahrung, die sich noch mit nichts identifizieren läßt (siehe den Zusammenhang mit der Philosophie des Auftauchenden).
Vielleicht: das Geheimnis in einem bestimmten Zeitbegriff (die Zeit, die *hinzufügt*, ist keineswegs die Zeit, die *entfaltet*).

Es erhebt sich die Frage: wirkt das einmal gewordene Ganze auf die Teile zurück? Das ist evident in der geistigen Ordnung (das Haus, welches die gefühlsmäßige Bedeutung meines Bettes verändert). Aber wirkt das einmal gewordene Atom auf das Elektron zurück?

So wäre die Vergangenheit ein *gewordenes* Ganzes und transzendierte das, was sie als Zukunft gewesen ist.

Die Zeit in die Geometrie einführen – heißt das nicht ihr Wesen negieren (zumindest gewisse ihrer Eigenschaften)? Und wenn wir hinsichtlich der Zeit nicht frei sind, so sind wir auch nicht frei hinsichtlich der Geometrie. Der Mond läuft um die Erde. Er kann nicht in dynamischem Sinne einen anderen Umlauf vollziehen. Das beruht auf der Dimension der Zeit.

Der Irrtum steckt offenbar darin, daß man diese von anderen unterscheidet. Doch dann kommt der Fall des Elektrons, das durchaus die Unbestimmtheit bedeuten kann. Wenn es mehrere Richtungen einschlagen kann, widersetzt es sich nicht nur der alten Dynamik, sondern auch der neuen Geometrie.

Offensichtlich liegt der Irrtum in den Bildern, die Vergleichsglieder sind. Indessen gewinnt der Geist, wenn es zutrifft, daß die Mathematik aus Gesetzen hervorgeht, aus ihnen auch die Metaphysik. Wenn ich mir nichts vorstellen kann, kann ich zumindest *begreifen.*

Es ist der eigentliche Sinn unserer Fragen, der die Einführung jener Zeit erfordert, welche sich von den anderen Raumdimensionen unterscheidet. Ich frage mich: *Was wird hinterher geschehen?* und nicht: *Wie sieht der ewige Zustand aus?*

Die Berechnung einer Position und einer Geschwindigkeit ist somit ebenfalls ein statistischer Denkvorgang. Doch dann ist es der Sinn dieser Begriffe, der statistisch ist. Ein Körnchen der Materie gehorcht keinerlei Geometrie. Doch zu mehreren gehorchen sie. Es ist nicht einmal die Materie, die der Geometrie gehorcht, sondern die Materie selber bringt sie hervor.

Die Zeit wäre jenes Bindemittel, das die Welt aus etwas Zusammenhanglosem zu etwas Stetigem werden läßt. Ich muß wegen des Zeugnisses meines Bewußtseins – die Dauer des Objekts – annehmen, daß sie stetig ist.

Doch das ist keine Eigentümlichkeit der Zeit. Die Unterdrückung jeder anderen Dimension läßt die Welt ebenfalls

zusammenhanglos werden. Ich habe dann nur noch parallele Schichten von *Zuständen.*
Ich brauche genügend Dimensionen, um die Identität zu sichern. Diese Identität deckt sich mit den Gesetzen. Und ich sage: »Der Mond dreht sich um die Erde.« Das ist eine Identität, die ich in Gefahr bringe. Ich kann keineswegs die Identität meines Elementarteilchens garantieren (das versteht sich, wenn sie nicht existiert).
Oder hat etwa meine Geometrie keinen Sinn? Man müßte die Axiome wieder vornehmen, wenn man das Elektron betrachtet; von einem Punkt aus kann man eine Parallele zu einer geraden Linie ziehen, und eine einzige...

Das Kontinuierliche ist die Wissenschaft des Potentiellen, das Zusammenhanglose ist die Wissenschaft der Existenz. Ein Feld ist kontinuierlich, der Raum ist kontinuierlich, aber wenn sie auf irgendeine Weise – durch Wirkung, Reflex oder Zeichen – spürbar werden, so drücken sie das Zusammenhanglose aus. *Kontinuierliche Bewegung* ist zweifellos ein Nonsens. Dann entsteht das Unzusammenhängende. Mein Licht ist lediglich potentiell, wenn es durch nichts kundgetan wird. Ich habe nicht das Recht zu sagen, daß es sich bewegt, insoweit ich ihm Existenz verleihe. Wenn es existiert, bewegt es sich nicht mehr. Es ist. Ich habe das Zusammenhanglose hervorgebracht. Das Potentielle hat Geschwindigkeit, aber keine Gegenwart. Die Manifestationen haben eine Gegenwart, aber keine Geschwindigkeit. Und wenn ich mein Elektron zwinge zu existieren, kenne ich seine Geschwindigkeit nicht. Und wenn ich die Geschwindigkeit einer Elektronen-Möglichkeit kenne, so kenne ich ihre Gegenwart nicht.

Die Gegenwart ist unzusammenhängend: sie ist Treffpunkt eines Wurfgeschosses in der Zeit und im Raum. Doch das Potentielle ist lediglich eine Beziehung zwischen Raum und Zeit und nichts weiter.

Die Materie ist nur eine Wirkung der Struktur von Raum und Zeit, aber wenn ich sie kenne, so heißt das, daß ich Raum und Zeit fixiert habe. Es ist dann sinnlos, von Bewegung zu sprechen. Was ich Bewegung nenne, sind nur Beziehungen geometrischer Strukturen zwischen meinen Koordinaten. Diese Beziehungen berühren nicht das zu spezifizierende Objekt. Das Objekt beginnt zu entstehen, wenn ich nicht mehr die Beziehungen festsetze, sondern bestimmte Koordinaten betrachte.

Wenn ich Beziehungen zwischen den Koordinaten ins Auge fasse, habe ich Bewegungen, aber keinerlei Objekt. Wenn ich spezifische Koordinaten ins Auge fasse, ohne ihre Beziehungen zu erwägen, habe ich Objekte, aber keine Bewegungen.

Doch den Block der Materie selber, der sich in Reichweite meiner Sinne befindet, kenne ich nur durch die Elemente, die ich darin *festgelegt* habe, und die Bewegung, die mich meine Beobachtungen erraten ließen, ist lediglich die Bewegung einer wahrscheinlichen Gegenwart, denn vom Objekt habe ich nichts erfahren, abgesehen von unbeweglichen Botschaften.

In der Tat ist meine Überlegung irrig, wenn ich zugleich seine Position und seine Geschwindigkeit zu kennen glaube; ich kenne die Position konkreter, unbeweglicher Objekte und die Geschwindigkeit eines nicht konkreten Potentiellen. Aber ich identifiziere im Geiste jene Objekte mit dem Potentiellen, das sich in Bewegung befindet. Ich kenne die Position eines bestimmten Elektrons, die potentielle Geschwindigkeit von anderen, und so identifiziere ich sie. Dieser Denkvorgang ist unmöglich, wenn es im Bereich des Zeitbegriffs gar keine Familie von Elektronen gäbe, die miteinander übereinstimmten; denn entweder halte ich das Elektron fest – und dann ist es unbeweglich –, oder ich messe seine Geschwindigkeit, und dann ist es nicht mehr bekannt. Der Beweis dafür ist, daß, wenn dieser Körper nichts ausgestrahlt hat, die Kenntnis, die mich seine Existenz bejahen läßt, definitionsgemäß in keiner Weise eine Kenntnis seiner selbst bedeutet. Ich kenne nichts als Felder, das heißt eine bestimmte Struktur von Raum und Zeit, die es mir ermöglichen wird, die wahrscheinliche Existenz meines Körpers an einem gegebenen Ort, zu einer gegebenen Zeit zu berechnen; und da sich mein Körper aus zahlreichen Elementen zusammensetzt, wird die Wahrscheinlichkeit zur Gewißheit.

Ich nenne Masse den Grad an Gegenwart von 1/h[18].

Die Physik des unendlich Kleinen kümmert sich ausschließlich um den Übergang vom Potentiellen zur Existenz (ohne welche dieses Potentielle unbekannt bliebe).

Die Physik des unendlich Großen kümmert sich nicht mehr um das Potentielle, da sich das Problem der Existenzäußerungen nicht mehr stellt, soweit ich in jedem Augenblick über unbewegliche Emanationen verfüge. Wenn ich keine Quantenphysik mehr treibe, so liegt das nicht daran, daß sie keinen Zweck mehr hätte, sondern daß ich für sie kein innerliches Bedürfnis verspüre.

Die Bahn des Elektrons entspricht der geradlinigen Welle; aber es ist eine in sich geschlossene Wahrscheinlichkeit. (Die Masse könnte das Maß an Wahrscheinlichkeit sein, denn wenn die Geschwindigkeit unendlich ist oder, genauer gesagt, der Lichtgeschwindigkeit gleicht, wird die Wahrscheinlichkeit von Gegenwart unendlich.)

Die Wellenbewegung könnte gut dazu dienen, eine Wahrscheinlichkeit von Gegenwart zu berechnen (aber dann spielt auch die atomare Revolution hinein. Und die Feststellung, daß es fünf Elektronen gibt, heißt, daß es fünf Bahnen gibt, das heißt fünf Wahrscheinlichkeiten, das heißt einen Zuwachs an Masse).

Im Grunde ist es das gleiche Bedürfnis (das Bedürfnis, mein Phänomen im Rahmen der üblichen Vorstellungen von Raum und Zeit auszudrücken), welches mich nötigt, die Dualität Welle–Korpuskel oder Position–Geschwindigkeit zuzugeben. Teilchen, insofern ich eine Position ausdrücke, Welle, insofern ich eine Geschwindigkeit ausdrücke. (Nur ein Potentielles kann sich in Raum und Zeit verändern.)

Wenn der Geschwindigkeitsbegriff völlig vom Positionsbegriff zu trennen ist – weshalb sollten dann Veränderungen meiner Position auch meine Geschwindigkeit betreffende Veränderungen herbeiführen?

Da ich anthropomorphen Vorstellungen entsagt habe, deren Unergiebigkeit ich dem Studium des Atoms wie der Nebelflecken entnahm, sehe ich Hunderte grundlegender Materien entstehen:

a) Ein Feld ist insoweit stetig, als es die Kenntnis einer Möglichkeit von Aktionen darstellt. Und ich erfasse keineswegs das Objekt. Es überantwortet mir noch keine Energie. Es verwandelt sich nicht.

b) Die Bewegung eines Elementarteilchens wie des Photons ist stetig. Doch es handelt sich noch keineswegs um ein identifizierbares wirkliches Photon. Der wirkliche Identifizierungsprozeß ist die Verwandlung. Ich umschreibe konkrete Wirklichkeit mit Verwandlung oder Veränderung der Ebene. Mein Photon ist nur insoweit wirklich, als es sich in ein Elektron verwandelt. Es ist dann zusammenhanglos. Ich kann ihm dann Koordinaten in Raum und Zeit beifügen, aber ich kann nicht in richtiger Weise – denn solch eine Operation wäre ohne Bedeutungsgehalt – daraus Beziehungen zwischen diesen Koordinaten herleiten.

Wenn eine Beziehung zwischen den Koordinaten besteht, ergibt sich die Möglichkeit der Existenz, welche stetig ist. Wenn es Existenz gibt, bestehen ganz einfach Koordinaten, aber keine Beziehung. Ich habe bei meinem Photon die Wahl: entweder lasse ich es existieren (das heißt sich verwandeln), und dann kenne ich seine augenblickliche Position, oder ich definiere die Wahrscheinlichkeit an Gegenwart, und dann habe ich dieses potentielle Photon. Ich kann die Geschwindigkeit definieren. Das heißt, eine Beziehung zwischen dem Raum und der Zeit. Doch dann ist ihm noch kein Platz zugewiesen, weder im Raum noch in der Zeit. Es existiert noch nicht.

IV

ÖKONOMISCHES

Absurd der Begriff der Klasse, des Industriellen, des Ausbeuters. Es gibt nur Menschen. Die Verkündung der Kategorien hatte hier schon alles verfälscht.

Im Jahre 1840 standen die Inhaber der großen Vermögen im Gegensatz zu ihren Lohnempfängern, die *für sie* die ersten Schlösser, die ersten Maschinen bauten und die ersten Produkte hervorbrachten. Aber mit den Fortschritten des Maschinenwesens fiel ihre Prosperität immer mehr mit derjenigen ihrer Lohnempfänger zusammen, denn fortan bauten die Inhaber der großen Vermögen Autos, um sie an ihre Lohnempfänger zu verkaufen.
Abgesehen davon, daß es immer schwieriger wird, den Ingenieur oder den Industriedirektor in der einen oder der anderen Klasse unterzubringen, hat der Klassenbegriff aus dem vorstehend angegebenen Grund seine Wirksamkeit eingebüßt. Er erhellt nicht mehr, was nicht in Ordnung ist.

Linke: der gleiche Wortschatz wie zu der Zeit, als Renault Autos für Renault fabrizierte.

Einer der Gründe, die den Klassenbegriff überholt erscheinen lassen, besteht darin, daß das Proletariat selber in wirtschaftlicher Hinsicht die Rolle eines Kapitalismus spielt.
Das folgende Dilemma erkenne ich nicht an: »die Großen kotzen machen« oder »die Kleinen aussaugen...« Man argumentiert, als wenn die Summe der Kaufkraft der einen und der anderen gleich groß wäre wie das Sozialprodukt und es im übrigen nicht absorbierte. Als wenn die Armut der Kleinen aus dem Reichtum der anderen gezimmert wäre (was durch die amerikanische Prosperität des Jahres 1928 eindeutig widerlegt wird). Es trifft das nur zu in einer sozialistischen Gesellschaft, in der sich das Problem der *Aufteilung*

stellt, aber hier geht es um *Verteilung*, und an die Großen selber wird das Sozialprodukt keineswegs verteilt.
Es beruht auf dem (falschen) Verteilungsbegriff, daß sich die Leute von links – trotz des ganzen Durcheinanders der Phänomene, das sie deutlich empfinden – gedrängt fühlen, das *Experiment zu riskieren* und die großen Einkommen zu köpfen. Und trotz der präzisen und wohlbegründeten Einwände ihrer Gegner werden sie nicht – ohne sich den Anschein zu geben, sie würden sich untreu – auf diese Methode verzichten können, obwohl sie zu nichts führt... oder zum russischen Kommunismus, der das wieder aufwerten wird, was man zunächst zerstört hatte; aber weshalb dann zerstören?
Ich nenne es nicht Gerechtigkeit, wenn man dafür sorgt, daß die einen ihrerseits durch die anderen ersetzt werden und daß man den Kohlentrimmer einige Stunden lang, um ihn für die erlittenen Demütigungen zu entschädigen, im Palast unterbringt.

Gerechtigkeit: der andere zeigte mir das Schloß und sagte mir: ›Ist es gerecht, wenn ich in meiner Strohhütte leben muß?‹
Nein, im Hinblick auf den nivellierenden Gleichheitsbegriff, ja, im Hinblick auf andere Begriffe, und das hängt völlig davon ab, welche Welt hervorgebracht wurde. Deshalb erschien in früheren Zeiten die Sklaverei sogar den moralischen Eliten nicht als ungerecht.

Die Steuer, die von 75 000 Francs an rapide zunimmt, ist eine rein demagogische Maßnahme. In der Tat bringen die Steuern, die von Einkommen über 100 000 Francs erhoben werden, dem Staatssäckel nur 300 Millionen ein, und ihre Erhöhung wird nicht einmal einen Mehrertrag von 100 Millionen ausmachen (zwei Francs pro Franzosen und pro Jahr!).
Wenn hingegen eine auf die Existenz derartiger Vermögen gegründete Wirtschaftsordnung zusammenbräche, würden

der Juwelier und der Fabrikant von Luxuslimousinen ihre Tore schließen, denn sie hätten dann keine Daseinsberechtigung mehr, und die wirtschaftliche Erschütterung wäre größer als die Vorteile.
Nun ist aber, absolut gesehen, nicht die Existenz einer außergewöhnlichen Kaufkraft das Anstößige, sondern der schlechte Maßstab, nach dem die Auswahl getroffen wird. Dem genialen Erfinder, dem großen Musiker sollten der schattige Park und die Luxuslimousine zugute kommen. Die Geldaristokratie deckt sich nicht mit der wahren Aristokratie. Die sozialen Reformen sollten die Erneuerung einer derartigen Aristokratie anstreben, aber auch eine Wirtschaftsordnung ins Spiel bringen, die es ermöglicht, alles zu konsumieren. Denn es mag anstößig sein, daß einer vor den Augen eines verhungerten Arbeitslosen ein Piano kauft, aber gleichwohl zeugt der Kauf eines Konzertflügels von höchster Menschenwürde. Gewiß, zuerst muß man es dem Arbeitslosen ermöglichen, daß er essen kann, aber man darf das nicht demagogisch dadurch ausgleichen, daß man den Verkauf von Konzertflügeln sperrt. Und in der Tat handelt es sich dabei nicht um eine wirtschaftliche Lösung, sondern um einen moralischen Ausgleich, der sich unglücklicherweise gerade gegen den Begriff von Größe, Luxus, Würde und geistiger Erhebung richtet. Die anteilmäßige Verteilung von Konzertflügeln an die Arbeitslosen würde Null ergeben (einen Franc pro Mann im Jahr...), und es ist gut, daß sich in einer Gesellschaft dieser Ansporn zum Wetteifer, diese Hoffnung oder, genauer gesagt, dieses Bild menschlicher Größe erhalten. Die Angehörigen eines Volkes, das eine Königin sein eigen nennt, haben ein wenig königliches Blut in ihren Adern.

Das Verschwinden der *großen Vermögen*, die mir persönlich ganz gleichgültig sind, ängstigt mich nicht wegen der *Reichen*, sondern gerade wegen der *Armen*, die dadurch etwas mehr vertieren, so daß sie lieber Traktoren oder Schemel fabrizieren, statt zu vergolden, kunstvolle Einbände, Qualitätsuhren herzustellen usw. ... – sie werden etwas abge-

stumpfter, aber etwas fetter. Ist der Gewinn ein Ausgleich für den Verlust?
Denn nicht durch den Gebrauch des Arbeitsertrags ist man gesittet, sondern durch die Arbeit selber, durch die Art der Tätigkeit. Und der Kunstarbeiter, der schlecht ißt, steht auf höherer Stufe als der Handarbeiter, der gut ißt. Oder vielmehr: der Hersteller des Kunstgegenstands ist dessen Empfänger überlegen. Gleichwohl ist es nötig, daß der Gegenstand empfangen werde.
Und die chinesische Tasse ist den Preis eines Menschenlebens oder etwa eine Million Francs wert; es muß aber auch den Grandseigneur geben, der sich bereit gefunden hat, dem Künstler fünfzig Jahre lang ein Obdach zu gewähren und ihn zu kleiden, um zu erleben, wie die Tasse in seinen Besitz gelangt. Andernfalls ist der Künstler gezwungen, Gegenstand gegen Gegenstand auszutauschen, das heißt, Tassen in Serien herzustellen.
Oder der Staat wird die Tasse kaufen, aber er kauft nur eine Tassenform – und eine durch Abstimmung ausgewählte, das heißt eine banale.

Den Maler durch das Volk wählen lassen, welch ungeheuerliches Paradox, da doch die neue Malerei immer erst nach Schulung des Auges begriffen wurde. Ablehnung aller Fermente.

Ist das Museum das Leben wert? Kann der Nicht-Widerspruch die Schöpfung begünstigen? Ist die Aufspeicherung des Objekts ein so unbedingtes Vorrecht? Gibt es ausreichende Beständigkeit im Staate? Und ist schließlich diese Verzögerung ohne weitere Wandlung es wert, daß Blut fließt? Sieht man also vom Fall des Begünstigten ab, der keineswegs angriffslustig ist, so stellt sich nur noch ein Problem: das des Gefüges. Und wenn der Sozialismus dieses verändert, so heißt das, daß dessen Moral die folgende ist: du, Goldschmied, du, Maler, du, Philosoph, ihr nährt euch

vom Blut der Arbeiter, deren Produkte ihr verbraucht. Geht also ebenfalls Kohl bauen!
Ihr habt kein Recht, Gegenstände zu produzieren, die sich nicht an alle verteilen lassen (etwa einen Kunstgegenstand), weil sie zu viele Menschenzeit vereinnahmen. Jeder, der den Gegenstand mit Liebe behandelt, jeder, der die chinesische Tasse malt, jeder, der stickt, dekoriert, monatelang seine Altardecke verbessert, ist unsittlich. Sittlich ist nur die Tätigkeit des Herstellers großer Serien, denn der Umstand, daß einem die Tätigkeit des ersteren zugute kommt, würde ein Privileg darstellen. Die Gesellschaft darf also nicht mehr zum Licht streben, sie darf nicht mehr ihren Kunstgegenstand wie eine Blume züchten. Sie darf nicht mehr leben um der Liebe willen. Verwaltungsmäßig, und um etwas davon zu erhalten, wird der Staat Stilpflichten auferlegen. Und so wird der Kunstgegenstand zu einem Schulpensum werden wie Vergil und nicht zur Labsal des Gebildeten. Gide allein kann die häßlichen Gegenstände in der UdSSR bedauern und im gleichen Atemzug einen noch gleichmacherischeren Sozialismus herbeiwünschen, wobei er nicht begreift, daß dieser Sozialismus der großen Serie (der einzige Aspekt, unter dem ihm ein konkreter Sinn innewohnt) und die Verdammung des Zeitluxus identisch sind. Wir aber, die glauben, daß das Gedicht, wenn es Schönheit ist, ein langes Jahr menschlichen Lebens gekostet hat – und desgleichen das von frommen Händen gestickte Meßgewand – und so auch die chinesische Tasse, bei welcher der Künstler sein Leben verbrannt hat, um eine Linie herauszuläutern; wir, die wir meinen, man müsse sich opfern, um die menschliche Würde auf den Gegenstand zu übertragen; wir, die wir an die Wahrheit dieses geheimnisvollen Kultes glauben und an die Gegenstände des Kultes, wir wünschen vor allem eine Gesellschaftsordnung, die ihn ermöglicht. Was nun das Problem des Begünstigten angeht, der sich definitionsgemäß nicht mit der Masse decken kann, so betrachten wir das als nebensächlich, denn es schert uns wenig, ob es sich um einen privaten Mäzen oder den Staat handelt. Und wenn wir uns nach der

einen oder der anderen Richtung entscheiden sollten, so würden wir dem privaten Mäzen den Vorzug geben.

Der Sophismus Gides. Denn der Kunstgegenstand kann nur durch ein Kollektiv erworben werden. Das raubt ihm jede menschliche Bedeutung. Und der Durchschnittsgeschmack der Masse läuft auf das hinaus, was er haßt: auf Rußland. Im übrigen wird sich stets das Problem des Stoffes stellen, und infolgedessen: wie sittenlos handelt einer, der seine Liebessonette schreibt, während es nicht genug Weizen gibt. Möge er doch den Acker bestellen!

Die Göttlichkeit drückt sich aus durch den einzelnen, der dem Durchschnittsgeschmack zuwiderhandelt.

Abscheuliche Schöpfung des Menschen Anno 1926 und seiner Beziehungen zum Schrott. Abscheuliche amerikanische Businessleute. Abscheuliche Verteiler und Verbraucher häßlicher Gegenstände. Diese Massen werden nicht mehr durch ihre Gewänder verklärt.
Alles in allem kann einer daherkommen und mir sagen: »Ich bin damit einverstanden, daß jede wirtschaftliche Veränderung nur insoweit einen Sinn gewinnt, als sie auf die Struktur einwirkt. Aber wenn man alles richtig bedenkt, sind der Goldschmied und die Kultur, die sich von ihm herleitet, das Elend nicht wert, das ich vor Augen habe. Wenn ich von einer Einwirkung auf den Nutznießer nichts erhoffen kann, trage ich keine Bedenken, mich an den Kunsthandwerker zu wenden und ihm zuzurufen: ›Du verbrauchst Produkte, auf die deine unfruchtbaren Spielereien dir kein Recht verleihen. Gib diese sinnlosen Bemühungen auf und produziere uns Kartoffeln!‹« Doch solch einem kann ich antworten: Mit welchem Recht wählst du gerade die Goldschmiedekunst als eine Tätigkeit aus, die es zu opfern gelte? Während du dich damit abfindest, daß Kaugummifabrikanten fortbestehen? Opfere doch diese zuerst der Größe des Menschen!

Im eigentlichen Bereich des Lebensstandards fällt dem Kapitalisten eine Aufgabe zu. Sobald er sich gekleidet, ernährt und eine Wohnung beschafft hat, sobald er sich ein Auto gekauft hat – (das Spiel ist ein Austausch, der mit einer weitgehenden Rückerstattung – Spielgebühr und Steuer – an die Allgemeinheit verbunden ist, und hat keinerlei Bedeutung in der Wirtschaft, abgesehen von der möglichen Unordnung; das Spiel ist keineswegs eine *Ausgabe*), dann kauft er sich Gemälde, das heißt, er unterhält das Heer der Maler wie auch der Kunsttischler, der Einbinder von Luxusbänden – das Heer all derer, deren Arbeitsertrag sich nicht unter alle aufteilen läßt. Denn wenn ich auch unter alle das Brot aufteilen kann, vermag ich das nicht mit Kaviar oder den Bildern Claude Monets zu tun. Die Privilegierten müssen sie kaufen. Privilegierter kann der Staat sein, aber im Augenblick wird der Lehnsherr dieses Amt ausüben.
Es ist mir im übrigen gleichgültig, wenn ich erfahre, daß er im allgemeinen schlechte Malerei kauft, denn damit große Maler entstehen können, müssen viele Maler ihr Leben fristen und somit ihre Werke verkaufen. Das ist ja gerade die These der Linken über eine allgemeinere Verteilung als innerhalb einer Kaste.

Aber mehr noch: es ist mir ebenso gleichgültig, zumindest teilweise, wenn die derart erschaffenen Bilder bei ihm gelagert werden (und sie bleiben dort nur drei Generationen: Erbfolge). Ich kann einerseits diesen Luxus als Belohnung für eine gute Geschäftsführung ansehen, aber vor allem beruht die Kultur nicht auf dem mehr oder weniger erleichterten Zutritt zu den Museen, sondern auf der Zahl der Maler, die malen. Auf der Aktivität der Malerei und der Begeisterung der Schulen.
Dieses für den Luxus der Kunstwerke aufgewandte Geld reduziert den Lebensstandard des gesamten Landes nur insoweit, als die Maler, die vom Vorrat der Wirtschaftsgüter leben, Malerei hervorbringen statt Wirtschaftsgüter. Wenn man Renault den Vorwurf macht, er *vergeude* das Geld

durch den Kauf von Gemälden (er beute die Arbeiter aus, der Malerei zuliebe), so ist dies das gleiche, als wenn man bedauert, daß die Tätigkeit der Lohnempfänger in diesem Land nicht ausschließlich materialistisch ist. Man könnte nur mit einigem Grunde – aber wie sekundär wäre das! – die vorübergehende Aufspeicherung der Malerei bei Renault statt in den öffentlichen Museen beklagen – in den Museen, wohin sie automatisch nach drei Generationen (Vermächtnisse und Verkäufe auf Grund der Erbauseinandersetzungen) gelangen wird.

Im kommunistischen System spielt der Staat die Rolle des Lehnsherrn und speist die Kultur. Doch dann entsteht ein anderer schwerer Nachteil, auf den wir noch zurückkommen werden (und der anscheinend in der UdSSR zu befürchten ist): die Einheit der Doktrin. Tausend Mäzene fördern alle Richtungen; der Staat eine einzige: eine Schöpfung, aber eine eingemauerte. Gebremst wird vor allem die geistige Hervorbringung, die ihrer Definition nach im Gegensatz zum geltenden System steht. Man wird – und vielleicht besser – allen Gewinn aus den geltenden Systemen herausholen, sodann aber nicht mehr fortschreiten. Wo bleiben die kleineren Mäzene, und wer hätte in der Sowjetunion Breton oder Aragon ernährt?
Schließlich fragt es sich, ob die Gesamtheit der Feudalherren, ihrer Lakaien, ihrer Verwalter (ihrer Vergnügungen) die Allgemeinheit (kommt weniger zur Verteilung, wenn erst ihr Anteil am Sozialprodukt abgeschöpft ist?) stärker belastet als der russische Verwalter. Ist nicht Trotzkis Kritik eine Kritik nicht nur an Stalin, sondern an der Revolution selber?
In der Tat wird das Kapital in den Haupterwerbszweigen – Nahrung, Kleidung – wenig verringert. Jedenfalls muß dieser Verlust im Verhältnis zur Bevölkerungszahl bemessen werden.

Das wirkliche Problem stellt sich durch diese Menschenmasse, die keinen menschlichen Sinn mehr hat und die auf die Entwurzelung durch die Maschine zurückgeht.
In dieser Welt, die schon ohne Wälder ist, ist sie ihren Traditionen entflohen und den natürlichen Zyklen entfremdet. Materie produzieren und verbrauchen ist keineswegs etwas, was ihr genügen kann.

Deutlicher noch, wenn das möglich ist, gilt es, die Menschen vor einer trügerischen Hoffnung zu bewahren.
Die Revolution bereitet durchaus nicht durch einen einfachen Vorgang das Wachsen des Lebensstandards vor. Dieser ist, grob gesagt, nur vom Wert der Technik, des natürlichen Reichtums und der Ausstattung des Gebiets mit Bodenschätzen abhängig (er ist auch verknüpft mit der Geburtenpolitik).

Der Kapitalismus mündet jedoch in Sackgassen, die diese Produktion selber beschränken, oder er führt zu ungeheuren Arbeitsleistungen, die menschlich gesehen unfruchtbar sind wie beispielsweise die Rüstungen (Budget!). Diese beschneiden den Lebensstandard weit mehr als die Gewinne Herrn Renaults. Überdies bieten sie nicht als Ausgleich die Steigerung der kulturellen Leistungen. Die Ästhetik einer Kanone bleibt mittelmäßig. Letztlich begründet sie eine Moral und eine Wertskala, welche der Geistigkeit schadet, die sie angeblich verteidigt. Die schöne Moral fand sich im 16. Jahrhundert. Der [wirkliche] Sozialismus kann den Menschen zu ihr hinführen, ich werde später darauf zurückkommen.

Alles in allem besteht ein Parallelismus zwischen der Equipierung und dem Sozialismus. Man kann in diesem Fall die Wirkung als Ursache nehmen. Es ist jedenfalls schon verwirrend, daß das Fortschreiten des Lebensstandards der Arbeiter, die dem Anschein nach auf die wachsende Wirksamkeit des Sozialismus zurückgingen, so streng parallel mit dem Fortschritt der Equipierung verliefen (und im Höchst-

maß in den Vereinigten Staaten, wo sich die Equipierung auf ein Höchstmaß belief und der Sozialismus auf ein Mindestmaß).
Wenn der fortschreitende Sozialismus eine fortschreitende Verminderung des Kapitalertrages bedeutet, so begleitet er vielleicht einfach ein konkretes Faktum, das sich möglicherweise von selber ergeben hätte. Insoweit das Kapital einen Zustand darstellt, beschäftigt es, außer den Lohnempfängern, die für die Produktion arbeiten, auch alle, die für den Aufbau der künftigen Industrien tätig sind. Um zwei Menschen unterhalten zu können, während nur einer produziert, muß es den Arbeitsertrag zum doppelten Preis der Gestehungskosten verkaufen. Und so steht der Gewinn, den es im voraus abzweigt, ständig in einfachem Verhältnis zum Industriepotential der Welt. Wenn dieses Potential abnimmt, strebt der Gewinn, der seinen Sinn verliert, vielleicht aus ganz natürlichen Gründen eine Verringerung an (Konkurrenz oder Notwendigkeit, die Kaufkraft der Arbeiter aufrechtzuerhalten, woraus sich – selbst im Falle des Kredits – das freiwillige Herschenken dieses zuviel erzielten Gewinnes ergeben konnte).

Der Sozialismus, der diese Übereinstimmung des monetären Gewinns und seines konkreten Sinns beschleunigte, ist vielleicht nichts anderes als das Erspüren, das In-Worte-Fassen eines natürlichen Verlaufs der Ereignisse, der auf zahlreiche, von Herrn Marx unabhängige Faktoren zurückgeht.
Das Kapital selber entpuppt sich als *egoistisch*, wie viele eingestehen, aber das ist in dem Maße der Fall, als der Gewinn seinen Sinn verliert. Dieser Egoismus ist neu. Und die neue Empfindung dieses neuen Egoismus ist einer der Faktoren, der zu einem faktischen Sozialismus hintreibt (fortschreitende Vernichtung der Rente und des Gewinns). Und das unabhängig vom sozialistischen politischen Kampf.
Breton *lebt* von seinen Werken (und existiert auf diese Weise), aber er weiß es nicht. Er ist solidarisch mit dem Kapitalisten; teilt er doch mit ihm den Negergegenstand,

der durch seine Hände geht. Wenn die Revolution gemacht ist, wird er *produzieren* müssen. Wenn das Kapital ihn ausbeutet, so wird er bald nichts mehr haben, was man ausbeuten könnte.
Er wird nicht mehr sein.

Gegensatz zwischen der experimentellen Soziologie (Kathedrale, Bildhauer) und der wissenschaftlichen Soziologie (Stipendium für Bildhauer).

In einer kommunistischen Gesellschaft stalinistischen Typs ist der Konformist frei, was für die Kultur einen Vorteil darstellt. Aber der Nonkonformist – und der Fortschritt, der allein von ihm ausgeht – stirbt. In der anarchistischen Gesellschaft kann er von neuem leben, aber welches ist die Struktur, die fortan das Gleichgewicht zwischen den Tätigkeiten der Produktion und der Kultur bedingen wird? Wenn ich lebe, indem ich meine Arbeitsart wählen kann, werde ich Kathedralen bauen, und nichts wird mich dazu zwingen, bei Citroën Bolzen zu schrauben. Denn die gleiche Form des Zwangs, die mich nötigen könnte, Schrauben zu drehen, würde es mir untersagen, Nonkonformist zu sein.

Problem des Ertrags. Problem der Verteilung. Trotzki beweist, daß die vereinheitlichte Verwaltung kostspielig ist, während man hätte denken können, sie sei eine Ersparnis. Rationell gesehen, ist die Fusion zehn kleiner Staaten (der Kapitalisten) zu einem einzigen, mit einer einzigen Verwaltung versehenen Staat ein Gewinn an verfügbarer Zeit. Doch ich stelle faktisch das Gegenteil fest (alles ist im übrigen ebenso im Bereich der Taylorisierung der Arbeit). Air-France ist kostspieliger als Latécoère, und meine mächtige Verwaltung ist kostspieliger als eine kleine und, als Grenzfall, der *Familienkapitalismus,* wo niemand einen Rolls-Royce fahren wird. Es gibt vielleicht zunächst einen fortschreitenden Gewinn, dann einen Stillstand, dann einen Verlust. Etwas Analoges wie beim Wachstum eines Organismus, an den man einen absoluten Maßstab anlegt. Es bleibt bestehen – die Vorwürfe Trotzkis richten sich:

a) nicht an Stalin, sondern an die Revolution,

b) nicht an die Wirtschaft, sondern an den Ertrag.

Auf der rein materiellen Ebene gibt es nur ein Gesetz: so wenig Zeit wie möglich für das Objekt aufwenden, damit man mehr produzieren kann und mehr Freizeit übrig hat. Wenn man allein diesem Aspekt der Frage Rechnung trägt, ist es wahrscheinlich, daß das Objekt weniger Zeit verbraucht, wenn die Arbeiter in der Nähe der natürlichen Hilfsquellen an den großen Verkehrsknotenpunkten angesiedelt sind.

Mit anderen Worten: ist es wirtschaftlicher, die Menschen neben dem Korn anzusiedeln und ihnen Kohle und Eisen zu bringen, oder sie in der Nähe des Eisens wohnen zu lassen und ihnen das Korn zu bringen? Es hat den Anschein, daß es hierüber keine Diskussion geben kann.

Der Egoismus des Finanzmannes ist häufig nur Ausdruck dieses Gesetzes vom *geringsten Zeitaufwand*. Durch den Finanzmann hindurch ist die ganze menschliche Gesellschaft egoistisch. (Wenn er die neue Erfindung vor der *Amortisierung* ablehnt, so heißt das, daß letztlich die Zeitökonomie entscheidet.) Und in der Tat verbraucht eine ständige Erneuerung des Handwerkzeugs mehr Zeit, als der wirkliche Fortschritt erspart. Im übrigen überträgt sich ein aufgesparter und vernichteter menschlicher Zeitaufwand irgendwo durch eine Zerstörung, denn jemand besaß gerade diese Zeit als Kapital oder, genauer gesagt, als Sparguthaben (sie ist ja die einzige wahre Banknote und entweder dem Objekt einverleibt oder als Vorrat gespeichert), und nun verliert er sie. Und die ganze Struktur des Landes wird dadurch verändert; denn die eingestellte Weiche, die dieser Besitzer darstellte, gewährleistet nun nicht mehr die gleiche Richtung des Signalsystems der monetären Masse. Sämtliche Tätigkeiten werden also dadurch verändert werden (nicht ein geringer Teil, sondern alle miteinander). So verändere ich auch – falls das

Elektrizitätswerk, das mich beliefert, eine völlig automatisierte Zentrale ist –, sobald ich des Nachts, um auf die Uhr zu sehen, meine Nachttischlampe anzünde, den Gang, die Ölversorgung, die Rotationsgeschwindigkeit dieses Werkes in allen seinen Teilen.

Man meint, sie leuchte ganz selbstverständlich, die Lampe, und doch spenden Tausende von Händen dieses Licht. In jedem Augenblick setzt es sich zusammen aus dem Atemholen, den Seufzern, dem angestrengten *Uff* aus Tausenden von Brüsten. Es ist, als stützten die Menschen einander, um diese schwere Fackel hochzuhalten. Wenn ich eine Nachttischlampe anzünde, so rinnt Blut.

Wenn man die Ausbeutung des Menschen durch den Menschen bestimmen will, so muß man sie überall ein wenig suchen und Anstoß daran nehmen, daß einer, dessen *Zeit teuer ist*, die Zeit derer verbraucht hat (Auto), für welche die besagte Zeit nicht teuer ist.

Wenn ihr die Langsamkeit des technischen Fortschritts anzweifelt, die ich euch entgegenhalte, so mißtraut den Sophismen, die ihr konstruiert, indem ihr die Beispiele auf eine besondere Kategorie von Objekten beschränkt: die wissenschaftlichen Objekte, die selbst in ihrer Form vom Fortschritt abhängen. Wenn mir die wissenschaftlichen Errungenschaften etwas ermöglichen, wie den Radioapparat oder das Automobil; wenn sie mir nacheinander gestatten, daß ich ein, dann zwei, dann drei Getriebe in eine Maschine einfügen kann, so mag der Zeitaufwand, den ich aufbringe, um sie zu bauen, in der Tat recht gering anmuten. Doch unsere Diskussion bezieht sich nicht auf das wissenschaftliche Objekt, dessen Kompliziertheit vom Zustand der Wissenschaft abhängt, sondern auf den Gebrauchsgegenstand, dessen Kompliziertheit feststeht und nur noch vom Gebrauch abhängt (der Tisch, die Badewanne, das Haus, die Vase, das Schuhwerk, Textilien usw.), da der technische Fortschritt lediglich die Zeit bedingt, die für die Herstellung des Gegenstands in dieser bestimmten und von der Wissenschaft unabhängigen Form aufgewendet wurde. Eben diesen Fortschritt nenne ich langsam. Und von diesem Fortschritt ist die Rede, da wir uns mit den Gegenständen befassen, die sich an die Allgemeinheit verteilen lassen und den Lebensstandard bestimmen.

Der Erdboden ist das einzige Produktionsmittel, das recht wenig im voraus geleistete Arbeit in sich aufnimmt. Überdies ist er ein Produktionsmittel, das zunächst das Wesentliche sicherstellt. Schließlich verknüpft er den Menschen mit den Lebensproblemen und den großen Zyklen der Natur. Er erhebt ihn mehr, in geistiger Hinsicht, als der Kontakt mit der Maschine. Ich kann fast immer – und ohne Vorbereitung – den Menschen zur Erde zurückschicken.

Wir befreien das Gesicht des Erdballs und schaffen es neu, ohne die sogenannten *geistigen* Güter im geringsten zu berücksichtigen, obwohl sie am kostbarsten sind. Nun sind aber ein gewisses Gesicht Frankreichs und eine gewisse Kultur – eine gewisse Lebensfreude – sicherlich ebenso wichtig wie ein bestimmter Lebensstandard. Wenn man die Kultur retten möchte, muß man das französische Korn retten.

X sagt mir: P. L. W. gibt drei Millionen für sich selber aus und reinvestiert zwanzig, um sein Industrieunternehmen auf dem neuesten Stand zu halten. Der Arbeiter könnte vorübergehend an diesem Gewinn teilhaben – womit er die künftige Industrie gefährdete, um reicher zu werden, aber das ist nur ein Trugbild, denn (nach Verwendung des Gewinns durch das beiseite gelegte Kapital) hängt der Lebensstandard – in einer gut funktionierenden Wirtschaft – nur vom Verhältnis der Zahl der Arbeiter zum Volumen des angebotenen Warenbestands ab, nicht aber von dieser oder jener *Höhe* der Lohnskala.
Jeder Kauf einer Industrie durch den Staat ist eine Erschwe-

rung der Wirtschaftslage, denn der Staat verwandelt in Kapitalien, was Lohn hätte werden müssen. Würde die ganze Industrie aufgekauft, gäbe es keinen Lohn mehr.

Paradox: ein Land, das nichts nötig hat, verliert seinen Einfluß, es kann nicht einmal mehr seine Erziehung zum Austausch hergeben. Der Einfluß Deutschlands profitiert von den Rohstoffen, die ihm fehlen.

Eigentum, Produktionsmittel. Wenn das Kapital selber die Löhne vorweg erhebt, mit deren Hilfe es die künftigen Industrien aufbauen wird, besitzt es diese. Wenn es unter genau den gleichen Bedingungen an diese Löhne appelliert (Aktiengesellschaften), so verwaltet es sie, und die Industrie ist dann Kollektiveigentum. Tatsächlich sind es die Löhne von jedermann.

Der Kapitalist, wenn er sich verteidigen läßt, ist ein Verwalter. Die Frage, die sich stellt, ist eine solche der Verwaltung.

Durch deine soziale Funktion (Staatsfunktion) als Begründer neuer Industrien hast du den Teil des Gewinns gerechtfertigt, der die Vergütung für deine Arbeit überstieg.
Und jetzt würdest du behaupten, es sei ein legitimer Gewinn gewesen.

Sind die Agrarländer glücklicher? Weitgehend, da die Vorstellung des Reichwerdens weit weniger ins Gewicht fällt. Und weil der Kredit besser funktioniert. Das Geld verbleibt nicht im Stadium des Bodenkaufs, da nichts die Illusion begründet hat, der Boden könnte erschlossen werden.

Wenn man im Jahre 1938 die Sozialversicherung in Gang setzt, die sich auf Menschen erstreckt, welche erst zwanzig Jahre später ihre Renten beziehen werden, wird man zwanzig Jahre lang Kapital ansammeln, das heißt, wahnwitzige Summen einsammeln, die sich unmöglich investieren lassen (die wahre Investition besteht im gegenwärtigen Geschenk) und die ganz ausgesprochen als Kaufkraft fehlen werden.

Man gibt vor – in zwanzig Jahren –, den Ertrag dieses investierten Geldes verteilen zu können; das ist ein wertloser Mythos.

In Wahrheit verteilt man alljährlich, da Alt und Jung zahlenmäßig stabile Gruppen bilden, an einige alte Leute, was vorweg den zahlreichen Jungen abgefordert wurde. Wenn es für zehn alte Leute neunzig junge gibt, die je 100 Francs verdienen, besteuere ich sie mit 10 Prozent, und alle beziehen 90 Francs.

Ich kann mein System sogleich anlaufen lassen (unter dem Blickwinkel: die Jugend zahlt für das Alter), denn unter dem individuellen Aspekt zahle ich, der ich heute jung bin, für mich, der ich später alt sein werde. Ich gelange zu unübersteigbaren Absurditäten (darunter diese absurde Verwahrung »meines« Geldes). Es scheint mir eine allgemeine Regel zu sein, daß die soziale Untersuchung entindividualisieren muß, wenn sie begreifen will. Sonst:

a) Illusion des Sparens
b) Illusion der stets möglichen Reinvestierung
c) Illusion über die Notwendigkeit, dieses Geld der Sozialversicherungen zu »plazieren«.

Wenn man dieses Geld aufspeichert, so ist das ganz genau dasselbe, als wenn man die heutigen Kartoffeln und das heutige Lauchgemüse, die in zwanzig Jahren gekauft werden sollen, aufspeichern würde (was ich aufgespeichert habe, ist ein Teil der Kaufkraft), aber sie verfaulen.

Man komme nicht hernach mit Klagen über Skandale und Veruntreuungen: dieses Geld selber ist verfault: wo sollte es hinfließen? Gewiß, vielleicht ist es ein Trick, um Paläste zu bauen (die aber nicht rentabel sind), und dann hat das nichts mit der Liebe zum Alter zu tun. Oder ich kann dann zwanzig Jahre lang Altersheime bauen. Doch sie bringen alles durcheinander.

Das notwendige Geld läßt sich nicht genau feststellen, denn es spielt noch seine Umlaufgeschwindigkeit hinein.

Die Privatbank, welche die Aktiengesellschaft verwaltet, oder die sowjetische Bürokratie, welche das gleiche Industrieunternehmen verwaltet: keinerlei Unterschied von Haus aus. Weder die eine noch die andere sind Eigentümer der Produktionsmittel, ihre Moral oder Unmoral können einander die Waage halten.
Einziger Unterschied: die Richtung der privaten Kaufkraft, die in der Sowjetunion nicht blindlings etwas zu kaufen erstreben kann, was nicht existiert.

Sparsamkeit (oder Sparen) kann nur einen Sinn haben: den eines Geschenks ans Kapital. Man spart *für* jemanden. Und nicht *an sich*.

VORWORTE

Vorworte:

Zu »Le Destin de Joseph-Marie Le Brix« (»Das Schicksal des Joseph-Marie Le Brix«) von José Le Boucher (Nlle. Librairie Française, 1932).

Zu »Grandeur et Servitude de l'Aviation« (»Größe und Knechtschaft der Fliegerei«) von Maurice Bourdet (Corréâ, 1939).

Zu »Listen! The Wind« (»Horch, der Wind«) von Anne Morrow-Lindbergh (Französische Ausgabe bei Corréâ, 1939).

Zu der Zeitschrift »Document« vom 1. August 1939, eine den Versuchsfliegern gewidmete Nummer.

Zu »La France que j'aime« (»Das Frankreich, das ich liebe«) von Helen Mackay (Les Editions Variétés, Montréal, 1942).

Vorwort zu dem Buch von José Le Boucher »Das Schicksal des Joseph-Marie Le Brix«

Ich traf Le Brix zum ersten Male im Jahre 1927 in Dakar, als er mit Campardon auf einem Dienstflug dort durchkam. Wir wechselten an diesem Tage einige Worte miteinander und tranken ein paar Glas Bier zusammen; am nächsten Morgen kehrte ich dann als Kurierflieger nach Juby zurück, während die beiden irgendwohin weiterflogen, und hätte man mich damals gefragt, was mir davon haften geblieben sei, so wäre es mir etwas schwergefallen, mir die Züge des schweigsamen Campardon wieder vorzustellen, der wenig aus sich herausging, aber von Le Brix hätte ich vielleicht nicht sein Gesicht, das ich nur so flüchtig gesehen hatte, aber jedenfalls seinen leuchtenden Blick im Gedächtnis behalten. Einen Blick, der alles erhellte und adelte, worauf er traf. Le Brix wurde nichts Häßliches gewahr und konnte auf diese Weise Menschen und Dingen mit großartigem Vertrauen begegnen.

Das schöne Buch, das Sie lesen werden, bringt Ihnen den ganzen Menschen nahe. José Le Boucher spricht von Le Brix nicht nur als Freund und Schriftsteller, sondern auch als Fachmann. Er ist Kampfflieger, ein Kampfflieger, der viele Flüge hinter sich hat und daher das Leben in den Lüften aus Erfahrung kennt. Überdies ist sein Quellenmaterial völlig einwandfrei; es beruht auf Mitteilungen, die ihm Le Brix selber gemacht hat.

Doch Le Brix sprach nur mit Scheu von seinem eigenen Leben. Er verweilte niemals bei den harten Prüfungen, die er durchgemacht hatte. Vielleicht waren sie ihm auch durch seinen Optimismus aus dem Gedächtnis entschwunden. »Dieser Motorendefekt damals, ach, das war doch gar nichts... Man baut mir einen fabelhaften Motor ein: da habe ich keine

Panne zu befürchten!« Deshalb möchte ich anhand persönlicher Erinnerungen das Abenteuer Le Brix' in Mauretanien etwas näher schildern. Es wird hier auf Grund seiner eigenen Erzählungen dargestellt und mag daher dem Leser weniger dramatisch erscheinen, als es in Wahrheit gewesen ist.

Le Brix hatte am Cap Timeris, an einer der heißesten Stellen der Sahara, notlanden müssen; sein Kamerad Campardon startete von Port-Étienne, um ihn wieder flottzumachen und mit Wasser zu versorgen. Als die beiden nach fünftägiger Abwesenheit noch nicht zurückgekehrt waren, wurde mein Kamerad Simon besorgt, der den Flugplatz in Port-Étienne leitete, nahm ein Flugzeug und machte sich auf die Suche.

Er fand zunächst Campardon, der ebenfalls hatte notlanden müssen, noch bevor er Le Brix erreichen konnte, und dieser sagte ihm:

»Wir haben Wasser und Lebensmittel, aber Le Brix wartet seit fünf Tagen auf dieses Wasser; gebt ihm schnell was zu trinken!«

Simon flog also los und fand Le Brix nach weiteren dreihundert Kilometern.

Ich traf Simon am nächsten Tage in Port-Étienne, wo ich auf dem Wege nach Dakar kurz Station machte. Simon schilderte mir seinen Flug und fügte hinzu: »Als ich sie fand, waren sie nahe am Verdursten, am Ende ihrer Kräfte, nackt unter einem Fallschirm, den sie wie ein Zelt aufgespannt hatten. Nachdem sie getrunken hatten, weinten sie zwanzig Minuten lang an meiner Schulter und umarmten mich wie kleine Jungen. Ich wollte die Kränksten mitnehmen: sie lehnten alle ab, vor allem Le Brix, obwohl er vierzig Grad Fieber hatte und nahezu delirierte. Sie wollten ihr Flugzeug nicht im Stich lassen. Stelle doch fest, was aus ihnen geworden ist!«

Später erzählte man, es sei ihnen gelungen, Meerwasser zu destillieren; das stimmte, aber sie hatten kaum ein Weinglas voll pro Kopf und Tag gewonnen. Jeder, der in der Sahara gelebt hat, weiß, daß solch eine Menge bei fünfundfünfzig

Grad Hitze soviel wie ein Tropfen auf den heißen Stein ist. Sie waren nur deshalb am Leben geblieben, weil sie die ganze Zeit über bis zu den Lippen im Meer gesteckt hatten – sie hatten an der Küste niedergehen müssen –, und dadurch waren sie weniger deshydriert.

Ich landete also und blieb zwanzig Minuten bei ihnen. Sie weinten wieder, so wie sie geweint hatten, als Simon sie besuchte und als Collet zu ihnen gekommen war. Und doch hatten sie nichts mehr nötig, als ich eintraf. Doch wir waren Wasserträger für sie, und viele von uns haben erlebt, was ein Wasserträger bedeutet: es gibt keine schönere Gottheit!

Sie fühlten sich jetzt so reich, daß sie mich zum Trinken nötigten, obwohl ich keinen Durst hatte, und mich weiter zu trinken zwangen, und nie war einer, der seinen alten Likör kosten ließ, stolzer als diese Kameraden, die ihren Wasserbehälter entkorkten.

»Trinkt doch!« sagte mir Le Brix immer wieder, »sonst werdet ihr es eines Tages bereuen; ich sah in meinen Fieberträumen alle eisgekühlten Biere an mir vorüberziehen, die ich mir mein Leben lang entgehen ließ.« Später fügte er hinzu:

»Und das da!« – dabei wies er mir das Spiegelbild, das die Dünen im reinen Wasser hinterließen – »glauben Sie, daß so was Spaß macht, wenn man dabei vor Durst umkommt!«

Und trotzdem waren sie glücklich. Der Optimismus Le Brix' war so groß, daß er nur noch daran dachte, wie prächtig es sein würde, wenn man einen Ersatzmotor einbaute: »einen großartigen funkelnagelneuen Motor, der nie einen Defekt haben wird«, und damit Agadir im Nonstopflug erreichte.

Das war bei ihm kein bretonischer Eigensinn, wie ihm das seine Kameraden zuweilen lachend vorwarfen: es war Zuversicht – eine wunderbare Zuversicht von jener Art, die für gewöhnlich das Schicksal meistert. Ich habe es erlebt, daß ein Kamerad – Henri Guillaumet – im Winter mitten in die Kordilleren der Anden verschlagen wurde, in 4000 Meter Höhe und unter solchen Kälte- und Schneeverhältnissen, bei denen seit Menschengedenken ein erfahrener Bergsteiger noch niemals davongekommen ist. Guillaumet schaffte es, marschierte hundertfünf Stunden lang (fünf Tage und vier Nächte), ohne ein Recht auf Schlaf oder Ruhe zu haben, denn bei vierzig Grad Kälte und 4000 Meter Höhe gibt eine Ruhepause keinen Pardon. Allein, ohne Pickel, ohne Seil, ohne Proviant erreichte Guillaumet die Ebene. Als er dort anlangte, war er durch seinen Kampf gegen das Gebirge verbrannt, ausgeglüht, zu einem gespenstischen alten Bauernweib zusammengeschrumpft, aber trotz allem lebendig. Er brachte kaum noch mit, was er an Fleisch und Blut und was er an Atem zum Leben und zur allmählichen Wiederherstellung seiner Kraft brauchte, aber er brachte es mit. Und zwar dank einer Zuversicht, einer geistigen Robustheit, die der eines Le Brix gleichwertig war. Und so war ich nahezu davon überzeugt, daß eine gewisse Flamme den Menschen unverwundbar macht und ihm Macht über das Geschehene verleiht – jenen Glauben, der Berge versetzt – und daß die Niederlagen, wenn sie mit solcher Zuversicht ertragen werden, keine Niederlagen mehr sind, sondern Lehren, sondern ein Unterpfand des Erfolges. Solche Menschen weichen nicht zurück: ihr Vorantasten, ihre Umwege sind solcher Art, daß sie bei jedem Hindernis den Spalt suchen und ihn auch finden. Und ich glaube an eine so edle Vitalität.

Wenige Menschen haben in mir den Eindruck hinterlassen, daß sie zur Rasse der Unverwundbaren gehörten, aber Le Brix war bestimmt einer von ihnen, ebenso wie Guillaumet. Ich habe in meinem Beruf Unfälle erlebt, durch welche die anderen nicht verzagt wurden, aber auch einige Verluste, durch die sie an sich selber zu zweifeln begannen. Das war der Fall, wenn der Entschwundene nicht nur ein Kamerad war oder ein Freund, sondern ein wenig die anderen verkörperte: wenn er jene Eigenschaften in ihrer Vollendung darstellte, die ein jeder im Keime in sich trägt. Guillaumets Sieg war nicht nur verdient, sondern auch nutzbringend – wie hätten wir sonst in schwierigen Lagen unser Selbstvertrauen behaupten können? Und auch Le Brix *mußte* siegen. Wenn aber ein Le Brix scheitert, müssen wir auch auf uns selber ein wenig verzichten. Nicht dieser einzelne ist dann besiegt. Durch ihn hindurch erweist sich der Mensch, sei er auch noch so groß, als verwundbar.

Vorwort zu dem Buch von Maurice Bourdet »Grösse und Knechtschaft der Fliegerei«

Wenn man gegen zwei Uhr früh mit dem Flugzeug die Post von Dakar nach Casablanca bringt, stellt man inmitten von Sternen, deren Namen ich nicht kenne, die dunkle Haube des Motors etwas rechts von der Spitze des großen Wagens ein. Je mehr andere Sternbilder aufsteigen, wechselt man die Sterne, um nicht die Augen zu hoch heben zu müssen. Man sucht anderswo Rat. Und nach und nach, ebenso wie die Nacht große Wäsche in der sichtbaren Welt hält und nur Sterne hoch über einer schwarzen Sandfläche bestehen läßt, hält sie auch große Wäsche im Herzen. Alle unwichtigen Sorgen, die man für die Hauptsache hielt, die Zornesregungen, die unbestimmten Wünsche, die Eifersüchteleien werden ausgelöscht, und nur die ernsten Sorgen bleiben.

Während man dann von Stunde zu Stunde diese Sternentreppe bis zum Morgengrauen hinabsteigt, fühlt man sich rein.

Größe und Knechtschaft des Fliegerberufs – Maurice Bourdet bietet in diesem Buch sein ganzes Talent und sein ganzes Herz auf, um sie kenntlich zu machen. Ich möchte hier bloß ein Wort über das sagen, was mir als das Wesentliche erscheint.

Ja, der Beruf hat seine großen Augenblicke: die starken Freuden der Ankunft, sobald der Sturm überwunden ist; dieses Hinabgleiten auf Alicante oder Santiago zu, die im Sonnenschein daliegen, während man Finsternis oder Gewitter hinter sich hat; dieses machtvolle Gefühl, daß man heimkommt, um wieder seinen Platz im Leben einzunehmen: im Wundergarten, in dem es Bäume gibt und Frauen und kleine Hafencafés. Wenn man mit abgedrosseltem Motor auf den Flugplatz hinuntergeht, hinter einem die düsteren Wolkenberge, von denen man sich befreit – welcher Linienflieger hat da nicht schon frohlockt?

Ja, der Beruf hat seine elenden Augenblicke, deretwegen man ihn vielleicht ebenfalls liebgewinnt. Dieses unvorhergesehene Wecken, diese plötzlichen Starts nach Senegal, diese Entsagungen... Und die Notlandungen in Sumpfgebieten, und die Gewaltmärsche durch Sand oder Schnee! Wenn einen das Schicksal auf einen unbekannten Planeten verschlagen hat, muß man wohl oder übel aus ihm herausfinden, in die lebendige Welt entweichen, den Kreis dieser Berge, dieses Sandes, dieses Schweigens durchbrechen! Ja, es gibt das Schweigen. Wenn ein Kurierflugzeug nicht zur vorgesehenen Zeit gelandet ist, wartet man eine Stunde, einen Tag, zwei Tage; doch das Schweigen, das einen Menschen von den Hoffenden trennt, ist dann schon zu dicht geworden. Viele Kameraden, von denen man nie mehr etwas erfahren hat, sind im Tode versunken wie in Schneemassen.

Elend und Größe, gewiß – aber es gibt auch noch etwas anderes! Jener Flieger, der sich in der Nacht niedergelassen hat und der nach Casablanca zurückfliegt, während die dunkle Motorhaube sachte wie ein Schiffssteven zwischen den Sternen schaukelt – jener Flieger hat wieder teil am Wesentlichen.

Dieses entscheidende Ereignis: den Übergang von der Nacht zum Tage, überrascht er in seinem Geheimnis. Er überrascht den Tag an seinem Ursprung. Er wußte wohl, daß der Himmel im Osten lange bleicht, bevor die Sonne auftaucht, aber nur im Fliegen entdeckt er diesen Lichtbrunnen. Hätte er tausendmal die Morgendämmerung erlebt, so wüßte er, daß der Himmel hell wird, nicht aber, daß das Licht wie aus einem Quell entspringt und sich ausdehnt: er hätte nicht diesen artesischen Brunnen des Tages entdeckt. Der Tag, die Nacht, das Gebirge, das Meer, das Gewitter...

Inmitten der elementaren Gottheiten, von einer einfachen

Moral geleitet, findet der Linienflieger zur Weisheit des Bauern zurück.
Der alte Landarzt, der abends von Hof zu Hof geht, um in den Augen das Licht wieder anzuzünden, der Gärtner in seinem Garten, der sich auf die Geburtshilfe bei Rosen versteht, alle, deren Beruf sich dem Leben annähert und dem Tode, erlangen in ihm die gleiche Weisheit. Da ist auch der Adel, den die Gefahr verleiht. Wie fern liegt uns das Prunken mit der Gefahr, das literarische Gefallen am Wagnis oder jene Devise, die früher einmal auf ein Flugzeug gemalt war und deren Doppelsinn gleichzeitig die Kurtisane und den Tod verherrlichte.
Wer von uns, meine Kameraden, spürte nicht aus solchen billigen Attitüden etwas Kränkendes heraus gegenüber dem wirklichen Mut, gegenüber den Männern, denen die Gefahr zum täglichen Brot wird und die hart kämpfen, um heimzukehren?
Das Wesentliche? Das sind vielleicht nicht die starken Freuden des Berufs, nicht sein Elend, nicht die Gefahr, sondern der Gesichtspunkt, zu dem dies alles emporführt. Wenn der Flieger jetzt mit fortgenommenem Gas, mit eingeschläfertem Motor zur Landung ansetzt und die Stadt betrachtet, in der die Miseren der Menschen zu Hause sind: ihre Geldsorgen, ihre Niedertracht, ihre Neidgefühle, ihre Ränke, dann fühlt er sich rein und unberührt. Er genießt ganz einfach, wenn er eine schlechte Nacht hinter sich hat, die Freude am Leben. Er ist nicht der Sträfling, der sich nach getaner Arbeit in seinem Vorort einschließen wird, sondern er ist der Prinz, der mit langsamen Schritten zu seinen Gärten zurückkehrt.
Grüne Wälder, blaue Flüsse, rosa Dächer, das sind die Schätze, die ihm wiedergeschenkt sind. Und die Frau, die noch inmitten dieser Steine versunken ist, die Frau, deren Geburt bevorsteht, die wachsen wird, bis sie sein Maß erreicht hat, die er lieben wird...

VORWORT ZU DEM BUCH VON ANNE MORROW-LINDBERGH »HORCH! DER WIND!«

Als ich dieses Buch las, mußte ich an die Betrachtung eines Freundes über die großartige Reportage eines amerikanischen Journalisten denken. »Dieser Journalist«, sagte er mir, »war so geschmackvoll, Kriegsgeschichten, die ihm U-Boot-Kommandanten erzählt hatten, aufzuzeichnen, ohne sie zu kommentieren oder romanhaft auszuschmücken. Häufig begnügte er sich sogar damit, die trockenen Eintragungen von Bordjournalen wiederzugeben. Wie recht hatte er, sich hinter diesen Stoff zu verschanzen und den Schriftsteller in seiner Brust schlafen zu lassen, denn aus diesen trockenen Zeugnissen, diesen unverbrämten Dokumenten schälen sich eine Dichtung, eine Erhabenheit heraus, die ungewöhnlich sind. Weshalb sind die Menschen so töricht, stets die Wirklichkeit verschönern zu wollen, wenn diese schon als solche so schön ist? Wenn diese Seeleute eines Tages selber zur Feder greifen sollten, werden sie sich vielleicht abmühen, schlechte Romane oder schlechte Gedichte zu schreiben, da sie nicht wissen, was für Schätze sie besaßen...«

Doch ich bin nicht seiner Ansicht. Diese Seeleute werden vielleicht schlechte Gedichte schreiben, aber das liegt daran, daß die gleichen Menschen auch belanglose Reisenotizen verfaßt hätten. Denn es gibt kein Zeugnis, sondern Menschen, die Zeugnis geben. Es gibt kein Abenteuer, sondern Menschen, die Abenteuer erleben. Es gibt keine unmittelbare Lektüre des Wirklichen. Das Wirkliche ist ein Haufen Ziegelsteine, der jede Gestalt annehmen kann. Es kommt nicht darauf an, ob jener Journalist sein Buch im Telegrammstil abfaßte und nur Konkretes darin mitteilte; er hat sich gleichwohl zwischen das Wirkliche und dessen Ausdruck geschoben. Er hat seinen Stoff ausgewählt – denn er erzählte nicht alles – und hat ihm eine Ordnung aufgezwungen. Seine Ordnung. Dadurch, daß er diesem Rohmaterial seine Ordnung aufzwang, führte er seinen Bau auf.

Was von den konkreten Tatsachen gilt, gilt auch von den

Worten. Ich gebe euch folgende Worte durcheinander: Hof, Pflaster, Holz und widerhallen. Macht mir etwas daraus... Doch ihr weigert euch. Diese Worte vermögen nicht zu ergreifen.
Wenn jedoch Baudelaire diese Wortmaterie benutzt, wird er euch beweisen, daß er damit ein großartiges Bild zu bauen versteht:
»Le bois retentissant sur le pavé des cours...«
»Das Holz, das widerhallt auf dem Pflaster der Höfe...«
Mit diesen Worten: Hof, Holz oder Pflaster trifft man ebensosehr ins Herz wie mit Herbst oder Mondschein. Und ich sehe auch nicht ein, weshalb uns nicht der Autor mit Tauchdruck, Gyroskopen und Visierlinie ebensogut erschüttern sollte wie mit Liebeserlebnissen. Doch ich bin darin anderer Meinung als mein Freund, daß ich andererseits auch nicht verstehe, weshalb er uns nicht ebensogut mit Liebeserinnerungen erschüttern sollte wie mit Gyroskopen, Visierlinien und Tauchdruck. Freilich habe ich in vielen sentimentalen Albernheiten geblättert. Doch ich habe auch tausend Berichte gelesen, in denen man mich vergeblich dadurch zu rühren suchte, daß man mir vom Sinken des Zeigers auf einem Manometer erzählte. Denn obwohl der Zeiger sank, obwohl dieses Sinken das Leben des Helden bedrohte, und obwohl das Leben des Helden offensichtlich mit dem Los einer ängstlichen Gattin verbunden war, fühlte ich mich kaum gerührt, wenn es dem Verfasser an Genie gebrach. Konkrete Tatsachen vermitteln nichts von selber. Der Tod des Helden ist sehr traurig, wenn eine weinende Witwe zurückbleibt, aber um uns doppelt so sehr zu ergreifen, genügt es nicht, einen bigamistischen Helden zu erfinden.
Die große Frage ist offenbar, welche Beziehungen zwischen dem Wirklichen und dem Geschriebenen oder, besser gesagt, zwischen Wirklichkeit und Denken bestehen. Wie läßt sich eine Gemütsbewegung mitteilen? Was teilt man mit, wenn man sich ausdrückt? Was ist das Wesentliche? Dieses Wesentliche scheint mir von den verwandten Stoffen ebenso verschieden zu sein, wie sich das Schiff einer Kathedrale von

dem Steinhaufen unterscheidet, aus dem es hervorgegangen ist. Man kann nur anstreben, Beziehungen, »Strukturen«, wie der Physiker sagen würde, zu erfassen und mitzuteilen und von der äußeren in die innere Welt zu übertragen. Betrachtet das dichterische Bild! Sein Wert gehört einer anderen Ebene an als die darin verwandten Worte. Es beruht auf keinem der beiden Elemente, die man assoziiert oder vergleicht, sondern auf der besonderen Verknüpfung, die sich in ihm ausprägt, auf der eigentümlichen inneren Haltung, die uns solch eine Struktur auferlegt.

Das Bild ist ein Willensakt, der den Leser fesselt, ohne daß er davon weiß. Man rührt nicht den Leser an: man verhext ihn.

Aus diesem Grunde scheint mir das Buch Anne Lindberghs etwas ganz anderes zu sein als der ehrliche Bericht über ein Luftabenteuer. Aus diesem Grunde ist es ein schönes Buch. Zweifellos verwendet es nur konkrete Aufzeichnungen, nur technische Überlegungen, einen Rohstoff rein fachlichen Ursprungs.

Indessen handelt es sich keineswegs um das alles. Mir wäre es auch nicht darauf angekommen zu erfahren, ob ein bestimmter Start schwierig war, ob das Warten irgendwann lang wurde, ob sich Anne Lindbergh während ihrer Reise gelangweilt oder amüsiert hat. All das ist unbehauener Stein; welch ein Gesicht hat sie daraus hervorgeholt? Baut man ein Kunstwerk wie die Falle, die man mit ihm stellt? Der Fang ist von anderer Beschaffenheit als die Falle. Seht den Erbauer von Kathedralen: er hat Steine verwandt und Schweigen mit ihnen geschaffen.

Das echte Buch ist wie ein Netz, bei dem die Worte die Maschen bilden. Es ist gleichgültig, wie die Maschen des Netzes beschaffen sind. Es kommt nur auf die lebendige Beute an, die der Fischer vom Meeresgrund emporgeholt hat: auf diese quecksilbrigen Blitze, die man zwischen den Maschen hervorleuchten sieht. Was hat Anne Lindbergh aus ihrer inneren Welt hervorgebracht? Welch einen Stil hat dieses Buch? Er läßt sich schwer definieren, denn um ihn spürbar zu machen, müßte man ein Buch schreiben und von vielen Dingen reden. Indessen fühle ich, wie diese Seiten von einer ganz leisen Angst durchzogen werden – einer Angst, die verschiedene Formen annimmt, aber unaufhörlich kreist, wie ein schweigendes Blut.

Mir ist aufgefallen, daß sich ein Werk, das einen tiefen Zusammenhang offenbart, fast immer auf ein gemeinsames Elementarmaß zurückführen läßt. Ich entsinne mich an einen Film, dessen Heroismus, ohne daß es dem Regisseur bewußt gewesen wäre, vor allem aus Schwere bestand. Alles lastete in diesem Film. Der Atavismus lastete auf einem degenerierten Kaiser, die schweren Winterpelze lasteten auf den Schultern, erdrückende Verantwortungen lasteten auf dem Ministerpräsidenten. Sogar die Türen lasteten während des ganzen Films. Und im letzten Bild sah man den Sieger, erdrückt durch einen schweren Sieg, langsam eine düstere Treppe emporschreiten, dem Licht entgegen. Gewiß, dieses gemeinsame Maß war in keiner Weise beabsichtigt. Der Autor hatte nicht daran gedacht. Daß es sich aber herausdestillieren ließ, war kennzeichnend für eine unterirdische Kontinuität.

Ich erinnere mich auch an den Sinn, wenn nicht an den Wortlaut, einer seltsamen Bemerkung Flauberts über seine »Madame Bovary«:

»Dieses Buch? Ich bemühte mich vor allem, darin das gewisse Gelb jener Mauerecken auszudrücken, in denen sich zuweilen schwarze Gedanken einnisten.«

Auf eine einfache Formel gebracht, hat Anne Lindbergh auf solche Weise das schlechte Gewissen ausgedrückt, das einen quält, wenn man zu spät kommt. Wie schwer ist es doch, im Einklang mit dem inneren Rhythmus fortzuschreiten, wenn man gegen die Trägheit der stofflichen Welt ankämpfen muß. Alles ist immer so nah daran stillzustehen! Wie wachsam gilt es zu sein, um Leben und Bewegung in einem Universum zu retten, das beinahe steckenbleibt...

Lindbergh ist in der Bucht von Porto-Praia in einem kleinen Boot unterwegs, um die Wasserfläche zu untersuchen. Von einem Hügel aus sieht sie, wie er sich abmüht: gleich einem winzigen Insekt, das in einer riesigen Falle voller Vogelleim gefangen ist. Jedesmal, wenn sie sich auf ihrem Spaziergang dem Meer zuwendet, hat sie den Eindruck, daß ihr Mann nicht vom Fleck gekommen ist. Das Insekt regt vergebens seine Flügeldecke.

Wie schwierig ist es, eine Bucht zu überqueren; man brauchte nur etwas langsamer zu werden, um ihr nie mehr zu entrinnen...

Seit Tagen schon sind sie nun beide Gefangene einer Insel, dort, wo die Zeit keine Bedeutung mehr hat, wo die Zeit nicht vorrückt. Dort, wo die Menschen an Ort und Stelle sterben, nachdem sie in ihrem Hirn nichts als einen kleinen Gedanken, immer denselben, gehegt haben, bis er eines schönen Tages stehengeblieben ist.

(›Ich bin hier der Chef...‹, wird ihnen ihr Gastgeber hundertmal vorquasseln, mit der Gleichgültigkeit eines fernen Echos.) Es gilt, die Zeit wieder in Gang zu setzen. Es gilt, das Festland wieder zu erreichen, es gilt, wieder in die Strömung zurückzukehren, dorthin, wo man sich abnutzt, wo man sich wandelt, wo man lebt.

Anne Lindbergh hat Angst, nicht vor dem Tod, aber vor der Ewigkeit.

Sie ist so nah, die Ewigkeit! Es braucht ja so wenig, damit man nie eine Bucht überqueren, nie einer Insel entkommen, nie aus Bathurst starten kann. Alle beide, Lindbergh und sie, haben sich etwas verspätet... Nur etwas... Kaum... Doch es genügt, daß die Verspätung etwas zu sehr anwächst, und schon wird man von niemandem in der Welt mehr erwartet.

Wir wissen von jenem kleinen Mädchen, das nicht so schnell läuft wie die anderen. Dort drüben spielen die anderen. »Wartet auf mich! Wartet auf mich!«, doch sie kommt etwas zu spät, man wird es müde werden, auf sie zu warten, man wird sie zurücklassen, man wird sie vergessen, die allein in der Welt steht. Wie könnte man sie trösten? Diese Form der Angst ist unheilbar. Denn wenn sie jetzt am Spiel teilnimmt und aufbrechen sollte und damit zögert, werden ihre

Freunde ihrer überdrüssig werden! Schon tuscheln sie untereinander, schon sehen sie sie von der Seite an... Sie werden sie abermals allein in der Welt zurücklassen!
Und solch eine innere Unruhe ist wirklich eine ungewöhnliche Enthüllung bei diesem Paar, dem die Menge überall zugejubelt hat: ein Telegramm aus Bathurst teilt ihnen mit, daß man sie gern dort sehen würde, und schon sind sie unendlich dankbar. Später können sie nicht von Bathurst starten, und schon empfinden sie Scham, weil sie sich aufdrängen. Es handelt sich dabei durchaus nicht um falsche Bescheidenheit, sondern um das Gefühl, einer tödlichen Gefahr ausgesetzt zu sein: nur eine kleine Verspätung, und alles ist verloren.
Eine furchtbare Angst. Eben dieser innere Skrupel, den nie etwas heilen kann, zwingt die beiden, zwei Stunden vor Sonnenaufgang aufzubrechen, sogar den Vorläufern zuvorzukommen und die Ozeane zu überqueren, die den anderen Menschen noch Einhalt gebieten.
Wie sind wir doch weit entfernt von jenen Berichten, die willkürlich wie Jagdgeschichten ein Ereignis mit dem anderen verknüpfen! Welch eine gute Stütze findet Anne Lindbergh insgeheim in ihrem Buch an etwas, das unaussprechlich, elementar und universal ist wie ein Mythos. Wie gut versteht sie es, mittels technischer Überlegungen und konkreter Aufzeichnungen das eigentliche Problem der menschlichen Existenz spürbar zu machen! Sie schreibt nicht über das Flugzeug, sondern durch das Flugzeug. Dieser Stoff mit seinen fachlichen Begriffen und Vorstellungen dient ihr als Gefährt, mit dem sie etwas Bescheidenes, aber Wesentliches an uns heranbringt.
Lindbergh konnte in Bathurst nicht starten. Das Flugzeug ist zu stark belastet. Um seine Maschine hochzuheben, genügte freilich diesem Piloten ein Windstoß vom Meere her. Doch der Wind bleibt aus. Und abermals kämpfen die Reisenden vergebens gegen den Vogelleim. Da entschließen sie sich zu Opfern. Sie entfernen Lebensmittel, Nebensachen, die weniger wichtigen Ersatzteile aus dem Flugzeug. Sie ver-

suchen neue Starts, die wiederum scheitern, und entschließen sich jedesmal zu neuen Opfern. Und nach und nach häufen sich auf dem Parkett ihres Zimmers die kostbaren Gegenstände, von denen sie sich trennen mußten, einer nach dem anderen! Gramm auf Gramm fügen sie hinzu, mit solchem Schmerz...

Anne Lindbergh hat diesen kleinen Berufskummer fesselnd und wahrheitsgetreu geschildert. Und gewiß hat sie sich nicht darüber getäuscht, was am Flugzeug das Ergreifende ist. Es findet sich nicht in den goldenen Abendwolken. Die goldenen Abendwolken sind Kitsch. Aber es kann im Gebrauch des Schraubenschlüssels liegen, wenn man auf dem Armaturenbrett inmitten der schönen Anordnung der Zifferblätter die schwarze Leere eines zerbrochenen Zahnes zuwege bringt. Doch gilt es klar zu sehen: wenn der Verfasserin die Fähigkeit eignet, diese Melancholie ebensosehr durch die Brille des Laien wie des Berufsfliegers sichtbar zu machen, so hat sie mit Hilfe dieser professionellen Ergriffenheit eine Ergriffenheit getroffen, die allgemeinerer Natur ist. Sie hat den alten Mythos des erlösenden Opfers wieder sichtbar gemacht.

Wir wußten schon von jenen Bäumen, die man stutzen muß, damit sie Früchte hervorbringen; wir wußten schon von jenen Menschen, die in der Gefangenschaft ihres Klosters die geistige Weite entdecken und, von Entsagung zu Entsagung schreitend, die Fülle gewinnen...

Doch es bedarf auch der Hilfe der Götter: Anne Lindbergh begegnet dem Schicksal. Es genügt nicht, das Herz des Menschen zu stutzen, um ihn zu retten: die Gnade muß ihn anrühren. Es genügt nicht, den Baum zu stutzen, damit er Blüten trägt; der Frühling muß noch hinzukommen. Es genügt nicht, das Flugzeug von seinem Ballast zu befreien, damit es starten kann; es braucht dazu einen Windstoß vom Meere her.

Ohne es anzustreben, hat Anne Lindbergh Iphigenie verjüngt. Sie schreibt von so hoher Warte, daß ihr Kampf gegen die Zeit die Bedeutung eines Kampfes gegen den Tod gewinnt; daß durch das Ausbleiben des Windes leise das Schicksalsproblem anklingt und daß sie uns spüren läßt, wie das Wasserflugzeug, das im Wasser nur ein schwerfälliges und hinderliches Gerät ist, seine Substanz verändert und zu einem feinfühligen Vollblutgeschöpf wird, weil die Gnade des Meerwindes es angerührt hat.

VORWORT ZUR SONDERNUMMER DER ZEITSCHRIFT »DOCUMENT« ÜBER DIE VERSUCHSFLIEGER

Jean-Marie Conty wird euch hier von Versuchsfliegern erzählen. Jean-Marie Conty ist Polytechniker und glaubt an Gleichungen.
Er hat recht. Durch Gleichungen wird die Erfahrung auf Flaschen gezogen. Aber im Grunde geschieht es selten im Bereich der Praxis, daß die Maschine aus der mathematischen Analyse auf die gleiche Weise hervorgeht wie das Küchlein aus dem Ei. Die mathematische Analyse geht zuweilen der Erfahrung voraus, aber häufig begnügt sie sich damit, die Erfahrung zu registrieren, was im übrigen eine wichtige Aufgabe ist. Grobe Messungen ergeben, daß die Veränderungen eines bestimmten Phänomens durch den Zweig von Hyperbeln vollkommen wiedergegeben werden. Der Theoretiker registriert somit diese experimentellen Messungen durch eine Hyperbelgleichung. Aber er beweist auch, durch fromme analytische Bemühungen, daß es gar nicht anders sein konnte. Sobald ihm dann schärfere Messungen gestatten, seine Kurve, die nunmehr der Kurve einer ganz anderen Formel weit ähnlicher ist, genau zu präzisieren, wird er das Phänomen noch genauer durch diese neue Gleichung registrieren. Aber er wird auch, durch genauso fromme Bemühungen, beweisen, daß sich das von Ewigkeit her voraussehen ließ.
Der Theoretiker glaubt an die Logik. Er glaubt, den Traum, die Intuition und die Dichtung verachten zu dürfen. Er sieht nicht, daß sie sich verkleidet haben, diese drei Feen, um ihn

wie einen verliebten Fünfzehnjährigen zu verführen. Er weiß nicht, daß er ihnen seine schönsten Einfälle verdankt. Unter den Namen »Arbeitshypothese«, »zufällige Umstände«, »Analogien« hatten sie sich vorgestellt; wie hätte er denn ahnen können, der Theoretiker, daß er die gestrenge Logik hinters Licht führte und daß er, als er ihnen sein Ohr lieh, die Musen singen hörte...

Jean-Marie Conty wird euch vom schönen Dasein der Versuchsflieger erzählen. Doch er ist Polytechniker gewesen. Und er wird euch versichern, der Versuchsflieger werde für den Ingenieur bald nur noch ein Meßinstrument sein. Und freilich bin ich seiner Ansicht. Auch ich glaube, daß der Tag kommen wird, an dem wir uns, wenn wir an etwas leiden, ohne zu wissen warum, Ärzten anvertrauen werden, die uns, ohne uns auch nur zu fragen, mit einer Spritze etwas Blut abzapfen, daraus einige Konstanten herleiten, die sie miteinander multiplizieren; nachdem sie dann eine Logarithmentafel zu Rate gezogen haben, werden sie uns mit einer Pille kurieren.

Und doch werde ich mich, wenn ich krank bin, vorläufig noch an den alten Landarzt wenden, der mich von der Seite ansieht, mir den Bauch abklopft, ein altes Taschentuch an meine Schulter drückt, durch das hindurch er mich abhorcht, dann etwas hustet, seine Pfeife anzündet, sich das Kinn reibt – und mich anlächelt, um mich so besser kurieren zu können.

Ich glaube noch an Coupet, Lasne oder Détroyat, für die das Flugzeug nicht nur eine Ansammlung von Parametern ist, sondern ein Organismus, den man abhört. Sie landen. Schweigend gehen sie rings um den Apparat herum. Mit den Fingerspitzen streicheln sie den Rumpf, tätscheln den Flügel. Sie rechnen nicht; sie sinnen nach. Dann wenden sie sich an den Ingenieur und sagen bloß: »Ich hab's – man muß die Tragflächen verkürzen.«

Ich bewundere die Wissenschaft, gewiß. Aber ich bewundere auch die Weisheit.

Vorwort zu dem Buch von Helen Mackay »Das Frankreich, das ich liebe«

Helen Mackay hat lange in Frankreich gelebt. Als die Katastrophe hereinbrach, tat sie alles, was in ihren Kräften stand, um die Nöte Frankreichs zu lindern. Und heute gedenkt sie nun Frankreichs, nicht, wie man für gewöhnlich eines Landes gedenkt, sondern als erinnerte sie sich an den besonderen Klang einer Stimme oder an ein besonderes Gedicht. Wie man eines Freundes gedenkt, der einen bekehrt hat.
Helen Mackay erweist meinem Land auf diese Weise eine ungewöhnliche Ehre; es bleibt doch trotz der Niederlage, trotz des Verstummens so lebendig, daß es weiterhin derart das Herz in Sorge versetzt.

BRIEFE AN LUCIE-MARIE DECOUR

Die nachstehenden Briefe Saint-Exupérys stammen aus den Jahren 1927 bis 1929, in denen die Fluglinie Casablanca–Dakar in ihren heroischen Anfängen stand.

Vier Monate bevor dieser Briefwechsel einsetzt, erhielt Saint-Exupéry vom Direktor der Latécoère sein Einstellungsschreiben, durch das er zum Team der jungen Piloten stieß, dem unter anderen Mermoz, Estienne, Guillaumet bereits angehörten.

I

Toulouse, 18. Februar 1927

Ich komme gerade aus Casablanca. Zu freundlich von Ihnen, daß Sie mich mit Ihrem Brief empfangen haben! Ich bin noch abgehetzter als neulich (viertausend Kilometer in vier Tagen und bei einem Wetter...). Ich kann kein Glied mehr regen, und wenn ich mich erhebe, wirke ich wie betrunken, und wenn ich den Mund aufmache, stottere ich (aber wenn ich schreibe, merkt man das nicht).

Es war so prächtiges Wetter, daß einer meiner Kameraden in Alicante ohne Passagier gelandet ist. Das ist nicht weiter betrüblich, so was kommt öfters vor. Betrüblich ist nur, daß er einen Passagier mitgenommen hatte.

Was mich angeht, so steuerte ich mit der einen Hand und klammerte mich mit der anderen fest. Mein Flugzeug machte sich das zunutze, um einen Charlestonschritt zu vollführen. Das war kein Fliegen mehr, das war wie in einer Bratpfanne.

Da ich mir in den Kopf gesetzt hatte, nicht umzukehren, ließ ich mich im Lorcatal von einem Schneesturm erwischen. In dem drin war ich blind und steuerte mit hundertsechzig Sachen zwischen zwei Bergwänden hindurch, die ich nur ahnen konnte. Glücklicherweise war mir die Sicht nicht allzu lange genommen, denn da ich mich nur auf den Kompaß verlassen konnte, wurde ich zwangsläufig abgetrieben; theoretisch ist der Kompaß recht schön, aber in der Praxis gleicht er eher einer Wetterfahne.

Auf jeder Zwischenstation wollte ich Ihnen schreiben, aber auf jeder Zwischenstation schlief ich. Verzeihen Sie mir bitte! Und ich träumte vom großen Lehnsessel und vom guten Feuer und von jener Freundschaft, die sich bis vier

Uhr früh treu bleibt. Und er war so wohlig, dieser stabile, ruhige Lehnstuhl, in dem ich mich wie eingewurzelt fühlte, ohne daß ich mich mit beiden Händen festzuklammern brauchte, ohne daß ich mit einem Riemen angeschnallt war. Und wie friedlich war es, nachdem Chibourne eingeschlafen war! Und diese Unterhaltung ohne Metronom, wo man schweigen und sich ganz ungezwungen geben konnte, ohne durch diese leeren Pausen am Telefon gehemmt zu sein, die auszufüllen ich niemals lernen werde. Am Telefon spürt man dieses Metronom. Dabei fallen mir die Examen ein, in denen Pausen so sehr stören und durchaus nicht zu empfehlen sind. Man hat das Gefühl, daß sie die Erdumdrehung aufhalten und daß es zu einer Katastrophe kommen wird, wenn sie länger dauern. In Ihrem großen Lehnsessel, da kann man schweigen: die Welt dreht sich weiter. Welche wohlige Sicherheit! (Und wissen Sie: solch ein Lehnstuhl ist etwas Rares!)
Ich habe meine Koffer für Dakar gepackt. Ich warte auf eine Order: man hat mir gesagt, ich sollte mich bereit halten. Und so lebe ich umgeben von kleinen Kisten, die ich vernagelt habe. In meinem Zimmer herrscht eine übertriebene, eine peinliche Ordnung. Deshalb lebe ich auch kaum darin. Aus meinem Winkel beobachte ich die Manillespieler. Sie sind sehr vernünftig. Sie kippen ihre Aperitifs hinunter und genießen sie wie Wiederkäuer; ich aber bin auf Reisen in meinem Winkel. Ich lande bei den Mauren; ich träume vor mich hin; ich plaudere mit all meinen Freunden und geselle mich zu ihnen, ohne daß sie davon wissen. Ich bin der Schweigsamste von allen, aber mein Schweigen ist recht trügerisch. Und der Geschäftsführer und der Kellner sehen mich bereits als ihren Gefangenen an, rücken mir meinen Stuhl vor, lächeln wohlwollend über meine drei Stück Zucker im Kaffee, sind entzückt, daß ich Bier nach dem Kaffee trinke, geraten außer sich vor Freude, wenn ich um Punkt zehn Uhr meine Zigaretten holen lasse. »Es ist Zeit für Ihre Zigaretten, mein Herr!...« Das soll nun zwanzig Jahre so weitergehen! Wie sie enttäuscht sein werden!

Es tut mir leid, Madame de R. zu verfehlen... Sagen Sie es ihr bitte!
Es tut mir leid, daß ich Sie so lange nicht sehen kann – und schreiben Sie mir, um mir Freude zu machen!

Antoine

II

Toulouse, 20. Februar 1927

Ich habe mich gerade nochmals zu Ihnen hingesetzt. Zu Ende sind meine Reisen nach Casablanca. Zu Ende mein Werben um die kleine Tänzerin in Alicante. Das klappte so gut: schon zwei Rendezvous waren mir bewilligt worden. Allerdings verbrachte ich sie in Gesellschaft der Wanduhr: ich betrachtete diese Wanduhr voller Liebe, aber mit Mißtrauen, sodann voller Haß; es war eine blöde Uhr, die schnell lief, bis es Zeit war; ich war zu früh gekommen, der Zeiger flößte mir Hoffnung ein; als aber die Zeit um war, machte er sein Werk wieder zunichte. Ein weißer Barkellner betrachtete mich mitleidig – welch eine häßliche, welch eine getreue kleine Freundin – und schien sagen zu wollen: so ist es recht!, und dann ging ich jungfräulich wieder heim – jungfräulich und infolgedessen als Märtyrer, wie man zu sagen pflegt.
Dakar steht bevor, da ich ja nun nicht mehr als Postflieger nach Spanien kommen werde. Mein Zimmer sieht immer mehr aus wie eine Werft. All meine Schätze habe ich verstaut, meine letzten Kisten habe ich zugenagelt, und nun gehe ich in meinem Zimmer spazieren wie auf einem Hafenkai. Und in Hut und Mantel setzte ich mich – wiederum auf einen Stuhlrand, zünde immer noch nicht meinen Kamin an und gähne. Da meine eigenen Spuren verwischt sind, kommen nun wieder die meines Vorgängers zum Vorschein: eines unruhigen Gesellen, der an seiner Existenz zweifelte; der eine Tröstung nötig hatte und wissen mußte, wo, an welchem Tage, zu welcher Stunde sein Gähnen stattfand:

mit Hilfe einer Wanduhr, eines Kalenders und einer Landkarte. Das war bestimmt krankhaft. Mir hingegen ist solche Präzision sch...egal.

Ich vergesse die Nippsachen. Zwei Nippsachen. Sie thronten dort als ein Wahrzeichen der Eleganz und des Luxus. Andere schaffen sich einen Garten mit einem Geranientopf oder den ganzen Himmel mit einem Kanarienvogel. Das ist achtenswert, darin äußert sich ein Durst nach dem Ideal. Ein buckliger Zuave und ein Hirtenmädchen stillten diesen Durst nach dem Ideal bei mir, das heißt in meinen vier Wänden. Ich kämpfte gegen das Ideal, versteckte es jeden Morgen in einem Schrank. Allabendlich, wenn ich heimkam, fand ich die beiden wieder auf dem Kaminsims, arroganter denn je. Meine alte Hausbesitzerin führte diesen Kampf gegen meine bornierte Seele. Ihre Streiter sind jetzt Sieger; ich selber habe sie auf ihren Ehrenplatz gestellt; ich erlaube ihnen, über diese Trostlosigkeit, diese Kisten und Kästen zu herrschen...

Von mir selber gibt es nichts zu erzählen. Ich habe alles in mir verstaut, wie in meinem Zimmer, und alle meine Erinnerungen sind eingepackt. Ich habe gründlich Ordnung gemacht; ich gehe von hier fort wie ein artiges Kind, das die Schule besucht. Als ich fünfzehn war, pflegte ich so die Erinnerungen an die Ferien, an die Kusinen wegzusperren und packte sie erst wieder aus, wenn ich mitten in der Arbeit steckte und mich an das neue Milieu gewöhnt hatte.

Am Nachbartisch, meine Liebe, thront ein unentwegter Schwätzer. Er hat es eilig mit dem Reden, er will alles von sich geben. Nur das Weltende setzt ihm eine Grenze; ich kann nicht weiterschreiben, seine Worte haben völlig Beschlag von mir genommen... Ich höre: »...Die Zeitungen... Die Politik... In dieser Hinsicht...« Am liebsten möchte ich ihn erwürgen. Sein Gegenüber hat sich einen Satz ausgedacht und würde ihn gern anbringen. Er macht »hm«, aber hat nicht die Zeit, mehr zu sagen. Er hört überhaupt nicht hin und wartet darauf, daß er an die Reihe kommt.

Und ich entferne mich; Sie sind eine alte Freundin. Es tut

mir wirklich leid, daß dieser Schwätzer den ganzen Platz eingenommen hat und uns trennt.

Antoine

III

27. März 1927

Ich hatte solche Gewissensbisse, daß ich Ihnen nicht mehr zu schreiben wagte. Und dann führe ich ein so sonderbares und abgelegenes Leben, das mich völlig verwirrt hat, so daß ich mich nicht mehr zurechtfinde.

Ich lebe in Villa Cisneros, in der spanischen Wüste. Und das ist sogar im spanischen Fort der Fall, denn dort gibt es nichts als Sand. Das Meer dröhnt wie eine Eisenbahn und teilt von Zeit zu Zeit große dumpfe Stöße aus. Die Wachen antworten einander: »Hier Wachtposten!« mit düsterer Stimme, und das klingt wie ein Echo, das von Posten zu Posten schwächer wird, bis es den letzten erreicht. Und ich liege auf meinem Bett, während ich Ihnen schreibe, neben einer Kerze, welche Fliegen röstet. Der am weitesten entfernte Posten hat eine so schwache Stimme, daß er in Gefahr zu sein scheint. Jedesmal wälze ich mich dann auf die andere Seite. Sie können sich die Szenerie ja vorstellen.

Um 6 Uhr früh werde ich mich über diesem seltsamen, nicht unterworfenen Lande in der Luft befinden; man schwebt über all dem Unbekannten.

Wir sind in Mannschaften eingeteilt, die jeweils zu zweit fliegen, und ich bin untröstlich. Die Mannschaft der Konkurrenz aus Casablanca war gerade in Juby, während die Sache mit den Uruguayern passierte. Als ich eintraf, waren sie von den Kameraden schon aufgefischt worden: eine Woche früher oder später hätten wir solch ein Abenteuer bestanden; ich bin wütend!

Trotzdem führe ich ein seltsames Leben (...) Von der zweitausend Kilometer langen Sahara-Avenue gehören tausend zum Aufständischengebiet. Und ich habe darin bereits eine Nacht verbracht, aber in einem einsamen Winkel, wo wir niemanden zu Gesicht bekamen, jedoch zwischen hier und Juby, der Strecke, die ich morgen fliege, schießt man auf uns wie auf Rebhühner von unzähligen Lagerplätzen aus. Die Gefahr ist nicht sehr groß, denn die Mauren können sich nicht auf ein Flugzeug einschießen; wenn aber der Motor zu spucken anfängt, wird es bedrohlicher. Wenn man gezwungen ist, sich in die Bärengrube hinabzubegeben...

Manchmal komme ich mir vor wie ein Dummkopf. Das um so mehr, als ich wahrscheinlich in ein oder zwei Monaten eine kleine, sich über mehrere Wochen erstreckende Expedition unternehmen werde, die eben in diese Bärengrube führen soll. Das ist bisher noch niemals geschehen, und ich habe den Wunsch, es kennenzulernen. Doch ich frage mich, was ich eigentlich in alldem suche, ob nicht das gescheiteste Leben darin besteht, glücklich zu sein! Und ich schwitze auf diesem Bett wie ein Schwamm; das macht der Ostwind in diesem Land des ewigen Sandes, während es in Frankreich schöne, grüne Wiesen gibt, mit Bächen und Kühen. Und Straßen in Paris, die voller Frauen sind. Die so köstlich sind, wenn man sie berührt. Und das Theater, die Musik, den Luxus! Ich träume vom Luxus in diesem Kämmerchen eines spanischen Forts; ich träume von Lifts und von Badezimmern; ich träume von badenden Mädchen am Strande. Und von einem Grammophon. Und ich entscheide mich für das härteste und ungewisseste Dasein, weil ich der Meinung bin, daß man anderenfalls ein Nichts ist; wenn ich mich aber täuschen sollte? Wenn das Hoffart wäre? Wenn das alles nur dazu taugte, mich abzunutzen? Und dann, wissen Sie: der Mut, das ist ja alles Humbug! Und ebenso das offizielle Tamtam! Das wird durch eine Art Geringschätzung ersetzt, die nichts Verdienstliches hat. Ich weiß nicht einmal, ob ich eigentlich mutig bin oder nicht. Das einzig Wirkliche, was sich mir darbietet, besteht aus Tourenzählern, dem Manometer, dem Höhenmesser. Diese Dinge funktionieren gut oder schlecht. Und darunter befinden sich die Mauren der Wüste, und Mauren, die schießen, aber das mutet einen unwirklich an, wie von einer anderen Welt. So brauche ich nicht einmal gegen mich selber anzukämpfen und weiß nicht, was ich wert bin.

Vielleicht ist es das Lehrreichste, das Gescheiteste, mit einer Frau zu schlafen.

In Mauretanien war ich auf Löwenjagd. Einen habe ich verwundet. Das weckte in mir eine Freude, wie man sie in Büchern liest; aber im Grunde wäre die Sache genauso verlaufen, wenn es ein Kaninchen gewesen wäre. Denn entgegen dem Kodex wurde ich von dem Löwen nicht angesprungen. Er entfernte sich angeekelt. Wegen der Wunde war sein Galopp unregelmäßig: man hätte ihn für eine junge Kuh halten können. Mehr ist nicht zu erzählen.

Was Dakar betrifft, so besteht es aus Cafés, in denen man trinkt, aus fetten Europäern und aus Negern. In Asnières hat man es ebensoweit gebracht.

Heut abend bin ich voller Pessimismus. Ich schwöre, daß ich Ihnen mit nächster Post schreiben werde, was mir an diesem Leben gefällt. Meine Sahara... zuweilen bete ich sie an.

Schreiben *Sie* mir aber, obwohl ich Sie jetzt schon verlasse, um schlafen zu gehen, denn ich bin ganz zerschlagen durch einen Flugtag in einem erstickenden Sandsturm.

Und morgen beginnt das von neuem.

Antoine

Fluglinie Latécoère, Dakar (Senegal), mit Vermerk: »Mit Luftpost von Toulouse nach Dakar.«

IV

Cap Juby

Ich weiß nicht, ob ich Ihnen einen endlosen Brief schreiben werde... Ich habe so wenig zu erzählen.

Mein letzter Brief stammte nicht aus Toulouse, vielmehr werden unsere Briefe mit dem Flugzeug in zivilisierte Länder befördert und in Casablanca oder in Toulouse auf die

Post gegeben. Ich selber lebe seit drei Monaten in Cap Juby, zwischen einem spanischen Fort, dem Meer und der Wüste. Man muß sich zweitausend Kilometer weiter nach Süden oder tausend Kilometer weiter nach Norden begeben, wenn man eine Stadt oder auch nur ein Wirtshaus finden will. Das Fort Villa Cisneros ist freilich nur sechshundert Kilometer entfernt, aber ebenfalls vom Aufständischengebiet umschlossen. Und so sind wir einander so fremd wie die Planeten des Sonnensystems.

Ich will Ihnen genau mein Leben beschreiben: es besteht aus dem Morgen, dem Mittag, dem Abend. Jeder Tag wiederholt sich ohne wichtigere Begebenheiten. Ich lese ein wenig; ich rauche viel und mache Spaziergänge bis zu einer Entfernung von fünfhundert Metern. Weiter darf man nicht gehen.

Ich regiere als Kommandant des Flugplatzes über vier Mechaniker und zehn Mauren. Welch eine Kolonie! Ich probiere die Maschinen aus, bevor sie starten; ich blicke ihnen nach, während sie sich entfernen und das Aufständischengebiet überschreiten, so wie eine Henne, die Entlein ausgebrütet hat, zuschaut, wie diese einen Teich überqueren. Ich bin erst wieder beruhigt, wenn das Radio in Port-Étienne oder in Agadir ihr Eintreffen meldet. Oder aber ich erwarte die Maschinen bei ihrer Ankunft; und wenn die normale Zeit überschritten ist, male ich mir schon aus, daß sie notlanden mußten, und treffe Vorbereitungen, um zu ihrer Suche zu starten. Ich versehe mich mit einer Nothelfer-Seele, meiner Kopfbinde und meiner Brille; nicht ohne eine gewisse Eitelkeit wappne ich mich für große Opfertaten, doch dann kündet mir ein fernes Brummen ihr Nahen an und kündet mir, daß das Leben jetzt schlichter ist; daß die Romantik überholt ist und daß die edle Seele, die ich angezogen hatte, etwas lächerlich war.

Wenn die Piloten einmal in der Woche bei uns sind, entlocken wir ihnen Neuigkeiten aus aller Welt. Noch bevor sie sich säubern konnten, müssen sie alle Geschichten auspacken, die sie auf Lager haben. Seit Toulouse schon haben die Piloten sie auf jeder Zwischenstation einander weitererzählt. Wie die mittelalterlichen Minnelieder nehmen sie bei jedem Troubadour an Umfang zu. Wenn sie daher zu uns gelangen, haben sie sich zu großartigen, unerschöpflichen und verwickelten Schilderungen ausgewachsen. Eine Maschine, die in Perpignan zu Bruch ging, eine in Toulouse ausgesprochene Entlassung bieten uns Redestoff für mehrere Stunden.

Sodann versammeln wir uns um ein Grammophon ohne Feder und drehen es mit der Hand; das ist köstlich. Jeder muß der Reihe nach diese Fron leisten. Wir lernen aber stets nur das erste Drittel unserer Platten kennen, denn es fehlt uns an Ausdauer... Auf diese Weise kommt die Nacht heran, die Stunde, da wir schlafen gehen und unsere Kalenderseite abreißen. So vergehen uns die Tage.

Haben Sie Mitleid mit meinem Mönchsleben! Schreiben Sie mir (nicht nach Dakar). Fragen Sie mich nicht, ob ich Sie zu meinen Freunden zähle! Ich bin schweigsam, wenn ich nichts zu berichten habe, aber meine Zuneigung ist so tief...

Antoine

Fluglinie Latécoère, Toulouse (Haute-Garonne)
Nach Cap Juby nachsenden!

Weihnachten habe ich hier verbracht. Unser Proviant traf verspätet ein; so bestand unser Mahl aus ein paar Konserven. Kein Mitternachtsschmaus. Es war ein so melancholischer Abend, daß wir um zehn Uhr schon im Bett lagen.

V

Toulouse, 1927

Sie hätten mir eine Zeile schreiben sollen... Aber es stimmt, daß ich Ihnen einen langen Brief versprochen hatte.

Eben hörte ich, wie man eine Ihrer Platten trällerte, und schon fühle ich mich nach Rolleboise versetzt, in diesen zu ruhigen Ort, »wo man närrisch wird«. Ich schwöre Ihnen, daß man in Toulouse nicht närrisch wird; ich kenne bereits alle Kellner, alle Kokotten, die eigentlich brave Beamtinnen sind, und alle Straßenbahnführer mit Vornamen. Und von Zeit zu Zeit befinde ich mich wieder ohne Übergang in einem Städtchen mitten in Spanien, wo mich das gleiche Provinzleben empfängt. Dort bestelle ich das gleiche Glas Bier. Dann schlendere ich mit der gleichen Vertraulichkeit in der gleichen Straße umher und beneide die echten Reisenden: denen haben die Gepäckträger, die Zöllner, die Taschendiebe den Glauben an Abenteuer beigebracht. Ich aber tauche mitten in diesem Land auf (die Hände in den Hosentaschen), nichts ist zu meinem Empfang vorbereitet.

Sie sehnten sich nach Granada, nach Alicante, nach Malaga... Wissen Sie, was das für Städte sind? Ich habe sie in ihren bescheidensten Lebensäußerungen überrascht, entblößt von jeder Legende. Granada? Das ist eine Kneipe, in der man schlecht ißt. Malaga? Das ist ein flaches Gelände, ich kenne davon nur das Gelände. Alicante? Das ist unsere Zimmervermieterin Pepita... Spanien ist für uns Pepitas Haus, und wenn uns Spanien süß erscheint, so ist das Pepita... und es hat uns nichts Neues zu bieten.

Ich muß an die Komponisten denken, für die man sich vielleicht geprügelt hat, – Komponisten, die in den Hühnerhäusern der Theater alte Musiknarren begeistern und die zum Träumen oder zum Lieben verhelfen. Wenn aber ein Caféhausorchester sie spielt, nehme ich überhaupt nicht Notiz von ihnen, und die Unterhaltung der Gäste wird dadurch nicht einmal gestört. Allenfalls sagt einer: »Was ist denn das für eine Melodie?...« Auf diese Weise habe ich Spanien kennengelernt. Die Legenden, die Tänze, die Liebe, – das ist alles Humbug. Man spreche mir von den drei Höckern des Geländes in Alicante. Das ist wichtig. Und wenn man ein unverbesserlicher Romantiker ist, so spreche man mir von Pepita: das ist alles, was ich Ihnen bieten kann.

Doch ich liebe meinen Beruf. Und daß man dabei etwas aufs Spiel setzt, denn ich glaube nicht, daß es noch härter sein könnte. Es gefällt mir, wenn manchmal ein Pilot bei uns durchkommt und man ihn nicht zu seiner Gewandtheit oder seiner Ausdauer, sondern zu seinem Mut beglückwünschen muß. Und daß man ihm dann mit einem zögernden »Gut gemacht!« den Dank dafür abstattet, daß er seine Haut zu Markte getragen oder Passagieren das Leben gerettet hat. Ich habe mich noch nicht an das Ungewöhnliche gewöhnt, das man in der Luft erlebt. Man muß sich sagen: ›Andere haben es vor dir geschafft, du kannst es also auch schaffen...‹ Sonst würde man es nicht für möglich halten. Es gefällt mir so gut, daß das kein Sport ist für Gigolos, sondern ein Beruf.

Ich übertreibe nicht, das schwöre ich Ihnen. Ich hätte nicht gedacht, daß ein Flugzeug solche Stürme aushalten kann. Ich mußte mir erst sagen: ›Die anderen gehen auch nicht entzwei‹, damit ich weitermachen konnte. Ich glaubte nicht, daß einen der Sturm so hinunterdrücken kann und daß man, obwohl man sich mit dem auf vollen Touren laufenden Motor dagegen stemmt, von dreitausend auf zwanzig Meter hinabgerissen wird, um erst in zwanzig Meter Höhe eine Luftmatratze zu finden. Man hatte mir vorher gesagt, daß ich die Maschine knapp über dem Boden wieder fangen könnte. Sonst hätte ich den Dingen ihren Lauf gelassen. Ich fühlte mich derart zum Spielball geworden. Ich frage mich aber, welch ein Gesicht der erste Pilot gemacht haben muß, falls er das nicht nach und nach herausgefunden hat.

Und der Nebel! Ein Kamerad, der heute abend zurückkam und dabei völlig in den Nebel hineingeriet, mußte sich an das sichtbare Dach eines Bauernhofs halten und eine Stunde fünfundzwanzig Minuten darüber kreisen, bis er nicht mehr blind war. Er konnte nicht anders, denn er befand sich mitten in einem Tal. Und wenn man es riskieren will, im Nebel eine Gegend zu überfliegen, in der die Berggipfel von Wolken umhüllt sind, so ist das ja, wie man mich gelehrt hat, »recht nett«, aber darunter verbirgt sich die Ewigkeit.

Ich wußte noch nichts von der Fliegerei.

Es gibt hier einen hübschen Jahrmarkt mit Holzpferden,

Wahrsagerinnen, die einem viel Glück prophezeien, Fotografen und Schießbuden. Wir sprachen zwei junge Toulouserinnen an, die umherirrten. Zuerst waren sie verschüchtert, dann irrten wir mit ihnen zusammen umher. Alle Spielregeln kamen da nacheinander zur Anwendung: Neckereien, leichtbeschwingte Heiterkeit, durch die die männliche Gegenwart möglichst unbeschwert wirken sollte, sodann Zärtlichkeit, möglichst leichtbeschwingt und unbeschwert. Nach Worten, die zur Folge haben, daß man lacht und sich auf den Absätzen im Kreis herumdreht und herumtanzt wie die Fliegen, kommen Worte, die kaum mit einem Lächeln quittiert werden und ein Neigen des Kopfes hervorrufen... doch mit dem Arm, mit der Schulter mißt man an dem Halt, der einem dort gewährt wird, welcher Teil unseres Ichs bereits mit Beschlag belegt ist. Zuweilen verschmelzen Arm und Schulter. Dann wiederholt man die bedeutungslosen Worte, mit denen sich die große Komplizität der Leiber vollziehen läßt. Man darf sich da niemals hineinmischen. Und dann... das betrifft uns nicht mehr.

Und dann hat sich gar nichts ereignet, weil mich das auf einmal melancholisch stimmte. Ich kehrte zum Jahrmarkt zurück, um Scheiben zu schießen. Es ist das ein männliches Vergnügen von Tiger- und Löwenjägern. Doch das brave Frauchen, das meinen Karabiner lud, war hübsch wie eine Fee. Sie können sich nicht vorstellen, welch ein Königreich von Lichtern, Zirkusmusik und Geklapper der Lostrommeln sie umgab! Ich schoß großartige Scheiben, traf ständig ins Schwarze, damit sie mich liebgewinnen sollte. Sie hatte aber zu viele Anbeter und mußte zu viele Karabiner laden. Sie hatte keine Zeit zum Lieben. Da verließ ich sie und begab mich zur Mandelkuchenverkäuferin, und damit sie meinen Geschmack bewundern sollte, kaufte ich den besten und am hübschesten verpackten ihrer Kuchen. Und mit verständnisvollem Lächeln reichte ich ihr drei Francs fünfzig. Sie verstand nichts. Es gibt nicht, wie eine Sprache der Blumen, eine Geheimsprache der Mandelkuchen auf Jahrmärkten, oder vielleicht beherrschte ich sie nicht und beging einen

Schnitzer. Die Menge zog mich wieder mit sich und trug mich zu den Holzpferden, wo sich unsere beiden Eroberungen zu trösten suchten und einen endlosen Ritt im Lichterglanz unternahmen. Ich fand sie begehrenswert und konnte meine Flucht nicht mehr begreifen. Es war zu spät, und so ging ich wieder weiter.
Ich schwöre Ihnen, dieser Jahrmarkt war weit großartiger als Spanien.
Ich verlasse Sie jetzt, ich gehe schlafen. Morgen früh probiere ich eine schöne neue Maschine aus und muß früh aufstehen.
Schreiben Sie mir!

Antoine

13, Rue d'Alsace-Lorraine

VI

Ein Kamerad brachte mir Ihren Brief aufs Schiff, eine Stunde vor der Abfahrt. Aus Dakar, das wir anlaufen werden, schicke ich Ihnen die paar Zeilen, die ich Ihnen schreiben möchte.
Ich fahre nach Südamerika, vielleicht für zwei Jahre, um dort auf der Linie zu fliegen. Diese Entscheidung traf die Gesellschaft sechs Tage vor der Abfahrt des Schiffes. Ich kam von einem Kurierflug nach Spanien und ahnte nichts. Sie können sich vorstellen, was das in den sechs Tagen für eine Hetze war. Ich fuhr in die Provence, ins Departement Ain und nach Lyon, um tausend Besorgungen zu erledigen, dann nach Paris, wo ich nichts zu tun hatte und niemanden antraf. Seit Monaten hatte ich niemandem geschrieben und wußte nichts von meinen Freunden, hatte auch nicht die Zeit, ihnen zu schreiben, um festzustellen, wo sie steckten. Und keiner von ihnen erschien zu dem Rendezvous, das ich ihnen auf etwas zu schweigsame Art gewährt hatte.
Und doch habe ich so wenig Freunde, und ich glaube, Sie

sind neben Yvonne meine beste Freundin. Und natürlich erfuhr ich, daß sie im Departement Vienne war und daß Sie sich in Juan-les-Pins befanden. Und von den anderen war Segogne in Chamonix usw. ... Ich hatte den Eindruck, daß in meinen Freundschaften große Unordnung herrschte. Das war nicht gut bei einer Abreise. Ich irrte in Paris umher. Ich war sehr melancholisch und kam zu dem Schluß, daß ich selber daran die Schuld trug. Das Schiff wirkte friedlich auf mich: achtzehn Tage bis Buenos Aires, das ist lustig. Ich spiele irgendwelche Spielchen mit reizenden jungen Mädchen. Ich verkleide mich. Ich denke mir Scharaden aus. Ich bewundere die fliegenden Fische. Das kommt mir sonderbar vor und etwas unwirklich. Das Wirkliche ereignet sich wahrscheinlich unten im Maschinenraum. Da gehen unwiderrufliche Dinge vor sich, die langsam zustande kommen, aber man wird sich nicht ganz klar darüber. Man sieht nicht einmal, wie das Meer vorübergleitet. Man spielt Scharaden. Nur etwas sehr Erregendes habe ich entdeckt: wenn man die Stirn an ein eisernes Geländer lehnt, spürt man ein schwaches Vibrieren: eine sehr deutliche Stimme, die aus kleinen, harten, rhythmisch verlaufenden Stößen besteht. Bis zum letzten Nagel begegnet man ihr. Das ist wesentlich, aber so unaufdringlich: man kann eine ganze Überfahrt mitmachen, ohne es kennenzulernen.

Mein gutes Kind, Sie haben sich verlobt. Ich halte X. für einen anständigen Kerl. Und Sie auch, das war immer meine Meinung. Ich möchte Ihnen etwas anderes sagen als gute Wünsche. Ich nehme genauso teil an Ihrem Glück wie ein Bruder. Es betrübt mich sehr, daß ich ein bißchen eine Freundin verliere. Alle meine Freunde heiraten, und danach ist es nicht mehr das gleiche. Sie bauen sich ihre kleine Mauer auf. Hinterher habe ich immer den Eindruck, draußen zu stehen. Manchmal war ich sehr zufrieden; ich sagte mir: ›Dadurch gewinne ich ein weiteres Zuhause!‹ Auf diese Weise habe ich nun kleine Zufluchten in der Welt, in denen ich glücklich sein kann: beständige Dinge, die ich wiederfinde. Alles verändert sich rings um mich her, angefangen mit meinen Hotelzimmern. Vielleicht wird es mir schwerfallen, aber ich schätze das Dauerhafte. Ich habe mir viele Dinge zu eigen gemacht, die mir nicht gehören. Wenn man alles durcheinanderbringt, während ich weit weg bin, werde ich etwas besorgt.

Versuchen Sie doch, eine Kameradin zu bleiben: es läßt sich schwer erreichen, daß es völlig dasselbe bleibt. Ich habe das nur allzu häufig erlebt. Sehen Sie, ich schreibe wenig, ich wirke vergeßlich und zerstreut, aber das stimmt nicht. Ich habe gewisse Dinge so nötig.

Sie haben, meine ich, so völlig recht zu heiraten. Es ist schön, daß das Leben einen Sinn erhält. Und dann scheint mir, daß Sie einen jener erfüllten Augenblicke genießen, die derart selten sind. Genau so stelle ich mir das Glück vor: dieses Wunder eines überglücklichen Gesichts, die ganze Welt verdichtet sich und bietet sich an: wie herrlich ist das! Wenn ich das kleine Mädchen hier liebte — zu welch einer Botin würde es da auf einmal werden.

Ich sitze allein in der Bar; es ist recht spät; die kleinen jungen Mädchen sind schon von ihren dicken Müttern ins Bett gebracht worden. Sie sind vernünftig, entzückend und leer. Sie sind vollkommen, aber leer; es ist jedoch so hübsch, wenn man sie gedeihen sieht, sie etwas frotzelt, sie mit der Fingerspitze berührt, wie einen ganz neuen Gegenstand. Wenn ich bei ihnen bin, komme ich mir unglaublich alt vor.

Ein großer Ventilator dreht sich über meiner Stirn. Das Holzwerk kracht ganz leise. Die schwüle Luft Dakars nimmt mir schon etwas den Atem. Morgen werden wir uns ein paar Stunden dort aufhalten. Diese Reise macht weniger Lärm, als wenn man ins Wasser springt. Und jetzt, da ich allein bin, kommt mir alles noch etwas sonderbarer vor.

Schreiben Sie mir eine Zeile: an die »Compagnie Générale Aéropostale« nach Toulouse. Denken Sie manchmal an meine Freundschaft, die niemals größer war, und bleiben Sie weiter meine alte Freundin.

Antoine

VII

Aéropostale, Buenos Aires

Ich frage mich, was ich Ihnen auf dem Schiff geschrieben haben kann, daß es Ihnen so mißfallen hat. Zwei Monate ist nun schon mein Brief ohne Antwort. Ich erinnere mich nur noch, daß es Mitternacht war und daß ich ganz allein in der Bar saß, unter einem großen Ventilator; das Holzwerk krachte ganz sachte: das war das einzige Risiko dieser Reise. Und ich war recht melancholisch über meine Abfahrt.

Bei der Abfahrt aus Bordeaux hatte ich Ihren Brief erhalten, in dem Sie mir Ihre Verlobung mitteilten. Daher schrieb ich Ihnen denn auch einen Glückwunschbrief. Offenbar bringe ich es nicht fertig, solche Briefe zu schreiben. Und doch nahm ich so sehr teil an Ihrem Glück: aber schauen Sie, ich hatte das alles so plötzlich erfahren, und gerade bei der Abreise, schon auf dem Schiff. Und da war ich auf einmal ganz abgesondert, wie nach einer zwanzigjährigen Abwesenheit. Man störte so schnell alle meine Erinnerungen. Man brachte mir alles durcheinander. Wenn meine Freunde heiraten, sind sie, das ist mir aufgefallen, für mich völlig verloren. Und seit zwei Monaten fällt mir das noch mehr auf. Es ist nicht ganz meine Schuld, wenn mein Brief von Schwermut durchzogen war. Reisen ist köstlich, aber Sie können sich nicht vorstellen, was man durchmacht, wenn einem das Leben auf einem anderen Kontinent bevorsteht. Das ist kein Reisen mehr, man wird dann zu einem anderen. Es bleibt einem noch die verschwommene Vorstellung, man könnte heimkehren und alles noch an Ort und Stelle sehen; kaum neue Grammophonplatten vorfinden. Man weiß: das ist unmöglich, aber es ist einem nicht recht, daß es das Leben so eilig hat. Daß es so schnell die Spuren vermischt. Ich hatte das Gefühl in dieser Schiffsbar, ich fände keine Bleibe mehr, wenn ich heimkäme. Weil Sie vielleicht nicht wußten, daß Sie nahezu mein bester Freund waren.

Sie haben unrecht, wenn Sie mir wegen meines Briefes böse

waren. Es war ein Mitternachtsbrief oder ein Barbrief, ein nicht sehr wirklicher Brief. Es war eher eine kleine, schwermütige Klage, die ich mir selber erzählte. Ich war es nicht, der das schrieb. Es waren das unauffällige Knarren des Holzwerks, das schwache Vibrieren der Maschinen und diese warme südliche Nacht, die sich in einen Brief verwandelt haben. Es war eine Grammophonplatte. Es war vielleicht etwas töricht. Ich hatte aber keine große Lust, kluge Dinge zu denken. Sie hätten sich sagen sollen, daß es sehr vertrauensvoll ist, wenn man so daherredet, ohne etwas zu sagen, wie es der Wind einem zuträgt. Es sind das die wahren Briefe.

Schade, daß ich mich nicht mehr entsinne, an welcher Stelle ich vielleicht lächerlich wirkte. Ich erinnere mich kaum der Worte, die mir in die Feder flossen und die mich offenbar getäuscht haben, wenn Sie sie so schlecht aufgenommen haben und mir nicht antworteten. Das verdrießt mich, daß ich von mir selber hintergangen worden bin. Den Brief, den ich zu schreiben glaubte, hätten Sie hundertmal lesen können, ohne mir deshalb gram zu sein. Sie können mir nicht deswegen gram sein, daß ich traurig war; denn ich wußte ja selber nicht genau, was das für einen Grund hatte.

Welch seltsame Reise: wir spielten Scharaden. Wir verkleideten uns. Wir zwangen den Kapitän, sich zu verkleiden. Doch der Kapitän dachte nur an das Kreuz des Südens. Er wußte genau, an welcher Stelle des Meeres und nach wie vielen Reisetagen es aufsteigen mußte. Es war für ihn wie ein verborgener Schatz, zu dessen Suche er wiederkehrte. Dieser brave alte Mann ging nie an Land. Er las nicht. Er spielte nicht Bridge mit den Passagieren. Nur den jungen Mädchen tat er eben noch ihren Willen, denn er liebte ihre Frische mit der Seele eines alten Gärtners. Er fand sich bereit, sich zu verkleiden oder Blindekuh zu spielen; die übrige Zeit blieb er ein ruhiger Landmann. Ein Landmann des Meeres, ich fand das nett. Doch als ich ihn auf der Kommandobrücke besuchte, sprach er mir von seiner Liebe. »Na, zeigen Sie mir doch mal das Kreuz des Südens!« Selbstver-

ständlich irrte ich mich, um ihm Vergnügen zu machen. Und dann sind die Sterne einander so ähnlich. »Mein lieber Mann, Sie verstehen ja nichts davon! In drei Tagen werden wir es Ihnen zeigen; wir haben es im Meer versteckt.« Er war entzückt. Ich auch. Als es schließlich zum Vorschein kam, machte er es den jungen Mädchen zum Geschenk.
»Seht ihr das?«
»Ja, Kapitän.«
»Das ist ein schöner Edelstein, es ist das Kreuz des Südens!«
Ich erinnere mich vor allem an den Kommandanten und dann an die fliegenden Fische: das ist etwas Ungewöhnliches; ich wußte nicht, daß das Meer einer Wiese gleichen kann.
Jetzt werde ich Ihnen nichts von Argentinien erzählen, denn ich hasse dieses Land. Ich hasse Buenos Aires; ich bin recht unglücklich über meinen Aufenthalt hier.
Jetzt noch folgendes: die N.R.F. schreibt mir, daß das Autorenexemplar vom »Südkurier« in der bibliophilen Ausgabe im Quartformat zu meiner Verfügung steht. Ich möchte es Ihnen schenken. Könnten Sie in meinem Auftrag telefonieren (an Fräulein Vander, Versandabteilung), damit man es Ihnen schickt, oder wäre es Ihnen lieber, wenn ich es kommen ließe, um eine kleine Zeile hineinzuschreiben? Es würde das aber recht lange dauern.
Auf Wiedersehn! Schreiben Sie mir?

Antoine

Reconquista 240, Buenos Aires (Argentinien)

BRIEFE AN RINETTE

Diese frühen, an seine Freundin Renée de Saussine gerichteten Briefe Saint-Exupérys wurden in der Zeit von 1923 bis 1931 geschrieben. Sie spiegeln neun Lebensjahre des Dichters, neun Jahre der Jugend und der Hoffnung, neun Jahre der Tätigkeit und der Gedanken, die ihn während dieser Zeit bewegten.

Rinette, meine Zerstreutheit ist wirklich unverzeihlich, denn ich habe immer noch Deine Erzählung bei mir; meine Vergeßlichkeit hat mir aber das Foto eines entzückenden Fleckchens Erde eingetragen, und so bereue ich nichts.
Ich wollte Dich am Sonntag anrufen, um mich endlich zu entschuldigen, aber Du warst nicht da, und durch Frau de Saussine hörte ich von dem schweren Verlust, der Dich betroffen hat. Rinette, ich kann Dich nur an meine alte Freundschaft erinnern und Dir sagen, wie sehr ich mit Dir fühle.
Gestern abend habe ich den Triumph des schönen Eusebio erlebt. In einem überfüllten Saale berichtete er, wie man Berge erklettert, die spitzer sind als Kirchtürme. Er sprach nachlässig von seinen Heldentaten, und den alten Damen gruselte es. Er erzählte nicht so übel, aber die Beschreibungen, Rinette... Den »erhabenen Gipfeln«, dem Himmel, dem Morgen- und Abendrot verlieh er die süßlichen Farben von Zuckerbäckereien, von Karamelbonbons. Die Bergspitzen schimmerten rosa, die Horizonte waren milchig, und die Felsen wurden von den ersten Strahlen der Sonne vergoldet.
Die Landschaft sah aus, als könnte man sie essen.
Während ich ihm zuhörte, dachte ich an die Nüchternheit Deiner Erzählung. Man muß arbeiten, Rinette. Du stellst das besondere Kennzeichen eines jeden Dinges gut heraus: das, was ihm ein Eigenleben verleiht. Bei Eusebio bleiben die Gegenstände Abstraktionen. Sie sind »der Gipfel«, der Sonnenuntergang, das Abendrot. So was wird aus dem Requisitenlager hervorgeholt. Je mehr er sie beschreibt, um so unpersönlicher wird alles.

Die Methode ist schlecht, oder vielmehr fehlt es an der Schau. Man muß nicht schreiben, sondern sehen lernen. Schreiben ist erst die Folge. Eusebio nimmt einen Gegenstand und sucht ihn zu verschönern. Die Epitheta werden als Farbschichten aufgetragen. Er legt nicht das Wesentliche frei, sondern fügt willkürliche Ornamente hinzu. Wenn es sich um eine Bergspitze handelt, so wird er von Gott, von lila Farbe und von Adlern reden. So wird man nacheinander erhoben, gerührt und erschreckt. Das ist gemogelt. Man muß sich sagen: ›Wie soll ich diesen Eindruck wiedergeben?‹ Dann entstehen die Dinge durch die Reaktion, die sie in einem auslösen, und ihre Beschreibung geht in die Tiefe. Nur ist das kein Spiel mehr.

Ich spreche Dir von Eusebio, weil seine Mängel durch den Kontrast die Vorzüge deutlich hervortreten lassen, die Dir eigen sind und die Du pflegen mußt. Geh nur immer von Deinem Eindruck aus! Er kann unmöglich banal sein. Deine Erzählung wird dann durch ein inneres Band zusammengehalten. Ein nicht aus Stückchen zusammengeflicktes. Sieh doch, wie die zusammenhanglosesten Monologe bei Dostojewski den Eindruck erwecken, daß sie notwendig und folgerichtig sind, daß sie getragen werden. Das Band ist inwendig. Und wie viele Gestalten so mancher anderer, deren gut gebaute Psychologie man in Anführungszeichen setzen könnte, bleiben willkürlich in ihren Worten, ihren Handlungen, trotz äußerlicher Folgerichtigkeit. Es sind das künstliche Konstruktionen wie die Berge Eusebios. Man erschafft nicht dadurch ein lebendiges Wesen, daß man ihm Vorzüge und Mängel beilegt und daraus den Roman herleitet, vielmehr muß man dafür erlebte Eindrücke wiedergeben. Eine Empfindung, selbst eine so einfache wie die Freude, ist allzu verwickelt, als daß man sie erfinden könnte, falls Du Dich nicht damit begnügen willst, von Deinem Helden zu sagen: ›Er freute sich‹. Dadurch wird aber nichts ausgedrückt, nichts, was individuell wäre. Eine Freude ähnelt nicht der anderen. Und gerade diesen Unterschied, das Eigenleben dieser Freude, gilt es auszudrücken. Doch dabei darf man nicht pedantisch sein, man darf diese Freude nicht erläutern. Durch ihre Auswirkungen, die Reaktionen des sich freuenden Menschen, muß man sie ausdrücken. Und dazu braucht man nicht einmal zu sagen: ›Er freute sich‹; diese Freude wird in ihrer Eigenart von selber entstehen, wie eine bestimmte Freude, die Du erfindest und auf die sich kein Wort genau anwenden läßt. Bist Du der Meinung, das Wort »Freude« genüge, um die Freude Deines Helden auszudrücken, so bedeutet das, daß sie künstlich ist, daß Du nichts zu sagen hast.

Ich komme mir albern vor, so höre ich auf. In der kleinen Kneipe, in der ich schreibe, produziert ein mechanisches Klavier eine sentimentale Weise. Die Kassiererin wiegt sich von rechts nach links. Der Wirt hat keine weiteren Wünsche mehr und gähnt. Der Kellner hüstelt und umkreist mich, weil ich der letzte Kunde bin, weil er müde ist – es ist melancholisch. Ich komme mir überflüssig vor, ich mache mich davon.

Ich habe Dir noch nicht dafür gedankt, Rinette, daß Du mir neulich diese Stücke von Bach vorgespielt hast. Ich kann so schlecht Danke sagen, aber Du hast mir wirklich sehr viel Freude gemacht.

Der Kellner, Rinette, hat sich jetzt vor mir aufgebaut und schwingt seine Serviette wie einen Besen. Also leb wohl, Rinette...[19]

Antoine

Dompierre-sur-Besbre

Rinette, verzeih das Papier des winzigen Cafés, auf dem ich schreibe. Ich habe mich in eine Herberge aus der guten alten Zeit geflüchtet, denn draußen tobt ein solcher Schneesturm, daß ich den Weg nicht mehr fand.

Wie ein Pilgersmann sah ich aus in meiner schönen weißen Kutte.

Drollige kleine Landorte sind das, in denen ich mich jetzt herumtreibe. Ein Freund holte mich in Montluçon mit seinem Wagen ab, und dann sind wir zusammen spazierengefahren. Gestern abend um neun Uhr kamen wir hier an und erfuhren, daß die Jugend des Städtchens eine große Aufführung im Rathaus veranstaltete. So wurden wir gleich auf den ersten Anhieb in die Intimität von Dompierre-sur-Besbre aufgenommen. Eingezwängt zwischen einer dicken Kolonialwarenhändlerin und dem Apotheker erfuhren wir schon in den ersten fünf Minuten den Vornamen des Tenors und wurden in die Liebesabenteuer der Bürgermeisterstochter und die Vorzüge des heimischen Landweins eingeweiht. Welch ein Vertrauensbeweis! In dieser Umgebung wurde uns heiß und warm bei jedem patriotischen Couplet. Da mußte man nun hierherkommen, um die alte patriotische Walze noch intakt zu finden mit ihrem altmodischen und charmanten Vokabular. »Die Germanen«, »die Barbarenkrieger«, »der eidbrüchige Kaiser«. Ein Besuch beim Antiquar, wo man gerührt die Rokokoschmucksachen unserer Großmütter entdeckt.

Ein Tusch, Rinette, mit allen Trompeten! Picklige Gymnasiasten bliesen hinein. Bei den Fortissimi hatte man Angst für ihre Backen.

Auf einmal ging das Licht aus: Kerzen, unterdrücktes Lachen, Unterhaltungen zwischen den Schauspielern auf der Bühne und den Eltern im Saal. »Ach, bist du's, Marcel?« »Ja... mein Bart geht ab!« Doch en famille wird er wieder angeklebt. Und dazu unsere vertraulichen Unterhaltungen, Rinette, mit der Kolonialwarenhändlerin, dem Apotheker...

Ich begleitete meinen Freund bis Roanne; er ist kurzsichtig und hielt in der Nacht jeden Reflex der Straße für eine Viehherde. Ich fuhr ihn in tollem Tempo durch verschlafene Landstädtchen. Niedrige zusammengedrängte Häuser. Und dann Roanne, welch trauriger Empfang! Zuerst eine riesige Fabrik am Horizont, große geometrische Fensterfronten in greller Beleuchtung. Und dann eine zweite Fabrik und dann eine dritte.

Es regnete, es war zwei Uhr nachts, und man sah nur diese Fabriken und die metallischen Wasserpfützen vor den Bogenlampen. Und dann Vororthäuser mit Gasbeleuchtung alle hundert Meter, wie Festungswerke. Eine endlose Reihe viereckiger Häuser. Ab und zu ein düsterer Laden: »Fahrräder«. Kein Mensch auf der Straße. Schließlich vorm Bahnhof ein Hotel, wo ich schlafen und auf den Zug warten kann, der mich wieder in das Fürstentum Dompierre-sur-Besbre bringt. Roanne... dieser Name hat so recht den heiteren und gastlichen Klang, der dazu paßt.

Es schneit nicht mehr. Es wird hell. Hab ich das Dir zu verdanken? Morgen fahre ich wieder nach Montluçon. Die Stadt besteht aus einem Boulevard – Boulevard de Courtais –, wo man um fünf Uhr nachmittags promeniert wie im Bois de Boulogne. Zahllose Fabrikmädchen schlendern langsam nach Hause, begleitet von Radfahrern in Trikots: den Gigolos des Ortes.

Letzten Sonnabend hatten wir gehört, daß in Montluçon getanzt würde, und sind hingegangen. Tanz in Montluçon, das versprach lustig zu werden... O weh! Kein Barkeeper, keine Cocktails, kein Jazz. Ein offizieller Ball, wo unterm gestrengen Auge der Mütter gewalzt wurde. Man sagte sich: »Und Ihre Frau Gemahlin? Wie geht es dem Fräulein Tochter?« Die »Gemahlinnen« bildeten ein Karree an den vier Enden des Saales. Die alte Garde. Friedliche Wiederkäuer. In der Mitte drehten sich, rosa oder himmelblau, die »Fräulein Töchter« in den Armen der Radfahrer. Die Mütter wirkten wie eine Jury. Die Radfahrer hatten neue und steife Smokings gehißt, die nach Naphthalin rochen. Sie betrachteten sich in allen Spiegeln. Sie zerrten an ihren Manschetten, sie reckten den Hals, weil der Kragen sie kratzte. Sie waren glücklich. Ich bin auch allein in Argenton gewesen. Ein reizender kleiner Flecken. Eine Dampftrambahn, die man alle vier Stunden wie ein Spielzeug auf winzigen Schienen spazierenführt, macht den einzigen Lärm in der Stadt. Es war prächtiges Wetter, und ich bin herumgebummelt. Von jedem Friseurladen schlug einem eine frische Brise entgegen, und auch von den Milchläden und den Obstständen. Schließlich setzte ich mich auf die Brüstung einer alten Steinbrücke. Meinen Hut legte ich neben mich und verspürte ein großes

Freiheitsgefühl. Mein Hut ebenfalls. Er schwimmt gegenwärtig nach Amerika. Ich sah zu, wie er sich langsam entfernte, gewandt um die Ecke bog und verschwand. Ich war nicht einmal wütend, ich war melancholisch.

Ich ging mir dann einen neuen kaufen. Die Hutmacherin war zugleich auch Modistin. Ein sittsames und liebenswürdiges junges Mädchen. Auf einem Tisch sitzend, machte ich ihr den Hof. Sie erzählte mir von ihrer »Tante« und ihrem »Vetter«, als wären sie alte Bekannte von mir. Ich interessierte mich sehr dafür. Ich fragte sie: »Ist Ihre Tante schon alt?« Sie antwortete: »Na, hören Sie...« Ich hatte nicht einmal erraten, daß ihre Tante noch jung ist! Ich stellte keine weiteren Fragen mehr, sagte verständnisvoll »ja...« Und dann ging ich zur Bahn.

Ich verlasse Dich jetzt, Rinette, ich fahre nach Moulins, dort werde ich diesen Brief einstecken. Antworte mir doch mit einer kleinen Zeile, Montluçon postlagernd. Sei so lieb! Da ja die Rue Saint-Guillaume zu weit weg ist!

Bitte lege mich Frau de Saussine zu Füßen und glaube, liebe alte Rinette, an die tiefe Freundschaft, von der Du weißt.

Antoine

LE MORVAN ILLUSTRÉ (1)
Vieille chaumière

(Gemeinsame Postkarte von Antoine und Eusebio)

ANTOINE

Alte Rinette.

Wir sind beim Mittagessen. Wir möchten Dich einladen, aber das wäre etwas schwierig. Schade, denn Eusebio ist zufällig glänzender Laune.

EUSEBIO

Ich weiß nicht, ob ich das gleiche von Antoine sagen kann, der sich eben den Finger verbrannt hat, als er mit dem Feuer gokelte und Dich, holde Rinette, gern als Krankenschwester hätte.

ANTOINE

Eusebio ist sehr zufrieden mit seinem Satz. Wenn Du nur seine affektierte Miene sehen könntest...

EUSEBIO

Um diesen Quatsch hinzuschreiben, hat Antoine auch den für die Adresse bestimmten Teil der Karte benutzt. Durch seine Unüberlegtheit werden wir daher ruiniert (40 Centimes).

ANTOINE

Nun ist die Reihe an mir, liebenswürdig zu werden. Was täten wir nicht alles für Dich!

EUSEBIO

Antoine gibt an. Er sagt, wir wären beim Mittagessen. Das stimmt nicht: wir warten – sogar schon lange.

ANTOINE

Aber wir trinken.

LE MORVAN ILLUSTRÉ (II)
Chateau de Chastellux. Vue générale

ANTOINE

...Die andere Karte hatte *ich* ausgewählt: sie ist entzückend, – diese hier, die ganz konventionell ist, stammt von Eusebio.

EUSEBIO

Sieh doch diesen Laffen, der die Postkarten wegen ihrer Fotos aussucht!... Wir gehen jetzt zu Tisch.

ANTOINE

Wegen meines Satzes hat sich Eusebio mit mir verkracht. Dadurch habe ich viel Platz, um Dir zu schreiben.

EUSEBIO

Seine Schularbeit macht Antoine so sehr zu schaffen, daß er ganz vergißt, seine Hasenpastete einzufahren.

ANTOINE

Eusebio läßt seine Freundinnen wegen einer Hasenpastete im Stich. Damit kann er keinen Staat machen!

EUSEBIO

Alles zu seiner Zeit! Wenn Du den dicken Pausback nur sehen könntest! Jetzt hat er seinen Füller mit der Gabel vertauscht und schlingt alles in sich hinein...

ANTOINE

Jetzt verkrache *ich* mich mit Eusebio! Er ist gar nicht gut erzogen. Ich trage nun keine Bedenken mehr, die Vorderseite seiner mondänen Karte zu beschreiben. Rinette, wir versöhnen uns wieder, um an die *Rue Saint-Guillaume* zu denken, die eine große Zuflucht ist, und um Dir für Deine Freundschaft zu danken.

Antoine

EUSEBIO

Das ist das einzige *wirklich* Vernünftige, was ihm eingefallen ist, der tauben Nuß, ihm, nicht Dir.

GRAND HÔTEL CENTRAL
Place Bonnyaud
Guéret (Creuse)

Guéret, den... habe keine Ahnung 192...

Rinette, ich schicke Dir eine kleine Zeile. Ich nehme an, Du wirst mir nicht antworten.

Ich habe nicht viel zu erzählen, denn mein Leben besteht aus Kurven, die ich so schnell nehme wie möglich, aus Hotels, die sich alle gleichen, und dem kleinen Platz dieser kleinen Stadt, in der die Bäume aussehn wie Besen.

In zehn Minuten fahre ich weg und bin zweihundert Kilometer unterwegs.
Ich habe gearbeitet, stell Dir das vor, und vielleicht bist Du die Ursache, bist mein Manager... Ich möchte Dir gern schnell diese Erzählung vorlesen, die mich selber entzückt! Du mußt sie gern haben, sonst schreibe ich niemals mehr etwas.
Ich bin etwas melancholisch: Paris ist weit. Ich mache eine Schweigekur.
Vielleicht hast Du, im Grunde, Mitleid mit meinem Exil?

Dein alter Antoine

(Paris) 20

Meine alte Rinette

Hier bringe ich Dir den Roman von Madame de... zurück. Ich füge diesem Brief meine Betrachtungen darüber bei. Weil das Buch gute Dinge enthält, spreche ich auch von den Mängeln; sonst hätte ich mich nicht damit abgegeben. Und dann sind diese Beanstandungen ja ganz persönlich, und bestimmt haben viele Leute eine andere Auffassung von der Literatur als ich. Was mir im übrigen völlig gleichgültig ist.
Ich bin sehr bedrückt, weil ich die Empfindung hatte, daß ich wegen Pirandello etwas heftig gewesen bin. Sogar äußerst unangenehm. Und dieses Wort: »Metaphysik eines Portiers« liegt mir auf dem Magen. Es war nicht sehr liebenswürdig. Aber ich habe es schon so oft auf Pirandello angewandt, daß es mir aus Gewohnheit auf die Zunge kam. Nachher hatte ich dann das schöne Gefühl, einen Fauxpas begangen zu haben.

Doch ich muß Dir erklären, was ich meine, denn es handelt sich immerhin um eine wichtige Frage, der man nicht aus dem Wege gehen darf. Ich kann die Ideen nicht als Tennisbälle oder als mondänes Wechselgeld ansehen. Ich habe überhaupt keine mondänen Qualitäten. Wenn man denkt, so ist das kein Spiel. Sobald dann die Unterhaltung zufällig ein

Thema berührt, das mir am Herzen liegt, werde ich unverträglich und lächerlich, und Eusebio sagt ganz mit Recht, daß man mit mir nicht diskutieren kann. Und wenn es mir auch unendlich leid tut, daß ich von »Metaphysik eines Portiers« gesprochen habe, bedaure ich doch keineswegs, daß ich wütend wurde.

Denn siehst Du, Rinette – ganz abgesehen von der literarischen Frage ist man nicht befugt, einen Menschen wie Ibsen mit einem Herrn wie Pirandello zu vergleichen. Auf der einen Seite steht da einer, der sich mit den höchsten Dingen abgegeben hat. Er hat eine soziale, eine moralische Aufgabe erfüllt, einen Einfluß ausgeübt. Er schrieb, um den Menschen begreiflich zu machen, was sie nicht begreifen wollten. Er befaßte sich mit den intimsten Problemen, namentlich mit der Frauenfrage, auf eine Weise, die mir großartig vorkommt. Kurzum: Ibsen, mag er nun Erfolg gehabt haben oder nicht, suchte uns nicht ein neues Lottospiel, sondern eine Speise zu geben. Sein Werk spielt sich auf einer menschlichen Ebene ab. Du bist unmittelbar an seiner Wahrheit oder auch an seinen Irrtümern interessiert, jedenfalls dann, wenn Du der Ansicht bist, daß Dein inneres Leben die wesentliche Seite des Lebens ausmacht.

Und auf der anderen Seite steht Pirandello, der vielleicht ein bedeutender Theatermann ist – davon werden wir gleich noch reden –, der aber erschaffen und in die Welt gesetzt wurde, um die Leute von Welt zu zerstreuen und ihnen zu erlauben, daß sie mit der Metaphysik spielen können, so wie sie das bisher schon mit der Politik, den allgemeinen Ideen und den Ehebruchsdramen getan haben. Gewiß ist das nicht idiotischer als Bridge spielen. Aber Du hast nicht das Recht, eine Parallele mit Ibsen zu ziehen. Ibsen wollte weder interessieren noch zerstreuen. Er wollte Dinge begreiflich machen, die er für wahr hielt. Und in diesem Falle steht der Mensch höher als sein Werk, wie es auch aussehen mag.

Versteh mich recht: ich hab Dir keinen persönlichen Vorwurf gemacht... ich hab auch keine literarische Meinung

vertreten – es wäre anmaßend gewesen, wenn ich das so heftig getan hätte –, aber es geht dabei gewissermaßen um eine Frage der Moral.
Was nun den Wert Pirandellos betrifft, so bin ich gerade wegen der Dinge, die Du an ihm schätzt, voller Mißtrauen. Ich will meine Argumente einteilen:

1. Die Kühnheit, daß er ein metaphysisches Problem auf die Bühne bringt. Er ist nicht der erste. Eine Reihe von Idioten, wie Lenormand zum Beispiel, hat das schon vor ihm getan.

2. Die Originalität seines Themas. Es handelt sich dabei nur um einen Gemeinplatz aus einem Lehrbuch. Ein siebzehnjähriger Naseweis, der Philosophie studiert, seine Vorlesungen schlecht verdaut und alles durcheinanderbringt, geht noch sehr viel weiter. Der empfindet sogar einen edlen Stolz, wenn er die Außenwelt einfach wegleugnet. (Nur hat er vergessen, die Bedeutung des Wortes »Existenz« in seinem Lehrbuch zu lernen.)

3. Das Interesse an diesem Thema. Es ist in dem Stück Pirandellos gleich Null: entweder läßt es sich auf einen, nicht einmal philosophischen, Gemeinplatz zurückführen, oder es ergibt keinen Sinn.
a) Ein Gemeinplatz: Du wußtest schon vor Pirandello, daß wir für jeden unserer Freunde verschieden sind, weil jeder in uns andere Saiten anklingen läßt und weil ein Mensch für den anderen die Gesamtheit der Reaktionen darstellt, die er in ihm hervorruft, genauso, wie auf der materiellen Ebene ein Tisch die Summe der visuellen und durch den Tastsinn bewirkten Reaktionen darstellt, die er in uns erweckt. Offensichtlich werden wir uns nicht des »Seins an sich«, des »Tisches an sich« bewußt. Schon vor Pirandello war Dir bekannt, daß zehn Zeugen zehn Versionen von dem gleichen Vorgang haben. Das ist kein metaphysisches Problem mehr.
b) Oder das Problem Pirandellos ist wirklich ein metaphysi-

sches, betrifft die »Wahrheit an sich«, hat aber gar keinen Sinn, da er es falsch gestellt hat. Nehmen wir ein entsprechendes und einfacheres Problem: die Existenz der Außenwelt, unseres Tisches beispielsweise. Existiert er »an sich« oder nicht? Die zu leistende Gedankenarbeit zerfällt in zwei Teile:

α) gilt es genau zu verstehen, was »existieren« oder »nicht existieren« bedeutet; der Begriff »Existenz« muß genau definiert werden. Es liegt auf der Hand, daß man, selbst wenn man zu dem Schluß gelangen sollte, die Außenwelt existiere nicht, keinesfalls damit sagen will, man könne sich nicht am Tisch stoßen. »Existenz« hat in diesem Falle einen besonderen Sinn.

β) Lösung des Problems.

Der erste Teil ist vielleicht der heikelste, er erfordert eine große Übung im abstrakten Denken. Wenn man ihm ausweicht, so hat nichts einen Sinn, was man hinterher sagt. Und Pirandello ist ihm ausgewichen, soweit es dabei um die Wahrheit geht. Er konnte gar nicht anders. Wie soll man etwas so Abstraktes, etwas so wenig Bildhaftes auf die Bühne bringen?

Bei ihm wird das Problem nicht einmal gestellt. Sein Stück kann keinen Sinn haben.

Aber es kommt noch besser: selbst wenn er diese Frage hätte behandeln können, wäre er einer Definition der Wahrheit absichtlich ausgewichen.

Man kann nämlich vom metaphysischen Problem nur dann zur dramatischen Spannung übergehen, wenn man die Worte durcheinanderbringt; wenn man sich selber dadurch etwas vormacht, daß man Dinge auf die Ebene des Affekts überträgt, die mit Gefühl gar nichts zu tun haben. Der Student, den es »aufregt«, wenn er erfährt, daß die Außenwelt vielleicht gar nicht existiert, täuscht sich über den Sinn des Wortes »Existenz«. Er hat die verschwommene Vorstellung, er werde nun lernen, wie man durch Wände spazieren kann, oder ihm schwebt jedenfalls etwas Entsprechendes vor, das er sich nicht weiter klarmacht. Er glaubt, diese Überlegung

habe etwas mit seinen praktischen Erfahrungen, seinem alltäglichen Leben zu tun. Und so überkommt ihn eine trügerische Erregung, ein unechtes Schwindelgefühl.
Erkennst Du den elementaren Irrtum? Man wendet hier das Wort »Wahrheit«, das Wort »Existenz« auf die Definitionen des Alltagslebens an, während diese Überlegung nur für die ganz abstrakten Definitionen der Metaphysik zutrifft. Es handelt sich keineswegs mehr um die gleiche Frage. Und so stürzt man Begriffe um, die man nicht umstürzen darf, weil sie auf ihrer Ebene, der Ebene der Sinneserfahrung, ihre Richtigkeit haben.
Wenn man sagt: »Der Tisch existiert«, will man damit sagen: »Von Jugend auf habe ich gelernt, daß man unter gewissen Voraussetzungen eine bestimmte Gruppe von Reaktionen verspürt, und ihre Ursache nenne ich ›Tisch‹.« Das ist sogar weder wahr noch falsch: es ist eine Tatsache. Solch eine Existenz des Tisches läßt sich nicht bestreiten.
In der Metaphysik definiert man hingegen diese Existenz auf andere Weise, aber aus eben dem Grunde, weil es sich nicht mehr um dieselbe Sache handelt; die Schlußfolgerungen, zu denen man gelangt, wenn man (im metaphysischen Sinne) über den Tisch Überlegungen anstellt, lassen sich nicht auf den Tisch (im alltäglichen Sinne) anwenden. Der dramatische Trick besteht dann darin, daß man sie als gültig ansieht und die Definitionen eskamotiert. Auf diese Weise untergräbt man alle gewöhnlichen Begriffe des Zuschauers und läßt ihn ein großes Schwindelgefühl verspüren.
Es ist nur ein Trick. Er ist nicht einmal sehr gerissen, denn ein x-beliebiger Philosophie- oder Mathematikstudent hat diese Konfusion schon hundertmal angerichtet. Pirandello serviert einen schönen russischen Salat mit den verschiedenen Bedeutungen des Wortes »Wahrheit«; ich kann das nicht interessant finden. Und sein angeblicher Held, den er als ironischen, überlegenen Skeptiker präsentieren wollte, ist ganz einfach blöd. Die wichtigste Eigenschaft eines intelligenten Menschen besteht darin, daß er die Sprache der anderen begreift und mit ihnen redet. Aber da niemand in

diesem Stück genau weiß, was er eigentlich sagen will, kann das eine ganze Weile so weitergehn.

4. Du bist offenbar der Meinung, es sei doch schön, wenn sich einer getraut, ein metaphysisches Problem auf die Bühne zu bringen, anstelle von Weibergeschichten. Nun, das finde ich nicht! Weiber – das geht doch wenigstens die Leute von Welt etwas an. Aber wenn die Leute von Welt Metaphysik treiben wollen, so sollen sie sich Bücher kaufen und sie studieren. Doch sie haben ja gar nicht den Wunsch, die Metaphysik zu begreifen. Das verlangt doch eine Anstrengung und macht sich nur durch eine geistige Freude bezahlt. Die ist ihnen völlig schnuppe. Sie wollen ja gerade überhaupt nichts mehr kapieren, möchten spüren, wie alle ihre Begriffe durcheinanderpurzeln. Dann sagen sie: »Das ist aber merkwürdig...«, und es läuft ihnen etwas kalt den Rücken hinunter.

Verstehst Du, weshalb ich die Frage Pirandello so wichtig finde? Weshalb ich der Meinung bin, daß es dabei um mehr geht als um eine bloße Theaterkritik? Es ist sozusagen ein moralisches Problem.

Die Leute von Welt haben vor einigen Jahren aus genau den gleichen Gründen den unglücklichen Einstein mit Beschlag belegt. Sie wollten überhaupt nichts mehr kapieren, eine große Verwirrung erleben, sich vom »Flügel des Unbekannten« streifen lassen. Einstein war für sie eine Art Fakir. Und diese rein mathematischen Ergebnisse, die – mögen sie nun richtig sein oder falsch – jedenfalls nur auf der mathematischen Ebene einen Sinn haben, wurden von anderen Pirandellos, die absichtlich Verwirrung stiften wollten, auf die Ebene des Alltagswissens übertragen. Und den Leuten von Welt stockte der Atem. Als wenn Einstein ihnen beibringen würde, wie man auf einem kürzeren Wege als der Luftlinie vom Place de la Concorde zur Bastille gehen, wie man durch Wände spazieren oder in der Zeit zurückwandern kann.

Das erinnert mich an eine nette Eisenbahnfahrt: die Frau

eines Majors, der vor dem Kriege Feldwebel gewesen war, eine schüchterne kleine Besitzerin eines Lädchens, stopfte Strümpfe in einer Ecke des Abteils und riskierte Wendungen wie »Schönen guten Tag der gnädigen Frau...«. Eine forsche Leutnantsgattin plauderte mit ihr aus Ehrerbietung: sie erklärte ihr Einstein.

Das war großartig.

Rinette, siehst Du, man kann sich nur durch ständige Disziplin zum richtigen Denken erziehen, und das ist immerhin das Kostbarste, was wir besitzen, das Kostbarste, was wir besitzen sollten; man kann aber feststellen, daß die Menschen zwar ihr Gedächtnis, ihre Kenntnisse, ihre Wortgewandtheit zu erweitern suchen, daß sie aber fast niemals ihren Verstand pflegen. Sie sind bestrebt, richtig zu urteilen, aber nicht, richtig zu denken. Sie bringen alles durcheinander.

Deswegen soll man Ibsen lieben, der sich doch jedenfalls um ein menschliches Verstehen bemüht, und Pirandello ablehnen, überhaupt alles Falsche und Verdrehte: alles Komplizierte ablehnen. Alles, was dunkel und verlockender ist als das Klare. Von zwei Erklärungen eines Phänomens neigen die Menschen instinktiv der geheimnisvollen zu. Weil die andere, die wahre, einfach und glanzlos ist und einem dabei nicht die Haare zu Berge stehen. Das Paradox ist verlockender als eine echte Erklärung, und so ziehen die Menschen es vor. Was ich da sage, ist sehr allgemein. Viele Fehlurteile werden durch dieses Bedürfnis hervorgerufen, daß man sich Ideen aneignen möchte, nicht um sie zu begreifen, sondern um sich an ihnen zu berauschen.

Man kann darin sehr weit gehen. Man kann beinahe sagen, daß alles, was Erstaunen erregt, was bezaubert, höchstwahrscheinlich falsch ist. Wenn man begreifen will, so ist die erste Voraussetzung hierfür eine Art Uneigennützigkeit; man muß sich selber vergessen können. Die Leute von Welt aber gebrauchen die Wissenschaft, die Kunst, die Philosophie, wie sie die Dirnen gebrauchen. Pirandello ist eine Art Dirne.

Meine alte Rinette, verzeih mir diesen ganzen Brief. Sei mir deswegen nicht böse. Und verzeih mir auch, daß ich von der »Metaphysik eines Portiers« gesprochen habe.
Ich finde nicht, daß es sich bei diesen Fragen um eine mondäne Spielerei handelt. Ich finde, daß diese Fragen sehr wichtig sind.
Es ist völlig uninteressant, wenn man die Menschen durch schöne, einander widersprechende Reden fasziniert, denen man dann höfliche Zugeständnisse folgen läßt. Die Leute von Welt sagen: »Wir haben Ideen gewälzt.« Diese Leute widern mich an.
Ich liebe die Menschen, die an ihr Essen, an die Ernährung ihrer Kinder denken und zusehen müssen, wie sie bis zum nächsten Monat durchkommen; sie sind dadurch enger mit dem Leben verbunden. Sie wissen weit mehr davon. Gestern stand ich auf der Plattform eines Omnibusses neben einer Frau ohne Hut mit ihren fünf Kindern. Sie lehrte sie allerhand, und mich auch. Die Leute von Welt haben mich noch niemals etwas gelehrt.
Gestern abend unterhielt ich mich mit einem armen Straßenmädchen. Es sagte mir: »Ich bin Mannequin bei Drecoll. Ich verdiene sechshundert Francs im Monat. Mein Mann hat mich gerade mit einem kleinen Jungen sitzenlassen. Damit ich zur Arbeit gehn kann, mußte ich ihn einer Amme geben. Das kostet mich dreihundert Francs im Monat. So bleiben mir noch dreihundert. Und was soll ich sonst tun? Keine einzige Frau in Paris verdient auch nur tausend Francs im Monat. Da gehe ich eben auf den Strich. Ich versuche es. Ich gehe um fünf Uhr früh zu Bett, und so bleiben mir nur drei Stunden Schlaf; denn ich muß ja meinen Beruf als Mannequin ausüben... Aber ich komme schlecht durch. Ich bin schüchtern, und die Kameradinnen lachen mich aus. Jetzt habe ich eine Bronchitis und was auf der linken Lunge. Lange wird das nicht so weitergehn. Dann werde ich in ein ›Haus‹ eintreten, da mir das Angeln nicht liegt und ich einfach fertig bin. Dort wird mich schon einer nehmen, wenn er Lust dazu hat. Und was sollte ich denn sonst noch anfan-

gen? Ich werde leben, und mein Junge auch, das ist doch schon was!«

Wahrhaftig, das ist schon »was«, und was sollte ich ihr darauf antworten?

Und das ist eine banale Geschichte für Leute, die aus solchen Histörchen nur das herausholen, was ihnen die Dirnenszenen in Varietés zu bieten haben: etwas Rührseliges, ein erschwindeltes Mitleid. Das ist so richtig 1880, ein rechtes Melodrama. Die Nöte der anderen fördern ihre Emotionen, und das gleiche gilt von der Metaphysik des Herrn Pirandello. Und die ist nicht einmal mehr modern.

Das erinnert mich an eine Unterhaltung, die ich von Léon Werth gehört habe:

»Aber hören Sie doch, Verehrtester, wenn Sie wirklich die Menschen lieben, wie Sie sagen, warum nehmen Sie ihnen dann Gott, den höchsten Trost?«

»Damit sie sich andere Tröstungen suchen, gnädige Frau, und Ihnen eine kleben!«

Das finde ich ausgezeichnet.

Meine alte Rinette, sei mir bitte nicht böse deswegen. Es stimmt schon, was Eusebio sagt: ich bin überhaupt nicht tolerant, aber nicht aus Eitelkeit oder aus Hochmut, sondern weil mich eben diese Toleranz anwidert. Man muß die Dinge und die Ideen um ihrer selbst willen lieben, und nicht aus Spielerei.

Ich bin ein nicht gerade sympathischer Bär, und das stimmt mich melancholisch. Das macht mich sogar sehr melancholisch, aus mancherlei Gründen.

Auf Wiedersehen, Rinette, glaube an eine Freundschaft, die einen großen Teil meiner selbst ausmacht.

Antoine

Habe eben wieder mit Dir telefoniert. Ich werde Dir morgen den Roman zurückbringen. Aber Pirandello liegt mir am Herzen, und so bringe ich Dir trotzdem diesen Brief.

CERCLE NATIONAL
DES ARMÉES DE TERRE
ET DE MER
49, Avenue de l'Opéra

(Oktober 1926)

Ich habe Deine Zeile erhalten, Rinette, und den Roman sofort abgeschickt. Ich traute mich nicht, irgendeinen Kommentar hinzuzufügen, denn ich dachte, ich sei nicht gut angeschrieben wegen der langen Verzögerung, und das sei nicht gerade das Richtige, um Pirandello vergessen zu machen. Auch hätte ich mich etwas geschämt, »dieses kleine Buch« mitzuschicken, und so hab ich ein kleines Feuer damit gemacht.
Ich hab Dir nicht geschrieben, das stimmt schon, aber das liegt daran, daß ich allzusehr auf Antworten warte und daß die enttäuschten Hoffnungen nutzlos sind. Verzeih mir, denke nicht, ich vergäße Dich deswegen. Sogar das Gegenteil trifft zu. Es ist nicht nett von Dir, mir das zu sagen.
Ich bin neulich nicht hingegangen, denn ich nahm an, es würde ein Haufen Leute dort sein. Die einen noch mehr in Anspruch nehmen als Schubladen... Wenn ich Dich besuchen komme, hab ich Dir eine Menge zu erzählen. Wenn ich das alles wieder mitnehmen muß, ist es traurig.
Siehst Du, ich bin kein besonders sympathischer Bursche. Allenfalls tauge ich dazu, als Bär auf irgendeiner Fluglinie herumzugondeln, und zwar so weit wie möglich.
Morgen verlasse ich Paris. Latécoère errichtet drei neue Linien. In Algier, in Spanien, in Südamerika. Für eine davon wird er mich nehmen, und so werde ich in Agay auf die Einberufung warten. Ich habe genug von Paris, das zu große Hoffnungen erweckt und niemals hält, was es verspricht. Und dann ist das auch durchaus meine Schuld.
Ich hätte Dir gern einen netten Brief geschrieben. Verzeih mir diesen hier, denn ich bin heute abend in greulicher Stimmung.
Vielleicht antwortest Du mir trotzdem mit einer kleinen Zeile?

Bitte glaube an eine Freundschaft, die ich Dir zweifellos nur sehr schlecht zu beweisen verstehe.

Antoine

Château d'Agay – Agay – Var[21]

Société Anonyme
des Grands Cafés de Toulouse
15, Place Wilson

Café-Restaurant Lafayette
(Oktober 1926)

Rinette, da bin ich nun in Toulouse. Von den paar Tagen in Paris bleibt mir eine kümmerliche Erinnerung. Besuche, Besorgungen, das Examen. Der Umzug aus meinem Hotelzimmer. Der komplizierte Transport zu schwerer Koffer, angefüllt mit Büchern und einem Haufen ungewöhnlicher Gegenstände, von denen ich mich nicht zu trennen verstand. Einer Kupferstichpresse, einem Apparat zur Anfertigung von Zigaretten – Dinge, die mir niemals von Nutzen sein werden, zu denen ich mich aber auf einmal unwiderstehlich hingezogen fühlte. Und dann, ganz plötzlich, fünfzehn unausgefüllte Minuten, bevor der Zug abfuhr. Fünfzehn leere Minuten.

Und dieser Spätnachmittag, an dem ich hinter allem das Nachsehen hatte. Eusebio machte sich nach Fontainebleau davon. M. ging ins Kino, Du ins Konzert. Ich saß ganz allein, am Quai Malaquais, neben dem toten Telefon. Ich hatte Hut und Mantel an und fühlte mich – weil ich sie in einem Lehnsessel anbehielt – ganz schrecklich ungemütlich. Jetzt kann ich mich endlich ruhig neben Dich setzen. Was Du mir in Paris niemals erlaubt hast. Und Du machtest mir auch Vorwürfe, weil ich zahllosen Leuten nicht den Hof machte, die mir völlig gleichgültig waren und die mir Deine Gegenwart stahlen – ich vermag meine große Erbitterung nur schlecht zu präzisieren. Vielleicht richtet sie sich dagegen, daß Du mit Dir selber so wenig freigebig bist. Die

Schreibfaulheit: gewiß! Aber man ist schreibfaul, weil man nichts zu sagen hat. Wenn man es erträgt, die Menschen in Gruppen zu sehen, so ist das dasselbe. Und ich komme mit soviel Gepäck, das ich niemals öffnen kann. Es wäre töricht, Dir deswegen einen Vorwurf zu machen: es ist meine Schuld, daß ich das alles mitschleppe.

Im übrigen überkommt mich heute abend im Frieden, den die Entfernung bringt, eine philosophische Heiterkeit. Und dann habe ich Grippe. Das Fieber hüllt mich angenehm ein. Etwas Kopfweh reicht gerade aus, damit ich über mich selber Rührung empfinde.

Und so setze ich mich neben Dich, womit Du bestimmt ebenfalls nicht einverstanden bist. Es irritiert Dich. Aber wenn Du nur wüßtest, wie egal mir das ist. Denn heute abend fabriziere ich Dich nach Belieben, und wenn Du nur wüßtest, wie freundlich Du bist! Im Grunde sind das die einzigen Unterhaltungen, die ich mit Dir geführt habe. Die Unterhaltungen, die ich mir selber erfinde. Und Du bist dabei so geduldig. Und so gescheit: Du verstehst alles. Und ich werde gesprächig, es ist großartig. Oh, wie ich meine Revanche nehme mit meiner erfundenen Freundin!

Denn vielleicht hänge ich so sehr an Dir, weil ich Dich erfinde. Manchmal stimmst Du allerdings mit Deinem Bild überein. Jedenfalls nährst Du es. Und Dein Musiknachmittag verleiht dieser Freundin, die heute abend bei mir ist, sehr viel Leben. Du hast etwas von Offenbach in Dir. Du hast die Farbe der Lampenschirme. Beklage Dich nicht darüber. Das ist nicht so übel. Und dann geht es Dich nichts an.

Im Grunde schreibe ich das alles – was im übrigen stimmt –, weil es mir Spaß macht, Dich zu ärgern. Ein anderes Mal werde ich traurig sein. Aber meine Grippe hat heute abend den Dingen ihre Wichtigkeit genommen. Ich habe nicht die Fähigkeit, viel Melancholie mit mir herumzuschleppen. Das macht es mir leichter, Dir zu sagen, daß Du nicht generös bist. Ich sage das voller Bosheit, ohne Bitterkeit ... Du möchtest nicht gern Bitterkeit schenken (Du möchtest überhaupt nichts schenken).

Ich weiß genau, es gibt Menschen, die es stört, wenn man zuviel von ihnen mit sich fortträgt. Sie betrachten das gewissermaßen als Mißbrauch ihres Vertrauens oder als Behinderung ihrer Unabhängigkeit. Was weiß ich? Es ist übrigens sonderbar. Beinahe kommst Du mir so vor. Und es gehört für mich eine große Ungeniertheit dazu, daß ich mich Dir gegenübersetze und Dich als Gefangene bei mir behalte – welch ein Schicksal! Und dazu noch bald als Gefangene in Senegal, stell Dir das nur vor!
Es ist schade, daß Du mir manchmal etwas weh tun kannst – und daß ich mich so schlecht dagegen schütze.
Denn Dein Bild ist heute abend etwas sehr Leichtes. Schriebe ich Verse, würde ich recht hübsche Dinge darüber sagen. Ich würde sagen: ›Dein Bild – neue Zeile – hat das Gewicht einer Taube...‹ Das ist entzückend. Und außerdem auch liebenswürdig. Ich weiß nicht, ob Du begreifst, wie entzückend das ist. Dieser Vogel, den man als etwas nicht Dauerhaftes ansieht. Man macht »Pfff...«, und schon ist man frei. Leider ist es manchmal ein Pflasterstein. Vor meinem Briefkasten kann ich noch so sehr »Pfff...« machen. Aber der Pflasterstein drückt trotzdem.
Da hast Du's! Bei diesem Brief kann ich Dir nicht helfen. Außerdem ist er nicht an Dich adressiert. Ich habe doch das Recht, mich mit mir selber zu unterhalten. Ich habe nun ein wenig meine Koffer ausgepackt, aber dabei gemogelt.
Wenn Du jetzt darauf wartest, daß ich Dir das Datum meiner Abreise und das Menü meines Abendessens mitteilen oder Dir vom Wetter erzählen soll, so wirst Du leer ausgehn. In Saint-Maurice besitze ich eine große Truhe. Seit ich sieben Jahre bin, versenke ich darin meine Entwürfe fünfaktiger Tragödien, die Briefe, die ich bekomme, meine Fotos. Alles, was ich liebe, denke und alles, woran ich mich erinnern möchte. Manchmal breite ich alles bunt durcheinander auf dem Parkett aus. Auf dem Bauch herumrutschend, feiere ich dann ein Wiedersehen mit so vielen Dingen. Diese große Truhe ist das einzig Wichtige in meinem Leben.
Was für Wetter heute ist, das Menü der Abendessen, was

aus mir werden soll, ist mir im übrigen vollkommen schnuppe.

Ich habe Deinem Bild nichts mehr zu sagen.

Antoine

FLORIDA KURSAAL
Rue de la Tannerie
Son Dancing Ultra Moderne

Tanger, 4. Oktober 1926

Rinette, es tat mir leid, daß ich vor meiner Abreise von Dir nicht eine Zeile erhielt.

Heute früh hab ich Toulouse verlassen und kann mich noch nicht an den Gedanken gewöhnen, daß ich jetzt in Marokko bin... Keine Grenzen, kein Zoll, keine Bäume, die vorbeidefilieren – nichts bringt einen auf den Gedanken, daß man das Land gewechselt hat. Und auch dieses Lokal ist genauso wie alle anderen – außer, daß man dort Spanisch spricht.

Morgen wieder unterwegs, weiter weg.

Wann wirst Du Dich entschließen, zu schreiben?

Antoine

SOCIÉTÉ ANONYME
DES GRANDS CAFÉS DE TOULOUSE
15, Place Wilson

Toulouse, den 22. 10. 1926

Meine alte Rinette

Damit Du mich nicht beschuldigst, ich hätte Dich vergessen: dieses heroische Wort (meine Finger sind ganz erfroren, und zahllose Milchkaffees haben mich noch nicht aufgetaut).

Während ich darauf warte, bis ich zu einer Erkundung starte (Reise als Passagier, Casablanca und zurück), fliege ich neue Maschinen ein. Ich bin sehr glücklich. Aber in diesem Land herrscht eine große Einsamkeit. Sei so lieb und schreib mir – das wiegt nicht einen Abend in der Rue Saint-

Guillaume auf, aber es wird mich trotzdem sehr glücklich machen.
Das Wetter ist abscheulich. Heute nachmittag machte ich einen einstündigen Probeflug in einem sintflutartigen Regen, hundert Meter über dem Boden. Du hättest die Fliegerei nicht sehr sympathisch gefunden. Das hatte mehr Ähnlichkeit mit einem Bad.
Du bist eine nette Freundin, aber ich kann diese Dinge nur sehr schlecht ausdrücken. Doch denke ich sie.

Antoine

13, Rue d'Alsace-Lorraine, Toulouse

Société Anonyme
des Grands Cafés de Toulouse
15, Place Wilson

Café Lafayette (Oktober 1926)

Rinette, Du bist keine nette Freundin. Warum versteifst Du Dich darauf, nicht zu antworten? Warum schreist Du mich an, wenn ich mit Dir telefoniere: »Du bist es? Ach so! Guten Tag. Häng schnell wieder an.«?
Und doch bin ich ganz vereinsamt, aber das ist Dir ja völlig gleichgültig.
Wie wird das erst in einigen Monaten sein? Ich bin Dir weit böser deswegen als Du denkst.
Ich komme eben von Casablanca. Vielleicht kehre ich endgültig dorthin zurück. Vielleicht gehe ich auch nach Senegal. Ich erzähle Dir nichts von meiner Reise, weil Du mit anderen Dingen beschäftigt bist. Vielleicht büffelst Du Jura wie Eusebio, den das vom Schreiben abhält? (Seit vier Jahren hält es ihn schon vom Schreiben ab.)
Schreibe mir wenigstens noch, bevor ich tot bin, denn hinterher wird es mir ganz egal sein, und dann laß ich Dich völlig in Ruhe!

Dein alter Antoine

13, Rue d'Alsace-Lorraine, Toulouse

SOCIÉTÉ ANONYME
DES GRANDS CAFÉS DE TOULOUSE
15, Place Wilson

Café Lafayette
Toulouse, 24. Oktober 1926

Rinette, verzeih mir meine kleine Zeile von neulich. Heute schreib ich Dir wieder.
Eben geht ein ziemlich eintöniger Sonntag zu Ende. Ein verpatzter Sonntag, denn um sechs Uhr früh mußte ich aufstehen, um eine Bréguet auf die Wolkenweide zu führen. Nach zehn Minuten äußerte sie den gebieterischen Wunsch, wieder in den Stall zurückzukehren. (Und so sage ich nun mit dem Abbé Delille... Ach, dieses Provinzleben!) Und zehn Flugminuten trugen mir einen ganzen schläfrigen Sonntag ein. Ich hab meine Zeit damit verbracht, Streichhölzer, Zigaretten und Briefmarken zu kaufen. Die Zigarettenverkäuferin von nebenan ist so hübsch! In meinem Zimmer liegen schon über dreißig Streichholzschachteln und Briefmarken für vierzig Jahre. Melancholische Bilanz einer achttägigen Liebe.
Solch eine Zigarettenverkäuferin ist etwas Reizendes. Der Ladentisch ist schön wie ein Thron. Man kommt sich sehr fern und sehr klein vor. Trunken hört man sich sagen: »Vierzig Centimes...« Man heimst die Liebesworte ein, so gut man kann.
Ich frage mich, woran wohl so eine Zigarettenverkäuferin denkt.
Vielleicht an nichts, aber es sieht nach was aus! Wie mir meine Freunde doch fehlen! Ich habe recht wenige, aber um so mehr hänge ich an ihnen. Und wenn ich erst nach langer Zeit mit einem großen weißen Bart heimkomme, habt Ihr mich alle schon längst vergessen. Und das verdirbt mir den Spaß, denn ich weiß nicht, wohin die Reise geht. Nach Alicante, nach Marokko oder nach Dakar, das wissen die Götter.
Der Satz, den ich da eben hinschrieb, hat mich so trübsinnig

gemacht, daß ich Dich antelefonierte. Natürlich warst Du nicht da. Hast Du irgendwo Schubladen eingeräumt? Immer ist das so, wenn ich Dich brauche.
Rinette, weißt Du, daß die Fliegerei etwas Schönes ist? Und daß sie hier kein Spiel ist, und gerade so liebe ich sie. Sie ist auch kein Sport, wie in Le Bourget, sondern etwas anderes, Unerklärliches, eine Art Krieg. Schön ist der Start eines Kurierflugzeugs beim ersten Morgengrauen, im Regen. Und die schläfrige Nachtbesatzung, der über Spanien angekündigte Sturm, der den Piloten aufwecken wird, der Nebel über den Pyrenäen. Dann, nach dem Abflug, während er seine Probleme anpackt, geht man im Dreck auseinander. Rinette, wäre ich doch schon fort!
So ist das. Gern hätte ich telefoniert. Es stimmt schon, ich kann nicht reden, und so hätte ich ›Hallo, hallo‹ gesagt, um mir ein Air zu geben. Traurig, wenn man stumm ist. Ich wäre gerne ein schöner Gigolo, mit einer schönen Krawatte und einer großartigen Sammlung von Grammophonplatten. Ich hätte mich dazu abrichten müssen, als ich noch jünger war; jetzt ist es zu spät. Und ich bereue es bestimmt... Jetzt, da ich bald eine Glatze bekomme, lohnt sich ein Versuch nicht mehr. Vor den Auslagen der Hemdenmacher und Schuster hänge ich traurigen Träumen nach. Meine Erfahrungen werden mir nur etwas nützen, wenn es eine Seelenwanderung gibt. Das tröstet mich wenig.
Ich hätte so gern, wenn man mich lieb hätte und meine Nägel bewunderte. Meine ölbeschmierten Hände – ich bin der einzige, der sie schön findet. Ich glaube, mein Monolog langweilt Dich. Ich bin traurig und glücklich zugleich, und das läßt sich nicht klar und logisch ausdrücken. Und da ich fern bin von allen meinen Freunden, und in einer großen Einsamkeit, komme ich mir vor wie ein Urgroßvater.
Du solltest mir wirklich schreiben, weißt Du?
Auf Wiedersehn, meine alte Rinette.

Antoine

13, Rue d'Alsace-Lorraine, Toulouse

LA IBENSE
FABRICA DE HELADOS FINOS
CASA CENTRAL
Méndez Nùñez 4

Alicante (November 1926)

Ich habe Dir gestern drei Briefe geschrieben und sie nacheinander zerrissen. Es hat keinen Zweck, allzuviel zu sagen. Dann hab ich Dich angerufen.

Und heute abend werde ich Dir einen gleichmütigeren Brief schreiben, weil ich mir völlig darüber im klaren bin, daß man nicht allzusehr auf Dich zählen kann. Bei Dir müssen zuviel günstige Bedingungen zusammentreffen, damit es Dir möglich wird, jemandem zu helfen. Du kannst mir nicht »einfach so« schreiben, Du hast mir das erklärt, und ich habe es übrigens nicht genau verstanden. Ich hatte eine etwas weitere Reise vor als nach Asnières oder nach Bois-Colombes, das ist nicht ganz dasselbe, Rinette.

Und ich weiß nicht recht, weshalb ich eigentlich schreibe. Ich bedarf so notwendig einer Freundschaft, um ihr die kleinen Dinge anzuvertrauen, die mir zustoßen. Mit der ich sie teilen kann. Ich weiß nicht mehr, warum ich Dich erwählte. Du bist so fremd. Mein Papier schickt mir meine Sätze zurück. Das geneigte Gesicht beim Lesen, die generöse Spenderin meiner Sonne, meiner kleinen Süßigkeiten und meiner Träume – alles das kann ich mir nicht mehr vorstellen. Ganz behutsam schreibe ich einen Brief, um sie aufzuwecken, ohne recht daran zu glauben. Vielleicht schreibe ich mir selber.

Ich reise nicht Mittwoch, sondern Freitag. Ich bin sehr guter Dinge, obgleich es schon nach Mitternacht ist. Das erinnert mich an meine Reiseträume, als ich noch klein war. Unter einer Petroleumlampe, wenn »die großen Leute« Bridge spielen, die Kinder aber sehr ernst sind. China war grün, Japan blau, zwei große Flecken. Auf der Seite gegenüber las man: »Die Malayen haben schwarze Augen, die Einwohner Haitis haben blaue Augen.« Sicher irre ich mich in den Farben, aber mir wurde ganz klar an diesem Abend, daß ich noch nie ein wirkliches schwarzes Auge, ein wirkliches blaues Auge gesehen hatte. Die Augen rings um mich her, das ahnte ich, waren nur Kopien. So mache ich mich jetzt ein wenig zu ihrer Eroberung auf.

Und dann gibt es noch eine andere Art des Reisens, und gestern war ich sehr weit fort. So weit, daß ich noch nicht ganz wieder da bin und mir etwas fern, etwas nachsichtig vorkomme. Ich glaubte, diesmal wäre es wirklich aus mit mir; so sicher war ich noch nie, selbst nicht bei meinem großen Unfall. Ich ging von dreitausend herunter, da spürte ich einen Stoß – ich hielt es für den Bruch einer Fläche –, und dann geriet meine Maschine allmählich ganz durcheinander. Bei zweitausend hatte ich alle Knöpfe durchgedrückt, mir blieb kein Spielraum mehr. Das Abtrudeln hielt ich für so gewiß, daß ich mit dem Füller an sichtbarer Stelle auf ein Zifferblatt schrieb: »Bruch. Suchen. Absturz unvermeidlich.« Ich wollte nicht, daß man mir vorwarf, ich hätte mir aus Unvorsichtigkeit den Hals gebrochen; dieser Gedanke ärgerte mich. Fast verwundert betrachtete ich die Felder, auf denen ich zerschellen sollte. Das war für mich etwas Neues. Ich fühlte mich ganz weiß, ganz blank vor Angst werden. Es war eine uferlose, aber nicht widerwärtige Angst. Eine neue, undefinierbare Erkenntnis.

Es war kein Bruch, und ich konnte bis zum Boden durchhalten. Doch nicht eine Sekunde hatte ich das geglaubt. Als ich aus dem Flugzeug sprang, sagte ich kein Wort. Ich war über alles voller Verachtung und dachte, man würde mich niemals verstehen. Jedenfalls nicht das Wesentliche. In welch eine Welt ich mich eingeschmuggelt hatte. Eine Welt, von der man nicht oft zurückkehrt, um sie zu beschreiben. Und wie unvermögend sind Worte, wie kann man diese Felder und diese ruhige Sonne wiedergeben! Wie kann man sagen: ›Ich habe die Felder, die Sonne verstanden ...‹ Und doch war es so. Einige Sekunden lang spürte ich die strahlende Ruhe dieses Tages in ihrer ganzen Fülle. Eines Tages, fest gebaut wie ein Haus, in dem ich mich heimisch fühlte, in dem es mir gut ging, aus dem ich verstoßen werden sollte. Eines

Tages mit seiner Morgensonne, seinem hohen Himmel und dieser Erde, in die man friedlich feine Furchen hineinwirkte. Welch liebliches Geschäft.

Dann, auf den Straßen, begegnete ich Straßenkehrern, die ihr Teil dieser Welt rein fegten. Ich war ihnen dankbar dafür. Und ich traf Stadtpolizisten, die auf einem Gebiet von hundert Quadratmetern für Frieden sorgten. Und es war sinnvoll, dieses Haus so in Ordnung zu halten. Ich war heimgekehrt, ich war behütet, ich liebte das Leben. Und Du wirst das nicht begreifen, und auch niemand anders. Und ich möchte jemanden dazu zwingen, daß er es begreift... Warum mußt gerade Du das sein, Du, der das alles ganz egal ist, die zerstreut sein wird?

Das erinnert mich an ein Gesicht. Ich hatte etwas für mich so Wesentliches, so Angstvolles gesagt, daß ich zuschaute, wie mein Gedanke auf diesem Gesicht fortwirkte. Ich las in dem Mienenspiel und in allem, was der Gedanke darin wachrief. Und auf einmal spürte ich, wie er sich im Sande verlief. Keine Spur eines Vergnügens, keine Spur einer Nachdenklichkeit, kein Bemühen um Verständnis blieb mehr davon zurück. Ich spürte den genauen Augenblick der Zerstreutheit. Einer so plötzlichen Zerstreutheit, daß sie einen Sinn hatte, und mir fiel dabei der köstliche Ausdruck ein: »Eine Wolke von seiner Stirn verscheuchen.« Ein Kornfeld, das die Beleuchtung wechselt.

Unterm Arm nehme ich Nietzsche mit. Ich liebe diesen Burschen unendlich. Und diese Einsamkeit. Im Sande von Cap Juby werde ich mich ausstrecken und Nietzsche lesen. Es gibt Dinge, die mich begeistern: »Mein Herz, in dem sich mein Sommer verzehrt, dieser kurze, heiße, schwermütige, glückselige Sommer...« Ich möchte, Du könntest auch diese Passion mit mir teilen, aber es gibt ja nicht viel, woran Du teilnimmst...

Antoine

Ich nehme nicht an, daß Du auf diesen Brief antworten wirst, obwohl ich erst Freitag abreise, denn Du hast ja schon Deine Pflicht erfüllt, wenn Du mir gestern geschrieben hast.

Toulouse, den 24. (November 1926)

Ich komme eben nach Hause. Habe nichts von Dir vorgefunden. Schreib mir nicht, es lohnt sich nicht. Sieh, damit ich gar nichts zu erhoffen habe, gebe ich Dir nicht meine neue Adresse. Ich bin ja auch zu lächerlich. Es hat keinen Zweck, auf diese Weise um Freundschaft zu betteln. Mir war das Schreiben an Dich ein Bedürfnis, und Dir war es keins. So was kommt vor. Vielleicht bin ich ungerecht gegen Dich, aber dadurch werd ich Dich weniger vermissen, und das ist besser. Ich schreibe Dir nicht mehr; sogar wenn Du mir geschrieben haben solltest, pfeife ich darauf: nicht einmal an dem Abend, als Du es mir versprochen hattest, warst Du dazu imstande. Ich weiß nicht, warum dieser Brief eigentlich abgehen soll. Neulich habe ich drei zerrissen, warum soll ich nicht auch einen vierten zerreißen? Ach was, es ist eben mein Abschied. Und halte Dich nur nicht für verpflichtet, ein Pensum zu erledigen: ich bin jetzt der Meinung, daß mir das egal ist. Siehst Du, Rinette, mein Fehler war, daß ich eines Tages zuviel von Dir verlangt habe. Daß ich zuviel von Dir erhoffte... Mir wird das jetzt klar, und das ist schade. Ich verliere auf diese Weise eine gute Freundschaft und bin Dir deswegen nicht böse. Es ist meine Schuld, wenn ich jetzt nicht zurück kann, um mich mit Wenigem zu begnügen.

A.

Société Anonyme
des Grands Cafés de Toulouse
15, Place Wilson

Café-Restaurant Lafayette
(Dezember 1926)

Rinette, verzeih... Während ich Dir schrieb, hast auch Du mir geschrieben – einen Brief, der mir solche Freude machte. Rinette, Du mußt mir ab und zu schreiben...

Ich habe eine komische Reise hinter mir. Um vier Uhr früh in Toulouse war ich schlecht ausgeschlafen, und in Tanger hab ich dann weitergepennt. Ich hatte keine Zeit, um mich Spanien oder Marokko anzupassen. Die Araber und ihre Kamele wirkten auf mich, als wären sie eben aus dem Zirkus gekommen. Stell Dir vor: eine Reise ohne Zoll, ohne Grenzen, eine Reise in dreitausend Meter Höhe, wo der Boden nicht an einem vorbeizieht.

Eine Reise ohne Bewegung.

Es ist ein komischer Zustand, wenn man sich nirgendwo, über einem anonymen, gleichförmigen Boden befindet, um dann, wenn man einmal die Sonde ansetzt, einen winzigen Zipfel Marokkos, einen winzigen Zipfel Spaniens zu entdecken und als einzige Erinnerung einen Sandwich mitzunehmen. Denn auf dem Hinflug hab ich mich nur zehn Minuten in Alicante aufgehalten. Aber auf dem Rückflug hab ich dort geschlafen. Und jetzt besteht Spanien – alles, was ich davon kenne – aus Pepita, unserer Logierwirtin. Die Kameraden sagen von ihr: »Ein schönes Gestell«, aber ich finde Spanien nicht hübsch...

Seltsam, wenn man die Länder von innen betritt, wenn man nahezu dort geboren wird. Keine Namen von Bahnhöfen, die ihren Klang verändern, keine Zöllner, Gepäckträger und Droschkenkutscher, die für ihr Land die Honneurs machen. Noch ganz benommen, ohne Übergang schneit man ins kleine Leben der kleinen Stadt hinein. Kaum daß man sie über die Vororte erreicht. Spanien, Rinette, ist nur ein Kaffeehauskellner und Pepita, die nicht sehr hübsch ist.

Es ist beinahe traurig.

Es ist auch ein buckliges Land, in dem einem Pannen schlecht bekommen. Im Tiefflug hat man sogar an gewissen Stellen Steilklippen neben sich. Ein Kamerad sagte mir recht unverblümt: »Da gibt's ja nicht mal was, um sich umzubringen. Da muß man sich schon ertränken.«

Noch ein anderes Wort. Am Tag vor meinem Abflug ließ die Direktion mich rufen, um mir Ratschläge zu erteilen. Unter anderem sollte ich es nie soweit kommen lassen, daß sich die Wolken wieder über mir schlössen, sondern rechtzeitig, durch das letzte Loch, über sie hochsteigen, damit ich fünfzig Meter darüber meinen Kurs halten könnte. (In einer so gebirgigen Gegend wie Spanien sind die Gipfel von Wolken bedeckt, und wenn man niedergeht, mag man nun eine Panne haben oder nicht, rennt man gegen sie an, ohne sie zu sehn.) Man sagte mir: »Es ist eine nette Sache, über dem Wolkenmeer nach dem Kompaß zu fliegen, aber denken Sie daran: darunter liegt die Ewigkeit.« Und wenn ich jetzt eine dieser weißen Ebenen so lieblich, so friedlich da liegen sehe und an die Worte denke: »Darunter liegt die Ewigkeit«, dann überkommt mich ein Gefühl der Abgeschiedenheit, das sich, glaube ich, nur schwer erreichen läßt – und das ans Wunderbare grenzt.

Die Fliegerei, die Mentalität von Le Bourget würdest Du nicht wiedererkennen. Hier ist das ganz etwas anderes. Es ist irgendwie härter, aber es ist besser so.

Was nun Toulouse angeht – ach! Rinette –, so bleibe ich dort im kleinen provinziellen Trott. Ich gehe rechts an der gleichen Straßenlaterne vorüber, und im Café setze ich mich auf denselben Stuhl. Ich kaufe meine Zeitung am gleichen Kiosk und sage der Zeitungsverkäuferin jedesmal den gleichen Satz. Und die gleichen Kameraden, Rinette... bis ich schließlich, Rinette, den mächtigen Drang verspüre, aus mir auszubrechen und neu zu werden. Dann werde ich nach einem anderen Café, einer anderen Straßenlaterne oder einem anderen Kiosk auswandern und mir einen neuen Satz für die Zeitungsverkäuferin ausdenken. Einen Satz, der weit schöner ist.

Ich habe schnell genug von mir, Rinette, und so werde ich es im Leben niemals zu etwas bringen. Mein Freiheitsdrang ist zu groß...

Und die Kameraden, die immer das gleiche denken, öden mich an, und deshalb hab ich nur zwei oder drei Freunde – und mit denen lebe ich in Frieden. Und darum muß man mir manchmal schreiben, selbst wenn es ein großes Opfer ist – denn Du bist, Rinette, eine alte Freundin...

Antoine

PALMARIUM
PERPIGNAN
BOÎTE AUX LETTRES
BUFFET FROID
Rendez-vous de MM. les Voyageurs
et Négociants

(Dezember 1926)

Rinette, wie wenig freundlich bist Du mir gegenüber! Ich werde Dir nie mehr schreiben, denn ich mag nicht bei jeder Post eine Enttäuschung erleben. Für Dich ist das unwichtig, aber ich bin hier ganz allein, und meine Freude setzt sich aus kleinen Dingen zusammen. Und dazu lehnst Du die Briefe ab, die aus einem Gespräch bestehen. Und mich langweilen die Briefe, die man aus Höflichkeit alle drei Monate schreibt. Du sagst Dir: ›Mein Gott! Wieder ein Brief, auf den man antworten muß!‹ Dann lohnt es sich nicht. Und außerdem ärgert Dich das vielleicht aus irgendeinem Grunde. Die Leute sind so kompliziert.

Es ist recht unvorsichtig, wenn man den Menschen jenes Recht einräumt, von dem Du sprichst – daß sie einem leicht weh tun können. Sie nutzen das aus... Es macht, glaube ich, einen völlig idiotischen Eindruck, wenn ich Dir das sage. Aber das ist mir ganz gleich.

Ich bin in Perpignan mit einer Panne liegengeblieben. Morgen geht es zurück nach Toulouse. Perpignan ist heute abend vollkommen trostlos. Ich bin in den bergan steigenden Gäßchen herumgebummelt. Sie waren angefüllt mit Kramwaren. Ich kenne nichts Traurigeres als Kramwaren. Die Kramhändlerinnen verkaufen Nähgarn für drei Sous, Nadeln für zwei Sous, sie haben keinerlei Aussicht auf ein Luxusauto. Die davon leben, verbringen ihr Leben hinter ihren Gardinen. Spitzengardinen. Und in ihrer Stube gibt es eine Kamingarnitur, die ewiger ist als ein Gefangenenwärter. Und ihr ganzes Leben besteht aus Gewohnheiten. Es ist ein solches Gefängnis! Ich fürchte mich so sehr vor Gewohnheiten. Allerdings spenden sie etwas Wärme, und die fehlt mir zu sehr. Morgen schlafe ich in Toulouse, übermorgen in Alicante, und niemals finde ich mich zurecht. Das höchste Glück der Erde besteht doch darin, daß man ein braver Dummkopf ist, der von der Jagd heimkommt, sich vor dem Kamin die Hände reibt und »Sapperlot« ruft! Worauf man eine Viertelstunde braucht, um sich die Pfeife zu stopfen. Das ist noch besser, als wenn man ein Gigolo ist. Heute abend ist mir das klargeworden. Der ganze Schnee der Pyrenäen war rosa von oben. Die Narbonner Teiche ebenfalls von weitem. Kannst Du Dir das vorstellen? Mit abgedrosseltem Motor ließ ich mich auf Perpignan zutreiben – auf Perpignan, das blau war. Das war reizend. Aber es klingt so kitschig, wenn man es beschreibt. Du kannst Dir nicht vorstellen, welch ein Genuß das ist, wenn man hinuntergeht und nichts mehr zu befürchten hat: weder von einer Panne noch vom Nebel noch von den niedrigen Wolken, die sich unter einem geschlossen haben, über den Bergen, »unter denen die Ewigkeit liegt«. Der Motor kann ruhig aussetzen, das ist einem gleich, man ist sicher, daß man das grüne Rechteck erreichen wird.

Ich lehne mich behaglich zurück und steuere die Maschine nach dem Ton des Windes in den Drähten. Wenn ich Gas gebe, steigt der Ton. Wenn ich allzusehr abdrossele, erstirbt er sanft. Dann bleiben die letzten Häuser, die letzten Bäume zurück, sind nach hinten entflogen: die Landung. Es ist köstlich, zu landen. Hinterher langweilt man sich. Man hat keine Briefe. Das nehm ich Dir übel, aus ganzem Herzen.

Antoine

Société Anonyme
des Grands Cafés de Toulouse
15, Place Wilson

Toulouse (Dezember 1926)

Ich habe Deine beiden Briefe vorgefunden, Rinette. Ich wollte die meinen nicht abschicken. Und dann, immerhin... Heute abend sagte man mir, ich sollte meine Koffer packen.

In den nächsten Tagen geht es los nach Senegal. Dort bleibe ich vielleicht zwei Tage oder drei Tage oder zehn Tage. Vielleicht findest Du die Zeit, um mir zu schreiben.
Ich bin noch ziemlich zerschlagen von meiner Reise. Sie war bewegt genug. Ich hatte eine üble Panne und einen Unfall bei Rabat. Ich kann nichts dafür. Ich hatte kein annehmbares Gelände. Das Flugzeug hat nicht mehr viel Ähnlichkeit mit einem Flugzeug, aber ich habe mich nicht verändert. Nicht mal eine Quetschung.
In Spanien fand ich Sturm vor. Neun Stunden bin ich darin herumgetanzt. Neun Stunden an ein und demselben Tage von Alicante bis Toulouse. Da kannst Du Dir vorstellen, wie gerädert ich war.
Und jetzt habe ich ein etwas leeres Gefühl wegen der Abreise. Am Tage, wenn's losgeht, wird es dann besser sein.
Adieu, meine alte Rinette.

Antoine

Alicante, den 1. Januar 1927

Es ist zwei Uhr früh, Rinette. Heute nachmittag bin ich, von Toulouse kommend, gelandet, nach einer belanglosen Reise. Welch prächtiges Wetter! Alicante ist der wärmste Punkt Europas, der einzige, an dem Datteln reifen. Mir geht es – beinahe – ebenso unter diesem hellen Himmel. Ich spaziere ohne Mantel herum, erstaunt über diese Nacht aus »Tausendundeiner Nacht«, über die Palmbäume, die lauen Sterne und ein Meer, das man in seiner Verschwiegenheit nicht hört, nicht sieht; das kaum säuselt.
Als ich aus dem Flugzeug sprang, kam ich mir ganz jung vor. Ich hatte Lust, mich im Gras auszustrecken und nach Kräften zu gähnen, was recht angenehm ist, und mich zu räkeln, was ebenfalls Spaß macht. Diese Sonne förderte meine unbestimmtesten Träume, ließ sie aufblühen. Ich hatte tausenderlei Gründe, glücklich zu sein. Die Droschkenkutscher desgleichen. Und auch die Schuhputzer, die meine

Schuhe auf Hochglanz brachten, sie liebkosten und lachten, als sie fertig waren. Welch verheißungsvoller Neujahrstag! Welch ein Reichtum, daß man heute am Leben ist. Ich hatte fest geschworen, nicht mehr zu schreiben. Aber eben habe ich einem Bettler drei Zigaretten geschenkt, weil er so glücklich aussah, daß ich diesem Gesicht Dauer verleihen wollte. Ich fühle mich voller Güte und Nachsicht. So verzeihe ich Dir. Und außerdem... habe ich neulich abends mit Bertrand telefoniert und dabei derart geheuchelt, daß ich es mir nicht eingestehen wollte. Und dann kamst Du. Und hast mich gezähmt, und da bin ich ganz klein geworden. Im Grunde ist es angenehm, wenn man sich zähmen läßt. Aber das wird mir andere traurige Tage einbringen, und so habe ich durchaus unrecht.

Rinette, was ich da sage, ist nicht boshaft, aber diese Dinge sind für mich wichtiger als für Dich. Es ist nicht gerecht, daß ich eine bloße Schreibfaulheit mit etwas Schmerz bezahle. Es ist sogar recht liebenswürdig. Aber Du kannst das nicht begreifen. Ach was! Im Augenblick hör ich ein mechanisches Klavier spielen... Das ist großartig. Und alle Spanierinnen sind Opernheroinen. So kommt es mir wenigstens vor. Wegen des mechanischen Klaviers. Eine von ihnen weint in einer Ecke, ich wüßte gern warum, denn sie ist die einzige in ganz Alicante. Fünf oder sechs dicke Kokotten trösten sie und schreien alle auf einmal. Das macht einen Heidenlärm! Aber sie will nicht begreifen, daß sie glücklich ist. Sie hängt an ihrem reizenden Kummer.

Rinette, adieu. Vielleicht finde ich Deine Briefe, wenn ich nach Hause komme. Ich werde noch mit den Spanierinnen vertrauten Umgang pflegen. Bei so mildem Wetter besitzt alle Welt ein Geheimnis, aber es ist immer das gleiche. Denn man sieht sich an und lächelt. Und um zu lächeln, braucht man nicht drei Worte Spanisch zu wissen, und so rede ich... Ich habe mein Briefpapier unterm Arm, für den Fall, daß ich Dir heute abend noch schreiben möchte.

Und wenn ich nicht schreibe...

Antoine

LA IBENSE
FABRICA DE HELADOS FINOS
Méndez Nùñez 4

Alicante, 2. Januar 1926 (1927)

Rinette, ich fliege weiter nach Casablanca, da ein Postflugzeug eine Panne hat. Ich bin sehr zufrieden.

Es ist immer noch dasselbe Wetter, aber ich bin leicht melancholisch wegen meines Magens. Ich wollte mich etwas an Spanien assimilieren und probierte all die kleinen Scheußlichkeiten, die einem auf den Caféhaus-Terrassen angeboten werden. Den Anfang machte ich mit einem Dutzend kleiner Tintenfische. Dann wandte ich mich seltsamen Kuchen zu, die man aus großen Blöcken herausschneidet. Von außen sieht das sehr schön aus. Von innen ist es nicht so komisch.

Jetzt habe ich mich eben in vornehmen Posen von drei ambulanten Fotografen knipsen lassen. Ich bin nicht hübsch und niedlich, und ein Kamerad bemerkte liebenswürdigerweise, man hätte es »trotz allem besser machen können«. Aber ich lehne mich an Palmen. Das hat Stil. Sodann bin ich auf dem Meer spazierengefahren.

Und nun gehe ich ins Kino. Dann lege ich mich schlafen, und morgen früh starte ich nach Casa.

Rinette, mein Altes, schreib mir.

Antoine

Casablanca, 3. Januar (1927)

Es ist erst ein Uhr früh. In fünf Stunden geht es los, aber ich finde keinen Schlaf. Und doch liege ich brav im Bett.

Ich glaube, es würde mir Spaß machen, Dir zu schreiben. Ich nehme an, Du schläfst um diese Stunde, und so kann ich Dir gut alles erzählen, was mir durch den Kopf geht.

Es stürmt. Mein Fenster schlägt in einem seltsamen Rhythmus. Das ist genau die Sprache der Funker oder der Geister. Ich bemühe mich, sie zu entziffern, es gelingt mir nicht. Und doch würde ich gern mancherlei wissen.

Die wenigen Taxis machen einen unheimlichen Lärm in einer schlafenden Stadt. Ich liebe auch diese Schritte auf der Straße nicht. Alles, was mich von ferne streift, beunruhigt mich, ich könnte so glücklich sein. Ich habe ein sehr schönes Zimmer. Schade, daß ich meine Schuhe auf den Tisch gestellt habe. Das verdirbt meine Landschaft.
Rinette, des Nachts bin ich nicht der gleiche. Ich habe manchmal etwas Angst, wenn ich mit offenen Augen in meinem Bett liege. Es gefällt mir nicht, daß man mir Nebel angekündigt hat. Ich will mir nicht morgen den Hals brechen. Die Welt würde nicht viel dadurch verlieren, ich aber alles. Stell Dir nur vor, was ich alles an Freundschaften und Erinnerungen und an Sonne in Alicante besitze. Und dazu den arabischen Teppich, den ich heute gekauft habe, der mich mit einer Besitzerseele beschwert – mich, der ich so leicht war, der nichts zu eigen hatte.
Rinette, ich habe einen Kameraden, dem wurden die Hände verbrannt. Ich will nicht, daß mir die Hände verbrennen. Ich schau sie an und habe sie gern. Sie können schreiben, Schuhe zubinden, Opern improvisieren, die Du nicht magst, die mich aber zärtlich stimmen; das erforderte eine zwanzigjährige Übung. Und zuweilen nehmen sie Gesichter gefangen. Ein Gesicht. Stell Dir nur vor... Rinette, ich bin heute abend unruhig wie ein Hase, und diese Geschichte mit Dakar gefällt mir nicht recht. Und wie man mir hier erzählt, »ist dort alles in Gärung. Die nächsten Piloten, die eine Panne haben, werden von den Mauren massakriert werden«. Von den Mauren massakriert werden... Es ist mir nicht sehr lieb, daß dieser Satz die Nacht durchdröhnt. Nachts kommt mir alles gebrechlich vor. Auch das, was mich mit allen verbindet, die ich liebhabe. Die schlafen. Ich bin sorgenvoller als ein Krankenwärter, wenn ich nachts wach liege. Ich hüte so schlecht all meine Schätze, wenn ich über sie wache.
Ich bin ein wenig töricht. Am Tage ist alles ganz einfach. Aufbruch und Wagnis liebe ich sehr. Ich liebe das am Tage, aber nicht in der Nacht.
Nachts bin ich ein Weichling und tue mir selber leid.

Etwas Trauriges muß ich Dir noch erzählen. Ich hatte einen reizenden Freund, der ist vor drei Monaten in Tanger gestorben. Ich unternahm in Tanger eine seltsame Pilgerfahrt. Ich hab ihn gesucht. Wo sollte ich ihn denn suchen? Mir fielen die Barmädchen ein. Er war reizend; bestimmt hatten sie ihn liebgehabt.

Rinette, sie haben ihn schlecht gehütet. Sie waren nicht treu; alle kostbaren Erinnerungen ließen sie entwischen. Und doch war das der Ort, wo man ihn suchen mußte; es war die getreueste Bemühung; denn was man von sich selber herschenken kann, verschenkt man an andere, so gut es eben geht. Und seine Familie setzte sich aus Dummköpfen zusammen. Aber die Leute kennen zuweilen nicht den Preis des Geschenkten. Und so haben sie ihm das Charmanteste und Geistvollste, was er besaß, weggestohlen, ohne sich etwas dabei zu denken.

Rinette, mein Gutes, ich verstehe nichts vom Leben. Trotzdem muß ich Dich jetzt verlassen. Dieses Paar Schuhe ärgert mich: ich mache das Licht aus.

Antoine

HÔTEL EXCELSIOR
Place de France
CASABLANCA

(14. Januar 1927)

Rinette, ich hatte Toulouse für einen Tag verlassen. Jetzt reise ich schon fünf Tage umher: wohin, das wissen die Götter. Ich weiß nicht mehr recht, wo ich bin. Gestern habe ich in Alicante zu Mittag und in Malaga zu Abend gegessen. Vielleicht liegt in Toulouse ein Brief von Dir. Er reift langsam in meinem Briefkasten. Und so werde ich finden, daß er mir köstlich eingeht, und ihn tausend Dinge sagen lassen, die Du mir niemals gesagt hast.

Denn ich lese die Briefe und lese zwischen den Zeilen. Ich suche darin das schmollende Gesicht und die Betonung und das Lächeln. Und es macht mich ganz verzweifelt, daß ich die Worte »Es ist schönes Wetter« nicht aussprechen kann. Mit »Es regnet« geht es ebenso. Das kann heißen: ›Welche Wonne! Es regnet. Es regnet, aber das ist mir ganz gleich...‹ oder auch: ›Mein Gott, wie Du mich anödest!‹ oder weiter: ›Ich schreibe Dir, ich weiß nicht warum. Ich habe Dir nichts zu sagen. Es regnet.‹

Und der Ton ist es, bei dem ich mogele.

Und in Toulouse liegt ein Brief für mich.

Es liegen dort auch Hemden und Kragen und Taschentücher, die mir gehören. Und Seife natürlich. Ich habe als einziges Gepäck eine Zahnbürste und einen Kamm mitgenommen. (Einen Kamm für zwei Personen. Diese Bemerkung finde ich reizend.) Für Perpignan brauchte ich nicht mehr – und dort wollte ich hin. Aber ich bin ein Spielball der Winde und träume von weißer Wäsche, von Kölnischem Wasser, von einem Badezimmer. Von zahllosen Dingen, die Duft verbreiten. Ich muß mich wieder aufbügeln lassen. Ich bin voller Öl und ganz zerknittert vor Müdigkeit.

Aber ich habe einen großartigen Scheitel. Ich profitiere von meinem Kamm.

Da ich so abgehetzt bin, geht mir mein Flug heute nachmittag noch im Kopf herum. Die Diskussionen mit der Landschaft. Der Karte zufolge sollte eine bestimmte Straße die Eisenbahn schneiden. Der Schnittpunkt dient als ein Anhalt. Aber sie kommt näher, berührt die Eisenbahnlinie, entfernt sich. Wir und die Karte sind ihr ganz schnuppe, und so schnauzt man sie an: »Du machst aber Umstände! Los doch! Hinüber...« Verärgert verzieht sie sich nach links. Wo sind wir denn nur, zum Teufel!

Und dieser Wald, den man dicht glaubte. Der auf der Karte einen schönen grünen Flecken bildete. Man sucht ihn, aber das ist er wirklich. »Ach! Du bist der Wald? Das hätte ich niemals geglaubt. Du bist ja ganz von Motten zerfressen!« Und melancholisch betrachtet man diese zerfranste Strohmatte, die auf der Karte grün aussieht.

Von den feindlichen Gebirgsgöttern ganz zu schweigen. Man stellt sich vor, um an ihnen vorbeizukommen. Man ist auf

3000, man ist sehr stolz. Aber die feindlichen Götter ziehen dich an den Füßen, und der Höhenmesser purzelt herunter: 3000... 2500... 2000... 1500... 1000... und du selber ebenfalls, und dann machst du kehrt, denn das Gebirge ist jetzt höher als du, und die feindlichen Götter kichern. Dann versuchst du durchs Tal zu entkommen und verspürst das gleiche Wohlgefühl wie eine Omelette in einer Pfanne, denn die feindlichen Götter spielen Tennis, aber mit dir.

Gestern habe ich fünfmal um Haupteslänge die höhere Ebene überklettert. Ich hatte einen weiblichen Passagier, der zu neun Zehnteln ohnmächtig war. Das ist nicht mehr ganz dasselbe wie Le Bourget...

Hinterher setzt man sich eine Zeitlang nur mit gezwungenem Lächeln hin.

Rinette, ich bin besoffen vor Schlaf, ich sterbe vor Schlaf, ich falle um vor Schlaf. Jeder Satz, den ich sage, endet im Traum, und Du hast hier nur eine Seite davon. Und ich bin verzweifelt, daß ich von allem, was ich Dir zu sagen glaube, nichts ans Licht bringe. Ich weiß nicht mehr genau, ob ich in Casablanca bin. Ich weiß nicht mehr genau, ob Du eigentlich existierst. Laß mich ins Bett gehn, sonst schlafe ich ein, während ich Dir gegenübersitze, und das wäre unhöflich.

Rinette, ich kann nicht mehr. Es war heldenhaft von mir, daß ich geschrieben habe.

Antoine

Portugal. Vista de Lisboa
(Vista d'Aviâo)
Bilhete Postal

Lisboa (12. 9. 29)

Meine alte Rinette

Ich reise ab – leider Gottes! – nach Südamerika. Ich verbrachte in Paris zwei melancholische Tage: ich habe niemanden wiedergesehen. Diese Abreise kam so plötzlich!

Glaube an viel Freundschaft.

Antoine

Buenos Aires, 23. Januar (1930)

Rinette, welche Überraschung! Ich war so wenig auf ein Wort von Dir gefaßt! Bestimmt hat es mir mehr gegeben als Du annahmst. Argentinien, wo ich lebe – und ganz besonders Buenos Aires –, verabscheue ich so sehr, daß das einer Invasion tausend köstlicher und vergessener Dinge gleichkam. Portwein, Grammophon, Unterhaltungen am Abend auf dem Heimweg vom Kino. Und der Kellner bei Lipp und Eusebio und meine charmante Misere, der ich durchaus nachtrauere, weil die Tage vom Ersten bis zum Monatsende so verschiedene Farben hatten. Jeder Monat war ein schönes Abenteuer – und die Welt war herrlich, denn ich wünschte mir alles, da ich ja nichts haben konnte. Man glaubt dann ein unendliches Herz zu besitzen. Nachdem ich mir jetzt den so schönen Lederkoffer: das Ziel meiner Träume, den extraweichen Hut und die Uhr mit den drei Zeigern gekauft habe, gibt es nichts mehr, worauf ich hoffen kann. Und wie unrhythmisch ist nun das Leben in diesen Monaten ohne Monatsende, wie trübsinnig! Vor allem aber komme ich mir nicht mehr wie ein leichter Schatten vor (eine ganz persönliche Empfindung, die ich damals hatte), ich fühle mich beschwert und gealtert durch eine Rolle, die ich mir nicht gewünscht hatte – denn ich bin Betriebsleiter der Gesellschaft »Aeroposta Argentina«, einer für die Binnenlinien gebildeten Filiale der »Aéropostale«. Ich habe ein Netz von dreitausendachthundert Kilometern, das in jeder Sekunde alles aus mir heraussaugt, was mir noch an Jugend und vielgeliebter Freiheit geblieben war. Ich verdiene fünfundzwanzigtausend Francs im Monat und weiß nicht, was ich damit anfangen soll; es macht mich todmüde, sie auszugeben, und ich ersticke allmählich in einem Zimmer, wo ich Tausende von Gegenständen aufstapele, die mir nie etwas nützen werden, denn ich fasse eine Abneigung gegen sie, sobald sie mir gehören, und trotzdem häufe ich tagtäglich noch mehr aufeinander. Zweifellos bringe ich unbewußt einem unbekannten Gott Opfergaben dar.

Ich hause in einer kleinen Wohnung in einem Miethaus mit fünfzehn Etagen: sieben über mir, sieben unter mir, und ringsherum eine riesige Betonstadt. Ich hätte ein ebenso unbeschwertes Gefühl inmitten der großen Pyramide. Ich hätte dann die gleiche Empfindung, welch hübsche Spaziergänge sich unternehmen ließen. Unglücklicherweise leben hier überdies noch die Argentinier.
Ich frage mich, ob es in Buenos Aires eigentlich Jahreszeiten gibt. Ich frage mich, wie denn der Frühling durch diese Tausende Kubikmeter Beton durchbrechen kann. Ich denke daran, daß im Frühling ein Geranientopf auf dem Fensterbrett auseinanderplatzt. Ich liebte so sehr den Pariser Frühling. Diese Lebenslust, die da über mich kam, gleichzeitig mit den Kastanien auf dem Boulevard Saint-Germain! Dieses unerklärliche Gefühl einer Gegenwart, die sich überall mitteilte. Aber ich weiß nicht, ob ich Paris nachtrauern soll: ich fühle mich dort so wenig zu Hause, die Leute beschäftigen sich dort so sehr mit Dingen, mit denen ich nichts zu tun habe. Sie schenken mir Bruchstücke ihrer Zeit: ich habe dort meinen unsichtbaren Platz nicht mehr inne, und das spürt man erschreckend deutlich.
Mein einziger Trost ist das Fliegen. Ich führe Inspektionen, Versuchsflüge durch, ich erkunde neue Fluglinien. Ich habe niemals so viel geflogen. Vorgestern kam ich aus dem äußersten Süden zurück: 2500 Kilometer an einem Tage: ein ganz hübscher kleiner Ausflug!
Es ist wirklich das erstemal seit Dakar, daß ich ohne Bitterkeit mit Dir reden kann. Ich hab es Dir sehr übelgenommen! Seltsam, wie Du nichts kapieren kannst, wenn Du darauf aus bist. Trotzdem sind diese entlegeneren Dinge etwas Harmloses. Ich war ein alberner dummer Junge. Oder wurde vielmehr – von Dakar – etwas hinters Licht geführt durch die Illusionen der Jugend. Durch ihre Hoffnungen. Du hingegen warst äußerst vernünftig. Wenigstens kommt es mir so vor. Das hat mir weh getan, aber war gesund für mich. Jetzt ist es in Ordnung.
Da werde ich schon wieder bitter. Es kommt so über mich.

Ich glaube, ich verteidige das Kind, das ich damals war...
Du mußt mir sagen, wann Du ankommst: ich werde dann die Schwestergesellschaft, von der die Linie nach Rio abhängt, bitten, daß sie mich einen Postflug machen läßt: dann könnte ich Dich erwarten oder Dich besuchen. Ich werde reizend zu Dir sein: Dich zum Trinken mitnehmen, Dir mein zweites Buch vorlesen. Ich werde Dich zum Essen einladen, Dich über Rio spazierenfliegen.
Vielleicht werde ich melancholisch sein, wegen des Kindes, das ich gewesen bin.
Kommst Du vielleicht auch in diese unselige Stadt? Kennst Du Buenos Aires? Ich erinnere mich nicht mehr. Wenn Du kommst, wird es mich freuen.
Schreibe mit Luftpost. Es lohnt sich wahrhaftig nicht, daß wir uns solche Mühe mit dem Transport der Postsäcke geben, wenn die Briefe, die man uns schreibt, per Schiff gehn.
Auf Wiedersehn, Rinette.

Antoine

Passage Güemes
Departamento 605
Calle Florida
Buenos Aires
Argentinien

(18. Juli 1930)

Wieso, Rinette, muß ich denn ganz aus Zufall erfahren, daß Du in Rio bist; Du hast es mir nicht einmal mitgeteilt. Letzte Woche hätte ich so leicht hinüberkommen können.
Vielleicht könnte ich noch jetzt kommen, aber zweifellos wirst Du durch Frühstücke, Diners, Empfänge in Anspruch genommen, und so bist Du gewiß unsichtbar. Und außerdem scheint Dir so wenig daran zu liegen.
Wenn das Flugzeug, das vom Norden kommt, noch nicht durch ist, findest Du vielleicht die Zeit, mir eine kleine Zeile zu schicken.
Du bist mit so vielen Erinnerungen verknüpft, Du bildest

einen so großen Teil meines vergangenen Lebens, daß es mir ganz unmöglich erschienen wäre, Dich bei einem Aufenthalt in Frankreich nicht zu sehen.
Du kommst nach Rio und hältst das für durchaus möglich. Und es ist sonderbar: ich fühle mich etwas gealtert, da ich sehe, wie alle meine Erinnerungen alt werden.

Antoine

Reconquista 240, Buenos Aires

AEROPOSTA ARGENTINA
Reconquista 240

Buenos Aires (25. Juli 1930)

Rinette, ich schreibe Dir noch eine kleine Zeile. Ich weiß nicht, ob ich jemals nach Rio kommen kann. Die einzige Gelegenheit habe ich letzte Woche verpaßt, als ich nicht wußte, daß Du da bist. Das betrübt mich etwas.
Wann wirst Du mir antworten?
Du kennst, Rinette, meine alte Freundschaft.

Antoine

Agay (Var) [22]

Und so ist das nun... Weise Entschlüsse, zerrissene Briefe, wie viele zerrissene Briefe seit zwei Jahren – und dann werden mitternachts am Kaminfeuer alle Entschlüsse über den Haufen geworfen. Und so leiste ich mir den Luxus einer ganz kleinen Unvorsichtigkeit und einer ganz kleinen Niederlage. Und trinke gut gezuckerten Tee. Und parfümiere mich an diesem Feuer, das nach Eukalyptus und Harz riecht. Und ich glaube sogar, ich lächle ganz leise in meinen Bart, denn ich schäme mich nicht... Doch was soll ich Dir erzählen? Zur Hälfte bin ich vernünftig. Neben Dir hätte ich heute abend eine Stunde gesessen, ohne ein Wort zu sagen – ganz damit beschäftigt, einen kleinen eingeschlafenen Gedanken nicht zu verraten, ihn auszukosten, ohne ihn einzugestehn. Er ist süß, solang er noch schläft. Du hast es mir beigebracht, wie ich mich selber bemogeln kann! So muß ich Dir denn einen Brief schreiben, der überhaupt nichts bedeutet. Ein paar Schritte im Garten. Oder auch einen Brief wie beim Erwachen, wenn man sich räkelt; wenn man noch nicht recht weiß, weshalb es reizend ist, zu leben.

Ich will vor allem nichts erwarten. In Toulouse trieb es mich jede Stunde zu meinem Schließfach, vom anderen Ende der Stadt. Zuweilen kam ich von Marokko zurück, nach dreitägiger Abwesenheit. Nach drei endlosen Tagen, in denen alle Frauen der Welt Zeit gehabt hätten, mir zu schreiben. Das eröffnete mir Chancen gegenüber einer einzigen! Gern gewährte ich diese dreitägige Freiheit. Man bereitete eine Überraschung für mich vor, und ich ging spazieren, um nicht zu stören. Wie naiv war ich! Wahrhaftig, ich war ein sehr unglücklicher Junge. Und abends schrieb ich Briefe im Café Lafayette, in denen die Sätze ganz unwichtig waren, in denen ich aber meine Geheimnisse hinter der Betonung der Worte verbarg. Und wenn ich »Alicante« sagte – Alicante mit seiner Sonne, seinen Orangen... Das lächelte doch so sehr, das war doch durchsichtig wie ein Gesicht! Und all die Frühlinge, die ich in diesem Winter in der Welt verkündete – über Malaga, über Cartagena –, all diese Frühlinge, die ich eingestand... Ich war verrückt.

Denn man wünschte vor allem, nichts zu begreifen. Meine so schlecht gehüteten Geheimnisse hatten nichts zu befürchten. Später schrieb man mir dann nach Senegal: »Schick mir schnell mehr Briefe, ich hab Deine Briefe so gern...« Da war ich eifersüchtig auf meine Briefe und glich dem braven Mann, der aus Taktgefühl einen echten Stein als falschen verschenkt hatte. Man profitierte davon, man bedankte sich für den falschen Stein: »Schick mir schnell mehr...« Und: »Was für ein Halunke, daß er mir keinen mehr schickt.«

Armer braver Mann!

Bestimmt! Lieber hätte ich mich ganz in kleine Stücke schneiden lassen, als noch zu schreiben.

Aber die Beruhigung, die die Jahre bringen, so viele Dinge,

durch die man hindurchgegangen ist, oder auch die Frauen in Casablanca oder vielleicht ein gewisses Altern des Herzens, kurzum alles das ... Es ist vielleicht nicht mehr so wichtig.

Zweifellos lüge ich etwas.

Zweifellos kam noch dieser wenig anständige Trick eines Chansons über »La Vie Parisienne« dazu und der heimtükkische Versuch, mich durch ein weiteres Lied auf der Gitarre zu betören. Gewiß das gleiche, das Dalila sang, um Samson die Haare abzuschneiden. Samson schwante der Betrug, denke Dir! Aber diese Melodie gefiel ihm weit besser als sein Haarschopf.

Die Nacht schreitet ganz sachte voran, und ganz sachte schlafe ich ein. Und ich bin mißtrauisch gegen meine Geständnisse. Es besorgt mich, daß ich meinen großen Groll vergessen habe: das ist schlimm. Bin ich vielleicht auch entzückt über meine Schwäche? Ich will es nicht wissen, ob ich in der Falle gefangen bin oder nicht, ein Samson, der sich nicht zu rühren wagt, um den Faden zu zerreißen, ein Samson, den es aufs höchste erstaunt, daß er jener in einer Falle des Vogelstellers gefangene Page ist.

Antoine

BRIEFE AN SEINE MUTTER

Den Briefen Antoine de Saint-Exupérys an seine Mutter wurden – in der entsprechenden zeitlichen Reihenfolge – einige Briefe hinzugefügt, die er seinen Schwestern und seinem Schwager geschrieben hat.

Le Mans, 11. Juni 1910

Meine liebe Mama

Ich habe mir einen Füller gemacht. Ich schreib Dir damit. Er schreibt sehr gut. Morgen ist mein Geburtstag. Onkel Emmanuel[23] hat gesagt, er will mir eine Uhr zum Geburtstag schenken. Also könntest Du ihm vielleicht schreiben, daß morgen mein Geburtstag ist. Am Donnerstag ist eine Wallfahrt zu Notre Dame du Chène. Ich gehe mit dem Gymnasium[24]. Es ist sehr schlechtes Wetter. Es regnet die ganze Zeit. Mit allen Geschenken, die ich bekam, hab ich mir einen sehr hübschen Altar gebaut.

Leb wohl!

Liebste Mama, ich möchte Dich so gern wiedersehn.

Antoine

Morgen ist mein Geburtstag.

Le Mans, 1910

Meine liebe Mama

Ich möchte Dich gern wiedersehn.

Tante Anaïs[25] ist hier und bleibt einen Monat.

Heute war ich mit Pierrot bei einem Schüler von Sainte-Croix. Wir haben gevespert und haben uns sehr amüsiert. Heute früh hab ich in der Schule kommuniziert. Ich will Dir erzählen, was wir auf der Wallfahrt gemacht haben: viertel vor acht mußten wir im Gymnasium sein. Wir haben uns aufgestellt, um zum Bahnhof zu gehn. Im Bahnhof sind wir in den Zug nach Sablé gestiegen. In Sablé sind wir in Wagen gestiegen. Bis Notre Dame du Chène saßen 52 Personen in jedem Wagen. Es waren nur Gymnasiasten, sie saßen oben-

drauf und darin; die Wagen waren sehr lang und wurden jeder von zwei Pferden gezogen. Unterwegs hatten wir viel Spaß. Es waren fünf Wagen, zwei Wagen für die Chorknaben und drei für die Gymnasiasten. Als wir in Notre Dame du Chène ankamen, hörten wir die Messe, und hinterher aßen wir in Notre Dame du Chène zu Mittag. Da ich nicht im Wagen fahren wollte, bat ich um die Erlaubnis, mit den Schülern der zweiten und dritten Klasse zu Fuß gehn zu dürfen. Wir waren mehr als 200 in Reih und Glied, unser Zug nahm eine ganze Straße ein. Nach dem Mittagessen gingen wir zum Heiligen Grab und zum Laden der Patres und kauften uns was.
Als wir in Solesmes ankamen, marschierten wir weiter und kamen zu Fuß bis vor die Abtei; sie war riesig, nur konnten wir sie nicht ansehn, da die Zeit nicht reichte. Vor der Abtei fanden wir viel Marmor. Es gab große und kleine Stücke. Ich nahm davon sechs und verschenkte drei, und es gab ein Stück, das war etwa 1,50 m hoch und 2 m breit, da sagte man mir, ich sollte es doch in die Tasche stecken. Nur konnte ich es nicht mal bewegen, und es war zu groß. Hinterher haben wir auf der Wiese in Solesmes gevespert.
Ich habe Dir acht Seiten geschrieben.
Nachher sind wir zur Andacht gegangen und haben uns aufgestellt, um zum Bahnhof zu gehn. Als wir am Bahnhof waren, nahmen wir den Zug, um nach Le Mans heimzufahren, und um 8 Uhr waren wir zu Hause. Ich war Fünfter im Katechismus.
Leb wohl, meine liebe Mama. Ich umarme Dich von ganzem Herzen.

Antoine[26]

Villa Saint-Jean, Freiburg, 21. Februar 1916

Geliebte Mama

François hat eben Deinen Brief erhalten, in dem Du sagst, daß Du erst Anfang März kommst! Und wir freuten uns

doch so, Dich Samstag zu sehn! Warum kommst Du denn später? Es hätte uns solch ein Vergnügen gemacht!
Du wirst unseren Brief Donnerstag, vielleicht Freitag erhalten; könntest Du uns nicht sofort telegrafieren, daß Du kommst, Du würdest dann Samstag früh mit dem Expreß abfahren und wärest am Abend in Freiburg, wir würden uns so darüber freuen! Es wäre für uns solch eine Enttäuschung, wenn Du erst Anfang März kämst! Warum willst Du denn lieber später kommen? Wir hoffen so sehr, daß Du kommen wirst! Und selbst, wenn Du nicht kommen solltest, was uns so leid täte, könntest Du uns dann telegrafieren, sobald Du unseren Brief erhalten hast, damit wir spätestens Freitag abend Deine Antwort erhalten und über unseren Sonntag verfügen können? Aber Du wirst ja bestimmt kommen wollen!
Auf Wiedersehn, geliebte Mama, ich küsse Dich von ganzem Herzen und erwarte Dich ungeduldig[27].

Dein ergebener Sohn
Antoine

Villa Saint-Jean, Freiburg, Freitag, 18. Mai 1917

Meine liebe Mama

Es ist herrliches Wetter. Nur gestern hat es geregnet, wie ich es selten erlebte! Ich sah Madame de Bonnevie[28], durch die ich erfuhr, woran es François fehlt, dem armen Jungen[29], und die mir auch sagte, daß mit dem Bakkalaureat alles klappt, was mich beruhigt hat. Doch es war unnötig, daß Du nach Paris geschrieben hast, um festzustellen, ob meine Papiere abgegangen sind, das hatte ich schon getan; man mußte nur Lyon von ihrem Eintreffen verständigen, was ich vergessen hatte. Nun: Ende gut, alles gut...
Gestern sind wir mit Charlot spazierengegangen. Wir waren zu dritt und er (das ergibt $3 + 1 = 4$).
Unsere Exerzitien am Schluß des Schuljahres machen wir in der Nähe von Luzern in der Pfingstwoche.

Auf Wiedersehn, liebste Mama, ich umarme Dich von ganzem Herzen.

Dein getreuer Sohn

Antoine

Paris, Gymnasium Saint-Louis, 1918[30]

Meine liebe Mama

Hier bin ich in Saint-Louis, wo ich mit fünf Stunden Verspätung eintraf. Ich habe rechten Katzenjammer, aber das wird hoffentlich vorübergehn. Am Sonntag gehe ich aus, zu Madame Jordan, und abends esse ich bei den Sinettys. Ich würde gern Tante Rose besuchen, aber weiß nicht ihre Adresse. Könntest Du sie mir schicken?

Du hast wirklich Glück, daß Du im Süden bist, aber ich konnte unmöglich hinkommen. Wieviel Verspätung hattest Du?

Das Wetter hier ist trüb und abscheulich, dazu eine Hundekälte..., ich habe Frostbeulen an den Füßen und auch geistig, denn durch die Aussicht auf die Mathematikarbeit bin ich erstarrt, das heißt, sie geht mir bis zum Halse. Es macht viel Spaß, sich in Diskussionen über hyperbolische Paraboloide zu verhaspeln, sich in unendlichen Größen zu bewegen und sich stundenlang über die imaginären Zahlen den Kopf zu zerbrechen (sie heißen imaginär, weil sie nicht existieren, die wirklichen Zahlen sind nur Sonderfälle) und Differentiale zweiter Ordnung zu integrieren und zu... und zu... Hol's der Teufel!

Dieser energische Ausruf entrümpelt mich ein bißchen und macht meinen Kopf klarer. Ich habe mit QQ, das heißt mit Pagès, gesprochen. Ich hab ihm den Kuchen gegeben: Du schuldest ihm 405 Francs, aber er wird den Rest auf die Rechnung für das nächste Trimester setzen. Er sagt mir, für mich bestünde einige Hoffnung, was mich über die Mathematik tröstet.

Mach Dir keine Sorgen, wenn ich etwas melancholisch bin,

das geht vorüber! Zum Glück bist Du in einer hübschen Gegend! Mit der artigen Diche[31], dem Trost Deiner alten Tage.

Die Büchlein »Genre Madame Jordan«[32] haben hier Eingang gefunden und werden mit Staunen gelesen. Ich denke, sie werden eine sehr gute Wirkung tun. Ich werde sie morgen noch um weitere bitten. Es gibt hier noch was sehr Gutes zur Verbesserung der Moral, ein Theaterstück (ich glaube von Brieux) »Die Gescheiterten«.

Ich verlasse Dich, geliebte Mama, da ich nichts mehr zu erzählen weiß, ich umarme Dich von ganzem Herzen und bitte Dich inständig, mir täglich zu schreiben, wie früher!

Dein getreuer Sohn, der Dich lieb hat,

Antoine

Paris, Gymnasium Saint-Louis, 1918

Geliebte Mama

Ich weihe mein Briefpapier für Dich ein...

Wenn Du kommst, bring mir doch im Handgepäck, damit ich ihn früher habe, meinen Atlas mit, den ich notwendig brauche; ich werde Dir dafür von Herzen dankbar sein.

Tausend Dank für alles, was Du für mich tust; bitte, glaube nicht, ich wäre undankbar, weil ich manchmal schlechter Laune bin, Du weißt, wie lieb ich Dich habe, geliebte Mama.

Ich büffle Mathematik... immer noch. Ich werde auch etwas Deutsch treiben.

Auf morgen!

Ich umarme Dich,

Dein getreuer Sohn

Antoine

Paris, Gymnasium Saint-Louis, 1918

Geliebte Mama

Es ist passiert, ich habe gefrühstückt bei der Duchesse de Vendôme... der Schwester des Königs von Belgien! Die

Sache machte mir riesigen Spaß: sie sind reizend. Monseigneur sieht ungemein intelligent aus und ist sehr komisch. Ich habe nicht einen einzigen Faux-Pas gemacht und bin keinmal steckengeblieben. Tante Anaïs [33] war sehr zufrieden: könntest Du mir den Brief schicken, falls sie Dir etwas darüber schreibt?

Am meisten freut mich dabei, daß sie (die Duchesse de Vendôme) mir gesagt hat, sie würde mich eines Sonntags auffordern, sie in die Comédie Française zu begleiten: welch eine Ehre!

Abends hat mich Tante Anaïs P + Q Besuche machen lassen (soviel es Glieder in der »harmonischen Reihe« gibt, und das ist viel...)!

Ich assistierte bei einem ausgezeichneten Frühstück, einem ebenso ausgezeichneten Tee und... das ist beachtlich.

Um den Tag zu beschließen, machte ich bei S's einen Besuch. Ich bekam nur Monsieur und Madame zu sehen, die anderen waren nicht zu Hause.

Sie haben mich Sonntag in acht Tagen zum Mittagessen eingeladen. Ich werde mittags bei ihnen frühstücken und abends den Expreß besteigen, der mich nach La Môle bringt... [34].

Nur schicke mir schnell eine telegrafische Postanweisung, damit ich mein Billet und meinen Platz besorgen kann; ich habe dafür so wenig Zeit.

In Ambérieu wird es regnen; in La Môle ist die Sonne und Didi [35]!

Und dann: dreizehn Tage, das lohnt sich.

Ich weiß nicht, ob ich Dir schon erzählte, daß ich letzten Sonntag Onkel Dubern [36] besucht habe. Am Nachmittag gingen die Jordans mit mir ins Theater; wir sahen Petite Reine (Kleine Königin), ein Stück, zu dem ganz Paris hinläuft. Es ist phantastisch.

Ich verlasse Dich und umarme Dich von ganzem Herzen, so wie ich Dich lieb habe, geliebte Mama.

Dein getreuer Sohn

Antoine

Paris, Gymnasium Saint-Louis, 1918

Meine liebe Mama

Ich habe nur eben Zeit, Dir ein Wort zu sagen. Schreib mir täglich, das würde mich so freuen! Laß mir durch Monot[37] mein Album mit allen Fotografien schicken. Es liegt in Monots Zimmer, wo ich es vergessen habe. (Mein Album, nicht meinen Ordner.)
Wir haben uns doch entschlossen, während der Pausen zu spielen, und haben eben die taupins (Polytechniker)[38] haushoch im Barlauf geschlagen: 9 zu 0. Ausnahmsweise ließen wir uns herab, uns mit ihnen zu messen, um ihnen unseren Wert zu beweisen. Hingegen hat keiner von uns – weder wir noch die taupins – einen piston (Centrale)[39] in eins der Lager aufgenommen (ein paar Burschen wurden gebraucht, um in einem der Lager Löcher zuzuschütten), ja, dieser Gedanke wurde mit Abscheu zurückgewiesen, denn die pistons werden (selbstverständlich) von den flottards[40] und den taupins gehaßt; genauso wie diese bei den pistons und den flottards und die flottards bei den taupins und den pistons verhaßt sind usw. ...
Sich mit den taupins zu schlagen, das ging ja noch an, nicht aber einen Feind im eigenen Lager zu haben.
Die farblosesten sind die Cyrards[41], von denen man nie etwas hört. Wir haben am meisten Korpsgeist, dann die taupins und die pistons, jeder auf seine Weise.
Ich habe hier einen Knaben von Saint-Jean namens Berg wiedergesehen, der mich heute im Sprechzimmer aufsuchte; sonderbare Begegnung. Mir geht es sehr gut. Sonntag habe ich kommuniziert.
Monsieur Pagès hat uns einen kleinen speech gehalten und uns gesagt:
»Wer sich zu schwach im Magen fühlt, um die kleine mathematische Schnitte zu verdauen, die Monsieur Corot und ich euch servieren werden, soll lieber jetzt abgehen. Wenn ihr Mathematik gern habt, kommt ihr bestimmt durch, das schwöre ich euch!«

Wir arbeiten sehr eifrig: ich komme immer mit und bin sehr stolz darüber. Es wird schon klappen, mach Dir keine Sorgen.

Ich umarme Dich zärtlich,

Dein Sohn, der Dich liebt,

Antoine

Die pistons sind unsere Todfeinde. Im übrigen verachten wir sie, denn die Ingenieurlaufbahn ist etwas Verächtliches und »Unseemännisches« (für Monot).
P.S. Laß Trüffeln in Schokolade für mich machen, schicke mir etwas Derartiges; das wird der Landschaft meines Magens guttun.
(Ich mag die Fleischpasteten von Mutter Bossue nicht, unnötig, daß sich diese erlauchte Person damit abgibt: ich liebe das echte Backwerk, die Makronen, die Trüffel in Schokolade [nicht als Pralinen!!!] und die Bonbons.)
So weißt Du gut Bescheid.
Antoine denkt und die Familie lenkt.
(Bitte lenke schnell und versorge mich mit Bonbons.)

Paris, Gymnasium Saint-Louis, 1918

Mama, die ich lieb habe

Ich bin noch immer in Klausur. Ich büffele immer noch wie ein Neger. Heute früh Aufsatz. Schreib mir täglich, das macht mir solche Freude und verbindet einen so sehr.
Ich habe den Kaplan gesehen. Er kannte Papa in Sainte-Croix, wo er mit ihm in einer Klasse war. Es ist sehr schönes Wetter, außerdem wird bei uns jetzt geheizt. Ich habe jetzt alles, außer Briefmarken. Schick mir doch bitte zwei Heftchen.
Ich verlasse Dich, Mama, und habe Dich lieb. Und umarme Dich sehr.

Dein getreuer Sohn

Antoine

Paris, Gymnasium Saint-Louis, 1918

Geliebte Mama

Eben kam es in unserer Klasse zu einer Regierungskrise: Das Ministerium hat demissioniert. Die Regierung setzt sich zusammen aus:

A) dem Zet (Präsidenten), genannt Z
B) dem V.Z. (Vizepräsidenten)
C) dem P.F.S. (Präfekten für gute Sitten)
D) dem K.S. oder Kassierer

Nachdem nun aber der Präsident (des Ministeriums, des sogenannten Büros) über ein Vertrauensvotum abstimmen ließ, mit dem er sein durch eine innere Krise erschüttertes Ansehen zu stützen hoffte, kam es dazu, daß dieses Vertrauensvotum im Gegenteil zu einem Mißtrauensvotum wurde, worauf das Ministerium demissionierte. In einer feierlichen Sitzung, die in einer leeren Klasse stattfand und anderthalb Stunden dauerte, unter langen und höchst ernsthaften Debatten, wurde schließlich das folgende Ministerium gebildet:

Präsident oder Z	Dupuy
V.Z.	Sourdelles
P.F.S.	de Saint-Exupéry

Was den K.S. angeht, so konnte man keinen finden, denn er demissionierte sofort wieder, infolge recht komplizierter Intrigen und Gegenintrigen (es ist genau wie in der Kammer); nachdem wir einen Tag in den Wandelgängen, wo es äußerst belebt zuging, mit Verhandlungen verbracht hatten, bildeten wir schließlich die Regierung unter Ausschluß des Postens eines K.S. als Regierungsmitglied; statt dessen machten wir aus ihm ein ständiges Amt, das von den Ministerien unabhängig ist. Wir erreichten, daß unser Projekt gebilligt wurde, und nach einigen Obstruktionsversuchen: mißglückten Mißtrauensvoten, hat unsere Regierung schließlich eine solide Grundlage. Vorher war ich Polizeigeneral, aber der gehört nicht zur Regierung, sondern ist ein Beamter wie mehrere andere. (Der U. v. D., der Bizut-Torche [42], der KM, das heißt der »Kapellmeister«, der mit der Organisation der Radauszenen betraut ist usw. ...) Und die Beamten werden von uns ernannt und sind absetzbar. Aber jetzt gehöre ich zum »Büro«, und wir werden nun in der »Hypoflotte« eine eiserne Disziplin aufrechterhalten, denn die Klasse schuldet der Regierung unbedingten Gehorsam. Am meisten lockt mich dabei, daß ich versuchen werde, einige Stücke des Klassenarchivs zu entwenden, um sie Dir zu zeigen: das lohnt sich, sie sind nämlich unerreichbar für die gewöhnlichen Sterblichen.

Sonst nichts Neues. Ich treffe Dich in Ambérieu, aber dann fahren wir doch sofort an die Riviera, nicht wahr? Ich habe eine Prüfung in Physik hinter mir und bekam dabei eine 14, das ist nicht so übel.

Ich verlasse Dich, denn ich habe keine Minute Zeit mehr, und umarme Dich von ganzem Herzen.

Dein getreuer Sohn

Antoine

Paris, 1918

Meine liebe Mama

Dank für Deinen Brief.

Ich habe eben einen reizenden Tag verbracht: ich frühstückte bei Onkel Maurice [43], nachher holte ich Tante Anaïs ab, die eben angekommen ist und sich mit mir verabredet hatte, und wir waren dann zusammen im Bois de Boulogne. Jetzt bin ich wieder in Saint-Louis, etwas müde, denn ich habe so gut wie gar nicht die Métro benutzt, da ich lieber zu Fuß ging. (Ich bin bestimmt 15 km gelaufen.)

Marie-Thérèse [44] heiratet am Donnerstag: hoffentlich kann ich mich dafür frei machen. Odette de Sinetty schrieb mir zwei sehr nette Briefe. Ich weiß nicht, wann sie zurückkommen, aber ich würde Odette gern wiedersehn.

Wie geht's Dir? Rackere Dich nicht zu sehr ab, geliebte Mama; weißt Du, wenn ich im August bestanden habe, bin ich ja im Februar Offizier und werde entweder der Station in Cherbourg, in Dünkirchen oder in Toulon zugeteilt; dann werde ich ein Häuschen mieten, und darin können wir beide wohnen: ich bin drei Tage auf dem Lande und vier Tage auf dem Meer, und während der drei Landtage sind wir dann zusammen: es wird das erste Mal sein, daß ich allein im Leben stehe, und da brauche ich schon meine Mama, damit sie mich etwas behütet, am Anfang! Wir werden sehr glücklich sein, das wirst Du sehn! Vier oder fünf Monate wird das dauern, bevor ich richtig Abschied nehme, und dann wirst Du zufrieden sein, daß Du Deinen Sohn eine Weile bei Dir hattest. Es ist dichter Nebel, schlimmer als in Lyon, ich hätte das nie erwartet.

Könntest Du mir folgende Sachen schicken (man braucht keine Kaufgenehmigung wie in Freiburg).

1. Einen steifen Hut (oder schicke lieber was an Madame Jordan, damit sie mir einen kauft).

Außerdem noch 1. Zahnpasta »Boto«; 2. Schuhsenkel (kaufe sie in Lyon und nicht in Ambérieu, wo sie kaputtgehn); 3. Briefmarken, freilich habe ich noch 12 (das ist nicht so eilig); 4. eine Matrosenmütze.

Aber da ich nächsten Donnerstag zum ersten und einzigen Male Ausgang habe, ist das der Tag, an dem ich von Melone und Mütze profitieren kann (ich brauche einen Hut, um Sonntag mit Yvonne[45] auszugehn). Schreibe also doch heute, Montag, ein Wort an Madame Jordan mit dem Geld, so daß es vor Donnerstag eintrifft und sie mir an diesem Tag die dringend benötigte Melone und die Mütze kaufen kann, die ich ebenfalls dringend für die militärische Vorbereitung brauche.

Ich habe wenig anderes zu erzählen. Morgen bekommen wir den ersten französischen Aufsatz zurück. Ich schreibe Dir dann meine Note.

Auf Wiedersehn, geliebte Mama, ich umarme Dich von ganzem Herzen, schreibe mir.

Dein Sohn, der Dich lieb hat,

Antoine

Paris, 1918

Meine liebe Mama

Du hattest mir versprochen, täglich zu schreiben! Und seit langem habe ich nichts mehr gehört...

Heute ist Donnerstag, in drei Tagen, am Sonntag, frühstücke ich bei Madame de Menthon, die mich eingeladen hat; ich hatte sie besucht und meine Karte hinterlassen, da ich niemanden antraf, welch ein Glück.

Das Wetter ist traurig und mißglückt. Die Abende sind jetzt düster, ganz Paris ist blau angemalt... Die Trams fahren mit blauem Licht, im Gymnasium Saint-Louis ist die Beleuchtung auf den Fluren blau, das ist ein seltsamer Anblick... und ich glaube nicht, daß es die Deutschen sehr stören wird. Oder doch! Wenn man jetzt Paris von einem hochgelegenen Fenster betrachtet, sieht es aus wie ein großer Tintenfleck: nicht ein Widerschein, nicht ein Lichthof; erstaunlich, welch ein Grad an Verdunklung dadurch erreicht ist! Jeder wird bestraft, wenn ein beleuchtetes Fenster auf der Straße zu sehen ist! Man braucht riesige Vorhänge!

Ich habe gerade etwas in der Bibel gelesen: wie wunderbar ist das, welche Schlichtheit, welch ein machtvoller Stil, und zuweilen auch welch eine Poesie! Die Gebote, die gut 25 Seiten einnehmen, sind Meisterwerke der Gesetzgebung und des gesunden Menschenverstands. Überall leuchtet das Sittengesetz hervor in seiner Zweckmäßigkeit und Schönheit: es ist großartig.

Hast Du die »Sprüche Salomos« gelesen? Und das »Hohe Lied«, wie schön ist das! Alles findet sich in diesem Buch, sogar ein Pessimismus, der weit tiefer und wahrer ist als bei Autoren, die diese Manier angenommen haben, weil sie das für schick halten. Hast Du den Ekklesiastes gelesen?

Ich verlasse Dich jetzt. Physisch, moralisch und mathematisch gesprochen, geht es mir gut.

Ich umarme Dich sehr herzlich,
Dein Sohn, der Dich lieb hat,

Antoine

Bourg-la-Reine, Gymnasium Lakanal, 1918[46]

Meine liebe Mama

Es geht mir gut, ich habe gestern einen Brief von Dir erhalten.

Es geht uns hier nicht so schlecht, obwohl uns das Gymnasium Saint-Louis zu unserer Begleitung seine unleidlichsten Aufpasser beigegeben hat.

Auch einen Park gibt es, aber es ist verboten, ihn zu betreten. Glücklicherweise sind die Höfe riesig, mit Bäumen bepflanzt usw.

Monsieur Corot[47] ist wirklich ganz phantastisch. Ich habe Hoffnung. Glaubst Du, daß ich bestehen werde?

Madame Jordan hat mich Samstag abend eingeladen, und ich kann auch bei ihr schlafen. Das ist für mich sehr angenehm. (Meine Schrift ist scheußlich: ich bin sehr in Eile.)

Ich bin nicht allzu melancholisch, freilich mehr als in Paris, wegen der Isolierung, der wir in diesem riesigen Gebäude ausgesetzt sind.

Es besteht, glaube ich, die Möglichkeit, ein Zimmer zu bekommen. Schreib doch auf alle Fälle in Deinem nächsten Brief: »Bitte, man möchte Dir ein Zimmer geben; ich bin damit einverstanden!« Ich werde dann gegebenenfalls Deinen Brief verwenden, denn es ist besser, man hat einen Brief in Reserve, damit ich an dem Tage, an dem sie uns eins anbieten, bestimmt eins bekomme, obwohl die Zahl beschränkt ist, weil ich mich mit als erster gemeldet habe. Dieser Tag steht übrigens nahe bevor.

Es ist trübes Wetter und keineswegs warm. Im übrigen habe ich, glaube ich, an Kleidern und Wäsche alles, was ich brauche. Ich muß bloß eine neue Krawatte haben, und die werde ich mir Sonntag kaufen.

Wie geht's Dir? Hoffentlich ist es in Deinem Lazarett nicht zu anstrengend. Hast Du Bilder? Schicke sie mir doch, und, wenn's geht, auch das Porto. Ich war bei Schaefer[48], der mir einen zu dunklen, aber nicht üblen Abzug zeigte (sie werden noch hellere machen), Samstag gehe ich wieder hin.

Tante Rose[49] ist weiterhin reizend, und das Reizendste an ihr, wenn man einmal von den geistigen Qualitäten absieht, sind ihre Tees, am Sonntag trinke ich bei ihr Tee, und ich schwöre Dir, daß ich dann Butter im Bauch habe, die für die ganze Woche reicht... sie ist köstlich, frisch und schmilzt auf der Zunge.

N.B. Paris ist im Grunde eine weniger verderbliche Stadt als die Kaffs in der Provinz; ich stelle nämlich fest, daß einige meiner Kameraden, die in ihrer Provinzstadt ein tolles Lotterleben führten, sich hier vorsichtig verhalten, wegen der Gefahren, die der Gesundheit drohen, wenn man in Paris verlottert. Mir selber geht es, in moralischer Hinsicht, sehr gut, und ich glaube, ich werde immer Dein gleicher Tonio bleiben, der Dich so lieb hat.

Antoine

Über das leibliche Wohl Deines Sohnes ist zu berichten, daß er gut ißt, gut schläft und gut arbeitet.

Paris, 1918

Meine liebe Mama

Ich hoffe, es geht Dir gut, ich hätte so gern einen Brief von Dir. Wenn Du wüßtest, wie Du mir fehlst: kommst du mich besuchen?

Ich glaube, daß ich morgen, Sonntag, kein Ausgehverbot mehr habe. (Nur vier unter zwanzig dürfen von uns in die Stadt.) Diese Woche wurden 208 Arreststunden verteilt!

Heute abend ist schönes Wetter, und so kann man mit Sicherheit deutsche Flieger und Nachtalarm voraussehen. Ich möchte, Du wärest hier, um einmal das Sperrfeuer zu hören. Man hat den Eindruck, mitten in einem Orkan zu sein, in einem Meeressturm, es ist prächtig. Nur darf man nicht aus dem Haus gehn, denn überall fallen Splitter, die einen zerfetzen würden. Wir haben im Park welche gefunden.

Für Monot folgendes:

Schick sie Freitag abend. Dann kommt sie Samstag früh an, und Samstag abend habe ich Ausgang. Ich werde sie bei Madame Jordan abholen. Wir essen dann zusammen zu Abend, gehen danach ins Theater, und am nächsten Morgen, Sonntag, fahren wir zusammen nach Le Mans.
Wegen ihrer Übernachtung Samstag abend kann ich mit Tante Rose sprechen; es findet sich gewiß eine Möglichkeit. Antworte nur bitte so schnell wie möglich, damit ich Theaterbillets nehmen kann, für nicht zu teure Plätze. Könntest Du mir infolgedessen den folgenden Brief schreiben (Tante Rose bittet mich inständig, nach Le Mans zu kommen): »Frage Herrn Corot, ob er Dir nicht erlauben könnte, nach Le Mans zur Hochzeit Deiner Kusine zu fahren; es wäre mir lieb, wenn Du Deine Schwester begleiten könntest.«
Man scheint zu befürchten, daß die Deutschen dieser Tage Paris einnehmen könnten; es ist davon in allen Zeitungen die Rede. Wenn sie jemals kommen sollten, würde ich mich zu Fuß davonmachen (ein Versuch, mit dem Zug zu fahren, wäre sinnlos), aber es ist recht unwahrscheinlich.
Unser Leben in Lakanal ist nicht allzu langweilig. Wir haben jetzt...

Der Schluß des Briefes ist verlorengegangen.

Straßburg, 1921[50]

Meine liebe Mama

Ich habe gestern Deinen postlagernden Brief erhalten. Schreib mir in die Kaserne, bis ich sicher bin, daß ich täglich ausgehen kann, und dann schreib mir bitte an meine Stadtadresse.
Straßburg ist eine köstliche Stadt. Mit allen Merkmalen der Großstadt; es ist weit mehr Großstadt als Lyon. Ich fand ein großartiges Zimmer. Badezimmer und Telefon der Wohnung stehen zu meiner Verfügung. Sie gehört einem Ehepaar, das in der elegantesten Straße Straßburgs haust: braven Leuten, die nicht ein einziges Wort Französisch können. Das

Zimmer ist luxuriös, mit Zentralheizung, warmem Wasser, zwei elektrischen Lampen, zwei Schränken und Lift im Hause, alles für 120 Francs monatlich.
Ich besuchte Major Féligonde, der reizend war. Er wird sich um meine Pilotenbewerbung kümmern. Es ist schwierig wegen zahlloser einschränkender Verfügungen. Jedenfalls nichts vor zwei Monaten. Ich schreibe Dir aus der Kaserne (in der Kantine). Seit heute morgen irren wir von Magazin zu Magazin, um Kochgeschirre und Stiefel zu fassen, wobei uns ein gutmütiger und pausbäckiger Soldat betreut.
Auf dem Flugplatz ist viel los. Jagdflugzeuge vom Typ Spad und Nieuport überbieten sich in akrobatischen Kunststücken. Ich sah Kieffer, den ich, sobald die ersten acht oder vierzehn Tage vorüber sind, um Auskunft hinsichtlich der Architekturschüler bitten werde.
Der Flugplatz ist ein gutes Stück Wegs von Straßburg entfernt. Wenn ich noch Zeit zum Arbeiten behalten will, werde ich eigentlich ohne ein Motorrad nicht auskommen können. Du hörst darüber noch von mir. Sobald ich es habe, werde ich mir das Elsaß näher ansehen.
Fuhr in der Eisenbahn an Mülhausen, Altkirch, Kolmar vorbei, sah den Hartmannsweilerkopf von weitem. Auf seinem Gipfel sind die Gräber von 64 000 Gefallenen.
Unterhaltung in Straßburg: die Aufführungen der Oper sind offenbar ausgezeichnet, wie mir Major Féligonde sagte.
Mein Eindruck vom militärischen Beruf besteht darin, daß es strenggenommen gar nichts zu tun gibt – wenigstens in der Fliegerei. Man lernt grüßen, spielt Fußball und langweilt sich dann stundenlang mit den Händen in der Hosentasche und der erloschenen Zigarette im Mund.
Nicht unsympathische Kameraden. Außerdem habe ich meine Taschen mit Büchern vollgestopft, so daß es nicht an Zerstreuung fehlt, wenn ich mich zu sehr langweile. Könnte ich nur schnell Pilot werden, dann wäre ich restlos glücklich.
Ich weiß nicht, wann man uns einkleiden wird. Es sind noch keine Uniformen für uns da. Wir irren in Zivil herum und sehen idiotisch aus. In den nächsten zwei Stunden gibt es

nichts zu tun. Nach zwei Stunden ebenfalls nicht, falls wir nicht die Dinge auf dem Platz A zum Platz B und die Dinge auf dem Platz B zum Platz A bringen müssen, um sodann wieder den umgekehrten Austausch vorzunehmen; so hat man dann die Möglichkeit, wieder in der Ausgangsposition anzufangen.

Auf Wiedersehn, geliebte Mama. Ich bin im Grunde ziemlich zufrieden. Ich umarme Dich, so wie ich Dich lieb habe.

Dein getreuer Sohn
Antoine

Straßburg, Samstag 1921

Meine liebe Mama

Nichts Neues. Offenbar gibt es abwechslungsreichere Tätigkeiten als das Kasernenleben. Nach und nach wird man melancholisch. Etwa in einem Monat werde ich wissen, ob ich fliegen darf oder nicht. Ich habe meinen Antrag gestellt usw. ...

Ich brauchte lange, um mich von dieser gemeinen Spritze zu erholen, die mich krank gemacht hat wie ein Stück Vieh.

Im Augenblick bin ich in meinem Zimmer, wo ich gerade gebadet habe. Das ist die einzige Ruhepause, und die ist so kurz, da einem die Fahrerei die ganze Zeit auffrißt.

Schreib mir oft. Wenn Du wüßtest, was Briefe für eine Erholung sind! Wenn ich doch täglich einen Brief aus Saint-Maurice[51] haben könnte! Löst Euch ab!

Ich konnte nicht nach Paris fahren. Ich sollte dort Bücher besorgen, aber man beschafft sie auf andere Weise. Schade drum.

Deine Postanweisung ist noch nicht eingetroffen. Ist sie fehlgelaufen oder noch nicht abgegangen? Du hast sie mir letzten Mittwoch, vor vier Tagen, angekündigt. Ich habe keinen Sou mehr.

Ich bin sehr unglücklich, denn ich sitze ohne Streichhölzer vor meinem Spirituskocher und kann mir keinen Tee kochen.

Man sucht Freiwillige für Marokko. Nach einem Monat oder nach drei Wochen werden die Bewerbungen angenommen. Wenn ich nicht fliegen sollte, bewerbe ich mich. Wenigstens bin ich dann mit Sabran[52] zusammen.

Obwohl ich nur wenig Zeit habe, bereite ich mich für den nächsten Kursus vor, der am 26. beginnt. Noch zehn Minuten, dann muß ich aufbrechen. Man darf nicht zu spät kommen. Sonst gibt es Arrest.

Pfingsten hoffe ich einen Urlaub von 48 Stunden für Paris zu bekommen. Ich sage Paris, da ich nach Saint-Maurice schon für die Hin- und Rückfahrt mindestens dreißig Stunden brauche. Ich glaube, ich werde nach Paris fliegen können. Zweieinhalb Stunden. Wirst Du Dich dann gerade Biche[53] widmen? Fahrt Ihr vielleicht nach Paris?

Ich muß Dich verlassen und umarme Dich, so wie ich Dich lieb habe.

Dein getreuer Sohn

Antoine

Schickt mir Didi ein Paket? (Auch mit einem Kuchen drin..?) Vergiß nicht das Geld noch heute früh! (Nach der Kaserne; Postanweisung.)

Straßburg, 1921

Meine liebe Didi

Ich danke Dir sehr für Deinen Brief, der mich sehr erfreute; vor allem war es mir lieb zu hören, daß es Deinem Hund gut geht, von dem ich heute nacht geträumt habe.

Von jetzt ab schreib mir per Adresse M. Mayer, 12, Rue du 22 Novembre, Strasbourg (Bas-Rhin). Es ist halb sieben Uhr früh. Hast Du's schon oft erlebt, daß ich zu einer so frühen Stunde Briefe schrieb? Man steht um sechs Uhr auf, dann hat man frei bis um sieben, exerziert bis elf, ißt zu Mittag, dann Freizeit bis halb zwei. Exerzieren bis um fünf, Freizeit bis neun.

Das Exerzieren ist anstrengend: Laufschritt, Wendungen

usw. in glühender Sonne. Manchmal hat man seinen Spaß: »Wer die Übung schon kann, vortreten! Na, wird's bald... hopp hopp! He, da hinten, zwei Tage Arrest!«
Fünf Minuten später: »Wer singen kann, vortreten..! Schön, könnt ihr die Madelon singen? Singt sie euren Kameraden vor... Lauter! Himmelkreuz... Zwei Tage Arrest für Sie, können Sie nicht lauter singen?«
»Na schön, jetzt kann's losgehn. Beim Kommando ›vier‹ singen alle mit. Himmelkreuzdonnerwetter! Sind Sie wohl still da hinten?«
»Rechts um, links um! Vorwärts marsch! Eins zwei, eins zwei! Alle singen! Eins zwei drei vier..!« Und so beginnt die Madelon, offenbar in zweihundert verschiedenen Tonlagen, da der Ton nicht angegeben wurde...
Wir müssen auch stundenlang auf allen vieren kriechen und ähnliche Scherze...
Kurzum, nichts ist blöder als der Schulbetrieb, im Gegenteil. Verd.! Die Sirene..! Auf Wiedersehn! Wir müssen antreten...

Ich umarme Dich

Antoine

Bitte wenden!

Allgemeine Panik! Um eins tutete die Sirene; zweitausend Soldaten kamen herbeigelaufen, als sie's hörten: im Schuppen des Hufschmieds brannte ein Strohwisch. Zweitausend Soldaten spuckten darauf, und so wurde das Feuer gelöscht, und zweitausend Soldaten weniger zwei – darunter ich – gingen wieder fort.
Ich kann mich kaum auf den Beinen halten vor Müdigkeit: nicht wegen des Feuerlöschens, aber wegen des verfluchten Exerzierens! Nicht allzuviel Ärger. Als Zerstreuung Flugzeuge, die mit einem metallischen Laut auf dem Boden zerschellen und brüllende Feldwebel.
Hör zu: unser Hauptmann ist ein Hauptmann de Billy (ich weiß nicht, ob er sich so schreibt). Wenn Du eine Familie seines Namens in Lyon kennst, so erkundige Dich doch, ob

sie einen Verwandten haben, der im zweiten Fliegerregiment in Straßburg Offizier ist, und verschaffe mir eine Empfehlung!
Schreib mir dann, wie es damit steht.
Mein Stadtzimmer ist sehr anständig. Ich bade jeden Abend, wenn ich von der Kaserne heimkomme, und koche mir dann eine Tasse Tee vor dem Schlafengehen.
Der Hauptmann ließ mich heute früh rufen wegen meiner Bewerbung als Flugschüler. Ich hoffe, daß es klappen wird. Falls ja, werde ich in vier oder fünf Monaten über Saint-Maurice-de-Rémens trudeln können.
Wenn Du etwas Nettes tun willst, so schicke mir doch von Zeit zu Zeit Pakete und andere Sachen an meine Stadtadresse. Es freut einen immer, wenn man so was empfängt.
Gestern war ein Sturm, wie ich's selten erlebt habe, aber es wurde trotzdem geflogen. Offenbar muß man seine Maschine ganz gewaltig in der Hand haben.
Letzte Meldung.
Stell Dir vor, ich bin Lehrer geworden... In einem Klassenzimmer mit schwarzer Tafel werde ich einem Haufen Schüler über Aerodynamik und den Explosionsmotor Unterricht geben. Danach (in ein oder zwei Monaten) werde ich ganz bestimmt Flugschüler.
Ich umarme Dich, wie ich dich lieb habe.

Dein Dich liebender Bruder

Antoine

Straßburg, 1921

Meine liebe Mama

Stell Dir vor, ich bin jetzt... Lehrer, bevor ich als Flugschüler angenommen werde. Vom 26. Mai ab soll ich über den Explosionsmotor und Aerodynamik einen theoretischen Kursus abhalten. Ich werde ein Klassenzimmer haben, eine schwarze Tafel und eine Masse Schüler. Danach werde ich ganz bestimmt Flugschüler.

Im Augenblick – entgegen trügerischen, von anderer Seite vertretenen Ansichten – finde ich das Regiment ganz reizend.

Vor allem treiben wir jetzt nur Sport. Das Regiment ist eigentlich eine große Fußballschule. Man befaßt sich auch mit Spielchen wie in der Schule (Völkerball, Bockspringen), nur mit dem Unterschied, daß diese Übungen befohlen sind und daß man, wenn man schlecht spielt, auf dem feuchten Stroh in der Arrestzelle übernachtet... Andere Ähnlichkeit mit dem Gymnasium: »Sowieso, Sie schreiben hundertmal ab: Beim Antreten geht man links vom Kompaniechef vorüber!«

Heute abend: Impfung gegen Typhus.

Ich habe sympathische Stubenkameraden. Große Kissenschlachten. Ich genieße ihre Sympathie, was viel bedeutet, und teile mehr Stöße mit den Schlafrollen aus, als ich selber empfange.

Ich komme nochmals auf mein Lehreramt zurück... Immerhin ist es komisch! Siehst Du mich als Lehrer!?

Ich esse mittags und abends in der Kantine mit Kameraden, von denen einer oder zwei reizend sind. Abends habe ich Ausgang um sechs Uhr, bade bei mir zu Hause und koche mir Tee.

Ich muß eine ganze Reihe ziemlich teurer Bücher für meinen Kursus kaufen. Könntest Du mir Geld schicken, sobald Du diesen Brief erhalten hast?

Und könntest Du mir fünfhundert Francs monatlich schikken? Soviel gebe ich etwa aus.

Unser Hauptmann ist ein Hauptmann de Billy. Kennst Du ihn? Wenn ja, beschaffe mir eine Empfehlung.

Bist Du in Paris? Du solltest wirklich über Straßburg heimfahren, die köstliche Stadt. Sonst mußt Du später kommen, und dann werde ich viel Urlaub haben, ich, als Lehrer...

So. Ich verlasse Dich.

Ich umarme Dich, so wie ich Dich lieb habe.

Dein getreuer Sohn

Antoine

Schick bitte stets das Geld in die Kaserne. (Die Briefe in die Stadt oder in die Kaserne.)

Straßburg, 1921

Meine kleine Mama

Aber ich hab Dir doch einen Brief von beinah zehn Seiten geschrieben!
Hast Du ihn denn nicht erhalten? Ich schrieb ihn während einer Nachtwache – neben einem kleinen Bach – im Mondschein.
(Ich riskierte, vors Kriegsgericht zu kommen, als ich ihn schrieb... des Nachts sitzend, während ich Wache hatte.)
Und auch ich habe keine Ahnung. Ich wußte nicht einmal, daß Monot in Paris war. Ebenso ist es mir unbekannt, was sie dort treibt – völlig unbekannt. Ich fühle mich hier so einsam. Und dann vor allem, daß Didi krank ist. Ich würde so gern etwas darüber hören. Wirklich: all das ist traurig.
Trotzdem, Mama, was macht denn Monot in Paris, wo wohnt sie usw.... Ich habe keine Ahnung.
Mama, ich lese nochmals Deinen Brief. Du kommst mir so traurig und müde vor – und dann machst Du mir mein Schweigen zum Vorwurf – Mama: aber ich habe doch geschrieben! Du kommst mir traurig vor, und da werde ich melancholisch.
Mir geht es gut. Nichts Besonderes. Da das Regiment oder vielmehr die Kompanie dummerweise beinah gemeutert hat, ist unter anderem jeder Urlaub gesperrt. Sobald ich kann, komme ich zu Dir, aber wann?
Ich bin traurig wegen Deines Briefes; er ist um mich wie ein Nebel. Davon abgesehen geht alles soweit gut. Ich habe gerade einen Tourenzähler erfunden; ein Unteroffizier, der viel von Uhrmacherei versteht, wird ihn mir bauen. Dann wird sich zeigen, was das in der Praxis ergibt.
Ich schließe eben die letzten Berechnungen ab.
Mama, auf Wiedersehn. Ich umarme Dich, so wie ich Dich

lieb habe, meine kleine Mama. Schreib mir einen Brief, der nicht so traurig ist.
Ich umarme Dich, wie ich Dich lieb habe.

Dein getreuer Sohn

Antoine

Könntest Du mir heute meine Rente schicken? Ich hatte in meinem letzten Brief darum gebeten und sitze seit einer Woche ganz ohne Geld. Ich hatte Dich ebenfalls darum gebeten, mir aus Lyon die folgenden Bücher zu schicken:

1. ein ausführliches Lehrbuch über Aerodynamik (in einem oder mehreren Bänden), das für Ingenieure geeignet ist.
2. ein ausführliches Lehrbuch über den Explosionsmotor.

So schnell es geht, es bringt mich in Verlegenheit, daß ich sie nicht schon habe.
Das ist Dir doch nicht lästig, nicht wahr, geliebte Mama?

Antoine

(Auf der Rue de la Charité zum Beispiel gibt es eine gute Buchhandlung. Aber ich brauche ein wissenschaftliches Buch.)

Straßburg, 1921

Meine liebe Mama

Ich habe gerade Hauptmann de Billy gesprochen, der reizend war und mich bittet, Dir zu antworten, da er durch die Vorbereitungen, die man für den Alarmfall trifft, überlastet ist. Meine Idee, ein ziviles Patent zu erwerben, findet er gut, möchte aber zuvor:

1. daß ich morgen die ärztliche Untersuchung und Gegenuntersuchung bestehe;
2. darüber mit dem Major reden, wegen der Auskünfte über die zivile Fluggesellschaft usw. ...

Ich bin voller Hoffnung, daß alles klappen wird, und dann werde ich Dir Nachricht geben.
Ich steige eben aus einem Spad-Herbemont und bin völlig

durcheinander. Meine Vorstellungen über Raum, Entfernungen, Richtung sind dort oben ganz zusammenhanglos geworden. Wenn ich den Boden suchte, blickte ich bald nach oben, bald nach unten, nach rechts oder links. Ich glaubte mich in großer Höhe und wurde auf einmal durch ein senkrechtes Trudeln auf den Boden hinuntergedrückt. Ich glaubte, wir flögen sehr niedrig, und wurde durch die 500 PS des Motors in zwei Minuten auf 1000 Meter hochgesogen. Das tanzte, stampfte, rollte... Oh la la!

Morgen steige ich mit dem gleichen Piloten bis auf 5000 Meter weit über das Wolkenmeer. Mit einer Maschine, die ein anderer Freund fliegt, werden wir uns auf einen Luftkampf einlassen. Dann werden mir das Trudeln, die Loopings die Mahlzeiten eines ganzen Jahres aus dem Bauch pressen.

Ich bin noch nicht MG-Schütze und fliege nur auf Grund der Kenntnisse, die ich mir darüber erworben habe. Gestern blies ein stürmischer Wind, und ein scharfer Regen stach einem ins Gesicht mit einer Stundengeschwindigkeit von 280 bis 300 Kilometern.

Ganz gleich, ob es mit dem Zivildiplom etwas wird, denke ich am 9. mit der Ausbildung als MG-Schütze anzufangen.

Gestern war große Parade der Jagdflugzeuge.

Die Spads sind winzige Eindecker, schön blank geputzt. Aufgereiht vor den Flugzeughallen, mit hübschen MG's auf dem Buckel – denn seit drei Tagen werden die Maschinengewehre montiert – stehen die Hanriots, dickbäuchige Feuerkugeln, und die Spad-Herbemonts, die zur Zeit König sind: neben ihnen existiert kein anderes Flugzeug; sie blicken böse drein mit ihrem Adlerprofil, das einer gerunzelten Braue gleicht... Du kannst Dir nicht vorstellen, wie böse und grausam ein Spad-Herbemont aussieht. Es ist ein Flugzeug, das Schrekken einflößt. Damit würde ich leidenschaftlich gern fliegen. Es hält sich in der Luft wie ein Haifisch im Wasser, und so sieht es auch aus – wie ein Haifisch! Der gleiche sonderbar glatte Leib. Die gleiche geschmeidige und schnelle Fortbewegung. Das bleibt noch in der Luft, wenn es senkrecht auf den Flügeln steht.

Kurzum, ich lebe in großer Begeisterung, und es wäre für mich eine bittere Enttäuschung, wenn ich morgen bei der ärztlichen Untersuchung durchfallen sollte.

An dieser Stelle folgt eine recht schematische Skizze.

Dieses nüchterne Gemälde stellt den morgigen Luftkampf dar.

Auf Wiedersehn, geliebte Mama, ich umarme Dich von ganzem Herzen.

Dein getreuer Sohn

Antoine

Straßburg, 1921

Meine liebe Mama

Gestern hatte ich Wache im Quartier; so konnte ich nicht auf Dein Telegramm antworten.

Allgemein gilt: ich kann Dir nur schwer ohne ernsthaften Grund (denn in diesem Falle benutze ich die Feldpost) telegrafieren; die Kaserne liegt ja nicht in Straßburg, und wir kommen erst zu spät in die Stadt.

Ich erhielt Deinen Brief und die Postanweisung, die in der Kaserne fehlgeleitet worden war; denn man hatte meinen Namen verstümmelt, als man die Ankunft anzeigte. Ohne Didis Paket hätte ich sie noch nicht erhalten (dadurch war es möglich, meinen Namen zu berichtigen).

Ich habe nachgedacht, mich erkundigt, diskutiert. Wenn ich in meinen zwei Dienstjahren etwas zuwege bringen will, gibt es nur diese Lösung. Alles in allem bleibt mir nur jeden Abend eine halbe Stunde Freizeit. Wie soll ich da, todmüde vom Dienst, noch arbeiten? Oder mir irgendein Eigenleben aufbauen? Ich habe mit der zivilen Fluggesellschaft (Compagnie Transaérienne de l'Est) alles abgemacht, unterschrieben usw. Alles ist in Ordnung. Meine Ausbildung fängt Mittwoch an. Es wird etwa drei Wochen oder einen Monat dauern. Ich werde Dich dann in Paris wiedersehn.

Ich gehe dabei von einer Ausbildung in hundert Flügen aus, was recht viel ist (es kostet zweitausend Francs, ganz gleich, wie oft man fliegt).

Am Mittwoch fange ich an. Ich bin fest entschlossen, denn es lockt mich in keiner Weise, bei einem x-beliebigen Piloten MG-Schütze zu sein, und andererseits möchte ich auch etwas tun.

Könntest Du mir morgen, Sonntag, 1500 Francs schicken (in die Kaserne); davon sind tausend für die Kaution bestimmt, die ich wiederbekomme, sobald ich das Diplom habe, oder die Du auch selber abheben kannst, und fünfhundert für das erste Viertel der Zahlung.

Ich lerne auf einer äußerst langsamen Farman, in die man eine doppelte Steuerung eingebaut hat, damit ich nicht auf den Sop (schnellen Flugzeugen) mit ihrer doppelten Steuerung anzufangen brauche.

Ich schwöre Dir, daß kein Anlaß zu irgendwelcher Besorgnis besteht. In den nächsten drei Wochen bleibe ich beim doppelten Getriebe, und da ich ja andernfalls beinahe täglich auf Militärmaschinen fliegen würde – wie heute zum Beispiel –, ändert sich dadurch nichts.

Du sagst mir in Deinem Brief, ich sollte mich erst nach reiflicher Überlegung entscheiden; ich schwöre Dir, daß das der Fall ist. Ich habe nicht eine Minute Zeit zu verlieren, daher meine Eile.

Ich fange in jedem Fall Mittwoch an, aber ich hätte gern das Geld am Dienstag, um nicht gegenüber der Gesellschaft in die Klemme, ich will sagen: in Verlegenheit zu kommen.

Ich bitte Dich inständig, Mama, sprich mit niemandem darüber und schicke mir das Geld. Wenn Du willst, kann ich's Dir nach und nach von meinem Sold zurückzahlen und dadurch abstottern. Das wird um so eher gehen, als ich, als Militärpilot, hundert Erleichterungen für den Offiziersanwärterkurs erhalte. Also mach das noch heute, ich werde Dir so dankbar sein, hörst Du, Mama?

Abends bin ich manchmal traurig. Du solltest einmal über Straßburg fahren. Ich habe etwas Beklemmungen in dieser

Umgebung. Keine Ausblicke. Ich brauche eine Beschäftigung, die mir gefällt, habe Angst, im Wirtshaus zu enden.
Komm also einmal hierher. Die Reise kostet Dich achtzig Francs, und Du kannst in meinem Zimmer übernachten.
Schreib mir. Briefe bedeuten so viel. Verzeih mir, wenn ich nur ein paar Sekunden Zeit habe, so daß ich unleserlich schreibe!
Ängstige Dich nicht wegen der Grippe; in Straßburg grassiert sie nicht.
Ich umarme Dich, so wie ich Dich lieb habe.

Dein getreuer Sohn
Antoine

Straßburg, 1921

Geliebte Mama

Gestern erhielt ich Dein Telegramm. – Ich schrieb Dir schon, wie alles durch den Hauptmann amtlich in die Wege geleitet wurde.
Habe eben die beiden ärztlichen Untersuchungen hinter mir und wurde für tauglich befunden, als Pilot Dienst zu tun.
Ich warte auf die militärische Genehmigung, die unverzüglich eintreffen wird. Könntest Du MORGEN ABEND statt am Donnerstag fahren, um mir die 1500 Francs zu bringen, von denen Du tausend auf der Bank deponieren müßtest?
Mama, wenn Du wüßtest – je länger es sich hinzieht –, wie unwiderstehlich mein Wunsch ist, ein Flugzeug zu führen. Wenn ich es nicht erreiche, bin ich sehr unglücklich, aber ich werde es erreichen.

Drei Lösungen:

1. Eine Dienstverpflichtung von einem Jahr oder mehr
2. Marokko
3. Das zivile Diplom

Eine der drei werde ich wählen, denn sobald ich jetzt mein Diplom habe, werde ich fliegen.

Nur haben die ersten beiden Möglichkeiten gewisse Nachteile, und so sind wir, mit dem Hauptmann, zu dem Schluß gekommen, daß die dritte das Wahre wäre. Wenn ich das zivile Diplom habe, erhalte ich von Rechts wegen auch das militärische Diplom, ohne eine Dienstverpflichtung eingehen zu müssen.
Dein Telegramm beunruhigt mich – offensichtlich hängt ja von Dir letztlich die Sache ab, wegen der zivilen Kosten –, sofern ich nicht einen Pump aufnehme, was ich nicht tun will. Es scheint mir, als hättest Du vor, Dich dagegen zu stemmen!
Sag doch, daß Du das nicht tun wirst! Alles ist abgemacht, der Major ist schon mit der Sache befaßt. Hätte denn der Hauptmann nach Deinem Brief seine Zustimmung gegeben, wenn es Unsinn wäre? Sag doch, Mama?
Wenn nichts daraus würde, ginge ich die Dienstverpflichtung ein; drei Jahre auf diese Weise wären mir lieber als zwei bei solch einem Leben, durch das man verblödet.
Doch das wäre nicht vernünftig, da ich ja diese baldige Lösung wählen kann.
Mama, ich bitte Dich inständig, mir heute eine Postanweisung zu schicken oder morgen abend statt Freitag zu fahren. Und dann würde es mich so freuen, Dich wiederzusehn, hör doch, Mama. Nur darfst Du nicht kommen, um mich in solchen Kummer zu stürzen. All das ist sehr eilig, weißt Du, und ich habe schon soviel Zeit verloren.
Ich kann Dir vertrauen, trotz dieses Telegramms, nicht wahr? Ich umarme Dich aus ganzem Herzen.

Dein getreuer Sohn

Antoine

Straßburg, 1921

Meine kleine Mama

Es wäre mir lieb, wenn Du Montag kommen könntest, denn ich fürchte sehr, daß ich nach dem Diplom kaum Zeit

haben werde, um so mehr, als ich ja von Straßburg aus nach Marseille fahren muß.
Wir könnten auch, falls uns ein oder zwei Tage übrigbleiben, nach Paris fliegen, um sie dort zu verbringen und Monot wiederzusehn. Vorher könnten wir das Elsaß besuchen, da ich sehr viel Freizeit habe.
Gern würde ich morgen oder übermorgen meinen ersten Alleinflug machen. Hinterher dauert es mit dem Diplom nicht mehr lange.
Ich erhielt Geld und Bücher. Vielen Dank, Mama. Ich bin in Zivil. Hoffentlich erwischt man mich nicht. Freilich hause ich in meinen vier Wänden, wo ich rauche und Tee trinke. Und ich träume auch viel von Dir und erinnere mich an viele Dinge von Dir, damals, als ich klein war. Und es schneidet mir ins Herz, daß ich Dir so oft Kummer bereitet habe.
Wenn Du nur wüßtest, Mama, wie köstlich ich Dich finde, die feinste aller »Mamas«, die ich kenne. Und Du verdientest so sehr, glücklich zu sein und auch: nicht einen garstigen großen Jungen zu haben, der den ganzen Tag brummt oder wettert. Nicht wahr, Mama?
Gern hätte ich Dir meinen Abend gewidmet und Dir lange, lange geschrieben. Nur ist es so heiß, daß ich nicht mehr existiere. Und obgleich es schon spät ist, bekommt man auch am Fenster keine Luft. Es ist ein Leid. Was soll nur in Marokko aus mir werden?
Stell Dir vor, daß ich in meiner Stube eine lange Hopfenstange hatte, einen braven Jungen aus Villars-les-Dombes, der in den Stunden, wenn er Heimweh hat... Faust singt oder Madame Butterfly. Ob es in Villars-les-Dombes eine Oper gibt?
Ich liebte immer Deinen Satz über den König: »Madame, es stürmt sehr, und ich habe sechs Wölfe geschossen.« Auch heute früh stürmte es sehr. Aber ich liebe das ungemein: Wind, und – im Flugzeug – den Kampf, das Duell mit dem Sturm. Doch ich bin kein ebenbürtiger Partner. Ich fliege in milden und sanften Morgenstunden, wir landen im Tau, und mein Mentor, der ein idyllisches Herz hat, pflückt

Gänseblümchen für »Sie«. Dann setzt er sich auf die Radnabe und betrachtet die Welt in aller Ruhe.
Ich lernte hier einen Kameraden mit stolzen Allüren kennen. Bestimmt Franz I. oder Don Quijote. Ich wagte es nicht, sein Inkognito zu durchbrechen, hatte aber große Achtung vor ihm. Ich fühlte mich klein, so klein.
Er ehrte mich, indem er geruhte, bei mir Tee zu trinken. Er redete über Philosophie mit dem ganzen Gewicht seiner bourbonischen Nase. Er äußerte über Musik und Poesie sehr schöne Wahrheiten. Er kam dreimal binnen drei Tagen, er hatte die Gnade, meinen Tee, meine Zigaretten köstlich zu finden, und ich sagte mir: ›Ist er ein Grandseigneur (seine Gesten waren sicher und gemessen) oder ein großer Ritter? (Er hatte sehr edle und sehr ehrliche Augen.) Kurzum: Franz I. oder Don Quijote?‹
Das machte mich neugierig, ich hätte gern gewußt, woran ich war. Aber er imponierte mir: er saß rittlings auf seinem Stuhl, er hatte soviel Würde.
Dann kam eines Tages Don Quijote, der mir des langen und breiten seine Projekte auseinandersetzte – schöne, aber kostspielige Projekte. – Franz I. folgte, der mich um hundert Sous anpumpte...
Sie sind nie mehr wiedergekommen.
Le Crépuscule des Dieux (»Die Götterdämmerung«), sagte Anatole France!
Mama, es ist beinahe dunkel, und die Hitze ist groß...
Ich umarme Dich, so wie ich Dich lieb habe.
Komm schnell!

Dein getreuer Sohn
Antoine

Straßburg, 1921

Geliebte Mama

Das Ministerium teilt mit:
»Maßnahmen wurden getroffen, die bezwecken, die Einschiffung des Soldaten de Saint-Exupéry um vierzehn Tage

zu verschieben, damit er erst seine Flugprüfung ablegen kann.«
Wenn mir noch Zeit bleibt, steuere ich Saint-Maurice an, aber ich getraue mich nicht, es Dir zu versprechen. Bevor man mit seinem Propeller auf zweitausend hinuntergehen kann, braucht es eine gewisse Erfahrung; es ist immer faul, wenn man auf einem Dach landen muß...
Die Montandons[54] waren reizend zu mir. Er ist mir äußerst sympathisch. Ich liebe diese Art Menschen sehr. Er angelt mit Überzeugung... Beinahe hätte ich ihn auf seinen langen Wanderungen begleitet. Ohne ihn wäre ich noch nicht in den Genuß Deines Schecks gelangt.
Auch die Bonels[54] haben mir einen so natürlichen, ja liebevollen Empfang bereitet – obwohl sie weder mich noch meine nächste Familie (allenfalls abgesehen von Tante Mad[55]) kannten –, daß ich ihnen gerührt Dankbarkeit gelobe.
Sie sind leider jetzt abgereist, Frau Bonel und ihre »jungen Damen«. – Sie werden im Süden (Toulon) eine liebliche Hitze erleben.
Sonst nichts Neues. Spaziergänge auf dem Quai Kellermann, wo das grüne Wasser immer mehr an Blei erinnert, so heiß ist es. Trudeln und Loopings im Herbemont, wobei Seekrankheit die unweigerliche Folge ist (doch allmählich gewöhne ich mich an diese schwierige Akrobatik). – Fliegen im Stil eines »Familienvaters« auf einer Farman, wenn kein Blatt sich bewegt und der Motor so gnädig ist, sich zu drehn. Vorsichtige und majestätische Kurven. Schlaffe und lässige Landungen – ohne Abtrudeln und Loopings. – Doch warte nur, bis ich eine Herbemont fliege, statt darin als ewiger Passagier zu sitzen... ach, welch ein Flugzeug!
Was die Farman angeht, so klappt es einigermaßen, ich habe die Maschine in der Hand.
Ich spiele zerstreut Schach und trinke Bier. Ich entwickle mich zu einem dickbäuchigen Bürger. Du wirst mich als plumpen Elsässer wiedersehn. Den Akzent habe ich schon. Ich lerne die Sprache, um Dir einen Gefallen zu tun.
Wozu soll man in den Museen auf irgendwelche künstle-

rischen Eindrücke erpicht sein? Mit sanftem Eigensinn beharre ich darauf, die Dinge unter dem Gesichtspunkt der Wärmeerzeugung zu betrachten. – Das rosa und beleibte achtzehnte Jahrhundert erfüllt mich mit Abscheu... und ich sage mir:

›Wie müssen die aber alle schwitzen!‹ Nur die Lithographien vom Eismeer beeindrucken mich etwas – und der russische Feldzug.

Oh, dieses Marokko...

Hier folgt eine stilisierte Skizze, die eine Palme und eine Sonne darstellt.

Im übrigen langweile ich mich gewaltig. Mein Partner beim Schach, der durch die Hitze verblödet ist, gewinnt, da er die Fallen nicht sieht, die ich ihm stelle: das ärgert mich.

Ich verlasse Dich, um ein wohltuendes Bad zu nehmen.

Eben habe ich Deine Postanweisung erhalten. Ich bleibe hier noch achtzehn Tage und muß die Monatsmiete für mein Zimmer bezahlen – ganz gleich, ob ich wegfahre oder bleibe. Auch für die Wäsche habe ich noch einige Ausgaben.

Da ich als Pilot nach Rabat fliege, bin ich zufrieden. Der Anblick der Wüste vom Flugzeug aus muß großartig sein.

Ich verlasse Dich und umarme Dich, ebenso wie Tante Laure[56], die Kusine und die Schwestern.

Dein getreuer Sohn
Antoine

Rabat, 1921[57]

Meine liebe Mama

Vielen Dank für Deinen Brief. Ich hatte seinen Eingang bestätigt, aber nach Paris – und zwar noch am gleichen Tage, zum Hôtel de Lyon. Hattest Du dort Deine Adresse hinterlassen?

Im Grunde hast Du recht getan, alle diese Leute zu besuchen ...Mutterinstinkt!

Neben meiner Ausbildung als Zivilflieger mache ich auch

den militärischen Kursus für MG-Schützen in den Hanriots mit. Sobald ich mein Diplom als Militär-Beobachter habe, werde ich Gefreiter.

Beinahe wäre ich nach Konstantinopel gekommen. Man bat um Freiwillige für morgen. Aber ich dachte, als Mechaniker wäre es nicht gerade ideal, und es wäre besser, auf mein doppeltes Diplom zu warten... Konstantinopel und umsonst! Das ist einmalig. Was mich auch gebremst hat, ist die Nachricht, daß vielleicht unser Regiment nach Lyon verlagert werden wird. Ich bin dann im Flugzeug zehn Minuten von Saint-Maurice entfernt.

> Herr Pfarrer, putzt Eure Stiebel,
> Das Flugzeug steht vor der Tür[58].

Wenn es wahr wird, kann er sich zum Tanz rüsten, der Pfarrer. Das wird was zum Lachen geben! Andernfalls werde ich, auf Kosten der Prinzessin, eine Reise zu machen suchen, die ein Gedicht werden soll.

Ich schlafe zur Zeit auf dem feuchten Stroh der Verliese. Das Arrestlokal ist in einem Keller. Der bleiche Mond und der fahle U. v. D. wachen am Guckloch. Sonderbare Gestalten, die seit Wochen eingesperrt sind, singen dort wunderliche Lieder von Vororten und Fabriken. So traurige Lieder, daß man das Heulen von Schiffssirenen zu hören glaubt. Zur Beleuchtung hat man Kerzen, die man beim leisesten Geräusch ausbläst.

Ich verbringe im übrigen dort nur die Nächte und die Ruhestunden. Das ist gar nicht unangenehm und sühnt auf ziemlich milde Weise meine eine Minute währende Abwesenheit von der Fron des Kartoffelschälens.

Seit das Exerzieren zu Ende ist, habe ich den Feldwebel, den Sergeanten und den Gefreiten gewechselt. Die jetzigen sind abgefeimte Rohlinge, die mich ekelhafte Stunden verbringen lassen und andauernd brüllen, nur weil ihnen das Spaß macht.

In vierzehn Tagen werde ich Straßburg, Frankreich, mein Zimmer, die Auslagen der Läden wiedersehn. Schreib mir oft!

Wie steht es mit Mimma[59], mit Saint-Maurice, mit allem? Ich bin schließlich sehr zufrieden, daß Du den Abbé Sudour[60] gesehen hast. Sei doch so gut und beschaffe den Auszug aus meinem Strafregister, um ihn ihm zu schicken (22, Rue Delambre). Ich danke Dir dafür von ganzem Herzen. Pierre d'Agay schickt mir die Adresse von jemandem, den ich besuchen soll. Ich werde hingehn, wenn mein Arrest und der Aufenthalt in der Zelle vorbei sind.
Ich kann Dir kein Telegramm schicken, um Deins zu beantworten. Es ist im übrigen auch dann unmöglich, wenn wir Ausgang haben, denn das ist schon zu spät, und die Schalter sind geschlossen.
Auf Wiedersehn, geliebte Mama, ich verlasse Dich und umarme Dich von ganzem Herzen, so wie ich Dich lieb habe.

Dein getreuer Sohn
Antoine

Rabat, 1921

Meine kleine Mama

Wie kannst Du mich so lange ohne Nachricht lassen, obwohl Du doch so gut weißt, welche Qual das ist?
Ich habe nicht einen Brief seit vierzehn Tagen, Mama!
Ich verbringe meine Zeit damit, mir schlimme Dinge auszumalen und bin unglücklich. Mama, Dein Brief bedeutet alles!
Weder Didi noch sonst jemand schreibt mir mehr. Hier, wo ich mehr Zeit habe, an Euch zu denken, leide ich stärker unter dieser Einsamkeit.
Ich habe nicht mehr einen einzigen Centime. Wegen der Prüfungen der Offiziersschule mußte ich mich acht Tage in Rabat aufhalten. Es liegt mir nicht daran zu bestehen. Das Leben in der Staffel wird mich entzücken. Ich lege keinen Wert darauf, ein Jahr lang in einer düsteren Schule zu verblöden, in der einem militärische Theorie beigebracht wird. Ich bin keine Feldwebelseele. Für solch eine mechanische und stumpfsinnige Arbeit habe ich wenig übrig.

Es würde mich betrüben, wenn ich nur Casablanca kennenlernte; dann hätte sich der Aufenthalt in Marokko nicht gelohnt. Sollte ich bestehen, denke ich daran, den Abschied zu nehmen. Ich würde dann wieder anfangen, über Architektur zu arbeiten usw.; in der Schule wäre es aus damit.

Ich werde versuchen, daß ich einen Monat Urlaub bekomme, denn ich dürste danach, Euch alle wiederzusehn, und wie sehr!

Diese acht Tage in Rabat waren bezaubernd. Natürlich fand ich dort Sabran wieder und einen Kameraden aus Saint-Louis. Außerdem lernte ich zwei reizende junge Leute kennen, die auch für die Prüfung in der Offiziersschule gekommen waren: gebildete und recht gut erzogene Arztsöhne sowie einen Hauptmann, der früher in Lyon lebte und uns alle fünf zum Abendessen einlud: Sabran, den Kameraden aus Saint-Louis, die beiden jungen Leute und mich. Ein ausnehmend charmanter Mensch. Ein wirklicher Kamerad, und dazu Musiker, Künstler... Er besitzt ein kleines weißes Haus inmitten der weißen Häuser Rabats. Man glaubt, auf dem Nordpol im Schnee spazierenzugehen, so auswattiert wirkt dieser arabische Stadtteil im Mondschein. Welch köstlicher Abend!

Rabat war in diesem Augenblick das Köstlichste auf der Welt. Ich begann dort Marokko zu verstehen. Endlose Spaziergänge in den lichtdurchfluteten Straßen des Volksquartiers – ach, wenn ich doch Aquarelle malen könnte, welch eine Farbe, welch eine Farbe; es ist märchenhaft, wenn man zu sehen versteht. – Endlose Spaziergänge in den Straßen des reichen Viertels: nur vor dem engen Durchgang öffnen sich geheimnisschwangere Türen. Keine Fenster... von Zeit zu Zeit ein Brunnen und kleine Esel, die trinken.

Seitdem ich zurück bin, langweile ich mich nicht: ich mache meine ersten Luftreisen. Dreihundert Kilometer heute früh: Ber-Rechid, Rabat, Casablanca. So habe ich meine Lieblingsstadt von oben wiedergesehen... sie ist wunderbar weiß und friedlich. Ber-Rechid ist ein scheußlicher Marktflecken etwas weiter südlich.

Morgen vormittag wieder dreihundert Kilometer. Die Nachmittage verbringt man mit Schlafen, da man recht müde wird.

Übermorgen große Reise nach Süden. Ich fliege nach Kasbah-Tasla. Für den Hinweg brauche ich drei Flugstunden (das drückt die Kilometer aus) und für den Rückweg natürlich ebensoviel. Wie einsam wird das sein... ich warte ungeduldig darauf.

Heute lernte ich, im friedlichen Licht einer Lampe, mich nach dem Kompaß zu richten. Vor dem Tisch mit den auseinandergefalteten Karten erklärt mir der Sergeant Boileau: »Wenn Sie hier angekommen sind (und unsere eifrigen Stirnen beugen sich über das Gewirr der Linien), gehen Sie nach 45 Grad West... Dort lassen Sie ein Dorf links liegen; vergessen Sie nicht die Abtrift des Windes mit dem beweglichen Zeigefinger auf dem Kompaß zu korrigieren...« Ich träume... er weckt mich auf: »Passen Sie doch auf... jetzt 180 Grad West, falls Sie nicht auf diesem Weg abkürzen wollen... doch da gibt es weniger Merkzeichen; ja, hier: diese Route ist deutlich zu erkennen...«

Der Sergeant Boileau bietet mir Tee an. Ich trinke die Tasse in kleinen Schlucken aus. Ich muß daran denken, daß ich bei den feindlichen Stämmen lande, falls ich mich verirre. Wie oft hat man mir schon gesagt: »Wenn Du aus Deiner Kiste springst, Dich einer Frau gegenübersiehst und ihr um den Hals fällst, dann bist Du gefeit; sie wird sich als Deine Mutter fühlen; man wird Dir Ochsen, ein Kamel schenken und Dich verheiraten. Nur auf diese Weise kannst Du Dein Leben retten.« Meine Reise ist noch zu einfach, als daß ich solche unerwarteten Zwischenfälle erhoffen könnte; trotzdem bin ich träumerisch an diesem Abend. Ich möchte an langen Expeditionen in die Wüste teilnehmen.

Wie gern würde ich Dich im Flugzeug mitnehmen. Ich verlasse Dich, geliebte Mama. Schreib mir um Gottes Willen! Bitte, schicke mir auch eine telegrafische Anweisung, möglichst über fünfhundert Francs, nur diesen Monat wegen meiner Reisen.

Ich umarme Dich so zärtlich wie damals, als ich ein ganz kleiner Junge war, der ein grünes Stühlchen mit sich herumschleppte... Mama!
Letzte Meldung. Ich komme eben von meinem Flug nach Kasbah-Tasla zurück. Kein Motor hat versagt, keine Panne. Es hat mich entzückt, ich werde Dir darüber noch eingehend schreiben.

Antoine

Casablanca, 1921

Meine kleine Mama

Ich habe alle möglichen Schätze – Briefe und Milch – erhalten; alles das hat mein Herz hell gemacht.
Letzten Sonntag machte ich einige Aufnahmen mit dem Apparat eines Kameraden. Ich schicke Dir das Meer und die einzigen Bäume der Umgebung: große, traurige Kakteen. Auch meine Silhouette auf einem Felsen. Gefallen sie Dir? Didi wäre hier glücklich. Es gibt unzählige gelbliche Köter, die abscheulich sind. Sie irren im Gänsemarsch im Gelände umher, blöde und böse. Wären sie nicht da, hätte ich mich schon zu den »Douars« aus Stroh und Schlamm hinausgetraut, die mit einer ärmlichen verfallenen Mauer versehen sind. Abends sieht man dort großartige Greise und kleine, verkümmerte Frauen. Sie heben sich schwarz vom roten Himmel ab und werden langsam altersschwach wie ihre Mauern. Die gelblichen Köter heulen. Biedere Kamele grasen Kiesel ab, und abscheuliche kleine Esel träumen vor sich hin. Man könnte dort hübsche Aufnahmen machen, und doch läßt sich das nicht mit den Dörfchen im Ain vergleichen, in denen es Heuwagen und grünes Gras gab und viele zutrauliche Kühe.
Erste Regenfälle. Ein kleiner Wassereimer tropft einem während der Siesta auf die Nase. Draußen wälzt der Himmel Wolkenfelder vorüber. Die dem Wind geöffnete Baracke ächzt wie ein Schiff, und da der Regen große Seen ringsherum gebildet hat, gleicht sie der Arche Noah.

Drinnen hat sich jeder schweigend unter seinem weißen Moskitonetz verkrochen, so daß man sich in einem Mädchenpensionat glauben könnte. Man gewöhnt sich schließlich an diesen Gedanken und fühlt sich schüchtern und charmant werden. Wenn man durch handfeste Flüche geweckt wird, antwortet man mit anderen wohlklingenden Flüchen; dann beginnen die kleinen weißen Moskitonetze bestürzt zu beben.

Ich habe an die Ecole Universelle geschrieben; Dank für die Genehmigung. Könntest Du daran denken, mir meine Pension am Ersten zu schicken? Ich möchte meinen Urlaub in Fez verbringen. Das wird mich zerstreuen.

Auf Wiedersehn, geliebte Mama, ich umarme Dich, so wie ich Dich lieb habe.

Dein getreuer Sohn

Antoine

Rabat, 1921

Meine kleine Mama

Ich schreibe Dir aus einem entzückenden kleinen maurischen Salon, ganz vergraben in dicken Kissen, mit einer Tasse Tee vor mir und einer Zigarette zwischen den Lippen. Sabran spielt Klavier – Debussy oder Ravel –, und andere Freunde sitzen beim Bridge...

Wir haben nämlich die Bekanntschaft des reizendsten aller Menschen gemacht: des Hauptmanns Priou aus Rabat. Seiner Kollegen – fast alles frühere Unteroffiziere, die wieder dienstverpflichtet wurden – ist er überdrüssig und hat es verstanden, sich mit einem Kreis reizender Freunde zu umgeben: dazu gehören Sabran, ein früherer Kamerad aus Saint-Louis, der sich mit mir auf die Marineakademie vorbereitete, und zwei andere junge Leute. Es wird begeistert musiziert. Ich spiele nicht, aber höre zu und vergrabe mich deshalb noch etwas mehr in den Kissen.

Sein Haus ist uns so gastfreundlich geöffnet, daß wir das

mißbrauchen. Sabran und ich kommen auf 48 Stunden aus Casablanca. Die Mahlzeiten sind munter, das schwöre ich Dir, weil wir alle... sehr geistreich sind (aber ja!). Wir gehen zu unerlaubten Stunden schlafen, drei oder vier Uhr früh; so fesselnd ist der allabendliche Poker, dazu die Musik. Unsere Spiele sind atemberaubend, man verliert bis zu sechzehn Sous in einer Nacht. Das macht uns – so glücklich ist unsere Natur beschaffen – genauso viel Spaß, als wenn wir um Louisdors spielten, und wenn sich einer mit dem gewaltigen Gewinn von zwanzig Sous vom Spiel zurückzieht, nimmt er die selbstgefällige Pose an, die dazu gehört.

Jetzt, da Sabran in Casablanca ist und wir jeden Sonnabend nach Rabat fliegen, um Montag abend heimzukommen, nimmt das Leben seinen leichten und angenehmen Gang in diesem Lande, wo alles in Blüte steht. Denn Marokko, der abscheuliche Bled, hat sich zunächst ein ganz neues Grün und weite schillernde Prärien zugelegt; jetzt kleidet es sich mit roten und gelben Blumen, und eine Ebene nach der anderen leuchtet auf.

Es herrscht eine gleichmäßige Wärme, welche die Seelenruhe fördert. Rabat, diese Stadt, der meine Liebe gehört, ist heute stumm.

Das neue Haus des Hauptmanns liegt im weißen Labyrinth der arabischen Häuser und grenzt an die Moschee der Oudaïas. Das Minarett überragt seinen unbedachten Innenhof, und wenn man abends vom Salon zum Eßzimmer geht und zu den Sternen emporblickt, hört man den Muezzin singen und sieht ihn sich bewegen, wie vom Grund eines Hafens.

Auf Wiedersehn, meine geliebte Mama. Innerhalb der nächsten fünf Monate habe ich Dich bestimmt in meine Arme geschlossen. Inzwischen umarme ich Dich ebenso zärtlich, wie ich Dich lieb habe.

Hast Du schon meinen langen Brief von voriger Woche erhalten? Bitte, schicke heute meine Rente.

Dein getreuer Sohn

Antoine

Casablanca, 1921

Meine kleine Mama

Du weißt nicht, wie rührend eine einfache Wiese sein kann, und erst recht nicht, wie herzzerreißend ein Grammophon ist.

Ja, es dreht sich in diesem Augenblick, und ich schwöre Dir, daß mir all diese alten Melodien weh tun. Sie sind zu lieblich, zu zärtlich; wir hatten sie zu oft dort drüben gehört. Das kommt einem wieder wie ein Alpdruck. Den lustigen Weisen eignet eine grausame Ironie. Diese musikalischen Brocken sind ergreifend. Ich schließe unwillkürlich die Augen – ein Volkstanz: ich sehe vor mir alte Truhen aus der Bresse, ein gewachstes Parkett... Oder Manon... Es ist komisch: wenn man solche Melodien hört, wird man gehässig wie der Landstreicher, der reiche Leute vorbeigehen sieht. Diese ganze Musik macht einem glückliche Zeiten so sehr gegenwärtig.

Und dann gibt es Melodien, die trösten...

Ach, mein lieber Black, hör doch mit dem Bellen auf: ich höre nichts mehr.

Du weißt nicht, wie das ist, Mama.

Ich umarme Dich, meine kleine Mama, so zärtlich, wie ich kann. Meine kleine Mama, schreibe mir schnell und oft.

Dein getreuer Sohn

Antoine

Casablanca, 1921

Meine kleine Mama

Ich erhalte von Dir ein Paket mit Strümpfen und einem samtartigen Sweater, der den Morgenwind sänftigt und zweitausend Meter Höhe mild erscheinen läßt. Er wärmt wie die mütterliche Liebe, aus der er hervorgegangen ist.

Ich weiß nicht, was über mich kam: ich zeichne den ganzen Tag, und deshalb kommen mir die Stunden kurz vor.

Ich habe die Ursache entdeckt: der Zeichenstift Conté mit einer Kohlemine. Ich kaufte Skizzenbücher, in denen ich, so gut ich kann, Tun und Treiben des Tages ausdrücke: das Lächeln meiner Kameraden oder die Aufdringlichkeit des Hundes Black, der Männchen macht, weil er sehen möchte, was ich denn eigentlich zeichne.
Black, mein Hund, verhalte dich still!
Sobald mein erstes Heft voll ist, werde ich's Dir schicken, doch unter der Bedingung – oh, Mama! –, daß Du's mir zurückschickst...
Es hat geregnet. Oh, aber nicht zu knapp! Das donnerte wie ein Gießbach. Das Wasser fand übrigens sofort seinen hundertjährigen Weg in den Spalten unseres Dachs wieder; es schlängelte sich durch die Bretter, vor deren Verpichung sich unsere Verwaltung ehrfürchtig hütet, und so wurde unser Schlaf von herrlichen Träumen bevölkert, da uns das Wasser in den Mund rann wie der Wein im Schlaraffenland. Dein Sweater ist ganz entschieden herrlich warm. Ihm verdanke ich ein heiteres Aussehen, aus dem Wohlbefinden spricht, und einen kleinen stutzerhaften Anflug, der Sympathie erweckt.
Gestern war ich in Casablanca. Ich führte zunächst meine Einsamkeit in den arabischen Straßen spazieren, wo sie weniger bedrückt, weil nur einer auf einmal hindurch kann. Ich feilschte um ihre Schätze mit weißbärtigen Juden. Sie altern inmitten goldener Pantoffeln und silberner Gürtel, sitzen mit gekreuzten Beinen, beweihräuchert von den Selams ihrer vielfarbigen Kunden: gibt es ein Schicksal, das man mehr bestaunen könnte?
Ich sah, wie ein Mörder durch die Gassen geführt wurde. Man spickte ihn mit Schlägen, damit er sein Verbrechen herausheulte vor den ersten jüdischen Kaufleuten und den kleinen, verschleierten Fatimas. Er hatte ausgerenkte Schultern und einen zerbeulten Schädel. Es war sehr erbaulich und sehr moralisch. Rings um ihn her brüllten seine Peiniger. Alle Stoffe, in die sie sich hüllen, schrien ungestüm ihre Farben heraus. Es war barbarisch, es war großartig. Die kleinen goldenen Pantoffel wurden dadurch nicht erschüttert und

auch nicht die silbernen Gürtel. Es gab deren so kleine, daß sie lange auf ihr Aschenbrödel warten werden, und andere so reich geschmückte, daß sie sich nur für eine Fee geschickt hätten... Mein Gott, welch hübsche Füßchen müßte sie haben. Während mir nun die kleinen Pantoffel ihren Traum erzählten – goldene Pantoffel brauchen Stufen aus Mosaik –, handelte sie eine verschleierte Unbekannte ein und entführte sie. Ich gewahrte nur zwei riesige Augen... Ich wünsche, o ihr goldenen Pantoffel, daß sie die jüngste der Prinzessinnen sein möge und in einem Garten mit bezaubernden Springbrunnen lebe! Doch ich bekomme es mit der Angst. Ich muß daran denken, daß reizende junge Mädchen beinahe, durch die Schuld knauseriger Onkel, mit einem abscheulichen, dummen und häßlichen Manne verheiratet wurden. Schweig still, mein Hund Black, du verstehst nichts von diesen Dingen.

Meine kleine Mama, setze Dich unter einen blühenden Apfelbaum, denn man erzählt uns ja, daß sie in Frankreich in Blüte stehn. Und blicke mir zuliebe genau um Dich. Es muß grün und reizend sein, und es gibt Gras... Das Grün fehlt mir, das Grün ist eine geistige Nahrung, das Grün speist die sanfte Lebensart und die Ruhe der Seele. Wenn man diese Farbe des Lebens ausmerzt, vertrocknet man schnell und wird böse. Die Raubtiere verdanken ihren hinterhältigen Charakter nur dem Umstand, daß sie nicht auf dem Bauch in der Luzerne leben. Wenn ich einem Strauch begegne, reiße ich einige Blätter ab und vergrabe sie in meiner Tasche. Dann, in meiner Stube, sehe ich sie liebevoll an und wende sie ganz sachte um. Ich möchte Deine Gegend wiedersehn, wo alles grün ist.

Antoine

Schiffsgesellschaft Paquet, Januar 1922 [61]

Meine liebe Mama

Tanger ist gestern in der Ferne verschwunden. Leb wohl, Marokko. Wir fahren an der spanischen Küste entlang, und

sobald man eine kleine weiße Stadt eben im Sonnenlicht erkennen kann, bezaubert uns mein Nachbar auf seinem Liegestuhl mit ihrem wohlklingenden Namen.
Das Meer ist meinem Magen gnädig. Nicht eine Wolke, nicht eine Welle. Das Menu ist ganz gut, Zerstreuung gibt es nicht viel. Niemand spielt Schach, und ich habe alle meine Bücher ausgelesen. Ich habe mich im Eßsaal niedergelassen. Ich betrachte wohlwollenden Auges die Kellner, die das Gedeck hinlegen. Das ist eine tugendhafte Beschäftigung. Leider endet das Diner während des Sonnenuntergangs, und das wird mir die Nachspeise verderben.
Didi schreibt mir, daß sie mit mir nach Saint-Maurice zurückfährt. Das wird eine charmante Reise werden. Ich werde ihr sagen: ›Wie geht's Dir, liebe Freundin?‹, und sie wird sich vor den anderen Reisenden damit brüsten.
Ich schreibe Dir schon jetzt, denn wahrscheinlich werde ich meine Zeit in Marseille mit törichten Plackereien wie einer ärztlichen Untersuchung und anderen bürokratischen Formalitäten verbringen müssen. So werde ich nicht eine Sekunde für mich haben, und falls Didi mich am Schiff abholen will, wozu sie den frommen Wunsch äußerte, fürchte ich stark, daß sie nur einen hastigen Kuß von mir bekommen wird. Sie erhält dadurch alle Freiheit, zum Tanzen nach Saint-Raphael zurückzukehren, bis ich meinerseits Istres [62] verlassen kann.
Hör zu, Mama, es ist jetzt so heiß in Marokko, daß ich große Angst habe, in Saint-Maurice eine doppelte Bronchitis zu bekommen; laß doch mein Zimmer heizen, es wäre so dumm, wenn ich krank würde! Kannst Du nicht Deine Reise nach Paris etwas vorverlegen, um mich mitzunehmen, sag doch, Mama? Wenn Du wüßtest, welches Heimweh ich habe nach seinen grauen Steinen, seinen symmetrischen Gärten und seinen Ausstellungen!
Über Marokko kann ich mich nicht beklagen, es war mir gnädig. Ich verbrachte Tage düsterer Melancholie in einer verfaulten Baracke, aber daran erinnere ich mich jetzt wie an ein Leben, das voller Poesie war. Und dann gab es auch gute Augenblicke, und unsere seltenen, aber erlesenen Zu-

sammenkünfte in Rabat werden mir unvergeßlich bleiben. Welche Freunde soll ich mitbringen? Du möchtest doch gewiß nicht, daß ich sie Marokko entreißen soll, damit sie acht Tage bei uns zu Hause verleben? Dann meinst Du also Freunde in Frankreich, aber Sallès und Bonnevie haben ihre Arbeit. Das Schiff schwankt beunruhigend. Ich spüre, wie der Merlan vom Mittagessen sachte zappelt. Und doch ist der Himmel klar. Gib, lieber Gott, daß diese kleinen Wellen verschwinden.

Auf Wiedersehn, liebe Mama, öffne die Türen des Hauses, und schlachte das fette Kalb. Fordere den Herrn Pfarrer in meinem Namen zum Schach heraus, sage Mimma und Moisi [63], wie sehr ich sie alle beide umarme, und bitte Monot inständig, Régine [64] nichts von meiner Ankunft zu sagen, damit Louis die Überraschung erlebt, wie ich eines Abends in sein Zimmer eindringe.

Antoine

Camp d'Avord, Oktober 1922 [65]

Meine kleine Mama

Eben las ich wieder Deinen so liebevollen Brief, den Du mir neulich geschrieben hast. Meine kleine Mama, wie gern wäre ich bei Dir! Wenn Du wüßtest, wie ich täglich lerne, Dich noch etwas lieber zu haben. Ich schrieb die letzten Tage nicht, aber wir haben gegenwärtig soviel zu tun!

Es ist schönes und mildes Wetter heute abend, aber ich bin traurig, ich weiß nicht weshalb. Diese Ausbildung in Avord ist auf die Dauer so ermüdend. Sehr nötig habe ich eine Ruhekur in Saint-Maurice und daß Du bei mir bist.

Was treibst Du, Mama? Malst Du? Du hast mir nichts von Deiner Ausstellung erzählt und auch nichts von dem Beifall, den Lépine Dir spendete.

Schreib mir! Deine Briefe tun mir wohl; sie kommen zu mir wie ein frischer Luftzug. Meine kleine Mama, wie bringst Du es nur fertig, die so köstlichen Dinge zu finden, die Du sagst? Sie bewegen einen den ganzen Tag.

Ich brauche Dich ebensosehr wie damals, als ich ganz klein war. Die Feldwebel, die militärische Disziplin, die Kurse über Taktik, was ist das alles für trockenes und sprödes Zeug! Ich sehe Dich vor mir, wie Du die Blumen im Salon ordnest und bekomme eine Wut auf sie: auf die Feldwebel. Wie konnte ich Dich nur manchmal zum Weinen bringen? Wenn ich daran denke, bin ich so unglücklich. Ich ließ Dich an meiner Zärtlichkeit zweifeln. Und doch: wenn Du nur von ihr wüßtest, Mama.

Du bist das Beste, was ich im Leben habe. Ich habe heute abend Heimweh wie ein kleiner Junge. Wenn ich mir vorstelle, daß Du dort herumgehst und sprichst und daß wir zusammen sein könnten und daß ich nichts von Deiner Zärtlichkeit habe und daß auch ich Dir keine Stütze bin.

Mir ist wahrhaftig zum Heulen heute abend. Du bist der einzige Trost, wenn man traurig ist. Als ich ein kleiner Junge war, kam ich mit meinem dicken Ranzen auf dem Rücken nach Hause, schluchzend, weil ich bestraft worden war – Du erinnerst Dich doch an Le Mans; und nur durch einen Kuß von Dir war alles vergessen. Du warst ein allmächtiger Schutz gegen die Aufpasser und den Pater Präfekten. Man fühlte sich geborgen in Deinem Hause, man gehörte nur Dir; wie gut war das.

Nun, jetzt ist das ebenso, Du bist meine Zuflucht, Du weißt alles, Du läßt alles vergessen, und ob man will oder nicht, man fühlt sich als ganz kleiner Junge.

Mama, ich verlasse Dich. Die Arbeit wächst mir über den Kopf. Ich werde noch ein letztes Mal am Fenster frische Luft schöpfen. Die Frösche hier quaken wie in Saint-Maurice, aber sie quaken bei weitem nicht so gut!

Ich umarme Dich so zärtlich.

Dein großer Sohn

Antoine

Morgen im Flugzeug werde ich mindestens fünfzig Kilometer in Deiner Richtung fliegen, damit ich mir einbilden kann, daß ich zu Dir unterwegs bin.

Paris, 70 a, Boulevard Ornano, 1923

Meine kleine Mama

Ich führe ein trauriges Dasein in einem düsteren kleinen Hotel auf dem Boulevard Ornano[66]. Das ist nicht sehr amüsant. Obendrein ist das Wetter abscheulich. Alles das wäre wirklich trostlos, wenn...

Ich habe Dir lange nicht geschrieben, denn ich wollte abwarten, bis ich Dir eine großartige Neuigkeit vermelden könnte, und da alles in der Schwebe blieb, wollte ich Dir nicht von falschen Hoffnungen schreiben. Aber jetzt scheint das so ziemlich sicher zu sein. Ich nehme an, Du wirst Dich vor Freude nicht lassen können.

Ich habe eine neue Stellung in Aussicht. – Es ist in der Automobilbranche, ich soll bekommen:

1. Als Fixum: 12 000 im Jahr
2. Als Provision: etwa 25 000 im Jahr

Also zwischen 30 000 und 40 000 im Jahr und außerdem ein kleines Auto, das mir gehört, in dem ich Dich spazierenfahren werde und Monot auch. Erst nächste Woche habe ich völlige Gewißheit, und in diesem Fall werde ich wahrscheinlich Mittwoch bei Dir eintreffen und etwa acht Tage bleiben. Ich wäre im Außendienst tätig und hätte ein unabhängiges Leben. Es wäre meine erste Freude seit einem Jahr. Ich wäre unendlich glücklich darüber: Du auch.

Mein Hotel hingegen widert mich zu sehr an, und ich weiß nicht, wo ich wohnen soll.

Das einzig Lästige an dieser Stellung ist eine zweimonatige Ausbildung in der Fabrik, wobei ich als Arbeiter alle Abteilungen passieren soll, um völlig auf dem laufenden zu sein. Ich weiß noch nicht, ob diese zwei Monate bezahlt werden. Aber ich werde dann ein dicker Monsieur mit viel Kies sein.

Gestern verbrachte ich den Abend mit Priou bei Mapie, die durch ihre Heirat mit Hennessy französische Botschafterin geworden ist... Sie stellte mich tausend Prominenten mit der Qualifikation vor: »... äußerst talentierter Literat!«

Wann kommt Simone? Sie fehlt mir sehr. Sag ihr, ich würde sie diesen Winter in einem entzückenden kleinen Wagen spazierenfahren... und sie zum Diner einladen, sobald ich erst eine Wohnung habe (schade, daß ich nicht mehr bei Priou wohnen kann).

Meine kleine Mama, Mittwoch schreibe ich Dir, wie es mit dieser maßlosen, maßlosen Hoffnung steht, die Gestalt anzunehmen scheint. Und wenn ich kann, werde ich Dir dann antworten; sonst kommst Du ja wohl über Paris?

Ich umarme Dich von ganzem Herzen, so wie ich Dich lieb habe.

Antoine

Paris, 22, Rue Vivienne, Oktober 1923

Meine kleine Mama

Ich muß so viel arbeiten, und meine Arbeit ist so stumpfsinnig, daß ich Dir nicht geschrieben habe. Ich mache mir Vorwürfe. Jetzt sitze ich unter der kleinen Lampe, die Du mir geschenkt hast, die ich lieb habe und die mir ein mildes Licht spendet. Ich bin so traurig, weil ich weiß, daß Du leidend bist.

Geht es Dir besser? Meine arme kleine Mama, ich war so stolz, Dich in Saint-Maurice zu sehn; Du hast alles so prächtig arrangiert; Du hast für das Glück Deiner beiden Jungen so gut vorgesorgt. Ich liebte Dich so sehr, ohne es Dir sagen zu können. Meine armen Sorgen machten mich so verschlossen in letzter Zeit. Ich weiß genau, daß ich Dir mein ganzes Vertrauen schenken und Dir meinen Kummer erzählen sollte, damit Du mich trösten kannst, wie damals, als ich klein war und Dir all mein Leid herunterbetete. Ich weiß ja, daß Du Deinen Sohn, diesen langen Kerl, so lieb hast. Du mußt mir nicht allzu böse sein, weil ich gereizt war; ich habe schlimme Tage hinter mir. Jetzt bin ich darüber hinweg. Ich bin ein tapferer Junge. Wenn Du nach Paris kommst, werde ich mich bemühen, der liebevollste aller

Söhne zu sein. Du mußt in meinem Zimmer wohnen; dort bist Du besser aufgehoben als im Hotel, und am Abend hole ich Dich ab; dann werden wir zusammen dinieren, und ich erzähle Dir komische Geschichten, die ich Dir zuliebe gelernt habe; so wirst Du zufrieden sein. Und dann wirst Du mein Glück zimmern. Ich weiß nicht, weshalb ich darauf versessen war, mich allein darum zu kümmern. Nur Du kannst alles einrenken. Ich lege alles in Deine Hände; Du wirst dann mit den höheren Mächten reden, und so wird alles gut gehn. Ich bin jetzt wie ein ganz kleiner Junge; ich flüchte mich zu Dir.

Ich weiß noch, wie Du den Pater Präfekten aufsuchtest und alle meine Schwierigkeiten wegräumtest, Du gingst ja zum Pater Präfekten... Meine kleine Mama, Du bist sehr viele Dinge.

Meine kleine Mama, warst Du zufrieden mit mir in Saint-Maurice, habe ich meine Rolle als Bruder gut gespielt..? Ich war etwas gerührt. Und ich war auch so gerührt um Deinetwillen...

Das war die Krönung Deines Werks. Du hast viel Glück gestiftet[67].

Meine geliebte Mama, verzeih mir all den Kummer, den ich Dir bereitet habe.

Du mußt mit mir ein Stück sehen, das äußerst beeindruckend ist. Ich komme heute abend davon nach Hause; Yvonne hatte mich eingeladen: La Maison avant tout (»Das Haus über alles«) von Pierre Hamp. Es wird Dir gefallen.

Guten Abend, meine kleine Mama, schreib mir. Hab mich lieb.

Antoine

Paris, 70a, Boulevard Ornano, 1923

Meine kleine Mama

Dank von ganzem Herzen, Du bist ein Schatz. Deine eingemachten Früchte sind ganz voller Sonne. Deine Socken

kenne ich noch nicht, aber ich zittere, denn Du liebst sie mit leuchtenden Farben...
Ich bin etwas abgespannt, aber ich arbeite wie ein Gott. Meine Vorstellungen über den Lastwagen im allgemeinen, die verschwommen waren, gewinnen an Präzision und hellen sich auf. Ich denke, ich bin bald in der Lage, Lastwagen ganz allein zu demolieren.
Meine ganz kleine Mama, wirst Du in Paris bei mir wohnen, wenn ich ein wichtiger Herr sein werde? Mein Zimmer ist so traurig, und ich bringe nicht den Mut auf, meine Kragen und meine Socken voneinander zu trennen...
Mein Roman bleibt etwas liegen, aber ich mache erhebliche innere Fortschritte, denn ich zwinge mich dazu, jede Sekunde zu beobachten[68].
Ich speichere auf.
Ich muß mich jetzt um meinen Wagen kümmern. Könntest Du mir schon gleich ein Konto beim Crédit Lyonnais eröffnen, wie Du es mir vorschlägst? Aber, Mama, in Saint-Maurice hatten wir von zwanzigtausend gesprochen, was sogar stimmte, denn ich muß ja (für meinen Wagen) eine Versicherung eingehen und mir Anzüge machen lassen, denn abgesehen von einem Smoking und meinem Mantel stammen meine jetzigen aus der Zeit meiner Entlassung vom Militär. Schließlich wird mein erster Reisemonat erst am Schluß bezahlt. Und vielleicht muß ich mir auch eine Wohnung suchen?
Aber Du schuldest uns nicht einen Sou. Also schick mir, soviel Du willst. Je eher es geschieht, um so mehr spare ich dadurch, denn Suresnes ruiniert mich durch Taxis, wenn man mich morgens zu spät weckt[69].
Mama, ich hoffe sehr, daß ich Dir eines Tages meinerseits helfen und Dir das alles etwas entgelten kann. Man muß etwas Vertrauen in mich haben.
Ich arbeite wie ein Neger.
Ich umarme Dich zärtlich, so wie ich Dich lieb habe.

Dein getreuer Sohn

Antoine

Paris, 1923

Meine kleine Mama

Tausend Dank für Deine Postanweisung. Meine pekuniäre Lage ist so, so schlecht, da ich ja umziehen mußte; daraus ergaben sich mehrfache Trinkgelder an die Putzfrau, die Concierge usw., Transport meiner Bücher, Koffer, Kantine und obendrein dreihundert Francs für den Zahnarzt, der mir keinen Kredit einräumen wollte. – Ich bin arg in der Klemme. Es wird mir so schwerfallen, Biche zu besuchen.
Ein Ausweg bleibt mir offen: der Journalismus. Aber leider habe ich keine Sekunde Zeit für Reportagen, und mein Bekannter kann Artikel von mir nur in der Rubrik »Vermischtes« im »Matin« unterbringen.
Vielleicht gehe ich im Frühjahr oder diesen Winter nach China, denn man sucht dort Piloten, und vielleicht könnte ich eine Fliegerschule leiten. Die pekuniären Bedingungen wären großartig. Ich tue gegenwärtig alles dafür, was ich kann.
Mein Büro wird immer melancholischer, und meine trübsinnige Stimmung hält heimtückisch an. Auch deswegen würde ich gern reisen.
Tante Anaïs ist gewiß jetzt in Saint-Maurice; sie ist ein Schatz. Meine kleine Mama, wann gedenkst Du denn, wieder zu Hause zu sein? Gern würde ich Dich dort wiedersehn und friedliche Tage verleben. Falls ich nach China reisen sollte, hätte ich vielleicht einen Monat frei.
Das Wetter ist traurig. Trotzdem bin ich am Sonntag in Orly geflogen. Ich hatte einen sehr schönen Flug.
Mama, ich vergöttere diesen Beruf. Du kannst Dir nicht vorstellen, welch eine Ruhe, welch eine Einsamkeit einem in viertausend Metern zuteil wird, wenn man mit seinem Motor allein ist. Man liegt im Gras und schläft, während man darauf wartet, bis man an der Reihe ist. Man folgt mit den Augen dem Kameraden, auf dessen Flugzeug man wartet, und erzählt sich Geschichten. Sie sind alle phantastisch. Sie handeln von Notlandungen auf freiem Feld, von kleinen

unbekannten Nestern, wo der gerührte und patriotische Bürgermeister die Flieger zum Essen einlädt... und von märchenhaften Abenteuern. Fast alle sind soeben erfunden, aber jedermann ist baß darüber erstaunt, und wenn man selber startet, ist man in Abenteuerlaune und voller Hoffnung. Doch es passiert nichts... und so tröstet man sich nach der Landung mit einem Portwein oder indem man erzählt: »Mein Motor wurde aber heiß, Mensch, ich hatte eine Angst...«
Er wurde so wenig heiß, der arme Motor...
Die Hälfte meines Romans ist fertig, Mama. Ich glaube wirklich, das ist etwas Neues und Konzises. Das Leben mit Priou ist sehr angenehm, weil er den denkbar besten Charakter hat. Leider müssen wir am 15. Oktober die Wohnung aufgeben und eine neue suchen. Wir haben zwei in Aussicht. Hoffentlich werden die Kosten nicht zu hoch sein – die Miete als solche ist glücklicherweise ziemlich niedrig. Du wirst mir doch wohl einige Möbel und einige Bettücher geben?
Wer ist in Saint-Maurice? Wo ist Bonne Maman?
Meine kleine Mama, ich umarme Dich von ganzem Herzen. Sag Mimma, ich würde ihr schreiben; sie soll mir mein Schweigen verzeihen, weil ich etwas trübsinnig war, und auch, daß ich nicht bei der Taufe dabei sein konnte.

Dein getreuer Sohn
Antoine

Paris, 1923

Meine kleine Mama

Ich hoffte sehr, zu den Wahlen kommen zu können, und dann ergab sich diesen Sonntag die einzigartige Gelegenheit, daß ich Flugaufnahmen für meine Firma machen konnte. Und das tat ich denn auch: ich möchte erreichen, daß sie eine kleine Gesellschaft bildet, die Flugaufnahmen für Fabriken herstellt und deren Leiter ich sein würde: hierfür bereite ich hinterlistig die einzelnen Etappen vor. Diese hier konnte ich mir nicht entgehen lassen.

Im Augenblick verbringe ich meine Tage auf der Pariser Messe, wo ich in einer kleinen Baracke präsidiere. Meine Freunde besuchen mich dort, und ich unterhalte mich mit Hunderten von Besuchern, wobei ich ernst und würdig aussehe. Du würdest lachen, wenn Du mich dort erblicken könntest.

Die Jacques' haben ihrem Sprößling das Geleit gegeben[70]. Er ist ohne große Begeisterung abgefahren. Das wird ihm gut tun. Nichts gefiel mir so sehr wie dieses Leben als Soldat zweiter Klasse und diese sympathische Kameradschaft mit Mechanikern und Zuhältern. Sogar das Arrestlokal gefiel mir, wo man düstere Lieder sang.

Mein Roman reift Seite um Seite[71]. Ich denke, ich werde im nächsten Monat damit fertig werden und ihn Dir dann zeigen können: ich glaube, er ist etwas ganz Neues. Ich habe eben die Seiten geschrieben, die ich für die besten halte.

Meine kleine Mama, Du hast meine Freunde so reizend empfangen, daß ich ganz gerührt war. Vergib mir, daß ich Dir nicht besser dafür gedankt habe.

Meine Gesundheit ist gut, meine Freunde sind charmant. Ich bin wirklich vom Himmel gesegnet, daß ich so nette gefunden habe. Ich hätte so gern eine Wohnung, um sie darin zu empfangen, möchte dort wirklich zu Hause sein und eine liebevolle, freundschaftliche Atmosphäre schaffen. Mama, in diesem modrigen Zimmer, in dem ich mich nicht zu Hause fühle, kann ich nicht mehr leben.

Es ist auch zu heiß, das ist ein weiteres Übel. Wie kannst Du nur die Sonne lieben? Mama, alle Leute schwitzen, es ist gräßlich.

Tante Anaïs, die rundlich und optimistisch ist, frühstückt jeden Mittwoch mit mir. Wir besuchen der Reihe nach die Pariser Restaurants. Ich führe sie in kleine Lokale, sie fühlt sich dort glücklich, und wir reden von Politik, von Literatur, von mondänen Dingen. Wir sehen aus wie ein Liebespaar.

Soviel, meine kleine Mama. Ich möchte Dir noch sagen, daß ich Saint-Maurice neulich köstlich fand und daß ich schnell wieder hinfahren möchte. Ich werde versuchen, meinen Ur-

laub gleichzeitig mit Deiner Tochter Didi zu nehmen. Ich hätte auch den großen Wunsch, daß Du mir Kirschen schicktest, eine große Kiste. Ist das möglich? Es würde mir solch eine Freude machen! Mama, meine Freunde sind sehr gerührt, daß Du sie auf diese Weise aufgenommen hast.
Ich umarme Dich sehr zärtlich.
Ich habe Dich sehr lieb, Mama.

Antoine

Paris, 1923

Meine kleine Mama

Es kann sein, daß ich Anfang des nächsten Monats genug Geld habe, um einen Sonntag in Saint-Maurice zu verbringen; das wird bestimmt keine Strapaze für mich sein, und es würde mich so freuen, Dich und Biche und das Haus wiederzusehn. Du hast mir einen so liebevollen Brief geschrieben, Mama; es stimmt, daß ich eine ganze Weile nicht mehr ich selber war. Ich lebte während dieser acht Monate ein so ungewisses Leben, das mir so wenig Sicherheit bot. Du mußt mir deswegen nicht böse sein.
Jetzt ist alles völlig in Ordnung. Meine Arbeit ist nicht allzu langweilig, und daneben verfolge ich einige Projekte. Ich arbeite auch in kleinen Brocken an meinem Roman, den Louis[72] sehr bewundert.
Didi sollte mir schreiben; es stimmt, daß ich nicht antworte, doch das ist deshalb nicht so wichtig, weil ich noch nicht viel zu erzählen habe, aber das wird schon kommen… Was treibt sie denn..?
Bei Priou mit einem Haufen alter Freunde ist es charmant und gemütlich. Yvonne ist dagegen seit einem Monat in der Provence; ich denke, sie wird bald wieder heimkommen.
Langweilst Du Dich auch nicht zu sehr da drunten, Mama? Weshalb fährst Du nicht wieder zu Didi, um dort zu malen und Dich aufzuwärmen?
Zum Glück scheint ja in diesen Tagen die Sonne ein wenig, und so frierst Du vielleicht nicht allzusehr.

Hast Du vor, meinen Mantel zu bezahlen? Der Wechsel ist Ende des Monats fällig. Soll ich ihn Dir schicken? Jedenfalls, wenn mir das Geschäft glückt, dessen Abschluß ich für Anfang April erwarte, zahle ich Dir's zurück, sobald ich zu Dir komme, denn ich möchte Dir nie mehr auf der Tasche liegen, aber ich bin wirklich jetzt übel dran und weiß nicht, wie ich zahlen soll.

Ich verlasse Dich, meine kleine Mama, und umarme Dich, so wie ich Dich lieb habe.

Dein getreuer Sohn

Antoine

Paris, 1923

Mama, Mapie ist etwas Schreckliches passiert. Du mußt ihr eine kleine Zeile schreiben. Sie hat eben ihre sieben Monate alte Tochter verloren. Ihr Mann war gerade auf drei Monate nach Amerika gefahren. Sie ist unterwegs, um ihn dort zu treffen. Es wird sie trösten, wenn Du ihr ein freundliches und einfaches Wort schreibst, wie Du das kannst. Sie hat mir wirklich mit soviel Takt in schwierigen Augenblicken geholfen. Tu das mir zuliebe.

Ich habe einen alten Freund aus dem Gymnasium, einen Marineoffizier, wiedergetroffen, der ein recht kultivierter Knabe geworden ist und viele Dinge gesehen, begriffen und beurteilt hat. Das hilft mir wunderbar weiter. Wir schauen uns zusammen die Dinge auf künstlerischem Gebiet an, Theaterstücke und Ausstellungen; dann diskutieren wir. Seine allgemeinen Vorstellungen sind so klar, daß das gesund und belebend ist. Ich bin zufrieden.

Simone blüht und gedeiht auf den Wegen des Herrn. Im Aufsatz war sie die Erste [73]. Und sie war nicht die einzige, die einen Aufsatz schrieb. Auf einmal steht sie nun erst mittags auf.

Ich freute mich sehr, zu hören, daß es Mimma besser geht. Meine Erzählung [74] und ihre [75] warten auf das Ende meiner

Ausbildung, um getippt zu werden, denn dreizehn Arbeitsstunden täglich langen mir, aber sage ihr, daß es nicht mehr lange dauern wird.

Ich umarme Dich

Antoine

Paris, 1923

Meine kleine Mama

Ich wünsche Dir ein Jahr mit etwas Glück; das ist dem Himmel gegenüber nicht zu anspruchsvoll!
Es würde mich irrsinnig freuen, Euch wiederzusehn: den Süden, Didi, Mimma und vor allem Dich – und andererseits wäre es so verrückt, hinzufahren, denn ich muß am Ersten zweihundertfünfzig Francs für das Zimmer ausgeben und fünfzig Francs zurückzahlen, so daß mir noch fünfzig Francs übrigbleiben. Ich schwöre Dir, meine kleine Mama, daß ich diesmal vernünftig bin und ein großes Opfer bringe, aber es bedrückt mich, Dir so zur Last zu fallen, und ich kann es jedenfalls nicht verantworten, daß Du diese Reise bezahlen mußt.
Nur bin ich recht trübsinniger Stimmung. Vor allem, sobald ich mich entschlossen habe zu bleiben, wozu ich noch nicht den Mut aufbrachte. Aber, meine arme Mama, wenn ich fahren sollte, müßte ich Dich schon am Tag meiner Rückkehr wieder um Geld bitten, und ich muß ja nun einmal leben, während durch Deine Sendung doch wenigstens mein Zimmer bezahlt wäre! Und es ginge mir gegen den Strich, Dich darum zu bitten.
Meine kleine Mama, ich bin es völlig leid, daß ich so nicht mit meinem Geld auskomme – da fände ich es nicht sehr anständig, nur zu meinem Vergnügen und damit ich zwei Tage bei Euch sein kann, diese dreihundertfünfzig Francs auszugeben.
Ich umarme Dich sehr zärtlich.

Dein getreuer Sohn

Antoine

Paris, 1923

Meine kleine Mama

Yvonne hat mich im Auto nach Fontainebleau mitgenommen. Es war eine reizende Spazierfahrt. Ich habe bei Ségogne[76] zu Abend gegessen.

... X. ist nach Marokko abgereist. – Hier die Ergebnisse meiner Erziehung:

Er schreibt mir:

»...Alles, was Du mir sagtest, habe ich genau verstanden. Auch daß Du mich nur das lehrtest, was ich schon verschwommen empfand und was Du mir deutlich machtest, weil Du zu denken weißt und Deine Gedanken klar und einfach ausdrücken kannst...«

»...Wenn ich an die Wohltat denke, die Du mir erwiesen hast, und an die Fortschritte, die ich Dir zu verdanken habe, so...«

»...Als ich neulich mit Dir sprach, spürte ich wiederholt, wieviel ich noch arbeiten müßte, wenn ich aufsteigen und die Welt von Deiner Ebene aus sehen wollte...«

Ich habe ein ganz klein wenig ein menschliches Wesen aus ihm gemacht, indem ich ihn mit der Außenwelt verknüpfte. Ich bin ziemlich stolz darüber, welchen Erfolg meine Ideen über die Denkerziehung gehabt haben. Alles eignet man sich an, nur das nicht. Man lernt schreiben, singen, richtig reden, sich bewegen, aber niemals denken. Und man läßt sich durch Worte leiten, und die führen sogar die Gefühle hinters Licht. Doch ich will ihn menschlich und nicht akademisch.

Mir ist aufgefallen, daß die Menschen, wenn sie reden oder schreiben, sofort jeden Gedanken aufgeben, um künstliche Deduktionen anzustellen. Sie verwenden Worte wie eine Rechenmaschine, aus denen eine Wahrheit hervorgehen soll. Das ist idiotisch. Es kommt nicht darauf an zu lernen, wie man Schlüsse zieht, sondern wie man keine Schlüsse mehr zieht. Man braucht nicht durch eine Folge von Worten hindurchzugehen, um etwas zu begreifen, oder vielmehr: sie verfälschen alles; man schenkt ihnen Vertrauen.

Meine ganze Pädagogik klärt sich, und daraus mache ich mein Buch. Es ist das innere Drama eines Menschen, der allmählich zum Vorschein kommt. Die anfängliche Bloßlegung muß brutal sein. Es gilt, seinen Schüler zunächst zu entblößen, damit man ihm beweisen kann, daß er nichts ist, wie X. …

Ich verabscheue die Leute, die schreiben, um sich zu amüsieren und weil sie auf Effekthascherei ausgehn. Man muß etwas zu sagen haben.

Ich habe also X. beigebracht, inwiefern die Worte, die er aufreihte, künstlich und unnütz waren und daß der Fehler nicht in mangelnder Arbeit, was sich leicht berichtigen ließe, sondern in einem tiefgehenden Defekt seiner Sehweise bestand, der allem zugrunde lag und daß er nicht nur seinen Stil, sondern sein ganzes inneres Leben – Verstand und Anschauung – umerziehen müsse, bevor er mit Schreiben beginnen könne.

So hat er zunächst einen Widerwillen gegen sich selber bekommen, eine heilsame Hygiene, die ich auch durchgemacht habe, und dann hat er schließlich begriffen, daß man auf andere Weise sehen und verstehen kann, und nun kann etwas aus ihm werden. Er bezeigt mir eine schmeichelhafte Dankbarkeit…

Ich verlasse Dich, es ist an der Zeit.

Ich umarme Dich von ganzem Herzen, wie ich Dich lieb habe.

Dein getreuer Sohn

Antoine

Paris, Anfang 1924

Meine arme, kleine Mama

Ich bin gräßlich beunruhigt über das, was Didi mir schreibt; an etwas so Ernstes hatte ich gar nicht gedacht, möchtest Du, daß ich kommen soll? Ich kann Samstag abfahren, zumal ich meine Stellung aufgeben und wieder bei meinem Versiche-

rungsmann eintreten möchte; auch müßte ich ein paar Tage in Lyon verbringen, um ein Geschäft zuwege zu bringen.
Wie ist denn diese Krankheit so brutal zum Ausbruch gekommen [77]?
Wenn Du willst, daß ich kommen soll, brauchst Du mir nur ein Wort zu schreiben. Biches Chamäleon werde ich ihr auf jeden Fall Samstag schicken, falls ich es nicht selber mitbringe.
Ich verlasse Dich, meine kleine Mama, und umarme Dich, so stark ich kann, ebenso wie Mimma, Didi und Simone.

Antoine

Paris, Anfang 1924

Meine kleine Mama

Ich erhielt Deinen etwas beruhigenden Brief. Am gleichen Abend, an dem mir Simone gerade die schlechten Nachrichten telefoniert hatte. Ich wollte Dir telegrafieren. Doch ich bin nun etwas weniger besorgt, glücklicherweise.
Wann meinst Du denn, meine arme, kleine Mama, daß Du Dich etwas ausruhen kannst? Könntest Du nicht nach Agay fahren oder einige Tage hierher kommen? Das Wetter ist nicht sehr schön, aber immerhin.
Ich schreibe Dir aus meinem Büro. Ich durchstöbere die Akten meiner zukünftigen Kunden. Im Laufe des Monats werde ich nach Montluçon fahren und auch die ganze Gegend dort besuchen. Hoffentlich habe ich geschäftlichen Erfolg. In meinem Betrieb ist man reizend zu mir, und wenn ich nur wüßte, daß Du etwas ruhiger bist und daß es Mimma besser geht, wäre ich restlos glücklich. Doch es ist zu traurig, Dich in solchen Sorgen zu wissen.
Am Sonntag habe ich in Orly geflogen (und bin seitdem auf einem Ohr etwas taub. Allmählich gibt sich das aber). Wenn ich erst reich bin, werde ich ein kleines eigenes Flugzeug haben und Dich damit in Saint-Raphael besuchen.
Gestern abend Diner bei den Jacques'. Sie haben ein golde-

nes Herz. Ein Russe zog dort Karten für mich und sagte mir eine nahe bevorstehende Hochzeit mit einer jungen Witwe voraus, die ich im Laufe der nächsten acht Tage kennenlernen soll. So bin ich nun äußerst gespannt!
Auf Wiedersehen, meine kleine Mama, ich umarme Dich von ganzem Herzen, so wie ich Dich lieb habe, wie auch Mimma.

Dein getreuer Sohn
Antoine

Paris, 70a, Boulevard Ornano, 1924

Meine kleine Mama

So bin ich nun sehr zufrieden. Ich habe entschieden einen sehr schönen Posten in Aussicht. Ich habe die Akten der drei mir zugeteilten Departements (Allier, Cher, Creuse) durchgearbeitet, und die Saurer-Wagen werden dort sehr geschätzt. Das paßt mir gut in den Kram[78].
Endlich geht nun meine Ausbildung zu Ende, die nicht langweilig, aber ermüdend und zeitraubend ist. Von morgen ab werde ich in eine letzte Abteilung (Reparaturen und Kundendienst) versetzt; mit dem ganzen Betrieb und auch meinen Kameraden, den Vertretern, die reizend und gefällig sind, stehe ich ausgezeichnet.
Schließlich bin ich nun meine Existenzsorgen los. Ich habe den kleinen, ganz kleinen Wunsch, zu heiraten, aber ich weiß nicht wen. Und dann verfüge ich über einen großen Vorrat an Vaterliebe. Ich hätte gern kleine Antoines...
Auf jeden Fall: wenn ich ein junges Mädchen finden sollte, das der Mühe wert ist, so habe ich jetzt eine Stellung, die es mir erlaubt, um sie anzuhalten.
Gesundheitlich geht es mir wie dem Pont Neuf. In dieser Hinsicht war meine Ausbildung eine Kur. Für ein Büro von zwei Quadratmetern war ich nicht geschaffen.
Mama, ich habe auch eine Freude im Leben: meine Freunde sind so famos zu mir, wie Du Dir's nicht vorstellen kannst. Ihre Sympathie ist im Augenblick epidemisch. Bonnevie läßt

ständig von sich hören. Aus Sallès' Briefen spricht eine so tiefe Freundschaft, daß ich gerührt bin. Ségogne ist ein Engel. Die Schwestern Saussine sind Schutzengel[79], von Yvonne und Mapie gar nicht zu reden...

Ich umarme Dich

Antoine

Paris, 1924

Liebe alte Didi

Dank für das Foto, das mir Simone heute früh gebracht hat. Es erheitert etwas mein Hotelzimmer. Hoffentlich kann ich Dir später das gleiche Geschenk machen. Ich hätte ziemlich Lust zu heiraten und ebenso reizende Kinder zu bekommen wie Deins. Aber dazu gehören zwei, und ich habe bisher nur eine einzige Frau kennengelernt, die mir gefiel.

Ich bin sehr zufrieden mit meiner Fabrik und sie mit mir. Falls ich einige Lastwagen verkaufe, werde ich diesen Sommer mit dem Auto nach Agay kommen und dort ein paar Tage verbringen. Ich kann Dich dann etwas in der Provence spazierenfahren. Ich werde mit einem Citroën anfangen, aber das erste Geld, das ich einnehme, dazu verwenden, um ihn gegen einen schnellen Wagen umzutauschen: vielleicht wird mich das etwas über das Fliegen trösten.

Ich habe wieder Hoffnung auf eine kleine Wohnung. In diesem Fall wäre es unverzeihlich, wenn Du nicht mit Deinem Mann und Deinem Sohn einige Tage nach Paris kämst...

Verzeih mir bitte, daß ich Dir nicht häufiger schreibe, aber Du bist derart fern. Ich kenne weder Dein Haus noch Dein Leben noch (kaum) Deinen Sohn. – Ich habe Dich in zwei Jahren acht Tage lang gesehn...

Da herrscht natürlich nicht mehr die gleiche Vertraulichkeit. Aber trotzdem habe ich Dich von ganzem Herzen lieb.

Simone kam ganz verliebt in Deinen Sohn zurück. Ich gab ihr zu bedenken, daß er noch recht jung ist und daß es sich überdies zwischen Tante und Neffen nicht schickte...

... Simone interessiert sich leidenschaftlich für mittelalterliche Manuskripte. Sie arbeitet wie ein Neger. Sie bleibt sich immer gleich, die Kleine.
Ich selber fahre im Laufe der Woche für vierzehn Tage nach Norden, um mich im Bezirk eines Kameraden besser mit meiner Tätigkeit vertraut zu machen. Wir werden täglich 150 Kilometer im Auto fahren. Das verspricht, nicht langweilig zu werden.
Ich führe ein philosophisches Leben. Ich sehe meine Freunde sooft wie möglich. Ich habe ganz prächtige. Das ist mir ein Trost.
Und ich warte darauf, einem kleinen Mädchen zu begegnen, das recht hübsch sein muß und recht klug und voller Charme und heiter und ausruhend und treu und... dann werde ich keins finden.
Und so mache ich eintönig all den Colettes, den Paulettes, den Suzys, den Daisys, den Gabys den Hof, die in Serien produziert werden und mit denen man sich nach zwei Stunden langweilt. Sie sind Wartesäle.
So ist das...
Auf Wiedersehn, Diche. Ich umarme Dich sehr.

Dein alter Bruder

Antoine

Paris, 1924

Meine kleine Mama

Nun bin ich wieder in Paris, 70 a, Boulevard Ornano. Als ich durch Montluçon kam, fand ich Deine beiden Briefe vor, die dort auf mich warteten. Du bist eine famose kleine Mama. Ich möchte ein Sohn sein wie Du.
Meine kleine Mama, als ich auf meiner schweigsamen Reise — vierzehn Tage war ich ganz allein — Station machte, um meine postlagernden Briefe abzuholen, glaubte ich nicht, daß mir irgendein Brief soviel Freude machen könnte wie die Deinen. Ich las sie in einem kleinen Provinzrestaurant zwi-

schen zwei Zügen. Mama, ich muß Dir sagen, wie ich Dich bewundere und Dich lieb habe, wenn ich's auch wenig und schlecht ausdrücke. Solch eine Liebe wie die Deine gewährt eine große Sicherheit, und ich glaube, man braucht lange Zeit, um sie zu verstehen. Mama, es ist nötig, daß ich Dich täglich besser verstehe und daß Dir Dein Leben vergolten wird, das um unseretwillen gelebt wurde. Ich habe Dich viel zu oft allein gelassen. Ich muß zu einem großen Freund für Dich werden.

Ich sah zahllose Provinzstädtchen mit winzigen Bähnchen und kleinen Cafés, in denen man Manille spielte. Sallès besuchte mich am Sonntag in Montluçon; welch eine brave, alte Haut! Wir waren zusammen auf dem wöchentlichen Tanzabend, einem Provinzball, wo die Familienmütter um ihre »Fräulein Töchter«, die in Rosa oder Blau mit den Söhnen der Weinhändler tanzten, ein Karree bildeten. Ich machte die Bekanntschaft eines braven Violinisten, der früher im Orchester Colonne spielte, aber jetzt ganz still in Montluçon arbeitet. Er bezauberte Sallès und mich.

Ich lernte auch einen jener Typen kennen, die sich wegen eines Trauerfalles in die Provinz zurückgezogen haben, nichts mehr tun, nichts mehr lesen. S. pflegte sie Selbstmörder zu nennen. Wir spielten zusammen Schach, und er nahm mich in sein Haus mit, wo eine heillose Unordnung herrschte. Schade, die Bilder, die er malte, waren nicht übel. Und wie steht es mit Deinen?

Ich umarme Dich sehr, Mama, kommst Du mich besuchen?

Antoine

Postlagernd, Montluçon (Allier), 1924

Meine kleine Mama

Nun bin ich hier in der lieblichen Stadt Montluçon. Einer Stadt, die ich um neun Uhr abends schlafend antraf. Morgen fange ich mit der Arbeit an, ich hoffe, es klappt einigermaßen, obwohl die Geschäfte etwas stagnieren.

Du mußt mir nicht allzu böse sein wegen meines Briefes an Didi; als ich ihn schrieb, war ich tief niedergeschlagen. Was die Frauen angeht, von denen Du mir sprichst, so steht es mit ihnen wie mit den Freunden. Ich kann es nicht mehr ertragen, wenn ich bei einem Menschen nicht das finde, was ich suche, und ich bin stets enttäuscht, sobald ich herausgefunden habe, daß eine Mentalität, die mir interessant vorkam, bloß einen leicht durchschaubaren Mechanismus darstellt; dann bin ich angewidert. Und ich bin böse auf den Betreffenden. Mit einem Haufen Leute will ich nichts mehr zu tun haben, das ist stärker als ich.
Im kleinen Salon dieses kleinen Provinzhotels habe ich einen großartigen Gecken vor mir, der hochtrabende Reden führt: einen waschechten Großgrundbesitzer, wie mir scheint. Er ist albern und sinnlos und macht Lärm. Ich kann solche Burschen nicht mehr ausstehn, und falls ich eine Frau heiraten sollte, bei der ich später entdecke, daß sie derartige Leute schätzt, wäre ich der unglücklichste Mensch von der Welt.
Sie darf nur die gescheiten Leute gern haben. Es ist mir jetzt nicht mehr möglich, bei den Y. und Co. zu verkehren; ich kann dort nicht mehr den Mund auftun. Ich brauche Menschen, die mich etwas lehren.
Was ich Dir über X. sagte, kann Dir doch keinen Kummer gemacht haben. Ich habe gar nichts übrig für diese Pseudo-Kultiviertheit, für diese Manie, überall nach unechten Vorwänden für Gefühlsergüsse zu suchen, für all diese gemütvollen Gemeinplätze, aus denen keinerlei wirkliche und nahrhafte Wißbegierde spricht. Nie erinnern sie sich an ein Buch oder ein Erlebnis, außer wenn es frappiert oder sich stilisieren läßt. Ich liebe diese Leute nicht, die ritterliche Empfindungen hegen, wenn sie sich auf einem Maskenball als Musketiere kostümieren.
Mama, ich habe Freunde, die mich weit besser kennen als jene und die mich wirklich gern haben und denen ich das vergelte. Es ist gewiß ein Beweis, daß ich zu etwas tauge. In der Familie gelte ich immer noch als ein oberflächliches, geschwätziges, genußsüchtiges Geschöpf; ich, der ich doch

sogar in Vergnügungen immer nur etwas lernen möchte; der ich die Hornissen der Nachtlokale nicht ausstehn kann und fast nie mehr den Mund auftue, weil mich die sinnlosen Unterhaltungen anöden. Ich möchte solche Leute nicht einmal eines Besseren belehren; das ist ganz überflüssig.

Ich bin so verschieden von dem, was ich sein könnte. Es genügt mir, daß Du das weißt und mich etwas schätzt. Du hast meinen Brief an Didi falsch verstanden. Es sprach Abscheu daraus und kein Zynismus. Wenn man müde ist, wird man so am Abend. Jeden Abend ziehe ich die Bilanz meines Tages: ob er als persönliche Erziehung unfruchtbar war, ob ich gegen die Menschen häßlich gewesen bin, die ihn mir verdorben haben und in die ich Vertrauen setzen konnte.

Du mußt mir nicht böse sein, weil ich fast nicht mehr schreibe. Das alltägliche Leben ist ja so unwichtig und gleicht sich so sehr. Das innere Leben ist schwer in Worte zu fassen, es besteht da eine gewisse Scham. Es ist so anmaßend, davon zu reden. Du kannst Dir nicht vorstellen, wie sehr das die einzige Sache ist, die für mich zählt; alle Werte werden dadurch verändert, sogar in den Urteilen über andere. Ein »guter« Kerl sagt mir nichts, wenn er bloß leicht gerührt ist. Will man wissen, wie ich bin, muß man mich in dem suchen, was ich schreibe und was das gewissenhafte und durchdachte Ergebnis meiner Gedanken und Beobachtungen darstellt. Da: in der Ruhe meiner Stube oder eines Bistros kann ich mich so recht mir selber gegenübersetzen, kann jede billige Formulierung, jede literarische Mogelei vermeiden und mich mühsam ausdrücken. Da habe ich dann ein ehrliches und verantwortungsbewußtes Gefühl. Alles ist mir unerträglich, was nur frappieren soll und die Blickrichtung verfälscht, um auf die Phantasie einzuwirken. Viele Autoren, die ich gern hatte, weil sie mir ein allzu billiges geistiges Vergnügen verschafften – wie Caféhausmelodien, die einem auf die Nerven gehen –, verabscheue ich ehrlich. Du kannst wirklich nicht mehr von mir verlangen, daß ich am Neujahrstag Neujahrsbriefe schreiben soll.

Mama, ich bin eher hart gegen mich selber und habe doch

wohl das Recht, bei den anderen abzulehnen, was ich bei mir selber ablehne oder korrigiere. Ich bin jetzt ganz frei von jeder gedanklichen Koketterie, die bewirkt, daß man sich selber zwischenschaltet bei dem, was man sieht und schreibt. Wie soll ich denn schreiben, daß ich ein Bad genommen... oder bei den Jacques' diniert habe! In dieser Hinsicht ist mir alles so gleichgültig.

Ich liebe Dich wirklich aus tiefstem Herzen, meine kleine Mama. Verzeih mir bitte, daß ich nicht leicht an die Oberfläche komme und ganz innen drin bleibe. Man ist eben so, wie man kann, und manchmal ist das sogar etwas sauer. Es gibt nur recht wenige Menschen, die sagen könnten, daß ich sie wirklich ins Vertrauen gezogen habe und daß sie mich auch nur ein bißchen kennen. Du bist wirklich der Mensch, der immer am meisten davon erfahren hat, und Du kennst auch etwas die andere Seite dieses geschwätzigen und oberflächlichen Burschen, wie ich ihn gegenüber Y. herauskehre... Denn es ist fast ein Mangel an Würde, wenn man sich allen Leuten hingibt.

Ich umarme Dich aus tiefstem Herzen, Mama.

Antoine

Paris, 1925

Meine kleine Mama

Ich habe erfrorene Finger vom Chauffieren. Es ist Mitternacht. Ich habe gerade meinen Hut aufs Bett geworfen und spüre meine ganze Einsamkeit. Ich fand Deine Zeilen vor, als ich heimkam. Sie leisten mir Gesellschaft. Du kannst Dir sagen, Mama: selbst wenn man nicht schreibt, selbst wenn man ein böser Junge ist, geht doch nichts über Deine Zärtlichkeit. Aber das sind Dinge, die sich nicht ausdrücken lassen und die ich niemals aussprechen konnte, aber es steckt so tief drinnen, es ist so gewiß, so beständig. Ich hab Dich so lieb, wie ich nie jemanden lieb gehabt habe.

Ich war mit Ascot im Kino. Ein schlechter Film mit geschwindelten Gefühlen, ohne untergründigen Zusammenhang. So was widert mich an, wie auch allein schon die Be-

gegnung mit einer Menschenmenge am Abend, aber es geschieht, weil ich allein bin.
Ich kampiere nur kurz in Paris wegen eines Ärgers mit dem Wagen. Meine Ankunft erinnert etwas an die Rückkehr eines Forschers aus Afrika. Ich rufe diesen und jenen an. Ich gehe meine Freundschaften durch. Der eine ist verabredet, der andere nicht zu Hause. Ihr Leben geht weiter seinen Gang, ich komme aus der Ferne. Da melde ich mich bei Ascot, der ein einsames Leben führt, und so gehen wir zusammen ins Kino. Das ist alles.
Mama, das ist es, was ich von einer Frau verlange: daß sie diese Unruhe stillt. Danach habe ich ein so großes Bedürfnis. Du kannst Dir nicht vorstellen, wie schwerfällig ich bin und wie ich meine Jugend als nutzlos empfinde. Du kannst Dir nicht vorstellen, was eine Frau mir zu geben vermag, was sie mir geben könnte.
Ich bin zu allein in dieser Stube.
Glaube nicht, Mama, daß mein Trübsinn unüberwindlich wäre. Das ist immer so, wenn ich die Tür aufmache, meinen Hut hinwerfe und spüre, daß ein Tag zu Ende ist, der mir zwischen den Fingern zerrann.
Wenn ich täglich schreiben würde, wäre ich glücklich, denn dann bliebe etwas zurück.
Nichts verwundert mich so sehr, als wenn ich sagen höre: »Wie jung Du noch bist!«, denn ich habe ein solches Bedürfnis danach, jung zu sein.
Nur liebe ich nicht die Menschen, die das Glück satt gemacht hat wie S. und die sich nicht mehr entwickeln werden. Man muß etwas unruhig sein, um rings um sich her Dinge wahrnehmen zu können. So habe ich Angst vor der Ehe. Das hängt von der Frau ab.
Eine Menschenmenge, an der man entlanggeht, ist immerhin voller Verheißungen. Aber sie entschlüpft einem, und außerdem setzt sich die Frau, die man braucht, aus zwanzig Frauen zusammen. Ich verlange zuviel von ihr, um nicht sofort zu ersticken.
Draußen herrscht eine eisige Kälte. Das Licht auf den Fen-

sterscheiben ist hart. Man könnte, glaube ich, aus solchen Straßenimpressionen einen recht schönen Film machen. Diese Filmleute sind Schwachköpfe. Sie können nicht sehen. Sie begreifen nicht einmal ihre Begeisterung. Wenn ich daran denke, daß man zehn Gesichter, zehn Bewegungen festhalten muß, um dichte Eindrücke wiedergeben zu können: doch sie sind unfähig zu solch einer Synthese und produzieren Fotografien.

Mama, ich hätte gern Mut zum Arbeiten. Ich habe vieles zu sagen. Nur werfe ich am Abend den Ballast des Tages ab und schlafe.

Ich werde bald wieder abfahren, ich weiß noch nicht wann, vielleicht tausche ich den Wagen um.

Ich umarme Dich sehr zärtlich. Ich bin nicht »zwischen den Wassern«, aber Du kannst mich gleichwohl segnen.

Antoine

Toulouse, Anfang 1926 [80]

Meine kleine Mama

Ich bat Dich um Geld, denn es verdrießt mich wahrhaftig, daß ich im Augenblick der Abreise ohne einen Sou bin.

Ich bat Dich auch, jetzt nicht zu kommen, denn es wäre zu dumm, wenn wir uns verfehlten.

Aber tu doch folgendes in vierzehn Tagen: versieh Dich mit Pastellstiften und unberührter Leinwand, triff mich in Toulouse, bewaffne Dich auch mit einem dicken Schal und einem Muff. Ich bringe Dich dann nach Alicante, einem fernen Örtchen in Spanien (man braucht acht Tage, um es auf dem Landwege zu erreichen). Dort werde ich Dich in der Pension der Flieger oder einer anderen entsprechenden unterbringen, zu der ich Dich einlade. Du kannst Dich dort vierzehn Tage in der Sonne ausruhen und hübsche Sonnenuntergänge über dem Meer malen. Alle drei Tage werde ich den Nachmittag mit Dir verbringen, und sobald Du eines Tages genug davon hast, bringe ich Dich wieder nach Frankreich. Laß Dir schon

gleich einen Paß für Spanien ausstellen (wende Dich ans Bürgermeisteramt).
Ich langweile mich etwas, davon abgesehen geht es mir aber gut.
Ich umarme Dich sehr zärtlich, so wie ich Dich lieb habe.

Antoine

Toulouse, Anfang 1926

Meine kleine Mama

Ich entschwinde in diesen Tagen nach Marokko, komm also nicht, ich kann morgen ohne Vorankündigung abfliegen oder irgendwann sonst.
Ich habe tausend Francs geliehen, aber ich hatte große Ausgaben. Miete, die ich im voraus bezahlen muß, Flugausrüstung usw. Könntest Du mir telegrafisch tausend Francs überweisen? Ich zahle sie Dir Ende des nächsten Monats zurück (ich erhalte nämlich diesen Winter viertausend Francs monatlich).
Wenn es nicht geht, schick soviel Du kannst. Es ist möglich, daß ich schon ab morgen unterwegs bin. Vielleicht auch erst in fünf oder sechs Tagen, aber man hat mich benachrichtigt, daß ich mich bereithalten soll. Und mit den hundert Francs, die mir noch bleiben, wäre ich in Marokko arg in der Klemme ...
Ich habe ausgezeichnete Probeflüge gemacht und fliege im Augenblick die Maschinen in Toulouse ein. Die Kameraden sind reizend und geistreich.
Ich werde Dir morgen einen langen Brief schreiben, denn ich bin sehr müde. Ich bin viel geflogen. Ich habe hier fünf Minuten Station gemacht, um Dir diese Zeilen zu schreiben, denn der Gedanke, ohne Geld abzufliegen, entsetzt mich etwas. Ich glaubte, ich würde noch einen Monat hier bleiben.
Ich umarme Dich sehr zärtlich.
Auf morgen.

Antoine

Toulouse, 1926

Meine kleine Mama

Ich starte im Morgengrauen nach Dakar, ich bin sehr glücklich. Ich bin Pilot einer Maschine bis Agadir und fliege von dort als Passagier weiter. Ich schrieb Dir zwei Briefe ohne Antwort, hoffe aber, Du hast mir dorthin geschrieben. Dein Brief wird mich dann empfangen...

Es ist eine kleine Reise von 5000 Kilometern...

Meine kleine Mama, ich bin recht traurig, Dich zu verlassen, aber, siehst Du, ich bin dabei, mir eine solide Position zu schaffen. Hoffentlich kehre ich als heiratsfähiger Mann zu Dir zurück. Auf jeden Fall komme ich in ein paar Monaten auf Urlaub und kann Dich dann endlich zum Mittagessen einladen.

Meine kleine Mama, ich verlasse Dich. Ich habe starke Kopfschmerzen, und all diese Kisten, diese Koffer, die ich noch packen muß, hemmen meine Phantasie.

Schick mir doch einige Bücher, wenn Du gerade etwas Schönes liest.

Ich habe wieder zu schreiben angefangen und werde der Nouvelle Revue Française etwas schicken.

Ich umarme Dich zärtlich, meine kleine Mama, so wie ich Dich lieb habe.

Dein getreuer Sohn

Antoine

Dakar, 1926

Meine kleine Mama

Hier bin ich in Dakar, so glücklich über diese Reise. Ich habe schreckliche Mauren von nahem gesehen... Sie sind blau gekleidet, mit einem gewaltigen, lockigen Haarschopf, einer tollen Allüre! Sie kommen nach Juby, nach Agadir, nach Villa Cisneros, um sich die Flugzeuge aus der Nähe zu besehen. Sie bleiben dort stundenlang, schweigend. Die Reise ist gut verlaufen, abgesehen von einer Notlandung in der

Wüste. Ein Kamerad kam uns abholen, und dann übernachteten wir in einem kleinen französischen Fort, das von aller Welt abgeschieden ist; der Sergeant, der dort den Befehl führte, hatte seit Monaten keinen Weißen gesehen! Ich schicke Dir nur diese paar Worte. Die Post geht sofort ab, und sonst müßte ich acht Tage warten.

Dakar ist ziemlich häßlich, aber die übrige Strecke ist ganz wunderbar.

Ich umarme Dich sehr zärtlich. Ich schreibe Dir mit jeder Post. Ich befliege die Strecke erst ab 24. und werde versuchen, Bekanntschaften zu schließen.

Dein getreuer Sohn

Antoine

Dakar, 1926

Meine kleine Mama

Ich starte erst am 24. mit dem Kurierflugzeug. Bis dahin führe ich in Dakar ein passives Leben. Ich werde so ziemlich überall eingeladen und... man erreicht sogar, daß ich tanze! Ich mußte erst nach Senegal kommen, um auszugehen.

Die Hitze hier ist ganz erträglich; aber ich ziehe selbst die Kälte in Frankreich dieser sonderbaren Temperatur vor, in der man schwitzt, ohne daß einem zu heiß wäre, und nie weiß, ob man etwas anziehen soll oder nicht. Im übrigen könnte es mir nicht besser gehen.

Ich habe seit einem Monat nichts von Dir erhalten. Und doch schreibe ich häufig, und das schmerzt mich. Ein Wort von Dir hätte mich so gut hier empfangen, denn Du bist, meine kleine Mama, die große Liebe meines Herzens. Wenn ich fern bin, erkenne ich nämlich besser, welche Freundschaften für mich eine Zuflucht bedeuten, und ein Wort von Dir, ein Andenken an Dich kurieren meine Melancholie.

Dein dunkles Pastell steht auf meinem Tisch, der Zweig des Nußbaums, der noch kein Zweig ist und dessen Licht mich bezaubert, und auch Dein Foto mit dem leicht geneigten

Gesicht, so wie ich es kenne. Und alle Deine Briefe aus den letzten drei Jahren sind in einer Schublade.
Ich schreibe stets: nachsenden nach Saint-Maurice, da ich Deine Adresse nicht weiß. Hoffentlich ergibt das keine zu große Verzögerung, aber könntest Du sie mir nicht mitteilen?
Mit dem Schiff dauert es endlos. Schreibe: »Fluglinie Latécoère, Toulouse, nachsenden...«, es sei denn, Du willst mir ein Paket schicken. In diesem Fall adressiere bitte nach Dakar mit Luftpost, nachdem Du in der Post den Tarif festgestellt hast, denn ich weiß nicht, ob Toulouse gratis ein Paket nachschicken würde.
Berichte mir von der Familie (meiner Familie), von meinen Schwestern.
Ich umarme Dich sehr zärtlich, so wie ich Dich lieb habe.

Antoine

Dakar, 1926

Meine kleine Mama
Meine süße Didi
Mein teurer Pierre

Ich sende Euch einen Kollektivbrief, denn nichts ist so süß wie der Schoß der Familie. Ich sende einen Brief an den Schoß der Familie.
Ich habe nach einer Notlandung bei den Senegalnegern übernachtet. Ich schenkte ihnen Marmelade, was sie sehr erstaunte. Sie hatten noch nie Europäer oder Marmelade gesehen. Als ich mich auf meiner Strohmatte ausgestreckt hatte, stattete mir das ganze Dorf einen Besuch ab. Ich hatte dreißig Personen gleichzeitig in meiner Hütte, die mich betrachteten.
Um drei Uhr früh brach ich wieder auf, im Mondschein zu Pferde, mit zwei Führern. Das sah einigermaßen nach einer »Forschungsreise« aus.
Didi und Pierre, richtet einen Eurer Brutapparate her. Ich denke, daß ich Euch in vierzehn Tagen Straußeneier mit Luftpost schicken kann. So ein Strauß ist was ganz Aller-

liebstes und auch leicht zu ernähren: mit Uhren, Silbersachen, Glasscherben, Perlmutterknöpfen; alles, was glänzt, wird verschlungen.
Mama, was bedeutet denn das, dieses spiritistische Ammenmärchen? Was soll ich denn auf dem Motorrad in der Sahara anfangen? [81] Du hast keine rechte Vorstellung, wie es da aussieht; sie hat nur sehr wenig Ähnlichkeit mit dem Bois de Boulogne. Unter allen Albernheiten ist der Spiritismus das letzte; ich möchte nicht, daß Dich diese Albernheit aufregt.
Vielen Dank für Dein Buch.
Ich umarme Euch, so wie ich Euch immer lieb habe.

Antoine

Dakar, 1926

Meine kleine Mama

Ich vermute Dich in Saint-Maurice, ohne es genau zu wissen. Ich würde Dich gern wiedersehn. Ich habe etwas Heimweh, aber wann wird Dir das möglich sein?
Die Temperatur in Dakar ist immer noch erträglich, und ich bin wohlauf. Die Flugreisen finden weiter in regelmäßigen Abständen statt, aber das sind die einzigen Augenblicke, die Abwechslung in mein Leben hineinbringen. Dakar ist der bürgerlichste aller Provinzorte.
Wie geht es Dir? Es tut gut, eine reizende Familie, einen Neffen und Dich zu haben. Hier sind die Leute derart bedrückend, denken an nichts, sind weder traurig noch zufrieden. Das Senegal hat sie innerlich ausgelaugt. Und so träume ich von Menschen, die an etwas denken und Freuden, Leiden, Freundschaften haben.
Hier herrscht eine so sauertöpfische Mentalität.
Es ist ein sehr enttäuschendes Land, ohne Spannweite, ohne Vergangenheit, ohne Haltung, ein törichtes Land. Träume nicht von Senegal!
Es gibt so gar keine Stunde des Tages, die angenehm ist.

Kein Morgenrot, keine Abenddämmerung... ein drückender Tag, Grau in Grau, und dann, ohne Übergang, die feuchte Nacht.
Und in der Gesellschaft Klatschereien, schlimmer als in Lyon.
Ich verlasse Dich. Ich bringe jetzt diesen Brief zur Post.
Ich umarme Dich, so wie ich Dich lieb habe.

Dein getreuer Sohn

Antoine

Dakar, 1926

Meine kleine Mama

Ich erhielt ein Wort von Dir, aber ohne Adresse. Ich habe nicht viel zu erzählen, außer daß ich tanze wie ein kleiner Gigolo und daß ich selber diesen Brief morgen nach Juby bringe.
Dakar bleibt sich immer gleich. Es hat sich bestimmt nicht gelohnt, daß man mitten in den Tropen auf die Suche ging nach einer farblosen Lyoneser Vorstadt...
Hoffentlich kann ich aber nach meiner Rückkehr aus Juby mit einem Kameraden eine kleine Expedition ins Innere unternehmen und auf Krokodiljagd gehen. Das wäre ganz lustig.
Doch der Beruf ist mein größter Trost.
Ich schreibe eine große Sache für die N.R.F. [82], aber verheddere mich etwas in meinem Thema. Sobald ich's fertig habe, schicke ich's Dir, um Deine Meinung zu hören.
Ich schreibe Dir nur ein paar Worte, da es mir völlig an Phantasie fehlt. In diesem Lande gedeiht nichts. Man hat nicht einmal das Gefühl, weit weg zu sein. Aber ich möchte, daß Du regelmäßig von mir hörst.
Ich umarme Dich zärtlich, so wie ich Dich lieb habe.

Antoine

Dakar, 1926

Meine kleine Mama

Dieses wöchentliche Briefchen dient zu Deiner Beruhigung. Ich bin glücklich und wohlauf. Und es soll Dir auch meine ganze zärtliche Liebe sagen, meine kleine Mama; Du bist das Allerliebste auf der Welt, und ich bin so besorgt, weil Du mir diese Woche nicht geschrieben hast.

Meine arme kleine Mama, Du bist sehr weit fort von mir. Und ich denke an Deine Einsamkeit. Ich wüßte Dich so gern in Agay.

Wenn ich erst heimkomme, kann ich ein Sohn für Dich sein, wie es mein Traum ist, und Dich zum Diner einladen und Dir so viele kleine Freuden machen; denn als Du nach Toulouse kamst, empfand ich solche Trauer und solche Scham, weil ich nichts für Dich tun konnte, daß ich ganz bekümmert und mürrisch wurde und nicht zärtlich sein konnte.

Aber Du kannst Dir sagen, meine kleine Mama, daß Du mein Leben mit freundlichen Dingen bevölkert hast, wie das niemand anders fertiggebracht hätte. Und daß Du die »erfrischendste« meiner Erinnerungen bist, die am meisten in mir wachruft. Und der geringste Gegenstand, der Dir gehört, wärmt mich innerlich: Dein Schal, Deine Handschuhe, — sie behüten mein Herz.

Sage Dir auch, daß ich ein wunderbares Leben lebe.

Ich umarme Dich zärtlich.

Antoine

Dakar, 1926

Meine kleine Mama

Ich hoffe, daß Du jetzt in der Provence bist, und ich bin darüber so glücklich für Dich.

Ich bin glücklich wie ein Papst in diesem Land und schicke Dir ein kleines Foto, auf dem ich sanft, schüchtern und charmant wirke. Ich sehe aus wie eine Jungfrau.

Dakar ist ein elendes Loch, und alle Leute erzählen mir heute abend, daß ich verlobt bin.

Ich war der einzige, der nichts davon wußte, aber man kann mit keiner Dame ausgehen, ohne ihr Geliebter zu sein, und mit keinem jungen Mädchen, ohne sein Verlobter zu sein. Das geht einem etwas auf die Nerven.
Ich erhielt eine Benachrichtigung, daß ein Paket von Dir eingetroffen ist. Du bist ein Schatz.
Ich schreibe Dir, bevor ich es geöffnet habe, denn die Post geht morgen ab.
Ich umarme Dich sehr zärtlich, so wie ich Dich lieb habe.

Antoine

Juby, 1927

Meine kleine Mama
Stell Dir vor, daß ich nur einige Stunden vor meiner Abreise davon unterrichtet wurde und daß ich in der Aufregung des Kofferpackens keine Zeit zum Schreiben hatte.
Ich bin zur Zeit Kommandant des Flugplatzes in Cap Juby, wo ich ein mönchisches Leben führe[83]. Ich bin wohlauf. Ich muß einige Maschinen einfliegen und viele Papiere ausfüllen. Für meine Rekonvaleszenz ist das durchaus die angemessene Beschäftigung.
Gestern unternahm ich eine topografische Erkundung des Geländes. Da dieses nicht unterworfen ist, begleitete mich eine Ehrengarde befreundeter maurischer Häuptlinge. Ich hoffe, ich werde etwas spazierengehen können, sobald ich erst Bekanntschaften hier gemacht habe, die mir Schutz gewähren.
Im Augenblick fahre ich etwas Boot, atme die reine Meeresluft und spiele Schach mit den Spaniern, die ich durch meine blendenden Empfehlungen erobert habe.
Wie geht's Dir? Bist Du in Combles[84]? Ich umarme Dich zärtlich, so wie ich Dich lieb habe.

Antoine

Juby, 1927

Lieber alter Bruder[85]

Ich habe im Meer gebadet. Dadurch mußte ich an Dich, an Didi, an Agay und an Frankreich denken, denn ich bin stets Patriot. Und da ich mich heute abend langweile wie eine Jungfrau – Du kannst Dir vorstellen! –, schreibe ich Dir. Da ich auf den Wogen und Wellen des Meeres schwamm, wurde mein Seelenzustand dadurch verschwommen[86]. (Nein, durch solch eine Kleinigkeit sind meine Fähigkeiten noch nicht erschöpft. Ich kann noch viel Derartiges produzieren.) Es gab dort auch Medusen, so groß wie Badewannen, aber glücklicherweise ist ihre Initiative nicht groß.

Mein Bad war unfreiwillig. Ich wollte Boot fahren und über die Ruderpinne springen – ein edler Ehrgeiz. Aber ich fand mich unter dem Boot wieder. Und auch unter der Ruderpinne.

Es wird hier viel Ulk getrieben. Man wohnt in einem am Strand erbauten spanischen Fort und kann gefahrlos bis zum Meer gehen. Diesen Spaziergang mache ich mehrmals täglich. Wenn Du Dich aber mehr als zwanzig Meter vorwagst, empfangen Dich Flintenschüsse. Und wenn Du fünfzig Meter überschreitest, läßt man Dich Deinen Vorfahren nachfolgen oder führt Dich in die Sklaverei ab; das kommt auf die Jahreszeit an.

Im Frühjahr und wenn Du niedlich aussiehst, hast Du Chancen, Sultan zu werden. Das ist immer noch besser, als tot zu sein. Du hast auch Chancen, Ober-Eunuch zu werden. Das ist schon lästiger.

Wäre ich vor vierzehn Tagen in Juby gewesen, wäre ich der Stolz der Familie. Meine Kameraden, die zugegen waren, haben damals Reisende gerettet. Meine Equipe befand sich leider in Dakar, denn wir langweilen uns hier abwechselnd. Und als wir eintrafen, war es zu Ende.

Gestern abend erlebte ich eine kleine Aufregung. Es war eine rabenschwarze Nacht. Eine jener Nächte, von denen die Heilige Schrift im Kapitel über die Sintflut spricht. Es blies ein Sandsturm, und wie Ponson du Terrail[87] so treffend sagen würde: »Das Heulen des Windes antwortete den Klagegesängen der Fluten.« Gerade da hatten nun meine Mahlzeiten vom Tage zuvor ihre kleine Wanderung beendet und verlangten nach ihrer Befreiung. Da es in Juby nur den Hof des Forts oder die Sahara als WC gibt, entschied ich mich für die Sahara und ging hinaus (denn wir hausen in einem kleinen, selbständigen Gebäude).

Übrigens ist das verboten.

Ich vermischte also meine bescheidene Stimme mit der großen Stimme des Sturms, als ich Schritte hörte. Ich konnte nicht zwei Meter weit sehen. Wie es wiederum Ponson du Terrail im Kapitel über die Vergewaltigung der Marquise so kraftvoll ausdrücken würde, kreiste mein Blut nur ein einziges Mal und erstarrte alsbald in meinen Adern.

Es war schon vorgekommen, daß ich hinausging, aber stets in Begleitung von zwei Posten. Ich gesellte schnell den meinen hinzu, und dann gingen wir wieder heim. Doch diesmal hatte ich nicht einmal meinen Revolver bei mir. Ich brachte meine bescheidene Stimme zum Schweigen und zog mich ganz sachte im Krebsgang zurück.

Und in diesem Augenblick beginnt so ein dämlicher Kerl, ein Wachtposten, von der Mauer herunter zu brüllen wie ein Kalb. Er schrie die üblichen Aufforderungen. (Ein Befehl schreibt vor, daß auf alle Schatten zu schießen ist.) Auf Spanisch kann ich nur »Oh« sagen. So antwortete ich denn, so gut ich kann: »Kumpan... alter Kumpan... Jugendfreund.« Und um noch sicherer zu gehen, drückte ich mich mit meinen vier Gliedmaßen gegen die Mauer. Auf diese Weise kam ich nach Hause.

Als ich die Tür aufstieß, gab er einen Schuß ab. Ich aber machte »uff«!

Didi fragt mich, was ich treibe... Nun, ich befliege die Strecke über die nicht unterworfene Sahara Dakar–Juby. Die Sahara fängt an, sobald Senegal überquert ist. Das ist Französisch-Mauretanien. Von Port-Étienne ab, wo die spanische Zone (Rio de Oro) anfängt, ist sie nicht unterworfen. Auch

die Kameraden der Strecke Casablanca – Juby haben aufständisches Gebiet von Juby bis nach Agadir.
Es ist eine sehr sportliche Sache. Vergangenes Jahr hat man zwei unserer Piloten (von vieren) umgebracht, und über tausend Kilometer habe ich die Ehre, wie ein Rebhuhn beschossen zu werden. Die anderen tausend sind friedlicher (denn wir fliegen zweitausend Kilometer hin und zweitausend Kilometer zurück bei jedem Kurierflug).
Ich mußte schon einmal in der Wüste notlanden, aber mein Kamerad vom anderen Flugzeug (wir fliegen jeweils mit zwei Maschinen) konnte mich wieder flottmachen: ich war auf gutem Gelände aus hartem Sand niedergegangen. Wenn einen keiner flottmachen kann, muß das weniger amüsant sein. Die Uruguayer erzählten uns, man hätte sie bestimmt schon umgebracht, wenn sie Franzosen wären. Sie sind schon öfters beschossen worden. Na, wenn man mich fängt, werde ich sehr höflich sein und um Entschuldigung bitten, wie neulich meinen Löwen, als ich ihn bloß verwundete und meine Büchse eine Ladehemmung hatte. Da verging mir das Lachen: die Löwen lieben es anscheinend gar nicht, wenn man sie verwundet. Diese Biester sind sehr empfindlich, aber ich saß im Wagen und hatte die geniale Idee zu hupen. Die Wirkung war erheblich. Denn ich verjagte den Löwen in Mauretanien über die Grenzen der Sahara. Vier Tage Autofahrt in der Wüste. Nicht einmal eine Kamelfährte, wir durchschifften den Sand, umsteuerten Dünen usw.; wir übernachteten auf Lagerplätzen, wo unsere beiden Rumpelkästen zuerst Schrecken, dann Bewunderung erregten. Wenn wir Herden begegneten, requirierten wir Schafe. Es war das Leben eines Grandseigneurs.
Ich habe Didi diese Expedition eingehend beschrieben, und dann fand ich meinen Brief in einem Buch wieder. Ob sie ihn wohl niemals erhalten hat?
Pierre, es ist Mitternacht, zu einer so ungehörigen Stunde möchte ich Dich nicht länger stören. Du bist gewiß müde.
Ich umarme Dich herzlich.

Antoine

P.S. Ich habe den Auftrag, mit den maurischen Stämmen Beziehungen anzuknüpfen und möglichst eine Reise in das aufsässige Gebiet zu unternehmen. Ich übe den Beruf eines Fliegers, eines Botschafters und eines Forschers aus. Ich bin eben dabei, meinen Abstieg in die Bärengrube vorzubereiten. Wenn das was wird und ich wieder davon zurückkehre – was für Erinnerungen bringe ich dann mit!
Ich erhalte keinen Brief mehr von Mama. Didi soll doch so nett sein und ihr genau erklären, wie sie schreiben muß! Ich habe es schon zweimal versucht... Es beunruhigt mich sehr, denn ich weiß, daß Mama Grippe hat. Schreib mir schnell.

Dakar

Ich habe den Dreh jetzt herausbekommen. Mama schreibt postlagernd; das geht, sag ihr nichts.
Ich lade Dich ein, einen Schoppen mit mir zu trinken. Falls Du Gelegenheit hast, hier vorbeizukommen, wird es mir eine Freude sein, mein Versprechen einzulösen. Andernfalls werde ich versuchen, in einem Jahr in Agay hineinzuschauen (o weh..?). Dakar ist sehr hübsch bei Nacht, wenn man schläft. Es ist wie Du.
Finde mir eine entzückende Person. Es wird mir ein Vergnügen sein, zur Aufbesserung der menschlichen Rasse beitragen zu können. Wenn sie reich ist, bekommst Du Prozente von der Mitgift, wenn sie hübsch ist, bekommst Du Prozente von... nein, das nicht. Du bist ein zu großer Lüstling.
Ich bin nicht schläfrig und bin allein. Was für ein Zeitverlust.
Und Du zur gleichen Stunde... Du Lüstling! (Warst Du es nicht, dem das kleine Mädchen sagte: »Na, für einen Lüstling bist Du aber ein rechter Tolpatsch!«?)
Guten Abend, großer Bruder.
Schreibe wenigstens einmal in Deinem Leben. Gott wird es Dir vergelten. (Damit will ich nicht sagen, daß er Dir schreiben wird, aber vielleicht läßt er Dir die Haare wieder wachsen. Welch eine Belohnung!)

Antoine

Dakar, 1927

Meine kleine Mama

Was für ein Mönchsleben führe ich doch! Im verlorensten Winkel von ganz Afrika, mitten in der spanischen Sahara. Ein Fort auf dem Strand, unsere Baracke daneben, und dann kommt nichts mehr über Hunderte und Hunderte von Kilometern.

Die Sahara liebe ich sehr und auch diese schönen Seen, die einen umgeben, wenn man landen muß, und in denen sich die Dünen spiegeln. (Was übrigens recht ärgerlich ist, wenn man Durst hat...) Mir geht es ausgezeichnet. Meine kleine Mama, Du hast einen Sohn, der sehr glücklich ist und seinen Weg macht.

Sobald die Flut kommt, umspült uns das Meer ganz und gar, und wenn ich nachts an meinem Fensterchen stehe – es hat Gitterstäbe wie im Gefängnis; wir befinden uns ja in aufständischem Gebiet –, habe ich das Meer unter mir, genau so nah wie in einem Boot. Und es pocht die ganze Nacht an meine Wand.

Auf der anderen Seite sieht man auf die Wüste.

Die Entäußerung von allem Komfort ist vollständig: ein Bett, das aus einem Brett und einem dünnen Strohsack besteht, ein Waschbecken, ein Krug. Ich vergesse noch die Nippsachen: die Schreibmaschine und die Paperassen des Flugplatzes. Eine Mönchszelle.

Die Flugzeuge kommen alle acht Tage durch. Dazwischen liegen drei Ruhetage. Und wenn meine Flugzeuge starten, sind sie wie meine Küchlein. Und ich bin in Sorge, bis ich die funktelegrafische Meldung erhalte, daß sie die nächste Etappe erreicht haben – in tausend Kilometer Entfernung. Und ich bin dafür gerüstet, mich nach den Vermißten auf die Suche zu machen.

Einen Haufen gerissener und charmanter kleiner Araber beschenke ich täglich mit Schokolade. Ich bin beliebt bei den Kindern der Wüste. Es gibt darunter weibliche Dreikäsehochs, die schon wie indische Prinzessinnen aussehen und denen so viele mütterliche Gebärden eigen sind. Ich habe alte Kameraden unter ihnen.

Jeden Tag kommt der Marabu, um mir arabischen Unterricht zu geben. Er lehrt mich schreiben. Und ich kann mich schon etwas verständlich machen. Ich lade Maurenhäuptlinge zu mondänen Tees ein. Und sie bitten mich ihrerseits zu einer Tasse Tee in ihr Zelt, zwei Kilometer tief im aufständischen Gebiet, wo noch niemals ein Spanier gewesen ist. Und ich werde mich noch weiter vorwagen. Und nichts dabei riskieren, da ich allmählich bekannt bin.

Ich liege auf ihrem Teppich, ich betrachte durch den Ausschnitt der Leinwand den ruhigen gewellten Sand, den gewölbten Boden, die Söhne des Häuptlings, die nackt in der Sonne spielen, das Kamel, das unmittelbar neben dem Zelt angebunden ist. Und ich habe ein seltsames Gefühl. Nicht als wäre ich in der Ferne, von allem abgesondert, sondern es kommt mir vor wie ein flüchtiges Spiel. Mein Rheumatismus stört mich nicht. Seit meiner Abreise hat er sich eher gebessert.

Und was treibst Du, meine kleine Mama, in Deiner Wüste, mit Deinen anderen Adoptivkindern[88]? Wir beide sind fern von jeder Existenz (sic!). So fern, daß ich mich in Frankreich glaube oder ganz nah, ein Familienleben führend und alte Freunde wiederfindend; ich glaube, in Saint-Raphael auf einem Picknick zu sein.

Am Zwanzigsten jeden Monats, wenn uns das Segelschiff von den Kanarischen Inseln mit Lebensmitteln versorgt, — wenn ich dann morgens mein Fenster aufstoße, hat sich der Horizont ein ganz weißes, ganz schmuckes Segel zugelegt; es ist sauber wie frisches Linnen, das kleidet die ganze Wüste, das läßt mich an die Wäschekammern der Häuser denken, ihr intimstes Gemach. Und ich denke auch an die alten Kammerfrauen, die ihr Leben lang weiße Tischtücher plätten und sie in den Wandschränken aufstapeln, und das duftet! Und mein Segel wiegt sich ganz sachte, wie eine gut geplättete bretonische Haube, aber das ist eine kurze Freude.

Ich habe ein Chamäleon gezähmt. Darin besteht ja hier

meine Aufgabe: zu zähmen. Das ist mir recht, es ist ein hübsches Wort. Und mein Chamäleon gleicht einem vorsintflutlichen Tier. Es sieht aus wie ein Diplodocus. Seine Bewegungen sind äußerst langsam, seine Vorkehrungen nahezu menschlich, und es versinkt in endlosen Überlegungen. Es bleibt Stunden unbeweglich. Es scheint aus der Nacht der Zeiten zu stammen. Wir träumen alle beide am Abend.
Meine kleine Mama, ich umarme Dich, so wie ich Dich lieb habe. Schreib mir eine Zeile.

Antoine

Juby, Dezember 1927

Meine kleine Mama

Es geht mir gut. Das Leben ist nicht sehr kompliziert, und es läßt sich nicht viel darüber berichten. Freilich wird es jetzt etwas bewegter, weil die Mauren hier mit einem Angriff anderer maurischer Stämme rechnen, so daß man sich auf den Krieg vorbereitet. Das Fort gerät dadurch kaum in größere Unruhe als ein sanftmütiger Löwe, aber während der Nacht läßt man alle fünf Minuten Raketen steigen, die die Wüste in eine wunderbare Opernbeleuchtung tauchen. Wie alle großen maurischen Unternehmungen wird das dann mit dem Raub von vier Kamelen und drei Frauen sein Ende finden.
Als Handarbeiter verwenden wir Mauren und einen Sklaven. Dieser Unglückliche ist ein Schwarzer, der vor vier Jahren aus Marrakesch entführt wurde, wo seine Frau und seine Kinder leben. Da die Sklaverei hier geduldet wird, arbeitet er für Rechnung des Mauren, der ihn gekauft hat, und liefert ihm allwöchentlich seinen Lohn ab. Sobald er so verbraucht sein wird, daß er nicht mehr arbeiten kann, läßt man ihn sterben; so will es der Brauch. Die Spanier können nichts für ihn tun, da es sich um einen Aufständischen handelt. Ich würde ihn gern in ein Flugzeug einschmuggeln, das nach Agadir fliegt, aber dann würde man uns alle umbringen. Er

kostet zweitausend Francs. Falls Du jemanden kennen solltest, den dieser Zustand empört und der mir das Geld schikken könnte, so würde ich ihn auslösen und ihn zu seiner Frau und seinen Kindern expedieren. Er ist ein braver Kerl und sehr unglücklich[89].
Ich würde gern Weihnachten mit Euch in Agay verbringen. Agay ist für mich der Inbegriff des Glücks. Gewiß langweile ich mich dort manchmal ein bißchen, aber nur so, wie einen ein zu beständiges Glück langweilt. Falls ich nächste Woche nach Casablanca komme, was möglich ist, werde ich dort für diese Kinder Zaïam-Teppiche bester Qualität aussuchen. Sie brauchen sie anscheinend.
Das Wetter ist trüb heute. Meer, Himmel, Sand gehen ineinander über. Es ist eine Wüstenlandschaft der Urzeit. Manchmal stößt ein Meervogel einen schrillen Schrei aus, und dann wundert man sich über diese Spur des Lebens. Gestern hab ich gebadet. Auch als Schiffsauslader war ich tätig. Wir erhielten per Schiff eine Kiste, die zweitausend Kilo wog. Es war keine einfache Unternehmung, sie über die Sandbank hinüberzubringen und am Strand auszuladen. Mit der Sicherheit eines ehemaligen Seekadetten in spe kommandierte ich eine Barkasse, die so groß war wie ein Waschschiff und ebenso schlank. Ich war etwas seekrank: wir machten nahezu Loopings.
Ich bin ganz wunschlos. Ich habe entschieden eine Anlage zum Mönchsleben. Ich lade Mauren zum Tee ein, mache ihnen Besuche. Ich schreibe ein bißchen. Ich habe ein Buch angefangen[90]. Sechs Zeilen sind schon fertig. Na, so ist das immer.
Heute abend ist Weihnachten. Das fällt wirklich gar nicht auf in diesem Sand. Die Zeit verrinnt hier ohne Merkzeichen. Seltsame Art, sein Leben auf dieser Welt zu verbringen.
Ich umarme Dich zärtlich.

Dein getreuer Sohn

Antoine

Juby, 1927

Meine kleine Mama

Alles ist hier in großer Aufregung, um zwei Kurierflugzeuge zu suchen, die irgendwo in der Sahara verschwunden sind.
Ein Kamerad ist gefangen. Ich bin fünf Tage lang nicht aus dem Flugzeug herausgekommen, und wir haben ganz großartige Dinge erlebt.
Ich umarme Dich in Eile. In anderthalb Monaten werde ich in Frankreich sein.
Verzeih mir diesen so kurzen Brief, aber wir sind müde zum Umfallen.

Antoine

Juby, 1928

Meine kleine Mama

Wir haben dieser Tage großartige Dinge erlebt: Suche nach verschwundenen Kameraden, Bergung eines Flugzeugs usw.; ich bin noch nie so oft in der Sahara gelandet, habe noch nie so oft in ihr geschlafen und noch nie so oft die Kugeln pfeifen gehört.
Ich hoffe immer noch, daß ich im September heimkommen kann, aber einer meiner Kameraden ist gefangen, und es ist meine Pflicht, hierzubleiben, solange er in Gefahr ist. Vielleicht kann ich noch zu etwas nützlich sein[91].
Freilich träume ich zuweilen von einer Existenz, in der es ein Tischtuch gibt, Früchte, Spaziergänge unter den Linden, vielleicht eine Frau; in der man die Leute liebenswürdig begrüßt, wenn man ihnen begegnet, statt auf sie zu schießen; in der man sich nicht mit zweihundert Kilometern in der Stunde im Nebel verirrt und auf weißem Kies wandelt statt auf dem ewigen Sande.
Alles das ist so fern!
Ich umarme Dich zärtlich.

Antoine

Juby, 1928

Meine kleine Mama

Mir geht es ganz gut. Ich glaube, ich werde bloß nächstes Jahr eine Kur in Aix brauchen. Hiervon abgesehen scheint eine eintönige Sonne auf ein stets bewegtes Meer, denn der Ozean hier kommt nie zur Ruhe.

Ich lese ein bißchen und habe mich entschlossen, ein Buch zu schreiben[92]. Hundert Seiten habe ich schon und bin ziemlich im Aufbau festgefahren. Ich möchte allzu verschiedene Dinge und Gesichtspunkte hineinbringen. Ich frage mich, was Du davon halten würdest.

Wenn ich jemals in zwei oder drei Monaten ein paar Tage in Frankreich verbringen sollte, werde ich's André Gide oder Ramon Fernandez zeigen.

Ich begann bei den Spaniern zu sondieren, wie sie sich zu einer Erkundungsfahrt nach Marokko, ins aufständische Gebiet, stellen würden. Ich sprach zunächst nur von einer Jagdexpedition, um sie nicht kopfscheu zu machen, aber ich werde mich bemühen, das Prinzip zu erweitern. Es bedarf einer Diplomatie, die sehr langsam vorgeht. Außerdem weiß ich noch nicht, welche Meinung die Fluggesellschaft zur Zeit vertritt; früher stand sie solch einem Plan günstig gegenüber.

Schließlich muß man noch mindestens einen Monat warten, denn jetzt wird in dieser Gegend Krieg geführt.

Ich träume voller Melancholie von Saint-Maurice und auch von Agay, obgleich ich das Meer allmählich leid bin! Und von der ganzen Lieblichkeit Frankreichs.

Ich umarme Dich zärtlich, so wie ich Dich lieb habe.

Dein getreuer Sohn

Antoine

Juby, 1928

Meine kleine Didi

Auf der Suche nach zwei Kurierflugzeugen, die in der Wüste verlorengegangen sind, habe ich für meine Person etwa achttausend Kilometer über der Sahara in fünf Tagen zurückgelegt. Ich wurde von Mauren, etwa dreihundert Kerlen, beschossen wie ein Kaninchen. Ich habe aufregende Tage hinter mir; ich bin viermal in aufständischem Gebiet gelandet und habe eine Nacht dort nach einer Notlandung verbracht.

In solchen Augenblicken riskiert man sehr großzügig seinen Kopf.

Bisher wissen wir, daß die Besatzung des ersten Kurierflugzeugs gefangen ist; aber die Mauren verlangen als Lösegeld eine Million Gewehre, eine Million Peseten, eine Million Kamele. (Eine Kleinigkeit!)

Und die Sache steht nicht gut, denn die Stämme fangen schon an, sich darum zu balgen.

Was die Besatzung des zweiten Kurierflugzeugs angeht, so hat sie sich offenbar irgendwo im Süden umbringen lassen, denn wir haben keinerlei Nachricht von ihr.

Ich denke, daß ich im September nach Frankreich zurückkomme; ich habe es sehr nötig. Ich möchte nicht früher heimfahren, da ich ein paar Sous für meinen Urlaub brauche und noch nicht genug habe.

Ich ziehe gerade einen Fenek oder Wüstenfuchs auf. Er ist kleiner als eine Katze und hat riesige Ohren. Er ist ganz reizend.

Hier folgt eine schematische Skizze des Fenek.

Leider ist er wild wie ein Raubtier und brüllt wie ein Löwe.

Ich habe einen Roman von 170 Seiten abgeschlossen, ich weiß nicht recht, was ich davon halten soll. Du wirst ihn im September zu sehen bekommen.

Ich möchte möglichst bald wieder ein zivilisiertes, menschliches Leben beginnen; von meinem Dasein hier könnt Ihr nichts verstehen, und das Eure kommt mir so fern vor. Ich empfinde es als solch einen Luxus, glücklich zu sein…

Dein alter Bruder

Antoine

P.S. Wenn Du willst, heirate ich…

Juby, 1928

Meine kleine Mama

Es ist abgemacht, daß ich nach Frankreich zurückkehre, sobald uns die Kameraden, die seit zwei Monaten gefangen sind, herausgegeben werden. Im Augenblick weiß man nichts von ihnen, nicht einmal, ob sie noch am Leben sind.
Es herrscht im übrigen zur Zeit große Unordnung in der Sahara, in der sich alle Nomadenstämme erbittert bekriegen[93].
Augenscheinlich besteht keine große Ähnlichkeit mit Saint-Maurice.
Es geht mir nicht gerade schlecht, aber ich möchte gern bald heimkommen, um mich in Aix-les-Bains oder Dax etwas aufzufrischen – und vor allem, um Euch alle endlich wiederzusehn.
Ich habe nun elf Monate Einsamkeit hinter mir; allmählich werde ich zu einem richtigen Wilden.
Ich verlasse Dich und umarme Euch alle von ganzem Herzen. Vielleicht sehen wir uns wirklich Anfang September?

Dein getreuer Sohn

Antoine

Juby, 1928

Meine kleine Mama

Es geht mir nicht schlecht. Dein Brief hat mich gerührt. Leider Gottes sind meine Kameraden immer noch gefangen, und ich fürchte, daß es noch mindestens vierzehn Tage lang Verhandlungen geben wird, und so muß ich mich bis Mitte September gedulden.
Und doch drängt es mich so sehr, bei Dir zu sein...
Ich umarme Dich, so wie ich Dich lieb habe.

Dein getreuer Sohn

Antoine

Juby, 1928

Meine kleine Mama

Mein Nachfolger mußte bei den Mauren notlanden, als er unterwegs war, um mich abzulösen: ich habe kein Glück. Ich muß mindestens noch drei Wochen warten. Und ich sehne mich so sehr danach, Dich wiederzusehen, Dich zu umarmen, Dir etwas Freude zu machen. Und auch, meinen ewigen Sand zu verlassen! Ich lebe nicht mehr, während ich auf diese Abreise warte.
Ich umarme Dich, so wie ich Dich lieb habe.

Antoine

Juby, 1928

Ein Wort in Eile, meine kleine Mama

In den nächsten zehn Tagen komme ich heim.
Deine fünftausend Francs erhältst Du bestimmt Ende Dezember zurück. Ich liebe Dich unendlich. Ich schreibe nicht länger, denn ich hatte eine kleine entzündete Wunde am Finger und anschließend eine Lymphangitis, die mich noch immer daran hindert, meinen Arm richtig zu gebrauchen.
In zwei Tagen geht das wieder.
Ich umarme Dich unendlich.

Antoine

Juby, 1928

Meine kleine Mama

Ich schreibe Dir aus Port-Étienne während einer Zwischenlandung. Es liegt mitten in der Wüste. Es zählt etwa drei Häuser. In einer Viertelstunde fliegen wir weiter.
Vorige Woche war ich auf Löwenjagd. Ich habe keinen Löwen erlegt, aber auf einen geschossen und ihn verwundet. Hingegen haben wir ein großes Blutbad unter anderen wilden Tieren – Keilern, Schakalen usw. – angerichtet. Vier

Tage mit dem Auto am Rande der Sahara, in Mauretanien. Wir brachen durch das Dickicht wie Tanks.
Ein Maurenhäuptling hat mich nach Boutlimit eingeladen. Für die Fluggesellschaft kann das interessant sein. Vielleicht wird er mich ins aufständische Gebiet mitnehmen. Welch wunderbare Expedition!
Ich bin wohlauf. Wie geht's Monot? Der Brief Onkel Huberts [94] erwartete mich; ich werde ihm Briefmarken schicken. Die Hitze ist atemberaubend in dieser lieblichen Sahara. Nachts hingegen schwitzt alles Wasser aus. Es ist ein seltsames Land. Aber faszinierend. Das Senegal dagegen verabscheue ich immer mehr.
Ich umarme Dich, wie ich Dich lieb habe, meine kleine Mama.

Antoine

Brest, 1929 [95]

Meine kleine Mama

Dein Telegramm hat mich gerührt. Und ich mache mir solche Vorwürfe, daß ich's nicht mehr fertigbringe zu schreiben. Aber wahrhaftig, Dein Brief über mein kleines Buch [96] hat mich unter allen am meisten gerührt. Und ich sehne mich so danach, Dich wiederzusehn. Sobald in einem Monat der Verkauf meines Buches begonnen hat, fahren wir zusammen nach Dax; ich brauche das sehr, ich bin ganz traurig und erschöpft. Und dann zeige ich Dir das kleine Buch, das ich jetzt anfange.
Brest ist nicht sehr lustig.
Wenn ich vier- oder fünftausend Francs zur Verfügung hätte, würde ich Dich bitten, zu mir nach Brest zu kommen. Doch im Augenblick habe ich nichts als Schulden; ich würde gern etwas borgen, da ich gewiß bin, mit meinem Buch Geld zu verdienen – aber wen soll ich anpumpen?
Nun, in einem Monat fahre ich ab.
Gern würde ich auch Saint-Maurice wiedersehn, mein altes Haus. Und meine Truhe. Ich habe wirklich in meinem Buch viel daran gedacht.

Meine kleine Mama, wie kannst Du nur auf den Gedanken kommen, daß mich Deine Briefe langweilen könnten! Es sind die einzigen, bei denen mir wirklich das Herz klopft! Kannst Du mir schreiben und mir berichten, was man über mein Buch sagt? Aber zeige es um Himmels willen nicht X., Y. und anderen Dummköpfen. Man muß wenigstens Giraudoux verstehen, um es zu begreifen.
Ich umarme Dich zärtlich.

Antoine

Brest, 1929

Meine kleine Mama

Du bist zu bescheiden. Der Argus der Presse schickt mir alle Zeitungen, in denen von Dir die Rede ist; ich bin so glücklich, daß Dir die Stadt Lyon ein Bild abgekauft hat [97], meine kleine, berühmte Mama!
Was sind wir doch für eine Familie!
Ich denke, geliebte Mama, Du bist nun mit Deinem Sohn und Dir selber etwas zufrieden! In den nächsten drei Wochen werde ich Dich wiedersehn. Das wird eine große Freude für mich sein!
Hast Du den Artikel von Edmond Jaloux gelesen, dem berühmtesten der Kritiker?
Sag es mir, falls Du anderer Meinung bist!
Ich umarme Dich aus tiefstem Herzen, so wie ich Dich lieb habe.

Dein getreuer Sohn
Antoine

Buenos Aires, 1929

Meine kleine Mama

Ich bin auf dem Schiff [98]. Es wird eine entzückende Reise werden. Seit meiner Abreise hatte ich nicht eine Sekunde Zeit übrig und bin ebenso abgespannt wie ruhebedürftig. Endlich ist es nun soweit.
Gallimard ist sehr zufrieden über mein Buch, von dem er

mir die Fahnen per Luftpost schicken wird; er möchte sofort ein weiteres haben.
Yvonne, die hierherkam, um mir in Chitrés Namen Lebewohl zu sagen, erzählte, in der literarischen Welt spreche jeder davon.
Du wirst (in drei oder vier Tagen) einen endlosen Brief erhalten, den ich vom Hafen Bilbao in Spanien aus absenden werde.
Ich umarme Dich sehr zärtlich. Dies ist kein Abschiedsbrief: nur eine kurze Zeile vor Bilbao, um Dir meine ganze Zuneigung, meine kleine Mama, meine so tiefe Zuneigung, die Dir wohlbekannt ist, zu sagen.
Umarme Tante Mad und bonne Maman.
Umarme Didi.

Antoine

Buenos Aires, 1929

Meine kleine Mama

Recht friedliche Reise. Ich führe Scharaden mit kleinen Mädchen auf, verkleide mich, denke mir kleine Vorträge aus. Gestern spielten wir Blindekuh und Chat perché[99]. Ich komme mir vor, als wäre ich wieder fünfzehn Jahre alt. Man braucht viel Phantasie, um nicht zu vergessen, daß man auf einem Schiff ist. Kein Lärm, ein ölglattes Meer. Höchstens hört man das Surren der riesigen Ventilatoren, die sich unaufhörlich auf dem Vorderdeck drehen.
Allmählich wird es heiß. Wir machen fünf Stunden in Dakar Station. Alte Erinnerungen.
Mein Brief wird Dich in drei oder vier Tagen per Luftpost erreichen.
Meine kleine Mama, wie klein ist die Welt. In Dakar meine ich, noch in Frankreich zu sein. Vielleicht, weil ich jeden Fels, jeden Baum, jede Düne auf der großen Allee kenne, die von Toulouse nach Senegal führt. Kein Stein auf diesem Weg, den ich nicht wiedererkennen würde.
Wir sind eben in den Hafen von Dakar eingelaufen, und

man übergibt mir Deinen Brief. Das rührt mich, und ich frage mich, wie Du auf diese gute Idee verfallen bist. Du bist eine erfinderische Mutter.
Noch fühle ich mich weder traurig noch fern, nicht einmal abwesend. Man kann nicht sagen, man wäre auf Reisen, keine Bewegung, kein Laut, und dazu die Scharaden im Salon vor den Familienmüttern, die im Kreise herumsitzen! Das ist alles nicht sehr exotisch und auch keine Kolonialatmosphäre. Abgesehen vom heißen und schwülen Winde Dakars. Aber man könnte auch glauben, man wäre an einem drückenden Tag in Saint-Maurice. Fliegende Fische und Haifische geben Vorstellungen während der Fahrt. Die kleinen Mädchen stoßen kleine Schreie aus. Dann führt man eine Scharade über einen Fisch auf oder porträtiert einen Haifisch.
Ich werde jetzt an Land gehen und diesen Brief zur Post bringen.
Ich umarme Dich sehr zärtlich. Ich habe Euch alle ein wenig bei mir.
Jetzt wirst Du in nicht allzu langer Zeit einen Brief aus Südamerika bekommen. Meine kleine Mama, diese Erde ist ganz klein: man ist nie sehr weit fort.
Ich umarme Dich, so wie ich Dich lieb habe.

Antoine

Hotel Majestic, Buenos Aires, 25. Oktober 1929

Meine kleine Mama

Ich habe nun endlich erfahren, was ich tun soll... Ich bin zum Direktor der Aeroposta Argentina ernannt, einer Tochtergesellschaft der Compagnie Générale Aéropostale (mit Bezügen von etwa 225000 Francs jährlich). Ich denke, Du wirst zufrieden sein; ich bin etwas traurig darüber. Mein früheres Dasein gefiel mir gut.
Ich habe das Gefühl, daß ich dadurch älter werde. Ich werde übrigens noch fliegen, aber nur für Inspektionen und zur Erkundung neuer Flugstrecken.

Erst heute abend wurde ich über mein Schicksal unterrichtet, und vorher wollte ich Dir nichts davon sagen. Ich bin auch in Zeitnot, denn die Post muß in einer halben Stunde im Kasten sein.
Schreib mir an die Adresse, die auf meinem Brief steht (Hotel Majestic), und nicht an die Gesellschaft. Sobald ich eine Wohnung habe, schreib mir bitte dorthin.
Buenos Aires ist eine abscheuliche Stadt, ohne Charme, ohne Erholungsmöglichkeiten, ohne irgendwas.
Am Montag begebe ich mich ein paar Tage nach Santiago und Samstag nach Commodoro-Rivadavia in Patagonien.
Ich werde Dir morgen mit dem Schiff einen guten Brief schicken.
Ich umarme Euch alle, so wie ich Euch lieb habe.

Antoine

Buenos Aires, 30. Oktober 1929

Meine kleine Mama

Das Leben vergeht schlicht und ruhig wie im Lied. Ich war in Commodoro-Rivadavia in Patagonien und in Assuncion in Paraguay. Hiervon abgesehen führe ich ein ruhiges Leben und verwalte weise die Aeroposta Argentina.
Ich kann Dir nicht sagen, was für eine Freude mir Dir zuliebe meine Stellung macht! Das ist doch eine schöne Revanche für Deine Erziehung, findest Du nicht? Man hat Dir deswegen solche Vorwürfe gemacht.
Das ist gar nicht so übel, wenn man mit neunundzwanzig Jahren Direktor eines so großen Unternehmens ist, nicht wahr?
Ich habe eine kleine möblierte Wohnung genommen, die entzückend ist. Hier meine Adresse – schreibe mir immer dorthin:
Monsieur de Saint-Exupéry, Galeria Goemes, Calle Florida, departemento 605, Buenos Aires.
Ich machte die Bekanntschaft reizender Leute, Freunde der Vilmorins (zwei Brüder sind übrigens in Südamerika). Ich

werde bestimmt noch andere finden, die Musik und Bücher lieben und mich etwas über die Sahara trösten können. Und auch über Buenos Aires, das eine andere Art von Wüste ist.
Meine kleine Mama, Du hast mir einen so liebevollen Brief geschrieben, daß ich noch ganz gerührt bin. Wie gern hätte ich Dich hier! Wird es vielleicht in einigen Monaten möglich sein? Aber Buenos Aires beunruhigt mich so Deinetwegen, diese Stadt, in der man derart gefangen ist. Stell Dir vor, daß es in Argentinien keine Landschaft gibt. Nichts. Man kommt nie aus der Stadt heraus. Draußen gibt es nur quadratische Felder, ohne Bäume, mit einer Baracke und einem eisernen Wasserrad in der Mitte.
Über Hunderte von Kilometern sieht man aus dem Flugzeug nichts anderes. Unmöglich zu malen. Unmöglich spazierenzugehen.
Ich möchte auch gern heiraten.
Und Monot? Könntest Du mir etwas von allen berichten, auch darüber, was man von meiner neuen Stellung sagt? Und von meinem Buch?
Ich umarme Euch alle, so wie ich Euch lieb habe.

Antoine

Buenos Aires, 1930

Meine kleine Mama

Du wirst nächste Woche telegrafisch siebentausend Francs erhalten, von denen fünftausend für die Rückzahlung an Marchand und zweitausend für Dich bestimmt sind. Und von Ende November ab werde ich Dir monatlich dreitausend Francs an Stelle der zweitausend schicken, von denen ich Dir sprach.
Ich habe lange darüber nachgedacht. Ich möchte, daß Du den Winter in Rabat verbringst, um dort zu malen. Du wirst Dich dort glücklich fühlen und kannst Dich mit zahlreichen interessanten Dingen beschäftigen.
Ich werde Dir die Reise bezahlen, und wenn Du dann noch dreitausend Francs monatlich hast, glaube ich, daß Du ganz

angenehm damit leben kannst. Nur bin ich zu weit weg, um dort etwas für Dich zu suchen. Könntest Du nicht an die Auvenais' oder an irgendwelche Bekannte schreiben, die Freunde in Rabat haben? Ich möchte nicht, daß Du Dich dort zu einsam fühlst, aber ich glaube, daß Du dort völlig glücklich sein wirst. Und es ist so hübsch. Und in zwei Monaten wird es voller Blumen sein.
Du könntest übrigens auch einen kleinen Abstecher nach Marrakesch machen und dort bleiben, falls Du Marrakesch zum Malen vorziehst, aber ich glaube, daß Rabat Dir gefallen wird.
Auf jeden Fall rate ich von Casablanca ab.
Hier ist ein recht düsteres Land. Aber ich reise darin herum. Neulich war ich im Süden, in Patagonien (bei den Ölquellen in Commodoro-Rivadavia), und dort fanden wir Tausende von Seehunden auf dem Strand. Und wir fingen einen jungen, den wir im Flugzeug mitnahmen. Denn der Süden ist hier die Kältezone. Der Südwind ist der kalte Wind. Je weiter man nach Süden kommt, um so mehr friert man. – Jetzt beginnt der Sommer in Buenos Aires, und es ist heiß.
Meine kleine Mama, ich umarme Dich zärtlich.

Antoine

Buenos Aires, 1930

Meine kleine Mama

Ich lese gerade »Staub« [100]; ich glaube, uns allen gefällt das, ebenso wie »Die standhafte Nymphe« [101], weil wir uns darin wiedererkennen. Auch wir bildeten einen Clan. Und diese Welt aus Kindheitserinnerungen, aus unserer Sprache, unseren Spielen wird mir stets hoffnungslos wahrer erscheinen als die andere.
Ich weiß nicht, weshalb ich heute abend an die kalte Halle in Saint-Maurice denken muß. Nach dem Abendessen setzten wir uns auf die Truhen oder die Ledersessel und warteten, bis es Zeit wurde, ins Bett zu gehn. Und die Onkel wanderten derweil im Flur auf und ab. Er war schlecht beleuch-

tet, man hörte Bruchstücke ihrer Sätze, es war geheimnisvoll. Geheimnisvoll wie das Innere Afrikas. Dann begann das Bridge im Salon, die Geheimnisse des Bridge. Wir gingen schlafen.
In Le Mans sangst Du zuweilen unten, wenn wir schon im Bett lagen. Das drang zu uns wie der Widerhall eines ungeheuren Festes. So kam es mir vor. Der »gütigste«, der friedlichste, der freundlichste Gegenstand, den ich jemals gekannt habe, war der kleine Ofen im oberen Zimmer in Saint-Maurice. Nie hat mich etwas so sehr über das Dasein beruhigt. Wenn ich nachts einmal aufwachte, brummte er wie ein Kreisel und warf freundliche Schatten an die Wand. Ich weiß nicht, weshalb er mich an einen treuen Pudel erinnerte. Dieser kleine Ofen behütete uns vor allen Gefahren. Zuweilen kamst Du herauf, öffnetest die Tür und fandest uns gut umhegt von einer wohligen Wärme. Du hörtest ihn emsig brummen und gingst dann wieder hinunter.
Ich habe nie solch einen Freund gehabt.
Was Unendlichkeit ist, lehrte mich nicht die Milchstraße, nicht die Fliegerei, nicht das Meer, sondern das zweite Bett in Deinem Zimmer. Es war ein wunderbarer Glücksfall, krank zu sein. Jeder von uns sehnte sich danach, es zu werden. Dieses Bett war ein Ozean ohne Grenzen, auf den die Grippe ein Anrecht verlieh. Es gab da auch einen lebendigen Kamin.
Was Ewigkeit ist, lehrte mich Mademoiselle Marguerite [102]. Ich bin nicht ganz sicher, ob ich seit meiner Kindheit gelebt habe.
Jetzt schreibe ich ein Buch über den Nachtflug [103]. Aber seinem innersten Sinn nach ist es ein Buch über die Nacht. (Ich lebte immer erst nach neun Uhr abends.)
Hier der Anfang; es sind meine ersten Erinnerungen an die Nacht:
»Wir träumten im Hausflur, wenn die Nacht anbrach. Wir lauerten auf den Vorbeizug der Lampen: man trug sie wie einen Armvoll Blumen, und eine jede bewegte Schatten an der Wand – Schatten, die schön waren wie Palmen. Dann

bog das Traumbild um die Ecke; dann verschloß man diesen Strauß aus Licht und dunklen Palmen im Salon.
Alsbald war der Tag für uns zu Ende, und man brachte uns in unsere Kinderbetten, damit wir einem anderen Tag entgegenreisten.
Mutter, Du neigtest Dich über uns, über diesen Aufbruch der Engel, und damit die Reise friedlich sein sollte: damit nichts unsere Träume störte, entferntest Du hier eine Falte, dort einen Schatten, eine Woge aus dem Bettlaken...
Denn man glättet ein Bett wie, mit göttlicher Hand, das Meer.«
Sodann ist die Rede von weniger behüteten Nachtdurchquerungen, vom Flugzeug.
Du kannst nicht recht ermessen, welch unendliche Dankbarkeit ich Dir gegenüber empfinde und welch ein Haus von Erinnerungen Du mir gebaut hast. Ich sehe so aus, als wäre ich ohne Gefühl. Ich glaube, daß ich mich ganz einfach schrecklich dagegen sträube.
Ich schreibe wenig, dafür kann ich nichts. Sehr oft ist mein Mund zugenäht. Das war immer stärker als ich.
Ich habe eben einen schönen Flug hinter mir, auf dem ich zweitausendfünfhundert Kilometer an einem Tag zurücklegte. Das war auf der Rückkehr vom äußersten Süden, wo die Sonne um zehn Uhr abends untergeht, in der Nähe der Magalhãesstraße. Alles ist grün dort: Städte auf Wiesen. Seltsame Städtchen aus Wellblech. Und Leute, die – weil sie so sehr frieren und sich daher um Feuerstellen versammeln – ungemein sympathisch geworden sind.
Die Sonne entfärbte sich im Meer. Das war entzückend.
Diesen Monat schicke ich Dir dreitausend Francs. Ich denke, das wird so recht sein. Du wirst sie am 10. oder am 15. erhalten. Im ganzen schickte ich Dir schon zehntausend Francs (das macht dann dreizehntausend). Aber ich weiß überhaupt nicht, ob Du sie erhieltest und ob sie Dir Freude machten. Das hätte ich gern erfahren.
Ich umarme Dich so zärtlich.

Antoine

Buenos Aires, 21. Juli 1930

Meine kleine Mama

Mir geht es nicht so schlecht. Ich beginne einen großen Film auszuarbeiten, den ich hoffentlich eines Tages drehen kann.[104] Einstweilen habe ich mir einen kleinen Filmapparat gekauft, um Dir einige amerikanische Erinnerungen mitbringen zu können.

Kürzlich war ich in Santiago, wo ich französische Freunde wiederfand. Was für ein schönes Land, und wie großartig sind die Anden! Ich befand mich dort in sechstausendfünfhundert Meter Höhe, als ein Schneesturm aufkam. Alle Felsenspitzen spien Schnee wie Vulkane, und mir war, als begänne das ganze Gebirge zu kochen. Ein schönes Gebirge mit Gipfeln von siebentausendzweihundert Metern (armer Mont-Blanc!), das zweihundert Kilometer breit ist. Bestimmt ist es ebenso unzugänglich wie eine Festung, wenigstens im Winter (leider Gottes haben wir immer noch Winter), und darüber im Flugzeug – da hat man ein Gefühl wunderbarer Einsamkeit.

Ich habe nach und nach reizende Freunde gefunden. Aber es ist zuweilen melancholisch, immer so weit fort zu sein. Und doch brächte ich's so schlecht fertig, wieder in Frankreich zu leben...

Schreib mir mit Luftpost, meine kleine Mama, ich weiß nichts von Euch allen.

Ich umarme Dich zärtlich.

Antoine

Kairo, 3. Januar 1936 [105]

Meine kleine Mama

Ich habe geweint, als ich Deinen kleinen, so besonnenen Brief las, denn in der Wüste hab ich nach Dir gerufen. Ich war in großem Zorn entbrannt gegen die Trennung von allen Menschen, gegen dieses Schweigen, und ich rief nach meiner Mama. Es ist schrecklich, wenn man jemanden zurückläßt,

der einen braucht wie Consuelo[106]. Man sehnt sich gewaltig danach heimzukommen, um zu behüten und Schutz zu gewähren, und man reißt sich die Nägel aus an diesem Sand, der einen hindert, seine Pflicht zu tun, und man möchte Berge versetzen. Dich aber brauchte ich; es war an Dir, mich zu behüten und mir Schutz zu gewähren, und ich rief nach Dir mit der Selbstsucht einer kleinen Ziege.
Ein wenig Consuelo zuliebe bin ich heimgekommen, aber durch Dich, Mama, kommt man heim. Die Du so schwach bist, wußtest Du Dich so sehr als Schutzengel und stark und weise, daß man zu Dir betet, allein, in der Nacht?
....

Antoine

Orconte, Dezember 1939[107]

Meine kleine Mama

Ich wohne in einem recht sympathischen Bauernhof. Es gibt dort drei Kinder, zwei Großväter, Tanten und Onkel. Man unterhält ein großes Holzfeuer, an dem ich mich auftaue, wenn ich wieder aus dem Flugzeug klettere. Denn wir fliegen hier in zehntausend Meter Höhe bei – fünfzig Grad Kälte! Aber wir sind so vermummt (30 Kilo an Kleidung!), daß wir nicht allzusehr darunter leiden.
Ein komischer Krieg im Zeitlupentempo! Wir tun ja noch etwas, aber die Infanterie! Pierre[108] soll doch unbedingt seine Weinberge kultivieren und seine Kühe pflegen! Das ist weit wichtiger, als wenn er Schrankenwärter wäre oder Korporal in einem Depot. Ich habe den Eindruck, daß man noch viele entlassen wird, damit sich die Industrie wieder erholen kann. Es besteht keinerlei Interesse daran, an Erstickung zugrunde zu gehn.
Sage Didi, sie soll mir von Zeit zu Zeit eine Zeile schreiben. Ich hoffe, Euch alle in etwa vierzehn Tagen zu sehen. Ich wäre darüber sehr glücklich!

Euer Antoine

Orconte, 1940

Meine kleine Mama

Ich habe Dir zwar geschrieben, aber ich bin recht betrübt darüber, daß meine Briefe verlorengegangen sind. Ich war ziemlich krank (starkes Fieber ohne deutlich ersichtlichen Grund), aber das ist vorbei, und ich bin jetzt wieder bei meiner Gruppe. Du mußt mir nicht böse wegen eines Schweigens sein, das kein richtiges Schweigen war, da ich Dir ja schrieb und da ich unglücklich war über mein Kranksein. Und dann, wenn Du wüßtest, wie zärtlich ich Dich liebe, wie ich Dich in meinem Herzen trage und wie ich Deinetwegen in Sorge bin, geliebte Mama.

Ich möchte zuerst und vor allem, daß die Meinen in Frieden leben.

Mama, je länger das dauert – der Krieg und die Gefahren und die Bedrohung der Zukunft –, um so mehr sorge ich mich um die Menschen, die mir anvertraut sind. Die arme kleine Consuelo, die so ganz verlassen ist, erregt mein unendliches Mitleid. Sollte sie sich eines Tages in die Provence flüchten, so empfange sie, Mama, wie Deine Tochter, tu es mir zuliebe.

Meine kleine Mama, Dein Brief hat mir solchen Kummer gemacht, weil er voller Vorwürfe war und ich von Dir nur Botschaften erhalten möchte, die unendlich zärtlich sind.

Antoine

Orconte, Mai 1940

Meine kleine Mama

Ich schreibe Dir auf meinen Knien, in Erwartung eines angekündigten Bombenangriffs, der nicht kommt, aber ich zittere für Dich, diese italienische Drohung bekümmert mich, weil sie Dich in Gefahr bringt; ich habe Deine Zärtlichkeit unendlich nötig, meine kleine Mama. Weshalb muß denn alles, was ich auf dieser Erde liebe, bedroht sein? Mehr als der Krieg erschreckt mich die Welt von morgen. All diese

zerstörten Dörfer, diese auseinandergerissenen Familien, der Tod, das ist mir gleich, aber ich möchte nicht, daß die geistige Gemeinschaft angetastet wird.
Ich erzähle Dir nicht viel von meinem Leben, es gibt nicht viel zu berichten: gefährlicher Auftrag, Essen, Schlaf; ich bin schrecklich unbefriedigt, man braucht andere Übungen für das Herz. Die bejahte und bestandene Gefahr genügt nicht, um in mir eine Art beschwerten Gewissens zu beruhigen.
Die Seele ist's, die heute derart verlassen ist, man stirbt vor Durst.
Ich umarme Dich zärtlich.

Antoine

Bordeaux, Juni 1940 [109]

Meine kleine geliebte Mama

Wir starten nach Algier. Ich umarme Dich, wie ich Dich lieb habe. Erwarte keine Briefe, das wird unmöglich sein, aber wisse von meiner Zärtlichkeit.

Antoine

New York, 1944 [110]

Geliebte Mama, Didi, Pierre, Ihr alle, die ich so liebe, aus tiefstem Herzen, was wird aus Euch, wie geht es Euch, wie lebt Ihr, was denkt Ihr? Er ist so, so traurig, dieser lange Winter.
Und doch hoffe ich so sehr, daß Du mich in einigen Monaten vor Deinem Kaminfeuer in die Arme schließen kannst, meine kleine Mama, meine alte Mama, meine zärtliche Mama; ich hoffe, ich kann Dir dann alles sagen, was ich denke, alles mit Dir bereden, wobei ich Dir so wenig wie möglich widerspreche..., Dir zuhören, wenn Du zu mir sprichst, die Du immer recht hast in allen Dingen des Lebens...
Meine kleine Mama, ich habe Dich lieb.

Antoine

Tunis, 1944 [111]

Meine kleine Mama

Ich erfahre in diesem Augenblick, daß ein Flugzeug nach Frankreich startet. Das erste und das einzige. Ich möchte Dich in zwei Zeilen umarmen, so sehr ich kann, ebenso Didi und ihren Pierre. Gewiß werde ich Dich bald wiedersehn.

Dein Antoine

Borgo, Juli 1944 [112]

Meine kleine Mama

Ich möchte so gern, daß Du über mich beruhigt wirst und diesen Brief erhältst. Es geht mir sehr gut. In jeder Hinsicht. Aber ich bin so betrübt, daß ich Dich so lange nicht wiedergesehn habe. Und ich bin um Dich besorgt, meine alte kleine geliebte Mama. Wie unglücklich ist diese Epoche.

Es schnitt mir ins Herz, daß Didi ihr Haus verloren hat. Ach, Mama, wie gern möchte ich ihr helfen! Aber für die Zukunft soll sie ganz stark auf mich rechnen. Wann wird es möglich sein, den Menschen, die man liebt, zu sagen, daß man sie liebt?

Mama, umarme mich, so wie ich Dich umarme, aus tiefstem Herzen.

Antoine

ANMERKUNGEN

[1] Französischer Lustspieldichter (1860–1929).

[2] In Deutschland bekannt auch unter dem Titel »Bekenntnis einer Freundschaft«.

[3] Berühmte Benediktinerabtei.

[4] In Deutschland bekannt unter dem Titel »Die letzte Botschaft«.

[5] Diese Notiz wurde im Jahre 1939 niedergeschrieben.

[6] Anspielung auf einen Vorgang aus dem Jahre 1940: Die Militärs im Presse- und Informationsamt untersagten amerikanischen Journalisten das Fotografieren von Kriegsmaterial, mochte es auch noch so alt sein.

[7] Vgl. »Die Stadt in der Wüste«, 26. Kap.: »Sieh doch, sagte mein Vater. Er kann nicht einmal mehr gähnen. Er hat sogar auf die Langeweile verzichtet, welche die Erwartung der Menschen ist.«

[8] André Breton: geistiger Vater des Surrealismus, mit Saint-Exupéry befreundet. (Anm. d. Übers.)

[9] Robert Brasillach hatte Saint-Exupérys Arbeiten stets kritisiert, da er an ihrem lyrischen Höhenflug Anstoß nahm; so mißbilligte er auch Saint-Exupérys ersten Radioappell während des »Drôle de guerre«, womit dieser einer Bitte Jean Giraudoux' entsprach.

[10] Die vom Obersten de la Rocque geführte Bewegung der »Croix de Feu« (Feuerkreuzler) spielte eine gewisse Rolle in den dreißiger Jahren. (Anm. d. Übers.)

[11] Jean Mermoz (1901–1936), Flieger und Kamerad Saint-Exupérys, war ein Anhänger des Obersten de la Rocque. (Anm. d. Übers.)

[12] In Wirklichkeit handelte es sich um einen neuen *Planeten*.

[13] Saint-Exupéry spielt auf den Umstand an, daß Mermoz die (schnelleren) Landflugzeuge für die Überquerung des Atlantik einführte, während die allgemeine Ansicht für Wasserflugzeuge eintrat.

[14] Anspielung auf eine von Saint-Exupéry ersonnene Anekdote, die in der »Stadt in der Wüste« ihren Niederschlag gefunden hat:

die Fußspur, die zum Fluß führt, sagt nichts über das Selbstmordmotiv.

[15] Unter »Wellenwerfern« sind in Saint-Exupérys Sprache die Menschen zu verstehen, die ständig Ideen und Systeme der öffentlichen Meinung zum Fraß vorwerfen, die in sich zwar konsequent sind, aber keinen Rückhalt in der Wirklichkeit haben.

[16] Aus dem Gedicht Baudelaires »Chant d'Automne«.

[17] Saint-Exupéry hatte zu seiner Überraschung in der Höhle von Padirac kleine grüne Pflanzen gefunden, die im elektrischen Licht gediehen.

[18] *Ich nenne Masse den Grad an Gegenwart von 1/h.*
Dieser überraschende Satz setzt in mehrfacher Hinsicht voraus, daß Saint-Exupéry allerhand Überlegungen über die Wellenmechanik angestellt hat, von denen in seinen Notizbüchern keine Spur zu entdecken ist. Versuchen wir diese Lücke auszufüllen:
h ist eine gebräuchliche Bezeichnung für die den Physikern wohlbekannte, die elementare Aktionseinheit bezeichnende Konstante Plancks. Diese Konstante erscheint in der grundlegenden Gleichung der Wellenmechanik:

$$\Delta \Phi + \frac{8\,\eta^2\,m}{\eta^2}\,(E - V)\,\Phi = 0;$$

und sie erscheint auch in der ebenso grundlegenden Gleichung de Broglies:

$$\lambda = \frac{h}{m V,}$$

die eine Wellenlänge zu einem, eine Bewegungseinheit *m* V bildenden Teilchen in Beziehung setzt. In dieser letzten Gleichung vor allem sieht man, daß *h* mit *m* durch rein kinetische Faktoren, nämlich λ und V, verbunden ist. Die Feststellung, das der Masse Eigentümliche sei auch *h* zu eigen, ist daher einigermaßen tiefgründig.

[19] Der Brief ist nicht datiert; er wurde wahrscheinlich im Herbst 1923 geschrieben.

[20] Nicht datiert, vermutlich im Frühjahr 1925 geschrieben.

[21] Im Hause von Madame d'Agay, der jüngeren Schwester Saint-Exupérys.

[22] Nicht datiert, vermutlich im Frühjahr 1931 geschrieben.

[23] Emmanuel de Fonscolombe, Bruder von Madame de Saint-Exupéry, Eigentümer des Schlosses La Môle.

[24] Der zehnjährige Antoine war Halbinterner im Gymnasium Sainte-Croix in Le Mans. Seine Mutter hielt sich damals in Saint-Maurice-de-Rémens auf.

25 Anaïs de Saint-Exupéry, Tante Antoines väterlicherseits.

26 Diese beiden Briefe des Zehnjährigen zeichnen sich durch ihre eigenwillige Interpunktion und Orthographie aus, die sich in der Übersetzung nicht wiedergeben lassen. So schreibt er beispielsweise: »esque vous pourrez« statt »est-ce-que vous pourriez«, »rand« statt »rang«, »abéi« statt »abbaye«.

27 Antoine war damals mit seinem Bruder Interner in dem von Marianisten geleiteten »Collège Saint-Jean« in Freiburg in der Schweiz. Er blieb dort drei Jahre, von 1914 bis 1917. Madame de Saint-Exupéry war Krankenpflegerin im Bahnhofslazarett von Ambérieu und besuchte ihre Söhne einmal in der Woche.

28 Die Mutter Louis de Bonnevies, eines nahen Freundes und Klassenkameraden Antoines in Freiburg.

29 François de Saint-Exupéry war an Gelenkrheumatismus erkrankt; drei Monate später starb er an diesem Leiden in Saint-Maurice-de-Rémens.

30 Nachdem Antoine seine beiden Examen in Freiburg bestanden hatte, bereitete er sich im Gymnasium Saint-Louis in Paris auf die Seekadettenschule vor.

31 Spitzname, den er seiner Schwester Gabrielle gab.

32 Madame Jordan, eine Freundin Madame de Saint-Exupérys, empfing Antoine jede Woche und ließ ihn Erbauungsschriften lesen, um den jungen Mann vor allen Gefahren zu warnen, die ihn bedrohten.

33 Anaïs de Saint-Exupéry ist Ehrendame der Duchesse de Vendôme.

34 Das Schloß La Môle im Departement Var ist Familienbesitz der Fonscolombes.

35 Didi ist der zweite Spitzname seiner Schwester Gabrielle.

36 Vetter Madame de Saint-Exupérys.

37 Spitzname für Antoines Schwester Simone.

38 Schüler der Ecole Polytechnique, der Schule für Militäringenieure, Berg- und Wegebau. Der Spitzname taupin heißt etwa »Maulwurf«.

39 In der Ecole Centrale wurden die Zivilingenieure ausgebildet. Ihr Spitzname piston dürfte von piston = Kolben herrühren.

40 Spitzname der Seekadetten und der Anwärter auf die Ecole Navale.

41 Gemeint sind die Schüler der Kriegsschule von Saint-Cyr.

42 Die Bizuts heißen die Schüler im ersten Schuljahr; Torche = Fackel.

43 Maurice de Lestrange, Vetter der Mutter Antoines.

44 Marie-Thérèse Jordan, Tochter des Generals Jordan.

45 Yvonne de Lestrange, Cousine Antoines.

46 Die älteren Schüler des Gymnasiums Saint-Louis waren nach Bourg-la-Reine evakuiert worden. Einer der Gründe für diesen Ortswechsel war ihre Gewohnheit, aufs Dach zu klettern, um die Bombardements zu betrachten.

47 Mathematiklehrer, der den Vorbereitungskurs für die Marineakademie leitete.

48 Fotograf, der von einer Aufnahme François de Saint-Exupérys auf seinem Totenbett, die Antoine gemacht hatte, mehrere Abzüge herstellte.

49 Rose de Lestrange, Cousine der Mutter Antoines.

50 Nachdem Antoine im Jahre 1919 das Aufnahmeexamen für die Marineschule nicht bestanden und sich im Jahre 1920 auf die Kunstakademie (Abteilung für Architektur) vorbereitet hatte, wurde er auf seinen Antrag am 2. April 1921 dem 2. Fliegerregiment in Straßburg, doch nur dem Bodenpersonal, zugeteilt. Er bemühte sich infolgedessen um Aufnahme in den aktiven Flugdienst.

Madame de Saint-Exupérys, die ihr von Madame de Tricaid ver-

51 Saint-Maurice-de-Rémens (Departement Ain) ist eine Besitzung macht wurde. Antoine verbrachte dort seine Schulferien.

52 Sabran ist ein Freund Antoines, den er in Freiburg kennengelernt hat.

53 Einer der Spitznamen seiner Schwester Simone.

54 Freunde Pierre d'Agays, des Gatten Gabrielle de Saint-Exupérys.

55 Fräulein de Fonscolombe, Schwester der Mutter Antoines.

56 Schwägerin seines Vaters.

57 Antoine wurde am 17. Juni 1921 zum 37. Fliegerregiment nach Rabat versetzt und blieb dort bis Januar 1922.

58 Anspielung auf das selbsterfundene Liedchen, mit dem der kleine Antoine und seine Schwestern in Saint-Maurice den Dorfpfarrer zu empfangen pflegten:

Herr Pfarrer, putzt Eure Stiebel,
und kommt dann, uns zu traun.
Denn bei uns geht um die Liebe,
wie die Ratten in einer Scheun.

59 Spitzname seiner Schwester Madeleine.

60 Direktor der Ecole Bossuet und großer Freund Antoines.

61 Antoine war an Bord des Schiffes, das ihn wieder nach Frankreich brachte.

62 Antoine wurde dorthin als Flugschüler versetzt.

63 Alte Erzieherin Antoines, der er in »Wind, Sand und Sterne« unter dem Namen von »Fräulein Sophie« ein Denkmal setzte.

64 Régine de Bonnevie, die Schwester von Louis de Bonnevie.

65 Antoine nahm als Leutnant der Reserve im Lager Avord an einer militärischen Übung teil.

66 Er war damals Fabrikationsleiter einer Ziegelei.

67 Anspielung auf die Hochzeit Gabrielle de Saint-Exupérys mit Pierre d'Agay.

68 Es handelt sich um Antoines erstes Werk »L'Aviateur« (Der Flieger), von dem nur der 1926 in der Zeitschrift »Navire d'Argent« veröffentlichte Auszug erhalten geblieben ist.

69 Die Fabrik, in der er arbeitete, liegt in Suresnes, einem Pariser Vorort.

70 François de Fonscolombe, Sohn von Jacques de Fonscolombe, Vetter Antoines, der seinen Militärdienst ableistete.

71 Es handelt sich immer noch um »L'Aviateur«.

72 Louis de Bonnevie.

73 Simone de Saint-Exupéry absolvierte damals eine Pariser Spezialschule.

74 »L'Aviateur«.

75 »Les Amis de Biche« (Biches Freunde).

76 Henri de Ségogne.

77 Marie-Madeleine de Saint-Exupéry, Antoines Schwester, sollte zwei Jahre später sterben. Sie ist Verfasserin eines Bandes, in dem Erzählungen über Blumen und Tiere vereinigt sind und der im Jahre 1927 vom Verlag Lardanchet in Lyon unter dem Titel »Les amis de Biche« veröffentlicht wurde.

78 Antoine sollte eine Vertretung für die Saurer Lastwagen übernehmen.

79 Renée und Laure de Saussine.

80 Antoine war soeben in den Dienst der Fluggesellschaft Latécoère getreten, die damals ihren Sitz in Toulouse hatte. Er wird Pilot auf der Linie Toulouse–Dakar.

81 Anspielung auf die Enthüllungen einer Kartenlegerin.

82 Den »Südkurier«, den er für die Nouvelle Revue Française schrieb.

[83] Der Flugplatz in Cap Juby steht unter dem Schutz eines spanischen Forts, das als militärische Strafanstalt dient: der Casa de Mar.

[84] Ein Dorf an der Somme, das während des Ersten Weltkrieges dem Erdboden gleichgemacht wurde. Antoines Mutter leitete dort ein soziales Hilfswerk.

[85] Brief an seinen Schwager, Pierre d'Agay.

[86] Das Wortspiel des Originals zwischen »vague« = Woge und »vague« = undeutlich, verschwommen läßt sich nicht direkt wiedergeben.

[87] Vielgelesener französischer Romanautor des 19. Jahrhunderts.

[88] Anspielung auf die Hilfstätigkeit von Madame de Saint-Exupéry in Combles.

[89] Von diesem Sklaven namens Bark erzählt Saint-Exupéry in »Wind, Sand und Sterne« (Kapitel ›Die Wüste‹).

[90] »Südkurier«.

[91] In Wahrheit waren zwei Flieger: Reine und Serre, Gefangene der Mauren. Am 17. September 1928 versuchte Saint-Exupéry, sie zu befreien.

[92] Es handelt sich immer noch um den Roman »Südkurier«.

[93] Am 19. Oktober 1928 beteiligte sich Saint-Exupéry in aufständischem Gebiet an der Bergung eines spanischen Flugzeugs, dessen Besatzung verwundet war.

[94] Hubert de Fonscolombe, ein Bruder Madame de Saint-Exupérys.

[95] Saint-Exupéry nahm dort an einem Kursus der Marine über Luftnavigation teil.

[96] »Südkurier«.

[97] Die Stadt Lyon kaufte Madame de Saint-Exupéry drei Bilder ab. Das von Saint-Exupéry erwähnte stellt den Park von Saint-Maurice-de-Rémens dar.

[98] Saint-Exupéry war nach Buenos Aires unterwegs.

[99] Spiel, bei dem man sich vor dem Verfolger auf Stühle und dergleichen rettet.

[100] Roman von Rosamond Lehmann.

[101] Roman von Kennedy.

[102] Gouvernante Saint-Exupérys.

[103] Sein zweiter Roman »Nachtflug« erschien 1931.

[104] Anne-Marie nennt sich der Film, dessen Drehbuch Saint-Exupéry ausarbeitete. Das Projekt sollte nicht verwirklicht werden.

105 Mit einem Caudron-Simoun versuchte Saint-Exupéry, allein von Paris nach Saigon zu fliegen. Am 29. Dezember 1935, vier Stunden nach seinem Start in Bengasi, stürzte er in der Libyschen Wüste ab. Erst am Abend des 1. Januar 1936 wurde er aufgefunden.

106 Saint-Exupéry heiratete im Jahre 1931 in Agay Consuelo Suncin, die er in Buenos Aires kennengelernt hatte.

107 Saint-Exupéry wurde der Aufklärungsstaffel 2/33 zugeteilt, die damals in Orconte (Marne) ihr Quartier hatte.

108 Pierre d'Agay.

109 Am 20. Juni 1940 brachte Saint-Exupéry in einem noch unvollständig ausgerüsteten viermotorigen Bomber Flugpersonal und Material aus Bordeaux nach Nordafrika.

110 Dieser Brief erreichte Madame de Saint-Exupéry durch einen der Anführer der elsässischen Resistance namens Dungler, der im Januar 1944 von den Amerikanern über Clermont-Ferrand mit dem Fallschirm abgesetzt wurde.

111 Saint-Exupéry war Hauptmann in einer Luftwaffeneinheit der 78. amerikanischen Armee, die ihre Basis in La Marsa bei Tunis hatte. Dieser Brief erreichte Madame de Saint-Exupéry auf illegalem Wege.

112 Saint-Exupéry, der auf seine Bitte wieder der Staffel 2/33 zugeteilt wurde, schrieb vom Flugplatz Borgo bei Bastia auf Korsika. Dieser Brief, der letzte, den er seiner Mutter sandte, erreichte sie erst im Juli 1945, ein Jahr nach dem Flug, von dem er nicht wieder zurückkehrte.

ZEITTAFEL

1900 Antoine de Saint-Exupéry wird am 29. Juni als drittes Kind des Grafen Jean-Marie de Saint-Exupéry, Versicherungsinspektor, und der Marie de Fonscolombe in Lyon geboren.

1904 Nach dem Tod des Vaters verläßt die Mutter mit ihren drei Töchtern und zwei Söhnen Lyon. Antoine verbringt seine Kindheit abwechselnd im Schloß einer Tante und dem der Großmutter mütterlicherseits.

1909 Die Familie übersiedelt nach Le Mans. Antoine tritt als Externer in die Jesuiten-Schule von Notre-Dame de Sainte-Croix ein (bis 1914).

1912 Aus Interesse für römische Kriegsmaschinen übersetzt er heimlich Caesar. Erster Flug im Aerodrom von Ambérieu.

1914 Antoine und sein Bruder François kommen in das Internat Montgré in Villefranche-sur-Saône; anschließend in das Internat der Maristen in Freiburg (Schweiz). *Die Abenteuer eines Zylinderhuts.*

1917 Abitur. Durch die Krankheit des Bruders François Rückkehr nach Frankreich; dieser stirbt im Juli. Antoine besucht in Paris das Internat der École Bossuet, dann das Gymnasium Saint-Louis.

1919 Er fällt bei der mündlichen Aufnahmeprüfung in die École Navale durch, zu der er trotz einer schlechten Note zugelassen worden war. Daraufhin Einschreibung in der École des Beaux-Arts, im Fach Architektur. Finanzielle Schwierigkeiten; Statist im Châtelet-Theater.

1921 Antritt des Militärdienstes im 2. Fliegergeschwader in Straßburg. Flugunterricht bei einem zivilen Lehrer; erster unbedeutender Absturz. Im Juni dem 37. Fliegergeschwader in Rabat als Offiziersschüler zugeteilt.

1922 Versetzung nach Istres. Zweiter Absturz. Beendigung des Militärdienstes als Leutnant der Reserve.

1923 Die Laufbahn als Militärflieger wird von der Familie seiner Freundin verhindert. Stattdessen kaufmännischer Angestellter in den Ziegeleien von Faubourg Saint-Honoré.

1924 Lastwagen-Verkäufer für die Automobilfirma Saurer. Tiefe Depressionen.

1926 Eintritt in die Compagnie Aérienne française als Fluglehrer. Veröffentlichung der ersten Novelle: *Der Flieger* (erste Fassung des *Südkuriers*) in der Zeitschrift *Le Navire d'Argent*. Anstellung bei der Flugzeuggesellschaft Latécoère in Toulouse für die Abnahme der Fluginstrumente.

1927 Pilot für Postflüge auf der Strecke Toulouse–Casablanca und Dakar–Casablanca gemeinsam mit den Flugzeugpionieren Vacher, Mermoz, Estienne, Guillaumet, Lescrivain. Ab Oktober Postenchef des im marokkanischen Aufstandsgebiet gelegenen Flugplatzes Cap Juby. Arbeit am *Südkurier*.

1928 Diplom für Navigation. Ende des Jahres erscheint *Courrier Sud* (*Südkurier*, dt. 1949).

1929 In Buenos Aires Betriebsdirektor der Fluggesellschaft Aéropostale Argentina; er richtet die Linie Buenos Aires–Punta ein. Wiedersehen mit den Fliegerkameraden Mermoz, Reine und Guillaumet.

1930 Als Angehöriger der zivilen Luftfahrt Ernennung zum Ritter der Ehrenlegion für seine Tätigkeit in Cap Juby. Absturz und Rettung seines Freundes Guillaumet, der bei seiner zweiundzwanzigsten Andenüberquerung in einen Schneesturm geriet. *Nachtflug* entsteht.

1931 Rückkehr nach Paris. Konkurs der Aéropostale. Heirat mit Consuelo Suncin, Witwe des argentinischen Journalisten Gomez Carillo. Dienst auf der Fluglinie Casablanca–Port Etienne, (Postverbindung Frankreich–Südamerika). Finanzielle Schwierigkeiten. Sein zweites Buch, *Vol de nuit* (*Nachtflug*, dt. 1932), erscheint und wird mit dem Prix Fémina ausgezeichnet.

1932 Pilot für Wasserflugzeuge auf der Linie Marseille–Algier. Dritter Absturz, bei dem er fast ertrinkt.

1933 Versuchspilot bei der Fluggesellschaft Latécoère. Drehbuch für einen Film (*Anne-Marie*, nicht fertiggestellt).

1934 Der Propaganda-Abteilung der 1933 gegründeten Air-France zugeteilt. Vortragsreisen in Frankreich und im

Ausland. Verfilmung des *Südkuriers* (Regie: Billon); bei den marokkanischen Szenen macht Saint-Exupéry in allen Flugszenen das Double für Pierre Richard Wilm.

1935 Reportage für *Paris Soir* in Moskau. Enttäuschende Teilnahme an einem Werbeflug »Rund um das Mittelmeer« der Air-France an Bord eines »Simoun«. Langstreckenflug Paris–Saigon, um den Rekord Japys zu brechen. Bei einem vierten Absturz Notlandung in der Wüste, 200 km von Kairo; nach fünftägigem Marsch Rettung durch eine Karawane.

1936 Entwurf eines Düsenflugzeuges. Erste Aufzeichnungen für *La citadelle (Die Stadt in der Wüste)*. Tod des Freundes Mermoz.

1937 Rückkehr nach Paris. Reportage über den Spanischen Bürgerkrieg in Carabacel und in Madrid für *L'Intransigeant* und *Paris Soir*. Vorschlag an das Luftfahrtministerium für einen Langstreckenflug New York–Feuerland mit dem »Simoun«.

1938 Nach der Einwilligung des Ministeriums Abfahrt nach New York. Das Unternehmen läuft planmäßig von New York bis Guatemala, wo sich sein fünfter Unfall ereignet: Das Flugzeug geht zu Bruch und Saint-Exupéry erleidet schwere Verletzungen. Während der Rekonvaleszenz in New York Arbeit an *Wind, Sand und Sterne*. Rückkehr nach Frankreich. Vorwort zur französischen Ausgabe von Anne Morrow Lindberghs Buch *Wind an vielen Küsten*.

1939 Veröffentlichung von *Terre des hommes* (*Wind, Sand und Sterne*, dt. 1939), das den großen Romanpreis der Académie française erhält. Reise durch Deutschland. Mit Guillaumet New York-Flug an Bord des Wasserflugzeugs »Lieutenant de vaisseau Paris«. Nach kurzem Aufenthalt in Paris wieder nach New York, wo er für *Wind, Sand und Sterne* gefeiert wird. Im August überstürzte Heimkehr nach Frankreich (Kriegsgefahr). In Toulouse mobilisiert, dem technischen Unterricht zugeteilt. Trotz ärztlicher Bescheinigung über die Untauglichkeit gelingt ihm die Zuweisung zur Fernaufklärergruppe 2/33. Winter des »merkwürdigen

Krieges«; gefährliche Einsätze. Entwürfe für den *Kleinen Prinzen*.

1940 Deutsche Offensive. Verlegung seiner Staffel nach Orly. Aufklärungsflug über Arras (Anregung zu *Flug nach Arras)*. Verleihung des Kriegsverdienstkreuzes mit Palme. Nach dem Zusammenbruch am 17. Juni werden alle Offiziere der Gruppe 2/33 nach Algier geschickt. Saint-Exupéry wartet dort seine Demobilisierung ab. Nach der Rückkehr über Marseille zu seiner Schwester, Mme. d'Agay, die im unbesetzten Frankreich wohnt. Arbeit an der *Stadt in der Wüste*. Blitzreise nach Paris mit Drieu La Rochelle. Über Lissabon nach New York, dort Arbeit am *Flug nach Arras*. Tod des Freundes Guillaumet.

1942 *Flug nach Arras* erscheint mit großem Erfolg in den Vereinigten Staaten; im gleichen Jahr noch in Frankreich veröffentlicht (*Pilot de guerre*, dt. 1942), vier Worte mußten gestrichen werden: »Hitler ist ein Idiot«. Auf Wunsch der Besatzungsmacht wird das Buch 1943 verboten. Nach der Landung der Alliierten in Nordafrika ruft Saint-Exupéry über den New Yorker Sender zur Vereinigung der Franzosen auf.

1943 *Brief an einen Ausgelieferten. Le petit prince* (*Der Kleine Prinz*, dt. 1950) erscheint. Trotz seines Alters und dank der Intervention von Roosevelts Sohn gelingt es ihm, sich in Algerien wieder seiner Gruppe 2/33 anzuschließen; diese wird nach Sardinien verlegt. Eine mißglückte Landung im Rhône-Tal zwingt ihn, in Algier abzuwarten, ob er weiterhin fliegen darf; Arbeit an der *Stadt in der Wüste*. Er wird wieder der Gruppe 2/33 zugeteilt.

1944 Verlegung seiner Staffel nach Korsika. Saint-Exupéry führt immer noch mehr Flüge aus, als ihm erlaubt wurden. Am 31. Juli trotzt er seinen Vorgesetzten einen weiteren Flug ab, von dem er nicht mehr zurückkehrt. Wo er abstürzte oder von deutschen Jägern abgeschossen wurde, ist bis heute nicht geklärt.

1948 Aus dem Nachlaß erscheinen die tagebuchartigen Notizen und Reflexionen *La citadelle* (*Die Stadt in der Wüste*, dt. 1951).

INHALT

ÜBERSICHT

der in dieser Ausgabe enthaltenen Werke

Band 1

Südkurier (1928)
Nachtflug (1931)
Wind, Sand und Sterne (1939)
Flug nach Arras (1942)
Der Kleine Prinz, mit den Zeichnungen des Verfassers (1943)

Band 2

Die Stadt in der Wüste (1948)

Band 3

Die Abenteuer eines Zylinderhuts (1914)
Der Flieger (1926)
Rio de Oro (1928)
Berichte an die Aéropostale (1928)
Moskau (1935)
Für ein besseres Leben (1936)
Blutendes Spanien (1936)
Madrid (1937)
Frieden oder Krieg? (1938)
Kriegsbriefe an einen Freund (1940)
Brief an einen Ausgelieferten (1941)
Beruf und Berufung des Schriftstellers (1936 und 1942)
Brief an die Franzosen (1942)
Brief an einen General (1943)
Ein Plädoyer für den Frieden (1944)
Brief an Pierre Dalloz (1944)
Carnets (1936–1944)
Vorworte (1932–1942)
Briefe an Lucie-Marie Decour (1927–1929)
Briefe an Rinette (1923–1931)
Briefe an seine Mutter (1910–1944)